SANTA BIBLIA

Antiguo y Nuevo Testamento

Antigua Versión
De Casiodoro De Reina (1569)
Revisada Por Cipriano De Valera (1602)
Revisada Posteriormente y Cotejada
Con Diversas Traducciones y Con Los
Textos Hebreo y Griego En 1862 y 1909

≋ CASA PROMESA
Una división de Barbour Publishing, Inc.

ISBN 978-1-58660-973-3

Publicado por Casa Promesa
P.O. Box 719, Uhrichsville, OH 44622, www.casapromesa.com

Impreso en los Estados Unidos de América.

Diseño interior: Grupo Nivel Uno Inc.

INTRODUCCIÓN.

La historia de la Biblia es la historia de Dios creando el mundo y luego haciéndose a sí mismo disponible para la gente de ese mundo. Es una simple línea recta desde el corazón de Dios hacia el nuestro.

Si la Biblia parece a veces difícil de comprender, es porque fue escrita en otra cultura, en otro tiempo y en otra lengua. La traducción del griego y del hebreo no fue una tarea pequeña. Traducirla de una cultura antigua a nuestra cultura puede ser intimidante. Ambas tareas envuelven un entendimiento de la verdad tal como fue significativa para ese tiempo y cultura, para después traducir ese significado a nuestras vidas hoy en día.

También existe otro desafío. Dado que la Biblia fue escrita en una época, lugar, y lengua diferente, puede ser fácil a veces verla como irrelevante para nuestras vidas. En una mano tenemos la Biblia y en la otra todo lo demás. Sin embargo, eso está lejos de la realidad. Los asuntos que los escritores de la Biblia consignaron aún siguen siendo los asuntos fundamentales de la vida. ¿De dónde venimos? ¿Hacia dónde vamos? ¿Cómo sobrevivimos en el camino? ¿Cómo nos relacionamos con nuestro Creador? ¿Por qué es la vida tan injusta? ¿Qué sucede después que morimos? ¿Cómo podemos hacer la diferencia en el mundo? ¿Qué es lo importante en el gran esquema de las cosas?

En la Biblia, Dios responde a todos esos asuntos a través de gente que los enfrentó. Él habló a través de historias, sermones, canciones, poemas, visiones...de las mismas experiencias de las personas que estaban tratando de conectarse con Él y sobrevivir la vida. Lo que Dios expresó a través de esos escritores es totalmente relevante para la vida en cualquier parte, tiempo, y lengua. Se trata de construir una relación con nuestro Creador y enfrentar la vida dentro del contexto de esa relación. Es entender el rol de Dios dentro del universo y nuestro lugar dentro de Su corazón. Esa gran relevancia es la que hace a la Biblia única y poderosa.

Si la Biblia es algo nuevo para ti, debes empezar leyendo el libro de Juan, el cuarto libro del Nuevo Testamento (ver la Tabla de Contenidos en la página siguiente).

Cuando estés listo para leerte toda la Biblia, las páginas que le siguen al libro de Apocalipsis (el último libro del Nuevo Testamento) te darán una guía para completar la lectura en un año. Mira el tiempo que has dedicado a la lectura de la Biblia como una inversión, ¡una que va a pagarte dividendos eternos!

CONTENIDO

Antiguo Testamento

Nuevo Testamento

LIBRO PRIMERO DE MOISÉS,
EL GÉNESIS.

1 En el principio crió Dios los cielos y la tierra.

2 Y la tierra estaba desordenada y vacía, y las tinieblas estaban sobre la haz del abismo, y el Espíritu de Dios se movía sobre la haz de las aguas.

3 Y dijo Dios: Sea la luz: y fué la luz.

4 Y vió Dios que la luz era buena: y apartó Dios la luz de las tinieblas.

5 Y llamó Dios á la luz Día, y á las tinieblas llamó Noche: y fué la tarde y la mañana un día.

6 Y dijo Dios: Haya expansión en medio de las aguas, y separe las aguas de las aguas.

7 E hizo Dios la expansión, y apartó las aguas que estaban debajo de la expansión, de las aguas que estaban sobre la expansión: y fué así.

8 Y llamó Dios á la expansión Cielos: y fué la tarde y la mañana el día segundo.

9 Y dijo Dios: Júntense las aguas que están debajo de los cielos en un lugar, y descúbrase la seca: y fué así.

10 Y llamó Dios á la seca Tierra, y á la reunión de las aguas llamó Mares: y vió Dios que era bueno.

11 Y dijo Dios: Produzca la tierra hierba verde, hierba que dé simiente; árbol de fruto que dé fruto según su género, que su simiente esté en él, sobre la tierra: y fué así.

12 Y produjo la tierra hierba verde, hierba que da simiente según su naturaleza, y árbol que da fruto, cuya simiente está en él, según su género: y vió Dios que era bueno.

13 Y fué la tarde y la mañana el día tercero.

14 Y dijo Dios: Sean lumbreras en la expansión de los cielos para apartar el día y la noche: y sean por señales, y para las estaciones, y para días y años;

15 Y sean por lumbreras en la expansión de los cielos para alumbrar sobre la tierra: y fue.

16 E hizo Dios las dos grandes lumbreras; la lumbrera mayor para que señorease en el día, y la lumbrera menor para que señorease en la noche: hizo también las estrellas.

17 Y púsolas Dios en la expansión de los cielos, para alumbrar sobre la tierra,

18 Y para señorear en el día y en la noche, y para apartar la luz y las tinieblas: y vió Dios que era bueno.

19 Y fué la tarde y la mañana el día cuarto.

20 Y dijo Dios: Produzcan las aguas reptil de ánima viviente, y aves que vuelen sobre la tierra, en la abierta expansión de los cielos.

21 Y crió Dios las grandes ballenas, y toda cosa viva que anda arrastrando, que las aguas produjeron según su género, y toda ave alada según su especie: y vió Dios que era bueno.

22 Y Dios los bendijo diciendo: Fructificad y multiplicad, y henchid las aguas en los mares, y las aves se multipliquen en la tierra.

23 Y fué la tarde y la mañana el día quinto.

24 Y dijo Dios: Produzca la tierra seres vivientes según su género, bestias y serpientes y animales de la tierra según su especie: y fué así.

25 E hizo Dios animales de la tierra según su género, y ganado según su género, y todo animal que anda arrastrando sobre la tierra según su género: y vió Dios que era bueno.

26 Y dijo Dios: Hagamos al hombre á nuestra imagen, conforme á nuestra semejanza; y señoree en los peces de la mar, y en las aves de los cielos, y en las bestias, y en toda la tierra, y en todo animal que anda arrastrando sobre la tierra.

27 Y crió Dios al hombre á su imagen, á imagen de Dios lo crió; varón y hembra los crió.

28 Y los bendijo Dios; y díjoles Dios: Fructificad y multiplicad, y henchid la tierra, y sojuzgadla, y señoread en los peces de la mar, y en las aves de los cielos, y en todas las bestias que se mueven sobre la tierra.

29 Y dijo Dios: He aquí que os he dado toda hierba que da simiente, que está sobre la haz de toda la tierra; y todo árbol en que hay fruto de árbol que da simiente, seros ha para comer.

30 Y á toda bestia de la tierra, y á todas las aves de los cielos, y á todo lo que se mueve sobre la tierra, en que hay vida, toda hierba verde les será para comer: y fué así.

31 Y vió Dios todo lo que había hecho, y he aquí que era bueno en gran manera. Y fué la tarde y la mañana el día sexto.

2 Y fueron acabados los cielos y la tierra, y todo su ornamento. **2** Y acabó Dios en el día séptimo su obra que hizo, y reposó el día séptimo de toda su obra que había hecho.

3 Y bendijo Dios al día séptimo, y santificólo, porque en él reposó de toda su obra que había Dios criado y hecho.

4 Estos son los orígenes de los cielos y de la tierra cuando fueron criados, el día que Jehová Dios hizo la tierra y los cielos,

5 Y toda planta del campo antes que fuese en la tierra, y toda hierba del campo antes que naciese: porque aun no había Jehová Dios hecho llover sobre la tierra, ni había hombre para que labrase la tierra;

6 Mas subía de la tierra un vapor, que regaba toda la faz de la tierra.

7 Formó, pues, Jehová Dios al hombre del polvo de la tierra, y alentó en su nariz soplo de vida; y fué el hombre en alma viviente.

8 Y había Jehová Dios plantado un huerto en Edén al oriente, y puso allí al hombre que había formado.

9 Y había Jehová Dios hecho nacer de la tierra todo árbol delicioso á la vista, y bueno para comer: también el árbol de vida en medio del huerto, y el árbol de ciencia del bien y del mal.

10 Y salía de Edén un río para regar el huerto, y de allí se repartía en cuatro ramales.

11 El nombre del uno era Pisón: éste es el que cerca toda la tierra de Havilah, donde hay oro:

12 Y el oro de aquella tierra es bueno: hay allí también bdelio y piedra cornerina.

13 El nombre del segundo río es Gihón: éste es el que rodea toda la tierra de Etiopía.

14 Y el nombre del tercer río es Hiddekel: éste es el que va delante de Asiria. Y el cuarto río es el Eufrates.

15 Tomó, pues, Jehová Dios al hombre, y le puso en el huerto de Edén, para que lo labrara y lo guardase.

16 Y mandó Jehová Dios al hombre, diciendo: De todo árbol del huerto comerás;

17 Mas del árbol de ciencia del bien y del mal no comerás de él; porque el día que de él comieres, morirás.

18 Y dijo Jehová Dios: No es bueno que el hombre esté solo; haréle ayuda idónea para él.

19 Formó, pues, Jehová Dios de la tierra toda bestia del campo, y toda ave de los cielos, y trájolas á Adam, para que viese cómo les había de llamar; y todo lo que Adam llamó á los animales vivientes, ese es su nombre.

20 Y puso Adam nombres á toda bestia y ave de los cielos y á todo animal del campo: mas para Adam no halló ayuda que estuviese idónea para él.

21 Y Jehová Dios hizo caer sueño sobre Adam, y se quedó dormido: entonces tomó una de sus costillas, y cerró la carne en su lugar;

22 Y de la costilla que Jehová Dios tomó del hombre, hizo una mujer, y trájola al hombre.

23 Y dijo Adam: Esto es ahora hueso de mis huesos, y carne de mi carne: ésta será llamada Varona, porque del varón fué tomada.

24 Por tanto, dejará el hombre á su padre y á su madre, y allegarse ha á su mujer, y serán una sola carne.

25 Y estaban ambos desnudos, Adam y su mujer, y no se avergonzaban.

3 Empero la serpiente era astuta, más que todos los animales del campo que Jehová Dios había hecho; la cual dijo á la mujer: ¿Conque Dios os ha dicho: No comáis de todo árbol del huerto?

2 Y la mujer respondió á la serpiente: Del fruto de los árboles del huerto comemos;

3 Mas del fruto del árbol que está en medio del huerto dijo Dios: No comeréis de él, ni le tocaréis, porque no muráis.

4 Entonces la serpiente dijo á la mujer: No moriréis;

5 Mas sabe Dios que el día que comiereis de él, serán abiertos vuestros ojos, y seréis como dioses sabiendo el bien y el mal.

6 Y vió la mujer que el árbol era bueno para comer, y que era agradable á los ojos, y árbol codiciable para alcanzar la sabiduría; y tomó de su fruto, y comió; y dió también á su marido, el cual comió así como ella.

7 Y fueron abiertos los ojos de entrambos, y conocieron que estaban desnudos: entonces cosieron hojas de higuera, y se hicieron delantales.

8 Y oyeron la voz de Jehová Dios que se paseaba en el

huerto al aire del día: y escondióse el hombre y su mujer de la presencia de Jehová Dios entre los árboles del huerto.

9 Y llamó Jehová Dios al hombre, y le dijo: ¿Dónde estás tú?

10 Y él respondió: Oí tu voz en el huerto, y tuve miedo, porque estaba desnudo; y escondíme.

11 Y díjole: ¿Quién te enseñó que estabas desnudo? ¿Has comido del árbol de que yo te mandé no comieses?

12 Y el hombre respondió: La mujer que me diste por compañera me dió del árbol, y yo comí.

13 Entonces Jehová Dios dijo á la mujer: ¿Qué es lo que has hecho? Y dijo la mujer: La serpiente me engañó, y comí.

14 Y Jehová Dios dijo á la serpiente: Por cuanto esto hiciste, maldita serás entre todas las bestias y entre todos los animales del campo; sobre tu pecho andarás, y polvo comerás todos los días de tu vida:

15 Y enemistad pondré entre ti y la mujer, y entre tu simiente y la simiente suya; ésta te herirá en la cabeza, y tú le herirás en el calcañar.

16 A la mujer dijo: Multiplicaré en gran manera tus dolores y tus preñeces; con dolor parirás los hijos; y á tu marido será tu deseo, y él se enseñoreará de ti.

17 Y al hombre dijo: Por cuanto obedeciste á la voz de tu mujer, y comiste del árbol de que te mandé diciendo, No comerás de él; maldita será la tierra por amor de ti; con dolor comerás de ella todos los días de tu vida;

18 Espinos y cardos te producirá, y comerás hierba del campo;

19 En el sudor de tu rostro comerás el pan hasta que vuelvas á la tierra; porque de ella fuiste tomado; pues polvo eres, y al polvo serás tornado.

20 Y llamó el hombre el nombre de su mujer, Eva; por cuanto ella era madre de todos lo vivientes.

21 Y Jehová Dios hizo al hombre y á su mujer túnicas de pieles, y vistiólos.

22 Y dijo Jehová Dios: He aquí el hombre es como uno de Nos sabiendo el bien y el mal: ahora, pues, porque no alargue su mano, y tome también del árbol de la vida, y coma, y viva para siempre:

23 Y sacólo Jehová del huerto de Edén, para que labrase la tierra de que fué tomado.

24 Echó, pues, fuera al hombre, y puso al oriente del huerto de Edén querubines, y una espada encendida que se revolvía á todos lados, para guardar el camino del árbol de la vida.

4 Y conoció Adam á su mujer Eva, la cual concibió y parió á Caín, y dijo: Adquirido he varón por Jehová.

2 Y después parió á su hermano Abel. Y fué Abel pastor de ovejas, y Caín fué labrador de la tierra.

3 Y aconteció andando el tiempo, que Caín trajo del fruto de la tierra una ofrenda á Jehová.

4 Y Abel trajo también de los primogénitos de sus ovejas, y de su grosura. Y miró Jehová con agrado á Abel y á su ofrenda;

5 Mas no miró propicio á Caín y á la ofrenda suya. Y ensañóse Caín en gran manera, y decayó su semblante.

6 Entonces Jehová dijo á Caín: ¿Por qué te has ensañado, y por qué se ha inmutado tu rostro?

7 Si bien hicieres, ¿no serás ensalzado? y si no hicieres bien, el pecado está á la puerta: con todo esto, á ti será su deseo, y tú te enseñorearás de él.

8 Y habló Caín á su hermano Abel: y aconteció que estando ellos en el campo, Caín se levantó contra su hermano Abel, y le mató.

9 Y Jehová dijo á Caín: ¿Dónde está Abel tu hermano? Y él respondió: No sé; ¿soy yo guarda de mi hermano?

10 Y él le dijo: ¿Qué has hecho? La voz de la sangre de tu hermano clama á mí desde la tierra.

11 Ahora pues, maldito seas tú de la tierra que abrió su boca para recibir la sangre de tu hermano de tu mano:

12 Cuando labrares la tierra, no te volverá á dar su fuerza: errante y extranjero serás en la tierra.

13 Y dijo Caín á Jehová: Grande es mi iniquidad para ser perdonada.

14 He aquí me echas hoy de la faz de la tierra, y de tu presencia me esconderé; y seré errante y extranjero en la tierra; y sucederá que cualquiera que me hallare, me matará.

15 Y respondióle Jehová: Cierto que cualquiera que matare á Caín, siete veces será castigado. Entonces Jehová puso señal en Caín, para que no lo hiriese cualquiera que lo hallara.

16 Y salió Caín de delante de Jehová, y habitó en tierra de Nod, al oriente de Edén.

17 Y conoció Caín á su mujer, la cual concibió y parió á Henoch: y edificó una ciudad, y llamó el nombre de la ciudad del nombre de su hijo, Henoch.

18 Y á Henoch nació Irad, é Irad engendró á Mehujael, y Mehujael engendró á Methusael, y Methusael engendró á Lamech.

19 Y tomó para sí Lamech dos mujeres; el nombre de la una fué Ada, y el nombre de la otra Zilla.

20 Y Ada parió á Jabal, el cual fué padre de los que habitan en tiendas, y crían ganados.

21 Y el nombre de su hermano fué Jubal, el cual fué padre de todos los que manejan arpa y órgano.

22 Y Zilla también parió á Tubal-Caín, acicalador de toda obra de metal y de hierro: y la hermana de Tubal-Caín fué Naama.

23 Y dijo Lamech á sus mujeres: Ada y Zilla, oid mi voz; Mujeres de Lamech, escuchad mi dicho: Que varón mataré por mi herida, Y mancebo por mi golpe:

24 Si siete veces será vengado Caín, Lamech en verdad setenta veces siete lo será.

25 Y conoció de nuevo Adam á su mujer, la cual parió un hijo, y llamó su nombre Seth: Porque Dios (dijo ella) me ha sustituído otra simiente en lugar de Abel, á quien mató Caín.

26 Y á Seth también le nació un hijo, y llamó su nombre Enós. Entonces los hombres comenzaron á llamarse del nombre de Jehová.

5 Este es el libro de las generaciones de Adam. El día en que crió Dios al hombre, á la semejanza de Dios lo hizo;

2 Varón y hembra los crió; y los bendijo, y llamó el nombre de ellos Adam, el día en que fueron criados.

3 Y vivió Adam ciento y treinta años, y engendró un hijo á su semejanza, conforme á su imagen, y llamó su nombre Seth.

4 Y fueron los días de Adam, después que engendró á Seth, ochocientos años: y engendró hijos é hijas.

5 Y fueron todos los días que vivió Adam novecientos y treinta años, y murió.

6 Y vivió Seth ciento y cinco años, y engendró á Enós.

7 Y vivió Seth, después que engendró á Enós, ochocientos y siete años: y engendró hijos é hijas.

8 Y fueron todos los días de Seth novecientos y doce años; y murió.

9 Y vivió Enós noventa años, y engendró á Cainán.

10 Y vivió Enós después que engendró á Cainán, ochocientos y quince años: y engendró hijos é hijas.

11 Y fueron todos los días de Enós novecientos y cinco años; y murió.

12 Y vivió Cainán setenta años, y engendró á Mahalaleel.

13 Y vivió Cainán, después que engendró á Mahalaleel, ochocientos y cuarenta años: y engendró hijos é hijas.

14 Y fueron todos los días de Cainán novecientos y diez años; y murió.

15 Y vivió Mahalaleel sesenta y cinco años, y engendró á Jared.

16 Y vivió Mahalaleel, después que engendró á Jared, ochocientos y treinta años: y engendró hijos é hijas.

17 Y fueron todos los días de Mahalaleel ochocientos noventa y cinco años; y murió.

18 Y vivió Jared ciento sesenta y dos años, y engendró á Henoch.

19 Y vivió Jared, después que engendró á Henoch, ochocientos años: y engendró hijos é hijas.

20 Y fueron todos los días de Jared novecientos sesenta y dos años; y murió.

21 Y vivió Henoch sesenta y cinco años, y engendró á Mathusalam.

22 Y caminó Henoch con Dios, después que engendró á Mathusalam, trescientos años: y engendró hijos é hijas.

23 Y fueron todos los días de Henoch trescientos sesenta y cinco años;

24 Caminó, pues, Henoch con Dios, y desapareció, porque le llevó Dios.

25 Y vivió Mathusalam ciento ochenta y siete años, y engendró á Lamech.

26 Y vivió Mathusalam, después que engendró á Lamech, setecientos ochenta y dos años: y engendró hijos é hijas.

27 Fueron, pues, todos los días de Mathusalam, novecientos sesenta y nueve años; y murió.

28 Y vivió Lamech ciento ochenta y dos años, y engendró un hijo:

29 Y llamó su nombre Noé, diciendo: Este nos aliviará de nuestras obras, y del tabajo de nuestras manos, á causa de la tierra que Jehová maldijo.

30 Y vivió Lamech, después que engendró á Noé, quinientos noventa y cinco años: y engendró hijos é hijas.

31 Y fueron todos los días de Lamech setecientos setenta y siete años; y murió.

32 Y siendo Noé de quinientos años, engendró á Sem, Châm, y á Japhet.

6 Y acaeció que, cuando comenzaron los hombres á multiplicarse sobre la faz de la tierra, y les nacieron hijas,

2 Viendo los hijos de Dios que las hijas de los hombres eran hermosas, tomáronse mujeres, escogiendo entre todas.

3 Y dijo Jehová: No contenderá mi espíritu con el hombre para siempre, porque ciertamente él es carne: mas serán sus días ciento y veinte años.

4 Había gigantes en la tierra en aquellos días, y también después que entraron los hijos de Dios á las hijas de los hombres, les engendraron hijos: éstos fueron los valientes que desde la antigüedad fueron varones de nombre.

5 Y vió Jehová que la malicia de los hombres era mucha en la tierra, y que todo designio de los pensamientos del corazón de ellos era de continuo solamente el mal.

6 Y arrepintióse Jehová de haber hecho hombre en la tierra, y pesóle en su corazón.

7 Y dijo Jehová: Raeré los hombres que he criado de sobre la faz de la tierra, desde el hombre hasta la bestia, y hasta el reptil y las aves del cielo: porque me arrepiento de haberlos hecho.

8 Empero Noé halló gracia en los ojos de Jehová.

9 Estas son las generaciones de Noé: Noé, varón justo, perfecto fué en sus generaciones; con Dios caminó Noé.

10 Y engendró Noé tres hijos: á Sem, á Châm, y á Japhet.

11 Y corrompióse la tierra delante de Dios, y estaba la tierra llena de violencia.

12 Y miró Dios la tierra, y he aquí que estaba corrompida; porque toda carne había corrompido su camino sobre la tierra.

13 Y dijo Dios á Noé: El fin de toda carne ha venido delante de mí; porque la tierra está llena de violencia á causa de ellos; y he aquí que yo los voy á destruir con la tierra.

14 Hazte un arca de madera de Gopher: harás aposentos en el arca y la embetunarás con brea por dentro y por fuera.

15 Y de esta manera la harás: de trescientos codos la longitud del arca, de cincuenta codos su anchura, y de treinta codos su altura.

16 Una ventana harás al arca, y la acabarás á un codo de elevación por la parte de arriba: y pondrás la puerta del arca á su lado; y le harás piso bajo, segundo y tercero.

17 Y yo, he aquí que yo traigo un diluvio de aguas sobre la tierra, para destruir toda carne en que haya espíritu de vida debajo del cielo; todo lo que hay en la tierra morirá.

18 Más estableceré mi pacto contigo, y entrarás en el arca tú, y tus hijos y tu mujer, y las mujeres de tus hijos contigo.

19 Y de todo lo que vive, de toda carne, dos de cada especie meterás en el arca, para que tengan vida contigo; macho y hembra serán.

20 De las aves según su especie, y de las bestias según su especie, de todo reptil de la tierra según su especie, dos de cada especie entrarán contigo para que hayan vida.

21 Y toma contigo de toda vianda que se come, y allégala á ti; servirá de alimento para ti y para ellos.

22 E hízolo así Noé; hizo conforme á todo lo que Dios le mandó.

7 Y Jehová dijo á Noé: Entra tú y toda tu casa en el arca porque á ti he visto justo delante de mí en esta generación.

2 De todo animal limpio te tomarás de siete en siete, macho y su hembra; mas de los animales que no son limpios, dos, macho y su hembra.

3 También de las aves de los cielos de siete en siete, macho y hembra; para guardar en vida la casta sobre la faz de toda la tierra.

4 Porque pasados aún siete días, yo haré llover sobre la tierra cuarenta días y cuarenta noches; y raeré toda sustancia que hice sobre la faz de la tierra.

5 E hizo Noé conforme á todo lo que le mandó Jehová.

6 Y siendo Noé de seiscientos años, el diluvio de las aguas fué sobre la tierra.

7 Y vino Noé, y sus hijos, y su mujer, y las mujeres de sus hijos con él al arca, por las aguas del diluvio.

8 De los animales limpios, y de los animales que no eran limpios, y de las aves, y de todo lo que anda arrastrando sobre la tierra,

9 De dos en dos entraron á Noé en el arca: macho y hembra, como mandó Dios á Noé.

10 Y sucedió que al séptimo día las aguas del diluvio fueron sobre la tierra.

11 El año seiscientos de la vida de Noé, en el mes segundo á diecisiete días del mes, aquel día fueron rotas todas las fuentes del grande abismo, y las cataratas de los cielos fueron abiertas;

12 Y hubo lluvia sobre la tierra cuarenta días y cuarenta noches.

13 En este mismo día entró Noé, y Sem, y Châm y Japhet, hijos de Noé, la mujer de Noé, y las tres mujeres de sus hijos con él en el arca;

14 Ellos y todos los animales silvestres según sus especies, y todos los animales mansos según sus especies, y todo reptil que anda arrastrando sobre la tierra según su especie, y toda ave según su especie, todo pájaro, toda especie de volátil.

15 Y vinieron á Noé al arca, de dos en dos de toda carne en que había espíritu de vida.

16 Y los que vinieron, macho y hembra de toda carne vinieron, como le había mandado Dios: y Jehová le cerró la puerta

17 Y fué el diluvio cuarenta días sobre la tierra; y las aguas crecieron, y alzaron el arca, y se elevó sobre la tierra.

18 Y prevalecieron las aguas, y crecieron en gran manera sobre la tierra; y andaba el arca sobre la faz de las aguas.

19 Y las aguas prevalecieron mucho en extremo sobre la tierra; y todos los montes altos que había debajo de todos los cielos, fueron cubiertos.

20 Quince codos en alto prevalecieron las aguas; y fueron cubiertos los montes.

21 Y murió toda carne que se mueve sobre la tierra, así de aves como de ganados, y de bestias, y de todo reptil que anda arrastrando sobre la tierra, y todo hombre:

22 Todo lo que tenía aliento de espíritu de vida en sus narices, de todo lo que había en la tierra, murió.

23 Así fué destruída toda sustancia que vivía sobre la faz de la tierra, desde el hombre hasta la bestia, y los reptiles, y las aves del cielo; y fueron raídos de la tierra; y quedó solamente Noé, y lo que con él estaba en el arca.

24 Y prevalecieron las aguas sobre la tierra ciento y cincuenta días.

8 Y acórdose Dios de Noé, y de todos los animales, y de todas las bestias que estaban con él en el arca; é hizo pasar Dios un viento sobre la tierra, y disminuyeron las aguas.

2 Y se cerraron las fuentes del abismo, y las cataratas de los cielos; y la lluvia de los cielos fué detenida.

3 Y tornáronse las aguas de sobre la tierra, yendo y volviendo: y decrecieron las aguas al cabo de ciento y cincuenta días.

4 Y reposó el arca en el mes séptimo, á diciesiete días del mes, sobre los montes de Armenia.

5 Y las aguas fueron decreciendo hasta el mes décimo: en el décimo, al primero del mes, se descubrieron las cimas de los montes.

6 Y sucedió que, al cabo de cuarenta días, abrió Noé la ventana del arca que había hecho,

7 Y envió al cuervo, el cual salió, y estuvo yendo y tornando hasta que las aguas se secaron de sobre la tierra.

8 Envió también de sí á la paloma, para ver si las aguas se habían retirado de sobre la faz de la tierra;

9 Y no halló la paloma donde sentar la planta de su pie, y volvióse á él al arca, porque las aguas estaban aún sobre la faz de toda la tierra: entonces él extendió su mano y cogiéndola, hízola entrar consigo en el arca.

10 Y esperó aún otros siete días, y volvió á enviar la paloma fuera del arca.

11 Y la paloma volvió á él á la hora de la tarde: y he aquí que traía una hoja de oliva tomada en su pico; y entendió Noé que las aguas se habían retirado de sobre la tierra.

12 Y esperó aún otros siete días, y envió la paloma, la cual no volvió ya más á él.

13 Y sucedió que en el año seiscientos y uno de Noé, en el mes primero, al primero del mes, las aguas se enjugaron de sobre la tierra y quitó Noé la cubierta del arca, y miró, y he aquí que la faz de la tierra estaba enjuta.

14 Y en el mes segundo, á los veintisiete días del mes, se secó la tierra.

15 Y habló Dios á Noé diciendo:

16 Sal del arca tú, y tu mujer, y tus hijos, y las mujeres de tus hijos contigo.

17 Todos los animales que están contigo de toda carne, de aves y de bestias y de todo reptil que anda arrastrando sobre la tierra, sacarás contigo; y vayan por la tierra, y fructifiquen, y multiplíquense sobre la tierra.

18 Entonces salió Noé, y sus hijos, y su mujer, y las mujeres de sus hijos con él.

19 Todos los animales, y todo reptil y toda ave, todo lo que se mueve sobre la tierra según sus especies, salieron del arca.

20 Y edificó Noé un altar á Jehová; y tomó de todo animal limpio y de toda ave limpia, y ofreció holocausto en el altar.

21 Y percibió Jehová olor de suavidad; y dijo Jehová en su corazón: No tornaré más á maldecir la tierra por causa del hombre; porque el intento del corazón del hombre es malo desde su juventud: ni volveré más á destruir todo viviente, como he hecho.

22 Todavía serán todos los tiempos de la tierra; la sementera y la siega, y el frío y calor, verano é invierno, y día y noche, no cesarán.

9 Y bendijo Dios á Noé y á sus hijos, y díjoles: Fructificad, y multiplicad, y henchid la tierra.

2 Y vuestro temor y vuestro pavor será sobre todo animal de la tierra, y sobre toda ave de los cielos, en todo lo que se moverá en la tierra, y en todos los peces del mar: en vuestra mano son entregados.

3 Todo lo que se mueve y vive, os será para mantenimiento: así como las legumbres y hierbas, os lo he dado todo.

4 Empero carne con su vida, que es su sangre, no comeréis.

5 Porque ciertamente demandaré la sangre de vuestras vidas; de mano de todo animal la demandaré, y de mano del hombre; de mano del varón su hermano demandaré la vida del hombre.

6 El que derramare sangre del hombre, por el hombre su sangre será derramada; porque á imagen de Dios es hecho el hombre.

7 Mas vosotros fructificad, y multiplicaos; procread abundantemente en la tierra, y multiplicaos en ella.

8 Y habló Dios á Noé y á sus hijos con él, diciendo:

9 Yo, he aquí que yo establezco mi pacto con vosotros, y con vuestra simiente después de vosotros;

10 Y con toda alma viviente que está con vosotros, de aves, de animales, y de toda bestia de la tierra que está con vosotros; desde todos los que salieron del arca hasta todo animal de la tierra.

11 Estableceré mi pacto con vosotros, y no fenecerá ya más toda carne con aguas de diluvio; ni habrá más diluvio para destruir la tierra.

12 Y dijo Dios: Esta será la señal del pacto que yo establezco entre mí y vosotros y toda alma viviente que está con vosotros, por siglos perpetuos:

13 Mi arco pondré en las nubes, el cual será por señal de convenio entre mí y la tierra.

14 Y será que cuando haré venir nubes sobre la tierra, se dejará ver entonces mi arco en las nubes.

15 Y acordarme he del pacto mío, que hay entre mí y vosotros y toda alma viviente de toda carne; y no serán más las aguas por diluvio para destruir toda carne.

16 Y estará el arco en las nubes, y verlo he para acordarme del pacto perpetuo entre Dios y toda alma viviente, con toda carne que hay sobre la tierra.

17 Dijo, pues, Dios á Noé: Esta será la señal del pacto que he establecido entre mí y toda carne que está sobre la tierra.

18 Y los hijos de Noé que salieron del arca fueron Sem, Châm y Japhet: y Châm es el padre de Canaán.

19 Estos tres son los hijos de Noé; y de ellos fué llena toda la tierra.

20 Y comenzó Noé á labrar la tierra, y plantó una viña:

21 Y bebió del vino, y se embriagó, y estaba descubierto en medio de su tienda.

22 Y Châm, padre de Canaán, vió la desnudez de su padre, y díjolo á sus dos hermanos á la parte de afuera.

23 Entonces Sem y Japhet tomaron la ropa, y la pusieron sobre sus propios hombros, y andando hacia atrás, cubrieron la desnudez de su padre teniendo vueltos sus rostros, y así no vieron la desnudez de su padre.

24 Y despertó Noé de su vino, y supo lo que había hecho con él su hijo el más joven;

25 Y dijo: Maldito sea Canaán; Siervo de siervos será á sus hermanos.

26 Dijo más: Bendito Jehová el Dios de Sem, Y séale Canaán siervo.

27 Engrandezca Dios á Japhet, Y habite en las tiendas de Sem, Y séale Canaán siervo.

28 Y vivió Noé después del diluvio trescientos y cincuenta años.

29 Y fueron todos los días de Noé novecientos y cincuenta años; y murió.

10 Estas son las generaciones de los hijos de Noé: Sem, Châm y Japhet, á los cuales nacieron hijos después del diluvio.

2 Los hijos de Japhet: Gomer, y Magog, y Madai, y Javán, y Tubal, y Meshech, y Tiras.

3 Y los hijos de Gomer: Ashkenaz, y Riphat, y Togorma.

4 Y los hijos de Javán: Elisa, y Tarsis, Kittim, y Dodanim.

5 Por éstos fueron repartidas las islas de las gentes en sus tierras, cada cual según su lengua, conforme á sus familias en sus naciones.

6 Los hijos de Châm: Cush, y Mizraim, y Put, y Canaán.

7 Y los hijos de Cush: Seba, Havila, y Sabta, y Raama, y Sabtecha. Y los hijos de Raama: Sheba y Dedán.

8 Y Cush engendró á Nimrod, éste comenzó á ser poderoso en la tierra.

9 Este fué vigoroso cazador delante de Jehová; por lo cual se dice: Así como Nimrod, vigoroso cazador delante de Jehová.

10 Y fué la cabecera de su reino Babel, y Erech, y Accad, y Calneh, en la tierra de Shinar.

11 De aquesta tierra salió Assur, y edificó á Nínive, y á Rehoboth, y á Calah,

12 Y á Ressen entre Nínive y Calah; la cual es ciudad grande.

13 Y Mizraim engendró á Ludim, y á Anamim, y á Lehabim, y á Naphtuhim,

14 Y á Pathrusim, y á Casluim de donde salieron los Filisteos, y á Caphtorim.

15 Y Canaán engendró á Sidón, su primogénito y á Heth,

16 Y al Jebuseo, y al Amorrheo, y al Gergeseo,

17 Y al Heveo, y al Araceo, y al Sineo,

18 Y al Aradio, y al Samareo, y al Amatheo: y después se derramaron las familias de los Cananeos.

19 Y fué el término de los Cananeos desde Sidón, viniendo á Gerar hasta Gaza, hasta entrar en Sodoma y Gomorra, Adma, y Zeboim hasta Lasa.

20 Estos son los hijos de Châm por sus familias, por sus lenguas, en sus tierras, en sus naciones.

21 También le nacieron hijos á Sem, padre de todos los hijos de Heber, y hermano mayor de Japhet.

22 Y los hijos de Sem: Elam, y Assur, y Arphaxad, y Lud, y Aram.

23 Y los hijos de Aram: Uz, y Hul, y Gether, y Mas.

24 Y Arphaxad engendró á Sala, y Sala engendró á Heber.

25 Y á Heber nacieron dos hijos: el nombre de uno fué Peleg, porque en sus días fué repartida la tierra; y el nombre de su hermano, Joctán.

26 Y Joctán engendró á Almodad, y á Sheleph, y Hazarmaveth, y á Jera,

27 Y á Hadoram, y á Uzal, y á Dicla,

28 Y á Obal, y á Abimael, y á Seba,

29 Y á Ophir, y á Havila, y á Jobad: todos estos fueron hijos de Joctán.

30 Y fué su habitación desde Mesa viniendo de Sephar, monte á la parte del oriente.

31 Estos fueron los hijos de Sem por sus familias, por sus lenguas, en sus tierras, en sus naciones.

32 Estas son las familias de Noé por sus descendencias, en sus naciones; y de éstos fueron divididas las gentes en la tierra después del diluvio.

11 Era entonces toda la tierra de una lengua y unas mismas palabras.

2 Y aconteció que, como se partieron de oriente, hallaron una vega en la tierra de Shinar, y asentaron allí.

3 Y dijeron los unos á los otros: Vaya, hagamos ladrillo y cozámoslo con fuego. Y fuéles el ladrillo en lugar de piedra, y el betún en lugar de mezcla.

4 Y dijeron: Vamos, edifiquémonos una ciudad y una torre, cuya cúspide llegue al cielo; y hagámonos un nombre, por si fuéremos esparcidos sobre la faz de toda la tierra.

5 Y descendió Jehová para ver la ciudad y la torre que edificaban los hijos de los hombres.

6 Y dijo Jehová: He aquí el pueblo es uno, y todos éstos tienen un lenguaje: y han comenzado á obrar, y nada les retraerá ahora de lo que han pensando hacer.

7 Ahora pues, descendamos, y confundamos allí sus lenguas, para que ninguno entienda el habla de su compañero.

8 Así los esparció Jehová desde allí sobre la faz de toda la tierra, y dejaron de edificar la ciudad.

9 Por esto fué llamado el nombre de ella Babel, porque allí confudió Jehová el lenguaje de toda la tierra, y desde allí los esparció sobre la faz de toda la tierra.

10 Estas son las generaciones de Sem: Sem, de edad de cien años, engendró á Arphaxad, dos años después del diluvio.

11 Y vivió Sem, después que engendró á Arphaxad quinientos años, y engendró hijos é hijas.

12 Y Arphaxad vivió treinta y cinco años, y engendró á Sala.

13 Y vivió Arphaxad, después que engendró á Sala, cuatrocientos y tres años, y engendró hijos é hijas.

14 Y vivió Sala treinta años, y engendró á Heber.

15 Y vivió Sala, después que engendró á Heber, cuatrocientos y tres años, y engendró hijos é hijas.

16 Y vivió Heber treinta y cuatro años, y engendró á Peleg.

17 Y vivió Heber, después que engendró á Peleg, cuatrocientos y treinta años, y engendró hijos é hijas.

18 Y vivió Peleg, treinta años, y engendró á Reu.

19 Y vivió Peleg, después que engendró á Reu, doscientos y nueve años, y engendró hijos é hijas.

20 Y Reu vivió treinta y dos años, y engendró á Serug.

21 Y vivió Reu, después que engendró á Serug, doscientos y siete años, y engendró hijos é hijas.

22 Y vivió Serug treinta años, y engendró á Nachôr.

23 Y vivió Serug, después que engendró á Nachôr, doscientos años, y engendró hijos é hijas.

24 Y vivió Nachôr veintinueve años, y engendró á Thare.

25 Y vivió Nachôr, después que engendró á Thare, ciento diecinueve años, y engendró hijos é hijas.

26 Y vivió Thare setenta años, y engendró á Abram, y á Nachôr, y á Harán.

27 Estas son las generaciones de Thare: Thare engendró á Abram, y á Nachôr, y á Harán; y Harán engendró á Lot.

28 Y murió Harán antes que su padre Thare en la tierra de su naturaleza, en Ur de los Caldeos.

29 Y tomaron Abram y Nachôr para sí mujeres: el nombre de la mujer de Abram fué Sarai, y el nombre de la mujer de Nachôr, Milca, hija de Harán, padre de Milca y de Isca.

30 Mas Sarai fué esteril, y no tenía hijo.

31 Y tomó Thare á Abram su hijo, y á Lot hijo de Harán, hijo de su hijo, y á Sarai su nuera, mujer de Abram su hijo: y salió con ellos de Ur de los Caldeos, para ir á la tierra de Canaán: y vinieron hasta Harán, y asentaron allí.

32 Y fueron los días de Thare doscientos y cinco años; y murió Thare en Harán.

12 Empero Jehová había dicho á Abram: Vete de tu tierra y de tu parentela, y de la casa de tu padre, á la tierra que te mostraré;

2 Y haré de ti una nación grande, y bendecirte he, y engrandeceré tu nombre, y serás bendición:

3 Y bendeciré á los que te bendijeren, y á los que te maldijeren maldeciré: y serán benditas en ti todas las familias de la tierra.

4 Y fuése Abram, como Jehová le dijo; y fué con él Lot: y era Abram de edad de setenta y cinco años cuando salió de Harán.

5 Y tomó Abram á Sarai su mujer, y á Lot hijo de su hèrmano, y toda su hacienda que habían ganado, y las almas que habían adquirido en Harán, y salieron para ir á tierra de Canaán; y á tierra de Canaán llegaron.

6 Y pasó Abram por aquella tierra hasta el lugar de Sichêm, hasta el valle de Moreh: y el Cananeo estaba entonces en la tierra.

7 Y apareció Jehová á Abram, y le dijo: A tu simiente daré esta tierra. Y edificó allí un altar á Jehová, que le había aparecido.

8 Y pasóse de allí á un monte al oriente de Bethel, y tendió su tienda, teniendo á Bethel al occidente y Hai al oriente: y edificó allí altar á Jehová é invocó el nombre de Jehová.

9 Y movió Abram de allí, caminando y yendo hacia el Mediodía.

10 Y hubo hambre en la tierra, y descendió Abram á Egipto para peregrinar allá; porque era grande el hambre en la tierra.

11 Y aconteció que cuando estaba para entrar en Egipto, dijo á Sarai su mujer: He aquí, ahora conozco que eres mujer hermosa de vista;

12 Y será que cuando te habrán visto los Egipcios, dirán: Su mujer es: y me matarán á mí, y á ti te reservarán la vida.

13 Ahora pues, di que eres mi hermana, para que yo haya bien por causa tuya, y viva mi alma por amor de ti.

14 Y aconteció que, como entró Abram en Egipto, los Egipcios vieron la mujer que era hermosa en gran manera.

15 Viéronla también los príncipes de Faraón, y se la alabaron; y fué llevada la mujer á casa de Faraón:

16 E hizo bien á Abram por causa de ella; y tuvo ovejas, y vacas, y asnos, y siervos, y criadas, y asnas y camellos.

17 Mas Jehová hirió á Faraón y á su casa con grandes plagas, por causa de Sarai mujer de Abram.

18 Entonces Faraón llamó á Abram y le dijo: ¿Qué es esto que has hecho conmigo? ¿Por qué no me declaraste que era tu mujer?

19 ¿Por qué dijiste: Es mi hermana? poniéndome en ocasión de tomarla para mí por mujer? Ahora pues, he aquí tu mujer, tómala y vete.

20 Entonces Faraón dió orden á sus gentes acerca de Abram; y le acompañaron, y á su mujer con todo lo que tenía.

13 Subió, pues, Abram de Egipto hacia el Mediodía, él y su mujer, con todo lo que tenía, y con él Lot.

2 Y Abram era riquísimo en ganado, en plata y oro.

3 Y volvió por sus jornadas de la parte del Mediodía hacia Bethel, hasta el lugar donde había estado antes su tienda entre Bethel y Hai;

4 Al lugar del altar que había hecho allí antes: é invocó allí Abram el nombre de Jehová.

5 Y asimismo Lot, que andaba con Abram, tenía ovejas, y vacas, y tiendas.

6 Y la tierra no podía darles para que habitasen juntos: porque su hacienda era mucha, y no podían morar en un mismo lugar.

7 Y hubo contienda entre los pastores del ganado de Abram y los pastores del ganado de Lot: y el Cananeo y el Pherezeo habitaban entonces en la tierra.

8 Entonces Abram dijo á Lot: No haya ahora altercado entre mí y ti, entre mis pastores y tus tuyos, porque somos hermanos.

9 ¿No está toda la tierra delante de ti? Yo te ruego que te apartes de mí. Si fueres á la mano izquierda, yo iré á la derecha: y si tú á la derecha, yo iré á la izquierda.

10 Y alzó Lot sus ojos, y vió toda la llanura del Jordán, que toda ella era de riego, antes que destruyese Jehová á Sodoma y á Gomorra, como el huerto de Jehová, como la tierra de Egipto entrando en Zoar.

11 Entonces Lot escogió para sí toda la llanura del Jordán: y partióse Lot de Oriente, y apartáronse el uno del otro.

12 Abram asentó en la tierra de Canaán, y Lot asentó en las ciudades de la llanura, y fué poniendo sus tiendas hasta Sodoma.

13 Mas los hombres de Sodoma eran malos y pecadores para con Jehová en gran manera.

14 Y Jehová dijo á Abram, después que Lot se apartó de él: Alza ahora tus ojos, y mira desde el lugar donde estás hacia el Aquilón, y al Mediodía, y al Oriente y al Occidente;

15 Porque toda la tierra que ves, la daré á ti y á tu simiente para siempre.

16 Y haré tu simiente como el polvo de la tierra: que si alguno podrá contar el polvo de la tierra, también tu simiente será contada.

17 Levántate, ve por la tierra á lo largo de ella y á su ancho; porque á ti la tengo de dar.

18 Abram, pues, removiendo su tienda, vino y moró en el alcornocal de Mamre, que es en Hebrón, y edificó allí altar á Jehová.

14 Yaconteció en los días de Amraphel, rey de Shinar, Arioch, rey de Elazar, Chêdorlaomer, rey de Elá, y Tidal, rey de naciones,

2 Que éstos hicieron guerra contra Bera, rey de Sodoma, y contra Birsha, rey de Gomorra, y contra Shinab, rey de Adma, y contra Shemeber, rey de Zeboim, y contra el rey de Bela, la cual es Zoar.

3 Todos estos se juntaron en el valle de Siddim, que es el mar salado.

4 Doce años habían servido á Chêdorlaomer, y al décimotercio año se rebelaron.

5 Y en el año décimocuarto vino Chêdorlaomer, y los reyes que estaban de su parte, y derrotaron á los Raphaitas en Ashteroth-carnaim, á los Zuzitas en Ham, y á los Emitas en Shave-Kiriataim,

6 Y á los Horeos en el monte de Seir, hasta la llanura de Parán, que está junto al desierto.

7 Y volvieron y vinieron á Emmisphat, que es Cades, y devastaron todas las haciendas de los Amalacitas, y también al Amorrheo, que habitaba en Hazezón-tamar.

8 Y salió el rey de Sodoma, y el rey de Gomorra, y el rey de Adma, y el rey de Zeboim, y el rey de Bela, que es Zoar, y ordenaron contra ellos batalla en el valle de Siddim;

9 Es á saber, contra Chêdorlaomer, rey de Elam, y Tidal, rey de naciones, y Amraphel, rey de Shinar, y Arioch, rey de Elasar; cuatro reyes contra cinco.

10 Y el valle de Siddim estaba lleno de pozos de betún: y huyeron el rey de Sodoma y el de Gomorra, y cayeron allí; y los demás huyeron al monte.

11 Y tomaron toda la riqueza de Sodoma y de Gomorra, y todas sus vituallas, y se fueron.

12 Tomaron también á Lot, hijo del hermano de Abram, que moraba en Sodoma, y su hacienda, y se fueron.

13 Y vino uno de los que escaparon, y denunciólo á Abram el Hebreo, que habitaba en el valle de Mamre Amorrheo, hermano de Eschôl y hermano de Aner, los cuales estaban confederados con Abram.

14 Y oyó Abram que su hermano estaba prisionero, y armó sus criados, los criados de su casa, trescientos dieciocho, y siguiólos hasta Dan.

15 Y derramóse sobre ellos de noche él y sus siervos, é hiriólos, y fuélos siguiendo hasta Hobah, que está á la izquierda de Damasco.

16 Y recobró todos los bienes, y también á Lot su hermano y su hacienda, y también las mujeres y gente.

17 Y salió el rey de Sodoma á recibirlo, cuando volvía de la derrota de Chêdorlaomer y de los reyes que con él estaban, al valle de Shave, que es el valle del Rey.

18 Entonces Melchîsedec, rey de Salem, sacó pan y vino; el cual era sacerdote del Dios alto;

19 Y bendíjole, y dijo: Bendito sea Abram del Dios alto, poseedor de los cielos y de la tierra;

20 Y bendito sea el Dios alto, que entregó tus enemigos en tu mano. Y dióle Abram los diezmos de todo.

21 Entonces el rey de Sodoma dijo á Abram: Dame las personas, y toma para ti la hacienda.

22 Y respondió Abram al rey de Sodoma: He alzado mi mano á Jehová Dios alto, poseedor de los cielos y de la tierra,

23 Que desde un hilo hasta la correa de un calzado, nada tomaré de todo lo que es tuyo, porque no digas: Yo enriquecí á Abram:

24 Sacando solamente lo que comieron los mancebos, y la porción de los varones que fueron conmigo, Aner, Eschôl, y Mamre; los cuales tomarán su parte.

15 Después de estas cosas fué la palabra de Jehová á Abram en visión, diciendo: No temas, Abram; yo soy tu escudo, y tu galardón sobremanera grande.

2 Y respondió Abram: Señor Jehová ¿qué me has de dar, siendo así que ando sin hijo, y el mayordomo de mi casa es ese Damasceno Eliezer?

3 Dijo más Abram: Mira que no me has dado prole, y he aquí que es mi heredero uno nacido en mi casa.

4 Y luego la palabra de Jehová fué á él diciendo: No te heredará éste, sino el que saldrá de tus entrañas será el que te herede.

5 Y sacóle fuera, y dijo: Mira ahora á los cielos, y cuenta las estrellas, si las puedes contar. Y le dijo: Así será tu simiente.

6 Y creyó á Jehová, y contóselo por justicia.

7 Y díjole: Yo soy Jehová, que te saqué de Ur de los Caldeos, para darte á heredar esta tierra.

8 Y él respondió: Señor Jehová ¿en qué conoceré que la tengo de heredar?

9 Y le dijo: Apártame una becerra de tres años, y una cabra de tres años, y un carnero de tres años, una tórtola también, y un palomino.

10 Y tomó él todas estas cosas, y partióla por la mitad, y puso cada mitad una enfrente de otra; mas no partió las aves.

11 Y descendían aves sobre los cuerpos muertos, y ojeábalas Abram.

12 Mas á la caída del sol sobrecogió el sueño á Abram, y he aquí que el pavor de una grande obscuridad cayó sobre él.

13 Entonces dijo á Abram: Ten por cierto que tu simiente será peregrina en tierra no suya, y servirá á los de allí, y serán por ellos afligidos cuatrocientos años.

14 Mas también á la gente á quien servirán, juzgaré yo; y después de esto saldrán con grande riqueza.

15 Y tú vendrás á tus padres en paz, y serás sepultado en buena vejez.

16 Y en la cuarta generación volverán acá; porque aun no está cumplida la maldad del Amorrheo hasta aquí.

17 Y sucedió que puesto el sol, y ya obscurecido, dejóse ver un horno humeando, y una antorcha de fuego que pasó por entre los animales divididos.

18 En aquel día hizo Jehová un pacto con Abram diciendo: A tu simiente daré esta tierra desde el río de Egipto hasta el río grande, el río Eufrates;

19 Los Cineos, y los Ceneceos, y los Cedmoneos,

20 Y los Hetheos, y los Pherezeos, y los Raphaitas,

21 Y los Amorrheos, y los Cananeos, y los Gergeseos, y los Jebuseos.

16 Y Sarai, mujer de Abram no le paría: y ella tenía una sierva egipcia, que se llamaba Agar.

2 Dijo, pues, Sarai á Abram: Ya ves que Jehová me ha hecho estéril: ruégote que entres á mi sierva; quizá tendré hijos de ella. Y atendió Abram al dicho de Sarai.

3 Y Sarai, mujer de Abram, tomó á Agar su sierva egipcia, al cabo de diez años que había habitado Abram en la tierra de Canaán, y dióla á Abram su marido por mujer.

4 Y él cohabitó con Agar, la cual concibió: y cuando vió que había concebido, miraba con desprecio á su señora.

5 Entonces Sarai dijo á Abram: Mi afrenta sea sobre ti: yo puse mi sierva en tu seno, y viéndose embarazada, me mira con desprecio; juzgue Jehová entre mí y ti.

6 Y respondió Abram á Sarai: He ahí tu sierva en tu mano, haz con ella lo que bien te pareciere. Y como Sarai la afligiese, huyóse de su presencia.

7 Y hallóla el ángel de Jehová junto á una fuente de agua en el desierto, junto á la fuente que está en el camino del Sur.

8 Y le dijo: Agar, sierva de Sarai, ¿de dónde vienes tú, y á dónde vas? Y ella respondió: Huyo de delante de Sarai, mi señora.

9 Y díjole el ángel de Jehová: Vuélvete á tu señora, y ponte sumisa bajo su mano.

10 Díjole también el ángel de Jehová: Multiplicaré tanto tu linaje, que no será contado á causa de la muchedumbre.

11 Díjole aún el ángel de Jehová: He aquí que has concebido, y parirás un hijo, y llamarás su nombre Ismael, porque oído ha Jehová tu aflicción.

12 Y él será hombre fiero; su mano contra todos, y las manos de todos contra él, y delante de todos sus hermanos habitará.

13 Entonces llamó el nombre de Jehová que con ella hablaba: Tú eres el Dios de la vista; porque dijo: ¿No he visto también aquí al que me ve?

14 Por lo cual llamó al pozo, Pozo del Viviente que me ve. He aquí está entre Cades y Bered.

15 Y parió Agar á Abram un hijo y llamó Abram el nombre de su hijo que le parió Agar, Ismael.

16 Y era Abram de edad de ochenta y seis años, cuando parió Agar á Ismael.

17 Ysiendo Abram de edad de noventa y nueve años, aparecióle Jehová, y le dijo: Yo soy el Dios

Todopoderoso; anda delante de mí, y sé perfecto.

2 Y pondré mi pacto entre mí y ti, y multiplicarte he mucho en gran manera.

3 Entonces Abram cayó sobre su rostro, y Dios habló con él diciendo:

4 Yo, he aquí mi pacto contigo: Serás padre de muchedumbre de gentes.

5 Y no se llamará más tu nombre Abram, sino que será tu nombre Abraham, porque te he puesto por padre de muchedumbre de gentes.

6 Y multiplicarte he mucho en gran manera, y te pondré en gentes, y reyes saldrán de ti.

7 Y estableceré mi pacto entre mí y ti, y tu simiente después de ti en sus generaciones, por alianza perpetua, para serte á ti por Dios, y á tu simiente después de ti.

8 Y te daré á ti, y á tu simiente después de ti, la tierra de tus peregrinaciones, toda la tierra de Canaán en heredad perpetua; y seré el Dios de ellos.

9 Dijo de nuevo Dios á Abraham: Tú empero guardarás mi pacto, tú y tu simiente después de ti por sus generaciones.

10 Este será mi pacto, que guardaréis entre mí y vosotros y tu simiente después de ti: Será circuncidado todo varón de entre vosotros.

11 Circuncidaréis, pues, la carne de vuestro prepucio, y será por señal del pacto entre mí y vosotros.

12 Y de edad de ocho días será circuncidado todo varón entre vosotros por vuestras generaciones: el nacido en casa, y el comprado á dinero de cualquier extranjero, que no fuere de tu simiente.

13 Debe ser circuncidado el nacido en tu casa, y el comprado por tu dinero: y estará mi pacto en vuestra carne para alianza perpetua.

14 Y el varón incircunciso que no hubiere circuncidado la carne de su prepucio, aquella persona será borrada de su pueblo; ha violado mi pacto.

15 Dijo también Dios á Abraham: A Sarai tu mujer no la llamarás Sarai, mas Sara será su nombre.

16 Y bendecirla he, y también te daré de ella hijo; sí, la bendeciré, y vendrá á ser madre de naciones; reyes de pueblos serán de ella.

17 Entonces Abraham cayó sobre su rostro, y rióse, y dijo en su corazón: ¿A hombre de cien años ha de nacer hijo? ¿y Sara, ya de noventa años, ha de parir?

18 Y dijo Abraham á Dios: Ojalá Ismael viva delante de ti.

19 Y respondió Dios: Ciertamente Sara tu mujer te parirá un hijo, y llamarás su nombre Isaac; y confirmaré mi pacto con él por alianza perpetua para su simiente después de él.

20 Y en cuanto á Ismael, también te he oído: he aquí que le bendeciré, y le haré fructificar y multiplicar mucho en gran manera: doce príncipes engendrará, y ponerlo he por gran gente.

21 Mas yo estableceré mi pacto con Isaac, al cual te parirá Sara por este tiempo el año siguiente.

22 Y acabó de hablar con él, y subió Dios de con Abraham.

23 Entonces tomó Abraham á Ismael su hijo, y á todos los siervos nacidos en su casa, y á todos los comprados por su dinero, á todo varón entre los domésticos de la casa de Abraham, y circuncidó la carne del prepucio de ellos en aquel mismo día, como Dios le había dicho.

24 Era Abraham de edad de noventa y nueve años cuando circuncidó la carne de su prepucio.

25 E Ismael su hijo era de trece años cuando fué circuncidada la carne de su prepucio.

26 En el mismo día fué circuncidado Abraham é Ismael su hijo.

27 Y todos los varones de su casa, el siervo nacido en casa, y el comprado por dinero del extranjero, fueron circuncidados con él.

18 Jehová en el valle de Mamre, estando él sentado á la puerta de su tienda en el calor del día.

2 Y alzó sus ojos y miró, y he aquí tres varones que estaban junto á él: y cuando los vió, salió corriendo de la puerta de su tienda á recibirlos, é inclinóse hacia la tierra,

3 Y dijo: Señor, si ahora he hallado gracia en tus ojos, ruégote que no pases de tu siervo.

4 Que se traiga ahora un poco de agua, y lavad vuestros pies; y recostaos debajo de un árbol.

5 Y traeré un bocado de pan, y sustentad vuestro corazón; después pasaréis: porque por eso habéis pasado cerca de vuestro siervo. Y ellos dijeron: Haz así como has dicho.

6 Entonces Abraham fué de priesa á la tienda á Sara, y le dijo: Toma presto tres medidas de flor de harina, amasa y haz panes cocidos debajo del rescoldo.

7 Y corrió Abraham á las vacas, y tomó un becerro tierno y bueno, y diólo al mozo, y dióse éste priesa á aderezarlo.

8 Tomó también manteca y leche, y el becerro que había aderezado, y púsolo delante de ellos; y él estaba junto á ellos debajo del árbol; y comieron.

9 Y le dijeron: ¿Dónde está Sara tu mujer? Y él respondió: Aquí en la tienda.

10 Entonces dijo: De cierto volveré á ti según el tiempo de la vida, y he aquí, tendrá un hijo Sara tu mujer. Y Sara escuchaba á la puerta de la tienda, que estaba detrás de él.

11 Y Abraham y Sara eran viejos, entrados en días: á Sara había cesado ya la costumbre de las mujeres.

12 Ríose, pues, Sara entre sí, diciendo: ¿Después que he envejecido tendré deleite, siendo también mi señor ya viejo?

13 Entonces Jehová dijo á Abraham: ¿Por qué se ha reído Sara diciendo: Será cierto que he de parir siendo ya vieja?

14 ¿Hay para Dios alguna cosa difícil? Al tiempo señalado volveré á ti, según el tiempo de la vida, y Sara tendrá un hijo.

15 Entonces Sara negó diciendo: No me reí; porque tuve miedo. Y él dijo: No es así, sino que te has reído.

16 Y los varones se levantaron de allí, y miraron hacia Sodoma; y Abraham iba con ellos acompañándolos.

17 Y Jehová dijo: ¿Encubriré yo á Abraham lo que voy á hacer,

18 Habiendo de ser Abraham en una nación grande y fuerte, y habiendo de ser benditas en él todas las gentes de la tierra?

19 Porque yo lo he conocido, sé que mandará á sus hijos y á su casa después de sí, que guarden el camino de Jehová, haciendo justicia y juicio, para que haga venir Jehová sobre Abraham lo que ha hablado acerca de él.

20 Entonces Jehová le dijo: Por cuanto el clamor de Sodoma y Gomorra se aumenta más y más, y el pecado de ellos se ha agravado en extremo,

21 Descender ahora, y veré si han consumado su obra según el clamor que ha venido hasta mí; y si no, saberlo he.

22 Y apartáronse de allí los varones, y fueron hacia Sodoma: mas Abraham estaba aún delante de Jehová.

23 Y acércose Abraham y dijo: ¿Destruirás también al justo con el impío?

24 Quizá hay cincuenta justos dentro de la ciudad: ¿destruirás también y no perdonarás al lugar por cincuenta justos que estén dentro de él?

25 Lejos de ti el hacer tal, que hagas morir al justo con el impío y que sea el justo tratado como el impío; nunca tal hagas. El juez de toda la tierra, ¿no ha de hacer lo que es justo?

26 Entonces respondió Jehová: Si hallare en Sodoma cincuenta justos dentro de la ciudad, perdonaré á todo este lugar por amor de ellos.

27 Y Abraham replicó y dijo: He aquí ahora que he comenzado á hablar á mi Señor, aunque soy polvo y ceniza:

28 Quizá faltarán de cincuenta justos cinco: ¿destruirás por aquellos cinco toda la ciudad? Y dijo: No la destruiré, si hallare allí cuarenta y cinco.

29 Y volvió á hablarle, y dijo: Quizá se hallarán allí cuarenta. Y respondió: No lo haré por amor de los cuarenta.

30 Y dijo: No se enoje ahora mi Señor, si hablare: quizá se hallarán allí treinta. Y respondió: No lo haré si hallare allí treinta.

31 Y dijo: He aquí ahora que he emprendido el hablar á mi Señor: quizá se hallarán allí veinte. No la destruiré, respondió, por amor de los veinte.

32 Y volvió á decir: No se enoje ahora mi Señor, si hablare solamente una vez: quizá se hallarán allí diez. No la destruiré, respondió, por amor de los diez.

33 Y fuése Jehová, luego que acabó de hablar á Abraham: y Abraham se volvió á su lugar.

19 Llegaron, pues, los dos ángeles á Sodoma á la caída de la tarde; y Lot estaba sentado á la puerta de Sodoma. Y viéndolos Lot, levantóse á recibirlos, é inclinóse hacia el suelo;

2 Y dijo: Ahora, pues, mis señores, os ruego que os vengáis á casa de vuestro siervo y os hospedéis, y lavaréis vuestros pies: y por la mañana os levantaréis, y seguiréis vuestro camino. Y ellos respondieron: No, que en la plaza nos quedaremos esta noche.

3 Mas él porfió con ellos mucho, y se vinieron con él, y entraron en su casa; é hízoles banquete, y coció panes sin levadura y comieron.

4 Y antes que se acostasen, cercaron la casa los hombres de la ciudad, los varones de Sodoma, todo el pueblo junto, desde el más joven hasta el más viejo;

5 Y llamaron á Lot, y le dijeron: ¿Dónde están los varones que vinieron á ti esta noche? sácanoslos, para que los conozcamos.

6 Entonces Lot salió á ellos á la puerta, y cerró las puertas tras sí,

7 Y dijo: Os ruego, hermanos míos, que no hagáis tal maldad.

8 He aquí ahora yo tengo dos hijas que no han conocido varón; os las sacaré afuera, y haced de ellas como bien os pareciere: solamente á estos varones no hagáis nada, pues que vinieron á la sombra de mi tejado.

9 Y ellos respondieron: Quita allá: y añadieron: Vino éste aquí para habitar como un extraño, ¿y habrá de erigirse en juez? Ahora te haremos más mal que á ellos. Y hacían gran violencia al varón, á Lot, y se acercaron para romper las puertas.

10 Entonces los varones alargaron la mano, y metieron á Lot en casa con ellos, y cerraron las puertas.

11 Y á los hombres que estaban á la puerta de la casa desde el menor hasta el mayor, hirieron con ceguera; mas ellos se fatigaban por hallar la puerta.

12 Y dijeron los varones á Lot: ¿Tienes aquí alguno más? Yernos, y tus hijos y tus hijas, y todo lo que tienes en la ciudad, sácalo de este lugar:

13 Porque vamos á destruir este lugar, por cuanto el clamor de ellos ha subido de punto delante de Jehová; por tanto Jehová nos ha enviado para destruirlo.

14 Entonces salió Lot, y habló á sus yernos, los que habían de tomar sus hijas, y les dijo: Levantaos, salid de este lugar; porque Jehová va á destruir esta ciudad. Mas pareció á sus yernos como que se burlaba.

15 Y al rayar el alba, los ángeles daban prisa á Lot, diciendo: Levántate, toma tu mujer, y tus dos hijas que se hallan aquí, porque no perezcas en el castigo de la ciudad.

16 Y deteniéndose él, los varones asieron de su mano, y de la mano de su mujer, y de las manos de sus dos hijas según la misericordia de Jehová para con él; y le sacaron, y le pusieron fuera de la ciudad.

17 Y fué que cuando los hubo sacado fuera, dijo: Escapa por tu vida; no mires tras ti, ni pares en toda esta llanura; escapa al monte, no sea que perezcas.

18 Y Lot les dijo: No, yo os ruego, señores míos;

19 He aquí ahora ha hallado tu siervo gracia en tus ojos, y has engrandecido tu misericordia que has hecho conmigo dándome la vida; mas yo no podré escapar al monte, no sea caso que me alcance el mal y muera.

20 He aquí ahora esta ciudad está cerca para huir allá, la cual es pequeña; escaparé ahora allá, (¿no es ella pequeña?) y vivirá mi alma.

21 Y le respondió: He aquí he recibido también tu súplica sobre esto, y no destruiré la ciudad de que has hablado.

22 Date priesa, escápate allá; porque nada podré hacer hasta que allí hayas llegado. Por esto fué llamado el nombre de la ciudad, Zoar.

23 El sol salía sobre la tierra, cuando Lot llegó á Zoar.

24 Entonces llovió Jehová sobre Sodoma y sobre Gomorra azufre y fuego de parte de Jehová desde los cielos;

25 Y destruyó las ciudades, y toda aquella llanura, con todos los moradores de aquellas ciudades, y el fruto de la tierra.

26 Entonces la mujer de Lot miró atrás, á espaldas de él, y se volvió estatua de sal.

27 Y subió Abraham por la mañana al lugar donde había estado delante de Jehová:

28 Y miró hacia Sodoma y Gomorra, y hacia toda la tierra de aquella llanura miró; y he aquí que el humo subía de la tierra como el humo de un horno.

29 Así fué que, cuando destruyó Dios las ciudades de la llanura, acordóse Dios de Abraham, y envió fuera á Lot de en medio de la destrucción, al asolar las ciudades donde Lot estaba.

30 Empero Lot subió de Zoar, y asentó en el monte, y sus dos hijas con él; porque tuvo miedo de quedar en Zoar, y se alojó en una cueva él y sus dos hijas.

31 Entonces la mayor dijo á la menor: Nuestro padre es viejo,

y no queda varón en la tierra que entre á nosotras conforme á la costumbre de toda la tierra:

32 Ven, demos á beber vino á nuestro padre, y durmamos con él, y conservaremos de nuestro padre generación.

33 Y dieron á beber vino á su padre aquella noche: y entró la mayor, y durmió con su padre; mas él no sintió cuándo se acostó ella, ni cuándo se levantó.

34 El día siguiente dijo la mayor á la menor: He aquí yo dormí la noche pasada con mi padre; démosle á beber vino también esta noche, y entra y duerme con él, para que conservemos de nuestro padre generación.

35 Y dieron á beber vino á su padre también aquella noche: y levantóse la menor, y durmió con él; pero no echó de ver cuándo se acostó ella, ni cuándo se levantó.

36 Y concibieron las dos hijas de Lot, de su padre.

37 Y parió la mayor un hijo, y llamó su nombre Moab, el cual es padre de los Moabitas hasta hoy.

38 La menor también parió un hijo, y llamó su nombre Benammí, el cual es padre de los Ammonitas hasta hoy.

20 De allí partió Abraham á la tierra del Mediodía, y asentó entre Cades y Shur, y habitó como forastero en Gerar.

2 Y dijo Abraham de Sara su mujer: Mi hermana es. Y Abimelech, rey de Gerar, envió y tomó á Sara.

3 Empero Dios vino á Abimelech en sueños de noche, y le dijo: He aquí muerto eres á causa de la mujer que has tomado, la cual es casada con marido.

4 Mas Abimelech no había llegado á ella, y dijo: Señor, ¿matarás también la gente justa?

5 ¿No me dijo él: Mi hermana es; y ella también dijo: Es mi hermano? Con sencillez de mi corazón, y con limpieza de mis manos he hecho esto.

6 Y díjole Dios en sueños: Yo también sé que con integridad de tu corazón has hecho esto; y yo también te detuve de pecar contra mí, y así no te permití que la tocases.

7 Ahora, pues, vuelve la mujer á su marido; porque es profeta, y orará por ti, y vivirás. Y si tú no la volvieres, sabe que de cierto morirás, con todo lo que fuere tuyo.

8 Entonces Abimelech se levantó de mañana, y llamó á todos sus siervos, y dijo todas estas palabras en los oídos de ellos; y temieron los hombres en gran manera.

9 Después llamó Abimelech á Abraham y le dijo: ¿Qué nos has hecho? ¿y en qué pequé yo contra ti, que has atraído sobre mí y sobre mi reino tan gran pecado? lo que no debiste hacer has hecho conmigo.

10 Y dijo más Abimelech á Abraham: ¿Qué viste para que hicieses esto?

11 Y Abraham respondió: Porque dije para mí: Cierto no hay temor de Dios en este lugar, y me matarán por causa de mi mujer.

12 Y á la verdad también es mi hermana, hija de mi padre, mas no hija de mi madre, y toméla por mujer.

13 Y fue que, cuando Dios me hizo salir errante de la casa de mi padre, yo le dije: Esta es la merced que tú me harás, que en todos los lugares donde llegáremos, digas de mí: Mi hermano es.

14 Entonces Abimelech tomó ovejas y vacas, y siervos y siervas, y diólo á Abraham, y devolvióle á Sara su mujer.

15 Y dijo Abimelech: He aquí mi tierra está delante de ti, habita donde bien te pareciere.

16 Y á Sara dijo: He aquí he dado mil monedas de plata á tu hermano; mira que él te es por velo de ojos para todos los que están contigo, y para con todos: así fué reprendida.

17 Entonces Abraham oró á Dios; y Dios sanó á Abimelech y á su mujer, y á sus siervas, y parieron.

18 Porque había por completo cerrado Jehová toda matriz de la casa de Abimelech, á causa de Sara mujer de Abraham.

21 Y visitó Jehová á Sara, como había dicho, é hizo Jehová con Sara como había hablado.

2 Y concibió y parió Sara á Abraham un hijo en su vejez, en el tiempo que Dios le había dicho.

3 Y llamó Abraham el nombre de su hijo que le nació, que le parió Sara, Isaac.

4 Y circuncidó Abraham á su hijo Isaac de ocho días, como Dios le había mandado.

5 Y era Abraham de cien años, cuando le nació Isaac su hijo.

6 Entonces dijo Sara: Dios me ha hecho reír, y cualquiera que lo oyere, se reirá conmigo.

7 Y añadió: ¿Quién dijera á Abraham que Sara había de dar de mamar á hijos? pues que le he parido un hijo á su vejez.

8 Y creció el niño, y fué destetado; é hizo Abraham gran banquete el día que fué destetado Isaac.

9 Y vió Sara al hijo de Agar la Egipcia, el cual había ésta parido á Abraham, que se burlaba.

10 Por tanto dijo á Abraham: Echa á esta sierva y á su hijo; que el hijo de esta sierva no ha de heredar con mi hijo, con Isaac.

11 Este dicho pareció grave en gran manera á Abraham á causa de su hijo.

12 Entonces dijo Dios á Abraham: No te parezca grave á causa del muchacho y de tu sierva; en todo lo que te dijere Sara, oye su voz, porque en Isaac te será llamada descendencia.

13 Y también al hijo de la sierva pondré en gente, porque es tu simiente.

14 Entonces Abraham se levantó muy de mañana, y tomó pan, y un odre de agua, y diólo á Agar, poniéndolo sobre su hombro, y entrególe el muchacho, y despidióla. Y ella partió, y andaba errante por el desierto de Beer-seba.

15 Y faltó el agua del odre, y echó al muchacho debajo de un árbol;

16 Y fuése y sentóse enfrente, alejándose como un tiro de arco; porque decía: No veré cuando el muchacho morirá: y sentóse enfrente, y alzó su voz y lloró.

17 Y oyó Dios la voz del muchacho; y el ángel de Dios llamó á Agar desde el cielo, y le dijo: ¿Qué tienes, Agar? No temas; porque Dios ha oído la voz del muchacho en donde está.

18 Levántate, alza al muchacho, y ásele de tu mano, porque en gran gente lo tengo de poner.

19 Entonces abrió Dios sus ojos, y vió una fuente de agua; y fué, y llenó el odre de agua, y dió de beber al muchacho.

20 Y fué Dios con el muchacho; y creció, y habitó en el desierto, y fué tirador de arco.

21 Y habitó en el desierto de Parán; y su madre le tomó mujer de la tierra de Egipto.

22 Y aconteció en aquel mismo tiempo que habló Abimelech, y Phicol, príncipe de su ejército, á Abraham diciendo: Dios es contigo en todo cuanto haces.

23 Ahora pues, júrame aquí por Dios, que no faltarás á mí, ni á mi hijo, ni á mi nieto; sino que conforme á la bondad que yo hice contigo, harás tú conmigo y con la tierra donde has peregrinado.

24 Y respondió Abraham: Yo juraré.

25 Y Abraham reconvino á Abimelech á causa de un pozo de agua, que los siervos de Abimelech le habían quitado.

26 Y respondió Abimelech: No sé quién haya hecho esto, ni tampoco tú me lo hiciste saber, ni yo lo he oído hasta hoy.

27 Y tomó Abraham ovejas y vacas, y dió á Abimelech; é hicieron ambos alianza.

28 Y puso Abraham siete corderas del rebaño aparte.

29 Y dijo Abimelech á Abraham: ¿Qué significan esas siete corderas que has puesto aparte?

30 Y él respondió: Que estas siete corderas tomarás de mi mano, para que me sean en testimonio de que yo cavé este pozo.

31 Por esto llamó á aquel lugar Beer-seba; porque allí juraron ambos.

32 Así hicieron alianza en Beer-seba: y levantóse Abimelech y Phicol, príncipe de su ejército, y se volvieron á tierra de los Filisteos.

33 Y plantó Abraham un bosque en Beer-seba, é invocó allí el nombre de Jehová Dios eterno.

34 Y moró Abraham en tierra de los Filisteos muchos días.

22 Y aconteció después de estas cosas, que tentó Dios á Abraham, y le dijo: Abraham. Y él respondió: Heme aquí.

2 Y dijo: Toma ahora tu hijo, tu único, Isaac, á quien amas, y vete á tierra de Moriah, y ofrécelo allí en holocausto sobre uno de los montes que yo te diré.

3 Y Abraham se levantó muy de mañana, y enalbardó su asno, y tomó consigo dos mozos suyos, y á Isaac su hijo; y cortó leña para el holocausto, y levantóse, y fué al lugar que Dios le dijo.

4 Al tercer día alzó Abraham sus ojos, y vió el lugar de lejos.

5 Entonces dijo Abraham á sus mozos: Esperaos aquí con el asno, y yo y el muchacho iremos hasta allí, y adoraremos, y volverémos á vosotros.

6 Y tomó Abraham la leña del holocausto, y púsola sobre Isaac su hijo: y él tomó en su mano el fuego y el cuchillo; y fueron ambos juntos.

7 Entonces habló Isaac á Abraham su padre, y dijo: Padre mío. Y él respondió: Heme aquí, mi hijo. Y él dijo: He aquí el fuego y la leña; mas ¿dónde está el cordero para el holocausto?

8 Y respondió Abraham: Dios se proveerá de cordero para el holocausto, hijo mío. E iban juntos.

9 Y como llegaron al lugar que Dios le había dicho, edificó allí Abraham un altar, y compuso la leña, y ató á Isaac su hijo, y púsole en el altar sobre la leña.

10 Y extendió Abraham su mano, y tomó el cuchillo, para degollar á su hijo.

11 Entonces el ángel de Jehová le dió voces del cielo, y dijo: Abraham, Abraham. Y él respondió: Heme aquí.

12 Y dijo: No extiendas tu mano sobre el muchacho, ni le hagas nada; que ya conozco que temes á Dios, pues que no me rehusaste tu hijo, tu único;

13 Entonces alzó Abraham sus ojos, y miró, y he aquí un carnero á sus espaldas trabado en un zarzal por sus cuernos: y fué Abraham, y tomó el carnero, y ofrecióle en holocausto en lugar de su hijo.

14 Y llamó Abraham el nombre de aquel lugar, Jehová proveerá. Por tanto se dice hoy: En el monte de Jehová será provisto.

15 Y llamó el ángel de Jehová á Abraham segunda vez desde el cielo,

16 Y dijo: Por mí mismo he jurado, dice Jehová, que por cuanto has hecho esto, y no me has rehusado tu hijo, tu único;

17 Bendiciendo te bendeciré, y multiplicando multiplicaré tu simiente como las estrellas del cielo, y como la arena que está á la orilla del mar; y tu simiente poseerá las puertas de sus enemigos:

18 En tu simiente serán benditas todas las gentes de la tierra, por cuanto obedeciste á mi voz.

19 Y tornóse Abraham á sus mozos, y levantáronse y se fueron juntos á Beer-seba; y habitó Abraham en Beer-seba.

20 Y aconteció después de estas cosas, que fué dada nueva á Abraham, diciendo: He aquí que también Milca ha parido hijos á Nachôr tu hermano:

21 A Huz su primogénito, y á Buz su hermano, y á Kemuel padre de Aram,

22 Y á Chêsed, y á Hazo, y á Pildas, y á Jidlaph, y á Bethuel.

23 Y Bethuel engendró á Rebeca. Estos ocho parió Milca á Nachôr, hermano de Abraham.

24 Y su concubina, que se llamaba Reúma, parió también á Teba, y á Gaham, y á Taas, y á Maachâ.

23 Y fué la vida de Sara ciento veintisiete años: tantos fueron los años de la vida de Sara.

2 Y murió Sara en Kiriath-arba, que es Hebrón, en la tierra de Canaán: y vino Abraham á hacer el duelo á Sara y á llorarla.

3 Y levantóse Abraham de delante de su muerto, y habló á los hijos de Heth, diciendo:

4 Peregrino y advenedizo soy entre vosotros; dadme heredad de sepultura con vosotros, y sepultaré mi muerto de delante de mí.

5 Y respondieron los hijos de Heth á Abraham, y diéronle:

6 Oyenos, señor mío, eres un príncipe de Dios entre nosotros; en lo mejor de nuestras sepulturas sepulta á tu muerto; ninguno de nosotros te impedirá su sepultura, para que entierres tu muerto.

7 Y Abraham se levantó, é inclinóse al pueblo de aquella tierra, á los hijos de Heth;

8 Y habló con ellos, diciendo: Si tenéis voluntad que yo sepulte mi muerto de delante de mí, oidme, é interceded por mí con Ephrón, hijo de Zohar,

9 Para que me dé la cueva de Macpela, que tiene al cabo de su heredad: que por su justo precio me la dé, para posesión de sepultura en medio de vosotros.

10 Este Ephrón hallábase entre los hijos de Heth: y respondió Ephrón Hetheo á Abraham, en oídos de los hijos de Heth, de todos los que entraban por la puerta de su ciudad, diciendo:

11 No, señor mío, óyeme: te doy la heredad, y te doy también la cueva que está en ella; delante de los hijos de mi pueblo te la doy; sepulta tu muerto.

12 Y Abraham se inclinó delante del pueblo de la tierra.

13 Y respondió á Ephrón en oídos del pueblo de la tierra, diciendo: Antes, si te place, ruégote que me oigas; yo daré el precio de la heredad, tómalo de mí, y sepultaré en ella mi muerto.

14 Y respondió Ephrón á Abraham, diciéndole:

15 Señor mío, escúchame: la tierra vale cuatrocientos siclos de plata: ¿qué es esto entre mí y ti? entierra pues tu muerto.

16 Entonces Abraham se convino con Ephrón, y pesó Abraham á Ephrón el dinero que dijo, oyéndolo los hijos de Heth, cuatrocientos siclos de plata, de buena ley entre mercaderes.

17 Y quedó la heredad de Ephrón que estaba en Macpela enfrente de Mamre, la heredad y la cueva que estaba en ella, y todos los árboles que había en la heredad, y en todo su término al derredor,

18 Por de Abraham en posesión, á vista de los hijos de Heth, y de todos los que entraban por la puerta de la ciudad.

19 Y después de esto sepultó Abraham á Sara su mujer en la cueva de la heredad de Macpela enfrente de Mamre, que es Hebrón en la tierra de Canaán.

20 Y quedó la heredad y la cueva que en ella había, por de Abraham, en posesión de sepultura adquirida de los hijos de Heth.

24 Y Abraham era viejo, y bien entrado en días; y Jehová había bendecido á Abraham en todo.

2 Y dijo Abraham á un criado suyo, el más viejo de su casa, que era el que gobernaba en todo lo que tenía: Pon ahora tu mano debajo de mi muslo,

3 Y te juramentaré por Jehová, Dios de los cielos y Dios de la tierra, que no has de tomar mujer para mi hijo de las hijas de los Cananeos, entre los cuales yo habito;

4 Sino que irás á mi tierra y á mi parentela, y tomarás mujer para mi hijo Isaac.

5 Y el criado le respondió: Quizá la mujer no querrá venir en pos de mí á esta tierra: ¿volveré, pues, tu hijo á la tierra de donde saliste?

6 Y Abraham le dijo: Guárdate que no vuelvas á mi hijo allá.

7 Jehová, Dios de los cielos, que me tomó de la casa de mi padre y de la tierra de mi parentela, y me habló y me juró, diciendo: A tu simiente daré esta tierra; él enviará su ángel delante de ti, y tú tomarás de allá mujer para mi hijo.

8 Y si la mujer no quisiere venir en pos de ti, serás libre de este mi juramento; solamente que no vuelvas allá á mi hijo.

9 Entonces el criado puso su mano debajo del muslo de Abraham su señor, y juróle sobre este negocio.

10 Y el criado tomó diez camellos de los camellos de su señor, y fuése, pues tenía á su disposición todos los bienes de su señor. y puesto en camino, llegó á Mesopotamia, á la ciudad de Nachôr.

11 E hizo arrodillar los camellos fuera de la ciudad, junto á un pozo de agua, á la hora de la tarde, á la hora en que salen las mozas por agua.

12 Y dijo: Jehová, Dios de mi señor Abraham, dame, te ruego, el tener hoy buen encuentro, y haz misericordia con mi señor Abraham.

13 He aquí yo estoy junto á la fuente de agua, y las hijas de los varones de esta ciudad salen por agua:

14 Sea, pues, que la moza á quien yo dijere: Baja tu cántaro, te ruego, para que yo beba; y ella respondiere: Bebe, y también daré de beber á tus camellos: que sea ésta la que tú has destinado para tu siervo Isaac; y en esto conoceré que habrás hecho misericordia con mi señor.

15 Y aconteció que antes que él acabase de hablar, he aquí Rebeca, que había nacido á Bethuel, hijo de Milca, mujer de Nachôr hermano de Abraham, la cual salía con su cántaro sobre su hombro.

16 Y la moza era de muy hermoso aspecto, virgen, á la que varón no había conocido; la cual descendió á la fuente, y llenó su cántaro, y se volvía.

17 Entonces el criado corrió hacia ella, y dijo: Ruégote que me des á beber un poco de agua de tu cántaro.

18 Y ella respondió: Bebe, señor mío; y dióse prisa á bajar su cántaro sobre su mano, y le dió á beber.

19 Y cuando acabó de darle á beber, dijo: También para tus camellos sacaré agua, hasta que acaben de beber.

20 Y dióse prisa, y vació su cántaro en la pila, y corrió otra vez al pozo para sacar agua, y sacó para todos sus camellos.

21 Y el hombre estaba maravillado de ella, callando, para saber si Jehová había prosperado ó no su viaje.

22 Y fué que como los camellos acabaron de beber, presentóle el hombre un pendiente de oro que pesaba medio siclo, y dos brazaletes que pesaban diez:

23 Y dijo: ¿De quién eres hija? Ruégote me digas, ¿hay lugar en casa de tu padre donde posemos?

24 Y ella respondió: Soy hija de Bethuel, hijo de Milca, el cual parió ella á Nachôr.

25 Y añadió: También hay en nuestra casa paja y mucho forraje, y lugar para posar.

26 El hombre entonces se inclinó, y adoró á Jehová.

27 Y dijo: Bendito sea Jehová, Dios de mi amo Abraham, que no apartó su misericordia y su verdad de mi amo, guiándome Jehová en el camino á casa de los hermanos de mi amo.

28 Y la moza corrió, é hizo saber en casa de su madre estas cosas.

29 Y Rebeca tenía un hermano que se llamaba Labán, el cual corrió afuera al hombre, á la fuente;

30 Y fué que como vió el pendiente y los brazaletes en las manos de su hermana, que decía, Así me habló aquel hombre; vino á él; y he aquí que estaba junto á los camellos á la fuente.

31 Y díjole: Ven, bendito de Jehová; ¿por qué estás fuera? yo he limpiado la casa, y el lugar para los camellos.

32 Entonces el hombre vino á casa, y Labán desató los camellos; y dióles paja y forraje, y agua para lavar los piés de él, y los piés de los hombres que con él venían.

33 Y pusiéronle delante qué comer; mas él dijo: No comeré hasta que haya dicho mi mensaje. Y él le dijo: Habla.

34 Entonces dijo: Yo soy criado de Abraham;

35 Y Jehová ha bendecido mucho á mi amo, y él se ha engrandecido: y le ha dado ovejas y vacas, plata y oro, siervos y siervas, camellos y asnos.

36 Y Sara, mujer de mi amo, parió en su vejez un hijo á mi señor, quien le ha dado todo cuanto tiene.

37 Y mi amo me hizo jurar, diciendo: No tomarás mujer para mi hijo de las hijas de los Cananeos, en cuya tierra habito;

38 Sino que irás á la casa de mi padre, y á mi parentela, y tomarás mujer para mi hijo.

39 Y yo dije: Quizás la mujer no querrá seguirme.

40 Entonces él me respondió: Jehová, en cuya presencia he andado, enviará su ángel contigo, y prosperará tu camino; y tomarás mujer para mi hijo de mi linaje y de la casa de mi padre:

41 Entonces serás libre de mi juramento, cuando hubieres llegado á mi linaje; y si no te la dieren, serás libre de mi juramento.

42 Llegué, pues, hoy á la fuente, y dije: Jehová, Dios de mi señor Abraham, si tú prosperas ahora mi camino por el cual ando;

43 He aquí yo estoy junto á la fuente de agua; sea, pues, que la doncella que saliere por agua, á la cual dijere: Dame á beber, te ruego, un poco de agua de tu cántaro;

44 Y ella me respondiere, Bebe tú, y también para tus camellos sacaré agua: ésta sea la mujer que destinó Jehová para el hijo de mi señor.

45 Y antes que acabase de hablar en mi corazón, he aquí Rebeca, que salía con su cántaro sobre su hombro; y descendió á la fuente, y sacó agua; y le dije: Ruégote que me des á beber.

46 Y prestamente bajó su cántaro de encima de sí, y dijo: Bebe, y también á tus camellos daré á beber. Y bebí, y dió también de beber á mis camellos.

47 Entonces pregúntele, y dije: ¿De quién eres hija? Y ella respondió: Hija de Bethuel, hijo de Nachôr, que le parió Milca. Entonces púsele un pendiente sobre su nariz, y brazaletes sobre sus manos:

48 E incliné, y adoré á Jehová, y bendije á Jehová, Dios de mi señor Abraham, que me había guiado por camino de verdad para tomar la hija del hermano de mi señor para su hijo.

49 Ahora pues, si vosotros hacéis misericordia y verdad con mi señor, declarádmelo; y si no, declarádmelo; y echaré á la diestra ó á la siniestra.

50 Entonces Labán y Bethuel respondieron y dijeron: De Jehová ha salido esto; no podemos hablarte malo ni bueno.

51 He ahí Rebeca delante de ti; tómala y vete, y sea mujer del hijo de tu señor, como lo ha dicho Jehová.

52 Y fué, que como el criado de Abraham oyó sus palabras, inclinóse á tierra á Jehová.

53 Y sacó el criado vasos de plata y vasos de oro y vestidos, y dió á Rebeca: también dió cosas preciosas á su hermano y á su madre.

54 Y comieron y bebieron él y los varones que venían con él, y durmieron; y levantándose de mañana, dijo: Enviadme á mi señor.

55 Entonces respondió su hermano y su madre: Espere la moza con nosotros á lo menos diez días, y después irá.

56 Y él les dijo: No me detengáis, pues que Jehová ha prosperado mi camino; despachadme para que me vaya á mi señor.

57 Ellos respondieron entonces: Llamemos la moza y preguntémosle.

58 Y llamaron á Rebeca, y dijéronle: ¿Irás tú con este varón? Y ella respondió: Sí, iré.

59 Entonces dejaron ir á Rebeca su hermana, y á su nodriza, y al criado de Abraham y á sus hombres.

60 Y bendijeron á Rebeca, y dijéronle: Nuestra hermana eres; seas en millares de millares, y tu generación posea la puerta de sus enemigos.

61 Levantóse entonces Rebeca y sus mozas, y subieron sobre los camellos, y siguieron al hombre; y el criado tomó á Rebeca, y fuése.

62 Y venía Isaac del pozo del Viviente que me ve; porque él habitaba en la tierra del Mediodía;

63 Y había salido Isaac á orar al campo, á la hora de la tarde; y alzando sus ojos miró, y he aquí los camellos que venían.

64 Rebeca también alzó sus ojos, y vió á Isaac, y descendió del camello;

65 Porque había preguntado al criado: ¿Quién es este varón que viene por el campo hacia nosotros? Y el siervo había respondido: Este es mi señor. Ella entonces tomó el velo, y cubrióse.

66 Entonces el criado contó á Isaac todo lo que había hecho.

67 E introdújola Isaac á la tienda de su madre Sara, y tomó á Rebeca por mujer; y amóla: y consolóse Isaac después de la muerte de su madre.

25 Y Abraham tomó otra mujer, cuyo nombre fué Cetura;

2 La cual le parió á Zimram, y á Joksan, y á Medan, y á Midiam, y á Ishbak, y á Sua.

3 Y Joksan engendró á Seba, y á Dedán: é hijos de Dedán fueron Assurim, y Letusim, y Leummim.

4 E hijos de Midiam: Epha, y Epher, y Enech, y Abida, y Eldaa. Todos estos fueron hijos de Cetura.

5 Y Abraham dió todo cuanto tenía á Isaac.

6 Y á los hijos de sus concubinas dió Abraham dones, y enviólos de junto Isaac su hijo, mientras él vivía, hacia el oriente, á la tierra oriental.

7 Y estos fueron los días de vida que vivió Abraham: ciento setenta y cinco años.

8 Y exhaló el espíritu, y murió Abraham en buena vejez, anciano y lleno de días y fué unido á su pueblo.

9 Y sepultáronlo Isaac é Ismael sus hijos en la cueva de Macpela, en la heredad de Ephrón, hijo de Zoar Hetheo, que está enfrente de Mamre;

10 Heredad que compró Abraham de los hijos de Heth; allí fué Abraham sepultado, y Sara su mujer.

11 Y sucedió, después de muerto Abraham, que Dios bendijo á Isaac su hijo: y habitó Isaac junto al pozo del Viviente que me ve.

12 Y estas son las generaciones de Ismael, hijo de Abraham, que le parió Agar Egipcia, sierva de Sara:

13 Estos, pues, son los nombres de los hijos de Ismael, por sus nombres, por sus linajes: El primogénito de Ismael, Nabaioth; luego Cedar, y Abdeel, y Mibsam,

14 Y Misma, y Duma, y Massa,

15 Hadad, y Tema, y Jetur, y Naphis, y Cedema.

16 Estos son los hijos de Ismael, y estos sus nombres por sus villas y por sus campamentos; doce príncipes por sus familias.

17 Y estos fueron los años de la vida de Ismael, ciento treinta y siete años: y exhaló el espíritu Ismael, y murió; y fué unido á su pueblo.

18 Y habitaron desde Havila hasta Shur, que está enfrente de Egipto viniendo á Asiria; y murió en presencia de todos sus hermanos.

19 Y estas son las generaciones de Isaac, hijo de Abraham. Abraham engendró á Isaac:

20 Y era Isaac de cuarenta años cuando tomó por mujer á Rebeca, hija de Bethuel Arameo de Padan-aram, hermana de Labán Arameo.

21 Y oró Isaac á Jehová por su mujer, que era estéril; y aceptólo Jehová, y concibió Rebeca su mujer.

22 Y los hijos se combatían dentro de ella; y dijo: Si es así ¿para qué vivo yo? Y fué á consultar á Jehová.

23 Y respondióle Jehová: Dos gentes hay en tu seno, Y dos pueblos serán divididos desde tus entrañas: Y el un pueblo será más fuerte que el otro pueblo, Y el mayor servirá al menor.

24 Y como se cumplieron sus días para parir, he aquí mellizos en su vientre.

25 Y salió el primero rubio, y todo él velludo como una peliza; y llamaron su nombre Esaú.

26 Y después salió su hermano, trabada su mano al calcañar de Esaú: y fué llamado su nombre Jacob. Y era Isaac de edad de sesenta años cuando ella los parió.

27 Y crecieron los niños, y Esaú fué diestro en la caza, hombre del campo: Jacob empero era varón quieto, que habitaba en tiendas.

28 Y amó Isaac á Esaú, porque comía de su caza; mas Rebeca amaba á Jacob.

29 Y guisó Jacob un potaje; y volviendo Esaú del campo cansado,

30 Dijo á Jacob: Ruégote que me des á comer de eso bermejo, pues estoy muy cansado. Por tanto fué llamado su nombre Edom.

31 Y Jacob respondió: Véndeme en este día tu primogenitura.

32 Entonces dijo Esaú: He aquí yo me voy á morir; ¿para qué, pues, me servirá la primogenitura?

33 Y dijo Jacob: Júrame lo en este día. Y él le juró, y vendió á Jacob su primogenitura.

34 Entonces Jacob dió á Esaú pan y del guisado de las lentejas; y él comió y bebió, y levantóse, y fuése. Así menospreció Esaú la primogenitura.

26 Y hubo hambre en la tierra, además de la primera hambre que fué en los días de Abraham: y fuése Isaac á Abimelech rey de los Filisteos, en Gerar.

2 Y apareciósele Jehová, y díjole: No desciendas á Egipto: habita en la tierra que yo te diré;

3 Habita en esta tierra, y seré contigo, y te bendeciré; porque á ti y á tu simiente daré todas estas tierras, y confirmaré el juramento que juré á Abraham tu padre:

4 Y multiplicaré tu simiente como las estrellas del cielo, y daré á tu simiente todas estas tierras; y todas las gentes de la tierra serán benditas en tu simiente.

5 Por cuanto oyó Abraham mi voz, y guardó mi precepto, mis mandamientos, mis estatutos y mis leyes.

6 Habitó, pues, Isaac en Gerar.

7 Y los hombres de aquel lugar le preguntaron acerca de su mujer; y él respondió: Es mi hermana; porque tuvo miedo de decir: Es mi mujer; que tal vez, dijo, los hombres del lugar me matarían por causa de Rebeca; porque era de hermoso aspecto.

8 Y sucedió que, después que él estuvo allí muchos días, Abimelech, rey de los Filisteos, mirando por una ventana, vió á Isaac que jugaba con Rebeca su mujer.

9 Y llamó Abimelech á Isaac, y dijo: He aquí ella es de cierto tu mujer: ¿cómo, pues, dijiste: Es mi hermana? E Isaac le respondió: Porque dije: Quizá moriré por causa de ella.

10 Y Abimelech dijo: ¿Por qué nos has hecho esto? Por poco hubiera dormido alguno del pueblo con tu mujer, y hubieras traído sobre nosotros el pecado.

11 Entonces Abimelech mandó á todo el pueblo, diciendo: El que tocare á este hombre ó á su mujer, de cierto morirá.

12 Y sembró Isaac en aquella tierra, y halló aquel año ciento por uno: y bendíjole Jehová.

13 Y el varón se engrandeció, y fué adelantando y engrandeciéndose, hasta hacerse muy poderoso:

14 Y tuvo hato de ovejas, y hato de vacas, y grande apero; y los Filisteos le tuvieron envidia.

15 Y todos los pozos que habían abierto, los criados de Abraham su padre en sus días, los Filisteos los habían cegado y llenado de tierra.

16 Y dijo Abimelech á Isaac: Apártate de nosotros, porque mucho más poderoso que nosotros te has hecho.

17 E Isaac se fué de allí; y asentó sus tiendas en el valle de Gerar, y habitó allí.

18 Y volvió á abrir Isaac los pozos de agua que habían abierto en los días de Abraham su padre, y que los Filisteos habían cegado, muerto Abraham; y llamólos por los nombres que su padre los había llamado.

19 Y los siervos de Isaac cavaron en el valle, y hallaron allí un pozo de aguas vivas.

20 Y los pastores de Gerar riñeron con los pastores de Isaac, diciendo: El agua es nuestra: por eso llamó el nombre del pozo Esek, porque habían altercado con él.

21 Y abrieron otro pozo, y también riñeron sobre él; y llamó su nombre Sitnah.

22 Y apartóse de allí, y abrió otro pozo, y no riñeron sobre él; y llamó su nombre Rehoboth, y dijo: Porque ahora nos ha hecho ensanchar Jehová y fructificaremos en la tierra.

23 Y de allí subió á Beer-seba.

24 Y aparecIósele Jehová aquella noche, y dijo: Yo soy el Dios de Abraham tu padre: no temas, que yo soy contigo, y yo te bendeciré, y multiplicaré tu simiente por amor de Abraham mi siervo.

25 Y edificó allí un altar, é invocó el nombre de Jehová, y tendió allí su tienda: y abrieron allí los siervos de Isaac un pozo.

26 Y Abimelech vino á él desde Gerar, y Ahuzzath, amigo suyo, y Phicol, capitán de su ejército.

27 Y díjoles Isaac: ¿Por qué venís á mí, pues que me habéis aborrecido, y me echasteis de entre vosotros?

28 Y ellos respondieron: Hemos visto que Jehová es contigo; y dijimos: Haya ahora juramento entre nosotros, entre nosotros y ti, y haremos alianza contigo.

29 Que no nos hagas mal, como nosotros no te hemos tocado, y como solamente te hemos hecho bien, y te enviamos en paz: tú ahora, bendito de Jehová.

30 Entonces él les hizo banquete, y comieron y bebieron.

31 Y se levantaron de madrugada, y juraron el uno al otro; é Isaac los despidió, y ellos se partieron de él en paz.

32 Y en aquel día sucedió que vinieron los criados de Isaac, y diéronle nuevas acerca del pozo que habían abierto, y le dijeron: Agua hemos hallado.

33 Y llamólo Seba: por cuya causa el nombre de aquella ciudad es Beer-seba hasta este día.

34 Y cuando Esaú fué de cuarenta años, tomó por mujer á Judith hija de Beeri Hetheo, y á Basemat hija de Elón Hetheo:

35 Y fueron amargura de espíritu á Isaac y á Rebeca.

27 Y aconteció que cuando hubo Isaac envejecido, y sus ojos se ofuscaron quedando sin vista, llamó á Esaú, su hijo el mayor, y díjole: Mi hijo. Y él respondió: Heme aquí.

2 Y le dijo: He aquí ya soy viejo, no sé el día de mi muerte:

3 Toma, pues, ahora tus armas, tu aljaba y tu arco, y sal al campo, y cógeme caza;

4 Y hazme un guisado, como yo gusto, y tráeme lo, y comeré: para que te bendiga mi alma antes que muera.

5 Y Rebeca estaba oyendo, cuando hablaba Isaac á Esaú su hijo: y fuése Esaú al campo para coger la caza que había de traer.

6 Entonces Rebeca habló á Jacob su hijo, diciendo: He aquí yo he oído á tu padre que hablaba con Esaú tu hermano, diciendo:

7 Tráeme caza, y hazme un guisado, para que coma, y te bendiga delante de Jehová antes que yo muera.

8 Ahora pues, hijo mío, obedece á mi voz en lo que te mando;

9 Ve ahora al ganado, y tráeme de allí dos buenos cabritos de las cabras, y haré de ellos viandas para tu padre, como él gusta;

10 Y tú las llevarás á tu padre, y comerá, para que te bendiga antes de su muerte.

11 Y Jacob dijo á Rebeca su madre: He aquí Esaú mi hermano es hombre velloso, y yo lampiño:

12 Quizá me tentará mi padre, y me tendrá por burlador, y traeré sobre mí maldición y no bendición.

13 Y su madre respondió: Hijo mío, sobre mí tu maldición: solamente obedece á mi voz, y ve y tráemelos.

14 Entonces él fué, y tomó, y trájolos á su madre: y su madre hizo guisados, como su padre gustaba.

15 Y tomó Rebeca los vestidos de Esaú su hijo mayor, los preciosos, que ella tenía en casa, y vistió á Jacob su hijo menor:

16 E hízole vestir sobre sus manos y sobre la cerviz donde no tenía vello, las pieles de los cabritos de las cabras;

17 Y entregó los guisados y el pan que había aderezado, en mano de Jacob su hijo.

18 Y él fué á su padre, y dijo: Padre mío: y él respondió: Heme aquí, ¿quién eres, hijo mío?

19 Y Jacob dijo á su padre: Yo soy Esaú tu primogénito; he hecho como me dijiste: levántate ahora, y siéntate, y come de mi caza, para que me bendiga tu alma.

20 Entonces Isaac dijo á su hijo: ¿Cómo es que hallaste tan presto, hijo mío? Y él respondió: Porque Jehová tu Dios hizo que se encontrase delante de mí.

21 E Isaac dijo á Jacob: Acércate ahora, y te palparé, hijo mío, por si eres mi hijo Esaú ó no.

22 Y llegóse Jacob á su padre Isaac; y él le palpó, y dijo: La voz es la voz de Jacob, mas las manos, las manos de Esaú.

23 Y no le conoció, porque sus manos eran vellosas como las manos de Esaú: y le bendijo.

24 Y dijo: ¿Eres tú mi hijo Esaú? Y él respondió: Yo soy.

25 Y dijo: Acércamela, y comeré de la caza de mi hijo, para que te bendiga mi alma; y él se la acercó, y comió: trájole también vino, y bebió.

26 Y díjole Isaac su padre: Acércate ahora, y bésame, hijo mío.

27 Y él se llegó, y le besó; y olió Isaac el olor de sus vestidos, y le bendijo, y dijo: Mira, el olor de mi hijo Como el olor del campo que Jehová ha bendecido:

28 Dios, pues, te dé del rocío del cielo, Y de las grosuras de la tierra, Y abundancia de trigo y de mosto.

29 Sírvante pueblos, Y naciones se inclinen á ti: Sé señor de tus hermanos, E inclínense á ti los hijos de tu madre: Malditos los que te maldijeren, y benditos los que te bendijeren.

30 Y aconteció, luego que hubo Isaac acabado de bendecir á Jacob, y apenas había salido Jacob de delante de Isaac su padre, que Esaú su hermano vino de su caza.

31 E hizo él también guisados, y trajo á su padre, y díjole: Levántate mi padre, y coma de la caza de su hijo, para que me bendiga tu alma.

32 Entonces Isaac su padre le dijo: ¿Quién eres tú? Y él dijo: Yo soy tu hijo, tu primogénito, Esaú.

33 Y Estremecióse Isaac con grande estremecimiento, y dijo: ¿Quién es el que vino aquí, que cogió caza, y me trajo, y comí de todo antes que vinieses? Yo le bendije, y será bendito.

34 Como Esaú oyó las palabras de su padre clamó con una muy grande y muy amarga exclamación, y le dijo: Bendíceme también á mí, padre mío.

35 Y él dijo: Vino tu hermano con engaño, y tomó tu bendición.

36 Y él respondió: Bien llamaron su nombre Jacob, que ya me ha engañado dos veces; alzóse con mi primogenitura, y he aquí ahora ha tomado mi bendición. Y dijo: ¿No has guardado bendición para mí?

37 Isaac respondió y dijo á Esaú: He aquí yo le he puesto por señor tuyo, y le he dado por siervos á todos sus hermanos: de trigo y de vino le he provisto: ¿qué, pues, te haré á ti ahora, hijo mío?

38 Y Esaú respondió á su padre: ¿No tienes más que una sola bendición, padre mío? bendíceme también á mí, padre mío. Y alzó Esaú su voz, y lloró.

39 Entonces Isaac su padre habló y díjole: He aquí será tu habitación en grosuras de la tierra, Y del rocío de los cielos de arriba;

40 Y por tu espada vivirás, y á tu hermano servirás; Y sucederá cuando te enseñorees, Que descargarás su yugo de tu cerviz.

41 Y aborreció Esaú á Jacob por la bendición con que le había bendecido, y dijo en su corazón: Llegarán los días del luto de mi padre, y yo mataré á Jacob mi hermano.

42 Y fueron dichas á Rebeca las palabras de Esaú su hijo mayor: y ella envió y llamó á Jacob su hijo menor, y díjole: He aquí, Esaú tu hermano se consuela acerca de ti con la idea de matarte.

43 Ahora pues, hijo mío, obedece á mi voz; levántate, y huyéte á Labán mi hermano, á Harán.

44 Y mora con él algunos días, hasta que el enojo de tu hermano se mitigue;

45 Hasta que se aplaque la ira de tu hermano contra ti, y se olvide de lo que le has hecho: yo enviaré entonces, y te traeré de allá: ¿por qué seré privada de vosotros ambos en un día?

46 Y dijo Rebeca á Isaac: Fastidio tengo de mi vida, á causa de las hijas de Heth. Si Jacob toma mujer de las hijas de Heth, como éstas, de las hijas de esta tierra, ¿para qué quiero la vida?

28 Entonces Isaac llamó á Jacob, y bendíjolo, y mandóle diciendo: No tomes mujer de las hijas de Canaán.

2 Levántate, ve á Padan-aram, á casa de Bethuel, padre de tu madre, y toma allí mujer de las hijas de Labán, hermano de tu madre;

3 Y el Dios omnipotente te bendiga y te haga fructificar, y te multiplique, hasta venir á ser congregación de pueblos;

4 Y te dé la bendición de Abraham, y á tu simiente contigo, para que heredes la tierra de tus peregrinaciones, que Dios dió á Abraham.

5 Así envió Isaac á Jacob, el cual fué á Padan-aram, á Labán, hijo de Bethuel Arameo, hermano de Rebeca, madre de Jacob y de Esaú.

6 Y vió Esaú cómo Isaac había bendecido á Jacob, y le había enviado á Padan-aram, para tomar para sí mujer de allí; y que cuando le bendijo, le había mandado, diciendo: No tomarás mujer de las hijas de Canaán;

7 Y que Jacob había obedecido á su padre y á su madre, y se había ido á Padan-aram.

8 Vió asimismo Esaú que las hijas de Canaán parecían mal á Isaac su padre;

9 Y fuése Esaú á Ismael, y tomó para sí por mujer á Mahaleth, hija de Ismael, hijo de Abraham, hermana de Nabaioth, además de sus otras mujeres.

10 Y salió Jacob de Beer-seba, y fué á Harán.

11 Y encontró con un lugar, y durmió allí porque ya el sol se había puesto: y tomó de las piedras de aquel paraje y puso á su cabecera, y acostóse en aquel lugar.

12 Y soñó, y he aquí una escala que estaba apoyada en tierra, y su cabeza tocaba en el cielo: y he aquí ángeles de Dios que subían y descendían por ella.

13 Y he aquí, Jehová estaba en lo alto de ella, el cual dijo: Yo soy Jehová, el Dios de Abraham tu padre, y el Dios de Isaac: la tierra en que estás acostado te la daré á ti y á tu simiente.

14 Y será tu simiente como el polvo de la tierra, y te extenderás al occidente, y al oriente, y al aquilón, y al mediodía; y todas las familias de la tierra serán benditas en ti y en tu simiente.

15 Y he aquí, yo soy contigo, y te guardaré por donde quiera que fueres, y te volveré á esta tierra; porque no te dejaré hasta tanto que haya hecho lo que te he dicho.

16 Y despertó Jacob de su sueño dijo: Ciertamente Jehová está en este lugar, y yo no lo sabía.

17 Y tuvo miedo, y dijo: ¡Cuán terrible es este lugar! No es otra cosa que casa de Dios, y puerta del cielo.

18 Y levantóse Jacob de mañana, y tomó la piedra que había puesto de cabecera, y alzóla por título, y derramó aceite encima de ella.

19 Y llamó el nombre de aquel lugar Beth-el, bien que Luz era el nombre de la ciudad primero.

20 E hizo Jacob voto, diciendo: Si fuere Dios conmigo, y me guardare en este viaje que voy, y me diere pan para comer y vestido para vestir,

21 Y si tornare en paz á casa de mi padre, Jehová será mi Dios,

22 Y esta piedra que he puesto por título, será casa de Dios: y de todo lo que me dieres, el diezmo lo he de apartar para ti.

29 Y siguió Jacob su camino, y fué á la tierra de los orientales.

2 Y miró, y vió un pozo en el campo: y he aquí tres rebaños de ovejas que yacían cerca de él; porque de aquel pozo abrevaban los ganados: y había una gran piedra sobre la boca del pozo.

3 Y juntábanse allí todos los rebaños; y revolvían la piedra de sobre la boca del pozo, y abrevaban las ovejas; y volvían la piedra sobre la boca del pozo á su lugar.

4 Y díjoles Jacob: Hermanos míos, ¿de dónde sois? Y ellos respondieron: De Harán somos.

5 Y él les dijo: ¿Conocéis á Labán, hijo de Nachôr? Y ellos dijeron: Sí, le conocemos.

6 Y él les dijo: ¿Tiene paz? Y ellos dijeron: Paz; y he aquí Rachêl su hija viene con el ganado.

7 Y él dijo: He aquí el día es aún grande; no es tiempo todavía de recoger el ganado; abrevad las ovejas, é id á apacentarlas.

8 Y ellos respondieron: No podemos, hasta que se junten todos los ganados, y remuevan la piedra de sobre la boca del pozo, para que abrevemos las ovejas.

9 Estando aún él hablando con ellos Rachêl vino con el ganado de su padre, porque ella era la pastora.

10 Y sucedió que, como Jacob vió á Rachêl, hija de Labán hermano de su madre, y á las ovejas de Labán, el hermano de su madre, llegóse Jacob, y removió la piedra de sobre la boca del pozo, y abrevó el ganado de Labán hermano de su madre.

11 Y Jacob besó á Rachêl, y alzó su voz, y lloró.

12 Y Jacob dijo á Rachêl como él era hermano de su padre, y como era hijo de Rebeca: y ella corrió, y dió las nuevas á su padre.

13 Y así que oyó Labán las nuevas de Jacob, hijo de su hermana, corrió á recibirlo, y abrazólo, y besólo, y trájole á su casa: y él contó á Labán todas estas cosas.

14 Y Labán le dijo: Ciertamente hueso mío y carne mía eres. Y estuvo con él el tiempo de un mes.

15 Entonces dijo Labán á Jacob: ¿Por ser tú mi hermano, me has de servir de balde? decláreme qué será tu salario.

16 Y Labán tenía dos hijas: el nombre de la mayor era Lea, y el nombre de la menor, Rachêl.

17 Y los ojos de Lea eran tiernos, pero Rachêl era de lindo semblante y de hermoso parecer.

18 Y Jacob amó á Rachêl, y dijo: Yo te serviré siete años por Rachêl tu hija menor.

19 Y Labán respondió: Mejor es que te la dé á ti, que no que la dé á otro hombre: estáte conmigo.

20 Así sirvió Jacob por Rachêl siete años: y pareciéronle como pocos días, porque la amaba.

21 Y dijo Jacob á Labán: Dame mi mujer, porque mi tiempo es cumplido para que cohabite con ella.

22 Entonces Labán juntó á todos los varones de aquel lugar, é hizo banquete.

23 Y sucedió que á la noche tomó á Lea su hija, y se la trajo: y él entró á ella.

24 Y dió Labán su sierva Zilpa á su hija Lea por criada.

25 Y venida la mañana, he aquí que era Lea: y él dijo á Labán: ¿Qué es esto que me has hecho? ¿no te he servido por Rachêl? ¿por qué, pues, me has engañado?

26 Y Labán respondió: No se hace así en nuestro lugar, que se dé la menor antes de la mayor.

27 Cumple la semana de ésta, y se te dará también la otra, por el servicio que hicieres conmigo otros siete años.

28 E hizo Jacob así, y cumplió la semana de aquélla: y él le dió á Rachêl su hija por mujer.

29 Y dió Labán á Rachêl su hija por criada á su sierva Bilha.

30 Y entró también á Rachêl: y amóla también más que á Lea: y sirvió con él aún otros siete años.

31 Y vió Jehová que Lea era aborrecida, y abrió su matriz; pero Rachêl era estéril.

32 Y concibió Lea, y parió un hijo, y llamó su nombre Rubén, porque dijo: Ya que ha mirado Jehová mi aflicción; ahora por tanto me amará mi marido.

33 Y concibió otra vez, y parió un hijo, y dijo: Por cuanto oyó Jehová que yo era aborrecida, me ha dado también éste. Y llamó su nombre Simeón.

34 Y concibió otra vez, y parió un hijo, y dijo: Ahora esta vez se unirá mi marido conmigo, porque le he parido tres hijos: por tanto, llamó su nombre Leví.

35 Y concibió otra vez, y parió un hijo, y dijo: Esta vez alabaré á Jehová: por esto llamó su nombre Judá: y dejó de parir.

30 Y viendo Rachêl que no daba hijos á Jacob, tuvo envidia de su hermana, y decía á Jacob: Dame hijos, ó si no, me muero.

2 Y Jacob se enojaba contra Rachêl, y decía: ¿Soy yo en lugar de Dios, que te impidió el fruto de tu vientre?

3 Y ella dijo: He aquí mi sierva Bilha; entra á ella, y parirá sobre mis rodillas, y yo también tendré hijos de ella.

4 Así le dió á Bilha su sierva por mujer; y Jacob entró á ella.

5 Y concibió Bilha, y parió á Jacob un hijo.

6 Y dijo Rachêl: Juzgóme Dios, y también oyó mi voz, y dióme un hijo. Por tanto llamó su nombre Dan.

7 Y concibió otra vez Bilha, la sierva de Rachêl, y parió el hijo segundo á Jacob.

8 Y dijo Rachêl: Con luchas de Dios he contendido con mi hermana, y he vencido. Y llamó su nombre Nephtalí.

9 Y viendo Lea que había dejado de parir, tomó á Zilpa su sierva, y dióla á Jacob por mujer.

10 Y Zilpa, sierva de Lea, parió á Jacob un hijo.

11 Y dijo Lea: Vino la ventura. Y llamó su nombre Gad.

12 Y Zilpa, sierva de Lea, parió otro hijo á Jacob.

13 Y dijo Lea: Para dicha mía; porque las mujeres me dirán dichosa: y llamó su nombre Aser.

14 Y fué Rubén en tiempo de la siega de los trigos, y halló mandrágoras en el campo, y trájolas á Lea su madre: y dijo Rachêl á Lea: Ruégote que me des de las mandrágoras de tu hijo.

15 Y ella respondió: ¿Es poco que hayas tomado mi marido, sino que también te has de llevar las mandrágoras de mi hijo? Y dijo Rachêl: Pues dormirá contigo esta noche por las mandrágoras de tu hijo.

16 Y cuando Jacob volvía del campo á la tarde, salió Lea á él, y le dijo: A mí has de entrar, porque á la verdad te he alquilado por las mandrágoras de mi hijo. Y durmió con ella aquella noche.

17 Y oyó Dios á Lea: y concibió, y parió á Jacob el quinto hijo.

18 Y dijo Lea: Dios me ha dado mi recompensa, por cuanto dí mi sierva á mi marido: por eso llamó su nombre Issachâr.

19 Y concibió Lea otra vez, y parió el sexto hijo á Jacob.

20 Y dijo Lea: Dios me ha dado una buena dote: ahora morará conmigo mi marido, porque le he parido seis hijos: y llamó su nombre Zabulón.

21 Y después parió una hija, y llamó su nombre Dina.

22 Y acordóse Dios de Rachêl, y oyóla Dios, y abrió su matriz.

23 Y concibió, y parió un hijo: y dijo: Quitado ha Dios mi afrenta:

24 Y llamó su nombre José, diciendo: Añádame Jehová otro hijo.

25 Y aconteció, cuando Rachêl hubo parido á José, que Jacob dijo á Labán: Envíame, é iré á mi lugar, y á mi tierra.

26 Dame mis mujeres y mis hijos, por las cuales he servido contigo, y déjame ir; pues tú sabes los servicios que te he hecho.

27 Y Labán le respondió: Halle yo ahora gracia en tus ojos, y quédate; experimentado he que Jehová me ha bendecido por tu causa.

28 Y dijo: Señálame tu salario, que yo lo daré.

29 Y él respondió: Tú sabes cómo te he servido, y cómo ha estado tu ganado conmigo:

30 Porque poco tenías antes de mi venida, y ha crecido en gran número; y Jehová te ha bendecido con mi llegada: y ahora ¿cuándo tengo de hacer yo también por mi propia casa?

31 Y él dijo: ¿Qué te daré? Y respondió Jacob: No me des nada: si hicieres por mí esto, volveré á apacentar tus ovejas.

32 Yo pasaré hoy por todas tus ovejas, poniendo aparte todas las reses manchadas y de color vario, y todas las reses de color oscuro entre las ovejas, y las manchadas y de color vario entre las cabras; y esto será mi salario.

33 Así responderá por mí mi justicia mañana cuando me viniere mi salario delante de ti: toda la que no fuere pintada ni manchada en las cabras y de color oscuro en las ovejas mías, se me ha de tener por de hurto.

34 Y dijo Labán: Mira, ojalá fuese como tú dices.

35 Y apartó aquel día los machos de cabrío rayados y manchados; y todas las cabras manchadas y de color vario, y toda res que tenía en sí algo de blanco, y todas las de color oscuro entre las ovejas, y púsolas en manos de sus hijos;

36 Y puso tres días de camino entre sí y Jacob: y Jacob apacentaba las otras ovejas de Labán.

37 Y tomóse Jacob varas de álamo verdes, y de avellano, y de castaño, y descortezó en ellas mondaduras blancas, descubriendo así lo blanco de las varas.

38 Y puso las varas que había mondado en las pilas, delante del ganado, en los abrevaderos del agua donde venían á beber las ovejas, las cuales se recalentaban viniendo á beber

39 Y concebían las ovejas delante de las varas, y parían borregos listados, pintados y salpicados de diversos colores.

40 Y apartaba Jacob los corderos, y poníalos con su rebaño los listados, y todo lo que era oscuro en el hato de Labán. Y ponía su hato aparte, y no lo ponía con las ovejas de Labán.

41 Y sucedía que cuantas veces se recalentaban las tempranas, Jacob ponía las varas delante de las ovejas en las pilas, para que concibiesen á la vista de las varas.

42 Y cuando venían las ovejas tardías, no las ponía: así eran las tardías para Labán, y las tempranas para Jacob.

43 Y acreció el varón muy mucho, y tuvo muchas ovejas, y siervas y siervos, y camellos y asnos.

31 Y oía él las palabras de los hijos de Labán que decían: Jacob ha tomado todo lo que era de nuestro padre; y de lo que era de nuestro padre ha adquirido toda esta grandeza.

2 Miraba también Jacob el semblante de Labán, y veía que no era para con él como ayer y antes de ayer.

3 También Jehová dijo á Jacob: Vuélvete á la tierra de tus padres, y á tu parentela; que yo seré contigo.

4 Y envió Jacob, y llamó á Rachêl y á Lea al campo á sus ovejas,

5 Y díjoles: Veo que el semblante de vuestro padre no es para conmigo como ayer y antes de ayer: mas el Dios de mi padre ha sido conmigo.

6 Y vosotras sabéis que con todas mis fuerzas he servido á vuestro padre:

7 Y vuestro padre me ha engañado, y me ha mudado el salario diez veces: pero Dios no le ha permitido que me hiciese mal.

8 Si él decía así: Los pintados serán tu salario; entonces todas las ovejas parían pintados: y si decía así: Los listados serán tu salario; entonces todas las ovejas parían listados.

9 Así quitó Dios el ganado de vuestro padre, y diómelo á mí.

10 Y sucedió que al tiempo que las ovejas se recalentaban, alcé yo mis ojos y vi en sueños, y he aquí los machos que cubrían á las hembras eran listados, pintados y abigarrados.

11 Y díjome el ángel de Dios en sueños: Jacob. Y yo dije: Heme aquí.

12 Y él dijo: Alza ahora tus ojos, y verás todos los machos que cubren á las ovejas listados, pintados y abigarrados; porque yo he visto todo lo que Labán te ha hecho.

13 Yo soy el Dios de Beth-el, donde tú ungiste el título, y donde me hiciste un voto. Levántate ahora, y sal de esta tierra, y vuélvete á la tierra de tu naturaleza.

14 Y respondió Rachêl y Lea, y dijéronle: ¿Tenemos ya parte ni heredad en la casa de nuestro padre?

15 ¿No nos tiene ya como por extrañas, pues que nos vendió, y aun se ha comido del todo nuestro precio?

16 Porque toda la riqueza que Dios ha quitado á nuestro padre, nuestra es y de nuestros hijos: ahora pues, haz todo lo que Dios te ha dicho.

17 Entonces se levantó Jacob, y subió sus hijos y sus mujeres sobre los camellos.

18 Y puso en camino todo su ganado, y toda su hacienda que había adquirido, el ganado de su ganancia que había obtenido en Padan-aram, para volverse á Isaac su padre en la tierra de Canaán.

19 Y Labán había ido á trasquilar sus ovejas: y Rachêl hurtó los ídolos de su padre.

20 Y recató Jacob el corazón de Labán Arameo, en no hacerle saber que se huía.

21 Huyó, pues, con todo lo que tenía; y levantóse, y pasó el río, y puso su rostro al monte de Galaad.

22 Y fué dicho á Labán al tercero día como Jacob se había huído.

23 Entonces tomó á sus hermanos consigo, y fué tras él camino de siete días, y alcanzóle en el monte de Galaad.

24 Y vino Dios á Labán Arameo en sueños aquella noche, y le dijo: Guárdate que no hables á Jacob descomedidamente.

25 Alcanzó pues Labán á Jacob, y éste había fijado su tienda en el monte: y Labán plantó la con sus hermanos en el monte de Galaad.

26 Y dijo Labán á Jacob: ¿Qué has hecho, que me hurtaste el corazón, y has traído á mis hijas como prisioneras de guerra?

27 ¿Por qué te escondiste para huir, y me hurtaste, y no me

diste noticia, para que yo te enviara con alegría y con cantares, con tamboril y vihuela?
28 Que aun no me dejaste besar mis hijos y mis hijas. Ahora locamente has hecho.
29 Poder hay en mi mano para haceros mal: mas el Dios de vuestro padre me habló anoche diciendo: Guárdate que no hables á Jacob descomedidamente.
30 Y ya que te ibas, porque tenías deseo de la casa de tu padre, ¿por qué me hurtaste mis dioses?
31 Y Jacob respondió, y dijo á Labán: Porque tuve miedo; pues dije, que quizás me quitarías por fuerza tus hijas.
32 En quien hallares tus dioses, no viva: delante de nuestros hermanos reconoce lo que yo tuviere tuyo, y llévatelo. Jacob no sabía que Rachêl los había hurtado.
33 Y entró Labán en la tienda de Jacob, y en la tienda de Lea, y en la tienda de las siervas, y no los halló, y salió de la tienda de Lea, y vino á la tienda de Rachêl.
34 Y tomó Rachêl los ídolos, y púsolos en una albarda de un camello, y sentóse sobre ellos: y tentó Labán toda la tienda y no los halló.
35 Y ella dijo á su padre: No se enoje mi señor, porque no me puedo levantar delante de ti; pues estoy con la costumbre de las mujeres. Y él buscó, pero no halló los ídolos.
36 Entonces Jacob se enojó, y regañó con Labán; y respondió Jacob y dijo á Labán: ¿Qué prevaricación es la mía? ¿cuál es mi pecado, que con tanto ardor has venido en seguimiento mío?
37 Pues que has tentado todos mis muebles, ¿qué has hallado de todas las alhajas de tu casa? Ponlo aquí denlante de mis hermanos y tuyos, y juzguen entre nosotros ambos.
38 Estos veinte años he estado contigo: tus ovejas y tus cabras nunca abortaron, ni yo comí carnero de tus ovejas.
39 Nunca te traje lo arrebatado por las fieras; yo pagaba el daño; lo hurtado así de día como de noche, de mi mano lo requerías.
40 De día me consumía el calor, y de noche la helada, y el sueño se huía de mis ojos.
41 Así he estado veinte años en tu casa: catorce años te serví por tus dos hijas, y seis años por tu ganado; y has mudado mi salario diez veces.
42 Si el Dios de mi padre, el Dios de Abraham, y el temor de Isaac, no fuera conmigo, de cierto me enviarías ahora vacío: vió Dios mi aflicción y el trabajo de mis manos, y reprendióte anoche.
43 Y respondió Labán, y dijo á Jacob: Las hijas son hijas mías, y los hijos, hijos míos son, y las ovejas son mis ovejas, y todo lo que tú ves es mío: ¿y que puedo yo hacer hoy á estas mis hijas, ó á sus hijos que ellas han parido?
44 Ven pues ahora, hagamos alianza yo y tú; y sea en testimonio entre mí y entre ti.
45 Entonces Jacob tomó una piedra, y levantóla por título.
46 Y dijo Jacob á sus hermanos: Coged piedras. Y tomaron piedras é hicieron un majano; y comieron allí sobre aquel majano.
47 Y llamólo Labán Jegar Sahadutha: y lo llamó Jacob Galaad.
48 Porque Labán dijo: Este majano es testigo hoy entre mí y entre ti; por eso fué llamado su nombre Galaad.
49 Y Mizpa, por cuanto dijo: Atalaye Jehová entre mí y entre ti, cuando nos apartáremos el uno del otro.
50 Si afligieres mis hijas, ó si tomares otras mujeres además de mis hijas, nadie está con nosotros; mira, Dios es testigo entre mí y entre ti.
51 Dijo más Labán á Jacob: He aquí este majano, y he aquí este título, que he erigido entre mí y ti.
52 Testigo sea este majano, y testigo sea este título, que ni yo pasaré contra ti este majano, ni tú pasarás contra mí este majano ni este título, para mal.
53 El Dios de Abraham, y el Dios de Nachôr juzgue entre nosotros, el Dios de sus padres. Y Jacob juró por el temor de Isaac su padre.
54 Entonces Jacob inmoló víctimas en el monte, y llamó á sus hermanos á comer pan: y comieron pan, y durmieron aquella noche en el monte.
55 Y levantóse Labán de mañana, y besó sus hijos y sus hijas, y los bendijo; y retrocedió y volvióse á su lugar.

32 Y Jacob se fué su camino, y saliéronle al encuentro ángeles de Dios.
2 Y dijo Jacob cuando los vió: El campo de Dios es este: y llamó el nombre de aquel lugar Mahanaim.
3 Y envió Jacob mensajeros delante de sí á Esaú su hermano, á la tierra de Seir, campo de Edom.
4 Y mandóles diciendo: Así diréis á mí señor Esaú: Así dice tu siervo Jacob: Con Labán he morado, y deteníedome hasta ahora;
5 Y tengo vacas, y asnos, y ovejas, y siervos y siervas; y envío á decirlo á mi señor, por hallar gracia en tus ojos.
6 Y los mensajeros volvieron á Jacob, diciendo: Vinimos á tu hermano Esaú, y él también vino á recibirte, y cuatrocientos hombres con él.
7 Entonces Jacob tuvo gran temor, y angustióse; y partió el pueblo que tenía consigo, y las ovejas y las vacas y los camellos, en dos cuadrillas;
8 Y dijo: Si viniere Esaú á la una cuadrilla y la hiriere, la otra cuadrilla escapará.
9 Y dijo Jacob: Dios de mi padre Abraham, y Dios de mi padre Isaac, Jehová, que me dijiste: Vuélvete á tu tierra y á tu parentela, y yo te haré bien.
10 Menor soy que todas las misericordias, y que toda la verdad que has usado para con tu siervo; que con mi bordón pasé este Jordán, y ahora estoy sobre dos cuadrillas.
11 Líbrame ahora de la mano de mi hermano, de la mano de Esaú, porque le temo; no venga quizá, y me hiera la madre con los hijos.
12 Y tú has dicho: Yo te haré bien, y pondré tu simiente como la arena del mar, que no se puede contar por la multitud.
13 Y durmió allí aquella noche, y tomó de lo que le vino á la mano un presente para su hermano Esaú.
14 Doscientas cabras y veinte machos de cabrío, doscientas ovejas y veinte carneros,
15 Treinta camellas paridas, con sus hijos, cuarenta vacas y diez novillos, veinte asnas y diez borricos.
16 Y entrególo en mano de sus siervos, cada manada de por sí; y dijo á sus siervos: Pasad delante de mí, y poned espacio entre manada y manada.
17 Y mandó al primero, diciendo: Si Esaú mi hermano te encontrare, y te preguntare, diciendo ¿De quién eres? ¿y adónde vas? ¿y para quién es esto que llevas delante de ti?
18 Entonces dirás: Presente es de tu siervo Jacob, que envía á mi señor Esaú; y he aquí también él viene tras nosotros.
19 Y mandó también al segundo, y al tercero, y á todos los que iban tras aquellas manadas, diciendo: Conforme á esto hablaréis á Esaú, cuando le hallareis.
20 Y diréis también: He aquí tu siervo Jacob viene tras nosotros. Porque dijo: Apaciguaré su ira con el presente que va delante de mí, y después veré su rostro; quizá le seré acepto.
21 Y pasó el presente delante de él; y él durmió aquella noche en el campamento.
22 Y levantóse aquella noche, y tomó sus dos mujeres, y sus dos siervas, y sus once hijos, y pasó el vado de Jaboc.
23 Tomólos pues, y pasólos el arroyo, é hizo pasar lo que tenía.
24 Y quedóse Jacob solo, y luchó con él un varón hasta que rayaba el alba.
25 Y como vió que no podía con él, tocó en el sitio del encaje de su muslo, y descoyuntóse el muslo de Jacob mientras con él luchaba.
26 Y dijo: Déjame, que raya el alba. Y él dijo: No te dejaré, si no me bendices.
27 Y él le dijo: ¿Cuál es tu nombre? Y él respondió: Jacob.
28 Y él dijo: No se dirá más tu nombre Jacob, sino Israel: porque has peleado con Dios y con los hombres, y has vencido.
29 Entonces Jacob le preguntó, y dijo: Declárame ahora tu nombre. Y él respondió: ¿Por qué preguntas por mi nombre? Y bendíjolo allí.
30 Y llamó Jacob el nombre de aquel lugar Peniel: porque vi á Dios cara á cara, y fué librada mi alma.
31 Y salióle el sol pasado que hubo á Peniel; y cojeaba de su anca.
32 Por esto no comen los hijos de Israel, hasta hoy día, del tendón que se contrajo, el cual está en el encaje del muslo: porque tocó á Jacob este sitio de su muslo en el tendón que contrajo.

33 Yalzando Jacob sus ojos miró, y he aquí venía Esaú, y los cuatrocientos hombres con él: entonces repartió él los niños entre Lea y Rachêl y las dos siervas.

2 Y puso las siervas y sus niños delante; luego á Lea y á sus niños; y á Rachêl y á José los postreros.

3 Y él pasó delante de ellos, é inclinóse á tierra siete veces, hasta que llegó á su hermano.

4 Y Esaú corrió á su encuentro, y abrazóle, y echóse sobre su cuello, y le besó; y lloraron.

5 Y alzó sus ojos, y vió las mujeres y los niños, y dijo: ¿Qué te tocan éstos? Y él respondió: Son los niños que Dios ha dado á tu siervo.

6 Y se llegaron las siervas, ellas y sus niños, é inclináronse.

7 Y llególse Lea con sus niños, é inclináronse: y después llegó José y Rachêl, y también se inclinaron.

8 Y él dijo: ¿Qué te propones con todas estas cuadrillas que he encontrado? Y él respondió: El hallar gracia en los ojos de mi señor.

9 Y dijo Esaú: Harto tengo yo, hermano mío: sea para ti lo que es tuyo.

10 Y dijo Jacob: No, yo te ruego, si he hallado ahora gracia en tus ojos, toma mi presente de mi mano, pues que así he visto tu rostro, como si hubiera visto el rostro de Dios; y hazme placer.

11 Toma, te ruego, mi dádiva que te es traída; porque Dios me ha hecho merced, y todo lo que hay aquí es mío. Y porfió con él, y tomóla.

12 Y dijo: Anda, y vamos; y yo iré delante de ti.

13 Y él le dijo: Mi señor sabe que los niños son tiernos, y que tengo ovejas y vacas paridas; y si las fatigan, en un día morirán todas las ovejas.

14 Pase ahora mi señor delante de su siervo, y yo me iré poco á poco al paso de la hacienda que va delante de mí, y al paso de los niños, hasta que llegue á mi señor á Seir.

15 Y Esaú dijo: Dejaré ahora contigo de la gente que viene conmigo. Y él dijo: ¿Para qué esto? halle yo gracia en los ojos de mi señor.

16 Así se volvió Esaú aquel día por su camino á Seir.

17 Y Jacob se partió á Succoth, y edificó allí casa para sí, é hizo cabañas para su ganado: por tanto llamó el nombre de aquel lugar Succoth.

18 Y vino Jacob sano á la ciudad de Sichêm, que está en la tierra de Canaán, cuando venía de Padan-aram; y acampó delante de la ciudad.

19 Y compró una parte del campo, donde tendió su tienda, de mano de los hijos de Hamor, padre de Sichêm, por cien piezas de moneda.

20 Y erigió allí un altar, y llamóle: El Dios de Israel.

34 Ysalió Dina la hija de Lea, la cual había ésta parido á Jacob, á ver las hijas del país.

2 Y vióla Sichêm, hijo de Hamor Heveo, príncipe de aquella tierra, y tomóla, y echóse con ella, y la deshonró.

3 Mas su alma se apegó á Dina la hija de Lea, y enamoróse de la moza, y habló al corazón de la joven.

4 Y habló Sichêm á Hamor su padre, diciendo: Tómame por mujer esta moza.

5 Y oyó Jacob que había Sichêm amancillado á Dina su hija: y estando sus hijos con su ganado en el campo, calló Jacob hasta que ellos viniesen.

6 Y dirigióse Hamor padre de Sichêm á Jacob, para hablar con él.

7 Y los hijos de Jacob vinieron del campo cuando lo supieron; y se entristecieron los varones, y se ensañaron mucho, porque hizo vileza en Israel echándose con la hija de Jacob, lo que no se debía ha ser hecho.

8 Y Hamor habló con ellos, diciendo: El alma de mi hijo Sichêm se ha apegado á vuestra hija; ruégoos que se la deis por mujer.

9 Y emparentad con nosotros; dadnos vuestras hijas, y tomad vosotros las nuestras.

10 Y habitad con nostros; porque la tierra estará delante de vosotros; morad y negociad en ella, y tomad en ella posesión.

11 Sichêm también dijo á su padre y á sus hermanos: Halle yo gracia en vuestros ojos, y daré lo que me dijereis.

12 Aumentad á cargo mío mucho dote y dones, que yo daré cuanto me dijereis, y dadme la moza por mujer.

13 Y respondieron los hijos de Jacob á Sichêm y á Hamor su padre con engaño; y parlaron, por cuanto había amancillado á Dina su hermana.

14 Y dijéronles: No podemos hacer esto de dar nuestra hermana á hombre que tiene prepucio; porque entre nosotros es abominación.

15 Mas con esta condición os haremos placer: si habéis de ser como nosotros, que se circuncide entre vosotros todo varón;

16 Entonces os daremos nuestras hijas, y tomaremos nosotros las vuestras; y habitaremos con vosotros, y seremos un pueblo.

17 Mas si no nos prestareis oído para circuncidaros, tomaremos nuestra hija, y nos iremos.

18 Y pareciéronles bien sus palabras á Hamor y á Sichêm, hijo de Hamor.

19 Y no dilató el mozo hacer aquello, porque la hija de Jacob le había agradado; y él era el más honrado de toda la casa de su padre.

20 Entonces Hamor y Sichêm su hijo vinieron á la puerta de su ciudad, y hablaron á los varones de su ciudad, diciendo:

21 Estos varones son pacíficos con nosotros, y habitarán en el país, y traficarán en él: pues he aquí la tierra es bastante ancha para ellos: nosotros tomaremos sus hijas por mujeres, y les daremos las nuestras.

22 Mas con esta condición nos harán estos hombres el placer de habitar con nosotros, para que seamos un pueblo: si se circuncidare en nosotros todo varón, así como ellos son circuncidados.

23 Sus ganados, y su hacienda y todas sus bestias, serán nuestras: solamente convengamos con ellos, y habitarán con nosotros.

24 Y obedecieron á Hamor y á Sichêm su hijo todos los que salían por la puerta de la ciudad, y circuncidaron á todo varón, á cuantos salían por la puerta de su ciudad.

25 Y sucedió que al tercer día, cuando sentían ellos el mayor dolor, los dos hijos de Jacob, Simeón y Leví, hermanos de Dina, tomaron cada uno su espada, y vinieron contra la ciudad animosamente, y mataron á todo varón.

26 Y á Hamor y á Sichêm su hijo los mataron á filo de espada: y tomaron á Dina de casa de Sichêm, y saliéronse.

27 Y los hijos de Jacob vinieron á los muertos y saquearon la ciudad; por cuanto habían amancillado á su hermana.

28 Tomaron sus ovejas y vacas y sus asnos, y lo que había en la ciudad y en el campo,

29 Y toda su hacienda; se llevaron cautivos á todos sus niños y sus mujeres, y robaron todo lo que había en casa.

30 Entonces dijo Jacob á Simeón y á Leví: Habéisme turbado con hacerme abominable á los moradores de aquesta tierra, el Cananeo y el Pherezeo; y teniendo yo pocos hombres, juntarse han contra mí, y me herirán, y seré destruido yo y mi casa.

31 Y ellos respondieron ¿Había él de tratar á nuestra hermana como á una ramera?

35 Ydijo Dios á Jacob: Levántate, sube á Beth-el, y estáte allí; y haz allí un altar al Dios que te apareció cuando huías de tu hermano Esaú.

2 Entonces Jacob dijo á su familia y á todos los que con él estaban: Quitad los dioses ajenos que hay entre vosotros, y limpiaos, y mudad vuestros vestidos.

3 Y levantémonos, y subamos á Beth-el; y haré allí altar al Dios que me respondió en el día de mi angustia, y ha sido conmigo en el camino que he andado.

4 Así dieron á Jacob todos los dioses ajenos que había en poder de ellos, y los zarzillos que estaban en sus orejas; y Jacob los escondió debajo de una encina, que estaba junto á Sichêm.

5 Y partiéronse, y el terror de Dios fué sobre las ciudades que había en sus alrededores, y no siguieron tras los hijos de Jacob.

6 Y llegó Jacob á Luz, que está en tierra de Canaán, (esta es Beth-el) él y todo el pueblo que con él estaba;

7 Y edificó allí un altar, y llamó el lugar El-Beth-el, porque allí le había aparecido Dios, cuando huía de su hermano.

8 Entonces murió Débora, ama de Rebeca, y fue sepultada á las raíces de Beth-el, debajo de una encina: y llamóse su nombre Allon-Bacuth.

9 Y apareció otra vez Dios á Jacob, cuando se había vuelto de Padan-aram, y bendíjole.

10 Y díjole Dios: Tu nombre es Jacob; no se llamará más tu nombre Jacob, sino Israel será tu nombre: y llamó su nombre Israel.

11 Y díjole Dios: Yo soy el Dios Omnipotente: crece y multiplícate; una nación y conjunto de naciones procederá de ti, y reyes saldrán de tus lomos:

12 Y la tierra que yo he dado á Abraham y á Isaac, la daré á ti: y á tu simiente después de ti daré la tierra.

13 Y fuése de él Dios, del lugar donde con él había hablado.

14 Y Jacob erigió un título en el lugar donde había hablado con él, un título de piedra, y derramó sobre él libación, y echó sobre él aceite.

15 Y llamó Jacob el nombre de aquel lugar donde Dios había hablado con él, Beth-el.

16 Y partieron de Beth-el, y había aún como media legua de tierra para llegar á Ephrata, cuando parió Rachêl, y hubo trabajo en su parto.

17 Y aconteció, que como había trabajo en su parir, díjole la partera: No temas, que también tendrás este hijo.

18 Y acaeció que como había aún como media legua de tierra para llegar á Ephrata, cuando parió Rachêl, y hubo trabajo en su parto.

19 Así murió Rachêl, y fué sepultada en el camino del Ephrata, la cual es Beth-lehem.

20 Y puso Jacob un título sobre su sepultura: este es el título de la sepultura de Rachêl hasta hoy.

21 Y partió Israel, y tendió su tienda de la otra parte de Migdaleder.

22 Y acaeció, morando Israel en aquella tierra, que fué Rubén y durmió con Bilha la concubina de su padre; lo cual llegó á entender Israel. Ahora bien, los hijos de Israel fueron doce:

23 Los hijos de Lea: Rubén el primogénito de Jacob, y Simeón, y Leví, y Judá, é Issachâr, y Zabulón.

24 Los hijos de Rachêl: José, y Benjamín.

25 Y los hijos de Bilha, sierva de Rachêl: Dan, y Nephtalí.

26 Y los hijos de Zilpa, sierva de Lea: Gad, y Aser. Estos fueron los hijos de Jacob, que le nacieron en Padan-aram.

27 Y vino Jacob á Isaac su padre á Mamre, á la ciudad de Arba, que es Hebrón, donde habitaron Abraham é Isaac.

28 Y fueron los días de Isaac ciento ochenta años.

29 Y exhaló Isaac el espíritu, y murió, y fué recogido á sus pueblos, viejo y harto de días; y sepultáronlo Esaú y Jacob sus hijos.

36 Yestas son las generaciones de Esaú, el cual es Edom.

2 Esaú tomó sus mujeres de las hijas de Canaán: á Ada, hija de Elón Hetheo, y á Aholibama, hija de Ana, hija de Zibeón el Heveo;

3 Y á Basemath, hija de Ismael, hermana de Navaioth.

4 Y Ada parió á Esaú á Eliphaz; y Basemath parió á Reuel.

5 Y Aholibama parió á Jeús, y á Jaalam, y á Cora: estos son los hijos de Esaú, que le nacieron en la tierra de Canaán.

6 Y Esaú tomó sus mujeres, y sus hijos, y sus hijas, y todas las personas de su casa, y sus ganados, y todas sus bestias, y toda su hacienda que había adquirido en la tierra de Canaán, y fuése á otra tierra de delante de Jacob su hermano.

7 Porque la hacienda de ellos era grande, y no podían habitar juntos, ni la tierra de su peregrinación los podía sostener á causa de sus ganados.

8 Y Esaú habitó en el monte de Seir: Esaú es Edom.

9 Estos son los linajes de Esaú, padre de Edom, en el monte de Seir.

10 Estos son los nombres de los hijos de Esaú: Eliphaz, hijo de Ada, mujer de Esaú; Reuel, hijo de Basemath, mujer de Esaú.

11 Y los hijos de Eliphaz fueron Temán, Omar, Zepho, Gatam, y Cenaz.

12 Y Timna fué concubina de Eliphaz, hijo de Esaú, la cual le parió á Amalec: estos son los hijos de Ada, mujer de Esaú.

13 Y los hijos de Reuel fueron Nahath, Zera, Samma, y Mizza: estos son los hijos de Basemath, mujer de Esaú.

14 Estos fueron los hijos de Aholibama, mujer de Esaú, hija de Ana, que fué hija de Zibeón: ella parió á Esaú á Jeús, Jaalam, y Cora.

15 Estos son los duques de los hijos de Esaú. Hijos de Eliphaz, primogénito de Esaú: el duque Temán, el duque Omar, el duque Zepho, el duque Cenaz,

16 El duque Cora, el duque Gatam, el duque Amalec: estos son los duques de Eliphaz en la tierra de Edom; estos fueron los hijos de Ada.

17 Y estos son los hijos de Reuel, hijo de Esaú: el duque Nahath, el duque Zera, el duque Samma, y el duque Mizza: estos son los duques de la línea de Reuel en la tierra de Edom; estos hijos vienen de Basemath, mujer de Esaú.

18 Y estos son los hijos de Aholibama, mujer de Esaú: el duque Jeús, el duque Jaalam, y el duque Cora: estos fueron los duques que salieron de Aholibama, mujer de Esaú, hija de Ana.

19 Estos, pues, son los hijos de Esaú, y sus duques: él es Edom.

20 Y estos son los hijos de Seir Horeo, moradores de aquella tierra: Lotán, Sobal, Zibeón, Ana,

21 Disón, Ezer, y Disán: estos son los duques de los Horeos, hijos de Seir en la tierra de Edom.

22 Los hijos de Lotán fueron Hori y Hemán; y Timna fué hermana de Lotán.

23 Y los hijos de Sobal fueron Alván, Manahath, Ebal, Sepho, y Onán.

24 Y los hijos de Zibeón fueron Aja, y Ana. Este Ana es el que descubrió los mulos en el desierto, cuando apacentaba los asnos de Zibeón su padre.

25 Los hijos de Ana fueron Disón, y Aholibama, hija de Ana.

26 Y estos fueron los hijos de Disón: Hemdán, Eshbán, Ithram, y Cherán.

27 Y estos fueron los hijos de Ezer: Bilhán, Zaaván, y Acán.

28 Estos fueron los hijos de Disán: Huz, y Arán.

29 Estos fueron los duques de los Horeos: el duque Lotán, el duque Sobal, el duque Zibeón, el duque Ana.

30 El duque Disón, el duque Ezer, el duque Disán: estos fueron los duques de los Horeos: por sus ducados en la tierra de Seir.

31 Y los reyes que reinaron en la tierra de Edom, antes que reinase rey sobre los hijos de Israel, fueron estos:

32 Bela, hijo de Beor, reinó en Edom: y el nombre de su ciudad fué Dinaba.

33 Y murió Bela, y reinó en su lugar Jobab, hijo de Zera, de Bosra.

34 Y murió Jobab, y en su lugar reinó Husam, de tierra de Temán.

35 Y murió Husam, y reinó en su lugar Adad, hijo de Badad, el que hirió á Midián en el campo de Moab: y el nombre de su ciudad fué Avith.

36 Y murió Adad, y en su lugar reinó Samla, de Masreca.

37 Y murió Samla, y reinó en su lugar Saúl, de Rehoboth del Río.

38 Y murió Saúl, y en lugar suyo reinó Baalanán, hijo de Achbor.

39 Y murió Baalanán, hijo de Achbor, y reinó Adar en lugar suyo: y el nombre de su ciudad fué Pau; y el nombre de su mujer Meetabel, hija de Matred, hija de Mezaab.

40 Estos, pues, son los nombres de los duques de Esaú por sus linajes, por sus lugares, y sus nombres: el duque Timna, el duque Alva, el duque Jetheth,

41 El duque Aholibama, el duque Ela, el duque Pinón,

42 El duque Cenaz, el duque Temán, el duque Mibzar,

43 El duque Magdiel, y el duque Hiram. Estos fueron los duques de Edom por sus habitaciones en la tierra de su posesión. Edom es el mismo Esaú, padre de los Idumeos.

37 Yhabitó Jacob en la tierra donde peregrinó su padre, en la tierra de Canaán.

2 Estas fueron las generaciones de Jacob. José, siendo de edad de diez y siete años apacentaba las ovejas con sus hermanos; y el joven estaba con los hijos de Bilha, y los hijos de Zilpa, mujeres de su padre: y noticiaba José á su padre la mala fama de ellos.

3 Y amaba Israel á José más que á todos sus hijos, porque le había tenido en su vejez: y le hizo una ropa de diversos colores.

4 Y viendo sus hermanos que su padre lo amaba más que á todos sus hermanos, aborrecíanle, y no le podían hablar pacíficamente.

5 Y soñó José un sueño y contólo á sus hermanos; y ellos vinieron á aborrecerle más todavía.

6 Y él les dijo: Oíd ahora este sueño que he soñado:

7 He aquí que atábamos manojos en medio del campo, y he

aquí que mi manojo se levantaba, y estaba derecho, y que vuestros manojos estaban alrededor, y se inclinaban al mío.

8 Y respondiéronle sus hermanos: ¿Has de reinar tú sobre nosotros, ó te has de enseñorear sobre nosotros? Y le aborrecieron aún más á causa de sus sueños y de sus palabras.

9 Y soñó aún otro sueño, y contólo á sus hermanos, diciendo: He aquí que he soñado otro sueño, y he aquí que el sol y la luna y once estrellas se inclinaban á mí.

10 Y contólo á su padre y á sus hermanos: y su padre le reprendió, y díjole: ¿Qué sueño es este que soñaste? ¿Hemos de venir yo y tu madre, y tus hermanos, á inclinarnos á ti á tierra?

11 Y sus hermanos le tenían envidia, mas su padre paraba la consideración en ello.

12 Y fueron sus hermanos á apacentar las ovejas de su padre en Sichêm.

13 Y dijo Israel á José: Tus hermanos apacientan las ovejas en Sichêm: ven, y te enviaré á ellos. Y él respondió: Heme aquí.

14 Y él le dijo: Ve ahora, mira cómo están tus hermanos y cómo están las ovejas, y tráeme la respuesta. Y envióle del valle de Hebrón, y llegó á Sichêm.

15 Y hallólo un hombre, andando él perdido por el campo, y preguntóle aquel hombre, diciendo: ¿Qué buscas?

16 Y él respondió: Busco á mis hermanos: ruégote que me muestres dónde pastan.

17 Y aquel hombre respondió: Ya se han ido de aquí; yo les oí decir: Vamos á Dothán. Entonces José fué tras de sus hermanos, y hallólos en Dothán.

18 Y como ellos lo vieron de lejos, antes que cerca de ellos llegara, proyectaron contra él para matarle.

19 Y dijeron el uno al otro: He aquí viene el soñador;

20 Ahora pues, venid, y matémoslo y echémosle en una cisterna, y diremos: Alguna mala bestia le devoró; y veremos qué serán sus sueños.

21 Y como Rubén oyó esto, libróle de sus manos y dijo: No lo matemos.

22 Y díjoles Rubén: No derraméis sangre; echadlo en esta cisterna que está en el desierto, y no pongáis mano en él; por librarlo así de sus manos, para hacerlo volver á su padre.

23 Y sucedió que, cuando llegó José á sus hermanos, ellos hicieron desnudar á José su ropa, la ropa de colores que tenía sobre sí;

24 Y tomáronlo, y echáronle en la cisterna; mas la cisterna estaba vacía, no había en ella agua.

25 Y sentáronse á comer pan: y alzando los ojos miraron, y he aquí una compañía de Ismaelitas que venía de Galaad; y sus camellos traían aromas y bálsamo y mirra, é iban á llevarlo á Egipto.

26 Entonces Judá dijo á sus hermanos: ¿Qué provecho el que matemos á nuestro hermano y encubramos su muerte?

27 Venid, y vendámosle á los Ismaelitas, y no sea nuestra mano sobre él; que nuestro hermano es nuestra carne. Y sus hermanos acordaron con él.

28 Y como pasaban los Midianitas mercaderes, sacaron ellos á José de la cisterna, y trajéronle arriba, y vendieron á José á los Ismaelitas por veinte piezas de plata. Y llevaron á José á Egipto.

29 Y Rubén volvió á la cisterna, y no halló á José dentro, y rasgó sus vestidos.

30 Y tornó á sus hermanos y dijo: El mozo no parece; y yo, ¿adónde iré yo?

31 Entonces tomaron ellos la ropa de José, y degollaron un cabrito de las cabras, y tiñeron la ropa con la sangre;

32 Y enviaron la ropa de colores y trajéronla á su padre, y dijeron: Esta hemos hallado, reconoce ahora si es ó no la ropa de tu hijo.

33 Y él la conoció, y dijo: La ropa de mi hijo es; alguna mala bestia le devoró; José ha sido despedazado.

34 Entonces Jacob rasgó sus vestidos, y puso saco sobre sus lomos, y enlutóse por su hijo muchos días.

35 Y levantáronse todos sus hijos y todas sus hijas para consolarlo; mas él no quiso tomar consolación, y dijo: Porque yo tengo de descender á mi hijo enlutado hasta la sepultura. Y llorólo su padre.

36 Y los Midianitas lo vendieron en Egipto á Potiphar, eunuco de Faraón, capitán de los de la guardia.

38 Yaconteció en aquel tiempo, que Judá descendió de con sus hermanos, y fuése á un varón Adullamita, que se llamaba Hira.

2 Y vió allí Judá la hija de un hombre Cananeo, el cual se llamaba Súa; y tomóla, y entró á ella:

3 La cual concibió, y parió un hijo; y llamó su nombre Er.

4 Y concibió otra vez, y parió un hijo, y llamó su nombre Onán.

5 Y volvió á concebir, y parió un hijo, y llamó su nombre Sela. Y estaba en Chezib cuando lo parió.

6 Y Judá tomó mujer para su primogénito Er, la cual se llamaba Thamar.

7 Y Er, el primogénito de Judá, fué malo á los ojos de Jehová, y quitóle Jehová la vida.

8 Entonces Judá dijo á Onán: Entra á la mujer de tu hermano, y despósate con ella, y suscita simiente á tu hermano.

9 Y sabiendo Onán que la simiente no había de ser suya, sucedía que cuando entraba á la mujer de su hermano vertía en tierra, por no dar simiente á su hermano.

10 Y desagradó en ojos de Jehová lo que hacía, y también quitó á él la vida.

11 Y Judá dijo á Thamar su nuera: Estáte viuda en casa de tu padre, hasta que crezca Sela mi hijo; porque dijo: Que quizá no muera él también como sus hermanos. Y fuése Thamar, y estúvose en casa de su padre.

12 Y pasaron muchos días, y murió la hija de Súa, mujer de Judá; y Judá se consoló, y subía á los trasquiladores de sus ovejas á Timnath, él y su amigo Hira el Adullamita.

13 Y fué dado aviso á Thamar, diciendo: He aquí tu suegro sube á Timnath á trasquilar sus ovejas.

14 Entonces quitó ella de sobre sí los vestidos de su viudez, y cubrióse con un velo, y arrebozóse, y se puso á la puerta de las aguas que están junto al camino de Timnath; porque veía que había crecido Sela, y ella no era dada á él por mujer.

15 Y vióla Judá, y túvola por ramera, porque había ella cubierto su rostro.

16 Y apartóse del camino hacia ella, y díjole: Ea, pues, ahora entraré á ti; porque no sabía que era su nuera; y ella dijo: ¿Qué me has de dar, si entrares á mí?

17 Y él respondió: Yo te enviaré del ganado un cabrito de las cabras. Y ella dijo: Hasme de dar prenda hasta que lo envíes.

18 Entonces él dijo: ¿Qué prenda te daré? Ella respondió: Tu anillo, y tu manto, y tu bordón que tienes en tu mano. Y él se los dió, y entró á ella, la cual concibió de él.

19 Y levantóse, y fuése: y quitóse el velo de sobre sí, y vistióse las ropas de su viudez.

20 Y Judá envió el cabrito de las cabras por mano de su amigo el Adullamita, para que tomase la prenda de mano de la mujer; mas no la halló.

21 Y preguntó á los hombres de aquel lugar, diciendo: ¿Dónde está la ramera de las aguas junto al camino? Y ellos le dijeron: No ha estado aquí ramera.

22 Entonces él se volvió á Judá, y dijo: No la he hallado; y también los hombres del lugar dijeron: Aquí no ha estado ramera.

23 Y Judá dijo: Tómeselo para sí, porque no seamos menospreciados: he aquí yo he enviado este cabrito, y tú no la hallaste.

24 Y acaeció que al cabo de unos tres meses fué dado aviso á Judá, diciendo: Thamar tu nuera ha fornicado, y aun cierto está preñada de las fornicaciones. Y Judá dijo: Sacadla, y sea quemada.

25 Y ella cuando la sacaban, envió á decir á su suegro: Del varón cuyas son estas cosas, estoy preñada: y dijo más: Mira ahora cuyas son estas cosas, el anillo, y el manto, y el bordón.

26 Entonces Judá los reconoció, y dijo: Más justa es que yo, por cuanto no la he dado á Sela mi hijo. Y nunca más la conoció.

27 Y aconteció que al tiempo del parir, he aquí había dos en su vientre.

28 Y sucedió, cuando paría, que sacó la mano el uno, y la partera tomó y ató á su mano un hilo de grana, diciendo: Este salió primero.

29 Empero fué que tornando él á meter la mano, he aquí su hermano salió; y ella dijo: ¿Por qué has hecho sobre ti rotura? Y llamó su nombre Phares.

30 Y después salió su hermano, el que tenía en su mano el hilo de grana, y llamó su nombre Zara.

39 Y llevado José á Egipto, comprólo Potiphar, eunuco de Faraón, capitán de los de la guardia, varón Egipcio, de mano de los Ismaelitas que lo habían llevado allá.

2 Mas Jehová fué con José, y fué varón prosperado: y estaba en la casa de su señor el Egipcio.

3 Y vió su señor que Jehová era con él, y que todo lo que él hacía, Jehová lo hacía prosperar en su mano.

4 Así halló José gracia en sus ojos, y servíale; y él le hizo mayordomo de su casa, y entregó en su poder todo lo que tenía.

5 Y aconteció que, desde cuando le dió el encargo de su casa, y de todo lo que tenía, Jehová bendijo la casa del Egipcio á causa de José; y la bendición de Jehová fué sobre todo lo que tenía, así en casa como en el campo.

6 Y dejó todo lo que tenía en mano de José; ni con él sabía de nada más que del pan que comía. Y era José de hermoso semblante y bella presencia.

7 Y aconteció después de esto, que la mujer de su señor puso sus ojos en José, y dijo: Duerme conmigo.

8 Y él no quiso, y dijo á la mujer de su señor: He aquí que mi señor no sabe conmigo lo que hay en casa, y ha puesto en mi mano todo lo que tiene:

9 No hay otro mayor que yo en esta casa, y ninguna cosa me ha reservado sino á ti, por cuanto tú eres su mujer; ¿cómo, pues, haría yo este grande mal y pecaría contra Dios?

10 Y fué que hablando á José cada día, y no escuchándola él para acostarse al lado de ella, para estar con ella.

11 Aconteció que entró él un día en casa para hacer su oficio, y no había nadie de los de casa allí en casa.

12 Y asióle ella por su ropa, diciendo: Duerme conmigo. Entonces dejóla él su ropa en las manos, y huyó, y salióse fuera.

13 Y acaeció que cuando vió ella que le había dejado su ropa en sus manos, y había huído fuera,

14 Llamó á los de casa, y hablóles diciendo: Mirad, nos ha traído un Hebreo, para que hiciese burla de nosotros: vino él á mí para dormir conmigo, y yo dí grandes voces;

15 Y viendo que yo alzaba la voz y gritaba, dejó junto á mí su ropa, y huyó, y salióse fuera.

16 Y ella puso junto á sí la ropa de él, hasta que vino su señor á su casa.

17 Entonces le habló ella semejantes palabras, diciendo: El siervo Hebreo que nos trajiste, vino á mí para deshonrarme;

18 Y como yo alcé mi voz y grité, él dejó su ropa junto á mí, y huyó fuera.

19 Y sucedió que como oyó su señor las palabras que su mujer le hablara, diciendo: Así me ha tratado tu siervo; encendióse su furor.

20 Y tomó su señor á José, y púsole en la casa de la cárcel, donde estaban los presos del rey, y estuvo allí en la casa de la cárcel.

21 Mas Jehová fué con José, y extendió á él su misericordia, y dióle gracia en ojos del principal de la casa de la cárcel.

22 Y el principal de la casa de la cárcel entregó en mano de José todos los presos que había en aquella prisión; todo lo que hacían allí, él lo hacía.

23 No veía el principal de la cárcel cosa alguna que en su mano estaba; porque Jehová era con él, y lo que él hacía, Jehová lo prosperaba.

40 Y aconteció después de estas cosas, que el copero del rey de Egipto y el panadero delinquieron contra su señor el rey de Egipto.

2 Y enojóse Faraón contra sus dos eunucos, contra el principal de los coperos, y contra el principal de los panaderos:

3 Y púsolos en prisión en la casa del capitán de los de la guardia, en la casa de la cárcel donde José estaba preso.

4 Y el capitán de los de la guardia dió cargo de ellos á José, y él les servía: y estuvieron días en la prisión.

5 Y ambos á dos, el copero y el panadero del rey de Egipto, que estaban arrestados en la prisión, vieron un sueño, cada uno su sueño en una misma noche, cada uno conforme á la declaración de su sueño.

6 Y vino á ellos José por la mañana, y mirólos, y he aquí que estaban tristes.

7 Y él preguntó á aquellos eunucos de Faraón, que estaban con él en la prisión de la casa de su señor, diciendo: ¿Por qué parecen hoy mal vuestros semblantes?

8 Y ellos le dijeron: Hemos tenido un sueño, y no hay quien lo declare. Entonces les dijo José: ¿No son de Dios las declaraciones? Contádmelo ahora.

9 Entonces el principal de los coperos contó su sueño á José, y díjole: Yo soñaba que veía una vid delante de mí,

10 Y en la vid tres sarmientos; y ella como que brotaba, y arrojaba su flor, viniendo á madurar sus racimos de uvas:

11 Y la copa de Faraón estaba en mi mano, y tomaba yo las uvas, y las exprimía en la copa de Faraón, y daba yo la copa en mano de Faraón.

12 Y díjole José: Esta es su declaración: Los tres sarmientos son tres días:

13 Al cabo de tres días Faraón te hará levantar cabeza, y te restituirá á tu puesto: y darás la copa á Faraón en su mano, como solías cuando eras su copero.

14 Acuérdate, pues, de mí para contigo cuando tuvieres ese bien, y ruégote que uses conmigo de misericordia, y hagas mención de mí á Faraón, y me saques de esta casa:

15 Porque hurtado he sido de la tierra de los Hebreos; y tampoco he hecho aquí porqué me hubiesen de poner en la cárcel.

16 Y viendo el principal de los panaderos que había declarado para bien, dijo á José: También yo soñaba que veía tres canastillos blancos sobre mi cabeza;

17 Y en el canastillo más alto había de todas las viandas de Faraón, obra de panadero; y que las aves las comían del canastillo de sobre mi cabeza.

18 Entonces respondió José, y dijo: Esta es su declaración: Los tres canastillos tres días son;

19 Al cabo de tres días quitará Faraón tu cabeza de sobre ti, y te hará colgar en la horca, y las aves comerán tu carne de sobre ti.

20 Y fué el tercero día el día del nacimiento de Faraón, é hizo banquete á todos sus sirvientes: y alzó la cabeza del principal de los coperos, y la cabeza del principal de los panaderos, entre sus servidores.

21 E hizo volver á su oficio al principal de los coperos; y dió él la copa en mano de Faraón.

22 Mas hizo ahorcar al principal de los panaderos, como le había declarado José.

23 Y el principal de los coperos no se acordó de José, sino que le olvidó.

41 Y aconteció que pasados dos años tuvo Faraón un sueño: Parecíale que estaba junto al río;

2 Y que del río subían siete vacas, hermosas á la vista, y muy gordas, y pacían en el prado:

3 Y que otras siete vacas subían tras ellas del río, de fea vista, y enjutas de carne, y se pararon cerca de las vacas hermosas á la orilla del río:

4 Y que las vacas de fea vista y enjutas de carne devoraban á las siete vacas hermosas y muy gordas. Y despertó Faraón.

5 Durmióse de nuevo, y soñó la segunda vez: Que siete espigas llenas y hermosas subían de una sola caña:

6 Y que otras siete espigas menudas y abatidas del Solano, salían después de ellas:

7 Y las siete espigas menudas devoraban á las siete espigas gruesas y llenas. Y despertó Faraón, y he aquí que era sueño.

8 Y acaeció que á la mañana estaba agitado su espíritu; y envió é hizo llamar á todos los magos de Egipto, y á todos sus sabios; y contóles Faraón sus sueños, mas no había quien á Faraón los declarase.

9 Entonces el principal de los coperos habló á Faraón, diciendo: Acuérdome hoy de mis faltas:

10 Faraón se enojó contra sus siervos, y á mí me echó á la prisión de la casa del capitán de los de la guardia, á mí y al principal de los panaderos:

11 Y yo y él vimos un sueño una misma noche: cada uno soñó conforme á la declaración de su sueño.

12 Y estaba allí con nosotros un mozo Hebreo, sirviente del capitán de los de la guardia; y se lo contamos, y él nos declaró nuestros sueños, y declaró á cada uno conforme á su sueño.

13 Y aconteció que como él nos declaró, así fué: á mí me hizo volver á mi puesto, é hizo colgar al otro.

14 Entonces Faraón envió y llamó á José; é hiciéronle salir corriendo de la cárcel, y le cortaron el pelo, y mudaron sus vestidos, y vino á Faraón.

15 Y dijo Faraón á José: Yo he tenido un sueño, y no hay quien lo declare; mas he oído decir de ti, que oyes sueños para declararlos.

16 Y respondió José á Faraón, diciendo: No está en mí; Dios será el que responda paz á Faraón.

17 Entonces Faraón dijo á José: En mi sueño parecíame que estaba á la orilla del río:

18 Y que del río subían siete vacas de gruesas carnes y hermosa apariencia, que pacían en el prado:

19 Y que otras siete vacas subían después de ellas, flacas y de muy fea traza; tan extenuadas, que no he visto otras semejantes en toda la tierra de Egipto en fealdad:

20 Y las vacas flacas y feas devoraban á las siete primeras vacas gruesas;

21 Y entraban en sus entrañas, mas no se conocía que hubiese entrado en ellas, porque su parecer era aún malo, como de primero. Y yo desperté.

22 Vi también soñando, que siete espigas subían en una misma caña llenas y hermosas;

23 Y que otras siete espigas menudas, marchitas, abatidas del Solano, subían después de ellas:

24 Y las espigas menudas devoraban á las siete espigas hermosas: y helo dicho á los magos, mas no hay quien me lo declare.

25 Entonces respondió José á Faraón: El sueño de Faraón es uno mismo: Dios ha mostrado á Faraón lo que va á hacer.

26 Las siete vacas hermosas siete años son; y las espigas hermosas son siete años: el sueño es uno mismo.

27 También las siete vacas flacas y feas que subían tras ellas, son siete años; y las siete espigas menudas y marchitas del Solano, siete años serán de hambre.

28 Esto es lo que respondo á Faraón. Lo que Dios va á hacer, halo mostrado á Faraón.

29 He aquí vienen siete años de grande hartura en toda la tierra de Egipto:

30 Y levantarse han tras ellos siete años de hambre; y toda la hartura será olvidada en la tierra de Egipto; y el hambre consumirá la tierra;

31 Y aquella abundancia no se echará de ver á causa del hambre siguiente, la cual será gravísima.

32 Y el suceder el sueño á Faraón dos veces, significa que la cosa es firme de parte de Dios, y que Dios se apresura á hacerla.

33 Por tanto, provéase ahora Faraón de un varón prudente y sabio, y póngalo sobre la tierra de Egipto.

34 Haga esto Faraón, y ponga gobernadores sobre el país, y quinte la tierra de Egipto en los siete años de la hartura;

35 Y junten toda la provisión de estos buenos años que vienen, y alleguen el trigo bajo la mano de Faraón para mantenimiento de las ciudades; y guárdenlo.

36 Y esté aquella provisión en depósito para el país, para los siete años del hambre que serán en la tierra de Egipto; y el país no perecerá de hambre.

37 Y el negocio pareció bien á Faraón, y á sus siervos.

38 Y dijo Faraón á sus siervos: ¿Hemos de hallar otro hombre como éste, en quien haya espíritu de Dios?

39 Y dijo Faraón á José: Pues que Dios te ha hecho saber todo esto, no hay entendido ni sabio como tú:

40 Tú serás sobre mi casa, y por tu dicho se gobernará todo mi pueblo: solamente en el trono seré yo mayor que tú.

41 Dijo más Faraón á José: He aquí yo te he puesto sobre toda la tierra de Egipto.

42 Entonces Faraón quitó su anillo de su mano, y púsolo en la mano de José, é hízole vestir de ropas de lino finísimo, y puso un collar de oro en su cuello;

43 E hízolo subir en su segundo carro, y pregonaron delante de él: Doblad la rodilla; y púsole sobre toda la tierra de Egipto.

44 Y dijo Faraón á José: Yo Faraón; y sin ti ninguno alzará su mano ni su pie en toda la tierra de Egipto.

45 Y llamó Faraón el nombre de José, Zaphnath-paaneah; y dióle por mujer á Asenath, hija de Potipherah, sacerdote de On. Y salió José por toda la tierra de Egipto.

46 Y era José de edad de treinta años cuando fué presentado delante de Faraón, rey de Egipto: y salió José de delante de Faraón, y transitó por toda la tierra de Egipto.

47 E hizo la tierra en aquellos siete años de hartura á montones.

48 Y él juntó todo el mantenimiento de los siete años que fueron en la tierra de Egipto, y guardó mantenimiento en las ciudades, poniendo en cada ciudad el mantenimiento del campo de sus alrededores.

49 Y acopió José trigo como arena de la mar, mucho en extremo, hasta no poderse contar, porque no tenía número.

50 Y nacieron á José dos hijos antes que viniese el primer año del hambre, los cuales le parió Asenath, hija de Potipherah, sacerdote de On.

51 Y llamó José el nombre del primogénito Manasés; porque Dios (dijo) me hizo olvidar todo mi trabajo, y toda la casa de mi padre.

52 Y el nombre del segundo llamólo Ephraim; porque Dios (dijo) me hizo fértil en la tierra de mi aflicción.

53 Y cumpliéronse los siete años de la hartura, que hubo en la tierra de Egipto.

54 Y comenzaron á venir los siete años del hambre, como José había dicho: y hubo hambre en todos los países, mas en toda la tierra de Egipto había pan.

55 Y cuando se sintió el hambre en toda la tierra de Egipto, el pueblo clamó á Faraón por pan. Y dijo Faraón á todos los Egipcios: Id á José, y haced lo que él os dijere.

56 Y el hambre estaba por toda la extensión del país. Entonces abrió José todo granero donde había, y vendía á los Egipcios; porque había crecido el hambre en la tierra de Egipto.

57 Y toda la tierra venía á Egipto para comprar de José, porque por toda la tierra había crecido el hambre.

42 Y viendo Jacob que en Egipto había alimentos, dijo á sus hijos: ¿Por qué os estáis mirando?

2 Y dijo: He aquí, yo he oído que hay víveres en Egipto; descended allá, y comprad de allí para nosotros, para que podamos vivir, y no nos muramos.

3 Y descendieron los diez hermanos de José á comprar trigo á Egipto.

4 Mas Jacob no envió á Benjamín hermano de José con sus hermanos; porque dijo: No sea acaso que le acontezca algún desastre.

5 Y vinieron los hijos de Israel á comprar entre los que venían: porque había hambre en la tierra de Canaán.

6 Y José era el señor de la tierra, que vendía á todo el pueblo de la tierra: y llegaron los hermanos de José, é inclináronse á él rostro por tierra.

7 Y José como vió á sus hermanos, conociólos; mas hizo que no los conocía, y hablóles ásperamente, y les dijo: ¿De dónde habéis venido? Ellos respondieron: De la tierra de Canaán á comprar alimentos.

8 José, pues, conoció á sus hermanos; pero ellos no le conocieron.

9 Entonces se acordó José de los sueños que había tenido de ellos, y díjoles: Espías sois; por ver lo descubierto del país habéis venido.

10 Y ellos le respondieron: No, señor mío: mas tus siervos han venido á comprar alimentos.

11 Todos nosotros somos hijos de un varón: somos hombres de verdad: tus siervos nunca fueron espías.

12 Y él les dijo: No; á ver lo descubierto del país habéis venido.

13 Y ellos respondieron: Tus siervos somos doce hermanos, hijos de un varón en la tierra de Canaán; y he aquí el menor está hoy con nuestro padre, y otro no parece.

14 Y José les dijo: Eso es lo que os he dicho, afirmando que sois espías:

15 En esto seréis probados: Vive Faraón que no saldréis de aquí, sino cuando vuestro hermano menor aquí viniere.

16 Enviad uno de vosotros, y traiga á vuestro hermano; y vosotros quedad presos, y vuestras palabras serán probadas, si hay verdad con vosotros; y si no, vive Faraón, que sois espías.

17 Y juntólos en la cárcel por tres días.

18 Y al tercer día díjoles José: Haced esto, y vivid: Yo temo á Dios:

19 Si sois hombres de verdad, quede preso en la casa de vuestra cárcel uno de vuestros hermanos; y vosotros id, llevad el alimento para el hambre de vuestra casa:

20 Pero habéis de traerme á vuestro hermano menor, y serán verificadas vuestras palabras, y no moriréis. Y ellos lo hicieron así.

21 Y decían el uno al otro: Verdaderamente hemos pecado contra nuestro hermano, que vimos la angustia de su alma cuando nos rogaba, y no le oímos: por eso ha venido sobre nosotros esta angustia.

22 Entonces Rubén les respondió, diciendo: ¿No os hablé yo y dije: No pequéis contra el mozo; y no escuchásteis? He aquí también su sangre es requerida.

23 Y ellos no sabían que los entendía José, porque había intérprete entre ellos.

24 Y apartóse él de ellos, y lloró: después volvió á ellos, y les habló, y tomó de entre ellos á Simeón, y aprisionóle á vista de ellos.

25 Y mandó José que llenaran sus sacos de trigo, y devolviesen el dinero de cada uno de ellos, poniéndolo en su saco, y les diesen comida para el camino: é hízose así con ellos.

26 Y ellos pusieron su trigo sobre sus asnos, y fuéronse de allí.

27 Y abriendo uno de ellos su saco para dar de comer á su asno en el mesón, vió su dinero que estaba en la boca de su costal.

28 Y dijo á sus hermanos: Mi dinero se me ha devuelto, y aun helo aquí en mi saco. Sobresaltóseles entonces el corazón, y espantados dijeron el uno al otro: ¿Qué es esto que nos ha hecho Dios?

29 Y venidos á Jacob su padre en tierra de Canaán, contáronle todo lo que les había acaecido, diciendo:

30 Aquel varón, señor de la tierra, nos habló ásperamente, y nos trató como á espías de la tierra:

31 Y nosotros le dijimos: Somos hombres de verdad, nunca fuimos espías:

32 Somos doce hermanos, hijos de nuestro padre; uno no parece, y el menor está hoy con nuestro padre en la tierra de Canaán.

33 Y aquel varón, señor de la tierra, nos dijo: En esto conoceré que sois hombres de verdad; dejad conmigo uno de vuestros hermanos, y tomad para el hambre de vuestras casas, y andad;

34 Y traedme á vuestro hermano el menor, para que yo sepa que no sois espías, sino hombres de verdad: así os daré á vuestro hermano, y negociaréis en la tierra.

35 Y aconteció que vaciando ellos sus sacos, he aquí que en el saco de cada uno estaba el atado de su dinero: y viendo ellos y su padre los atados de su dinero, tuvieron temor.

36 Entonces su padre Jacob les dijo: Habéisme privado de mis hijos; José no parece, ni Simeón tampoco, y á Benjamín le llevaréis: contra mí son todas estas cosas.

37 Y Rubén habló á su padre, diciendo: Harás morir á mis dos hijos, si no te lo volviere; entrégalo en mi mano, que yo lo volveré á ti.

38 Y él dijo: No descenderá mi hijo con vosotros; que su hermano es muerto, y él solo ha quedado: y si le aconteciere algún desastre en el camino por donde vais, haréis descender mis canas con dolor á la sepultura.

43 Y el hambre era grande en la tierra.

2 Y aconteció que como acabaron de comer el trigo que trajeron de Egipto, díjoles su padre: Volved, y comprad para nosotros un poco de alimento.

3 Y respondió Judá, diciendo: Aquel varón nos protestó con ánimo resuelto, diciendo: No veréis mi rostro sin vuestro hermano con vosotros.

4 Si enviares á nuestro hermano con nosotros, descenderemos y te compraremos alimento:

5 Pero si no le enviares, no descenderemos: porque aquel varón nos dijo: No veréis mi rostro sin vuestro hermano con vosotros.

6 Y dijo Israel: ¿Por qué me hicisteis tanto mal, declarando al varón que teníais más hermano?

7 Y ellos respondieron: Aquel varón nos preguntó expresamente por nosotros, y por nuestra parentela, diciendo: ¿Vive aún vuestro padre? ¿tenéis otro hermano? y declarámosle conforme á estas palabras. ¿Podíamos nosotros saber que había de decir: Haced venir á vuestro hermano?

8 Entonces Judá dijo á Israel su padre: Envía al mozo conmigo, y nos levantaremos é iremos, á fin que vivamos y no muramos nosotros, y tú, y nuestros niños.

9 Yo lo fío; á mí me pedirás cuenta de él: si yo no te lo volviere y lo pusiere delante de ti, seré para ti el culpante todos los días:

10 Que si no nos hubiéramos detenido, cierto ahora hubiéramos ya vuelto dos veces.

11 Entonces Israel su padre les respondió: Pues que así es, hacedlo; tomad de lo mejor de la tierra en vuestros vasos, y llevad á aquel varón un presente, un poco de bálsamo, y un poco de miel, aromas y mirra, nueces y almendras.

12 Y tomad en vuestras manos doblado dinero, y llevad en vuestra mano el dinero vuelto en las bocas de vuestros costales; quizá fué yerro.

13 Tomad también á vuestro hermano, y levantaos, y volved á aquel varón.

14 Y el Dios Omnipotente os dé misericordias delante de aquel varón, y os suelte al otro vuestro hermano, y á este Benjamín. Y si he de ser privado de mis hijos, séalo.

15 Entonces tomaron aquellos varones el presente, y tomaron en su mano doblado dinero, y á Benjamín; y se levantaron, y descendieron á Egipto, y presentáronse delante de José.

16 Y vió José á Benjamín con ellos, y dijo al mayordomo de su casa: Mete en casa á esos hombres, y degüella víctima, y aderézala; porque estos hombres comerán conmigo al medio día.

17 E hizo el hombre como José dijo; y metió aquel hombre á los hombres en casa de José.

18 Y aquellos hombres tuvieron temor, cuando fueron metidos en casa de José, y decían: Por el dinero que fué vuelto en nuestros costales la primera vez nos han metido aquí, para revolver contra nosotros, y dar sobre nosotros, y tomarnos por siervos á nosotros, y á nuestros asnos.

19 Y llegáronse al mayordomo de la casa de José, y le hablaron á la entrada de la casa.

20 Y dijeron: Ay, señor mío, nosotros en realidad de verdad descendimos al principio á comprar alimentos:

21 Y aconteció que como vinimos al mesón y abrimos nuestros costales, he aquí el dinero de cada uno estaba en la boca de su costal, nuestro dinero en su justo peso; y hémoslo vuelto en nuestras manos.

22 Hemos también traído en nuestras manos otro dinero para comprar alimentos: nosotros no sabemos quién haya puesto nuestro dinero en nuestros costales.

23 Y él respondió: Paz á vosotros, no temáis; vuestro Dios y el Dios de vuestro padre os dió el tesoro en vuestros costales: vuestro dinero vino á mí. Y sacó á Simeón á ellos.

24 Y metió aquel varón á aquellos hombres en casa de José: y dióles agua, y lavaron sus pies: y dió de comer á sus asnos.

25 Y ellos prepararon el presente entretanto que venía José al medio día, porque habían oído que allí habían de comer pan.

26 Y vino José á casa, y ellos le trajeron el presente que tenían en su mano dentro de casa, é inclináronse á él hasta tierra.

27 Entonces les preguntó él cómo estaban, y dijo: ¿Vuestro padre, el anciano que dijisteis, lo pasa bien? ¿vive todavía?

28 Y ellos respondieron: Bien va á tu siervo nuestro padre; aun vive. Y se inclinaron, é hicieron reverencia.

29 Y alzando él sus ojos vió á Benjamín su hermano, hijo de su madre, y dijo: ¿Es éste vuestro hermano menor, de quien me hablasteis? Y dijo: Dios tenga misericordia de ti, hijo mío.

30 Entonces José se apresuró, porque se conmovieron sus entrañas á causa de su hermano, y procuró donde llorar: y entróse en su cámara, y lloró allí.

31 Y lavó su rostro, y salió fuera, y reprimióse, y dijo: Poned pan.

32 Y pusieron para él aparte, y separadamente para ellos, y aparte para los Egipcios que con él comían: porque los Egipcios no pueden comer pan con los Hebreos, lo cual es abominación á los Egipcios.

33 Y sentáronse delante de él, el mayor conforme á su mayoría, y el menor conforme á su menoría; y estaban aquellos hombres atónitos mirándose el uno al otro.

34 Y él tomó viandas de delante de sí para ellos; mas la porción de Benjamín era cinco veces como cualquiera de las de ellos. Y bebieron, y alegráronse con él.

44 Y mandó José al mayordomo de su casa, diciendo: Hinche los costales de aquestos varones de alimentos, cuanto pudieren llevar, y pon el dinero de cada uno en la boca de su costal:

2 Y pondrás mi copa, la copa de plata, en la boca del costal del menor, con el dinero de su trigo. Y él hizo como dijo José.

3 Venida la mañana, los hombres fueron despedidos con sus asnos.

4 Habiendo ellos salido de la ciudad, de la que aun no se habían alejado, dijo José á su mayordomo: Levántate, y sigue á esos hombres; y cuando los alcanzares, diles: ¿Por qué habéis vuelto mal por bien?

5 ¿No es ésta en la que bebe mi señor, y por la que suele adivinar? habéis hecho mal en lo que hicisteis.

6 Y como él los alcanzó, díjoles estas palabras.

7 Y ellos le respondieron: ¿Por qué dice mi señor tales cosas? Nunca tal hagan tus siervos.

8 He aquí, el dinero que hallamos en la boca de nuestros costales, te lo volvimos á traer desde la tierra de Canaán; ¿cómo, pues, habíamos de hurtar de casa de tu señor plata ni oro?

9 Aquel de tus siervos en quien fuere hallada la copa, que muera, y aun nosotros seremos siervos de mi señor.

10 Y él dijo: También ahora sea conforme á vuestras palabras; aquél en quien se hallare, será mi siervo, y vosotros seréis sin culpa.

11 Ellos entonces se dieron prisa, y derribando cada uno su costal en tierra, abrió cada cual el costal suyo.

12 Y buscó; desde el mayor comenzó, y acabó en el menor; y la copa fué hallada en el costal de Benjamín.

13 Entonces ellos rasgaron sus vestidos, y cargó cada uno su asno, y volvieron á la ciudad.

14 Y llegó Judá con sus hermanos á casa de José, que aun estaba allí, y postráronse delante de él en tierra.

15 Y díjoles José: ¿Qué obra es esta que habéis hecho? ¿no sabéis que un hombre como yo adivinar?

16 Entonces dijo Judá: ¿Qué diremos á mi señor? ¿qué hablaremos? ¿ó con qué nos justificaremos? Dios ha hallado la maldad de tus siervos: he aquí, nosotros somos siervos de mi señor, nosotros, y también aquél en cuyo poder fué hallada la copa.

17 Y él respondió: Nunca yo tal haga: el varón en cuyo poder fué hallada la copa, él será mi siervo; vosotros id en paz á vuestro padre.

18 Entonces Judá se llegó á él, y dijo: Ay señor mío, ruégote que hable tu siervo una palabra en oídos de mi señor, y no se encienda tu enojo contra tu siervo, pues que tú eres como Faraón.

19 Mi señor preguntó á sus siervos, diciendo: ¿Tenéis padre ó hermano?

20 Y nosotros respondimos á mi señor: Tenemos un padre anciano, y un mozo que le nació en su vejez, pequeño aún; y un hermano suyo murió, y él quedó solo de su madre, y su padre lo ama.

21 Y tú dijiste á tus siervos: Traédmelo, y pondré mis ojos sobre él.

22 Y nosotros dijimos á mi señor: El mozo no puede dejar á su padre, porque si le dejare, su padre morirá.

23 Y dijiste á tus siervos: Si vuestro hermano menor no descendiere con vosotros, no veáis más mi rostro.

24 Aconteció pues, que como llegamos á mi padre tu siervo, contámosle las palabras de mi señor.

25 Y dijo nuestro padre: Volved á compraros un poco de alimento.

26 Y nosotros respondimos: No podemos ir: si nuestro hermano fuere con nosotros, iremos; porque no podemos ver el rostro del varón, no estando con nosotros nuestro hermano el menor.

27 Entonces tu siervo mi padre nos dijo: Vosotros sabéis que dos me parió mi mujer;

28 Y el uno salió de conmigo, y pienso de cierto que fué despedazado, y hasta ahora no le he visto;

29 Y si tomareis también éste de delante de mí, y le aconteciere algún desastre, haréis descender mis canas con dolor á la sepultura.

30 Ahora, pues, cuando llegare yo á tu siervo mi padre, y el mozo no fuere conmigo, como su alma está ligada al alma de él,

31 Sucederá que cuando no vea al mozo, morirá: y tus siervos harán descender las canas de tu siervo nuestro padre con dolor á la sepultura.

32 Como tu siervo salió por fiador del mozo con mi padre, diciendo: Si no te lo volviere, entonces yo seré culpable para mi padre todos los días;

33 Ruégote por tanto que quede ahora tu siervo por el mozo por siervo de mi señor, y que el mozo vaya con sus hermanos.

34 Porque ¿cómo iré yo á mi padre sin el mozo? No podré, por no ver el mal que sobrevendrá á mi padre.

45 No podía ya José contenerse delante de todos los que estaban al lado suyo, y clamó: Haced salir de conmigo á todos. Y no quedó nadie con él, al darse á conocer José á sus hermanos.

2 Entonces se dió á llorar á voz en grito; y oyeron los Egipcios, y oyó también la casa de Faraón.

3 Y dijo José á sus hermanos: Yo soy José: ¿vive aún mi padre? Y sus hermanos no pudieron responderle, porque estaban turbados delante de él.

4 Entonces dijo José á sus hermanos: Llegaos ahora á mí. Y ellos se llegaron. Y él dijo: Yo soy José vuestro hermano el que vendisteis para Egipto.

5 Ahora pues, no os entristezcáis, ni os pese de haberme vendido acá; que para preservación de vida me envió Dios delante de vosotros:

6 Que ya ha habido dos años de hambre en medio de la tierra, y aun quedan cinco años en que ni habrá arada ni siega.

7 Y Dios me envió delante de vosotros, para que vosotros quedaseis en la tierra, y para daros vida por medio de grande salvamento.

8 Así pues, no me enviasteis vosotros acá, sino Dios, que me ha puesto por padre de Faraón, y por señor de toda su casa, y por gobernador en toda la tierra de Egipto.

9 Daos priesa, id á mi padre y decidle: Así dice tu hijo José: Dios me ha puesto por señor de todo Egipto; ven á mí, no te detengas.

10 Y habitarás en la tierra de Gosén, y estarás cerca de mí, tú y tus hijos, y los hijos de tus hijos, tus ganados y tus vacas, y todo lo que tienes.

11 Y allí te alimentaré, pues aun quedan cinco años de hambre, porque no perezcas de pobreza tú y tu casa, y todo lo que tienes.

12 Y he aquí, vuestros ojos ven, y los ojos de mi hermano Benjamín, que mi boca os habla.

13 Haréis pues saber á mi padre toda mi gloria en Egipto, y todo lo que habéis visto: y daos priesa, y traed á mi padre acá.

14 Y echóse sobre el cuello de Benjamín su hermano, y lloró; y también Benjamín lloró sobre su cuello.

15 Y besó á todos sus hermanos, y lloró sobre ellos: y después sus hermanos hablaron con él.

16 Y oyóse la noticia en la casa de Faraón, diciendo: Los hermanos de José han venido. Y plugo en los ojos de Faraón y de sus siervos.

17 Y dijo Faraón á José: Di á tus hermanos: Haced esto: cargad vuestras bestias, é id, volved á la tierra de Canaán;

18 Y tomad á vuestro padre y vuestras familias, y venid á mí, que yo os daré lo bueno de la tierra de Egipto y comeréis la grosura de la tierra.

19 Y tú manda: Haced esto: tomaos de la tierra de Egipto carros para vuestros niños y vuestras mujeres; y tomad á vuestro padre, y venid.

20 Y no se os dé nada de vuestras alhajas, porque el bien de la tierra de Egipto será vuestro.

21 E hiciéronlo así los hijos de Israel: y dióles José carros conforme á la orden de Faraón, y suministróles víveres para el camino.

22 A cada uno de todos ellos dió mudas de vestidos, y á Benjamín dió trescientas piezas de plata, y cinco mudas de vestidos.

23 Y á su padre envió esto: diez asnos cargados de lo mejor de Egipto, y diez asnas cargadas de trigo y pan y comida, para su padre en el camino.

24 Y despidió á sus hermanos, y fuéronse. Y él les dijo: No riñáis por el camino.

25 Y subieron de Egipto, y llegaron á la tierra de Canaán á Jacob su padre.

26 Y diéronle las nuevas, diciendo: José vive aún; y él es señor en toda la tierra de Egipto. Y su corazón se desmayó; pues no los creía.

27 Y ellos le contaron todas las palabras de José, que él les había hablado; y viendo él los carros que José enviaba para llevarlo, el espíritu de Jacob su padre revivió.

28 Entonces dijo Israel: Basta; José mi hijo vive todavía: iré, y le veré antes que yo muera.

46 Ypartióse Israel con todo lo que tenía, y vino á Beer-seba, y ofreció sacrificios al Dios de su padre Isaac.

2 Y habló Dios á Israel en visiones de noche, y dijo: Jacob, Jacob. Y él respondió: Heme aquí.

3 Y dijo: Yo soy Dios, el Dios de tu padre; no temas de descender á Egipto, porque yo te pondré allí en gran gente.

4 Yo descenderé contigo á Egipto, y yo también te haré volver: y José pondrá su mano sobre tus ojos.

5 Y levantóse Jacob de Beer-seba; y tomaron los hijos de Israel á su padre Jacob, y á sus niños, y á sus mujeres, en los carros que Faraón había enviado para llevarlo.

6 Y tomaron sus ganados, y su hacienda que había adquirido en la tierra de Canaán, y viniéronse á Egipto, Jacob, y toda su simiente consigo;

7 Sus hijos, y los hijos de sus hijos consigo; sus hijas, y las hijas de sus hijos, y á toda su simiente trajo consigo á Egipto.

8 Y estos son los nombres de los hijos de Israel, que entraron en Egipto, Jacob y sus hijos: Rubén, el primogénito de Jacob.

9 Y los hijos de Rubén: Hanoch, y Phallu, y Hezrón, y Carmi.

10 Y los hijos de Simeón: Jemuel, y Jamín, y Ohad, y Jachîn, y Zohar, y Saúl, hijo de la Cananea.

11 Y los hijos de Leví: Gersón, Coath, y Merari.

12 Y los hijos de Judá: Er, y Onán, y Sela, y Phares, y Zara: mas Er y Onán, murieron en la tierra de Canaán. Y los hijos de Phares fueron Hezrón y Hamul.

13 Y los hijos de Issachâr: Thola, y Phua, y Job, y Simrón.

14 Y los hijos de Zabulón: Sered y Elón, y Jahleel.

15 Estos fueron los hijos de Lea, los que parió á Jacob en Padan-aram, y además su hija Dina: treinta y tres almas todas de sus hijos é hijas.

16 Y los hijos de Gad: Ziphión, y Aggi, y Ezbón, y Suni, y Heri, y Arodi, y Areli.

17 Y los hijos de Aser: Jimna, é Ishua, é Isui y Beria, y Sera, hermana de ellos. Los hijos de Beria: Heber, y Malchiel.

18 Estos fueron los hijos de Zilpa, la que Labán dió á su hija Lea, y parió estos á Jacob; todas diez y seis almas.

19 Y los hijos de Rachêl, mujer de Jacob: José y Benjamín.

20 Y nacieron á José en la tierra de Egipto Manasés y Ephraim, los que le parió Asenath, hija de Potipherah, sacerdote de On.

21 Y los hijos de Benjamín fueron Bela, y Bechêr y Asbel, y Gera, y Naamán, y Ehi, y Ros y Muppim, y Huppim, y Ard.

22 Estos fueron los hijos de Rachêl, que nacieron á Jacob: en todas, catorce almas.

23 Y los hijos de Dan: Husim.

24 Y los hijos de Nephtalí: Jahzeel, y Guni, y Jezer, y Shillem.

25 Estos fueron los hijos de Bilha, la que dió Labán á Rachêl su hija, y parió estos á Jacob; todas siete almas.

26 Todas las personas que vinieron con Jacob á Egipto, procedentes de sus lomos, sin las mujeres de los hijos de Jacob, todas las personas fueron sesenta y seis.

27 Y los hijos de José, que le nacieron en Egipto, dos personas. Todas las almas de la casa de Jacob, que entraron en Egipto, fueron setenta.

28 Y envió á Judá delante de sí á José, para que le viniese á ver á Gosén; y llegaron á la tierra de Gosén.

29 Y José unció su carro y vino á recibir á Israel su padre á Gosén; y se manifestó á él, y echóse sobre su cuello, y lloró sobre su cuello bastante.

30 Entonces Israel dijo á José: Muera yo ahora, ya que he visto tu rostro, pues aun vives.

31 Y José dijo á sus hermanos, y á la casa de su padre: Subiré y haré saber á Faraón, y diréle: Mis hermanos y la casa de mi padre, que estaban en la tierra de Canaán, han venido á mí;

32 Y los hombres son pastores de ovejas, porque son hombres ganaderos: y han traído sus ovejas y sus vacas, y todo lo que tenían.

33 Y cuando Faraón os llamare y dijere: ¿cuál es vuestro oficio?

34 Entonces diréis: Hombres de ganadería han sido tus siervos desde nuestra mocedad hasta ahora, nosotros y nuestros padres; á fin que moréis en la tierra de Gosén, porque los Egipcios abominan todo pastor de ovejas.

47 Y José vino, é hizo saber á Faraón, y dijo: Mi padre y mis hermanos, y sus ovejas y sus vacas, con todo lo que tienen, han venido de la tierra de Canaán, y he aquí, están en la tierra de Gosén.

2 Y de los postreros de sus hermanos tomó cinco varones, y presentólos delante de Faraón.

3 Y Faraón dijo á sus hermanos: ¿Cuál es vuestro oficio? Y ellos respondieron á Faraón: Pastores de ovejas son tus siervos, así nosotros como nuestros padres.

4 Dijeron además á Faraón: Por morar en esta tierra hemos venido; porque no hay pasto para las ovejas de tus siervos, pues el hambre es grave en la tierra de Canaán: por tanto, te rogamos ahora que habiten tus siervos en la tierra de Gosén.

5 Entonces Faraón habló á José, diciendo: Tu padre y tus hermanos han venido á ti:

6 La tierra de Egipto delante de ti está; en lo mejor de la tierra haz habitar á tu padre y á tus hermanos; habiten en la tierra de Gosén; y si entiendes que hay entre ellos hombres eficaces, ponlos por mayorales del ganado mío.

7 Y José introdujo á su padre, y presentólo delante de Faraón; y Jacob bendijo á Faraón.

8 Y dijo Faraón á Jacob: ¿Cuántos son los días de los años de tu vida?

9 Y Jacob respondió á Faraón: Los días de los años de mi peregrinación son ciento treinta años; pocos y malos han sido los días de los años de mi vida, y no han llegado á los días de los años de la vida de mis padres en los días de su peregrinación.

10 Y Jacob bendijo á Faraón, y salióse de delante de Faraón.

11 Así hizo habitar á su padre y á sus hermanos, y dióles posesión en la tierra de Egipto, en lo mejor de la tierra, en la tierra de Rameses como mandó Faraón.

12 Y alimentaba José á su padre y á sus hermanos, y á toda la casa de su padre, de pan, hasta la boca del niño.

13 Y no había pan en toda la tierra, y el hambre era muy grave; por lo que desfalleció de hambre la tierra de Egipto y la tierra de Canaán.

14 Y recogió José todo el dinero que se halló en la tierra de Egipto y en la tierra de Canaán, por los alimentos que de él compraban; y metió José el dinero en casa de Faraón.

15 Y acabado el dinero de la tierra de Egipto y de la tierra de Canaán, vino todo Egipto á José diciendo: Danos pan: ¿por qué moriremos delante de ti, por haberse acabado el dinero?

16 Y José dijo: Dad vuestros ganados, y yo os daré por vuestros ganados, si se ha acabado el dinero.

17 Y ellos trajeron sus ganados á José; y José les dió alimentos por caballos, y por el ganado de las ovejas, y por el ganado de las vacas, y por asnos: y sustentólos de pan por todos sus ganados aquel año.

18 Y acabado aquel año, vinieron á él el segundo año, y le dijeron: No encubriremos á nuestro señor que el dinero ciertamente se ha acabado; también el ganado es ya de nuestro señor, nada ha quedado delante de nuestro señor sino nuestros cuerpos y nuestra tierra.

19 ¿Por qué moriremos delante de tus ojos, así nosotros como nuestra tierra? Cómpranos á nosotros y á nuestra tierra por pan, y seremos nosotros y nuestra tierra siervos de Faraón; y danos simiente para que vivamos y no muramos, y no sea asolada la tierra.

20 Entonces compró José toda la tierra de Egipto para Faraón; pues los Egipcios vendieron cada uno sus tierras, porque se agravó el hambre sobre ellos: y la tierra vino á ser de Faraón.

21 Y al pueblo hízolo pasar á las ciudades desde el un cabo del término de Egipto hasta el otro cabo.

22 Solamente la tierra de los sacerdotes no compró, por cuanto los sacerdotes tenían ración de Faraón, y ellos comían su ración que Faraón les daba: por eso no vendieron su tierra.

23 Y José dijo al pueblo: He aquí os he hoy comprado y á vuestra tierra para Faraón: ved aquí simiente, y sembraréis la tierra.

24 Y será que de los frutos daréis el quinto á Faraón, y las cuatro partes serán vuestras para sembrar las tierras, y para vuestro mantenimiento, y de los que están en vuestras casas, y para que coman vuestros niños.

25 Y ellos respondieron: La vida nos has dado: hallemos gracia en ojos de mi señor, y seamos siervos de Faraón.

26 Entonces José lo puso por fuero hasta hoy sobre la tierra de Egipto, señalando para Faraón el quinto; excepto sólo la tierra de los sacerdotes, que no fué de Faraón.

27 Así habitó Israel en la tierra de Egipto, en la tierra de Gosén; y aposesionáronse en ella, y se aumentaron, y multiplicaron en gran manera.

28 Y vivió Jacob en la tierra de Egipto diecisiete años: y fueron los días de Jacob, los años de su vida, ciento cuarenta y siete años.

29 Y llegáronse los días de Israel para morir, y llamó á José su hijo, y le dijo: Si he hallado ahora gracia en tus ojos, ruégote que pongas tu mano debajo de mi muslo, y harás conmigo misericordia y verdad: ruégote que no me entierres en Egipto;

30 Mas cuando durmiere con mis padres, llevarme has de Egipto, y me sepultarás en el sepulcro de ellos. Y él respondió: Yo haré como tú dices.

31 Y él dijo: Júramelo. Y él le juró. Entonces Israel se inclinó sobre la cabecera de la cama.

48 Y sucedió después de estas cosas el haberse dicho á José: He aquí tu padre está enfermo. Y él tomó consigo sus dos hijos Manasés y Ephraim.

2 Y se hizo saber á Jacob, diciendo: He aquí tu hijo José viene á ti. Entonces se esforzó Israel, y sentóse sobre la cama;

3 Y dijo á José: El Dios Omnipotente me apareció en Luz en la tierra de Canaán, y me bendijo,

4 Y díjome: He aquí, yo te haré crecer, y te multiplicaré, y te pondré por estirpe de pueblos: y daré esta tierra á tu simiente después de ti por heredad perpetua.

5 Y ahora tus dos hijos Ephraim y Manasés, que te nacieron en la tierra de Egipto, antes que viniese á ti á la tierra de Egipto, míos son; como Rubén y Simeón, serán míos.

6 Y los que después de ellos has engendrado, serán tuyos; por el nombre de sus hermanos serán llamados en sus heredades.

7 Porque cuando yo venía de Padan-aram, se me murió Rachêl en la tierra de Canaán, en el camino, como media legua de tierra viniendo á Ephrata; y sepultéla allí en el camino de Ephrata, que es Bethlehem.

8 Y vió Israel los hijos de José, y dijo: ¿Quiénes son éstos?

9 Y respondió José á su padre: Son mis hijos, que Dios me ha dado aquí. Y él dijo: Allégalos ahora á mí, y los bendeciré.

10 Y los ojos de Israel estaban tan agravados de la vejez, que no podía ver. Hízoles, pues, llegar á él, y él los besó y abrazó.

11 Y dijo Israel á José: No pensaba yo ver tu rostro, y he aquí Dios me ha hecho ver también tu simiente.

12 Entonces José los sacó de entre sus rodillas, é inclinóse á tierra.

13 Y tomólos José á ambos, Ephraim á su diestra, á la siniestra de Israel; y á Manasés á su izquierda, á la derecha de Israel; é hízoles llegar á él.

14 Entonces Israel extendió su diestra, y púsola sobre la cabeza de Ephraim, que era el menor, y su siniestra sobre la cabeza de Manasés, colocando así sus manos adrede, aunque Manasés era el primogénito.

15 Y bendijo á José, y dijo: El Dios en cuya presencia anduvieron mis padres Abraham é Isaac, el Dios que me mantiene desde que yo soy hasta este día,

16 El Ángel que me liberta de todo mal, bendiga á estos mozos; y en mi nombre sea llamado en ellos, y el nombre de mis padres Abraham é Isaac: y multipliquen en gran manera en medio de la tierra.

17 Entonces viendo José que su padre ponía la mano derecha sobre la cabeza de Ephraim, causóle esto disgusto; y asió la mano de su padre, para mudarla de sobre la cabeza de Ephraim á la cabeza de Manasés.

18 Y dijo José á su padre: No así, padre mío, porque éste es el primogénito; pon tu diestra sobre su cabeza.

19 Mas su padre no quiso, y dijo: Lo sé, hijo mío, lo sé: también él vendrá á ser un pueblo, y será más grande que él, y su simiente será plenitud de gentes.

20 Y bendíjolos aquel día, diciendo: En ti bendecirá Israel, diciendo: Póngate Dios como á Ephraim y como á Manasés. Y puso á Ephraim delante de Manasés.

21 Y dijo Israel á José: He aquí, yo muero, mas Dios será con vosotros, y os hará volver á la tierra de vuestros padres.

22 Y yo te he dado á ti una parte sobre tus hermanos, la cual tomé yo de mano del Amorrheo con mi espada y con mi arco.

49 Y llamó Jacob á sus hijos, y dijo: Juntaos, y os declararé lo que os ha de acontecer en los postreros días.

2 Juntaos y oid, hijos de Jacob; Y escuchad á vuestro padre Israel.

3 Rubén, tú eres mi primogénito, mi fortaleza, y el principio de mi vigor; Principal en dignidad, principal en poder.

4 Corriente como las aguas, no seas el principal; Por cuanto subiste al lecho de tu padre: Entonces te envileciste, subiendo á mi estrado.

5 Simeón y Leví, hermanos: Armas de iniquidad sus armas.

6 En su secreto no entre mi alma, Ni mi honra se junte en su compañía; Que en su furor mataron varón, Y en su voluntad arrancaron muro.

7 Maldito su furor, que fué fiero; Y su ira, que fué dura: Yo los apartaré en Jacob, Y los esparciré en Israel.

8 Judá, alabarte han tus hermanos: Tu mano en la cerviz de tus enemigos: Los hijos de tu padre se inclinarán á ti.

9 Cachorro de león Judá: De la presa subiste, hijo mío: Encorvóse, echóse como león, Así como león viejo; ¿quién lo despertará?

10 No será quitado el cetro de Judá, Y el legislador de entre sus piés, Hasta que venga Shiloh; Y á él se congregarán los pueblos.

11 Atando á la vid su pollino, Y á la cepa el hijo de su asna, Lavó en el vino su vestido, Y en la sangre de uvas su manto:

12 Sus ojos bermejos del vino, Y los dientes blancos de la leche.

13 Zabulón en puertos de mar habitará, Y será para puerto de navíos; Y su término hasta Sidón.

14 Issachâr, asno huesudo Echado entre dos tercios:

15 Y vió que el descanso era bueno, Y que la tierra era deleitosa; Y bajó su hombro para llevar, Y sirvió en tributo.

16 Dan juzgará á su pueblo, Como una de las tribus de Israel.

17 Será Dan serpiente junto al camino, Cerasta junto á la senda, Que muerde los talones de los caballos, Y hace caer por detrás al cabalgador de ellos.

18 Tu salud esperé, oh Jehová.

19 Gad, ejército lo acometerá; Mas él acometerá al fin.

20 El pan de Aser será grueso, Y él dará deleites al rey.

21 Nephtalí, sierva dejada, Que dará dichos hermosos.

22 Ramo fructífero José, Ramo fructífero junto á fuente, Cuyos vástagos se extienden sobre el muro:

23 Y causáronle amargura, Y asaeteáronle, Y aborreciéronle los archeros:

24 Mas su arco quedó en fortaleza, Y los brazos de sus manos se corroboraron Por las manos del Fuerte de Jacob, (De allí el pastor, y la piedra de Israel,)

25 Del Dios de tu padre, el cual te ayudará, Y del Omnipotente, el cual te bendecirá Con bendiciones de los cielos de arriba, Con bendiciones del abismo que está abajo, Con bendiciones del seno y de la matriz.

26 Las bendiciones de tu padre Fueron mayores que las bendiciones de mis progenitores: Hasta el término de los collados eternos Serán sobre la cabeza de José, Y sobre la mollera del Nazareo de sus hermanos.

27 Benjamín, lobo arrebatador: A la mañana comerá la presa, Y á la tarde repartirá los despojos.

28 Todos estos fueron las doce tribus de Israel: y esto fué lo que su padre les dijo, y bendíjolos; á cada uno por su bendición los bendijo.

29 Mandóles luego, y díjoles: Yo voy á ser reunido con mi pueblo: sepultadme con mis padres en la cueva que está en el campo de Ephrón el Hetheo;

30 En la cueva que está en el campo de Macpela, que está delante de Mamre en la tierra de Canaán, la cual compró Abraham con el mismo campo de Ephrón el Hetheo, para heredad de sepultura.

31 Allí sepultaron á Abraham y á Sara su mujer; allí sepultaron á Isaac y á Rebeca su mujer; allí también sepulté yo á Lea.

32 La compra del campo y de la cueva que está en él, fué de los hijos de Heth.

33 Y como acabó Jacob de dar órdenes á sus hijos, encogió sus piés en la cama, y espiró; y fué reunido con sus padres.

50 Y echóse José sobre el rostro de su padre, y lloró sobre él, y besólo.

2 Y mandó José á sus médicos familiares que embalsamasen á su padre: y los médicos embalsamaron á Israel.

3 Y cumpliéronle cuarenta días, porque así cumplían los días de los embalsamados, y lloráronlo los Egipcios setenta días.

4 Y pasados los días de su luto, habló José á los de la casa de Faraón, diciendo: Si he hallado ahora gracia en vuestros ojos, os ruego que habléis en oídos de Faraón, diciendo:

5 Mi padre me conjuró diciendo: He aquí yo muero; en mi sepulcro que yo cavé para mí en la tierra de Canaán, allí me sepultarás; ruego pues que vaya yo ahora, y sepultaré á mi padre, y volveré.

6 Y Faraón dijo: Ve, y sepulta á tu padre, como él te conjuró.

7 Entonces José subió á sepultar á su padre; y subieron con él todos los siervos de Faraón, los ancianos de su casa, y todos los ancianos de la tierra de Egipto.

8 Y toda la casa de José, y sus hermanos, y la casa de su padre: solamente dejaron en la tierra de Gosén sus niños, y sus ovejas y sus vacas.

9 Y subieron también con él carros y gente de á caballo, é hízose un escuadrón muy grande.

10 Y llegaron hasta la era de Atad, que está á la otra parte del Jordán, y endecharon allí con grande y muy grave lamentación: y José hizo á su padre duelo por siete días.

11 Y viendo los moradores de la tierra, los Cananeos, el llanto en la era de Atad, dijeron: Llanto grande es este de los Egipcios: por eso fué llamado su nombre Abelmizraim, que está á la otra parte del Jordán.

12 Hicieron, pues, sus hijos con él, según les había mandado:

13 Pues lleváronlo sus hijos á la tierra de Canaán, y le sepultaron en la cueva del campo de Macpela, la que había comprado Abraham con el mismo campo, para heredad de sepultura, de Ephrón el Hetheo, delante de Mamre

14 Y tornóse José á Egipto, él y sus hermanos, y todos los que subieron con él á sepultar á su padre, después que le hubo sepultado.

15 Y viendo los hermanos de José que su padre era muerto, dijeron: Quizá nos aborrecerá José, y nos dará el pago de todo el mal que le hicimos.

16 Y enviaron á decir á José: Tu padre mandó antes de su muerte, diciendo:

17 Así diréis á José: Ruégote que perdones ahora la maldad de tus hermanos y su pecado, porque mal te trataron: por tanto ahora te rogamos que perdones la maldad de los siervos del Dios de tu padre. Y José lloró mientras hablaban.

18 Y vinieron también sus hermanos, y postráronse delante de él, y dijeron: Henos aquí por tus siervos.

19 Y respondióles José: No temáis; ¿estoy yo en lugar de Dios?

20 Vosotros pensasteis mal sobre mí, mas Dios lo encaminó á bien, para hacer lo que vemos hoy, para mantener en vida á mucho pueblo.

21 Ahora, pues, no tengáis miedo; yo os sustentaré á vosotros y á vuestros hijos. Así los consoló, y les habló al corazón.

22 Y estuvo José en Egipto, él y la casa de su padre: y vivió José ciento diez años.

23 Y vió José los hijos de Ephraim hasta la tercera generación: también los hijos de Machîr, hijo de Manasés, fueron criados sobre las rodillas de José.

24 Y José dijo á sus hermanos: Yo me muero; mas Dios ciertamente os visitará, y os hará subir de aquesta tierra á la tierra que juró á Abraham, á Isaac, y á Jacob.

25 Y conjuró José á los hijos de Israel, diciendo: Dios ciertamente os visitará, y haréis llevar de aquí mis huesos.

26 Y murió José de edad de ciento diez años; y embalsamáronlo, y fué puesto en un ataúd en Egipto.mis huesos.

26 Y murió José de edad de ciento diez años; y embalsamáronlo, y fué puesto en un ataúd en Egipto.

LIBRO SEGUNDO DE MOISÉS,
ÉXODO.

1 Estos son los nombres de los hijos de Israel, que entraron en Egipto con Jacob; cada uno entró con su familia.

2 Rubén, Simeón, Leví y Judá;

3 Issachâr, Zabulón y Benjamín;

4 Dan y Nephtalí, Gad y Aser.

5 Y todas las almas de los que salieron del muslo de Jacob, fueron setenta. Y José estaba en Egipto.

6 Y murió José, y todos sus hermanos, y toda aquella generación.

7 Y los hijos de Israel crecieron, y multiplicaron, y fueron aumentados y corroborados en extremo; y llenóse la tierra de ellos.

8 Levantóse entretanto un nuevo rey sobre Egipto, que no conocía á José; el cual dijo á su pueblo:

9 He aquí, el pueblo de los hijos de Israel es mayor y más fuerte que nosotros:

10 Ahora, pues, seamos sabios para con él, porque no se multiplique, y acontezca que viniendo guerra, él también se junte con nuestros enemigos, y pelee contra nosotros, y se vaya de la tierra.

11 Entonces pusieron sobre él comisarios de tributos que los molestasen con sus cargas; y edificaron á Faraón las ciudades de los bastimentos, Phithom y Raamses.

12 Empero cuanto más lo oprimían, tanto más se multiplicaban y crecían: así que estaban ellos fastidiados de los hijos de Israel.

13 Y los Egipcios hicieron servir á los hijos de Israel con dureza:

14 Y amargaron su vida con dura servidumbre, en hacer barro y ladrillo, y en toda labor del campo, y en todo su servicio, al cual los obligaban con rigorismo.

15 Y habló el rey de Egipto á las parteras de las Hebreas, una de las cuales se llamaba Siphra, y otra Phúa, y díjoles:

16 Cuando parteareis á las Hebreas, y miraréis los asientos, si fuere hijo, matadlo; y si fuere hija, entonces viva.

17 Mas las parteras temieron á Dios, y no hicieron como les mandó el rey de Egipto, sino que reservaban la vida á los niños.

18 Y el rey de Egipto hizo llamar á las parteras y díjoles: ¿Por qué habéis hecho esto, que habéis reservado la vida á los niños?

19 Y las parteras respondieron á Faraón: Porque las mujeres Hebreas no son como las Egipcias: porque son robustas, y paren antes que la partera venga á ellas.

20 Y Dios hizo bien á las parteras: y el pueblo se multiplicó, y se corroboraron en gran manera.

21 Y por haber las parteras temido á Dios, él les hizo casas.

22 Entonces Faraón mandó á todo su pueblo, diciendo: Echad en el río todo hijo que naciere, y á toda hija reservad la vida.

2 Un varón de la familia de Leví fué, y tomó por mujer una hija de Leví:

2 La cual concibió, y parió un hijo: y viéndolo que era hermoso, túvole escondido tres meses.

3 Pero no pudiendo ocultarle más tiempo, tomó una arquilla de juncos, y calafateóla con pez y betún, y colocó en ella al niño, y púsolo en un carrizal á la orilla del río:

4 Y paróse una hermana suya á lo lejos, para ver lo que le acontecería.

5 Y la hija de Faraón descendió á lavarse al río, y paseándose sus doncellas por la ribera del río, vió ella la arquilla en el carrizal, y envió una criada suya á que la tomase.

6 Y como la abrió, vió al niño; y he aquí que el niño lloraba. Y teniendo compasión de él, dijo: De los niños de los Hebreos es éste.

7 Entonces su hermana dijo á la hija de Faraón: ¿Iré á llamarte un ama de las Hebreas, para que te críe este niño?

8 Y la hija de Faraón respondió: Ve. Entonces fué la doncella, y llamó á la madre del niño;

9 A la cual dijo la hija de Faraón: Lleva este niño, y críamelo, y yo te lo pagaré. Y la mujer tomó al niño, y criólo.

10 Y como creció el niño, ella lo trajo á la hija de Faraón, la cual lo prohijó, y púsole por nombre Moisés, diciendo: Porque de las aguas lo saqué.

11 Y en aquellos días acaeció que, crecido ya Moisés, salió á sus hermanos, y vió sus cargas: y observó á un Egipcio que hería á uno de los Hebreos, sus hermanos.

12 Y miró á todas partes, y viendo que no parecía nadie, mató al Egipcio, y escondiólo en la arena.

13 Y salió al día siguiente, y viendo á dos Hebreos que reñían, dijo al que hacía la injuria: ¿Por qué hieres á tu prójimo?

14 Y él respondió: ¿Quién te ha puesto á ti por príncipe y juez sobre nosotros? ¿piensas matarme como mataste al Egipcio? Entonces Moisés tuvo miedo, y dijo: Ciertamente esta cosa es descubierta.

15 Y oyendo Faraón este negocio, procuró matar á Moisés.

mas Moisés huyó de delante de Faraón, y habitó en la tierra de Madián; y sentóse junto á un pozo.

16 Tenía el sacerdote de Madián siete hijas, las cuales vinieron á sacar agua, para llenar las pilas y dar de beber á las ovejas de su padre.

17 Mas los pastores vinieron, y echáronlas: Entonces Moisés se levantó y defendiólas, y abrevó sus ovejas.

18 Y volviendo ellas á Ragüel su padre, díjoles él: ¿Por qué habéis hoy venido tan presto?

19 Y ellas respondieron: Un varón Egipcio nos defendió de mano de los pastores, y también nos sacó el agua, y abrevó las ovejas.

20 Y dijo á sus hijas: ¿Y dónde está? ¿por qué habéis dejado ese hombre? llamadle para que coma pan.

21 Y Moisés acordó en morar con aquel varón; y él dió á Moisés á su hija Séphora:

22 La cual le parió un hijo, y él le puso por nombre Gersom: porque dijo: Peregrino soy en tierra ajena.

23 Y aconteció que después de muchos días murió el rey de Egipto, y los hijos de Israel suspiraron á causa de la servidumbre, y clamaron; y subió á Dios el clamor de ellos con motivo de su servidumbre.

24 Y oyó Dios el gemido de ellos, y acordóse de su pacto con Abraham, Isaac y Jacob.

25 Y miró Dios á los hijos de Israel, y reconociólos Dios.

3 Y apacentando Moisés las ovejas de Jethro su suegro, sacerdote de Madián, llevó las ovejas detrás del desierto, y vino á Horeb, monte de Dios.

2 Y aparecióse le el Angel de Jehová en una llama de fuego en medio de una zarza: y él miró, y vió que la zarza ardía en fuego, y la zarza no se consumía.

3 Entonces Moisés dijo: Iré yo ahora, y veré esta grande visión, por qué causa la zarza no se quema.

4 Y viendo Jehová que iba á ver, llamólo Dios de en medio de la zarza, y dijo: ¡Moisés, Moisés! Y él respondió: Heme aquí.

5 Y dijo: No te llegues acá: quita tus zapatos de tus pies, porque el lugar en que tú estás, tierra santa es.

6 Y dijo: Yo soy el Dios de tu padre, Dios de Abraham, Dios de Isaac, Dios de Jacob. Entonces Moisés cubrió su rostro, porque tuvo miedo de mirar á Dios.

7 Y dijo Jehová: Bien he visto la aflicción de mi pueblo que está en Egipto, y he oído su clamor á causa de sus exactores; pues tengo conocidas sus angustias;

8 Y he descendido para librarlos de mano de los Egipcios, y sacarlos de aquella tierra á una tierra buena y ancha, á tierra que fluye leche y miel, á los lugares del Cananeo, del Hetheo, del Amorrheo, del Pherezeo, del Heveo, y del Jebuseo.

9 El clamor, pues, de los hijos de Israel ha venido delante de mí, y también he visto la opresión con que los Egipcios los oprimen.

10 Ven por tanto ahora, y enviarte he á Faraón, para que saques á mi pueblo, los hijos de Israel, de Egipto.

11 Entonces Moisés respondió á Dios: ¿Quién soy yo, para que vaya á Faraón, y saque de Egipto á los hijos de Israel?

12 Y él le respondió: Ve, porque yo seré contigo; y esto te será por señal de que yo te he enviado: luego que hubieres sacado este pueblo de Egipto, serviréis á Dios sobre este monte.

13 Y dijo Moisés á Dios: He aquí que llego yo á los hijos de Israel, y les digo, El Dios de vuestros padres me ha enviado á vosotros; si ellos me preguntaren: ¿Cuál es su nombre? ¿qué les responderé?

14 Y respondió Dios á Moisés: YO SOY EL QUE SOY. Y dijo: Así dirás á los hijos de Israel: YO SOY me ha enviado á vosotros.

15 Y dijo más Dios á Moisés: Así dirás á los hijos de Israel: Jehová, el Dios de vuestros padres, el Dios de Abraham, Dios de Isaac y Dios de Jacob, me ha enviado á vosotros. Este es mi nombre para siempre, este es mi memorial por todos los siglos.

16 Ve, y junta los ancianos de Israel, y diles: Jehová, el Dios de vuestros padres, el Dios de Abraham, de Isaac, y de Jacob, me apareció, diciendo: De cierto os he visitado, y visto lo que se os hace en Egipto;

17 Y he dicho: Yo os sacaré de la aflicción de Egipto á la tierra del Cananeo, y del Hetheo, y del Amorrheo, y del Pherezeo, y del Heveo, y del Jebuseo, á una tierra que fluye leche y miel.

18 Y oirán tu voz; é irás tú, y los ancianos de Israel, al rey de Egipto, y le diréis: Jehová, el Dios de los Hebreos, nos ha encontrado; por tanto nosotros iremos ahora camino de tres días por el desierto, para que sacrifiquemos á Jehová nuestro Dios.

19 Mas yo sé que el rey de Egipto no os dejará ir sino por mano fuerte.

20 Empero yo extenderé mi mano, y heriré á Egipto con todas mis maravillas que haré en él, y entonces os dejará ir.

21 Y yo daré á este pueblo gracia en los ojos de los Egipcios, para que cuando os partiereis, no salgáis vacíos:

22 Sino que demandará cada mujer á su vecina y á su huéspeda vasos de plata, vasos de oro, y vestidos: los cuales pondréis sobre vuestros hijos y vuestras hijas, y despojaréis á Egipto.

4 Entonces Moisés respondió, y dijo: He aquí que ellos no me creerán, ni oirán mi voz; porque dirán: No te ha aparecido Jehová.

2 Y Jehová dijo: ¿Qué es eso que tienes en tu mano? Y él respondió: Una vara.

3 Y él le dijo: échala en tierra. Y él la echó en tierra, tornóse una culebra: y Moisés huía de ella.

4 Entonces dijo Jehová á Moisés: Extiende tu mano, y tómala por la cola. Y él extendió su mano, y tomóla, y tornóse vara en su mano.

5 Por esto creerán que se te ha aparecido Jehová, el Dios de tus padres, el Dios de Abraham, Dios de Isaac, y Dios de Jacob.

6 Y díjole más Jehová: Mete ahora tu mano en tu seno. Y él metió la mano en su seno; y como la sacó, he aquí que su mano estaba leprosa como la nieve.

7 Y dijo: Vuelve á meter tu mano en tu seno: y él volvió á meter su mano en su seno; y volviéndola á sacar del seno, he aquí que se había vuelto como la otra carne.

8 Si aconteciere, que no te creyeren, ni obedecieren á la voz de la primera señal, creerán á la voz de la postrera.

9 Y si aún no creyeren á estas dos señales, ni oyeren tu voz, tomarás de las aguas del río, y derrámalas en tierra; y volverse han aquellas aguas que tomarás del río, se volverán sangre en la tierra.

10 Entonces dijo Moisés á Jehová: ¡Ay Señor! yo no soy hombre de palabras de ayer ni de anteayer, ni aun desde que tú hablas á tu siervo; porque soy tardo en el habla y torpe de lengua.

11 Y Jehová le respondió: ¿Quién dió la boca al hombre? ¿ó quién hizo al mudo y al sordo, al que ve y al ciego? ¿no soy yo Jehová?

12 Ahora pues, ve, que yo seré en tu boca, y te enseñaré lo que hayas de hablar.

13 Y él dijo: ¡Ay Señor! envía por mano del que has de enviar.

14 Entonces Jehová se enojó contra Moisés, y dijo: ¿No conozco yo á tu hermano Aarón, Levita, y que él hablará? Y aun he aquí que él te saldrá á recibir, y en viéndote, se alegrará en su corazón.

15 Tú hablarás á él, y pondrás en su boca las palabras, y yo seré en tu boca y en la suya, y os enseñaré lo que hayáis de hacer.

16 Y él hablará por ti al pueblo; y él te será á ti en lugar de boca, y tú serás para él en lugar de Dios.

17 Y tomarás esta vara en tu mano, con la cual harás las señales.

18 Así se fué Moisés, y volviendo á su suegro Jethro, díjole: Iré ahora, y volveré á mis hermanos que están en Egipto, para ver si aún viven. Y Jethro dijo á Moisés: Ve en paz.

19 Dijo también Jehová á Moisés en Madián: Ve, y vuélvete á Egipto, porque han muerto todos los que procuraban tu muerte.

20 Entonces Moisés tomó su mujer y sus hijos, y púsolos sobre un asno, y volvióse á tierra de Egipto: tomó también Moisés la vara de Dios en su mano.

21 Y dijo Jehová á Moisés: Cuando hubiereis vuelto á Egipto, mira que hagas delante de Faraón todas las maravillas que he puesto en tu mano: yo empero endureceré su corazón, de modo que no dejará ir al pueblo.

22 Y dirás á Faraón: Jehová ha dicho así: Israel es mi hijo, mi primogénito.

23 Ya te he dicho que dejes ir á mi hijo, para que me sirva, mas no has querido dejarlo ir: he aquí yo voy á matar á tu hijo, tu primogénito.

24 Y aconteció en el camino, que en una posada le salió al encuentro Jehová, y quiso matarlo.

25 Entonces Séphora cogió un afilado pedernal, y cortó el prepucio de su hijo, y echólo á sus pies, diciendo: A la verdad tú me eres un esposo de sangre.

26 Así le dejó luego ir. Y ella dijo: Esposo de sangre, á causa de la circuncisión.

27 Y Jehová dijo á Aarón: Ve á recibir á Moisés al desierto. Y él fue, y encontróle en el monte de Dios, y besóle.

28 Entonces contó Moisés á Aarón todas las palabras de Jehová que le enviaba, y todas las señales que le había dado.

29 Y fueron Moisés y Aarón, y juntaron todos los ancianos de los hijos de Israel:

30 Y habló Aarón todas las palabras que Jehová había dicho á Moisés, é hizo las señales delante de los ojos del pueblo.

31 Y el pueblo creyó: y oyendo que Jehová había visitado los hijos de Israel, y que había visto su aflicción, inclináronse y adoraron.

5 Después entraron Moisés y Aarón á Faraón, y le dijeron: Jehová, el Dios de Israel, dice así: Deja ir á mi pueblo á celebrarme fiesta en el desierto.

2 Y Faraón respondió: ¿Quién es Jehová, para que yo oiga su voz, y deje ir á Israel? Yo no conozco á Jehová, ni tampoco dejaré ir á Israel.

3 Y ellos dijeron: El Dios de los Hebreos nos ha encontrado: iremos, pues, ahora camino de tres días por el desierto, y sacrificaremos á Jehová nuestro Dios; porque no venga sobre nosotros con pestilencia ó con espada.

4 Entonces el rey de Egipto les dijo: Moisés y Aarón, ¿por qué hacéis cesar al pueblo de su obra? idos á vuestros cargos.

5 Dijo también Faraón: He aquí el pueblo de la tierra es ahora mucho, y vosotros les hacéis cesar de sus cargos.

6 Y mandó Faraón aquel mismo día á los cuadrilleros del pueblo que le tenían á su cargo, y á sus gobernadores, diciendo:

7 De aquí adelante no daréis paja al pueblo para hacer ladrillo, como ayer y antes de ayer; vayan ellos y recojan por sí mismos la paja:

8 Y habéis de ponerles la tarea del ladrillo que hacían antes, y no les disminuiréis nada; porque están ociosos, y por eso levantan la voz diciendo: Vamos y sacrifiquemos á nuestro Dios.

9 Agrávese la servidumbre sobre ellos, para que se ocupen en ella, y no atiendan á palabras de mentira.

10 Y saliendo los cuadrilleros del pueblo y sus gobernadores, hablaron al pueblo, diciendo: Así ha dicho Faraón: Yo no os doy paja.

11 Id vosotros, y recoged paja donde la hallareis; que nada se disminuirá de vuestra tarea.

12 Entonces el pueblo se derramó por toda la tierra de Egipto á coger rastrojo en lugar de paja.

13 Y los cuadrilleros los apremiaban, diciendo: Acabad vuestra obra, la tarea del día en su día, como cuando se os daba paja.

14 Y azotaban á los capataces de los hijos de Israel, que los cuadrilleros de Faraón habían puesto sobre ellos, diciendo: ¿Por qué no habéis cumplido vuestra tarea de ladrillo ni ayer ni hoy, como antes?

15 Y los capataces de los hijos de Israel vinieron á Faraón, y se quejaron á él, diciendo: ¿Por qué lo haces así con tus siervos?

16 No se da paja á tus siervos, y con todo nos dicen: Haced el ladrillo. Y he aquí tus siervos son azotados, y tu pueblo cae en falta.

17 Y él respondió: Estáis ociosos, sí, ociosos, y por eso decís: Vamos y sacrifiquemos á Jehová.

18 Id pues ahora, y trabajad. No se os dará paja, y habéis de dar la tarea del ladrillo.

19 Entonces los capataces de los hijos de Israel se vieron en aflicción, habiéndoseles dicho: No se disminuirá nada de vuestro ladrillo, de la tarea de cada día.

20 Y encontrando á Moisés y á Aarón, que estaban á la vista de ellos cuando salían de Faraón,

21 Dijéronles: Mire Jehová sobre vosotros, y juzgue; pues habéis hecho heder nuestro olor delante de Faraón y de sus siervos, dándoles el cuchillo en las manos para que nos maten.

22 Entonces Moisés se volvió á Jehová, y dijo: Señor, ¿por qué afliges á éste pueblo? ¿para qué me enviaste?

23 Porque desde que yo vine á Faraón para hablarle en tu nombre, ha afligido á éste pueblo; y tú tampoco has librado á tu pueblo.

6 Jehová respondió á Moisés: Ahora verás lo que yo haré á Faraón; porque con mano fuerte los ha de dejar ir; y con mano fuerte los ha de echar de su tierra.

2 Habló todavía Dios á Moisés, y díjole: Yo soy JEHOVÁ;

3 Y aparecí á Abraham, á Isaac y á Jacob bajo el nombre de Dios Omnipotente, mas en mi nombre JEHOVÁ no me notifiqué á ellos.

4 Y también establecí mi pacto con ellos, de darles la tierra de Canaán, la tierra en que fueron extranjeros, y en la cual peregrinaron.

5 Y asimismo yo he oído el gemido de los hijos de Israel, á quienes hacen servir los Egipcios, y heme acordado de mi pacto.

6 Por tanto dirás á los hijos de Israel: YO JEHOVÁ; y yo os sacaré de debajo de las cargas de Egipto, y os libraré de su servidumbre, y os redimiré con brazo extendido, y con juicios grandes;

7 Y os tomaré por mi pueblo y seré vuestro Dios: y vosotros sabréis que yo soy Jehová vuestro Dios, que os saco de debajo de las cargas de Egipto:

8 Y os meteré en la tierra, por la cual alcé mi mano que la daría á Abraham, á Isaac y á Jacob: y yo os la daré por heredad. YO JEHOVÁ.

9 De esta manera habló Moisés á los hijos de Israel: mas ellos no escuchaban á Moisés á causa de la congoja de espíritu, y de la dura servidumbre.

10 Y habló Jehová á Moisés, diciendo:

11 Entra, y habla á Faraón rey de Egipto, que deje ir de su tierra á los hijos de Israel.

12 Y respondió Moisés delante de Jehová, diciendo: He aquí, los hijos de Israel no me escuchan: ¿cómo pues me escuchará Faraón, mayormente siendo yo incircunciso de labios?

13 Entonces Jehová habló á Moisés y á Aarón, y dióles mandamiento para los hijos de Israel, y para Faraón rey de Egipto, para que sacasen á los hijos de Israel de la tierra de Egipto.

14 Estas son las cabezas de las familias de sus padres. Los hijos de Rubén, el primogénito de Israel: Hanoch y Phallú, Hezrón y Carmi: estas son las familias de Rubén.

15 Los hijos de Simeón: Jemuel, y Jamín, y Ohad, y Jachîn, y Zoar, y Saúl, hijo de una Cananea: estas son las familias de Simeón.

16 Y estos son los nombres de los hijos de Leví por sus linajes: Gersón, y Coath, y Merari: Y los años de la vida de Leví fueron ciento treinta y siete años.

17 Y los hijos de Gersón: Libni, y Shimi, por sus familias.

18 Y los hijos de Coath: Amram, é Izhar, y Hebrón, y Uzziel. Y los años de la vida de Coath fueron ciento treinta y tres años.

19 Y los hijos de Merari: Mahali, y Musi: estas son las familias de Leví por sus linajes.

20 Y Amram tomó por mujer á Jochêbed su tía, la cual le parió á Aarón y á Moisés. Y los años de la vida de Amram fueron ciento treinta y siete años.

21 Y los hijos de Izhar: Cora, y Nepheg y Zithri.

22 Y los hijos de Uzziel: Misael, y Elzaphán y Zithri.

23 Y tomóse Aarón por mujer á Elisabeth, hija de Aminadab, hermana de Naasón; la cual le parió á Nadáb, y á Abiú, y á Eleazar, y á Ithamar.

24 Y los hijos de Cora: Assir, y Elcana, y Abiasaph: estas son las familias de los Coritas.

25 Y Eleazar, hijo de Aarón, tomó para sí mujer de las hijas de Phutiel, la cual le parió á Phinees: Y estas son las cabezas de los padres de los Levitas por sus familias.

26 Este es aquel Aarón y aquel Moisés, á los cuales Jehová dijo: Sacad á los hijos de Israel de la tierra de Egipto por sus escuadrones.

27 Estos son los que hablaron á Faraón rey de Egipto, para sacar de Egipto á los hijos de Israel. Moisés y Aarón fueron éstos.

28 Cuando Jehová habló á Moisés en la tierra de Egipto,

29 Entonces Jehová habló á Moisés, diciendo: Yo soy JEHOVÁ; di á Faraón rey de Egipto todas las cosas que yo te digo á ti.

30 Y Moisés respondió delante de Jehová: He aquí, yo soy incircunciso de labios, ¿cómo pues me ha de oír Faraón?

7 Jehová dijo á Moisés: Mira, yo te he constituído dios para Faraón, y tu hermano Aarón será tu profeta.

2 Tú dirás todas las cosas que yo te mandaré, y Aarón tu hermano hablará á Faraón, para que deje ir de su tierra á los hijos de Israel.

3 Y yo endureceré el corazón de Faraón, y multiplicaré en la tierra de Egipto mis señales y mis maravillas.

4 Y Faraón no os oirá: mas yo pondré mi mano sobre Egipto, y sacaré á mis ejércitos, mi pueblo, los hijos de Israel, de la tierra de Egipto, con grandes juicios.

5 Y sabrán los Egipcios que yo soy Jehová, cuando extendiere mi mano sobre Egipto, y sacaré los hijos de Israel de en medio de ellos.

6 E hizo Moisés y Aarón como Jehová les mandó: hiciéron-lo así.

7 Y era Moisés de edad de ochenta años, y Aarón de edad de ochenta y tres, cuando hablaron á Faraón.

8 Y habló Jehová á Moisés y á Aarón, diciendo:

9 Si Faraón os respondiere diciendo, Mostrad milagro; dirás á Aarón: Toma tu vara, y échala delante de Faraón, para que se torne culebra.

10 Vinieron, pues, Moisés y Aarón á Faraón, é hicieron como Jehová lo había mandado: y echó Aarón su vara delante de Faraón y de sus siervos, y tornóse culebra.

11 Entonces llamó también Faraón sabios y encantadores: é hicieron también lo mismo los encantadores de Egipto con sus encantamientos;

12 Pues echó cada uno su vara, las cuales se volvieron culebras: mas la vara de Aarón devoró las varas de ellos.

13 Y el corazón de Faraón se endureció, y no los escuchó; como Jehová lo había dicho.

14 Entonces Jehová dijo á Moisés: El corazón de Faraón está agravado, que no quiere dejar ir al pueblo.

15 Ve por la mañana á Faraón, he aquí que él sale á las aguas; y tú ponte á la orilla del río delante de él, y toma en tu mano la vara que se volvió culebra,

16 Y dile: Jehová el Dios de los Hebreos me ha enviado á ti, diciendo: Deja ir á mi pueblo, para que me sirvan en el desierto; y he aquí que hasta ahora no has querido oir.

17 Así ha dicho Jehová: En esto conocerás que yo soy Jehová: he aquí, yo heriré con la vara que tengo en mi mano el agua que está en el río, y se convertirá en sangre.

18 Y los peces que hay en el río morirán, y hederá el río, y tendrán asco los Egipcios de beber el agua del río.

19 Y Jehová dijo á Moisés: Di á Aarón: Toma tu vara, y extiende tu mano sobre las aguas de Egipto, sobre sus ríos, sobre sus arroyos y sobre sus estanques, y sobre todos sus depósitos de aguas, para que se conviertan en sangre, y haya sangre por toda la región de Egipto, así en los vasos de madera como en los de piedra.

20 Y Moisés y Aarón hicieron como Jehová lo mandó; y alzando la vara hirió las aguas que había en el río, en presencia de Faraón y de sus siervos; y todas las aguas que había en el río se convirtieron en sangre.

21 Asimismo los peces que había en el río murieron; y el río se corrompió, que los Egipcios no podían beber de él; y hubo sangre por toda la tierra de Egipto.

22 Y los encantadores de Egipto hicieron lo mismo con sus encantamientos; y el corazón de Faraón se endureció, y no los escuchó; como Jehová lo había dicho.

23 Y tornando Faraón volvióse á su casa, y no puso su corazón aun en esto.

24 Y en todo Egipto hicieron pozos alrededor del río para beber, porque no podían beber de las aguas del río.

25 Y cumpliéronse siete días después que Jehová hirió el río.

8 Entonces Jehová dijo á Moisés: Entra á Faraón, y dile: Jehová ha dicho así: Deja ir á mi pueblo, para que me sirvan.

2 Y si no lo quisieres dejar ir, he aquí yo heriré con ranas todos tus términos:

3 Y el río criará ranas, las cuales subirán, y entrarán en tu casa, y en la cámara de tu cama, y sobre tu cama, y en las casas de tus siervos, y en tu pueblo, y en tus hornos, y en tus artesas:

4 Y las ranas subirán sobre ti, y sobre tu pueblo, y sobre todos tus siervos.

5 Y Jehová dijo á Moisés: Di á Aarón: Extiende tu mano con tu vara sobre los ríos, arroyos, y estanques, para que haga venir ranas sobre la tierra de Egipto.

6 Entonces Aarón extendió su mano sobre las aguas de Egipto, y subieron ranas que cubrieron la tierra de Egipto.

7 Y los encantadores hicieron lo mismo con sus encantamientos, é hicieron venir ranas sobre la tierra de Egipto.

8 Entonces Faraón llamó á Moisés y á Aarón, y díjoles: Orad á Jehová que quite las ranas de mí y de mi pueblo, y dejaré ir al pueblo, para que sacrifique á Jehová.

9 Y dijo Moisés á Faraón: Gloríate sobre mí: ¿cuándo oraré por ti, y por tus siervos, y por tu pueblo, para que las ranas sean quitadas de ti, y de tus casas, y que solamente se queden en el río?

10 Y él dijo: Mañana. Y Moisés respondió: Se hará conforme á tu palabra, para que conozcas que no hay como Jehová nuestro Dios:

11 Y las ranas se irán de ti, y de tus casas, y de tus siervos, y de tu pueblo, y solamente se quedarán en el río.

12 Entonces salieron Moisés y Aarón de con Faraón, y clamó Moisés á Jehová sobre el negocio de las ranas que había puesto á Faraón.

13 E hizo Jehová conforme á la palabra de Moisés, y murieron las ranas de las casas, de los cortijos, y de los campos.

14 Y las juntaron en montones, y apestaban la tierra.

15 Y viendo Faraón que le habían dado reposo, agravó su corazón, y no los escuchó; como Jehová lo había dicho.

16 Entonces Jehová dijo á Moisés: Di á Aarón: Extiende tu vara, y hiere el polvo de la tierra, para que se vuelva piojos por todo el país de Egipto.

17 Y ellos lo hicieron así; y Aarón extendió su mano con su vara, é hirió el polvo de la tierra, el cual se volvió piojos, así en los hombres como en las bestias: todo el polvo de la tierra se volvió piojos en todo el país de Egipto.

18 Y los encantadores hicieron así también, para sacar piojos con sus encantamientos; mas no pudieron. Y había piojos así en los hombres como en las bestias.

19 Entonces los magos dijeron á Faraón: Dedo de Dios es este. Mas el corazón de Faraón se endureció, y no los escuchó; como Jehová lo había dicho.

20 Y Jehová dijo á Moisés: Levántate de mañana y ponte delante de Faraón, he aquí él sale á las aguas; y dile: Jehová ha dicho así: Deja ir á mi pueblo, para que me sirva.

21 Porque si no dejares ir á mi pueblo, he aquí yo enviaré sobre ti, y sobre tus siervos, y sobre tu pueblo, y sobre tus casas toda suerte de moscas; y las casas de los Egipcios se henchirán de toda suerte de moscas, y asimismo la tierra donde ellos estuvieren.

22 Y aquel día yo apartaré la tierra de Gosén, en la cual mi pueblo habita, para que ninguna suerte de moscas haya en ella; á fin de que sepas que yo soy Jehová en medio de la tierra.

23 Y yo pondré redención entre mi pueblo y el tuyo. Mañana será esta señal.

24 Y Jehová lo hizo así: que vino toda suerte de moscas molestísimas sobre la casa de Faraón, y sobre las casas de sus siervos, y sobre todo el país de Egipto; y la tierra fué corrompida á causa de ellas.

25 Entonces Faraón llamó á Moisés y á Aarón, y díjoles: Andad, sacrificad á vuestro Dios en la tierra.

26 Y Moisés respondió: No conviene que hagamos así, porque sacrificaríamos á Jehová nuestro Dios la abominación de los Egipcios. He aquí, si sacrificáramos la abominación de los Egipcios delante de ellos, ¿no nos apedrearían?

27 Camino de tres días iremos por el desierto, y sacrificaremos á Jehová nuestro Dios, como él nos dirá.

28 Y dijo Faraón: Yo os dejaré ir para que sacrifiquéis á Jehová vuestro Dios en el desierto, con tal que no vayáis más lejos: orad por mí.

29 Y respondió Moisés: He aquí, en saliendo yo de contigo, rogaré á Jehová que las diversas suertes de moscas se vayan de Faraón, y de sus siervos, y de su pueblo mañana; con tal que Faraón no falte más, no dejando ir al pueblo á sacrificar á Jehová.

30 Entonces Moisés salió de con Faraón, y oró á Jehová.

31 Y Jehová hizo conforme á la palabra de Moisés; y quitó todas aquellas moscas de Faraón, y de sus siervos, y de su pueblo, sin que quedara una.

32 Mas Faraón agravó aún esta vez su corazón, y no dejó ir al pueblo.

9 Entonces Jehová dijo á Moisés: Entra á Faraón, y dile: Jehová, el Dios de los Hebreos, dice así: Deja ir á mi pueblo, para que me sirvan;

2 Porque si no lo quieres dejar ir, y los detuvieres aún,

3 He aquí la mano de Jehová será sobre tus ganados que están en el campo, caballos, asnos, camellos, vacas y ovejas, con pestilencia gravísima:

4 Y Jehová hará separación entre los ganados de Israel y los de Egipto, de modo que nada muera de todo lo de los hijos de Israel.

5 Y Jehová señaló tiempo, diciendo: Mañana hará Jehová esta cosa en la tierra.

6 Y el día siguiente Jehová hizo aquello, y murió todo el ganado de Egipto; mas del ganado de los hijos de Israel no murió uno.

7 Entonces Faraón envió, y he aquí que del ganado de los hijos de Israel no había muerto uno. Mas el corazón de Faraón se agravó, y no dejó ir al pueblo.

8 Y Jehová dijo á Moisés y á Aarón: Tomad puñados de ceniza de un horno, y espárzala Moisés hacia el cielo delante de Faraón:

9 Y vendrá á ser polvo sobre toda la tierra de Egipto, el cual originará sarpullido que cause tumores aposteados en los hombres y en las bestias, por todo el país de Egipto.

10 Y tomaron la ceniza del horno, y pusiéronse delante de Faraón, y esparcióla Moisés hacia el cielo; y vino un sarpullido que causaba tumores aposteados así en los hombres como en las bestias.

11 Y los magos no podían estar delante de Moisés á causa de los tumores, porque hubo sarpullido en los magos y en todos los Egipcios.

12 Y Jehová endureció el corazón de Faraón, y no los oyó; como Jehová lo había dicho á Moisés.

13 Entonces Jehová dijo á Moisés: Levántate de mañana, y ponte delante de Faraón, y dile: Jehová, el Dios de los Hebreos, dice así: Deja ir á mi pueblo, para que me sirva.

14 Porque yo enviaré esta vez todas mis plagas á tu corazón, sobre tus siervos, y sobre tu pueblo, para que entiendas que no hay otro como yo en toda la tierra.

15 Porque ahora yo extenderé mi mano para herirte á ti y á tu pueblo de pestilencia, y serás quitado de la tierra.

16 Y á la verdad yo te he puesto para declarar en ti mi potencia, y que mi Nombre sea contado en toda la tierra.

17 ¿Todavía te ensalzas tú contra mi pueblo, para no dejarlos ir?

18 He aquí que mañana á estas horas yo haré llover granizo muy grave, cual nunca fué en Egipto, desde el día que se fundó hasta ahora.

19 Envía, pues, á recoger tu ganado, y todo lo que tienes en el campo; porque todo hombre ó animal que se hallare en el campo, y no fuere recogido á casa, el granizo descenderá sobre él, y morirá.

20 De los siervos de Faraón el que temió la palabra de Jehová, hizo huir sus criados y su ganado á casa:

21 Mas el que no puso en su corazón la palabra de Jehová, dejó sus criados y sus ganados en el campo.

22 Y Jehová dijo á Moisés: Extiende tu mano hacia el cielo, para que venga granizo en toda la tierra de Egipto sobre los hombres, y sobre las bestias, y sobre toda la hierba del campo en el país de Egipto.

23 Y Moisés extendió su vara hacia el cielo, y Jehová hizo tronar y granizar, y el fuego discurría por la tierra; y llovió Jehová granizo sobre la tierra de Egipto.

24 Hubo pues granizo, y fuego mezclado con el granizo, tan grande, cual nunca hubo en toda la tierra de Egipto desde que fué habitada.

25 Y aquel granizo hirió en toda la tierra de Egipto todo lo que estaba en el campo, así hombres como bestias; asimismo hirió el granizo toda la hierba del campo, y desgajó todos los árboles del país.

26 Solamente en la tierra de Gosén, donde los hijos de Israel estaban, no hubo granizo.

27 Entonces Faraón envió á llamar á Moisés y á Aarón, y les dijo: He pecado esta vez: Jehová es justo, y yo y mi pueblo impíos.

28 Orad á Jehová: y cesen los truenos de Dios y el granizo; y yo os dejaré ir, y no os detendréis más.

29 Y respondióle Moisés: En saliendo yo de la ciudad extenderé mis manos á Jehová, y los truenos cesarán, y no habrá más granizo; para que sepas que de Jehová es la tierra.

30 Mas tú sé que ni tú ni tus siervos temeréis todavía la presencia del Dios Jehová.

31 El lino, pues, y la cebada fueron heridos; porque la cebada estaba ya espigada, y el lino en caña.

32 Mas el trigo y el centeno no fueron heridos; porque eran tardíos.

33 Y salido Moisés de con Faraón de la ciudad, extendió sus manos á Jehová, y cesaron los truenos y el granizo; y la lluvia no cayó más sobre la tierra.

34 Y viendo Faraón que la lluvia había cesado y el granizo y los truenos, perseveró en pecar, y agravó su corazón, él y sus siervos.

35 Y el corazón de Faraón se endureció, y no dejó ir á los hijos de Israel; como Jehová lo había dicho por medio de Moisés.

10 Y Jehová dijo á Moisés: Entra á Faraón; porque yo he agravado su corazón, y el corazón de sus siervos, para dar entre ellos estas mis señales:

2 Y para que cuentes á tus hijos y á tus nietos las cosas que yo hice en Egipto, y mis señales que dí entre ellos; y para que sepáis que yo soy Jehová.

3 Entonces vinieron Moisés y Aarón á Faraón, y le dijeron: Jehová, el Dios de los Hebreos ha dicho así: ¿Hasta cuándo no querrás humillarte delante de mí? Deja ir á mi pueblo para que me sirva.

4 Y si aún rehusas dejarlo ir, he aquí que yo traeré mañana langosta en tus términos,

5 La cual cubrirá la faz de la tierra, de modo que no pueda verse la tierra; y ella comerá lo que quedó salvo, lo que os ha quedado del granizo; comerá asimismo todo árbol que os produce fruto en el campo:

6 Y llenarse han tus casas, y las casas de todos tus siervos, y las casas de todos los Egipcios, cual nunca vieron tus padres ni tus abuelos, desde que ellos fueron sobre la tierra hasta hoy. Y volvióse, y salió de con Faraón.

7 Entonces los siervos de Faraón le dijeron: ¿Hasta cuándo nos ha de ser éste por lazo? Deja ir á estos hombres, para que sirvan á Jehová su Dios; ¿aun no sabes que Egipto está destruido?

8 Y Moisés y Aarón volvieron á ser llamados á Faraón, el cual les dijo: Andad, servid á Jehová vuestro Dios. ¿Quién y quién son los que han de ir?

9 Y Moisés respondió: Hemos de ir con nuestros niños y con nuestros viejos, con nuestros hijos y con nuestras hijas: con nuestras ovejas y con nuestras vacas hemos de ir; porque tenemos solemnidad de Jehová.

10 Y él les dijo: Así sea Jehová con vosotros como yo os dejaré ir á vosotros y á vuestros niños: mirad como el mal está delante de vuestro rostro.

11 No será así: id ahora vosotros los varones, y servid á Jehová: pues esto es lo que vosotros demandasteis. Y echáronlos de delante de Faraón.

12 Entonces Jehová dijo á Moisés: Extiende tu mano sobre la tierra de Egipto para langosta, á fin de que suba sobre el país de Egipto, y consuma todo lo que el granizo dejó.

13 Y extendió Moisés su vara sobre la tierra de Egipto, y Jehová trajo un viento oriental sobre el país todo aquel día y toda aquella noche; y á la mañana el viento oriental trajo la langosta:

14 Y subió la langosta sobre toda la tierra de Egipto, y asentóse en todos los términos de Egipto, en gran manera grave: antes de ella no hubo langosta semejante, ni después de ella vendrá otra tal:

15 Y cubrió la faz de todo el país, y oscurecióse la tierra; y consumió toda la hierba de la tierra, y todo el fruto de los

árboles que había dejado el granizo; que no quedó cosa verde en árboles ni en hierba del campo, por toda la tierra de Egipto.

16 Entonces Faraón hizo llamar apriesa á Moisés y á Aarón, y dijo: He pecado contra Jehová vuestro Dios, y contra vosotros.

17 Mas ruego ahora que perdones mi pecado solamente esta vez, y que oréis á Jehová vuestro Dios que quite de mí solamente esta muerte.

18 Y salió de con Faraón, y oró á Jehová.

19 Y Jehová volvió un viento occidental fortísimo, y quitó la langosta, y arrojóla en el mar Bermejo: ni una langosta quedó en todo el término de Egipto.

20 Mas Jehová endureció el corazón de Faraón; y no envió los hijos de Israel.

21 Y Jehová dijo á Moisés: Extiende tu mano hacia el cielo, para que haya tinieblas sobre la tierra de Egipto, tales que cualquiera las palpe.

22 Y extendió Moisés su mano hacia el cielo, y hubo densas tinieblas tres días por toda la tierra de Egipto.

23 Ninguno vió á su prójimo, ni nadie se levantó de su lugar en tres días; mas todos los hijos de Israel tenían luz en sus habitaciones.

24 Entonces Faraón hizo llamar á Moisés, y dijo: Id, servid á Jehová; solamente queden vuestras ovejas y vuestras vacas: vayan también vuestros niños con vosotros.

25 Y Moisés respondió: Tú también nos entregarás sacrificios y holocaustos que sacrifiquemos á Jehová nuestro Dios.

26 Nuestros ganados irán también con nosotros; no quedará ni una uña; porque de ellos hemos de tomar para servir á Jehová nuestro Dios; y no sabemos con qué hemos de servir á Jehová, hasta que lleguemos allá.

27 Mas Jehová endureció el corazón de Faraón, y no quiso dejarlos ir.

28 Y díjole Faraón: Retírate de mí: guárdate que no veas más mi rostro, porque en cualquier día que vieres mi rostro, morirás.

29 Y Moisés respondió: Bien has dicho; no veré más tu rostro.

11 Y Jehová dijo á Moisés: Una plaga traeré aún sobre Faraón, y sobre Egipto; después de la cual él os deja rá ir de aquí; y seguramente os echará de aquí del todo.

2 Habla ahora al pueblo, y que cada uno demande á su vecino, y cada una á su vecina, vasos de plata y de oro.

3 Y Jehová dió gracia al pueblo en los ojos de los Egipcios. También Moisés era muy gran varón en la tierra de Egipto, á los ojos de los siervos de Faraón, y á los ojos del pueblo.

4 Y dijo Moisés: Jehová ha dicho así: A la media noche yo saldré por medio de Egipto,

5 Y morirá todo primogénito en tierra de Egipto, desde el primogénito de Faraón que se sienta en su trono, hasta el primogénito de la sierva que está tras la muela; y todo primogénito de las bestias.

6 Y habrá gran clamor por toda la tierra de Egipto, cual nunca fué, ni jamás será.

7 Mas entre todos los hijos de Israel, desde el hombre hasta la bestia, ni un perro moverá su lengua: para que sepáis que hará diferencia Jehová entre los Egipcios y los Israelitas.

8 Y descenderán á mí todos estos tus siervos, é inclinados delante de mí dirán: Sal tú, y todo el pueblo que está bajo de ti; y después de esto yo saldré. Y salióse muy enojado de con Faraón.

9 Y Jehová dijo á Moisés: Faraón no os oirá, para que mis maravillas se multipliquen en la tierra de Egipto.

10 Y Moisés y Aarón hicieron todos estos prodigios delante de Faraón: mas Jehová había endurecido el corazón de Faraón, y no envió á los hijos de Israel fuera de su país.

12 Y habló Jehová á Moisés y á Aarón en la tierra de Egipto, diciendo:

2 Este mes os será principio de los meses; será este para vosotros el primero en los meses del año.

3 Hablad á toda la congregación de Israel, diciendo: En el diez de aqueste mes tómese cada uno un cordero por las familias de los padres, un cordero por familia:

4 Mas si la familia fuere pequeña que no baste á comer el cordero, entonces tomará á su vecino inmediato á su casa, y según el número de las personas, cada uno conforme á su comer, echaréis la cuenta sobre el cordero.

5 El cordero será sin defecto, macho de un año: tomaréislo de las ovejas ó de las cabras:

6 Y habéis de guardarlo hasta el día catorce de este mes; y lo inmolará toda la congregación del pueblo de Israel entre las dos tardes.

7 Y tomarán de la sangre, y pondrán en los dos postes y en el dintel de las casas en que lo han de comer.

8 Y aquella noche comerán la carne asada al fuego, y panes sin levadura: con hierbas amargas lo comerán.

9 Ninguna cosa comeréis de él cruda, ni cocida en agua, sino asada al fuego; su cabeza con sus pies y sus intestinos.

10 Ninguna cosa dejaréis de él hasta la mañana; y lo que habrá quedado hasta la mañana, habéis de quemarlo en el fuego.

11 Y así habéis de comerlo: ceñidos vuestros lomos, vuestros zapatos en vuestros pies, y vuestro bordón en vuestra mano; y lo comeréis apresuradamente: es la Pascua de Jehová.

12 Pues yo pasaré aquella noche por la tierra de Egipto, y heriré á todo primogénito en la tierra de Egipto, así en los hombres como en las bestias: y haré juicios en todos los dioses de Egipto. YO JEHOVÁ.

13 Y la sangre os será por señal en las casas donde vosotros estéis; y veré la sangre, y pasaré de vosotros, y no habrá en vosotros plaga de mortandad, cuando heriré la tierra de Egipto.

14 Y este día os ha de ser en memoria, y habéis de celebrarlo como solemne á Jehová durante vuestras generaciones: por estatuto perpetuo lo celebraréis.

15 Siete días comeréis panes sin levadura; y así el primer día haréis que no haya levadura en vuestras casas: porque cualquiera que comiere leudado desde el primer día hasta el séptimo, aquella alma será cortada de Israel.

16 El primer día habrá santa convocación, y asimismo en el séptimo día tendréis una santa convocación: ninguna obra se hará en ellos, excepto solamente que aderecéis lo que cada cual hubiere de comer.

17 Y guardaréis la fiesta de los ázimos, porque en aqueste mismo día saqué vuestros ejércitos de la tierra de Egipto: por tanto guardaréis este día en vuestras generaciones por costumbre perpetua.

18 En el mes primero, el día catorce del mes por la tarde, comeréis los panes sin levadura, hasta el veintiuno del mes por la tarde.

19 Por siete días no se hallará levadura en vuestras casas, porque cualquiera que comiere leudado, así extranjero como natural del país, aquella alma será cortada de la congregación de Israel.

20 Ninguna cosa leudada comeréis; en todas vuestras habitaciones comeréis panes sin levadura.

21 Y Moisés convocó á todos los ancianos de Israel, y díjoles: Sacad, y tomaos corderos por vuestras familias, y sacrificad la pascua.

22 Y tomad un manojo de hisopo, y mojadle en la sangre que estará en una jofaina, y untad el dintel y los dos postes con la sangre que estará en la jofaina; y ninguno de vosotros salga de las puertas de su casa hasta la mañana.

23 Porque Jehová pasará hiriendo á los Egipcios; y como verá la sangre en el dintel y en los dos postes, pasará Jehová aquella puerta, y no dejará entrar al heridor en vuestras casas para herir.

24 Y guardaréis esto por estatuto para vosotros y para vuestros hijos para siempre.

25 Y será, cuando habréis entrado en la tierra que Jehová os dará, como tiene hablado, que guardaréis este rito.

26 Y cuando os dijeren vuestros hijos: ¿Qué rito es este vuestro?

27 Vosotros responderéis: Es la víctima de la Pascua de Jehová, el cual pasó las casas de los hijos de Israel en Egipto, cuando hirió á los Egipcios, y libró nuestras casas. Entonces el pueblo se inclinó y adoró.

28 Y los hijos de Israel se fueron, é hicieron puntualmente así; como Jehová había mandado á Moisés y á Aarón.

29 Y aconteció que á la medianoche Jehová hirió á todo primogénito en la tierra de Egipto, desde el primogénito de Faraón que se sentaba sobre su trono, hasta el primogénito del cautivo que estaba en la cárcel, y todo primogénito de los animales.

30 Y levantóse aquella noche Faraón, él y todos sus siervos, y todos los Egipcios; y había un gran clamor en Egipto, porque no había casa donde no hubiese muerto.

31 E hizo llamar á Moisés y á Aarón de noche, y díjoles: Salid de en medio de mi pueblo vosotros, y los hijos de Israel; é id, servid á Jehová, como habéis dicho.

32 Tomad también vuestras ovejas y vuestras vacas, como habéis dicho, é idos; y bendecidme también á mí.

33 Y los Egipcios apremiaban al pueblo, dándose priesa á echarlos de la tierra; porque decían: Todos somos muertos.

34 Y llevó el pueblo su masa antes que se leudase, sus masas envueltas en sus sábanas sobre sus hombros.

35 E hicieron los hijos de Israel conforme al mandamiento de Moisés, demandando á los Egipcios vasos de plata, y vasos de oro, y vestidos.

36 Y Jehová dió gracia al pueblo delante de los Egipcios, y prestáronles; y ellos despojaron á los Egipcios.

37 Y partieron los hijos de Israel de Rameses á Succoth, como seiscientos mil hombres de á pie, sin contar los niños.

38 Y también subió con ellos grande multitud de diversa suerte de gentes; y ovejas, y ganados muy muchos.

39 Y cocieron tortas sin levadura de la masa que habían sacado de Egipto; porque no había leudado, por cuanto echándolos los Egipcios, no habían podido detenerse, ni aun prepararse comida.

40 Y el tiempo que los hijos de Israel habitaron en Egipto, fué cuatrocientos treinta años.

41 Y pasados cuatrocientos treinta años, en el mismo día salieron todos los ejércitos de Jehová de la tierra de Egipto.

42 Es noche de guardar á Jehová, por haberlos sacado en ella de la tierra de Egipto. Esta noche deben guardar á Jehová todos los hijos de Israel en sus generaciones.

43 Y Jehová dijo á Moisés y á Aarón: Esta es la ordenanza de la Pascua: Ningún extraño comerá de ella:

44 Mas todo siervo humano comprado por dinero, comerá de ella después que lo hubieres circuncidado.

45 El extranjero y el asalariado no comerán de ella.

46 En una casa se comerá, y no llevarás de aquella carne fuera de casa, ni quebraréis hueso suyo.

47 Toda la congregación de Israel le sacrificará.

48 Mas si algún extranjero peregrinare contigo, y quisiere hacer la páscua á Jehová, séale circuncidado todo varón, y entonces se llegará á hacerla, y será como el natural de la tierra; pero ningún incircunciso comerá de ella.

49 La misma ley será para el natural y para el extranjero que peregrinare entre vosotros.

50 Así lo hicieron todos los hijos de Israel; como mandó Jehová á Moisés y á Aarón, así lo hicieron.

51 Y en aquel mismo día sacó Jehová á los hijos de Israel de la tierra de Egipto por sus escuadrones.

13 Y Jehová habló á Moisés, diciendo:
2 Santifícame todo primogénito, cualquiera que abre matriz entre los hijos de Israel, así de los hombres como de los animales: mío es.

3 Y Moisés dijo al pueblo: Tened memoria de aqueste día, en el cual habéis salido de Egipto, de la casa de servidumbre; pues Jehová os ha sacado de aquí con mano fuerte; por tanto, no comeréis leudado.

4 Vosotros salís hoy en el mes de Abib.

5 Y cuando Jehová te hubiere metido en la tierra del Cananeo, y del Hetheo, y del Amorrheo, y del Hebeo, y del Jebuseo, la cual juró á tus padres que te daría, tierra que destila leche y miel, harás esta servicio en aqueste mes.

6 Siete días comerás por leudar, y el séptimo día será fiesta á Jehová.

7 Por los siete días se comerán los panes sin levadura; y no se verá contigo leudado, ni levadura en todo tu término.

8 Y contarás en aquel día á tu hijo, diciendo: Hácese esto con motivo de lo que Jehová hizo conmigo cuando me sacó de Egipto.

9 y serte ha como una señal sobre tu mano, y como una memoria delante de tus ojos, para que la ley de Jehová esté en tu boca; por cuanto con mano fuerte te sacó Jehová de Egipto.

10 Por tanto, tú guardarás este rito en su tiempo de año en año.

11 Y cuando Jehová te hubiere metido en la tierra del

Cananeo, como te ha jurado á ti y á tus padres, y cuando te la hubiere dado,

12 Harás pasar á Jehová todo lo que abriere la matriz, asimismo todo primerizo que abriere la matriz de tus animales: los machos serán de Jehová.

13 Mas todo primogénito de asno redimirás con un cordero; y si no lo redimieres, le degollarás: asimismo redimirás todo humano primogénito de tus hijos.

14 Y cuando mañana te preguntare tu hijo, diciendo: ¿Qué es esto? decirle has: Jehová nos sacó con mano fuerte de Egipto, de casa de servidumbre;

15 Y endureciéndose Faraón en no dejarnos ir, Jehová mató en la tierra de Egipto á todo primogénito, desde el primogénito humano hasta el primogénito de la bestia: y por esta causa yo sacrifico á Jehová todo primogénito macho, y redimo todo primogénito de mis hijos.

16 Serte ha, pues, como una señal sobre tu mano, y por una memoria delante de tus ojos; ya que Jehová nos sacó de Egipto con mano fuerte.

17 Y luego que Faraón dejó ir al pueblo, Dios no los llevó por el camino de la tierra de los Filisteos, que estaba cerca; porque dijo Dios: Que quizá no se arrepienta el pueblo cuando vieren la guerra, y se vuelvan á Egipto.

18 Mas hizo Dios al pueblo que rodease por el camino del desierto del mar Bermejo. Y subieron los hijos de Israel de Egipto armados.

19 Tomó también consigo Moisés los huesos de José, el cual había juramentado á los hijos de Israel, diciendo: Dios ciertamente os visitará, y haréis subir mis huesos de aquí con vosotros.

20 Y partidos de Succoth, asentaron campo en Etham, á la entrada del desierto.

21 Y Jehová iba delante de ellos de día en una columna de nube, para guiarlos por el camino; y de noche en una columna de fuego para alumbrarles; á fin de que anduviesen de día y de noche.

22 Nunca se partió de delante del pueblo la columna de nube de día, ni de noche la columna de fuego.

14 Y habló Jehová á Moisés, diciendo:
2 Habla á los hijos de Israel que den la vuelta, y asienten su campo delante de Pihahiroth, entre Migdol y la mar hacia Baalzephón: delante de él asentaréis el campo, junto á la mar.

3 Porque Faraón dirá de los hijos de Israel: Encerrados están en la tierra, el desierto los ha encerrado.

4 Y yo endureceré el corazón de Faraón para que los siga; y seré glorificado en Faraón y en todo su ejército; y sabrán los Egipcios que yo soy Jehová. Y ellos lo hicieron así.

5 Y fué dado aviso al rey de Egipto cómo el pueblo se huía: y el corazón de Faraón y de sus siervos se volvió contra el pueblo, y dijeron: ¿Cómo hemos hecho esto de haber dejado ir á Israel, para que no nos sirva?

6 Y unció su carro, y tomó consigo su pueblo;

7 y tomó seiscientos carros escogidos, y todos los carros de Egipto, y los capitanes sobre ellos.

8 Y endureció Jehová el corazón de Faraón rey de Egipto, y siguió á los hijos de Israel; pero los hijos de Israel habían salido con mano poderosa.

9 Siguiéndolos, pues, los Egipcios, con toda la caballería y carros de Faraón, su gente de á caballo, y todo su ejército, alcanzáronlos asentando el campo junto á la mar, al lado de Pihahiroth, delante de Baalzephón.

10 Y cuando Faraón se hubo acercado, los hijos de Israel alzaron sus ojos, y he aquí los Egipcios que venían tras ellos; por lo que temieron en gran manera, y clamaron los hijos de Israel á Jehová.

11 Y dijeron á Moisés: ¿No había sepulcros en Egipto, que nos has sacado para que muramos en el desierto? ¿Por qué lo has hecho así con nosotros, que nos has sacado de Egipto?

12 ¿No es esto lo que te hablamos en Egipto, diciendo: Déjanos servir á los Egipcios? Que mejor nos fuera servir á los Egipcios, que morir nosotros en el desierto.

13 Y Moisés dijo al pueblo: No temáis; estaos quedos, y ved la salud de Jehová, que él hará hoy con vosotros; porque los Egipcios que hoy habéis visto, nunca más para siempre los veréis.

14 Jehová peleará por vosotros, y vosotros estaréis quedos.

15 Entonces Jehová dijo á Moisés: ¿Por qué clamas á mí? Di á los hijos de Israel que marchen.

16 Y tú alza tu vara, y extiende tu mano sobre la mar, y divídela; y entren los hijos de Israel por medio de la mar en seco.

17 Y yo, he aquí yo endureceré el corazón de los Egipcios, para que los sigan: y yo me glorificaré en Faraón, y en todo su ejército, y en sus carros, y en su caballería;

18 Y sabrán los Egipcios que soy Jehová, cuando me glorificaré en Faraón, en sus carros, y en su gente de á caballo.

19 Y el ángel de Dios que iba delante del campo de Israel, se apartó, é iba en pos de ellos; y asimismo la columna de nube que iba delante de ellos, se apartó, y púsose á sus espaldas:

20 E iba entre el campo de los Egipcios y el campo de Israel; y era nube y tinieblas para aquéllos, y alumbraba á Israel de noche: y en toda aquella noche nunca llegaron los unos á los otros.

21 Y extendió Moisés su mano sobre la mar, é hizo Jehová que la mar se retirase por recio viento oriental toda aquella noche; y tornó la mar en seco, y las aguas quedaron divididas.

22 Entonces los hijos de Israel entraron por medio de la mar en seco, teniendo las aguas como muro á su diestra y á su siniestra:

23 Y siguiéndolos los Egipcios, entraron tras ellos hasta el medio de la mar, toda la caballería de Faraón, sus carros, y su gente de á caballo.

24 Y aconteció á la vela de la mañana, que Jehová miró al campo de los Egipcios desde la columna de fuego y nube, y perturbó el campo de los Egipcios.

25 Y quitóles las ruedas de sus carros, y trastornólos gravemente. Entonces los Egipcios dijeron: Huyamos de delante de Israel, porque Jehová pelea por ellos contra los Egipcios.

26 Y Jehová dijo á Moisés: Extiende tu mano sobre la mar, para que las aguas vuelvan sobre los Egipcios, sobre sus carros, y sobre su caballería.

27 Y Moisés extendió su mano sobre la mar, y la mar se volvió en su fuerza cuando amaneció; y los Egipcios iban hacia ella: y Jehová derribó á los Egipcios en medio de la mar.

28 Y volvieron las aguas, y cubrieron los carros y la caballería, y todo el ejército de Faraón que había entrado tras ellos en la mar; no quedó de ellos ni uno.

29 Y los hijos de Israel fueron por medio de la mar en seco, teniendo las aguas por muro á su diestra y á su siniestra.

30 Así salvó Jehová aquel día á Israel de mano de los Egipcios; é Israel vió á los Egipcios muertos á la orilla de la mar.

31 Y vió Israel aquel grande hecho que Jehová ejecutó contra los Egipcios: y el pueblo temió á Jehová, y creyeron á Jehová y á Moisés su siervo.

15 Entonces cantó Moisés y los hijos de Israel este cántico á Jehová, y dijeron: Cantaré yo á Jehová, porque se ha magnificado grandemente, Echando en la mar al caballo y al que en él subía.

2 Jehová es mi fortaleza, y mi canción, Y hame sido por salud: Este es mi Dios, y á éste engrandeceré; Dios de mi padre, y á éste ensalzaré.

3 Jehová, varón de guerra; Jehová es su nombre.

4 Los carros de Faraón y á su ejército echó en la mar; Y sus escogidos príncipes fueron hundidos en el mar Bermejo.

5 Los abismos los cubrieron; Como piedra descendieron á los profundos.

6 Tu diestra, oh Jehová, ha sido magnificada en fortaleza; Tu diestra, oh Jehová, ha quebrantado al enemigo.

7 Y con la grandeza de tu poder has trastornado á los que se levantaron contra ti: Enviaste tu furor; los tragó como á hojarasca.

8 Con el soplo de tus narices se amontonaron las aguas; Paráronse las corrientes en un montón; Los abismos se cuajaron en medio de la mar.

9 El enemigo dijo: Perseguiré, prenderé, repartiré despojos; Mi alma se henchirá de ellos; Sacaré mi espada, destruirlos ha mi mano.

10 Soplaste con tu viento, cubriólos la mar: Hundiéronse como plomo en las impetuosas aguas.

11 ¿Quién como tú, Jehová, entre los dioses? ¿Quién como tú,

magnífico en santidad, Terrible en loores, hacedor de maravillas?

12 Extendiste tu diestra; La tierra los tragó.

13 Condujiste en tu misericordia á este pueblo, al cual salvaste; Llevástelo con tu fortaleza á la habitación de tu santuario.

14 Oiránlo los pueblos, y temblarán; Apoderarse ha dolor de los moradores de Palestina.

15 Entonces los príncipes de Edom se turbarán; A los robustos de Moab los ocupará temblor; Abatirse han todos los moradores de Canaán.

16 Caiga sobre ellos temblor y espanto; A la grandeza de tu brazo enmudezcan como una piedra; Hasta que haya pasado tu pueblo, oh Jehová, Hasta que haya pasado este pueblo que tú rescataste.

17 Tú los introducirás y los plantarás en el monte de tu heredad, En el lugar de tu morada, que tú has aparejado, oh Jehová; En el santuario del Señor, que han afirmado tus manos.

18 Jehová reinará por los siglos de los siglos.

19 Porque Faraón entró cabalgando con sus carros y su gente de á caballo en la mar, y Jehová volvió á traer las aguas de la mar sobre ellos; mas los hijos de Israel fueron en seco por medio de la mar.

20 Y María la profetisa, hermana de Aarón, tomó un pandero en su mano, y todas las mujeres salieron en pos de ella con panderos y danzas.

21 Y María les respondía: Cantad á Jehová; porque en extremo se ha engrandecido, Echando en la mar al caballo, y al que en él subía.

22 E hizo Moisés que partiese Israel del mar Bermejo, y salieron al desierto de Shur; y anduvieron tres días por el desierto sin hallar agua.

23 Y llegaron á Mara, y no pudieron beber las aguas de Mara, porque eran amargas; por eso le pusieron el nombre de Mara.

24 Entonces el pueblo murmuró contra Moisés, y dijo: ¿Qué hemos de beber?

25 Y Moisés clamó á Jehová; y Jehová le mostró un árbol, el cual metídolo que hubo dentro de las aguas, las aguas se endulzaron. Allí les dió estatutos y ordenanzas, y allí los probó;

26 Y dijo: Si oyeres atentamente la voz de Jehová tu Dios, é hicieres lo recto delante de sus ojos, y dieres oído á sus mandamientos, y guardares todos sus estatutos, ninguna enfermedad de las que envié á los Egipcios te enviaré á ti; porque yo soy Jehová tu Sanador.

27 Y llegaron á Elim, donde había doce fuentes de aguas, y setenta palmas; y asentaron allí junto á las aguas.

16 Y partiendo de Elim toda la congregación de los hijos de Israel, vino á el desierto de Sin, que está entre Elim y Sinaí, á los quince días del segundo mes después que salieron de la tierra de Egipto.

2 Y toda la congregación de los hijos de Israel murmuró contra Moisés y Aarón en el desierto;

3 Y decíanles los hijos de Israel: Ojalá hubiéramos muerto por mano de Jehová en la tierra de Egipto, cuando nos sentábamos á las ollas de las carnes, cuando comíamos pan en hartura; pues nos habéis sacado á este desierto, para matar de hambre á toda esta multitud.

4 Y Jehová dijo á Moisés: He aquí yo os haré llover pan del cielo; y el pueblo saldrá, y cogerá para cada un día, para que yo le pruebe si anda en mi ley, ó no.

5 Mas al sexto día aparejarán lo que han de encerrar, que será el doble de lo que solían coger cada día.

6 Entonces dijeron Moisés y Aarón á todos los hijos de Israel: A la tarde sabréis que Jehová os ha sacado de la tierra de Egipto:

7 Y á la mañana veréis la gloria de Jehová; porque él ha oído vuestras murmuraciones contra Jehová: que nosotros, ¿qué somos, para que vosotros murmuréis contra nosotros?

8 Y dijo Moisés: Jehová os dará á la tarde carne para comer, y á la mañana pan en hartura; por cuanto Jehová ha oído vuestras murmuraciones con que habéis murmurado contra él: que nosotros, ¿qué somos? vuestras murmuraciones no son contra nosotros, sino contra Jehová.

9 Y dijo Moisés á Aarón: Di á toda la congregación de los hijos de Israel: Acercaos á la presencia de Jehová; que él ha oído vuestras murmuraciones.

10 Y hablando Aarón á toda la congregación de los hijos de Israel, miraron hacia el desierto, y he aquí la gloria de Jehová, que apareció en la nube.

11 Y Jehová habló á Moisés, diciendo:

12 Yo he oído las murmuraciones de los hijos de Israel: háblales, diciendo: Entre las dos tardes comeréis carne, y por la mañana os hartaréis de pan, y sabréis que yo soy Jehová vuestro Dios.

13 Y venida la tarde subieron codornices que cubrieron el real; y á la mañana descendió rocío en derredor del real.

14 Y como el rocío cesó de descender, he aquí sobre la haz del desierto una cosa menuda, redonda, menuda como una helada sobre la tierra.

15 Y viéndolo los hijos de Israel, se dijeron unos á otros: ¿Qué es esto? porque no sabían qué era. Entonces Moisés les dijo: Es el pan que Jehová os da para comer.

16 Esto es lo que Jehová ha mandado: Cogeréis de él cada uno según pudiere comer; un gomer por cabeza, conforme al número de vuestras personas, tomaréis cada uno para los que están en su tienda.

17 Y los hijos de Israel lo hicieron así: y recogieron unos más, otros menos:

18 Y medíanlo por gomer, y no sobraba al que había recogido mucho, ni faltaba al que había recogido poco: cada uno recogió conforme á lo que había de comer.

19 Y díjoles Moisés: Ninguno deje nada de ello para mañana.

20 Mas ellos no obedecieron á Moisés, sino que algunos dejaron de ello para otro día, y crió gusanos, y pudrióse; y enojóse contra ellos Moisés.

21 Y recogíanlo cada mañana, cada uno según lo que había de comer: y luego que el sol calentaba, derretíase.

22 En el sexto día recogieron doblada comida, dos gomeres para cada uno: y todos los príncipes de la congregación vinieron á Moisés, y se lo hicieron saber.

23 Y él les dijo: Esto es lo que ha dicho Jehová: Mañana es el santo sábado, el reposo de Jehová: lo que hubiereis de cocer, cocedlo hoy, y lo que hubiereis de cocinar, cocinadlo; y todo lo que os sobrare, guardadlo para mañana.

24 Y ellos lo guardaron hasta la mañana, según que Moisés había mandado, y no se pudrió, ni hubo en él gusano.

25 Y dijo Moisés: Comedlo hoy, porque hoy es sábado de Jehová: hoy no hallaréis en el campo.

26 En los seis días lo recogeréis; mas el séptimo día es sábado, en el cual no se hallará.

27 Y aconteció que algunos del pueblo salieron en el séptimo día á recoger, y no hallaron.

28 Y Jehová dijo á Moisés: ¿Hasta cuándo no querréis guardar mis mandamientos y mis leyes?

29 Mirad que Jehová os dió el sábado, y por eso os da en el sexto día pan para dos días. Estése, pues, cada uno en su estancia, y nadie salga de su lugar en el séptimo día.

30 Así el pueblo reposó el séptimo día.

31 Y la casa de Israel lo llamó Maná; y era como simiente de culantro, blanco, y su sabor como de hojuelas con miel.

32 Y dijo Moisés: Esto es lo que Jehová ha mandado: Henchirás un gomer de él para que se guarde para vuestros descendientes, á fin de que vean el pan que yo os dí á comer en el desierto, cuando yo os saqué de la tierra de Egipto.

33 Y dijo Moisés á Aarón: Toma un vaso y pon en él un gomer lleno de maná, y ponlo delante de Jehová, para que sea guardado para vuestros descendientes.

34 Y Aarón lo puso delante del Testimonio para guardarlo, como Jehová lo mandó á Moisés.

35 Así comieron los hijos de Israel maná cuarenta años, hasta que entraron en la tierra habitada: maná comieron hasta que llegaron al término de la tierra de Canaán.

36 Y un gomer es la décima parte del epha.

17 Y toda la congregación de los hijos de Israel partió del desierto de Sin, por sus jornadas, al mandamiento de Jehová, y asentaron el campo en Rephidim: y no había agua para que el pueblo bebiese.

2 Y altercó el pueblo con Moisés, y dijeron: Danos agua que bebamos. Y Moisés les dijo: ¿Por qué altercáis conmigo? ¿por qué tentáis á Jehová?

3 Así que el pueblo tuvo allí sed de agua, y murmuró contra Moisés, y dijo: ¿Por qué nos hiciste subir de Egipto para matarnos de sed á nosotros, y á nuestros hijos y á nuestros ganados?

4 Entonces clamó Moisés á Jehová, diciendo: ¿Qué haré con este pueblo? de aquí á un poco me apedrearán.

5 Y Jehová dijo á Moisés: Pasa delante del pueblo, y toma contigo de los ancianos de Israel; y toma también en tu mano tu vara, con que heriste el río, y ve:

6 He aquí que yo estoy delante de ti allí sobre la peña en Horeb; y herirás la peña, y saldrán de ella aguas, y beberá el pueblo. Y Moisés lo hizo así en presencia de los ancianos de Israel.

7 Y llamó el nombre de aquel lugar Massah y Meribah, por la rencilla de los hijos de Israel, y porque tentaron á Jehová, diciendo: ¿Está, pues, Jehová entre nosotros, ó no?

8 Y vino Amalec y peleó con Israel en Rephidim.

9 Y dijo Moisés á Josué: Escógenos varones, y sal, pelea con Amalec: mañana yo estaré sobre la cumbre del collado, y la vara de Dios en mi mano.

10 E hizo Josué como le dijo Moisés, peleando con Amalec; y Moisés y Aarón y Hur subieron á la cumbre del collado.

11 Y sucedía que cuando alzaba Moisés su mano, Israel prevalecía; mas cuando él bajaba su mano, prevalecía Amalec.

12 Y las manos de Moisés estaban pesadas; por lo que tomaron una piedra, y pusiéronla debajo de él, y se sentó sobre ella; y Aarón y Hur sustentaban sus manos, el uno de una parte y el otro de otra; así hubo en sus manos firmeza hasta que se puso el sol.

13 Y Josué deshizo á Amalec y á su pueblo á filo de espada.

14 Y Jehová dijo á Moisés: Escribe esto para memoria en un libro, y di á Josué que del todo tengo de raer la memoria de Amalec de debajo del cielo.

15 Y Moisés edificó un altar, y llamó su nombre Jehová-nissi:

16 Y dijo: Por cuanto la mano sobre el trono de Jehová, Jehová tendrá guerra con Amalec de generación en generación.

18 Y oyó Jethro, sacerdote de Madián, suegro de Moisés, todas las cosas que Dios había hecho con Moisés, y con Israel su pueblo, y cómo Jehová había sacado á Israel de Egipto:

2 Y tomó Jethro, suegro de Moisés á Séphora la mujer de Moisés, después que él la envió,

3 Y á sus dos hijos; el uno se llamaba Gersóm, porque dijo: Peregrino he sido en tierra ajena;

4 Y el otro se llamaba Eliezer, porque dijo, El Dios de mi padre me ayudó, y me libró del cuchillo de Faraón.

5 Y Jethro el suegro de Moisés, con sus hijos y su mujer, llegó á Moisés en el desierto, donde tenía el campo junto al monte de Dios;

6 Y dijo á Moisés: Yo tu suegro Jethro vengo á ti, con tu mujer, y sus dos hijos con ella.

7 Y Moisés salió á recibir á su suegro, é inclinóse, y besólo: y preguntáronse el uno al otro cómo estaban, y vinieron á la tienda.

8 Y Moisés contó á su suegro todas las cosas que Jehová había hecho á Faraón y á los Egipcios por amor de Israel, y todo el trabajo que habían pasado en el camino, y cómo los había librado Jehová.

9 Y alegróse Jethro de todo el bien que Jehová había hecho á Israel, que lo había librado de mano de los Egipcios.

10 Y Jethro dijo: Bendito sea Jehová, que os libró de mano de los Egipcios, y de la mano de Faraón, y que libró al pueblo de la mano de los Egipcios.

11 Ahora conozco que Jehová es grande más que todos los dioses; hasta en lo que se ensoberbecieron contra ellos.

12 Y tomó Jethro, suegro de Moisés, holocaustos y sacrificios para Dios: y vino Aarón y todos los ancianos de Israel á comer pan con el suegro de Moisés delante de Dios.

13 Y aconteció que otro día se sentó Moisés á juzgar al pueblo; y el pueblo estuvo delante de Moisés desde la mañana hasta la tarde.

14 Y viendo el suegro de Moisés todo lo que él hacía con el pueblo, dijo: ¿Qué es esto que haces tú con el pueblo? ¿por qué te sientas tú solo, y todo el pueblo está delante de ti desde la mañana hasta la tarde?

15 Y Moisés respondió á su suegro: Porque el pueblo viene á mí para consultar á Dios:

16 Cuando tienen negocios, vienen á mí; y yo juzgo entre el uno y el otro, y declaro las ordenanzas de Dios y sus leyes.

17 Entonces el suegro de Moisés le dijo: No haces bien:

18 Desfallecerás del todo, tú, y también este pueblo que está contigo; porque el negocio es demasiado pesado para ti; no podrás hacerlo tú solo.

19 Oye ahora mi voz; yo te aconsejaré, y Dios será contigo. Está tú por el pueblo delante de Dios, y somete tú los negocios á Dios.

20 Y enseña á ellos las ordenanzas y las leyes, y muéstrales el camino por donde anden, y lo que han de hacer.

21 Además inquiere tú de entre todo el pueblo varones de virtud, temerosos de Dios, varones de verdad, que aborrezcan la avaricia; y constituirás á éstos sobre ellos caporales sobre mil, sobre cien, sobre cincuenta y sobre diez.

22 Los cuales juzgarán al pueblo en todo tiempo; y será que todo negocio grave lo traerán á ti, y ellos juzgarán todo negocio pequeño: alivia así la carga de sobre ti, y llevarla han ellos contigo.

23 Si esto hicieres, y Dios te lo mandare, tú podrás persistir, y todo este pueblo se irá también en paz á su lugar.

24 Y oyó Moisés la voz de su suegro, é hizo todo lo que dijo.

25 Y escogió Moisés varones de virtud de todo Israel, y púsolos por cabezas sobre el pueblo, caporales sobre mil, sobre ciento, sobre cincuenta, y sobre diez.

26 Y juzgaban al pueblo en todo tiempo: el negocio árduo traíanlo á Moisés, y ellos juzgaban todo negocio pequeño.

27 Y despidió Moisés á su suegro, y fuése á su tierra.

19 Al mes tercero de la salida de los hijos de Israel de la tierra de Egipto, en aquel día vinieron al desierto de Sinaí.

2 Porque partieron de Rephidim, y llegaron al desierto de Sinaí, y asentaron en el desierto; y acampó allí Israel delante del monte.

3 Y Moisés subió á Dios; y Jehová lo llamó desde el monte, diciendo: Así dirás á la casa de Jacob, y denunciarás á los hijos de Israel:

4 Vosotros visteis lo que hice á los Egipcios, y cómo os tomé sobre alas de águilas, y os he traído á mí.

5 Ahora pues, si diereis oído á mi voz, y guardareis mi pacto, vosotros seréis mi especial tesoro sobre todos los pueblos; porque mía es toda la tierra.

6 Y vosotros seréis mi reino de sacerdotes, y gente santa. Estas son las palabras que dirás á los hijos de Israel.

7 Entonces vino Moisés, y llamó á los ancianos del pueblo, y propuso en presencia de ellos todas estas palabras que Jehová le había mandado.

8 Y todo el pueblo respondió á una, y dijeron: Todo lo que Jehová ha dicho haremos. Y Moisés refirió las palabras del pueblo á Jehová.

9 Y Jehová dijo á Moisés: He aquí, yo vengo á ti en una nube espesa, para que el pueblo oiga mientras yo hablo contigo, y también para que te crean para siempre. Y Moisés denunció las palabras del pueblo á Jehová.

10 Y Jehová dijo á Moisés: Ve al pueblo, y santifícalos hoy y mañana, y laven sus vestidos;

11 Y estén apercibidos para el día tercero, porque al tercer día Jehová descenderá, á ojos de todo el pueblo, sobre el monte de Sinaí.

12 Y señalarás término al pueblo en derredor, diciendo: Guardaos, no subáis al monte, ni toquéis á su término: cualquiera que tocare el monte, de seguro morirá:

13 No le tocará mano, mas será apedreado ó asaeteado; sea animal ó sea hombre, no vivirá. En habiendo sonado largamente la bocina, subirán al monte.

14 Y descendió Moisés del monte al pueblo, y santificó al pueblo; y lavaron sus vestidos.

15 Y dijo al pueblo: Estad apercibidos para el tercer día; no lleguéis á mujer.

16 Y aconteció al tercer día cuando vino la mañana, que vinieron truenos y relámpagos, y espesa nube sobre el monte, y sonido de bocina muy fuerte; y estremecióse todo el pueblo que estaba en el real.

17 Y Moisés sacó del real al pueblo á recibir á Dios; y pusiéronse á lo bajo del monte.

18 Y todo el monte de Sinaí humeaba, porque Jehová había descendido sobre él en fuego: y el humo de él subía como el humo de un horno, y todo el monte se estremeció en gran manera.

19 Y el sonido de la bocina iba esforzándose en extremo: Moisés hablaba, y Dios le respondía en voz.

20 Y descendió Jehová sobre el monte de Sinaí, sobre la cumbre del monte: y llamó Jehová á Moisés á la cumbre del monte, y Moisés subió.

21 Y Jehová dijo á Moisés: Desciende, requiere al pueblo que no traspasen el término por ver á Jehová, porque caerá multitud de ellos.

22 Y también los sacerdotes que se llegan á Jehová, se santifiquen, porque Jehová no haga en ellos estrago.

23 Y Moisés dijo á Jehová: El pueblo no podrá subir al monte de Sinaí, porque tú nos has requerido diciendo: Señala términos al monte, y santifícalo.

24 Y Jehová le dijo: Ve, desciende, y subirás tú, y Aarón contigo: mas los sacerdotes y el pueblo no traspasen el término por subir á Jehová, porque no haga en ellos estrago.

25 Entonces Moisés descendió al pueblo y habló con ellos.

20 Y habló Dios todas estas palabras, diciendo:

2 Yo soy JEHOVÁ tu Dios, que te saqué de la tierra de Egipto, de casa de siervos.

3 No tendrás dioses ajenos delante de mí.

4 No te harás imagen, ni ninguna semejanza de cosa que esté arriba en el cielo, ni abajo en la tierra, ni en las aguas debajo de la tierra:

5 No te inclinarás á ellas, ni las honrarás; porque yo soy Jehová tu Dios, fuerte, celoso, que visito la maldad de los padres sobre los hijos, sobre los terceros y sobre los cuartos, á los que me aborrecen,

6 Y que hago misericordia en millares á los que me aman, y guardan mis mandamientos.

7 No tomarás el nombre de Jehová tu Dios en vano; porque no dará por inocente Jehová al que tomare su nombre en vano.

8 Acordarte has del día del reposo, para santificarlo:

9 Seis días trabajarás, y harás toda tu obra;

10 Mas el séptimo día será reposo para Jehová tu Dios: no hagas en él obra alguna, tú, ni tu hijo, ni tu hija, ni tu siervo, ni tu criada, ni tu bestia, ni tu extranjero que está dentro de tus puertas:

11 Porque en seis días hizo Jehová los cielos y la tierra, la mar y todas las cosas que en ellos hay, y reposó en el séptimo día: por tanto Jehová bendijo el día del reposo y lo santificó.

12 Honra á tu padre y á tu madre, porque tus días se alarguen en la tierra que Jehová tu Dios te da.

13 No matarás.

14 No cometerás adulterio.

15 No hurtarás.

16 No hablarás contra tu prójimo falso testimonio.

17 No codiciarás la casa de tu prójimo, no codiciarás la mujer de tu prójimo, ni su siervo, ni su criada, ni su buey, ni su asno, ni cosa alguna de tu prójimo.

18 Todo el pueblo consideraba las voces, y las llamas, y el sonido de la bocina, y el monte que humeaba: y viéndolo el pueblo, temblaron, y pusiéronse de lejos.

19 Y dijeron á Moisés: Habla tú con nosotros, que nosotros oiremos; mas no hable Dios con nosotros, porque no muramos.

20 Y Moisés respondió al pueblo: No temáis; que por probaros vino Dios, y porque su temor esté en vuestra presencia para que no pequéis.

21 Entonces el pueblo se puso de lejos, y Moisés se llegó á la osbcuridad en la cual estaba Dios.

22 Y Jehová dijo á Moisés: Así dirás á los hijos de Israel: Vosotros habéis visto que he hablado desde el cielo con vosotros.

23 No hagáis conmigo dioses de plata, ni dioses de oro os haréis.

24 Altar de tierra harás para mí, y sacrificarás sobre él tus holocaustos y tus pacíficos, tus ovejas y tus vacas: en cualquier lugar donde yo hiciere que esté la memoria de mi nombre, vendré á ti, y te bendeciré.

25 Y si me hicieres altar de piedras, no las labres de cantería; porque si alzares tu pico sobre él, tú lo profanarás.

26 Y no subirás por gradas á mi altar, porque tu desnudez no sea junta á él descubierta.

21 Yestos son los derechos que les propondrás.

2 Si compras siervo hebreo, seis años servirá; mas al séptimo saldrá horro de balde.

3 Si entró solo, solo saldrá: si tenía mujer, saldrá él y su mujer con él.

4 Si su amo le hubiere dado mujer, y ella le hubiere parido hijos ó hijas, la mujer y sus hijos serán de su amo, y él saldrá solo.

5 Y si el siervo dijere: Yo amo á mi señor, á mi mujer y á mis hijos, no saldré libre:

6 Entonces su amo lo hará llegar á los jueces, y harále llegar á la puerta ó al poste; y su amo le horadará la oreja con lesna, y será su siervo para siempre.

7 Y cuando alguno vendiere su hija por sierva, no saldrá como suelen salir los siervos.

8 Si no agradare á su señor, por lo cual no la tomó por esposa, permitirle ha que se rescate, y no la podrá vender á pueblo extraño cuando la desechare.

9 Mas si la hubiere desposado con su hijo, hará con ella según la costumbre de las hijas.

10 Y si le tomare otra, no disminuirá su alimento, ni su vestido, ni el débito conyugal.

11 Y si ninguna de estas tres cosas hiciere, ella saldrá de gracia sin dinero.

12 El que hiriere á alguno, haciéndole así morir, él morirá.

13 Mas el que no armó asechanzas, sino que Dios lo puso en sus manos, entonces yo te señalaré lugar al cual ha de huir.

14 Además, si alguno se ensoberbeciere contra su prójimo, y lo matare con alevosía, de mi altar lo quitarás para que muera.

15 Y el que hiriere á su padre ó á su madre, morirá.

16 Asimismo el que robare una persona, y la vendiere, ó se hallare en sus manos, morirá.

17 Igualmente el que maldijere á su padre ó á su madre, morirá.

18 Además, si algunos riñeren, y alguno hiriere á su prójimo con piedra ó con el puño, y no muriere, pero cayere en cama;

19 Si se levantare y anduviere fuera sobre su báculo, entonces será el que le hirió absuelto: solamente le satisfará lo que estuvo parado, y hará que le curen.

20 Y si alguno hiriere á su siervo ó á su sierva con palo, y muriere bajo de su mano, será castigado:

21 Mas si durare por un día ó dos, no será castigado, porque su dinero es.

22 Si algunos riñeren, é hiriesen á mujer preñada, y ésta abortare, pero sin haber muerte, será penado conforme á lo que le impusiere el marido de la mujer y juzgaren los árbitros.

23 Mas si hubiere muerte, entonces pagarás vida por vida,

24 Ojo por ojo, diente por diente, mano por mano, pie por pie,

25 Quemadura por quemadura, herida por herida, golpe por golpe.

26 Y cuando alguno hiriere el ojo de su siervo, ó el ojo de su sierva, y lo entortare, darále libertad por razón de su ojo.

27 Y si sacare el diente de su siervo, ó el diente de su sierva, por su diente le dejará ir libre.

28 Si un buey acorneare hombre ó mujer, y de resultas muriere, el buey será apedreado, y no se comerá su carne; mas el dueño del buey será absuelto.

29 Pero si el buey era acorneador desde ayer y antes de ayer, y á su dueño le fué hecho requerimiento, y no lo hubiere guardado, y matare hombre ó mujer, el buey será apedreado, y también morirá su dueño.

30 Si le fuere impuesto rescate, entonces dará por el rescate de su persona cuanto le fuere impuesto.

31 Haya acorneado hijo, ó haya acorneado hija, conforme á este juicio se hará con él.

32 Si el buey acorneare siervo ó sierva, pagará treinta siclos de plata su señor, y el buey será apedreado.

33 Y si alguno abriere hoyo, ó cavare cisterna, y no la cubriere, y cayere allí buey ó asno,

34 El dueño de la cisterna pagará el dinero, resarciendo á su dueño, y lo que fue muerto será suyo.

35 Y si el buey de alguno hiriere al buey de su prójimo, y éste muriere, entonces venderán el buey vivo, y partirán el dinero de él, y también partirán el muerto.

36 Mas si era notorio que el buey era acorneador de ayer y antes de ayer, y su dueño no lo hubiere guardado, pagará buey por buey, y el muerto será suyo.

22 Cuando alguno hurtare buey ú oveja, y le degollare ó vendiere, por aquel buey pagará cinco bueyes, y por aquella oveja cuatro ovejas.

2 Si el ladrón fuere hallado forzando una casa, y fuere herido y muriere, el que le hirió no será culpado de su muerte:

3 Si el sol hubiere sobre él salido, el matador será reo de homicidio: el ladrón habrá de restituir cumplidamente; si no tuviere, será vendido por su hurto.

4 Si fuere hallado con el hurto en la mano, sea buey ó asno ú oveja vivos, pagará el duplo.

5 Si alguno hiciere pacer campo ó viña, y metiere su bestia, y comiere la tierra de otro, de lo mejor de su tierra y de lo mejor de su viña pagará.

6 Cuando rompiere un fuego, y hallare espinas, y fuere quemado montón, ó haza, ó campo, el que encendió el fuego pagará lo quemado.

7 Cuando alguno diere á su prójimo plata ó alhajas á guardar, y fuere hurtado de la casa de aquel hombre, si el ladrón se hallare, pagará el doble.

8 Si el ladrón no se hallare, entonces el dueño de la casa será presentado á los jueces, para ver si ha metido su mano en la hacienda de su prójimo.

9 Sobre todo negocio de fraude, sobre buey, sobre asno, sobre oveja, sobre vestido, sobre toda cosa perdida, cuando uno dijere: Esto es mío, la causa de ambos vendrá delante de los jueces; y el que los jueces condenaren, pagará el doble á su prójimo.

10 Si alguno hubiere dado á su prójimo asno, ó buey, ú oveja, ó cualquier otro animal á guardar, y se muriere ó se perniquebrare, ó fuere llevado sin verlo nadie;

11 Juramento de Jehová tendrá lugar entre ambos de que no echó su mano á la hacienda de su prójimo: y su dueño lo aceptará, y el otro no pagará.

12 Mas si le hubiere sido hurtado, resarcirá á su dueño.

13 Y si le hubiere sido arrebatado por fiera, traerle ha testimonio, y no pagará lo arrebatado.

14 Pero si alguno hubiere tomado prestada bestia de su prójimo, y fuere estropeada ó muerta, ausente su dueño, deberá pagarla.

15 Si el dueño estaba presente, no la pagará. Si era alquilada, venga por su alquiler.

16 Y si alguno engañare á alguna doncella que no fuere desposada, y durmiere con ella, deberá dotarla y tomarla por mujer.

17 Si su padre no quisiere dársela, él le pesará plata conforme al dote de las vírgenes.

18 A la hechicera no dejarás que viva.

19 Cualquiera que tuviere ayuntamiento con bestia, morirá.

20 El que sacrificare á dioses, excepto á sólo Jehová, será muerto.

21 Y al extranjero no engañarás, ni angustiarás, porque extranjeros fuisteis vosotros en la tierra de Egipto.

22 A ninguna viuda ni huérfano afligiréis.

23 Que si tú llegas á afligirle, y él á mí clamare, ciertamente oiré yo su clamor,

24 Y mi furor se encenderá, y os mataré á cuchillo, y vuestras mujeres serán viudas, y huérfanos vuestros hijos.

25 Si dieres á mi pueblo dinero emprestado, al pobre que está contigo, no te portarás con él como logrero, ni le impondrás usura.

26 Si tomares en prenda el vestido de tu prójimo, á puestas del sol se lo volverás:

27 Porque sólo aquello es su cubierta, es aquel el vestido para cubrir sus carnes, en el que ha de dormir: y será que cuando á mí clamare, yo entonces le oiré, porque soy misericordioso.

28 No denostarás á los jueces, ni maldecirás al príncipe de tu pueblo.

29 No dilatarás la primicia de tu cosecha, ni de tu licor, me darás el primogénito de tus hijos.

30 Así harás con el de tu buey y de tu oveja: siete días estará con su madre, y al octavo día me lo darás.

31 Y habéis de serme varones santos: y no comeréis carne arrebatada de las fieras en el campo; á los perros la echaréis.

23 No admitirás falso rumor. No te concertarás con el impío para ser testigo falso.

2 No seguirás á los muchos para mal hacer; ni responderás en litigio inclinándote á los más para hacer agravios;

3 Ni al pobre distinguirás en su causa.

4 Si encontrares el buey de tu enemigo ó su asno extraviado, vuelve á llevárselo.

5 Si vieres el asno del que te aborrece caído debajo de su carga, ¿le dejarás entonces desamparado? Sin falta ayudarás con él á levantarlo.

6 No pervertirás el derecho de tu mendigo en su pleito.

7 De palabra de mentira te alejarás, y no matarás al inocente y justo; porque yo no justificaré al impío.

8 No recibirás presente; porque el presente ciega á los que ven, y pervierte las palabras justas.

9 Y no angustiarás al extranjero: pues vosotros sabéis cómo se halla el alma del extranjero, ya que extranjeros fuisteis en la tierra de Egipto.

10 Seis años sembrarás tu tierra, y allegarás su cosecha.

11 Mas el séptimo la dejarás vacante y soltarás, para que coman los pobres de tu pueblo; y de lo que quedare comerán las bestias del campo; así harás de tu viña y de tu olivar.

12 Seis días harás tus negocios, y al séptimo día holgarás, á fin que descanse tu buey y tu asno, y tome refrigerio el hijo de tu sierva, y el extranjero.

13 Y en todo lo que os he dicho seréis avisados. Y nombre de otros dioses no mentaréis, ni se oirá de vuestra boca.

14 Tres veces en el año me celebraréis fiesta.

15 La fiesta de los ázimos guardarás: Siete días comerás los panes sin levadura, como yo te mandé, en el tiempo del mes de Abib; porque en él saliste de Egipto: y ninguno comparecerá vacío delante de mí:

16 También la fiesta de la siega, los primeros frutos de tus labores que hubieres sembrado en el campo; y la fiesta de la cosecha á la salida del año, cuando habrás recogido tus labores del campo.

17 Tres veces en el año parecerá todo varón tuyo delante del Señor Jehová.

18 No ofrecerás con pan leudo la sangre de mi sacrificio, ni el sebo de mi víctima quedará de la noche hasta la mañana.

19 Las primicias de los primeros frutos de tu tierra traerás á la casa de Jehová tu Dios. No guisarás el cabrito con la leche de su madre.

20 He aquí yo envío el Angel delante de ti para que te guarde en el camino, y te introduzca en el lugar que yo he preparado.

21 Guárdate delante de él, y oye su voz; no le seas rebelde; porque él no perdonará vuestra rebelión: porque mi nombre está en él.

22 Pero si en verdad oyeres su voz, é hicieres todo lo que yo te dijere, seré enemigo á tus enemigos, y afligiré á los que te afligieren.

23 Porque mi Angel irá delante de ti, y te introducirá al Amorrheo, y al Hetheo, y al Pherezeo, y al Cananeo, y al Heveo, y al Jebuseo, á los cuales yo haré destruir.

24 No te inclinarás á sus dioses, ni los servirás, ni harás como ellos hacen; antes los destruirás del todo, y quebrantarás enteramente sus estatuas.

25 Mas á Jehová vuestro Dios serviréis, y él bendecirá tu pan y tus aguas; y yo quitaré toda enfermedad de en medio de ti.

26 No habrá mujer que aborte, ni estéril en tu tierra; y yo cumpliré el número de tus días.

27 Yo enviaré mi terror delante de ti, y consternaré á todo pueblo donde tú entrares, y te daré la cerviz de todos tus enemigos.

28 Yo enviaré la avispa delante de ti, que eche fuera al Heveo, y al Cananeo, y al Hetheo, de delante de ti:

29 No los echaré de delante de ti en un año, porque no quede la tierra desierta, y se aumenten contra ti las bestias del campo.

30 Poco á poco los echaré de delante de ti, hasta que te multipliques y tomes la tierra por heredad.

31 Y yo pondré tu término desde el mar Bermejo hasta la mar de Palestina, y desde el desierto hasta el río: porque pondré en vuestras manos los moradores de la tierra, y tú los echarás de delante de ti.

32 No harás alianza con ellos, ni con sus dioses.

33 En tu tierra no habitarán, no sea que te hagan pecar contra mí sirviendo á sus dioses: porque te será de tropiezo.

24 Y dijo á Moisés: Sube á Jehová, tú, y Aarón, Nadab, y Abiú, y setenta de los ancianos de Israel; y os inclinaréis desde lejos.

2 Mas Moisés sólo se llegará á Jehová; y ellos no se lleguen cerca, ni suba con él el pueblo.

3 Y Moisés vino y contó al pueblo todas las palabras de Jehová, y todos los derechos: y todo el pueblo respondió á una voz, y dijeron: Ejecutaremos todas las palabras que Jehová ha dicho.

4 Y Moisés escribió todas las palabras de Jehová, y levantándose de mañana edificó un altar al pie del monte, y doce columnas, según las doce tribus de Israel.

5 Y envió á los mancebos de los hijos de Israel, los cuales ofrecieron holocaustos y sacrificaron pacíficos á Jehová, becerros.

6 Y Moisés tomó la mitad de la sangre, y púsola en tazones, y esparció la otra mitad de la sangre sobre el altar.

7 Y tomó el libro de la alianza, y leyó á oídos del pueblo, el cual dijo: Haremos todas las cosas que Jehová ha dicho, y obedeceremos.

8 Entonces Moisés tomó la sangre, y roció sobre el pueblo, y dijo: He aquí la sangre de la alianza que Jehová ha hecho con vosotros sobre todas estas cosas.

9 Y subieron Moisés y Aarón, Nadab y Abiú, y setenta de los ancianos de Israel;

10 Y vieron al Dios de Israel; y había debajo de sus pies como un embaldosado de zafiro, semejante al cielo cuando está sereno.

11 Mas no extendió su mano sobre los príncipes de los hijos de Israel: y vieron á Dios, y comieron y bebieron.

12 Entonces Jehová dijo á Moisés: Sube á mí al monte, y espera allá, y te daré tablas de piedra, y la ley, y mandamientos que he escrito para enseñarlos.

13 Y levantóse Moisés, y Josué su ministro; y Moisés subió al monte de Dios.

14 Y dijo á los ancianos: Esperadnos aquí hasta que volvamos á vosotros: y he aquí Aarón y Hur están con vosotros: el que tuviere negocios, lléguese á ellos.

15 Entonces Moisés subió al monte, y una nube cubrió el monte.

16 Y la gloria de Jehová reposó sobre el monte Sinaí, y la nube lo cubrió por seis días: y al séptimo día llamó á Moisés de en medio de la nube.

17 Y el parecer de la gloria de Jehová era como un fuego abrasador en la cumbre del monte, á los ojos de los hijos de Israel.

18 Y entró Moisés en medio de la nube, y subió al monte: y estuvo Moisés en el monte cuarenta días y cuarenta noches.

25 Y Jehová habló á Moisés, diciendo:

2 Di á los hijos de Israel que tomen para mí ofrenda: de todo varón que la diere de su voluntad, de corazón, tomaréis mi ofrenda.

3 Y esta es la ofrenda que tomaréis de ellos: Oro, y plata, y cobre,

4 Y jacinto, y púrpura, y carmesí, y lino fino, y pelo de cabras,

5 Y cueros de carneros teñidos de rojo, y cueros de tejones, y madera de Sittim;

6 Aceite para la luminaria, especias para el aceite de la unción, y para el sahumerio aromático;

7 Piedras de onix, y piedras de engastes, para el ephod, y para el racional.

8 Y hacerme han un santuario, y yo habitaré entre ellos.

9 Conforme á todo lo que yo te mostrare, el diseño del tabernáculo, y el diseño de todos sus vasos, así lo haréis.

10 Harán también un arca de madera de Sittim, cuya longitud será de dos codos y medio, y su anchura de codo y medio, y su altura de codo y medio.

11 Y la cubrirás de oro puro; por dentro y por fuera la cubrirás; y harás sobre ella una cornisa de oro alrededor.

12 Y para ella harás de fundición cuatro anillos de oro, que pondrás á sus cuatro esquinas; dos anillos al un lado de ella, y dos anillos al otro lado.

13 Y harás unas varas de madera de Sittim, las cuales cubrirás de oro.

14 Y meterás las varas por los anillos á los lados del arca, para llevar el arca con ellas.

15 Las varas se estarán en los anillos del arca: no se quitarán de ella.

16 Y pondrás en el arca el testimonio que yo te daré.

17 Y harás una cubierta de oro fino, cuya longitud será de dos codos y medio, y su anchura de codo y medio.

18 Harás también dos querubines de oro, labrados á martillo los harás, en los dos cabos de la cubierta.

19 Harás, pues, un querubín al extremo de un lado, y un querubín al otro extremo del lado opuesto: de la calidad de la cubierta harás los querubines en sus dos extremidades.

20 Y los querubines extenderán por encima las alas, cubriendo con sus alas la cubierta: sus caras la una enfrente de la otra, mirando á la cubierta las caras de los querubines.

21 Y pondrás la cubierta encima del arca, y en el arca pondrás el testimonio que yo te daré.

22 Y de allí me declararé á ti, y hablaré contigo de sobre la cubierta, de entre los dos querubines que están sobre el arca del testimonio, todo lo que yo te mandaré para los hijos de Israel.

23 Harás asimismo una mesa de madera de Sittim: su longitud será de dos codos, y de uu codo su anchura, y su altura de codo y medio.

24 Y la cubrirás de oro puro, y le has de hacer una cornisa de oro alrededor.

25 Hacerle has también una moldura alrededor, del ancho de una mano, á la cual moldura harás una cornisa de oro en circunferencia.

26 Y le harás cuatro anillos de oro, los cuales pondrás á las cuatro esquinas que corresponden á sus cuatro pies.

27 Los anillos estarán antes de la moldura, por lugares de las varas, para llevar la mesa.

28 Y harás las varas de madera de Sittim, y las cubrirás de oro, y con ellas será llevada la mesa.

29 Harás también sus platos, y sus cucharas, y sus cubiertas, y sus tazones, con que se libará: de oro fino los harás.

30 Y pondrás sobre la mesa el pan de la proposición delante de mí continuamente.

31 Harás además un candelero de oro puro; labrado á martillo se hará el candelero: su pie, y su caña, sus copas, sus manzanas, y sus flores, serán de lo mismo:

32 Y saldrán seis brazos de sus lados: tres brazos del candelero del un lado suyo, y tres brazos del candelero del otro su lado:

33 Tres copas en forma de almendras en el un brazo, una manzana y una flor; y tres copas, figura de almendras en el otro brazo, una manzana y una flor: así pues, en los seis brazos que salen del candelero:

34 Y en el candelero cuatro copas en forma de almendras, sus manzanas y sus flores.

35 Habrá una manzana debajo de los dos brazos de lo mismo, otra manzana debajo de los otros dos brazos de lo mismo, y otra manzana debajo de los otros dos brazos de lo mismo, en conformidad á los seis brazos que salen del candelero.

36 Sus manzanas y sus brazos serán de lo mismo, todo ello una pieza labrada á martillo, de oro puro.

37 Y hacerle has siete candilejas, las cuales encenderás para que alumbren á la parte de su delantera.

38 También sus despabiladeras y sus platillos, de oro puro.

39 De un talento de oro fino lo harás, con todos estos vasos.

40 Y mira, y hazlos conforme á su modelo, que te ha sido mostrado en el monte.

26 Harás el tabernáculo de diez cortinas de lino torcido, cárdeno, y púrpura, y carmesí: y harás querubines de obra delicada.

2 La longitud de la una cortina de veintiocho codos, y la anchura de la misma cortina de cuatro codos: todas las cortinas tendrán una medida.

3 Cinco cortinas estarán juntas la una con la otra, y cinco cortinas unidas la una á la otra.

4 Y harás lazadas de cárdeno en la orilla de la una cortina, en el borde, en la juntura: y así harás en la orilla de la postrera cortina en la juntura segunda.

5 Cincuenta lazadas harás en la una cortina, y cincuenta lazadas harás en el borde de la cortina que está en la segunda juntura: las lazadas estarán contrapuestas la una á la otra.

6 Harás también cincuenta corchetes de oro, con los cuales juntarás las cortinas la una con la otra, y se formará un tabernáculo.

7 Harás asimismo cortinas de pelo de cabras para una cubierta sobre el tabernáculo; once cortinas harás.

8 La longitud de la una cortina será de treinta codos, y la anchura de la misma cortina de cuatro codos: una medida tendrán las once cortinas.

9 Y juntarás las cinco cortinas aparte y las otras seis cortinas separadamente; y doblarás la sexta cortina delante de la faz del tabernáculo.

10 Y harás cincuenta lazadas en la orilla de la una cortina, al borde en la juntura, y cincuenta lazadas en la orilla de la segunda cortina en la otra juntura.

11 Harás asimismo cincuenta corchetes de alambre, los cuales meterás por las lazadas: y juntarás la tienda, para que se haga una sola cubierta.

12 Y el sobrante que resulta en las cortinas de la tienda, la mitad de la una cortina que sobra, quedará á las espaldas del tabernáculo.

13 Y un codo de la una parte, y otro codo de la otra que sobra en la longitud de las cortinas de la tienda, cargará sobre los lados del tabernáculo de la una parte y de la otra, para cubrirlo.

14 Harás también á la tienda una cubierta de cueros de carneros, teñidos de rojo, y una cubierta de cueros de tejones encima.

15 Y harás para el tabernáculo tablas de madera de Sittim, que estén derechas.

16 La longitud de cada tabla será de diez codos, y de codo y medio la anchura de cada tabla.

17 Dos quicios tendrá cada tabla, trabadas la una con la otra; así harás todas las tablas del tabernáculo.

18 Harás, pues, las tablas del tabernáculo: veinte tablas al lado del mediodía, al austro.

19 Y harás cuarenta basas de plata debajo de las veinte tablas; dos basas debajo de la una tabla para sus dos quicios, y dos basas debajo de la otra tabla para sus dos quicios.

20 Y al otro lado del tabernáculo, á la parte del aquilón, veinte tablas;

21 Y sus cuarenta basas de plata: dos basas debajo de la una tabla, y dos basas debajo de la otra tabla.

22 Y para el lado del tabernáculo, al occidente, harás seis tablas.

23 Harás además dos tablas para las esquinas del tabernáculo en los dos ángulos posteriores;

24 Las cuales se unirán por abajo, y asimismo se juntarán por su alto á un gozne: así será de las otras dos que estarán á las dos esquinas.

25 De suerte que serán ocho tablas, con sus basas de plata, diez y seis basas; dos basas debajo de la una tabla, y dos basas debajo de la otra tabla.

26 Harás también cinco barras de madera de Sittim, para las tablas del un lado del tabernáculo,

27 Y cinco barras para las tablas del otro lado del tabernáculo, y cinco barras para el otro lado del tabernáculo, que está al occidente.

28 Y la barra del medio pasará por medio de las tablas, del un cabo al otro.

29 Y cubrirás las tablas de oro, y harás sus anillos de oro para meter por ellos las barras: también cubrirás las barras de oro.

30 Y alzarás el tabernáculo conforme á su traza que te fue mostrada en el monte.

31 Y harás también un velo de cárdeno, y púrpura, y carmesí, y de lino torcido: será hecho de primorosa labor, con querubines:

32 Y has de ponerlo sobre cuatro columnas de madera de Sittim cubiertas de oro; sus capiteles de oro, sobre basas de plata.

33 Y pondrás el velo debajo de los corchetes, y meterás allí, del velo adentro, el arca del testimonio; y aquel velo os hará separación entre el lugar santo y el santísimo.

34 Y pondrás la cubierta sobre el arca del testimonio en el lugar santísimo.

35 Y pondrás la mesa fuera del velo, y el candelero enfrente de la mesa al lado del tabernáculo al mediodía; y pondrás la mesa al lado del aquilón.

36 Y harás á la puerta del tabernáculo una cortina de cárdeno, y púrpura, y carmesí, y lino torcido, obra de bordador.

37 Y harás para la cortina cinco columnas de madera de Sittim, las cuales cubrirás de oro, con sus capiteles de oro: y hacerlas has de fundición cinco basas de metal.

27 Harás también altar de madera de Sittim de cinco codos de longitud, y de cinco codos de anchura: será cuadrado el altar, y su altura de tres codos.

2 Y harás sus cuernos á sus cuatro esquinas; los cuernos serán de lo mismo; y lo cubrirás de metal.

3 Harás también sus calderas para echar su ceniza; y sus paletas, y sus tazones, y sus garfios, y sus braseros: harás todos sus vasos de metal.

4 Y le harás un enrejado de metal de obra de malla; y sobre el enrejado harás cuatro anillos de metal á sus cuatro esquinas.

5 Y lo has de poner dentro del cerco del altar abajo; y llegará el enrejado hasta el medio del altar.

6 Harás también varas para el altar, varas de madera de Sittim, las cuales cubrirás de metal.

7 Y sus varas se meterán por los anillos: y estarán aquellas varas á ambos lados del altar, cuando hubiere de ser llevado.

8 De tablas lo harás, hueco: de la manera que te fue mostrado en el monte, así lo harás.

9 Asimismo harás el atrio del tabernáculo: al lado del mediodía, al austro, tendrá el atrio cortinas de lino torcido, de cien codos de longitud cada un lado;

10 Sus veinte columnas, y sus veinte basas serán de metal; los capiteles de las columnas y sus molduras, de plata.

11 Y de la misma manera al lado del aquilón habrá á lo largo cortinas de cien codos de longitud, y sus veinte columnas, con sus veinte basas de metal; los capiteles de sus columnas y sus molduras, de plata.

12 Y el ancho del atrio del lado occidental tendrá cortinas de cincuenta codos; sus columnas diez, con sus diez basas.

13 Y en el ancho del atrio por la parte de levante, al oriente, habrá cincuenta codos.

14 Y las cortinas del un lado serán de quince codos; sus columnas tres, con sus tres basas.

15 Al otro lado quince codos de cortinas; sus columnas tres, con sus tres basas.

16 Y á la puerta del atrio habrá un pabellón de veinte codos, de cárdeno, y púrpura, y carmesí, y lino torcido, de obra de bordador; sus columnas cuatro, con sus cuatro basas.

17 Todas las columnas del atrio en derredor serán ceñidas de plata; sus capiteles de plata, y sus basas de metal.

18 La longitud del atrio será de cien codos, y la anchura cincuenta por un lado y cincuenta por el otro, y la altura de cinco codos: sus cortinas de lino torcido, y sus basas de metal.

19 Todos los vasos del tabernáculo en todo su servicio, y todos sus clavos, y todos los clavos del atrio, serán de metal.

20 Y tú mandarás á los hijos de Israel que te traigan aceite puro de olivas, molido, para la luminaria, para hacer arder continuamente las lámparas.

21 En el tabernáculo del testimonio, afuera del velo que está delante del testimonio, las pondrás en orden Aarón y sus hijos, delante de Jehová desde la tarde hasta la mañana, como estatuto perpetuo de los hijos de Israel por sus generaciones.

28 Y tú allega á ti á Aarón tu hermano, y á sus hijos consigo, de entre los hijos de Israel, para que sean mis sacerdotes; á Aarón, Nadab y Abiú, Eleazar é Ithamar, hijos de Aarón.

2 Y harás vestidos sagrados á Aarón tu hermano, para honra y hermosura.

3 Y tú hablarás á todos los sabios de corazón, á quienes yo he henchido de espíritu de sabiduría; á fin que hagan los vestidos de Aarón, para consagrarle á que me sirva de sacerdote.

4 Los vestidos que harán son estos: el racional, y el ephod, y el manto, y la túnica labrada, la mitra, y el cinturón. Hagan, pues, los sagrados vestidos á Aarón tu hermano, y á sus hijos, para que sean mis sacerdotes.

5 Tomarán oro, y cárdeno, y púrpura, y carmesí, y lino torcido.

6 Y harán el ephod de oro y cárdeno, y púrpura, y carmesí, y lino torcido de obra de bordador.

7 Tendrá dos hombreras que se junten á sus dos lados, y se juntará.

8 Y el artificio de su cinto que está sobre él, será de su misma obra, de lo mismo; de oro, cárdeno, y púrpura, y carmesí, y lino torcido.

9 Y tomarás dos piedras oniquinas, y grabarás en ellas los nombres de los hijos de Israel:

10 Los seis de sus nombres en la una piedra, y los otros seis nombres en la otra piedra, conforme al nacimiento de ellos.

11 De obra de escultor en piedra á modo de grabaduras de

sello, harás grabar aquellas dos piedras con los nombres de los hijos de Israel; harásles alrededor engastes de oro.

12 Y pondrás aquellas dos piedras sobre los hombros del ephod, para piedras de memoria á los hijos de Israel; y Aarón llevará los nombres de ellos delante de Jehová en sus dos hombros por memoria.

13 Harás pues, engastes de oro,

14 Y dos cadenillas de oro fino; las cuales harás de hechura de trenza; y fijarás las cadenas de hechura de trenza en los engastes.

15 Harás asimismo el racional del juicio de primorosa obra, le has de hacer conforme á la obra del ephod, de oro, y cárdeno, y púrpura, y carmesí, y lino torcido.

16 Será cuadrado y doble, de un palmo de largo y un palmo de ancho:

17 Y lo llenarás de pedrería con cuatro órdenes de piedras: un orden de una piedra sárdica, un topacio, y un carbunclo; será el primer orden;

18 El segundo orden, una esmeralda, un zafiro, y un diamante;

19 El tercer orden, un rubí, un ágata, y una amatista;

20 El cuarto orden, un berilo, un onix, y un jaspe: estarán engastadas en oro en sus encajes.

21 Y serán aquellas piedras según los nombres de los hijos de Israel, doce según sus nombres; como grabaduras de sello cada una con su nombre, vendrán á ser según las doce tribus.

22 Harás también en el racional cadenetas de hechura de trenzas de oro fino.

23 Y harás en el racional dos anillos de oro, los cuales dos anillos pondrás á las dos puntas del racional.

24 Y pondrás las dos trenzas de oro en los dos anillos á las dos puntas del racional:

25 Y los dos cabos de las dos trenzas sobre los dos engastes, y las pondrás á los lados del ephod en la parte delantera.

26 Harás también dos anillos de oro, los cuales pondrás á las dos puntas del racional, en su orilla que está al lado del ephod de la parte de dentro.

27 Harás asimismo dos anillos de oro, los cuales pondrás á los dos lados del ephod abajo en la parte delantera, delante de su juntura sobre el cinto del ephod.

28 Y juntarán el racional con sus anillos á los anillos del ephod con un cordón de jacinto, para que esté sobre el cinto del ephod, y no se aparte el racional del ephod.

29 Y llevará Aarón los nombres de los hijos de Israel en el racional del juicio sobre su corazón, cuando entrare en el santuario, para memoria delante de Jehová continuamente.

30 Y pondrás en el racional del juicio Urim y Thummim, para que estén sobre el corazón de Aarón cuando entrare delante de Jehová: y llevará siempre Aarón el juicio de los hijos de Israel sobre su corazón delante de Jehová.

31 Harás el manto del ephod todo de jacinto:

32 Y en medio de él por arriba habrá una abertura, la cual tendrá un borde alrededor de obra de tejedor, como el cuello de un coselete, para que no se rompa.

33 Y abajo en sus orillas harás granadas de jacinto, y púrpura, y carmesí, por sus bordes alrededor; y entre ellas campanillas de oro alrededor.

34 Una campanilla de oro y una granada, campanilla de oro y granada, por las orillas del manto alrededor.

35 Y estará sobre Aarón cuando ministrare; y oiráse su sonido cuando él entrare en el santuario delante de Jehová y cuando saliere, porque no muera.

36 Harás además una plancha de oro fino, y grabarás en ella grabadura de sello, SANTIDAD A JEHOVÁ.

37 Y la pondrás con un cordón de jacinto, y estará sobre la mitra; por el frente anterior de la mitra estará.

38 Y estará sobre la frente de Aarón: y llevará Aarón el pecado de las cosas santas, que los hijos de Israel hubieren consagrado en todas sus santas ofrendas; y sobre su frente estará continuamente para que hayan gracia delante de Jehová.

39 Y bordarás una túnica de lino, y harás una mitra de lino; harás también un cinto de obra de recamador.

40 Y para los hijos de Aarón harás túnicas; también les harás cintos, y les formarás chapeos (tiaras) para honra y hermosura.

41 Y con ellos vestirás á Aarón tu hermano, y á sus hijos con él: los ungirás, y los consagrarás, y santificarás, para que sean mis sacerdotes.

42 Y les harás pañetes de lino para cubrir la carne vergonzosa; serán desde los lomos hasta los muslos:

43 Y estarán sobre Aarón y sobre sus hijos cuando entraren en el tabernáculo de testimonio, ó cuando se llegaren al altar para servir en el santuario, porque no lleven pecado, y mueran. Estatuto perpetuo para él, y para su simiente después de él.

29 Y esto es lo que les harás para consagrarlos, para que sean mis sacerdotes: Toma un becerro de la vacada, y dos carneros sin tacha;

2 Y panes sin levadura, y tortas sin levadura amasadas con aceite, y hojaldres sin levadura untadas con aceite; las cuales cosas harás de flor de harina de trigo:

3 Y las pondrás en un canastillo, y en el canastillo las ofrecerás, con el becerro y los dos carneros.

4 Y harás llegar á Aarón y á sus hijos á la puerta del tabernáculo del testimonio, y los lavarás con agua.

5 Y tomarás las vestiduras, y vestirás á Aarón la túnica y el manto del ephod, y el ephod, y el racional, y le ceñirás con el cinto del ephod;

6 Y pondrás la mitra sobre su cabeza, y sobre la mitra pondrás la diadema santa.

7 Y tomarás el aceite de la unción, y derramarás sobre su cabeza, y le ungirás.

8 Y harás llegar sus hijos, y les vestirás las túnicas.

9 Y les ceñirás el cinto, á Aarón y á sus hijos, y les atarás los chapeos (tiaras), y tendrán el sacerdocio por fuero perpetuo: y henchirás las manos de Aarón y de sus hijos.

10 Y harás llegar el becerro delante del tabernáculo del testimonio, y Aarón y sus hijos pondrán sus manos sobre la cabeza del becerro.

11 Y matarás el becerro delante de Jehová á la puerta del tabernáculo del testimonio.

12 Y tomarás de la sangre del becerro, y pondrás sobre los cuernos del altar con tu dedo, y derramarás toda la demás sangre al pie del altar.

13 Tomarás también todo el sebo que cubre los intestinos, y el redaño de sobre el hígado, y los dos riñones, y el sebo que está sobre ellos, y los quemarás sobre el altar.

14 Empero consumirás á fuego fuera del campo la carne del becerro, y su pellejo, y su estiércol: es expiación.

15 Asimismo tomarás el un carnero, y Aarón y sus hijos pondrán sus manos sobre la cabeza del carnero.

16 Y matarás el carnero, y tomarás su sangre, y rociarás sobre el altar alrededor.

17 Y cortarás el carnero en pedazos, y lavarás sus intestinos y sus piernas, y las pondrás sobre sus trozos y sobre su cabeza.

18 Y quemarás todo el carnero sobre el altar: es holocausto á Jehová, olor grato, es ofrenda quemada á Jehová.

19 Tomarás luego el otro carnero, y Aarón y sus hijos pondrán sus manos sobre la cabeza del carnero:

20 Y matarás el carnero, y tomarás de su sangre, y pondrás sobre la ternilla de la oreja derecha de Aarón, y sobre la ternilla de las orejas de sus hijos, y sobre el dedo pulgar de las manos derechas de ellos, y sobre el dedo pulgar de los pies derechos de ellos, y esparcirás la sangre sobre el altar alrededor.

21 Y tomarás de la sangre que hay sobre el altar, y del aceite de la unción, y esparcirás sobre Aarón, y sobre sus vestiduras, y sobre sus hijos, y sobre las vestimentas de éstos; y él será santificado, y sus vestiduras, y sus hijos, y las vestimentas de sus hijos con él.

22 Luego tomarás del carnero el sebo, y la cola, y el sebo que cubre los intestinos, y el redaño del hígado, y los dos riñones, y el sebo que está sobre ellos, y la espaldilla derecha; porque es carnero de consagraciones:

23 También una torta de pan, y una hojaldre amasada con aceite, y una lasaña del canastillo de los ázimos presentado á Jehová;

24 Y lo has de poner todo en las manos de Aarón, y en las manos de sus hijos; y lo mecerás agitándolo delante de Jehová.

25 Después lo tomarás de sus manos, y lo harás arder sobre el altar en holocausto, por olor agradable delante de Jehová. Es ofrenda encendida á Jehová.

26 Y tomarás el pecho del carnero de las consagraciones, que fue inmolado para la de Aarón, y lo mecerás por ofrenda agitada delante de Jehová; y será porción tuya.

27 Y apartarás el pecho de la ofrenda mecida, y la espaldilla de la santificación, lo que fue mecido y lo que fue santificado del carnero de las consagraciones de Aarón y de sus hijos:

28 Y será para Aarón y para sus hijos por estatuto perpetuo de los hijos de Israel, porque es porción elevada; y será tomada de los hijos de Israel de sus sacrificios pacíficos, porción de ellos elevada en ofrenda á Jehová.

29 Y las vestimentas santas, que son de Aarón, serán de sus hijos después de él, para ser ungidos con ellas, y para ser con ellas consagrados.

30 Por siete días las vestirá el sacerdote sus hijos, que en su lugar viniere al tabernáculo del testimonio á servir en el santuario.

31 Y tomarás el carnero de las consagraciones, y cocerás su carne en el lugar del santuario.

32 Y Aarón y sus hijos comerán la carne del carnero, y el pan que está en el canastillo, á la puerta del tabernáculo del testimonio.

33 Y comerán aquellas cosas con las cuales se hizo expiación, para henchir sus manos para ser santificados: mas el extranjero no comerá, porque es cosa santa.

34 Y si sobrare algo de la carne de las consagraciones y del pan hasta la mañana, quemarás al fuego lo que hubiere sobrado: no se comerá, porque es cosa santa.

35 Así pues harás á Aarón y á sus hijos, conforme á todas las cosas que yo te he mandado: por siete días los consagrarás.

36 Y sacrificarás el becerro de la expiación en cada día para las expiaciones; y purificarás el altar en habiendo hecho expiación por él, y lo ungirás para santificarlo.

37 Por siete días expiarás el altar, y lo santificarás, y será un altar santísimo: cualquiera cosa que tocare al altar, será santificada.

38 Y esto es lo que ofrecerás sobre el altar: dos corderos de un año cada día, sin intermisión.

39 Ofrecerás el un cordero á la mañana, y el otro cordero ofrecerás á la caída de la tarde:

40 Además una décima parte de un epha de flor de harina amasada con la cuarta parte de un hin de aceite molido: y la libación será la cuarta parte de un hin de vino con cada cordero.

41 Y ofrecerás el otro cordero á la caída de la tarde, haciendo conforme á la ofrenda de la mañana, y conforme á su libación, en olor de suavidad; será ofrenda encendida á Jehová.

42 Esto será holocausto continuo por vuestras generaciones á la puerta del tabernáculo del testimonio delante de Jehová, en el cual me concertaré con vosotros, para hablaros allí.

43 Y allí testificaré de mí á los hijos de Israel, y el lugar será santificado con mi gloria.

44 Y santificaré el tabernáculo del testimonio y el altar: santificaré asimismo á Aarón y á sus hijos, para que sean mis sacerdotes.

45 Y habitaré entre los hijos de Israel, y seré su Dios.

46 Y conocerán que yo soy Jehová su Dios, que los saqué de la tierra de Egipto, para habitar en medio de ellos: Yo Jehová su Dios.

30 Harás asimismo un altar de sahumerio de perfume: de madera de Sittim lo harás.

2 Su longitud será de un codo, y su anchura de un codo: será cuadrado; y su altura de dos codos: y sus cuernos serán de lo mismo.

3 Y cubrirlo has de oro puro, su techado, y sus paredes en derredor, y sus cuernos: y le harás en derredor una corona de oro.

4 Le harás también dos anillos de oro debajo de su corona á sus dos esquinas en ambos lados suyos, para meter los varales con que será llevado.

5 Y harás los varales de madera de Sittim, y los cubrirás de oro.

6 Y lo pondrás delante del velo que está junto al arca del testimonio, delante de la cubierta que está sobre el testimonio, donde yo te testificaré de mí.

7 Y quemará sobre él Aarón sahumerio de aroma cada mañana cuando aderezare las lámparas lo quemará.

8 Y cuando Aarón encenderá las lámparas al anochecer, quemará el sahumerio: rito perpetuo delante de Jehová por vuestras edades.

9 No ofreceréis sobre él sahumerio extraño, ni holocausto, ni presente; ni tampoco derraméis sobre él libación.

10 Y sobre sus cuernos hará Aarón expiación una vez en el año con la sangre de la expiación para las reconciliaciones: una vez en el año hará expiación sobre él en vuestras edades: será muy santo á Jehová.

11 Y habló Jehová á Moisés, diciendo:

12 Cuando tomares el número de los hijos de Israel conforme á la cuenta de ellos, cada uno dará á Jehová el rescate de su persona, cuando los contares, y no habrá en ellos mortandad por haberlos contado.

13 Esto dará cualquiera que pasare por la cuenta, medio siclo conforme al siclo del santuario. El siclo es de veinte óbolos: la mitad de un siclo será la ofrenda á Jehová.

14 Cualquiera que pasare por la cuenta, de veinte años arriba, dará la ofrenda á Jehová.

15 Ni el rico aumentará, ni el pobre disminuirá de medio siclo, cuando dieren la ofrenda á Jehová para hacer expiación por vuestras personas.

16 Y tomarás de los hijos de Israel el dinero de las expiaciones, y lo darás para la obra del tabernáculo del testimonio: y será por memoria á los hijos por Israel delante de Jehová, para expiar vuestras personas.

17 Habló más Jehová á Moisés, diciendo:

18 Harás también una fuente de metal, con su basa de metal, para lavar; y la has de poner entre el tabernáculo del testimonio y el altar; y pondrás en ella agua.

19 Y de ella se lavarán Aarón y sus hijos sus manos y sus pies:

20 Cuando entraren en el tabernáculo del testimonio, se han de lavar con agua, y no morirán: y cuando se llegaren al altar para ministrar, para encender á Jehová la ofrenda que se ha de consumir al fuego,

21 También se lavarán las manos y los pies, y no morirán. Y lo tendrán por estatuto perpetuo él y su simiente por sus generaciones.

22 Habló más Jehová á Moisés, diciendo:

23 Y tú has de tomar de las principales drogas; de mirra excelente quinientos siclos, y de canela aromática la mitad, esto es, doscientos y cincuenta, y de cálamo aromático doscientos y cincuenta,

24 Y de casia quinientos, al peso del santuario, y de aceite de olivas un hin:

25 Y harás de ello el aceite de la santa unción, superior ungüento, obra de perfumador, el cual será el aceite de la unción sagrada.

26 Con él ungirás el tabernáculo del testimonio, y el arca del testimonio,

27 Y la mesa, y todos sus vasos, y el candelero, y todos sus vasos, y el altar del perfume,

28 Y el altar del holocausto, todos sus vasos, y la fuente y su basa.

29 Así los consagrarás, y serán cosas santísimas: todo lo que tocare en ellos, será santificado.

30 Ungirás también á Aarón y á sus hijos, y los consagrarás para que sean mis sacerdotes.

31 Y hablarás á los hijos de Israel, diciendo: Este será mi aceite de la santa unción por vuestras edades.

32 Sobre carne de hombre no será untado, ni haréis otro semejante, conforme á su composición: santo es; por santo habéis de tenerlo vosotros.

33 Cualquiera que compusiere ungüento semejante, y que pusiere de él sobre extraño, será cortado de sus pueblos.

34 Dijo aún Jehová á Moisés: Tómate aromas, estacte y uña olorosa y gálbano aromático é incienso limpio; de todo en igual peso:

35 Y harás de ello una confección aromática de obra de perfumador, bien mezclada, pura y santa:

36 Y molerás alguna de ella pulverizándola, y la pondrás delante del testimonio en el tabernáculo del testimonio, donde yo te testificaré de mí. Os será cosa santísima.

37 Como la confección que harás, no os haréis otra según su composición: te será cosa sagrada para Jehová.

38 Cualquiera que hiciere otra como ella para olerla, será cortado de sus pueblos.

31 Y habló Jehová á Moisés, diciendo:

2 Mira, yo he llamado por su nombre á Bezaleel, hijo de Uri, hijo de Hur, de la tribu de Judá;

3 Y lo he henchido de espíritu de Dios, en sabiduría, y en inteligencia, y en ciencia, y en todo artificio,

4 Para inventar diseños, para trabajar en oro, y en plata, y en metal,

5 Y en artificio de piedras para engastar las, y en artificio de madera; para obrar en toda suerte de labor.

6 Y he aquí que yo he puesto con él á Aholiab, hijo de Ahisamac, de la tribu de Dan: y he puesto sabiduría en el ánimo de todo sabio de corazón, para que hagan todo lo que te he mandado:

7 El tabernáculo del testimonio, y el arca del testimonio, y la cubierta que está sobre ella, y todos los vasos del tabernáculo;

8 Y la mesa y sus vasos, y el candelero limpio y todos sus vasos, y el altar del perfume;

9 Y el altar del holocausto y todos sus vasos, y la fuente y su basa;

10 Y los vestidos del servicio, y las santas vestiduras para Aarón el sacerdote, y las vestiduras de sus hijos, para que ejerzan el sacerdocio;

11 Y el aceite de la unción, y el perfume aromático para el santuario: harán conforme á todo lo que te he mandado.

12 Habló además Jehová á Moisés, diciendo:

13 Y tú hablarás á los hijos de Israel, diciendo: Con todo eso vosotros guardaréis mis sábados: porque es señal entre mí y vosotros por vuestras edades, para que sepáis que yo soy Jehová que os santifico.

14 Así que guardaréis el sábado, porque santo es á vosotros: el que lo profanare, de cierto morirá; porque cualquiera que hiciere obra alguna en él, aquella alma será cortada de en medio de sus pueblos.

15 Seis días se hará obra, mas el día séptimo es sábado de reposo consagrado á Jehová; cualquiera que hiciere obra en el día del sábado, morirá ciertamente.

16 Guardarán, pues, el sábado los hijos de Israel: celebrándolo por sus edades por pacto perpetuo.

17 Señal es para siempre entre mí y los hijos de Israel; porque en seis días hizo Jehová los cielos y la tierra, y en el día séptimo cesó, y reposó.

18 Y dió á Moisés, como acabó de hablar con él en el monte de Sinaí, dos tablas del testimonio, tablas de piedra escritas con el dedo de Dios.

32 Mas viendo el pueblo que Moisés tardaba en descender del monte, allegóse entonces á Aarón, y dijéronle: Levántate, haznos dioses que vayan delante de nosotros; porque á este Moisés, aquel varón que nos sacó de la tierra de Egipto, no sabemos qué le haya acontecido.

2 Y Aarón les dijo: Apartad los zarcillos de oro que están en las orejas de vuestras mujeres, y de vuestros hijos, y de vuestras hijas, y traédmelos.

3 Entonces todo el pueblo apartó los zarcillos de oro que tenían en sus orejas, y trajéronlos á Aarón.

4 El cual los tomó de las manos de ellos, y formólo con buril, é hizo de ello un becerro de fundición. Entonces dijeron: Israel, estos son tus dioses, que te sacaron de la tierra de Egipto.

5 Y viendo esto Aarón, edificó un altar delante del becerro; y pregonó Aarón, y dijo: Mañana será fiesta á Jehová.

6 Y el día siguiente madrugaron, y ofrecieron holocaustos, y presentaron pacíficos: y sentóse el pueblo á comer y á beber, y levantáronse á regocijarse.

7 Entonces Jehová dijo á Moisés: Anda, desciende, porque tu pueblo que sacaste de tierra de Egipto se ha corrompido:

8 Presto se han apartado del camino que yo les mandé, y se han hecho un becerro de fundición, y lo han adorado, y han sacrificado á él, y han dicho: Israel, estos son tus dioses, que te sacaron de la tierra de Egipto.

9 Dijo más Jehová á Moisés: Yo he visto á este pueblo, que por cierto es pueblo de dura cerviz:

10 Ahora pues, déjame que se encienda mi furor en ellos, y los consuma: y á ti yo te pondré sobre gran gente.

11 Entonces Moisés oró á la faz de Jehová su Dios, y dijo: Oh Jehová, ¿por qué se encenderá tu furor en tu pueblo, que tú sacaste de la tierra de Egipto con gran fortaleza, y con mano fuerte?

12 ¿Por qué han de hablar los Egipcios, diciendo: Para mal los sacó, para matarlos en los montes, y para raerlos de sobre

la haz de la tierra? Vuélvete del furor de tu ira, y arrepiéntete del mal de tu pueblo.

13 Acuérdate de Abraham, de Isaac, y de Israel tus siervos, á los cuales has jurado por ti mismo, y dícholes: Yo multiplicaré vuestra simiente como las estrellas del cielo; y daré á vuestra simiente toda esta tierra que he dicho, y la tomarán por heredad para siempre.

14 Entonces Jehová se arrepintió del mal que dijo que había de hacer á su pueblo.

15 Y volvióse Moisés, y descendió del monte trayendo en su mano las dos tablas del testimonio, las tablas escritas por ambos lados; de una parte y de otra estaban escritas.

16 Y las tablas eran obra de Dios, y la escritura era escritura de Dios grabada sobre las tablas.

17 Y oyendo Josué el clamor del pueblo que gritaba, dijo á Moisés: Alarido de pelea hay en el campo.

18 Y él respondió: No es eco de algazara de fuertes, ni eco de alaridos de flacos: algazara de cantar oigo yo.

19 Y aconteció, que como llegó él al campo, y vió el becerro y las danzas, enardecióse la ira á Moisés, y arrojó las tablas de sus manos, y quebrólas al pie del monte.

20 Y tomó el becerro que habían hecho, y quemólo en el fuego, y moliólo hasta reducirlo á polvo, que esparció sobre las aguas, y diólo á beber á los hijos de Israel.

21 Y dijo Moisés á Aarón: ¿Qué te ha hecho este pueblo, que has traído sobre él tan gran pecado?

22 Y respondió Aarón: No se enoje mi señor; tú conoces el pueblo, que es inclinado á mal.

23 Porque me dijeron: Haznos dioses que vayan delante de nosotros, que á este Moisés, el varón que nos sacó de tierra de Egipto, no sabemos qué le ha acontecido.

24 Y yo les respondí: ¿Quién tiene oro? Apartadlo. Y diéronmelo, y echélo en el fuego, y salió este becerro.

25 Y viendo Moisés que el pueblo estaba despojado, porque Aarón lo había despojado para vergüenza entre sus enemigos,

26 Púsose Moisés á la puerta del real, y dijo: ¿Quién es de Jehová? júntese conmigo. Y juntáronse con él todos los hijos de Leví.

27 Y él les dijo: Así ha dicho Jehová, el Dios de Israel: Poned cada uno su espada sobre su muslo: pasad y volved de puerta á puerta por el campo, y matad cada uno á su hermano, y á su amigo, y á su pariente.

28 Y los hijos de Leví lo hicieron conforme al dicho de Moisés: y cayeron del pueblo en aquel día como tres mil hombres.

29 Entonces Moisés dijo: Hoy os habéis consagrado á Jehová, porque cada uno se ha consagrado en su hijo, y en su hermano, para que dé él hoy bendición sobre vosotros.

30 Y aconteció que el día siguiente dijo Moisés al pueblo: Vosotros habéis cometido un gran pecado: mas yo subiré ahora á Jehová; quizá le aplacaré acerca de vuestro pecado.

31 Entonces volvió Moisés á Jehová, y dijo: Ruégote, pues este pueblo ha cometido un gran pecado, porque se hicieron dioses de oro,

32 Que perdones ahora su pecado, y si no, ráeme ahora de tu libro que has escrito.

33 Y Jehová respondió á Moisés: Al que pecare contra mí, á éste raeré yo de mi libro.

34 Ve pues ahora, lleva á este pueblo donde te he dicho: he aquí mi ángel irá delante de ti; que en el día de mi visitación yo visitaré en ellos su pecado.

35 Y Jehová hirió al pueblo, porque habían hecho el becerro que formó Aarón.

33 Y Jehová dijo á Moisés: Ve, sube de aquí, tú y el pueblo que sacaste de la tierra de Egipto, á la tierra de la cual juré á Abraham, Isaac, y Jacob, diciendo: A tu simiente la daré:

2 Y yo enviaré delante de ti el ángel, y echaré fuera al Cananeo y al Amorrheo, y al Hetheo, y al Pherezeo, y al Heveo y al Jebuseo:

3 (A la tierra que fluye leche y miel), porque yo no subiré en medio de ti, porque eres pueblo de dura cerviz, no sea que te consuma en el camino.

4 Y oyendo el pueblo esta sensible palabra, vistieron luto, y ninguno se puso sus atavíos:

5 Pues Jehová dijo á Moisés: Di á los hijos de Israel: Vosotros sois pueblo de dura cerviz: en un momento subiré en medio de ti, y te consumiré: quítate pues ahora tus atavíos, que yo sabré lo que te tengo de hacer.

6 Entonces los hijos de Israel se despojaron de sus atavíos desde el monte Horeb.

7 Y Moisés tomó el tabernáculo, y extendiólo fuera del campo, lejos del campo, y llamólo el Tabernáculo del Testimonio. Y fué, que cualquiera que requería á Jehová, salía al tabernáculo del testimonio, que estaba fuera del campo.

8 Y sucedía que, cuando salía Moisés al tabernáculo, todo el pueblo se levantaba, y estaba cada cual en pie á la puerta de su tienda, y miraban en pos de Moisés, hasta que él entraba en el tabernáculo.

9 Y cuando Moisés entraba en el tabernáculo, la columna de nube descendía, y poníase á la puerta del tabernáculo, y Jehová hablaba con Moisés.

10 Y viendo todo el pueblo la columna de nube, que estaba á la puerta del tabernáculo, levantábase todo el pueblo, cada uno á la puerta de su tienda y adoraba.

11 Y hablaba Jehová á Moisés cara á cara, como habla cualquiera á su compañero. Y volvíase al campo; mas el joven Josué, su criado, hijo de Nun, nunca se apartaba de en medio del tabernáculo.

12 Y dijo Moisés á Jehová: Mira, tú me dices á mí: Saca este pueblo: y tú no me has declarado á quién has de enviar conmigo: sin embargo, tú dices: Yo te he conocido por tu nombre, y has hallado también gracia en mis ojos.

13 Ahora, pues, si he hallado gracia en tus ojos, ruégote que me muestres ahora tu camino, para que te conozca, porque halle gracia en tus ojos: y mira que tu pueblo es aquesta gente.

14 Y él dijo: Mi rostro irá contigo, y te haré descansar.

15 Y él respondió: Si tu rostro no ha de ir conmigo, no nos saques de aquí.

16 ¿Y en qué se conocerá aquí que he hallado gracia en tus ojos, yo y tu pueblo, sino en andar tú con nosotros, y que yo y tu pueblo seamos apartados de todos los pueblos que están sobre la faz de la tierra?

17 Y Jehová dijo á Moisés: También haré esto que has dicho, por cuanto has hallado gracia en mis ojos, y te he conocido por tu nombre.

18 El entonces dijo: Ruégote que me muestres tu gloria.

19 Y respondióle: Yo haré pasar todo mi bien delante de tu rostro, y proclamaré el nombre de Jehová delante de ti; y tendré misericordia del que tendré misericordia, y seré clemente para con el que seré clemente.

20 Dijo más: No podrás ver mi rostro: porque no me verá hombre, y vivirá.

21 Y dijo aún Jehová: He aquí lugar junto á mí, y tú estarás sobre la peña:

22 Y será que, cuando pasare mi gloria, yo te pondré en una hendidura de la peña, y te cubriré con mi mano hasta que haya pasado:

23 Después apartaré mi mano, y verás mis espaldas; mas no se verá mi rostro.

34 Y Jehová dijo á Moisés: Alísate dos tablas de piedra como las primeras, y escribiré sobre esas tablas las palabras que estaban en las tablas primeras que quebraste.

2 Apercíbete, pues, para mañana, y sube por la mañana al monte de Sinaí, y estáme allí sobre la cumbre del monte.

3 Y no suba hombre contigo, ni parezca alguno en todo el monte; ni ovejas ni bueyes pazcan delante del monte.

4 Y Moisés alisó dos tablas de piedra como las primeras, y levantóse por la mañana, y subió al monte de Sinaí, como le mandó Jehová, y llevó en su mano las dos tablas de piedra.

5 Y Jehová descendió en la nube, y estuvo allí con él, proclamando el nombre de Jehová.

6 Y pasando Jehová por delante de él, proclamó: Jehová, Jehová, fuerte, misericordioso, y piadoso; tardo para la ira, y grande en benignidad y verdad;

7 Que guarda la misericordia en millares, que perdona la iniquidad, la rebelión, y el pecado, y que de ningún modo justificará al malvado; que visita la iniquidad de los padres sobre los hijos y sobre los hijos de los hijos, sobre los terceros, y sobre los cuartos.

8 Entonces Moisés, apresurándose, bajó la cabeza hacia el suelo y encorvóse;

9 Y dijo: Si ahora, Señor, he hallado gracia en tus ojos, vaya ahora el Señor en medio de nosotros; porque este es pueblo de dura cerviz; y perdona nuestra iniquidad y nuestro pecado, y poséenos.

10 Y él dijo: He aquí, yo hago concierto delante de todo tu pueblo: haré maravillas que no han sido hechas en toda la tierra, ni en nación alguna; y verá todo el pueblo en medio del cual estás tú, la obra de Jehová; porque ha de ser cosa terrible la que yo haré contigo.

11 Guarda lo que yo te mando hoy; he aquí que yo echo de delante de tu presencia al Amorrheo, y al Cananeo, y al Hetheo, y al Pherezeo, y al Heveo, y al Jebuseo.

12 Guárdate que no hagas alianza con los moradores de la tierra donde has de entrar, porque no sean por tropezadero en medio de ti:

13 Mas derribaréis sus altares, y quebraréis sus estatuas, y talaréis sus bosques:

14 Porque no te has de inclinar á dios ajeno; que Jehová, cuyo nombre es Celoso, Dios celoso es.

15 Por tanto no harás alianza con los moradores de aquella tierra; porque fornicarán en pos de sus dioses, y sacrificarán á sus dioses, y te llamarán; y comerás de sus sacrificios:

16 O tomando de sus hijas para tus hijos, y fornicando sus hijas en pos de sus dioses, harán también fornicar á tus hijos en pos de los dioses de ellas.

17 No harás dioses de fundición para ti.

18 La fiesta de los ázimos guardarás: siete días comerás por leudar, según te he mandado, en el tiempo del mes de Abib; porque en el mes de Abib saliste de Egipto.

19 Todo lo que abre matriz, mío es; y de tu ganado todo primerizo de vaca ó de oveja que fuere macho.

20 Empero redimirás con cordero el primerizo del asno; y si no lo redimieres, le has de cortar la cabeza. Redimirás todo primogénito de tus hijos, y no serán vistos vacíos delante de mí.

21 Seis días trabajarás, mas en el séptimo día cesarás: cesarás aun en la arada y en la siega.

22 Y te harás la fiesta de las semanas á los principios de la siega del trigo: y la fiesta de la cosecha á la vuelta del año.

23 Tres veces en el año será visto todo varón tuyo delante del Señoreador Jehová, Dios de Israel.

24 Porque yo arrojaré las gentes de tu presencia, y ensancharé tu término; y ninguno codiciará tu tierra, cuando tú subieres para ser visto delante de Jehová tu Dios tres veces en el año.

25 No ofrecerás con leudo la sangre de mi sacrificio; ni quedará de la noche para la mañana el sacrificio de la fiesta de la pascua.

26 La primicia de los primeros frutos de tu tierra meterás en la casa de Jehová tu Dios. No cocerás el cabrito en la leche de su madre.

27 Y Jehová dijo á Moisés: Escribe tú estas palabras; porque conforme á estas palabras he hecho la alianza contigo y con Israel.

28 Y él estuvo allí con Jehová cuarenta días y cuarenta noches: no comió pan, ni bebió agua; y escribió en tablas las palabras de la alianza, las diez palabras.

29 Y aconteció, que descendiendo Moisés del monte Sinaí con las dos tablas del testimonio en su mano, mientras descendía del monte, no sabía él que la tez de su rostro resplandecía, después que hubo con Él hablado.

30 Y miró Aarón y todos los hijos de Israel á Moisés, y he aquí la tez de su rostro era resplandeciente; y tuvieron miedo de llegarse á él.

31 Y llamólos Moisés; y Aarón y todos los príncipes de la congregación volvieron á él, y Moisés les habló.

32 Y después se llegaron todos los hijos de Israel, á los cuales mandó todas las cosas que Jehová le había dicho en el monte de Sinaí.

33 Y cuando hubo acabado Moisés de hablar con ellos, puso un velo sobre su rostro.

34 Y cuando venía Moisés delante de Jehová para hablar con él, quitábase el velo hasta que salía; y saliendo, hablaba con los hijos de Israel lo que le era mandado;

35 Y veían los hijos de Israel el rostro de Moisés, que la tez de su rostro era resplandeciente; y volvía Moisés á poner el velo sobre su rostro, hasta que entraba á hablar con Él.

35 Y Moisés hizo juntar toda la congregación de los hijos de Israel, y díjoles: Estas son las cosas que Jehová ha mandado que hagáis.

2 Seis días se hará obra, mas el día séptimo os será santo, sábado de reposo á Jehová: cualquiera que en él hiciere obra, morirá.

3 No encenderéis fuego en todas vuestras moradas en el día del sábado.

4 Y habló Moisés á toda la congregación de los hijos de Israel, diciendo: Esto es lo que Jehová ha mandado, diciendo:

5 Tomad de entre vosotros ofrenda para Jehová: todo liberal de corazón la traerá á Jehová: oro, plata, metal;

6 Y cárdeno, y púrpura, y carmesí, y lino fino, y pelo de cabras;

7 Y cueros rojos de carneros, y cueros de tejones, y madera de Sittim;

8 Y aceite para la luminaria, y especias aromáticas para el aceite de la unción, y para el perfume aromático;

9 Y piedras de onix, y demás pedrería, para el ephod, y para el racional.

10 Y todo sabio de corazón de entre vosotros, vendrá y hará todas las cosas que Jehová ha mandado:

11 El tabernáculo, su tienda, y su cubierta, y sus anillos, y sus tablas, sus barras, sus columnas, y sus basas;

12 El arca, y sus varas, la cubierta, y el velo de la tienda;

13 La mesa, y sus varas, y todos sus vasos, y el pan de la proposición.

14 El candelero de la luminaria, y sus vasos, y sus candilejas, y el aceite para la luminaria;

15 Y el altar del perfume, y sus varas, y el aceite de la unción, y el perfume aromático, y el pabellón de la puerta, para la entrada del tabernáculo;

16 El altar del holocausto, y su enrejado de metal, y sus varas, y todos sus vasos, y la fuente con su basa;

17 Las cortinas del atrio, sus columnas, y sus basas, y el pabellón de la puerta del atrio;

18 Las estacas del tabernáculo, y las estacas del atrio, y sus cuerdas;

19 Las vestiduras del servicio para ministrar en el santuario, las sagradas vestiduras de Aarón el sacerdote, y las vestiduras de sus hijos para servir en el sacerdocio.

20 Y salió toda la congregación de los hijos de Israel de delante de Moisés.

21 Y vino todo varón á quien su corazón estimuló, y todo aquel á quien su espíritu le dió voluntad, y trajeron ofrenda á Jehová para la obra del tabernáculo del testimonio, y para toda su fábrica, y para las sagradas vestiduras.

22 Y vinieron así hombres como mujeres, todo voluntario de corazón, y trajeron cadenas y zarcillos, sortijas y brazaletes, y toda joya de oro; y cualquiera ofrecía ofrenda de oro á Jehová.

23 Todo hombre que se hallaba con jacinto, ó púrpura, ó carmesí, ó lino fino, ó pelo de cabras, ó cueros rojos de carneros, ó cueros de tejones, lo traía.

24 Cualquiera que ofrecía ofrenda de plata ó de metal, traía á Jehová la ofrenda: y todo el que se hallaba con madera de Sittim, traíala para toda la obra del servicio.

25 Además todas las mujeres sabias de corazón hilaban de sus manos, y traían lo que habían hilado: cárdeno, ó púrpura, ó carmesí, ó lino fino.

26 Y todas las mujeres cuyo corazón las levantó en sabiduría, hilaron pelos de cabras.

27 Y los príncipes trajeron piedras de onix, y las piedras de los engastes para el ephod y el racional;

28 Y la especia aromática y aceite, para la luminaria, y para el aceite de la unción, y para el perfume aromático.

29 De los hijos de Israel, así hombres como mujeres, todos los que tuvieron corazón voluntario para traer para toda la obra, que Jehová había mandado por medio de Moisés que hiciesen, trajeron ofrenda voluntaria á Jehová.

30 Y dijo Moisés á los hijos de Israel: Mirad, Jehová ha nombrado á Bezaleel hijo de Uri, hijo de Hur, de la tribu de Judá;

31 Y lo ha henchido de espíritu de Dios, en sabiduría, en inteligencia, y en ciencia, y en todo artificio;

32 Para proyectar inventos, para trabajar en oro, y en plata, y en metal,

33 Y en obra de pedrería para engastar, y en obra de madera, para trabajar en toda invención ingeniosa.

34 Y ha puesto en su corazón el que pueda enseñar, así él como Aholiab hijo de Ahisamac, de la tribu de Dan:

35 Y los ha henchido de sabiduría de corazón, para que hagan toda obra de artificio, y de invención, y de recamado en jacinto, y en púrpura, y en carmesí, y en lino fino, y en telar; para que hagan toda labor, é inventen todo diseño.

36 Hizo, pues, Bezaleel y Aholiab, y todo hombre sabio de corazón, á quien Jehová dió sabiduría é inteligencia para que supiesen hacer toda la obra del servicio del santuario, toda la obra que había mandado Jehová.

2 Y Moisés llamó á Bezaleel y á Aholiab, y á todo varón sabio de corazón, en cuyo corazón había dado Jehová sabiduría, y á todo hombre á quien su corazón le movió á llegarse á la obra, para trabajar en ella;

3 Y tomaron de delante de Moisés toda la ofrenda que los hijos de Israel habían traído para la obra del servicio del santuario, á fin de hacerla. Y ellos le traían aún ofrenda voluntaria cada mañana.

4 Vinieron, por tanto, todos los maestros que hacían toda la obra del santuario, cada uno de la obra que hacía.

5 Y hablaron á Moisés, diciendo: El pueblo trae mucho más de lo que es menester para la atención de hacer la obra que Jehová ha mandado que se haga.

6 Entonces Moisés mandó pregonar por el campo, diciendo: Ningún hombre ni mujer haga más obra para ofrecer para el santuario. Y así fue el pueblo impedido de ofrecer;

7 Pues tenia material abundante para hacer toda la obra, y sobraba.

8 Y todos los sabios de corazón entre los que hacían la obra, hicieron el tabernáculo de diez cortinas, de lino torcido, y de jacinto, y de púrpura y carmesí; las cuales hicieron de obra prima, con querubines.

9 La longitud de la una cortina era de veintiocho codos, y la anchura de cuatro codos: todas las cortinas tenían una misma medida.

10 Y juntó las cinco cortinas la una con la otra: asimismo unió las otras cinco cortinas la una con la otra.

11 E hizo las lazadas de color de jacinto en la orilla de la una cortina, en el borde, á la juntura; y así hizo en la orilla al borde de la segunda cortina, en la juntura.

12 Cincuenta lazadas hizo en la una cortina, y otras cincuenta en la segunda cortina, en el borde, en la juntura; las unas lazadas enfrente de las otras.

13 Hizo también cincuenta corchetes de oro, con los cuales juntó las cortinas, la una con la otra; é hízose un tabernáculo.

14 Hizo asimismo cortinas de pelo de cabras para la tienda sobre el tabernáculo, é hízolas en número de once.

15 La longitud de la una cortina era de treinta codos, y la anchura de cuatro codos: las once cortinas tenían una misma medida.

16 Y juntó las cinco cortinas de por sí, y las seis cortinas aparte.

17 Hizo además cincuenta lazadas en la orilla de la postrera cortina en la juntura, y otras cincuenta lazadas en la orilla de la otra cortina en la juntura.

18 Hizo también cincuenta corchetes de metal para juntar la tienda, de modo que fuese una.

19 E hizo una cubierta para la tienda de cueros rojos de carneros, y una cubierta encima de cueros de tejones.

20 Además hizo las tablas para el tabernáculo de madera de Sittim, para estar derechas.

21 La longitud de cada tabla de diez codos, y de codo y medio la anchura.

22 Cada tabla tenía dos quicios enclavijados el uno delante del otro: así hizo todas las tablas del tabernáculo.

23 Hizo, pues, las tablas para el tabernáculo: veinte tablas al lado del austro, al mediodía.

24 Hizo también las cuarenta basas de plata debajo de las veinte tablas: dos basas debajo de la una tabla para sus dos quicios, y dos basas debajo de la otra tabla para sus dos quicios.

25 Y para el otro lado del tabernáculo, á la parte del aquilón, hizo veinte tablas,

26 Con sus cuarenta basas de plata: dos basas debajo de la una tabla, y dos basas debajo de la otra tabla.

27 Y para el lado occidental del tabernáculo hizo seis tablas.

28 Para las esquinas del tabernáculo en los dos lados hizo dos tablas,

29 Las cuales se juntaban por abajo, y asimismo por arriba á un gozne: y así hizo á la una y á la otra en las dos esquinas.

30 Eran, pues, ocho tablas, y sus basas de plata dieciséis; dos basas debajo de cada tabla.

31 Hizo también las barras de madera de Sittim; cinco para las tablas del un lado del tabernáculo,

32 Y cinco barras para las tablas del otro lado del tabernáculo, y cinco barras para las tablas del lado del tabernáculo á la parte occidental.

33 E hizo que la barra del medio pasase por medio de las tablas del un cabo al otro.

34 Y cubrió las tablas de oro, é hizo de oro los anillos de ellas por donde pasasen las barras: cubrió también de oro las barras.

35 Hizo asimismo el velo de cárdeno, y púrpura, y carmesí, y lino torcido, el cual hizo con querubines de delicada obra.

36 Y para él hizo cuatro columnas de madera de Sittim; y cubriólas de oro, los capiteles de las cuales eran de oro; é hizo para ellas cuatro basas de plata de fundición.

37 Hizo también el velo para la puerta del tabernáculo, de jacinto, y púrpura, y carmesí, y lino torcido, obra de recamador;

38 Y sus cinco columnas con sus capiteles: y cubrió las cabezas de ellas y sus molduras de oro: pero sus cinco basas las hizo de metal.

37 Hizo también Bezaleel el arca de madera de Sittim: su longitud era de dos codos y medio, y de codo y medio su anchura, y su altura de otro codo y medio:

2 Cubrióla de oro puro por de dentro y por de fuera, é hízole una cornisa de oro en derredor.

3 Hízole además de fundición cuatro anillos de oro á sus cuatro esquinas; en el un lado dos anillos y en el otro lado dos anillos.

4 Hizo también las varas de madera de Sittim, y cubriólas de oro.

5 Y metió las varas por los anillos á los lados del arca, para llevar el arca.

6 Hizo asimismo la cubierta de oro puro: su longitud de dos codos y medio, y su anchura de codo y medio.

7 Hizo también los dos querubines de oro, hízolos labrados á martillo, á los dos cabos de la cubierta:

8 El un querubín de esta parte al un cabo, y el otro querubín de la otra parte al otro cabo de la cubierta: hizo los querubines á sus dos cabos.

9 Y los querubines extendían sus alas por encima, cubriendo con sus alas la cubierta: y sus rostros el uno enfrente del otro, hacia la cubierta los rostros de los querubines.

10 Hizo también la mesa de madera de Sittim; su longitud de dos codos, y su anchura de un codo, y de codo y medio su altura;

11 Y cubrióla de oro puro, é hízole una cornisa de oro en derredor.

12 Hízole también una moldura alrededor, del ancho de una mano, á la cual moldura hizo la cornisa de oro en circunferencia.

13 Hízole asimismo de fundición cuatro anillos de oro, y púsolos á las cuatro esquinas que correspondían á los cuatro pies de ella.

14 Delante de la moldura estaban los anillos, por los cuales se metiesen las varas para llevar la mesa.

15 E hizo las varas de madera de Sittim para llevar la mesa, y cubriólas de oro.

16 También hizo los vasos que habían de estar sobre la mesa, sus platos, y sus cucharas, y sus cubiertos y sus tazones con que se había de libar, de oro fino.

17 Hizo asimismo el candelero de oro puro, é hízolo labrado á martillo: su pie y su caña, sus copas, sus manzanas y sus flores eran de lo mismo.

18 De sus lados salían seis brazos; tres brazos del un lado del candelero, y otros tres brazos del otro lado del candelero:

19 En el un brazo, tres copas figura de almendras, una manzana y una flor; y en el otro brazo tres copas figura de almendras, una manzana y una flor: y así en los seis brazos que salían del candelero.

20 Y en el candelero había cuatro copas figura de almendras, sus manzanas y sus flores:

21 Y una manzana debajo de los dos brazos de lo mismo, y otra manzana debajo de los otros dos brazos de lo mismo, y otra manzana debajo de los otros dos brazos de lo mismo, conforme á los seis brazos que salían de él.

22 Sus manzanas y sus brazos eran de lo mismo; todo era una pieza labrada á martillo, de oro puro.

23 Hizo asimismo sus siete candilejas, y sus despabiladeras, y sus platillos, de oro puro;

24 De un talento de oro puro lo hizo, con todos sus vasos.

25 Hizo también el altar del perfume de madera de Sittim: un codo su longitud, y otro codo su anchura, era cuadrado; y su altura de dos codos: sus cuernos eran de la misma pieza.

26 Y cubrióle de oro puro, su mesa y sus paredes alrededor, y sus cuernos: é hízole una corona de oro alrededor.

27 Hízole también dos anillos de oro debajo de la corona en las dos esquinas á los dos lados, para pasar por ellos las varas con que había de ser conducido.

28 Hizo las varas de madera de Sittim, y cubriólas de oro.

29 Hizo asimismo el aceite santo de la unción, y el fino perfume aromático, de obra de perfumador.

38 Igualmente hizo el altar del holocausto de madera de Sittim: su longitud de cinco codos, y su anchura de otros cinco codos, cuadrado, y de tres codos de altura.

2 E hízole sus cuernos á sus cuatro esquinas, los cuales eran de la misma pieza, y cubrióle de metal.

3 Hizo asimismo todos los vasos del altar: calderas, y tenazas, y tazones, y garfios, y palas: todos sus vasos hizo de metal.

4 E hizo para el altar el enrejado de metal, de hechura de red, que puso en su cerco por debajo hasta el medio del altar.

5 Hizo también cuatro anillos de fundición á los cuatro cabos del enrejado de metal, para meter las varas.

6 E hizo las varas de madera de Sittim, y cubriólas de metal.

7 Y metió las varas por los anillos á los lados del altar, para llevarlo con ellas: hueco lo hizo, de tablas.

8 También hizo la fuente de metal, con su basa de metal, de los espejos de las que velaban á la puerta del tabernáculo del testimonio.

9 Hizo asimismo el atrio; á la parte austral del mediodía las cortinas del atrio eran de cien codos, de lino torcido:

10 Sus columnas veinte, con sus veinte basas de metal: los capiteles de las columnas y sus molduras, de plata.

11 Y á la parte del aquilón cortinas de cien codos: sus columnas veinte, con sus veinte basas de metal; los capiteles de las columnas y sus molduras, de plata.

12 A la parte del occidente cortinas de cincuenta codos: sus columnas diez, y sus diez basas; los capiteles de las columnas y sus molduras, de plata.

13 Y á la parte oriental, al levante, cortinas de cincuenta codos:

14 Al un lado cortinas de quince codos, sus tres columnas, y sus tres basas;

15 Al otro lado, de la una parte y de la otra de la puerta del atrio, cortinas de á quince codos, sus tres columnas, y sus tres basas.

16 Todas las cortinas del atrio alrededor eran de lino torcido.

17 Y las basas de las columnas eran de metal; los capiteles de las columnas y sus molduras, de plata; asimismo las cubiertas de las cabezas de ellas, de plata: y todas las columnas del atrio tenían molduras de plata.

18 Y el pabellón de la puerta del atrio fue de obra de recamado, de jacinto, y púrpura, y carmesí, y lino torcido: la longitud de veinte codos, y la altura en el ancho de cinco codos, conforme á las cortinas del atrio.

19 Y sus columnas fueron cuatro con sus cuatro basas de metal: y sus capiteles de plata; y las cubiertas de los capiteles de ellas y sus molduras, de plata.

20 Y todas las estacas del tabernáculo y del atrio alrededor fueron de metal.

21 Estas son las cuentas del tabernáculo, del tabernáculo del testimonio, lo que fué contado de orden de Moisés por mano de Ithamar, hijo de Aarón sacerdote, para el ministerio de los Levitas.

22 Y Bezaleel, hijo de Uri, hijo de Hur, de la tribu de Judá, hizo todas las cosas que Jehová mandó á Moisés.

23 Y con él estaba Aholiab, hijo de Ahisamac, de la tribu de Dan, artífice, y diseñador, y recamador en jacinto, y púrpura, y carmesí, y lino fino.

24 Todo el oro empleado en la obra, en toda la obra del santuario, el cual fué oro de ofrenda, fué veintinueve talentos, y

setecientos y treinta siclos, según el siclo del santuario.

25 Y la plata de los contados de la congregación fué cien talentos, y mil setecientos setenta y cinco siclos, según el siclo del santuario:

26 Medio por cabeza, medio siclo, según el siclo del santuario, á todos los que pasaron por cuenta de edad de veinte años y arriba, que fueron seiscientos tres mil quinientos cincuenta.

27 Hubo además cien talentos de plata para hacer de fundición las basas del santuario y las basas del velo: en cien basas cien talentos, á talento por basa.

28 Y de los mil setecientos setenta y cinco siclos hizo los capiteles de las columnas, y cubrió los capiteles de ellas, y las ciñó.

29 Y el metal de la ofrenda fue setenta talentos, y dos mil cuatrocientos siclos;

30 Del cual hizo las basas de la puerta del tabernáculo del testimonio, y el altar de metal, y su enrejado de metal, y todos los vasos del altar.

31 Y las basas del atrio alrededor, y las basas de la puerta del atrio, y todas las estacas del tabernáculo, y todas las estacas del atrio alrededor.

39 Y del jacinto, y púrpura, y carmesí, hicieron las vestimentas del ministerio para ministrar en el santuario, y asimismo hicieron las vestiduras sagradas para Aarón; como Jehová lo había mandado á Moisés.

2 Hizo también el ephod de oro, de cárdeno y púrpura y carmesí, y lino torcido.

3 Y extendieron las planchas de oro, y cortaron hilos para tejerlos entre el jacinto, y entre la púrpura, y entre el carmesí, y entre el lino, con delicada obra.

4 Hiciéronle las hombreras que se juntasen; y uníanse en sus dos lados.

5 Y el cinto del ephod que estaba sobre él, era de lo mismo, conforme á su obra; de oro, jacinto, y púrpura, y carmesí, y lino torcido; como Jehová lo había mandado á Moisés.

6 Y labraron las piedras oniquinas cercadas de engastes de oro, grabadas de grabadura de sello con los nombres de los hijos de Israel:

7 Y púsolas sobre las hombreras del ephod, por piedras de memoria á los hijos de Israel; como Jehová lo había á Moisés mandado.

8 Hizo también el racional de primorosa obra, como la obra del ephod, de oro, jacinto, y púrpura, y carmesí, y lino torcido.

9 Era cuadrado: doblado hicieron el racional: su longitud era de un palmo, y de un palmo su anchura, doblado.

10 Y engastaron en él cuatro órdenes de piedras. El primer orden era un sardio, un topacio, y un carbunclo: este el primer orden.

11 El segundo orden, una esmeralda, un zafiro, y un diamante.

12 El tercer orden, un ligurio, un ágata, y un amatista.

13 Y el cuarto orden, un berilo, un onix, y un jaspe: cercadas y encajadas en sus engastes de oro.

14 Las cuales piedras eran conforme á los nombres de los hijos de Israel, doce según los nombres de ellos; como grabaduras de sello, cada una con su nombre según las doce tribus.

15 Hicieron también sobre el racional las cadenas pequeñas de hechura de trenza, de oro puro.

16 Hicieron asimismo los dos engastes y los dos anillos, de oro; los cuales dos anillos de oro pusieron en los dos cabos del racional.

17 Y pusieron las dos trenzas de oro en aquellos dos anillos á los cabos del racional.

18 Y fijaron los dos cabos de las dos trenzas en los dos engastes, que pusieron sobre las hombreras del ephod, en la parte delantera de él.

19 E hicieron dos anillos de oro, que pusieron en los dos cabos del racional, en su orilla, á la parte baja del ephod.

20 Hicieron además dos anillos de oro, los cuales pusieron en las dos hombreras del ephod, abajo en la parte delantera, delante de su juntura, sobre el cinto del ephod.

21 Y ataron el racional de sus anillos á los anillos del ephod con un cordón de jacinto, para que estuviese sobre el cinto del mismo ephod, y no se apartase el racional del ephod; como Jehová lo había mandado á Moisés.

22 Hizo también el manto del ephod de obra de tejedor, todo de jacinto.

23 Con su abertura en medio de él, como el cuello de un coselete, con un borde en derredor de la abertura, porque no se rompiese.

24 E hicieron en las orillas del manto las granadas de jacinto, y púrpura, y carmesí, y lino torcido.

25 Hicieron también las campanillas de oro puro, las cuales campanillas pusieron entre las granadas por las orillas del manto alrededor entre las granadas:

26 Una campanilla y una granada, una campanilla y una granada alrededor, en las orillas del manto, para ministrar; como Jehová lo mandó á Moisés.

27 Igualmente hicieron las túnicas de lino fino de obra de tejedor, para Aarón y para sus hijos;

28 Asimismo la mitra de lino fino, y los adornos de los chapeos (tiaras) de lino fino, y los pañetes de lino, de lino torcido;

29 También el cinto de lino torcido, y de jacinto, y púrpura, y carmesí, de obra de recamador; como Jehová lo mandó á Moisés.

30 Hicieron asimismo la plancha de la diadema santa de oro puro, y escribieron en ella de grabadura de sello, el rótulo, SANTIDAD A JEHOVÁ.

31 Y pusieron en ella un cordón de jacinto, para colocarla en alto sobre la mitra; como Jehová lo había mandado á Moisés.

32 Y fue acabada toda la obra del tabernáculo, del tabernáculo del testimonio: é hicieron los hijos de Israel como Jehová lo había mandado á Moisés: así lo hicieron.

33 Y trajeron el tabernáculo á Moisés, el tabernáculo y todos sus vasos; sus corchetes, sus tablas, sus barras, y sus columnas, y sus basas;

34 Y la cubierta de pieles rojas de carneros, y la cubierta de pieles de tejones, y el velo del pabellón;

35 El arca del testimonio, y sus varas, y la cubierta;

36 La mesa, todos sus vasos, y el pan de la proposición;

37 El candelero limpio, sus candilejas, las lámparas que debían mantenerse en orden, y todos sus vasos, y el aceite para la luminaria;

38 Y el altar de oro, y el aceite de la unción, y el perfume aromático, y el pabellón para la puerta del tabernáculo;

39 El altar de metal, con su enrejado de metal, sus varas, y todos sus vasos; y la fuente, y su basa;

40 Las cortinas del atrio, y sus columnas, y sus basas, y el pabellón para la puerta del atrio, y sus cuerdas, y sus estacas, y todos los vasos del servicio del tabernáculo, del tabernáculo del testimonio;

41 Las vestimentas del servicio para ministrar en el santuario, las sagradas vestiduras para Aarón el sacerdote, y las vestiduras de sus hijos, para ministrar en el sacerdocio.

42 En conformidad á todas las cosas que Jehová había mandado á Moisés, así hicieron los hijos de Israel toda la obra.

43 Y vió Moisés toda la obra, y he aquí que la habían hecho como Jehová había mandado; y bendíjolos.

40 Y Jehová habló á Moisés, diciendo:

2 En el primer día del mes primero harás levantar el tabernáculo, el tabernáculo del testimonio:

3 Y pondrás en él el arca del testimonio, y la cubrirás con el velo:

4 Y meterás la mesa, y la pondrás en orden: meterás también el candelero y encenderás sus lámparas.

5 Y pondrás el altar de oro para el perfume delante del arca del testimonio, y pondrás el pabellón delante de la puerta del tabernáculo.

6 Después pondrás el altar del holocausto delante de la puerta del tabernáculo, del tabernáculo del testimonio.

7 Luego pondrás la fuente entre el tabernáculo del testimonio y el altar; y pondrás agua en ella.

8 Finalmente pondrás el atrio en derredor, y el pabellón de la puerta del atrio.

9 Y tomarás el aceite de la unción y ungirás el tabernáculo, y todo lo que está en él; y le santificarás con todos sus vasos, y será santo.

10 Ungirás también el altar del holocausto y todos sus vasos: y santificarás el altar, y será un altar santísimo.

11 Asimismo ungirás la fuente y su basa, y la santificarás.

12 Y harás llegar á Aarón y á sus hijos á la puerta del tabernáculo del testimonio, y los lavarás con agua.

13 Y harás vestir á Aarón las vestiduras sagradas, y lo ungirás, y lo consagrarás, para que sea mi sacerdote.

14 Después harás llegar sus hijos, y les vestirás las túnicas:

15 Y los ungirás como ungiste á su padre, y serán mis sacerdotes: y será que su unción les servirá por sacerdocio perpetuo por sus generaciones.

16 Y Moisés hizo conforme á todo lo que Jehová le mandó; así lo hizo.

17 Y así en el día primero del primer mes, en el segundo año, el tabernáculo fué erigido.

18 Y hizo Moisés levantar el tabernáculo, y asentó sus basas, y colocó sus tablas, y puso sus barras, é hizo alzar sus columnas.

19 Y extendió la tienda sobre el tabernáculo, y puso la sobrecubierta encima del mismo; como Jehová había mandado á Moisés.

20 Y tomó y puso el testimonio dentro del arca, y colocó las varas en el arca, y encima la cubierta sobre el arca:

21 Y metió el arca en el tabernáculo, y puso el velo de la tienda, y cubrió el arca del testimonio; como Jehová había mandado á Moisés.

22 Y puso la mesa en el tabernáculo del testimonio, al lado septentrional del pabellón, fuera del velo:

23 Y sobre ella puso por orden los panes delante de Jehová, como Jehová había mandado á Moisés.

24 Y puso el candelero en el tabernáculo del testimonio, enfrente de la mesa, al lado meridional del pabellón.

25 Y encendió las lámparas delante de Jehová; como Jehová había mandado á Moisés.

26 Puso también el altar de oro en el tabernáculo del testimonio, delante del velo:

27 Y encendió sobre él el perfume aromático; como Jehová había mandado á Moisés.

28 Puso asimismo la cortina de la puerta del tabernáculo.

29 Y colocó el altar del holocausto á la puerta del tabernáculo, del tabernáculo del testimonio; y ofreció sobre él holocausto y presente; como Jehová había mandado á Moisés.

30 Y puso la fuente entre el tabernáculo del testimonio y el altar; y puso en ella agua para lavar.

31 Y Moisés y Aarón y sus hijos lavaban en ella sus manos y sus pies.

32 Cuando entraban en el tabernáculo del testimonio, y cuando se llegaban al altar, se lavaban; como

33 Finalmente erigió el atrio en derredor del tabernáculo y del altar, y puso la cortina de la puerta del atrio. Y así acabó Moisés la obra.

34 Entonces una nube cubrió el tabernáculo del testimonio, y la gloria de Jehová hinchió el tabernáculo.

35 Y no podía Moisés entrar en el tabernáculo del testimonio, porque la nube estaba sobre él, y la gloria de Jehová lo tenía lleno.

36 Y cuando la nube se alzaba del tabernáculo, los hijos de Israel se movían en todas sus jornadas:

37 Pero si la nube no se alzaba, no se partían hasta el día en que ella se alzaba.

38 Porque la nube de Jehová estaba de día sobre el tabernáculo, y el fuego estaba de noche en él, á vista de toda la casa de Israel, en todas sus jornadas.

LIBRO TERCERO DE MOISÉS,
LEVÍTICO.

1 Y llamó Jehová á Moisés, y habló con él desde el tabernáculo del testimonio, diciendo:

2 Habla á los hijos de Israel, y diles: Cuando alguno de entre vosotros ofreciere ofrenda á Jehová, de ganado vacuno ú ovejuno harás vuestra ofrenda.

3 Si su ofrenda fuere holocausto de vacas, macho sin tacha lo ofrecerá: de su voluntad lo ofrecerá á la puerta del tabernáculo del testimonio delante de Jehová.

4 Y pondrá su mano sobre la cabeza del holocausto; y él lo aceptará para expiarle.

5 Entonces degollará el becerro en la presencia de Jehová; y los sacerdotes, hijos de Aarón, ofrecerán la sangre, y la rociarán alrededor sobre el altar, el cual está á la puerta del tabernáculo del testimonio.

6 Y desollará el holocausto, y lo dividirá en sus piezas.

7 Y los hijos de Aarón sacerdote pondrán fuego sobre el altar, y compondrán la leña sobre el fuego.

8 Luego los sacerdotes, hijos de Aarón, acomodarán las piezas, la cabeza y el redaño, sobre la leña que está sobre el fuego, que habrá encima del altar:

9 Y lavará con agua sus intestinos y sus piernas: y el sacerdote hará arder todo sobre el altar: holocausto es, ofrenda encendida de olor suave á Jehová.

10 Y si su ofrenda para holocausto fuere de ovejas, de los corderos, ó de las cabras, macho sin defecto lo ofrecerá.

11 Y ha de degollarlo al lado septentrional del altar delante de Jehová: y los sacerdotes, hijos de Aarón, rociarán su sangre sobre el altar alrededor.

12 Y lo dividirá en sus piezas, con su cabeza y su redaño; y el sacerdote las acomodará sobre la leña que está sobre el fuego, que habrá encima del altar;

13 Y lavará sus entrañas y sus piernas con agua; y el sacerdote lo ofrecerá todo, y harálo arder sobre el altar; holocausto es, ofrenda encendida de olor suave á Jehová.

14 Y si el holocausto se hubiere de ofrecer á Jehová de aves, presentará su ofrenda de tórtolas, ó de palominos.

15 Y el sacerdote la ofrecerá sobre el altar, y ha de quitarle la cabeza, y hará que arda en el altar; y su sangre será exprimida sobre la pared del altar.

16 Y le ha de quitar el buche y las plumas, lo cual echará junto al altar, hacia el oriente, en el lugar de las cenizas.

17 Y la henderá por sus alas, mas no la dividirá en dos: y el sacerdote la hará arder sobre el altar, sobre la leña que estará en el fuego; holocausto es, ofrenda encendida de olor suave á Jehová.

2 Ycuando alguna persona ofreciere oblación de presente á Jehová, su ofrenda será flor de harina, sobre la cual echará aceite, y pondrá sobre ella incienso:

2 Y la traerá á los sacerdotes, hijos de Aarón; y de ello tomará el sacerdote su puño lleno de su flor de harina y de su aceite, con todo su incienso, y lo hará arder sobre el altar: ofrenda encendida del presente para recuerdo, de olor suave á Jehová.

3 Y la sobra del presente será de Aarón y de sus hijos: es cosa santísima de las ofrendas que se queman á Jehová.

Jehová había mandado á Moisés.

4 Y cuando ofrecieres ofrenda de presente cocida en horno, será de tortas de flor de harina sin levadura, amasadas con aceite, y hojaldres sin levadura untadas con aceite.

5 Mas si tu presente fuere ofrenda de sartén, será de flor de harina sin levadura, amasada con aceite,

6 La cual partirás en piezas, y echarás sobre ella aceite: es presente.

7 Y si tu presente fuere ofrenda cocida en cazuela, haráse de flor de harina con aceite.

8 Y traerás á Jehová la ofrenda que se hará de estas cosas, y la presentarás al sacerdote, el cual la llegará al altar.

9 Y tomará el sacerdote de aquel presente, en memoria del mismo, y harálo arder sobre el altar; ofrenda encendida, de suave olor á Jehová.

10 Y lo restante del presente será de Aarón y de sus hijos; es cosa santísima de las ofrendas que se queman á Jehová.

11 Ningun presente que ofreciereis á Jehová, será con levadura: porque de ninguna cosa leuda, ni de ninguna miel, se ha de quemar ofrenda á Jehová.

12 En la ofrenda de las primicias las ofreceréis á Jehová: mas no subirán sobre el altar en olor de suavidad.

13 Y sazonarás toda ofrenda de tu presente con sal; y no harás que falte jamás de tu presente la sal de la alianza de tu Dios: en toda ofrenda tuya ofrecerás sal.

14 Y si ofrecieres á Jehová presente de primicias, tostarás al fuego las espigas verdes, y el grano desmenuzado ofrecerás por ofrenda de tus primicias.

15 Y pondrás sobre ella aceite, y pondrás sobre ella incienso: es presente.

16 Y el sacerdote hará arder, en memoria del don, parte de su grano desmenuzado, y de su aceite con todo su incienso; es ofrenda encendida á Jehová.

3 Ysi su ofrenda fuere sacrificio de paces, si hubiere de ofrecerlo de ganado vacuno, sea macho ó hembra, sin defecto lo ofrecerá delante de Jehová:

2 Y pondrá su mano sobre la cabeza de su ofrenda, y la degollará á la puerta del tabernáculo del testimonio; y los sacerdotes, hijos de Aarón, rociarán su sangre sobre el altar en derredor.

3 Luego ofrecerá del sacrificio de las paces, por ofrenda encendida á Jehová, el sebo que cubre los intestinos, y todo el sebo que está sobre las entrañas,

4 Y los dos riñones, y el sebo que está sobre ellos, y sobre los ijares, y con los riñones quitará el redaño que está sobre el hígado.

5 Y los hijos de Aarón harán arder esto en el altar, sobre el holocausto que estará sobre la leña que habrá encima del fuego; es ofrenda de olor suave á Jehová.

6 Y por su expiación traerá á Jehová un carnero sin tacha de los rebaños, conforme á tu estimación, al sacerdote para la expiación:

7 Si ofreciere cordero por su ofrenda, ha de ofrecerlo delante de Jehová:

8 Y pondrá su mano sobre la cabeza de su ofrenda, y después la degollará delante del tabernáculo del testimonio; y los hijos de Aarón rociarán su sangre sobre el altar en derredor.

9 Y del sacrificio de las paces ofrecerá por ofrenda encendida á Jehová, su sebo, y la cola entera, la cual quitará á raíz del espinazo, y el sebo que cubre los intestinos, y todo el sebo que está sobre las entrañas:

10 Asimismo los dos riñones, y el sebo que está sobre ellos, y el que está sobre los ijares, y con los riñones quitará el redaño de sobre el hígado.

11 Y el sacerdote hará arder esto sobre el altar; vianda de ofrenda encendida á Jehová.

12 Y si fuere cabra su ofrenda ofrecerála delante de Jehová:

13 Y pondrá su mano sobre la cabeza de ella, y la degollará delante del tabernáculo del testimonio; y los hijos de Aarón rociarán su sangre sobre el altar en derredor.

14 Después ofrecerá de ella su ofrenda encendida á Jehová; el sebo que cubre los intestinos, y todo el sebo que está sobre las entrañas,

15 Y los dos riñones, y el sebo que está sobre ellos, y el que está sobre los ijares, y con los riñones quitará el redaño de sobre el hígado.

16 Y el sacerdote hará arder esto sobre el altar; es vianda de ofrenda que se quema en olor de suavidad á Jehová: el sebo todo es de Jehová.

17 Estatuto perpetuo por vuestras edades; en todas vuestras moradas, ningún sebo ni ninguna sangre comeréis.

4 Y habló Jehová á Moisés, diciendo:

2 Habla á los hijos de Israel, diciendo: Cuando alguna persona pecare por yerro en alguno de los mandamientos de Jehová sobre cosas que no se han de hacer, y obrare contra alguno de ellos;

3 Si sacerdote ungido pecare según el pecado del pueblo, ofrecerá á Jehová, por su pecado que habrá cometido, un becerro sin tacha para expiación.

4 Y traerá el becerro á la puerta del tabernáculo del testimonio delante de Jehová, y pondrá su mano sobre la cabeza del becerro, y lo degollará delante de Jehová.

5 Y el sacerdote ungido tomará de la sangre del becerro, y la traerá al tabernáculo del testimonio;

6 Y mojará el sacerdote su dedo en la sangre, y rociará de aquella sangre siete veces delante de Jehová, hacia el velo del santuario.

7 Y pondrá el sacerdote de la sangre sobre los cuernos del altar del perfume aromático, que está en el tabernáculo del testimonio delante de Jehová: y echará toda la sangre del becerro al pie del altar del holocausto, que está á la puerta del tabernáculo del testimonio.

8 Y tomará del becerro para la expiación todo su sebo, el sebo que cubre los intestinos, y todo el sebo que está sobre las entrañas,

9 Y los dos riñones, y el sebo que está sobre ellos, y el que está sobre los ijares, y con los riñones quitará el redaño de sobre el hígado,

10 De la manera que se quita del buey del sacrificio de las paces: y el sacerdote lo hará arder sobre el altar del holocausto.

11 Y el cuero del becerro, y toda su carne, con su cabeza, y sus piernas, y sus intestinos, y su estiércol,

12 En fin, todo el becerro sacará fuera del campo, á un lugar limpio, donde se echan las cenizas, y lo quemará al fuego sobre la leña: en donde se echan las cenizas será quemado.

13 Y si toda la congregación de Israel hubiere errado, y el negocio estuviere oculto á los ojos del pueblo, y hubieren hecho algo contra alguno de los mandamientos de Jehová en cosas que no se han de hacer, y fueren culpables;

14 Luego que fuere entendido el pecado sobre que delinquieron, la congregación ofrecerá un becerro por expiación, y lo traerán delante del tabernáculo del testimonio.

15 Y los ancianos de la congregación pondrán sus manos sobre la cabeza del becerro delante de Jehová; y en presencia de Jehová degollarán aquel becerro.

16 Y el sacerdote ungido meterá de la sangre del becerro en el tabernáculo del testimonio.

17 Y mojará el sacerdote su dedo en la misma sangre, y rociará siete veces delante de Jehová hacia el velo.

18 Y de aquella sangre pondrá sobre los cuernos del altar que está delante de Jehová en el tabernáculo del testimonio, y derramará toda la sangre al pie del altar del holocausto, que está á la puerta del tabernáculo del testimonio.

19 Y le quitará todo el sebo, y harálo arder sobre el altar.

20 Y hará de aquel becerro como hizo con el becerro de la expiación; lo mismo hará de él: así hará el sacerdote expiación por ellos, y obtendrán perdón.

21 Y sacará el becerro fuera del campamento, y lo quemará como quemó el primer becerro; expiación de la congregación.

22 Y cuando pecare el príncipe, é hiciere por yerro algo contra alguno de los mandamientos de Jehová su Dios, sobre cosas que no se han de hacer, y pecare;

23 Luego que le fuere conocido su pecado en que ha delinquido, presentará por su ofrenda un macho cabrío sin defecto.

24 Y pondrá su mano sobre la cabeza del macho cabrío, y lo degollará en el lugar donde se degüella el holocausto delante de Jehová; es expiación.

25 Y tomará el sacerdote con su dedo de la sangre de la expiación, y pondrá sobre los cuernos del altar del holocausto, y derramará la sangre al pie del altar del holocausto:

26 Y quemará todo su sebo sobre el altar, como el sebo del sacrificio de las paces: así hará el sacerdote por él la expiación de su pecado, y tendrá perdón.

27 Y si alguna persona del común del pueblo pecare por yerro, haciendo algo contra alguno de los mandamientos de Jehová en cosas que no se han de hacer, y delinquiere;

28 Luego que le fuere conocido su pecado que cometió, traerá por su ofrenda una hembra de las cabras, una cabra sin defecto, por su pecado que habrá cometido:

29 Y pondrá su mano sobre la cabeza de la expiación, y la degollará en el lugar del holocausto.

30 Luego tomará el sacerdote en su dedo su sangre, y pondrá sobre los cuernos del altar del holocausto, y derramará toda su sangre al pie del altar:

31 Y le quitará todo su sebo, de la manera que fue quitado el sebo del sacrificio de las paces; y el sacerdote lo hará arder sobre el altar en olor de suavidad á Jehová: así hará el sacerdote expiación por él, y será perdonado.

32 Y si trajere cordero para su ofrenda por el pecado, hembra sin defecto traerá.

33 Y pondrá su mano sobre la cabeza de la expiación, y la degollará por expiación en el lugar donde se degüella el holocausto.

34 Después tomará el sacerdote con su dedo de la sangre de la expiación, y pondrá sobre los cuernos del altar del holocausto; y derramará toda la sangre al pie del altar.

35 Y le quitará todo su sebo, como fué quitado el sebo del sacrificio de las paces, y harálo el sacerdote arder en el altar sobre la ofrenda encendida á Jehová: y le hará el sacerdote expiación de su pecado que habrá cometido, y será perdonado.

5 Y cuando alguna persona pecare, que hubiere oído la voz del que juró, y él fuere testigo que vió, ó supo, si no lo denunciare, él llevará su pecado.

2 Asimismo la persona que hubiere tocado en cualquiera cosa inmunda, sea cuerpo muerto de bestia inmunda, ó cuerpo muerto de animal inmundo, ó cuerpo muerto de reptil inmundo, bien que no lo supiere, será inmunda y habrá delinquido:

3 O si tocare á hombre inmundo en cualquiera inmundicia suya de que es inmundo, y no lo echare de ver; si después llega á saberlo, será culpable.

4 También la persona que jurare, pronunciando con sus labios hacer mal ó bien, en cualesquiera cosas que el hombre profiere con juramento, y él no lo conociere; si después lo entiende, será culpado en una de estas cosas.

5 Y será que cuando pecare en alguna de estas cosas, confesará aquello en que pecó:

6 Y para su expiación traerá á Jehová por su pecado que ha cometido, una hembra de los rebaños, una cordera ó una cabra como ofrenda de expiación; y el sacerdote hará expiación por él de su pecado.

7 Y si no le alcanzare para un cordero, traerá en expiación por su pecado que cometió, dos tórtolas ó dos palominos á Jehová; el uno para expiación, y el otro para holocausto.

8 Y ha de traerlos al sacerdote, el cual ofrecerá primero el que es para expiación, y desunirá su cabeza de su cuello, mas no la apartará del todo:

9 Y rociará de la sangre de la expiación sobre la pared del altar; y lo que sobrare de la sangre lo exprimirá al pie del altar; es expiación.

10 Y del otro hará holocausto conforme al rito; y hará por él el sacerdote expiación de su pecado que cometió, y será perdonado.

11 Mas si su posibilidad no alcanzare para dos tórtolas, ó dos palominos, el que pecó traerá por su ofrenda la décima parte de un epha de flor de harina por expiación. No pondrá sobre ella aceite, ni sobre ella pondrá incienso, porque es expiación.

12 Traerála, pues, al sacerdote, y el sacerdote tomará de ella su puño lleno, en memoria suya, y la hará arder en el altar sobre las ofrendas encendidas á Jehová: es expiación.

13 Y hará el sacerdote expiación por él de su pecado que cometió en alguna de estas cosas, y será perdonado; y el sobrante será del sacerdote, como el presente de vianda.

14 Habló más Jehová á Moisés, diciendo:

15 Cuando alguna persona cometiere falta, y pecare por yerro en las cosas santificadas á Jehová, traerá su expiación á Jehová, un carnero sin tacha de los rebaños, conforme á tu estimación, en siclos de plata del siclo del santuario, en ofrenda por el pecado:

16 Y pagará aquello de las cosas santas en que hubiere pecado, y añadirá á ello el quinto, y lo dará al sacerdote: y el sacerdote hará expiación por él con el carnero del sacrificio por el pecado, y será perdonado.

17 Finalmente, si una persona pecare, ó hiciere alguna de todas aquellas cosas que por mandamiento de Jehová no se han de hacer, aun sin hacerlo á sabiendas, es culpable, y llevará su pecado.

18 Traerá, pues, al sacerdote por expiación, según tú lo estimes, un carnero sin tacha de los rebaños: y el sacerdote hará expiación por él de su yerro que cometió por ignorancia, y será perdonado.

19 Es infracción, y ciertamente delinquió contra Jehová.

6 Y habló Jehová á Moisés, diciendo:

2 Cuando una persona pecare, é hiciere prevaricación contra Jehová, y negare á su prójimo lo encomendado ó dejado en su mano, ó bien robare, ó calumniare á su prójimo;

3 O sea que hallando lo perdido, después lo negare, y jurare en falso, en alguna de todas aquellas cosas en que suele pecar el hombre:

4 Entonces será que, puesto habrá pecado y ofendido, restituirá aquello que robó, ó por el daño de la calumnia, ó el depósito que se le encomendó, ó lo perdido que halló,

5 O todo aquello sobre que hubiere jurado falsamente; lo restituirá, pues, por entero, y añadirá á ello la quinta parte, que ha de pagar á aquel á quien pertenece en el día de su expiación.

6 Y por su expiación traerá á Jehová un carnero sin tacha de los rebaños, conforme á tu estimación, al sacerdote para la expiación.

7 Y el sacerdote hará expiación por él delante de Jehová, y obtendrá perdón de cualquiera de todas las cosas en que suele ofender.

8 Habló aún Jehová á Moisés, diciendo:

9 Manda á Aarón y á sus hijos diciendo: Esta es la ley del holocausto: (es holocausto, porque se quema sobre el altar toda la noche hasta la mañana, y el fuego del altar arderá en él:)

10 El sacerdote se pondrá su vestimenta de lino, y se vestirá pañetes de lino sobre su carne; y cuando el fuego hubiere consumido el holocausto, apartará el las cenizas de sobre el altar, y pondrálas junto al altar.

11 Después se desnudará de sus vestimentas, y se pondrá otras vestiduras, y sacará las cenizas fuera del real al lugar limpio.

12 Y el fuego encendido sobre el altar no ha de apagarse, sino que el sacerdote pondrá en leña cada mañana, y acomodará sobre él el holocausto, y quemará sobre él los sebos de las paces.

13 El fuego ha de arder continuamente en el altar; no se apagará.

14 Y esta es la ley del presente: Han de ofrecerlo los hijos de Aarón delante de Jehová, delante del altar.

15 Y tomará de él un puñado de la flor de harina del presente, y de su aceite, y todo el incienso que está sobre el presente, y harálo arder sobre el altar por memoria, en olor suavísimo á Jehová.

16 Y el sobrante de ella lo comerán Aarón y sus hijos: sin levadura se comerá en lugar santo; en el atrio del tabernáculo del testimonio lo comerán.

17 No se cocerá con levadura: helo dado á ellos por su porción de mis ofrendas encendidas; esa cosa santísima, como la expiación por el pecado, y como la expiación por la culpa.

18 Todos los varones de los hijos de Aarón comerán de ella. Estatuto perpetuo será para vuestras generaciones tocante á las ofrendas encendidas de Jehová: toda cosa que tocare en ellas será santificada.

19 Y habló Jehová á Moisés, diciendo:

20 Esta es la ofrenda de Aarón y de sus hijos, que ofrecerán á Jehová el día que serán ungidos: la décima parte de un epha de flor de harina, presente perpetuo, la mitad á la mañana y la mitad á la tarde.

21 En sartén se aderezará con aceite; frita la traerás, y los pedazos cocidos del presente ofrecerás á Jehová en olor de suavidad.

22 Y el sacerdote que en lugar de Aarón fuere ungido de entre sus hijos, hará la ofrenda; estatuto perpetuo de Jehová: toda ella será quemada.

23 Y todo presente de sacerdote será enteramente quemado; no se comerá.

24 Y habló Jehová á Moisés, diciendo:

25 Habla á Aarón y á sus hijos, diciendo: Esta es la ley de la expiación: en el lugar donde será degollado el holocausto, será degollada la expiación por el pecado delante de Jehová: es cosa santísima.

26 El sacerdote que la ofreciere por expiación, la comerá: en el lugar santo será comida, en el atrio del tabernáculo del testimonio.

27 Todo lo que en su carne tocare, será santificado; y si cayere de su sangre sobre el vestido, lavarás aquello sobre que cayere, en el lugar santo.

28 Y la vasija de barro en que fuere cocida, será quebrada: y si fuere cocida en vasija de metal, será fregada y lavada con agua.

29 Todo varón de entre los sacerdotes la comerá: es cosa santísima.

30 Mas no se comerá de expiación alguna, de cuya sangre se metiere en el tabernáculo del testimonio para reconciliar en el santuario: al fuego será quemada.

7 Asimismo esta es la ley de la expiación de la culpa: es cosa muy santa.

2 En el lugar donde degollaren el holocausto, degollarán la víctima por la culpa; y rociará su sangre en derredor sobre el altar:

3 Y de ella ofrecerá todo su sebo, la cola, y el sebo que cubre los intestinos.

4 Y los dos riñones, y el sebo que está sobre ellos, y el que está sobre los ijares; y con los riñones quitará el redaño de sobre el hígado.

5 Y el sacerdote lo hará arder sobre el altar; ofrenda encendida á Jehová: es expiación de la culpa.

6 Todo varón de entre los sacerdotes la comerá: será comida en el lugar santo: es cosa muy santa.

7 Como la expiación por el pecado, así es la expiación de la culpa: una misma ley tendrán: será del sacerdote que habrá hecho la reconciliación con ella.

8 Y el sacerdote que ofreciere holocausto de alguno, el cuero del holocausto que ofreciere, será para él.

9 Asimismo todo presente que se cociere en horno, y todo el que fuere aderezado en sartén, ó en cazuela, será del sacerdote que lo ofreciere.

10 Y todo presente amasado con aceite, y seco, será de todos los hijos de Aarón, tanto al uno como al otro.

11 Y esta es la ley del sacrificio de las paces, que se ofrecerá á Jehová:

12 Si se ofreciere en hacimiento de gracias, ofrecerá por sacrificio de hacimiento de gracias tortas sin levadura amasadas con aceite, y hojaldres sin levadura untadas con aceite, y flor de harina frita en tortas amasadas con aceite.

13 Con tortas de pan leudo ofrecerá su ofrenda en el sacrificio de hacimiento de gracias de sus paces.

14 Y de toda la ofrenda presentará una parte por ofrenda elevada á Jehová, y será del sacerdote que rociare la sangre de los pacíficos.

15 Y la carne del sacrificio de sus pacíficos en hacimiento de gracias, se comerá en el día que fuere ofrecida: no dejarán de ella nada para otro día.

16 Mas si el sacrificio de su ofrenda fuere voto, ó voluntario, el día que ofreciere su sacrificio será comido; y lo que de él quedare, comerse ha al día siguiente:

17 Y lo que quedare para el tercer día de la carne del sacrificio, será quemado en el fuego.

18 Y si se comiere de la carne del sacrificio de sus paces el tercer día, el que lo ofreciere no será acepto, ni le será imputado; abominación será, y la persona que de él comiere llevará su pecado.

19 Y la carne que tocare á alguna cosa inmunda, no se comerá; al fuego será quemada; mas cualquiera limpio comerá de aquesta carne.

20 Y la persona que comiere la carne del sacrificio de paces, el cual es de Jehová, estando inmunda, aquella persona será cortada de sus pueblos.

21 Además, la persona que tocare alguna cosa inmunda, en inmundicia de hombre, ó en animal inmundo, ó en cualquiera abominación inmunda, y comiere la carne del sacrificio de las paces, el cual es de Jehová, aquella persona será cortada de sus pueblos.

22 Habló aún Jehová á Moisés, diciendo:

23 Habla á los hijos de Israel, diciendo: Ningún sebo de buey, ni de cordero, ni de cabra, comeréis.

24 El sebo de animal mortecino, y el sebo del que fué arrebatado de fieras, se aparejará para cualquiera otro uso, mas no lo comeréis.

25 Porque cualquiera que comiere sebo de animal, del cual se ofrece á Jehová ofrenda encendida, la persona que lo comiere, será cortada de sus pueblos.

26 Además, ninguna sangre comeréis en todas vuestras habitaciones, así de aves como de bestias.

27 Cualquiera persona que comiere alguna sangre, la tal persona será cortada de sus pueblos.

28 Habló más Jehová á Moisés, diciendo:

29 Habla á los hijos de Israel, diciendo: El que ofreciere sacrificio de sus paces á Jehová, traerá su ofrenda del sacrificio de sus paces á Jehová;

30 Sus manos traerán las ofrendas que se han de quemar á Jehová: traerá el sebo con el pecho: el pecho para que éste sea agitado, como sacrificio agitado delante de Jehová;

31 Y el sebo lo hará arder el sacerdote en el altar, mas el pecho será de Aarón y de sus hijos.

32 Y daréis al sacerdote para ser elevada en ofrenda, la espaldilla derecha de los sacrificios de vuestras paces.

33 El que de los hijos de Aarón ofreciere la sangre de las paces, y el sebo, de él será en porción la espaldilla derecha;

34 Porque he tomado de los hijos de Israel, de los sacrificios de sus paces, el pecho que se agita, y la espaldilla elevada en ofrenda, y lo he dado á Aarón el sacerdote y á sus hijos, por estatuto perpetuo de los hijos de Israel.

35 Esta es por la unción de Aarón y la unción de sus hijos, la parte de ellos en las ofrendas encendidas á Jehová, desde el día que él los allegó para ser sacerdotes de Jehová:

36 Lo cual mandó Jehová que les diesen, desde el día que él los ungió de entre los hijos de Israel, por estatuto perpetuo en sus generaciones.

37 Esta es la ley del holocausto, del presente, de la expiación por el pecado, y de la culpa, y de las consagraciones, y del sacrificio de las paces:

38 La cual intimó Jehová á Moisés, en el monte de Sinaí, el día que mandó á los hijos de Israel que ofreciesen sus ofrendas á Jehová en el desierto de Sinaí.

8 Y habló Jehová á Moisés, diciendo:

2 Toma á Aarón y á sus hijos con él, y las vestimentas, y el aceite de la unción, y el becerro de la expiación, y los dos carneros, y el canastillo de los ázimos;

3 Y reúne toda la congregación á la puerta del tabernáculo del testimonio.

4 Hizo, pues, Moisés como Jehová le mandó, y juntóse la congregación á la puerta del tabernáculo del testimonio.

5 Y dijo Moisés á la congregación: Esto es lo que Jehová ha mandado hacer.

6 Entonces Moisés hizo llegar á Aarón y á sus hijos, y lavó-los con agua.

7 Y puso sobre él la túnica, y ciñólo con el cinto; vistióle después el manto, y puso sobre él el ephod, y ciñólo con el cinto del ephod, y ajustólo con él.

8 Púsole luego encima el racional, y en él puso el Urím y Thummim.

9 Después puso la mitra sobre su cabeza; y sobre la mitra en su frente delantero puso la plancha de oro, la diadema santa; como Jehová había mandado á Moisés.

10 Y tomó Moisés el aceite de la unción, y ungió el tabernácu-lo, y todas las cosas que estaban en él, y santificólas.

11 Y roció de él sobre el altar siete veces, y ungió el altar y todos sus vasos, y la fuente y su basa, para santificarlos.

12 Y derramó del aceite de la unción sobre la cabeza de Aarón, y ungiólo para santificarlo.

13 Después Moisés hizo llegar los hijos de Aarón, y vistióles las túnicas, y ciñólos con cintos, y ajustóles los chapeos (tiaras), como Jehová lo había mandado á Moisés.

14 Hizo luego llegar el becerro de la expiación, y Aarón y sus hijos pusieron sus manos sobre la cabeza del becerro de la expiación.

15 Y degollólo; y Moisés tomó la sangre, y puso con su dedo sobre los cuernos del altar alrededor, y purificó el altar; y echó la demás sangre al pie del altar, y santificólo para reconciliar sobre él.

16 Después tomó todo el sebo que estaba sobre los intestinos, y el redaño del hígado, y los dos riñones, y el sebo de ellos, é hízolo Moisés arder sobre el altar.

17 Mas el becerro, y su cuero, y su carne, y su estiércol, quemólo al fuego fuera del real; como Jehová lo había mandado á Moisés.

18 Después hizo llegar el carnero del holocausto, y Aarón y sus hijos pusieron sus manos sobre la cabeza del carnero:

19 Y degollólo; y roció Moisés la sangre sobre el altar en derredor.

20 Y cortó el carnero en trozos; y Moisés hizo arder la cabeza, y los trozos, y el sebo.

21 Lavó luego con agua los intestinos y piernas, y quemó Moisés todo el carnero sobre el altar: holocausto en olor de suavidad, ofrenda encendida á Jehová; como lo había Jehová mandado á Moisés.

22 Después hizo llegar el otro carnero, el carnero de las con-sagraciones, y Aarón y sus hijos pusieron sus manos sobre la cabeza del carnero:

23 Y degollólo; y tomó Moisés de su sangre, y puso sobre la ternilla de la oreja derecha de Aarón, y sobre el dedo pulgar de su mano derecha, y sobre el dedo pulgar de su pie derecho.

24 Hizo llegar luego los hijos de Aarón, y puso Moisés de la sangre sobre la ternilla de sus orejas derechas, y sobre los pul-gares de sus manos derechas, y sobre los pulgares de sus pies derechos: y roció Moisés la sangre sobre el altar en derredor;

25 Y después tomó el sebo, y la cola, y todo el sebo que esta-ba sobre los intestinos, y el redaño del hígado, y los dos riñones, y el sebo de ellos, y la espaldilla derecha;

26 Y del canastillo de los ázimos, que estaba delante de Jehová, tomó una torta sin levadura, y una torta de pan de aceite, y una lasaña, y púsolo con el sebo y con la espaldilla derecha;

27 Y púsolo todo en las manos de Aarón, y en las manos de sus hijos, é hízolo mecer: ofrenda agitada delante de Jehová.

28 Después tomó aquellas cosas Moisés de las manos de ellos, é hízolas arder en el altar sobre el holocausto: las con-sagraciones en olor de suavidad, ofrenda encendida á Jehová.

29 Y tomó Moisés el pecho, y meciólo, ofrenda agitada delante de Jehová: del carnero de las consagraciones aquella fue la parte de Moisés; como Jehová lo había mandado á Moisés.

30 Luego tomó Moisés del aceite de la unción, y de la san-gre que estaba sobre el altar, y roció sobre Aarón, y sobre sus vestiduras, sobre sus hijos, y sobre las vestiduras de sus hijos con él; y santificó á Aarón, y sus vestiduras, y á sus hijos, y las vestiduras de sus hijos con él.

31 Y dijo Moisés á Aarón y á sus hijos: Comed la carne á la puerta del tabernáculo del testimonio; y comedla allí con el pan que está en el canastillo de las consagraciones, según yo he mandado, diciendo: Aarón y sus hijos la comerán.

32 Y lo que sobrare de la carne y del pan, habéis de quemarlo al fuego.

33 De la puerta del tabernáculo del testimonio no saldréis en siete días, hasta el día que se cumplieren los días de vuestras consagraciones: porque por siete días seréis consagrados.

34 De la manera que hoy se ha hecho, mandó hacer Jehová para expiaros.

35 A la puerta, pues, del tabernáculo del testimonio estaréis día y noche por siete días, y guardaréis la ordenanza delante de Jehová, para que no muráis; porque así me ha sido man-dado.

36 Y Aarón y sus hijos hicieron todas las cosas que mandó Jehová por medio de Moisés.

9 Y fué en el día octavo, que Moisés llamó á Aarón y á sus hijos, y á los ancianos de Israel;

2 Y dijo á Aarón: Toma de la vacada un becerro para expiación, y un carnero para holocausto, sin defecto, y ofrécelos delante de Jehová.

3 Y á los hijos de Israel hablarás, diciendo: Tomad un macho cabrío para expiación, y un becerro y un cordero de un año, sin tacha, para holocausto;

4 Asimismo un buey y un carnero para sacrificio de paces, que inmoléis delante de Jehová; y un presente amasado con aceite: porque Jehová se aparecerá hoy á vosotros.

5 Y llevaron lo que mandó Moisés delante del tabernáculo del testimonio, y llegóse toda la congregación, y pusiéronse delante de Jehová.

6 Entonces Moisés dijo: Esto es lo que mandó Jehová; hacedlo, y la gloria de Jehová se os aparecerá.

7 Y dijo Moisés á Aarón: Llégate al altar, y haz tu expiación, y tu holocausto, y haz la reconciliación por ti y por el pueblo: haz también la ofrenda del pueblo, y haz la reconciliación por ellos; como ha mandado Jehová.

8 Entonces llegóse Aarón al altar; y degolló su becerro de la expiación que era por él.

9 Y los hijos de Aarón le trajeron la sangre; y él mojó su dedo en la sangre, y puso sobre los cuernos del altar, y derramó la demás sangre al pie del altar;

10 Y el sebo y riñones y redaño del hígado, de la expiación, hízo-los arder sobre el altar; como Jehová lo había mandado á Moisés.

11 Mas la carne y el cuero los quemó al fuego fuera del real.

12 Degolló asimismo el holocausto, y los hijos de Aarón le presentaron la sangre, la cual roció él alrededor sobre el altar.

13 Presentáronle después el holocausto, á trozos, y la cabeza; é hízolos quemar sobre el altar.

14 Luego lavó los intestinos y las piernas, y quemólos sobre el holocausto en el altar.

15 Ofreció también la ofrenda del pueblo, y tomó el macho cabrío que era para la expiación del pueblo, y degollólo, y lo ofreció por el pecado como el primero.

16 Y ofreció el holocausto, é hizo según el rito.

17 Ofreció asimismo el presente, é hinchió de él su mano, y lo hizo quemar sobre el altar, además del holocausto de la mañana.

18 Degolló también el buey y el carnero en sacrificio de paces, que era del pueblo: y los hijos de Aarón le presentaron la sangre (la cual roció él sobre el altar alrededor):

19 Y los sebos del buey; y del carnero la cola con lo que cubre las entrañas, y los riñones, y el redaño del hígado:

20 Y pusieron los sebos sobre los pechos, y él quemó los sebos sobre el altar:

21 Empero los pechos, con la espaldilla derecha, meciólos Aarón por ofrenda agitada delante de Jehová; como Jehová lo había mandado á Moisés.

22 Después alzó Aarón sus manos hacia el pueblo y bendíjolos: y descendió de hacer la expiación, y el holocausto, y el sacrificio de las paces.

23 Y entraron Moisés y Aarón en el tabernáculo del testimonio; y salieron, y bendijeron al pueblo: y la gloria de Jehová se apareció á todo el pueblo.

24 Y salió fuego de delante de Jehová, y consumió el holocausto y los sebos sobre el altar; y viéndolo todo el pueblo, alabaron, y cayeron sobre sus rostros.

10 Y los hijos de Aarón, Nadab y Abiú, tomaron cada uno su incensario, y pusieron fuego en ellos, sobre el cual pusieron perfume, y ofrecieron delante de Jehová fuego extraño, que él nunca les mandó.

2 Y salió fuego de delante de Jehová que los quemó, y murieron delante de Jehová.

3 Entonces dijo Moisés á Aarón: Esto es lo que habló Jehová, diciendo: En mis allegados me santificaré, y en presencia de todo el pueblo seré glorificado. Y Aarón calló.

4 Y llamó Moisés á Misael, y á Elzaphán, hijos de Uzziel, tío de Aarón, y díjoles: Llegaos y sacad á vuestros hermanos de delante del santuario fuera del campo.

5 Y ellos llegaron, y sacáronlos con sus túnicas fuera del campo, como dijo Moisés.

6 Entonces Moisés dijo á Aarón, y á Eleazar y á Ithamar, sus hijos: No descubráis vuestras cabezas, ni rasguéis vuestros vestidos, porque no muráis, ni se levante la ira sobre toda la congregación: empero vuestros hermanos, toda la casa de Israel, lamentarán el incendio que Jehová ha hecho.

7 Ni saldréis de la puerta del tabernáculo del testimonio, porque moriréis; por cuanto el aceite de la unción de Jehová está sobre vosotros. Y ellos hicieron conforme al dicho de Moisés.

8 Y Jehová habló á Aarón, diciendo:

9 Tu , y tus hijos contigo, no beberéis vino ni sidra, cuando hubiereis de entrar en el tabernáculo del testimonio, porque no muráis: estatuto perpetuo por vuestras generaciones;

10 Y para poder discernir entre lo santo y lo profano, y entre lo inmundo y lo limpio;

11 Y para enseñar á los hijos de Israel todos los estatutos que Jehová les ha dicho por medio de Moisés.

12 Y Moisés dijo á Aarón, y á Eleazar y á Ithamar, sus hijos que habían quedado: Tomad el presente que queda de las ofrendas encendidas á Jehová, y comedlo sin levadura junto al altar, porque es cosa muy santa.

13 Habéis, pues, de comerlo en el lugar santo: porque esto es fuero para ti, y fuero para tus hijos, de las ofrendas encendidas á Jehová, pues que así me ha sido mandado.

14 Comeréis asimismo en lugar limpio, tú y tus hijos y tus hijas contigo, el pecho de la mecida, y la espaldilla elevada, porque por fuero para ti, y fuero para tus hijos, son dados de los sacrificios de las paces de los hijos de Israel.

15 Con las ofrendas de los sebos que se han de encender, traerán la espaldilla que se ha de elevar, y el pecho que será mecido, para que lo mezas por ofrenda agitada delante de Jehová: y será por fuero perpetuo tuyo, y de tus hijos contigo, como Jehová lo ha mandado.

16 Y Moisés demandó el macho cabrío de la expiación, y hallóse que era quemado: y enojóse contra Eleazar é Ithamar, los hijos de Aarón que habían quedado, diciendo:

17 ¿Por qué no comisteis la expiación en el lugar santo? porque es muy santa, y dióla él á vosotros para llevar la iniquidad de la congregación, para que sean reconciliados delante de Jehová.

18 Veis que su sangre no fue metida dentro del santuario:

habíais de comerla en el lugar santo, como yo mandé.

19 Y respondió Aarón á Moisés: He aquí hoy han ofrecido su expiación y su holocausto delante de Jehová: pero me han acontecido éstas cosas: pues si comiera yo hoy de la expiación, ¿Hubiera sido acepto á Jehová?

20 Y cuando Moisés oyó esto, dióse por satisfecho.

11 Y habló Jehová á Moisés y á Aarón, diciéndoles:

2 Hablad á los hijos de Israel, diciendo: Estos son los animales que comeréis de todos los animales que están sobre la tierra.

3 De entre los animales, todo el de pezuña, y que tiene las pezuñas hendidas, y que rumia, éste comeréis.

4 Estos empero no comeréis de los que rumian y de los que tienen pezuña: el camello, porque rumia mas no tiene pezuña hendida, habéis de tenerlo por inmundo;

5 También el conejo, porque rumia, mas no tiene pezuña, tendréislo por inmundo;

6 Asimismo la liebre, porque rumia, mas no tiene pezuña, tendréisla por inmunda;

7 También el puerco, porque tiene pezuñas, y es de pezuñas hendidas, mas no rumia, tendréislo por inmundo.

8 De la carne de ellos no comeréis, ni tocaréis su cuerpo muerto: tendréislos por inmundos.

9 Esto comeréis de todas las cosas que están en las aguas: todas las cosas que tienen aletas y escamas en las aguas de la mar, y en los ríos, aquellas comeréis;

10 Mas todas las cosas que no tienen aletas ni escamas en la mar y en los ríos, así de todo reptil de agua como de toda cosa viviente que está en las aguas, las tendréis en abominación.

11 Os serán, pues, en abominación: de su carne no comeréis, y abominaréis sus cuerpos muertos.

12 Todo lo que no tuviere aletas y escamas en las aguas, tendréislo en abominación.

13 Y de las aves, éstas tendréis en abominación; no se comerán, serán abominación: el águila, el quebrantahuesos, el esmerejón,

14 El milano, y el buitre según su especie;

15 Todo cuervo según su especie;

16 El avestruz, y la lechuza, y el laro, y el gavilán según su especie;

17 Y el buho, y el somormujo, y el ibis,

18 Y el calamón, y el cisne, y el onocrótalo,

19 Y el herodión, y el caradrión, según su especie, y la abubilla, y el murciélago.

20 Todo reptil alado que anduviere sobre cuatro pies, tendréis en abominación.

21 Empero esto comeréis de todo reptil alado que anda sobre cuatro pies, que tuviere piernas además de sus pies para saltar con ellas sobre la tierra;

22 Estos comeréis de ellos: la langosta según su especie, y el langostín según su especie, y el aregol según su especie, y el haghab según su especie.

23 Todo reptil alado que tenga cuatro pies, tendréis en abominación.

24 Y por estas cosas seréis inmundos: cualquiera que tocare á sus cuerpos muertos, será inmundo hasta la tarde:

25 Y cualquiera que llevare de sus cuerpos muertos, lavará sus vestidos, y será inmundo hasta la tarde.

26 Todo animal de pezuña, pero que no tiene pezuña hendida, ni rumia, tendréis por inmundo: cualquiera que los tocare será inmundo.

27 Y de todos los animales que andan á cuatro pies, tendréis por inmundo cualquiera que ande sobre sus garras: cualquiera que tocare sus cuerpos muertos, será inmundo hasta la tarde.

28 Y el que llevare sus cuerpos muertos, lavará sus vestidos, y será inmundo hasta la tarde: habéis de tenerlos por inmundos.

29 Y estos tendréis por inmundos de los reptiles que van arrastrando sobre la tierra: la comadreja, y el ratón, y la rana según su especie,

30 Y el erizo, y el lagarto, y el caracol, y la babosa, y el topo.

31 Estos tendréis por inmundos de todos los reptiles: cualquiera que los tocare, cuando estuvieren muertos, será inmundo hasta la tarde.

32 Y todo aquello sobre que cayere alguno de ellos después de muertos, será inmundo; así vaso de madera, como vestido, ó piel, ó saco, cualquier instrumento con que se hace obra, será metido en agua, y será inmundo hasta la tarde, y así será limpio.

33 Y toda vasija de barro dentro de la cual cayere alguno de ellos, todo lo que estuviere en ella será inmundo, y quebraréis la vasija:

34 Toda vianda que se come, sobre la cual viniere el agua de tales vasijas, será inmunda: y toda bebida que se bebiere, será en todas esas vasijas inmunda:

35 Y todo aquello sobre que cayere algo del cuerpo muerto de ellos, será inmundo: el horno ú hornillos se derribarán; son inmundos, y por inmundos los tendréis.

36 Con todo, la fuente y la cisterna donde se recogen aguas, serán limpias: mas lo que hubiere tocado en sus cuerpos muertos será inmundo.

37 Y si cayere de sus cuerpos muertos sobre alguna simiente que se haya de sembrar, será limpia.

38 Mas si se hubiere puesto agua en la simiente, y cayere de sus cuerpos muertos sobre ella, tendréisla por inmunda.

39 Y si algún animal que tuviereis para comer se muriere, el que tocare su cuerpo muerto será inmundo hasta la tarde:

40 Y el que comiere de su cuerpo muerto, lavará sus vestidos, y será inmundo hasta la tarde: asimismo el que sacare su cuerpo muerto, lavará sus vestidos, y será inmundo hasta la tarde.

41 Y todo reptil que va arrastrando sobre la tierra, es abominación; no se comerá.

42 Todo lo que anda sobre el pecho, y todo lo que anda sobre cuatro ó más pies, de todo reptil que anda arrastrando sobre la tierra, no lo comeréis, porque es abominación.

43 No ensuciéis vuestras personas con ningún reptil que anda arrastrando, ni os contaminéis con ellos, ni seáis inmundos por ellos.

44 Pues que yo soy Jehová vuestro Dios, vosotros por tanto os santificaréis, y seréis santos, porque yo soy santo: así que no ensuciéis vuestras personas con ningún reptil que anduviere arrastrando sobre la tierra.

45 Porque yo soy Jehová, que os hago subir de la tierra de Egipto para seros por Dios: seréis pues santos, porque yo soy santo.

46 Esta es la ley de los animales y de las aves, y de todo ser viviente que se mueve en las aguas, y de todo animal que anda arrastrando sobre la tierra;

47 Para hacer diferencia entre inmundo y limpio, y entre los animales que se pueden comer y los animales que no se pueden comer.

12 Y habló Jehová á Moisés, diciendo:
2 Habla á los hijos de Israel, diciendo: La mujer cuando concibiere y pariere varón, será inmunda siete días; conforme á los días que está separada por su menstruo, será inmunda.

3 Y al octavo día circuncidará la carne de su prepucio.

4 Mas ella permanecerá treinta y tres días en la sangre de su purgación: ninguna cosa santa tocará, ni vendrá al santuario, hasta que sean cumplidos los días de su purgación.

5 Y si pariere hembra será inmunda dos semanas, conforme á su separación, y sesenta y seis días estará purificándose de su sangre.

6 Y cuando los días de su purgación fueren cumplidos, por hijo ó por hija, traerá un cordero de un año para holocausto, y un palomino ó una tórtola para expiación, á la puerta del tabernáculo del testimonio, al sacerdote:

7 Y él ofrecerá delante de Jehová, y hará expiación por ella, y será limpia del flujo de su sangre. Esta es la ley de la que pariere varón ó hembra.

8 Y si no alcanzare su mano lo suficiente para un cordero, tomará entonces dos tórtolas ó dos palominos, uno para holocausto, y otro para expiación: y el sacerdote hará expiación por ella, y será limpia.

13 Y habló Jehová á Moisés y á Aarón, diciendo:
2 Cuando el hombre tuviere en la piel de su carne hinchazón, ó postilla, ó mancha blanca, y hubiere en la piel de su carne como llaga de lepra, será traído á Aarón el sacerdote, ó á uno de los sacerdotes sus hijos;

3 Y el sacerdote mirará la llaga en la piel de la carne: si el pelo en la llaga se ha vuelto blanco, y pareciere la llaga más hundida que la tez de la carne, llaga de lepra es; y el sacerdote le reconocerá, y le dará por inmundo.

4 Y si en la piel de su carne hubiere mancha blanca, pero no pareciere más hundida que la tez, ni su pelo se hubiere vuelto blanco, entonces el sacerdote encerrará al llagado por siete días;

5 Y al séptimo día el sacerdote lo mirará; y si la llaga á su parecer se hubiere estancado, no habiéndose extendido en la piel, entonces el sacerdote le volverá á encerrar por otros siete días:

6 Y al séptimo día el sacerdote le reconocerá de nuevo; y si parece haberse oscurecido la llaga, y que no ha cundido en la piel, entonces el sacerdote lo dará por limpio: era postilla; y lavará sus vestidos, y será limpio.

7 Mas si hubiere ido creciendo la postilla en la piel, después que fué mostrado al sacerdote para ser limpio, será visto otra vez del sacerdote:

8 Y si reconociéndolo el sacerdote, ve que la postilla ha crecido en la piel, el sacerdote lo dará por inmundo: es lepra.

9 Cuando hubiere llaga de lepra en el hombre, será traído al sacerdote;

10 Y el sacerdote mirará, y si pareciere tumor blanco en la piel, el cual haya mudado el color del pelo, y se descubre asimismo la carne viva,

11 Lepra es envejecida en la piel de su carne; y le dará por inmundo el sacerdote, y no le encerrará, porque es inmundo.

12 Mas si brotare la lepra cundiendo por el cutis, y ella cubriere toda la piel del llagado desde su cabeza hasta sus pies, á toda vista de ojos del sacerdote;

13 Entonces el sacerdote le reconocerá; y si la lepra hubiere cubierto toda su carne, dará por limpio al llagado: hase vuelto toda ella blanca; y él es limpio.

14 Mas el día que apareciere en él la carne viva, será inmundo.

15 Y el sacerdote mirará la carne viva, y lo dará por inmundo. Es inmunda la carne viva: es lepra.

16 Mas cuando la carne viva se mudare y volviere blanca, entonces vendrá al sacerdote;

17 Y el sacerdote mirará, y si la llaga se hubiere vuelto blanca, el sacerdote dará por limpio al que tenía la llaga, y será limpio.

18 Y cuando en la carne, en su piel, hubiere apostema, y se sanare,

19 Y sucediere en el lugar de la apostema tumor blanco, ó mancha blanca embermejecida, será mostrado al sacerdote:

20 Y el sacerdote mirará; y si pareciere estar más baja que su piel, y su pelo se hubiere vuelto blanco, daralo el sacerdote por inmundo: es llaga de lepra que se originó en la apostema.

21 Y si el sacerdote la considerare, y no pareciere en ella pelo blanco, ni estuviere más baja que la piel, sino oscura, entonces el sacerdote lo encerrará por siete días:

22 Y si se fuere extendiendo por la piel, entonces el sacerdote lo dará por inmundo: es llaga.

23 Empero si la mancha blanca se estuviere en su lugar, que no haya cundido, es la costra de la apostema; y el sacerdote lo dará por limpio.

24 Asimismo cuando la carne tuviere en su piel quemadura de fuego, y hubiere en lo sanado del fuego mancha blanquecina, bermejiza ó blanca,

25 El sacerdote la mirará; y si el pelo se hubiere vuelto blanco en la mancha, y pareciere estar más hundida que la piel, es lepra que salió en la quemadura; y el sacerdote declarará al sujeto inmundo, por ser llaga de lepra.

26 Mas si el sacerdote la mirare, y no pareciere en la mancha pelo blanco, ni estuviere más baja que la tez, sino que está oscura, le encerrará el sacerdote por siete días;

27 Y al séptimo día el sacerdote la reconocerá: si se hubiere ido extendiendo por la piel, el sacerdote lo dará por inmundo: es llaga de lepra.

28 Empero si la mancha se estuviere en su lugar, y no se hubiere extendido en la piel, sino que está oscura, hinchazón es de la quemadura: daralo el sacerdote por limpio; que señal de la quemadura es.

29 Y al hombre ó mujer que le saliere llaga en la cabeza, ó en la barba,

30 El sacerdote mirará la llaga; y si pareciere estar más profunda que la tez, y el pelo en ella fuera rubio y adelgazado, entonces el sacerdote lo dará por inmundo: es tiña, es lepra de la cabeza ó de la barba.

31 Mas cuando el sacerdote hubiere mirado la llaga de la

tiña, y no pareciere estar más profunda que la tez, ni fuere en ella pelo negro, el sacerdote encerrará al llagado de la tiña por siete días:

32 Y al séptimo día el sacerdote mirará la llaga: y si la tiña no pareciere haberse extendido, ni hubiere en ella pelo rubio, ni pareciere la tiña más profunda que la tez,

33 Entonces lo trasquilarán, mas no trasquilarán el lugar de la tiña: y encerrará el sacerdote al que tiene la tiña por otros siete días.

34 Y al séptimo día mirará el sacerdote la tiña; y si la tiña no hubiere cundido en la piel, ni pareciere estar más profunda que la tez, el sacerdote lo dará por limpio; y lavará sus vestidos, y será limpio.

35 Empero si la tiña se hubiere ido extendiendo en la piel después de su purificación,

36 Entonces el sacerdote la mirará; y si la tiña hubiere cundido en la piel, no busque el sacerdote el pelo rubio, es inmundo.

37 Mas si le pareciere que la tiña está detenida, y que ha salido en ella el pelo negro, la tiña está sanada; él está limpio, y por limpio lo dará el sacerdote.

38 Asimismo el hombre ó mujer, cuando en la piel de su carne tuviere manchas, manchas blancas,

39 El sacerdote mirará: y si en la piel de su carne parecieren manchas blancas algo oscurecidas, es empeine que brotó en la piel, está limpia la persona.

40 Y el hombre, cuando se le pelare la cabeza, es calvo, mas limpio.

41 Y si á la parte de su rostro se le pelare la cabeza, es calvo por delante, pero limpio.

42 Mas cuando en la calva ó en la antecalva hubiere llaga blanca rojiza, lepra es que brota en su calva ó en su antecalva.

43 Entonces el sacerdote la mirará, y si pareciere la hinchazón de la llaga blanca rojiza en su calva ó en su antecalva, como el parecer de la lepra de la tez de la carne,

44 Leproso es, es inmundo; el sacerdote lo dará luego por inmundo; en su cabeza tiene su llaga.

45 Y el leproso en quien hubiere llaga, sus vestidos serán deshechos y su cabeza descubierta, y embozado pregonará: ¡Inmundo! ¡inmundo!

46 Todo el tiempo que la llaga estuviere en él, será inmundo; estará impuro: habitará solo; fuera del real será su morada.

47 Y cuando en el vestido hubiere plaga de lepra, en vestido de lana, ó en vestido de lino;

48 O en estambre ó en trama, de lino ó de lana, ó en piel, ó en cualquiera obra de piel;

49 Y que la plaga sea verde, ó bermeja, en vestido ó en piel, ó en estambre, ó en trama, ó en cualquiera obra de piel; plaga es de lepra, y se ha de mostrar al sacerdote.

50 Y el sacerdote mirará la plaga, y encerrará la cosa plagada por siete días.

51 Y al séptimo día mirará la plaga: y si hubiere cundido la plaga en el vestido, ó estambre, ó en la trama, ó en piel, ó en cualquiera obra que se hace de pieles, lepra roedora es la plaga; inmunda será.

52 Será quemado el vestido, ó estambre ó trama, de lana ó de lino, ó cualquiera obra de pieles en que hubiere tal plaga; porque lepra roedora es; al fuego será quemada.

53 Y si el sacerdote mirare, y no pareciere que la plaga se haya extendido en el vestido, ó estambre, ó en la trama, ó en cualquiera obra de pieles;

54 Entonces el sacerdote mandará que laven donde está la plaga, y lo encerrará otra vez por siete días.

55 Y el sacerdote mirará después que la plaga fuere lavada; y si pareciere que la plaga no ha mudado su aspecto, bien que no haya cundido la plaga, inmunda es; la quemarás al fuego; corrosión es penetrante, esté ó raído en la haz ó en el revés de aquella cosa.

56 Mas si el sacerdote la viere, y pareciere que la plaga se ha oscurecido después que fué lavada, la cortará del vestido, ó de la piel, ó del estambre, ó de la trama.

57 Y si apareciere más en el vestido, ó estambre, ó trama, ó en cualquiera cosa de pieles, reverdeciendo en ella, quemarás al fuego aquello donde estuviere la plaga.

58 El vestido, ó estambre, ó trama, ó cualquiera cosa de piel que lavares, y que se le quitare la plaga, lavarse ha segunda vez, y entonces será limpia.

59 Esta es la ley de la plaga de la lepra del vestido de lana ó de lino, ó del estambre, ó de la trama, ó de cualquiera cosa de piel, para que sea dada por limpia ó por inmunda.

14 Y habló Jehová á Moisés, diciendo:

2 Esta será la ley del leproso cuando se limpiare: Será traído al sacerdote:

3 Y el sacerdote saldrá fuera del real; y mirará el sacerdote, y viendo que está sana la plaga de la lepra del leproso,

4 El sacerdote mandará luego que se tomen para el que se purifica dos avecillas vivas, limpias, y palo de cedro, y grana, é hisopo;

5 Y mandará el sacerdote matar la una avecilla en un vaso de barro sobre aguas vivas;

6 Después tomará la avecilla viva, y el palo de cedro, y la grana, y el hisopo, y lo mojará con la avecilla viva en la sangre de la avecilla muerta sobre las aguas vivas:

7 Y rociará siete veces sobre el que se purifica de la lepra, y le dará por limpio; y soltará la avecilla viva sobre la haz del campo.

8 Y el que se purifica lavará sus vestidos, y raerá todos sus pelos, y se ha de lavar con agua, y será limpio: y después entrará en el real, y morará fuera de su tienda siete días.

9 Y será, que al séptimo día raerá todos sus pelos, su cabeza y su barba, y las cejas de sus ojos; finalmente, raerá todo su pelo, y lavará sus vestidos, y lavará su carne en aguas, y será limpio.

10 Y el día octavo tomará dos corderos sin defecto, y una cordera de un año sin tacha; y tres décimas de flor de harina para presente, amasada con aceite, y un log de aceite.

11 Y el sacerdote que le purifica presentará con aquellas cosas al que se ha de limpiar delante de Jehová, á la puerta del tabernáculo del testimonio:

12 Y tomará el sacerdote un cordero, y ofrecerálo por la culpa, con el log de aceite, y lo mecerá como ofrenda agitada delante de Jehová:

13 Y degollará el cordero en el lugar donde degüellan la víctima por el pecado y el holocausto, en el lugar del santuario: porque como la víctima por el pecado, así también la víctima por la culpa es del sacerdote: es cosa muy sagrada.

14 Y tomará el sacerdote de la sangre de la víctima por la culpa, y pondrá el sacerdote sobre la ternilla de la oreja derecha del que se purifica, y sobre el pulgar de su mano derecha, y sobre el pulgar de su pie derecho.

15 Asimismo tomará el sacerdote del log de aceite, y echará sobre la palma de su mano izquierda:

16 Y mojará su dedo derecho en el aceite que tiene en su mano izquierda, y esparcirá del aceite con su dedo siete veces delante de Jehová:

17 Y de lo que quedare del aceite que tiene en su mano, pondrá el sacerdote sobre la ternilla de la oreja derecha del que se purifica, y sobre el pulgar de su mano derecha, y sobre el pulgar de su pie derecho, sobre la sangre de la expiación por la culpa:

18 Y lo que quedare del aceite que tiene en su mano, pondrá sobre la cabeza del que se purifica: y hará el sacerdote expiación por él delante de Jehová.

19 Ofrecerá luego el sacerdote el sacrificio por el pecado, y hará expiación por el que se ha de purificar de su inmundicia, y después degollará el holocausto:

20 Y hará subir el sacerdote el holocausto y el presente sobre el altar. Así hará el sacerdote expiación por él, y será limpio.

21 Mas si fuere pobre, que no alcanzare su mano á tanto, entonces tomará un cordero para ser ofrecido como ofrenda agitada por la culpa, para reconciliarse, y una décima de flor de harina amasada con aceite para presente, y un log de aceite;

22 Y dos tórtolas, ó dos palominos, lo que alcanzare su mano: y el uno será para expiación por el pecado, y el otro para holocausto;

23 Las cuales cosas traerá al octavo día de su purificación al sacerdote, á la puerta del tabernáculo del testimonio delante de Jehová.

24 Y el sacerdote tomará el cordero de la expiación por la culpa, y el log de aceite, y mecerálo el sacerdote como ofrenda agitada delante de Jehová:

25 Luego degollará el cordero de la culpa, y tomará el sacerdote de la sangre de la culpa, y pondrá sobre la ternilla de la oreja derecha del que se purifica, y sobre el pulgar de su mano derecha, y sobre el pulgar de su pie derecho.

26 Y el sacerdote echará del aceite sobre la palma de su mano izquierda:

27 Y con su dedo derecho rociará del aceite que tiene en su mano izquierda, siete veces delante de Jehová.

28 También pondrá el sacerdote del aceite que tiene en su mano sobre la ternilla de la oreja derecha del que se purifica, y sobre el pulgar de su mano derecha, y sobre el pulgar de su pie derecho, en el lugar de la sangre de la culpa.

29 Y lo que sobrare del aceite que el sacerdote tiene en su mano, pondrálo sobre la cabeza del que se purifica, para reconciliarlo delante de Jehová.

30 Asimismo ofrecerá la una de las tórtolas, ó de los palominos, lo que alcanzare su mano:

31 El uno de lo que alcanzare su mano, en expiación por el pecado, y el otro en holocausto, además del presente: y hará el sacerdote expiación por el que se ha de purificar, delante de Jehová.

32 Esta es la ley del que hubiere tenido plaga de lepra, cuya mano no alcanzare lo prescrito para purificarse.

33 Y habló Jehová á Moisés y á Aarón, diciendo:

34 Cuando hubieres entrado en la tierra de Canaán, la cual yo os doy en posesión, y pusiere yo plaga de lepra en alguna casa de la tierra de vuestra posesión,

35 Vendrá aquél cuya fuere la casa, y dará aviso al sacerdote, diciendo: Como plaga ha aparecido en mi casa.

36 Entonces mandará el sacerdote, y despejarán la casa antes que el sacerdote entre á mirar la plaga, por que no sea contaminado todo lo que estuviere en la casa: y después el sacerdote entrará á reconocer la casa:

37 Y mirará la plaga, y si se vieren manchas en las paredes de la casa, cavernillas verdosas ó rojas, las cuales parecieren más hundidas que la pared,

38 El sacerdote saldrá de la casa á la puerta de ella, y cerrará la casa por siete días.

39 Y al séptimo día volverá el sacerdote, y mirará: y si la plaga hubiere crecido en las paredes de la casa,

40 Entonces mandará el sacerdote, y arrancarán las piedras en que estuviere la plaga, y las echarán fuera de la ciudad, en lugar inmundo:

41 Y hará descostrar la casa por dentro alrededor, y derramarán el polvo que descostraren fuera de la ciudad en lugar inmundo:

42 Y tomarán otras piedras, y las pondrán en lugar de las piedras quitadas; y tomarán otro barro, y encostrarán la casa.

43 Y si la plaga volviere á reverdecer en aquella casa, después que hizo arrancar las piedras, y descostrar la casa, y después que fue encostrada,

44 Entonces el sacerdote entrará y mirará; y si pareciere haberse extendido la plaga en la casa, lepra roedora está en la casa: inmunda es.

45 Derribará, por tanto, la tal casa, sus piedras, y sus maderos, y toda la mezcla de la casa; y lo sacará fuera de la ciudad á lugar inmundo.

46 Y cualquiera que entrare en aquella casa todos los días que la mandó cerrar, será inmundo hasta la tarde.

47 Y el que durmiere en aquella casa, lavará sus vestidos; también el que comiere en la casa, lavará sus vestidos.

48 Mas si entrare el sacerdote y mirare, y viere que la plaga no se ha extendido en la casa después que fue encostrada, el sacerdote dará la casa por limpia, porque la plaga ha sanado.

49 Entonces tomará para limpiar la casa dos avecillas, y palo de cedro, y grana, é hisopo:

50 Y degollará la una avecilla en una vasija de barro sobre aguas vivas:

51 Y tomará el palo de cedro, y el hisopo, y la grana, y la avecilla viva, y mojarálo en la sangre de la avecilla muerta y en las aguas vivas, y rociará la casa siete veces:

52 Y purificará la casa con la sangre de la avecilla, y con las aguas vivas, y con la avecilla viva, y el palo de cedro, y el hisopo, y la grana:

53 Luego soltará la avecilla viva fuera de la ciudad sobre la haz del campo: Así hará expiación por la casa, y será limpia.

54 Esta es la ley acerca de toda plaga de lepra, y de tiña;

55 Y de la lepra del vestido, y de la casa;

56 Y acerca de la hinchazón, y de la postilla, y de la mancha blanca:

57 Para enseñar cuándo es inmundo, y cuándo limpio. Aquesta es la ley tocante á la lepra.

15 Y habló Jehová á Moisés y á Aarón, diciendo:
2 Hablad á los hijos de Israel, y decidles: Cualquier varón, cuando su simiente manare de su carne, será inmundo.

3 Y esta será su inmundicia en su flujo; sea que su carne destiló por causa de su flujo, ó que su carne se obstruyó á causa de su flujo, él será inmundo.

4 Toda cama en que se acostare el que tuviere flujo, será inmunda; y toda cosa sobre que se sentare, inmunda será.

5 Y cualquiera que tocare á su cama, lavará sus vestidos; lavaráse también á sí mismo con agua, y será inmundo hasta la tarde.

6 Y el que se sentare sobre aquello en que se hubiere sentado el que tiene flujo, lavará sus vestidos, se lavará también á sí mismo con agua, y será inmundo hasta la tarde.

7 Asimismo el que tocare la carne del que tiene flujo, lavará sus vestidos, y á sí mismo se lavará con agua, y será inmundo hasta la tarde.

8 Y si el que tiene flujo escupiere sobre el limpio, éste lavará sus vestidos, y después de haberse lavado con agua, será inmundo hasta la tarde.

9 Y toda aparejo sobre que cabalgare el que tuviere flujo, será inmundo.

10 Y cualquiera que tocare cualquiera cosa que haya estado debajo de él, será inmundo hasta la tarde; y el que la llevare, lavará sus vestidos, y después de lavarse con agua, será inmundo hasta la tarde.

11 Y todo aquel á quien tocare el que tiene flujo, y no lavare con agua sus manos, lavará sus vestidos, y á sí mismo se lavará con agua, y será inmundo hasta la tarde.

12 Y la vasija de barro en que tocare el que tiene flujo, será quebrada; y toda vasija de madera será lavada con agua.

13 Y cuando se hubiere limpiado de su flujo el que tiene flujo, se ha de contar siete días desde su purificación, y lavará sus vestidos, y lavará su carne en aguas vivas, y será limpio.

14 Y el octavo día tomará dos tórtolas, ó dos palominos, y vendrá delante de Jehová á la puerta del tabernáculo del testimonio, y los dará al sacerdote:

15 Y harálos el sacerdote, el uno ofrenda por el pecado, y el otro holocausto: y le purificará el sacerdote de su flujo delante de Jehová.

16 Y el hombre, cuando de él saliere derramamiento de semen, lavará en aguas toda su carne, y será inmundo hasta la tarde.

17 Y toda vestimenta, ó toda piel sobre la cual hubiere el derramamiento del semen, lavaráse con agua, y será inmunda hasta la tarde.

18 Y la mujer con quien el varón tuviera ayuntamiento de semen, ambos se lavarán con agua, y serán inmundos hasta la tarde.

19 Y cuando la mujer tuviere flujo de sangre, y su flujo fuere en su carne, siete días estará apartada; y cualquiera que tocare en ella, será inmundo hasta la tarde.

20 Y todo aquello sobre que ella se acostare mientras su separación, será inmundo: también todo aquello sobre que se sentare, será inmundo.

21 Y cualquiera que tocare á su cama, lavará sus vestidos, y después de lavarse con agua, será inmundo hasta la tarde.

22 También cualquiera que tocare cualquier mueble sobre que ella se hubiere sentado, lavará sus vestidos; lavaráse luego á sí mismo con agua, y será inmundo hasta la tarde.

23 Y si estuviere sobre la cama, ó sobre la silla en que ella se hubiere sentado, el que tocare en ella será inmundo hasta la tarde.

24 Y si alguno durmiere con ella, y su menstruo fuere sobre él, será inmundo por siete días; y toda cama sobre que durmiere, será inmunda.

25 Y la mujer, cuando siguiere el flujo de su sangre por muchos días fuera del tiempo de su costumbre, ó cuando tuviere flujo de sangre más de su costumbre; todo el tiempo del flujo de su inmundicia, será inmunda como en los días de su costumbre.

26 Toda cama en que durmiere todo el tiempo de su flujo, le será como la cama de su costumbre; y todo mueble sobre que se sentare, será inmundo, como la inmundicia de su costumbre.

27 Cualquiera que tocare en esas cosas será inmundo; y lavará sus vestidos, y á sí mismo se lavará con agua, y será inmundo hasta la tarde.

28 Y cuando fuere libre de su flujo, se ha de contar siete días, y después será limpia.

29 Y el octavo día tomará consigo dos tórtolas, ó dos palominos, y los traerá al sacerdote, á la puerta del tabernáculo del testimonio:

30 Y el sacerdote hará el uno ofrenda por el pecado, y el otro holocausto; y la purificará el sacerdote delante de Jehová del flujo de su inmundicia.

31 Así apartaréis los hijos de Israel de sus inmundicias, á fin de que no mueran por sus inmundicias, ensuciando mi tabernáculo que está entre ellos.

32 Esta es la ley del que tiene flujo, y del que sale derramamiento de semen, viniendo á ser inmundo á causa de ello;

33 Y de la que padece su costumbre, y acerca del que tuviere flujo, sea varón ó hembra, y del hombre que durmiere con mujer inmunda.

16 Y habló Jehová á Moisés, después que murieron los dos hijos de Aarón, cuando se llegaron delante de Jehová, y murieron;

2 Y Jehová dijo á Moisés: Dí á Aarón tu hermano, que no en todo tiempo entre en el santuario del velo adentro, delante de la cubierta que está sobre el arca, para que no muera: porque yo apareceré en la nube sobre la cubierta.

3 Con esto entrará Aarón en el santuario: con un becerro por expiación, y un carnero en holocausto.

4 La túnica santa de lino se vestirá, y sobre su carne tendrá pañetes de lino, y ceñiráse el cinto de lino; y con la mitra de lino se cubrirá: son las santas vestiduras: con ellas, después de lavar su carne con agua, se ha de vestir.

5 Y de la congregación de los hijos de Israel tomará dos machos de cabrío para expiación, y un carnero para holocausto.

6 Y hará allegar Aarón el becerro de la expiación, que es suyo, y hará la reconciliación por sí y por su casa.

7 Después tomará los dos machos de cabrío, y los presentará delante de Jehová á la puerta del tabernáculo del testimonio.

8 Y echará suertes Aarón sobre los dos machos de cabrío; la una suerte por Jehová, y la otra suerte por Azazel.

9 Y hará allegar Aarón el macho cabrío sobre el cual cayere la suerte por Jehová, y ofrecerálo en expiación.

10 Mas el macho cabrío, sobre el cual cayere la suerte por Azazel, lo presentará vivo delante de Jehová, para hacer la reconciliación sobre él, para enviarlo á Azazel al desierto.

11 Y hará llegar Aarón el becerro que era suyo para expiación, y hará la reconciliación por sí y por su casa, y degollará en expiación el becerro que es suyo.

12 Después tomará el incensario lleno de brasas de fuego, del altar de delante de Jehová, y sus puños llenos del perfume aromático molido, y meterálo del velo adentro:

13 Y pondrá el perfume sobre el fuego delante de Jehová, y la nube del perfume cubrirá la cubierta que está sobre el testimonio, y no morirá.

14 Tomará luego de la sangre del becerro, y rociará con su dedo hacia la cubierta al lado oriental: hacia la cubierta esparcirá siete veces de aquella sangre con su dedo.

15 Después degollará en expiación el macho cabrío, que era del pueblo, y meterá la sangre de él del velo adentro; y hará de su sangre como hizo de la sangre del becerro, y esparcirá sobre la cubierta y delante de la cubierta:

16 Y limpiará el santuario, de las inmundicias de los hijos de Israel, y de sus rebeliones, y de todos sus pecados: de la misma manera hará también al tabernáculo del testimonio, el cual reside entre ellos en medio de sus inmundicias.

17 Y ningún hombre estará en el tabernáculo del testimonio cuando él entrare á hacer la reconciliación en el santuario, hasta que él salga, y haya hecho la reconciliación por sí, y por su casa, y por toda la congregación de Israel.

18 Y saldrá al altar que está delante de Jehová, y lo expiará; y tomará de la sangre del becerro, y de la sangre del macho cabrío, y pondrá sobre los cuernos del altar alrededor.

19 Y esparcirá sobre él de la sangre con su dedo siete veces, y lo limpiará, y lo santificará de las inmundicias de los hijos de Israel.

20 Y cuando hubiere acabado de expiar el santuario, y el tabernáculo del testimonio, y el altar, hará llegar el macho cabrío vivo:

21 Y pondrá Aarón ambas manos suyas sobre la cabeza del macho cabrío vivo, y confesará sobre él todas las iniquidades de los hijos de Israel, y todas sus rebeliones, y todos sus pecados, poniéndolos así sobre la cabeza del macho cabrío, y lo enviará al desierto por mano de un hombre destinado para esto.

22 Y aquel macho cabrío llevará sobre sí todas las iniquidades de ellos á tierra inhabitada: y dejará ir el macho cabrío por el desierto.

23 Después vendrá Aarón al tabernáculo del testimonio, y se desnudará las vestimentas de lino, que había vestido para entrar en el santuario, y pondrálas allí.

24 Lavará luego su carne con agua en el lugar del santuario, y después de ponerse sus vestidos saldrá, y hará su holocausto, y el holocausto del pueblo, y hará la reconciliación por sí y por el pueblo.

25 Y quemará el sebo de la expiación sobre el altar.

26 Y el que hubiere llevado el macho cabrío á Azazel, lavará sus vestidos, lavará también con agua su carne, y después entrará en el real.

27 Y sacará fuera del real el becerro del pecado, y el macho cabrío de la culpa, la sangre de los cuales fué metida para hacer la expiación en el santuario; y quemarán en el fuego sus pellejos, y sus carnes, y su estiércol.

28 Y el que los quemare, lavará sus vestidos, lavará también su carne con agua, y después entrará en el real.

29 Y esto tendréis por estatuto perpetuo: En el mes séptimo, á los diez del mes, afligiréis vuestras almas, y ninguna obra haréis, ni el natural ni el extranjero que peregrina entre vosotros:

30 Porque en este día se os reconciliará para limpiaros; y seréis limpios de todos vuestros pecados delante de Jehová.

31 Sábado de reposo es para vosotros, y afligiréis vuestras almas, por estatuto perpetuo.

32 Y hará la reconciliación el sacerdote que fuere ungido, y cuya mano hubiere sido llena para ser sacerdote en lugar de su padre; y se vestirá las vestimentas de lino, las vestiduras sagradas:

33 Y expiará el santuario santo, y el tabernáculo del testimonio; expiará también el altar, y á los sacerdotes, y á todo el pueblo de la congregación.

34 Y esto tendréis por estatuto perpetuo, para expiar á los hijos de Israel de todos sus pecados una vez en el año. Y Moisés lo hizo como Jehová le mandó.

17 Y habló Jehová á Moisés, diciendo:

2 Habla á Aarón y á sus hijos, y á todos los hijos de Israel, y diles: Esto es lo que ha mandado Jehová, diciendo:

3 Cualquier varón de la casa de Israel que degollare buey, ó cordero, ó cabra, en el real, ó fuera del real,

4 Y no lo trajere á la puerta del tabernáculo del testimonio, para ofrecer ofrenda á Jehová delante del tabernáculo de Jehová, sangre será imputada al tal varón: sangre derramó; cortado será el tal varón de entre su pueblo:

5 A fin de que traigan los hijos de Israel sus sacrificios, los que sacrifican sobre la haz del campo, para que los traigan á Jehová á la puerta del tabernáculo del testimonio al sacerdote, y sacrifiquen ellos sacrificios de paces á Jehová.

6 Y el sacerdote esparcirá la sangre sobre el altar de Jehová, á la puerta del tabernáculo del testimonio, y quemará el sebo en olor de suavidad á Jehová.

7 Y nunca más sacrificarán sus sacrificios á los demonios, tras de los cuales han fornicado: tendrán esto por estatuto perpetuo por sus edades.

8 Les dirás también: Cualquier varón de la casa de Israel, ó de los extranjeros que peregrinan entre vosotros, que ofreciere holocausto ó sacrificio,

9 Y no lo trajere á la puerta del tabernáculo del testimonio, para hacerlo á Jehová, el tal varón será igualmente cortado de sus pueblos.

10 Y cualquier varón de la casa de Israel, ó de los extranjeros que peregrinan entre ellos, que comiere alguna sangre, yo pondré mi rostro contra la persona que comiere sangre, y le cortaré de entre su pueblo.

11 Porque la vida de la carne en la sangre está: y yo os la he dado para expiar vuestras personas sobre el altar: por lo cual la misma sangre expiará la persona.

12 Por tanto, he dicho á los hijos de Israel: Ninguna persona de vosotros comerá sangre, ni el extranjero que peregrina entre vosotros comerá sangre.

13 Y cualquier varón de los hijos de Israel, ó de los extranjeros que peregrinan entre ellos, que cogiere caza de animal ó de ave que sea de comer, derramará su sangre y cubrirála con tierra:

14 Porque el alma de toda carne, su vida, está en su sangre: por tanto he dicho á los hijos de Israel: No comeréis la sangre de ninguna carne, porque la vida de toda carne es su sangre; cualquiera que la comiere será cortado.

15 Y cualquiera persona que comiere cosa mortecina ó despedazada por fiera, así de los naturales como de los extranjeros, lavará sus vestidos y á sí mismo se lavará con agua, y será inmundo hasta la tarde; y se limpiará.

16 Y si no los lavare, ni lavare su carne, llevará su iniquidad.

18 Y habló Jehová á Moisés, diciendo:
2 Habla á los hijos de Israel, y diles: Yo soy Jehová vuestro Dios.

3 No haréis como hacen en la tierra de Egipto, en la cual morasteis; ni haréis como hacen en la tierra de Canaán, á la cual yo os conduzco; ni andaréis en sus estatutos.

4 Mis derechos pondréis por obra, y mis estatutos guardaréis, andando en ellos: Yo Jehová vuestro Dios.

5 Por tanto mis estatutos y mis derechos guardaréis, los cuales haciendo el hombre, vivirá en ellos: Yo Jehová.

6 Ningún varón se allegue á ninguna cercana de su carne, para descubrir su desnudez: Yo Jehová.

7 La desnudez de tu padre, ó la desnudez de tu madre, no descubrirás: tu madre es, no descubrirás su desnudez.

8 La desnudez de la mujer de tu padre no descubrirás: es la desnudez de tu padre.

9 La desnudez de tu hermana, hija de tu padre, ó hija de tu madre, nacida en casa ó nacida fuera, su desnudez no descubrirás.

10 La desnudez de la hija de tu hijo, ó de la hija de tu hija, su desnudez no descubrirás, porque es la desnudez tuya.

11 La desnudez de la hija de la mujer de tu padre, engendrada de tu padre, tu hermana es, su desnudez no descubrirás.

12 La desnudez de la hermana de tu padre no descubrirás: es parienta de tu padre.

13 La desnudez de la hermana de tu madre no descubrirás: porque parienta de tu madre es.

14 La desnudez del hermano de tu padre no descubrirás: no llegarás á su mujer: es mujer del hermano de tu padre.

15 La desnudez de tu nuera no descubrirás: mujer es de tu hijo, no descubrirás su desnudez.

16 La desnudez de la mujer de tu hermano no descubrirás: es la desnudez de tu hermano.

17 La desnudez de la mujer y de su hija no descubrirás: no tomarás la hija de su hijo, ni la hija de su hija, para descubrir su desnudez: son parientas, es maldad.

18 No tomarás mujer juntamente con su hermana, para hacerla su rival, descubriendo su desnudez delante de ella en su vida.

19 Y no llegarás á la mujer en el apartamiento de su inmundicia, para descubrir su desnudez.

20 Además, no tendrás acto carnal con la mujer de tu prójimo, contaminándote en ella.

21 Y no des de tu simiente para hacerla pasar por el fuego á Moloch; no contamines el nombre de tu Dios: Yo Jehová.

22 No te echarás con varón como con mujer: es abominación.

23 Ni con ningún animal tendrás ayuntamiento amancillándote con él; ni mujer alguna se pondrá delante de animal para ayuntarse con él: es confusión.

24 En ninguna de estas cosas os amancillaréis; porque en todas estas cosas se han ensuciado las gentes que yo echo de delante de vosotros:

25 Y la tierra fue contaminada; y yo visité su maldad sobre ella, y la tierra vomitó sus moradores.

26 Guardad, pues, vosotros mis estatutos y mis derechos, y no hagáis ninguna de todas estas abominaciones: ni el natural ni el extranjero que peregrina entre vosotros.

27 (Porque todas estas abominaciones hicieron los hombres de la tierra, que fueron antes de vosotros, y la tierra fue contaminada:)

28 Y la tierra no os vomitará, por haberla contaminado, como vomitó á la gente que fué antes de vosotros.

29 Porque cualquiera que hiciere alguna de todas estas abominaciones, las personas que las hicieren, serán cortadas de entre su pueblo.

30 Guardad, pues, mi ordenanza, no haciendo de las prácticas abominables que tuvieron lugar antes de vosotros, y no os ensuciéis en ellas: Yo Jehová vuestro Dios.

19 Y habló Jehová á Moisés, diciendo:
2 Habla á toda la congregación de los hijos de Israel, y diles: Santos seréis, porque santo soy yo Jehová vuestro Dios.

3 Cada uno temerá á su madre y á su padre, y mis sábados guardaréis: Yo Jehová vuestro Dios.

4 No os volveréis á los ídolos, ni haréis para vosotros dioses de fundición: Yo Jehová vuestro Dios.

5 Y cuando sacrificareis sacrificio de paces á Jehová, de vuestra voluntad lo sacrificaréis.

6 Será comido el día que lo sacrificareis, y el siguiente día: y lo que quedare para el tercer día, será quemado en el fuego.

7 Y si se comiere el día tercero, será abominación; no será acepto:

8 Y el que lo comiere, llevará su delito, por cuanto profanó lo santo de Jehová; y la tal persona será cortada de sus pueblos.

9 Cuando segareis la mies de vuestra tierra, no acabarás de segar el rincón de tu haza, ni espigarás tu tierra segada.

10 Y no rebuscarás tu viña, ni recogerás los granos caídos de tu viña; para el pobre y para el extranjero los dejarás: Yo Jehová vuestro Dios.

11 No hurtaréis, y no engañaréis, ni mentiréis ninguno á su prójimo.

12 Y no juraréis en mi nombre con mentira, ni profanarás el nombre de tu Dios: Yo Jehová.

13 No oprimirás á tu prójimo, ni le robarás. No se detendrá el trabajo del jornalero en tu casa hasta la mañana.

14 No maldigas al sordo, y delante del ciego no pongas tropiezo, mas tendrás temor de tu Dios: Yo Jehová.

15 No harás agravio en el juicio: no tendrás respeto al pobre, ni honrarás la cara del grande: con justicia juzgarás á tu prójimo.

16 No andarás chismeando en tus pueblos. No te pondrás contra la sangre de tu prójimo: Yo Jehová.

17 No aborrecerás á tu hermano en tu corazón: ingenuamente reprenderás á tu prójimo, y no consentirás sobre él pecado.

18 No te vengarás, ni guardarás rencor á los hijos de tu pueblo: mas amarás á tu prójimo como á ti mismo: Yo Jehová.

19 Mis estatutos guardaréis. A tu animal no harás ayuntar para misturas; tu haza no sembrarás con mistura de semillas, y no te pondrás vestidos con mezcla de diversas cosas.

20 Y cuando un hombre tuviere cópula con mujer, y ella fuere sierva desposada con alguno, y no estuviere rescatada, ni le hubiere sido dada libertad, ambos serán azotados: no morirán, por cuanto ella no es libre.

21 Y él traerá á Jehová, á la puerta del tabernáculo del testimonio, un carnero en expiación por su culpa.

22 Y con el carnero de la expiación lo reconciliará el sacerdote delante de Jehová, por su pecado que cometió: y se le perdonará su pecado que ha cometido.

23 Y cuando hubiereis entrado en la tierra, y plantareis todo árbol de comer, quitaréis su prepucio, lo primero de su fruto: tres años os será incircunciso: su fruto no se comerá.

24 Y el cuarto año todo su fruto será santidad de loores á Jehová.

25 Mas al quinto año comeréis el fruto de él, para que os haga crecer su fruto: Yo Jehová vuestro Dios.

26 No comeréis cosa alguna con sangre. No seréis agoreros, ni adivinaréis.

27 No cortaréis en redondo las extremidades de vuestras cabezas, ni dañarás la punta de tu barba.

28 Y no haréis rasguños en vuestra carne por un muerto, ni imprimiréis en vosotros señal alguna: Yo Jehová.

29 No contaminarás tu hija haciéndola fornicar: porque no se prostituya la tierra, y se hincha de maldad.

30 Mis sábados guardaréis, y mi santuario tendréis en reverencia: Yo Jehová.

31 No os volváis á los encantadores y á los adivinos: no los consultéis ensuciándoos con ellos: Yo Jehová vuestro Dios.

32 Delante de las canas te levantarás, y honrarás el rostro del anciano, y de tu Dios tendrás temor: Yo Jehová.

33 Y cuando el extranjero morare contigo en vuestra tierra, no le oprimiréis.

34 Como á un natural de vosotros tendréis al extranjero que peregrinare entre vosotros; y ámalo como á ti mismo; porque peregrinos fuisteis en la tierra de Egipto: Yo Jehová vuestro Dios.

35 No hagáis agravio en juicio, en medida de tierra, ni en peso, ni en otra medida.

36 Balanzas justas, pesas justas, epha justo, é hin justo tendréis: Yo Jehová vuestro Dios, que os saqué de la tierra de Egipto.

37 Guardad pues todos mis estatutos, y todos mis derechos, y ponedlos por obra: Yo Jehová.

20 Yhabló Jehová á Moisés diciendo:

2 Dirás asimismo á los hijos de Israel: Cualquier varón de los hijos de Israel, ó de los extranjeros que peregrinan en Israel, que diere de su simiente á Moloch, de seguro morirá: el pueblo de la tierra lo apedreará con piedras.

3 Y yo pondré mi rostro contra el tal varón, y lo cortaré de entre su pueblo; por cuanto dió de su simiente á Moloch, contaminando mi santuario, y amancillando mi santo nombre.

4 Que si escondiere el pueblo de la tierra sus ojos de aquel varón que hubiere dado de su simiente á Moloch, para no matarle,

5 Entonces yo pondré mi rostro contra aquel varón, y contra su familia, y le cortaré de entre su pueblo, con todos los que fornicaron en pos de él, prostituyéndose con Moloch.

6 Y la persona que atendiere á encantadores ó adivinos, para prostituirse tras de ellos, yo pondré mi rostro contra la tal persona, y cortaréla de entre su pueblo.

7 Santificaos, pues, y sed santos, porque yo Jehová soy vuestro Dios.

8 Y guardad mis estatutos, y ponedlos por obra: Yo Jehová que os santifico.

9 Porque varón que maldijere á su padre ó á su madre, de cierto morirá: á su padre ó á su madre maldijo; su sangre será sobre él.

10 Y el hombre que adulterare con la mujer de otro, el que cometiere adulterio con la mujer de su prójimo, indefectiblemente se hará morir al adúltero y á la adúltera.

11 Y cualquiera que se echare con la mujer de su padre, la desnudez de su padre descubrió; ambos han de ser muertos; su sangre será sobre ellos.

12 Y cualquiera que durmiere con su nuera, ambos han de morir: hicieron confusión; su sangre será sobre ellos.

13 Y cualquiera que tuviere ayuntamiento con varón como con mujer, abominación hicieron: entrambos han de ser muertos; sobre ellos será su sangre.

14 Y el que tomare mujer y á la madre de ella, comete vileza: quemarán en fuego á él y á ellas, porque no haya vileza entre vosotros.

15 Y cualquiera que tuviere cópula con bestia, ha de ser muerto; y mataréis á la bestia.

16 Y la mujer que se allegare á algún animal, para tener ayuntamiento con él, á la mujer y al animal matarás: morirán infaliblemente; será su sangre sobre ellos.

17 Y cualquiera que tomare á su hermana, hija de su padre ó hija de su madre, y viere su desnudez, y ella viere la suya, cosa es execrable; por tanto serán muertos á ojos de los hijos de su pueblo: descubrió la desnudez de su hermana; su pecado llevará.

18 Y cualquiera que durmiere con mujer menstruosa, y descubriere su desnudez, su fuente descubrió, y ella descubrió la fuente de su sangre: ambos serán cortados de entre su pueblo.

19 La desnudez de la hermana de tu madre, ó de la hermana de tu padre, no descubrirás: por cuanto descubrió su parienta, su iniquidad llevarán.

20 Y cualquiera que durmiere con la mujer del hermano de su padre, la desnudez del hermano de su padre descubrió; su pecado llevarán; morirán sin hijos.

21 Y el que tomare la mujer de su hermano, es suciedad; la desnudez de su hermano descubrió; sin hijos serán.

22 Guardad, pues, todos mis estatutos y todos mis derechos, y ponedlos por obra: y no os vomitará la tierra, en la cual yo os introduzco para que habitéis en ella.

23 Y no andéis en las prácticas de la gente que yo echaré de

delante de vosotros: porque ellos hicieron todas estas cosas, y los tuve en abominación.

24 Empero á vosotros os he dicho: Vosotros poseeréis la tierra de ellos, y yo os la daré para que la poseáis por heredad, tierra que fluye leche y miel: Yo Jehová vuestro Dios, que os he apartado de los pueblos.

25 Por tanto, vosotros haréis diferencia entre animal limpio é inmundo, y entre ave inmunda y limpia: y no ensuciéis vuestras personas en los animales, ni en las aves, ni en ninguna cosa que va arrastrando por la tierra, las cuales os he apartado por inmundas.

26 Habéis, pues, de serme santos, porque yo Jehová soy santo, y os he apartado de los pueblos, para que seáis míos.

27 Y el hombre ó la mujer en quienes hubiere espíritu phitónico ó de adivinación, han de ser muertos: los apedrearán con piedras; su sangre sobre ellos.

21 Y Jehová dijo á Moisés: Habla á los sacerdotes hijos de Aarón, y diles que no se contaminen por un muerto en sus pueblos.

2 Mas por su pariente cercano á sí, por su madre, ó por su padre, ó por su hijo, ó por su hermano,

3 O por su hermana virgen, á él cercana, la cual no haya tenido marido, por ella se contaminará.

4 No se contaminará, porque es príncipe en sus pueblos, haciéndose inmundo.

5 No harán calva en su cabeza, ni raerán la punta de su barba, ni en su carne harán rasguños.

6 Santos serán á su Dios, y no profanarán el nombre de su Dios; porque los fuegos de Jehová y el pan de su Dios ofrecen: por tanto serán santos.

7 Mujer ramera ó infame no tomarán: ni tomarán mujer repudiada de su marido: porque es santo á su Dios.

8 Lo santificarás por tanto, pues el pan de tu Dios ofrece: santo será para ti, porque santo soy yo Jehová vuestro santificador.

9 Y la hija del varón sacerdote, si comenzare á fornicar, á su padre amancilla: quemada será al fuego.

10 Y el sumo sacerdote entre sus hermanos, sobre cuya cabeza fué derramado el aceite de la unción, y que hinchió su mano para vestir las vestimentas, no descubrirá su cabeza, ni romperá sus vestidos:

11 Ni entrará donde haya alguna persona muerta, ni por su padre, ó por su madre se contaminará.

12 Ni saldrá del santuario, ni contaminará el santuario de su Dios; porque la corona del aceite de la unción de su Dios está sobre él: Yo Jehová.

13 Y tomará él mujer con su virginidad.

14 Viuda, ó repudiada, ó infame, ó ramera, éstas no tomará: mas tomará virgen de sus pueblos por mujer.

15 Y no amancillará su simiente en sus pueblos, porque yo Jehová soy el que los santifico.

16 Y Jehová habló á Moisés, diciendo:

17 Habla á Aarón, y dile: El varón de tu simiente en sus generaciones, en el cual hubiere falta, no se allegará para ofrecer el pan de su Dios.

18 Porque ningún varón en el cual hubiere falta, se allegará: varón ciego, ó cojo, ó falto, ó sobrado,

19 O varón en el cual hubiere quebradura de pie ó rotura de mano,

20 O corcobado, ó lagañoso, ó que tuviere nube en el ojo, ó que tenga sarna, ó empeine, ó compañón relajado;

21 Ningún varón de la simiente de Aarón sacerdote, en el cual hubiere falta, se allegará para ofrecer las ofrendas encendidas de Jehová. Hay falta en él; no se allegará á ofrecer el pan de su Dios.

22 El pan de su Dios, de lo muy santo y las cosas santificadas, comerá.

23 Empero no entrará del velo adentro, ni se allegará al altar, por cuanto hay falta en él: y no profanará mi santuario, porque yo Jehová soy el que los santifico.

24 Y Moisés habló esto á Aarón, y á sus hijos, y á todos los hijos de Israel.

22 Yhabló Jehová á Moisés, diciendo:

2 Di á Aarón y á sus hijos, que se abstengan de las santificaciones de los hijos de Israel, y que no profanen mi santo nombre en lo que ellos me santifican: Yo Jehová.

3 Diles: Todo varón de toda vuestra simiente en vuestras generaciones que llegare á las cosas sagradas, que los hijos de Israel consagran á Jehová, teniendo inmundicia sobre sí, de delante de mí será cortada su alma: Yo Jehová.

4 Cualquier varón de la simiente de Aarón que fuere leproso, ó padeciere flujo, no comerá de las cosas sagradas hasta que esté limpio: y el que tocare cualquiera cosa inmunda de mortecino, ó el varón del cual hubiere salido derramamiento de semen;

5 O el varón que hubiere tocado cualquier reptil, por el cual será inmundo, ú hombre por el cual venga á ser inmundo, conforme á cualquiera inmundicia suya;

6 La persona que lo tocare, será inmunda hasta la tarde, y no comerá de las cosas sagradas antes que haya lavado su carne con agua.

7 Y cuando el sol se pusiere, será limpio; y después comerá las cosas sagradas, porque su pan es.

8 Mortecino ni despedazado por fiera no comerá, para contaminarse en ello: Yo Jehová.

9 Guarden, pues, mi ordenanza, y no lleven pecado por ello, no sea que así mueran cuando la profanaren: Yo Jehová que los santifico.

10 Ningún extraño comerá cosa sagrada; el huésped del sacerdote, ni el jornalero, no comerá cosa sagrada.

11 Mas el sacerdote, cuando comprare persona de su dinero, ésta comerá de ella, y el nacido en su casa: estos comerán de su pan.

12 Empero la hija del sacerdote, cuando se casare con varón extraño, ella no comerá de la ofrenda de las cosas sagradas.

13 Pero si la hija del sacerdote fuere viuda, ó repudiada, y no tuviere prole, y se hubiere vuelto á la casa de su padre, como en su mocedad, comerá del pan de su padre; mas ningún extraño coma de él.

14 Y el que por yerro comiere cosa sagrada, añadirá á ella su quinto, y darálo al sacerdote con la cosa sagrada.

15 No profanarán, pues, las cosas santas de los hijos de Israel, las cuales apartan para Jehová:

16 Y no les harán llevar la iniquidad del pecado, comiendo las cosas santas de ellos: porque yo Jehová soy el que los santifico.

17 Y habló Jehová á Moisés, diciendo:

18 Habla á Aarón y á sus hijos, y á todos los hijos de Israel, y diles: Cualquier varón de la casa de Israel, ó de los extranjeros en Israel, que ofreciere su ofrenda por todos sus votos, y por todas sus voluntarias oblaciones que ofrecieren á Jehová en holocausto;

19 De vuestra voluntad ofreceréis macho sin defecto de entre las vacas, de entre los corderos, ó de entre las cabras.

20 Ninguna cosa en que haya falta ofreceréis, porque no será acepto por vosotros.

21 Asimismo, cuando alguno ofreciere sacrificio de paces á Jehová para presentar voto, ú ofreciendo voluntariamente, sea de vacas ó de ovejas, sin tacha será acepto; no ha de haber en él falta.

22 Ciego, ó perniquebrado, ó mutilado, ó verrugoso, ó sarnoso ó roñoso, no ofreceréis éstos á Jehová, ni de ellos pondréis ofrenda encendida sobre el altar de Jehová.

23 Buey ó carnero que tenga de más ó de menos, podrás ofrecer por ofrenda voluntaria; mas por voto no será acepto.

24 Herido ó magullado, rompido ó cortado, no ofreceréis á Jehová, ni en vuestra tierra lo haréis.

25 Y de mano de hijo de extranjero no ofreceréis el pan de vuestro Dios de todas estas cosas; porque su corrupción está en ellas: hay en ellas falta, no se os aceptarán.

26 Y habló Jehová á Moisés, diciendo:

27 El buey, ó el cordero, ó la cabra, cuando naciere, siete días estará mamando de su madre: mas desde el octavo día en adelante será acepto para ofrenda de sacrificio encendido á Jehová.

28 Y sea buey ó carnero, no degollaréis en un día á él y á su hijo.

29 Y cuando sacrificareis sacrificio de hacimiento de gracias á Jehová, de vuestra voluntad lo sacrificaréis.

30 En el mismo día se comerá; no dejaréis de él para otro día: Yo Jehová.

31 Guardad pues mis mandamientos, y ejecutadlos: Yo Jehová.

32 Y no amancilléis mi santo nombre, y yo me santificaré en medio de los hijos de Israel: Yo Jehová que os santifico.

33 Que os saqué de la tierra de Egipto, para ser vuestro Dios: Yo Jehová.

23 Y habló Jehová á Moisés, diciendo:

2 Habla á los hijos de Israel, y diles: Las solemnidades de Jehová, las cuales proclamaréis santas convocaciones, aquestas serán mis solemnidades.

3 Seis días se trabajará, y el séptimo día sábado de reposo será, convocación santa: ninguna obra haréis; sábado es de Jehová en todas vuestras habitaciones.

4 Estas son las solemnidades de Jehová, las convocaciones santas, á las cuales convocaréis en sus tiempos.

5 En el mes primero, á los catorce del mes, entre las dos tardes, pascua es de Jehová.

6 Y á los quince días de este mes es la solemnidad de los ázimos á Jehová: siete días comeréis ázimos.

7 El primer día tendréis santa convocación: ninguna obra servil haréis.

8 Y ofreceréis á Jehová siete días ofrenda encendida: el séptimo día santa convocación; ninguna obra servil haréis.

9 Y habló Jehová á Moisés, diciendo:

10 Habla á los hijos de Israel, y diles: Cuando hubiereis entrado en la tierra que yo os doy, y segareis su mies, traeréis al sacerdote un omer por primicia de los primeros frutos de vuestra siega;

11 El cual mecerá el omer delante de Jehová, para que seáis aceptos: el siguiente día del sábado lo mecerá el sacerdote.

12 Y el día que ofrezcáis el omer, ofreceréis un cordero de un año, sin defecto, en holocausto á Jehová.

13 Y su presente será dos décimas de flor de harina amasada con aceite, ofrenda encendida á Jehová en olor suavísimo; y su libación de vino, la cuarta parte de un hin.

14 Y no comeréis pan, ni grano tostado, ni espiga fresca, hasta este mismo día, hasta que hayáis ofrecido la ofrenda de vuestro Dios; estatuto perpetuo es por vuestras edades en todas vuestras habitaciones.

15 Y os habéis de contar desde el siguiente día del sábado, desde el día que ofrecisteis el omer de la ofrenda mecida; siete semanas cumplidas serán;

16 Hasta el siguiente día del sábado séptimo contaréis cincuenta días; entonces ofreceréis nuevo presente á Jehová.

17 De vuestras habitaciones traeréis dos panes para ofrenda mecida, que serán de dos décimas de flor de harina, cocidos con levadura, por primicias á Jehová.

18 Y ofreceréis con el pan siete corderos de un año sin defecto, y un becerro de la vacada y dos carneros: serán holocausto á Jehová, con su presente y sus libaciones; ofrenda encendida de suave olor á Jehová.

19 Ofreceréis además un macho de cabrío por expiación; y dos corderos de un año en sacrificio de paces.

20 Y el sacerdote los mecerá en ofrenda agitada delante de Jehová, con el pan de las primicias, y los dos corderos: serán cosa sagrada de Jehová para el sacerdote.

21 Y convocaréis en este mismo día; os será santa convocación: ninguna obra servil haréis: estatuto perpetuo en todas vuestras habitaciones por vuestras edades.

22 Y cuando segareis la mies de vuestra tierra, no acabarás de segar el rincón de tu haza, ni espigarás tu siega; para el pobre, y para el extranjero la dejarás: Yo Jehová vuestro Dios.

23 Y habló Jehová á Moisés, diciendo:

24 Habla á los hijos de Israel, y diles: En el mes séptimo, al primero del mes tendréis sábado, una conmemoración al son de trompetas, y una santa convocación.

25 Ninguna obra servil haréis; y ofreceréis ofrenda encendida á Jehová.

26 Y habló Jehová á Moisés, diciendo:

27 Empero á los diez de este mes séptimo será el día de las expiaciones: tendréis santa convocación, y afligiréis vuestras almas, y ofreceréis ofrenda encendida á Jehová.

28 Ninguna obra haréis en este mismo día; porque es día de expiaciones, para reconciliaros delante de Jehová vuestro Dios.

29 Porque toda persona que no se afligiere en este mismo día, será cortada de sus pueblos.

30 Y cualquiera persona que hiciere obra alguna en este mismo día, yo destruiré la tal persona de entre su pueblo.

31 Ninguna obra haréis: estatuto perpetuo es por vuestras edades en todas vuestras habitaciones.

32 Sábado de reposo será á vosotros, y afligiréis vuestras almas, comenzando á los nueve del mes en la tarde: de tarde á tarde holgaréis vuestro sábado.

33 Y habló Jehová á Moisés, diciendo:

34 Habla á los hijos de Israel, y diles: A los quince días de este mes séptimo será la solemnidad de las cabañas á Jehová por siete días.

35 El primer día habrá santa convocación: ninguna obra servil haréis.

36 Siete días ofreceréis ofrenda encendida á Jehová: el octavo día tendréis santa convocación, y ofreceréis ofrenda encendida á Jehová: es fiesta: ninguna obra servil haréis.

37 Estas son las solemnidades de Jehová, á las que convocaréis santas reuniones, para ofrecer ofrenda encendida a Jehová, holocausto y presente, sacrificio y libaciones, cada cosa en su tiempo:

38 Además de los sábados de Jehová y además de vuestros dones, y á más de todos vuestros votos, y además de todas vuestras ofrendas voluntarias, que daréis á Jehová.

39 Empero á los quince del mes séptimo, cuando hubiereis allegado el fruto de la tierra, haréis fiesta á Jehová por siete días: el primer día será sábado; sábado será también el octavo día.

40 Y tomaréis el primer día gajos con fruto de árbol hermoso, ramos de palmas, y ramas de árboles espesos, y sauces de los arroyos; y os regocijaréis delante de Jehová vuestro Dios por siete días.

41 Y le haréis fiesta á Jehová por siete días cada un año; será estatuto perpetuo por vuestras edades; en el mes séptimo la haréis.

42 En cabañas habitaréis siete días: todo natural de Israel habitará en cabañas;

43 Para que sepan vuestros descendientes que en cabañas hice yo habitar á los hijos de Israel, cuando los saqué de la tierra de Egipto: Yo Jehová vuestro Dios.

44 Así habló Moisés á los hijos de Israel sobre las solemnidades de Jehová.

24 Y habló Jehová á Moisés, diciendo:

2 Manda á los hijos de Israel que te traigan aceite de olivas claro, molido, para la luminaria, para hacer arder las lámparas de continuo.

3 Fuera del velo del testimonio, en el tabernáculo del testimonio, las aderezará Aarón desde la tarde hasta la mañana delante de Jehová, de continuo: estatuto perpetuo por vuestras edades.

4 Sobre el candelero limpio pondrá siempre en orden las lámparas delante de Jehová.

5 Y tomarás flor de harina, y cocerás de ella doce tortas: cada torta será de dos décimas.

6 Y has de ponerlas en dos órdenes, seis en cada orden, sobre la mesa limpia delante de Jehová.

7 Pondrás también sobre cada orden incienso limpio, y será para el pan por perfume, ofrenda encendida á Jehová.

8 Cada día de sábado lo pondrá de continuo en orden delante de Jehová, de los hijos de Israel por pacto sempiterno.

9 Y será de Aarón y de sus hijos, los cuales lo comerán en el lugar santo; porque es cosa muy santa para él, de las ofrendas encendidas á Jehová, por fuero perpetuo.

10 En aquella sazón el hijo de una mujer Israelita, el cual era hijo de un Egipcio, salió entre los hijos de Israel; y el hijo de la Israelita y un hombre de Israel riñeron en el real:

11 Y el hijo de la mujer Israelita pronunció el Nombre, y maldijo: entonces le llevaron á Moisés. Y su madre se llamaba Selomith, hija de Dribi, de la tribu de Dan.

12 Y pusiéronlo en la cárcel, hasta que les fuese declarado por palabra de Jehová.

13 Y Jehová habló á Moisés, diciendo:

14 Saca al blasfemo fuera del real, y todos los que le oyeron pongan sus manos sobre la cabeza de él, y apedréelo toda la congregación.

15 Y á los hijos de Israel hablarás, diciendo: Cualquiera que maldijere á su Dios, llevará su iniquidad.

16 Y el que blasfemare el nombre de Jehová, ha de ser muerto; toda la congregación lo apedreará: así el extranjero como el natural, si blasfemare el Nombre, que muera.

17 Asimismo el hombre que hiere de muerte á cualquiera persona, que sufra la muerte.

18 Y el que hiere á algún animal ha de restituirlo: animal por animal.

19 Y el que causare lesión en su prójimo, según hizo, así le sea hecho:

20 Rotura por rotura, ojo por ojo, diente por diente: según la lesión que habrá hecho á otro, tal se hará á él.

21 El que hiere algún animal, ha de restituirlo; mas el que hiere de muerte á un hombre, que muera.

22 Un mismo derecho tendréis: como el extranjero, así será el natural: porque yo soy Jehová vuestro Dios.

23 Y habló Moisés á los hijos de Israel, y ellos sacaron al blasfemo fuera del real, y apedreáronlo con piedras. Y los hijos de Israel hicieron según que Jehová había mandado á Moisés.

25 Y Jehová habló á Moisés en el monte de Sinaí, diciendo:

2 Habla á los hijos de Israel, y diles: Cuando hubiereis entrado en la tierra que yo os doy, la tierra hará sábado á Jehová.

3 Seis años sembrarás tu tierra, y seis años podarás tu viña, y cogerás sus frutos;

4 Y el séptimo año la tierra tendrá sábado de holganza, sábado á Jehová: no sembrarás tu tierra, ni podarás tu viña.

5 Lo que de suyo se naciere en tu tierra segada, no lo segarás; y las uvas de tu viñedo no vendimiarás: año de holganza será á la tierra.

6 Mas el sábado de la tierra os será para comer á ti, y á tu siervo, y á tu sierva, y á tu criado, y á tu extranjero que morare contigo:

7 Y á tu animal, y á la bestia que hubiere en tu tierra, será todo el fruto de ella para comer.

8 Y te has de contar siete semanas de años, siete veces siete años; de modo que los días de las siete semanas de años vendrán á serte cuarenta y nueve años.

9 Entonces harás pasar la trompeta de jubilación en el mes séptimo á los diez del mes; el día de la expiación haréis pasar la trompeta por toda vuestra tierra.

10 Y santificaréis el año cincuenta, y pregonaréis libertad en la tierra á todos sus moradores: este os será jubileo; y volveréis cada uno á su posesión, y cada cual volverá á su familia.

11 El año de los cincuenta años os será jubileo: no sembraréis, ni segaréis lo que naciere de suyo en la tierra, ni vendimiaréis sus viñedos.

12 Porque es jubileo: santo será á vosotros; el producto de la tierra comeréis.

13 En este año de jubileo volveréis cada uno á su posesión.

14 Y cuando vendiereis algo á vuestro prójimo, ó comprareis de mano de vuestro prójimo, no engañe ninguno á su hermano:

15 Conforme al número de los años después del jubileo comprarás de tu prójimo; conforme al número de los años de los frutos te venderá él á ti.

16 Conforme á la multitud de los años aumentarás el precio, y conforme á la disminución de los años disminuirás el precio; porque según el número de los rendimientos te ha de vender él.

17 Y no engañe ninguno á su prójimo; mas tendrás temor de tu Dios: porque yo soy Jehová vuestro Dios.

18 Ejecutad, pues, mis estatutos, y guardad mis derechos, y ponedlos por obra, y habitaréis en la tierra seguros;

19 Y la tierra dará su fruto, y comeréis hasta hartura, y habitaréis en ella con seguridad.

20 Y si dijereis: ¿Qué comeremos el séptimo año? he aquí no hemos de sembrar, ni hemos de coger nuestros frutos:

21 Entonces yo os enviaré mi bendición en el sexto año, y hará fruto por tres años.

22 Y sembraréis el año octavo, y comeréis del fruto añejo; hasta el año noveno, hasta que venga su fruto comeréis del añejo.

23 Y la tierra no se venderá rematadamente, porque la tierra mía es; que vosotros peregrinos y extranjeros sois para conmigo.

24 Por tanto, en toda la tierra de vuestra posesión, otorgaréis redención á la tierra.

25 Cuando tu hermano empobreciere, y vendiere algo de su posesión, vendrá el rescatador, su cercano, y rescatará lo que su hermano hubiere vendido.

26 Y cuando el hombre no tuviere rescatador, si alcanzare su mano, y hallare lo que basta para su rescate;

27 Entonces contará los años de su venta, y pagará lo que quedare al varón á quien vendió, y volverá á su posesión.

28 Mas si no alcanzare su mano lo que basta para que vuelva á él, lo que vendió estará en poder del que lo compró hasta el año del jubileo; y al jubileo saldrá, y él volverá á su posesión.

29 Y el varón que vendiere casa de morada en ciudad cercada, tendrá facultad de redimirla hasta acabarse el año de su venta: un año será el término de poderse redimir.

30 Y si no fuere redimida dentro de un año entero, la casa que estuviere en la ciudad murada quedará para siempre por de aquel que la compró, y para sus descendientes: no saldrá en el jubileo.

31 Mas las casas de las aldeas que no tienen muro alrededor, serán estimadas como una haza de tierra: tendrán redención, y saldrán en el jubileo.

32 Pero en cuanto á las ciudades de los Levitas, siempre podrán redimir los Levitas las casas de las ciudades que poseyeren.

33 Y el que comprare de los Levitas, saldrá de la casa vendida, ó de la ciudad de su posesión, en el jubileo: por cuanto las casas de las ciudades de los Levitas es la posesión de ellos entre los hijos de Israel.

34 Mas la tierra del ejido de sus ciudades no se venderá, porque es perpetua posesión de ellos.

35 Y cuando tu hermano empobreciere, y se acogiere á ti, tú lo ampararás: como peregrino y extranjero vivirá contigo.

36 No tomarás usura de él, ni aumento; mas tendrás temor de tu Dios, y tu hermano vivirá contigo.

37 No le darás tu dinero á usura, ni tu vitualla á ganancia:

38 Yo Jehová vuestro Dios, que os saqué de la tierra de Egipto, para daros la tierra de Canaán, para ser vuestro Dios.

39 Y cuando tu hermano empobreciere, estando contigo, y se vendiere á ti, no le harás servir como siervo:

40 Como criado, como extranjero estará contigo; hasta el año del jubileo te servirá.

41 Entonces saldrá de contigo, él y sus hijos consigo, y volverá á su familia, y á la posesión de sus padres se restituirá.

42 Porque son mis siervos, los cuales saqué yo de la tierra de Egipto: no serán vendidos á manera de siervos.

43 No te enseñorearás de él con dureza, mas tendrás temor de tu Dios.

44 Así tu siervo como tu sierva que tuvieres, serán de las gentes que están en vuestro alrededor: de ellos compraréis siervos y siervas.

45 También compraréis de los hijos de los forasteros que viven entre vosotros, y de los que del linaje de ellos son nacidos en vuestra tierra, que están con vosotros; los cuales tendréis por posesión:

46 Y los poseeréis por juro de heredad para vuestros hijos después de vosotros, como posesión hereditaria; para siempre os serviréis de ellos; empero en vuestros hermanos los hijos de Israel, no os enseñorearéis cada uno sobre su hermano con dureza.

47 Y si el peregrino ó extranjero que está contigo, adquiriese medios, y tu hermano que está con él empobreciere, y se vendiere al peregrino ó extranjero que está contigo, ó á la raza de la familia del extranjero;

48 Después que se hubiere vendido, podrá ser rescatado: uno de sus hermanos lo rescatará;

49 O su tío, ó el hijo de su tío lo rescatará, ó el cercano de su carne, de su linaje, lo rescatará; ó si sus medios alcanzaren, él mismo se redimirá.

50 Y contará con el que lo compró, desde el año que se vendió á él hasta el año del jubileo: y ha de apreciarse el dinero de su venta conforme al número de los años, y se hará con él conforme al tiempo de un criado asalariado.

51 Si aún fueren muchos años, conforme á ellos volverá para su rescate del dinero por el cual se vendió.

52 Y si quedare poco tiempo hasta el año del jubileo, entonces contará con él, y devolverá su rescate conforme á sus años.

53 Como con tomado á salario anualmente hará con él: no se enseñoreará en él con aspereza delante de tus ojos.

54 Mas si no se redimiere en esos años, en el año del jubileo saldrá, él, y sus hijos con él.

55 Porque mis siervos son los hijos de Israel; son siervos míos, á los cuales saqué de la tierra de Egipto: Yo Jehová vuestro Dios.

26 No haréis para vosotros ídolos, ni escultura, ni os levantaréis estatua, ni pondréis en vuestra tierra piedra pintada para inclinaros á ella: porque yo soy Jehová vuestro Dios.

2 Guardad mis sábados, y tened en reverencia mi santuario: Yo Jehová.

3 Si anduviereis en mis decretos, y guardareis mis mandamientos, y los pusiereis por obra;

4 Yo daré vuestra lluvia en su tiempo, y la tierra rendirá sus producciones, y el árbol del campo dará su fruto:

5 Y la trilla os alcanzará á la vendimia, y la vendimia alcanzará á la sementera, y comeréis vuestro pan en hartura y habitaréis seguros en vuestra tierra.

6 Y daré paz en la tierra, y dormiréis, y no habrá quien os espante: y haré quitar las malas bestias de vuestra tierra, y no pasará por vuestro país la espada:

7 Y perseguiréis á vuestros enemigos, y caerán á cuchillo delante de vosotros:

8 Y cinco de vosotros perseguirán á ciento, y ciento de vosotros perseguirán á diez mil, y vuestros enemigos caerán á cuchillo delante de vosotros.

9 Porque yo me volveré á vosotros, y os haré crecer, y os multiplicaré, y afirmaré mi pacto con vosotros:

10 Y comeréis lo añejo de mucho tiempo, y sacareis fuera lo añejo á causa de lo nuevo:

11 Y pondré mi morada en medio de vosotros, y mi alma no os abominará:

12 Y andaré entre vosotros, y yo seré vuestro Dios, y vosotros seréis mi pueblo.

13 Yo Jehová vuestro Dios, que os saqué de la tierra de Egipto, para que no fueseis sus siervos; y rompí las coyundas de vuestro yugo, y os he hecho andar el rostro alto.

14 Empero si no me oyereis, ni hiciereis todos estos mis mandamientos,

15 Y si abominareis mis decretos, y vuestra alma menospreciare mis derechos, no ejecutando todos mis mandamientos, é invalidando mi pacto;

16 Yo también haré con vosotros esto: enviaré sobre vosotros terror, extenuación y calentura, que consuman los ojos y atormenten el alma: y sembraréis en balde vuestra simiente, porque vuestros enemigos la comerán:

17 Y pondré mi ira sobre vosotros, y seréis heridos delante de vuestros enemigos; y los que os aborrecen se enseñorearán de vosotros, y huiréis sin que haya quien os persiga.

18 Y si aun con estas cosas no me oyereis, yo tornaré á castigaros siete veces más por vuestros pecados.

19 Y quebrantaré la soberbia de vuestra fortaleza, y tornaré vuestro cielo como hierro, y vuestra tierra como metal:

20 Y vuestra fuerza se consumirá en vano; que vuestra tierra no dará su esquilmo, y los árboles de la tierra no darán su fruto.

21 Y si anduviereis conmigo en oposición, y no me quisiereis oír, yo añadiré sobre vosotros siete veces más plagas según vuestros pecados.

22 Enviaré también contra vosotros bestias fieras que os arrebaten los hijos, y destruyan vuestros animales, y os apoquen, y vuestros caminos sean desiertos.

23 Y si con estas cosas no fuereis corregidos, sino que anduviereis conmigo en oposición,

24 Yo también procederé con vosotros, en oposición y os heriré aún siete veces por vuestros pecados:

25 Y traeré sobre vosotros espada vengadora, en vindicación del pacto; y os recogeréis á vuestras ciudades; mas yo enviaré pestilencia entre vosotros, y seréis entregados en mano del enemigo.

26 Cuando yo os quebrantare el arrimo del pan, cocerán diez mujeres vuestro pan en un horno, y os devolverán vuestro pan por peso; y comeréis, y no os hartaréis.

27 Y si con esto no me oyereis, mas procediereis conmigo en oposición,

28 Yo procederé con vosotros en contra y con ira, y os castigaré aún siete veces por vuestros pecados.

29 Y comeréis las carnes de vuestros hijos, y comeréis las carnes de vuestras hijas:

30 Y destruiré vuestros altos, y talaré vuestras imágenes, y pondré vuestros cuerpos muertos sobre los cuerpos muertos de vuestros ídolos, y mi alma os abominará:

31 Y pondré vuestras ciudades en desierto, y asolaré vuestros santuarios, y no oleré la fragancia de vuestro suave perfume.

32 Yo asolaré también la tierra, y se pasmarán de ella vuestros enemigos que en ella moran:

33 Y á vosotros os esparciré por las gentes, y desenvainaré espada en pos de vosotros: y vuestra tierra estará asolada, y yermas vuestras ciudades.

34 Entonces la tierra holgará sus sábados todos los días que estuviere asolada, y vosotros en la tierra de vuestros enemigos: la tierra descansará entonces y gozará sus sábados.

35 Todo el tiempo que estará asolada, holgará lo que no holgó en vuestros sábados mientras habitabais en ella.

36 Y á los que quedaren de vosotros infundiré en sus corazones tal cobardía, en la tierra de sus enemigos, que el sonido de una hoja movida los perseguirá, y huirán como de cuchillo, y caerán sin que nadie los persiga:

37 Y tropezarán los unos en los otros, como si huyeran delante de cuchillo, aunque nadie los persiga; y no podréis resistir delante de vuestros enemigos.

38 Y pereceréis entre las gentes, y la tierra de vuestros enemigos os consumirá.

39 Y los que quedaren de vosotros decaerán en las tierras de vuestros enemigos por su iniquidad; y por la iniquidad de sus padres decaerán con ellos:

40 Y confesarán su iniquidad, y la iniquidad de sus padres, por su prevaricación con que prevaricaron contra mí: y también porque anduvieron conmigo en oposición,

41 Yo también habré andado con ellos en contra, y los habré metido en la tierra de sus enemigos: y entonces se humillará su corazón incircunciso, y reconocerán su pecado;

42 Y yo me acordaré de mi pacto con Jacob, y asimismo de mi pacto con Isaac, y también de mi pacto con Abraham me acordaré; y haré memoria de la tierra.

43 Que la tierra estará desamparada de ellos, y holgará sus sábados, estando yerma á causa de ellos; mas entretanto se someterán al castigo de sus iniquidades: por cuanto menospreciaron mis derechos, y tuvo el alma de ellos fastidio de mis estatutos.

44 Y aun con todo esto, estando ellos en tierra de sus enemigos, yo no los desechar, ni los abominaré para consumirlos, invalidando mi pacto con ellos: porque yo Jehová soy su Dios.

45 Antes me acordaré de ellos por el pacto antiguo, cuando los saqué de la tierra de Egipto á los ojos de las gentes, para ser su Dios: Yo Jehová.

46 Estos son los decretos, derechos y leyes que estableció Jehová entre sí y los hijos de Israel en el monte de Sinaí por mano de Moisés.

27 Y habló Jehová á Moisés, diciendo:
2 Habla á los hijos de Israel, y diles: Cuando alguno hiciere especial voto á Jehová, según la estimación de las personas que se hayan de redimir, así será tu estimación:

3 En cuanto al varón de veinte años hasta sesenta, tu estimación será cincuenta siclos de plata, según el siclo del santuario.

4 Y si fuere hembra, la estimación será treinta siclos.

5 Y si fuere de cinco años hasta veinte, tu estimación será respecto al varón veinte siclos, y á la hembra diez siclos.

6 Y si fuere de un mes hasta cinco años, tu estimación será en orden al varón, cinco siclos de plata; y por la hembra será tu estimación tres siclos de plata.

7 Mas si fuere de sesenta años arriba, por el varón tu estimación será quince siclos, y por la hembra diez siclos.

8 Pero si fuere más pobre que tu estimación, entonces comparecerá ante el sacerdote, y el sacerdote le pondrá tasa: conforme á la facultad del votante le impondrá tasa el sacerdote.

9 Y si fuere animal de que se ofrece ofrenda á Jehová, todo lo que se diere de ello á Jehová será santo.

10 No será mudado ni trocado, bueno por malo, ni malo por bueno; y si se permutare un animal por otro, él y el dado por él en cambio serán sagrados.

11 Y si fuere algún animal inmundo, de que no se ofrece ofrenda á Jehová, entonces el animal será puesto delante del sacerdote:

12 Y el sacerdote lo apreciará, sea bueno ó sea malo; conforme á la estimación del sacerdote, así será.

13 Y si lo hubieren de redimir, añadirán su quinto sobre tu valuación.

14 Y cuando alguno santificare su casa consagrándola á Jehová, la apreciará el sacerdote, sea buena ó sea mala: según la apreciare el sacerdote, así quedará.

15 Mas si el santificante redimiere su casa, añadirá á tu valuación el quinto del dinero de ella, y será suya.

16 Y si alguno santificare de la tierra de su posesión á Jehová, tu estimación será conforme á su sembradura: un omer de sembradura de cebada se apreciará en cincuenta siclos de plata.

17 Y si santificare su tierra desde el año del jubileo, conforme á tu estimación quedará.

18 Mas si después del jubileo santificare su tierra, entonces el sacerdote hará la cuenta del dinero conforme á los años que quedaren hasta el año del jubileo, y se rebajará de tu estimación.

19 Y si el que santificó la tierra quisiere redimirla, añadirá á tu estimación el quinto del dinero de ella, y quedaráse para él.

20 Mas si él no redimiere la tierra, y la tierra se vendiere á otro, no la redimirá más;

21 Sino que cuando saliere en el jubileo, la tierra será santa á Jehová, como tierra consagrada: la posesión de ella será del sacerdote.

22 Y si santificare alguno á Jehová la tierra que él compró, que no era de la tierra de su herencia,

23 Entonces el sacerdote calculará con él la suma de tu estimación hasta el año del jubileo, y aquel día dará tu señalado precio, cosa consagrada á Jehová.

24 En el año del jubileo, volverá la tierra á aquél de quien él la compró, cuya es la herencia de la tierra.

25 Y todo lo que apreciares será conforme al siclo del santuario: el siclo tiene veinte óbolos.

26 Empero el primogénito de los animales, que por la primogenitura es de Jehová, nadie lo santificará; sea buey ú oveja, de Jehová es.

27 Mas si fuere de los animales inmundos, lo redimirán conforme á tu estimación, y añadirán sobre ella su quinto: y si no lo redimieren, se venderá conforme á tu estimación.

28 Pero ninguna cosa consagrada, que alguno hubiere santificado á Jehová de todo lo que tuviere, de hombres y animales, y de las tierras de su posesión, no se venderá, ni se redimirá: todo lo consagrado será cosa santísima á Jehová.

29 Cualquier anatema (cosa consagrada) de hombres que se consagrare no será redimido: indefectiblemente ha de ser muerto.

30 Y todas las décimas de la tierra, así de la simiente de la tierra como del fruto de los árboles, de Jehová son: es cosa consagrada á Jehová.

31 Y si alguno quisiere redimir algo de sus décimas, añadirá su quinto á ello.

32 Y toda décima de vacas ó de ovejas, de todo lo que pasa bajo la vara, la décima será consagrada á Jehová.

33 No mirará si es bueno ó malo, ni lo trocará: y si lo trocare, ello y su trueque serán cosas sagradas; no se redimirá.

34 Éstos son los mandamientos que ordenó Jehová á Moisés, para los hijos de Israel, en el monte de Sinaí.

LIBRO CUARTO DE MOISÉS
NÚMEROS

1 Y habló Jehová á Moisés en el desierto de Sinaí, en el tabernáculo del testimonio, en el primero del mes segundo, en el segundo año de su salida de la tierra de Egipto, diciendo:

2 Tomad el encabezamiento de toda la congregación de los hijos de Israel por sus familias, por las casas de sus padres, con la cuenta de los nombres, todos los varones por sus cabezas:

3 De veinte años arriba, todos los que pueden salir á la guerra en Israel, los contaréis tú y Aarón por sus cuadrillas.

4 Y estará con vosotros un varón de cada tribu, cada uno cabeza de la casa de sus padres.

5 Y estos son los nombres de los varones que estarán con vosotros: De la tribu de Rubén, Elisur hijo de Sedeur.

6 De Simeón, Selumiel hijo de Zurisaddai.

7 De Judá, Naasón hijo de Aminadab.

8 De Issachâr, Nathanael hijo de Suar.

9 De Zabulón, Eliab hijo de Helón.

10 De los hijos de José: de Ephraim, Elisama hijo de Ammiud; de Manasés, Gamaliel hijo de Pedasur.

11 De Benjamín, Abidán hijo de Gedeón.

12 De Dan, Ahiezer hijo de Ammisaddai.

13 De Aser, Phegiel hijo de Ocrán.

14 De Gad, Eliasaph hijo de Dehuel.

15 De Nephtalí, Ahira hijo de Enán.

16 Estos eran los nombrados de la congregación, príncipes de las tribus de sus padres, capitanes de los millares de Israel.

17 Tomó pues Moisés y Aarón á estos varones que fueron declarados por sus nombres:

18 Y juntaron toda la congregación en el primero del mes segundo, y fueron reunidos sus linajes, por las casas de sus padres, según la cuenta de los nombres, de veinte años arriba, por sus cabezas,

19 Como Jehová lo había mandado á Moisés; y contólos en el desierto de Sinaí.

20 Y los hijos de Rubén, primogénito de Israel, por sus generaciones, por sus familias, por las casas de sus padres, conforme á la cuenta de los nombres por sus cabezas, todos los varones de veinte años arriba, todos los que podían salir á la guerra;

21 Los contados de ellos, de la tribu de Rubén, fueron cuarenta y seis mil y quinientos.

22 De los hijos de Simeón, por sus generaciones, por sus familias, por las casas de sus padres, los contados de ellos conforme á la cuenta de los nombres por sus cabezas, todos los varones de veinte años arriba, todos los que podían salir á la guerra;

23 Los contados de ellos, de la tribu de Simeón, cincuenta y nueve mil y trescientos.

24 De los hijos de Gad, por sus generaciones, por sus familias, por las casas de sus padres, conforme á la cuenta de los nombres, de veinte años arriba, todos los que podían salir á la guerra;

25 Los contados de ellos, de la tribu de Gad, cuarenta y cinco mil seiscientos y cincuenta.

26 De los hijos de Judá, por sus generaciones, por sus familias, por las casas de sus padres, conforme á la cuenta de los nombres, de veinte años arriba, todos los que podían salir á la guerra;

27 Los contados de ellos, de la tribu de Judá, setenta y cuatro mil y seiscientos.

28 De los hijos de Issachâr, por sus generaciones, por sus familias, por las casas de sus padres, conforme á la cuenta de los nombres, de veinte años arriba, todos los que podían salir á la guerra;

29 Los contados de ellos, de la tribu de Issachâr, cincuenta y cuatro mil y cuatrocientos.

30 De los hijos de Zabulón, por sus generaciones, por sus familias, por las casas de sus padres, conforme á la cuenta de sus nombres, de veinte años arriba, todos los que podían salir á la guerra;

31 Los contados de ellos, de la tribu de Zabulón, cincuenta y siete mil y cuatrocientos.

32 De los hijos de José: de los hijos de Ephraim, por sus generaciones, por sus familias, por las casas de sus padres, conforme á la cuenta de los nombres, de veinte años arriba, todos los que podían salir á la guerra;

33 Los contados de ellos, de la tribu de Ephraim, cuarenta mil y quinientos.

34 De los hijos de Manasés, por sus generaciones, por sus familias, por las casas de sus padres, conforme á la cuenta de los nombres, de veinte años arriba, todos los que podían salir á la guerra;

35 Los contados de ellos, de la tribu de Manasés, treinta y dos mil y doscientos.

36 De los hijos de Benjamín, por sus generaciones, por sus familias, por las casas de sus padres, conforme á la cuenta de los nombres, de veinte años arriba, todos los que podían salir á la guerra;

37 Los contados de ellos, de la tribu de Benjamín, treinta y cinco mil y cuatrocientos.

38 De los hijos de Dan, por sus generaciones, por sus familias, por las casas de sus padres, conforme á la cuenta de los nombres, de veinte años arriba, todos los que podían salir á la guerra;

39 Los contados de ellos, de la tribu de Dan, sesenta y dos mil y setecientos.

40 De los hijos de Aser, por sus generaciones, por sus familias, por las casas de sus padres, conforme á la cuenta de los nombres, de veinte años arriba, todos los que podían salir á la guerra;

41 Los contados de ellos, de la tribu de Aser, cuarenta y un mil y quinientos.

42 De los hijos de Nephtalí, por sus generaciones, por sus familias, por las casas de sus padres, conforme á la cuenta de los nombres, de veinte años arriba, todos los que podían salir á la guerra;

43 Los contados de ellos, de la tribu de Nephtalí, cincuenta y tres mil y cuatrocientos.

44 Estos fueron los contados, los cuales contaron Moisés y Aarón, con los príncipes de Israel, que eran doce, uno por cada casa de sus padres.

45 Y fueron todos los contados de los hijos de Israel por las casas de sus padres, de veinte años arriba, todos los que podían salir á la guerra en Israel;

46 Fueron todos los contados seiscientos tres mil quinientos y cincuenta.

47 Pero los Levitas no fueron contados entre ellos según la tribu de sus padres.

48 Porque habló Jehová á Moisés, diciendo:

49 Solamente no contarás la tribu de Leví, ni tomarás la cuenta de ellos entre los hijos de Israel:

50 Mas tú pondrás á los Levitas en el tabernáculo del testimonio, y sobre todos sus vasos, y sobre todas las cosas que le pertenecen: ellos llevarán el tabernáculo y todos sus vasos, y ellos servirán en él, y asentarán sus tiendas alrededor del tabernáculo.

51 Y cuando el tabernáculo partiere, los Levitas lo desarmarán; y cuando el tabernáculo parare, los Levitas lo armarán: y el extraño que se llegare, morirá.

52 Y los hijos de Israel asentarán sus tiendas cada uno en su escuadrón, y cada uno junto á su bandera, por sus cuadrillas;

53 Mas los Levitas asentarán las suyas alrededor del tabernáculo del testimonio, y no habrá ira sobre la congregación de los hijos de Israel; y los Levitas tendrán la guarda del tabernáculo del testimonio.

54 E hicieron los hijos de Israel conforme á todas las cosas que mandó Jehová á Moisés; así lo hicieron.

2 Y habló Jehová á Moisés y á Aarón, diciendo:

2 Los hijos de Israel acamparán cada uno junto á su bandera, según las enseñas de las casas de sus padres; alrededor del tabernáculo del testimonio acamparán.

3 Estos acamparán al levante, al oriente: la bandera del ejército de Judá, por sus escuadrones; y el jefe de los hijos de Judá, Naasón hijo de Aminadab:

4 Su hueste, con los contados de ellos, setenta y cuatro mil y seiscientos.

5 Junto á él acamparán los de la tribu de Issachâr: y el jefe de los hijos de Issachâr, Nathanael hijo de Suar;

6 Y su hueste, con sus contados, cincuenta y cuatro mil y cuatrocientos:

7 Y la tribu de Zabulón: y el jefe de los hijos de Zabulón, Eliab hijo de Helón;

8 Y su hueste, con sus contados, cincuenta y siete mil y cuatrocientos.

9 Todos los contados en el ejército de Judá, ciento ochenta y seis mil y cuatrocientos, por sus escuadrones, irán delante.

10 La bandera del ejército de Rubén al mediodía, por sus escuadrones: y el jefe de los hijos de Rubén, Elisur hijo de Sedeur;

11 Y su hueste, sus contados, cuarenta y seis mil y quinientos.

12 Y acamparán junto á él los de la tribu de Simeón: y el jefe de los hijos de Simeón, Selumiel hijo de Zurisaddai;

13 Y su hueste, con los contados de ellos, cincuenta y nueve mil y trescientos.

14 Y la tribu de Gad: y el jefe de los hijos de Gad, Eliasaph hijo de Rehuel;

15 Y su hueste, con los contados de ellos, cuarenta y cinco mil seiscientos y cincuenta.

16 Todos los contados en el ejército de Rubén, ciento cincuenta y un mil cuatrocientos y cincuenta, por sus escuadrones, irán los segundos.

17 Luego irá el tabernáculo del testimonio, el campo de los Levitas en medio de los ejércitos: de la manera que asientan el campo, así caminarán, cada uno en su lugar, junto á sus banderas.

18 La bandera del ejército de Ephraim por sus escuadrones, al occidente: y el jefe de los hijos de Ephraim, Elisama hijo de Ammiud;

19 Y su hueste, con los contados de ellos, cuarenta mil y quinientos.

20 Junto á él estará la tribu de Manasés; y el jefe de los hijos de Manasés, Gamaliel hijo de Pedasur;

21 Y su hueste, con los contados de ellos, treinta y dos mil y doscientos;

22 Y la tribu de Benjamín; y el jefe de los hijos de Benjamín, Abidán hijo de Gedeón;

23 Y su hueste, con los contados de ellos, treinta y cinco mil y cuatrocientos.

24 Todos los contados en el ejército de Ephraim, ciento ocho mil y ciento, por sus escuadrones, irán los terceros.

25 La bandera del ejército de Dan estará al aquilón, por sus escuadrones: y el jefe de los hijos de Dan, Ahiezer hijo de Amisaddai;

26 Y su hueste, con los contados de ellos, sesenta y dos mil y setecientos.

27 Junto á él acamparán los de la tribu de Aser: y el jefe de los hijos de Aser, Phegiel hijo de Ocrán;

28 Y su hueste, con los contados de ellos, cuarenta y un mil y quinientos;

29 Y la tribu de Nephtalí: y el jefe de los hijos de Nephtalí, Ahira hijo de Enán;

30 Y su hueste, con los contados de ellos, cincuenta y tres mil y cuatrocientos.

31 Todos los contados en el ejército de Dan, ciento cincuenta y siete mil y seiscientos: irán los postreros tras sus banderas.

32 Estos son los contados de los hijos de Israel, por las casas de sus padres: todos los contados por ejércitos, por sus escuadrones, seiscientos tres mil quinientos y cincuenta.

33 Mas los Levitas no fueron contados entre los hijos de Israel; como Jehová lo mandó á Moisés.

34 E hicieron los hijos de Israel conforme á todas las cosas que Jehová mandó á Moisés; así asentaron el campo por sus banderas, y así marcharon cada uno por sus familias, según las casas de sus padres.

3 Y estas son las generaciones de Aarón y de Moisés, desde que Jehová habló á Moisés en el monte de Sinaí.

2 Y estos son los nombres de los hijos de Aarón: Nadab el primogénito, y Abiú, Eleazar, é Ithamar.

3 Estos son los nombres de los hijos de Aarón, sacerdotes ungidos; cuyas manos él hinchió para administrar el sacerdocio.

4 Mas Nadab y Abiú murieron delante de Jehová, cuando ofrecieron fuego extraño delante de Jehová, en el desierto de Sinaí: y no tuvieron hijos: y Eleazar é Ithamar ejercieron el sacerdocio delante de Aarón su padre.

5 Y Jehová habló á Moisés, diciendo:

6 Haz llegar á la tribu de Leví, y hazla estar delante del sacerdote Aarón, para que le ministren;

7 Y desempeñen su cargo, y el cargo de toda la congregación delante del tabernáculo del testimonio, para servir en el ministerio del tabernáculo;

8 Y guarden todas las alhajas del tabernáculo del testimonio, y lo encargado á ellos de los hijos de Israel, y ministren en el servicio del tabernáculo.

9 Y darás los Levitas á Aarón y á sus hijos: le son enteramente dados de entre los hijos de Israel.

10 Y constituirás á Aarón y á sus hijos, para que ejerzan su sacerdocio: y el extraño que se llegare, morirá.

11 Y habló Jehová á Moisés, diciendo:

12 Y he aquí yo he tomado los Levitas de entre los hijos de Israel en lugar de todos los primogénitos que abren la matriz entre los hijos de Israel; serán pues míos los Levitas:

13 Porque mío es todo primogénito; desde el día que yo maté todos los primogénitos en la tierra de Egipto, yo santifiqué á mí todos los primogénitos en Israel, así de hombres como de animales: míos serán: Yo Jehová.

14 Y Jehová habló á Moisés en el desierto de Sinaí, diciendo:

15 Cuenta los hijos de Leví por las casas de sus padres, por sus familias: contarás todos los varones de un mes arriba.

16 Y Moisés los contó conforme á la palabra de Jehová, como le fué mandado.

17 Y los hijos de Leví fueron estos por sus nombres: Gersón, y Coath, y Merari.

18 Y los nombres de los hijos de Gersón, por sus familias, estos: Libni, y Simei.

19 Y los hijos de Coath, por sus familias: Amram, é Izhar, y Hebrón, y Uzziel.

20 Y los hijos de Merari, por sus familias: Mahali, y Musi. Estas, las familias de Leví, por las casas de sus padres.

21 De Gersón, la familia de Libni y la de Simei: estas son las familias de Gersón.

22 Los contados de ellos conforme á la cuenta de todos los varones de un mes arriba, los contados de ellos, siete mil y quinientos.

23 Las familias de Gersón asentarán sus tiendas á espaldas del tabernáculo, al occidente;

24 Y el jefe de la casa del padre de los Gersonitas, Eliasaph hijo de Lael.

25 A cargo de los hijos de Gersón, en el tabernáculo del testimonio, estará el tabernáculo, y la tienda, y su cubierta, y el pabellón de la puerta del tabernáculo del testimonio,

26 Y las cortinas del atrio, y el pabellón de la puerta del atrio, que está junto al tabernáculo y junto al altar alrededor; asimismo sus cuerdas para todo su servicio.

27 Y de Coath, la familia Amramítica, y la familia Izeharítica, y la familia Hebronítica, y la familia Ozielítica: estas son las familias Coathitas.

28 Por la cuenta de todos los varones de un mes arriba, eran ocho mil y seiscientos, que tenían la guarda del santuario.

29 Las familias de los hijos de Coath acamparán al lado del tabernáculo, al mediodía;

30 Y el jefe de la casa del padre de las familias de Coath, Elisaphán hijo de Uzziel.

31 Y á cargo de ellos estará el arca, y la mesa, y el candelero, y los altares, y los vasos del santuario con que ministran, y el velo, con todo su servicio.

32 Y el principal de los jefes de los Levitas será Eleazar, hijo de Aarón el sacerdote, prepósito de los que tienen la guarda del santuario.

33 De Merari, la familia Mahalítica y la familia Musítica: estas son las familias de Merari.

34 Y los contados de ellos conforme á la cuenta de todos los varones de un mes arriba, fueron seis mil y doscientos.

35 Y el jefe de la casa del padre de las familias de Merari, Suriel hijo de Abihail: acamparán al lado del tabernáculo, al aquilón.

36 Y á cargo de los hijos de Merari estará la custodia de las tablas del tabernáculo, y sus barras, y sus columnas, y sus basas, y todas sus enseres, con todo su servicio;

37 Y las columnas en derredor del atrio, y sus basas, y sus estacas, y sus cuerdas.

38 Y los que acampan delante del tabernáculo al oriente, delante del tabernáculo del testimonio al levante, serán Moisés, y Aarón y sus hijos, teniendo la guarda del santuario en lugar de los hijos de Israel: y el extraño que se acercare, morirá.

39 Todos los contados de los Levitas, que Moisés y Aarón conforme á la palabra de Jehová contaron por sus familias, todos los varones de un mes arriba, fueron veinte y dos mil.

40 Y Jehová dijo á Moisés: Cuenta todos los primogénitos varones de los hijos de Israel de un mes arriba, y toma la cuenta de los nombres de ellos.

41 Y tomarás los Levitas para mí, yo Jehová, en lugar de todos los primogénitos de los hijos de Israel: y los animales de los Levitas en lugar de todos los primogénitos de los animales de los hijos de Israel.

42 Y contó Moisés, como Jehová le mandó, todos los primogénitos de los hijos de Israel.

43 Y todos los primogénitos varones, conforme á la cuenta de los nombres, de un mes arriba, los contados de ellos fueron veinte y dos mil doscientos setenta y tres.

44 Y habló Jehová á Moisés, diciendo:

45 Toma los Levitas en lugar de todos los primogénitos de los hijos de Israel, y los animales de los Levitas en lugar de sus animales; y los Levitas serán míos: Yo Jehová.

46 Y por los rescates de los doscientos y setenta y tres, que sobrepujan á los Levitas los primogénitos de los hijos de Israel;

47 Tomarás cinco siclos por cabeza; conforme al siclo del santuario tomarás: el siclo tiene veinte óbolos:

48 Y darás á Aarón y á sus hijos el dinero por los rescates de los que de ellos sobran.

49 Tomó, pues, Moisés el dinero del rescate de los que resultaron de más de los redimidos por los Levitas:

50 Y recibió de los primogénitos de los hijos de Israel en dinero, mil trescientos sesenta y cinco siclos, conforme al siclo del santuario.

51 Y Moisés dió el dinero de los rescates á Aarón y á sus hijos, conforme al dicho de Jehová, según que Jehová había mandado á Moisés.

4 Y habló Jehová á Moisés y á Aarón, diciendo:

2 Toma la cuenta de los hijos de Coath de entre los hijos de Leví, por sus familias, por las casas de sus padres,

3 De edad de treinta años arriba hasta cincuenta años, todos los que entran en compañía, para hacer servicio en el tabernáculo del testimonio.

4 Este será el oficio de los hijos de Coath en el tabernáculo del testimonio, en el lugar santísimo:

5 Cuando se hubiere de mudar el campo, vendrán Aarón y sus hijos, y desarmarán el velo de la tienda, y cubrirán con él el arca del testimonio:

6 Y pondrán sobre ella la cubierta de pieles de tejones, y extenderán encima el paño todo de cárdeno, y le pondrán sus varas.

7 Y sobre la mesa de la proposición extenderán el paño cárdeno, y pondrán sobre ella las escudillas, y las cucharas, y las copas, y los tazones para libar: y el pan continuo estará sobre ella.

8 Y extenderán sobre ella el paño de carmesí colorado, y lo cubrirán con la cubierta de pieles de tejones; y le pondrán sus varas.

9 Y tomarán un paño cárdeno, y cubrirán el candelero de la luminaria, y sus candilejas, y sus despabiladeras, y sus platillos, y todos sus vasos del aceite con que se sirve;

10 Y lo pondrán con todos sus vasos en una cubierta de pieles de tejones, y lo colocarán sobre unas parihuelas.

11 Y sobre el altar de oro extenderán el paño cárdeno, y le cubrirán con la cubierta de pieles de tejones; y le pondrán sus varales.

12 Y tomarán todos los vasos del servicio, de que hacen uso en el santuario, y los pondrán en un paño cárdeno, y los cubrirán con una cubierta de pieles de tejones, y los colocarán sobre unas parihuelas.

13 Y quitarán la ceniza del altar, y extenderán sobre él un paño de púrpura.

14 Y pondrán sobre él todos sus instrumentos de que se sirve: las paletas, los garfios, los braseros, y los tazones, todos los vasos del altar; y extenderán sobre él la cubierta de pieles de tejones, y le pondrán además las varas.

15 Y en acabando Aarón y sus hijos de cubrir el santuario y todos los vasos del santuario, cuando el campo se hubiere de mudar, vendrán después de ello los hijos de Coath para conducir: mas no tocarán cosa santa, que morirán. Estas serán las cargas de los hijos de Coath en el tabernáculo del testimonio.

16 Empero al cargo de Eleazar, hijo de Aarón el sacerdote, estará el aceite de la luminaria, y el perfume aromático, y el presente continuo, y el aceite de la unción; el cargo de todo el tabernáculo, y de todo lo que está en él, en el santuario, y en sus vasos.

17 Y habló Jehová á Moisés y á Aarón, diciendo:

18 No cortaréis la tribu de las familias de Coath de entre los Levitas:

19 Mas esto haréis con ellos, para que vivan, y no mueran cuando llegaren al lugar santísimo: Aarón y sus hijos vendrán y los pondrán á cada uno en su oficio, y en su cargo.

20 No entrarán para ver, cuando cubrieren las cosas santas; que morirán.

21 Y habló Jehová á Moisés diciendo:

22 Toma también la cuenta de los hijos de Gersón por las casas de sus padres, por sus familias.

23 De edad de treinta años arriba hasta cincuenta años los contarás; todos los que entran en compañía, para hacer servicio en el tabernáculo del testimonio.

24 Este será el oficio de las familias de Gersón, para ministrar y para llevar:

25 Llevarán las cortinas del tabernáculo, y el tabernáculo del testimonio, su cubierta, y la cubierta de pieles de tejones que está sobre él encima, y el pabellón de la puerta del tabernáculo del testimonio,

26 Y las cortinas del atrio, y el pabellón de la puerta del atrio, que está cerca del tabernáculo y cerca del altar alrededor, y sus cuerdas, y todos los instrumentos de su servicio, y todo lo que será hecho para ellos: así servirán.

27 Según la orden de Aarón y de sus hijos será todo el ministerio de los hijos de Gersón en todos sus cargos, y en todo su servicio: y les encomendaréis en guarda todos sus cargos.

28 Este es el servicio de las familias de los hijos de Gersón en el tabernáculo del testimonio: y el cargo de ellos estará bajo la mano de Ithamar, hijo de Aarón el sacerdote.

29 Contarás los hijos de Merari por sus familias, por las casas de sus padres.

30 Desde el de edad de treinta años arriba hasta el de cincuenta años, los contarás; todos los que entran en compañía, para hacer servicio en el tabernáculo del testimonio.

31 Y este será el deber de su cargo para todo su servicio en el tabernáculo del testimonio: las tablas del tabernáculo, y sus barras, y sus columnas, y sus basas,

32 Y las columnas del atrio alrededor, y sus basas, y sus estacas, y sus cuerdas con todos sus instrumentos, y todo su servicio; y contaréis por sus nombres todos los vasos de la guarda de su cargo.

33 Este será el servicio de las familias de los hijos de Merari para todo su ministerio en el tabernáculo del testimonio, bajo la mano de Ithamar, hijo de Aarón el sacerdote.

34 Moisés, pues, y Aarón, y los jefes de la congregación, contaron los hijos de Coath por sus familias, y por las casas de sus padres,

35 Desde el de edad de treinta años arriba hasta el edad de cincuenta años; todos los que entran en compañía, para ministrar en el tabernáculo del testimonio.

36 Y fueron los contados de ellos por sus familias, dos mil setecientos y cincuenta.

37 Estos fueron los contados de las familias de Coath, todos los que ministran en el tabernáculo del testimonio, los cuales contaron Moisés y Aarón, como lo mandó Jehová por mano de Moisés.

38 Y los contados de los hijos de Gersón, por sus familias, y por las casas de sus padres,

39 Desde el de edad de treinta años arriba hasta el de edad de cincuenta años, todos los que entran en compañía, para ministrar en el tabernáculo del testimonio;

40 Los contados de ellos por sus familias, por las casas de sus padres, fueron dos mil seiscientos y treinta.

41 Estos son los contados de las familias de los hijos de Gersón, todos los que ministran en el tabernáculo del testimonio, los cuales contaron Moisés y Aarón por mandato de Jehová.

42 Y los contados de las familias de los hijos de Merari, por sus familias, por las casas de sus padres,

43 Desde el de edad de treinta años arriba hasta el de edad de cincuenta años, todos los que entran en compañía, para ministrar en el tabernáculo del testimonio;

44 Y los contados de ellos, por sus familias, fueron tres mil y doscientos.

45 Estos fueron los contados de las familias de los hijos de Merari, los cuales contaron Moisés y Aarón, según lo mandó Jehová por mano de Moisés.

46 Todos los contados de los Levitas, que Moisés y Aarón y los jefes de Israel contaron por sus familias, y por las casas de sus padres,

47 Desde el de edad de treinta años arriba hasta el de edad de cincuenta años, todos los que entraban para ministrar en el servicio, y tener cargo de obra en el tabernáculo del testimonio:

48 Los contados de ellos fueron ocho mil quinientos y ochenta.

49 Como lo mandó Jehová por mano de Moisés fueron contados, cada uno según su oficio, y según su cargo; los cuales contó él y le fué mandado.

5 Y Jehová habló á Moisés, diciendo:

2 Manda á los hijos de Israel que echen del campo á todo leproso, y á todos los que padecen flujo de semen, y á todo contaminado sobre muerto:

3 Así hombres como mujeres echaréis, fuera del campo los echaréis; porque no contaminen el campo de aquellos entre los cuales yo habito.

4 E hiciéronlo así los hijos de Israel, que los echaron fuera del campo: como Jehová dijo á Moisés, así lo hicieron los hijos de Israel.

5 Además habló Jehová á Moisés, diciendo:

6 Habla á los hijos de Israel: El hombre ó la mujer que

cometiere alguno de todos los pecados de los hombres, haciendo prevaricación contra Jehová, y delinquiere aquella persona;

7 Confesarán su pecado que cometieron, y compensarán su ofensa enteramente, y añadirán su quinto sobre ello, y lo darán á aquel contra quien pecaron.

8 Y si aquel hombre no tuviere pariente al cual sea resarcida la ofensa, daráse la indemnización del agravio á Jehová, al sacerdote, á más del carnero de las expiaciones, con el cual hará expiación por él.

9 Y toda ofrenda de todas las cosas santas que los hijos de Israel presentaren al sacerdote, suya será.

10 Y lo santificado de cualquiera será suyo: asimismo lo que cualquiera diere al sacerdote, suyo será.

11 Y Jehová habló á Moisés, diciendo:

12 Habla á los hijos de Israel, y diles: Cuando la mujer de alguno se desmandare, é hiciere traición contra él,

13 Que alguno se hubiere echado con ella en carnal ayuntamiento, y su marido no lo hubiese visto por haberse ella contaminado ocultamente, ni hubiere testigo contra ella, ni ella hubiere sido cogida en el acto;

14 Si viniere sobre él espíritu de celo, y tuviere celos de su mujer, habiéndose ella contaminado; ó viniere sobre él espíritu de celo, y tuviere celos de su mujer, no habiéndose ella contaminado;

15 Entonces el marido traerá su mujer al sacerdote, y traerá su ofrenda con ella, la décima de un epha de harina de cebada; no echará sobre ella aceite, ni pondrá sobre ella incienso: porque es presente de celos, presente de recordación, que trae en memoria pecado.

16 Y el sacerdote la hará acercar, y la hará poner delante de Jehová.

17 Luego tomará el sacerdote del agua santa en un vaso de barro: tomará también el sacerdote del polvo que hubiere en el suelo del tabernáculo, y echarálo en el agua.

18 Y hará el sacerdote estar en pie á la mujer delante de Jehová, y descubrirá la cabeza de la mujer, y pondrá sobre sus manos el presente de la recordación, que es el presente de celos: y el sacerdote tendrá en la mano las aguas amargas que acarrean maldición.

19 Y el sacerdote la conjurará, y le dirá: Si ninguno hubiere dormido contigo, y si no te has apartado de tu marido á inmundicia, libre seas de estas aguas amargas que traen maldición;

20 Mas si te has descarriado de tu marido, y te has amancillado, y alguno hubiere tenido coito contigo, fuera de tu marido:

21 (El sacerdote conjurará á la mujer con juramento de maldición, y dirá á la mujer): Jehová te dé en maldición y en conjuración en medio de tu pueblo, haciendo Jehová á tu muslo que caiga, y á tu vientre que se te hinche;

22 Y estas aguas que dan maldición entren en tus entrañas, y hagan hinchar tu vientre, y caer tu muslo. Y la mujer dirá: Amén, amén.

23 Y el sacerdote escribirá estas maldiciones en un libro, y las borrará con las aguas amargas:

24 Y dará á beber á la mujer las aguas amargas que traen maldición; y las aguas que obran maldición entrarán en ella por amargas.

25 Después tomará el sacerdote de la mano de la mujer el presente de los celos, y mecerálo delante de Jehová, y lo ofrecerá delante del altar:

26 Y tomará el sacerdote un puñado del presente, en memoria de ella, y lo quemará sobre el altar, y después dará á beber las aguas á la mujer.

27 Darále pues á beber las aguas; y será, que si fuere inmunda y hubiere hecho traición contra su marido, las aguas que obran maldición entrarán en ella en amargura, y su vientre se hinchará, y caerá su muslo; y la mujer será por maldición en medio de su pueblo.

28 Mas si la mujer no fuere inmunda, sino que estuviere limpia, ella será libre, y será fecunda.

29 Esta es la ley de los celos, cuando la mujer hiciere traición á su marido, y se amancillare;

30 O del marido, sobre el cual pasare espíritu de celo, y tuviere celos de su mujer: presentarála entonces delante de Jehová, y el sacerdote ejecutará en ella toda esta ley.

31 Y aquel varón será libre de iniquidad, y la mujer llevará su pecado.

6 Y habló Jehová á Moisés, diciendo:

2 Habla á los hijos de Israel, y diles: El hombre, ó la mujer, cuando se apartare haciendo voto de Nazareo, para dedicarse á Jehová,

3 Se abstendrá de vino y de sidra; vinagre de vino, ni vinagre de sidra no beberá, ni beberá algún licor de uvas, ni tampoco comerá uvas frescas ni secas.

4 Todo el tiempo de su nazareato, de todo lo que se hace de vid de vino, desde los granillos hasta el hollejo, no comerá.

5 Todo el tiempo del voto de su nazareato no pasará navaja sobre su cabeza, hasta que sean cumplidos los días de su apartamiento á Jehová: santo será; dejará crecer las guedejas del cabello de su cabeza.

6 Todo el tiempo que se apartare á Jehová, no entrará á persona muerta.

7 Por su padre, ni por su madre, por su hermano, ni por su hermana, no se contaminará con ellos cuando murieren; porque consagración de su Dios tiene sobre su cabeza.

8 Todo el tiempo de su nazareato, será santo á Jehová.

9 Y si alguno muriere muy de repente junto á él, contaminará la cabeza de su nazareato; por tanto el día de su purificación raerá su cabeza; al séptimo día la raerá.

10 Y el día octavo traerá dos tórtolas ó dos palominos al sacerdote, á la puerta del tabernáculo del testimonio;

11 Y el sacerdote hará el uno en expiación, y el otro en holocausto: y expiarálo de lo que pecó sobre el muerto, y santificará su cabeza en aquel día.

12 Y consagrará á Jehová los días de su nazareato, y traerá un cordero de un año en expiación por la culpa; y los días primeros serán anulados, por cuanto fué contaminado su nazareato.

13 Esta es, pues, la ley del Nazareo el día que se cumpliere el tiempo de su nazareato: Vendrá á la puerta del tabernáculo del testimonio;

14 Y ofrecerá su ofrenda á Jehová, un cordero de un año sin tacha en holocausto, y una cordera de un año sin defecto en expiación, y un carnero sin defecto por sacrificio de paces:

15 Además un canastillo de cenceñas, tortas de flor de harina amasadas con aceite, y hojaldres cenceñas untadas con aceite, y su presente, y sus libaciones.

16 Y el sacerdote lo ofrecerá delante de Jehová, y hará su expiación y su holocausto:

17 Y ofrecerá el carnero en sacrificio de paces á Jehová, con el canastillo de las cenceñas; ofrecerá asimismo el sacerdote su presente, y sus libaciones.

18 Entonces el Nazareo raerá á la puerta del tabernáculo del testimonio la cabeza de su nazareato, y tomará los cabellos de la cabeza de su nazareato, y los pondrá sobre el fuego que está debajo del sacrificio de las paces.

19 Después tomará el sacerdote la espaldilla cocida del carnero, y una torta sin levadura del canastillo, y una hojaldre sin levadura, y pondrálas sobre las manos del Nazareo, después que fuere raído su nazareato:

20 Y el sacerdote mecerá aquello, ofrenda agitada delante de Jehová; lo cual será cosa santa del sacerdote, á más del pecho mecido y de la espaldilla separada: y después podrá beber vino el Nazareo.

21 Esta es la ley del Nazareo que hiciere voto de su ofrenda á Jehová por su nazareato, á más de lo que su mano alcanzare: según el voto que hiciere, así hará, conforme á la ley de su nazareato.

22 Y Jehová habló á Moisés, diciendo:

23 Habla á Aarón y á sus hijos, y diles: Así bendeciréis á los hijos de Israel, diciéndoles:

24 Jehová te bendiga, y te guarde:

25 Haga resplandecer Jehová su rostro sobre ti, y haya de ti misericordia:

26 Jehová alce á ti su rostro, y ponga en ti paz.

27 Y pondrán mi nombre sobre los hijos de Israel, y yo los bendeciré.

7 Y aconteció, que cuando Moisés hubo acabado de levantar el tabernáculo, y ungídolo, y santificádolo, con todos sus vasos; y asimismo ungido y santificado el altar, con todos sus vasos;

2 Entonces los príncipes de Israel, las cabezas de las casas de sus padres, los cuales eran los príncipes de las tribus, que estaban sobre los contados, ofrecieron;

3 Y trajeron sus ofrendas delante de Jehová, seis carros cubiertos, y doce bueyes; por cada dos príncipes un carro, y cada uno un buey; lo cual ofrecieron delante del tabernáculo.

4 Y Jehová habló á Moisés, diciendo:

5 Tómalo de ellos, y será para el servicio del tabernáculo del testimonio: y lo darás á los Levitas, á cada uno conforme á su ministerio.

6 Entonces Moisés recibió los carros y los bueyes, y diólos á los Levitas.

7 Dos carros y cuatro bueyes, dió á los hijos de Gersón, conforme á su ministerio;

8 Y á los hijos de Merari dió los cuatro carros y ocho bueyes, conforme á su ministerio, bajo la mano de Ithamar, hijo de Aarón el sacerdote.

9 Y á los hijos de Coath no dió; porque llevaban sobre sí en los hombros el servicio del santuario.

10 Y ofrecieron los príncipes á la dedicación del altar el día que fué ungido, ofrecieron los príncipes su ofrenda delante del altar.

11 Y Jehová dijo á Moisés: Ofrecerán su ofrenda, un príncipe un día, y otro príncipe otro día, á la dedicación del altar.

12 Y el que ofreció su ofrenda el primer día fué Naasón hijo de Aminadab, de la tribu de Judá.

13 Y fué su ofrenda un plato de plata de peso de ciento y treinta siclos, y un jarro de plata de setenta siclos, al siclo del santuario; ambos llenos de flor de harina amasada con aceite para presente;

14 Una cuchara de oro de diez siclos, llena de perfume;

15 Un becerro, un carnero, un cordero de un año para holocausto;

16 Un macho cabrío para expiación;

17 Y para sacrificio de paces, dos bueyes, cinco carneros, cinco machos de cabrío, cinco corderos de un año. Esta fué la ofrenda de Naasón, hijo de Aminadab.

18 El segundo día ofreció Nathanael hijo de Suar, príncipe de Issachâr.

19 Ofreció por su ofrenda un plato de plata de ciento y treinta siclos de peso, un jarro de plata de setenta siclos, al siclo del santuario; ambos llenos de flor de harina amasada con aceite para presente;

20 Una cuchara de oro de diez siclos, llena de perfume;

21 Un becerro, un carnero, un cordero de un año para holocausto;

22 Un macho cabrío para expiación;

23 Y para sacrificio de paces, dos bueyes, cinco carneros, cinco machos de cabrío, cinco corderos de un año. Esta fué la ofrenda de Nathanael, hijo de Suar.

24 El tercer día, Eliab hijo de Helón, príncipe de los hijos de Zabulón:

25 Y su ofrenda, un plato de plata de ciento y treinta siclos de peso, un jarro de plata de setenta siclos, al siclo del santuario; ambos llenos de flor de harina amasada con aceite para presente;

26 Una cuchara de oro de diez siclos, llena de perfume;

27 Un becerro, un carnero, un cordero de un año para holocausto;

28 Un macho cabrío para expiación;

29 Y para sacrificio de paces, dos bueyes, cinco carneros, cinco machos de cabrío, cinco corderos de un año. Esta fué la ofrenda de Eliab, hijo de Helón.

30 El cuarto día, Elisur hijo de Sedeur, príncipe de los hijos de Rubén:

31 Y su ofrenda, un plato de plata de ciento y treinta siclos de peso, un jarro de plata de setenta siclos, al siclo del santuario; ambos llenos de flor de harina amasada con aceite para presente;

32 Una cuchara de oro de diez siclos, llena de perfume;

33 Un becerro, un carnero, un cordero de un año para holocausto;

34 Un macho cabrío para expiación;

35 Y para sacrificio de paces, dos bueyes, cinco carneros, cinco machos de cabrío, cinco corderos de un año. Esta fué la ofrenda de Elisur, hijo de Sedeur.

36 El quinto día, Selumiel hijo de Zurisaddai, príncipe de los hijos de Simeón:

37 Y su ofrenda, un plato de plata de ciento y treinta siclos de

peso, un jarro de plata de setenta siclos, al siclo del santuario; ambos llenos de flor de harina amasada con aceite para presente;

38 Una cuchara de oro de diez siclos llena de perfume;

39 Un becerro, un carnero, un cordero de un año para holocausto;

40 Un macho cabrío para expiación;

41 Y para sacrificio de paces, dos bueyes, cinco carneros, cinco machos de cabrío, cinco corderos de un año. Esta fué la ofrenda de Selumiel, hijo de Zurisaddai.

42 El sexto día, Eliasaph hijo de Dehuel, príncipe de los hijos de Gad:

43 Y su ofrenda, un plato de plata de ciento y treinta siclos de peso, un jarro de plata de setenta siclos, al siclo del santuario; ambos llenos de flor de harina amasada con aceite para presente;

44 Una cuchara de oro de diez siclos, llena de perfume;

45 Un becerro, un carnero, un cordero de un año para holocausto;

46 Un macho cabrío para expiación;

47 Y para sacrificio de paces, dos bueyes, cinco carneros, cinco machos de cabrío, cinco corderos de un año. Esta fué la ofrenda de Eliasaph, hijo de Dehuel.

48 El séptimo día, el príncipe de los hijos de Ephraim, Elisama hijo de Ammiud:

49 Y su ofrenda, un plato de plata de ciento y treinta siclos de peso, un jarro de plata de setenta siclos, al siclo del santuario; ambos llenos de flor de harina amasada con aceite para presente;

50 Una cuchara de oro de diez siclos, llena de perfume;

51 Un becerro, un carnero, un cordero de un año para holocausto;

52 Un macho cabrío para expiación;

53 Y para sacrificio de paces, dos bueyes, cinco carneros, cinco machos de cabrío, cinco corderos de un año. Esta fué la ofrenda de Elisama, hijo de Ammiud.

54 El octavo día, el príncipe de los hijos de Manasés, Gamaliel hijo de Pedasur:

55 Y su ofrenda, un plato de plata de ciento y treinta siclos de peso, un jarro de plata de setenta siclos, al siclo del santuario; ambos llenos de flor de harina amasada con aceite para presente;

56 Una cuchara de oro de diez siclos, llena de perfume;

57 Un becerro, un carnero, un cordero de un año para holocausto;

58 Un macho cabrío para expiación;

59 Y para sacrificio de paces, dos bueyes, cinco carneros, cinco machos de cabrío, cinco corderos de un año. Esta fué la ofrenda de Gamaliel, hijo de Pedasur.

60 El noveno día, el príncipe de los hijos de Benjamín, Abidán hijo de Gedeón:

61 Y su ofrenda, un plato de plata de ciento y treinta siclos de peso, un jarro de plata de setenta siclos, al siclo del santuario; ambos llenos de flor de harina amasada con aceite para presente;

62 Una cuchara de oro de diez siclos, llena de perfume;

63 Un becerro, un carnero, un cordero de un año para holocausto;

64 Un macho cabrío para expiación;

65 Y para sacrificio de paces, dos bueyes, cinco carneros, cinco machos de cabrío, cinco corderos de un año. Esta fué la ofrenda de Abidán, hijo de Gedeón.

66 El décimo día, el príncipe de los hijos de Dan, Ahiezer hijo de Ammisaddai:

67 Y su ofrenda, un plato de plata de ciento y treinta siclos de peso, un jarro de plata de setenta siclos, al siclo del santuario; ambos llenos de flor de harina amasada con aceite para presente;

68 Una cuchara de oro de diez siclos, llena de perfume;

69 Un becerro, un carnero, un cordero de un año para holocausto;

70 Un macho cabrío para expiación;

71 Y para sacrificio de paces, dos bueyes, cinco carneros, cinco machos de cabrío, cinco corderos de un año. Esta fué la ofrenda de Ahiezer, hijo de Ammisaddai.

72 El undécimo día, el príncipe de los hijos de Aser, Pagiel hijo de Ocrán:

73 Y su ofrenda, un plato de plata de ciento y treinta siclos de peso, un jarro de plata de setenta siclos, al siclo del santuario; ambos llenos de flor de harina amasada con aceite para presente;

74 Una cuchara de oro de diez siclos, llena de perfume;

75 Un becerro, un carnero, un cordero de un año para holocausto;

76 Un macho cabrío para expiación;

77 Y para sacrificio de paces, dos bueyes, cinco carneros, cinco machos de cabrío, cinco corderos de un año. Esta fué la ofrenda de Pagiel, hijo de Ocrán.

78 El duodécimo día, el príncipe de los hijos de Nephtalí, Ahira hijo de Enán:

79 Y su ofrenda, un plato de plata de ciento y treinta siclos de peso, un jarro de plata de setenta siclos, al siclo del santuario; ambos llenos de flor de harina amasada con aceite para presente;

80 Una cuchara de oro de diez siclos, llena de perfume;

81 Un becerro, un carnero, un cordero de un año para holocausto;

82 Un macho cabrío para expiación;

83 Y para sacrificio de paces, dos bueyes, cinco carneros, cinco machos de cabrío, cinco corderos de un año. Esta fué la ofrenda de Ahira, hijo de Enán.

84 Esta fué la dedicación del altar, el día que fué ungido, por los príncipes de Israel: doce platos de plata, doce jarros de plata, doce cucharas de oro.

85 Cada plato de ciento y treinta siclos, cada jarro de setenta: toda la plata de los vasos, dos mil y cuatrocientos siclos, al siclo del santuario.

86 Las doce cucharas de oro llenas de perfume, de diez siclos cada cuchara, al siclo del santuario: todo el oro de las cucharas, ciento y veinte siclos.

87 Todos los bueyes para holocausto, doce becerros; doce los carneros, doce los corderos de un año, con su presente: y doce los machos de cabrío, para expiación.

88 Y todos los bueyes del sacrificio de las paces veinte y cuatro novillos, sesenta los carneros, sesenta los machos de cabrío, sesenta los corderos de un año. Esta fué la dedicación del altar, después que fué ungido.

89 Y cuando entraba Moisés en el tabernáculo del testimonio, para hablar con Él, oía la Voz que le hablaba de encima de la cubierta que estaba sobre el arca del testimonio, de entre los dos querubines; y hablaba con él.

8 Y habló Jehová á Moisés, diciendo:

2 Habla á Aarón, y dile: Cuando encendieres las lámparas, las siete lámparas alumbrarán frente á frente al candelero.

3 Y Aarón lo hizo así; que encendió enfrente del candelero sus lámparas, como Jehová lo mandó á Moisés.

4 Y esta era la hechura del candelero: de oro labrado á martillo; desde su pie hasta sus flores era labrado á martillo: conforme al modelo que Jehová mostró á Moisés, así hizo el candelero.

5 Y Jehová habló á Moisés, diciendo:

6 Toma á los Levitas de entre los hijos de Israel, y expíalos.

7 Y así les harás para expiarlos: rocía sobre ellos el agua de la expiación, y haz pasar la navaja sobre toda su carne, y lavarán sus vestidos, y serán expiados.

8 Luego tomarán un novillo, con su presente de flor de harina amasada con aceite; y tomarás otro novillo para expiación.

9 Y harás llegar los Levitas delante del tabernáculo del testimonio, y juntarás toda la congregación de los hijos de Israel;

10 Y cuando habrás hecho llegar los Levitas delante de Jehová, pondrán los hijos de Israel sus manos sobre los Levitas;

11 Y ofrecerá Aarón los Levitas delante de Jehová en ofrenda de los hijos de Israel, y servirán en el ministerio de Jehová.

12 Y los Levitas pondrán sus manos sobre las cabezas de los novillos: y ofrecerás el uno por expiación, y el otro en holocausto á Jehová, para expiar los Levitas.

13 Y harás presentar los Levitas delante de Aarón, y delante de sus hijos, y los ofrecerás en ofrenda á Jehová.

14 Así apartarás los Levitas de entre los hijos de Israel; y serán míos los Levitas

15 Y después de eso vendrán los Levitas á ministrar en el tabernáculo del testimonio: los expiarás pues, y los ofrecerás en ofrenda.

16 Porque enteramente me son á mí dados los Levitas de entre los hijos de Israel, en lugar de todo aquel que abre matriz; helos tomado para mí en lugar de los primogénitos de todos los hijos de Israel.

17 Porque mío es todo primogénito en los hijos de Israel, así de hombres como de animales; desde el día que yo herí todo primogénito en la tierra de Egipto, los santifiqué para mí.

18 Y he tomado los Levitas en lugar de todos los primogénitos en los hijos de Israel.

19 Y yo he dado en don los Levitas á Aarón y á sus hijos de entre los hijos de Israel, para que sirvan el ministerio de los hijos de Israel en el tabernáculo del testimonio, y reconcilien á los hijos de Israel; porque no haya plaga en los hijos de Israel, llegando los hijos de Israel al santuario.

20 Y Moisés, y Aarón, y toda la congregación de los hijos de Israel, hicieron de los Levitas conforme á todas las cosas que mandó Jehová á Moisés acerca de los Levitas; así hicieron de ellos los hijos de Israel.

21 Y los Levitas se purificaron, y lavaron sus vestidos; y Aarón los ofreció en ofrenda delante de Jehová, é hizo Aarón expiación por ellos para purificarlos.

22 Y así vinieron después los Levitas para servir en su ministerio en el tabernáculo del testimonio, delante de Aarón y delante de sus hijos: de la manera que mandó Jehová á Moisés acerca de los Levitas, así hicieron con ellos.

23 Y habló Jehová á Moisés, diciendo:

24 Esto cuanto á los Levitas: de veinte y cinco años arriba entrarán á hacer su oficio en el servicio del tabernáculo del testimonio:

25 Mas desde los cincuenta años volverán del oficio de su ministerio, y nunca más servirán:

26 Pero servirán con sus hermanos en el tabernáculo del testimonio, para hacer la guarda, bien que no servirán en el ministerio. Así harás de los Levitas cuanto á sus oficios.

9 Y habló Jehová á Moisés en el desierto de Sinaí, en el segundo año de su salida de la tierra de Egipto, en el mes primero, diciendo:

2 Los hijos de Israel harán la pascua á su tiempo.

3 El décimocuarto día de este mes, entre las dos tardes, la haréis á su tiempo: conforme á todos sus ritos, y conforme á todas sus leyes la haréis.

4 Y habló Moisés á los hijos de Israel, para que hiciesen la pascua.

5 E hicieron la pascua en el mes primero, á los catorce días del mes, entre las dos tardes, en el desierto de Sinaí: conforme á todas las cosas que mandó Jehová á Moisés, así hicieron los hijos de Israel.

6 Y hubo algunos que estaban inmundos á causa de muerto, y no pudieron hacer la pascua aquel día; y llegaron delante de Moisés y delante de Aarón aquel día:

7 Y dijéronle aquellos hombres: Nosotros somos inmundos por causa de muerto; ¿por qué seremos impedidos de ofrecer ofrenda á Jehová á su tiempo entre los hijos de Israel?

8 Y Moisés les respondió: Esperad, y oiré qué mandará Jehová acerca de vosotros.

9 Y habló Jehová á Moisés, diciendo:

10 Habla á los hijos de Israel, diciendo: Cualquiera de vosotros ó de vuestras generaciones, que fuere inmundo por causa de muerto ó estuviere de viaje lejos, hará pascua á Jehová:

11 En el mes segundo, á los catorce días del mes, entre las dos tardes, la harán: con cenceñas y hierbas amargas la comerán;

12 No dejarán de él para la mañana, ni quebrarán hueso en él: conforme á todos los ritos de la pascua la harán.

13 Mas el que estuviere limpio, y no estuviere de viaje, si dejare de hacer la pascua, la tal persona será cortada de sus pueblos: por cuanto no ofreció á su tiempo la ofrenda de Jehová, el tal hombre llevará su pecado.

14 Y si morare con vosotros peregrino, é hiciere la pascua á Jehová, conforme al rito de la pascua y conforme á sus leyes así la hará: un mismo rito tendréis, así el peregrino como el natural de la tierra.

15 Y el día que el tabernáculo fué levantado, la nube cubrió el tabernáculo sobre la tienda del testimonio; y á la tarde había sobre el tabernáculo como una apariencia de fuego, hasta la mañana.

16 Así era continuamente: la nube lo cubría, y de noche la apariencia de fuego.

17 Y según que se alzaba la nube del tabernáculo, los hijos de Israel se partían: y en el lugar donde la nube paraba, allí acampaban los hijos de Israel.

18 Al mandato de Jehová los hijos de Israel se partían: y al mandato de Jehová asentaban el campo: todos los días que la nube estaba sobre el tabernáculo, ellos estaban quedos.

19 Y cuando la nube se detenía sobre el tabernáculo muchos días, entonces los hijos de Israel guardaban la ordenanza de Jehová y no partían.

20 Y cuando sucedía que la nube estaba sobre el tabernáculo pocos días, al dicho de Jehová alojaban, y al dicho de Jehová partían.

21 Y cuando era que la nube se detenía desde la tarde hasta la mañana, cuando á la mañana la nube se levantaba, ellos partían: ó si había estado el día, y á la noche la nube se levantaba, entonces partían.

22 O si dos días, ó un mes, ó un año, mientras la nube se detenía sobre el tabernáculo quedándose sobre él, los hijos de Israel se estaban acampados y no movían: mas cuando ella se alzaba, ellos movían.

23 Al dicho de Jehová asentaban, y al dicho de Jehová partían, guardando la ordenanza de Jehová, como lo había Jehová dicho por medio de Moisés.

10 Y Jehová habló á Moisés, diciendo:
2 Hazte dos trompetas de plata; de obra de martillo las harás, las cuales te servirán para convocar la congregación, y para hacer mover el campo.

3 Y cuando las tocaren, toda la congregación se juntará á ti á la puerta del tabernáculo del testimonio.

4 Mas cuando tocaren sólo la una, entonces se congregarán á ti los príncipes, las cabezas de los millares de Israel.

5 Y cuando tocareis alarma, entonces moverán el campo de los que están alojados al oriente.

6 Y cuando tocareis alarma la segunda vez, entonces moverán el campo de los que están alojados al mediodía: alarma tocarán á sus partidas.

7 Empero cuando hubiereis de juntar la congregación, tocaréis, mas no con sonido de alarma.

8 Y los hijos de Aarón, los sacerdotes, tocarán las trompetas; y las tendréis por estatuto perpetuo por vuestras generaciones.

9 Y cuando viniereis á la guerra en vuestra tierra contra el enemigo que os molestare, tocaréis alarma con las trompetas: y seréis en memoria delante de Jehová vuestro Dios, y seréis salvos de vuestros enemigos.

10 Y en el día de vuestra alegría, y en vuestras solemnidades, y en los principios de vuestros meses, tocaréis las trompetas sobre vuestros holocaustos, y sobre los sacrificios de vuestras paces, y os serán por memoria delante de vuestro Dios: Yo Jehová vuestro Dios.

11 Y fué en el año segundo, en el mes segundo, á los veinte del mes, que la nube se alzó del tabernáculo del testimonio.

12 Y movieron los hijos de Israel por sus partidas del desierto de Sinaí, y paró la nube en el desierto de Parán.

13 Y movieron la primera vez al dicho de Jehová por mano de Moisés.

14 Y la bandera del campo de los hijos de Judá comenzó á marchar primero, por sus escuadrones; y Naasón, hijo de Aminadab, era sobre su ejército.

15 Y sobre el ejército de la tribu de los hijos de Issachâr, Nathanael hijo de Suar.

16 Y sobre el ejército de la tribu de los hijos de Zabulón, Eliab hijo de Helón.

17 Y después que estaba ya desarmado el tabernáculo, movieron los hijos de Gersón y los hijos de Merari, que lo llevaban.

18 Luego comenzó á marchar la bandera del campo de Rubén por sus escuadrones: y Elisur, hijo de Sedeur, era sobre su ejército.

19 Y sobre el ejército de la tribu de los hijos de Simeón, Selumiel hijo de Zurisaddai.

20 Y sobre el ejército de la tribu de los hijos de Gad, Eliasaph hijo de Dehuel.

21 Luego comenzaron á marchar los Coathitas llevando el santuario; y entre tanto que ellos llegaban, los otros acondicionaron el tabernáculo.

22 Después comenzó á marchar la bandera del campo de los hijos de Ephraim por sus escuadrones: y Elisama, hijo de Ammiud, era sobre su ejército.

23 Y sobre el ejército de la tribu de los hijos de Manasés, Gamaliel hijo de Pedasur.

24 Y sobre el ejército de la tribu de los hijos de Benjamín, Abidán hijo de Gedeón.

25 Luego comenzó á marchar la bandera del campo de los hijos de Dan por sus escuadrones, recogiendo todos los campos: y Ahiezer, hijo de Ammisaddai, era sobre su ejército.

26 Y sobre el ejército de la tribu de los hijos de Aser, Pagiel hijo de Ocrán.

27 Y sobre el ejército de la tribu de los hijos de Nephtalí, Ahira hijo de Enán.

28 Estas son las partidas de los hijos de Israel por sus ejércitos, cuando se movían.

29 Entonces dijo Moisés á Hobab, hijo de Ragüel Madianita, su suegro: Nosotros nos partimos para el lugar del cual Jehová ha dicho: Yo os lo daré. Ven con nosotros, y te haremos bien: porque Jehová ha hablado bien respecto á Israel.

30 Y él le respondió: Yo no iré, sino que me marcharé á mi tierra y á mi parentela.

31 Y él le dijo: Ruégote que no nos dejes; porque tú sabes nuestros alojamientos en el desierto, y nos serás en lugar de ojos.

32 Y será, que si vinieres con nosotros, cuando tuviéremos el bien que Jehová nos ha de hacer, nosotros te haremos bien.

33 Así partieron del monte de Jehová, camino de tres días; y el arca de la alianza de Jehová fué delante de ellos camino de tres días, buscándoles lugar de descanso.

34 Y la nube de Jehová iba sobre ellos de día, desde que partieron del campo.

35 Y fué, que en moviendo el arca, Moisés decía: Levántate, Jehová, y sean disipados tus enemigos, y huyan de tu presencia los que te aborrecen.

36 Y cuando ella asentaba, decía: Vuelve, Jehová, á los millares de millares de Israel.

11 Y aconteció que el pueblo se quejó á oídos de Jehová: y oyólo Jehová, y enardecióse su furor, y encendióse en ellos fuego de Jehová y consumió el un cabo del campo.

2 Entonces el pueblo dió voces á Moisés, y Moisés oró á Jehová, y soterróse el fuego.

3 Y llamó á aquel lugar Taberah; porque el fuego de Jehová se encendió en ellos.

4 Y el vulgo que había en medio tuvo un vivo deseo, y volvieron, y aun lloraron los hijos de Israel, y dijeron: ¡Quién nos diera á comer carne!

5 Nos acordamos del pescado que comíamos en Egipto de balde, de los cohombros, y de los melones, y de los puerros, y de las cebollas, y de los ajos:

6 Y ahora nuestra alma se seca; que nada sino maná ven nuestros ojos.

7 Y era el maná como semilla de culantro, y su color como color de bdelio.

8 Derrámabase el pueblo, y recogían, y molían en molinos, ó majaban en morteros, y lo cocían en caldera, ó hacían de él tortas; y su sabor era como sabor de aceite nuevo.

9 Y cuando descendía el rocío sobre el real de noche, el maná descendía de sobre él.

10 Y oyó Moisés al pueblo, que lloraba por sus familias, cada uno á la puerta de su tienda: y el furor de Jehová se encendió en gran manera; también pareció mal á Moisés.

11 Y dijo Moisés á Jehová: ¿Por qué has hecho mal á tu siervo? ¿y por qué no he hallado gracia en tus ojos, que has puesto la carga de todo este pueblo sobre mí?

12 ¿Concebí yo á todo este pueblo? ¿engendrélo yo, para que me digas: Llévalo en tu seno, como lleva la que cría al que mama, á la tierra de la cual juraste á sus padres?

13 ¿De donde tengo yo carne para dar á todo este pueblo? porque lloran á mí, diciendo: Danos carne que comamos.

14 No puedo yo solo soportar á todo este pueblo, que me es pesado en demasía.

15 Y si así lo haces tú conmigo, yo te ruego que me des muerte, si he hallado gracia en tus ojos; y que yo no vea mi mal.

16 Entonces Jehová dijo á Moisés: Júntame setenta varones de los ancianos de Israel, que tu sabes que son ancianos del pueblo y sus principales; y tráelos á la puerta del tabernáculo del testimonio, y esperen allí contigo.

17 Y yo descenderé y hablaré allí contigo; y tomaré del espíritu que está en ti, y pondré en ellos; y llevarán contigo la carga del pueblo, y no la llevarás tú solo.

18 Empero dirás al pueblo: Santificaos para mañana, y comeréis carne: pues que habéis llorado en oídos de Jehová, diciendo: ¡Quién nos diera á comer carne! ¡cierto mejor nos iba en Egipto! Jehová, pues, os dará carne, y comeréis.

19 No comeréis un día, ni dos días, ni cinco días, ni diez días, ni veinte días;

20 Sino hasta un mes de tiempo, hasta que os salga por las narices, y os sea en aborrecimiento: por cuanto menospreciasteis á Jehová que está en medio de vosotros, y llorasteis delante de él, diciendo: ¿Para qué salimos acá de Egipto?

21 Entonces dijo Moisés: Seiscientos mil de á pie es el pueblo en medio del cual yo estoy; y tú dices: Les daré carne, y comerán el tiempo de un mes.

22 ¿Se han de degollar para ellos ovejas y bueyes que les basten? ¿ó se juntarán para ellos todos los peces de la mar para que tengan abasto?

23 Entonces Jehová respondió á Moisés: ¿Hase acortado la mano de Jehová? ahora verás si te sucede mi dicho, ó no.

24 Y salió Moisés, y dijo al pueblo las palabras de Jehová: y juntó los setenta varones de los ancianos del pueblo, é hízolos estar alrededor del tabernáculo.

25 Y Jehová descendió en la nube, y hablóle; y tomó del espíritu que estaba en él, y púsolo en los setenta varones ancianos; y fué que, cuando posó sobre ellos el espíritu, profetizaron, y no cesaron.

26 Y habían quedado en el campo dos varones, llamado el uno Eldad y el otro Medad, sobre los cuales también reposó el espíritu: estaban estos entre los escritos, mas no habían salido al tabernáculo; y profetizaron en el campo.

27 Y corrió un mozo, y dió aviso á Moisés, y dijo: Eldad y Medad profetizan en el campo.

28 Entonces respondió Josué hijo de Nun, ministro de Moisés, uno de sus mancebos, y dijo: Señor mío Moisés, impídelos.

29 Y Moisés le respondió: ¿Tienes tú celos por mí? mas ojalá que todo el pueblo de Jehová fuesen profetas, que Jehová pusiera su espíritu sobre ellos.

30 Y recogióse Moisés al campo, él y los ancianos de Israel.

31 Y salió un viento de Jehová, y trajo codornices de la mar, y dejólas sobre el real, un día de camino de la una parte, y un día de camino de la otra, en derredor del campo, y casi dos codos sobre la haz de la tierra.

32 Entonces el pueblo estuvo levantado todo aquel día, y toda la noche, y todo el día siguiente, y recogiéronse codornices: el que menos, recogió diez montones; y las tendieron para sí á lo largo en derredor del campo.

33 Aun estaba la carne entre los dientes de ellos, antes que fuese mascada, cuando el furor de Jehová se encendió en el pueblo, é hirió Jehová al pueblo con una muy grande plaga.

34 Y llamó el nombre de aquel lugar Kibroth-hattaavah, por cuanto allí sepultaron al pueblo codicioso.

35 De Kibroth-hattaavah movió el pueblo á Haseroth, y pararon en Haseroth.

12 Yhablaron María y Aarón contra Moisés á causa de la mujer Ethiope que había tomado: porque él había tomado mujer Ethiope.

2 Y dijeron: ¿Solamente por Moisés ha hablado Jehová? ¿no ha hablado también por nosotros? Y oyólo Jehová.

3 Y aquel varón Moisés era muy manso, más que todos los hombres que había sobre la tierra.

4 Y luego dijo Jehová á Moisés, y á Aarón, y á María: Salid vosotros tres al tabernáculo del testimonio. Y salieron ellos tres.

5 Entonces Jehová descendió en la columna de la nube, y púsose á la la puerta del tabernáculo, y llamó á Aarón y á María; y salieron ellos ambos.

6 Y él les dijo: Oíd ahora mis palabras: si tuviereis profeta de Jehová, le apareceré en visión, en sueños hablaré con él.

7 No así á mi siervo Moisés, que es fiel en toda mi casa:

8 Boca á boca hablaré con él, y á las claras, y no por figuras; y verá la apariencia de Jehová: ¿por qué pues no tuvisteis temor de hablar contra mi siervo Moisés?

9 Entonces el furor de Jehová se encendió en ellos; y fuése.

10 Y la nube se apartó del tabernáculo; y he aquí que María era leprosa como la nieve; y miró Aarón á María, y he aquí que estaba leprosa.

11 Y dijo Aarón á Moisés: ¡Ah! señor mío, no pongas ahora sobre nosotros pecado; porque locamente lo hemos hecho, y hemos pecado.

12 No sea ella ahora como el que sale muerto del vientre de su madre, consumida la mitad de su carne.

13 Entonces Moisés clamó á Jehová, diciendo; Ruégote, oh Dios, que la sanes ahora.

14 Respondió Jehová á Moisés: Pues si su padre hubiera escupido en su cara, ¿no se avergonzaría por siete días?: sea echada fuera del real por siete días, y después se reunirá.

15 Así María fué echada del real siete días; y el pueblo no pasó adelante hasta que se le reunió María.

13 Ydespués movió el pueblo de Haseroth, y asentaron el campo en el desierto de Parán.

2 Y Jehová habló á Moisés, diciendo:

3 Envía tú hombres que reconozcan la tierra de Canaán, la cual yo doy á los hijos de Israel: de cada tribu de sus padres enviaréis un varón, cada uno príncipe entre ellos.

4 Y Moisés los envió desde el desierto de Parán, conforme á la palabra de Jehová: y todos aquellos varones eran príncipes de los hijos de Israel.

5 Los nombres de los cuales son estos: De la tribu de Rubén, Sammua hijo de Zaccur.

6 De la tribu de Simeón, Saphat hijo de Huri.

7 De la tribu de Judá, Caleb hijo de Jephone.

8 De la tribu de Issachâr, Igal hijo de Joseph.

9 De la tribu de Ephraim, Oseas hijo de Nun.

10 De la tribu de Benjamín, Palti hijo de Raphu.

11 De la tribu de Zabulón, Gaddiel hijo de Sodi.

12 De la tribu de José, de la tribu de Manasés, Gaddi hijo de Susi.

13 De la tribu de Dan, Ammiel hijo de Gemalli.

14 De la tribu de Aser, Sethur hijo de Michâel.

15 De la tribu de Nephtalí, Nahabí hijo de Vapsi.

16 De la tribu de Gad, Gehuel hijo de Machî.

17 Estos son los nombres de los varones que Moisés envió á reconocer la tierra; y á Oseas hijo de Nun, le puso Moisés el nombre de Josué.

18 Enviólos, pues, Moisés á reconocer la tierra de Canaán, diciéndoles: Subid por aquí, por el mediodía, y subid al monte:

19 Y observad la tierra qué tal es; y el pueblo que la habita, si es fuerte ó débil; si poco ó numeroso;

20 Qué tal la tierra habitada, si es buena ó mala; y qué tales son las ciudades habitadas, si de tiendas ó de fortalezas;

21 Y cuál sea el terreno, si es pingüe ó flaco, si en él hay ó no árboles: y esforzaos, y coged del fruto del país. Y el tiempo era el tiempo de las primeras uvas.

22 Y ellos subieron, y reconocieron la tierra desde el desierto de Zin hasta Rehob, entrando en Emath.

23 Y subieron por el mediodía, y vinieron hasta Hebrón: y allí estaban Aimán, y Sesai, y Talmai, hijos de Anac. Hebrón fué edificada siete años antes de Zoán, la de Egipto.

24 Y llegaron hasta el arroyo de Escol, y de allí cortaron un sarmiento con un racimo de uvas, el cual trajeron dos en un palo, y de las granadas y de los higos.

25 Y llamóse aquel lugar Nahal-escol por el racimo que cortaron de allí los hijos de Israel.

26 Y volvieron de reconocer la tierra al cabo de cuarenta días.

27 Y anduvieron y vinieron á Moisés y á Aarón, y á toda la congregación de los hijos de Israel, en el desierto de Parán, en Cades, y diéronles la respuesta, y á toda la congregación, y les mostraron el fruto de la tierra.

28 Y le contaron, y dijeron: Nosotros llegamos á la tierra á la cual nos enviaste, la que ciertamente fluye leche y miel; y este es el fruto de ella.

29 Mas el pueblo que habita aquella tierra es fuerte, y las ciudades muy grandes y fuertes; y también vimos allí los hijos de Anac.

30 Amalec habita la tierra del mediodía; y el Hetheo, y el Jebuseo, y el Amorrheo, habitan en el monte; y el Cananeo habita junto á la mar, y á la ribera del Jordán.

31 Entonces Caleb hizo callar el pueblo delante de Moisés, y dijo: Subamos luego, y poseámosla; que más podremos que ella.

32 Mas los varones que subieron con él, dijeron: No podremos subir contra aquel pueblo; porque es más fuerte que nosotros.

33 Y vituperaron entre los hijos de Israel la tierra que habían reconocido, diciendo: La tierra por donde pasamos para reconocerla, es tierra que traga á sus moradores; y todo el pueblo que vimos en medio de ella, son hombres de grande estatura.

34 También vimos allí gigantes, hijos de Anac, raza de los gigantes: y éramos nosotros, á nuestro parecer, como langostas; y así les parecíamos á ellos.

14 Entonces toda la congregación alzaron grita, y dieron voces: y el pueblo lloró aquella noche.

2 Y quejáronse contra Moisés y contra Aarón todos los hijos de Israel; y díjoles toda la multitud: ¡Ojalá muriéramos en la tierra de Egipto; ó en este desierto ojalá muriéramos!

3 ¿Y por qué nos trae Jehová á ésta tierra para caer á cuchillo y que nuestras mujeres y nuestros chiquitos sean por presa? ¿no nos sería mejor volvernos á Egipto?

4 Y decían el uno al otro: Hagamos un capitán, y volvámonos á Egipto.

5 Entonces Moisés y Aarón cayeron sobre sus rostros delante de toda la multitud de la congregación de los hijos de Israel.

6 Y Josué hijo de Nun, y Caleb hijo de Jephone, que eran de los que habían reconocido la tierra, rompieron sus vestidos;

7 Y hablaron á toda la congregación de los hijos de Israel, diciendo: La tierra por donde pasamos para reconocerla, es tierra en gran manera buena.

8 Si Jehová se agradare de nosotros, él nos meterá en esta tierra, y nos la entregará; tierra que fluye leche y miel.

9 Por tanto, no seáis rebeldes contra Jehová, ni temáis al pueblo de aquesta tierra, porque nuestro pan son: su amparo se ha apartado de ellos, y con nosotros está Jehová: no los temáis.

10 Entonces toda la multitud habló de apedrearlos con piedras. Mas la gloria de Jehová se mostró en el tabernáculo del testimonio á todos los hijos de Israel.

11 Y Jehová dijo á Moisés: ¿Hasta cuándo me ha de irritar este pueblo? ¿hasta cuándo no me ha de creer con todas las señales que he hecho en medio de ellos?.

12 Yo le heriré de mortandad, y lo destruiré, y á ti te pondré sobre gente grande y más fuerte que ellos.

13 Y Moisés respondió á Jehová: Oiránlo luego los Egipcios, porque de en medio de ellos sacaste á este pueblo con tu fortaleza:

14 Y lo dirán á los habitadores de esta tierra; los cuales han oído que tú, oh Jehová, estabas en medio de este pueblo, que ojo á ojo aparecías tú, oh Jehová, y que tu nube estaba sobre ellos, y que de día ibas delante de ellos en columna de nube, y de noche en columna de fuego:

15 Y que has hecho morir á este pueblo como á un hombre; y las gentes que hubieren oído tu fama hablarán, diciendo:

16 Porque no pudo Jehová meter este pueblo en la tierra de la cual les había jurado, los mató en el desierto.

17 Ahora, pues, yo te ruego que sea magnificada la fortaleza del Señor, como lo hablaste, diciendo:

18 Jehová, tardo de ira y grande en misericordia, que perdona la iniquidad y la rebelión, y absolviendo no absolverá al culpado; que visita la maldad de los padres sobre los hijos hasta los terceros y hasta los cuartos.

19 Perdona ahora la iniquidad de este pueblo según la grandeza de tu misericordia, y como has perdonado á este pueblo desde Egipto hasta aquí.

20 Entonces Jehová dijo: Yo lo he perdonado conforme á tu dicho:

21 Mas, ciertamente vivo yo y mi gloria hinche toda la tierra,

22 Que todos los que vieron mi gloria y mis señales que he hecho en Egipto y en el desierto, y me han tentado ya diez veces, y no han oído mi voz,

23 No verán la tierra de la cual juré á sus padres: no, ninguno de los que me han irritado la verá.

24 Empero mi siervo Caleb, por cuanto hubo en él otro espíritu, y cumplió de ir en pos de mi, yo le meteré en la tierra donde entró y su simiente la recibirá en heredad.

25 Ahora bien, el Amalecita y el Cananeo habitan en el valle; volveos mañana, y partíos al desierto, camino del mar Bermejo.

26 Y Jehová habló á Moisés y á Aarón, diciendo:

27 ¿Hasta cuándo oiré esta depravada multitud que murmura contra mí, las querellas de los hijos de Israel, que de mí se quejan?

28 Diles: Vivo yo, dice Jehová, que según habéis hablado á mis oídos, así haré yo con vosotros:

29 En este desierto caerán vuestros cuerpos; todos vuestros

contados según toda vuestra cuenta, de veinte años arriba, los cuales habéis murmurado contra mí;

30 Vosotros á la verdad no entraréis en la tierra, por la cual alcé mi mano de haceros habitar en ella; exceptuando á Caleb hijo de Jephone, y á Josué hijo de Nun.

31 Mas vuestros chiquitos, de los cuales dijisteis que serían por presa, yo los introduciré, y ellos conocerán la tierra que vosotros despreciasteis.

32 Y en cuanto á vosotros, vuestros cuerpos caerán en este desierto.

33 Y vuestros hijos andarán pastoreando en el desierto cuarenta años, y ellos llevarán vuestras fornicaciones, hasta que vuestros cuerpos sean consumidos en el desierto.

34 Conforme al número de los días, de los cuarenta días en que reconocisteis la tierra, llevaréis vuestras iniquidades cuarenta años, un año por cada día; y conoceréis mi castigo.

35 Yo Jehová he hablado; así haré á toda esta multitud perversa que se ha juntado contra mí; en este desierto serán consumidos, y ahí morirán.

36 Y los varones que Moisés envió á reconocer la tierra, y vueltos habían hecho murmurar contra él á toda la congregación, desacreditando aquel país,

37 Aquellos varones que habían hablado mal de la tierra, murieron de plaga delante de Jehová.

38 Mas Josué hijo de Nun, y Caleb hijo de Jephone, quedaron con vida de entre aquellos hombres que habían ido á reconocer la tierra.

39 Y Moisés dijo estas cosas á todos los hijos de Israel, y el pueblo se enlutó mucho.

40 Y levantáronse por la mañana, y subieron á la cumbre del monte, diciendo: Henos aquí para subir al lugar del cual ha hablado Jehová; porque hemos pecado.

41 Y dijo Moisés: ¿Por qué quebrantáis el dicho de Jehová? Esto tampoco os sucederá bien.

42 No subáis, porque Jehová no está en medio de vosotros, no seáis heridos delante de vuestros enemigos.

43 Porque el Amalecita y el Cananeo están allí delante de vosotros, y caeréis á cuchillo: pues por cuanto os habéis retraído de seguir á Jehová, por eso no será Jehová con vosotros.

44 Sin embargo, se obstinaron en subir á la cima del monte: mas el arca de la alianza de Jehová, y Moisés, no se apartaron de en medio del campo.

45 Y descendieron el Amalecita y el Cananeo, que habitaban en aquel monte, é hiriéronlos y derrotáronlos, persiguiéndolos hasta Horma.

15 Y Jehová habló á Moisés, diciendo:

2 Habla á los hijos de Israel, y diles: Cuando hubiereis entrado en la tierra de vuestras habitaciones, que yo os doy,

3 E hiciereis ofrenda encendida á Jehová, holocausto, ó sacrificio, por especial voto, ó de vuestra voluntad, ó para hacer en vuestras solemnidades olor suave á Jehová, de vacas ó de ovejas;

4 Entonces el que ofreciere su ofrenda á Jehová, traerá por presente una décima de un epha de flor de harina, amasada con la cuarta parte de un hin de aceite;

5 Y de vino para la libación ofrecerás la cuarta parte de un hin, además del holocausto ó del sacrificio, por cada un cordero.

6 Y por cada carnero harás presente de dos décimas de flor de harina, amasada con el tercio de un hin de aceite:

7 Y de vino para la libación ofrecerás el tercio de un hin, en olor suave á Jehová.

8 Y cuando ofreciereis novillo en holocausto ó sacrificio, por especial voto, ó de paces á Jehová:

9 Ofrecerás con el novillo un presente de tres décimas de flor de harina, amasada con la mitad de un hin de aceite:

10 Y de vino para la libación ofrecerás la mitad de un hin, en ofrenda encendida de olor suave á Jehová.

11 Así se hará con cada un buey, ó carnero, ó cordero, lo mismo de ovejas que de cabras.

12 Conforme al número así haréis con cada uno según el número de ellos.

13 Todo natural hará estas cosas así, para ofrecer ofrenda encendida de olor suave á Jehová.

14 Y cuando habitare con vosotros extranjero, ó cualquiera que estuviere entre vosotros por vuestras edades, si hiciere ofrenda encendida de olor suave á Jehová, como vosotros hicieres, así hará él.

15 Un mismo estatuto tendréis, vosotros de la congregación y el extranjero que con vosotros mora; estatuto que será perpetuo por vuestras edades: como vosotros, así será el peregrino delante de Jehová.

16 Una misma ley y un mismo derecho tendréis, vosotros y el peregrino que con vosotros mora.

17 Y habló Jehová á Moisés, diciendo:

18 Habla á los hijos de Israel, y diles: Cuando hubiereis entrado en la tierra á la cual yo os llevo,

19 Será cuando comenzareis á comer el pan de la tierra, ofreceréis ofrenda á Jehová.

20 De lo primero que amasareis, ofreceréis una torta en ofrenda; como la ofrenda de la era, así la ofreceréis.

21 De las primicias de vuestras masas daréis á Jehová ofrenda por vuestras generaciones.

22 Y cuando errareis, y no hiciereis todos estos mandamientos que Jehová ha dicho á Moisés,

23 Todas las cosas que Jehová os ha mandado por la mano de Moisés, desde el día que Jehová lo mandó, y en adelante por vuestras edades,

24 Será que, si el pecado fué hecho por yerro con ignorancia de la congregación, toda la congregación ofrecerá un novillo por holocausto, en olor suave á Jehová, con su presente y su libación, conforme á la ley; y un macho cabrío en expiación.

25 Y el sacerdote hará expiación por toda la congregación de los hijos de Israel; y les será perdonado, porque yerro es: y ellos traerán sus ofrendas, ofrenda encendida á Jehová, y sus expiaciones delante de Jehová, por sus yerros:

26 Y será perdonado á toda la congregación de los hijos de Israel, y al extranjero que peregrina entre ellos, por cuanto es yerro de todo el pueblo.

27 Y si una persona pecare por yerro, ofrecerá una cabra de un año por expiación.

28 Y el sacerdote hará expiación por la persona que habrá pecado por yerro, cuando pecare por yerro delante de Jehová, la reconciliará, y le será perdonado.

29 El natural entre los hijos de Israel, y el peregrino que habitare entre ellos, una misma ley tendréis para el que hiciere algo por yerro.

30 Mas la persona que hiciere algo con altiva mano, así el natural como el extranjero, á Jehová injurió; y la tal persona será cortada de en medio de su pueblo.

31 Por cuanto tuvo en poco la palabra de Jehová, y dió por nulo su mandamiento, enteramente será cortada la tal persona: su iniquidad será sobre ella.

32 Y estando los hijos de Israel en el desierto, hallaron un hombre que recogía leña en día de sábado.

33 Y los que le hallaron recogiendo leña trajéronle á Moisés y á Aarón, y á toda la congregación:

34 Y pusiéronlo en la cárcel, por que no estaba declarado qué le habían de hacer.

35 Y Jehová dijo á Moisés: Irremisiblemente muera aquel hombre; apedréelo con piedras toda la congregación fuera del campo.

36 Entonces lo sacó la congregación fuera del campo, y apedreáronlo con piedras, y murió; como Jehová mandó á Moisés.

37 Y Jehová habló á Moisés, diciendo:

38 Habla á los hijos de Israel, y diles que se hagan pezuelos (franjas) en los remates de sus vestidos, por sus generaciones; y pongan en cada pezuelo de los remates un cordón de cárdeno:

39 Y serviros ha de pezuelo, para que cuando lo viereis, os acordéis de todos los mandamientos de Jehová, para ponerlos por obra; y no miréis en pos de vuestro corazón y de vuestros ojos, en pos de los cuales fornicáis:

40 Para que os acordéis, y hagáis todos mis mandamientos, y seáis santos á vuestro Dios.

41 Yo Jehová vuestro Dios, que os saqué de la tierra de Egipto, para ser vuestro Dios: Yo Jehová vuestro Dios.

16 Y Coré, hijo de Ishar, hijo de Coath, hijo de Leví; y Dathán y Abiram, hijos de Eliab; y Hon, hijo de Peleth, de los hijos de Rubén, tomaron gente,

2 Y levantáronse contra Moisés con doscientos y cincuenta varones de los hijos de Israel, príncipes de la congregación, de los del consejo, varones de nombre;

3 Y se juntaron contra Moisés y Aarón, y les dijeron: Básteos, porque toda la congregación, todos ellos son santos, y en medio de ellos está Jehová: ¿por qué, pues, os levantáis vosotros sobre la congregación de Jehová?

4 Y como lo oyó Moisés, echóse sobre su rostro;

5 Y habló á Coré y á todo su séquito, diciendo: Mañana mostrará Jehová quién es suyo, y al santo harálo llegar á sí; y al que él escogiere, él lo allegará á sí.

6 Haced esto: tomad incensarios, Coré y todo su séquito:

7 Y poned fuego en ellos, y poned en ellos sahumerio delante de Jehová mañana; y será que el varón á quien Jehová escogiere, aquel será el santo: básteos esto, hijos de Leví.

8 Dijo más Moisés á Coré: Oid ahora, hijos de Leví:

9 ¿Os es poco que el Dios de Israel os haya apartado de la congregación de Israel, haciéndoos allegar á sí para que ministraseis en el servicio del tabernáculo de Jehová, y estuvieseis delante de la congregación para ministrarles?

10 ¿Y que te hizo acercar á ti, y á todos tus hermanos los hijos de Leví contigo; para que procuréis también el sacerdocio?

11 Por tanto, tú y todo tu séquito sois los que os juntáis contra Jehová: pues Aarón, ¿qué es para que contra él murmuréis?

12 Y envió Moisés á llamar á Dathán y Abiram, hijos de Eliab; mas ellos respondieron: No iremos allá:

13 ¿Es poco que nos hayas hecho venir de una tierra que destila leche y miel, para hacernos morir en el desierto, sino que también te enseñorees de nosotros imperiosamente?

14 Ni tampoco nos has metido tú en tierra que fluya leche y miel, ni nos has dado heredades de tierras y viñas: ¿has de arrancar los ojos de estos hombres? No subiremos.

15 Entonces Moisés se enojó en gran manera, y dijo á Jehová: No mires á su presente: ni aun un asno he tomado de ellos, ni á ninguno de ellos he hecho mal.

16 Después dijo Moisés á Coré: Tú y todo tu séquito, poneos mañana delante de Jehová; tú, y ellos, y Aarón:

17 Y tomad cada uno su incensario, y poned sahumerio en ellos, y allegad delante de Jehová cada uno su incensario: doscientos y cincuenta incensarios: tú también, y Aarón, cada uno con su incensario.

18 Y tomaron cada uno su incensario, y pusieron en ellos fuego, y echaron en ellos sahumerio, y pusiéronse á la puerta del tabernáculo del testimonio con Moisés y Aarón.

19 Ya Coré había hecho juntar contra ellos toda la congregación á la puerta del tabernáculo del testimonio: entonces la gloria de Jehová apareció á toda la congregación.

20 Y Jehová habló á Moisés y á Aarón, diciendo:

21 Apartaos de entre esta congregación, y consumirlos he en un momento.

22 Y ellos se echaron sobre sus rostros, y dijeron: Dios, Dios de los espíritus de toda carne, ¿no es un hombre el que pecó? ¿y airarte has tu contra toda la congregación?

23 Entonces Jehová habló á Moisés, diciendo:

24 Habla á la congregación, diciendo: Apartaos de en derredor de la tienda de Coré, Dathán, y Abiram.

25 Y Moisés se levantó, y fué á Dathán y Abiram; y los ancianos de Israel fueron en pos de él.

26 Y él habló á la congregación, diciendo: Apartaos ahora de las tiendas de estos impíos hombres, y no toquéis ninguna cosa suya, por que no perezcáis en todos sus pecados.

27 Y apartáronse de las tiendas de Coré, de Dathán, y de Abiram en derredor: y Dathán y Abiram salieron y pusiéronse á las puertas de sus tiendas, con sus mujeres, y sus hijos, y sus chiquitos.

28 Y dijo Moisés: En esto conoceréis que Jehová me ha enviado para que hiciese todas estas cosas: que no de mi corazón las hice.

29 Si como mueren todos los hombres murieren éstos, ó si fueren ellos visitados á la manera de todos los hombres, Jehová no me envió.

30 Mas si Jehová hiciere una nueva cosa, y la tierra abriere su boca, y los tragare con todas sus cosas, y descendieren vivos al abismo, entonces conoceréis que estos hombres irritaron á Jehová.

31 Y aconteció, que en acabando él de hablar todas estas palabras, rompióse la tierra que estaba debajo de ellos:

32 Y abrió la tierra su boca, y tragólos á ellos, y á sus casas, y á todos los hombres de Coré, y á toda su hacienda.

33 Y ellos, con todo lo que tenían, descendieron vivos al abismo, y cubriólos la tierra, y perecieron de en medio de la congregación.

34 Y todo Israel, los que estaban en derredor de ellos, huyeron al grito de ellos; porque decían: No nos trague también la tierra.

35 Y salió fuego de Jehová, y consumió los doscientos y cincuenta hombres que ofrecían el sahumerio.

36 Entonces Jehová habló á Moisés, diciendo:

37 Di á Eleazar, hijo de Aarón sacerdote, que tome los incensarios de en medio del incendio, y derrame más allá el fuego; porque son santificados:

38 Los incensarios de estos pecadores contra sus almas: y harán de ellos planchas extendidas para cubrir el altar: por cuanto ofrecieron con ellos delante de Jehová, son santificados; y serán por señal á los hijos de Israel.

39 Y el sacerdote Eleazar tomó los incensarios de metal con que los quemados habían ofrecido; y extendiéronlos para cubrir el altar,

40 En recuerdo á los hijos de Israel que ningún extraño que no sea de la simiente de Aarón, llegue á ofrecer sahumerio delante de Jehová, porque no sea como Coré, y como su séquito; según se lo dijo Jehová por mano de Moisés.

41 Di al día siguiente toda la congregación de los hijos de Israel murmuró contra Moisés y Aarón, diciendo: Vosotros habéis muerto al pueblo de Jehová.

42 Y aconteció que, como se juntó la congregación contra Moisés y Aarón, miraron hacia el tabernáculo del testimonio, y he aquí la nube lo había cubierto, y apareció la gloria de Jehová.

43 Y vinieron Moisés y Aarón delante del tabernáculo del testimonio.

44 Y Jehová habló á Moisés, diciendo:

45 Apartaos de en medio de esta congregación, y consumirélos en un momento. Y ellos se echaron sobre sus rostros.

46 Y dijo Moisés A Aarón: Toma el incensario, y pon en él fuego del altar, y sobre él pon perfume, y ve presto á la congregación, y haz expiación por ellos; porque el furor ha salido de delante de la faz de Jehová: la mortandad ha comenzado.

47 Entonces tomó Aarón el incensario, como Moisés dijo, y corrió en medio de la congregación: y he aquí que la mortandad había comenzado en el pueblo; y él puso perfume, é hizo expiación por el pueblo.

48 Y púsose entre los muertos y los vivos, y cesó la mortandad.

49 Y los que murieron en aquella mortandad fueron catorce mil y setecientos, sin los muertos por el negocio de Coré.

50 Después se volvió Aarón á Moisés á la puerta del tabernáculo del testimonio, cuando la mortandad había cesado.

17 Y habló Jehová á Moisés, diciendo:

2 Habla á los hijos de Israel, y toma de ellos una vara por cada casa de los padres, de todos los príncipes de ellos, doce varas conforme á las casas de sus padres; y escribirás el nombre de cada uno sobre su vara.

3 Y escribirás el nombre de Aarón sobre la vara de Leví; porque cada cabeza de familia de sus padres tendrá una vara.

4 Y las pondrás en el tabernáculo del testimonio delante del testimonio, donde yo me declararé á vosotros.

5 Y será, que el varón que yo escogiere, su vara florecerá: y haré cesar de sobre mí las quejas de los hijos de Israel, con que murmuran contra vosotros.

6 Y Moisés habló á los hijos de Israel, y todos los príncipes de ellos le dieron varas; cada príncipe por las casas de sus padres una vara, en todas doce varas; y la vara de Aarón estaba entre las varas de ellos.

7 Y Moisés puso las varas delante de Jehová en el tabernáculo del testimonio.

8 Y aconteció que el día siguiente vino Moisés al tabernáculo del testimonio; y he aquí que la vara de Aarón de la casa de Leví había brotado, y echado flores, y arrojado renuevos, y producido almendras.

9 Entonces sacó Moisés todas las varas de delante de Jehová á todos los hijos de Israel; y ellos lo vieron, y tomaron cada uno su vara.

10 Y Jehová dijo á Moisés: Vuelve la vara de Aarón delante del testimonio, para que se guarde por señal á los hijos rebeldes; y harás cesar sus quejas de sobre mí, porque no mueran.

11 E hízolo Moisés: como le mandó Jehová, así hizo.

12 Entonces los hijos de Israel hablaron á Moisés, diciendo:

He aquí nosotros somos muertos, perdidos somos, todos nosotros somos perdidos.

13 Cualquiera que se llegare, el que se acercare al tabernáculo de Jehová morirá: ¿acabaremos de perecer todos?

18 Y Jehová dijo á Aarón: Tú y tus hijos, y la casa de tu padre contigo, llevaréis el pecado del santuario: y tú y tus hijos contigo llevaréis el pecado de vuestro sacerdocio.

2 Y á tus hermanos también, la tribu de Leví, la tribu de tu padre, hazlos llegar á ti, y júntense contigo, y servirte han; y tú y tus hijos contigo serviréis delante del tabernáculo del testimonio.

3 Y guardarán lo que tú ordenares, y el cargo de todo el tabernáculo: mas no llegarán á los vasos santos ni al altar, porque no mueran ellos y vosotros.

4 Se juntarán, pues, contigo, y tendrán el cargo del tabernáculo del testimonio en todo el servicio del tabernáculo: ningún extraño se ha de llegar á vosotros.

5 Y tendréis la guarda del santuario, y la guarda del altar, para que no sea más la ira sobre los hijos de Israel.

6 Porque he aquí yo he tomado á vuestros hermanos los Levitas de entre los hijos de Israel, dados á vosotros en don de Jehová, para que sirvan en el ministerio del tabernáculo del testimonio.

7 Mas tú y tus hijos contigo guardaréis vuestro sacerdocio en todo negocio del altar, y del velo adentro, y ministraréis. Yo os he dado en don el servicio de vuestro sacerdocio; y el extraño que se llegare, morirá.

8 Dijo más Jehová á Aarón: He aquí yo te he dado también la guarda de mis ofrendas: todas las cosas consagradas de los hijos de Israel te he dado por razón de la unción, y á tus hijos, por estatuto perpetuo.

9 Esto será tuyo de la ofrenda de las cosas santas reservadas del fuego: toda ofrenda de ellos, todo presente suyo, y toda expiación por el pecado de ellos, que me han de presentar, será cosa muy santa para ti y para tus hijos.

10 En el santuario la comerás; todo varón comerá de ella: cosa santa será para ti.

11 Esto también será tuyo: la ofrenda elevada de sus dones, y todas las ofrendas agitadas de los hijos de Israel, he dado á ti, y á tus hijos, y á tus hijas contigo, por estatuto perpetuo: todo limpio en tu casa comerá de ellas.

12 De aceite, y de mosto, y de trigo, todo lo más escogido, las primicias de ello, que presentarán á Jehová, á ti las he dado.

13 Las primicias de todas las cosas de la tierra, las cuales traerán á Jehová, serán tuyas: todo limpio en tu casa comerá de ellas.

14 Todo lo consagrado por voto en Israel será tuyo.

15 Todo lo que abriere matriz en toda carne que ofrecerán á Jehová, así de hombres como de animales, será tuyo: mas has de hacer redimir el primogénito del hombre: también harás redimir el primogénito de animal inmundo.

16 Y de un mes harás efectuar el rescate de ellos, conforme á tu estimación, por precio de cinco siclos, al siclo del santuario, que es de veinte óbolos.

17 Mas el primogénito de vaca, y el primogénito de oveja, y el primogénito de cabra, no redimirás; santificados son: la sangre de ellos rociarás sobre el altar, y quemarás la grosura de ellos, ofrenda encendida en olor suave á Jehová.

18 Y la carne de ellos será tuya: como el pecho de la mecedura y como la espaldilla derecha, será tuya.

19 Todas las ofrendas elevadas de las cosas santas, que los hijos de Israel ofrecieren á Jehová, helas dado para ti, y para tus hijos y para tus hijas contigo, por estatuto perpetuo: pacto de sal perpetuo es delante de Jehová para ti y para tu simiente contigo.

20 Y Jehová dijo á Aarón: De la tierra de ellos no tendrás heredad, ni entre ellos tendrás parte: Yo soy tu parte y tu heredad en medio de los hijos de Israel.

21 Y he aquí yo he dado á los hijos de Leví todos los diezmos en Israel por heredad, por su ministerio, por cuanto ellos sirven en el ministerio del tabernáculo del testimonio.

22 Y no llegarán más los hijos de Israel al tabernáculo del testimonio, porque no lleven pecado, por el cual mueran.

23 Mas los Levitas harán el servicio del tabernáculo del testimonio, y ellos llevarán su iniquidad: estatuto perpetuo por vuestras edades; y no poseerán heredad entre los hijos de Israel.

24 Porque á los Levitas he dado por heredad los diezmos de los hijos de Israel, que ofrecerán á Jehová en ofrenda: por lo cual les he dicho: Entre los hijos de Israel no poseerán heredad.
25 Y habló Jehová á Moisés, diciendo:
26 Así hablarás á los Levitas, y les dirás: Cuando tomareis de los hijos de Israel los diezmos que os he dado de ellos por vuestra heredad, vosotros presentaréis de ellos en ofrenda mecida á Jehová el diezmo de los diezmos.
27 Y os se contará vuestra ofrenda como grano de la era, y como acopio del lagar.
28 Así ofreceréis también vosotros ofrenda á Jehová de todos vuestros diezmos que hubiereis recibido de los hijos de Israel; y daréis de ellos la ofrenda de Jehová á Aarón el sacerdote.
29 De todos vuestros dones ofreceréis toda ofrenda á Jehová; de todo lo mejor de ellos ofreceréis la porción que ha de ser consagrada.
30 Y les dirás: Cuando ofreciereis lo mejor de ellos, será contado á los Levitas por fruto de la era, y como fruto del lagar.
31 Y lo comeréis en cualquier lugar, vosotros y vuestra familia: pues es vuestra remuneración por vuestro ministerio en el tabernáculo del testimonio.
32 Y cuando vosotros hubiereis ofrecido de ello lo mejor suyo, no llevaréis por ello pecado: y no habéis de contaminar las cosas santas de los hijos de Israel, y no moriréis.

19 Y Jehová habló á Moisés y á Aarón, diciendo:
2 Esta es la ordenanza de la ley que Jehová ha prescrito, diciendo: Di á los hijos de Israel que te traigan una vaca bermeja, perfecta, en la cual no haya falta, sobre la cual no se haya puesto yugo:
3 Y la daréis á Eleazar el sacerdote, y él la sacará fuera del campo, y harála degollar en su presencia.
4 Y tomará Eleazar el sacerdote de su sangre con su dedo, y rociará hacia la delantera del tabernáculo del testimonio con la sangre de ella siete veces:
5 Y hará quemar la vaca ante sus ojos: su cuero y su carne y su sangre, con su estiercol, hará quemar.
6 Luego tomará el sacerdote palo de cedro, é hisopo, y escarlata, y lo echará en medio del fuego en que arde la vaca.
7 El sacerdote lavará luego sus vestidos, lavará también su carne con agua, y después entrará en el real; y será inmundo el sacerdote hasta la tarde.
8 Asimismo el que la quemó, lavará sus vestidos en agua, también lavará en agua su carne, y será inmundo hasta la tarde.
9 Y un hombre limpio recogerá las cenizas de la vaca, y las pondrá fuera del campo en lugar limpio, y las guardará la congregación de los hijos de Israel para el agua de separación: es una expiación.
10 Y el que recogió las cenizas de la vaca, lavará sus vestidos, y será inmundo hasta la tarde: y será á los hijos de Israel, y al extranjero que peregrina entre ellos, por estatuto perpetuo.
11 El que tocare muerto de cualquiera persona humana, siete días será inmundo:
12 Este se purificará al tercer día con aquesta agua, y al séptimo día será limpio; y si al tercer día no se purificare, no será limpio al séptimo día.
13 Cualquiera que tocare en muerto, en persona de hombre que estuviere muerto, y no se purificare, el tabernáculo de Jehová contaminó; y aquella persona será cortada de Israel: por cuanto el agua de la separación no fué rociada sobre él, inmundo será; y su inmundicia será sobre él.
14 Esta es la ley para cuando alguno muriere en la tienda: cualquiera que entrare en la tienda y todo lo que estuviere en ella, será inmundo siete días.
15 Y todo vaso abierto, sobre el cual no hubiere tapadera bien ajustada, será inmundo.
16 Y cualquiera que tocare en muerto á cuchillo sobre la ház del campo, ó en muerto, ó en hueso humano, ó en sepulcro, siete días será inmundo.
17 Y para el inmundo tomarán de la ceniza de la quemada vaca de la expiación, y echarán sobre ella agua viva en un vaso:
18 Y un hombre limpio tomará hisopo, y mojarálo en el agua, y rociará sobre la tienda, y sobre todos los muebles, y sobre las personas que allí estuvieren, y sobre aquel que hubiere tocado el hueso, ó el matado, ó el muerto, ó el sepulcro:

19 Y el limpio rociará sobre el inmundo al tercero y al séptimo día: y cuando lo habrá purificado al día séptimo, él lavará luego sus vestidos, y á sí mismo se lavará con agua, y será limpio á la tarde.
20 Y el que fuere inmundo, y no se purificare, la tal persona será cortada de entre la congregación, por cuanto contaminó el tabernáculo de Jehová: no fué rociada sobre él el agua de separación, es inmundo.
21 Y les será por estatuto perpetuo: también el que rociare el agua de la separación lavará sus vestidos; y el que tocare el agua de la separación, será inmundo hasta la tarde.
22 Y todo lo que el inmundo tocare, será inmundo: y la persona que lo tocare, será inmunda hasta la tarde.

20 Y llegaron los hijos de Israel, toda la congregación, al desierto de Zin, en el mes primero, y asentó el pueblo en Cades; y allí murió María, y fué allí sepultada.
2 Y como no hubiese agua para la congregación, juntáronse contra Moisés y Aarón.
3 Y riñó el pueblo con Moisés, y hablaron diciendo: ¡Ojalá que nosotros hubiéramos muerto cuando perecieron nuestros hermanos delante de Jehová!
4 Y ¿por qué hiciste venir la congregación de Jehová á este desierto, para que muramos aquí nosotros y nuestras bestias?
5 ¿Y por qué nos has hecho subir de Egipto, para traernos á este mal lugar? No es lugar de sementera, de higueras, de viñas, ni granadas: ni aun de agua para beber.
6 Y fuéronse Moisés y Aarón de delante de la congregación á la puerta del tabernáculo del testimonio, y echáronse sobre sus rostros; y la gloria de Jehová apareció sobre ellos.
7 Y habló Jehová á Moisés, diciendo:
8 Toma la vara y reune la congregación, tú y Aarón tu hermano, y hablad á la peña en ojos de ellos; y ella dará su agua, y les sacarás aguas de la peña, y darás de beber á la congregación, y á sus bestias.
9 Entonces Moisés tomó la vara de delante de Jehová, como él le mandó.
10 Y juntaron Moisés y Aarón la congregación delante de la peña, y díjoles: Oid ahora, rebeldes: ¿os hemos de hacer salir aguas de esta peña?
11 Entonces alzó Moisés su mano, é hirió la peña con su vara dos veces; y salieron muchas aguas, y bebió la congregación, y sus bestias.
12 Y Jehová dijo á Moisés y á Aarón: Por cuanto no creísteis en mí, para santificarme en ojos de los hijos de Israel, por tanto, no meteréis esta congregación en la tierra que les he dado.
13 Estas son las aguas de la rencilla, por las cuales contendieron los hijos de Israel con Jehová, y él se santificó en ellos.
14 Y envió Moisés embajadores al rey de Edom desde Cades: Así dice Israel tu hermano: Tú has sabido todo el trabajo que nos ha venido:
15 Cómo nuestros padres descendieron á Egipto, y estuvimos en Egipto largo tiempo, y los Egipcios nos maltrataron, á nosotros y á nuestros padres;
16 Y clamamos á Jehová, el cual oyó nuestra voz, y envió ángel, y sacónos de Egipto; y he aquí estamos en Cades, ciudad al extremo de tus confines:
17 Rogámoste que pasemos por tu tierra; no pasaremos por labranza, ni por viña, ni beberemos agua de pozos: por el camino real iremos, sin apartarnos á la diestra ni á la siniestra, hasta que hayamos pasado tu término.
18 Y Edom le respondió: No pasarás por mi país, de otra manera saldré contra ti armado.
19 Y los hijos de Israel dijeron: Por el camino seguido iremos; y si bebiéremos tus aguas yo y mis ganados, daré el precio de ellas: ciertamente sin hacer otra cosa, pasaré de seguida.
20 Y él respondió: No pasarás. Y salió Edom contra él con mucho pueblo, y mano fuerte.
21 No quiso, pues, Edom dejar pasar á Israel por su término, y apartóse Israel de él.
22 Y partidos de Cades los hijos de Israel, toda aquella congregación, vinieron al monte de Hor.
23 Y Jehová habló á Moisés y á Aarón en el monte de Hor, en los confines de la tierra de Edom, diciendo:
24 Aarón será reunido á sus pueblos; pues no entrará en la tierra que yo dí á los hijos de Israel, por cuanto fuisteis

rebeldes á mi mandamiento en las aguas de la rencilla.

25 Toma á Aarón y á Eleazar su hijo, y hazlos subir al monte de Hor;

26 Y haz desnudar á Aarón sus vestidos, y viste de ellos á Eleazar su hijo; porque Aarón será reunido á sus pueblos, y allí morirá.

27 Y Moisés hizo como Jehová le mandó: y subieron al monte de Hor á ojos de toda la congregación.

28 Y Moisés hizo desnudar á Aarón de sus vestidos y vistiólos á Eleazar su hijo: y Aarón murió allí en la cumbre del monte: y Moisés y Eleazar descendieron del monte.

29 Y viendo toda la congregación que Aarón era muerto, hiciéronle duelo por treinta días todas las familias de Israel.

21 Y oyendo el Cananeo, el rey de Arad, el cual habitaba al mediodía, que venía Israel por el camino de los centinelas, peleó con Israel, y tomó de él presa.

2 Entonces Israel hizo voto á Jehová, y dijo: Si en efecto entregares á este pueblo en mi mano, yo destruiré sus ciudades.

3 Y Jehová escuchó la voz de Israel, y entregó al Cananeo, y destruyóles á ellos y á sus ciudades; y llamó el nombre de aquel lugar Horma.

4 Y partieron del monte de Hor, camino del mar Bermejo, para rodear la tierra de Edom; y abatióse el ánimo del pueblo por el camino.

5 Y habló el pueblo contra Dios y Moisés: ¿Por qué nos hiciste subir de Egipto para que muramos en este desierto? que ni hay pan, ni agua, y nuestra alma tiene fastidio de este pan tan liviano.

6 Y Jehová envió entre el pueblo serpientes ardientes, que mordían al pueblo; y murió mucho pueblo de Israel.

7 Entonces el pueblo vino á Moisés, y dijeron: Pecado hemos por haber hablado contra Jehová, y contra ti: ruega á Jehová que quite de nosotros estas serpientes. Y Moisés oró por el pueblo.

8 Y Jehová dijo á Moisés: Hazte una serpiente ardiente, y ponla sobre la bandera: y será que cualquiera que fuere mordido y mirare á ella, vivirá.

9 Y Moisés hizo una serpiente de metal, y púsola sobre la bandera, y fué, que cuando alguna serpiente mordía á alguno, miraba á la serpiente de metal, y vivía.

10 Y partieron los hijos de Israel, y asentaron campo en Oboth.

11 Y partidos de Oboth, asentaron en Ije-abarim, en el desierto que está delante de Moab, al nacimiento del sol.

12 Partidos de allí, asentaron en la arroyada de Zared.

13 De allí movieron, y asentaron de la otra parte de Arnón, que está en el desierto, y que sale del término del Amorrheo; porque Arnón es término de Moab, entre Moab y el Amorrheo.

14 Por tanto se dice en el libro de las batallas de Jehová: Lo que hizo en el mar Bermejo, Y en los arroyos de Arnón:

15 Y á la corriente de los arroyos Que va á parar en Ar, Y descansa en el término de Moab.

16 Y de allí vinieron á Beer: este es el pozo del cual Jehová dijo á Moisés: Junta al pueblo, y les daré agua.

17 Entonces cantó Israel esta canción: Sube, oh pozo; á él cantad:

18 Pozo, el cual cavaron los señores; Caváronlo los príncipes del pueblo, Y el legislador, con sus bordones.

19 Y de Mathana á Nahaliel: y de Nahaliel á Bamoth:

20 Y de Bamoth al valle que está en los campos de Moab, y á la cumbre de Pisga, que mira á Jesimón.

21 Y envió Israel embajadores á Sehón, rey de los Amorrheos, diciendo:

22 Pasaré por tu tierra: no nos apartaremos por los labrados, ni por las viñas; no beberemos las aguas de los pozos: por el camino real iremos, hasta que pasemos tu término.

23 Mas Sehón no dejó pasar á Israel por su término: antes juntó Sehón todo su pueblo, y salió contra Israel en el desierto: y vino á Jahaz, y peleó contra Israel.

24 E hirióle Israel á filo de espada, y tomó su tierra desde Arnón hasta Jaboc, hasta los hijos de Ammón: porque el término de los hijos de Ammón era fuerte.

25 Y tomó Israel todas estas ciudades: y habitó Israel en todas las ciudades del Amorrheo, en Hesbón y en todas sus aldeas.

26 Porque Hesbón era la ciudad de Sehón, rey de los Amorrheos; el cual había tenido guerra antes con el rey de Moab, y tomado de su poder toda su tierra hasta Arnón.

27 Por tanto, dicen los proverbistas: Venid á Hesbón, Edifíquese y repárese la ciudad de Sehón:

28 Que fuego salió de Hesbón, Y llama de la ciudad de Sehón, Y consumió á Ar de Moab, A los señores de los altos de Arnón.

29 ¡Ay de ti, Moab! Perecido has, pueblo de Chêmos: Puso sus hijos en huída, y sus hijas en cautividad, Por Sehón rey de los Amorrheos.

30 Mas devastamos el reino de ellos; pereció Hesbón hasta Dibón, Y destruimos hasta Nopha y Medeba.

31 Así habitó Israel en la tierra del Amorrheo.

32 Y envió Moisés á reconocer á Jazer, y tomaron sus aldeas, y echaron al Amorrheo que estaba allí.

33 Y volvieron, y subieron camino de Basán, y salió contra ellos Og rey de Basán, él y todo su pueblo, para pelear en Edrei.

34 Entonces Jehová dijo á Moisés: No le tengas miedo, que en tu mano lo he dado, él y á todo su pueblo, y á su tierra; y harás de él como hiciste de Sehón, rey de los Amorrheos, que habitaba en Hesbón.

35 E hirieron á él, y á sus hijos, y á toda su gente, sin que le quedara uno, y poseyeron su tierra.

22 Y movieron los hijos de Israel, y asentaron en los campos de Moab, de esta parte del Jordán de Jericó.

2 Y vió Balac, hijo de Zippor, todo lo que Israel había hecho al Amorrheo.

3 Y Moab temió mucho á causa del pueblo que era mucho; y angustióse Moab á causa de los hijos de Israel.

4 Y dijo Moab á los ancianos de Madián: Ahora lamerá esta gente todos nuestros contornos, como lame el buey la grama del campo. Y Balac, hijo de Zippor, era entonces rey de Moab.

5 Por tanto envió mensajeros á Balaam hijo de Beor, á Pethor, que está junto al río en la tierra de los hijos de su pueblo, para que llamasen, diciendo: Un pueblo ha salido de Egipto, y he aquí cubre la haz de la tierra, y habita delante de mí:

6 Ven pues ahora, te ruego, maldíceme este pueblo, porque es más fuerte que yo: quizá podré yo herirlo, y echarlo de la tierra: que yo sé que el que tú bendijeres, será bendito, y el que tú maldijeres, será maldito.

7 Y fueron los ancianos de Moab, y los ancianos de Madián, con las dádivas de adivinación en su mano, y llegaron á Balaam, y le dijeron las palabras de Balac.

8 Y él les dijo: Reposad aquí esta noche, y yo os referiré las palabras, como Jehová me hablare. Así los príncipes de Moab se quedaron con Balaam.

9 Y vino Dios á Balaam, y díjole: ¿Qué varones son estos que están contigo?

10 Y Balaam respondió á Dios: Balac hijo de Zippor, rey de Moab, ha enviado á mí diciendo:

11 He aquí este pueblo que ha salido de Egipto, cubre la haz de la tierra: ven pues ahora, y maldícemelo; quizá podré pelear con él, y echarlo.

12 Entonces dijo Dios á Balaam: No vayas con ellos, ni maldigas al pueblo; porque es bendito.

13 Así Balaam se levantó por la mañana, y dijo á los príncipes de Balac: Volveos á vuestra tierra, porque Jehová no me quiere dejar ir con vosotros.

14 Y los príncipes de Moab se levantaron, y vinieron á Balac, y dijeron: Balaam no quiso venir con nosotros.

15 Y tornó Balac á enviar otra vez más príncipes, y más honorables que los otros.

16 Los cuales vinieron á Balaam, y dijéronle: Así dice Balac, hijo de Zippor: Ruégote que no dejes de venir á mí:

17 Porque sin duda te honraré mucho, y haré todo lo que me dijeres: ven pues ahora, maldíceme á este pueblo.

18 Y Balaam respondió, y dijo á los siervos de Balac: Aunque Balac me diese su casa llena de plata y oro, no puedo traspasar la palabra de Jehová mi Dios, para hacer cosa chica ni grande.

19 Ruégoos por tanto ahora, que reposéis aquí esta noche, para que yo sepa que me vuelve á decir Jehová.

20 Y vino Dios á Balaam de noche, y díjole: Si vinieren á llamarte hombres, levántate y ve con ellos: empero harás lo que yo te dijere.

21 Así Balaam se levantó por la mañana, y cinchó su asna, y fué con los príncipes de Moab.

22 Y el furor de Dios se encendió porque él iba; y el ángel de Jehová se puso en el camino por adversario suyo. Iba, pues, él montado sobre su asna, y con él dos mozos suyos.

23 Y el asna vió al ángel de Jehová, que estaba en el camino con su espada desnuda en su mano; y apartóse el asna del camino, é iba por el campo. Entonces hirió Balaam al asna para hacerla volver al camino.

24 Mas el ángel de Jehová se puso en una senda de viñas que tenía pared de una parte y pared de otra.

25 Y viendo el asna al ángel de Jehová, pegóse á la pared, y apretó contra la pared el pie de Balaam: y él volvió á herirla.

26 Y el ángel de Jehová pasó más allá, y púsose en una angostura, donde no había camino para apartarse ni á diestra ni á siniestra.

27 Y viendo el asna al ángel de Jehová, echóse debajo de Balaam: y enojóse Balaam, é hirió al asna con el palo.

28 Entonces Jehová abrió la boca al asna, la cual dijo á Balaam: ¿Qué te he hecho, que me has herido estas tres veces?

29 Y Balaam respondió al asna: Porque te has burlado de mí: ¡ojalá tuviera espada en mi mano, que ahora te mataría!

30 Y el asna dijo á Balaam: ¿No soy yo tu asna? sobre mí has cabalgado desde que tú me tienes hasta este día; ¿he acostumbrado á hacerlo así contigo? Y él respondió: No.

31 Entonces Jehová abrió los ojos á Balaam, y vió al ángel de Jehová que estaba en el camino, y tenía su espada desnuda en su mano. Y Balaam hizo reverencia, é inclinóse sobre su rostro.

32 Y el ángel de Jehová le dijo: ¿Por qué has herido tu asna estas tres veces? he aquí yo he salido para contrarrestarte, porque tu camino es perverso delante de mí:

33 El asna me ha visto, y hase apartado luego de delante de mí estas tres veces: y si de mí no se hubiera apartado, yo también ahora te mataría á ti, y á ella dejaría viva.

34 Entonces Balaam dijo al ángel de Jehová: He pecado, que no sabía que tú te ponías delante de mí en el camino: mas ahora, si te parece mal, yo me volveré.

35 Y el ángel de Jehová dijo á Balaam: Ve con esos hombres: empero la palabra que yo te dijere, esa hablarás. Así Balaam fué con los príncipes de Balac.

36 Y oyendo Balac que Balaam venía, salió á recibirlo á la ciudad de Moab, que está junto al término de Arnón, que es el cabo de los confines.

37 Y Balac dijo á Balaam: ¿No envié yo á ti á llamarte? ¿por qué no has venido á mí? ¿no puedo yo honrarte?

38 Y Balaam respondió á Balac: He aquí yo he venido á ti: mas ¿podré ahora hablar alguna cosa? La palabra que Dios pusiere en mi boca, esa hablaré.

39 Y fué Balaam con Balac, y vinieron á la ciudad de Husoth.

40 Y Balac hizo matar bueyes y ovejas, y envió á Balaam, y á los príncipes que estaban con él.

41 Y el día siguiente Balac tomó á Balaam, é hízolo subir á los altos de Baal, y desde allí vió la extremidad del pueblo.

23 Y Balaam dijo á Balac: Edifícame aquí siete altares, y prepárame aquí siete becerros y siete carneros.

2 Y Balac hizo como le dijo Balaam: y ofrecieron Balac y Balaam un becerro y un carnero en cada altar.

3 Y Balaam dijo á Balac: Ponte junto á tu holocausto, y yo iré: quizá Jehová me vendrá al encuentro, y cualquiera cosa que me mostrare, te la noticiaré. Y así se fué solo.

4 Y vino Dios al encuentro de Balaam, y éste le dijo: Siete altares he ordenado, y en cada altar he ofrecido un becerro y un carnero.

5 Y Jehová puso palabra en la boca de Balaam, y díjole: Vuelve á Balac, y has de hablar así.

6 Y volvió á él, y he aquí estaba él junto á su holocausto, él y todos los príncipes de Moab.

7 Y él tomó su parábola, y dijo: De Aram me trajo Balac, Rey de Moab, de los montes del oriente: Ven, maldíceme á Jacob; Y ven, execra á Israel.

8 ¿Por qué maldeciré yo al que Dios no maldijo? ¿Y por qué he de execrar al que Jehová no ha execrado?

9 Porque de la cumbre de las peñas lo veré, Y desde los collados lo miraré: He aquí un pueblo que habitará confiado, Y no será contado entre las gentes.

10 ¿Quién contará el polvo de Jacob, O el número de la cuarta parte de Israel? Muera mi persona de la muerte de los rectos, Y mi postrimería sea como la suya.

11 Entonces Balac dijo á Balaam: ¿Qué me has hecho? te he tomado para que maldigas á mis enemigos, y he aquí has proferido bendiciones.

12 Y él respondió, y dijo: ¿No observaré yo lo que Jehová pusiere en mi boca para decirlo?

13 Y dijo Balac: Ruégote que vengas conmigo á otro lugar desde el cual lo veas; su extremidad solamente verás, que no lo verás todo; y desde allí me lo maldecirás.

14 Y llevólo al campo de Sophim, á la cumbre de Pisga, y edificó siete altares, y ofreció un becerro y un carnero en cada altar.

15 Entonces él dijo á Balac: Ponte aquí junto á tu holocausto, y yo iré á encontrar á Dios allí.

16 Y Jehová salió al encuentro de Balaam, y puso palabra en su boca, y díjole: Vuelve á Balac, y así has de decir.

17 Y vino á él, y he aquí que él estaba junto á su holocausto, y con él los príncipes de Moab: y díjole Balac: ¿Qué ha dicho Jehová?

18 Entonces él tomó su parábola, y dijo: Balac, levántate y oye; Escucha mis palabras, hijo de Zippor:

19 Dios no es hombre, para que mienta; Ni hijo de hombre para que se arrepienta: El dijo, ¿y no hará?; Habló, ¿y no lo ejecutará?

20 He aquí, yo he tomado bendición: Y él bendijo, y no podré revocarla.

21 No ha notado iniquidad en Jacob, Ni ha visto perversidad en Israel: Jehová su Dios es con él, Y júbilo de rey en él.

22 Dios los ha sacado de Egipto, Tiene fuerzas como de unicornio.

23 Porque en Jacob no hay agüero, Ni adivinación en Israel: Como ahora, será dicho de Jacob y de Israel: ¡Lo que ha hecho Dios!

24 He aquí el pueblo, que como león se levantará, Y como león se erguirá: No se echará hasta que coma la presa, Y beba la sangre de los muertos.

25 Entonces Balac dijo á Balaam: Ya que no lo maldices, ni tampoco lo bendigas.

26 Y Balaam respondió, y dijo á Balac: ¿No te he dicho que todo lo que Jehová me dijere, aquello tengo de hacer?

27 Y dijo Balac á Balaam: Ruégote que vengas, te llevaré á otro lugar; por ventura parecerá bien á Dios que desde allí me lo maldigas.

28 Y Balac llevó á Balaam á la cumbre de Peor, que mira hacia Jesimón.

29 Entonces Balaam dijo á Balac: Edifícame aquí siete altares, y prepárame aquí siete becerros y siete carneros.

30 Y Balac hizo como Balaam le dijo; y ofreció un becerro y un carnero en cada altar.

24 Y como vió Balaam que parecía bien á Jehová que él bendijese á Israel, no fué, como la primera y segunda vez, á encuentro de agüeros, sino que puso su rostro hacia el desierto;

2 Y alzando sus ojos, vió á Israel alojado por sus tribus; y el espíritu de Dios vino sobre él.

3 Entonces tomó su parábola, y dijo: Dijo Balaam hijo de Beor, Y dijo el varón de ojos abiertos:

4 Dijo el que oyó los dichos de Dios, El que vió la visión del Omnipotente; Caído, mas abiertos los ojos:

5 ¡Cuán hermosas son tus tiendas, oh Jacob, Tus habitaciones, oh Israel!

6 Como arroyos están extendidas, Como huertos junto al río, Como lináloas plantados por Jehová, Como cedros junto á las aguas.

7 De sus manos destilarán aguas, Y su simiente será en muchas aguas: Y ensalzarse ha su rey más que Agag, Y su reino será ensalzado.

8 Dios lo sacó de Egipto; Tiene fuerzas como de unicornio: Comerá á las gentes sus enemigas, Y desmenuzará sus huesos, Y asaeteará con sus saetas.

9 Se encorvará para echarse como león, Y como leona; ¿quién lo despertará? Benditos los que te bendijeren, Y malditos los que te maldijeren.

10 Entonces se encendió la ira de Balac contra Balaam, y batiendo sus palmas le dijo: Para maldecir á mis enemigos te he llamado, y he aquí los has resueltamente bendecido ya tres veces.

11 Húyete, por tanto, ahora á tu lugar: yo dije que te honraría, mas he aquí que Jehová te ha privado de honra.

12 Y Balaam le respondió: ¿No lo declaré yo también á tus mensajeros que me enviaste, diciendo:

13 Si Balac me diése su casa llena de plata y oro, yo no podré

traspasar el dicho de Jehová para hacer cosa buena ni mala de mi arbitrio; mas lo que Jehová hablare, eso diré yo?

14 He aquí yo me voy ahora á mi pueblo: por tanto, ven, te indicaré lo que este pueblo ha de hacer á tu pueblo en los postrimeros días.

15 Y tomó su parábola, y dijo: Dijo Balaam hijo de Beor, Dijo el varón de ojos abiertos:

16 Dijo el que oyó los dichos de Jehová, Y el que sabe la ciencia del Altísimo, El que vió la visión del Omnipotente; Caído, mas abiertos los ojos:

17 Verélo, mas no ahora: Lo miraré, mas no de cerca: Saldrá ESTRELLA de Jacob, Y levantaráse cetro de Israel, Y herirá los cantones de Moab, Y destruirá á todos los hijos de Seth.

18 Y será tomada Edom, Será también tomada Seir por sus enemigos, E Israel se portará varonilmente.

19 Y el de Jacob se enseñoreará, Y destruirá de la ciudad lo que quedare.

20 Y viendo á Amalec, tomó su parábola, y dijo: Amalec, cabeza de gentes; Mas su postrimería perecerá para siempre.

21 Y viendo al Cineo, tomó su parábola, y dijo: Fuerte es tu habitación, Pon en la peña tu nido:

22 Que el Cineo será echado, Cuando Assur te llevará cautivo.

23 Todavía tomó su parábola, y dijo: ¡Ay! ¿quién vivirá cuando hiciere Dios estas cosas?

24 Y vendrán navíos de la costa de Cittim, Y afligirán á Assur, afligirán también á Eber: Mas él también perecerá para siempre.

25 Entonces se levantó Balaam, y se fué, y volvióse á su lugar: y también Balac se fué por su camino.

25 reposó Israel en Sittim, y el pueblo empezó á fornicar con las hijas de Moab:

2 Las cuales llamaron al pueblo á los sacrificios de sus dioses: y el pueblo comió, é inclinóse á sus dioses.

3 Y allegóse el pueblo á Baal-peor; y el furor de Jehová se encendió contra Israel.

4 Y Jehová dijo á Moisés: Toma todos los príncipes del pueblo, y ahórcalos á Jehová delante del sol; y la ira del furor de Jehová se apartará de Israel.

5 Entonces Moisés dijo á los jueces de Israel: Matad cada uno á aquellos de los suyos que se han allegado á Baal-peor.

6 Y he aquí un varón de los hijos de Israel vino y trajo una Madianita á sus hermanos, á ojos de Moisés y de toda la congregación de los hijos de Israel, llorando ellos á la puerta del tabernáculo del testimonio.

7 Y viólo Phinees, hijo de Eleazar, hijo de Aarón el sacerdote, y levantóse de en medio de la congregación, y tomó una lanza en su mano:

8 Y fué tras el varón de Israel á la tienda, y alanceólos á ambos, al varón de Israel, y á la mujer por su vientre. Y cesó la mortandad de los hijos de Israel.

9 Y murieron de aquella mortandad veinte y cuatro mil.

10 Entonces Jehová habló á Moisés, diciendo:

11 Phinees, hijo de Eleazar, hijo de Aarón el sacerdote, ha hecho tornar mi furor de los hijos de Israel, llevado de celo entre ellos: por lo cual yo no he consumido en mi celo á los hijos de Israel.

12 Por tanto diles: He aquí yo establezco mi pacto de paz con él;

13 Y tendrá él, y su simiente después de él, el pacto del sacerdocio perpetuo; por cuanto tuvo celo por su Dios, é hizo expiación por los hijos de Israel.

14 Y el nombre del varón muerto, que fué muerto con la Madianita, era Zimri hijo de Salu, jefe de una familia de la tribu de Simeón.

15 Y el nombre de la mujer Madianita muerta, era Cozbi, hija de Zur, príncipe de pueblos, padre de familia en Madián.

16 Y Jehová habló á Moisés, diciendo:

17 Hostilizaréis á los Madianitas, y los heriréis:

18 Por cuanto ellos os afligieron con sus ardides, con que os han engañado en el negocio de Peor, y en el negocio de Cozbi, hija del príncipe de Madián, su hermana, la cual fué muerta el día de la mortandad por causa de Peor.

26 Y aconteció después de la mortandad, que Jehová habló á Moisés, y á Eleazar hijo del sacerdote Aarón, diciendo:

2 Tomad la suma de toda la congregación de los hijos de Israel, de veinte años arriba, por las casas de sus padres, todos los que puedan salir á la guerra en Israel.

3 Y Moisés y Eleazar el sacerdote hablaron con ellos en los campos de Moab, junto al Jordán de Jericó, diciendo:

4 Contaréis el pueblo de veinte años arriba, como mandó Jehová á Moisés y á los hijos de Israel, que habían salido de tierra de Egipto.

5 Rubén primogénito de Israel: los hijos de Rubén: Hanoc, del cual era la familia de los Hanochîtas; de Phallú, la familia de los Phalluitas;

6 De Hesrón, la familia de los Hesronitas; de Carmi, la familia de los Carmitas.

7 Estas son las familias de los Rubenitas: y sus contados fueron cuarenta y tres mil setecientos y treinta.

8 Y los hijos de Phallú: Eliab.

9 Y los hijos de Eliab: Nemuel, y Dathán, y Abiram. Estos Dathán y Abiram fueron los del consejo de la congregación, que hicieron el motín contra Moisés y Aarón con la compañía de Coré, cuando se amotinaron contra Jehová.

10 Que la tierra abrió su boca y tragó á ellos y á Coré, cuando aquella compañía murió, cuando consumió el fuego doscientos y cincuenta varones, los cuales fueron por señal.

11 Mas los hijos de Coré no murieron.

12 Los hijos de Simeón por sus familias: de Nemuel, la familia de los Nemuelitas; de Jamín, la familia de los Jaminitas; de Jachîn, la familia de los Jachînitas;

13 De Zera, la familia de los Zeraitas; de Saul, la familia de los Saulitas.

14 Estas son las familias de los Simeonitas, veinte y dos mil y doscientos.

15 Los hijos de Gad por sus familias: de Zephón, la familia de los Zephonitas; de Aggi, la familia de los Aggitas; de Suni, la familia de los Sunitas;

16 De Ozni, la familia de los Oznitas; de Eri, la familia de los Eritas;

17 De Aroz, la familia de los Aroditas; de Areli, la familia de los Arelitas.

18 Estas son las familias de Gad, por sus contados, cuarenta mil y quinientos.

19 Los hijos de Judá: Er y Onán; y Er y Onán murieron en la tierra de Canaán.

20 Y fueron los hijos de Judá por sus familias: de Sela, la familia de los Selaitas; de Phares, la familia de los Pharesitas; de Zera, la familia de los Zeraítas.

21 Y fueron los hijos de Phares: de Hesrón, la familia de los Hesronitas; de Hamul, la familia de los Hamulitas.

22 Estas son las familias de Judá, por sus contados, setenta y seis mil y quinientos.

23 Los hijos de Issachâr por sus familias: de Thola, la familia de los Tholaitas; de Puá la familia de los Puanitas;

24 De Jasub, la familia de los Jasubitas; de Simron, la familia de los Simronitas.

25 Estas son las familias de Issachâr, por sus contados, sesenta y cuatro mil y trescientos.

26 Los hijos de Zabulón por sus familias: de Sered, la familia de los Sereditas; de Elón, la familia de los Elonitas; de Jalel, la familia de los Jalelitas.

27 Estas son las familias de los Zabulonitas, por sus contados, sesenta mil y quinientos.

28 Los hijos de José por sus familias: Manasés y Ephraim.

29 Los hijos de Manasés: de Machîr, la familia de los Machîritas; y Machîr engendró á Galaad; de Galaad, la familia de los Galaaditas.

30 Estos son los hijos de Galaad: de Jezer, la familia de los Jezeritas; de Helec, la familia de los Helecitas;

31 De Asriel, la familia de los Asrielitas: de Sechêm, la familia de los Sechêmitas;

32 De Semida, la familia de los Semidaitas; de Hepher, la familia de los Hepheritas.

33 Y Salphaad, hijo de Hepher, no tuvo hijos sino hijas: y los nombres de las hijas de Salphaad fueron Maala, y Noa, y Hogla, y Milca, y Tirsa.

34 Estas son las familias de Manasés; y sus contados, cincuenta y dos mil y setecientos.

35 Estos son los hijos de Ephraim por sus familias: de Suthala, la familia de los Suthalaitas; de Bechêr, la familia de los Bechêritas; de Tahan, la familia de los Tahanitas.

36 Y estos son los hijos de Suthala: de Herán, la familia de los Heranitas.

37 Estas son las familias de los hijos de Ephraim, por sus contados, treinta y dos mil y quinientos. Estos son los hijos de José por sus familias.

38 Los hijos de Benjamín por sus familias: de Bela, la familia de los Belaitas; de Asbel, la familia de los Asbelitas; de Achîram, la familia de los Achîramitas,

39 De Supham, la familia de los Suphamitas; de Hupham, la familia de los Huphamitas.

40 Y los hijos de Bela fueron Ard y Naamán: de Ard, la familia de los Arditas; de Naamán, la familia de los Naamanitas.

41 Estos son los hijos de Benjamín por sus familias; y sus contados, cuarenta y cinco mil y seiscientos.

42 Estos son los hijos de Dan por sus familias: de Suham, la familia de los Suhamitas. Estas son las familias de Dan por sus familias.

43 Todas las familias de los Suhamitas, por sus contados, sesenta y cuatro mil y cuatrocientos.

44 Los hijos de Aser por sus familias: de Imna, la familia de los Imnaitas; de Issui, la familia de los Issuitas; de Beria, la familia de los Beriaitas.

45 Los hijos de Beria: de Heber, la familia de los Heberitas; de Malchîel, la familia de los Malchîelitas.

46 Y el nombre de la hija de Aser fué Sera.

47 Estas son las familias de los hijos de Aser, por sus contados, cincuenta y tres mil y cuatrocientos.

48 Los hijos de Nephtalí por sus familias: de Jahzeel, la familia de los Jahzeelitas; de Guni, la familia de los Gunitas;

49 De Jeser, la familia de los Jeseritas; de Sillem, la familia de los Sillemitas.

50 Estas son las familias de Nephtalí por sus familias; y sus contados, cuarenta y cinco mil y cuatrocientos.

51 Estos son los contados de los hijos de Israel, seiscientos y un mil setecientos y treinta.

52 Y habló Jehová á Moisés, diciendo:

53 A estos se repartirá la tierra en heredad, por la cuenta de los nombres.

54 A los más darás mayor heredad, y á los menos menor; y á cada uno se le dará su heredad conforme á sus contados.

55 Empero la tierra será repartida por suerte; y por los nombres de las tribus de sus padres heredarán.

56 Conforme á la suerte será repartida su heredad entre el grande y el pequeño.

57 Y los contados de los Levitas por sus familias son estos: de Gersón, la familia de los Gersónitas; de Coath, la familia de los Coathitas; de Merari, la familia de los Meraritas.

58 Estas son las familias de los Levitas: la familia de los Libnitas, la familia de los Hebronitas, la familia de los Mahalitas, la familia de los Musitas, la familia de los Coritas. Y Coath engendró á Amram.

59 Y la mujer de Amram se llamó Jochábed, hija de Leví, la cual nació á Leví en Egipto: ésta parió de Amram á Aarón y á Moisés, y á María su hermana.

60 Y á Aarón nacieron Nadab y Abiú, Eleazar é Ithamar.

61 Mas Nadab y Abiú murieron, cuando ofrecieron fuego extraño delante de Jehová.

62 Y los contados de los Levitas fueron veinte y tres mil, todos varones de un mes arriba: porque no fueron contados entre los hijos de Israel, por cuanto no les había de ser dada heredad entre los hijos de Israel.

63 Estos son los contados por Moisés y Eleazar el sacerdote, los cuales contaron los hijos de Israel en los campos de Moab, junto al Jordán de Jericó.

64 Y entre estos ninguno hubo de los contados por Moisés y Aarón el sacerdote, los cuales contaron á los hijos de Israel en el desierto de Sinaí.

65 Porque Jehová les dijo: Han de morir en el desierto: y no quedó varón de ellos, sino Caleb hijo de Jephone, y Josué hijo de Nun.

27 Y las hijas de Salphaad, hijo de Hepher, hijo de Galaad, hijo de Machîr, hijo de Manasés, de las familias de Manasés, hijo de José, los nombres de las cuales eran Maala, y Noa, y Hogla, y Milca, y Tirsa, llegaron;

2 Y presentáronse delante de Moisés, y delante del sacerdote Eleazar, y delante de los príncipes, y de toda la congre-

gación, á la puerta del tabernáculo del testimonio, y dijeron:

3 Nuestro padre murió en el desierto, el cual no estuvo en la junta que se reunió contra Jehová en la compañía de Coré: sino que en su pecado murió, y no tuvo hijos.

4 ¿Por qué será quitado el nombre de nuestro padre de entre su familia, por no haber tenido hijo? Danos heredad entre los hermanos de nuestro padre.

5 Y Moisés llevó su causa delante de Jehová.

6 Y Jehová respondió á Moisés, diciendo:

7 Bien dicen las hijas de Salphaad: has de darles posesión de heredad entre los hermanos de su padre; y traspasarás la heredad de su padre á ellas.

8 Y á los hijos de Israel hablarás, diciendo: Cuando alguno muriere sin hijos, traspasaréis su herencia á su hija:

9 Y si no tuviere hija, daréis su herencia á sus hermanos:

10 Y si no tuviere hermanos, daréis su herencia á los hermanos de su padre.

11 Y si su padre no tuviere hermanos, daréis su herencia á su pariente más cercano de su linaje, el cual la poseerá: y será á los hijos de Israel por estatuto de derecho, como Jehová mandó á Moisés.

12 Y Jehová dijo á Moisés: Sube á este monte Abarim, y verás la tierra que he dado á los hijos de Israel.

13 Y después que la habrás visto, tú también serás reunido á tus pueblos, como fué reunido tu hermano Aarón:

14 Pues fuisteis rebeldes á mi dicho en el desierto de Zin, en la rencilla de la congregación, para santificarme en las aguas á ojos de ellos. Estas son las aguas de la rencilla de Cades en el desierto de Zin.

15 Entonces respondió Moisés á Jehová, diciendo:

16 Ponga Jehová, Dios de los espíritus de toda carne, varón sobre la congregación,

17 Que salga delante de ellos, y que entre delante de ellos, que los saque y los introduzca; porque la congregación de Jehová no sea como ovejas sin pastor.

18 Y Jehová dijo á Moisés: Toma á Josué hijo de Nun, varón en el cual hay espíritu, y pondrás tu mano sobre él;

19 Y ponerlo has delante de Eleazar el sacerdote, y delante de toda la congregación; y le darás órdenes en presencia de ellos.

20 Y pondrás de tu dignidad sobre él, para que toda la congregación de los hijos de Israel le obedezcan.

21 Y él estará delante de Eleazar el sacerdote, y á él preguntará por el juicio del Urim delante de Jehová: por el dicho de él saldrán, y por el dicho de él entrarán, él, y todos los hijos de Israel con él, y toda la congregación.

22 Y Moisés hizo como Jehová le había mandado; que tomó á Josué, y le puso delante de Eleazar el sacerdote, y de toda la congregación:

23 Y puso sobre él sus manos, y dióle órdenes, como Jehová había mandado por mano de Moisés.

28 Y habló Jehová á Moisés, diciendo:

2 Manda á los hijos de Israel, y diles: Mi ofrenda, mi pan con mis ofrendas encendidas en olor á mí agradable, guardaréis, ofreciéndomelo á su tiempo.

3 Y les dirás: Esta es la ofrenda encendida que ofreceréis á Jehová: dos corderos sin tacha de un año, cada un día, será el holocausto continuo.

4 El un cordero ofrecerás por la mañana, y el otro cordero ofrecerás entre las dos tardes:

5 Y la décima de un epha de flor de harina, amasada con una cuarta de un hin de aceite molido, en presente.

6 Es holocausto continuo, que fué hecho en el monte de Sinaí en olor de suavidad, ofrenda encendida á Jehová.

7 Y su libación, la cuarta de un hin con cada cordero: derramarás libación de superior vino á Jehová en el santuario.

8 Y ofrecerás el segundo cordero entre las dos tardes: conforme á la ofrenda de la mañana, y conforme á su libación ofrecerás, ofrenda encendida en olor de suavidad á Jehová.

9 Mas el día del sábado dos corderos de un año sin defecto, y dos décimas de flor de harina amasada con aceite, por presente, con su libación:

10 Es el holocausto del sábado en cada sábado, además del holocausto continuo y su libación.

11 Y en los principios de vuestros meses ofreceréis en holocausto á Jehová dos becerros de la vacada, y un carnero, y siete corderos de un año sin defecto;

12 Y tres décimas de flor de harina amasada con aceite, por presente con cada becerro; y dos décimas de flor de harina amasada con aceite, por presente con cada carnero;

13 Y una décima de flor de harina amasada con aceite, en ofrenda por presente con cada cordero: holocausto de olor suave, ofrenda encendida á Jehová.

14 Y sus libaciones de vino, medio hin con cada becerro, y el tercio de un hin con cada carnero, y la cuarta de un hin con cada cordero. Este es el holocausto de cada mes por todos los meses del año.

15 Y un macho cabrío en expiación se ofrecerá á Jehová, además del holocausto continuo con su libación.

16 Mas en el mes primero, á los catorce del mes será la pascua de Jehová.

17 Y á los quince días de aqueste mes, la solemnidad: por siete días se comerán ázimos.

18 El primer día, santa convocación; ninguna obra servil haréis:

19 Y ofreceréis por ofrenda encendida en holocausto á Jehová dos becerros de la vacada, y un carnero, y siete corderos de un año: sin defecto los tomaréis:

20 Y su presente de harina amasada con aceite: tres décimas con cada becerro, y dos décimas con cada carnero ofreceréis;

21 Con cada uno de los siete corderos ofreceréis una décima;

22 Y un macho cabrío por expiación, para reconciliaros.

23 Esto ofreceréis además del holocausto de la mañana, que es el holocausto continuo.

24 Conforme á esto ofreceréis cada uno de los siete días, vianda y ofrenda encendida en olor de suavidad á Jehová; ofrecerse ha, además del holocausto continuo, con su libación.

25 Y el séptimo día tendréis santa convocación: ninguna obra servil haréis.

26 Además el día de las primicias, cuando ofreciereis presente nuevo á Jehová en vuestras semanas, tendréis santa convocación: ninguna obra servil haréis:

27 Y ofreceréis en holocausto, en olor de suavidad á Jehová, dos becerros de la vacada, un carnero, siete corderos de un año;

28 Y el presente de ellos, flor de harina amasada con aceite, tres décimas con cada becerro, dos décimas con cada carnero,

29 Con cada uno de los siete corderos una décima;

30 Un macho cabrío, para hacer expiación por vosotros.

31 Los ofreceréis, además del holocausto continuo con sus presentes, y sus libaciones: sin defecto los tomaréis.

29 Y el séptimo mes, al primero del mes tendréis santa convocación: ninguna obra servil haréis; os será día de sonar las trompetas.

2 Y ofreceréis holocausto por olor de suavidad á Jehová, un becerro de la vacada, un carnero, siete corderos de un año sin defecto;

3 Y el presente de ellos, de flor de harina amasada con aceite, tres décimas con cada becerro, dos décimas con cada carnero,

4 Y con cada uno de los siete corderos, una décima;

5 Y un macho cabrío por expiación, para reconciliaros:

6 Además del holocausto del mes, y su presente, y el holocausto continuo y su presente, y sus libaciones, conforme á su ley, por ofrenda encendida á Jehová en olor de suave.

7 Y en el diez de este mes séptimo tendréis santa convocación, y afligiréis vuestras almas: ninguna obra haréis:

8 Y ofreceréis en holocausto á Jehová por olor de suavidad, un becerro de la vacada, un carnero, siete corderos de un año; sin defecto los tomaréis:

9 Y sus presentes, flor de harina amasada con aceite, tres décimas con cada becerro, dos décimas con cada carnero,

10 Y con cada uno de los siete corderos, una décima;

11 Un macho cabrío por expiación: además de la ofrenda de las expiaciones por el pecado, y del holocausto continuo, y de sus presentes, y de sus libaciones.

12 También á los quince días del mes séptimo tendréis santa convocación; ninguna obra servil haréis, y celebraréis solemnidad á Jehová por siete días;

13 Y ofreceréis en holocausto, en ofrenda encendida á Jehová en olor de suavidad, trece becerros de la vacada, dos carneros, catorce corderos de un año: han de ser sin defecto;

14 Y los presentes de ellos, de flor de harina amasada con aceite, tres décimas con cada uno de los trece becerros, dos décimas con cada uno de los dos carneros,

15 Y con cada uno de los catorce corderos, una décima;

16 Y un macho cabrío por expiación: además del holocausto continuo, su presente y su libación.

17 Y el segundo día, doce becerros de la vacada, dos carneros, catorce corderos de un año sin defecto;

18 Y sus presentes y sus libaciones con los becerros, con los carneros, y con los corderos, según el número de ellos, conforme á la ley;

19 Y un macho cabrío por expiación: además del holocausto continuo, y su presente y su libación.

20 Y el día tercero, once becerros, dos carneros, catorce corderos de un año sin defecto;

21 Y sus presentes y sus libaciones con los becerros, con los carneros, y con los corderos, según el número de ellos, conforme á la ley;

22 Y un macho cabrío por expiación: además del holocausto continuo, y su presente y su libación.

23 Y el cuarto día, diez becerros, dos carneros, catorce corderos de un año sin defecto;

24 Sus presentes y sus libaciones con los becerros, con los carneros, y con los corderos, según el número de ellos, conforme á la ley;

25 Y un macho cabrío por expiación: además del holocausto continuo, su presente y su libación.

26 Y el quinto día, nueve becerros, dos carneros, catorce corderos de un año sin defecto;

27 Y sus presentes y sus libaciones con los becerros, con los carneros, y con los corderos, según el número de ellos, conforme á la ley;

28 Y un macho cabrío por expiación: además del holocausto continuo, su presente y su libación.

29 Y el sexto día, ocho becerros, dos carneros, catorce corderos de un año sin defecto;

30 Y sus presentes y sus libaciones con los becerros, con los carneros, y con los corderos, según el número de ellos, conforme á la ley;

31 Y un macho cabrío por expiación: además del holocausto continuo, su presente y sus libaciones.

32 Y el séptimo día, siete becerros, dos carneros, catorce corderos de un año sin defecto;

33 Y sus presentes y sus libaciones con los becerros, con los carneros, y con los corderos, según el número de ellos, conforme á la ley;

34 Y un macho cabrío por expiación: además del holocausto continuo, con su presente y su libación.

35 El octavo día tendréis solemnidad: ninguna obra servil haréis:

36 Y ofreceréis en holocausto, en ofrenda encendida de olor suave á Jehová, un novillo, un carnero, siete corderos de un año sin defecto;

37 Sus presentes y sus libaciones con el novillo, con el carnero, y con los corderos, según el número de ellos, conforme á la ley;

38 Y un macho cabrío por expiación: además del holocausto continuo, con su presente y su libación.

39 Estas cosas ofreceréis á Jehová en vuestras solemnidades, además de vuestros votos, y de vuestras ofrendas libres, para vuestros holocaustos, y para vuestros presentes, y para vuestras libaciones y para vuestras paces.

30 Y Moisés dijo á los hijos de Israel, conforme á todo lo que Jehová le había mandado.

2 Y habló Moisés á los príncipes de las tribus de los hijos de Israel, diciendo: Esto es lo que Jehová ha mandado.

3 Cuando alguno hiciere voto á Jehová, ó hiciere juramento ligando su alma con obligación, no violará su palabra: hará conforme á todo lo que salió de su boca.

4 Mas la mujer, cuando hiciere voto á Jehová, y se ligare con obligación en casa de su padre, en su mocedad;

5 Si su padre oyere su voto, y la obligación con que ligó su alma, y su padre callare á ello, todos los votos de ella serán firmes, y toda obligación con que hubiere ligado su alma, firme será.

6 Mas si su padre le vedare el día que oyere todos sus votos y sus obligaciones, con que ella hubiere ligado su alma, no serán firmes; y Jehová la perdonará, por cuanto su padre le vedó.

7 Empero si fuére casada, é hiciere votos, o pronunciare de sus labios cosa con que obligue su alma;

8 Si su marido lo oyere, y cuando lo oyere callare á ello, los votos de ella serán firmes, y la obligación con que ligó su alma, firme será.

9 Pero si cuando su marido lo oyó, le vedó, entonces el voto que ella hizo, y lo que pronunció de sus labios con que ligó su alma, será nulo; y Jehová lo perdonará.

10 Mas todo voto de viuda, ó repudiada, con que ligare su alma, será firme.

11 Y si hubiere hecho voto en casa de su marido, y hubiere ligado su alma con obligación de juramento,

12 Si su marido oyó, y calló á ello, y no le vedó; entonces todos sus votos serán firmes, y toda obligación con que hubiere ligado su alma, firme será.

13 Mas si su marido los anuló el día que los oyó; todo lo que salió de sus labios cuanto á sus votos, y cuanto á la obligación de su alma, será nulo; su marido lo anuló, y Jehová la perdonará.

14 Todo voto, ó todo juramento obligándose á afligir el alma, su marido lo confirmará, ó su marido lo anulará.

15 Empero si su marido callare á ello de día en día, entonces confirmó todos sus votos, y todas las obligaciones que están sobre ella: confirmólas, por cuanto calló á ello el día que lo oyó.

16 Mas si los anulare después de haberlas oido, entonces él llevará el pecado de ella.

17 Estas son las ordenanzas que Jehová mandó á Moisés entre el varón y su mujer, entre el padre y su hija, durante su mocedad en casa de su padre.

31 Y Jehová habló á Moisés, diciendo:
2 Haz la venganza de los hijos de Israel sobre los Madianitas; después serás recogido á tus pueblos.

3 Entonces Moisés habló al pueblo, diciendo: Armaos algunos de vosotros para la guerra, é irán contra Madián, y harán la venganza de Jehová en Madián.

4 Mil de cada tribu de todas las tribus de los hijos de Israel, enviaréis á la guerra.

5 Así fueron dados de los millares de Israel, mil por cada tribu, doce mil á punto de guerra.

6 Y Moisés los envió á la guerra: mil por cada tribu envió: y Phinees, hijo de Eleazar sacerdote, fué á la guerra con los santos instrumentos, con las trompetas en su mano para tocar.

7 Y pelearon contra Madián, como Jehová lo mandó á Moisés, y mataron á todo varón.

8 Mataron también, entre los muertos de ellos, á los reyes de Madián: Evi, y Recem, y Zur, y Hur, y Reba, cinco reyes de Madián; á Balaam también, hijo de Beor, mataron á cuchillo.

9 Y llevaron cautivas los hijos de Israel las mujeres de los Madianitas, y sus chiquitos y todas sus bestias, y todos sus ganados; y arrebataron toda su hacienda.

10 Y abrasaron con fuego todas sus ciudades, aldeas y castillos.

11 Y tomaron todo el despojo, y toda la presa, así de hombres como de bestias.

12 Y trajeron á Moisés, y á Eleazar el sacerdote, y á la congregación de los hijos de Israel, los cautivos y la presa y los despojos, al campo en los llanos de Moab, que están junto al Jordán de Jericó.

13 Y salieron Moisés y Eleazar el sacerdote, y todos los príncipes de la congregación, á recibirlos fuera del campo.

14 Y enojóse Moisés contra los capitanes del ejército, contra los tribunos y centuriones que volvían de la guerra;

15 Y díjoles Moisés: ¿Todas las mujeres habéis reservado?

16 He aquí ellas fueron á los hijos de Israel, por consejo de Balaam, para causar prevaricación contra Jehová en el negocio de Peor; por lo que hubo mortandad en la congregación de Jehová.

17 Matad pues ahora todos los varones entre los niños: matad también toda mujer que haya conocido varón carnalmente.

18 Y todas las niñas entre las mujeres, que no hayan conocido ayuntamiento de varón, os reservaréis vivas.

19 Y vosotros quedaos fuera del campo siete días: y todos los que hubieren matado persona, y cualquiera que hubiere tocado muerto, os purificaréis al tercero y al séptimo día, vosotros y vuestros cautivos.

20 Asimismo purificaréis todo vestido, y toda prenda de pieles, y toda obra de pelos de cabra, y todo vaso de madera.

21 Y Eleazar el sacerdote dijo á los hombres de guerra que venían de la guerra: Esta es la ordenanza de la ley que Jehová ha mandado á Moisés:

22 Ciertamente el oro, y la plata, metal, hierro, estaño, y plomo,

23 Todo lo que resiste el fuego, por fuego lo haréis pasar, y será limpio, bien que en las aguas de purificación habrá de purificarse: mas haréis pasar por agua todo lo que no aguanta el fuego.

24 Además lavaréis vuestros vestidos el séptimo día, y así seréis limpios; y después entraréis en el campo.

25 Y Jehová habló á Moisés, diciendo:

26 Toma la cuenta de la presa que se ha hecho, así de las personas como de las bestias, tú y el sacerdote Eleazar, y las cabezas de los padres de la congregación:

27 Y partirás por mitad la presa entre los que pelearon, los que salieron á la guerra, y toda la congregación.

28 Y apartarás para Jehová el tributo de los hombres de guerra, que salieron á la guerra: de quinientos uno, así de las personas como de los bueyes, de los asnos, y de las ovejas.

29 De la mitad de ellos lo tomarás; y darás á Eleazar el sacerdote la ofrenda de Jehová.

30 Y de la mitad perteneciente á los hijos de Israel tomarás uno de cincuenta, de las personas, de los bueyes, de los asnos, y de las ovejas, de todo animal; y los darás á los Levitas, que tienen la guarda del tabernáculo de Jehová.

31 E hicieron Moisés y Eleazar el sacerdote como Jehová mandó á Moisés.

32 Y fué la presa, el resto de la presa que tomaron los hombres de guerra, seiscientas y setenta y cinco mil ovejas,

33 Y setenta y dos mil bueyes,

34 Y setenta y un mil asnos,

35 Y en cuanto á personas, de mujeres que no habían conocido ayuntamiento de varón, en todas treinta y dos mil.

36 Y la mitad, la parte de los que habían salido á la guerra, fué el número de trescientas treinta y siete mil y quinientas ovejas.

37 Y el tributo para Jehová de la ovejas, fué seiscientas setenta y cinco.

38 Y de los bueyes, treinta y seis mil: y de ellos el tributo para Jehová, setenta y dos.

39 Y de los asnos, treinta mil y quinientos: y de ellos el tributo para Jehová, setenta y uno.

40 Y de las personas, diez y seis mil: y de ellas el tributo para Jehová, trteinta y dos personas.

41 Y dió Moisés el tributo, por elevada ofrenda á Jehová, á Eleazar el sacerdote, como Jehová lo mandó á Moisés.

42 Y de la mitad para los hijos de Israel, que apartó Moisés de los hombres que habían ido á la guerra;

43 (La mitad para la congregación fué: de las ovejas, trescientas treinta y siete mil y quinientas.

44 Y de los bueyes, treinta y seis mil;

45 Y de los asnos, treinta mil y quinientos;

46 Y de las personas, diez y seis mil:)

47 De la mitad, pues, para los hijos de Israel tomó Moisés uno de cada cincuenta, así de las personas como de los animales, y diólos á los Levitas, que tenían la guarda del tabernáculo de Jehová; como Jehová lo había mandado á Moisés.

48 Y llegaron á Moisés los jefes de los millares de aquel ejército, los tribunos y centuriones;

49 Y dijeron á Moisés: Tus siervos han tomado razón de los hombres de guerra que están en nuestro poder, y ninguno ha faltado de nosotros.

50 Por lo cual hemos ofrecido á Jehová ofrenda, cada uno de lo que ha hallado, vasos de oro, brazaletes, manillas, anillos, zarcillos, y cadenas, para hacer expiación por nuestras almas delante de Jehová.

51 Y Moisés y el sacerdote Eleazar recibieron el oro de ellos, alhajas, todas elaboradas.

52 Y todo el oro de la ofrenda que ofrecieron á Jehová de los tribunos y centuriones, fué diez y seis mil setecientos y cincuenta siclos.

53 Los hombres del ejército habían pillado cada uno para sí.

54 Recibieron, pues, Moisés y el sacerdote Eleazar, el oro de los tribunos y centuriones, y trájeronlo al tabernáculo del testimonio, por memoria de los hijos de Israel delante de Jehová.

32 Y los hijos de Rubén y los hijos de Gad tenían una muy grande muchedumbre de ganado; los cuales viendo la tierra de Jazer y la de Galaad, parecióles el país lugar de ganado.

2 Y vinieron los hijos de Gad y los hijos de Rubén, y hablaron á Moisés, y á Eleazar el sacerdote, y á los príncipes de la congregación, diciendo:

3 Ataroth, y Dibón, y Jazer, y Nimra, y Hesbón, y Eleale, y Sabán, y Nebo, y Beón.

4 La tierra que Jehová hirió delante de la congregación de Israel, es tierra de ganado, y tus siervos tienen ganado.

5 Por tanto, dijeron, si hallamos gracia en tus ojos, dése esta tierra á tus siervos en heredad, y no nos hagas pasar el Jordán.

6 Y respondió Moisés á los hijos de Gad y á los hijos de Rubén: ¿Vendrán vuestros hermanos á la guerra, y vosotros os quedaréis aquí?

7 ¿Y por qué prevenís el ánimo de los hijos de Israel, para que no pasen á la tierra que les ha dado Jehová?

8 Así hicieron vuestros padres, cuando los envié desde Cades-barnea para que viesen la tierra.

9 Que subieron hasta la arroyada de Escol, y después que vieron la tierra, preocuparon el ánimo de los hijos de Israel, para que no viniesen á la tierra que Jehová les había dado.

10 Y el furor de Jehová se encendió entonces, y juró diciendo:

11 Que no verán los varones que subieron de Egipto de veinte años arriba, la tierra por la cual juré á Abraham, Isaac, y Jacob, por cuanto no fueron perfectos en pos de mí;

12 Excepto Caleb, hijo de Jephone Cenezeo, y Josué hijo de Nun, que fueron perfectos en pos de Jehová.

13 Y el furor de Jehová se encendió en Israel, é hízolos andar errantes cuarenta años por el desierto, hasta que fué acabada toda aquella generación, que había hecho mal delante de Jehová.

14 Y he aquí vosotros habéis sucedido en lugar de vuestros padres, prole de hombres pecadores, para añadir aún á la ira de Jehová contra Israel.

15 Si os volviereis de en pos de él, él volverá otra vez á dejaros en el desierto, y destruiréis á todo este pueblo.

16 Entonces ellos se allegaron á él y dijeron: Edificaremos aquí majadas para nuestro ganado, y ciudades para nuestros niños;

17 Y nosotros nos armaremos, é iremos con diligencia delante de los hijos de Israel, hasta que los metamos en su lugar: y nuestros niños quedarán en ciudades fuertes á causa de los moradores del país.

18 No volveremos á nuestras casas hasta que los hijos de Israel posean cada uno su heredad.

19 Porque no tomaremos heredad con ellos al otro lado del Jordán ni adelante, por cuanto tendremos ya nuestra heredad de estotra parte del Jordán al oriente.

20 Entonces les respondió Moisés: Si lo hiciereis así, si os apercibiereis para ir delante de Jehová á la guerra,

21 Y pasareis todos vosotros armados el Jordán delante de Jehová, hasta que haya echado á sus enemigos de delante de sí,

22 Y sea el país sojuzgado delante de Jehová; luego volveréis, y seréis libres de culpa para con Jehová, y para con Israel; y esta tierra será vuestra en heredad delante de Jehová.

23 Mas si así no lo hiciereis, he aquí habréis pecado á Jehová; y sabed que os alcanzará vuestro pecado.

24 Edificaos ciudades para vuestros niños, y majadas para vuestras ovejas, y haced lo que ha salido de vuestra boca.

25 Y hablaron los hijos de Gad y los hijos de Rubén á Moisés, diciendo: Tus siervos harán como mi señor ha mandado.

26 Nuestros niños, nuestras mujeres, nuestros ganados, y todas nuestras bestias, estarán ahí en las ciudades de Galaad;

27 Y tus siervos, armados todos de guerra, pasarán delante de Jehová á la guerra, de la manera que mi señor dice.

28 Entonces los encomendó Moisés á Eleazar el sacerdote, y á Josué hijo de Nun, y á los príncipes de los padres de las tribus de los hijos de Israel.

29 Y díjoles Moisés: Si los hijos de Gad y los hijos de Rubén, pasaren con vosotros el Jordán, armados todos de guerra delante de Jehová, luego que el país fuere sojuzgado delante de vosotros, les daréis la tierra de Galaad en posesión:

30 Mas si no pasaren armados con vosotros, entonces tendrán posesión entre vosotros en la tierra de Canaán.

31 Y los hijos de Gad y los hijos de Rubén respondieron, diciendo: Haremos lo que Jehová ha dicho á tus siervos.

32 Nosotros pasaremos armados delante de Jehová á la tierra de Canaán, y la posesión de nuestra heredad será de esta parte del Jordán.

33 Así les dió Moisés á los hijos de Gad y á los hijos de Rubén, y á la media tribu de Manasés hijo de José, el reino de Sehón rey Amorrheo, y el reino de Og rey de Basán, la tierra con sus ciudades y términos, las ciudades del país alrededor.

34 Y los hijos de Gad edificaron á Dibón, y á Ataroth, y á Aroer,

35 Y á Atroth-sophan, y á Jazer, y á Jogbaa,

36 Y á Beth-nimra, y á Betharán: ciudades fuertes, y también majadas para ovejas.

37 Y los hijos de Rubén edificaron á Hesbón, y á Eleale, y á Kiriathaim.

38 Y á Nebo, y á Baal-meón, (mudados los nombres), y á Sibma: y pusieron nombres á las ciudades que edificaron.

39 Y los hijos de Machîr hijo de Manasés fueron á Galaad, y tomáronla, y echaron al Amorrheo que estaba en ella.

40 Y Moisés dió Galaad á Machîr hijo de Manasés, el cual habitó en ella.

41 También Jair hijo de Manasés fué y tomó sus aldeas, y púsoles por nombre Havoth-jair.

42 Asimismo Noba fué y tomó á Kenath y sus aldeas, y llamóle Noba, conforme á su nombre.

33 Estas son las estancias de los hijos de Israel, los cuales salieron de la tierra de Egipto por sus escuadrones, bajo la conducta de Moisés y Aarón.

2 Y Moisés escribió sus salidas conforme á sus jornadas por mandato de Jehová. Estas, pues, son sus estancias con arreglo á sus partidas.

3 De Rameses partieron en el mes primero, á los quince días del mes primero: el segundo día de la pascua salieron los hijos de Israel con mano alta, á ojos de todos los Egipcios.

4 Estaban enterrando los Egipcios los que Jehová había muerto de ellos, á todo primogénito; habiendo Jehová hecho también juicios en sus dioses.

5 Partieron, pues, los hijos de Israel de Rameses, y asentaron campo en Succoth.

6 Y partiendo de Succoth, asentaron en Etham, que está al cabo del desierto.

7 Y partiendo de Etham, volvieron sobre Pi-hahiroth, que está delante de Baalsephon, y asentaron delante de Migdol.

8 Y partiendo de Pi-hahiroth, pasaron por medio de la mar al desierto, y anduvieron camino de tres días por el desierto de Etham, y asentaron en Mara.

9 Y partiendo de Mara, vinieron á Elim, donde había doce fuentes de aguas, y setenta palmeras; y asentaron allí.

10 Y partidos de Elim, asentaron junto al mar Bermejo.

11 Y partidos del mar Bermejo, asentaron en el desierto de Sin.

12 Y partidos del desierto de Sin, asentaron en Dophca.

13 Y partidos de Dophca, asentaron en Alús.

14 Y partidos de Alús, asentaron en Rephidim, donde el pueblo no tuvo aguas para beber.

15 Y partidos de Rephidim, asentaron en el desierto de Sinaí.

16 Y partidos del desierto de Sinaí, asentaron en Kibroth-hataava.

17 Y partidos de Kibroth-hataava, asentaron en Haseroth.

18 Y partidos de Haseroth, asentaron en Ritma.

19 Y partidos de Ritma, asentaron en Rimmón-peres.

20 Y partidos de Rimmón-peres, asentaron en Libna.

21 Y partidos de Libna, asentaron en Rissa.

22 Y partidos de Rissa, asentaron en Ceelatha.

23 Y partidos de Ceelatha, asentaron en el monte de Sepher.

24 Y partidos del monte de Sepher, asentaron en Harada.

25 Y partidos de Harada, asentaron en Maceloth.

26 Y partidos de Maceloth, asentaron en Tahath.

27 Y partidos de Tahath, asentaron en Tara.

28 Y partidos de Tara, asentaron en Mithca.

29 Y partidos de Mithca, asentaron en Hasmona.

30 Y partidos de Hasmona, asentaron en Moseroth.

31 Y partidos de Moseroth, asentaron en Bene-jaacán.

32 Y partidos de Bene-jaacán, asentaron en el monte de Gidgad.

33 Y partidos del monte de Gidgad, asentaron en Jotbatha.

34 Y partidos de Jotbatha, asentaron en Abrona.

35 Y partidos de Abrona, asentaron en Esion-geber.

36 Y partidos de Esion-geber, asentaron en el desierto de Zin, que es Cades.

37 Y partidos de Cades, asentaron en el monte de Hor, en la extremidad del país de Edom.

38 Y subió Aarón el sacerdote al monte de Hor, conforme al dicho de Jehová, y allí murió á los cuarenta años de la salida de los hijos de Israel de la tierra de Egipto, en el mes quinto, en el primero del mes.

39 Y era Aarón de edad de ciento y veinte y tres años, cuando murió en el monte de Hor.

40 Y el Cananeo, rey de Arad, que habitaba al mediodía en la tierra de Canaán, oyó como habían venido los hijos de Israel.

41 Y partidos del monte de Hor, asentaron en Salmona.

42 Y partidos de Salmona, asentaron en Phunón.

43 Y partidos de Phunón, asentaron en Oboth.

44 Y partidos de Oboth, asentaron en Ije-abarim; en el término de Moab.

45 Y partidos de Ije-abarim, asentaron en Dibón-gad.

46 Y partidos de Dibón-gad, asentaron en Almon-diblathaim.

47 Y partidos de Almon-diblathaim, asentaron en los montes de Abarim, delante de Nebo.

48 Y partidos de los montes de Abarim, asentaron en los campos de Moab, junto al Jordán de Jericó.

49 Finalmente asentaron junto al Jordán, desde Beth-jesimoth hasta Abel-sitim, en los campos de Moab.

50 Y habló Jehová á Moisés en los campos de Moab junto al Jordán de Jericó, diciendo:

51 Habla á los hijos de Israel, y diles: Cuando hubiereis pasado el Jordán á la tierra de Canaán,

52 Echaréis á todos los moradores del país de delante de vosotros, y destruiréis todas sus pinturas, y todas sus imágenes de fundición, y arruinaréis todos sus altos;

53 Y echaréis los moradores de la tierra, y habitaréis en ella; porque yo os la he dado para que la poseáis.

54 Y heredaréis la tierra por suertes por vuestras familias: á los muchos daréis mucho por su heredad, y á los pocos daréis menos por heredad suya: donde el saliere la suerte, allí la tendrá cada uno: por las tribus de vuestros padres heredaréis.

55 Y si no echareis los moradores del país de delante de vosotros, sucederá que los que dejareis de ellos serán por aguijones en vuestros ojos, y por espinas en vuestros costados, y afligiros han sobre la tierra en que vosotros habitareis.

56 Será además, que haré á vosotros como yo pensé hacerles á ellos.

34 Y Jehová habló á Moisés, diciendo:

2 Manda á los hijos de Israel, y diles: Cuando hubiereis entrado en la tierra de Canaán, es á saber, la tierra que os ha de caer en heredad, la tierra de Canaán según sus términos;

3 Tendréis el lado del mediodía desde el desierto de Zin hasta los términos de Edom; y os será el término del mediodía al extremo del mar salado hacia el oriente:

4 Y este término os irá rodeando desde el mediodía hasta la subida de Acrabbim, y pasará hasta Zin; y sus salidas serán del mediodía á Cades-barnea; y saldrá á Hasar-addar, y pasará hasta Asmón;

5 Y rodeará este término, desde Asmón hasta el torrente de Egipto, y sus remates serán al occidente.

6 Y el término occidental os será la gran mar: este término os será el término occidental.

7 Y el término del norte será este: desde la gran mar os señalaréis el monte de Hor;

8 Del monte de Hor señalaréis á la entrada de Hamath, y serán las salidas de aquel término á Sedad;

9 Y saldrá este término á Ziphón, y serán sus remates en Hasar-enán: este os será el término del norte.

10 Y por término al oriente os señalaréis desde Hasar-enán hasta Sepham;

11 Y bajará este término desde Sepham á Ribla, al oriente de Ain; y descenderá el término, y llegará á la costa de la mar de Cinnereth al oriente;

12 Después descenderá este término al Jordán, y serán sus salidas al mar Salado: esta será vuestra tierra: por sus términos alrededor.

13 Y mandó Moisés á los hijos de Israel, diciendo: Esta es la tierra que heredaréis por suerte, la cual mandó Jehová que diese á las nueve tribus, y á la media tribu:

14 Porque la tribu de los hijos de Rubén según las casas de sus padres, y la tribu de los hijos de Gad según las casas de sus padres, y la media tribu de Manasés, han tomado su herencia.

15 Dos tribus y media tomaron su heredad de esta parte del Jordán de Jericó al oriente, al nacimiento del sol.

16 Y habló Jehová á Moisés, diciendo:

17 Estos son los nombres de los varones que os aposesionarán la tierra: Eleazar el sacerdote, y Josué hijo de Nun.

18 Tomaréis también de cada tribu un príncipe, para dar la posesión de la tierra.

19 Y estos son los nombres de los varones: De la tribu de Judá, Caleb hijo de Jephone.

20 Y de la tribu de los hijos de Simeón, Samuel hijo de Ammiud.

21 De la tribu de Benjamín; Eliad hijo de Chislón.

22 Y de la tribu de los hijos de Dan, el príncipe Bucci hijo de Jogli.

23 De los hijos de José: de la tribu de los hijos de Manasés, el príncipe Haniel hijo de Ephod.

24 Y de la tribu de los hijos de Ephraim, el príncipe Chêmuel hijo de Siphtán.

25 Y de la tribu de los hijos de Zabulón, el príncipe Elisaphán hijo de Pharnach.

26 Y de la tribu de los hijos de Issachâr, el príncipe Paltiel hijo de Azan.

27 Y de la tribu de los hijos de Aser, el príncipe Ahiud hijo de Selomi.

28 Y de la tribu de los hijos de Nephtalí, el príncipe Pedael hijo de Ammiud.

29 Estos son á los que mandó Jehová que hiciesen la partición de la herencia á los hijos de Israel en la tierra de Canaán.

35 Y habló Jehová á Moisés en los campos de Moab, junto al Jordán de Jericó, diciendo:

2 Manda á los hijos de Israel, que den á los Levitas de la posesión de su heredad ciudades en que habiten: También daréis á los Levitas ejidos de esas ciudades alrededor de ellas.

3 Y tendrán ellos las ciudades para habitar, y los ejidos de ellas serán para sus animales, y para sus ganados, y para todas sus bestias.

4 Y los ejidos de las ciudades que daréis á los Levitas, serán mil codos alrededor, desde el muro de la ciudad para afuera.

5 Luego mediréis fuera de la ciudad á la parte del oriente dos mil codos, y á la parte del mediodía dos mil codos, y á la parte del occidente dos mil codos, y á la parte del norte dos mil codos, y la ciudad en medio: esto tendrán por los ejidos de las ciudades.

6 Y de las ciudades que daréis á los Levitas, seis ciudades de acogimiento, las cuales daréis para que el homicida se acoja allá: y además de éstas daréis cuarenta y dos ciudades.

7 Todas las ciudades que daréis á los Levitas serán cuarenta y ocho ciudades; ellas con sus ejidos.

8 Y las ciudades que diereis de la heredad de los hijos de Israel, del que mucho tomaréis mucho, y del que poco tomaréis poco: cada uno dará de sus ciudades á los Levitas según la posesión que heredará.

9 Y habló Jehová á Moisés, diciendo:

10 Habla á los hijos de Israel, y diles: Cuando hubiereis pasado el Jordán á la tierra de Canaán,

11 Os señalaréis ciudades, ciudades de acogimiento tendréis, donde huya el homicida que hiriere á alguno de muerte por yerro.

12 Y os serán aquellas ciudades por acogimiento del pariente, y no morirá el homicida hasta que esté á juicio delante de la congregación.

13 De las ciudades, pues, que daréis, tendréis seis ciudades de acogimiento.

14 Tres ciudades daréis de esta parte del Jordán, y tres ciudades daréis en la tierra de Canaán; las cuales serán ciudades de acogimiento.

15 Estas seis ciudades serán para acogimiento á los hijos de Israel, y al peregrino, y al que morare entre ellos, para que huya allá cualquiera que hiriere de muerte á otro por yerro.

16 Y si con instrumento de hierro lo hiriere y muriere, homicida es; el homicida morirá:

17 Y si con piedra de mano, de que pueda morir, lo hiriere, y muriere, homicida es; el homicida morirá.

18 Y si con instrumento de palo de mano, de que pueda morir, lo hiriere, y muriere, homicida es; el homicida morirá.

19 El pariente del muerto, él matará al homicida: cuando lo encontrare, él le matará.

20 Y si por odio lo empujó, ó echó sobre él alguna cosa por asechanzas, y muere;

21 O por enemistad lo hirió con su mano, y murió: el heridor morirá; es homicida; el pariente del muerto matará al homicida, cuando lo encontrare.

22 Mas si casualmente lo empujó sin enemistades, ó echó sobre él cualquier instrumento sin asechanzas,

23 O bien, sin verlo, hizo caer sobre él alguna piedra, de que pudo morir, y muriere, y él no era su enemigo, ni procuraba su mal;

24 Entonces la congregación juzgará entre el heridor y el pariente del muerto conforme á estas leyes:

25 Y la congregación librará al homicida de mano del pariente del muerto, y la congregación lo hará volver á su ciudad de acogimiento, á la cual se había acogido; y morará en ella hasta que muera el gran sacerdote, el cual fué ungido con el aceite santo.

26 Y si el homicida saliere fuera del término de su ciudad de refugio, á la cual se acogió,

27 Y el pariente del muerto le hayare fuera del término de la ciudad de su acogida, y el pariente del muerto al homicida matare, no se le culpará por ello:

28 Pues en su ciudad de refugio deberá aquél habitar hasta que muera el gran sacerdote: y después que muriere el gran sacerdote, el homicida volverá á la tierra de su posesión.

29 Y estas cosas os serán por ordenanza de derecho por vuestras edades, en todas vuestras habitaciones.

30 Cualquiera que hiriere: á alguno, por dicho de testigos, morirá el homicida: mas un solo testigo no hará fé contra alguna persona para que muera.

31 Y no tomaréis precio por la vida del homicida; porque está condenado á muerte: mas indefectiblemente morirá.

32 Ni tampoco tomaréis precio del que huyó á su ciudad de refugio, para que vuelva á vivir en su tierra, hasta que muera el sacerdote.

33 Y no contaminaréis la tierra donde estuviereis: porque esta sangre amancillará la tierra: y la tierra no será expiada de la sangre que fué derramada en ella, sino por la sangre del que la derramó.

34 No contaminéis, pues, la tierra donde habitáis, en medio de la cual yo habito; porque yo Jehová habito en medio de los hijos de Israel.

36 Y llegaron los príncipes de los padres de la familia de Galaad, hijo de Machîr, hijo de Manasés, de las familias de los hijos de José; y hablaron delante de Moisés, y de los príncipes, cabezas de padres de los hijos de Israel,

2 Y dijeron: Jehová mandó á mi señor que por suerte diese la tierra á los hijos de Israel en posesión: también ha mandado Jehová á mi señor, que dé la posesión de Salphaad nuestro hermano á sus hijas;

3 Las cuales, si se casaren con algunos de los hijos de las otras tribus de los hijos de Israel, la herencia de ellas será así desfalcada de la herencia de nuestros padres, y será añadida á la herencia de la tribu á que serán unidas; y será quitada de la suerte de nuestra heredad.

4 Y cuando viniere el jubileo de los hijos de Israel, la heredad de ellas será añadida á la heredad de la tribu de sus maridos; y así la heredad de ellas será quitada de la heredad de la tribu de nuestros padres.

5 Entonces Moisés mandó á los hijos de Israel por dicho de Jehová, diciendo: La tribu de los hijos de José habla rectamente.

6 Esto es lo que ha mandado Jehová acerca de las hijas de Salphaad, diciendo: Cásense como á ellas les pluguiere, empero en la familia de la tribu de su padre se casarán;

7 Para que la heredad de los hijos de Israel no sea traspasada de tribu en tribu; porque cada uno de los hijos de Israel se allegará á la heredad de la tribu de sus padres.

8 Y cualquiera hija que poseyere heredad de las tribus de los hijos de Israel, con alguno de la familia de la tribu de su padre se casará, para que los hijos de Israel posean cada uno la heredad de sus padres.

9 Y no ande la heredad rodando de una tribu á otra: mas cada una de las tribus de los hijos de Israel se llegue á su heredad.

10 Como Jehová mandó á Moisés, así hicieron las hijas de Salphaad.

11 Y así Maala, y Tirsa, y Hogla, y Milchâ, y Noa, hijas de Salphaad, se casaron como con sus tíos:

12 De la familia de los hijos de Manasés, hijo de José, fueron mujeres; y la heredad de ellas quedó en la tribu de la familia de su padre,

13 Estos son los mandamientos y los estatutos que mandó Jehová por mano de Moisés á los hijos de Israel en los campos de Moab, junto al Jordán de Jericó.

1 Estas son las palabras que habló Moisés á todo Israel de esta parte del Jordán en el desierto, en el llano delante del mar Bermejo, entre Parán, y Thopel, y Labán, y Haseroth, y Dizahab.

2 Once jornadas hay desde Horeb, camino del monte de Seir, hasta Cades-barnea.

3 Y fué, que á los cuarenta años, en el mes undécimo, al primero del mes, Moisés habló á los hijos de Israel conforme á todas las cosas que Jehová le había mandado acerca de ellos;

4 Después que hirió á Sehón rey de los Amorrheos, que habitaba en Hesbón, y á Og rey de Basán, que habitaba en Astarot en Edrei:

5 De esta parte del Jordán, en tierra de Moab, resolvió Moisés declarar esta ley, diciendo:

6 Jehová nuestro Dios nos habló en Horeb, diciendo: Harto habéis estado en este monte;

7 Volveos, partíos é id al monte del Amorrheo, y á todas sus comarcas, en el llano, en el monte, y en los valles, y al mediodía, y á la costa de la mar, á la tierra del Cananeo, y el Líbano, hasta el gran río, el río Eufrates.

8 Mirad, yo he dado la tierra en vuestra presencia; entrad y poseed la tierra que Jehová juró á vuestros padres Abraham, Isaac, y Jacob, que les daría á ellos y á su simiente después de ellos.

9 Y yo os hablé entonces, diciendo: Yo no puedo llevaros solo:

10 Jehová vuestro Dios os ha multiplicado, y he aquí sois hoy vosotros como las estrellas del cielo en multitud.

11 ¡Jehová Dios de vuestros padres añada sobre vosotros como sois mil veces, y os bendiga, como os ha prometido!

12 ¿Cómo llevaré yo solo vuestras molestias, vuestras cargas, y vuestros pleitos?

13 Dadme de entre vosotros, de vuestras tribus, varones sabios y entendidos y expertos, para que yo los ponga por vuestros jefes.

14 Y me respondisteis, y dijisteis: Bueno es hacer lo que has dicho.

15 Y tomé los principales de vuestras tribus, varones sabios y expertos, y púselos por jefes sobre vosotros, jefes de millares, y jefes de cientos, y jefes de cincuenta, y cabos de diez, y gobernadores á vuestras tribus.

16 Y entonces mandé á vuestros jueces, diciendo: Oid entre vuestros hermanos, y juzgad justamente entre el hombre y su hermano, y el que le es extranjero.

17 No tengáis respeto de personas en el juicio: así al pequeño como al grande oiréis: no tendréis temor de ninguno, porque el juicio es de Dios: y la causa que os fuere difícil, la traeréis á mí, y yo la oiré.

18 Os mandé, pues, en aquel tiempo todo lo que habíais de hacer.

19 Y partidos de Horeb, anduvimos todo aquel grande y terrible desierto que habéis visto, por el camino del monte del Amorrheo, como Jehová nuestro Dios nos lo mandó; y llegamos hasta Cades-barnea.

20 Y os dije: Llegado habéis al monte del Amorrheo, el cual Jehová nuestro Dios nos da.

21 Mira, Jehová tu Dios ha dado delante de ti la tierra: sube y posée la, como Jehová el Dios de tus padres te ha dicho; no temas ni desmayes.

22 Y llegasteis á mí todos vosotros, y dijisteis: Enviemos varones delante de nosotros, que nos reconozcan la tierra y nos traigan de vuelta razón del camino por donde hemos de subir, y de las ciudades adonde hemos de llegar.

23 Y el dicho me pareció bien: y tomé doce varones de vosotros, un varón por tribu:

24 Y se encaminaron, y subieron al monte, y llegaron hasta la arroyada de Escol, y reconocieron la tierra.

25 Y tomaron en sus manos del fruto del país, y nos lo trajeron, y diéronnos cuenta, y dijeron: Es buena la tierra que Jehová nuestro Dios nos da.

26 Empero no quisisteis subir, antes fuisteis rebeldes al dicho de Jehová vuestro Dios;

27 Y murmurasteis en vuestras tiendas, diciendo: Porque Jehová nos aborrecía, nos ha sacado de tierra de Egipto, para entregarnos en mano del Amorrheo para destruirnos.

28 ¿A dónde subimos? Nuestros hermanos han hecho

desfallecer nuestro corazón, diciendo: Este pueblo es mayor y más alto que nosotros, las ciudades grandes y muradas hasta el cielo; y también vimos allí hijos de gigantes.

29 Entonces os dije: No temáis, ni tengáis miedo de ellos.

30 Jehová vuestro Dios, el cual va delante de vosotros, él peleará por vosotros, conforme á todas las cosas que hizo por vosotros en Egipto delante de vuestros ojos;

31 Y en el desierto has visto que Jehová tu Dios te ha traído, como trae el hombre á su hijo, por todo el camino que habéis andado, hasta que habéis venido á este lugar.

32 Y aun con esto no creísteis en Jehová vuestro Dios,

33 El cual iba delante de vosotros por el camino, para reconoceros el lugar donde habíais de asentar el campo, con fuego de noche para mostraros el camino por donde anduvieseis, y con nube de día.

34 Y oyó Jehová la voz de vuestras palabras, y enojóse, y juró diciendo:

35 No verá hombre alguno de estos de esta mala generación, la buena tierra que juré había de dar á vuestros padres,

36 Excepto Caleb hijo de Jephone: él la verá, y á él le daré la tierra que pisó, y á sus hijos; porque cumplió en pos de Jehová.

37 Y también contra mí se airó Jehová por vosotros, diciendo: Tampoco tú entrarás allá:

38 Josué hijo de Nun, que está delante de ti, él entrará allá: anímale; porque él la hará heredar á Israel.

39 Y vuestros chiquitos, de los cuales dijisteis serán por presa, y vuestros hijos que no saben hoy bueno ni malo, ellos entrarán allá, y á ellos los daré, y ellos la heredarán.

40 Y vosotros volveos, y partíos al desierto camino del mar Bermejo.

41 Entonces respondisteis y me dijisteis: Pecado hemos contra Jehová; nosotros subiremos y pelearemos, conforme á todo lo que Jehová nuestro Dios nos ha mandado. Y os armasteis cada uno de sus armas de guerra, y os apercibisteis para subir al monte.

42 Y Jehová me dijo: Diles: No subáis, ni peleéis, pues no estoy entre vosotros; porque no seáis heridos delante de vuestros enemigos.

43 Y os hablé, y no disteis oído; antes fuisteis rebeldes al dicho de Jehová, y persistiendo con altivez, subisteis al monte.

44 Y salió el Amorrheo, que habitaba en aquel monte, á vuestro encuentro, y os persiguieron, como hacen las avispas, y os derrotaron en Seir, persiguiéndoos hasta Horma.

45 Y volvisteis, y llorasteis delante de Jehová; pero Jehová no escuchó vuestra voz, ni os prestó oído.

46 Y estuvisteis en Cades por muchos días, como en los días que habéis estado.

2 Y volvimos, y partímonos al desierto camino del mar Bermejo, como Jehová me había dicho; y rodeamos el monte de Seir por muchos días.

2 Y Jehová me habló, diciendo:

3 Harto habéis rodeado este monte; volveos al aquilón.

4 Y manda al pueblo, diciendo: Pasando vosotros por el término de vuestros hermanos los hijos de Esaú, que habitan en Seir, ellos tendrán miedo de vosotros; mas vosotros guardaos mucho:

5 No os metáis con ellos; que no os daré de su tierra ni aun la holladura de la planta de un pie; porque yo he dado por heredad á Esaú el monte de Seir.

6 Compraréis de ellos por dinero las viandas, y comeréis; y también compraréis de ellos el agua, y beberéis:

7 Pues Jehová tu Dios te ha bendecido en toda obra de tus manos: él sabe que andas por este gran desierto: estos cuarenta años Jehová tu Dios fué contigo; y ninguna cosa te ha faltado.

8 Y pasamos de nuestros hermanos los hijos de Esaú, que habitaban en Seir, por el camino de la llanura de Elath y de Esiongeber. Y volvimos, y pasamos camino del desierto de Moab.

9 Y Jehová me dijo: No molestes á Moab, ni te empeñes con ellos en guerra, que no te daré posesión de su tierra; porque yo he dado á Ar por heredad á los hijos de Lot.

10 (Los Emimeos habitaron en ella antes, pueblo grande, y numeroso, y alto como numeroso, y alto como gigantes:

11 Por gigantes eran ellos también contados, como los Anaceos; y los Moabitas los llaman Emimeos.

12 Y en Seir habitaron antes los Horeos, á los cuales echaron los hijos de Esaú; y los destruyeron de delante de sí, y

moraron en lugar de ellos; como hizo Israel en la tierra de su posesión que les dió Jehová.)

13 Levantaos ahora, y pasad el arroyo de Zered. Y pasamos el arroyo de Zered.

14 Y los días que anduvimos de Cades-barnea hasta que pasamos el arroyo de Zered, fueron treinta y ocho años; hasta que se acabó toda la generación de los hombres de guerra de en medio del campo, como Jehová les había jurado.

15 Y también la mano de Jehová fué sobre ellos para destruirlos de en medio del campo, hasta acabarlos.

16 Y aconteció que cuando se hubieron acabado de morir todos los hombres de guerra de entre el pueblo,

17 Jehová me habló, diciendo:

18 Tú pasarás hoy el término de Moab, á Ar,

19 Y te acercarás delante de los hijos de Ammón: no los molestes, ni te metas con ellos; porque no te tengo de dar posesión de la tierra de los hijos de Ammón; que á los hijos de Lot la he dado por heredad.

20 (Por tierra de gigantes fué también ella tenida: habitaron en ella gigantes en otro tiempo, á los cuales los Ammonitas llamaban Zomzommeos;

21 Pueblo grande, y numeroso, y alto, como los Anaceos; á los cuales Jehová destruyó de delante de los Ammonitas, quienes les sucedieron, y habitaron en su lugar:

22 Como hizo con los hijos de Esaú, que habitaban en Seir, de delante de los cuales destruyó á los Horeos; y ellos les sucedieron, y habitaron en su lugar hasta hoy.

23 Y á los Heveos que habitaban en Haserin hasta Gaza, los Caftoreos que salieron de Caftor los destruyeron, y habitaron en lugar de ellos.)

24 Levantaos, partid, y pasad el arroyo de Arnón: he aquí he dado en tu mano á Sehón rey de Hesbón, Amorrheo, y á su tierra: comienza á tomar posesión, y empéñate con él en guerra.

25 Hoy comenzaré á poner tu miedo y tu espanto sobre los pueblos debajo de todo el cielo, los cuales oirán tu fama, y temblarán, y angustiarse han delante de ti.

26 Y envié mensajeros desde el desierto de Cademoth á Sehón rey de Hesbón, con palabras de paz, diciendo:

27 Pasaré por tu tierra por el camino: por el camino iré, sin apartarme á diestra ni á siniestra.

28 La comida me venderás por dinero y comeré: el agua también me darás por dinero, y beberé: solamente pasaré á pie;

29 Como lo hicieron conmigo los hijos de Esaú que habitaban en Seir, y los Moabitas que habitaban en Ar; hasta que pase el Jordán á la tierra que nos da Jehová nuestro Dios.

30 Mas Sehón rey de Hesbón no quiso que pasásemos por el territorio suyo; porque Jehová tu Dios había endurecido su espíritu, y obstinado su corazón para entregarlo en tu mano, como hoy.

31 Y díjome Jehová: He aquí yo he comenzado á dar delante de ti á Sehón y á su tierra; comienza á tomar posesión, para que heredes su tierra.

32 Y salió Sehón al encuentro, él y todo su pueblo, para pelear en Jaas.

33 Mas Jehová nuestro Dios lo entregó delante de nosotros; y herimos á él y á sus hijos, y á todo su pueblo.

34 Y tomamos entonces todas sus ciudades, y destruimos todas las ciudades, hombres, y mujeres, y niños; no dejamos ninguno:

35 Solamente tomamos para nosotros las bestias, y los despojos de las ciudades que habíamos tomado.

36 Desde Aroer, que está junto á la ribera del arroyo de Arnón, y la ciudad que está en el arroyo, hasta Galaad, no hubo ciudad que escapase de nosotros: todas las entregó Jehová nuestro Dios en nuestro poder.

37 Solamente á la tierra de los hijos de Ammón no llegaste, ni á todo lo que está á la orilla del arroyo de Jaboc ni á las ciudades del monte, ni á lugar alguno que Jehová nuestro Dios había prohibido.

3 Y volvimos, y subimos camino de Basán, y saliónos al encuentro Og rey de Basán para pelear, él y todo su pueblo, en Edrei.

2 Y díjome Jehová: No tengas temor de él, porque en tu mano he entregado á él y á todo su pueblo, y su tierra: y harás con él como hiciste con Sehón rey Amorrheo, que habitaba en Hesbón.

3 Y Jehová nuestro Dios entregó también en nuestra mano á Og rey de Basán, y á todo su pueblo, al cual herimos hasta no quedar de él ninguno.

4 Y tomamos entonces todas sus ciudades; no quedó ciudad que no les tomásemos: sesenta ciudades, toda la tierra de Argob, del reino de Og en Basán.

5 Todas éstas eran ciudades fortalecidas con alto muro, con puertas y barras; sin otras muy muchas ciudades sin muro.

6 Y destruímoslas, como hicimos á Sehón rey de Hesbón, destruyendo en toda ciudad hombres, mujeres, y niños.

7 Y tomamos para nosotros todas las bestias, y los despojos de las ciudades.

8 También tomamos en aquel tiempo de mano de dos reyes Amorrheos que estaban de esta parte del Jordán, la tierra desde el arroyo de Arnón hasta el monte de Hermón:

9 (Los Sidonios llaman á Hermón Sirión; y los Amorrheos, Senir:)

10 Todas las ciudades de la llanura, y todo Galaad, y todo Basán hasta Salchâ y Edrei, ciudades del reino de Og en Basán.

11 Porque sólo Og rey de Basán había quedado de los gigantes que quedaron. He aquí su cama, una cama de hierro, ¿no está en Rabbath de los hijos de Ammón?; la longitud de ella de nueve codos, y su anchura de cuatro codos, al codo de un hombre.

12 Y esta tierra qué heredamos entonces desde Aroer, que está al arroyo de Arnón, y la mitad del monte de Galaad con sus ciudades, dí á los Rubenitas y á los Gaditas:

13 Y el resto de Galaad, y todo Basán, del reino de Og, díl o á la media tribu de Manasés; toda la tierra de Argob, todo Basán, que se llamaba la tierra de los gigantes.

14 Jair hijo de Manasés tomó toda la tierra de Argob hasta el término de Gessuri y Machâti; y llamóla de su nombre Basán-havoth-jair, hasta hoy.

15 Y á Machîr dí á Galaad.

16 Y á los Rubenitas y Gaditas dí de Galaad hasta el arroyo de Arnón, el medio del arroyo por término; hasta el arroyo de Jaboc, término de los hijos de Ammón:

17 Asimismo la campiña, y el Jordán, y el término, desde Cinereth hasta la mar del llano, el mar Salado, las vertientes abajo del Pisga al oriente.

18 Y os mandé entonces, diciendo: Jehová vuestro Dios os ha dado esta tierra para que la poseáis: pasaréis armados delante de vuestros hermanos los hijos de Israel todos los valientes.

19 Solamente vuestras mujeres, vuestros niños, y vuestro ganados, (yo sé que tenéis mucho ganado,) quedarán en vuestras ciudades que os he dado,

20 Hasta que Jehová dé reposo á vuestros hermanos, así como á vosotros, y hereden también ellos la tierra que Jehová vuestro Dios les da á la otra parte del Jordán; entonces os volveréis cada uno a su heredad que yo os he dado.

21 Mandé también á Josué entonces, diciendo: Tus ojos vieron todo lo que Jehová vuestro Dios ha hecho á aquellos dos reyes: así hará Jehová á todos los reinos á los cuales pasarás tú.

22 No los temáis; que Jehová vuestro Dios, él es quien pelea por vosotros.

23 Y oré á Jehová en aquel tiempo, diciendo:

24 Señor Jehová, tú has comenzado á mostrar á tu siervo tu grandeza, y tu mano fuerte: porque ¿qué dios hay en el cielo ni en la tierra que haga según tus obras, y según tus valentías?

25 Pase yo, ruégote, y vea aquella tierra buena, que está á la parte allá del Jordán, aquel buen monte, y el Líbano.

26 Mas Jehová se había enojado contra mí por causa de vosotros, por lo cual no me oyó: y díjome Jehová: Bástate, no me hables más de este negocio.

27 Sube á la cumbre del Pisga, y alza tus ojos al occidente, y al aquilón, y al mediodía, y al oriente, y ve por tus ojos: porque no pasarás este Jordán.

28 Y manda á Josué, y anímalo, y confórtalo; porque él ha de pasar delante de este pueblo, y él les hará heredar la tierra que verás.

29 Y paramos en el valle delante de Beth-peor.

4 Ahora pues, oh Israel, oye los estatutos y derechos que yo os enseño, para que los ejecutéis, y viváis, y entréis, y poseáis la tierra que Jehová el Dios de vuestros padres te da.

2 No añadiréis á la palabra que yo os mando, ni disminuiréis de ella, para que guardéis los mandamientos de Jehová vuestro Dios que yo os ordeno.

3 Vuestros ojos vieron lo que hizo Jehová con motivo de Baal-peor; que á todo hombre que fué en pos de Baal-peor destruyó Jehová tu Dios de en medio de ti.

4 Mas vosotros que os allegasteis á Jehová vuestro Dios, todos estáis vivos hoy.

5 Mirad, yo os he enseñado estatutos y derechos, como Jehová mi Dios me mandó, para que hagáis así en medio de la tierra en la cual entráis para poseerla.

6 Guardadlos, pues, y ponedlos por obra: porque esta es vuestra sabiduría y vuestra inteligencia en ojos de los pueblos, los cuales oirán todos estos estatutos, y dirán: Ciertamente pueblo sabio y entendido, gente grande es ésta.

7 Porque ¿qué gente grande hay que tenga los dioses tan cercanos á sí, como lo está Jehová nuestro Dios en todo cuanto le pedimos?

8 Y ¿qué gente grande hay que tenga estatutos y derechos justos, como es toda esta ley que yo pongo hoy delante de vosotros?

9 Por tanto, guárdate, y guarda tu alma con diligencia, que no te olvides de las cosas que tus ojos han visto, ni se aparten de tu corazón todos los días de tu vida: y enseñarlas has á tus hijos, y á los hijos de tus hijos;

10 El día que estuviste delante de Jehová tu Dios en Horeb, cuando Jehová me dijo: Júntame el pueblo, para que yo les haga oir mis palabras, las cuales aprenderán, para temerme todos los días que vivieren sobre la tierra: y las enseñarán á sus hijos;

11 Y os llegasteis, y os pusisteis al pie del monte; y el monte ardía en fuego hasta en medio de los cielos con tinieblas, nube, y oscuridad.

12 Y habló Jehová con vosotros de en medio del fuego: oisteis la voz de sus palabras, mas á excepción de oir la voz, ninguna figura visteis:

13 Y él os anunció su pacto, el cual os mandó poner por obra, las diez palabras; y escribiólas en dos tablas de piedra.

14 A mí también me mandó Jehová entonces enseñaros los estatutos y derechos, para que los pusieseis por obra en la tierra á la cual pasáis para poseerla.

15 Guardad pues mucho vuestras almas: pues ninguna figura visteis el día que Jehová habló con vosotros de en medio del fuego:

16 Porque no os corrompáis, y hagáis para vosotros escultura, imagen de figura alguna, efigie de varón ó hembra,

17 Figura de algún animal que sea en la tierra, figura de ave alguna alada que vuele por el aire,

18 Figura de ningún animal que vaya arrastrando por la tierra, figura de pez alguno que haya en el agua debajo de la tierra:

19 Y porque alzando tus ojos al cielo, y viendo el sol y la luna y las estrellas, y todo el ejército del cielo, no seas incitado, y te inclines á ellos, y les sirvas; que Jehová tu Dios los ha concedido á todos los pueblos debajo de todos los cielos.

20 Empero á vosotros Jehová os tomó, y os ha sacado del horno de hierro, de Egipto, para que le seáis por pueblo de heredad como en este día.

21 Y Jehová se enojó contra mí sobre vuestros negocios, y juró que no pasaría el Jordán, ni entraría en la buena tierra, que Jehová tu Dios te da por heredad.

22 Así que yo voy á morir en esta tierra; y no paso el Jordán: mas vosotros pasaréis, y poseeréis aquella buena tierra.

23 Guardaos no os olvidéis del pacto de Jehová vuestro Dios, que él estableció con vosotros, y os hagáis escultura ó imagen de cualquier cosa, que Jehová tu Dios te ha vedado.

24 Porque Jehová tu Dios es fuego que consume, Dios celoso.

25 Cuando hubiereis engendrado hijos y nietos, y hubiereis envejecido en la tierra, y os corrompiereis, é hiciereis escultura ó imagen de cualquier cosa, é hiciereis mal en ojos de Jehová vuestro Dios, para enojarlo;

26 Yo pongo hoy por testigos al cielo y á la tierra, que presto pereceréis totalmente de la tierra hacia la cual pasáis el Jordán para poseerla: no estaréis en ella largos días sin que seáis destruidos.

27 Y Jehová os esparcirá entre los pueblos, y quedaréis pocos en número entre las gentes á las cuales os llevará Jehová:

28 Y serviréis allí á dioses hechos de manos de hombres, á madera y á piedra, que no ven, ni oyen, ni comen, ni huelen.
29 Mas si desde allí buscares á Jehová tu Dios, lo hallarás, si lo buscares de todo tu corazón y de toda tu alma.
30 Cuando estuviereis en angustia, y te alcanzáren todas estas cosas, si en los postreros días te volvieres á Jehová tu Dios, y oyeres su voz;
31 Porque Dios misericordioso es Jehová tu Dios; no te dejará, ni te destruirá, ni se olvidará del pacto de tus padres que les juró.
32 Porque pregunta ahora de los tiempos pasados, que han sido antes de ti, desde el día que crió Dios al hombre sobre la tierra, y desde el un cabo del cielo al otro, si se ha hecho cosa semejante á esta gran cosa, ó se haya oído otra como ella.
33 ¿Ha oído pueblo la voz de Dios, que hablase de en medio del fuego, como tú la has oído, y vivido?
34 ¿O ha Dios probado á venir á tomar para sí gente de en medio de otra gente, con pruebas, con señales, con milagros, y con guerra, y mano fuerte, y brazo extendido, y grandes espantos, según todas las cosas que hizo con vosotros Jehová vuestro Dios en Egipto ante tus ojos?
35 A ti te fué mostrado, para que supieses que Jehová él es Dios; no hay más fuera de él.
36 De los cielos te hizo oir su voz, para enseñarte: y sobre la tierra te mostró su gran fuego: y has oído sus palabras de en medio del fuego.
37 Y por cuanto él amó á tus padres, escogió su simiente después de ellos, y sacóte delante de sí de Egipto con su gran poder;
38 Para echar de delante de ti gentes grandes y más fuertes que tú, y para introducirte, y darte su tierra por heredad, como hoy.
39 Aprende pues hoy, y reduce á tu corazón que Jehová él es el Dios arriba en el cielo, y abajo sobre la tierra; no hay otro.
40 Y guarda sus estatutos y sus mandamientos, que yo te mando hoy, para que te vaya bien á ti y á tus hijos después de ti, y prolongues tus días sobre la tierra que Jehová tu Dios te da para siempre.
41 Entonces apartó Moisés tres ciudades de esta parte del Jordán al nacimiento del sol,
42 Para que huyese allí el homicida que matase á su prójimo por yerro, sin haber tenido enemistad con él desde ayer ni antes de ayer; y que huyendo á una de estas ciudades salvara la vida:
43 A Beser en el desierto, en tierra de la llanura, de los Rubenitas; y á Ramoth en Galaad, de los Gaditas; y á Golán en Basán, de los de Manasés.
44 Esta, pues, es la ley que Moisés propuso delante de los hijos de Israel.
45 Estos son los testimonios, y los estatutos, y los derechos, que Moisés notificó á los hijos de Israel, cuando hubieron salido de Egipto;
46 De esta parte del Jordán, en el valle delante de Beth-peor, en la tierra de Sehón rey de los Amorrheos, que habitaba en Hesbón, al cual hirió Moisés con los hijos de Israel, cuando hubieron salido de Egipto:
47 Y poseyeron su tierra, y la tierra de Og rey de Basán; dos reyes de los Amorrheos que estaban de esta parte del Jordán, al nacimiento del sol:
48 Desde Aroer, que está junto á la ribera del arroyo de Arnón, hasta el monte de Sión, que es Hermón;
49 Y toda la llanura de esta parte del Jordán, al oriente, hasta la mar del llano, las vertientes de las aguas abajo del Pisga.

5 Yllamó Moisés á todo Israel, y díjoles: Oye, Israel, los estatutos y derechos que yo pronunció hoy en vuestros oídos: y aprendedlos, y guardadlos, para ponerlos por obra.
2 Jehová nuestro Dios hizo pacto con nosotros en Horeb.
3 No con nuestros padres hizo Jehová este pacto, sino con nosotros todos los que estamos aquí hoy vivos.
4 Cara á cara habló Jehová con vosotros en el monte de en medio del fuego,
5 (Yo estaba entonces entre Jehová y vosotros, para denunciaros la palabra de Jehová; porque vosotros tuvisteis temor del fuego, y no subisteis al monte;) diciendo:
6 Yo soy Jehová tu Dios, que te saqué de tierra de Egipto, de casa de siervos.
7 No tendrás dioses extraños delante de mí.
8 No harás para ti escultura, ni imagen alguna de cosa que está arriba en los cielos, ó abajo en la tierra, ó en las aguas debajo de la tierra:

9 No te inclinarás á ellas ni les servirás: porque yo soy Jehová tu Dios, fuerte, celoso, que visito la iniquidad de los padres sobre los hijos, y sobre los terceros, y sobre los cuartos, á los que me aborrecen,
10 Y que hago misericordia á millares á los que me aman, y guardan mis mandamientos.
11 No tomarás en vano el nombre de Jehová tu Dios; porque Jehová no dará por inocente al que tomare en vano su nombre.
12 Guardarás el día del reposo para santificarlo, como Jehová tu Dios te ha mandado.
13 Seis días trabajarás y harás toda tu obra:
14 Mas el séptimo es reposo á Jehová tu Dios: ninguna obra harás tú, ni tu hijo, ni tu hija, ni tu siervo, ni tu sierva, ni tu buey, ni tu asno, ni ningún animal tuyo, ni tu peregrino que está dentro de tus puertas: porque descanse tu siervo y tu sierva como tú.
15 Y acuérdate que fuiste siervo en tierra de Egipto, y que Jehová tu Dios te sacó de allá con mano fuerte y brazo extendido: por lo cual Jehová tu Dios te ha mandado que guardes el día del reposo.
16 Honra á tu padre y á tu madre, como Jehová tu Dios te ha mandado, para que sean prolongados tus días, y para que te vaya bien sobre la tierra que Jehová tu Dios te da.
17 No matarás.
18 No adulterarás.
19 No hurtarás.
20 No dirás falso testimonio contra tu prójimo.
21 No codiciarás la mujer de tu prójimo, ni desearás la casa de tu prójimo, ni su tierra, ni su siervo, ni su sierva, ni su buey, ni su asno, ni ninguna cosa que sea de tu prójimo.
22 Éstas palabras habló Jehová á toda vuestra congregación en el monte, de en medio del fuego, de la nube y de la oscuridad, á gran voz: y no añadió más. Y escribiólas en dos tablas de piedra, las cuales me dió á mí.
23 Y aconteció, que como vosotros oisteis la voz de en medio de las tinieblas, y visteis al monte que ardía en fuego, llegasteis á mí todos los príncipes de vuestras tribus, y vuestros ancianos;
24 Y dijisteis: He aquí, Jehová nuestro Dios nos ha mostrado su gloria y su grandeza, y hemos oído su voz de en medio del fuego: hoy hemos visto que Jehová habla al hombre, y éste vive.
25 Ahora pues, ¿por qué moriremos? que este gran fuego nos consumirá: si tornáremos á oir la voz de Jehová nuestro Dios, moriremos.
26 Porque, ¿qué es toda carne, para que oiga la voz del Dios viviente que habla de en medio del fuego, como nosotros la oímos, y viva?
27 Llega tú, y oye todas las cosas que dijere Jehová nuestro Dios; y tú nos dirás todo lo que Jehová nuestro Dios te dijere, y nosotros oiremos y haremos.
28 Y oyó Jehová la voz de vuestras palabras, cuando me hablabais; y díjome Jehová: He oído la voz de las palabras de este pueblo, que ellos te han hablado; bien está todo lo que han dicho.
29 ¡Quién diera que tuviesen tal corazón, que me temiesen, y guardasen todos los días todos mis mandamientos, para que á ellos y á sus hijos les fuese bien para siempre!
30 Ve, diles: Volveos á vuestras tiendas.
31 Y tú estáte aquí conmigo, y te diré todos los mandamientos, y estatutos, y derechos que les has de enseñar, a fin que los pongan ahora por obra en la tierra que yo les doy para poseerla.
32 Mirad, pues, que hagáis como Jehová vuestro Dios os ha mandado: no os apartéis á diestra ni á siniestra;
33 Andad en todo camino que Jehová vuestro Dios os ha mandado, para que viváis, y os vaya bien, y tengáis largos días en la tierra que habéis de poseer.

6 Estos pues son los mandamientos, estatutos, y derechos que Jehová vuestro Dios mandó que os enseñase, para que los pongáis por obra en la tierra á la cual pasáis vosotros para poseerla:
2 Para que temas á Jehová tu Dios, guardando todos sus estatutos y sus mandamientos que yo te mando, tú, y tu hijo, y el hijo de tu hijo, todos los días de tu vida, y que tus días sean prolongados.
3 Oye pues, oh Israel, y cuida de ponerlos por obra, para que te vaya bien, y seáis multiplicados, como te ha dicho Jehová

el Dios de tus padres, en la tierra que destila leche y miel.

4 Oye, Israel: Jehová nuestro Dios, Jehová uno es:

5 Y Amarás á Jehová tu Dios de todo tu corazón, y de toda tu alma, y con todo tu poder.

6 Y estas palabras que yo te mando hoy, estarán sobre tu corazón:

7 Y las repetirás á tus hijos, y hablarás de ellas estando en tu casa, y andando por el camino, y al acostarte, y cuando te levantes:

8 Y has de atarlas por señal en tu mano, y estarán por frontales entre tus ojos:

9 Y las escribirás en los postes de tu casa, y en tus portadas.

10 Y será, cuando Jehová tu Dios te hubiere introducido en la tierra que juró á tus padres Abraham, Isaac, y Jacob, que te daría; en ciudades grandes y buenas que tú no edificaste,

11 Y casas llenas de todo bien, que tú no henchiste, y cisternas cavadas, que tú no cavaste, viñas y olivares que no plantaste: luego que comieres y te hartares,

12 Guárdate que no te olvides de Jehová, que te sacó de tierra de Egipto, de casa de siervos.

13 A Jehová tu Dios temerás, y á él servirás, y por su nombre jurarás.

14 No andaréis en pos de dioses ajenos, de los dioses de los pueblos que están en vuestros contornos:

15 Porque el Dios celoso, Jehová tu Dios, en medio de ti está; porque no se inflame el furor de Jehová tu Dios contra ti, y te destruya de sobre la haz de la tierra.

16 No tentaréis á Jehová vuestro Dios, como lo tentasteis en Massa.

17 Guardad cuidadosamente los mandamientos de Jehová vuestro Dios, y sus testimonios, y sus estatutos, que te ha mandado.

18 Y harás lo recto y bueno en ojos de Jehová, para que te vaya bien, y entres y poseas la buena tierra que Jehová juró á tus padres;

19 Para que él eche á todos sus enemigos de delante de ti, como Jehová ha dicho.

20 Cuando mañana te preguntare tu hijo, diciendo: ¿Qué significan los testimonios, y estatutos, y derechos, que Jehová nuestro Dios os mandó?

21 Entonces dirás á tu hijo: Nosotros éramos siervos de Faraón en Egipto, y Jehová nos sacó de Egipto con mano fuerte;

22 Y dió Jehová señales y milagros grandes y nocivos en Egipto, sobre Faraón y sobre toda su casa, delante de nuestros ojos;

23 Y sacónos de allá, para traernos y darnos la tierra que juró á nuestros padres;

24 Y mandónos Jehová que ejecutásemos todos estos estatutos, y que temamos á Jehová nuestro Dios, porque nos vaya bien todos los días, y para que nos dé vida, como hoy.

25 Y tendremos justicia cuando cuidáremos de poner por obra todos estos mandamientos delante de Jehová nuestro Dios, como él nos ha mandado.

7 Cuando Jehová tu Dios te hubiere introducido en la tierra en la cual tú has de entrar para poseerla, y hubiere echado de delante de ti muchas gentes, al Hetheo, al Gergeseo, y al Amorrheo, y al Cananeo, y al Pherezeo, y al Heveo, y al Jebuseo, siete naciones mayores y más fuertes que tú;

2 Y Jehová tu Dios las hubiere entregado delante de ti, y las hirieres, del todo las destruirás: no harás con ellos alianza, ni las tomarás á merced.

3 Y no emparentarás con ellos: no darás tu hija á su hijo, ni tomarás á su hija para tu hijo.

4 Porque desviará á tu hijo de en pos de mí, y servirán á dioses ajenos; y el furor de Jehová se encenderá sobre vosotros, y te destruirá presto.

5 Mas así habéis de hacer con ellos: sus altares destruiréis, y quebraréis sus estatuas, y cortaréis sus bosques, y quemaréis sus esculturas en el fuego.

6 Porque tú eres pueblo santo á Jehová tu Dios: Jehová tu Dios te ha escogido para serle un pueblo especial, más que todos los pueblos que están sobre la haz de la tierra.

7 No por ser vosotros más que todos los pueblos os ha querido Jehová, y os ha escogido; porque vosotros erais los más pocos de todos los pueblos:

8 Sino porque Jehová os amó, y quiso guardar el juramento que juró á vuestros padres, os ha sacado Jehová con mano fuerte, y os ha rescatado de casa de siervos, de la mano de Faraón, rey de Egipto.

9 Conoce, pues, que Jehová tu Dios es Dios, Dios fiel, que guarda el pacto y la misericordia á los que le aman y guardan sus mandamientos, hasta las mil generaciones;

10 Y que da el pago en su cara al que le aborrece, destruyéndolo: ni lo dilatará al que le odia, en su cara le dará el pago.

11 Guarda por tanto los mandamientos, y estatutos, y derechos que yo te mando hoy que cumplas.

12 Y será que, por haber oído estos derechos, y guardado y puéstolos por obra, Jehová tu Dios guardará contigo el pacto y la misericordia que juró á tus padres;

13 Y te amará, y te bendecirá, y te multiplicará, y bendecirá el fruto de tu vientre, y el fruto de tu tierra, y tu grano, y tu mosto, y tu aceite, la cría de tus vacas, y los rebaños de tus ovejas, en la tierra que juró á tus padres que te daría.

14 Bendito serás más que todos los pueblos: no habrá en ti varón ni hembra estéril, ni en tus bestias.

15 Y quitará Jehová de ti toda enfermedad; y todas las malas plagas de Egipto, que tú sabes, no las pondrá sobre ti, antes las pondrá sobre todos los que te aborrecieren.

16 Y consumirás á todos los pueblos que te da Jehová tu Dios: no los perdonará tu ojo; ni servirás á sus dioses, que te será tropiezo.

17 Cuando dijeres en tu corazón: Estas gentes son muchas más que yo, ¿cómo las podré desarraigar?;

18 No tengas temor de ellos: acuérdate bien de lo que hizo Jehová tu Dios con Faraón y con todo Egipto;

19 De las grandes pruebas que vieron tus ojos, y de las señales y milagros, y de la mano fuerte y brazo extendido con que Jehová tu Dios te sacó: así hará Jehová tu Dios con todos los pueblos de cuya presencia tú temieres.

20 Y también enviará Jehová tu Dios sobre ellos avispas, hasta que perezcan los que quedaren, y los que se hubieren escondido de delante de ti.

21 No desmayes delante de ellos, que Jehová tu Dios está en medio de ti, Dios grande y terrible.

22 Y Jehová tu Dios echará á estas gentes de delante de ti poco á poco: no las podrás acabar luego, porque las bestias del campo no se aumenten contra ti.

23 Mas Jehová tu Dios las entregará delante de ti, y él las quebrantará con grande destrozo, hasta que sean destruidos.

24 Y él entregará sus reyes en tu mano, y tú destruirás el nombre de ellos de debajo del cielo: nadie te hará frente hasta que los destruyas.

25 Las esculturas de sus dioses quemarás en el fuego: no codiciarás plata ni oro de sobre ellas para tomarlo para ti, porque no tropieces en ello, pues es abominación á Jehová tu Dios;

26 Y no meterás abominación en tu casa, porque no seas anatema como ello; del todo lo aborrecerás y lo abominarás; porque es anatema.

8 Cuidaréis de poner por obra todo mandamiento que yo os ordeno hoy, porque viváis, y seáis multiplicados, y entréis, y poseáis la tierra, de la cual juró Jehová á vuestros padres.

2 Y acordarte has de todo el camino por donde te ha traído Jehová tu Dios estos cuarenta años en el desierto, para afligirte, por probarte, para saber lo que estaba en tu corazón, si habías de guardar ó no sus mandamientos.

3 Y te afligió, é hízote tener hambre, y te sustentó con maná, comida que no conocías tú, ni tus padres la habían conocido; para hacerte saber que el hombre no vivirá de solo pan, mas de todo lo que sale de la boca de Jehová vivirá el hombre.

4 Tu vestido nunca se envejeció sobre ti, ni el pie se te ha hinchado por estos cuarenta años.

5 Reconoce asimismo en tu corazón, que como castiga el hombre á su hijo, así Jehová tu Dios te castiga.

6 Guardarás, pues, los mandamientos de Jehová tu Dios, andando en sus caminos, y temiéndolo.

7 Porque Jehová tu Dios te introduce en la buena tierra, tierra de arroyos, de aguas, de fuentes, de abismos que brotan por vegas y montes;

8 Tierra de trigo y cebada, y de vides, é higueras, y granados; tierra de olivas, de aceite, y de miel;

9 Tierra en la cual no comerás el pan con escasez, no te faltará nada en ella; tierra que sus piedras son hierro, y de sus montes cortarás metal.

10 Y comerás y te hartarás, y bendecirás á Jehová tu Dios por la buena tierra que te habrá dado.

11 Guárdate, que no te olvides de Jehová tu Dios, para no observar sus mandamientos, y sus derechos, y sus estatutos, que yo te ordeno hoy:

12 Que quizá no comas y te hartes, y edifiques buenas casas en que mores,

13 Y tus vacas y tus ovejas se aumenten, y la plata y el oro se te multiplique, y todo lo que tuvieres se te aumente,

14 Y se eleve luego tu corazón, y te olvides de Jehová tu Dios, que te sacó de tierra de Egipto, de casa de siervos;

15 Que te hizo caminar por un desierto grande y espantoso, de serpientes ardientes, y de escorpiones, y de sed, donde ningún agua había, y él te sacó agua de la roca del pedernal;

16 Que te sustentó con maná en el desierto, comida que tus padres no habían conocido, afligiéndote y probándote, para á la postre hacerte bien;

17 Y digas en tu corazón: Mi poder y la fortaleza de mi mano me han traído esta riqueza.

18 Antes acuérdate de Jehová tu Dios: porque él te da el poder para hacer las riquezas, á fin de confirmar su pacto que juró á tus padres, como en este día.

19 Mas será, si llegares á olvidarte de Jehová tu Dios, y anduvieres en pos de dioses ajenos, y les sirvieres, y á ellos te encorvares, protésto hoy contra vosotros, que de cierto pereceréis.

20 Como las gentes que Jehová destruirá delante de vosotros, así pereceréis; por cuanto no habréis atendido á la voz de Jehová vuestro Dios.

9 Oye, Israel: tú estás hoy para pasar el Jordán, para entrar á poseer gentes más numerosas y más fuertes que tú, ciudades grandes y encastilladas hasta el cielo,

2 Un pueblo grande y alto, hijos de gigantes, de los cuales tienes tú conocimiento, y has oído decir: ¿Quién se sostendrá delante de los hijos del gigante?

3 Sabe, pues, hoy que Jehová tu Dios es el que pasa delante de ti, fuego consumidor, que los destruirá y humillará delante de ti; y tú los echarás, y los destruirás luego, como Jehová te ha dicho.

4 No discurras en tu corazón cuando Jehová tu Dios los habrá echado de delante de ti, diciendo: Por mi justicia me ha metido Jehová á poseer esta tierra; pues por la impiedad de estas gentes Jehová las echa de delante de ti.

5 No por tu justicia, ni por la rectitud de tu corazón entras a poseer la tierra de ellos; mas por la impiedad de estas gentes Jehová tu Dios las echa de delante de ti, y por confirmar la palabra que Jehová juró á tus padres Abraham, Isaac, y Jacob.

6 Por tanto, sabe que no por tu justicia Jehová tu Dios te da esta buena tierra para poseerla; que pueblo duro de cerviz eres tú.

7 Acuérdate, no te olvides que has provocado á ira á Jehová tu Dios en el desierto: desde el día que saliste de la tierra de Egipto, hasta que entrasteis en este lugar, habéis sido rebeldes á Jehová.

8 Y en Horeb provocasteis á ira á Jehová, y enojóse Jehová contra vosotros para destruiros.

9 Cuando yo subí al monte para recibir las tablas de piedra, las tablas del pacto que Jehová hizo con vosotros, estuve entonces en el monte cuarenta días y cuarenta noches, sin comer pan ni beber agua:

10 Y dióme Jehová las dos tablas de piedra escritas con el dedo de Dios; y en ellas estaba escrito conforme á todas las palabras que os habló Jehová en el monte de en medio del fuego, el día de la asamblea.

11 Y fué al cabo de los cuarenta días y cuarenta noches, que Jehová me dió dos las tablas de piedra, las tablas del pacto.

12 Y díjome Jehová: Levántate, desciende presto de aquí; que tu pueblo que sacaste de Egipto se ha corrompido: pronto se han apartado del camino que yo les mandé: hanse hecho una efigie de fundición.

13 Y hablóme Jehová, diciendo: He visto ese pueblo, y he aquí, que él es pueblo duro de cerviz:

14 Déjame que los destruya, y raiga su nombre de debajo del cielo; que yo te pondré sobre gente fuerte y mucha más que ellos.

15 Y volví y descendí del monte, el cual ardía en fuego, con las tablas del pacto en mis dos manos.

16 Y miré, y he aquí habíais pecado contra Jehová vuestro Dios: os habíais hecho un becerro de fundición, apartándoos presto del camino que Jehová os había mandado.

17 Entonces tomé las dos tablas, y arrojélas de mis dos manos, y quebrélas delante de vuestros ojos.

18 Y postréme delante de Jehová, como antes, cuarenta días y cuarenta noches: no comí pan ni bebí agua, á causa de todo vuestro pecado que habíais cometido haciendo mal en ojos de Jehová para enojarlo.

19 Porque temí á causa del furor y de la ira con que Jehová estaba enojado contra vosotros para destruiros. Pero Jehová me oyó aún esta vez.

20 Contra Aarón también se enojó Jehová en gran manera para destruirlo: y también oré por Aarón entonces.

21 Y tomé vuestro pecado, el becerro que habíais hecho, y quemélo en el fuego, y lo desmenucé moliéndolo muy bien, hasta que fué reducido á polvo: y eché el polvo de él en el arroyo que descendía del monte.

22 También en Tabera, y en Massa, y en Kibroth-hataavah, enojasteis á Jehová.

23 Y cuando Jehová os envió desde Cades-barnea, diciendo: Subid y poseed la tierra que yo os he dado; también fuisteis rebeldes al dicho de Jehová vuestro Dios, y no lo creisteis, ni obedecisteis á su voz.

24 Rebeldes habéis sido á Jehová desde el día que yo os conozco.

25 Postréme, pues, delante de Jehová cuarenta días y cuarenta noches que estuve postrado; porque Jehová dijo que os había de destruir.

26 Y oré á Jehová, diciendo; Oh Señor Jehová, no destruyas tu pueblo y tu heredad que has redimido con tu grandeza, al cual sacaste de Egipto con mano fuerte.

27 Acuérdate de tus siervos Abraham, Isaac, y Jacob; no mires á la dureza de este pueblo, ni á su impiedad, ni á su pecado:

28 Porque no digan los de la tierra de donde nos sacaste: Por cuanto no pudo Jehová introducirlos en la tierra que les había dicho, ó porque los aborrecía, los sacó para matarlos en el desierto.

29 Y ellos son tu pueblo y tu heredad, que sacaste con tu gran fortaleza y con tu brazo extendido.

10 En aquel tiempo Jehová me dijo: Lábrate dos tablas de piedra como las primeras, y sube á mí al monte, y hazte un arca de madera:

2 Y escribiré en aquellas tablas palabras que estaban en las tablas primeras que quebraste; y las pondrás en el arca.

3 E hice un arca de madera de Sittim, y labré dos tablas de piedra como las primeras, y subí al monte con las dos tablas en mi mano.

4 Y escribió en las tablas conforme á la primera escritura, las diez palabras que Jehová os había hablado en el monte de en medio del fuego, el día de la asamblea; y diómelas Jehová.

5 Y volví y descendí del monte, y puse las tablas en el arca que había hecho; y allí están, como Jehová me mandó.

6 (Después partieron los hijos de Israel de Beerot-benejacaam á Mosera: allí murió Aarón, y allí fué sepultado, en lugar suyo tuvo el sacerdocio su hijo Eleazar.

7 De allí partieron á Gudgod, y de Gudgod á Jotbath, tierra de arroyos de aguas.

8 En aquel tiempo apartó Jehová la tribu de Leví, para que llevase el arca del pacto de Jehová, para que estuviese delante de Jehová para servirle, y para bendecir en su nombre, hasta hoy.

9 Por lo cual Leví no tuvo parte ni heredad con sus hermanos: Jehová es su heredad, como Jehová tu Dios le dijo.)

10 Y yo estuve en el monte como los primeros días, cuarenta días y cuarenta noches; y Jehová me oyó también esta vez, y no quiso Jehová destruirte.

11 Y díjome Jehová: Levántate, anda, para que partas delante del pueblo, para que entren y posean la tierra que juré á sus padres les había de dar.

12 Ahora pues, Israel, ¿qué pide Jehová tu Dios de ti, sino que temas á Jehová tu Dios, que andes en todos sus caminos, y que lo ames, y sirvas á Jehová tu Dios con todo tu corazón, y con toda tu alma;

13 Que guardes los mandamientos de Jehová y sus estatutos, que yo te prescribo hoy, para que hayas bien?

14 He aquí, de Jehová tu Dios son los cielos, y los cielos de los cielos: la tierra, y todas las cosas que hay en ella.

15 Solamente de tus padres se agradó Jehová para amarlos, y escogió su simiente después de ellos, á vosotros, de entre todos tus pueblos, como en este día.

16 Circuncidad pues el prepucio de vuestro corazón, y no endurezcáis más vuestra cerviz.

17 Porque Jehová vuestro Dios es Dios de dioses, y Señor de señores, Dios grande, poderoso, y terrible, que no acepta persona, ni toma cohecho;

18 Que hace justicia al huérfano y á la viuda; que ama también al extranjero dándole pan y vestido.

19 Amaréis pues al extranjero: porque extranjeros fuisteis vosotros en tierra de Egipto.

20 A Jehová tu Dios temerás, á él servirás, á él te allegarás, y por su nombre jurarás.

21 El es tu alabanza, y él es tu Dios, que ha hecho contigo estas grandes y terribles cosas que tus ojos han visto.

22 Con setenta almas descendieron tus padres á Egipto; y ahora Jehová te ha hecho como las estrellas del cielo en multitud.

11 Amarás pues á Jehová tu Dios, y guardarás su ordenanza, y sus estatutos y sus derechos y sus mandamientos, todos los días.

2 Y comprended hoy: porque no hablo con vuestros hijos que no han sabido ni visto el castigo de Jehová vuestro Dios, su grandeza, su mano fuerte, y su brazo extendido,

3 Y sus señales, y sus obras que hizo en medio de Egipto á Faraón, rey de Egipto, y á toda su tierra;

4 Y lo que hizo al ejército de Egipto, á sus caballos, y á sus carros; cómo hizo ondear las aguas del mar Bermejo sobre ellos, cuando venían tras vosotros, y Jehová los destruyó hasta hoy;

5 Y lo que ha hecho con vosotros en el desierto, hasta que habéis llegado á este lugar;

6 Y lo que hizo con Dathán y Abiram, hijos de Eliab hijo de Rubén; cómo abrió la tierra su boca, y tragóse á ellos y á sus casas, y sus tiendas, y toda la hacienda que tenían en pie en medio de todo Israel:

7 Mas vuestros ojos han visto todos los grandes hechos que Jehová ha ejecutado.

8 Guardad, pues, todos los mandamientos que yo os prescribo hoy, para que seáis esforzados, y entréis y poseáis la tierra, á la cual pasáis para poseerla;

9 Y para que os sean prolongados los días sobre la tierra, que juró Jehová á vuestros padres había de dar á ellos y á su simiente, tierra que fluye leche y miel.

10 Que la tierra á la cual entras para poseerla, no es como la tierra de Egipto de donde habéis salido, donde sembrabas tu simiente, y regabas con tu pie, como huerto de hortaliza.

11 La tierra á la cual pasáis para poseerla, es tierra de montes y de vegas; de la lluvia del cielo ha de beber las aguas;

12 Tierra de la cual Jehová tu Dios cuida: siempre están sobre ella los ojos de Jehová tu Dios, desde el principio del año hasta el fin de él.

13 Y será que, si obedeciereis cuidadosamente mis mandamientos que yo os prescribo hoy, amando á Jehová vuestro Dios, y sirviéndole con todo vuestro corazón, y con toda vuestra alma,

14 Yo daré la lluvia de vuestra tierra en su tiempo, la temprana y la tardía; y cogerás tu grano, y tu vino, y tu aceite.

15 Daré también hierba en tu campo para tus bestias; y comerás, y te hartarás.

16 Guardaos, pues, que vuestro corazón no se infatúe, y os apartéis, y sirváis á dioses ajenos, y os inclinéis á ellos;

17 Y así se encienda el furor de Jehová sobre vosotros, y cierre los cielos, y no haya lluvia, ni la tierra dé su fruto, y perezcáis presto de la buena tierra que os da Jehová.

18 Por tanto, pondréis estas mis palabras en vuestro corazón y en vuestra alma, y las ataréis por señal en vuestra mano, y serán por frontales entre vuestros ojos.

19 Y las enseñaréis á vuestros hijos, hablando de ellas, ora sentado en tu casa, ó andando por el camino, cuando te acuestes, y cuando te levantes.

20 Y las escribirás en los postes de tu casa, y en tus portadas:

21 Para que sean aumentados vuestros días, y los días de vuestros hijos, sobre la tierra que juró Jehová á vuestros padres que les había de dar, como los días de los cielos sobre la tierra.

22 Porque si guardareis cuidadosamente todos estos mandamientos que yo os prescribo, para que los cumpláis; como améis á Jehová vuestro Dios andando en todos sus caminos, y á él os allegareis,

23 Jehová también echará todas estas gentes de delante de vosotros y poseeréis gentes grandes y más fuertes que vosotros.

24 Todo lugar que pisare la planta de vuestro pie, será vues-

tro: desde el desierto y el Líbano, desde el río, el río Eufrates, hasta la mar postrera será vuestro término.

25 Nadie se sostendrá delante de vosotros: miedo y temor de vosotros pondrá Jehová vuestro Dios sobre la haz de toda la tierra que hollareis, como él os ha dicho.

26 He aquí yo pongo hoy delante de vosotros la bendición y la maldición:

27 La bendición, si oyereis los mandamientos de Jehová vuestro Dios, que yo os prescribo hoy;

28 Y la maldición, si no oyereis los mandamientos de Jehová vuestro Dios, y os apartareis del camino que yo os ordeno hoy, para ir en pos de dioses ajenos que no habéis conocido.

29 Y será que, cuando Jehová tu Dios te introdujere en la tierra á la cual vas para poseerla, pondrás la bendición sobre el monte Gerizim, y la maldición sobre el monte Ebal:

30 Los cuales están de la otra parte del Jordán, tras el camino del occidente en la tierra del Cananeo, que habita en la campiña delante de Gilgal, junto á los llanos de Moreh.

31 Porque vosotros pasáis el Jordán, para ir a poseer la tierra que os da Jehová vuestro Dios; y la poseeréis, y habitaréis en ella.

32 Cuidaréis, pues, de poner por obra todos los estatutos y derechos que yo presento hoy delante de vosotros.

12 Estos son los estatutos y derechos que cuidaréis de poner por obra, en la tierra que Jehová el Dios de tus padres te ha dado para que la poseas, todos los días que vosotros viviereis sobre la tierra.

2 Destruiréis enteramente todos los lugares donde las gentes que vosotros heredaréis sirvieron á sus dioses, sobre los montes altos, y sobre los collados, y debajo de todo árbol espeso:

3 Y derribaréis sus altares, y quebraréis sus imágenes, y sus bosques consumiréis con fuego: y destruiréis las esculturas de sus dioses, y extirparéis el nombre de ellas de aquel lugar.

4 No haréis así á Jehová vuestro Dios.

5 Mas el lugar que Jehová vuestro Dios escogiere de todas vuestras tribus, para poner allí su nombre para su habitación, ése buscaréis, y allá iréis:

6 Y allí llevaréis vuestros holocaustos, y vuestros sacrificios, y vuestros diezmos, y la ofrenda elevada de vuestras manos, y vuestros votos, y vuestras ofrendas voluntarias, y los primerizos de vuestras vacas y de vuestras ovejas:

7 Y comeréis allí delante de Jehová vuestro Dios, y os alegraréis, vosotros y vuestras familias, en toda obra de vuestras manos en que Jehová tu Dios te hubiere bendecido.

8 No haréis como todo lo que nosotros hacemos aquí ahora, cada uno lo que le parece,

9 Porque aun hasta ahora no habéis entrado al reposo y á la heredad que os da Jehová vuestro Dios.

10 Mas pasaréis el Jordán, y habitaréis en la tierra que Jehová vuestro Dios os hace heredar, y os dará reposo de todos vuestros enemigos alrededor, y habitaréis seguros.

11 Y al lugar que Jehová vuestro Dios escogiere para hacer habitar en él su nombre, allí llevaréis todas las cosas que yo os mando: vuestros holocaustos, y vuestros sacrificios, vuestros diezmos, y las ofrendas elevadas de vuestras manos, y todo lo escogido de vuestros votos que hubiereis prometido á Jehová;

12 Y os alegraréis delante de Jehová vuestro Dios, vosotros, y vuestros hijos, y vuestras hijas, y vuestros siervos, y vuestras siervas, y el Levita que estuviere en vuestras poblaciones: por cuanto no tiene parte ni heredad con vosotros.

13 Guárdate, que no ofrezcas tus holocaustos en cualquier lugar que vieres;

14 Mas en el lugar que Jehová escogiere, en una de tus tribus, allí ofrecerás tus holocaustos, y allí harás todo lo que yo te mando.

15 Con todo, podrás matar y comer carne en todas tus poblaciones conforme al deseo de tu alma, según la bendición de Jehová tu Dios que él te habrá dado: el inmundo y el limpio la comerá, como la de corzo ó de ciervo:

16 Salvo que sangre no comeréis; sobre la tierra la derramaréis como agua.

17 Ni podrás comer en tus poblaciones el diezmo de tu grano, ó de tu vino, ó de tu aceite, ni los primerizos de tus vacas, ni de tus ovejas, ni tus votos que prometieres, ni tus ofrendas voluntarias, ni las elevadas ofrendas de tus manos:

18 Mas delante de Jehová tu Dios las comerás, en el lugar que Jehová tu Dios hubiere escogido, tú, y tu hijo, y tu hija, y tu siervo, y tu sierva, y el Levita que está en tus poblaciones: y alegrarte has delante de Jehová tu Dios en toda obra de tus manos.
19 Ten cuidado de no desamparar al Levita en todos tus días sobre la tierra.
20 Cuando Jehová tu Dios ensanchare tu término, como él te ha dicho, y tú dijeres: Comeré carne, porque deseó tu alma comerla, conforme á todo el deseo de tu alma comerás carne.
21 Cuando estuviere lejos de ti el lugar que Jehová tu Dios habrá escogido, para poner allí su nombre, matarás de tus vacas y de tus ovejas, que Jehová te hubiere dado, como te he mandado yo, y comerás en tus puertas según todo lo que deseare tu alma.
22 Lo mismo que se come el corzo y el ciervo, así las comerás: el inmundo y el limpio comerán también de ellas.
23 Solamente que te esfuerces á no comer sangre: porque la sangre es el alma; y no has de comer el alma juntamente con su carne.
24 No la comerás: en tierra la derramarás como agua.
25 No comerás de ella; para que te vaya bien á ti, y á tus hijos después de ti, cuando hicieres lo recto en ojos de Jehová.
26 Empero las cosas que tuvieres tú consagradas, y tus votos, las tomarás, y vendrás al lugar que Jehová hubiere escogido:
27 Y ofrecerás tus holocaustos, la carne y la sangre, sobre el altar de Jehová tu Dios; y la sangre de tus sacrificios será derramada sobre el altar de Jehová tu Dios, y comerás la carne.
28 Guarda y escucha todas estas palabras que yo te mando, porque te vaya á ti y á tus hijos después de ti para siempre, cuando hicieres lo bueno y lo recto en los ojos de Jehová tu Dios.
29 Cuando hubiere devastado delante de ti Jehová tu Dios las naciones á donde tú vas para poseerlas, y las heredares, y habitares en su tierra,
30 Guárdate que no tropieces en pos de ellas, después que fueren destruídas delante de ti: no preguntes acerca de sus dioses, diciendo: la manera que servían aquellas gentes á sus dioses, así haré yo también.
31 No harás así á Jehová tu Dios; porque todo lo que Jehová aborrece, hicieron ellos á sus dioses; pues aun á sus hijos é hijas quemaban en el fuego á sus dioses.
32 Cuidaréis de hacer todo lo que yo os mando: no añadirás á ello, ni quitarás de ello.

13 Cuando se levantare en medio de ti profeta, ó soñador de sueños, y te diere señal ó prodigio,
2 Y acaeciere la señal ó prodigio que él te dijo, diciendo: Vamos en pos de dioses ajenos, que no conociste, y sirvámoslos;
3 No darás oído á las palabras de tal profeta, ni al tal soñador de sueños: porque Jehová vuestro Dios os prueba, para saber si amáis á Jehová vuestro Dios con todo vuestro corazón, y con toda vuestra alma.
4 En pos de Jehová vuestro Dios andaréis, y á él temeréis, y guardaréis sus mandamientos, y escucharéis su voz, y á él serviréis, y á él os allegaréis.
5 Y el tal profeta ó soñador de sueños, ha de ser muerto; por cuanto trató de rebelión contra Jehová vuestro Dios, que os sacó de tierra de Egipto, y te rescató de casa de siervos, y de echarte del camino por el que Jehová tu Dios te mandó que anduvieses; y así quitarás el mal de en medio de ti.
6 Cuando te incitare tu hermano, hijo de tu madre, ó tu hijo, ó tu hija, ó la mujer de tu seno, ó tu amigo que sea como tu alma, diciendo en secreto: Vamos y sirvamos á dioses ajenos, que ni tú ni tus padres conocisteis,
7 De los dioses de los pueblos que están en vuestros alrededores cercanos á ti, ó lejos de ti, desde el un cabo de la tierra hasta el otro cabo de ella;
8 No consentirás con él, ni le darás oído; ni tu ojo le perdonará, ni tendrás compasión, ni lo encubrirás;
9 Antes has de matarlo; tu mano será primero sobre él para matarle, y después la mano de todo el pueblo.
10 Y has de apedrearlo con piedras, y morirá; por cuanto procuró apartarte de Jehová tu Dios, que te sacó de tierra de Egipto, de casa de siervos:
11 Para que todo Israel oiga, y tema, y no tornen á hacer cosa semejante á esta mala cosa en medio de ti.
12 Cuando oyeres de alguna de tus ciudades que Jehová tu Dios te da para que mores en ellas, que se dice:

13 Hombres, hijos de impiedad, han salido de en medio de ti, que han instigado á los moradores de su ciudad, diciendo: Vamos y sirvamos á dioses ajenos, que vosotros no conocisteis;
14 Tú inquirirás, y buscarás, y preguntarás con diligencia; y si pareciere verdad, cosa cierta, que tal abominación se hizo en medio de ti,
15 Irremisiblemente herirás á filo de espada los moradores de aquella ciudad, destruyéndola con todo lo que en ella hubiere, y también sus bestias á filo de espada.
16 Y juntarás todo el despojo de ella en medio de su plaza, y consumirás con fuego la ciudad y todo su despojo, todo ello, á Jehová tu Dios: y será un montón para siempre: nunca más se edificará.
17 Y no se pegará algo á tu mano del anatema; porque Jehová se aparte del furor de su ira, y te dé mercedes, y tenga misericordia de ti, y te multiplique, como te lo juró á tus padres,
18 Cuando obedecieres á la voz de Jehová tu Dios, guardando todos sus mandamientos que yo te prescribo hoy, para hacer lo recto en ojos de Jehová tu Dios.

14 Hijos sois de Jehová vuestro Dios: no os sajaréis, ni pondréis calva sobre vuestros ojos por muerto;
2 Porque eres pueblo santo á Jehová tu Dios, y Jehová te ha escogido para que le seas un pueblo singular de entre todos los pueblos que están sobre la haz de la tierra.
3 Nada abominable comeréis.
4 Estos son los animales que comeréis: el buey, la oveja, y la cabra,
5 El ciervo, el corzo, y el búfalo, y el cabrío salvaje, y el unicornio, y buey salvaje, y cabra montés.
6 Y todo animal de pezuñas, que tiene hendidura de dos uñas, y que rumiare entre los animales, ese comeréis.
7 Empero estos no comeréis de los que rumian, ó tienen uña hendida: camello, y liebre, y conejo, porque rumian, mas no tienen uña hendida, os serán inmundos;
8 Ni puerco: porque tiene uña hendida, mas no rumia, os será inmundo. La carne de éstos no comeréis, ni tocaréis sus cuerpos muertos.
9 Esto comeréis de todo lo que está en el agua: todo lo que tiene aleta y escama comeréis;
10 Mas todo lo que no tuviere aleta y escama, no comeréis: inmundo os será.
11 Toda ave limpia comeréis.
12 Y estas son las que no comeréis: el águila, y el azor, y el esmerejón,
13 Y el ixio, y el buitre, y el milano según su especie,
14 Y todo cuervo según su especie,
15 Y el búho, y la lechuza, y el cuclillo, y el halcón según su especie,
16 Y el herodión, y el cisne, y el ibis,
17 Y el somormujo, y el calamón, y el corvejón,
18 Y la cigüeña, y la garza según su especie, y la abubilla, y el murciélago.
19 Y todo reptil alado os será inmundo: no se comerá.
20 Toda ave limpia comeréis.
21 Ninguna cosa mortecina comeréis: al extranjero que está en tus poblaciones la darás, y él la comerá: ó véndela al extranjero; porque tú eres pueblo santo á Jehová tu Dios. No cocerás el cabrito en la leche de su madre.
22 Indispensablemente diezmarás todo el producto de tu simiente, que rindiere el campo cada un año.
23 Y comerás delante de Jehová tu Dios en el lugar que él escogiere para hacer habitar allí su nombre, el diezmo de tu grano, de tu vino, y de tu aceite, y los primerizos de tus manadas, y de tus ganados, para que aprendas á temer á Jehová tu Dios todos los días.
24 Y si el camino fuere tan largo que tú no puedas llevarlo por él, por estar lejos de ti el lugar que Jehová tu Dios hubiere escogido para poner en él su nombre, cuando Jehová tu Dios te bendijere,
25 Entonces venderlo has, y atarás el dinero en tu mano, y vendrás al lugar que Jehová tu Dios escogiere;
26 Y darás el dinero por todo lo que deseare tu alma, por vacas, ó por ovejas, ó por vino, ó por sidra, ó por cualquier cosa que tu alma te demandare: y comerás allí delante de Jehová tu Dios, y te alegrarás tú y tu familia.

27 Y no desampararás al Levita que habitare en tus poblaciones; porque no tiene parte ni heredad contigo.

28 Al cabo de cada tres años sacarás todo el diezmo de tus productos de aquel año, y lo guardarás en tus ciudades:

29 Y vendrá el Levita, que no tiene parte ni heredad contigo, y el extranjero, y el huérfano, y la viuda, que hubiere en tus poblaciones, y comerán y serán saciados; para que Jehová tu Dios te bendiga en toda obra de tus manos que hicieres.

15 Al cabo de siete años harás remisión.

2 Y esta es la manera de la remisión: perdonará á su deudor todo aquél que hizo empréstito de su mano, con que obligó á su prójimo: no lo demandará más á su prójimo, ó á su hermano; porque la remisión de Jehová es pregonada.

3 Del extranjero demandarás el reintegro: mas lo que tu hermano tuviere tuyo, lo perdonará tu mano;

4 Para que así no haya en ti mendigo; porque Jehová te bendecirá con abundancia en la tierra que Jehová tu Dios te da por heredad para que la poseas,

5 Si empero escuchares fielmente la voz de Jehová tu Dios, para guardar y cumplir todos estos mandamientos que yo te intimo hoy.

6 Ya que Jehová tu Dios te habrá bendecido, como te ha dicho, prestarás entonces á muchas gentes, mas tú no tomarás prestado; y enseñorearte has de muchas gentes, pero de ti no se enseñorearán.

7 Cuando hubiere en ti menesteroso de alguno de tus hermanos en alguna de tus ciudades, en tu tierra que Jehová tu Dios te da, no endurecerás tu corazón, ni cerrarás tu mano á tu hermano pobre:

8 Mas abrirás á él tu mano liberalmente, y en efecto le prestarás lo que basta, lo que hubiere menester.

9 Guárdate que no haya en tu corazón perverso pensamiento, diciendo: Cerca está el año séptimo, el de la remisión; y tu ojo sea maligno sobre tu hermano menesteroso para no darle: que él podrá clamar contra ti á Jehová, y se te imputará á pecado.

10 Sin falta le darás, y no sea tu corazón maligno cuando le dieres: que por ello te bendecirá Jehová tu Dios en todos tus hechos, y en todo lo que te pusieres mano.

11 Porque no faltarán menesterosos de en medio de la tierra; por eso yo te mando, diciendo: Abrirás tu mano á tu hermano, á tu pobre, y á tu menesteroso en tu tierra.

12 Cuando se vendiere á ti tu hermano Hebreo ó Hebrea, y te hubiere servido seis años, al séptimo año le despedirás libre de ti.

13 Y cuando lo despidieres libre de ti, no lo enviarás vacío:

14 Le abastecerás liberalmente de tus ovejas, de tu era, y de tu lagar; le darás de aquello en que Jehová te hubiere bendecido.

15 Y te acordarás que fuiste siervo en la tierra de Egipto, y que Jehová tu Dios te rescató: por tanto yo te mando esto hoy.

16 Y será que, si él te dijere: No saldré de contigo; porque te ama ti y á tu casa, que le va bien contigo;

17 Entonces tomarás una lesna, y horadarás su oreja junto á la puerta, y será tu siervo para siempre: así también harás á tu criada.

18 No te parezca duro cuando le enviares libre de ti; que doblado del salario de mozo jornalero te sirvió seis años: y Jehová tu Dios te bendecirá en todo cuanto hicieres.

19 Santificarás á Jehová tu Dios todo primerizo macho que nacerá de tus vacas y de tus ovejas: no te sirvas del primerizo de tus vacas, ni trasquiles el primerizo de tus ovejas.

20 Delante de Jehová tu Dios los comerás cada un año, tú y tu familia, en el lugar que Jehová escogiere.

21 Y si hubiere en él tacha, ciego ó cojo, ó cualquiera mala falta, no lo sacrificarás á Jehová tu Dios.

22 En tus poblaciones lo comerás: el inmundo lo mismo que el limpio comerán de él, como de un corzo ó de un ciervo.

23 Solamente que no comas su sangre: sobre la tierra la derramarás como agua.

16 Guardarás el mes de Abib, y harás pascua á Jehová tu Dios: porque en el mes de Abib te sacó Jehová tu Dios de Egipto de noche.

2 Y sacrificarás la pascua á Jehová tu Dios, de las ovejas y de las vacas, en el lugar que Jehová escogiere para hacer habitar allí su nombre.

3 No comerás con ella leudo; siete días comerás con ella pan por leudar, pan de aflicción, porque apriesa saliste de tierra de Egipto: para que te acuerdes del día en que saliste de la tierra de Egipto todos los días de tu vida.

4 Y no se dejará ver levadura contigo en todo tu término por siete días; y de la carne que matares á la tarde del primer día, no quedará hasta la mañana.

5 No podrás sacrificar la pascua en ninguna de tus ciudades, que Jehová tu Dios te da;

6 Sino en el lugar que Jehová tu Dios escogiere para hacer habitar allí su nombre, sacrificarás la pascua por la tarde á puesta del sol, al tiempo que saliste de Egipto:

7 Y la asarás y comerás en el lugar que Jehová tu Dios hubiere escogido; y por la mañana te volverás y restituirás á tu morada.

8 Seis días comerás ázimos, y el séptimo día será solemnidad á Jehová tu Dios: no harás obra en él.

9 Siete semanas te contarás: desde que comenzare la hoz en las mieses comenzarás á contarte las siete semanas.

10 Y harás la solemnidad de las semanas á Jehová tu Dios: de la suficiencia voluntaria de tu mano será lo que dieres, según Jehová tu Dios te hubiere bendecido.

11 Y te alegrarás delante de Jehová tu Dios, tú, y tu hijo, y tu hija, y tu siervo, y tu sierva, y el Levita que estuviere en tus ciudades, y el extranjero, y el huérfano, y la viuda, que estuvieren en medio de ti, en el lugar que Jehová tu Dios hubiere escogido para hacer habitar allí su nombre.

12 Y acuérdate que fuiste siervo en Egipto; por tanto guardarás y cumplirás estos estatutos.

13 La solemnidad de las cabañas harás por siete días, cuando hubieres hecho la cosecha de tu era y de tu lagar.

14 Y te alegrarás en tus solemnidades, tú, y tu hijo, y tu hija, y tu siervo, y tu sierva, y el Levita, y el extranjero, y el huérfano, y la viuda, que están en tus poblaciones.

15 Siete días celebrarás solemnidad á Jehová tu Dios en el lugar que Jehová escogiere; porque te habrá bendecido Jehová tu Dios en todos tus frutos, y en toda obra de tus manos, y estarás ciertamente alegre.

16 Tres veces cada un año parecerá todo varón tuyo delante de Jehová tu Dios en el lugar que él escogiere: en la solemnidad de los ázimos, y en la solemnidad de las semanas, y en la solemnidad de las cabañas. Y no parecerá vacío delante de Jehová:

17 Cada uno con el don de su mano, conforme á la bendición de Jehová tu Dios, que te hubiere dado.

18 Jueces y alcaldes te pondrás en todas tus ciudades que Jehová tu Dios te dará en tus tribus, los cuales juzgarán al pueblo con justo juicio.

19 No tuerzas el derecho; no hagas acepción de personas, ni tomes soborno; porque el soborno ciega los ojos de los sabios, y pervierte las palabras de los justos.

20 La justicia, la justicia seguirás, porque vivas y heredes la tierra que Jehová tu Dios te da.

21 No te plantarás bosque de ningún árbol cerca del altar de Jehová tu Dios, que tú te habrás hecho.

22 Ni te levantarás estatua; lo cual aborrece Jehová tu Dios.

17 No sacrificarás á Jehová tu Dios buey, ó cordero, en el cual haya falta ó alguna cosa mala: porque es abominación á Jehová tu Dios.

2 Cuando se hallare entre ti, en alguna de tus ciudades que Jehová tu Dios te da, hombre, ó mujer, que haya hecho mal en ojos de Jehová tu Dios traspasando su pacto,

3 Que hubiere ido y servido á dioses ajenos, y se hubiere inclinado á ellos, ora al sol, ó á la luna, ó á todo el ejército del cielo, lo cual yo no he mandado;

4 Y te fuere dado aviso, y, después que oyeres y hubieres indagado bien, la cosa parece de verdad cierta, que tal abominación ha sido hecha en Israel;

5 Entonces sacarás al hombre ó mujer que hubiere hecho esta mala cosa, á tus puertas, hombre ó mujer, y los apedrearás con piedras, y así morirán.

6 Por dicho de dos testigos, ó de tres testigos, morirá el que hubiere de morir; no morirá por el dicho de un solo testigo.

7 La mano de los testigos será primero sobre él para matarlo, y después la mano de todo el pueblo: así quitarás el mal de en medio de ti.

8 Cuando alguna cosa te fuere oculta en juicio entre sangre y sangre, entre causa y causa, y entre llaga y llaga, en negocios de litigio en tus ciudades; entonces te levantarás y recurrirás al lugar que Jehová tu Dios escogiere;

9 Y vendrás á los sacerdotes Levitas, y al juez que fuere en aquellos días, y preguntarás; y te enseñarán la sentencia del juicio.

10 Y harás según la sentencia que te indicaren los del lugar que Jehová escogiere, y cuidarás de hacer según todo lo que te manifestaren.

11 Según la ley que ellos te enseñaren, y según el juicio que te dijeren, harás: no te apartarás ni á diestra ni á siniestra de la sentencia que te mostraren.

12 Y el hombre que procediere con soberbia, no obedeciendo al sacerdote que está para ministrar allí delante de Jehová tu Dios, ó al juez, el tal varón morirá: y quitarás el mal de Israel.

13 Y todo el pueblo oirá, y temerá, y no se ensoberbecerán más.

14 Cuando hubieres entrado en la tierra que Jehová tu Dios te da, y la poseyeres, y habitares en ella, y dijeres: Pondré rey sobre mí, como todas las gentes que están en mis alrededores;

15 Sin duda pondrás por rey sobre ti al que Jehová tu Dios escogiere: de entre tus hermanos pondrás rey sobre ti: no podrás poner sobre ti hombre extranjero, que no sea tu hermano.

16 Empero que no se aumente caballos, ni haga volver el pueblo á Egipto para acrecentar caballos: porque Jehová os ha dicho: No procuraréis volver más por este camino.

17 Ni aumentará para sí mujeres, porque su corazón no se desvíe: ni plata ni oro acrecentará para sí en gran copia.

18 Y será, cuando se asentare sobre el solio de su reino, que ha de escribir para sí en un libro un traslado de esta ley, del original de delante de los sacerdotes Levitas;

19 Y lo tendrá consigo, y leerá en él todos los días de su vida, para que aprenda á temer á Jehová su Dios, para guardar todas las palabras de aquesta ley y estos estatutos, para ponerlos por obra:

20 Para que no se eleve su corazón sobre sus hermanos, ni se aparte del mandamiento á diestra ni á siniestra: á fin que prolongue sus días en su reino, él y sus hijos, en medio de Israel.

18 Los sacerdotes Levitas, toda la tribu de Leví, no tendrán parte ni heredad con Israel; de las ofrendas encendidas á Jehová, y de la heredad de él comerán.

2 No tendrán, pues, heredad entre sus hermanos: Jehová es su heredad, como él les ha dicho.

3 Y este será el derecho de los sacerdotes de parte del pueblo, de los que ofrecieren en sacrificio buey ó cordero: darán al sacerdote la espalda, y las quijadas, y el cuajar.

4 Las primicias de tu grano, de tu vino, y de tu aceite, y las primicias de la lana de tus ovejas le darás:

5 Porque le ha escogido Jehová tu Dios de todas tus tribus, para que esté para ministrar al nombre de Jehová, él y sus hijos para siempre.

6 Y cuando el Levita saliere de alguna de tus ciudades de todo Israel, donde hubiere peregrinado, y viniere con todo deseo de su alma al lugar que Jehová escogiere,

7 Ministrará al nombre de Jehová su Dios, como todos sus hermanos los Levitas que estuvieren allí delante de Jehová.

8 Porción como la porción de los otros comerán, además de sus patrimonios.

9 Cuando hubieres entrado en la tierra que Jehová tu Dios te da, no aprenderás á hacer según las abominaciones de aquellas gentes.

10 No sea hallado en ti quien haga pasar su hijo ó su hija por el fuego, ni practicante de adivinaciones, ni agorero, ni sortílego, ni hechicero,

11 Ni fraguador de encantamentos, ni quien pregunte á pitón, ni mágico, ni quien pregunte á los muertos.

12 Porque es abominación á Jehová cualquiera que hace estas cosas, y por estas abominaciones Jehová tu Dios las echó de delante de ti.

13 Perfecto serás con Jehová tu Dios.

14 Porque estas gentes que has de heredar, á agoreros y hechiceros oían: mas tú, no así te ha dado Jehová tu Dios.

15 Profeta de en medio de ti, de tus hermanos, como yo, te levantará Jehová tu Dios: á él oiréis:

16 Conforme á todo lo que pediste á Jehová tu Dios en Horeb el día de la asamblea, diciendo: No vuelva yo á oir la voz de Jehová mi Dios, ni vea yo más este gran fuego, porque no muera.

17 Y Jehová me dijo: Bien han dicho.

18 Profeta les suscitaré de en medio de sus hermanos, como tú; y pondré mis palabras en su boca, y él les hablará todo lo que yo le mandare.

19 Mas será, que cualquiera que no oyere mis palabras que él hablare en mi nombre, yo le residenciaré.

20 Empero el profeta que presumiere hablar palabra en mi nombre, que yo no le haya mandado hablar, ó que hablare en nombre de dioses ajenos, el tal profeta morirá.

21 Y si dijeres en tu corazón: ¿Cómo conoceremos la palabra que Jehová no hubiere hablado?

22 Cuando el profeta hablare en nombre de Jehová, y no fuere la tal cosa, ni viniere, es palabra que Jehová no ha hablado: con soberbia la habló aquel profeta: no tengas temor de él.

19 Cuando Jehová tu Dios talare las gentes, cuya tierra Jehová tu Dios te dá á ti, y tú las heredares, y habitares en sus ciudades, y en sus casas;

2 Te apartarás tres ciudades en medio de tu tierra que Jehová tu Dios te da para que la poseas.

3 Arreglarte has el camino, y dividirás en tres partes el término de tu tierra, que Jehová tu Dios te dará en heredad, y será para que todo homicida se huya allí.

4 Y este es el caso del homicida que ha de huir allí, y vivirá: el que hiriere á su prójimo por yerro, que no le tenía enemistad desde ayer ni antes de ayer:

5 Como el que fué con su prójimo al monte á cortar leña, y poniendo fuerza con su mano en el hacha para cortar algún leño, saltó el hierro del cabo, y encontró á su prójimo, y murió; aquél huirá á una de aquestas ciudades, y vivirá;

6 No sea que el pariente del muerto vaya tras el homicida, cuando se enardeciere su corazón, y le alcance por ser largo el camino, y le hiera de muerte, no debiendo ser condenado á muerte; por cuanto no tenía enemistad desde ayer ni antes de ayer con el muerto.

7 Por tanto yo te mando, diciendo: Tres ciudades te apartarás.

8 Y si Jehová tu Dios ensanchare tu término, como lo juró á tus padres, y te diere toda la tierra que dijo á tus padres que había de dar;

9 Cuando guardases todos estos mandamientos, que yo te prescribo hoy, para ponerlos por obra, que ames á Jehová tu Dios y andes en sus caminos todos los días, entonces añadirás tres ciudades á más de estas tres;

10 Porque no sea derramada sangre inocente en medio de tu tierra, que Jehová tu Dios te da por heredad, y sea sobre ti sangre.

11 Mas cuando hubiere alguno que aborreciere á su prójimo, y lo acechare, y se levantare sobre él, y lo hiriere de muerte, y muriere, y huyere á alguna de estas ciudades;

12 Entonces los ancianos de su ciudad enviarán y lo sacarán de allí, y entregarlo han en mano del pariente del muerto, y morirá.

13 No le perdonará tu ojo: y quitarás de Israel la sangre inocente, y te irá bien.

14 No reducirás el término de tu prójimo, el cual señalaron los antiguos en tu heredad, la que poseyeres en la tierra que Jehová tu Dios te da para que la poseas.

15 No valdrá un testigo ninguno en cualquier delito, ó en cualquier pecado, en cualquier pecado que se cometiere. En el dicho de dos testigos, ó en el dicho de tres testigos consistirá el negocio.

16 Cuando se levantare testigo falso contra alguno, para testificar contra él rebelión,

17 Entonces los dos hombres litigantes se presentarán delante de Jehová, delante de los sacerdotes y jueces que fueren en aquellos días:

18 Y los jueces inquirirán bien, y si pareciere ser aquél testigo falso, que testificó falsamente contra su hermano,

19 Haréis á él como él pensó hacer á su hermano: y quitarás el mal de en medio de ti.

20 Y los que quedaren oirán, y temerán, y no volverán más á hacer una mala cosa como ésta, en medio de ti.

21 No perdonará tu ojo: vida por vida, ojo por ojo, diente por diente, mano por mano, pie por pie.

20 Cuando salieres á la guerra contra tus enemigos, y vieres caballos y carros, un pueblo más grande que tú, no tengas temor de ellos, que Jehová tu Dios es contigo, el cual te sacó de tierra de Egipto.

2 Y será que, cuando os acercareis para combatir, llegaráse el sacerdote, y hablará al pueblo,

3 Y les dirá: Oye, Israel, vosotros os juntáis hoy en batalla contra vuestros enemigos: no se ablande vuestro corazón, no temáis, no os azoréis, ni tampoco os desalentéis delante de ellos;

4 Que Jehová vuestro Dios anda con vosotros, para pelear por vosotros contra vuestros enemigos, para salvaros.

5 Y los oficiales hablarán al pueblo, diciendo: ¿Quién ha edificado casa nueva, y no la ha estrenado? Vaya, y vuélvase á su casa, porque quizá no muera en la batalla, y otro alguno la estrene.

6 ¿Y quién ha plantado viña, y no ha hecho común uso de ella? Vaya, y vuélvase á su casa, porque quizá no muera en la batalla, y otro alguno la goce.

7 ¿Y quién se ha desposado con mujer, y no la ha tomado? Vaya, y vuélvase á su casa, porque quizá no muera en la batalla, y algún otro la tome.

8 Y tornarán los oficiales á hablar al pueblo, y dirán: ¿Quién es hombre medroso y tierno de corazón? Vaya, y vuélvase á su casa, y no apoque el corazón de sus hermanos, como su corazón.

9 Y será que, cuando los oficiales acabaren de hablar al pueblo, entonces los capitanes de los ejércitos mandarán delante del pueblo.

10 Cuando te acercares á una ciudad para combatirla, le intimarás la paz.

11 Y será que, si te respondiere, Paz, y te abriere, todo el pueblo que en ella fuere hallado te serán tributarios, y te servirán.

12 Mas si no hiciere paz contigo, y emprendiere contigo guerra, y la cercares,

13 Luego que Jehová tu Dios la entregare en tu mano, herirás á todo varón suyo á filo de espada.

14 Solamente las mujeres y los niños, y los animales, y todo lo que hubiere en la ciudad, todos sus despojos, tomarás para ti: y comerás del despojo de tus enemigos, los cuales Jehová tu Dios te entregó.

15 Así harás á todas las ciudades que estuvieren muy lejos de ti, que no fueren de las ciudades de estas gentes.

16 Empero de las ciudades de estos pueblos que Jehová tu Dios te da por heredad, ninguna persona dejarás con vida;

17 Antes del todo los destruirás: al Hetheo, y al Amorrheo, y al Cananeo, y al Pherezeo, y al Heveo, y al Jebuseo; como Jehová tu Dios te ha mandado:

18 Porque no os enseñen á hacer según todas sus abominaciones, que ellos hacen á sus dioses, y pequéis contra Jehová vuestro Dios.

19 Cuando pusieres cerco á alguna ciudad, peleando contra ella muchos días para tomarla, no destruyas su arboleda metiendo en ella hacha, porque de ella comerás; y no la talarás, que no es hombre el árbol del campo para venir contra ti en el cerco.

20 Mas el árbol que supieres que no es árbol para comer, lo destruirás y lo talarás, y construye baluarte contra la ciudad que pelea contigo, hasta sojuzgarla.

21 Cuando fuere hallado en la tierra que Jehová tu Dios te da para que la poseas, muerto echado en el campo, y no se supiere quién lo hirió,

2 Entonces tus ancianos y tus jueces saldrán y medirán hasta las ciudades que están alrededor del muerto:

3 Y será, que los ancianos de aquella ciudad, de la ciudad más cercana al muerto, tomarán de la vacada una becerra que no haya servido, que no haya traído yugo;

4 Y los ancianos de aquella ciudad traerán la becerra á un valle áspero, que nunca haya sido arado ni sembrado, y cortarán el pescuezo á la becerra allí en el valle.

5 Entonces vendrán los sacerdotes hijos de Leví, porque á ellos escogió Jehová tu Dios para que le sirvan, y para bendecir en nombre de Jehová; y por el dicho de ellos se determinará todo pleito y toda llaga.

6 Y todos los ancianos de aquella ciudad más cercana al muerto lavarán sus manos sobre la becerra degollada en el valle.

7 Y protestarán, y dirán: Nuestras manos no han derramado esta sangre, ni nuestros ojos lo vieron.

8 Expía á tu pueblo Israel, al cual redimiste, oh Jehová; y no imputes la sangre inocente derramada en medio de tu pueblo Israel. Y la sangre les será perdonada.

9 Y tú quitarás la culpa de sangre inocente de en medio de ti, cuando hicieres lo que es recto en los ojos de Jehová.

10 Cuando salieres á la guerra contra tus enemigos, y Jehová tu Dios los entregare en tu mano, y tomares de ellos cautivos,

11 Y vieres entre los cautivos alguna mujer hermosa, y la codiciares, y la tomares para ti por mujer,

12 La meterás en tu casa; y ella raerá su cabeza, y cortará sus uñas,

13 Y se quitará el vestido de su cautiverio, y quedaráse en tu casa: y llorará á su padre y á su madre el tiempo de un mes: y después entrarás á ella, y tú serás su marido, y ella tu mujer.

14 Y será, si no te agradare, que la has de dejar en su libertad; y no la venderás por dinero, ni mercadearás con ella, por cuanto la afligiste.

15 Cuando un hombre tuviere dos mujeres, la una amada y la otra aborrecida, y le parieren hijos la amada y la aborrecida; y el hijo primogénito fuere de la aborrecida:

16 Será que, el día que hiciere heredar á sus hijos lo que tuviere, no podrá dar el derecho de primogenitura á los hijos de la amada en preferencia al hijo de la aborrecida, que es el primogénito;

17 Mas al hijo de la aborrecida reconocerá por primogénito, para darle dos tantos de todo lo que se hallare que tiene: porque aquél es el principio de su fuerza, el derecho de la primogenitura es suyo.

18 Cuando alguno tuviere hijo contumaz y rebelde, que no obedeciere á la voz de su padre ni á la voz de su madre, y habiéndolo castigado, no les obedeciere;

19 Entonces tomarlo han su padre y su madre, y lo sacarán á los ancianos de su ciudad, y á la puerta del lugar suyo;

20 Y dirán á los ancianos de la ciudad: Este nuestro hijo es contumaz y rebelde, no obedece á nuestra voz; es glotón y borracho.

21 Entonces todos los hombres de su ciudad lo apedrearán con piedras, y morirá: así quitarás el mal de en medio de ti; y todo Israel oirá, y temerá.

22 Cuando en alguno hubiere pecado de sentencia de muerte, por el que haya de morir, y le habrás colgado de un madero,

23 No estará su cuerpo por la noche en el madero, mas sin falta lo enterrarás el mismo día, porque maldición de Dios es el colgado: y no contaminarás tu tierra, que Jehová tu Dios te da por heredad.

22 No verás el buey de tu hermano, ó su cordero, perdidos, y te retirarás de ellos: precisamente los volverás á tu hermano.

2 Y si tu hermano no fuere tu vecino, ó no le conocieres, los recogerás en tu casa, y estarán contigo hasta que tu hermano los busque, y se los devolverás.

3 Así harás de su asno, así harás también de su vestido, y lo mismo harás con toda cosa perdida de tu hermano que se le perdiere, y tú la hallares: no podrás retraerte de ello.

4 No verás el asno de tu hermano, ó su buey, caídos en el camino, y te esconderás de ellos: con él has de procurar levantarlos.

5 No vestirá la mujer hábito de hombre, ni el hombre vestirá ropa de mujer; porque abominación es á Jehová tu Dios cualquiera que esto hace.

6 Cuando topares en el camino algún nido de ave en cualquier árbol, ó sobre la tierra, con pollos ó huevos, y estuviere la madre echada sobre los pollos ó sobre los huevos, no tomes la madre con los hijos:

7 Dejarás ir á la madre, y tomarás los pollos para ti; para que te vaya bien, y prolongues tus días.

8 Cuando edificares casa nueva, harás pretil á tu terrado, porque no pongas sangre en tu casa, si de él cayere alguno.

9 No sembrarás tu viña de varias semillas, porque no se deprave la plenitud de la semilla que sembraste, y el fruto de la viña.

10 No ararás con buey y con asno juntamente.

11 No te vestirás de mistura, de lana y lino juntamente.

12 Hacerte has flecos en los cuatro cabos de tu manto con que te cubrieres.

13 Cuando alguno tomare mujer, y después de haber entrado á ella la aborreciere,

14 Y le pusiere algunas faltas, y esparciere sobre ella mala fama, y dijere: Esta tomé por mujer, y llegué á ella, y no la hallé virgen;

15 Entonces el padre de la moza y su madre tomarán, y sacarán las señales de la virginidad de la doncella á los ancianos de la ciudad, en la puerta.

16 Y dirá el padre de la moza á los ancianos: Yo dí mi hija á este hombre por mujer, y él la aborrece;

17 Y, he aquí, él le pone tachas de algunas cosas, diciendo:

No he hallado tu hija virgen; empero, he aquí las señales de la virginidad de mi hija. Y extenderán la sábana delante de los ancianos de la ciudad.

18 Entonces los ancianos de la ciudad tomarán al hombre y lo castigarán;

19 Y le han de penar en cien piezas de plata, las cuales darán al padre de la moza, por cuanto esparció mala fama sobre virgen de Israel: y la ha de tener por mujer, y no podrá despedirla en todos sus días.

20 Mas si este negocio fué verdad, que no se hubiere hallado virginidad en la moza,

21 Entonces la sacarán á la puerta de la casa de su padre, y la apedrearán con piedras los hombres de su ciudad, y morirá; por cuanto hizo vileza en Israel fornicando en casa de su padre: así quitarás el mal de en medio de ti.

22 Cuando se sorprendiere alguno echado con mujer casada con marido, entrambos morirán, el hombre que se acostó con la mujer, y la mujer: así quitarás el mal de Israel.

23 Cuando fuere moza virgen desposada con alguno, y alguno la hallare en la ciudad, y se echare con ella;

24 Entonces los sacaréis á ambos á la puerta de aquella ciudad, y los apedrearéis con piedras, y morirán; la moza porque no dió voces en la ciudad, y el hombre porque humilló á la mujer de su prójimo: así quitarás el mal de en medio de ti.

25 Mas si el hombre halló una moza desposada en el campo, y él la agarrare, y se echare con ella, morirá sólo el hombre que con ella se habrá echado;

26 Y á la moza no harás nada; no tiene la moza culpa de muerte: porque como cuando alguno se levanta contra su prójimo, y le quita la vida, así es esto:

27 Porque él la halló en el campo: dió voces la moza desposada, y no hubo quien la valiese.

28 Cuando alguno hallare moza virgen, que no fuere desposada, y la tomare, y se echare con ella, y fueren hallados;

29 Entonces el hombre que se echó con ella dará al padre de la moza cincuenta piezas de plata, y ella será su mujer, por cuanto la humilló: no la podrá despedir en todos sus días.

30 No tomará alguno la mujer de su padre, ni descubrirá el regazo de su padre.

23 No entrará en la congregación de Jehová el que fuere quebrado, ni el castrado.

2 No entrará bastardo en la congregación de Jehová: ni aun en la décima generación entrará en la congregación de Jehová.

3 No entrará Ammonita ni Moabita en la congregación de Jehová: ni aun en la décima generación entrará en la congregación de Jehová para siempre:

4 Por cuanto no os salieron á recibir con pan y agua al camino, cuando salisteis de Egipto; y porque alquiló contra ti á Balaam hijo de Beor de Pethor de Mesopotamia de Siria, para que te maldijese.

5 Mas no quiso Jehová tu Dios oir á Balaam; y Jehová tu Dios te volvió la maldición en bendición, porque Jehová tu Dios te amaba.

6 No procurarás la paz de ellos ni su bien en todos los días para siempre.

7 No abominarás al Idumeo, que tu hermano es: no abominarás al egipcio, que extranjero fuiste en su tierra.

8 Los hijos que nacieren de ellos, á la tercera generación entrarán en la congregación de Jehová.

9 Cuando salieres á campaña contra tus enemigos, guárdate de toda cosa mala.

10 Cuando hubiere en ti alguno que no fuere limpio por accidente de noche, saldráse del campo, y no entrará en él.

11 Y será que al declinar de la tarde se lavará con agua, y cuando fuere puesto el sol, entrará en el campo.

12 Y tendrás un lugar fuera del real, y saldrás allá fuera;

13 Tendrás también una estaca entre tus armas; y será que, cuando estuvieres allí fuera, cavarás con ella, y luego al volverte cubrirás tu excremento:

14 Porque Jehová tu Dios anda por medio de tu campo, para librarte y entregar tus enemigos delante de ti; por tanto será tu real santo: porque él no vea en ti cosa inmunda, y se vuelva de en pos de ti.

15 No entregarás á su señor el siervo que se huyere á ti de su amo:

16 More contigo, en medio de ti, en el lugar que escogiere en alguna de tus ciudades, donde bien le estuviere: no le harás fuerza.

17 No habrá ramera de las hijas de Israel, ni habrá sodomítico de los hijos de Israel.

18 No traerás precio de ramera, ni precio de perro á la casa de Jehová tu Dios por ningún voto: porque abominación es á Jehová tu Dios así lo uno como lo otro.

19 No tomarás de tu hermano logro de dinero, ni logro de comida, ni logro de cosa alguna que se suele tomar.

20 Del extraño tomarás logro, mas de tu hermano no lo tomarás, porque te bendiga Jehová tu Dios en toda obra de tus manos sobre la tierra á la cual entras para poseerla.

21 Cuando prometieres voto á Jehová tu Dios, no tardarás en pagarlo; porque ciertamente lo demandará Jehová tu Dios de ti, y habría en ti pecado.

22 Mas cuando te abstuvieres de prometer, no habrá en ti pecado.

23 Guardarás lo que tus labios pronunciaren; y harás, como prometiste á Jehová tu Dios, lo que de tu voluntad hablaste por tu boca.

24 Cuando entrares en la viña de tu prójimo, comerás uvas hasta saciar tu deseo: mas no pondrás en tu vaso.

25 Cuando entrares en la mies de tu prójimo, podrás cortar espigas con tu mano; mas no aplicarás hoz á la mies de tu prójimo.

24 Cuando alguno tomare mujer y se casare con ella, si no le agradare por haber hallado en ella alguna cosa torpe, le escribirá carta de repudio, y se la entregará en su mano, y despedirála de su casa.

2 Y salida de su casa, podrá ir y casarse con otro hombre.

3 Y si la aborreciere aqueste último, y le escribiere carta de repudio, y se la entregare en su mano, y la despidiere de su casa; ó si muriere el postrer hombre que la tomó para sí por mujer,

4 No podrá su primer marido, que la despidió, volverla á tomar para que sea su mujer, después que fué amancillada; porque es abominación delante de Jehová, y no has de pervertir la tierra que Jehová tu Dios te da por heredad.

5 Cuando tomare alguno mujer nueva, no saldrá á la guerra, ni en ninguna cosa se le ocupará; libre estará en su casa por un año, para alegrar á su mujer que tomó.

6 No tomarás en prenda la muela de molino, ni la de abajo ni la de arriba: porque sería prendar la vida.

7 Cuando fuere hallado alguno que haya hurtado persona de sus hermanos los hijos de Israel, y hubiere mercadeado con ella, ó la hubiere vendido, el tal ladrón morirá; y quitarás el mal de en medio de ti.

8 Guárdate de llaga de lepra, observando diligentemente, y haciendo según todo lo que os enseñaren los sacerdotes Levitas: cuidaréis de hacer como les he mandado.

9 Acuérdate de lo que hizo Jehová tu Dios á María en el camino, después que salisteis de Egipto.

10 Cuando dieres á tu prójimo alguna cosa emprestada, no entrarás en su casa para tomarle prenda:

11 Fuera estarás, y el hombre á quien prestaste, te sacará afuera la prenda.

12 Y si fuere hombre pobre, no duermas con su prenda:

13 Precisamente le devolverás la prenda cuando el sol se ponga, para que duerma en su ropa, y te bendiga: y te será justicia delante de Jehová tu Dios.

14 No hagas agravio al jornalero pobre y menesteroso, así de tus hermanos como de tus extranjeros que están en tu tierra en tus ciudades:

15 En su día le darás su jornal, y no se pondrá el sol sin dárselo: pues es pobre, y con él sustenta su vida: porque no clame contra ti á Jehová, y sea en ti pecado.

16 Los padres no morirán por los hijos, ni los hijos por los padres; cada uno morirá por su pecado.

17 No torcerás el derecho del peregrino y del huérfano; ni tomarás por prenda la ropa de la viuda:

18 Mas acuérdate que fuiste siervo en Egipto, y de allí te rescató Jehová tu Dios: por tanto, yo te mando que hagas esto.

19 Cuando segares tu mies en tu campo, y olvidares alguna gavilla en el campo, no volverás á tomarla: para el extranjero, para el huérfano, y para la viuda será; porque te bendiga Jehová tu Dios en toda obra de tus manos.

20 Cuando sacudieres tus olivas, no recorrerás las ramas tras ti: para el extranjero, para el huérfano, y para la viuda será.

21 Cuando vendimiares tu viña, no rebuscarás tras ti: para el extranjero, para el huérfano, y para la viuda será.

22 Y acuérdate que fuiste siervo en tierra de Egipto: por tanto, yo te mando que hagas esto.

25 Cuando hubiere pleito entre algunos, y vinieren á juicio, y los juzgaren, y absolvieren al justo y condenaren al inicuo,

2 Será que, si el delincuente mereciere ser azotado, entonces el juez lo hará echar en tierra, y haréle azotar delante de sí, según su delito, por cuenta.

3 Haréle dar cuarenta azotes, no más: no sea que, si lo hiriere con muchos azotes a más de éstos, se envilezca tu hermano delante de tus ojos.

4 No pondrás bozal al buey cuando trillare.

5 Cuando hermanos estuvieren juntos, y muriere alguno de ellos, y no tuviere hijo, la mujer del muerto no se casará fuera con hombre extraño: su cuñado entrará á ella, y la tomará por su mujer, y hará con ella parentesco.

6 Y será que el primogénito que pariere ella, se levantará en nombre de su hermano el muerto, porque el nombre de éste no sea raído de Israel.

7 Y si el hermano no quisiere tomar á su cuñada, irá entonces la cuñada suya á la puerta á los ancianos, y dirá: Mi cuñado no quiere suscitar nombre en Israel á su hermano; no quiere emparentar conmigo.

8 Entonces los ancianos de aquella ciudad lo harán venir, y hablarán con él; y si él se levantare, y dijere, No quiero tomarla,

9 Llegaráse entonces su cuñada á él delante de los ancianos, y le descalzará el zapato de su pie, y escupiréle en el rostro, y hablará y dirá: Así será hecho al varón que no edificare la casa de su hermano.

10 Y su nombre será llamado en Israel: La casa del descalzado.

11 Cuando algunos riñeren juntos el uno con el otro, y llegare la mujer del uno para librar á su marido de mano del que le hiere, y metiere su mano y le trabare de sus vergüenzas;

12 La cortarás entonces la mano, no la perdonará tu ojo.

13 No tendrás en tu bolsa pesa grande y pesa chica.

14 No tendrás en tu casa epha grande y epha pequeño.

15 Pesas cumplidas y justas tendrás; epha cabal y justo tendrás: para que tus días sean prolongados sobre la tierra que Jehová tu Dios te da.

16 Porque abominación es á Jehová tu Dios cualquiera que hace esto, cualquiera que hace agravio.

17 Acuérdate de lo que te hizo Amalec en el camino, cuando salisteis de Egipto:

18 Que te salió al camino, y te desbarató la retaguardia de todos los flacos que iban detrás de ti, cuando tú estabas cansado y trabajado; y no temió á Dios.

19 Será pues, cuando Jehová tu Dios te hubiere dado reposo de tus enemigos alrededor, en la tierra que Jehová tu Dios te da por heredar para que la poseas; que raerás la memoria de Amalec de debajo del cielo: no te olvides.

26 Y será que, cuando hubieres entrado en la tierra que Jehová tu Dios te da por heredad, y la poseyeres, y habitares en ella;

2 Entonces tomarás de las primicias de todos los frutos de la tierra, que sacares de tu tierra que Jehová tu Dios te da, y lo pondrás en un canastillo, é irás al lugar que Jehová tu Dios escogiere para hacer habitar allí su nombre.

3 Y llegarás al sacerdote que fuere en aquellos días, y le dirás: Reconozco hoy á Jehová tu Dios que he entrado en la tierra que juró Jehová á nuestros padres que nos había de dar.

4 Y el sacerdote tomará el canastillo de tu mano, y pondrálo delante del altar de Jehová tu Dios.

5 Entonces hablarás y dirás delante de Jehová tu Dios: Un Siro á punto de perecer fué mi padre, el cual descendió á Egipto y peregrinó allá con pocos hombres, y allí creció en gente grande, fuerte y numerosa;

6 Y los Egipcios nos maltrataron, y nos afligieron, y pusieron sobre nosotros dura servidumbre.

7 Y clamamos á Jehová Dios de nuestros padres; y oyó Jehová nuestra voz, y vió nuestra aflicción, y nuestro trabajo, y nuestra opresión:

8 Y sacónos Jehová de Egipto con mano fuerte, y con brazo extendido, y con grande espanto, y con señales y con milagros:

9 Y trájonos á este lugar, y diónos esta tierra, tierra que fluye leche y miel.

10 Y ahora, he aquí, he traído las primicias del fruto de la tierra que me diste, oh Jehová. Y lo dejarás delante de Jehová tu Dios, é inclinarte has delante de Jehová tu Dios.

11 Y te alegrarás con todo el bien que Jehová tu Dios te hubiere dado á ti y á tu casa, tú y el Levita, y el extranjero que está en medio de ti.

12 Cuando hubieres acabado de diezmar todo el diezmo de tus frutos en el año tercero, el año del diezmo, darás también al Levita, al extranjero, al huérfano y á la viuda; y comerán en tus villas, y se saciarán.

13 Y dirás delante de Jehová tu Dios: Yo he sacado lo consagrado de mi casa, y también lo he dado al Levita, y al extranjero, y al huérfano, y á la viuda, conforme á todos tus mandamientos que me ordenaste: no he traspasado tus mandamientos, ni me he olvidado de ellos:

14 No he comido de ello en mi luto, ni he sacado de ello en inmundicia, ni de ello he dado para mortuorio: he obedecido á la voz de Jehová mi Dios, he hecho conforme á todo lo que me ha mandado.

15 Mira desde la morada de tu santidad, desde el cielo, y bendice á tu pueblo Israel, y á la tierra que nos has dado, como juraste á nuestros padres, tierra que fluye leche y miel.

16 Jehová tu Dios te manda hoy que cumplas estos estatutos y derechos; cuida, pues, de ponerlos por obra con todo tu corazón, y con toda tu alma.

17 A Jehová has ensalzado hoy para que te sea por Dios, y para andar en sus caminos, y para guardar sus estatutos y sus mandamientos y sus derechos, y para oir su voz:

18 Y Jehová te ha ensalzado hoy para que le seas su peculiar pueblo, como él te lo ha dicho, y para que guardes todos sus mandamientos;

19 Y para ponerte alto sobre todas las gentes que hizo, para loor, y fama, y gloria; y para que seas pueblo santo á Jehová tu Dios, como él ha dicho.

27 Y mandó Moisés, con los ancianos de Israel, al pueblo, diciendo: Guardaréis todos los mandamientos que yo prescribo hoy.

2 Y será que, el día que pasareis el Jordán á la tierra que Jehová tu Dios te da, te has de levantar piedras grandes, las cuales revocarás con cal:

3 Y escribirás en ellas todas las palabras de esta ley, cuando hubieres pasado para entrar en la tierra que Jehová tu Dios te da, tierra que fluye leche y miel, como Jehová el Dios de tus padres te ha dicho.

4 Será pues, cuando hubieres pasado el Jordán, que levantaréis estas piedras que yo os mando hoy, en el monte de Ebal, y las revocarás con cal:

5 Y edificarás allí altar á Jehová tu Dios, altar de piedras: no alzarás sobre ellas hierro.

6 piedras enteras edificarás el altar de Jehová tu Dios; y ofrecerás sobre él holocausto á Jehová tu Dios;

7 Y sacrificarás pacíficos, y comerás allí; y alegrarte has delante de Jehová tu Dios.

8 Y escribirás en las piedras todas las palabras de esta ley muy claramente.

9 Y Moisés, con los sacerdotes Levitas, habló á todo Israel, diciendo: Atiende y escucha, Israel: hoy eres hecho pueblo de Jehová tu Dios.

10 Oirás pues la voz de Jehová tu Dios, y cumplirás sus mandamientos y sus estatutos, que yo te ordeno hoy.

11 Y mandó Moisés al pueblo en aquel día, diciendo:

12 Estos estarán sobre el monte de Gerizim para bendecir al pueblo, cuando hubiereis pasado el Jordán: Simeón, y Leví, y Judá, é Issachâr, y José y Benjamín.

13 Y estos estarán para pronunciar la maldición en el de Ebal: Rubén, Gad, y Aser, y Zabulón, Dan, y Nephtalí.

14 Y hablarán los Levitas, y dirán á todo varón de Israel en alta voz:

15 Maldito el hombre que hiciere escultura ó imagen de fundición, abominación á Jehová, obra de mano de artífice, y la pusiere en oculto. Y todo el pueblo responderá y dirá: Amén.

16 Maldito el que deshonrare á su padre ó á su madre. Y dirá todo el pueblo: Amén.

17 Maldito el que redujere el término de su prójimo. Y dirá todo el pueblo: Amén.

18 Maldito el que hiciere errar al ciego en el camino. Y dirá todo el pueblo: Amén.

19 Maldito el que torciere el derecho del extranjero, del huérfano, y de la viuda. Y dirá todo el pueblo: Amén.

20 Maldito el que se echare con la mujer de su padre; por cuanto descubrió el regazo de su padre. Y dirá todo el pueblo: Amén.

21 Maldito el que tuviere parte con cualquiera bestia. Y dirá todo el pueblo: Amén.

22 Maldito el que se echare con su hermana, hija de su padre, ó hija de su madre. Y dirá todo el pueblo: Amén.

23 Maldito el que se echare con su suegra. Y dirá todo el pueblo: Amén.

24 Maldito el que hiriere á su prójimo ocultamente. Y dirá todo el pueblo: Amén.

25 Maldito el que recibiere don para herir de muerte al inocente. Y dirá todo el pueblo: Amén.

26 Maldito el que no confirmare las palabras de esta ley para cumplirlas. Y dirá todo el pueblo: Amén.

28 Y será que, si oyeres diligente la voz de Jehová tu Dios, para guardar, para poner por obra todos sus mandamientos que yo te prescribo hoy, también Jehová tu Dios te pondrá alto sobre todas las gentes de la tierra;

2 Y vendrán sobre ti todas estas bendiciones, y te alcanzarán, cuando oyeres la voz de Jehová tu Dios.

3 Bendito serás tú en la ciudad, y bendito tú en el campo.

4 Bendito el fruto de tu vientre, y el fruto de tu bestia, la cría de tus vacas, y los rebaños de tus ovejas.

5 Bendito tu canastillo y tus sobras.

6 Bendito serás en tu entrar, y bendito en tu salir.

7 Pondrá Jehová á tus enemigos que se levantaren contra ti, de rota batida delante de ti: por un camino saldrán á ti, por siete caminos huirán delante de ti.

8 Enviará Jehová contigo la bendición en tus graneros, y en todo aquello en que pusieres tu mano; y te bendecirá en la tierra que Jehová tu Dios te da.

9 Confirmará ha Jehová por pueblo suyo santo, como te ha jurado, cuando guardares los mandamientos de Jehová tu Dios, y anduvieres en sus caminos.

10 Y verán todos los pueblos de la tierra que el nombre de Jehová es llamado sobre ti, y te temerán.

11 Y te hará Jehová sobreabundar en bienes, en el fruto de tu vientre, y en el fruto de tu bestia, y en el fruto de la tierra, en el país que juró Jehová á tus padres que te había de dar.

12 Abrirte ha Jehová su buen depósito, el cielo, para dar lluvia á tu tierra en su tiempo, y para bendecir toda obra de tus manos. Y prestarás á muchas gentes, y tú no tomarás emprestado.

13 Y te pondrá Jehová por cabeza, y no por cola: y estarás encima solamente, y no estarás debajo; cuando obedecieres á los mandamientos de Jehová tu Dios, que yo te ordeno hoy, para que los guardes y cumplas.

14 Y no te apartes de todas las palabras que yo os mando hoy, ni á diestra ni á siniestra, para ir tras dioses ajenos para servirles.

15 Y será, si no oyeres la voz de Jehová tu Dios, para cuidar de poner por obra todos sus mandamientos y sus estatutos, que yo te intimo hoy, que vendrán sobre ti todas estas maldiciones, y te alcanzarán.

16 Maldito serás tu en la ciudad, y maldito en el campo.

17 Maldito tu canastillo, y tus sobras.

18 Maldito el fruto de tu vientre, y el fruto de tu tierra, y la cría de tus vacas, y los rebaños de tus ovejas.

19 Maldito serás en tu entrar, y maldito en tu salir.

20 Y Jehová enviará contra ti la maldición, quebranto y asombro en todo cuanto pusieres mano é hicieres, hasta que seas destruído, y perezcas presto á causa de la maldad de tus obras, por las cuales me habrás dejado.

21 Jehová hará que se te pegue mortandad, hasta que te consuma de la tierra á la cual entras para poseerla.

22 Jehová te herirá de tisis, y de fiebre, y de ardor, y de calor, y de cuchillo, y de calamidad repentina, y con añublo; y perseguirte han hasta que perezcas.

23 Y tus cielos que están sobre tu cabeza, serán de metal; y la tierra que está debajo de ti, de hierro.

24 Dará Jehová por lluvia á tu tierra polvo y ceniza: de los cielos descenderán sobre ti hasta que perezcas.

25 Jehová te entregará herido delante de tus enemigos: por un camino saldrás á ellos, y por siete caminos huirás delante de ellos: y serás sacudido á todos los reinos de la tierra.

26 Y será tu cuerpo muerto por comida á toda ave del cielo, y bestia de la tierra, y no habrá quien las espante.

27 Jehová te herirá de la plaga de Egipto, y con almorranas, y con sarna, y con comezón, de que no puedas ser curado.

28 Jehová te herirá con locura, y con ceguedad, y con pasmo de corazón.

29 Y palparás al mediodía, como palpa el ciego en la oscuridad, y no serás prosperado en tus caminos: y nunca serás sino oprimido y robado todos los días, y no habrá quien te salve.

30 Te desposarás con mujer, y otro varón dormirá con ella; edificarás casa, y no habitarás en ella; plantarás viña, y no la vendimiarás.

31 Tu buey será matado delante de tus ojos, y tú no comerás de él; tu asno será arrebatado de delante de ti, y no se te volverá; tus ovejas serán dadas á tus enemigos, y no tendrás quien te las rescate.

32 Tus hijos y tus hijas serán entregados á otro pueblo, y tus ojos lo verán, y desfallecerán por ellos todo el día: y no habrá fuerza en tu mano.

33 El fruto de tu tierra y todo tu trabajo comerá pueblo que no conociste; y nunca serás sino oprimido y quebrantado todos los días.

34 Y enloquecerás á causa de lo que verás con tus ojos.

35 Herirte ha Jehová con maligna pústula en las rodillas y en las piernas, sin que puedas ser curado: aun desde la planta de tu pie hasta tu mollera.

36 Jehová llevará á ti, y á tu rey que hubieres puesto sobre ti, á gente que no conociste tú ni tus padres; y allá servirás á dioses ajenos, al palo y á la piedra.

37 Y serás por pasmo, por ejemplo y por fábula, á todos los pueblos á los cuales te llevará Jehová.

38 Sacarás mucha simiente al campo, y cogerás poco: porque la langosta lo consumirá.

39 Plantarás viñas y labrarás, mas no beberás vino, ni cogerás uvas; porque el gusano las comerá.

40 Tendrás olivas en todo tu término, mas no te ungirás con el aceite; porque tu aceituna se caerá.

41 Hijos é hijas engendrarás, y no serán para ti; porque irán en cautiverio.

42 Toda tu arboleda y el fruto de tu tierra consumirá la langosta.

43 El extranjero que estará en medio de ti subirá sobre ti muy alto, y tú serás puesto muy bajo.

44 Él te prestará á ti, y tú no prestarás á él: él será por cabeza, y tú serás por cola.

45 Y vendrán sobre ti todas estas maldiciones, y te perseguirán, y te alcanzarán hasta que perezcas; por cuanto no habrás atendido á la voz de Jehová tu Dios, para guardar sus mandamientos y sus estatutos, que él te mandó:

46 Y serán en ti por señal y por maravilla, y en tu simiente para siempre.

47 Por cuanto no serviste á Jehová tu Dios con alegría y con gozo de corazón, por la abundancia de todas las cosas;

48 Servirás por tanto á tus enemigos que enviare Jehová contra ti, con hambre y con sed y con desnudez, y con falta de todas las cosas; y él pondrá yugo de hierro sobre tu cuello, hasta destruirte.

49 Jehová traerá sobre ti gente de lejos, del cabo de la tierra, que vuele como águila, gente cuya lengua no entiendas;

50 Gente fiera de rostro, que no tendrá respeto al anciano, ni perdonará al niño:

51 Y comerá el fruto de tu bestia y el fruto de tu tierra, hasta que perezcas: y no te dejará grano, ni mosto, ni aceite, ni la cría de tus vacas, ni los rebaños de tus ovejas, hasta destruirte.

52 Y te pondrá cerco en todas tus ciudades, hasta que caigan tus muros altos y encastillados en que tú confías, en toda tu tierra: te cercará, pues, en todas tus ciudades y en toda tu tierra, que Jehová tu Dios te habrá dado.

53 Y comerás el fruto de tu vientre, la carne de tus hijos y de tus hijas que Jehová tu Dios te dió, en el cerco y en el apuro con que te angustiará tu enemigo.

54 El hombre tierno en ti, y el muy delicado, su ojo será maligno para con su hermano, y para con la mujer de su seno, y para con el resto de sus hijos que le quedaren;

55 Para no dar á alguno de ellos de la carne de sus hijos, que él comerá, porque nada le habrá quedado, en el cerco y en el apuro con que tu enemigo te oprimirá en todas tus ciudades.

56 La tierna y la delicada entre vosotros, que nunca la planta de su pie probó á sentar sobre la tierra, de ternura y delicadeza, su ojo será maligno para con el marido de su seno, y para con su hijo, y para con su hija,

57 Y para con su chiquita que sale de entre sus pies, y para con sus hijos que pariere; pues los comerá escondidamente, á falta de todo, en el cerco y en el apuro con que tu enemigo te oprimirá en tus ciudades.

58 Si no cuidares de poner por obra todas las palabras de aquesta ley que están escritas en este libro, temiendo este nombre glorioso y terrible, JEHOVÁ TU DIOS,

59 Jehová aumentará maravillosamente tus plagas y las plagas de tu simiente, plagas grandes y estables, y enfermedades malignas y duraderas;

60 Y hará volver sobre ti todos los males de Egipto, delante de los cuales temiste, y se te pegarán.

61 Asismismo toda enfermedad y toda plaga que no está escrita en el libro de esta ley, Jehová la enviará sobre ti, hasta que tú seas destruído.

62 Y quedaréis en poca gente, en lugar de haber sido como las estrellas del cielo en multitud; por cuanto no obedeciste á la voz de Jehová tu Dios.

63 Y será que como Jehová se gozó sobre vosotros para haceros bien, y para multiplicaros, así se gozará Jehová sobre vosotros para arruinaros, y para destruiros; y seréis arrancados de sobre la tierra, á la cual entráis para poseerla.

64 Y Jehová te esparcirá por todos los pueblos, desde el un cabo de la tierra hasta el otro cabo de ella; y allí servirás á dioses ajenos que no conociste tú ni tus padres, al leño y á la piedra.

65 Y ni aun entre las mismas gentes descansarás, ni la planta de tu pie tendrá reposo; que allí te dará Jehová corazón temeroso, y caimiento de ojos, y tristeza de alma;

66 Y tendrás tu vida como colgada delante de ti, y estarás temeroso de noche y de día, y no confiarás de tu vida.

67 Por la mañana dirás: ¡Quién diera fuese la tarde! y á la tarde dirás: ¡Quién diera fuese la mañana! por el miedo de tu corazón con que estarás amedrentado, y por lo que verán tus ojos.

68 Y Jehová te hará tomar á Egipto en navíos por el camino del cual te ha dicho: Nunca más volveréis; y allí seréis vendidos á vuestros enemigos por esclavos y por esclavas, y no habrá quien os compre.

29 Estas son las palabras del pacto que Jehová mandó á Moisés concertara con los hijos de Israel en la tierra de Moab, además del pacto que concertó con ellos en Horeb.

2 Moisés pues llamó á todo Israel, y díjoles: Vosotros habéis visto todo lo que Jehová ha hecho delante de vuestros ojos en la tierra de Egipto á Faraón y á todos sus siervos, y á toda su tierra:

3 Las pruebas grandes que vieron tus ojos, las señales, y las grandes maravillas.

4 Y Jehová no os dió corazón para entender, ni ojos para ver, ni oídos para oir, hasta el día de hoy.

5 Y yo os he traído cuarenta años por el desierto: vuestros vestidos no se han envejecido sobre vosotros, ni tu zapato se ha envejecido sobre tu pie.

6 No habéis comido pan, ni bebisteis vino ni sidra: para que supieseis que yo soy Jehová vuestro Dios.

7 Y llegasteis á este lugar, y salió Sehón rey de Hesbón, y Og rey de Basán, delante de nosotros para pelear, y herímoslos;

8 Y tomamos su tierra, y dímosla por heredad á Rubén y á Gad, y á la media tribu de Manasés.

9 Guardaréis, pues, las palabras de este pacto, y las pondréis por obra, para que prosperéis en todo lo que hiciereis.

10 Vosotros todos estáis hoy delante de Jehová vuestro Dios; vuestros príncipes de vuestras tribus, vuestros ancianos, y vuestros oficiales, todos los varones de Israel,

11 Vuestros niños, vuestras mujeres, y tus extranjeros que habitan en medio de tu campo, desde el que corta tu leña hasta el que saca tus aguas:

12 Para que entres en el pacto de Jehová tu Dios, y en su juramento, que Jehová tu Dios acuerda hoy contigo:

13 Para confirmarte hoy por su pueblo, y que él te sea á ti por Dios, de la manera que él te ha dicho, y como él juró á tus padres Abraham, Isaac, y Jacob.

14 Y no con vosotros solos acuerdo yo este pacto y este juramento,

15 Sino con los que están aquí presentes hoy con nosotros delante de Jehová nuestro Dios, y con los que no están aquí hoy con nosotros.

16 Porque vosotros sabéis cómo habitamos en la tierra de Egipto, y cómo hemos pasado por medio de las gentes que habéis pasado;

17 Y habéis visto sus abominaciones y sus ídolos, madera y piedra, plata y oro, que tienen consigo.

18 Quizá habrá entre vosotros varón, ó mujer, ó familia, ó tribu, cuyo corazón se vuelva hoy de con Jehová nuestro Dios, por andar á servir á los dioses de aquellas gentes; quizá habrá en vosotros raíz que eche veneno y ajenjo;

19 Y sea que, cuando el tal oyere las palabras de esta maldición, él se bendiga en su corazón, diciendo: Tendré paz, aunque ande según el pensamiento de mi corazón, para añadir la embriaguez á la sed:

20 Jehová no querrá perdonarle; antes humeará luego el furor de Jehová y su celo sobre el tal hombre, y asentaráse sobre él toda maldición escrita en este libro, y Jehová raerá su nombre de debajo del cielo:

21 Y apartarálo Jehová de todas las tribus de Israel para mal, conforme á todas las maldiciones del pacto escrito en este libro de la ley.

22 Y dirá la generación venidera, vuestros hijos que vendrán después de vosotros, y el extranjero que vendrá de lejanas tierras, cuando vieren las plagas de aquesta tierra, y sus enfermedades de que Jehová la hizo enfermar,

23 (Azufre y sal, abrasada toda su tierra: no será sembrada, ni producirá, ni crecerá en ella hierba ninguna, como en la subversión de Sodoma y de Gomorra, de Adma y de Seboim, que Jehová subvirtió en su furor y en su ira:)

24 Dirán, pues, todas las gentes: ¿Por qué hizo Jehová esto á ésta tierra? ¿qué ira es ésta tan gran furor?

25 Y responderán. Por cuanto dejaron el pacto de Jehová el Dios de sus padres, que él concertó con ellos cuando los sacó de la tierra de Egipto,

26 Y fueron y sirvieron á dioses ajenos, é inclináronse á ellos, dioses que no conocían, y que ninguna cosa les habían dado:

27 Encendióse por tanto, el furor de Jehová contra esta tierra, para traer sobre ella todas las maldiciones escritas en este libro;

28 Y Jehová los desarraigó de su tierra con enojo, y con saña, y con furor grande, y los echó á otra tierra, como hoy.

29 Las cosas secretas pertenecen á Jehová nuestro Dios: mas las reveladas son para nosotros y para nuestros hijos por siempre, para que cumplamos todas las palabras de esta ley.

30 Y sera que, cuando te sobrevinieren todas estas cosas, la bendición y la maldición que he puesto delante de ti, y volvieres á tu corazón en medio de todas las gentes á las cuales Jehová tu Dios te hubiere echado,

2 Y te convirtieres á Jehová tu Dios, y obedecieres á su voz conforme á todo lo que yo te mando hoy, tú y tus hijos, con todo tu corazón y con toda tu alma,

3 Jehová también volverá tus cautivos, y tendrá misericordia de ti, y tornará á recogerte de todos los pueblos á los cuales te hubiere esparcido Jehová tu Dios.

4 Si hubieres sido arrojado hasta el cabo de los cielos, de allí te recogerá Jehová tu Dios, y de allá te tomará:

5 Y volverte ha Jehová tu Dios á la tierra que heredaron tus padres, y la poseerás; y te hará bien, y te multiplicará más que á tus padres.

6 Y circuncidará Jehová tu Dios tu corazón, y el corazón de tu simiente, para que ames á Jehová tu Dios con todo tu corazón y con toda tu alma, á fin de que tú vivas.

7 Y pondrá Jehová tu Dios todas estas maldiciones sobre tus enemigos, y sobre tus aborrecedores que te persiguieron.

8 Y tú volverás, y oirás la voz de Jehová, y pondrás por obra todos sus mandamientos, que yo te intimo hoy.

9 Y hacerte ha Jehová tu Dios abundar en toda obra de tus manos, en el fruto de tu vientre, en el fruto de tu bestia, y en el fruto de tu tierra, para bien: porque Jehová volverá á gozarse

sobre ti para bien, de la manera que se gozó sobre tus padres;
10 Cuando oyeres la voz de Jehová tu Dios, para guardar sus mandamientos y sus estatutos escritos en este libro de la ley; cuando te convirtieres á Jehová tu Dios con todo tu corazón y con toda tu alma.
11 Porque este mandamiento que yo te intimo hoy, no te es encubierto, ni está lejos:
12 No está en el cielo, para que digas: ¿Quién subirá por nosotros al cielo, y nos lo traerá y nos lo representará, para que lo cumplamos?
13 Ni está de la otra parte de la mar, para que digas: ¿Quién pasará por nosotros la mar, para que nos lo traiga y nos lo represente, á fin de que lo cumplamos?
14 Porque muy cerca de ti está la palabra, en tu boca y en tu corazón, para que la cumplas.
15 Mira, yo he puesto delante de ti hoy la vida y el bien, la muerte y el mal:
16 Porque yo te mando hoy que ames á Jehová tu Dios, que andes en sus caminos, y guardes sus mandamientos y sus estatutos y sus derechos, para que vivas y seas multiplicado, y Jehová tu Dios te bendiga en la tierra á la cual entras para poseerla.
17 Mas si tu corazón se apartare, y no oyeres, y fueres incitado, y te inclinares á dioses ajenos, y los sirvieres;
18 Protéstoos hoy que de cierto pereceréis: no tendréis largos días sobre la tierra, para ir á la cual pasas el Jordán para poseerla.
19 A los cielos y la tierra llamo por testigos hoy contra vosotros, que os he puesto delante la vida y la muerte, la bendición y la maldición: escoge pues la vida, porque vivas tú y tu simiente:
20 Que ames á Jehová tu Dios, que oigas su voz, y te allegues á él; porque él es tu vida, y la longitud de tus días; á fin de que habites sobre la tierra que juró Jehová á tus padres Abraham, Isaac, y Jacob, que les había de dar.

31 Yfué Moisés, y habló estas palabras á todo Israel,
2 Y díjoles: edad de ciento y veinte años soy hoy día; no puedo más salir ni entrar: á más de esto Jehová me ha dicho: No pasarás este Jordán.
3 Jehová tu Dios, él pasa delante de ti; él destruirá estas gentes de delante de ti, y las heredarás: Josué será el que pasará delante de ti, como Jehová ha dicho.
4 Y hará Jehová con ellos como hizo con Sehón y con Og, reyes de los Amorrheos, y con su tierra, que los destruyó.
5 Y los entregará Jehová delante de vosotros, y haréis con ellos conforme á todo lo que os he mandado.
6 Esforzaos y cobrad ánimo; no temáis, ni tengáis miedo de ellos: que Jehová tu Dios es el que va contigo: no te dejará ni te desamparará.
7 Y llamó Moisés á Josué, y díjole á vista de todo Israel: Esfuérzate y anímate; porque tú entrarás con este pueblo á la tierra que juró Jehová á sus padres que les había de dar, y tú se la harás heredar.
8 Y Jehová es el que va delante de ti; él será contigo, no te dejará, ni te desamparará; no temas, ni te intimides.
9 Y escribió Moisés esta ley, y dióla á los sacerdotes, hijos de Leví, que llevaban el arca del pacto de Jehová, y á todos los ancianos de Israel.
10 Y mandóles Moisés, diciendo: Al cabo del séptimo año, en el año de la remisión, en la fiesta de las Cabañas,
11 Cuando viniere todo Israel á presentarse delante de Jehová tu Dios en el lugar que él escogiere, leerás esta ley delante de todo Israel á oídos de ellos.
12 Harás congregar el pueblo, varones y mujeres y niños, y tus extranjeros que estuvieren en tus ciudades, para que oigan y aprendan, y teman á Jehová vuestro Dios, y cuiden de poner por obra todas las palabras de esta ley:
13 Y los hijos de ellos que no supieron oigan, y aprendan á temer á Jehová vuestro Dios todos los días que viviereis sobre la tierra, para ir á la cual pasáis el Jordán para poseerla.
14 Y Jehová dijo á Moisés: He aquí se han acercado tus días para que mueras: llama á Josué, y esperad en el tabernáculo del testimonio, y le mandaré. Fueron pues Moisés y Josué, y esperaron en el tabernáculo del testimonio.
15 Y apareció Jehová en el tabernáculo, en la columna de nube; y la columna de nube se puso sobre la puerta del tabernáculo.

16 Y Jehová dijo á Moisés: He aquí tú vas á dormir con tus padres, y este pueblo se levantará y fornicará tras los dioses ajenos de la tierra adonde va, en estando en medio de ella; y me dejará, é invalidará mi pacto que he concertado con él:
17 Y mi furor se encenderá contra él en aquel día; y los abandonaré, y esconderé de ellos mi rostro, y serán consumidos; y le hallarán muchos males y angustias, y dirá en aquel día: ¿No me han hallado estos males porque no está mi Dios en medio de mí?
18 Empero yo esconderé ciertamente mi rostro en aquel día, por todo el mal que ellos habrán hecho, por haberse vuelto á dioses ajenos.
19 Ahora, pues, escribíos este cántico, y enséñalo á los hijos de Israel: ponlo en boca de ellos, para que este cántico me sea por testigo contra los hijos de Israel.
20 Porque yo le introduciré en la tierra que juré á sus padres, la cual fluye leche y miel; y comerá, y se hartará, y engordará: y volveránse á dioses ajenos, y les servirán, y me enojarán, é invalidarán mi pacto.
21 Y será que cuando le vinieren muchos males y angustias, entonces responderá en su cara este cántico como testigo, pues no caerá en olvido de la boca de su linaje: porque yo conozco su ingenio, y lo que hace hoy antes que le introduzca en la tierra que juré.
22 Y Moisés escribió este cántico aquel día, y enseñólo á los hijos de Israel.
23 Y dió orden á Josué hijo de Nun, y dijo: Esfuérzate y anímate, que tú meterás los hijos de Israel en la tierra que les juré, y yo seré contigo.
24 Y como acabó Moisés de escribir las palabras de esta ley en un libro hasta concluirse,
25 Mandó Moisés á los Levitas que llevaban el arca del pacto de Jehová, diciendo:
26 Tomad este libro de la ley, y ponedlo al lado del arca del pacto de Jehová vuestro Dios, y esté allí por testigo contra ti.
27 Porque yo conozco tu rebelión, y tu cerviz dura: he aquí que aun viviendo yo hoy con vosotros, sois rebeldes á Jehová; y ¿cuánto más después que yo fuere muerto?
28 Congregad á mí todos los ancianos de vuestras tribus, y á vuestros oficiales, y hablaré en sus oídos estas palabras, y llamaré por testigos contra ellos los cielos y la tierra.
29 Porque yo sé que después de mi muerte, ciertamente os corromperéis y os apartaréis del camino que os he mandado; y que os ha de venir mal en los postreros días, por haber hecho mal en ojos de Jehová, enojándole con la obra de vuestras manos.
30 Entonces habló Moisés en oídos de toda la congregación de Israel las palabras de este cántico hasta acabarlo.

32 Escuchad, cielos, y hablaré; Y oiga la tierra los dichos de mi boca.
2 Goteará como la lluvia mi doctrina; Destilará como el rocío mi razonamiento; Como la llovizna sobre la grama, Y como las gotas sobre la hierba:
3 Porque el nombre de Jehová invocaré: Engrandeced á nuestro Dios.
4 El es la Roca, cuya obra es perfecta, Porque todos sus caminos son rectitud: Dios de verdad, y ninguna iniquidad en él: Es justo y recto.
5 La corrupción no es suya: á sus hijos la mancha de ellos, Generación torcida y perversa.
6 ¿Así pagáis á Jehová, Pueblo loco é ignorante? ¿No es él tu padre que te poseyó? El te hizo y te ha organizado.
7 Acuérdate de los tiempos antiguos; Considerad los años de generación y generación: Pregunta á tu padre, que él te declarará; A tus viejos, y ellos te dirán.
8 Cuando el Altísimo hizo heredar á las gentes, Cuando hizo dividir los hijos de los hombres, Estableció los términos de los pueblos Según el número de los hijos de Israel.
9 Porque la parte de Jehová es su pueblo; Jacob la cuerda de su heredad.
10 Hallólo en tierra de desierto, Y en desierto horrible y yermo; Trájolo alrededor, instruyólo, Guardólo como la niña de su ojo.
11 Como el águila despierta su nidada, Revolotea sobre sus pollos, Extiende sus alas, los toma, Los lleva sobre sus plumas:
12 Jehová solo le guió, Que no hubo con él dios ajeno.

13 Hízolo subir sobre las alturas de la tierra, Y comió los frutos del campo, E hizo que chupase miel de la peña, Y aceite del duro pedernal;

14 Manteca de vacas y leche de ovejas, Con grosura de corderos, Y carneros de Basán; también machos de cabrío, Con grosura de riñones de trigo: Y sangre de uva bebiste, vino puro.

15 Y engrosó Jeshurun, y tiró coces: Engordástete, engrosástete, cubrístete: Y dejó al Dios que lo hizo, Y menospreció la Roca de su salud.

16 Despertáronle á celos con los dioses ajenos; Ensañáronle con abominaciones.

17 Sacrificaron á los diablos, no á Dios; A dioses que no habían conocido, A nuevos dioses venidos de cerca, Que no habían temido vuestros padres.

18 De la Roca que te crió te olvidaste: Te has olvidado del Dios tu criador.

19 Y vió lo Jehová, y encendióse en ira, por el menosprecio de sus hijos y de sus hijas.

20 Y dijo: Esconderé de ellos mi rostro, Veré cuál será su postrimería: Que son generación de perversidades, Hijos sin fe.

21 Ellos me movieron á celos con lo que no es Dios; Hiciéronme ensañar con sus vanidades: Yo también los moveré á celos con un pueblo que no es pueblo, Con gente insensata los haré ensañar.

22 Porque fuego se encenderá en mi furor, Y arderá hasta lo profundo; Y devorará la tierra y sus frutos, Y abrasará los fundamentos de los montes.

23 Yo allegaré males sobre ellos; Emplearé en ellos mis saetas.

24 Consumidos serán de hambre, y comidos de fiebre ardiente Y de amarga pestilencia; Diente de bestias enviaré también sobre ellos, Con veneno de serpiente de la tierra.

25 De fuera desolará la espada, Y dentro de las cámaras el espanto: Así al mancebo como á la doncella, Al que mama como al hombre cano.

26 Dije: Echaríalos yo del mundo, Haría cesar de entre los hombres la memoria de ellos,

27 Si no temiese la ira del enemigo, No sea que se envanezcan sus adversarios, No sea que digan: Nuestra mano alta Ha hecho todo esto, no Jehová.

28 Porque son gente de perdidos consejos, Y no hay en ellos entendimiento.

29 ¡Ojalá fueran sabios, que comprendieran esto, Y entendieran su postrimería!

30 ¿Cómo podría perseguir uno á mil, Y dos harían huir á diez mil, Si su Roca no los hubiese vendido, Y Jehová no los hubiera entregado?

31 Que la roca de ellos no es como nuestra Roca: Y nuestros enemigos sean de ella jueces.

32 Porque de la vid de Sodoma es la vid de ellos, Y de los sarmientos de Gomorra: Las uvas de ellos son uvas ponzoñosas, Racimos muy amargos tienen.

33 Veneno de dragones es su vino, Y ponzoña cruel de áspides.

34 ¿No tengo yo esto guardado, Sellado en mis tesoros?

35 Mía es la venganza y el pago, Al tiempo que su pie vacilará; Porque el día de su aflicción está cercano, Y lo que les está preparado se apresura.

36 Porque Jehová juzgará á su pueblo, Y por amor de sus siervos se arrepentirá, Cuando viere que la fuerza pereció, Y no hay guardado, mas desamparado.

37 Y dirá: ¿Dónde están sus dioses, La roca en que se guarecían;

38 Que comían el sebo de sus sacrificios, Bebían el vino de sus libaciones? Levántense, que os ayuden Y os defiendan.

39 Ved ahora que yo, yo soy, Y no hay dioses conmigo: Yo hago morir, y yo hago vivir: Yo hiero, y yo curo: Y no hay quien pueda librar de mi mano.

40 Cuando yo alzaré á los cielos mi mano, Y diré: Vivo yo para siempre,

41 Si afilare mi reluciente espada, Y mi mano arrebatare el juicio, Yo volveré la venganza á mis enemigos, Y daré el pago á los que me aborrecen.

42 Embriagaré de sangre mis saetas, Y mi espada devorará carne: En la sangre de los muertos y de los cautivos, las cabezas, con venganzas de enemigo.

43 Alabad, gentes, á su pueblo, Porque él vengará la sangre de sus siervos, Y volverá la venganza á sus enemigos, Y expiará su tierra, á su pueblo.

44 Y vino Moisés, y recitó todas las palabras de este cántico á oídos del pueblo, él, y Josué hijo de Nun.

45 Y acabó Moisés de recitar todas estas palabras á todo Israel;

46 Y díjoles: Poned vuestro corazón á todas las palabras que yo os protesto hoy, para que las mandéis á vuestros hijos, y cuiden de poner por obra todas las palabras de esta ley.

47 Porque no os es cosa vana, mas es vuestra vida: y por ellas haréis prolongar los días sobre la tierra, para poseer la cual pasáis el Jordán.

48 Y habló Jehová á Moisés aquel mismo día, diciendo:

49 Sube á este monte de Abarim, al monte Nebo, que está en la tierra de Moab, que está en derecho de Jericó, y mira la tierra de Canaán, que yo doy por heredad á los hijos de Israel;

50 Y muere en el monte al cual subes, y sé reunido á tus pueblos; al modo que murió Aarón tu hermano en el monte de Hor, y fué reunido á sus pueblos:

51 Por cuanto prevaricasteis contra mí en medio de los hijos de Israel en las aguas de la rencilla de Cades, en el desierto de Zin; porque no me santificasteis en medio de los hijos de Israel.

52 Verás por tanto delante de ti la tierra; mas no entrarás allá, á la tierra que doy á los hijos de Israel.

33 Y esta es la bendición con la cual bendijo Moisés varón de Dios á los hijos de Israel, antes que muriese.

2 Y dijo: Jehová vino de Sinaí, Y de Seir les esclareció; Resplandeció del monte de Parán, Y vino con diez mil santos: A su diestra la ley de fuego para ellos.

3 Aun amó los pueblos; Todos sus santos en tu mano: Ellos también se llegaron á tus pies: Recibieron de tus dichos.

4 Ley nos mandó Moisés, Heredad á la congregación de Jacob.

5 Y fué rey en Jeshurun, Cuando se congregaron las cabezas del pueblo Con las tribus de Israel.

6 Viva Rubén, y no muera; Y sean sus varones en número.

7 Y esta bendición para Judá. Dijo así: Oye, oh Jehová, la voz de Judá, Y llévalo á su pueblo; Sus manos le basten, Y tú seas ayuda contra sus enemigos.

8 Y á Leví dijo: Tu Thummim y tu Urim, con tu buen varón Al cual tentaste en Massa, Y le hiciste reñir en las aguas de la rencilla;

9 El que dijo á su padre y á su madre: Nunca los vi: Ni conoció á sus hermanos, Ni conoció á sus hijos: Por lo cual ellos guardarán tus palabras, Y observarán tu pacto.

10 Ellos enseñarán tus juicios á Jacob, Y á Israel; Pondrán el perfume delante de ti, Y el holocausto sobre tu altar.

11 Bendice, oh Jehová, lo que hicieren, Y recibe con agrado la obra de sus manos: Hiere los lomos de sus enemigos, Y de los que le aborrecieren; para que nunca se levanten.

12 Y á Benjamín dijo: El amado de Jehová habitará confiado cerca de él: Cubrirálo siempre, Y entre sus hombros morará.

13 Y á José dijo: Bendita de Jehová su tierra, Por los regalos de los cielos, por el rocío, Y por el abismo que abajo yace,

14 Y por los regalados frutos del sol, Y por los regalos de las influencias de las lunas,

15 Y por la cumbre de los montes antiguos, Y por los regalos de los collados eternos,

16 Y por los regalos de la tierra y su plenitud; Y la gracia del que habitó en la zarza Venga sobre la cabeza de José, Y sobre la mollera del apartado de sus hermanos.

17 El es aventajado como el primogénito de su toro, Y sus cuernos, cuernos de unicornio: Con ellos acorneará los pueblos juntos hasta los fines de la tierra: Y estos son los diez millares de Ephraim, Y estos los millares de Manasés.

18 Y á Zabulón dijo: Alégrate, Zabulón, cuando salieres: Y tu Issachar, en tus tiendas.

19 Llamarán los pueblos al monte: Allí sacrificarán sacrificios de justicia: Por lo cual chuparán la abundancia de los mares, Y los tesoros escondidos de la arena.

20 Y á Gad dijo: Bendito el que hizo ensanchar á Gad: Como león habitará, Y arrebatará brazo y testa.

21 Y él se ha provisto de la parte primera, Porque allí una porción del legislador fuéle reservada, Y vino en la delantera del pueblo; La justicia de Jehová ejecutará, Y sus juicios con Israel.

22 Y á Dan dijo: Dan, cachorro de león: Saltará desde Basán.

23 Y á Nephtalí dijo: Nephtalí, saciado de benevolencia, Y lleno de la bendición de Jehová, Posee el occidente y el mediodía,

24 Y á Aser dijo: Bendito Aser en hijos: Agradable será á sus hermanos, Y mojará en aceite su pie.

25 Hierro y metal tu calzado, Y como tus días tu fortaleza.

26 No hay como el Dios de Jeshurun, Montado sobre los cielos para tu ayuda, Y sobre las nubes con su grandeza.

27 El eterno Dios es tu refugio Y acá abajo los brazos eternos; El echará de delante de ti al enemigo, Y dirá: Destruye.

28 E Israel, fuente de Jacob, habitará confiado solo En tierra de grano y de vino: También sus cielos destilarán rocío.

29 Bienaventurado tú, oh Israel, ¿Quién como tú, Pueblo salvo por Jehová, Escudo de tu socorro, Y espada de tu excelencia? Así que tus enemigos serán humillados, Y tú hollarás sobre sus alturas.

34 subió Moisés de los campos de Moab al monte de Nebo, á la cumbre de Pisga, que está enfrente de Jericó: y mostróle Jehová toda la tierra de Galaad hasta Dan,

2 Y á todo Nephtalí, y la tierra de Ephraim y de Manasés, toda la tierra de Judá hasta la mar postrera;

3 Y la parte meridional, y la campiña, la vega de Jericó, ciudad de las palmas, hasta Soar.

4 Y díjole Jehová: Esta es la tierra de que juré á Abraham, á Isaac, y á Jacob, diciendo: A tu simiente la daré. Hétela hecho ver con tus ojos, mas no pasarás allá.

5 Y murió allí Moisés siervo de Jehová, en la tierra de Moab, conforme al dicho de Jehová.

6 Y enterrólo en el valle, en tierra de Moab, enfrente de Bethpeor; y ninguno sabe su sepulcro hasta hoy.

7 Y era Moisés de edad de ciento y veinte años cuando murió: sus ojos nunca se oscurecieron, ni perdió su vigor.

8 Y lloraron los hijos de Israel á Moisés en los campos de Moab treinta días: Y así se cumplieron los días del lloro del luto de Moisés.

9 Y Josué hijo de Nun fué lleno de espíritu de sabiduría, porque Moisés había puesto sus manos sobre él: y los hijos de Israel le obedecieron, é hicieron como Jehová mandó á Moisés.

10 Y nunca más se levantó profeta en Israel como Moisés, á quien haya conocido Jehová cara á cara;

11 En todas las señales y prodigios que le envió Jehová á hacer en tierra de Egipto á Faraón, y á todos sus siervos, y á toda su tierra;

12 Y en toda aquella mano esforzada, y en todo el espanto grande que causó Moisés á ojos de todo Israel.

JOSUÉ

1 Y acontenció después de la muerte de Moisés siervo de Jehová, que Jehová habló á Josué hijo de Nun, ministro de Moisés, diciendo:

2 Mi siervo Moisés es muerto: levántate pues ahora, y pasa este Jordán, tú y todo este pueblo, á la tierra que yo les doy á los hijos de Israel.

3 Yo os he entregado, como lo había dicho á Moisés, todo lugar que pisare la planta de vuestro pie.

4 Desde el desierto y este Líbano hasta el gran río Eufrates, toda la tierra de los Hetheos hasta la gran mar del poniente del sol, será vuestro término.

5 Nadie te podrá hacer frente en todos los días de tu vida: como yo fuí con Moisés, seré contigo; no te dejaré, ni te desampararé.

6 Esfuérzate y sé valiente: porque tú repartirás á este pueblo por heredad la tierra, de la cual juré á sus padres que la daría á ellos.

7 Solamente te esfuerces, y seas muy valiente, para cuidar de hacer conforme á toda la ley que mi siervo Moisés te mandó: no te apartes de ella ni á diestra ni á siniestra, para que seas prosperado en todas las cosas que emprendieres.

8 El libro de aquesta ley nunca se apartará de tu boca: antes de día y de noche meditarás en él, para que guardes y hagas conforme á todo lo que en él está escrito: porque entonces harás prosperar tu camino, y todo te saldrá bien.

9 Mira que te mando que te esfuerces y seas valiente: no temas ni desmayes, porque Jehová tu Dios será contigo en donde quiera que fueres.

10 Y Josué mandó á los oficiales del pueblo, diciendo:

11 Pasad por medio del campo, y mandad al pueblo, diciendo: Preveníos de comida; porque dentro de tres días pasaréis el Jordán, para que entréis á poseer la tierra que Jehová vuestro Dios os da para que la poseáis.

12 También habló Josué á los Rubenitas y Gaditas, y á la media tribu de Manasés, diciendo:

13 Acordaos de la palabra que Moisés, siervo de Jehová, os mandó diciendo: Jehová vuestro Dios os ha dado reposo, y os ha dado esta tierra.

14 Vuestras mujeres y vuestros niños y vuestras bestias, quedarán en la tierra que Moisés os ha dado de esta parte del Jordán; mas vosotros, todos los valientes y fuertes, pasaréis armados delante de vuestros hermanos, y les ayudaréis;

15 Hasta tanto que Jehová haya dado reposo á vuestros hermanos como á vosotros, y que ellos también posean la tierra que Jehová vuestro Dios les da: y después volvréis vosotros á la tierra de vuestra herencia, la cual Moisés siervo de Jehová os ha dado, de esta parte del Jordán hacia donde nace el sol; y la poseeréis.

16 Entonces respondieron á Josué, diciendo: Nosotros haremos todas las cosas que nos has mandado, é iremos adonde quiera que nos mandares.

17 De la manera que obedecimos á Moisés en todas las cosas, así te obedeceremos á ti: solamente Jehová tu Dios sea contigo, como fué con Moisés.

18 Cualquiera que fuere rebelde á tu mandamiento, y no obedeciere á tus palabras en todas las cosas que le mandares, que muera; solamente que te esfuerces, y seas valientes.

2 Y Josué, hijo de Nun, envió desde Sittim dos espías secretamente, diciéndoles: Andad, reconoced la tierra, y á Jericó. Los cuales fueron, y entráronse en casa de una mujer ramera que se llamaba Rahab, y posaron allí.

2 Y fué dado aviso al rey de Jericó, diciendo: He aquí que hombres de los hijos de Israel han venido aquí esta noche á espiar la tierra.

3 Entonces el rey de Jericó, envió á decir á Rahab: Saca fuera los hombres que han venido á ti, y han entrado en tu casa; porque han venido á espiar toda la tierra.

4 Mas la mujer había tomado los dos hombres, y los había escondido; y dijo: Verdad que hombres vinieron á mí, mas no supe de dónde eran:

5 Y al cerrarse la puerta, siendo ya oscuro, esos hombres se salieron, y no sé á dónde se han ido: seguidlos apriesa, que los alcanzaréis.

6 Mas ella los había hecho subir al terrado, y habíalos escondido entre tascos de lino que en aquel terrado tenía puestos.

7 Y los hombres fueron tras ellos por el camino del Jordán, hasta los vados: y la puerta fué cerrada después que salieron los que tras ellos iban.

8 Mas antes que ellos durmiesen, ella subió á ellos al terrado, y díjoles:

9 Sé que Jehová os ha dado esta tierra; porque el temor de vosotros ha caído sobre nosotros, y todos los moradores del país están desmayados por causa de vosotros;

10 Porque hemos oído que Jehová hizo secar las aguas del mar Bermejo delante de vosotros, cuando salisteis de Egipto, y lo que habéis hecho á los dos reyes de los Amorrheos que estaban de la parte allá del Jordán, á Sehón y á Og, á los cuales habéis destruído.

11 Oyendo esto, ha desmayado nuestro corazón; ni ha quedado más espíritu en alguno por causa de vosotros: porque Jehová vuestro Dios es Dios arriba en los cielos y abajo en la tierra.

12 Ruégoos pues ahora, me juréis por Jehová, que como he hecho misericordia con vosotros, así la haréis vosotros con la casa de mi padre, de lo cual me daréis una señal cierta;

13 Y que salvaréis la vida á mi padre y á mi madre, y á mis hermanos y hermanas, y á todo lo que es suyo; y que libraréis nuestras vidas de la muerte.

14 Y ellos le respondieron: Nuestra alma por vosotros hasta la muerte, si no denunciareis este nuestro negocio: y cuando Jehová nos hubiere dado la tierra, nosotros haremos contigo misericordia y verdad.

15 Entonces ella los hizo descender con una cuerda por la ventana; porque su casa estaba á la pared del muro, y ella vivía en el muro.

16 Y díjoles: Marchaos al monte, porque los que fueron tras

vosotros no os encuentren; y estad escondidos allí tres días, hasta que los que os siguen hayan vuelto; y después os iréis vuestro camino.

17 Y ellos le dijeron: Nosotros seremos desobligados de este juramento con que nos has conjurado.

18 He aquí, cuando nosotros entráremos en la tierra, tú atarás este cordón de grana á la ventana por la cual nos descolgaste: y tú juntarás en tu casa tu padre y tu madre, tus hermanos y toda la familia de tu padre.

19 Cualquiera que saliere fuera de las puertas de tu casa, su sangre será sobre su cabeza, y nosotros sin culpa. Mas cualquiera que se estuviere en casa contigo, su sangre será sobre nuestra cabeza, si mano le tocare.

20 Y si tú denunciares este nuestro negocio, nosotros seremos desobligados de este tu juramento con que nos has juramentado.

21 Y ella respondió: Sea así como habéis dicho. Luego los despidió, y se fueron: y ella ató el cordón de grana á la ventana.

22 Y caminando ellos, llegaron al monte, y estuvieron allí tres días, hasta que los que los seguían se hubiesen vuelto: y los que los siguieron, buscaron por todo el camino, mas no los hallaron.

23 Y tornándose los dos varones, descendieron del monte, y pasaron, y vinieron á Josué hijo de Nun, y contáronle todas las cosas que les habían acontecido.

24 Y dijeron á Josué: Jehová ha entregado toda la tierra en nuestras manos; y también todos los moradores del país están desmayados delante de nosotros.

3 Y levantándose Josué de mañana, y partieron de Sittim, vinieron hasta el Jordán, él y todos los hijos de Israel, y reposaron allí antes que pasasen.

2 Y pasados tres días, los oficiales atravesaron por medio del campo,

3 Y mandaron al pueblo, diciendo: Cuando viereis el arca del pacto de Jehová vuestro Dios, y los sacerdotes y Levitas que la llevan, vosotros partiréis de vuestro lugar, y marcharéis en pos de ella.

4 Empero entre vosotros y ella haya distancia como de la medida de dos mil codos: y no os acercaréis á ella, á fin de que sepáis el camino por donde habéis de ir: por cuanto vosotros no habéis pasado antes de ahora por este camino.

5 Y Josué dijo al pueblo: Santificaos, porque Jehová hará mañana entre vosotros maravillas.

6 Y habló Josué á los sacerdotes, diciendo: Tomad el arca del pacto, y pasad delante del pueblo. Y ellos tomaron el arca del pacto, y fueron delante del pueblo.

7 Entonces Jehová dijo á Josué: Desde aqueste día comenzaré á hacerte grande delante de los ojos de todo Israel, para que entiendan que como fuí con Moisés, así seré contigo.

8 Tú, pues, mandarás á los sacerdotes que llevan el arca del pacto, diciendo: Cuando hubiereis entrado hasta el borde del agua del Jordán, pararéis en el Jordán.

9 Y Josué dijo á los hijos de Israel: Llegaos acá, y escuchad las palabras de Jehová vuestro Dios.

10 Y añadió Josué: En esto conoceréis que el Dios viviente está en medio de vosotros, y que él echará de delante de vosotros al Cananeo, y al Heteo, y al Heveo, y al Pherezeo, y al Gergeseo, y al Amorrheo, y al Jebuseo.

11 He aquí, el arca del pacto del Señoreador de toda la tierra pasa el Jordán delante de vosotros.

12 Tomad, pues, ahora doce hombres de las tribus de Israel, de cada tribu uno.

13 Y cuando las plantas de los pies de los sacerdotes que llevan el arca de Jehová Señoreador de toda la tierra, fueren asentadas sobre las aguas del Jordán, las aguas del Jordán se partirán: porque las aguas que vienen de arriba se detendrán en un montón.

14 Y aconteció, que partiendo el pueblo de sus tiendas para pasar el Jordán, y los sacerdotes delante del pueblo llevando el arca del pacto,

15 Cuando los que llevaban el arca entraron en el Jordán, así como los pies de los sacerdotes que llevaban el arca fueron mojados á la orilla del agua, (porque el Jordán suele reverter sobre todos sus bordes todo el tiempo de la siega,)

16 Las aguas que venían de arriba, se pararon como en un montón bien lejos de la ciudad de Adam, que está al lado de Sarethán; y las que descendían á la mar de los llanos, al mar Salado, se acabaron y fueron partidas; y el pueblo pasó en derecho de Jericó.

17 Mas los sacerdotes que llevaban el arca del pacto de Jehová, estuvieron en seco, firmes en medio del Jordán, hasta que todo el pueblo hubo acabado de pasar el Jordán; y todo Israel pasó en seco.

4 Y cuando toda la gente hubo acabado de pasar el Jordán, Jehová habló á Josué, diciendo:

2 Tomad del pueblo doce hombres, de cada tribu uno,

3 Y mandadles, diciendo: Tomaos de aquí del medio del Jordán, del lugar donde están firmes los pies de los sacerdotes, doce piedras, las cuales pasaréis con vosotros, y las asentaréis en el alojamiento donde habéis de tener la noche.

4 Entonces Josué llamó á los doce hombres, los cuales había él ordenado de entre los hijos de Israel, de cada tribu uno;

5 Y díjoles Josué: Pasad delante del arca de Jehová vuestro Dios al medio del Jordán; y cada uno de vosotros tome una piedra sobre su hombro, conforme al número de las tribus de los hijos de Israel;

6 Para que esto sea señal entre vosotros; y cuando vuestros hijos preguntaren á sus padres mañana, diciendo: ¿Qué os significan estas piedras?

7 Les responderéis: Que las aguas del Jordán fueron partidas delante del arca del pacto de Jehová; cuando ella pasó el Jordán, las aguas del Jordán se partieron: y estas piedras serán por memoria á los hijos de Israel para siempre.

8 Y los hijos de Israel lo hicieron así como Josué les mandó: que levantaron doce piedras del medio del Jordán, como Jehová lo había dicho á Josué, conforme al número de las tribus de los hijos de Israel, y pasáronlas consigo al alojamiento, y las asentaron allí.

9 Josué también levantó doce piedras en medio del Jordán, en el lugar donde estuvieron los pies de los sacerdotes que llevaban el arca del pacto; y han estado allí hasta hoy.

10 Y los sacerdotes que llevaban el arca se pararon en medio del Jordán, hasta tanto que se acabó todo lo que Jehová había mandado á Josué que hablase al pueblo, conforme á todas las cosas que Moisés había á Josué mandado: y el pueblo se dió priesa y pasó.

11 Y cuando todo el pueblo acabó de pasar, pasó también el arca de Jehová, y los sacerdotes, en presencia del pueblo.

12 También los hijos de Rubén y los hijos de Gad, y la media tribu de Manasés, pasaron armados delante de los hijos de Israel, según Moisés les había dicho:

13 Como cuarenta mil hombres armados á punto pasaron hacia la campiña de Jericó delante de Jehová á la guerra.

14 En aquel día Jehová engrandeció á Josué en ojos de todo Israel: y temiéronle, como habían temido á Moisés, todos los días de su vida.

15 Y Jehová habló á Josué, diciendo:

16 Manda á los sacerdotes que llevan el arca del testimonio, que suban del Jordán.

17 Y Josué mandó á los sacerdotes, diciendo: Subid del Jordán.

18 Y aconteció que como los sacerdotes que llevaban el arca del pacto de Jehová, subieron del medio del Jordán, y las plantas de los pies de los sacerdotes estuvieron en seco, las aguas del Jordán se volvieron á su lugar, corriendo como antes sobre todos sus bordes.

19 Y el pueblo subió del Jordán el diez del mes primero, y asentaron el campo en Gilgal, al lado oriental de Jericó.

20 Y Josué erigió en Gilgal las doce piedras que habían traído del Jordán.

21 Y habló á los hijos de Israel, diciendo: Cuando mañana preguntaren vuestros hijos á sus padres, y dijeren: ¿Qué os significan estas piedras?

22 Declararéis á vuestros hijos, diciendo: Israel pasó en seco por este Jordán.

23 Porque Jehová vuestro Dios secó las aguas del Jordán delante de vosotros, hasta que habíais pasado, á la manera que Jehová vuestro Dios lo había hecho en el mar Bermejo, al cual secó delante de nosotros hasta que pasamos:

24 Para que todos los pueblos de la tierra conozcan la mano de Jehová, que es fuerte; para que temáis á Jehová vuestro Dios todos los días.

5 Y cuando todos los reyes de los Amorrheos, que estaban de la otra parte del Jordán al occidente, y todos los reyes de los Cananeos, que estaban cerca de la mar, oyeron como Jehová había secado las aguas del Jordán delante de los hijos de Israel hasta que hubieron pasado, desfalleció su corazón, y no hubo más espíritu en ellos delante de los hijos de Israel.

2 En aquel tiempo Jehová dijo á Josué: Hazte cuchillos afilados, y vuelve á circuncidar la segunda vez á los hijos de Israel.

3 Y Josué se hizo cuchillos afilados, y circuncidó á los hijos de Israel en el monte de los prepucios.

4 Esta es la causa por la cual Josué los circuncidó: todo el pueblo que había salido de Egipto, los varones, todos los hombres de guerra, habían muerto en el desierto por el camino, después que salieron de Egipto.

5 Porque todos los del pueblo que habían salido, estaban circuncidados: mas todo el pueblo que había nacido en el desierto por el camino, después que salieron de Egipto, no estaban circuncidados.

6 Porque los hijos de Israel anduvieron por el desierto cuarenta años, hasta que toda la gente de los hombres de guerra que habían salido de Egipto, fué consumida, por cuanto no obedecieron á la voz de Jehová; por lo cual Jehová les juró que no les dejaría ver la tierra, de la cual Jehová había jurado á sus padres que nos la daría, tierra que fluye leche y miel.

7 Y los hijos de ellos, que él había hecho suceder en su lugar, Josué los circuncidó; pues eran incircuncisos, porque no habían sido circuncidados por el camino.

8 Y cuando hubieron acabado de circuncidar toda la gente, quedáronse en el mismo lugar en el campo, hasta que sanaron.

9 Y Jehová dijo á Josué: Hoy he quitado de vosotros el oprobio de Egipto: por lo cual el nombre de aquel lugar fué llamado Gilgal, hasta hoy.

10 Y los hijos de Israel asentaron el campo en Gilgal, y celebraron la pascua á los catorce días del mes, por la tarde, en los llanos de Jericó.

11 Y al otro día de la pascua comieron del fruto de la tierra los panes sin levadura, y en el mismo día espigas nuevas tostadas.

12 Y el maná cesó el día siguiente, desde que comenzaron á comer del fruto de la tierra: y los hijos de Israel nunca más tuvieron maná, sino que comieron de los frutos de la tierra de Canaán aquel año.

13 Y estando Josué cerca de Jericó, alzó sus ojos, y vió un varón que estaba delante de él, el cual tenía una espada desnuda en su mano. Y Josué yéndose hacia él, le dijo: ¿Eres de los nuestros, ó de nuestros enemigos?

14 Y él respondió: No; mas Príncipe del ejército de Jehová, ahora he venido. Entonces Josué postrándose sobre su rostro en tierra le adoró; y díjole: ¿Qué dice mi Señor á su siervo?

15 Y el Príncipe del ejército de Jehová repondió á Josué: Quita tus zapatos de tus pies; porque el lugar donde estás es santo. Y Josué lo hizo así.

6 Empero Jericó estaba cerrada, bien cerrada, á causa de los hijos de Israel: nadie entraba, ni salía.

2 Mas Jehová dijo á Josué: Mira, yo he entregado en tu mano á Jericó y á su rey, con sus varones de guerra.

3 Cercaréis pues la ciudad todos los hombres de guerra, yendo alrededor de la ciudad una vez: y esto haréis seis días.

4 Y siete sacerdotes llevarán siete bocinas de cuernos de carneros delante del arca; y al séptimo día daréis siete vueltas á la ciudad, y los sacerdotes tocarán las bocinas.

5 Y cuando tocaren prolongadamente el cuerno de carnero, así que oyereis el sonido de la bocina, todo el pueblo gritará á gran voz, y el muro de la ciudad caerá debajo de sí: entonces el pueblo subirá cada uno en derecho de sí.

6 Y llamando Josué hijo de Nun á los sacerdotes, les dijo: Llevad el arca del pacto, y siete sacerdotes lleven bocinas de cuernos de carneros delante del arca de Jehová.

7 Y dijo al pueblo: Pasad, y rodead la ciudad; y los que están armados pasarán delante del arca de Jehová.

8 Y así que Josué hubo hablado al pueblo, los siete sacerdotes, llevando las siete bocinas de cuernos de carneros, pasaron delante del arca de Jehová, y tocaron las bocinas: y el arca del pacto de Jehová los seguía.

9 Y los armados iban delante de los sacerdotes que tocaban las bocinas, y la gente reunida iba detrás del arca, andando y tocando bocinas.

10 Y Josué mandó al pueblo, diciendo: Vosotros no daréis grita, ni se oirá vuestra voz, ni saldrá palabra de vuestra boca,

hasta el día que yo os diga: Gritad: entonces daréis grita.

11 El arca pues de Jehová dió una vuelta alrededor de la ciudad, y viniéronse al real, en el cual tuvieron la noche.

12 Y Josué se levantó de mañana, y los sacerdotes tomaron el arca de Jehová.

13 Y los siete sacerdotes, llevando las siete bocinas de cuernos de carneros, fueron delante del arca de Jehová, andando siempre y tocando las bocinas; y los armados iban delante de ellos, y la gente reunida iba detrás del arca de Jehová, andando y tocando las bocinas.

14 Así dieron otra vuelta á la ciudad el segundo día, y volviéronse al real: de esta manera hicieron por seis días.

15 Y al séptimo día levantáronse cuando subía el alba, y dieron vuelta á la ciudad de la misma manera siete veces: solamente este día dieron vuelta alrededor de ella siete veces.

16 Y como los sacerdotes hubieron tocado las bocinas la séptima vez, Josué dijo al pueblo: Dad grita, porque Jehová os ha entregado la ciudad.

17 Mas la ciudad será anatema á Jehová, ella con todas las cosas que están en ella: solamente Rahab la ramera vivirá, con todos los que estuvieren en casa con ella, por cuanto escondió los mensajeros que enviamos.

18 Empero guardaos vosotros del anatema, que ni toquéis, ni toméis alguna cosa del anatema, porque no hagáis anatema el campo de Israel, y lo turbéis.

19 Mas toda la plata, y el oro, y vasos de metal y de hierro, sea consagrado á Jehová, y venga al tesoro de Jehová.

20 Entonces el pueblo dió grita, y los sacerdotes tocaron las bocinas: y aconteció que como el pueblo hubo oído el sonido de la bocina, dió el pueblo grita con gran vocerío, y el muro cayó á plomo. El pueblo subió luego á la ciudad, cada uno en derecho de sí, y tomáronla.

21 Y destruyeron todo lo que en la ciudad había; hombres y mujeres, mozos y viejos, hasta los bueyes, y ovejas, y asnos, á filo de espada.

22 Mas Josué dijo á los dos hombres que habían reconocido la tierra: Entrad en casa de la mujer ramera, y haced salir de allá á la mujer, y á todo lo que fuere suyo, como lo jurasteis.

23 Y los mancebos espías entraron, y sacaron á Rahab, y á su padre, y á su madre, y á sus hermanos, y todo lo que era suyo; y también sacaron á toda su parentela, y pusiéronlos fuera del campo de Israel.

24 Y consumieron con fuego la ciudad, y todo lo que en ella había: solamente pusieron en el tesoro de la casa de Jehová la plata, y el oro, y los vasos de metal y de hierro.

25 Mas Josué salvó la vida á Rahab la ramera, y á la casa de su padre, y á todo lo que ella tenía; y habitó ella entre los Israelitas hasta hoy; por cuanto escondió los mensajeros que Josué envió á reconocer á Jericó.

26 Y en aquel tiempo Josué les juramentó diciendo: Maldito delante de Jehová el hombre que se levantare y reedificare esta ciudad de Jericó. En su primogénito eche sus cimientos, y en su menor asiente sus puertas.

27 Fué pues Jehová con Josué, y su nombre se divulgó por toda la tierra.

7 Empero los hijos de Israel cometieron prevaricación en el anatema: porque Achân, hijo de Carmi, hijo de Zabdi, hijo de Zera, de la tribu de Judá, tomó del anatema; y la ira de Jehová se encendió contra los hijos de Israel.

2 Y Josué envió hombres desde Jericó á Hai, que estaba junto á Beth-aven hacia el oriente de Beth-el; y hablóles diciendo: Subid, y reconoced la tierra. Y ellos subieron, y reconocieron á Hai.

3 Y volviendo á Josué, dijéronle: No suba todo el pueblo, mas suban como dos mil ó como tres mil hombre, y tomarán á Hai: no fatigues á todo el pueblo allí, porque son pocos.

4 Y subieron allá del pueblo como tres mil hombres, los cuales huyeron delante de los de Hai.

5 Y los de Hai hirieron de ellos como treinta y seis hombre, y siguiéronlos desde la puerta hasta Sebarim, y los rompieron en la bajada: por lo que se disolvió el corazón del pueblo, y vino á ser como agua.

6 Entonces Josué rompió sus vestidos, y postróse en tierra sobre su rostro delante del arca de Jehová hasta la tarde, él y los ancianos de Israel; y echaron polvo sobre sus cabezas.

7 Y Josué dijo: ¡Ah, Señor Jehová! ¿Por qué hiciste pasar á

este pueblo el Jordán, para entregarnos en las manos de los Amorrheos, que nos destruyan? ¡Ojalá nos hubiéramos quedado de la otra parte del Jordán!

8 ¡Ay Señor! ¿qué diré, ya que Israel ha vuelto las espaldas delante de sus enemigos?

9 Porque los Cananeos y todos los moradores de la tierra oirán, y nos cercarán, y raerán nuestro nombre de sobre la tierra: entonces ¿qué harás tú á tu grande nombre?

10 Y Jehová dijo á Josué: Levántate; ¿por qué te postras así sobre tu rostro?

11 Israel ha pecado, y aun han quebrantado mi pacto que yo les había mandado; pues aun han tomado del anatema, y hasta han hurtado, y también han mentido, y aun lo han guardado entre sus enseres.

12 Por esto los hijos de Israel no podrán estar delante de sus enemigos, sino que delante de sus enemigos volverán las espaldas; por cuanto han venido á ser anatema: ni seré más con vosotros, si no destruyereis el anatema de en medio de vosotros.

13 Levántate, santifica al pueblo, y di: Santificaos para mañana, porque Jehová el Dios de Israel dice así: Anatema hay en medio de ti, Israel; no podrás estar delante de tus enemigos, hasta tanto que hayáis quitado el anatema de en medio de vosotros.

14 Os allegaréis, pues, mañana por vuestras tribus; y la tribu que Jehová tomare, se allegará por sus familias; y la familia que Jehová tomare, se allegará por sus casas; y la casa que Jehová tomare, allegaráse por los varones;

15 Y el que fuere cogido en el anatema, será quemado al fuego, él y todo lo que tiene, por cuanto ha quebrantado el pacto de Jehová, y ha cometido maldad en Israel.

16 Josué, pues, levantándose de mañana, hizo allegar á Israel por sus tribus; y fué tomada la tribu de Judá;

17 Y haciendo allegar la tribu de Judá, fué tomada la familia de los de Zera; haciendo luego allegar la familia de los de Zera por los varones, fué tomado Zabdi;

18 E hizo allegar su casa por los varones, y fué tomado Achán, hijo de Carmi, hijo de Zabdi, hijo de Zera, de la tribu de Judá.

19 Entonces Josué dijo á Achán: Hijo mío, da ahora gloria á Jehová el Dios de Israel, y dale alabanza, y decláreme ahora lo que has hecho; no me lo encubras.

20 Y Achán respondió á Josué, diciendo: Verdaderamente yo he pecado contra Jehová el Dios de Israel, y he hecho así y así:

21 Que vi entre los despojos un manto babilónico muy bueno, y doscientos siclos de plata, y un changote de oro de peso de cincuenta siclos; lo cual codicié, y tomé: y he aquí que está escondido debajo de tierra en el medio de mi tienda, y el dinero debajo de ello.

22 Josué entonces envió mensajeros, los cuales fueron corriendo á la tienda; y he aquí estaba escondido en su tienda, y el dinero debajo de ello:

23 Y tomándolo de en medio de la tienda, trajéronlo á Josué y á todos los hijos de Israel, y pusiéronlo delante de Jehová.

24 Entonces Josué, y todo Israel con él, tomó á Achán hijo de Zera, y el dinero, y el manto, y el changote de oro, y sus hijos, y sus hijas, y sus bueyes, y sus asnos, y sus ovejas, y su tienda, y todo cuanto tenía, y lleváronlo todo al valle de Achôr;

25 Y dijo Josué: ¿Por qué nos has turbado? Túrbete Jehová en este día. Y todos los Israelitas los apedrearon, y los quemaron á fuego, después de apedrearlos con piedras;

26 Y levantaron sobre él un gran montón de piedras, hasta hoy. Y Jehová se tornó de la ira de su furor. Y por esto fué llamado aquel lugar el Valle de Achôr, hasta hoy.

8 Y Jehová dijo á Josué: No temas, ni desmayes; toma contigo toda la gente de guerra, y levántate y sube á Hai. Mira, yo he entregado en tu mano al rey de Hai, y á su pueblo, á su ciudad, y á su tierra.

2 Y harás á Hai y á su rey como hiciste á Jericó y á su rey: sólo que sus despojos y sus bestias tomaréis para vosotros. Pondrás, pues, emboscadas á la ciudad detrás de ella.

3 Y levantóse Josué, y toda la gente de guerra, para subir contra Hai: y escogió Josué treinta mil hombres fuertes, los cuales envió de noche.

4 Y mandóles, diciendo: Mirad, pondréis emboscada á la ciudad detrás de ella: no os alejaréis mucho de la ciudad, y estaréis todos apercibidos.

5 Y yo, y todo el pueblo que está conmigo, nos acercaremos á la ciudad; y cuando saldrán ellos contra nosotros, como hicieron antes, huiremos delante de ellos.

6 Y ellos saldrán tras nosotros, hasta que los arranquemos de la ciudad; porque ellos dirán: Huyen de nosotros como la primera vez. Huiremos, pues, delante de ellos.

7 Entonces vosotros os levantaréis de la emboscada, y os echaréis sobre la ciudad; pues Jehová vuestro Dios la entregará en vuestras manos.

8 Y cuando la hubiereis tomado, le prenderéis fuego. Haréis conforme á la palabra de Jehová. Mirad que os lo he mandado.

9 Entonces Josué los envió; y ellos se fueron á la emboscada, y pusiéronse entre Beth-el y Hai, al occidente de Hai: y Josué se quedó aquella noche en medio del pueblo.

10 Y levantándose Josué muy de mañana, revistó al pueblo, y subió él, con los ancianos de Israel, delante del pueblo contra Hai.

11 Y toda la gente de guerra que con él estaba, subió, y acercóse, y llegaron delante de la ciudad, y asentaron el campo á la parte del norte de Hai: y el valle estaba entre él y Hai.

12 Y tomó como cinco mil hombres, y púsolos en emboscada entre Beth-el y Hai, á la parte occidental de la ciudad.

13 Y el pueblo, todo el campo que estaba á la parte del norte de la ciudad, colocado ya cerca, y su emboscada al occidente de la ciudad, vínose Josué aquella noche al medio del valle.

14 Lo cual como viese el rey de Hai, levantóse prestamente de mañana, y salió con la gente de la ciudad contra Israel, él y todo su pueblo, para combatir por el llano al tiempo señalado, no sabiendo que le estaba puesta emboscada á las espaldas de la ciudad.

15 Entonces Josué y todo Israel, haciéndose vencidos, huyeron delante de ellos por el camino del desierto.

16 Y todo el pueblo que estaba en Hai se juntó para seguirlos; y siguieron á Josué, siendo así arrancados de la ciudad.

17 Y no quedó hombre en Hai y Beth-el, que no saliera tras de Israel; y por seguir á Israel dejaron la ciudad abierta.

18 Entonces Jehová dijo á Josué: Levanta la lanza que tienes en tu mano hacia Hai, porque yo la entregaré en tu mano. Y Josué levantó hacia la ciudad la lanza que en su mano tenía.

19 Y levantándose prestamente de su lugar los que estaban en la emboscada, corrieron luego que él alzó su mano, y vinieron á la ciudad, y la tomaron, y apresuráronse á prenderle fuego.

20 Y como los de la ciudad miraron atrás, observaron, y he aquí el humo de la ciudad que subía al cielo, y no tuvieron arbitrio para huir ni á una parte ni á otra: y el pueblo que iba huyendo hacia el desierto, se volvió contra los que le seguían.

21 Josué y todo Israel, viendo que los de la emboscada habían tomado la ciudad, y que el humo de la ciudad subía, tornaron, é hirieron á los de Hai.

22 Y los otros salieron de la ciudad á su encuentro: y así fueron encerrados en medio de Israel, los unos de la una parte, y los otros de la otra. Y los hirieron hasta que no quedó ninguno de ellos que escapase.

23 Y tomaron vivo al rey de Hai, y trajéronle á Josué.

24 Y cuando los Israelitas acabaron de matar á todos los moradores de Hai en el campo, en el desierto, donde ellos los habían perseguido, y que todos habían caído á filo de espada hasta ser consumidos, todos los Israelitas se tornaron á Hai, y también los pusieron á cuchillo.

25 Y el número de los que cayeron aquel día, hombres y mujeres, fué doce mil, todos los de Hai.

26 Y Josué no retrajo su mano que había extendido con la lanza, hasta que hubo destruído á todos los moradores de Hai.

27 Empero los Israelitas tomaron para sí las bestias y los despojos de la ciudad, conforme á la palabra de Jehová que él había mandado á Josué.

28 Y Josué quemó á Hai y redújola á un montón perpetuo, asolado hasta hoy.

29 Mas al rey de Hai colgó de un madero hasta la tarde: y como el sol se puso, mandó Josué que quitasen del madero su cuerpo, y lo echasen á la puerta de la ciudad: y levantaron sobre él un gran montón de piedras, hasta hoy.

30 Entonces Josué edificó un altar á Jehová Dios de Israel en el monte de Ebal,

31 Como Moisés, siervo de Jehová, lo había mandado á los hijos de Israel, como está escrito en el libro de la ley de Moisés, un altar de piedras enteras sobre las cuales nadie alzó hierro: y ofrecieron sobre él holocaustos á Jehová, y sacrificaron víctimas pacíficas.

32 También escribió allí en piedras la repetición de la ley de Moisés, la cual él había escrito delante de los hijos de Israel.

33 Y todo Israel, y sus ancianos, oficiales, y jueces, estaban de la una y de la otra parte junto al arca, delante de los sacerdotes Levitas que llevan el arca del pacto de Jehová; así extranjeros como naturales, la mitad de ellos estaba hacia el monte de Gerizim, y la otra mitad hacia el monte de Ebal; de la manera que Moisés, siervo de Jehová, lo había mandado antes, para que bendijesen primeramente al pueblo de Israel.

34 Después de esto, leyó todas las palabras de la ley, las bendiciones y las maldiciones, conforme á todo lo que está escrito en el libro de la ley.

35 No hubo palabra alguna de todas las cosas que mandó Moisés, que Josué no hiciese leer delante de toda la congregación de Israel, mujeres y niños, y extranjeros que andaban entre ellos.

9 Y acontenció que como oyeron estas cosas todos los reyes que estaban de esta parte del Jordán, así en las montañas como en los llanos, y en toda la costa de la gran mar delante del Líbano, los Hetheos, Amorrheos, Cananeos, Pherezeos, Heveos, y Jebuseos;

2 Juntáronse á una, de un acuerdo, para pelear contra Josué é Israel.

3 Mas los moradores de Gabaón, como oyeron lo que Josué había hecho á Jericó y á Hai,

4 Ellos usaron también de astucia; pues fueron y fingiéronse embajadores, y tomaron sacos viejos sobre sus asnos, y cueros viejos de vino, rotos y remendados,

5 Y zapatos viejos y recosidos en sus pies, con vestidos viejos sobre sí; y todo el pan que traían para el camino, seco y mohoso.

6 Así vinieron á Josué al campo en Gilgal, y dijéronle á él y á los de Israel: Nosotros venimos de tierra muy lejana: haced pues ahora con nosotros alianza.

7 Y los de Israel respondieron á los Heveos: Quizás vosotros habitáis en medio de nosotros; ¿cómo pues podremos nosotros hacer alianza con vosotros?

8 Y ellos respondieron á Josué: Nosotros somos tus siervos. Y Josué les dijo: ¿Quién sois vosotros y de dónde venís?

9 Y ellos respondieron: Tus siervos han venido de muy lejanas tierras, por la fama de Jehová tu Dios; porque hemos oído su fama, y las cosas que hizo en Egipto,

10 Y todo lo que hizo á los dos reyes de los Amorrheos que estaban de la otra parte del Jordán; á Sehón rey de Hesbón, y á Og rey de Basán, que estaba en Astaroth.

11 Por lo cual nuestros ancianos y todos los moradores de nuestra tierra nos dijeron: Tomad en vuestras manos provisión para el camino, y id al encuentro de ellos, y decidles: Nosotros somos vuestros siervos, y haced ahora con nosotros alianza.

12 Este nuestro pan tomamos caliente de nuestras casas para el camino el día que salimos para venir á vosotros; y helo aquí ahora que está seco y mohoso:

13 Estos cueros de vino también los henchimos nuevos; helos aquí ya rotos: también estos nuestros vestidos y nuestros zapatos están ya viejos á causa de lo muy largo del camino.

14 Y los hombres de Israel tomaron de su provisión del camino, y no preguntaron á la boca de Jehová.

15 Y Josué hizo paz con ellos, y concertó con ellos que les dejaría la vida: también los príncipes de la congregación les juraron.

16 Pasados tres días después que hicieron con ellos el concierto, oyeron como eran sus vecinos, y que habitaban en medio de ellos.

17 Y partiéronse los hijos de Israel, y al tercer día llegaron á sus ciudades: y sus ciudades eran Gabaón, Caphira, Beeroth, y Chiriath-jearim.

18 Y no los hirieron los hijos de Israel, por cuanto los príncipes de la congregación les habían jurado por Jehová el Dios de Israel. Y toda la congregación murmuraba contra los príncipes.

19 Mas todos los príncipes respondieron á toda la congregación: Nosotros les hemos jurado por Jehová Dios de Israel; por tanto, ahora no les podemos tocar.

20 Esto haremos con ellos: les dejaremos vivir, porque no venga ira sobre nosotros á causa del juramento que les hemos hecho.

21 Y los príncipes les dijeron: Vivan; mas sean leñadores y aguadores para toda la congregación, como los príncipes les han dicho.

22 Y llamándolos Josué, les habló diciendo: ¿Por qué nos habéis engañado, diciendo, Habitamos muy lejos de vosotros; una vez que moráis en medio de nosotros?

23 Vosotros pues ahora sois malditos, y no faltará de vosotros siervo, y quien corte la leña y saque el agua para la casa de mi Dios.

24 Y ellos respondieron á Josué, y dijeron: Como fué dado á entender á tus siervos, que Jehová tu Dios había mandado á Moisés su siervo que os había de dar toda la tierra, y que había de destruir todos los moradores de la tierra delante de vosotros, por esto temimos en gran manera de vosotros por nuestras vidas, é hicimos esto.

25 Ahora pues, henos aquí en tu mano: lo que te pareciere bueno y recto hacer de nosotros, hazlo.

26 Y él lo hizo así; que los libró de la mano de los hijos de Israel, para que no los matásen.

27 Y constituyólos Josué aquel día por leñadores y aguadores para la congregación y para el altar de Jehová, en el lugar que él escogiese: lo que son hasta hoy.

10 Y como Adonisedec rey de Jerusalem oyó que Josué había tomado á Hai, y que la habían asolado, (como había hecho á Jericó y á su rey, así hizo á Hai á su rey;) y que los moradores de Gabaón habían hecho paz con los Israelitas, y que estaban entre ellos;

2 Tuvieron muy gran temor; porque Gabaón era una gran ciudad, como una de las ciudades reales, y mayor que Hai, y todos sus hombres fuertes.

3 Envió pues á decir Adonisedec rey de Jerusalem, á Oham rey de Hebrón, y á Phiream rey de Jerimoth, y á Japhia rey de Lachís, y á Debir rey de Eglón:

4 Subid á mí, y ayudadme, y combatamos á Gabaón: porque ha hecho paz con Josué y con los hijos de Israel.

5 Y cinco reyes de los Amorrheos, el rey de Jerusalem, el rey de Hebrón, el rey de Jerimoth, el rey de Lachís, el rey de Eglón, se juntaron y subieron, ellos con todos sus ejércitos, y asentaron campo sobre Gabaón, y pelearon contra ella.

6 Y los moradores de Gabaón enviaron á decir á Josué al campo en Gilgal: No encojas tus manos de tus siervos; sube prestamente á nosotros para guardarnos y ayudarnos: porque todos los reyes de los Amorrheos que habitan en las montañas, se han juntado contra nosotros.

7 Y subió Josué de Gilgal, y todo el pueblo de guerra con él, y todos los hombres valientes.

8 Y Jehová dijo á Josué: No tengas temor de ellos: porque yo los he entregado en tu mano, y ninguno de ellos parará delante de ti.

9 Y Josué vino á ellos de repente, toda la noche subió desde Gilgal.

10 Y Jehová los turbó delante de Israel, é hiriólos con gran mortandad en Gabaón: y siguiólos por el camino que sube á Beth-orón, é hiriólos hasta Azeca y Maceda.

11 Y como iban huyendo de los Israelitas, á la bajada de Beth-oron, Jehová echó sobre ellos del cielo grandes piedras hasta Azeca, y murieron: muchos más murieron de las piedras del granizo, que los que los hijos de Israel habían muerto á cuchillo.

12 Entonces Josué habló á Jehová el día que Jehová entregó al Amorrheo delante de los hijos de Israel, y dijo en presencia de los Israelitas: Sol, detente en Gabaón; Y tú, Luna, en el valle de Ajalón.

13 Y el sol se detuvo y la luna se paró, Hasta tanto que la gente se hubo vengado de sus enemigos. ¿No está aquesto escrito en el libro de Jasher? Y el sol se paró en medio del cielo, y no se apresuró á ponerse casi un día entero.

14 Y nunca fué tal día antes ni después de aquél, habiendo atendido Jehová á la voz de un hombre: porque Jehová peleaba por Israel.

15 Y Josué, y todo Israel con él, volvíase al campo en Gilgal.

16 Pero los cinco reyes huyeron, y se escondieron en una cueva en Maceda.

17 Y fué dicho á Josué que los cinco reyes habían sido hallados en una cueva en Maceda.

18 Entonces Josué dijo: Rodad grandes piedras á la boca de la cueva, y poned hombres junto á ella que los guarden;

19 Y vosotros no os paréis, sino seguid á vuestros enemigos, y heridles la retaguardia, sin dejarles entrar en sus ciudades; porque Jehová vuestro Dios los ha entregado en vuestra mano.

20 Y aconteció que como Josué y los hijos de Israel hubieron acabado de herirlos con mortandad muy grande, hasta destruirlos, que quedaron de ellos se metieron en las ciudades fuertes.

21 Y todo el pueblo se volvió salvo al campo á Josué en Maceda; que no hubo quien moviese su lengua contra los hijos de Israel.

22 Entonces dijo Josué: Abrid la boca de la cueva, y sacadme de ella á estos cinco reyes.

23 E hiciéronlo así, y sacáronle de la cueva aquellos cinco reyes: al rey de Jerusalem, al rey de Hebrón, al rey de Jerimoth, al rey de Lachîs, al rey de Eglón.

24 Y cuando hubieron sacado estos reyes á Josué, llamó Josué á todos los varones de Israel, y dijo á los principales de la gente de guerra que habían venido con él: Llegad y poned vuestros pies sobre los pescuezos de aquestos reyes. Y ellos se llegaron, y pusieron sus pies sobre los pescuezos de ellos.

25 Y Josué les dijo: No temáis, ni os atemoricéis; sed fuertes y valientes: porque así hará Jehová á todos vuestros enemigos contra los cuales peleáis.

26 Y después de esto Josué los hirió y los mató, é hízolos colgar en cinco maderos: y quedaron colgados en los maderos hasta la tarde.

27 Y cuando el sol se iba á poner, mandó Josué que los quitasen de los maderos, y los echasen en la cueva donde se habían escondido: y pusieron grandes piedras á la boca de la cueva, hasta hoy.

28 En aquel mismo día tomó Josué á Maceda, y la puso á cuchillo, y mató á su rey; á ellos y á todo lo que en ella tenía vida, sin quedar nada: mas al rey de Maceda hizo como había hecho al rey de Jericó.

29 Y de Maceda pasó Josué, y todo Israel con él, á Libna; y peleó contra Libna:

30 Y Jehová la entregó también á ella, y á su rey, en manos de Israel; y metióla á filo de espada, con todo lo que en ella había vivo, sin quedar nada: mas á su rey hizo de la manera que había hecho al rey de Jericó.

31 Y Josué, y todo Israel con él, pasó de Libna á Lachîs, y puso campo contra ella, y combatióla:

32 Y Jehová entregó á Lachîs en mano de Israel, y tomóla al día siguiente, y metióla á cuchillo, con todo lo que en ella había vivo, como había hecho en Libna.

33 Entonces Horam, rey de Gezer, subió en ayuda de Lachîs; mas él y á su pueblo hirió Josué, hasta no quedar ninguno de ellos.

34 De Lachîs pasó Josué, y todo Israel con él, á Eglón: y pusieron campo contra ella, y combatiéronla:

35 Y la tomaron en el mismo día, y metiéronla á cuchillo, y aquel día mató á todo lo que en ella había vivo, como había hecho en Lachîs.

36 Subió luego Josué, y todo Israel con él, de Eglón á Hebrón, y combatiéronla;

37 Y tomándola, la metieron á cuchillo, á su rey y á todas sus ciudades, con todo lo que en ella había vivo, sin quedar nada: como habían hecho á Eglón, así la destruyeron con todo lo que en ella había vivo.

38 Y volviéndose Josué, y todo Israel con él, sobre Debir, combatióla;

39 Y tomóla, y á su rey, y á todas sus villas; y metiéronlos á cuchillo, y destruyeron todo lo que allí dentro había vivo, sin quedar nada; como había hecho á Hebrón, así hizo á Debir y á su rey; y como había hecho á Libna y á su rey.

40 Hirió pues Josué toda la región de las montañas, y del mediodía, y de los llanos, y de las cuestas, y á todos sus reyes, sin quedar nada; todo lo que tenía vida mató, al modo que Jehová Dios de Israel lo había mandado.

41 Y hiriólos Josué desde Cades-barnea hasta Gaza, y toda la tierra de Gosén hasta Gabaón.

42 Todos estos reyes y sus tierras tomó Josué de una vez; porque Jehová el Dios de Israel peleaba por Israel.

43 Y tornóse Josué, y todo Israel con él, al campo en Gilgal.

11 Oyendo esto Jabín rey de Hasor, envió mensaje á Jobab rey de Madón, y al rey de Simrom, y al rey de Achsaph,

2 Y á los reyes que estaban á la parte del norte en las montañas, y en el llano al mediodía de Cinneroth, y en los llanos, y en las regiones de Dor al occidente;

3 Y al Cananeo que estaba al oriente y al occidente, y al Amorrheo, y al Hetheo, y al Pherezeo, y al Jebuseo en las montañas, y al Heveo debajo de Hermón en tierra de Mizpa.

4 Estos salieron, y con ellos todos sus ejércitos, pueblo mucho en gran manera, como la arena que está á la orilla del mar, con gran muchedumbre de caballos y carros.

5 Todos estos reyes se juntaron, y viniendo reunieron los campos junto á las aguas de Merom, para pelear contra Israel.

6 Mas Jehová dijo á Josué: No tengas temor de ellos, que mañana á esta hora yo entregaré á todos éstos, muertos delante de Israel: á sus caballos desjarretarás, y sus carros quemarás al fuego.

7 Y vino Josué, y con él todo el pueblo de guerra, contra ellos, y dió de repente sobre ellos junto á las aguas de Merom.

8 Y entrególos Jehová en manos de Israel, los cuales los hirieron y siguieron hasta Sidón la grande, y hasta las aguas calientes, y hasta el llano de Mizpa al oriente, hiriéndolos hasta que no les dejaron ninguno.

9 Y hizo con ellos como Jehová le había mandado: desjarretó sus caballos, y sus carros quemó al fuego.

10 Y tornándose Josué, tomó en el mismo tiempo á Hasor, é hirió á cuchillo á su rey: la cual Hasor había sido antes cabeza de todos estos reinos.

11 E hirieron á cuchillo todo cuanto en ella había vivo, destruyendo y no dejando cosa con vida; y á Asor pusieron á fuego.

12 Asimismo tomó Josué todas las ciudades de aquestos reyes, y á todos los reyes de ellas, y los metió á cuchillo; los destruyó, como Moisés siervo de Jehová lo había mandado.

13 Empero todas las ciudades que estaban en sus cabezos, no las quemó Israel, sacando á sola Asor, la cual quemó Josué.

14 Y los hijos de Israel tomaron para sí todos los despojos y bestias de aquestas ciudades: pero á todos los hombres metieron á cuchillo hasta destruirlos, sin dejar alguno con vida.

15 De la manera que Jehová lo había mandado á Moisés su siervo, así Moisés lo mandó á Josué: y así Josué lo hizo, sin quitar palabra de todo lo que Jehová había mandado á Moisés.

16 Tomó pues Josué toda aquella tierra, las montañas, y toda la región del mediodía, y toda la tierra de Gosén, y los bajos y los llanos, y la montaña de Israel y sus valles,

17 Desde el monte de Halac, que sube hasta Seir, hasta Baalgad en la llanura del Líbano, á las raíces del monte Hermón: tomó asimismo todos sus reyes, los cuales hirió y mató.

18 Por muchos días tuvo guerra Josué con estos reyes.

19 No hubo ciudad que hiciese paz con los hijos de Israel, sacados los Heveos, que moraban en Gabaón: todo lo tomaron por guerra.

20 Porque esto vino de Jehová, que endurecía el corazón de ellos para que resistiesen con guerra á Israel, para destruirlos, y que no les fuese hecha misericordia, antes fuesen desarraigados, como Jehová lo había mandado á Moisés.

21 También en el mismo tiempo vino Josué y destruyó los Anaceos de los montes, de Hebrón, de Debir, y de Anab, y de todos los montes de Judá, y de todos los montes de Israel: Josué los destruyó á ellos y á sus ciudades.

22 Ninguno de los Anaceos quedó en la tierra de los hijos de Israel; solamente quedaron en Gaza, en Gath, y en Asdod.

23 Tomó, pues, Josué toda la tierra, conforme á todo lo que Jehová había dicho á Moisés; y entrególa Josué á los Israelitas por herencia, conforme á sus repartimientos de sus tribus: y la tierra reposó de guerra.

12 Estos son los reyes de la tierra que los hijos de Israel hirieron, y cuya tierra poseyeron de la otra parte del Jordán al nacimiento del sol, desde el arroyo de Arnón hasta el monte Hermón, y toda la llanura oriental:

2 Sehón rey de los Amorrheos, que habitaba en Hesbón, y señoreaba desde Aroer, que está á la ribera del arroyo de Arnón, y desde en medio del arroyo, y la mitad de Galaad, hasta el arroyo Jaboc, el término de los hijos de Ammón;

3 Y desde la campiña hasta la mar de Cinneroth, al oriente; y hasta la mar de la llanura, el mar Salado, al oriente, por el camino de Beth-jesimoth; y desde el mediodía debajo de las vertientes del Pisga.

4 Y los términos de Og rey de Basán, que había quedado de los Rapheos, el cual habitaba en Astaroth y en Edrei,

5 Y señoreaba en el monte de Hermón, y en Salca, y en todo Basán hasta los términos de Gessuri y de Maachâti, y la mitad de Galaad, término de Sehón rey de Hesbón.

6 A estos hirieron Moisés siervo de Jehová y los hijos de Israel; y Moisés siervo de Jehová dió aquella tierra en posesión á los Rubenitas, Gaditas, y á la media tribu de Manasés.

7 Y estos son los reyes de la tierra que hirió Josué con los hijos de Israel, de esta parte del Jordán al occidente, desde Baal-gad en el llano del Líbano hasta el monte de Halac que sube á Seir, la cual tierra dió Josué en posesión á las tribus de Israel, conforme á sus repartimientos;

8 En montes y en valles, en llanos y en vertientes, al desierto y al mediodía; el Hetheo, y el Amorrheo, y el Cananeo, y el Pherezeo, y el Heveo, y el Jebuseo.

9 El rey de Jericó, uno: el rey de Hai, que está al lado de Beth-el, otro:

10 El rey de Jerusalem, otro: el rey de Hebrón, otro:

11 El rey de Jarmuth, otro: el rey de Lachís, otro:

12 El rey de Eglón, otro: el rey de Gezer, otro:

13 El rey de Debir, otro: el rey de Geder, otro:

14 El rey de Horma, otro: el rey de Arad, otro:

15 El rey de Libna, otro: el rey de Adullam, otro:

16 El rey de Maceda, otro: el rey de Beth-el, otro:

17 El rey de Tappua, otro: el rey de Hepher, otro:

18 El rey de Aphec, otro: el rey de Lasarón, otro:

19 El rey de Madón, otro: el rey de Hasor, otro:

20 El rey de Simron-meron, otro: el rey de Achsaph, otro:

21 El rey de Taanach, otro: el rey de Megiddo, otro:

22 El rey de Chêdes, otro: el rey de Jocneam de Carmel, otro:

23 El rey de Dor, de la provincia de Dor, otro; el rey de Gentes en Gilgal, otro:

24 El rey de Tirsa, otro: treinta y un reyes en todo.

13 Y siendo Josué ya viejo, entrado en días, Jehová le dijo: Tú eres ya viejo, de edad avanzada, y queda aún muy mucha tierra por poseer.

2 Esta es la tierra que queda; todos los términos de los Philisteos, y toda Gessuri;

3 Desde Sihor, que está delante de Egipto, hasta el término de Accarón al norte, reputásse de los Cananeos: cinco provincias de los Philisteos; los Gazeos, Asdodios, Ascalonitas, Getheos, y Accaronitas; y los Heveos;

4 Al mediodía toda la tierra de los Cananeos, y Mehara que es de los Sidonios, hasta Aphec, hasta el término del Amorrheo;

5 Y la tierra de los Gibleos, y todo el Líbano hacia donde sale el sol, desde Baal-gad á las raíces del monte Hermón, hasta entrar en Hamath;

6 Todos los que habitan en las montañas desde el Líbano hasta las aguas calientes, todos los Sidonios; yo los desarraigaré delante de los hijos de Israel: solamente repartirás tú por suerte el país á los Israelitas por heredad, como te he mandado.

7 Parte, pues, tú ahora esta tierra en heredad á las nueve tribus, y á la media tribu de Manasés.

8 Porque la otra media recibió su heredad con los Rubenitas y Gaditas, la cual les dió Moisés de la otra parte del Jordán al oriente, según que se la dió Moisés siervo de Jehová:

9 Desde Aroer, que está á la orilla del arroyo de Arnón, y la ciudad que está en medio del arroyo, y toda la campiña de Medeba, hasta Dibón;

10 Y todas las ciudades de Sehón rey de los Amorrheos, el cual reinó en Hesbón, hasta los términos de los hijos de Ammón;

11 Y Galaad, y los términos de Gessuri, y de Maachâti, y todo el monte de Hermón, y toda la tierra de Basán hasta Salchâ:

12 Todo el reino de Og en Basán, el cual reinó en Astaroth y Edrei, el cual había quedado del residuo de los Rapheos; pues Moisés los hirió, y echó.

13 Mas á los de Gessuri y Maachâti no echaron los hijos de Israel; antes Gessur y Maachât habitaron entre los Israelitas hasta hoy.

14 Empero á la tribu de Leví no dió heredad: los sacrificios de Jehová Dios de Israel son su heredad, como él les había dicho.

15 Dió, pues, Moisés á la tribu de los hijos de Rubén conforme á sus familias:

16 Y fué el término de ellos desde Aroer, que está á la orilla del arroyo de Arnón, y la ciudad que está en medio del arroyo, y toda la campiña, hasta Medeba;

17 Hesbón, con todas sus villas que están en la llanura; Dibón, y Bamoth-baal, y Beth-baal-meón;

18 Y Jaas, y Keddemoth, y Mephaath,

19 Y Chîriataim, y Sibma, y Zerethshahar en el monte del valle;

20 Y Beth-peor, y Asdoth-pisga, y Beth-jesimoth;

21 Y todas las ciudades de la campiña, y todo el reino de Sehón rey de los Amorrheos, que reinó en Hesbón, al cual hirió Moisés, y á los príncipes de Madián, Hevi, Recem, y Sur, y Hur, y Reba, príncipes de Sehón que habitaban en aquella tierra.

22 También mataron á cuchillo los hijos de Israel á Balaam adivino, hijo de Beor, con los demás que mataron.

23 Y fueron los términos de los hijos de Rubén el Jordán con su término. Esta fué la herencia de los hijos de Rubén conforme á sus familias, estas ciudades con sus villas.

24 Dió asimismo Moisés á la tribu de Gad, á los hijos de Gad, conforme á sus familias.

25 Y el término de ellos fué Jacer, y todas las ciudades de Galaad, y la mitad de la tierra de los hijos de Ammón hasta Aroer, que está delante de Rabba.

26 Y desde Hesbón hasta Ramath-mispe, y Betonim; y desde Mahanaim hasta el término de Debir:

27 Y la campiña de Beth-aram, y Beth-nimra, y Sucoth, y Saphón, resto del reino de Sehón, rey en Hesbón: el Jordán y su término hasta el cabo de la mar de Cinnereth de la otra parte del Jordán al oriente.

28 Esta es la herencia de los hijos de Gad, por sus familias, estas ciudades con sus villas.

29 También dió Moisés herencia á la media tribu de Manasés: y fué de la media tribu de los hijos de Manasés, conforme á sus familias.

30 El término de ellos fué desde Mahanaim, todo Basán, todo el reino de Og rey de Basán, y todas las aldeas de Jair que están en Basán, sesenta poblaciones.

31 Dióse además la mitad de Galaad, y Astaroth y Edrei, ciudades del reino de Og en Basán, á los hijos de Machîr, hijo de Manasés, á la mitad de los hijos de Machîr conforme á sus familias.

32 Esto es lo que Moisés repartió en heredad en los llanos de Moab, de la otra parte del Jordán de Jericó, al oriente.

33 Mas á la tribu de Leví no dió Moisés heredad: Jehová Dios de Israel es la heredad de ellos como él les había dicho.

14 Esto pues es lo que los hijos de Israel tomaron por heredad en la tierra de Canaán, lo cual les repartieron Eleazar sacerdote, y Josué hijo de Nun, y los principales de los padres de las tribus de los hijos de Israel.

2 Por suerte dióseles su heredad, como Jehová lo había mandado por Moisés, que diese á las nueve tribus y á la media tribu.

3 Porque á las dos tribus, y á la media tribu, les había Moisés dado heredad de la otra parte del Jordán: mas á los Levitas no dió heredad entre ellos.

4 Porque los hijos de José fueron dos tribus, Manasés y Ephraim: y no dieron parte á los Levitas en la tierra, sino ciudades en que morasen, con sus ejidos para sus ganados y rebaños.

5 De la manera que Jehová lo había mandado á Moisés, así lo hicieron los hijos de Israel en el repartimiento de la tierra.

6 Y los hijos de Judá vinieron á Josué en Gilgal; y Caleb, hijo de Jephone Cenezeo, le dijo: Tú sabes lo que Jehová dijo á Moisés, varón de Dios, en Cades-barnea, tocante á mí y á ti.

7 Yo era de edad de cuarenta años, cuando Moisés siervo de Jehová me envió de Cades-barnea á reconocer la tierra; y yo le referí el negocio como lo tenía en mi corazón:

8 Mas mis hermanos, los que habían subido conmigo, menguaron el corazón del pueblo; empero yo cumplí siguiendo á Jehová mi Dios.

9 Entonces Moisés juró, diciendo: Si la tierra que holló tu pie no fuere para ti, y para tus hijos en herencia perpétua: por cuanto cumpliste siguiendo á Jehová mi Dios.

10 Ahora bien, Jehová me ha hecho vivir, como él dijo, estos cuarenta y cinco años, desde el tiempo que Jehová habló estas palabras á Moisés, cuando Israel andaba por el desierto: y ahora, he aquí soy hoy día de ochenta y cinco años:

11 Pero aun hoy estoy tan fuerte como el día que Moisés me envió: cual era entonces mi fuerza, tal es ahora, para la guerra, para salir y para entrar.

12 Dame, pues, ahora este monte, del cual habló Jehová aquel día; porque tú oíste en aquel día que los Anaceos están allí, y grandes y fuertes ciudades. Quizá Jehová será conmigo, y los echaré como Jehová ha dicho.

13 Josué entonces le bendijo, y dió á Caleb hijo de Jephone á Hebrón por heredad.

14 Por tanto Hebrón fué de Caleb, hijo de Jephone Cenezeo, en heredad hasta hoy; porque cumplió siguiendo á Jehová Dios de Israel.

15 Mas Hebrón fué antes llamada Chîriath-arba; fué Arba un hombre grande entre los Anaceos. Y la tierra tuvo reposo de las guerras.

15 Y fué la suerte de la tribu de los hijos de Judá, por sus familias, junto al término de Edom, del desierto de Zin al mediodía, al lado del sur.

2 Y su término de la parte del mediodía fué desde la costa del mar Salado, desde la lengua que mira hacia el mediodía;

3 Y salía hacia la mediodía á la subida de Acrabim, pasando hasta Zin; y subiendo por el mediodía hasta Cades-barnea, pasaba á Hebrón, y subiendo por Addar daba vuelta á Carca;

4 De allí pasaba á Azmón, y salía al arroyo de Egipto; y sale este término al occidente. Este pues os será el término del mediodía.

5 El término del oriente es el mar Salado hasta el fin del Jordán. Y el término de la parte del norte, desde la lengua del mar, desde el fin del Jordán:

6 Y sube este término por Beth-hogla, y pasa del norte á Beth-araba, y de aquí sube este término á la piedra de Bohán, hijo de Rubén.

7 Y torna á subir este término á Debir desde el valle de Achôr; y al norte mira sobre Gilgal, que está delante de la subida de Adumin, la cual está al mediodía del arroyo: y pasa este término á las aguas de En-semes, y sale á la fuente de Rogel:

8 Y sube este término por el valle del hijo de Hinnom al lado del Jebuseo al mediodía: esta es Jerusalem. Luego sube este término por la cumbre del monte que está delante del valle de Hinnom hacia el occidente, el cual está al cabo del valle de los gigantes al norte:

9 Y rodea este término desde la cumbre del monte hasta la fuente de las aguas de Nephtoa, y sale á la ciudades del monte de Ephrón, rodeando luego el mismo término á Baala, la cual es Chîriath-jearim.

10 Después torna este término desde Baala hacia el occidente al monte de Seir: y pasa al lado del monte de Jearim hacia el norte, esta es Chesalón, y desciende á Beth-semes, y pasa á Timna.

11 Sale luego este término al lado de Ecrón hacia el norte; y rodea el mismo término á Sichêron, y pasa por el monte de Baala, y sale á Jabneel: y sale este término á la mar.

12 El término del occidente es la mar grande. Este pues, es el término de los hijos de Judá en derredor, por sus familias.

13 Mas á Caleb, hijo de Jephone, dió parte entre los hijos de Judá, conforme al mandamiento de Jehová á Josué: esto es, á Chîriath-arba, del padre de Anac, que es Hebrón.

14 Y Caleb echó de allí tres hijos de Anac, á Sesai, Aiman, y Talmai, hijos de Anac.

15 De aquí subió á los que moraban en Debir: y el nombre de Debir era antes Chîriath-sepher.

16 Y dijo Caleb: Al que hiriere á Chîriath-sepher, y la tomare, yo le daré á mi hija Axa por mujer.

17 Y tomóla Othoniel, hijo de Cenez, hermano de Caleb; y él le dió por mujer á su hija Axa.

18 Y aconteció que cuando la llevaba, él la persuadió que pidiese á su padre tierras para labrar. Ella entonces se apeó del asno. Y Caleb le dijo: ¿Qué tienes?

19 Y ella respondió: Dame bendición: pues que me has dado tierra de secadal, dame también fuentes de aguas. El entonces le dió las fuentes de arriba, y las de abajo.

20 Esta pues es la herencia de las tribu de los hijos de Judá por sus familias.

21 Y fueron las ciudades del término de la tribu de los hijos de Judá hacia el término de Edom al mediodía: Cabseel, y Eder, y Jagur,

22 Y Cina, y Dimona, y Adada,

23 Y Cedes, y Asor, é Itnán,

24 Ziph, y Telem, Bealoth,

25 Y Asor-hadatta, y Chêrioth-hesron, que es Asor,

26 Amam, y Sema, y Molada,

27 Y Asar-gadda, y Hesmón, y Beth-pelet,

28 Y Hasar-sual, Beersebah, y Bizotia,

29 Baala, é Iim, y Esem,

30 Y Eltolad, y Cesil, y Horma,

31 Y Siclag, y Madmanna, Sansana,

32 Y Lebaoth, Silim, y Aín, y Rimmón; en todas veintinueve ciudades con sus aldeas.

33 En las llanuras, Estaol, y Sorea, y Asena,

34 Y Zanoa, y Engannim, Tappua, y Enam,

35 Jerimoth, y Adullam, Sochô, y Aceca,

36 Y Saraim, y Adithaim, y Gedera, y Gederothaim; catorce ciudades con sus aldeas.

37 Senán, y Hadasa, y Migdalgad,

38 Y Dilán, y Mizpa, y Jocteel,

39 Lachîs, y Boscath, y Eglón,

40 Y Cabón, y Lamas, y Chîtlis,

41 Y Gederoh, Beth-dagón, y Naama, y Maceda; dieciséis ciudades con sus aldeas.

42 Libna, y Ether, y Asán,

43 Y Jiphta, y Asna, y Nesib,

44 Y Ceila, y Achzib, y Maresa; nueve ciudades con sus aldeas.

45 Ecrón con sus villas y sus aldeas:

46 Desde Ecrón hasta la mar, todas las que están á la costa de Asdod con sus aldeas.

47 Asdod con sus villas y sus aldeas: Gaza con sus villas y sus aldeas hasta el río de Egipto, y la gran mar con sus términos.

48 Y en las montañas, Samir, y Jattir, y Succoth,

49 Y Danna, y Chîriath-sanna, que es Debir,

50 Y Anab, y Estemo, y Anim,

51 Y Gosén, y Olón, y Gilo; once ciudades con sus aldeas.

52 Arab, y Dumah, y Esán,

53 Y Janum, y Beth-tappua, y Apheca,

54 Y Humta, y Chîriath-arba, que es Hebrón, y Sior, nueve ciudades con sus aldeas.

55 Maón, Carmel, y Ziph, y Juta,

56 E Izreel, Jocdeam, y Zanoa,

57 Caín, Gibea, y Timna; diez ciudades con sus aldeas.

58 Halhul, y Bethfur, y Gedor,

59 Y Maarath, y Beth-anoth, y Eltecón; seis ciudades con sus aldeas.

60 Chîriath-baal, que es Chîriath-jearim, y Rabba; dos ciudades con sus aldeas.

61 En el desierto, Beth-araba, Middín, y Sechâchâ,

62 Y Nibsan, y la ciudad de la sal, y Engedi; seis ciudades con sus aldeas.

63 Mas á los Jebuseos que habitaban en Jerusalem, los hijos de Judá no los pudieron desarraigar; antes quedó el Jebuseo en Jerusalem con los hijos de Judá, hasta hoy.

16 Y la suerte del los hijos de José salió desde el Jordán de Jericó hasta las aguas de Jericó hacia el oriente, al desierto que sube de Jericó al monte de Beth-el:

2 Y de Beth-el sale á Luz, y pasa al término de Archi en Ataroth;

3 Y torna á descender hacia la mar al término de Japhlet, hasta el término de Beth-oron la de abajo, y hasta Gezer; sale á la mar.

4 Recibieron pues heredad los hijos de José, Manasés y Ephraim.

5 Y fué el término de los hijos de Ephraim por sus familias, fué el término de su herencia á la parte oriental, desde Ataroth-addar hasta Beth-oron la de arriba:

6 Y sale este término á la mar, y á Michmetat al norte, y da vuelta este término hacia el oriente á Tanath-silo, y de aquí pasa al oriente á Janoa.

7 Y de Janoa desciende á Ataroth, y á Naaratha, y toca en Jericó, y sale al Jordán.

8 Y de Tappua torna este término hacia la mar al arroyo de Cana, y sale á la mar. Esta es la heredad de la tribu de los hijos de Ephraim por sus familias.

9 Hubo también ciudades que se apartaron para los hijos de Ephraim en medio de la herencia de los hijos de Manasés, todas ciudades con sus aldeas.

10 Y no echaron al Cananeo que habitaba en Gezer; antes quedó el Cananeo en medio de Ephraim, hasta hoy, y fué tributario.

17 tuvo también suerte la tribu de Manasés, porque fué primogénito de José. Machîr, primogénito de Manasés, y padre de Galaad, el cual fué hombre de guerra, tuvo á Galaad y á Basán.

2 Tuvieron también suerte los otros hijos de Manasés conforme á sus familias: los hijos de Abiezer, y los hijos de Helec, y los hijos de Esriel, y los hijos de Sichêm, y los hijos de Hepher, y los hijos de Semida; estos fueron los hijos varones de Manasés hijo de José, por sus familias.

3 Pero Salphaad, hijo de Hepher, hijo de Galaad, hijo de Machîr, hijo de Manasés, no tuvo hijos, sino hijas, los nombres de las cuales son estos: Maala, Noa, Hogla, Milchâ, y Tirsa.

4 Estas vinieron delante de Eleazar sacerdote, y de Josué hijo de Nun, y de los príncipes, y dijeron: Jehová mandó á Moisés que nos diese herencia entre nuestros hermanos. Y él les dió herencia entre los hermanos del padre de ellas, conforme al dicho de Jehová.

5 Y cayeron á Manasés diez suertes á más de la tierra de Galaad y de Basán, que está de la otra parte del Jordán:

6 Porque las hijas de Manasés poseyeron herencia entre sus hijos: y la tierra de Galaad fué de los otros hijos de Manasés.

7 Y fué el término de Manasés desde Aser hasta Michmetat, la cual está delante de Sichêm; y va este término á la mano derecha, á los que habitan en Tappua.

8 Y la tierra de Tappua fué de Manasés; pero Tappua, que está junto al término de Manasés, es de los hijos de Ephraim.

9 Y desciende este término al arroyo de Cana, hacia el mediodía del arroyo. Estas ciudades de Ephraim están entre las ciudades de Manasés: y el término de Manasés es desde el norte del mismo arroyo, y sus salidas son á la mar.

10 Ephraim al mediodía, y Manasés al norte, y la mar es su término: y encuéntranse con Aser á la parte del norte, y con Issachâr al oriente.

11 Tuvo también Manasés en Issachâr y en Aser á Beth-san y sus aldeas, é Ibleam y sus aldeas, y los moradores de Dor y sus aldeas, y los moradores de Endor y sus aldeas, y los moradores de Taanach y sus aldeas, y los moradores de Megiddo y sus aldeas: tres provincias.

12 Mas los hijos de Manasés no pudieron echar á los de aquellas ciudades; antes el Cananeo quiso habitar en la tierra.

13 Empero cuando los hijos de Israel tomaron fuerzas, hicieron tributario al Cananeo, mas no lo echaron.

14 Y los hijos de José hablaron á Josué, diciendo: ¿Por qué me has dado por heredad una sola suerte y una sola parte, siendo yo un pueblo tan grande y que Jehová me ha así bendecido hasta ahora?

15 Y Josué les respondió: Si eres pueblo tan grande, sube tú al monte, y corta para tí allí en la tierra del Pherezeo y de los gigantes, pues que el monte de Ephraim es angosto para tí.

16 Y los hijos de José dijeron: No nos bastará á nosotros este monte: y todos los Cananeos que habitan la tierra de la campiña, tienen carros herrados; los que están en Beth-san y en sus aldeas, y los que están en el valle de Jezreel.

17 Entonces Josué respondió á la casa de José, á Ephraim y Manasés, diciendo: Tú eres gran pueblo, y tienes gran fuerza; no tendrás una sola suerte;

18 Mas aquel monte será tuyo; que bosque es, y tú lo cortarás, y serán tuyos sus términos: porque tú echarás al Cananeo, aunque tenga carros herrados, y aunque sea fuerte.

18 Y toda la congregación de los hijos de Israel se juntó en Silo, y asentaron allí el tabernáculo del testimonio, después que la tierra les fué sujeta.

2 Mas habían quedado en los hijos de Israel siete tribus, á las cuales aun no habían repartido su posesión.

3 Y Josué dijo á los hijos de Israel: ¿Hasta cuando seréis negligentes para venir á poseer la tierra que os ha dado Jehová el Dios de vuestros padres?

4 Señalad tres varones de cada tribu, para que yo los envíe, y que ellos se levanten, y recorran la tierra, y la describan conforme á sus heredades, y se tornen á mí.

5 Y la dividirán en siete partes: y Judá estará en su término al mediodía, y los de la casa de José estarán en el suyo á norte.

6 Vosotros, pues, delinearéis la tierra en siete partes, y me traeréis la descripción aquí, y yo os echaré las suertes aquí delante de Jehová nuestro Dios.

7 Empero los Levitas ninguna parte tienen entre vosotros; porque el sacerdocio de Jehová es la heredad de ellos: Gad también y Rubén, y la media tribu de Manasés, ya han recibido su heredad de la otra parte del Jordán al oriente, la cual les dió Moisés siervo de Jehová.

8 Levantándose pues aquellos varones, fueron: y mandó Josué á los que iban para delinear la tierra, diciéndoles: Id recorred la tierra, y delineadla, y tornad á mí, para que yo os eche las suertes aquí delante de Jehová en Silo.

9 Fueron pues aquellos varones y pasearon la tierra delineándola por ciudades en siete partes en un libro, y tornaron á Josué al campo en Silo.

10 Y Josué les echó las suertes delante de Jehová en Silo; y allí repartió Josué la tierra á los hijos de Israel por sus porciones.

11 Y sacóse la suerte de la tribu de los hijos de Benjamín por sus familias: y salió el término de su suerte entre los hijos de Judá y los hijos de José.

12 Y fué el término de ellos al lado del norte desde el Jordán: sube aquel término al lado de Jericó al norte; sube después al monte hacia el occidente, y viene á salir al desierto de Beth-aven:

13 Y de allí pasa aquel término á Luz, al lado de Luz (esta es Beth-el) hacia el mediodía. Y desciende este término de Ataroth-addar al monte que está al mediodía de Beth-oron la de abajo.

14 Y torna este término, y da vuelta al lado de la mar, al mediodía hasta el monte que está delante de Beth-oron al mediodía; y viene á salir á Chîriath-baal, que es Chîriath-jearim, ciudad de los hijos de Judá. Este es el lado del occidente.

15 Y el lado del mediodía es desde el cabo de Chîriath-jearim, y sale el término al occidente, y sale á la fuente de las aguas de Nephtoa:

16 Y desciende aqueste término al cabo del monte que está delante del valle del hijo de Hinnom, que está en la campiña de los gigantes hacia el norte: desciende luego al valle de Hinnom, al lado del Jebuseo al mediodía, y de allí desciende á la fuente de Rogel:

17 Y del norte torna, y sale á Ensemes, y de allí sale á Geliloth, que está delante de la subida de Adummim, y descendía á la piedra de Bohan, hijo de Rubén:

18 Y pasa al lado que está delante de la campiña del norte, y desciende á los llanos:

19 Y torna á pasar este término por el lado de Beth-hogla hacia el norte, y viene á salir el término á la lengua del mar Salado al norte, al cabo del Jordán al mediodía. Este es el término de hacia el mediodía.

20 Y el Jordán acaba aqueste término al lado del oriente. Esta es la heredad de los hijos de Benjamín por sus términos alrededor, conforme á sus familias.

21 Las ciudades de la tribu de los hijos de Benjamín, por sus familias, fueron Jericó, Beth-hogla, y el valle de Casis,

22 Beth-araba, Samaraim, y Beth-el;

23 Y Avim, y Para, y Ophra,

24 Y Cephar-hammonai, Ophni, y Gaba; doce ciudades con sus aldeas:

25 Gabaón, Rama, Beeroth,

26 Y Mizpa, Chephira, y Moza,

27 Recom, Irpeel y Tarala,

28 Y Sela, Eleph, Jebus, que es Jerusalem, Gibeath, y Chîriath; catorce ciudades con sus aldeas. Esta es la heredad de los hijos de Benjamín, conforme á sus familias.

19 La segunda suerte salió por Simeón, por la tribu de los hijos de Simeón conforme á sus familias; y su heredad fué entre la heredad de los hijos de Judá.

2 Y tuvieron en su heredad á Beer-seba, Seba, y Molada,

3 Hasar-sual, Bala, y Esem,

4 Heltolad, Betul, y Horma,

5 Siclag, Beth-marchaboth, y Hasar-susa,

6 Beth-lebaoth, y Saruhén; trece ciudades con sus aldeas:

7 Aín, Rimmón, Eter, y Asán; cuatro ciudades con sus aldeas:

8 Y todas las aldeas que estaban alrededor de estas ciudades hasta Baalath-beer, que es Ramat del mediodía. Esta es la heredad de la tribu de los hijos de Simeón, según sus familias.

9 De la suerte de los hijos de Judá fué sacada la heredad de los hijos de Simeón; por cuanto la parte de los hijos de Judá era excesiva para ellos: así que los hijos de Simeón tuvieron su heredad en medio de la de ellos.

10 La tercera suerte salió por los hijos de Zabulón conforme á sus familias; y el término de su heredad fué hasta Sarid.

11 Y su término sube hasta la mar y hasta Merala, y llega hasta Dabbe-seth, y de allí llega al arroyo que está delante de Jocneam.

12 Y tornando de Sarid hacia oriente, donde nace el sol al término de Chisiloth-tabor, sale á Dabrath, y sube á Japhia;

13 Y pasando de allí hacia el lado oriental á Gith-hepher y á Itta-kazin, sale á Rimmón rodeando á Nea;

14 Y de aquí torna este término al norte á Hanatón, viniendo á salir al valle de Iphtael;

15 Y abraza Catah, y Naalal, y Simrón, é Ideala, y Beth-lehem: doce ciudades con sus aldeas.

16 Esta es la heredad de los hijos de Zabulón por sus familias; estas ciudades con sus aldeas.

17 La cuarta suerte salió por Issachâr, por los hijos de Issachâr conforme á sus familias.

18 Y fué su término Izreel, y Chesullot, y Sunem,

19 Y Hapharaim, y Sión, y Anaarath,

20 Y Rabbit, y Chisión, y Ebes,

21 Y Rameth, y En-gannim, y En-hadda y Beth-passes;

22 Y llega este término hasta Tabor, y Sahasim, y Beth-semes; y sale su término al Jordán: diez y seis ciudades con sus aldeas.

23 Esta es la heredad de la tribu de los hijos de Issachâr conforme á sus familias; estas ciudades con sus aldeas.

24 Y salió la quinta suerte por la tribu de los hijos de Aser por sus familias.

25 Y su término fué Helchât, y Halí, y Betén, y Axaph,

26 Y Alammelec, y Amead, y Miseal; y llega hasta Carmel al occidente, y á Síhor-libnath;

27 Y tornando de donde nace el sol á Beth-dagón, llega á Zabulón, y al valle de Iphtael al norte, á Beth-emec, y á Nehiel, y sale á Cabul á la izquierda;

28 Y abraza á Hebrón, y Rehob, y Hammón, y Cana, hasta la gran Sidón;

29 Y torna de allí este término á Horma, y hasta la fuerte ciudad de Tiro, y torna este término á Hosa, y sale á la mar desde el territorio de Achzib;

30 Abraza también Umma, y Aphec, y Rehob: veinte y dos ciudades con sus aldeas.

31 Esta es la heredad de la tribu de los hijos de Aser por sus familias; estas ciudades con sus aldeas.

32 La sexta suerte salió por los hijos de Nephtalí, por los hijos de Nephtalí conforme á sus familias.

33 Y fué su término desde Heleph, y Allón-saananim, y Adami-neceb, y Jabneel, hasta Lacum; y sale al Jordán;

34 Y tornando de allí este término hacia el occidente á Aznot-tabor, pasa de allí á Hucuca, y llega hasta Zabulón al mediodía, y al occidente confina con Aser, y con Judá al Jordán hacia donde nace el sol.

35 Y las ciudades fuertes son Siddim, Ser, y Hamath, Raccath, y Cinneroth,

36 Y Adama, y Rama, y Asor,

37 Y Cedes, y Edrei, y En-hasor,

38 E Irón, y Migdalel, y Horem, y Beth-anath, y Beth-semes: diez y nueve ciudades con sus aldeas.

39 Esta es la heredad de la tribu de los hijos de Nephtalí por sus familias; estas ciudades con sus aldeas.

40 La séptima suerte salió por la tribu de los hijos de Dan por sus familias.

41 Y fué el término de su heredad, Sora, y Estaol, é Ir-semes,

42 Y Saalabín, y Ajalón, y Jeth-la,

43 Y Elón, y Timnatha, y Ecrón,

44 Y Eltechê, Gibbethón, y Baalath,

45 Y Jehud, y Bene-berac, y Gath-rimmón,

46 Y Mejarcón, y Raccón, con el término que está delante de Joppa.

47 Y faltóles término á los hijos de Dan; y subieron los hijos

de Dan y combatieron á Lesem, y tomándola metiéronla á filo de espada, y la poseyeron, y habitaron en ella; y llamaron á Lesem, Dan, del nombre de Dan su padre.

48 Esta es la heredad de la tribu de los hijos de Dan conforme á sus familias; estas ciudades con sus aldeas.

49 Y después que acabaron de repartir la tierra en heredad por sus términos, dieron los hijos de Israel heredad á Josué hijo de Nun en medio de ellos:

50 Según la palabra de Jehová, le dieron la ciudad que él pidió, Timnath-sera, en el monte de Ephraim; y él reedificó la ciudad, y habitó en ella.

51 Estas son las heredades que Eleazar sacerdote, y Josué hijo de Nun, y los principales de los padres, entregaron por suerte en posesión á las tribus de los hijos de Israel en Silo delante de Jehová, á la entrada del tabernáculo del testimonio; y acabaron de repartir la tierra.

20 Y habló Jehová á Josué, diciendo:

2 Habla á los hijos de Israel, diciendo: Señalaos las ciudades de refugio, de las cuales yo os hablé por Moisés;

3 Para que se acoja allí el homicida que matare á alguno por yerro y no á sabiendas; que os sean por acogimiento del cercano del muerto.

4 Y el que se acogiere á alguna de aquellas ciudades, presentaráse á la puerta de la ciudad, y dirá sus causas, oyéndolo los ancianos de aquella ciudad; y ellos le recibirán consigo dentro de la ciudad, y le darán lugar que habite con ellos.

5 Y cuando el cercano del muerto le siguiere, no entregarán en su mano al homicida, por cuanto hirió á su prójimo por yerro, ni tuvo con él antes enemistad.

6 Y quedará en aquella ciudad hasta que parezca en juicio delante del ayuntamiento, hasta la muerte del gran sacerdote que fuere en aquel tiempo: entonces el homicida tornará y vendrá á su ciudad y á su casa y á la ciudad de donde huyó.

7 Entonces señalaron á Cedes en Galilea, en el monte de Nephtalí, y á Sichêm en el monte de Ephraim, y á Chîriath-arba, que es Hebrón, en el monte de Judá.

8 Y de la otra parte del Jordán de Jericó, al oriente, señalaron á Beser en el desierto, en la llanura de la tribu de Rubén, y á Ramoth en Galaad de la tribu de Gad, y á Gaulón en Basán de la tribu de Manasés.

9 Estas fueron las ciudades señaladas para todos los hijos de Israel, y para el extranjero que morase entre ellos, para que se acogiese á ellas cualquiera que hiriese hombre por yerro, y no muriese por mano del cercano del muerto, hasta que compareciese delante del ayuntamiento.

21 Y los principales de los padres de los Levitas vinieron á Eleazar sacerdote, y á Josué hijo de Nun, y á los principales de los padres de las tribus de los hijos de Israel;

2 Y habláronles en Silo en la tierra de Canaán, diciendo: Jehová mandó por Moisés que nos fuesen dadas villas para habitar, con sus ejidos para nuestras bestias.

3 Entonces los hijos de Israel dieron á los Levitas de sus posesiones, conforme á la palabra de Jehová, estas villas con sus ejidos.

4 Y salió la suerte por las familias de los Coathitas; y fueron dadas por suerte á los hijos de Aarón sacerdote, que eran de los Levitas, por la tribu de Judá, por la de Simeón y por la de Benjamín, trece villas.

5 Y á los otros hijos de Coath se dieron por suerte diez villas de las familias de la tribu de Ephraim, y de la tribu de Dan, y de la media tribu de Manasés:

6 Y á los hijos de Gersón, por las familias de la tribu de Issachâr, y de la tribu de Aser, y de la tribu de Nephtalí, y de la media tribu de Manasés en Basán, fueron dadas por suerte trece villas.

7 A los hijos de Merari por sus familias se dieron doce villas por la tribu de Rubén, y por la tribu de Gad, y por la tribu de Zabulón.

8 Y así dieron por suerte los hijos de Israel á los Levitas estas villas con sus ejidos, como Jehová lo había mandado por Moisés.

9 Y de la tribu de los hijos de Judá, y de la tribu de los hijos de Simeón dieron estas villas que fueron nombradas:

10 Y la primera suerte fué de los hijos de Aarón, de la familia de Coath, de los hijos de Leví;

11 A los cuales dieron Chîriath-arba, del padre de Anac, la cual es Hebrón, en el monte de Judá, con sus ejidos en sus contornos.

12 Mas el campo de aquesta ciudad y sus aldeas dieron á Caleb hijo de Jephone, por su posesión.

13 Y á los hijos de Aarón sacerdote dieron la ciudad de refugio para los homicidas, á Hebrón con sus ejidos; y á Libna con sus ejidos,

14 Y á Jattir con sus ejidos, y á Estemoa con sus ejidos,

15 A Helón con sus ejidos, y á Debir con sus ejidos,

16 A Ain con sus ejidos, á Jutta con sus ejidos, y á Beth-semes con sus ejidos; nueve villas de estas dos tribus:

17 Y de la tribu de Benjamín, á Gibeón con sus ejidos, á Geba con sus ejidos,

18 A Anathoth con sus ejidos, á Almón con sus ejidos: cuatro villas.

19 Todas las villas de los sacerdotes, hijos de Aarón, son trece con sus ejidos.

20 Mas las familias de los hijos de Coath, Levitas, los que quedaban de los hijos de Coath, recibieron por suerte villas de la tribu de Ephraim.

21 Y diéronles á Sichêm, villa de refugio para los homicidas, con sus ejidos, en el monte de Ephraim; y á Geser con sus ejidos.

22 Y á Kibsaim con sus ejidos, y á Beth-oron con sus ejidos: cuatro villas.

23 Y de la tribu de Dan á Eltheco con sus ejidos, á Gibethón con sus ejidos,

24 A Ayalón con sus ejidos, á Gath-rimmón con sus ejidos: cuatro villas:

25 Y de la media tribu de Manasés, á Taanach con sus ejidos, y á Gath-rimmón con sus ejidos: dos villas.

26 Todas las villas para el resto de las familias de los hijos de Coath fueron diez con sus ejidos.

27 A los hijos de Gersón de las familias de los Levitas, dieron la villa de refugio para los homicidas, de la media tribu de Manasés: á Gaulón en Basán con sus ejidos, y á Bosra con sus ejidos: dos villas.

28 Y de la tribu de Issachâr, á Cesión con sus ejidos, á Dabereth con sus ejidos,

29 A Jarmuth con sus ejidos, y á En-gannim con sus ejidos: cuatro villas:

30 Y de la tribu de Aser, á Miseal con sus ejidos, á Abdón con sus ejidos,

31 A Helchâth con sus ejidos, y á Rehob con sus ejidos: cuatro villas.

32 Y de la tribu de Nephtalí, la villa de refugio para los homicidas, á Cedes en Galilea con sus ejidos, á Hammoth-dor con sus ejidos, y á Cartán con sus ejidos: tres villas.

33 Todas las villas de los Gersonitas por sus familias fueron trece villas con sus ejidos.

34 Y á las familias de los hijos de Merari, Levitas que quedaban, dióseles de la tribu de Zabulón, á Jocneam con sus ejidos, Cartha con sus ejidos,

35 Dimna con sus ejidos, Naalal con sus ejidos: cuatro villas:

36 Y de la tribu de Rubén, á Beser con sus ejidos, á Jasa con sus ejidos,

37 A Cedemoth con sus ejidos, y Mephaat con sus ejidos: cuatro villas.

38 De la tribu de Gad, la villa de refugio para los homicidas, Ramoth en Galaad con sus ejidos, y Mahanaim con sus ejidos,

39 Hesbón con sus ejidos, y Jacer con sus ejidos: cuatro villas.

40 Todas las villas de los hijos de Merari por sus familias, que restaban de las familias de los Levitas, fueron por sus suertes doce villas.

41 Y todas la villas de los Levitas en medio de la posesión de los hijos de Israel, fueron cuarenta y ocho villas con sus ejidos.

42 Y estas ciudades estaban apartadas la una de la otra cada cual con sus ejidos alrededor de ellas: lo cual fué en todas estas ciudades.

43 Así dió Jehová á Israel toda la tierra que había jurado dar á sus padres; y poseyéronla, y habitaron en ella.

44 Y Jehová les dió reposo alrededor, conforme á todo lo que había jurado á sus padres: y ninguno de todos los enemigos les paró delante, sino que Jehová entregó en sus manos á todos sus enemigos.

45 No faltó palabra de todas la buenas que habló Jehová á la casa de Israel; todo se cumplió.

22 Entonces Josué llamó á los Rubenitas y á los Gaditas, y á la media tribu de Manasés,

2 Y díjoles: Vosotros habéis guardado todo lo que Moisés siervo de Jehová os mandó, y habéis obedecido á mi voz en todo lo que os he mandado.

3 No habéis dejado á vuestros hermanos en estos muchos días hasta hoy, antes habéis guardado la observancia de los mandamientos de Jehová vuestro Dios.

4 Ahora pues que Jehová vuestro Dios ha dado reposo á vuestros hermanos, como se lo había prometido, volved, y tornad á vuestras tiendas, á la tierra de vuestras posesiones, que Moisés siervo de Jehová os dió de la otra parte del Jordán.

5 Solamente que con diligencia cuidéis de poner por obra el mandamiento y la ley, que Moisés siervo de Jehová os intimó: que améis á Jehová vuestro Dios, y andéis en todos sus caminos; que guardéis sus mandamientos, y os alleguéis á él, y le sirváis de todo vuestro corazón y de toda vuestra alma.

6 Y bendiciéndolos Josué, los envió: y fuéronse á sus tiendas.

7 También á la media tribu de Manasés había dado Moisés posesión en Basán; mas á la otra media dió Josué heredad entre sus hermanos de estotra parte del Jordán al occidente: y también á éstos envió Josué á sus tiendas, después de haberlos bendecido.

8 Y hablóles, diciendo: Volveos á vuestras tiendas con grandes riquezas, y con grande copia de ganado, con plata, y con oro, y metal, y muchos vestidos: partid con vuestros hermanos el despojo de vuestros enemigos.

9 Y los hijos de Rubén y los hijos de Gad, y la media tribu de Manasés, se tornaron, y partiéronse de los hijos de Israel, de Silo, que está en la tierra de Canaán, para ir á la tierra de Galaad, á la tierra de sus posesiones, de la cual eran poseedores, según palabra de Jehová por mano de Moisés.

10 Y llegando á los términos del Jordán, que está en la tierra de Canaán, los hijos de Rubén y los hijos de Gad, y la media tribu de Manasés, edificaron allí un altar junto al Jordán, un altar de grande apariencia.

11 Y los hijos de Israel oyeron decir como los hijos de Rubén y los hijos de Gad, y la media tribu de Manasés, habían edificado un altar delante de la tierra de Canaán, en los términos del Jordán, al paso de los hijos de Israel:

12 Lo cual como los hijos de Israel oyeron, juntóse toda la congregación de los hijos de Israel en Silo, para subir á pelear contra ellos.

13 Y enviaron los hijos de Israel á los hijos de Rubén y á los hijos de Gad y á la media tribu de Manasés en la tierra de Galaad, á Phinees hijo de Eleazar sacerdote,

14 Y á diez príncipes con él; un príncipe de cada casa paterna de todas las tribus de Israel, cada uno de los cuales era cabeza de familia de sus padres en la multitud de Israel.

15 Los cuales vinieron á los hijos de Rubén y á los hijos de Gad, y á la media tribu de Manasés, en la tierra de Galaad; y habláronles, diciendo:

16 Toda la congregación de Jehová dice así: ¿Qué transgresión es ésta con que prevaricáis contra el Dios de Israel, volviéndoos hoy de seguir á Jehová, edificándoos altar para ser hoy rebeldes contra Jehová?

17 ¿Nos ha sido poco la maldad de Peor, de la que no estamos aún limpios hasta este día, por la cual fué la mortandad en la congregación de Jehová?

18 Y vosotros os volvéis hoy de seguir á Jehová; mas será que vosotros os rebelaréis hoy contra Jehová, y mañana se airará él contra toda la congregación de Israel.

19 Que si os parece que la tierra de vuestra posesión es inmunda, pasaos á la tierra de la posesión de Jehová, en la cual está el tabernáculo de Jehová, y tomad posesión entre nosotros; pero no os rebeléis contra Jehová, ni os rebeléis contra nosotros, edificándoos altar á más del altar de Jehová nuestro Dios.

20 ¿No cometió Achân, hijo de Zera, prevaricación en el anatema, y vino ira sobre toda la congregación de Israel? y aquel hombre no pereció solo en su iniquidad.

21 Entonces los hijos de Rubén y los hijos de Gad, y la media tribu de Manasés, respondieron y dijeron á los principales de la multitud de Israel:

22 El Dios de los dioses, Jehová, el Dios de los dioses,

Jehová, él sabe, y sabrá Israel: si por rebelión ó por prevaricación contra Jehová (no nos salves hoy,)

23 Nos hemos edificado altar para tornarnos de en pos de Jehová, ó para sacrificar holocausto ó presente, ó para hacer sobre él sacrificios pacíficos, el mismo Jehová nos lo demande.

24 Asimismo, si no lo hicimos por temor de esto, diciendo: Mañana vuestros hijos dirán á nuestros hijos: ¿Qué tenéis vosotros con Jehová el Dios de Israel?;

25 Jehová ha puesto por término el Jordán entre nosotros y vosotros, oh hijos de Rubén é hijos de Gad; no tenéis vosotros parte en Jehová: y así vuestros hijos harán que nuestros hijos no teman á Jehová.

26 Por esto dijimos: Hagamos ahora por edificarnos un altar, no para holocausto ni para sacrificio,

27 Sino para que sea un testimonio entre nosotros y vosotros, y entre los que vendrán después de nosotros, de que podemos hacer el servicio de Jehová delante de él con nuestros holocaustos, con nuestros sacrificios, y con nuestros pacíficos; y no digan mañana vuestros hijos á los nuestros; Vosotros no tenéis parte en Jehová.

28 Nosotros, pues, dijimos: Si aconteciere que tal digan á nosotros, ó á nuestras generaciones en lo por venir, entonces responderemos: Mirad el símil del altar de Jehová, el cual hicieron nuestros padres, no para holocaustos ó sacrificios, sino para que fuese testimonio entre nosotros y vosotros.

29 Nunca tal acontezca que nos rebelemos contra Jehová, ó nos apartemos hoy de seguir á Jehová, edificando altar para holocaustos, para presente, ó para sacrificio, á más del altar de Jehová nuestro Dios que está delante de su tabernáculo.

30 Y oyendo Phinees el sacerdote y los príncipes de la congregación, y las cabezas de la multitud de Israel que con él estaban, las palabras que hablaron los hijos de Rubén y los hijos de Gad y los hijos de Manasés, fueron contentos de ello.

31 Y dijo Phinees hijo del sacerdote Eleazar, á los hijos de Rubén, á los hijos de Gad, y á los hijos de Manasés: Hoy hemos entendido que Jehová está entre nosotros, pues que no habéis intentado esta traición contra Jehová. Ahora habéis librado á los hijos de Israel de la mano de Jehová.

32 Y Phinees hijo del sacerdote Eleazar, y los príncipes, volviéronse de con los hijos de Rubén, y de con los hijos de Gad, de la tierra de Galaad á la tierra de Canaán, á los hijos de Israel: á los cuales dieron la respuesta.

33 Y el negocio plugo á los hijos de Israel, y bendijeron á Dios los hijos de Israel; y no hablaron más de subir contra ellos en guerra, para destruir la tierra en que habitaban los hijos de Rubén y los hijos de Gad.

34 Y los hijos de Rubén y los hijos de Gad pusieron por nombre al altar Ed; porque es testimonio entre nosotros que Jehová es Dios.

23 Y aconteció, pasados muchos días después que Jehová dió reposo á Israel de todos sus enemigos al contorno, que Josué, siendo viejo, y entrado en días,

2 Llamó á todo Israel, á sus ancianos, á sus príncipes, á sus jueces y á sus oficiales, y díjoles: Yo soy ya viejo y entrado en días:

3 Y vosotros habéis visto todo lo que Jehová vuestro Dios ha hecho con todas estas gentes en vuestra presencia; porque Jehová vuestro Dios ha peleado por vosotros.

4 He aquí os he repartido por suerte, en herencia para vuestras tribus, estas gentes, así las destruídas como las que quedan, desde el Jordán hasta la gran mar hacia donde el sol se pone.

5 Y Jehová vuestro Dios las echará de delante de vosotros, y las lanzará de vuestra presencia: y vosotros poseeréis sus tierras, como Jehová vuestro Dios os ha dicho.

6 Esforzaos pues mucho á guardar y hacer todo lo que está escrito en el libro de la ley de Moisés, sin apártaros de ello ni á la diestra ni á la siniestra;

7 Que cuando entrareis á estas gentes que han quedado con vosotros, no hagáis mención ni juréis por el nombre de sus dioses, ni les sirváis, ni os inclinéis á ellos:

8 Mas á Jehová vuestro Dios os allegaréis, como habéis hecho hasta hoy;

9 Pues ha echado Jehová delante de vosotros grandes y fuertes naciones, y hasta hoy nadie ha podido parar delante de vuestro rostro.

10 Un varón de vosotros perseguirá á mil: porque Jehová vuestro Dios pelea por vosotros, como él os dijo.

11 Por tanto, cuidad mucho por vuestras almas, que améis á Jehová vuestro Dios.

12 Porque si os apartareis, y os allegareis á lo que resta de aquestas gentes que han quedado con vosotros, y si concertareis con ellas matrimonios, y entrareis á ellas, y ellas á vosotros;

13 Sabed que Jehová vuestro Dios no echará más estas gentes delante de vosotros; antes os serán por lazo, y por tropiezo, y por azote para vuestros costados, y por espinas para vuestros ojos, hasta tanto que perezcáis de aquesta buena tierra que Jehová vuestro Dios os ha dado.

14 Y he aquí que yo estoy para entrar hoy por el camino de toda la tierra: reconoced, pues, con todo vuestro corazón y con toda vuestra alma, que no se ha perdido una palabra de todas las buenas palabras que Jehová vuestro Dios había dicho de vosotros: todas os han venido, no se ha perdido de ellas ni una.

15 Mas será, que como ha venido sobre vosotros toda palabra buena que Jehová vuestro Dios os había dicho, así también traerá Jehová sobre vosotros toda palabra mala, hasta destruiros de sobre la buena tierra que Jehová vuestro Dios os ha dado;

16 Cuando traspasareis el pacto de Jehová vuestro Dios que él os ha mandado, yendo y honrando dioses ajenos, é inclinándoos á ellos. Y el furor de Jehová se inflamará contra vosotros, y luego pereceréis de aquesta buena tierra que él os ha dado.

24 Y juntando Josué todas las tribus de Israel en Sichêm, llamó á los ancianos de Israel, y á sus príncipes, á sus jueces, y á sus oficiales; y presentáronse delante de Dios.

2 Y dijo Josué á todo el pueblo: Así dice Jehová, Dios de Israel: Vuestros padres habitaron antiguamente de esotra parte del río, es á saber, Tharé, padre de Abraham y de Nachôr; y servían á dioses extraños.

3 Y yo tomé á vuestro padre Abraham de la otra parte del río, y trájele por toda la tierra de Canaán, y aumenté su generación, y díle á Isaac.

4 Y á Isaac dí á Jacob y á Esaú; y á Esaú dí el monte de Seir, que lo poseyese: mas Jacob y sus hijos descendieron á Egipto.

5 Y yo envié á Moisés y á Aarón, y herí á Egipto, al modo que lo hice en medio de él, y después os saqué.

6 Y saqué á vuestros padres de Egipto: y como llegaron á la mar, los Egipcios siguieron á vuestros padres hasta el mar Bermejo con carros y caballería.

7 Y como ellos clamasen á Jehová, él puso oscuridad entre vosotros y los Egipcios, é hizo venir sobre ellos la mar, la cual los cubrió; y vuestros ojos vieron lo que hice en Egipto. Después estuvisteis muchos días en el desierto.

8 Y os introduje en la tierra de los Amorrheos, que habitaban de la otra parte del Jordán, los cuales pelearon contra vosotros; mas yo los entregué en vuestras manos, y poseísteis su tierra, y los destruí de delante de vosotros.

9 Y levantóse después Balac hijo de Sephor, rey de los Moabitas, y peleó contra Israel; y envió á llamar á Balaam hijo de Beor, para que os maldijese:

10 Mas yo no quise escuchar á Balaam, antes os bendijo repetidamente, y os libré de sus manos.

11 Y pasado el Jordán, vinisteis á Jericó; y los moradores de Jericó pelearon contra vosotros: los Amorrheos, Pherezeos, Cananeos, Hetheos, Gergeseos, Heveos, y Jebuseos: y yo los entregué en vuestras manos.

12 Y envié tábanos delante de vosotros, los cuales los echaron de delante de vosotros, á saber, á los dos reyes de los Amorrheos; no con tu espada, ni con tu arco.

13 Y os dí la tierra por la cual nada trabajasteis, y las ciudades que no edificasteis, en las cuales moráis; y de las viñas y olivares que no plantasteis, coméis.

14 Ahora pues, temed á Jehová, y servidle con integridad y en verdad; y quitad de en medio los dioses á los cuales sirvieron vuestros padres de esotra parte del río, y en Egipto; y servid á Jehová.

15 Y si mal os parece servir á Jehová, escogeos hoy á quién sirváis; si á los dioses á quienes sirvieron vuestros padres, cuando estuvieron de esotra parte del río, ó á los dioses de los Amorrheos en cuya tierra habitáis: que yo y mi casa serviremos á Jehová.

16 Entonces el pueblo repondió, y dijo: Nunca tal

acontezca, que dejemos á Jehová por servir á otros dioses:

17 Porque Jehová nuestro Dios es el que nos sacó á nosotros y á nuestros padres de la tierra de Egipto, de la casa de sevidumbre; el cual delante de nuestros ojos ha hecho estas grandes señales, y nos ha guardado por todo el camino por donde hemos andado, y en todos los pueblos por entre los cuales pasamos.

18 Y Jehová echó de delante de nosotros á todos los pueblos, y al Amorrheo que habitaba en la tierra: nosotros, pues, también serviremos á Jehová, porque él es nuestro Dios.

19 Y dejaréis á Jehová, y no podréis servir á Jehová, porque él es Dios santo, y Dios celoso; no sufrirá vuestras rebeliones y vuestros pecados.

20 Si dejaréis á Jehová y sirviereis á dioses ajenos, se volverá, y os maltratará, y os consumirá, después que os ha hecho bien.

21 El pueblo entonces dijo á Josué: No, antes á Jehová serviremos.

22 Y Josué respondió al pueblo: Vosotros sois testigos contra vosotros mismos, de que os habéis elegido á Jehová para servirle. Y ellos respondieron: Testigos somos.

23 Quitad, pues, ahora los dioses ajenos que están entre vosotros, é inclinad vuestro corazón á Jehová Dios de Israel.

24 Y el pueblo respondió á Josué: A Jehová nuestro Dios serviremos, y á su voz obedeceremos.

25 Entonces Josué hizo alianza con el pueblo el mismo día, y púsole ordenanzas y leyes en Sichêm.

26 Y escribió Josué estas palabras en el libro de la ley de Dios; y tomando una grande piedra, levantóla allí debajo de un alcornoque que estaba junto al santuario de Jehová.

27 Y dijo Josué á todo el pueblo: He aquí esta piedra será entre nosotros por testigo, la cual ha oído todas las palabras de Jehová que él ha hablado con nosotros: será, pues, testigo contra vosotros, porque no mintáis contra vuestro Dios.

28 Y envió Josué al pueblo, cada uno á su heredad.

29 Y después de estas cosas murió Josué, hijo de Nun, siervo de Jehová siendo de ciento y diez años.

30 Y enterráronlo en el término de su posesión en Timnath-sera, que está en el monte de Ephraim, al norte del monte de Gaas.

31 Y sirvió Israel á Jehová todo el tiempo de Josué, y todo el tiempo de los ancianos que vivieron después de Josué, y que sabían todas las obras de Jehová, que había hecho por Israel.

32 Y enterraron en Sichêm los huesos de José que los hijos de Israel habían traído de Egipto, en la parte del campo que Jacob compró de los hijos de Hemor padre de Sichêm, por cien corderas; y fué en posesión á los hijos de José.

33 También murió Eleazar, hijo de Aarón; al cual enterraron en el collado de Phinees su hijo, que le fué dado en el monte de Ephraim.

JUECES

1 Y aconteció después de la muerte de Josué, que los hijos de Israel consultaron á Jehová, diciendo: ¿Quién subirá por nosotros el primero á pelear contra los Cananeos?

2 Y Jehová respondió: Judá subirá; he aquí que yo le he entregado la tierra en sus manos.

3 Y Judá dijo á Simeón su hermano: Sube conmigo á mi suerte, y peleemos contra el Cananeo, y yo también iré contigo á tu suerte. Y Simeón fué con él.

4 Y subió Judá, y Jehová entregó en sus manos al Cananeo y al Pherezeo; y de ellos hirieron en Bezec diez mil hombres.

5 Y hallaron á Adoni-bezec en Bezec, y pelearon contra él: é hirieron al Cananeo y al Pherezeo.

6 Mas Adoni-bezec huyó; y siguiéronle, y prendiéronle, y cortáronle los pulgares de las manos y de los pies.

7 Entonces dijo Adoni-bezec: Setenta reyes, cortados los pulgares de sus manos y de sus pies, cogían las migajas debajo de mi mesa: como yo hice, así me ha pagado Dios. Y metiéronle en Jerusalem, donde murió.

8 Y habían combatido los hijos de Judá á Jerusalem, y la habían tomado, y metido á cuchillo, y puesto á fuego la ciudad.

9 Después los hijos de Judá descendieron para pelear contra el Cananeo que habitaba en las montañas, al mediodía, y en los llanos.

10 Y partió Judá contra el Cananeo que habitaba en Hebrón, la cual se llamaba antes Chîriath-arba; é hirieron á Sesai, y á Ahiman, y á Talmai.

11 Y de allí fué á los que habitaban en Debir, que antes se llamaba Chîriath-sepher.

12 Y dijo Caleb: El que hiriere á Chîriath-sepher, y la tomare, yo le daré á Axa mi hija por mujer.

13 Y tomóla Othoniel hijo de Cenez, hermano menor de Caleb: y él le dió á Axa su hija por mujer.

14 Y cuando la llevaban, persuadióle que pidiese á su padre un campo. Y ella se apeó del asno, y Caleb le dijo: ¿Qué tienes?

15 Ella entonces le respondió: Dame una bendición: pues me has dado tierra de secadal, me des también fuentes de aguas. Entonces Caleb le dió las fuentes de arriba y las fuentes de abajo.

16 Y los hijos de Cineo, suegro de Moisés, subieron de la ciudad de las palmas con los hijos de Judá al desierto de Judá, que está al mediodía de Arad: y fueron y habitaron con el pueblo.

17 Y fué Judá á su hermano Simeón, é hirieron al Cananeo que habitaba en Sephath, y asoláronla: y pusieron por nombre á la ciudad, Horma.

18 Tomó también Judá á Gaza con su término, y á Ascalón con su término, y á Ecrón con su término.

19 Y fué Jehová con Judá, y echó á los de las montañas; mas no pudo echar á los que habitaban en los llanos, los cuales tenían carros herrados.

20 Y dieron Hebrón á Caleb, como Moisés había dicho: y él echó de allí tres hijos de Anac.

21 Mas al Jebuseo que habitaba en Jerusalem, no echaron los hijos de Benjamín, y así el Jebuseo habitó con los hijos de Benjamín en Jerusalem hasta hoy.

22 También los de la casa de José subieron á Beth-el: y fué Jehová con ellos.

23 Y los de la casa de José pusieron espías en Beth-el, la cual ciudad antes se llamaba Luz.

24 Y los que espiaban vieron un hombre que salía de la ciudad, y dijéronle: Muéstranos ahora la entrada de la ciudad, y haremos contigo misericordia.

25 Y él les mostró la entrada á la ciudad, é hiriéronla á filo de espada; mas dejaron á aquel hombre con toda su familia.

26 Y fuése el hombre á la tierra de los Hetheos, y edificó una ciudad, á la cual llamó Luz: y este es su nombre hasta hoy.

27 Tampoco Manasés echó á los de Beth-sean, ni á los de sus aldeas, ni á los de Taanach y sus aldeas, ni á los de Dor y sus aldeas, ni á los habitantes de Ibleam y sus aldeas, ni á los que habitaban en Megiddo y en sus aldeas: mas el Cananeo quiso habitar en esta tierra.

28 Empero cuando Israel tomó fuerzas hizo al Cananeo tributario, mas no lo echó.

29 Tampoco Ephraim echó al Cananeo que habitaba en Gezer; antes habitó el Cananeo en medio de ellos en Gezer.

30 Tampoco Zabulón echó á los que habitaban en Chîtron y á los que habitaban en Naalol; mas el Cananeo habitó en medio de él, y le fueron tributarios.

31 Tampoco Aser echó á los que habitaban en Achô, y á los que habitaban en Sidón, y en Ahlab, y en Achzib, y en Helba, y en Aphec, y en Rehod:

32 Antes moró Aser entre los Cananeos que habitaban en la tierra; pues no los echó.

33 Tampoco Nephtalí echó á los que habitaban en Beth-semes, y á los que habitaban en Beth-anath, sino que moró entre los Cananeos que habitaban en la tierra; mas fuéronle tributarios los moradores de Beth-semes, y los moradores de Beth-anath.

34 Los Amorrheos apretaron á los hijos de Dan hasta el monte; que no los dejaron descender á la campiña.

35 Y quiso el Amorrheo habitar en el monte de Heres, en Ajalón y en Saalbin; mas como la mano de la casa de José tomó fuerzas, hiciéronlos tributarios.

36 Y el término del Amorrheo fué desde la subida de Acrabim, desde la piedra, y arriba.

2 Y el ángel de Jehová subió de Gilgal á Bochîm, y dijo: Yo os saqué de Egipto, y os introduje en la tierra de la cual había jurado á vuestros padres; y dije: No invalidaré jamás mi pacto con vosotros;

2 Con tal que vosotros no hagáis alianza con los moradores de aquesta tierra, cuyos altares habéis de derribar: mas vosotros no habéis atendido á mi voz: ¿por qué habéis hecho esto?

3 Por tanto yo también dije: No los echaré de delante de vosotros, sino que os serán por azote para vuestros costados, y sus dioses por tropiezo.

4 Y como el ángel de Jehová habló estas palabras á todos los hijos de Israel, el pueblo lloró en alta voz.

5 Y llamaron por nombre aquel lugar Bochîm: y sacrificaron allí á Jehová.

6 Porque ya Josué había despedido al pueblo, y los hijos de Israel se habían ido cada uno á su heredad para poseerla.

7 Y el pueblo había servido á Jehová todo el tiempo de Josué, y todo el tiempo de los ancianos que vivieron largos días después de Josué, los cuales habían visto todas las grandes obras de Jehová, que él había hecho por Israel.

8 Y murió Josué hijo de Nun, siervo de Jehová, siendo de ciento y diez años.

9 Y enterráronlo en el término de su heredad en Timnath-sera, en el monte de Ephraim, el norte del monte de Gaas.

10 Y toda aquella generación fué también recogida con sus padres. Y levantóse después de ellos otra generación, que no conocían á Jehová, ni la obra que él había hecho por Israel.

11 Y los hijos de Israel hicieron lo malo en ojos de Jehová, y sirvieron á los Baales.

12 Y dejaron á Jehová el Dios de sus padres, que los había sacado de la tierra de Egipto, y fuéronse tras otros dioses, los dioses de los pueblos que estaban en sus alrededores, á los cuales adoraron; y provocaron á ira á Jehová.

13 Y dejaron á Jehová, y adoraron á Baal y á Astaroth.

14 Y el furor de Jehová se encendió contra Israel, el cual los entregó en manos de robadores que los despojaron, y los vendió en manos de sus enemigos de alrededor: y no pudieron parar más delante de sus enemigos.

15 Por donde quiera que salían, la mano de Jehová era contra ellos para mal, como Jehová había dicho, y como Jehová se lo había jurado; así los afligió en gran manera.

16 Mas Jehová suscitó jueces que los librasen de mano de los que los despojaban.

17 Y tampoco oyeron á sus jueces, sino que fornicaron tras dioses ajenos, á los cuales adoraron: apartáronse bien presto del camino en que anduvieron sus padres obedeciendo á los mandamientos de Jehová; mas ellos no hicieron así.

18 Y cuando Jehová les suscitaba jueces, Jehová era con el juez, y librábalos de mano de los enemigos todo el tiempo de aquel juez: porque Jehová se arrepentía por sus gemidos á causa de los que los oprimían y afligían.

19 Mas en muriendo el juez, ellos se tornaban, y se corrompían más que sus padres, siguiendo dioses ajenos para servirles, é inclinándose delante de ellos; y nada disminuían de sus obras, ni de su duro camino.

20 Y la ira de Jehová se encendió contra Israel, y dijo: Pues que esta gente traspasa mi pacto que ordené á sus padres, y no obedecen mi voz,

21 Tampoco yo echaré más de delante de ellos á ninguna de aquestas gentes que dejó Josué cuando murió;

22 Para que por ellas probara yo á Israel, si guardarían ellos el camino de Jehová andando por él, como sus padres lo guardaron, ó no.

23 Por esto dejó Jehová aquellas gentes, y no las desarraigó luego, ni las entregó en mano de Josué.

3 Estas, pues, son las gentes que dejó Jehová para probar con ellas á Israel, á todos aquellos que no habían conocido todas las guerras de Canaán;

2 Para que al menos el linaje de los hijos de Israel conociese, para enseñarlos en la guerra, siquiera fuese á los que antes no la habían conocido:

3 Cinco príncipes de los Philisteos, y todos los Cananeos, y los Sidonios, y los Heveos que habitaban en el monte Líbano: desde el monte de Baal-hermón hasta llegar á Hamath.

4 Estos fueron para probar por ellos á Israel, para saber si obedecerían á los mandamientos de Jehová, que él había prescrito á sus padres por mano de Moisés.

5 Así los hijos de Israel habitaban entre los Cananeos, Hetheos, Amorrheos, Pherezeos, Heveos, y Jebuseos:

6 Y tomaron de sus hijas por mujeres, y dieron sus hijas á los hijos de ellos, y sirvieron á sus dioses.

7 Hicieron, pues, los hijos de Israel lo malo en ojos de Jehová: y olvidados de Jehová su Dios, sirvieron á los Baales, y á los ídolos de los bosques.

8 Y la saña de Jehová se encendió contra Israel, y vendiólos en manos de Chusan-risathaim rey de Mesopotamia; y sirvieron los hijos de Israel á Chusan-risathaim ocho años.

9 Y clamaron los hijos de Israel á Jehová; y Jehová suscitó salvador á los hijos de Israel y librólos; es á saber, á Othoniel hijo de Cenez, hermano menor de Caleb.

10 Y el espíritu de Jehová fué sobre él, y juzgó á Israel, y salió á batalla, y Jehová entregó en su mano á Chusan-risathaim, rey de Siria, y prevaleció su mano contra Chusan-risathaim.

11 Y reposó la tierra cuarenta años; y murió Othoniel, hijo de Cenez.

12 Y tornaron los hijos de Israel á hacer lo malo ante los ojos de Jehová; y Jehová esforzó á Eglón rey de Moab contra Israel, por cuanto habían hecho lo malo ante los ojos de Jehová.

13 Y juntó consigo á los hijos de Ammón y de Amalec, y fué, é hirió á Israel, y tomó la ciudad de las palmas.

14 Y sirvieron los hijos de Israel á Eglón rey de los Moabitas diez y ocho años.

15 Y clamaron los hijos de Israel á Jehová; y Jehová les suscitó salvador, á Aod, hijo de Gera, Benjamita, el cual tenía cerrada la mano derecha. Y los hijos de Israel enviaron con él un presente á Eglón rey de Moab.

16 Y Aod se había hecho un puñal de dos filos, de un codo de largo; y ciñósele debajo de sus vestidos á su lado derecho.

17 Y presentó el presente á Eglón rey de Moab; y era Eglón hombre muy grueso.

18 Y luego que hubo presentado el don, despidió á la gente que le había traído.

19 Mas él se volvió desde los ídolos que están en Gilgal, y dijo: Rey, una palabra secreta tengo que decirte. El entonces dijo: Calla. Y saliéronse de con él todos los que delante de él estaban.

20 Y llegóse Aod á él, el cual estaba sentado solo en una sala de verano. Y Aod dijo: Tengo palabra de Dios para ti. El entonces se levantó de la silla.

21 Mas Aod metió su mano izquierda, y tomó el puñal de su lado derecho, y metióselo por el vientre;

22 De tal manera que la empuñadura entró también tras la hoja, y la grosura encerró la hoja, que él no sacó el puñal de su vientre: y salió el estiércol.

23 Y saliendo Aod al patio, cerró tras sí las puertas de la sala.

24 Y salido él, vinieron sus siervos, los cuales viendo las puertas de la sala cerradas, dijeron: Sin duda él cubre sus pies en la sala de verano.

25 Y habiendo esperado hasta estar confusos, pues que él no abría las puertas de la sala, tomaron la llave y abrieron: y he aquí su señor caído en tierra muerto.

26 Mas entre tanto que ellos se detuvieron, Aod se escapó, y pasando los ídolos, salvóse en Seirath.

27 Y como hubo entrado, tocó el cuerno en el monte de Ephraim, y los hijos de Israel descendieron con él del monte, y él iba delante de ellos.

28 Entonces él les dijo: Seguidme, porque Jehová ha entregado vuestros enemigos los Moabitas en vuestras manos. Y descendieron en pos de él, y tomaron los vados del Jordán á Moab, y no dejaron pasar á ninguno.

29 Y en aquel tiempo hirieron de los Moabitas como diez mil hombres, todos valientes y todos hombres de guerra; no escapó hombre.

30 Así quedó Moab sojuzgado aquel día bajo la mano de Israel: y reposó la tierra ochenta años.

31 Después de éste fué Samgar hijo de Anat, el cual hirió seiscientos hombres de los Filisteos con una aguijada de bueyes; y él también salvó á Israel.

4 Mas los hijos de Israel tornaron á hacer lo malo en ojos de Jehová, después de la muerte de Aod.

2 Jehová los vendió en mano de Jabín rey de Canaán, el cual reinó en Asor: y el capitán de su ejército se llamaba Sísara, y él habitaba en Haroseth de las Gentes.

3 Y los hijos de Israel clamaron á Jehová, porque aquél tenía nuevecientos carros herrados: y había afligido en gran manera á los hijos de Israel por veinte años.

4 Y gobernaba en aquel tiempo á Israel una mujer, Débora, profetisa, mujer de Lapidoth:

5 La cual Débora habitaba debajo de una palma entre Rama y Beth-el, en el monte de Ephraim: y los hijos de Israel subían á ella á juicio.

6 Y ella envió á llamar á Barac hijo de Abinoam, de Cedes de Nephtalí, y díjole: ¿No te ha mandado Jehová Dios de Israel, diciendo: Ve, y haz gente en el monte de Tabor, y toma contigo diez mil hombres de los hijos de Nephtalí, y de los hijos de Zabulón?

7 Y yo atraeré á ti al arroyo de Cisón á Sísara, capitán del ejército de Jabín, con sus carros y su ejército, y entregarélo en tus manos?

8 Y Barac le respondió: Si tú fueres conmigo, yo iré: pero si no fueres conmigo, no iré.

9 Y ella dijo: Iré contigo; mas no será tu honra en el camino que vas; porque en mano de mujer venderá Jehová á Sísara. Y levantándose Débora fué con Barac á Cedes.

10 Y juntó Barac á Zabulón y á Nephtalí en Cedes, y subió con diez mil hombres á su mando, y Débora subió con él.

11 Y Heber Cineo, de los hijos de Hobab suegro de Moisés, se había apartado de los Cineos, y puesto su tienda hasta el valle de Zaanaim, que está junto á Cedes.

12 Vinieron pues las nuevas á Sísara como Barac hijo de Abinoam había subido al monte de Tabor.

13 Y reunió Sísara todos sus carros, nuevecientos carros herrados, con todo el pueblo que con él estaba, desde Haroseth de las Gentes hasta el arroyo de Cisón.

14 Entonces Débora dijo á Barac: Levántate; porque este es el día en que Jehová ha entregado á Sísara en tus manos: ¿No ha salido Jehová delante de tí? Y Barac descendió del monte de Tabor, y diez mil hombres en pos de él.

15 Y Jehová desbarató á Sísara, y á todos sus carros y á todo su ejército, á filo de espada delante de Barac: y Sísara descendió del carro, y huyó á pie.

16 Mas Barac siguió los carros y el ejército hasta Haroseth de las Gentes, y todo el ejército de Sísara cayó á filo de espada hasta no quedar ni uno.

17 Y Sísara se acogió á pie á la tienda de Jael mujer de Heber Cineo; porque había paz entre Jabín rey de Asor y la casa de Heber Cineo.

18 Y saliendo Jael á recibir á Sísara, díjole: Ven, señor mío, ven á mi, no tengas temor. Y él vino á ella á la tienda, y ella le cubrió con una manta.

19 Y él le dijo: Ruégote me des á beber una poca de agua, que tengo sed. Y ella abrió un odre de leche y dióle de beber, y tornóle á cubrir.

20 Y él le dijo: Estáte á la puerta de la tienda, y si alguien viniere, y te preguntare, diciendo: ¿Hay aquí alguno? Tú responderás que no.

21 Y Jael, mujer de Heber, tomó una estaca de la tienda, y poniendo un mazo en su mano, vino á él calladamente, y metióle la estaca por las sienes, y enclavólo en la tierra, pues él estaba cargado de sueño y cansado; y así murió.

22 Y siguiendo Barac á Sísara, Jael salió á recibirlo, y díjole: Ven, y te mostraré al varón que tú buscas. Y él entró donde ella estaba, y he aquí Sísara yacía muerto con la estaca por la sien.

23 Así abatió Dios aquel día á Jabín, rey de Canaán, delante de los hijos de Israel.

24 Y la mano de los hijos de Israel comenzó á crecer y á fortificarse contra Jabín rey de Canaán, hasta que lo destruyeron.

5 Y aquel día cantó Débora, con Barac, hijo de Abinoam, diciendo:

2 Porque ha vengado las injurias de Israel, Porque el pueblo se ha ofrecido de su voluntad, Load á Jehová.

3 Oid, reyes; estad, oh príncipes, atentos: Yo cantaré á Jehová, Cantaré salmos á Jehová Dios de Israel.

4 Cuando saliste de Seir, oh Jehová, Cuando te apartaste del campo de Edom, La tierra tembló, y los cielos destilaron, Y las nubes gotearon aguas.

5 Los montes se derritieron delante de Jehová, Aqueste Sinaí, delante de Jehová Dios de Israel.

6 En los días de Samgar hijo de Anath, En los días de Jael, cesaron los caminos, Y los que andaban por las sendas apartábanse por torcidos senderos.

7 Las aldeas habían cesado en Israel, habían decaído; Hasta que yo Débora me levanté, Me levanté madre en Israel.

8 En escogiendo nuevos dioses, La guerra estaba á las puertas: ¿Se veía escudo ó lanza Entre cuarenta mil en Israel?

9 Mi corazón está por los príncipes de Israel, Los que con buena voluntad se ofrecieron entre el pueblo: Load á Jehová.

10 Vosotros los que cabalgáis en asnas blancas, Los que presidís en juicio, Y vosotros los que viajáis, hablad.

11 Lejos del ruido de los archeros, entre los abrevaderos, Allí repetirán las justicias de Jehová, Las justicias de sus villas en Israel; Entonces bajará el pueblo de Jehová á las puertas.

12 Despierta, despierta, Débora; Despierta, despierta, profiere un cántico. Levántate, Barac, y lleva tus cautivos hijo de Abinoam.

13 Entonces ha hecho que el que quedó del pueblo, señoree á los magníficos: Jehová me hizo enseñorear sobre los fuertes.

14 De Ephraim salió su raíz contra Amalec, Tras ti, Benjamín, contra tus pueblos; De Machîr descendieron príncipes, Y de Zabulón los que solían manejar punzón de escribiente.

15 Príncipes también de Issachâr fueron con Débora; Y como Issachâr, también Barac Se puso á pie en el valle. De las divisiones de Rubén Hubo grandes impresiones del corazón.

16 ¿Por qué te quedaste entre las majadas, Para oir los balidos de los rebaños? De las divisiones de Rubén Grandes fueron las disquisiciones del corazón.

17 Galaad se quedó de la otra parte del Jordán: Y Dan ¿por qué se estuvo junto á los navíos? Mantúvose Aser á la ribera de la mar, Y quedóse en sus puertos.

18 El pueblo de Zabulón expuso su vida á la muerte, Y Nephtalí en las alturas del campo.

19 Vinieron reyes y pelearon: Entonces pelearon los reyes de Canaán En Taanac, junto á las aguas de Megiddo, Mas no llevaron ganancia alguna de dinero.

20 De los cielos pelearon: Las estrellas desde sus órbitas pelearon contra Sísara.

21 Barriólos el torrente de Cisón, El antiguo torrente, el torrente de Cisón. Hollaste, oh alma mía, con fortaleza.

22 Despalmáronse entonces las uñas de los caballos Por las arremetidas, por los brincos de sus valientes.

23 Maldecid á Meroz, dijo el ángel de Jehová: Maldecid severamente á sus moradores, Porque no vinieron en socorro á Jehová, En socorro á Jehová contra los fuertes.

24 Bendita sea entre las mujeres Jael, Mujer de Heber Cineo; Sobre las mujeres bendita sea en la tienda.

25 El pidió agua, y dióle ella leche; En tazón de nobles le presentó manteca.

26 Su mano tendió á la estaca, Y su diestra al mazo de trabajadores; Y majó á Sísara, hirió su cabeza, Llagó y atravesó sus sienes.

27 Cayó encorvado entre sus pies, quedó tendido: Entre sus pies cayó encorvado; Donde se encorvó, allí cayó muerto.

28 La madre de Sísara se asoma á la ventana, Y por entre las celosías á voces dice: ¿Por qué se detiene su carro, que no viene? ¿Por qué las ruedas de sus carros se tardan?

29 Las más avisadas de sus damas le respondían; Y aun ella se respondía á sí misma.

30 ¿No han hallado despojos, y los están repartiendo? A cada uno una moza, ó dos: Los despojos de colores para Sísara, Los despojos bordados de colores: La ropa de color bordada de ambos lados, para los cuellos de los que han tomado los despojos.

31 Así perezcan todos tus enemigos, oh Jehová: Mas los que le aman, sean como el sol cuando nace en su fuerza. Y la tierra reposó cuarenta años.

6 Mas los hijos de Israel hicieron lo malo en los ojos de Jehová; y Jehová los entregó en las manos de Madián por siete años.

2 Y la mano de Madián prevaleció contra Israel. Y los hijos de Israel, por causa de los Madianitas, se hicieron cuevas en los montes, y cavernas, y lugares fuertes.

3 Pues como los de Israel habían sembrado, subían los Madianitas, y Amalecitas, y los orientales: subían contra ellos;

4 Y asentando campo contra ellos destruían los frutos de la tierra, hasta llegar á Gaza; y no dejaban qué comer en Israel, ni ovejas, ni bueyes, ni asnos.

5 Porque subían ellos y sus ganados, y venían con sus tiendas en grande multitud como langosta, que no había número en ellos ni en sus camellos: así venían á la tierra para devastarla.

6 Era pues Israel en gran manera empobrecido por los Madianitas; y los hijos de Israel clamaron á Jehová.

7 Y cuando los hijos de Israel hubieron clamado á Jehová, á causa de los Madianitas,

8 Jehová envió un varón profeta á los hijos de Israel, el cual les dijo: Así ha dicho Jehová Dios de Israel: Yo os hice salir de Egipto, y os saqué de la casa de servidumbre;

9 Yo os libré de mano de los Egipcios, y de mano de todos los que os afligieron, á los cuales eché de delante de vosotros, y os dí su tierra;

10 Y díjeos: Yo soy Jehová vuestro Dios; no temáis á los dioses de los Amorrheos, en cuya tierra habitáis: mas no habéis obedecido á mi voz.

11 Y vino el ángel de Jehová, y sentóse debajo del alcornoque que está en Ophra, el cual era de Joas Abiezerita; y su hijo Gedeón estaba sacudiendo el trigo en el lagar, para hacerlo esconder de los Madianitas.

12 Y el ángel de Jehová se le apareció, y díjole: Jehová es contigo, varón esforzado.

13 Y Gedeón le respondió: Ah, Señor mío, si Jehová es con nosotros, ¿por qué nos ha sobrevenido todo esto? ¿Y dónde están todas sus maravillas, que nuestros padres nos han contado, diciendo: ¿No nos sacó Jehová de Egipto? Y ahora Jehová nos ha desamparado, y nos ha entregado en manos de los Madianitas.

14 Y mirándole Jehová, díjole: Ve con esta tu fortaleza, y salvarás á Israel de la mano de los Madianitas. ¿No te envío yo?

15 Entonces le respondió: Ah, Señor mío, ¿con qué tengo de salvar á Israel? He aquí que mi familia es pobre en Manasés, y yo el menor en la casa de mi padre.

16 Y Jehová le dijo: Porque yo seré contigo, y herirás á los Madianitas como á un solo hombre.

17 Y él respondió: Yo te ruego, que si he hallado gracia delante de ti, me des señal de que tú has hablado conmigo.

18 Ruégote que no te vayas de aquí, hasta que á ti vuelva, y saque mi presente, y lo ponga delante de ti. Y él respondió: Yo esperaré hasta que vuelvas.

19 Y entrándose Gedeón aderezó un cabrito, y panes sin levadura de un epha de harina; y puso la carne en un canastillo, y el caldo en una olla, y sacándolo presentóselo debajo de aquel alcornoque.

20 Y el ángel de Dios le dijo: Toma la carne, y los panes sin levadura, y ponlo sobre esta peña, y vierte el caldo. Y él lo hizo así.

21 Y extendiendo el ángel de Jehová el bordón que tenía en su mano, tocó con la punta en la carne y en los panes sin levadura; y subió fuego de la peña, el cual consumió la carne y los panes sin levadura. Y el ángel de Jehová desapareció de delante de él.

22 Y viendo Gedeón que era el ángel de Jehová, dijo: Ah, Señor Jehová, que he visto el ángel de Jehová cara á cara.

23 Y Jehová le dijo: Paz á ti; no tengas temor, no morirás.

24 Y edificó allí Gedeón altar á Jehová, al que llamó Jehová-salom: está hasta hoy en Ophra de los Abiezeritas.

25 Y aconteció que la misma noche le dijo Jehová: Toma un toro del hato de tu padre, y otro toro de siete años, y derriba el altar de Baal que tu padre tiene, y corta también el bosque que está junto á él;

26 Y edifica altar á Jehová tu Dios en la cumbre de este peñasco en lugar conveniente; y tomando el segundo toro, sacrifícalo en holocausto sobre la leña del bosque que habrás cortado.

27 Entonces Gedeón tomó diez hombres de sus siervos, é hizo como Jehová le dijo. Mas temiendo hacerlo de día, por la familia de su padre y por los hombres de la ciudad, hízolo de noche.

28 Y á la mañana, cuando los de la ciudad se levantaron, he aquí que el altar de Baal estaba derribado, y cortado el bosque que junto á él estaba, y sacrificado aquel segundo toro en holocausto sobre el altar edificado.

29 Y decíanse unos á otros: ¿Quién ha hecho esto? Y buscando é inquiriendo, dijéronles: Gedeón hijo de Joas lo ha hecho. Entonces los hombres de la ciudad dijeron á Joas:

30 Saca fuera tu hijo para que muera, por cuanto ha derribado el altar de Baal y ha cortado el bosque que junto á él estaba.

31 Y Joas respondió á todos los que estaban junto á él: ¿Tomaréis vosotros la demanda por Baal? ¿le salvaréis vosotros? Cualquiera que tomare la demanda por él, que muera mañana. Si es Dios, contienda por sí mismo con el que derribó su altar.

32 Y aquel día llamó él á Gedeón Jerobaal; porque dijo: Pleitee Baal contra el que derribó su altar.

33 Y todos los Madianitas, y Amalecitas, y orientales, se juntaron á una, y pasando asentaron campo en el valle de Jezreel.

34 Y el espíritu de Jehová se envistió en Gedeón, y como éste hubo tocado el cuerno, Abiezer se juntó con él.

35 Y envió mensajeros por todo Manasés, el cual también se juntó con él: asimismo envió mensajeros á Aser, y á Zabulón, y á Nephtalí, los cuales salieron á encontrarles.

36 Y Gedeón dijo á Dios: Si has de salvar á Israel por mi mano, como has dicho,

37 He aquí que yo pondré un vellón de lana en la era; y si el rocío estuviere en el vellón solamente, quedando seca toda la otra tierra, entonces entenderé que has de salvar á Israel por mi mano, como lo has dicho.

38 Y aconteció así: porque como se levantó de mañana, exprimiendo el vellón sacó de él el rocío, un vaso lleno de agua.

39 Mas Gedeón dijo á Dios: No se encienda tu ira contra mí, y aun hablare esta vez: solamente probaré ahora otra vez con el vellón. Ruégote que la sequedad sea sólo en el vellón, y el rocío sobre la tierra.

40 Y aquella noche lo hizo Dios así: porque la sequedad fué sólo en el vellón, y en toda la tierra estuvo el rocío.

7 Levantándose pues de mañana Jerobaal, el cual es Gedeón, y todo el pueblo que estaba con él, asentaron el campo junto á la fuente de Harod: y tenía el campo de los Madianitas al norte, de la otra parte del collado de More, en el valle.

2 Y Jehová dijo á Gedeón: El pueblo que está contigo es mucho para que yo dé á los Madianitas en su mano: porque no se alabe Israel contra mí, diciendo: Mi mano me ha salvado.

3 Haz pues ahora pregonar, que lo oiga el pueblo, diciendo: El que teme y se estremece, madrugue y vuélvase desde el monte de Galaad. Y volviéronse de los del pueblo veintidós mil: y quedaron diez mil.

4 Y Jehová dijo á Gedeón: Aun es mucho el pueblo; llévalos á las aguas, y allí yo te los probaré; y del que yo te dijere: Vaya este contigo, vaya contigo: mas de cualquiera que yo te dijere: Este no vaya contigo, el tal no vaya.

5 Entonces llevó el pueblo á las aguas: y Jehová dijo á Gedeón: Cualquiera que lamiere las aguas con su lengua como lame el perro, aquél pondrás aparte; asimismo cualquiera que se doblare sobre sus rodillas para beber.

6 Y fué el número de los que lamieron las aguas, llegándola con la mano á la boca, trescientos hombres: y todo el resto del pueblo se dobló sobre sus rodillas para beber las aguas.

7 Entonces Jehová dijo á Gedeón: Con estos trescientos hombres que lamieron el agua os salvaré, y entregaré á los Madianitas en tus manos: y váyase toda la gente cada uno á su lugar.

8 Y tomada provisión para el pueblo en sus manos, y sus bocinas, envió á todos los Israelitas cada uno á su tienda, y retuvo á aquellos trescientos hombres: y tenía el campo de Madián abajo en el valle.

9 Y aconteció que aquella noche Jehová le dijo: Levántate, y desciende al campo; porque yo lo he entregado en tus manos.

10 Y si tienes temor de descender, baja tú con Phara tu criado al campo,

11 Y oirás lo que hablan; y entonces tus manos se esforzarán, y descenderás al campo. Y él descendió con Phara su criado al principio de la gente de armas que estaba en el campo.

12 Y Madián, y Amalec, y todos los orientales, estaban tendidos en el valle como langostas en muchedumbre, y sus camellos eran innumerables, como la arena que está á la ribera de la mar en multitud.

13 Y luego que llegó Gedeón, he aquí que un hombre estaba contando á su compañero un sueño, diciendo: He aquí yo soñé un sueño: que veía un pan de cebada que rodaba hasta el campo de Madián, y llegaba á las tiendas, y las hería de tal manera que caían, y las trastornaba de arriba abajo, y las tiendas caían.

14 Y su compañero respondió, y dijo: Esto no es otra cosa sino la espada de Gedeón hijo de Joas, varón de Israel: Dios ha entregado en sus manos á los Madianitas con todo el campo.

15 Y como Gedeón oyó la historia del sueño y su interpretación, adoró; y vuelto al campo de Israel, dijo: Levantaos, que Jehová ha entregado el campo de Madián en vuestras manos.

16 Y repartiendo los trescientos hombres en tres escuadrones, dió á cada uno de ellos bocinas en sus manos, y cántaros vacíos con teas ardiendo dentro de los cántaros.

17 Y díjoles: Miradme á mí, y haced como yo hiciere; he aquí que cuando yo llegare al principio del campo, como yo hiciere, así haréis vosotros.

18 Yo tocaré la bocina y todos los que estarán conmigo; y vosotros tocaréis entonces las bocinas alrededor de todo el campo, y diréis: ¡Por Jehová y Gedeón!

19 Llegó pues Gedeón, y los cien hombres que llevaba consigo, al principio del campo, á la entrada de la vela del medio, cuando acababan de renovar los centinelas; y tocaron las bocinas, y quebraron los cántaros que llevaban en sus manos:

20 Y los tres escuadrones tocaron las bocinas, y quebrando los cántaros tomaron en las manos izquierdas las teas, y en las derechas los cuernos con que tañían, y dieron grita: ¡La espada de Jehová y de Gedeón!

21 Y estuviéronse en sus lugares en derredor del campo; y todo el campo fué alborotado, y huyeron gritando.

22 Mas los trescientos tocaban las bocinas: y Jehová puso la espada de cada uno contra su compañero en todo el campo. Y el ejército huyó hasta Beth-sitta, hacia Cerera, y hasta el término de Abel-mehola en Tabbat.

23 Y juntándose los de Israel, de Nephtalí, y de Aser, y de todo Manasés, siguieron á los Madianitas.

24 Gedeón también envió mensajeros á todo el monte de Ephraim, diciendo: Descended al encuentro de los Madianitas, y tomadles las aguas hasta Beth-bara y el Jordán. Y juntos todos los hombres de Ephraim, tomaron las aguas de Beth-bara y el Jordán.

25 Y tomaron dos príncipes de los Madianitas, Oreb y Zeeb: y mataron á Oreb en la peña de Oreb, y á Zeeb le mataron en el lagar de Zeeb: y después que siguieron á los Madianitas, trajeron las cabezas de Oreb y de Zeeb á Gedeón de la otra parte del Jordán.

8 Y los de Ephraim le dijeron: ¿Qué es esto que has hecho con nosotros, no llamándonos cuando ibas á la guerra contra Madián? Y reconviniéronlo fuertemente.

2 A los cuales él respondió: ¿Qué he hecho yo ahora como vosotros? ¿No es el rebusco de Ephraim mejor que la vendimia de Abiezer?

3 Dios ha entregado en vuestras manos á Oreb y á Zeeb, príncipes de Madián: ¿y qué pude yo hacer como vosotros? Entonces el enojo de ellos contra él se aplacó, luego que él habló esta palabra.

4 Y vino Gedeón al Jordán para pasar, él y los trescientos hombres que traía consigo, cansados del alcance.

5 Y dijo á los de Succoth: Yo os ruego que deis á la gente que me sigue algunos bocados de pan; porque están cansados, y yo persigo á Zeba y á Zalmunna, reyes de Madián.

6 Y los principales de Succoth respondieron: ¿Está ya la mano de Zeba y Zalmunna en tu mano, para que hayamos nosotros de dar pan á tu ejército?

7 Y Gedeón dijo: Pues cuando Jehová hubiere entregado en mi mano á Zeba y á Zalmunna, yo trillaré vuestra carne con espinas y abrojos del desierto.

8 Y de allí subió á Penuel, y hablóles las mismas palabras. Y los de Penuel le respondieron como habían respondido los de Succoth.

9 Y él habló también á los de Penuel, diciendo: Cuando yo tornare en paz, derribaré esta torre.

10 Y Zeba y Zalmunna estaban en Carcor, y con ellos su ejército de como quince mil hombres, todos los que habían quedado de todo el campo de los orientales: y los muertos habían sido ciento veinte mil hombres que sacaban espada.

11 Y subiendo Gedeón hacia los que habitaban en tiendas, á la parte oriental de Noba y de Jogbea, hirió el campo, porque estaba el ejército sin recelo.

12 Y huyendo Zeba y Zalmunna, él los siguió; y tomados los dos reyes de Madián, Zeba y Zalmunna, espantó á todo el ejército.

13 Y Gedeón hijo de Joas volvió de la batalla antes que el sol subiese;

14 Y tomó un mozo de los de Succoth, y preguntándole, él le dió por escrito los principales de Succoth y sus ancianos, setenta y siete varones.

15 Y entrando á los de Succoth, dijo: He aquí á Zeba y á Zalmunna, sobre los cuales me zaheristeis, diciendo: ¿Está ya la mano de Zeba y de Zalmunna en tu mano, para que demos nosotros pan á tus hombres cansados?

16 Y tomó á los ancianos de la ciudad, y espinas y abrojos del desierto, y castigó con ellos á los de Succoth.

17 Asimismo derribó la torre de Penuel, y mató á los de la ciudad.

18 Luego dijo á Zeba y á Zalmunna: ¿Qué manera de hombres tenían aquellos que matasteis en Tabor? Y ellos respondieron: Como tú, tales eran aquellos ni más ni menos, que parecían hijos de rey.

19 Y él dijo: Mis hermanos eran, hijos de mi madre: ¡Vive Jehová, que si los hubierais guardado en vida, yo no os mataría!

20 Y dijo á Jether su primogénito: Levántate, y mátalos. Mas el joven no desenvainó su espada, porque tenía temor; que aun era muchacho.

21 Entonces dijo Zeba y Zalmunna: Levántate tú, y mátanos; porque como es el varón, tal es su valentía. Y Gedeón se levantó, y mató á Zeba y á Zalmunna; y tomó los adornos de lunetas que sus camellos traían al cuello.

22 Y los Israelitas dijeron á Gedeón: Sé nuestro señor, tú, y tu hijo, y tu nieto; pues que nos has librado de mano de Madián.

23 Mas Gedeón respondió: No seré señor sobre vosotros, ni mi hijo os señoreará: Jehová será vuestro Señor.

24 Y díjoles Gedeón: Deseo haceros una petición, que cada uno me dé de oro, los zarcillos de su despojo. (Porque traían zarcillos de oro, que eran Ismaelitas.)

25 Y ellos respondieron: De buena gana los daremos. Y tendiendo una ropa de vestir, echó allí cada uno los zarcillos de su despojo.

26 Y fué el peso de los zarcillos de oro que él pidió, mil y setecientos siclos de oro; sin las planchas, y joyeles, y vestidos de púrpura, que traían los reyes de Madián, y sin los collares que traían sus camellos al cuello.

27 Y Gedeón hizo de ellos un ephod, el cual hizo guardar en su ciudad de Ophra; y todo Israel fornicó tras de ese ephod en aquel lugar; y fué por tropiezo á Gedeón y á su casa.

28 Así fué humillado Madián delante de los hijos de Israel, y nunca más levantaron su cabeza. Y reposó la tierra cuarenta años en los días de Gedeón.

29 Y Jerobaal hijo de Joas fué, y habitó en su casa.

30 Y tuvo Gedeón setenta hijos que salieron de su muslo, porque tuvo muchas mujeres.

31 Y su concubina que estaba en Sichêm, también le parió un hijo, y púsole por nombre Abimelech.

32 Y murió Gedeón hijo de Joas en buena vejez, y fué sepultado en el sepulcro de su padre Joas, en Ophra de los Abiezeritas.

33 Y aconteció que como murió Gedeón, los hijos de Israel tornaron, y fornicaron en pos de los Baales, y se pusieron por Dios á Baal-berith.

34 Y no se acordaron los hijos de Israel de Jehová su Dios, que los había librado de todos sus enemigos alrededor:

35 Ni hicieron misericordia con la casa de Jerobaal Gedeón conforme á todo el bien que él había hecho á Israel.

9 Y fuése Abimelech hijo de Jerobaal á Sichêm, á los hermanos de su madre, y habló con ellos, y con toda la familia de la casa del padre de su madre, diciendo:

2 Yo os ruego que habléis á oídos de todos los de Sichêm: ¿Qué tenéis por mejor, que os señoreen setenta hombres, todos los hijos de Jerobaal; ó que os señoree un varón? Acordaos que yo soy hueso vuestro, y carne vuestra.

3 Y hablaron por él los hermanos de su madre á oídos de todos los de Sichêm todas estas palabras: y el corazón de ellos se inclinó en favor de Abimelech, porque decían: Nuestro hermano es.

4 Y diéronle setenta siclos de plata del templo de Baal-berith, con los cuales Abimelech alquiló hombres ociosos y vagabundos, que le siguieron.

5 Y viniendo á la casa de su padre en Ophra, mató á sus hermanos los hijos de Jerobaal, setenta varones, sobre una piedra: mas quedó Jotham, el más pequeño hijo de Jerobaal, que se escondió.

6 Y reunidos todos los de Sichêm con toda la casa de Millo, fueron y eligieron á Abimelech por rey, cerca de la llanura del pilar que estaba en Sichêm.

7 Y como se lo dijesen á Jotham, fué y púsose en la cumbre del monte de Gerizim, y alzando su voz clamó, y díjoles: Oidme, varones de Sichêm; que Dios os oiga.

8 Fueron los árboles á elegir rey sobre sí, y dijeron á la oliva: Reina sobre nosotros.

9 Mas la oliva respondió: ¿Tengo de dejar mi pingüe jugo, con el que por mi causa Dios y los hombres son honrados, por ir á ser grande sobre los árboles?

10 Y dijeron los árboles á la higuera: Anda tú, reina sobre nosotros.

11 Y respondió la higuera: ¿Tengo de dejar mi dulzura y mi buen fruto, por ir á ser grande sobre los árboles?

12 Dijeron luego los árboles á la vid: Pues ven tú, reina sobre nosotros.

13 Y la vid les respondió: ¿Tengo de dejar mi mosto, que alegra á Dios y á los hombres, por ir á ser grande sobre los árboles?

14 Dijeron entonces todos los árboles al escaramujo: Anda tú, reina sobre nosotros.

15 Y el escaramujo respondió á los árboles: Si en verdad me elegís por rey sobre vosotros, venid; y aseguraos debajo de mi sombra; y si no, fuego salga del escaramujo que devore los cedros del Líbano.

16 Ahora pues, si con verdad y con integridad habéis procedido en hacer rey á Abimelech, y si lo habéis hecho bien con Jerobaal y con su casa, y si le habéis pagado conforme á la obra de sus manos;

17 (Pues que mi padre peleó por vosotros, y echó lejos su vida por libraros de mano de Madián;

18 Y vosotros os levantasteis hoy contra la casa de mi padre, y matasteis sus hijos, setenta varones, sobre una piedra; y habéis puesto por rey sobre los de Sichêm á Abi-melech, hijo de su criada, por cuanto es vuestro hermano:)

19 Si con verdad y con integridad habéis obrado hoy con Jerobaal y con su casa, que gocéis de Abimelech, y él goce de vosotros.

20 Y si no, fuego salga de Abimelech, que consuma á los de Sichêm y á la casa de Millo; y fuego salga de los de Sichêm y de la casa de Millo, que consuma á Abimelech.

21 Y huyó Jotham, y se fugó, y fuése á Beer, y allí se estuvo por causa de Abimelech su hermano.

22 Y después que Abimelech hubo dominado sobre Israel tres años,

23 Envió Dios un espíritu malo entre Abimelech y los hombres de Sichêm: que los de Sichêm se levantaron contra Abimelech:

24 Para que el agravio de los setenta hijos de Jerobaal, y la sangre de ellos, viniera á ponerse sobre Abimelech su hermano que los mató, y sobre los hombres de Sichêm que corroboraron las manos de él para matar á sus hermanos.

25 Y pusiéronle los de Sichêm asechadores en las cumbres de los montes, los cuales salteaban á todos los que pasaban junto á ellos por el camino; de lo que fué dado aviso á Abimelech.

26 Y Gaal hijo de Ebed vino con sus hermanos, y pasáronse á Sichêm: y los de Sichêm se confiaron en él.

27 Y saliendo al campo, vendimiaron sus viñas, y pisaron la uva, é hicieron alegrías; y entrando en el templo de sus dioses, comieron y bebieron, y maldijeron á Abimelech.

28 Y Gaal hijo de Ebed dijo: ¿Quién es Abimelech y qué es Sichêm, para que nosotros á él sirvamos? ¿no es hijo de Jerobaal? ¿y no es Zebul su asistente? Servid á los varones de Hemor padre de Sichêm: mas ¿por qué habíamos de servir á él?

29 Fuérame dado este pueblo bajo de mi mano, yo echaría luego á Abimelech. Y decía á Abimelech: Aumenta tus escuadrones, y sal.

30 Y Zebul asistente de la ciudad, oyendo las palabras de Gaal hijo de Ebed, encendióse su ira;

31 Y envió sagazmente mensajeros á Abimelech, diciendo: He aquí que Gaal hijo de Ebed y sus hermanos han venido á Sichêm, y he aquí, que han cercado la ciudad contra ti.

32 Levántate pues ahora de noche, tú y el pueblo que está contigo, y pon emboscada en el campo:

33 Y por la mañana al salir del sol te levantarás y acometerás la ciudad: y él y el pueblo que está con él saldrán contra ti, y tu harás con él según que se te ofrecerá.

34 Levantándose pues de noche Abimelech y todo el pueblo que con él estaba, pusieron emboscada contra Sichêm con cuatro compañías.

35 Y Gaal hijo de Ebed salió, y púsose á la entrada de la puerta de la ciudad: y Abimelech y todo el pueblo que con él estaba, se levantaron de la emboscada.

36 Y viendo Gaal el pueblo, dijo á Zebul: He allí pueblo que desciende de las cumbres de los montes. Y Zebul le respondió: La sombra de los montes te parece hombres.

37 Mas Gaal tornó á hablar, y dijo: He allí pueblo que desciende por medio de la tierra, y un escuadrón viene camino de la campiña de Meonenim.

38 Y Zebul le respondió: ¿Dónde está ahora aquel tu hablar, diciendo; Quién es Abimelech para que le sirvamos? ¿No es este el pueblo que tenías en poco? Sal pues ahora, y pelea con él.

39 Y Gaal salió delante de los de Sichêm, y peleó contra Abimelech.

40 Mas persiguiólo Abimelech, delante del cual él huyó; y cayeron heridos muchos hasta la entrada de la puerta.

41 Y Abimilech se quedó en Aruma; y Zebul echó fuera á Gaal y á sus hermanos, para que no morasen en Sichêm.

42 Y aconteció al siguiente día, que el pueblo salió al campo: y fué dado aviso á Abimelech.

43 El cual, tomando gente, repartióla en tres compañías, y puso emboscadas en el campo: y como miró, he aquí el pueblo que salía de la ciudad; levantóse contra ellos, é hiriólos.

44 Pues Abimelech y el escuadrón que estaba con él, acometieron con ímpetu, y pararon á la entrada de la puerta de la ciudad; y las dos compañías acometieron á todos los que estaban en el campo, y los hirieron.

45 Y después de combatir Abimelech la ciudad todo aquel día, tomóla, y mató el pueblo que en ella estaba, y asoló la ciudad, y sembróla de sal.

46 Como oyeron esto todos los que estaban en la torre de Sichêm, entráronse en la fortaleza del templo del dios Berith.

47 Y fué dicho á Abimelech como todos los de la torre de Sichêm estaban reunidos.

48 Entonces subió Abimelech al monte de Salmón, él y toda la gente que con él estaba; y tomó Abimelech un hacha en su mano, y cortó una rama de los árboles, y levantándola púsosela sobre sus hombros, diciendo al pueblo que estaba con él: Lo que me veis á mí que hago, haced vosotros prestamente como yo.

49 Y así todo el pueblo cortó también cada uno su rama, y siguieron á Abimelech, y pusiéronlas junto á la fortaleza, y prendieron fuego con ellas á la fortaleza: por manera que todos los de la torre de Sichêm murieron, como unos mil hombres y mujeres.

50 Después Abimelech se fué á Thebes; y puso cerco á Thebes, y tomóla.

51 En medio de aquella ciudad había una torre fuerte, á la cual se retiraron todos los hombres y mujeres, y todos los señores de la ciudad; y cerrando tras sí las puertas, subiéronse al piso alto de la torre.

52 Y vino Abimelech á la torre, y combatiéndola, llegóse á la puerta de la torre para pegarle fuego.

53 Mas una mujer dejó caer un pedazo de una rueda de molino sobre la cabeza de Abimelech, y quebróle los cascos.

54 Y luego llamó él á su escudero, y díjole: Saca tu espada y mátame, porque no se diga de mí: Una mujer lo mató. Y su escudero le atravesó, y murió.

55 Y como los Israelitas vieron muerto á Abimelech, fuéronse cada uno á su casa.

56 Así pues pagó Dios á Abimelech el mal que hizo contra su padre matando á sus setenta hermanos.

57 Y aun todo el mal de los hombres de Sichêm tornó Dios sobre sus cabezas: y la maldición de Jotham, hijo de Jerobaal, vino sobre ellos.

10 Y después de Abimelech levantóse para librar á Israel, Tola hijo de Púa, hijo de Dodo, varón de Issachâr, el cual habitaba en Samir, en el monte de Ephraim.

2 Y juzgó á Israel veintitrés años, y murió, y fué sepultado en Samir.

3 Tras él se levantó Jair, Galaadita, el cual juzgó á Israel veintidós años.

4 Este tuvo treinta hijos que cabalgaban sobre treinta asnos, y tenían treinta villas, que se llamaron las villas de Jair hasta hoy, las cuales están en la tierra de Galaad.

5 Y murió Jair, y fué sepultado en Camón.

6 Mas los hijos de Israel tornaron á hacer lo malo en los ojos de Jehová, y sirvieron á los Baales y á Astaroth, y á los dioses de Siria, y á los dioses de Sidón, y á los dioses de Moab, y á los dioses de los hijos de Ammón, y á los dioses de los Filisteos: y dejaron á Jehová, y no le sirvieron.

7 Y Jehová se airó contra Israel, y vendiólos en mano de los Filisteos, y en mano de los hijos de Ammón:

8 Los cuales molieron y quebrantaron á los hijos de Israel en aquel tiempo dieciocho años, á todos los hijos de Israel que estaban de la otra parte del Jordán en la tierra del Amorrheo, que es en Galaad.

9 Y los hijos de Ammón pasaron el Jordán para hacer también guerra contra Judá, y contra Benjamín, y la casa de Ephraim: y fué Israel en gran manera afligido.

10 Y los hijos de Israel clamaron á Jehová, diciendo: Nosotros hemos pecado contra ti; porque hemos dejado á nuestro Dios, y servido á los Baales.

11 Y Jehová respondió á los hijos de Israel: ¿No habéis sido oprimidos de Egipto, de los Amorrheos, de Losammonitas, de los Filisteos,

12 De los de Sidón, de Amalec, y de Maón, y clamando á mí os he librado de sus manos?

13 Mas vosotros me habéis dejado, y habéis servido á dioses ajenos: por tanto, yo no os libraré más.

14 Andad, y clamad á los dioses que os habéis elegido, que os libren en el tiempo de vuestra aflicción.

15 Y los hijos de Israel respondieron á Jehová: Hemos pecado; haz tú con nosotros como bien te pareciere: solamente que ahora nos libres en este día.

16 Y quitaron de entre sí los dioses ajenos, y sirvieron á Jehová: y su alma fué angustiada á causa del trabajo de Israel.

17 Y juntándose los hijos de Ammón, asentaron campo en Galaad: juntáronse asimismo los hijos de Israel, y asentaron su campo en Mizpa.

18 Y los príncipes y el pueblo de Galaad dijeron el uno al otro: ¿Quién será el que comenzará la batalla contra los hijos de Ammón? él será cabeza sobre todos los que habitan en Galaad.

11 Existía entonces Jephté, Galaadita, hombre valiente, hijo de una ramera, al cual había engendrado Galaad.

2 Y la mujer de Galaad también le había parido hijos; los cuales cuando fueron grandes, echaron fuera á Jephté, diciéndole: No heredarás en la casa de nuestro padre, porque eres bastardo.

3 Huyendo pues Jephté á causa de sus hermanos, habitó en tierra de Tob; y juntáronse con él hombres ociosos, los cuales con él salían.

4 Y aconteció que después de días los hijos de Ammón hicieron guerra contra Israel:

5 Y como los hijos de Ammón tenían guerra contra Israel, los ancianos de Galaad fueron para volver á Jephté de tierra de Tob:

6 Y dijeron á Jephté: Ven, y serás nuestro capitán, para que peleemos con los hijos de Ammón.

7 Y Jephté respondió á los ancianos de Galaad: ¿No me habéis vosotros aborrecido, y me echasteis de la casa de mi padre? ¿por qué pues venís ahora á mí cuando estáis en aflicción?

8 Y los ancianos de Galaad respondieron á Jephté: Por esta misma causa tornamos ahora á ti, para que vengas con nosotros, y pelees contra los hijos de Ammón, y nos seas cabeza á todos los que moramos en Galaad.

9 Jephté entonces dijo á los ancianos de Galaad: Si me volvéis para que pelee contra los hijos de Ammón, y Jehová los entregare delante de mí, ¿seré yo vuestra cabeza?

10 Y los ancianos de Galaad respondieron á Jephté: Jehová oiga entre nosotros, si no hiciéremos como tú dices.

11 Entonces Jephté vino con los ancianos de Galaad, y el pueblo lo eligió por su cabeza y príncipe; y Jephté habló todas sus palabras delante de Jehová en Mizpa.

12 Y envió Jephté embajadores al rey de los Ammonitas, diciendo: ¿Qué tienes tú conmigo que has venido á mí para hacer guerra en mi tierra?

13 Y el rey de los Ammonitas respondió á los embajadores de Jephté: Por cuanto Israel tomó mi tierra, cuando subió de Egipto, desde Arnón hasta Jaboc y el Jordán; por tanto, devuélvelas ahora en paz.

14 Y Jephté tornó á enviar otros embajadores al rey de los Ammonitas,

15 Para decirle: Jephté ha dicho así: Israel no tomó tierra de Moab, ni tierra de los hijos de Ammón:

16 Mas subiendo Israel de Egipto, anduvo por el desierto hasta el mar Bermejo, y llegó á Cades.

17 Entonces Israel envió embajadores al rey de Edom, diciendo: Yo te ruego que me dejes pasar por tu tierra. Mas el rey de Edom no los escuchó. Envió también al rey de Moab; el cual tampoco quiso: quedóse por tanto Israel en Cades.

18 Después, yendo por el desierto, rodeó la tierra de Edom y la tierra de Moab, y viniendo por el lado oriental de la tierra de Moab, asentó su campo de estotra parte de Arnón, y no entraron por el término de Moab: porque Arnón término es de Moab.

19 Y envió Israel embajadores á Sehón rey de los Amorrheos, rey de Hesbón, diciéndole: Ruégote que me dejes pasar por tu tierra hasta mi lugar.

20 Mas Sehón no se fió de Israel para darle paso por su término; antes juntando Sehón toda su gente, puso campo en Jaas, y peleó contra Israel.

21 Empero Jehová el Dios de Israel entregó á Sehón y á todo su pueblo en mano de Israel, y venciólos: y poseyó Israel toda la tierra del Amorrheo que habitaba en aquel país.

22 Poseyeron también todo el término del Amorrheo desde Arnón hasta Jaboc, y desde el desierto hasta el Jordán.

23 Así que Jehová el Dios de Israel echó los Amorrheos delante de su pueblo Israel: ¿y lo has de poseer tú?

24 Si Chêmos tu Dios te echase alguno, ¿no lo poseerías tú? Así poseeremos nosotros á todo aquel que echó Jehová nuestro Dios de delante de nosotros.

25 ¿Eres tú ahora en algo mejor que Balac hijo de Sephor, rey de Moab? ¿tuvo él cuestión contra Israel, ó hizo guerra contra ellos?

26 Cuando Israel ha estado habitando por trescientos años á Hesbón y sus aldeas, á Aroer y sus aldeas, y todas las ciudades que están á los términos de Arnón, ¿por qué no las habéis reclamado en ese tiempo?

27 Así que, yo nada he pecado contra ti, mas tú haces mal conmigo haciéndome guerra: Jehová, que es el juez, juzgue hoy entre los hijos de Israel y los hijos de Ammón.

28 Mas el rey de los hijos de Ammón no atendió las razones de Jephté que le envió.

29 Y el espíritu de Jehová fué sobre Jephté: y pasó por Galaad y Manasés; y de allí pasó á Mizpa de Galaad; y de Mizpa de Galaad pasó á los hijos de Ammón.

30 Y Jephté hizo voto á Jehová, diciendo: Si entregares á los Ammonitas en mis manos,

31 Cualquiera que me saliere á recibir de las puertas de mi casa, cuando volviere de los Ammonitas en paz, será de Jehová, y le ofreceré en holocausto.

32 Pasó pues Jephté á los hijos de Ammón para pelear contra ellos; y Jehová los entregó en su mano.

33 Y los hirió de grandísimo estrago desde Aroer hasta llegar á Minnith, veinte ciudades, y hasta la vega de las viñas. Así fueron domeñados los Ammonitas delante de los hijos de Israel.

34 Y volviendo Jephté á Mizpa á su casa, he aquí que su hija le salió á recibir con adufes y danzas, y era la sola, la única suya; no tenía fuera de ella otro hijo ni hija.

35 Y como él la vió, rasgó sus vestidos diciendo: ¡Ay, hija mía! de verdad me has abatido, y tú eres de los que me afligen: porque yo he abierto mi boca á Jehová, y no podré retractarme.

36 Ella entonces le respondió: Padre mío, si has abierto tu boca á Jehová, haz de mí como salió de tu boca, pues que Jehová ha hecho venganza en tus enemigos los hijos de Ammón.

37 Y tornó á decir á su padre: Hágasme esto: déjame por dos meses que vaya y descienda por los montes, y llore mi virginidad, yo y mis compañeras.

38 El entonces dijo: Ve. Y dejóla por dos meses. Y ella fué con sus compañeras, y lloró su virginidad por los montes.

39 Pasados los dos meses volvió á su padre, é hizo de ella conforme á su voto que había hecho. Y ella nunca conoció varón.

40 De aquí fué la costumbre en Israel que de año en año iban las doncellas de Israel á endechar á la hija de Jephté Galaadita, cuatro días en el año.

12 Y juntándose los varones de Ephraim, pasaron hacia el aquilón, y dijeron á Jephté: ¿Por qué fuiste á hacer guerra contra los hijos de Ammón, y no nos llamaste para que fuéramos contigo? Nosotros quemaremos á fuego tu casa contigo.

2 Y Jephté les respondió: Yo tuve, y mi pueblo, una gran contienda con los hijos de Ammón, y os llamé, y no me defendisteis de sus manos.

3 Viendo pues que no me defendíais, puse mi alma en mi palma, y pasé contra los hijos de Ammón, y Jehová los entregó en mi mano: ¿por qué pues habéis subido hoy contra mí para pelear conmigo?

4 Y juntando Jephté á todos los varones de Galaad, peleó contra Ephraim; y los de Galaad hirieron á Ephraim, porque habían dicho: Vosotros sois fugitivos de Ephraim, vosotros sois Galaaditas entre Ephraim y Manasés.

5 Y los Galaaditas tomaron los vados del Jordán á Ephraim; y era que, cuando alguno los de Ephraim que había huído, decía, ¿pasaré? Si él respondía: No;

6 Entonces le decían: Ahora pues, di, Shiboleth. Y él decía, Siboleth; porque no podía pronunciar de aquella suerte. Entonces le echaban mano, y le degollaban junto á los vados del Jordán. Y murieron entonces de los de Ephraim cuarenta y dos mil.

7 Y Jephté juzgó á Israel seis años: luego murió Jephté Galaadita, y fué sepultado en una de las ciudades de Galaad.

8 Después de él juzgó á Israel Ibzan de Beth-lehem;

9 El cual tuvo treinta hijos y treinta hijas, las cuales casó fuera, y tomó de fuera treinta hijas para sus hijos: y juzgó á Israel siete años.

10 Y murió Ibzan, y fué sepultado en Beth-lehem.

11 Después de él juzgó á Israel Elón, Zabulonita, el cual juzgó á Israel diez años.

12 Y murió Elón, Zabulonita, y fué sepultado en Ajalón en la tierra de Zabulón.

13 Después de él juzgó á Israel Abdón hijo de Hillel, Piratonita.

14 Este tuvo cuarenta hijos y treinta nietos, que cabalgaban sobre setenta asnos: y juzgó á Israel ocho años.

15 Y murió Abdón hijo de Hillel, Piratonita, y fué sepultado en Piratón, en la tierra de Ephraim, en el monte de Amalec.

13 Y los hijos de Israel tornaron á hacer lo malo en los ojos de Jehová; y Jehová los entregó en mano de los Filisteos, por cuarenta años.

2 Y había un hombre de Sora, de la tribu de Dan, el cual se llamaba Manoa; y su mujer era estéril, que nunca había parido.

3 A esta mujer apareció el ángel de Jehová, y díjole: He aquí que tú eres estéril, y no has parido: mas concebirás y parirás un hijo.

4 Ahora, pues, mira que ahora no bebas vino, ni sidra, ni comas cosa inmunda.

5 Porque tú te harás embarazada, y parirás un hijo: y no subirá navaja sobre su cabeza, porque aquel niño será Nazareo á Dios desde el vientre, y él comenzará á salvar á Israel de mano de los Filisteos.

6 Y la mujer vino y contólo á su marido, diciendo: Un varón de Dios vino á mí, cuyo aspecto era como el aspecto de un ángel de Dios, terrible en gran manera; y no le pregunté de dónde ni quién era, ni tampoco él me dijo su nombre;

7 Y díjome: He aquí que tú concebirás, y parirás un hijo: por tanto, ahora no bebas vino, ni sidra, ni comas cosa inmunda; porque este niño desde el vientre será Nazareo á Dios hasta el día de su muerte.

8 Entonces oró Manoa á Jehová, y dijo: Ah, Señor mío, yo te ruego que aquel varón de Dios que enviaste, torne ahora á venir á nosotros, y nos enseñe lo que hayamos de hacer con el niño que ha de nacer.

9 Y Dios oyó la voz de Manoa: y el ángel de Dios volvió otra vez á la mujer, estando ella en el campo; mas su marido Manoa no estaba con ella.

10 Y la mujer corrió prontamente, y noticiólo á su marido, diciéndole: Mira que se me ha aparecido aquel varón que vino á mí el otro día.

11 Y levantóse Manoa, y siguió á su mujer, y así que llegó al varón, díjole: ¿Eres tú aquel varón que hablaste á la mujer? Y él dijo: Yo soy.

12 Entonces Manoa dijo: Cúmplase pues tu palabra. ¿Qué orden se tendrá con el niño, y qué ha de hacer?

13 Y el ángel de Jehová respondió á Manoa: La mujer se guardará de todas las cosas que yo le dije:

14 Ella no comerá cosa que proceda de vid que da vino; no beberá vino ni sidra, y no comerá cosa inmunda: ha de guardar todo lo que le mandé.

15 Entonces Manoa dijo al ángel de Jehová: Ruégote permitas que te detengamos, y aderezaremos un cabrito que poner delante de ti.

16 Y el ángel de Jehová respondió á Manoa: Aunque me detengas no comeré de tu pan: mas si quisieres hacer holocausto, sacrifícalo á Jehová. Y no sabía Manoa que aquél fuese ángel de Jehová.

17 Entonces dijo Manoa al ángel de Jehová: ¿Cómo es tu nombre, para que cuando se cumpliere tu palabra te honremos?

18 Y el ángel de Jehová respondió: ¿Por qué preguntas por mi nombre, que es oculto?

19 Y Manoa tomó un cabrito de las cabras y un presente, y sacrificólo sobre una peña á Jehová: y el ángel hizo milagro á vista de Manoa y de su mujer.

20 Porque aconteció que como la llama subía del altar hacia el cielo, el ángel de Jehová subió en la llama del altar á vista de Manoa y de su mujer, los cuales se postraron en tierra sobre sus rostros.

21 Y el ángel de Jehová no tornó á aparecer á Manoa ni á su mujer. Entonces conoció Manoa que era el ángel de Jehová.

22 Y dijo Manoa á su mujer: Ciertamente moriremos, porque á Dios hemos visto.

23 Y su mujer le respondió: Si Jehová nos quisiera matar, no tomara de nuestras manos el holocausto y el presente, ni nos hubiera mostrado todas estas cosas, ni en tal tiempo nos habría anunciado esto.

24 Y la mujer parió un hijo, y llamóle por nombre Samsón. Y el niño creció, y Jehová lo bendijo.

25 Y el espíritu de Jehová comenzó á manifestarse en él en los campamentos de Dan, entre Sora y Esthaol.

14 Y descendiendo Samsón á Timnah, vió en Timnah una mujer de las hijas de los Filisteos.

2 Y subió, y declarólo á su padre y á su madre, diciendo: Yo he visto en Timnah una mujer de las hijas de los Filisteos: ruégoos que me la toméis por mujer.

3 Y su padre y su madre le dijeron: ¿No hay mujer entre las hijas de tus hermanos, ni en todo mi pueblo, para que vayas tú á tomar mujer de los Filisteos incircuncisos? Y Samsón respondió á su padre: Tómamela por mujer, porque ésta agradó á mis ojos.

4 Mas su padre y su madre no sabían que esto venía de Jehová, y que él buscaba ocasión contra los Filisteos: porque en aquel tiempo los Filisteos dominaban sobre Israel.

5 Y Samsón descendió con su padre y con su madre á Timnah: y como llegaron á las viñas de Timnah, he aquí un cachorro de león que venía bramando hacia él.

6 Y el espíritu de Jehová cayó sobre él, y despedazólo como quien despedaza un cabrito, sin tener nada en su mano: y no dió á entender á su padre ni á su madre lo que había hecho.

7 Vino pues, y habló á la mujer que había agradado á Samsón.

8 Y volviendo después de algunos días para tomarla, apartóse para ver el cuerpo muerto del león, y he aquí en el cuerpo del león un enjambre de abejas, y un panal de miel.

9 Y tomándolo en sus manos, fuése comiéndolo por el camino: y llegado que hubo á su padre y á su madre, dióles también á ellos que comiesen; mas no les descubrió que había tomado aquella miel del cuerpo del león.

10 Vino pues su padre á la mujer, y Samsón hizo allí banquete; porque así solían hacer los mancebos.

11 Y como ellos le vieron, tomaron treinta compañeros que estuviesen con él;

12 A los cuales Samsón dijo: Yo os propondré ahora un enigma, el cual si en los siete días del banquete vosotros me declarareis y descubriereis, yo os daré treinta sábanas y treinta mudas de vestidos.

13 Mas si no me lo supiereis declarar, vosotros me daréis las treinta sábanas y las treinta mudas de vestidos. Y ellos respondieron: Propónnos tu enigma, y lo oiremos.

14 Entonces les dijo: Del comedor salió comida, Y del fuerte salió dulzura. Y ellos no pudieron declararle el enigma en tres días.

15 Y al séptimo día dijeron á la mujer de Samsón: Induce á tu marido á que nos declare este enigma, porque no te quememos á ti y á la casa de tu padre. ¿Habéisnos llamado aquí para poseernos?

16 Y lloró la mujer de Samsón delante de él, y dijo:

Solamente me aborreces y no me amas, pues que no me declaras el enigma que propusiste á los hijos de mi pueblo. Y él respondió: He aquí que ni á mi padre ni á mi madre lo he declarado; y ¿habíalo de declarar á ti?

17 Y ella lloró delante de él los siete días que ellos tuvieron banquete: mas al séptimo día él se lo declaró, porque le constriñó; y ella lo declaró á los hijos de su pueblo.

18 Y al séptimo día, antes que el sol se pusiese, los de la ciudad le dijeron: ¿Qué cosa más dulce que la miel? ¿Y qué cosa más fuerte que el león?

19 Y él le respondió: Si no araseis con mi novilla, Nunca hubierais descubierto mi enigma.

20 Y el espíritu de Jehová cayó sobre él, y descendió á Ascalón, é hirió treinta hombres de ellos; y tomando sus despojos, dió las mudas de vestidos á los que habían explicado el enigma: y encendido en enojo fuése á casa de su padre.

21 Y la mujer de Samsón fué dada á su compañero, con el cual él antes se acompañaba.

15 Y aconteció después de días, que en el tiempo de la siega del trigo, Samsón visitó á su mujer con un cabrito, diciendo: Entraré á mi mujer á la cámara. Mas el padre de ella no lo dejó entrar.

2 Y dijo el padre de ella: Persuadíme que la aborrecías, y díla á tu compañero. Mas su hermana menor, ¿no es más hermosa que ella? tómala, pues, en su lugar.

3 Y Samsón les respondió: Yo seré sin culpa esta vez para con los Filisteos, si mal les hiciere.

4 Y fué Samsón y cogió trescientas zorras, y tomando teas, y trabando aquéllas por las colas, puso entre cada dos colas una tea.

5 Después, encendiendo las teas, echó las zorras en los sembrados de los Filisteos, y quemó hacinas y mieses, y viñas y olivares.

6 Y dijeron los Filisteos: ¿Quién hizo esto? Y fuéles dicho: Samsón, el yerno del Timnateo, porque le quitó su mujer y la dió á su compañero. Y vinieron los Filisteos, y quemaron á fuego á ella y á su padre.

7 Entonces Samsón les dijo: ¿Así lo habíais de hacer? mas yo me vengaré de vosotros, y después cesaré.

8 E hiriólos pierna y muslo con gran mortandad; y descendió, y fijóse en la cueva de la peña de Etam.

9 Y los Filisteos subieron y pusieron campo en Judá, y tendiéronse por Lehi.

10 Y los varones de Judá les dijeron: ¿Por qué habéis subido contra nosotros? Y ellos respondieron: A prender á Samsón hemos subido, para hacerle como él nos ha hecho.

11 Y vinieron tres mil hombres de Judá á la cueva de la peña de Etam, y dijeron á Samsón: ¿No sabes tú que los Filisteos dominan sobre nosotros? ¿por qué nos has hecho esto? Y él les respondió: Yo les he hecho como ellos me hicieron.

12 Ellos entonces le dijeron: Nosotros hemos venido para prenderte, y entregarte en mano de los Filisteos. Y Samsón les respondió: Juradme que vosotros no me mataréis.

13 Y ellos le respondieron, diciendo: No, solamente te prenderemos, y te entregaremos en sus manos; mas no te mataremos. Entonces le ataron con dos cuerdas nuevas, é hiciéronle venir de la peña.

14 Y así que vino hasta Lehi, los Filisteos le salieron á recibir con algazara: y el espíritu de Jehová cayó sobre él, y las cuerdas que estaban en sus brazos se tornaron como lino quemado con fuego, y las ataduras se cayeron de sus manos.

15 Y hallando una quijada de asno fresca, extendió la mano y tomóla, é hirió con ella á mil hombres.

16 Entonces Samsón dijo: Con la quijada de un asno, un montón, dos montones; Con la quijada de un asno herí mil hombres.

17 Y acabando de hablar, echó de su mano la quijada, y llamó á aquel lugar Ramath-lehi.

18 Y teniendo gran sed, clamó luego á Jehová, y dijo: Tú has dado esta gran salud por mano de tu siervo: ¿y moriré yo ahora de sed, y caeré en mano de los incircuncisos?

19 Entonces quebró Dios una muela que estaba en la quijada, y salieron de allí aguas, y bebió, y recobró su espíritu, y reanimóse. Por tanto llamó su nombre de aquel lugar, En-haccore, el cual es en Lehi, hasta hoy.

20 Y juzgó á Israel en días de los Filisteos veinte años.

16 Y fué Samsón á Gaza, y vió allí una mujer ramera, y entró á ella.

2 Y fué dicho á los de Gaza: Samsón es venido acá. Y cercáronlo, y pusiéronle espías toda aquella noche á la puerta de la ciudad: y estuvieron callados toda aquella noche, diciendo: Hasta la luz de la mañana; entonces lo mataremos.

3 Mas Samsón durmió hasta la media noche; y á la media noche se levantó, y tomando las puertas de la ciudad con sus dos pilares y su cerrojo, echóselas al hombro, y fuése, y subióse con ellas á la cumbre del monte que está delante de Hebrón.

4 Después de esto aconteció que se enamoró de una mujer en el valle de Sorec, la cual se llamaba Dalila.

5 Y vinieron á ella los príncipes de los Filisteos, y dijéronle: Engáñale y sabe en qué consiste su grande fuerza, y cómo lo podríamos vencer, para que lo atemos y lo atormentemos; y cada uno de nosotros te dará mil y cien siclos de plata.

6 Y Dalila dijo á Samsón: Yo te ruego que me declares en qué consiste tu grande fuerza, y cómo podrás ser atado para ser atormentado.

7 Y respondióle Samsón: Si me ataren con siete mimbres verdes que aun no estén enjutos, entonces me debilitaré, y seré como cualquiera de los hombres.

8 Y los príncipes de los Filisteos le trajeron siete mimbres verdes que aun no habían enjugado, y atóle con ellos.

9 Y estaban espías en casa de ella en una cámara. Entonces ella le dijo: ¡Samsón, los Filisteos sobre ti! Y él rompió los mimbres, como se rompe una cuerda de estopa cuando siente el fuego: y no se supo su fuerza.

10 Entonces Dalila dijo á Samsón: He aquí tú me has engañado, y me has dicho mentiras: descúbreme pues ahora, yo te ruego, cómo podrás ser atado.

11 Y él le dijo: Si me ataren fuertemente con cuerdas nuevas, con las cuales ninguna cosa se haya hecho, yo me debilitaré, y seré como cualquiera de los hombres.

12 Y Dalila tomó cuerdas nuevas, y atóle con ellas, y díjole: ¡Samsón, los Filisteos sobre ti! Y las espías estaban en una cámara. Mas él las rompió de sus brazos como un hilo.

13 Y Dalila dijo á Samsón: Hasta ahora me engañas, y tratas conmigo con mentiras. Descúbreme pues ahora cómo podrás ser atado. El entonces le dijo: Si tejieres siete guedejas de mi cabeza con la tela.

14 Y ella hincó la estaca, y díjole: ¡Samsón, los Filisteos sobre ti! Mas despertando él de su sueño, arrancó la estaca del telar con la tela.

15 Y ella le dijo: ¿Cómo dices, Yo te amo, pues que tu corazón no está conmigo? Ya me has engañado tres veces, y no me has aún descubierto en qué está tu gran fuerza.

16 Y aconteció que, apretándole cada día con sus palabras é importunándole, su alma fué reducida á mortal angustia.

17 Descubrióle pues todo su corazón, y díjole: Nunca á mi cabeza llegó navaja; porque soy Nazareo de Dios desde el vientre de mi madre. Si fuere rapado, mi fuerza se apartará de mí, y seré debilitado, y como todos los hombres.

18 Y viendo Dalila que él te había descubierto todo su corazón, envió á llamar á los príncipes de los Filisteos, diciendo: Venid esta vez, porque él me ha descubierto todo su corazón. Y los príncipes de los Filisteos vinieron á ella, trayendo en su mano el dinero.

19 Y ella hizo que él se durmiese sobre sus rodillas; y llamado un hombre, rapóle siete guedejas de su cabeza, y comenzó á afligirlo, pues su fuerza se apartó de él.

20 Y díjole: ¡Samsón, los Filisteos sobre ti! Y luego que despertó él de su sueño, se dijo: Esta vez saldré como las otras, y me escaparé: no sabiendo que Jehová ya se había de él apartado.

21 Mas los Filisteos echaron mano de él, y sacáronle los ojos, y le llevaron á Gaza; y le ataron con cadenas, para que moliese en la cárcel.

22 Y el cabello de su cabeza comenzó á crecer, después que fué rapado.

23 Entonces los príncipes de los Filisteos se juntaron para ofrecer sacrificio á Dagón su dios, y para alegrarse; y dijeron: Nuestro dios entregó en nuestras manos á Samsón nuestro enemigo.

24 Y viéndolo el pueblo, loaron á su dios, diciendo: Nuestro dios entregó en nuestras manos á nuestro enemigo, y al destruidor de nuestra tierra, el cual había muerto á muchos de nosotros.

25 Y aconteció que, yéndose alegrando el corazón de ellos,

dijeron: Llamad á Samsón, para que divierta delante de nosotros. Y llamaron á Samsón de la cárcel, y hacía de juguete delante de ellos; y pusiéronlo entre las columnas.

26 Y Samsón dijo al mozo que le guiaba de la mano: Acércame, y hazme tentar las columnas sobre que se sustenta la casa, para que me apoye sobre ellas.

27 Y la casa estaba llena de hombres y mujeres: y todos los príncipes de los Filisteos estaban allí; y en el alto piso había como tres mil hombres y mujeres, que estaban mirando el escarnio de Samsón.

28 Entonces clamó Samsón á Jehová, y dijo: Señor Jehová, acuérdate ahora de mí, y esfuérzame, te ruego, solamente esta vez, oh Dios, para que de una vez tome venganza de los Filisteos, por mis dos ojos.

29 Asió luego Samsón las dos columnas del medio sobre las cuales se sustentaba la casa, y estribó en ellas, la una con la mano derecha, y la otra con la izquierda;

30 Y dijo Samsón: Muera yo con los Filisteos. Y estribando con esfuerzo, cayó la casa sobre los príncipes, y sobre todo el pueblo que estaba en ella. Y fueron muchos más los que de ellos mató muriendo, que los que había muerto en su vida.

31 Y descendieron sus hermanos y toda la casa de su padre, y tomáronle, y lleváronle, y le sepultaron entre Sora y Esthaol, en el sepulcro de su padre Manoa. Y él juzgó á Israel veinte años.

17 Hubo un hombre del monte de Ephraim, que se llamaba Michâs.

2 El cual dijo á su madre: Los mil y cien siclos de plata que te fueron hurtados, por lo que tú maldecías oyéndolo yo, he aquí que yo tengo este dinero: yo lo había tomado. Entonces la madre dijo: Bendito seas de Jehová, hijo mío.

3 Y luego que él hubo vuelto á su madre los mil y cien siclos de plata, su madre dijo: Yo he dedicado este dinero á Jehová de mi mano para ti, hijo mío, para que hagas una imagen de talla y de fundición: ahora pues, yo te lo devuelvo.

4 Mas volviendo él á su madre los dineros, tomó su madre doscientos siclos de plata, y diólos al fundidor: y él hizo de ellos una imagen de talla y de fundición, la cual fué puesta en casa de Michâs.

5 Y tuvo este hombre Michâs casa de dioses, é hízose hacer ephod y teraphim, y consagró uno de sus hijos; y fuéle por sacerdote.

6 En estos días no había rey en Israel: cada uno hacía como mejor le parecía.

7 Y había un joven de Beth-lehem de Judá, de la tribu de Judá, el cual era Levita, y peregrinaba allí.

8 Este hombre se había partido de la ciudad de Beth-lehem de Judá, para ir á vivir donde hallase; y llegando al monte de Ephraim, vino á casa de Michâs, para de allí hacer su camino.

9 Y Michâs le dijo: ¿De dónde vienes? Y el Levita le respondió: Soy de Beth-lehem de Judá, y voy á vivir donde hallare.

10 Entonces Michâs le dijo: Quédate en mí casa, y me serás en lugar de padre y sacerdote; y yo te daré diez siclos de plata por año, y el ordinario de vestidos, y tu comida. Y el Levita se quedó.

11 Acordó pues el Levita en morar con aquel hombre, y él le tenía como á uno de sus hijos.

12 Y Michâs consagró al Levita, y aquel joven le servía de sacerdote, y estaba en casa de Michâs.

13 Y Michâs dijo: Ahora sé que Jehová me hará bien, pues que el Levita es hecho mi sacerdote.

18 En aquellos días no había rey en Israel. Y en aquellos días la tribu de Dan buscaba posesión para sí donde morase, porque hasta entonces no le había caído suerte entre las tribus de Israel por heredad.

2 Y los hijos de Dan enviaron de su tribu cinco hombres de sus términos, hombres valientes, de Sora y Esthaol, para que reconociesen y explorasen la tierra; y dijéronles: Id y reconoced la tierra. Estos vinieron al monte de Ephraim, hasta la casa de Michâs, y allí posaron.

3 Y como estaban cerca de la casa de Michâs, reconocieron la voz del joven Levita; y llegándose allá, dijéronle: ¿Quién te ha traído por acá? ¿y qué haces aquí? ¿y qué tienes tú por aquí?

4 Y él les respondió: De esta y de esta manera ha hecho conmigo Michâs, y me ha tomado para que sea su sacerdote.

5 Y ellos le dijeron: Pregunta pues ahora á Dios, para que sepamos si ha de prosperar nuestro viaje que hacemos.

6 Y el sacerdote les respondió: Id en paz, que vuestro viaje que hacéis es delante de Jehová.

7 Entonces aquellos cinco hombres se partieron, y vinieron á Lais: y vieron que el pueblo que habitaba en ella estaba seguro, ocioso y confiado, conforme á la costumbre de los de Sidón; no había nadie en aquella región que los perturbase en cosa alguna para poseer aquel estado; demás de esto, estaban lejos de los Sidonios, y no tenían negocios con nadie.

8 Volviendo pues ellos á sus hermanos en Sora y Esthaol, sus hermanos les dijeron: ¿Qué hay? y ellos respondieron:

9 Levantaos, subamos contra ellos; porque nosotros hemos explorado la región, y hemos visto que es muy buena: ¿y vosotros os estáis quedos? no seáis perezosos en poneros en marcha para ir á poseer la tierra.

10 Cuando allá llegareis, vendréis á una gente segura, y á una tierra de ancho asiento; pues que Dios la ha entregado en vuestras manos; lugar donde no hay falta de cosa que sea en la tierra.

11 Y partiendo los de Dan de allí, de Sora y de Esthaol, seiscientos hombres armados de armas de guerra,

12 Fueron y asentaron campo en Chîriath-jearim, en Judá; de donde aquel lugar fué llamado el campo de Dan, hasta hoy: está detrás de Chîriath-jearim.

13 Y pasando de allí al monte de Ephraim, vinieron hasta la casa de Michâs.

14 Entonces aquellos cinco hombres que habían ido á reconocer la tierra de Lais, dijeron á sus hermanos: ¿No sabéis como en estas casas hay ephod y teraphim, é imagen de talla y de fundición? Mirad pues lo que habéis de hacer.

15 Y llegándose allá, vinieron á la casa del joven Levita en casa de Michâs, y preguntáronle cómo estaba.

16 Y los seiscientos hombres, que eran de los hijos de Dan, estaban armados de sus armas de guerra á la entrada de la puerta.

17 Y subiendo los cinco hombres que habían ido á reconocer la tierra, entraron allá, y tomaron la imagen de talla, y el ephod, y el teraphim, y la imagen de fundición, mientras estaba el sacerdote á la entrada de la puerta con los seiscientos hombres armados de armas de guerra.

18 Entrando pues aquellos en la casa de Michâs, tomaron la imagen de talla, el ephod, y el teraphim, y la imagen de fundición. Y el sacerdote les dijo: ¿Qué hacéis vosotros?

19 Y ellos le respondieron: Calla, pon la mano sobre tu boca, y vente con nosotros, para que seas nuestro padre y sacerdote. ¿Es mejor que seas tú sacerdote en casa de un hombre solo, que de una tribu y familia de Israel?

20 Y alegróse el corazón del sacerdote; el cual tomando el ephod y el teraphim, y la imagen, vínose entre la gente.

21 Y ellos tornaron y fuéronse; y pusieron los niños, y el ganado y el bagaje, delante de sí.

22 Y cuando ya se habían alejado de la casa de Michâs, los hombres que habitaban en las casas cercanas á la casa de Michâs, se juntaron, y siguieron á los hijos de Dan.

23 Y dando voces á los de Dan, éstos volvieron sus rostros, y dijeron á Michâs: ¿Qué tienes que has juntado gente?

24 Y él respondió: Mis dioses que yo hice, que lleváis juntamente con el sacerdote, y os vais: ¿qué más me queda? ¿y á qué propósito me decís: Qué tienes?

25 Y los hijos de Dan le dijeron: No des voces tras nosotros, no sea que los de ánimo colérico os acometan, y pierdas también tu vida, y la vida de los tuyos.

26 Y yéndose los hijos de Dan su camino, y viendo Michâs que eran más fuertes que él, volvióse y regresó á su casa.

27 Y ellos llevando las cosas que había hecho Michâs, juntamente con el sacerdote que tenía, llegaron á Lais, al pueblo reposado y seguro; y metiéronlos á cuchillo, y abrasaron la ciudad con fuego.

28 Y no hubo quien los defendiese, porque estaban lejos de Sidón, y no tenían comercio con nadie. Y la ciudad estaba en el valle que hay en Beth-rehob. Luego reedificaron la ciudad, y habitaron en ella.

29 Y llamaron el nombre de aquella ciudad Dan, conforme al nombre de Dan su padre, hijo de Israel, bien que antes se llamaba la ciudad Lais.

30 Y los hijos de Dan se levantaron imagen de talla; y Jonathán, hijo de Gersón, hijo de Manasés, él y sus hijos fueron sacerdotes en la tribu de Dan, hasta el día de la transmigración de la tierra.

31 Y levantáronse la imagen de Michâs, la cual él había hecho, todo el tiempo que la casa de Dios estuvo en Silo.

19 En aquellos días, cuando no había rey en Israel, hubo un Levita que moraba como peregrino en los lados del monte de Ephraim, el cual se había tomado mujer concubina de Beth-lehem de Judá.

2 Y su concubina adulteró contra él, y fuese de él á casa de su padre, á Beth-lehem de Judá, y estuvo allá por tiempo de cuatro meses.

3 Y levantóse su marido, y siguióla, para hablarle amorosamente y volverla, llevando consigo un criado suyo y un par de asnos; y ella le metió en la casa de su padre.

4 Y viéndole el padre de la moza, salióle á recibir gozoso; y detúvole su suegro, padre de la moza, y quedó en su casa tres días, comiendo y bebiendo, y reposando allí.

5 Y al cuarto día, como se levantaron de mañana, levantóse también el Levita para irse, y el padre de la moza dijo á su yerno: Conforta tu corazón con un bocado de pan, y después os iréis.

6 Y sentáronse ellos dos juntos, y comieron y bebieron. Y el padre de la moza dijo al varón: Yo te ruego que te quieras quedar aquí esta noche, y alegraráse tu corazón.

7 Y levantándose el varón para irse, el suegro le constriñó á que tornase y tuviese allí la noche.

8 Y al quinto día levantándose de mañana para irse, díjole el padre de la moza: Conforta ahora tu corazón. Y habiendo comido ambos á dos, detuviéronse hasta que ya declinaba el día.

9 Levantóse luego el varón para irse, él, y su concubina, y su criado. Entonces su suegro, el padre de la moza, le dijo: He aquí el día declina para ponerse el sol, ruégote que os estéis aquí la noche; he aquí que el día se acaba, ten aquí la noche, para que se alegre tu corazón; y mañana os levantaréis temprano á vuestro camino, y llegarás á tus tiendas.

10 Mas el hombre no quiso quedar allí la noche, sino que se levantó y partió, y llegó hasta enfrente de Jebus, que es Jerusalem, con su par de asnos aparejados, y con su concubina.

11 Y estando ya junto á Jebus, el día había declinado mucho: y dijo el criado á su señor: Ven ahora, y vámonos á ésta ciudad de los Jebuseos, para que tengamos en ella la noche.

12 Y su señor le respondió: No iremos á ninguna ciudad de extranjeros, que no sea de los hijos de Israel: antes pasaremos hasta Gabaa. Y dijo á su criado;

13 Ven, lleguemos á uno de esos lugares, para tener la noche en Gabaa, ó en Rama.

14 Pasando pues, caminaron, y púsoseles el sol junto á Gabaa, que era de Benjamín.

15 Y apartáronse del camino para entrar á tener allí la noche en Gabaa; y entrando, sentáronse en la plaza de la ciudad, porque no había quien los acogiese en casa para tener la noche.

16 Y he aquí un hombre viejo, que á la tarde venía del campo de trabajar; el cual era del monte de Ephraim, y moraba como peregrino en Gabaa, pero los moradores de aquel lugar eran hijos de Benjamín.

17 Y alzando el viejo los ojos, vió á aquel viajante en la plaza de la ciudad, y díjole: ¿A dónde vas, y de dónde vienes?

18 Y él respondió: Pasamos de Beth-lehem de Judá á los lados del monte de Ephraim, de donde yo soy; y partí hasta Beth-lehem de Judá; y voy á la casa de Jehová, y no hay quien me reciba en casa,

19 Aunque nosotros tenemos paja y de comer para nuestros asnos, y también tenemos pan y vino para mí y para tu sierva, y para el criado que está con tu siervo; de nada tenemos falta.

20 Y el hombre viejo dijo: Paz sea contigo; tu necesidad toda sea solamente á mi cargo, con tal que no tengas la noche en la plaza.

21 Y metiéndolos en su casa, dió de comer á sus asnos; y ellos se lavaron los pies, y comieron y bebieron.

22 Y cuando estaban gozosos, he aquí, que los hombres de aquella ciudad, hombres hijos de Belial, cercan la casa, y batían las puertas, diciendo al hombre viejo dueño de la casa: Saca fuera el hombre que ha entrado en tu casa, para que lo conozcamos.

23 Y saliendo á ellos aquel varón, amo de la casa, díjoles: No, hermanos míos, ruégoos que no cometáis este mal, pues que este hombre ha entrado en mi casa, no hagáis esta maldad.

24 He aquí mi hija virgen, y la concubina de él: yo os las sacaré ahora; humilladlas, y haced con ellas como os pareciere, y no hagáis á este hombre cosa tan infame.

25 Mas aquellos hombres no le quisieron oir; por lo que tomando aquel hombre su concubina, sacósela fuera: y ellos la conocieron, y abusaron de ella toda la noche hasta la mañana, y dejáronla cuando apuntaba el alba.

26 Y ya que amanecía, la mujer vino, y cayó delante de la puerta de la casa de aquel hombre donde su señor estaba, hasta que fué de día.

27 Y levantándose de mañana su señor, abrió las puertas de la casa, y salió para ir su camino, y he aquí, la mujer su concubina estaba tendida delante de la puerta de la casa, con las manos sobre el umbral.

28 Y él le dijo: Levántate, y vámonos. Mas ella no respondió. Entonces la levantó el varón, y echándola sobre su asno, levantóse y fuése á su lugar.

29 Y en llegando á su casa, toma un cuchillo, y echa mano de su concubina, y despedázala con sus huesos en doce partes, y envíala por todos los términos de Israel.

30 Y todo el que lo veía, decía: Jamás se ha hecho ni visto tal cosa, desde el tiempo que los hijos de Israel subieron de la tierra de Egipto hasta hoy. Considerad esto, dad consejo, y hablad.

20 Entonces salieron todos los hijos de Israel, y reunióse la congregación como un solo hombre, desde Dan hasta Beer-seba y la tierra de Galaad, á Jehová en Mizpa.

2 Y los principales de todo el pueblo, de todas las tribus de Israel, se hallaron presentes en la reunión del pueblo de Dios, cuatrocientos mil hombres de á pie que sacaban espada.

3 Y los hijos de Benjamín oyeron que los hijos de Israel habían subido á Mizpa. Y dijeron los hijos de Israel: Decid cómo fué esta maldad.

4 Entonces el varón Levita, marido de la mujer muerta, respondió y dijo: Yo llegué á Gabaa de Benjamín con mi concubina, para tener allí la noche.

5 Y levantándose contra mí los de Gabaa, cercaron sobre mí la casa de noche, con idea de matarme, y oprimieron mi concubina de tal manera, que ella fué muerta.

6 Entonces tomando yo mi concubina, cortéla en piezas, y envíelas por todo el término de la posesión de Israel: por cuanto han hecho maldad y crimen en Israel.

7 He aquí que todos vosotros los hijos de Israel estáis presentes; daos aquí parecer y consejo.

8 Entonces todo el pueblo, como un solo hombre, se levantó, y dijeron: Ninguno de nosotros irá á su tienda, ni nos apartaremos cada uno á su casa,

9 Hasta que hagamos esto sobre Gabaa: que echemos suertes contra ella;

10 Y tomaremos diez hombres de cada ciento por todas las tribus de Israel, y de cada mil ciento, y mil de cada diez mil, que lleven bastimento para el pueblo que ha de hacer, yendo contra Gabaa de Benjamín, conforme á toda la abominación que ha cometido en Israel.

11 Y juntáronse todos los hombres de Israel contra la ciudad, ligados como un solo hombre.

12 Y las tribus de Israel enviaron varones por toda la tribu de Benjamín, diciendo: ¿Qué maldad es ésta que ha sido hecha entre vosotros?

13 Entregad pues ahora aquellos hombres, hijos de Belial, que están en Gabaa, para que los matemos, y barramos el mal de Israel. Mas los de Benjamín no quisieron oir la voz de sus hermanos los hijos de Israel;

14 Antes los de Benjamín se juntaron de las ciudades de Gabaa, para salir á pelear contra los hijos de Israel.

15 Y fueron contados en aquel tiempo los hijos de Benjamín de las ciudades, veintiséis mil hombres que sacaban espada, sin los que moraban en Gabaa, que fueron por cuenta setecientos hombres escogidos.

16 De toda aquella gente había setecientos hombres escogidos, que eran ambidextros, todos los cuales tiraban una piedra con la honda á un cabello, y no erraban.

17 Y fueron contados los varones de Israel, fuera de Benjamín, cuatrocientos mil hombres que sacaban espada, todos estos hombres de guerra.

18 Levantáronse luego los hijos de Israel, y subieron á la casa de Dios, y consultaron á Dios, diciendo: ¿Quién subirá de nosotros el primero en la guerra contra los hijos de Benjamín? Y Jehová respondió: Judá el primero.

19 Levantándose pues de mañana los hijos de Israel, pusieron campo contra Gabaa.

20 Y salieron los hijos de Israel á combatir contra Benjamín; y los varones de Israel ordenaron la batalla contra ellos junto á Gabaa.

21 Saliendo entonces de Gabaa los hijos de Benjamín, derribaron en tierra aquel día veintidós mil hombres de los hijos de Israel.

22 Mas reanimándose el pueblo, los varones de Israel tornaron á ordenar la batalla en el mismo lugar donde la habían ordenado el primer día.

23 Porque los hijos de Israel subieron, y lloraron delante de Jehová hasta la tarde, y consultaron con Jehová, diciendo: ¿Tornaré á pelear con los hijos de Benjamín mi hermano? Y Jehová les respondió: Subid contra él.

24 Los hijos pues de Israel se acercaron el siguiente día á los hijos de Benjamín.

25 Y aquel segundo día, saliendo Benjamín de Gabaa contra ellos, derribaron por tierra otros diez y ocho mil hombres de los hijos de Israel, todos los cuales sacaban espada.

26 Entonces subieron todos los hijos de Israel, y todo el pueblo, y vinieron á la casa de Dios; y lloraron, y sentáronse allí delante de Jehová, y ayunaron aquel día hasta la tarde; y sacrificaron holocaustos y pacíficos delante de Jehová.

27 Y los hijos de Israel preguntaron á Jehová, (porque el arca del pacto de Dios estaba allí en aquellos días,

28 Y Phinees, hijo de Eleazar, hijo de Aarón, se presentaba delante de ella en aquellos días,) y dijeron: ¿Tornaré á salir en batalla contra los hijos de Benjamín mi hermano, ó estaréme quedo? Y Jehová dijo: Subid, que mañana yo lo entregaré en tu mano.

29 Y puso Israel emboscadas alrededor de Gabaa.

30 Subiendo entonces los hijos de Israel contra los hijos de Benjamín el tercer día, ordenaron la batalla delante de Gabaa, como las otras veces.

31 Y saliendo los hijos de Benjamín contra el pueblo, alejados que fuéron de la ciudad, comenzaron á herir algunos del pueblo, matando como las otras veces por los caminos, uno de los cuales sube á Beth-el, y el otro á Gabaa en el campo: y mataron unos treinta hombres de Israel.

32 Y los hijos de Benjamín decían: Vencidos van delante de nosotros, como antes. Mas los hijos de Israel decían: Huiremos, y los alejaremos de la ciudad hasta los caminos.

33 Entonces, levantándose todos los de Israel de su lugar, pusiéronse en orden en Baal-tamar: y también las emboscadas de Israel salieron de su lugar, del prado de Gabaa.

34 Y vinieron contra Gabaa diez mil hombres escogidos de todo Israel, y la batalla comenzó á agravarse: mas ellos no sabían que el mal se acercaba sobre ellos.

35 E hirió Jehová á Benjamín delante de Israel; y mataron los hijos de Israel aquel día veinticinco mil y cien hombres de Benjamín, todos los cuales sacaban espada.

36 Y vieron los hijos de Benjamín que eran muertos; pues los hijos de Israel habían dado lugar á Benjamín, porque estaban confiados en las emboscadas que habían puesto detrás de Gabaa.

37 Entonces las emboscadas acometieron prestamente Gabaa, y se extendieron, y pasaron á cuchillo toda la ciudad.

38 Ya los Israelitas estaban concertados con las emboscadas, que hiciesen mucho fuego, para que subiese gran humo de la ciudad.

39 Luego, pues, que los de Israel se volvieron en la batalla, los de Benjamín comenzaron á derribar heridos de Israel unos treinta hombres, y ya decían: Ciertamente ellos han caído delante de nosotros, como en la primera batalla.

40 Mas cuando la llama comenzó á subir de la ciudad, una columna de humo, Benjamín tornó á mirar atrás; y he aquí que el fuego de la ciudad subía al cielo.

41 Entonces revolvieron los hombres de Israel, y los de Benjamín se llenaron de temor: porque vieron que el mal había venido sobre ellos.

42 Volvieron, por tanto, espaldas delante de Israel hacia el camino del desierto; mas el escuadrón los alcanzó, y los salidos de la ciudad los mataban, habiéndolos encerrado en medio de ellos.

43 Así envolvieron á los de Benjamín, y los acosaron y hollaron, desde Menuchâ hasta enfrente de Gabaa hacia donde nace el sol.

44 Y cayeron de Benjamín diez y ocho mil hombres, todos ellos hombres de guerra.

45 Volviéndose luego, huyeron hacia el desierto, á la peña de Rimmón, y de ellos rebuscaron cinco mil hombres en los caminos: fueron aún acosándolos hasta Gidom, y mataron de ellos dos mil hombres.

46 Así todos los que de Benjamín murieron aquel día, fueron veinticinco mil hombres que sacaban espada, todos ellos hombres de guerra.

47 Pero se volvieron y huyeron al desierto á la peña de Rimmón seiscientos hombres, los cuales estuvieron en la peña de Rimmón cuatro meses:

48 Y los hombres de Israel tornaron á los hijos de Benjamín, y pasáronlos á cuchillo, á hombres y bestias en la ciudad, y todo lo que fué hallado: asimismo pusieron fuego á todas las ciudades que hallaban.

21 Y los varones de Israel habían jurado en Mizpa, diciendo: Ninguno de nosotros dará su hija á los de Benjamín por mujer.

2 Y vino el pueblo á la casa de Dios, y estuviéronse allí hasta la tarde delante de Dios; y alzando su voz hicieron gran llanto, y dijeron:

3 Oh Jehová Dios de Israel, ¿por qué ha sucedido esto en Israel, que falte hoy de Israel una tribu?

4 Y al día siguiente el pueblo se levantó de mañana, y edificaron allí altar, y ofrecieron holocaustos y pacíficos.

5 Y dijeron los de Israel: ¿Quién de todas las tribus de Israel no subió á la reunión cerca de Jehová? Porque se había hecho gran juramento contra el que no subiese á Jehová en Mizpa, diciendo: Sufrirá muerte.

6 Y los hijos de Israel se arrepintieron á causa de Benjamín su hermano, y dijeron: Una tribu es hoy cortada de Israel.

7 ¿Qué haremos en cuanto á mujeres para los que han quedado? Nosotros hemos jurado por Jehová que no les hemos de dar nuestras hijas por mujeres.

8 Y dijeron: ¿Hay alguno de las tribus de Israel que no haya subido á Jehová en Mizpa? Y hallaron que ninguno de Jabes-galaad había venido al campo á la reunión:

9 Porque el pueblo fué contado, y no hubo allí varón de los moradores de Jabes-galaad.

10 Entonces la congregación envió allá doce mil hombres de los más valientes, y mandáronles, diciendo: Id y poned á cuchillo á los moradores de Jabes-galaad, y las mujeres y niños.

11 Mas haréis de esta manera: mataréis á todo varón, y á toda mujer que hubiere conocido ayuntamiento de varón.

12 Y hallaron de los moradores de Jabes-galaad cuatrocientas doncellas que no habían conocido hombre en ayuntamiento de varón, y trajéronlas al campo en Silo, que es en la tierra de Canaán.

13 Toda la congregación envió luego á hablar á los hijos de Benjamín que estaban en la peña de Rimmón, y llamáronlos en paz.

14 Y volvieron entonces los de Benjamín; y diéronles por mujeres las que habían guardado vivas de las mujeres de Jabes-galaad: mas no les bastaron éstas.

15 Y el pueblo tuvo dolor á causa de Benjamín, de que Jehová hubiese hecho mella en las tribus de Israel.

16 Entonces los ancianos de la congregación dijeron: ¿Qué haremos acerca de las mujeres para los que han quedado? Porque el sexo de las mujeres había sido raído de Benjamín.

17 Y dijeron: La heredad de los que han escapado ha de ser lo que era de Benjamín, porque no sea una tribu raída de Israel.

18 Nosotros empero, no les podemos dar mujeres de nuestras hijas, porque los hijos de Israel han jurado, diciendo: Maldito el que diere mujer á Benjamín.

19 Ahora bien, dijeron, he aquí cada un año hay solemnidad de Jehová en Silo, que está al aquilón de Beth-el, y al lado oriental del camino que sube de Beth-el á Sichêm, y al mediodía de Lebona.

20 Y mandaron á los hijos de Benjamín, diciendo: Id, y poned emboscada en las viñas:

21 Y estad atentos: y cuando viereis salir las hijas de Silo á bailar en corros, vosotros saldréis de las viñas, y arrebataréis cada uno mujer para sí de las hijas de Silo, y os iréis á tierra de Benjamín:

22 Y cuando vinieren los padres de ellas ó sus hermanos á demandárnoslo, nosotros les diremos: Tened piedad de nosotros en lugar de ellos: pues que nosotros en la guerra no tomamos mujeres para todos: que vosotros no se las habéis dado, para que ahora seáis culpables.

23 Y los hijos de Benjamín lo hicieron así; pues tomaron mujeres conforme á su número, pillando de las que danzaban; y yéndose luego, tornáronse á su heredad, y reedificaron las ciudades, y habitaron en ellas.

24 Entonces los hijos de Israel se fueron también de allí, cada uno á su tribu y á su familia, saliendo de allí cada uno á su heredad.

25 En estos días no había rey en Israel: cada uno hacía lo recto delante de sus ojos.

RUTH.

1 Yaconteció en los días que gobernaban los jueces, que hubo hambre en la tierra. Y un varón de Beth-lehem de Judá, fué á peregrinar en los campos de Moab, él y su mujer, y dos hijos suyos.

2 El nombre de aquel varón era Elimelech, y el de su mujer Noemi; y los nombres de sus dos hijos eran, Mahalón y Chelión, Ephrateos de Beth-lehem de Judá. Llegaron pues á los campos de Moab, y asentaron allí.

3 Y murió Elimelech, marido de Noemi, y quedó ella con sus dos hijos;

4 Los cuales tomaron para sí mujeres de Moab, el nombre de la una Orpha, y el nombre de la otra Ruth; y habitaron allí unos diez años.

5 Y murieron también los dos, Mahalón y Chelión, quedando así la mujer desamparada de sus dos hijos y de su marido.

6 Entonces se levantó con sus nueras, y volvióse de los campos de Moab: porque oyó en el campo de Moab que Jehová había visitado á su pueblo para darles pan.

7 Salió pues del lugar donde había estado, y con ella sus dos nueras, y comenzaron á caminar para volverse á la tierra de Judá.

8 Y Noemi dijo á sus dos nueras: Andad, volveos cada una á la casa de su madre: Jehová haga con vosotras misericordia, como la habéis hecho con los muertos y conmigo.

9 Déos Jehová que halléis descanso, cada una en casa de su marido: besólas luego, y ellas lloraron á voz en grito.

10 Y dijéronle: Ciertamente nosotras volveremos contigo á tu pueblo.

11 Y Noemi respondió: Volveos, hijas mías: ¿para qué habéis de ir conmigo? ¿tengo yo más hijos en el vientre, que puedan ser vuestros maridos?

12 Volveos, hijas mías, é idos; que yo ya soy vieja para ser para varón. Y aunque dijese: Esperanza tengo; y esta noche fuese con varón, y aun pariese hijos;

13 ¿Habíais vosotras de esperarlos hasta que fuesen grandes? ¿habíais vosotras de quedaros sin casar por amor de ellos? No, hijas mías; que mayor amargura tengo yo que vosotras, pues la mano de Jehová ha salido contra mí.

14 Mas ellas alzando otra vez su voz, lloraron: y Orpha besó á su suegra, mas Ruth se quedó con ella.

15 Y Noemi dijo: He aquí tu cuñada se ha vuelto á su pueblo y á sus dioses; vuélvete tú tras ella.

16 Y Ruth respondió: No me ruegues que te deje, y que me aparte de ti: porque donde quiera que tú fueres, iré yo; y donde quiera que vivieres, viviré. Tu pueblo será mi pueblo, y tu Dios mi Dios.

17 Donde tú murieres, moriré yo, y allí seré sepultada: así me haga Jehová, y así me dé, que sólo la muerte hará separación entre mí y ti.

18 Y viendo Noemi que estaba tan resuelta á ir con ella, dejó de hablarle.

19 Anduvieron pues ellas dos hasta que llegaron á Beth-lehem: y aconteció que entrando en Beth-lehem, toda la ciudad se conmovió por razón de ellas, y decían: ¿No es ésta Noemi?

20 Y ella les respondió: No me llaméis Noemi, sino llamadme Mara: porque en grande amargura me ha puesto el Todopoderoso.

21 Yo me fuí llena, mas vacía me ha vuelto Jehová. ¿Por qué me llamaréis Noemi, ya que Jehová ha dado testimonio contra mí, y el Todopoderoso me ha afligido?

22 Así volvió Noemi y Ruth Moabita su nuera con ella; volvió de los campos de Moab, y llegaron á Beth-lehem en el principio de la siega de las cebadas.

2 Y tenía Noemi un pariente de su marido, varón poderoso y de hecho, de la familia de Elimelech, el cual se llamaba Booz.

2 Y Ruth la Moabita dijo á Noemi: Ruégote que me dejes ir al campo, y cogeré espigas en pos de aquel á cuyos ojos hallare gracia. Y ella le respondió: Ve, hija mía.

3 Fué pues, y llegando, espigó en el campo en pos de los segadores: y aconteció por ventura, que la suerte del campo era de Booz, el cual era de la parentela de Elimelech.

4 Y he aquí que Booz vino de Beth-lehem, y dijo á los segadores: Jehová sea con vosotros. Y ellos respondieron: Jehová te bendiga.

5 Y Booz dijo á su criado el sobrestante de los segadores: ¿Cúya es esta moza?

6 Y el criado, sobrestante de los segadores, respondió y dijo: Es la moza de Moab, que volvió con Noemi de los campos de Moab:

7 Y ha dicho: Ruégote que me dejes coger y juntar tras los segadores entre las gavillas: entró pues, y está desde por la mañana hasta ahora, menos un poco que se detuvo en casa.

8 Entonces Booz dijo á Ruth: Oye, hija mía, no vayas á espigar á otro campo, ni pases de aquí: y aquí estarás con mis mozas.

9 Mira bien el campo que segaren, y síguelas: porque yo he mandado á los mozos que no te toquen. Y si tuvieres sed, ve á los vasos, y bebe del agua que sacaren los mozos.

10 Ella entonces bajando su rostro inclinóse á tierra, y díjole: ¿Por qué he hallado gracia en tus ojos para que tú me reconozcas, siendo yo extranjera?

11 Y respondiendo Booz, díjole: Por cierto se me ha declarado todo lo que has hecho con tu suegra después de la muerte de tu marido, y que dejando á tu padre y á tu madre y la tierra donde naciste, has venido á pueblo que no conociste antes.

12 Jehová galardone tu obra, y tu remuneración sea llena por Jehová Dios de Israel, que has venido para cubrirte debajo de sus alas.

13 Y ella dijo: Señor mío, halle yo gracia delante de tus ojos; porque me has consolado, y porque has hablado al corazón de tu sierva, no siendo yo como una de tus criadas.

14 Y Booz le dijo á la hora de comer: Allégate aquí, y come del pan, y moja tu bocado en el vinagre. Y sentóse ella junto á los segadores, y él le dió del potaje, y comió hasta que se hartó y le sobró.

15 Levántose luego para espigar. Y Booz mandó á sus criados, diciendo: Coja también espigas entre las gavillas, y no la avergoncéis;

16 Antes echaréis á sabiendas de los manojos, y la dejaréis que coja, y no la reprendáis.

17 Y espigó en el campo hasta la tarde, y desgranó lo que había cogido, y fué como un epha de cebada.

18 Y tomólo, y vínose á la ciudad; y su suegra vió lo que había cogido. Sacó también luego lo que le había sobrado después de harta, y dióselo.

19 Y díjole su suegra: ¿Dónde has espigado hoy? ¿y dónde has trabajado? bendito sea el que te ha reconocido. Y ella declaró á su suegra lo que le había acontecido con aquél, y dijo: El nombre del varón con quien hoy he trabajado es Booz.

20 Y dijo Noemi á su nuera: Sea él bendito de Jehová, pues que no ha rehusado á los vivos la benevolencia que tuvo para con los finados. Díjole después Noemi: Nuestro pariente es aquel varón, y de nuestros redentores es.

21 Y Ruth Moabita dijo: á más de esto me ha dicho: Júntate con mis criados, hasta que hayan acabado toda mi siega.

22 Y Noemi respondió á Ruth su nuera: Mejor es, hija mía, que salgas con sus criadas, que no que te encuentren en otro campo.

23 Estuvo pues junta con las mozas de Booz espigando, hasta que la siega de las cebadas y la de los trigos fué acabada; mas con su suegra habitó.

3 Y díjole su suegra Noemi: Hija mía, ¿no te tengo de buscar descanso, que te sea bueno?

2 ¿No es Booz nuestro pariente, con cuyas mozas tú has estado? He aquí que él avienta esta noche la parva de las cebadas.

3 Te lavarás pues, y te ungirás, y vistiéndote tus vestidos, pasarás á la era; mas no te darás á conocer al varón hasta que él haya acabado de comer y de beber.

4 Y cuando él se acostare, repara tú el lugar donde él se acostará, é irás, y descubrirás los pies, y te acostarás allí; y él te dirá lo que hayas de hacer.

5 Y le respondió: Haré todo lo que tú me mandares.

6 Descendió pues á la era, é hizo todo lo que su suegra le había mandado.

7 Y como Booz hubo comido y bebido, y su corazón estuvo contento, retiróse á dormir á un lado del montón. Entonces ella vino calladamente, y descubrió los pies, y acostóse.

8 Y aconteció, que á la media noche se estremeció aquel hombre, y palpó; y he aquí, la mujer estaba acostada á sus pies.

9 Entonces él dijo: ¿Quién eres? Y ella respondió: Yo soy Ruth tu sierva: extiende el borde de tu capa sobre tu sierva, por cuanto eres pariente cercano.

10 Y él dijo: Bendita seas tú de Jehová, hija mía; que has hecho mejor tu postrera gracia que la primera, no yendo tras los mancebos, sean pobres ó ricos.

11 Ahora pues, no temas, hija mía: yo haré contigo lo que tú dijeres, pues que toda la puerta de mi pueblo sabe que eres mujer virtuosa.

12 Y ahora, aunque es cierto que yo soy pariente cercano, con todo eso hay pariente más cercano que yo.

13 Reposa esta noche, y cuando sea de día, si él te redimiere, bien, redímate; mas si él no te quisiere redimir, yo te redimiré, vive Jehová. Descansa pues hasta la mañana.

14 Y después que reposó á sus pies hasta la mañana, levantóse, antes que nadie pudiese conocer á otro. Y él dijo: No se sepa que haya venido mujer á la era.

15 Después le dijo: Llega el lienzo que traes sobre ti, y ten de él. Y teniéndolo ella, él midió seis medidas de cebada, y púsoselas á cuestas: y vínose ella á la ciudad.

16 Así que vino á su suegra, ésta le dijo: ¿Qué pues, hija mía? Y declaróle ella todo lo que con aquel varón le había acontecido.

17 Y dijo: Estas seis medidas de cebada me dió, diciéndome: Porque no vayas vacía á tu suegra.

18 Entonces Noemi dijo: Reposa, hija mía, hasta que sepas como cae la cosa: porque aquel hombre no parará hasta que hoy concluya el negocio.

4 Y Booz subió á la puerta y sentóse allí; y he aquí pasaba aquel pariente del cual había Booz hablado, y díjole: Eh, fulano, ven acá y siéntate. Y él vino, y sentóse.

2 Entonces él tomó diez varones de los ancianos de la ciudad, y dijo: Sentaos aquí. Y ellos se sentaron.

3 Luego dijo al pariente: Noemi, que ha vuelto del campo de Moab, vende una parte de las tierras que tuvo nuestro hermano Elimelech:

4 Y yo decidí hacértelo saber, y decirte que lo tomes delante de los que están aquí sentados, y delante de los ancianos de mi pueblo. Si hubieres de redimir, redime; y si no quisieres redimir, declaramelo para que yo lo sepa: porque no hay otro que redima sino tú, y yo después de ti. Y él respondió: Yo redimiré.

5 Entonces replicó Booz: El mismo día que tomares las tierras de mano de Noemi, has de tomar también á Ruth Moabita, mujer del difunto, para que suscites el nombre del muerto sobre su posesión.

6 Y respondió el pariente: No puedo redimir por mi parte, porque echaría á perder mi heredad: redime tú usando de mi derecho, porque yo no podré redimir.

7 Había ya de largo tiempo esta costumbre en Israel en la redención ó contrato, que para la confirmación de cualquier negocio, el uno se quitaba el zapato y lo daba á su compañero: y este era el testimonio en Israel.

8 Entonces el pariente dijo á Booz: Tómalo tú. Y descalzó su zapato.

9 Y Booz dijo á los ancianos y á todo el pueblo: Vosotros sois hoy testigos de que tomo todas las cosas que fueron de Elimelech, y todo lo que fué de Chelión y de Mahalón, de mano de Noemi.

10 Y que también tomo por mi mujer á Ruth Moabita, mujer de Mahalón, para suscitar el nombre del difunto sobre su heredad, para que el nombre del muerto no se borre de entre sus hermanos y de la puerta de su lugar. Vosotros sois hoy testigos.

11 Y dijeron todos del pueblo que estaban á la puerta con los ancianos: Testigos somos. Jehová haga á la mujer que entra en tu casa como á Rachêl y á Lea, las cuales dos

edificaron la casa de Israel; y tú seas ilustre en Ephrata, y tengas nombradía en Beth-lehem;

12 Y de la simiente que Jehová te diere de aquesta moza, sea tu casa como la casa de Phares, al que parió Thamar á Judá.

13 Booz pues tomó á Ruth, y ella fué su mujer; y luego que entró á ella, Jehová le dió que concibiese y pariese un hijo.

14 Y las mujeres decían á Noemi: Loado sea Jehová, que hizo que no te faltase hoy pariente, cuyo nombre será nombrado en Israel.

15 El cual será restaurador de tu alma, y el que sustentará tu vejez; pues que tu nuera, la cual te ama y te vale más que siete hijos, le ha parido.

16 Y tomando Noemi el hijo, púsolo en su regazo, y fuéle su ama.

17 Y las vecinas diciendo, á Noemi ha nacido un hijo, le pusieron nombre; y llamáronle Obed. Este es padre de Isaí, padre de David.

18 Y estas son las generaciones de Phares: Phares engendró á Hesrón;

19 Y Hesrón engendró á Ram, y Ram engendró á Aminadab;

20 Y Aminadab engendró á Nahasón, y Nahasón engendró á Salmón;

21 Y Salmón engendró á Booz, y Booz engendró á Obed;

22 Y Obed engendró á Isaí, é Isaí engendró á David.

1 SAMUEL.

1 Hubo un varón de Ramathaim de Sophim, del monte de Ephraim, que se llamaba Elcana, hijo de Jeroham, hijo de Eliú, hijo de Thohu, hijo de Suph, Ephrateo.

2 Y tenía él dos mujeres; el nombre de la una era Anna, y el nombre de la otra Peninna. Y Peninna tenía hijos, mas Anna no los tenía.

3 Y subía aquel varón todos los años de su ciudad, á adorar y sacrificar á Jehová de los ejércitos en Silo, donde estaban dos hijos de Eli, Ophni y Phinees, sacerdotes de Jehová.

4 Y cuando venía el día, Elcana sacrificaba, y daba á Peninna su mujer, y á todos sus hijos y á todas sus hijas, á cada uno su parte.

5 Mas á Anna daba una parte escogida; porque amaba á Anna, aunque Jehová había cerrado su matriz.

6 Y su competidora la irritaba, enojándola y entristeciéndola, porque Jehová había cerrado su matriz.

7 Y así hacía cada año: cuando subía á la casa de Jehová, enojaba así á la otra; por lo cual ella lloraba, y no comía.

8 Y Elcana su marido le dijo: Anna, ¿por qué lloras? ¿y por qué no comes? ¿y por qué está afligido tu corazón? ¿No te soy yo mejor que diez hijos?

9 Y levantóse Anna después que hubo comido y bebido en Silo; y mientras el sacerdote Eli estaba sentado en una silla junto á un pilar del templo de Jehová,

10 Ella con amargura de alma oró á Jehová, y lloró abundantemente.

11 E hizo voto, diciendo: Jehová de los ejércitos, si te dignares mirar la aflicción de tu sierva, y te acordares de mí, y no te olvidares de tu sierva, mas dieres á tu sierva un hijo varón, yo lo dedicaré á Jehová todos los días de su vida, y no subirá navaja sobre su cabeza.

12 Y fué como ella orase largamente delante de Jehová, Eli estaba observando la boca de ella.

13 Mas Anna hablaba en su corazón, y solamente se movían sus labios, y su voz no se oía; y túvola Eli por borracha.

14 Entonces le dijo Eli: ¿Hasta cuándo estarás borracha?; digiere tu vino,

15 Y Anna le respondió, diciendo: No, señor mío: mas yo soy una mujer trabajada de espíritu: no he bebido vino ni sidra, sino que he derramado mi alma delante de Jehová.

16 No tengas á tu sierva por una mujer impía: porque por la magnitud de mis congojas y de mi aflicción he hablado hasta ahora.

17 Y Eli respondió, y dijo: Ve en paz, y el Dios de Israel te otorgue la petición que le has hecho.

18 Y ella dijo: Halle tu sierva gracia delante de tus ojos. Y fuése su camino, y comió, y no estuvo más triste.

19 Y levantándose de mañana, adoraron delante de Jehová, y volviéronse, y vinieron á su casa en Ramatha. Y Elcana conoció á Anna su mujer, y Jehová se acordó de ella.

20 Y fué que corrido el tiempo, después de haber concebido Anna, parió un hijo, y púsole por nombre Samuel, diciendo: Por cuanto lo demandé á Jehová.

21 Después subió el varón Elcana, con toda su familia, á sacrificar á Jehová el sacrificio acostumbrado, y su voto.

22 Mas Anna no subió, sino dijo á su marido: Yo no subiré hasta que el niño sea destetado; para que lo lleve y sea presentado delante de Jehová, y se quede allá para siempre.

23 Y Elcana su marido le respondió: Haz lo que bien te pareciere; quédate hasta que lo destetes; solamente Jehová cumpla su palabra. Y quédose la mujer, y crió su hijo hasta que lo destetó.

24 Y después que lo hubo destetado, llevólo consigo, con tres becerros, y un epha de harina, y una vasija de vino, y trájolo á la casa de Jehová en Silo: y el niño era pequeño.

25 Y matando el becerro, trajeron el niño á Eli.

26 Y ella dijo: ¡Oh, señor mío! vive tu alma, señor mío, yo soy aquella mujer que estuvo aquí junto á ti orando á Jehová.

27 Por este niño oraba, y Jehová me dió lo que le pedí.

28 Yo pues le vuelvo también á Jehová: todos los días que viviere, será de Jehová. Y adoró allí á Jehová.

2 Y Anna oró y dijo: Mi corazón se regocija en Jehová, Mi cuerno es ensalzado en Jehová; Mi boca se ensanchó sobre mis enemigos, Por cuanto me alegré en tu salud.

2 No hay santo como Jehová: Porque no hay ninguno fuera de ti; Y no hay refugio como el Dios nuestro.

3 No multipliquéis hablando grandezas, altanerías; Cesen las palabras arrogantes de vuestra boca; Porque el Dios de todo saber es Jehová, Y á él toca el pesar las acciones.

4 Los arcos de los fuertes fueron quebrados, Y los flacos se ciñeron de fortaleza.

5 Los hartos se alquilaron por pan: Y cesaron los hambrientos: Hasta parir siete la estéril, Y la que tenía muchos hijos enfermó.

6 Jehová mata, y él da vida: El hace descender al sepulcro, y hace subir.

7 Jehová empobrece, y él enriquece: Abate, y ensalza.

8 El levanta del polvo al pobre, Y al menesteroso ensalza del estiércol, Para asentarlo con los príncipes; Y hace que tengan por heredad asiento de honra: Porque de Jehová son las columnas de la tierra, Y él asentó sobre ellas el mundo.

9 El guarda los pies de sus santos, Mas los impíos perecen en tinieblas; Porque nadie será fuerte por su fuerza.

10 Delante de Jehová serán quebrantados sus adversarios, Y sobre ellos tronará desde los cielos: Jehová juzgará los términos de la tierra, Y dará fortaleza á su Rey, Y ensalzará el cuerno de su Mesías.

11 Y Elcana se volvió á su casa en Ramatha; y el niño ministraba á Jehová delante del sacerdote Eli.

12 Mas los hijos de Eli eran hombres impíos, y no tenían conocimiento de Jehová.

13 Y la costumbre de los sacerdotes con el pueblo era que, cuando alguno ofrecía sacrificio, venía el criado del sacerdote mientras la carne estaba á cocer, trayendo en su mano un garfio de tres ganchos;

14 E hería con él en la caldera, ó en la olla, ó en el caldero, ó en el pote; y todo lo que sacaba el garfio, el sacerdote lo tomaba para sí. De esta manera hacían á todo Israelita que venía á Silo.

15 Asimismo, antes de quemar el sebo, venía el criado del sacerdote, y decía al que sacrificaba: Da carne que ase para el sacerdote; porque no tomará de ti carne cocida, sino cruda.

16 Y si le respondía el varón, Quemen luego el sebo hoy, y después toma tanta como quisieres; él respondía: No, sino ahora la has de dar: de otra manera yo la tomaré por fuerza.

17 Era pues el pecado de los mozos muy grande delante de Jehová; porque los hombres menospreciaban los sacrificios de Jehová.

18 Y el joven Samuel ministraba delante de Jehová, vestido de un ephod de lino.

19 Y hacíale su madre una túnica pequeña, y traíasela cada año, cuando subía con su marido á ofrecer el sacrificio acostumbrado.

20 Y Eli bendijo á Elcana y á su mujer, diciendo: Jehová te dé simiente de esta mujer en lugar de esta petición que hizo á Jehová. Y volviéronse á su casa.

21 Y visitó Jehová á Anna, y concibió, y parió tres hijos, y dos hijas; y el joven Samuel crecía delante de Jehová.

22 Eli empero era muy viejo, y oyó todo lo que sus hijos hacían á todo Israel, y como dormían con las mujeres que velaban á la puerta del tabernáculo del testimonio.

23 Y díjoles: ¿Por qué hacéis cosas semejantes? Porque yo oigo de todo este pueblo vuestros malos procederes.

24 No, hijos míos; porque no es buena fama la que yo oigo: que hacéis pecar al pueblo de Jehová.

25 Si peca el hombre contra el hombre, los jueces le juzgarán; mas si alguno pecare contra Jehová, ¿quién rogará por él? Mas ellos no oyeron la voz de su padre, porque Jehová los quería matar.

26 Y el joven Samuel iba creciendo, y adelantando delante de Dios y delante de los hombres.

27 Y vino un varón de Dios á Eli, y díjole: Así ha dicho Jehová: ¿No me manifesté yo claramente á la casa de tu padre, cuando estaban en Egipto en casa de Faraón?

28 Y yo le escogí por mi sacerdote entre todas las tribus de Israel, para que ofreciese sobre mi altar, y quemase perfume, y trajese ephod delante de mí; y dí á la casa de tu padre todas las ofrendas de los hijos de Israel.

29 ¿Por qué habéis hollado mis sacrificios y mis presentes, que yo mandé ofrecer en el tabernáculo; y has honrado á tus hijos más que á mí, engordándoos de lo principal de todas las ofrendas de mi pueblo Israel?

30 Por tanto, Jehová el Dios de Israel dice: Yo había dicho que tu casa y la casa de tu padre andarían delante de mí perpetuamente; mas ahora ha dicho Jehová: Nunca yo tal haga, porque yo honraré á los que me honran, y los que me tuvieren en poco, serán viles.

31 He aquí vienen días, en que cortaré tu brazo, y el brazo de la casa de tu padre, que no haya viejo en tu casa.

32 Y verás competidor en el tabernáculo, en todas las cosas en que hiciere bien á Israel; y en ningún tiempo habrá viejo en tu casa.

33 Y no te cortaré del todo varón de mi altar, para hacerte marchitar tus ojos, y henchir tu ánimo de dolor; mas toda la cría de tu casa morirá en la edad varonil.

34 Y te será por señal esto que acontecerá á tus dos hijos, Ophni y Phinees: ambos morirán en un día.

35 Y yo me suscitaré un sacerdote fiel, que haga conforme á mi corazón y á mi alma; y yo le edificaré casa firme, y andará delante de mi ungido todos los días.

36 Y será que el que hubiere quedado en tu casa, vendrá á postrársele por un dinero de plata y un bocado de pan, diciéndole: Ruégote que me constituyas en algún ministerio, para que coma un bocado de pan.

3 Y el joven Samuel ministraba á Jehová delante de Eli: y la palabra de Jehová era de estima en aquellos días; no había visión manifiesta.

2 Y aconteció un día, que estando Eli acostado en su aposento, cuando sus ojos comenzaban á oscurecerse, que no podía ver,

3 Samuel estaba durmiendo en el templo de Jehová, donde el arca de Dios estaba: y antes que la lámpara de Dios fuese apagada,

4 Jehová llamó á Samuel; y él respondió: Heme aquí.

5 Y corriendo luego á Eli, dijo: Heme aquí; ¿para qué me llamaste? Y Eli le dijo: Yo no he llamado; vuélvete á acostar. Y él se volvió, y acostóse.

6 Y Jehová volvió á llamar otra vez á Samuel. Y levantándose Samuel vino á Eli, y dijo: Heme aquí; ¿para qué me has llamado? Y él dijo: Hijo mío, yo no he llamado; vuelve, y acuéstate.

7 Y Samuel no había conocido aún á Jehová, ni la palabra de Jehová le había sido revelada.

8 Jehová pues llamó la tercera vez á Samuel. Y él levantándose vino á Eli, y dijo: Heme aquí; ¿para qué me has llamado? Entonces entendió Eli que Jehová llamaba al joven.

9 Y dijo Eli á Samuel: Ve, y acuéstate: y si te llamare, dirás: Habla, Jehová, que tu siervo oye. Así se fué Samuel, y acostóse en su lugar.

10 Y vino Jehová, y parose, y llamó como las otras veces: ¡Samuel, Samuel! Entonces Samuel dijo: Habla, que tu siervo oye.

11 Y Jehová dijo á Samuel: He aquí haré yo una cosa en Israel, que á quien la oyere, le retiñirán ambos oídos.

12 Aquel día yo despertaré contra Eli todas las cosas que he dicho sobre su casa. En comenzando, acabaré también,

13 Y mostraréle que yo juzgaré su casa para siempre, por la iniquidad que él sabe; porque sus hijos se han envilecido, y él no los ha estorbado.

4 Y por tanto yo he jurado á la casa de Eli, que la iniquidad ¿ la casa de Eli no será expiada jamás, ni con sacrificios ni ¡n presentes.

5 Y Samuel estuvo acostado hasta la mañana, y abrió las puer- s de la casa de Jehová. Y Samuel temía descubrir la visión á Eli.

6 Llamando pues Eli á Samuel, díjole: Hijo mío, Samuel. Y ¡ respondió: Heme aquí.

7 Y dijo: ¿Qué es la palabra que te habló Jehová?; ruégote ue no me la encubras: así te haga Dios y así te añada, si me ncubrieres palabra de todo lo que habló contigo.

8 Y Samuel se lo manifestó todo, sin encubrirle nada. ntonces él dijo: Jehová es; haga lo que bien le pareciere.

9 Y Samuel creció, y Jehová fué con él, y no dejó caer á tie- a ninguna de sus palabras.

10 Y conoció todo Israel desde Dan hasta Beer-sebah, que ¡amuel era fiel profeta de Jehová.

11 Así tornó Jehová á aparecer en Silo: porque Jehová se ma- ifestó á Samuel en Silo con palabra de Jehová.

4 Y Samuel habló á todo Israel. Por aquel tiempo salió Israel rá encontrar en batalla á los Filisteos, y asentó campo junto ¡ Eben-ezer, y los Filisteos asentaron el suyo en Aphec.

** ** Y los Filisteos presentaron la batalla á Israel; y trabándose la ombate, Israel fué vencido delante de los Filisteos, los cuales irieron en la batalla por el campo como cuatro mil hombres.

** ** Y vuelto que hubo el pueblo al campamento, los ancianos ¡e Israel dijeron: ¿Por qué nos ha herido hoy Jehová delante e los Filisteos? Traigamos á nosotros de Silo el arca del acto de Jehová, para que viniendo entre nosotros nos salve e la mano de nuestros enemigos.

** ** Y envió el pueblo á Silo, y trajeron de allá el arca del pacto le Jehová de los ejércitos, que estaba asentado entre los uerubines; y los dos hijos de Eli, Ophni y Phinees, estaban llí con el arca del pacto de Dios.

** ** Y aconteció que, como el arca del pacto de Jehová vino al ampo, todo Israel dió grita con tan grande júbilo, que la tie- a tembló.

** ** Y cuando los Filisteos oyeron la voz de júbilo, dijeron: Qué voz de gran júbilo es esta en el campo de los Hebreos? í supieron que el arca de Jehová había venido al campo.

** ** Y los Filisteos tuvieron miedo, porque decían: Ha venido Dios al campo. Y dijeron: ¡Ay de nosotros! pues antes de hora no fué así.

8 ¡Ay de nosotros! ¿Quién nos librará de las manos de estos ioses fuertes? Estos son los dioses que hirieron á Egipto con oda plaga en el desierto.

** ** Esforzaos, oh Filisteos, y sed hombres, porque no sirváis á os Hebreos, como ellos os han servido á vosotros: sed hom- res, y pelead.

10 Pelearon pues los Filisteos, é Israel fué vencido, y huyeron ada cual á sus tiendas; y fué hecha muy grande mortandad, ues cayeron de Israel treinta mil hombres de á pie.

11 Y el arca de Dios fué tomada, y muertos los dos hijos de Eli, Ophni y Phinees.

12 Y corriendo de la batalla un hombre de Benjamín, vino aquel día á Silo, rotos sus vestidos y tierra sobre su abeza:

13 Y cuando llegó, he aquí Eli que estaba sentado en una silla atalayando junto al camino; porque su corazón estaba tem- blando por causa del arca de Dios. Llegado pues aquel hom- bre á la ciudad, y dadas las nuevas, toda la ciudad gritó.

14 Y como Eli oyó el estruendo de la gritería, dijo: ¿Qué estruendo de alboroto es éste? Y aquel hombre vino apriesa, y dió las nuevas á Eli.

15 Era ya Eli de edad de noventa y ocho años, y sus ojos se habían entenebrecido, de modo que no podía ver.

16 Dijo pues aquel hombre á Eli: Yo vengo de la batalla, yo he escapado hoy del combate. Y él dijo: ¿Qué ha acontecido, hijo mío?

17 Y el mensajero respondió, y dijo: Israel huyó delante de los Filisteos, y también fué hecha gran mortandad en el pueblo; y también tus dos hijos, Ophni y Phinees, son muer- tos, y el arca de Dios fué tomada.

18 Y aconteció que como él hizo mención del arca de Dios, Eli cayó hacia atrás de la silla al lado de la puerta, y que- brósele la cerviz, y murió: porque era hombre viejo y pesa- do. Y había juzgado á Israel cuarenta años.

19 Y su nuera, la mujer de Phinees, que estaba preñada, cer- cana al parto, oyendo el rumor que el arca de Dios era toma- da, y muertos su suegro y su marido, encorvóse y parió; porque sus dolores se habían ya derramado por ella.

20 Y al tiempo que se moría, decíanle las que estaban junto á ella: No tengas temor, porque has parido un hijo. Mas ella no respondió, ni paró mientes.

21 Y llamó al niño Ichâbod, diciendo: ¡Traspasada es la glo- ria de Israel! por el arca de Dios que fué tomada, y porque era muerto su suegro, y su marido.

22 Dijo pues: Traspasada es la gloria de Israel: porque el arca de Dios fué tomada.

5 Y los Filisteos, tomada el arca de Dios, trajéronla desde Eben-ezer á Asdod.

2 Y tomaron los Filisteos el arca de Dios, y metiéronla en la casa de Dagón, y pusiéronla junto á Dagón.

3 Y el siguiente día los de Asdod se levantaron de mañana, y he aquí Dagón postrado en tierra delante del arca de Jehová: y tomaron á Dagón, y volviéronlo á su lugar.

4 Y tornándose á levantar de mañana el siguiente día, he aquí que Dagón había caído postrado en tierra delante del arca de Jehová; y la cabeza de Dagón, y las dos palmas de sus manos estaban cortadas sobre el umbral, habiéndole quedado á Dagón el tronco solamente.

5 Por esta causa los sacerdotes de Dagón, y todos los que en el templo de Dagón entran, no pisan el umbral de Dagón en Asdod, hasta hoy.

6 Empero agravóse la mano de Jehová sobre los de Asdod, y destruyólos, é hiriólos con hemorroides en Asdod y en todos sus términos.

7 Y viendo esto los de Asdod, dijeron: No quede con nosotros el arca del Dios de Israel, porque su mano es dura sobre nosotros, y sobre nuestro dios Dagón.

8 Enviaron pues á juntar á sí todos los príncipes de los Filisteos, y dijeron: ¿Qué haremos del arca del Dios de Israel? Y ellos respondieron: Pásese el arca del Dios de Israel á Gath. Y pasaron allá el arca del Dios de Israel.

9 Y aconteció que como la hubieron pasado, la mano de Jehová fué contra la ciudad con grande quebrantamiento; é hirió los hombres de aquella ciudad desde el chico hasta el grande, que se llenaron de hemorroides.

10 Entonces enviaron el arca de Dios á Ecrón. Y como el arca de Dios vino á Ecrón, los Ecronitas dieron voces diciendo: Han pasado á mí el arca del Dios de Israel por matarme á mí y á mi pueblo.

11 Y enviaron á juntar todos los príncipes de los Filisteos, diciendo: Despachad el arca del Dios de Israel, y tórnese á su lugar, y no mate á mí ni á mi pueblo: porque había quebran- tamiento de muerte en toda la ciudad, y la mano de Dios se había allí agravado.

12 Y los que no morían, eran heridos de hemorroides; y el clamor de la ciudad subía al cielo.

6 Y estuvo el arca de Jehová en la tierra de los Filisteos siete meses.

2 Entonces los Filisteos, llamando los sacerdotes y adivinos, preguntaron: ¿Qué haremos del arca de Jehová? Declaradnos cómo la hemos de tornar á enviar á su lugar.

3 Y ellos dijeron: Si enviáis el arca del Dios de Israel, no la enviéis vacía; mas le pagaréis la expiación: y entonces seréis sanos, y conoceréis por qué no se apartó de vosotros su mano.

4 Y ellos dijeron: ¿Y qué será la expiación que le pagare- mos? Y ellos respondieron: Conforme al número de los príncipes de los Filisteos, cinco hemorroides de oro, y cinco ratones de oro, porque la misma plaga que todos tienen, tienen también vuestros príncipes.

5 Haréis pues las formas de vuestras hemorroides, y las for- mas de vuestros ratones que destruyen la tierra, y daréis glo- ria al Dios de Israel: quizá aliviará su mano de sobre vosotros, y de sobre vuestros dioses, y de sobre vuestra tier- ra.

6 Mas ¿por qué endurecéis vuestro corazón, como los Egipcios y Faraón endurecieron su corazón? Después que los hubo así tratado, ¿no los dejaron que se fuesen, y se fueron?

7 Haced pues ahora un carro nuevo, y tomad luego dos vacas que críen, á las cuales no haya sido puesto yugo, y uncid las vacas al carro, y haced tornar de detrás de ellas sus becerros á casa.

8 Tomaréis luego el arca de Jehová, y la pondréis sobre el carro; y poned en una caja al lado de ella las alhajas de oro que le pagáis en expiación: y la dejaréis que se vaya.

9 Y mirad: si sube por el camino de su término á Beth-semes, él nos ha hecho este mal tan grande; y si no, seremos ciertos que su mano no nos hirió, nos ha sido accidente.

10 Y aquellos hombres lo hicieron así; pues tomando dos vacas que criaban, unciéronlas al carro, y encerraron en casa sus becerros.

11 Luego pusieron el arca de Jehová sobre el carro, y la caja con los ratones de oro y con las formas de sus hemorroides.

12 Y las vacas se encaminaron por el camino de Beth-semes, é iban por un mismo camino andando y bramando, sin apartarse ni á diestra ni á siniestra: y los príncipes de los Filisteos fueron tras ellas hasta el término de Beth-semes.

13 Y los de Beth-semes segaban el trigo en el valle; y alzando sus ojos vieron el arca, y holgáronse cuando la vieron.

14 Y el carro vino al campo de Josué Beth-semita, y paró allí porque allí había una gran piedra; y ellos cortaron la madera del carro, y ofrecieron las vacas en holocausto á Jehová.

15 Y los Levitas bajaron el arca de Jehová, y la caja que estaba junto á ella, en la cual estaban las alhajas de oro, y pusiéronlas sobre aquella gran piedra; y los hombre de Beth-semes sacrificaron holocaustos y mataron víctimas á Jehová en aquel día.

16 Lo cual viendo los cinco príncipes de los Filisteos, volviéronse á Ecrón el mismo día.

17 Estas pues son las hemorroides de oro que pagaron los Filisteos á Jehová en expiación: por Asdod una, por Gaza una, por Ascalón una, por Gath una, por Ecrón una;

18 Y ratones de oro conforme al número de todas las ciudades de los Filisteos pertenecientes á los cinco príncipes, desde las ciudades fuertes hasta las aldeas sin muro; y hasta la gran piedra sobre la cual pusieron el arca de Jehová, piedra que está en el campo de Josué Beth-semita hasta hoy.

19 Entonces hirió Dios á los de Beth-semes, porque habían mirado en el arca de Jehová; hirió en el pueblo cincuenta mil y setenta hombres. Y el pueblo puso luto, porque Jehová le había herido de tan gran plaga.

20 Y dijeron los de Beth-semes: ¿Quién podrá estar delante de Jehová el Dios santo? ¿y á quién subirá desde nosotros?

21 Y enviaron mensajeros á los de Chîriath-jearim, diciendo: Los Filisteos han vuelto el arca de Jehová: descended pues, y llevadla á vosotros.

7 Y vinieron los de Chîriath-jearim, y llevaron el arca de Jehová, y metiéronla en casa de Abinadab, situada en el collado; y santificaron á Eleazar su hijo, para que guardase el arca de Jehová.

2 Y aconteció que desde el día que llegó el arca á Chîriath-jearim pasaron muchos días, veinte años; y toda la casa de Israel lamentaba en pos de Jehová.

3 Y habló Samuel á toda la casa de Israel, diciendo: Si de todo vuestro corazón os volvéis á Jehová, quitad los dioses ajenos y á Astaroth de entre vosotros, y preparad vuestro corazón á Jehová, y á sólo él servid, y os librará de mano de los Filisteos.

4 Entonces los hijos de Israel quitaron á los Baales y á Astaroth, y sirvieron á solo Jehová.

5 Y Samuel dijo: Juntad á todo Israel en Mizpa, y yo oraré por vosotros á Jehová.

6 Y juntándose en Mizpa, sacaron agua, y derramáronla delante de Jehová, y ayunaron aquel día, y dijeron allí: Contra Jehová hemos pecado. Y juzgó Samuel á los hijos de Israel en Mizpa.

7 Y oyendo los Filisteos que los hijos de Israel estaban reunidos en Mizpa, subieron los príncipes de los Filisteos contra Israel: lo cual como hubieron oído los hijos de Israel, tuvieron temor de los Filisteos.

8 Y dijeron los hijos de Israel á Samuel: No ceses de clamar por nosotros á Jehová nuestro Dios, que nos guarde de mano de los Filisteos.

9 Y Samuel tomó un cordero de leche, y sacrificólo entero á Jehová en holocausto: y clamó Samuel á Jehová por Israel, y Jehová le oyó.

10 Y aconteció que estando Samuel sacrificando el holocausto, los Filisteos llegaron para pelear con los hijos de Israel. Mas Jehová tronó aquel día con grande estruendo sobre los Filisteos, y desbaratólos, y fueron vencidos delante de Israel.

11 Y saliendo los hijos de Israel de Mizpa, siguieron á los Filisteos, hiriéndolos hasta abajo de Beth-car.

12 Tomó luego Samuel una piedra, y púsola entre Mizpa Sen, y púsole por nombre Eben-ezer, diciendo: Hasta aqu nos ayudó Jehová.

13 Fueron pues los Filisteos humillados, que no vinieron más al término de Israel; y la mano de Jehová fué contra lo Filisteos todo el tiempo de Samuel.

14 Y fueron restituídas á los hijos de Israel las ciudades qu los Filisteos habían tomado á los Isrelitas, desde Ecrón hast Gath, con sus términos: é Israel las libró de mano de lo Filisteos. Y hubo paz entre Israel y el Amorrheo.

15 Y juzgó Samuel á Israel todo el tiempo que vivió.

16 Y todos los años iba y daba vuelta á Beth-el, y á Gilgal, á Mizpa, y juzgaba á Israel en todos estos lugares.

17 Volvíase después á Rama, porque allí estaba su casa, y al juzgaba á Israel; y edificó allí altar á Jehová.

8 Y aconteció que habiendo Samuel envejecido, puso su hijos por jueces sobre Israel.

2 Y el nombre de su hijo primogénito fué Joel, y el nombr del segundo, Abia: fueron jueces en Beer-sebah.

3 Mas no anduvieron los hijos por los caminos de su padr antes se ladearon tras la avaricia, recibiendo cohecho y per virtiendo el derecho.

4 Entonces todos los ancianos de Israel se juntaron, vinieron á Samuel en Rama,

5 Y dijéronle: He aquí tú has envejecido, y tus hijos no va por tus caminos: por tanto, constitúyenos ahora un rey qu nos juzgue, como todas las gentes.

6 Y descontentó á Samuel esta palabra que dijeron: Dano rey que nos juzgue. Y Samuel oró á Jehová.

7 Y dijo Jehová á Samuel: Oye la voz del pueblo en todo l que te dijeren: porque no te han desechado á ti, sino á mí m han desechado, para que no reine sobre ellos.

8 Conforme á todas las obras que han hecho desde el día qu los saqué de Egipto hasta hoy, que me han dejado y ha servido á dioses ajenos, así hacen también contigo.

9 Ahora pues, oye su voz: mas protesta contra ellos decla rándoles el derecho del rey que ha de reinar sobre ellos.

10 Y dijo Samuel todas las palabras de Jehová al pueblo qu le había pedido rey.

11 Y dijo pues: Este será el derecho del rey que hubiere de reina sobre vosotros: tomará vuestros hijos, y pondrálos en sus carros y en su gente de á caballo, para que corran delante de su carro;

12 Y se elegirá capitanes de mil, y capitanes de cincuenta pondrálos asimismo á que aren sus campos, y sieguen su mieses, y á que hagan sus armas de guerra, y los pertrecho de sus carros:

13 Tomará también vuestras hijas para que sean perfumado ras, cocineras, y amasadoras.

14 Asimismo tomará vuestras tierras, vuestras viñas, y vues tros buenos olivares, y los dará á sus siervos.

15 El diezmará vuestras simientes y vuestras viñas, para da á sus eunucos y á sus siervos.

16 El tomará vuestros siervos, y vuestras siervas, y vuestros buenos mancebos, y vuestros asnos, y con ellos hará sus obras

17 Diezmará también vuestro rebaño, y seréis sus siervos.

18 Y clamaréis aquel día á causa de vuestro rey que os habréis elegido, mas Jehová no os oirá en aquel día.

19 Empero el pueblo no quiso oir la voz de Samuel; antes dijeron: No, sino que habrá rey sobre nosotros:

20 Y nosotros seremos también como todas las gentes, y nuestro rey nos gobernará, y saldrá delante de nosotros, y hará nuestras guerras.

21 Y oyó Samuel todas las palabras del pueblo, y refirióla en oídos de Jehová.

22 Y Jehová dijo á Samuel: Oye su voz, y pon rey sobre ellos. Entonces dijo Samuel á los varones de Israel: Idos cada uno á su ciudad.

9 Y había un varón de Benjamín, hombre valeroso, el cual se llamaba Cis, hijo de Abiel, hijo de Seor, hijo de Bechôra, hijo de Aphia, hijo de un hombre de Benjamín.

2 Y tenía él un hijo que se llamaba Saúl, mancebo y hermoso, que entre los hijos de Israel no había otro más hermoso que él: del hombro arriba sobrepujaba á cualquiera del pueblo.

3 Y habíanse perdido las asnas de Cis, padre de Saúl; por lo que dijo Cis á Saúl su hijo: Toma ahora contigo alguno de los criados, y levántate, y ve á buscar las asnas.

4 Y él pasó al monte de Ephraim, y de allí á la tierra de Salisa, y no las hallaron. Pasaron luego por la tierra de Saalim, y tampoco. Después pasaron por la tierra de Benjamín, y no las encontraron.

5 Y cuando vinieron á la tierra de Suph, Saúl dijo á su criado que tenía consigo: Ven, volvámonos; porque quizá mi padre, dejado el cuidado de las asnas, estará congojado por nosotros.

6 Y él le respondió: He aquí ahora hay en esta ciudad un hombre de Dios, y es varón insigne: todas las cosas que él dijere, sin duda vendrán. Vamos pues allá: quizá nos enseñará nuestro camino por donde hayamos de ir.

7 Y Saúl respondió á su criado: Vamos ahora: ¿mas qué llevaremos al varón? Porque el pan de nuestras alforjas se ha acabado, y no tenemos qué presentar al varón de Dios: ¿qué tenemos?

8 Entonces tomó el criado á responder á Saúl, diciendo: He aquí se halla en mi mano la cuarta parte de un siclo de plata: dar al varón de Dios, porque nos declare nuestro camino.

9 (Antiguamente en Israel cualquiera que iba á consultar á Dios, decía así: Venid y vamos hasta el vidente: porque el que ahora se llama profeta, antiguamente era llamado vidente).

10 Dijo entonces Saúl á su criado: Bien dices; ea pues, vamos. Y fueron á la ciudad donde estaba el varón de Dios.

11 Y cuando subían por la cuesta de la ciudad, hallaron unas mozas que salían por agua, á las cuales dijeron: ¿Está en este lugar el vidente?

12 Y ellas respondiéndoles, dijeron: Sí; helo aquí delante de ti: date pues priesa, porque hoy ha venido á la ciudad en atención á que el pueblo tiene hoy sacrificio en el alto.

13 Y cuando entrareis en la ciudad, le encontraréis luego, antes que suba al alto á comer; pues el pueblo no comerá hasta que él haya venido, por cuanto él haya de bendecir el sacrificio, y después comerán los convidados. Subid pues ahora, porque ahora le hallaréis.

14 Ellos entonces subieron á la ciudad; y cuando en medio de la ciudad estuvieron, he aquí Samuel que delante de ellos salía para subir al alto.

15 Y un día antes que Saúl viniese, Jehová había revelado al oído de Samuel, diciendo:

16 Mañana á esta misma hora yo enviaré á ti un varón de la tierra de Benjamín, al cual ungirás por príncipe sobre mi pueblo Israel, y salvará mi pueblo de mano de los Filisteos: pues yo he mirado á mi pueblo, porque su clamor ha llegado hasta mí.

17 Y luego que Samuel vió á Saúl, Jehová le dijo: He aquí éste es el varón del cual te hablé; éste señoreará á mi pueblo.

18 Y llegando Saúl á Samuel en medio de la puerta, díjole: Ruégote que me enseñes dónde está la casa del vidente.

19 Y Samuel respondió á Saúl, y dijo: Yo soy el vidente: sube delante de mí al alto, y comed hoy conmigo, y por la mañana te despacharé, y te descubriré todo lo que está en tu corazón.

20 Y de las asnas que se te perdieron hoy ha tres días, pierde cuidado de ellas, porque ya son halladas. Mas ¿por quién es todo el deseo de Israel, sino por ti y por toda la casa de tu padre?

21 Y Saúl respondió, y dijo: ¿No soy yo hijo de Benjamín, de las más pequeñas tribus de Israel? y mi familia ¿no es la más pequeña de todas las familias de la tribu de Benjamín? ¿por qué pues me has dicho cosa semejante?

22 Y trabando Samuel de Saúl y de su criado, metiólos en la sala, y dióles lugar á la cabecera de los convidados, que eran como unos treinta hombres.

23 Y dijo Samuel al cocinero: Trae acá la porción que te dí, la cual te dije que guardases aparte.

24 Entonces alzó el cocinero una espaldilla, con lo que estaba sobre ella, y púsola delante de Saúl. Y Samuel dijo: He aquí lo que estaba reservado: ponlo delante de ti, y come; porque de industria se guardó para ti, cuando dije: Yo he convidado al pueblo. Y Saúl comió aquel día con Samuel.

25 Y cuando hubieron descendido de lo alto á la ciudad, él habló con Saúl en el terrado.

26 Y al otro día madrugaron; y como al apuntar del alba, Samuel llamó á Saúl, que estaba en el terrado; y dijo: Levántate, para que te despache. Levantóse luego Saúl, y salieron fuera ambos, él y Samuel.

27 Y descendiendo ellos al cabo de la ciudad, dijo Samuel á Saúl: Di al mozo que vaya delante, (y adelantóse el mozo); mas espera tú un poco para que te declare palabra de Dios.

10 Tomando entonces Samuel una ampolla de aceite, derramóla sobre su cabeza, y besóle, y díjole: ¿No te ha ungido Jehová por capitán sobre su heredad?

2 Hoy, después que te hayas apartado de mí, hallarás dos hombres junto al sepulcro de Rachêl, en el término de Benjamín, en Selsah, los cuales te dirán: Las asnas que habías ido á buscar, se han hallado; tu padre pues ha dejado ya el negocio de las asnas, si bien está angustioso por vosotros, diciendo: ¿Qué haré acerca de mi hijo?

3 Y como de allí te fueres más adelante, y llegares á la campiña de Tabor, te saldrán al encuentro tres hombres que suben á Dios en Beth-el, llevando el uno tres cabritos, y el otro tres tortas de pan, y el tercero una vasija de vino:

4 Los cuales, luego que te hayan saludado, te darán dos panes, los que tomarás de manos de ellos.

5 De allí vendrás al collado de Dios donde está la guarnición de los Filisteos; y cuando entrares allá en la ciudad encontrarás una compañía de profetas que descienden del alto, y delante de ellos salterio, y adufe, y flauta, y arpa, y ellos profetizando:

6 Y el espíritu de Jehová te arrebatará, y profetizarás con ellos, y serás mudado en otro hombre.

7 Y cuando te hubieren sobrevenido estas señales, haz lo que te viniere á la mano, porque Dios es contigo.

8 Y bajarás delante de mí á Gilgal; y luego descenderé yo á ti para sacrificar holocaustos, é inmolar víctimas pacíficas. Espera siete días, hasta que yo venga á ti, y te enseñe lo que has de hacer.

9 Y fué que así como tornó él su hombro para partirse de Samuel, mudóle Dios su corazón; y todas estas señales acaecieron en aquel día.

10 Y cuando llegaron allá al collado, he aquí la compañía de los profetas que venía á encontrarse con él, y el espíritu de Dios lo arrebató, y profetizó entre ellos.

11 Y aconteció que, cuando todos los que le conocían de ayer y de antes, vieron como profetizaba con los profetas, el pueblo decía el uno al otro: ¿Qué ha sucedido al hijo de Cis? ¿Saúl también entre los profetas?

12 Y alguno de allí respondió, y dijo: ¿Y quién es el padre de ellos? Por esta causa se tornó en proverbio: ¿También Saúl entre los profetas?

13 Y cesó de profetizar, y llegó al alto.

14 Y un tío de Saúl dijo á él y á su criado: ¿Dónde fuisteis? Y él respondió: A buscar las asnas; y como vimos que no parecían, fuimos á Samuel.

15 Y dijo el tío de Saúl: Yo te ruego me declares qué os dijo Samuel.

16 Y Saúl respondió á su tío: Declarónos expresamente que las asnas habían parecido. Mas del negocio del reino, de que Samuel le había hablado, no le descubrió nada.

17 Y Samuel convocó el pueblo á Jehová en Mizpa;

18 Y dijo á los hijos de Israel: Así ha dicho Jehová el Dios de Israel: Yo saqué á Israel de Egipto, y os libré de mano de los Egipcios, y de mano de todos los reinos que os afligieron:

19 Mas vosotros habéis desechado hoy á vuestro Dios, que os guarda de todas vuestras aflicciones y angustias, y dijisteis: No, sino pon rey sobre nosotros. Ahora pues, poneos delante de Jehová por vuestras tribus y por vuestros millares.

20 Y haciendo allegar Samuel todas las tribus de Israel, fué tomada la tribu de Benjamín.

21 E hizo llegar la tribu de Benjamín por sus linajes, y fué tomada la familia de Matri; y de ella fué tomado Saúl hijo de Cis. Y le buscaron, mas no fué hallado.

22 Preguntaron pues otra vez á Jehová, si había aún de venir allí aquel varón. Y respondió Jehová: He aquí que él está escondido entre el bagaje.

23 Entonces corrieron, y tomáronlo de allí, y puesto en medio del pueblo, desde el hombro arriba era más alto que todo el pueblo.

24 Y Samuel dijo á todo el pueblo: ¿Habéis visto al que ha elegido Jehová, que no hay semejante á él en todo el pueblo? Entonces el pueblo clamó con alegría, diciendo: Viva el rey.

25 Samuel recitó luego al pueblo el derecho del reino, y escribiólo en un libro, el cual guardó delante de Jehová.

26 Y envió Samuel á todo el pueblo cada uno á su casa. Y Saúl también se fué á su casa en Gabaa, y fueron con él el ejército, el corazón de los cuales Dios había tocado.

27 Pero los impíos dijeron: ¿Cómo nos ha de salvar éste? Y tuviéronle en poco, y no le trajeron presente: mas él disimuló.

11 Y subió Naas Ammonita, y asentó campo contra Jabes de Galaad. Y todos los de Jabes dijeron á Naas: Haz alianza con nosotros, y te serviremos.

2 Y Naas Ammonita les respondió: Con esta condición haré alianza con vosotros, que á cada uno de todos vosotros saque el ojo derecho, y ponga esta afrenta sobre todo Israel.

3 Entonces los ancianos de Jabes le dijeron: Danos siete días, para que enviemos mensajeros á todos los términos de Israel; y si nadie hubiere que nos defienda, saldremos á ti.

4 Y llegando los mensajeros á Gabaa de Saúl, dijeron estas palabras en oídos del pueblo; y todo el pueblo lloró á voz en grito.

5 Y he aquí Saúl que venía del campo, tras los bueyes, y dijo Saúl: ¿Qué tiene el pueblo, que lloran? Y contáronle las palabras de los hombres de Jabes.

6 Y el espíritu de Dios arrebató á Saúl en oyendo estas palabras, y encendióse en ira en gran manera.

7 Y tomando un par de bueyes, cortólos en piezas, y enviólas por todos los términos de Israel por mano de mensajeros, diciendo: Cualquiera que no saliere en pos de Saúl y en pos de Samuel, así será hecho á sus bueyes. Y cayó temor de Jehová sobre el pueblo, y salieron como un solo hombre.

8 Y contóles en Bezec; y fueron los hijos de Israel trescientos mil, y treinta mil los hombres de Judá.

9 Y respondieron á los mensajeros que habían venido: Así diréis á los de Jabes de Galaad: Mañana en calentando el sol, tendréis salvamento. Y vinieron los mensajeros, y declaráronlo á los de Jabes, los cuales se holgaron.

10 Y los de Jabes dijeron: Mañana saldremos á vosotros, para que hagáis con nosotros todo lo que bien os pareciere.

11 Y el día siguiente dispuso Saúl el pueblo en tres escuadrones, y entraron en medio del real á la vela de la mañana, é hirieron á los Ammonitas hasta que el día calentaba: y los que quedaron fueron dispersos, tal que no quedaron dos de ellos juntos.

12 El pueblo entonces dijo á Samuel: ¿Quiénes son los que decían: Reinará Saúl sobre nosotros? Dad nos esos hombres, y los mataremos.

13 Y Saúl dijo: No morirá hoy ninguno, porque hoy ha obrado Jehová salud en Israel.

14 Mas Samuel dijo al pueblo: Venid, vamos á Gilgal para que renovemos allí el reino.

15 Y fué todo el pueblo á Gilgal, é invistieron allí á Saúl por rey delante de Jehová en Gilgal. Y sacrificaron allí víctimas pacíficas delante de Jehová; y alegráronse mucho allí Saúl y todos los de Israel.

12 Y dijo Samuel á todo Israel: He aquí, yo he oído vuestra voz en todas las cosas que me habéis dicho, y os he puesto rey.

2 Ahora pues, he aquí vuestro rey va delante de vosotros. Yo soy ya viejo y cano: mas mis hijos están con vosotros, y yo he andado delante de vosotros desde mi mocedad hasta este día.

3 Aquí estoy; atestiguad contra mí delante de Jehová y delante de su ungido, si he tomado el buey de alguno, ó si he tomado el asno de alguno, ó si he calumniado á alguien, ó si he agraviado á alguno, ó si de alguien he tomado cohecho por el cual haya cubierto mis ojos; y os satisfaré.

4 Entonces dijeron: Nunca nos has calumniado, ni agraviado, ni has tomado algo de mano de ningún hombre.

5 Y él les dijo: Jehová es testigo contra vosotros, y su ungido también es testigo en este día, que no habéis hallado en mi mano cosa ninguna. Y ellos respondieron: Así es.

6 Entonces Samuel dijo al pueblo: Jehová es quien hizo á Moisés y á Aarón, y que sacó á vuestros padres de la tierra de Egipto.

7 Ahora pues, aguardad, y yo os haré cargo delante de Jehová de todas las justicias de Jehová, que ha hecho con vosotros y con vuestros padres.

8 Después que Jacob hubo entrado en Egipto y vuestros padres clamaron á Jehová, Jehová envió á Moisés y á Aarón, los cuales sacaron á vuestros padres de Egipto, y los hicieron habitar en este lugar.

9 Y olvidaron á Jehová su Dios, y él los vendió en la mano de Sísara capitán del ejército de Asor, y en la mano de los Filisteos, y en la mano del rey de Moab, los cuales les hicieron guerra.

10 Y ellos clamaron á Jehová, y dijeron: Pecamos, que hemos dejado á Jehová, y hemos servido á los Baales y á Astaroth: líbranos pues ahora de la mano de nuestros enemigos, y te serviremos.

11 Entonces Jehová envió á Jero-baal, y á Bedán, y á Jephté, y á Samuel, y os libró de mano de vuestros enemigos alrededor, y habitasteis seguros.

12 Y habiendo visto que Naas rey de lo hijos de Ammón venía contra vosotros, me dijisteis: No, sino rey reinará sobre nosotros; siendo vuestro rey Jehová vuestro Dios.

13 Ahora pues, ved aquí vuestro rey que habéis elegido, el cual pedisteis; ya veis que Jehová ha puesto sobre vosotros rey.

14 Si temiereis á Jehová y le sirviereis, y oyereis su voz, y no fuereis rebeldes á la palabra de Jehová, así vosotros como el rey que reina sobre vosotros, seréis en pos de Jehová vuestro Dios.

15 Mas si no oyereis la voz de Jehová, y si fuereis rebeldes á las palabras de Jehová, la mano de Jehová será contra vosotros como contra vuestros padres.

16 Esperad aún ahora, y mirad esta gran cosa que Jehová hará delante de vuestros ojos.

17 ¿No es ahora la siega de los trigos? Yo clamaré á Jehová, y él dará truenos y aguas; para que conozcáis y veáis que es grande vuestra maldad que habéis hecho en los ojos de Jehová, pidiéndoos rey.

18 Y Samuel clamó á Jehová; y Jehová dió truenos y aguas en aquel día; y todo el pueblo temió en gran manera á Jehová y á Samuel.

19 Entonces dijo todo el pueblo á Samuel: Ruega por tus siervos á Jehová tu Dios, que no muramos: porque á todos nuestros pecados hemos añadido este mal de pedir rey para nosotros.

20 Y Samuel respondió al pueblo: No temáis: vosotros habéis cometido todo este mal; mas con todo eso no os apartéis de en pos de Jehová, sino servid á Jehová con todo vuestro corazón:

21 No os apartéis en pos de las vanidades, que no aprovechan ni libran, porque son vanidades.

22 Pues Jehová no desamparará á su pueblo por su grande nombre: porque Jehová ha querido haceros pueblo suyo.

23 Así que, lejos sea de mí que peque yo contra Jehová cesando de rogar por vosotros; antes yo os enseñaré por el camino bueno y derecho.

24 Solamente temed á Jehová, y servidle de verdad con todo vuestro corazón, porque considerad cuán grandes cosas ha hecho con vosotros.

25 Mas si perseverareis en hacer mal, vosotros y vuestro rey pereceréis.

13 Había ya Saúl reinado un año; y reinado que hubo dos años sobre Israel,

2 Escogióse luego tres mil de Israel: los dos mil estuvieron con Saúl en Michmas y en el monte de Beth-el, y los mil estuvieron con Jonathán en Gabaa de Benjamín; y envió á todo el otro pueblo cada uno á sus tiendas.

3 Y Jonathán hirió la guarnición de los Filisteos que había en el collado, y los Filisteos. E hizo Saúl tocar trompetas por toda la tierra, diciendo: Oigan los Hebreos.

4 Y todo Israel oyó lo que se decía: Saúl ha herido la guarnición de los Filisteos; y también por Israel olía mal á los Filisteos. Y juntóse el pueblo en pos de Saúl en Gilgal.

5 Entonces los Filisteos se juntaron para pelear con Israel, treinta mil carros, y seis mil caballos, y pueblo como la arena que está á la orilla de la mar en multitud; y subieron, y asentaron campo en Michmas, al oriente de Beth-aven.

6 Mas los hombres de Israel, viéndose puestos en estrecho, (porque el pueblo estaba en aprieto), escondióse el pueblo en cuevas, en fosos, en peñascos, en rocas y en cisternas.

7 Y algunos de los Hebreos pasaron el Jordán á la tierra de Gad y de Galaad; y Saúl se estaba aún en Gilgal, y todo el pueblo iba tras él temblando.

8 Y él esperó siete días, conforme al plazo que Samuel había dicho; pero Samuel no venía á Gilgal, y el pueblo se le desertaba.

9 Entonces dijo Saúl: Traedme holocausto y sacrificios pacíficos. Y ofreció el holocausto.

10 Y como él acababa de hacer el holocausto, he aquí Samuel que venía; y Saúl le salió á recibir para saludarle.

11 Entonces Samuel dijo: ¿Qué has hecho? Y Saúl respondió: Porque vi que el pueblo se me iba, y que tú no venías al plazo de los días, y que los Filisteos estaban juntos en Michmas,

12 Me dije: Los Filisteos descenderán ahora contra mí á Gilgal, y yo no he implorado el favor de Jehová. Esforcéme pues, y ofrecí holocausto.

13 Entonces Samuel dijo á Saúl: Locamente has hecho; no guardaste el mandamiento de Jehová tu Dios, que él te había intimado; porque ahora Jehová hubiera confirmado tu reino sobre Israel para siempre.

14 Mas ahora tu reino no será durable: Jehová se ha buscado varón según su corazón, al cual Jehová ha mandado que sea capitán sobre su pueblo, por cuanto tú no has guardado lo que Jehová te mandó.

15 Y levantándose Samuel, subió de Gilgal á Gabaa de Benjamín. Y Saúl contó la gente que se hallaba con él, como seiscientos hombres.

16 Saúl pues y Jonathán su hijo, y el pueblo que con ellos se hallaba, quedáronse en Gabaa de Benjamín: mas los Filisteos habían puesto su campo en Michmas.

17 Y salieron del campo de los Filisteos en correría tres escuadrones. El un escuadrón tiró por el camino de Ophra hacia la tierra de Sual.

18 El otro escuadrón marchó hacia Beth-oron, y el tercer escuadrón marchó hacia la región que mira al valle de Seboim hacia el desierto.

19 Y en toda la tierra de Israel no se hallaba herrero; porque los Filisteos habían dicho: Para que los Hebreos no hagan espada ó lanza.

20 Y todos los de Israel descendían á los Filisteos cada cual á amolar su reja, su azadón, su hacha, ó su sacho.

21 Y cuando se hacían bocas en las rejas, ó en los azadones, ó en las horquillas, ó en las hachas; hasta para una ahijada que se hubiera de componer.

22 Así aconteció que el día de la batalla no se halló espada ni lanza en mano de alguno de todo el pueblo que estaba con Saúl y con Jonathán, excepto Saúl y Jonathán su hijo, que las tenían.

23 Y la guarnición de los Filisteos salió al paso de Michmas.

14 Yun día aconteció, que Jonathán hijo de Saúl dijo á su criado que le traía las armas: Ven, y pasemos á la guarnición de los Filisteos, que está á aquel lado. Y no lo hizo saber á su padre.

2 Y Saúl estaba en el término de Gabaa, debajo de un granado que hay en Migrón, y el pueblo que estaba con él era como seiscientos hombres.

3 Y Achîas hijo de Achîtob, hermano de Ichâbod, hijo de Phinees, hijo de Eli, sacerdote de Jehová en Silo, llevaba el ephod; y no sabía el pueblo que Jonathán se hubiese ido.

4 Y entre los pasos por donde Jonathán procuraba pasar á la guarnición de los Filisteos, había un peñasco agudo de la una parte, y otro de la otra parte; el uno se llamaba Boses y el otro Sene:

5 El un peñasco situado al norte hacia Michmas, y el otro al mediodía hacia Gabaa.

6 Dijo pues Jonathán á su criado que le traía las armas: Ven, pasemos á la guarnición de estos incircuncisos: quizá hará Jehová por nosotros; que no es difícil á Jehová salvar con multitud ó con poco número.

7 Y su paje de armas le respondió: Haz todo lo que tienes en tu corazón: ve, que aquí estoy contigo á tu voluntad.

8 Y Jonathán dijo: He aquí, nosotros pasaremos á los hombres, y nos mostraremos á ellos.

9 Si nos dijeren así: Esperad hasta que lleguemos á vosotros; entonces nos estaremos en nuestro lugar, y no subiremos á ellos.

10 Mas si nos dijeren así: Subid á nosotros: entonces subiremos, porque Jehová los ha entregado en nuestras manos: y esto nos será por señal.

11 Mostráronse pues ambos á la guarnición de los Filisteos, y los Filisteos dijeron: He aquí los Hebreos, que salen de las cavernas en que se habían escondido.

12 Y los hombres de la guarnición respondieron á Jonathán y á su paje de armas, y dijeron: Subid á nosotros, y os haremos saber una cosa. Entonces Jonathán dijo á su paje de armas: Sube tras mí, que Jehová los ha entregado en la mano de Israel.

13 Y subió Jonathán trepando con sus manos y sus pies, y tras él su paje de armas; y los que caían delante de Jonathán, su paje de armas que iba tras él, los mataba.

14 Esta fué la primera rota, en la cual Jonathán con su paje de armas, mataron como unos veinte hombres en el espacio de una media yugada.

15 Y hubo temblor en el real y por el campo, y entre toda la gente de la guarnición; y los que habían ido á hacer correrías, también ellos temblaron, y alborotóse la tierra: hubo pues gran consternación.

16 Y las centinelas de Saúl vieron desde Gabaa de Benjamín cómo la multitud estaba turbada, é iba de una parte á otra, y era deshecha.

17 Entonces Saúl dijo al pueblo que tenía consigo: Reconoced luego, y mirad quién haya ido de los nuestros. Y reconocido que hubieron, hallaron que faltaban Jonathán y su paje de armas.

18 Y Saúl dijo á Achîas: Trae el arca de Dios. Porque el arca de Dios estaba entonces con los hijos de Israel.

19 Y aconteció que estando aún hablando Saúl con el sacerdote, el alboroto que había en el campo de los Filisteos se aumentaba, é iba creciendo en gran manera. Entonces dijo Saúl al sacerdote: Detén tu mano.

20 Y juntando Saúl todo el pueblo que con él estaba, vinieron hasta el lugar de la batalla: y he aquí que la espada de cada uno era vuelta contra su compañero, y la mortandad era grande.

21 Y los Hebreos que habían estado con los Filisteos de tiempo antes, y habían venido con ellos de los alrededores al campo, también éstos se volvieron para ser con los Israelitas que estaban con Saúl y con Jonathán.

22 Asimismo todos los Israelitas que se habían escondido en el monte de Ephraim, oyendo que los Filisteos huían, ellos también los persiguieron en aquella batalla.

23 Así salvó Jehová á Israel aquel día. Y llegó el alcance hasta Beth-aven.

24 Pero los hombres de Israel fueron puestos en apuro aquel día; porque Saúl había conjurado al pueblo, diciendo: Cualquiera que comiere pan hasta la tarde, hasta que haya tomado venganza de mis enemigos, sea maldito. Y todo el pueblo no había gustado pan.

25 Y todo el pueblo del país llegó á un bosque donde había miel en la superficie del campo.

26 Entró pues el pueblo en el bosque, y he aquí que la miel corría; mas ninguno hubo que llegase la mano á su boca: porque el pueblo temía el juramento.

27 Empero Jonathán no había oído cuando su padre conjuró al pueblo, y alargó la punta de una vara que traía en su mano, y mojóla en un panal de miel, y llegó su mano á su boca; y sus ojos fueron aclarados.

28 Entonces habló uno del pueblo, diciendo: Tu padre ha conjurado expresamente al pueblo, diciendo: Maldito sea el hombre que comiere hoy manjar. Y el pueblo desfallecía.

29 Y respondió Jonathán: Mi padre ha turbado el país. Ved ahora cómo han sido aclarados mis ojos, por haber gustado un poco de esta miel:

30 ¿Cuánto más si el pueblo hubiera hoy comido del despojo de sus enemigos que halló? ¿no se habría hecho ahora mayor estrago en los Filisteos?

31 E hirieron aquel día á los Filisteos desde Michmas hasta Ajalón: mas el pueblo se cansó mucho.

32 Tomóse por tanto el pueblo al despojo, y tomaron ovejas y vacas y becerros, y matáronlos en tierra, y el pueblo comió con sangre.

33 Y dándole de ello aviso á Saúl, dijéronle: El pueblo peca contra Jehová comiendo con sangre. Y él dijo: Vosotros habéis prevaricado; rodadme ahora acá una grande piedra.

34 Y Saúl tornó á decir: Esparcíos por el pueblo, y decidles que me traigan cada uno su vaca, y cada cual su oveja, y degolladlos aquí, y comed; y no pecaréis contra Jehová comiendo con sangre. Y trajo todo el pueblo cada cual por su mano su vaca aquella noche, y degollaron allí.

35 Y edificó Saúl altar á Jehová, el cual altar fué el primero que edificó á Jehová.

36 Y dijo Saúl: Descendamos de noche contra los Filisteos, y los saquearemos hasta la mañana, y no dejaremos de ellos ninguno. Y ellos dijeron: Haz lo que bien te pareciere. Dijo luego el sacerdote: Lleguémonos aquí á Dios.

37 Y Saúl consultó á Dios: ¿Descenderé tras los Filisteos? ¿los entregarás en mano de Israel? Mas Jehová no le dió respuesta aquel día.

38 Entonces dijo Saúl: Llegaos acá todos los principales del pueblo; y sabed y mirad por quién ha sido hoy este pecado;
39 Porque vive Jehová, que salva á Israel, que si fuere en mi hijo Jonathán, el morirá de cierto. Y no hubo en todo el pueblo quien le respondiese.
40 Dijo luego á todo Israel: Vosotros estaréis á un lado, y yo y Jonathán mi hijo estaremos á otro lado. Y el pueblo respondió á Saúl: Haz lo que bien te pareciere.
41 Entonces dijo Saúl á Jehová Dios de Israel: Da perfección. Y fueron tomados Jonathán y Saúl, y el pueblo salió libre.
42 Y Saúl dijo: Echad suerte entre mí y Jonathán mi hijo. Y fué tomado Jonathán.
43 Entonces Saúl dijo á Jonathán: Declárame qué has hecho. Y Jonathán se le declaró, y dijo: Cierto que gusté con la punta de la vara que traía en mi mano, un poco de miel: ¿y he aquí he de morir?
44 Y Saúl respondió: Así me haga Dios y así me añada, que sin duda morirás, Jonathán.
45 Mas el pueblo dijo á Saúl: ¿Ha pues de morir Jonathán, el que ha hecho esta salud grande en Israel? No será así. Vive Jehová, que no ha de caer un cabello de su cabeza en tierra, pues que ha obrado hoy con Dios. Así libró el pueblo á Jonathán, para que no muriese.
46 Y Saúl dejó de seguir á los Filisteos; y los Filisteos se fueron á su lugar.
47 Y ocupando Saúl el reino sobre Israel, hizo guerra á todos sus enemigos alrededor: contra Moab, contra los hijos de Ammón, contra Edom, contra los reyes de Soba, y contra los Filisteos: y á donde quiera que se tornaba era vencedor.
48 Y reunió un ejército, é hirió á Amalec, y libró á Israel de mano de los que le robaban.
49 Y los hijos de Saúl fueron Jonathán, Isui, y Melchi-sua. Y los nombres de sus dos hijas eran, el nombre de la mayor, Merab, y el de la menor, Michâl.
50 Y el nombre de la mujer de Saúl era Ahinoam, hija de Aimaas. Y el nombre del general de su ejército era Abner, hijo de Ner su tío de Saúl.
51 Porque Cis padre de Saúl, y Ner padre de Abner, fueron hijos de Abiel.
52 Y la guerra fué fuerte contra los Filisteos todo el tiempo de Saúl; y á cualquiera que Saúl veía hombre valiente y hombre de esfuerzo, juntábale consigo.

15 Y Samuel dijo á Saúl: Jehová me envió á que te ungiese por rey sobre su pueblo Israel: oye pues la voz de las palabras de Jehová.
2 Así ha dicho Jehová de los ejércitos: Acuérdome de lo que hizo Amalec á Israel; que se le opuso en el camino, cuando subía de Egipto.
3 Ve pues, y hiere á Amalec, y destruiréis en él todo lo que tuviere: y no te apiades de él: mata hombres y mujeres, niños y mamantes, vacas y ovejas, camellos y asnos.
4 Saúl pues juntó el pueblo, y reconociólos en Telaim, doscientos mil de á pie, y diez mil hombres de Judá.
5 Y viniendo Saúl á la ciudad de Amalec, puso emboscada en el valle.
6 Y dijo Saúl al Cineo: Idos, apartaos, y salid de entre los de Amalec, para que no te destruya juntamente con él: pues que tú hiciste misericordia con todos los hijos de Israel, cuando subían de Egipto. Apartóse pues el Cineo de entre los de Amalec.
7 Y Saúl hirió á Amalec, desde Havila hasta llegar á Shur, que está á la frontera de Egipto.
8 Y tomó vivo á Agag rey de Amalec, mas á todo el pueblo mató á filo de espada.
9 Y Saúl y el pueblo perdonaron á Agag, y á lo mejor de las ovejas, y al ganado mayor, á los gruesos y á los carneros, y á todo lo bueno: que no lo quisieron destruir: mas todo lo que era vil y flaco destruyeron.
10 Y fué palabra de Jehová á Samuel, diciendo:
11 Pésame de haber puesto por rey á Saúl, porque se ha vuelto de en pos de mí, y no ha cumplido mis palabras. Y apesadumbróse Samuel, y clamó á Jehová toda aquella noche.
12 Madrugó luego Samuel para ir á encontrar á Saúl por la mañana; y fue dado aviso á Samuel, diciendo: Saúl ha venido al Carmel, y he aquí él se ha levantado un trofeo, y después volviendo, ha pasado y descendido á Gilgal.
13 Vino pues Samuel á Saúl, y Saúl le dijo: Bendito seas

tu de Jehová; yo he cumplido la palabra de Jehová.
14 Samuel entonces dijo: ¿Pues qué balido de ganados y bramido de bueyes es este que yo oigo con mis oídos?
15 Y Saúl respondió: De Amalec los han traído; porque el pueblo perdonó á lo mejor de las ovejas y las vacas, para sacrificarlas á Jehová tu Dios; pero lo demás lo destruimos.
16 Entonces dijo Samuel á Saúl: Déjame declararte lo que Jehová me ha dicho esta noche. Y él le respondió: Di.
17 Y dijo Samuel: Siendo tú pequeño en tus ojos ¿no has sido hecho cabeza á las tribus de Israel, y Jehová te ha ungido por rey sobre Israel?
18 Y envióte Jehová en jornada, y dijo: Ve, y destruye los pecadores de Amalec, y hazles guerra hasta que los acabes.
19 ¿Por qué pues no has oído la voz de Jehová, sino que vuelto al despojo, has hecho lo malo en los ojos de Jehová?
20 Y Saúl respondió á Samuel: Antes he oído la voz de Jehová, y fuí á la jornada que Jehová me envió, y he traído á Agag rey de Amalec, y he destruído á los Amalecitas:
21 Mas el pueblo tomó del despojo ovejas y vacas, las primicias del anatema, para sacrificarlas á Jehová tu Dios en Gilgal.
22 Y Samuel dijo: ¿Tiene Jehová tanto contentamiento con los holocaustos y víctimas, como en obedecer á las palabras de Jehová? Ciertamente el obedecer es mejor que los sacrificios; y el prestar atención que el sebo de los carneros:
23 Porque pecado de adivinación es la rebelión, y como ídolos é idolatría el infringir. Por cuanto tú desechaste la palabra de Jehová, él también te ha desechado para que no seas rey.
24 Entonces Saúl dijo á Samuel: Yo he pecado; que he quebrantado el dicho de Jehová y tus palabras, porque temí al pueblo, consentí á la voz de ellos. Perdona pues ahora mi pecado,
25 Y vuelve conmigo para que adore á Jehová.
26 Y Samuel respondió á Saúl: No volveré contigo; porque desechaste la palabra de Jehová, y Jehová te ha desechado para que no seas rey sobre Israel.
27 Y volviéndose Samuel para irse, él echó mano de la orla de su capa, y desgarróse.
28 Entonces Samuel le dijo: Jehová ha desgarrado hoy de ti el reino de Israel, y lo ha dado á tu prójimo mejor que tú.
29 Y también el Vencedor de Israel no mentirá, ni se arrepentirá: porque no es hombre para que se arrepienta.
30 Y él dijo: Yo he pecado: mas ruégote que me honres delante de los ancianos de mi pueblo, y delante de Israel; y vuelve conmigo para que adore á Jehová tu Dios.
31 Y volvió Samuel tras Saúl, y adoró Saúl á Jehová.
32 Después dijo Samuel: Traedme á Agag rey de Amalec. Y Agag vino á él delicadamente. Y dijo Agag: Ciertamente se pasó la amargura de la muerte.
33 Y Samuel dijo: Como tu espada dejó las mujeres sin hijos, así tu madre será sin hijo entre las mujeres. Entonces Samuel cortó en pedazos á Agag delante de Jehová en Gilgal.
34 Fuése luego Samuel á Rama, y Saúl subió á su casa en Gabaa de Saúl.
35 Y nunca después vió Samuel á Saúl en toda su vida: y Samuel lloraba á Saúl: mas Jehová se había arrepentido de haber puesto á Saúl por rey sobre Israel.

16 Y dijo Jehová á Samuel: ¿Hasta cuándo has tú de llorar á Saúl, habiéndolo yo desechado para que no reine sobre Israel? Hinche tu cuerno de aceite, y ven, te enviaré á Isaí de Beth-lehem: porque de sus hijos me he provisto de rey.
2 Y dijo Samuel: ¿Cómo iré? Si Saúl lo entendiere, me matará. Y Jehová respondió: Toma contigo una becerra de la vacada, y di: A sacrificar á Jehová he venido.
3 Y llama á Isaí al sacrificio, y yo te enseñaré lo que has de hacer; y ungirme has al que yo te dijere.
4 Hizo pues Samuel como le dijo Jehová: y luego que él llegó á Beth-lehem, los ancianos de la ciudad le salieron á recibir con miedo, y dijeron: ¿Es pacífica tu venida?
5 Y él respondió: Sí, vengo á sacrificar á Jehová; santificaos, y venid conmigo al sacrificio. Y santificando él á Isaí y á sus hijos, llamólos al sacrificio.
6 Y aconteció que como ellos vinieron, él vió á Eliab, y dijo: De cierto delante de Jehová está su ungido.
7 Y Jehová respondió á Samuel: No mires á su parecer, ni á lo grande de su estatura, porque yo lo desecho; porque Jehová mira no lo que el hombre mira; pues que el hombre mira lo que está delante de sus ojos, mas Jehová mira el corazón.

8 Entonces llamó Isaí á Abinadab, é hízole pasar delante de Samuel, el cual dijo: Ni á éste ha elegido Jehová.

9 Hizo luego pasar Isaí á Samma. Y él dijo: Tampoco á éste ha elegido Jehová.

10 E hizo pasar Isaí sus siete hijos delante de Samuel; mas Samuel dijo á Isaí: Jehová no ha elegido á éstos.

11 Entonces dijo Samuel á Isaí: ¿Hanse acabado los mozos? Y él respondió: Aun queda el menor, que apacienta las ovejas. Y dijo Samuel á Isaí: Envía por él, porque no nos asentaremos á la mesa hasta que él venga aquí.

12 Envió pues por él, é introdújolo; el cual era rubio, de hermoso parecer y de bello aspecto. Entonces Jehová dijo: Levántate y úngelo, que éste es.

13 Y Samuel tomó el cuerno del aceite, y ungiólo de entre sus hermanos: y desde aquel día en adelante el espíritu de Jehová tomó á David. Levantóse luego Samuel, y volvióse á Rama.

14 Y el espíritu de Jehová se apartó de Saúl, y atormentábale el espíritu malo de parte de Jehová.

15 Y los criados de Saúl le dijeron: He aquí ahora, que el espíritu malo de parte de Dios te atormenta.

16 Diga pues nuestro señor á tus siervos que están delante de ti, que busquen alguno que sepa tocar el arpa; para que cuando fuere sobre ti el espíritu malo de parte de Dios, él taña con su mano, y tengas alivio.

17 Y Saúl respondió á sus criados: Buscadme pues ahora alguno que taña bien, y traédmelo.

18 Entonces uno de los criados respondió, diciendo: He aquí yo he visto á un hijo de Isaí de Beth-lehem, que sabe tocar, y es valiente y vigoroso, y hombre de guerra, prudente en sus palabras, y hermoso, y Jehová es con él.

19 Y Saúl envió mensajeros á Isaí, diciendo: Envíame á David tu hijo, el que está con las ovejas.

20 Y tomó Isaí un asno cargado de pan, y un vasija de vino y un cabrito, y enviólo á Saúl por mano de David su hijo.

21 Y viniendo David á Saúl, estuvo delante de él: y amólo él mucho, y fué hecho su escudero.

22 Y Saúl envió á decir á Isaí: Yo te ruego que esté David conmigo; porque ha hallado gracia en mis ojos.

23 Y cuando el espíritu malo de parte de Dios era sobre Saúl, David tomaba el arpa, y tañía con su mano; y Saúl tenía refrigerio, y estaba mejor, y el espíritu malo se apartaba de él.

17 Y los Filisteos juntaron sus ejércitos para la guerra, y congregáronse en Sochô, que es de Judá, y asentaron el campo entre Sochô y Azeca, en Ephes-dammim.

2 Y también Saúl y los hombres de Israel se juntaron, y asentaron el campo en el valle del Alcornoque, y ordenaron la batalla contra los Filisteos.

3 Y los Filisteos estaban sobre el un monte de la una parte, y Israel estaba sobre el otro monte de la otra parte, y el valle entre ellos.

4 Salió entonces un varón del campo de los Filisteos que se puso entre los dos campos, el cual se llamaba Goliath, de Gath, y tenía de altura seis codos y un palmo.

5 Y traía un almete de acero en su cabeza, é iba vestido con corazas de planchas: y era el peso de la coraza cinco mil siclos de metal:

6 Y sobre sus piernas traía grebas de hierro, y escudo de acero á sus hombros.

7 El asta de su lanza era como un enjullo de telar, y tenía el hierro de su lanza seiscientos siclos de hierro: é iba su escudero delante de él.

8 Y paróse, y dió voces á los escuadrones de Israel, diciéndoles: ¿Para qué salís á dar batalla? ¿no soy yo el Filisteo, y vosotros los siervos de Saúl? Escoged de entre vosotros un hombre que venga contra mí:

9 Si él pudiere pelear conmigo, y me venciere, nosotros seremos vuestros siervos: y si yo pudiere más que él, y lo venciere, vosotros seréis nuestros siervos y nos serviréis.

10 Y añadió el Filisteo: Hoy yo he desafiado el campo de Israel; dadme un hombre que pelee conmigo.

11 Y oyendo Saúl y todo Israel estas palabras del Filisteo, conturbáronse, y tuvieron gran miedo.

12 Y David era hijo de aquel hombre Ephrateo de Beth-lehem de Judá, cuyo nombre era Isaí, el cual tenía ocho hijos; y era este hombre en el tiempo de Saúl, viejo, y de grande edad entre los hombres.

13 Y los tres hijos mayores de Isaí habían ido á seguir á Saúl en la guerra. Y los nombres de sus tres hijos que habían ido á la guerra, eran, Eliab el primogénito, el segundo Abinadab, y el tercero Samma.

14 Y David era el menor. Siguieron pues los tres mayores á Saúl.

15 Empero David había ido y vuelto de con Saúl, para apacentar las ovejas de su padre en Beth-lehem.

16 Venía pues aquel Filisteo por la mañana y á la tarde, y presentóse por cuarenta días.

17 Y dijo Isaí á David su hijo: Toma ahora para tus hermanos un epha de este grano tostado, y estos diez panes, y llévalo presto al campamento á tus hermanos.

18 Llevarás asimismo estos diez quesos de leche al capitán, y cuida de ver si tus hermanos están buenos, y toma prendas de ellos.

19 Y Saúl y ellos y todos lo de Israel, estaban en el valle del Alcornoque, peleando con los Filisteos.

20 Levantóse pues David de mañana, y dejando las ovejas al cuidado de un guarda, fuése con su carga, como Isaí le había mandado; y llegó al atrincheramiento del ejército, el cual había salido en ordenanza, y tocaba alarma para la pelea.

21 Porque así los Israelitas como los Filisteos estaban en ordenanza, escuadrón contra escuadrón.

22 Y David dejó de sobre sí la carga en mano del que guardaba el bagaje, y corrió al escuadrón; y llegado que hubo, preguntaba por sus hermanos, si estaban buenos.

23 Y estando él hablando con ellos, he aquí aquel varón que se ponía en medio de los dos campos, que se llamaba Goliath, el Filisteo de Gath, salió de los escuadrones de los Filisteos, y habló las mismas palabras; las cuales oyó David.

24 Y todos los varones de Israel que veían aquel hombre, huían de su presencia, y tenían gran temor.

25 Y cada uno de los de Israel decía: ¿No habéis visto aquel hombre que ha salido? él se adelanta para provocar á Israel. Al que le venciere, el rey le enriquecerá con grandes riquezas, y le dará su hija, y hará franca la casa de su padre en Israel.

26 Entonces habló David á los que junto á él estaban, diciendo: ¿Qué harán al hombre que venciere á este Filisteo, y quitare el oprobio de Israel? Porque ¿quién es este Filisteo incircunciso, para que provoque á los escuadrones del Dios viviente?

27 Y el pueblo le respondió las mismas palabras, diciendo: Así se hará al hombre que lo venciere.

28 Y oyéndole hablar Eliab su hermano mayor con aquellos hombres, Eliab se encendió en ira contra David, y dijo: ¿Para qué has descendido acá? ¿y á quién has dejado aquellas pocas ovejas en el desierto? Yo conozco tu soberbia y la malicia de tu corazón, que para ver la batalla has venido.

29 Y David respondió: ¿Qué he hecho yo ahora? Estas, ¿no son palabras?

30 Y apartándose de él hacia otros, habló lo mismo; y respondiéronle los del pueblo como primero.

31 Y fueron oídas las palabras que David había dicho, las cuales como refiriesen delante de Saúl, él lo hizo venir.

32 Y dijo David á Saúl: No desmaye ninguno á causa de él; tu siervo irá y peleará con este Filisteo.

33 Y dijo Saúl á David: No podrás tú ir contra aquel Filisteo, para pelear con él; porque tú eres mozo, y él un hombre de guerra desde su juventud.

34 Y David respondió á Saúl: Tu siervo era pastor en las ovejas de su padre, y venía un león, ó un oso, y tomaba algún cordero de la manada,

35 Y salía yo tras él, y heríalo, y librábale de su boca: y si se levantaba contra mí, yo le echaba mano de la quijada, y lo hería y mataba.

36 Fuese león, fuese oso, tu siervo lo mataba; pues este Filisteo incircunciso será como uno de ellos, porque ha provocado al ejército del Dios viviente.

37 Y añadió David: Jehová que me ha librado de las garras del león y de las garras del oso, él también me librará de la mano de este Filisteo. Y dijo Saúl á David: Ve, y Jehová sea contigo.

38 Y Saúl vistió á David de sus ropas, y puso sobre su cabeza un almete de acero, y armóle de coraza.

39 Y ciñó David su espada sobre sus vestidos, y probó á

andar, porque nunca había probado. Y dijo David á Saúl: Yo no puedo andar con esto, porque nunca lo practiqué. Y echando de sí David aquellas cosas,

40 Tomó su cayado en su mano, y escogióse cinco piedras lisas del arroyo, y púsolas en el saco pastoril y en el zurrón que traía, y con su honda en su mano vase hacia el Filisteo.

41 Y el Filisteo venía andando y acercándose á David, y su escudero delante de él.

42 Y como el Filisteo miró y vió á David túvole en poco; porque era mancebo, y rubio, y de hermoso parecer.

43 Y dijo el Filisteo á David: ¿Soy yo perro para que vengas á mí con palos? Y maldijo á David por sus dioses.

44 Dijo luego el Filisteo á David: Ven á mí, y daré tu carne á las aves del cielo, y á las bestias del campo.

45 Entonces dijo David al Filisteo: Tú vienes á mí con espada y lanza y escudo; mas yo vengo á ti en el nombre de Jehová de los ejércitos, el Dios de los escuadrones de Israel, que tú has provocado.

46 Jehová te entregará hoy en mi mano, y yo te venceré, y quitaré tu cabeza de ti: y daré hoy los cuerpos de los Filisteos á las aves del cielo y á las bestias de la tierra: y sabrá la tierra toda que hay Dios en Israel.

47 Y sabrá toda esta congregación que Jehová no salva con espada y lanza; porque de Jehová es la guerra, y él os entregará en nuestras manos.

48 Y aconteció que, como el Filisteo se levantó para ir y llegarse contra David, David se dió priesa, y corrió al combate contra el Filisteo.

49 Y metiendo David su mano en el saco, tomó de allí una piedra, y tirósela con la honda, é hirió al Filisteo en la frente: y la piedra quedó hincada en la frente, y cayó en tierra sobre su rostro.

50 Así venció David al Filisteo con honda y piedra; é hirió al Filisteo y matólo, sin tener David espada en su mano.

51 Mas corrió David y púsose sobre el Filisteo, y tomando la espada de él, sacándola de su vaina, matólo, y cortóle con ella la cabeza. Y como los Filisteos vieron su gigante muerto, huyeron.

52 Y levantándose los de Israel y de Judá, dieron grita, y siguieron á los Filisteos hasta llegar al valle, y hasta las puertas de Ecrón. Y cayeron heridos de los Filisteos por el camino de Saraim, hasta Gath y Ecrón.

53 Tornando luego los hijos de Israel de seguir los Filisteos, despojaron su campamento.

54 Y David tomó la cabeza del Filisteo, y trájola á Jerusalem, mas puso sus armas en su tienda.

55 Y cuando Saúl vió á David que salía á encontrarse con el Filisteo, dijo á Abner general del ejército: Abner, ¿de quién es hijo aquel mancebo? Y Abner respondió:

56 Vive tu alma, oh rey, que no lo sé. Y el rey dijo: Pregunta pues de quién es hijo aquel mancebo.

57 Y cuando David volvía de matar al Filisteo, Abner lo tomó, y llevólo delante de Saúl, teniendo la cabeza del Filisteo en su mano.

58 Y díjole Saúl: Mancebo, ¿de quién eres hijo? Y David respondió: Yo soy hijo de tu siervo Isaí de Beth-lehem.

18 Y así que él hubo acabado de hablar con Saúl, el alma de Jonathán fué ligada con la de David, y amólo Jonathán como á su alma.

2 Y Saúl le tomó aquel día, y no le dejó volver á casa de su padre.

3 E hicieron alianza Jonathán y David, porque él le amaba como á su alma.

4 Y Jonathán se desnudó la ropa que tenía sobre sí, y dióla á David, y otras ropas suyas, hasta su espada, y su arco, y su talabarte.

5 Y salía David á donde quiera que Saúl le enviaba, y portábase prudentemente. Hízolo por tanto Saúl capitán de gente de guerra, y era acepto en los ojos de todo el pueblo, y en los ojos de los criados de Saúl.

6 Y aconteció que como volvían ellos, cuando David tornó de matar al Filisteo, salieron las mujeres de todas las ciudades de Israel cantando, y con danzas, con tamboriles, y con alegrías y sonajas, á recibir al rey Saúl.

7 Y cantaban las mujeres que danzaba, y decían: Saúl hirió sus miles, Y David sus diez miles.

8 Y enojóse Saúl en gran manera, y desagradó esta palabra en sus ojos, y dijo: A David dieron diez miles, y á mí miles; no le falta más que el reino.

9 Y desde aquel día Saúl miró de través á David.

10 Otro día aconteció que el espíritu malo de parte de Dios tomó á Saúl, y mostrábase en su casa con trasportes de profeta: y David tañía con su mano como los otros días; y estaba una lanza á mano de Saúl.

11 Y arrojó Saúl la lanza, diciendo: Enclavaré á David en la pared. Mas dos veces se apartó de él David.

12 Mas Saúl se temía de David por cuanto Jehová era con él, y se había apartado de Saúl.

13 Apartólo pues Saúl de sí, é hízole capitán de mil; y salía y entraba delante del pueblo.

14 Y David se conducía prudentemente en todos sus negocios, y Jehová era con él.

15 Y viendo Saúl que se portaba tan prudentemente, temíase de él.

16 Mas todo Israel y Judá amaba á David, porque él salía y entraba delante de ellos.

17 Y dijo Saúl á David: He aquí yo te daré á Merab mi hija mayor por mujer: solamente que me seas hombre valiente, y hagas las guerras de Jehová. Mas Saúl decía: No será mi mano contra él, mas la mano de los Filisteos será contra él.

18 Y David respondió á Saúl: ¿Quién soy yo, ó qué es mi vida, ó la familia de mi padre en Israel, para ser yerno del rey?

19 Y venido el tiempo en que Merab, hija de Saúl, se había de dar á David, fué dada por mujer á Adriel Meholatita.

20 Mas Michâl la otra hija de Saúl amaba á David; y fué dicho á Saúl, lo cual plugo en sus ojos.

21 Y Saúl dijo: Yo se la daré, para que le sea por lazo, y para que la mano de los Filisteos sea contra él. Dijo pues Saúl á David: Con la otra serás mi yerno hoy.

22 Y mandó Saúl á sus criados: Hablad en secreto á David, diciéndole: He aquí, el rey te ama, y todos sus criados te quieren bien; sé pues yerno del rey.

23 Y los criados de Saúl hablaron estas palabras á los oídos de David. Y David dijo: ¿Parécesos á vosotros que es poco ser yerno del rey, siendo yo un hombre pobre y de ninguna estima?

24 Y los criados de Saúl le dieron la respuesta diciendo: Tales palabras ha dicho David.

25 Y Saúl dijo: Decid así á David: No está el contentamiento del rey en el dote, sino en cien prepucios de Filisteos, para que sea tomada venganza de los enemigos del rey. Mas Saúl pensaba echar á David en manos de los Filisteos.

26 Y como sus criados declararon á David estas palabras, plugo la cosa en los ojos de David, para ser yerno del rey. Y como el plazo no era aún cumplido,

27 Levantóse David, y partióse con su gente, é hirió doscientos hombres de los Filisteos; y trajo David los prepucios de ellos, y entregáronlos todos al rey, para que él fuese hecho yerno del rey. Saúl le dió á su hija Michâl por mujer.

28 Pero Saúl, viendo y considerando que Jehová era con David, y que su hija Michâl lo amaba,

29 Temióse más de David; y fué Saúl enemigo de David todos los días.

30 Y salían los príncipes de los Filisteos; y como ellos salían, portábase David más prudentemente que todos los siervos de Saúl: y era su nombre muy ilustre.

19 Y habló Saúl á Jonathán su hijo, y á todos sus criados, para que matasen á David; mas Jonathán hijo de Saúl amaba á David en gran manera.

2 Y dió aviso á David, diciendo: Saúl mi padre procura matarte; por tanto mira ahora por ti hasta la mañana, y estáte en paraje oculto, y escóndete:

3 Y yo saldré y estaré junto á mi padre en el campo donde estuvieres: y hablaré de ti á mi padre, y te haré saber lo que notare.

4 Y Jonathán habló bien de David á Saúl su padre, y díjole: No peque el rey contra su siervo David, pues que ninguna cosa ha cometido contra ti: antes sus obras te han sido muy buenas;

5 Porque él puso su alma en su palma, é hirió al Filisteo, y Jehová hizo una gran salud á todo Israel. Tú lo viste, y te holgaste: ¿por qué pues pecarás contra la sangre inocente, matando á David sin causa?

6 Y oyendo Saúl la voz de Jonathán, juró: Vive Jehová, que no morirá.

7 Llamando entonces Jonathán á David, declaróle todas estas palabras; y el mismo presentó á David á Saúl, y estuvo delante de él como antes.

8 Y tornó á hacerse guerra: y salió David y peleó contra los

Filisteos, é hiriólos con grande estrago, y huyeron delante de él.

9 Y el espíritu malo de parte de Jehová fué sobre Saúl: y estando sentado en su casa tenía una lanza á mano, mientras David estaba tañendo con su mano.

10 Y Saúl procuró enclavar á David con la lanza en la pared; mas él se apartó de delante de Saúl, el cual hirió con la lanza en la pared; y David huyó, y escapóse aquella noche.

11 Saúl envió luego mensajeros á casa de David para que lo guardasen, y lo matasen á la mañana. Mas Michâl su mujer lo descubrió á David, diciendo: Si no salvares tu vida esta noche, mañana serás muerto.

12 Y descolgó Michâl á David por una ventana; y él se fué, y huyó, y escapóse.

13 Tomó luego Michâl una estatua, y púsola sobre la cama, y acomodóle por cabecera una almohada de pelos de cabra, y cubrióla con una ropa.

14 Y cuando Saúl envió mensajeros que tomasen á David, ella respondió: Está enfermo.

15 Y tornó Saúl á enviar mensajeros para que viesen á David, diciendo: Traédmelo en la cama para que lo mate.

16 Y como los mensajeros entraron, he aquí la estatua estaba en la cama, y una almohada de pelos de cabra por cabecera.

17 Entonces Saúl dijo á Michâl: ¿Por qué me has así engañado, y has dejado escapar á mi enemigo? Y Michâl respondió á Saúl: Porque él me dijo: Déjame ir; si no, yo te mataré.

18 Huyó pues David, y escapóse, y vino á Samuel en Rama, y díjole todo lo que Saúl había hecho con él. Y fuéronse él y Samuel, y moraron en Najoth.

19 Y fué dado aviso á Saúl, diciendo: He aquí que David está en Najoth en Rama.

20 Y envió Saúl mensajeros que trajesen á David, los cuales vieron una compañía de profetas que profetizaban, y á Samuel que estaba allí, y los presidía. Y fué el espíritu de Dios sobre los mensajeros de Saúl, y ellos también profetizaron.

21 Y hecho que fué saber á Saúl, él envió otros mensajeros, los cuales también profetizaron. Y Saúl volvió á enviar por tercera vez mensajeros, y ellos también profetizaron.

22 Entonces él mismo vino á Rama; y llegando al pozo grande que está en Sochô, preguntó diciendo: ¿Dónde están Samuel y David? Y fuéle respondido: He aquí están en Najoth en Rama.

23 Y fué allá á Najoth en Rama; y también vino sobre él el espíritu de Dios, é iba profetizando, hasta que llegó á Najoth en Rama.

24 Y él también se desnudó sus vestidos, y profetizó igualmente delante de Samuel, y cayó desnudo todo aquel día y toda aquella noche. De aquí se dijo: ¿También Saúl entre los profetas?

20 Y David huyó de Najoth que es en Rama, y vínose delante de Jonathán, y dijo: ¿Qué he hecho yo? ¿cuál es mi maldad, ó cuál mi pecado contra tu padre, que él busca mi vida?

2 Y él le dijo: En ninguna manera; no morirás. He aquí que mi padre ninguna cosa hará, grande ni pequeña, que no me la descubra; ¿por qué pues me encubrirá mi padre este negocio? No será así.

3 Y David volvió á jurar, diciendo: Tu padre sabe claramente que yo he hallado gracia delante de tus ojos, y dirá: No sepa esto Jonathán, no tenga pesar: y ciertamente, vive Jehová y vive tu alma, que apenas hay un paso entre mí y la muerte.

4 Y Jonathán dijo á David: ¿Qué discurre tu alma, y harélo por ti?

5 Y David respondió á Jonathán: He aquí que mañana será nueva luna, y yo acostumbro sentarme con el rey á comer: mas tú dejarás que me esconda en el campo hasta la tarde del tercer día.

6 Si tu padre hiciere mención de mí, dirás: Rogóme mucho que lo dejase ir presto á Beth-lehem su ciudad, porque todos los de su linaje tienen allá sacrificio aniversario.

7 Si él dijere, Bien está, paz tendrá tu siervo; mas si se enojare, sabe que la malicia es en él consumada.

8 Harás pues misericordia con tu siervo, ya que has traído tu siervo á alianza de Jehová contigo: y si maldad hay en mí mátame tú, que no hay necesidad de llevarme hasta tu padre.

9 Y Jonathán le dijo: Nunca tal te suceda; antes bien, si yo entendiera ser consumada la malicia de mi padre, para venir sobre ti, ¿no había yo de descubrírtelo?

10 Dijo entonces David á Jonathán: ¿Quién me dará aviso? ó ¿qué si tu padre te responderé ásperamente?

11 Y Jonathán dijo á David: Ven, salgamos al campo. Y salieron ambos al campo.

12 Entonces dijo Jonathán á David: Oh Jehová Dios de Israel, cuando habré yo preguntado á mi padre mañana á esta hora, ó después de mañana, y él apareciere bien para con David, si entonces no enviare á ti, y te lo descubriere,

13 Jehová haga así á Jonathán, y esto añada. Mas si á mi padre pareciere bien hacerte mal, también te lo descubriré, y te enviaré, y te irás en paz: y sea Jehová contigo, como fué con mi padre.

14 Y si yo viviere, harás conmigo misericordia de Jehová; mas si fuere muerto,

15 No quitarás perpetuamente tu misericordia de mi casa. Cuando desarraigare Jehová uno por uno los enemigos de David de la tierra, aun á Jonathán quite de su casa, y te faltare.

16 Así hizo Jonathán alianza con la casa de David, diciendo: Requiéralo Jehová de la mano de los enemigos de David.

17 Y tornó Jonathán á jurar á David, porque le amaba, porque le amaba como á su alma.

18 Díjole luego Jonathán: Mañana es nueva luna, y tú serás echado de menos, porque tu asiento estará vacío.

19 Estarás pues tres días, y luego descenderás, y vendrás al lugar donde estabas escondido el día de trabajo, y esperarás junto á la piedra de Ezel;

20 Y yo tiraré tres saetas hacia aquel lado, como ejercitándome al blanco.

21 Y luego enviaré el criado diciéndole: Ve, busca las saetas. Y si dijere al mozo: He allí las saetas más acá de ti, tómalas: tú vendrás, porque paz tienes, y nada hay de mal, vive Jehová.

22 Mas si yo dijere al mozo así: He allí las saetas más allá de ti: vete, porque Jehová te ha enviado.

23 Y cuanto á las palabras que yo y tú hemos hablado, sea Jehová entre mí y tí para siempre.

24 David pues se escondió en el campo, y venida que fué la nueva luna, sentóse el rey á comer pan.

25 Y el rey se sentó en su silla, como solía, en el asiento junto á la pared, y Jonathán se levantó, y sentóse Abner al lado de Saúl, y el lugar de David estaba vacío.

26 Mas aquel día Saúl no dijo nada, porque se decía: Habrále acontecido algo, y no está limpio; no estará purificado.

27 El día siguiente, el segundo día de la nueva luna, aconteció también que el asiento de David estaba vacío. Y Saúl dijo á Jonathán su hijo: ¿Por qué no ha venido á comer el hijo de Isaí hoy ni ayer?

28 Y Jonathán respondió á Saúl: David me pidió encarecidamente le dejase ir hasta Beth-lehem.

29 Y dijo: Ruégote que me dejes ir, porque tenemos sacrificio los de nuestro linaje en la ciudad, y mi hermano mismo me lo ha mandado; por tanto, si he hallado gracia en tus ojos, haré una escapada ahora, y visitaré á mis hermanos. Por esto pues no ha venido á la mesa del rey.

30 Entonces Saúl se enardeció contra Jonathán, y díjole: Hijo de la perversa y rebelde, ¿no sé yo que tú has elegido al hijo de Isaí para confusión tuya, y para confusión de la vergüenza de tu madre?

31 Porque todo el tiempo que el hijo de Isaí viviere sobre la tierra, ni tú serás firme, ni tu reino. Envía pues ahora, y traémelo, porque ha de morir.

32 Y Jonathán respondió á su padre Saúl, y díjole: ¿Por qué morirá? ¿qué ha hecho?

33 Entonces Saúl le arrojó una lanza por herirlo: de donde entendió Jonathán que su padre estaba determinado á matar á David.

34 Y levantóse Jonathán de la mesa con exaltada ira, y no comió pan el segundo día de la nueva luna: porque tenía dolor á causa de David, porque su padre le había afrentado.

35 Al otro día de mañana, salió Jonathán al campo, al tiempo aplazado con David, y un mozo pequeño con él.

36 Y dijo á su mozo: Corre y busca las saetas que yo tirare. Y como el muchacho iba corriendo, él tiraba la saeta que pasara más allá de él.

37 Y llegando el muchacho adonde estaba la saeta que Jonathán había tirado, Jonathán dió voces tras el muchacho, diciendo: ¿No está la saeta más allá de ti?

38 Y tornó á gritar Jonathán tras el muchacho: Date priesa, aligera, no te pares. Y el muchacho de Jonathán cogió las saetas, y vínose á su señor.

39 Empero ninguna cosa entendió el muchacho: solamente Jonathán y David entendían el negocio.

40 Luego dió Jonathán sus armas á su muchacho, y díjole: Vete y llévalas á la ciudad.

41 Y luego que el muchacho se hubo ido, se levantó David de la parte del mediodía, é inclinóse tres veces postrándose hasta la tierra: y besándose el uno al otro, lloraron el uno con el otro, aunque David lloró más.

42 Y Jonathán dijo á David: Vete en paz, que ambos hemos jurado por el nombre de Jehová, diciendo: Jehová sea entre mí y ti, entre mi simiente y la simiente tuya, para siempre.

21 Y vino David á Nob, á Ahimelech sacerdote: y sorprendióse Ahimelech de su encuentro, y díjole: ¿Cómo tú solo, y nadie contigo?

2 Y respondió David al sacerdote Ahimelech: El rey me encomendó un negocio, y me dijo: Nadie sepa cosa alguna de este negocio á que yo te envío, y que yo te he mandado; y yo señalé á los criados un cierto lugar.

3 Ahora pues, ¿qué tienes á mano? dame cinco panes, ó lo que se hallare.

4 Y el sacerdote respondió á David, y dijo: No tengo pan común á la mano; solamente tengo pan sagrado: mas lo daré si los criados se han guardado mayormente de mujeres.

5 Y David respondió al sacerdote, y díjole: Cierto las mujeres nos han sido reservadas desde anteayer cuando salí, y los vasos de los mozos fueron santos, aunque el camino es profano: cuanto más que hoy habrá otro pan santificado en los vasos.

6 Así el sacerdote le dió el pan sagrado, porque allí no había otro pan que los panes de la proposición, los cuales habían sido quitados de delante de Jehová, para que se pusiesen panes calientes el día que los otros fueron quitados.

7 Aquel día estaba allí uno de los siervos de Saúl detenido delante de Jehová, el nombre del cual era Doeg, Idumeo, principal de los pastores de Saúl.

8 Y David dijo á Ahimelech: ¿No tienes aquí á mano lanza ó espada? porque no tomé en mi mano mi espada ni mis armas, por cuanto el mandamiento del rey era apremiante.

9 Y el sacerdote respondió: La espada de Goliath el Filisteo, que tú venciste en el valle del Alcornoque, está aquí envuelta en un velo detrás del ephod: si tú quieres tomarla, tómala: porque aquí no hay otra sino esa. Y dijo David: Ninguna como ella: dámela.

10 Y levantándose David aquel día, huyó de la presencia de Saúl, y vínose á Achís rey de Gath.

11 Y los siervos de Achís le dijeron: ¿No es éste David, el rey de la tierra? ¿no es éste á quien cantaban en corros, diciendo: Hirió Saúl sus miles, Y David sus diez miles?

12 Y David puso en su corazón estas palabras, y tuvo gran temor de Achís rey de Gath.

13 Y mudó su habla delante de ellos, y fingióse loco entre sus manos, y escribía en las portadas de las puertas, dejando correr su saliva por su barba.

14 Y dijo Achís á sus siervos: He aquí estáis viendo un hombre demente; ¿por qué le habéis traído á mí?

15 ¿Fáltanme á mí locos, para que hayáis traído éste que hiciese del loco delante de mí? ¿había de venir éste á mi casa?

22 Yéndose David de allí escapóse á la cueva de Adullam; lo cual como oyeron sus hermanos y toda la casa de su padre, vinieron allí á él.

2 Y juntáronse con él todos los afligidos, y todo el que estaba adeudado, y todos los que se hallaban en amargura de espíritu, y fué hecho capitán de ellos: y tuvo consigo como cuatrocientos hombres.

3 Y fuése David de allí á Mizpa de Moab, y dijo al rey de Moab: Yo te ruego que mi padre y mi madre estén con vosotros, hasta que sepa lo que Dios hará de mí.

4 Trájolos pues á la presencia del rey de Moab, y habitaron con él todo el tiempo que David estuvo en la fortaleza.

5 Y Gad profeta dijo á David: No te estés en esta fortaleza, pártete, y vete á tierra de Judá. Y David se partió, y vino al bosque de Hareth.

6 Y oyó Saúl como había parecido David, y los que estaban con él. Estaba entonces Saúl en Gabaa debajo de un árbol en Rama, su lanza en su mano, y todos sus criados estaban en derredor de él.

7 Y dijo Saúl á sus criados que estaban en derredor de él: Oid ahora, hijos de Benjamín: ¿Os dará también á todos vosotros

el hijo de Isaí tierras y viñas, y os hará á todos tribunos y centuriones;

8 Que todos vosotros habéis conspirado contra mí, y no hay quien me descubra al oído como mi hijo ha hecho alianza con el hijo de Isaí, ni alguno de vosotros que se duela de mí, y me descubra como mi hijo ha levantado á mi siervo contra mí, para que me aceche, según hace hoy día?

9 Entonces Doeg Idumeo, que era superior entre los siervos de Saúl, respondió y dijo: Yo vi al hijo de Isaí que vino á Nob, á Ahimelech hijo de Ahitob;

10 El cual consultó por él á Jehová, y dióle provisión, y también le dió la espada de Goliath el Filisteo.

11 Y el rey envió por el sacerdote Ahimelech hijo de Ahitob, y por toda la casa de su padre, los sacerdotes que estaban en Nob: y todos vinieron al rey.

12 Y Saúl le dijo: Oye ahora, hijo de Ahitob. Y él dijo: Heme aquí, señor mío.

13 Y díjole Saúl: ¿Por qué habéis conspirado contra mí, tú y el hijo de Isaí, cuando tú le diste pan y espada, y consultaste por él á Dios, para que se levantase contra mí y me acechase, como lo hace hoy día?

14 Entonces Ahimelech respondió al rey, y dijo: ¿Y quién entre todos tus siervos es tan fiel como David, yerno además del rey, y que va por tu mandado, y es ilustre en tu casa?

15 ¿He comenzado yo desde hoy á consultar por él á Dios? lejos sea de mí: no impute el rey cosa alguna á su siervo, ni á toda la casa de mi padre; porque tu siervo ninguna cosa sabe de este negocio, grande ni chica.

16 Y el rey dijo: Sin duda morirás, Ahimelech, tú y toda la casa de tu padre.

17 Entonces dijo el rey á la gente de su guardia que estaba alrededor de él: Cercad y matad á los sacerdotes de Jehová; porque también la mano de ellos es con David, pues sabiendo ellos que huía, no me lo descubrieron. Mas los siervos del rey no quisieron extender sus manos para matar á los sacerdotes de Jehová.

18 Entonces dijo el rey á Doeg: Vuelve tú, y arremete contra los sacerdotes. Y revolviéndose Doeg Idumeo, arremetió contra los sacerdotes, y mató en aquel día ochenta y cinco varones que vestían ephod de lino.

19 Y á Nob, ciudad de los sacerdotes, puso á cuchillo: así á hombres como á mujeres, niños y mamantes, bueyes y asnos y ovejas, todo á cuchillo.

20 Mas uno de los hijos de Ahimelech hijo de Ahitob, que se llamaba Abiathar, escapó, y huyóse á David.

21 Y Abiathar notició á David como Saúl había muerto los sacerdotes de Jehová.

22 Y dijo David á Abiathar: Yo sabía que estando allí aquel día Doeg el Idumeo, él lo había de hacer saber á Saúl. Yo he dado ocasión contra todas las personas de la casa de tu padre.

23 Quédate conmigo, no temas: quien buscare mi vida, buscará también la tuya: bien que tú estarás conmigo guardado.

23 Y dieron aviso á David, diciendo: He aquí que los Filisteos combaten á Keila, y roban las eras.

2 Y David consultó á Jehová, diciendo: ¿Iré á herir á estos Filisteos? Y Jehová respondió á David: Ve, hiere á los Filisteos, y libra á Keila.

3 Mas los que estaban con David le dijeron: He aquí que nosotros aquí en Judá estamos con miedo; ¿cuánto más si fuéremos á Keila contra el ejército de los Filisteos?

4 Entonces David volvió á consultar á Jehová. Y Jehová le respondió, y dijo: Levántate, desciende á Keila, que yo entregaré en tus manos á los Filisteos.

5 Partióse pues David con sus hombres á Keila, y peleó contra los Filisteos, y trajo antecogidos sus ganados, é hiriólos con grande estrago: y libró David á los de Keila.

6 Y aconteció que, huyendo Abiathar hijo de Ahimelech á David á Keila, vino también con él el ephod.

7 Y fué dicho á Saúl que David había venido á Keila. Entonces dijo Saúl: Dios lo ha traído á mis manos; porque él está encerrado, habiéndose metido en ciudad con puertas y cerraduras.

8 Y convocó Saúl todo el pueblo á la batalla, para descender á Keila, y poner cerco á David y á los suyos.

9 Mas entendiendo David que Saúl ideaba el mal contra él, dijo á Abiathar sacerdote: Trae el ephod.

10 Y dijo David: Jehová Dios de Israel, tu siervo tiene

entendido que Saúl trata de venir contra Keila, á destruir la ciudad por causa mía.

11 ¿Me entregarán los vecinos de Keila en sus manos? ¿descenderá Saúl, como tu siervo tiene oído? Jehová Dios de Israel, ruégote que lo declares á tu siervo. Y Jehová dijo: Sí, descenderá.

12 Dijo luego David: ¿Me entregarán los vecinos de Keila á mí y á mis hombres en manos de Saúl? Y Jehová respondió: Te entregarán.

13 David entonces se levantó con sus hombres, que eran como seiscientos, y saliéronse de Keila, y fuéronse de una parte á otra. Y vino la nueva á Saúl de como David se había escapado de Keila; y dejó de salir.

14 Y David se estaba en el desierto en peñas, y habitaba en un monte en el desierto de Ziph; buscábale Saúl todos los días, mas Dios no lo entregó en sus manos.

15 Viendo pues David que Saúl había salido en busca de su alma, estábase él en el bosque en el desierto de Ziph.

16 Entonces se levantó Jonathán hijo de Saúl, y vino á David en el bosque, y confortó su mano en Dios.

17 Y díjole: No temas, que no te hallará la mano de Saúl mi padre, y tú reinarás sobre Israel, y yo seré segundo después de ti; y aun Saúl mi padre así lo sabe.

18 Y entrambos hicieron alianza delante de Jehová: y David se quedó en el bosque, y Jonathán se volvió á su casa.

19 Y subieron los de Ziph á decir á Saúl en Gabaa: ¿No está David escondido en nuestra tierra en las peñas del bosque, en el collado de Hachîla que está á la mano derecha del desierto?

20 Por tanto, rey, desciende ahora presto, según todo el deseo de tu alma, y nosotros lo entregaremos en la mano del rey.

21 Y Saúl dijo: Benditos seáis vosotros de Jehová, que habéis tenido compasión de mí:

22 Id pues ahora, apercibid aún, considerad y ved su lugar donde tiene el pie, y quién lo haya visto allí; porque se me ha dicho que él es en gran manera astuto.

23 Considerad pues, y ved todos los escondrijos donde se oculta, y volved á mí con la certidumbre, y yo iré con vosotros: que si él estuviere en la tierra, yo le buscaré entre todos los millares de Judá.

24 Y ellos se levantaron, y se fueron á Ziph delante de Saúl. Mas David y su gente estaban en el desierto de Maón, en la llanura que está á la diestra del desierto.

25 Y partióse Saúl con su gente á buscarlo; pero fué dado aviso á David, y descendió á la peña, y quedóse en el desierto de Maón. Lo cual como Saúl oyó, siguió á David al desierto de Maón.

26 Y Saúl iba por el un lado del monte, y David con los suyos por el otro lado del monte: y dábase priesa David para ir delante de Saúl; mas Saúl y los suyos habían encerrado á David y á su gente para tomarlos.

27 Entonces vino un mensajero á Saúl, diciendo: Ven luego, porque los Filisteos han hecho una irrupción en el país.

28 Volvióse por tanto Saúl de perseguir á David, y partió contra los Filisteos. Por esta causa pusieron á aquel lugar por nombre Sela-hammah-lecoth.

24 Entonces David subió de allí, y habitó en los parajes fuertes en Engaddi.

2 Y como Saúl volvió de los Filisteos, diéronle aviso diciendo: He aquí que David está en el desierto de Engaddi.

3 Y tomando Saúl tres mil hombres escogidos de todo Israel, fué en busca de David y de los suyos, por las cumbres de los peñascos de las cabras monteses.

4 Y como llegó á una majada de ovejas en el camino, donde había una cueva, entró Saúl en ella á cubrir sus pies: y David y los suyos estaban á los lados de la cueva.

5 Entonces los de David le dijeron: He aquí el día que te ha dicho Jehová: He aquí que entregó tu enemigo en tus manos, y harás con él como te pareciere. Y levantóse David, y calladamente cortó la orilla del manto de Saúl.

6 Después de lo cual el corazón de David le golpeaba, porque había cortado la orilla del manto de Saúl.

7 Y dijo á los suyos: Jehová me guarde de hacer tal cosa contra mi señor, al ungido de Jehová, que yo extienda mi mano contra él; porque es el ungido de Jehová.

8 Así quebrantó David á los suyos con palabras, y no les permitió que se levantasen contra Saúl. Y Saúl, saliendo de la cueva, fuése su camino.

9 También David se levantó después, y saliendo de la cueva dió voces á las espaldas de Saúl, diciendo: ¡Mi señor el rey! Y como Saúl miró atrás, David inclinó su rostro á tierra, é hizo reverencia.

10 Y dijo David á Saúl: ¿Por qué oyes las palabras de los que dicen: Mira que David procura tu mal?

11 He aquí han visto hoy tus ojos como Jehová te ha puesto hoy en mis manos en la cueva: y dijeron que te matase, mas te perdoné, porque dije: No extenderé mi mano contra mi señor, porque es el ungido de Jehová.

12 Y mira, padre mío, mira aún la orilla de tu manto en mi mano: porque yo corté la orilla de tu manto, y no te maté. Conoce pues y ve que no hay mal ni traición en mi mano, ni he pecado contra ti; con todo, tú andas á caza de mi vida para quitármela.

13 Juzgue Jehová entre mí y ti, y vénzueme de ti Jehová: empero mi mano no será contra ti.

14 Como dice el proverbio de los antiguos: De los impíos saldrá la impiedad: así que mi mano no será contra ti.

15 ¿Tras quién has salido el rey de Israel? ¿á quién persigues? ¿á un perro muerto? ¿á una pulga?

16 Jehová pues será juez, y él juzgará entre mí y ti. El vea, y sustente mi causa, y me defienda de tu mano.

17 Y acontecíó que, como David acabó de decir estas palabras á Saúl, Saúl dijo: ¿No es esta la voz tuya, hijo mío David? Y alzando Saúl su voz lloró.

18 Y dijo á David: Más justo eres tú que yo, que me has pagado con bien, habiéndote yo pagado con mal.

19 Tú has mostrado hoy que has hecho conmigo bien; pues no me has muerto, habiéndome Jehová puesto en tus manos.

20 Porque ¿quién hallará á su enemigo, y lo dejará ir sano y salvo? Jehová te pague con bien por lo que en este día has hecho conmigo.

21 Y ahora, como yo entiendo que tú has de reinar, y que el reino de Israel ha de ser en tu mano firme y estable,

22 Júrame pues ahora por Jehová, que no cortarás mi simiente después de mí, ni raerás mi nombre de la casa de mi padre.

23 Entonces David juró á Saúl. Y fuése Saúl á su casa, y David y los suyos se subieron al sitio fuerte.

25 Y murió Samuel, y juntóse todo Israel, y lo lloraron, y lo sepultaron en su casa en Rama. Y levantóse David, y se fué al desierto de Parán.

2 Y en Maón había un hombre que tenía su hacienda en el Carmelo, el cual era muy rico, que tenía tres mil ovejas y mil cabras. Y aconteció hallarse esquilando sus ovejas en el Carmelo.

3 El nombre de aquel varón era Nabal, y el nombre de su mujer, Abigail. Y era aquella mujer de buen entendimiento y de buena gracia; mas el hombre era duro y de malos hechos; y era del linaje de Caleb.

4 Y oyó David en el desierto que Nabal esquilaba sus ovejas.

5 Entonces envió David diez criados, y díjoles: Subid al Carmelo, é id á Nabal, y saludadle en mi nombre.

6 Y decidle así: Que vivas y sea paz á ti, y paz á tu familia, y paz á todo cuanto tienes.

7 Ha poco supe que tienes esquiladores. Ahora, á los pastores tuyos que han estado con nosotros, nunca les hicimos fuerza, ni les faltó algo en todo el tiempo que han estado en el Carmelo.

8 Pregunta á tus criados, que ellos te lo dirán. Hallen por tanto estos criados gracia en tus ojos, pues que venimos en buen día: ruégote que des lo que tuvieres á mano á tus siervos, y á tu hijo David.

9 Y como llegaron los criados de David, dijeron á Nabal todas estas palabras en nombre de David, y callaron.

10 Y Nabal respondió á los criados de David, y dijo: ¿Quién es David? ¿y quién es el hijo de Isaí? Muchos siervos hay hoy que se huyen de sus señores.

11 ¿He de tomar yo ahora mi pan, mi agua, y mi víctima que he preparado para mis esquiladores, y la daré á hombres que no sé de dónde son?

12 Y tornándose los criados de David, volviéronse por su camino, y vinieron y dijeron á David todas estas palabras.

13 Entonces David dijo á sus hombres: Cíñase cada uno su espada. Y ciñóse cada uno su espada: también David ciñó su espada; y subieron tras David como cuatrocientos hombres, y dejaron doscientos con el bagaje.

14 Y uno de los criados dió aviso á Abigail mujer de Nabal, diciendo: He aquí David envió mensajeros del desierto que saludasen á nuestro amo, y él los ha zaherido.

15 Mas aquellos hombres nos han sido muy buenos, y nunca nos han hecho fuerza, ni ninguna cosa nos ha faltado en todo el tiempo que hemos conversado con ellos, mientras hemos estado en el campo.

16 Hannos sido por muro de día y de noche, todos los días que hemos estado con ellos apacentando las ovejas.

17 Ahora pues, entiende y mira lo que has de hacer, porque el mal está del todo resuelto contra nuestro amo y contra toda su casa: pues él es un hombre tan malo, que no hay quien pueda hablarle.

18 Entonces Abigail tomó luego doscientos panes, y dos cueros de vino, y cinco ovejas guisadas, y cinco medidas de grano tostado, y cien hilos de uvas pasas, y doscientos panes de higos secos, y cargólo en asnos;

19 Y dijo á sus criados: Id delante de mí, que yo os seguiré luego. Y nada declaró á su marido Nabal.

20 Y sentándose sobre un asno descendió por una parte secreta del monte, y he aquí David y los suyos que venían frente á ella, y ella les fué al encuentro.

21 Y David había dicho: Ciertamente en vano he guardado todo lo que éste tiene en el desierto, sin que nada le haya faltado de todo cuanto es suyo; y él me ha vuelto mal por bien.

22 Así haga Dios, y así añada á los enemigos de David, que de aquí á mañana no tengo de dejar de todo lo que fuere suyo ni aun meante á la pared.

23 Y como Abigail vió á David, apeóse prestamente del asno, y postrándose delante de David sobre su rostro, inclinóse á tierra;

24 Y echóse á sus pies, y dijo: Señor mío, sobre mí sea el pecado; mas ruégote hable tu sierva en tus oídos, y oye las palabras de tu sierva.

25 No ponga ahora mi señor su corazón á aquel hombre brusco, á Nabal; porque conforme á su nombre, así es. Él se llama Nabal, y la locura está con él: mas yo tu sierva no vi los criados de mi señor, los cuales tú enviaste.

26 Ahora pues, señor mío, vive Jehová y vive tu alma, que Jehová te ha estorbado que vinieses á derramar sangre, y vengarte por tu propia mano. Sean pues como Nabal tus enemigos, y todos los que procuran mal contra mi señor.

27 Y ahora esta bendición que tu sierva ha traído á mi señor, dése á los criados que siguen á mi señor.

28 Y yo te ruego que perdones á tu sierva esta ofensa; pues Jehová de cierto hará casa firme á mi señor, por cuanto mi señor hace las guerras de Jehová, y mal no se ha hallado en ti en tus días.

29 Bien que alguien se haya levantado á perseguirte y atentar á tu vida, con todo, el alma de mi señor será ligada en el haz de los que viven con Jehová Dios tuyo, y él arrojará el alma de tus enemigos como de en medio de la palma de una honda.

30 Y acontecerá que cuando Jehová hiciere con mi señor conforme á todo el bien que ha hablado de ti, y te mandare que seas caudillo sobre Israel,

31 Entonces, señor mío, no te será esto en tropiezo y turbación de corazón, el que hayas derramado sangre sin causa, ó que mi señor se haya vengado por sí mismo. Guárdese pues mi señor, y cuando Jehová hiciere bien á mi señor, acuérdate de tu sierva.

32 Y dijo David á Abigail: Bendito sea Jehová Dios de Israel, que te envió para que hoy me encontrases;

33 Y bendito sea tu razonamiento, y bendita tú, que me has estorbado hoy el ir á derramar sangre, y á vengarme por mi propia mano:

34 Porque, vive Jehová Dios de Israel que me ha defendido de hacerte mal, que si no te hubieras dado priesa en venirme al encuentro, de aquí á mañana no le quedara á Nabal meante á la pared.

35 Y recibió David de su mano lo que le había traído, y díjole: Sube en paz á tu casa, y mira que he oído tu voz, y tenídose respeto.

36 Y Abigail se vino á Nabal, y he aquí que él tenía banquete en su casa como banquete de rey: y el corazón de Nabal estaba alegre en él, y estaba muy borracho; por lo que ella no le declaró poco ni mucho, hasta que vino el día siguiente.

37 Pero á la mañana, cuando el vino había salido de Nabal, refirióle su mujer aquestas cosas; y se le amorteció el corazón, y quedóse como piedra.

38 Y pasados diez días Jehová hirió á Nabal, y murió.

39 Y luego que David oyó que Nabal era muerto, dijo: Bendito sea Jehová que juzgó la causa de mi afrenta recibida de la mano de Nabal, y ha preservado del mal á su siervo; y Jehová ha tornado la malicia de Nabal sobre su propia cabeza. Después envió David á hablar á Abigail, para tomarla por su mujer.

40 Y los criados de David vinieron á Abigail en el Carmelo, y hablaron con ella, diciendo: David nos ha enviado á ti, para tomarte por su mujer.

41 Y ella se levantó, é inclinó su rostro á tierra, diciendo: He aquí tu sierva, para que sea sierva que lave los pies de los siervos de mi señor.

42 Y levantándose luego Abigail con cinco mozas que la seguían, montóse en un asno, y siguió los mensajeros de David, y fué su mujer.

43 También tomó David á Ahinoam de Jezreel, y ambas á dos fueron sus mujeres.

44 Porque Saúl había dado su hija Michâl mujer de David, á Palti hijo de Lais, que era de Gallim.

26 Y vinieron los Zipheos á Saúl en Gabaa, diciendo: ¿No está David escondido en el collado de Hachîla delante del desierto?

2 Saúl entonces se levantó, y descendió al desierto de Ziph, llevando consigo tres mil hombres escogidos de Israel, para buscar á David en el desierto de Ziph.

3 Y asentó Saúl el campo en el collado de Hachîla, que está delante del desierto junto al camino. Y estaba David en el desierto, y entendió que Saúl le seguía en el desierto.

4 David por tanto envió espías, y entendió por cierto que Saúl había venido.

5 Y levantóse David, y vino al sitio donde Saúl había asentado el campo; y miró David el lugar donde dormía Saúl, y Abner hijo de Ner, general de su ejército. Y estaba Saúl durmiendo en la trinchera, y el pueblo por el campo en derredor de él.

6 Entonces habló David, y requirió á Ahimelech Hetheo, y á Abisai hijo de Sarvia, hermano de Joab, diciendo: ¿Quién descenderá conmigo á Saúl al campo? Y dijo Abisai: Yo descenderé contigo.

7 David pues y Abisai vinieron al pueblo de noche: y he aquí Saúl que estaba tendido durmiendo en la trinchera, y su lanza hincada en tierra á su cabecera; y Abner y el pueblo estaban alrededor de él tendidos.

8 Entonces dijo Abisai á David: Hoy ha Dios entregado á tu enemigo en tus manos: ahora pues, herirélo luego con la lanza, cosiéndole con la tierra de un golpe, y no segundaré.

9 Y David respondió á Abisai: No le mates: porque ¿quién extenderá su mano contra el ungido de Jehová, y será inocente?

10 Y dijo además David: Vive Jehová, que si Jehová no lo hiriere, ó que su día llegue para que muera, ó que descendiendo en batalla perezca,

11 Guárdeme Jehová de extender mi mano contra el ungido de Jehová; empero toma ahora la lanza que está á su cabecera, y la botija del agua, y vámonos.

12 Llevóse pues David la lanza y la botija de agua de la cabecera de Saúl, y fuéronse; que no hubo nadie que viese, ni entendiese, ni velase, pues todos dormían: porque un profundo sueño enviado de Jehová había caído sobre ellos.

13 Y pasando David de la otra parte, púsose desviado en la cumbre del monte, habiendo grande distancia entre ellos;

14 Y dió voces David al pueblo, y á Abner hijo de Ner, diciendo: ¿No respondes, Abner? Entonces Abner respondió y dijo: ¿Quién eres tú que das voces al rey?

15 Y dijo David á Abner: ¿No eres varón tú? ¿y quién hay como tú en Israel? ¿por qué pues no has guardado al rey tu señor? que ha entrado uno del pueblo á matar á tu señor el rey.

16 Esto que has hecho, no está bien. Vive Jehová, que sois dignos de muerte, que no habéis guardado á vuestro señor, al ungido de Jehová. Mira pues ahora dónde está la lanza del rey, y la botija del agua que estaba á su cabecera.

17 Y conociendo Saúl la voz de David, dijo: ¿No es esta tu voz, hijo mío David? Y David respondió: Mi voz es, rey señor mío.

18 Y dijo: ¿Por qué persigue así mi señor á su siervo? ¿qué he hecho? ¿qué mal hay en mi mano?

19 Ruego pues, oiga el rey mi señor ahora las palabras de su siervo. Si Jehová te incita contra mí, acepte un sacrificio: mas si fueren hijos de hombres, malditos ellos en presencia de Jehová, que me han echado hoy para que no me junte en la heredad de Jehová, diciendo: Ve y sirve á dioses ajenos.

20 No caiga pues ahora mi sangre en tierra delante de Jehová: porque ha salido el rey de Israel á buscar una pulga, así como quien persigue una perdiz por los montes.

21 Entonces dijo Saúl: He pecado: vuélvete, hijo mío David, que ningún mal te haré mas, pues que mi vida ha sido estimada hoy en tus ojos. He aquí, yo he hecho neciamente, y he errado en gran manera.

22 Y David respondió, y dijo: He aquí la lanza del rey; pase acá uno de los criados, y tómela.

23 Y Jehová pague á cada uno su justicia y su lealtad: que Jehová te había entregado hoy en mi mano, mas yo no quise extender mi mano sobre el ungido de Jehová.

24 Y he aquí, como tu vida ha sido estimada hoy en mis ojos, así sea mi vida estimada en los ojos de Jehová, y me libre de toda aflicción.

25 Y dijo á David: Bendito eres tú, hijo mío David; sin duda ejecutarás tú grandes empresas, y prevalecerás. Entonces David se fué su camino, y Saúl se volvió á su lugar.

27 Y dijo David en su corazón: Al fin seré muerto algún día por la mano de Saúl: nada por tanto me será mejor que fugarme á la tierra de los Filisteos, para que Saúl se deje de mí, y no me ande buscando más por todos los términos de Israel, y así me escaparé de sus manos.

2 Levantóse pues David, y con los seiscientos hombres que tenía consigo pasóse á Achîs hijo de Maoch, rey de Gath.

3 Y moró David con Achîs en Gath, él y los suyos, cada uno con su familia: David con sus dos mujeres, Ahinoam Jezreelita, y Abigail, la que fué mujer de Nabal el del Carmelo.

4 Y vino la nueva á Saúl que David se había huído á Gath, y no lo buscó más.

5 Y David dijo á Achîs: Si he hallado ahora gracia en tus ojos, séame dado lugar en algunas de las ciudades de la tierra, donde habite: porque ¿ha de morar tu siervo contigo en la ciudad real?

6 Y Achîs le dió aquel día á Siclag. De aquí fué Siclag de los reyes de Judá hasta hoy.

7 Y fué el número de los días que David habitó en la tierra de los Filisteos, cuatro meses y algunos días.

8 Y subía David con los suyos, y hacían entradas en los Gesureos, y en los Gerzeos, y en los Amalecitas: porque estos habitaban de largo tiempo la tierra, desde como se va á Shur hasta la tierra de Egipto.

9 Y hería David el país, y no dejaba á vida hombre ni mujer: y llevábase las ovejas y las vacas y los asnos y los camellos y las ropas; y volvía, y veníase á Achîs.

10 Y decía Achîs: ¿Dónde habéis corrido hoy? Y David decía: Al mediodía de Judá, y al mediodía de Jerameel, ó contra el mediodía de Ceni.

11 Ni hombre ni mujer dejaba á vida David, que viniese á Gath: diciendo: Porque no den aviso de nosotros, diciendo: Esto hizo David. Y esta era su costumbre todo el tiempo que moró en tierra de los Filisteos.

12 Y Achîs creía á David, diciendo así: El se hace abominable en su pueblo de Israel, y será siempre mi siervo.

28 Y aconteció que en aquellos días los Filisteos juntaron sus campos para pelear contra Israel. Y dijo Achîs á David: Sabe de cierto que has de salir conmigo á campaña, tú y los tuyos.

2 Y David respondió á Achîs: Sabrás pues lo que hará tu siervo. Y Achîs dijo á David: Por tanto te haré guarda de mi cabeza todos los días.

3 Ya Samuel era muerto, y todo Israel lo había lamentado, y habíanle sepultado en Rama, en su ciudad. Y Saúl había echado de la tierra los encantadores y adivinos.

4 Pues como los Filisteos se juntaron, vinieron y asentaron campo en Sunam: y Saúl juntó á todo Israel, y asentaron campo en Gilboa.

5 Y cuando vió Saúl el campo de los Filisteos, temió, y turbóse su corazón en gran manera.

6 Y consultó Saúl á Jehová; pero Jehová no le respondió, ni por sueños, ni por Urim, ni por profetas.

7 Entonces Saúl dijo á sus criados: Buscadme una mujer que tenga espíritu de pythón, para que yo vaya á ella, y por medio de ella pregunte. Y sus criados le respondieron: He aquí hay una mujer en Endor que tiene espíritu de pythón.

8 Y disfrazóse Saúl, y púsose otros vestidos, y fuése con dos hombres, y vinieron á aquella mujer de noche; y él dijo: Yo te ruego que me adivines por el espíritu de pythón, y me hagas subir á quien yo te dijere.

9 Y la mujer le dijo: He aquí tú sabes lo que Saúl ha hecho, cómo ha separado de la tierra los pythones y los adivinos: ¿por qué pues pones tropiezo á mi vida, para hacerme matar?

10 Entonces Saúl le juró por Jehová, diciendo: Vive Jehová, que ningún mal te vendrá por esto.

11 La mujer entonces dijo: ¿A quién te haré venir? Y él respondió: Hazme venir á Samuel.

12 Y viendo la mujer á Samuel, clamó en alta voz, y habló aquella mujer á Saúl, diciendo:

13 ¿Por qué me has engañado? que tú eres Saúl. Y el rey le dijo: No temas: ¿qué has visto? Y la mujer respondió á Saúl: He visto dioses que suben de la tierra.

14 Y él le dijo: ¿Cuál es su forma? Y ella respondió: Un hombre anciano viene, cubierto de un manto. Saúl entonces entendió que era Samuel, y humillando el rostro á tierra, hizo gran reverencia.

15 Y Samuel dijo á Saúl: ¿Por qué me has inquietado haciéndome venir? Y Saúl respondió: Estoy muy congojado; pues los Filisteos pelean contra mí, y Dios se ha apartado de mí, y no me responde más, ni por mano de profetas, ni por sueños: por esto te he llamado, para que me declares qué tengo de hacer.

16 Entonces Samuel dijo: ¿Y para qué me preguntas á mí, habiéndose apartado de ti Jehová, y es tu enemigo?

17 Jehová pues ha hecho como habló por medio de mí; pues ha cortado Jehová el reino de tu mano, y lo ha dado á tu compañero David.

18 Como tú no obedeciste á la voz de Jehová, ni cumpliste el furor de su ira sobre Amalec, por eso Jehová te ha hecho esto hoy.

19 Y Jehová entregará á Israel también contigo en manos de los Filisteos: y mañana seréis conmigo, tú y tus hijos: y aun el campo de Israel entregará Jehová en manos de los Filisteos.

20 En aquel punto cayó Saúl en tierra cuan grande era, y tuvo gran temor por las palabras de Samuel: que no quedó en él esfuerzo ninguno, porque en todo aquel día y aquella noche no había comido pan.

21 Entonces la mujer vino á Saúl, y viéndole en grande manera turbado, díjole: He aquí que tu criada ha obedecido á tu voz, y he puesto mi vida en mi mano, y he oído las palabras que tú me has dicho.

22 Ruégote pues, que tú también oigas la voz de tu sierva: pondré yo delante de ti un bocado de pan que comas, para que te corrobores, y vayas tu camino.

23 Y él rehusó, diciendo: No comeré. Mas sus criados juntamente con la mujer le constriñeron, y él los obedeció. Levantóse pues del suelo, y sentóse sobre una cama.

24 Y aquella mujer tenía en su casa un ternero grueso, el cual mató luego; y tomó harina y amasóla, y coció de ella panes sin levadura.

25 Y lo trajo delante de Saúl y de sus criados; y luego que hubieron comido, se levantaron, y partieron aquella noche.

29 Y los Filisteos juntaron todos sus campos en Aphec; é Israel puso su campo junto á la fuente que está en Jezreel.

2 Y reconociendo los príncipes de los Filisteos sus compañías de á ciento y de á mil hombres, David y los suyos iban en los postreros con Achîs.

3 Y dijeron los príncipes de los Filisteos: ¿Qué hacen aquí estos Hebreos? Y Achîs respondió á los príncipes de los Filisteos: ¿No és éste David, el siervo de Saúl rey de Israel, que ha estado conmigo algunos días ó algunos años, y no he hallado cosa en él desde el día que se pasó á mí hasta hoy?

4 Entonces los príncipes de los Filisteos se enojaron contra él, y dijéronle: Envía á este hombre, que se vuelva al lugar que le señalaste, y no venga con nosotros á la batalla, no sea que en la batalla se nos vuelva enemigo: porque ¿con qué cosa volvería mejor á la gracia de su señor que con las cabezas de estos hombres?

5 ¿No es éste David de quien cantaba en los corros, diciendo: Saúl hirió sus miles, y David sus diez miles?

6 Y Achîs llamó á David, y díjole: Vive Jehová, que tú has sido recto, y que me ha parecido bien tu salida y entrada en el campo conmigo, pues que ninguna cosa mala he hallado en ti desde el día que viniste á mí hasta hoy: mas en los ojos de los príncipes no agradas.

7 Vuélvete pues, y vete en paz; y no hagas lo malo en los ojos de los príncipes de los Filisteos.

8 Y David respondió á Achîs: ¿Qué he hecho? ¿qué has hallado en tu siervo desde el día que estoy contigo hasta hoy, para que yo no vaya y pelee contra los enemigos de mi señor el rey?

9 Y Achîs respondió á David, y dijo: Yo sé que tú eres bueno en mis ojos, como un ángel de Dios; mas los príncipes de los Filisteos han dicho: No venga con nosotros á la batalla.

10 Levántate pues de mañana, tú y los siervos de tu señor que han venido contigo; y levantándoos de mañana, luego al amanecer partíos.

11 Y levantóse David de mañana, él y los suyos, para irse y volverse á la tierra de los Filisteos; y los Filisteos fueron á Jezreel.

30 Y cuando David y los suyos vinieron á Siclag el tercer día, los de Amalec habían invadido el mediodía y á Siclag, y habían desolado á Siclag, y puéstola á fuego.

2 Y habíanse llevado cautivas á las mujeres que estaban en ella, desde el menor hasta el mayor; mas á nadie habían muerto, sino llevado, é fdose su camino.

3 Vino pues David con los suyos á la ciudad, y he aquí que estaba quemada á fuego, y sus mujeres y sus hijos é hijas llevadas cautivas.

4 Entonces David y la gente que con él estaba, alzaron su voz y lloraron, hasta que les faltaron las fuerzas para llorar.

5 Las dos mujeres de David, Ahinoam Jezreelita y Abigail la que fué mujer de Nabal del Carmelo, también eran cautivas.

6 Y David fué muy angustiado, porque el pueblo hablaba de apedrearlo; porque todo el pueblo estaba con ánimo amargo, cada uno por sus hijos y por sus hijas: mas David se esforzó en Jehová su Dios.

7 Y dijo David al sacerdote Abiathar hijo de Ahimelech: Yo te ruego que me acerques el ephod. Y Abiathar aceroó el ephod á David.

8 Y David consultó á Jehová, diciendo: ¿Seguiré esta tropa? ¿podréla alcanzar? Y él le dijo: Síguela que de cierto la alcanzarás, y sin falta librarás la presa.

9 Partióse pues David, él y los seiscientos hombres que con él estaban, y vinieron hasta el torrente de Besor, donde se quedaron algunos.

10 Y David siguió el alcance con cuatrocientos hombres; porque se quedaron atrás doscientos, que cansados no pudieron pasar el torrente de Besor.

11 Y hallaron en el campo un hombre Egipcio, el cual trajeron á David, y diéronle pan que comiese, y á beber agua;

12 Diéronle también un pedazo de masa de higos secos, y dos hilos de pasas; y luego que comió, volvió en su espíritu; porque no había comido pan ni bebido agua en tres días y tres noches.

13 Y díjole David: ¿De quién eres tú? ¿y de dónde eres? Y respondió el mozo Egipcio: Yo soy siervo de un Amalecita, y dejóme mi amo hoy ha tres días, porque estaba enfermo;

14 Pues hicimos una incursión á la parte del mediodía de Cerethi, y á Judá, y al mediodía de Caleb; y pusimos fuego á Siclag.

15 Y díjole David: ¿Me llevarás tú á esa tropa? Y él dijo: Hazme juramento por Dios que no me matarás, ni me entregarás en las manos de mi amo, y yo te llevaré á esa gente.

16 Llevólo pues: y he aquí que estaban derramados sobre la haz de toda aquella tierra, comiendo y bebiendo y haciendo fiesta, por toda aquella gran presa que habían tomado de la tierra de los Filisteos, y de la tierra de Judá.

17 E hiriólos David desde aquella mañana hasta la tarde del día siguiente: y no escapó de ellos ninguno, sino cuatrocientos mancebos, que habían subido en camellos y huyeron.

18 Y libró David todo lo que los Amalecitas habían tomado; y asimismo libertó David á sus dos mujeres.

19 Y no les faltó cosa chica ni grande, así de hijos como de hijas, del robo, y de todas las cosas que les habían tomado: todo lo recobró David.

20 Tomó también David todas las ovejas y ganados mayores; y trayéndolo todo delante, decían: Esta es la presa de David.

21 Y vino David á los doscientos hombres que habían quedado cansados y no habían podido seguir á David, á los cuales habían hecho quedar en el torrente de Besor; y ellos salieron á recibir á David, y al pueblo que con él estaba. Y como David llegó á la gente, saludóles con paz.

22 Entonces todos los malos y perversos de entre los que habían ido con David, respondieron y dijeron: Pues que no fueron con nosotros, no les daremos de la presa que hemos quitado, sino á

cada uno su mujer y sus hijos; los cuales tomen y se vayan.

23 Y David dijo: No hagáis eso, hermanos míos, de lo que nos ha dado Jehová; el cual nos ha guardado, y ha entregado en nuestras manos la caterva que vino sobre nosotros.

24 ¿Y quién os escuchará en este caso? porque igual parte ha de ser la de los que vienen á la batalla, y la de los que quedan con el bagaje: que partan juntamente.

25 Y desde aquel día en adelante fué esto puesto por ley y ordenanza en Israel, hasta hoy.

26 Y como David llegó á Siclag, envió de la presa á los ancianos de Judá, sus amigos, diciendo: He aquí una bendición para vosotros, de la presa de los enemigos de Jehová.

27 A los que estaban en Beth-el, y en Ramoth al mediodía, y á los que estaban en Jattir;

28 Y á los que estaban en Aroer, y en Siphmoth, y á los que estaban en Esthemoa;

29 Y á los que estaban en Rachâl, y á los que estaban en las ciudades de Jerameel, y á los que estaban en las ciudades del Cineo.

30 Y á los que estaban en Horma, y á los que estaban en Chôrasán, y á los que estaban en Athach;

31 Y á los que estaban en Hebrón, y en todos los lugares donde David había estado con los suyos.

31 Los Filisteos pues pelearon con Israel, y los de Israel huyeron delante de los Filisteos, y cayeron muertos en el monte de Gilboa.

2 Y siguiendo los Filisteos á Saúl y á sus hijos, mataron á Jonathán, y á Abinadab, y á Melchîsua, hijos de Saúl.

3 Y agravóse la batalla sobre Saúl, y le alcanzaron los flecheros; y tuvo gran temor de los flecheros.

4 Entonces dijo Saúl á su escudero: Saca tu espada, y pásame con ella, porque no vengan estos incircuncisos, y me pasen, y me escarnezcan. Mas su escudero no quería, porque tenía gran temor. Entonces tomó Saúl la espada, y echóse sobre ella.

5 Y viendo su escudero á Saúl muerto, él también se echó sobre su espada, y murió con él.

6 Así murió Saúl en aquel día, juntamente con sus tres hijos y su escudero, y todos sus varones.

7 Y los de Israel que estaban de la otra parte del valle, y de la otra parte del Jordán, viendo que Israel había huído, y que Saúl y sus hijos eran muertos, dejaron las ciudades y huyeron; y los Filisteos vinieron y habitaron en ellas.

8 Y aconteció el siguiente día, que viniendo los Filisteos á despojar los muertos, hallaron á Saúl y á sus tres hijos tendidos en el monte de Gilboa.

9 Y cortáronle la cabeza, y desnudáronle las armas; y enviaron á tierra de los Filisteos al contorno, para que lo noticiaran en el templo de sus ídolos, y por el pueblo.

10 Y pusieron sus armas en el templo de Astaroth, y colgaron su cuerpo en el muro de Beth-san.

11 Mas oyendo los de Jabes de Galaad esto que los Filisteos hicieron á Saúl,

12 Todos los hombres valientes se levantaron, y anduvieron toda aquella noche, y quitaron el cuerpo de Saúl y los cuerpos de sus hijos del muro de Beth-san; y viniendo á Jabes, quemáronlos allí.

13 Y tomando sus huesos, sepultáronlos debajo de un árbol en Jabes, y ayunaron siete días.

2 SAMUEL.

1 Aconteció después de la muerte de Saúl, que vuelto David de la derrota de los Amalecitas, estuvo dos días en Siclag;

2 Y al tercer día acaeció, que vino uno del campo de Saúl, rotos sus vestidos, y tierra sobre su cabeza: y llegando á David, postróse en tierra, é hizo reverencia.

3 Y preguntóle David: ¿De dónde vienes? Y él respondió: Heme escapado del campo de Israel.

4 Y David le dijo: ¿Qué ha acontecido? ruégote que me lo digas. Y él respondió: El pueblo huyó de la batalla, y también muchos del pueblo cayeron y son muertos: también Saúl y Jonathán su hijo murieron.

5 Y dijo David á aquel mancebo que le daba las nuevas: ¿Cómo sabes que Saúl es muerto, y Jonathán su hijo?

6 Y el mancebo que le daba las nuevas respondió: Casualmente vine al monte de Gilboa, y hallé á Saúl que estaba recostado sobre su lanza, y venían tras él carros y gente de á caballo.

7 Y como él miró atrás, vióme y llamóme; y yo dije: Heme aquí.

8 Y él me dijo: ¿Quién eres tú? Y yo le respondí: Soy Amalecita.

9 Y él me volvió á decir: Yo te ruego que te pongas sobre mí, y me mates, porque me toman angustias, y toda mi alma está aún en mí.

10 Yo entonces púseme sobre él, y matélo, porque sabía que no podía vivir después de su caída: y tomé la corona que tenía en su cabeza, y la ajorca que traía en su brazo, y helas traído acá á mi señor.

11 Entonces David trabando de sus vestidos, rompiólos; y lo mismo hicieron los hombres que estaban con él.

12 Y lloraron y lamentaron, y ayunaron hasta la tarde, por Saúl y por Jonathán su hijo, y por el pueblo de Jehová, y por la casa de Israel: porque habían caído á cuchillo.

13 Y David dijo á aquel mancebo que le había traído las nuevas: ¿De dónde eres tú? Y él respondió: Yo soy hijo de un extranjero, Amalecita.

14 Y díjole David: ¿Cómo no tuviste temor de extender tu mano para matar al ungido de Jehová?

15 Entonces llamó David uno de los mancebos, y díjole: Llega, y mátalo. Y él lo hirió, y murió.

16 Y David le dijo: Tu sangre sea sobre tu cabeza, pues que tu boca atestiguó contra ti, diciendo: Yo maté al ungido de Jehová.

17 Y endechó David á Saúl y á Jonathán su hijo con esta endecha.

18 (Dijo también que enseñasen al arco á los hijos de Judá. He aquí que está escrito en el libro del derecho:)

19 ¡Perecido ha la gloria de Israel sobre tus montañas! ¡Cómo han caído los valientes!

20 No lo denunciéis en Gath, No deis las nuevas en las plazas de Ascalón; Porque no se alegren las hijas de los Filisteos, Porque no salten de gozo las hijas de los incircuncisos.

21 Montes de Gilboa, Ni rocío ni lluvia caiga sobre vosotros, ni seáis tierras de ofrendas; Porque allí fué desechado el escudo de los valientes, El escudo de Saúl, como si no hubiera sido ungido con aceite.

22 Sin sangre de muertos, sin grosura de valientes, El arco de Jonathán nunca volvió, Ni la espada de Saúl se tornó vacía.

23 Saúl y Jonathán, amados y queridos en su vida, En su muerte tampoco fueron apartados: Más ligeros que águilas, Más fuertes que leones.

24 Hijas de Israel, llorad sobre Saúl, Que os vestía de escarlata en regocijos, Que adornaba vuestras ropas con ornamentos de oro.

25 ¡Cómo han caído los valientes en medio de la batalla! ¡Jonathán, muerto en tus alturas!

26 Angustia tengo por ti, hermano mío Jonathán, Que me fuiste muy dulce: Más maravilloso me fué tu amor, Que el amor de las mujeres.

27 ¡Cómo han caído los valientes, Y perecieron las armas de guerra!

2 Después de esto aconteció que David consultó á Jehová, diciendo: ¿Subiré á alguna de las ciudades de Judá? Y Jehová le respondió: Sube. Y David tornó á decir: ¿A dónde subiré? Y él le dijo: A Hebrón.

2 Y David subió allá, y con él sus dos mujeres, Ahinoam Jezreelita y Abigail, la que fué mujer de Nabal del Carmelo.

3 Y llevó también David consigo los hombres que con él habían estado, cada uno con su familia; los cuales moraron en las ciudades de Hebrón.

4 Y vinieron los varones de Judá, y ungieron allí á David por rey sobre la casa de Judá. Y dieron aviso á David, diciendo: Los de Jabes de Galaad son los que sepultaron á Saúl.

5 Y envió David mensajeros á los de Jabes de Galaad, diciéndoles: Benditos seáis vosotros de Jehová, que habéis hecho esta misericordia con vuestro señor Saúl en haberle dado sepultura.

6 Ahora pues, Jehová haga con vosotros misericordia y verdad; y yo también os haré bien por esto que habéis hecho.

7 Esfuércense pues ahora vuestras manos, y sed valientes; pues que muerto Saúl vuestro señor, los de la casa de Judá me han ungido por rey sobre ellos.

8 Mas Abner hijo de Ner, general de ejército de Saúl, tomó á Is-boseth hijo de Saúl, é hízolo pasar al real:

9 Y alzólo por rey sobre Galaad, y sobre Gessuri, y sobre Jezreel, y sobre Ephraim, y sobre Benjamín, y sobre todo Israel.

10 De cuarenta años era Is-boseth hijo de Saúl, cuando comenzó á reinar sobre Israel; y reinó dos años. Sola la casa de Judá seguía á David.

11 Y fué el número de los días que David reinó en Hebrón sobre la casa de Judá, siete años y seis meses.

12 Y Abner hijo de Ner salió de Mahanaim á Gabaón con los siervos de Is-boseth hijo de Saúl.

13 Y Joab hijo de Sarvia, y los siervos de David, salieron y encontráronlos junto al estanque de Gabaón: y como se juntaron, paráronse los unos de la una parte del estanque, y los otros de la otra.

14 Y dijo Abner á Joab: Levántense ahora los mancebos, y maniobren delante de nosotros. Y Joab respondió: Levántense.

15 Entonces se levantaron, y en número de doce, pasaron de Benjamín de la parte de Is-boseth hijo de Saúl; y doce de los siervos de David.

16 Y cada uno echó mano de la cabeza de su compañero, y metióle su espada por el costado, cayendo así á una; por lo que fué llamado aquel lugar, Helcath-assurim, el cual está en Gabaón.

17 Y hubo aquel día una batalla muy recia, y Abner y los hombres de Israel fueron vencidos de los siervos de David.

18 Y estaban allí los tres hijos de Sarvia: Joab, y Abisai, y Asael. Este Asael era suelto de pies como un corzo del campo.

19 El cual Asael siguió á Abner, yendo tras de él sin apartarse á diestra ni á siniestra.

20 Y Abner miró atrás, y dijo: ¿No eres tú Asael? Y él respondió: Sí.

21 Entonces Abner le dijo: Apártate á la derecha ó á la izquierda, y agárrate alguno de los mancebos, y toma para ti sus despojos. Pero Asael no quiso apartarse de en pos de él.

22 Y Abner tornó á decir á Asael: Apártate de en pos de mí, porque te heriré derribándote en tierra, y después ¿cómo levantaré mi rostro á tu hermano Joab?

23 Y no queriendo él irse, hiriólo Abner con el regatón de la lanza por la quinta costilla, y salióle la lanza por las espaldas, y cayó allí, y murió en aquel mismo sitio. Y todos los que venían por aquel lugar donde Asael había caído y estaba muerto, se paraban.

24 Mas Joab y Abisai siguieron á Abner; y púsoseles el sol cuando llegaron al collado de Amma, que está delante de Gía, junto al camino del desierto de Gabaón.

25 Y juntáronse los hijos de Benjamín en un escuadrón con Abner, y paráronse en la cumbre del collado.

26 Y Abner dió voces á Joab, diciendo: ¿Consumirá la espada perpetuamente? ¿no sabes tú que al cabo se sigue amargura? ¿hasta cuándo no has de decir al pueblo que se vuelvan á sus hermanos?

27 Y Joab respondió: Vive Dios que si no hubieras hablado, ya desde esta mañana el pueblo hubiera dejado de seguir á sus hermanos.

28 Entonces Joab tocó el cuerno, y todo el pueblo se detuvo, y no siguió más á los de Israel, ni peleó más.

29 Y Abner y los suyos caminaron por la campiña toda aquella noche, y pasando el Jordán cruzaron por todo Bitrón, y llegaron á Mahanaim.

30 Joab también volvió de seguir á Abner, y juntando todo el pueblo, faltaron de los siervos de David diecinueve hombres, y Asael.

31 Mas los siervos de David hirieron de los de Benjamín y de los de Abner, trescientos y sesenta hombres, que murieron. Tomaron luego á Asael, y sepultáronlo en el sepulcro de su padre en Beth-lehem.

32 Y caminaron toda aquella noche Joab y los suyos, y amaneciéles en Hebrón.

3 Y hubo larga guerra entre la casa de Saúl y la casa de David; mas David se iba fortificando, y la casa de Saúl iba en disminución.

2 Y nacieron hijos á David en Hebrón: su primogénito fué Ammón, de Ahinoam Jezreelita;

3 Su segundo Chileab, de Abigail la mujer de Nabal, el del Carmelo; el tercero, Absalóm, hijo de Maachâ, hija de Talmai rey de Gessur;

4 El cuarto, Adonías hijo de Haggith; el quinto, Saphatías hijo de Abital;

5 El sexto, Jetraam, de Egla mujer de David. Estos nacieron á David en Hebrón.

6 Y como había guerra entre la casa de Saúl y la de David, aconteció que Abner se esforzaba por la casa de Saúl.

7 Y había Saúl tenido una concubina que se llamaba Rispa, hija de Aja. Y dijo Is-boseth á Abner: ¿Por qué has entrado á la concubina de mi padre?

8 Y enójose Abner en gran manera por las palabras de Is-boseth, y dijo: ¿Soy yo cabeza de perros respecto de Judá? Yo he hecho hoy misericordia con la casa de Saúl tu padre, con sus hermanos, y con sus amigos, y no te he entregado en las manos de David: ¿y tú me haces hoy cargo del pecado de esta mujer?

9 Así haga Dios á Abner y así le añada, si como ha jurado Jehová á David no hiciere yo así con él,

10 Trasladando el reino de la casa de Saúl, y confirmando el trono de David sobre Israel y sobre Judá, desde Dan hasta Beer-sebah.

11 Y él no pudo responder palabra á Abner, porque le temía.

12 Y envió Abner mensajeros á David de su parte, diciendo: ¿Cúya es la tierra? Y que le dijesen: Haz alianza conmigo, y he aquí que mi mano será contigo para volver á ti á todo Israel.

13 Y David dijo: Bien; yo haré contigo alianza: mas una cosa te pido, y es, que no me vengas á ver sin que primero traigas á Michâl la hija de Saúl, cuando vinieres á verme.

14 Después de esto envió David mensajeros á Is-boseth hijo de Saúl, diciendo: Restitúyeme á mi mujer Michâl, la cual yo desposé conmigo por cien prepucios de Filisteos.

15 Entonces Is-boseth envió, y quitóla á su marido Paltiel, hijo de Lais.

16 Y su marido fué con ella, siguiéndola y llorando hasta Bahurim. Y díjole Abner: Anda, vuélvete. Entonces él se volvió.

17 Y habló Abner con los ancianos de Israel, diciendo: Ayer y antes procurabais que David fuese rey sobre vosotros;

18 Ahora, pues, hacedlo; porque Jehová ha hablado á David, diciendo: Por la mano de mi siervo David libraré á mi pueblo Israel de mano de los Filisteos, y de mano de todos sus enemigos.

19 Y habló también Abner á los de Benjamín: y fué también Abner á Hebrón á decir á David lo que al parecer de los de Israel y de toda la casa de Benjamín.

20 Vino pues Abner á David en Hebrón, y con él veinte hombres: y David hizo banquete á Abner y á los que con él habían venido.

21 Y dijo Abner á David: Yo me levantaré é iré, y juntaré á mi señor el rey á todo Israel, para que hagan contigo alianza, y tú reines como deseas. David despidió luego á Abner, y él se fué en paz.

22 Y he aquí los siervos de David y Joab, que venían del campo, y traían consigo gran presa. Mas Abner no estaba con David en Hebrón, que ya lo había él despedido, y él se había ido en paz.

23 Y luego que llegó Joab y todo el ejército que con él estaba, fué dado aviso á Joab, diciendo: Abner hijo de Ner ha venido al rey, y él le ha despedido, y se fué en paz.

24 Entonces Joab vino al rey, y díjole: ¿Qué has hecho? He aquí habíase venido Abner á ti; ¿por qué pues lo dejaste que se fuése?

25 ¿Sabes tú que Abner hijo de Ner ha venido para engañarte, y á saber tu salida y tu entrada, y por entender todo lo que tú haces?

26 Y saliéndose Joab de con David, envió mensajeros tras Abner, los cuales le volvieron desde el pozo de Sira, sin saberlo David.

27 Y como Abner volvió á Hebrón, apartólo Joab al medio de la puerta, hablando con él blandamente, y allí le hirió por la quinta costilla, á causa de la muerte de Asael su hermano, y murió.

28 Cuando David supo después esto, dijo: Limpio estoy yo y mi reino, por Jehová, para siempre, de la sangre de Abner hijo de Ner.

29 Caiga sobre la cabeza de Joab, y sobre toda la casa de su padre; que nunca falte de la casa de Joab quien padezca flujo, ni leproso, ni quien ande con báculo, ni quien muera á cuchillo, ni quien tenga falta de pan.

30 Joab pues y Abisai su hermano mataron á Abner, porque él había muerto á Asael, hermano de ellos en la batalla de Gabaón.

31 Entonces dijo David á Joab, y á todo el pueblo que con él estaba: Romped vuestros vestidos, y ceñíos de sacos, y haced duelo delante de Abner. Y el rey iba detrás del féretro.

32 Y sepultaron á Abner en Hebrón: y alzando el rey su voz, lloró junto al sepulcro de Abner; y lloró también todo el pueblo.

33 Y endechando el rey al mismo Abner, decía: ¿Murió Abner como muere un villano?

34 Tus manos no estaban atadas, ni tus pies ligados con grillos: Caíste como los que caen delante de malos hombres. Y todo el pueblo volvió á llorar sobre él.

35 Y como todo el pueblo viniese á dar de comer pan á David siendo aún de día, David juró, diciendo: Así me haga Dios y así me añada, si antes que se ponga el sol gustare yo pan, ú otra cualquier cosa.

36 Súpolo así todo el pueblo, y plugo en sus ojos; porque todo lo que el rey hacía parecía bien en ojos de todo el pueblo.

37 Y todo el pueblo y todo Israel entendieron aquel día, que no había venido del rey que Abner hijo de Ner muriese.

38 Y el rey dijo á sus siervos: ¿No sabéis que ha caído hoy en Israel un príncipe, y grande?

39 Que yo ahora aún soy tierno rey ungido; y estos hombres, los hijos de Sarvia, muy duros me son: Jehová dé el pago al que mal hace, conforme á su malicia.

4 Luego que oyó el hijo de Saúl que Abner había sido muerto en Hebrón, las manos se le descoyuntaron, y fué atemorizado todo Israel.

2 Y tenía el hijo de Saúl dos varones, los cuales eran capitanes de compañía, el nombre de uno era Baana, y el del otro Rechâb, hijos de Rimmón Beerothita, de los hijos de Benjamín: (porque Beeroth era contada con Benjamín;

3 Estos Beerothitas se habían huído á Gittaim, y habían sido peregrinos allí hasta entonces.)

4 Y Jonathán, hijo de Saúl, tenía un hijo lisiado de los pies de edad de cinco años: que cuando la noticia de la muerte de Saúl y de Jonathán vino de Jezreel, tomóle su ama y huyó; y como iba huyendo con celeridad, cayó el niño y quedó cojo. Su nombre era Mephi-boseth.

5 Los hijos pues de Rimmón Beerothita, Rechâb y Baana, fueron y entraron en el mayor calor del día en casa de Is-boseth, el cual estaba durmiendo en su cámara la siesta.

6 Entonces entraron ellos en medio de la casa en hábito de mercaderes de grano, y le hirieron en la quinta costilla. Escapáronse luego Rechâb y Baana su hermano;

7 Pues como entraron en la casa, estando él en su cama en su cámara de dormir, lo hirieron y mataron, y cortáronle la cabeza, y habiéndola tomado, caminaron toda la noche por el camino de la campiña.

8 Y trajeron la cabeza de Is-boseth á David en Hebrón, y dijeron al rey: He aquí la cabeza de Is-boseth hijo de Saúl tu enemigo, que procuraba matarte; y Jehová ha vengado hoy á mi señor el rey, de Saúl y de su simiente.

9 Y David respondió á Rechâb y á su hermano Baana, hijos de Rimmón Beerothita, y díjoles: Vive Jehová que ha redimido mi alma de toda angustia,

10 Que cuando uno me dió nuevas, diciendo: He aquí Saúl es muerto imaginándose que traía buenas nuevas, yo lo prendí, y le maté en Siclag en pago de la nueva.

11 ¿Cuánto más á los malos hombres que mataron á un hombre justo en su casa, y sobre su cama? Ahora pues, ¿no tengo yo de demandar su sangre de vuestras manos, y quitaros de la tierra?

12 Entonces David mandó á los mancebos, y ellos los mataron, y cortáronles las manos y los pies, y colgáronlos sobre el estanque, en Hebrón. Luego tomaron la cabeza de Is-boseth, y enterráronla en el sepulcro de Abner en Hebrón.

5 Y vinieron todas las tribus de Israel á David en Hebrón, y hablaron, diciendo: He aquí nosotros somos tus huesos y tú carne.

2 Y aun ayer y antes, cuando Saúl reinaba sobre nosotros, tú sacabas y volvías á Israel. Además Jehová te ha dicho: Tú apacentarás á mi pueblo Israel, y tú serás sobre Israel príncipe.

3 Vinieron pues todos los ancianos de Israel al rey en Hebrón, y el rey David hizo con ellos alianza en Hebrón delante de Jehová; y ungieron á David por rey sobre Israel.

4 Era David de treinta años cuando comenzó á reinar, y reinó cuarenta años.

5 En Hebrón reinó sobre Judá siete años y seis meses: y en Jerusalem reinó treinta y tres años sobre todo Israel y Judá.

6 Entonces el rey y los suyos fueron á Jerusalem al Jebuseo que habitaba en la tierra; el cual habló á David, diciendo: Tú no entrarás acá, así no echares los ciegos y los cojos; diciendo: No entrará acá David.

7 Empero David tomó la fortaleza de Sión, la cual es la ciudad de David.

8 Y dijo David aquel día: ¿Quién llegará hasta las canales, y herirá al Jebuseo, y á los cojos y ciegos, á los cuales el alma de

David aborrece? Por esto se dijo: Ciego ni cojo no entrará en casa.

9 Y David moró en la fortaleza, y púsole por nombre la Ciudad de David: y edificó alrededor, desde Millo para adentro.

10 Y David iba creciendo y aumentándose, y Jehová Dios de los ejércitos era con él.

11 E Hiram rey de Tiro envió también embajadores á David, y madera de cedro, y carpinteros, y canteros para los muros, los cuales edificaron la casa de David.

12 Y entendió David que Jehová le había confirmado por rey sobre Israel, y que había ensalzado su reino por amor de su pueblo Israel.

13 Y tomó David más concubinas y mujeres de Jerusalem después que vino de Hebrón, y naciéronle más hijos é hijas.

14 Estos son los nombres de los que le nacieron en Jerusalem: Sammua, y Sobab, y Nathán, y Salomón,

15 E Ibhar, y Elisua, y Nepheg,

16 Y Japhia, y Elisama, y Eliada, y Eliphelet.

17 Y oyendo los Filisteos que habían ungido á David por rey sobre Israel, todos los Filisteos subieron á buscar á David: lo cual como David oyó, vino á la fortaleza.

18 Y vinieron los Filisteos, y extendiéronse por el valle de Raphaim.

19 Entonces consultó David á Jehová, diciendo: ¿Iré contra los Filisteos? ¿los entregarás en mis manos? Y Jehová respondió á David: Ve, porque ciertamente entregaré los Filisteos en tus manos.

20 Y vino David á Baal-perasim, y allí los venció David, y dijo: Rompió Jehová mis enemigos delante de mí, como quien rompe aguas. Y por esto llamó el nombre de aquel lugar Baal-perasim.

21 Y dejaron allí sus ídolos, los cuales quemó David y los suyos.

22 Y los Filisteos tornaron á venir, y extendiéronse en el valle de Raphaim.

23 Y consultando David á Jehová, él le respondió: No subas; mas rodéalos, y vendrás á ellos por delante de los morales.

24 Y cuando oyeres un estruendo que irá por las copas de los morales, entonces te moverás; porque Jehová saldrá delante de ti á herir el campo de los Filisteos.

25 Y David lo hizo así, como Jehová se lo había mandado; é hirió á los Filisteos desde Gabaa hasta llegar á Gaza.

6 Y David tornó á juntar todos los escogidos de Israel, treinta mil.

2 Y levantóse David, y fué con todo el pueblo que tenía consigo, de Baal de Judá, para hacer pasar de allí el arca de Dios, sobre la cual era invocado el nombre de Jehová de los ejércitos, que mora en ella entre los querubines.

3 Y pusieron el arca de Dios sobre un carro nuevo, y lleváronla de la casa de Abinadab, que estaba en Gabaa: y Uzza y Ahio, hijos de Abinadab, guiaban el carro nuevo.

4 Y cuando lo llevaban de la casa de Abinadab que estaba en Gabaa, con el arca de Dios, Ahio iba delante del arca.

5 Y David y toda la casa de Israel danzaban delante de Jehová con toda suerte de instrumentos de madera de haya; con arpas, salterios, adufes, flautas y címbalos.

6 Y cuando llegaron á la era de Nachón, Uzza extendió la mano al arca de Dios, y túvola; porque los bueyes daban sacudidas.

7 Y el furor de Jehová se encendió contra Uzza, é hiriólo allí Dios por aquella temeridad, y cayó allí muerto junto al arca de Dios.

8 Y entristecióse David por haber herido Jehová á Uzza: y fué llamado aquel lugar Pérez-uzza, hasta hoy.

9 Y temiendo David á Jehová aquel día, dijo: ¿Cómo ha de venir á mí el arca de Jehová?

10 No quiso pues David traer á sí el arca de Jehová á la ciudad de David; mas llevóla David á casa de Obed-edom Getheo.

11 Y estuvo el arca de Jehová en casa de Obed-edom Getheo tres meses: y bendijo Jehová á Obed-edom y á toda su casa.

12 Y fué dado aviso al rey David, diciendo: Jehová ha bendecido la casa de Obed-edom, y todo lo que tiene, á causa del arca de Dios. Entonces David fué, y trajo el arca de Dios de casa de Obed-edom á la ciudad de David con alegría.

13 Y como los que llevaban el arca de Dios habían andado seis pasos, sacrificaban un buey y un carnero grueso.

14 Y David saltaba con toda su fuerza delante de Jehová; y tenía vestido David un ephod de lino.

15 Así David y toda la casa de Israel llevaban el arca de Jehová con júbilo y sonido de trompeta.

16 Y como el arca de Jehová llegó á la ciudad de David, aconteció que Michâl hija de Saúl miró desde una ventana, y vió al rey David que saltaba con toda su fuerza delante de Jehová: y menosprecióle en su corazón.

17 Metieron pues el arca de Jehová, y pusiéronla en su lugar en medio de una tienda que David le había tendido: y sacrificó David holocaustos y pacíficos delante de Jehová.

18 Y como David hubo acabado de ofrecer los holocaustos y pacíficos, bendijo al pueblo en el nombre de Jehová de los ejércitos.

19 Y repartió á todo el pueblo, y á toda la multitud de Israel, así á hombres como á mujeres, á cada uno una torta de pan, y un pedazo de carne, y un frasco de vino. Y fuése todo el pueblo, cada uno á su casa.

20 Volvió luego David para bendecir su casa: y saliendo Michâl á recibir á David, dijo: ¡Cuán honrado ha sido hoy el rey de Israel, desnudándose hoy delante de las criadas de sus siervos, como se desnudara un juglar!

21 Entonces David respondió á Michâl: Delante de Jehová, que me eligió más bien que á tu padre y á toda su casa, mandándome que fuese príncipe sobre el pueblo de Jehová, sobre Israel, danzaré delante de Jehová.

22 Y aun me haré más vil que esta vez, y seré bajo á mis propios ojos; y delante de las criadas que dijiste, delante de ellas seré honrado.

23 Y Michâl hija de Saúl nunca tuvo hijos hasta el día de su muerte.

7 Y aconteció que, estando ya el rey asentado en su casa, después que Jehová le había dado reposo de todos sus enemigos en derredor,

2 Dijo el rey al profeta Nathán: Mira ahora, yo moro en edificios de cedro, y el arca de Dios está entre cortinas.

3 Y Nathán dijo al rey: Anda, y haz todo lo que está en tu corazón, que Jehová es contigo.

4 Y aconteció aquella noche, que fué palabra de Jehová á Nathán, diciendo:

5 Ve y di á mi siervo David: Así ha dicho Jehová: ¿Tú me has de edificar casa en que yo more?

6 Ciertamente no he habitado en casas desde el día que saqué á los hijos de Israel de Egipto hasta hoy, sino que anduve en tienda y en tabernáculo.

7 Y en todo cuanto he andado con todos los hijos de Israel, ¿he hablado palabra en alguna de las tribus de Israel, á quien haya mandado que apaciente mi pueblo de Israel, para decir: ¿Por qué no me habéis edificado casa de cedros?

8 Ahora pues, dirás así á mi siervo David: Así ha dicho Jehová de los ejércitos: Yo te tomé de la majada, de detrás de las ovejas, para que fueses príncipe sobre mi pueblo, sobre Israel;

9 Y he sido contigo en todo cuanto has andado, y delante de ti he talado todos tus enemigos, y te he hecho nombre grande, como el nombre de los grandes que son en la tierra.

10 Además yo fijaré lugar á mi pueblo Israel; yo lo plantaré, para que habite en su lugar, y nunca más sea removido, ni los inicuos le aflijan más, como antes,

11 Desde el día que puse jueces sobre mi pueblo Israel; y yo te daré descanso de todos tus enemigos. Asimimso Jehová te hace saber, que él te quiere hacer casa.

12 Y cuando tus días fueren cumplidos, y durmieres con tus padres, yo estableceré tu simiente después de ti, la cual procederá de tus entrañas, y aseguraré su reino.

13 El edificará casa á mi nombre, y yo afirmaré para siempre el trono de su reino.

14 Yo le seré á él padre, y él me será á mí hijo. Y si él hiciere mal, yo le castigaré con vara de hombres, y con azotes de hijos de hombres;

15 Empero mi misericordia no se apartará de él, como la aparté de Saúl, al cual quité de delante de ti.

16 Y será afirmada tu casa y tu reino para siempre delante de tu rostro; y tu trono será estable eternamente.

17 Conforme á todas estas palabras, y conforme á toda esta visión, así habló Nathán á David.

18 Y entró el rey David, y púsose delante de Jehová, y dijo: Señor Jehová, ¿Quién soy yo, y qué es mi casa, para que tú me traigas hasta aquí?

19 Y aun te ha parecido poco esto, Señor Jehová, pues que también has hablado de la casa de tu siervo en lo por venir. ¿Es ése el modo de obrar del hombre, Señor Jehová?

20 ¿Y qué más puede añadir David hablando contigo? Tú pues conoces tu siervo, Señor Jehová.

21 Todas estas grandezas has obrado por tu palabra y conforme á tu corazón, haciéndolas saber á tu siervo.

22 Por tanto tú te has engrandecido, Jehová Dios: por cuanto no hay como tú, ni hay Dios fuera de ti, conforme á todo lo que hemos oído con nuestros oídos.

23 ¿Y quién como tu pueblo, como Israel, en la tierra? una gente por amor de la cual Dios fuese á redimírsela por pueblo, y le pusiese nombre, é hiciese por vosotros, oh Israel, grandes y espantosas obras en tu tierra, por amor de tu pueblo, oh Dios, que tú redimiste de Egipto, de las gentes y de sus dioses?

24 Porque tú te has confirmado á tu pueblo Israel por pueblo tuyo para siempre: y tú, oh Jehová, fuiste á ellos por Dios.

25 Ahora pues, Jehová Dios, la palabra que has hablado sobre tu siervo y sobre su casa, despiértala para siempre, y haz conforme á lo que has dicho.

26 Que sea engrandecido tu nombre para siempre, y dígase: Jehová de los ejércitos es Dios sobre Israel; y que la casa de tu siervo David sea firme delante de ti.

27 Porque tú, Jehová de los ejércitos, Dios de Israel, revelaste al oído de tu siervo, diciendo: Yo te edificaré casa. Por esto tu siervo ha hallado en su corazón para hacer delante de ti esta súplica.

28 Ahora pues, Jehová Dios, tú eres Dios, y tus palabras serán firmes, ya que has dicho á tu siervo este bien.

29 Tenlo pues ahora á bien, y bendice la casa de tu siervo, para que perpetuamente permanezca delante de ti: pues que tú, Jehová Dios, lo has dicho, y con tu bendición será bendita la casa de tu siervo para siempre.

8 Después de esto aconteció, que David hirió á los Filisteos, y los humilló: y tomó David á Methegamma de mano de los Filisteos.

2 Hirió también á los de Moab, y midiólos con cordel, haciéndolos echar por tierra; y midió con dos cordeles para muerte, y un cordel entero para vida; y fueron los Moabitas siervos debajo de tributo.

3 Asimismo hirió David á Hadad-ezer hijo de Rehob, rey de Soba, yendo él á extender su término hasta el río de Eufrates.

4 Y tomó David de ellos mil y setecientos de á caballo, y veinte mil hombres de á pie; y desjarretó David los caballos de todos los carros, excepto cien carros de ellos que dejó.

5 Y vinieron los Siros de Damasco á dar ayuda á Hadad-ezer rey de Soba; y David hirió de los Siros veinte y dos mil hombres.

6 Puso luego David guarnición en Siria la de Damasco, y fueron los Siros siervos de David sujetos á tributo. Y Jehová guardó á David donde quiere que fué.

7 Y tomó David los escudos de oro que traían los siervos de Hadad-ezer, y llevólos á Jerusalem.

8 Asimismo de Beta y de Beeroth, ciudades de Hadad-ezer, tomó el rey David gran copia de metal.

9 Entonces oyendo Toi, rey de Hamath, que David había herido todo el ejército de Hadad-ezer,

10 Envió Toi á Joram su hijo al rey David, á saludarle pacíficamente y á bendecirle, porque había peleado con Hadad-ezer y lo había vencido: porque Toi era enemigo de Hadad-ezer. Y Joram llevaba en su mano vasos de plata, y vasos de oro, y de metal;

11 Los cuales el rey David dedicó á Jehová, con la plata y el oro que tenía dedicado de todas las naciones que había sometido:

12 De los Siros, de los Moabitas, de los Ammonitas, de los Filisteos, de los Amalecitas, y del despojo de Hadad-ezer hijo de Rehob, rey de Soba.

13 Y ganó David fama cuando, volviendo de la rota de los Siros, hirió diez y ocho mil hombres en el valle de la sal.

14 Y puso guarnición en Edom, por toda Edom puso guarnición; y todos los Idumeos fueron siervos de David. Y Jehová guardó á David por donde quiera que fué.

15 Y reinó David sobre todo Israel; y hacía David derecho y justicia á todo su pueblo.

16 Y Joab hijo de Sarvia era general de su ejército; y Josaphat hijo de Ahilud, canciller;

17 Y Sadoc hijo de Ahitud, y Ahimelech hijo de Abiathar, eran sacerdotes; y Seraía era escriba;

18 Y Benahía hijo de Joiada, era sobre los Ceretheos y Peletheos; y los hijos de David eran los príncipes.

9 Y dijo David: ¿Ha quedado alguno de la casa de Saúl, á quien haga yo misericordia por amor de Jonathán?

2 Y había un siervo de la casa de Saúl, que se llamaba Siba, al cual como llamaron que viniese á David, el rey le dijo: ¿Eres tú Siba? Y él respondió: Tu siervo.

3 Y el rey dijo: ¿No ha quedado nadie de la casa de Saúl, á quien haga yo misericordia de Dios? Y Siba respondió al rey: Aun ha quedado un hijo de Jonathán, lisiado de los pies.

4 Entonces el rey le dijo: ¿Y ése dónde está? Y Siba respondió al rey: He aquí, está en casa de Machîr hijo de Amiel, en Lodebar.

5 Y envió el rey David, y tomólo de casa de Machîr hijo de Amiel, de Lodebar.

6 Y venido Mephi-boseth, hijo de Jonathán hijo de Saúl, á David, postróse sobre su rostro, é hizo reverencia. Y dijo David: Mephi-boseth. Y él respondió: He aquí tu siervo.

7 Y díjole David: No tengas temor, porque yo á la verdad haré contigo misericordia por amor de Jonathán tu padre, y te haré volver todas las tierras de Saúl tu padre; y tú comerás siempre pan á mi mesa.

8 Y él inclinándose, dijo: ¿Quién es tu siervo, para que mires á un perro muerto como yo?

9 Entonces el rey llamó á Siba, siervo de Saúl, y díjole: Todo lo que fué de Saúl y de toda su casa, he dado al hijo de tu señor.

10 Tú pues le labrarás las tierras, tú con tus hijos, y tus siervos, y encerrarás los frutos, para que el hijo de tu Señor tenga con qué mantenerse; y Mephi-boseth el hijo de tu señor tenga con qué mantenerse; y Mephi-boseth el hijo de tu señor comerá siempre pan á mi mesa. Y tenía Siba quince hijos y veinte siervos.

11 Y respondió Siba al rey: Conforme á todo lo que ha mandado mi Señor el rey á su siervo, así lo hará tu siervo. Mephi-boseth, dijo el rey, comerá á mi mesa, como uno de los hijos del rey.

12 Y tenía Mephi-boseth un hijo pequeño, que se llamaba Michâ. Y toda la familia de la casa de Siba eran siervos de Mephi-boseth.

13 Y moraba Mephi-boseth en Jerusalem, porque comía siempre á la mesa del rey; y era cojo de ambos pies.

10 Después de esto aconteció, que murió el rey de los hijos de Ammón; y reinó en lugar suyo Hanún su hijo.

2 Y dijo David: Yo haré misericordia con Hanún hijo de Naas, como su padre la hizo conmigo. Y envió David sus siervos á consolarlo por su padre. Mas llegados los siervos de David á la tierra de los hijos de Ammón,

3 Los príncipes de los hijos de Ammón dijeron á Hanún su señor: ¿Te parece que por honrar David á tu padre te ha enviado consoladores? ¿no ha enviado David sus siervos á ti por reconocer é inspeccionar la ciudad, para destruirla?

4 Entonces Hanún tomó los siervos de David, y rapóles la mitad de la barba, y córtales los vestidos por la mitad hasta las nalgas, y despachólos.

5 Lo cual como fué hecho saber á David, envió á encontrarles, porque ellos estaban en extremo avergonzados; y el rey hizo decir les: Estaos en Jericó hasta que os vuelva á nacer la barba, y entonces regresaréis.

6 Y viendo los hijos de Ammón que se habían hecho odiosos á David, enviaron los hijos de Ammón y tomaron á sueldo á los Siros de la casa de Rehob, y á los Siros de Soba, veinte mil hombres de á pie: y del rey de Maaca mil hombres, y de Is-tob doce mil hombres.

7 Lo cual como oyó David, envió á Joab con todo el ejército de los valientes.

8 Y saliendo los hijos de Ammón, ordenaron sus escuadrones á la entrada de la puerta: mas los Siros de Soba, y de Rehob, y de Is-tob, y de Maaca, estaban de por sí en le campo.

9 Viendo pues Joab que había escuadrones delante y detrás de él, entresacó de todos los escogidos de Israel, y púsose en orden contra los Siros.

10 Entregó luego lo que quedó del pueblo en mano de Abisai su hermano, y púsolo en orden para encontrar á los Ammonitas.

11 Y dijo: Si los Siros me fueren superiores, tú me ayudarás; y si los hijos de Ammón pudieren más que tú, yo te daré ayuda.

12 Esfuérzate, y esforcémonos por nuestro pueblo, y por las ciudades de nuestro Dios: y haga Jehová lo que bien le pareciere.

13 Y acercóse Joab, y el pueblo que con él estaba, para pelear con los Siros; mas ellos huyeron delante de él.

14 Entonces los hijos de Ammón, viendo que los Siros habían huído, huyeron también ellos delante de Abisai, y

entráronse en la ciudad. Y volvió Joab de los hijos de Ammón, y vínose á Jerusalem.

15 Mas viendo los Siros que habían caído delante de Israel, tornáronse á juntar.

16 Y envió Hadad-ezer, y sacó los Siros que estaban de la otra parte del río, los cuales vinieron á Helam, llevando por jefe á Sobach general del ejército de Hadad-ezer.

17 Y como fué dado aviso á David, juntó á todo Israel, y pasando el Jordán vino á Helam: y los Siros se pusieron en orden contra David, y pelearon con él.

18 Mas los Siros huyeron delante de Israel: é hirió David de los Siros la gente de setecientos carros, y cuarenta mil hombres de á caballo: hirió también á Sobach general del ejército, y murió allí.

19 Viendo pues todos los reyes que asistían á Hadad-ezer, como habían ellos sido derrotados delante de Israel, hicieron paz con Israel, y sirviéronle; y de allí adelante temieron los Siros de socorrer á los hijos de Ammón.

11 Y aconteció á la vuelta de un año, en el tiempo que salen los reyes á la guerra, que David envió á Joab, y á sus siervos con él, y á todo Israel; y destruyeron á los Ammonitas, y pusieron cerco á Rabba: mas David se quedó en Jerusalem.

2 Y acaeció que levantándose David de su cama á la hora de la tarde, paseábase por el terrado de la casa real, cuando vió desde el terrado una mujer que se estaba lavando, la cual era muy hermosa.

3 Y envió David á preguntar por aquella mujer, y dijéronle: Aquella es Bath-sheba hija de Eliam, mujer de Uría Hetheo.

4 Y envió David mensajeros, y tomóla: y así que hubo entrado á él, él durmió con ella. Purificóse luego ella de su inmundicia, y se volvió á su casa.

5 Y concibió la mujer, y envióló á hacer saber á David, diciendo: Yo estoy embarazada.

6 Entonces David envió á decir á Joab: Envíame á Uría Hetheo. Y envióló Joab á David.

7 Y como Uría vino á él, preguntóle David por la salud de Joab, y por la salud del pueblo, y asimismo de la guerra.

8 Después dijo David á Uría: Desciende á tu casa, y lava tus pies. Y saliendo Uría de casa del rey, vino tras de él comida real.

9 Mas Uría durmió á la puerta de la casa del rey con todos los siervos de su señor, y no descendió á su casa.

10 E hicieron saber esto á David, diciendo: Uría no ha descendido á su casa. Y dijo David á Uría: ¿No has venido de camino? ¿por qué pues no descendiste á tu casa?

11 Y Uría respondió á David: El arca, é Israel y Judá, están debajo de tiendas; y mi señor Joab, y los siervos de mi señor sobre la haz del campo: ¿y había yo de entrar en mi casa para comer y beber, y á dormir con mi mujer? Por vida tuya, y por vida de tu alma, que yo no haré tal cosa.

12 Y David dijo á Uría: Estáte aquí aún hoy, y mañana te despacharé. Y quedóse Uría en Jerusalem aquel día y el siguiente.

13 Y David lo convidó, é hízole comer y beber delante de sí, hasta embriagarlo. Y él salió á la tarde á dormir en su cama con los siervos de su señor; mas no descendió á su casa.

14 Venida la mañana, escribió David á Joab una carta, la cual envió por mano de Uría.

15 Y escribió en la carta, diciendo: Poned á Uría delante de la fuerza de la batalla, y desamparadle, para que sea herido y muera.

16 Así fué que cuando Joab cercó la ciudad, puso á Uría en el lugar donde sabía que estaban los hombres más valientes.

17 Y saliendo luego los de la ciudad, pelearon con Joab, y cayeron algunos del pueblo de los siervos de David; y murió también Uría Hetheo.

18 Entonces envió Joab, é hizo saber á David todos los negocios de la guerra.

19 Y mandó al mensajero, diciendo: Cuando acabares de contar al rey todos los negocios de la guerra,

20 Si el rey comenzare á enojarse, y te dijere: ¿Por qué os acercasteis á la ciudad peleando? ¿no sabíais lo que suelen arrojar del muro?

21 ¿Quién hirió á Abimelech hjo de Jerobaal? ¿no echó una mujer del muro un pedazo de una rueda de molino, y murió en Thebes? ¿por qué os llegasteis al muro?: entonces tú le dirás: También tu siervo Uría Hetheo es muerto.

22 Y fué el mensajero, y llegando, contó á David todas las cosas á que Joab le había enviado.

23 Y dijo el mensajero á David: Prevalecieron contra nosotros los hombres, que salieron á nosotros al campo, bien que

nosotros les hicimos retroceder hasta la entrada de la puerta;

24 Pero los flecheros tiraron contra tus siervos desde el muro, y murieron algunos de los siervos del rey; y murió también tu siervo Uría Hetheo.

25 Y David dijo al mensajero: Dirás así á Joab: No tengas pesar de esto, que de igual y semejante manera suele consumir la espada: esfuerza la batalla contra la ciudad, hasta que la rindas. Y tú aliéntale.

26 Y oyendo la mujer de Uría que su marido Uría era muerto, hizo duelo por su marido.

27 Y pasado el luto, envió David y recogióla á su casa: y fué ella su mujer, y parióle un hijo. Mas esto que David había hecho, fué desagradable á los ojos de Jehová.

12 Y envió Jehová á Nathán á David, el cual viniendo á él, díjole: Había dos hombres en una ciudad, el uno rico, y el otro pobre.

2 El rico tenía numerosas ovejas y vacas:

3 Mas el pobre no tenía más que una sola cordera, que él había comprado y criado, y que había crecido con él y con sus hijos juntamente, comiendo de su bocado, y bebiendo de su vaso, y durmiendo en su seno: y teníala como á una hija.

4 Y vino uno de camino al hombre rico; y él no quiso tomar de sus ovejas y de sus vacas, para guisar al caminante que le había venido, sino que tomó la oveja de aquel hombre pobre, y aderezóla para aquel que le había venido.

5 Entonces se encendió el furor de David en gran manera contra aquel hombre, y dijo á Nathán: Vive Jehová, que el que tal hizo es digno de muerte.

6 Y que él debe pagar la cordera con cuatro tantos, porque hizo esta tal cosa, y no tuvo misericordia.

7 Entonces dijo Nathán á David: Tú eres aquel hombre. Así ha dicho Jehová, Dios de Israel: Yo te ungí por rey sobre Israel, y te libré de la mano de Saúl;

8 Y te dí la casa de tu señor, y las mujeres de tu señor en tu seno: demás de esto te dí la casa de Israel y de Judá; y si esto es poco, yo te añadiré tales y tales cosas.

9 ¿Por qué pues tuviste en poco la palabra de Jehová, haciendo lo malo delante de sus ojos? A Uría Hetheo heriste á cuchillo, y tomaste por tu mujer á su mujer, y á él mataste con el cuchillo de los hijos de Ammón.

10 Por lo cual ahora no se apartará jamás de tu casa la espada; por cuanto me menospreciaste, y tomaste la mujer de Uría Hetheo para que fuese tu mujer.

11 Así ha dicho Jehová: He aquí yo levantaré sobre ti el mal de tu misma casa, y tomaré tus mujeres delante de tus ojos, y las daré á tu prójimo, el cual yacerá con tus mujeres á la vista de este sol.

12 Porque tú lo hiciste en secreto; mas yo haré esto delante de todo Israel, y delante del sol.

13 Entonces dijo David á Nathán: Pequé contra Jehová. Y Nathán dijo á David: También Jehová ha remitido tu pecado: no morirás.

14 Mas por cuanto con este negocio hiciste blasfemar á los enemigos de Jehová, el hijo que te ha nacido morirá ciertamente.

15 Y Nathán se volvió á su casa. Y Jehová hirió al niño que la mujer de Uría había parido á David, y enfermó gravemente.

16 Entonces rogó David á Dios por el niño; y ayunó David, recogióse, y pasó la noche acostado en tierra.

17 Y levantándose los ancianos de su casa fueron á él para hacerlo levantar de tierra; mas él no quiso, ni comió con ellos pan.

18 Y al séptimo día murió el niño; pero sus siervos no osaban hacerle saber que el niño era muerto, diciendo entre sí: Cuando el niño aun vivía, le hablábamos, y no quería oir nuestra voz: ¿pues cuánto más mal le hará, si le dijéremos que el niño es muerto?

19 Mas David viendo á sus siervos hablar entre sí, entendió que el niño era muerto; por lo que dijo David á sus siervos: ¿Es muerto el niño? Y ellos respondieron: Muerto es.

20 Entonces David se levantó de tierra, y lavóse y ungióse, y mudó sus ropas, y entró á la casa de Jehová, y adoró. Y después vino á su casa, y demandó, y pusiéronle pan, y comió.

21 Y dijéronle sus siervos: ¿Qué es esto que has hecho? Por el niño, viviendo aún, ayunabas y llorabas; y él muerto, levantástete y comiste pan.

22 Y él respondió: Viviendo aún el niño, yo ayunaba y lloraba, diciendo: ¿Quién sabe si Dios tendrá compasión de mí, por manera que viva el niño?

23 Mas ahora que ya es muerto, ¿para qué tengo de ayunar?

¿podré yo hacerle volver? Yo voy á él, mas él no volverá á mí.

24 Y consoló David á Bath-sheba su mujer, y entrando á ella, durmió con ella; y parió un hijo, y llamó su nombre Salomón, al cual amó Jehová:

25 Que envió por mano de Nathán profeta, y llamó su nombre Jedidiah, á causa de Jehová.

26 Y Joab peleaba contra Rabba de los hijos de Ammón, y tomó la ciudad real.

27 Entonces envió Joab mensajeros á David, diciendo: Yo he peleado contra Rabba, y he tomado la ciudad de las aguas.

28 Junta pues ahora el pueblo que queda, y asienta campo contra la ciudad, y tómala; porque tomando yo la ciudad, no se llame de mi nombre.

29 Y juntando David todo el pueblo fué contra Rabba, y combatióla, y tomóla.

30 Y tomó la corona de su rey de su cabeza, la cual pesaba un talento de oro, y tenía piedras preciosas; y fué puesta sobre la cabeza de David. Y trajo muy grande despojo de la ciudad.

31 Sacó además el pueblo que estaba en ella, y púsolo debajo de sierras, y de trillos de hierro, y de hachas de hierro; é hízolos pasar por hornos de ladrillos: y lo mismo hizo á todas las ciudades de los hijos de Ammón. Volvióse luego David con todo el pueblo á Jerusalem.

13 Acontecíó después de esto, que teniendo Absalom hijo de David una hermana hermosa que se llamaba Thamar, enamoróse de ella Amnón hijo de David.

2 Y estaba Amnón angustiado hasta enfermar, por Thamar su hermana: porque por ser ella virgen, parecía á Amnón que sería cosa dificultosa hacerle algo.

3 Y Amnón tenía un amigo que se llamaba Jonadab, hijo de Simea, hermano de David: y era Jonadab hombre muy astuto.

4 Y éste le dijo: Hijo del rey, ¿por qué de día en día vas así enflaqueciendo? ¿no me lo descubrirás á mí? Y Amnón le respondió: Yo amo á Thamar la hermana de Absalom mi hermano.

5 Jonadab le dijo: Acuéstate en tu cama, y finge que estás enfermo; y cuando tu padre viniere á visitarte, dile: Ruégote que venga mi hermana Thamar, para que me conforte con alguna comida, y aderece delante de mí alguna vianda, para que viendo yo, la coma de su mano.

6 Acostóse pues Amnón, y fingió que estaba enfermo, y vino el rey: á visitarle: y dijo Amnón al rey: Yo te ruego que venga mi hermana Thamar, y haga delante de mí dos hojuelas, que coma yo de su mano.

7 Y David envió á Thamar á su casa, diciendo: Ve ahora á casa de Amnón tu hermano, y hazle de comer.

8 Y fué Thamar á casa de su hermano Amnón, el cual estaba acostado; y tomó harina, y amasó é hizo hojuelas delante de él, y aderezólas.

9 Tomó luego la sartén, y sacólas delante de él: mas él no quiso comer. Y dijo Amnón: Echad fuera de aquí á todos. Y todos se salieron de allí.

10 Entonces Amnón dijo á Thamar: Trae la comida á la alcoba, para que yo coma de tu mano. Y tomando Thamar las hojuelas que había aderezado, llevólas á su hermano Amnón á la alcoba.

11 Y como se las puso delante para que comiese, él trabó de ella, diciéndole: Ven, hermana mía acuéstate conmigo.

12 Ella entonces le respondió: No, hermano mío, no me hagas fuerza; porque no se ha de hacer así con Israel. No hagas tal desacierto.

13 Porque, ¿dónde iría yo con mi deshonra? Y aun tú serías estimado como uno de los perversos en Israel. Ruégote pues ahora que hables al rey, que no me negará á ti.

14 Mas él no la quiso oir; antes pudiendo más que ella la forzó, y echóse con ella.

15 Aborrecióla luego Amnón de tan grande aborrecimiento, que el odio con que la aborreció fué mayor que el amor con que la había amado. Y díjole Amnón: Levántate y vete.

16 Y ella le respondió: No es razón; mayor mal es éste de echarme, que el que me has hecho. Mas él no la quiso oir:

17 Antes llamando su criado que le servía dijo: Echame ésta allá fuera, y tras ella cierra la puerta.

18 Y tenía ella sobre sí una ropa de colores, traje que las hijas vírgenes de los reyes vestían. Echóla pues fuera su criado, y cerró la puerta tras ella.

19 Entonces Thamar tomó ceniza, y esparcióla sobre su cabeza, y rasgó su ropa de colores de que estaba vesti-

da, y puestas sus manos sobre su cabeza, fuése gritando.

20 Y díjole su hermano Absalom: ¿Ha estado contigo tu hermano Amnón? Pues calla ahora, hermana mía: tu hermano es; no pongas tu corazón en este negocio. Y quedóse Thamar desconsolada en casa de Absalom su hermano.

21 Y luego que el rey David oyó todo esto, fué muy enojado.

22 Mas Absalom no habló con Amnón ni malo ni bueno, bien que Absalom aborrecía á Amnón, porque había forzado á Thamar su hermana.

23 Y acontecíó pasados dos años, que Absalom tenía esquiladores en Bala-hasor, que está junto á Ephraim; y convidó Absalom á todos los hijos del rey.

24 Y vino Absalom al rey, y díjole: He aquí, tu siervo tiene esquiladores: yo ruego que venga el rey y sus siervos con tu siervo.

25 Y respondió el rey á Absalom: No, hijo mío, no vamos todos, porque no te hagamos costa. Y aunque porfió con él, no quiso ir, mas bendíjolo.

26 Entonces dijo Absalom: Si no, ruégote que venga con nosotros Amnón mi hermano. Y el rey le respondió: ¿Para qué ha de ir contigo?

27 Y como Absalom lo importunase, dejó ir con él á Amnón y á todos los hijos del rey.

28 Y había Absalom dado orden á sus criados, diciendo: Ahora bien, mirad cuando el corazón de Amnón estará alegre del vino, y en diciéndoos yo: Herid á Amnón, entonces matadle, y no temáis; que yo os lo he mandado. Esforzaos pues, y sed valientes.

29 Y los criados de Absalom hicieron con Amnón como Absalom lo había mandado. Levantáronse luego todos los hijos del rey, y subieron todos en sus mulos, y huyeron.

30 Y estando aún ellos en el camino, llegó á David el rumor que decía: Absalom ha muerto á todos los hijos del rey, que ninguno de ellos ha quedado.

31 Entonces levantándose David, rasgó sus vestidos, y echóse en tierra, y todos sus criados, rasgados sus vestidos, estaban delante.

32 Y Jonadab, hijo de Simea hermano de David, habló y dijo: No diga mi señor que han muerto á todos los jóvenes hijos del rey; que sólo Amnón es muerto: porque en boca de Absalom estaba puesto desde el día que Amnón forzó á Thamar su hermana.

33 Por tanto, ahora no ponga mi señor rey en su corazón esa voz que dice: Todos los hijos del rey son muertos: porque sólo Amnón es muerto.

34 Absalom huyó luego. Entre tanto, alzando sus ojos el mozo que estaba en atalaya, miró, y he aquí mucho pueblo que venía á sus espaldas por el camino de hacia el monte.

35 Y dijo Jonadab al rey: He allí los hijos del rey que vienen: es así como tu siervo ha dicho.

36 Y como él acabó de hablar, he aquí los hijos del rey que vinieron, y alzando su voz lloraron. Y también el mismo rey y todos sus siervos lloraron con muy grandes lamentos.

37 Mas Absalom huyó, y fuése á Talmai hijo de Amiud, rey de Gessur. Y David lloraba por su hijo todos los días.

38 Y después que Absalom huyó y se fué á Gessur, estuvo allá tres años.

39 Y el rey David deseó ver á Absalom: porque ya estaba consolado acerca de Amnón que era muerto.

14 Y conociendo Joab hijo de Sarvia, que el corazón del rey estaba por Absalom,

2 Envió Joab á Tecoa, y tomó de allá una mujer astuta, y díjole: Yo te ruego que te enlutes, y te vistas de ropas de luto, y no te unjas con óleo, antes sé como mujer que ha mucho tiempo que trae luto por algún muerto;

3 Y entrando al rey, habla con él de esta manera. Y puso Joab las palabras en su boca.

4 Entró pues aquella mujer de Tecoa al rey, y postrándose en tierra sobre su rostro hizo reverencia, y dijo: Oh rey, salva.

5 Y el rey dijo: ¿Qué tienes? Y ella respondió: Yo á la verdad soy una mujer viuda y mi marido es muerto.

6 Y tu sierva tenía dos hijos y los dos riñeron en el campo; y no habiendo quien los despartiese, hirió el uno al otro, y matólo.

7 Y he aquí toda la parentela se ha levantado contra tu sierva, diciendo: Entrega al que mató á su hermano, para que le hagamos morir por la vida de su hermano á quien él mató, y quitemos también el heredero. Así apagarán el ascua que me ha quedado, no dejando á mi marido nombre ni reliquia sobre la tierra.

8 Entonces el rey dijo á la mujer: Vete á tu casa, que yo mandaré acerca de tí.

9 Y la mujer de Tecoa dijo al rey: Rey señor mío, la maldad sea sobre mí y sobre la casa de mi padre; mas el rey y su trono sin culpa.

10 Y el rey dijo: Al que hablare contra tí, tráele á mí, que no le tocará más.

11 Dijo ella entonces: Ruégote, oh rey, que te acuerdes de Jehová tu Dios, que no dejes á los cercanos de la sangre aumentar el daño con destruir á mi hijo. Y él respondió: Vive Jehová, que no caerá ni un cabello de la cabeza de tu hijo en tierra.

12 Y la mujer dijo: Ruégote que hable tu criada una palabra á mi señor el rey. Y él dijo: Habla.

13 Entonces la mujer dijo: ¿Por qué pues piensas tú otro tanto contra el pueblo de Dios? que hablando el rey esta palabra, es como culpado, por cuanto el rey no hace volver á su fugitivo.

14 Porque de cierto morimos, y somos como aguas derramadas por tierra, que no pueden volver á recogerse: ni Dios quita la vida, sino que arbitra medio para que su desviado no sea de él excluido.

15 Y que yo he venido ahora para decir esto al rey mi señor, es porque el pueblo me ha puesto miedo. Mas tu sierva dijo: Hablaré ahora al rey: quizá él hará lo que su sierva diga.

16 Pues el rey oirá, para librar á su sierva de mano del hombre que me quiere raer á mí, y á mi hijo juntamente, de la heredad de Dios.

17 Tu sierva pues dice: Que sea ahora la respuesta de mi señor el rey para descanso; pues que mi señor el rey es como un ángel de Dios para escuchar lo bueno y lo malo. Así Jehová tu Dios sea contigo.

18 Entonces él respondió, y dijo á la mujer: Yo te ruego que no me encubras nada de lo que yo te preguntare. Y la mujer dijo: Hable mi señor el rey.

19 Y el rey dijo: ¿No ha sido la mano de Joab contigo en todas estas cosas? Y la mujer respondió y dijo: Vive tu alma, rey señor mío, que no hay que apartarse á derecha ni á izquierda de todo lo que mi señor el rey ha hablado: porque tu siervo Joab, él me mandó, y él puso en boca de tu sierva todas estas palabras;

20 Y que trocara la forma de las palabras, Joab tu siervo lo ha hecho: mas mi señor es sabio, conforme á la sabiduría de un ángel de Dios, para conocer lo que hay en la tierra.

21 Entonces el rey dijo á Joab: He aquí yo hago esto: ve, y haz volver al mozo Absalom.

22 Y Joab se postró en tierra sobre su rostro, é hizo reverencia, y después bendijo al rey, dijo: Hoy ha entendido tu siervo que he hallado gracia en tus ojos, rey señor mío; pues que ha hecho el rey lo que su siervo ha dicho.

23 Levantóse luego Joab, y fué á Gessur, y volvió á Absalom á Jerusalem.

24 Mas el rey dijo: Váyase á su casa, y no vea mi rostro. Y volvióse Absalom á su casa, y no vió el rostro del rey.

25 Y no había en todo Israel hombre tan hermoso como Absalom, de alabar en gran manera: desde la planta de su pie hasta la mollera no había en él defecto.

26 Y cuando se cortaba el cabello, (lo cual hacía al fin de cada año, pues le causaba molestia, y por eso se lo cortaba,) pesaba el cabello de su cabeza doscientos siclos de peso real.

27 Y Naciéronle á Absalom tres hijos, y una hija que se llamó Thamar, la cual era hermosa de ver.

28 Y estuvo Absalom por espacio de dos años en Jerusalem, y no vió la cara del rey.

29 Y mandó Absalom por Joab, para enviarlo al rey; mas no quiso venir á él; ni aunque envió por segunda vez, quiso el venir.

30 Entonces dijo á sus siervos: Bien sabéis las tierras de Joab junto á mi lugar, donde tiene sus cebadas; id, y pegadles fuego; y los siervos de Absalom pegaron fuego á las tierras.

31 Levantóse por tanto Joab, y vino á Absalom á su casa, y díjole: ¿Por qué han puesto fuego tus siervos á mis tierras?

32 Y Absalom respondió á Joab: He aquí, yo he enviado por ti, diciendo que vinieses acá, á fin de enviarte yo al rey á que le dijeses: ¿Para qué vine de Gessur? mejor me fuera estar aún allá. Vea yo ahora la cara del rey; y si hay en mí pecado, máteme.

33 Vino pues Joab al rey, é hízoselo saber. Entonces llamó á Absalom, el cual vino al rey, é inclinó su rostro á tierra delante del rey: y el rey besó á Absalom.

15 Aconteció después de esto, que Absalom se hizo de carros y caballos, y cincuenta que corriesen delante de él.

2 Y levantábase Absalom de mañana, y poníase á un lado del camino de la puerta; y á cualquiera que tenía pleito venía al rey á juicio, Absalom le llamaba á sí, y decíale: ¿De qué ciudad eres? Y él respondía: Tu siervo es de una de las tribus de Israel.

3 Entonces Absalom le decía: Mira, tus palabras son buenas y justas: mas no tienes quien te oiga por el rey.

4 Y decía Absalom: ¡Quién me pusiera por juez en la tierra, para que viniesen á mí todos los que tienen pleito ó negocio, que yo les haría justicia!

5 Y acontecía que, cuando alguno se llegaba para inclinarse á él, él extendía su mano, y lo tomaba, y lo besaba.

6 Y de esta manera hacía con todo Israel que venía al rey á juicio: y así robaba Absalom el corazón de los de Israel.

7 Y al cabo de cuarenta años aconteció que Absalom dijo al rey: Yo te ruego me permitas que vaya á Hebrón, á pagar mi voto que he prometido á Jehová:

8 Porque tu siervo hizo voto cuando estaba en Gessur en Siria, diciendo: Si Jehová me volviere á Jerusalem, yo serviré á Jehová.

9 Y el rey dijo: Ve en paz. Y él se levantó, y se fué á Hebrón.

10 Empero envió Absalom espías por todas las tribus de Israel, diciendo: Cuando oyereis el sonido de la trompeta, diréis: Absalom reina en Hebrón.

11 Y fueron con Absalom doscientos hombres de Jerusalem por él convidados, los cuales iban en su sencillez, sin saber nada.

12 También envió Absalom por Achithophel Gilonita, del consejo de David, á Gilo su ciudad, mientras hacía sus sacrificios. Y la conjuración vino á ser grande, pues se iba aumentando el pueblo con Absalom.

13 Y vino el aviso á David, diciendo: El corazón de todo Israel va tras Absalom.

14 Entonces David dijo á todos sus siervos que estaban con él en Jerusalem: Levantaos, y huyamos, porque no podremos escapar delante de Absalom; daos priesa á partir, no sea que apresurándose él nos alcance, y arroje el mal sobre nosotros, y hiera la ciudad á filo de espada.

15 Y los siervos del rey dijeron al rey: He aquí, tus siervos están prestos á todo lo que nuestro señor el rey eligiere.

16 Y el rey entonces salió, con toda su familia en pos de él. Y dejó el rey diez mujeres concubinas para que guardasen la casa.

17 Salió pues el rey con todo el pueblo que le seguía, y paráronse en un lugar distante.

18 Y todos sus siervos pasaban á su lado, con todos los Ceretheos y Peletheos; y todos los Getheos, seiscientos hombres que habían venido á pie desde Gath, iban delante del rey.

19 Y dijo el rey á Ittai Getheo: ¿Para qué vienes tú también con nosotros? vuélvete y quédate con el rey; porque tú eres extranjero, y desterrado también de tu lugar.

20 ¿Ayer viniste, y téngote de hacer hoy que mudes lugar para ir con nosotros? Yo voy como voy: tú vuélvete, y haz volver á tus hermanos: en ti haya misericordia y verdad.

21 Y respondió Ittai al rey, diciendo: Vive Dios, y vive mi señor el rey, que, ó para muerte ó para vida, donde mi señor el rey estuviere, allí estará también tu siervo.

22 Entonces David dijo á Ittai: Ven pues, y pasa. Y pasó Ittai Getheo, y todos sus hombres, y toda su familia.

23 Y todo el país lloró en alta voz; pasó luego toda la gente el torrente de Cedrón; asimismo pasó el rey, y todo el pueblo pasó, al camino que va al desierto.

24 Y he aquí, también iba Sadoc, y con él todos los Levitas que llevaban el arca del pacto de Dios; y asentaron el arca del pacto de Dios. Y subió Abiathar después que hubo acabado de salir de la ciudad todo el pueblo.

25 Pero dijo el rey á Sadoc: Vuelve el arca de Dios á la ciudad; que si yo hallare gracia en los ojos de Jehová, él me volverá, y me hará ver á ella y á su tabernáculo:

26 Y si dijere: No me agradas: aquí estoy, haga de mí lo que bien le pareciere.

27 Dijo aún el rey á Sadoc sacerdote: ¿No eres tú el vidente? Vuélvete en paz á la ciudad; y con vosotros vuestros dos hijos, tu hijo Ahimaas, y Jonathán hijo de Abiathar.

28 Mirad, yo me detendré en los campos del desierto, hasta que venga respuesta de vosotros que me dé aviso.

29 Entonces Sadoc y Abiathar volvieron el arca de Dios á Jerusalem; y estuviéronse allá.

30 Y David subió la cuesta de las olivas; y subió la llorando, llevando la cabeza cubierta, y los pies descalzos. También todo el pueblo que tenía consigo cubrió cada uno su cabeza, y subieron llorando así como subían.

31 Y dieron aviso á David, diciendo: Achitophel está entre los que conspiraron con Absalom. Entonces dijo David: Entontece ahora, oh Jehová, el consejo de Achitophel.

32 Y como David llegó á la cumbre del monte para adorar allí á Dios, he aquí Husai Arachîta que le salió al encuentro, trayendo rota su ropa, y tierra sobre su cabeza.

33 Y díjole David: Si pasares conmigo, serme has de carga;

34 Mas si volvieres á la ciudad, y dijeres á Absalom: Rey, yo seré tu siervo; como hasta aquí he sido siervo de tu padre, así seré ahora siervo tuyo, entonces tú me disiparás el consejo de Achitophel.

35 ¿No estarán allí contigo Sadoc y Abiathar sacerdotes? Por tanto, todo lo que oyeres en la casa del rey, darás aviso de ello á Sadoc y á Abiathar sacerdotes.

36 Y he aquí que están con ellos sus dos hijos, Ahimaas el de Sadoc, y Jonathán el de Abiathar: por mano de ellos me enviaréis aviso de todo lo que oyeres.

37 Así se vino Husai amigo de David á la ciudad; y Absalom entró en Jerusalem.

16 Y como David pasó un poco de la cumbre del monte, he aquí Siba, el criado de Mephi-boseth, que lo salía á recibir con un par de asnos enalbardados, y sobre ellos doscientos panes, y cien hilos de pasas, y cien panes de higos secos, y un cuero de vino.

2 Y dijo el rey á Siba: ¿Qué es esto? Y Siba respondió: Los asnos son para la familia del rey, en que suban; los panes y la pasa para los criados, que coman; y el vino, para que beban los que se cansaren en el desierto.

3 Y dijo el rey: ¿Dónde está el hijo de tu señor? Y Siba respondió al rey: He aquí él se ha quedado en Jerusalem, porque ha dicho: Hoy me devolverá la casa de Israel el reino de mi padre.

4 Entonces el rey dijo á Siba: He aquí, sea tuyo todo lo que tiene Mephi-boseth. Y respondió Siba inclinándose: Rey señor mío, halle yo gracia delante de ti.

5 Y vino el rey David hasta Bahurim: y he aquí, salía uno de la familia de la casa de Saúl, el cual se llamaba Semei, hijo de Gera; y salía maldiciendo.

6 Y echando piedras contra David, y contra todos los siervos del rey David; y todo el pueblo, y todos los hombres valientes estaban á su diestra y á su siniestra.

7 Y decía Semei, maldiciéndole: Sal, sal, varón de sangres, y hombre de Belial;

8 Jehová te ha dado el pago de toda la sangre de la casa de Saúl, en lugar del cual tú has reinado: mas Jehová ha entregado el reino en mano de tu hijo Absalom; y hete aquí sorprendido en tu maldad, porque eres varón de sangres.

9 Entonces Abisai hijo de Sarvia, dijo al rey: ¿Por qué maldice este perro muerto á mi señor el rey? Yo te ruego que me dejes pasar, y quitaréle la cabeza.

10 Y el rey respondió: ¿Qué tengo yo con vosotros, hijos de Sarvia? El maldice así, porque Jehová le ha dicho que maldiga á David; ¿quién pues le dirá: Por qué lo haces así?

11 Y dijo David á Abisai y á todos sus siervos: He aquí, mi hijo que ha salido de mis entrañas, acecha á mi vida: ¿cuánto más ahora un hijo de Benjamín? Dejadle que maldiga, que Jehová se lo ha dicho.

12 Quizá mirará Jehová á mi aflicción, y me dará Jehová bien por sus maldiciones de hoy.

13 Y como David y los suyos iban por el camino, Semei iba por el lado del monte delante de él, andando y maldiciendo, y arrojando piedras delante de él, y esparciendo polvo.

14 Y el rey y todo el pueblo que con él estaba, llegaron fatigados, y descansaron allí.

15 Y Absalom y todo el pueblo, los varones de Israel, entraron en Jerusalem, y con él Achitophel.

16 Y acaeció luego, que como Husai Arachîta amigo de David hubo llegado á Absalom, díjole Husai: Viva el rey, viva el rey.

17 Y Absalom dijo á Husai: ¿Este es tu agradecimiento para con tu amigo? ¿por qué no fuiste con tu amigo?

18 Y Husai respondió á Absalom: No: antes al que eligiere Jehová y este pueblo y todos los varones de Israel, de aquél seré yo, y con aquél quedaré.

19 ¿Y á quién había yo de servir? ¿no es á su hijo? Como he servido delante de tu padre, así seré delante de ti.

20 Entonces dijo Absalom á Achitophel: Consultad qué haremos.

21 Y Achitophel dijo á Absalom: Entra á las concubinas de tu padre, que él dejó para guardar la casa; y todo el pueblo de Israel oirá que te has hecho aborrecible á tu padre, y así se esforzarán las manos de todos los que están contigo.

22 Entonces pusieron una tienda á Absalom sobre el terrado, y entró Absalom á las concubinas de su padre, en ojos de todo Israel.

23 Y el consejo que daba Achitophel en aquellos días, era como si consultaran la palabra de Dios. Tal era el consejo de Achitophel, así con David como con Absalom.

17 Entonces Achitophel dijo á Absalom: Yo escogeré ahora doce mil hombres, y me levantaré, y seguiré á David esta noche;

2 Y daré sobre él cuando él estará cansado y flaco de manos: lo atemorizaré, y todo el pueblo que está con él huirá, y heriré al rey solo.

3 Así tornaré á todo el pueblo á ti: y cuando ellos hubieren vuelto, (pues aquel hombre es el que tú quieres) todo el pueblo estará en paz.

4 Esta razón pareció bien á Absalom y á todos los ancianos de Israel.

5 Y dijo Absalom: Llama también ahora á Husai Arachîta, para que asimismo oigamos lo que él dirá.

6 Y como Husai vino á Absalom, hablóle Absalom, diciendo: Así ha dicho Achitophel; ¿seguiremos su consejo, ó no? Di tú.

7 Entonces Husai dijo á Absalom: El consejo que ha dado esta vez Achitophel no es bueno.

8 Y añadió Husai: Tú sabes que tu padre y los suyos son hombres valientes, y que están con amargura de ánimo, como la osa en el campo cuando le han quitado los hijos. Además, tu padre es hombre de guerra, y no tendrá la noche con el pueblo.

9 He aquí él estará ahora escondido en alguna cueva, ó en otro lugar: y si al principio cayeren algunos de los tuyos, oirálo quien lo oyere, y dirá: El pueblo que sigue á Absalom ha sido derrotado.

10 Así aun el hombre valiente, cuyo corazón sea como corazón de león, sin duda desmayará: porque todo Israel sabe que tu padre es hombre valiente, y que los que están con él son esforzados.

11 Aconsejo pues que todo Israel se junte á ti, desde Dan hasta Beerseba, en multitud como la arena que está á la orilla de la mar, y que en persona vayas á la batalla.

12 Entonces le acometeremos en cualquier lugar que pudiere hallarse, y daremos sobre él como cuando el rocío cae sobre la tierra, y ni uno dejaremos de él, y de todos los que con él están.

13 Y si se recogiere en alguna ciudad, todos los de Israel traerán sogas á aquella ciudad, y la arrastraremos hasta el arroyo, que nunca más parezca piedra de ella.

14 Entonces Absalom y todos los de Israel dijeron: El consejo de Husai Arachîta es mejor que el consejo de Achitophel. Porque había Jehová ordenado que el acertado consejo de Achitophel se frustara, para que Jehová hiciese venir el mal sobre Absalom.

15 Dijo luego Husai á Sadoc y á Abiathar sacerdotes: Así y así aconsejó Achitophel á Absalom y á los ancianos de Israel: y de esta manera aconsejé yo.

16 Por tanto enviad inmediatamente, y dad aviso á David, diciendo: No quedes esta noche en los campos del desierto, sino pasa luego el Jordán, porque el rey no sea consumido, y todo el pueblo que con él está.

17 Y Jonathán y Ahimaas estaban junto á la fuente de Rogel, porque no podían ellos mostrarse viniendo á la ciudad; fué por tanto una criada, y dióles el aviso: y ellos fueron, y noticiáronlo al rey David.

18 Empero fueron vistos por un mozo, el cual dió cuenta á Absalom: sin embargo los dos se dieron priesa á caminar, y llegaron á casa de un hombre en Bahurim, que tenía un pozo en su patio, dentro del cual se metieron.

19 Y tomando la mujer de la casa una manta, extendióla

sobre la boca del pozo, y tendió sobre ella el grano trillado; y no se penetró el negocio.

20 Llegando luego los criados de Absalom á la casa á la mujer, dijéronle: ¿Dónde están Ahimaas y Jonathán? Y la mujer les respondió: Ya han pasado el vado de las aguas. Y como ellos los buscaron y no los hallaron volviéronse á Jerusalem.

21 Y después que ellos se hubieron ido, estotros salieron del pozo, y fuéronse, y dieron aviso al rey David; y dijéronle: Levantaos y daos priesa á pasar las aguas, porque Achitophel ha dado tal consejo contra vosotros.

22 Entonces David se levantó, y todo el pueblo que con él estaba, y pasaron el Jordán antes que amaneciese; ni siquiera faltó uno que no pasase el Jordán.

23 Y Achitophel, viendo que no se había puesto por obra su consejo, enalbardó su asno, y levantóse, y fuése á su casa en su ciudad; y después de disponer acerca de su casa, ahorcóse y murió, y fué sepultado en el sepulcro de su padre.

24 Y David llegó á Mahanaim, y Absalom pasó el Jordán con toda la gente de Israel.

25 Y Absalom constituyó á Amasa, sobre el ejército en lugar de Joab, el cual Amasa fué hijo de un varón de Israel llamado Itra, el cual había entrado á Abigail hija de Naas, hermana de Sarvia, madre de Joab.

26 Y asentó campo Israel con Absalom en tierra de Galaad.

27 Y luego que David llegó á Mahanaim, Sobi hijo de Naas de Rabba de los tribunos de Ammon, y Machîr hijo de Ammiel de Lodebar, y Barzillai Galaadita de Rogelim,

28 Trajeron á David y al pueblo que estaba con él, camas, y tazas, y vasijas de barro, y trigo, y cebada, y harina, y grano tostado, habas, lentejas, y garbanzos tostados,

29 Miel, manteca, ovejas, y quesos de vacas, para que comiesen; porque dijeron: Aquel pueblo está hambriento, y cansado, y tendrá sed en el desierto.

18 David pues revistó el pueblo que tenía consigo, y puso sobre ellos tribunos y centuriones.

2 Y consignó la tercera parte del pueblo al mando de Joab, y otra tercera al mando de Abisai, hijo de Sarvia, hermano de Joab, y la otra tercera parte al mando de Ittai Getheo. Y dijo el rey al pueblo: Yo también saldré con vosotros.

3 Mas el pueblo dijo: No saldrás; porque si nosotros huyéremos, no harán caso de nosotros; y aunque la mitad de nosotros muera, no harán caso de nosotros: mas tú ahora vales tanto como diez mil de nosotros. Será pues mejor que tú nos des ayuda desde la ciudad.

4 Entonces el rey les dijo: Yo haré lo que bien os pareciere. Y púsose el rey á la entrada de la puerta, mientras salía todo el pueblo de ciento en ciento y de mil en mil.

5 Y el rey mandó á Joab y á Abisai y á Ittai, diciendo: Tratad benignamente por amor de mí al mozo Absalom. Y todo el pueblo oyó cuando dió el rey orden acerca de Absalom á todos los capitanes.

6 Salió luego el pueblo al campo contra Israel, y dióse la batalla en el bosque de Ephraim;

7 Y allí cayó el pueblo de Israel delante de los siervos de David, é hízose una gran matanza de veinte mil hombres.

8 Y derramándose allí el ejército por la haz de toda la tierra, fueron más los que consumió el bosque de los del pueblo, que los que consumió el cuchillo aquel día.

9 Y encontróse Absalom con los siervos de David: é iba Absalom sobre un mulo, y el mulo se entró debajo de un espeso y grande alcornoque, y asiósele la cabeza al alcornoque, y quedó entre el cielo y la tierra; pues el mulo en que iba pasó delante.

10 Y viéndolo uno, avisó á Joab, diciendo: He aquí que he visto á Absalom colgado de un alcornoque.

11 Y Joab respondió al hombre que le daba la nueva: Y viéndolo tú, ¿por qué no le heriste luego allí echándole á tierra? y sobre mí, que te hubiera dado diez siclos de plata, y un talabarte.

12 Y el hombre dijo á Joab: Aunque me importara en mis manos mil siclos de plata, no extendiera yo mi mano contra el hijo del rey; porque nosotros lo oímos cuando el rey te mandó á ti y á Abisai y á Ittai, diciendo: Mirad que ninguno toque en el joven Absalom.

13 Por otra parte, habría yo hecho traición contra mi vida (pues que al rey nada se le esconde), y tú mismo estarías en contra.

14 Y respondió Joab: No es razón que yo te ruegue. Y tomando tres dardos en sus manos, hincólos en el corazón de Absalom, que aun estaba vivo en medio del alcornoque.

15 Cercándolo luego diez mancebos escuderos de Joab, hirieron á Absalom, y acabáronle.

16 Entonces Joab tocó la corneta, y el pueblo se volvió de seguir á Israel, porque Joab detuvo al pueblo.

17 Tomando después á Absalom, echáronle en un gran hoyo en el bosque, y levantaron sobre él un muy grande montón de piedras; y todo Israel huyó, cada uno á sus estancias.

18 Y había Absalom en su vida tomado y levantádose una columna, la cual está en el valle del rey; porque había dicho: Yo no tengo hijo que conserve la memoria de mi nombre. Y llamó aquella columna de su nombre; y así se llamó el Lugar de Absalom, hasta hoy.

19 Entonces Ahimaas hijo de Sadoc dijo: ¿Correré ahora, y daré las nuevas al rey de cómo Jehová ha defendido su causa de la mano de sus enemigos?

20 Y respondió Joab: Hoy no llevarás las nuevas: las llevarás otro día: no darás hoy la nueva, porque el hijo del rey es muerto.

21 Y Joab dijo á Cusi: Ve tú, y di al rey lo que has visto. Y Cusi hizo reverencia á Joab, y corrió.

22 Entonces Ahimaas hijo de Sadoc tornó á decir á Joab: Sea lo que fuere, yo correré ahora tras Cusi. Y Joab dijo: Hijo mío, ¿para qué has tú de correr, pues que no hallarás premio por las nuevas?

23 Mas él respondió: Sea lo que fuere, yo correré. Entonces le dijo: Corre. Corrió pues Ahimaas por el camino de la llanura, y pasó delante de Cusi.

24 Estaba David á la sazón sentado entre las dos puertas; y el atalaya había ido al terrado de sobre la puerta en el muro, y alzando sus ojos, miró, y vió á uno que corría solo.

25 El atalaya dió luego voces, é hízolo saber al rey. Y el rey dijo: Si es solo, buenas nuevas trae. En tanto que él venía acercándose,

26 Vió el atalaya otro que corría; y dió voces el atalaya al portero, diciendo: He aquí otro hombre que corre solo. Y el rey dijo: Este también es mensajero.

27 Y el atalaya volvió á decir: Paréceme el correr del primero como el correr de Ahimaas hijo de Sadoc. Y respondió el rey: Ese es hombre de bien, y viene con buena nueva.

28 Entonces Ahimaas dió en alta voz al rey: Paz. E inclinóse á tierra delante del rey, y dijo: Bendito sea Jehová Dios tuyo, que ha entregado á los hombres que habían levantado sus manos contra mi señor el rey.

29 Y el rey dijo: ¿El mozo Absalom tiene paz? Y Ahimaas respondió: Vi yo un grande alboroto cuando envió Joab al siervo del rey y á mí tu siervo; mas no sé qué era.

30 Y el rey dijo: Pasa, y ponte allí. Y él pasó, y paróse.

31 Y luego vino Cusi, y dijo: Reciba nueva mi señor el rey, que hoy Jehová ha defendido tu causa de la mano de todos los que se habían levantado contra ti.

32 El rey entonces dijo á Cusi: ¿El mozo Absalom tiene paz? Y Cusi respondió: Como aquel mozo sean los enemigos de mi señor el rey, y todos los que se levantan contra ti para mal.

33 Entonces el rey se turbó, y subióse á la sala de la puerta, y lloró; y yendo, decía así: ¡Hijo mío Absalom, hijo mío, hijo mío Absalom! ¡Quién me diera que muriera yo en lugar de ti, Absalom, hijo mío, hijo mío!

19 Y dieron aviso á Joab: He aquí el rey llora, y hace duelo por Absalom.

2 Y volvióse aquel día la victoria en luto para todo el pueblo, porque oyó decir el pueblo aquel día que el rey tenía dolor por su hijo.

3 Entróse el pueblo aquel día en la ciudad escondidamente, como suele entrar á escondidas el pueblo avergonzado que ha huído de la batalla.

4 Mas el rey, cubierto el rostro, clamaba en alta voz: ¡Hijo mío Absalom, Absalom, hijo mío, hijo mío!

5 Y entrando Joab en casa al rey, díjole: Hoy has avergonzado el rostro de todos tus siervos, que han hoy librado tu vida, y la vida de tus hijos y de tus hijas, y la vida de tus mujeres, y la vida de tus concubinas,

6 Amando á los que te aborrecen, y aborreciendo á los que te aman: porque hoy has declarado que nada te importan tus príncipes y siervos; pues hoy echo de ver que si Absalom viviera, bien que nosotros todos estuviéramos hoy muertos, entonces te contentaras.

7 Levántate pues ahora, y sal fuera, y halaga á tus siervos: porque juro por Jehová, que si no sales, ni aun uno quede contigo esta noche; y de esto te pesará más que de todos los males que te han sobrevenido desde tu mocedad hasta ahora.

8 Entonces se levantó el rey, y sentóse á la puerta; y fué declarado á todo el pueblo, diciendo: He aquí el rey está sentado á la puerta. Y vino todo el pueblo delante del rey; mas Israel había huído, cada uno á sus estancias.

9 Y todo el pueblo porfiaba en todas las tribus de Israel, diciendo: El rey nos ha librado de mano de nuestros enemigos, y él nos ha salvado de mano de los Filisteos; y ahora había huído, de la tierra por miedo de Absalom.

10 Y Absalom, á quien habíamos ungido sobre nosotros, es muerto en la batalla. ¿Por qué pues os estáis ahora quedos en orden á hacer volver al rey?

11 Y el rey David envió á Sadoc y á Abiathar sacerdotes, diciendo: Hablad á los ancianos de Judá y decidles: ¿Por qué seréis vosotros los postreros en volver el rey á su casa, ya que la palabra de todo Israel ha venido al rey de volverle á su casa?

12 Vosotros sois mis hermanos; mis huesos y mi carne sois: ¿por qué pues seréis vosotros los postreros en volver al rey?

13 Asimismo diréis á Amasa: ¿No eres tú también hueso mío y carne mía? Así me haga Dios, y así me añada, si no fueres general del ejército delante de mí para siempre, en lugar de Joab.

14 Así inclinó el corazón de todos los varones de Judá, como el de un solo hombre, para que enviasen á decir al rey: Vuelve tú, y todos tus siervos.

15 Volvió pues el rey, y vino hasta el Jordán. Y Judá vino á Gilgal, á recibir al rey y pasarlo el Jordán.

16 Y Semei hijo de Gera, hijo de Benjamín, que era de Bahurim, dióse priesa á venir con los hombres de Judá á recibir al rey David;

17 Y con él venían mil hombres de Benjamín; asimismo Siba criado de la casa de Saúl, con sus quince hijos y sus veinte siervos, los cuales pasaron el Jordán delante del rey.

18 Atravesó después la barca para pasar la familia del rey, y para hacer lo que le pluguiera. Entonces Semei hijo de Gera se postró delante del rey cuando él había pasado el Jordán.

19 Y dijo al rey: No me impute mi señor iniquidad, ni tengas memoria de los males que tu siervo hizo el día que mi señor el rey salió de Jerusalem, para guardarlos el rey en su corazón;

20 Porque yo tu siervo conozco haber pecado, y he venido hoy el primero de toda la casa de José, para descender á recibir á mi señor el rey.

21 Y Abisai hijo de Sarvia respondió y dijo: ¿No ha de morir por esto Semei, que maldijo al ungido de Jehová?

22 David entonces dijo: ¿Qué tenéis vosotros conmigo, hijos de Sarvia, que me habéis de ser hoy adversarios? ¿ha de morir hoy alguno en Israel? ¿no conozco yo que hoy soy rey sobre Israel?

23 Y dijo el rey á Semei: No morirás. Y el rey se lo juró.

24 También Mephi-boseth hijo de Saúl descendió á recibir al rey: no había lavado sus pies, ni había cortado su barba, ni tampoco había lavado sus vestidos, desde el día que el rey salió hasta el día que vino en paz.

25 Y luego que vino él á Jerusalem á recibir al rey, el rey le dijo: Mephi-boseth, ¿Por qué no fuiste conmigo?

26 Y él dijo: Rey señor mío, mi siervo me ha engañado; pues había tu siervo dicho: Enalbardaré un asno, y subiré en él, é iré al rey; porque tu siervo es cojo.

27 Empero él revolvió á tu siervo delante de mi señor el rey; mas mi señor el rey es como un ángel de Dios: haz pues lo que bien te pareciere.

28 Porque toda la casa de mi padre era digna de muerte delante de mi señor el rey, y tú pusiste á tu siervo entre los convidados de tu mesa. ¿Qué derecho pues tengo aún para quejarme más contra el rey?

29 Y el rey le dijo: ¿Para qué hablas más palabras? Yo he determinado que tú y Siba partáis las tierras.

30 Y Mephi-boseth dijo al rey: Y aun tómelas él todas, pues que mi señor el rey ha vuelto en paz á su casa.

31 También Barzillai Galaadita descendió de Rogelim, y pasó el Jordán con el rey, para acompañarle á la otra parte del Jordán.

32 Y era Barzillai muy viejo, de ochenta años, el cual había dado provisión al rey cuando estaba en Mahanaim, porque era hombre muy rico.

33 Y el rey dijo á Barzillai: Pasa conmigo, y yo te daré de comer conmigo en Jerusalem.

34 Mas Barzillai dijo al rey: ¿Cuántos son los días del tiempo de mi vida, para que yo suba con el rey á Jerusalem?

35 Yo soy hoy día de edad de ochenta años, que ya no haré diferencia entre lo bueno y lo malo: ¿tomará gusto ahora tu siervo en lo que comiere ó bebiere? ¿oiré más la voz de los cantores y de las cantoras? ¿para qué, pues, sería aún tu siervo molesto á mi señor el rey?

36 Pasará tu siervo un poco el Jordán con el rey: ¿por qué me ha de dar el rey tan grande recompensa?

37 Yo te ruego que dejes volver á tu siervo, y que muera en mi ciudad, junto al sepulcro de mi padre y de mi madre. He aquí tu siervo Chimham; que pase él con mi señor el rey, y hazle tu que bien te pareciere.

38 Y el rey dijo: Pues pase conmigo Chimham, y yo haré con él como bien te parezca: y todo lo que tú pidieres de mí, yo lo haré.

39 Y todo el pueblo pasó el Jordán: y luego que el rey hubo también pasado, el rey besó á Barzillai, y bendíjolo; y él se volvió á su casa.

40 El rey entonces pasó á Gilgal, y con él pasó Chimham; y todo el pueblo de Judá, con la mitad del pueblo de Israel, pasaron al rey.

41 Y he aquí todos los varones de Israel vinieron al rey, y le dijeron: ¿Por qué los hombres de Judá, nuestros hermanos, te han llevado, y han hecho pasar el Jordán al rey y á su familia, y á todos los varones de David con él?

42 Y todos los varones de Judá respondieron á todos los de Israel: Porque el rey es nuestro pariente. Mas ¿por qué os enojáis vosotros de eso? ¿hemos nosotros comido algo del rey? ¿hemos recibido de él algún don?

43 Entonces respondieron los varones de Israel, y dijeron á los de Judá: Nosotros tenemos en el rey diez partes, y en el mismo David más que vosotros: ¿por qué pues nos habéis tenido en poco? ¿no hablamos nosotros primero en volver á nuestro rey? Y el razonamiento de los varones de Judá fué más fuerte que el de los varones de Israel.

20 Y acaeció estar allí un hombre perverso que se llamaba Seba, hijo de Bichri, hombre de Benjamín, el cual tocó la corneta, y dijo: No tenemos nosotros parte en David, ni heredad en el hijo de Isaí: Israel, ¡cada uno á sus estancias!

2 Así se fueron de en pos de David todos los hombres de Israel, y seguían á Seba hijo de Bichri: mas los de Judá fueron adheridos á su rey, desde el Jordán hasta Jerusalem.

3 Y luego que llegó David á su casa en Jerusalem, tomó el rey las diez mujeres concubinas que había dejado para guardar la casa, y púsolas en una casa en guarda, y dióles de comer: pero nunca más entró á ellas, sino que quedaron encerradas hasta que murieron en viudez de por vida.

4 Después dijo el rey á Amasa: Júntame los varones de Judá para dentro de tres días, y hállate tú aquí presente.

5 Fué pues Amasa á juntar á Judá; pero detúvose más del tiempo que le había sido señalada.

6 Y dijo David á Abisai: Seba hijo de Bichri nos hará ahora más mal que Absalom: toma pues tú los siervos de tu señor, y ve tras él, no sea que halle las ciudades fortificadas, y se nos vaya de delante.

7 Entonces salieron tras de él los hombres de Joab, y los Cereteos y Peletheos, y todos los valientes: salieron de Jerusalem para ir tras Seba hijo de Bichri.

8 Y estando ellos cerca de la grande peña que está en Gabaón, salióles Amasa al encuentro. Ahora bien, la vestidura que Joab tenía sobrepuesta estábale ceñida, y sobre ella el cinto de una daga pegada á sus lomos en su vaina, de la que así como él avanzó, cayóse aquélla.

9 Entonces Joab dijo á Amasa: ¿Tienes paz, hermano mío? Y tomó Joab con la diestra la barba de Amasa, para besarlo.

10 Y como Amasa no se cuidó de la daga que Joab en la mano tenía, hirióle éste con ella en la quinta costilla, y derramó sus entrañas por tierra, y cayó muerto sin darle segundo golpe. Después Joab y su hermano Abisai fueron en seguimiento de Seba hijo de Bichri.

11 Y uno de los criados de Joab se paró junto á él, diciendo: Cualquiera que amare á Joab y á David vaya en pos de Joab.

12 Y Amasa se había revolcado en la sangre en mitad del camino: y viendo aquel hombre que todo el pueblo se paraba, apartó á Amasa del camino al campo, y echó sobre él una vestidura, porque veía que todos los que venían se paraban junto á él.

13 Luego, pues, que fué apartado del camino, pasaron

todos los que seguían á Joab, para ir tras Seba hijo de Bichri.

14 Y él pasó por todas las tribus de Israel hasta Abel y Beth-maachâ y todo Barim: y juntáronse, y siguiéronlo también.

15 Y vinieron y cercáronlo en Abel de Beth-maachâ, y pusieron baluarte contra la ciudad: y puesto que fué al muro, todo el pueblo que estaba con Joab trabajaba por derribar la muralla.

16 Entonces una mujer sabia dió voces en la ciudad, diciendo: Oid, oid; ruégoos que digáis á Joab se llegue á acá, para que yo hable con él.

17 Y como él se acercó á ella, dijo la mujer: ¿Eres tú Joab? Y él respondió: Yo soy. Y ella le dijo: Oye las palabras de tu sierva. Y él respondió: Oigo.

18 Entonces tornó ella á hablar, diciendo: Antiguamente solían hablar, diciendo: Quien preguntare, pregunte en Abel: y así concluían.

19 Yo soy de las pacíficas y fieles de Israel: y tú procuras destruir una ciudad que es madre de Israel: ¿por qué destruyes la heredad de Jehová?

20 Y Joab respondió, diciendo: Nunca tal, nunca tal me acontezca, que yo destruya ni deshaga.

21 La cosa no es así: mas un hombre del monte de Ephraim, que se llama Seba hijo de Bichri, ha levantado su mano contra el rey David: entregad á ése solamente, y me iré de la ciudad. Y la mujer dijo á Joab: He aquí su cabeza te será echada desde el muro.

22 La mujer fué luego á todo el pueblo con su sabiduría; y ellos cortaron la cabeza á Seba hijo de Bichri, y echáronla á Joab. Y él tocó la corneta, y esparciéronse de la ciudad, cada uno á su estancia. Y Joab se volvió al rey á Jerusalem.

23 Así pues Joab sobre todo el ejército de Israel; y Benaía hijo de Joiada sobre los Ceretheos y Peletheos;

24 Y Adoram sobre los tributos; y Josaphat hijo de Ahillud, el canciller;

25 Y Seba, escriba; y Sadoc y Abiathar, sacerdotes; é Ira Jaireo fué un jefe principal cerca de David.

21 Y en los días de David hubo hambre por tres años consecutivos. Y David consultó á Jehová, y Jehová le dijo: Es por Saúl, y por aquella casa de sangre; porque mató á los Gabaonitas.

2 Entonces el rey llamó á los Gabaonitas, y hablóles. (Los Gabaonitas no eran de los hijos de Israel, sino del residuo de los Amorrheos, á los cuales los hijos de Israel habían hecho juramento: mas Saúl había procurado matarlos con motivo de celo por los hijos de Israel y de Judá.)

3 Dijo pues David á los Gabaonitas: ¿Qué os haré, y con qué expiaré para que bendigáis á la heredad de Jehová?

4 Y los Gabaonitas le respondieron: No tenemos nosotros querella sobre plata ni sobre oro con Saúl, y con su casa: ni queremos que muera hombre de Israel. Y él les dijo: Lo que vosotros dijereis os haré.

5 Y ellos respondieron al rey: De aquel hombre que nos destruyó, y que maquinó contra nosotros, para extirparnos sin dejar nada de nosotros en todo el término de Israel;

6 Dénsenos siete varones de sus hijos, para que los ahorquemos á Jehová en Gabaa de Saúl, el escogido de Jehová. Y el rey dijo: Yo los daré.

7 Y perdonó el rey á Mephi-boseth, hijo de Jonathán, hijo de Saúl, por el juramento de Jehová que hubo entre ellos, entre David y Jonathán hijo de Saúl.

8 Mas tomó el rey dos hijos de Rispa hija de Aja, los cuales ella había parido á Saúl, á saber, á Armoni y á Mephi-boseth; y cinco hijos de Michâl hija de Saúl, los cuales ella había parido á Adriel, hijo de Barzillai Molathita;

9 Y entrególos en manos de los Gabaonitas, y ellos los ahorcaron en el monte delante de Jehová: y murieron juntos aquellos siete, los cuales fueron muertos en el tiempo de la siega, en los primeros días, en el principio de la siega de las cebadas.

10 Tomando luego Rispa hija de Aja un saco, tendióselo sobre un peñasco, desde el principio de la siega hasta que llovió sobre ellos agua del cielo; y no dejó á ninguna ave del cielo asentarse sobre ellos de día, ni bestias del campo de noche.

11 Y fué dicho á David lo que hacía Rispa hija de Aja, concubina de Saúl.

12 Entonces David fué, y tomó los huesos de Saúl y los huesos de Jonathán su hijo, de los hombres de Jabes de Galaad, que los habían hurtado de la plaza de Beth-san, donde los habían colgado los Filisteos, cuando deshicieron los Filisteos á Saúl en Gilboa:

13 E hizo llevar de allí los huesos de Saúl y los huesos de Jonathán su hijo; y juntaron también los huesos de los ahorcados.

14 Y sepultaron los huesos de Saúl y los de su hijo Jonathán en tierra de Benjamín, en Sela, en el sepulcro de Cis su padre; é hicieron todo lo que el rey había mandado. Después se aplacó Dios con la tierra.

15 Y como los Filisteos tornaron á hacer guerra á Israel, descendió David y sus siervos con él, y pelearon con los Filisteos: y David se cansó.

16 En esto Isbi-benob, el cual era de los hijos del gigante, y el peso de cuya lanza era de trescientos siclos de metal, y tenía él ceñida una nueva espada, trató de herir á David:

17 Mas Abisai hijo de Sarvia le socorrió, é hirió al Filisteo, y matólo. Entonces los hombres de David le juraron, diciendo: Nunca más de aquí adelante saldrás con nosotros á batalla, porque no apagues la lámpara de Israel.

18 Otra segunda guerra hubo después en Gob contra los Filisteos: entonces Sibechâi Husathita hirió á Saph, que era de los hijos del gigante.

19 Otra guerra hubo en Gob contra los Filisteos, en la cual Elhanan, hijo de Jaare-oregim de Beth-lehem, hirió á Goliath Getheo, el asta de cuya lanza era como un enjullo de telar.

20 Después hubo otra guerra en Gath, donde hubo un hombre de grande altura, el cual tenía doce dedos en las manos, y otros doce en los pies, veinticuatro en todos: y también era de lo hijos del gigante.

21 Este desafió á Israel, y matólo Jonathán, hijo de Sima hermano de David.

22 Estos cuatro le habían nacido al gigante en Gath, los cuales cayeron por la mano de David, y por la mano de sus siervos.

22 Y habló David á Jehová las palabras de este cántico, el día que Jehová le había librado de la mano de todos sus enemigos, y de la mano de Saúl.

2 Y dijo: Jehová es mi roca, y mi fortaleza, y mi libertador;

3 Dios de mi roca, en él confiaré: Mi escudo, y el cuerno de mi salud, mi fortaleza, y mi refugio; Mi salvador, que me librarás de violencia.

4 Invocaré á Jehová, digno de ser loado. Y seré salvo de mis enemigos.

5 Cuando me cercaron ondas de muerte, Y arroyos de iniquidad me asombraron,

6 Me rodearon los dolores del infierno, Y me tomaron descuidado lazos de muerte.

7 Tuve angustia, invoqué á Jehová, Y clamé á mi Dios: Y él oyó mi voz desde su templo; Llegó mi clamor á sus oídos.

8 La tierra se removió, y tembló; Los fundamentos de los cielos fueron movidos, Y se estremecieron, porque él se airó.

9 Subió humo de sus narices, Y de su boca fuego consumidor, Por el cual se encendieron carbones.

10 Y abajo los cielos, y descendió: Una oscuridad debajo de sus pies.

11 Subió sobre el querubín, y voló: Aparecióse sobre las alas del viento.

12 Puso tinieblas alrededor de sí á modo de pabellones; Aguas negras y espesas nubes.

13 Del resplandor de su presencia Se encendieron ascuas ardientes.

14 Jehová tronó desde los cielos, Y el Altísimo dió su voz;

15 Arrojó saetas, y desbaratólos; Relampagueó, y consumiólos.

16 Entonces aparecieron los manantiales de la mar, Y los fundamentos del mundo fueron descubiertos, A la represión de Jehová, Al resoplido del aliento de su nariz.

17 Extendió su mano de lo alto, y arrebatóme, Y sacóme de copiosas aguas.

18 Libróme de fuertes enemigos, De aquellos que me aborrecían, los cuales eran más fuertes que yo.

19 Asaltáronme en el día de mi calamidad; Mas Jehová fué mi sostén.

20 Sacóme á anchura; Libróme, porque puso su voluntad en mí.

21 Remuneróme Jehová conforme á mi justicia: Y conforme á la limpieza de mis manos, me dió la paga.

22 Porque yo guardé los caminos de Jehová; Y no me aparté impíamente de mi Dios.

23 Porque delante de mí tengo todas sus ordenanzas; Y atento á sus fueros, no me retiraré de ellos.

24 Y fuí íntegro para con él, Y guardéme de mi iniquidad.

25 Remuneróme por tanto Jehová conforme á mi justicia, Y conforme á mi limpieza delante de sus ojos.

26 Con el bueno eres benigno, Y con el íntegro te muestras íntegro,

27 Limpio eres para con el limpio, Mas con el perverso eres rígido.

28 Y tú salvas al pueblo humilde; Mas tus ojos sobre los altivos, para abatirlos.

29 Porque tú eres mi lámpara, oh Jehová: Jehová da luz á mis tinieblas.

30 Porque en ti romperé ejércitos, Y con mi Dios saltaré las murallas.

31 Dios, perfecto su camino: La palabra de Jehová purificada, Escudo es de todos los que en él esperan.

32 Porque ¿qué Dios hay sino Jehová? ¿O quién es fuerte sino nuestro Dios?

33 Dios es el que con virtud me corrobora, y el que despeja mi camino;

34 El que hace mis pies como de ciervas, Y el que me asienta en mis alturas;

35 El que enseña mis manos para la pelea, y da que con mis brazos quiebre el arco de acero.

36 Tú me diste asimismo el escudo de tu salud, Y tu benignidad me ha acrecentado.

37 Tú ensanchaste mis pasos debajo de mí, Para que no titubeasen mis rodillas.

38 Perseguiré á mis enemigos, y quebrantarélos; Y no me volveré hasta que los acabe.

39 Los consumiré, y los heriré, y no se levantarán; Y caerán debajo de mis pies.

40 Ceñísteme de fortaleza para la batalla, Y postraste debajo de mí los que contra mí se levantaron.

41 Tú me diste la cerviz de mis enemigos, De mis aborrecedores, y que yo los destruyese.

42 Miraron, y no hubo quien los librase; A Jehová, mas no les respondió.

43 Yo los desmenuzaré como polvo de la tierra; Hollarélos como á lodo de las plazas, y los disiparé.

44 Tú me libraste de contiendas de pueblos: Tú me guardaste para que fuese cabeza de gentes: Pueblos que no conocía, me sirvieron.

45 Los extraños titubeaban á mí: En oyendo, me obedecían.

46 Los extraños desfallecían, Y temblaban en sus escondrijos.

47 Viva Jehová, y sea bendita mi roca; Sea ensalzado el Dios, la roca de mi salvamento:

48 El Dios que me ha vengado, Y sujeta los pueblos debajo de mí:

49 Y que me saca de entre mis enemigos: Tu me sacaste en alto de entre los que se levantaron contra mi: Librásteme del varón de iniquidades.

50 Por tanto yo te confesaré entre las gentes, oh Jehová, y cantaré á tu nombre.

51 El que engrandece las saludes de su rey, Y háce misericordia á su ungido, A David, y á su simiente, para siempre.

23 Estas son las postreras palabras de David. Dijo David hijo de Isaí, Dijo aquel varón que fué levantado alto, El ungido del Dios de Jacob, El suave en cánticos de Israel:

2 El espíritu de Jehová ha hablado por mí, Y su palabra ha sido en mi lengua.

3 El Dios de Israel ha dicho, Hablóme el Fuerte de Israel: El señoreador de los hombres será justo. Señoreador en temor de Dios.

4 Será como la luz de la mañana cuando sale el sol, De la mañana sin nubes; Cuando la hierba de la tierra brota Por medio del resplandor después de la lluvia.

5 No así mi casa para con Dios: Sin embargo él ha hecho conmigo pacto perpetuo, Ordenado en todas las cosas, y será guardado; Bien que toda esta mi salud, y todo mi deseo No lo haga él florecer todavía.

6 Mas los de Belial serán todos ellos como espinas arrancadas, Las cuales nadie toma con la mano;

7 Sino que el que quiere tocar en ellas, Armase de hierro y de asta de lanza, Y son quemadas en su lugar.

8 Estos son los nombres de los valientes que tuvo David: El Tachmonita, que se sentaba en cátedra, principal de los capitanes: era éste Adino el Eznita, que mató en una ocasión sobre ochocientos hombres.

9 Después de éste, Eleazar, hijo de Dodo de Ahohi, fué de los tres valientes que estaban con David, cuando desafiaron á los Filisteos que se habían juntado allí á la batalla, y subieron los de Israel.

10 Este, levantándose, hirió á los Filisteos, hasta que su mano se cansó, y quedósele contraída á la espada. Aquel día Jehová hizo gran salud: y volvióse el pueblo en pos de él solamente á tomar el despojo.

11 Después de éste fué Samma, hijo de Age Araita: que habiéndose juntado los Filisteos en una aldea, había allí una suerte de tierra llena de lentejas, y el pueblo había huído delante de los Filisteos:

12 El entonces se paró en medio de la suerte de tierra, y defendióla, é hirió á los Filisteos; y Jehová hizo una gran salud.

13 Y tres de los treinta principales descendieron y vinieron en tiempo de la siega á David á la cueva de Adullam: y el campo de los Filisteos estaba en el valle de Raphaim.

14 David entonces estaba en la fortaleza, y la guarnición de los Filisteos estaba en Beth-lehem.

15 Y David tuvo deseo, y dijo: ¡Quién me diera á beber del agua de la cisterna de Beth-lehem, que está á la puerta!

16 Entonces los tres valientes rompieron por el campo de los Filisteos, y sacaron agua de la cisterna de Beth-lehem, que estaba á la puerta; y tomaron, y trajéronla á David: mas él no la quiso beber, sino derramóla á Jehová, diciendo:

17 Lejos sea de mí, oh Jehová, que yo haga esto. ¿He de beber yo la sangre de los varones que fueron con peligro de su vida? Y no quiso beberla. Los tres valientes hicieron esto.

18 Y Abisai hermano de Joab, hijo de Sarvia, fué el principal de los tres; el cual alzó su lanza contra trescientos, mató; y tuvo nombre entre los tres.

19 El era el más aventajado de los tres, y el primero de ellos; mas no llegó á los tres primeros.

20 Después, Benaía hijo de Joiada, hijo de un varón esforzado, grande en hechos, de Cabseel. Este hirió dos leones de Moab: y él mismo descendió, é hirió un león en medio de un foso en el tiempo de la nieve:

21 También hirió él á un Egipcio, hombre de grande estatura: y tenía el Egipcio una lanza en su mano; mas descendió á él con un palo, y arrebató al Egipcio la lanza de la mano, y matólo con su propia lanza.

22 Esto hizo Benaía hijo de Joiada, y tuvo nombre entre los tres valientes.

23 De los treinta fué el más aventajado; pero no llegó á los tres primeros. Y púsolo David en su consejo.

24 Asael hermano de Joab fué de los treinta; Elhaanan hijo de Dodo de Beth-lehem;

25 Samma de Harodi, Elica de Harodi;

26 Heles de Palti, Hira, hijo de Jecces, de Tecoa;

27 Abiezer de Anathoth, Mebunnai de Husa;

28 Selmo de Hahoh, Maharai de Netophath;

29 Helec hijo de Baana de Netophath, Ittai hijo de Ribai de Gabaa de los hijos de Benjamín;

30 Benaía Pirathonita, Hiddai del arroyo de Gaas;

31 Abi-albon de Arbath, Asmaveth de Barhum;

32 Eliahba de Saalbón, Jonathán de los hijo de Jassén;

33 Samma de Arar, Ahiam hijo de Sarar de Arar.

34 Elipheleth hijo de Asbai hijo de Maachâti; Eliam hijo de Achîtophel de Gelón;

35 Hesrai del Carmelo, Pharai de Arbi;

36 Igheal hijo de Nathán de Soba, Bani de Gadi;

37 Selec de Ammón, Naharai de Beeroth, escudero de Joab hijo de Sarvia;

38 Ira de Ithri, Gareb de Ithri;

39 Uría Hetheo. Entre todos treinta y siete.

24 Y volvió el furor de Jehová á encenderse contra Israel, é incitó á David contra ellos á que dijese: Ve, cuenta á Israel y á Judá.

2 Y dijo el rey á Joab, general del ejército que tenía consigo: Rodea todas las tribus de Israel, desde Dan hasta Beer-seba, y contad el pueblo, para que yo sepa el número de la gente.

3 Y Joab respondió al rey: Añada Jehová tu Dios al pueblo cien veces tanto como son, y que lo vea mi señor al rey; mas ¿para qué quiere esto mi señor el rey?

4 Empero la palabra del rey pudo más que Joab, y que los capitanes del ejército. Salió pues Joab, con los capitanes del ejército, de delante del rey, para contar el pueblo de Israel.

5 Y pasando el Jordán asentaron en Aroer, á la mano derecha de la ciudad que está en medio de la arroyada de Gad y junto á Jazer.

6 Después vinieron á Galaad, y á la tierra baja de Absi: y de allí vinieron á Dan-jaán y alrededor de Sidón.

7 Y vinieron luego á la fortaleza de Tiro, y á todas las ciudades de los Heveos y de los Cananeos; y salieron al mediodía de Judá, á Beer-seba.

8 Y después que hubieron andado toda la tierra, volvieron á Jerusalem al cabo de nueve meses y veinte días.

9 Y Joab dió la cuenta del número del pueblo al rey; y fueron los de Israel ochocientos mil hombres fuertes que sacaban espada; y de los de Judá quinientos mil hombres.

10 Y después que David hubo contado el pueblo, punzóle su corazón; y dijo David á Jehová: Yo he pecado gravemente por haber hecho esto; mas ahora, oh Jehová, ruégote que quites el pecado de tu siervo, porque yo he obrado muy neciamente.

11 Y por la mañana, cuando David se hubo levantado, fué palabra de Jehová á Gad profeta, vidente de David, diciendo:

12 Ve, y di á David: Así ha dicho Jehová: Tres cosas te ofrezco: tú te escogerás una de ellas, la cual yo haga.

13 Vino pues Gad á David, é intimóle, y díjole: ¿Quieres que te vengan siete años de hambre en tu tierra? ¿ó que huyas tres meses delante de tus enemigos, y que ellos te persigan? ¿o que tres días haya pestilencia en tu tierra? Piensa ahora, y mira qué responderé al que me ha enviado.

14 Entonces David dijo á Gad: En grande angustia estoy: ruego que caiga en la mano de Jehová, porque sus misericordias son muchas, y que no caiga yo en manos de hombres.

15 Y envió Jehová pestilencia á Israel desde la mañana hasta el tiempo señalado; y murieron del pueblo, desde Dan hasta Beer-seba, setenta mil hombres.

16 Y como el ángel extendió su mano sobre Jerusalem para destruirla, Jehová se arrepintió de aquel mal, y dijo al ángel que destruía el pueblo: Basta ahora; detén tu mano. Entonces el ángel de Jehová estaba junto á la era de Arauna Jebuseo.

17 Y David dijo á Jehová, cuando vió al ángel que hería al pueblo: Yo pequé, yo hice la maldad: ¿qué hicieron estas ovejas? Ruégote que tu mano se torne contra mí, y contra la casa de mi padre.

18 Y Gad vino á David aquel día, y díjole: Sube, y haz un altar á Jehová en la era de Arauna Jebuseo.

19 Y subió David, conforme al dicho de Gad, que Jehová le había mandado.

20 Y mirando Arauna, vió al rey y á sus siervos que pasaban á él. Saliendo entonces Arauna, inclinóse delante del rey hacia tierra.

21 Y Arauna dijo: ¿Por qué viene mi señor el rey á su siervo? Y David respondió: Para comprar de ti la era, para edificar altar á Jehová, á fin de que se mortandad cese del pueblo.

22 Y Arauna dijo á David: Tome y sacrifique mi señor el rey lo que bien le pareciere; he aquí bueyes para el holocausto; y trillos y otros pertrechos de bueyes para leña:

23 Todo lo da como un rey Arauna al rey. Luego dijo Arauna al rey: Jehová tu Dios te sea propicio.

24 Y el rey dijo á Arauna: No, sino por precio te lo compraré; porque no ofreceré á Jehová mi Dios holocaustos por nada. Entonces David compró la era y los bueyes por cincuenta siclos de plata.

25 Y edificó allí David un altar á Jehová, y sacrificó holocaustos y pacíficos; y Jehová se aplacó con la tierra, y cesó la plaga de Israel.

1 REYES.

1 Como el rey David era viejo, y entrado en días, cubríanle de vestidos, mas no se calentaba.

2 Dijéronle por tanto sus siervos: Busquen á mi señor el rey una moza virgen, para que esté delante del rey, y lo abrigue, y duerma á su lado, y calentará á mi señor el rey.

3 Y buscaron una moza hermosa por todo el término de Israel, y hallaron á Abisag Sunamita, y trajéronla al rey.

4 Y la moza era hermosa, la cual calentaba al rey, y le servía: mas el rey nunca la conoció.

5 Entonces Adonía hijo de Haggith se levantó, diciendo: Yo reinaré. E hízose de carros y gente de á caballo, y cincuenta hombres que corriesen delante de él.

6 Y su padre nunca lo entristeció en todos sus días con decirle: ¿Por qué haces así? Y también éste era de hermoso parecer; y habíalo engendrado después de Absalom.

7 Y tenía tratos con Joab hijo de Sarvia, y con Abiathar sacerdote, los cuales ayudaban á Adonía.

8 Mas Sadoc sacerdote, y Benaía hijo de Joiada, y Nathán profeta, y Semei, y Reihí, y todos los grandes de David, no seguían á Adonía.

9 Y matando Adonía ovejas y vacas y animales engordados junto á la peña de Zoheleth, que está cerca de la fuente de Rogel, convidó á todos sus hermanos los hijos del rey, y á todos los varones de Judá, siervos del rey:

10 Mas no convidó á Nathán profeta, ni á Benaía, ni á los grandes, ni á Salomón su hermano.

11 Entonces habló Nathán á Bath-sheba madre de Salomón, diciendo: ¿No has oído que reina Adonía hijo de Haggith, sin saberlo David nuestro señor?

12 Ven pues ahora, y toma mi consejo, para que guardes tu vida, y la vida de tu hijo Salomón.

13 Ve, y entra al rey David, y dile: Rey señor mío, ¿no has tú jurado á tu sierva, diciendo: Salomón tu hijo reinará después de mí, y él se sentará en mi trono? ¿por qué pues reina Adonía?

14 Y estando tú aún hablando con el rey, yo entraré tras ti, y acabaré tus razones.

15 Entonces Bath-sheba entró al rey á la cámara: y el rey era muy viejo; y Abisag Sunamita servía al rey.

16 Y Bath-sheba se inclinó, é hizo reverencia al rey. Y el rey dijo: ¿Qué tienes?

17 Y ella le respondió: Señor mío, tú juraste á tu sierva por Jehová tu Dios, diciendo: Salomón tu hijo reinará después de mí, y él se sentará en mi trono;

18 Y he aquí ahora Adonía reina: y tú, mi señor rey, ahora no lo supiste.

19 Ha matado bueyes, y animales engordados, y muchas ovejas, y ha convidado á todos los hijos del rey, y á Abiathar sacerdote, y á Joab general del ejército; mas á Salomón tu siervo no ha convidado.

20 Entre tanto, rey señor mío, los ojos de todo Israel están sobre ti, para que les declares quién se ha de sentar en el trono de mi señor el rey después de él.

21 De otra suerte acontecerá, cuando mi señor el rey durmiere con sus padres, que yo y mi hijo Salomón seremos tenidos por culpables.

22 Y estando aún hablando ella con el rey, he aquí Nathán profeta, que vino.

23 Y dieron aviso al rey, diciendo: He aquí Nathán profeta: el cual como entró al rey, postróse delante del rey inclinando su rostro á tierra.

24 Y dijo Nathán: Rey señor mío, ¿has tú dicho: Adonía reinará después de mí, y él se sentará en mi trono?

25 Porque hoy ha descendido, y ha matado bueyes, y animales engordados, y muchas ovejas, y ha convidado á todos los hijos del rey, y á los capitanes del ejército, y también á Abiathar sacerdote; y he aquí, están comiendo y bebiendo delante de él, y han dicho: ¡Viva el rey Adonía!

26 Mas ni á mí tu siervo, ni á Sadoc sacerdote, ni á Benaía hijo de Joiada, ni á Salomón tu siervo, ha convidado.

27 ¿Es este negocio ordenado por mi señor el rey, sin haber declarado á tu siervo quién se había de sentar en el trono de mi señor el rey después de él?

28 Entonces el rey David respondió, y dijo: Llamadme á Bath-sheba. Y ella entró á la presencia del rey, y púsose delante del rey.

29 Y el rey juró, diciendo: Vive Jehová, que ha redimido mi alma de toda angustia,

30 Que como yo te he jurado por Jehová Dios de Israel, diciendo: Tu hijo Salomón reinará después de mí, y él se sentará en mi trono en lugar mío; que así lo haré hoy.

31 Entonces Bath-sheba se inclinó al rey, su rostro á tierra, y haciendo reverencia al rey, dijo: Viva mi señor el rey David para siempre.

32 Y el rey David dijo: Llamadme á Sadoc sacerdote, y á Nathán profeta, y á Benaía hijo de Joiada. Y ellos entraron á la presencia del rey.

33 Y el rey les dijo: Tomad con vosotros los siervos de vuestro señor, y haced subir á Salomón mi hijo en mi mula, y llevadlo á Gihón.

34 Y allí lo ungirán Sadoc sacerdote y Nathán profeta por rey sobre Israel; y tocaréis trompeta, diciendo: ¡Viva el rey Salomón!

35 Después iréis vosotros detrás de él, y vendrá y se sentará en mi trono, y él reinará por mí; porque á él he ordenado para que sea príncipe sobre Israel y sobre Judá.

36 Entonces Benaía hijo de Joiada respondió al rey, y dijo: Amén. Así lo diga Jehová, Dios de mi señor el rey.

37 De la manera que Jehová ha sido con mi señor el rey, así sea con Salomón; y él haga mayor su trono que el trono de mi señor el rey David.

38 Y descendió Sadoc sacerdote, y Nathán profeta, y Benaía hijo de Joiada, y los Ceretheos y los Peletheos, é hicieron subir á Salomón en la mula del rey David, y lleváronlo á Gihón.

39 Y tomando Sadoc sacerdote el cuerno del aceite del tabernáculo, ungió á Salomón: y tocaron trompeta, y dijo todo el pueblo: ¡Viva el rey Salomón!

40 Después subió todo el pueblo en pos de él, y cantaba la gente con flautas, y hacían grandes alegrías, que parecía que la tierra se hundía con el clamor de ellos.

41 Y oyólo Adonía, y todos los convidados que con él estaban, cuando ya habían acabado de comer. Y oyendo Joab el sonido de la trompeta, dijo: ¿Por qué se alborota la ciudad con estruendo?

42 Estando aún él hablando, he aquí Jonathan hijo de Abiathar sacerdote vino, al cual dijo Adonía: Entra, porque tú eres hombre de esfuerzo, y traerás buenas nuevas.

43 Y Jonathan respondió, y dijo á Adonía: Ciertamente nuestro señor el rey David ha hecho rey á Salomón:

44 Y el rey ha enviado con él á Sadoc sacerdote y á Nathán profeta, y á Benaía hijo de Joiada, y también á los Ceretheos y á los Peletheos, los cuales le hicieron subir en la mula del rey;

45 Y Sadoc sacerdote y Nathán profeta lo han ungido en Gihón por rey: y de allá han subido con alegrías, y la ciudad está llena de estruendo. Este es el alboroto que habéis oído.

46 Y también Salomón se ha sentado en el trono del reino.

47 Y aun los siervos del rey han venido á bendecir á nuestro señor el rey David, diciendo: Dios haga bueno el nombre de Salomón más que tu nombre, y haga mayor su trono que el tuyo. Y el rey adoró en la cama.

48 Y también el rey habló así: Bendito sea Jehová Dios de Israel, que ha dado hoy quien se siente en mi trono, viéndolo mis ojos.

49 Ellos entonces se estremecieron, y levantáronse todos los convidados que estaban con Adonía, y fuése cada uno por su camino.

50 Mas Adonía, temiendo de la presencia de Salomón, levantóse y fuése, y cogió los cornijales del altar.

51 Y fué hecho saber á Salomón, diciendo: He aquí que Adonía tiene miedo del rey Salomón: pues ha cogido los cornijales del altar, diciendo: Júreme hoy el rey Salomón que no matará á cuchillo á su siervo.

52 Y Salomón dijo: Si él fuere virtuoso, ni uno de sus cabellos caerá en tierra: mas si se hallare mal en él, morirá.

53 Y envió el rey Salomón, y trajéronlo del altar; y él vino, é inclinóse al rey Salomón. Y Salomón le dijo: Vete á tu casa.

2 Y llegáronse los días de David para morir, y mandó á Salomón su hijo, diciendo:

2 Yo voy el camino de toda la tierra: esfuérzate, y sé varón.

3 Guarda la ordenanza de Jehová tu Dios, andando en sus caminos, y observando sus estatutos y mandamientos, y sus derechos y sus testimonios, de la manera que está escrito en la ley de Moisés, para que seas dichoso en todo lo que hicieres, y en todo aquello á que te tornares;

4 Para que confirme Jehová la palabra que me habló, diciendo: Si tus hijos guardaren su camino, andando delante de mí con verdad, de todo su corazón, y de toda su alma, jamás, dice, faltará á ti varón del trono de Israel.

5 Y ya sabes tú lo que me ha hecho Joab hijo de Sarvia, lo que hizo á dos generales del ejército de Israel, á Abner hijo de Ner, y á Amasa hijo de Jether, los cuales él mató, derramando en paz la sangre de guerra, y poniendo la sangre de guerra en su talabarte que tenía sobre sus lomos, y en sus zapatos que tenía en sus pies.

6 Tú pues harás conforme á tu sabiduría; no dejarás descender sus canas á la huesa en paz.

7 Mas á los hijos de Barzillai Galaadita harás misericordia, que sean de los convidados á tu mesa; porque ellos vinieron así á mí, cuando iba huyendo de Absalom tu hermano.

8 También tienes contigo á Semei hijo de Gera, hijo de Benjamín, de Bahurim, el cual me maldijo con una maldición fuerte el día que yo iba á Mahanaim. Mas él mismo descendió á recibirme al Jordán, y yo le juré por Jehová, diciendo: Yo no te mataré á cuchillo.

9 Empero ahora no lo absolverás: que hombre sabio eres, y sabes cómo te has de haber con él: y harás descender sus canas con sangre á la sepultura.

10 Y David durmió con sus padres, y fué sepultado en la ciudad de David.

11 Los días que reinó David sobre Israel fueron cuarenta años: siete años reinó en Hebrón, y treinta y tres años reinó en Jerusalem.

12 Y se sentó Salomón en el trono de David su padre, y fué su reino firme en gran manera.

13 Entonces Adonía hijo de Haggith vino á Bath-sheba madre de Salomón; y ella dijo: ¿Es tu venida de paz? Y él respondió: Sí, de paz.

14 En seguida dijo: Una palabra tengo que decirte. Y ella dijo: Di.

15 Y él dijo: Tú sabes que el reino era mío, y que todo Israel había puesto en mí su rostro, para que yo reinara: mas el reino fué traspasado, y vino á mi hermano; porque por Jehová era suyo.

16 Y ahora yo te hago una petición: no me hagas volver mi rostro. Y ella le dijo: Habla.

17 El entonces dijo: Yo te ruego que hables al rey Salomón, (porque él no te hará volver tu rostro,) para que me dé á Abisag Sunamita por mujer.

18 Y Bath-sheba dijo: Bien; yo hablaré por ti al rey.

19 Y vino Bath-sheba al rey Salomón para hablarle por Adonía. Y el rey se levantó á recibirla, é inclinóse á ella, y volvió á sentarse en su trono, é hizo poner una silla á la madre del rey, la cual se sentó á su diestra.

20 Y ella dijo: Una pequeña petición pretendo de ti; no me hagas volver mi rostro. Y el rey le dijo: Pide, madre mía, que yo no te haré volver el rostro.

21 Y ella dijo: Dése Abisag Sunamita por mujer á tu hermano Adonía.

22 Y el rey Salomón respondió, y dijo á su madre: ¿Por qué pides á Abisag Sunamita para Adonía? Demanda también para él el reino, porque él es mi hermano mayor; y tiene también á Abiathar sacerdote, y á Joab hijo de Sarvia.

23 Y el rey Salomón juró por Jehová, diciendo: Así me haga Dios y así me añada, que contra su vida ha hablado Adonía esta palabra.

24 Ahora pues, vive Jehová, que me ha confirmado y me ha puesto sobre el trono de David mi padre, y que me ha hecho casa, como me habló dicho, que Adonía morirá hoy.

25 Entonces el rey Salomón envió por mano de Benaía hijo de Joiada, el cual dió sobre él, y murió.

26 Y á Abiathar sacerdote dijo el rey: Vete á Anathoth á tus heredades, que tú eres digno de muerte; mas no te mataré hoy, por cuanto has llevado el arca del Señor Jehová delante de David mi padre, y además has sido trabajado en todas las cosas en que fué trabajado mi padre.

27 Así echó Salomón á Abiathar del sacerdocio de Jehová, para que se cumpliese la palabra de Jehová que había dicho sobre la casa de Eli en Silo.

28 Y vino la noticia hasta Joab: porque también Joab se había adherido á Adonía, si bien no se había adherido á Absalom. Y huyó Joab al tabernáculo de Jehová, y asióse á los cornijales del altar.

29 Y fué hecho saber á Salomón que Joab había huído al tabernáculo de Jehová, y que estaba junto al altar. Entonces envió Salomón á Benaía hijo de Joiada, diciendo: Ve, y da sobre él.

30 Y entró Benaía al tabernáculo de Jehová, y díjole: El rey ha dicho que salgas. Y él dijo: No, sino aquí moriré. Y Benaía volvió con esta respuesta al rey, diciendo: Así habló Joab, y así me respondió.

31 Y el rey le dijo: Haz como él ha dicho; mátale y entiérralo, y quita de mí y de la casa de mi padre la sangre que Joab ha derramado injustamente.

32 Y Jehová hará tornar su sangre sobre su cabeza: que él ha muerto dos varones más justos y mejores que él, á los cuales mató á cuchillo sin que mi padre David supiese nada: á Abner hijo de Ner, general del ejército de Israel, y á Amasa hijo de Jether, general de ejército de Judá.

33 La sangre pues de ellos recaerá sobre la cabeza de Joab, y sobre la cabeza de su simiente para siempre: mas sobre David y sobre su simiente, y sobre su casa y sobre su trono, habrá perpetuamente paz de parte de Jehová.

34 Entonces Benaía hijo de Joiada subió, y dió sobre él, y matólo; y fué sepultado en su casa en el desierto.

35 Y el rey puso en su lugar á Benaía hijo de Joiada sobre el ejército: y á Sadoc puso el rey por sacerdote en lugar de Abiathar.

36 Después envió el rey, é hizo venir á Semei, y díjole: Edifícate una casa en Jerusalem, y mora ahí, y no salgas de allá á una parte ni á otro;

37 Porque sabe de cierto que el día que salieres, y pasares el torrente de Cedrón, sin duda morirás, y tu sangre será sobre tu cabeza.

38 Y Semei dijo al rey: La palabra es buena; como el rey mi señor ha dicho, así lo hará tu siervo. Y habitó Semei en Jerusalem muchos días.

39 Pero pasados tres años, aconteció que se le huyeron á Semei dos siervos á Achís, hijo de Maachâ, rey de Gath. Y dieron aviso á Semei, diciendo: He aquí que tus siervos están en Gath.

40 Levantóse entonces Semei, y enalbardó su asno, y fué á Gath, á Achís, á procurar sus siervos. Fué pues Semei, y volvió sus siervos de Gath.

41 Díjose luego á Salomón como Semei había ido de Jerusalem hasta Gath, y que había vuelto.

42 Entonces el rey envió, é hizo venir á Semei, y díjole: ¿No te conjuré yo por Jehová, y te protesté, diciendo: El día que salieres, y fueres acá ó acullá, sabe de cierto que has de morir? Y tú me dijiste: La palabra es buena, yo la obedezco.

43 ¿Por qué pues no guardaste el juramento de Jehová, y el mandamiento que yo te impuse?

44 Dijo además el rey á Semei: Tú sabes todo el mal, el cual tu corazón bien sabe, que cometiste contra mi padre David; Jehová pues, ha tornado el mal sobre tu cabeza.

45 Y el rey Salomón será bendito, y el trono de David será firme perpetuamente delante de Jehová.

46 Entonces el rey mandó á Benaía hijo de Joiada, el cual salió é hirióle; y murió. Y el reino fué confirmado en la mano de Salomón.

3 Y Salomón hizo parentesco con Faraón rey de Egipto, porque tomó la hija de Faraón, y trájola á la ciudad de David, entre tanto que acababa de edificar su casa, y la casa de Jehová, y los muros de Jerusalem alrededor.

2 Hasta entonces el pueblo sacrificaba en los altos; porque no había casa edificada al nombre de Jehová hasta aquellos tiempos.

3 Mas Salomón amó á Jehová, andando en los estatutos de su padre David: solamente sacrificaba y quemaba perfumes en los altos.

4 E iba el rey á Gabaón, porque aquél era el alto principal, y sacrificaba allí, mil holocaustos sacrificaba Salomón sobre aquel altar.

5 Y aparecióse Jehová á Salomón en Gabaón una noche en sueños, y díjo le Dios: Pide lo que quisieres que yo te dé.

6 Y Salomón dijo: Tú hiciste gran misericordia á tu siervo David mi padre, según que él anduvo delante de ti en verdad, en justicia, y con rectitud de corazón para contigo: y tú le has guardado esta tu grande misericordia, que le diste hijo que se sentase en su trono, como sucede en este día.

7 Ahora pues, Jehová Dios mío, tú has puesto á mí tu siervo por rey en lugar de David mi padre: y yo soy mozo pequeño, que no sé cómo entrar ni salir.

8 Y tu siervo está en medio de tu pueblo al cual tú escogiste; un pueblo grande, que no se puede contar ni numerar por su multitud.

9 Da pues á tu siervo corazón dócil para juzgar á tu pueblo, para discernir entre lo bueno y lo malo: porque ¿quién podrá gobernar este tu pueblo tan grande?

10 Y agradó delante de Adonai que Salomón pidiese esto.

11 Y díjole Dios: Porque has demandado esto, y no pediste para ti muchos días, ni pediste para ti riquezas, ni pediste la vida de tus enemigos, mas demandaste para ti inteligencia para oir juicio;

12 He aquí lo he hecho conforme á tus palabras: he aquí que te he dado corazón sabio y entendido, tanto que no haya habido antes de ti otro como tú, ni después de ti se levantará otro como tú.

13 Y aun también te he dado las cosas que no pediste, riquezas y gloria: tal, que entre los reyes ninguno haya como tú en todos tus días.

14 Y si anduvieres en mis caminos, guardando mis estatutos y mis mandamientos, como anduvo David tu padre, yo alargaré tus días.

15 Y como Salomón despertó, vió que era sueño: y vino á Jerusalem, y presentóse delante del arca del pacto de Jehová, y sacrificó holocaustos, é hizo pacíficos; hizo también banquete á todos sus siervos.

16 En aquella sazón vinieron dos mujeres rameras al rey, y presentáronse delante de él.

17 Y dijo la una mujer: ¡Ah, señor mío! yo y esta mujer morábamos en una misma casa, y yo parí estando con ella en la casa.

18 Y aconteció al tercer día después que yo parí, que ésta parió también, y morábamos nosotras juntas; ninguno de fuera estaba en casa, sino nosotras dos en la casa.

19 Y una noche el hijo de esta mujer murió, porque ella se acostó sobre él.

20 Y levantóse á media noche, y tomó á mi hijo de junto á mí, estando yo tu sierva durmiendo, y púsolo á su lado, y púsome á mí lado su hijo muerto.

21 Y como yo me levanté por la mañana para dar el pecho á mi hijo, he aquí que estaba muerto: mas observéle por la mañana, y vi que no era mi hijo, que yo había parido.

22 Entonces la otra mujer dijo: No; mi hijo es el que vive, y tu hijo es el muerto. Y la otra volvió á decir: No; tu hijo es el muerto, y mi hijo es el que vive. Así hablaban delante del rey.

23 El rey entonces dijo: Esta dice: Mi hijo es el que vive, y tu hijo es el muerto: y la otra dice: No, mas el tuyo es el muerto, y mi hijo es el que vive.

24 Y dijo el rey: Traedme un cuchillo. Y trajeron al rey un cuchillo.

25 En seguida el rey dijo: Partid por medio el niño vivo, y dad la mitad á la una, y la otra mitad á la otra.

26 Entonces la mujer cuyo era el hijo vivo, habló al rey (porque sus entrañas se le conmovieron por su hijo), y dijo: ¡Ah, señor mío! dad á ésta el niño vivo, y no lo matéis. Mas la otra dijo: Ni á mí ni á ti; partidlo.

27 Entonces el rey respondió, y dijo: Dad á aquélla el hijo vivo, y no lo matéis: ella es su madre.

28 Y todo Israel oyó aquel juicio que había dado el rey: y temieron al rey, porque vieron que había en él sabiduría de Dios para juzgar.

4 Fué el rey Salomón rey sobre todo Israel.

2 Y estos fueron los príncipes que tuvo: Azarías hijo de Sadoc, sacerdote;

3 Eliorph y Ahía, hijos de Sisa, escribas; Josaphat hijo de Ahilud, canciller;

4 Benaía hijo de Joiada era sobre el ejército; y Sadoc y Abiathar eran los sacerdotes;

5 Azaría hijo de Nathán era sobre los gobernadores; Zabud hijo de Nathán era principal oficial, amigo del rey;

6 Y Ahisar era mayordomo; y Adoniram hijo de Abda era sobre el tributo.

7 Y tenía Salomón doce gobernadores sobre todo Israel, los cuales mantenían al rey y á su casa. Cada uno de ellos estaba obligado á abastecer por un mes en el año.

8 Y estos son los nombres de ellos: el hijo de Hur en el monte de Ephraim;

9 El hijo de Decar, en Maccas, y en Saalbim, y en Beth-semes, y en Elón, y en Beth-hanan;

10 El hijo de Hesed, en Aruboth; éste tenía también á Sochô y toda la tierra de Ephet.

11 El hijo de Abinadab, en todos los términos de Dor: éste tenía por mujer á Thaphat hija de Salomón;

12 Baana hijo de Ahilud, en Taanach y Megiddo, y en toda Beth-san, que es cerca de Zaretán, por bajo de Jezreel, desde Beth-san hasta Abel-mehola, y hasta la otra parte de Jocmeam;

13 El hijo de Geber, en Ramoth de Galaad; éste tenía también las ciudades de Jair hijo de Manasés, las cuales estaban en Galaad; tenía también la provincia de Argob, que era en Basán, sesenta grandes ciudades con muro y cerraduras de bronce;

14 Ahinadab hijo de Iddo, en Mahanaim;

15 Ahimaas en Nephtalí; éste tomó también por mujer á Basemath hija de Salomón.

16 Baana hijo de Husai, en Aser y en Aloth;

17 Josaphat hijo de Pharua, en Issachâr;

18 Semei hijo de Ela, en Benjamín;

19 Geber hijo de Uri, en la tierra de Galaad, la tierra de Sehón rey de los Amorrheos, y de Og rey de Basán; éste era el único gobernador en aquella tierra.

20 Judá é Israel eran muchos, como la arena que está junto á la mar en multitud, comiendo y bebiendo y alegrándose.

21 Y Salomón señoreaba sobre todos los reinos, desde el río de la tierra de los Filisteos hasta el término de Egipto: y traían presentes, y sirvieron á Salomón todos los días que vivió.

22 Y la despensa de Salomón era cada día treinta coros de flor de harina, y sesenta coros de harina.

23 Diez bueyes engordados, y veinte bueyes de pasto, y cien ovejas; sin los ciervos, cabras, búfalos, y aves engordadas.

24 Porque él señoreaba en toda la región que estaba de la otra parte del río, desde Tiphsa hasta Gaza, sobre todos los reyes de la otra parte del río; y tuvo paz por todos lados en derredor suyo.

25 Y Judá é Israel vivían seguros, cada uno debajo de su parra y debajo de su higuera, desde Dan hasta Beer-seba, todos los días de Salomón.

26 Tenía además de esto Salomón cuarenta mil caballos en sus caballerizas para sus carros, y doce mil jinetes.

27 Y estos gobernadores mantenían al rey Salomón, y á todos los que á la mesa del rey Salomón venían, cada uno un mes; y hacían que nada faltase.

28 Hacían también traer cebada y paja para los caballos y para las bestias de carga, al lugar donde él estaba, cada uno conforme al cargo que tenía.

29 Y dió Dios á Salomón sabiduría, y prudencia muy grande, y anchura de corazón como la arena que está á la orilla del mar.

30 Que fué mayor la sabiduría de Salomón que la de todos los orientales, y que toda la sabiduría de los Egipcios.

31 Y aun fué más sabio que todos los hombres; más que Ethán Ezrahita, y que Emán y Calchól y Darda, hijos de Mahol: y fué nombrado entre todas las naciones de alrededor.

32 Y propuso tres mil parábolas; y sus versos fueron mil y cinco.

33 También disertó de los árboles, desde el cedro del Líbano hasta el hisopo que nace en la pared. Asimismo disertó de los animales, de las aves, de los reptiles, y de los peces.

34 Y venían de todos los pueblos á oir la sabiduría de Salomón, y de todos los reyes de la tierra, donde había llegado la fama de su sabiduría.

5 Hiram rey de Tiro envió también sus siervos á Salomón, luego que oyó que lo habían ungido por rey en lugar de su padre: porque Hiram había siempre amado á David.

2 Entonces Salomón envió á decir á Hiram:

3 Tú sabes como mi padre David no pudo edificar casa al nombre de Jehová su Dios, por las guerras que le cercaron, hasta que Jehová puso sus enemigos bajo las plantas de sus pies.

4 Ahora Jehová mi Dios me ha dado reposo por todas partes; que ni hay adversarios, ni mal encuentro.

5 Yo por tanto he determinado ahora edificar casa al nombre de Jehová mi Dios, como Jehová lo habló á David mi padre, diciendo: Tu hijo, que yo pondré en lugar tuyo en tu trono, él edificará casa á mi nombre.

6 Manda pues ahora que me corten cedros del Líbano; y mis siervos estarán con los tuyos, y yo te daré por tus siervos el salario que tú dijeres: porque tú sabes bien que ninguno hay entre nosotros que sepa labrar la madera como los Sidonios.

7 Y como Hiram oyó las palabras de Salomón, holgóse en gran manera, y dijo: Bendito sea hoy Jehová, que dió hijo sabio á David sobre aquel pueblo tan grande.

8 Y envió Hiram á decir á Salomón: He oído lo que me mandaste á decir: yo haré todo lo que te pluguiere acerca de la madera de cedro, y la madera de haya.

9 Mis siervos la llevarán desde el Líbano á la mar; y yo la pondré en balsas por el mar hasta el lugar que tú me señalares, y allí se desatará, y tú la tomarás: y tú harás mi voluntad en dar de comer á mi familia.

10 Dió pues Hiram á Salomón madera de cedro y madera de haya todo lo que quiso.

11 Y Salomón daba á Hiram veinte mil coros de trigo para el sustento de su familia, y veinte coros de aceite limpio: esto daba Salomón á Hiram cada un año.

12 Dió pues Jehová á Salomón sabiduría como le había dicho: y hubo paz entre Hiram y Salomón, é hicieron alianza entre ambos.

13 Y el rey Salomón impuso tributo á todo Israel, y el tributo fué de treinta mil hombres:

14 Los cuales enviaba al Líbano de diez mil en diez mil, cada mes por su turno, viniendo así á estar un mes en el Líbano, y dos meses en sus casas: y Adoniram estaba sobre aquel tributo.

15 Tenía también Salomón setenta mil que llevaban las cargas, y ochenta mil cortadores en el monte;

16 Sin los principales oficiales de Salomón que estaban sobre la obra, tres mil y trescientos, los cuales tenían cargo del pueblo que hacía la obra.

17 Y mandó el rey que trajesen grandes piedras, piedras de precio, para los cimientos de la casa, y piedras labradas.

18 Y los albañiles de Salomón y los de Hiram, y los aparejadores, cortaron y aparejaron la madera y la cantería para labrar la casa.

6 Y fué en el año cuatrocientos ochenta después que los hijos de Israel salieron de Egipto, en el cuarto año del principio del reino de Salomón sobre Israel, en el mes de Ziph, que es el mes segundo, que él comenzó á edificar la casa de Jehová.

2 La casa que el rey Salomón edificó á Jehová, tuvo sesenta codos de largo y veinte de ancho, y treinta codos de alto.

3 Y el pórtico delante del templo de la casa, de veinte codos de largo, según la anchura de la casa, y su ancho era de diez codos delante de la casa.

4 E hizo á la casa ventanas anchas por de dentro, y estrechas por de fuera.

5 Edificó también junto al muro de la casa aposentos alrededor, contra las paredes de la casa en derredor del templo y del oráculo: é hizo cámaras alrededor.

6 El aposento de abajo era de cinco codos de ancho, y el de en medio de seis codos de ancho, y el tercero de siete codos de ancho: porque por de fuera había hecho disminuciones á la casa en derredor, para no trabar las vigas de las paredes de la casa.

7 Y la casa cuando se edificó, fabricáronla de piedras que traían ya acabadas; de tal manera que cuando la edificaban, ni martillos ni hachas se oyeron en la casa, ni ningún otro instrumento de hierro.

8 La puerta del aposento de en medio estaba al lado derecho de la casa: y subíase por un caracol al de en medio, y del aposento de en medio al tercero.

9 Labró pues la casa, y acabóla; y cubrió la casa con artesonados de cedro.

10 Y edificó asimismo el aposento en derredor de toda la casa, de altura de cinco codos, el cual se apoyaba en la casa con maderas de cedro.

11 Y fué palabra de Jehová á Salomón, diciendo:

12 Esta casa que tú edificas, si anduvieres en mis estatutos, é hicieres mis derechos, y guardares todos mis mandamientos andando en ellos, yo tendré firme contigo mi palabra que hablé á David tu padre;

13 Y habitaré en medio de los hijos de Israel, y no dejaré á mi pueblo Israel.

14 Así que, Salomón labró la casa, y acabóla.

15 Y aparejó las paredes de la casa por de dentro con tablas de cedro, vistiéndola de madera por dentro, desde el solado de la casa hasta las paredes de la techumbre: cubrió también el pavimento con madera de haya.

16 Asimismo hizo al cabo de la casa un edificio de veinte codos de tablas de cedro, desde el solado hasta lo más alto; y fabricóse en la casa un oráculo, que es el lugar santísimo.

17 Y la casa, á saber, el templo de dentro, tenía cuarenta codos.

18 Y la casa estaba cubierta de cedro por de dentro, y tenía entalladuras de calabazas silvestres y de botones de flores. Todo era cedro; ninguna piedra se veía.

19 Y adornó el oráculo por de dentro en medio de la casa, para poner allí el arca del pacto de Jehová.

20 Y el oráculo estaba en la parte de adentro, el cual tenía veinte codos de largo, y otros veinte de ancho, y otros veinte de altura; y vistiólo de oro purísimo: asimismo cubrió el altar de cedro.

21 De suerte que vistió Salomón de oro puro la casa por de dentro, y cerró la entrada del oráculo con cadenas de oro, y vistiólo de oro.

22 Cubrió pues de oro toda la casa hasta el cabo; y asimismo vistió de oro todo el altar que estaba delante del oráculo.

23 Hizo también en el oráculo dos querubines de madera de oliva, cada uno de altura de diez codos.

24 La una ala del querubín tenía cinco codos, y la otra ala del querubín otros cinco codos: así que había diez codos desde la punta de la una ala hasta la punta de la otra.

25 Asimismo el otro querubín tenía diez codos; porque ambos querubines eran de un tamaño y de una hechura.

26 La altura del uno era de diez codos, y asimismo el otro.

27 Y puso estos querubines dentro de la casa de adentro: los cuales querubines extendían sus alas, de modo que el ala del uno tocaba á la pared, y el ala del otro querubín tocaba á la otra pared, y las otras dos alas se tocaban la una á la otra en la mitad de la casa.

28 Y vistió de oro los querubines.

29 Y esculpió todas las paredes de la casa alrededor de diversas figuras, de querubines, de palmas, y de botones de flores, de dentro y por de fuera.

30 Y cubrió de oro el piso de la casa, de dentro y de fuera.

31 Y á la entrada del oráculo hizo puertas de madera de oliva; y el umbral y los postes eran de cinco esquinas.

32 Las dos puertas eran de madera de oliva; y entalló en ellas figuras de querubines y de palmas y de botones de flores, y cubriólas de oro: cubrió también de oro los querubines y las palmas.

33 Igualmente hizo á la puerta del templo postes de madera de oliva cuadrados.

34 Pero las dos puertas eran de madera de haya; y los dos lados de la una puerta eran redondos, y los otros dos lados de la otra puerta también redondos.

35 Y entalló en ellas querubines y palmas y botones de flores, y cubriólas de oro ajustado á las entalladuras.

36 Y edificó el atrio interior de tres órdenes de piedras labradas, y de un orden de vigas de cedro.

37 En el cuarto año, en el mes de Ziph, se echaron los cimientos de la casa de Jehová:

38 Y en el undécimo año, en el mes de Bul, que es el mes octavo, fué acabada la casa con todas sus pertenencias, y con todo lo necesario. Edificóla pues, en siete años.

7 Después edificó Salomón su propia casa en trece años, y acabóla toda.

2 Asimismo edificó la casa del bosque del Líbano, la cual tenía cinco codos de longitud, y cincuenta codos de anchura, y treinta codos de altura, sobre cuatro órdenes de columnas de cedro, con vigas de cedro sobre las columnas.

3 Y estaba cubierta de tablas de cedro arriba sobre las vigas, que se apoyaban en cuarenta y cinco columnas: cada hilera tenía quince columnas.

4 Y había tres órdenes de ventanas, una ventana contra la otra en tres órdenes.

5 Y todas las puertas y postes eran cuadrados; y las unas ventanas estaban frente á las otras en tres órdenes.

6 También hizo un pórtico de columnas, que tenía de largo cincuenta codos, y treinta codos de ancho; y aqueste pórtico estaba delante de aquellas otras, con sus columnas y maderos correspondientes.

7 Hizo asimismo el pórtico del trono en que había de juzgar, el pórtico del juicio, y vistiólo de cedro de suelo á suelo.

8 Y en la casa en que él moraba, había otro atrio dentro del pórtico, de obra semejante á esta. Edificó también Salomón una casa para la hija de Faraón, que había tomado por mujer, de la misma obra de aquel pórtico.

9 Todas aquellas obras fueron de piedras de precio, cortadas y aserradas con sierras según las medidas, así por de dentro como por de fuera, desde el cimiento hasta los remates, y asimismo por de fuera hasta el gran atrio.

10 El cimiento era de piedras de precio, de piedras grandes, de piedras de diez codos, y de piedras de ocho codos.

11 De allí arriba eran también piedras de precio, labradas conforme á sus medidas, y obra de cedro.

12 Y en el gran atrio alrededor había tres órdenes de piedras labradas, y un orden de vigas de cedro: y así el atrio interior de la casa de Jehová, y el atrio de la casa.

13 Y envió el rey Salomón, é hizo venir de Tiro á Hiram,

14 Hijo de una viuda de la tribu de Nephtalí, y su padre había sido de Tiro: trabajaba él en bronce, lleno de sabiduría y de inteligencia y saber en toda obra de metal. Este pues vino al rey Salomón, é hizo toda su obra.

15 Y vació dos columnas de bronce, la altura de cada cual era de diez y ocho codos; y rodeaba á una y á otra columna un hilo de doce codos.

16 Hizo también dos capiteles de fundición de bronce, para que fuesen puestos sobre las cabezas de las columnas: la altura de un capitel era de cinco codos, y la del otro capitel de cinco codos.

17 Había trenzas á manera de red, y unas cintas á manera de cadenas, para los capiteles que se habían de poner sobre las cabezas de las columnas: siete para cada capitel.

18 Y cuando hubo hecho las columnas, hizo también dos órdenes de granadas alrededor en el un enredado, para cubrir los capiteles que estaban en las cabezas de las columnas con las granadas: y de la misma forma hizo en el otro capitel.

19 Los capiteles que estaban sobre las columnas en el pórtico, tenían labor de flores por cuatro codos.

20 Tenían también los capiteles de sobre las dos columnas, doscientas granadas en dos órdenes alrededor en cada capitel, encima del vientre del capitel, el cual vientre estaba delante del enredado.

21 Estas columnas erigió en el pórtico del templo: y cuando hubo alzado la columna de la mano derecha, púsole por nombre Jachîn; y alzando la columna de la mano izquierda, llamó su nombre Boaz.

22 Y puso en las cabezas de las columnas labor en forma de azucenas; y así se acabó la obra de las columnas.

23 Hizo asimismo un mar de fundición, de diez codos del un lado al otro, perfectamente redondo: su altura era de cinco codos, y ceñíalo alrededor un cordón de treinta codos.

24 Y cercaban aquel mar por debajo de su labio en derredor unas bolas como calabazas, diez en cada codo, que ceñían el mar alrededor en dos órdenes, las cuales habían sido fundidas cuando él fué fundido.

25 Y estaba asentado sobre doce bueyes: tres miraban al norte, y tres miraban al poniente, y tres miraban al mediodía, y tres miraban al oriente; sobre éstos se apoyaba el mar, y las traseras de ellos estaban hacia la parte de adentro.

26 El grueso del mar era de un palmo, y su labio era labrado como el labio de un cáliz, ó de flor de lis: y cabían en él dos mil batos.

27 Hizo también diez basas de bronce, siendo la longitud de cada basa de cuatro codos, y la anchura de cuatro codos, y de tres codos la altura.

28 La obra de las basas era esta: tenían unas cintas, las cuales estaban entre molduras:

29 Y sobre aquellas cintas que estaban entre las molduras, figuras de leones, y de bueyes, y de querubines; y sobre las molduras de la basa, así encima como debajo de los leones y de los bueyes, había unas añadiduras de bajo relieve.

30 Cada basa tenía cuatro ruedas de bronce con mesas de bronce; y en sus cuatro esquinas había unos hombrillos, los cuales nacían de fundición á cada un lado de aquellas añadiduras, para estar debajo de la fuente.

31 Y la boca del pie de la fuente entraba un codo en el remate que salía para arriba de la basa; y era su boca redonda, de la hechura del mismo remate, y éste de codo y medio. Había también sobre la boca entalladuras con sus cintas, las cuales eran cuadradas, no redondas.

32 Las cuatro ruedas estaban debajo de las cintas, y los ejes de las ruedas nacían en la misma basa. La altura de cada rueda era de un codo y medio.

33 Y la hechura de las ruedas era como la hechura de las ruedas de un carro: sus ejes, sus rayos, y sus cubos, y sus cinchos, todo era de fundición.

34 Asimismo los cuatro hombrillos á las cuatro esquinas de cada basa: y los hombrillos eran de la misma basa.

35 Y en lo alto de la basa había medio codo de altura redondo por todas partes: y encima de la basa sus molduras y cintas, las cuales eran de ella misma.

36 E hizo en las tablas de las molduras, y en las cintas, entalladuras de querubines, de leones, y de palmas, con proporción en el espacio de cada una, y alrededor otros adornos.

37 De esta forma hizo diez basas fundidas de una misma manera, de una misma medida, y de una misma entalladura.

38 Hizo también diez fuentes de bronce: cada fuente contenía cuarenta batos, y cada una era de cuatro codos; y asentó una fuente sobre cada una de las diez basas.

39 Y puso las cinco basas á la mano derecha de la casa, y las otras cinco á la mano izquierda: y asentó el mar al lado derecho de la casa, al oriente, hacia el mediodía.

40 Asimismo hizo Hiram fuentes, y tenazas, y cuencos. Así acabó toda la obra que hizo á Salomón para la casa de Jehová:

41 Es á saber, dos columnas, y los vasos redondos de los capiteles que estaban en lo alto de las dos columnas; y dos redes que cubrían los dos vasos redondos de los capiteles que estaban sobre la cabeza de las columnas;

42 Y cuatrocientas granadas para las dos redes, dos órdenes de granadas en cada red, para cubrir los dos vasos redondos que estaban sobre las cabezas de las columnas;

43 Y las diez basas, y las diez fuentes sobre las basas;

44 Y un mar, y doce bueyes debajo del mar.

45 Y calderos, y paletas, y cuencos; y todos los vasos que Hiram hizo al rey Salomón, para la casa de Jehová de metal acicalado.

46 Todo lo hizo fundir el rey en la llanura del Jordán, en tierra arcillosa, entre Succoth y Sarthán.

47 Y dejó Salomón sin inquirir el peso del metal de todos los vasos, por la grande multitud de ellos.

48 Entonces hizo Salomón todos los vasos que pertenecían á la casa de Jehová: un altar de oro, y una mesa sobre la cual estaban los panes de la proposición, también de oro;

49 Y cinco candeleros de oro purísimo á la mano derecha, y otros cinco á la izquierda, delante del oráculo; con las flores, y las lámparas, y despabiladeras de oro;

50 Asimismo los cántaros, vasos, tazas, cucharillas, é incensarios, de oro purísimo; también de oro los quiciales de las puertas de la casa de adentro, del lugar santísimo, y los de las puertas del templo.

51 Así se acabó toda la obra que dispuso hacer el rey Salomón para la casa de Jehová. Y metió Salomón lo que David su padre había dedicado, es á saber, plata, y oro, y vasos, y púsolo todo en guarda en las tesorerías de la casa de Jehová.

8 Entonces juntó Salomón los ancianos de Israel, y á todas las cabezas de las tribus, y á los príncipes de las familias de los hijos de Israel, al rey Salomón en Jerusalem para traer el arca del pacto de Jehová de la ciudad de David, que es Sión.

2 Y se juntaron al rey Salomón todos los varones de Israel en el mes de Ethanim, que es el mes séptimo, en el día solemne.

3 Y vinieron todos los ancianos de Israel, y los sacerdotes tomaron el arca.

4 Y llevaron el arca de Jehová, y el tabernáculo del testimonio, y todos los vasos sagrados que estaban en el tabernáculo; los cuales llevaban los sacerdotes y Levitas.

5 Y el rey Salomón, y toda la congregación de Israel que á él se había juntado, estaban con él delante del arca, sacrificando ovejas y bueyes, que por la multitud no se podían contar ni numerar.

6 Y los sacerdotes metieron el arca del pacto de Jehová en su lugar, en el oráculo de la casa, en el lugar santísimo, debajo de las alas de los querubines.

7 Porque los querubines tenían extendidas las alas sobre el lugar del arca, y así cubrían los querubines el arca y sus varas por encima.

8 E hicieron salir las varas; que las cabezas de las varas se dejaban ver desde el santuario delante del oráculo, mas no se veían desde afuera; y así se quedaron hasta hoy.

9 En el arca ninguna cosa había más de las dos tablas de piedra que había allí puesto Moisés en Horeb, donde Jehová hizo la alianza con los hijos de Israel, cuando salieron de la tierra de Egipto.

10 Y como los sacerdotes salieron del santuario, la nube hinchió la casa de Jehová.

11 Y los sacerdotes no pudieron estar para ministrar por causa de la nube; porque la gloria de Jehová había henchido la casa de Jehová.

12 Entonces dijo Salomón: Jehová ha dicho que él habitaría en la oscuridad.

13 Yo he edificado casa por morada para ti, asiento en que tú habites para siempre.

14 Y volviendo el rey su rostro, bendijo á toda la congregación de Israel; y toda la congregación de Israel estaba en pie.

15 Y dijo: Bendito sea Jehová Dios de Israel, que habló de su boca á David mi padre, y con su mano lo ha cumplido, diciendo:

16 Desde el día que saqué mi pueblo Israel de Egipto, no he escogido ciudad de todas las tribus de Israel para edificar casa en la cual estuviese mi nombre, aunque escogí á David para que presidiese en mi pueblo Israel.

17 Y David mi padre tuvo en el corazón edificar casa al nombre de Jehová Dios de Israel.

18 Mas Jehová dijo á David mi padre: Cuanto á haber tú tenido en el corazón edificar casa á mi nombre, bien has hecho en tener tal voluntad;

19 Empero tú no edificarás la casa, sino tu hijo que saldrá de tus lomos, él edificará casa á mi nombre.

20 Y Jehová ha verificado su palabra que había dicho; que me he levantado yo en lugar de David mi padre, y heme

sentado en el trono de Israel, como Jehová había dicho, y he edificado la casa al nombre de Jehová Dios de Israel.

21 Y he puesto en ella lugar para el arca, en la cual está el pacto de Jehová, que él hizo con nuestros padres cuando los sacó de la tierra de Egipto.

22 Púsose luego Salomón delante del altar de Jehová, en presencia de toda la congregación de Israel, y extendiendo sus manos al cielo,

23 Dijo: Jehová Dios de Israel, no hay Dios como tú, ni arriba en los cielos ni abajo en la tierra, que guardas el pacto y la misericordia á tus siervos, los que andan delante de ti de todo su corazón;

24 Que has guardado á tu siervo David mi padre lo que le dijiste: dijístelo tu boca, y con tu mano lo has cumplido, como aparece este día.

25 Ahora pues, Jehová Dios de Israel, cumple á tu siervo David mi padre lo que le prometiste, diciendo: No faltará varón de ti delante de mí, que se siente en el trono de Israel, con tal que tus hijos guarden su camino, que anden delante de mí como tú has delante de mí andado.

26 Ahora pues, oh Dios de Israel, verifíquese tu palabra que dijiste á tu siervo David mi padre.

27 Empero ¿es verdad que Dios haya de morar sobre la tierra? He aquí que los cielos, los cielos de los cielos, no te pueden contener: ¿cuánto menos esta casa que yo he edificado?

28 Con todo, tú atenderás á la oración de tu siervo, y á su plegaria, oh Jehová Dios mío, oyendo propicio el clamor y oración que tu siervo hace hoy delante de ti:

29 Que estén tus ojos abiertos de noche y de día sobre esta casa, sobre este lugar del cual has dicho: Mi nombre estará allí; y que oigas la oración que tu siervo hará en este lugar.

30 Oye pues la oración de tu siervo, y de tu pueblo Israel; cuando oraren en este lugar, también tú lo oirás en el lugar de tu habitación, desde los cielos: que oigas y perdones.

31 Cuando alguno hubiere pecado contra su prójimo, y le tomaren juramento haciéndole jurar, y viniere el juramento delante de tu altar en esta casa;

32 Tú oirás desde el cielo, y obrarás, y juzgarás á tus siervos, condenando al impío, tornando su proceder sobre su cabeza, y justificando al justo para darle conforme á su justicia.

33 Cuando tu pueblo Israel hubiere caído delante de sus enemigos, por haber pecado contra ti, y á ti se volvieren, y confesaren tu nombre, y oraren, y te rogaren y suplicaren en esta casa;

34 Oyelos tú en los cielos, y perdona el pecado de tu pueblo Israel, y vuélvelos á la tierra que diste á sus padres.

35 Cuando el cielo se cerrare, y no lloviere, por haber ellos pecado contra ti, y te rogaren en este lugar, y confesaren tu nombre, y se volvieren del pecado, cuando los hubieres afligido;

36 Tú oirás en los cielos, y perdonarás el pecado de tus siervos y de tu pueblo Israel, enseñándoles el buen camino en que anden; y darás lluvias sobre tu tierra, la cual diste á tu pueblo por heredad.

37 Cuando en la tierra hubiere hambre, ó pestilencia, ó tizoncillo, ó niebla, ó langosta, ó pulgón: si sus enemigos los tuvieren cercados en la tierra de su domicilio; cualquiera plaga ó enfermedad que sea;

38 Toda oración y toda súplica que hiciere cualquier hombre, ó todo tu pueblo Israel, cuando cualquiera sintiere la plaga de su corazón, y extendiere sus manos á esta casa;

39 Tú oirás en los cielos, en la habitación de tu morada, y perdonarás, y obrarás, y darás á cada uno conforme á sus caminos, cuyo corazón tú conoces; (porque sólo tú conoces el corazón de todos los hijos de los hombres;)

40 Para que te teman todos los días que vivieren sobre la haz de la tierra que tú diste á nuestros padres.

41 Asimismo el extranjero, que no es de tu pueblo Israel, que hubiere venido de lejanas tierras á causa de tu nombre,

42 (Porque oirán de tu grande nombre, y de tu mano fuerte, y de tu brazo extendido,) y viniere á orar á esta casa;

43 Tú oirás en los cielos, en la habitación de tu morada, y harás conforme á todo aquello por lo cual el extranjero hubiere á ti clamado: para que todos los pueblos de la tierra conozcan tu nombre, y te teman, como tu pueblo Israel, y entiendan que tu nombre es invocado sobre esta casa que yo edifiqué.

44 Si tu pueblo saliere en batalla contra sus enemigos por el camino que tú los enviares, y oraren á Jehová hacia la ciudad que tú elegiste, y hacia la casa que yo edifiqué á tu nombre,

45 Tú oirás en los cielos su oración y su súplica, y les harás derecho.

46 Si hubieren pecado contra ti, (porque no hay hombre que no peque) y tú estuvieres airado contra ellos, y los entregares delante del enemigo, para que los cautiven y lleven á tierra enemiga, sea lejos ó cerca,

47 Y ellos volvieren en sí en la tierra donde fueren cautivos; si se convirtieren, y oraren á ti en la tierra de los que los cautivaron, y dijeren: Pecamos, hemos hecho lo malo, hemos cometido impiedad;

48 Y si se convirtieren á ti de todo su corazón y de toda su alma, en la tierra de sus enemigos que los hubieren llevado cautivos, y oraren á ti hacia su tierra, que tú diste á sus padres, hacia la ciudad que tú elegiste y la casa que yo he edificado á tu nombre;

49 Tú oirás en los cielos, en la habitación de tu morada, su oración y su súplica, y les harás derecho;

50 Y perdonarás á tu pueblo que había pecado contra ti, y todas sus infracciones con que se habrán contra ti rebelado; y harás que hayan de ellos misericordia los que los hubieren llevado cautivos;

51 Porque ellos son tu pueblo y tu heredad, que tú sacaste de Egipto, de en medio del horno de hierro.

52 Que tus ojos estén abiertos á la oración de tu siervo, y á la plegaria de tu pueblo Israel, para oirlos en todo aquello por lo que te invocaren:

53 Pues que tú los apartaste para ti por tu heredad de todos los pueblos de la tierra, como lo dijiste por mano de Moisés tu siervo, cuando sacaste á nuestros padres de Egipto, oh Señor Jehová.

54 Y fué, que como acabó Salomón de hacer á Jehová toda esta oración y súplica, levantóse de estar de rodillas delante del altar de Jehová con sus manos extendidas al cielo;

55 Y puesto en pie, bendijo á toda la congregación de Israel, diciendo en voz alta:

56 Bendito sea Jehová, que ha dado reposo á su pueblo Israel, conforme á todo lo que él había dicho; ninguna palabra de todas sus promesas que expresó por Moisés su siervo, ha faltado.

57 Sea con nosotros Jehová nuestro Dios, como fué con nuestros padres; y no nos desampare, ni nos deje;

58 Incline nuestro corazón hacia sí, para que andemos en todos sus caminos, y guardemos sus mandamientos y sus estatutos y sus derechos, los cuales mandó á nuestros padres.

59 Y que estas mis palabras con que he orado delante de Jehová estén cerca de Jehová nuestro Dios de día y de noche, para que él proteja la causa de su siervo, y de su pueblo Israel, cada cosa en su tiempo;

60 A fin de que todos los pueblos de la tierra sepan que Jehová es Dios, y que no hay otro.

61 Sea pues perfecto vuestro corazón para con Jehová nuestro Dios, andando en sus estatutos, y guardando sus mandamientos, como el día de hoy.

62 Entonces el rey, y todo Israel con él, sacrificaron víctimas delante de Jehová.

63 Y sacrificó Salomón por sacrificios pacíficos, los cuales ofreció á Jehová veinte y dos mil bueyes, y ciento veinte mil ovejas. Así dedicaron el rey y todos los hijos de Israel la casa de Jehová.

64 Aquel mismo día santificó el rey el medio del atrio que estaba delante de la casa de Jehová: porque ofreció allí los holocaustos, y los presentes, y los sebos de los pacíficos; por cuanto el altar de bronce que estaba delante de Jehová era pequeño, y no cupieran en él los holocaustos, y los presentes, y los sebos de los pacíficos.

65 En aquel tiempo Salomón hizo fiesta, y con él todo Israel, una grande congregación, desde como entran en Hamath hasta el río de Egipto, delante de Jehová nuestro Dios, por siete días y otros siete días, esto es, por catorce días.

66 Y el octavo día despidió al pueblo: y ellos bendiciendo al rey, se fueron á sus estancias alegres y gozosos de corazón por todos los beneficios que Jehová había hecho á David su siervo, y á su pueblo Israel.

9 Y como Salomón hubo acabado la obra de la casa de Jehová, y la casa real, y todo lo que Salomón quiso hacer,

2 Jehová apareció á Salomón la segunda vez, como le había aparecido en Gabaón.

3 Y díjole Jehová: Yo he oído tu oración y tu ruego, que has hecho en mi presencia. Yo he santificado esta casa que tú has edificado, para poner mi nombre en ella para siempre; y en ella estarán mis ojos y mi corazón todos los días.

4 Y si tú anduvieres delante de mí, como anduvo David tu padre, en integridad de corazón y en equidad, haciendo todas las cosas que yo te he mandado, y guardando mis estatutos y mis derechos,

5 Yo afirmaré el trono de tu reino sobre Israel para siempre, como hablé á David tu padre, diciendo: No faltará de ti varón en el trono de Israel.

6 Mas si obstinadamente os apartareis de mí vosotros y vuestros hijos, y no guardareis mis mandamientos y mis estatutos que yo he puesto delante de vosotros, sino que fuereis y sirviereis á dioses ajenos, y los adorareis;

7 Yo cortaré á Israel de sobre la haz de la tierra que les he entregado; y esta casa que he santificado á mi nombre, yo la echaré de delante de mí, é Israel será por proverbio y fábula á todos los pueblos;

8 Y esta casa que estaba en estima, cualquiera que pasare por ella se pasmará, y silbará, y dirá: ¿Por qué ha hecho así Jehová á esta tierra, y á esta casa?

9 Y dirán: Por cuanto dejaron á Jehová su Dios, que había sacado á sus padres de tierra de Egipto, y echaron mano á dioses ajenos, y los adoraron, y los sirvieron: por eso ha traído Jehová sobre ellos todo aqueste mal.

10 Y aconteció al cabo de veinte años, en que Salomón había edificado las dos casas, la casa de Jehová y la casa real,

11 (Para las cuales Hiram rey de Tiro, había traído á Salomón madera de cedro y de haya, y cuanto oro él quiso), que el rey Salomón dió á Hiram veinte ciudades en tierra de Galilea.

12 Y salió Hiram de Tiro para ver las ciudades que Salomón le había dado, y no le contentaron.

13 Y dijo: ¿Qué ciudades son estas que me has dado, hermano? Y púsoles por nombre, la tierra de Cabul, hasta hoy.

14 Y había Hiram enviado al rey ciento y veinte talentos de oro.

15 Y esta es la razón del tributo que el rey Salomón impuso para edificar la casa de Jehová, y su casa, y á Millo, y el muro de Jerusalem, y á Hasor, y Megiddo, y Gezer.

16 Faraón el rey de Egipto había subido y tomado á Gezer, y quemádola, y había muerto los Cananeos que habitaban la ciudad, y dádola en don á su hija la mujer de Salomón.

17 Restauró pues Salomón á Gezer, y á la baja Beth-oron,

18 Y á Baalath, y á Tadmor en tierra del desierto;

19 Asimismo todas las ciudades donde Salomón tenía municiones, y las ciudades de los carros, y las ciudades de la gente de á caballo, y todo lo que Salomón deseó edificar en Jerusalem, en el Líbano, y en toda la tierra de su señorío.

20 A todos los pueblos que quedaron de los Amorrheos, Hetheos, Pherezeos, Heveos, Jebuseos, que no fueron de los hijos de Israel;

21 A sus hijos que quedaron en la tierra después de ellos, que los hijos de Israel no pudieron acabar, hizo Salomón que sirviesen con tributo hasta hoy.

22 Mas á ninguno de los hijos de Israel impuso Salomón servicio, sino que eran hombres de guerra, ó sus criados, ó sus príncipes, ó sus capitanes, ó comandantes de sus carros, ó su gente de á caballo.

23 Y los que Salomón había hecho jefes y prepósitos sobre las obras, eran quinientos y cincuenta, los cuales estaban sobre el pueblo que trabajaba en aquella obra.

24 Y subió la hija de Faraón de la ciudad de David á su casa que Salomón le había edificado: entonces edificó él á Millo.

25 Y ofrecía Salomón tres veces cada un año holocaustos y pacíficos sobre el altar que él edificó á Jehová, y quemaba perfumes sobre el que estaba delante de Jehová, después que la casa fué acabada.

26 Hizo también el rey Salomón navíos en Ezión-geber, que es junto á Elath en la ribera del mar Bermejo, en la tierra de Edom.

27 Y envió Hiram en ellos á sus siervos, marineros y diestros en la mar, con los siervos de Salomón:

28 Los cuales fueron á Ophir, y tomaron de allí oro, cuatrocientos y veinte talentos, y trajéronlo al rey Salomón.

10 Y oyendo la reina de Seba la fama de Salomón en el nombre de Jehová, vino á probarle con preguntas.

2 Y vino á Jerusalem con muy grande comitiva, con camellos cargados de especias, y oro en grande abundancia, y piedras preciosas; y como vino á Salomón, propúsole todo lo que en su corazón tenía.

3 Y Salomón le declaró todas sus palabras: ninguna cosa se le escondió al rey, que no le declarase.

4 Y cuando la reina de Seba vió toda la sabiduría de Salomón, y la casa que había edificado,

5 Asimismo la comida de su mesa, el asiento de sus siervos, el estado y vestidos de los que le servían, sus maestresalas, y sus holocaustos que sacrificaba en la casa de Jehová, quedóse enajenada.

6 Y dijo al rey: Verdad es lo que oí en mi tierra de tus cosas y de tu sabiduría;

7 Mas yo no lo creía, hasta que he venido, y mis ojos han visto, que ni aun la mitad fué lo que se me dijo: es mayor tu sabiduría y bien que la fama que yo había oído.

8 Bienaventurados tus varones, dichosos estos tus siervos, que están continuamente delante de ti, y oyen tu sabiduría.

9 Jehová tu Dios sea bendito, que se agradó de ti para ponerte en el trono de Israel; porque Jehová ha amado siempre á Israel, y te ha puesto por rey, para que hagas derecho y justicia.

10 Y dió ella al rey ciento y veinte talentos de oro, y muy mucha especiería, y piedras preciosas: nunca vino tan grande copia de especias, como la reina de Seba dió al rey Salomón.

11 La flota de Hiram que había traído el oro de Ophir, traía también de Ophir muy mucha madera de brasil, y piedras preciosas.

12 Y de la madera de brasil hizo el rey balaustres para la casa de Jehová, y para las casas reales, arpas también y salterios para los cantores: nunca vino tanta madera de brasil, ni se ha visto hasta hoy.

13 Y el rey Salomón dió á la reina de Seba todo lo que quiso, y todo lo que pidió, además de lo que Salomón le dió como de mano del rey Salomón. Y ella se volvió, y se fué á su tierra con sus criados.

14 El peso del oro que Salomón tenía de renta cada un año, era seiscientos sesenta y seis talentos de oro;

15 Sin lo de los mercaderes, y de la contratación de especias, y de todos los reyes de Arabia, y de los principales de la tierra.

16 Hizo también el rey Salomón doscientos paveses de oro extendido: seiscientos siclos de oro gastó en cada pavés.

17 Asimismo trescientos escudos de oro extendido, en cada uno de los cuales gastó tres libras de oro: y púsolos el rey en la casa del bosque del Líbano.

18 Hizo también el rey un gran trono de marfil, el cual cubrió de oro purísimo.

19 Seis gradas tenía el trono, y lo alto de él era redondo por el respaldo: y de la una parte y de la otra tenía apoyos cerca del asiento, junto á los cuales estaban colocados dos leones.

20 Estaban también doce leones puestos allí sobre las seis gradas, de la una parte y de la otra: en ningún otro reino se había hecho trono semejante.

21 Y todos los vasos de beber del rey Salomón eran de oro, y asimismo toda la vajilla de la casa del bosque del Líbano era de oro fino: no había plata; en tiempo de Salomón no era de estima.

22 Porque el rey tenía la flota que salía á la mar, á Tharsis, con la flota de Hiram: una vez en cada tres años venía la flota de Tharsis, y traía oro, plata, marfil, simios y pavos.

23 Así excedía el rey Salomón á todos los reyes de la tierra en riquezas y en sabiduría.

24 Toda la tierra procuraba ver la cara de Salomón, para oir su sabiduría, la cual Dios había puesto en su corazón.

25 Y todos le llevaban cada año sus presentes: vasos de oro, vasos de plata, vestidos, armas, aromas, caballos y acémilas.

26 Y juntó Salomón carros y gente de á caballo; y tenía mil cuatrocientos carros, y doce mil jinetes, los cuales puso en las ciudades de los carros, y con el rey en Jerusalem.

27 Y puso el rey en Jerusalem plata como piedras, y cedros como los cabrahigos que están por los campos en abundancia.

28 Y sacaban caballos y lienzos á Salomón de Egipto: porque la compañía de los mercaderes del rey compraban caballos y lienzos.

29 Y venía y salía de Egipto, el carro por seiscientas piezas de plata, y el caballo por ciento y cincuenta; y así los sacaban por mano de ellos, todos los reyes de los Hetheos, y de Siria.

11 Empero el rey Salomón amó, á más de la hija de Faraón, muchas mujeres extranjeras: á las de Moab, á las de Ammón, á las de Idumea, á las de Sidón, y á las Hetheas;

2 Gentes de las cuales Jehová había dicho á los hijos de Israel: No entraréis á ellas, ni ellas entrarán á vosotros; porque ciertamente harán inclinar vuestros corazones tras sus dioses. A éstas pues se juntó Salomón con amor.

3 Y tuvo setecientas mujeres reinas, y trescientas concubinas; y sus mujeres torcieron su corazón.

4 Y ya que Salomón era viejo, sus mujeres inclinaron su corazón tras dioses ajenos; y su corazón no era perfecto con Jehová su Dios, como el corazón de su padre David.

5 Porque Salomón siguió á Astaroth, diosa de los Sidonios, y á Milcom, abominación de los Ammonitas.

6 E hizo Salomón lo malo en los ojos de Jehová, y no fué cumplidamente tras Jehová como David su padre.

7 Entonces edificó Salomón un alto á Chêmos, abominación de Moab, en el monte que está enfrente de Jerusalem; y á Moloch, abominación de los hijos de Ammón.

8 Y así hizo para todas sus mujeres extranjeras, las cuales quemaban perfumes, y sacrificaban á sus dioses.

9 Y enojóse Jehová contra Salomón, por cuanto estaba su corazón desviado de Jehová Dios de Israel, que le había aparecido dos veces,

10 Y le había mandado acerca de esto, que no siguiese dioses ajenos: mas él no guardó lo que le mandó Jehová.

11 Y dijo Jehová á Salomón: Por cuanto ha habido esto en ti, y no has guardado mi pacto y mis estatutos que yo te mandé, romperé el reino de ti, y lo entregaré á tu siervo.

12 Empero no lo haré en tus días, por amor de David tu padre: romperélo de la mano de tu hijo.

13 Sin embargo no romperé todo el reino, sino que daré una tribu á tu hijo, por amor de David mi siervo, y por amor de Jerusalem que yo he elegido.

14 Y Jehová suscitó un adversario á Salomón, á Adad, Idumeo, de la sangre real, el cual estaba en Edom.

15 Porque cuando David estaba en Edom, y subió Joab el general del ejército á enterrar los muertos, y mató á todos los varones de Edom,

16 (Porque seis meses habitó allí Joab, y todo Israel, hasta que hubo acabado á todo el sexo masculino en Edom;)

17 Entonces huyó Adad, y con él algunos varones Idumeos de los siervos de su padre, y fuése á Egipto; era entonces Adad muchacho pequeño.

18 Y levantáronse de Madián, y vinieron á Parán; y tomano consigo hombres de Parán, viniéronse á Egipto, á Faraón rey de Egipto, el cual le dió casa, y le señaló alimentos, y aun le dió tierra.

19 Y halló Adad grande gracia delante de Faraón, el cual le dió por mujer á la hermana de su esposa, á la hermana de la reina Thaphnes.

20 Y la hermana de Thaphnes le parió á su hijo Genubath, al cual destetó Thaphnes dentro de la casa de Faraón; y estaba Genubath en casa de Faraón entre los hijos de Faraón.

21 Y oyendo Adad en Egipto que David había dormido con sus padres, y que era muerto Joab general del ejército, Adad dijo á Faraón: Déjame ir á mi tierra.

22 Y respondióle Faraón: ¿Por qué? ¿qué te falta conmigo, que procuras irte á tu tierra? Y él respondió: Nada; con todo, ruégote que me dejes ir.

23 Despertóle también Dios por adversario á Rezón, hijo de Eliada, el cual había huído de su amo Adad-ezer, rey de Soba.

24 Y había juntado gente contra él, y habíase hecho capitán de una compañía, cuando David deshizo á los de Soba. Después se fueron á Damasco, y habitaron allí é hiciéronle rey en Damasco.

25 Y fué adversario á Israel todos los días de Salomón; y fué otro mal con el de Adad, porque aborreció á Israel, y reinó sobre la Siria.

26 Asimismo Jeroboam hijo de Nabat, Ephrateo de Sereda, siervo de Salomón, (su madre se llamaba Serva, mujer viuda) alzó su mano contra el rey.

27 Y la causa por qué éste alzó mano contra el rey, fué esta: Salomón edificando á Millo, cerró el portillo de la ciudad de David su padre.

28 Y el varón Jeroboam era valiente y esforzado; y viendo Salomón al mancebo que era hombre activo, encomendóle todo el cargo de la casa de José.

29 Aconteció pues en aquel tiempo, que saliendo Jeroboam de Jerusalem, topóle en el camino el profeta Ahías Silonita; y él estaba cubierto con una capa nueva; y estaban ellos dos solos en el campo.

30 Y trabando Ahías de la capa nueva que tenía sobre sí, rompióla en doce pedazos,

31 Y dijo á Jeroboam: Toma para ti los diez pedazos; porque así dijo Jehová Dios de Israel: He aquí que yo

rompo el reino de la mano de Salomón, y á ti daré diez tribus;
32 (Y él tendrá una tribu, por amor de David mi siervo, y por amor de Jerusalem, ciudad que yo he elegido de todas las tribus de Israel:)

33 Por cuanto me han dejado, y han adorado á Astharoth diosa de los Sidonios, y á Chêmos dios de Moab, y á Moloch dios de los hijos de Ammón; y no han andado en mis caminos, para hacer lo recto delante de mis ojos, y mis estatutos, y mis derechos, como hizo David su padre.

34 Empero no quitaré nada de su reino de sus manos, sino que lo retendré por caudillo todos los días de su vida, por amor de David mi siervo, al cual yo elegí, y él guardó mis mandamientos y mis estatutos:

35 Mas yo quitaré el reino de la mano de su hijo, y darélo á ti, las diez tribus.

36 Y á su hijo daré una tribu, para que mi siervo David tenga lámpara todos los días delante de mí en Jerusalem, ciudad que yo me elegí para poner en ella mi nombre.

37 Yo pues te tomaré á ti, y tú reinarás en todas las cosas que deseare tu alma, y serás rey sobre Israel.

38 Y será que, si prestares oído á todas las cosas que te mandare, y anduvieres en mis caminos, é hicieres lo recto delante de mis ojos, guardando mis estatutos y mis mandamientos, como hizo David mi siervo, yo seré contigo, y te edificaré casa firme, como la edifiqué á David, y yo te entregaré á Israel.

39 Y afligiré la simiente de David á causa de esto, mas no para siempre.

40 Procuró por tanto Salomón de matar á Jeroboam, pero levantándose Jeroboam, huyó á Egipto, á Sisac rey de Egipto, y estuvo en Egipto hasta la muerte de Salomón.

41 Lo demás de los hechos de Salomón, y todas las cosas que hizo, y su sabiduría, ¿no están escritas en el libro de los hechos de Salomón?

42 Y los días que Salomón reinó en Jerusalem sobre todo Israel, fueron cuarenta años.

43 Y durmió Salomón con sus padres, y fué sepultado en la ciudad de su padre David: y reinó en su lugar Roboam su hijo.

12 Yfué Roboam á Sichêm; porque todo Israel había venido á Sichêm para hacerlo rey.

2 Y aconteció, que como lo oyó Jeroboam hijo de Nabat, que estaba en Egipto, porque había huído de delante del rey Salomón, y habitaba en Egipto;

3 Enviaron y llamáronle. Vino pues Jeroboam y toda la congregación de Israel, y hablaron á Roboam, diciendo:

4 Tu padre agravó nuestro yugo, mas ahora tú disminuye algo de la dura servidumbre de tu padre, y del yugo pesado que puso sobre nosotros, y te serviremos.

5 Y él les dijo: Idos, y de aquí a tres días volved á mí. Y el pueblo se fué.

6 Entonces el rey Roboam tomó consejo con los ancianos que habían estado delante de Salomón su padre cuando vivía, y dijo: ¿Cómo aconsejáis vosotros que responda á este pueblo?

7 Y ellos le hablaron, diciendo: Si tú fueres hoy siervo de este pueblo, y lo sirvieres, y respondiéndole buenas palabras les hablares, ellos te servirán para siempre.

8 Mas él, dejado el consejo de los viejos que ellos le habían dado, tomó consejo con los mancebos que se habían criado con él, y estaban delante de él.

9 Y díjoles: ¿Cómo aconsejáis vosotros que respondamos á este pueblo, que me ha hablado, diciendo: Disminuye algo del yugo que tu padre puso sobre nosotros?

10 Entonces los mancebos que se habían criado con él, le respondieron, diciendo: Así hablarás á este pueblo que te ha dicho estas palabras: Tu padre agravó nuestro yugo; mas tú disminúyenos algo: así les hablarás: El menor dedo de los míos es más grueso que los lomos de mi padre.

11 Ahora pues, mi padre os cargó de pesado yugo, mas yo añadiré á vuestro yugo; mi padre os hirió con azotes, mas yo os heriré con escorpiones.

12 Y al tercer día vino Jeroboam con todo el pueblo á Roboam; según el rey les había mandado, diciendo: Volved á mí al tercer día.

13 Y el rey respondió al pueblo duramente, dejado el consejo de los ancianos que ellos le habían dado;

14 Y hablóles conforme al consejo de los mancebos, diciendo: Mi padre agravó vuestro yugo, pero yo añadiré á vuestro yugo; mi padre os hirió con azotes, mas yo os heriré con escorpiones.

15 Y no oyó el rey al pueblo; porque era ordenación de Jehová, para confirmar su palabra, que Jehová había hablado por medio de Ahías Silonita á Jeroboam hijo de Nabat.

16 Y cuando todo el pueblo vió que el rey no les había oído, respondióle estas palabras, diciendo: ¿Qué parte tenemos nosotros con David? No tenemos heredad en el hijo de Isaí. ¡Israel, á tus estancias! ¡Provee ahora en tu casa, David! Entonces Israel se fué á sus estancias.

17 Mas reinó Roboam sobre los hijos de Israel que moraban en las ciudades de Judá.

18 Y el rey Roboam envió á Adoram, que estaba sobre los tributos; pero apedreóle todo Israel, y murió. Entonces el rey Roboam se esforzó á subir en un carro, y huir á Jerusalem.

19 Así se apartó Israel de la casa de David hasta hoy.

20 Y aconteció, que oyendo todo Israel que Jeroboam había vuelto, enviaron y llamáronle á la congregación, é hiciéronle rey sobre todo Israel, sin quedar tribu alguna que siguiese la casa de David, sino sólo la tribu de Judá.

21 Y como Roboam vino á Jerusalem, juntó toda la casa de Judá y la tribu de Benjamín, ciento y ochenta mil hombres escogidos de guerra, para hacer guerra á la casa de Israel, y reducir el reino á Roboam hijo de Salomón.

22 Mas fué palabra de Jehová á Semeías varón de Dios, diciendo:

23 Habla á Roboam hijo de Salomón, rey de Judá, y á toda la casa de Judá y de Benjamín, y á los demás del pueblo, diciendo:

24 Así ha dicho Jehová: No vayáis, ni peleéis contra vuestros hermanos los hijos de Israel; volveos cada uno á su casa; porque este negocio lo he hecho. Y ellos oyeron la palabra de Dios, y volviéronse, y fuéronse, conforme á la palabra de Jehová.

25 Y reedificó Jeroboam á Sichêm en el monte de Ephraim, y habitó en ella; y saliendo de allí, reedificó á Penuel.

26 Y dijo Jeroboam en su corazón: Ahora se volverá el reino á la casa de David,

27 Si este pueblo subiere á sacrificar á la casa de Jehová en Jerusalem: porque el corazón de este pueblo se convertirá á su señor Roboam rey de Judá, y me matarán á mí, y se tornarán á Roboam rey de Judá.

28 Y habido consejo, hizo el rey dos becerros de oro, y dijo al pueblo: Harto habéis subido á Jerusalem: he aquí tus dioses, oh Israel, que te hicieron subir de la tierra de Egipto.

29 Y puso el uno en Beth-el, y el otro puso en Dan.

30 Y esto fué ocasión de pecado; porque el pueblo iba á adorar delante del uno, hasta Dan.

31 Hizo también casa de altos, é hizo sacerdotes de la clase del pueblo, que no eran de los hijos de Leví.

32 Entonces instituyó Jeroboam solemnidad en el mes octavo, á los quince del mes, conforme á la solemnidad que se celebraba en Judá; y sacrificó sobre altar. Así hizo en Beth-el, sacrificando á los becerros que había hecho. Ordenó también en Beth-el sacerdotes de los altos que él había fabricado.

33 Sacrificó pues sobre el altar que él había hecho en Beth-el, á los quince del mes octavo, el mes que él había inventado de su corazón; é hizo fiesta á los hijos de Israel, y subió al altar para quemar perfumes.

13 Yhe aquí que un varón de Dios por palabra de Jehová vino de Judá á Beth-el; y estando Jeroboam al altar para quemar perfumes,

2 El clamó contra el altar por palabra de Jehová, y dijo: Altar, altar, así ha dicho Jehová: He aquí que á la casa de David nacerá un hijo, llamado Josías, el cual sacrificará sobre ti á los sacerdotes de los altos que queman sobre ti perfumes; y sobre ti quemarán huesos de hombres.

3 Y aquel mismo día dió una señal, diciendo: Esta es la señal de que Jehová ha hablado: he aquí que el altar se quebrará, y la ceniza que sobre él está se derramará.

4 Y como el rey Jeroboam oyó la palabra del varón de Dios, que había clamado contra el altar de Beth-el, extendiendo su mano desde el altar, dijo: ¡Prendedle! Mas la mano que había extendido contra él, se le secó, que no la pudo tornar á sí.

5 Y el altar se rompió, y derramóse la ceniza del altar, conforme á la señal que el varón de Dios había dado por palabra de Jehová.

6 Entonces respondiendo el rey, dijo al varón de Dios: Te pido que ruegues á la faz de Jehová tu Dios, y ora por mí, que mi mano me sea restituída. Y el varón de Dios oró á la faz de

Jehová, y la mano del rey se le recuperó y tornóse como antes.

7 Y el rey dijo al varón de Dios: Ven conmigo á casa, y comerás, y yo te daré un presente.

8 Mas el varón de Dios dijo al rey: Si me dieses la mitad de tu casa, no iría contigo, ni comería pan ni bebería agua en este lugar;

9 Porque así me está mandado por palabra de Jehová, diciendo: No comas pan, ni bebas agua, ni vuelvas por el camino que fueres.

10 Fuése pues por otro camino, y no volvió por el camino por donde había venido á Beth-el.

11 Moraba á la sazón en Beth-el un viejo profeta, al cual vino su hijo, y contóle todo lo que el varón de Dios había hecho aquel día en Beth-el: contáronle también á su padre las palabras que había hablado al rey.

12 Y su padre les dijo: ¿Por qué camino fué? Y sus hijos le mostraron el camino por donde se había tornado el varón de Dios, que había venido de Judá.

13 Y él dijo á sus hijos: Enalbardadme el asno. Y ellos le enalbardaron el asno, y subió en él.

14 Y yendo tras el varón de Dios, hallóle que estaba sentado debajo de un alcornoque: y díjole: ¿Eres tú el varón de Dios que viniste de Judá? Y él dijo: Yo soy.

15 Díjole entonces: Ven conmigo á casa, y come del pan.

16 Mas él le respondió: No podré volver contigo, ni iré contigo; ni tampoco comeré pan ni beberé agua contigo en este lugar;

17 Porque por palabra de Dios me ha sido dicho: No comas pan ni bebas agua allí, ni vuelvas por el camino que fueres.

18 Y el otro le dijo: Yo también soy profeta como tú, y un ángel me ha hablado por palabra de Jehová, diciendo: Vuélvele contigo á tu casa, para que coma pan y beba agua. Empero mintióle.

19 Entonces volvió con él, y comió del pan en su casa, y bebió del agua.

20 Y aconteció que, estando ellos á la mesa, fué palabra de Jehová al profeta que le había hecho volver;

21 Y clamó al varón de Dios que había venido de Judá, diciendo: Así dijo Jehová: Por cuanto has sido rebelde al dicho de Jehová, y no guardaste el mandamiento que Jehová tu Dios te había prescrito,

22 Sino que volviste, y comiste del pan y bebiste del agua en el lugar donde Jehová te había dicho no comieses pan ni bebieses agua, no entrará tu cuerpo en el sepulcro de tus padres.

23 Y como hubo comido del pan y bebido, el profeta que le había hecho volver le enalbardó un asno;

24 Y yéndose, topóle un león en el camino, y matóle: y su cuerpo estaba echado en el camino, y el asno estaba junto á él, y el león también estaba junto al cuerpo.

25 Y he aquí unos que pasaban, y vieron el cuerpo que estaba echado en el camino, y el león que estaba junto al cuerpo: y vinieron, y dijéronlo en la ciudad donde el viejo profeta habitaba.

26 Y oyéndolo el profeta que le había vuelto del camino, dijo: El varón de Dios es, que fué rebelde al dicho de Jehová: por tanto Jehová le ha entregado al león, que le ha quebrantado y muerto, conforme á la palabra de Jehová que él le dijo.

27 Y habló á sus hijos, y díjoles: Enalbardadme un asno. Y ellos se lo enalbardaron.

28 Y él fué, y halló su cuerpo tendido en el camino, y el asno y el león estaban junto al cuerpo: el león no había comido el cuerpo, ni dañado al asno.

29 Y tomando el profeta el cuerpo del varón de Dios, púsolo sobre el asno, y llevóselo. Y el profeta viejo vino á la ciudad, para endecharle y enterrarle.

30 Y puso su cuerpo en su sepulcro; y endecháronle, diciendo: ¡Ay, hermano mío!

31 Y después que le hubieron enterrado, habló á sus hijos, diciendo: Cuando yo muriere, enterradme en el sepulcro en que está sepultado el varón de Dios; poned mis huesos junto á los suyos.

32 Porque sin duda vendrá lo que él dijo á voces por palabra de Jehová contra el altar que está en Beth-el, y contra todas las casas de los altos que están en las ciudades de Samaria.

33 Después de esto no se tornó Jeroboam de su mal camino: antes volvió á hacer sacerdotes de los altos de la clase del pueblo, y quien quería se consagraba, y era de los sacerdotes de los altos.

34 Y esto fué causa de pecado á la casa de Jeroboam; por lo cual fué cortada y raída de sobre la haz de la tierra.

14 En aquel tiempo Abías hijo de Jeroboam cayó enfermo,
2 Y dijo Jeroboam á su mujer: Levántate ahora,

disfrázate, porque no te conozcan que eres la mujer de Jeroboam, y ve á Silo; que allá está Ahías profeta, el que me dijo que yo había de ser rey sobre este pueblo.

3 Y toma en tu mano diez panes, y turrones, y una botija de miel, y ve á él; que te declare lo que ha de ser de este mozo.

4 Y la mujer de Jeroboam hízolo así; y levantóse, y fué á Silo, y vino á casa de Ahías. Y no podía ya ver Ahías, que sus ojos se habían oscurecido á causa de su vejez.

5 Mas Jehová había dicho á Ahías: He aquí que la mujer de Jeroboam vendrá á consultarte por su hijo, que está enfermo: así y así le has de responder; pues será que cuando ella viniere, vendrá disimulada.

6 Y como Ahías oyó el sonido de sus pies cuando entraba por la puerta, dijo: Entra, mujer de Jeroboam; ¿por qué te finges otra? empero yo soy enviado á ti con revelación dura.

7 Ve, y di á Jeroboam: Así dijo Jehová Dios de Israel: Por cuanto yo te levanté en medio del pueblo, y te hice príncipe sobre mi pueblo Israel,

8 Y rompí el reino de la casa de David, y te lo entregué á ti; y tú no has sido como David mi siervo, que guardó mis mandamientos, y anduvo en pos de mí con todo su corazón, haciendo solamente lo derecho delante de mis ojos;

9 Antes hiciste lo malo sobre todos los que han sido antes de ti: que fuiste y te hiciste dioses ajenos y de fundición para enojarme, y á mí me echaste tras tus espaldas:

10 Por tanto, he aquí que yo traigo mal sobre la casa de Jeroboam, y yo talaré de Jeroboam todo meante á la pared, así el guardado como el que la desamparado en Israel; y barreré la posteridad de la casa de Jeroboam, como es barrido el estiércol, hasta que sea acabada.

11 El que muriere de los de Jeroboam en la ciudad, le comerán los perros; y el que muriere en el campo, comerlo han las aves del cielo; porque Jehová lo ha dicho.

12 Y tú levántate, y vete á tu casa; que en entrando tu pie en la ciudad, morirá el mozo.

13 Y todo Israel lo endechará, y le enterrarán; porque sólo él de los de Jeroboam entrará en sepultura; por cuanto se ha hallado en él alguna cosa buena de Jehová Dios de Israel, en la casa de Jeroboam.

14 Y Jehová se levantará un rey sobre Israel, el cual talará la casa de Jeroboam en este día; ¿y qué, si ahora?

15 Y Jehová sacudirá á Israel, al modo que la caña se agita en las aguas; y él arrancará á Israel de esta buena tierra que había dado á sus padres, y esparcirálos de la otra parte del río, por cuanto han hecho sus bosques, enojando á Jehová.

16 Y él entregará á Israel por los pecados de Jeroboam, el cual pecó, y ha hecho pecar á Israel.

17 Entonces la mujer de Jeroboam se levantó, y se fué, y vino á Thirsa: y entrando ella por el umbral de la casa, el mozo murió.

18 Y enterráronlo, y endechólo todo Israel, conforme á la palabra de Jehová, que él había hablado por mano de su siervo Ahías profeta.

19 Los otros hechos de Jeroboam, qué guerras hizo, y cómo reinó, todo está escrito en el libro de las historias de los reyes de Israel.

20 El tiempo que reinó Jeroboam fueron veintidós años; y habiendo dormido con sus padres, reinó en su lugar Nadáb su hijo.

21 Y Roboam hijo de Salomón reinó en Judá. De cuarenta y un años era Roboam cuando comenzó á reinar, y diecisiete años reinó en Jerusalem, ciudad que Jehová eligió de todas las tribus de Israel para poner allí su nombre. El nombre de su madre fué Naama, Ammonita.

22 Y Judá hizo lo malo en los ojos de Jehová, y enojáronle más que todo lo que sus padres habían hecho en sus pecados que cometieron.

23 Porque ellos también se edificaron altos, estatuas, y bosques, en todo collado alto, y debajo de todo árbol frondoso:

24 Y hubo también sodomitas en la tierra, é hicieron conforme á todas las abominaciones de las gentes que Jehová había echado delante de los hijos de Israel.

25 Al quinto año del rey Roboam subió Sisac rey de Egipto contra Jerusalem.

26 Y tomó los tesoros de la casa de Jehová, y los tesoros de la casa real, y saqueólo todo: llevóse también todos los escudos de oro que Salomón había hecho.

27 Y en lugar de ellos hizo el rey Roboam escudos de metal,

y diólos en manos de los capitanes de los de la guardia, quienes custodiaban la puerta de la casa real.

28 Y cuando el rey entraba en la casa de Jehová, los de la guardia los llevaban; y poníanlos después en la cámara de los de la guardia.

29 Lo demás de los hechos de Roboam, y todas las cosas que hizo, ¿no están escritas en las crónicas de los reyes de Judá?

30 Y hubo guerra entre Roboam y Jeroboam todos los días.

31 Y durmió Roboam con sus padres, y fué sepultado con sus padres en la ciudad de David. El nombre de su madre fué Naama, Ammonita. Y reinó en su lugar Abiam su hijo.

15 En el año diecisocho del rey Jeroboam hijo de Nabat, Abiam comenzó á reinar sobre Judá.

2 Reinó tres años en Jerusalem. El nombre de su madre fué Maachâ, hija de Abisalom.

3 Y anduvo en todos los pecados de su padre, que había éste hecho antes de él; y no fué su corazón perfecto con Jehová su Dios, como el corazón de David su padre.

4 Mas por amor de David, dióle Jehová su Dios lámpara en Jerusalem, levantándole á su hijo después de él, y sosteniendo á Jerusalem:

5 Por cuanto David había hecho lo recto ante los ojos de Jehová, y de ninguna cosa que le mandase se había apartado en todos los días de su vida, excepto el negocio de Uría Hetheo.

6 Y hubo guerra entre Roboam y Jeroboam todos los días de su vida.

7 Lo demás de los hechos de Abiam, y todas las cosas que hizo, ¿no están escritas en el libro de las crónicas de los reyes de Judá? Y hubo guerra entre Abiam y Jeroboam.

8 Y durmió Abiam con sus padres, y sepultáronlo en la ciudad de David: y reinó Asa su hijo en su lugar.

9 En el año veinte de Jeroboam rey de Israel, Asa comenzó á reinar sobre Judá.

10 Y reinó cuarenta y un años en Jerusalem; el nombre de su madre fué Maachâ, hija de Abisalom.

11 Y Asa hizo lo recto ante los ojos de Jehová, como David su padre.

12 Porque quitó los sodomitas de la tierra, y quitó todas las suciedades que sus padres habían hecho.

13 Y también privó á su madre Maachâ de ser princesa, porque había hecho un ídolo en un bosque. Además deshizo Asa el ídolo de su madre, y quemólo junto al torrente de Cedrón.

14 Empero los altos no se quitaron: con todo, el corazón de Asa fué perfecto para con Jehová toda su vida.

15 También metió en la casa de Jehová lo que su padre había dedicado, y lo que él dedicó: oro, y plata, y vasos.

16 Y hubo guerra entre Asa y Baasa rey de Israel, todo el tiempo de ambos.

17 Y subió Baasa rey de Israel contra Judá, y edificó á Rama, para no dejar salir ni entrar á ninguno de Asa, rey de Judá.

18 Entonces tomando Asa toda la plata y oro que había quedado en los tesoros de la casa de Jehová, y los tesoros de la casa real, entrególos en las manos de sus siervos, y envióle el rey Asa á Ben-adad, hijo de Tabrimón, hijo de Hezión, rey de Siria, el cual residía en Damasco, diciendo:

19 Alianza hay entre mí y ti, y entre mi padre y el tuyo: he aquí yo te envío un presente de plata y oro: ve, y rompe tu alianza con Baasa rey de Israel, para que me deje.

20 Y Ben-adad consintió con el rey Asa, y envió los príncipes de los ejércitos que tenía contra las ciudades de Israel, é hirió á Ahión, y á Dan, y á Abel-beth-maachâ, y á toda Cinneroth, con toda la tierra de Nephtalí.

21 Y oyendo esto Baasa, dejó de edificar á Rama, y estúvose en Thirsa.

22 Entonces el rey Asa convocó á todo Judá, sin exceptuar ninguno; y quitaron de Rama la piedra y la madera con que Baasa edificaba, y edificó el rey Asa con ello á Gabaa de Benjamín, y á Mizpa.

23 Lo demás de todos los hechos de Asa, y toda su fortaleza, y todas las cosas que hizo, y las ciudades que edificó, ¿no está todo escrito en el libro de las crónicas de los reyes de Judá? Mas en el tiempo de su vejez enfermó de sus pies.

24 Y durmió Asa con sus padres, y fué sepultado con sus padres en la ciudad de David su padre: y reinó en su lugar Josaphat su hijo.

25 Y Nadab, hijo de Jeroboam, comenzó á reinar sobre Israel en el segundo año de Asa rey de Judá; y reinó sobre Israel dos años.

26 E hizo lo malo ante los ojos de Jehová, andando en el camino de su padre, y en sus pecados con que hizo pecar á Israel.

27 Y Baasa hijo de Ahía, el cual era de la casa de Issachâr, hizo conspiración contra él: é hiriólo Baasa en Gibbethón, que era de los Filisteos: porque Nadab y todo Israel tenían cercado á Gibbethón.

28 Matólo pues Baasa en el tercer año de Asa rey de Judá, y reinó en lugar suyo.

29 Y como él vino al reino, hirió toda la casa de Jeroboam, sin dejar alma viviente de los de Jeroboam, hasta raerlo, conforme á la palabra de Jehová que él habló por su siervo Ahías Silonita;

30 Por los pecados de Jeroboam que él había cometido, y con los cuales hizo pecar á Israel; y por su provocación con que provocó á enojo á Jehová Dios de Israel.

31 Lo demás de los hechos de Nadab, y todas las cosas que hizo, ¿no está todo escrito en el libro de las crónicas de los reyes de Israel?

32 Y hubo guerra entre Asa y Baasa rey de Israel, todo el tiempo de ambos.

33 En el tercer año de Asa rey de Judá, comenzó á reinar Baasa hijo de Ahía sobre todo Israel en Thirsa; y reinó veinticuatro años.

34 E hizo lo malo á los ojos de Jehová, y anduvo en el camino de Jeroboam, y en su pecado con que hizo pecar á Israel.

16 Y fué palabra de Jehová á Jehú hijo de Hanani contra Baasa, diciendo:

2 Pues que yo te levanté del polvo, y te puse por príncipe sobre mi pueblo Israel, y tú has andado en el camino de Jeroboam, y has hecho pecar á mi pueblo Israel, provocándome á ira con sus pecados;

3 He aquí yo barreré la posteridad de Baasa, y la posteridad de su casa: y pondré tu casa como la casa de Jeroboam hijo de Nabat.

4 El que de Baasa fuere muerto en la ciudad, le comerán los perros; y el que de él fuere muerto en el campo, comerlo han las aves del cielo.

5 Lo demás de los hechos de Baasa, y las cosas que hizo, y su fortaleza, ¿no está todo escrito en el libro de las crónicas de los reyes de Israel?

6 Y durmió Baasa con sus padres, y fué sepultado en Thirsa; y reinó en su lugar Ela su hijo.

7 Empero la palabra de Jehová por mano de Jehú profeta, hijo de Hanani, había sido contra Baasa y también contra su casa, con motivo de todo lo malo que hizo á los ojos de Jehová, provocándole á ira con las obras de sus manos, para que fuese hecha como la casa de Jeroboam; y porque lo había herido.

8 En el año veintiséis de Asa rey de Judá, comenzó á reinar Ela hijo de Baasa sobre Israel en Thirsa; y reinó dos años.

9 E hizo conjuración contra él su siervo Zimri, comandante de la mitad de los carros. Y estando él en Thirsa, bebiendo y embriagado en casa de Arsa su mayordomo en Thirsa,

10 Vino Zimri, y lo hirió y mató, en el año veintisiete de Asa rey de Judá; y reinó en lugar suyo.

11 Y luego que llegó á reinar y estuvo sentado en su trono, hirió toda la casa de Baasa, sin dejar en ella meante á la pared, ni sus parientes ni amigos.

12 Así rayó Zimri toda la casa de Baasa, conforme á la palabra de Jehová, que había proferido contra Baasa por medio del profeta Jehú;

13 Por todos los pecados de Baasa, y los pecados de Ela su hijo, con que ellos pecaron é hicieron pecar á Israel, provocando á enojo á Jehová Dios de Israel con sus vanidades.

14 Los demás hechos de Ela, y todas las cosas que hizo, ¿no está todo escrito en el libro de las crónicas de los reyes de Israel?

15 En el año veintisiete de Asa rey de Judá, comenzó á reinar Zimri, y reinó siete días en Thirsa; y el pueblo había asentado campo sobre Gibbethón, ciudad de los Filisteos.

16 Y el pueblo que estaba en el campo oyó decir: Zimri ha hecho conjuración, y ha muerto al rey. Entonces todo Israel levantó el mismo día por rey sobre Israel á Omri, general del ejército, en el campo.

17 Y subió Omri de Gibbethón, y con él todo Israel, y cercaron á Thirsa.

18 Mas viendo Zimri tomada la ciudad, metióse en el palacio de la casa real, y pegó fuego á la casa consigo: así murió,

19 Por sus pecados que él había cometido, haciendo lo malo

á los ojos de Jehová, y andando en los caminos de Jeroboam, y en su pecado que cometió, haciendo pecar á Israel.

20 Los demás hechos de Zimri, y su conspiración que formó, ¿no está todo escrito en el libro de las crónicas de los reyes de Israel?

21 Entonces el pueblo de Israel fué dividido en dos partes: la mitad del pueblo seguía á Thibni hijo de Gineth, para hacerlo rey: y la otra mitad seguía á Omri.

22 Mas el pueblo que seguía á Omri, pudo más que el que seguía á Thibni hijo de Gineth; y Thibni murió, y Omri fué rey.

23 En el año treinta y uno de Asa rey de Judá, comenzó á reinar Omri sobre Israel, y reinó doce años: en Thirsa reinó seis años.

24 Y compró él de Semer el monte de Samaria por dos talentos de plata, y edificó en el monte: y llamó el nombre de la ciudad que edificó, Samaria, del nombre de Semer, señor que fué de aquel monte.

25 Y Omri hizo lo malo á los ojos de Jehová, é hizo peor que todos los que habían sido antes de él:

26 Pues anduvo en todos los caminos de Jeroboam hijo de Nabat, y en su pecado con que hizo pecar á Israel, provocando á ira á Jehová Dios de Israel con sus ídolos.

27 Lo demás de los hechos de Omri, y todas las cosas que hizo, y sus valentías que ejecutó, ¿no está todo escrito en el libro de las crónicas de los reyes de Israel?

28 Y Omri durmió con sus padres, y fué sepultado en Samaria; y reinó en lugar suyo Achâb, su hijo.

29 Y comenzó á reinar Achâb hijo de Omri sobre Israel el año treinta y ocho de Asa rey de Judá.

30 Y reinó Achâb hijo de Omri sobre Israel en Samaria veintidós años. Y Achâb hijo de Omri hizo lo malo á los ojos de Jehová sobre todos los que fueron antes de él;

31 Porque le fué ligera cosa andar en los pecados de Jeroboam hijo de Nabat, y tomó por mujer á Jezabel hija de Ethbaal rey de los Sidonios, y fué y sirvió á Baal, y lo adoró.

32 E hizo altar á Baal, en el templo de Baal que él edificó en Samaria.

33 Hizo también Achâb un bosque; y añadió Achâb haciendo provocar á ira á Jehová Dios de Israel, más que todos los reyes de Israel que antes de él habían sido.

34 En su tiempo Hiel de Beth-el reedificó á Jericó. En Abiram su primogénito echó el cimiento, y en Segub su hijo postrero puso sus puertas; conforme á la palabra de Jehová que había hablado por Josué hijo de Nun.

17 Entonces Elías Thisbita, que era de los moradores de Galaad, dijo á Achâb: Vive Jehová Dios de Israel, delante del cual estoy, que no habrá lluvia ni rocío en estos años, sino por mi palabra.

2 Y fué á él palabra de Jehová, diciendo:

3 Apártate de aquí, y vuélvete al oriente, y escóndete en el arroyo de Cherith, que está delante del Jordán;

4 Y beberás del arroyo; y yo he mandado á los cuervos que te den allí de comer.

5 Y él fué, é hizo conforme á la palabra de Jehová; pues se fué y asentó junto al arroyo de Cherith, que está antes del Jordán.

6 Y los cuervos le traían pan y carne por la mañana, y pan y carne á la tarde; y bebía del arroyo.

7 Pasados algunos días, secóse el arroyo; porque no había llovido sobre la tierra.

8 Y fué á él palabra de Jehová, diciendo:

9 Levántate, vete á Sarepta de Sidón, y allí morarás: he aquí yo he mandado allí á una mujer viuda que te sustente.

10 Entonces se levantó, y se fué á Sarepta. Y como llegó á la puerta de la ciudad, he aquí una mujer viuda que estaba allí cogiendo serojas; y él la llamó, y díjole: Ruégote que me traigas una poca de agua en un vaso, para que beba.

11 Y yendo ella para traérsela, él la volvió á llamar, y díjole: Ruégote que me traigas también un bocado de pan en tu mano.

12 Y ella respondió: Vive Jehová Dios tuyo, que no tengo pan cocido; que solamente un puñado de harina tengo en la tinaja, y un poco de aceite en una botija: y ahora cogía dos serojas, para entrarme y aderezarlo para mí y para mi hijo, y que lo comamos, y nos muramos.

13 Y Elías le dijo: No hayas temor; ve, haz como has dicho: empero hazme á mí primero de ello una pequeña torta cocida debajo de la ceniza, y tráemela; y después harás para ti y para tu hijo.

14 Porque Jehová Dios de Israel ha dicho así: La tinaja de la harina no escaseará, ni se disminuirá la botija del aceite, hasta aquel día que Jehová dará lluvia sobre la haz de la tierra.

15 Entonces ella fué, é hizo como le dijo Elías; y comió él, y ella y su casa, muchos días.

16 Y la tinaja de la harina no escaseó, ni menguó la botija del aceite, conforme á la palabra de Jehová que había dicho por Elías.

17 Después de estas cosas aconteció que cayó enfermo el hijo del ama de la casa, y la enfermedad fué tan grave, que no quedó en él resuello.

18 Y ella dijo á Elías: ¿Qué tengo yo contigo, varón de Dios? ¿has venido á mí para traer en memoria mis iniquidades, y para hacerme morir mi hijo?

19 Y él dijo: Dame acá tu hijo. Entonces él lo tomó de su regazo, y llevólo á la cámara donde él estaba, y púsole sobre su cama;

20 Y clamando á Jehová, dijo: Jehová Dios mío, ¿aun á la viuda en cuya casa yo estoy hospedado has afligido, matándole su hijo?

21 Y midióse sobre el niño tres veces, y clamó á Jehová, y dijo: Jehová Dios mío, ruégote que vuelva el alma de este niño á sus entrañas.

22 Y Jehová oyó la voz de Elías, y el alma del niño volvió á sus entrañas, y revivió.

23 Tomando luego Elías al niño, trájolo de la cámara á la casa, y diólo á su madre, y díjole Elías: Mira, tu hijo vive.

24 Entonces la mujer dijo á Elías: Ahora conozco que tú eres varón de Dios, y que la palabra de Jehová es verdad en tu boca.

18 Pasados muchos días, fué palabra de Jehová á Elías en el tercer año, diciendo: Ve, muéstrate á Achâb, y yo daré lluvia sobre la haz de la tierra.

2 Fué pues Elías á mostrarse á Achâb. Había á la sazón grande hambre en Samaria.

3 Y Achâb llamó á Abdías su mayordomo, el cual Abdías era en grande manera temeroso de Jehová;

4 Porque cuando Jezabel destruía á los profetas de Jehová, Abdías tomó cien profetas, los cuales escondió de cincuenta en cincuenta por cuevas, y sustentólos á pan y agua.

5 Y dijo Achâb á Abdías: Ve por el país á todas las fuentes de aguas, y á todos los arroyos; que acaso hallaremos grama con que conservemos la vida á los caballos y á las acémilas, para que no nos quedemos sin bestias.

6 Y partieron entre sí el país para recorrerlo: Achâb fué de por sí por un camino, y Abdías fué separadamente por otro.

7 Y yendo Abdías por el camino, topóse con Elías; y como le conoció, postróse sobre su rostro, y dijo: ¿No eres tú mi señor Elías?

8 Y él respondió: Yo soy; ve, di á tu amo: He aquí Elías.

9 Pero él dijo: ¿En qué he pecado, para que tú entregues tu siervo en mano de Achâb para que me mate?

10 Vive Jehová tu Dios, que no ha habido nación ni reino donde mi señor no haya enviado á buscarte; y respondiendo ellos: No está aquí, él ha conjurado á reinos y naciones si no te han hallado.

11 ¿Y ahora tú dices: Ve, di á tu amo: Aquí está Elías?

12 Y acontecerá que, luego que yo me haya partido de ti, el espíritu de Jehová te llevará donde yo no sepa; y viniendo yo, y dando las nuevas á Achâb, y no hallándote él, me matará; y tu siervo teme á Jehová desde su mocedad.

13 ¿No ha sido dicho á mi señor lo que hice, cuando Jezabel mataba á los profetas de Jehová que escondí cien: varones de los profetas de Jehová de cincuenta en cincuenta en cuevas, y los mantuve á pan y agua?

14 ¿Y ahora dices tú: Ve, di á tu amo: Aquí está Elías: para que él me mate?

15 Y díjole Elías: Vive Jehová de los ejércitos, delante del cual estoy, que hoy me mostraré á él.

16 Entonces Abdías fué á encontrarse con Achâb, y dióle el aviso; y Achâb vino á encontrarse con Elías.

17 Y como Achâb vió á Elías, díjole Achâb: ¿Eres tú el que alborotas á Israel?

18 Y él respondió: Yo no he alborotado á Israel, sino tú y la casa de tu padre, dejando los mandamientos de Jehová, y siguiendo á los Baales.

19 Envía pues ahora y júntame á todo Israel en el monte de Carmelo, y los cuatrocientos y cincuenta profetas de Baal, y los cuatrocientos profetas de los bosques, que comen de la mesa de Jezabel.

20 Entonces Acháb envió á todos los hijos de Israel, y juntó los profetas en el monte de Carmelo.

21 Y acercándose Elías á todo el pueblo, dijo: ¿Hasta cuándo claudicaréis vosotros entre dos pensamientos? Si Jehová es Dios, seguidle; y si Baal, id en pos de él. Y el pueblo no respondió palabra.

22 Y Elías tornó á decir al pueblo: Sólo yo he quedado profeta de Jehová; mas de los profetas de Baal hay cuatrocientos y cincuenta hombres.

23 Dénsenos pues dos bueyes, y escójanse ellos el uno, y córtenlo en pedazos, y pónganlo sobre leña, mas no pongan fuego debajo; y yo aprestaré el otro buey, y pondrélo sobre leña, y ningún fuego pondré debajo.

24 Invocad luego vosotros en el nombre de vuestros dioses, y yo invocaré en el nombre de Jehová: y el Dios que respondiere por fuego, ése sea Dios. Y todo el pueblo respondió, diciendo: Bien dicho.

25 Entonces Elías dijo á los profetas de Baal: Escogeos el un buey, y haced primero, pues que vosotros sois los más: é invocad en el nombre de vuestros dioses, mas no pongáis fuego debajo.

26 Y ellos tomaron el buey que les fué dado, y aprestáronlo, é invocaron en el nombre de Baal desde la mañana hasta el medio día, diciendo: ¡Baal, respóndenos! Mas no había voz, ni quien respondiese; entre tanto, ellos andaban saltando cerca del altar que habían hecho.

27 Y aconteció al medio día, que Elías se burlaba de ellos, diciendo: Gritad en alta voz, que dios es: quizá está conversando, ó tiene algún empeño, ó va de camino; acaso duerme, y despertará.

28 Y ellos clamaban á grandes voces, y sajábanse con cuchillos y con lancetas conforme á su costumbre, hasta chorrear la sangre sobre ellos.

29 Y como pasó el medio día, y ellos profetizaran hasta el tiempo del sacrificio del presente, y no había voz, ni quien respondiese ni escuchase;

30 Elías dijo entonces á todo el pueblo: Acercaos á mí. Y todo el pueblo se llegó á él: y él reparó el altar de Jehová que estaba arruinado.

31 Y tomando Elías doce piedras, conforme al número de las tribus de los hijos de Jacob, al cual había sido palabra de Jehová, diciendo: Israel será tu nombre;

32 Edificó con las piedras un altar en el nombre de Jehová: después hizo una reguera alrededor del altar, cuanto cupieran dos satos de simiente.

33 Compuso luego la leña, y cortó el buey en pedazos, y púsolo sobre la leña.

34 Y dijo: Henchid cuatro cántaros de agua, y derramadla sobre el holocausto y sobre la leña. Y dijo: Hacedlo otra vez; y otra vez lo hicieron. Dijo aún: Hacedlo la tercera vez; é hiciéronlo la tercera vez.

35 De manera que las aguas corrían alrededor del altar; y había también henchido de agua la reguera.

36 Y como llegó la hora de ofrecerse el holocausto, llegóse el profeta Elías, y dijo: Jehová Dios de Abraham, de Isaac, y de Israel, sea hoy manifiesto que tú eres Dios en Israel, y que yo soy tu siervo, y que por mandato tuyo he hecho todas estas cosas.

37 Respóndeme, Jehová, respóndeme; para que conozca este pueblo que tú, oh Jehová, eres el Dios, y que tú volviste atrás el corazón de ellos.

38 Entonces cayó fuego de Jehová, el cual consumió el holocausto, y la leña, y las piedras, y el polvo, y aun lamió las aguas que estaban en la reguera.

39 Y viéndolo todo el pueblo, cayeron sobre sus rostros, y dijeron: ¡Jehová es el Dios! ¡Jehová es el Dios!

40 Y díjoles Elías: Prended á los profetas de Baal, que no escape ninguno. Y ellos los prendieron; y llevólos Elías al arroyo de Cisón, y allí los degolló.

41 Y entonces Elías dijo á Acháb: Sube, come y bebe; porque una grande lluvia suena.

42 Y Acháb subió á comer y á beber. Y Elías subió á la cumbre del Carmelo; y postrándose en tierra, puso su rostro entre las rodillas.

43 Y dijo á su criado: Sube ahora, y mira hacia la mar. Y él subió, y miró, y dijo: No hay nada. Y él le volvió á decir: Vuelve siete veces.

44 Y á la séptima vez dijo: Yo veo una pequeña nube como la palma de la mano de un hombre, que sube de la mar. Y él dijo: Ve, y di á Acháb: Unce y desciende, porque la lluvia no te ataje.

45 Y aconteció, estando en esto, que los cielos se oscurecieron con nubes y viento; y hubo una gran lluvia. Y subiendo Acháb, vino á Jezreel.

46 Y la mano de Jehová fué sobre Elías, el cual ciñó sus lomos, y vino corriendo delante de Acháb hasta llegar á Jezreel.

19 Y Achab dió la nueva á Jezabel de todo lo que Elías había hecho, de como había muerto á cuchillo á todos los profetas.

2 Entonces envió Jezabel á Elías un mensajero, diciendo: Así me hagan los dioses, y así me añadan, si mañana á estas horas yo no haya puesto tu persona como la de uno de ellos.

3 Viendo pues el peligro, levantóse y fuése por salvar su vida, y vino á Beer-seba, que es en Judá, y dejó allí su criado.

4 Y él se fué por el desierto un día de camino, y vino y sentóse debajo de un enebro; y deseando morirse, dijo: Baste ya, oh Jehová, quita mi alma; que no soy yo mejor que mis padres.

5 Y echándose debajo del enebro, quedóse dormido: y he aquí luego un ángel que le tocó, y le dijo: Levántate, come.

6 Entonces él miró, y he aquí á su cabecera una torta cocida sobre las ascuas, y un vaso de agua: y comió y bebió y volvióse á dormir.

7 Y volviendo el ángel de Jehová la segunda vez, tocóle, diciendo: Levántate, come: porque gran camino te resta.

8 Levantóse pues, y comió y bebió; y caminó con la fortaleza de aquella comida cuarenta días y cuarenta noches, hasta el monte de Dios, Horeb.

9 Y allí se metió en una cueva, donde tuvo la noche. Y fué á él palabra de Jehová, el cual le dijo: ¿Qué haces aquí, Elías?

10 Y él respondió: Sentido he un vivo celo por Jehová Dios de los ejércitos; porque los hijos de Israel han dejado tu alianza, han derribado tus altares, y han muerto á cuchillo tus profetas: y yo solo he quedado, y me buscan para quitarme la vida.

11 Y él le dijo: Sal fuera, y ponte en el monte delante de Jehová. Y he aquí Jehová que pasaba, y un grande y poderoso viento que rompía los montes, y quebraba las peñas delante de Jehová: mas Jehová no estaba en el viento. Y tras el viento un terremoto: mas Jehová no estaba en el terremoto.

12 Y tras el terremoto un fuego: mas Jehová no estaba en el fuego. Y tras el fuego un silvo apacible y delicado.

13 Y cuando lo oyó Elías, cubrió su rostro con su manto, y salió, y paróse á la puerta de la cueva. Y he aquí llegó una voz á él, diciendo: ¿Qué haces aquí, Elías?

14 Y él respondió: Sentido he un vivo celo por Jehová Dios de los ejércitos; porque los hijos de Israel han dejado tu alianza, han derribado tus altares, y han muerto á cuchillo tus profetas: y yo solo he quedado, y me buscan para quitarme la vida.

15 Y díjole Jehová: Ve, vuélvete por tu camino, por el desierto de Damasco: y llegarás, y ungirás á Hazael por rey de Siria;

16 Y á Jehú hijo de Nimsi, ungirás por rey sobre Israel; y á Eliseo hijo de Saphat, de Abel-mehula, ungirás para que sea profeta en lugar de ti.

17 Y será, que el que escapare del cuchillo, de Hazael, Jehú lo matará; y el que escapare del cuchillo de Jehú, Eliseo lo matará.

18 Y yo haré que queden en Israel siete mil; todas rodillas que no se encorvaron á Baal, y bocas todas que no lo besaron.

19 Y partiéndose él de allí, halló á Eliseo hijo de Saphat, que araba con doce yuntas delante de sí; y él era uno de las doce gañanes. Y pasando Elías por delante de él, echó sobre él su manto.

20 Entonces dejando él los bueyes, vino corriendo en pos de Elías, y dijo: Ruégote que me dejes besar mi padre y mi madre, y luego te seguiré. Y él le dijo: Ve, vuelve: ¿qué te he hecho yo?

21 Y volvióse de en pos de él, y tomó un par de bueyes, y matólos, y con el arado de los bueyes coció la carne de ellos, y dióla al pueblo que comiesen. Después se levantó, y fué tras Elías, y servíale.

20 Entonces Ben-adad rey de Siria juntó á todo su ejército, y con él treinta y dos reyes, con caballos y carros: y subió, y puso cerco á Samaria, y combatióla.

2 Y envió mensajeros á la ciudad á Acháb rey de Israel, diciendo:

3 Así ha dicho Ben-adad: Tu plata y tu oro es mío, y tus mujeres y tus hijos hermosos son míos.

4 Y el rey de Israel respondió, y dijo: Como tú dices, rey señor mío, yo soy tuyo, y todo lo que tengo.

5 Y volviendo los mensajeros otra vez, dijeron: Así dijo Ben-adad: Yo te envié á decir: Tu plata y tu oro, y tus mujeres y tus hijos me darás.

6 Además mañana á estas horas enviaré yo á ti mis siervos, los cuales escudriñarán tu casa, y las casas de tus siervos; y tomarán con sus manos, y llevarán todo lo precioso que tuvieres.

7 Entonces el rey de Israel llamó á todos los ancianos de la tierra, y díjoles: Entended, y ved ahora cómo éste no busca sino mal: pues que ha enviado á mí por mis mujeres y mis hijos, y por mi plata y por mi oro; y yo no se lo he negado.

8 Y todos los ancianos y todo el pueblo le respondieron: No le obedezcas, ni hagas lo que te pide.

9 Entonces él respondió á los embajadores de Ben-adad: Decid al rey mi señor: Haré todo lo que mandaste á tu siervo al principio; mas esto no lo puedo hacer. Y los embajadores fueron, y diéronle la respuesta.

10 Y Ben-adad tornó á enviarle á decir: Así me hagan los dioses, y así me añadan, que el polvo de Samaria no bastará á los puños de todo el pueblo que me sigue.

11 Y el rey de Israel respondió, y dijo: Decidle, que no se alabe el que se ciñe, como el que se desciñe.

12 Y como él oyó esta palabra, estando bebiendo con los reyes en las tiendas, dijo á sus siervos: Poned. Y ellos pusieron contra la ciudad.

13 Y he aquí un profeta se llegó á Achâb rey de Israel; y le dijo: Así ha dicho Jehová: ¿Has visto esta grande multitud? he aquí yo te la entregaré hoy en tu mano, para que conozcas que yo soy Jehová.

14 Y respondió Achâb: ¿Por mano de quién? Y él dijo: Así ha dicho Jehová: Por mano de los criados de los príncipes de las provincias. Y dijo Achâb: ¿Quién comenzará la batalla? Y él respondió: Tú.

15 Entonces él reconoció los criados de los príncipes de las provincias, los cuales fueron doscientos treinta y dos. Luego reconoció todo el pueblo, todos los hijos de Israel, que fueron siete mil.

16 Y salieron á medio día. Y estaba Ben-adad bebiendo, borracho en las tiendas, con los reyes, los treinta y dos reyes que habían venido en su ayuda.

17 Y los criados de los príncipes de las provincias salieron los primeros. Y había Ben-adad enviado quien le dió aviso, diciendo: Han salido hombres de Samaria.

18 Y él entonces dijo: Si han salido para paz, tomadlos vivos; y si han salido para pelear, tomadlos vivos.

19 Salieron pues de la ciudad los criados de los príncipes de las provincias, y en pos de ellos el ejército.

20 Y hirió cada uno el que venía contra sí: y huyeron los Siros, siguiéndolos los de Israel. Y el rey de Siria, Ben-adad, se escapó en un caballo con alguna gente de caballería.

21 Y salió el rey de Israel, é hirió la gente de á caballo, y los carros; y deshizo los Siros con grande estrago.

22 Llegándose luego el profeta al rey de Israel, le dijo: Ve, fortalécete, y considera y mira lo que has de hacer; porque pasado el año, el rey de Siria ha de venir contra ti.

23 Y los siervos del rey de Siria le dijeron: Sus dioses son dioses de los montes, por eso nos han vencido; mas si peleáremos con ellos en la llanura, se verá si no los vencemos.

24 Haz pues así: Saca á los reyes cada uno de su puesto, y pon capitanes en lugar de ellos.

25 Y tú, fórmate otro ejército como el ejército que perdiste, caballos por caballos, y carros por carros; luego pelearemos con ellos en campo raso, y veremos si no los vencemos. Y él les dió oído, é hízolo así.

26 Pasado el año, Ben-adad reconoció los Siros, y vino á Aphec á pelear contra Israel.

27 Y los hijos de Israel fueron también inspeccionados, y tomando provisiones fuéronles al encuentro; y asentaron campo lo hijos de Israel delante de ellos, como dos rebañuelos de cabras; y los Siros henchían la tierra.

28 Llegándose entonces el varón de Dios al rey de Israel, hablóle diciendo: Así dijo Jehová: Por cuanto los Siros han dicho, Jehová es Dios de los montes, no Dios de los valles, yo entregaré toda esta grande multitud en tu mano, para que conozcáis que yo soy Jehová.

29 Siete días tuvieron asentado campo los unos delante de los otros, y al séptimo día se dió la batalla: y mataron los hijos de Israel de los Siros en un día cien mil hombres de á pie.

30 Los demás huyeron á Aphec, á la ciudad: y el muro cayó sobre veinte y siete mil hombres que habían quedado. También Ben-adad vino huyendo á la ciudad, y escondíase de cámara en cámara.

31 Entonces sus siervos le dijeron: He aquí, hemos oído de los reyes de la casa de Israel que son reyes clementes: pongamos pues ahora sacos en nuestros lomos, y sogas en nuestras cabezas, y salgamos al rey de Israel: por ventura te salvará la vida.

32 Ciñeron pues sus lomos de sacos, y sogas á sus cabezas, y vinieron al rey de Israel, y dijéronle: Tu siervo Ben-adad dice: Ruégote que viva mi alma. Y él respondió: Si él vive aún, mi hermano es.

33 Esto tomaron aquellos hombres por buen agüero, y presto tomaron esta palabra de su boca, y dijeron: ¡Tu hermano Ben-adad! Y él dijo: Id, y traedle. Ben-adad entonces se presentó á Achâb, y él le hizo subir en un carro.

34 Y díjole Ben-adad: Las ciudades que mi padre tornó al tuyo, yo las restituiré; y haz plazas en Damasco para ti, como mi padre las hizo en Samaria. Y yo, dijo Achâb, te dejaré partir con esta alianza. Hizo pues con él alianza, y dejóle ir.

35 Entonces un varón de los hijos de los profetas dijo á su compañero por palabra de Dios: Hiéreme ahora. Mas el otro varón no quiso herirle.

36 Y él le dijo: Por cuanto no has obedecido á la palabra de Jehová, he aquí en apartándote de mí, te herirá un león. Y como se apartó de él, topóle un león, é hirióle.

37 Encontróse luego con otro hombre, y díjole: Hiéreme ahora. Y el hombre le dió un golpe, é hízole una herida.

38 Y el profeta se fué, y púsose delante del rey en el camino, y disfrazóse con un velo sobre los ojos.

39 Y como el rey pasaba, él dió voces al rey, y dijo: Tu siervo salió entre la tropa: y he aquí apartándose un hombre, diciendo: Guarda á este hombre, y si llegare á faltar, tu vida será por la suya, ó pagarás un talento de plata.

40 Y como tu siervo estaba ocupado á una parte y á otra, él desapareció. Entonces el rey de Israel le dijo: Esa será tu sentencia: tú la has pronunciado.

41 Pero él se quitó presto el velo de sobre sus ojos, y el rey de Israel conoció que era de los profetas.

42 Y él le dijo: Así ha dicho Jehová: Por cuanto soltaste de la mano el hombre de mi anatema, tu vida será por la suya, y tu pueblo por el suyo.

43 Y el rey de Israel se fué á su casa triste y enojado, y llegó á Samaria.

21 Pasados estos negocios, aconteció que Naboth de Jezreel tenía en Jezreel una viña junto al palacio de Achâb rey de Samaria.

2 Y Achâb habló á Naboth, diciendo: Dame tu viña para un huerto de legumbres, porque está cercana, junto á mi casa, y yo te daré por ella otra viña mejor que esta; ó si mejor te pareciere, te pagaré su valor en dinero.

3 Y Naboth respondió á Achâb: Guárdeme Jehová de que yo te dé á ti la heredad de mis padres.

4 Y vínose Achâb á su casa triste y enojado, por la palabra que Naboth de Jezreel le había respondido, diciendo: No te daré la heredad de mis padres. Y acostóse en su cama, y volvió su rostro, y no comió pan.

5 Y vino á él su mujer Jezabel, y díjole: ¿Por qué está tan triste tu espíritu, y no comes pan?

6 Y él respondió: Porque hablé con Naboth de Jezreel, y díjele que me diera su viña por dinero, ó que, si más quería, le daría otra viña por ella; y él respondió: Yo no te daré mi viña.

7 Y su mujer Jezabel le dijo: ¿Eres tú ahora rey sobre Israel? Levántate, y come pan, y alégrate: yo te daré la viña de Naboth de Jezreel.

8 Entonces ella escribió cartas en nombre de Achâb, y sellólas con su anillo y enviólas á los ancianos y á los principales que moraban en su ciudad con Naboth.

9 Y las cartas que escribió decían así: Proclamad ayuno, y poned á Naboth á la cabecera del pueblo;

10 Y poned dos hombres perversos delante de él, que atestigüen contra él, y digan: Tú has blasfemado á Dios y al rey. Y entonces sacadlo, y apedreadlo, y muera.

11 Y los de su ciudad, los ancianos y los principales que moraban en su ciudad, le hicieron como Jezabel les mandó, conforme á lo escrito en las cartas que ella les había enviado.

12 Y promulgaron ayuno, y asentaron á Naboth á la cabecera del pueblo.

13 Vinieron entonces dos hombres perversos, y sentáronse delante de él: y aquellos hombres de Belial atestiguaron contra Naboth delante del pueblo, diciendo: Naboth ha blasfemado á Dios y al rey. Y sacáronlo fuera de la ciudad, y apedreáronlo con piedras, y murió.

14 Después enviaron á decir á Jezabel: Naboth ha sido apedreado y muerto.

15 Y como Jezabel oyó que Naboth había sido apedreado y muerto, dijo á Achâb: Levántate y posee la viña de Naboth de Jezreel, que no te la quiso dar por dinero; porque Naboth no vive, sino que es muerto.

16 Y oyendo Achâb que Naboth era muerto, levantóse para descender á la viña de Naboth de Jezreel, para tomar posesión de ella.

17 Entonces fué palabra de Jehová á Elías Thisbita, diciendo:
18 Levántate, desciende á encontrarte con Achâb rey de Israel, que está en Samaria: he aquí él está en la viña de Naboth, á la cual ha descendido para tomar posesión de ella.

19 Y hablarle has, diciendo: Así ha dicho Jehová: ¿No mataste y también has poseído? Y tornarás á hablarle, diciendo: Así ha dicho Jehová: En el mismo lugar donde lamieron los perros la sangre de Naboth, los perros lamerán también tu sangre, la tuya misma.

20 Y Achâb dijo á Elías: ¿Me has hallado, enemigo mío? Y él respondió: Hete encontrado, porque te has vendido á mal hacer delante de Jehová.

21 He aquí yo traigo mal sobre ti, y barreré tu posteridad, y talaré de Achâb todo meante á la pared, al guardado y al desamparado en Israel:

22 Y pondré tu casa como la casa de Jeroboam hijo de Nabat, y como la casa de Baasa hijo de Ahía; por la provocación con que me provocaste á ira, y con que has hecho pecar á Israel.

23 De Jezabel también ha hablado Jehová, diciendo: Los perros comerán á Jezabel en la barbacana de Jezreel.

24 El que de Achâb fuere muerto en la ciudad, perros le comerán: y el que fuere muerto en el campo, comerlo han las aves del cielo.

25 (A la verdad ninguno fué como Achâb, que se vendiese á hacer lo malo á los ojos de Jehová; porque Jezabel su mujer lo incitaba.

26 El fué en grande manera abominable, caminando en pos de los ídolos, conforme á todo lo que hicieron los Amorrheos, á los cuales lanzó Jehová delante de los hijos de Israel.)

27 Y acaeció cuando Achâb oyó estas palabras, que rasgó sus vestidos, y puso saco sobre su carne, y ayunó, y durmió en saco, y anduvo humillado.

28 Entonces fué palabra de Jehová á Elías Thisbita, diciendo:
29 ¿No has visto cómo Achâb se ha humillado delante de mí? Pues por cuanto se ha humillado delante de mí, no traeré el mal en sus días: en los días de su hijo traeré el mal sobre su casa.

22 Tres años pasaron sin guerra entre los Siros é Israel.
2 Y aconteció al tercer año, que Josaphat rey de Judá descendió al rey de Israel.

3 Y el rey de Israel dijo á sus siervos: ¿No sabéis que es nuestra Ramoth de Galaad? y nosotros callamos en orden á tomarla de mano del rey de Siria.

4 Y dijo á Josaphat: ¿Quieres venir conmigo á pelear contra Ramoth de Galaad? Y Josaphat respondió al rey de Israel: Como yo, así tú; y como mi pueblo, así tu pueblo; y como mis caballos, tus caballos.

5 Y dijo luego Josaphat al rey de Israel: Yo te ruego que consultes hoy la palabra de Jehová.

6 Entonces el rey de Israel juntó los profetas, como cuatrocientos hombres, á los cuales dijo: ¿Iré á la guerra contra Ramoth de Galaad, ó la dejaré? Y ellos dijeron: Sube; porque el Señor la entregará en mano del rey.

7 Y dijo Josaphat: ¿Hay aún aquí algún profeta de Jehová, por el cual consultemos?

8 Y el rey de Israel respondió á Josaphat: Aun hay un varón por el cual podríamos consultar á Jehová, Michéas, hijo de Imla: mas yo le aborrezco porque nunca me profetiza bien, sino solamente mal. Y Josaphat dijo: No hable el rey así.

9 Entonces el rey de Israel llamó á un eunuco, y díjole: trae presto á Michéas hijo de Imla.

10 Y el rey de Israel y Josaphat rey de Judá estaban sentados cada uno en su silla, vestidos de sus ropas reales, en la plaza junto á la entrada de la puerta de Samaria; y todos los profetas profetizaban delante de ellos.

11 Y Sedechías hijo de Chânaana se había hecho unos cuernos de hierro, y dijo: Así ha dicho Jehová: Con éstas acornearás á los Siros hasta acabarlos.

12 Y todos los profetas profetizaban de la misma manera, diciendo: Sube á Ramoth de Galaad, y serás prosperado; que Jehová la dará en mano del rey.

13 Y el mensajero que había ido á llamar á Michéas, hablóle, diciendo: He aquí las palabras de los profetas á una boca anuncian al rey bien: sea ahora tu palabra conforme á la palabra de alguno de ellos, y anuncia bien.

14 Y Michéas respondió: Vive Jehová, que lo que Jehová me hablare, eso diré.

15 Vino pues al rey, y el rey le dijo: Michéas, ¿iremos á pelear contra Ramoth de Galaad, ó la dejaremos? Y él respondió: Sube, que serás prosperado, y Jehová la entregará en mano del rey.

16 Y el rey le dijo: ¿Hasta cuántas veces he de conjurarte que no me digas sino la verdad en el nombre de Jehová?

17 Entonces él dijo: Yo ví á todo Israel esparcido por los montes, como ovejas que no tienen pastor: y Jehová dijo: Estos no tienen señor: vuélvase cada uno á su casa en paz.

18 Y el rey de Israel dijo á Josaphat: ¿No te lo había yo dicho? Ninguna cosa buena profetizará él acerca de mí, sino solamente mal.

19 Entonces él dijo: Oye pues palabra de Jehová: Yo ví á Jehová sentado en su trono, y todo el ejército de los cielos estaba junto á él, á su diestra y á su siniestra.

20 Y Jehová dijo: ¿Quién inducirá á Achâb, para que suba y caiga en Ramoth de Galaad? Y uno decía de una manera; y otro decía de otra.

21 Y salió un espíritu, y púsose delante de Jehová, y dijo: Yo le induciré. Y Jehová le dijo: ¿De qué manera?

22 Y él dijo: Yo saldré, y seré espíritu de mentira en boca de todos sus profetas. Y él dijo: inducirlo has, y aun saldrás con ello; sal pues, y hazlo así.

23 Y ahora, he aquí Jehová ha puesto espíritu de mentira en la boca de todos estos tus profetas, y Jehová ha decretado el mal acerca de ti.

24 Llegándose entonces Sedechías hijo de Chânaana, hirió á Michéas en la mejilla, diciendo: ¿Por dónde se fué de mí el espíritu de Jehová para hablarte á ti?

25 Y Michéas respondió: He aquí tú lo verás en aquel día, cuando te irás metiendo de cámara en cámara por esconderte.

26 Entonces el rey de Israel dijo: Toma á Michéas, y vuélvelo á Amón gobernador de la ciudad, y á Joas hijo del rey;

27 Y dirás: Así ha dicho el rey: Echad á éste en la cárcel, y mantenedle con pan de angustia y con agua de aflicción, hasta que yo vuelva en paz.

28 Y dijo Michéas: Si llegares á volver en paz, Jehová no ha hablado por mí. En seguida dijo: Oid, pueblos todos.

29 Subió pues el rey de Israel con Josaphat rey de Judá á Ramoth de Galaad.

30 Y el rey de Israel dijo á Josaphat: Yo me disfrazaré, y entraré en la batalla; y tú vístete tus vestidos. Y el rey de Israel se disfrazó, y entró en la batalla.

31 Mas el rey de Siria había mandado á sus treinta y dos capitanes de los carros, diciendo: No peleéis vosotros ni con grande ni con chico, sino sólo contra el rey de Israel.

32 Y como los capitanes de los carros vieron á Josaphat, dijeron: Ciertamente éste es el rey de Israel; y viniéronse á él para pelear con él; mas el rey Josaphat dió voces.

33 Viendo entonces los capitanes de los carros que no era el rey de Israel, apartáronse de él.

34 Y un hombre disparando su arco á la ventura, hirió al rey de Israel por entre las junturas de la armadura; por lo que dijo él á su carretero: Torna la vuelta, y sácame del campo, que estoy herido.

35 Mas la batalla había arreciado aquel día, y el rey estuvo en su carro delante de los Siros, y á la tarde murió: y la sangre de la herida corría por el seno del carro.

36 Y á puesta del sol salió un pregón por el campo, diciendo: ¡Cada uno á su ciudad, y cada cual á su tierra!

37 Y murió pues el rey, y fué traído á Samaria; y sepultaron al rey en Samaria.

38 Y lavaron el carro en el estánque de Samaria; lavaron también sus armas; y los perros lamieron su sangre, conforme á la palabra de Jehová que había hablado.

39 Lo demás de los hechos de Achâb, y todas las cosas que ejecutó, y la casa de marfil que hizo, y todas las ciudades que edificó, ¿no está escrito en el libro de las crónicas de los reyes de Israel?

40 Y durmió Achâb con sus padres, y reinó en su lugar Ochôzías su hijo.

41 Y Josaphat hijo de Asa comenzó á reinar sobre Judá en el cuarto año de Achâb rey de Israel.

42 Y era Josaphat de treinta y cinco años cuando comenzó á reinar, y reinó veinticinco años en Jerusalem. El nombre de su madre fué Azuba hija de Silai.

43 Y anduvo en todo el camino de Asa su padre, sin declinar de él, haciendo lo recto en los ojos de Jehová.

44 Con todo eso los altos no fueron quitados; que el pueblo sacrificaba aun, y quemaba perfumes en los altos.

45 Y Josaphat hizo paz con el rey de Israel.

46 Lo demás de los hechos de Josaphat, y sus hazañas, y las guerras que hizo, ¿no está escrito en el libro de las crónicas de los reyes de Judá?

47 Barrió también de la tierra el resto de los sodomitas que habían quedado en el tiempo de su padre Asa.

48 No había entonces rey en Edom; presidente había en lugar de rey.

49 Había Josaphat hecho navíos en Tharsis, los cuales habían de ir á Ophir por oro; mas no fueron, porque se rompieron en Ezion-geber.

50 Entonces Ochôzías hijo de Achâb dijo á Josaphat: Vayan mis siervos con los tuyos en los navíos. Mas Josaphat no quiso.

51 Y durmió Josaphat con sus padres, y fué sepultado con sus padres en la ciudad de David su padre; y en su lugar reinó Joram su hijo.

52 Y Ochôzías hijo de Achâb comenzó á reinar sobre Israel en Samaria, el año diecisiete de Josaphat rey de Judá; y reinó dos años sobre Israel.

53 E hizo lo malo en los ojos de Jehová, y anduvo en el camino de su padre, y en el camino de su madre, y en el camino de Jeroboam hijo de Nabat, que hizo pecar á Israel:

54 Porque sirvió á Baal, y lo adoró, y provocó á ira á Jehová Dios de Israel, conforme á todas las cosas que su padre había hecho.

2 REYES.

1 Después de la muerte de Achâb rebelóse Moab contra Israel.

2 Y Ochôzías cayó por las celosías de una sala de la casa que tenía en Samaria; y estando enfermo envió mensajeros, y díjoles: Id, y consultad á Baal-zebub dios de Ecrón, si tengo de sanar de esta mi enfermedad.

3 Entonces el ángel de Jehová habló á Elías Thisbita, diciendo: Levántate, y sube á encontrarte con los mensajeros del rey de Samaria, y les dirás: ¿No hay Dios en Israel, que vosotros vais á consultar á Baal-zebub dios de Ecrón?

4 Por tanto así ha dicho Jehová: Del lecho en que subiste no descenderás, antes morirás ciertamente. Y Elías se fué.

5 Y como los mensajeros se volvieron al rey, él les dijo: ¿Por qué os habéis vuelto?

6 Y ellos le respondieron: Encontramos un varón que nos dijo: Id, y volveos al rey que os envió, y decidle: Así ha dicho Jehová: ¿No hay Dios en Israel, que tú envías á consultar á Baal-zebub dios de Ecrón? Por tanto, el lecho en que subiste no descenderás, antes morirás de cierto.

7 Entonces él les dijo: ¿Qué hábito era el de aquel varón que encontrasteis, y os dijo tales palabras?

8 Y ellos le respondieron: Un varón velloso, y ceñía sus lomos con un cinto de cuero. Entonces él dijo: Elías Thisbita es.

9 Y envió luego á un capitán de cincuenta con sus cincuenta, el cual subió á él; y he aquí que él estaba sentado en la cumbre del monte. Y él le dijo: Varón de Dios, el rey ha dicho que desciendas.

10 Y Elías respondió, y dijo al capitán de cincuenta: Si yo soy varón de Dios, descienda fuego del cielo, y consúmate con

tus cincuenta. Y descendió fuego del cielo, que lo consumió á él y á sus cincuenta.

11 Volvió el rey á enviar á él otro capitán de cincuenta con sus cincuenta; y hablóle, y dijo: Varon de Dios, el rey ha dicho así: Desciende presto.

12 Y respondióle Elías, y dijo: Si yo soy varón de Dios, descienda fuego del cielo, y consúmate con tus cincuenta. Y descendió fuego de Dios del cielo, que lo consumió á él y á sus cincuenta.

13 Y volvió á enviar al tercer capitán de cincuenta con sus cincuenta: y subiendo aquel tercer capitán de cincuenta, hincóse de rodillas delante de Elías, y rogóle, diciendo: Varón de Dios, ruégote que sea de valor delante de tus ojos mi vida y la vida de estos tus cincuenta siervos.

14 He aquí ha descendido fuego del cielo, y ha consumido los dos primeros capitanes de cincuenta, con sus cincuenta; sea ahora mi vida de valor delante de tus ojos.

15 Entonces el ángel de Jehová dijo á Elías: Desciende con él; no hayas de él miedo. Y él se levantó, y descendió con él al rey.

16 Y díjole: Así ha dicho Jehová: Pues que enviaste mensajeros á consultar á Baal-zebub dios de Ecrón, ¿no hay Dios en Israel para consultar en su palabra? No descenderás, por tanto, del lecho en que subiste, antes morirás de cierto.

17 Y murió conforme á la palabra de Jehová que había hablado Elías; y reinó en su lugar Joram, en el segundo año de Joram, hijo de Josaphat rey de Judá; porque Ochôzías no tenía hijo.

18 Y lo demás de los hechos de Ochôzías, ¿no está escrito en el libro de las crónicas de los reyes de Israel?

2 Y aconteció que, cuando quiso Jehová alzar á Elías en un torbellino al cielo, Elías venía con Eliseo de Gilgal.

2 Y dijo Elías á Eliseo: Quédate ahora aquí, porque Jehová me ha enviado á Beth-el. Y Eliseo dijo: Vive Jehová, y vive tu alma, que no te dejaré. Descendieron pues á Beth-el.

3 Y saliendo á Eliseo los hijos de los profetas que estaban en Beth-el, dijéronle: ¿Sabes cómo Jehová quitará hoy á tu señor de tu cabeza? Y él dijo: Sí, yo lo sé; callad.

4 Y Elías le volvió á decir: Eliseo, quédate aquí ahora, porque Jehová me ha enviado á Jericó. Y él dijo: Vive Jehová, y vive tu alma, que no te dejaré. Vinieron pués á Jericó.

5 Y llegáronse á Eliseo los hijos de los profetas que estaban en Jericó, y dijéronle: ¿Sabes cómo Jehová quitará hoy á tu señor de tu cabeza? Y él respondió: Sí, yo lo sé; callad.

6 Y Elías le dijo: Ruégote que te quedes aquí, porque Jehová me ha enviado al Jordán. Y él dijo: Vive Jehová, y vive tu alma, que no te dejaré. Fueron pues ambos á dos.

7 Y vinieron cincuenta varones de los hijos de los profetas, y paráronse enfrente á lo lejos: y ellos dos se pararon junto al Jordán.

8 Tomando entonces Elías su manto, doblólo, é hirió las aguas, las cuales se apartaron á uno y á otro lado, y pasaron ambos en seco.

9 Y como hubieron pasado, Elías dijo á Eliseo: Pide lo que quieres que haga por ti, antes que sea quitado de contigo. Y Eliseo dijo: Ruégote que las dos partes de tu espíritu sean sobre mí.

10 Y él le dijo: Cosa difícil has pedido. Si me vieres cuando fuere quitado de ti, te será así hecho; mas si no, no.

11 Y aconteció que, yendo ellos hablando, he aquí, un carro de fuego con caballos de fuego apartó á los dos: y Elías subió al cielo en un torbellino.

12 Y viéndolo Eliseo, clamaba: ¡Padre mío, padre mío, carro de Israel y su gente de á caballo! Y nunca más le vió, y trabando de sus vestidos, rompiólos en dos partes.

13 Alzó luego el manto de Elías que se le había caído, y volvió, y paróse á la orilla del Jordán.

14 Y tomando el manto de Elías que se le había caído, hirió las aguas, y dijo: ¿Dónde está Jehová, el Dios de Elías? Y así que hubo del mismo modo herido las aguas, apartáronse á uno y á otro lado, y pasó Eliseo.

15 Y viéndole los hijos de los profetas que estaban en Jericó de la otra parte, dijeron: El espíritu de Elías reposó sobre Eliseo. Y viniéronle á recibir, é inclináronse á él hasta la tierra.

16 Y dijéronle: He aquí hay con tus siervos cincuenta varones fuertes: vayan ahora y busquen á tu señor; quizá lo há levantado el espíritu de Jehová, y lo ha echado en algún monte ó en algún valle. Y él les dijo: No enviéis.

17 Mas ellos le importunaron, hasta que avergonzándose, dijo: Enviad. Entonces ellos enviaron cincuenta hombres, los cuales lo buscaron tres días, mas no lo hallaron.

18 Y cuando volvieron á él, que se había quedado en Jericó, él les dijo: ¿No os dije yo que no fueseis?

19 Y los hombres de la ciudad dijeron á Eliseo: He aquí el asiento de esta ciudad es bueno, como mi señor ve; mas las aguas son malas, y la tierra enferma.

20 Entonces él dijo: Traedme una botija nueva, y poned en ella sal. Y trajéronsela.

21 Y saliendo él á los manaderos de las aguas, echó dentro la sal, y dijo: Así ha dicho Jehová: Yo sané estas aguas, y no habrá más en ellas muerte ni enfermedad.

22 Y fueron sanas las aguas hasta hoy, conforme á la palabra que habló Eliseo.

23 Después subió de allí á Beth-el; y subiendo por el camino, salieron los muchachos de la ciudad, y se burlaban de él, diciendo: ¡Calvo, sube! ¡calvo, sube!

24 Y mirando él atrás, violos, y maldíjolos en el nombre de Jehová. Y salieron dos osos del monte, y despedazaron de ellos cuarenta y dos muchachos.

25 De allí fué al monte de Carmelo, y de allí volvió á Samaria.

3 Y Joram hijo de Achâb comenzó á reinar en Samaria sobre Israel el año dieciocho de Josaphat rey de Judá; y reinó doce años.

2 E hizo lo malo en ojos de Jehová, aunque no como su padre y su madre; porque quitó las estatuas de Baal que su padre había hecho.

3 Mas allegóse á los pecados de Jeroboam, hijo de Nabat, que hizo pecar á Israel; y no se apartó de ellos.

4 Entonces Mesa rey de Moab era propietario de ganados, y pagaba al rey de Israel cien mil corderos y cien mil carneros con sus vellones.

5 Mas muerto Achâb, el rey de Moab se rebeló contra el rey de Israel.

6 Y salió entonces de Samaria el rey Joram, é inspeccionó á todo Israel.

7 Y fué y envió á decir á Josaphat rey de Judá: El rey de Moab se ha rebelado contra mí: ¿irás tú conmigo á la guerra contra Moab? Y él respondió: Iré, porque como yo, así tú; como mi pueblo, así tu pueblo; como mis caballos, así también tus caballos.

8 Y dijo: ¿Por qué camino iremos? Y él respondió: Por el camino del desierto de Idumea.

9 Partieron pues el rey de Israel, y el rey de Judá, y el rey de Idumea; y como anduvieron rodeando por el desierto siete días de camino, faltóles el agua para el ejército, y para las bestias que los seguían.

10 Entonces el rey de Israel dijo: ¡Ah! que ha llamado Jehová estos tres reyes para entregarlos en manos de los Moabitas.

11 Mas Josaphat dijo: ¿No hay aquí profeta de Jehová, para que consultemos á Jehová por él? Y uno de los siervos del rey de Israel respondió y dijo: Aquí está Eliseo hijo de Saphat, que daba agua á manos á Elías.

12 Y Josaphat dijo: Este tendrá palabra de Jehová. Y descendieron á él el rey de Israel, y Josaphat, y el rey de Idumea.

13 Entonces Eliseo dijo al rey de Israel: ¿Qué tengo yo contigo? Vé á los profetas de tu padre, y á los profetas de tu madre. Y el rey de Israel le respondió: No; porque ha juntado Jehová estos tres reyes para entregarlos en manos de los Moabitas.

14 Y Eliseo dijo: Vive Jehová de los ejércitos, en cuya presencia estoy, que si no tuviese respeto al rostro de Josaphat rey de Judá, no mirara á ti, ni te viera.

15 Mas ahora traedme un tañedor. Y mientras el tañedor tocaba, la mano de Jehová fué sobre Eliseo.

16 Y dijo: Así ha dicho Jehová: Haced en este valle muchas acequias.

17 Porque Jehová ha dicho así: No veréis viento, ni veréis lluvia, y este valle será lleno de agua, y beberéis vosotros, y vuestras bestias, y vuestros ganados.

18 Y esto es cosa ligera en los ojos de Jehová; dará también á los Moabitas en vuestras manos.

19 Y vosotros heriréis á toda ciudad fortalecida y á toda villa hermosa, y talaréis todo buen árbol, y cegaréis todas las fuentes de aguas, y destruiréis con piedras toda tierra fértil.

20 Y aconteció que por la mañana, cuando se ofrece el sacrificio, he aquí vinieron aguas por el camino de Idumea, y la tierra fué llena de aguas.

21 Y todos los de Moab, como oyeron que los reyes subían á pelear contra ellos, juntáronse desde todos los que ceñían talabarte arriba, y pusiéronse en la frontera.

22 Y como se levantaron por la mañana, y lució el sol sobre las aguas, vieron los de Moab desde lejos las aguas rojas como sangre;

23 Y dijeron: ¡Sangre es esta de espada! Los reyes se han revuelto, y cada uno ha muerto á su compañero. Ahora pues, ¡Moab, á la presa!

24 Mas cuando llegaron al campo de Israel, levantáronse los Israelitas é hirieron á los de Moab, los cuales huyeron delante de ellos: siguieron empero hiriendo todavía á los de Moab.

25 Y asolaron las ciudades, y en todas las heredades fértiles echó cada uno su piedra, y las llenaron; cegaron también todas las fuentes de las aguas, y derribaron todos los buenos árboles; hasta que en Kir-haraseth solamente dejaron sus piedras; porque los honderos la cercaron, y la hirieron.

26 Y cuando el rey de Moab vió que la batalla lo vencía, tomó consigo setecientos hombres que sacaban espada, para romper contra el rey de Idumea: mas no pudieron.

27 Entonces arrebató á su primogénito que había de reinar en su lugar, y sacrificóle en holocausto sobre el muro. Y hubo grande enojo en Israel; y retiráronse de él, y volviéronse á su tierra.

4 Una mujer, de las mujeres de los hijos de los profetas, clamó á Eliseo, diciendo: Tu siervo mi marido es muerto; y tú sabes que tu siervo era temeroso de Jehová: y ha venido el acreedor para tomarse dos hijos míos por siervos.

2 Y Eliseo le dijo: ¿Qué te haré yo? Declárame qué tienes en casa. Y ella dijo: Tu sierva ninguna cosa tiene en casa, sino una botija de aceite.

3 Y él le dijo: Ve, y pide para ti vasos prestados de todos tus vecinos, vasos vacíos, no pocos.

4 Entra luego, y cierra la puerta tras ti y tras tus hijos; y echa en todos los vasos, y en estando uno lleno, ponlo aparte.

5 Y partióse la mujer de él, y cerró la puerta tras sí y tras sus hijos; y ellos le llegaban los vasos, y ella echaba del aceite.

6 Y como fueron llenos los vasos, dijo á un hijo suyo: Tráeme aún otro vaso. Y él dijo: No hay más vasos. Entonces cesó el aceite.

7 Vino ella luego, y contólo al varón de Dios, el cual dijo: Ve, y vende el aceite, y paga á tus acreedores; y tú y tus hijos vivid de lo que quedare.

8 Y aconteció también que un día pasaba Eliseo por Sunem; y había allí una mujer principal, la cual le constriñó á que comiese del pan: y cuando por allí pasaba, veníase á su casa á comer del pan.

9 Y ella dijo á su marido: He aquí ahora, yo entiendo que éste que siempre pasa por nuestra casa, es varón de Dios santo.

10 Yo te ruego que hagas una pequeña cámara de paredes, y pongamos en ella cama, y mesa, y silla, y candelero, para que cuando viniere á nosotros, se recoja en ella.

11 Y aconteció que un día vino el por allí, y recogióse en aquella cámara, y durmió en ella.

12 Entonces dijo á Giezi su criado: Llama á esta Sunamita. Y como él la llamó, pareció ella delante de él.

13 Y dijo él á Giezi: Dile: He aquí tú has estado solícita por nosotros con todo este esmero: ¿qué quieres que haga por ti? ¿has menester que hable por ti al rey, ó al general del ejército? Y ella respondió: Yo habito en medio de mi pueblo.

14 Y él dijo: ¿Qué pues haremos por ella? Y Giezi respondió: He aquí ella no tiene hijo, y su marido es viejo.

15 Dijo entonces: Llámala. Y él la llamó, y ella se paró á la puerta.

16 Y él le dijo: A este tiempo según el tiempo de la vida, abrazarás un hijo. Y ella dijo: No, señor mío, varón de Dios, no hagas burla de tu sierva.

17 Mas la mujer concibió, y parió un hijo á aquel tiempo que Eliseo le había dicho, según el tiempo de la vida.

18 Y como el niño fué grande, aconteció que un día salió á su padre, á los segadores.

19 Y dijo á su padre: ¡Mi cabeza, mi cabeza! Y él dijo á un criado: Llévalo á su madre.

20 Y habiéndole él tomado, y traídolo á su madre, estuvo sentado sobre sus rodillas hasta medio día, y murióse.

21 Ella entonces subió, y púsolo sobre la cama del varón de Dios, y cerrándole la puerta, salióse.

22 Llamando luego á su marido, díjole: Ruégote que envíes conmigo á alguno de los criados y una de las asnas, para que yo vaya corriendo al varón de Dios, y vuelva.

23 Y él dijo: ¿Para qué has de ir á él hoy? No es nueva luna, ni sábado. Y ella respondió: Paz.

24 Después hizo enalbardar una borrica, y dijo al mozo: Guía y anda; y no me hagas detener para que suba, sino cuando yo te lo dijere.

25 Partióse pues, y vino al varón de Dios al monte del Carmelo. Y cuando el varón de Dios la vió de lejos, dijo á su criado Giezi: He aquí la Sunamita.

26 Ruégote que vayas ahora corriendo á recibirla, y dile: ¿Tienes paz? ¿y tu marido, y tu hijo? Y ella dijo: Paz.

27 Y luego que llegó al varón de Dios en el monte, asió de sus pies. Y llegóse Giezi para quitarla; mas el varón de Dios le dijo: Déjala, porque su alma está en amargura, y Jehová me ha encubierto el motivo, y no me lo ha revelado.

28 Y ella dijo: ¿Pedí yo hijo á mi señor? ¿No dije yo, que no me burlases?

29 Entonces dijo él á Giezi: Ciñe tus lomos, y toma mi bordón en tu mano, y ve; y si alguno te encontrare, no lo saludes; y si alguno te saludare, no le respondas: y pondrás mi bordón sobre el rostro del niño.

30 Y dijo la madre del niño: Vive Jehová, y vive tu alma, que no te dejaré.

31 El entonces se levantó, y siguióla. Y Giezi había ido delante de ellos, y había puesto el bordón sobre el rostro del niño, mas ni tenía voz ni sentido; y así se había vuelto para encontrar á Eliseo; y declaróselo, diciendo: El mozo no despierta.

32 Y venido Eliseo á la casa, he aquí el niño que estaba tendido muerto sobre su cama.

33 Entrando él entonces, cerró la puerta sobre ambos, y oró á Jehová.

34 Después subió, y echóse sobre el niño, poniendo su boca sobre la boca de él, y sus ojos sobre sus ojos, y sus manos sobre las manos suyas; así se tendió sobre él, y calentóse la carne del joven.

35 Volviéndose luego, paséose por la casa á una parte y á otra; y después subió, y tendióse sobre él; y el joven estornudó siete veces, y abrió sus ojos.

36 Entonces llamó él á Giezi, y díjole: Llama á esta Sunamita. Y él la llamó. Y entrando ella, él le dijo: Toma tu hijo.

37 Y así que ella entró, echóse á sus pies, é inclinóse á tierra: después tomó su hijo, y salióse.

38 Y Eliseo se volvió á Gilgal. Había entonces grande hambre en la tierra. Y los hijos de los profetas estaban con él, por lo que dijo á su criado: Pon una grande olla, y haz potaje para los hijos de los profetas.

39 Y salió uno al campo á coger hierbas, y halló una como parra montés, y cogió de ella una faldada de calabazas silvestres: y volvió, y cortólas en la olla del potaje: porque no sabía lo que era.

40 Echóse después para que comieran los hombres; pero sucedió que comiendo ellos de aquel guisado, dieron voces, diciendo: ¡Varón de Dios, la muerte en la olla! Y no lo pudieron comer.

41 El entonces dijo: Traed harina. Y esparcióla en la olla, y dijo: Echa de comer á la gente. Y no hubo más mal en la olla.

42 Vino entonces un hombre de Baal-salisa, el cual trajo al varón de Dios panes de primicias, veinte panes de cebada, y trigo nuevo en su espiga. Y él dijo: Da á la gente para que coman.

43 Y respondió su sirviente: ¿Cómo he de poner esto delante de cien hombres? Mas él tornó á decir: Da á la gente para que coman, porque así ha dicho Jehová: Comerán, y sobrará.

44 Entonces él lo puso delante de ellos, y comieron, y sobróles, conforme á la palabra de Jehová.

5 Naamán, general del ejército del rey de Siria, era gran varón delante de su señor, y en alta estima, porque por medio de él le había dado Jehová salvamento á la Siria. Era este hombre valeroso en extremo, pero leproso.

2 Y de Siria habían salido cuadrillas, y habían llevado cautiva de la tierra de Israel una muchacha; la cual sirviendo á la mujer de Naamán,

3 Dijo á su señora: Si rogase mi señor al profeta que está en Samaria, él lo sanaría de su lepra.

4 Y entrando Naamán á su señor, declaróselo, diciendo: Así y así ha dicho una muchacha que es de la tierra de Israel.

5 Y díjole el rey de Siria: Anda, ve, y yo enviaré letras al rey de Israel. Partió pues él, llevando consigo diez talentos de plata, y seis mil piezas de oro, y diez mudas de vestidos.

6 Tomó también letras para el rey de Israel, que decían así: Luego en llegando á ti estas letras, sabe por ellas que yo envío á ti mi siervo Naamán, para que lo sanes de su lepra.

7 Y luego que el rey de Israel leyó las cartas, rasgó sus vestidos, y dijo: ¿Soy yo Dios, que mate y dé vida, para que éste envíe á mí á que sane un hombre de su lepra? Considerad ahora, y ved cómo busca ocasión contra mí.

8 Y como Eliseo, varón de Dios oyó que el rey de Israel había rasgado sus vestidos, envió á decir al rey: ¿Por qué has rasgado tus vestidos? Venga ahora á mí, y sabrá que hay profeta en Israel.

9 Y vino Naamán con sus caballos y con su carro, y paróse á las puertas de la casa de Eliseo.

10 Entonces Eliseo le envió un mensajero, diciendo: Ve, y lávate siete veces en el Jordán, y tu carne se te restaurará, y serás limpio.

11 Y Naamán se fué enojado, diciendo: He aquí yo decía para mí: Saldrá él luego, y estando en pie invocará el nombre de Jehová su Dios, y alzará su mano, y tocará el lugar, y sanará la lepra.

12 Abana y Pharphar, ríos de Damasco, ¿no son mejores que todas las aguas de Israel? Si me lavare en ellos, ¿no seré también limpio? Y volvióse, y fuése enojado.

13 Mas sus criados se llegaron á él, y habláronle, diciendo: Padre mío, si el profeta te mandara alguna gran cosa, ¿no la hicieras? ¿cuánto más, diciéndote: Lávate, y serás limpio?

14 El entonces descendió, y zambullóse siete veces en el Jordán, conforme á la palabra del varón de Dios: y su carne se volvió como la carne de un niño, y fué limpio.

15 Y volvió al varón de Dios, él y toda su compañía, y púsose delante de él, y dijo: He aquí ahora conozco que no hay Dios en toda la tierra, sino en Israel. Ruégote que recibas algún presente de tu siervo.

16 Mas él dijo: Vive Jehová, delante del cual estoy, que no lo tomaré. E importunándole que tomase, él nunca quiso.

17 Entonces Naamán dijo: Ruégote pues, ¿no se dará á tu siervo una carga de un par de acémilas de aquesta tierra? porque de aquí adelante tu siervo no sacrificará holocausto ni sacrificio á otros dioses, sino á Jehová.

18 En esto perdone Jehová á tu siervo: que cuando mi señor entrare en el templo de Rimmón, y para adorar en él se apoyare sobre mi mano, si yo también me inclinare en el templo de Rimmón, si en el templo de Rimmón me inclino, Jehová perdone en esto á tu siervo.

19 Y él le dijo: Vete en paz. Partióse pues de él, y caminó como el espacio de una milla.

20 Entonces Giezi, criado de Eliseo el varón de Dios, dijo entre sí: He aquí mi señor estorbó á este Siro Naamán, no tomando de su mano las cosas que había traído. Vive Jehová, que correré yo tras él, y tomaré de él alguna cosa.

21 Y siguió Giezi á Naamán: y como le vió Naamán que venía corriendo tras él, apeóse del carro para recibirle, y dijo: ¿Va bien?

22 Y él dijo: Bien. Mi señor me envía á decir: He aquí vinieron á mí en esta hora del monte de Ephraim dos mancebos de los hijos de los profetas: ruégote que les des un talento de plata, y sendas mudas de vestidos.

23 Y Naamán dijo: Ruégote que tomes dos talentos. Y él le constriñó, y ató dos talentos de plata en dos sacos, y dos mudas de vestidos, y púsolo á cuestas á dos de sus criados, que le llevasen delante de él.

24 Y llegado que hubo á un lugar secreto, él lo tomó de mano de ellos, y guardólo en casa: luego mandó á los hombres que se fuesen.

25 Y él entró, y púsose delante de su señor. Y Eliseo le dijo: ¿De dónde vienes, Giezi? Y él dijo: Tu siervo no ha ido á ninguna parte.

26 El entonces le dijo: ¿No fué también mi corazón, cuando el hombre volvió de su carro á recibirte? ¿es tiempo de tomar plata, y de tomar vestidos, olivares, viñas, ovejas, bueyes, siervos y siervas?

27 Y la lepra de Naamán se te pegará á ti, y á tu simiente para siempre. Y salió de delante de él leproso, blanco como la nieve.

6 Los hijos de los profetas dijeron á Eliseo: He aquí, el lugar en que moramos contigo nos es estrecho.

2 Vamos ahora al Jordán, y tomemos de allí cada uno una viga, y hagámonos allí lugar en que habitemos. Y él dijo: Andad.

3 Y dijo uno: Rogámoste que quieras venir con tus siervos. Y él respondió: Yo iré.

4 Fuése pues con ellos; y como llegaron al Jordán, cortaron la madera.

5 Y aconteció que derribando uno un árbol, cayósele el hacha en el agua; y dió voces, diciendo: ¡Ah, señor mío, que era emprestada!

6 Y el varón de Dios dijo: ¿Dónde cayó? Y él le mostró el lugar. Entonces cortó él un palo, y echólo allí; é hizo nadar el hierro.

7 Y dijo: Tómalo. Y él tendió la mano, y tomólo.

8 Tenía el rey de Siria guerra contra Israel, y consultando con sus siervos, dijo: En tal y tal lugar estará mi campamento.

9 Y el varón de Dios envió á decir al rey de Israel: Mira que no pases por tal lugar, porque los Siros van allí.

10 Entonces el rey de Israel envió á aquel lugar que el varón de Dios había dicho y amonestádole; y guardóse de allí, no una vez ni dos.

11 Y el corazón del rey de Siria fué turbado de esto; y llamando á sus siervos, díjoles: ¿No me declararéis vosotros quién de los nuestros es del rey de Israel?

12 Entonces uno de los siervos dijo: No, rey, señor mío; sino que el profeta Eliseo está en Israel, el cual declara al rey de Israel las palabras que tú hablas en tu más secreta cámara.

13 Y él dijo: Id, y mirad dónde está, para que yo envíe á tomarlo. Y fuéle dicho: He aquí él está en Dothán.

14 Entonces envió el rey allá gente de á caballo, y carros, y un grande ejército, los cuales vinieron de noche, y cercaron la ciudad.

15 Y levantándose de mañana el que servía al varón de Dios, para salir, he aquí el ejército que tenía cercada la ciudad, con gente de á caballo y carros. Entonces su criado le dijo: ¡Ah, señor mío! ¿qué haremos?

16 Y él le dijo: No hayas miedo: porque más son los que están con nosotros que los que están con ellos.

17 Y oró Eliseo, y dijo: Ruégote, oh Jehová, que abras sus ojos para que vea. Entonces Jehová abrió los ojos del mozo, y miró: y he aquí que el monte estaba lleno de gente de á caballo, y de carros de fuego alrededor de Eliseo.

18 Y luego que los Siros descendieron á él, oró Eliseo á Jehová, y dijo: Ruégote que hieras á esta gente con ceguedad. E hiriólos con ceguedad, conforme al dicho de Eliseo.

19 Después les dijo Eliseo: No es este el camino, ni es esta la ciudad; seguidme, que yo os guiaré al hombre que buscáis. Y guiólos á Samaria.

20 Y así que llegaron á Samaria, dijo Eliseo: Jehová, abre los ojos de éstos, para que vean. Y Jehová abrió sus ojos, y miraron, y halláronse en medio de Samaria.

21 Y cuando el rey de Israel los hubo visto, dijo á Eliseo: ¿Herirélos, padre mío?

22 Y él le respondió: No los hieras; ¿herirías tú á los que tomaste cautivos con tu espada y con tu arco? Pon delante de ellos pan y agua, para que coman y beban, y se vuelvan á sus señores.

23 Entonces les fué aparejada grande comida: y como hubieron comido y bebido, enviólos, y ellos se volvieron á su señor. Y nunca más vinieron cuadrillas de Siria á la tierra de Israel.

24 Después de esto aconteció, que Ben-adad rey de Siria juntó todo su ejército, y subió, y puso cerco á Samaria.

25 Y hubo grande hambre en Samaria, teniendo ellos cerco sobre ella; tanto, que la cabeza de un asno era vendida por ochenta piezas de plata, y la cuarta de un cabo de estiércol de palomas por cinco piezas de plata.

26 Y pasando el rey de Israel por el muro, una mujer le dió voces, y dijo: Salva, rey señor mío.

27 Y él dijo: Si no te salva Jehová, ¿de dónde te tengo de salvar yo? ¿del alfolí, ó del lagar?

28 Y díjole el rey: ¿Qué tienes? Y ella respondió: Esta mujer me dijo: Da acá tu hijo, y comámoslo hoy, y mañana comeremos el mío.

29 Cocimos pues mi hijo, y le comimos. El día siguiente yo le dije: Da acá tu hijo, y comámoslo. Mas ella ha escondido su hijo.

30 Y como el rey oyó las palabras de aquella mujer, rasgó sus vestidos, y pasó así por el muro: y llegó á ver el pueblo el saco que traía interiormente sobre su carne.

31 Y él dijo: Así me haga Dios, y así me añada, si la çabeza de Eliseo hijo de Saphat quedare sobre él hoy.

32 Estaba á la sazón Eliseo sentado en su casa, y con él estaban sentados los ancianos: y el rey envió á él un hombre. Mas antes que el mensajero viniese á él, dijo él á los ancianos: ¿No habéis visto como este hijo del homicida me envía á quitar la cabeza? Mirad pues, y cuando viniere el mensajero, cerrad la puerta, é impedidle la entrada: ¿no viene tras él el ruido de los pies de su amo?

33 Aun estaba él hablando con ellos, y he aquí el mensajero que descendía á él; y dijo: Ciertamente este mal de Jehová viene. ¿Para qué tengo de esperar más á Jehová?

7 Dijo entonces Eliseo: Oid palabra de Jehová: Así dijo Jehová: Mañana á estas horas valdrá el seah de flor de harina un siclo, y dos seah de cebada un siclo, á la puerta de Samaria.

2 Y un príncipe sobre cuya mano el rey se apoyaba, respondió al varón de Dios, y dijo: Si Jehová hiciese ahora ventanas en el cielo, ¿sería esto así? Y él dijo: He aquí tú lo verás con tus ojos, mas no comerás de ello.

3 Y había cuatro hombres leprosos á la entrada de la puerta, los cuales dijeron el uno al otro: ¿Para qué nos estamos aquí hasta que muramos?

4 Si tratáremos de entrar en la ciudad, por el hambre que hay en la ciudad moriremos en ella; y si nos quedamos aquí, también moriremos. Vamos pues ahora, y pasémonos al ejército de los Siros: si ellos nos dieren la vida, viviremos; y si nos dieren la muerte, moriremos.

5 Levantáronse pues en el principio de la noche, para irse al campo de los Siros; y llegando á las primeras estancias de los Siros, no había allí hombre.

6 Porque el Señor había hecho que en el campo de los Siros se oyese estruendo de carros, ruido de caballos, y estrépito de grande ejército; y dijéronse los unos á los otros: He aquí el rey de Israel ha pagado contra nosotros á los reyes de los Heteos, y á los reyes de los Egipcios, para que vengan contra nosotros.

7 Y así se habían levantado y huído al principio de la noche, dejando sus tiendas, sus caballos, sus asnos, y el campo como se estaba; y habían huído por salvar las vidas.

8 Y como los leprosos llegaron á las primeras estancias, entráronse en una tienda, y comieron y bebieron, y tomaron de allí plata, y oro, y vestido, y fueron, y escondiéronlo: y vueltos, entraron en otra tienda, y de allí también tomaron, y fueron, y escondieron.

9 Y dijéronse el uno al otro: No hacemos bien: hoy es día de buena nueva, y nosotros callamos: y si esperamos hasta la luz de la mañana, nos alcanzará la maldad. Vamos pues ahora, entremos, y demos la nueva en casa del rey.

10 Y vinieron, y dieron voces á los guardas de la puerta de la ciudad, y declaráronles, diciendo: Nosotros fuimos al campo de los Siros, y he aquí que no había allí hombre, ni voz de hombre, sino caballos atados, asnos también atados, y el campo como se estaba.

11 Y los porteros dieron voces, y declaráronlo dentro, en el palacio del rey.

12 Y levantóse el rey de noche, y dijo á sus siervos: Yo os declararé lo que nos han hecho los Siros. Ellos saben que tenemos hambre, y hanse salido de las tiendas y escondídose en el campo, diciendo: Cuando hubieren salido de la ciudad, los tomaremos vivos, y entraremos en la ciudad.

13 Entonces respondió uno de sus siervos, y dijo: Tomen ahora cinco de los caballos que han quedado en la ciudad, (porque ellos también son como toda la multitud de Israel que ha quedado en ella; también ellos son como toda la multitud de Israel que ha perecido;) y enviemos, y veamos qué hay.

14 Tomaron pues dos caballos de un carro, y envió el rey tras el campo de los Siros, diciendo: Id, y ved.

15 Y ellos fueron, y siguiéronlos hasta el Jordán: y he aquí, todo el camino estaba lleno de vestidos y enseres que los Siros habían arrojado con la premura. Y volvieron los mensajeros, é hiciéronlo saber al rey.

16 Entonces el pueblo salió, y saquearon el campo de los Siros. Y fué vendido un seah de flor de harina por un siclo, y dos seah de cebada por un siclo, conforme á la palabra de Jehová.

17 Y el rey puso á la puerta á aquel príncipe sobre cuya mano él se apoyaba: y atropellóle el pueblo á la entrada, y murió, conforme á lo que había dicho el varón de Dios, lo que habló cuando el rey descendió á él.

18 Aconteció pues de la manera que el varón de Dios había hablado al rey, diciendo: Dos seah de cebada por un siclo, y el seah de flor de harina será vendido por un siclo mañana á estas horas, á la puerta de Samaria.

19 A lo cual aquel príncipe había respondido al varón de Dios, diciendo: Aunque Jehová hiciese ventanas en el cielo, ¿pudiera ser eso? Y él dijo: He aquí tú lo verás con tus ojos, mas no comerás de ello.

20 Y vínole así; porque el pueblo le atropelló á la entrada, y murió.

8 Y habló Eliseo á aquella mujer á cuyo hijo había hecho vivir, diciendo: Levántate, vete tú y toda tu casa á vivir donde pudieres; porque Jehová ha llamado el hambre, la cual vendrá también sobre la tierra siete años.

2 Entonces la mujer se levantó, é hizo como el varón de Dios le dijo: y partióse ella con su familia, y vivió en tierra de los Filisteos siete años.

3 Y como fueron pasados los siete años, la mujer volvió de la tierra de los Filisteos: después salió para clamar al rey por su casa, y por sus tierras.

4 Y había el rey hablado con Giezi, criado del varón de Dios, diciéndole: Ruégote que me cuentes todas las maravillas que ha hecho Eliseo.

5 Y contando él al rey cómo había hecho vivir á un muerto, he aquí la mujer, á cuyo hijo había hecho vivir, que clamaba al rey por su casa y por sus tierras. Entonces dijo Giezi: Rey señor mío, esta es la mujer, y este es su hijo, al cual Eliseo hizo vivir.

6 Y preguntando el rey á la mujer, ella se lo contó. Entonces el rey le dió un eunuco, diciéndole: Hazle volver todas las cosas que eran suyas, y todos los frutos de la tierras desde el día que dejó el país hasta ahora.

7 Eliseo se fué luego á Damasco, y Ben-adad rey de Siria estaba enfermo, al cual dieron aviso, diciendo: El varón de Dios ha venido aquí.

8 Y el rey dijo á Hazael: Toma en tu mano un presente, y ve á recibir al varón de Dios, y consulta por él á Jehová, diciendo: ¿Tengo de sanar de esta enfermedad?

9 Tomó pues Hazael en su mano un presente de todos los bienes de Damasco, cuarenta camellos cargados, y salióle á recibir: y llegó, y púsose delante de él, y dijo: Tu hijo Ben-adad, rey de Siria, me ha enviado á ti, diciendo: ¿Tengo de sanar de esta enfermedad?

10 Y Eliseo le dijo: Ve, dile: Seguramente vivirás. Empero Jehová me ha mostrado que él ha de morir ciertamente.

11 Y el varón de Dios le volvió el rostro afirmadamente, y estúvose así una gran pieza; y lloró el varón de Dios.

12 Entonces díjole Hazael: ¿Por qué llora mi señor? Y él respondió: Porque sé el mal que has de hacer á los hijos de Israel: á sus fortalezas pegarás fuego, y á sus mancebos matarás á cuchillo, y estrellarás á sus niños, y abrirás á sus preñadas.

13 Y Hazael dijo: ¿Por qué? ¿es tu siervo perro, que hará esta gran cosa? Y respondió Eliseo: Jehová me ha mostrado que tú has de ser rey de Siria.

14 Y él se partió de Eliseo, y vino á su señor, el cual le dijo: ¿Qué te ha dicho Eliseo? Y él respondió: Díjome que seguramente vivirás.

15 El día siguiente tomó un paño basto, y metiólo en agua, y tendiólo sobre el rostro de Ben-adad, y murió: y reinó Hazael en su lugar.

16 En el quinto año de Joram hijo de Achâb rey de Israel, y siendo Josaphat rey de Judá, comenzó á reinar Joram hijo de Josaphat rey de Judá.

17 De treinta y dos años era cuando comenzó á reinar, y ocho años reinó en Jerusalem.

18 Y anduvo en el camino de los reyes de Israel, como hizo la casa de Achâb, porque una hija de Achâb fué su mujer; é hizo lo malo en ojos de Jehová.

19 Con todo eso, Jehová no quiso cortar á Judá, por amor de David su siervo, como le había prometido darle lámpara á sus hijos perpetuamente.

20 En su tiempo se rebeló Edom de debajo de la mano de Judá, y pusieron rey sobre sí.

21 Joram por tanto pasó á Seir, y todos sus carros con él: y levantándose de noche hirió á los Idumeos, los cuales le habían cercado, y á los capitanes de los carros: y el pueblo huyó á sus estancias.

22 Sustrájose no obstante Edom de bajo la mano de Judá, hasta hoy. Rebelóse además Libna en el mismo tiempo.

23 Lo demás de los hechos de Joram, y todas las cosas que hizo, ¿no está escrito en el libro de las crónicas de los reyes de Judá?

24 Y durmió Joram con sus padres, y fué sepultado con sus padres en la ciudad de David: y reinó en lugar suyo Ochôzías, su hijo.

25 En el año doce de Joram hijo de Achâb rey de Israel, comenzó á reinar Ochôzías hijo de Joram rey de Judá.

26 De veintidós años era Ochôzías cuando comenzó á reinar, y reinó un año en Jerusalem. El nombre de su madre fué Athalía hija de Omri rey de Israel.

27 Y anduvo en el camino de la casa de Achâb, é hizo lo malo en ojos de Jehová, como la casa de Achâb: porque era yerno de la casa de Achâb.

28 Y fué á la guerra con Joram hijo de Achâb á Ramoth de Galaad, contra Hazael rey de Siria; y los Siros hirieron á Joram.

29 Y el rey Joram se volvió á Jezreel, para curarse de las heridas que los Siros le hicieron delante de Ramoth, cuando peleó contra Hazael rey de Siria. Y descendió Ochôzías hijo de Joram rey de Judá, á visitar á Joram hijo de Achâb en Jezreel, porque estaba enfermo.

9 Entonces el profeta Eliseo llamó á uno de los hijos de los profetas, y díjole: Ciñe tus lomos, y toma esta alcuza de aceite en tu mano, y ve á Ramoth de Galaad.

2 Y cuando llegares allá, verás allí á Jehú hijo de Josaphat hijo de Nimsi; y entrando, haz que se levante de entre sus hermanos, y mételo en la recámara.

3 Toma luego la alcuza de aceite, y derrámala sobre su cabeza, y di: Así dijo Jehová: Yo te he ungido por rey sobre Israel. Y abriendo la puerta, echa á huir, y no esperes.

4 Fué pues el mozo, el mozo del profeta, á Ramoth de Galaad.

5 Y como él entró, he aquí los príncipes del ejército que estaban sentados. Y él dijo: Príncipe, una palabra tengo que decirte. Y Jehú dijo: ¿A cuál de todos nosotros? Y él dijo: A ti príncipe.

6 Y él se levantó, y entróse en casa; y el otro derramó el aceite sobre su cabeza, y díjole: Así dijo Jehová Dios de Israel: Yo te he ungido por rey sobre el pueblo de Jehová, sobre Israel.

7 Y herirás la casa de Achâb tu señor, para que yo vengue la sangre de mis siervos los profetas, y la sangre de todos los siervos de Jehová, de la mano de Jezabel.

8 Y perecerá toda la casa de Achâb, y talaré de Achâb todo meante á la pared, así al guardado como al desamparado en Israel.

9 Y yo pondré la casa de Achâb como la casa de Jeroboam hijo de Nabat, y como la casa de Baasa hijo de Ahía.

10 Y á Jezabel comerán perros en el campo de Jezreel, y no habrá quien la sepulte. En seguida abrió la puerta, y echó á huir.

11 Después salió Jehú á los siervos de su señor, y dijéronle: ¿Hay paz? ¿para qué entró á ti aquel loco? Y él les dijo: Vosotros conocéis al hombre y sus palabras.

12 Y ellos dijeron: Mentira; declaranoslo ahora. Y él dijo: Así y así me habló, diciendo: Así ha dicho Jehová: Yo te he ungido por rey sobre Israel.

13 Entonces tomaron prestamente su ropa, y púsola cada uno debajo de él en un trono alto, y tocaron corneta, y dijeron: Jehú es rey.

14 Así conjuró Jehú hijo de Josaphat hijo de Nimsi, contra Joram. (Estaba Joram guardando á Ramoth de Galaad con todo Israel, por causa de Hazael rey de Siria.

15 Habíase empero vuelto el rey Joram á Jezreel, para curarse de las heridas que los Siros le habían hecho, peleando contra Hazael rey de Siria.) Y Jehú dijo: Si es vuestra voluntad, ninguno escape de la ciudad, para ir á dar las nuevas en Jezreel.

16 Entonces Jehú cabalgó, y fuése á Jezreel, porque Joram estaba allí enfermo. También Ochôzías rey de Judá había descendido á visitar á Joram.

17 Y el atalaya que estaba en la torre de Jezreel, vió la cuadrilla de Jehú, que venía, y dijo: Yo veo una cuadrilla. Y Joram dijo: Toma uno de á caballo, y envía á reconocerlos, y que les diga: ¿Hay paz?

18 Fué pues el de á caballo á reconocerlos, y dijo: El rey dice así: ¿Hay paz? Y Jehú le dijo: ¿Qué tienes tú que ver con la paz? vuélvete tras mí. El atalaya dió luego aviso, diciendo: El mensajero llegó hasta ellos, y no vuelve.

9 Entonces envió otro de á caballo, el cual llegando á ellos, dijo: El rey dice así: ¿Hay paz? Y Jehú respondió: ¿Qué tienes tú que ver con la paz? vuélvete tras mí.

20 El atalaya volvió á decir: También éste llegó á ellos y no vuelve: mas el marchar del que viene es como el marchar de Jehú hijo de Nimsi, porque viene impetuosamente.

21 Entonces Joram dijo: Unce. Y uncido que fué su carro, salió Joram rey de Israel, y Ochôzías rey de Judá, cada uno en su carro, y salieron á encontrar á Jehú, al cual hallaron en la heredad de Naboth de Jezreel.

22 Y en viendo Joram á Jehú, dijo: ¿Hay paz, Jehú? Y él respondió: ¿Qué paz, con las fornicaciones de Jezabel tu madre, y sus muchas hechicerías?

23 Entonces Joram volviendo la mano huyó, y dijo á Ochôzías: ¡Traición, Ochôzías!

24 Mas Jehú flechó su arco, é hirió á Joram entre las espaldas, y la saeta salió por su corazón, y cayó en su carro.

25 Dijo luego Jehú á Bidkar su capitán: Tómalo y échalo á un cabo de la heredad de Naboth de Jezreel. Acuérdate que cuando tú y yo íbamos juntos con la gente de Achâb su padre, Jehová pronunció esta sentencia sobre él, diciendo:

26 Que yo he visto ayer las sangres de Naboth, y las sangres de sus hijos, dijo Jehová; y tengo de darte la paga en esta heredad, dijo Jehová. Tómale pues ahora, y échalo en la heredad, conforme á la palabra de Jehová.

27 Y viendo esto Ochôzías rey de Judá, huyó por el camino de la casa del huerto. Y siguiólo Jehú, diciendo: Herid también á éste en el carro. Y le hirieron á la subida de Gur, junto á Ibleam. Y él huyó á Megiddo, y murió allí.

28 Y sus siervos le llevaron en un carro á Jerusalem, y allá le sepultaron con sus padres, en su sepulcro en la ciudad de David.

29 En el undécimo año de Joram hijo de Achâb, comenzó á reinar Ochôzías sobre Judá.

30 Vino después Jehú á Jezreel: y como Jezabel lo oyó, adornó sus ojos con alcohol, y atavió su cabeza, y asomóse á una ventana.

31 Y como entraba Jehú por la puerta, ella dijo: ¿Sucedió bien á Zimri, que mató á su señor?

32 Alzando él entonces su rostro hacia la ventana, dijo: ¿Quién es conmigo? ¿quién? Y miraron hacia él dos ó tres eunucos.

33 Y él les dijo: Echadla abajo. Y ellos la echaron; y parte de su sangre fué salpicada en la pared, y en los caballos; y él la atropelló.

34 Entró luego, y después que comió y bebió, dijo: Id ahora á ver aquella maldita, y sepultadla; que es hija de rey.

35 Empero cuando fueron para sepultarla, no hallaron de ella más que la calavera, y los pies, y las palmas de las manos.

36 Y volvieron, y dijéronselo. Y él dijo: La palabra de Dios es ésta, la cual él habló por mano de su siervo Elías Thisbita, diciendo: En la heredad de Jezreel comerán los perros las carnes de Jezabel.

37 Y el cuerpo de Jezabel fué cual estiércol sobre la faz de la tierra en la heredad de Jezreel; de manera que nadie pueda decir: Esta es Jezabel.

10 Y tenía Achâb en Samaria setenta hijos; y escribió letras Jehú, y enviólas á Samaria á los principales de Jezreel, á los ancianos y á los ayos de Achâb, diciendo:

2 Luego en llegando estas letras á vosotros los que tenéis los hijos de vuestro señor, y los que tenéis carros y gente de á caballo, la ciudad pertrechada, y las armas,

3 Mirad cuál sea y él más recto de los hijos de vuestro señor, y ponedlo en el trono de su padre, y pelead por la casa de vuestro señor.

4 Mas ellos tuvieron gran temor, y dijeron: He aquí dos reyes no pudieron resistirle, ¿cómo le resistiremos nosotros?

5 Y el mayordomo, y el presidente de la ciudad, y los ancianos, y los ayos, enviaron á decir á Jehú: Siervos tuyos somos, y haremos todo lo que nos mandares: no elegiremos por rey á ninguno; tú harás lo que bien te pareciere.

6 El entonces les escribió la segunda vez diciendo: Si sois míos, y queréis obedecerme, tomad las cabezas de los varones hijos de vuestro señor, y venid mañana á estas horas á mí á Jezreel. Y los hijos del rey, setenta varones, estaban con los principales de la ciudad, que los criaban.

7 Y como las letras llegaron á ellos, tomaron á los hijos del rey, y degollaron setenta varones, y pusieron sus cabezas en canastillos, y enviáronselas á Jezreel.

8 Y vino un mensajero que le dió las nuevas, diciendo: Traído han las cabezas de los hijos del rey. Y él le dijo: Ponedlas en dos montones á la entrada de la puerta hasta la mañana.

9 Venida la mañana, salió él, y estando en pie dijo á todo el pueblo: Vosotros sois justos: he aquí yo he conspirado contra mi señor, y le he muerto: ¿mas quién ha muerto á todos estos?

10 Sabed ahora que de la palabra de Jehová que habló sobre la casa de Achâb, nada caerá en tierra: y que Jehová ha hecho lo que dijo por su siervo Elías.

11 Mató entonces Jehú á todos los que habían quedado de la casa de Achâb en Jezreel, y á todos sus príncipes, y á todos sus familiares, y á sus sacerdotes, que no le quedó ninguno.

12 Y levantóse de allí, y vino á Samaria; y llegando él en el camino á una casa de esquileo de pastores,

13 Halló allí á los hermanos de Ochôzías rey de Judá, y díjoles: ¿Quién sois vosotros? Y ellos dijeron: Somos hermanos de Ochôzías, y hemos venido á saludar á los hijos del rey, y á los hijos de la reina.

14 Entonces él dijo: Prendedlos vivos. Y después que los tomaron vivos, degolláronlos junto al pozo de la casa de esquileo, cuarenta y dos varones, sin dejar ninguno de ellos.

15 Partiéndose luego de allí encontróse con Jonadab hijo de Rechâb; y después que lo hubo saludado, díjole: ¿Es recto tu corazón, como el mío es recto con el tuyo? Y Jonadab dijo: Lo es. Pues que lo es, dame la mano. Y él le dió su mano. Hízolo luego subir consigo en el carro.

16 Y díjole: Ven conmigo, y verás mi celo por Jehová. Pusiéronlo pues en su carro.

17 Y luego que hubo Jehú llegado á Samaria, mató á todos los que habían quedado de Achâb en Samaria, hasta extirparlos, conforme á la palabra de Jehová, que había hablado por Elías.

18 Y juntó Jehú todo el pueblo, y díjoles: Achâb sirvió poco á Baal; mas Jehú le servirá mucho.

19 Llamadme pues luego á todos los profetas de Baal, á todos sus siervos, y á todos sus sacerdotes; que no falte uno, porque tengo un gran sacrificio para Baal; cualquiera que faltare, no vivirá. Esto hacía Jehú con astucia, para destruir á los que honraban á Baal.

20 Y dijo Jehú: Santificad un día solemne á Baal. Y ellos convocaron.

21 Y envió Jehú por todo Israel, y vinieron todos los siervos de Baal, que no faltó ninguno que no viniese. Y entraron en el templo de Baal, y el templo de Baal se llenó de cabo á cabo.

22 Entonces dijo al que tenía el cargo de las vestiduras: Saca vestiduras para todos los siervos de Baal. Y él les sacó vestimentas.

23 Y entró Jehú con Jonadab hijo de Rechâb en el templo de Baal, y dijo á los siervos de Baal: Mirad y ved que por dicha no haya aquí entre vosotros alguno de los siervos de Jehová, sino solos los siervos de Baal.

24 Y como ellos entraron para hacer sacrificios y holocaustos, Jehú puso fuera ochenta hombres, y díjoles: Cualquiera que dejare vivo alguno de aquellos hombres que yo he puesto en vuestras manos, su vida será por la del otro.

25 Y después que acabaron ellos de hacer el holocausto, Jehú dijo á los de su guardia y á los capitanes: Entrad, y matadlos; que no escape ninguno. Y los hirieron á cuchillo: y dejáronlos tendidos los de la guardia y los capitanes, y fueron hasta la ciudad del templo de Baal.

26 Y sacaron las estatuas de la casa de Baal, y quemáronlas.

27 Y quebraron la estatua de Baal, y derribaron la casa de Baal, é hiciéronla necesaria, hasta hoy.

28 Así extinguió Jehú á Baal de Israel.

29 Con todo eso Jehú no se apartó de los pecados de Jeroboam hijo de Nabat, que hizo pecar á Israel; á saber, de en pos de los becerros de oro que estaban en Beth-el y en Dan.

30 Y Jehová dijo á Jehú: Por cuanto has hecho bien ejecutando lo recto delante de mis ojos, é hiciste á la casa de Achâb conforme á todo lo que estaba en mi corazón, tus hijos se sentarán en el trono de Israel hasta la cuarta generación.

31 Mas Jehú no cuidó de andar en la ley de Jehová Dios de Israel con todo su corazón, ni se apartó de los pecados de Jeroboam, el que había hecho pecar á Israel.

32 En aquellos días comenzó Jehová á talar en Israel: é hiriólos Hazael por todos los términos de Israel,

33 Desde el Jordán al nacimiento del sol, toda la tierra de Galaad, de Gad, de Rubén, y de Manasés, desde Aroer que está junto al arroyo de Arnón, á Galaad y á Basán.

34 Lo demás de los hechos de Jehú, y todas las cosas que hizo, y toda su valentía, ¿no está escrito en el libro de las crónicas de los reyes de Israel?

35 Y durmió Jehú con sus padres, y sepultáronle en Samaria: y reinó en su lugar Joacház su hijo.

36 El tiempo que reinó Jehú sobre Israel en Samaria, fué veinticocho años.

11 Y Athalía madre de Ochôzías, viendo que su hijo era muerto, levantóse, y destruyó toda la simiente real.

2 Pero tomando Josaba hija del rey Joram, hermana de Ochôzías, á Joas hijo de Ochôzías, sacólo furtivamente de entre los hijos del rey, que se mataban, y ocultólo de delante de Athalía, á él y á su ama, en la cámara de las camas, y así no lo mataron.

3 Y estuvo con ella escondido en la casa de Jehová seis años: y Athalía fué reina sobre el país.

4 Mas al séptimo año envió Joiada, y tomó centuriones, capitanes, y gente de la guardia, y metiólos consigo en la casa de Jehová: é hizo con ellos liga, juramentándolos en la casa de Jehová; y mostróles al hijo del rey.

5 Y mandóles, diciendo: Esto es lo que habéis de hacer: la tercera parte de vosotros, los que entrarán el sábado, tendrán la guardia de la casa del rey;

6 Y la otra tercera parte estará á la puerta del sur, y la otra tercera parte á la puerta del postigo de los de la guardia: así guardaréis la casa, para que no sea allanada.

7 Y las dos partes de vosotros, es á saber, todos los que salen el sábado, tendréis la guarda de la casa de Jehová junto al rey.

8 Y estaréis alrededor del rey de todas partes, teniendo cada uno sus armas en las manos, y cualquiera que entrare dentro de estos órdenes, sea muerto. Y habéis de estar con el rey cuando saliere, y cuando entrare.

9 Los centuriones pues, hicieron todo como el sacerdote Joiada les mandó: y tomando cada uno los suyos, es á saber, los que habían de entrar el sábado, y los que habían salido el sábado, viniéronse á Joiada el sacerdote.

10 Y el sacerdote dió á los centuriones las picas y los escudos que habían sido del rey David, que estaban en la casa de Jehová.

11 Y los de la guardia se pusieron en orden, teniendo cada uno sus armas en sus manos, desde el lado derecho de la casa hasta el lado izquierdo, junto al altar y el templo, en derredor del rey.

12 Sacando luego Joiada al hijo del rey, púsole la corona y el testimonio, é hiciéronle rey ungiéndole; y batiendo las manos dijeron: ¡Viva el rey!

13 Y oyendo Athalía el estruendo del pueblo que corría, entró al pueblo en el templo de Jehová;

14 Y como miró, he aquí el rey que estaba junto á la columna, conforme á la costumbre, y los príncipes y los trompetas junto al rey; y que todo el pueblo del país hacía alegrías, y que tocaban las trompetas. Entonces Athalía, rasgando sus vestidos, clamó á voz en grito: ¡Traición, traición!

15 Mas el sacerdote Joiada mandó á los centuriones que gobernaban el ejército, y díjoles: Sacadla fuera del recinto del templo, y al que la siguiere, matadlo á cuchillo. (Porque el sacerdote dijo que no la matasen en el templo de Jehová.)

16 Diéronle pues lugar, y como iba el camino por donde entran los de á caballo á la casa del rey, allí la mataron.

17 Entonces Joiada hizo alianza entre Jehová y el rey y el pueblo, que serían pueblo de Jehová: y asimismo entre el rey y el pueblo.

18 Y todo el pueblo de la tierra entró en el templo de Baal, y derribáronlo: asimismo despedazaron enteramente sus altares y sus imágenes, y mataron á Mathán sacerdote de Baal delante de los altares. Y el sacerdote puso guarnición sobre la casa de Jehová.

19 Después tomó los centuriones, y capitanes, y los de la guardia, y á todo el pueblo de la tierra, y llevaron al rey desde la casa de Jehová, y vinieron por el camino de la puerta de los de la guardia á la casa del rey; y sentóse el rey sobre el trono de los reyes.

20 Y todo el pueblo de la tierra hizo alegrías, y la ciudad estuvo en reposo, habiendo sido Athalía muerta á cuchillo junto á la casa del rey.

21 Era Joas de siete años cuando comenzó á reinar.

12 En el séptimo año de Jehú comenzó á reinar Joas, y reinó cuarenta años en Jerusalem. El nombre de su madre fué Sibia, de Beer-seba.

2 Y Joas hizo lo recto en ojos de Jehová todo el tiempo que le dirigió el sacerdote Joiada.

3 Con todo eso los altos no se quitaron; que aún sacrificaba y quemaba el pueblo perfumes en los altos.

4 Y Joas dijo á los sacerdotes: Todo el dinero de las santificaciones que se suele traer á la casa de Jehová, el dinero de los que pasan en cuenta, el dinero por las personas, cada cual según su tasa, y todo el dinero que cada uno de su propia voluntad mete en la casa de Jehová,

5 Recíbanlo los sacerdotes, cada uno de sus familiares, y reparen los portillos del templo donde quiera que se hallare abertura.

6 Pero el año veintitrés del rey Joas, no habían aún reparado los sacerdotes las aberturas del templo.

7 Llamando entonces el rey Joas al pontífice Joiada y á los sacerdotes, díjoles: ¿Por qué no reparáis las aberturas del templo? Ahora pues, no toméis más el dinero de vuestros familiares, sino dadlo para reparar las roturas del templo.

8 Y los sacerdotes consintieron en no tomar más dinero del pueblo, ni tener cargo de reparar las aberturas del templo.

9 Mas el pontífice Joiada tomó un arca, é hízole en la tapa un agujero, y púsola junto al altar, á la mano derecha como se entra en el templo de Jehová; y los sacerdotes que guardaban la puerta, ponían allí todo el dinero que se metía en la casa de Jehová.

10 Y cuando veían que había mucho dinero en el arca, venía el notario del rey y el gran sacerdote, y contaban el dinero que hallaban en el templo de Jehová, y guardábanlo.

11 Y daban el dinero suficiente en mano de los que hacían la obra, y de los que tenían el cargo de la casa de Jehová; y ellos lo expendían en pagar los carpinteros y maestros que reparaban la casa de Jehová,

12 Y los albañiles y canteros; y en comprar la madera y piedra de cantería para reparar las aberturas de la casa de Jehová; y en todo lo que se gastaba en la casa para repararla.

13 Mas de aquel dinero que se traía á la casa de Jehová, no se hacían tazas de plata, ni salterios, ni jofainas, ni trompetas; ni ningún otro vaso de oro ni de plata se hacía para el templo de Jehová:

14 Porque lo daban á los que hacían la obra, y con él reparaban la casa de Jehová.

15 Y no se tomaba en cuenta á los hombres en cuyas manos el dinero era entregado, para que ellos lo diesen á los que hacían la obra: porque lo hacían ellos fielmente.

16 El dinero por el delito, y el dinero por los pecados, no se metía en la casa de Jehová; porque era de los sacerdotes.

17 Entonces subió Hazael rey de Siria, y peleó contra Gath, y tomóla: y puso Hazael su rostro para subir contra Jerusalem;

18 Por lo que tomó Joas rey de Judá todas las ofrendas que había dedicado Josaphat, y Joram y Ochôzías sus padres, reyes de Judá, y las que él había dedicado, y todo el oro que se halló en los tesoros de la casa de Jehová, y en la casa del rey, y envióло á Hazael rey de Siria: y se partió de Jerusalem.

19 Lo demás de los hechos de Joas, y todas las cosas que hizo, ¿no está escrito en el libro de las crónicas de los reyes de Judá?

20 Y levantáronse sus siervos, y conspiraron en conjuración, y mataron á Joas en la casa de Millo, descendiendo á Silla;

21 Pues Josachâr hijo de Simaath, y Jozabad hijo de Somer, sus siervos, hiriéronle, y murió. Y sepultáronle con sus padres en la ciudad de David, y reinó en su lugar Amasías su hijo.

13 En el año veintitrés de Joas hijo de Ochôzías, rey de Judá, comenzó á reinar Joacház hijo de Jehú sobre Israel en Samaria; y reinó diecisiete años.

2 E hizo lo malo en ojos de Jehová, y siguió los pecados de Jeroboam hijo de Nabat, el que hizo pecar á Israel; y no se apartó de ellos.

3 Y encendióse el furor de Jehová contra Israel, y entrególos en mano de Hazael rey de Siria, y en mano de Ben-adad hijo de Hazael, por largo tiempo.

4 Mas Joacház oró á la faz de Jehová, y Jehová lo oyó: porque miró la aflicción de Israel, pues el rey de Siria los afligía.

5 (Y dió Jehová salvador á Israel, y salieron de bajo la mano de los Siros; y habitaron los hijos de Israel en sus estancias, como antes.

6 Con todo eso no se apartaron de los pecados de la casa de Jeroboam, el que hizo pecar á Israel: en ellos anduvieron; y también el bosque permaneció en Samaria.)

7 Porque no le había quedado gente á Joacház, sino cincuenta hombres de á caballo, y diez carros, y diez mil hombres de á pié; pues el rey de Siria los había destruído, y los había puesto como polvo para hollar.

8 Lo demás de los hechos de Joachâz, y todo lo que hizo, y sus valentías, ¿no está escrito en el libro de las crónicas de los reyes de Israel?

9 Y durmió Joachâz con sus padres, y sepultáronlo en Samaria: y reinó en su lugar Joas su hijo.

10 El año treinta y siete de Joas rey de Judá, comenzó á reinar Joas hijo de Joachâz sobre Israel en Samaria; y reinó dieciséis años.

11 E hizo lo malo en ojos de Jehová: no se apartó de todos los pecados de Jeroboam hijo de Nabat, el que hizo pecar á Israel; en ellos anduvo.

12 Lo demás de los hechos de Joas, y todas las cosas que hizo, y su esfuerzo con que guerreó contra Amasías rey de Judá, ¿no está escrito en el libro de las crónicas de los reyes de Israel?

13 Y durmió Joas con sus padres, y sentóse Jeroboam sobre su trono: y Joas fué sepultado en Samaria con los reyes de Israel.

14 Estaba Eliseo enfermo de aquella su enfermedad de que murió. Y descendió á él Joas rey de Israel, y llorando delante de él, dijo: ¡Padre mío, padre mío, carro de Israel y su gente de á caballo!

15 Y díjole Eliseo: Toma un arco y unas saetas. Tomóse él entonces un arco y unas saetas.

16 Y dijo Eliseo al rey de Israel: Pon tu mano sobre el arco. Y puso él su mano sobre el arco. Entonces puso Eliseo sus manos sobre las manos del rey,

17 Y dijo: Abre la ventana de hacia el oriente. Y como él la abrió dijo Eliseo: Tira. Y tirando él, dijo Eliseo: Saeta de salud de Jehová, y saeta de salud contra Siria: porque herirás á los Siros en Aphec, hasta consumirlos.

18 Y tornóle á decir: Toma las saetas. Y luego que el rey de Israel las hubo tomado, díjole: Hiere la tierra. Y él hirió tres veces, y cesó.

19 Entonces el varón de Dios, enojado con él, le dijo: A herir cinco ó seis veces, herirías á Siria, hasta no quedar ninguno: empero ahora tres veces herirás á Siria.

20 Y murió Eliseo, y sepultáronlo. Entrado el año vinieron partidas de Moabitas á la tierra.

21 Y aconteció que al sepultar unos un hombre, súbitamente vieron una partida, y arrojaron al hombre en el sepulcro de Eliseo: y cuando llegó á tocar el muerto los huesos de Eliseo, revivió, y levantóse sobre sus pies.

22 Hazael pues, rey de Siria, afligió á Israel todo el tiempo de Joachâz.

23 Mas Jehová tuvo misericordia de ellos, y compadecióse de ellos, y mirólos, por amor de su pacto con Abraham, Isaac y Jacob; y no quiso destruirlos ni echarlos de delante de sí hasta ahora.

24 Y murió Hazael rey de Siria, y reinó en su lugar Ben-adad su hijo.

25 Y volvió Joas hijo de Joachâz, y tomó de mano de Ben-adad hijo de Hazael, las ciudades que él había tomado de mano de Joachâz su padre en guerra. Tres veces le batió Joas, y restituyó las ciudades á Israel.

14 En el año segundo de Joas hijo de Joachâz rey de Israel, comenzó á reinar Amasías hijo de Joas rey de Judá.

2 Cuando comenzó á reinar era de veinticinco años, y veintinueve años reinó en Jerusalem: el nombre de su madre fué Joaddan, de Jerusalem.

3 Y él hizo lo recto en ojos de Jehová, aunque no como David su padre: hizo conforme á todas las cosas que había hecho Joas su padre.

4 Con todo eso los altos no fueron quitados; que el pueblo aun sacrificaba y quemaba perfumes en los altos.

5 Y luego que el reino fué confirmado en su mano, hirió á sus siervos, los que habían muerto al rey su padre.

6 Mas no mató á los hijos de los que le mataron, conforme á lo que está escrito en el libro de la ley de Moisés, donde Jehová mandó, diciendo: No matarán á los padres por los hijos, ni á los hijos por los padres: mas cada uno morirá por su pecado.

7 Este hirió asimismo diez mil Idumeos en el valle de las Salinas, y tomó á Sela por guerra, y llamóla Jocteel, hasta hoy.

8 Entonces Amasías envió embajadores á Joas, hijo de Joachâz hijo de Jehú, rey de Israel, diciendo: Ven, y veámonos de rostro.

9 Y Joas rey de Israel envió á Amasías rey de Judá esta respuesta: El cardillo que está en el Líbano envió á decir al cedro que está en el Líbano: Da tu hija por mujer á mi hijo. Y pasaron las bestias fieras que están en el Líbano, y hollaron el cardillo.

10 Ciertamente has herido á Edom, y tu corazón te ha envanecido: gloríate pues, mas estáte en tu casa. ¿Y por qué te entrometerás en un mal, para que caigas tú, y Judá contigo?

11 Mas Amasías no dió oídos; por lo que subió Joas rey de Israel, y viéronse de rostro él y Amasías rey de Judá, en Beth-semes, que es de Judá.

12 Y Judá cayó delante de Israel, y huyeron cada uno á sus estancias.

13 Además Joas rey de Israel tomó á Amasías rey de Judá, hijo de Joas hijo de Ochôzías, en Beth-semes: y vino á Jerusalem, y rompió el muro de Jerusalem desde la puerta de Ephraim hasta la puerta de la esquina, cuatrocientos codos.

14 Y tomó todo el oro y la plata, y todos los vasos que fueron hallados en la casa de Jehová, y en los tesoros de la casa del rey, y los hijos en rehenes, y volvióse á Samaria.

15 Lo demás de los hechos de Joas que ejecutó, y sus hazañas, y cómo peleó contra Amasías rey de Judá, ¿no está escrito en el libro de las crónicas de los reyes de Israel?

16 Y durmió Joas con sus padres, y fué sepultado en Samaria con los reyes de Israel; y reinó en su lugar Jeroboam su hijo.

17 Y Amasías hijo de Joas rey de Judá, vivió después de la muerte de Joas hijo de Joachâz rey de Israel, quince años.

18 Lo demás de los hechos de Amasías, ¿no está escrito en el libro de las crónicas de los reyes de Judá?

19 E hicieron conspiración contra él en Jerusalem, y él huyó á Lachîs; mas enviaron tras él á Lachîs, y allá lo mataron.

20 Trajéronlo luego sobre caballos, y sepultáronlo en Jerusalem con sus padres, en la ciudad de David.

21 Entonces todo el pueblo de Judá tomó á Azarías, que era de diez y seis años, é hiciéronle rey en lugar de Amasías su padre.

22 Edificó él á Elath, y la restituyó á Judá, después que el rey durmió con sus padres.

23 El año quince de Amasías hijo de Joas rey de Judá, comenzó á reinar Jeroboam hijo de Joas sobre Israel en Samaria; y reinó cuarenta y un años.

24 E hizo lo malo en ojos de Jehová, y no se apartó de todos los pecados de Jeroboam hijo de Nabat, el que hizo pecar á Israel.

25 El restituyó los términos de Israel desde la entrada de Amath hasta la mar de la llanura, conforme á la palabra de Jehová Dios de Israel, la cual había él hablado por su siervo Jonás hijo de Amittai, profeta que fué de Gath-hepher.

26 Por cuanto Jehová miró la muy amarga aflicción de Israel; que no había guardado ni desamparado, ni quien diese ayuda á Israel;

27 Y Jehová no había determinado raer el nombre de Israel de debajo del cielo: por tanto, los salvó por mano de Jeroboam hijo de Joas.

28 Lo demás de los hechos de Jeroboam, y todas las cosas que hizo, y su valentía, y todas las guerras que hizo, y cómo restituyó á Judá en Israel á Damasco y á Hamath, ¿no está escrito en el libro de las crónicas de los reyes de Israel?

29 Y durmió Jeroboam con sus padres, los reyes de Israel, y reinó en su lugar Zachârías su hijo.

15 En el año veintisiete de Jeroboam, rey de Israel, comenzó á reinar Azarías hijo de Amasías rey de Judá.

2 Cuando comenzó á reinar era de dieciséis años, y cincuenta y dos años reinó en Jerusalem; el nombre de su madre fué Jecolía, de Jerusalem.

3 E hizo lo recto en ojos de Jehová, conforme á todas las cosas que su padre Amasías había hecho.

4 Con todo eso los altos no se quitaron; que el pueblo sacrificaba aún y quemaba perfumes en los altos.

5 Mas Jehová hirió al rey con lepra, y fué leproso hasta el día de su muerte, y habitó en casa separada, y Jotham hijo del rey tenía el cargo del palacio, gobernando al pueblo de la tierra.

6 Lo demás de los hechos de Azarías, y todas las cosas que hizo, ¿no está escrito en el libro de las crónicas de los reyes de Judá?

7 Y durmió Azarías con sus padres, y sepultáronlo con sus padres en la ciudad de David: y reinó en su lugar Jotham su hijo.

8 En el año treinta y ocho de Azarías rey de Judá, reinó Zachârías hijo de Jeroboam sobre Israel seis meses.

9 E hizo lo malo en ojos de Jehová, como habían hecho sus padres: no se apartó de los pecados de Jeroboam hijo de Nabat, el que hizo pecar á Israel.

10 Contra él se conjuró Sallum hijo de Jabes, y lo hirió

en presencia de su pueblo, y matólo, y reinó en su lugar.
11 Lo demás de los hechos de Zachârías, he aquí está escrito en el libro de las crónicas de los reyes de Israel.
12 Y esta fué la palabra de Jehová que había hablado á Jehú, diciendo: Tus hijos hasta la cuarta generación se sentarán en el trono de Israel. Y fué así.
13 Sallum hijo de Jabes comenzó á reinar en el año treinta y nueve de Uzzía rey de Judá, y reinó el tiempo de un mes en Samaria;
14 Pues subió Manahem hijo de Gadí, de Thirsa, y vino á Samaria, é hirió á Sallum hijo de Jabes en Samaria, y matólo, y reinó en su lugar.
15 Lo demás de los hechos de Sallum, y su conjuración con que conspiró, he aquí está escrito en el libro de las crónicas de los reyes de Israel.
16 Entonces hirió Manahem á Tiphsa, y á todos los que estaban en ella, y también sus términos desde Thirsa; é hiríola porque no le habían abierto; y abrió á todas sus preñadas.
17 En el año treinta y nueve de Azarías rey de Judá, reinó Manahem hijo de Gadi sobre Israel diez años, en Samaria.
18 Y hizo lo malo en ojos de Jehová: no se apartó en todo su tiempo de los pecados de Jeroboam hijo de Nabat, el que hizo pecar á Israel.
19 Y vino Phul rey de Asiria á la tierra; y dió Manahem á Phul mil talentos de plata porque le ayudara á confirmarse en el reino.
20 E impuso Manahem este dinero sobre Israel, sobre todos los poderosos y opulentos: de cada uno cincuenta siclos de plata, para dar al rey de Asiria; y el rey de Asiria se volvió, y no se detuvo allí en la tierra.
21 Lo demás de los hechos de Manahem, y todas las cosas que hizo, ¿no está escrito en el libro de las crónicas de los reyes de Israel?
22 Y durmió Manahem con sus padres, y reinó en su lugar Pekaía su hijo.
23 En el año cincuenta de Azarías rey de Judá, reinó Pekaía hijo de Manahem sobre Israel en Samaria, dos años.
24 E hizo lo malo en ojos de Jehová: no se apartó de los pecados de Jeroboam hijo de Nabat, el que hizo pecar á Israel.
25 Y conspiró contra él Peka hijo de Remalías, capitán suyo, é hiriólo en Samaria, en el palacio de la casa real, en compañía de Argob y de Ariph, y con cincuenta hombres de los hijos de los Galaaditas; y matólo, y reinó en su lugar.
26 Lo demás de los hechos de Pekaía, y todas las cosas que hizo, he aquí está escrito en el libro de las crónicas de los reyes de Israel.
27 En el año cincuenta y dos de Azarías rey de Judá, reinó Peka hijo de Remalías sobre Israel en Samaria; y reinó veinte años.
28 E hizo lo malo en ojos de Jehová; no se apartó de los pecados de Jeroboam hijo de Nabat, el que hizo pecar á Israel.
29 En los días de Peka rey de Israel, vino Tiglath-pileser rey de los Asirios, y tomó á Áhion, Abel-beth-maachâ, y Janoa, y Cedes, y Asor, y Galaad, y Galilea, y toda la tierra de Nephtalí; y trasportólos á Asiria.
30 Y Oseas hijo de Ela hizo conjuración contra Peka hijo de Remalías, é hiriólo, y matólo, y reinó en su lugar, á los veinte años de Jotham hijo de Uzzía.
31 Lo demás de los hechos de Peka, y todo lo que hizo, he aquí está escrito en el libro de las crónicas de los reyes de Israel.
32 En el segundo año de Peka hijo de Remalías rey de Israel, comenzó á reinar Jotham hijo de Uzzía rey de Judá.
33 Cuando comenzó á reinar era de veinticinco años, y reinó dieciséis años en Jerusalem. El nombre de su madre fué Jerusa hija de Sadoc.
34 Y él hizo lo recto en ojos de Jehová; hizo conforme á todas las cosas que había hecho su padre Uzzía.
35 Con todo eso los altos no fueron quitados; que el pueblo sacrificaba aún, y quemaba perfumes en los altos. Edificó él la puerta más alta de la casa de Jehová.
36 Lo demás de los hechos de Jotham, y todas las cosas que hizo, ¿no está escrito en el libro de las crónicas de los reyes de Judá?
37 En aquel tiempo comenzó Jehová á enviar contra Judá á Resín rey de Siria, y á Peka hijo de Remalías.
38 Y durmió Jotham con sus padres, y fué sepultado con sus padres en la ciudad de David su padre: y reinó en su lugar Achâz su hijo.

16 En el año diecisiete de Peka hijo de Remalías, comenzó á reinar Achâz hijo de Jotham rey de Judá.
2 Cuando comenzó á reinar Achâz, era de veinte años, y reinó en Jerusalem dieciséis años: y no hizo lo recto en ojos de Jehová su Dios, como David su padre;
3 Antes anduvo en el camino de los reyes de Israel, y aun hizo pasar por el fuego á su hijo, según las abominaciones de las gentes que Jehová echó de delante de los hijos de Israel.
4 Asimismo sacrificó, y quemó perfumes en los altos, y sobre los collados, y debajo de todo árbol umbroso.
5 Entonces Resín rey de Siria, y Peka hijo de Remalías rey de Israel, subieron á Jerusalem para hacer guerra, y cercar á Achâz; mas no pudieron tomarla.
6 En aquel tiempo Resín rey de Siria restituyó Elath á Siria, y echó á los Judíos de Elath; y los Siros vinieron á Elath, y habitaron allí hasta hoy.
7 Entonces Achâz envió embajadores á Tiglath-pileser rey de Asiria, diciendo: Yo soy tu siervo y tu hijo: sube, y defiéndeme de mano del rey de Siria, y de mano del rey de Israel, que se han levantado contra mí.
8 Y tomando Achâz la plata y el oro que se halló en la casa de Jehová, y en los tesoros de la casa real, envió al rey de Asiria un presente.
9 Y atendióle el rey de Asiria; pues subió el rey de Asiria contra Damasco, y tomóla, y trasportó los moradores á Kir, y mató á Resín.
10 Y fué el rey Achâz á encontrar á Tiglath-pileser rey de Asiria en Damasco; y visto que hubo el rey Achâz el altar que estaba en Damasco, envió á Urías sacerdote el diseño y la descripción del altar, conforme á toda su hechura.
11 Y Urías el sacerdote edificó el altar; conforme á todo lo que el rey Achâz había enviado de Damasco, así lo hizo el sacerdote Urías, entre tanto que el rey Achâz venía de Damasco.
12 Y luego que vino el rey de Damasco, y hubo visto el altar, acercóse el rey á él, y sacrificó en él;
13 Y encendió su holocausto, y su presente, y derramó sus libaciones, y esparció la sangre de sus pacíficos junto al altar.
14 Y el altar de bronce que estaba delante de Jehová, hízolo acercar delante de la frontera de la casa, entre el altar y el templo de Jehová, y púsolo al lado del altar hacia el aquilón.
15 Y mandó el rey Achâz al sacerdote Urías, diciendo: En el gran altar encenderás el holocausto de la mañana y el presente de la tarde, y el holocausto del rey y su presente, y asimismo el holocausto de todo el pueblo de la tierra y su presente y sus libaciones: y esparcirás sobre él toda la sangre de holocausto, y toda la sangre de sacrificio: y el altar de bronce será mío para preguntar en él.
16 E hizo el sacerdote Urías conforme á todas las cosas que el rey Achâz le mandó.
17 Y cortó el rey Achâz las cintas de las basas, y quitóles las fuentes; quitó también el mar de sobre los bueyes de bronce que estaban debajo de él, y púsolo sobre el solado de piedra.
18 Asimismo la tienda del sábado que habían edificado en la casa, y el pasadizo de afuera del rey, mudólos del templo de Jehová, por causa del rey de Asiria.
19 Lo demás de los hechos de Achâz que puso por obra, ¿no está todo escrito en el libro de las crónicas de los reyes de Judá?
20 Y durmió el rey Achâz con sus padres y fué sepultado con sus padres en la ciudad de David: y reinó en su lugar Ezechîas su hijo.

17 En el año duodécimo de Achâz rey de Judá, comenzó á reinar Oseas hijo de Ela en Samaria sobre Israel; y reinó nueve años.
2 E hizo lo malo en ojos de Jehová, aunque no como los reyes de Israel que antes de él habían sido.
3 Contra éste subió Salmanasar rey de los Asirios; y Oseas fué hecho su siervo, y pagábale tributo.
4 Mas el rey de Asiria halló que Oseas hacía conjuración: porque había enviado embajadores á So, rey de Egipto, y no pagaba tributo al rey de Asiria, como cada año: por lo que el rey de Asiria le detuvo, y le aprisionó en la casa de la cárcel.
5 Y el rey de Asiria partió contra todo el país, y subió contra Samaria, y estuvo sobre ella tres años.
6 En el año nueve de Oseas tomó el rey de Asiria á Samaria, y trasportó á Israel á Asiria, y púsolos en Hala, y en Habor, junto al río de Gozán, y en las ciudades de los Medos.

7 Porque como los hijos de Israel pecasen contra Jehová su Dios, que los sacó de tierra de Egipto de bajo la mano de Faraón rey de Egipto, y temiesen á dioses ajenos,

8 Y anduviesen en los estatutos de las gentes que Jehová había lanzado delante de los hijos de Israel, y en los de los reyes de Israel, que hicieron;

9 Y como los hijos de Israel paliasen cosas no rectas contra Jehová su Dios, edificándose altos en todas sus ciudades, desde las torres de las atalayas hasta las ciudades fuertes,

10 Y se levantasen estatuas y bosques en todo collado alto, y debajo de todo árbol umbroso,

11 Y quemasen allí perfumes en todos los altos, á la manera de las gentes que había Jehová traspuesto delante de ellos, é hiciesen cosas muy malas para provocar á ira á Jehová,

12 Pues servían á los ídolos, de los cuales Jehová les había dicho: Vosotros no habéis de hacer esto;

13 Y Jehová protestaba entonces contra Israel y contra Judá, por mano de todos los profetas, y de todos los videntes, diciendo: Volveos de vuestros malos caminos, y guardad mis mandamientos y mis ordenanzas, conforme á todas las leyes que yo prescribí á vuestros padres, y que os he enviado por mano de mis siervos los profetas.

14 Mas ellos no obedecieron, antes endurecieron su cerviz, como la cerviz de sus padres, los cuales no creyeron en Jehová su Dios.

15 Y desecharon sus estatutos, y su pacto que él había concertado con sus padres, y sus testimonios que él había protestado contra ellos; y siguieron la vanidad, y se hicieron vanos, y fueron en pos de las gentes que estaban alrededor de ellos, de las cuales les había Jehová mandado que no hiciesen á la manera de ellas:

16 Y dejaron todos los mandamientos de Jehová su Dios, é hiciéronse vaciadizos dos becerros, y también bosques, y adoraron á todo el ejército del cielo, y sirvieron á Baal:

17 Y hicieron pasar á sus hijos y á sus hijas por fuego; y diéronse á adivinaciones y agüeros, y entregáronse á hacer lo malo en ojos de Jehová, provocándole á ira.

18 Jehová por tanto se airó en gran manera contra Israel, y quitólos de delante de su rostro; que no quedó sino sólo la tribu de Judá.

19 Mas ni aun Judá guardó los mandamientos de Jehová su Dios; antes anduvieron en los estatutos de Israel, los cuales habían ellos hecho.

20 Y desechó Jehová toda la simiente de Israel, y afligiólos, y entrególos en manos de saqueadores, hasta echarlos de su presencia.

21 Porque cortó á Israel de la casa de David, y ellos se hicieron rey á Jeroboam hijo de Nabat; y Jeroboam rempujó á Israel de en pos de Jehová, é hízoles cometer gran pecado.

22 Y los hijos de Israel anduvieron en todos los pecados de Jeroboam que él hizo, sin apartarse de ellos;

23 Hasta tanto que Jehová quitó á Israel de delante de su rostro, como lo había él dicho por mano de todos los profetas sus siervos: é Israel fué trasportado de su tierra á Asiria, hasta hoy.

24 Y trajo el rey de Asiria gente de Babilonia, y de Cutha, y de Ava, y de Hamath, y de Sepharvaim, y púsolos en las ciudades de Samaria, en lugar de los hijos de Israel; y poseyeron á Samaria, y habitaron en sus ciudades.

25 Y aconteció al principio, cuando comenzaron á habitar allí, no temiendo ellos á Jehová, envió Jehová contra ellos leones que los mataban.

26 Entonces dijeron ellos al rey de Asiria: Las gentes que tú traspasaste y pusiste en las ciudades de Samaria, no saben la costumbre del Dios de aquella tierra, y él ha echado leones en ellos, y he aquí los matan, porque no saben la costumbre del Dios de la tierra.

27 Y el rey de Asiria mandó, diciendo: Llevad allí á alguno de los sacerdote que trajisteis de allá, y vayan y habiten allí, y enséñenles la costumbre del Dios del país.

28 Y vino uno de los sacerdotes que habían trasportado de Samaria, y habitó en Beth-el, y enseñóles cómo habían de temer á Jehová.

29 Mas cada nación se hizo sus dioses, y pusiéronlos en los templos de los altos que habían hecho los de Samaria; cada nación en su ciudad donde habitaba.

30 Los de Babilonia hicieron á Succoth-benoth, y los de

Cutha hicieron á Nergal, y los de Hamath hicieron á Asima;

31 Los Heveos hicieron á Nibhaz, y á Tharthac; y los de Sepharvaim quemaban sus hijos al fuego á Adra-melech y á Anamelech, dioses de Sepharvaim.

32 Y temían á Jehová; é hicieron del pueblo bajo sacerdotes de los altos, quienes sacrificaban para ellos en los templos de los altos.

33 Temían á Jehová, y honraban á sus dioses, según la costumbre de las gentes de donde habían sido trasladados.

34 Hasta hoy hacen como primero; que ni temen á Jehová, ni guardan sus estatutos, ni sus ordenanzas, ni hacen según la ley y los mandamientos que prescribió Jehová á los hijos de Jacob, al cual puso el nombre de Israel;

35 Con los cuales había Jehová hecho pacto, y les mandó, diciendo: No temeréis á otros dioses, ni los adoraréis, ni les serviréis, ni les sacrificaréis:

36 Mas á Jehová, que os sacó de tierra de Egipto con grande poder y brazo extendido, á éste temeréis, y á éste adoraréis, y á éste haréis sacrificio.

37 Los estatutos y derechos y ley y mandamientos que os dió por escrito, cuidaréis siempre de ponerlos por obra, y no temeréis dioses ajenos.

38 Y no olvidaréis el pacto que hice con vosotros; ni temeréis dioses ajenos:

39 Mas temed á Jehová vuestro Dios, y él os librará de mano de todos vuestros enemigos.

40 Empero ellos no escucharon; antes hicieron según su costumbre antigua.

41 Así temieron á Jehová aquellas gentes, y juntamente sirvieron á sus ídolos: y también sus hijos y sus nietos, según que hicieron sus padres, así hacen hasta hoy.

18 En el tercer año de Oseas hijo de Ela rey de Israel, comenzó á reinar Ezechîas hijo de Achâz rey de Judá.

2 Cuando comenzó á reinar era de venticinco años, y reinó en Jerusalem veintinueve años. El nombre de su madre fué Abi hija de Zachârías.

3 Hizo lo recto en ojos de Jehová, conforme á todas las cosas que había hecho David su padre.

4 El quitó los altos, y quebró las imágenes, y taló los bosques, y hizo pedazos la serpiente de bronce que había hecho Moisés, porque hasta entonces le quemaban perfumes los hijos de Israel; y llamóle por nombre Nehustán.

5 En Jehová Dios de Israel puso su esperanza: después ni antes de él no hubo otro como él en todos los reyes de Judá.

6 Porque se llegó á Jehová, y no se apartó de él, sino que guardó los mandamientos que Jehová prescribió á Moisés.

7 Y Jehová fué con él; y en todas las cosas á que salía prosperaba. El se rebeló contra el rey de Asiria, y no le sirvió.

8 Hirió también á los Filisteos hasta Gaza y sus términos, desde las torres de las atalayas hasta la ciudad fortalecida.

9 En el cuarto año del rey Ezechîas, que era el año séptimo de Oseas hijo de Ela rey de Israel, subió Salmanasar rey de los Asirios contra Samaria, y cercóla.

10 Y tomáronla al cabo de tres años: esto es, en el sexto año de Ezechîas, el cual era el año nono de Oseas rey de Israel, fué Samaria tomada.

11 Y el rey de Asiria traspuso á Israel á Asiria, y púsolos en Hala, y en Habor, junto al río de Gozán, y en las ciudades de los Medos:

12 Por cuanto no habían atendido la voz de Jehová su Dios, antes habían quebrantado su pacto; y todas las cosas que Moisés siervo de Jehová había mandado, ni las habían escuchado, ni puesto por obra.

13 Y á los catorce años del rey Ezechîas, subió Sennachêrib rey de Asiria contra todas las ciudades fuertes de Judá, y tomólas.

14 Entonces Ezechîas rey de Judá envió á decir al rey de Asiria en Lachîs: Yo he pecado: vuélvete de mí, y llevaré todo lo que me impusieres. Y el rey de Asiria impuso á Ezechîas rey de Judá trescientos talentos de plata, y treinta talentos de oro.

15 Dió por tanto Ezechîas toda la plata que fué hallada en la casa de Jehová, y en los tesoros de la casa real.

16 Entonces descompuso Ezechîas las puertas del templo de Jehová, y los quiciales que el mismo rey Ezechîas había cubierto de oro, y diólo al rey de Asiria.

17 Después el rey de Asiria envió al rey Ezechîas, desde Lachîs contra Jerusalem, á Thartán y á Rabsaris y á Rabsaces, con un grande ejército: y subieron, y vinieron á Jerusalem. Y habiendo subido, vinieron y pararon junto al conducto del estanque de arriba, que es en el camino de la heredad del batanero.

18 Llamaron luego al rey, y salió á ellos Eliacim hijo de Hilcías, que era mayordomo, y Sebna escriba, y Joah hijo de Asaph, canciller.

19 Y díjoles Rabsaces: Decid ahora á Ezechías: Así dice el gran rey de Asiria: ¿Qué confianza es esta en que tú estás?

20 Dices, (por cierto palabras de labios): Consejo tengo y esfuerzo para la guerra. Mas ¿en qué confías, que te has rebelado contra mí?

21 He aquí tú confías ahora en este bordón de caña cascada, en Egipto, en el que si alguno se apoyare, entrarále por la mano, y se le pasará. Tal es Faraón rey de Egipto, para todos los que en él confían.

22 Y si me decís: Nosotros confiamos en Jehová nuestro Dios: ¿no es aquél cuyos altos y altares ha quitado Ezechías, y ha dicho á Judá y á Jerusalem: Delante de este altar adoraréis en Jerusalem?

23 Por tanto, ahora yo te ruego que des rehenes á mi señor, el rey de Asiria, y yo te daré dos mil caballos, si tú pudieres dar jinetes para ellos.

24 ¿Cómo pues harás volver el rostro de un capitán el menor de los siervos de mi señor, aunque estés confiado en Egipto por sus carros y su gente de á caballo?

25 Además, ¿he venido yo ahora sin Jehová á este lugar, para destruirlo? Jehová me ha dicho: Sube á esta tierra, y destrúyela.

26 Entonces dijo Eliacim hijo de Hilcías, y Sebna y Joah, á Rabsaces: Ruégote que hables á tus siervos siriaco, porque nosotros lo entendemos, y no hables con nosotros judaico á oídos del pueblo que está sobre el muro.

27 Y Rabsaces les dijo: ¿Hame enviado mi señor á ti y á tu señor para decir estas palabras, y no antes á los hombres que están sobre el muro, para comer su estiércol, y beber el agua de sus pies con vosotros?

28 Paróse luego Rabsaces, y clamó á gran voz en judaico, y habló, diciendo: Oid la palabra del gran rey, el rey de Asiria.

29 Así ha dicho el rey: No os engañe Ezechías, porque no os podrá librar de mi mano.

30 Y no os haga Ezechías confiar en Jehová, diciendo: De cierto nos librará Jehová, y esta ciudad no será entregada en mano del rey de Asiria.

31 No oigáis á Ezechías, porque así dice el rey de Asiria: Haced conmigo paz, y salid á mí, y cada uno comerá de su vid, y de su higuera, y cada uno beberá las aguas de su pozo;

32 Hasta que yo venga, y os lleve á una tierra como la vuestra, tierra de grano y de vino, tierra de pan y de viñas, tierra de olivas, de aceite, y de miel; y viviréis, y no moriréis. No oigáis á Ezechías, porque os engaña cuando dice: Jehová nos librará.

33 ¿Acaso alguno de los dioses de las gentes ha librado su tierra de la mano del rey de Asiria?

34 ¿Dónde está el dios de Hamath, y de Arphad? ¿dónde el dios de Sepharvaim, de Hena, y de Hiva? ¿pudieron éstos librar á Samaria de mi mano?

35 ¿Qué dios de todos los dioses de las provincias ha librado á su provincia de mi mano, para que libre Jehová de mi mano á Jerusalem?

36 Y el pueblo calló, que no le respondieron palabra: porque había mandamiento del rey, el cual había dicho: No le respondáis.

37 Entonces Eliacim hijo de Hilcías, que era mayordomo, y Sebna el escriba, y Joah hijo de Asaph, canciller, vinieron á Ezechías, rotos sus vestidos, y recitáronle las palabras de Rabsaces.

19 Y como el rey Ezechías lo oyó, rasgó sus vestidos, y cubrióse de saco, y entróse en la casa de Jehová.

2 Y envió á Eliacim el mayordomo, y á Sebna escriba, y á los ancianos de los sacerdotes, vestidos de sacos á Isaías profeta hijo de Amós,

3 Que le dijesen: Así ha dicho Ezechías: Este día es día de angustia, y de reprensión, y de blasfemia; porque los hijos han venido hasta la rotura, y la que pare no tiene fuerzas.

4 Quizá oirá Jehová tu Dios todas las palabras de Rabsaces, al cual el rey de los Asirios su señor ha enviado para injuriar al Dios vivo, y á vituperar con palabras, las cuales Jehová tu Dios ha oído: por tanto, eleva oración por las reliquias que aun se hallan.

5 Vinieron pues los siervos del rey Ezechías á Isaías.

6 E Isaías les respondió: Así diréis á vuestro señor: Así ha dicho Jehová; No temas por las palabras que has oído, con las cuales me han blasfemado los siervos del rey de Asiria.

7 He aquí pondré yo en él un espíritu, y oirá rumor, y volveráse á su tierra: y yo haré que en su tierra caiga á cuchillo.

8 Y regresando Rabsaces, halló al rey de Asiria combatiendo á Libna; porque había oído que se había partido de Lachîs.

9 Y oyó decir de Thiraca rey de Ethiopía: He aquí es salido para hacerte guerra. Entonces volvió él, y envió embajadores á Ezechías, diciendo:

10 Así diréis á Ezechías rey de Judá: No te engañe tu Dios en quien tú confías, para decir: Jerusalem no será entregada en mano del rey de Asiria.

11 He aquí tú has oído lo que han hecho los reyes de Asiria á todas las tierras, destruyéndolas; ¿y has tú de escapar?

12 ¿Libráronlas los dioses de las gentes, que mis padres destruyeron, es á saber, Gozán, y Harán, y Reseph, y los hijos de Edén que estaban en Thalasar?

13 ¿Dónde está el rey de Hamath, el rey de Arphad, el rey de la ciudad de Sepharvaim, de Hena, y de Hiva?

14 Y tomó Ezechías las letras de mano de los embajadores; y después que las hubo leído, subió á la casa de Jehová, y extendiólas Ezechías delante de Jehová.

15 Y oró Ezechías delante de Jehová, diciendo: Jehová Dios de Israel, que habitas entre los querubines, tú solo eres Dios de todos los reinos de la tierra; tú hiciste el cielo y la tierra.

16 Inclina, oh Jehová, tu oído, y oye; abre, oh Jehová, tus ojos, y mira: y oye las palabras de Sennachêrib, que ha enviado á blasfemar al Dios viviente.

17 Es verdad, oh Jehová, que los reyes de Asiria han destruído las gentes y sus tierras;

18 Y que pusieron en el fuego á sus dioses, por cuanto ellos no eran dioses, sino obra de manos de hombres, madera ó piedra, y así los destruyeron.

19 Ahora pues, oh Jehová Dios nuestro, sálvanos, te suplico, de su mano, para que sepan todos los reinos de la tierra que tú solo, Jehová, eres Dios.

20 Entonces Isaías hijo de Amós envió á decir á Ezechías: Así ha dicho Jehová, Dios de Israel: Lo que me rogaste acerca de Sennachêrib rey de Asiria, he oído.

21 Esta es la palabra que Jehová ha hablado contra él: Hate menospreciado, hate escarnecido la virgen hija de Sión; ha movido su cabeza detrás de ti la hija de Jerusalem.

22 ¿A quién has injuriado y á quién has blasfemado? ¿y contra quién has hablado alto, y has alzado en alto tus ojos? Contra el Santo de Israel.

23 Por mano de tus mensajeros has proferido injuria contra el Señor, y has dicho: Con la multitud de mis carros he subido á las cumbres de los montes, á las cuestas del Líbano; y cortaré sus altos cedros, sus hayas escogidas; y entraré á la morada de su término, al monte de su Carmel.

24 Yo he cavado y bebido las aguas ajenas, y he secado con las plantas de mis pies todos los ríos de lugares bloqueados.

25 ¿Nunca has oído que mucho tiempo ha yo lo hice, y de días antiguos lo he formado? Y ahora lo he hecho venir, y fué para desolación de ciudades fuertes en montones de ruinas.

26 Y sus moradores, cortos de manos, quebrantados y confusos, fueron cual hierba del campo, como legumbre verde, y heno de los tejados, que antes que venga á madurez es seco.

27 Yo he sabido tu asentarte, tu salir y tu entrar, y tu furor contra mí.

28 Por cuanto te has airado contra mí, y tu estruendo ha subido á mis oídos, yo por tanto pondré mi anzuelo en tus narices, y mi bocado en tus labios, y te haré volver por el camino por donde viniste.

29 Y esto te será por señal Ezechías: Este año comerás lo que nacerá de suyo, y el segundo año lo que nacerá de suyo; y el tercer año haréis sementera, y segaréis, y plantaréis viñas, y comeréis el fruto de ellas.

30 Y lo que hubiere escapado, lo que habrá quedado de la casa de Judá, tornará á echar raíz abajo, y hará fruto arriba.

31 Porque saldrán de Jerusalem reliquias, y los que escaparon, del monte de Sión: el celo de Jehová de los ejércitos hará esto.

32 Por tanto, Jehová dice así del rey de Asiria: No entrará en esta ciudad, ni echará saeta en ella; ni vendrá delante de ella escudo, ni será echado contra ella baluarte.

33 Por el camino que vino se volverá, y no entrará en esta ciudad, dice Jehová.

34 Porque yo ampararé á esta ciudad para salvarla, por amor de mí, y por amor de David mi siervo.

35 Y aconteció que la misma noche salió el ángel de Jehová, é hirió en el campo de los Asirios ciento ochenta y cinco mil; y como se levantaron por la mañana, he aquí los cuerpos de los muertos.

36 Entonces Sennachêrib, rey de Asiria se partió, y se fué y tornó á Nínive, donde se estuvo.

37 Y aconteció que, estando él adorando en el templo de Nisroch su dios, Adramelech y Saresar sus hijos lo hirieron á cuchillo; y huyéronse á tierra de Ararat. Y reinó en su lugar Esar-hadón su hijo.

20 En aquellos días cayó Ezechîas enfermo de muerte, y vino á él Isaías profeta hijo de Amós, y díjole: Jehová dice así: Dispón de tu casa, porque has de morir, y no vivirás.

2 Entonces volvió él su rostro á la pared, y oró á Jehová, y dijo:

3 Ruégote, oh Jehová, ruégote hagas memoria de que he andado delante de ti en verdad é íntegro corazón, y qué he hecho las cosas que te agradan. Y lloró Ezechîas con gran lloro.

4 Y antes que Isaías saliese hasta la mitad del patio, fué palabra de Jehová á Isaías, diciendo:

5 Vuelve, y di á Ezechîas, príncipe de mi pueblo: Así dice Jehová, el Dios de David tu padre: Yo he oído tu oración, y he visto tus lágrimas: he aquí yo te sano; al tercer día subirás á la casa de Jehová.

6 Y añadiré á tus días quince años, y te libraré á ti y á esta ciudad de mano del rey de Asiria; y ampararé esta ciudad por amor de mí, y por amor de David mi siervo.

7 Y dijo Isaías: Tomad masa de higos. Y tomándola, pusieron sobre la llaga, y sanó.

8 Y Ezechîas había dicho á Isaías: ¿Qué señal tendré de que Jehová me sanará, y que subiré á la casa de Jehová al tercer día?

9 Y respondió Isaías: Esta señal tendrás de Jehová, de que hará Jehová esto que ha dicho: ¿Avanzará la sombra diez grados, ó retrocederá diez grados?

10 Y Ezechîas respondió: Fácil cosa es que la sombra decline diez grados: pero, que la sombra vuelva atrás diez grados.

11 Entonces el profeta Isaías clamó á Jehová; é hizo volver la sombra por los grados que había descendido en el reloj de Achâz, diez grados atrás.

12 En aquel tiempo Berodach-baladán hijo de Baladán, rey de Babilonia, envió letras y presentes á Ezechîas, porque había oído que Ezechîas había caído enfermo.

13 Y Ezechîas los oyó, y mostróles toda la casa de las cosas preciosas, plata, oro, y especiería, y preciosos ungüentos; y la casa de sus armas, y todo lo que había en sus tesoros: ninguna cosa quedó que Ezechîas no les mostrase, así en su casa como en todo su señorío.

14 Entonces el profeta Isaías vino al rey Ezechîas, y díjole: ¿Qué dijeron aquellos varones, y de dónde vinieron á ti? Y Ezechîas le respondió: De lejanas tierras han venido, de Babilonia.

15 Y él le volvió á decir: ¿Qué vieron en tu casa? Y Ezechîas respondió: Vieron todo lo que había en mi casa; nada quedó en mis tesoros que no les mostrase.

16 Entonces Isaías dijo á Ezechîas: Oye palabra de Jehová:

17 He aquí vienen días, en que todo lo que está en tu casa, y todo lo que tus padres han atesorado hasta hoy, será llevado á Babilonia, sin quedar nada, dijo Jehová.

18 Y de tus hijos que saldrán de ti, que habrás engendrado, tomarán; y serán eunucos en el palacio del rey de Babilonia.

19 Entonces Ezechîas dijo á Isaías: La palabra de Jehová que has hablado, es buena. Después dijo: ¿Mas no habrá paz y verdad en mis días?

20 Lo demás de los hechos de Ezechîas, y todo su vigor, y cómo hizo el estanque, y el conducto, y metió las aguas en la ciudad, ¿no está escrito en el libro de las crónicas de los reyes de Judá?

21 Y durmió Ezechîas con sus padres, y reinó en su lugar Manasés su hijo.

21 De doce años era Manasés cuando comenzó á reinar, y reinó en Jerusalem cincuenta y cinco años: el nombre de su madre fué Hepsiba.

2 E hizo lo malo en ojos de Jehová, según las abominaciones de las gentes que Jehová había echado delante de los hijos de Israel.

3 Porque él volvió á edificar los altos que Ezechîas su padre había derribado, y levantó altares á Baal, é hizo bosque, como había hecho Achâb rey de Israel: y adoró á todo el ejército del cielo, y sirvió á aquellas cosas.

4 Asimismo edificó altares en la casa de Jehová, de la cual Jehová había dicho: Yo pondré mi nombre en Jerusalem.

5 Y edificó altares para todo el ejército del cielo en los dos atrios de la casa de Jehová.

6 Y pasó á su hijo por fuego, y miró en tiempos, y fué agorero, é instituyó pythones y adivinos, multiplicando así el hacer lo malo en ojos de Jehová, para provocarlo á ira.

7 Y puso una entalladura del bosque que él había hecho, en la casa de la cual había Jehová dicho á David y á Salomón su hijo: Yo pondré mi nombre para siempre en esta casa, y en Jerusalem, á la cual escogí de todas las tribus de Israel:

8 Y no volveré á hacer que el pie de Israel sea movido de la tierra que dí á sus padres, con tal que guarden y hagan conforme á todas las cosas que yo les he mandado, y conforme á toda la ley que mi siervo Moisés les mandó.

9 Mas ellos no escucharon; y Manasés los indujo á que hiciesen más mal que las gentes que Jehová destruyó delante de los hijos de Israel.

10 Y habló Jehová por mano de sus siervos los profetas, diciendo:

11 Por cuanto Manasés rey de Judá ha hecho estas abominaciones, y ha hecho más mal que todo lo que hicieron los Amorrheos que fueron antes de él, y también ha hecho pecar á Judá en sus ídolos;

12 Por tanto, así ha dicho Jehová el Dios de Israel: He aquí yo traigo tal mal sobre Jerusalem y sobre Judá, que el que lo oyere, le retiñirán ambos oídos.

13 Y extenderé sobre Jerusalem el cordel de Samaria, y el plomo de la casa de Achâb: y yo limpiaré á Jerusalem como se limpia una escudilla, que después que la han limpiado, la vuelven sobre su haz.

14 Y desampararé las reliquias de mi heredad, y entregarlas he en manos de sus enemigos; y serán para saco y para robo á todos sus adversarios;

15 Por cuanto han hecho lo malo en mis ojos, y me han provocado á ira, desde el día que sus padres salieron de Egipto hasta hoy.

16 Fuera de esto, derramó Manasés mucha sangre inocente en gran manera, hasta henchir á Jerusalem de cabo á cabo: además de su pecado con que hizo pecar á Judá, para que hiciese lo malo en ojos de Jehová.

17 Lo demás de los hechos de Manasés, y todas las cosas que hizo, y su pecado que cometió, ¿no está todo escrito en el libro de las crónicas de los reyes de Judá?

18 Y durmió Manasés con sus padres, y fué sepultado en el huerto de su casa, en el huerto de Uzza; y reinó en su lugar Amón su hijo.

19 De veinte y dos años era Amón cuando comenzó á reinar, y reinó dos años en Jerusalem. El nombre de su madre fué Mesalemeth hija de Harus de Jotba.

20 E hizo lo malo en ojos de Jehová, como había hecho Manasés su padre.

21 Y anduvo en todos los caminos en que su padre anduvo, y sirvió á las inmundicias á las cuales había servido su padre, y á ellas adoró;

22 Y dejó á Jehová el Dios de sus padres, y no anduvo en el camino de Jehová.

23 Y los siervos de Amón conspiraron contra él, y mataron al rey en su casa.

24 Entonces el pueblo de la tierra hirió á todos los que habían conspirado contra el rey Amón; y puso el pueblo de la tierra por rey en su lugar á Josías su hijo.

25 Lo demás de los hechos de Amón, que efectuara, ¿no está todo escrito en el libro de las crónicas de los reyes de Judá?

26 Y fué sepultado en su sepulcro en el huerto de Uzza, y reinó en su lugar Josías su hijo.

22 Cuando Josías comenzó á reinar era de ocho años, y reinó en Jerusalem treinta y un años. El nombre de su madre fué Idida hija de Adaía de Boscath.

2 E hizo lo recto en ojos de Jehová, y anduvo en todo el camino de David su padre, sin apartarse á diestra ni á siniestra.

3 Y á los dieciocho años del rey Josías, fué que envió el rey á Saphán hijo de Azalía, hijo de Mesullam, escriba, á la casa de Jehová, diciendo:

4 Ve á Hilcías, sumo sacerdote: dile que recoja el dinero que se ha metido en la casa de Jehová, que han juntado del pueblo los guardianes de la puerta,

5 Y que lo pongan en manos de los que hacen la obra, que tienen cargo de la casa de Jehová, y que lo entreguen á los que hacen la obra de la casa de Jehová, para reparar las aberturas de la casa:

6 A los carpinteros, á los maestros y albañiles, para comprar madera y piedra de cantería para reparar la casa;

7 Y que no se les cuente el dinero cuyo manejo se les confiare, porque ellos proceden con fidelidad.

8 Entonces dijo el sumo sacerdote Hilcías á Saphán escriba: El libro de la ley he hallado en la casa de Jehová. E Hilcías dió el libro á Saphán, y leyólo.

9 Viniendo luego Saphán escriba al rey, dió al rey la respuesta, y dijo: Tus siervos han juntado el dinero que se halló en el templo, y lo han entregado en poder de los que hacen la obra, que tienen cargo de la casa de Jehová.

10 Asimismo Saphán escriba declaró al rey, diciendo: Hilcías el sacerdote me ha dado un libro. Y leyólo Saphán delante del rey.

11 Y cuando el rey hubo oído las palabras del libro de la ley, rasgó sus vestidos.

12 Luego mandó el rey á Hilcías el sacerdote, y á Ahicam hijo de Saphán, y á Achbor hijo de Michâía, y á Saphán escriba, y á Asaía siervo del rey, diciendo:

13 Id, y preguntad á Jehová por mí, y por el pueblo, y por todo Judá, acerca de las palabras de este libro que se ha hallado: porque grande ira de Jehová es la que ha sido encendida contra nosotros, por cuanto nuestros padres no escucharon las palabras de este libro, para hacer conforme á todo lo que nos fué escrito.

14 Entonces fué Hilcías el sacerdote, y Ahicam y Achbor y Saphán y Asaía, á Hulda profetisa, mujer de Sallum hijo de Ticva hijo de Araas, guarda de las vestiduras, la cual moraba en Jerusalem en la segunda parte de la ciudad, y hablaron con ella.

15 Y ella les dijo: Así ha dicho Jehová el Dios de Israel: Decid al varón que os envió á mí:

16 Así dijo Jehová: He aquí yo traigo mal sobre este lugar, y sobre los que en él moran, á saber, todas las palabras del libro que ha leído el rey de Judá:

17 Por cuanto me dejaron á mí, y quemaron perfumes á dioses ajenos, provocándome á ira en toda obra de sus manos; y mi furor se ha encendido contra este lugar, y no se apagará.

18 Mas al rey de Judá que os ha enviado para que pregunteseis á Jehová, diréis así: Así ha dicho Jehová el Dios de Israel: Por cuanto oíste las palabras del libro,

19 Y tu corazón se enterneció, y te humillaste delante de Jehová, cuando oíste lo que yo he pronunciado contra este lugar y contra sus moradores, que vendrían á ser asolados y malditos, y rasgaste tus vestidos, y lloraste en mi presencia, también yo te he oído, dice Jehová.

20 Por tanto, he aquí yo te recogeré con tus padres, y tú serás recogido á tu sepulcro en paz, y no verán tus ojos todo el mal que yo traigo sobre este lugar. Y ellos dieron al rey la respuesta.

23 Entonces el rey envió, y juntaron á él todos los ancianos de Judá y de Jerusalem.

2 Y subió el rey á la casa de Jehová con todos los varones de Judá, y con todos los moradores de Jerusalem, con los sacerdotes y profetas y con todo el pueblo, desde el más chico hasta el más grande; y leyó, oyéndolo ellos, todas las palabras del libro del pacto que había sido hallado en la casa de Jehová.

3 Y poniéndose el rey en pie junto á la columna, hizo alianza delante de Jehová, de que irían en pos de Jehová, y guardarían sus mandamientos, y sus testimonios, y sus estatutos, con todo el corazón y con toda el alma, y que cumplirían las palabras de la alianza que estaban escritas en aquel libro. Y todo el pueblo confirmó el pacto.

4 Entonces mandó el rey al sumo sacerdote Hilcías, y á los sacerdotes de segundo orden, y á los guardianes de la puerta, que sacasen del templo de Jehová todos los vasos que habían sido hechos para Baal, y para el bosque, y para toda la milicia del cielo; y quemólos fuera de Jerusalem en el campo de Cedrón, é hizo llevar las cenizas de ellos á Beth-el.

5 Y quitó á los Camoreos, que habían puesto los reyes de Judá para que quemasen perfumes en los altos en las ciudades de Judá, y en los alrededores de Jerusalem; y asimismo á los que quemaban perfumes á Baal, al sol y á la luna, y á los signos, y á todo el ejército del cielo.

6 Hizo también sacar el bosque fuera de la casa de Jehová, fuera de Jerusalem, al torrente de Cedrón, y quemólo en el torrente de Cedrón, y tornólo en polvo, y echó el polvo de él sobre los sepulcros de los hijos del pueblo.

7 Además derribó las casas de los sodomitas que estaban en la casa de Jehová, en las cuales tejían las mujeres pabellones para el bosque.

8 E hizo venir todos los sacerdotes de las ciudades de Judá, y profanó los altos donde los sacerdotes quemaban perfumes, desde Gabaa hasta Beer-seba; y derribó los altares de las puertas que estaban á la entrada de la puerta de Josué, gobernador de la ciudad, que estaban á la mano izquierda, á la puerta de la ciudad.

9 Empero los sacerdotes de los altos no subían al altar de Jehová en Jerusalem, mas comían panes sin levadura entre sus hermanos.

10 Asimismo profanó á Topheth, que está en el valle del hijo de Hinnom, porque ninguno pasase su hijo ó su hija por fuego á Moloch.

11 Quitó también los caballos que los reyes de Judá habían dedicado al sol á la entrada del templo de Jehová, junto á la cámara de Nathan-melech eunuco, el cual tenía cargo de los ejidos; y quemó al fuego los carros del sol.

12 Derribó además el rey los altares que estaban sobre la techumbre de la sala de Achâz, que los reyes de Judá habían hecho, y los altares que había hecho Manasés en los dos atrios de la casa de Jehová; y de allí corrió y arrojó el polvo en el torrente de Cedrón.

13 Asimismo profanó el rey los altos que estaban delante de Jerusalem, á la mano derecha del monte de la destrucción, los cuales Salomón rey de Israel había edificado á Astharoth, abominación de los Sidonios, y á Chêmos abominación de Moab, y á Milcom abominación de los hijos de Ammón.

14 Y quebró las estatuas, y taló los bosques, é hinchió el lugar de ellos de huesos de hombres.

15 Igualmente el altar que estaba en Beth-el, y el alto que había hecho Jeroboam hijo de Nabat, que hizo pecar á Israel, aquel altar y el alto destruyó; y quemó el alto, y lo tornó en polvo, y puso fuego al bosque.

16 Y volvióse Josías, y viendo los sepulcros que estaban allí en el monte, envió y sacó los huesos de los sepulcros, y quemólos sobre el altar para contaminarlo, conforme á la palabra de Jehová que había profetizado el varón de Dios, el cual había anunciado estos negocios.

17 Y después dijo: ¿Qué título es este que veo? Y los de la ciudad le respondieron: Este es el sepulcro del varón de Dios que vino de Judá, y profetizó estas cosas que tú has hecho sobre el altar de Beth-el.

18 Y él dijo: Dedjadlo; ninguno mueva sus huesos: y así fueron preservados sus huesos, y los huesos del profeta que había venido de Samaria.

19 Y todas las casas de los altos que estaban en las ciudades de Samaria, las cuales habían hecho los reyes de Israel para provocar á ira, quitólas también Josías, é hizo de ellas como había hecho en Beth-el.

20 Mató además sobre los altares á todos los sacerdotes de los altos que allí estaban, y quemó sobre ellos huesos de hombres, y volvióse á Jerusalem.

21 Entonces mandó el rey á todo el pueblo, diciendo: Haced la pascua á Jehová vuestro Dios, conforme á lo que está escrito en el libro de esta alianza.

22 No fué hecha tal pascua desde los tiempos de los jueces que gobernaron á Israel, ni en todos los tiempos de los reyes de Israel, y de los reyes de Judá.

23 A los diez y ocho años del rey Josías fué hecha aquella pascua á Jehová en Jerusalem.

24 Asimismo barrió Josías los pythones, adivinos, y terapheos, y todas las abominaciones que se veían en la tierra de Judá y en Jerusalem, para cumplir las palabras de la ley que estaban escritas en el libro que el sacerdote Hilcías había hallado en la casa de Jehová.

25 No hubo tal rey antes de él que se convirtiese á Jehová de todo su corazón, y de toda su alma, y de todas su fuerzas, conforme á toda la ley de Moisés; ni después de él nació otro tal.

26 Con todo eso, no se volvió Jehová del ardor de su grande ira, con que se había encendido su enojo contra Judá, por todas las provocaciones que Manasés le había irritado.

27 Y dijo Jehová: También he de quitar de mi presencia á Judá, como quité á Israel, y abominaré á esta ciudad que había escogido, á Jerusalem, y á la casa de la cual había yo dicho: Mi nombre será allí.

28 Lo demás de los hechos de Josías, y todas las cosas que hizo, ¿no está todo escrito en el libro de las crónicas de los reyes de Judá?

29 En aquellos días Faraón Nechâo rey de Egipto subió contra el rey de Asiria al río Eufrates, y salió contra él el rey Josías; pero aquél así que le vió, matólo en Megiddo.

30 Y sus siervos lo pusieron en un carro, y trajéronlo muerto de Megiddo á Jerusalem, y sepultáronlo en su sepulcro. Entonces el pueblo de la tierra tomó á Joachâz hijo de Josías, y ungiéronle y pusiéronlo por rey en lugar de su padre.

31 De veintitrés años era Joachâz cuando comenzó á reinar, y reinó tres meses en Jerusalem. El nombre de su madre fué Amutal, hija de Jeremías de Libna.

32 Y él hizo lo malo en ojos de Jehová, conforme á todas las cosas que sus padres habían hecho.

33 Y echólo preso Faraón Nechâo en Ribla en la provincia de Hamath, reinando él en Jerusalem; é impuso sobre la tierra una multa de cien talentos de plata, y uno de oro.

34 Entonces Faraón Nechâo puso por rey á Eliacim hijo de Josías, en lugar de Josías su padre, y mudóle el nombre en el de Joacim; y tomó á Joachâz, y llevólo á Egipto, y murió allí.

35 Y Joacim pagó á Faraón la plata y el oro; mas hizo apreciar la tierra para dar el dinero conforme al mandamiento de Faraón, sacando la plata y oro del pueblo de la tierra, de cada uno según la estimación de su hacienda, para dar á Faraón Nechâo.

36 De veinticinco años era Joacim cuando comenzó á Reinar, y once años reinó en Jerusalem. El nombre de su madre fué Zebuda hija de Pedaia, de Ruma.

37 E hizo lo malo en ojos de Jehová, conforme á todas las cosas que sus padres habían hecho.

24 En su tiempo subió Nabucodonosor rey de Babilonia, al cual sirvió Joacim tres años; volvióse luego, y se rebeló contra él.

2 Jehová empero envió contra él tropas de Caldeos, y tropas de Siros, y tropas de Moabitas, y tropas de Ammonitas; los cuales envió contra Judá para que la destruyesen, conforme á la palabra de Jehová que había hablado por sus siervos los profetas.

3 Ciertamente vino esto contra Judá por dicho de Jehová, para quitarla de su presencia, por los pecados de Manasés, conforme á todo lo que hizo;

4 Asimismo por la sangre inocente que derramó, pues hinchió á Jerusalem de sangre inocente: Jehová por tanto, no quiso perdonar.

5 Lo demás de los hechos de Joacim, y todas las cosas que hizo, ¿no está escrito en el libro de las crónicas de los reyes de Judá?

6 Y durmió Joacim con sus padres, y reinó en su lugar Joachîn su hijo.

7 Y nunca más el rey de Egipto salió de su tierra: porque el rey de Babilonia le tomó todo lo que era suyo, desde el río de Egipto hasta el río de Eufrates.

8 De dieciocho años era Joachîn cuando comenzó á reinar, y reinó en Jerusalem tres meses. El nombre de su madre fué Neusta hija de Elnathán, de Jerusalem.

9 E hizo lo malo en ojos de Jehová, conforme á todas las cosas que había hecho su padre.

10 En aquel tiempo subieron los siervos de Nabucodonosor rey de Babilonia contra Jerusalem y la ciudad fué cercada.

11 Vino también Nabucodonosor rey de Babilonia contra la ciudad, cuando sus siervos la tenían cercada.

12 Entonces salió Joachîn rey de Judá al rey de Babilonia, él, y su madre, y sus siervos, y sus príncipes, y sus eunucos: y prendiólo el rey de Babilonia en el octavo año de su reinado.

13 Y sacó de allí todos los tesoros de la casa de Jehová, y los tesoros de la casa real, y quebró en piezas todos los vasos de oro que había hecho Salomón rey de Israel en la casa de Jehová, como Jehová había dicho.

14 Y llevó en cautiverio á toda Jerusalem, á todos los príncipes, y á todos los hombres valientes, hasta diez mil cautivos, y á todos los oficiales y herreros; que no quedó nadie, excepto los pobres del pueblo de la tierra.

15 Asimismo trasportó á Joachîn á Babilonia, y á la madre del rey, y á las mujeres del rey, y á sus eunucos, y á los poderosos de la tierra; cautivos los llevó de Jerusalem á Babilonia.

16 A todos los hombre de guerra, que fueron siete mil, y á los oficiales y herreros, que fueron mil, y á todos los valientes para hacer la guerra, llevó cautivos el rey de Babilonia.

17 Y el rey de Babilonia puso en lugar de Joachîn á Mathanías su tío, y mudóle el nombre en el de Sedecías.

18 De veintiún años era Sedecías cuando comenzó á reinar, y reinó en Jerusalem once años. El nombre de su madre fué Amutal hija de Jeremías, de Libna.

19 E hizo lo malo en ojos de Jehová, conforme á todo lo que había hecho Joachîn.

20 Fué pues la ira de Jehová contra Jerusalem y Judá, hasta que los echó de su presencia. Y Sedecías se rebeló contra el rey de Babilonia.

25 Y aconteció á los nueve años de su reinado, en el mes décimo, á los diez del mes, que Nabucodonosor rey de Babilonia vino con todo su ejército contra Jerusalem, y cercóla; y levantaron contra ella ingenios alrededor.

2 Y estuvo la ciudad cercada hasta el undécimo año del rey Sedecías.

3 A los nueve del mes prevaleció el hambre en la ciudad, que no hubo pan para el pueblo de la tierra.

4 Abierta ya la ciudad, huyeron de noche todos los hombres de guerra por el camino de la puerta que estaba entre los dos muros, junto á los huertos del rey, estando los Caldeos alrededor de la ciudad; y el rey se fué camino de la campiña.

5 Y el ejército de los Caldeos siguió al rey, y tomólo en las llanuras de Jericó, habiéndose esparcido de él todo su ejército.

6 Tomado pues el rey, trajéronle al rey de Babilonia á Ribla, y profirieron contra él sentencia.

7 Y degollaron á los hijos de Sedecías en presencia suya; y á Sedecías sacaron los ojos, y atado con cadenas lleváronlo á Babilonia.

8 En el mes quinto, á los siete del mes, siendo el año diecinueve de Nabucodonosor rey de Babilonia, vino á Jerusalem Nabuzaradán, capitán de los de la guardia, siervo del rey de Babilonia.

9 Y quemó la casa de Jehová, y la casa del rey, y todas las casas de Jerusalem; y todas las casas de los príncipes quemó á fuego.

10 Y todo el ejército de los Caldeos que estaba con el capitán de la guardia, derribó los muros de Jerusalem alrededor.

11 Y á los del pueblo que habían quedado en la ciudad, y á los que se habían juntado al rey de Babilonia, y á los que habían quedado del vulgo, trasportólo Nabuzaradán, capitán de los de la guardia.

12 Mas de los pobres de la tierra dejó Nabuzaradán, capitán de los de la guardia, para que labrasen las viñas y las tierras.

13 Y quebraron los Caldeos las columnas de bronce que estaban en la casa de Jehová, y las basas, y el mar de bronce que estaba en la casa de Jehová, y llevaron el metal de ello á Babilonia.

14 Lleváronse también los calderos, y las paletas, y las tenazas, y los cucharones, y todos los vasos de metal con que ministraban.

15 Incensarios, cuencos, los que de oro, en oro, y los que de plata, en plata, todo lo llevó el capitán de los de la guardia;

16 Las dos columnas, un mar, y las basas que Salomón había hecho para la casa de Jehová: no había peso de todos estos vasos.

17 La altura de la una columna era diez y ocho codos, y tenía encima un capitel de bronce, y la altura del capitel era de tres codos; y sobre el capitel había un enredado y granadas alrededor, todo de bronce: y semejante obra había en la otra columna con el enredado.

18 Tomó entonces el capitán de los de la guardia á Saraías primer sacerdote, y á Sophonías segundo sacerdote, y tres guardas de la vajilla.

19 Y de la ciudad tomó un eunuco, el cual era maestre de campo, y cinco varones de los continuos del rey, que se hallaron en la ciudad; y al principal escriba del ejército, que hacía la reseña de la gente del país; y sesenta varones del pueblo de la tierra, que se hallaron en la ciudad.

20 Estos tomó Nabuzaradán, capitán de los de la guardia, y llevólos á Ribla al rey de Babilonia.

21 Y el rey de Babilonia los hirió y mató en Ribla, en

tierra de Hamath. Así fué trasportado Judá de sobre su tierra.

22 Y al pueblo que Nabucodonosor rey de Babilonia dejó en tierra de Judá, puso por gobernador á Gedalías, hijo de Ahicam hijo de Saphán.

23 Y oyendo todos los príncipes del ejército, ellos y su gente, que el rey de Babilonia había puesto por gobernador á Gedalías, viniéronse á él en Mizpa, es á saber, Ismael hijo de Nathanías, y Johanán hijo de Carea, y Saraía hijo de Tanhumet Netofatita, y Jaazanías hijo de Maachâti, ellos con los suyos.

24 Entonces Gedalías les hizo juramento, á ellos y á los suyos, y díjoles: No temáis de ser siervos de los Caldeos; habitad en la tierra, y servid al rey de Babilonia, y os irá bien.

25 Mas en el mes séptimo vino Ismael hijo de Nathanías, hijo de Elisama, de la estirpe real, y con él diez varones, é hirieron á Gedalías, y murió; y también á los Judíos y Caldeos que estaban con él en Mizpa.

26 Y levantándose todo el pueblo, desde el menor hasta el mayor, con los capitanes del ejército, fuéronse á Egipto por temor de los Caldeos.

27 Y aconteció á los treinta y siete años de la trasportación de Joachîn rey de Judá, en el mes duodécimo, á los veinte y siete del mes, que Evil-merodach rey de Babilonia, en el primer año de su reinado, levantó la cabeza de Joachîn rey de Judá, sacándolo de la casa de la cárcel;

28 Y hablóle bien, y puso su asiento sobre el asiento de los reyes que con él estaban en Babilonia.

29 Y mudóle los vestidos de su prisión, y comió siempre delante de él todos los días de su vida.

30 Y fuéle diariamente dada su comida de parte del rey de continuo, todos los días de su vida.

1 CRONICAS.

1 Adam, Seth, Enos,
2 Cainán, Mahalaleel, Jared,

3 Enoch, Mathusalem, Lamech,

4 Noé, Sem, Châm, y Japhet.

5 Los hijos de Japhet: Gomer, Magog, Dadai, Javán, Tubal, Mesec, y Thiras.

6 Los hijos de Gomer: Askenaz, Riphath, y Thogorma.

7 Los hijos de Javán: Elisa, Tharsis, Chîthim, y Dodanim.

8 Los hijos de Châm: Chûs, Misraim, Phuth, y Canaán.

9 Los hijos de Chûs: Seba, Havila, Sabtha, Raema, y Sabtechâ. Y los hijos de Raema: Seba y Dedán.

10 Chûs engendró á Nimrod: éste comenzó á ser poderoso en la tierra.

11 Misram engendró á Ludim, Ananim, Laabim, Nephtuim,

12 Phetrusim y Casluim: de éstos salieron los Filisteos, y los Caphtoreos.

13 Canaán engendró á Sidón, su primogénito;

14 Y al Hetheo, y al Jebuseo, y al Amorrheo, y al Gergeseo;

15 Y al Heveo, y al Araceo, y al Sineo;

16 Al Aradeo, y al Samareo, y al Hamatheo.

17 Los hijos de Sem: Elam, Assur, Arphaxad, Lud, Aram, Hus, Hul, Gether, y Mesec.

18 Arphaxad engendró á Sela, y Sela engendró á Heber.

19 Y á Heber nacieron dos hijos: el nombre del uno fué Peleg, por cuanto en sus días fué dividida la tierra; y el nombre de su hermano fué Joctán.

20 Y Joctán engendró á Elmodad, Seleph, Asarmáveth, y Jera,

21 A Adoram también, á Uzal, Dicla,

22 Hebal, Abimael, Seba,

23 Ophir, Havila, y Jobab: todos hijos de Joctán.

24 Sem, Arphaxad, Sela,

25 Heber, Peleg, Reu,

26 Serug, Nachôr, Thare,

27 Y Abram, el cual es Abraham.

28 Los hijos de Abraham: Isaac é Ismael.

29 Y estas son sus descendencias: el primogénito de Ismael, Nabajoth; después Cedar, Adbeel, Misam,

30 Misma, Duma, Maasa, Hadad, Thema, Jetur, Naphis, y Cedma. Estos son los hijos de Ismael.

31 Y Cethura, concubina de Abraham, parió á Zimram, Jocsán, Medán, Madián, Isbac, y á Súa.

32 Los hijos de Jobsán: Seba y Dedán.

33 Los hijos de Madián: Epha, Epher, Henoch, Abida, y Eldaa; todos estos fueron hijos de Cethura.

34 Y Abraham engendró á Isaac: y los hijos de Isaac fueron Esaú é Israel.

35 Los hijos de Esaú: Eliphas, Rehuel, Jeus, Jalam, y Cora.

36 Los hijos de Eliphas: Themán, Omar, Sephi, Hatham, Chênas, Timna, y Amalec.

37 Los hijos de Rehuel: Nahath, Zera, Samma, y Mizza.

38 Los hijos de Seir: Lotán, Sobal, Sibeón, Ana, Disón, Eser, y Disán.

39 Los hijos de Lotán: Hori, y Homam: y Timna fué hermana de Lotán.

40 Los hijos de Sobal: Alian, Manahach, Ebal, Sephi y Oman. Los hijos de Sibehom: Aia, y Ana.

41 Disón fué hijo de Ana: y los hijos de Disón; Hamrán, Hesbán, Ithran y Chêrán.

42 Los hijos de Eser: Bilham, Zaaván, y Jaacán. Los hijos de Disán: Hus y Arán.

43 Y estos son los reyes que reinaron en la tierra de Edom, antes que reinase rey sobre los hijos de Israel Belah, hijo de Beor; y el nombre de su ciudad fué Dinaba.

44 Y muerto Belah, reinó en su lugar Jobab, hijo de Zera, de Bosra.

45 Y muerto Jobab reinó en su lugar Husam, de la tierra de los Themanos.

46 Muerto Husam, reinó en su lugar Adad, hijo de Bedad, el cual hirió á Madián en la campaña de Moab: y el nombre de su ciudad fué Avith.

47 Muerto Adad, reinó en su lugar Samla, de Masreca.

48 Muerto también Samla, reinó en su lugar Saúl de Rehoboth, que está junto al río.

49 Y muerto Saúl, reinó en su lugar Baal-hanán, hijo de Achbor.

50 Y muerto Baal-hanán, reinó en su lugar Adad, el nombre de cuya ciudad fué Pai; y el nombre de su mujer Meetabel, hija de Matred, y ésta de Mezaab.

51 Muerto Adad, sucedieron los duques en Edom: el duque Timna, el duque Alia, el duque Jetheth,

52 El duque Oholibama, el duque Ela, el duque Phinón,

53 El duque Chênaz, el duque Themán, el duque Mibzar,

54 El duque Magdiel, el duque Iram. Estos fueron los duques de Edom.

2 Estos son los hijos de Israel: Rubén, Simeón, Leví, Judá, Issachâr, Zabulón,

2 Dan, José, Benjamín, Nephtalí, Gad, y Aser.

3 Los hijos de Judá: Er, Onán, y Sela. Estos tres le nacieron de la hija de Sua, Cananea. Y Er, primogénito de Judá, fué malo delante de Jehová; y matólo.

4 Y Thamar su nuera le parió á Phares y á Zara. Todos los hijos de Judá fueron cinco.

5 Los hijos de Phares: Hesrón y Hamul.

6 Y los hijos de Zara: Zimri, Ethán, Hemán, y Calcol, y Darda; en todos cinco.

7 Hijo de Chârmi fué Achâr, el que alborotó á Israel, porque prevaricó en el anatema.

8 Azaría fué hijo de Ethán.

9 Los hijos que nacieron á Hesrón: Jerameel, Ram, y Chêlubai.

10 Y Ram engendró á Aminadab; y Aminadab engendró á Nahasón, príncipe de los hijos de Judá;

11 Y Nahasón engendró á Salma, y Salma engendró á Booz;

12 Y Booz engendró á Obed, y Obed engendró á Isaí;

13 E Isaí engendró á Eliab, su primogénito, y el segundo Abinadab, y Sima el tercero;

14 El cuarto Nathanael, el quinto Radai;

15 El sexto Osem, el séptimo David:

16 De los cuales Sarvia y Abigail fueron hermanas. Los hijos de Sarvia fueron tres: Abisai, Joab, y Asael.

17 Abigail engendró á Amasa, cuyo padre fué Jether Ismaelita.

18 Caleb hijo de Hesrón engendró á Jerioth de su mujer Azuba. Y los hijos de ella fueron Jeser, Sobad, y Ardón.

19 Y muerta Azuba, tomó Caleb por mujer á Ephrata, la cual le parió á Hur.

20 Y Hur engendró á Uri, y Uri engendró á Bezaleel.

21 Después entró Hesrón á la hija de Machîr padre de Galaad, la cual tomó siendo él de sesenta años, y ella le parió á Segub.

22 Y Segub engendró á Jair, el cual tuvo veintitrés ciudades en la tierra de Galaad.

23 Y Gesur y Aram tomaron las ciudades de Jair de ellos, y á Cenath con sus aldeas, sesenta lugares. Todos estos fueron de los hijos de Machîr padre de Galaad.

24 Y muerto Hesrón en Caleb de Ephrata, Abia mujer de Hesrón le parió á Ashur padre de Tecoa.

25 Y los hijos de Jerameel primogénito de Hesrón fueron Ram su primogénito, Buna, Orem, Osem, y Achîa.

26 Y tuvo Jerameel otra mujer llamada Atara, que fué madre de Onam.

27 Y los hijos de Ram primogénito de Jerameel fueron Maas, Jamín, y Acar.

28 Y los hijos de Onam fueron Sammai, y Jada. Los hijos de Sammai: Nadab, y Abisur.

29 Y el nombre de la mujer de Abisur fué Abihail, la cual le parió á Abán, y á Molib.

30 Y los hijos de Nadab: Seled y Aphaim. Y Seled murió sin hijos.

31 E Isi fué hijo fué hijo de Aphaim; y Sesam, hijo de Isi; é hijo de Sesam, Alai.

32 Los hijos de Jada hermano de Simmai: Jether y Jonathán. Y murió Jether sin hijos.

33 Y los hijos de Jonathán: Peleth, y Zaza. Estos fueron los hijos de Jerameel.

34 Y Sesán no tuvo hijos, sino hijas.

35 Y tuvo Sesán un siervo Egipcio, llamado Jarha, al cual dió Sesán por mujer á su hija; y ella le parió á Athai.

36 Y Athai engendró á Nathán, y Nathán engendró á Zabad;

37 Y Zabad engendró á Ephlal, y Ephlal engendró á Obed;

38 Y Obed engendró á Jehú, y Jehú engendró á Azarías;

39 Y Azarías engendró á Heles, Heles engendró á Elasa;

40 Y Elasa engendró á Sismai, y Sismai engendró á Sallum;

41 Y Sallum engendró á Jecamía, y Jecamía engendró á Elisama.

42 Los hijos de Caleb hermano de Jerameel fueron Mesa su primogénito, que fué el padre de Ziph; y los hijos de Maresa padre de Hebrón.

43 Y los hijos de Hebrón: Core, y Thaphua, y Recem, y Sema.

44 Y Sema engendró á Raham, padre de Jorcaam; y Recem engendró á Sammai.

45 Maón fué hijo de Sammai, y Maón padre de Beth-zur.

46 Y Epha, concubina de Caleb, le parió á Harán, y á Mosa, y á Gazez. Y Harán engendró á Gazez.

47 Y los hijos de Joddai: Regem, Jotham, Gesán, Pelet, Epho, y Saaph.

48 Maachâ, concubina de Caleb, le parió á Sebet, y á Thirana.

49 Y también le parió á Saaph padre de Madmannah, y á Seva padre de Macbena, y padre de Ghiba. Y Achsa fué hija de Caleb.

50 Estos fueron los hijos de Caleb, hijo de Hur, primogénito de Ephrata: Sobal, padre de Chîriath-jearim;

51 Salma, padre de Beth-lehem; Hareph, padre de Beth-gader.

52 Y los hijos de Sobal padre de Chîriath-jearim fueron Haroeh, la mitad de los Manahethitas.

53 Y las familias de Chîriath-jearim fueron los Ithreos, y los Phuteos, y los Samatheos, y los Misraiteos; de los cuales salieron los Soratitas, y los Estaolitas.

54 Los hijos de Salma: Beth-lehem, y los Nethophatitas, los cuales son las coronas de la casa de Joab, y de la mitad de los Manahethitas, los Soraitas.

55 Y las familias de los escribas, que moraban en Jabes, fueron los Thiratheos, Simatheos, Sucatheos; los cuales son los Cineos que vinieron de Hamath, padre de la casa de Rechâb.

3 Estos son los hijos de David, que le nacieron en Hebrón: Amnón el primogénito, de Achînoam Jezreelita; el segundo Daniel, de Abigail de Carmelo;

2 El tercero, Absalom, hijo de Maachâ hija de Talmai rey de Gesur; el cuarto, Adonías hijo de Aggith;

3 El quinto, Sephatías, de Abithal; el sexto, Itream, de Egla su mujer.

4 Estos seis le nacieron en Hebrón, donde reinó siete años y seis meses: y en Jerusalem reinó treinta y tres años.

5 Estos cuatro le nacieron en Jerusalem: Simma, Sobab, Nathán, y Salomón, de Beth-sua hija de Ammiel.

6 Y otros nueve: Ibaar, Elisama, y Eliphelet,

7 Noga, Nepheg, y Japhia.

8 Elisama, Eliada, y Eliphelet.

9 Todos estos fueron los hijos de David, sin los hijos de las concubinas. Y Thamar fué hermana de ellos.

10 Hijo de Salomón fué Roboam, cuyo hijo fué Abía, del cual fué hijo Asa, cuyo hijo fué Josaphat;

11 De quien fué hijo Joram, cuyo hijo fué Ochôzias, hijo del cual fué Joas;

12 Del cual fué hijo Amasías, cuyo hijo fué Azarías, é hijo de éste Jotham;

13 E hijo del cual fué Achâz, del que fué hijo Ezechîas, cuyo hijo fué Manasés;

14 Del cual fué hijo Amón, cuyo hijo fué Josías.

15 Y los hijos de Josías: Johanán su primogénito, el segundo Joacim, el tercero Sedecías, el cuarto Sallum.

16 Y los hijos de Joacim: Jechônías su hijo, hijo del cual fué Sedecías.

17 Y los hijos de Jechônías: Asir, Salathiel,

18 Mechiram, Pedaía, Seneaser, y Jecamía, Hosama, y Nedabía.

19 Y los hijos de Pedaía: Zorobabel, y Simi. Y los hijos de Zorobabel: Mesullam, Hananías, y Selomith su hermana.

20 Y de Mesullam: Hasuba, Ohel, y Berechîas, Hasadía, y Jusabhesed; cinco en todos.

21 Los hijos de Hananías: Pelatías, y Jesaías, hijo de Rephaías, hijo de Arnán, hijo de Obdías, hijo de Sechânías.

22 Hijo de Sechânías: Hâttus, Igheal, Barias, Nearías, y Saphat; seis.

23 Los hijos de Nearías fueron estos tres: Elioenai, Ezechîas, y Azricam.

24 Los hijos de Elioenai fueron estos siete: Odavias, Eliasib, Pelaías, Accub, Johanán, Dalaías, y Anani.

4 Los hijos de Judá: Phares, Hesrón, Carmi, Hur, y Sobal.

2 Y Reaías hijo de Sobal, engendró á Jahath; y Jahath engendró á Ahumai y á Laad. Estas son las familias de los Sorathitas.

3 Y estas son las del padre de Etham: Jezreel, Isma, é Ibdas. Y el nombre de su hermana fué Haslelponi.

4 Y Penuel fué padre de Gedor, y Ezer padre de Husa. Estos fueron los hijos de Hur, primogénito de Ephrata, padre de Beth-lehem.

5 Y Asur padre de Tecoa tuvo dos mujeres, á saber, Helea, y Naara.

6 Y Naara le parió á Auzam, y á Hepher, á Themeni, y á Ahastari. Estos fueron los hijos de Naara.

7 Y los hijos de Helea: Sereth, Jesohar, Ethnán.

8 Y Cos engendró á Anob, y á Sobeba, y la familia de Aharhel hijo de Arum.

9 Y Jabes fué más ilustre que sus hermanos, al cual su madre llamó Jabes, diciendo: Por cuanto le parí en dolor.

10 E invocó Jabes al Dios de Israel, diciendo: ¡Oh si me dieras bendición, y ensancharas mi término, y si tu mano fuera conmigo, y me libraras de mal, que no me dañe! E hizo Dios que le viniese lo que pidió.

11 Y Caleb hermano de Sua engendró á Machîr, el cual fué padre de Esthón.

12 Y Esthón engendró á Beth-rapha, á Phasea, y á Tehinna, padre de la ciudad de Naas: estos son los varones de Rechâ.

13 Los hijos de Cenes: Othniel, y Seraiah. Los hijos de Othniel: Hathath,

14 Y Maonathi, el cual engendró á, Ophra: y Seraiah engendró á Joab, padre de los habitantes en el valle llamado de Carisim, porque fueron artífices.

15 Los hijos de Caleb hijo de Jephone: Iru, Ela, y Naham; é hijo de Ela, fué Cenez.

16 Y los hijos de Jaleleel: Zip, Ziphas, Tirias, y Asareel.

17 Y los hijos de Ezra: Jeter, Mered, Epher, y Jalón: también engendró á Mariam, y Sammai, y á Isba, padre de Esthemoa.

18 Y su mujer Judaía le parió á Jered padre de Gedor, y á Heber padre de Sochô, y á Icuthiel padre de Zanoa. Estos fueron los hijos de Bethia hija de Faraón, con la cual casó Mered.

19 Y los hijos de la mujer de Odías, hermana de Naham, fueron el padre de Keila de Garmi, y Esthemoa de Maachâti.

20 Y los hijos de Simón: Amnón, y Rinna, hijo de Hanán, y Tilón. Y los hijos de Isi: Zoheth, y Benzoheth.

21 Los hijos de Sela, hijo de Judá: Er, padre de Lechâ, y Laada, padre de Maresa, y de la familia de la casa del oficio del lino en la casa de Asbea;

22 Y Joacim, y los varones de Chôzeba, y Joas, y Saraph, los cuales moraron en Moab, y Jasubi-lehem, que son palabras antiguas.

23 Estos fueron alfareros y se hallaban en medio de plantíos y cercados, los cuales moraron allá con el rey en su obra.

24 Los hijos de Simeón: Nemuel, Jamín, Jarib, Zera, Saúl:

25 También Sallum su hijo, Mibsam su hijo, y Misma su hijo.

26 Los hijos de Misma: Hamuel su hijo, Zachûr su hijo, y Simi su hijo.

27 Los hijos de Simi fueron diez y seis, y seis hijas: mas sus hermanos no tuvieron muchos hijos, ni multiplicaron toda su familia como los hijos de Judá.

28 Y habitaron en Beer-seba, y en Molada, y en Hasar-sual,

29 Y en Bala, y en Esem, y en Tholad,

30 Y en Bethuel, y en Horma, y en Siclag.

31 Y en Beth-marchâboth, y en Hasasusim, y en Beth-birai, y en Saaraim. Estas fueron sus ciudades hasta el reino de David.

32 Y sus aldeas fueron Etam, Ain, Rimmón, y Tochên, y Asán, cinco pueblos;

33 Y todos sus villajes que estaban en contorno de estas ciudades hasta Baal. Esta fué su habitación, y esta su descendencia.

34 Y Mesobab, y Jamlech, y Josías hijo de Amasías;

35 Joel, y Jehú hijo de Josibias, hijo de Seraíah, hijo de Aziel;

36 Y Elioenai, Jacoba, Jesohaía, Asaías, Adiel, Jesimiel, Benaías;

37 Y Ziza hijo de Siphi, hijo de Allón, hijo de Jedaía, hijo de Simri, hijo de Semaías.

38 Estos por sus nombres son los principales que vinieron en sus familias, y que fueron multiplicados muy mucho en las casas de sus padres.

39 Y llegaron hasta la entrada de Gador hasta el oriente del valle, buscando pastos para sus ganados.

40 Y hallaron gruesos y buenos pastos, y tierra ancha y espaciosa, y quieta y reposada, porque los de Châm la habitaban de antes.

41 Y estos que han sido escritos por sus nombres, vinieron en días de Ezechîas rey de Judá, y desbarataron sus tiendas y estancias que allí hallaron, y destruyéronlos, hasta hoy, y habitaron allí en lugar de ellos; por cuanto había allí pastos para sus ganados.

42 Y asimismo quinientos hombres de ellos, de los hijos de Simeón, se fueron al monte de seir, llevando por capitanes á Pelatía, y á Nearías, y á Rephaías, y á Uzziel, hijos de Isi;

43 E hirieron á las reliquias que habían quedado de Amalec, y habitaron allí hasta hoy.

5 Y los hijos de Rubén, primogénito de Israel, (porque él era el primogénito, mas como violó el lecho de su padre, sus derechos de primogenitura fueron dados á los hijos de José, hijo de Israel; y no fué contado por primogénito.

2 Porque Judá fué el mayorazgo sobre sus hermanos, y el príncipe de ellos: mas el derecho de primogenitura fué de José.)

3 Fueron pues los hijos de Rubén, primogénito de Israel: Enoch, Phallu, Esrón y Charmi.

4 Los hijos de Joel: Semaías su hijo, Gog su hijo, Simi su hijo;

5 Michâ su hijo, Recaía su hijo, Baal su hijo;

6 Beera su hijo, el cual fué trasportado por Thiglath-pilneser rey de los Asirios. Este era principal de los Rubenitas.

7 Y sus hermanos por sus familias, cuando eran contados en sus descendencias, tenían por príncipes á Jeiel y á Zachârías.

8 Y Bela hijo de Azaz, hijo de Sema, hijo de Joel, habitó en Aroer hasta Nebo y Baal-meón.

9 Habitó también desde el oriente hasta la entrada del desierto desde el río Eufrates: porque tenía muchos ganados en la tierra de Galaad.

10 Y en los días de Saúl trajeron guerra contra los Agarenos, los cuales cayeron en su mano; y ellos habitaron en sus tiendas sobre toda la haz oriental de Galaad.

11 Y los hijos de Gad habitaron enfrente de ellos en la tierra de Basán hasta Salca.

12 Y Joel fué el principal en Basán, el segundo Sephán, luego Janai, después Saphat.

13 Y sus hermanos, según las familias de sus padres, fueron Michâel, Mesullam, Seba, Jorai, Jachân, Zia, y Heber, en todos siete.

14 Estos fueron los hijos de Abihail hijo de Huri, hijo de Jaroa, hijo de Galaad, hijo de Michâel, hijo de Jesiaí, hijo de Jaddo, hijo de Buz.

15 También Ahí, hijo de Abdiel, hijo de Guni, fué principal en la casa de sus padres.

16 Los cuales habitaron en Galaad, en Basán, y en sus aldeas, y en todos los ejidos de Sarón hasta salir de ellos.

17 Todos estos fueron contados por sus generaciones en días de Jothán rey de Judá, y en días de Jeroboam rey de Israel.

18 Los hijos de Rubén, y de Gad, y la media tribu de Manasés, hombres valientes, hombres que traían escudo y espada, que entesaban arco, y diestros en guerra, en cuarenta y cuatro mil setecientos y sesenta que salían á batalla.

19 Y tuvieron guerra los Agarenos, y Jethur, y Naphis, y Nodab.

20 Y fueron ayudados contra ellos, y los Agarenos se dieron en sus manos, y todos los que con ellos estaban; porque clamaron á Dios en la guerra, y fuéles favorable, porque esperaron en él.

21 Y tomaron sus ganados, cincuenta mil camellos, y doscientas cincuenta mil ovejas, dos mil asnos, y cien mil personas.

22 Y cayeron muchos heridos, porque la guerra era de Dios; y habitaron en sus lugares hasta la transmigración.

23 Y los hijos de la media tribu de Manasés habitaron en la tierra, desde Basán hasta Baal-Hermón, y Senir y el monte de Hermón, multiplicados en gran manera.

24 Y estas fueron las cabezas de las casas de sus padres: Epher, Isi, y Eliel, Azriel, y Jeremías, y Odavia, y Jadiel, hombres valientes y de esfuerzo, varones de nombre y cabeceras de las casas de sus padres.

25 Mas se rebelaron contra el Dios de sus padres, y fornicaron siguiendo los dioses de los pueblos de la tierra, á los cuales había Jehová quitado de delante de ellos.

26 Por lo cual el Dios de Israel excitó el espíritu de Phul rey de los Asirios, y el espíritu de Thiglath-pilneser rey de los Asirios, el cual trasportó á los Rubenitas y Gaditas y á la media tribu de Manasés, y llevólos á Halad, y á Habor y á Ara, y al río de Gozán, hasta hoy.

6 Los hijos de Leví: Gersón, Coath, y Merari.

2 Los hijos de Coath: Amram, Ishar, Hebrón y Uzziel.

3 Los hijos de Amram: Aarón, Moisés, y Mariam. Los hijos de Aarón: Nadab, Abiú, Eleazar, é Ithamar.

4 Eleazar engendró á Phinees, y Phinees engendró á Abisua:

5 Y Abisua engendró á Bucci, y Bucci engendró á Uzzi;

6 Y Uzzi engendró á Zeraías, y Zeraías engendró á Meraioth;

7 Y Meraioth engendró á Amarías, y Amarías engendró á Achîtob;

8 Y Achîtob engendró á Sadoc, y Sadoc engendró á Achîmaas;

9 Y Achîmaas engendró á Azarías, y Azarías engendró á Johanán;

10 Y Johanan engendró á Azarías, el que tuvo el sacerdocio en la casa que Salomón edificó en Jerusalem;

11 Y Azarías engendró á Amarías, y Amarías engendró á Achîtob;

12 Y Achîtob engendró á Sadoc, y Sadoc engendró á Sallum;

13 Y Sallum engendró á Hilcías, é Hilcías engendró á Azarías;

14 Y Azarías engendró á Seraíah, y Seraíah engendró á Josadec.

15 Y Josadec fué cautivo cuando Jehová trasportó á Judá y á Jerusalem, por mano de Nabucodonosor.

16 Los hijos de Leví: Gersón, Coath, y Merari.

17 Y estos son los nombres de los hijos de Gersón: Libni, y Simi.

18 Los hijos de Coath: Amram, Ishar, Hebrón, y Uzziel.

19 Los hijos de Merari: Mahali, y Musi. Estas son las familias de Leví, según sus descendencias.

20 Gersón: Libni su hijo, Joath su hijo, Zimma su hijo.

21 Joab su hijo, Iddo su hijo, Zera su hijo, Jeothrai su hijo.

22 Los hijos de Coath: Aminadab su hijo, Coré su hijo, Asir su hijo,

23 Elcana su hijo, Abiasaph su hijo, Asir su hijo,

24 Thahath su hijo, Uriel su hijo, Uzzia su hijo, y Saúl su hijo.

25 Los hijos de Elcana: Amasai, Achîmoth, y Elcana.

26 Los hijos de Elcana: Sophai su hijo, Nahath su hijo,

27 Eliab su hijo, Jeroham su hijo, Elcana su hijo.

28 Los hijos de Samuel: el primogénito Vasni, y Abías.

29 Los hijos de Merari: Mahali, Libni su hijo, Simi su hijo, Uzza su hijo,

30 Sima su hijo, Haggía su hijo, Assía su hijo.

31 Estos son á los que David dió cargo de las cosas de la música de la casa de Jehová, después que el arca tuvo reposo:

32 Los cuales servían delante de la tienda del tabernáculo del testimonio en cantares, hasta que Salomón edificó la casa de Jehová en Jerusalem: después estuvieron en su ministerio según su costumbre.

33 Estos pues con sus hijos asistían: de los hijos de Coath, Hemán cantor, hijo de Joel, hijo de Samuel;

34 Hijo de Elcana, hijo de Jeroham, hijo de Eliel, hijo de Thoa;

35 Hijo de Suph, hijo de Elcana, hijo Mahath, hijo de Amasai;

36 Hijo de Elcana, hijo de Joel, hijo de Azarías, hijo de Sophonías;

37 Hijo de Thahat, hijo de Asir, hijo de Abiasaph, hijo de Core;

38 Hijo de Ishar, hijo de Coath, hijo de Leví, hijo de Israel.

39 Y su hermano Asaph, el cual estaba á su mano derecha: Asaph, hijo de Berachîas, hijo de Sima;

40 Hijo de Michâel, hijo de Baasías, hijo de Malchîas;

41 Hijo de Athanai, hijo de Zera, hijo de Adaia;

42 Hijo de Ethán, hijo de Zimm, hijo de Simi;

43 Hijo de Jahat, hijo de Gersón, hijo de Leví.

44 Mas los hijos de Merari sus hermanos estaban á la mano siniestra, es á saber, Ethán hijo de Chîsi, hijo de Abdi, hijo de Maluch;

45 Hijo de Hasabías, hijo de Amasías, hijo de Hilcías;

46 Hijo de Amasai, hijo de Bani, hijo de Semer;

47 Hijo de Mahali, hijo de Musi, hijo de Merari, hijo de Leví.

48 Y sus hermanos los Levitas fueron puestos sobre todo el ministerio del tabernáculo de la casa de Dios.

49 Mas Aarón y sus hijos ofrecían perfume sobre el altar del holocausto, y sobre el altar del perfume, en toda la obra del lugar santísimo, y para hacer las expiaciones sobre Israel, conforme á todo lo que Moisés siervo de Dios había mandado.

50 Y los hijos de Aarón son estos: Eleazar su hijo, Phinees su hijo, Abisua su hijo;

51 Bucci su hijo, Uzzi su hijo, Zeraías su hijo;

52 Meraioth su hijo, Amarías su hijo, Achîtob su hijo;

53 Sadoc su hijo, Achîmaas su hijo.

54 Y estas son sus habitaciones, conforme á sus domicilios y sus términos, las de los hijos de Aarón por las familias de los Coathitas, porque de ellos fué la suerte:

55 Les dieron pues á Hebrón en tierra de Judá, y sus ejidos alrededor de ella.

56 Mas el territorio de la ciudad y sus aldeas se dieron á Caleb, hijo de Jephone.

57 Y á los hijos de Aarón dieron las ciudades de Judá de acogimiento, es á saber, á Hebrón, y á Libna con sus ejidos;

58 Á Jathir, y Esthemoa con sus ejidos, y á Hilem con sus ejidos, y á Debir con sus ejidos:

59 Á Asán con sus ejidos, y á Beth-semes con sus ejidos:

60 Y de la tribu de Benjamín, á Geba, con sus ejidos, y á Alemeth con sus ejidos, y á Anathoth con sus ejidos. Todas sus ciudades fueron trece ciudades, repartidas por sus linajes.

61 A los hijos de Coath, que quedaron de su parentela, dieron diez ciudades de la media tribu de Manasés por suerte.

62 Y á los hijos de Gersón, por sus linajes, dieron de la tribu de Aser, y de la tribu de Nephtalí, y de la tribu de Manasés en Basán, trece ciudades.

63 Y á los hijos de Merari, por sus linajes, de la tribu de Rubén, y de la tribu de Gad, y de la tribu de Zabulón, se dieron por suerte doce ciudades.

64 Y dieron los hijos de Israel á los Levitas ciudades con sus ejidos.

65 Y dieron por suerte de la tribu de los hijos de Judá, y de la tribu de los hijos de Simeón, y de la tribu de los hijos de Benjamín, las ciudades que nombraron por sus nombres.

66 Y á los linajes de los hijos de Coath dieron ciudades con sus términos de la tribu de Ephraim.

67 Y diéronles las ciudades de acogimiento, á Sichêm con sus ejidos en el monte de Ephraim, y á Gezer con sus ejidos,

68 Y á Jocmeam con sus ejidos, y á Beth-oron con sus ejidos,

69 Y á Ajalón con sus ejidos, y á Gath-rimmón con sus ejidos.

70 De la media tribu de Manasés, á Aner con sus ejidos, y á Bilam con sus ejidos, para los del linaje de los hijos de Coath que habían quedado.

71 Y á los hijos de Gersón dieron de la familia de la media tribu de Manasés, á Golan en Basán con sus ejidos y á Astaroth con sus ejidos;

72 Y de la tribu de Issachâr, á Cedes con sus ejidos, á Dobrath con sus ejidos,

73 Y á Ramoth con sus ejidos, y á Anem con sus ejidos;

74 Y de la tribu de Aser á Masal con sus ejidos, y á Abdón con sus ejidos,

75 Y á Ucoc con sus ejidos, y á Rehob con sus ejidos.

76 Y de la tribu de Nephtalí, á Cedes en Galilea con sus ejidos, y á Ammón con sus ejidos, y á Chîriath-jearim con sus ejidos.

77 Y á los hijos de Merari que habían quedado, dieron de la tribu de Zabulón á Rimmono con sus ejidos, y á Thabor con sus ejidos;

78 Y de la otra parte del Jordán de Jericó, al oriente del Jordán, dieron, de la tribu de Rubén, á Beser en el desierto con sus ejidos; y á Jasa con sus ejidos.

79 Y á Chêdemoth con sus ejidos, y á Mephaath con sus ejidos;

80 Y de la tribu de Gad, á Ramot en Galaad con sus ejidos, y á Mahanaim con sus ejidos.

81 Y á Hesbón con sus ejidos, y á Jacer con sus ejidos.

7 Los hijos de Issachâr, cuatro: Thola, Phúa, Jabsub, y Simrón.

2 Los hijos de Thola: Uzzi, Rephaías, Jeriel, Jamai, Jibsam y Samuel, cabezas en las familias de sus padres. De Thola fueron contados por sus linajes en el tiempo de David, veintidós mil seiscientos hombres muy valerosos.

3 Hijo de Uzzi fué Izrahías; y los hijos de Izrahías: Michâel, Obadías, Joel, é Isías: todos, cinco príncipes.

4 Y había con ellos en sus linajes, por las familias de sus padres, treinta y seis mil hombres de guerra: por que tuvieron muchas mujeres é hijos.

5 Y sus hermanos por todas las familias de Issachâr, contados todos por sus genealogías, eran ochenta y siete mil hombres valientes en extremo.

6 Los hijos de Benjamín fueron tres: Bela, Bechêr, y Jediael.

7 Los hijos de Bela: Esbon, Uzzi, Uzziel, Jerimoth, é Iri; cinco cabezas de casas de linajes, hombres de gran valor, y de cuya descendencia fueron contados veintidós mil treinta y cuatro.

8 Los hijos de Bechêr: Zemira, Joas, Eliezer, Elioenai, Omri, Jerimoth, Abías, Anathoth y Alemeth; todos estos fueron hijos de Bechêr.

9 Y contados por sus descendencias, por sus linajes, los que eran cabezas de sus familias, resultaron veinte mil y doscientos hombres de grande esfuerzo.

10 Hijo de Jediael fué Bilhán; y los hijos de Bilhán: Jebús, Benjamín, Aod, Chênaana, Zethán, Tharsis, y Ahisahar.

11 Todos estos fueron hijos de Jediael, cabezas de familias, hombres muy valerosos, diecisiete mil y doscientos que salían á combatir en la guerra.

12 Y Suppim y Huppim fueron hijos de Hir: y Husim, hijo de Aher.

13 Los hijos de Nephtalí: Jaoel, Guni, Jezer, y Sallum, hijos de Bilha.

14 Los hijos de Manasés: Asriel, el cual le parió su concubina la Sira: (la cual también le parió á Machîr, padre de Galaad:

15 Y Machîr tomó por mujer la hermana de Huppim y Suppim, cuya hermana tuvo por nombre Maachâ:) y el nombre del segundo fué Salphaad. Y Salphaad tuvo hijas.

16 Y Maachâ mujer de Machîr le parió un hijo, y llamóle Peres; y el nombre de su hermano fué Seres, cuyos hijos fueron Ulam y Recem.

17 Hijo de Ulam fué Bedán. Estos fueron los hijos de Galaad, hijo de Machîr, hijo de Manasés.

18 Y su hermana Molechêt parió á Ischôd, y á Abiezer, y Mahala.

19 Y los hijos de Semida fueron Ahián, Sechêm, Licci, y Aniam.

20 Los hijos de Ephraim: Suthela, Bered su hijo, Thahath, Elada su hijo, Thahat su hijo,

21 Zabad su hijo, y Suthela su hijo, Ezer, y Elad. Mas los de gath, naturales de aquella tierra, los mataron, porque vinieron á tomarles sus ganados.

22 Y Ephraim su padre hizo duelo por muchos días, y vinieron sus hermanos á consolarlo.

23 Entrando él después á su mujer ella concibió, y parió un hijo, al cual puso por nombre Bería; por cuanto había estado en aflicción en su casa

24 Y su hija fué Seera, la cual edificó á Beth-oron la baja y la alta, y á Uzzen-seera.

25 Hijo de este Bería fué Repha y Reseph, y Thela su hijo, y Taán su hijo,

26 Laadán su hijo, Ammiud su hijo, Elisama su hijo,

27 Nun su hijo, Josué su hijo.

28 Y la heredad y habitación de ellos fué Beth-el con sus aldeas: y hacia el oriente Naarán, y á la parte del occidente Gezer y sus aldeas: asimismo Sichêm con sus aldeas, hasta Asa y sus aldeas.

29 Y á la parte de los hijos de Manasés, Beth-seán con sus aldeas, Thanach con sus aldeas, Megiddo con sus aldeas, Dor con sus aldeas. En estos lugares habitaron los hijos de José, hijo de Israel.

30 Los hijos de Aser: Imna, Isua, Isui, Bería, y su hermana Sera.

31 Los hijos de Bería: Heber, y Machîel, el cual fué padre de Birzabith.

32 Y Heber engendró á Japhlet, Semer, Hotham, y Sua hermana de ellos.

33 Los hijos de Japhlet: Pasac, Bimhal, y Asvath. Aquestos los hijos de Japhlet.

34 Y los hijos de Semer: Ahi, Roega, Jehubba, y Aram.

35 Los hijos de Helem su hermano: Sopha, Imna, Selles, y Amal.

36 Los hijos de Sopha: Sua, Harnapher, Sual, Beri, Imra,

37 Beser, Hod, Samma, Silsa, Ithrán y Beera.

38 Los hijos de Jether: Jephone, Pispa, y Ara.

39 Y los hijos de Ulla: Ara, y Haniel, y Resia.

40 Y todos estos fueron hijos de Aser, cabezas de familias paternas, escogidos, esforzados, cabezas de príncipes: y contados que fueron por sus linajes entre los de armas tomar, el número de ellos fué veintiséis mil hombres.

8 Benjamín engendró á Bela su primogénito, Asbel el segundo, Ara el tercero,

2 Noha el cuarto, y Rapha el quinto.

3 Y los hijos de Bela fueron Addar, Gera, Abiud,

4 Abisua, Naamán, Ahoa,

5 Y Gera, Sephuphim, y Huram.

6 Y estos son los hijos de Ehud, estos las cabezas de padres que habitaron en Gabaa, y fueron trasportados á Manahath:

7 Es á saber: Naamán, Achîas, y Gera: éste los trasportó, y engendró á Uzza, y á Ahihud.

8 Y Saharaim engendró hijos en la provincia de Moab, después que dejó á Husim y á Baara que eran sus mujeres.

9 Engendró pues de Chôdes su mujer, á Jobab, Sibias, Mesa, Malchâm,

10 Jeus, Sochîas, y Mirma. Estos son sus hijos, cabezas de familias.

11 Mas de Husim engendró á Abitob, y á Elphaal.

12 Y los hijos de Elphaal: Heber, Misam, y Semeb, (el cual edificó á Ono, y á Loth con sus aldeas,)

13 Berías también, y Sema, que fueron las cabezas de las familias de los moradores de Ajalón, los cuales echaron á los moradores de Gath;

14 Y Ahío, Sasac, Jeremoth;

15 Zebadías, Arad, Heder;

16 Michâel, Ispha, y Joa, hijos de Berías;

17 Y Zebadías, Mesullam, Hizchî, Heber;

18 Ismari, Izlia, y Jobab, hijos de Elphaal.

19 Y Jacim, Zichri, Zabdi;

20 Elioenai, Silithai, Eliel;

21 Adaías, Baraías, y Simrath, hijos de Simi;

22 E Isphán, Heber, Eliel;

23 Adón, Zichri, Hanán;

24 Hananía, Belam, Anathothías;

25 Iphdaías, y Peniel, hijos de Sasac;

26 Y Samseri, Seharías, Atalía;

27 Jaarsías, Elías, Zichri, hijos de Jeroham.

28 Estos fueron jefes principales de familias por sus linajes, y habitaron en Jerusalem.

29 Y en Gabaón habitaron Abiga-baón, la mujer del cual se llamó Maachâ:

30 Y su hijo primogénito, Abdón, luego Sur, Chîs, Baal, Nadab,

31 Gedor, Ahíe, y Zechêr.

32 Y Micloth engendró á Simea. Estos también habitaron con sus hermanos en Jerusalem, enfrente de ellos.

33 Y Ner engendró á Cis, y Cis engendró á Saúl, y Saúl engendró á Jonathán, Malchî-súa, Abinadab, y Esbaal.

34 Hijo de Jonathán fué Merib-baal, y Merib-baal engendró á Michâ.

35 Los hijos de Michâ: Phitón, Melech, Thaarea y Ahaz.

36 Y Ahaz engendró á Joadda; y Joadda engendró á Elemeth, y á Azmaveth, y á Zimri; y Zimri engendró á Mosa;

37 Y Mosa engendró á Bina, hijo del cual fué Rapha, hijo del cual fué Elasa, cuyo hijo fué Asel.

38 Y los hijos de Asel fueron seis, cuyos nombres son Azricam, Bochru, Ismael, Searías, Obadías, y Hanán: todos estos fueron hijos de Asel.

39 Y los hijos de Esec su hermano: Ulam su primogénito, Jehus el segundo, Elipheleth el tercero.

40 Y fueron los hijos de Ulam hombres valientes y vigorosos, flecheros diestros, los cuales tuvieron muchos hijos y nietos,

ciento y cincuenta. Todos estos fueron los hijos de Benjamín.

9 Y contado todo Israel por el orden de los linajes, fueron escritos en el libro de los reyes de Israel y de Judá, que fueron trasportados á Babilonia por su rebelión.

2 Los primeros moradores que entraron en sus posesiones en sus ciudades, fueron así de Israel, como de los sacerdotes, Levitas, y Nethineos.

3 Y habitaron en Jerusalem de los hijos de Judá, de los hijos de Benjamín, de los hijos de Ephraim y Manasés:

4 Urai hijo de Amiud, hijo de Omri, hijo de Imrai, hijo de Bani, de los hijos de Phares hijo de Judá.

5 Y de Siloni, Asaías el primogénito, y sus hijos.

6 Y de los hijos de Zara, Jehuel y sus hermanos, seiscientos noventa.

7 Y de los hijos de Benjamín: Sallu hijo de Mesullam, hijo de Odavía, hijo de Asenua;

8 E Ibnías hijo de Jeroham, y Ela hijo de Uzzi, hijo de Michri; y Mesullam hijo de Sephatías, hijo de Rehuel, hijo de Ibnías.

9 Y sus hermanos por sus linajes fueron novecientos cincuenta y seis. Todos estos hombres fueron cabezas de familia en las casas de sus padres.

10 Y de los sacerdotes: Jedaía, Joiarib, Joachîm;

11 Y Azarías hijo de Hilcías, hijo de Mesullam, hijo de Sadoc, hijo de Meraioth, hijo de Achîtob, príncipe de la casa de Dios;

12 Y Adaías hijo de Jeroham, hijo de Phasur, hijo de Machîas; y Masai hijo de Adiel, hijo de Jazera, hijo de Mesullam, hijo de Mesillemith, hijo de Immer;

13 Y sus hermanos, cabezas de las casas de sus padres, en número de mil setecientos sesenta, hombres de grande eficacia en la obra del ministerio en la casa de Dios.

14 Y de los Levitas: Semeías, hijo de Hassub, hijo de Azricam, hijo de Hasabías, de los hijos de Merari;

15 Y Bacbaccar, Heres, y Galal, y Mattanía hijo de Michâs, hijo de Zichri, hijo de Asaph;

16 Y Obadías hijo de Semeías, hijo de Galal, hijo de Iduthum: y Berachías hijo de Asa, hijo de Elcana, el cual habitó en las aldeas de Nethophati.

17 Y los porteros: Sallum, Accub, Talmon, Ahiman, y sus hermanos. Sallum era el jefe.

18 Y hasta ahora entre las cuadrillas de los hijos de Leví han sido estos los porteros en la puerta del rey que está al oriente.

19 Y Sallum hijo de Core, hijo de Abiasath, hijo de Corah, y sus hermanos los Coraitas por la casa de su padre, tuvieron cargo de la obra del ministerio, guardando las puertas del tabernáculo; y sus padres fueron sobre la cuadrilla de Jehová guardas de la entrada.

20 Y Phinees hijo de Eleazar fué antes capitán sobre ellos, siendo Jehová con él.

21 Y Zacarías hijo de Meselemia era portero de la puerta del tabernáculo del testimonio.

22 Todos estos, escogidos para guardas en las puertas, eran doscientos doce cuando fueron contados por el orden de sus linajes en sus villas, á los cuales constituyó en su oficio David y Samuel el vidente.

23 Así ellos y sus hijos eran porteros por sus turnos á las puertas de la casa de Jehová, y de la casa del tabernáculo.

24 Y estaban los porteros á los cuatro vientos, al oriente, al occidente, al septentrión, y al mediodía.

25 Y sus hermanos que estaban en sus aldeas, venían cada siete días por sus tiempos con ellos.

26 Porque cuatro principales de los porteros Levitas estaban en el oficio, y tenían cargo de las cámaras, y de los tesoros de la casa de Dios.

27 Estos moraban alrededor de la casa de Dios, porque tenían cargo de la guardia, y el de abrir aquélla todas las mañanas.

28 Algunos de ellos tenían cargo de los vasos del ministerio, los cuales se metían por cuenta, y por cuenta se sacaban.

29 Y otros de ellos tenían cargo de la vajilla, y de todos los vasos del santuario, y de la harina, y del vino, y del aceite, y del incienso, y de las aromas.

30 Y algunos de los hijos de los sacerdotes hacían los ungüentos aromáticos.

31 Y Mathathías, uno de los Levitas, primogénito de Sallum Coraita, tenía cargo de las cosas que se hacían en sartén.

32 Y algunos de los hijos de Coath, y de sus hermanos,

tenían el cargo de los panes de la proposición, los cuales ponían por orden cada sábado.

33 Y de estos había cantores, principales de familias de los Levitas, los cuales estaban en sus cámaras exentos; porque de día y de noche estaban en aquella obra.

34 Estos eran jefes de familias de los Levitas por sus linajes, jefes que habitaban en Jerusalem.

35 Y en Gabaón habitaban Jehiel padre de Gabaón, el nombre de cuya mujer era Maachá;

36 Y su hijo primogénito Abdón, luego Sur, Chîs, Baal, Ner, Nadab;

37 Gedor, Ahio, Zachârias, y Micloth.

38 Y Micloth engendró á Samaán. Y estos habitaban también en Jerusalem con sus hermanos enfrente de ellos.

39 Y Ner engendró á Cis, y Cis engendró á Saúl, y Saúl engendró á Jonathán, Malchîsua, Abinadab, y Esbaal.

40 E hijo de Jonathán fué Merib-baal, y Merib-baal engendró á Michâ.

41 Y los hijos de Michâ: Phithón, Melech, Tharea, y Ahaz.

42 Ahaz engendró á Jara, y Jara engendró á Alemeth, Azmaveth, y Zimri: y Zimri engendró á Mosa;

43 Y Mosa engendró á Bina, cuyo hijo fué Rephaía, del que fué hijo Elasa, cuyo hijo fué Asel.

44 Y Asel tuvo seis hijos, los nombres de los cuales son: Azricam, Bochru, Ismael, Seraía, Obadías, y Hanán: estos fueron los hijos de Asel.

10 Los Filisteos pelearon con Israel; y huyeron delante de ellos los Israelitas, y cayeron heridos en el monte de Gilboa.

2 Y los Filisteos siguieron á Saúl y á sus hijos; y mataron los Filisteos á Jonathán, y á Abinadab, y á Malchîsua, hijos de Saúl.

3 Y agravóse la batalla sobre Saúl, y le alcanzaron los flecheros, y fué de los flecheros herido.

4 Entonces dijo Saúl á su escudero: Saca tu espada, y pásame con ella, porque no vengan estos incircuncisos, y hagan escarnio de mí; mas su escudero no quiso, porque tenía gran miedo. Entonces Saúl tomó la espada, y echóse sobre ella.

5 Y como su escudero vió á Saúl muerto, él también se echó sobre su espada, y matóse.

6 Así murió Saúl, y sus tres hijos; y toda su casa murió juntamente con él.

7 Y viendo todos los de Israel que habitaban en el valle, que habían huído, y que Saúl y sus hijos eran muertos, dejaron sus ciudades, y huyeron: y vinieron los Filisteos, y habitaron en ellas.

8 Y fué que viniendo el día siguiente los Filisteos á despojar los muertos, hallaron á Saúl y á sus hijos tendidos en el monte de Gilboa.

9 Y luego que le hubieron desnudado, tomaron su cabeza y sus armas, y enviáronlo todo á la tierra de los Filisteos por todas partes, para que fuese denunciado á sus ídolos y al pueblo.

10 Y pusieron sus armas en el templo de su dios, y colgaron la cabeza en el templo de Dagón.

11 Y oyendo todos los de Jabes de Galaad lo que los Filisteos habían hecho de Saúl,

12 Levantáronse todos los hombres valientes, y tomaron el cuerpo de Saúl, y los cuerpos de sus hijos, y trajéronlos á Jabes; y enterraron sus huesos debajo del alcornoque en Jabes, y ayunaron siete días.

13 Así murió Saúl por su rebelión con que prevaricó contra Jehová, contra la palabra de Jehová, la cual no guardó; y porque consultó al pythón, preguntándo le,

14 Y no consultó á Jehová: por esta causa lo mató, y traspasó el reino á David, hijo de Isaí.

11 Entonces todo Israel se juntó á David en Hebrón, diciendo: He aquí nosotros somos tu hueso y tu carne.

2 Y además antes de ahora, aun mientras Saúl reinaba, tú sacabas y metías á Israel. También Jehová tu Dios te ha dicho: Tú apacentarás mi pueblo Israel, y tú serás príncipe sobre Israel mi pueblo.

3 Y vinieron todos los ancianos de Israel al rey en Hebrón, y David hizo con ellos alianza delante de Jehová; y ungieron á David por rey sobre Israel, conforme á la palabra de Jehová por mano de Samuel.

4 Entonces se fué David con todo Israel á Jerusalem, la cual es Jebus; y allí era el Jebuseo habitador de aquella tierra.

5 Y los moradores de Jebus dijeron á David: No entrarás acá. Mas David tomó la fortaleza de Sión, que es la ciudad de David.

6 Y David había dicho: El que primero hiriere al Jebuseo, será cabeza y jefe. Entonces Joab hijo de Sarvia subió el primero, y fué hecho jefe.

7 Y David habitó en la fortaleza, y por esto le llamaron la ciudad de David.

8 Y edificó la ciudad alrededor, desde Millo hasta la cerca: y Joab reparó el resto de la ciudad.

9 Y David iba adelantando y creciendo, y Jehová de los ejércitos era con él.

10 Estos son los principales de los valientes que David tuvo, y los que le ayudaron en su reino, con todo Israel, para hacerle rey sobre Israel, conforme á la palabra de Jehová.

11 Y este es el número de los valientes que David tuvo: Jasobam hijo de Hachmoni, caudillo de los treinta, el cual blandió su lanza una vez contra trescientos, á los cuales mató.

12 Tras de éste fué Eleazar hijo de Dodo, Ahohita, el cual era de los tres valientes.

13 Este estuvo con David en Pasdammin, estando allí juntos en batalla los Filisteos: y había allí una suerte de tierra llena de cebada, y huyendo el pueblo delante de los Filisteos,

14 Pusiéronse ellos en medio de la haza, y la defendieron, y vencieron á los Filisteos; y favoreciólos Jehová con grande salvamento.

15 Y tres de los treinta principales descendieron á la peña á David, á la cueva de Adullam, estando el campo de los Filisteos en el valle de Raphaim.

16 Y David estaba entonces en la fortaleza, y había á la sazón guarnición de Filisteos en Beth-lehem.

17 Y David deseó entonces, y dijo: ¡Quién me diera á beber de las aguas del pozo de Beth-lehem, que está á la puerta!

18 Y aquellos tres rompieron por el campo de los Filisteos, y sacaron agua del pozo de Beth-lehem, que está á la puerta, y tomaron y trajéronla á David: mas él no la quiso beber, sino que la derramó á Jehová, y dijo:

19 Guárdeme mi Dios de hacer esto: ¿había yo de beber la sangre de estos varones con sus vidas, que con peligro de sus vidas la han traído? Y no la quiso beber. Esto hicieron aquellos tres valientes.

20 Y Abisai, hermano de Joab, era cabeza de los tres, el cual blandió su lanza sobre trescientos, á los cuales hirió; y fué entre los tres nombrado.

21 De los tres fué más ilustre que los otros dos, y fué el principal de ellos: mas no llegó á los tres primeros.

22 Benaías hijo de Joiada, hijo de varón de esfuerzo, de grandes hechos, de Cabseel: él venció los dos leones de Moab: también descendió, é hirió un león en mitad de un foso en tiempo de nieve.

23 El mismo venció á un Egipcio, hombre de cinco codos de estatura: y el Egipcio traía una lanza como un enjullo de tejedor; mas él descendió á él con un bastón, y arrebató al Egipcio la lanza de la mano, y matólo con su misma lanza.

24 Esto hizo Benaía hijo de Joiadá, y fué nombrado entre los tres valientes.

25 Y fué el más honrado de los treinta, mas no llegó á los tres primeros. A este puso David en su consejos.

26 Y los valientes de los ejércitos: Asael hermano de Joab, y Elchânan hijo de Dodo de Beth-lehem;

27 Samoth de Arori, Helles Pelonita;

28 Ira hijo de Acces Tecoita, Abiezer Anathothita;

29 Sibbecai Husatita, Ilai Ahohita;

30 Maharai Nethophathita, Heled hijo de Baana Nethophathita;

31 Ithai hijo de Ribai de Gabaath de los hijos de Benjamín, Benaías Phirathita;

32 Hurai del río Gaas, Abiel Arbathonita;

33 Azmaveth Baharumita, Eliaba Saalbonita;

34 Los hijos de Asem Gizonita, Jonathán hijo de Sajé Hararita;

35 Ahiam hijo de Sachâr Ararita, Eliphal hijo de Ur;

36 Hepher Mechêrathita, Ahía Phelonita;

37 Hesro Carmelita, Nahari hijo de Ezbai;

38 Joel hermano de Nathán, Mibhar hijo de Agrai;

39 Selec Ammonita, Naarai Berothita, escudero de Joab hijo de Sarvia;

40 Ira Ithreo, Yared Ithreo;

41 Uría Hetheo, Zabad hijo de Ahli;

42 Adina hijo de Siza Rubenita, príncipe de los Rubenitas, y con él treinta;

43 Hanán hijo de Maachâ, y Josaphat Mithnita;

44 Uzzías Astarothita, Samma y Jehiel hijos de Hotham Arorita;

45 Jedaiel hijo de Simri, y Joha su hermano, Thisaita;

46 Eliel de Mahavi, Jeribai y Josabía hijos de Elnaam, e Ithma Moabita;

47 Eliel, y Obed, y Jaasiel de Mesobia.

12 Estos son los que vinieron á David á Siclag, estando él aún encerrado por causa de Saúl hijo de Cis, y eran de los valientes ayudadores de la guerra.

2 Estaban armados de arcos, y usaban de ambas manos en tirar piedras con honda, y saetas con arco. De los hermanos de Saúl de Benjamín:

3 El principal Ahiezer, después Joas, hijos de Semaa Gabaathita; y Jeziel, y Pheleth, hijos de Azmaveth, y Beracah, y Jehú Anathothita;

4 E Ismaías Gabaonita, valiente entre los treinta, y más que los treinta; y Jeremías, Jahaziel, Joanán, Jozabad Gederathita,

5 Eluzai, y Jeremoth, Bealías, Semarías, y Sephatías Haruphita;

6 Elcana, é Isías, y Azareel, y Joezer, y Jasobam, de Coré;

7 Y Joela, y Zebadías, hijos de Jeroham de Gedor.

8 También de los de Gad se huyeron á David, estando en la fortaleza en el desierto, muy valientes hombres de guerra para pelear, dispuestos á hacerlo con escudo y pavés: sus rostros como rostros de leones, y ligeros como las cabras monteses.

9 Eser el primero, Obadías el segundo, Eliab el tercero,

10 Mismana el cuarto, Jeremías el quinto,

11 Attai el sexto, Eliel el séptimo,

12 Johanán el octavo, Elzabad el nono,

13 Jeremías el décimo, Machbani el undécimo.

14 Estos fueron capitanes del ejército de los hijos de Gad. El menor tenía cargo de cien hombres, y el mayor de mil.

15 Estos pasaron el Jordán en el mes primero, cuando había salido sobre todas sus riberas; é hicieron huir á todos los de los valles al oriente y al poniente.

16 Asimismo algunos de los hijos de Benjamín y de Judá vinieron á David á la fortaleza.

17 Y David salió á ellos, y hablóles diciendo: Si habéis venido á mí para paz y para ayudarme, mi corazón será unido con vosotros; mas si para engañarme en pro de mis enemigos, siendo mis manos sin iniquidad, véalo el Dios de nuestros padres, y demándelo.

18 Entonces se envistió el espíritu en Amasai, príncipe de treinta, y dijo: Por ti, oh David, y contigo, oh hijo de Isaí. Paz, paz contigo, y paz á tus ayudadores; pues que también tu Dios te ayuda. Y David los recibió, y púsolos entre los capitanes de la cuadrilla.

19 También se pasaron á David algunos de Manasés, cuando vino con los Filisteos á la batalla contra Saúl, aunque no les ayudaron; porque los sátrapas de los Filisteos, habido consejo, los despidieron, diciendo: Con nuestras cabezas se pasará á su señor Saúl.

20 Así que viniendo él á Siclag, se pasaron á él de los de Manasés, Adnas, Jozabad, Michâel, Jozabad, Jediaiel, Eliú, y Sillethai, príncipes de millares de los de Manasés.

21 Estos ayudaron á David contra aquella compañía; porque todos ellos eran hombres valientes, y fueron capitanes en el ejército.

22 Porque entonces todos los días venía ayuda á David, hasta hacerse un grande ejército, como ejército de Dios.

23 Y este es el número de los principales que estaban á punto de guerra, y vinieron á David en Hebrón, para traspasarle el reino de Saúl, conforme á la palabra de Jehová:

24 De los hijos de Judá que traían escudo y lanza, seis mil y ochocientos, á punto de guerra.

25 De los hijos de Simeón, valientes y esforzados hombres para la guerra, siete mil y ciento.

26 De los hijos de Leví, cuatro mil y seiscientos;

27 Asimismo Joiada, príncipe de los del linaje de Aarón, y con él tres mil y setecientos;

28 Y Sadoc, mancebo valiente y esforzado, con veinte y dos de los principales de la casa de su padre.

29 De los hijos de Benjamín hermanos de Saúl, tres mil; porque aun en aquel tiempo muchos de ellos tenían la parte de la casa de Saúl.

30 Y de los hijos de Ephraim, veinte mil y ochocientos, muy valientes, varones ilustres en las casas de sus padres.

31 De la media tribu de Manasés, diez y ocho mil, los cuales fueron tomados por lista para venir á poner á David por rey.

32 Y de los hijos de Issachâr, doscientos principales, entendidos en los tiempos, y que sabían lo que Israel debía hacer, cuyo dicho seguían todos sus hermanos.

33 Y de Zabulón cincuenta mil, que salían á campaña á punto de guerra, con todas armas de guerra, dispuestos á pelear sin doblez de corazón.

34 Y de Nephtalí mil capitanes, y con ellos treinta y siete mil con escudo y lanza.

35 De los de Dan, dispuestos á pelear, veinte y ocho mil y seiscientos.

36 Y de Aser, á punto de guerra y aparejados á pelear, cuarenta mil.

37 Y de la otra parte del Jordán, de los Rubenitas y de los de Gad y de la media tribu de Manasés, ciento y veinte mil con toda suerte de armas de guerra.

38 Todos estos hombres de guerra, dispuestos para guerrear, vinieron con corazón perfecto á Hebrón, para poner á David por rey sobre todo Israel; asimismo todos los demás de Israel estaban de un mismo ánimo para poner á David por rey.

39 Y estuvieron allí con David tres días comiendo y bebiendo, porque sus hermanos habían prevenido para ellos.

40 Y también los que les eran vecinos, hasta Issachâr y Zabulón y Nephtalí, trajeron pan en asnos, y camellos, y mulos, y bueyes; y provisión de harina, masas de higos, y pasas, vino y aceite, bueyes y ovejas en abundancia, porque en Israel había alegría.

13 Entonces David tomó consejo con los capitanes de millares y de cientos, y con todos los jefes.

2 Y dijo David á todo el congreso de Israel: Si os parece bien y de Jehová nuestro Dios, enviaremos á todas partes á llamar nuestros hermanos que han quedado en todas las tierras de Israel, y á los sacerdotes y Levitas que están con ellos en sus ciudades y ejidos que se junten con nosotros;

3 Y traigamos el arca de nuestro Dios á nosotros, porque desde el tiempo de Saúl no hemos hecho caso de ella.

4 Y dijo todo el congreso que se hiciese así, porque la cosa parecía bien á todo el pueblo.

5 Entonces juntó David á todo Israel, desde Sihor de Egipto hasta entrar en Hamath, para que trajesen el arca de Dios de Chîriath-jearim.

6 Y subió David con todo Israel á Baala de Chîriath-jearim, que es en Judá, para pasar de allí el arca de Jehová Dios que habita entre los querubines, sobre la cual su nombre es invocado;

7 Y lleváronse el arca de Dios de la casa de Abinadab en un carro nuevo; y Uzza y su hermano guiaban el carro.

8 Y David y todo Israel hacían alegrías delante de Dios con todas sus fuerzas, con canciones, arpas, salterios, tamboriles, címbalos y trompetas.

9 Y como llegaron á la era de Chidón, Uzza extendió su mano al arca para tenerla, porque los bueyes se desmandaban.

10 Y el furor de Jehová se encendió contra Uzza, é hiriólo, porque había extendido su mano al arca: y murió allí delante de Dios.

11 Y David tuvo pesar, porque Jehová había hecho rotura en Uzza; por lo que se llamó aquel lugar Pérez-uzza, hasta hoy.

12 Y David temió á Dios aquel día, y dijo: ¿Cómo he de traer á mi casa el arca de Dios?

13 Y no trajo David el arca á su casa en la ciudad de David, sino llevóla á casa de Obed-edom Getheo.

14 Y el arca de Dios estuvo en casa de Obed-edom, en su casa, tres meses: y bendijo Jehová la casa de Obed-edom, y todas las cosas que tenía.

14 E Hiram rey de Tiro envió embajadores á David, y madera de cedro, y albañiles y carpinteros, que le edificasen una casa.

2 Y entendió David que Jehová lo había confirmado por rey sobre Israel, y que había ensalzado su reino sobre su pueblo Israel.

3 Entonces David tomó también mujeres en Jerusalem y aun engendró David hijos é hijas.

4 Y estos son los nombres de los que le nacieron en Jerusalem: Samua, Sobab, Nathán, Salomón,

5 Ibhar, Elisua, Eliphelet,

6 Noga, Nepheg, Japhías,

7 Elisama, Beel-iada y Eliphelet.

8 Y oyendo los Filisteos que David había sido ungido por rey sobre todo Israel, subieron todos los Filisteos en busca de David. Y como David lo oyó, salió contra ellos.

9 Y vinieron los Filisteos y extendiéronse por el valle de Raphaim.

10 Entonces David consultó á Dios, diciendo: ¿Subiré contra los Filisteos? ¿los entregarás en mi mano? Y Jehová le dijo: Sube, que yo los entregaré en tus manos.

11 Subieron pues á Baal-perasim, y allí los hirió David. Dijo luego David: Dios rompió mis enemigos por mi mano, como se rompen las aguas. Por esto llamaron el nombre de aquel lugar Baal-perasim.

12 Y dejaron allí sus dioses, y David dijo que los quemasen al fuego.

13 Y volviendo los Filisteos á extenderse por el valle,

14 David volvió á consultar á Dios, y Dios le dijo: No subas tras ellos, sino rodéalos, para venir á ellos por delante de los morales;

15 Y así que oyeres venir un estruendo por las copas de los morales, sal luego á la batalla: porque Dios saldrá delante de ti, y herirá el campo de los Filisteos.

16 Hizo pues David como Dios le mandó, é hirieron el campo de los Filisteos desde Gabaón hasta Gezer.

17 Y la fama de David fué divulgada por todas aquellas tierras: y puso Jehová temor de David sobre todas las gentes.

15 Hizo también casas para sí en la ciudad de David, y labró un lugar para el arca de Dios, y tendióle una tienda.

2 Entonces dijo David: El arca de Dios no debe ser traída sino por los Levitas; porque á ellos ha elegido Jehová para que lleven el arca de Jehová, y le sirvan perpetuamente.

3 Y juntó David á todo Israel en Jerusalem, para que pasasen el arca de Jehová á su lugar, el cual le había él preparado.

4 Juntó también David á los hijos de Aarón y á los Levitas:

5 De los hijos de Coath, Uriel el principal, y sus hermanos, ciento y veinte;

6 De los hijos de Merari, Asaías el principal, y sus hermanos, doscientos y viente;

7 De los hijos de Gersón, Joel el principal, y sus hermanos, ciento y treinta;

8 De los hijos de Elisaphán, Semeías el principal, y sus hermanos, docientos;

9 De los hijos de Hebrón, Eliel el principal, y sus hermanos, ochenta;

10 De los hijos de Uzziel, Amidadab el principal, y sus hermanos, ciento y doce.

11 Y llamó David á Sadoc y á Abiathar, sacerdotes, y á los Levitas, Uriel, Asaías, Joel, Semeías, Eliel, y Aminadab;

12 Y díjoles: Vosotros que sois los principales de padres entre los Levitas, santificaos, vosotros y vuestros hermanos, y pasad el arca de Jehová Dios de Israel al lugar que le he preparado;

13 Pues por no haberlo hecho así vosotros la primera vez, Jehová nuestro Dios hizo en nosotros rotura, por cuanto no le buscamos según la ordenanza.

14 Así los sacerdotes y los Levitas se santificaron para traer el arca de Jehová Dios de Israel.

15 Y los hijos de los Levitos trajeron el arca de Dios puesta sobre sus hombros en las barras, como lo había mandado Moisés conforme á la palabra de Jehová.

16 Asimismo dijo David á los principales de los Levitas, que constituyesen de sus hermanos cantores, con instrumentos de música, con salterios y arpas, y címbalos, que resonasen, y alzasen la voz con alegría.

17 Y los Levitas constituyeron á Hemán hijo de Joel; y de sus hermanos, á Asaph hijo de Berechías; y de los hijos de Merari y de sus hermanos, á Ethán hijo de Cusaías;

18 Y con ellos á sus hermanos del segundo orden, á Zachârías, Ben y Jaaziel, Semiramoth, Jehiel, Unni, Eliab, Benaías, Maasías, y Mathithías, Eliphelehu, Micnías, Obed-edom, y Jehiel, los porteros.

19 Así Hemán, Asaph, y Ethán, que eran cantores, sonaban con címbalos de metal.

20 Y Zachârías, Jaaziel, Semiramoth, Jehiel, Unni, Eliab, Maasías, y Benaías, con salterios sobre Alamoth.

21 Y Mathithías, Eliphelehu, Micnías, Obed-edom, Jehiel, y Azazías, cantaban con arpas en la octava sobresaliendo.

22 Y Chênanías, principal de los Levitas, estaba para la entonación; pues él presidía en el canto, porque era entendido.

23 Y Berechías y Elcana eran porteros del arca.

24 Y Sebanías, Josaphat, Nathanael, Amasai, Zachârías, Benaías,

y Eliezer, sacerdotes, tocaban las trompetas delante del arca de Dios: Obed-edom y Jehías eran también porteros del arca.

25 David pues y los ancianos de Israel, y los capitanes de millares, fueron á traer el arca del pacto de Jehová, de casa de Obed-edom, con alegría.

26 Y ayudando Dios á los Levitas que llevaban el arca del pacto de Jehová, sacrificaron siete novillos y siete carneros.

27 Y David iba vestido de lino fino y también todos los Levitas que llevaban el arca, y asimismo los cantores; y Chênanías era maestro de canto entre los cantores. Llevaba también David sobre sí un ephod de lino.

28 De esta manera llevaba todo Israel el arca del pacto de Jehová, con júbilo y sonido de bocinas, y trompetas, y címbalos, y al son de salterios y arpas.

29 Y como el arca del pacto de Jehová llegó á la ciudad de David, Michâl, hija de Saúl, mirando por una ventana, vió al rey David que saltaba y bailaba; y menospreciólo en su corazón.

16 Así trajeron el arca de Dios, y asentáronla en medio de la tienda que David había tendido para ella: y ofrecieron holocaustos y pacíficos delante de Dios.

2 Y como David hubo acabado de ofrecer el holocausto y los pacíficos, bendijo al pueblo en el nombre de Jehová.

3 Y repartió á todo Israel, así á hombres como á mujeres, á cada uno una torta de pan, y una pieza de carne, y un frasco de vino.

4 Y puso delante del arca de Jehová ministros de los Levitas, para que recordasen, y confesasen, y loasen á Jehová Dios de Israel:

5 Asaph el primero, el segundo después de él Zachârías, Jeiel, Semiramoth, Jehiel, Mathithías, Eliab, Benaías, Obed-edom, y Jehiel, con sus instrumentos de Salterios y arpas; mas Asaph hacía sonido con címbalos:

6 Benaías también y Jahaziel, sacerdotes, continuamente con trompetas delante del arca del pacto de Dios.

7 Entonces, en aquel día, dió David principio á celebrar á Jehová por mano de Asaph y de sus hermanos:

8 Confesad á Jehová, invocad su nombre, Haced notorias en los pueblos sus obras.

9 Cantad á él, cantalde salmos; Hablad de todas sus maravillas.

10 Gloriaos en su santo nombre; Alégrese el corazón de los que buscan á Jehová.

11 Buscad á Jehová y su fortaleza; Buscad su rostro continuamente.

12 Haced memoria de sus maravillas que ha obrado, De sus prodigios, y de los juicios de su boca,

13 Oh vosotros, simiente de Israel sus siervo, Hijos de Jacob, sus escogidos.

14 Jehová, él es nuestro Dios; Sus juicios en toda la tierra.

15 Haced memoria de su alianza perpetuamente, Y de la palabra que él mandó en mil generaciones;

16 Del pacto que concertó con Abraham, Y de su juramento á Isaac;

17 El cual confirmó á Jacob por estatuto, Y á Israel por pacto sempiterno,

18 Diciendo: A ti daré la tierra de Canaán, Suerte de vuestra herencia;

19 Cuando erais pocos en número, Pocos y peregrinos en ella;

20 Y andaban de nación en nación, Y de un reino á otro pueblo.

21 No permitió que nadie los oprimiese: Antes por amor de ellos castigó á los reyes.

22 No toquéis, dijo, á mis ungidos, Ni hagáis mal á mis profetas.

23 Cantad á Jehová, toda la tierra, Anunciad de día en día su salud.

24 Cantad entre las gentes su gloria, Y en todos los pueblos sus maravillas.

25 Porque grande es Jehová, y digno de ser grandemente loado, Y de ser temido sobre todos los dioses.

26 Porque todos los dioses de los pueblos son nada: Mas Jehová hizo los cielos.

27 Poderío y hermosura delante de él; Fortaleza y alegría en su morada.

28 Atribuid á Jehová, oh familias de los pueblos, Atribuid á Jehová gloria y potencia.

29 Tributad á Jehová la gloria debida á su nombre: Traed ofrenda, y venid delante de él; Postraos delante de Jehová en la hermosura de su santidad.

30 Temed en su presencia, toda la tierra: El mundo será aún establecido, para que no se conmueva.

31 Alégrense los cielos, y gócese la tierra, Y digan en las naciones: Reina Jehová.

32 Resuene la mar, y la plenitud de ella: Alégrese el campo, y todo lo que contiene.

33 Entonces cantarán los árboles de los bosques delante de Jehová, Porque viene á juzgar la tierra.

34 Celebrad á Jehová, porque es bueno; Porque su misericordia es eterna.

35 Y decid: Sálvanos, oh Dios, salud nuestra: Júntanos, y líbranos de las gentes, Para que confesemos tu santo nombre, Y nos gloriemos en tus alabanzas.

36 Bendito sea Jehová Dios de Israel, De eternidad á eternidad.

37 Y dejó allí, delante del arca del pacto de Jehová, á Asaph y á sus hermanos, para que ministrasen de continuo delante del arca, cada cosa en su día:

38 Y á Obed-edom y á sus hermanos, sesenta y ocho; y á Obed-edom hijo de Jeduthún, y á Asa, por porteros:

39 Asimismo á Sadoc el sacerdote, y á sus hermanos los sacerdotes, delante del tabernáculo de Jehová en el alto que estaba en Gabaón,

40 Para que sacrificasen continuamente, á mañana y tarde, holocaustos á Jehová en el altar del holocausto, conforme á todo lo que está escrito en la ley de Jehová, que él prescribió á Israel;

41 Y con ellos á Hemán y á Jeduthún, y los otros escogidos declarados por sus nombres, para glorificar á Jehová, porque es eterna su misericordia;

42 Con ellos á Hemán y á Jeduthún con trompetas y címbalos para tañer, y con otros instrumentos de música de Dios; y á los hijos de Jeduthún, por porteros.

43 Y todo el pueblo se fué cada uno á su casa; y David se volvió para bendecir su casa.

17 Y aconteció que morando David en su casa, dijo David al profeta Nathán: He aquí yo habito en casa de cedro, y el arca del pacto de Jehová debajo de cortinas.

2 Y Nathán dijo á David: Haz todo lo que está en tu corazón, porque Dios es contigo.

3 En aquella misma noche fué palabra de Dios á Nathán, diciendo:

4 Ve y di á David mi siervo: Así ha dicho Jehová: Tú no me edificarás casa en que habite:

5 Porque no he habitado en casa alguna desde el día que saqué á los hijos de Israel hasta hoy; antes estuve de tienda en tienda, y de tabernáculo en tabernáculo.

6 En todo cuanto anduve con todo Israel ¿hablé una palabra á alguno de los jueces de Israel, á los cuales mandé que apacentasen mi pueblo, para decirles: Por qué no me edificáis una casa de cedro?

7 Por tanto, ahora dirás á mi siervo David: Así dijo Jehová de los ejércitos: Yo te tomé de la majada, de detrás del ganado, para que fueses príncipe sobre mi pueblo Israel;

8 Y he sido contigo en todo cuanto has andado, y he talado á todos tus enemigos de delante de ti, y hete hecho grande nombre, como el nombre de los grandes que son en la tierra.

9 Asimismo he dispuesto lugar á mi pueblo Israel, y lo he plantado para que habite por sí, y que no sea más conmovido: ni los hijos de iniquidad lo consumirán más, como antes,

10 Y desde el tiempo que puse los jueces sobre mi pueblo Israel; mas humillaré á todos tus enemigos. Hágote además saber que Jehová te ha de edificar casa.

11 Y será que, cuando tus días fueren cumplidos para irte con tus padres, levantaré tu simiente después de ti, la cual será de tus hijos, y afirmaré su reino.

12 El me edificará casa, y yo confirmaré su trono eternamente.

13 Yo le seré por padre, y él me será por hijo: y no quitaré de él mi misericordia, como la quité de aquel que fué antes de ti;

14 Mas yo lo confirmaré en mi casa y en mi reino eternalmente; y su trono será firme para siempre.

15 Conforme á todas estas palabras, y conforme á toda esta visión, así habló Nathán á David.

16 Y entró el rey David, y estuvo delante de Jehová, y dijo: Jehová Dios, ¿quién soy yo, y cuál es mi casa, que me has traído hasta este lugar?

17 Y aun esto, oh Dios, te ha parecido poco, pues que has hablado de la casa de tu siervo para más lejos, y me has mirado como á un hombre excelente, oh Jehová Dios.

18 ¿Qué más puede añadir David pidiendo de ti para glorificar á tu siervo? mas tú conoces á tu siervo.

19 Oh Jehová, por amor de tu siervo y según tu corazón, has hecho toda esta grandeza, para hacer notorias todas tus grandezas.

20 Jehová, no hay semejante á ti, ni hay Dios sino tú, según todas las cosas que hemos oído con nuestros oídos.

21 ¿Y qué gente hay en la tierra como tu pueblo Israel, cuyo Dios fuese y se redimiera un pueblo, para hacerte nombre con grandezas y maravillas, echando las gentes de delante de tu pueblo, que tú rescataste de Egipto?

22 Tú has constituído á tu pueblo Israel por pueblo tuyo para siempre; y tú, Jehová, has venido á ser su Dios.

23 Ahora pues, Jehová, la palabra que has hablado acerca de tu siervo y de su casa, sea firme para siempre, y haz como has dicho.

24 Permanezca pues, y sea engrandecido tu nombre para siempre, á fin de que se diga: Jehová de los ejércitos, Dios de Israel, es Dios para Israel. Y sea la casa de tu siervo David firme delante de ti.

25 Porque tú, Dios mío, revelaste al oído á tu siervo que le has de edificar casa; por eso ha hallado tu siervo motivo de orar delante de ti.

26 Ahora pues, Jehová, tú eres el Dios que has hablado de tu siervo este bien;

27 Y ahora has querido bendecir la casa de tu siervo, para que permanezca perpetuamente delante de ti: porque tú, Jehová, la has bendecido, y será bendita para siempre.

18 Después de estas cosas aconteció que David hirió á los Filisteos, y los humilló; y tomó á Gath y sus villas de mano de los Filisteos.

2 También hirió á Moab; y los Moabitas fueron siervos de David trayéndole presentes.

3 Asimismo hirió David á Adarezer rey de Soba, en Hamath, yendo él á asegurar su dominio al río de Eufrates.

4 Y tomóles David mil carros, y siete mil de á caballo, y veinte mil hombres de á pie: y desjarretó David los caballos de todos los carros, excepto los de cien carros que dejó.

5 Y viniendo los Siros de Damasco en ayuda de Adarezer rey de Soba, David hirió de los Siros veintidós mil hombres.

6 Y puso David guarnición en Siria la de Damasco, y los Siros fueron hechos siervos de David, trayéndole presentes: porque Jehová salvaba á David donde quiera que iba.

7 Tomó también David los escudos de oro que llevaban los siervos de Adarezer, y trájolos á Jerusalem.

8 Asimismo de Thibath y de Chûn ciudades de Adarezer, tomó David muy mucho metal, de que Salomón hizo el mar de bronce, las columnas, y vasos de bronce.

9 Y oyendo Tou rey de Hamath, que David había deshecho todo el ejército de Adarezer, rey de Soba,

10 Envió á Adoram su hijo al rey David, á saludarle y á bendecirle por haber peleado con Adarezer, y haberle vencido; porque Tou tenía guerra con Adarezer. Envióle también toda suerte de vasos de oro, de plata y de metal;

11 Los cuales el rey David dedicó á Jehová, con la plata y oro que había tomado de todas las naciones, de Edom, de Moab, de los hijos de Ammón, de los Filisteos, y de Amalec.

12 A más de esto Abisai hijo de Sarvia hirió en el valle de la Sal dieciocho mil Idumeos.

13 Y puso guarnición en Edom, y todos los Idumeos fueron siervos de David: porque Jehová guardaba á David donde quiera que iba.

14 Y reinó David sobre todo Israel, y hacía juicio y justicia á todo su pueblo.

15 Y Joab hijo de Sarvia era general del ejército; y Josaphat hijo de Ahilud, canciller;

16 Y Sadoc hijo de Achîtob, y Abimelec hijo de Abiathar, eran sacerdotes; y Sausa, secretario;

17 Y Benaías hijo de Joiada era sobre los Ceretheos y Peletheos; y los hijos de David eran los príncipes cerca del rey.

19 Después de estas cosas aconteció que murió Naas rey de los hijos de Ammón, y reinó en su lugar su hijo.

2 Y dijo David: Haré misericordia con Hanán hijo de Naas, porque también su padre hizo conmigo misericordia. Así David envió embajadores que lo consolasen de la muerte de su padre. Mas venidos los siervos de David en la tierra de los hijos de Ammón á Hanán, para consolarle,

3 Los príncipes de los hijos de Ammón dijeron á Hanán: ¿A tu parecer honra David á tu padre, que te ha enviado consoladores? ¿no vienen antes sus siervos á ti para escudriñar, é inquirir, y reconocer la tierra?

4 Entonces Hanán tomó los siervos de David, y rapólos, y cortóles los vestidos por medio, hasta las nalgas, y despachólos.

5 Fuéronse pues, y dada que fué lá nueva á David de aquellos varones, él envió á recibirlos, porque estaban muy afrentados. E hízoles decir el rey: Estaos en Jericó hasta que os crezca la barba, y entonces volveréis.

6 Y viendo los hijos de Ammón que se habían hecho odiosos á David, Hanán y los hijos de Ammón enviaron mil talentos de plata, para tomar á sueldo carros y gente de á caballo de Siria de los ríos, y de la Siria de Maachà, y de Soba.

7 Y tomaron á sueldo treinta y dos mil carros, y al rey de Maachà y á su pueblo, los cuales vinieron y asentaron su campo delante de Medeba. Y juntáronse también los hijos de Ammón de sus ciudades, y vinieron á la guerra.

8 Oyéndolo David, envió á Joab con todo el ejército de los hombres valientes.

9 Y los hijos de Ammón salieron, y ordenaron su tropa á la entrada de la ciudad; y los reyes que habían venido, estaban por sí en el campo.

10 Y viendo Joab que la haz de la batalla estaba contra él delante y á las espaldas, escogió de todos los más aventajados que había en Israel, y ordenó su escuadrón contra los Siros.

11 Puso luego el resto de la gente en mano de Abisai su hermano, ordenándolos en batalla contra los Ammonitas.

12 Y dijo: Si los Siros fueren más fuertes que yo, tú me salvarás; y si los Ammonitas fueren más fuertes que tú, yo te salvaré.

13 Esfuérzate, y esforcémonos por nuestro pueblo, y por las ciudades de nuestro Dios; y haga Jehová lo que bien le pareciere.

14 Acercóse luego Joab y el pueblo que tenía consigo, para pelear contra los Siros; mas ellos huyeron delante de él.

15 Y los hijos de Ammón, viendo que los Siros habían huído, huyeron también ellos delante de Abisai su hermano, y entráronse en la ciudad. Entonces Joab se volvió á Jerusalem.

16 Y viendo los Siros que habían caído delante de Israel, enviaron embajadores, y trajeron á los Siros que estaban de la otra parte del río, cuyo capitán era Sophach, general del ejército de Adarezer.

17 Luego que fué dado aviso á David, juntó á todo Israel, y pasando el Jordán vino á ellos, y ordenó contra ellos su ejército. Y como David hubo ordenado su tropa contra ellos, pelearon con él los Siros.

18 Mas el Siro huyó delante de Israel; y mató David de los Siros siete mil hombres de los carros, y cuarenta mil hombres de á pie: asimismo mató á Sophach, general del ejército.

19 Y viendo los Siros de Adarezer que habían caído delante de Israel, concertaron paz con David, y fueron sus siervos; y nunca más quiso el Siro ayudar á los hijos de Ammón.

20 Y aconteció á la vuelta del año, en el tiempo que suelen los reyes salir á la guerra, que Joab sacó las fuerzas del ejército, y destruyó la tierra de los hijos de Ammón, y vino y cercó á Rabba. Mas David estaba en Jerusalem; y Joab batió á Rabba, y destruyóla.

2 Y tomó David la corona de su rey de encima de su cabeza, y hallóla de peso de un talento de oro, y había en ella piedras preciosas; y fué puesta sobre la cabeza de David. Y Además de esto sacó de la ciudad un muy gran despojo.

3 Sacó también al pueblo que estaba en ella, y cortólos con sierras, y con trillos de hierro, y segures. Lo mismo hizo David á todas las ciudades de los hijos de Ammón. Y volvióse David con todo el pueblo á Jerusalem.

4 Después de esto aconteció que se levantó guerra en Gezer con los Filisteos; é hirió Sibbecai Husathita á Sippai, del linaje de los gigantes; y fueron humillados.

5 Y volvióse á levantar guerra con los Filisteos; é hirió Elhanán hijo de Jair á Lahmi, hermano de Goliath Getheo, el asta de cuya lanza era como un enjullo de tejedores.

6 Y volvió á haber guerra en Gath, donde hubo un hombre de grande estatura, el cual tenía seis dedos en pies y manos, en todos veinticuatro; y también era hijo de Rapha.

7 Denostó él á Israel, mas hirióle Jonathán, hijo de Sima hermano de David.

8 Estos fueron hijos de Rapha en Gath, los cuales cayeron por mano de David y de sus siervos.

21 Mas Satanás se levantó contra Israel, é incitó á David á que contase á Israel.

2 Y dijo David á Joab y á los príncipes del pueblo: Id, contad á Israel desde Beer-seba hasta Dan, y traedme el número de ellos para que yo lo sepa.

3 Y dijo Joab: Añada Jehová á su pueblo cien veces otros tantos. Rey señor mío, ¿no son todos estos siervos de mi señor? ¿para qué procura mi señor esto, que será pernicioso á Israel?

4 Mas el mandamiento del rey pudo más que Joab. Salió por tanto Joab, y fué por todo Israel; y volvió á Jerusalem, y dió la cuenta del número del pueblo á David.

5 Y hallóse en todo Israel que sacaban espada, once veces cien mil; y de Judá cuatrocientos y setenta mil hombres que sacaban espada.

6 Entre estos no fueron contados los Levitas, ni los hijos de Benjamín, porque Joab abominaba el mandamiento del rey.

7 Asimismo desagradó este negocio á los ojos de Dios, é hirió á Israel.

8 Y dijo David á Dios: He pecado gravemente en hacer esto: ruégote que hagas pasar la iniquidad de tu siervo, porque yo he hecho muy locamente.

9 Y habló Jehová á Gad, vidente de David, diciendo:

10 Ve, y habla á David, y dile: Así ha dicho Jehová: Tres cosas te propongo; escoge de ellas una que yo haga contigo.

11 Y viniendo Gad á David, díjole: Así ha dicho Jehová:

12 Escógete, ó tres años de hambre; ó ser por tres meses deshecho delante de tus enemigos, y que la espada de tus adversarios te alcance; ó por tres días la espada de Jehová y pestilencia en la tierra, y que el ángel de Jehová destruya en todo el término de Israel: mira pues qué he de responder al que me ha enviado.

13 Entonces David dijo á Gad: Estoy en grande angustia: ruego que yo caiga en la mano de Jehová; porque sus misericordias son muchas en extremo, y que no caiga yo en manos de hombres.

14 Así David dió pestilencia en Israel, y cayeron de Israel setenta mil hombres.

15 Y envió Jehová el ángel á Jerusalem para destruirla: pero estando él destruyendo, miró Jehová, y arrepintióse de aquel mal, y dijo al ángel que destruía: Basta ya; detén tu mano. Y el ángel de Jehová estaba junto á la era de Ornán Jebuseo.

16 Y alzando David sus ojos, vió al ángel de Jehová, que estaba entre el cielo y la tierra, teniendo una espada desnuda en su mano, extendida contra Jerusalem. Entonces David y los ancianos se postraron sobre sus rostros, cubiertos de sacos.

17 Y dijo David á Dios: ¿No soy yo el que hizo contar el pueblo? Yo mísmo soy el que pequé, y ciertamente he hecho mal; mas estas ovejas, ¿qué han hecho? Jehová Dios mío, sea ahora tu mano contra mí, y contra la casa de mi padre, y no haya plaga en tu pueblo.

18 Y el ángel de Jehová ordenó á Gad que dijese á David, que subiese y construyese un altar á Jehová en la era de Ornán Jebuseo.

19 Entonces David subió, conforme á la palabra de Gad que le había dicho en nombre de Jehová.

20 Y volviéndose Ornán vió el ángel; por lo que se escondieron cuatro hijos suyos que con él estaban. Y Ornán trillaba el trigo.

21 Y viniendo David á Ornán, miró éste, y vió á David: y saliendo de la era, postróse en tierra á David.

22 Y dijo David á Ornán: Dame este lugar de la era, en que edifique un altar á Jehová, y dámelo por su cabal precio, para que cese la plaga del pueblo.

23 Entonces dijo Ornán á David: Tómalo para ti, y haga mi señor el rey lo que bien le pareciere: y aun los bueyes daré para el holocausto, y los trillos para leña, y trigo para el presente: yo lo doy todo.

24 Y David respondió á Ornán: No, sino que efectivamente la compraré por su justo precio: porque no tomaré para Jehová lo que es tuyo, ni sacrificaré holocausto que nada me cueste.

25 Entonces el rey David dijo á Ornán: No, sino que efectivamente la compraré por su justo precio: porque no tomaré para Jehová lo que es tuyo, ni sacrificaré holocausto que nada me cueste.

26 Y dió David á Ornán por el lugar seiscientos siclos de oro por peso.

27 Y edificó allí David un altar á Jehová, en el que ofreció holocaustos y sacrificios pacíficos, é invocó á Jehová, el cual

le respondió por fuego de los cielos en el altar del holocausto.
28 Y como Jehová habló al ángel, él volvió su espada á la vaina.
29 Entonces viendo David que Jehová le había oído en la era de Ornán Jebuseo, sacrificó allí.
30 Y el tabernáculo de Jehová que Moisés había hecho en el desierto, y el altar del holocausto, estaban entonces en el alto de Gabaón.
31 Mas David no pudo ir allá á consultar á Dios, porque estaba espantado á causa de la espada del ángel de Jehová.

22 Y dijo David: Esta es la casa de Jehová Dios, y este es el altar del holocausto para Israel.
2 Después mandó David que se juntasen los extranjeros que estaban en la tierra de Israel, y señaló de ellos canteros que labrasen piedras para edificar la casa de Dios.
3 Asimismo aparejó David mucho hierro para la clavazón de las puertas, y para las junturas; y mucho metal sin peso, y madera de cedro sin cuenta.
4 Porque los Sidonios y Tirios habían traído á David madera de cedro innumerable.
5 Y dijo David: Salomón mi hijo es muchacho y tierno, y la casa que se ha de edificar á Jehová ha de ser magnífica por excelencia, para nombre y honra en todas las tierras; ahora pues yo le aparejaré lo necesario. Y preparó David antes de su muerte en grande abundancia.
6 Llamó entonces David á Salomón su hijo, y mandóle que edificase una casa á Jehová Dios de Israel.
7 Y dijo David á Salomón: Hijo mío, en mi corazón tuve el edificar templo al nombre de Jehová mi Dios.
8 Mas vino á mí palabra de Jehová, diciendo: Tú has derramado mucha sangre, y has traído grandes guerras: no edificarás casa á mi nombre, porque has derramado mucha sangre en la tierra delante de mí;
9 He aquí, un hijo te nacerá, el cual será varón de reposo, porque yo le daré quietud de todos sus enemigos en derredor; por tanto su nombre será Salomón; y yo daré paz y reposo sobre Israel en sus días:
10 El edificará casa á mi nombre, y él me será á mí por hijo, y yo le seré por padre; y afirmaré el trono de su reino sobre Israel para siempre.
11 Ahora pues, hijo mío, sea contigo Jehová, y seas prosperado, y edifiques casa á Jehová tu Dios, como él ha dicho de ti.
12 Y Jehová te dé entendimiento y prudencia, y él te dé mandamientos para Israel; y que tú guardes la ley de Jehová tu Dios.
13 Entonces serás prosperado, si cuidares de poner por obra los estatutos y derechos que Jehová mandó á Moisés para Israel. Esfuérzate pues, y cobra ánimo; no temas, ni desmayes.
14 He aquí, yo en mi estrechez he prevenido para la casa de Jehová cien mil talentos de oro, y un millar de millares de talentos de plata: no tiene peso el metal ni el hierro, porque es mucho. Asimismo he aprestado madera y piedra, á lo cual tú añadirás.
15 Tú tienes contigo muchos oficiales, canteros, albañiles, y carpinteros, y todo hombre experto en toda obra.
16 Del oro, de la plata, del metal, y del hierro, no hay número. Levántate pues, y á la obra; que Jehová será contigo.
17 Asimismo mandó David á todos los principales de Israel que diesen ayuda á Salomón su hijo, diciendo:
18 ¿No es con vosotros Jehová vuestro Dios, el cual os ha dado quietud de todas partes? porque él ha entregado en mi mano los moradores de la tierra, y la tierra ha sido sujetada delante de Jehová, y delante de su pueblo.
19 Poned, pues, ahora vuestros corazones y vuestros ánimos en buscar á Jehová vuestro Dios; y levantaos, y edificad el santuario del Dios Jehová, para traer el arca del pacto de Jehová, y los santos vasos de Dios, á la casa edificada al nombre de Jehová.

23 Siendo pues David ya viejo y harto de días, hizo á Salomón su hijo rey sobre Israel.
2 Y juntando á todos los principales de Israel, y á los sacerdotes y Levitas,
3 Fueron contados los Levitas de treinta años arriba; y fué el número de ellos por sus cabezas, contados uno á uno, treinta y ocho mil.
4 De éstos, veinticuatro mil para dar prisa á la obra de la casa de Jehová; y gobernadores y jueces, seis mil;
5 Además cuatro mil porteros; y cuatro mil para alabar á Jehová, dijo David, con los instrumentos que he hecho para rendir alabanzas.

6 Y repartiólos David en órdenes conforme á los hijos de Leví, Gersón y Coath y Merari.
7 Los hijos de Gersón: Ladán, y Simi.
8 Los hijos de Ladán, tres: Jehiel el primero, después Zetham y Joel.
9 Los hijos de Simi, tres: Selomith, Haziel, y Arán. Estos fueron los príncipes de las familias de Ladán.
10 Y los hijos de Simi: Jahath, Zinat, Jeus, y Berías. Estos cuatro fueron los hijos de Simi.
11 Jahat era el primero, Zinat el segundo; mas Jeus y Berías no multiplicaron en hijos, por lo cual fueron contados por una familia.
12 Los hijos de Coath: Amram, Ishar, Hebrón, y Uzziel, ellos cuatro.
13 Los hijos de Amram: Aarón y Moisés. Y Aarón fué apartado para ser dedicado á las más santas cosas, él y sus hijos para siempre, para que quemasen perfumes delante de Jehová, y le ministrasen, y bendijesen en su nombre, para siempre.
14 Y los hijos de Moisés, varón de Dios, fueron contados en la tribu de Leví.
15 Los hijos de Moisés fueron Gersón y Eliezer.
16 Hijo de Gersón fué Sebuel el primero.
17 E hijo de Eliezer fué Rehabía el primero. Y Eliezer no tuvo otros hijos; mas los hijos de Rehabía fueron muchos.
18 Hijo de Ishar fué Selomith el primero.
19 Los hijos de Hebrón: Jería el primero, Amarías el segundo, Jahaziel el tercero, y Jecamán el cuarto.
20 Los hijos de Uzziel: Michâ el primero, é Isía el segundo.
21 Los hijos de Merari: Mahali y Musi. Los hijos de Mahali: Eleazar y Cis.
22 Y murió Eleazar sin hijos, mas tuvo hijas; y los hijos de Cis, sus hermanos, las tomaron por mujeres.
23 Los hijos de Musi: Mahali, Eder y Jerimoth, ellos tres.
24 Estos son los hijos de Leví en las familias de sus padres, cabeceras de familias en sus delineaciones, contados por sus nombres, por sus cabezas, los cuales hacían obra en el ministerio de la casa de Jehová, de veinte años arriba.
25 Porque David dijo: Jehová Dios de Israel ha dado reposo á su pueblo Israel, y el habitar en Jerusalem para siempre.
26 Y también los Levitas no llevarán más el tabernáculo, y todos sus vasos para su ministerio.
27 Así que, conforme á las postreras palabras de David, fué la cuenta de los hijos de Leví de veinte años arriba.
28 Y estaban bajo la mano de los hijos de Aarón, para ministrar en la casa de Jehová, en los atrios y en las cámaras, y en la purificación de toda cosa santificada, y en la demás obra del ministerio de la casa de Dios.
29 Asimismo para los panes de la proposición, y para la flor de la harina para el sacrificio, y para las hojuelas sin levadura, y para la fruta de sartén, y para lo tostado, y para toda medida y cuenta;
30 Y para que asistiesen cada mañana todos los días á confesar y alabar á Jehová, y asimismo á la tarde;
31 Y para ofrecer todos los holocaustos á Jehová los sábados, nuevas lunas, y solemnidades, por la cuenta y forma que tenían, continuamente delante de Jehová.
32 Y para que tuviesen la guarda del tabernáculo del testimonio, y la guarda del santuario, y las órdenes de los hijos de Aarón sus hermanos, en el ministerio de la casa de Jehová.

24 También los hijos de Aarón tuvieron sus repartimientos. Los hijos de Aarón: Nadab, Abiú, Eleazar é Ithamar.
2 Mas Nadab, y Abiú murieron antes que su padre, y no tuvieron hijos: Eleazar é Ithamar tuvieron el sacerdocio.
3 Y David los repartió, siendo Sadoc de los hijos de Eleazar, y Ahimelech de los hijos de Ithamar, por sus turnos en su ministerio.
4 Y los hijos de Eleazar fueron hallados, cuanto á sus principales varones, muchos más que los hijos de Ithamar; y repartiéronlos así: De los hijos de Eleazar había dieciséis cabezas de familias paternas; y de los hijos de Ithamar por las familias de sus padres, ocho.
5 Repartiéronlos pues por suerte los unos con los otros: porque de los hijos de Eleazar y de los hijos de Ithamar hubo príncipes del santuario, y príncipes de la casa de Dios.
6 Y Semeías escriba, hijo de Nathanael, de los Levitas, escribiólos delante del rey y de los príncipes, y delante de

Sadoc el sacerdote, y de Ahimelech hijo de Abiathar, y de los príncipes de las familias de los sacerdotes y Levitas: y adscribían una familia á Eleazar, y á Ithamar otra.

7 Y la primera suerte salió por Joiarib, la segunda por Jedaía;

8 La tercera por Harim, la cuarta por Seorim;

9 La quinta por Malchîas, la sexta por Miamim;

10 La séptima por Cos, la octava por Abías;

11 La nona por Jesua, la décima por Sechânîa;

12 La undécima por Eliasib, la duodécima por Jacim;

13 La décimatercia por Uppa, la décimacuarta por Isebeab;

14 La décimaquinta por Bilga, la décimasexta por Immer;

15 La décimaséptima por Hezir, la décimaoctava por Aphses;

16 La décimanona por Pethaía, la vigésima por Hezeciel;

17 La vigésimaprima por Jachim, la vigésimasegunda por Hamul;

18 La vigésimatercia por Delaía, la vigésimacuarta por Maazía.

19 Estos fueron contados en su ministerio, para que entrasen en la casa de Jehová, conforme á su ordenanza, bajo el mando de Aarón su padre, de la manera que le había mandado Jehová el Dios de Israel.

20 Y de los hijos de Leví que quedaron: Subael, de los hijos de Amram; y de los hijos de Subael, Jehedías.

21 Y de los hijos de Rehabía, Isias el principal.

22 De los Ishareos, Selemóth; é hijo de Selemoth, Jath.

23 Y de los hijos de Hebrón; Jeria el primero, el segundo Amarías, el tercero Jahaziel, el cuarto Jecamán.

24 Hijo de Uzziel, Michâ; é hijo de Michâ, Samir.

25 Hermano de Michâ, Isía; é hijo de Isía, Zachârías.

26 Los hijos de Merari: Mahali y Musi; hijo de Jaazia, Benno.

27 Los hijos de Merari por Jaazia: Benno, y Soam, Zachûr é Ibri.

28 Y de Mahali, Eleazar, el cual no tuvo hijos.

29 Hijo de Cis, Jerameel.

30 Los hijos de Musi: Maheli, Eder y Jerimoth. Estos fueron los hijos de los Levitas conforme á las casas de sus familias.

31 Estos también echaron suertes, como sus hermanos los hijos de Aarón, delante del rey David, y de Sadoc y de Ahimelech, y de los príncipes de las familias de los sacerdotes y Levitas: el principal de los padres igualmente que el menor de sus hermanos.

25 Asimismo David y los príncipes del ejército apartaron para el ministerio á los hijos de Asaph, y de Hemán, y de Jeduthún, los cuales profetizasen con arpas, salterios, y címbalos: y el número de ellos fué, de hombres idóneos para la obra de su ministerio respectivo:

2 De los hijos de Asaph: Zachûr, José, Methanías, y Asareela, hijos de Asaph, bajo la dirección de Asaph, el cual profetiza- bá á la orden del rey.

3 De Jeduthún: los hijos de Jeduthún, Gedalías, Sesi, Jesaías, Hasabías, y Mathithías, y Simi: seis, bajo la mano de su padre Jeduthún, el cual profetizaba con arpa para celebrar y alabar á Jehová.

4 De Hemán: los hijos de Hemán, Buccia, Mathanía, Uzziel, Sebuel, Jerimoth, Hananías, Hanani, Eliatha, Gidalthi, Romamti-ezer, Josbecasa, Mallothi, Othir, y Mahazioth.

5 Todos estos fueron hijos de Hemán, vidente del rey en pa- labras de Dios, para ensalzar el poder suyo: y dió Dios á Hemán catorce hijos y tres hijas.

6 Y todos estos estaban bajo la dirección de su padre en la música, en la casa de Jehová, con címbalos, salterios y arpas, para el ministerio del templo de Dios, por disposición del rey acerca de Asaph, de Jeduthún, y de Hemán.

7 Y el número de ellos con sus hermanos instruídos en músi- ca de Jehová, todos los aptos, fué doscientos ochenta y ocho.

8 Y echaron suertes para los turnos del servicio, entrando el pequeño con el grande, lo mismo el maestro que el discípulo.

9 Y la primera suerte salió por Asaph, á José: la segunda á Gedalías, quien con sus hermanos é hijos fueron doce;

10 La tercera á Zachûr, con sus hijos y sus hermanos, doce;

11 La cuarta á Isri, con sus hijos y sus hermanos, doce;

12 La quinta á Nethanías, con sus hijos y sus hermanos, doce;

13 La sexta á Buccia, con sus hijos y sus hermanos, doce;

14 La séptima á Jesarela, con sus hijos y sus hermanos, doce;

15 La octava á Jesahías, con sus hijos y sus hermanos, doce;

16 La nona á Mathanías, con sus hijos y sus hermanos, doce;

17 La décima á Simi, con sus hijos y sus hermanos, doce;

18 La undécima á Azareel, con sus hijos y sus hermanos, doce;

19 La duodécima á Hasabías, con sus hijos y sus hermanos, doce;

20 La décimatercia á Subael, con sus hijos y sus hermanos, doce;

21 La décimacuarta á Mathithías, con sus hijos y sus her- manos, doce;

22 La décimaquinta á Jerimoth, con sus hijos y sus her- manos, doce;

23 La décimasexta á Hananías, con sus hijos y sus her- manos, doce;

24 La décimaséptima á Josbecasa, con sus hijos y sus her- manos, doce;

25 La décimaoctava á Hanani, con sus hijos y sus hermanos, doce;

26 La décimanona á Mallothi, con sus hijos y sus hermanos, doce;

27 La vigésima á Eliatha, con sus hijos y sus hermanos, doce;

28 La vigésimaprima á Othir, con sus hijos y sus hermanos, doce;

29 La vigésimasegunda á Giddalthi, con sus hijos y sus her- manos, doce;

30 La vigésimatercia á Mahazioth, con sus hijos y sus her- manos, doce;

31 La vigésimacuarta á Romamti-ezer, con sus hijos y sus hermanos, doce.

26 Cuanto á los repartimientos de los porteros: De los Coraitas: Meselemia hijo de Coré, de los hijos de Asaph.

2 Los hijos de Meselemia: Zachârías el primogénito, Jediael el segundo, Zebadías el tercero, Jatnael el cuarto;

3 Elam el quinto, Johanam el sexto, Elioenai el séptimo.

4 Los hijos de Obed-edom: Semeías el primogénito, Jozabad el segundo, Joab el tercero, el cuarto Sachâr, el quinto Nathanael;

5 El sexto Anmiel, el séptimo Issachâr, el octavo Peullethai: porque Dios había bendecido á Obed-edom.

6 También de Semeías su hijo nacieron hijos que fueron señores sobre la casa de sus padres; porque eran varones muy valerosos.

7 Los hijos de Semeías: Othni, Raphael, Obed, Elzabad, y sus hermanos, hombres esforzados; asimismo Eliú, y Samachías.

8 Todos estos de los hijos de Obed-edom: ellos con sus hijos y sus hermanos, hombres robustos y fuertes para el ministe- rio; sesenta y dos, de Obed-edom.

9 Y los hijos de Meselemia y sus hermanos, dieciocho hom- bres valientes.

10 De Hosa, de los hijos de Merari: Simri el principal, (aunque no era el primogénito, mas su padre lo puso para que fuese cabeza;)

11 El segundo Hilcías, el tercero Tebelías, el cuarto Zachârías: todos hijos de Hosa y sus hermanos fueron trece.

12 Entre estos se hizo la distribución de los porteros, alter- nando los principales de los varones en la guardia con sus hermanos, para servir en la casa de Jehová.

13 Y echaron suertes, el pequeño con el grande, por las casas de sus padres, para cada puerta.

14 Y cayó la suerte al oriente á Selemía. Y á Zachârías su hijo, consejero entendido, metieron en las suertes: y salió la suerte suya al norte.

15 Y por Obed-edom, al mediodía; y por sus hijos, la casa de la consulta.

16 Por Suppim y Hosa al occidente, con la puerta de Sallechêt al camino de la subida, guardia contra guardia.

17 Al oriente seis Levitas, al norte cuatro de día; al mediodía cuatro de día; y á la casa de la consulta, de dos en dos.

18 En la cámara de los vasos al occidente, cuatro al camino, y dos en la cámara.

19 Estos son los repartimientos de los porteros, hijos de los Coraitas, y de los hijos de Merari.

20 Y de los Levitas, Achîas tenía cargo de los tesoros de la casa de Dios, y de los tesoros de las cosas santificadas.

21 Cuanto á los hijos de Ladán, hijos de Gersón: de Ladán, los príncipes de las familias de Ladán fueron Gersón, y Jehieli.

22 Los hijos de Jehieli, Zethán y Joel su hermano, tuvieron cargo de los tesoros de la casa de Jehová.

23 Acerca de los Amramitas, de los Isharitas, de los Hebronitas, y de los Uzzielitas.

24 Sebuel hijo de Gersón, hijo de Moisés, era principal sobre los tesoros.

25 En orden á su hermano Eliezer, hijo de éste era Rehabía, hijo de éste Isaías, hijo de éste Joram, hijo de éste Zichri, del que fué hijo Selomith.

26 Este Selomith y sus hermanos tenían cargo de todos los tesoros de todas las cosas santificadas, que había consagrado el rey David, y los príncipes de las familias, y los capitanes de millares y de cientos, y los jefes del ejército;

27 De lo que habían consagrado de las guerras y de los despojos, para reparar la casa de Jehová.

28 Asimismo todas las cosas que había consagrado Samuel vidente, y Saúl hijo de Cis, y Abner hijo de Ner, y Joab hijo de Sarvia: y todo lo que cualquiera consagraba, estaba bajo la mano de Selomith y de sus hermanos.

29 De los Isharitas, Chenanía y sus hijos eran gobernadores y jueces sobre Israel en las obras de fuera.

30 De los Hebronitas, Hasabías y sus hermanos, hombres de vigor, mil y setecientos, gobernaban á Israel de la otra parte del Jordán, al occidente, en toda la obra de Jehová, y en el servicio del rey.

31 De los Hebronitas, Jerías era el principal entre los Hebronitas repartidos en sus linajes por sus familias. En el año cuarenta del reinado de David se registraron, y halláronse entre ellos fuertes y vigorosos en Jazer de Galaad.

32 Y sus hermanos, hombres valientes, eran dos mil y setecientos, cabezas de familias, los cuales el rey David constituyó sobre los Rubenitas, Gaditas, y sobre la media tribu de Manasés, para todas las cosas de Dios, y los negocios del rey.

27 Y los hijos de Israel según su número, á saber, príncipes de familias, tribunos, centuriones y oficiales de los que servían al rey en todos los negocios de las divisiones que entraban y salían cada mes en todos los meses del año, eran en cada división veinte y cuatro mil.

2 Sobre la primera división del primer mes estaba Jasobam hijo de Zabdiel; y había en su división veinte y cuatro mil.

3 De los hijos de Phares fué él jefe de todos los capitanes de las compañías del primer mes.

4 Sobre la división del segundo mes estaba Dodai Ahohita: y Micloth era mayor general en su división, en la que también había veinte y cuatro mil.

5 El jefe de la tercera división para el tercer mes era Benaías, hijo de Joiada sumo sacerdote; y en su división había veinte y cuatro mil.

6 Este Benaías era valiente entre los treinta y sobre los treinta; y en su división estaba Amisabad su hijo.

7 El cuarto jefe para el cuarto mes era Asael hermano de Joab, y después de él Zebadías su hijo; y en su división había veinte y cuatro mil.

8 El quinto jefe para el quinto mes era Sambuth Izrita: y en su división había veinte y cuatro mil.

9 El sexto para el sexto mes era Hira hijo de Icces, de Tecoa; y en su división veinte y cuatro mil.

10 El séptimo para el séptimo mes era Helles Pelonita, de los hijos de Ephraim; y en su división veinte y cuatro mil.

11 El octavo para el octavo mes era Sibbecai Husatita, de Zarahi; y en su división veinte y cuatro mil.

12 El noveno para el noveno mes era Abiezer Anathothita, de los Benjamitas; y en su división veinte y cuatro mil.

13 El décimo para el décimo mes era Maharai Nethophathita, de Zarahi; y en su división veinte y cuatro mil.

14 El undécimo para el undécimo mes era Benaías Piratonita, de los hijos de Ephraim; y en su división veinte y cuatro mil.

15 El duodécimo para el duodécimo mes era Heldai Nethophathita, de Othniel; y en su división veinte y cuatro mil.

16 Asimismo sobre las tribus de Israel: el jefe de los Rubenitas era Eliezer hijo de Zichri; de los Simeonitas, Sephatías, hijo de Maachâ;

17 De los Levitas, Hasabías hijo de Camuel; de los Aaronitas, Sadoc;

18 De Judá, Eliú, uno de los hermanos de David; de los de Issachâr, Omri hijo de Michael;

19 De los de Zabulón, Ismaías hijo de Abdías; de los de Nephtalí, Jerimoth hijo de Azriel;

20 De los hijos de Ephraim, Oseas hijo de Azazía; de la media tribu de Manasés, Joel hijo de Pedaía;

21 De la otra media tribu de Manasés en Galaad, Iddo hijo de Zachârias; de los de Benjamín, Jaaciel hijo de Abner;

22 Y de Dan, Azarael hijo de Jeroam. Estos fueron los jefes de las tribus de Israel.

23 Y no tomó David el número de los que eran de veinte años abajo, por cuanto Jehová había dicho que él había de multiplicar á Israel como las estrellas del cielo.

24 Joab hijo de Sarvia había comenzado á contar, mas no acabó, pues por esto vino la ira sobre Israel: y así el número no fué puesto en el registro de las crónicas del rey David.

25 Y Azmaveth hijo de Adiel tenía cargo de los tesoros del rey; y de los tesoros de los campos, y de las ciudades, y de las aldeas y castillos, Jonathán hijo de Uzzías;

26 Y de los que trabajaban en la labranza de las tierras, Ezri hijo de Chêlud;

27 Y de las viñas Simi Ramathita; y del fruto de las viñas para las bodegas, Zabdías Siphmita;

28 Y de los olivares é higuerales que había en las campiñas, Baal-hanan Gederita; y de los almacenes del aceite, Joas;

29 De las vacas que pastaban en Sarón, Sitrai Saronita; y de las vacas que estaban en los valles, Saphat hijo de Adlai;

30 Y de los camellos, Obil Ismaelita; y de las asnas, Jedías Meronothita;

31 Y de las ovejas, Jaziz Agareno. Todos estos eran superintendentes de la hacienda del rey David.

32 Y Jonathán, tío de David, era consejero, varón prudente y escriba; y Jehiel hijo de Hacmoni estaba con los hijos del rey.

33 Y también Achitophel era consejero del rey; y Husai Arachita amigo del rey.

34 Después de Achitophel era Joiada hijo de Benaías, y Abiathar. Y Joab era el general del ejército del rey.

28 Y juntó David en Jerusalem á todos los principales de Israel, los príncipes de las tribus, y los jefes de las divisiones que servían al rey, y los tribunos y centuriones, con los superintendentes de toda la hacienda y posesión del rey, y sus hijos, con los eunucos, los poderosos, y todos sus hombres valientes.

2 Y levantándose el rey David, puesto en pie dijo: Oidme, hermanos míos, y pueblo mío. Yo tenía en propósito edificar una casa, para que en ella reposara el arca del pacto de Jehová, y para el estrado de los pies de nuestro Dios; y había ya aprestado todo para edificar.

3 Mas Dios me dijo: Tú no edificarás casa á mi nombre: porque eres hombre de guerra, y has derramado mucha sangre.

4 Empero Jehová el Dios de Israel me eligió de toda la casa de mi padre, para que perpetuamente fuese rey sobre Israel: porque á Judá escogió por caudillo, y de la casa de Judá la familia de mi padre; y de entre los hijos de mi padre agradóse de mí para ponerme por rey sobre todo Israel;

5 Y de todos mis hijos (porque Jehová me ha dado muchos hijos,) eligió á mi hijo Salomón para que se siente en el trono del reino de Jehová sobre Israel.

6 Y me ha dicho: Salomón tu hijo, él edificará mi casa y mis atrios: porque á éste me he escogido por hijo, y yo le seré á él por padre.

7 Asimismo yo confirmaré su reino para siempre, si él se esforzare á poner por obra mis mandamientos y mis juicios, como aqueste día.

8 Ahora pues, delante de los ojos de todo Israel, congregación de Jehová, y en oídos de nuestro Dios, guardad é inquirid todos los preceptos de Jehová vuestro Dios, para que poseáis la buena tierra, y la dejéis por heredad á vuestros hijos después de vosotros perpetuamente.

9 Y tú, Salomón, hijo mío, conoce al Dios de tu padre, y sírvele con corazón perfecto, y con ánimo voluntario; porque Jehová escudriña los corazones de todos, y entiende toda imaginación de los pensamientos. Si tú le buscares, lo hallarás; mas si lo dejares, él te desechará para siempre.

10 Mira, pues, ahora que Jehová te ha elegido para que edifiques casa para santuario: esfuérzate, y haz la.

11 Y David dió á Salomón su hijo la traza del pórtico, y de sus casas, y de sus oficinas, y de sus salas, y de sus recámaras, y de la casa del propiciatorio.

12 Asimismo la traza de todas las cosas que tenía en su voluntad, para los atrios de la casa de Jehová, y para todas las cámaras en derredor, para los tesoros de la casa de Dios, y para los tesoros de las cosas santificadas:

13 También para los órdenes de los sacerdotes y de los Levitas, y para toda la obra del ministerio de la casa de Jehová, y para todos los vasos del ministerio de la casa de Jehová.

14 Y dió oro por peso para lo de oro, para todos los vasos de cada servicio: y plata por peso para todos los vasos, para todos los vasos de cada servicio.

15 Oro por peso para los candeleros de oro, y para sus candilejas; por peso el oro para cada candelero y sus candilejas: y para los candeleros de plata, plata por peso para el candelero y sus candilejas, conforme al servicio de cada candelero.

16 Asimismo dió oro por peso para las mesas de la proposición, para cada mesa: del mismo modo plata para las mesas de plata:

17 También oro puro para los garfios y para las palanganas, y para los incensarios, y para los tazones de oro, para cada tazón por peso; y para los tazones de plata, por peso para cada tazón:

18 Además, oro puro por peso para el altar del perfume, y á manera de carro de los querubines de oro, que con las alas extendidas cubrían el arca del pacto de Jehová.

19 Todas estas cosas, dijo David, se me han representado por la mano de Jehová que me hizo entender todas las obras del diseño.

20 Dijo más David á Salomón su hijo: Anímate y esfuérzate, y ponlo por obra; no temas, ni desmayes, porque el Dios Jehová, mi Dios, será contigo: él no te dejará, ni te desamparará, hasta que acabes toda la obra para el servicio de la casa de Jehová.

21 He aquí los órdenes por peso de los sacerdotes y de los Levitas, para todo el ministerio de la casa de Dios, serán contigo en toda la obra: asimismo todos los voluntarios é inteligentes para cualquiera especie de industria; y los príncipes, y todo el pueblo para ejecutar todas tus órdenes.

29 Después dijo el rey David á toda la asamblea: A solo Salomón mi hijo ha elegido Dios; él es joven y tierno, y la obra grande; porque la casa no es para hombre, sino para Jehová Dios.

2 Yo empero con todas mis fuerzas he preparado para la casa de mi Dios, oro para las cosas de oro, y plata para las cosas de plata, y metal para las de metal, y hierro para las de hierro, y madera para las de madera, y piedras oniquinas, y piedras preciosas, y piedras negras, y piedras de diversos colores, y toda suerte de piedras preciosas, y piedras de mármol en abundancia.

3 A más de esto, por cuanto tengo mi gusto en la casa de mi Dios, yo guardo en mi tesoro particular oro y plata que, además de todas las cosas que he aprestado para la casa del santuario, he dado para la casa de mi Dios;

4 A saber, tres mil talentos de oro, de oro de Ophir, y siete mil talentos de plata afinada para cubrir las paredes de las casas:

5 Oro pues para las cosas de oro, y plata para las cosas de plata, y para toda la obra de manos de los oficiales. ¿Y quién se ofrecerá á Jehová?

6 Entonces los príncipes de las familias, y los príncipes de las tribus de Israel, tribunos y centuriones, con los superintendentes de la hacienda del rey, ofrecieron de su voluntad;

7 Y dieron para el servicio de la casa de Dios cinco mil talentos de oro y diez mil sueldos, y diez mil talentos de plata, y dieciocho mil talentos de metal, y cinco mil talentos de hierro.

8 Y todo el que se halló con piedras preciosas, diólas para el tesoro de la casa de Jehová, en mano de Jehiel Gersonita.

9 Y holgóse el pueblo de haber contribuído de su voluntad; porque con entero corazón ofrecieron á Jehová voluntariamente.

10 Asimismo holgóse mucho el rey David, y bendijo á Jehová delante de toda la congregación; y dijo David: Bendito seas tú, oh Jehová, Dios de Israel nuestro padre, de uno á otro siglo.

11 Tuya es, oh Jehová, la magnificencia, y el poder, y la gloria, la victoria, y el honor; porque todas las cosas que están en los cielos y en la tierra son tuyas. Tuyo, oh Jehová, es el reino, y la altura sobre todos los que están por cabeza.

12 Las riquezas y la gloria están delante de ti, y tú señoreas á todos: y en tu mano está la potencia y la fortaleza, y en tu mano la grandeza y fuerza de todas las cosas.

13 Ahora pues, Dios nuestro, nosotros te confesamos, y loamos tu glorioso nombre.

14 Porque ¿quién soy yo, y quién es mi pueblo, para que pudiésemos ofrecer de nuestra voluntad cosas semejantes? porque todo es tuyo, y lo recibido de tu mano te damos.

15 Porque nosotros, extranjeros y advenedizos somos delante de ti, como todos nuestros padres; y nuestros días cual sombra sobre la tierra, y no dan espera.

16 Oh Jehová Dios nuestro, toda esta abundancia que hemos aprestado para edificar casa á tu santo nombre, de tu mano es, y todo es tuyo.

17 Yo sé, Dios mío, que tú escudriñas los corazones, y que la rectitud te agrada: por eso yo con rectitud de mi corazón voluntariamente te he ofrecido todo esto, y ahora he visto con alegría que tu pueblo, que aquí se ha hallado ahora, ha dado para ti espontáneamente.

18 Jehová, Dios de Abraham, de Isaac, y de Israel, nuestros padres, conserva perpetuamente esta voluntad del corazón de tu pueblo, y encamina su corazón á ti.

19 Asimismo dá á mi hijo Salomón corazón perfecto, para que guarde tus mandamientos, y tus testimonios y tus estatutos, y para que haga todas las cosas, y te edifique la casa para la cual yo he hecho el apresto.

20 Después dijo David á toda al congregación: Bendecid ahora á Jehová vuestro Dios. Entonces toda la congregación bendijo á Jehová Dios de sus padres, é inclinándose adoraron delante de Jehová, y del rey.

21 Y sacrificaron víctimas á Jehová, y ofrecieron á Jehová holocaustos el día siguiente, mil becerros, mil carneros, mil corderos con sus libaciones, y muchos sacrificios por todo Israel.

22 Y comieron y bebieron delante de Jehová aquel día con gran gozo; y dieron la segunda vez la investidura del reino á Salomón hijo de David, y ungiéronlo á Jehová por príncipe, y á Sadoc por sacerdote.

23 Y sentóse Salomón por rey en el trono de Jehová en lugar de David su padre, y fué prosperado; y obedecióle todo Israel.

24 Y todos los príncipes y poderosos, y todos los hijos del rey David, prestaron homenaje al rey Salomón.

25 Y Jehová engrandeció en extremo á Salomón á los ojos de todo Israel, y dióle gloria del reino, cual ningún rey la tuvo antes de él en Israel.

26 Así reinó David hijo de Isaí sobre todo Israel.

27 Y el tiempo que reinó sobre Israel fué cuarenta años. Siete años reinó en Hebrón, y treinta y tres reinó en Jerusalem.

28 Y murió en buena vejez, lleno de días, de riquezas, y de gloria: y reinó en su lugar Salomón su hijo.

29 Y los hechos del rey David, primeros y postreros, están escritos en el libro de las crónicas de Samuel vidente, y en las crónicas del profeta Nathán, y en las crónicas de Gad vidente,

30 Con todo lo relativo á su reinado, y su poder, y los tiempos que pasaron sobre él, y sobre Israel, y sobre todos los reinos de aquellas tierras.

2 CRÓNICAS.

1 Y Salomón hijo de David fué afirmado en su reino; y Jehová su Dios fué con él, y le engrandeció sobremanera.

2 Y llamó Salomón á todo Israel, tribunos, centuriones, y jueces, y á todos los príncipes de todo Israel, cabezas de familias.

3 Y fué Salomón, y con él toda esta junta, al alto que había en Gabaón; porque allí estaba el tabernáculo del testimonio de Dios, que Moisés siervo de Jehová había hecho en el desierto.

4 Mas David había traído el arca de Dios de Chîriath-jearim al lugar que él le había preparado; porque él le había tendido una tienda en Jerusalem.

5 Asimismo el altar de bronce que había hecho Bezaleel hijo de Uri hijo de Hur, estaba allí delante del tabernáculo de Jehová, al cual fué á consultar Salomón con aquella junta.

6 Subió pues Salomón allá delante de Jehová, al altar de bronce que estaba en el tabernáculo del testimonio, y ofreció sobre él mil holocaustos.

7 Y aquella noche apareció Dios á Salomón, y díjole: Demanda lo que quisieres que yo te dé.

8 Y Salomón dijo á Dios: Tú has hecho con David mi padre grande misericordia, y á mí me has puesto por rey en lugar suyo.

9 Confírmese pues ahora, oh Jehová Dios, tu palabra dada á David mi padre; porque tú me has puesto por rey sobre un pueblo en muchedumbre como el polvo de la tierra.

10 Dame ahora sabiduría y ciencia, para salir y entrar delante de este pueblo: porque ¿quién podrá juzgar este tu pueblo tan grande?

11 Y dijo Dios á Salomón: Por cuanto esto fué en tu corazón, que no pediste riquezas, hacienda, ó gloria, ni el alma de los que te quieren mal, ni pediste muchos días, sino que has pedido para ti sabiduría y ciencia para juzgar mi pueblo, sobre el cual te he puesto por rey,

12 Sabiduría y ciencia te es dada; y también te daré riquezas, hacienda, y gloria, cual nunca hubo en los reyes que han sido antes de ti, ni después de ti habrá tal.

13 Y volvió Salomón á Jerusalem del alto que estaba en Gabaón, de ante el tabernáculo del testimonio; y reinó sobre Israel.

14 Y juntó Salomón carros y gente de á caballo; y tuvo mil y cuatrocientos carros, y doce mil jinetes, los cuales puso en las ciudades de los carros, y con el rey en Jerusalem.

15 Y puso el rey plata y oro en Jerusalem como piedras, y cedro como cabrahigos que nacen en los campos en abundancia.

16 Y sacaban caballos y lienzos finos de Egipto para Salomón; pues por contrato tomaban allí los mercaderes del rey caballos y lienzos.

17 Y subían, y sacaban de Egipto, un carro por seiscientas piezas de plata, y un caballo por ciento y cincuenta: y así se sacaban por medio de ellos para todos los reyes de los Hetheos, y para los reyes de Siria.

2 Determinó pues Salomón edificar casa al nombre de Jehová, y otra casa para su reino.

2 Y contó Salomón setenta mil hombres que llevasen cargas, y ochenta mil hombres que cortasen en el monte, y tres mil y seiscientos que los gobernasen.

3 Y envió á decir Salomón á Hiram rey de Tiro: Haz conmigo como hiciste con David mi padre, enviándole cedros para que edificara para sí casa en que morase.

4 He aquí yo tengo que edificar casa al nombre de Jehová mi Dios, para consagrársela, para quemar perfumes aromáticos delante de él, y para la colocación continua de los panes de la proposición, y para holocaustos á mañana y tarde, y los sábados, y nuevas lunas, y festividades de Jehová nuestro Dios; lo cual ha de ser perpetuo en Israel.

5 Y la casa que tengo que edificar, ha de ser grande: porque el Dios nuestro es grande sobre todos los dioses.

6 Mas ¿quién será tan poderoso que le edifique casa? Los cielos y los cielos de los cielos no le pueden comprender; ¿quién pues soy yo, que le edifique casa, sino para quemar perfumes delante de él?

7 Envíame pues ahora un hombre hábil, que sepa trabajar en oro, y en plata, y en metal, y en hierro, en púrpura, y en grana, y en cárdeno, y que sepa esculpir con los maestros que están conmigo en Judá y en Jerusalem, los cuales previno mi padre.

8 Envíame también madera de cedro, de haya, de pino, del Líbano: porque yo sé que tus siervos entienden de cortar madera en el Líbano; y he aquí, mis siervos irán con los tuyos,

9 Para que me apresten mucha madera, porque la casa que tengo de edificar ha de ser grande y portentosa.

10 Y he aquí para los operarios tus siervos, cortadores de la madera, he dado veinte mil coros de trigo en grano, y veinte mil coros de cebada, y veinte mil batos de vino, y veinte mil batos de aceite.

11 Entonces Hiram rey de Tiro respondió por letras, las que envió á Salomón: Porque Jehová amó á su pueblo, te ha puesto por rey sobre ellos.

12 Y además decía Hiram: Bendito sea Jehová el Dios de Israel, que hizo los cielos y la tierra, y que dió al rey David hijo sabio, entendido, cuerdo y prudente, que edifique casa á Jehová, y casa para su reino.

13 Yo pues te he enviado un hombre hábil y entendido, que fué de Hiram mi padre,

14 Hijo de una mujer de las hijas de Dan, mas su padre fué de Tiro; el cual sabe trabajar en oro, y plata, y metal, y hierro, en piedra y en madera, en púrpura, y en cárdeno, en lino y en carmesí; asimismo para esculpir todas figuras, y sacar toda suerte de diseño que se le propusiere, y estar con tus hombres peritos, y con los de mi señor David tu padre.

15 Ahora pues, enviará mi señor á sus siervos el trigo y cebada, y aceite y vino, que ha dicho;

16 Y nosotros cortaremos en el Líbano la madera que hubieres menester, y te la traeremos en balsas por la mar hasta Joppe, y tú la harás llevar hasta Jerusalem.

17 Y contó Salomón todos los hombres extranjeros que estaban en la tierra de Israel, después de haberlos ya contado David su padre, y fueron hallados ciento cincuenta y tres mil seiscientos.

18 Y señaló de ellos setenta mil para llevar cargas, y ochenta mil que cortasen en el monte, y tres mil y seiscientos por sobrestantes para hacer trabajar al pueblo.

3 Y comenzó Salomón á edificar la casa en Jerusalem, en el monte Moria que había sido mostrado á David su padre, en el lugar que David había preparado en la era de Omán Jebuseo.

2 Y comenzó á edificar en el mes segundo, á dos del mes, en el cuarto año de su reinado.

3 Estas son las medidas de que Salomón fundó el edificio de la casa de Dios. La primera medida fué, la longitud de sesenta codos; y la anchura de veinte codos.

4 El pórtico que estaba en la delantera de la longitud, era de veinte codos al frente del ancho de la casa, y su altura de ciento y veinte: y cubriólo por dentro de oro puro.

5 Y techó la casa mayor con madera de haya, la cual cubrió de buen oro, é hizo resaltar sobre ella palmas y cadenas.

6 Cubrió también la casa de piedras preciosas por excelencia: y el oro era oro de Parvaim.

7 Así cubrió la casa, sus vigas, sus umbrales, sus paredes, y sus puertas, con oro; y esculpió querubines por las paredes.

8 Hizo asimismo la casa del lugar santísimo, cuya longitud era de veinte codos según el ancho del frente de la casa, y su anchura de veinte codos: y cubrióla de buen oro que ascendía á seiscientos talentos.

9 Y el peso de los clavos tuvo cincuenta siclos de oro. Cubrió también de oro las salas.

10 Y dentro del lugar santísimo hizo dos querubines de forma de niños, los cuales cubrieron de oro.

11 El largo de las alas de los querubines era de veinte codos: porque la una ala era de cinco codos: la cual llegaba hasta la pared de la casa; y la otra ala de cinco codos, la cual llegaba al ala del otro querubín.

12 De la misma manera la una ala del otro querubín era de cinco codos: la cual llegaba hasta la pared de la casa; y la otra ala era de cinco codos, que tocaba al ala del otro querubín.

13 Así las alas de estos querubines estaban extendidas por veinte codos: y ellos estaban en pie con los rostros hacia la casa.

14 Hizo también el velo de cárdeno, púrpura, carmesí y lino, é hizo resaltar en él querubines.

15 Delante de la casa hizo dos columnas de treinta y cinco codos de longitud, con sus capiteles encima, de cinco codos.

16 Hizo asimismo cadenas en el oratorio, y púsolas sobre los capiteles de las columnas: é hizo cien granadas, las cuales puso en las cadenas.

17 Y asentó las columnas delante del templo, la una á la mano derecha, y la otra á la izquierda; y á la de la mano derecha llamó Jachín, y á la de la izquierda, Boaz.

4 Hizo además un altar de bronce de veinte codos de longitud, y veinte codos de anchura, y diez codos de altura.

2 También hizo un mar de fundición, el cual tenía diez codos del un borde al otro, enteramente redondo: su altura era de cinco codos, y una línea de treinta codos lo ceñía alrededor.

3 Y debajo de él había figuras de bueyes que lo circundaban, diez en cada codo todo alrededor: eran dos órdenes de bueyes fundidos juntamente con el mar.

4 Y estaba asentado sobre doce bueyes, tres de los cuales miraban al septentrión, y tres al occidente, y tres al mediodía, y tres al oriente: y el mar asentaba sobre ellos, y todas sus traseras estaban á la parte de adentro.

5 Y tenía de grueso un palmo, y el borde era de la hechura del borde de un cáliz, ó flor de lis. Y hacía tres mil batos.

6 Hizo también diez fuentes, y puso cinco á la derecha y cinco á la izquierda, para lavar y limpiar en ellas la obra del holocausto; mas el mar era para lavarse los sacerdotes en él.

7 Hizo asimismo diez candeleros de oro según su forma, los cuales puso en el templo, cinco á la derecha, y cinco á la izquierda.

8 Además hizo diez mesas y púsolas en el templo, cinco á la derecha, y cinco á la izquierda: igualmente hizo cien tazones de oro.

9 A más de esto hizo el atrio de los sacerdotes, y el gran atrio, y las portadas del atrio, y cubrió las puertas de ellas de bronce.

10 Y asentó el mar al lado derecho hacia el oriente, enfrente del mediodía.

11 Hizo también Hiram calderos, y palas, y tazones; y acabó Hiram la obra que hacía á su rey Salomón para la casa de Dios;

12 Dos columnas, y los cordones, los capiteles sobre las cabezas de las dos columnas, y dos redes para cubrir las dos bolas de los capiteles que estaban encima de las columnas;

13 Cuatrocientas granadas en las dos redecillas, dos órdenes de granadas en cada redecilla, para que cubriesen las dos bolas de los capiteles que estaban encima de las columnas.

14 Hizo también las basas, sobre las cuales asentó las fuentes;

15 Un mar, y doce bueyes debajo de él:

16 Y calderos, y palas, y garfios; y todos sus enseres hizo Hiram su padre al rey Salomón para la casa de Jehová, de metal purísimo.

17 Y fundiólos el rey en los llanos del Jordán, en tierra arcillosa, entre Suchót y Seredat.

18 Y Salomón hizo todos estos vasos en grande abundancia, porque no pudo ser hallado el peso del metal.

19 Así hizo Salomón todos los vasos para la casa de Dios, y el altar de oro, y las mesas sobre las cuales se ponían los panes de la proposición;

20 Asimismo los candeleros y sus candilejas, de oro puro, para que las encendiesen delante del oratorio conforme á la costumbre.

21 Y las flores, y las lamparillas, y las despabiladeras se hicieron de oro, de oro perfecto;

22 También los platillos, y las jofainas, y las cucharas, y los incensarios, de oro puro. Cuanto á la entrada de la casa, sus puertas interiores para el lugar santísimo, y las puertas de la casa del templo, de oro.

5 Yacabada que fué toda la obra que hizo Salomón para la casa de Jehová, metió Salomón en ella las cosas que David su padre había dedicado; y puso la plata, y el oro, y todos los vasos, en los tesoros de la casa de Dios.

2 Entonces Salomón juntó en Jerusalem los ancianos de Israel, y todos los príncipes de las tribus, los cabezas de las familias de los hijos de Israel, para que trajesen el arca del pacto de Jehová de la ciudad de David, que es Sión.

3 Y juntáronse al rey todos los varones de Israel, á la solemnidad del mes séptimo.

4 Y vinieron todos los ancianos de Israel, y tomaron los Levitas el arca:

5 Y llevaron el arca, y el tabernáculo del testimonio, y todos los vasos del santuario que estaban en el tabernáculo: los sacerdotes y los Levitas los llevaron.

6 Y el rey Salomón, y toda la congregación de Israel que se había á él reunido delante del arca, sacrificaron ovejas y bueyes, que por la multitud no se pudieron contar ni numerar.

7 Y los sacerdotes metieron el arca del pacto de Jehová en su lugar, en el oratorio de la casa, en el lugar santísimo, bajo las alas de los querubines.

8 Pues los querubines extendían las alas sobre el asiento del arca, y cubrían los querubines por encima así el arca como sus barras.

9 E hicieron salir fuera las barras, de modo que se viesen las cabezas de las barras del arca delante del oratorio, mas no se veían desde fuera: y allí estuvieron hasta hoy.

10 En el arca no había sino las dos tablas que Moisés había puesto en Horeb, con las cuales Jehová había hecho alianza con los hijos de Israel, después que salieron de Egipto.

11 Y como los sacerdotes salieron del santuario, (porque todos los sacerdotes que se hallaron habían sido santificados, y no guardaban sus veces;

12 Y los Levitas cantores, todos los de Asaph, los de Hernán, y los de Jeduthún, juntamente con sus hijos y sus hermanos, vestidos de lino fino, estaban con címbalos y salterios y arpas al oriente del altar; y con ellos ciento veinte sacerdotes que tocaban trompetas:)

13 Sonaban pues las trompetas, y cantaban con la voz todos á una, para alabar y confesar á Jehová: y cuando alzaban la voz con trompetas y címbalos é instrumentos de música, cuando alababan á Jehová, diciendo: Porque es bueno, porque su misericordia es para siempre: la casa se llenó entonces de una nube, la casa de Jehová.

14 Y no podían los sacerdotes estar para ministrar, por causa de la nube; porque la gloria de Jehová había henchido la casa de Dios.

6 Entonces dijo Salomón: Jehová ha dicho que él habitaría en la oscuridad.

2 Yo pues he edificado una casa de morada para ti, y una habitación en que mores para siempre.

3 Y volviendo el rey su rostro, bendijo á toda la congregación de Israel: y toda la congregación de Israel estaba en pie.

4 Y él dijo: Bendito sea Jehová Dios de Israel, el cual con su

mano ha cumplido lo que habló por su boca á David mi padre, diciendo:

5 Desde el día que saqué mi pueblo de la tierra de Egipto, ninguna ciudad he elegido de todas las tribus de Israel para edificar casa donde estuviese mi nombre, ni he escogido varón que fuese príncipe sobre mi pueblo Israel.

6 Mas á Jerusalem he elegido para que en ella esté mi nombre, y á David he elegido para que fuese sobre mi pueblo Israel.

7 Y David mi padre tuvo en el corazón edificar casa al nombre de Jehová Dios de Israel.

8 Mas Jehová dijo á David mi padre: Respecto á haber tenido en tu corazón edificar casa á mi nombre, bien has hecho en haber tenido esto en tu corazón.

9 Empero tú no edificarás la casa, sino tu hijo que saldrá de tus lomos, él edificará casa á mi nombre.

10 Y Jehová ha cumplido su palabra que había dicho, pues levantéme yo en lugar de David mi padre, y heme sentado en el trono de Israel, como Jehová había dicho, y he edificado casa al nombre de Jehová Dios de Israel.

11 Y en ella he puesto el arca, en la cual está el pacto de Jehová que concertó con los hijos de Israel.

12 Púsose luego Salomón delante del altar de Jehová, en presencia de toda la congregación de Israel, y extendió sus manos.

13 Porque Salomón había hecho un púlpito de metal, de cinco codos de largo, y de cinco codos de ancho, y de altura de tres codos, y lo había puesto en medio del atrio: y púsose sobre él, é hincóse de rodillas delante de toda la congregación de Israel, y extendiendo sus manos al cielo, dijo:

14 Jehová Dios de Israel, no hay Dios semejante á ti en el cielo ni en la tierra, que guardas el pacto y la misericordia á tus siervos que caminan delante de ti de todo su corazón;

15 Que has guardado á tu siervo David mi padre lo que le dijiste: tú lo dijiste de tu boca, mas con tu mano lo has cumplido, como parece este día.

16 Ahora pues, Jehová Dios de Israel, guarda á tu siervo David mi padre lo que le has prometido, diciendo: No faltará de ti varón delante de mí, que se siente en el trono de Israel, á condición que tus hijos guarden su camino, andando en mi ley, como tú delante de mí has andado.

17 Ahora pues, oh Jehová Dios de Israel, verifíquese tu palabra que dijiste á tu siervo David.

18 Mas ¿es verdad que Dios ha de habitar con el hombre en la tierra? He aquí, los cielos y los cielos de los cielos no pueden contenerte: ¿cuánto menos esta casa que he edificado?

19 Mas tú mirarás á la oración de tu siervo, y á su ruego, oh Jehová Dios mío, para oir el clamor y la oración con que tu siervo ora delante de ti.

20 Que tus ojos estén abiertos sobre esta casa de día y de noche, sobre el lugar del cual dijiste, Mi nombre estará allí; que oigas la oración con que tu siervo ora en este lugar.

21 Asimismo que oigas el ruego de tu siervo, y de tu pueblo Israel, cuando en este lugar hicieren oración, que tú oirás desde los cielos, desde el lugar de tu morada: que oigas y perdones.

22 Si alguno pecare contra su prójimo, y él le pidiere juramento haciéndole jurar, y el juramento viniere delante de tu altar en esta casa,

23 Tú oirás desde los cielos, y obrarás, y juzgarás á tus siervos, dando la paga al impío, tornándole su proceder sobre su cabeza, y justificando al justo en darle conforme á su justicia.

24 Si tu pueblo Israel cayere delante de los enemigos, por haber prevaricado contra ti, y se convirtieren, y confesaren tu nombre, y rogaren delante de ti en esta casa,

25 Tú oirás desde los cielos, y perdonarás el pecado de tu pueblo Israel, y los volverás á la tierra que diste á ellos y á sus padres.

26 Si los cielos se cerraren, que no haya lluvias por haber pecado contra ti, si oraren á ti en este lugar, y confesaren tu nombre, y se convirtieren de sus pecados, cuando los afligieres,

27 Tú los oirás en los cielos, y perdonarás el pecado de tus siervos y de tu pueblo Israel, y les enseñarás el buen camino para que anden en él, y darás lluvia sobre tu tierra, la cual diste por heredad á tu pueblo.

28 Y si hubiere hambre en la tierra, ó si hubiere pestilencia, si hubiere tizoncillo ó añublo, langosta ó pulgón; ó si los cercaren sus enemigos en la tierra de su domicilio; cualquiera plaga ó enfermedad que sea;

29 Toda oración y todo ruego que hiciere cualquier hombre, ó todo tu pueblo Israel, cualquiera que conociere su llaga y su dolor en su corazón, si extendiere sus manos á esta casa;

30 Tú oirás desde los cielos, desde el lugar de tu habitación, y perdonarás, y darás á cada uno conforme á sus caminos, habiendo conocido su corazón; (porque solo tú conoces el corazón de los hijos de los hombres;)

31 Para que te teman y anden en tus caminos, todos los días que vivieren sobre la haz de la tierra que tú diste á nuestros padres.

32 Y también al extranjero que no fuere de tu pueblo Israel, que hubiere venido de lejanas tierras á causa de tu grande nombre, y de tu mano fuerte, y de tu brazo extendido, si vinieren, y oraren en esta casa,

33 Tú oirás desde los cielos, desde el lugar de tu morada, y harás conforme á todas las cosas por las cuales hubiere clamado á ti el extranjero; para que todos los pueblos de la tierra conozcan tu nombre, y te teman como tu pueblo Israel, y sepan que tu nombre es invocado sobre esta casa que he edificado yo.

34 Si tu pueblo saliere á la guerra contra sus enemigos por el camino que tú los enviares, y oraren á ti hacia esta ciudad que tú elegiste, hacia la casa que he edificado á tu nombre,

35 Tú oirás desde los cielos su oración y su ruego, y ampararás su derecho.

36 Si pecaren contra ti, (pues no hay hombre que no peque,) y te airares contra ellos, y los entregares delante de sus enemigos, para que los que los tomaren los lleven cautivos á tierra de enemigos, lejos ó cerca,

37 Y ellos volvieren en sí en la tierra donde fueren llevados cautivos; si se convirtieren, y oraren á ti en la tierra de su cautividad, y dijeren: Pecamos, hemos hecho inicuamente, impíamente hemos obrado;

38 Si se convirtieren á ti de todo su corazón y de toda su alma en la tierra de su cautividad, donde los hubieren llevado cautivos, y oraren hacia su tierra que tú diste á sus padres, hacia la ciudad que tú elegiste, y hacia la casa que he edificado á tu nombre;

39 Tú oirás desde los cielos, desde el lugar de tu morada, su oración y su ruego, y ampararás su causa, y perdonarás á tu pueblo que pecó contra ti.

40 Ahora pues, oh Dios mío, ruégote estén abiertos tus ojos, y atentos tus oídos á la oración en este lugar.

41 Oh Jehová Dios, levántate ahora para habitar en tu reposo, tú y el arca de tu fortaleza; sean, oh Jehová Dios, vestidos de salud tus sacerdotes, y gocen de bien tus santos.

42 Jehová Dios, no hagas volver el rostro de tu ungido: acuérdate de las misericordias de David tu siervo.

7 Y como Salomón acabó de orar, el fuego descendió de los cielos, y consumió el holocausto y las víctimas; y la gloria de Jehová hinchió la casa.

2 Y no podían entrar los sacerdotes en la casa de Jehová, porque la gloria de Jehová había henchido la casa de Jehová.

3 Y como vieron todos los hijos de Israel descender el fuego y la gloria de Jehová sobre la casa, cayeron en tierra sobre sus rostros en el pavimento, y adoraron, confesando á Jehová y diciendo: Que es bueno, que su misericordia es para siempre.

4 Entonces el rey y todo el pueblo sacrificaron víctimas delante de Jehová.

5 Y ofreció el rey Salomón en sacrificio veinte y dos mil bueyes, y ciento y veinte mil ovejas; y así dedicaron la casa de Dios el rey y todo el pueblo.

6 Y los sacerdotes asistían en su ministerio; y los Levitas con los instrumentos de música de Jehová, los cuales había hecho el rey David para confesar á Jehová, que su misericordia es para siempre; cuando David alababa por mano de ellos. Asimismo los sacerdotes tañían trompetas delante de ellos, y todo Israel estaba en pie.

7 También santificó Salomón el medio del atrio que estaba delante de la casa de Jehová, por cuanto había ofrecido allí los holocaustos, y los sebos de los pacíficos; porque en el altar de bronce que Salomón había hecho, no podían caber los holocaustos, y el presente, y los sebos.

8 Entonces hizo Salomón fiesta siete días, y con él todo Israel, una grande congregación, desde la entrada de Hamath hasta el arroyo de Egipto.

9 Al octavo día hicieron convocación, porque habían hecho la dedicación del altar en siete días, y habían celebrado la solemnidad por siete días.

10 Y á los veintitrés del mes séptimo envió al pueblo á sus estancias, alegres y gozosos de corazón por los beneficios que Jehová había hecho á David, y á Salomón, y á su pueblo Israel.

11 Acabó pues Salomón la casa de Jehová, y la casa del rey: y todo lo que Salomón tuvo en voluntad de hacer en la casa de Jehová y en su casa, fué prosperado.

12 Y apareció Jehová á Salomón de noche, y díjole: Yo he oído tu oración, y he elegido para mí este lugar por casa de sacrificio.

13 Si yo cerrare los cielos, que no haya lluvia, y si mandare á la langosta que consuma la tierra, ó si enviare pestilencia á mi pueblo;

14 Si se humillare mi pueblo, sobre los cuales mi nombre es invocado, y oraren, y buscaren mi rostro, y se convirtieren de sus malos caminos; entonces yo oiré desde los cielos, y perdonaré sus pecados, y sanaré su tierra.

15 Ahora estarán abiertos mis ojos, y atentos mis oídos, á la oración en este lugar:

16 Pues que ahora he elegido y santificado esta casa, para que esté en ella mi nombre para siempre; y mis ojos y mi corazón estarán allí para siempre.

17 Y tú, si anduvieres delante de mí, como anduvo David tu padre, é hicieres todas las cosas que yo te he mandado, y guardares mis estatutos y mis derechos,

18 Yo confirmaré el trono de tu reino, como concerté con David tu padre, diciendo: No faltará varón de ti que domine en Israel.

19 Mas si vosotros os volviereis, y dejareis mis estatutos y mis preceptos que os he propuesto, y fuereis y sirviereis á dioses ajenos, y los adorareis,

20 Yo los arrancaré de mi tierra que les he dado; y esta casa que he santificado á mi nombre, yo la echaré de delante de mí, y pondréla por proverbio y fábula en todos los pueblos.

21 Y esta casa que habrá sido ilustre, será espanto á todo el que pasare, y dirá: ¿Por qué ha hecho así Jehová á esta tierra y á esta casa?

22 Y se responderá: Por cuanto dejaron á Jehová Dios de sus padres, el cual los sacó de la tierra de Egipto, y han abrazado dioses ajenos, y los adoraron y sirvieron: por eso ha traído todo este mal sobre ellos.

8 Y aconteció que al cabo de veinte años que Salomón había edificado la casa de Jehová y su casa,

2 Reedificó Salomón las ciudades que Hiram le había dado, y estableció en ellas á los hijos de Israel.

3 Después vino Salomón á Amath de Soba, y la tomó.

4 Y edificó á Tadmor en el desierto, y todas las ciudades de municiones que edificó en Hamath.

5 Asimismo reedificó á Beth-oron la de arriba, y á Beth-oron la de abajo, ciudades fortificadas, de muros, puertas, y barras;

6 Y á Baalath, y á todas las villas de munición que Salomón tenía; también todas las ciudades de los carros y las de la gente de á caballo; y todo lo que Salomón quiso edificar en Jerusalem, y en el Líbano, y en toda la tierra de su señorío.

7 Y á todo el pueblo que había quedado de los Hetheos, Amorrheos, Pherezeos, Heveos, y Jebuseos, que no eran de Israel,

8 Los hijos de los que habían quedado en la tierra después de ellos, á los cuales los hijos de Israel no destruyeron del todo, hizo Salomón tributarios hasta hoy.

9 De los hijos de Israel no puso Salomón siervos en su obra; porque eran hombres de guerra, y sus príncipes y sus capitanes, y comandantes de sus carros, y su gente de á caballo.

10 Y tenía Salomón doscientos y cincuenta principales de los gobernadores, los cuales mandaban en aquella gente.

11 Y pasó Salomón á la hija de Faraón, de la ciudad de David á la casa que él le había edificado; porque dijo: Mi mujer no morará en la casa de David rey de Israel, porque aquellas habitaciones donde ha entrado el arca de Jehová, son sagradas.

12 Entonces ofreció Salomón holocaustos á Jehová sobre el altar de Jehová, que había él edificado delante del pórtico,

13 Para que ofreciesen cada cosa en su día, conforme al mandamiento de Moisés, en los sábados, en las nuevas lunas, y en las solemnidades, tres veces en el año, á saber, en la fiesta de los panes ázimos, en la fiesta de las semanas, y en la fiesta de las cabañas.

14 Y constituyó los repartimientos de los sacerdotes en sus oficios, conforme á la ordenación de David su padre; y los Levitas por sus órdenes, para que alabasen y ministrasen delante de los sacerdotes, casa cosa en su día; asimismo los porteros por su orden á cada puerta: porque así lo había mandado David, varón de Dios.

15 Y no salieron del mandamiento del rey, cuanto á los sacerdotes y Levitas, y los tesoros, y todo negocio.

16 Porque toda la obra de Salomón estaba preparada desde el día en que la casa de Jehová fué fundada hasta que se acabó, hasta que la casa de Jehová fué acabada del todo.

17 Entonces Salomón fué á Esion-geber, y á Eloth, á la costa de la mar en la tierra de Edom.

18 Porque Hiram le había enviado navíos por mano de sus siervos, y marineros diestros en la mar, los cuales fueron con los siervos de Salomón á Ophir, y tomaron de allá cuatrocientos y cincuenta talentos de oro, y los trajeron al rey Salomón.

9 Yoyendo la reina de Seba la fama de Salomón, vino á Jerusalem con un muy grande séquito, con camellos cargados de aroma, y oro en abundancia, y piedras preciosas, para tentar á Salomón con preguntas difíciles. Y luego que vino á Salomón, habló con él todo lo que en su corazón tenía.

2 Pero Salomón le declaró todas sus palabras: ninguna cosa quedó que Salomón no le declarase.

3 Y viendo la reina de Seba la sabiduría de Salomón, y la casa que había edificado,

4 Y las viandas de su mesa, y el asiento de sus siervos, y el estado de sus criados, y los vestidos de ellos, sus maestresalas y sus vestidos, y su subida por donde subía á la casa de Jehová, no quedó más espíritu en ella.

5 Y dijo al rey: Verdad es lo que había oído en mi tierra de tus cosas y de tu sabiduría.

6 Mas yo no creía las palabras de ellos, hasta que he venido, y mis ojos han visto: y he aquí que ni aun la mitad de la grandeza de tu sabiduría me había sido dicha; porque tú sobrepujas la fama que yo había oído.

7 Bienaventurados tus hombres, y dichosos estos tus siervos, que están siempre delante de ti, y oyen tu sabiduría.

8 Jehová tu Dios sea bendito, el cual se ha agradado en ti para ponerte sobre su trono por rey de Jehová tu Dios: por cuanto tu Dios amó á Israel para afirmarlo perpetuamente, por eso te ha puesto por rey sobre ellos, para que hagas juicio y justicia.

9 Y dió al rey ciento y veinte talentos de oro, y gran copia de aromas, y piedras preciosas: nunca hubo tales aromas como los que dió la reina de Seba al rey Salomón.

10 También los siervos de Hiram y los siervos de Salomón, que habían traído el oro de Ophir, trajeron madera de Algummim, y piedras preciosas.

11 E hizo el rey de la madera de Algummim gradas en la casa de Jehová, y en las casas reales, y arpas y salterios para los cantores: nunca en tierra de Judá se había visto madera semejante.

12 Y el rey Salomón dió á la reina de Seba todo lo que ella quiso y le pidió, más de lo que había traído al rey. Después se volvió y fuése á su tierra con sus siervos.

13 Y el peso de oro que venía á Salomón cada un año, era seiscientos sesenta y seis talentos de oro;

14 Sin lo que traían los mercaderes y negociantes; y también todos los reyes de Arabia y los príncipes de la tierra traían oro y plata á Salomón.

15 Hizo también el rey Salomón doscientos paveses de oro de martillo, cada uno de los cuales tenía seiscientos siclos de oro labrado:

16 Asimismo trescientos escudos de oro batido, teniendo cada escudo trescientos siclos de oro: y púsolos el rey en la casa del bosque del Líbano.

17 Hizo además el rey un gran trono de marfil, y cubriólo de oro puro.

18 Y había seis gradas al trono, con un estrado de oro al mismo, y brazos de la una parte y de la otra al lugar del asiento, y dos leones que estaban junto á los brazos.

19 Había también allí doce leones sobre las seis gradas de la una parte y de la otra. Jamás fué hecho otro semejante en reino alguno.

20 Toda la vajilla del rey Salomón era de oro, y toda la vajilla de la casa del bosque del Líbano, de oro puro. En los días de Salomón la plata no era de estima.

21 Porque la flota del rey iba á Tharsis con los siervos de Hiram, y cada tres años solían venir las naves de Tharsis, y traían oro, plata, marfil, simios, y pavos.

22 Y excedió el rey Salomón á todos los reyes de la tierra en riqueza y en sabiduría.

23 Y todos los reyes de la tierra procuraban ver el rostro de Salomón, por oir su sabiduría, que Dios había puesto en su corazón:

24 Y de éstos, cada uno traía su presente, vasos de plata, vasos de oro, vestidos, armas, aromas, caballos y acémilas, todos los años.

25 Tuvo también Salomón cuatro mil caballerizas para los caballos y carros, y doce mil jinetes, los cuales puso en las ciudades de los carros, y con el rey en Jerusalem.

26 Y tuvo señorío sobre todos los reyes desde el río hasta la tierra de los Filisteos, y hasta el término de Egipto.

27 Y puso el rey plata en Jerusalem como piedras, y cedros como los cabrahigos que nacen por las campiñas en abundancia.

28 Sacaban también caballos para Salomón, de Egipto y de todas las provincias.

29 Lo demás de los hechos de Salomón, primeros y postreros, ¿no está todo escrito en los libros de Nathán profeta, y en la profecía de Ahías Silonita, y en las profecías del vidente Iddo contra Jeroboam hijo de Nabat?

30 Y reinó Salomón en Jerusalem sobre todo Israel cuarenta años.

31 Y durmió Salomón con sus padres, y sepultáronle en la ciudad de David su padre: y reinó en su lugar Roboam su hijo.

10 Y Roboam fué á Sichêm porque en Sichêm se había juntado todo Israel para hacerlo rey.

2 Y como lo oyó Jeroboam hijo de Nabat, el cual estaba en Egipto, donde había huído á causa del rey Salomón, volvió de Egipto.

3 Y enviaron y llamáronle. Vino pues Jeroboam, y todo Israel, y hablaron á Roboam, diciendo:

4 Tu padre agravó nuestro yugo: afloja tú, pues, ahora algo de la dura servidumbre, y del grave yugo con que tu padre nos apremió, y te serviremos.

5 Y él les dijo: Volved á mí de aquí á tres días. Y el pueblo se fué.

6 Entonces el rey Roboam tomó consejo con los viejos, que habían estado delante de Salomón su padre cuando vivía, y díjoles: ¿Cómo aconsejáis vosotros que responda á este pueblo?

7 Y ellos le hablaron, diciendo: Si te condujeres humanamente con este pueblo, y los agradares, y les hablares buenas palabras, ellos te servirán perpetuamente.

8 Mas él, dejando el consejo que le dieron los viejos, tomó consejo con los mancebos que se habían criado con él, y que delante de él asistían;

9 Y díjoles: ¿Qué aconsejáis vosotros que respondamos á este pueblo, que me ha hablado, diciendo: Alivia algo del yugo que tu padre puso sobre nosotros?

10 Entonces los mancebos que se habían criado con él, le hablaron, diciendo: Así dirás al pueblo que te ha hablado diciendo, Tu padre agravó nuestro yugo, mas tú descárganos: así les dirás: Lo más menudo mío es más grueso que los lomos de mi padre.

11 Así que, mi padre os cargó de grave yugo, y yo añadiré á vuestro yugo: mi padre os castigó con azotes, y yo con escorpiones.

12 Vino pues Jeroboam con todo el pueblo á Roboam al tercer día: según el rey les había mandado diciendo: Volved á mí de aquí á tres días.

13 Y respondióles el rey ásperamente; pues dejó el rey Roboam el consejo de los viejos,

14 Y hablóles conforme al consejo de los mancebos, diciendo: Mi padre agravó vuestro yugo, y yo añadiré á vuestro yugo: mi padre os castigó con azotes, y yo con escorpiones.

15 Y no escuchó el rey al pueblo; porque la causa era de Dios, para cumplir Jehová su palabra que había hablado, por Ahías Silonita, á Jeroboam hijo de Nabat.

16 Y viendo todo Israel que el rey no les había oído, respondió el pueblo al rey, diciendo: ¿Qué parte tenemos nosotros con David, ni herencia en el hijo de Isaí? ¡Israel, cada uno á sus estancias! ¡David, mira ahora por tu casa! Así se fué todo Israel á sus estancias.

17 Mas reinó Roboam sobre los hijos de Israel que habitaban en las ciudades de Judá.

18 Envió luego el rey Roboam á Adoram, que tenía cargo de los tributos; pero le apedrearon los hijos de Israel, y murió. Entonces se esforzó el rey Roboam, y subiendo en un carro huyó á Jerusalem.

19 Así se apartó Israel de la casa de David hasta hoy.

11 Y como vino Roboam á Jerusalem, juntó la casa de Judá y de Benjamín, ciento y ochenta mil hombres escogidos de guerra, para pelear contra Israel y volver el reino á Roboam.

2 Mas fué palabra de Jehová á Semeías varón de Dios, diciendo:

3 Habla á Roboam hijo de Salomón, rey de Judá, y á todos los Israelitas en Judá y Benjamín, diciéndoles:

4 Así ha dicho Jehová: No subáis ni peleéis contra vuestros hermanos; vuélvase casa uno á su casa, porque yo he hecho este negocio. Y ellos oyeron la palabra de Jehová, y tornáronse, y no fueron contra Jeroboam.

5 Y habitó Roboam en Jerusalem, y edificó ciudades para fortificar á Judá.

6 Y edificó á Beth-lehem, y á Etham, y á Tecoa,

7 Y á Beth-sur, y á Sochô, y á Adullam,

8 Y á Gath, y á Maresa, y á Ziph,

9 Y á Adoraim, y á Lachîs, y á Acechâ,

10 Y á Sora, y á Ajalón, y á Hebrón, que eran en Judá y en Benjamín, ciudades fuertes.

11 Fortificó también las fortalezas, y puso en ellas capitanes, y vituallas, y vino, y aceite;

12 Y en todas las ciudades, escudos y lanzas. Fortificólas pues en gran manera, y Judá y Benjamín le estaban sujetos.

13 Y los sacerdotes y Levitas que estaban en todo Israel, se juntaron á él de todos sus términos.

14 Porque los Levitas dejaban sus ejidos y sus posesiones, y se venían á Judá y á Jerusalem: pues Jeroboam y sus hijos los echaban del ministerio de Jehová.

15 Y él se hizo sacerdotes para los altos, y para los demonios, y para los becerros que él había hecho.

16 Tras aquéllos acudieron también de todas las tribus de Israel los que habían puesto su corazón en buscar á Jehová Dios de Israel; y viniéronse á Jerusalem para sacrificar á Jehová, el Dios de sus padres.

17 Así fortificaron el reino de Judá, y confirmaron á Roboam hijo de Salomón, por tres años; porque tres años anduvieron en el camino de David y de Salomón.

18 Y tomóse Roboam por mujer á Mahalath, hija de Jerimoth hijo de David, y á Abihail, hija de Eliab hijo de Esaf.

19 La cual le parió hijos: á Jeus, y á Samaria, y á Zaham.

20 Después de ella tomó á Maachâ hija de Absalom, la cual le parió á Abías, á Athai, Ziza, y Selomith.

21 Mas Roboam amó á Maachâ hija de Absalom sobre todas sus mujeres y concubinas; porque tomó diez y ocho mujeres y sesenta concubinas, y engendró veintiocho hijos y sesenta hijas.

22 Y puso Roboam á Abías hijo de Maachâ por cabeza y príncipe de sus hermanos, porque quería hacerle rey.

23 E hízole instruir, y esparció todos sus hijos por todas las tierras de Judá y de Benjamín, y por todas las ciudades fuertes, y dióles vituallas en abundancia, y pidió muchas mujeres.

12 Y como Roboam hubo confirmado el reino, dejó la ley de Jehová, y con él todo Israel.

2 Y en el quinto año del rey Roboam subió Sisac rey de Egipto contra Jerusalem, (por cuanto se habían rebelado contra Jehová,)

3 Con mil y doscientos carros, y con sesenta mil hombres de á caballo: mas el pueblo que venía con él de Egipto, no tenía número; á saber, de Libios, Sukienos, y Etiopes.

4 Y tomó las ciudades fuertes de Judá, y llegó hasta Jerusalem.

5 Entonces vino Semeías profeta á Roboam y á los príncipes de Judá, que estaban reunidos en Jerusalem por causa de Sisac, y díjoles: Así ha dicho Jehová: Vosotros me habéis dejado, y yo también os he dejado en manos de Sisac.

6 Y los príncipes de Israel y el rey se humillaron, y dijeron: Justo es Jehová.

7 Y como vió Jehová que se habían humillado, fué palabra de Jehová á Semeías, diciendo: Hanse humillado; no los destruiré; antes los salvaré en breve, y no se derramará mi ira contra Jerusalem por mano de Sisac.

8 Empero serán sus siervos; para que sepan qué es servirme á mí, y servir á los reinos de las naciones.

9 Subió pues Sisac rey de Egipto á Jerusalem, y tomó los tesoros de la casa de Jehová, y los tesoros de la casa del rey; todo lo llevó: y tomó los paveses de oro que Salomón había hecho.

10 Y en lugar de ellos hizo el rey Roboam paveses de metal,

y entrególos en manos de los jefes de la guardia, los cuales custodiaban la entrada de la casa del rey.

11 Y cuando el rey iba á la casa de Jehová, venían los de la guardia, y traíanlos; y después los volvían á la cámara de la guardia.

12 Y como él se humilló, la ira de Jehová se apartó de él, para no destruirlo del todo; y también en Judá las cosas fueron bien.

13 Fortificado pues Roboam, reinó en Jerusalem: y era Roboam de cuarenta y un años cuando comenzó á reinar, y diecisiete años reinó en Jerusalem, ciudad que escogió Jehová de todas las tribus de Israel, para poner en ella su nombre. Y el nombre de su madre fué Naama Ammonita.

14 E hizo lo malo, porque no apercibió su corazón para buscar á Jehová.

15 Y las cosas de Roboam, primeras y postreras, ¿no están escritas en los libros de Semeías profeta y de Iddo vidente, en la cuenta de los linajes? Y entre Roboam y Jeroboam hubo perpetua guerra.

16 Y durmió Roboam con sus padres, y fué sepultado en la ciudad de David: y reinó en su lugar Abías su hijo.

13 A los dieciocho años del rey Jeroboam, reinó Abías sobre Judá.

2 Y reinó tres años en Jerusalem. El nombre de su madre fué Michâîa hija de Uriel de Gabaa. Y hubo guerra entre Abías y Jeroboam.

3 Entonces ordenó Abías batalla con un ejército de cuatrocientos mil hombres de guerra valerosos y escogidos: y Jeroboam ordenó batalla contra él con ochocientos mil hombres escogidos, fuertes y valerosos.

4 Y levantóse Abías sobre el monte de Semaraim, que es en los montes de Ephraim, y dijo: Oidme, Jeroboam y todo Israel.

5 ¿No sabéis vosotros, que Jehová Dios de Israel dió el reino á David sobre Israel para siempre, á él y á sus hijos en alianza de sal?

6 Pero Jeroboam hijo de Nabat, siervo de Salomón hijo de David, se levantó y rebeló contra su señor.

7 Y se allegaron á él hombres vanos, hijos de iniquidad, y pudieron más que Roboam hijo de Salomón, porque Roboam era mozo y tierno de corazón, y no se defendió de ellos.

8 Y ahora vosotros tratáis de fortificaros contra el reino de Jehová en mano de los hijos de David, porque sois muchos, y tenéis con vosotros los becerros de oro que Jeroboam os hizo por dioses.

9 ¿No echasteis vosotros á los sacerdotes de Jehová, á los hijos de Aarón, y á los Levitas, y os habéis hecho sacerdotes á la manera de los pueblos de otras tierras, para que cualquiera venga á consagrarse con un becerro y siete carneros, y así sea sacerdote de los que no son dioses?

10 Mas en cuanto á nosotros, Jehová es nuestro Dios, y no le hemos dejado: y los sacerdotes que ministran á Jehová son los hijos de Aarón, y los Levitas en la obra;

11 Los cuales queman á Jehová los holocaustos cada mañana y cada tarde, y los perfumes aromáticos; y ponen los panes sobre la mesa limpia, y el candelero de oro con sus candilejas para que ardan cada tarde: porque nosotros guardamos la ordenanza de Jehová nuestro Dios; mas vosotros le habéis dejado.

12 He aquí Dios está con nosotros por cabeza, y sus sacerdotes con las trompetas del júbilo para que suenen contra vosotros. Oh hijos de Israel, no peleéis contra Jehová el Dios de vuestros padres, porque no os sucederá bien.

13 Pero Jeroboam hizo girar una emboscada para venir á ellos por la espalda: y estando así delante de ellos, la emboscada estaba á espaldas de Judá.

14 Y como miró Judá, he aquí que tenía batalla delante y á las espaldas; por lo que clamaron á Jehová, y los sacerdotes tocaron las trompetas.

15 Entonces los de Judá alzaron grita; y así que ellos alzaron grita, Dios desbarató á Jeroboam y á todo Israel delante de Abías y de Judá:

16 Y huyeron los hijos de Israel delante de Judá, y Dios los entregó en sus manos.

17 Y Abías y su gente hacían en ellos gran mortandad; y cayeron heridos de Israel quinientos mil hombres escogidos.

18 Así fueron humillados los hijos de Israel en aquel tiempo: mas los hijos de Judá se fortificaron, porque se apoyaban en Jehová el Dios de sus padres.

19 Y siguió Abías á Jeroboam, y tomóle algunas ciudades, á

Beth-el con sus aldeas, á Jesana con sus aldeas, y á Ephraim con sus aldeas.

20 Y nunca más tuvo Jeroboam poderío en los días de Abías: é hirióle Jehová, y murió.

21 Empero se fortificó Abías; y tomó catorce mujeres, y engendró veintidós hijos, y dieciséis hijas.

22 Lo demás de los hechos de Abías, sus caminos y sus negocios, está escrito en la historia de Iddo profeta.

14 Y durmió Abías con sus padres, y fué sepultado en la ciudad de David. Y reinó en su lugar su hijo Asa, en cuyos días tuvo sosiego el país por diez años.

2 É hizo Asa lo bueno y lo recto en los ojos de Jehová su Dios.

3 Porque quitó los altares del culto ajeno, y los altos; quebró las imágenes, y taló los bosques;

4 Y mandó á Judá que buscasen á Jehová el Dios de sus padres, y pusiesen por obra la ley y sus mandamientos.

5 Quitó asimismo de todas las ciudades de Judá los altos y las imágenes, y estuvo el reino quieto delante de él.

6 Y edificó ciudades fuertes en Judá, por cuanto había paz en la tierra, y no había guerra contra él en aquellos tiempos; porque Jehová le había dado reposo.

7 Dijo por tanto á Judá: Edifiquemos estas ciudades, y cerquémoslas de muros con torres, puertas, y barras, ya que la tierra es nuestra: porque hemos buscado á Jehová nuestro Dios, hémosle buscado, y él nos ha dado reposo de todas partes. Edificaron pues, y fueron prosperados.

8 Tuvo también Asa ejército que traía escudos y lanzas: de Judá trescientos mil, y de Benjamín doscientos y ochenta mil que traían escudos y flechaban arcos; todos hombres diestros.

9 Y salió contra ellos Zera Etíope con un ejército de mil millares, y trescientos carros; y vino hasta Maresa.

10 Entonces salió Asa contra él, y ordenaron la batalla en el valle de Sephata junto á Maresa.

11 Y clamó Asa á Jehová su Dios, y dijo: Jehová, no tienes tú más con el grande que con el que ninguna fuerza tiene, para dar ayuda. Ayúdanos, oh Jehová Dios nuestro, porque en ti nos apoyamos, y en tu nombre venimos contra este ejército. Oh Jehová, tú eres nuestro Dios; no prevalezca contra ti el hombre.

12 Y Jehová deshizo los Etíopes delante de Asa y delante de Judá; y huyeron los Etíopes.

13 Y Asa, y el pueblo que con él estaba, lo siguió hasta Gerar: y cayeron los Etíopes hasta no quedar en ellos aliento; porque fueron deshechos delante de Jehová y de su ejército. Y les tomaron muy grande despojo.

14 Batieron también todas las ciudades alrededor de Gerar, porque el terror de Jehová fué sobre ellos: y saquearon todas las ciudades, porque había en ellas gran despojo.

15 Asimismo dieron sobre las cabañas de los ganados, y trajeron muchas ovejas y camellos, y volviéronse á Jerusalem.

15 Y fué el espíritu de Dios sobre Azarías hijo de Obed;

2 Y salió al encuentro á Asa, y díjole: Oídme, Asa, y todo Judá y Benjamín: Jehová es con vosotros, si vosotros fueres con él: y si le buscareis, será hallado de vosotros; mas si le dejareis, él también os dejará.

3 Muchos días ha estado Israel sin verdadero Dios y sin sacerdote, y sin enseñador y sin ley:

4 Mas cuando en su tribulación se convirtieron á Jehová Dios de Israel, y le buscaron, él fué hallado de ellos.

5 En aquellos tiempos no hubo paz, ni para el que entraba, ni para el que salía, sino muchas aflicciones sobre todos los habitadores de las tierras.

6 Y la una gente destruía á la otra, y una ciudad á otra ciudad: porque Dios los conturbó con todas calamidades.

7 Esforzaos empero vosotros, y no desfallezcan vuestras manos; que salario hay para vuestra obra.

8 Y como oyó Asa las palabras y profecía de Obed profeta, fué confortado, y quitó las abominaciones de toda la tierra de Judá y de Benjamín, y de las ciudades que él había tomado en el monte de Ephraim; y reparó el altar de Jehová que estaba delante del pórtico de Jehová.

9 Después hizo juntar á todo Judá y Benjamín, y con ellos los extranjeros de Ephraim, y de Manasés, y de Simeón: porque muchos de Israel se habían pasado á él, viendo que Jehová su Dios era con él.

10 Juntáronse pues en Jerusalem en el mes tercero del año décimoquinto del reinado de Asa.

11 Y en aquel mismo día sacrificaron á Jehová, de los despojos que habían traído, setecientos bueyes y siete mil ovejas.

12 Y entraron en concierto de que buscarían á Jehová el Dios de sus padres, de todo su corazón y de toda su alma;

13 Y que cualquiera que no buscase á Jehová el Dios de Israel, muriese, grande ó pequeño, hombre ó mujer.

14 Y juraron á Jehová con gran voz y júbilo, á son de trompetas y de bocinas:

15 Del cual juramento todos los de Judá se alegraron; porque de todo su corazón lo juraban, y de toda su voluntad lo buscaban: y fué hallado de ellos; y dióles Jehová reposo de todas partes.

16 Y aun á Maachá madre del rey Asa, él mismo la depuso de su dignidad, porque había hecho un ídolo en el bosque: y Asa deshizo su ídolo, y lo desmenuzó, y quemó en el torrente de Cedrón.

17 Mas con todo eso los altos no eran quitados de Israel, aunque el corazón de Asa fué perfecto mientras vivió.

18 Y metió en la casa de Dios lo que su padre había dedicado, y lo que él había consagrado, plata y oro y vasos.

19 Y no hubo guerra hasta los treinta y cinco años del reinado de Asa.

16 En el año treinta y seis del reinado de Asa, subió Baasa rey de Israel contra Judá, y edificó á Rama, para no dejar salir ni entrar á ninguno al rey Asa, rey de Judá.

2 Entonces sacó Asa la plata y el oro de los tesoros de la casa de Jehová y de la casa real, y envió á Ben-adad rey de Siria, que estaba en Damasco, diciendo:

3 Haya alianza entre mí y ti, como la hubo entre mi padre y tu padre; he aquí yo te he enviado plata y oro, para que vengas y deshagas la alianza que tienes con Baasa rey de Israel, á fin de que se retire de mí.

4 Y consintió Ben-adad con el rey Asa, y envió los capitanes de sus ejércitos á la ciudades de Israel: y batieron á Ion, Dan, y Abel-maim, y las ciudades fuertes de Nephtalí.

5 Y oyendo esto Baasa, cesó de edificar á Rama, y dejó su obra.

6 Entonces el rey Asa tomó á todo Judá, y lleváronse de Rama la piedra y madera con que Baasa edificaba, y con ella edificó á Gibaa y Mizpa.

7 En aquel tiempo vino Hanani vidente á Asa rey de Judá, y díjole: Por cuanto te has apoyado en el rey de Siria, y no te apoyaste en Jehová tu Dios, por eso el ejército del rey de Siria ha escapado de tus manos.

8 Los Etíopes y los Libios, ¿no eran un ejército numerosísimo, con carros y muy mucha gente de á caballo? con todo, porque te apoyaste en Jehová, él los entregó en tus manos.

9 Porque los ojos de Jehová contemplan toda la tierra, para corroborar á los que tienen corazón perfecto para con él. Locamente has hecho en esto; porque de aquí adelante habrá guerra contra ti.

10 Y enojado Asa contra el vidente, echólo en la casa de la cárcel, porque fué en extremo conmovido á causa de esto. Y oprimió Asa en aquel tiempo algunos del pueblo.

11 Mas he aquí, los hechos de Asa, primeros y postreros, están escritos en el libro de los reyes de Judá y de Israel.

12 Y el año treinta y nueve de su reinado enfermó Asa de los pies para arriba, y en su enfermedad no buscó á Jehová, sino á los médicos.

13 Y durmió Asa con sus padres, y murió en el año cuarenta y uno de su reinado.

14 Y sepultáronlo en sus sepulcros que él había hecho para sí en la ciudad de David;

17 Y reinó en su lugar Josaphat su hijo, el cual prevaleció contra Israel.

2 Y puso ejército en todas las ciudades fuertes de Judá, y colocó gente de guarnición, en tierra de Judá, y asimismo en las ciudades de Ephraim que su padre Asa había tomado.

3 Y fué Jehová con Josaphat, porque anduvo en los primeros caminos de David su padre, y no buscó á los Baales;

4 Sino que buscó al Dios de su padre, y anduvo en sus mandamientos, y no según las obras de Israel.

5 Jehová por tanto confirmó el reino en su mano, y todo Judá dió á Josaphat presentes; y tuvo riquezas y gloria en abundancia.

6 Y animóse su corazón en los caminos de Jehová, y quitó los altos y los bosques de Judá.

7 Al tercer año de su reinado envió sus príncipes Ben-hail, Obdías, Zacharías, Nathaniel y Micheas, para que enseñasen en las ciudades de Judá;

8 Y con ellos á los Levitas, Semeías, Nethanías, Zebadías, y Asael, y Semiramoth, y Jonathán, y Adonías, y Tobías, y Tobadonías, Levitas; y con ellos á Elisama y á Joram, sacerdotes.

9 Y enseñaron en Judá, teniendo consigo el libro de la ley de Jehová, y rodearon por todas las ciudades de Judá enseñando al pueblo.

10 Y cayó el pavor de Jehová sobre todos los reinos de las tierras que estaban alrededor de Judá; que no osaron hacer guerra contra Josaphat.

11 Y traían de los Filisteos presentes á Josaphat, y tributos de plata. Los Arabes también le trajeron ganados, siete mil y setecientos carneros y siete mil y setecientos machos de cabrío.

12 Iba pues Josaphat creciendo altamente: y edificó en Judá fortalezas y ciudades de depósitos.

13 Tuvo además muchas obras en las ciudades de Judá, y hombres de guerra muy valientes en Jerusalem.

14 Y este es el número de ellos según las casas de sus padres: en Judá, jefes de los millares: el general Adna, y con él trescientos mil hombres muy esforzados;

15 Después de él, el jefe Johanán, y con él doscientos y ochenta mil;

16 Tras éste, Amasías hijo de Zichri, el cual se había ofrecido voluntariamente á Jehová, y con él doscientos mil hombres valientes;

17 De Benjamín, Eliada, hombre muy valeroso, y con él doscientos mil armados de arco y escudo;

18 Tras éste, Jozabad, y con él ciento y ochenta mil apercibidos para la guerra.

19 Estos eran siervos del rey, sin los que había el rey puesto en las ciudades de guarnición por toda Judea.

18 Tenía pues Josaphat riquezas y gloria en abundancia, y trabó parentesco con Achâb.

2 Y después de algunos años descendió á Achâb á Samaria; por lo que mató Achâb muchas ovejas y bueyes para él, y para la gente que con él venía: y persuadióle que fuese con él á Ramoth de Galaad.

3 Y dijo Achâb rey de Israel á Josaphat rey de Judá: ¿Quieres venir conmigo á Ramoth de Galaad? Y él respondió: Como yo, así también tú; y como tu pueblo, así también mi pueblo: iremos contigo á la guerra.

4 Además dijo al rey de Israel: Ruégote que consultes hoy la palabra de Jehová.

5 Entonces el rey de Israel juntó cuatrocientos profetas, y díjoles: ¿Iremos á la guerra contra Ramoth de Galaad, ó estaréme yo quieto? Y ellos dijeron: Sube, que Dios os entregará en mano del rey.

6 Mas Josaphat dijo: ¿Hay aún aquí algún profeta de Jehová, para que por él preguntemos?

7 Y el rey de Israel respondió á Josaphat: Aun hay aquí un hombre por el cual podemos preguntar á Jehová: mas yo le aborrezco, porque nunca me profetiza cosa buena, sino siempre mal. Este es Michêas, hijo de Imla. Y respondió Josaphat: No hable así el rey.

8 Entonces el rey de Israel llamó un eunuco, y díjole: Haz venir luego á Michêas hijo de Imla.

9 Y el rey de Israel y Josaphat rey de Judá, estaban sentados cada uno en su trono, vestidos de sus ropas; y estaban sentados en la era á la entrada de la puerta de Samaria, y todos los profetas profetizaban delante de ellos.

10 Y Sedechías hijo de Chênaana se había hecho cuernos de hierro, y dijo: Así ha dicho Jehová: Con estos acornearás á los Siros hasta destruirlos del todo.

11 De esta manera profetizaban también todos los profetas, diciendo: Sube á Ramoth de Galaad, y sé prosperado; porque Jehová la entregará en mano del rey.

12 Y el mensajero que había ido á llamar á Michêas, le habló, diciendo: He aquí las palabras de los profetas á una boca anuncian al rey bienes; yo pues te ruego que tu palabra sea como la de uno de ellos, que hables bien.

13 Y dijo Michêas: Vive Jehová, que lo que mi Dios me dijere, eso hablaré. Y vino al rey.

14 Y el rey le dijo: Michêas, ¿iremos á pelear contra Ramoth de Galaad, ó estaréme yo quieto? Y él respondió: Subid, que seréis prosperados, que serán entregados en vuestras manos.

15 Y el rey le dijo: ¿Hasta cuántas veces te conjuraré por el nombre de Jehová que no me hables sino la verdad?

16 Entonces él dijo: He visto á todo Israel derramado por los montes como ovejas sin pastor: y dijo Jehová: Estos no tienen señor; vuélvase cada uno en paz en su casa.

17 Y el rey de Israel dijo á Josaphat: ¿No te había yo dicho que no me profetizaría bien, sino mal?

18 Entonces él dijo: Oid pues palabra de Jehová: Yo he visto á Jehová sentado en su trono, y todo el ejército de los cielos estaba á su mano derecha y á su izquierda.

19 Y Jehová dijo: ¿Quién inducirá á Achâb rey de Israel, para que suba y caiga en Ramoth de Galaad? Y uno decía así, y otro decía de otra manera.

20 Mas salió un espíritu, que se puso delante de Jehová, y dijo: Yo le induciré. Y Jehová le dijo: ¿De qué modo?

21 Y él dijo: Saldré y seré espíritu de mentira en la boca de todos los profetas. Y Jehová dijo: Incita, y también prevalece: sal, y hazlo así.

22 Y he aquí ahora ha puesto Jehová espíritu de mentira en la boca de estos tus profetas; mas Jehová ha decretado el mal acerca de ti.

23 Entonces Sedechías hijo de Chênaana se llegó á él, é hirió á Michêas en la mejilla, y dijo: ¿Por qué camino se apartó de mí el espíritu de Jehová para hablarte á ti?

24 Y Michêas respondió: He aquí tú lo verás aquel día, cuando te entrarás de cámara en cámara para esconderte.

25 Entonces el rey de Israel dijo: Tomad á Michêas, y volvedlo á Amón gobernador de la ciudad, y á Joas hijo del rey.

26 Y diréis: El rey ha dicho así: Poned á éste en la cárcel, y sustentadle con pan de aflicción y agua de angustia, hasta que yo vuelva en paz.

27 Y Michêas dijo: Si tú volvieres en paz, Jehová no ha hablado por mí. Dijo además: Oid lo, pueblos todos.

28 Subió pues el rey de Israel, y Josaphat rey de Judá, á Ramoth de Galaad.

29 Y dijo el rey de Israel á Josaphat: Yo me disfrazaré para entrar en la batalla; mas tú vístete tus vestidos. Y disfrazóse el rey de Israel, y entró en la batalla.

30 Había el rey de Siria mandado á los capitanes de los carros que tenía consigo, diciendo: No peleéis con chico ni con grande, sino sólo con el rey de Israel.

31 Y como los capitanes de los carros vieron á Josaphat, dijeron: Este es el rey de Israel. Y cercáronlo para pelear; mas Josaphat clamó, y ayudóle Jehová, y apartólos Dios de él;

32 Pues viendo los capitanes de los carros que no era el rey de Israel, desistieron de acosarle.

33 Mas disparando uno el arco á la ventura, hirió al rey de Israel entre las junturas y el coselete. El entonces dijo al carretero: Vuelve tu mano, y sácame del campo, porque estoy mal herido.

34 Y arreció la batalla aquel día, por lo que estuvo el rey de Israel en pie en el carro enfrente de los Siros hasta la tarde; mas murió á puestas del sol.

19 Y Josaphat rey de Judá se volvió en paz á su casa en Jerusalem.

2 Y salióle al encuentro Jehú el vidente, hijo de Hanani, y dijo al rey Josaphat: ¿Al impío das ayuda, y amas á los que aborrecen á Jehová? Pues la ira de la presencia de Jehová será sobre ti por ello.

3 Empero se han hallado en ti buenas cosas, porque cortaste de la tierra los bosques, y has apercibido tu corazón á buscar á Dios.

4 Habitó pues Josaphat en Jerusalem; mas daba vuelta y salía al pueblo, desde Beer-seba hasta el monte de Ephraim, y reducíalos á Jehová el Dios de sus padres.

5 Y puso en la tierra jueces en todas las ciudades fuertes de Judá, por todos los lugares.

6 Y dijo á los jueces: Mirad lo que hacéis: porque no juzguéis en lugar de hombre, sino en lugar de Jehová, el cual está con vosotros en el negocio del juicio.

7 Sea pues con vosotros el temor de Jehová; guardad y haced: porque en Jehová nuestro Dios no hay iniquidad, ni acepción de personas, ni recibir cohecho.

8 Y puso también Josaphat en Jerusalem algunos de los Levitas y sacerdotes, y de los padres de familias de Israel, para el juicio de Jehová y para las causas. Y volviéronse á Jerusalem.

9 Y mandóles, diciendo: Procederéis asimismo con temor de Jehová, con verdad, y con corazón íntegro.

10 En cualquier causa que viniere á vosotros de vuestros hermanos que habitan en las ciudades, entre sangre y sangre, entre ley y precepto, estatutos y derechos, habéis de amonestarles que no pequen contra Jehová, porque no venga ira sobre vosotros y sobre vuestros hermanos. Obrando así no pecaréis.

11 Y he aquí Amarías sacerdote será el que os presida en todo negocio de Jehová; y Zebadías hijo de Ismael, príncipe de la casa de Judá, en los negocios del rey; también los Levitas serán oficiales en presencia de vosotros. Esforzaos pues, y obrad; que Jehová será con el bueno.

20 Pasadas estas cosas, aconteció que los hijos de Moab y de Ammón, y con ellos otros de los Ammonitas, vinieron contra Josaphat á la guerra.

2 Y acudieron, y dieron aviso á Josaphat, diciendo: Contra ti viene una grande multitud de la otra parte de la mar, y de la Siria; y he aquí ellos están en Hasasón-tamar, que es Engedi.

3 Entonces él tuvo temor, y puso Josaphat su rostro para consultar á Jehová, é hizo pregonar ayuno á todo Judá.

4 Y juntáronse los de Judá para pedir socorro á Jehová: y también de todas las ciudades de Judá vinieron á pedir á Jehová.

5 Púsose entonces Josaphat en pie en la reunión de Judá y de Jerusalem, en la casa de Jehová, delante del atrio nuevo;

6 Y dijo: Jehová Dios de nuestros padres, ¿no eres tú Dios en los cielos, y te enseñoreas en todos los reinos de las Gentes? ¿no está en tu mano tal fuerza y potencia, que no hay quien te resista?

7 Dios nuestro, ¿no echaste tú los moradores de aquesta tierra delante de tu pueblo Israel, y la diste á la simiente de Abraham tu amigo para siempre?

8 Y ellos han habitado en ella, y te han edificado en ella santuario á tu nombre, diciendo:

9 Si mal viniere sobre nosotros, ó espada de castigo, ó pestilencia, ó hambre, presentarnos hemos delante de esta casa, y delante de ti, (porque tu nombre está en esta casa,) y de nuestras tribulaciones clamaremos á ti, y tú nos oirás y salvarás.

10 Ahora pues, he aquí los hijos de Ammón y de Moab, y los del monte de Seir, á la tierra de los cuales no quisiste que pasase Israel cuando venían de la tierra de Egipto, sino que se apartasen de ellos, y no los destruyesen:

11 He aquí ellos nos dan el pago, viniendo á echarnos de tu heredad, que tú nos diste á poseer.

12 ¡Oh Dios nuestro! ¿no los juzgarás tú? porque en nosotros no hay fuerza contra tan grande multitud que viene contra nosotros: no sabemos lo que hemos de hacer, mas á ti volvemos nuestros ojos.

13 Y todo Judá estaba en pie delante de Jehová, con sus niños, y sus mujeres, y sus hijos.

14 Y estaba allí Jahaziel hijo de Zacharías, hijo de Benaías, hijo de Jeiel, hijo de Mathanías, Levita de los hijos de Asaph, sobre el cual vino el espíritu de Jehová en medio de la reunión;

15 Y dijo: Oid, Judá todo, y vosotros moradores de Jerusalem, y tú, rey Josaphat. Jehová os dice así: No temáis ni os amedrentéis delante de esta tan grande multitud; porque no es vuestra la guerra, sino de Dios.

16 Mañana descenderéis contra ellos: he aquí que ellos subirán por la cuesta de Sis, y los hallaréis junto al arroyo, antes del desierto de Jeruel.

17 No habrá para qué vosotros peleéis en este caso: paraos, estad quedos, y ved la salud de Jehová con vosotros. Oh Judá y Jerusalem, no temáis ni desmayéis; salid mañana contra ellos, que Jehová será con vosotros.

18 Entonces Josaphat se inclinó rostro por tierra, y asimismo todo Judá y los moradores de Jerusalem se postraron delante de Jehová, y adoraron á Jehová.

19 Y levantáronse los Levitas de los hijos de Coath y de los hijos de Coré, para alabar á Jehová el Dios de Israel á grande y alta voz.

20 Y como se levantaron por la mañana, salieron por el desierto de Tecoa. Y mientras ellos salían, Josaphat estando en pie, dijo: Oidme, Judá y moradores de Jerusalem. Creed á Jehová vuestro Dios, y seréis seguros; creed á sus profetas, y seréis prosperados.

21 Y habido consejo con el pueblo, puso á algunos que cantasen á Jehová, y alabasen en la hermosura de la santidad, mientras que salía la gente armada, y dijesen: Glorificad á Jehová, porque su misericordia es para siempre.

22 Y como comenzaron con clamor y con alabanza, puso Jehová contra los hijos de Ammón, de Moab, y del monte de Seir, las emboscadas de ellos mismos que venían contra Judá, y matáronse los unos á los otros:

23 Pues los hijos de Ammón y Moab se levantaron contra los del monte de Seir, para matarlos y destruirlos; y como hubieron acabado á los del monte de Seir, cada cual ayudó á la destrucción de su compañero.

24 Y luego que vino Judá á la atalaya del desierto, miraron hacia la multitud; mas he aquí yacían ellos en tierra muertos, que ninguno había escapado.

25 Viniendo entonces Josaphat y su pueblo á despojarlos, hallaron en ellos muchas riquezas entre los cadáveres, así vestidos como preciosos enseres, los cuales tomaron para sí, tantos, que no los podían llevar: tres días duró el despojo, porque era mucho.

26 Y al cuarto día se juntaron en el valle de Berachá; porque allí bendijeron á Jehová, y por esto llamaron el nombre de aquel paraje el valle de Berachá, hasta hoy.

27 Y todo Judá y los de Jerusalem, y Josaphat á la cabeza de ellos, volvieron para tornarse á Jerusalem con gozo, porque Jehová les había dado gozo de sus enemigos.

28 Y vinieron á Jerusalem con salterios, arpas, y bocinas, á la casa de Jehová.

29 Y fué el pavor de Dios sobre todos los reinos de aquella tierra, cuando oyeron que Jehová había peleado contra los enemigos de Israel.

30 Y el reino de Josaphat tuvo reposo; porque su Dios le dió reposo de todas partes.

31 Así reinó Josaphat sobre Judá: de treinta y cinco años era cuando comenzó á reinar, y reinó veinte y cinco años en Jerusalem. El nombre de su madre fué Azuba, hija de Silhi.

32 Y anduvo en el camino de Asa su padre, sin apartarse de él, haciendo lo recto en los ojos de Jehová.

33 Con todo eso los altos no eran quitados; que el pueblo aun no había enderezado su corazón al Dios de sus padres.

34 Lo demás de los hechos de Josaphat, primeros y postreros, he aquí están escritos en las palabras de Jehú hijo de Hanani, del cual es hecha mención en el libro de los reyes de Israel.

35 Pasadas estas cosas, Josaphat rey de Judá trabó amistad con Ochôzías rey de Israel, el cual fué dado á la impiedad:

36 E hizo con él compañía para aparejar navíos que fuesen á Tharsis; y construyeron los navíos en Esion-geber.

37 Entonces Eliezer hijo de Dodava de Mareosah, profetizó contra Josaphat, diciendo: Por cuanto has hecho compañía con Ochôzías, Jehová destruirá tus obras. Y los navíos se rompieron, y no pudieron ir á Tharsis.

21 Y durmió Josaphat con sus padres, y sepultáronlo con sus padres en la ciudad de David. Y reinó en su lugar Joram su hijo.

2 Este tuvo hermanos, hijos de Josaphat, á Azarías, Jehiel, Zachârías, Azarías, Michâel, y Sephatías. Todos estos fueron hijos de Josaphat rey de Israel.

3 Y su padre les había dado muchos dones de oro y de plata, y cosas preciosas, y ciudades fuertes en Judá; mas había dado el reino á Joram, porque él era el primogénito.

4 Fué pues elevado Joram al reino de su padre; y luego que se hizo fuerte, mató á cuchillo á todos sus hermanos, y asimismo algunos de los príncipes de Israel.

5 Cuando comenzó á reinar era de treinta y dos años, y reinó ocho años en Jerusalem.

6 Y anduvo en el camino de los reyes de Israel, como hizo la casa de Achâb; porque tenía por mujer la hija de Achâb, é hizo lo malo en ojos de Jehová.

7 Mas Jehová no quiso destruir la casa de David, á causa de la alianza que con David había hecho; y porque le había dicho que le daría lámpara á él y á sus hijos perpetuamente.

8 En los días de éste se rebeló la Idumea, para no estar bajo el poder de Judá, y pusieron rey sobre sí.

9 Entonces pasó Joram con sus príncipes, y consigo todos sus carros; y levantóse de noche, é hirió á los Idumeos que le habían cercado, y á los comandantes de sus carros.

10 Con todo eso Edom quedó rebelado, sin estar bajo la mano de Judá hasta hoy. También se rebeló en el mismo tiempo Libna para no estar bajo su mano; por cuanto él había dejado á Jehová el Dios de sus padres.

11 Demás de esto hizo altos en los montes de Judá, é hizo que los moradores de Jerusalem fornicasen, y á él impelió á Judá.

12 Y viniéronle letras del profeta Elías, que decían: Jehová, el Dios de David tu padre, ha dicho así: Por cuanto no has andado en los caminos de Josaphat tu padre, ni en los caminos de Asa, rey de Judá,

13 Antes has andado en el camino de los reyes de Israel, y has hecho que fornicase Judá, y los moradores de Jerusalem, como fornicó la casa de Achâb; y además has muerto á tus hermanos, á la familia de tu padre, los cuales eran mejores que tú:

14 He aquí Jehová herirá tu pueblo de una grande plaga, y á tus hijos y á tus mujeres, y á toda tu hacienda;

15 Y á ti con muchas enfermedades, con enfermedad de tus entrañas, hasta que las entrañas se te salgan á causa de la enfermedad de cada día.

16 Entonces despertó Jehová contra Joram el espíritu de los Filisteos, y de los Arabes que estaban junto á los Etíopes;

17 Y subieron contra Judá, é invadieron la tierra, y tomaron toda la hacienda que hallaron en la casa del rey, y á sus hijos, y á sus mujeres; que no le quedó hijo, sino Joachâz el menor de sus hijos.

18 Después de todo esto Jehová lo hirió en las entrañas de una enfermedad incurable.

19 Y aconteció que, pasando un día tras otro, al fin, al cabo de dos años, las entrañas se le salieron con la enfermedad, muriendo así de enfermedad muy penosa. Y no le hizo quema su pueblo, como las había hecho á sus padres.

20 Cuando comenzó á reinar era de treinta y dos años, y reinó en Jerusalem ocho años; y fuése sin ser deseado. Y sepultáronlo en la ciudad de David, mas no en los sepulcros de los reyes.

22 Y los moradores de Jerusalem hicieron rey en lugar suyo á Ochôzías su hijo menor: porque la tropa había venido con los Arabes al campo, había muerto á todos los mayores; por lo cual reinó Ochôzías, hijo de Joram rey de Judá.

2 Cuando Ochôzías comenzó á reinar era de cuarenta y dos años, y reinó un año en Jerusalem. El nombre de su madre fué Athalía, hija de Omri.

3 También él anduvo en los caminos de la casa de Achâb: porque su madre le aconsejaba á obrar impíamente.

4 Hizo pues lo malo en ojos de Jehová, como la casa de Achâb; porque después de la muerte de su padre, ellos le aconsejaron para su perdición.

5 Y él anduvo en los consejos de ellos, y fué á la guerra con Joram hijo de Achâb, rey de Israel, contra Hazael rey de Siria, á Ramoth de Galaad, donde los Siros hirieron á Joram.

6 Y se volvió para curarse en Jezreel de las heridas que le habían hecho en Rama, peleando con Hazael rey de Siria. Y descendió Azarías hijo de Joram, rey de Judá, á visitar á Joram hijo de Achâb, en Jezreel, porque allí estaba enfermo.

7 Esto empero venía de Dios, para que Ochôzías fuese hollado viniendo á Joram: porque siendo venido, salió con Joram contra Jehú hijo de Nimsi, al cual Jehová había ungido para que talase la casa de Achâb.

8 Y fué que, haciendo juicio Jehú con la casa de Achâb, halló á los príncipes de Judá, y á los hijos de los hermanos de Ochôzías, que servían á Ochôzías, y matólos.

9 Y buscando á Ochôzías, el cual se había escondido en Samaria, tomáronlo, y trajéronlo á Jehú, y le mataron; y diéronle sepultura, porque dijeron: Es hijo de Josaphat, el cual buscó á Jehová de todo su corazón. Y la casa de Ochôzías no tenía fuerzas para poder retener el reino.

10 Entonces Athalía madre de Ochôzías, viendo que su hijo era muerto, levantóse y destruyó toda la simiente real de la casa de Judá.

11 Empero Josabeth, hija del rey, tomó á Joas hijo de Ochôzías, y arrebatóle de entre los hijos del rey, que mataban, y guardóle á él y á su ama en la cámara de los lechos. Así pues lo escondió Josabeth, hija del rey Joram, mujer de Joiada el sacerdote, (porque ella era hermana de Ochôzías), de delante de Athalía, y no la mataron.

12 Y estuvo con ellos escondido en la casa de Dios seis años. Entre tanto Athalía reinaba en el país.

23 Mas en el séptimo año se animó Joiada, y tomó consigo en alianza á los centuriones, Azarías hijo de Jeroam, y á Ismael hijo de Johanán, y á Azarías hijo de Obed, y á Maasías hijo de Adaías, y á Elisaphat hijo de Zichri,

2 Los cuales rodeando por Judá, juntaron los Levitas de todas las ciudades de Judá, y á los príncipes de las familias de Israel, y vinieron á Jerusalem.

3 Y toda la multitud hizo alianza con el rey en la casa de Dios. Y él les dijo: He aquí el hijo del rey, el cual reinará,

como Jehová lo tiene dicho de los hijos de David.

4 Lo que habéis de hacer es: la tercera parte de vosotros, los que entran de semana, estarán de porteros con los sacerdotes y los Levitas;

5 Y la tercera parte, á la casa del rey; y la tercera parte, á la puerta del fundamento: y todo el pueblo estará en los patios de la casa de Jehová.

6 Y ninguno entre en la casa de Jehová, sino los sacerdotes y Levitas que sirven: éstos entrarán, porque están consagrados; y todo el pueblo hará la guardia de Jehová.

7 Y los Levitas rodearán al rey por todas partes, y cada uno tendrá sus armas en la mano; y cualquiera que entrare en la casa, muera: y estaréis con el rey cuando entrare, y cuando saliere.

8 Y los Levitas, y todo Judá lo hicieron todo como lo había mandado el sacerdote Joiada: y tomó cada uno los suyos, los que entraban de semana, y los que salían el sábado: porque el sacerdote Joiada no dió licencia á las compañías.

9 Dió también el sacerdote Joiada á los centuriones las lanzas, paveses y escudos que habían sido del rey David, que estaban en la casa de Dios;

10 Y puso en orden á todo el pueblo, teniendo cada uno su espada en la mano, desde el rincón derecho del templo hasta el izquierdo, hacia el altar y la casa, en derredor del rey por todas partes.

11 Entonces sacaron al hijo del rey, y pusiéronle la corona y el testimonio, é hiciéronle rey; y Joiada y sus hijos le ungieron, diciendo luego: ¡Viva el rey!

12 Y como Athalía oyó el estruendo de la gente que corría, y de los que bendecían al rey, vino al pueblo á la casa de Jehová:

13 Y mirando, vió al rey que estaba junto á su columna á la entrada, y los príncipes y los trompetas junto al rey, y que todo el pueblo de la tierra hacía alegrías, y sonaban bocinas, y cantaban con instrumentos de música los que sabían alabar. Entonces Athalía rasgó sus vestidos, y dijo: ¡Conjuración, conjuración!

14 Y sacando el pontífice Joiada los centuriones y capitanes del ejército, díjoles: Sacadla fuera del recinto; y el que la siguiere, muera á cuchillo: porque el sacerdote había mandado que no la matasen en la casa de Jehová.

15 Ellos pues le echaron mano, y luego que hubo ella pasado de la entrada de la puerta de los caballos de la casa del rey, allí la mataron.

16 Y Joiada hizo pacto entre sí y todo el pueblo y el rey, que serían pueblo de Jehová.

17 Después de esto entró todo el pueblo en el templo de Baal, y derribáronlo, y también sus altares; é hicieron pedazos sus imágenes, y mataron delante de los altares á Mathán, sacerdote de Baal.

18 Luego ordenó Joiada los oficios en la casa de Jehová bajo la mano de los sacerdotes y Levitas, según David los había distribuído en la casa de Jehová, para ofrecer á Jehová los holocaustos, como está escrito en la ley de Moisés, con gozo y cantares, conforme á la ordenación de David.

19 Puso también porteros á las puertas de la casa de Jehová, para que por ninguna vía entrase ningún inmundo.

20 Tomó después los centuriones, y los principales, y los que gobernaban el pueblo; á todo el pueblo de la tierra, y llevó al rey de la casa de Jehová; y viniendo hasta el medio de la puerta mayor de la casa del rey, sentaron al rey sobre el trono del reino.

21 Y todo el pueblo del país hizo alegrías: y la ciudad estuvo quieta, muerto que hubieron á Athalía á cuchillo.

24 De siete años era Joas cuando comenzó á reinar, y cuarenta años reinó en Jerusalem. El nombre de su madre fué Sibia, de Beer-seba.

2 E hizo Joas lo recto en ojos de Jehová todos los días de Joiada el sacerdote.

3 Y tomó para él Joiada dos mujeres; y engendró hijos é hijas.

4 Después de esto aconteció que Joas tuvo voluntad de reparar la casa de Jehová.

5 Y juntó los sacerdotes y los Levitas, y díjoles: Salid por las ciudades de Judá, y juntad dinero de todo Israel, para que cada año sea reparada la casa de vuestro Dios; y vosotros poned diligencia en el negocio. Mas los Levitas no pusieron diligencia.

6 Por lo cual el rey llamó á Joiada el principal, y díjole: ¿Por qué no has procurado que los Levitas traigan de Judá y de Jerusalem al tabernáculo del testimonio, la ofrenda que impuso Moisés siervo de Jehová, y de la congregación de Israel?

7 Porque la impía Athalía y sus hijos habían destruído la casa de Dios, y además habían gastado en los ídolos todas las cosas consagradas á la casa de Jehová.

8 Mandó pues el rey que hiciesen un arca, la cual pusieron fuera á la puerta de la casa de Jehová;

9 E hicieron pregonar en Judá y en Jerusalem, que trajesen á Jehová la ofrenda que Moisés siervo de Dios había impuesto á Israel en el desierto.

10 Y todos los príncipes y todo el pueblo se holgaron: y traían, y echaban en el arca hasta henchirla.

11 Y como venía el tiempo para llevar el arca al magistrado del rey por mano de los Levitas, cuando veían que había mucho dinero, venía el escriba del rey, y el que estaba puesto por el sumo sacerdote, y llevaban el arca, y vaciábanla, y volvíanla á su lugar; y así lo hacían de día en día, y recogían mucho dinero;

12 El cual daba el rey y Joiada á los que hacían la obra del servicio de la casa de Jehová, y tomaban canteros y oficiales que reparasen la casa de Jehová, y herreros y metalarios para componer la casa de Jehová.

13 Hacían pues los oficiales la obra, y por sus manos fué la obra restaurada, y restituyeron la casa de Dios á su condición, y la consolidaron.

14 Y cuando hubieron acabado, trajeron lo que quedaba del dinero al rey y á Joiada, é hicieron de él vasos para la casa de Jehová, vasos para el servicio, morteros, cucharas, vasos de oro y de plata. Y sacrificaban holocaustos continuamente en la casa de Jehová todos los días de Joiada.

15 Mas Joiada envejeció, y murió harto de días: de ciento y treinta años era cuando murió.

16 Y sepultáronlo en la ciudad de David con los reyes, por cuanto había hecho bien con Israel, y para con Dios, y con su casa.

17 Muerto Joiada, vinieron los príncipes de Judá, é hicieron acatamiento al rey; y el rey los oyó.

18 Y desampararon la casa de Jehová el Dios de sus padres, y sirvieron á los bosques y á las imágenes esculpidas; y la ira vino sobre Judá y Jerusalem por este su pecado.

19 Y envióles profetas, para que los redujesen á Jehová, los cuales les protestaron: mas ellos no los escucharon.

20 Y el espíritu de Dios envistió á Zachârías, hijo de Joiada el sacerdote, el cual estando sobre el pueblo, les dijo: Así ha dicho Dios: ¿Por qué quebrantáis los mandamientos de Jehová? No os vendrá bien de ello; porque por haber dejado á Jehová, el también os dejará.

21 Mas ellos hicieron conspiración contra él, y cubriéronle de piedras por mandato del rey, en el patio de la casa de Jehová.

22 No tuvo pues memoria el rey Joas de la misericordia que su padre Joiada había hecho con él, antes matóle su hijo; el cual dijo al morir: Jehová lo vea, y lo requiera.

23 A la vuelta del año subió contra él el ejército de Siria; y vinieron á Judá y á Jerusalem, y destruyeron en el pueblo á todos los principales de él, y enviaron todos sus despojos al rey á Damasco.

24 Porque aunque el ejército de Siria había venido con poca gente, Jehová les entregó en sus manos un ejército muy numeroso; por cuanto habían dejado á Jehová el Dios de sus padres. Y con Joas hicieron juicios.

25 Y véndose de los Siros, dejáronlo en muchas enfermedades; y conspiraron contra él sus siervos á causa de las sangres de los hijos de Joiada el sacerdote, é hiriéronle en su cama, y murió: y sepultáronle en la ciudad de David, mas no lo sepultaron en los sepulcros de los reyes.

26 Los que conspiraron contra él fueron Zabad, hijo de Simath Ammonita, y Jozabad, hijo de Simrith Moabita.

27 De sus hijos, y de la multiplicación que hizo de las rentas, y de la instauración de la casa de Jehová, he aquí está escrito en la historia del libro de los reyes. Y reinó en su lugar Amasías su hijo.

25 De veinticinco años era Amasías cuando comenzó á reinar, y veintinueve años reinó en Jerusalem: el nombre de su madre fué Joaddan, de Jerusalem.

2 Hizo él lo recto en los ojos de Jehová aunque no de perfecto corazón.

3 Y luego que fué confirmado en el reino, mató á sus siervos que habían muerto al rey su padre;

4 Mas no mató á los hijos de ellos, según lo que está escrito en la ley en el libro de Moisés, donde Jehová mandó,

diciendo: No morirán los padres por los hijos, ni los hijos por los padres; mas cada uno morirá por su pecado.

5 Juntó luego Amasías á Judá, y con arreglo á las familias púsoles tribunos y centuriones por todo Judá y Benjamín; y tomólos por lista de veinte años arriba, y fueron hallados en ellos trescientos mil escogidos para salir á la guerra, que tenían lanza y escudo.

6 Y de Israel tomó á sueldo cien mil hombres valientes, por cien talentos de plata.

7 Mas un varón de Dios vino á él, diciéndole: Rey, no vaya contigo el ejército de Israel; porque Jehová no es con Israel, ni con todos los hijos de Ephraim.

8 Pero si tú vas, sí lo haces, y te esfuerzas para pelear, Dios te hará caer delante de los enemigos; porque en Dios está la fortaleza, ó para ayudar, ó para derribar.

9 Y Amasías dijo al varón de Dios: ¿Qué pues se hará de cien talentos que he dado al ejército de Israel? Y el varón de Dios respondió: De Jehová es darte mucho más que esto.

10 Entonces Amasías apartó el escuadrón de la gente que había venido de él de Ephraim, para que se fuesen á sus casas: y ellos se enojaron grandemente contra Judá, y volviéronse á sus casas encolerizados.

11 Esforzándose entonces Amasías, sacó su pueblo, y vino al valle de la Sal: é hirió de los hijos de Seir diez mil.

12 Y los hijos de Judá tomaron vivos otros diez mil, los cuales llevaron á la cumbre de un peñasco, y de allí los despeñaron, y todos se hicieron pedazos.

13 Empero los del escuadrón que Amasías había despedido, porque no fuesen con él á la guerra, derramáronse sobre las ciudades de Judá, desde Samaria hasta Beth-oron, é hirieron de ellos tres mil, y tomaron un grande despojo.

14 Regresando luego Amasías de la matanza de los Idumeos, trajo también consigo los dioses de los hijos de Seir, y púsoselos para sí por dioses, y encorvóse delante de ellos, y quemóles perfumes.

15 Encendióse por tanto el furor de Jehová contra Amasías, y envió á él un profeta, que le dijo: ¿Por qué has buscado los dioses de gente, que no libraron á su pueblo de tus manos?

16 Y hablándole el profeta estas cosas, él le respondió: ¿Hante puesto á ti por consejero del rey? Déjate de eso: ¿por qué quieres que te maten? Y al cesar, el profeta dijo luego: Yo sé que Dios ha acordado destruirte, porque has hecho esto, y no obedeciste á mi consejo.

17 Y Amasías rey de Judá, habido su consejo, envió á decir á Joas, hijo de Joachâz hijo de Jehú, rey de Israel: Ven, y veámonos cara á cara.

18 Entonces Joas rey de Israel envió á decir á Amasías rey de Judá: El cardo que estaba en el Líbano, envió al cedro que estaba en el Líbano, diciendo: Da tu hija á mi hijo por mujer. Y he aquí que las bestias fieras que estaban en el Líbano, pasaron, y hollaron el cardo.

19 Tú dices: He aquí he herido á Edom; y tu corazón se enaltece para gloriarte: ahora estáte en tu casa; ¿para qué te entrometes en mal, para caer tú y Judá contigo?

20 Mas Amasías no quiso oir; porque estaba de Dios, que los quería entregar en manos de sus enemigos, por cuanto habían buscado los dioses de Edom.

21 Subió pues Joas rey de Israel, y viéronse cara á cara él y Amasías rey de Judá, en Beth-semes, la cual es de Judá.

22 Pero cayó Judá delante de Israel, y huyó cada uno á su estancia.

23 Y Joas rey de Israel prendió en Beth-semes á Amasías rey de Judá, hijo de Joas hijo de Joachâz, y llevólo á Jerusalem: y derribó el muro de Jerusalem desde la puerta de Ephraim hasta la puerta del ángulo, cuatrocientos codos.

24 Asimismo tomó todo el oro y plata, y todos los vasos que se hallaron en la casa de Dios en casa de Obed-edom, y los tesoros de la casa del rey, y los hijos de los príncipes, y volvióse á Samaria.

25 Y vivió Amasías hijo de Joas, rey de Judá, quince años después de la muerte de Joas hijo de Joachâz rey de Israel.

26 Lo demás de los hechos de Amasías, primeros y postreros, ¿no está escrito en el libro de los reyes de Judá y de Israel?

27 Desde aquel tiempo que Amasías se apartó de Jehová, maquinaron contra él conjuración en Jerusalem; y habiendo él huído á Lachîs, enviaron tras él á Lachîs, y allá lo mataron;

28 Y trajéronlo en caballos, y sepultáronlo con sus padres en la ciudad de Judá.

26 Entonces todo el pueblo de Judá tornó á Uzzías, el cual era de diez y seis años, y pusiéronlo por rey en lugar de Amasías su padre.

2 Edificó él á Eloth, y la restituyó á Judá después que el rey durmió con sus padres.

3 De diez y seis años era Uzzías cuando comenzó á reinar, y cincuenta y dos años reinó en Jerusalem. El nombre de su madre fué Jecholía, de Jerusalem.

4 E hizo lo recto en los ojos de Jehová, conforme á todas las cosas que había hecho Amasías su padre.

5 Y persistió en buscar á Dios en los días de Zachârías, entendido en visiones de Dios; y en estos días que él buscó á Jehová, él le prosperó.

6 Y salió, y peleó contra los Filisteos, y rompió el muro de Gath, y el muro de Jabnia, y el muro de Asdod; y edificó ciudades en Asdod, y en la tierra de los Filisteos.

7 Y dióle Dios ayuda contra los Filisteos, y contra los Arabes que habitaban en Gur-baal, y contra los Ammonitas.

8 Y dieron los Ammonitas presentes á Uzzías, y divulgóse su nombre hasta la entrada de Egipto; porque se había hecho altamente poderoso.

9 Edificó también Uzzías torres en Jerusalem, junto á la puerta del ángulo, y junto á la puerta del valle, y junto á las esquinas; y fortificólas.

10 Asimismo edificó torres en el desierto, y abrió muchas cisternas: porque tuvo muchos ganados, así en los valles como en las vegas; y viñas, y labranzas, así en los montes como en los llanos fértiles; porque era amigo de la agricultura.

11 Tuvo también Uzzías escuadrones de guerreros, los cuales salían á la guerra en ejército, según que estaban por lista hecha por mano de Jehiel escriba y de Maasías gobernador, y por mano de Hananías, uno de los príncipes del rey.

12 Todo el número de los jefes de familias, valientes y esforzados, era dos mil y seiscientos.

13 Y bajo la mano de éstos estaba el ejército de guerra, de trescientos siete mil y quinientos guerreros poderosos y fuertes para ayudar al rey contra los enemigos.

14 Y aprestóles Uzzías para todo el ejército, escudos, lanzas, almetes, coseletes, arcos, y hondas de tirar piedras.

15 E hizo en Jerusalem máquinas por industria de ingenieros, para que estuviesen en las torres y en los baluartes, para arrojar saetas y grandes piedras, y su fama se extendió lejos, porque se ayudó maravillosamente, hasta hacerse fuerte.

16 Mas cuando fué fortificado, su corazón se enalteció hasta corromperse; porque se rebeló contra Jehová su Dios, entrando en el templo de Jehová para quemar sahumerios en el altar del perfume.

17 Y entró tras él el sacerdote Azarías, y con él ochenta sacerdotes de Jehová, de los valientes.

18 Y pusiéronse contra el rey Uzzías, y dijéronle: No á ti, oh Uzzías, el quemar perfume á Jehová, sino á los sacerdotes hijos de Aarón, que son consagrados para quemarlo: sal del santuario, por que has prevaricado, y no te será para gloria delante del Dios Jehová.

19 Y airóse Uzzías, que tenía el perfume en la mano para quemarlo; y en esta su ira contra los sacerdotes, la lepra le salió en la frente delante de los sacerdotes en la casa de Jehová, junto al altar del perfume.

20 Y miróle Azarías el sumo sacerdote, y todos los sacerdotes, y he aquí la lepra estaba en su frente; é hiciéronle salir apriesa de aquel lugar; y él también se dió priesa á salir, porque Jehová lo había herido.

21 Así el rey Uzzías fué leproso hasta el día de su muerte, y habitó en una casa apartada, leproso, por lo que había sido separado de la casa de Jehová; y Joatham su hijo tuvo cargo de la casa real, gobernando al pueblo de la tierra.

22 Lo demás de los hechos de Uzzías, primeros y postreros, escribiólo Isaías profeta, hijo de Amós.

23 Y durmió Uzzías con sus padres, y sepultáronlo con sus padres en el campo de los sepulcros reales; porque dijeron: Leproso es. Y reinó Joatham su hijo en lugar suyo.

27 De veinticinco años era Joatham cuando comenzó á reinar, y diecisiséis años reinó en Jerusalem. El nombre de su madre fué Jerusa, hija de Sadoc.

2 E hizo lo recto en ojos de Jehová, conforme á todas las cosas que había hecho Uzzías su padre, salvo que no entró en el templo de Jehová. Y el pueblo falseaba aún.

3 Edificó él la puerta mayor de la casa de Jehová, y en el muro de la fortaleza edificó mucho.

4 Además edificó ciudades en las montañas de Judá, y labró palacios y torres en los bosques.

5 También tuvo él guerra con el rey de los hijos de Ammón, á los cuales venció; y diéronle los hijos de Ammón en aquel año cien talentos de plata, y diez mil coros de trigo, y diez mil de cebada. Esto le dieron los hijos de Ammón, y lo mismo en el segundo año, y en el tercero.

6 Así que Joatham fué fortificado, porque preparó sus caminos delante de Jehová su Dios.

7 Lo demás de los hechos de Joatham, y todas sus guerras, y sus caminos, he aquí está escrito en el libro de los reyes de Israel y de Judá.

8 Cuando comenzó á reinar era de veinticinco años, y diecisiséis reinó en Jerusalem.

9 Y durmió Joatham con sus padres, y sepultáronlo en la ciudad de David; y reinó en su lugar Achâz su hijo.

28 De veinte años era Achâz cuando comenzó á reinar, y diecisiséis años reinó en Jerusalem: mas no hizo lo recto en ojos de Jehová, como David su padre.

2 Antes anduvo en los caminos de los reyes de Israel, y además hizo imágenes de fundición á los Baales.

3 Quemó también perfume en el valle de los hijos de Hinnom, y quemó sus hijos por fuego, conforme á las abominaciones de las gentes que Jehová había echado delante de los hijos de Israel.

4 Asimismo sacrificó y quemó perfumes en los altos, y en los collados, y debajo de todo árbol espeso.

5 Por lo cual Jehová su Dios lo entregó en manos del rey de los Siros, los cuales le derrotaron, y cogieron de él una grande presa, que llevaron á Damasco. Fué también entregado en manos del rey de Israel, el cual lo batió con gran mortandad.

6 Porque Peca, hijo de Remalías mató en Judá en un día ciento y veinte mil, todos hombres valientes; por cuanto habían dejado á Jehová el Dios de sus padres.

7 Asimismo Zichri, hombre poderoso de Ephraim, mató á Maasías hijo del rey, y á Azricam su mayordomo, y á Elcana, segundo después del rey.

8 Tomaron también cautivos los hijos de Israel de sus hermanos doscientos mil, mujeres, muchachos, y muchachas, á más de haber saqueado de ellos un gran despojo, el cual trajeron á Samaria.

9 Había entonces allí un profeta de Jehová, que se llamaba Obed, el cual salió delante del ejército cuando entraba en Samaria, y díjoles: He aquí Jehová el Dios de vuestros padres, por el enojo contra Judá, los ha entregado en vuestras manos; y vosotros los habéis muerto con ira, que hasta el cielo ha llegado.

10 Y ahora habéis determinado sujetar á vosotros á Judá y á Jerusalem por siervos y siervas: mas ¿no habéis vosotros pecado contra Jehová vuestro Dios?

11 Oidme pues ahora, y volved á enviar los cautivos que habéis tomado de vuestros hermanos: porque Jehová está airado contra vosotros.

12 Levantáronse entonces algunos varones de los principales de los hijos de Ephraim, Azarías hijo de Johanán, y Berechías hijo de Mesillemoth, y Ezechías hijo de Sallum, y Amasa hijo de Hadlai, contra los que venían de la guerra.

13 Y dijéronles: No metáis acá la cautividad; porque el pecado contra Jehová será sobre nosotros. Vosotros tratáis de añadir sobre nuestros pecados y sobre nuestras culpas, siendo asaz grande nuestro delito, y la ira del furor sobre Israel.

14 Entonces el ejército dejó los cautivos y la presa delante de los príncipes y de toda la multitud.

15 Y levantáronse los varones nombrados, y tomaron los cautivos, y vistieron del despojo á los que de ellos estaban desnudos; vistiéronlos y calzáronlos, y diéronles de comer y de beber, y ungiéronlos, y condujeron en asnos á todos los flacos, y lleváronlos hasta Jericó, ciudad de las palmas, cerca de sus hermanos; y ellos se volvieron á Samaria.

16 En aquel tiempo envió á pedir el rey Achâz á los reyes de Asiria que le ayudasen:

17 Porque á más de esto, los Idumeos habían venido y herido á los de Judá, y habían llevado cautivos.

18 Asimismo los Filisteos se habían derramado por las ciudades de la llanura, y al mediodía de Judá, y habían tomado á Beth-semes, á Ajalón, Gederoth, y Sochô con sus aldeas, Timna también con sus aldeas, y Gimzo con sus aldeas; y habitaban en ellas.

19 Porque Jehová había humillado á Judá por causa de Acház rey de Israel: por cuanto él había desnudado á Judá, y rebeládose gravemente contra Jehová.

20 Y vino contra él Tilgath-pilneser, rey de los Asirios: pues lo redujo á estrechez, y no lo fortificó.

21 Aunque despojó Acház la casa de Jehová, y la casa real, y las de los príncipes, para dar al rey de los Asirios, con todo eso él no le ayudó.

22 Además el rey Acház en el tiempo que aquél le apuraba, añadió prevaricación contra Jehová;

23 Porque sacrificó á los dioses de Damasco que le habían herido, y dijo: Pues que los dioses de los reyes de Siria les ayudan, yo también sacrificaré á ellos para que me ayuden; bien que fueron éstos su ruina, y la de todo Israel.

24 A más de eso recogió Acház los vasos de la casa de Dios, y quebrólos, y cerró las puertas de la casa de Jehová, é hízose altares en todas las ciudades en todos los rincones.

25 Hizo también altos en todas las ciudades de Judá, para quemar perfumes á los dioses ajenos, provocando así á ira á Jehová el Dios de sus padres.

26 Lo demás de sus hechos, y todos sus caminos, primeros y postreros, he aquí ello está escrito en el libro de los reyes de Judá y de Israel.

27 Y durmió Acház con sus padres, y sepultáronlo en la ciudad de Jerusalem: mas no le metieron en los sepulcros de los reyes de Israel; y reinó en su lugar Ezechías su hijo.

29 Y Ezechías comenzó á reinar siendo de veinticinco años, y reinó veintinueve años en Jerusalem. El nombre de su madre fué Abía, hija de Zachârías.

2 E hizo lo recto en ojos de Jehová, conforme á todas las cosas que había hecho David su padre.

3 En el primer año de su reinado, en el mes primero, abrió las puertas de la casa de Jehová, y las reparó.

4 E hizo venir los sacerdotes y Levitas, y juntólos en la plaza oriental.

5 Y díjoles: Oidme, Levitas, y santificaos ahora, y santificaréis la casa de Jehová el Dios de vuestros padres, y sacaréis del santuario la inmundicia.

6 Porque nuestros padres se han rebelado, y han hecho lo malo en ojos de Jehová nuestro Dios; que le dejaron, y apartaron sus ojos del tabernáculo de Jehová, y le volvieron las espaldas.

7 Y aun cerraron las puertas del pórtico, y apagaron las lámparas; no quemaron perfume, ni sacrificaron holocausto en el santuario al Dios de Israel.

8 Por tanto la ira de Jehová ha venido sobre Judá y Jerusalem, y los ha entregado á turbación, y á execración y escarnio, como veis vosotros con vuestros ojos.

9 Y he aquí nuestros padres han caído á cuchillo, nuestros hijos y nuestras hijas y nuestras mujeres son cautivas por esto.

10 Ahora pues, yo he determinado hacer alianza con Jehová el Dios de Israel, para que aparte de nosotros la ira de su furor.

11 Hijos míos, no os engañéis ahora, porque Jehová os ha escogido á vosotros para que estéis delante de él, y le sirváis, y seáis sus ministros, y le queméis perfume.

12 Entonces los Levitas se levantaron, Mahath hijo de Amasai, y Joel hijo de Azarías, de los hijos de Coath; y de los hijos de Merari, Cis hijo de Abdi, y Azarías hijo de Jehaleleel; y de los hijos de Gersón, Joah hijo de Zimma, y Edén hijo de Joah;

13 Y de los hijos de Elisaphán, Simri y Jehiel; y de los hijos de Asaph, Zachârías y Mathanías;

14 Y de los hijos de Hemán, Jehiel y Simi; y de los hijos de Jeduthún, Semeías y Uzziel.

15 Estos juntaron á sus hermanos, y santificáronse, y entraron, conforme al mandamiento del rey y las palabras de Jehová, para limpiar la casa de Jehová.

16 Y entrando los sacerdotes dentro de la casa de Jehová para limpiarla, sacaron toda la inmundicia que hallaron en el templo de Jehová, al atrio de la casa de Jehová; la cual tomaron los Levitas, para sacarla fuera al torrente de Cedrón.

17 Y comenzaron á santificar el primero del mes primero, y á los ocho del mismo mes vinieron al pórtico de Jehová: y santificaron la casa de Jehová en ocho días, y en el dieciséis del mes primero acabaron.

18 Luego pasaron al rey Ezechías y dijéronle: Ya hemos limpiado toda la casa de Jehová, el altar del holocausto, y todos sus instrumentos, y la mesa de la proposición con todos sus utensilios.

19 Asimismo hemos preparado y santificado todos los vasos que en su prevaricación había maltratado el rey Acház, cuando reinaba: y he aquí están delante del altar de Jehová.

20 Y levantándose de mañana el rey Ezechías reunió los principales de la ciudad, y subió á la casa de Jehová.

21 Y presentaron siete novillos, siete carneros, siete corderos, y siete machos de cabrío, para expiación por el reino, por el santuario y por Judá. Y dijo á los sacerdotes hijos de Aarón, que los ofreciesen sobre el altar de Jehová.

22 Mataron pues los bueyes, y los sacerdotes tomaron la sangre, y esparciéronla sobre el altar; mataron luego los carneros, y esparcieron la sangre sobre el altar; asimismo mataron los corderos, y esparcieron la sangre sobre el altar.

23 Hicieron después llegar los machos cabríos de la expiación delante del rey y de la multitud, y pusieron sobre ellos sus manos:

24 Y los sacerdotes los mataron, y expiando esparcieron la sangre de ellos sobre el altar, para reconciliar á todo Israel: porque por todo Israel mandó el rey hacer el holocausto y la expiación.

25 Puso también Levitas en la casa de Jehová con címbalos, y salterios, y arpas, conforme al mandamiento de David, y de Gad vidente del rey, y de Nathán profeta: porque aquel mandamiento fué por mano de Jehová, por mano de sus profetas.

26 Y los Levitas estaban con los instrumentos de David, y los sacerdotes con trompetas.

27 Entonces mandó Ezechías sacrificar el holocausto en el altar; y al tiempo que comenzó el holocausto, comenzó también el cántico de Jehová, con las trompetas y los instrumentos de David rey de Israel.

28 Y toda la multitud adoraba, y los cantores cantaban, y los trompetas sonaban las trompetas; todo hasta acabarse el holocausto.

29 Y como acabaron de ofrecer, inclinóse el rey, y todos los que con él estaban, y adoraron.

30 Entonces el rey Ezechías y los príncipes dijeron á los Levitas que alabasen á Jehová por las palabras de David y de Asaph vidente; y ellos alabaron con grande alegría, é inclinándose adoraron.

31 Y respondiendo Ezechías dijo: Vosotros os habéis consagrado ahora á Jehová; llegaos pues, y presentad sacrificios y alabanzas en la casa de Jehová. Y la multitud presentó sacrificios y alabanzas; y todo liberal de corazón, holocaustos.

32 Y fué el número de los holocaustos que trajo la congregación, setenta bueyes, cien carneros, doscientos corderos; todo para el holocausto de Jehová.

33 Y las ofrendas fueron seiscientos bueyes, y tres mil ovejas.

34 Mas los sacerdotes eran pocos, y no podían bastar á desollar los holocaustos; y así sus hermanos los Levitas los ayudaron hasta que acabaron la obra, y hasta que los sacerdotes se santificaron: porque los Levitas tuvieron mayor prontitud de corazón para santificarse, que los sacerdotes.

35 Así pues hubo gran multitud de holocaustos, con sebos de pacíficos, y libaciones de cada holocausto. Y quedó ordenado el servicio de la casa de Jehová.

36 Y alegróse Ezechías, y todo el pueblo, de que Dios hubiese preparado el pueblo; porque la cosa fué prestamente hecha.

30 Envió también Ezechías por todo Israel y Judá, y escribió letras á Ephraim y Manasés, que viniesen á Jerusalem á la casa de Jehová, para celebrar la pascua á Jehová Dios de Israel.

2 Y había el rey tomado consejo con sus príncipes, y con toda la congregación en Jerusalem, para celebrar la pascua en el mes segundo:

3 Porque entonces no la podían celebrar, por cuanto no había suficientes sacerdotes santificados, ni el pueblo estaba junto en Jerusalem.

4 Esto agradó al rey y á toda la multitud.

5 Y determinaron hacer pasar pregón por todo Israel, desde Beer-seba hasta Dan, para que viniesen á celebrar la pascua á Jehová Dios de Israel, en Jerusalem: porque en mucho tiempo no la habían celebrado al modo que está escrito.

6 Fueron pues correos con letras de mano del rey y de sus príncipes por todo Israel y Judá, como el rey lo había mandado, y decían: Hijos de Israel, volveos á Jehová el Dios de Abraham, de Isaac, y de Israel, y él se volverá á las reliquias que os han quedado de la mano de los reyes de Asiria.

7 No seáis como vuestros padres y como vuestros hermanos, que se rebelaron contra Jehová el Dios de sus padres, y él los entregó á desolación, como vosotros veis.

8 No endurezcáis pues ahora vuestra cerviz como vuestros padres: dad la mano á Jehová, y venid á su santuario, el cual él ha santificado para siempre; y servid á Jehová vuestro Dios, y la ira de su furor se apartará de vosotros.

9 Porque si os volviereis á Jehová, vuestros hermanos y vuestros hijos hallarán misericordia delante de los que los tienen cautivos, y volverán á esta tierra: porque Jehová vuestro Dios es clemente y misericordioso, y no volverá de vosotros su rostro, si vosotros os volviereis á él.

10 Pasaron pues los correos de ciudad en ciudad por la tierra de Ephraim y Manasés, hasta Zabulón: mas se reían y burlaban de ellos.

11 Con todo eso, algunos hombres de Aser, de Manasés, y de Zabulón, se humillaron, y vinieron á Jerusalem.

12 En Judá también fué la mano de Dios para darles un corazón para cumplir el mensaje del rey y de los príncipes, conforme á la palabra de Jehová.

13 Y juntóse en Jerusalem mucha gente para celebrar la solemnidad de los ázimos en el mes segundo; una vasta reunión.

14 Y levantándose, quitaron los altares que había en Jerusalem; quitaron también todos los altares de perfumes, y echáronlos en el torrente de Cedrón.

15 Entonces sacrificaron la pascua, á los catorce del mes segundo; y los sacerdotes y los Levitas se santificaron con vergüenza, y trajeron los holocaustos á la casa de Jehová.

16 Y pusiéronse en su orden conforme á su costumbre, conforme á la ley de Moisés varón de Dios; los sacerdotes esparcían la sangre que recibían de manos de los Levitas:

17 Porque había muchos en la congregación que no estaban santificados, y por eso los Levitas sacrificaban la pascua por todos los que no se habían limpiado, para santificarlos á Jehová.

18 Porque una gran multitud del pueblo de Ephraim y Manasés, y de Issachâr y Zabulón, no se habían purificado, y comieron la pascua no conforme á lo que está escrito. Mas Ezechîas oró por ellos, diciendo: Jehová, que es bueno, sea propicio á todo aquel que ha apercibido su corazón para buscar á Dios,

19 A Jehová el Dios de sus padres, aunque no esté purificado según la purificación del santuario.

20 Y oyó Jehová á Ezechîas, y sanó al pueblo.

21 Así celebraron los hijos de Israel que se hallaron en Jerusalem, la solemnidad de los panes sin levadura por siete días con grande gozo: y alababan á Jehová todos los días los Levitas y los sacerdotes, cantando con instrumentos de fortaleza á Jehová.

22 Y habló Ezechîas al corazón de todos los Levitas que tenían buena inteligencia en el servicio de Jehová. Y comieron de lo sacrificado en la solemnidad por siete días, ofreciendo sacrificios pacíficos, y dando gracias á Jehová el Dios de sus padres.

23 Y toda aquella multitud determinó que celebrasen otros siete días; y celebraron otros siete días con alegría.

24 Porque Ezechîas rey de Judá había dado á la multitud mil novillos y siete mil ovejas; y también los príncipes dieron al pueblo mil novillos y diez mil ovejas: y muchos sacerdotes se santificaron.

25 Alegróse pues toda la congregación de Judá, como también los sacerdotes y Levitas, y toda la multitud que había venido de Israel; asimismo los extranjeros que habían venido de la tierra de Israel, y los que habitaban en Judá.

26 Y hiciéronse grandes alegrías en Jerusalem: porque desde los días de Salomón hijo de David rey de Israel, no había habido cosa tal en Jerusalem.

27 Levantándose después los sacerdotes y Levitas, bendijeron al pueblo: y la voz de ellos fué oída, y su oración llegó á la habitación de su santuario, al cielo.

31 Hechas todas estas cosas, todos los de Israel que se habían hallado allí, salieron por las ciudades de Judá, y quebraron las estatuas y destruyeron los bosques, y derribaron los altos y los altares por todo Judá y Benjamín, y también en Ephraim y Manasés, hasta acabarlo todo. Después volviéronse todos los hijos de Israel, cada uno á su posesión y á sus ciudades.

2 Y arregló Ezechîas los repartimientos de los sacerdotes y de los Levitas conforme á sus órdenes, cada uno según su oficio, los sacerdotes y los Levitas para el holocausto y pacíficos, para que ministrasen, para que confesasen y alabasen á las puertas de los reales de Jehová.

3 La contribución del rey de su hacienda, era holocaustos á mañana y tarde, y holocaustos para los sábados, nuevas lunas, y solemnidades, como está escrito en la ley de Jehová.

4 Mandó también al pueblo que habitaba en Jerusalem, que diesen la porción á los sacerdotes y Levitas, para que se esforzasen en la ley de Jehová.

5 Y como fué divulgado el edicto, los hijos de Israel dieron muchas primicias de grano, vino, aceite, miel, y de todos los frutos de la tierra: trajeron asimismo los diezmos de todas las cosas en abundancia.

6 También los hijos de Israel y de Judá, que habitaban en las ciudades de Judá, dieron del mismo modo los diezmos de las vacas y de las ovejas: y trajeron los diezmos de lo santificado, de las cosas que habían prometido á Jehová su Dios, y pusiéronlos por montones.

7 En el mes tercero comenzaron á fundar aquellos montones, y en el mes séptimo acabaron.

8 Y Ezechîas y los príncipes vinieron á ver los montones, y bendijeron á Jehová, y á su pueblo Israel.

9 Y preguntó Ezechîas á los sacerdotes y á los Levitas acerca de los montones.

10 Y respondióle Azarías, sumo sacerdote, de la casa de Sadoc, y dijo: Desde que comenzaron á traer la ofrenda á la casa de Jehová, hemos comido y saciádonos, y nos ha sobrado mucho: porque Jehová ha bendecido su pueblo, y ha quedado esta muchedumbre.

11 Entonces mandó Ezechîas que preparasen cámaras en la casa de Jehová; y preparáronlas.

12 Y metieron las primicias y diezmos y las cosas consagradas, fielmente; y dieron cargo de ello á Chônanías Levita, el principal, y Simi su hermano fué el segundo.

13 Y Jehiel, Azazías, Nahath, Asael, Jerimoth, Josabad, Eliel, Ismachîas, Mahaath, y Benaías, fueron sobrestantes bajo la mano de Chônanías y de Simi su hermano, por mandamiento del rey Ezechîas y de Azarías, príncipe de la casa de Dios.

14 Y Coré hijo de Imna Levita, portero al oriente, tenía cargo de las limosnas de Dios, y de las ofrendas de Jehová que se daban, y de todo lo que se santificaba.

15 Y á su mano estaba Edén, Benjamín, Jeshua, Semaías, Amarías, y Sechânías, en las ciudades de los sacerdotes, para dar con fidelidad á sus hermanos sus partes conforme á sus órdenes, así al mayor como al menor:

16 A más de los varones anotados por sus linajes, de tres años arriba, á todos los que entraban en la casa de Jehová, su porción diaria por su ministerio, según sus oficios y clases;

17 También los que eran contados entre los sacerdotes por las familias de sus padres, y á los Levitas de edad de veinte años arriba, conforme á sus oficios y órdenes;

18 Asimismo á los de su generación con todos sus niños, y sus mujeres, y sus hijos é hijas, á toda la familia; porque con fidelidad se consagraban á las cosas santas.

19 Del mismo modo en orden á los hijos de Aarón, sacerdotes, que estaban en los ejidos de sus ciudades, por todas las ciudades, los varones nombrados tenían cargo de dar sus porciones á todos los varones de los sacerdotes, y á todo el linaje de los Levitas.

20 De esta manera hizo Ezechîas en todo Judá: y ejecutó lo bueno, recto, y verdadero, delante de Jehová su Dios.

21 En todo cuanto comenzó en el servicio de la casa de Dios, y en la ley y mandamientos, buscó á su Dios, é hízolo de todo corazón, y fué prosperado.

32 Después de estas cosas y de esta fidelidad, vino Sennachêrib rey de los Asirios, entró en Judá, y asentó campo contra las ciudades fuertes, y determinó de entrar en ellas.

2 Viendo pues Ezechîas la venida de Sennachêrib, y su aspecto de combatir á Jerusalem,

3 Tuvo su consejo con sus príncipes y con sus valerosos, sobre cegar las fuentes de las aguas que estaban fuera de la ciudad; y ellos le apoyaron.

4 Juntóse pues mucho pueblo, y cegaron todas las fuentes, y el arroyo que derrama por en medio del territorio, diciendo: ¿Por qué han de hallar los reyes de Asiria muchas aguas cuando vinieren?

5 Alentóse así Ezechîas, y edificó todos los muros caídos, é hizo alzar las torres, y otro muro por de fuera: fortificó además á Millo en la ciudad de David, é hizo muchas espadas y paveses.

6 Y puso capitanes de guerra sobre el pueblo, é hízolos reunir así en la plaza de la puerta de la ciudad, y hablóles al corazón de ellos, diciendo:

7 Esforzaos y confortaos; no temáis, ni hayáis miedo del rey de Asiria, ni de toda su multitud que con él viene; porque más son con nosotros que con él.

8 Con él es el brazo de carne, mas con nosotros Jehová nuestro Dios para ayudarnos, y pelear nuestras batallas. Y afirmóse el pueblo sobre las palabras de Ezechîas rey de Judá.

9 Después de esto Sennachêrib rey de los Asirios, estando él sobre Lachîs y con él toda su potencia, envió sus siervos á Jerusalem, para decir á Ezechîas rey de Judá, y á todos los de Judá que estaban en Jerusalem:

10 Así ha dicho Sennachêrib rey de los Asirios: ¿En quién confiáis vosotros para estar cercados en Jerusalem?

11 ¿No os engaña Ezechîas para entregaros á muerte, á hambre, y á sed, diciendo: Jehová nuestro Dios nos librará de la mano del rey de Asiria?

12 ¿No es Ezechîas el que ha quitado sus altos y sus altares, y dijo á Judá y á Jerusalem: Delante de este solo altar adoraréis, y sobre él quemaréis perfume?

13 ¿No habéis sabido lo que yo y mis padres hemos hecho á todos los pueblos de la tierra? ¿Pudieron los dioses de las gentes de las tierras librar su tierra de mi mano?

14 ¿Qué dios hubo de todos los dioses de aquellas gentes que destruyeron mis padres, que pudiese salvar su pueblo de mis manos? ¿por qué podrá vuestro Dios libraros de mi mano?

15 Ahora pues, no os engañe Ezechîas, ni os persuada tal cosa, ni le creáis; que si ningún dios de todas aquellas naciones y reinos pudo librar su pueblo de mis manos, y de las manos de mis padres, ¿cuánto menos vuestro Dios se podrá librar de mi mano?

16 Y otras cosas hablaron sus siervos contra el Dios Jehová, y contra su siervo Ezechîas.

17 Además de todo esto escribió letras en que blasfemaba á Jehová el Dios de Israel, y hablaba contra él, diciendo: Como los dioses de las gentes de los países no pudieron librar su pueblo de mis manos, tampoco el Dios de Ezechîas librará el suyo de mis manos.

18 Y clamaron á gran voz en judaico al pueblo de Jerusalem que estaba en los muros, para espantarlos y ponerles temor, para tomar la ciudad.

19 Y hablaron contra el Dios de Jerusalem, como contra los dioses de los pueblos de la tierra, obra de manos de hombres.

20 Mas el rey Ezechîas, y el profeta Isaías hijo de Amós, oraron por esto, y clamaron al cielo.

21 Y Jehová envió un ángel, el cual hirió á todo valiente y esforzado, y á los jefes y capitanes en el campo del rey de Asiria. Volvióse por tanto con vergüenza de rostro á su tierra; y entrando en el templo de su dios, allí lo mataron á cuchillo los que habían salido de sus entrañas.

22 Así salvó Jehová á Ezechîas y á los moradores de Jerusalem de las manos de Sennachêrib rey de Asiria, y de las manos de todos; y preservólos de todas partes.

23 Y muchos trajeron ofrenda á Jehová á Jerusalem, y á Ezechîas rey de Judá, ricos dones; y fué muy grande delante de todas las gentes después de esto.

24 En aquel tiempo Ezechîas enfermó de muerte: y oró á Jehová, el cual le respondió, y dióle una señal.

25 Mas Ezechîas no pagó conforme al bien que le había sido hecho: antes se enalteció su corazón, y fué la ira contra él, y contra Judá y Jerusalem.

26 Empero Ezechîas, después de haberse engreído su corazón, se humilló, él y los moradores de Jerusalem; y no vino sobre ellos la ira de Jehová en los días de Ezechîas.

27 Y tuvo Ezechîas riquezas y gloria mucha en gran manera; é hízose de tesoros de plata y oro, de piedras preciosas, de aromas, de escudos, y de todas alhajas de desear;

28 Asimismo depósitos para las rentas del grano, del vino, y aceite; establos para toda suerte de bestias, y majadas para los ganados.

29 Hízose también ciudades, y hatos de ovejas y de vacas en gran copia; porque Dios le había dado mucha hacienda.

30 Este Ezechîas tapó los manaderos de las aguas de Gihón la de arriba, y encaminólas abajo al occidente de la ciudad de David. Y fué prosperado Ezechîas en todo lo que hizo.

31 Empero en lo de los embajadores de los príncipes de Babilonia, que enviaron á él para saber del prodigio que había acaecido en aquella tierra, Dios lo dejó, para probarle, para hacer conocer todo lo que estaba en su corazón.

32 Lo demás de los hechos de Ezechîas, y de sus misericordias, he aquí todo está escrito en la profecía de Isaías profeta, hijo de Amós, en el libro de los reyes de Judá y de Israel.

33 Y durmió Ezechîas con sus padres, y sepultáronlo en los más insignes sepulcros de los hijos de David, honrándole en su muerte todo Judá y los de Jerusalem: y reinó en su lugar Manasés su hijo.

33 De doce años era Manasés cuando comenzó á reinar, y cincuenta y cinco años reinó en Jerusalem.

2 Mas hizo lo malo en ojos de Jehová, conforme á las abominaciones de las gentes que había echado Jehová delante de los hijos de Israel:

3 Porque él reedificó los altos que Ezechîas su padre había derribado, y levantó altares á los Baales, é hizo bosques, y adoró á todo el ejército de los cielos, y á él sirvió.

4 Edificó también altares en la casa de Jehová, de la cual había dicho Jehová: En Jerusalem será mi nombre perpetuamente.

5 Edificó asimismo altares á todo el ejército de los cielos en los dos atrios de la casa de Jehová.

6 Y pasó sus hijos por fuego en el valle de los hijos de Hinnom; y miraba en los tiempos, miraba en agüeros, era dado á adivinaciones, y consultaba pythones y encantadores: subió de punto en hacer lo malo en ojos de Jehová, para irritarle.

7 A más de esto puso una imagen de fundición, que hizo, en la casa de Dios, de la cual había dicho Dios á David y á Salomón su hijo: En esta casa y en Jerusalem, la cual yo elegí sobre las tribus de Israel, pondré mi nombre para siempre:

8 Y nunca más quitaré el pie de Israel de la tierra que yo entregué á vuestros padres, á condición que guarden y hagan todas las cosas que yo les he mandado, toda la ley, estatutos, y ordenanzas, por mano de Moisés.

9 Hizo pues Manasés desviarse á Judá y á los moradores de Jerusalem, para hacer más mal que las gentes que Jehová destruyó delante de los hijos de Israel.

10 Y habló Jehová á Manasés y á su pueblo, mas ellos no escucharon: por lo cual Jehová trajo contra ellos los generales del ejército del rey de los Asirios, los cuales aprisionaron con grillos á Manasés, y atado con cadenas lleváronlo á Babilonia.

11 Mas luego que fué puesto en angustias, oró ante Jehová su Dios, humillado grandemente en la presencia del Dios de sus padres.

12 Y habiendo á él orado, fué atendido; pues que oyó su oración, y volvióle á Jerusalem, á su reino. Entonces conoció Manasés que Jehová era Dios.

13 Después de esto edificó el muro de afuera de la ciudad de David, al occidente de Gihón, en el valle, á la entrada de la puerta del pescado, y cercó á Ophel, y alzólo muy alto; y puso capitanes de ejército en todas las ciudades fuertes por Judá.

14 Asimismo quitó los dioses ajenos, y el ídolo de la casa de Jehová, y todos los altares que había edificado en el monte de la casa de Jehová y en Jerusalem, y echólos fuera de la ciudad.

15 Reparó luego el altar de Jehová, y sacrificó sobre él sacrificios pacíficos y de alabanza; y mandó á Judá que sirviesen á Jehová Dios de Israel.

16 Empero el pueblo aun sacrificaba en los altos, bien que á Jehová su Dios.

17 Lo demás de los hechos de Manasés, y su oración á su Dios, y las palabras de los videntes que le hablaron en nombre de Jehová el Dios de Israel, he aquí todo está escrito en los hechos de los reyes de Israel.

18 Y su oración también, y cómo fué oído, todos sus pecados, y su prevaricación, los lugares donde edificó altos y había puesto bosques é ídolos antes que se humillase, he aquí estas cosas están escritas en las palabras de los videntes.

19 Y durmió Manasés con sus padres, y sepultáronlo en su casa: y reinó en su lugar Amón su hijo.

20 De veintidós años era Amón cuando comenzó á reinar, y dos años reinó en Jerusalem.

21 E hizo lo malo en ojos de Jehová, como había hecho Manasés su padre: porque á todos los ídolos que su padre Manasés había hecho, sacrificó y sirvió Amón.

22 Mas nunca se humilló delante de Jehová, como se humilló Manasés su padre: antes aumentó el pecado.

23 Y conspiraron contra él sus siervos, y matáronlo en su casa.

24 Mas el pueblo de la tierra hirió á todos los que habían conspirado contra el rey Amón; y el pueblo de la tierra puso por rey en su lugar á Josías su hijo.

34 De ocho años era Josías cuando comenzó á reinar, y treinta y un años reinó en Jerusalem.

2 Este hizo lo recto en ojos de Jehová, y anduvo en los caminos de David su padre, sin apartarse á la diestra ni á la siniestra.

3 A los ocho años de su reinado, siendo aún muchacho, comenzó á buscar al Dios de David su padre; y á los doce años comenzó á limpiar á Judá y á Jerusalem de los altos, bosques, esculturas, é imágenes de fundición.

4 Y derribaron delante de él los altares de los Baales, é hizo pedazos las imágenes del sol, que estaban puestas encima; despedazó también los bosques, y las esculturas y estatuas de fundición, y desmenuzólas, y esparció el polvo sobre los sepulcros de los que las habían sacrificado.

5 Quemó además los huesos de los sacerdotes sobre sus altares, y limpió á Judá y á Jerusalem.

6 Lo mismo hizo en las ciudades de Manasés, Ephraim, y Simeón, hasta en Nephtalí, con sus lugares asolados alrededor.

7 Y como hubo derribado los altares y los bosques, y quebrado y desmenuzado las esculturas, y destruído todos los ídolos por toda la tierra de Israel, volvióse á Jerusalem.

8 A los dieciocho años de su reinado, después de haber limpiado la tierra, y la casa, envió á Saphán hijo de Asalías, y á Maasías gobernador de la ciudad, y á Joah hijo de Joachâz, canciller, para que reparasen la casa de Jehová su Dios.

9 Los cuales vinieron á Hilcías, gran sacerdote, y dieron el dinero que había sido metido en la casa de Jehová, que los Levitas que guardaban la puerta habían recogido de mano de Manasés y de Ephraim y de todas las reliquias de Israel, y de todo Judá y Benjamín, habiéndose después vuelto á Jerusalem.

10 Y entregáronlo en mano de los que hacían la obra, que eran sobrestantes en la casa de Jehová; los cuales lo daban á los que hacían la obra y trabajaban en la casa de Jehová, para reparar y restaurar el templo.

11 Daban asimismo á los oficiales y albañiles para que comprasen piedra de cantería, y madera para las trabazones, y para entabladura de las casas, las cuales habían destruído los reyes de Judá.

12 Y estos hombres procedían con fidelidad en la obra: y eran sus gobernadores Jahath y Abdías, Levitas de los hijos de Merari; y Zacharías y Mesullam de los hijos de Coath, para que activasen la obra; y de los Levitas, todos los entendidos en instrumentos de música.

13 También velaban sobre los ganapanes, y eran sobrestantes de los que se ocupaban en cualquier clase de obra; y de los Levitas había esribas, gobernadores, y porteros.

14 Y al sacar el dinero que había sido metido en la casa de Jehová, Hilcías el sacerdote halló el libro de la ley de Jehová dada por mano de Moisés.

15 Y dando cuenta Hilcías, dijo á Saphán escriba: Yo he hallado el libro de la ley en la casa de Jehová. Y dió Hilcías el libro á Saphán.

16 Y Saphán lo llevó al rey, y contóle el negocio, diciendo: Tus siervos han cumplido todo lo que les fué dado á cargo.

17 Han reunido el dinero que se halló en la casa de Jehová, y lo han entregado en mano de los comisionados, y en mano de los que hacen la obra.

18 A más de esto, declaró Saphán escriba al rey, diciendo: El sacerdote Hilcías me dió un libro. Y leyó Saphán en él delante del rey.

19 Y luego que el rey oyó las palabras de la ley, rasgó sus vestidos;

20 Y mandó á Hilcías y á Ahicam hijo de Saphán, y á Abdón hijo de Michâ, y á Saphán escriba, y á Asaía siervo del rey, diciendo:

21 Andad, y consultad á Jehová de mí, y de las reliquias de Israel y de Judá, acerca de las palabras del libro que se ha hallado; porque grande es el furor de Jehová que ha caído sobre nosotros, por cuanto nuestros padres no guardaron la palabra de Jehová, para hacer conforme á todo lo que está escrito en este libro.

22 Entonces Hilcías y los del rey fueron á Hulda profetisa, mujer de Sallum, hijo de Tikvath, hijo de Hasra, guarda de las vestimentas, la cual moraba en Jerusalem en la casa de la doctrina; y dijéronle las palabras dichas.

23 Y ella respondió: Jehová el Dios de Israel ha dicho así: Decid al varón que os ha enviado á mí, que así ha dicho Jehová:

24 He aquí yo traigo mal sobre este lugar, y sobre los moradores de él, y todas las maldiciones que están escritas en el libro que leyeron delante del rey de Judá:

25 Por cuanto me han dejado, y han sacrificado á dioses ajenos, provocándome á ira en todas las obras de sus manos; por tanto mi furor destilará sobre este lugar, y no se apagará.

26 Mas al rey de Judá, que os ha enviado á consultar á Jehová, así le diréis: Jehová el Dios de Israel ha dicho así: Por cuanto oiste las palabras del libro,

27 Y tu corazón se enterneció, y te humillaste delante de Dios al oir sus palabras sobre este lugar, y sobre sus moradores, y te humillaste delante de mí, y rasgaste tus vestidos, y lloraste en mi presencia, yo también te he oído, dice Jehová.

28 He aquí que yo te recogeré con tus padres, y serás recogido en tus sepulcros en paz, y tus ojos no verán todo el mal que yo traigo sobre este lugar, y sobre los moradores de él. Y ellos refirieron al rey la respuesta.

29 Entonces el rey envió y juntó todos los ancianos de Judá y de Jerusalem.

30 Y subió el rey á la casa de Jehová, y con él todos los varones de Judá, y los moradores de Jerusalem, los sacerdotes, y los Levitas, y todo el pueblo desde el mayor hasta el más pequeño; y leyó á oídos de ellos todas las palabras del libro del pacto que había sido hallado en la casa de Jehová.

31 Y estando el rey en pie en su sitio, hizo alianza delante de Jehová de caminar en pos de Jehová, y de guardar sus mandamientos, sus testimonios, y sus estatutos, de toda su corazón y de toda su alma, poniendo por obra las palabras del pacto que estaban escritas en aquel libro.

32 E hizo que se obligaran á ello todos los que estaban en Jerusalem y en Benjamín: y los moradores de Jerusalem hicieron conforme al pacto de Dios, del Dios de sus padres.

33 Y quitó Josías todas las abominaciones de todas las tierras de los hijos de Israel, é hizo á todos los que se hallaron en Israel que sirviesen á Jehová su Dios. No se apartaron de en pos de Jehová el Dios de sus padres, todo el tiempo que él vivió.

35 Y Josías hizo pascua á Jehová en Jerusalem, y sacrificaron la pascua á los catorce del mes primero.

2 Y puso á los sacerdotes en sus empleos, y confirmólos en el ministerio de la casa de Jehová.

3 Y dijo á los Levitas que enseñaban á todo Israel, y que estaban dedicados á Jehová: Poned el arca del santuario en la casa que edificó Salomón hijo de David, rey de Israel, para que no la carguéis más sobre los hombros. Ahora serviréis á Jehová vuestro Dios, y á su pueblo Israel.

4 Apercibíos según las familias de vuestros padres, por vuestros órdenes, conforme á la prescripción de David rey de Israel, y de Salomón su hijo.

5 Estad en el santuario según la distribución de las familias de vuestros hermanos los hijos del pueblo, y según la división de la familia de los Levitas.

6 Sacrificad luego la pascua: y después de santificaros, apercibid á vuestros hermanos, para que hagan conforme á la palabra de Jehová dada por mano de Moisés.

7 Y ofreció el rey Josías á los del pueblo ovejas, corderos, y cabritos de los rebaños, en número de treinta mil, y tres mil bueyes, todo para la pascua, para todos los que se hallaron presentes: esto de la hacienda del rey.

8 También sus príncipes ofrecieron con liberalidad al pueblo, y á los sacerdotes y Levitas. Hilcías, Zacharías y Jehiel, príncipes de la casa de Dios, dieron á los sacerdotes para hacer la pascua dos mil seiscientas ovejas, y trescientos bueyes.

9 Asimismo Chônanías, y Semeías y Nathanael sus hermanos, y Hasabías, Jehiel, y Josabad, príncipes de los Levitas, dieron á los Levitas para los sacrificios de la pascua cinco mil ovejas, y quinientos bueyes.

10 Aprestado así el servicio, los sacerdotes se colocaron en sus puestos, y asimismo los Levitas en sus órdenes, conforme al mandamiento del rey.

11 Y sacrificaron la pascua; y esparcían los sacerdotes la sangre tomada de mano de los Levitas, y los Levitas desollaban.

12 Tomaron luego del holocausto, para dar conforme á los repartimientos por las familias de los del pueblo, á fin de que ofreciesen á Jehová, según está escrito en el libro de Moisés; y asimismo tomaron de los bueyes.

13 Y asaron la pascua al fuego según la costumbre: mas lo que había sido santificado lo cocieron en ollas, en calderos, y calderas, y repartiéron lo prestamente á todo el pueblo.

14 Y después aderezaron para sí y para los sacerdotes; porque los sacerdotes, hijos de Aarón, estuvieron ocupados hasta la noche en el sacrificio de los holocaustos y de los sebos; por tanto, los Levitas aderezaron para sí, y para los sacerdotes hijos de Aarón.

15 Asimismo los cantores hijos de Asaph estaban en su puesto, conforme al mandamiento de David, de Asaph y de Hemán, y de Jeduthún vidente del rey; también los porteros estaban á cada puerta; y no era menester que se apartasen de su ministerio, porque sus hermanos los Levitas aparejaban para ellos.

16 Así fué aprestado todo el servicio de Jehová en aquel día, para hacer la pascua, y sacrificar los holocaustos sobre el altar de Jehová, conforme al mandamiento del rey Josías.

17 Y los hijos de Israel que se hallaron allí, hicieron la pascua en aquel tiempo, y la solemnidad de los panes sin levadura, por siete días.

18 Nunca tal pascua fué hecha en Israel desde los días de Samuel el profeta; ni ningún rey de Israel hizo pascua tal como la que hizo el rey Josías, y los sacerdotes y Levitas, y todo Judá é Israel, los que se hallaron allí, juntamente con los moradores de Jerusalem.

19 Esta pascua fué celebrada en el año dieciocho del rey Josías.

20 Después de todas estas cosas, luego de haber Josías preparado la casa, Nechâo rey de Egipto subió á hacer guerra en Carchêmis junto á Eufrates; y salió Josías contra él.

21 Y él le envió embajadores, diciendo: ¿Qué tenemos yo y tú, rey de Judá? Yo no vengo contra ti hoy, sino contra la casa que me hace guerra: y Dios dijo que me apresurase. Déjate de meterte con Dios, que es conmigo, no te destruya.

22 Mas Josías no volvió su rostro de él, antes disfrazóse para darle batalla, y no atendió á las palabras de Nechâo, que eran de boca de Dios; y vino á darle la batalla en el campo de Megiddo.

23 Y los archeros tiraron al rey Josías flechas; y dijo el rey á sus siervos: Quitadme de aquí, porque estoy herido gravemente.

24 Entonces sus siervos lo quitaron de aquel carro, y pusiéronle en otro segundo carro que tenía, y lleváronle á Jerusalem, y murió; y sepultáronle en los sepulcros de sus padres. Y todo Judá y Jerusalem hizo duelo por Josías.

25 Y endechó Jeremías por Josías, y todos los cantores y cantoras recitan sus lamentaciones sobre Josías hasta hoy; y las dieron por norma para endechar en Israel, las cuales están escritas en las Lamentaciones.

26 Lo demás de los hechos de Josías, y sus piadosas obras, conforme á lo que está escrito en la ley de Jehová,

27 Y sus hechos, primeros y postreros, he aquí está escrito en el libro de los reyes de Israel y de Judá.

36 Entonces el pueblo de la tierra tomó á Joachâz hijo de Josías, é hiciéronle rey en lugar de su padre en Jerusalem.

2 De veinte y tres años era Joachâz cuando comenzó á reinar, y tres meses reinó en Jerusalem.

3 Y el rey de Egipto lo quitó de Jerusalem, y condenó la tierra en cien talentos de plata y uno de oro.

4 Y constituyó el rey de Egipto á su hermano Eliacim por rey sobre Judá y Jerusalem, y mudóle el nombre en Joacim; y á Joachâz su hermano tomó Nechâo, y llevólo á Egipto.

5 Cuando comenzó á reinar Joacim era de veinte y cinco años, y reinó once años en Jerusalem: é hizo lo malo en ojos de Jehová su Dios.

6 Y subió contra él Nabucodonosor rey de Babilonia, y atado con cadenas lo llevó á Babilonia.

7 También llevó Nabucodonosor á Babilonia de los vasos de la casa de Jehová, y púsolos en su templo en Babilonia.

8 Lo demás de los hechos de Joacim, y las abominaciones que hizo, y lo que en él se halló, he aquí está escrito en el libro de los reyes de Israel y de Judá: y reinó en su lugar Joachîn su hijo.

9 De ocho años era Joachîn cuando comenzó á reinar, y reinó tres meses y diez días en Jerusalem: é hizo lo malo en ojos de Jehová.

10 A la vuelta del año el rey Nabucodonosor envió, é hízolo llevar á Babilonia juntamente con los vasos preciosos de la casa de Jehová; y constituyó á Sedecías su hermano por rey sobre Judá y Jerusalem.

11 De veinte y un años era Sedecías cuando comenzó á reinar, y once años reinó en Jerusalem.

12 E hizo lo malo en ojos de Jehová su Dios, y no se humilló delante de Jeremías profeta, que le hablaba de parte de Jehová.

13 Rebelóse asimismo contra Nabucodonosor, al cual había jurado por Dios; y endureció su cerviz, y obstinó su corazón, para no volverse á Jehová el Dios de Israel.

14 Y también todos los príncipes de los sacerdotes, y el pueblo, aumentaron la prevaricación, siguiendo todas las abominaciones de las gentes, y contaminando la casa de Jehová, la cual él había santificado en Jerusalem.

15 Y Jehová el Dios de sus padres envió á ellos por mano de sus mensajeros, levantándose de mañana y enviando: porque él tenía misericordia de su pueblo, y de su habitación.

16 Mas ellos hacían escarnio de los mensajeros de Dios, y menospreciaban sus palabras, burlándose de sus profetas, hasta que subió el furor de Jehová contra su pueblo, y que no hubo remedio.

17 Por lo cual trajo contra ellos al rey de los Caldeos, que mató á cuchillo sus mancebos en la casa de su santuario, sin perdonar joven, ni doncella, ni viejo, ni decrépito; todos los entregó en sus manos.

18 Asimismo todos los vasos de la casa de Dios, grandes y chicos, los tesoros de la casa de Jehová, y los tesoros del rey y de sus príncipes, todo lo llevó á Babilonia.

19 Y quemaron la casa de Dios, y rompieron el muro de Jerusalem, y consumieron al fuego todos sus palacios, y destruyeron todos sus vasos deseables.

20 Los que quedaron del cuchillo, pasáronlos á Babilonia; y fueron siervos de él y de sus hijos, hasta que vino el reino de los Persas;

21 Para que se cumpliese la palabra de Jehová por la boca de Jeremías, hasta que la tierra hubo gozado sus sábados: porque todo el tiempo de su asolamiento reposó, hasta que los setenta años fueron cumplidos.

22 Mas al primer año de Ciro rey de los Persas, para que se cumpliese la palabra de Jehová por boca de Jeremías, Jehová excitó el espíritu de Ciro rey de los Persas, el cual hizo pasar pregón por todo su reino, y también por escrito, diciendo:

23 Así dice Ciro rey de los Persas: Jehová, el Dios de los cielos, me ha dado todos los reinos de la tierra; y él me ha encargado que le edifique casa en Jerusalem, que es en Judá. ¿Quién de vosotros hay de todo su pueblo? Jehová su Dios sea con él, y suba.

ESDRAS.

1 Y en el primer año de Ciro rey de Persia, para que se cumpliese la palabra de Jehová por boca de Jeremías, excitó Jehová el espíritu de Ciro rey de Persia, el cual hizo pasar pregón por todo su reino, y también por escrito, diciendo:

2 Así ha dicho Ciro rey de Persia: Jehová Dios de los cielos me ha dado todos los reinos de la tierra, y me ha mandado que le edifique casa en Jerusalem, que está en Judá.

3 ¿Quién hay entre vosotros de todo su pueblo? Sea Dios con él, y suba á Jerusalem que está en Judá, y edifique la casa á Jehová Dios de Israel, (él es el Dios,) la cual está en Jerusalem.

4 Y á cualquiera que hubiere quedado de todos los lugares donde peregrinare, los hombres de su lugar le ayuden con plata, y oro, y hacienda, y con bestias; con dones voluntarios para la casa de Dios, la cuál está en Jerusalem.

5 Entonces se levantaron las cabezas de las familias de Judá y de Benjamín, y los sacerdotes y Levitas, todos aquellos cuyo espíritu despertó Dios para subir á edificar la casa de Jehová, la cual está en Jerusalem.

6 Y todos los que estaban en sus alrededores confortaron las manos de ellos con vasos de plata y de oro, con hacienda y bestias, y con cosas preciosas, á más de lo que se ofreció voluntariamente.

7 Y el rey Ciro sacó los vasos de la casa de Jehová, que Nabucodonosor había traspasado de Jerusalem, y puesto en la casa de sus dioses.

8 Sacólos pues Ciro rey de Persia, por mano de Mitrídates tesorero, el cual los dió por cuenta á Sesbassar príncipe de Judá.

9 Y esta es la cuenta de ellos: treinta tazones de oro, mil tazones de plata, veinte y nueve cuchillos,

10 Treinta tazas de oro, cuatrocientas y diez otras tazas de plata, y mil otros vasos.

11 Todos los vasos de oro y de plata, cinco mil y cuatrocien-

tos. Todos los hizo llevar Sesbassar con los que subieron del cautiverio de Babilonia á Jerusalem.

2 Y estos son los hijos de la provincia que subieron de la cautividad, de la transmigración que Nabucodonosor rey de Babilonia hizo traspasar á Babilonia, y que volvieron á Jerusalem y á Judá, cada uno á su ciudad:

2 Los cuales vinieron con Zorobabel, Jesuá, Nehemías, Seraías, Reelaías, Mardochêo, Bilsán, Mispar, Bigvai, Rehum y Baana. La cuenta de los varones del pueblo de Israel:

3 Los hijos de Paros, dos mil ciento setenta y dos;

4 Los hijos de Sephatía, trescientos setenta y dos;

5 Los hijos de Ara, setecientos setenta y cinco;

6 Los hijos de Pahath-moab, de los hijos de Josué y de Joab, dos mil ochocientos y doce;

7 Los hijos de Elam, mil doscientos cincuenta y cuatro;

8 Los hijos de Zattu, novecientos cuarenta y cinco;

9 Los hijos de Zachâi, setecientos y sesenta;

10 Los hijos de Bani, seiscientos cuarenta y dos;

11 Los hijos de Bebai, seiscientos veinte y tres;

12 Los hijos de Azgad, mil doscientos veinte y dos;

13 Los hijos de Adonicam, seiscientos sesenta y seis;

14 Los hijos de Bigvai, dos mil cincuenta y seis;

15 Los hijos de Adin, cuatrocientos cincuenta y cuatro;

16 Los hijos de Ater, de Ezechîas, noventa y ocho;

17 Los hijos de Besai, trescientos veinte y tres;

18 Los hijos de Jora, ciento y doce;

19 Los hijos de Hasum, doscientos veinte y tres;

20 Los hijos de Gibbar, noventa y cinco;

21 Los hijos de Beth-lehem, ciento veinte y tres;

22 Los varones de Nethopha, cincuenta y seis;

23 Los varones de Anathoth, ciento veinte y ocho;

24 Los hijos de Asmeveth, cuarenta y dos;

25 Los hijos de Chîriath-jearim, Céphira, y Beeroth, setecientos cuarenta y tres;

26 Los hijos de Rama y Gabaa, seiscientos veinte y uno;

27 Los varones de Michmas, ciento veinte y dos;

28 Los varones de Beth-el y Hai, doscientos veinte y tres;

29 Los hijos de Nebo, cincuenta y dos;

30 Los hijos de Magbis, ciento cincuenta y seis;

31 Los hijos del otro Elam, mil doscientos cincuenta y cuatro;

32 Los hijos de Harim, trescientos y veinte;

33 Los hijos de Lod, Hadid, y Ono, setecientos veinte y cinco;

34 Los hijos de Jericó, trescientos cuarenta y cinco;

35 Los hijos de Senaa, tres mil seiscientos y treinta;

36 Los sacerdotes: los hijos de Jedaía, de la casa de Jesuá, novecientos setenta y tres;

37 Los hijos de Immer, mil cincuenta y dos;

38 Los hijos de Pashur, mil doscientos cuarenta y siete;

39 Los hijos de Harim, mil diez y siete.

40 Los Levitas: los hijos de Jesuá y de Cadmiel, de los hijos de Odovías, setenta y cuatro.

41 Los cantores: los hijos de Asaph, ciento veinte y ocho.

42 Los hijos de los porteros: los hijos de Sallum, los hijos de Ater, los hijos de Talmón, los hijos de Accub, los hijos de Hatita, los hijos de Sobai; en todos, ciento treinta y nueve.

43 Los Nethineos: los hijos de Siha, los hijos de Hasupha, los hijos de Thabaoth,

44 Los hijos de Chêros, los hijos de Siaa, los hijos de Phadón;

45 Los hijos de Lebana, los hijos de Hagaba, los hijos de Accub;

46 Los hijos de Hagab, los hijos de Samlai, los hijos de Hanán;

47 Los hijos de Giddel, los hijos de Gaher, los hijos de Reaía;

48 Los hijos de Resin, los hijos de Necoda, los hijos de Gazam;

49 Los hijos de Uzza, los hijos de Phasea, los hijos de Besai;

50 Los hijos de Asena, los hijos de Meunim, los hijos de Nephusim;

51 Los hijos de Bacbuc, los hijos de Hacusa, los hijos de Harhur;

52 Los hijos de Basluth, los hijos de Mehida, los hijos de Harsa;

53 Los hijos de Barcos, los hijos de Sisera, los hijos de Thema;

54 Los hijos de Nesía, los hijos de Hatipha.

55 Los hijos de los siervos de Salomón: los hijos de Sotai, los hijos de Sophereth, los hijos de Peruda;

56 Los hijos de Jaala, lo hijos de Darcón, los hijos de Giddel;

57 Los hijos de Sephatías, los hijos de Hatil, los hijos de Phochêreth-hassebaim, los hijos de Ami.

58 Todos los Nethineos, é hijos de los siervos de Salomón, trescientos noventa y dos.

59 Y estos fueron los que subieron de Tel-mela, Tel-harsa, Chêrub, Addan, é Immer, los cuales no pudieron mostrar la casa de sus padres, ni su linaje, si eran de Israel.

60 Los hijos de Delaía, los hijos de Tobías, los hijos de Necoda, seiscientos cincuenta y dos.

61 Y de los hijos de los sacerdotes: los hijos de Abaía, los hijos de Cos, los hijos de Barzillai, el cual tomó mujer de las hijas de Barzillai Galaadita, y fué llamado del nombre de ellas.

62 Estos buscaron su registro de genealogías, y no fué hallado; y fueron echados del sacerdocio.

63 Y el Tirsatha les dijo que no comiesen de las cosas más santas, hasta que hubiese sacerdote con Urim y Thummim.

64 Toda la congregación, unida como un solo hombre, era de cuarenta y dos mil trescientos y sesenta,

65 Sin sus siervos y siervas, los cuales eran siete mil trescientos treinta y siete: y tenían doscientos cantores y cantoras.

66 Sus caballos eran setecientos treinta y seis; sus mulos, doscientos cuarenta y cinco;

67 Sus camellos, cuatrocientos treinta y cinco; asnos, seis mil setecientos y veinte.

68 Y algunos de los cabezas de los padres, cuando vinieron á la casa de Jehová la cual estaba en Jerusalem, ofrecieron voluntariamente para la casa de Dios, para levantarla en su asiento.

69 Según sus fuerzas dieron al tesorero de la obra sesenta y un mil dracmas de oro, y cinco mil libras de plata, y cien túnicas sacerdotales.

70 Y habitaron los sacerdotes, y los Levitas, y los del pueblo, y los cantores, y los porteros y los Nethineos, en sus ciudades; y todo Israel en sus ciudades.

3 Y llegado el mes séptimo, y ya los hijos de Israel en las ciudades, juntóse el pueblo como un solo hombre en Jerusalem.

2 Entonces se levantó Jesuá hijo de Josadec, y sus hermanos los sacerdotes, y Zorobabel hijo de Sealthiel, y sus hermanos, y edificaron el altar del Dios de Israel, para ofrecer sobre él holocaustos como está escrito en la ley de Moisés varón de Dios.

3 Y asentaron el altar sobre sus basas, bien que tenían miedo de los pueblos de las tierras, y ofrecieron sobre él holocaustos á Jehová, holocaustos á la mañana y á la tarde.

4 Hicieron asimismo la solemnidad de las cabañas, como está escrito, y holocaustos cada día por cuenta, conforme al rito, cada cosa en su día;

5 Y á más de esto, el holocausto continuo, y las nuevas lunas, y todas las fiestas santificadas de Jehová, y todo sacrificio espontáneo, toda ofrenda voluntaria á Jehova.

6 Desde el primer día del mes séptimo comenzaron á ofrecer holocaustos á Jehová; mas el templo de Jehová no estaba aún fundado.

7 Y dieron dinero á los carpinteros y oficiales; asimismo comida y bebida y aceite á los Sidonios y Tirios, para que trajesen madera de cedro del Líbano á la mar de Joppe, conforme á la voluntad de Ciro rey de Persia acerca de esto.

8 Y en el año segundo de su venida á la casa de Dios en Jerusalem, en el mes segundo, comenzaron Zorobabel hijo de Sealthiel, y Jesuá hijo de Josadec, y los otros sus hermanos, los sacerdotes y los Levitas, y todos los que habían venido de la cautividad á Jerusalem; y pusieron á los Levitas de veinte años arriba para que tuviesen cargo de la obra de la casa de Jehová.

9 Jesuá también, sus hijos y sus hermanos, Cadmiel y sus hijos, hijos de Judá, como un solo hombre asistían para dar priesa á los que hacían la obra en la casa de Dios: los hijos de Henadad, sus hijos y sus hermanos, Levitas.

10 Y cuando los albañiles del templo de Jehová echaban los cimientos, pusieron á los sacerdotes vestidos de sus ropas, con trompetas, y á Levitas hijos de Asaph con címbalos, para que alabasen á Jehová, según ordenanza de David rey de Israel.

11 Y cantaban, alabando y confesando á Jehová, y decían: Porque es bueno, porque para siempre es su misericordia sobre Israel. Y todo el pueblo aclamaba con grande júbilo, alabando á Jehová, porque á la casa de Jehová se echaba el cimiento.

12 Y muchos de los sacerdotes y de los Levitas y de los cabezas de los padres, ancianos que habían visto la casa primera, viendo fundar esta casa, lloraban en alta voz, mientras muchos otros daban grandes gritos de alegría.

13 Y no podía discernir el pueblo el clamor de los gritos de alegría, de la voz del lloro del pueblo: porque clamaba el pueblo con grande júbilo, y oíase el ruido hasta de lejos.

4 Yoyendo los enemigos de Judá y de Benjamín, que los venidos de la cautividad edificaban el templo de Jehová Dios de Israel,

2 Llegáronse á Zorobabel, y á los cabezas de los padres, y dijéronles: Edificaremos con vosotros, porque como vosotros buscaremos á vuestro Dios, y á él sacrificamos desde los días de Esar-haddón rey de Asiria, que nos hizo subir aquí.

3 Y dijóles Zorobabel, y Jesuá, y los demás cabezas de los padres de Israel: No os conviene edificar con vosotros casa á nuestro Dios, sino que nosotros solos la edificaremos á Jehová Dios de Israel, como nos mandó el rey Ciro, rey de Persia.

4 Mas el pueblo de la tierra debilitaba las manos del pueblo de Judá, y los arredraban de edificar.

5 Cohecharon además contra ellos consejeros para disipar su consejo, todo el tiempo de Ciro rey de Persia, y hasta el reinado de Darío rey de Persia.

6 Y en el reinado de Assuero, en el principio de su reinado, escribieron acusaciones contra los moradores de Judá y de Jerusalem.

7 Y en días de Artajerjes, Bislam, Mitrídates, Tabeel, y los demás sus compañeros, escribieron á Artajerjes rey de Persia; y la escritura de la carta estaba hecha en siriaco, y declarada en siriaco.

8 Rehum canciller, y Simsai secretario, escribieron una carta contra Jerusalem al rey Artajerjes, como se sigue.

9 Entonces Rehum canciller, y Simsai secretario, y los demás sus compañeros, los Dineos, y los Apharsathachêos, Thepharleos, Apharseos, los Erchûeos, los Babilonios, Susaschêos, Dieveos, y Elamitas;

10 Y los demás pueblos que el grande y glorioso Asnappar trasportó, é hizo habitar en las ciudades de Samaria, y los demás de la otra parte del río, etcétera, escribieron.

11 Este es el traslado de la carta que enviaron: Al rey Artajerjes: Tus siervos de otra parte del río, etcétera.

12 Sea notorio al rey, que los Judíos que subieron de tí á nosotros, vinieron á Jerusalem; y edifican la ciudad rebelde y mala, y han erigido los muros; y compuesto los fundamentos.

13 Ahora, notorio sea al rey, que si aquella ciudad fuere reedificada, y los muros fueren establecidos, el tributo, pecho, y rentas no darán, y el catastro de reyes será menoscabado.

14 Ya pues que estamos mantenidos de palacio, no nos es justo ver el menosprecio del rey: hemos enviado por tanto, y hécho lo saber al rey,

15 Para que busque en el libro de las historias de nuestros padres; y hallarás en el libro de las historias, y sabrás que esta ciudad es ciudad rebelde, y perjudicial á los reyes y á las provincias, y que de tiempo antiguo forman en medio de ella rebeliones; por lo que esta ciudad fué destruída.

16 Hacemos saber al rey, que si esta ciudad fuere edificada, y erigidos sus muros, la parte allá del río no será tuya.

17 El rey envió esta respuesta á Rehum canciller, y á Simsai secretario, y á los demás sus compañeros que habitan en Samaria, y á los demás de la parte allá del río: Paz, etc.

18 La carta que nos enviasteis claramente fué leída delante de mí.

19 Y por mí fué dado mandamiento, y buscaron; y hallaron que aquella ciudad de tiempo antiguo se levanta contra los reyes, y se rebela, y se forma en ella sedición:

20 Y que reyes fuertes hubo en Jerusalem, quienes señorearon en todo lo que está á la parte allá del río; y que tributo, y pecho, y rentas se les daba.

21 Ahora pues dad orden que cesen aquellos hombres, y no sea esta ciudad edificada, hasta que por mí sea dado mandamiento.

22 Y mirad bien que no hagáis error en esto: ¿por qué habrá de crecer el daño para perjuicio de los reyes?

23 Entonces, cuando el traslado de la carta del rey Artajerjes fué leído delante de Rehum, y de Simsai secretario, y sus compañeros, fueron prestamente á Jerusalem á los Judíos, é hiciéronles cesar con poder y fuerza.

24 Cesó entonces la obra de la casa de Dios, la cual estaba en Jerusalem: y cesó hasta el año segundo del reinado de Darío rey de Persia.

5 Y profetizaron Haggeo profeta, y Zacarías hijo de Iddo, profetas, á los Judíos que estaba en Judá y en Jerusalem yendo en nombre del Dios de Israel á ellos.

2 Entonces se levantaron Zorobabel hijo de Sealthiel, y Jesuá hijo de Josadec; y comenzaron á edificar la casa de Dios que estaba

en Jerusalem; y con ellos los profetas de Dios que les ayudaban.

3 En aquel tiempo vino á ellos Tatnai, capitán de la parte allá del río, y Setharboznai y sus compañeros, y dijéronles así: ¿Quién os dió mandamiento para edificar esta casa, y restablecer estos muros?

4 Entonces les dijimos en orden á esto cuáles eran los nombres de los varones que edificaban este edificio.

5 Mas los ojos de su Dios fueron sobre los ancianos de los Judíos, y no les hicieron cesar hasta que el negocio viniese á Darío: y entonces respondieron por carta sobre esto.

6 Traslado de la carta que Tatnai, capitán de la parte allá del río, y Sethar-boznai, y sus compañeros los Apharsachêos, que estaban á la parte allá del río, enviaron al rey Darío.

7 Enviáronle carta, y de esta manera estaba escrito en ella. Al rey Darío toda paz.

8 Sea notorio al rey, que fuimos á la provincia de Judea, á la casa del gran Dios, la cual se edifica de piedra de mármol, y los maderos son puestos en las paredes, y la obra se hace apriesa, y prospera en sus manos.

9 Entonces preguntamos á los ancianos, diciéndoles así: ¿Quién os dió mandameinto para edificar esta casa, y para restablecer estos muros?

10 Y también les preguntamos sus nombres para hacértelo saber, para escribir te los nombres de los varones que estaban por cabezas de ellos.

11 Y respondiéronnos, diciendo así: Nosotros somos siervos de Dios del cielo y de la tierra, y reedificamos la casa que ya muchos años antes había sido edificada, la cual edificó y fundó el gran rey de Israel.

12 Mas después que nuestros padres ensañaron al Dios de los cielos, él los entregó en mano de Nabucodonosor rey de Babilonia, Caldeo, el cual destruyó esta casa, é hizo trasportar el pueblo á Babilonia.

13 Empero el primer año de Ciro rey de Babilonia, el mismo rey Ciro dió mandamiento para que esta casa de Dios fuese edificada.

14 Y también los vasos de oro y de plata de la casa de Dios, que Nabucodonosor había sacado del templo que estaba en Jerusalem, y los había metido en el templo de Babilonia, el rey Ciro los sacó del templo de Babilonia, y fueron entregados á Sesbassar, al cual había puesto por gobernador;

15 Y le dijo: Toma estos vasos, ve y ponlos en el templo que está en Jerusalem; y la casa de Dios sea edificada en su lugar.

16 Entonces este Sesbassar vino, y puso los fundamentos de la casa de Dios que estaba en Jerusalem, y desde entonces hasta ahora se edifica, y aun no está acabada.

17 Y ahora, si al rey parece bien, búsquese en la casa de los tesoros del rey que está allí en Babilonia, si es así que por el rey Ciro había sido dado mandamiento para edificar esta casa de Dios en Jerusalem, y envíenos á decir la voluntad del rey sobre esto.

6 Entonces el rey Darío dió mandamiento, y buscaron en la casa de los libros, donde guardaban los tesoros allí en Babilonia.

2 Y fué hallado en Achmetta, en el palacio que está en la provincia de Media, un libro, dentro del cual estaba escrito así: Memoria:

3 En el año primero del rey Ciro, el mismo rey Ciro dió mandamiento acerca de la casa de Dios que estaba en Jerusalem, que fuese la casa edificada para lugar en que sacrifiquen sacrificios, y que sus paredes fuesen cubiertas; su altura de sesenta codos, y de sesenta codos su anchura;

4 Los órdenes, tres de piedra de mármol, y un orden de madera nueva y que el gasto sea dado de la casa del rey.

5 Y también los vasos de oro y de plata de la casa de Dios, que Nabucodonosor sacó del templo que estaba en Jerusalem, y pasó á Babilonia, sean devueltos y vayan al templo que está en Jerusalem, á su lugar, y sean puestos en la casa de Dios.

6 Ahora pues, Tatnai, jefe del lado allá del río, Sethar-boznai, y sus compañeros los Apharsachêos que estáis á la otra parte del río, apartaos de ahí.

7 Dejad la obra de la casa de este Dios al principal de los Judíos, y á sus ancianos, para que edifiquen la casa de este Dios en su lugar.

8 Y por mí es dado mandamiento de lo que habéis de hacer con los ancianos de estos Judíos, para edificar la casa de este Dios: que de la hacienda del rey, que tiene del tributo de la parte allá del río, los gastos sean dados luego á aquellos varones, para que no cesen.

9 Y lo que fuere necesario, becerros y carneros y corderos, para holucaustos al Dios del cielo, trigo, sal, vino y aceite, conforme á lo que dijeren los sacerdotes que están en Jerusalem, déseles cada un día sin obstáculo alguno;

10 Para que ofrezcan olores de holganza al Dios del cielo, y oren por la vida del rey y por sus hijos.

11 También es dado por mí mandamiento, que cualquiera que mudare este decreto, sea derribado un madero de su casa, y enhiesto, sea colgado en él: y su casa sea hecha muladar por esto.

12 Y el Dios que hizo habitar allí su nombre, destruya todo rey y pueblo que pusiere su mano para mudar ó destruir esta casa de Dios, la cual está en Jerusalem. Yo Darío puse el decreto: sea hecho prestamente.

13 Entonces Tatnai, gobernador del otro lado del río, y Sethar-boznai, y sus compañeros, hicieron prestamente según el rey Darío había enviado.

14 Y los ancianos de los Judíos edificaban y prosperaban, conforme á la profecía de Haggeo profeta, y de Zacarías hijo de Iddo. Edificaron pues, y acabaron, por el mandamiento del Dios de Israel, y por el mandamiento de Ciro, y de Darío, y de Artajerjes rey de Persia.

15 Y esta casa fué acabada al tercer día del mes de Adar, que era el sexto año del reinado del rey Darío.

16 Y los hijos de Israel, los sacerdotes y los Levitas, y los demás que habían venido de la trasportación, hicieron la dedicación de esta casa de Dios con gozo.

17 Y ofrecieron en la dedicación de esta casa de Dios cien becerros, doscientos carneros, cuatrocientos corderos; y machos de cabrío en expiación por todo Israel, doce, conforme al número de las tribus de Israel.

18 Y pusieron á los sacerdotes en sus clases, y á los Levitas en sus divisiones, sobre la obra de Dios que está en Jerusalem, conforme á lo escrito en el libro de Moisés.

19 Y los de la transmigración hicieron la pascua á los catorce del mes primero.

20 Porque los sacerdotes y los Levitas se habían purificado á una; todos fueron limpios: y sacrificaron la pascua por todos los de la transmigración, y por sus hermanos los sacerdotes, y por sí mismos.

21 Y comieron los hijos de Israel que habían vuelto de la transmigración, y todos los que se habían apartado á ellos de la inmundicia de las gentes de la tierra, para buscar á Jehová Dios de Israel.

22 Y celebraron la solemnidad de los panes ázimos siete días con regocijo, por cuanto Jehová los había alegrado, y convertido el corazón del rey de Asiria á ellos, para esforzar sus manos en la obra de la casa de Dios, del Dios de Israel.

7 Pasadas estas cosas, en el reinado de Artajerjes rey de Persia, Esdras, hijo de Seraías, hijo de Azarías, hijo de Hilcías,

2 Hijo de Sallum, hijo de Sadoc, hijo de Achítob,

3 Hijo de Amarías, hijo de Azarías, hijo de Meraioth,

4 Hijo de Zeraías, hijo de Uzzi, hijo de Bucci,

5 Hijo de Abisue, hijo de Phinees, hijo de Eleazar, hijo de Aarón, primer sacerdote:

6 Este Esdras subió de Banilonia, el cual era escriba diligente en la ley de Moisés, que Jehová Dios de Israel había dado; y concedióle el rey, según la mano de Jehová su Dios sobre él, todo lo que pidió.

7 Y subieron con él á Jerusalem de los hijos de Israel, y de los sacerdotes, y Levitas, y cantores, y porteros, y Nethineos, en el séptimo año del rey Artajerjes.

8 Y llegó á Jerusalem en el mes quinto, el año séptimo del rey.

9 Porque el día primero del primer mes fué el principio de la partida de Babilonia, y al primero del mes quinto llegó á Jerusalem, según la buena mano de su Dios sobre él

10 Porque Esdras había preparado su corazón para inquirir la ley de Jehová, y para hacer y enseñar á Israel mandamiento y juicios.

11 Y este es el traslado de la carta que dió el rey Artajerjes á Esdras, sacerdote escriba, escriba de las palabras mandadas de Jehová, y de sus estatutos á Israel:

12 Artajerjes, rey de los reyes, á Esdras sacerdote, escriba perfecto de la ley del Dios del cielo: Salud, etc.

13 Por mí es dado mandamiento, que cualquiera que quisiere

en mi reino, del pueblo de Israel y de sus sacerdotes y Levitas, ir contigo á Jerusalem, vaya.

14 Porque de parte del rey y de sus siete consultores eres enviado á visitar á Judea y á Jerusalem, conforme á la ley de tu Dios que está en tu mano;

15 Y á llevar la plata y el oro que el rey y sus consultores voluntariamente ofrecen al Dios de Israel, cuya morada está en Jerusalem;

16 Y toda la plata y el oro que hallares en toda la provincia de Babilonia, con las ofrendas voluntarias del pueblo y de los sacerdotes, que de su voluntad ofrecieren para la casa de su Dios que está en Jerusalem.

17 Comprarás pues prestamente con esta plata becerros, carneros, corderos, con sus presentes y sus libaciones, y los ofrecerás sobre el altar de la casa de vuestro Dios que está en Jerusalem.

18 Y lo que á ti y á tus hermanos pluguiere hacer de la otra plata y oro, hacedlo conforme á la voluntad de vuestro Dios.

19 Y los vasos que te son entregados para el servicio de la casa de tu Dios, los restituirás delante del Dios en Jerusalem.

20 Y lo demás necesario para la casa de tu Dios que te fuere menester dar, daráslo de la casa de los tesoros del rey.

21 Y por mí el rey Artajerjes es dado mandamiento á todos los tesoreros que están al otro lado del río, que todo lo que os demandare Esdras sacerdote, escriba de la ley del Dios del cielo, concédase le luego,

22 Hasta cien talentos de plata, y hasta cien coros de trigo, y hasta cien batos de vino, y hasta cien batos de aceite; y sal sin tasa.

23 Todo lo que es mandado por el Dios del cielo, sea hecho prestamente para la casa del Dios del cielo: pues, ¿por qué habría de ser su ira contra el reino del rey y de sus hijos?

24 Y á vosotros os hacemos saber, que á todos los sacerdotes y Levitas, cantores, porteros, Nethineos y ministros de la casa de Dios, ninguno pueda imponerles tributo, ó pecho, ó renta.

25 Y tú, Esdras, conforme á la sabiduría de tu Dios que tienes, pon jueces y gobernadores, que gobiernen á todo el pueblo que está del otro lado del río, á todos los que tienen noticia de las leyes de tu Dios; y al que no la tuviere la enseñaréis.

26 Y cualquiera que no hiciere la ley de tu Dios, y la ley del rey, prestamente sea juzgado, ó á muerte, ó á dasarraigo, ó á pena de la hacienda, ó á prisión.

27 Bendito Jehová, Dios de nuestros padres, que puso tal cosa en el corazón del rey, para honrar la casa de Jehová que está en Jerusalem.

28 E inclinó hacia mí su misericordia delante del rey y de sus consultores, y de todos los príncipes poderosos del rey. Y yo, confortado según la mano de mi Dios sobre mí, junté los principales de Israel para que subiesen conmigo.

8 Y estos son las cabezas de sus familias, y genealogía de aquellos que subieron conmigo de Babilonia, reinando el rey Artajerjes:

2 De los hijos de Phinees, Gersón; de los hijos de Ithamar, Daniel; de los hijos de David, Hattus;

3 De los hijos de Sechânías y de los hijos de Pharos, Zacarías, y con él, en la línea de varones, ciento y cincuenta;

4 De los hijos de Pahath-moab, Elioenai, hijo de Zarahi, y con él doscientos varones;

5 De los hijos de Sechânías, el hijo de Jahaziel, y con él trescientos varones;

6 De los hijos de Adín, Ebed, hijo de Jonathán, y con él cincuenta varones;

7 De los hijos de Elam, Isaía, hijo de Athalías, y con él setenta varones;

8 De los hijos de Sephatías, Zebadías, hijo de Michâel, y con él ochenta varones;

9 De los hijos de Joab, Obadías, hijo de Jehiel, y con él doscientos diez y ocho varones;

10 De los hijos de Solomith, el hijo de Josiphías, y con él ciento y sesenta varones;

11 Y de los hijos de Bebai, Zacarías, hijo de Bebai, y con él veintiocho varones;

12 Y e los hijos de Azgad, Johanán, hijo de Catán, y con él ciento y diez varones;

13 Y de los hijos de Adonicam, los postreros, cuyos nombres son estos, Eliphelet, Jeiel, y Semaías, y con ellos sesenta varones;

14 Y de los hijos de Bigvai, Utai y Zabud, y con ellos sesenta varones.

15 Y juntélos junto al río que viene á Ahava, y reposamos allí tres días: y habiendo buscado entre el pueblo y entre los sacerdotes, no hallé allí de los hijos de Leví.

16 Entonces despaché á Eliezer, y á Ariel, y á Semaías, y á Elnathán, y á Jarib, y á Elnathán, y á Nathán, y á Zacarías, y á Mesullam, principales; asimismo á Joiarib y á Elnathán, hombres doctos;

17 Y enviélos á Iddo, jefe en el lugar de Casipia, y puse en boca de ellos las palabras que habían de hablar á Iddo, y á sus hermanos los Nethineos en el lugar de Casipia, para que nos trajesen ministros para la casa de nuestro Dios.

18 Y trajéronnos, según la buena mano de nuestro Dios sobre nosotros, un varón entendido de los hijos de Mahalí, hijo de Leví, hijo de Israel; y á Serabías con sus hijos y sus hermanos, dieciocho;

19 Y á Hasabías, y con él á Isaía de los hijos de Merari, á sus hermanos y á sus hijos, veinte;

20 Y de los Nethineos, á quienes David con los príncipes puso para el ministerio de los Levitas, doscientos y veinte Nethineos: todos los cuales fueron declarados por sus nombres.

21 Y publiqué ayuno allí junto al río de Ahava, para afligirnos delante de nuestro Dios, para solicitar de él camino derecho para nosotros, y para nuestros niños, y para toda nuestra hacienda.

22 Porque tuve vergüenza de pedir al rey tropa y gente de á caballo que nos defendiesen del enemigo en el camino: porque habíamos hablado al rey, diciendo: La mano de nuestro Dios es para bien sobre todos los que le buscan; mas su fortaleza y su furor sobre todos los que le dejan.

23 Ayunamos pues, y pedimos á nuestro Dios sobre esto, y él nos fué propicio.

24 Aparté luego doce de los principales de los sacerdotes, á Serebías y á Hasabías, y con ellos diez de sus hermanos;

25 Y peséles la plata, y el oro, y los vasos, la ofrenda que para la casa de nuestro Dios habían ofrecido el rey, y sus consultores, y sus príncipes, todos los que se hallaron en Israel.

26 Pesé pues en manos de ellos seiscientos y cincuenta talentos de plata, y vasos de plata por cien talentos, y cien talentos de oro;

27 Además veinte tazones de oro, de mil dracmas; y dos vasos de metal limpio muy bueno, preciados como el oro.

28 Y díjeles: Vosotros sois consagrados á Jehová, y santos los vasos; y la plata y el oro ofrenda voluntaria á Jehová, Dios de nuestros padres.

29 Velad, y guardadlos, hasta que los peséis delante de los príncipes de los sacerdotes y Levitas, y de los jefes de los padres de Israel en Jerusalem, en las cámaras de la casa de Jehová.

30 Los sacerdotes pues y los Levitas recibieron el peso de la plata y del oro y de los vasos, para traerlo á Jerusalem á la casa de nuestro Dios.

31 Y partimos del río de Ahava el doce del mes primero, para ir á Jerusalem: y la mano de nuestro Dios fué sobre nosotros, el cual nos libró de mano de enemigo y de asechador en el camino.

32 Y llegamos á Jerusalem, y reposamos allí tres días.

33 Al cuarto día fué luego pesada la plata, y el oro, y los vasos, en la casa de nuestro Dios, por mano de Meremoth hijo de Urías sacerdote, y con él el Eleazar hijo de Phinees; y con ellos Jozabad hijo de Jesuá, y Noadías hijo de Binnui, Levitas;

34 Por cuenta y por peso todo: y se apuntó todo aquel peso en aquel tiempo.

35 Los que habían venido de la cautividad, los hijos de la transmigración, ofrecieron holocaustos al Dios de Israel, doce becerros por todo Israel, noventa y seis carneros, setenta y siete corderos, doce machos cabríos por expiación: todo el holocausto á Jehová.

36 Y dieron los despachos del rey á sus gobernadores y capitanes del otro lado del río, los cuales favorecieron al pueblo y á la casa de Dios.

9 Yacabadas estas cosas, los príncipes se llegaron á mí, diciendo: El pueblo de Israel, y los sacerdotes y levitas, no se han apartado de los pueblos de las tierras, de los Cananeos, Hetheos, Pherezeos, Jebuseos, Ammonitas y Moabitas, Egipcios, y Amorrheos, haciendo conforme á sus abominaciones.

2 Porque han tomado de sus hijas para sí y para sus hijos, y la simiente santa ha sido mezclada con los pueblos de las

tierras; y la mano de los príncipes y de los gobernadores ha sido la primera en esta prevaricación.

3 Lo cual oyendo yo, rasgué mi vestido y mi manto, y arranqué de los cabellos de mi cabeza y de mi barba, y sentéme atónito.

4 Y juntáronse á mí todos los temerosos de las palabras del Dios de Israel, á causa de la prevaricación de los de la transmigración; mas yo estuve sentado atónito hasta el sacrificio de la tarde.

5 Y al sacrificio de la tarde levantéme de mi aflicción; y habiendo rasgado mi vestido y mi manto, postréme de rodillas, y extendí mis palmas á Jehová mi Dios,

6 Y dije: Dios mío, confuso y avergonzado estoy para levantar, oh Dios mío, mi rostro á ti: porque nuestras iniquidades se han multiplicado sobre nuestra cabeza, y nuestros delitos han crecido hasta el cielo.

7 Desde los días de nuestros padres hasta este día estamos en grande culpa; y por nuestras iniquidades nosotros, nuestros reyes, y nuestros sacerdotes, hemos sido entregados en manos de los reyes de las tierras, á cuchillo, á cautiverio, y á robo, y á confusión de rostro, como hoy día.

8 Y ahora como por un breve momento fué la misericordia de Jehová nuestro Dios, para hacer que nos quedase un resto libre, y para darnos estaca en el lugar de su santuario, á fin de alumbrar nuestros ojos nuestro Dios, y darnos una poca de vida en nuestra servidumbre.

9 Porque siervos éramos: mas en nuestra servidumbre no nos desamparó nuestro Dios, antes inclinó sobre nosotros misericordia delante de los reyes de Persia, para que se nos diese vida para alzar la casa de nuestro Dios, y para hacer restaurar sus asolamientos, y para darnos vallado en Judá y en Jerusalem.

10 Mas ahora, ¿qué diremos, oh Dios nuestro, después de esto? porque nosotros hemos dejado tus mandamientos,

11 Los cuales prescribiste por mano de tus siervos los profetas, diciendo: La tierra á la cual entráis para poseerla, tierra inmunda es á causa de la inmundicia de los pueblos de aquellas regiones, por las abominaciones de que la han henchido de uno á otro extremo con su inmundicia.

12 Ahora pues, no daréis vuestras hijas á los hijos de ellos, ni sus hijas tomaréis para vuestros hijos, ni procuraréis su paz ni su bien para siempre; para que seáis corroborados, y comáis el bien de la tierra, y la dejéis por heredad á vuestros hijos para siempre.

13 Mas después de todo lo que nos ha sobrevenido á causa de nuestras malas obras, y á causa de nuestro grande delito, ya que tú, Dios nuestro, estorbaste que fuésemos oprimidos bajo de nuestras iniquidades, y nos diste este refugio;

14 ¿Hemos de volver á infringir tus mandamientos, y á emparentar con los pueblos de estas abominaciones? ¿No te ensañarías contra nosotros hasta consumirnos, sin que quedara resto ni escapatoria?

15 Jehová, Dios de Israel, tú eres justo: pues que hemos quedado algunos salvos, como este día, henos aquí delante de ti en nuestros delitos; porque no es posible subsistir en tu presencia á causa de esto.

10 Yorando Esdras y confesando, llorando y postrándose delante de la casa de Dios, juntóse á él una muy grande multitud de Israel, hombres y mujeres y niños; y lloraba el pueblo con gran llanto.

2 Entonces respondió Sechânías hijo de Jehiel, de los hijos Elam, y dijo á Esdras: Nosotros hemos prevaricado contra nuestro Dios, pues tomamos mujeres extranjeras de los pueblos de la tierra: mas hay aún esperanza para Israel sobre esto.

3 Ahora pues hagamos pacto con nuestro Dios, que echaremos todas las mujeres y los nacidos de ellas, según el consejo del Señor, y de los que temen el mandamiento de nuestro Dios: y hágase conforme á la ley.

4 Levántate, porque á ti toca el negocio, y nosotros seremos contigo; esfuérzate, y ponlo por obra.

5 Entonces se levantó Esdras, y juramentó á los príncipes de los sacerdotes, y de los Levitas, y á todo Israel, que harían conforme á esto; y ellos juraron.

6 Levantóse luego Esdras de delante la casa de Dios, y fuése á la cámara de Johanán hijo de Eliasib: é ido allá, no comió pan ni bebió agua, porque se entristeció sobre la prevaricación de los de la transmigración.

7 E hicieron pasar pregón por Judá y por Jerusalem á todos los hijos de la transmigración, que se juntasen en Jerusalem:

8 Y que el que no viniera dentro de tres días, conforme al acuerdo de los príncipes y de los ancianos, perdiese toda su hacienda, y él fuese apartado de la compañía de los de la transmigración.

9 Así todos los hombres de Judá y de Benjamín se reunieron en Jerusalem dentro de tres días, á los veinte del mes, el cual era el mes noveno; y sentóse todo el pueblo en la plaza de la casa de Dios, temblando con motivo de aquel negocio, y á causa de las lluvias.

10 Y levantóse Esdras el sacerdote, y díjoles: Vosotros habéis prevaricado, por cuanto tomasteis mujeres extrañas, añadiendo así sobre el pecado de Israel.

11 Ahora pues, dad gloria á Jehová Dios de vuestros padres, y haced su voluntad, y apartaos de los pueblos de las tierras, y de las mujeres extranjeras.

12 Y respondió todo aquel concurso, y dijeron en alta voz: Así se haga conforme á tu palabra.

13 Mas el pueblo es mucho, y el tiempo lluvioso, y no hay fuerza para estar en la calle: ni la obra es de un día ni de dos, porque somos muchos los que hemos prevaricado en este negocio.

14 Estén ahora nuestro príncipes, los de toda la congregación; y todos aquellos que en nuestras ciudades hubieren tomado mujeres extranjeras, vengan á tiempos aplazados, y con ellos los ancianos de cada ciudad, y los jueces de ellas, hasta que apartemos de nosotros el furor de la ira de nuestro Dios sobre esto.

15 Fueron pues puestos sobre este negocio Jonathán hijo de Asael, y Jaazías hijo de Tikvah; y Mesullam y Sabethai, Levitas, les ayudaron.

16 E hicieron así los hijos de la transmigración. Y apartados que fueron luego Esdras sacerdote, y los varones cabezas de familias en la casa de sus padres, todos ellos por sus nombres, sentáronse el primer día del mes décimo para inquirir el negocio.

17 Y concluyeron, con todos aquellos que habían tomado mujeres extranjeras, al primer día del mes primero.

18 Y de los hijos de los sacerdotes que habían tomado mujeres extranjeras, fueron hallados estos: De los hijos de Jesuá hijo de Josadec, y de sus hermanos: Maasías, y Eliezer, y Jarib, y Gedalías;

19 Y dieron su mano en promesa de echar sus mujeres, y ofrecieron como culpados un carnero de los rebaños por su delito.

20 Y de los hijos de Immer: Hanani y Zebadías.

21 Y de los hijos de Harím, Maasías, y Elías, y Semeías, y Jehiel, y Uzzías.

22 Y de los hijos de Phasur: Elioenai, Maasías, Ismael, Nathanael, Jozabad, y Elasa.

23 Y de los hijos de los Levitas: Jozabad, y Simi, Kelaía (este es Kelita), Pethaía, Judá y Eliezer.

24 Y de los cantores, Eliasib; y de los porteros: Sellum, y Telem, y Uri.

25 Asimismo de Israel: De los hijos de Pharos: Ramía é Izzías, y Malchías, y Miamim, y Eleazar, y Malchías, y Benaías.

26 Y de los hijos de Elam: Mathanías, Zachârías, y Jehiel, y Abdi, y Jeremoth, y Elía.

27 Y de los hijos de Zattu: Elioenai, Eliasib, Mathanías, y Jeremoth, y Zabad, y Aziza.

28 Y de los hijos de Bebai: Johanán, Hananías, Zabbai, Atlai.

29 Y de los hijos de Bani: Mesullam, Malluch, y Adaías, Jasub, Y Seal, y Ramoth.

30 Y de los hijos de Pahath-moab: Adna, y Chêleal, Benaías, Maasías, Mathanías, Besaleel, Binnui y Manasés.

31 Y de los hijos de Harim: Eliezer, Issia, Malchîas, Semeía, Simeón,

32 Benjamín, Malluch, Semarías.

33 De los hijos de Hasum: Mathenai, Mathatha, Zabad, Eliphelet, Jeremai, Manasés, Sami.

34 De los hijos de Bani: Maadi, Amram y Uel,

35 Benaías, Bedías, Chêluhi,

36 Vanías, Meremoth, Eliasib,

37 Mathanías, Mathenai, y Jaasai,

38 Y Bani, y Binnui, Simi,

39 Y Selemías y Nathán y Adaías,

40 Machnadbai, Sasai, Sarai,

41 Azareel, y Selamías, Semarías,

42 Sallum, Amarías, Joseph.

43 Y de los hijos de Nebo: Jehiel, Matithías, Zabad, Zebina, Jadau, y Joel, Benaías.

44 Todos estos habían tomado mujeres extranjeras; y había mujeres de ellos que habían parido hijos.

NEHEMÍAS.

1 Palabras de Nehemías, hijo de Hachâlías. Y acaeció en el mes de Chisleu, en el año veinte, estando yo en Susán, capital del reino,

2 Que vino Hanani, uno de mis hermanos, él y ciertos varones de Judá, y pregúnteles por los Judíos que habían escapado, que habían quedado de la cautividad, y por Jerusalem.

3 Y dijéronme: El residuo, los que quedaron de la cautividad allí en la provincia, están en gran mal y afrenta, y el muro de Jerusalem derribado, y sus puertas quemadas á fuego.

4 Y fué que, como yo oí estas palabras, sentéme y lloré, y enlutéme por algunos días, y ayuné y oré delante del Dios de los cielos.

5 Y dije: Ruégote, oh Jehová, Dios de los cielos, fuerte, grande, y terrible, que guarda el pacto y la misericordia á los que le aman y guardan sus mandamientos;

6 Esté ahora atento tu oído, y tus ojos abiertos, para oír la oración de tu siervo, que yo hago ahora delante de ti día y noche, por los hijos de Israel tus siervos; y confieso los pecados de los hijos de Israel que hemos contra ti cometido; sí, yo y la casa de mi padre hemos pecado.

7 En extremo nos hemos corrompido contra ti, y no hemos guardado los mandamientos, y estatutos y juicios, que mandaste á Moisés tu siervo.

8 Acuérdate ahora de la palabra que ordenaste á Moisés tu siervo, diciendo: Vosotros prevaricaréis, y yo os esparciré por los pueblos:

9 Mas si os volveréis á mí, y guardaréis mis mandamientos, y los pondréis por obra. Si fuere vuestro lanzamiento hasta el cabo de los cielos, de allí os juntaré; y traerlos he al lugar que escogí para hacer habitar allí mi nombre.

10 Ellos pues son tus siervos y tu pueblo, los cuales redimiste con tu gran fortaleza, y con tu mano fuerte.

11 Ruégote, oh Jehová, esté ahora atento tu oído á la oración de tu siervo, y la oración de tus siervos, quienes desean temer tu nombre: y ahora concede hoy próspero suceso á tu siervo, y dale gracia delante de aquel varón. Porque yo servía de copero al rey.

2 Y fué en el mes de Nisán, en el año veinte del rey Artajerjes, que estando ya el vino delante de él, tomé el vino, y díle al rey. Y como yo no había estado antes triste en su presencia,

2 Díjome el rey: ¿Por qué está triste tu rostro, pues no estás enfermo? No es esto sino quebranto de corazón. Entonces temí en gran manera.

3 Y dije al rey: El rey viva para siempre. ¿Cómo no estará triste mi rostro, cuando la ciudad, casa de los sepulcros de mis padres, está desierta, y sus puertas consumidas del fuego?

4 Y díjome el rey: ¿Qué cosa pides? Entonces oré al Dios de los cielos,

5 Y dije al rey: Si al rey place, y si agrada tu siervo delante de ti, que me envíes á Judá, á la ciudad de los sepulcros de mis padres, y la reedificaré.

6 Entonces el rey me dijo, (y la reina estaba sentada junto á él): ¿Hasta cuándo será tu viaje, y cuándo volverás? Y plugo al rey enviarme, después que yo le señalé tiempo.

7 Además dije al rey: Si al rey place, dénseme cartas para los gobernadores de la otra parte del río, que me franqueen el paso hasta que llegue á Judá;

8 Y carta para Asaph, guarda del bosque del rey, á fin que me dé madera para enmaderar los portales del palacio de la casa, y para el muro de la ciudad, y la casa donde entraré. Y otorgóme lo el rey, según la benéfica mano de Jehová sobre mí.

9 Y vine luego á los gobernadores de la otra parte del río, y les dí las cartas del rey. Y el rey envió conmigo capitanes del ejército y gente de á caballo.

10 Y oyéndolo Sanballat Horonita, y Tobías, el siervo Ammonita, disgustóles en extremo que viniese alguno para procurar el bien de los hijos de Israel.

11 Llegué pues á Jerusalem, y estado que hube allí tres días,

12 Levantéme de noche, yo y unos pocos varones conmigo, y no declaré á hombre alguno lo que Dios había puesto en mi corazón que hiciese en Jerusalem; ni había bestia conmigo, excepto la cabalgadura en que cabalgaba.

13 Y salí de noche por la puerta del Valle hacia la fuente del Dragón y á la puerta del Muladar; y consideré los muros de Jerusalem que estaban derriba-

dos, y sus que puertas estaban consumidas del fuego.

14 Pasé luego á la puerta de la Fuente, y al estanque del Rey; mas no había lugar por donde pasase la cabalgadura en que iba.

15 Y subí por el torrente de noche, y consideré el muro, y regresando entré por la puerta del Valle, y volvíme.

16 Y no sabían los magistrados dónde yo había ido, ni qué había hecho; ni hasta entonces lo había yo declarado á los Judíos y sacerdotes, ni á los nobles y magistrados, ni á los demás que hacían la obra.

17 Díjeles pues: Vosotros veis el mal en que estamos, que Jerusalem está desierta, y sus puertas consumidas del fuego: venid, y edifiquemos el muro de Jerusalem, y no seamos más en oprobio.

18 Entonces les declaré cómo la mano de mi Dios era buena sobre mí, y asimismo las palabras del rey, que me había dicho. Y dijeron: Levantémonos, y edifiquemos. Así esforzaron sus manos para bien.

19 Mas habiéndolo oído Samballat Horonita, y Tobías el siervo Ammonita, y Gesem el Arabe, escarnecieron de nosotros, y nos despreciaron, diciendo: ¿Qué es esto que hacéis vosotros? ¿os rebeláis contra el rey?

20 Y volvíles respuesta, y díjeles: El Dios de los cielos, él nos prosperará, y nosotros sus siervos nos levantaremos y edificaremos: que vosotros no tenéis parte, ni derecho, ni memoria en Jerusalem.

3 Ylevantóse Eliasib el gran sacerdote con sus hermanos los sacerdotes, y edificaron la puerta de las Ovejas. Ellos aparejaron y levantaron sus puertas hasta la torre de Meah, aparejándola hasta la torre de Hananeel.

2 Y junto á ella edificaron los varones de Jericó: y luego edificó Zachûr hijo de Imri.

3 Y los hijos de Senaa edificaron la puerta del Pescado: ellos la enmaderaron, y levantaron sus puertas, con sus cerraduras y sus cerrojos.

4 Y junto á ellos restauró Meremoth hijo de Urías, hijo de Cos, y al lado de ellos, restauró Mesullam hijo de Berechías, hijo de Mesezabeel. Junto á ellos restauró Sadoc hijo de Baana.

5 E inmediato á ellos restauraron los Tecoitas; mas sus grandes no prestaron su cerviz á la obra de su Señor.

6 Y la puerta Vieja restauraron Joiada hijo de Pasea, y Mesullam hijo de Besodías: ellos la enmaderaron, y levantaron sus puertas, con sus cerraduras y sus cerrojos.

7 Junto á ellos restauró Melatías Gabaonita, y Jadón Meronothita, varones de Gabaón y de Mizpa, por la silla del gobernador de la otra parte del río.

8 Y junto á ellos restauró Uzziel hijo de Harhaía, de los plateros; junto al cual restauró también Hananías, hijo de un perfumero. Así dejaron reparado á Jerusalem hasta el muro ancho.

9 Y junto á ellos restauró también Repaía hijo de Hur, príncipe de la mitad de la región de Jerusalem.

10 Asimismo restauró junto á ellos, y frente á su casa, Jedaías hijo de Harumaph; y junto á él restauró Hattus hijo de Hasbanías.

11 Malchías hijo de Harim y Hasub hijo de Pahath-moab, restauraron la otra medida, y la torre de los Hornos.

12 Junto á ellos restauró Sallum hijo de Lohes, príncipe de la mitad de la región de Jerusalem, él con sus hijas.

13 La puerta del Valle la restauró Hanún con los moradores de Zanoa: ellos la reedificaron, y levantaron sus puertas, con sus cerraduras y sus cerrojos, y mil codos en el muro hasta la puerta del Muladar.

14 Y restauró la puerta del Muladar, Malchîas hijo de Rechâb, príncipe de la provincia de Beth-haccerem: él la reedificó, y levantó sus puertas, sus cerraduras y sus cerrojos.

15 Y Sallum hijo de Chôl-hoce, príncipe de la región de Mizpa, restauró la puerta de la Fuente: él la reedificó, y la enmaderó, y levantó sus puertas, sus cerraduras y sus cerrojos, y el muro del estanque de Selah hacia la huerta del rey, y hasta las gradas que descienden de la ciudad de David.

16 Después de él restauró Nehemías hijo de Azbuc, príncipe de la mitad de la región de Beth-sur, hasta delante de los sepulcros de David, y hasta el estanque labrado, y hasta la casa de los Valientes.

17 Tras él restauraron los Levitas, Rehum hijo de Bani; junto á él restauró Asabías, príncipe de la mitad de la región de Ceila en su región.

18 Después de él restauraron sus hermanos, Bavvai hijo de

Henadad, príncipe de la mitad de la región de Ceila.

19 Y junto á él restauró Ezer hijo de Jesuá, príncipe de Mizpa, la otra medida frente á la subida de la armería de la esquina.

20 Después de él se enfervorizó á restaurar Baruch hijo de Zachâi la otra medida, desde la esquina hasta la puerta de la casa de Eliasib gran sacerdote.

21 Tras él restauró Meremoth hijo de Urías hijo de Cos la otra medida, desde la entrada de la casa de Eliasib, hasta el cabo de la casa de Eliasib.

22 Después de él restauraron los sacerdotes, los varones de la campiña.

23 Después de ellos restauraron Benjamín y Hasub, frente á su casa: y después de estos restauró Azarías, hijo de Maasías hijo de Ananías, cerca de su casa.

24 Después de él restauró Binnui hijo de Henadad la otra medida, desde la casa de Azarías hasta la revuelta, y hasta la esquina.

25 Paal hijo de Uzai, enfrente de la esquina y la torre alta que sale de la casa del rey, que está en el patio de la cárcel. Después de él, Pedaía hijo de Pharos.

26 (Y los Nethineos estuvieron en Ophel hasta enfrente de la puerta de las Aguas al oriente, y la torre que sobresalía.)

27 Después de él restauraron los Tecoitas la otra medida, enfrente de la grande torre que sobresale, hasta el muro de Ophel.

28 Desde la puerta de los Caballos restauraron los sacerdotes, cada uno enfrente de su casa.

29 Después de ellos restauró Sadoc hijo de Immer, enfrente de su casa: y después de él restauró Semaías hijo de Sechânías, guarda de la puerta oriental.

30 Tras él restauró Hananías hijo de Selemías, y Anún hijo sexto de Salaph, la otra medida. Después de él restauró Mesullam, hijo de Berechías, enfrente de su cámara.

31 Después de él restauró Malchías hijo del platero, hasta la casa de los Nethineos y de los tratantes, enfrente de la puerta del Juicio, y hasta la sala de la esquina.

32 Y entre la sala de la esquina hasta la puerta de las Ovejas, restauraron los plateros, y los tratantes.

4 Y fué que como oyó Sanballat que nosotros edificábamos el muro, encolerizóse y enojóse en gran manera, é hizo escarnio de los Judíos.

2 Y habló delante de sus hermanos y del ejército de Samaria, y dijo: ¿Qué hacen estos débiles Judíos? ¿hanles de permitir? ¿han de sacrificar? ¿han de acabar en un día? ¿han de resucitar de los montones del polvo las piedras que fueron quemadas?

3 Y estaba junto á él Tobías Ammonita, el cual dijo: Aun lo que ellos edifican, si subiere una zorra derribará su muro de piedra.

4 Oye, oh Dios nuestro, que somos en menosprecio, y vuelve el baldón de ellos sobre su cabeza, y dalos en presa en la tierra de su cautiverio:

5 Y no cubras su iniquidad, ni su pecado sea raído delante de tu rostro; porque se airaron contra los que edificaban.

6 Edificamos pues el muro, y toda la muralla fué junta hasta su mitad: y el pueblo tuvo ánimo para obrar.

7 Mas acaeció que oyendo Sanballat y Tobías, y los Arabes, y los Ammonitas, y los de Asdod, que los muros de Jerusalem eran reparados, porque ya los portillos comenzaban á cerrarse, encolerizáronse mucho;

8 Y conspiraron todos á una para venir á combatir á Jerusalem, y á hacerle daño.

9 Entonces oramos á nuestro Dios, y por causa de ellos pusimos guarda contra ellos de día y de noche.

10 Y dijo Judá: Las fuerzas de los acarreadores se han enflaquecido, y el escombro es mucho, y no podemos edificar el muro.

11 Y nuestros enemigos dijeron: No sepan, ni vean, hasta que entremos en medio de ellos, y los matemos, y hagamos cesar la obra.

12 Sucedió empero, que como vinieron los Judíos que habitaban entre ellos, nos dieron aviso diez veces de todos los lugares de donde volvían á nosotros.

13 Entonces puse por los bajos del lugar, detrás del muro, en las alturas de los peñascos, puse el pueblo por familias con sus espadas, con sus lanzas, y con sus arcos.

14 Después miré, y levantéme, y dije á los principales y á los magistrados, y al resto del pueblo: No temáis delante de ellos: acordaos del Señor grande y terrible, y pelead por vuestros hermanos, por vuestros hijos y por vuestras hijas, por vuestras mujeres y por vuestras casas.

15 Y sucedió que como oyeron nuestros enemigos que lo

habíamos entendido, Dios disipó el consejo de ellos, y volvímonos todos al muro, cada uno á su obra.

16 Mas fué que desde aquel día la mitad de los mancebos trabajaba en la obra, y la otra mitad de ellos tenía lanzas y escudos, y arcos, y corazas; y los príncipes estaban tras toda la casa de Judá.

17 Los que edificaban en el muro, y los que llevaban cargas y los que cargaban, con la una mano trabajaban en la obra, y en la otra tenían la espada.

18 Porque los que edificaban, cada uno tenía su espada ceñida á sus lomos, y así edificaban y el que tocaba la trompeta estaba junto á mí.

19 Y dije á los principales, y á los magistrados y al resto del pueblo: La obra es grande y larga, y nosotros estamos apartados en el muro, lejos los unos de los otros.

20 En el lugar donde oyereis la voz de la trompeta, reuníos allí á nosotros: nuestro Dios peleará por nosotros.

21 Nosotros pues trabajábamos en la obra; y la mitad de ellos tenían lanzas desde la subida del alba hasta salir las estrellas.

22 También dije entonces al pueblo: Cada uno con su criado se quede dentro de Jerusalem, y hágannos de noche centinela, y de día á la obra.

23 Y ni yo, ni mis hermanos, ni mis mozos, ni la gente de guardia que me seguía, desnudamos nuestro vestido: cada uno se desnudaba solamente para lavarse.

5 Entonces fué grande el clamor del pueblo y de sus mujeres contra los Judíos sus hermanos.

2 Y había quien decía: Nosotros, nuestros hijos y nuestras hijas, somos muchos: hemos por tanto tomado grano para comer y vivir.

3 Y había quienes decían: Hemos empeñado nuestras tierras, y nuestras viñas, y nuestras casas, para comprar grano en el hambre.

4 Y había quienes decían: Hemos tomado prestado dinero para el tributo del rey, sobre nuestras tierras y viñas.

5 Ahora bien, nuestra carne es como la carne de nuestros hermanos, nuestros hijos como sus hijos; y he aquí que nosotros sujetamos nuestros hijos y nuestras hijas á servidumbre, y hay algunas de nuestras hijas sujetas: mas no hay facultad en nuestras manos para rescatarlas, porque nuestras tierras y nuestras viñas son de otros.

6 Y enojéme en gran manera cuando oí su clamor y estas palabras.

7 Medité entonces para conmigo, y reprendí á los principales y á los magistrados, y díjeles: ¿Tomáiscada uno usura de vuestros hermanos? Y convoqué contra ellos una grande junta.

8 Y díjeles: Nosotros rescatamos á nuestros hermanos Judíos que habían sido vendidos á las gentes, conforme á la facultad que había en nosotros: ¿y vosotros aun venderéis á vuestros hermanos, y serán vendidos á nosotros? Y callaron, que no tuvieron qué responder.

9 Y dije: No es bien lo que hacéis, ¿no andaréis en temor de nuestro Dios, por no ser el oprobio de las gentes enemigas nuestras?

10 También yo, y mis hermanos, y mis criados, les hemos prestado dinero y grano: relevémosles ahora de este gravamen.

11 Ruégoos que les devolváis hoy sus tierras, sus viñas, sus olivares, y sus casas, y la centésima parte del dinero y grano, del vino y del aceite que demandáis de ellos.

12 Y dijeron: Devolveremos, y nada les demandaremos; haremos así como tú dices. Entonces convoqué los sacerdotes, y juramentélos que harían conforme á esto.

13 Además sacudí mi vestido, y dije: Así sacuda Dios de su casa y de su trabajo á todo hombre que no cumpliere esto, y así sea sacudido y vacío. Y respondió toda la congregación: ¡Amén! Y alabaron á Jehová. Y el pueblo hizo conforme á esto.

14 También desde el día que me mandó el rey que fuese gobernador de ellos en la tierra de Judá, desde el año veinte del rey Artajerjes hasta el año treinta y dos, doce años, ni yo ni mis hermanos comimos el pan del gobernador.

15 Mas los primeros gobernadores que fueron antes de mí, cargaron al pueblo, y tomaron de ellos por el pan y por el vino sobre cuarenta siclos de plata: á más de esto, sus criados se enseñoreaban sobre el pueblo; pero yo no hice así, á causa del temor de Dios.

16 También en la obra de este muro instauré mi parte, y no compramos heredad: y todos mis criados juntos estaban allí á la obra.

17 Además ciento y cincuenta hombres de los Judíos y magistrados, y los que venían á nosotros de las gentes que están en nuestros contornos, estaban á mi mesa.

18 Y lo que se aderezaba para cada día era un buey, seis ovejas escogidas, y aves también se aparejaban para mí, y cada diez días vino en toda abundancia: y con todo esto nunca requerí el pan del gobernador, porque la servidumbre de este pueblo era grave.

19 Acuérdate de mí para bien, Dios mío, y de todo lo que hice á este pueblo.

6 Y fué que habiendo oído Sanballat, y Tobías, y Gesem el Arabe, y los demás nuestros enemigos, que había yo edificado el muro, y que no quedaba en él portillo, (aunque hasta aquel tiempo no había puesto en las puertas las hojas,)

2 Sanballat y Gesem enviaron á decirme: Ven, y compongámonos juntos en alguna de las aldeas en el campo de Ono. Mas ellos habían pensado hacerme mal.

3 Y envíeles mensajeros, diciendo: Yo hago una grande obra, y no puedo ir; porque cesaría la obra, dejándola yo para ir á vosotros.

4 Y enviaron á mí con el mismo asunto por cuatro veces, y yo les respondí de la misma manera.

5 Envió entonces Sanballat á mí su criado, á decir lo mismo por quinta vez, con una carta abierta en su mano,

6 En la cual estaba escrito: Hase oído entre las gentes, y Gasmu lo dice, que tú y los Judíos pensáis rebelaros; y que por eso edificas tú el muro, con la mira, según estas palabras, de ser tú su rey;

7 Y que has puesto profetas que prediquen de ti en Jerusalem, diciendo: ¡Rey en Judá! Y ahora serán oídas del rey las tales palabras: ven por tanto, y consultemos juntos.

8 Entonces envié yo á decirles: No hay tal cosa como dices, sino que de tu corazón tú lo inventas.

9 Porque todos ellos nos ponían miedo, diciendo: Debilitaránse las manos de ellos en la obra, y no será hecha. Esfuerza pues mis manos, oh Dios.

10 Vine luego en secreto á casa de Semaías hijo de Delaías, hijo de Mehetabeel, porque él estaba encerrado; el cual me dijo: Juntémonos en la casa de Dios dentro del templo, y cerremos las puertas del templo, porque vienen para matarte; sí, esta noche vendrán á matarte.

11 Entonces dije: ¿Un hombre como yo ha de huir? ¿y quién, que como yo fuera, entraría al templo para salvar la vida? No entraré.

12 Y entendí que Dios no lo había enviado, sino que hablaba aquella profecía contra mí, porque Tobías y Sanballat le habían alquilado por salario.

13 Porque sobornado fué para hacerme temer así, y que pecase, y les sirviera de mal nombre con que fuera yo infamado.

14 Acuérdate, Dios mío, de Tobías y de Sanballat, conforme á estas sus obras, y también de Noadías profetisa, y de los otros profetas que hacían por ponerme miedo.

15 Acabóse pues el muro el veinticinco del mes de Elul, en cincuenta y dos días.

16 Y como lo oyeron todos nuestros enemigos, temieron todas las gentes que estaban en nuestros alrededores, y abatiéronse mucho sus ojos, y conocieron que por nuestro Dios había sido hecha esta obra.

17 Asimismo en aquellos días iban muchas cartas de los principales de Judá á Tobías, y las de Tobías venían á ellos.

18 Porque muchos en Judá se habían conjurado con él, porque era yerno de Sechânías hijo de Ara; y Johanán su hijo había tomado la hija de Mesullam, hijo de Berechías.

19 También contaban delante de mí sus buenas obras, y referíanle mis palabras. Y enviaba Tobías cartas para atemorizarme.

7 Y luego que el muro fué edificado, y asenté las puertas, y fueron señalados porteros y cantores y Levitas,

2 Mandé á mi hermano Hanani, y á Hananías, príncipe del palacio de Jerusalem, (porque era éste, como varón de verdad y temeroso de Dios, sobre muchos;)

3 Y díjeles: No se abran las puertas de Jerusalem hasta que caliente el sol; y aun ellos presentes, cierren las puertas, y atrancad. Y señalé guardas de los moradores de Jerusalem, cada cual en su guardia, y cada uno delante de su casa.

4 Y la ciudad era espaciosa y grande, pero poco pueblo dentro de ella, y no había casas reedificadas.

5 Y puso Dios en mi corazón que juntase los principales, y los magistrados, y el pueblo, para que fuesen empadronados por el orden de sus linajes: y hallé el libro de la genealogía de los que habían subido antes, y encontré en él escrito:

6 Estos son los hijos de la provincia que subieron de la cautividad, de la transmigración que hizo pasar Nabucodonosor rey de Babilonia, y que volvieron á Jerusalem y á Judá cada uno á su ciudad;

7 Los cuales vinieron con Zorobabel, Jesuá, Nehemías, Azarías, Raamías, Nahamani, Mardochêo, Bilsán, Misperet, Bigvai, Nehum, Baana. La cuenta de los varones del pueblo de Israel:

8 Los hijos de Paros, dos mil ciento setenta y dos;

9 Los hijos de Sephatía, trescientos setenta y dos;

10 Los hijos de Ara, seiscientos cincuenta y dos;

11 Los hijos de Pahath-moab, de los hijos de Jesuá y de Joab, dos mil ochocientos dieciocho;

12 Los hijos de Elam, mil doscientos cincuenta y cuatro;

13 Los hijos de Zattu, ochocientos cuarenta y cinco;

14 Los hijos de Zachâi, setecientos y sesenta;

15 Los hijos de Binnui, seiscientos cuarenta y ocho;

16 Los hijos de Bebai, seiscientos veintiocho;

17 Los hijos de Azgad, dos mil seiscientos veintidós;

18 Los hijos de Adonicam, seiscientos sesenta y siete;

19 Los hijos de Bigvai, dos mil sesenta y siete;

20 Los hijos de Addin, seiscientos cincuenta y cinco;

21 Los hijos de Ater, de Ezechîas, noventa y ocho;

22 Los hijos de Hasum, trescientos veintiocho;

23 Los hijos de Besai, trescientos veinticuatro;

24 Los hijos de Hariph, ciento doce;

25 Los hijos de Gabaón, noventa y cinco;

26 Los varones de Beth-lehem de Netopha, ciento ochenta y ocho;

27 Los varones de Anathoth, ciento veintiocho;

28 Los varones de Beth-azmaveth, cuarenta y dos;

29 Los varones de Chîriath-jearim, Chephira y Beeroth, setecientos cuarenta y tres;

30 Los varones de Rama y de Gebaa, seiscientos veintiuno;

31 Los varones de Michmas, ciento veintidós;

32 Los varones de Beth-el y de Ai, ciento veintitrés;

33 Los varones de la otra Nebo, cincuenta y dos;

34 Los hijos de la otra Elam, mil doscientos cincuenta y cuatro;

35 Los hijos de Harim, trescientos y veinte;

36 Los hijos de Jericó, trescientos cuarenta y cinco;

37 Los hijos de Lod, de Hadid, y Ono, setecientos veintiuno;

38 Los hijos de Senaa, tres mil novecientos y treinta.

39 Los sacerdotes: los hijos de Jedaías, de la casa de Jesuá, novecientos setenta y tres;

40 Los hijos de Immer, mil cincuenta y dos;

41 Los hijos de Pashur, mil doscientos cuarenta y siete;

42 Los hijos de Harim, mil diez y siete.

43 Levitas: los hijos de Jesuá, de Cadmiel, de los hijos de Odevía, setenta y cuatro.

44 Cantores: los hijos de Asaph, ciento cuarenta y ocho.

45 Porteros: los hijos de Sallum, los hijos de Ater, los hijos de Talmón, los hijos de Accub, los hijos de Hatita, los hijos de Sobai, ciento treinta y ocho.

46 Nethineos: los hijos de Siha, los hijos de Hasupha, los hijos de Thabaoth,

47 Los hijos de Chêros, los hijos de Siaa, los hijos de Phadón,

48 Los hijos de Lebana, los hijos de Hagaba, los hijos de Salmai,

49 Los hijos de Hanán, los hijos de Giddel, los hijos de Gahar,

50 Los hijos de Rehaía, los hijos de Resín, los hijos de Necoda,

51 Los hijos de Gazzam, los hijos de Uzza, los hijos de Phasea,

52 Los hijos de Besai, los hijos de Meunim, los hijos de Nephisesim,

53 Los hijos de Bacbuc, los hijos de Hacupha, los hijos de Harhur,

54 Los hijos de Baslith, los hijos de Mehida, los hijos de Harsa,

55 Los hijos de Barcos, los hijos de Sísera, los hijos de Tema,

56 Los hijos de Nesía, los hijos de Hatipha.

57 Los hijos de los siervos de Salomón: los hijos de Sotai, los hijos de Sophereth, los hijos de Perida,

58 Los hijos de Jahala, los hijos de Darcón, los hijos de Giddel,

59 Los hijos de Sephatías, los hijos de Hattil, los hijos de Pochêreth-hassebaim, los hijos de Amón.

60 Todos los Nethineos, é hijos de los siervos de Salomón, trescientos noventa y dos.

61 Y estos son los que subieron de Tel-melah, Tel-harsa, Chêrub, Addón, é Immer, los cuales no pudieron mostrar la casa de sus padres, ni su linaje, si eran de Israel:

62 Los hijos de Delaía, los hijos de Tobías, los hijos de Necoda, seiscientos cuarenta y dos.

63 Y de los sacerdotes: los hijos de Habaías, los hijos de Cos, los hijos de Barzillai, el cual tomó mujer de las hijas de Barzillai Galaadita, y se llamó del nombre de ellas.

64 Estos buscaron su registro de genealogías, y no se halló; y fueron echados del sacerdocio.

65 Y díjoles el Tirsatha que no comiesen de las cosas más santas, hasta que hubiese sacerdote con Urim y Thummim.

66 La congregación toda junta era de cuarenta y dos mil trescientos y sesenta,

67 Sin sus siervos y siervas, que eran siete mil trescientos treinta y siete; y entre ellos había doscientos cuarenta y cinco cantores y cantoras.

68 Sus caballos, setecientos treinta y seis; sus mulos, doscientos cuarenta y cinco;

69 Camellos, cuatrocientos treinta y cinco; asnos, seis mil setecientos y veinte.

70 Y algunos de los príncipes de las familias dieron para la obra. El Tirsatha dió para el tesoro mil dracmas de oro, cincuenta tazones, y quinientas treinta vestiduras sacerdotales.

71 Y de los príncipes de las familias dieron para el tesoro de la obra, veinte mil dracmas de oro, y dos mil y doscientas libras de plata.

72 Y lo que dió el resto del pueblo fué veinte mil dracmas de oro, y dos mil libras de plata, y sesenta y siete vestiduras sacerdotales.

73 Y habitaron los sacerdotes y los Levitas, y los porteros, y los cantores, y los del pueblo, y los Nethineos, y todo Israel, en sus ciudades. Y venido el mes séptimo, los hijos de Israel estaban en sus ciudades.

8 Y juntóse todo el pueblo como un solo hombre en la plaza que está delante de la puerta de las Aguas, y dijeron á Esdras el escriba, que trajese el libro de la ley de Moisés, la cual mandó Jehová á Israel.

2 Y Esdras el sacerdote, trajo la ley delante de la congregación, así de hombres como de mujeres, y de todo entendido para escuchar, el primer día del mes séptimo.

3 Y leyó en el libro delante de la plaza que está delante de la puerta de las Aguas, desde el alba hasta el medio día, en presencia de hombres y mujeres y entendidos; y los oídos de todo el pueblo estaban atentos al libro de la ley.

4 Y Esdras el escriba estaba sobre un púlpito de madera, que habían hecho para ello; y junto á él estaban Mathithías, y Sema, y Anías, y Urías, é Hilcías, y Maasías, á su mano derecha; y á su mano izquierda, Pedaía, Misael, y Malchîas, y Hasum, y Hasbedana, Zachârías, y Mesullam.

5 Abrió pues Esdras el libro á ojos de todo el pueblo, (porque estaba más alto que todo el pueblo); y como le abrió, todo el pueblo estuvo atento.

6 Bendijo entonces Esdras á Jehová, Dios grande. Y todo el pueblo respondió, ¡Amén! ¡Amén! alzando sus manos; y humilláronse, y adoraron á Jehová inclinados á tierra.

7 Y Jesuá, y Bani, y Serebías, Jamín, Accub, Sabethai, Odías, Maasías, Celita, Azarías, Jozabed, Hanán, Pelaía, Levitas, hacían entender al pueblo la ley: y el pueblo estaba en su lugar.

8 Y leían en el libro de la ley de Dios claramente, y ponían el sentido, de modo que entendiesen la lectura.

9 Y Nehemías el Tirsatha, y el sacerdote Esdras, escriba, y los Levitas que hacían entender al pueblo, dijeron á todo el pueblo: Día santo es á Jehová nuestro Dios; no os entristezcáis, ni lloréis: porque todo el pueblo lloraba oyendo las palabras de la ley.

10 Díjoles luego: Id, comed grosuras, y bebed vino dulce, y enviad porciones á los que no tienen prevenido; porque día santo es á nuestro Señor: y no os entristezcáis, porque el gozo de Jehová es vuestra fortaleza.

11 Los Levitas pues, hacían callar á todo el pueblo, diciendo: Callad, que es día santo, y no os entristezcáis.

12 Y todo el pueblo se fué á comer y á beber, y á enviar porciones, y á gozar de grande alegría, porque habían entendido las palabras que les habían enseñado.

13 Y el día siguiente se juntaron los príncipes de las familias de todo el pueblo, sacerdotes, y Levitas, á Esdras escriba, para entender las palabras de la ley.

14 Y hallaron escrito en la ley que Jehová había mandado por mano de Moisés, que habitasen los hijos de Israel en cabañas en la solemnidad del mes séptimo;

15 Y que hiciesen saber, y pasar pregón por todas sus ciudades y por Jerusalem, diciendo: Salid al monte, y traed ramos de oliva, y ramos de pino, y ramos de arrayán, y ramos de palmas, y ramos de todo árbol espeso, para hacer cabañas como está escrito.

16 Salió pues el pueblo, y trajeron, é hiciéronse cabañas, cada uno sobre su terrado, y en sus patios, y en los patios de la casa de Dios, y en la plaza de la puerta de las Aguas, y en la plaza de la puerta de Ephraim.

17 Y toda la congregación que volvió de la cautividad hicieron cabañas, y en cabañas habitaron; porque desde los días de Josué hijo de Nun hasta aquel día, no habían hecho así los hijos de Israel. Y hubo alegría muy grande.

18 Y leyó Esdras en el libro de la ley de Dios cada día, desde el primer día hasta el postrero; é hicieron la solemnidad por siete días, y al octavo día congregación, según el rito.

9 Y el día veinticuatro del mismo mes se juntaron los hijos de Israel en ayuno, y con sacos, y tierra sobre sí.

2 Y habíase ya apartado la simiente de Israel de todos los extranjeros; y estando en pie, confesaron sus pecados, y las iniquidades de sus padres.

3 Y puestos de pie en su lugar, leyeron en el libro de la ley de Jehová su Dios la cuarta parte del día, y la cuarta parte confesaron y adoraron á Jehová su Dios.

4 Levantáronse luego sobre la grada de los Levitas, Jesuá y Bunni, Serebias, Dani Cadmiel, Sebanías, Bani y Chênani, y clamaron en voz alta á Jehová su Dios.

5 Y dijeron los Levitas, Jesuá y Cadmiel, Bani, Hosabnías, Serebías, Odaías, Sebanías y Pethaía: Levantaos, bendecid á Jehová vuestro Dios desde el siglo hasta el siglo: y bendigan el nombre tuyo, glorioso y alto sobre toda bendición y alabanza.

6 Tú, oh Jehová, eres solo; tú hiciste los cielos, y los cielos de los cielos, y toda su milicia, la tierra y todo lo que está en ella, los mares y todo lo que hay en ellos; y tú vivificas todas estas cosas, y los ejércitos de los cielos te adoran.

7 Tú, eres oh Jehová, el Dios que escogiste á Abram, y lo sacaste de Ur de los Caldeos, y pusístele el nombre Abraham;

8 Y hallaste fiel su corazón delante de ti, é hiciste con él alianza para darle la tierra del Cananeo, del Hetheo, y del Amorrheo, y del Pherezeo, y del Jebuseo, y del Gergeseo, para darla á su simiente: y cumplistle tu palabra, porque eres justo.

9 Y miraste la aflicción de nuestros padres en Egipto, y oíste el clamor de ellos en el mar Bermejo;

10 Y diste señales y maravillas en Faraón, y en todos sus siervos, y en todo el pueblo de su tierra; porque sabías que habían hecho soberbiamente contra ellos; é hicíste nombre grande, como este día.

11 Y dividiste la mar delante de ellos y pasaron por medio de ella en seco; y á sus perseguidores echaste en los profundos, como una piedra en grandes aguas.

12 Y con columna de nube los guiaste de día, y con columna de fuego de noche, para alumbrarles el camino por donde habían de ir.

13 Y sobre el monte de Sinaí descendiste, y hablaste con ellos desde el cielo, y dísteles juicios rectos, leyes verdaderas, y estatutos y mandamientos buenos:

14 Y notificásteles el sábado tuyo santo, y les prescribiste, por mano de Moisés tu siervo, mandamientos y estatutos y ley.

15 Y dísteles pan del cielo en su hambre, y en la sed les sacaste aguas de la piedra; y dijísteles que entrasen á poseer la tierra, por la cual alzaste tu mano que se la habías de dar.

16 Mas ellos y nuestros padres hicieron soberbiamente, y endurecieron su cerviz, y no escucharon tus mandamientos,

17 Y no quisieron oir, ni se acordaron de tus maravillas que habías hecho con ellos; antes endurecieron su cerviz, y en su rebelión pensaron poner caudillo para volverse á su servidumbre. Tú empero, eres Dios de perdones, clemente y piadoso, tardo para la ira, y de mucha misericordia, que no los dejaste.

18 Además, cuando hicieron para sí becerro de fundición, y dijeron: Este es tu Dios que te hizo subir de Egipto; y cometieron grandes abominaciones;

19 Tú, con todo, por tus muchas misericordias no los abandonaste en el desierto: la columna de nube no se apartó de ellos de día, para guiarlos por el camino, ni la columna de fuego de noche, para alumbrarles el camino por el cual habían de ir.

20 Y diste tu espíritu bueno para enseñarles, y no retiraste tu maná de su boca, y agua les diste en su sed.

21 Y sustentástelos cuarenta años en el desierto; de ninguna cosa tuvieron necesidad: sus vestidos no se envejecieron, ni se hincharon sus pies.

22 Y dísteles reinos y pueblos, y los distribuiste por cantones: poseyeron la tierra de Sehón, y la tierra del rey Hesbón, y la tierra de Og rey de Basán.

23 Y multiplicaste sus hijos como las estrellas del cielo, y metísteslos en la tierra, de la cual habías dicho á sus padres que habían de entrar á poseerla.

24 Y los hijos vinieron y poseyeron la tierra, y humillaste delante de ellos á los moradores del país, á los Cananeos, los cuales entregaste en su mano, y á sus reyes, y á los pueblos de la tierra, para que hiciesen de ellos á su voluntad.

25 Y tomaron ciudades fortalecidas, y tierra pingüe, y heredaron casas llenas de todo bien, cisternas hechas, viñas y olivares, y muchos árboles de comer; y comieron, y hartáronse, y engrosáronse, y deleitáronse en tu grande bondad.

26 Empero te irritaron, y rebeláronse contra ti, y echaron tu ley tras sus espaldas, y mataron tus profetas que protestaban contra ellos para convertirlos á ti; é hicieron grandes abominaciones.

27 Y entregástelos en mano de sus enemigos, los cuales los afligieron: y en el tiempo de su tribulación clamaron á ti, y tú desde los cielos los oíste; y según tus muchas misericordias les dabas salvadores, que los salvasen de mano de sus enemigos.

28 Mas en teniendo reposo, se volvían á hacer lo malo delante de ti; por lo cual los dejaste en mano de sus enemigos, que se enseñorearon de ellos: pero convertidos clamaban otra vez á ti, y tú desde los cielos los oías, y según tus misericordias muchas veces los libraste.

29 Y protestásteles que se volviesen á tu ley; mas ellos hicieron soberbiamente, y no oyeron tus mandamientos, sino que pecaron contra tus juicios, los cuales si el hombre hiciere, en ellos vivirá; y dieron hombro renitente, y endurecieron su cerviz, y no escucharon.

30 Y alargaste sobre ellos muchos años, y protestásteles con tu espíritu por mano de tus profetas, mas no escucharon; por lo cual los entregaste en mano de los pueblos de la tierra.

31 Empero por tus muchas misericordias no los consumiste, ni los dejaste; porque eres Dios clemente y misericordioso.

32 Ahora pues, Dios nuestro, Dios grande, fuerte, terrible, que guardas el pacto y la misericordia, no sea tenido en poco delante de ti todo el trabajo que nos ha alcanzando á nuestros reyes, á nuestros príncipes, á nuestros sacerdotes, y á nuestros profetas, y á nuestros padres, y á todo tu pueblo, desde los días de los reyes de Asiria hasta este día.

33 Tú empero eres justo en todo lo que ha venido sobre nosotros; porque rectamente has hecho, mas nosotros hemos hecho lo malo:

34 Y nuestros reyes, nuestros príncipes, nuestros sacerdotes, y nuestros padres, no pusieron por obra tu ley, ni atendieron á tus mandamiento y á tus testimonios, con que les protestabas.

35 Y ellos en su reino y en tu mucho bien que les diste, y en la tierra espaciosa y pingüe que entregaste delante de ellos, no te sirvieron, ni se convirtieron de sus malas obras.

36 He aquí que hoy somos siervos, henos aquí, siervos en la tierra que diste á nuestros padres para que comiesen sus fruto y su bien.

37 Y se multiplica su fruto para los reyes que has puesto sobre nosotros por nuestros pecados, quienes se enseñorean sobre nuestros cuerpos, y sobre nuestras bestias, conforme á su voluntad, y estamos en grande angustia.

38 A causa pues de todo eso nosotros hacemos fiel alianza, y la escribimos, signada de nuestros príncipes, de nuestros Levitas, y de nuestros sacerdotes.

10 Y los que firmaron fueron, Nehemías el Tirsatha, hijo de Hachâlías, y Sedecías,

2 Seraías, Azarías, Jeremías,

3 Pashur, Amarías, Malchías,

4 Hattus, Sebanías, Malluch,

5 Harim, Meremoth, Obadías,

6 Daniel, Ginethón, Baruch,

7 Mesullam, Abías, Miamín,

8 Maazías, Bilgai, Semeías: estos, sacerdotes.

9 Y Levitas: Jesuá hijo de Azanías, Binnui de los hijos de Henadad, Cadmiel;

10 Y sus hermanos Sebanías, Odaía, Celita, Pelaías, Hanán;

11 Michâ, Rehob, Hasabías,

12 Zachû, Serebías, Sebanías,

13 Odaía, Bani, Beninu.

14 Cabezas del pueblo: Pharos, Pahath-moab, Elam, Zattu, Bani,

15 Bunni, Azgad, Bebai,

16 Adonías, Bigvai, Adín,

17 Ater, Ezekías, Azur,

18 Odaía, Hasum, Besai,

19 Ariph, Anathoth, Nebai,

20 Magpías, Mesullam, Hezir,

21 Mesezabeel, Sadoc, Jádua,

22 Pelatías, Hanán, Anaías,

23 Hoseas, Hananías, Asub,

24 Lohes, Pilha, Sobec,

25 Rehum, Hasabna, Maaseías,

26 Y Ahijas, Hanán, Anan,

27 Malluch, Harim, Baana.

28 Y el resto del pueblo, los sacerdotes, Levitas, porteros, cantores, Nethineos, y todos los que se habían apartado de los pueblos de las tierras á la ley de Dios, sus mujeres, sus hijos y sus hijas, y todo el que tenía comprensión y discernimiento,

29 Adhiriéronse á sus hermanos, sus principales, y vinieron en la protestación y en el juramento de que andarían en la ley de Dios, que fué dada por mano de Moisés siervo de Dios, y que guardarían y cumplirían todos los mandamientos de Jehová nuestro Señor, y sus juicios y sus estatutos;

30 Y que no daríamos nuestras hijas á los pueblos de la tierra, ni tomaríamos sus hijas para nuestros hijos.

31 Asimismo, que si los pueblos de la tierra trajesen á vender mercaderías y comestibles en día de sábado, nada tomaríamos de ellos en sábado, ni en día santificado; y que dejaríamos el año séptimo, con remisión de toda deuda.

32 Impusímonos además por ley el cargo de contribuir cada año con la tercera parte de un siclo, para la obra de la casa de nuestro Dios;

33 Para el pan de la proposición, y para la ofrenda continua, y para el holocausto continuo, de los sábados, y de las nuevas lunas, y de las festividades, y para las santificaciones y sacrificios por el pecado para expiar á Israel, y para toda la obra de la casa de nuestro Dios.

34 Echamos también las suertes, los sacerdotes, los Levitas, y el pueblo, acerca de la ofrenda de la leña, para traerla á la casa de nuestro Dios, según las casas de nuestros padres, en los tiempos determinados cada un año, para quemar sobre el altar de Jehová nuestro Dios, como está escrito en la ley.

35 Y que cada año traeríamos las primicias de nuestra tierra, y las primicias de todo fruto de todo árbol, á la casa de Jehová:

36 Asimismo los primogénitos de nuestros hijos y de nuestras bestias, como está escrito en la ley; y que traeríamos los primogénitos de nuestras vacas y de nuestras ovejas á la casa de nuestro Dios, á los sacerdotes que ministran en la casa de nuestro Dios:

37 Que traeríamos también las primicias de nuestras masas, y nuestras ofrendas, y del fruto de todo árbol, del vino y del aceite, á los sacerdotes, á las cámaras de la casa de nuestro Dios, y el diezmo de nuestra tierra á los Levitas; y que los Levitas recibirían las décimas de nuestras labores en todas las ciudades:

38 Y que estaría el sacerdote hijo de Aarón con los Levitas, cuando los Levitas recibirían el diezmo; y que los Levitas llevarían el diezmo del diezmo á la casa de nuestro Dios, á las cámaras en la casa del tesoro.

39 Porque á las cámaras han de llevar los hijos de Israel y los hijos de Leví la ofrenda del grano, del vino, y del aceite; y allí estarán los vasos del santuario, y los sacerdotes que ministran, y los porteros, y los cantores; y no abandonaremos la casa de nuestro Dios.

11 Y habitaron los príncipes del pueblo en Jerusalem; mas el resto del pueblo echó suertes para traer uno de diez que morase en Jerusalem, ciudad santa, y las nueve partes en las otras ciudades.

2 Y bendijo el pueblo á todos los varones que voluntariamente se ofrecieron á morar en Jerusalem.

3 Y estos son los principales de la provincia que moraron en Jerusalem; mas en las ciudades de Judá habitaron cada uno en su posesión en sus ciudades, de Israel, de los sacerdotes, y Levitas, y Nethineos, y de los hijos de los siervos de Salomón.

4 En Jerusalem pues habitaron de los hijos de Judá, y de los hijos de Benjamín. De los hijos de Judá: Athaías, hijo de Uzzías, hijo de Zacarías, hijo de Amarías, hijo de Sephatías, hijo de Mahalaleel, de los hijos de Phares;

5 Y Maasías hijo de Baruch, hijo de Colhoze, hijo de Hazaías, hijo de Adaías, hijo de Joiarib, hijo de Zacarías, hijo de Siloni.

6 Todos los hijos de Phares que moraron en Jerusalem, fueron cuatrocientos setenta y ocho hombres fuertes.

7 Y estos son los hijos de Benjamín: Salú hijo de Mesullam, hijo de Joed, hijo de Pedaías, hijo de Colaías, hijo de Maaseías, hijo de Ithiel, hijo de Jesaía.

8 Y tras él, Gabbai, Sallai, novecientos veinte y ocho.

9 Y Joel hijo de Ziehri, era prefecto de ellos, y Jehudas hijo de Senua, el segundo de la ciudad.

10 De los sacerdotes: Jedaías hijo de Joiarib, Jachîn,

11 Seraías hijo de Hilcías, hijo de Mesullam, hijo de Sadoc, hijo de Meraioth, hijo de Ahitub, príncipe de la casa de Dios,

12 Y sus hermanos los que hacían la obra de la casa, ochocientos veintidós: y Adaías hijo de Jeroham, hijo de Pelalías, hijo de Amsi, hijo de Zacarías, hijo de Pashur, hijo de Malachías,

13 Y sus hermanos, príncipes de familias, doscientos cuarenta y dos: y Amasai hijo de Azarael, hijo de Azai, hijo de Mesillemoth, hijo de Immer,

14 Y sus hermanos, hombres de grande vigor, ciento veintiocho: jefe de los cuales era Zabdiel, hijo de Gedolim.

15 Y de los Levitas: Semaías hijo de Hassub, hijo de Azricam, hijo de Hasabías, hijo de Buni;

16 Y Sabethai y Jozabad, de los principales de los Levitas, sobrestantes de la obra exterior de la casa de Dios;

17 Y Mattanías hijo de Michâ, hijo de Zabdi, hijo de Asaph, el principal, el que empezaba las alabanzas y acción de gracias al tiempo de la oración; y Bacbucías el segundo de entre sus hermanos; y Abda hijo de Samua, hijo de Galal, hijo de Jeduthún.

18 Todos los Levitas en la santa ciudad fueron doscientos ochenta y cuatro.

19 Y los porteros, Accub, Talmón, y sus hermanos, guardas en las puertas, ciento setenta y dos.

20 Y el resto de Israel, de los sacerdotes, de los Levitas, en todas las ciudades de Judá, cada uno en su heredad.

21 Y los Nethineos habitaban en Ophel; y Siha y Gispa eran sobre los Nethineos.

22 Y el prepósito de los Levitas en Jerusalem era Uzzi hijo de Bani, hijo de Hasabías, hijo de Mattanías, hijo de Michâ de los cantores los hijos de Asaph, sobre la obra de la casa de Dios.

23 Porque había mandamiento del rey acerca de ellos, y determinación acerca de los cantores para cada día.

24 Y Pethahías hijo de Mesezabel, de los hijos de Zerah hijo de Judá, estaba á la mano del rey en todo negocio del pueblo.

25 Y tocante á las aldeas y sus tierras, algunos de los hijos de Judá habitaron en Chîriat-arba y sus aldeas, y en Dibón y sus aldeas, y en Jecabseel y sus aldeas;

26 Y en Jesuá, Moladah, y en Beth-pelet;

27 Y en Hasar-sual, y en Beer-seba, y en sus aldeas;

28 Y en Siclag, y en Mechôna, y en sus aldeas;

29 Y en En-rimmôn, y en Soreah y en Jarmuth;

30 Zanoah, Adullam, y en sus aldeas; en Lachîs y sus tierras, Azeca y sus aldeas. Y habitaron desde Beer-seba hasta el valle de Hinnom.

31 Y los hijos de Benjamín desde Geba habitaron en Michmas, y Aía, y en Beth-el y sus aldeas;

32 En Anathoth, Nob, Ananía;

33 Hasor, Rama, Gitthaim;

34 Hadid, Seboim, Neballath;

35 Lod, y Ono, valle de los artífices.

36 Y algunos de los Levitas, en los repartimientos de Judá y de Benjamín.

12 Y estos son los sacerdotes y Levitas que subieron con Zorobabel hijo de Sealthiel, y con Jesuá: Seraías, Jeremías, Esdras,

2 Amarías, Malluch, Hartus,

3 Sechânías, Rehum, Meremoth,

4 Iddo, Ginetho, Abías,

5 Miamin, Maadías, Bilga,

6 Semaías, y Joiarib, Jedaías,

7 Sallum, Amoc, Hilcías, Jedaías. Estos eran los príncipes de los sacerdotes y sus hermanos en los días de Jesuá.

8 Y los Levitas: Jesuá, Binnui, Cadmiel, Serebías, Judá, y Mathanías, que con sus hermanos oficiaba en los himnos.

9 Y Bacbucías y Unni, sus hermanos, cada cual en su ministerio.

10 Y Jesuá engendró á Joiacim, y Joiacim engendró á Eliasib y Eliasib engendró á Joiada,

11 Y Joiada engendró á Jonathán, y Jonathán engendró á Jaddua.

12 Y en los días de Joiacim los sacerdotes cabezas de familias fueron: de Seraías, Meraías; de Jeremías, Hananías;

13 De Esdras, Mesullam; de Amarías, Johanán;

14 De Melichâ, Jonathán; de Sebanías, Joseph;

15 De Harim, Adna; de Meraioth, Helcai;

16 De Iddo, Zacarías; de Ginnethón, Mesullam;

17 De Abías, Zichri; de Miniamín, de Moadías, Piltai;

18 De Bilga, Sammua; de Semaías, Jonathán;

19 De Joiarib, Mathenai; de Jedaías, Uzzi;

20 De Sallai, Callai; de Amoc, Eber;

21 De Hilcías, Hasabías; de Jedaías, Nathanael.

22 Los Levitas en días de Eliasib, de Joiada, y de Johanán y Jaddua, fueron escritos por cabezas de familias; también los sacerdotes, hasta el reinado de Darío el Persa.

23 Los hijos de Leví, cabezas de familias, fueron escritos en el libro de las Crónicas hasta los días de Johanán, hijo de Eliasib.

24 Los cabezas de los Levitas: Hasabías, Serebías, y Jesuá hijo de Cadmiel, y sus hermanos delante de ellos, para alabar y para rendir gracias, conforme al estatuto de David varón de Dios, guardando su turno.

25 Mathanías, y Bacbucías, Obadías, Mesullam, Talmón, Accub, guardas, eran porteros para la guardia á las entradas de las puertas.

26 Estos fueron en los días de Joiacim, hijo de Jesuá, hijo de Josadac, y en los días del gobernador Nehemías, y del sacerdote Esdras, escriba.

27 Y á la dedicación del muro de Jerusalem buscaron á los Levitas de todos los lugares, para traerlos á Jerusalem, para hacer la dedicación y la fiesta con alabanzas y con cánticos, con címbalos, salterios y cítaras.

28 Y fueron reunidos los hijos de los cantores, así de la campiña alrededor de Jerusalem como de las aldeas de Netophati;

29 Y de la casa de Gilgal, y de los campos de Geba, y de Azmaveth; porque los cantores se habían edificado aldeas alrededor de Jerusalem.

30 Y se purificaron los sacerdotes y los Levitas; y purificaron al pueblo, y las puertas, y el muro.

31 Hice luego subir á los príncipes de Judá sobre el muro, y puse dos coros grandes que fueron en procesión: el uno á la mano derecha sobre el muro hacia la puerta del Muladar.

32 E iba tras de ellos Osaías, y la mitad de los príncipes de Judá,

33 Y Azarías, Esdras y Mesullam,

34 Judá y Benjamín, y Semaías, y Jeremías;

35 Y de los hijos de los sacerdotes iban con trompetas, Zacarías hijo de Jonathán, hijo de Semaías, hijo de Mathanías, hijo de Michâías, hijo de Zachûr, hijo de Asaph;

36 Y sus hermanos Semaías, y Azarael, Milalai, Gilalai, Maai, Nathanael, Judá y Hanani, con los instrumentos músicos de David varón de Dios; y Esdras escriba, delante de ellos.

37 Y á la puerta de la Fuente, en derecho delante de ellos, subieron por las gradas de la ciudad de David, por la subida del muro, desde la casa de David hasta la puerta de las Aguas al oriente.

38 Y el segundo coro iba del lado opuesto, y yo en pos de él, con la mitad del pueblo sobre el muro, desde la torre de los Hornos hasta el muro ancho;

39 Y desde la puerta de Ephraim hasta la puerta vieja, y á la puerta del Pescado, y la torre de Hananeel, y la torre de Hamath, hasta la puerta de las Ovejas; y pararon en la puerta de la Cárcel.

40 Pararon luego dos coros en la casa de Dios; y yo, y la mitad de los magistrados conmigo;

41 Y los sacerdotes, Eliacim, Maaseías, Miniamin, Michâías, Elioenai, Zacarías, y Hananías, con trompetas;

42 Y Maaseías, y Semeías, y Eleazar, y Uzzi, y Johanán, y Malchías, y Elam, y Ezer. Y los cantores cantaban alto, é Israhía era el prefecto.

43 Y sacrificaron aquel día grandes víctimas, é hicieron alegrías; porque Dios los había recreado con grande contentamiento: alegráronse también la mujeres y muchachos; y el alborozo de Jerusalem fué oído de lejos.

44 Y en aquel día fueron puestos varones sobre las cámaras de los tesoros, de las ofrendas, de las primicias, y de los diezmos, para juntar en ellas, de los campos de las ciudades, las porciones legales para los sacerdotes y Levitas: porque era grande el gozo de Judá con respecto á los sacerdotes y Levitas que asistían.

45 Y habían guardado la observancia de su Dios, y la observancia de la expiación, como también los cantores y los porteros, conforme al estatuto de David y de Salomón su hijo.

46 Porque desde el tiempo de David y de Asaph, ya de antiguo, había príncipes de cantores, y cántico y alabanza, y acción de gracias á Dios.

47 Y todo Israel en días de Zorobabel, y en días de Nehemías, daba raciones á los cantores y á los porteros, cada cosa en su día: consagraban asimismo sus porciones á los Levitas, y los Levitas consagraban parte á los hijos de Aarón.

13 Aquel día se leyó en el libro de Moisés oyéndolo el pueblo, y fué hallado en él escrito, que los Ammonitas y Moabitas no debían entrar jamás en la congregación de Dios;

2 Por cuanto no salieron á recibir á los hijos de Israel con pan y agua, antes alquilaron á Balaam contra ellos, para que los maldijera: mas nuestro Dios volvió la maldición en bendición.

3 Y fué que, como oyeron la ley, apartaron de Israel toda mistura.

4 Y antes de esto, Eliasib sacerdote, siendo superintendente de la cámara de la casa de nuestro Dios, había emparentado con Tobías,

5 Y le había hecho una grande cámara, en la cual guardaban antes las ofrendas, y el perfume, y los vasos, y el diezmo del grano, y del vino y del aceite, que estaba mandado dar á los Levitas, á los cantores, y á los porteros; y la ofrenda de los sacerdotes.

6 Mas á todo esto, yo no estaba en Jerusalem; porque el año treinta y dos de Artajerjes rey de Babilonia, vine al rey; y al cabo de días fuí enviado del rey.

7 Y venido á Jerusalem, entendí el mal que había hecho Eliasib en atención á Tobías, haciendo para él cámara en los patios de la casa de Dios.

8 Y dolióme en gran manera; y eché todas las alhajas de la casa de Tobías fuera de la cámara;

9 Y dije que limpiasen las cámaras, é hice volver allí las alhajas de la casa de Dios, las ofrendas y el perfume.

10 Entendí asimismo que las partes de los Levitas no se les habían dado; y que los Levitas y cantores que hacían el servicio se habían huído cada uno á su heredad.

11 Y reprendí á los magistrados, y dije: ¿Por qué está la casa de Dios abandonada? Y juntélos, y púselos en su lugar.

12 Y todo Judá trajo el diezmo del grano, del vino y del aceite, á los almacenes.

13 Y puse por sobrestantes de ellos á Selemías sacerdote, y á Sadoc escriba, y de los Levitas, á Pedaías; y á mano de ellos Hanán hijo de Zaccur, hijo de Mathanías: pues que eran tenidos por fieles, y de ellos eran el repartir á sus hermanos.

14 Acuérdate de mí, oh Dios, en orden á esto, y no raigas mis misericordias que hice en la casa de mi Dios, y en sus observancias.

15 En aquellos días ví en Judá algunos que pisaban en lagares el sábado, y que acarreaban haces, y cargaban asnos con vino, y también de uvas, de higos, y toda suerte de carga, y traían á Jerusalem en día de sábado; y protesté les acerca del día que vendían el mantenimiento.

16 También estaban en ella Tirios que traían pescado y toda mercadería, y vendían en sábado á los hijos de Judá en Jerusalem.

17 Y reprendí á los señores de Judá, y díjeles: ¿Qué mala cosa es esta que vosotros hacéis, profanando así el día del sábado?

18 ¿No hicieron así vuestros padres, y trajo nuestro Dios sobre nosotros todo este mal, y sobre esta ciudad? ¿Y vosotros añadís ira sobre Israel profanando el sábado?

19 Sucedió pues, que cuando iba oscureciendo á las puertas de Jerusalem antes del sábado, dije que se cerrasen las puertas, y ordené que no las abriesen hasta después del sábado; y puse á las puertas algunos de mis criados, para que en día de sábado no entrasen carga.

20 Y quedáronse fuera de Jerusalem una y dos veces los negociantes, y los que vendían toda especie de mercancía.

21 Y protestéles, y díjeles: ¿Por qué os quedáis vosotros delante del muro? Si lo hacéis otra vez, os echaré mano. Desde entonces no vinieron en sábado.

22 Y dije á los Levitas que se purificasen, y viniesen á guardar las puertas, para santificar el día del sábado. También por esto acuérdate de mí, Dios mío, y perdóname según la muchedumbre de tu misericordia.

23 Ví asimismo en aquellos días Judíos que habían tomado mujeres de Asdod, Ammonitas, y Moabitas:

24 Y sus hijos la mitad hablaban asdod, y conforme á la lengua de cada pueblo; que no sabían hablar judaico.

25 Y reñí con ellos, y maldíjelos, y herí algunos de ellos, y arranquéles los cabellos, y juraméntelos, diciendo: No daréis vuestras hijas á sus hijos, y no tomaréis de sus hijas para vuestras hijas, ó para vosotros.

26 ¿No pecó por esto Salomón, rey de Israel? Bien que en muchas gentes no hubo rey como él, que era amado de su Dios y Dios lo había puesto por rey sobre todo Israel, aun á él hicieron pecar las mujeres extranjeras.

27 ¿Y obedeceremos á vosotros para cometer todo este mal tan grande de prevaricar contra nuestro Dios, tomando mujeres extranjeras?

28 Y uno de los hijos de Joiada, hijo de Eliasib el gran sacerdote era yerno de Sanballat Horonita: ahuyentélo por tanto de mí.

29 Acuérdate de ellos, Dios mío, contra los que contaminan el sacerdocio, y el pacto del sacerdocio y de los Levitas.

30 Limpiélos pues de todo extranjero, y puse á los sacerdotes y Levitas por sus clases, á cada uno en su obra;

31 Y para la ofrenda de la leña en los tiempos señalados, y para las primicias. Acuérdate de mí, Dios mío, para bien.

ESTHER.

1 Y acontenció en los días de Assuero, (el Assuero que reinó desde la India hasta la Etiopía sobre ciento veinte y siete provincias,)

2 Que en aquellos días, asentado que fué el rey Assuero en la silla de su reino, la cual estaba en Susán capital del reino,

3 En el tercer año de su reinado hizo banquete á todos sus príncipes y siervos, teniendo delante de él la fuerza de Persia y de Media, gobernadores y príncipes de provincias,

4 Para mostrar él las riquezas de la gloria de su reino, y el lustre de la magnificencia de su poder, por muchos días, ciento y ochenta días.

5 Y cumplidos estos días, hizo el rey banquete por siete días en el patio del huerto del palacio real á todo el pueblo, desde el mayor hasta el menor que se halló en Susán capital del reino.

6 El pabellón era de blanco, verde, y cárdeno, tendido sobre cuerdas de lino y púrpura en sortijas de plata y columnas de mármol: los reclinatorios de oro y de plata, sobre losado de pórfido y de mármol, y de alabastro y de jacinto.

7 Y daban á beber en vasos de oro, y vasos diferentes unos de otros, y mucho vino real, conforme á la facultad del rey.

8 Y la bebida fué según esta ley: Que nadie constriñese; porque así lo había mandado el rey á todos los mayordomos de su casa; que se hiciese según la voluntad de cada uno.

9 Asimismo la reina Vasthi hizo banquete de mujeres, en la casa real del rey Assuero.

10 El séptimo día, estando el corazón del rey alegre del vino, mandó á Mehumán, y á Biztha, y á Harbona, y á Bightha, y á Abagtha, y á Zetar, y á Carcas, siete eunucos que servían delante del rey Assuero,

11 Que trajesen á la reina Vasthi delante del rey con la corona regia, para mostrar á los pueblos y á los príncipes su hermosura; porque era linda de aspecto.

12 Mas la reina Vasthi no quiso comparecer á la orden del rey, enviada por mano de los eunucos; y enojóse el rey muy mucho, y encendióse en él su ira.

13 Preguntó entonces el rey á los sabios que sabían los tiempos, (porque así era la costumbre del rey para con todos los que sabían la ley y el derecho;

14 Y estaban junto á él, Carsena, y Sethar, y Admatha, y Tharsis, y Meres, y Marsena, y Memucán, siete príncipes de Persia y de Media que veían la cara del rey, y se sentaban los primeros del reino:)

15 Qué se había de hacer según la ley con la reina Vasthi, por cuanto no había cumplido la orden del rey Assuero, enviada por mano de los eunucos.

16 Y dijo Memucán delante del rey y de los príncipes: No solamente contra el rey ha pecado la reina Vasthi, sino contra todos los príncipes, y contra todos los pueblos que hay en todas las provincias del rey Assuero.

17 Porque este hecho de la reina pasará á noticia de todas las mujeres, para hacerles tener en poca estima á sus maridos, diciendo: El rey Assuero mandó traer delante de sí á la reina Vasthi, y ella no vino.

18 Y entonces dirán esto las señoras de Persia y de Media que oyeren el hecho de la reina, á todos los príncipes del rey: y habrá mucho menosprecio y enojo.

19 Si parece bien al rey, salga mandamiento real delante de él, y escríbase entre las leyes de Persia y de Media, y no sea traspasado: Que no venga Vasthi delante del rey Assuero: y de él rey su reino á su compañera que sea mejor que ella.

20 Y el mandamiento que hará el rey será oído en todo su reino, aunque es grande, y todas las mujeres darán honra á sus maridos, desde el mayor hasta el menor.

21 Y plugo esta palabra en ojos del rey y de los príncipes, é hizo el rey conforme al dicho de Memucán;

22 Pues envió letras á todas la provincias del rey, á cada provincia conforme á su escribir, y á cada pueblo conforme á su lenguaje, diciendo que todo hombre fuese señor en su casa; y háblese esto según la lengua de su pueblo.

2 Pasadas estas cosas, sosegada ya la ira del rey Assuero, acordóse de Vasthi, y de lo que hizo, y de lo que fué sentenciado contra ella.

2 Y dijeron los criados del rey, sus oficiales: Busquen al rey mozas vírgenes de buen parecer;

3 Y ponga el rey personas en todas las provincias de su reino, que junte todas las mozas vírgenes de buen parecer en Susán residencia regia, en la casa de las mujeres, al cuidado de Hegai, eunuco del rey, guarda de las mujeres, dándoles sus atavíos;

4 Y la moza que agradare á los ojos del rey, reine en lugar de Vasthi. Y la cosa plugo en ojos del rey, é hízolo así.

5 Había un varón Judío en Susán residencia regia, cuyo nombre era Mardochêo, hijo de Jair, hijo de Simi, hijo de Cis, del linaje de Benjamín;

6 El cual había sido trasportado de Jerusalem con los cautivos que fueron llevados con Jechônías rey de Judá, á quien hizo trasportar Nabucodonosor rey de Babilonia.

7 Y había criado á Hadassa, que es Esther, hija de su tío, porque no tenía padre ni madre; y era moza de hermosa forma y de buen parecer; y como su padre y su madre murieron, Mardochêo la había tomado por hija suya.

8 Sucedió pues, que como se divulgó el mandamiento del rey y su acuerdo, y siendo reunidas muchas mozas en Susán residencia regia, á cargo de Hegai, fué tomada también Esther para casa del rey, al cuidado de Hegai, guarda de las mujeres.

9 Y la moza agradó en sus ojos, y halló gracia delante de él; por lo que hizo darle prestamente sus atavíos y sus raciones, dándole también siete convenientes doncellas de la casa del rey; y pasóla con sus doncellas á lo mejor de la casa de las mujeres.

10 Esther no declaró su pueblo ni su nacimiento; porque Mardochêo le había mandado que no lo declarase.

11 Y cada día Mardochêo se paseaba delante del patio de la casa de las mujeres, por saber cómo iba á Esther, y qué se hacía de ella.

12 Y como llegaba el tiempo de cada una de las mozas para venir al rey Assuero, al cabo de haber estado ya doce meses conforme á la ley acerca de las mujeres (porque así se cumplía el tiempo de sus atavíos, esto es, seis meses con óleo de mirra, y seis meses con cosas aromáticas y afeites de mujeres),

13 Entonces la moza venía así al rey: todo lo que ella decía se le daba, para venir con ello de la casa de las mujeres hasta la casa del rey.

14 Ella venía á la tarde, y á la mañana se volvía á la casa segunda de las mujeres, al cargo de Saasgaz eunuco del rey, guarda de las concubinas: no venía más al rey, salvo si el rey la quería, y era llamada por nombre.

15 Y llegado que fué el tiempo de Esther, hija de Abihail tío de Mardochêo, que él se había tomado por hija, para venir al rey, ninguna cosa procuró sino lo que dijo Hegai eunuco del rey, guarda de las mujeres: y ganaba Esther la gracia de todos los que la veían.

16 Fué pues Esther llevada al rey Assuero á su casa real en el mes décimo, que es el mes de Tebeth, en el año séptimo de su reinado.

17 Y el rey amó á Esther sobre todas las mujeres, y halló gracia y benevolencia delante de él más que todas las vírgenes; y puso la corona real en su cabeza, é hízola reina en lugar de Vasthi.

18 Hizo luego el rey gran banquete á todos sus príncipes y siervos, el banquete de Esther; y alivió á las provincias, é hizo y dió mercedes conforme á la facultad real.

19 Y cuando se juntaban las vírgenes la segunda vez, Mardochêo estaba puesto a la puerta del rey.

20 Y Esther, según le tenía mandado Mardochêo, no había declarado su nación ni su pueblo; porque Esther hacía lo que decía Mardochêo, como cuando con él se educaba.

21 En aquellos días, estando Mardochêo sentado á la puerta del rey, enojáronse Bigthán y Teres, dos eunucos del rey, de la guardia de la puerta, y procuraban poner mano en el rey Assuero.

22 Mas entendido que fué esto por Mardochêo, él lo denunció á la reina Esther, y Esther lo dijo al rey en nombre de Mardochêo.

23 Hízose entonces indagación de la cosa, y fué hallada cierta; por tanto, entrambos fueron colgados en una horca. Y escribióse el caso en el libro de las cosas de los tiempos delante del rey.

3 Después de estas cosas, el rey Assuero engrandeció á Amán hijo de Amadatha Agageo, y ensalzólo, y puso su silla sobre todos los príncipes que estaban con él.

2 Y todos los siervos del rey que estaban á la puerta del rey, se arrodillaban é inclinaban á Amán, porque así se lo había mandado el rey; pero Mardochêo, ni se orrodillaba ni se humillaba.

3 Y los siervos del rey que estaban á la puerta, dijeron á Mardochêo: ¿Por qué traspasas el mandamiento del rey?

4 Y aconteció que, hablándole cada día de esta manera, y no escuchándolos él, denunciáronlo á Amán, por ver si las palabras de Mardochêo se mantendrían; porque ya él les había declarado que era Judío.

5 Y vió Amán que Mardochêo ni se arrodillaba ni se humillaba delante de él; y llenóse de ira.

6 Mas tuvo en poco meter mano en solo Mardochêo; que ya le había declarado el pueblo de Mardochêo: y procuró Amán destruir á todos los Judíos que había en el reino de Assuero, al pueblo de Mardochêo.

7 En el mes primero, que es el mes de Nisán, en el año duodécimo del rey Assuero, fué echada Pur, esto es, la suerte, delante de Amán, de día en día y de mes en mes; y salió el mes duodécimo, que es el mes de Adar.

8 Y dijo Amán al rey Assuero: Hay un pueblo esparcido y dividido entre los pueblos en todas las provincias de tu reino, y sus leyes son diferentes de las de todo pueblo, y no observan las leyes del rey; y al rey no viene provecho de dejarlos.

9 Si place al rey, escríbase que sean destruídos; y yo pesaré diez mil talentos de plata en manos de los que manejan la hacienda, para que sean traídas á los tesoros del rey.

10 Entonces el rey quitó su anillo de su mano, y diólo á Amán hijo de Amadatha Agageo, enemigo de los Judíos,

11 Y díjole: La plata propuesta sea para ti, asimismo el pueblo, para que hagas de él lo que bien te pareciere.

12 Entonces fueron llamados los escribanos del rey en el mes primero, á trece del mismo, y fué escrito conforme á todo lo que mandó Amán, á los príncipes del rey, y á los capitanes que estaban sobre cada provincia, y á los príncipes de cada pueblo, á cada provincia según su escritura, y á cada pueblo según su lengua: en nombre del rey Assuero fué escrito, y signado con el anillo del rey.

13 Y fueron enviadas letras por mano de los correos á todas las provincias del rey, para destruir, y matar, y exterminar á todos los Judíos, desde el niño hasta el viejo, niños y mujeres en un día, en el trece del mes duodécimo, que es el mes de Adar, y para apoderarse de su despojo.

14 La copia del escrito que se diese por mandamiento en cada provincia, fué publicada á todos los pueblos, á fin de que estuviesen apercibidos para aquel día.

15 Y salieron los correos de priesa por mandato del rey, y el edicto fué dado en Susán capital del reino. Y el rey y Amán estaban sentados á beber, y la ciudad de Susán estaba conmovida.

4 Luego que supo Mardochêo todo lo que se había hecho, rasgó sus vestidos, y vistióse de saco y de ceniza, y fuése por medio de la ciudad clamando con grande y amargo clamor.

2 Y vino hasta delante de la puerta del rey: porque no era lícito pasar adentro de la puerta del rey con vestido de saco.

3 Y en cada provincia y lugar donde el mandamiento del rey y su decreto llegaba, tenían los Judíos grande luto, y ayuno, y lloro, y lamentación: saco y ceniza era la cama de muchos.

4 Y vinieron las doncellas de Esther y sus eunucos, y dijéronselo: y la reina tuvo gran dolor, y envió vestidos para hacer vestir á Mardochêo, y hacerle quitar el saco de sobre él; mas él no los recibió.

5 Entonces Esther llamó á Atach, uno de los eunucos del rey, que él había hecho estar delante de ella, y mandólo á Mardochêo, con orden de saber qué era aquello, y por qué.

6 Salió pues Atach á Mardochêo, á la plaza de la ciudad que estaba delante de la puerta del rey.

7 Y Mardochêo le declaró todo lo que le había acontecido, y dióle noticia de la plata que Amán había dicho que pesaría para los tesoros del rey por razón de los Judíos, para destruirlos.

8 Dióle también la copia de la escritura del decreto que había sido dado en Susán para que fuesen destruídos, á fin de que la mostrara á Esther y se lo declarase, y le encargara que fuese al rey á suplicarle, y á pedir delante de él por su pueblo.

9 Y vino Atach, y contó á Esther las palabras de Mardochêo.

10 Entonces Esther dijo á Atach, y mandóle decir á Mardochêo:

11 Todos los siervos del rey, y el pueblo de las provincias del rey saben, que cualquier hombre ó mujer que entra al rey al patio de adentro sin ser llamado, por una sola ley ha de morir: salvo aquel á quien el rey extendiere el cetro de oro, el cual vivirá: y yo no he sido llamada para entrar al rey estos treinta días.

12 Y dijeron á Mardochêo las palabras de Esther.

13 Entonces dijo Mardochêo que respondiesen á Esther: No pienses en tu alma, que escaparás en la casa del rey más que todos los Judíos:

14 Porque si absolutamente callares en este tiempo, respiro y libertación tendrán los Judíos de otra parte; mas tú y la casa de tu padre pereceréis. ¿Y quién sabe si para esta hora te han hecho llegar al reino?

15 Y Esther dijo que respondiesen á Mardochêo:

16 Ve, y junta á todos los Judíos que se hallan en Susán, y ayunad por mí, y no comáis ni bebáis en tres días, noche ni día: yo también con mis doncellas ayunaré igualmente, y así entraré al rey, aunque no sea conforme á la ley; y si perezco, que perezca.

17 Entonces se fué Mardochêo, é hizo conforme á todo lo que le mandó Esther.

5 Y aconteció que al tercer día se vistió Esther su vestido real, y púsose en el patio de adentro de la casa del rey, enfrente del aposento del rey: y estaba el rey sentado en su solio regio en el aposento real, enfrente de la puerta del aposento.

2 Y fué que, como vió á la reina Esther que estaba en el patio, ella obtuvo gracia en sus ojos; y el rey extendió á Esther el cetro de oro que tenía en la mano. Entonces se llegó Esther, y tocó la punta del cetro.

3 Y dijo el rey: ¿Qué tienes, reina Esther? ¿y cuál es tu petición? Hasta la mitad del reino, se te dará.

4 Y Esther dijo: Si al rey place, venga hoy el rey con Amán al banquete que le he hecho.

5 Y respondió el rey: Daos priesa, llamad á Amán, para hacer lo que Esther ha dicho. Vino pues el rey con Amán al banquete que Esther dispuso.

6 Y dijo el rey á Esther en el banquete del vino: ¿Cuál es tu petición, y te será otorgada? ¿Cuál es tu demanda? Aunque sea la mitad del reino, te será concedida.

7 Entonces respondió Esther, y dijo: Mi petición y mi demanda es:

8 Si he hallado gracia en los ojos del rey, y si place al rey otorgar mi petición y hacer mi demanda, que venga el rey con Amán al banquete que les dispondré; y mañana haré conforme á lo que el rey ha mandado.

9 Y salió Amán aquel día contento y alegre de corazón; pero como vió á Mardochêo á la puerta del rey, que no se levantaba ni se movía de su lugar, llenóse contra Mardochêo de ira.

10 Mas refrenóse Amán, y vino á su casa, y envió, é hizo venir sus amigos, y á Zeres su mujer.

11 Y refirióles Amán la gloria de sus riquezas, y la multitud de sus hijos, y todas las cosas con que el rey le había engrandecido y con que le había ensalzado sobre los príncipes y siervos del rey.

12 Y añadió Amán: También la reina Esther á ninguno hizo venir con el rey al banquete que ella dispuso, sino á mí: y aun para mañana soy convidado de ella con el rey.

13 Mas todo esto nada me sirve cada vez que veo al judío Mardochêo sentado á la puerta del rey.

14 Y díjole Zeres su mujer, y todos sus amigos: Hagan una horca alta de cincuenta codos, y mañana di al rey que cuelguen á Mardochêo en ella; y entra con el rey al banquete alegre. Y plugo la cosa en los ojos de Amán, é hizo preparar la horca.

6 Aquella noche se le fué el sueño al rey, y dijo que le trajesen el libro de las memorias de las cosas de los tiempos: y leyéronlas delante del rey.

2 Y hallóse escrito que Mardochêo había denunciado de Bigthan y de Teres, dos eunucos del rey, de la guarda de la puerta, que habían procurado meter mano en el rey Assuero.

3 Y dijo el rey: ¿Qué honra ó que distinción se hizo á Mardochêo por esto? Y respondieron los servidores del rey, sus oficiales: Nada se ha hecho con él.

4 Entonces dijo el rey: ¿Quién está en el patio? Y Amán había venido al patio de afuera de la casa del rey, para decir al rey que hiciese colgar á Mardochêo en la horca que él tenía preparada.

5 Y los servidores del rey le respondieron: He aquí Amán está en el patio. Y el rey dijo: Entre.

6 Entró pues Amán, y el rey le dijo: ¿Qué se hará al hombre cuya honra desea el rey? Y dijo Amán en su corazón: ¿A quién deseará el rey hacer honra más que á mí?

7 Y respondió Amán al rey: Al varón cuya honra desea el rey,

8 Traigan el vestido real de que el rey se viste, y el caballo en que el rey cabalga, y la corona real que está puesta en su cabeza;

9 Y den el vestido y el caballo en mano de alguno de los príncipes más nobles del rey, y vistan á aquel varón cuya honra desea el rey, y llévenlo en el caballo por la plaza de la ciudad, y pregonen delante de él: Así se hará al varón cuya honra desea el rey.

10 Entonces el rey dijo á Amán: Date priesa, toma el vestido y el caballo, como tú has dicho, y hazlo así con el judío Mardochêo, que se sienta á la puerta del rey; no omitas nada de todo lo que has dicho.

11 Y Amán tomó el vestido y el caballo, y vistió á Mardochêo, y llevólo á caballo por la plaza de la ciudad, é hizo pregonar delante de él: Así se hará al varón cuya honra desea el rey.

12 Después de esto Mardochêo se volvió á la puerta del rey, y Amán se fué corriendo á su casa, apesadumbrado y cubierta su cabeza.

13 Contó luego Amán á Zeres su mujer, y á todos sus amigos, todo lo que le había acontecido: y dijéronle sus sabios, y Zeres su mujer: Si de la simiente de los Judíos es el Mardochêo, delante de quien has comenzado á caer, no lo vencerás; antes caerás por cierto delante de él.

14 Aun estaban ellos hablando con él, cuando los eunucos del rey llegaron apresurados, para hacer venir á Amán al banquete que Esther había dispuesto.

7 Vino pues el rey con Amán á beber con la reina Esther.

2 Y también el segundo día dijo el rey á Esther en el convite del vino: ¿Cuál es tu petición, reina Esther, y se te concederá? ¿Cuál es pues tu demanda? Aunque sea la mitad del reino, pondráse por obra.

3 Entonces la reina Esther respondió y dijo: Oh rey, si he hallado gracia en tus ojos, y si al rey place, séame dada mi vida por mi petición, y mi pueblo por mi demanda.

4 Porque vendidos estamos yo y mi pueblo, para ser destruídos, para ser muertos y exterminados. Y si para siervos y siervas fuéramos vendidos, callárame, bien que el enemigo no compensara el daño del rey.

5 Y respondió el rey Assuero, y dijo á la reina Esther: ¿Quién es, y dónde está, aquél á quien ha henchido su corazón para obrar así?

6 Y Esther dijo: El enemigo y adversario es este malvado Amán. Entonces se turbó Amán delante del rey y de la reina.

7 Levantóse luego el rey del banquete del vino en su furor, y se fué al huerto del palacio: y quedóse Amán para procurar de la reina Esther por su vida; porque vió que estaba resuelto para él el mal de parte del rey.

8 Volvió después el rey del huerto del palacio al aposento del banquete del vino, y Amán había caído sobre el lecho en que estaba Esther. Entonces dijo el rey: ¿También para forzar la reina, estando conmigo en casa? Como esta palabra salió de la boca del rey, el rostro de Amán fué cubierto.

9 Y dijo Harbona, uno de los eunucos de delante del rey: He aquí también la horca de cincuenta codos de altura que hizo Amán para Mardochêo, el cual había hablado bien por el rey, está en casa de Amán. Entonces el rey dijo: Colgadlo en ella.

10 Así colgaron á Amán en la horca que él había hecho aparejar para Mardochêo; y apaciguóse la ira del rey.

8 El mismo día dió el rey Assuero á la reina Esther la casa de Amán enemigo de los Judíos; y Mardochêo vino delante del rey, porque Esther le declaró lo que era respecto de ella.

2 Y quitóse el rey su anillo que había vuelto á tomar de Aman, y diólo á Mardochêo. Y Esther puso á Mardochêo sobre la casa de Amán.

3 Volvió luego Esther á hablar delante del rey, y echóse á sus pies, llorando y rogándole que hiciese nula la maldad de Amán Agageo, y su designio que había formado contra los Judíos.

4 Entonces extendió el rey á Esther el cetro de oro, y Esther se levantó, y púsose en pie delante del rey.

5 Y dijo: Si place al rey, y si he hallado gracia delante de el, y si la cosa es recta delante del rey, y agradable yo en sus ojos, sea escrito para revocar las letras del designio de Amán hijo de Amadatha Agageo, que escribió para destruir á los Judíos que están en todas las provincias del rey.

6 Porque ¿cómo podré yo ver el mal que alcanzará á mi pueblo? ¿cómo podré yo ver la destrucción de mi nación?

7 Y respondió el rey Assuero á la reina Esther, y á Mardochêo Judío: He aquí yo he dado á Esther la casa de Amán, y á él han colgado en la horca, por cuanto extendió su mano contra los Judíos.

8 Escribid pues vosotros á los Judíos como bien os pareciere en el nombre del rey, y sellad lo con el anillo del rey; porque la escritura que se sella con el anillo del rey, no es para revocarla.

9 Entonces fueron llamados los escribanos del rey en el mes tercero, que es Siván, á veintitrés del mismo; y escribióse conforme á todo lo que mandó Mardochêo, á los Judíos, y á los sátrapas, y á los capitanes, y á los príncipes de las provincias que había desde la India hasta la Ethiopía, ciento veintisiete provincias; á cada provincia según su escribir, y á cada pueblo conforme á su lengua, á los Judíos también conforme á su escritura y lengua.

10 Y escribió en nombre del rey Assuero, y selló con el anillo del rey, y envió letras por correos de á caballo, montados en dromedarios, y en mulos hijos de yeguas;

11 Con intimación de que el rey concedía á los Judíos que estaban en todas las ciudades, que se juntasen y estuviesen á la defensa de su vida, prontos á destruir, y matar, y acabar con todo ejército de pueblo ó provincia que viniese contra ellos, aun niños y mujeres, y su despojo para presa;

12 En un mismo día en todas las provincias del rey Assuero, en el trece del mes duodécimo, que es el mes de Adar.

13 La copia de la escritura que había de darse por ordenanza en cada provincia, para que fuese manifiesta á todos los pueblos, decía que los Judíos estuviesen apercibidos para aquel día, para vengarse de sus enemigos.

14 Los correos pues, cabalgando en dromedarios y en mulos, salieron apresurados y constreñidos por el mandamiento del rey: y la ley fué dada en Susán capital del reino.

15 Y salió Mardochêo de delante del rey con vestido real de cárdeno y blanco, y una gran corona de oro, y un manto de lino y púrpura: y la ciudad de Susán se alegró y regocijó.

16 Los Judíos tuvieron luz y alegría, y gozo y honra.

17 Y en cada provincia y en cada ciudad donde llegó el mandamiento del rey, los Judíos tuvieron alegría y gozo, banquete y día de placer. Y muchos de los pueblos de la tierra se hacían Judíos, porque el temor de los Judíos había caído sobre ellos.

9 Y en el mes duodécimo y que es el mes de Adar, á trece del mismo, en el que tocaba se ejecutase el mandamiento del rey y su ley, el mismo día en que esperaban los enemigos de los Judíos enseñorearse de ellos, fué lo contrario; porque los Judíos se enseñorearon de los que los aborrecían.

2 Los Judíos se juntaron en sus ciudades en todas las provincias del rey Assuero, para meter mano sobre los que habían procurado su mal: y nadie se puso delante de ellos, porque el temor de ellos había caído sobre todos los pueblos.

3 Y todos los príncipes de las provincias, y los virreyes, y capitanes, y oficiales del rey, ensalzaban á los Judíos; porque el temor de Mardochêo había caído sobre ellos.

4 Porque Mardochêo era grande en la casa del rey, y su fama iba por todas las provincias; pues el varón Mardochêo iba engrandeciéndose.

5 E hirieron los Judíos á todos sus enemigos con plaga de espada, y de mortandad, y de perdición; é hicieron en sus enemigos á su voluntad.

6 Y en Susán capital del reino, mataron y destruyeron los Judíos á quinientos hombres.

7 Mataron entonces á Phorsandatha, y á Dalphón, y á Asphatha,

8 Y á Phoratha y á Ahalía, y á Aridatha,

9 Y á Pharmastha, y á Arisai, y á Aridai, y á Vaizatha,

10 Diez hijos de Amán hijo de Amadatha, enemigo de los Judíos: mas en la presa no metieron su mano.

11 El mismo día vino la cuenta de los muertos en Susán residencia regia, delante del rey.

12 Y dijo el rey á la reina Esther: En Susán, capital del reino, han muerto los Judíos y destruído quinientos hombres, y á diez hijos de Amán; ¿qué habrán hecho en las otras provincias del rey? ¿Cuál pues es tu petición, y te será concedida? ¿ó qué más es tu demanda, y será hecho?

13 Y respondió Esther: Si place al rey, concédase también mañana á los Judíos en Susán, que hagan conforme á la ley de hoy; y que cuelguen en la horca á los diez hijos de Amán.

14 Y mandó el rey que se hiciese así: y dióse la orden en Susán, y colgaron á los diez hijos de Amán.

15 Y los Judíos que estaban en Susán, se juntaron también el catorce del mes de Adar, y mataron en Susán trescientos hombres: mas en la presa no metieron su mano.

16 En cuanto á los otros Judíos que estaban en las provincias del rey, también se juntaron y pusiéronse en defensa de su vida, y tuvieron reposo de sus enemigos, y mataron de sus contrarios setenta y cinco mil; mas en la presa no metieron su mano.

17 En el día trece del mes de Adar fué esto; y reposaron en el día catorce del mismo, é hiciéronlo día de banquete y de alegría.

18 Mas los Judíos que estaban en Susán se juntaron en el trece y en el catorce del mismo mes; y al quince del mismo reposaron, é hicieron aquel día día de banquete y de regocijo.

19 Por tanto los Judíos aldeanos que habitan en las villas sin muro, hacen á los catorce del mes de Adar el día de alegría y de banquete, y buen día, y de enviar porciones cada uno á su vecino.

20 Y escribió Mardochêo estas cosas, y envió letras á todos los Judíos que estaban en todas las provincias del rey Assuero, cercanos y distantes,

21 Ordenándoles que celebrasen el día décimocuarto del mes de Adar, y el décimoquinto del mismo, cada un año,

22 Como días en que los Judíos tuvieron reposo de sus enemigos, y el mes que se les tornó de tristeza en alegría, y de luto en día bueno; que los hiciesen días de banquete y de gozo, y de enviar porciones cada uno á su vecino, y dádivas á los pobres.

23 Y los Judíos aceptaron hacer, según habían comenzado, lo que les escribió Mardochêo.

24 Porque Amán hijo de Amadatha, Agageo, enemigo de todos los Judíos, había ideado contra los Judíos para destruirlos, y echó Pur, que quiere decir suerte, para consumirlos y acabar con ellos.

25 Mas como Esther vino á la presencia del rey, él intimó por carta: El perverso designio que aquél trazó contra los Judíos, recaiga sobre su cabeza; y cuélguenlo á él y á sus hijos en la horca.

26 Por esto llamaron á estos días Purim, del nombre Pur. Por todas las palabras pues de esta carta, y por lo que ellos vieron sobre esto, y lo que llegó á su noticia,

27 Establecieron y tomaron los Judíos sobre sí, y sobre su simiente, y sobre todos los allegados á ellos, y no será traspasado, el celebrar estos dos días según está escrito en orden á ellos, y conforme á su tiempo cada un año;

28 Y que estos dos días serían en memoria, y celebrados en todas las naciones, y familias, y provincias, y ciudades. Estos días de Purim no pasarán de entre los Judíos, y la memoria de ellos no cesará de su simiente.

29 Y la reina Esther hija de Abihail, y Mardochêo Judío, escribieron con toda eficacia, para confirmar esta segunda carta de Purim.

30 Y envió Mardochêo letras á todos los Judíos, á las ciento veintisiete provincias del rey Assuero, con palabras de paz y de verdad,

31 Para confirmar estos días de Purim en sus tiempos señalados, según les había constituído Mardochêo Judío y la reina Esther, y como habían ellos tomado sobre sí sobre su simiente, para conmemorar el fin de los ayunos y de su clamor.

32 Y el mandamiento de Esther confirmó estas palabras dadas acerca de Purim, y escribióse en el libro.

10 Yel rey Assuero impuso tributo sobre la tierra y las islas de la mar.

2 Y toda la obra de su fortaleza, y de su valor, y la declaración de la grandeza de Mardochêo, con que el rey lo engrandeció, ¿no está escrito en el libro de los anales de los reyes de Media y de Persia?

3 Porque Mardochêo Judío fué segundo después del rey Assuero, y grande entre los Judíos, y acepto á la multitud de sus hermanos, procurando el bien de su pueblo, y hablando paz para toda su simiente.

JOB.

1 Hubo un varón en tierra de Hus, llamado Job; y era este hombre perfecto y recto, y temeroso de Dios, y apartado del mal.

2 Y naciéronle siete hijos y tres hijas.

3 Y su hacienda era siete mil ovejas, y tres mil camellos, y quinientas yuntas de bueyes, y quinientas asnas, y muchísimos criados; y era aquel varón grande más que todos los Orientales.

4 E iban sus hijos y hacían banquetes en sus casas, cada uno en su día; y enviaban á llamar sus tres hermanas, para que comiesen y bebiesen con ellos.

5 Y acontecía que, habiendo pasado en turno los días del convite, Job enviaba y santificábalos, y levantábase de mañana y ofrecía holocaustos conforme al número de todos ellos. Porque decía Job: Quizá habrán pecado mis hijos, y habrán blasfemado á Dios en sus corazones. De esta manera hacía todos los días.

6 Y un día vinieron los hijos de Dios á presentarse delante de Jehová, entre los cuales vino también Satán.

7 Y dijo Jehová á Satán: ¿De dónde vienes? Y respondiendo Satán á Jehová, dijo: De rodear la tierra, y de andar por ella.

8 Y Jehová dijo á Satán: ¿No has considerado á mi siervo Job, que no hay otro como él en la tierra, varón perfecto y recto, temeroso de Dios, y apartado de mal?

9 Y respondiendo Satán á Jehová, dijo: ¿Teme Job á Dios de balde?

10 ¿No le has tú cercado á él, y á su casa, y á todo lo que tiene en derredor? Al trabajo de sus manos has dado bendición; por tanto su hacienda ha crecido sobre la tierra.

11 Mas extiende ahora tu mano, y toca á todo lo que tiene, y verás si no te blasfema en tu rostro.

12 Y dijo Jehová á Satán: He aquí, todo lo que tiene está en tu mano: solamente no pongas tu mano sobre él. Y salióse Satán de delante de Jehová.

13 Y un día aconteció que sus hijos é hijas comían y bebían vino en casa de su hermano el primogénito,

14 Y vino un mensajero á Job, que le dijo: Estando arando los bueyes, y las asnas paciendo cerca de ellos,

15 Acometieron los Sabeos, y tomáronlos, é hirieron á los mozos á filo de espada: solamente escapé yo para traerte las nuevas.

16 Aun estaba éste hablando, y vino otro que dijo: Fuego de Dios cayó del cielo, que quemó las ovejas y los mozos, y los consumió: solamente escapé yo solo para traerte las nuevas.

17 Todavía estaba éste hablando, y vino otro que dijo: Los Caldeos hicieron tres escuadrones, y dieron sobre los camellos, y tomáronlos, é hirieron á los mozos á filo de espada; y solamente escapé yo solo para traerte las nuevas.

18 Entre tanto que éste hablaba, vino otro que dijo: Tus hijos y tus hijas estaban comiendo y bebiendo vino en casa de su hermano el primogénito;

19 Y he aquí un gran viento que vino del lado del desierto, é hirió las cuatro esquinas de la casa, y cayó sobre los mozos, y murieron; y solamente escapé yo solo para traerte las nuevas.

20 Entonces Job se levantó, y rasgó su manto, y trasquiló su cabeza, y cayendo en tierra adoró;

21 Y dijo: Desnudo salí del vientre de mi madre, y desnudo tornaré allá. Jehová dió, y Jehová quitó: sea el nombre de Jehová bendito.

22 En todo esto no pecó Job, ni atribuyó á Dios despropósito alguno.

2 Y otro día aconteció que vinieron los hijos de Dios para presentarse delante de Jehová, y Satán vino también entre ellos pareciendo delante de Jehová.

2 Y dijo Jehová á Satán: ¿De dónde vienes? Respondió Satán á Jehová, y dijo: De rodear la tierra, y de andar por ella.

Y Jehová dijo á Satán: ¿No has considerado á mi siervo Job, que no hay otro como él en la tierra, varón perfecto y recto, temeroso Dios y apartado de mal, y que aun retiene su perfección, biéndome tú incitado contra él, para que lo arruinara sin causa?

Y respondiendo Satán dijo á Jehová: Piel por piel, todo lo e el hombre tiene dará por su vida.

Mas extiende ahora tu mano, y toca á su hueso y á su carne, verás si no te blasfema en tu rostro.

Y Jehová dijo á Satán: He aquí, él está en tu mano; mas arda su vida.

Y salió Satán de delante de Jehová, é hirió á Job de una maligna rna desde la planta de su pie hasta la mollera de su cabeza.

Y tomaba una teja para rascarse con ella, y estaba sentado medio de ceniza.

Díjole entonces su mujer: ¿Aun retienes tú tu simplicidad? endice á Dios, y muérete.

) Y él le dijo: Como suele hablar cualquiera de las mujeres tuas, has hablado. También recibimos el bien de Dios, ¿y el al no recibiremos? En todo esto no pecó Job con sus labios.

Y tres amigos de Job, Eliphaz Temanita, y Bildad Suhita, y ophar Naamathita, luego que oyeron todo este mal que le había brevenido, vinieron cada uno de su lugar; porque habían conrtado de venir juntos á condolecerse de él, y á consolarle.

2 Los cuales alzando los ojos desde lejos, no lo conocieron, lloraron á voz en grito; y cada uno de ellos rasgó su manto, esparcieron polvo sobre sus cabezas hacia el cielo.

3 Así se sentaron con él en tierra por siete días y siete oches, y ninguno le hablaba palabra, porque veían que el lor era muy grande.

Después de esto abrió Job su boca, y maldijo su día.

2 Y exclamó Job, y dijo:

Perezca el día en que yo nací, Y la noche que se dijo: Varón concebido.

Sea aquel día sombrío, Y Dios no cuide de él desde arriba, claridad sobre él resplandezca.

Aféenlo tinieblas y sombra de muerte; Repose sobre él ablado, Que lo haga horrible como caliginoso día.

Ocupe la oscuridad aquella noche; No sea contada entre los as del año, Ni venga en él número de los meses.

¡Oh si fuere aquella noche solitaria, Que no viniera canción guna en ella!

Maldíganla los que maldicen al día, Los que se aprestan ira levantar su llanto.

Oscurézcanse las estrellas de su alba; Espere la luz, y no nga, Ni vea los párpados de la mañana:

) Por cuanto no cerró las puertas del vientre donde yo esta-a, Ni escondió de mis ojos la miseria.

| ¿Por qué no morí yo desde la matriz, O fuí traspasado en liendo del vientre?

2 ¿Por qué me previnieron las rodillas? ¿Y para qué las tetas e mamase?

3 Pues que ahora yaciera yo, y reposara; Durmiera, y ntonces tuviera reposo,

4 Con los reyes y con los consejeros de la tierra, Que edifi-in para sí los desiertos;

5 O con los príncipes que poseían el oro, Que henchían sus isas de plata.

6 O ¿por qué no fuí escondido como aborto, Como los equeñitos que nunca vieron luz?

7 Allí los impíos dejan el perturbar, Y allí descansan los de ansadas fuerzas.

8 Allí asimismo reposan los cautivos; No oyen la voz del xactor.

) El chico y el grande allí están: Y el siervo libre de su señor.

) ¿Por qué se da luz al trabajado, Y vida á los de ánimo en nargura,

| Que esperan la muerte, y ella no llega, Aunque la buscan ás que tesoros;

2 Que se alegran sobremanera, Y se gozan, cuando hallan sepulcro?

3 ¿Por qué al hombre que no sabe por donde vaya, Y al cual ios ha encerrado?

4 Pues antes que mi pan viene mi suspiro; Y mis gemidos orren como aguas.

5 Porque el temor que me espantaba me ha venido, Y hame ontecido lo que temía.

26 No he tenido paz, no me aseguré, ni me estuve reposado; Vínome no obstante turbación.

4 Y respondió Eliphaz el Temanita, y dijo:

2 Si probáremos á hablarte, serte ha molesto; Mas ¿quién podrá detener las palabras?

3 He aquí, tú enseñabas á muchos, Y las manos flacas corroborabas;

4 Al que vacilaba, enderezaban tus palabras, Y esforzabas las rodillas que decaían.

5 Mas ahora que el mal sobre ti ha venido, te es duro; Y cuando ha llegado hasta ti, te turbas.

6 ¿Es este tu temor, tu confianza, Tu esperanza, y la perfección de tus caminos?

7 Recapacita ahora, ¿quién que fuera inocente se perdiera? Y ¿en dónde los rectos fueron cortados?

8 Como yo he visto, los que aran iniquidad Y siembran injuria, la siegan.

9 Perecen por el aliento de Dios, Y por el espíritu de su furor son consumidos.

10 El bramido del león, y la voz del león, Y los dientes de los leoncillos son quebrantados.

11 El león viejo perece por falta de presa, Y los hijos del león son esparcidos.

12 El negocio también me era á mí oculto; Mas mi oído ha percibido algo de ello.

13 En imaginaciones de visiones nocturnas, Cuando el sueño cae sobre los hombres,

14 Sobrevínome un espanto y un temblor, Que estremeció todos mis huesos:

15 Y un espíritu pasó por delante de mí, Que hizo se erizara el pelo de mi carne.

16 Paróse un fantasma delante de mis ojos, Cuyo rostro yo no conocí, Y quedo, oí que decía:

17 ¿Si será el hombre más justo que Dios? ¿Si será el varón más limpio que el que lo hizo?

18 He aquí que en sus siervos no confía, Y notó necedad en sus ángeles

19 ¡Cuánto más en los que habitan en casas de lodo, Cuyo fundamento está en el polvo, Y que serán quebrantados de la polilla!

20 De la mañana á la tarde son quebrantados, Y se pierden para siempre, sin haber quien lo considere.

21 ¿Su hermosura, no se pierde con ellos mismos? Mueren, y sin sabiduría.

5 Ahora pues da voces, si habrá quien te responda; ¿Y á cuál de los santos te volverás?

2 Es cierto que al necio la ira lo mata, Y al codicioso consume la envidia.

3 Yo he visto al necio que echaba raíces, Y en la misma hora maldije su habitación.

4 Sus hijos estarán lejos de la salud, Y en la puerta serán quebrantados, Y no habrá quien los libre.

5 Su mies comerán los hambrientos, Y sacaránla de entre las espinas, Y los sedientos beberán su hacienda.

6 Porque la iniquidad no sale del polvo, Ni la molestia brota de la tierra.

7 Empero como las centellas se levantan para volar por el aire, Así el hombre nace para la aflicción.

8 Ciertamente yo buscaría á Dios, Y depositaría en él mis negocios:

9 El cual hace cosas grandes é inescrutables, Y maravillas que no tienen cuento:

10 Que da la lluvia sobre la haz de la tierra, Y envía las aguas por los campos:

11 Que pone los humildes en altura, Y los enlutados son levantados á salud:

12 Que frustra los pensamientos de los astutos, Para que sus manos no hagan nada:

13 Que prende á los sabios en la astucia de ellos, Y el consejo de los perversos es entontecido;

14 De día se topan con tinieblas, Y en mitad del día andan á tientas como de noche:

15 Y libra de la espada al pobre, de la boca de los impíos, Y de la mano violenta;

16 Pues es esperanza al menesteroso, Y la iniquidad cerrará su boca.

17 He aquí, bienaventurado es el hombre á quien Dios castiga: Por tanto no menosprecies la corrección del Todopoderoso.

18 Porque él es el que hace la llaga, y él la vendará: El hiere, y sus manos curan.

19 En seis tribulaciones te librará, Y en la séptima no te tocará el mal.

20 En el hambre te redimirá de la muerte, Y en la guerra de las manos de la espada.

21 Del azote de la lengua serás encubierto; Ni temerás de la destrucción cuando viniere.

22 De la destrucción y del hambre te reirás, Y no temerás de las bestias del campo:

23 Pues aun con las piedras del campo tendrás tu concierto, Y las bestias del campo te serán pacíficas.

24 Y sabrás que hay paz en tu tienda; Y visitarás tu morada, y no pecarás.

25 Asimismo echarás de ver que tu simiente es mucha, Y tu prole como la hierba de la tierra.

26 Y vendrás en la vejez á la sepultura, Como el montón de trigo que se coge á su tiempo.

27 He aquí lo que hemos inquirido, lo cual es así: Oyelo, y juzga tú para contigo.

6 Y respondió Job y dijo:

2 ¡Oh si pesasen al justo mi queja y mi tormento, Y se alzasen igualmente en balanza!

3 Porque pesaría aquél más que la arena del mar: Y por tanto mis palabras son cortadas.

4 Porque las saetas del Todopoderoso están en mí, Cuyo veneno bebe mi espíritu; Y terrores de Dios me combaten.

5 ¿Acaso gime el asno montés junto á la hierba? ¿Muge el buey junto á su pasto?

6 ¿Comeráse lo desabrido sin sal? ¿O habrá gusto en la clara del huevo?

7 Las cosas que mi alma no quería tocar, Por los dolores son mi comida.

8 ¡Quién me diera que viniese mi petición, Y que Dios me otorgase lo que espero;

9 Y que pluguiera á Dios quebrantarme; Que soltara su mano, y me acabara!

10 Y sería aún mi consuelo, Si me asaltase con dolor sin dar más tregua, Que yo no he escondido las palabras del Santo.

11 ¿Cuál es mi fortaleza para esperar aún? ¿Y cuál mi fin para dilatar mi vida?

12 ¿Es mi fortaleza la de las piedras? ¿O mi carne, es de acero?

13 ¿No me ayudo cuanto puedo, Y el poder me falta del todo?

14 El atribulado es consolado de su compañero: Mas hase abandonado el temor del Omnipotente.

15 Mis hermanos han mentido cual arroyo: Pasáronse como corrientes impetuosas,

16 Que están escondidas por la helada, Y encubiertas con nieve;

17 Que al tiempo del calor son deshechas, Y en calentándose, desaparecen de su lugar;

18 Apártanse de la senda de su rumbo, Van menguando y piérdense.

19 Miraron los caminantes de Temán, Los caminantes de Saba esperaron en ellas:

20 Mas fueron avergonzados por su esperanza; Porque vinieron hasta ellas, y halláronse confusos.

21 Ahora ciertamente como ellas sois vosotros: Que habéis visto el tormento, y teméis.

22 ¿Os he dicho yo: Traedme, Y pagad por mí de vuestra hacienda;

23 Y libradme de la mano del opresor, Y redimidme del poder de los violentos?

24 Enseñadme, y yo callaré: Y hacedme entender en qué he errado.

25 ¡Cuán fuertes son las palabras de rectitud! Mas ¿qué reprende el que reprende de vosotros?

26 ¿Pensáis censurar palabras, Y los discursos de un desesperado, que son como el viento?

27 También os arrojáis sobre el huérfano, Y hacéis hoyo delante de vuestro amigo.

28 Ahora pues, si queréis, mirad en mí, Y ved si miento delante de vosotros.

29 Tornad ahora, y no haya iniquidad; Volved aún á considerar mi justicia en esto.

30 ¿Hay iniquidad en mi lengua? ¿No puede mi paladar discernir las cosas depravadas?

7 Ciertamente tiempo limitado tiene el hombre sobre la t rra, Y sus días son como los días del jornalero.

2 Como el siervo anhela la sombra, Y como el jornale espera el reposo de su trabajo:

3 Así poseo yo meses de vanidad, Y noches de trabajo m dieron por cuenta.

4 Cuando estoy acostado, digo: ¿Cuándo me levantaré? Y mi mi corazón la noche, Y estoy harto de devaneos hasta el alba

5 Mi carne está vestida de gusanos, y de costras de polvo; M piel hendida y abominable.

6 Y mis días fueron más ligeros que la lanzadera del tejed Y fenecieron sin esperanza.

7 Acuérdate que mi vida es viento, Y que mis ojos volverán á ver el bien.

8 Los ojos de los que me ven, no me verán más: Tus oj sobre mí, y dejaré de ser.

9 La nube se consume, y se va: Así el que desciende al sep cro no subirá;

10 No tornará más á su casa, Ni su lugar le conocerá más

11 Por tanto yo no reprimiré mi boca; Hablaré en la angu tia de mi espíritu, Y quejaréme con la amargura de mi alm

12 ¿Soy yo la mar, ó ballena, Que me pongas guarda?

13 Cuando digo: Mi cama me consolará, Mi cama atenua mis quejas;

14 Entonces me quebrantarás con sueños, Y me turbarás c visiones.

15 Y así mi alma tuvo por mejor el ahogamiento, Y quiso muerte más que mis huesos.

16 Aburríme: no he de vivir yo para siempre; Déjame, pu que mis días son vanidad.

17 ¿Qué es el hombre, para que lo engrandezcas, Y que po gas sobre él tu corazón,

18 Y lo visites todas las mañanas, Y todos los momentos pruebes?

19 ¿Hasta cuándo no me dejarás, Ni me soltarás hasta q trague mi saliva?

20 Pequé, ¿qué te haré, oh Guarda de los hombres? ¿Por q me has puesto contrario á ti, Y que á mí mismo sea pesad

21 ¿Y por qué no quitas mi rebelión, y perdonas mi i quidad? Porque ahora dormiré en el polvo, Y si me buscar de mañana, ya no seré.

8 Y respondió Bildad Suhita, y dijo:

2 ¿Hasta cuándo proferirás tales cosas, Y las palabras de boca serán como un viento fuerte?

3 ¿Acaso pervertirá Dios el derecho, O el Todopoderoso pe vertirá la justicia?

4 Si tus hijos pecaron contra él, El los echó en el lugar de pecado.

5 Si tú de mañana buscares á Dios, Y rogares al Todopoderos

6 Si fueres limpio y derecho, Cierto luego se despert sobre ti, Y hará próspera la morada de tu justicia.

7 Y tu principio habrá sido pequeño, Y tu postrimería ac cerá en gran manera.

8 Porque pregunta ahora á la edad pasada, Y disponte pa inquirir de sus padres de ellos;

9 Pues nosotros somos de ayer, y no sabemos, Siendo nue tros días sobre la tierra como sombra.

10 ¿No te enseñarán ellos, te dirán, Y de su corazón sacar palabras?

11 ¿Crece el junco sin lodo? ¿Crece el prado sin agua?

12 Aun él en su verdor no será cortado, Y antes de toda hie ba se secará.

13 Tales son los caminos de todos los que olvidan á Dios: la esperanza del impío perecerá:

14 Porque su esperanza será cortada, Y su confianza es ca de araña.

15 Apoyaráse él sobre su casa, mas no permanecerá en pi Atendráse á ella, mas no se afirmará.

16 A manera de un árbol, está verde delante del sol, Y su renuevos salen sobre su huerto;

17 Vanse entretejiendo sus raíces junto á una fuente, enlazándose hasta un lugar pedregoso.

18 Si le arrancaren de su lugar, Este negaréle entonc diciendo: Nunca te vi.

19 Ciertamente éste será el gozo de su camino; Y de la ti rra de donde se traspusiere, nacerán otros.

20 He aquí, Dios no aborrece al perfecto, Ni toma la mano de los malignos.

21 Aun henchirá tu boca de risa, Y tus labios de júbilo.

22 Los que te aborrecen, serán vestidos de confusión; Y la habitación de los impíos perecerá.

9 Y respondió Job, y dijo:

2 Ciertamente yo conozco que es así: ¿Y cómo se justificará el hombre con Dios?

3 Si quisiere contender con él, No le podrá responder á una cosa de mil.

4 El es sabio de corazón, y poderoso en fortaleza, ¿Quién se endureció contra él, y quedó en paz?

5 Que arranca los montes con su furor, Y no conocen quién los trastornó:

6 Que remueve la tierra de su lugar, Y hace temblar sus columnas:

7 Que manda al sol, y no sale; Y sella las estrellas:

8 El que extiende solo los cielos, Y anda sobre las alturas de la mar:

9 El que hizo el Arcturo, y el Orión, y las Pléyadas, Y los lugares secretos del mediodía:

10 El que hace cosas grandes é incomprensibles, Y maravillosas, sin número.

11 He aquí que él pasará delante de mí, y yo no lo veré; Y pasará, y no lo entenderé.

12 He aquí, arrebatará; ¿quién le hará restituir? ¿Quién le dirá, Qué haces?

13 Dios no tornará atrás su ira, Y debajo de él se encorvan los que ayudan á los soberbios.

14 ¿Cuánto menos le responderé yo, Y hablaré con él palabras estudiadas?

15 Que aunque fuese yo justo, no responderé; Antes habré de rogar á mi juez.

16 Que si le invocase, y él me respondiese, Aun no creeré que haya escuchado mi voz.

17 Porque me ha quebrado con tempestad, Y ha aumentado mis heridas sin causa.

18 No me ha concedido que tome mi aliento; Mas hame hartado de amarguras.

19 Si habláremos de su potencia, fuerte por cierto es; Si de juicio, ¿quién me emplazará?

20 Si yo me justificare, me condenará mi boca; Si me dijere perfecto, esto me hará inicuo.

21 Bien que yo fuese íntegro, no conozco mi alma: Reprocharé mi vida.

22 Una cosa resta que yo diga: Al perfecto y al impío él los consume.

23 Si azote mata de presto, Ríese de la prueba de los inocentes.

24 La tierra es entregada en manos de los impíos, Y él cubre el rostro de sus jueces. Si no es él, ¿quién es? ¿dónde está?

25 Mis días han sido más ligeros que un correo; Huyeron, y no vieron el bien.

26 Pasaron cual navíos veloces: Como el águila que se arroja á la comida.

27 Si digo: Olvidaré mi queja, Dejaré mi aburrimiento, y esforzaréme;

28 Contúrbanme todos mis trabajos; Sé que no me darás por libre.

29 Yo soy impío, ¿Para qué trabajaré en vano?

30 Aunque me lave con aguas de nieve, Y limpie mis manos con la misma limpieza,

31 Aun me hundirás en el hoyo, Y mis propios vestidos me abominarán.

32 Porque no es hombre como yo, para que yo le responda, Y vengamos juntamente á juicio.

33 No hay entre nosotros árbitro Que ponga su mano sobre nosotros ambos.

34 Quite de sobre mí su vara, Y su terror no me espante.

35 Entonces hablaré, y no le temeré: Porque así no estoy en mí mismo.

10 Está mi alma aburrida de mi vida: Daré yo suelta á mi queja sobre mí, Hablaré con amargura de mi alma.

2 Diré á Dios: no me condenes; Hazme entender por qué pleiteas conmigo.

3 ¿Parécete bien que oprimas, Que deseches la obra de tus manos, Y que resplandezcas sobre el consejo de los impíos?

4 ¿Tienes tú ojos de carne? ¿Ves tú como ve el hombre?

5 ¿Son tus días como los días del hombre, O tus años como los tiempos humanos,

6 Para que inquieras mi iniquidad, Y busques mi pecado,

7 Sobre saber tú que no soy impío, Y que no hay quien de tu mano libre?

8 Tus manos me formaron y me compusieron Todo en contorno: ¿y así me deshaces?

9 Acuérdate ahora que como á lodo me diste forma: ¿Y en polvo me has de tornar?

10 ¿No me fundiste como leche, Y como un queso me cuajaste?

11 Vestísteme de piel y carne, Y cubrísteme de huesos y nervios.

12 Vida y misericordia me concediste, Y tu visitación guardó mi espíritu.

13 Y estas cosas tienes guardadas en tu corazón; Yo sé que esto está cerca de ti.

14 Si pequé, tú me has observado, Y no me limpias de mi iniquidad.

15 Si fuere malo, ¡ay de mí! Y si fuere justo, no levantaré mi cabeza, Estando harto de deshonra, Y de verme afligido.

16 Y subirá de punto, pues me cazas como á león, Y tornas á hacer en mí maravillas.

17 Renuevas contra mí tus plagas, Y aumentas conmigo tu furor, Remudándose sobre mí tus ejércitos.

18 ¿Por qué me sacaste de la matriz? Habría yo espirado, y no me vieran ojos.

19 Fuera, como si nunca hubiera sido, Llevado desde el vientre á la sepultura.

20 ¿No son mis días poca cosa? Cesa pues, y déjame, para que me conforte un poco.

21 Antes que vaya para no volver, A la tierra de tinieblas y de sombra de muerte;

22 Tierra de oscuridad, lóbrega Como sombra de muerte, sin orden, Y que aparece como la oscuridad misma.

11 Y respondió Sophar Naamathita, y dijo:

2 ¿Las muchas palabras no han de tener respuesta? ¿Y el hombre parlero será justificado?

3 ¿Harán tus falacias callar á los hombres? ¿Y harás escarnio, y no habrá quien te avergüence?

4 Tú dices: Mi conversar es puro, Y yo soy limpio delante de tus ojos.

5 Mas ¡oh quién diera que Dios hablara, Y abriera sus labios contigo,

6 Y que te declarara los arcanos de la sabiduría, Que son de doble valor que la hacienda! Conocerías entonces que Dios te ha castigado menos que tu iniquidad merece.

7 ¿Alcanzarás tú el rastro de Dios? ¿Llegarás tú á la perfección del Todopoderoso?

8 Es más alto que los cielos: ¿qué harás? Es más profundo que el infierno: ¿cómo lo conocerás?

9 Su dimensión es más larga que la tierra, Y más ancha que la mar.

10 Si cortare, ó encerrare, O juntare, ¿quién podrá contrarrestarle?

11 Porque él conoce á los hombres vanos: Ve asimismo la iniquidad, ¿y no hará caso?

12 El hombre vano se hará entendido, Aunque nazca como el pollino del asno montés.

13 Si tú apercibieres tu corazón, Y extendieres á él tus manos;

14 Si alguna iniquidad hubiere en tu mano, y la echares de ti, Y no consintieres que more maldad en tus habitaciones;

15 Entonces levantarás tu rostro limpio de mancha, Y serás fuerte y no temerás:

16 Y olvidarás tu trabajo, O te acordarás de él como de aguas que pasaron:

17 Y en mitad de la siesta se levantará bonanza; Resplandecerás, y serás como la mañana:

18 Y confiarás, que habrá esperanza; Y cavarás, y dormirás seguro:

19 Y te acostarás, y no habrá quien te espante: Y muchos te rogarán.

20 Mas los ojos de los malos se consumirán, Y no tendrán refugio; Y su esperanza será agonía del alma.

12 Y respondió Job, y dijo:

2 Ciertamente que vosotros sois el pueblo; Y con vosotros morirá la sabiduría.

3 También tengo yo seso como vosotros; No soy yo menos

que vosotros: ¿Y quién habrá que no pueda decir otro tanto?

4 Yo soy uno de quien su amigo se mofa, Que invoca á Dios, y él le responde: Con todo, el justo y perfecto es escarnecido.

5 Aquel cuyos pies van á resbalar, Es como una lámpara despreciada de aquel que está á sus anchuras.

6 Prosperan las tiendas de los ladrones, Y los que provocan á Dios viven seguros; En cuyas manos él ha puesto cuanto tienen.

7 Y en efecto, pregunta ahora á las bestias, que ellas te enseñarán; Y á las aves de los cielos, que ellas te lo mostrarán;

8 O habla á la tierra, que ella te enseñará; Los peces de la mar te lo declararán también.

9 ¿Qué cosa de todas estas no entiende Que la mano de Jehová ha hizo?

10 En su mano está el alma de todo viviente, Y el espíritu de toda carne humana.

11 Ciertamente el oído distingue las palabras, Y el paladar gusta las viandas.

12 En los viejos está la ciencia, Y en la larga edad la inteligencia.

13 Con Dios está la sabiduría y la fortaleza; Suyo es el consejo y la inteligencia.

14 He aquí, él derribará, y no será edificado: Encerrará al hombre, y no habrá quien le abra.

15 He aquí, el detendrá las aguas, y se secarán; El las enviará, y destruirán la tierra.

16 Con él está la fortaleza y la existencia; Suyo es el que yerra, y el que hace errar.

17 El hace andar á los consejeros desnudos de consejo, Y hace enloquecer á los jueces.

18 El suelta la atadura de los tiranos, Y ata el cinto á sus lomos.

19 El lleva despojados á los príncipes, Y trastorna á los poderosos.

20 El impide el labio á los que dicen verdad, Y quita á los ancianos el consejo.

21 El derrama menosprecio sobre los príncipes, Y enflaquece la fuerza de los esforzados.

22 El descubre las profundidades de las tinieblas, Y saca á luz la sombra de muerte.

23 El multiplica las gentes, y él las destruye: El esparce las gentes, y las torna á recoger.

24 El quita el seso de las cabezas del pueblo de la tierra, Y háceles que se pierdan vagueando sin camino:

25 Van á tientas como en tinieblas y sin luz, Y los hace errar como borrachos.

13 He aquí que todas estas cosas han visto mis ojos, Y oído y entendido de por sí mis oídos.

2 Como vosotros lo sabéis, lo sé yo; No soy menos que vosotros.

3 Mas yo hablaría con el Todopoderoso, Y querría razonar con Dios.

4 Que ciertamente vosotros sois fraguadores de mentira; Sois todos vosotros médicos nulos.

5 Ojalá callarais del todo, Porque os fuera sabiduría.

6 Oid ahora mi razonamiento, Y estad atentos á los argumentos de mis labios.

7 ¿Habéis de hablar iniquidad por Dios? ¿Habéis de hablar por él engaño?

8 ¿Habéis de hacer acepción de su persona? ¿Habéis de pleitear vosotros por Dios?

9 ¿Sería bueno que os escudriñase? ¿Os burlaréis de él como quien se burla de algún hombre?

10 El os reprochará de seguro, Si solapadamente hacéis acepción de personas.

11 De cierto su alteza os había de espantar, Y su pavor había de caer sobre vosotros.

12 Vuestras memorias serán comparadas á la ceniza, Y vuestros cuerpos como cuerpos de lodo.

13 Escuchadme, y hablaré yo, Y véngame después lo que viniere.

14 ¿Por qué quitaré yo mi carne con mis dientes, Y pondré mi alma en mi mano?

15 He aquí, aunque me matare, en él esperaré; Empero defenderé delante de él mis caminos.

16 Y él mismo me será salud, Porque no entrará en su presencia el hipócrita.

17 Oid con atención mi razonamiento, Y mi denunciación con vuestros oídos.

18 He aquí ahora, si yo me apercibiere á juicio, Sé que seré justificado.

19 ¿Quién es el que pleiteará conmigo? Porque si ahora yo callara, feneceria.

20 A lo menos dos cosas no hagas conmigo; Entonces no me esconderé de tu rostro:

21 Aparta de mí tu mano, Y no me asombre tu terror.

22 Llama luego, y yo responderé; O yo hablaré, y respóndeme tú

23 ¿Cuántas iniquidades y pecados tengo yo? Hazme entender mi prevaricación y mi pecado.

24 ¿Por qué escondes tu rostro, Y me cuentas por tu enemigo?

25 ¿A la hoja arrebatada has de quebrantar? ¿Y á una arista seca has de perseguir?

26 ¿Por qué escribes contra mí amarguras, Y me haces cargo de los pecados de mi mocedad?

27 Pones además mis pies en el cepo, y guardas todos mis caminos, Imprimiéndolo á las raíces de mis pies.

28 Y el cuerpo mío se va gastando como de carcoma, Como vestido que se come de polilla.

14 El hombre nacido de mujer, Corto de días, y harto de sinsabores:

2 Que sale como una flor y es cortado; Y huye como la sombra, y no permanece.

3 ¿Y sobre éste abres tus ojos, Y me traes á juicio contigo?

4 ¿Quién hará limpio de inmundo? Nadie.

5 Ciertamente sus días están determinados, y el número de sus meses está cerca de ti: Tú le pusiste términos, de los cuales no pasará.

6 Si tú lo dejares, él dejará de ser: Entre tanto deseará, como el jornalero, su día.

7 Porque si el árbol fuere cortado, aún queda de él esperanza; retoñecerá aún, Y sus renuevos no faltarán.

8 Si se envejeciere en la tierra su raíz, Y su tronco fuere muerto en el polvo,

9 Al percibir el agua reverdecerá, Y hará copa como planta.

10 Mas el hombre morirá, y será cortado; Y perecerá el hombre, ¿y dónde estará él?

11 Las aguas de la mar se fueron, Y agotóse el río, secóse.

12 Así el hombre yace, y no se tornará á levantar: Hasta que no haya cielo no despertarán, Ni se levantarán de su sueño.

13 ¡Oh quién me diera que me escondieses en el sepulcro, Que me encubrieras hasta apaciguarse tu ira, Que me pusieses plazo, y de mí te acordaras!

14 Si el hombre muriere, ¿volverá á vivir? Todos los días de mi edad esperaré, Hasta que venga mi mutación.

15 Aficionado á la obra de tus manos, Llamarás, y yo te responderé.

16 Pues ahora me cuentas los pasos, Y no das tregua á mi pecado.

17 Tienes sellada en saco mi prevaricación, Y coacervas mi iniquidad.

18 Y ciertamente el monte que cae se deshace, Y las peñas son traspasadas de su lugar;

19 Las piedras son desgastadas con el agua impetuosa, Que se lleva el polvo de la tierra: de tal manera haces tú perecer la esperanza del hombre.

20 Para siempre serás más fuerte que él, y él se va; Demudarás su rostro, y enviaráslo.

21 Sus hijos serán honrados, y él no lo sabrá; O serán humillados, y no entenderá de ellos.

22 Mas su carne sobre él se dolerá, Y entristecerse ha en él su alma.

15 Y respondió Eliphaz Temanita, y dijo:

2 ¿Si proferirá el sabio vana sabiduría, Y henchirá su vientre de viento solano?

3 ¿Disputará con palabras inútiles, Y con razones sin provecho?

4 Tú también disipas el temor, Y menoscabas la oración delante de Dios.

5 Porque tu boca declaró tu iniquidad, Pues has escogido el hablar de los astutos.

6 Tu boca te condenará, y no yo; Y tus labios testificarán contra ti.

7 ¿Naciste tú primero que Adam? ¿O fuiste formado antes que los collados?

8 ¿Oíste tú el secreto de Dios, Que detienes en ti solo la sabiduría?

9 ¿Qué sabes tú que no sepamos? ¿Qué entiendes que no se halle en nosotros?

10 Entre nosotros también hay cano, también hay viejo Mucho mayor en días que tu padre.

1 ¿En tan poco tienes las consolaciones de Dios? ¿Tienes caso alguna cosa oculta cerca de ti?

2 ¿Por qué te enajena tu corazón, Y por qué guiñan tus ojos,

3 Pues haces frente á Dios con tu espíritu, Y sacas tales palabras de tu boca?

4 ¿Qué cosa es el hombre para que sea limpio, Y que se justifique el nacido de mujer?

5 He aquí que en sus santos no confía, Y ni los cielos son limpios delante de sus ojos:

6 ¿Cuánto ménos el hombre abominable y vil, Que bebe la iniquidad como agua?

7 Escúchame; yo te mostraré Y te contaré lo que he visto:

8 (Lo que los sabios nos contaron De sus padres, y no lo encubrieron;

9 A los cuales solos fué dada la tierra, Y no pasó extraño por medio de ellos:)

10 Todos los días del impío, él es atormentado de dolor, Y el número de años es escondido al violento.

11 Estruendos espantosos hay en sus oídos; En la paz le vendrá quien lo asuele.

12 El no creerá que ha de volver de las tinieblas, Y está mirando al cuchillo.

13 Desasosegado á comer siempre, Sabe que le está aparejado día de tinieblas.

14 Tribulación y angustia le asombrarán, Y esforzaránse contra él como un rey apercibido para la batalla.

15 Por cuanto él extendió su mano contra Dios, Y se esforzó contra el Todopoderoso,

16 El le acometerá en la cerviz, En lo grueso de las hombreras de sus escudos:

17 Porque cubrió su rostro con su gordura, E hizo pliegues sobre los ijares;

18 Y habitó las ciudades asoladas, Las casas inhabitadas, Que estaban puestas en montones.

19 No enriquecerá, ni será firme su potencia, Ni extenderá por la tierra su hermosura.

20 No se escapará de las tinieblas: La llama secará sus ramos, Y con el aliento de su boca perecerá.

21 No confíe el iluso en la vanidad; Porque ella será su recompensa.

22 El será cortado antes de su tiempo, Y sus renuevos no reverdecerán.

23 El perderá su agraz como la vid, Y derramará su flor como la oliva.

24 Porque la sociedad de los hipócritas será asolada, Y fuego consumirá las tiendas de cohecho.

25 Concibieron dolor, y parieron iniquidad; Y las entrañas de ellos meditan engaño.

16 Y respondió Job, y dijo:
2 Muchas veces he oído cosas como estas: Consoladores molestos sois todos vosotros.

3 ¿Tendrán fin las palabras ventosas? O ¿qué te animará á responder?

4 También yo hablaría como vosotros. Ojalá vuestra alma estuviera en lugar de la mía, Que yo os tendría compañía en las palabras, Y sobre vosotros movería mi cabeza.

5 Mas yo os alentaría con mis palabras, Y la consolación de mis labios aquietaría el dolor vuestro.

6 Si hablo, mi dolor no cesa; Y si dejo de hablar, no se aparta de mí.

7 Empero ahora me ha fatigado: Has tú asolado toda mi compañía.

8 Tú me has arrugado; testigo es mi flacura, Que se levanta contra mí para testificar en mi rostro.

9 Su furor me destrizó, y me ha sido contrario: Crujió sus dientes contra mí; Contra mí aguzó sus ojos mi enemigo.

10 Abrieron contra mí su boca; Hirieron mis mejillas con afrenta; Contra mí se juntaron todos.

11 Hame entregado Dios al mentiroso, Y en las manos de los impíos me hizo estremecer.

12 Próspero estaba, y desmenuzóme: Y arrebatóme por la cerviz, y despedazóme, Y púsome por blanco suyo.

13 Cercáronme sus flecheros, Partió mis riñones, Y no perdonó: Mi hiel derramó por tierra.

14 Quebrantóme de quebranto sobre quebranto; Corrió contra mí como un gigante.

15 Yo cosí saco sobre mi piel, Y cargué mi cabeza de polvo.

16 Mi rostro está enlodado con lloro, Y mis párpados entenebrecidos:

17 A pesar de no haber iniquidad en mis manos, Y de haber sido mi oración pura.

18 ¡Oh tierra! no cubras mi sangre, Y no haya lugar á mi clamor.

19 Mas he aquí que en los cielos está mi testigo, Y mi testimonio en las alturas.

20 Disputadores son mis amigos: Mas á Dios destilarán mis ojos.

21 ¡Ojalá pudiese disputar el hombre con Dios, Como con su prójimo!

22 Mas los años contados vendrán, Y yo iré el camino por donde no volveré.

17 Mi aliento está corrompido, acórtanse mis días, Y me está aparejado el sepulcro.

2 No hay conmigo sino escarnecedores, En cuya acrimonia se detienen mis ojos.

3 Pon ahora, dame fianza para litigar contigo: ¿Quién tocará ahora mi mano?

4 Porque á éstos has tú escondido su corazón de inteligencia: Por tanto, no los ensalzarás.

5 El que denuncia lisonjas á sus prójimos, Los ojos de sus hijos desfallezcan.

6 El me ha puesto por parábola de pueblos, Y delante de ellos he sido como tamboril.

7 Y mis ojos se oscurecieron de desabrimiento, Y mis pensamientos todos son como sombra.

8 Los rectos se maravillarán de esto, Y el inocente se levantará contra el hipócrita.

9 No obstante, proseguirá el justo su camino, Y el limpio de manos aumentará la fuerza.

10 Mas volved todos vosotros, y venid ahora, Que no hallaré entre vosotros sabio.

11 Pasáronse mis días, fueron arrancados mis pensamientos, Los designios de mi corazón.

12 Pusieron la noche por día, Y la luz se acorta delante de las tinieblas.

13 Si yo espero, el sepulcro es mi casa: Haré mi cama en las tinieblas.

14 A la huesa tengo dicho: Mi padre eres tú; A los gusanos: Mi madre y mi hermana.

15 ¿Dónde pues estará ahora mi esperanza? Y mi esperanza ¿quién la verá?

16 A los rincones de la huesa descenderán, Y juntamente descansarán en el polvo.

18 Y respondió Bildad Suhita, y dijo:
2 ¿Cuándo pondréis fin á las palabras? Entended, y después hablemos.

3 ¿Por qué somos tenidos por bestias, Y en vuestros ojos somos viles?

4 Oh tú, que despedazas tu alma con tu furor, ¿Será dejada la tierra por tu causa, Y serán traspasadas de su lugar las peñas?

5 Ciertamente la luz de los impíos será apagada, Y no resplandecerá la centella de su fuego.

6 La luz se oscurecerá en su tienda, Y apagaráse sobre él su lámpara.

7 Los pasos de su pujanza serán acortados, Y precipitarálo su mismo consejo.

8 Porque red será echada en sus pies, Y sobre red andará.

9 Lazo prenderá su calcañar: Afirmaráse la trampa contra él.

10 Su cuerda está escondida en la tierra, Y su torzuelo sobre la senda.

11 De todas partes lo asombrarán temores, Y haránle huir desconcertado.

12 Su fuerza será hambrienta, Y á su lado estará aparejado quebrantamiento.

13 El primogénito de la muerte comerá los ramos de su piel, Y devorará sus miembros.

14 Su confianza será arrancada de su tienda, Y harále esto llevar al rey de los espantos.

15 En su tienda morará como si no fuese suya: Piedra azufre será esparcida sobre su morada.

16 Abajo se secarán sus raíces, Y arriba serán cortadas sus ramas.

17 Su memoria perecerá de la tierra, Y no tendrá nombre por las calles.

18 De la luz será lanzado á las tinieblas, Y echado fuera del mundo.

19 No tendrá hijo ni nieto en su pueblo, Ni quien le suceda en sus moradas.

20 Sobre su día se espantarán los por venir, Como ocupó el pavor á los que fueron antes.

21 Ciertamente tales son las moradas del impío, Y este será el lugar del que no conoció á Dios.

19 Y respondió Job, y dijo:
2 ¿Hasta cuándo angustiaréis mi alma, Y me moleréis con palabras?

3 Ya me habéis vituperado diez veces: ¿No os avergonzáis de descomediros delante de mí?

4 Sea así que realmente haya yo errado, Conmigo se quedará mi yerro.

5 Mas si vosotros os engrandeciereis contra mí, Y adujereis contra mí mi oprobio,

6 Sabed ahora que Dios me ha trastornado, Y traído en derredor su red sobre mí.

7 He aquí yo clamaré agravio, y no seré oído: Daré voces, y no habrá juicio.

8 Cercó de vallado mi camino, y no pasaré; Y sobre mis veredas puso tinieblas.

9 Hame despojado de mi gloria, Y quitado la corona de mi cabeza.

10 Arruinóme por todos lados, y perezco; Y ha hecho pasar mi esperanza como árbol arrancado.

11 E hizo inflamar contra mí su furor, Y contóme para sí entre sus enemigos.

12 Vinieron sus ejércitos á una, y trillaron sobre mí su camino, Y asentaron campo en derredor de mi tienda.

13 Hizo alejar de mí mis hermanos, Y positivamente se extrañaron de mí mis conocidos.

14 Mis parientes se detuvieron, Y mis conocidos se olvidaron de mí.

15 Los moradores de mi casa y mis criadas me tuvieron por extraño; Forastero fuí yo en sus ojos.

16 Llamé á mi siervo, y no respondió; De mi propia boca le suplicaba.

17 Mi aliento vino á ser extraño á mi mujer, Aunque por los hijos de mis entrañas le rogaba.

18 Aun los muchachos me menospreciaron: En levantándome, hablaban contra mí.

19 Todos mis confidentes me aborrecieron; Y los que yo amaba, se tornaron contra mí.

20 Mi cuero y mi carne se pegaron á mis huesos; Y he escapado con la piel de mis dientes.

21 Oh vosotros mis amigos, tened compasión de mí, tened compasión de mí; Porque la mano de Dios me ha tocado.

22 ¿Por qué me perseguís como Dios, Y no os hartáis de mis carnes?

23 ¡Quién diese ahora que mis palabras fuesen escritas! ¡Quién diese que se escribieran en un libro!

24 ¡Que con cincel de hierro y con plomo Fuesen en piedra esculpidas para siempre!

25 Yo sé que mi Redentor vive, Y al fin se levantará sobre el polvo:

26 Y después de deshecha esta mi piel, Aun he de ver en mi carne á Dios;

27 Al cual yo tengo de ver por mí, Y mis ojos lo verán, y no otro, Aunque mis riñones se consuman dentro de mí.

28 Mas debierais decir: ¿Por qué lo perseguimos? Ya que la raíz del negocio en mí se halla.

29 Temed vosotros delante de la espada; Porque sobreviene el furor de la espada á causa de las injusticias, Para que sepáis que hay un juicio.

20 Y respondió Sophar Naamathita, y dijo:
2 Por cierto mis pensamientos me hacen responder, Y por tanto me apresuro.

3 La represión de mi censura he oído, Y háceme responder el espíritu de mi inteligencia.

4 ¿No sabes esto que fué siempre, Desde el tiempo que fué puesto el hombre sobre la tierra,

5 Que la alegría de los impíos es breve, Y el gozo del hipócrita por un momento?

6 Si subiere su altivez hasta el cielo, Y su cabeza tocare e las nubes,

7 Con su estiércol perecerá para siempre: Los que le hubieren visto, dirán: ¿Qué es de él?

8 Como sueño volará, y no será hallado: Y disiparáse como visión nocturna.

9 El ojo que le habrá visto, nunca más le verá; Ni su lugar le echará más de ver.

10 Sus hijos pobres andarán rogando; Y sus manos tornarán lo que él robó.

11 Sus huesos están llenos de sus mocedades, Y con él serán sepultados en el polvo.

12 Si el mal se endulzó en su boca, Si lo ocultaba debajo d su lengua;

13 Si le parecía bien, y no lo dejaba, Mas antes lo detení entre su paladar;

14 Su comida se mudará en sus entrañas, Hiel de áspide será dentro de él.

15 Devoró riquezas, mas vomitarálas; De su vientre la sacará Dios.

16 Veneno de áspides chupará; Matarálo lengua de víbora.

17 No verá los arroyos, los ríos, Los torrentes de miel y d manteca.

18 Restituirá el trabajo conforme á la hacienda que tomó; no tragará, ni gozará.

19 Por cuanto quebrantó y desamparó á los pobres, Rob casas, y no las edificó;

20 Por tanto, no sentirá él sosiego en su vientre, Ni salvará nada de lo que codiciaba.

21 No quedó nada que no comiese: Por tanto su bien no ser durable.

22 Cuando fuere lleno su bastimento, tendrá angustia: La manos todas de los malvados vendrán sobre él.

23 Cuando se pusiere á henchir su vientre, Dios enviar sobre él el furor de su ira, Y harála llover sobre el y sobre s comida.

24 Huirá de las armas de hierro, Y el arco de acero le atravesar

25 Desenvainará y sacará saeta de su aljaba, Y relumbrant pasará por su hiel: Sobre él vendrán terrores.

26 Todas tinieblas están guardadas para sus secretos: Fueg no soplado lo devorará; Su sucesor será quebrantado en s tienda.

27 Los cielos descubrirán su iniquidad, Y la tierra se levan tará contra él.

28 Los renuevos de su casa serán trasportados; Serán derra mados en el día de su furor.

29 Esta es la parte que Dios apareja al hombre impío, Y l heredad que Dios le señala por su palabra.

21 Y respondió Job, y dijo:
2 Oíd atentamente mi palabra, Y sea esto vuestros con suelos.

3 Soportadme, y yo hablaré; Y después que hubiere habla do, escarneced.

4 ¿Hablo yo á algún hombre? Y ¿por qué no se ha de angus tiar mi espíritu?

5 Miradme, y espantaos, Y poned la mano sobre la boca.

6 Aun yo mismo, cuando me acuerdo, me asombro, Y tom temblor mi carne.

7 ¿Por qué viven los impíos, y se envejecen, y aun crecen e riquezas?

8 Su simiente con ellos, compuesta delante de ellos; Y su renuevos delante de sus ojos.

9 Sus casas seguras de temor, Ni hay azote de Dios sobr ellos.

10 Sus vacas conciben, no abortan; Paren sus vacas, y n malogran su cría.

11 Salen sus chiquitos como manada, Y sus hijos andar saltando.

12 Al son de tamboril y cítara saltan, Y se huelgan al son de órgano.

13 Gastan sus días en bien, Y en un momento descienden la sepultura.

14 Dicen pues á Dios: Apártate de nosotros, Que no quere mos el conocimiento de tus caminos.

15 ¿Quién es el Todopoderoso, para que le sirvamos? ¿Y d qué nos aprovechará que oremos á él?

16 He aquí que su bien no está en manos de ellos: El consejo de los impíos lejos esté de mí.

17 ¡Oh cuántas veces la lámpara de los impíos es apagada, Y viene sobre ellos su quebranto, Y Dios en su ira les reparte dolores!

18 Serán como la paja delante del viento, Y como el tamo que arrebata el torbellino.

19 Dios guardará para sus hijos su violencia; Y le dará su pago, para que conozca.

20 Verán sus ojos su quebranto, Y beberá de la ira del Todopoderoso.

21 Porque ¿qué deleite tendrá él de su casa después de sí, Siendo cortado el número de sus meses?

22 ¿Enseñará alguien á Dios sabiduría, Juzgando él á los que están elevados?

23 Este morirá en el vigor de su hermosura, todo quieto y pacífico.

24 Sus colodras están llenas de leche, Y sus huesos serán regados de tuétano.

25 Y estotro morirá en amargura de ánimo, Y no habiendo comido jamás con gusto.

26 Igualmente yacerán ellos en el polvo, Y gusanos los cubrirán.

27 He aquí, yo conozco vuestros pensamientos, Y las imaginaciones que contra mí forjáis.

28 Porque decís: ¿Qué es de la casa del príncipe, Y qué de la tienda de las moradas de los impíos?

29 ¿No habéis preguntado á los que pasan por los caminos, Por cuyas señas no negaréis,

30 Que el malo es reservado para el día de la destrucción? Presentados serán en el día de las iras.

31 ¿Quién le denunciará en su cara su camino? Y de lo que él hizo, ¿quién le dará el pago?

32 Porque llevado será él á los sepulcros, Y en el montón permanecerá.

33 Los terrones del valle le serán dulces; Y tras de él será llevado todo hombre, Y antes de él han ido innumerables.

34 ¿Cómo pues me consoláis en vano, Viniendo á parar vuestras respuestas en falacia?

22 A respondió Eliphaz Temanita, y dijo:
2 ¿Traerá el hombre provecho á Dios, Porque el sabio sea provechoso á sí mismo?

3 ¿Tiene su contentamiento el Omnipotente en que tú seas justificado, O provecho de que tú hagas perfectos tus caminos?

4 ¿Castigaráte acaso, O vendrá contigo á juicio porque te teme?

5 Por cierto tu malicia es grande, Y tus maldades no tienen fin.

6 Porque sacaste prenda á tus hermanos sin causa, E hiciste desnudar las ropas de los desnudos.

7 No diste de beber agua al cansado, Y detuviste el pan al hambriento.

8 Empero el hombre pudiente tuvo la tierra; Y habitó en ella el distinguido.

9 Las viudas enviaste vacías, Y los brazos de los huérfanos fueron quebrados.

10 Por tanto hay lazos alrededor de ti, Y te turba espanto repentino;

11 O tinieblas, porque no veas; Y abundancia de agua te cubre.

12 ¿No está Dios en la altura de los cielos? Mira lo encumbrado de las estrellas, cuán elevadas están.

13 ¿Y dirás tú: Qué sabe Dios? ¿Cómo juzgará por medio de la oscuridad?

14 Las nubes son su escondedero, y no ve; Y por el circuito del cielo se pasea.

15 ¿Quieres tú guardar la senda antigua, Que pisaron los hombres perversos?

16 Los cuales fueron cortados antes de tiempo, Cuyo fundamento fué como un río derramado:

17 Que decían á Dios: Apártate de nosotros. ¿Y qué les había hecho el Omnipotente?

18 Habíales él henchido sus casas de bienes. Sea empero el consejo de ellos lejos de mí.

19 Verán los justos y se gozarán; Y el inocente los escarnecerá, diciendo:

20 Fué cortada nuestra sustancia, Habiendo consumido el fuego el resto de ellos.

21 Amístate ahora con él, y tendrás paz; Y por ello te vendrá bien.

22 Toma ahora la ley de su boca, Y pon sus palabras en tu corazón.

23 Si te tornares al Omnipotente, serás edificado; Alejarás de tu tienda la aflicción;

24 Y tendrás más oro que tierra, Y como piedras de arroyos oro de Ophir;

25 Y el Todopoderoso será tu defensa, Y tendrás plata á montones.

26 Porque entonces te deleitarás en el Omnipotente, Y alzarás á Dios tu rostro.

27 Orarás á él, y él te oirá; Y tú pagarás tus votos.

28 Determinarás asimismo una cosa, y serte ha firme; Y sobre tus caminos resplandecerá luz.

29 Cuando fueren abatidos, dirás tú: Ensalzamiento habrá: Y Dios salvará al humilde de ojos.

30 El libertará la isla del inocente; Y por la limpieza de tus manos será librada.

23 Y respondió Job, y dijo:
2 Hoy también hablaré con amargura; Que es más grave mi llaga que mi gemido.

3 ¡Quién me diera el saber dónde hallar á Dios! Yo iría hasta su silla.

4 Ordenaría juicio delante de él, Y henchiría mi boca de argumentos.

5 Yo sabría lo que él me respondería, Y entendería lo que me dijese.

6 ¿Pleitearía conmigo con grandeza de fuerza? No: antes él la pondría en mí.

7 Allí el justo razonaría con él: Y escaparía para siempre de mi juez.

8 He aquí yo iré al oriente, y no lo hallaré; Y al occidente, y no lo percibiré:

9 Si al norte él obrare, yo no lo veré; Al mediodía se esconderá, y no lo veré.

10 Mas él conoció mi camino: probaráme, y saldré como oro.

11 Mis pies tomaron su rastro; Guardé su camino, y no me aparté.

12 Del mandamiento de sus labios nunca me separé; Guardé las palabras de su boca más que mi comida.

13 Empero si él se determina en una cosa, ¿quién lo apartará? Su alma deseó, é hizo.

14 El pues acabará lo que ha determinado de mí: Y muchas cosas como estas hay en él.

15 Por lo cual yo me espanto en su presencia: Consideraré, y temerélo.

16 Dios ha enervado mi corazón, Y hame turbado el Omnipotente.

17 ¿Por qué no fuí yo cortado delante de las tinieblas, Y cubrió con oscuridad mi rostro?

24 Y puesto que no son ocultos los tiempos al Todopoderoso, ¿Por qué los que le conocen no ven sus días?

2 Traspasan los términos, Roban los ganados, y apaciéntanlos.

3 Llévanse el asno de los huérfanos; Prenden el buey de la viuda.

4 Hacen apartar del camino á los menesterosos; Y todos los pobres de la tierra se esconden.

5 He aquí, como asnos monteses en el desierto, Salen á su obra madrugando para robar; El desierto es mantenimiento de sus hijos.

6 En el campo siegan su pasto, Y los impíos vendimian la viña ajena.

7 Al desnudo hacen dormir sin ropa, Y que en el frío no tenga cobertura.

8 Con las avenidas de los montes se mojan, Y abrazan las peñas sin tener abrigo.

9 Quitan el pecho á los huérfanos, Y de sobre el pobre toman la prenda.

10 Al desnudo hacen andar sin vestido, Y á los hambrientos quitan los hacecillos.

11 De dentro de sus paredes exprimen el aceite, Pisan los lagares, y mueren de sed.

12 De la ciudad gimen los hombres, Y claman las almas de los heridos de muerte: Mas Dios no puso estorbo.

13 Ellos son los que, rebeldes á la luz, Nunca conocieron sus caminos, Ni estuvieron en sus veredas.

14 A la luz se levanta el matador, mata al pobre y al necesitado, Y de noche es como ladrón.

15 El ojo del adúltero está aguardando la noche, Diciendo: No me verá nadie: Y esconde su rostro.

16 En las tinieblas minan las casas, Que de día para sí señalaron; No conocen la luz.

17 Porque la mañana es á todos ellos como sombra de muerte; Si son conocidos, terrores de sombra de muerte los toman.

18 Son instables más que la superficie de las aguas; Su porción es maldita en la tierra; No andarán por el camino de las viñas.

19 La sequía y el calor arrebatan las aguas de la nieve; Y el sepulcro á los pecadores.

20 Olvidaráse de ellos el seno materno; de ellos sentirán los gusanos dulzura; Nunca más habrá de ellos memoria, Y como un árbol serán los impíos quebrantados.

21 A la mujer estéril que no paría, afligió; Y á la viuda nunca hizo bien.

22 Mas á los fuertes adelantó con su poder: Levantóse, y no se da por segura la vida.

23 Le dieron á crédito, y se afirmó: Sus ojos están sobre los caminos de ellos.

24 Fueron ensalzados por un poco, mas desaparecen, Y son abatidos como cada cual: serán encerrados, Y cortados como cabezas de espigas.

25 Y si no, ¿quién me desmentirá ahora, O reducirá á nada mis palabras?

25 A respondió Bildad Suhita, y dijo:

2 El señorío y el temor están con él: El hace paz en sus alturas.

3 ¿Tienen sus ejércitos número? ¿Y sobre quién no está su luz?

4 ¿Cómo pues se justificará el hombre con Dios? ¿Y cómo será limpio el que nace de mujer?

5 He aquí que ni aun la misma luna será resplandeciente, Ni las estrellas son limpias delante de sus ojos.

6 ¿Cuánto menos el hombre que es un gusano, Y el hijo de hombre, también gusano?

26 A respondió Job, y dijo:

2 ¿En qué ayudaste al que no tiene fuerza? ¿Has amparado al brazo sin fortaleza?

3 ¿En qué aconsejaste al que no tiene ciencia, Y mostraste bien sabiduría?

4 ¿A quién has anunciado palabras, Y cuyo es el espíritu que de ti sale?

5 Cosas inanimadas son formadas Debajo de las aguas, y los habitantes de ellas.

6 El sepulcro es descubierto delante de él, Y el infierno no tiene cobertura.

7 Extiende el alquilón sobre vacío, Cuelga la tierra sobre nada.

8 Ata las aguas en sus nubes, Y las nubes no se rompen debajo de ellas.

9 El restriñe la faz de su trono, Y sobre él extiende su nube.

10 El cercó con término la superficie de las aguas, Hasta el fin de la luz y las tinieblas.

11 Las columnas del cielo tiemblan, Y se espantan de su represión.

12 El rompe la mar con su poder, Y con su entendimiento hiere la hinchazón suya.

13 Su espíritu adornó los cielos; Su mano crió la serpiente tortuosa.

14 He aquí, estas son partes de sus caminos: ¡Mas cuán poco hemos oído de él! Porque el estruendo de sus fortalezas, ¿quién lo detendrá?

27 Y reasumió Job su discurso, y dijo:

2 Vive Dios, el cual ha apartado mi causa, Y el Omnipotente, que amargó el alma mía,

3 Que todo el tiempo que mi alma estuviere en mí, Y hubiere hálito de Dios en mis narices,

4 Mis labios no hablarán iniquidad, Ni mi lengua pronunciará engaño.

5 Nunca tal acontezca que yo os justifique: Hasta morir no quitaré de mí mi integridad.

6 Mi justicia tengo asida, y no la cederé: No me reprochará mi corazón en el tiempo de mi vida.

7 Sea como el impío mi enemigo, Y como el inicuo mi adversario.

8 Porque ¿cuál es la esperanza del hipócrita, por mucho que hubiere robado, Cuando Dios arrebatare su alma?

9 ¿Oirá Dios su clamor Cuando la tribulación sobre él viniere?

10 ¿Deleitaráse en el Omnipotente? ¿Invocará á Dios en todo tiempo?

11 Yo os enseñaré en orden á la mano de Dios: No esconderé lo que hay para con el Omnipotente.

12 He aquí que todos vosotros lo habéis visto: ¿Por qué pues os desvanecéis con fantasía?

13 Esta es para con Dios la suerte del hombre impío, Y la herencia que los violentos han de recibir del Omnipotente.

14 Si sus hijos fueren multiplicados, serán para el cuchillo; Y sus pequeños no se hartarán de pan;

15 Los que le quedaren, en muerte serán sepultados; Y no llorarán sus viudas.

16 Si amontonare plata como polvo, Y si preparare ropa como lodo;

17 Habrála él preparado, mas el justo se vestirá, Y el inocente repartirá la plata.

18 Edificó su casa como la polilla, Y cual cabaña que el guarda hizo.

19 El rico dormirá, mas no será recogido: Abrirá sus ojos, mas él no será.

20 Asirán de él terrores como aguas: Torbellino lo arrebatará de noche.

21 Lo antecogerá el solano, y partirá; Y tempestad lo arrebatará del lugar suyo.

22 Dios pues descargará sobre él, y no perdonará: Hará por huir de su mano.

23 Batirán sus manos sobre él, Y desde su lugar le silbarán.

28 Ciertamente la plata tiene sus veneros, Y el oro lugar donde se forma.

2 El hierro se saca del polvo, Y de la piedra es fundido el metal.

3 A las tinieblas puso término, Y examina todo á la perfección, Las piedras que hay en la oscuridad y en la sombra de muerte.

4 Brota el torrente de junto al morador, Aguas que el pie había olvidado: Sécanse luego, vanse del hombre.

5 De la tierra nace el pan, Y debajo de ella estará como convertida en fuego.

6 Lugar hay cuyas piedras son zafiro, Y sus polvos de oro.

7 Senda que nunca la conoció ave, Ni ojo de buitre la vió:

8 Nunca la pisaron animales fieros, Ni león pasó por ella.

9 En el pedernal puso su mano, Y trastornó los montes de raíz.

10 De los peñascos cortó ríos, Y sus ojos vieron todo lo preciado.

11 Detuvo los ríos en su nacimiento, E hizo salir á luz lo escondido.

12 Empero ¿dónde se hallará la sabiduría? ¿Y dónde está el lugar de la prudencia?

13 No conoce su valor el hombre, Ni se halla en la tierra de los vivientes.

14 El abismo dice: No está en mí: Y la mar dijo: Ni conmigo.

15 No se dará por oro, Ni su precio será á peso de plata.

16 No puede ser apreciada con oro de Ophir, Ni con onique precioso, ni con zafiro.

17 El oro no se le igualará, ni el diamante; Ni se trocará por vaso de oro fino.

18 De coral ni de perlas no se hará mención: La sabiduría es mejor que piedras preciosas.

19 No se igualará con ella esmeralda de Ethiopía; No se podrá apreciar con oro fino.

20 ¿De dónde pues vendrá la sabiduría? ¿Y dónde está el lugar de la inteligencia?

21 Porque encubierta está á los ojos de todo viviente, y á toda ave del cielo es oculta.

22 El infierno y la muerte dijeron: Su fama hemos oído con nuestros oídos.

23 Dios entiende el camino de ella, Y él conoce su lugar.

24 Porque él mira hasta los fines de la tierra, Y ve debajo de todo el cielo.

25 Al dar peso al viento, Y poner las aguas por medida;

26 Cuando él hizo ley á la lluvia, Y camino al relámpago de los truenos:

27 Entonces la veía él, y la manifestaba: Preparóla y desubrióla también.

28 Y dijo al hombre: He aquí que el temor del Señor es la sabiduría, Y el apartarse del mal la inteligencia.

29 Y volvió Job á tomar su propósito, y dijo:

2 ¡Quién me tornase como en los meses pasados, Como en los días que Dios me guardaba,

3 Cuando hacía resplandecer su candela sobre mi cabeza, A la luz de la cual yo caminaba en la oscuridad;

4 Como en los días de mi mocedad, Cuando el secreto de Dios estaba en mi tienda;

5 Cuando aún el Omnipotente estaba conmigo, Y mis hijos alrededor de mi;

6 Cuando lavaba yo mis caminos con manteca, Y la piedra me derramaba ríos de aceite!

7 Cuando salía á la puerta á juicio, Y en la plaza hacía preparar mi asiento,

8 Los mozos me veían, y se escondían; Y los viejos se levantaban, y estaban en pie;

9 Los príncipes detenían sus palabras, Ponían la mano sobre su boca;

10 La voz de los principales se ocultaba, Y su lengua se pegaba á su paladar;

11 Cuando los oídos que me oían, me llamaban bienaventurado, Y los ojos que me veían, me daban testimonio:

12 Porque libraba al pobre que gritaba, Y al huérfano que carecía de ayudador.

13 La bendición del que se iba á perder venía sobre mí; Y al corazón de la viuda daba alegría.

14 Vestíame de justicia, y ella me vestía como un manto; Y mi toca era juicio.

15 Yo era ojos al ciego, Y pies al cojo.

16 A los menesterosos era padre; Y de la causa que no entendía, me informaba con diligencia.

17 Y quebraba los colmillos del inicuo, Y de sus dientes hacía soltar la presa.

18 Y decía yo: En mi nido moriré, Y como arena multiplicaré días.

19 Mi raíz estaba abierta junto á las aguas, Y en mis ramas permanecía el rocío.

20 Mi honra se renovaba en mí, Y mi arco se corroboraba en mi mano.

21 Oíanme, y esperaban; Y callaban á mi consejo.

22 Tras mi palabra no replicaban, Y mi razón destilaba sobre ellos.

23 Y esperábanme como á la lluvia, Y abrían su boca como á la lluvia tardía.

24 Si me reía con ellos, no lo creían: Y no abatían la luz de mi rostro.

25 Calificaba yo el camino de ellos, y sentábame en cabecera; Y moraba como rey en el ejército, Como el que consuela llorosos.

30 Mas ahora los más mozos de días que yo, se ríen de mí; Cuyos padres yo desdeñara ponerlos con los perros de mi ganado.

2 Porque ¿para qué yo habría menester la fuerza de sus manos, En los cuales había perecido con el tiempo?

3 Por causa de la pobreza y del hambre andaban solos; Huían á la soledad, á lugar tenebroso, asolado y desierto.

4 Que cogían malvas entre los arbustos, Y raíces de enebro para calentarse.

5 Eran echados de entre las gentes, Y todos les daban grita como al ladrón.

6 Habitaban en las barrancas de los arroyos, En las cavernas de la tierra, y en las rocas.

7 Bramaban entre las matas, Y se reunían debajo de las espinas.

8 Hijos de viles, y hombres sin nombre, Más bajos que la misma tierra.

9 Y ahora yo soy su canción, Y he sido hecho su refrán.

10 Abomínanme, aléjanse de mí, Y aun de mi rostro no detuvieron su saliva.

11 Porque Dios desató mi cuerda, y me afligió, Por eso se desenfrenaron delante de mí mi rostro.

12 A la mano derecha se levantaron los jóvenes; Empujaron mis pies, Y sentaron contra mí las vías de su ruina.

13 Mi senda desbarataron, Aprovecháronse de mi quebrantamiento, Contra los cuales no hubo ayudador.

14 Vinieron como por portillo ancho, Revolviéronse á mi calamidad.

15 Hanse revuelto turbaciones sobre mí; Combatieron como viento mi alma, Y mi salud pasó como nube.

16 Y ahora mi alma está derramada en mí; Días de aflicción me han aprehendido.

17 De noche taladra sobre mí mis huesos, Y mis pulsos no reposan.

18 Con la grande copia de materia mi vestidura está demudada; Cíñeme como el cuello de mi túnica.

19 Derribóme en el lodo, Y soy semejante al polvo y á la ceniza.

20 Clamo á ti, y no me oyes; Preséntome, y no me atiendes.

21 Haste tornado cruel para mí: Con la fortaleza de tu mano me amenazas.

22 Levantásteme, é hicísteme cabalgar sobre el viento, Y disolviste mi sustancia.

23 Porque yo conozco que me reduces á la muerte; Y á la casa determinada á todo viviente.

24 Mas él no extenderá la mano contra el sepulcro; ¿Clamarán los sepultados cuando él los quebrantare?

25 ¿No lloré yo al afligido? Y mi alma ¿no se entristeció sobre el menesteroso?

26 Cuando esperaba yo el bien, entonces vino el mal; Y cuando esperaba luz, la oscuridad vino.

27 Mis entrañas hierven, y no reposan; Días de aflicción me han sobrecogido.

28 Denegrido ando, y no por el sol: Levantádome he en la congregación, y clamado.

29 He venido á ser hermano de los dragones, Y compañero de los buhos.

30 Mi piel está denegrida sobre mí, Y mis huesos se secaron con ardentía.

31 Y hase tornado mi arpa en luto, Y mi órgano en voz de lamentadores.

31 Hice pacto con mis ojos: ¿Cómo pues había yo de pensar en virgen?

2 Porque ¿qué galardón me daría de arriba Dios, Y qué heredad el Omnipotente de las alturas?

3 ¿No hay quebrantamiento para el impío, Y extrañamiento para los que obran iniquidad?

4 ¿No ve él mis caminos, Y cuenta todos mis pasos?

5 Si anduve con mentira, Y si mi pie se apresuró á engaño,

6 Péseme Dios en balanzas de justicia, Y conocerá mi integridad.

7 Si mis pasos se apartaron del camino, Y si mi corazón se fué tras mis ojos, Y si algo se apegó á mis manos,

8 Siembre yo, y otro coma, Y mis verduras sean arrancadas.

9 Si fué mi corazón engañado acerca de mujer, Y si estuve acechando á la puerta de mi prójimo;

10 Muela para otro mi mujer, Y sobre ella otros se encorven.

11 Porque es maldad é iniquidad, Que han de castigar los jueces.

12 Porque es fuego que devoraría hasta el sepulcro, Y desarraigaría toda mi hacienda.

13 Si hubiera tenido en poco el derecho de mi siervo y de mi sierva, Cuando ellos pleitearan conmigo,

14 ¿Qué haría yo cuando Dios se levantase? Y cuando él visitara, ¿qué le respondería yo?

15 El que en el vientre me hizo á mí, ¿no lo hizo á él? ¿Y no nos dispuso uno mismo en la matriz?

16 Si estorbé el contento de los pobres, E hice desfallecer los ojos de la viuda;

17 Y si comí mi bocado solo, Y no comió de él el huerfano;

18 (Porque desde mi mocedad creció conmigo como con padre, Y desde el vientre de mi madre fuí guía de la viuda;)

19 Si he visto que pereciera alguno sin vestido, Y al menesteroso sin cobertura;

20 Si no me bendijeron sus lomos, Y del vellón de mis ovejas se calentaron;

21 Si alcé contra el huérfano mi mano, Aunque viese que me ayudarían en la puerta;

22 Mi espalda se caiga de mi hombro, Y mi brazo sea quebrado de mi canilla.

23 Porque temí el castigo de Dios, Contra cuya alteza yo no tendría poder.

24 Si puse en oro mi esperanza, Y dije al oro: Mi confianza eres tú;

25 Si me alegré de que mi hacienda se multiplicase, Y de que mi mano hallase mucho;

26 Si he mirado al sol cuando resplandecía, Y á la luna cuando iba hermosa,

27 Y mi corazón se engañó en secreto, Y mi boca besó mi mano:

28 Esto también fuera maldad juzgada; Porque habría negado al Dios soberano.

29 Si me alegré en el quebrantamiento del que me aborrecía, Y me regocijé cuando le halló el mal;

30 (Que ni aun entregué al pecado mi paladar, Pidiendo maldición para su alma;)

31 Cuando mis domésticos decían: ¡Quién nos diese de su carne! nunca nos hartaríamos.

32 El extranjero no tenía fuera la noche; Mis puertas abría al caminante.

33 Si encubrí, como los hombres mis prevaricaciones, Escondiendo en mi seno mi iniquidad;

34 Porque quebrantaba á la gran multitud, Y el menosprecio de las familias me atemorizó, Y callé, y no salí de mi puerta:

35 ¡Quién me diera quien me oyese! He aquí mi impresión es que el Omnipotente testificaría por mí, Aunque mi dversario me hiciera el proceso.

36 Ciertamente yo lo llevaría sobre mi hombro, Y me lo ataría en lugar de corona.

37 Yo le contaría el número de mis pasos, Y como príncipe me llegaría á él.

38 Si mi tierra clama contra mí, Y lloran todos sus surcos;

39 Si comí su sustancia sin dinero, O afligí el alma de sus dueños;

40 En lugar de trigo me nazcan abrojos, Y espinas en lugar de cebada.

32 Y cesaron estos tres varones de responder á Job, por cuanto él era justo en sus ojos.

2 Entonces Eliú hijo de Barachêl, Bucita, de la familia de Ram, se enojó con furor contra Job: enojóse con furor, por cuanto justificaba su vida más que á Dios.

3 Enojóse asimismo con furor contra sus tres amigos, porque no hallaban qué responder, aunque habían condenado á Job.

4 Y Eliú había esperado á Job en la disputa, porque eran más viejos de días que él.

5 Empero viendo Eliú que no había respuesta en la boca de aquellos tres varones, su furor se encendió.

6 Y respondió Eliú hijo de Barachêl, Buzita, y dijo: Yo soy menor de días y vosotros viejos; He tenido por tanto miedo, y temido declararos mi opinión.

7 Yo decía: Los días hablarán, Y la muchedumbre de años declarará sabiduría.

8 Ciertamente espíritu hay en el hombre, E inspiración del Omnipotente los hace que entiendan.

9 No los grandes son los sabios, Ni los viejos entienden el derecho.

10 Por tanto yo dije: Escuchadme; Declararé yo también mi sabiduría.

11 He aquí yo he esperado á vuestras razones, He escuchado vuestros argumentos, En tanto que buscabais palabras.

12 Os he pues prestado atención, Y he aquí que no hay de vosotros quien redarguya á Job, Y responda á sus razones.

13 Porque no digáis: Nosotros hemos hallado sabiduría: Lanzólo Dios, no el hombre.

14 Ahora bien, Job no enderezó á mí sus palabras, Ni yo le responderé con vuestras razones.

15 Espantáronse, no respondieron más; Fuéronseles los razonamientos.

16 Yo pues he esperado, porque no hablaban, Antes pararon, y no respondieron más.

17 Por eso yo también responderé mi parte, También yo declararé mi juicio.

18 Porque lleno estoy de palabras, Y el espíritu de mi vientre me constriñe.

19 De cierto mi vientre está como el vino que no tiene respiradero, Y se rompe como odres nuevos.

20 Hablaré pues y respiraré; Abriré mis labios, y responderé.

21 No haré ahora acepción de personas, Ni usaré con hombre de lisonjeros títulos.

22 Porque no sé hablar lisonjas: De otra manera en breve mi Hacedor me consuma.

33 Por tanto, Job, oye ahora mis razones, Y escucha todas mis palabras.

2 He aquí yo abriré ahora mi boca, Y mi lengua hablará en mi garganta.

3 Mis razones declararán la rectitud de mi corazón, Y mis labios proferirán pura sabiduría.

4 El espíritu de Dios me hizo, Y la inspiración del Omnipotente me dió vida.

5 Si pudieres, respóndeme: Dispón tus palabras, está delante de mí.

6 Heme aquí á mí en lugar de Dios, conforme á tu dicho: De lodo soy yo también formado.

7 He aquí que mi terror no te espantará, Ni mi mano se agravará sobre ti.

8 De cierto tú dijiste á oídos míos, Y yo oí la voz de tus palabras que decían:

9 Yo soy limpio y sin defecto; Y soy inocente, y no hay maldad en mí.

10 He aquí que él buscó achaques contra mí, Y me tiene por su enemigo;

11 Puso mis pies en el cepo, Y guardó todas mis sendas.

12 He aquí en esto no has hablado justamente: Yo te responderé que aun Dios es mayor que el hombre.

13 ¿Por qué tomaste pleito contra él? Porque él no da cuenta de ninguna de sus razones.

14 Sin embargo, en una ó en dos maneras habla Dios; Mas el hombre no entiende.

15 Por sueño de visión nocturna, Cuando el sueño cae sobre los hombres, Cuando se adormecen sobre el lecho;

16 Entonces revela al oído de los hombres, Y les señala su consejo;

17 Para quitar al hombre de su obra, Y apartar del varón la soberbia.

18 Detendrá su alma de corrupción, Y su vida de que pase el cuchillo.

19 También sobre su cama es castigado Con dolor fuerte en todos sus huesos,

20 Que le hace que su vida aborrezca el pan, Y su alma la comida suave.

21 Su carne desfallece sin verse, Y sus huesos, que antes no se veían, aparecen.

22 Y su alma se acerca al sepulcro, Y su vida á los que causan la muerte.

23 Si tuviera cerca de él Algún elocuente anunciador muy escogido, Que anuncie al hombre su deber;

24 Que le diga que Dios tuvo de él misericordia, Que lo libró de descender al sepulcro, Que halló redención:

25 Enterneceráse su carne más que de niño, Volverá á los días de su mocedad.

26 Orará á Dios, y le amará, Y verá su faz con júbilo: Y él restituirá al hombre su justicia.

27 El mira sobre los hombres; y el que dijere: Pequé, y pervertí lo recto, Y no me ha aprovechado;

28 Dios redimirá su alma, que no pase al sepulcro, Y su vida se verá en luz.

29 He aquí, todas estas cosas hace Dios Dos y tres veces con el hombre;

30 Para apartar su alma del sepulcro, Y para iluminarlo con la luz de los vivientes.

31 Escucha, Job, y óyeme; Calla, y yo hablaré.

32 Que si tuvieres razones, respóndeme; Habla, porque yo te quiero justificar.

33 Y si no, óyeme tú á mí; Calla, y enseñarte he sabiduría.

34 Además respondió Eliú, y dijo:

2 Oíd, sabios, mis palabras; Y vosotros, doctos, estadme atentos.

3 Porque el oído prueba las palabras, Como el paladar gusta para comer.

4 Escojamos para nosotros el juicio, Conozcamos entre nosotros cuál sea lo bueno:

5 Porque Job ha dicho: Yo soy justo, Y Dios me ha quitado mi derecho.

6 ¿He de mentir yo contra mi razón? Mi saeta es gravosa sin haber yo prevaricado.

7 ¿Qué hombre hay como Job, Que bebe el escarnio como agua?

8 Y va en compañía con los que obran iniquidad, Y anda con los hombres maliciosos.

9 Porque ha dicho: De nada servirá al hombre El conformar su voluntad con Dios.

10 Por tanto, varones de seso, oidme; Lejos esté de Dios la impiedad, Y del Omnipotente la iniquidad.

11 Porque él pagará al hombre según su obra, Y él le hará hallar conforme á su camino.

12 Sí, por cierto, Dios no hará injusticia, Y el Omnipotente no pervertirá el derecho.

13 ¿Quién visitó por él la tierra? ¿Y quién puso en orden todo el mundo?

14 Si él pusiese sobre el hombre su corazón, Y recogiese así su espíritu y su aliento,

15 Toda carne perecería juntamente, Y el hombre se tornaría en polvo.

16 Si pues hay en ti entendimiento, oye esto: Escucha la voz de mis palabras.

17 ¿Enseñorearáse el que aborrece juicio? ¿Y condenarás tú al que es tan justo?

18 ¿Hase de decir al rey: Perverso; Y á los príncipes: Impíos?

19 ¿Cuánto menos á aquel que no hace acepción de personas de príncipes, Ni el rico es de él más respetado que el pobre? Porque todos son obras de sus manos.

20 En un momento morirán, y á media noche Se alborotarán los pueblos, y pasarán, Y sin mano será quitado el poderoso.

21 Porque sus ojos están sobre los caminos del hombre, Y ve todos sus pasos.

22 No hay tinieblas ni sombra de muerte Donde se encubran los que obran maldad.

23 No carga pues él al hombre más de lo justo, Para que vaya con Dios á juicio.

24 El quebrantará á los fuertes sin pesquisa, Y hará estar otros en su lugar.

25 Por tanto él hará notorias las obras de ellos, Cuando los trastornará en la noche, y serán quebrantados.

26 Como á malos los herirá En lugar donde sean vistos:

27 Por cuanto así se apartaron de él, Y no consideraron todos sus caminos;

28 Haciendo venir delante de él el clamor del pobre, Y que oiga el clamor de los necesitados.

29 Y si él diere reposo, ¿quién inquietará? Si escondiere el rostro, ¿quién lo mirará? Esto sobre una nación, y lo mismo sobre un hombre;

30 Haciendo que no reine el hombre hipócrita Para vejaciones del pueblo.

31 De seguro conviene se diga á Dios: Llevado he ya castigo, no más ofenderé:

32 Enséñame tú lo que yo no veo: Que si hice mal, no lo haré más.

33 ¿Ha de ser eso según tu mente? El te retribuirá, ora rehuses, Ora aceptes, y no yo: Di si no, lo que tú sabes.

34 Los hombres de seso dirán conmigo, Y el hombre sabio me oirá:

35 Que Job no habla con sabiduría, Y que sus palabras no son con entendimiento.

36 Deseo yo que Job sea probado ampliamente, A causa de sus respuestas por los hombres inicuos.

37 Porque á su pecado añadió impiedad: Bate las manos entre nosotros, Y contra Dios multiplica sus palabras.

35
Yprocediendo Eliú en su razonamiento, dijo:

2 ¿Piensas ser conforme á derecho Esto que dijiste: Más justo soy yo que Dios?

3 Porque dijiste: ¿Qué ventaja sacarás tú de ello? ¿O qué provecho tendré de mi pecado?

4 Yo te responderé razones, Y á tus compañeros contigo.

5 Mira á los cielos, y ve, Y considera que las nubes son más altas que tú.

6 Si pecares, ¿qué habrás hecho contra él? Y si tus rebeliones se multiplicaren, ¿qué le harás tú?

7 Si fueres justo, ¿qué le darás á el? ¿O qué recibirá de tu mano?

8 Al hombre como tú dañará tu impiedad, Y al hijo del hombre aprovechará tu justicia.

9 A causa de la multitud de las violencias clamarán, Y se lamentarán por el poderío de los grandes.

10 Y ninguno dice: ¿Dónde está Dios mi Hacedor, Que da canciones en la noche,

11 Que nos enseña más que á las bestias de la tierra, Y nos hace sabios más que á las aves del cielo?

12 Allí clamarán, y él no oirá, Por la soberbia de los malos.

13 Ciertamente Dios no oirá la vanidad, Ni la mirará el Omnipotente.

14 Aunque más digas, No lo mirará; Haz juicio delante de él, y en él espera.

15 Mas ahora, porque en su ira no visita, Ni conoce con rigor, Por eso Job abrió su boca vanamente, Y multiplica palabras sin sabiduría.

36
Yañadió Eliú, y dijo:

2 Espérame un poco, y enseñarte he; Porque todavía tengo razones en orden á Dios.

3 Tomaré mi noticia de lejos, Y atribuiré justicia á mi Hacedor.

4 Porque de cierto no son mentira mis palabras; Contigo está el que es íntegro en sus conceptos.

5 He aquí que Dios es grande, mas no desestima á nadie; Es poderoso en fuerza de sabiduría.

6 No otorgará vida al impío, Y á los afligidos dará su derecho.

7 No quitará sus ojos del justo; Antes bien con los reyes los pondrá en solio para siempre, Y serán ensalzados.

8 Y si estuvieren prendidos en grillos, Y aprisionados en las cuerdas de aflicción,

9 El les dará á conocer la obra de ellos, Y que prevalecieron sus rebeliones.

10 Despierta además el oído de ellos para la corrección, Y díceles que se conviertan de la iniquidad.

11 Si oyeren, y le sirvieren, Acabarán sus días en bien, y sus años en deleites.

12 Mas si no oyeren, serán pasados á cuchillo, Y perecerán sin sabiduría.

13 Empero los hipócritas de corazón lo irritarán más, Y no clamarán cuando él los ate.

14 Fallecerá el alma de ellos en su mocedad, Y su vida entre los sodomitas.

15 Al pobre librará de su pobreza, Y en la aflicción despertará su oído.

16 Asimismo te apartaría de la boca de la angustia A lugar espacioso, libre de todo apuro; Y te asentará mesa llena de grosura.

17 Mas tú has llenado el juicio del impío, En vez de sustentar el juicio y la justicia.

18 Por lo cual teme que en su ira no te quite con golpe, El cual no puedas apartar de ti con gran rescate.

19 ¿Hará él estima de tus riquezas, ni del oro, Ni de todas las fuerzas del poder?

20 No anheles la noche, En que desaparecen los pueblos de su lugar.

21 Guárdate, no tornes á la iniquidad; Pues ésta escogiste más bien que la aflicción.

22 He aquí que Dios es excelso con su potencia; ¿Qué enseñador semejante á él?

23 ¿Quién le ha prescrito su camino? ¿Y quién le dirá: Iniquidad has hecho?

24 Acuérdate de engrandecer su obra, La cual contemplan los hombres.

25 Los hombres todos la ven; Mírala el hombre de lejos.

26 He aquí, Dios es grande, y nosotros no le conocemos; Ni se puede rastrear el número de sus años.

27 El reduce las gotas de las aguas, Al derramarse la lluvia según el vapor;

28 Las cuales destilan las nubes, Goteando en abundancia sobre los hombres.

29 ¿Quién podrá tampoco comprender la extensión de las nubes, Y el sonido estrepitoso de su pabellón?

30 He aquí que sobre él extiende su luz, Y cobija con ella las raíces de la mar.

31 Bien que por esos medios castiga á los pueblos, A la multitud da comida.

32 Con las nubes encubre la luz, Y mándale no brillar, interponiendo aquéllas.

33 Tocante á ella anunciará el trueno, su compañero, Que hay acumulación de ira sobre el que se eleva.

37 A esto también se espanta mi corazón, Y salta de su lugar.

2 Oid atentamente su voz terrible, y el sonido que sale de su boca.

3 Debajo de todos los cielos lo dirige, Y su luz hasta los fines de la tierra.

4 Después de ella bramará el sonido, Tronará él con la voz de su magnificencia; Y aunque sea oída su voz, no los detiene.

5 Tronará Dios maravillosamente con su voz; El hace grandes cosas, que nosotros no entendemos.

6 Porque á la nieve dice: Desciende á la tierra; También á la llovizna, Y á los aguaceros de su fortaleza.

7 Así hace retirarse á todo hombre, Para que los hombres todos reconozcan su obra.

8 La bestia se entrará en su escondrijo, Y estaráse en sus moradas.

9 Del mediodía viene el torbellino, Y el frío de los vientos del norte.

10 Por el soplo de Dios se da el hielo, Y las anchas aguas son constreñidas.

11 Regando también llega á disipar la densa nube, Y con su luz esparce la niebla.

12 Asimísmo por sus designios se revuelven las nubes en derredor, Para hacer sobre la haz del mundo, En la tierra, lo que él les mandara.

13 Unas veces por azote, otras pos causa de su tierra, Otras por misericordia las hará parecer.

14 Escucha esto, Job; Repósate, y considera las maravillas de Dios.

15 ¿Supiste tú cuándo Dios las ponía en concierto, Y hacía levantar la luz de su nube?

16 ¿Has tú conocido las diferencias de las nubes, Las maravillas del Perfecto en sabiduría?

17 ¿Por qué están calientes tus vestidos Cuando se fija el viento del mediodía sobre la tierra?

18 ¿Extendiste tú con él los cielos, Firmes como un espejo sólido?

19 Muéstranos qué le hemos de decir; Porque nosotros no podemos componer las ideas á causa de las tinieblas.

20 ¿Será preciso contarle cuando yo hablaré? Por más que el hombre razone, quedará como abismado.

21 He aquí aún: no se puede mirar la luz esplendente en los cielos, Luego que pasa el viento y los limpia,

22 Viniendo de la parte del norte la dorada claridad. En Dios hay una majestad terrible.

23 El es Todopoderoso, al cual no alcanzamos, grande en potencia; Y en juicio y en multitud de justicia no afligirá.

24 Temerlo han por tanto los hombres: El no mira á los sabios de corazón.

38 Y respondió Jehová á Job desde un torbellino, y dijo:

2 ¿Quién es ése que oscurece el consejo Con palabras sin sabiduría?

3 Ahora ciñe como varón tus lomos; Yo te preguntaré, y hazme saber tú.

4 ¿Dónde estabas cuando yo fundaba la tierra? Házme lo saber, si tienes inteligencia.

5 ¿Quién ordenó sus medidas, si lo sabes? ¿O quién extendió sobre ella el cordel?

6 ¿Sobre qué están fundadas sus basas? ¿O quién puso su piedra angular,

7 Cuando las estrellas todas del alba alababan, Y se regocijaban todos los hijos de Dios?

8 ¿Quién encerró con puertas la mar, Cuando se derramaba por fuera como saliendo de madre;

9 Cuando puse yo nubes por vestidura suya, Y por su faja oscuridad,

10 Y establecí sobre ella mi decreto, Y le puse puertas y cerrojo,

11 Y dije: Hasta aquí vendrás, y no pasarás adelante, Y ahí parará la hinchazón de tus ondas?

12 ¿Has tu mandado á la mañana en tus días? ¿Has mostrado al alba su lugar,

13 Para que ocupe los fines de la tierra, Y que sean sacudidos de ella los impíos?

14 Trasmúdase como lodo bajo de sello, Y viene á estar como con vestidura:

15 Mas la luz de los impíos es quitada de ellos, Y el brazo enaltecido es quebrantado.

16 ¿Has entrado tú hasta los profundos de la mar, Y has andado escudriñando el abismo?

17 ¿Hante sido descubiertas las puertas de la muerte, Y has visto las puertas de la sombra de muerte?

18 ¿Has tú considerado hasta las anchuras de la tierra? Declara si sabes todo esto.

19 ¿Por dónde va el camino á la habitación de la luz, Y dónde está el lugar de las tinieblas?

20 ¿Si llevarás tú ambas cosas á sus términos, Y entenderás las sendas de su casa?

21 ¿Sabíaslo tú porque hubieses ya nacido, O porque es grande el número de tus días?

22 ¿Has tú entrado en los tesoros de la nieve, O has visto los tesoros del granizo,

23 Lo cual tengo yo reservado para el tiempo de angustia, Para el día de la guerra y de la batalla?

24 ¿Por qué camino se reparte la luz, Y se esparce el viento solano sobre la tierra?

25 ¿Quién repartió conducto al turbión, Y camino á los relámpagos y truenos,

26 Haciendo llover sobre la tierra deshabitada, Sobre el desierto, donde no hay hombre,

27 Para hartar la tierra desierta é inculta, Y para hacer brotar la tierna hierba?

28 ¿Tiene la lluvia padre? ¿O quién engendró las gotas del rocío?

29 ¿De qué vientre salió el hielo? Y la escarcha del cielo, ¿quién la engendró?

30 Las aguas se endurecen á manera de piedra, Y congélase la haz del abismo.

31 ¿Podrás tú impedir las delicias de las Pléyades, O desatarás las ligaduras del Orión?

32 ¿Sacarás tú á su tiempo los signos de los cielos, O guiarás el Arcturo con sus hijos?

33 ¿Supiste tú las ordenanzas de los cielos? ¿Dispondrás tú de su potestad en la tierra?

34 ¿Alzarás tú á las nubes tu voz, Para que te cubra muchedumbre de aguas?

35 ¿Enviarás tú los relámpagos, para que ellos vayan? ¿Y diránte ellos: Henos aquí?

36 ¿Quién puso la sabiduría en el interior? ¿O quién dió al entendimiento la inteligencia?

37 ¿Quién puso por cuenta los cielos con sabiduría? Y los odres de los cielos, ¿quién los hace parar,

38 Cuando el polvo se ha convertido en dureza, Y los terrones se han pegado unos con otros?

39 ¿cazarás tú la presa para el león? ¿Y saciarás el hambre de los leoncillos,

2 Cuando están echados en las cuevas, O se están en sus guaridas para acechar?

3 ¿Quién preparó al cuervo su alimento, Cuando sus pollos claman á Dios, Bullendo de un lado á otro por carecer de comida?

4 ¿Sabes tú el tiempo en que paren las cabras monteses? ¿O miraste tú las ciervas cuando están pariendo?

5 ¿Contaste tú los meses de su preñez, Y sabes el tiempo cuando han de parir?

6 Encórvanse, hacen salir sus hijos, Pasan sus dolores.

7 Sus hijos están sanos, crecen con el pasto: Salen y no vuelven á ellas.

8 ¿Quién echó libre al asno montés, y quién soltó sus ataduras?

9 Al cual yo puse casa en la soledad, Y sus moradas en lugares estériles.

10 Búrlase de la multitud de la ciudad: No oye las voces del arriero.

11 Lo oculto de los montes es su pasto, Y anda buscando todo lo que está verde.

12 ¿Querrá el unicornio servirte á ti, Ni quedar á tu pesebre?

13 ¿Atarás tú al unicornio con su coyunda para el surco? ¿Labrará los valles en pos de ti?

14 ¿Confiarás tú en él, por ser grande su fortaleza, Y le fiarás tu labor?

15 ¿Fiarás de él que te tornará tu simiente, Y que la allegará en tu era?

16 ¿Diste tú hermosas alas al pavo real, O alas y plumas al avestruz?

17 El cual desampara en la tierra sus huevos, Y sobre el polvo los calienta,

18 Y olvídase de que los pisará el pie, Y que los quebrará bestia del campo.

19 Endurécese para con sus hijos, como si no fuesen suyos, No temiendo que su trabajo haya sido en vano:

20 Porque le privó Dios de sabiduría, Y no le dió inteligencia.

21 Luego que se levanta en alto, Búrlase del caballo y de su jinete.

22 ¿Diste tú al caballo la fortaleza? ¿Vestiste tú su cerviz de relincho?

23 ¿Le intimidarás tú como á alguna langosta? El resoplido de su nariz es formidable:

24 Escarba la tierra, alégrase en su fuerza, Sale al encuentro de las armas:

25 Hace burla del espanto, y no teme, Ni vuelve el rostro delante de la espada.

26 Contra él suena la aljaba, El hierro de la lanza y de la pica:

27 Y él con ímpetu y furor escarba la tierra, Sin importarle el sonido de la bocina;

28 Antes como que dice entre los clarines: ¡Ea! Y desde lejos huele la batalla, el grito de los capitanes, y la vocería.

29 ¿Vuela el gavilán por tu industria, Y extiende hacia el mediodía sus alas?

30 ¿Se remonta el águila por tu mandamiento, Y pone en alto su nido?

31 Ella habita y está en la piedra, En la cumbre del peñasco y de la roca.

32 Desde allí acecha la comida: Sus ojos observan de muy lejos.

33 Sus pollos chupan la sangre: Y donde hubiere cadáveres, allí está.

34 A más de eso respondió Jehová á Job y dijo:

35 ¿Es sabiduría contender con el Omnipotente? El que disputa con Dios, responda á esto.

36 Y respondió Job á Jehová, y dijo:

37 He aquí que yo soy vil, ¿qué te responderé? Mi mano pongo sobre mi boca.

38 Una vez hablé, y no responderé: Aun dos veces, mas no tornaré á hablar.

40 Entonces respondió Jehová á Job desde la oscuridad, y dijo:

2 Ciñete ahora como varón tus lomos; Yo te preguntaré, y explícame.

3 ¿Invalidarás tú también mi juicio? ¿Me condenarás á mí, para justificarte á ti?

4 ¿Tienes tú brazo como Dios? ¿Y tronarás tú con voz como él?

5 Atavíate ahora de majestad y de alteza: Y vístete de honra y de hermosura.

6 Esparce furores de tu ira: Y mira á todo soberbio, y abátele.

7 Mira á todo soberbio, y humíllalo, Y quebranta á los impíos en su asiento.

8 Encúbrelos á todos en el polvo, Venda sus rostros en la oscuridad:

9 Y yo también te confesaré Que podrá salvarte tu diestra.

10 He aquí ahora behemoth, al cual yo hice contigo; Hierba come como buey.

11 He aquí ahora que su fuerza está en sus lomos, Y su fortaleza en el ombligo de su vientre.

12 Su cola mueve como un cedro, Y los nervios de sus genitales son entretejidos.

13 Sus huesos son fuertes como bronce, Y sus miembros como barras de hierro.

14 El es la cabeza de los caminos de Dios: El que lo hizo, puede hacer que su cuchillo á él se acerque.

15 Ciertamente los montes producen hierba para él: Y toda bestia del campo retoza allá.

16 Echarse debajo de las sombras, En lo oculto de las cañas, y de los lugares húmedos.

17 Los árboles sombríos lo cubren con su sombra; Los sauces del arroyo lo cercan.

18 He aquí que él tomará el río sin inmutarse: Y confíase que el Jordán pasará por su boca.

19 ¿Tomarálo alguno por sus ojos en armadijos, Y horadará su nariz?

41 ¿Sacarás tú al leviathán con el anzuelo, O con la cuerda que le echares en su lengua?

2 ¿Pondrás tú garfio en sus narices, Y horadarás con espinas su quijada?

3 ¿Multiplicará él ruegos para contigo? ¿Hablaráte él lisonjas?

4 ¿Hará concierto contigo Para que lo tomes por siervo perpetuo?

5 ¿Jugarás tú con él como con pájaro, O lo atarás para tus niñas?

6 ¿Harán de él banquete los compañeros? ¿Partiránlo entre los mercaderes?

7 ¿Cortarás tú con cuchillo su cuero, O con asta de pescadores su cabeza?

8 Pon tu mano sobre él; Te acordarás de la batalla, y nunca más tornarás.

9 He aquí que la esperanza acerca de él será burlada; Porque aun á su sola vista se desmayarán.

10 Nadie hay tan osado que lo despierte: ¿Quién pues podrá estar delante de mí?

11 ¿Quién me ha anticipado, para que yo restituya? Todo lo que hay debajo del cielo es mío.

12 Yo no callaré sus miembros, Ni lo de sus fuerzas y la gracia de su disposición.

13 ¿Quién descubrirá la delantera de su vestidura? ¿Quién se llegará á él con freno doble?

14 ¿Quién abrirá las puertas de su rostro? Los órdenes de sus dientes espantan.

15 La gloria de su vestido son escudos fuertes, Cerrados entre sí estrechamente.

16 El uno se junta con el otro, Que viento no entra entre ellos.

17 Pegado está el uno con el otro, Están trabados entre sí, que no se pueden apartar.

18 Con sus estornudos enciende lumbre, Y sus ojos son como los párpados del alba.

19 De su boca salen hachas de fuego, Centellas de fuego proceden.

20 De sus narices sale humo, Como de una olla ó caldero que hierve.

21 Su aliento enciende los carbones, Y de su boca sale llama.

22 En su cerviz mora la fortaleza, Y espárcese el desaliento delante de él.

23 Las partes momias de su carne están apretadas: Están en él firmes, y no se mueven.

24 Su corazón es firme como una piedra, Y fuerte como la muela de abajo.

25 De su grandeza tienen temor los fuertes, Y á causa de su desfallecimiento hacen por purificarse.

26 Cuando alguno lo alcanzare, ni espada, Ni lanza, ni dardo, ni coselete durará.

27 El hierro estima por pajas, Y el acero por leño podrido.

28 Saeta no le hace huir; Las piedras de honda se le tornan aristas.

29 Tiene toda arma por hojarascas, Y del blandir de la pica se burla.

30 Por debajo tiene agudas conchas; Imprime su agudez en el suelo.

31 Hace hervir como una olla la profunda mar, Y tórnala como una olla de ungüento.

32 En pos de sí hace resplandecer la senda, Que parece que la mar es cana.

33 No hay sobre la tierra su semejante, Hecho para nada temer.

34 Menosprecia toda cosa alta: Es rey sobre todos los soberbios.

42 Y respondió Job á Jehová, y dijo:

2 Yo conozco que todo lo puedes, Y que no hay pensamiento que se esconda de ti.

3 ¿Quién es el que oscurece el consejo sin ciencia? Por tanto yo denunciaba lo que no entendía; Cosas que me eran ocultas, y que no las sabía.

4 Oye te ruego, y hablaré; Te preguntaré, y tú me enseñarás.

5 De oídas te había oído; Mas ahora mis ojos te ven.

6 Por tanto me aborrezco, y me arrepiento En el polvo y en la ceniza.

7 Y aconteció que después que habló Jehová estas palabras á Job, Jehová dijo á Eliphaz Temanita: Mi ira se encendió contra ti y tus dos compañeros: porque no habéis hablado por mí lo recto, como mi siervo Job.

8 Ahora pues, tomaos siete becerros y siete carneros, y andad á mi siervo Job, y ofreced holocausto por vosotros, y mi siervo Job orará por vosotros; porque de cierto á él atenderé para

no trataras afrentosamente, por cuanto no habéis hablado por mí con rectitud, como mi siervo Job.

9 Fueron pues Eliphaz Temanita, y Bildad Suhita, y Sophar Naamatita, é hicieron como Jehová les dijo: y Jehová atendió á Job.

10 Y mudó Jehová la aflicción de Job, orando él por sus amigos: y aumentó al doble todas las cosas que habían sido de Job.

11 Y vinieron é él todos sus hermanos, y todas sus hermanas, y todos los que antes le habían conocido, y comieron con él pan en su casa, y condoliéronse de él, y consoláronle de todo aquel mal que sobre él había Jehová traído; y cada uno de ellos le dió una pieza de moneda, y un zarcillo de oro.

12 Y bendijo Jehová la postrimería de Job más que su principio; porque tuvo catorce mil ovejas, y seis mil camellos, y mil yuntas de bueyes, y mil asnas.

13 Y tuvo siete hijos y tres hijas.

14 Y llamó el nombre de la una, Jemimah, y el nombre de la segunda, Cesiah, y el nombre de la tercera, Keren-happuch.

15 Y no se hallaron mujeres tan hermosas como las hijas de Job en toda la tierra: y dióles su padre herencia entre sus hermanos.

16 Y después de esto vivió Job ciento y cuarenta años, y vió á sus hijos, y á los hijos de sus hijos, hasta la cuarta generación.

17 Murió pues Job viejo, y lleno de días.

SALMOS.

1 Bienaventurado el varón que no anduvo en consejo de malos, Ni estuvo en camino de pecadores, Ni en silla de escarnecedores se ha sentado;

2 Antes en la ley de Jehová está su delicia, Y en su ley medita de día y de noche.

3 Y será como el árbol plantado junto á arroyos de aguas, Que da su fruto en su tiempo, Y su hoja no cae; Y todo lo que hace, prosperará.

4 No así los malos: Sino como el tamo que arrebata el viento.

5 Por tanto no se levantarán los malos en el juicio, Ni los pecadores en la congregación de los justos.

6 Porque Jehová conoce el camino de los justos; Mas la senda de los malos perecerá.

2 Ypor qué se amotinan las gentes, Y los pueblos piensan vanidad?

2 Estarán los reyes de la tierra, Y príncipes consultarán unidos Contra Jehová, y contra su ungido, diciendo:

3 Rompamos sus coyundas, Y echemos de nosotros sus cuerdas.

4 El que mora en los cielos se reirá; El Señor se burlará de ellos.

5 Entonces hablará á ellos en su furor, Y turbarálos con su ira.

6 Yo empero he puesto mi rey Sobre Sión, monte de mi santidad.

7 Yo publicaré el decreto: Jehová me ha dicho: Mi hijo eres tú; Yo te engendré hoy.

8 Pídeme, y te daré por heredad las gentes, Y por posesión tuya los términos de la tierra.

9 Quebrantarlos has con vara de hierro: Como vaso de alfarero los desmenuzarás.

10 Y ahora, reyes, entended: Admitid corrección, jueces de la tierra.

11 Servid á Jehová con temor, Y alegraos con temblor.

12 Besad al Hijo, porque no se enoje, y perezcáis en el camino, Cuando se encendiere un poco su furor. Bienaventurados todos los que en él confían.

Salmo de David, cuando huía de adelante de Absalom su hijo.

3 ¡OH Jehová, cuánto se han multiplicado mis enemigos! Muchos se levantan contra mí.

2 Muchos dicen de mi vida: No hay para él salud en Dios. (Selah.)

3 Mas tú, Jehová, eres escudo alrededor de mí: Mi gloria, y el que ensalza mi cabeza.

4 Con mi voz clamé á Jehová, Y él me respondió desde el monte de su santidad. (Selah.)

5 Yo me acosté, y dormí, Y desperté; porque Jehová me sostuvo.

6 No temeré de diez millares de pueblos, Que pusieren cerco contra mí.

7 Levántate, Jehová; sálvame, Dios mío: Porque tú heriste á todos mis enemigos en la quijada; Los dientes de los malos quebrantaste.

8 De Jehová es la salud: Sobre tu pueblo será tu bendición. (Selah.)

Al Músico principal: sobre Neginoth: Salmo de David.

4 Respóndeme cuando clamo, oh Dios de mi justicia: Estando en angustia, tú me hiciste ensanchar: Ten misericordia de mí, y oye mi oración.

2 Hijos de los hombres, ¿hasta cuándo volveréis mi honra en infamia, Amaréis la vanidad, y buscaréis la mentira? (Selah.)

3 Sabed pues, que Jehová hizo apartar el pío para sí: Jehová oirá cuando yo á él clamare.

4 Temblad, y no pequéis: Conversad en vuestro corazón sobre vuestra cama, y desistid. (Selah.)

5 Ofreced sacrificios de justicia, Y confiad en Jehová.

6 Muchos dicen: ¿Quién nos mostrará el bien? Alza sobre nosotros, oh Jehová, la luz de tu rostro.

7 Tú diste alegría en mi corazón, Más que tienen ellos en el tiempo que se multiplicó su grano y su mosto.

8 En paz me acostaré, y asimismo dormiré; Porque solo tú, Jehová, me harás estar confiado.

Al Músico principal: sobre Nehiloth: Salmo de David.

5 Escucha, oh Jehová, mis palabras; Considera la meditación mía.

2 Está atento á la voz de mi clamor, Rey mío y Dios mío, Porque á ti oraré.

3 Oh Jehová, de mañana oirás mi voz; De mañana me presentaré á ti, y esperaré.

4 Porque tú no eres un Dios que ame la maldad: El malo no habitará junto á ti.

5 No estarán los insensatos delante de tus ojos: Aborreces á todos los que obran iniquidad.

6 Destruirás á los que hablan mentira: Al hombre de sangres y de engaño abominará Jehová.

7 Y yo en la multitud de tu misericordia entraré en tu casa: Adoraré hacia el templo de tu santidad en tu temor.

8 Guíame, Jehová, en tu justicia á causa de mis enemigos; Endereza delante de mí tu camino.

9 Porque no hay en su boca rectitud: Sus entrañas son pravedades; Sepulcro abierto su garganta: Con su lengua lisonjearán.

10 Desbarátalos, oh Dios; Caigan de sus consejos: Por la multitud de sus rebeliones échalos, Porque se rebelaron contra ti.

11 Y alegrarse han todos los que en ti confían; Para siempre darán voces de júbilo, porque tú los defiendes: Y en ti se regocijarán los que aman tu nombre.

12 Porque tú, oh Jehová, bendecirás al justo; Lo cercarás de benevolencia como con un escudo.

Al Músico principal: en Neginoth sobre Seminith: Salmo de David.

6 Jehová, no me reprendas en tu furor, Ni me castigues con tu ira.

2 Ten misericordia de mí, oh Jehová, porque yo estoy debilitado: Sáname, oh Jehová, porque mis huesos están conmovidos.

3 Mi alma asimismo está muy conturbada: Y tú, Jehová, ¿hasta cuándo?

4 Vuelve, oh Jehová, libra mi alma; Sálvame por tu misericordia.

5 Porque en la muerte no hay memoria de ti: ¿Quién te loará en el sepulcro?

6 Heme consumido á fuerza de gemir: Todas las noches inundo mi lecho, Riego mi estrado con mis lágrimas.

7 Mis ojos están carcomidos de descontento; Hanse envejecido á causa de todos mis angustiadores.

8 Apartaos de mí, todos los obradores de iniquidad; Porque Jehová ha oído la voz de mi lloro.

9 Jehová ha oído mi ruego; Ha recibido Jehová mi oración.

10 Se avergonzarán, y turbaránse mucho todos mis enemigos; Volveránse y serán avergonzados subitáneamente.

Sigaión de David, que cantó á Jehová sobre las palabras de Cus, hijo de Benjamín.

7 Jehová Dios mío, en ti he confiado: Sálvame de todos los que me persiguen, y líbrame;

2 No sea que arrebate mi alma, cual león Que despedaza, sin que haya quien libre.

3 Jehová Dios mío, si yo he hecho esto, Si hay en mis manos iniquidad;

4 Si dí mal pago al pacífico conmigo, (Hasta he libertado al que sin causa era mi enemigo;)

5 Persiga el enemigo mi alma, y alcánce la; Y pise en tierra mi vida, Y mi honra ponga en el polvo. (Selah.)

6 Levántate; oh Jehová, con tu furor; Alzate á causa de las iras de mis angustiadores, Y despierta en favor mío el juicio que mandaste.

7 Y te rodeará concurso de pueblo; Por cuyo amor vuélvete luego á levantar en alto.

8 Jehová juzgará los pueblos: Júzgame, oh Jehová, conforme á mi justicia y conforme á mi integridad.

9 Consúmase ahora la malicia de los inicuos, y establece al justo; Pues el Dios justo prueba los corazones y los riñones.

10 Mi escudo está en Dios, Que salva á los rectos de corazón.

11 Dios es el que juzga al justo: Y Dios está airado todos los días contra el impío.

12 Si no se convirtiere, él afilará su espada: Armado tiene ya su arco, y lo ha preparado.

13 Asimismo ha aparejado para él armas de muerte; Ha labrado sus saetas para los que persiguen.

14 He aquí ha tenido parto de iniquidad: Concibió trabajo, y parió mentira.

15 Pozo ha cavado, y ahondádolo; Y en la fosa que hizo caerá.

16 Su trabajo se tornará sobre su cabeza, Y su agravio descenderá sobre su mollera.

17 Alabaré yo á Jehová conforme á su justicia, Y cantaré al nombre de Jehová el Altísimo.

Al Músico principal: sobre Gittith: Salmo de David.

8 Oh Jehová, Señor nuestro, ¡Cuán grande es tu nombre en toda la tierra, Que has puesto tu gloria sobre los cielos!

2 De la boca de los chiquitos y de los que maman, fundaste la fortaleza, A causa de tus enemigos, Para hacer cesar al enemigo, y al que se venga.

3 Cuando veo tus cielos, obra de tus dedos, La luna y las estrellas que tú formaste:

4 Digo: ¿Qué es el hombre, para que tengas de él memoria, Y el hijo del hombre, que lo visites?

5 Pues le has hecho poco menor que los ángeles, Y coronástelo de gloria y de lustre.

6 Hicístelo enseñorear de las obras de tus manos; Todo lo pusiste debajo de sus pies:

7 Ovejas, y bueyes, todo ello; Y asimismo las bestias del campo,

8 Las aves de los cielos, y los peces de la mar; Todo cuanto pasa por los senderos de la mar.

9 Oh Jehová, Señor nuestro, ¡Cuán grande es tu nombre en toda la tierra!

Al Músico principal: sobre Muth-labben: Salmo de David.

9 Te alabaré, oh Jehová, con todo mi corazón; Contaré todas tus maravillas.

2 Alegraréme y regocijaréme en ti: Cantaré á tu nombre, oh Altísimo;

3 Por haber sido mis enemigos vueltos atrás: Caerán y perecerán delante de ti.

4 Porque has hecho mi juicio y mi causa: Sentástete en silla juzgando justicia.

5 Reprendiste gentes, destruiste al malo, Raíste el nombre de ellos para siempre jamás.

6 Oh enemigo, acabados son para siempre los asolamientos; Y las ciudades que derribaste, Su memoria pereció con ellas.

7 Mas Jehová permanecerá para siempre: Dispuesto ha su trono para juicio.

8 Y él juzgará el mundo con justicia; Y juzgará los pueblos con rectitud.

9 Y será Jehová refugio al pobre, Refugio para el tiempo de angustia.

10 Y en ti confiarán los que conocen tu nombre; Por cuanto tú, oh Jehová, no desamparaste á los que te buscaron.

11 Cantad á Jehová, que habita en Sión: Noticiad en los pueblos sus obras.

12 Porque demandando la sangre se acordó de ellos: No se olvidó del clamor de los pobres.

13 Ten misericordia de mí, Jehová: Mira mi aflicción que padezco de los que me aborrecen, Tú que me levantas de las puertas de la muerte:

14 Porque cuente yo todas tus alabanzas En las puertas de la hija de Sión, Y me goce en tu salud.

15 Hundiéronse las gentes en la fosa que hicieron; En la red que escondieron fué tomado su pie.

16 Jehová fué conocido en el juicio que hizo; En la obra de sus manos fué enlazado el malo. (Higaion. Selah.)

17 Los malos serán trasladados al infierno, Todas las gentes que se olvidan de Dios.

18 Porque no para siempre será olvidado el pobre; Ni la esperanza de los pobres perecerá perpetuamente.

19 Levántate, oh Jehová; no se fortalezca el hombre; Sean juzgadas las gentes delante de ti.

20 Pon, oh Jehová, temor en ellos: Conozcan las gentes que son no más que hombres. (Selah.)

10 ¿por qué estás lejos, oh Jehová, Y te escondes en el tiempo de la tribulación?

2 Con arrogancia el malo persigue al pobre: Serán cogidos en los artificios que han ideado.

3 Por cuanto se alaba el malo del deseo de su alma, Y bendice al codicioso ó quién Jehová aborrece.

4 El malo, por la altivez de su rostro, no busca á Dios: No hay Dios en todos sus pensamientos.

5 Sus caminos son viciosos en todo tiempo: Tus juicios los tiene muy lejos de su vista: Echa bocanadas en orden á todos sus enemigos.

6 Dice en su corazón: No seré movido en ningún tiempo, Ni jamás me alcanzará el infortunio.

7 Llena está su boca de maldición, y de engaños y fraude: Debajo de su lengua, vejación y maldad.

8 Está en las guaridas de las aldeas: En los escondrijos mata al inocente: Sus ojos están acechando al pobre.

9 Acecha en oculto, como el león desde su cama: Acecha para arrebatar al pobre: Arrebata al pobre trayéndolo á su red.

10 Encógese, agáchase, Y caen en sus fuerzas muchos desdichados.

11 Dice en su corazón: Dios está olvidado, Ha encubierto su rostro; nunca lo verá.

12 Levántate, oh Jehová Dios, alza tu mano, No te olvides de los pobres.

13 ¿Por qué irrita el malo á Dios? En su corazón ha dicho que no lo inquirirás.

14 Tú lo tienes visto: porque tú miras el trabajo, y la vejación, para vengar le por tu mano: A ti se acoge el pobre, Tú eres el amparo del huérfano.

15 Quebranta el brazo del malo: Del maligno buscarás su maldad, hasta que ninguna halles.

16 Jehová, Rey eterno y perpetuo: De su tierra fueron destruídas las gentes.

17 El deseo de los humildes oíste, oh Jehová: Tú dispones su corazón, y haces atento tu oído;

18 Para juzgar al huérfano y al pobre, A fin de que no vuelva más á hacer violencia el hombre de la tierra.

Al Músico principal: Salmo de David.

11 En Jehová he confiado; ¿Cómo decís á mi alma: Escapa al monte cual ave?

2 Porque he aquí, los malos flecharon el arco, Apercibieron sus saetas sobre la cuerda, Para asaetear en oculto á los rectos de corazón.

3 Si fueren destruídos los fundamentos, ¿Qué ha de hacer el justo?

4 Jehová en el templo de su santidad: La silla de Jehová está en el cielo: Sus ojos ven, sus párpados examinan á los hijos de los hombres.

5 Jehová prueba al justo; Empero al malo y al que ama la violencia, su alma aborrece.

6 Sobre los malos lloverá lazos; Fuego y azufre, con vientos de torbellinos, será la porción del cáliz de ellos.

7 Porque el justo Jehová ama la justicia: Al recto mirará su rostro.

Al Músico principal: sobre Seminith: Salmo de David.

12 Salva, oh Jehová, porque se acabaron los misericordiosos: Porque se han acabado los fieles de entre los hijos de los hombres.

2 Mentira habla cada uno con su prójimo; Con labios lisonjeros, con corazón doble hablan.

3 Destruirá Jehová todos los labios lisonjeros, La lengua que habla grandezas;

4 Que dijeron: Por nuestra lengua prevaleceremos; Nuestros labios están con nosotros: ¿quién nos es señor?

5 Por la opresión de los pobres, por el gemido de los menesterosos, Ahora me levantaré, dice Jehová: Pondrélos en salvo del que contra ellos se engríe.

6 Las palabras de Jehová, palabras limpias; Plata refinada en horno de tierra, Purificada siete veces.

7 Tú, Jehová, los guardarás; Guárdalos para siempre de aquesta generación.

8 Cercando andan los malos, Mientras son exaltados los más viles de los hijos de los hombres.

Al Músico principal: Salmo de David.

13 ¿hasta cuándo, Jehová? ¿me olvidarás para siempre? ¿Hasta cuándo esconderás tu rostro de mí?

2 ¿Hasta cuándo pondré consejos en mi alma, Con ansiedad en mi corazón cada día? ¿Hasta cuándo será enaltecido mi enemigo sobre mí?

3 Mira, óyeme, Jehová Dios mío: Alumbra mis ojos, porque no duerma en muerte;

4 Porque no diga mi enemigo, Vencílo: Mis enemigos se alegrarán, si yo resbálare.

5 Mas yo en tu misericordia he confiado: Alegraráse mi corazón en tu salud.

6 Cantaré á Jehová, Porque me ha hecho bien.

Al Músico principal: Salmo de David.

14 Dijo el necio en su corazón: No hay Dios. Corrompiéronse, hicieron obras abominables; No hay quien haga bien.

2 Jehová miró desde los cielos sobre los hijos de los hombres, Por ver si había algún entendido, Que buscara á Dios.

3 Todos declinaron, juntamente se han corrompido: No hay quien haga bien, no hay ni siquiera uno.

4 ¿No tendrán conocimiento todos los que obran iniquidad, Que devoran á mi pueblo como si pan comiesen, Y á Jehová no invocaron?

5 Allí temblaron de espanto; Porque Dios está con la nación de los justos.

6 El consejo del pobre habéis escarnecido, Por cuanto Jehová es su esperanza.

7 ¡Quién diese de Sión la salud de Israel! En tornando Jehová la cautividad de su pueblo, Se gozará Jacob, y alegraráse Israel.

Salmo de David.

15 Jehová, ¿quién habitará en tu tabernáculo? ¿Quién residirá en el monte de tu santidad?

2 El que anda en integridad, y obra justicia, Y habla verdad en su corazón.

3 El que no detrae con su lengua, Ni hace mal á su prójimo, Ni contra su prójimo acoge oprobio alguno.

4 Aquel á cuyos ojos es menospreciado el vil; Mas honra á los que temen á Jehová: Y habiendo jurado en daño suyo, no por eso muda.

5 Quien su dinero no dió á usura, Ni contra el inocente tomó cohecho. El que hace estas cosas, no resbalará para siempre.

Michtham de David.

16 Guárdame, oh Dios, porque en ti he confiado. **2** Dijiste, oh alma mía, á Jehová: Tú eres el Señor: Mi bien á ti no aprovecha;

3 Sino á los santos que están en la tierra, Y á los íntegros: toda mi afición en ellos.

4 Multiplicaránse los dolores de aquellos que sirven diligentes á otro dios: No ofreceré yo sus libaciones de sangre, Ni en mis labios tomaré sus nombres.

5 Jehová es la porción de mi parte y de mi copa; Tú sustentarás mi suerte.

6 Las cuerdas me cayeron en lugares deleitosos, Y es hermosa la heredad que me ha tocado.

7 Bendeciré á Jehová que me aconseja: Aun en las noches me enseñan mis riñones.

8 A Jehová he puesto siempre delante de mí: Porque está á mi diestra no seré conmovido.

9 Alegróse por tanto mi corazón, y se gozó mi gloria: También mi carne reposará segura.

10 Porque no dejarás mi alma en el sepulcro; Ni permitirás que tu santo vea corrupción.

11 Me mostrarás la senda de la vida: Hartura de alegrías hay con tu rostro; Deleites en tu diestra para siempre.

Oración de David.

17 Oye, oh Jehová, justicia; está atento á mi clamor; Escucha mi oración hecha sin labios de engaño.

2 De delante de tu rostro salga mi juicio; Vean tus ojos la rectitud.

3 Tú has probado mi corazón; hasme visitado de noche; Me has apurado, y nada inicuo hallaste: Heme propuesto que mi boca no ha de propasarse.

4 Para las obras humanas, por la palabra de tus labios Yo me he guardado de las vías del destructor.

5 Sustenta mis pasos en tus caminos, Porque mis pies no resbalen.

6 Yo te he invocado, por cuanto tú me oirás, oh Dios: Inclina á mí tu oído, escucha mi palabra.

7 Muestra tus estupendas misericordias, tú que salvas á los que en ti confían. De los que se levantan contra tu diestra.

8 Guárdame como lo negro de la niñeta del ojo, Escóndeme con la sombra de tus alas,

9 De delante de los malos que me oprimen, De mis enemigos que me cercan por la vida.

10 Cerrados están con su grosura; Con su boca hablan soberbiamente.

11 Nuestros pasos nos han cercado ahora: Puestos tienen sus ojos para echar nos por tierra.

12 Parecen al león que desea hacer presa, Y al leoncillo que está escondido.

13 Levántate, oh Jehová; Prevén su encuentro, póstrale: Libra mi alma del malo con tu espada;

14 De los hombres con tu mano, oh Jehová, De los hombres de mundo, cuya parte es en esta vida, Y cuyo vientre hinches de tu tesoro: Hartan sus hijos, Y dejan el resto á sus chiquitos.

15 Yo en justicia veré tu rostro: Seré saciado cuando despertare á tu semejanza.

Al Músico principal: Salmo de David, siervo de Jehová, el cual profirió á Jehová las palabras de este cántico el día que le libró Jehová de mano de todos sus enemigos, y de mano de Saúl. Entonces dijo:

18 Amarte he, oh Jehová, fortaleza mía. **2** Jehová, roca mía y castillo mío, y mi libertador; Dios mío, fuerte mío, en él confiaré; Escudo mío, y el cuerno de mi salud, mi refugio.

3 Invocaré á Jehová, digno de ser alabado, Y seré salvo de mis enemigos.

4 Cercáronme dolores de muerte, Y torrentes de perversidad me atemorizaron.

5 Dolores del sepulcro me rodearon, Previniéronme lazos de muerte.

6 En mi angustia invoqué á Jehová, Y clamé á mi Dios: El oyó mi voz desde su templo, Y mi clamor llegó delante de él, á sus oídos.

7 Y la tierra fué conmovida y tembló; Y moviéronse los fundamentos de los montes, Y se estremecieron, porque se indignó él.

8 Humo subió de su nariz, Y de su boca consumidor fuego; Carbones fueron por él encendidos.

9 Y bajó los cielos, y descendió; Y oscuridad debajo de sus pies.

10 Y cabalgó sobre un querubín, y voló: Voló sobre las alas del viento.

11 Puso tinieblas por escondedero suyo, su pabellón en derredor de sí; Oscuridad de aguas, nubes de los cielos.

12 Por el resplandor delante de él, sus nubes pasaron; Granizo y carbones ardientes.

13 Y tronó en los cielos Jehová, Y el Altísimo dió su voz; Granizo y carbones de fuego.

14 Y envió sus saetas, y desbaratólos; Y echó relámpagos, y los destruyó.

15 Y aparecieron las honduras de las aguas, Y descubriéronse los cimientos del mundo, A tu reprensión, oh Jehová, Por el soplo del viento de tu nariz.

16 Envió desde lo alto; tomóme, Sácome de las muchas aguas.

17 Libróme de mi poderoso enemigo, Y de los que me aborrecían, aunque eran ellos más fuertes que yo.

18 Asaltáronme en el día de mi quebranto: Mas Jehová fué mi apoyo.

19 Y sacóme á anchura: Libróme, porque se agradó de mí.

20 Hame pagado Jehová conforme á mi justicia: Conforme á la limpieza de mis manos me ha vuelto.

21 Porque yo he guardado los caminos de Jehová, Y no me aparté impíamente de mi Dios.

22 Pues todos sus juicios estuvieron delante de mí, Y no eché de mí sus estatutos.

23 Y fuí íntegro para con él, y cauteléme de mi maldad.

24 Pagóme pues Jehová conforme á mi justicia; Conforme á la limpieza de mis manos delante de sus ojos.

25 Con el misericordioso te mostrarás misericordioso, Y recto para con el hombre íntegro.

26 Limpio te mostrarás para con el limpio, Y severo serás para con el perverso.

27 Y tú salvarás al pueblo humilde, Y humillarás los ojos altivos.

28 Tú pues alumbrarás mi lámpara: Jehová mi Dios alumbrará mis tinieblas.

29 Porque contigo desharé ejércitos; Y con mi Dios asaltaré muros.

30 Dios, perfecto su camino: Es acendrada la palabra de Jehová: Escudo es á todos los que en él esperan.

31 Porque ¿qué Dios hay fuera de Jehová? ¿Y qué fuerte fuera de nuestro Dios?

32 Dios es el que me ciñe de fuerza, E hizo perfecto mi camino;

33 Quien pone mis pies como pies de ciervas, E hízome estar sobre mis alturas;

34 Quien enseña mis manos para la batalla, Y será quebrado con mis brazos el arco de acero.

35 Dísteme asimismo el escudo de tu salud: Y tu diestra me sustentó, Y tu benignidad me ha acrecentado.

36 Ensanchaste mis pasos debajo de mí, Y no titubearon mis rodillas.

37 Perseguido he mis enemigos, y alcancélos, Y no volví hasta acabarlos.

38 Helos herido, y no podrán levantarse: Cayeron debajo de mis pies.

39 Pues me ceñiste de fortaleza para la pelea; Has agobiado mis enemigos debajo de mí.

40 Y dísteme la cerviz de mis enemigos, Y destruí á los que me aborrecían.

41 Clamaron, y no hubo quien salvase: Aun á Jehová, mas no los oyó.

42 Y molílos como polvo delante del viento; Esparcílos como lodo de las calles.

43 Librásteme de contiendas de pueblo: Pusísteme por cabecera de gentes: Pueblo que yo no conocía, me sirvió.

44 Así que hubo oído, me obedeció; Los hijos de extraños me mintieron;

45 Los extraños flaquearon, Y tuvieron miedo desde sus encerramientos.

46 Viva Jehová, y sea bendita mi roca; Y ensalzado sea el Dios de mi salud:

47 El Dios que me da las venganzas, Y sujetó pueblos á mí.

48 Mi libertador de mis enemigos: Hicísteme también superior de mis adversarios; Librásteme de varón violento.

49 Por tanto yo te confesaré entre las gentes, oh Jehová, Y cantaré á tu nombre.

50 El cual engrandece las saludes de su rey, Y hace misericordia á su ungido, A David y á su simiente, para siempre.

Al Músico principal: Salmo de David.

19 os cielos cuentan la gloria de Dios, Y la expansión denuncia la obra de sus manos.

2 El un día emite palabra al otro día, Y la una noche á la otra noche declara sabiduría.

3 No hay dicho, ni palabras, Ni es oída su voz.

4 Por toda la tierra salió su hilo, Y al cabo del mundo sus palabras. En ellos puso tabernáculo para el sol.

5 Y él, como un novio que sale de su tálamo, Alégrase cual gigante para correr el camino.

6 Del un cabo de los cielos es su salida, Y su giro hasta la extremidad de ellos: Y no hay quien se esconda de su calor.

7 La ley de Jehová es perfecta, que vuelve el alma: El testimonio de Jehová, fiel, que hace sabio al pequeño.

8 Los mandamientos de Jehová son rectos, que alegran el corazón: El precepto de Jehová, puro, que alumbra los ojos.

9 El temor de Jehová, limpio, que permanece para siempre; Los juicios de Jehová son verdad, todos justos.

10 Deseables son más que el oro, y más que mucho oro afinado; Y dulces más que miel, y que la que destila del panal.

11 Tu siervo es además amonestado con ellos: En guardarlos hay grande galardón.

12 Los errores, ¿quién los entenderá? Líbrame de los que me son ocultos.

13 Detén asimismo á tu siervo de las soberbias; Que no se enseñoreen de mí: Entonces seré íntegro, y estaré limpio de gran rebelión.

14 Sean gratos los dichos de mi boca y la meditación de mi corazón delante de ti, Oh Jehová, roca mía, y redentor mío.

Al Músico principal: Salmo de David.

20 Oígate Jehová en el día de conflicto; Defiéndate el nombre del Dios de Jacob.

2 Envíete ayuda desde el santuario, Y desde Sión te sostenga.

3 Haga memoria de todos tus presentes, Y reduzca á ceniza tu holocausto. (Selah.)

4 Déte conforme á tu corazón, Y cumpla todo tu consejo.

5 Nosotros nos alegraremos por tu salud, Y alzaremos pendón en el nombre de nuestro Dios: Cumpla Jehová todas tus peticiones.

6 Ahora echo de ver que Jehová guarda á su ungido: Oirálo desde los cielos de su santidad, Con la fuerza de la salvación de su diestra.

7 Estos confían en carros, y aquéllos en caballos: Mas nosotros del nombre de Jehová nuestro Dios tendremos memoria.

8 Ellos arrodillaron, y cayeron; Mas nosotros nos levantamos, y nos enhestamos.

9 Salva, Jehová: Que el Rey nos oiga el día que lo invocáremos.

Al Músico principal: Salmo de David.

21 Alégrase el rey en tu fortaleza, oh Jehová; Y en tu salud se gozará mucho.

2 El deseo de su corazón le diste, Y no le negaste lo que sus labios pronunciaron. (Selah.)

3 Pues le has salido al encuentro con bendiciones de bien: Corona de oro fino has puesto sobre su cabeza.

4 Vida te demandó, y dístele Largura de días por siglos y siglos.

5 Grande es su gloria en tu salud: Honra y majestad has puesto sobre él.

6 Porque lo has bendecido para siempre; Llenástelo de alegría con tu rostro.

7 Por cuanto el rey confía en Jehová, Y en la misericordia del Altísimo, no será conmovido.

8 Alcanzará tu mano á todos tus enemigos; Tu diestra alcanzará á los que te aborrecen.

9 Ponerlos has como horno de fuego en el tiempo de tu ira: Jehová los deshará en su furor, Y fuego los consumirá.

10 Su fruto destruirás de la tierra, Y su simiente de entre los hijos de los hombres.

11 Porque trazaron el mal contra ti: Fraguaron maquinaciones, mas no prevalecerán.

12 Pues tú los pondrás en fuga, Cuando aparejares en tus cuerdas las saetas contra sus rostros.

13 Ensálzate, oh Jehová, con tu fortaleza: Cantaremos y alabaremos tu poderío.

Al Músico principal, sobre Ajeleth-sahar Salmo de David.

22 Dios mío, Dios mío, ¿por qué me has dejado? ¿Por qué estás lejos de mi salud, y de las palabras de mi clamor?

2 Dios mío, clamo de día, y no oyes; Y de noche, y no hay para mí silencio.

3 Tú empero eres santo, Tú que habitas entre las alabanzas de Israel.

4 En ti esperaron nuestros padres: Esperaron, y tú los libraste.

5 Clamaron á ti, y fueron librados: Esperaron en ti, y no se avergonzaron.

6 Mas yo soy gusano, y no hombre; Oprobio de los hombres, y desecho del pueblo.

7 Todos los que me ven, escarnecen de mí: Estiran los labios, menean la cabeza, diciendo:

8 Remítese á Jehová, líbrelo; Sálvele, puesto que en él se complació.

9 Empero tú eres el que me sacó del vientre, El que me haces esperar desde que estaba á los pechos de mi madre.

10 Sobre ti fuí echado desde la matriz: Desde el vientre de mi madre, tú eres mi Dios.

11 No te alejes de mí, porque la angustia está cerca; Porque no hay quien ayude.

12 Hanme rodeado muchos toros; Fuertes toros de Basán me han cercado.

13 Abrieron sobre mí su boca, Como león rapante y rugiente.

14 Heme escurrido como aguas, Y todos mis huesos se descoyuntaron: Mi corazón fué como cera, Desliéndose en medio de mis entrañas.

15 Secóse como un tiesto mi vigor, Y mi lengua se pegó á mi paladar; Y me has puesto en el polvo de la muerte.

16 Porque perros me han rodeado, Háme cercado cuadrilla de malignos: Horadaron mis manos y mis pies.

17 Contar puedo todos mis huesos; Ellos miran, considéranme.

18 Partieron entre sí mis vestidos, Y sobre mi ropa echaron suertes.

19 Mas tú, Jehová, no te alejes; Fortaleza mía, apresúrate para mi ayuda.

20 Libra de la espada mi alma; Del poder del perro mi única.

21 Sálvame de la boca del león, Y óyeme librándome de los cuernos de los unicornios.

22 Anunciaré tu nombre á mis hermanos: En medio de la congregación te alabaré.

23 Los que teméis á Jehová, alabadle; Glorificadle, simiente toda de Jacob; Y temed de él, vosotros, simiente toda de Israel.

24 Porque no menospreció ni abominó la aflicción del pobre, Ni de él escondió su rostro; Sino que cuando clamó á él, oyóle.

25 De ti será mi alabanza en la grande congregación; Mis votos pagaré delante de los que le temen.

26 Comerán los pobres, y serán saciados: Alabarán á Jehová los que le buscan: Vivirá vuestro corazón para siempre.

27 Acordarse han, y volveránse á Jehová todos los términos de la tierra; Y se humillarán delante de ti todas las familias de las gentes.

28 Porque de Jehová es el reino; Y él se enseñoreará de las gentes.

29 Comerán y adorarán todos los poderosos de la tierra: Postraránse delante de él todos los que descienden al polvo, Si bien ninguno puede conservar la vida á su propia alma.

30 La posteridad le servirá; Será ella contada por una generación de Jehová.

31 Vendrán, y anunciarán al pueblo que naciere, Su justicia que él hizo.

Salmo de David.

23 Jehová es mi pastor; nada me faltará.
2 En lugares de delicados pastos me hará yacer: Junto á aguas de reposo me pastoreará.

3 Confortará mi alma; Guiárame por sendas de justicia por amor de su nombre.

4 Aunque ande en valle de sombra de muerte, No temeré mal alguno; porque tú estarás conmigo: Tu vara y tu cayado me infundirán aliento.

5 Aderezarás mesa delante de mí, en presencia de mis angustiadores: Ungiste mi cabeza con aceite: mi copa está rebosando.

6 Ciertamente el bien y la misericordia me seguirán todos los días de mi vida: Y en la casa de Jehová moraré por largos días.

Salmo de David.

24 De Jehová es la tierra y su plenitud; El mundo, y los que en él habitan.

2 Porque él la fundó sobre los mares, Y afirmóla sobre los ríos.

3 ¿Quién subirá al monte de Jehová? ¿Y quién estará en el lugar de su santidad?

4 El limpio de manos, y puro de corazón: El que no ha elevado su alma á la vanidad, Ni jurado con engaño.

5 El recibirá bendición de Jehová, Y justicia del Dios de salud.

6 Tal es la generación de los que le buscan, De los que buscan tu rostro, oh Dios de Jacob. (Selah.)

7 Alzad, oh puertas, vuestras cabezas, Y alzaos vosotras, puertas eternas, Y entrará el Rey de gloria.

8 ¿Quién es este Rey de gloria? Jehová el fuerte y valiente, Jehová el poderoso en batalla.

9 Alzad, oh puertas, vuestras cabezas, Y alzaos vosotras, puertas eternas, Y entrará el Rey de gloria.

10 ¿Quién es este Rey de gloria? Jehová de los ejércitos, El es el Rey de la gloria. (Selah.)

Salmo de David.

25 Ati, oh Jehová, levantaré mi alma.
2 Dios mío, en ti confío; No sea yo avergonzado, No se alegren de mí mis enemigos.

3 Ciertamente ninguno de cuantos en ti esperan será confundido: Serán avergonzados los que se rebelan sin causa.

4 Muéstrame, oh Jehová, tus caminos; Enséñame tus sendas.

5 Encamíname en tu verdad, y enséñame; Porque tú eres el Dios de mi salud: En ti he esperado todo el día.

6 Acuérdate, oh Jehová, de tus conmiseraciones y de tus misericordias, Que son perpetuas.

7 De los pecados de mi mocedad, y de mis rebeliones, no te acuerdes; Conforme á tu misericordia acuérdate de mí, Por tu bondad, oh Jehová.

8 Bueno y recto es Jehová: Por tanto él enseñará á los pecadores el camino.

9 Encaminará á los humildes por el juicio, Y enseñará á los mansos su carrera.

10 Todas las sendas de Jehová son misericordia y verdad, Para los que guardan su pacto y sus testimonios.

11 Por amor de tu nombre, oh Jehová, Perdonarás también mi pecado; porque es grande.

12 ¿Quién es el hombre que teme á Jehová? El le enseñará el camino que ha de escoger.

13 Su alma reposará en el bien, Y su simiente heredará la tierra.

14 El secreto de Jehová es para los que le temen; Y á ellos hará conocer su alianza.

15 Mis ojos están siempre hacia Jehová; Porque él sacará mis pies de la red.

16 Mírame, y ten misericordia de mí; Porque estoy solo y afligido.

17 Las angustias de mi corazón se han aumentado: Sácame de mis congojas.

18 Mira mi aflicción y mi trabajo: Y perdona todos mis pecados.

19 Mira mis enemigos, que se han multiplicado, Y con odio violento me aborrecen.

20 Guarda mi alma, y líbrame: No sea yo avergonzado, porque en ti confié.

21 Integridad y rectitud me guarden; Porque en ti he esperado.

22 Redime, oh Dios, á Israel De todas sus angustias.

Salmo de David.

26 Júzgame, oh Jehová, porque yo en mi integridad he andado: Confiado he asimismo en Jehová, no vacilaré.

2 Pruébame, oh Jehová, y sondéame: Examina mis riñones y mi corazón.

3 Porque tu misericordia está delante de mis ojos, Y en tu verdad ando.

4 No me he sentado con hombres de falsedad; Ni entré con los que andan encubiertamente.

5 Aborrecí la reunión de los malignos, Y con los impíos nunca me senté.

6 Lavaré en inocencia mis manos, Y andaré alrededor de tu altar, oh Jehová:

7 Para exclamar con voz de acción de gracias, Y para contar todas tus maravillas.

8 Jehová, la habitación de tu casa he amado, Y el lugar del tabernáculo de tu gloria.

9 No juntes con los pecadores mi alma, Ni con los hombres de sangres mi vida:

10 En cuyas manos está el mal, Y su diestra está llena de sobornos.

11 Yo empero andaré en mi integridad: Redímeme, y ten misericordia de mí.

12 Mi pie ha estado en rectitud: En las congregaciones bendeciré á Jehová.

Salmo de David.

27 Jehová es mi luz y mi salvación: ¿de quién temeré? Jehová es la fortaleza de mi vida: ¿de quién he de atemorizarme?

2 Cuando se allegaron contra mí los malignos, mis angustiadores y mis enemigos, Para comer mis carnes, ellos tropezaron y cayeron.

3 Aunque se asiente campo contra mí, No temerá mi corazón: Aunque contra mí se levante guerra, Yo en esto confío.

4 Una cosa he demandado á Jehová, ésta buscaré: Que esté yo en la casa de Jehová todos los días de mi vida, Para contemplar la hermosura de Jehová, y para inquirir en su templo.

5 Porque él me esconderá en su tabernáculo en el día del mal; Ocultaráme en lo reservado de su pabellón; Pondráme en alto sobre una roca.

6 Y luego ensalzará mi cabeza sobre mis enemigos en derredor de mí: Y yo sacrificaré en su tabernáculo sacrificios de júbilo: Cantaré y salmearé á Jehová.

7 Oye, oh Jehová, mi voz con que á ti clamo; Y ten misericordia de mí, respóndeme.

8 Mi corazón ha dicho de ti: Buscad mi rostro. Tu rostro buscaré, oh Jehová.

9 No escondas tu rostro de mí, No apartes con ira á tu siervo: Mi ayuda has sido; No me dejes y no me desampares, Dios de mi salud.

10 Aunque mi padre y mi madre me dejaran, Jehová con todo me recogerá.

11 Enséñame, oh Jehová, tu camino, Y guíame por senda de rectitud, A causa de mis enemigos.

12 No me entregues á la voluntad de mis enemigos; Porque se han levantado contra mí testigos falsos, y los que respiran crueldad.

13 Hubiera yo desmayado, si no creyese que tengo de ver la bondad de Jehová En la tierra de los vivientes.

14 Aguarda á Jehová; Esfuérzate, y aliéntese tu corazón: Sí, espera á Jehová.

Salmo de David.

28 A ti clamaré, oh Jehová, Fortaleza mía: no te desentiendas de mí; Porque no sea yo, dejándome tú, Semejante á los que descienden al sepulcro.

2 Oye la voz de mis ruegos cuando clamo á ti, Cuando alzo mis manos hacia el templo de tu santidad.

3 No me arrebates á una con los malos, Y con los que hacen iniquidad: Los cuales hablan paz con sus prójimos, Y la maldad está en su corazón.

4 Dales conforme á su obra, y conforme á la malicia de sus hechos: Dales conforme á la obra de sus manos, Dales su paga.

5 Porque no atendieron á las obras de Jehová, Ni al hecho de sus manos, Derribarálos, y no los edificará.

6 Bendito Jehová, Que oyó la voz de mis ruegos.

7 Jehová es mi fortaleza y mi escudo: En él esperó mi corazón, y fuí ayudado; Por lo que se gozó mi corazón, Y con mi canción le alabaré.

8 Jehová es su fuerza, Y la fortaleza de las saludes de su ungido.

9 Salva á tu pueblo, y bendice á tu heredad; Y pastoréalos y ensálzalos para siempre.

Salmo de David.

29 Dad á Jehová, oh hijos de fuertes, Dad á Jehová la gloria y la fortaleza.

2 Dad á Jehová la gloria debida á su nombre: Humillaos á Jehová en el glorioso santuario.

3 Voz de Jehová sobre las aguas: Hizo tronar el Dios de gloria: Jehová sobre las muchas aguas.

4 Voz de Jehová con potencia; Voz de Jehová con gloria.

5 Voz de Jehová que quebranta los cedros; Y quebrantó Jehová los cedros del Líbano.

6 E hízolos saltar como becerros; Al Líbano y al Sirión como hijos de unicornios.

7 Voz de Jehová que derrama llamas de fuego.

8 Voz de Jehová que hará temblar el desierto; Hará temblar Jehová el desierto de Cades.

9 Voz de Jehová que hará estar de parto á las ciervas, Y desnudará la breñas: Y en su templo todos los suyos le dicen gloria.

10 Jehová preside en el diluvio, Y asentóse Jehová por rey para siempre.

11 Jehová dará fortaleza á su pueblo: Jehová bendecirá á su pueblo en paz. Salmo de David.

Salmo cantado en la dedicación de la Casa.

30 Glorificarte he, oh Jehová; porque me has ensalzado, Y no hiciste á mis enemigos alegrarse de mí.

2 Jehová Dios mío, A ti clamé, y me sanaste.

3 Oh Jehová, hiciste subir mi alma del sepulcro; Dísteme vida, para que no descendiese á la sepultura.

4 Cantad á Jehová, vosotros sus santos, Y celebrad la memoria de su santidad.

5 Porque un momento será su furor; Mas en su voluntad está la vida: Por la tarde durará el lloró, Y á la mañana vendrá la alegría.

6 Y dije yo en mi prosperidad: No seré jamás conmovido;

7 Porque tú, Jehová, por tu benevolencia has asentado mi monte con fortaleza. Escondiste tu rostro, fuí conturbado.

8 A ti, oh Jehová, clamaré; Y al Señor suplicaré.

9 ¿Qué provecho hay en mi muerte, cuando yo descienda al hoyo? ¿Te alabará el polvo? ¿anunciará tu verdad?

10 Oye, oh Jehová, y ten misericordia de mí: Jehová, sé tú mi ayudador.

11 Has tornado mi endecha en baile; Desataste mi saco, y ceñísteme de alegría.

12 Por tanto á ti cantaré, gloria mía, y no estaré callado. Jehová Dios mío, te alabaré para siempre.

Al Músico principal: Salmo de David.

31 En ti, oh Jehová, he esperado; no sea yo confundido para siempre: Líbrame en tu justicia.

2 Inclina á mí tu oído, líbrame presto; Séme por roca de fortaleza, por casa fuerte para salvarme.

3 Porque tú eres mi roca y mi castillo; Y por tu nombre me guiarás, y me encaminarás.

4 Me sacarás de la red que han escondido para mí; Porque tú eres mi fortaleza.

5 En tu mano encomiendo mi espíritu: Tú me has redimido, oh Jehová, Dios de verdad.

6 Aborrecí á los que esperan en vanidades ilusorias; Mas yo en Jehová he esperado.

7 Me gozaré y alegraré en tu misericordia; Porque has visto mi aflicción; Has conocido mi alma en las angustias:

8 Y no me encerraste en mano del enemigo; Hiciste estar mis pies en anchura.

9 Ten misericordia de mí, oh Jehová, que estoy en angustia: Hanse consumido de pesar mis ojos, mi alma, y mis entrañas.

10 Porque mi vida se va gastando de dolor, y mis años de suspirar: Hase enflaquecido mi fuerza á causa de mi iniquidad, y mis huesos se han consumido.

11 De todos mis enemigos he sido oprobio, Y de mis vecinos en gran manera, y horror á mis conocidos: Los que me veían fuera, huían de mí.

12 He sido olvidado de su corazón como un muerto: He venido á ser como un vaso perdido.

13 Porque he oído afrenta de muchos; Miedo por todas partes, Cuando consultaban juntos contra mí, E ideaban quitarme la vida.

14 Mas yo en ti confié, oh Jehová: Yo dije: Dios mío eres tú.

15 En tu mano están mis tiempos: Líbrame de la mano de mis enemigos, y de mis perseguidores.

16 Haz resplandecer tu rostro sobre tu siervo: Sálvame por tu misericordia.

17 No sea yo confundido, oh Jehová, ya que te he invocado; Sean corridos los impíos, estén mudos en el profundo.

18 Enmudezcan los labios mentirosos, Que hablan contra el justo cosas duras, Con soberbia y menosprecio.

19 ¡Cuán grande es tu bien, que has guardado para los que te temen, Que has obrado para los que esperan en ti, delante de los hijos de los hombres!

20 Los esconderás en el secreto de tu rostro de las arrogancias del hombre: Los pondrás en un tabernáculo á cubierto de contención de lenguas.

21 Bendito Jehová, Porque ha hecho maravillosa su misericordia para conmigo en ciudad fuerte.

22 Y decía yo en mi premura: Cortado soy de delante de tus ojos: Tú empero oíste la voz de mis ruegos, cuando á ti clamaba.

23 Amad á Jehová todos vosotros sus santos: A los fieles guarda Jehová, Y paga abundantemente al que obra con soberbia.

24 Esforzaos todos vosotros los que esperáis en Jehová, Y tome vuestro corazón aliento.

Salmo de David: Masquil.

32 Bienaventurado aquel cuyas iniquidades son perdonadas, y borrados sus pecados.

2 Bienaventurado el hombre á quien no imputa Jehová la iniquidad, Y en cuyo espíritu no hay superchería.

3 Mientras callé, envejeciéronse mis huesos En mi gemir todo el día.

4 Porque de día y de noche se agravó sobre mí tu mano; Volvióse mi verdor en sequedades de estío. (Selah.)

5 Mi pecado te declaré, y no encubrí mi iniquidad. Confesaré, dije, contra mí mis rebeliones á Jehová; Y tú perdonaste la maldad de mi pecado. (Selah.)

6 Por esto orará á ti todo santo en el tiempo de poder hallarte: Ciertamente en la inundación de muchas aguas no llegarán éstas á él.

7 Tú eres mi refugio; me guardarás de angustia; Con cánticos de liberación me rodearás. (Selah.)

8 Te haré entender, y te enseñaré el camino en que debes andar: Sobre ti fijaré mis ojos.

9 No seáis como el caballo, ó como el mulo, sin entendimiento: Con cabestro y con freno su boca ha de ser reprimida, Para que no lleguen á ti.

10 Muchos dolores para el impío; Mas el que espera en Jehová, lo cercará misericordia.

11 Alegraos en Jehová, y gozaos, justos: Y cantad todos vosotros los rectos de corazón.

33 Alegraos, justos, en Jehová: A los rectos es hermosa la alabanza.

2 Celebrad á Jehová con arpa: Cantadle con salterio y decacordio.

3 Cantadle canción nueva: Hacedlo bien tañendo con júbilo.

4 Porque recta es la palabra de Jehová, Y toda su obra con verdad hecha.

5 El ama justicia y juicio: De la misericordia de Jehová está llena la tierra.

6 Por la palabra de Jehová fueron hechos los cielos, Y todo el ejército de ellos por el espíritu de su boca.

7 El junta como en un montón las aguas de la mar: El pone en depósitos los abismos.

8 Tema á Jehová toda la tierra: Teman de él todos los habitadores del mundo.

9 Porque él dijo, y fué hecho; El mandó, y existió.

10 Jehová hace nulo el consejo de las gentes, Y frustra las maquinaciones de los pueblos.

11 El consejo de Jehová permanecerá para siempre; Los pensamientos de su corazón por todas las generaciones.

12 Bienaventurada la gente de que Jehová es su Dios; El pueblo á quien escogió por heredad para sí.

13 Desde los cielos miró Jehová; Vió á todos los hijos de los hombres:

14 Desde la morada de su asiento miró Sobre todos los moradores de la tierra.

15 El formó el corazón de todos ellos; El considera todas sus obras.

16 El rey no es salvo con la multitud del ejército: No escapa el valiente por la mucha fuerza.

17 Vanidad es el caballo para salvarse: Por la grandeza de su fuerza no librará.

18 He aquí, el ojo de Jehová sobre los que le temen, Sobre los que esperan en su misericordia;

19 Para librar sus almas de la muerte, Y para darles vida en el hambre.

20 Nuestra alma esperó á Jehová; Nuestra ayuda y nuestro escudo es él.

21 Por tanto en él se alegrará nuestro corazón, Porque en su santo nombre hemos confiado.

22 Sea tu misericordia, oh Jehová, sobre nosotros, Como esperamos en ti.

Salmo de David, cuando mudó su semblante delante de Abimelech, y él lo echó, y fuése.

34 Bendeciré á Jehová en todo tiempo; Su alabanza será siempre en mi boca.

2 En Jehová se gloriará mi alma: Oiránlo los mansos, y se alegrarán.

3 Engrandeced á Jehová conmigo, Y ensalcemos su nombre á una.

4 Busqué á Jehová, y él me oyó, Y libróme de todos mis temores.

5 A él miraron y fueron alumbrados: Y sus rostros no se avergonzaron.

6 Este pobre clamó, y oyóle Jehová, Y libróle de todas sus angustias.

7 El ángel de Jehová acampa en derredor de los que le temen, Y los defiende.

8 Gustad, y ved que es bueno Jehová: Dichoso el hombre que confiará en él.

9 Temed á Jehová, vosotros sus santos; Porque no hay falta para los que le temen.

10 Los leoncillos necesitaron, y tuvieron hambre; Pero los que buscan á Jehová, no tendrán falta de ningún bien.

11 Venid, hijos, oidme; El temor de Jehová os enseñaré.

12 ¿Quién es el hombre que desea vida, Que codicia días para ver bien?

13 Guarda tu lengua de mal, Y tus labios de hablar engaño.

14 Apártate del mal, y haz el bien; Busca la paz, y síguela.

15 Los ojos de Jehová están sobre los justos, Y atentos sus oídos al clamor de ellos.

16 La ira de Jehová contra los que mal hacen, Para cortar de la tierra la memoria de ellos.

17 Clamaron los justos, y Jehová oyó, Y librólos de todas sus angustias.

18 Cercano está Jehová á los quebrantados de corazón; Y salvará á los contritos de espíritu.

19 Muchos son los males del justo; Mas de todos ellos lo librará Jehová.

20 El guarda todos sus huesos; Ni uno de ellos será quebrantado.

21 Matará al malo la maldad; Y los que aborrecen al justo serán asolados.

22 Jehová redime el alma de sus siervos; Y no serán asolados cuantos en él confían.

Salmo de David.

35 Disputa, oh Jehová, con los que contra mí contienden; Pelea con los que me combaten.

2 Echa mano del escudo y al pavés, Y levántate en mi ayuda.

3 Y saca la lanza, cierra contra mis perseguidores; Di á mi alma: Yo soy tu salud.

4 Avergüéncense y confúndanse los que buscan mi alma: Vuelvan atrás, y sean avergonzados los que mi mal intentan.

5 Sean como el tamo delante del viento; Y el ángel de Jehová los acose.

6 Sea su camino oscuridad y resbaladeros; Y el ángel de Jehová los persiga.

7 Porque sin causa escondieron para mí su red en un hoyo; Sin causa hicieron hoyo para mi alma.

8 Véngale el quebrantamiento que no sepa, Y su red que escondió lo prenda: Con quebrantamiento en ella caiga.

9 Y gócese mi alma en Jehová; Y alégrese en su salud.

10 Todos mis huesos dirán: Jehová, ¿quién como tú, Que libras al afligido del más fuerte que él, Y al pobre y menesteroso del que le despoja?

11 Levantáronse testigos falsos; Demandáronme lo que no sabía;

12 Volviéronme mal por bien, Para abatir á mi alma.

13 Mas yo, cuando ellos enfermaron, me vestí de saco; Afligí con ayuno mi alma, Y mi oración se revolvía en mi seno.

14 Como por mi compañero, como por mi hermano andaba; Como el que trae luto por madre, enlutado me humillaba.

15 Pero ellos se alegraron en mi adversidad, y se juntaron; Juntáronse contra mí gentes despreciables, y yo no lo entendía: Despedazábanme, y no cesaban;

16 Con los lisonjeros escarnecedores truhanes, Crujiendo sobre mí sus dientes.

17 Señor, ¿hasta cuándo verás esto? Recobra mi alma de sus quebrantamientos, mi única de los leones.

18 Te confesaré en grande congregación; Te alabaré entre numeroso pueblo.

19 No se alegren de mí mis enemigos injustos: Ni los que me aborrecen sin causa hagan del ojo.

20 Porque no hablan paz; Y contra los mansos de la tierra piensan palabras engañosas.

21 Y ensancharon sobre mí su boca; Dijeron: ¡Ea, ea, nuestros ojos lo han visto!

22 Tú lo has visto, oh Jehová; no calles: Señor, de mí no te alejes.

23 Muévete y despierta para mi juicio, Para mi causa, Dios mío y Señor mío.

24 Júzgame conforme á tu justicia, Jehová Dios mío; Y no se alegren de mí.

25 No digan en su corazón: ¡Ea, alma nuestra! No digan: ¡Hémoslo devorado!

26 Avergüéncense, y sean confundidos á una los que de mi mal se alegran: Vístanse de vergüenza y de confusión los que se engrandecen contra mí.

27 Canten y alégrense los que están á favor de mi justa causa, Y digan siempre: Sea ensalzado Jehová, Que ama la paz de su siervo.

28 Y mi lengua hablará de tu justicia, Y de tu loor todo el día.

Al Músico principal: Salmo de David, siervo del Señor.

36 La iniquidad del impío me dice al corazón; No hay temor de Dios delante de sus ojos.

2 Lisonjéase, por tanto, en sus propios ojos, Hasta que su iniquidad sea hallada aborrecible.

3 Las palabras de su boca son iniquidad y fraude; No quiso entender para bien hacer.

4 Iniquidad piensa sobre su cama; Está en camino no bueno, El mal no aborrece.

5 Jehová, hasta los cielos es tu misericordia; Tu verdad hasta las nubes.

6 Tu justicia como los montes de Dios, Tus juicios abismo grande: Oh Jehová, al hombre y al animal conservas.

7 ¡Cuán ilustre, oh Dios, es tu misericordia! Por eso los hijos de los hombres se amparan bajo la sombra de tus alas.

8 Embriagarse han de la grosura de tu casa; Y tú los abrevarás del torrente de tus delicias.

9 Porque contigo está el manantial de la vida: En tu luz veremos la luz.

10 Extiende tu misericordia á los que te conocen, Y tu justicia á los rectos de corazón.

11 No venga contra mí pie de soberbia; Y mano de impíos no me mueva.

12 Allí cayeron los obradores de iniquidad; Fueron rempujados, y no pudieron levantarse.

Salmo de David.

37 No te impacientes á causa de los malignos, Ni tengas envidia de los que hacen iniquidad.

2 Porque como hierba serán presto cortados, Y decaerán como verdor de renuevo.

3 Espera en Jehová, y haz bien; Vivirás en la tierra, y en verdad serás alimentado.

4 Pon asimismo tu delicia en Jehová, Y él te dará las peticiones de tu corazón.

5 Encomienda á Jehová tu camino, Y espera en él; y él hará.

6 Y exhibirá tu justicia como la luz, Y tus derechos como el medio día.

7 Calla á Jehová, y espera en él: No te alteres con motivo del que prospera en su camino, Por el hombre que hace maldades.

8 Déjate de la ira, y depón el enojo: No te excites en manera alguna á hacer lo malo.

9 Porque los malignos serán talados, Mas los que esperan en Jehová, ellos heredarán la tierra.

10 Pues de aquí á poco no será el malo: Y contemplarás sobre su lugar, y no parecerá.

11 Pero los mansos heredarán la tierra, Y se recrearán con abundancia de paz.

12 Maquina el impío contra el justo, Y cruje sobre él sus dientes.

13 El Señor se reirá de él; Porque ve que viene su día.

14 Los impíos desenvainaron espada, y entesaron su arco, Para derribar al pobre y al menesteroso, Para matar á los de recto proceder.

15 La espada de ellos entrará en su mismo corazón, Y su arco será quebrado.

16 Mejor es lo poco del justo, Que las riquezas de muchos pecadores.

17 Porque los brazos de los impíos serán quebrados: Mas el que sostiene á los justos es Jehová.

18 Conoce Jehová los días de los perfectos: Y la heredad de ellos será para siempre.

19 No serán avergonzados en el mal tiempo; Y en los días de hambre serán hartos.

20 Mas los impíos perecerán, Y los enemigos de Jehová como la grasa de los carneros Serán consumidos: se disiparán como humo.

21 El impío toma prestado, y no paga; Mas el justo tiene misericordia, y da.

22 Porque los benditos de él heredarán la tierra; Y los malditos de él serán talados.

23 Por Jehová son ordenados los pasos del hombre, Y aprueba su camino.

24 Cuando cayere, no quedará postrado; Porque Jehová sostiene su mano.

25 Mozo fuí, y he envejecido, Y no he visto justo desamparado, Ni su simiente que mendigue pan.

26 En todo tiempo tiene misericordia, y presta; Y su simiente es para bendición.

27 Apártate del mal, y haz el bien, Y vivirás para siempre.

28 Porque Jehová ama la rectitud, Y no desampara sus santos: Mas la simiente de los impíos será extirpada.

29 Los justos heredarán la tierra, Y vivirán para siempre sobre ella.

30 La boca del justo hablara sabiduría; Y su lengua proferirá juicio.

31 La ley de su Dios está en su corazón; Por tanto sus pasos no vacilarán.

32 Acecha el impío al justo, Y procura matarlo.

33 Jehová no lo dejará en sus manos, Ni lo condenará cuando le juzgaren.

34 Espera en Jehová, y guarda su camino, Y él te ensalzará para heredar la tierra: Cuando serán talados los pecadores, lo verás.

35 Vi yo al impío sumamente ensalzado, Y que se extendía como un laurel verde.

36 Empero pasóse, y he aquí no parece; Y busquélo, y no fué hallado.

37 Considera al íntegro, y mira al justo: Que la postrimería de cada uno de ellos es paz.

38 Mas los transgresores fueron todos á una destruídos: La postrimería de los impíos fué talada.

39 Pero la salvación de los justos es de Jehová, Y él es su fortaleza en el tiempo de angustia.

40 Y Jehová los ayudará, Y los librará: y libertarálos de los impíos, y los salvará, Por cuanto en él esperaron.

Salmo de David, para recordar.

38 Jehová, no me reprendas en tu furor, Ni me castigues en tu ira. **2** Porque tus saetas descendieron á mí, Y sobre mí ha caído tu mano.

3 No hay sanidad en mi carne á causa de tu ira; Ni hay paz en mis huesos á causa de mi pecado.

4 Porque mis iniquidades han pasado mi cabeza: Como carga pesada se han agravado sobre mí.

5 Pudriéronse, corrompiéronse mis llagas, A causa de mi locura.

6 Estoy encorvado, estoy humillado en gran manera, Ando enlutado todo el día.

7 Porque mis lomos están llenos de irritación, Y no hay sanidad en mi carne.

8 Estoy debilitado y molido en gran manera; Bramo á causa de la conmoción de mi corazón.

9 Señor, delante de ti están todos mis deseos; Y mi suspiro no te es oculto.

10 Mi corazón está acongojado, hame dejado mi vigor; Y aun la misma luz de mis ojos no está conmigo.

11 Mis amigos y mis compañeros se quitaron de delante de mi plaga; Y mis cercanos se pusieron lejos.

12 Y los que buscaban mi alma armaron lazos; Y los que procuraban mi mal hablaban iniquidades, Y meditaban fraudes todo el día.

13 Mas yo, como si fuera sordo no oía; Y estaba como un mudo, que no abre su boca.

14 Fuí pues como un hombre que no oye, Y que en su boca no tiene represiones.

15 Porque á ti, oh Jehová, esperé yo: Tú responderás, Jehová Dios mío.

16 Porque dije: Que no se alegren de mí: Cuando mi pie resbalaba, sobre mí se engrandecían.

17 Empero yo estoy á pique de claudicar, Y mi dolor está delante de mí continuamente.

18 Por tanto denunciaré mi maldad; Congojaréme por mi pecado.

19 Porque mis enemigos están vivos y fuertes: Y hanse aumentado los que me aborrecen sin causa:

20 Y pagando mal por bien Me son contrarios, por seguir yo lo bueno.

21 No me desampares, oh Jehová: Dios mío, no te alejes de mí.

22 Apresúrate á ayudarme, Oh Señor, mi salud.

Al Músico principal, á Jeduthún: Salmo de David.

39 Yo dije: Atenderé á mis caminos, Para no pecar con mi lengua: Guardaré mi boca con freno, En tanto que el impío fuere contra mí.

2 Enmudecí con silencio, calléme aun respecto de lo bueno; Y excitóse mi dolor.

3 Enardecióse mi corazón dentro de mí; Encendióse fuego en mi meditación, Y así proferí con mi lengua:

4 Hazme saber, Jehová, mi fin, Y cuánta sea la medida de mis días; Sepa yo cuánto tengo de ser del mundo.

5 He aquí diste á mis días término corto, Y mi edad es como nada delante de ti: Ciertamente es completa vanidad todo hombre que vive. (Selah.)

6 Ciertamente en tinieblas anda el hombre; Ciertamente en vano se inquieta: Junta, y no sabe quién lo allegará.

7 Y ahora, Señor, ¿qué esperaré? Mi esperanza en ti está.

8 Líbrame de todas mis rebeliones; No me pongas por escarnio del insensato.

9 Enmudecí, no abrí mi boca; Porque tú lo hiciste.

10 Quita de sobre mí tu plaga; De la guerra de tu mano soy consumido.

11 Con castigos sobre el pecado corriges al hombre, Y haces consumirse como de polilla su grandeza: Ciertamente vanidad es todo hombre. (Selah.)

12 Oye mi oración, oh Jehová, y escucha mi clamor: No calles á mis lágrimas; Porque peregrino soy para contigo, Y advenedizo, como todos mis padres.

13 Déjame, y tomaré fuerzas, Antes que vaya y perezca.

Al Músico principal: Salmo de David.

40 Resignadamente esperé á Jehová, E inclinóse á mí, y oyó mi clamor.

2 E hízome sacar de un lago de miseria, del lodo cenagoso; Y puso mis pies sobre peña, y enderezó mis pasos.

3 Puso luego en mi boca canción nueva, alabanza á nuestro Dios. Verán esto muchos, y temerán, Y esperarán en Jehová.

4 Bienaventurado el hombre que puso á Jehová por su confianza, Y no mira á los soberbios, ni á los que declinan á la mentira.

5 Aumentado has tú, oh Jehová Dios mío, tus maravillas; Y tus pensamientos para con nosotros, No te los podremos contar: Si yo anunciare y hablare de ellos, No pueden ser enarrados.

6 Sacrificio y presente no te agrada; Has abierto mis oídos; Holocausto y expiación no has demandado.

7 Entonces dije: He aquí, vengo; En el envoltorio del libro está escrito de mí:

8 El hacer tu voluntad, Dios mío, hame agradado; Y tu ley está en medio de mis entrañas.

9 Anunciado he justicia en grande congregación: He aquí no detuve mis labios, Jehová, tú lo sabes.

10 No encubrí tu justicia dentro de mi corazón: Tu verdad y tu salvación he dicho: No oculté tu misericordia y tu verdad en grande concurso.

11 Tú, Jehová, no apartes de mí tus misericordias: Tu misericordia y tu verdad me guarden siempre.

12 Porque me han cercado males hasta no haber cuento: Hanme comprendido mis maldades, y no puedo levantar la vista: Hanse aumentado más que los cabellos de mi cabeza, y mi corazón me falta.

13 Quieras, oh Jehová, librarme; Jehová, apresúrate á socorrerme.

14 Sean avergonzados y confusos á una Los que buscan mi vida para cortarla: Vuelvan atrás y avergüéncense Los que mal desean.

15 Sean asolados en pago de su afrenta Los que me dicen: ¡Ea, ea!

16 Gócense y alégrense en ti todos los que te buscan; Y digan siempre los que aman tu salud: Jehová sea ensalzado.

17 Aunque afligido yo y necesitado, Jehová pensará de mí: Mi ayuda y mi libertador eres tú; Dios mío, no te tardes.

Al Músico principal: Salmo de David.

41 Bienaventurado el que piensa en el pobre: En el día malo lo librará Jehová.

2 Jehová lo guardé, y le dé vida: sea bienaventurado en la tierra, Y no lo entregues á la voluntad de sus enemigos.

3 Jehová lo sustentará sobre el lecho del dolor: Mullirás toda su cama en su enfermedad.

4 Yo dije: Jehová, ten misericordia de mí; Sana mi alma, porque contra ti he pecado.

5 Mis enemigos dicen mal de mí preguntando: ¿Cuándo morirá, y perecerá su nombre?

6 Y si venía á ver me, hablaba mentira: Su corazón se amontonaba iniquidad; Y salido fuera, hablába la.

7 Reunidos murmuraban contra mí todos los que me aborrecían: Contra mí pensaban mal, diciendo de mí:

8 Cosa pestilencial de él se ha apoderado; Y el que cayó en cama, no volverá á levantarse.

9 Aun el hombre de mi paz, en quien yo confiaba, el que de mi pan comía, Alzó contra mí el calcañar.

10 Mas tú, Jehová, ten misericordia de mí, y hazme levantar, Y daréles el pago.

11 En esto habré conocido que te he agradado, Que mi enemigo no se holgará de mí.

12 En cuanto á mí, en mi integridad me has sustentado, Y me has hecho estar delante de ti para siempre.

13 Bendito sea Jehová, el Dios de Israel, Por siglos de siglos. Amén y Amén.

Al Músico principal: Masquil á los hijos de Coré.

42 Como el ciervo brama por las corrientes de las aguas, Así clama por ti, oh Dios, el alma mía.

2 Mi alma tiene sed de Dios, del Dios vivo: ¡Cuándo vendré, y pareceré delante de Dios!

3 Fueron mis lágrimas mi pan de día y de noche, Mientras me dicen todos los días: ¿Dónde está tu Dios?

4 Acordaréme de estas cosas, y derramaré sobre mí mi alma: Cuando pasaré en el número, iré con ellos hasta la casa de Dios, Con voz de alegría y de alabanza, haciendo fiesta la multitud.

5 ¿Por qué te abates, oh alma mía, Y te conturbas en mí? Espera á Dios; porque aun le tengo de alabar Por las saludes de su presencia.

6 Dios mío, mi alma está en mí abatida: Acordaréme por tanto de ti desde tierra del Jordán, Y de los Hermonitas, desde el monte de Mizhar.

7 Un abismo llama á otro á la voz de tus canales: Todas tus ondas y tus olas han pasado sobre mí.

8 De día mandará Jehová su misericordia, Y de noche su canción será conmigo, Y oración al Dios de mi vida.

9 Diré á Dios: Roca mía, ¿por qué te has olvidado de mí? ¿Por qué andaré yo enlutado por la opresión del enemigo?

10 Mientras se están quebrantando mis huesos, mis enemigos me afrentan, Diciéndome cada día: ¿Dónde está tu Dios?

11 ¿Por qué te abates, oh alma mía, Y por qué te conturbas en mí? Espera á Dios; porque aun le tengo de alabar; Es él salvamiento de mi rostro, y el Dios mío.

43 Júzgame, oh Dios, y aboga mi causa: Líbrame de gente impía, del hombre de engaño é iniquidad.

2 Pues que tú eres el Dios de mi fortaleza, ¿por qué me has desechado? ¿Por qué andaré enlutado por la opresión del enemigo?

3 Envía tu luz y tu verdad: éstas me guiarán, Me conducirán al monte de tu santidad, Y á tus tabernáculos.

4 Y entraré al altar de Dios, Al Dios alegría de mi gozo; Y alabaréte con arpa, oh Dios, Dios mío.

5 ¿Por qué te abates, oh alma mía, Y por qué te conturbes en mí? Espera á Dios; porque aun le tengo de alabar; Es él salvamento delante de mí, y el Dios mío.

Al Músico principal: de los hijos de Coré: Masquil.

44 Oh Dios, con nuestros oídos hemos oído, nuestros padres nos han contado, La obra que hiciste en sus días, en los tiempos antiguos.

2 Tú con tu mano echaste las gentes, y los plantaste á ellos; Afligiste los pueblos, y los arrojaste.

3 Porque no se apoderaron de la tierra por su espada, Ni su brazo los libró; Sino tu diestra, y tu brazo, y la luz de tu rostro, Porque te complaciste en ellos.

4 Tú, oh Dios, eres mi rey: Manda saludes á Jacob.

5 Por medio de ti sacudiremos á nuestros enemigos: En tu nombre atropellaremos á nuestros adversarios.

6 Porque no confiaré en mi arco, Ni mi espada me salvará.

7 Pues tú nos has guardado de nuestros enemigos, Y has avergonzado á los que nos aborrecían.

8 En Dios nos gloriaremos todo tiempo, Y para siempre loaremos tu nombre. (Selah.)

9 Empero nos has desechado, y nos has hecho avergonzar; Y no sales en nuestros ejércitos.

10 Nos hiciste retroceder del enemigo, Y saqueáron nos para sí los que nos aborrecían.

11 Pusístenos como á ovejas para comida, Y esparcístenos entre las gentes.

12 Has vendido tu pueblo de balde, Y no pujaste en sus precios.

13 Pusístenos por vergüenza á nuestros vecinos, Por escarnio y por burla á los que nos rodean.

14 Pusístenos por proverbio entre las gentes, Por movimiento de cabeza en los pueblos.

15 Cada día mi vergüenza está delante de mí, Y cúbreme la confusión de mi rostro,

16 Por la voz del que me vitupera y deshonra, Por razón del enemigo y del que se venga.

17 Todo esto nos ha venido, y no nos hemos olvidado de ti; Y no hemos faltado á tu pacto.

18 No se ha vuelto atrás nuestro corazón, Ni tampoco se han apartado nuestros pasos de tus caminos,

19 Cuando nos quebrantaste en el lugar de los dragones, Y nos cubriste con sombra de muerte.

20 Si nos hubiésemos olvidado del nombre de nuestro Dios, O alzado nuestras manos á dios ajeno,

21 ¿No demandaría Dios esto? Porque él conoce los secretos del corazón.

22 Empero por tu causa nos matan cada día; Somos tenidos como ovejas para el matadero.

23 Despierta; ¿por qué duermes, Señor? Despierta, no te alejes para siempre.

24 ¿Por qué escondes tu rostro, Y te olvidas de nuestra aflicción, y de la opresión nuestra?

25 Porque nuestra alma está agobiada hasta el polvo: Nuestro vientre está pegado con la tierra.

26 Levántate para ayudarnos, Y redímenos por tu misericordia.

Al Músico principal: sobre Sosannim: para los hijos de Coré: Masquil: Canción de amores.

45 Rebosa mi corazón palabra buena: Refiero yo al Rey mis obras: Mi lengua es pluma de escribiente muy ligero.

2 Haste hermoseado más que los hijos de los hombres; La gracia se derramó en tus labios: Por tanto Dios te ha bendecido para siempre.

3 Cíñete tu espada sobre el muslo, oh valiente, Con tu gloria y con tu majestad.

4 Y en tu gloria sé prosperado: Cabalga sobre palabra de verdad, y de humildad, y de justicia; Y tu diestra te enseñará cosas terribles.

5 Tus saetas agudas Con que caerán pueblos debajo de ti, Penetrarán en el corazón de los enemigos del Rey.

6 Tu trono, oh Dios, eterno y para siempre: Vara de justicia la vara de tu reino.

7 Amaste la justicia y aborreciste la maldad: Por tanto te ungió Dios, el Dios tuyo, Con óleo de gozo sobre tus compañeros.

8 Mirra, áloe, y casia exhalan todos tus vestidos: En estancias de marfil te han recreado.

9 Hijas de reyes entre tus ilustres: Está la reina á tu diestra con oro de Ophir.

10 Oye, hija, y mira, é inclina tu oído; Y olvida tu pueblo, y la casa de tu padre;

11 Y deseará el rey tu hermosura: E inclínate á él, porque él es tu Señor.

12 Y las hijas de Tiro vendrán con presente; Implorarán tu favor los ricos del pueblo.

13 Toda ilustre es de dentro la hija del rey: De brocado de oro es su vestido.

14 Con vestidos bordados será llevada al rey; Vírgenes en pos de ella: Sus compañeras serán traídas á ti.

15 Serán traídas con alegría y gozo: Entrarán en el palacio del rey.

16 En lugar de tus padres serán tus hijos, A quienes harás príncipes en toda la tierra.

17 Haré perpetua la memoria de tu nombre en todas las generaciones: Por lo cual te alabarán los pueblos eternamente y para siempre.

Al Músico principal: de los hijos de Coré: Salmo sobre Alamoth.

46 Dios es nuestro amparo y fortaleza, Nuestro pronto auxilio en las tribulaciones.

2 Por tanto no temeremos aunque la tierra sea removida; Aunque se traspasen los montes al corazón de la mar.

3 Bramarán, turbaránse sus aguas; Temblarán los montes á causa de su braveza. (Selah.)

4 Del río sus conductos alegrarán la ciudad de Dios, El santuario de las tiendas del Altísimo.

5 Dios está en medio de ella; no será conmovida: Dios la ayudará al clarear la mañana.

6 Bramaron las gentes, titubearon los reinos; Dió él su voz, derritióse la tierra.

7 Jehová de los ejércitos es con nosotros; Nuestro refugio es el Dios de Jacob. (Selah.)

8 Venid, ved las obras de Jehová, Que ha puesto asolamientos en la tierra.

9 Que hace cesar las guerras hasta los fines de la tierra: Que quiebra el arco, corta la lanza, Y quema los carros en el fuego.

10 Estad quietos, y conoced que yo soy Dios: Ensalzado he de ser entre las gentes, ensalzado seré en la tierra.

11 Jehová de los ejércitos es con nosotros; Nuestro refugio es el Dios de Jacob. (Selah.)

Al Músico principal: de los hijos de Coré: Salmo.

47 Pueblos todos, batid las manos; Aclamad á Dios con voz de júbilo.

2 Porque Jehová el Altísimo es terrible; Rey grande sobre toda la tierra.

3 El sujetará á los pueblos debajo de nosotros, Y á las gentes debajo de nuestros pies.

4 El nos elegirá nuestras heredades; La hermosura de Jacob, al cual amó. (Selah.)

5 Subió Dios con júbilo, Jehová con sonido de trompeta.

6 Cantad á Dios, cantad: Cantad á nuestro Rey, cantad.

7 Porque Dios es el Rey de toda la tierra: Cantad con inteligencia.

8 Reinó Dios sobre las gentes: Asentóse Dios sobre su santo trono.

9 Los príncipes de los pueblos se juntaron Al pueblo del Dios de Abraham: Porque de Dios son los escudos de la tierra; El es muy ensalzado.

Canción: Salmo de los hijos de Coré.

48 Grande es Jehová y digno de ser en gran manera alabado, En la ciudad de nuestro Dios, en el monte de su santuario.

2 Hermosa provincia, el gozo de toda la tierra Es el monte de Sión, á los lados del aquilón, La ciudad del gran Rey.

3 Dios en sus palacios es conocido por refugio.

4 Porque he aquí los reyes de la tierra se reunieron; Pasaron todos.

5 Y viéndola ellos así, maravilláronse, Se turbaron, diéronse priesa á huir.

6 Tomóles allí temblor; Dolor, como á mujer que pare.

7 Con viento solano Quiebras tú las naves de Tharsis.

8 Como lo oímos, así hemos visto En la ciudad de Jehová de los ejércitos, en la ciudad de nuestro Dios: Afirmarála Dios para siempre. (Selah.)

9 Esperamos tu misericordia, oh Dios, En medio de tu templo.

10 Conforme á tu nombre, oh Dios, Así es tu loor hasta los fines de la tierra: De justicia está llena tu diestra.

11 Alegraráse el monte de Sión; Se gozarán las hijas de Judá Por tus juicios.

12 Andad alrededor de Sión, y rodeadla: Contad sus torres.

13 Poned vuestro corazón á su antemuro, Mirad sus palacios; Para que lo contéis á la generación venidera.

14 Porque este Dios es Dios nuestro eternamente y para siempre: El nos capitaneará hasta la muerte.

Al Músico principal: Salmo para los hijos de Coré.

49 Oid esto, pueblos todos; Escuchad, habitadores todos del mundo:

2 Así los plebeyos como los nobles, El rico y el pobre juntamente.

3 Mi boca hablará sabiduría; Y el pensamiento de mi corazón inteligencia.

4 Acomodaré á ejemplos mi oído: Declararé con el arpa mi enigma.

5 ¿Por qué he de temer en los días de adversidad, Cuando la iniquidad de mis insidiadores me cercare?

6 Los que confían en sus haciendas, Y en la muchedumbre de sus riquezas se jactan,

7 Ninguno de ellos podrá en manera alguna redimir al hermano, Ni dar á Dios su rescate.

8 (Porque la redención de su vida es de gran precio, Y no se acabará jamás;)

9 Que viva adelante para siempre, Y nunca vea la sepultura.

10 Pues se ve que mueren los sabios, Así como el insensato y el necio perecen, Y dejan á otros sus riquezas.

11 En su interior tienen que sus casas serán eternas, Y sus habitaciones para generación y generación: Llamaron sus tierras de sus nombres.

12 Mas el hombre no permanecerá en honra: Es semejante á las bestias que perecen.

13 Este su camino es su locura: Con todo, corren sus descendientes por el dicho de ellos. (Selah.)

14 Como rebaños serán puestos en la sepultura; La muerte se cebará en ellos; Y los rectos se enseñorearán de ellos por la mañana; Y se consumirá su bien en el sepulcro de su morada.

15 Empero Dios redimirá mi vida del poder de la sepultura, Cuando me tomará. (Selah.)

16 No temas cuando se enriquece alguno, Cuando aumenta la gloria de su casa;

17 Porque en muriendo no llevará nada, Ni descenderá tras él su gloria.

18 Si bien mientras viviere, dirá dichosa á su alma: Y tú serás loado cuando bien te tratares.

19 Entrará á la generación de sus padres: No verán luz para siempre.

20 El hombre en honra que no entiende, Semejante es á las bestias que perecen.

Salmo de Asaph.

50 El Dios de dioses, Jehová, ha hablado, Y convocado la tierra desde el nacimiento del sol hasta donde se pone.

2 De Sión, perfección de hermosura, Ha Dios resplandecido.

3 Vendrá nuestro Dios, y no callará: Fuego consumirá delante de él, Y en derredor suyo habrá tempestad grande.

4 Convocará á los cielos de arriba, Y á la tierra, para juzgar á su pueblo.

5 Juntadme mis santos; Los que hicieron conmigo pacto con sacrificio.

6 Y denunciarán los cielos su justicia; Porque Dios es el juez. (Selah.)

7 Oye, pueblo mío, y hablaré: Escucha, Israel, y testificaré contra ti: Yo soy Dios, el Dios tuyo.

8 No te reprenderé sobre tus sacrificios, Ni por tus holocaustos, que delante de mí están siempre.

9 No tomaré de tu casa becerros, Ni machos cabríos de tus apriscos.

10 Porque mía es toda bestia del bosque, Y los millares de animales en los collados.

11 Conozco todas las aves de los montes, Y en mi poder están las fieras del campo.

12 Si yo tuviese hambre, no te lo diría á ti: Porque mío es el mundo y su plenitud.

13 ¿Tengo de comer yo carne de toros, O de beber sangre de machos cabríos?

14 Sacrifica á Dios alabanza, Y paga tus votos al Altísimo.

15 E invócame en el día de la angustia: Te libraré, y tú me honrarás.

16 Pero al malo dijo Dios: ¿Qué tienes tú que enarrar mis leyes, Y que tomar mi pacto en tu boca,

17 Pues que tú aborreces el castigo, Y echas á tu espalda mis palabras?

18 Si veías al ladrón, tú corrías con él; Y con los adúlteros era tu parte.

19 Tu boca metías en mal, Y tu lengua componía engaño.

20 Tomabas asiento, y hablabas contra tu hermano: Contra el hijo de tu madre ponías infamia.

21 Estas cosas hiciste, y yo he callado: Pensabas que de cierto sería yo como tú: Yo te argüiré, y pondré las delante de tus ojos.

22 Entended ahora esto, los que os olvidáis de Dios; No sea que arrebate, sin que nadie libre.

23 El que sacrifica alabanza me honrará: Y al que ordenare su camino, Le mostraré la salud de Dios.

Al Músico principal: Salmo de David, cuando después que entró
á Bath-sebah, vino á él Nathán el profeta.

51 Ten piedad de mí, oh Dios, conforme á tu misericordia: Conforme á la multitud de tus piedades borra mis rebeliones.

2 Lávame más y más de mi maldad, Y límpiame de mi pecado.

3 Porque yo reconozco mis rebeliones; Y mi pecado está siempre delante de mí.

4 A ti, á ti solo he pecado, Y he hecho lo malo delante de tus ojos: Porque seas reconocido justo en tu palabra, Y tenido por puro en tu juicio.

5 He aquí, en maldad he sido formado, Y en pecado me concibió mi madre.

6 He aquí, tú amas la verdad en lo íntimo: Y en lo secreto me has hecho comprender sabiduría.

7 Purifícame con hisopo, y será limpio: Lávame, y seré emblanquecido más que la nieve.

8 Hazme oir gozo y alegría; Y se recrearán los huesos que has abatido.

9 Esconde tu rostro de mis pecados, Y borra todas mis maldades.

10 Crea en mí, oh Dios, un corazón limpio; Y renueva un espíritu recto dentro de mí.

11 No me eches de delante de ti; Y no quites de mí tu santo espíritu.

12 Vuélveme el gozo de tu salud; Y el espíritu libre me sustente.

13 Enseñaré á los prevaricadores tus caminos; Y los pecadores se convertirán á ti.

14 Líbrame de homicidios, oh Dios, Dios de mi salud: Cantará mi lengua tu justicia.

15 Señor, abre mis labios; Y publicará mi boca tu alabanza.

16 Porque no quieres tú sacrificio, que yo daría; No quieres holocausto.

17 Los sacrificios de Dios son el espíritu quebrantado: Al corazón contrito y humillado no despreciarás tú, oh Dios.

18 Haz bien con tu benevolencia á Sión: Edifica los muros de Jerusalem.

19 Entonces te agradarán los sacrificios de justicia, el holocausto ú ofrenda del todo quemada: Entonces ofrecerán sobre tu altar becerros.

Al Músico principal: Masquil de David, cuando vino á Doeg Idumeo
y dió cuenta á Saúl, diciéndole: David ha venido á casa de Ahimelech.

52 ¿por qué te glorías de maldad, oh poderoso? La misericordia de Dios es continua.

2 Agravios maquina tu lengua: Como navaja amolada hace engaño.

3 Amaste el mal más que el bien; La mentira más que hablar justicia. (Selah.)

4 Has amado toda suerte de palabras perniciosas, Engañosa lengua.

5 Por tanto Dios te derribará para siempre: Te asolará y te arrancará de tu morada, Y te desarraigará de la tierra de los vivientes. (Selah.)

6 Y verán los justos, y temerán; Y reiránse de él, diciendo:

7 He aquí el hombre que no puso á Dios por su fortaleza, Sino que confió en la multitud de sus riquezas. Y se mantuvo en su maldad.

8 Mas yo estoy como oliva verde en la casa de Dios: En la misericordia de Dios confío perpetua y eternalmente.

9 Te alabaré para siempre por lo que has hecho: Y esperaré en tu nombre, porque es bueno, delante de tus santos.

Al Músico principal: sobre Mahalath: Masquil de David.

53 Dijo el necio en su corazón: No hay Dios. Corrompiéronse é hicieron abominable maldad: No hay quien haga bien.

2 Dios desde los cielos miró sobre los hijos de los hombres, Por ver si hay algún entendido Que busque á Dios.

3 Cada uno se había vuelto atrás; todos se habían corrompido: No hay quien haga bien, no hay ni aun uno.

4 ¿No tienen conocimiento todos esos que obran iniquidad? Que comen á mi pueblo como si comiesen pan: A Dios no han invocado.

5 Allí se sobresaltaron de pavor donde no había miedo: Porque Dios ha esparcido los huesos del que asentó campo contra ti: Los avergonzaste, porque Dios los desechó.

6 ¡Oh quién diese de Sión saludes á Israel! En volviendo Dios la cautividad de su pueblo, Gozarse ha Jacob, y alegraráse Israel.

Al Músico principal: en Neginoth: Masquil de David, cuando vinieron los
Zipheos y dijeron á Saúl: ¿No está David escondido en nuestra tierra?

54 Oh Dios, sálvame por tu nombre, Y con tu poder defiéndeme.

2 Oh Dios, oye mi oración; Escucha las razones de mi boca.

3 Porque extraños se han levantado contra mí, Y fuertes buscan mi alma: No han puesto á Dios delante de sí. (Selah.)

4 He aquí, Dios es el que me ayuda; El Señor es con los que sostienen mi vida.

5 El volverá el mal á mis enemigos: Córtalos por tu verdad.

6 Voluntariamente sacrificaré á ti; Alabaré tu nombre, oh Jehová, porque es bueno.

7 Porque me ha librado de toda angustia, Y en mis enemigos vieron mis ojos mi deseo.

Al Músico principal: en Neginoth: Masquil de David.

55 Escucha, oh Dios, mi oración, Y no te escondas de mi súplica.

2 Estáme atento, y respóndeme: Clamo en mi oración, y levanto el grito,

3 A causa de la voz del enemigo, Por la opresión del impío; Porque echaron sobre mí iniquidad, Y con furor me han amenazado.

4 Mi corazón está doloroso dentro de mí, Y terrores de muerte sobre mí han caído.

5 Temor y temblor vinieron sobre mí, Y terror me ha cubierto.

6 Y dije: ¡Quién me diese alas como de paloma! Volaría yo, y descansaría.

7 Ciertamente huiría lejos: Moraría en el desierto. (Selah.)

8 Apresuraríame á escapar Del viento tempestuoso, de la tempestad.

9 Deshace, oh Señor, divide la lengua de ellos; Porque he visto violencia y rencilla en la ciudad.

10 Día y noche la rodean sobre sus muros; E iniquidad y trabajo hay en medio de ella.

11 Agravios hay en medio de ella, Y el fraude y engaño no se apartan de sus plazas.

12 Porque no me afrentó un enemigo, Lo cual habría soportado; Ni se alzó contra mí el que me aborrecía, Porque me hubiera ocultado de él:

13 Mas tú, hombre, al parecer íntimo mío, Mi guía, y mi familiar:

14 Que juntos comunicábamos dulcemente los secretos, A la casa de Dios andábamos en compañía.

15 Condenados sean á muerte, Desciendan vivos al infierno: Porque maldades hay en su compañía, entre ellos.

16 Yo á Dios clamaré; Y Jehová me salvará.

17 Tarde y mañana y á medio día oraré y clamaré; Y él oirá mi voz.

18 El ha redimido en paz mi alma de la guerra contra mí; Pues fueron contra mí muchos.

19 Dios oirá, y los quebrantará luego, El que desde la antigüedad permanece (Selah); Por cuanto no se mudan, Ni temen á Dios.

20 Extendió sus manos contra sus pacíficos: Violó su pacto.

21 Ablandan más que manteca su boca, Pero guerra hay en su corazón: Suavizan sus palabras más que el aceite, Mas ellas son cuchillos.

22 Echa sobre Jehová tu carga, y él te sustentará; No dejará para siempre caído al justo.

23 Mas tú, oh Dios, harás descender aquéllos al pozo de la sepultura: Los hombres sanguinarios y engañadores no demediarán sus días: Empero yo confiaré en ti.

Al Músico principal: sobre La paloma silenciosa en paraje muy distante. Michtam de David, cuando los Filisteos le prendieron en Gath.

56 Ten misericordia de mí, oh Dios, porque me devoraría el hombre: Me oprime combatiéndome cada día.

2 Apúranme mis enemigos cada día; Porque muchos son los que pelean contra mí, oh Altísimo.

3 En el día que temo, Yo en ti confío.

4 En Dios alabaré su palabra: En Dios he confiado, no temeré Lo que la carne me hiciere.

5 Todos los días me contristan mis negocios; Contra mí son todos sus pensamientos para mal.

6 Reúnense, escóndense, Miran ellos atentamente mis pasos, Esperando mi vida.

7 ¿Escaparán ellos por la iniquidad? Oh Dios, derriba en tu furor los pueblos.

8 Mis huidas has tú contado: Pon mis lágrimas en tu redoma: ¿No están ellas en tu libro?

9 Serán luego vueltos atrás mis enemigos el día que yo clamare: En esto conozco que Dios es por mí.

10 En Dios alabaré su palabra; En Jehová alabaré su palabra.

11 En Dios he confiado: no temeré Lo que me hará el hombre.

12 Sobre mí, oh Dios, están tus votos: Te tributaré alabanzas.

13 Porque has librado mi vida de la muerte, Y mis pies de caída, Para que ande delante de Dios En la luz de los que viven.

Al Músico principal: sobre No destruyas: Michtam de David, cuando huyó de delante de Saúl á la cueva.

57 Ten misericordia de mí, oh Dios, ten misericordia de mí; Porque en ti ha confiado mi alma, Y en la sombra de tus alas me ampararé, Hasta que pasen los quebrantos.

2 Clamaré al Dios Altísimo, Al Dios que me favorece.

3 El enviará desde los cielos, y me salvará De la infamia del que me apura; (Selah) Dios enviará su misericordia y su verdad.

4 Mi vida está entre leones; Estoy echado entre hijos de hombres encendidos: Sus dientes son lanzas y saetas, Y su lengua cuchillo agudo.

5 Ensálzate sobre los cielos, oh Dios; Sobre toda la tierra tu gloria.

6 Red han armado á mis pasos; Hase abatido mi alma: Hoyo han cavado delante de mí; En medio de él han caído. (Selah.)

7 Pronto está mi corazón, oh Dios, mi corazón está dispuesto: Cantaré, y trovaré salmos.

8 Despierta, oh gloria mía; despierta, salterio y arpa: Levantaréme de mañana.

9 Alabarte he en los pueblos, oh Señor; Cantaré de ti en las naciones.

10 Porque grande es hasta los cielos tu misericordia, Y hasta las nubes tu verdad.

11 Ensálzate sobre los cielos, oh Dios; Sobre toda la tierra tu gloria.

Al Músico principal: sobre No destruyas: Michtam de David.

58 Oh congregación, ¿pronunciáis en verdad justicia? ¿Juzgáis rectamente, hijos de los hombres?

2 Antes con el corazón obráis iniquidades: Hacéis pesar la violencia de vuestras manos en la tierra.

3 Enajenáronse los impíos desde la matriz; Descarriáronse desde el vientre, hablando mentira.

4 Veneno tienen semejante al veneno de la serpiente: Son como áspide sordo que cierra su oído;

5 Que no oye la voz de los que encantan, Por más hábil que el encantador sea.

6 Oh Dios, quiebra sus dientes en sus bocas: Quiebra, oh Jehová, las muelas de los leoncillos.

7 Córranse como aguas que se van de suyo: En entesando sus saetas, luego sean hechas pedazos.

8 Pasen ellos como el caracol que se deslíe: Como el abortivo de mujer, no vean el sol.

9 Antes que vuestras ollas sientan las espinas, Así vivos, así airados, los arrebatará él con tempestad.

10 Alegraráse el justo cuando viere la venganza: Sus pies lavará en la sangre del impío.

11 Entonces dirá el hombre: Ciertamente hay fruto para el justo; Ciertamente hay Dios que juzga en la tierra.

Al Músico principal: sobre No destruyas: Michtam de David, cuando envió Saúl, y guardaron la casa para matarlo.

59 Líbrame de mis enemigos, oh Dios mío: Ponme en salvo de los que contra mí se levantan.

2 Líbrame de los que obran iniquidad, Y sálvame de hombres sanguinarios.

3 Porque he aquí están acechando mi vida: Hanse juntado contra mí fuertes, No por falta mía, ni pecado mío, oh Jehová.

4 Sin delito mío corren y se aperciben: Despierta para venir á mi encuentro, y mira.

5 Y tú, Jehová Dios de los ejércitos, Dios de Israel, Despierta para visitar todas las gentes: No hayas misericordia de todos los que se rebelan con iniquidad. (Selah.)

6 Volveránse á la tarde, ladrarán como perros, Y rodearán la ciudad.

7 He aquí proferirán con su boca; Cuchillos están en sus labios, Porque dicen: ¿Quién oye?

8 Mas tú, Jehová, te reirás de ellos, Te burlarás de todas las gentes.

9 De su fuerza esperaré yo en ti: Porque Dios es mi defensa.

10 El Dios de mi misericordia me prevendrá: Dios me hará ver en mis enemigos mi deseo.

11 No los matarás, porque mi pueblo no se olvide: Hazlos vagar con tu fortaleza, y abátelos. Oh Jehová, escudo nuestro,

12 Por el pecado de su boca, por la palabra de sus labios; Y sean presos por su soberbia, Y por la maldición y mentira que profieren.

13 Acábalos con furor, acábalos, y no sean: Y sepan que

Dios domina en Jacob Hasta los fines de la tierra. (Selah)

14 Vuelvan pues á la tarde, y ladren como perros, Y rodeen la ciudad.

15 Anden ellos errantes para hallar qué comer: Y si no se saciaren, murmuren.

16 Yo empero cantaré tu fortaleza, Y loaré de mañana tu misericordia: Porque has sido mi amparo Y refugio en el día de mi angustia.

17 Fortaleza mía, á ti cantaré; Porque eres Dios de mi amparo, Dios de mi misericordia.

Al Músico principal: sobre Susan-Heduth: Michtam de David, para enseñar, cuando tuvo guerra contra Aram-Naharaim y contra Aram de Soba, y volvió Joab, é hirió de Edom en el valle de las Salina doce mil.

60 Oh Dios, tú nos has desechado, nos disipaste; Te has airado: vuélvete á nosotros.

2 Hiciste temblar la tierra, abrístela: Sana sus quiebras, porque titubea.

3 Has hecho ver á tu pueblo duras cosas: Hicístenos beber el vino de agitación.

4 Has dado á los que te temen bandera Que alcen por la verdad. (Selah.)

5 Para que se libren tus amados, Salva con tu diestra, y óyeme.

6 Dios pronunció por su santuario; yo me alegraré; Partiré á Sichêm, y mediré el valle de Succoth.

7 Mío es Galaad, y mío es Manasés; Y Ephraim es la fortaleza de mi cabeza; Judá, mi legislador;

8 Moab, la vasija de mi lavatorio; Sobre Edom echaré mi zapato: Haz júbilo sobre mí, oh Palestina.

9 ¿Quién me llevará á la ciudad fortalecida? ¿Quién me llevará hasta Idumea?

10 Ciertamente, tú, oh Dios, que nos habías desechado; Y no salías, oh Dios, con nuestros ejércitos.

11 Danos socorro contra el enemigo, Que vana es la salud de los hombres.

12 En Dios haremos proezas; Y él hollará nuestros enemigos.

Al Músico principal: sobre Neginoth: Salmo de David.

61 Oye, oh Dios, mi clamor; A mi oración atiende.

2 Desde el cabo de la tierra clamaré á ti, cuando mi corazón desmayare: A la peña más alta que yo me conduzcas.

3 Porque tú has sido mi refugio, Y torre de fortaleza delante del enemigo.

4 Yo habitaré en tu tabernáculo para siempre: Estaré seguro bajo la cubierta de tus alas.

5 Porque tú, oh Dios, has oído mis votos, Has dado heredad á los que temen tu nombre.

6 Días sobre días añadirás al rey: Sus años serán como generación y generación.

7 Estará para siempre delante de Dios: Misericordia y verdad prepara que lo conserven.

8 Así cantaré tu nombre para siempre, Pagando mis votos cada día.

Al Músico principal: á Jeduthún: Salmo de David.

62 En Dios solamente está callada mi alma: De él viene mi salud.

2 El solamente es mi fuerte, y mi salud; Es mi refugio, no resbalaré mucho.

3 ¿Hasta cuándo maquinaréis contra un hombre? Pereceréis todos vosotros, Caeréis como pared acostada, como cerca ruinosa.

4 Solamente consultan de arrojarle de su grandeza; Aman la mentira, Con su boca bendicen, pero maldicen en sus entrañas. (Selah.)

5 Alma mía, en Dios solamente reposa; Porque de él es mi esperanza.

6 El solamente es mi fuerte y mi salud: Es mi refugio, no resbalaré.

7 En Dios está mi salvación y mi gloria: En Dios está la roca de mi fortaleza, y mi refugio.

8 Esperad en él en todo tiempo, oh pueblos; Derramad delante de él vuestro corazón: Dios es nuestro amparo. (Selah.)

9 Por cierto, vanidad son los hijos de los hombres, mentira los hijos de varón: Pesándolos á todos igualmente en la balanza, Serán menos que la vanidad.

10 No confiéis en la violencia, Ni en la rapiña; no os envanezcáis: Si se aumentare la hacienda, no pongáis el corazón en ella.

11 Una vez habló Dios; Dos veces he oído esto: Que de Dios es la fortaleza.

12 Y de ti, oh Señor, es la misericordia: Porque tú pagas á cada uno conforme á su obra.

Salmo de David, estando en el desierto de Judá.

63 Dios, Dios mío eres tú: levantaréme á ti de mañana: Mi alma tiene sed de ti, mi carne te desea, En tierra de sequedad y transida sin aguas;

2 Para ver tu fortaleza y tu gloria, Así como te he mirado en el santuario.

3 Porque mejor es tu misericordia que la vida: Mis labios te alabarán.

4 Así te bendeciré en mi vida: En tu nombre alzaré mis manos.

5 Como de meollo y de grosura será saciada mi alma; Y con labios de júbilo te alabará mi boca,

6 Cuando me acordaré de ti en mi lecho, Cuando meditaré de ti en las velas de la noche.

7 Porque has sido mi socorro; Y así en la sombra de tus alas me regocijaré.

8 Está mi alma apegada á ti: Tu diestra me ha sostenido.

9 Mas los que para destrucción buscaron mi alma, Caerán en los sitios bajos de la tierra.

10 Destruiránlos á filo de espada; Serán porción de las zorras.

11 Empero el rey se alegrará en Dios; Será alabado cualquiera que por él jura: Porque la boca de los que hablan mentira, será cerrada.

Al Músico principal: Salmo de David.

64 Escucha, oh Dios, mi voz en mi oración: Guarda mi vida del miedo del enemigo.

2 Escóndeme del secreto consejo de los malignos; De la conspiración de los que obran iniquidad:

3 Que amolaron su lengua como cuchillo, Y armaron por su saeta palabra amarga;

4 Para asaetear á escondidas al íntegro: De improviso lo asaetean, y no temen.

5 Obstínanse en un inicuo designio, Tratan de esconder los lazos, Y dicen: ¿Quién los ha de ver?

6 Inquieren iniquidades, hacen una investigación exacta; Y el íntimo pensamiento de cada uno de ellos, así como el corazón, es profundo.

7 Mas Dios los herirá con saeta; De repente serán sus plagas.

8 Y harán caer sobre sí sus mismas lenguas: Se espantarán todos los que los vieren.

9 Y temerán todos los hombres, Y anunciarán la obra de Dios, Y entenderán su hecho.

10 Alegraráse el justo en Jehová, y confiaráse en él; Y se gloriarán todos los rectos de corazón.

Al Músico principal: Salmo: Cántico de David.

65 A ti es plácida la alabanza en Sión, oh Dios: Y á ti se pagarán los votos.

2 Tú oyes la oración: A ti vendrá toda carne.

3 Palabras de iniquidades me sobrepujaron: Mas nuestras rebeliones tú las perdonarás.

4 Dichoso el que tú escogieres, é hicieres llegar á ti, Para que habite en tus atrios: Seremos saciados del bien de tu casa, De tu santo templo.

5 Con tremendas cosas, en justicia, nos responderás tú, Oh Dios de nuestra salud, Esperanza de todos los términos de la tierra, Y de los más remotos confines de la mar.

6 Tú, el que afirma los montes con su potencia, Ceñido de valentía:

7 El que amansa el estruendo de los mares, el estruendo de sus ondas, Y el alboroto de las gentes.

8 Por tanto los habitadores de los fines de la tierra temen de tus maravillas. Tú haces alegrar las salidas de la mañana y de la tarde.

9 Visitas la tierra, y la riegas: En gran manera la enriqueces Con el río de Dios, lleno de aguas: Preparas el grano de ellos, cuando así la dispones.

10 Haces se empapen sus surcos, Haces descender sus canales: Ablándasla con lluvias, Bendices sus renuevos.

11 Tú coronas el año de tus bienes; Y tus nubes destilan grosura.

12 Destilan sobre las estancias del desierto; Y los collados se ciñen de alegría.

13 Vístense los llanos de manadas, Y los valles se cubren de grano: Dan voces de júbilo, y aun cantan.

662 Aclamad á Dios con alegría, toda la tierra: Cantad la gloria de su nombre: Poned gloria en su alabanza.

3 Decid á Dios: ¡Cuán terribles tus obras! Por lo grande de tu fortaleza te mentirán tus enemigos.

4 Toda la tierra te adorará, Y cantará á ti; Cantarán á tu nombre. (Selah.)

5 Venid, y ved las obras de Dios, Terrible en hechos sobre los hijos de los hombres.

6 Volvió la mar en seco; Por el río pasaron á pie; Allí en él nos alegramos.

7 El se enseñorea con su fortaleza para siempre: Sus ojos atalayan sobre las gentes: Los rebeldes no serán ensalzados. (Selah.)

8 Bendecid, pueblos, á nuestro Dios, Y haced oir la voz de su alabanza.

9 El es el que puso nuestra alma en vida, Y no permitió que nuestros pies resbalasen.

10 Porque tú nos probaste, oh Dios: Ensayástenos como se afina la plata.

11 Nos metiste en la red; Pusiste apretura en nuestros lomos.

12 Hombres hiciste subir sobre nuestra cabeza; Entramos en fuego y en aguas, Y sacástenos á hartura.

13 Entraré en tu casa con holocaustos: Te pagaré mis votos,

14 Que pronunciaron mis labios, Y habló mi boca, cuando angustiado estaba.

15 Holocaustos de cebados te ofreceré, Con perfume de carneros: Sacrificaré bueyes y machos cabríos. (Selah.)

16 Venid, oid todos los que teméis á Dios, Y contaré lo que ha hecho á mi alma.

17 A él clamé con mi boca, Y ensalzado fué con mi lengua.

18 Si en mi corazón hubiese yo mirado á la iniquidad, El Señor no me oyera.

19 Mas ciertamente me oyó Dios; Atendió á la voz de mi súplica.

20 Bendito Dios, Que no echó de sí mi oración, ni de mí su misericordia.

67 Dios tenga misericordia de nosotros, y nos bendiga; Haga resplandecer su rostro sobre nosotros (Selah);

2 Para que sea conocido en la tierra tu camino, En todas las gentes tu salud.

3 Alábente los pueblos, oh Dios; Alábente los pueblos todos.

4 Alégrense y gócense las gentes; Porque juzgarás los pueblos con equidad, Y pastorearás las naciones en la tierra. (Selah.)

5 Alábente los pueblos, oh Dios: Todos los pueblos te alaben.

6 La tierra dará su fruto: Nos bendecirá Dios, el Dios nuestro.

7 Bendíganos Dios, Y témanlo todos los fines de la tierra.

68 Levántase Dios, sean esparcidos sus enemigos, Y huyan de su presencia los que le aborrecen.

2 Como es lanzado el humo, los lanzarás; Como se derrite la cera delante del fuego, Así perecerán los impíos delante de Dios.

3 Mas los justos se alegrarán: gozarse han delante de Dios, Y saltarán de alegría.

4 Cantad á Dios, cantad salmos á su nombre: Ensalzad al que sube sobre los cielos En JAH su nombre, y alegraos delante de él.

5 Padre de huérfanos y defensor de viudas, Es Dios en la morada de su santuario:

6 El Dios que hace habitar en familia los solos; Que saca á los aprisionados con grillos: Mas los rebeldes habitan en sequedad.

7 Oh Dios, cuando tú saliste delante de tu pueblo, Cuando anduviste por el desierto, (Selah,)

8 La tierra tembló; También destilaron los cielos á la presencia de Dios; Aquel Sinaí tembló delante de Dios, del Dios de Israel.

9 Abundante lluvia esparciste, oh Dios, á tu heredad; Y cuando se cansó, tú la recreaste.

10 Los que son de tu grey han morado en ella: Por tu bondad, oh Dios, has provisto al pobre.

11 El Señor daba palabra: De las evangelizantes había grande ejército.

12 Huyeron, huyeron reyes de ejércitos; Y las que se quedaban en casa partían los despojos.

13 Bien que fuisteis echados entre los tiestos, Seréis como las alas de la paloma cubierta de plata, Y sus plumas con amarillez de oro.

14 Cuando esparció el Omnipotente los reyes en ella, Emblanquecióse ésta como la nieve en Salmón.

15 Monte de Dios es el monte de Basán; Monte alto el de Basán.

16 ¿Por qué os levantáis, oh montes altos? Este monte amó Dios para su asiento; Ciertamente Jehová habitará en él para siempre.

17 Los carros de Dios son veinte mil, y más millares de ángeles. El Señor entre ellos, como en Sinaí, así en el santuario.

18 Subiste á lo alto, cautivaste la cautividad, Tomaste dones para los hombres, y también para los rebeldes, para que habite entre ellos JAH Dios.

19 Bendito el Señor; cada día nos colma de beneficios El Dios de nuestra salud. (Selah.)

20 Dios, nuestro Dios ha de salvarnos; Y de Dios Jehová es el librar de la muerte.

21 Ciertamente Dios herirá la cabeza de sus enemigos, La cabelluda mollera del que camina en sus pecados.

22 El Señor dijo: De Basán haré volver, Te haré volver de los profundos de la mar:

23 Porque tu pie se enrojecerá de sangre de tus enemigos, Y de ella la lengua de tus perros.

24 Vieron tus caminos, oh Dios; Los caminos de mi Dios, de mi Rey, en el santuario.

25 Los cantores iban delante, los tañedores detrás; En medio, las doncellas, con adufes.

26 Bendecid á Dios en congregaciones: Al Señor, vosotros de la estirpe de Israel.

27 Allí estaba el joven Benjamín señoreador de ellos, Los príncipes de Judá en su congregación, Los príncipes de Zabulón, los príncipes de Nephtalí.

28 Tu Dios ha ordenado tu fuerza; Confirma, oh Dios, lo que has obrado en nosotros.

29 Por razón de tu templo en Jerusalem Los reyes te ofrecerán dones.

30 Reprime la reunión de gentes armadas, La multitud de toros con los becerros de los pueblos, Hasta que todos se sometan con sus piezas de plata: Disipa los pueblos que se complacen en la guerra.

31 Vendrán príncipes de Egipto; Etiopía apresurará sus manos á Dios.

32 Reinos de la tierra, cantad á Dios, Cantad al Señor (Selah);

33 Al que cabalga sobre los cielos de los cielos que son de antiguo: He aquí á su voz dará voz de fortaleza.

34 Atribuid fortaleza á Dios: Sobre Israel es su magnificencia, Y su poder está en los cielos.

35 Terrible eres, oh Dios, desde tus santuarios: El Dios de Israel, él da fortaleza y vigor á su pueblo. Bendito Dios.

69 Sálvame, oh Dios, Porque las aguas han entrado hasta el alma.

2 Estoy hundido en cieno profundo, donde no hay pie: He venido á abismos de aguas, y la corriente me ha anegado.

3 Cansado estoy de llamar; mi garganta se ha enronquecido; Han desfallecido mis ojos esperando á mi Dios.

4 Hanse aumentado más que los cabellos de mi cabeza los que me aborrecen sin causa; Hanse fortalecido mis enemigos, los que me destruyen sin por qué: He venido pues á pagar lo que no he tomado.

5 Dios, tú sabes mi locura; Y mis delitos no te son ocultos.

6 No sean avergonzados por mi causa los que te esperan, oh Señor Jehová de los ejércitos; No sean confusos por mí los que te buscan, oh Dios de Israel.

7 Porque por amor de ti he sufrido afrenta; Confusión ha cubierto mi rostro.

8 He sido extraño de mis hermanos, Y extraño á los hijos de mi madre.

9 Porque me consumió el celo de tu casa; Y los denuestos de los que te vituperaban, cayeron sobre mí.

10 Y lloré afligiendo con ayuno mi alma; Y esto me ha sido por afrenta.

11 Puse además saco por mi vestido; Y vine á serles por proverbio.

12 Hablaban contra mí los que se sentaban á la puerta, Y me zaherían en las canciones de los bebedores de sidra.

13 Empero yo enderezaba mi oración á ti, oh Jehová, al tiempo de tu buena voluntad: Oh Dios, por la multitud de tu misericordia, Por la verdad de tu salud, óyeme.

14 Sácame del lodo, y no sea yo sumergido: Sea yo libertado de los que me aborrecen, y del profundo de las aguas.

15 No me anegue el ímpetu de las aguas, Ni me suerba la hondura, Ni el pozo cierre sobre mí su boca.

16 Oyeme, Jehová, porque apacible es tu misericordia; Mírame conforme á la multitud de tus miseraciones.

17 Y no escondas tu rostro de tu siervo; Porque estoy ángustiado; apresúrate, óyeme.

18 Acércate á mi alma, redímela: Líbrame á causa de mis enemigos.

19 Tú sabes mi afrenta, y mi confusión, y mi oprobio: Delante de ti están todos mis enemigos.

20 La afrenta ha quebrantado mi corazón, y estoy acongojado: Y esperé quien se compadeciese de mí, y no lo hubo: Y consoladores, y ninguno hallé.

21 Pusiéronme además hiel por comida, Y en mi sed me dieron á beber vinagre.

22 Sea su mesa delante de ellos por lazo, Y lo que es para bien por tropiezo.

23 Sean oscurecidos sus ojos para ver, Y haz siempre titubear sus lomos.

24 Derrama sobre ellos tu ira, Y el furor de tu enojo los alcance.

25 Sea su palacio asolado: En sus tiendas no haya morador.

26 Porque persiguieron al que tú heriste; Y cuentan del dolor de los que tú llagaste.

27 Pon maldad sobre su maldad, Y no entren en tu justicia.

28 Sean raídos del libro de los vivientes, Y no sean escritos con los justos.

29 Y yo afligido y dolorido, Tu salud, oh Dios, me defenderá.

30 Alabaré yo el nombre de Dios con cántico, Ensalzarélo con alabanza.

31 Y agradará á Jehová más que sacrificio de buey, O becerro que echa cuernos y uñas.

32 Veránlo los humildes, y se gozarán; Buscad á Dios, y vivirá vuestro corazón.

33 Porque Jehová oye á los menesterosos, Y no menosprecia á sus prisioneros.

34 Alábenlo los cielos y la tierra, Los mares, y todo lo que se mueve en ellos.

35 Porque Dios guardará á Sión, y reedificará las ciudades de Judá; Y habitarán allí, y la poseerán.

36 Y la simiente de sus siervos la heredará, Y los que aman su nombre habitarán en ella.

70 Al Músico principal: Salmo de David, para conmemorar.
Oh Dios, acude á librarme; Apresúrate, oh Dios, á socorrerme.

2 Sean avergonzados y confusos Los que buscan mi vida; Sean vueltos atrás y avergonzados Los que mi mal desean.

3 Sean vueltos, en pago de su afrenta hecha, Los que dicen: ¡Ah! ¡ah!

4 Gócense y alégrense en ti todos los que te buscan; Y digan siempre los que aman tu salud: Engrandecido sea Dios.

5 Yo estoy afligido y menesteroso; Apresúrate á mí, oh Dios: Ayuda mía y mi libertador eres tú; Oh Jehová, no te detengas.

71 En ti, oh Jehová, he esperado; No sea yo confuso para siempre. 2 Hazme escapar, y líbrame en tu justicia: Inclina tu oído y sálvame.

3 Séme por peña de estancia, adonde recurra yo continuamente: Mandado has que yo sea salvo; Porque tú eres mi roca, y mi fortaleza.

4 Dios mío, líbrame de la mano del impío, De la mano del perverso y violento.

5 Porque tú, oh Señor Jehová, eres mi esperanza: Seguridad mía desde mi juventud.

6 Por ti he sido sustentado desde el vientre: De las entrañas de mi madre tú fuiste el que me sacaste: De ti será siempre mi alabanza.

7 Como prodigio he sido á muchos; Y tú mi refugio fuerte.

8 Sea llena mi boca de tu alabanza, De tu gloria todo el día.

9 No me deseches en el tiempo de la vejez; Cuando mi fuerza se acabare, no me desampares.

10 Porque mis enemigos han tratado de mí; Y los que acechan mi alma, consultaron juntamente.

11 Diciendo: Dios lo ha dejado: Perseguid y tomadle, porque no hay quien le libre.

12 Oh Dios, no te alejes de mí: Dios mío, acude presto á mi socorro.

13 Sean avergonzados, fallezcan los adversarios de mi alma; Sean cubiertos de vergüenza y de confusión los que mi mal buscan.

14 Mas yo siempre esperaré, Y añadiré sobre toda tu alabanza.

15 Mi boca publicará tu justicia Y tu salud todo el día, Aunque no sé el número de ellas.

16 Vendré á las valentías del Señor Jehová: Haré memoria de sola tu justicia.

17 Oh Dios, enseñásteme desde mi mocedad; Y hasta ahora he manifestado tus maravillas.

18 Y aun hasta la vejez y las canas; oh Dios, no me desampares, Hasta que denuncie tu brazo á la posteridad, Tus valentías á todos los que han de venir.

19 Y tu justicia, oh Dios, hasta lo excelso; Porque has hecho grandes cosas: Oh Dios, ¿quién como tú?

20 Tú, que me has hecho ver muchas angustias y males, Volverás á darme vida, Y de nuevo me levantarás de los abismos de la tierra.

21 Aumentarás mi grandeza, Y volverás á consolarme.

22 Asimismo yo te alabaré con instrumento de salterio, Oh Dios mío: tu verdad cantaré yo á ti en el arpa, Oh Santo de Israel.

23 Mis labios cantarán cuando á ti salmeare, Y mi alma, á la cual redimiste.

24 Mi lengua hablará también de tu justicia todo el día: Por cuanto fueron avergonzados, porque fueron confusos los que mi mal procuraban.

Para Salomón.

72 Oh Dios, da tus juicios al rey, Y tu justicia al hijo del rey.
2 El juzgará tu pueblo con justicia, Y tus afligidos con juicio.

3 Los montes llevarán paz al pueblo, Y los collados justicia.

4 Juzgará los afligidos del pueblo, Salvará los hijos del menesteroso, Y quebrantará al violento.

5 Temerte han mientras duren el sol Y la luna, por generación de generaciones.

6 Descenderá como la lluvia sobre la hierba cortada; Como el rocío que destila sobre la tierra.

7 Florecerá en sus día justicia, Y muchedumbre de paz, hasta que no haya luna.

8 Y dominará de mar á mar, Y desde el río hasta los cabos de la tierra.

9 Delante de él se postrarán los Etiopes; Y sus enemigos lamerán la tierra.

10 Los reyes de Tharsis y de las islas traerán presentes: Los reyes de Sheba y de Seba ofrecerán dones.

11 Y arrodillarse han á él todos los reyes; Le servirán todas las gentes.

12 Porque él librará al menesteroso que clamare, Y al afligido que no tuviere quien le socorra.

13 Tendrá misericordia del pobre y del menesteroso, Y salvará las almas de los pobres.

14 De engaño y de violencia redimirá sus almas: Y la sangre de ellos será preciosa en sus ojos.

15 Y vivirá, y darásele del oro de Seba; Y oraráse por él continuamente; Todo el día se le bendecirá.

16 Será echado un puño de grano en tierra, en las cumbres de los montes; Su fruto hará ruido como el Líbano, Y los de la ciudad florecerán como la hierba de la tierra.

17 Será su nombre para siempre, Perpetuaráse su nombre mientras el sol dure: Y benditas serán en él todas las gentes: Llamarlo han bienaventurado.

18 Bendito Jehová Dios, el Dios de Israel, Que solo hace maravillas.

19 Y bendito su nombre glorioso para siempre: Y toda la tierra sea llena de su gloria. Amén y Amén.

20 Acábanse las oraciones de David, hijo de Isaí.

Salmo de Asaph.

73 Ciertamente bueno es Dios á Israel, A los limpios de corazón.

2 Mas yo, casi se deslizaron mis pies; Por poco resbalaron mis pasos.

3 Porque tuve envidia de los insensatos, Viendo la prosperidad de los impíos.

4 Porque no hay ataduras para su muerte; Antes su fortaleza está entera.

5 No están ellos en el trabajo humano; Ni son azotados con los otros hombres.

6 Por tanto soberbia los corona: Cúbrense de vestido de violencia.

7 Sus ojos están salidos de gruesos: Logran con creces los antojos del corazón.

8 Soltáronse, y hablan con maldad de hacer violencia; Hablan con altanería.

9 Ponen en el cielo su boca, Y su lengua pasea la tierra.

10 Por eso su pueblo vuelve aquí, Y aguas de lleno le son exprimidas.

11 Y dicen: ¿Cómo sabe Dios? ¿Y hay conocimiento en lo alto?

12 He aquí estos impíos, Sin ser turbados del mundo, alcanzaron riquezas.

13 Verdaderamente en vano he limpiado mi corazón, Y lavado mis manos en inocencia;

14 Pues he sido azotado todo el día, Y empezaba mi castigo por las mañanas.

15 Si dijera yo, Discurriré de esa suerte; He aquí habría negado la nación de tus hijos:

16 Pensaré pues para saber esto: Es á mis ojos duro trabajo,

17 Hasta que venido al santuario de Dios, Entenderé la postrimería de ellos.

18 Ciertamente los has puesto en deslizaderos; En asolamientos los harás caer.

19 ¡Cómo han sido asolados! ¡cuán en un punto! Acabáronse, fenecieron con turbaciones.

20 Como sueño del que despierta, Así, Señor, cuando despertares, menospreciarás sus apariencias.

21 Desazonóse á la verdad mi corazón, Y en mis riñones sentía punzadas.

22 Mas yo era ignorante, y no entendía: Era como una bestia acerca de ti.

23 Con todo, yo siempre estuve contigo: Trabaste de mi mano derecha.

24 Hasme guiado según tu consejo, Y después me recibirás en gloria.

25 ¿A quién tengo yo en los cielos? Y fuera de ti nada deseo en la tierra.

26 Mi carne, y mi corazón desfallecen: Mas la roca de mi corazón y mi porción es Dios para siempre.

27 Porque he aquí, los que se alejan de ti perecerán: Tú cortarás á todo aquel que fornicando, de ti se aparta.

28 Y en cuanto á mí, el acercarme á Dios es el bien: He puesto en el Señor Jehová mi esperanza, Para contar todas tus obras.

Masquil de Asaph.

74 ¿Por qué, oh Dios, nos has desechado para siempre? ¿Por qué ha humeado tu furor contra las ovejas de tu dehesa?

2 Acuérdate de tu congregación, que adquiriste de antiguo, Cuando redimiste la vara de tu heredad; Este monte de Sión, donde has habitado.

3 Levanta tus pies á los asolamientos eternos: A todo enemigo que ha hecho mal en el santuario.

4 Tus enemigos han bramado en medio de tus sinagogas: Han puesto sus divisas por señas.

5 Cualquiera se hacía famoso según había levantado El hacha sobre los gruesos maderos.

6 Y ahora con hachas y martillos Han quebrado todas sus entalladuras.

7 Han puesto á fuego tus santuarios, Han profanado el tabernáculo de tu nombre echándolo á tierra.

8 Dijeron en su corazón: Destruyámoslos de una vez; Han quemado todas las sinagogas de Dios en el tierra.

9 No vemos ya nuestras señales: No hay más profeta; Ni con nosotros hay quien sepa hasta cuándo.

10 ¿Hasta cuándo, oh Dios, el angustiador nos afrentará? ¿Ha de blasfemar el enemigo perpetuamente tu nombre?

11 ¿Por qué retraes tu mano, y tu diestra? ¿Por qué la escondes dentro de tu seno?

12 Empero Dios es mi rey ya de antiguo; El que obra saludes en medio de la tierra.

13 Tú hendiste la mar con tu fortaleza: Quebrantaste cabezas de ballenas en las aguas.

14 Tú magullaste las cabezas del leviathán; Dístelo por comida al pueblo de los desiertos.

15 Tú abriste fuente y río; Tú secaste ríos impetuosos.

16 Tuyo es el día, tuya también es la noche: Tú aparejaste la luna y el sol.

17 Tú estableciste todos los términos de la tierra: El verano y el invierno tú los formaste.

18 Acuérdate de esto: que el enemigo ha dicho afrentas á Jehová, Y que el pueblo insensato ha blasfemado tu nombre.

19 No entregues á las bestias el alma de tu tórtola: Y no olvides para siempre la congregación de tus afligidos.

20 Mira al pacto: Porque las tenebrosidades de la tierra llenas están de habitaciones de violencia.

21 No vuelva avergonzado el abatido: El afligido y el menesteroso alabarán tu nombre.

22 Levántate, oh Dios, aboga tu causa: Acuérdate de cómo el insensato te injuria cada día.

23 No olvides las voces de tus enemigos: El alboroto de los que se levantan contra ti sube continuamente.

Al Músico principal: sobre No destruyas: Salmo de Asaph: Cántico.

75 Alabarémoste, oh Dios, alabaremos; Que cercano está tu nombre: Cuenten tus maravillas.

2 Cuando yo tuviere tiempo, Yo juzgaré rectamente.

3 Arruinábase la tierra y sus moradores: Yo sostengo sus columnas. (Selah.)

4 Dije á los insensatos: No os infatuéis; Y á los impíos: No levantéis el cuerno:

5 No levantéis en alto vuestro cuerno; No habléis con cerviz erguida.

6 Porque ni de oriente, ni de occidente, Ni del desierto viene el ensalzamiento.

7 Mas Dios es el juez: A éste abate, y á aquel ensalza.

8 Porque el cáliz está en la mano de Jehová, y el vino es tinto, Lleno de mistura; y él derrama del mismo: Ciertamente sus heces chuparán y beberán todos los impíos de la tierra.

9 Mas yo anunciaré siempre, Cantaré alabanzas al Dios de Jacob.

10 Y quebraré todos los cuernos de los pecadores: Los cuernos del justo serán ensalzados.

Al Músico principal: sobre Neginoth: Salmo de Asaph: Canción.

76 Dios es conocido en Judá: En Israel es grande su nombre.

2 Y en Salem está su tabernáculo, Y su habitación en Sión.

3 Allí quebró las saetas del arco, El escudo, y la espada, y tren de guerra. (Selah.)

4 Ilustre eres tú; fuerte, más que los montes de caza.

5 Los fuertes de corazón fueron despojados, durmieron su sueño; Y nada hallaron en sus manos todos los varones fuertes.

6 A tu reprensión, oh Dios de Jacob, El carro y el caballo fueron entorpecidos.

7 Tú, terrible eres tú: ¿Y quién parará delante de ti, en comenzando tu ira?

8 Desde los cielos hiciste oir juicio; La tierra tuvo temor y quedó suspensa,

9 Cuando te levantaste, oh Dios, al juicio, Para salvar á todos los mansos de la tierra. (Selah.)

10 Ciertamente la ira del hombre te acarreará alabanza: Tú reprimirás el resto de las iras.

11 Prometed, y pagad á Jehová vuestro Dios: Todos los que están alrededor de él, traigan presentes al Terrible.

12 Cortará él el espíritu de los príncipes: Terrible es á los reyes de la tierra.

Al Músico principal: para Jeduthún: Salmo de Asaph.

77 Con mi voz clamé á Dios, A Dios clamé, y él me escuchará.

2 Al Señor busqué en el día de mi angustia: Mi mal corría de noche y no cesaba: Mi alma rehusaba consuelo.

3 Acordábame de Dios, y gritaba: Quejábame, y desmayaba mi espíritu. (Selah.)

4 Tenías los párpados de mis ojos: Estaba yo quebrantado, y no hablaba.

5 Consideraba los días desde el principio, Los años de los siglos.

6 Acordábame de mis canciones de noche; Meditaba con mi corazón, Y mi espíritu inquiría.

7 ¿Desechará el Señor para siempre, Y no volverá más á amar?

8 ¿Hase acabado para siempre su misericordia? ¿Hase acabado la palabra suya para generación y generación?

9 ¿Ha olvidado Dios el tener misericordia? ¿Ha encerrado con ira sus piedades? (Selah.)

10 Y dije: Enfermedad mía es esta; Traeré pues á la memoria los años de la diestra del Altísimo.

11 Acordaréme de las obras de JAH: Sí, haré yo memoria de tus maravillas antiguas.

12 Y meditaré en todas tus obras, Y hablaré de tus hechos.

13 Oh Dios, en santidad es tu camino: ¿Qué Dios grande como el Dios nuestro?

14 Tú eres el Dios que hace maravillas: Tú hiciste notoria en los pueblos tu fortaleza.

15 Con tu brazo redimiste á tu pueblo, A los hijos de Jacob y de José. (Selah.)

16 Viéronte las aguas, oh Dios; Viéronte las aguas, temieron; Y temblaron los abismos.

17 Las nubes echaron inundaciones de aguas; Tronaron los cielos, Y discurrieron tus rayos.

18 Anduvo en derredor del sonido de tus truenos; Los relámpagos alumbraron el mundo; Estremecióse y tembló la tierra.

19 En la mar fué tu camino, Y tus sendas en las muchas aguas; Y tus pisadas no fueron conocidas.

20 Condujiste á tu pueblo como ovejas, Por mano de Moisés y de Aarón.

Masquil de Asaph.

78 Escucha, pueblo mío, mi ley: Inclinad vuestro oído á las palabras de mi boca.

2 Abriré mi boca en parábola; Hablaré cosas reservadas de antiguo:

3 Las cuales hemos oído y entendido; Que nuestros padres nos las contaron.

4 No las encubriremos á sus hijos, Contando á la generación venidera las alabanzas de Jehová, Y su fortaleza, y sus maravillas que hizo.

5 El estableció testimonio en Jacob, Y puso ley en Israel; La cual mandó á nuestros padres Que la notificasen á sus hijos;

6 Para que lo sepa la generación venidera, y los hijos que nacerán; Y los que se levantarán, lo cuenten á sus hijos;

7 A fin de que pongan en Dios su confianza, Y no se olviden de las obras de Dios, Y guarden sus mandamientos:

8 Y no sean como sus padres, Generación contumaz y rebelde; Generación que no apercibió su corazón, Ni fué leal para con Dios su espíritu.

9 Los hijos de Ephraim armados, flecheros, Volvieron las espaldas el día de la batalla.

10 No guardaron el pacto de Dios, Ni quisieron andar en su ley:

11 Antes se olvidaron de sus obras, Y de sus maravillas que les había mostrado.

12 Delante de sus padres hizo maravillas En la tierra de Egipto, en el campo de Zoán.

13 Rompió la mar, é hízolos pasar; E hizo estar las aguas como en un montón.

14 Y llevólos de día con nube, Y toda la noche con resplandor de fuego.

15 Hendió las peñas en el desierto: Y dióles á beber como de grandes abismos;

16 Pues sacó de la peña corrientes, E hizo descender aguas como ríos.

17 Empero aun tornaron á pecar contra él, Enojando en la soledad al Altísimo.

18 Pues tentaron á Dios en su corazón, Pidiendo comida á su gusto.

19 Y hablaron contra Dios, Diciendo: ¿Podrá poner mesa en el desierto?

20 He aquí ha herido la peña, y corrieron aguas, Y arroyos salieron ondeando: ¿Podrá también dar pan? ¿Aparejará carne á su pueblo?

21 Por tanto oyó Jehová, é indignóse: Y encendióse el fuego contra Jacob, Y el furor subió también contra Israel;

22 Por cuanto no habían creído á Dios, Ni habían confiado en su salud:

23 A pesar de que mandó á las nubes de arriba, Y abrió las puertas de los cielos,

24 E hizo llover sobre ellos maná para comer, Y dióles trigo de los cielos.

25 Pan de nobles comió el hombre: Envióles comida á hartura.

26 Movió el solano en el cielo, Y trajo con su fortaleza el austro.

27 E hizo llover sobre ellos carne como polvo, Y aves de alas como arena de la mar.

28 E hízolas caer en medio de su campo, Alrededor de sus tiendas.

29 Y comieron, y hartáronse mucho: Cumplióles pues su deseo.

30 No habían quitado de sí su deseo, Aun estaba su vianda en su boca,

31 Cuando vino sobre ellos el furor de Dios, Y mató los más robustos de ellos, Y derribo los escogidos de Israel.

32 Con todo esto pecaron aún, Y no dieron crédito á sus maravillas.

33 Consumió por tanto en nada sus días, Y sus años en la tribulación.

34 Si los mataba, entonces buscaban á Dios; Entonces se volvían solícitos en busca suya.

35 Y acordábanse que Dios era su refugio. Y el Dios Alto su redentor.

36 Mas le lisonjeaban con su boca, Y con su lengua le mentían:

37 Pues sus corazones no eran rectos con él, Ni estuvieron firmes en su pacto.

38 Empero él misericordioso, perdonaba la maldad, y no los destruía. Y abundó para apartar su ira, Y no despertó todo su enojo.

39 Y acordóse que eran carne; Soplo que va y no vuelve.

40 ¡Cuántas veces lo ensañaron en el desierto, Lo enojaron en la soledad!

41 Y volvían, y tentaban á Dios, Y ponían límite al Santo de Israel.

42 No se acordaron de su mano, Del día que los redimió de angustia;

43 Cuando puso en Egipto sus señales, Y sus maravillas en el campo de Zoán;

44 Y volvió sus ríos en sangre, Y sus corrientes, porque no bebiesen.

45 Envió entre ellos una mistura de moscas que los comían, Y ranas que los destruyeron.

46 Dió también al pulgón sus frutos, Y sus trabajos á la langosta.

47 Sus viñas destruyó con granizo, Y sus higuerales con piedra.

48 Y entregó al pedrisco sus bestias, Y al fuego sus ganados.

49 Envió sobre ellos el furor de su saña, Ira y enojo y angustia, Con misión de malos ángeles.

50 Dispuso el camino á su furor; No eximió la vida de ellos de la muerte, Sino que entregó su vida á la mortandad.

51 E hirió á todo primogénito en Egipto, Las primicias de las fuerzas en las tiendas de Châm.

52 Empero hizo salir á su pueblo como ovejas, Y llevólos por el desierto, como un rebaño.

53 Y guiólos con seguridad, que no tuvieron miedo; Y la mar cubrió á sus enemigos.

54 Metiólos después en los términos de su santuario, En este monte que ganó su mano derecha.

55 Y echó las gentes de delante de ellos, Y repartióles una herencia con cuerdas; E hizo habitar en sus moradas á las tribus de Israel.

56 Mas tentaron y enojaron al Dios Altísimo, Y no guardaron sus testimonios:

57 Sino que se volvieron, y se rebelaron como sus padres: Volviéronse como arco engañoso.

58 Y enojáronlo con sus altos, Y provocáronlo á celo con sus esculturas.

59 Oyólo Dios, y enojóse, Y en gran manera aborreció á Israel.

60 Dejó por tanto el tabernáculo de Silo, La tienda en que habitó entre los hombres;

61 Y dió en cautividad su fortaleza, Y su gloria en mano del enemigo.

62 Entregó también su pueblo á cuchillo, Y airóse contra su heredad.

63 El fuego devoró sus mancebos, Y sus vírgenes no fueron loadas en cantos nupciales.

64 Sus sacerdotes cayeron á cuchillo, Y sus viudas no lamentaron.

65 Entonces despertó el Señor á la manera del que ha dormido, Como un valiente que grita excitado del vino:

66 E hirió á sus enemigos en las partes posteriores: Dióles perpetua afrenta.

7 Y desechó el tabernáculo de José, Y no escogió la tribu de Ephraim.

8 Sino que escogió la tribu de Judá, El monte de Sión, al cual amó.

9 Y edificó su santuario á manera de eminencia, Como la tierra que cimentó para siempre.

10 Y eligió á David su siervo, Y tomólo de las majadas de las ovejas:

11 De tras las paridas lo trajo, Para que apacentase á Jacob su pueblo, y á Israel su heredad.

12 Y apacentólos con entereza de su corazón; Y pastoreólos con la pericia de sus manos.

Salmo de Asaph.

79 Oh Dios, vinieron las gentes á tu heredad; El templo de tu santidad han contaminado; Pusieron á Jerusalem en montones.

2 Dieron los cuerpos de tus siervos por comida á las aves de los cielos; La carne de tus santos á las bestias de la tierra.

3 Derramaron su sangre como agua en los alrededores de Jerusalem; Y no hubo quien los enterrase.

4 Somos afrentados de nuestros vecinos, Escarnecidos y burlados de los que están en nuestros alrededores.

5 ¿Hasta cuándo, oh Jehová? ¿has de estar airado para siempre? ¿Arderá como fuego tu celo?

6 Derrama tu ira sobre las gentes que no te conocen, Y sobre los reinos que no invocan tu nombre.

7 Porque han consumido á Jacob, Y su morada han asolado.

8 No recuerdes contra nosotros las iniquidades antiguas: Anticípennos presto tus misericordias, Porque estamos muy abatidos.

9 Ayúdanos, oh Dios, salud nuestra, por la gloria de tu nombre: Y líbranos, y aplácate sobre nuestros pecados por amor de tu nombre.

10 Porque dirán las gentes: ¿Dónde está su Dios? Sea notoria en las gentes, delante de nuestros ojos, La venganza de la sangre de tus siervos, que fué derramada.

11 Entre ante tu acatamiento el gemido de los presos: Conforme á la grandeza de tu brazo preserva á los sentenciados á muerte.

12 Y torna á nuestros vecinos en su seno siete tantos De su infamia, con que te han deshonrado, oh Jehová.

13 Y nosotros, pueblo tuyo, y ovejas de tu dehesa, Te alabaremos para siempre: Por generación y generación cantaremos tus alabanzas.

Al Músico principal: sobre Sosannim Eduth: Salmo de Asaph.

80 Oh Pastor de Israel, escucha: Tú que pastoreas como á ovejas á José, Que estás entre querubines, resplandece.

2 Despierta tu valentía delante de Ephraim, y de Benjamín, y de Manasés, Y ven á salvarnos.

3 Oh Dios, haznos tornar; Y haz resplandecer tu rostro, y seremos salvos.

4 Jehová, Dios de los ejércitos, ¿Hasta cuándo humearás tú contra la oración de tu pueblo?

5 Dísteles á comer pan de lágrimas, Y dísteles á beber lágrimas en gran abundancia.

6 Pusístenos por contienda á nuestros vecinos: Y nuestros enemigos se burlan entre sí.

7 Oh Dios de los ejércitos, haznos tornar; Y haz resplandecer tu rostro, y seremos salvos.

8 Hiciste venir una vid de Egipto: Echaste las gentes, y plantástela.

9 Limpiaste sitio delante de ella, E hiciste arraigar sus raíces, y llenó la tierra.

10 Los montes fueron cubiertos de su sombra; Y sus sarmientos como cedros de Dios.

11 Extendió sus vástagos hasta la mar, Y hasta el río sus mugrones.

12 ¿Por qué aportillaste sus vallados, Y la vendimian todos los que pasan por el camino?

13 Estropeóla el puerco montés, Y pacióla la bestia del campo.

14 Oh Dios de los ejércitos, vuelve ahora: Mira desde el cielo, y considera, y visita esta viña,

15 Y la planta que plantó tu diestra, Y el renuevo que para ti corroboraste.

16 Quemada á fuego está, asolada: Perezcan por la reprensión de tu rostro.

17 Sea tu mano sobre el varón de tu diestra, Sobre el hijo del hombre que para ti corroboraste.

18 Así no nos volveremos de ti: Vida nos darás, é invocaremos tu nombre.

19 Oh Jehová, Dios de los ejércitos, haznos tornar; Haz resplandecer tu rostro, y seremos salvos.

Al Músico principal: sobre Gittith: Salmo de Asaph.

81 Cantad á Dios, fortaleza nuestra: Al Dios de Jacob celebrad con júbilo.

2 Tomad la canción, y tañed el adufe, El arpa deliciosa con el salterio.

3 Tocad la trompeta en la nueva luna, En el día señalado, en el día de nuestra solemnidad.

4 Porque estatuto es de Israel, Ordenanza del Dios de Jacob.

5 Por testimonio en José lo ha constituído, Cuando salió por la tierra de Egipto; Donde oí lenguaje que no entendía.

6 Aparté su hombro de debajo de la carga; Sus manos se quitaron de vasijas de barro.

7 En la calamidad clamaste, y yo te libré: Te respondí en el secreto del trueno; Te probé sobre las aguas de Meriba. (Selah.)

8 Oye, pueblo mío y te protestaré. Israel, si me oyeres,

9 No habrá en ti dios ajeno, Ni te encorvarás á dios extraño.

10 Yo soy Jehová tu Dios, Que te hice subir de la tierra de Egipto: Ensancha tu boca, y henchirla he.

11 Mas mi pueblo no oyó mi voz, E Israel no me quiso á mí.

12 Dejélos por tanto á la dureza de su corazón: Caminaron en sus consejos.

13 ¡Oh, si me hubiera oído mi pueblo, Si en mis caminos hubiera Israel andado!

14 En una nada había yo derribado sus enemigos, Y vuelto mi mano sobre sus adversarios.

15 Los aborrecedores de Jehová se le hubieran sometido; Y el tiempo de ellos fuera para siempre.

16 Y Dios lo hubiera mantenido de grosura de trigo: Y de miel de la piedra te hubiera saciado.

Salmo de Asaph.

82 Dios está en la reunión de los dioses; En medio de los dioses juzga.

2 ¿Hasta cuándo juzgaréis injustamente, Y aceptaréis las personas de los impíos? (Selah.)

3 Defended al pobre y al huérfano: Haced justicia al afligido y al menesteroso.

4 Librad al afligido y al necesitado: Libradlo de mano de los impíos.

5 No saben, no entienden, Andan en tinieblas: Vacilan todos los cimientos de la tierra.

6 Yo dije: Vosotros sois dioses. E hijos todos vosotros del Altísimo.

7 Empero como hombres moriréis. Y caeréis como cualquiera de los tiranos.

8 Levántate, oh Dios, juzga la tierra: Porque tú heredarás en todas las gentes.

Canción: Salmo de Asaph.

83 Oh Dios no tengas silencio: No calles, oh Dios, ni te estés quieto.

2 Porque he aquí que braman tus enemigos; Y tus aborrecedores han alzado cabeza.

3 Sobre tu pueblo han consultado astuta y secretamente, Y han entrado en consejo contra tus escondidos.

4 Han dicho: Venid, y cortémoslos de ser pueblo, Y no haya más memoria del nombre de Israel.

5 Por esto han conspirado de corazón á una, Contra ti han hecho liga;

6 Los pabellones de los Idumeos y de los Ismaelitas, Moab y los Agarenos;

7 Gebal, y Ammón, y Amalec; Los Filisteos con los habitadores de Tiro.

8 También el Assur se ha juntado con ellos: Son por brazo á los hijos de Lot. (Selah.)

9 Hazles como á Madián; Como á Sísara, como á Jabín en el arroyo de Cisón;

10 Que perecieron en Endor, Fueron hechos muladar de la tierra.

11 Pon á ellos y á sus capitanes como á Oreb y como á Zeeb; Y como á Zeba y como á Zalmunna, á todos sus príncipes;

12 Que han dicho: Heredemos para nosotros Las moradas de Dios.

13 Dios mío, ponlos como á torbellinos; Como á hojarascas delante del viento.

14 Como fuego que quema el monte, Como llama que abrasa las breñas.

15 Persíguelos así con tu tempestad, Y asómbralos con tu torbellino.

16 Llena sus rostros de vergüenza; Y busquen tu nombre, oh Jehová.

17 Sean afrentados y turbados para siempre; Y sean deshonrados, y perezcan.

18 Y conozcan que tu nombre es JEHOVÁ; Tú solo Altísimo sobre toda la tierra.

Al Músico principal: sobre Gittith: Salmo para los hijos de Coré.

84 ¡Cuán amables son tus moradas, oh Jehová de los ejércitos!

2 Codicia y aun ardientemente desea mi alma los atrios de Jehová: Mi corazón y mi carne cantan al Dios vivo.

3 Aun el gorrión halla casa, Y la golondrina nido para sí, donde ponga sus pollos En tus altares, oh Jehová de los ejércitos, Rey mío, y Dios mío.

4 Bienaventurados los que habitan en tu casa: Perpetuamente te alabarán (Selah).

5 Bienaventurado el hombre que tiene su fortaleza en ti; En cuyo corazón están tus caminos.

6 Atravesando el valle de Baca pónenle por fuente, Cuando la lluvia llena los estanques.

7 Irán de fortaleza en fortaleza, Verán á Dios en Sión.

8 Jehová Dios de los ejércitos, oye mi oración: Escucha, oh Dios de Jacob (Selah.)

9 Mira, oh Dios, escudo nuestro, Y pon los ojos en el rostro de tu ungido.

10 Porque mejor es un día en tus atrios que mil fuera de ellos: Escogería antes estar á la puerta de la casa de mi Dios, Que habitar en las moradas de maldad.

11 Porque sol y escudo es Jehová Dios: Gracia y gloria dará Jehová: No quitará el bien á los que en integridad andan.

12 Jehová de los ejércitos, Dichoso el hombre que en ti confía.

Al Músico principal: Salmo para los hijos de Coré.

85 Fuiste propicio á tu tierra, oh Jehová: Volviste la cautividad de Jacob.

2 Perdonaste la iniquidad de tu pueblo; Todos los pecados de ellos cubriste. (Selah.)

3 Dejaste toda tu saña: Te volviste de la ira de tu furor.

4 Vuélvenos, oh Dios, salud nuestra, Y haz cesar tu ira de sobre nosotros.

5 ¿Estarás enojado contra nosotros para siempre? ¿Extenderás tu ira de generación en generación?

6 ¿No volverás tú á darnos vida, Y tu pueblo se alegrará en ti?

7 Muéstranos, oh Jehová, tu misericordia, Y danos tu salud.

8 Escucharé lo que hablará el Dios Jehová: Porque hablará paz á su pueblo y á sus santos, Para que no se conviertan á la locura.

9 Ciertamente cercana está su salud á los que le temen; Para que habite la gloria en nuestra tierra.

10 La misericordia y la verdad se encontraron: La justicia y la paz se besaron.

11 La verdad brotará de la tierra; Y la justicia mirará desde los cielos.

12 Jehová dará también el bien; Y nuestra tierra dará su fruto.

13 La justicia irá delante de él; Y sus pasos pondrá en camino.

Oración de David.

86 Inclina, oh Jehová, tu oído, y óyeme; Porque estoy afligido y menesteroso:

2 Guarda mi alma, porque soy pío: Salva tú, oh Dios mío, á tu siervo que en ti confía.

3 Ten misericordia de mí, oh Jehová: Porque á ti clamo todo el día.

4 Alegra el alma de tu siervo: Porque á ti, oh Señor, levanto mi alma.

5 Porque tú, Señor, eres bueno y perdonador, Y grande en misericordia para con todos los que te invocan.

6 Escucha, oh Jehová, mi oración, Y está atento á la voz de mis ruegos.

7 En el día de mi angustia te llamaré: Porque tú me respondes.

8 Oh Señor, ninguno hay como tú entre los dioses, Ni obra que igualen tus obras.

9 Todas las gentes que hiciste vendrán y se humillará delante de ti, Señor; Y glorificarán tu nombre.

10 Porque tú eres grande, y hacedor de maravillas: Tú solo eres Dios.

11 Enséñame, oh Jehová, tu camino; caminaré yo en tu verdad: Consolida mi corazón para que tema tu nombre.

12 Te alabaré, oh Jehová Dios mío, con todo mi corazón, Y glorificaré tu nombre para siempre.

13 Porque tu misericordia es grande para conmigo; Y has librado mi alma del hoyo profundo.

14 Oh Dios, soberbios se levantaron contra mí, Y conspiración de fuertes ha buscado mi alma, Y no te pusieron delante de sí.

15 Mas tú, Señor, Dios misericordioso y clemente, Lento para la ira, y grande en misericordia y verdad;

16 Mírame, y ten misericordia de mí: Da tu fortaleza á tu siervo, Y guarda al hijo de tu sierva.

17 Haz conmigo señal para bien, Y veánla los que me aborrecen, y sean avergonzados; Porque tú, Jehová, me ayudaste, y me consolaste.

A los hijos de Coré: Salmo: Canción.

87 Su cimiento es en montes de santidad.

2 Ama Jehová las puertas de Sión Más que todas las moradas de Jacob.

3 Cosas ilustres son dichas de ti, Ciudad de Dios. (Selah.)

4 Yo me acordaré de Rahab y de Babilonia entre los que me conocen: He aquí Palestina, y Tiro, con Etiopía: Este nació allí.

5 Y de Sión se dirá: Este y aquél han nacido en ella; Y fortificarála el mismo Altísimo.

6 Jehová contará cuando se escribieren los pueblos: Este nació allí. (Selah.)

7 Y cantores y tañedores en ella dirán: Todas mis fuentes estarán en ti.

Canción: Salmo para los hijos de Coré: al Músico principal: para cantar sobre Mahalath; Masquil de Hemán Ezrahita.

88 Oh Jehová, Dios de mi salud, Día y noche clamo delante de ti.

2 Entre mi oración en tu presencia: Inclina tu oído á mi clamor.

3 Porque mi alma está harta de males, Y mi vida cercana al sepulcro.

4 Soy contado con los que descienden al hoyo, Soy como hombre sin fuerza:

5 Libre entre los muertos, Como los matados que yacen en el sepulcro, Que no te acuerdas más de ellos, Y que son cortados de tu mano.

6 Hasme puesto en el hoyo profundo, En tinieblas, en honduras.

7 Sobre mí se ha acostado tu ira, Y me has afligido con todas tus ondas. (Selah.)

8 Has alejado de mí mis conocidos: Hasme puesto por abominación á ellos: Encerrado estoy, y no puedo salir.

9 Mis ojos enfermaron á causa de mi aflicción: Hete llamado, oh Jehová, cada día; He extendido á ti mis manos.

10 ¿Harás tú milagro á los muertos? ¿Levantaránse los muertos para alabarte? (Selah.)

11 ¿Será contada en el sepulcro tu misericordia, O tu verdad en la perdición?

12 ¿Será conocida en las tinieblas tu maravilla, Ni tu justicia en la tierra del olvido?

13 Mas yo á ti he clamado, oh Jehová; Y de mañana mi oración te previno.

14 ¿Por qué, oh Jehová, desechas mi alma? ¿Por qué escondes de mí tu rostro?

15 Yo soy afligido y menesteroso: Desde la mocedad he llevado tus terrores, he estado medroso.

16 Sobre mí han pasado tus iras; Tus espantos me han cortado.

17 Hanme rodeado como aguas de continuo; Hanme cercado á una.

18 Has alejado de mí el enemigo y el compañero; Y mis conocidos se esconden en la tiniebla.

Masquil de Ethán Ezrahita.

89 Las misericordias de Jehová cantaré perpetuamente: En generación y generación haré notoria tu verdad con mi boca.

2 Porque dije: Para siempre será edificada misericordia; En los mismos cielos apoyarás tu verdad.

3 Hice alianza con mi escogido; Juré á David mi siervo: diciendo.

4 Para siempre confirmaré tu simiente, Y edificaré tu trono por todas las generaciones. (Selah.)

5 Y celebrarán los cielos tu maravilla, oh Jehová; Tu verdad también en la congregación de los santos.

6 Porque ¿quién en los cielos se igualará con Jehová? ¿Quién será semejante á Jehová entre los hijos de los potentados?

7 Dios terrible en la grande congregación de los santos, Y formidable sobre todos cuantos están alrededor suyo.

8 Oh Jehová, Dios de los ejércitos, ¿Quién como tú? Poderoso eres, Jehová, Y tu verdad está en torno de ti.

9 Tú tienes dominio sobre la bravura de la mar: Cuando se levantan sus ondas, tú las sosiegas.

10 Tú quebrantaste á Rahab como á un muerto: Con el brazo de tu fortaleza esparciste á tus enemigos.

11 Tuyos los cielos, tuya también la tierra: El mundo y su plenitud, tú lo fundaste.

12 Al aquilón y al austro tú los criaste: Tabor y Hermón cantarán en tu nombre.

13 Tuyo el brazo con valentía; Fuerte es tu mano, ensalzada tu diestra.

14 Justicia y juicio son el asiento de tu trono: Misericordia y verdad van delante de tu rostro.

15 Bienaventurado el pueblo que sabe aclamarte: Andarán, oh Jehová, á la luz de tu rostro.

16 En tu nombre se alegrarán todo el día; Y en tu justicia serán ensalzados.

17 Porque tú eres la gloria de su fortaleza; Y por tu buena voluntad ensalzarás nuestro cuerno.

18 Porque Jehová es nuestro escudo; Y nuestro rey es el Santo de Israel.

19 Entonces hablaste en visión á tu santo, Y dijiste: Yo he puesto el socorro sobre valiente; He ensalzado un escogido de mi pueblo.

20 Hallé á David mi siervo; Ungílo con el aceite de mi santidad.

21 Mi mano será firme con él, Mi brazo también lo fortificará.

22 No lo avasallará enemigo, Ni hijo de iniquidad lo quebrantará.

23 Mas yo quebrantaré delante de él á sus enemigos, Y heriré á sus aborrecedores.

24 Y mi verdad y mi misericordia serán con él; Y en mi nombre será ensalzado su cuerno.

25 Asimismo pondré su mano en la mar, Y en los ríos su diestra.

26 El me llamará: Mi padre eres tú, Mi Dios, y la roca de mi salud.

27 Yo también le pondré por primogénito, Alto sobre los reyes de la tierra.

28 Para siempre le conservaré mi misericordia; Y mi alianza será firme con él.

29 Y pondré su simiente para siempre, Y su trono como los días de los cielos.

30 Si dejaren sus hijos mi ley, Y no anduvieren en mis juicios;

31 Si profanaren mis estatutos, Y no guardaren mis mandamientos;

32 Entonces visitaré con vara su rebelión, Y con azotes sus iniquidades.

33 Mas no quitaré de él mi misericordia, Ni falsearé mi verdad.

34 No olvidaré mi pacto, Ni mudaré lo que ha salido de mis labios.

35 Una vez he jurado por mi santidad, Que no mentiré á David.

36 Su simiente será para siempre, Y su trono como el sol delante de mí.

37 Como la luna será firme para siempre, Y como un testigo fiel en el cielo. (Selah.)

38 Mas tú desechaste y menospreciaste á tu ungido; Y te has airado con él.

39 Rompiste el pacto de tu siervo; Has profanado su corona hasta la tierra.

40 Aportillaste todos sus vallados; Has quebrantado sus fortalezas.

41 Menoscabáronle todos los que pasaron por el camino: Es oprobio á sus vecinos.

42 Has ensalzado la diestra de sus enemigos; Has alegrado á todos sus adversarios.

43 Embotaste asimismo el filo de su espada, Y no lo levantaste en la batalla.

44 Hiciste cesar su brillo, Y echaste su trono por tierra.

45 Has acortado los días de su juventud; Hasle cubierto de afrenta. (Selah.)

46 ¿Hasta cuándo, oh Jehová? ¿te esconderás para siempre? ¿Arderá tu ira como el fuego?

47 Acuérdate de cuán corto sea mi tiempo: ¿Por qué habrás criado en vano á todos los hijos del hombre?

48 ¿Qué hombre vivirá y no verá muerte? ¿Librarás su vida del poder del sepulcro? (Selah.)

49 Señor, ¿dónde están tus antiguas misericordias, Que juraste á David por tu verdad?

50 Señor, acuérdate del oprobio de tus siervos; Oprobio que llevo yo en mi seno de muchos pueblos.

51 Porque tus enemigos, oh Jehová, han deshonrado, Porque tus enemigos han deshonrado los pasos de tu ungido.

52 Bendito Jehová para siempre. Amén, y Amén.

Oración de Moisés varón de Dios.

90 Señor, tú nos has sido refugio En generación y en generación.

2 Antes que naciesen los montes Y formases la tierra y el mundo, Y desde el siglo y hasta el siglo, tú eres Dios.

3 Vuelves al hombre hasta ser quebrantado, Y dices: Convertíos, hijos de los hombres.

4 Porque mil años delante de tus ojos, Son como el día de ayer, que pasó, Y como una de las vigilias de la noche.

5 Háceslos pasar como avenida de aguas; son como sueño; Como la hierba que crece en la mañana:

6 En la mañana florece y crece; A la tarde es cortada, y se seca.

7 Porque con tu furor somos consumidos, Y con tu ira somos conturbados.

8 Pusiste nuestras maldades delante de ti, Nuestros yerros á la luz de tu rostro.

9 Porque todos nuestros días declinan á causa de tu ira; Acabamos nuestros años como un pensamiento.

10 Los días de nuestra edad son setenta años; Que si en los más robustos son ochenta años, Con todo su fortaleza es molestia y trabajo; Porque es cortado presto, y volamos.

11 ¿Quién conoce la fortaleza de tu ira, Y tu indignación según que debes ser temido?

12 Enséñanos de tal modo á contar nuestros días, Que traigamos al corazón sabiduría.

13 Vuélvete, oh Jehová: ¿hasta cuándo? Y aplácate para con tus siervos.

14 Sácianos presto de tu misericordia: Y cantaremos y nos alegraremos todos nuestros días.

15 Alégranos conforme á los días que nos afligiste, Y los años que vimos mal.

16 Aparezca en tus siervos tu obra, Y tu gloria sobre sus hijos.

17 Y sea la luz de Jehová nuestro Dios sobre nosotros: Y ordena en nosotros la obra de nuestras manos, La obra de nuestras manos confirma.

91 El que habita al abrigo del Altísimo, Morará bajo la sombra del Omnipotente.

2 Diré yo á Jehová: Esperanza mía, y castillo mío; Mi Dios, en él confiaré.

3 Y él te librará del lazo del cazador: De la peste destruidora.

4 Con sus plumas te cubrirá, Y debajo de sus alas estarás seguro: Escudo y adarga es su verdad.

5 No tendrás temor de espanto nocturno, Ni de saeta que vuele de día;

6 Ni de pestilencia que ande en oscuridad, Ni de mortandad que en medio del día destruya.

7 Caerán á tu lado mil, Y diez mil á tu diestra: Mas á ti no llegará.

8 Ciertamente con tus ojos mirarás, Y verás la recompensa de los impíos.

9 Porque tú has puesto á Jehová, que es mi esperanza. Al Altísimo por tu habitación,

10 No te sobrevendrá mal, Ni plaga tocará tu morada.

11 Pues que á sus ángeles mandará acerca de ti, Que te guarden en todos tus caminos.

12 En las manos te llevarán, Porque tu pie no tropiece en piedra.

13 Sobre el león y el basilisco pisarás; Hollarás al cachorro del león y al dragón.

14 Por cuanto en mí ha puesto su voluntad, yo también lo libraré: Pondrélo en alto, por cuanto ha conocido mi nombre.

15 Me invocará, y yo le responderé: Con él estaré yo en la angustia: Lo libraré, y le glorificaré.

16 Saciaréle de larga vida, Y mostraréle mi salud.

Salmo: Canción para el día del Sábado.

92 Bueno es alabar á Jehová, Y cantar salmos á tu nombre, oh Altísimo;

2 Anunciar por la mañana tu misericordia, Y tu verdad en las noches,

3 En el decacordio y en el salterio, En tono suave con el arpa.

4 Por cuanto me has alegrado, oh Jehová, con tus obras; En las obras de tus manos me gozo.

5 ¡Cuán grandes son tus obras, oh Jehová! Muy profundos son tus pensamientos.

6 El hombre necio no sabe, Y el insensato no entiende esto:

7 Que brotan los impíos como la hierba, Y florecen todos los que obran iniquidad, Para ser destruídos para siempre.

8 Mas tú, Jehová, para siempre eres Altísimo.

9 Porque he aquí tus enemigos, oh Jehová, Porque he aquí, perecerán tus enemigos; Serán disipados todos los que obran maldad.

10 Empero tú ensalzarás mi cuerno como el de unicornio: Seré ungido con aceite fresco.

11 Y mirarán mis ojos sobre mis enemigos: Oirán mis oídos de los que se levantaron contra mí, de los malignos.

12 El justo florecerá como la palma: Crecerá como cedro en el Líbano.

13 Plantados en la casa de Jehová, En los atrios de nuestro Dios florecerán.

14 Aun en la vejez fructificarán; Estarán vigorosos y verdes;

15 Para anunciar que Jehová mi fortaleza es recto, Y que en él no hay injusticia.

CAPÍTULO 93

93 Jehová reina, vistióse de magnificencia, Vistióse Jehová, ciñóse de fortaleza; Afirmó también el mundo, que no se moverá.

2 Firme es tu trono desde entonces: Tú eres eternalmente.

3 Alzaron los ríos, oh Jehová, Alzaron los ríos su sonido; Alzaron los ríos sus ondas.

4 Jehová en las alturas es más poderoso Que el estruendo de las muchas aguas, Que las recias ondas de la mar.

5 Tus testimonios son muy firmes: La santidad conviene á tu casa, Oh Jehová, por los siglos y para siempre.

94 Jehová, Dios de las venganzas, Dios de las venganzas, muéstrate.

2 Ensálzate, oh Juez de la tierra: Da el pago á los soberbios.

3 ¿Hasta cuándo los impíos, Hasta cuándo, oh Jehová, se gozarán los impíos?

4 ¿Hasta cuándo pronunciarán, hablarán cosas duras, Y se vanagloriarán todos los que obran iniquidad?

5 A tu pueblo, oh Jehová, quebrantan, Y á tu heredad afligen.

6 A la viuda y al extranjero matan, Y á los huérfanos quitan la vida.

7 Y dijeron: No verá JAH, Ni entenderá el Dios de Jacob.

8 Entended, necios del pueblo; Y vosotros fatuos, ¿cuándo seréis sabios?

9 El que plantó el oído, ¿no oirá? El que formó el ojo, ¿no verá?

10 El que castiga las gentes, ¿no reprenderá? ¿No sabrá el que enseña al hombre la ciencia?

11 Jehová conoce los pensamientos de los hombres, Que son vanidad.

12 Bienaventurado el hombre á quien tú, JAH, castigares, Y en tu ley lo instruyeres;

13 Para tranquilizarle en los días de aflicción, En tanto que para el impío se cava el hoyo.

14 Porque no dejará Jehová su pueblo, Ni desamparará su heredad;

15 Sino que el juicio será vuelto á justicia, Y en pos de ella irán todos los rectos de corazón.

16 ¿Quién se levantará por mí contra los malignos? ¿Quién estará por mí contra los que obran iniquidad?

17 Si no me ayudara Jehová, Presto morara mi alma en el silencio.

18 Cuando yo decía: Mi pie resbala: Tu misericordia, oh Jehová, me sustentaba.

19 En la multitud de mis pensamientos dentro de mí, Tus consolaciones alegraban mi alma.

20 ¿Juntaráse contigo el trono de iniquidades, Que forma agravio en el mandamiento?

21 Pónense en corros contra la vida del justo, Y condenan la sangre inocente.

22 Mas Jehová me ha sido por refugio; Y mi Dios por roca de mi confianza.

23 Y él hará tornar sobre ellos su iniquidad, Y los destruirá por su propia maldad; Los talará Jehová nuestro Dios.

95 Venid, celebremos alegremente á Jehová: Cantemos con júbilo á la roca de nuestra salud.

2 Lleguemos ante su acatamiento con alabanza; Aclamémosle con cánticos.

3 Porque Jehová es Dios grande; Y Rey grande sobre todos los dioses.

4 Porque en su mano están las profundidades de la tierra, Y las alturas de los montes son suyas.

5 Suya también es la mar, pues él la hizo; Y sus manos formaron la seca.

6 Venid, adoremos y postrémonos; Arrodillémonos delante de Jehová nuestro hacedor.

7 Porque él es nuestro Dios; Nosotros el pueblo de su dehesa, y ovejas de su mano. Si hoy oyereis su voz,

8 No endurezcáis vuestro corazón como en Meriba, Como el día de Masa en el desierto;

9 Donde me tentaron vuestros padres, Probáronme, y vieron mi obra.

10 Cuarenta años estuve disgustado con la nación, Y dije: Pueblo es que divaga de corazón, Y no han conocido mis caminos.

11 Por tanto juré en mi furor Que no entrarían en mi reposo.

96 Cantad á Jehová canción nueva; Cantad á Jehová, toda la tierra.

2 Cantad á Jehová, bendecid su nombre: Anunciad de día en día su salud.

3 Contad entre las gentes su gloria, En todos los pueblos sus maravillas.

4 Porque grande es Jehová, y digno de suprema alabanza; Terrible sobre todos los dioses.

5 Porque todos los dioses de los pueblos son ídolos: Mas Jehová hizo los cielos.

6 Alabanza y magnificencia delante de él: Fortaleza y gloria en su santuario.

7 Dad á Jehová, oh familias de los pueblos, Dad á Jehová la gloria y la fortaleza.

8 Dad á Jehová la honra debida á su nombre: Tomad presentes, y venid á sus atrios.

9 Encorvaos á Jehová en la hermosura de su santuario: Temed delante de él, toda la tierra.

10 Decid en las gentes: Jehová reinó, También afirmó el mundo, no será conmovido: Juzgará á los pueblos en justicia.

11 Alégrense los cielos, y gócese la tierra: Brame la mar y su plenitud.

12 Regocíjese el campo, y todo lo que en él está: Entonces todos los árboles del bosque rebosarán de contento.

13 Delante de Jehová que vino: Porque vino á juzgar la tierra. Juzgará al mundo con justicia, Y á los pueblos con su verdad.

97 Jehová reinó: regocíjese la tierra: Alégrense las muchas islas.

2 Nube y oscuridad alrededor de él: Justicia y juicio son el asiento de su trono.

3 Fuego irá delante de él, Y abrasará en derredor sus enemigos.

4 Sus relámpagos alumbraron el mundo: La tierra vió, y estremecióse.

5 Los montes se derritieron como cera delante de Jehová, Delante del Señor de toda la tierra.

6 Los cielos denunciaron su justicia, Y todos los pueblos vieron su gloria.

7 Avergüéncense todos los que sirven á las imágenes de talla, Los que se alaban de los ídolos: Los dioses todos á él se encorven.

8 Oyó Sión, y alegróse; Y las hijas de Judá, Oh Jehová, se gozaron por tus juicios.

9 Porque tú, Jehová, eres alto sobre toda la tierra: Eres muy ensalzado sobre todos los dioses.

10 Los que á Jehová amáis, aborreced el mal: Guarda él las almas de sus santos; De mano de los impíos los libra.

11 Luz está sembrada para el justo, Y alegría para los rectos de corazón.

12 Alegraos, justos, en Jehová: Y alabad la memoria de su santidad.

Salmo.

98 Cantad á Jehová canción nueva; Porque ha hecho maravillas: Su diestra lo ha salvado, y su santo brazo.

2 Jehová ha hecho notoria su salud: En ojos de las gentes ha descubierto su justicia.

3 Hase acordado de su misericordia y de su verdad para con la casa de Israel: Todos los términos de la tierra han visto la salud de nuestro Dios.

4 Cantad alegres á Jehová, toda la tierra; Levantad la voz, y aplaudid, y salmead.

5 Salmead á Jehová con arpa; Con arpa y voz de cántico.

6 Aclamad con trompetas y sonidos De bocina delante del rey Jehová.

7 Brame la mar y su plenitud; El mundo y los que en él habitan;

8 Los ríos batan las manos; Los montes todos hagan regocijo.

9 Delante de Jehová; porque vino á juzgar la tierra: Juzgará al mundo con justicia, Y á los pueblos con rectitud.

99 Jehová reinó, temblarán los pueblos: El está sentado sobre los querubines, conmoveráse la tierra.

2 Jehová en Sión es grande, Y ensalzado sobre todos los pueblos.

3 Alaben tu nombre grande y tremendo: El es santo.

4 Y la gloria del rey ama el juicio: Tú confirmas la rectitud; Tú has hecho en Jacob juicio y justicia.

5 Ensalzad á Jehová nuestro Dios, Y encorvaos al estrado de sus pies: El es santo.

6 Moisés y Aarón entre sus sacerdotes, Y Samuel entre los que invocaron su nombre; Invocaban á Jehová, y él les respondía.

7 En columna de nube hablaba con ellos: Guardaban sus testimonios, y el estatuto que les había dado.

8 Jehová Dios nuestro, tú les respondías: Tú les fuiste un Dios perdonador, Y vengador de sus obras.

9 Ensalzad á Jehová nuestro Dios, Y encorvaos al monte de su santidad; Porque Jehová nuestro Dios es santo.

Salmo de alabanza.

100 Cantad alegres á Dios, habitantes de toda la tierra.
2 Servid á Jehová con alegría: Venid ante su acatamiento con regocijo.

3 Reconoced que Jehová él es Dios: El nos hizo, y no nosotros á nosotros mismos. Pueblo suyo somos, y ovejas de su prado.

4 Entrad por sus puertas con reconocimiento, Por sus atrios con alabanza: Alabadle, bendecid su nombre.

5 Porque Jehová es bueno: para siempre es su misericordia, Y su verdad por todas las generaciones.

Salmo de David.

101 Misericordia y juicio cantaré: A ti cantaré yo, oh Jehová.

2 Entenderé en el camino de la perfección Cuando vinieres á mí: En integridad de mi corazón andaré en medio de mi casa.

3 No pondré delante de mis ojos cosa injusta: Aborrezco la obra de los que se desvían: Ninguno de ellos se allegará á mí.

4 Corazón perverso se apartará de mí; No conoceré al malvado.

5 Al que solapadamente infama á su prójimo, yo le cortaré; No sufriré al de ojos altaneros, y de corazón vanidoso.

6 Mis ojos pondré en los fieles de la tierra, para que estén conmigo: El que anduviere en el camino de la perfección, éste me servirá.

7 No habitará dentro de mi casa el que hace fraude: El que habla mentiras no se afirmará delante de mis ojos.

8 Por las mañanas cortaré á todos los impíos de la tierra; Para extirpar de la ciudad de Jehová á todos los que obraren iniquidad.

Oración del pobre, cuando estuviere angustiado, y delante de Jehová derramare su lamento.

102 Jehová, oye mi oración, Y venga mi clamor á ti.
2 No escondas de mí tu rostro: en el día de mi angus-

tia Inclina á mí tu oído; El día que te invocare, apresúrate á responderme.

3 Porque mis días se han consumido como humo; Y mis huesos cual tizón están quemados.

4 Mi corazón fué herido, y secóse como la hierba; Por lo cual me olvidé de comer mi pan.

5 Por la voz de mi gemido Mis huesos se han pegado á mi carne.

6 Soy semejante al pelícano del desierto; Soy como el buho de las soledades.

7 Velo, y soy Como el pájaro solitario sobre el tejado.

8 Cada día me afrentan mis enemigos; Los que se enfurecen contra mí, hanse contra mí conjurado.

9 Por lo que como la ceniza á manera de pan, Y mi bebida mezclo con lloro,

10 A causa de tu enojo y de tu ira; Pues me alzaste, y me has arrojado.

11 Mis días son como la sombra que se va; Y heme secado como la hierba.

12 Mas tú, Jehová, permanecerás para siempre, Y tu memoria para generación y generación.

13 Tú levantándote, tendrás misericordia de Sión; Porque el tiempo de tener misericordia de ella, porque el plazo es llegado.

14 Porque tus siervos aman sus piedras, Y del polvo de ella tienen compasión.

15 Entonces temerán las gentes el nombre de Jehová, Y todos los reyes de la tierra tu gloria;

16 Por cuanto Jehová habrá edificado á Sión, Y en su gloria será visto;

17 Habrá mirado á la oración de los solitarios, Y no habrá desechado el ruego de ellos.

18 Escribirse ha esto para la generación venidera: Y el pueblo que se criará, alabará á JAH.

19 Porque miró de lo alto de su santuario; Jehová miró de los cielos á la tierra,

20 Para oir el gemido de los presos, Para soltar á los sentenciados á muerte;

21 Porque cuenten en Sión el nombre de Jehová, Y su alabanza en Jerusalem,

22 Cuando los pueblos se congregaren en uno, Y los reinos, para servir á Jehová.

23 El afligió mi fuerza en el camino; Acortó mis días.

24 Dije: Dios mío, no me cortes en el medio de mis días: Por generación de generaciones son tus años.

25 Tú fundaste la tierra antiguamente, Y los cielos son obra de tus manos.

26 Ellos perecerán, y tú permanecerás; Y todos ellos como un vestido se envejecerán; Como una ropa de vestir los mudarás, y serán mudados:

27 Mas tú eres el mismo, Y tus años no se acabarán.

28 Los hijos de tus siervos habitarán, Y su simiente será afirmada delante de ti.

Salmo de David.

103 Bendice, alma mía á Jehová; Y bendigan todas mis entrañas su santo nombre.

2 Bendice, alma mía, á Jehová, Y no olvides ninguno de sus beneficios.

3 El es quien perdona todas tus iniquidades, El que sana todas tus dolencias;

4 El que rescata del hoyo tu vida, El que te corona de favores y misericordias;

5 El que sacia de bien tu boca De modo que te rejuvenezcas como el águila.

6 Jehová el que hace justicia Y derecho á todos los que padecen violencia.

7 Sus caminos notificó á Moisés, Y á los hijos de Israel sus obras.

8 Misericordioso y clemente es Jehová; Lento para la ira, y grande en misericordia.

9 No contenderá para siempre, Ni para siempre guardará el enojo.

10 No ha hecho con nosotros conforme á nuestras iniquidades; Ni nos ha pagado conforme á nuestros pecados.

11 Porque como la altura de los cielos sobre la tierra, Engrandeció su misericordia sobre los que le temen.

12 Cuanto está lejos el oriente del occidente, Hizo alejar de nosotros nuestras rebeliones.

13 Como el padre se compadece de los hijos, Se compadece Jehová de los que le temen.

14 Porque él conoce nuestra condición; Acuérdase que somos polvo.

15 El hombre, como la hierba son sus días, Florece como la flor del campo.

16 Que pasó el viento por ella, y pereció: Y su lugar no la conoce más.

17 Mas la misericordia de Jehová desde el siglo y hasta el siglo sobre los que le temen, Y su justicia sobre los hijos de los hijos;

18 Sobre los que guardan su pacto, Y los que se acuerdan de sus mandamientos para ponerlos por obra.

19 Jehová afirmó en los cielos su trono; Y su reino domina sobre todos.

20 Bendecid á Jehová, vosotros sus ángeles, Poderosos en fortaleza, que ejecutáis su palabra, Obedeciendo á la voz de su precepto.

21 Bendecid á Jehová, vosotros todos sus ejércitos, Ministros suyos, que hacéis su voluntad.

22 Bendecid á Jehová, vosotras todas sus obras, En todos los lugares de su señorío. Bendice, alma mía á Jehová.

104 Bendice, alma mía, á Jehová. Jehová, Dios mío, mucho te has engrandecido; Haste vestido de gloria y de magnificencia.

2 El que se cubre de luz como de vestidura, Que extiende los cielos como una cortina;

3 Que establece sus aposentos entre las aguas; El que pone las nubes por su carroza, El que anda sobre las alas del viento;

4 El que hace á sus ángeles espíritus, Sus ministros al fuego flameante.

5 El fundó la tierra sobre sus basas; No será jamás removida.

6 Con el abismo, como con vestido, la cubriste; Sobre los montes estaban las aguas.

7 A tu reprensión huyeron; Al sonido de tu trueno se apresuraron;

8 Subieron los montes, descendieron los valles, Al lugar que tú les fundaste.

9 Pusísteles término, el cual no traspasarán; Ni volverán á cubrir la tierra.

10 Tú eres el que envías las fuentes por los arroyos; Van entre los montes.

11 Abrevan á todas las bestias del campo: Quebrantan su sed los asnos montaraces.

12 Junto á aquellos habitarán las aves de los cielos; Entre las ramas dan voces.

13 El que riega los montes desde sus aposentos: Del fruto de sus obras se sacia la tierra.

14 El que hace producir el heno para las bestias, Y la hierba para el servicio del hombre; Sacando el pan de la tierra.

15 Y el vino que alegra el corazón del hombre, Y el aceite que hace lucir el rostro, Y el pan que sustenta el corazón del hombre.

16 Llénanse de jugo los árboles de Jehová, Los cedros del Líbano que él plantó.

17 Allí anidan las aves; En las hayas hace su casa la cigüeña.

18 Los montes altos para las cabras monteses; Las peñas, madrigueras para los conejos.

19 Hizo la luna para los tiempos: El sol conoce su ocaso.

20 Pone las tinieblas, y es la noche: En ella corretean todas las bestias de la selva.

21 Los leoncillos braman á la presa, Y para buscar de Dios su comida.

22 Sale el sol, recógense, Y échanse en sus cuevas.

23 Sale el hombre á su hacienda, Y á su labranza hasta la tarde.

24 ¡Cuán muchas son tus obras, oh Jehová! Hiciste todas ellas con sabiduría: La tierra está llena de tus beneficios.

25 Asimismo esta gran mar y ancha de términos: En ella pescados sin número, Animales pequeños y grandes.

26 Allí andan navíos; Allí este leviathán que hiciste para que jugase en ella.

27 Todos ellos esperan en ti, Para que les des su comida á su tiempo.

28 Les das, recogen; Abres tu mano, hártanse de bien.

29 Escondes tu rostro, túrbanse: Les quitas el espíritu, dejan de ser, Y tórnanse en su polvo.

30 Envías tu espíritu, críanse: Y renuevas la haz de la tierra.

31 Sea la gloria de Jehová para siempre; Alégrese Jehová en sus obras;

32 El cual mira á la tierra, y ella tiembla; Toca los montes, y humean.

33 A Jehová cantaré en mi vida: A mi Dios salmearé mientras viviere.

34 Serme ha suave hablar de él: Yo me alegraré en Jehová.

35 Sean consumidos de la tierra los pecadores, Y los impíos dejen de ser. Bendice, alma mía, á Jehová. Aleluya.

105 Alabad á Jehová, invocad su nombre. Haced notorias sus obras en los pueblos.

2 Cantadle, cantadle salmos: Hablad de todas sus maravillas

3 Gloriaos en su santo nombre: Alégrese el corazón de los que buscan á Jehová.

4 Buscad á Jehová, y su fortaleza: Buscad siempre su rostro

5 Acordaos de sus maravillas que hizo, De sus prodigios y de los juicios de su boca,

6 Oh vosotros, simiente de Abraham su siervo, Hijos de Jacob, sus escogidos.

7 El es Jehová nuestro Dios; En toda la tierra son sus juicios.

8 Acordóse para siempre de su alianza; De la palabra que mandó para mil generaciones,

9 La cual concertó con Abraham; Y de su juramento á Isaac

10 Y establecióla á Jacob por decreto, A Israel por pacto sempiterno,

11 Diciendo: A ti daré la tierra de Canaán Por cordel de vuestra heredad.

12 Esto siendo ellos pocos hombres en número, Y extranjeros en ella.

13 Y anduvieron de gente en gente, De un reino á otro pueblo

14 No consintió que hombre los agraviase; Y por causa de ellos castigó los reyes.

15 No toquéis, dijo, á mis ungidos, Ni hagáis mal á mis profetas.

16 Y llamó al hambre sobre la tierra, Y quebrantó todo mantenimiento de pan.

17 Envió un varón delante de ellos, A José, que fué vendido por siervo.

18 Afligieron sus pies con grillos; En hierro fué puesta su persona.

19 Hasta la hora que llegó su palabra, El dicho de Jehová le probó.

20 Envió el rey, y soltóle; El señor de los pueblos, y desatóle

21 Púsolo por señor de su casa, Y por enseñoreador en toda su posesión;

22 Para que reprimiera á sus grandes como él quisiese, Y á sus ancianos enseñara sabiduría.

23 Después entró Israel en Egipto, Y Jacob fué extranjero en la tierra de Châm.

24 Y multiplicó su pueblo en gran manera, E hízolo fuerte más que sus enemigos.

25 Volvió el corazón de ellos para que aborreciesen á su pueblo, Para que contra sus siervos pensasen mal.

26 Envió á su siervo Moisés, Y á Aarón al cual escogió.

27 Pusieron en ellos las palabras de sus señales, Y sus prodigios en la tierra de Châm.

28 Echó tinieblas, é hizo oscuridad; Y no fueron rebeldes á su palabra.

29 Volvió sus aguas en sangre, Y mató sus pescados.

30 Produjo su tierra ranas, Aun en las cámaras de sus reyes.

31 Dijo, y vinieron enjambres de moscas, Y piojos en todo su término.

32 Volvió en su tierra sus lluvias en granizo, Y en fuego de llamaradas.

33 E hirió sus viñas y sus higueras, Y quebró los árboles de su término.

34 Dijo, y vinieron langostas, Y pulgón sin número;

35 Y comieron toda la hierba de su país, Y devoraron el fruto de su tierra.

36 Hirió además á todos los primogénitos en su tierra, El principio de toda su fuerza.

37 Y sacólos con plata y oro; Y no hubo en sus tribus enfermo.

38 Egipto se alegró de que salieran; Porque su terror había caído sobre ellos.

39 Extendió una nube por cubierta, Y fuego para alumbrar la noche.
40 Pidieron, é hizo venir codornices; Y sacióos de pan del cielo.
41 Abrió la peña, y fluyeron aguas; Corrieron por los secadales como un río.
42 Porque se acordó de su santa palabra, Dada á Abraham su siervo.
43 Y sacó á su pueblo con gozo; Con júbilo á sus escogidos.
44 Y dióles las tierras de las gentes; Y las labores de las naciones heredaron:
45 Para que guardasen sus estatutos, Y observasen sus leyes. Aleluya.

106 Aleluya. Alabad á Jehová, porque es bueno; Porque para siempre es su misericordia.
2 ¿Quién expresará las valentías de Jehová? ¿Quién contará sus alabanzas?
3 Dichosos los que guardan juicio, Los que hacen justicia en todo tiempo.
4 Acuérdate de mí, oh Jehová, según tu benevolencia para con tu pueblo: Visítame con tu salud;
5 Para que yo vea el bien de tus escogidos, Para que me goce en la alegría de tu gente, Y me gloríe con tu heredad.
6 Pecamos con nuestros padres, Hicimos iniquidad, hicimos impiedad.
7 Nuestros padres en Egipto no entendieron tus maravillas; No se acordaron de la muchedumbre de tus misericordias; Sino que se rebelaron junto á la mar, en el mar Bermejo.
8 Salvólos empero por amor de su nombre, Para hacer notoria su fortaleza.
9 Y reprendió al mar Bermejo, y secólo; E hízoles ir por el abismo, como por un desierto.
10 Y salvólos de mano del enemigo, Y rescatólos de mano del adversario.
11 Y cubrieron las aguas á sus enemigos: No quedó uno de ellos.
12 Entonces creyeron á sus palabras, Y cantaron su alabanza.
13 Apresuráronse, olvidáronse de sus obras; No esperaron en su consejo.
14 Y desearon con ansia en el desierto; Y tentaron á Dios en la soledad.
15 Y él les dió lo que pidieron; Mas envió flaqueza en sus almas.
16 Tomaron después celo contra Moisés en el campo, Y contra Aarón el santo de Jehová.
17 Abrióse la tierra, y tragó á Dathán, Y cubrió la compañía de Abiram.
18 Y encendióse el fuego en su junta; La llama quemó los impíos.
19 Hicieron becerro en Horeb, Y encorváronse á un vaciadizo.
20 Así trocaron su gloria Por la imagen de un buey que come hierba.
21 Olvidaron al Dios de su salud, Que había hecho grandezas en Egipto;
22 Maravillas en la tierra de Châm, Cosas formidables sobre el mar Bermejo.
23 Y trató de destruirlos, A no haberse puesto Moisés su escogido al portillo delante de él, A fin de apartar su ira, para que no los destruyese.
24 Empero aborrecieron la tierra deseable: No creyeron á su palabra;
25 Antes murmuraron en sus tiendas, Y no oyeron la voz de Jehová.
26 Por lo que alzó su mano á ellos, En orden á postrarlos en el desierto,
27 Y humillar su simiente entre las gentes, Y esparcirlos por las tierras.
28 Allegáronse asimismo á Baalpeor, Y comieron los sacrificios de los muertos.
29 Y ensañaron á Dios con sus obras, Y desarrollóse la mortandad en ellos.
30 Entonces se levantó Phinees, é hizo juicio; Y se detuvo la plaga.
31 Y fuéle contado á justicia De generación en generación para siempre.
32 También le irritaron en las aguas de Meriba: E hizo mal á Moisés por causa de ellos;
33 Porque hicieron se rebelase su espíritu, Como lo expresó con sus labios.

34 No destruyeron los pueblos Que Jehová les dijo;
35 Antes se mezclaron con las gentes, Y aprendieron sus obras.
36 Y sirvieron á sus ídolos; Los cuales les fueron por ruina.
37 Y sacrificaron sus hijos y sus hijas á los demonios;
38 Y derramaron la sangre inocente, la sangre de sus hijos y de sus hijas, Que sacrificaron á los ídolos de Canaán: Y la tierra fué contaminada con sangre.
39 Contamináronse así con sus obras, Y fornicaron con sus hechos.
40 Encendióse por tanto el furor de Jehová sobre su pueblo, Y abominó su heredad:
41 Y entrególos en poder de las gentes, Y enseñoreáronse de ellos los que los aborrecían.
42 Y sus enemigos los oprimieron, Y fueron quebrantados debajo de su mano.
43 Muchas veces los libró; Mas ellos se rebelaron á su consejo, Y fueron humillados por su maldad.
44 El con todo, miraba cuando estaban en angustia, Y oía su clamor:
45 Y acordábase de su pacto con ellos, Y arrepentíase conforme á la muchedumbre de sus miseraciones.
46 Hizo asimismo tuviesen de ellos misericordia todos los que los tenían cautivos.
47 Sálvanos, Jehová Dios nuestro, Y júntanos de entre las gentes, Para que loemos tu santo nombre, Para que nos gloriemos en tus alabanzas.
48 Bendito Jehová Dios de Israel, Desde el siglo y hasta el siglo: Y diga todo el pueblo, Amén. Aleluya.

107 Alabad á Jehová, porque es bueno; Porque para siempre es su misericordia.
2 Digan lo los redimidos de Jehová, Los que ha redimido del poder del enemigo,
3 Y los ha congregado de las tierras, Del oriente y del occidente, Del aquilón y de la mar.
4 Anduvieron perdidos por el desierto, por la soledad sin camino, No hallando ciudad de población.
5 Hambrientos y sedientos, Su alma desfallecía en ellos.
6 Habiendo empero clamado á Jehová en su angustia, Librólos de sus aflicciones:
7 Y dirigiólos por camino derecho, Para que viniesen á ciudad de población.
8 Alaben la misericordia de Jehová, Y sus maravillas para con los hijos de los hombres.
9 Porque sació al alma menesterosa, Y llenó de bien al alma hambrienta.
10 Los que moraban en tinieblas y sombra de muerte, Aprisionados en aflicción y en hierros;
11 Por cuanto fueron rebeldes á las palabras de Jehová, Y aborrecieron el consejo del Altísimo.
12 Por lo que quebrantó él con trabajo sus corazones, Cayeron y no hubo quien los ayudase;
13 Luego que clamaron á Jehová en su angustia, Librólos de sus aflicciones.
14 Sacólos de las tinieblas y de la sombra de muerte, Y rompió sus prisiones.
15 Alaben la misericordia de Jehová, Y sus maravillas para con los hijos de los hombres.
16 Porque quebrantó las puertas de bronce, Y desmenuzó los cerrojos de hierro.
17 Los insensatos, á causa del camino de su rebelión Y á causa de sus maldades, fueron afligidos.
18 Su alma abominó toda vianda, Y llegaron hasta las puertas de la muerte.
19 Mas clamaron á Jehová en su angustia, Y salvólos de sus aflicciones.
20 Envió su palabra, y curólos, Y librólos de su ruina.
21 Alaben la misericordia de Jehová, Y sus maravillas para con los hijos de los hombres:
22 Y sacrifiquen sacrificios de alabanza, Y publiquen sus obras con júbilo.
23 Los que descienden á la mar en navíos, Y hacen negocio en las muchas aguas,
24 Ellos han visto las obras de Jehová, Y sus maravillas en el profundo.
25 El dijo, é hizo saltar el viento de la tempestad, Que levanta sus ondas.

26 Suben á los cielos, descienden á los abismos: Sus almas se derriten con el mal.

27 Tiemblan, y titubean como borrachos, Y toda su ciencia es perdida.

28 Claman empero á Jehová en su angustia, Y líbralos de sus aflicciones.

29 Hace parar la tempestad en sosiego, Y se apaciguan sus ondas.

30 Alégranse luego porque se reposaron; Y él los guía al puerto que deseaban.

31 Alaben la misericordia de Jehová, Y sus maravillas para con los hijos de los hombres.

32 Y ensálcenlo en la congregación del pueblo; Y en consistorio de ancianos lo alaben.

33 El vuelve los ríos en desierto, Y los manantiales de las aguas en secadales;

34 La tierra fructífera en salados, Por la maldad de los que la habitan.

35 Vuelve el desierto en estanques de aguas, Y la tierra seca en manantiales.

36 Y allí aposenta á los hambrientos, Y disponen ciudad para habitación;

37 Y siembran campos, y plantan viñas, Y rinden crecido fruto.

38 Y los bendice, y se multiplican en gran manera; Y no disminuye sus bestias.

39 Y luego son menoscabados y abatidos A causa de tiranía, de males y congojas.

40 El derrama menosprecio sobre los príncipes, Y les hace andar errados, vagabundos, sin camino:

41 Y levanta al pobre de la miseria, Y hace multiplicar las familias como rebaños de ovejas.

42 Vean los rectos, y alégrense; Y toda maldad cierre su boca.

43 ¿Quién es sabio y guardará estas cosas, Y entenderá las misericordias de Jehová?

Canción: Salmo de David.

108 Mi corazón está dispuesto, oh Dios; Cantaré y salmearé todavía en mi gloria.

2 Despiértate, salterio y arpa: Despertaré al alba.

3 Te alabaré, oh Jehová, entre los pueblos; A ti cantaré salmos entre las naciones.

4 Porque grande más que los cielos es tu misericordia, Y hasta los cielos tu verdad.

5 Ensálzate, oh Dios, sobre los cielos; Y sobre toda la tierra tu gloria.

6 Para que sean librados tus amados, Salva con tu diestra y respóndeme.

7 Dios habló por su santuario: alegraréme, Repartiré á Sichêm, y mediré el valle de Succoth.

8 Mío es Galaad, mío es Manasés; Y Eprhaim es la fortaleza de mi cabeza; Judá es mi legislador;

9 Moab, la vasija de mi lavatorio: Sobre Edom echaré mi calzado; Regocijaréme sobre Palestina.

10 ¿Quién me guiará á la ciudad fortalecida? ¿Quién me guiará hasta Idumea?

11 Ciertamente tú, oh Dios, que nos habías desechado; Y no salías, oh Dios, con nuestros ejércitos.

12 Danos socorro en la angustia: Porque mentirosa es la salud del hombre.

13 En Dios haremos proezas; Y él hollará nuestros enemigos.

Al Músico principal: Salmo de David.

109 Oh Dios de mi alabanza, no calles;

2 Porque boca de impío y boca de engañador se han abierto sobre mí: Han hablado de mí con lengua mentirosa.

3 Y con palabras de odio me rodearon; Y pelearon contra mí sin causa.

4 En pago de mi amor me han sido adversarios: Mas yo oraba.

5 Y pusieron contra mí mal por bien, Y odio por amor.

6 Pon sobre él al impío: Y Satán esté á su diestra.

7 Cuando fuere juzgado, salga impío; Y su oración sea para pecado.

8 Sean sus días pocos: Tome otro su oficio.

9 Sean sus hijos huérfanos, Y su mujer viuda.

10 Y anden sus hijos vagabundos, y mendiguen; Y procuren su pan lejos de sus desolados hogares.

11 Enrede el acreedor todo lo que tiene, Y extraños saqueen su trabajo.

12 No tenga quien le haga misericordia; Ni haya quien tenga compasión de sus huérfanos.

13 Su posteridad sea talada; En segunda generación sea raído su nombre.

14 Venga en memoria cerca de Jehová la maldad de sus padres, Y el pecado de su madre no sea borrado.

15 Estén siempre delante de Jehová, Y él corte de la tierra su memoria.

16 Por cuanto no se acordo de hacer misericordia, Y persiguió al hombre afligido y menesteroso Y quebrantado de corazón, para matar lo.

17 Y amó la maldición, y vínole; Y no quiso la bendición, y ella se alejó de él.

18 Y vistióse de maldición como de su vestido, Y entró como agua en sus entrañas, Y como aceite en sus huesos.

19 Séale como vestido con que se cubra, Y en lugar de cinto con que se ciña siempre.

20 Este sea el pago de parte de Jehová de los que me calumnian, Y de los que hablan mal contra mi alma.

21 Y tú, Jehová Señor, haz conmigo por amor de tu nombre: Líbrame, porque tu misericordia es buena.

22 Porque yo estoy afligido y necesitado; Y mi corazón está herido dentro de mí.

23 Voime como la sombra cuando declina; Soy sacudido como langosta.

24 Mis rodillas están debilitadas á causa del ayuno, Y mi carne desfallecida por falta de gordura.

25 Yo he sido para ellos objeto de oprobio; Mirábanme, y meneaban su cabeza.

26 Ayúdame, Jehová Dios mío: Sálvame conforme á tu misericordia.

27 Y entiendan que ésta es tu mano; Que tú, Jehová, has hecho esto.

28 Maldigan ellos, y bendice tú: Levántense, mas sean avergonzados, y regocíjese tu siervo.

29 Sean vestidos de ignominia los que me calumnian; Y sean cubiertos de su confusión como con manto.

30 Yo alabaré á Jehová en gran manera con mi boca, Y le loaré en medio de muchos.

31 Porque él se pondrá á la diestra del pobre, Para librar su alma de los que la juzgan.

Salmo de David.

110 Jehová dijo á mi Señor: Siéntate á mi diestra, En tanto que pongo tus enemigos por estrado de tus pies.

2 La vara de tu fortaleza enviará Jehová desde Sión: Domina en medio de tus enemigos.

3 Tu pueblo serálo de buena voluntad en el día de tu poder, En la hermosura de la santidad: desde el seno de la aurora, Tienes tú el rocío de tu juventud.

4 Juró Jehová, y no se arrepentirá: Tú eres sacerdote para siempre Según el orden de Melchîsedech.

5 El Señor á tu diestra Herirá á los reyes en el día de su furor:

6 Juzgará en las gentes, Llenará las de cadáveres: Herirá las cabezas en muchas tierras.

7 Del arroyo beberá en el camino: Por lo cual levantará cabeza.

Aleluya.

111 Alabaré á Jehová con todo el corazón, En la compañía y congregación de los rectos.

2 Grandes son las obras de Jehová; Buscadas de todos los que las quieren.

3 Gloria y hermosura es su obra; Y su justicia permanece para siempre.

4 Hizo memorables sus maravillas: Clemente y misericordioso es Jehová.

5 Dió mantenimiento á los que le temen; Para siempre se acordará de su pacto.

6 El poder de sus obras anunció á su pueblo, Dándole la heredad de las gentes.

7 Las obras de sus manos son verdad y juicio: Fieles son todos sus mandamientos;

8 Afirmados por siglo de siglo, Hechos en verdad y en rectitud.

9 Redención ha enviado á su pueblo; Para siempre ha ordenado su pacto: Santo y terrible es su nombre.

10 El principio de la sabiduría es el temor de Jehová: Buen entendimiento tienen cuantos ponen aquéllos por obra: Su loor permanece para siempre.

Aleluya.

112 Bienaventurado el hombre que teme á Jehová, Y en sus mandamientos se deleita en gran manera.

2 Su simiente será poderosa en la tierra: La generación de los rectos será bendita.

3 Hacienda y riquezas hay en su casa; Y su justicia permanece para siempre.

4 Resplandeció en las tinieblas luz á los rectos: Es clemente, y misericordioso, y justo.

5 El hombre de bien tiene misericordia y presta; Gobierna sus cosas con juicio.

6 Por lo cual no resbalará para siempre: En memoria eterna será el justo.

7 De mala fama no tendrá temor: Su corazón está apercibido, confiado en Jehová.

8 Asentado está su corazón, no temerá, Hasta que vea en sus enemigos su deseo.

9 Esparce, da á los pobres: Su justicia permanece para siempre; Su cuerno será ensalzado en gloria.

10 Verálo el impío, y se despechará; Crujirá los dientes, y se repudrirá: Perecerá el deseo de los impíos.

Aleluya.

113 Alabad, siervos de Jehová, Alabad el nombre de Jehová.

2 Sea el nombre de Jehová bendito, Desde ahora y para siempre.

3 Desde el nacimiento del sol hasta donde se pone, Sea alabado el nombre de Jehová.

4 Alto sobre todas las naciones es Jehová; Sobre los cielos su gloria.

5 ¿Quién como Jehová nuestro Dios, Que ha enaltecido su habitación,

6 Que se humilla á mirar En el cielo y en la tierra?

7 El levanta del polvo al pobre, Y al menesteroso alza del estiércol,

8 Para hacerlos sentar con los príncipes, Con los príncipes de su pueblo.

9 El hace habitar en familia á la estéril, Gozosa en ser madre de hijos. Aleluya.

114 Cuando salió Israel de Egipto, La casa de Jacob del pueblo bárbaro,

2 Judá fué su consagrada heredad, Israel su señorío,

3 La mar vió, y huyó; El Jordán se volvió atrás.

4 Los montes saltaron como carneros: Los collados como corderitos.

5 ¿Qué tuviste, oh mar, que huiste? ¿Y tú, oh Jordán, que te volviste atrás?

6 Oh montes, ¿por qué saltasteis como carneros, Y vosotros, collados, como corderitos?

7 A la presencia del Señor tiembla la tierra, A la presencia del Dios de Jacob;

8 El cual tornó la peña en estanque de aguas, Y en fuente de aguas la roca.

115 No á nosotros, oh Jehová, no á nosotros, Sino á tu nombre da gloria; Por tu misericordia, por tu verdad.

2 Por qué dirán las gentes: ¿Dónde está ahora su Dios?

3 Y nuestro Dios está en los cielos: Todo lo que quiso ha hecho.

4 Sus ídolos son plata y oro, Obra de manos de hombres.

5 Tienen boca, mas no hablarán; Tienen ojos, mas no verán;

6 Orejas tienen, mas no oirán; Tienen narices, mas no olerán;

7 Manos tienen, mas no palparán; Tienen pies, mas no andarán; No hablarán con su garganta.

8 Como ellos son los que los hacen; Cualquiera que en ellos confía.

9 Oh Israel, confía en Jehová: El es su ayuda y su escudo.

10 Casa de Aarón, confiad en Jehová: El es su ayuda y su escudo.

11 Los que teméis á Jehová, confiad en Jehová: El es su ayuda y su escudo.

12 Jehová se acordó de nosotros: nos bendecirá: Bendecirá á la casa de Israel; Bendecirá á la casa de Aarón.

13 Bendecirá á los que temen á Jehová; A chicos y á grandes.

14 Acrecentará Jehová bendición sobre vosotros; Sobre vosotros y sobre vuestros hijos.

15 Benditos vosotros de Jehová, Que hizo los cielos y la tierra.

16 Los cielos son los cielos de Jehová: Y ha dado la tierra á los hijos de los hombres.

17 No alabarán los muertos á JAH, Ni cuantos descienden al silencio;

18 Mas nosotros bendeciremos á JAH, Desde ahora para siempre. Aleluya.

116 Amo á Jehová, pues ha oído Mi voz y mis súplicas.

2 Porque ha inclinado á mí su oído, Invocaré le por tanto en todos mis días.

3 Rodeáronme los dolores de la muerte, Me encontraron las angustias del sepulcro: Angustia y dolor había yo hallado.

4 Entonces invoqué el nombre de Jehová, diciendo: Libra ahora, oh Jehová, mi alma.

5 Clemente es Jehová y justo; Sí, misericordioso es nuestro Dios.

6 Jehová guarda á los sinceros: Estaba yo postrado, y salvóme.

7 Vuelve, oh alma mía, á tu reposo; Porque Jehová te ha hecho bien.

8 Pues tú has librado mi alma de la muerte, Mis ojos de lágrimas, Y mis pies de desbarrar.

9 Andaré delante de Jehová En la tierra de los vivientes.

10 Creí; por tanto hablé, Estando afligido en gran manera.

11 Y dije en mi apresuramiento: Todo hombre es mentiroso.

12 ¿Qué pagaré á Jehová Por todos sus beneficios para conmigo?

13 Tomaré la copa de la salud, E invocaré el nombre de Jehová.

14 Ahora pagaré mis votos á Jehová Delante de todo su pueblo.

15 Estimada es en los ojos de Jehová La muerte de sus santos.

16 Oh Jehová, que yo soy tu siervo, Yo tu siervo, hijo de tu sierva: Rompiste mis prisiones.

17 Te ofreceré sacrificio de alabanza, E invocaré el nombre de Jehová.

18 A Jehová pagaré ahora mis votos Delante de todo su pueblo;

19 En los atrios de la casa de Jehová, En medio de ti, oh Jerusalem. Aleluya.

117 Alabad á Jehová, naciones todas; Pueblos todos, alabadle.

2 Porque ha engrandecido sobre nosotros su misericordia; Y la verdad de Jehová es para siempre. Aleluya.

118 Alabad á Jehová, porque es bueno; Porque para siempre es su misericordia.

2 Diga ahora Israel: Que para siempre es su misericordia.

3 Diga ahora la casa de Aarón: Que para siempre es su misericordia.

4 Digan ahora los que temen á Jehová: Que para siempre es su misericordia.

5 Desde la angustia invoqué á JAH; Y respondióme JAH, poniéndome en anchura.

6 Jehová está por mí: no temeré Lo que me pueda hacer el hombre.

7 Jehová está por mí entre los que me ayudan: Por tanto yo veré mi deseo en los que me aborrecen.

8 Mejor es esperar en Jehová Que esperar en hombre.

9 Mejor es esperar en Jehová Que esperar en príncipes.

10 Todas las gentes me cercaron: En nombre de Jehová, que yo los romperé.

11 Cercáronme y asediáronme: En nombre de Jehová, que yo los romperé.

12 Cercáronme como abejas; fueron apagados como fuegos de espinos: En nombre de Jehová, que yo los romperé.

13 Empujásteme con violencia para que cayese: Empero ayudóme Jehová.

14 Mi fortaleza y mi canción es JAH; Y él me ha sido por salud.

15 Voz de júbilo y de salvación hay en las tiendas de los justos: La diestra de Jehová hace proezas.

16 La diestra de Jehová sublime: La diestra de Jehová hace valentías.

17 No moriré, sino que viviré, Y contaré las obras de JAH.

18 Castigóme gravemente JAH: Mas no me entregó á la muerte.

19 Abridme las puertas de la justicia: Entraré por ellas, alabaré á JAH.

20 Esta puerta de Jehová, Por ella entrarán los justos.

21 Te alabaré porque me has oído, Y me fuiste por salud.

22 La piedra que desecharon los edificadores, Ha venido á ser cabeza del ángulo.

23 De parte de Jehová es esto: Es maravilla en nuestros ojos.

24 Este es el día que hizo Jehová Nos gozaremos y alegraremos en él.

25 Oh Jehová, salva ahora, te ruego: Oh Jehová, ruégote hagas prosperar ahora.

26 Bendito el que viene en nombre de Jehová: Desde la casa de Jehová os bendecimos.

27 Dios es Jehová que nos ha resplandecido: Atad víctimas con cuerdas á los cuernos del altar.

28 Mi Dios eres tú, y á ti alabaré: Dios mío, á ti ensalzaré.

29 Alabad á Jehová porque es bueno; Porque para siempre es su misericordia.

119 Bienaventurados los perfectos de camino; Los que andan en la ley de Jehová.

2 Bienaventurados los que guardan sus testimonios, Y con todo el corazón le buscan:

3 Pues no hacen iniquidad Los que andan en sus caminos.

4 Tú encargaste Que sean muy guardados tus mandamientos.

5 ¡Ojalá fuesen ordenados mis caminos A observar tus estatutos!

6 Entonces no sería yo avergonzado, Cuando atendiese á todos tus mandamientos.

7 Te alabaré con rectitud de corazón, Cuando aprendiere los juicios de tu justicia.

8 Tus estatutos guardaré: No me dejes enteramente.

9 ¿Con qué limpiará el joven su camino? Con guardar tu palabra.

10 Con todo mi corazón te he buscado: No me dejes divagar de tus mandamientos.

11 En mi corazón he guardado tus dichos, Para no pecar contra ti.

12 Bendito tú, oh Jehová: Enséñame tus estatutos.

13 Con mis labios he contado Todos los juicios de tu boca.

14 Heme gozado en el camino de tus testimonios, Como sobre toda riqueza.

15 En tus mandamientos meditaré, Consideraré tus caminos.

16 Recrearéme en tus estatutos: No me olvidaré de tus palabras.

17 Haz bien á tu siervo; que viva Y guarde tu palabra.

18 Abre mis ojos, y miraré Las maravillas de tu ley.

19 Advenedizo soy yo en la tierra: No encubras de mí tus mandamientos.

20 Quebrantada está mi alma de desear Tus juicios en todo tiempo.

21 Destruiste á los soberbios malditos, Que se desvían de tus mandamientos.

22 Aparta de mí oprobio y menosprecio; Porque tus testimonios he guardado.

23 Príncipes también se sentaron y hablaron contra mí: Mas tu siervo meditaba en tus estatutos.

24 Pues tus testimonios son mis deleites, Y mis consejeros.

25 Pegóse al polvo mi alma: Vivifícame según tu palabra.

26 Mis caminos te conté, y me has respondido: Enséñame tus estatutos.

27 Hazme entender el camino de tus mandamientos, Y hablaré de tus maravillas.

28 Deshácese mi alma de ansiedad: Corrobórame según tu palabra.

29 Aparta de mí camino de mentira; Y hazme la gracia de tu ley.

30 Escogí el camino de la verdad; He puesto tus juicios delante de mí.

31 Allegádome he á tus testimonios; Oh Jehová, no me avergüences.

32 Por el camino de tus mandamientos correré, Cuando ensanchares mi corazón.

33 Enséñame, oh Jehová, el camino de tus estatutos, Y guardarélo hasta el fin.

34 Dame entendimiento, y guardaré tu ley; Y la observaré de todo corazón.

35 Guíame por la senda de tus mandamientos; Porque en ella tengo mi voluntad.

36 Inclina mi corazón á tus testimonios, Y no á la avaricia.

37 Aparta mis ojos, que no vean la vanidad; Avívame en tu camino.

38 Confirma tu palabra á tu siervo, Que te teme.

39 Quita de mí el oprobio que he temido: Porque buenos son tus juicios.

40 He aquí yo he codiciado tus mandamientos: Vivifícame en tu justicia.

41 Y venga á mí tu misericordia, oh Jehová; Tu salud, conforme á tu dicho.

42 Y daré por respuesta á mi avergonzador, Que en tu palabra he confiado.

43 Y no quites de mi boca en nigún tiempo la palabra de verdad; Porque á tu juicio espero.

44 Y guardaré tu ley siempre, Por siglo de siglo.

45 Y andaré en anchura, Porque busqué tus mandamientos.

46 Y hablaré de tus testimonios delante de los reyes, Y no me avergonzaré.

47 Y deleitaréme en tus mandamientos, Que he amado.

48 Alzaré asimismo mis manos á tus mandamientos que amé; Y meditaré en tus estatutos.

49 Acuérdate de la palabra dada á tu siervo, En la cual me has hecho esperar.

50 Esta es mi consuelo en mi aflicción: Porque tu dicho me ha vivificado.

51 Los soberbios se burlaron mucho de mí: Mas no me he apartado de tu ley.

52 Acordéme, oh Jehová, de tus juicios antiguos, Y consoléme.

53 Horror se apoderó de mí, á causa De los impíos que dejan tu ley.

54 Cánticos me fueron tus estatutos En la mansión de mis peregrinaciones.

55 Acordéme en la noche de tu nombre, oh Jehová, Y guardé tu ley.

56 Esto tuve, Porque guardaba tus mandamientos.

57 Mi porción, oh Jehová, Dije, será guardar tus palabras.

58 Tu presencia supliqué de todo corazón: Ten misericordia de mí según tu palabra.

59 Consideré mis caminos, Y torné mis pies á tus testimonios.

60 Apresuréme, y no me retardé En guardar tus mandamientos.

61 Compañía de impíos me han robado: Mas no me he olvidado de tu ley.

62 A media noche me levantaba á alabarte Sobre los juicios de tu justicia.

63 Compañero soy yo de todos los que te temieren Y guardaren tus mandamientos.

64 De tu misericordia, oh Jehová, está llena la tierra Enséñame tus estatutos.

65 Bien has hecho con tu siervo, Oh Jehová, conforme á tu palabra.

66 Enséñame bondad de sentido y sabiduría; Porque tus mandamientos he creído.

67 Antes que fuera yo humillado, descarriado andaba; Mas ahora guardo tu palabra.

68 Bueno eres tú, y bienhechor: Enséñame tus estatutos.

69 Contra mí forjaron mentira los soberbios: Mas yo guardaré de todo corazón tus mandamientos.

70 Engrasóse el corazón de ellos como sebo; Mas yo en tu ley me he deleitado.

71 Bueno me es haber sido humillado, Para que aprenda tus estatutos.

72 Mejor me es la ley de tu boca, Que millares de oro y plata.

73 Tus manos me hicieron y me formaron: Hazme entender y aprenderé tus mandamientos.

74 Los que te temen, me verán, y se alegrarán; Porque en tu palabra he esperado.

75 Conozco, oh Jehová, que tus juicios son justicia, Y que conforme á tu fidelidad me afligiste.

76 Sea ahora tu misericordia para consolarme, Conforme á lo que has dicho á tu siervo.

77 Vengan á mí tus misericordias, y viva; Porque tu ley es mi deleite.

78 Sean avergonzados los soberbios, porque sin causa me han calumniado: Yo empero, meditaré en tus mandamientos.

79 Tórnense á mí los que te temen Y conocen tus testimonios.

80 Sea mi corazón íntegro en tus estatutos; Porque no sea yo avergonzado.

81 Desfallece mi alma por tu salud, Esperando en tu palabra.

82 Desfallecieron mis ojos por tu palabra, Diciendo: ¿Cuándo me consolarás?

83 Porque estoy como el odre al humo; Mas no he olvidado tus estatutos.

84 ¿Cuántos son los días de tu siervo? ¿Cuándo harás juicio contra los que me persiguen?

85 Los soberbios me han cavado hoyos; Mas no obran según tu ley.

86 Todos tus mandamientos son verdad: Sin causa me persiguen; ayúdame.

87 Casi me han echado por tierra: Mas yo no he dejado tus mandamientos.

88 Vivifícame conforme á tu misericordia; Y guardaré los testimonios de tu boca.

89 Para siempre, oh Jehová, Permenece tu palabra en los cielos.

90 Por generación y generación es tu verdad: Tú afirmaste la tierra, y persevera.

91 Por tu ordenación perseveran hasta hoy las cosas criadas; Porque todas ellas te sirven.

92 Si tu ley no hubiese sido mis delicias, Ya en mi aflicción hubiera perecido.

93 Nunca jamás me olvidaré de tus mandamientos; Porque con ellos me has vivificado.

94 Tuyo soy yo, guárdame; Porque he buscado tus mandamientos.

95 Los impíos me han aguardado para destruirme: Mas yo entenderé en tus testimonios.

96 A toda perfección he visto fin: Ancho sobremanera es tu mandamiento.

97 ¡Cuánto amo yo tu ley! Todo el día es ella mi meditación.

98 Me has hecho más sabio que mis enemigos con tus mandamientos; Porque me son eternos.

99 Más que todos mis enseñadores he entendido: Porque tus testimonios son mi meditación.

100 Más que los viejos he entendido, Porque he guardado tus mandamientos.

101 De todo mal camino contuve mis pies, Para guardar tu palabra.

102 No me aparté de tus juicios; Porque tú me enseñaste.

103 ¡Cuán dulces son á mi paladar tus palabras! Más que la miel á mi boca.

104 De tus mandamientos he adquirido inteligencia: Por tanto he aborrecido todo camino de mentira.

105 Lámpara es á mis pies tu palabra, Y lumbrera á mi camino.

106 Juré y ratifiqué El guardar los juicios de tu justicia.

107 Afligido estoy en gran manera: oh Jehová, Vivifícame conforme á tu palabra.

108 Ruégote, oh Jehová, te sean agradables los sacrificios voluntarios de mi boca; Y enséñame tus juicios.

109 De continuo está mi alma en mi mano: Mas no me he olvidado de tu ley.

110 Pusiéronme lazo los impíos: Empero yo no me desvié de tus mandamientos.

111 Por heredad he tomado tus testimonios para siempre; Porque son el gozo de mi corazón.

112 Mi corazón incliné á poner por obra tus estatutos De continuo, hasta el fin.

113 Los pensamientos vanos aborrezco; Mas amo tu ley.

114 Mi escondedero y mi escudo eres tú: En tu palabra he esperado.

115 Apartaos de mí, malignos; Pues yo guardaré los mandamientos de mi Dios.

116 Susténtame conforme á tu palabra, y viviré: Y no me avergüences de mi esperanza.

117 Sosténme, y seré salvo; Y deleitaréme siempre en tus estatutos.

118 Hollaste á todos los que se desvían de tus estatutos: Porque mentira es su engaño.

119 Como escorias hiciste consumir á todos los impíos de la tierra: Por tanto yo he amado tus testimonios.

120 Mi carne se ha extremecido por temor de ti; Y de tus juicios tengo miedo.

121 Juicio y justicia he hecho; No me dejes á mis opresores.

122 Responde por tu siervo para bien: No me hagan violencia los soberbios.

123 Mis ojos desfallecieron por tu salud, Y por el dicho de tu justicia.

124 Haz con tu siervo según tu misericordia, Y enséñame tus estatutos.

125 Tu siervo soy yo, dame entendimiento; Para que sepa tus testimonios.

126 Tiempo es de hacer, oh Jehová; Disipado han tu ley.

127 Por eso he amado tus mandamientos Más que el oro, y más que oro muy puro.

128 Por eso todos tus mandamientos de todas las cosas estimé rectos: Aborrecí todo camino de mentira.

129 Maravillosos son tus testimonios: Por tanto los ha guardado mi alma.

130 El principio de tus palabras alumbra; Hace entender á los simples.

131 Mi boca abrí y suspiré; Porque deseaba tus mandamientos.

132 Mírame, y ten misericordia de mí, Como acostumbras con los que aman tu nombre.

133 Ordena mis pasos con tu palabra; Y ninguna iniquidad se enseñoree de mí.

134 Redímeme de la violencia de los hombres; Y guardaré tus mandamientos.

135 Haz que tu rostro resplandezca sobre tu siervo; Y enséñame tus estatutos.

136 Ríos de agua descendieron de mis ojos, Porque no guardaban tu ley.

137 Justo eres tú, oh Jehová, Y rectos tus juicios.

138 Tus testimonios, que has recomendado, Son rectos y muy fieles.

139 Mi celo me ha consumido; Porque mis enemigos se olvidaron de tus palabras.

140 Sumamente acendrada es tu palabra; Y la ama tu siervo.

141 Pequeño soy yo y desechado; Mas no me he olvidado de tus mandamientos.

142 Tu justicia es justicia eterna, Y tu ley la verdad.

143 Aflicción y angustia me hallaron: Mas tus mandamientos fueron mis deleites.

144 Justicia eterna son tus testimonios; Dame entendimiento, y viviré.

145 Clamé con todo mi corazón; respóndeme, Jehová, Y guardaré tus estatutos.

146 A ti clamé; sálvame, Y guardaré tus testimonios.

147 Anticipéme al alba, y clamé: Esperé en tu palabra.

148 Previnieron mis ojos las vigilias de la noche, Para meditar en tus dichos.

149 Oye mi voz conforme á tu misericordia; Oh Jehová, vivifícame conforme á tu juicio.

150 Acercáronse á la maldad los que me persiguen; Alejáronse de tu ley.

151 Cercano estás tú, oh Jehová; Y todos tus mandamientos son verdad.

152 Ya ha mucho que he entendido de tus mandamientos, Que para siempre los fundaste.

153 Mira mi aflicción, y líbrame; Porque de tu ley no me he olvidado.

154 Aboga mi causa, y redímeme: Vivifícame con tu dicho.

155 Lejos está de los impíos la salud; Porque no buscan tus estatutos.

156 Muchas son tus misericordias, oh Jehová: Vivifícame conforme á tus juicios.

157 Muchos son mis perseguidores y mis enemigos; Mas de tus testimonios no me he apartado.

158 Veía á los prevaricadores, y carcomíame; Porque no guardaban tus palabras.

159 Mira, oh Jehová, que amo tus mandamientos: Vivifícame conforme á tu misericordia.

160 El principio de tu palabra es verdad; Y eterno es todo juicio de tu justicia.

161 Príncipes me han perseguido sin causa; Mas mi corazón tuvo temor de tus palabras.

162 Gózome yo en tu palabra, Como el que halla muchos despojos.

163 La mentira aborrezco y abomino: Tu ley amo.

164 Siete veces al día te alabo Sobre los juicios de tu justicia.

165 Mucha paz tienen los que aman tu ley; Y no hay para ellos tropiezo.

166 Tu salud he esperado, oh Jehová; Y tus mandamientos he puesto por obra.

167 Mi alma ha guardado tus testimonios, Y helos amado en gran manera.

168 Guardado he tus mandamientos y tus testimonios; Porque todos mis caminos están delante de ti.

169 Acérquese mi clamor delante de ti, oh Jehová: Dame entendimiento conforme á tu palabra.

170 Venga mi oración delante de ti: Líbrame conforme á tu dicho.

171 Mis labios rebosarán alabanza, Cuando me enseñares tus estatutos.

172 Hablará mi lengua tus dichos; Porque todos tus mandamientos son justicia.

173 Sea tu mano en mi socorro; Porque tus mandamientos he escogido.

174 Deseado he tu salud, oh Jehová; Y tu ley es mi delicia.

175 Viva mi alma y alábete; Y tus juicios me ayuden.

176 Yo anduve errante como oveja extraviada: busca á tu siervo; Porque no me he olvidado de tus mandamientos.

Cántico gradual.

120 A Jehová llamé estando en angustia, Y él me respondió.   **2** Libra mi alma, oh Jehová, de labio mentiroso, De la lengua fraudulenta.

3 ¿Qué te dará, ó qué te aprovechará, Oh lengua engañosa?

4 Agudas saetas de valiente, Con brasas de enebro.

5 ¡Ay de mí, que peregrino en Mesech, Y habito entre las tiendas de Kedar!

6 Mucho se detiene mi alma Con los que aborrecen la paz.

7 Yo soy pacífico: Mas ellos, así que hablo, me hacen guerra.

Cántico gradual.

121 Alzaré mis ojos á los montes, De donde vendrá mi socorro.

2 Mi socorro viene de Jehová, Que hizo los cielos y la tierra.

3 No dará tu pie al resbaladero; Ni se dormirá el que te guarda.

4 He aquí, no se adormecerá ni dormirá El que guarda á Israel.

5 Jehová es tu guardador: Jehová es tu sombra á tu mano derecha.

6 El sol no te fatigará de día, Ni la luna de noche.

7 Jehová te guardará de todo mal: El guardará tu alma.

8 Jehová guardará tu salida y tu entrada, Desde ahora y para siempre.

Cántico gradual: de David.

122 Yo me alegré con los que me decían: A la casa de Jehová iremos.

2 Nuestros pies estuvieron En tus puertas, oh Jerusalem;

3 Jerusalem, que se ha edificado Como una ciudad que está bien unida entre sí.

4 Y allá subieron las tribus, las tribus de JAH, Conforme al testimonio dado á Israel, Para alabar el nombre de Jehová.

5 Porque allá están las sillas del juicio, Las sillas de la casa de David.

6 Pedid la paz de Jerusalem: Sean prosperados los que te aman.

7 Haya paz en tu antemuro, Y descanso en tus palacios.

8 Por amor de mis hermanos y mis compañeros Hablaré ahora paz de ti.

9 A causa de la casa de Jehová nuestro Dios, Buscaré bien para ti.

Cántico gradual.

123 A ti que habitas en los cielos, Alcé mis ojos.

2 He aquí como los ojos de los siervos miran á la mano de sus señores, Y como los ojos de la sierva á la mano de su señora; Así nuestros ojos miran á Jehová nuestro Dios, Hasta que haya misericordia de nosotros.

3 Ten misericordia de nosotros, oh Jehová, ten misericordia de nosotros; Porque estamos muy hartos de menosprecio.

4 Muy harta está nuestra alma Del escarnio de los holgados, Y del menosprecio de los soberbios.

Cántico gradual: de David.

124 A no haber estado Jehová por nosotros, Diga ahora Israel;

2 A no haber estado Jehová por nosotros, Cuando se levantaron contra nosotros los hombres,

3 Vivos nos habrían entonces tragado, Cuando se encendió su furor en nosotros,

4 Entonces nos habrían inundado las aguas; Sobre nuestra alma hubiera pasado el torrente;

5 Hubieran entonces pasado sobre nuestra alma las aguas soberbias.

6 Bendito Jehová, Que no nos dió por presa á sus dientes.

7 Nuestra alma escapó cual ave del lazo de los cazadores: Quebróse el lazo, y escapamos nosotros.

8 Nuestro socorro es en el nombre de Jehová, Que hizo el cielo y la tierra.

Cántico gradual.

125 Los que confían en Jehová Son como el monte de Sión que no deslizará: estará para siempre.

2 Como Jerusalem tiene montes alrededor de ella, Así Jehová alrededor de su pueblo Desde ahora y para siempre.

3 Porque no reposará la vara de la impiedad sobre la suerte de los justos; Porque no extiendan los justos sus manos á la iniquidad.

4 Haz bien, oh Jehová, á los buenos, Y á los que son rectos en sus corazones.

5 Mas á los que se apartan tras sus perversidades, Jehová los llevará con los que obran iniquidad: Y paz sea sobre Israel.

Cántico gradual.

126 Cuando Jehová hiciere tornar la cautividad de Sión, Seremos como los que sueñan.

2 Entonces nuestra boca se henchirá de risa, Y nuestra lengua de alabanza; Entonces dirán entre las gentes: Grandes cosas ha hecho Jehová con éstos.

3 Grandes cosas ha hecho Jehová con nosotros; Estaremos alegres.

4 Haz volver nuestra cautividad oh Jehová, Como los arroyos en el austro.

5 Los que sembraron con lágrimas, con regocijo segarán.

6 Irá andando y llorando el que lleva la preciosa simiente; Mas volverá á venir con regocijo, trayendo sus gavillas.

Cántico gradual: para Salomón.

127 Si Jehová no edificare la casa, En vano trabajan los que la edifican: Si Jehová no guardare la ciudad, En vano vela la guarda.

2 Por demás os es el madrugar á levantaros, el veniros tarde á reposar, El comer pan de dolores: Pues que á su amado dará Dios el sueño.

3 He aquí, heredad de Jehová son los hijos: Cosa de estima el fruto del vientre.

4 Como saetas en mano del valiente, Así son los hijos habidos en la juventud.

5 Bienaventurado el hombre que hinchió su aljaba de ellos: No será avergonzado Cuando hablare con los enemigos en la puerta.

Cántico gradual.

128 Bienaventurado todo aquel que teme á Jehová, Que anda en sus caminos.

2 Cuando comieres el trabajo de tus manos, Bienaventurado tú, y tendrás bien.

3 Tu mujer será como parra que lleva fruto á los lados de tu casa; Tus hijos como plantas de olivas alrededor de tu mesa.

4 He aquí que así será bendito el hombre Que teme á Jehová.

5 Bendígate Jehová desde Sión, Y veas el bien de Jerusalem todos los días de tu vida.

6 Y veas los hijos de tus hijos, Y la paz sobre Israel.

Cántico gradual.

129 Mucho me han angustiado desde mi juventud, Puede decir ahora Israel;

2 Mucho me han angustiado desde mi juventud; Mas no prevalecieron contra mí.

3 Sobre mis espaldas araron los aradores: Hicieron largos surcos.

4 Jehová es justo; Cortó las coyundas de los impíos.

5 Serán avergonzados y vueltos atrás Todos los que aborrecen á Sión.

6 Serán como la hierba de los tejados, Que se seca antes que
crezca:
7 De la cual no hinchió segador su mano, Ni sus brazos el
que hace gavillas.
8 Ni dijeron los que pasaban: Bendición de Jehová sea sobre
vosotros; Os bendecimos en el nombre de Jehová.

Cántico gradual.

130 De los profundos, oh Jehová, á ti clamo.
2 Señor, oye mi voz; Estén atentos tus oídos A la voz
de mi súplica.
3 JAH, si mirares á los pecados, ¿Quién, oh Señor, podrá
mantenerse?
4 Empero hay perdón cerca de ti, Para que seas temido.
5 Esperé yo á Jehová, esperó mi alma; En su palabra he esperado.
6 Mi alma espera á Jehová Más que los centinelas á la mañana. Más que los vigilantes á la mañana.
7 Espere Israel á Jehová; Porque en Jehová hay misericordia.
Y abundante redención con él.
8 Y él redimirá á Israel De todos sus pecados.

Cántico gradual: de David.

131 Jehová, no se ha envanecido mi corazón, ni mis ojos
se enaltecieron; Ni anduve en grandezas, Ni en cosas para mí demasiado sublimes.
2 En verdad que me he comportado y he acallado mi alma,
Como un niño destetado de su madre: Como un niño destetado está mi alma.
3 Espera, oh Israel, en Jehová Desde ahora y para siempre.

Cántico gradual.

132 Acuérdate, oh Jehová, de David, Y de toda su aflicción;
2 Que juró él á Jehová, Prometió al Fuerte de Jacob:
3 No entraré en la morada de mi casa, Ni subiré sobre el lecho de mi estrado;
4 No daré sueño á mis ojos, Ni á mis párpados adormecimiento.
5 Hasta que halle lugar para Jehová, Moradas para el Fuerte
de Jacob.
6 He aquí, en Ephrata oímos de ella: Hallamósla en los campos del bosque.
7 Entraremos en sus tiendas; Encorvarnos hemos al estrado
de sus pies.
8 Levántate, oh Jehová, á tu reposo; Tú y el arca de tu fortaleza.
9 Tus sacerdotes se vistan de justicia, Y regocíjense tus santos.
10 Por amor de David tu siervo No vuelvas de tu ungido el rostro.
11 En verdad juró Jehová á David, No se apartará de ellos:
Del fruto de tu vientre pondré sobre tu trono.
12 Si tus hijos guardaren mi alianza, Y mi testimonio que yo
les enseñaré, Sus hijos también se sentarán sobre tu trono para siempre.
13 Porque Jehová ha elegido á Sión; Deseóla por habitación
para sí.
14 Este es mi reposo para siempre: Aquí habitaré, porque la
he deseado.
15 A su mantenimiento daré bendición: Sus pobres saciaré de
pan.
16 Asimismo vestiré á sus sacerdotes de salud, Y sus santos
darán voces de júbilo.
17 Allí haré reverdecer el cuerno de David: He prevenido
lámpara á mi ungido.
18 A sus enemigos vestiré de confusión: Mas sobre él florecerá su corona.

Cántico gradual: de David.

133 ¡Mirad cuán bueno y cuán delicioso es Habitar los
hermanos igualmente en uno!
2 Es como el buen óleo sobre la cabeza, El cual desciende sobre la barba, La barba de Aarón, Y que baja hasta el borde de
sus vestiduras;
3 Como el rocío de Hermón, Que desciende sobre los montes
de Sión: Porque allí envía Jehová bendición, Y vida eterna.

Cántico gradual.

134 Mirad, bendecid á Jehová, Vosotros todos los siervos de Jehová, Los que en la casa de Jehová estáis
por las noches.
2 Alzad vuestras manos al santuario, Y bendecid á Jehová.
3 Bendígate Jehová desde Sión, El cual ha hecho los cielos y
la tierra.

Aleluya.

135 Alabad el nombre de Jehová; Alabad le, siervos de
Jehová;
2 Los que estáis en la casa de Jehová, En los atrios de la casa de nuestro Dios.
3 Alabad á JAH, porque es bueno Jehová: Cantad salmos á
su nombre, porque es suave.
4 Porque JAH ha escogido á Jacob para sí, A Israel por posesión suya.
5 Porque yo se que Jehová es grande, Y el Señor nuestro,
mayor que todos los dioses.
6 Todo lo que quiso Jehová, ha hecho En los cielos y en la
tierra, en las mares y en todos los abismos.
7 El hace subir las nubes del cabo de la tierra; El hizo los relámpagos para la lluvia; El saca los vientos de sus tesoros.
8 El es el que hirió los primogénitos de Egipto, Desde el
hombre hasta la bestia.
9 Envió señales y prodigios en medio de ti, oh Egipto, Sobre
Faraón, y sobre todos sus siervos.
10 El que hirió muchas gentes, Y mató reyes poderosos:
11 A Sehón rey Amorrheo, Y á Og rey de Basán, Y á todos
los reinos de Canaán.
12 Y dió la tierra de ellos en heredad, En heredad á Israel su
pueblo.
13 Oh Jehová, eterno es tu nombre; Tu memoria, oh Jehová
para generación y generación.
14 Porque juzgará Jehová su pueblo, Y arrepentiráse sobre
sus siervos.
15 Los ídolos de las gentes son plata y oro, Obra de manos
de hombres.
16 Tienen boca, y no hablan; Tienen ojos, y no ven;
17 Tienen orejas, y no oyen; Tampoco hay espíritu en sus bocas.
18 Como ellos son los que los hacen; Todos los que en ellos confían.
19 Casa de Israel, bendecid á Jehová: Casa de Aarón, bendecid á Jehová:
20 Casa de Leví, bendecid á Jehová: Los que teméis á Jehová, bendecid á Jehová:
21 Bendito de Sión Jehová, Que mora en Jerusalem. Aleluya.

136 Alabad á Jehová, porque es bueno; Porque para
siempre es su misericordia.
2 Alabad al Dios de los dioses, Porque para siempre es su misericordia.
3 Alabad al Señor de los señores, Porque para siempre es su
misericordia.
4 Al solo que hace grandes maravillas, Porque para siempre
es su misericordia.
5 Al que hizo los cielos con entendimiento, Porque para
siempre es su misericordia.
6 Al que tendió la tierra sobre las aguas, Porque para siempre es su misericordia;
7 Al que hizo las grandes luminarias, Porque para siempre es
su misericordia;
8 El sol para que dominase en el día, Porque para siempre es
su misericordia;
9 La luna y las estrellas para que dominasen en la noche, Porque para siempre es su misericordia.
10 Al que hirió á Egipto en sus primogénitos, Porque para
siempre es su misericordia.
11 Al que sacó á Israel de en medio de ellos, Porque para
siempre es su misericordia;
12 Con mano fuerte, y brazo extendido, Porque para siempre es su misericordia.
13 Al que dividió el mar Bermejo en partes, Porque para
siempre es su misericordia;
14 E hizo pasar á Israel por medio de él, Porque para siempre es su misericordia;
15 Y arrojó á Faraón y á su ejército en el mar Bermejo, Porque para siempre es su misericordia.
16 Al que pastoreó á su pueblo por el desierto, Porque para
siempre es su misericordia.
17 Al que hirió grandes reyes, Porque para siempre es su misericordia;
18 Y mató reyes poderosos, Porque para siempre es su misericordia;

19 A Sehón rey Amorrheo, Porque para siempre es su misericordia,

20 Y á Og rey de Basán, Porque para siempre es su misericordia;

21 Y dió la tierra de ellos en heredad, Porque para siempre es su misericordia,

22 En heredad á Israel su siervo, Porque para siempre es su misericordia.

23 El es el que en nuestro abatimiento se acordó de nosotros, Porque para siempre es su misericordia;

24 Y nos rescató de nuestros enemigos, Porque para siempre es su misericordia.

25 El da mantenimiento á toda carne, Porque para siempre es su misericordia.

26 Alabad al Dios de los cielos: Porque para siempre es su misericordia.

137 Junto á los ríos de Babilonia, Allí nos sentábamos, y aun llorábamos, Acordándonos de Sión.

2 Sobre los sauces en medio de ella Colgamos nuestras arpas.

3 Y los que allí nos habían llevado cautivos nos pedían que cantásemos, Y los que nos habían desolado nos pedían alegría, diciendo:

4 Cantadnos algunos de los himnos de Sión. ¿Cómo cantaremos canción de Jehová En tierra de extraños?

5 Si me olvidare de ti, oh Jerusalem, Mi diestra sea olvidada.

6 Mi lengua se pegue á mi paladar, Si de ti no me acordare; Si no ensalzare á Jerusalem Como preferente asunto de mi alegría.

7 Acuérdate, oh Jehová, de los hijos de Edom En el día de Jerusalem; Quienes decían: Arrasadla, arrasadla Hasta los cimientos.

8 Hija de Babilonia destruída, Bienaventurado el que te diere el pago De lo que tú nos hiciste.

9 Bienaventurado el que tomará y estrellará tus niños Contra las piedras.

Salmo de David.

138 Alabarte he con todo mi corazón: Delante de los dioses te cantaré salmos.

2 Encorvaréme al templo de tu santuario, Y alabaré tu nombre por tu misericordia y tu verdad: Porque has hecho magnífico tu nombre, y tu dicho sobre todas las cosas.

3 En el día que clamé, me respondiste; Esforzásteme con fortaleza en mi alma.

4 Confesarte han, oh Jehová, todos los reyes de la tierra, Cuando habrán oído los dichos de tu boca.

5 Y cantarán de los caminos de Jehová: Que la gloria de Jehová es grande.

6 Porque el alto Jehová atiende al humilde; Mas al altivo mira de lejos.

7 Si anduviere yo en medio de la angustia, tú me vivificarás: Contra la ira de mis enemigos extenderás tu mano, Y salvaráme tu diestra.

8 Jehová cumplirá por mí: Tu misericordia, oh Jehová, es para siempre; No dejarás la obra de tus manos.

Al Músico principal: Salmo de David.

139 Oh Jehová, tú me has examinado y conocido.

2 Tú has conocido mi sentarme y mi levantarme, Has entendido desde lejos mis pensamientos.

3 Mi senda y mi acostarme has rodeado, Y estás impuesto en todos mis caminos.

4 Pues aun no está la palabra en mi lengua, Y he aquí, oh Jehová, tú la sabes toda.

5 Detrás y delante me guarneciste, Y sobre mí pusiste tu mano.

6 Más maravillosa es la ciencia que mi capacidad; Alta es, no puedo comprenderla.

7 ¿Adónde me iré de tu espíritu? ¿Y adónde huiré de tu presencia?

8 Si subiere á los cielos, allí estás tú: Y si en abismo hiciere mi estrado, he aquí allí tú estás.

9 Si tomare las alas del alba, Y habitare en el extremo de la mar,

10 Aun allí me guiará tu mano, Y me asirá tu diestra.

11 Si dijere: Ciertamente las tinieblas me encubrirán; Aun la noche resplandecerá tocante á mí.

12 Aun las tinieblas no encubren de ti, Y la noche resplandece como el día: Lo mismo te son las tinieblas que la luz.

13 Porque tú poseíste mis riñones; Cubrísteme en el vientre de mi madre.

14 Te alabaré; porque formidables, maravillosas son tus obras: Estoy maravillado, Y mi alma lo conoce mucho.

15 No fué encubierto de ti mi cuerpo, Bien que en oculto fuí formado, Y compaginado en lo más bajo de la tierra.

16 Mi embrión vieron tus ojos, Y en tu libro estaban escritas todas aquellas cosas Que fueron luego formadas, Sin faltar una de ellas.

17 Así que ¡cuán preciosos me son, oh Dios, tus pensamientos! ¡Cuán multiplicadas son sus cuentas!

18 Si los cuento, multiplícanse más que la arena: Despierto, y aun estoy contigo.

19 De cierto, oh Dios, matarás al impío; Apartaos pues de mí, hombres sanguinarios.

20 Porque blasfemias dicen ellos contra ti: Tus enemigos toman en vano tu nombre

21 ¿No tengo en odio, oh Jehová, á los que te aborrecen, Y me conmuevo contra tus enemigos?

22 Aborrézcolos con perfecto odio; Téngolos por enemigos.

23 Examíname, oh Dios, y conoce mi corazón: Pruébame y reconoce mis pensamientos:

24 Y ve si hay en mí camino de perversidad, Y guíame en el camino eterno.

Al Músico principal: Salmo de David.

140 Líbrame, oh Jehová, de hombre malo: Guárdame de hombre violento;

2 Los cuales maquinan males en el corazón, Cada día urden contiendas.

3 Aguzaron su lengua como la serpiente; Veneno de áspid hay debajo de sus labios. (Selah.)

4 Guárdame, oh Jehová, de manos del impío, Presérvame del hombre injurioso; Que han pensado de trastornar mis pasos.

5 Hanme escondido lazo y cuerdas los soberbios; Han tendido red junto á la senda; Me han puesto lazos. (Selah.)

6 He dicho á Jehová: Dios mío eres tú; Escucha, oh Jehová, la voz de mis ruegos.

7 Jehová Señor, fortaleza de mi salud, Tú pusiste á cubierto mi cabeza el día de las armas.

8 No des, oh Jehová, al impío sus deseos; No saques adelante su pensamiento, que no se ensoberbezca. (Selah.)

9 En cuanto á los que por todas partes me rodean, La maldad de sus propios labios cubrirá su cabeza.

10 Caerán sobre ellos brasas; Dios los hará caer en el fuego, En profundos hoyos de donde no salgan.

11 El hombre deslenguado no será firme en la tierra: El mal cazará al hombre injusto para derribarle.

12 Yo sé que hará Jehová el juicio del afligido, El juicio de los menesterosos.

13 Ciertamente los justos alabarán tu nombre; Los rectos morarán en tu presencia.

Salmo de David.

141 Jehová, á ti he clamado; apresúrate á mí; Escucha mi voz, cuando te invocare.

2 Sea enderezada mi oración delante de ti como un perfume, El don de mis manos como la ofrenda de la tarde.

3 Pon, oh Jehová, guarda á mi boca: Guarda la puerta de mis labios.

4 No dejes se incline mi corazón á cosa mala, A hacer obras impías Con los que obran iniquidad, Y no coma yo de sus deleites.

5 Que el justo me castigue, será un favor, Y que me reprenda será un excelente bálsamo. Que no me herirá la cabeza: Así que aun mi oración tendrán en sus calamidades.

6 Serán derribados en lugares peñascosos sus jueces, Y oirán mis palabras, que son suaves.

7 Como quien hiende y rompe la tierra, Son esparcidos nuestros huesos á la boca de la sepultura.

8 Por tanto á ti, oh Jehová Señor, miran mis ojos: En ti he confiado, no desampares mi alma.

9 Guárdame de los lazos que me han tendido, Y de los armadijos de los que obran iniquidad.

10 Caigan los impíos á una en sus redes, Mientras yo pasaré adelante.

Masquil de David: Oración que hizo cuando estaba en la cueva.

142 Con mi voz clamaré á Jehová, Con mi voz pediré á Jehová misericordia.

2 Delante de él derramaré mi querella; Delante de él denunciaré mi angustia.

3 Cuando mi espíritu se angustiaba dentro de mí, tú conociste mi senda. En el camino en que andaba, me escondieron lazo.

4 Miraba á la mano derecha, y observaba; mas no había quien me conociese; No tuve refugio, no había quien volviese por mi vida.

5 Clamé á ti, oh Jehová, Dije: Tú eres mi esperanza, Y mi porción en la tierra de los vivientes.

6 Escucha mi clamor, que estoy muy afligido; Líbrame de los que me persiguen, porque son más fuertes que yo.

7 Saca mi alma de la cárcel para que alabe tu nombre: Me rodearán los justos, Porque tú me serás propicio.

Salmo de David.

143 Oh Jehová, oye mi oración, escucha mis ruegos: Respóndeme por tu verdad, por tu justicia.

2 Y no entres en juicio con tu siervo; Porque no se justificará delante de ti ningún viviente.

3 Porque ha perseguido el enemigo mi alma; Ha postrado en tierra mi vida; Hame hecho habitar en tinieblas como los ya muertos.

4 Y mi espíritu se angustió dentro de mí; Pasmóse mi corazón.

5 Acordéme de los días antiguos; Meditaba en todas tus obras, Reflexionaba en las obras de tus manos.

6 Extendí mis manos á ti; Mi alma á ti como la tierra sedienta. (Selah.)

7 Respóndeme presto, oh Jehová que desmaya mi espíritu: No escondas de mí tu rostro, Y venga yo á ser semejante á los que descienden á la sepultura.

8 Hazme oir por la mañana tu misericordia, Porque en ti he confiado: Hazme saber el camino por donde ande, Porque á ti he alzado mi alma

9 Líbrame de mis enemigos, oh Jehová: A ti me acojo.

10 Enséñame á hacer tu voluntad, porque tú eres mi Dios: Tu buen espíritu me guíe á tierra de rectitud.

11 Por tu nombre, oh Jehová me vivificarás: Por tu justicia, sacarás mi alma de angustia.

12 Y por tu misericordia disiparás mis enemigos, Y destruirás todos los adversarios de mi alma: Porque yo soy tu siervo.

Salmo de David.

144 Bendito sea Jehová, mi roca, Que enseña mis manos á la batalla, Y mis dedos á la guerra:

2 Misericordia mía y mi castillo, Altura mía y mi libertador, Escudo mío, en quien he confiado; El que allana mi pueblo delante de mí.

3 Oh Jehová, ¿qué es el hombre, para que de él conozcas? ¿O el hijo del hombre, para que lo estimes?

4 El hombre es semejante á la vanidad: Sus días son como la sombra que pasa.

5 Oh Jehová, inclina tus cielos y desciende: Toca los montes, y humeen.

6 Despide relámpagos, y disípalos, Envía tus saetas, y contúrbalos.

7 Envía tu mano desde lo alto; Redímeme, y sácame de las muchas aguas, De la mano de los hijos de extraños;

8 Cuya boca habla vanidad, Y su diestra es diestra de mentira.

9 Oh Dios, á ti cantaré canción nueva: Con salterio, con decacordio cantaré á ti.

10 Tú, el que da salud á los reyes, El que redime á David su siervo de maligna espada.

11 Redímeme, y sálvame de mano de los hijos extraños, Cuya boca habla vanidad, Y su diestra es diestra de mentira.

12 Que nuestros hijos sean como plantas crecidas en su juventud; Nuestras hijas como las esquinas labradas á manera de las de un palacio;

13 Nuestros graneros llenos, provistos de toda suerte de grano; Nuestros ganados, que paran á millares y diez millares en nuestras plazas:

14 Que nuestros bueyes estén fuertes para el trabajo; Que no tengamos asalto, ni que hacer salida, Ni grito de alarma en nuestras plazas:

15 Bienaventurado el pueblo que tiene esto: Bienaventurado el pueblo cuyo Dios es Jehová.

Salmo de alabanza: de David.

145 Ensalzarte he, mi Dios, mi Rey; Y bendeciré tu nombre por siglo y para siempre.

2 Cada día te bendeciré, Y alabaré tu nombre por siglo y para siempre.

3 Grande es Jehová y digno de suprema alabanza: Y su grandeza es inescrutable.

4 Generación á generación narrará tus obras, Y anunciarán tus valentías.

5 La hermosura de la gloria de tu magnificencia, Y tus hechos maravillosos, hablaré.

6 Y la terribilidad de tus valentías dirán los hombres; Y yo recontaré tu grandeza.

7 Reproducirán la memoria de la muchedumbre de tu bondad, Y cantarán tu justicia.

8 Clemente y misericordioso es Jehová, Lento para la ira, y grande en misericordia.

9 Bueno es Jehová para con todos; Y sus misericordia sobre todas sus obras.

10 Alábente, oh Jehová, todas tus obras; Y tus santos te bendigan.

11 La gloria de tu reino digan, Y hablen de tu fortaleza;

12 Para notificar á los hijos de los hombre sus valentías, Y la gloria de la magnificencia de su reino.

13 Tu reino es reino de todos los siglos, Y tu señorío en toda generación y generación.

14 Sostiene Jehová á todos los que caen, Y levanta á todos los oprimidos.

15 Los ojos de todos esperan en ti, Y tú les das su comida en su tiempo.

16 Abres tu mano, Y colmas de bendición á todo viviente.

17 Justo es Jehová en todos sus caminos, Y misericordioso en todas sus obras.

18 Cercano está Jehová á todos los que le invocan, A todos los que le invocan de veras.

19 Cumplirá el deseo de los que le temen; Oirá asimismo el clamor de ellos, y los salvará.

20 Jehová guarda á todos los que le aman; Empero destruirá á todos los impíos.

21 La alabanza de Jehová hablará mi boca; Y bendiga toda carne su santo nombre por siglo y para siempre.

Aleluya.

146 Alaba, oh alma mía, á Jehová.

2 Alabaré á Jehová en mi vida: Cantaré salmos á mi Dios mientras viviere.

3 No confiéis en los príncipes, Ni en hijo de hombre, porque no hay en él salud.

4 Saldrá su espíritu, tornaráse en su tierra: En aquel día perecerán sus pensamientos.

5 Bienaventurado aquel en cuya ayuda es el Dios de Jacob, Cuya esperanza es en Jehová su Dios:

6 El cual hizo los cielos y la tierra, La mar, y todo lo que en ellos hay; Que guarda verdad para siempre;

7 Que hace derecho á los agraviados; Que da pan á los hambrientos: Jehová suelta á los aprisionados;

8 Jehová abre los ojos á los ciegos; Jehová levanta á los caídos; Jehová ama á los justos.

9 Jehová guarda á los extranjeros; Al huérfano y á la viuda levanta; Y el camino de los impíos trastorna.

10 Reinará Jehová para siempre; Tu Dios, oh Sión, por generación y generación. Aleluya.

147 Álabad á JAH, Porque es bueno cantar salmos á nuestro Dios; Porque suave y hermosa es la alabanza.

2 Jehová edifica á Jerusalem; A los echados de Israel recogerá.

3 El sana á los quebrantados de corazón, Y liga sus heridas.

4 El cuenta el número de las estrellas; A todas ellas llama por sus nombres.

5 Grande es el Señor nuestro, y de mucha potencia; Y de su entendimiento no hay número.

6 Jehová ensalza á los humildes; Humilla los impíos hasta la tierra.

7 Cantad á Jehová con alabanza, Cantad con arpa á nuestro Dios.

8 El es el que cubre los cielos de nubes, El que prepara la lluvia para la tierra, El que hace á los montes producir hierba.

9 El da á la bestia su mantenimiento, Y á los hijos de los cuervos que claman.

10 No toma contentamiento en la fortaleza del caballo, Ni se complace en las piernas del hombre.

11 Complácese Jehová en los que le temen, Y en los que esperan en su misericordia.

12 Alaba á Jehová, Jerusalem; Alaba á tu Dios, Sión.

13 Porque fortificó los cerrojos de tus puertas; Bendijo á tus hijos dentro de ti.

14 El pone en tu término la paz; Te hará saciar de grosura de trigo.

15 El envía su palabra á la tierra; Muy presto corre su palabra.

16 El da la nieve como lana, Derrama la escarcha como ceniza.

17 El echa su hielo como pedazos: Delante de su frío ¿quién estará?

18 Enviará su palabra, y los derretirá: Soplará su viento, y fluirán las aguas.

19 El denuncia sus palabras á Jacob, Sus estatutos y sus juicios á Israel.

20 No ha hecho esto con toda gente; Y no conocieron sus juicios. Aleluya.

Aleluya.

148 Alabad á Jehová desde los cielos: Alabadle en las alturas.

2 Alabadle, vosotros todos sus ángeles: Alabadle, vosotros todos sus ejércitos.

3 Alabadle, sol y luna: Alabadle, vosotras todas, lucientes estrellas.

4 Alabadle, cielos de los cielos, Y las aguas que están sobre los cielos.

5 Alaben el nombre de Jehová; Porque él mandó, y fueron criadas.

6 Y las hizo ser para siempre por los siglos; Púso les ley que no será quebrantada.

7 Alabad á Jehová, de la tierra Los dragones y todos los abismos;

8 El fuego y el granizo, la nieve y el vapor, El viento de tempestad que ejecuta su palabra;

9 Los montes y todos los collados; El árbol de fruto, y todos los cedros;

10 La bestia y todo animal; Reptiles y volátiles;

11 Los reyes de la tierra y todos los pueblos; Los príncipes y todos los jueces de la tierra;

12 Los mancebos y también las doncellas; Los viejos y los niños;

13 Alaben el nombre de Jehová, Porque sólo su nombre es elevado; Su gloria es sobre tierra y cielos.

14 El ensalzó el cuerno de su pueblo; Aláben le todos sus santos, los hijos de Israel, El pueblo á él cercano. Aleluya.

Aleluya.

149 Cantad á Jehová canción nueva: Su alabanza sea en la congregación de los santos.

2 Alégrese Israel en su Hacedor: Los hijos de Sión se gocen en su Rey.

3 Alaben su nombre con corro: Con adufe y arpa á él canten.

4 Porque Jehová toma contentamiento con su pueblo: Hermoseará á los humildes con salud.

5 Gozarse han los píos con gloria: Cantarán sobre sus camas.

6 Ensalzamientos de Dios modularán en sus gargantas. Y espadas de dos filos habrá en sus manos;

7 Para hacer venganza de las gentes, Y castigo en los pueblos;

8 Para aprisionar sus reyes en grillos, Y sus nobles con cadenas de hierro;

9 Para ejecutar en ellos el juicio escrito: Gloria será esta para todos sus santos. Aleluya.

Aleluya.

150 Alabad á Dios en su santuario: Alabadle en la extensión de su fortaleza.

2 Alabadle por sus proezas: Alabadle conforme á la muchedumbre de su grandeza.

3 Alabadle á son de bocina: Alabadle con salterio y arpa.

4 Alabadle con adufe y flauta: Alabadle con cuerdas y órgano.

5 Alabadle con címbalos resonantes: Alabadle con címbalos de júbilo.

6 Todo lo que respira alabe á JAH. Aleluya.

PROVERBIOS

1 Los proverbios de Salomón, hijo de David, rey de Israel:
2 Para entender sabiduría y doctrina; Para conocer las razones prudentes;

3 Para recibir el consejo de prudencia, Justicia, y juicio y equidad;

4 Para dar sagacidad á los simples, Y á los jóvenes inteligencia y cordura.

5 Oirá el sabio, y aumentará el saber; Y el entendido adquirirá consejo;

6 Para entender parábola y declaración; Palabras de sabios, y sus dichos oscuros.

7 El principio de la sabiduría es el temor de Jehová: Los insensatos desprecian la sabiduría y la enseñanza.

8 Oye, hijo mío, la doctrina de tu padre, Y no desprecies la dirección de tu madre:

9 Porque adorno de gracia serán á tu cabeza, Y collares á tu cuello.

10 Hijo mío, si los pecadores te quisieren engañar, No consientas.

11 Si dijeren: Ven con nosotros, Pongamos asechanzas á la sangre, Acechemos sin motivo al inocente;

12 Los tragaremos vivos como el sepulcro, Y enteros, como los que caen en sima;

13 Hallaremos riquezas de todas suertes, Henchiremos nuestras casas de despojos;

14 Echa tu suerte entre nosotros; Tengamos todos una bolsa:

15 Hijo mío, no andes en camino con ellos; Aparta tu pie de sus veredas:

16 Porque sus pies correrán al mal, E irán presurosos á derramar sangre.

17 Porque en vano se tenderá la red Ante los ojos de toda ave;

18 Mas ellos á su propia sangre ponen asechanzas, Y á sus almas tienden lazo.

19 Tales son las sendas de todo el que es dado á la codicia, La cual prenderá el alma de sus poseedores.

20 La sabiduría clama de fuera, Da su voz en las plazas:

21 Clama en los principales lugares de concurso; En las entradas de las puertas de la ciudad dice sus razones:

22 ¿Hasta cuando, oh simples, amaréis la simpleza, Y los burladores desearán el burlar, Y los insensatos aborrecerán la ciencia?

23 Volveos á mi reprensión: He aquí yo os derramaré mi espíritu, Y os haré saber mis palabras.

24 Por cuanto llamé, y no quisisteis: Extendí mi mano, y no hubo quien escuchase;

25 Antes desechasteis todo consejo mío, Y mi reprensión no quisisteis:

26 También yo me reiré en vuestra calamidad, Y me burlaré cuando os viniere lo que teméis;

27 Cuando viniere como una destrucción lo que teméis, Y vuestra calamidad llegare como un torbellino; Cuando sobre vosotros viniere tribulación y angustia.

28 Entonces me llamarán, y no responderé; Buscarme han de mañana, y no me hallarán:

29 Por cuanto aborrecieron la sabiduría, Y no escogieron el temor de Jehová,

30 Ni quisieron mi consejo, Y menospreciaron toda reprensión mía:

31 Comerán pues del fruto de su camino, Y se hartarán de sus consejos.

32 Porque el reposo de los ignorantes los matará, Y la prosperidad de los necios los echará á perder.

33 Mas el que me oyere, habitará confiadamente, Y vivirá reposado, sin temor de mal.

2 Hijo mío, si tomares mis palabras, Y mis mandamientos guardares dentro de ti,

2 Haciendo estar atento tu oído á la sabiduría; Si inclinares tu corazón á la prudencia;

3 Si clamares á la inteligencia, Y á la prudencia dieres tu voz;

4 Si como á la plata la buscares, Y la escudriñares como á tesoros;

5 Entonces entenderás el temor de Jehová, Y hallarás el conocimiento de Dios.

6 Porque Jehová da la sabiduría, Y de su boca viene el conocimiento y la inteligencia.

7 El provee de sólida sabiduría á los rectos: Es escudo á los que caminan rectamente.

8 Es el que guarda las veredas del juicio, Y preserva el camino de sus santos.

9 Entonces entenderás justicia, juicio, y equidad, Y todo buen camino.

10 Cuando la sabiduría entrare en tu corazón, Y la ciencia fuere dulce á tu alma,

11 El consejo te guardará, Te preservará la inteligencia:

12 Para librarte del mal camino, De los hombres que hablan perversidades;

13 Que dejan las veredas derechas, Por andar en caminos tenebrosos;

14 Que se alegran haciendo mal, Que se huelgan en las perversidades del vicio;

15 Cuyas veredas son torcidas, Y torcidos sus caminos.

16 Para librarte de la mujer extraña, De la ajena que halaga con sus palabras;

17 Que desampara el príncipe de su mocedad, Y se olvida del pacto de su Dios.

18 Por lo cual su casa está inclinada á la muerte, Y sus veredas hacia los muertos:

19 Todos los que á ella entraren, no volverán, Ni tomarán las veredas de la vida.

20 Para que andes por el camino de los buenos, Y guardes las veredas de los justos.

21 Porque los rectos habitarán la tierra, Y los perfectos permanecerán en ella;

22 Mas los impíos serán cortados de la tierra, Y los prevaricadores serán de ella desarraigados.

3 Hijo mío, no te olvides de mi ley; Y tu corazón guarde mis mandamientos:

2 Porque largura de días, y años de vida Y paz te aumentarán.

3 Misericordia y verdad no te desamparen; Atalas á tu cuello, Escríbelas en la tabla de tu corazón:

4 Y hallarás gracia y buena opinión En los ojos de Dios y de los hombres.

5 Fíate de Jehová de todo tu corazón, Y no estribes en tu prudencia.

6 Reconócelo en todos tus caminos, Y él enderezará tus veredas.

7 No seas sabio en tu opinión: Teme á Jehová, y apártate del mal;

8 Porque será medicina á tu ombligo, Y tuétano á tus huesos.

9 Honra á Jehová de tu sustancia, Y de las primicias de todos tus frutos;

10 Y serán llenas tus trojes con abundancia, Y tus lagares rebosarán de mosto.

11 No deseches, hijo mío, el castigo de Jehová; Ni te fatigues de su corrección:

12 Porque al que ama castiga, Como el padre al hijo á quien quiere.

13 Bienaventurado el hombre que halla la sabiduría, Y que obtiene la inteligencia.

14 Porque su mercadería es mejor que la mercadería de la plata, Y sus frutos más que el oro fino.

15 Más preciosa es que las piedras preciosas; Y todo lo que puedes desear, no se puede comparar á ella.

16 Largura de días está en su mano derecha; En su izquierda riquezas y honra.

17 Sus caminos son caminos deleitosos, Y todas sus veredas paz.

18 Ella es árbol de vida á los que de ella asen: Y bienaventurados son los que la mantienen.

19 Jehová con sabiduría fundó la tierra; Afirmó los cielos con inteligencia.

20 Con su ciencia se partieron los abismos, Y destilan el rocío los cielos.

21 Hijo mío, no se aparten estas cosas de tus ojos; Guarda la ley y el consejo;

22 Y serán vida á tu alma, Y gracia á tu cuello.

23 Entonces andarás por tu camino confiadamente, Y tu pie no tropezará.

24 Cuando te acostares, no tendrás temor; Antes te acostarás, y tu sueño será suave.

25 No tendrás temor de pavor repentino, Ni de la ruina de los impíos cuando viniere:

26 Porque Jehová será tu confianza, Y él preservará tu pie de ser preso.

27 No detengas el bien de sus dueños, Cuando tuvieres poder para hacerlo.

28 No digas á tu prójimo: Ve, y vuelve, Y mañana te daré; Cuando tienes contigo qué darle.

29 No intentes mal contra tu prójimo, Estando él confiado de ti.

30 No pleitees con alguno sin razón, Si él no te ha hecho agravio.

31 No envidies al hombre injusto, Ni escojas alguno de sus caminos.

32 Porque el perverso es abominado de Jehová: Mas su secreto es con los rectos.

33 La maldición de Jehová está en la casa del impío; Mas él bendecirá la morada de los justos.

34 Ciertamente él escarnecerá á los escarnecedores, Y á los humildes dará gracia.

35 Los sabios heredarán honra: Mas los necios sostendrán ignominia.

4 Oíd, hijos, la doctrina de un padre, Y estad atentos para que conozcáis cordura.

2 Porque os doy buena enseñanza; No desamparéis mi ley.

3 Porque yo fuí hijo de mi padre, Delicado y único delante de mi madre.

4 Y él me enseñaba, y me decía: Mantenga tu corazón mis razones, Guarda tus mandamientos, y vivirás:

5 Adquiere sabiduría, adquiere inteligencia; No te olvides ni te apartes de las razones de mi boca:

6 No la dejes, y ella te guardará; Amala, y te conservará.

7 Sabiduría ante todo: adquiere sabiduría: Y ante toda tu posesión adquiere inteligencia.

8 Engrandécela, y ella te engrandecerá: Ella te honrará, cuando tú la hubieres abrazado.

9 Adorno de gracia dará á tu cabeza: Corona de hermosura te entregará.

10 Oye, hijo mío, y recibe mis razones; Y se te multiplicarán años de vida.

11 Por el camino de la sabiduría te he encaminado, Y por veredas derechas te he hecho andar.

12 Cuando anduvieres no se estrecharán tus pasos; Y si corrieres, no tropezarás.

13 Ten el consejo, no lo dejes; Guárdalo, porque eso es tu vida.

14 No entres por la vereda de los impíos, Ni vayas por el camino de los malos.

15 Desampárala, no pases por ella; Apártate de ella, pasa.

16 Porque no duermen ellos, si no hicieren mal; Y pierden su sueño, si no han hecho caer.

17 Porque comen pan de maldad, y beben vino de robos.

18 Mas la senda de los justos es como la luz de la aurora, Que va en aumento hasta que el día es perfecto.

19 El camino de los impíos es como la oscuridad: No saben en qué tropiezan.

20 Hijo mío, está atento á mis palabras; Inclina tu oído á mis razones.

21 No se aparten de tus ojos; Guárdalas en medio de tu corazón.

22 Porque son vida á los que las hallan, Y medicina á toda su carne.

23 Sobre toda cosa guardada guarda tu corazón; Porque de él mana la vida.

24 Aparta de ti la perversidad de la boca, Y aleja de ti la iniquidad de labios.

25 Tus ojos miren lo recto, Y tus párpados en derechura delante de ti.

26 Examina la senda de tus pies, Y todos tus caminos sean ordenados.

27 No te apartes á diestra, ni á siniestra: Aparta tu pie del mal.

5 Hijo mío, está atento á mi sabiduría, Y á mi inteligencia inclina tu oído;

2 Para que guardes consejo, Y tus labios conserven la ciencia.

3 Porque los labios de la extraña destilan miel, Y su paladar es más blando que el aceite;

4 Mas su fin es amargo como el ajenjo, Agudo como cuchillo de dos filos.

5 Sus pies descienden á la muerte; Sus pasos sustentan el sepulcro:

6 Sus caminos son instables; no los conocerás, Si no considerares el camino de la vida.

7 Ahora pues, hijos, oidme, Y no os apartéis de las razones de mi boca.

8 Aleja de ella tu camino, Y no te acerques á la puerta de su casa;

9 Porque no des á los extraños tu honor, Y tus años á cruel;

10 Porque no se harten los extraños de tu fuerza, Y tus trabajos estén en casa del extraño;

11 Y gimas en tus postrimerías, Cuando se consumiere tu carne y tu cuerpo,

12 Y digas: ¡Cómo aborrecí el consejo, Y mi corazón menospreció la represión;

13 Y no oí la voz de los que me adoctrinaban, Y á los que me enseñaban no incliné mi oído!

14 Casi en todo mal he estado, En medio de la sociedad y de la congregación.

15 Bebe el agua de tu cisterna, Y los raudales de tu pozo.

16 Derrámense por de fuera tus fuentes, En las plazas los ríos de aguas.

17 Sean para ti solo, Y no para los extraños contigo.

18 Sea bendito tu manantial; Y alégrate con la mujer de tu mocedad.

19 Como cierva amada y graciosa corza, Sus pechos te satisfagan en todo tiempo; Y en su amor recréate siempre.

20 ¿Y por qué, hijo mío, andarás ciego con la ajena, Y abrazarás el seno de la extraña?

21 Pues que los caminos del hombre están ante los ojos de Jehová, Y él considera todas sus veredas.

22 Prenderán al impío sus propias iniquidades, Y detenido será con las cuerdas de su pecado.

23 El morirá por falta de corrección; Y errará por la grandeza de su locura.

6 Hijo mío, si salieres fiador por tu amigo, Si tocaste tu mano por el extraño,

2 Enlazado eres con las palabras de tu boca, Y preso con las razones de tu boca.

3 Haz esto ahora, hijo mío, y líbrate, Ya que has caído en la mano de tu prójimo: Ve, humíllate, y asegúrate de tu amigo.

4 No des sueño á tus ojos, Ni á tus párpados adormecimiento.

5 Escápate como el corzo de la mano del cazador, Y como el ave de la mano del parancero.

6 Ve á la hormiga, oh perezoso Mira sus caminos, y sé sabio;

7 La cual no teniendo capitán, Ni gobernador, ni señor,

8 Prepara en el verano su comida Y allega en el tiempo de la siega su mantenimiento.

9 Perezoso, ¿hasta cuándo has de dormir? ¿Cuándo te levantarás de tu sueño?

10 Un poco de sueño, un poco de dormitar, Y cruzar por un poco las manos para reposo:

11 Así vendrá tu necesidad como caminante, Y tu pobreza como hombre de escudo.

12 El hombre malo, el hombre depravado, Anda en perversidad de boca;

13 Guiña de sus ojos, habla con sus pies, Indica con sus dedos;

14 Perversidades hay en su corazón, anda pensando mal en todo tiempo; Enciende rencillas.

15 Por tanto su calamidad vendrá de repente; Súbitamente será quebrantado, y no habrá remedio.

16 Seis cosas aborrece Jehová, Y aun siete abomina su alma:

17 Los ojos altivos, la lengua mentirosa, Las manos derramadoras de sangre inocente,

18 El corazón que maquina pensamientos inicuos, Los pies presurosos para correr al mal,

19 El testigo falso que habla mentiras, Y el que enciende rencillas entre los hermanos.

20 Guarda, hijo mío, el mandamiento de tu padre, Y no dejes la enseñanza de tu madre:

21 Atalos siempre en tu corazón, Enlázalos á tu cuello.

22 Te guiarán cuando anduvieres; cuando durmieres te guardarán; Hablarán contigo cuando despertares.

23 Porque el mandamiento es antorcha, y la enseñanza luz; Y camino de vida las represiones de la enseñanza:

24 Para que te guarden de la mala mujer, De la blandura de la lengua de la extraña.

25 No codicies su hermosura en tu corazón, Ni ella te prenda con sus ojos:

26 Porque á causa de la mujer ramera es reducido el hombre á un bocado de pan; Y la mujer caza la preciosa alma del varón.

27 ¿Tomará el hombre fuego en su seno, Sin que sus vestidos se quemen?

28 ¿Andará el hombre sobre las brasas, Sin que sus pies se abrasen?

29 Así el que entrare á la mujer de su prójimo; No será sin culpa cualquiera que la tocare.

30 No tienen en poco al ladrón, cuando hurtare Para saciar su alma teniendo hambre;

31 Empero tomado, paga las setenas, Da toda la sustancia de su casa.

32 Mas el que comete adulterio con la mujer, es falto de entendimiento: Corrompe su alma el que tal hace.

33 Plaga y vergüenza hallará; Y su afrenta nunca será raída.

34 Porque los celos son el furor del hombre, Y no perdonará en el día de la venganza.

35 No tendrá respeto á ninguna redención; Ni querrá perdonar, aunque multipliques los dones.

7 Hijo mío, guarda mis razones, Y encierra contigo mis mandamientos.

2 Guarda mis mandamientos, y vivirás; Y mi ley como las niñas de tus ojos.

3 Lígalos á tus dedos; Escríbelos en la tabla de tu corazón.

4 Di á la sabiduría: Tú eres mi hermana; Y á la inteligencia llama parienta:

5 Para que te guarden de la mujer ajena, Y de la extraña que ablanda sus palabras.

6 Porque mirando yo por la ventana de mi casa, Por mi celosía,

7 Vi entre los simples, Consideré entre los jóvenes, Un mancebo falto de entendimiento,

8 El cual pasaba por la calle, junto á la esquina de aquella, E iba camino de su casa,

9 A la tarde del día, ya que oscurecía, En la oscuridad y tiniebla de la noche.

10 Y he aquí, una mujer que le sale al encuentro Con atavío de ramera, astuta de corazón,

11 Alborotadora y rencillosa, Sus pies no pueden estar en casa;

12 Unas veces de fuera, ó bien por las plazas, Acechando por todas las esquinas.

13 Y traba de él, y bésalo; Desvergonzó su rostro, y díjole:

14 Sacrificios de paz había prometido, Hoy he pagado mis votos;

15 Por tanto he salido á encontrarte, Buscando diligentemente tu rostro, y te he hallado.

16 Con paramentos he ataviado mi cama, Recamados con cordoncillo de Egipto.

17 He sahumado mi cámara Con mirra, áloes, y cinamomo.

18 Ven, embriaguémonos de amores hasta la mañana; Alegrémonos en amores.

19 Porque el marido no está en casa, Hase ido á un largo viaje:

20 El saco de dinero llevó en su mano; El día señalado volverá á su casa.

21 Rindiólo con la mucha suavidad de sus palabras, Obligóle con la blandura de sus labios.

22 Vase en pos de ella luego, Como va el buey al degolladero, Y como el loco á las prisiones para ser castigado;

23 Como el ave que se apresura al lazo, Y no sabe que es contra su vida, Hasta que la saeta traspasó su hígado.

24 Ahora pues, hijos, oidme, Y estad atentos á las razones de mi boca.

25 No se aparte á sus caminos tu corazón; No yerres en sus veredas.

26 Porque á muchos ha hecho caer heridos; Y aun los más fuertes han sido muertos por ella.

27 Caminos del sepulcro son su casa, Que descienden á las cámaras de la muerte.

CAPÍTULO 8

8 ¿No clama la sabiduría, Y da su voz la inteligencia?

2 En los altos cabezos, junto al camino, A las encrucijadas de las veredas se para;

3 En el lugar de las puertas, á la entrada de la ciudad, A la entrada de las puertas da voces:

4 Oh hombres, á vosotros clamo; Y mi voz es á los hijos de los hombres.

5 Entended, simples, discreción; Y vosotros, locos, entrad en cordura.

6 Oid, porque hablaré cosas excelentes; Y abriré mis labios para cosas rectas.

7 Porque mi boca hablará verdad, Y la impiedad abominará mis labios.

8 En justicia son todas las razones de mi boca; No hay en ellas cosa perversa ni torcida.

9 Todas ellas son rectas al que entiende, Y razonables á los que han hallado sabiduría.

10 Recibid mi enseñanza, y no plata; Y ciencia antes que el oro escogido.

11 Porque mejor es la sabiduría que las piedras preciosas; Y todas las cosas que se pueden desear, no son de comparar con ella.

12 Yo, la sabiduría, habito con la discreción, Y hallo la ciencia de los consejos.

13 El temor de Jehová es aborrecer el mal; La soberbia y la arrogancia, y el mal camino Y la boca perversa, aborrezco.

14 Conmigo está el consejo y el ser; Yo soy la inteligencia; mía es la fortaleza.

15 Por mí reinan los reyes, Y los príncipes determinan justicia.

16 Por mí dominan los príncipes, Y todos los gobernadores juzgan la tierra.

17 Yo amo á los que me aman; Y me hallan los que madrugando me buscan.

18 Las riquezas y la honra están conmigo; Sólidas riquezas, y justicia.

19 Mejor es mi fruto que el oro, y que el oro refinado; Y mi rédito mejor que la plata escogida.

20 Por vereda de justicia guiaré, Por en medio de sendas de juicio;

21 Para hacer heredar á mis amigos el ser, Y que yo hincha sus tesoros.

22 Jehová me poseía en el principio de su camino, Ya de antiguo, antes de sus obras.

23 Eternamente tuve el principado, desde el principio, Antes de la tierra.

24 Antes de los abismos fuí engendrada; Antes que fuesen las fuentes de las muchas aguas.

25 Antes que los montes fuesen fundados, Antes de los collados, era yo engendrada;

26 No había aún hecho la tierra, ni las campiñas, Ni el principio del polvo del mundo.

27 Cuando formaba los cielos, allí estaba yo; Cuando señalaba por compás la sobrefaz del abismo;

28 Cuando afirmaba los cielos arriba, Cuando afirmaba las fuentes del abismo;

29 Cuando ponía á la mar su estatuto, Y á las aguas, que no pasasen su mandamiento; Cuando establecía los fundamentos de la tierra;

30 Con él estaba yo ordenándolo todo; Y fuí su delicia todos los días, Teniendo solaz delante de él en todo tiempo.

31 Huélgome en la parte habitable de su tierra; Y mis delicias son con los hijos de los hombres.

32 Ahora pues, hijos, oidme: Y bienaventurados los que guardaren mis caminos.

33 Atended el consejo, y sed sabios, Y no lo menospreciéis.

34 Bienaventurado el hombre que me oye, Velando á mis puertas cada día, Guardando los umbrales de mis entradas.

35 Porque el que me hallare, hallará la vida, Y alcanzará el favor de Jehová.

36 Mas el que peca contra mí, defrauda su alma: Todos los que me aborrecen, aman la muerte.

9 La sabiduría edificó su casa, Labró sus siete columnas;
2 Mató sus víctimas, templó su vino, Y puso su mesa.

3 Envió sus criadas; Sobre lo más alto de la ciudad clamó:

4 Cualquiera simple, venga acá. A los faltos de cordura dijo:

5 Venid, comed mi pan, Y bebed del vino que yo he templado.

6 Dejad las simplezas, y vivid; Y andad por el camino de la inteligencia.

7 El que corrige al escarnecedor, afrenta se acarrea: El que reprende al impío, se atrae mancha.

8 No reprendas al escarnecedor, porque no te aborrezca: Corrige al sabio, y te amará.

9 Da al sabio, y será más sabio: Enseña al justo, y acrecerá su saber.

10 El temor de Jehová es el principio de la sabiduría; Y la ciencia de los santos es inteligencia.

11 Porque por mí se aumentarán tus días, Y años de vida se te añadirán.

12 Si fueres sabio, para ti lo serás: Mas si fueres escarnecedor, pagarás tú solo.

13 La mujer loca es alborotadora; Es simple é ignorante.

14 Siéntase en una silla á la puerta de su casa, En lo alto de la ciudad,

15 Para llamar á los que pasan por el camino, Que van por sus caminos derechos.

16 Cualquiera simple, dice, venga acá. A los faltos de cordura dijo:

17 Las aguas hurtadas son dulces, Y el pan comido en oculto es suave.

18 Y no saben que allí están los muertos; Que sus convidados están en los profundos de la sepultura.

Las sentencias de Salomón.

10 El hijo sabio alegra al padre; Y el hijo necio es tristeza de su madre.

2 Los tesoros de maldad no serán de provecho: Mas la justicia libra de muerte.

3 Jehová no dejará hambrear el alma del justo: Mas la iniquidad lanzará á los impíos.

4 La mano negligente hace pobre: Mas la mano de los diligentes enriquece.

5 El que recoge en el estío es hombre entendido: El que duerme en el tiempo de la siega es hombre afrentoso.

6 Bendiciones sobre la cabeza del justo: Mas violencia cubrirá la boca de los impíos.

7 La memoria del justo será bendita: Mas el nombre de los impíos se pudrirá.

8 El sabio de corazón recibirá los mandamientos: Mas el loco de labios caerá.

9 El que camina en integridad, anda confiado: Mas el que pervierte sus caminos, será quebrantado.

10 El que guiña del ojo acarrea tristeza; Y el loco de labios será castigado.

11 Vena de vida es la boca del justo: Mas violencia cubrirá la boca de los impíos.

12 El odio despierta rencillas: Mas la caridad cubrirá todas las faltas.

13 En los labios del prudente se halla sabiduría: Y vara á las espaldas del falto de cordura.

14 Los sabios guardan la sabiduría: Mas la boca del loco es calamidad cercana.

15 Las riquezas del rico son su ciudad fuerte; Y el desmayo de los pobres es su pobreza.

16 La obra del justo es para vida; Mas el fruto del impío es para pecado.

17 Camino á la vida es guardar la corrección: Mas el que deja la reprensión, yerra.

18 El que encubre el odio es de labios mentirosos; Y el que echa mala fama es necio.

19 En las muchas palabras no falta pecado: Mas el que refrena sus labios es prudente.

20 Plata escogida es la lengua del justo: Mas el entendimiento de los impíos es como nada.

21 Los labios del justo apacientan á muchos: Mas los necios por falta de entendimiento mueren.

22 La bendición de Jehová es la que enriquece, Y no añade tristeza con ella.

23 Hacer abominación es como risa al insensato: Mas el hombre entendido sabe.

24 Lo que el impío teme, eso le vendrá: Mas á los justos les será dado lo que desean.

25 Como pasa el torbellino, así el malo no permanece: Mas el justo, fundado para siempre.

26 Como el vinagre á los dientes, y como el humo á los ojos, Así es el perezoso á los que lo envían.

27 El temor de Jehová aumentará los días: Mas los años de los impíos serán acortados.

28 La esperanza de los justos es alegría; Mas la esperanza de los impíos perecerá.

29 Fortaleza es al perfecto el camino de Jehová: Mas espanto es á los que obran maldad.

30 El justo eternamente no será removido: Mas los impíos no habitarán la tierra.

31 La boca del justo producirá sabiduría: Mas la lengua perversa será cortada.

32 Los labios del justo conocerán lo que agrada: Mas la boca de los impíos habla perversidades.

11 El peso falso abominación es á Jehová: Mas la pesa cabal le agrada.

2 Cuando viene la soberbia, viene también la deshonra: Mas con los humildes es la sabiduría.

3 La integridad de los rectos los encaminará: Mas destruirá á los pecadores la perversidad de ellos.

4 No aprovecharán las riquezas en el día de la ira: Mas la justicia librará de muerte.

5 La justicia del perfecto enderezará su camino: mas el impío por su impiedad caerá.

6 La justicia de los rectos los librará: Mas los pecadores en su pecado serán presos.

7 Cuando muere el hombre impío, perece su esperanza; Y la espectativa de los malos perecerá.

8 El justo es librado de la tribulación: Mas el impío viene en lugar suyo.

9 El hipócrita con la boca daña á su prójimo: Mas los justos son librados con la sabiduría.

10 En el bien de los justos la ciudad se alegra: Mas cuando los impíos perecen, hay fiestas.

11 Por la bendición de los rectos la ciudad será engrandecida: Mas por la boca de los impíos ella será trastornada.

12 El que carece de entendimiento, menosprecia á su prójimo: Mas el hombre prudente calla.

13 El que anda en chismes, descubre el secreto: Mas el de espíritu fiel encubre la cosa.

14 Cuando faltaren las industrias, caerá el pueblo: Mas en la multitud de consejeros hay salud.

15 Con ansiedad será afligido el que fiare al extraño: Mas el que aborreciere las fianzas vivirá confiado.

16 La mujer graciosa tendrá honra: Y los fuertes tendrán riquezas.

17 A su alma hace bien el hombre misericordioso: Mas el cruel atormenta su carne.

18 El impío hace obra falsa: Mas el que sembrare justicia, tendrá galardón firme.

19 Como la justicia es para vida, Así el que sigue el mal es para su muerte.

20 Abominación son á Jehová los perversos de corazón: Mas los perfectos de camino le son agradables.

21 Aunque llegue la mano á la mano, el malo no quedará sin castigo: Mas la simiente de los justos escapará.

22 Zarcillo de oro en la nariz del puerco, Es la mujer hermosa y apartada de razón.

23 El deseo de los justos es solamente bien: Mas la esperanza de los impíos es enojo.

24 Hay quienes reparten, y les es añadido más: Y hay quienes son escasos más de lo que es justo, mas vienen á pobreza.

25 El alma liberal será engordada: Y el que saciare, él también será saciado.

26 Al que retiene el grano, el pueblo lo maldecirá: Mas bendición será sobre la cabeza del que vende.

27 El que madruga al bien, buscará favor: Mas el que busca el mal, vendrále.

28 El que confía en sus riquezas, caerá: Mas los justos reverdecerán como ramos.

29 El que turba su casa heredará viento; Y el necio será siervo del sabio de corazón.

30 El fruto del justo es árbol de vida: Y el que prende almas, es sabio.

31 Ciertamente el justo será pagado en la tierra: ¡Cuánto más el impío y el pecador!

12 El que ama la corrección ama la sabiduría: Mas el que aborrece la reprensión, es ignorante.

2 El bueno alcanzará favor de Jehová: Mas él condenará al hombre de malos pensamientos.

3 El hombre no se afirmará por medio de la impiedad: Mas la raíz de los justos no será movida.

4 La mujer virtuosa corona es de su marido: Mas la mala, como carcoma en sus huesos.

5 Los pensamientos de los justos son rectitud; Mas los consejos de los impíos, engaño.

6 Las palabras de los impíos son para acechar la sangre: Mas la boca de los rectos los librará.

7 Dios trastornará á los impíos, y no serán más: Mas la casa de los justos permanecerá.

8 Según su sabiduría es alabado el hombre: Mas el perverso de corazón será en menosprecio.

9 Mejor es el que es menospreciado y tiene servidores, Que el que se precia, y carece de pan.

10 El justo atiende á la vida de su bestia: Mas las entrañas de los impíos son crueles.

11 El que labra su tierra, se hartará de pan: Mas el que sigue los vagabundos es falto de entendimiento.

12 Desea el impío la red de los malos: Mas la raíz de los justos dará fruto.

13 El impío es enredado en la prevaricación de sus labios: Mas el justo saldrá de la tribulación.

14 El hombre será harto de bien del fruto de su boca: Y la paga de las manos del hombre le será dada.

15 El camino del necio es derecho en su opinión: Mas el que obedece al consejo es sabio.

16 El necio luego al punta da á conocer su ira: Mas el que disimula la injuria es cuerdo.

17 El que habla verdad, declara justicia; Mas el testigo mentiroso, engaño.

18 Hay quienes hablan como dando estocadas de espada: Mas la lengua de los sabios es medicina.

19 El labio de verdad permanecerá para siempre: Mas la lengua de mentira por un momento.

20 Engaño hay en el corazón de los que piensan mal: Mas alegría en el de los que piensan bien.

21 Ninguna adversidad acontecerá al justo: Mas los impíos serán llenos de mal.

22 Los labios mentirosos son abominación á Jehová: Mas los obradores de verdad su contentamiento.

23 El hombre cuerdo encubre la ciencia: Mas el corazón de los necios publica la necedad.

24 La mano de los diligentes se enseñoreará: Mas la negligencia será tributaria.

25 El cuidado congojoso en el corazón del hombre, lo abate; Mas la buena palabra lo alegra.

26 El justo hace ventaja á su prójimo: Mas el camino de los impíos les hace errar.

27 El indolente no chamuscará su caza: Mas el haber precioso del hombre es la diligencia.

28 En el camino de la justicia está la vida; Y la senda de su vereda no es muerte.

13 El hijo sabio toma el consejo del padre: Mas el burlador no escucha las represiones.

2 Del fruto de su boca el hombre comerá bien: Mas el alma de los prevaricadores hallará mal.

3 El que guarda su boca guarda su alma: Mas el que mucho abre sus labios tendrá calamidad.

4 Desea, y nada alcanza el alma del perezoso: Mas el alma de los diligentes será engordada.

5 El justo aborrece la palabra de mentira: Mas el impío se hace odioso é infame.

6 La justicia guarda al de perfecto camino: Mas la impiedad trastornará al pecador.

7 Hay quienes se hacen ricos, y no tienen nada: Y hay quienes se hacen pobres, y tienen muchas riquezas.

8 La redención de la vida del hombre son sus riquezas: Pero el pobre no oye censuras.

9 La luz de los justos se alegrará: Mas apagaráse la lámpara de los impíos.

10 Ciertamente la soberbia parirá contienda: Mas con los avisados es la sabiduría.

11 Disminuiránse las riquezas de vanidad: Empero multiplicará el que allega con su mano.

12 La esperanza que se prolonga, es tormento del corazón: Mas árbol de vida es el deseo cumplido.

13 El que menosprecia la palabra, perecerá por ello: Mas el que teme el mandamiento, será recompensado.

14 La ley del sabio es manantial de vida, Para apartarse de los lazos de la muerte.

15 El buen entendimiento conciliará gracia: Mas el camino de los prevaricadores es duro.

16 Todo hombre cuerdo obra con sabiduría: Mas el necio manifestará necedad.

17 El mal mensajero caerá en mal: Mas el mensajero fiel es medicina.

18 Pobreza y vergüenza tendrá el que menosprecia el consejo: Mas el que guarda la corrección, será honrado.

19 El deseo cumplido deleita el alma: Pero apartarse del mal es abominación á los necios.

20 El que anda con los sabios, sabio será; Mas el que se allega á los necios, será quebrantado.

21 Mal perseguirá á los pecadores: Mas á los justos les será bien retribuído.

22 El bueno dejará herederos á los hijos de los hijos; Y el haber del pecador, para el justo está guardado.

23 En el barbecho de los pobres hay mucho pan: Mas piérdese por falta de juicio.

24 El que detiene el castigo, á su hijo aborrece: Mas el que lo ama, madruga á castigarlo.

25 El justo come hasta saciar su alma: Mas el vientre de los impíos tendrá necesidad.

14 La mujer sabia edifica su casa: Mas la necia con sus manos la derriba.

2 El que camina en su rectitud teme á Jehová: Mas el pervertido en sus caminos lo menosprecia.

3 En la boca del necio está la vara de la soberbia: Mas los labios de los sabios los guardarán.

4 Sin bueyes el granero está limpio: Mas por la fuerza del buey hay abundancia de pan.

5 El testigo verdadero no mentirá: Mas el testigo falso hablará mentiras.

6 Busca el escarnecedor la sabiduría, y no la halla: Mas la sabiduría al hombre entendido es fácil.

7 Vete de delante del hombre necio, Porque en él no advertirás labios de ciencia.

8 La ciencia del cuerdo es entender su camino: Mas la indiscreción de los necios es engaño.

9 Los necios se mofan del pecado: Mas entre los rectos hay favor.

10 El corazón conoce la amargura de su alma; Y extraño no se entrometerá en su alegría.

11 La casa de los impíos será asolada: Mas florecerá la tienda de los rectos.

12 Hay camino que al hombre parece derecho; Empero su fin son caminos de muerte.

13 Aun en la risa tendrá dolor el corazón; Y el término de la alegría es congoja.

14 De sus caminos será harto el apartado de razón: Y el hombre de bien estará contento del suyo.

15 El simple cree á toda palabra: Mas el avisado entiende sus pasos.

16 El sabio teme, y se aparta del mal: Mas el necio se arrebata, y confía.

17 El que presto se enoja, hará locura: Y el hombre malicioso será aborrecido.

18 Los simples heredarán necedad: Mas los cuerdos se coronarán de sabiduría.

19 Los malos se inclinarán delante de los buenos, Y los impíos á las puertas del justo.

20 El pobre es odioso aun á su amigo: Pero muchos son los que aman al rico.

21 Peca el que menosprecia á su prójimo: Mas el que tiene misericordia de los pobres, es bienaventurado.

22 ¿No yerran los que piensan mal? Misericordia empero y verdad alcanzarán los que piensan bien.

23 En toda labor hay fruto: Mas la palabra de los labios solamente empobrece.

24 Las riquezas de los sabios son su corona: Mas es infatuación la insensatez de los necios.

25 El testigo verdadero libra las almas: Mas el engañoso hablará mentiras.

26 En el temor de Jehová está la fuerte confianza; Y esperanza tendrán sus hijos.

27 El temor de Jehová es manantial de vida, Para apartarse de los lazos de la muerte.

28 En la multitud de pueblo está la gloria del rey: Y en la falta de pueblo la flaqueza del príncipe.

29 El que tarde se aira, es grande de entendimiento: Mas el corto de espíritu engrandece el desatino.

30 El corazón apacible es vida de las carnes: Mas la envidia, pudrimiento de huesos.

31 El que oprime al pobre, afrenta á su Hacedor: Mas el que tiene misericordia del pobre, lo honra.

32 Por su maldad será lanzado el impío: Mas el justo en su muerte tiene esperanza.

33 En el corazón del cuerdo reposa la sabiduría; Y es conocida en medio de los necios.

34 La justicia engrandece la nación: Mas el pecado es afrenta de las naciones.

35 La benevolencia del rey es para con el ministro entendido: Mas su enojo contra el que lo avergüenza.

15 La blanda respuesta quita la ira: Mas la palabra áspera hace subir el furor.

2 La lengua de los sabios adornará la sabiduría: Mas la boca de los necios hablará sandeces.

3 Los ojos de Jehová están en todo lugar, Mirando á los malos y á los buenos.

4 La sana lengua es árbol de vida: Mas la perversidad en ella es quebrantamiento de espíritu.

5 El necio menosprecia el consejo de su padre: Mas el que guarda la corrección, vendrá á ser cuerdo.

6 En la casa del justo hay gran provisión; Empero turbación en las ganancias del impío.

7 Los labios de los sabios esparcen sabiduría: Mas no así el corazón de los necios.

8 El sacrificio de los impíos es abominación á Jehová: Mas la oración de los rectos es su gozo.

9 Abominación es á Jehová el camino del impío: Mas él ama al que sigue justicia.

10 La reconvención es molesta al que deja el camino: Y que aborreciere la corrección, morirá.

11 El infierno y la perdición están delante de Jehová: ¡Cuánto más los corazones de los hombres!

12 El escarnecedor no ama al que le reprende; Ni se allega á los sabios.

13 El corazón alegre hermosea el rostro: Mas por el dolor de corazón el espíritu se abate.

14 El corazón entendido busca la sabiduría: Mas la boca de los necios pace necedad.

15 Todos los días del afligido son trabajosos: Mas el de corazón contento tiene un convite continuo.

16 Mejor es lo poco con el temor de Jehová, Que el gran tesoro donde hay turbación.

17 Mejor es la comida de legumbres donde hay amor, Que de buey engordado donde hay odio.

18 El hombre iracundo mueve contiendas: Mas el que tarde se enoja, apaciguará la rencilla.

19 El camino del perezoso es como seto de espinos: Mas la vereda de los rectos como una calzada.

20 El hijo sabio alegra al padre: Mas el hombre necio menosprecia á su madre.

21 La necedad es alegría al falto de entendimiento: Mas el hombre entendido enderezará su proceder.

22 Los pensamientos son frustrados donde no hay consejo; Mas en la multitud de consejeros se afirman.

23 Alégrase el hombre con la respuesta de su boca: Y la palabra á su tiempo, ¡cuán buena es!

24 El camino de la vida es hacia arriba al entendido, Para apartarse del infierno abajo.

25 Jehová asolará la casa de los soberbios: Mas él afirmará el término de la viuda.

26 Abominación son á Jehová los pensamientos del malo: Mas las expresiones de los limpios son limpias.

27 Alborota su casa el codicioso: Mas el que aborrece las dádivas vivirá.

28 El corazón del justo piensa para responder: Mas la boca de los impíos derrama malas cosas.

29 Lejos está Jehová de los impíos: Mas él oye la oración de los justos.

30 La luz de los ojos alegra el corazón; Y la buena fama engorda los huesos.

31 La oreja que escucha la corrección de vida, Entre los sabios morará.

32 El que tiene en poco la disciplina, menosprecia su alma: Mas el que escucha la corrección, tiene entendimiento.

33 El temor de Jehová es enseñanza de sabiduría: Y delante de la honra está la humildad.

16 Del hombre son las disposiciones del corazón: Mas de Jehová la respuesta de la lengua.

2 Todos los caminos del hombre son limpios en su opinión: Mas Jehová pesa los espíritus.

3 Encomienda á Jehová tus obras, Y tus pensamientos serán afirmados.

4 Todas las cosas ha hecho Jehová por sí mismo, Y aun al impío para el día malo.

5 Abominación es á Jehová todo altivo de corazón: Aunque esté mano sobre mano, no será reputado inocente.

6 Con misericordia y verdad se corrige el pecado: Y con el temor de Jehová se apartan del mal los hombres.

7 Cuando los caminos del hombre son agradables á Jehová, Aun á sus enemigos pacificará con él.

8 Mejor es lo poco con justicia, Que la muchedumbre de frutos sin derecho.

9 El corazón del hombre piensa su camino: Mas Jehová endereza sus pasos.

10 Adivinación está en los labios del rey: En juicio no prevaricará su boca.

11 Peso y balanzas justas son de Jehová: Obra suya son todas las pesas de la bolsa.

12 Abominación es á los reyes hacer impiedad: Porque con justicia será afirmado el trono.

13 Los labios justos son el contentamiento de los reyes; Y aman al que habla lo recto.

14 La ira del rey es mensajero de muerte: Mas el hombre sabio la evitará.

15 En la alegría del rostro del rey está la vida; Y su benevolencia es como nube de lluvia tardía.

16 Mejor es adquirir sabiduría que oro preciado; Y adquirir inteligencia vale más que la plata.

17 El camino de los rectos es apartarse del mal: Su alma guarda el que guarda su camino.

18 Antes del quebrantamiento es la soberbia; Y antes de la caída la altivez de espíritu.

19 Mejor es humillar el espíritu con los humildes, Que partir despojos con los soberbios.

20 El entendido en la palabra, hallará el bien: Y el que confía en Jehová, él es bienaventurado.

21 El sabio de corazón es llamado entendido: Y la dulzura de labios aumentará la doctrina.

22 Manantial de vida es el entendimiento al que lo posee: Mas la erudición de los necios es necedad.

23 El corazón del sabio hace prudente su boca; Y con sus labios aumenta la doctrina.

24 Panal de miel son los dichos suaves. Suavidad al alma y medicina á los huesos.

25 Hay camino que parece derecho al hombre, Mas su salida son caminos de muerte.

26 El alma del que trabaja, trabaja para sí; Porque su boca le constriñe.

27 El hombre perverso cava el mal; Y en sus labios hay como llama de fuego.

28 El hombre perverso levanta contienda; Y el chismoso aparta los mejores amigos.

29 El hombre malo lisonjea á su prójimo, Y le hace andar por el camino no bueno:

30 Cierra sus ojos para pensar perversidades; Mueve sus labios, efectúa el mal.

31 Corona de honra es la vejez, Que se hallará en el camino de justicia.

32 Mejor es el que tarde se aira que el fuerte; Y el que se enseñorea de su espíritu, que el que toma una ciudad.

33 La suerte se echa en el seno: Mas de Jehová es el juicio de ella.

17 Mejor es un bocado seco, y en paz, Que la casa de contienda llena de víctimas.

2 El siervo prudente se enseñoreará del hijo que deshonra, Y entre los hermanos partirá la herencia.

3 El crisol para la plata, y la hornaza para el oro: Mas Jehová prueba los corazones.

4 El malo está atento al labio inicuo; Y el mentiroso escucha á la lengua detractora.

5 El que escarnece al pobre, afrenta á su Hacedor: Y el que se alegra en la calamidad, no quedará sin castigo.

6 Corona de los viejos son los hijos de los hijos; Y la honra de los hijos, sus padres.

7 No conviene al necio la altilocuencia: ¡Cuánto menos al príncipe el labio mentiroso!

8 Piedra preciosa es el cohecho en ojos de sus dueños: A donde quiera que se vuelve, da prosperidad.

9 El que cubre la prevaricación, busca amistad: Mas el que reitera la palabra, aparta al amigo.

10 Aprovecha la represión en el entendido, Más que si cien veces hiriese en el necio.

11 El rebelde no busca sino mal; Y mensajero cruel será contra él enviado.

12 Mejor es se encuentre un hombre con una osa á la cual han robado sus cachorros, Que con un fatuo en su necedad.

13 El que da mal por bien, No se apartará el mal de su casa.

14 El que comienza la pendencia es como quien suelta las aguas: Deja pues la porfía, antes que se enmarañe.

15 El que justifica al impío, y el que condena al justo, Ambos á dos son abominación á Jehová.

16 ¿De qué sirve el precio en la mano del necio para comprar sabiduría, No teniendo entendimiento?

17 En todo tiempo ama el amigo; Y el hermano para la angustia es nacido.

18 El hombre falto de entendimiento toca la mano, Fiando á otro delante de su amigo.

19 La prevaricación ama el que ama pleito; Y el que alza su portada, quebrantamiento busca.

20 El perverso de corazón nunca hallará bien: Y el que revuelve con su lengua, caerá en mal.

21 El que engendra al necio, para su tristeza lo engendra: Y el padre del fatuo no se alegrará.

22 El corazón alegre produce buena disposición: Mas el espíritu triste seca los huesos.

23 El impío toma dádiva del seno Para pervertir las sendas del derecho.

24 En el rostro del entendido aparece la sabiduría: Mas los ojos del necio vagan hasta el cabo de la tierra.

25 El hijo necio es enojo á su padre, Y amargura á la que le engendró.

26 Ciertamente no es bueno condenar al justo, Ni herir á los príncipes que hacen lo recto.

27 Detiene sus dichos el que tiene sabiduría: De prudente espíritu es el hombre entendido.

28 Aun el necio cuando calla, es contado por sabio: El que cierra sus labios es entendido.

18 Según su antojo busca el que se desvía, Y se entremete en todo negocio.

2 No toma placer el necio en la inteligencia, Sino en lo que su corazón se descubre.

3 Cuando viene el impío, viene también el menosprecio, Y con el deshonrador la afrenta.

4 Aguas profundas son las palabras de la boca del hombre; Y arroyo revertiente, la fuente de la sabiduría.

5 Tener respeto á la persona del impío, Para hacer caer al justo de su derecho, no es bueno.

6 Los labios del necio vienen con pleito; Y su boca á cuestiones llama.

7 La boca del necio es quebrantamiento para sí, Y sus labios son lazos para su alma.

8 Las palabras del chismoso parecen blandas, Y descienden hasta lo íntimo del vientre.

9 También el que es negligente en su obra Es hermano del hombre disipador.

10 Torre fuerte es el nombre de Jehová: A él correrá el justo, y será levantado.

11 Las riquezas del rico son la ciudad de su fortaleza, Y como un muro alto en su imaginación.

12 Antes del quebrantamiento se eleva el corazón del hombre, Y antes de la honra es el abatimiento.

13 El que responde palabra antes de oír, Le es fatuidad y oprobio.

14 El ánimo del hombre soportará su enfermedad: Mas ¿quién soportará al ánimo angustiado?

15 El corazón del entendido adquiere sabiduría; Y el oído de los sabios busca la ciencia.

16 El presente del hombre le ensancha el camino, Y le lleva delante de los grandes.

17 El primero en su propia causa parece justo; Y su adversario viene, y le sondea.

18 La suerte pone fin á los pleitos, Y desparte los fuertes.

19 El hermano ofendido es más tenaz que una ciudad fuerte: Y las contiendas de los hermanos son como cerrojos de alcázar.

20 Del fruto de la boca del hombre se hartará su vientre; Hartaráse del producto de sus labios.

21 La muerte y la vida están en poder de la lengua; Y el que la ama comerá de sus frutos.

22 El que halló esposa halló el bien, Y alcanzó la benevolencia de Jehová.

23 El pobre habla con ruegos; Mas el rico responde durezas.

24 El hombre que tiene amigos, ha de mostrarse amigo: Y amigo hay más conjunto que el hermano.

19 Mejor es el pobre que camina en su sencillez, Que el de perversos labios y fatuo.

2 El alma sin ciencia no es buena; Y el presuroso de pies peca.

3 La insensatez del hombre tuerce su camino; Y contra Jehová se aíra su corazón.

4 Las riquezas allegan muchos amigos: Mas el pobre, de su amigo es apartado.

5 El testigo falso no quedará sin castigo; Y el que habla mentiras no escapará.

6 Muchos rogarán al príncipe: Mas cada uno es amigo del hombre que da.

7 Todos los hermanos del pobre le aborrecen: ¡Cuánto más sus amigos se alejarán de él! Buscará la palabra y no la hallará.

8 El que posee entendimiento, ama su alma: El que guarda la inteligencia, hallará el bien.

9 El testigo falso no quedará sin castigo; Y el que habla mentiras, perecerá.

10 No conviene al necio el deleite: ¡Cuánto menos al siervo ser señor de los príncipes!

11 La cordura del hombre detiene su furor; Y su honra es disimular la ofensa.

12 Como el bramido del cachorro de león es la ira del rey; Y su favor como el rocío sobre la hierba.

13 Dolor es para su padre el hijo necio; Y gotera continua las contiendas de la mujer.

14 La casa y las riquezas herencia son de los padres: Mas de Jehová la mujer prudente.

15 La pereza hace caer en sueño; Y el alma negligente hambreará.

16 El que guarda el mandamiento, guarda su alma: Mas el que menospreciare sus caminos, morirá.

17 A Jehová empresta el que da al pobre, Y él le dará su paga.

18 Castiga á tu hijo en tanto que hay esperanza; Mas no se excite tu alma para destruirlo.

19 El de grande ira llevará la pena: Y si usa de violencias, añadirá nuevos males.

20 Escucha el consejo, y recibe la corrección, Para que seas sabio en tu vejez.

21 Muchos pensamientos hay en el corazón del hombre; Mas el consejo de Jehová permanecerá.

22 Contentamiento es á los hombres hacer misericordia: Pero mejor es el pobre que el mentiroso.

23 El temor de Jehová es para vida; Y con él vivirá el hombre, lleno de reposo; No será visitado de mal.

24 El perezoso esconde su mano en el seno: Aun á su boca no la llevará.

25 Hiere al escarnecedor, y el simple se hará avisado; Y corrigiendo al entendido, entenderá ciencia.

26 El que roba á su padre y ahuyenta á su madre, Hijo es avergonzador y deshonrador.

27 Cesa, hijo mío, de oir la enseñanza Que induce á divagar de las razones de sabiduría.

28 El testigo perverso se burlará del juicio; Y la boca de los impíos encubrirá la iniquidad.

29 Aparejados están juicios para los escarnecedores, Y azotes para los cuerpos de los insensatos.

20 El vino es escarnecedor, la cerveza alborotadora; Y cualquiera que por ello errare, no será sabio.

2 Como bramido de cachorro de león es el terror del rey: El que lo hace enfurecerse, peca contra su alma.

3 Honra es del hombre dejarse de contienda: Mas todo insensato se envolverá en ella.

4 El perezoso no ara á causa del invierno; Pedirá pues en la siega, y no hallará.

5 Como aguas profundas es el consejo en el corazón del hombre: Mas el hombre entendido lo alcanzará.

6 Muchos hombres publican cada uno su liberalidad: Mas hombre de verdad, ¿quién lo hallará?

7 El justo que camina en su integridad, Bienaventurados serán sus hijos después de él.

8 El rey que se sienta en el trono de juicio, Con su mirar disipa todo mal.

9 ¿Quién podrá decir: Yo he limpiado mi corazón, Limpio estoy de mi pecado?

10 Doble pesa y doble medida, Abominación son á Jehová ambas cosas.

11 Aun el muchacho es conocido por sus hechos, Si su obra fuere limpia y recta.

12 El oído que oye, y el ojo que ve, Ambas cosas ha igualmente hecho Jehová.

13 No ames el sueño, porque no te empobrezcas; Abre tus ojos, y te hartarás de pan.

14 El que compra dice: Malo es, malo es: Mas en apartándose, se alaba.

15 Hay oro y multitud de piedras preciosas: Mas los labios sabios son vaso precioso.

16 Quítale su ropa al que salió por fiador del extraño; Y tómale prenda al que fía la extraña.

17 Sabroso es al hombre el pan de mentira; Mas después su boca será llena de cascajo.

18 Los pensamientos con el consejo se ordenan: Y con industria se hace la guerra.

19 El que descubre el secreto, en chismes anda: No te entrometas, pues, con el que lisonjea con sus labios.

20 El que maldice á su padre ó á su madre, Su lámpara será apagada en oscuridad tenebrosa.

21 La herencia adquirida de priesa al principio, Aun su postrimería no será bendita.

22 No digas, yo me vengaré; Espera á Jehová, y él te salvará.

23 Abominación son á Jehová las pesas dobles; Y el peso falso no es bueno.

24 De Jehová son los pasos del hombre: ¿Cómo pues entenderá el hombre su camino?

25 Lazo es al hombre el devorar lo santo, Y andar pesquisando después de los votos.

26 El rey sabio esparce los impíos. Y sobre ellos hace tornar la rueda.

27 Candela de Jehová es el alma del hombre, Que escudriña lo secreto del vientre.

28 Misericordia y verdad guardan al rey; Y con clemencia sustenta su trono.

29 La gloria de los jóvenes es su fortaleza, Y la hermosura de los viejos la vejez.

30 Las señales de las heridas son medicina para lo malo: Y las llagas llegan á lo más secreto del vientre.

21 Como los repartimientos de las aguas, así está el corazón del rey en la mano de Jehová: A todo lo que quiere lo inclina.

2 Todo camino del hombre es recto en su opinión: Mas Jehová pesa los corazones.

3 Hacer justicia y juicio es á Jehová Más agradable que sacrificio.

4 Altivez de ojos, y orgullo de corazón, Y el brillo de los impíos, son pecado.

5 Los pensamientos del solícito ciertamente van á abundancia; Mas todo presuroso, indefectiblemente á pobreza.

6 Allegar tesoros con lengua de mentira, Es vanidad desatentada de aquellos que buscan la muerte.

7 La rapiña de los impíos los destruirá; Por cuanto no quisieron hacer juicio.

8 El camino del hombre perverso es torcido y extraño: Mas la obra del limpio es recta.

9 Mejor es vivir en un rincón de zaquizamí. Que con la mujer rencillosa en espaciosa casa.

10 El alma del impío desea mal: Su prójimo no le parece bien.

11 Cuando el escarnecedor es castigado, el simple se hace sabio; Y cuando se amonesta al sabio, aprenderá ciencia.

12 Considera el justo la casa del impío: Cómo los impíos son trastornados por el mal.

13 El que cierra su oído al clamor del pobre, También él clamará, y no será oído.

14 El presente en secreto amansa el furor, Y el don en el seno, la fuerte ira.

15 Alegría es al justo hacer juicio; Mas quebrantamiento á los que hacen iniquidad.

16 El hombre que se extravía del camino de la sabiduría, Vendrá á parar en la compañía de los muertos.

17 Hombre necesitado será el que ama el deleite: Y el que ama el vino y ungüentos no enriquecerá.

18 El rescate del justo es el impío, Y por los rectos el prevaricador.

19 Mejor es morar en tierra del desierto, Que con la mujer rencillosa é iracunda.

20 Tesoro codiciable y pingüe hay en la casa del sabio; Mas el hombre insensato lo disipará.

21 El que sigue la justicia y la misericordia, Hallará la vida, la justicia, y la honra.

22 La ciudad de los fuertes tomó el sabio, Y derribó la fuerza en que ella confiaba.

23 El que guarda su boca y su lengua, Su alma guarda de angustias.

24 Soberbio y presuntuoso escarnecedor es el nombre Del que obra con orgullosa saña.

25 El deseo del perezoso le mata, Porque sus manos no quieren trabajar.

26 Hay quien todo el día codicia: Mas el justo da, y no desperdicia.

27 El sacrificio de los impíos es abominación: ¡Cuánto más ofreciéndolo con maldad!

28 El testigo mentiroso perecerá: Mas el hombre que oye, permanecerá en su dicho.

29 El hombre impío afirma rostro: Mas el recto ordena sus caminos.

30 No hay sabiduría, ni inteligencia, Ni consejo, contra Jehová.

31 El caballo se apareja para el día de la batalla: Mas de Jehová es el salvar.

22 De más estima es la buena fama que las muchas riquezas; Y la buena gracia más que la plata y el oro.

2 El rico y el pobre se encontraron: A todos ellos hizo Jehová.

3 El avisado ve el mal, y escóndese: Mas los simples pasan, y reciben el daño.

4 Riquezas, y honra, y vida, Son la remuneración de la humildad y del temor de Jehová.

5 Espinas y lazos hay en el camino del perverso: El que guarda su alma se alejará de ellos.

6 Instruye al niño en su carrera: Aun cuando fuere viejo no se apartará de ella.

7 El rico se enseñoreará de los pobres; Y el que toma prestado, siervo es del que empresta.

8 El que sembrare iniquidad, iniquidad segará: Y consumiráse la vara de su ira.

9 El ojo misericordioso será bendito, Porque dió de su pan al indigente.

10 Echa fuera al escarnecedor, y saldrá la contienda, Y cesará el pleito y la afrenta.

11 El que ama la limpieza de corazón, Por la gracia de sus labios su amigo será el rey.

12 Los ojos de Jehová miran por la ciencia; Mas él trastorna las cosas de los prevaricadores.

13 Dice el perezoso: El león está fuera; En mitad de las calles seré muerto.

14 Sima profunda es la boca de las extrañas: Aquel contra el cual estuviere Jehová airado, caerá en ella.

15 La necedad está ligada en el corazón del muchacho; Mas la vara de la corrección la hará alejar de él.

16 El que oprime al pobre para aumentarse él, Y que da al rico, ciertamente será pobre.

17 Inclina tu oído, y oye las palabras de los sabios, Y pon tu corazón á mi sabiduría:

18 Porque es cosa deleitable, si las guardares en tus entrañas; Y que juntamente sean ordenadas en tus labios.

19 Para que tu confianza sea en Jehová, Te las he hecho saber hoy á ti también.

20 ¿No te he escrito tres veces En consejos y ciencia,

21 Para hacerte saber la certidumbre de las razones verdaderas, Para que puedas responder razones de verdad á los que á ti recurren?

22 No robes al pobre, porque es pobre, Ni quebrantes en la puerta al afligido:

23 Porque Jehová juzgará la causa de ellos, Y despojará el alma de aquellos que los despojaren.

24 No te entrometas con el iracundo, Ni te acompañes con el hombre de enojos;

25 Porque no aprendas sus maneras, Y tomes lazo para tu alma.

26 No estés entre los que tocan la mano, Entre los que fían por deudas:

27 Si no tuvieres para pagar, ¿Por qué han de quitar tu cama de debajo de ti?

28 No traspases el término antiguo Que pusieron tus padres.

29 ¿Has visto hombre solícito en su obra? delante de los reyes estará; No estará delante de los de baja suerte.

23 Cuando te sentares á comer con algún señor, Considera bien lo que estuviere delante de ti;

2 Y pon cuchillo á tu garganta, Si tienes gran apetito.

3 No codicies sus manjares delicados, Porque es pan engañoso

4 No trabajes por ser rico; Pon coto á tu prudencia.

5 ¿Has de poner tus ojos en las riquezas, siendo ningunas? Porque hacerse han alas, Como alas de águila, y volarán al cielo.

6 No comas pan de hombre de mal ojo, Ni codicies sus manjares:

7 Porque cual es su pensamiento en su alma, tal es él. Come y bebe, te dirá; Mas su corazón no está contigo.

8 Vomitarás la parte que tú comiste, Y perderás tus suaves palabras.

9 No hables á oídos del necio; Porque menospreciará la prudencia de tus razones.

10 No traspases el término antiguo, Ni entres en la heredad de los huérfanos:

11 Porque el defensor de ellos es el Fuerte, El cual juzgará la causa de ellos contra ti.

12 Aplica tu corazón á la enseñanza, Y tus oídos á las palabras de sabiduría.

13 No rehuses la corrección del muchacho: Porque si lo hirieres con vara, no morirá.

14 Tú lo herirás con vara, Y librarás su alma del infierno.

15 Hijo mío, si tu corazón fuere sabio, También á mí se me alegrará el corazón;

16 Mis entrañas también se alegrarán, Cuando tus labios hablaren cosas rectas.

17 No tenga tu corazón envidia de los pecadores, Antes persevera en el temor de Jehová todo tiempo:

18 Porque ciertamente hay fin, Y tu esperanza no será cortada.

19 Oye tú, hijo mío, y sé sabio, Y endereza tu corazón al camino.

20 No estés con los bebedores de vino, Ni con los comedores de carne:

21 Porque el bebedor y el comilón empobrecerán: Y el sueño hará vestir vestidos rotos.

22 Oye á tu padre, á aquel que te engendró; Y cuando tu madre envejeciere, no la menosprecies.

23 Compra la verdad, y no la vendas; La sabiduría, la enseñanza, y la inteligencia.

24 Mucho se alegrará el padre del justo: Y el que engendró sabio se gozará con él.

25 Alégrense tu padre y tu madre, Y gócese la que te engendró.

26 Dame, hijo mío, tu corazón, Y miren tus ojos por mis caminos.

27 Porque sima profunda es la ramera, Y pozo angosto la extraña.

28 También ella, como robador, acecha, Y multiplica entre los hombres los prevaricadores.

29 ¿Para quién será el ay? ¿para quién el ay? ¿para quién las rencillas? ¿Para quién las quejas? ¿para quién las heridas en balde? ¿Para quién lo amoratado de los ojos?

30 Para los que se detienen mucho en el vino, Para los que van buscando la mistura.

31 No mires al vino cuando rojea, Cuando resplandece su color en el vaso: Entrase suavemente;

32 Mas al fin como serpiente morderá, Y como basilisco dará dolor:

33 Tus ojos mirarán las extrañas, Y tu corazón hablará perversidades.

34 Y serás como el que yace en medio de la mar, O como el que está en la punta de un mastelero.

35 Y dirás: Hiriéronme, no me dolió; Azotáronme, mas no lo sentí; Cuando despertare, aun lo tornaré á buscar.

24 No tengas envidia de los hombres malos, Ni desees estar con ellos:

2 Porque su corazón piensa en robar, E iniquidad hablan sus labios.

3 Con sabiduría se edificará la casa, Y con prudencia se afirmará;

4 Y con ciencia se henchirán las cámaras De todo bien preciado y agradable,

5 El hombre sabio es fuerte; Y de pujante vigor el hombre docto.

6 Porque con ingenio harás la guerra: Y la salud está en la multitud de consejeros.

7 Alta está para el insensato la sabiduría: En la puerta no abrirá él su boca.

8 Al que piensa mal hacer Le llamarán hombre de malos pensamientos.

9 El pensamiento del necio es pecado: Y abominación á los hombres el escarnecedor.

10 Si fueres flojo en el día de trabajo, Tu fuerza será reducida.

11 Si dejares de librar los que son tomados para la muerte, Y los que son llevados al degolladero;

12 Si dijeres: Ciertamente no lo supimos; ¿No lo entenderá el que pesa los corazones? El que mira por tu alma, él lo conocerá, Y dará al hombre según sus obras.

13 Come, hijo mío, de la miel, porque es buena, Y del panal dulce á tu paladar;

14 Tal será el conocimiento de la sabiduría á tu alma: Si la hallares tendrá recompensa, Y al fin tu esperanza no será cortada.

15 Oh impío, no aceches la tienda del justo, No saquees su cámara;

16 Porque siete veces cae el justo, y se torna á levantar; Mas los impíos caerán en el mal.

17 Cuando cayere tu enemigo, no te huelgues; Y cuando tropezare, no se alegre tu corazón:

18 Porque Jehová no lo mire, y le desagrade, Y aparte de sobre él su enojo.

19 No te entrometas con los malignos, Ni tengas envidia de los impíos;

20 Porque para el malo no habrá buen fin, Y la candela de los impíos será apagada.

21 Teme á Jehová, hijo mío, y al rey; No te entrometas con los veleidosos:

22 Porque su quebrantamiento se levantará de repente; Y el quebrantamiento de ambos, ¿quién lo comprende?

23 También estas cosas pertenecen á los sabios. Tener respeto á personas en el juicio no es bueno.

24 El que dijere al malo, Justo eres, Los pueblos lo maldecirán, y le detestarán las naciones:

25 Mas los que lo reprenden, serán agradables, Y sobre ellos vendrá bendición de bien.

26 Besados serán los labios Del que responde palabras rectas.

27 Apresta tu obra de afuera, Y disponla en tu heredad; Y después edificarás tu casa.

28 No seas sin causa testigo contra tu prójimo; Y no lisonjees con tus labios.

29 No digas: Como me hizo, así le haré; Daré el pago al hombre según su obra.

30 Pasé junto á la heredad del hombre perezoso, Y junto á la viña del hombre falto de entendimiento;

31 Y he aquí que por toda ella habían ya crecido espinas, Ortigas habían ya cubierto su haz, Y su cerca de piedra estaba ya destruída.

32 Y yo miré, y púse lo en mi corazón: Vi lo, y tomé consejo.

33 Un poco de sueño, cabeceando otro poco, Poniendo mano sobre mano otro poco para dormir;

34 Así vendrá como caminante tu necesidad, Y tu pobreza como hombre de escudo.

25 También estos son proverbios de Salomón, los cuales copiaron los varones de Ezechías, rey de Judá.

2 Gloria de Dios es encubrir la palabra; Mas honra del rey es escudriñar la palabra.

3 Para la altura de los cielos, y para la profundidad de la tierra, Y para el corazón de los reyes, no hay investigación.

4 Quita las escorias de la plata, Y saldrá vaso al fundidor.

5 Aparta al impío de la presencia del rey, Y su trono se afirmará en justicia.

6 No te alabes delante del rey, Ni estés en el lugar de los grandes:

7 Porque mejor es que se te diga, Sube acá, Que no que seas humillado delante del príncipe Que miraron tus ojos.

8 No salgas á pleito presto, No sea que no sepas qué hacer al fin, Después que tu prójimo te haya dejado confuso.

9 Trata tu causa con tu compañero Y no descubras el secreto á otro.

10 No sea que te deshonre el que lo oyere, Y tu infamia no pueda repararse.

11 Manzana de oro con figuras de plata Es la palabra dicha como conviene.

12 Como zarcillo de oro y joyel de oro fino, Es el que reprende al sabio que tiene oído dócil.

13 Como frío de nieve en tiempo de la siega, Así es el mensajero fiel á los que lo envían: Pues al alma de su señor da refrigerio.

14 Como nubes y vientos sin lluvia, Así es el hombre que se jacta de vana liberalidad.

15 Con larga paciencia se aplaca el príncipe; Y la lengua blanda quebranta los huesos.

16 ¿Hallaste la miel? come lo que te basta; No sea que te hartes de ella, y la vomites.

17 Detén tu pie de la casa de tu vecino, Porque harto de ti no te aborrezca.

18 Martillo y cuchillo y saeta aguda, Es el hombre que habla contra su prójimo falso testimonio.

19 Diente quebrado y pie resbalador, Es la confianza en el prevaricador en tiempo de angustia.

20 El que canta canciones al corazón afligido, Es como el que quita la ropa en tiempo de frío, ó el que sobre el jabón echa vinagre.

21 Si el que te aborrece tuviere hambre, dale de comer pan; Y si tuviere sed, dale de beber agua:

22 Porque ascuas allegas sobre su cabeza, Y Jehová te lo pagará.

23 El viento del norte ahuyenta la lluvia, Y el rostro airado la lengua detractora.

24 Mejor es estar en un rincón de casa, Que con la mujer rencillosa en espaciosa casa.

25 Como el agua fría al alma sedienta, Así son las buenas nuevas de lejanas tierras.

26 Como fuente turbia y manantial corrompido, Es el justo que cae delante del impío.

27 Comer mucha miel no es bueno: Ni el buscar la propia gloria es gloria.

28 Como ciudad derribada y sin muro, Es el hombre cuyo espíritu no tiene rienda.

26 Como la nieve en el verano, y la lluvia en la siega, Así conviene al necio la honra.

2 Como el gorrión en su vagar, y como la golondrina en su vuelo, Así la maldición sin causa nunca vendrá.

3 El látigo para el caballo, y el cabestro para el asno, Y la vara para la espalda del necio.

4 Nunca respondas al necio en conformidad á su necedad, Para que no seas tú también como él.

5 Responde al necio según su necedad, Porque no se estime sabio en su opinión.

6 Como el que se corta los pies y bebe su daño, Así es el que envía algo por mano de un necio.

7 Alzar las piernas del cojo. Así es el proverbio en la boca del necio.

8 Como quien liga la piedra en la honda, Así hace el que al necio da honra.

9 Espinas hincadas en mano del embriagado, Tal es el proverbio en la boca de los necios.

10 El grande cría todas las cosas; y da la paga al insensato, Y la da á los transgresores.

11 Como perro que vuelve á su vómito, Así el necio que repite su necedad.

12 ¿Has visto hombre sabio en su opinión? Más esperanza hay del necio que de él.

13 Dice el perezoso: El león está en el camino; El león está en las calles.

14 Las puertas se revuelven en sus quicios: Así el perezoso en su cama.

15 Esconde el perezoso su mano en el seno; Cánsase de tornarla á su boca.

16 A su ver es el perezoso más sabio Que siete que le den consejo.

17 El que pasando se deja llevar de la ira en pleito

ajeno, Es como el que toma al perro por las orejas.

18 Como el que enloquece, y echa llamas Y saetas y muerte,

19 Tal es el hombre que daña á su amigo, Y dice: Ciertamente me chanceaba.

20 Sin leña se apaga el fuego: Y donde no hay chismoso, cesa la contienda.

21 El carbón para brasas, y la leña para el fuego: Y el hombre rencilloso para encender contienda.

22 Las palabras del chismoso parecen blandas; Mas ellas entran hasta lo secreto del vientre.

23 Como escoria de plata echada sobre el tiesto, Son los labios enardecidos y el corazón malo.

24 Otro parece en los labios al que aborrece; Mas en su interior pone engaño.

25 Cuando hablare amigablemente, no le creas; Porque siete abominaciones hay en su corazón.

26 Encúbrese el odio con disimulo; Mas su malicia será descubierta en la congregación.

27 El que cavare sima, caerá en ella: Y el que revuelva la piedra, á él volverá.

28 La falsa lengua atormenta al que aborrece: Y la boca lisonjera hace resbaladero.

27 No te jactes del día de mañana; Porque no sabes qué dará de sí el día.

2 Alábete el extraño, y no tu boca; El ajeno, y no tus labios.

3 Pesada es la piedra, y la arena pesa; Mas la ira del necio es más pesada que ambas cosas.

4 Cruel es la ira, é impetuoso el furor; Mas ¿quién parará delante de la envidia?

5 Mejor es represión manifiesta Que amor oculto.

6 Fieles son las heridas del que ama; Pero importunos los besos del que aborrece.

7 El alma harta huella el panal de miel; Mas al alma hambrienta todo lo amargo es dulce.

8 Cual ave que se va de su nido, Tal es el hombre que se va de su lugar.

9 El ungüento y el perfume alegran el corazón: Y el amigo al hombre con el cordial consejo.

10 No dejes á tu amigo, ni al amigo de tu padre; Ni entres en casa de tu hermano el día de tu aflicción. Mejor es el vecino cerca que el hermano lejano.

11 Sé sabio, hijo mío, y alegra mi corazón, Y tendré qué responder al que me deshonrare.

12 El avisado ve el mal, y escóndese, Mas los simples pasan, y llevan el daño.

13 Quítale su ropa al que fió al extraño; Y al que fió á la extraña, tómale prenda.

14 El que bendice á su amigo en alta voz, madrugando de mañana, Por maldición se le contará.

15 Gotera continua en tiempo de lluvia, Y la mujer rencillosa, son semejantes:

16 El que pretende contenerla, arresta el viento: O el aceite en su mano derecha.

17 Hierro con hierro se aguza; Y el hombre aguza el rostro de su amigo.

18 El que guarda la higuera, comerá su fruto; Y el que guarda á su señor, será honrado.

19 Como un agua se parece á otra, Así el corazón del hombre al otro.

20 El sepulcro y la perdición nunca se hartan: Así los ojos del hombre nunca están satisfechos.

21 El crisol prueba la plata, y la hornaza el oro: Y al hombre la boca del que lo alaba.

22 Aunque majes al necio en un mortero entre granos de trigo á pisón majados, No se quitará de él su necedad.

23 Considera atentamente el aspecto de tus ovejas; Pon tu corazón á tus rebaños:

24 Porque las riquezas no son para siempre; ¿Y será la corona para perpetuas generaciones?

25 Saldrá la grama, aparecerá la hierba, Y segaránse las hierbas de los montes.

26 Los corderos para tus vestidos, Y los cabritos para el precio del campo:

27 Y abundancia de leche de las cabras para tu mantenimiento, y para mantenimiento de tu casa, Y para sustento de tus criadas.

28 Huye el impío sin que nadie lo persiga: Mas el justo está confiado como un leoncillo.

2 Por la rebelión de la tierra sus príncipes son muchos: Mas por el hombre entendido y sabio permanecerá sin mutación.

3 El hombre pobre y robador de los pobres, Es lluvia de avenida y sin pan.

4 Los que dejan la ley, alaban á los impíos: Mas los que la guardan, contenderán con ellos.

5 Los hombres malos no entienden el juicio: Mas los que buscan á Jehová, entienden todas las cosas.

6 Mejor es el pobre que camina en su integridad, Que el de perversos caminos, y rico.

7 El que guarda la ley es hijo prudente: Mas el que es compañero de glotones, avergüenza á su padre.

8 El que aumenta sus riquezas con usura y crecido interés Para que se dé á los pobres los allega.

9 El que aparta su oído para no oir la ley, Su oración también es abominable.

10 El que hace errar á los rectos por el mal camino, él caerá en su misma sima: Mas los perfectos heredarán el bien.

11 El hombre rico es sabio en su opinión: Mas el pobre entendido lo examinará.

12 Cuando los justos se alegran, grande es la gloria; Mas cuando los impíos son levantados, es buscado el hombre.

13 El que encubre sus pecados, no prosperará: Mas el que los confiesa y se aparta, alcanzará misericordia.

14 Bienaventurado el hombre que siempre está temeroso: Mas el que endurece su corazón, caerá en mal.

15 León rugiente y oso hambriento, Es el príncipe impío sobre el pueblo pobre.

16 El príncipe falto de entendimiento multiplicará los agravios: Mas el que aborrece la avaricia, prolongará sus días.

17 El hombre que hace violencia con sangre de persona Huirá hasta el sepulcro, y nadie le detendrá.

18 El que en integridad camina, será salvo; Mas el de perversos caminos caerá en alguno.

19 El que labra su tierra, se hartará de pan: Mas el que sigue los ociosos, se hartará de pobreza.

20 El hombre de verdad tendrá muchas bendiciones: Mas el que se apresura á enriquecer, no será sin culpa.

21 Tener acepción de personas, no es bueno: Hasta por un bocado de pan prevaricará el hombre.

22 Apresúrase á ser rico el hombre de mal ojo; Y no conoce que le ha de venir pobreza.

23 El que reprende al hombre, hallará después mayor gracia Que el que lisonjea con la lengua.

24 El que roba á su padre ó á su madre, y dice que no es maldad, Compañero es del hombre destruidor.

25 El altivo de ánimo suscita contiendas: Mas el que en Jehová confía, medrará.

26 El que confía en su corazón es necio; Mas el que camina en sabiduría, será salvo.

27 El que da al pobre, no tendrá pobreza: Mas el que aparta sus ojos, tendrá muchas maldiciones.

28 Cuando los impíos son levantados, esconderáse el hombre: Mas cuando perecen, los justos se multiplican.

29 El hombre que reprendido endurece la cerviz, De repente será quebrantado; ni habrá para él medicina.

2 Cuando los justos dominan, el pueblo se alegra: Mas cuando domina el impío, el pueblo gime.

3 El hombre que ama la sabiduría, alegra á su padre: Mas el que mantiene rameras, perderá la hacienda.

4 El rey con el juicio afirma la tierra: Mas el hombre de presentes la destruirá.

5 El hombre que lisonjea á su prójimo, Red tiende delante de sus pasos.

6 En la prevaricación del hombre malo hay lazo: Mas el justo cantará y se alegrará.

7 Conoce el justo la causa de los pobres: Mas el impío no entiende sabiduría.

8 Los hombres escarnecedores enlazan la ciudad: Mas los sabios apartan la ira.

9 Si el hombre sabio contendiere con el necio, Que se enoje ó se ría, no tendrá reposo.

10 Los hombres sanguinarios aborrecen al perfecto: Mas los rectos buscan su contentamiento.

1 El necio da suelta á todo su espíritu; Mas el sabio al fin le sosiega.

2 Del señor que escucha la palabra mentirosa, Todos sus ministros son impíos.

3 El pobre y el usurero se encontraron: Jehová alumbra los ojos de ambos.

4 El rey que juzga con verdad á los pobres, Su trono será firme para siempre.

5 La vara y la corrección dan sabiduría: Mas el muchacho consentido avergonzará á su madre.

6 Cuando los impíos son muchos, mucha es la prevaricación; Mas los justos verán la ruina de ellos.

7 Corrige á tu hijo, y te dará descanso, Y dará deleite á tu alma.

8 Sin profecía el pueblo será disipado: Mas el que guarda la ley, bienaventurado él.

9 El siervo no se corregirá con palabras: Porque entiende, mas no corresponde.

20 ¿Has visto hombre ligero en sus palabras? Más esperanza hay del necio que de él.

21 El que regala á su siervo desde su niñez, A la postre será su hijo.

22 El hombre iracundo levanta contiendas; Y el furioso muchas veces peca.

23 La soberbia del hombre le abate; Pero al humilde de espíritu sustenta la honra.

24 El aparcero del ladrón aborrece su vida; Oirá maldiciones, y no lo denunciará.

25 El temor del hombre pondrá lazo: Mas el que confía en Jehová será levantado.

26 Muchos buscan el favor del príncipe: Mas de Jehová viene el juicio de cada uno.

27 Abominación es á los justos el hombre inicuo; Y abominación es al impío el de rectos caminos.

30 Palabras de Agur, hijo de Jachê: La profecía que dijo el varón á Ithiel, á Ithiel y á Ucal.

2 Ciertamente más rudo soy yo que ninguno, Ni tengo entendimiento de hombre.

3 Yo ni aprendí sabiduría, Ni conozco la ciencia del Santo.

4 ¿Quién subió al cielo, y descendió? ¿Quién encerró los vientos en sus puños? ¿Quién ató las aguas en un paño? ¿Quién afirmó todos los términos de la tierra? ¿Cuál es su nombre, y el nombre de su hijo, si sabes?

5 Toda palabra de Dios es limpia: Es escudo á los que en él esperan.

6 No añadas á sus palabras, porque no te reprenda, Y seas hallado mentiroso.

7 Dos cosas te he demandado; No me las niegues antes que muera.

8 Vanidad y palabra mentirosa aparta de mí. No me des pobreza ni riquezas; Manténme del pan que he menester;

9 No sea que me harte, y te niegue, y diga, ¿Quién es Jehová? O no sea que siendo pobre, hurte, Y blasfeme el nombre de mi Dios.

10 No acuses al siervo ante su señor, Porque no te maldiga, y peques.

11 Hay generación que maldice á su padre, Y á su madre no bendice.

12 Hay generación limpia en su opinión, Si bien no se ha limpiado su inmundicia.

13 Hay generación cuyos ojos son altivos, Y cuyos párpados son alzados.

14 Hay generación cuyos dientes son espadas, y sus muelas cuchillos, Para devorar á los pobres de la tierra, y de entre los hombres á los menesterosos.

15 La sanguijuela tiene dos hijas que se llaman, Trae, trae. Tres cosas hay que nunca se hartan; Aun la cuarta nunca dice, Basta:

16 El sepulcro, y la matriz estéril, La tierra no harta de aguas, Y el fuego que jamás dice, Basta.

17 El ojo que escarnece á su padre, Y menosprecia la enseñanza de la madre, Los cuervos lo saquen de la arroyada, Y tráguenlo los hijos del águila.

18 Tres cosas me son ocultas; Aun tampoco sé la cuarta:

19 El rastro del águila en el aire; El rastro de la culebra sobre la peña; El rastro de la nave en medio de la mar; Y el rastro del hombre en la moza.

20 Tal es el rastro de la mujer adúltera: Come, y limpia su boca, Y dice: No he hecho maldad.

21 Por tres cosas se alborota la tierra, Y la cuarta no puede sufrir:

22 Por el siervo cuando reinare; Y por el necio cuando se hartare de pan;

23 Por la aborrecida cuando se casare; Y por la sierva cuando heredare á su señora.

24 Cuatro cosas son de las más pequeñas de la tierra, Y las mismas son más sabias que los sabios:

25 Las hormigas, pueblo no fuerte, Y en el verano preparan su comida;

26 Los conejos, pueblo nada esforzado, Y ponen su casa en la piedra;

27 Las langostas, no tienen rey, Y salen todas acuadrilladas;

28 La araña, ase con las manos, Y está en palacios de rey.

29 Tres cosas hay de hermoso andar, Y la cuarta pasea muy bien:

30 El león, fuerte entre todos los animales, Que no torna atrás por nadie;

31 El lebrel ceñido de lomos; asimismo el macho cabrío; Y un rey contra el cual ninguno se levanta.

32 Si caiste, fué porque te enalteciste; Y si mal pensaste, Pon el dedo sobre la boca.

33 Ciertamente el que exprime la leche, sacará manteca; Y el que recio se suena las narices, sacará sangre: Y el que provoca la ira, causará contienda.

31 Palabras del rey Lemuel; la profecía con que le enseñó su madre.

2 ¿Qué, hijo mío? ¿y qué, hijo de mi vientre? ¿Y qué, hijo de mis deseos?

3 No des á las mujeres tu fuerza, Ni tus caminos á lo que es para destruir los reyes.

4 No es de los reyes, oh Lemuel, no es de los reyes beber vino, Ni de los príncipes la cerveza.

5 No sea que bebiendo olviden la ley, Y perviertan el derecho de todos los hijos afligidos.

6 Dad la cerveza al desfallecido, Y el vino á los de amargo ánimo:

7 Beban, y olvídense de su necesidad, Y de su miseria no más se acuerden.

8 Abre tu boca por el mudo, En el juicio de todos los hijos de muerte.

9 Abre tu boca, juzga justicia, Y el derecho del pobre y del menesteroso.

10 Mujer fuerte, ¿quién la hallará? Porque su estima sobrepuja largamente á la de piedras preciosas.

11 El corazón de su marido está en ella confiado, Y no tendrá necesidad de despojo.

12 Darále ella bien y no mal, Todos los días de su vida.

13 Buscó lana y lino, Y con voluntad labró de sus manos.

14 Fué como navío de mercader: Trae su pan de lejos.

15 Levantóse aun de noche, Y dió comida á su familia, Y ración á sus criadas.

16 Consideró la heredad, y compróla; Y plantó viña del fruto de sus manos.

17 Ciñó sus lomos de fortaleza, Y esforzó sus brazos.

18 Gustó que era buena su granjería: Su candela no se apagó de noche.

19 Aplicó sus manos al huso, Y sus manos tomaron la rueca.

20 Alargó su mano al pobre, Y extendió sus manos al menesteroso.

21 No tendrá temor de la nieve por su familia, Porque toda su familia está vestida de ropas dobles.

22 Ella se hizo tapices; De lino fino y púrpura es su vestido.

23 Conocido es su marido en las puertas, Cuando se sienta con los ancianos de la tierra.

24 Hizo telas, y vendió; Y dió cintas al mercader.

25 Fortaleza y honor son su vestidura; Y en el día postrero reirá.

26 Abrió su boca con sabiduría: Y la ley de clemencia está en su lengua.

27 Considera los caminos de su casa, Y no come el pan de balde.

28 Levantáronse sus hijos, y llamáronla bienaventurada; Su marido también la alabó.

29 Muchas mujeres hicieron el bien; Mas tú las sobrepujaste á todas.

30 Engañosa es la gracia, y vana la hermosura: La mujer que teme á Jehová, ésa será alabada.

31 Dadle del fruto de sus manos, Y alábenla en las puertas sus hechos.

ECCLESIASTÉS

1 Palabras del Predicador, hijo de David, rey en Jerusalem. 2 Vanidad de vanidades, dijo el Predicador; vanidad de vanidades, todo vanidad.

3 ¿Qué provecho tiene el hombre de todo su trabajo con que se afana debajo del sol?

4 Generación va, y generación viene: mas la tierra siempre permanece.

5 Y sale el sol, y pónese el sol, y con deseo vuelve á su lugar donde torna á nacer.

6 El viento tira hacia el mediodía, y rodea al norte; va girando de continuo, y á sus giros torna el viento de nuevo.

7 Los ríos todos van á la mar, y la mar no se hinche; al lugar de donde los ríos vinieron, allí tornan para correr de nuevo.

8 Todas las cosas andan en trabajo mas que el hombre pueda decir: ni los ojos viendo se hartan de ver, ni los oídos se hinchen de oir.

9 ¿Qué es lo que fué? Lo mismo que será. ¿Qué es lo que ha sido hecho? Lo mismo que se hará; y nada hay nuevo debajo del sol.

10 ¿Hay algo de que se pueda decir: He aquí esto es nuevo? Ya fué en los siglos que nos han precedido.

11 No hay memoria de lo que precedió, ni tampoco de lo que sucederá habrá memoria en los que serán después.

12 Yo el Predicador fuí rey sobre Israel en Jerusalem.

13 Y dí mi corazón á inquirir y buscar con sabiduría sobre todo lo que se hace debajo del cielo: este penoso trabajo dió Dios á los hijos de los hombres, en que se ocupen.

14 Yo miré todas las obras que se hacen debajo del sol; y he aquí, todo ello es vanidad y aflicción de espíritu.

15 Lo torcido no se puede enderezar; y lo falto no puede contarse.

16 Hablé yo con mi corazón, diciendo: He aquí hállome yo engrandecido, y he crecido en sabiduría sobre todos los que fueron antes de mí en Jerusalem; y mi corazón ha percibido muchedumbre de sabiduría y ciencia.

17 Y dí mi corazón á conocer la sabiduría, y también á entender las locuras y los desvaríos: conocí que aun esto era aflicción de espíritu.

18 Porque en la mucha sabiduría hay mucha molestia; y quien añade ciencia, añade dolor.

2 Dije yo en mi corazón: Ven ahora, te probaré con alegría, y gozarás de bienes. Mas he aquí esto también era vanidad.

2 A la risa dije: Enloqueces; y al placer: ¿De qué sirve esto?

3 Propuse en mi corazón agasajar mi carne con vino, y que anduviese mi corazón en sabiduría, con retención de la necedad, hasta ver cuál fuese el bien de los hijos de los hombres, en el cual se ocuparan debajo del cielo todos los días de su vida.

4 Engrandecí mis obras, edifiquéme casas, plantéme viñas;

5 Híceme huertos y jardines, y planté en ellos árboles de todos frutos;

6 Híceme estanques de aguas, para regar de ellos el bosque donde los árboles crecían.

7 Poseí siervos y siervas, y tuve hijos de familia; también tuve posesión grande de vacas y ovejas, sobre todos los que fueron antes de mí en Jerusalem;

8 Alleguéme también plata y oro, y tesoro preciado de reyes y de provincias; híceme de cantores y cantoras, y los deleites de los hijos de los hombres, instrumentos músicos y de todas suertes.

9 Y fuí engrandecido, y aumentado más que todos los que fueron antes de mí en Jerusalem: á más de esto perseveró conmigo mi sabiduría.

10 No negué á mis ojos ninguna cosa que desearan, ni aparté mi corazón de placer alguno, porque mi corazón gozó de todo mi trabajo; y ésta fué mi parte de toda mi faena.

11 Miré yo luego todas las obras que habían hecho mis manos, y el trabajo que tomé para hacer las: y he aquí, todo vanidad y aflicción de espíritu, y no hay provecho debajo del sol.

12 Después torné yo á mirar para ver la sabiduría y los desvaríos y la necedad; (porque ¿qué hombre hay que pueda seguir al rey en lo que ya hicieron?)

13 Y he visto que la sabiduría sobrepuja á la necedad, como la luz á las tinieblas.

14 El sabio tiene sus ojos en su cabeza, mas el necio anda en tinieblas: empero también entendí yo que un mismo suceso acaecerá al uno que al otro.

15 Entonces dije yo en mi corazón: Como sucederá al necio me sucederá también á mí: ¿para qué pues he trabajado hasta ahora por hacerme más sabio? Y dije en mi corazón, que también esto era vanidad.

16 Porque ni del sabio ni del necio habrá memoria para siempre; pues en los días venideros ya todo será olvidado, y también morirá el sabio como el necio.

17 Aborrecí por tanto la vida, porque la obra que se hace debajo del sol me era fastidiosa; por cuanto todo es vanidad y aflicción de espíritu.

18 Yo asimismo aborrecí todo mi trabajo que había puesto por obra debajo del sol; el cual dejaré á otro que vendrá después de mí.

19 ¿Y quién sabe si será sabio, ó necio, el que se enseñoreará de todo mi trabajo en que yo me afané, y en que ocupé debajo del sol mi sabiduría? Esto también es vanidad.

20 Tornéme por tanto á desesperanzar mi corazón acerca de todo el trabajo en que me afané, y en que había ocupado debajo del sol mi sabiduría.

21 ¡Que el hombre trabaje con sabiduría, y con ciencia, y con rectitud, y que haya de dar su hacienda á hombre que nunca trabajó en ello! También es esto vanidad y mal grande.

22 Porque ¿qué tiene el hombre de todo su trabajo, y fatiga de su corazón, con que debajo del sol él se afanara?

23 Porque todos sus días no son sino dolores, y sus trabajos molestias: aun de noche su corazón no reposa. Esto también es vanidad.

24 No hay cosa mejor para el hombre sino que coma y beba, y que su alma vea el bien de su trabajo. También tengo yo visto que esto es de la mano de Dios.

25 Porque ¿quién comerá, y quién se cuidará, mejor que yo?

26 Porque al hombre que le agrada, Dios le da sabiduría y ciencia y gozo, mas al pecador da trabajo, el que allegue y amontone, para que dé al que agrada á Dios. También esto es vanidad y aflicción de espíritu.

3 Para todas las cosas hay sazón, y todo lo que se quiere debajo del cielo, tiene su tiempo:

2 Tiempo de nacer, y tiempo de morir; tiempo de plantar, y tiempo de arrancar lo plantado;

3 Tiempo de matar, y tiempo de curar; tiempo de destruir, y tiempo de edificar;

4 Tiempo de llorar, y tiempo de reir; tiempo de endechar, y tiempo de bailar;

5 Tiempo de esparcir las piedras, y tiempo de allegar las piedras; tiempo de abrazar, y tiempo de alejarse de abrazar;

6 Tiempo de agenciar, y tiempo de perder; tiempo de guardar, y tiempo de arrojar;

7 Tiempo de romper, y tiempo de coser; tiempo de callar, y tiempo de hablar;

8 Tiempo de amar, y tiempo de aborrecer; tiempo de guerra, y tiempo de paz.

9 ¿Qué provecho tiene el que trabaja en lo que trabaja?

10 Yo he visto el trabajo que Dios ha dado á los hijos de los hombres para que en él se ocupasen.

11 Todo lo hizo hermoso en su tiempo: y aun el mundo dió en su corazón, de tal manera que no alcance el hombre la obra de Dios desde el principio hasta el cabo.

12 Yo he conocido que no hay mejor para ellos, que alegrarse, y hacer bien en su vida:

13 Y también que es don de Dios que todo hombre coma y beba, y goce el bien de toda su labor.

14 He entendido que todo lo que Dios hace, ésto será perpetuo: sobre aquello no se añadirá, ni de ello se disminuirá; y hácelo Dios, para que delante de él teman los hombres.

15 Aquello que fué, ya es: y lo que ha de ser, fué ya; y Dios restaura lo que pasó.

16 Vi más debajo del sol: en lugar del juicio, allí la impiedad; y en lugar de la justicia, allí la iniquidad.

17 Y dije yo en mi corazón: Al justo y al impío juzgará Dios; porque allí hay tiempo á todo lo que se quiere y sobre todo lo que se hace.

18 Dije en mi corazón, en orden á la condición de los hijos de los hombres, que Dios los probaría, para que así echaran de ver ellos mismos que son semejantes á las bestias.

19 Porque el suceso de los hijos de los hombres, y el suceso del animal, el mismo suceso es: como mueren los unos, así mueren los otros; y una misma respiración tienen todos; ni tiene más el hombre que la bestia: porque todo es vanidad.

20 Todo va á un lugar: todo es hecho del polvo, y todo se tornará en el mismo polvo.

21 ¿Quién sabe que el espíritu de los hijos de los hombres suba arriba, y que el espíritu del animal descienda debajo de la tierra?
22 Así que he visto que no hay cosa mejor que alegrarse el hombre con lo que hiciere; porque esta es su parte: porque ¿quién lo llevará para que vea lo que ha de ser después de él?
4 Y tornéme yo, y vi todas las violencias que se hacen debajo del sol: y he aquí las lágrimas de los oprimidos, y sin tener quien los consuele; y la fuerza estaba en la mano de sus opresores, y para ellos no había consolador.
2 Y alabé yo los finados que ya murieron, más que los vivientes que hasta ahora están vivos.
3 Y tuve por mejor que unos y otros al que no ha sido aún, que no ha visto las malas obras que debajo del sol se hacen.
4 Visto he asimismo que todo trabajo y toda excelencia de obras mueve la envidia del hombre contra su prójimo. También esto es vanidad y aflicción de espíritu.
5 El necio dobla sus manos y come su carne.
6 Mas vale el un puño lleno con descanso, que ambos puños llenos con trabajo y aflicción de espíritu.
7 Yo me tomé otra vez, y vi vanidad debajo del sol.
8 Está un hombre solo y sin sucesor; que ni tiene hijo ni hermano; mas nunca cesa de trabajar, ni sus ojos se hartan de sus riquezas, ni se pregunta: ¿Para quién trabajo yo, y defraudo mi alma del bien? También esto es vanidad, y duro trabajo.
9 Mejores son dos que uno; porque tienen mejor paga de su trabajo.
10 Porque si cayeren, el uno levantará á su compañero: mas ¡ay del solo! que cuando cayere, no habrá segundo que lo levante.
11 También si dos durmieren juntos, se calentarán; mas ¿cómo se calentará uno solo?
12 Y si alguno prevaleciere contra el uno, dos estarán contra él; y cordón de tres dobleces no presto se rompe.
13 Mejor es el muchacho pobre y sabio, que el rey viejo y fatuo que no sabe ser aconsejado.
14 Porque de la cárcel salió para reinar; mientras el nacido en su reino se hizo pobre.
15 Vi todos los vivientes debajo del sol caminando con el muchacho, sucesor, que estará en lugar de aquél.
16 No tiene fin todo el pueblo que fué antes de ellos: tampoco los que vendrán después estarán con él contentos. Y esto es también vanidad y aflicción de espíritu.
5 Cuando fueres á la casa de Dios, guarda tu pie; y acércate más para oir que para dar el sacrificio de los necios: porque no saben que hacen mal.
2 No te des priesa con tu boca, ni tu corazón se apresure á proferir palabra delante de Dios; porque Dios está en el cielo, y tú sobre la tierra: por tanto, sean pocas tus palabras.
3 Porque de la mucha ocupación viene el sueño, y de la multitud de las palabras la voz del necio.
4 Cuando á Dios hicieres promesa, no tardes en pagarla; porque no se agrada de los insensatos. Paga lo que prometieres.
5 Mejor es que no prometas, que no que prometas y no pagues.
6 No sueltes tu boca para hacer pecar á tu carne; ni digas delante del ángel, que fué ignorancia. ¿Por qué harás que Dios se aire á causa de tu voz, y que destruya la obra de tus manos?
7 Donde los sueños son en multitud, también lo son las vanidades y muchas las palabras; mas tú teme á Dios.
8 Si violencias de pobres, y extorsión de derecho y de justicia vieres en la porvincia, no te maravilles de esta licencia; porque alto está mirando sobre alto, y uno más alto está sobre ellos.
9 Además el provecho de la tierra es para todos: el rey mismo está sujeto á los campos.
10 El que ama el dinero, no se hartará de dinero; y el que ama el mucho tener, no sacará fruto. También esto es vanidad.
11 Cuando los bienes se aumentan, también se aumentan sus comedores. ¿Qué bien, pues, tendrá su dueño, sino ver los con sus ojos?
12 Dulce es el sueño del trabajador, ora coma mucho ó poco; mas al rico no le deja dormir la hartura.
13 Hay una trabajosa enfermedad que he visto debajo del sol: las riquezas guardadas de sus dueños para su mal;
14 Las cuales se pierden en malas ocupaciones, y á los hijos que engendraron nada les queda en la mano.
15 Como salió del vientre de su madre, desnudo, así se vuelve, tornando como vino; y nada tuvo de su trabajo para llevar en su mano.

16 Este también es un gran mal, que como vino, así haya de volver. ¿Y de qué le aprovechó trabajar al viento?
17 Demás de esto, todos los días de su vida comerá en tinieblas, con mucho enojo y dolor y miseria.
18 He aquí pues el bien que yo he visto: Que lo bueno es comer y beber, y gozar uno del bien de todo su trabajo con que se fatiga debajo del sol, todos los días de su vida que Dios le ha dado; porque esta es su parte.
19 Asimismo, á todo hombre á quien Dios dió riquezas y hacienda, y le dió también facultad para que coma de ellas, y tome su parte, y goce su trabajo; esto es don de Dios.
20 Porque no se acordará mucho de los días de su vida; pues Dios le responderá con alegría de su corazón.
6 Hay un mal que he visto debajo del cielo, y muy común entre los hombres:
2 Hombre á quien Dios dió riquezas, y hacienda, y honra, y nada le falta de todo lo que su alma desea; mas Dios no le dió facultad de comer de ello, sino que los extraños lo comen. Esto vanidad es, y enfermedad trabajosa.
3 Si el hombre engendrare ciento, y viviere muchos años, y los días de su edad fueren numerosos; si su alma no se hartó del bien, y también careció de sepultura, yo digo que el abortivo es mejor que él.
4 Porque en vano vino, y á tinieblas va, y con tinieblas será cubierto su nombre.
5 Aunque no haya visto el sol, ni conocido nada, más reposo tiene éste que aquél.
6 Porque si viviere aquel mil años dos veces, si no ha gozado del bien, cierto todos van á un lugar.
7 Todo el trabajo del hombre es para su boca, y con todo eso su alma no se harta.
8 Porque ¿qué más tiene el sabio que el necio? ¿qué más tiene el pobre que supo caminar entre los vivos?
9 Más vale vista de ojos que deseo que pasa. Y también esto es vanidad y aflicción de espíritu.
10 El que es, ya su nombre ha sido nombrado; y se sabe que es hombre, y que no podrá contender con el que es más fuerte que él.
11 Ciertamente las muchas palabras multiplican la vanidad. ¿Qué más tiene el hombre?
12 Porque ¿quién sabe cuál es el bien del hombre en la vida, todos los días de la vida de su vanidad, los cuales él pasa como sombra? Porque ¿quién enseñará al hombre qué será después de él debajo del sol?
7 Mejor es la buena fama que el buen ungüento; y el día de la muerte que el día del nacimiento.
2 Mejor es ir á la casa del luto que á la casa del convite; porque aquello es el fin de todos los hombres; y el que vive parará mientes.
3 Mejor es el enojo que la risa: porque con la tristeza del rostro se enmendará el corazón.
4 El corazón de los sabios, en la casa del luto; mas el corazón de los insensatos, en la casa del placer.
5 Mejor es oir la represión del sabio, que la canción de los necios.
6 Porque la risa del necio es como el estrépito de las espinas debajo de la olla. Y también esto es vanidad.
7 Ciertamente la opresión hace enloquecer al sabio: y el presente corrompe el corazón.
8 Mejor es el fin del negocio que su principio: mejor es el sufrido de espíritu que el altivo de espíritu.
9 No te apresures en tu espíritu á enojarte: porque la ira en el seno de los necios reposa.
10 Nunca digas: ¿Qué es la causa que los tiempos pasados fueron mejores que éstos? Porque nunca de esto preguntarás con sabiduría.
11 Buena es la ciencia con herencia; y más á los que ven el sol.
12 Porque escudo es la ciencia, y escudo es el dinero: mas la sabiduría excede en que da vida á sus poseedores.
13 Mira la obra de Dios; porque ¿quién podrá enderezar lo que él torció?
14 En el día del bien goza del bien; y en el día del mal considera. Dios también hizo esto delante de lo otro, porque el hombre no halle nada tras de él.
15 Todo esto he visto en los días de mi vanidad. Justo hay que perece por su justicia, y hay impío que por su maldad alarga sus días.

16 No seas demasiado justo, ni seas sabio con exceso: ¿por qué te destruirás?

17 No hagas mal mucho, ni seas insensato: ¿por qué morirás antes de tu tiempo?

18 Bueno es que tomes esto, y también de estotro no apartes tu mano; porque el que á Dios teme, saldrá con todo.

19 La sabiduría fortifica al sabio más que diez poderosos la ciudad en que fueron.

20 Ciertamente no hay hombre justo en la tierra, que haga bien y nunca peque.

21 Tampoco apliques tu corazón á todas las cosas que se hablaren, porque no oigas á tu siervo que dice mal de ti:

22 Porque tu corazón sabe, como tú también dijiste mal de otros muchas veces.

23 Todas estas cosas probé con sabiduría, diciendo: Hacerme he sabio: mas ella se alejó de mí.

24 Lejos está lo que fué; y lo muy profundo ¿quién lo hallará?

25 Yo he rodeado con mi corazón por saber, y examinar, é inquirir la sabiduría, y la razón; y por conocer la maldad de la insensatez, y el desvarío del error;

26 Y yo he hallado más amarga que la muerte la mujer, la cual es redes, y lazos su corazón; sus manos como ligaduras. El que agrada á Dios escapará de ella; mas el pecador será preso en ella.

27 He aquí, esto he hallado, dice el Predicador, pesando las cosas una por una para hallar la razón;

28 Lo que aun busca mi alma, y no encuentro: un hombre entre mil he hallado; mas mujer de todas éstas nunca hallé.

29 He aquí, solamente he hallado esto: que Dios hizo al hombre recto, mas ellos buscaron muchas cuentas.

8 ¿quién como el sabio? ¿y quién como el que sabe la declaración de las cosas? La sabiduría del hombre hará relucir su rostro, y mudaráse la tosquedad de su semblante.

2 Yo te aviso que guardes el mandamiento del rey y la palabra del juramento de Dios.

3 No te apresures á irte de delante de él, ni en cosa mala persistas; porque él hará todo lo que quisiere:

4 Pues la palabra del rey es con potestad, ¿y quién le dirá, Qué haces?

5 El que guarda el mandamiento no experimentará mal; y el tiempo y el juicio conoce el corazón del sabio.

6 Porque para todo lo que quisieres hay tiempo y juicio; mas el trabajo del hombre es grande sobre él;

7 Porque no sabe lo que ha de ser; y el cuándo haya de ser, ¿quién se lo enseñará?

8 No hay hombre que tenga potestad sobre el espíritu para retener el espíritu, ni potestad sobre el día de la muerte: y no valen armas en tal guerra; ni la impiedad librará al que la posee.

9 Todo esto he visto, y puesto he mi corazón en todo lo que debajo del sol se hace: hay tiempo en que el hombre se enseñorea del hombre para mal suyo.

10 Esto vi también: que los impíos sepultados vinieron aún en memoria; mas los que partieron del lugar santo, fueron luego puestos en olvido en la ciudad donde con rectitud habían obrado. Esto también es vanidad.

11 Porque no se ejecuta luego sentencia sobre la mala obra, el corazón de los hijos de los hombres está en ellos lleno para hacer mal.

12 Bien que el pecador haga mal cien veces, y le sea dilatado el castigo, con todo yo también sé que los que á Dios temen tendrán bien, los que temieren ante su presencia.

13 Y que el impío no tendrá bien, ni le serán prolongados los días, que son como sombra; por cuanto no temió delante de la presencia de Dios.

14 Hay vanidad que se hace sobre la tierra: que hay justos á quienes sucede como si hicieran obras de impíos; y hay impíos á quienes acaece como si hicieran obras de justos. Digo que esto también es vanidad.

15 Por tanto alabé yo la alegría; que no tiene el hombre bien debajo del sol, sino que coma y beba, y se alegre; y que se le quede de su trabajo los días de su vida que Dios le dió debajo del sol.

16 Yo pues dí mi corazón á conocer sabiduría, y á ver la faena que se hace sobre la tierra; (porque hay quien ni de noche ni de día ve sueño en sus ojos;)

17 Y he visto todas las obras de Dios, que el hombre no puede alcanzar la obra que debajo del sol se hace; por mucho que trabaje el hombre buscándola, no la hallará: aunque diga el sabio que la sabe, no por eso podrá alcanzarla.

9 Ciertamente dado he mi corazón á todas estas cosas, para declarar todo esto: que los justos y los sabios, y sus obras, están en la mano de Dios; y que no sabe el hombre ni el amor ni el odio por todo lo que pasa delante de él.

2 Todo acontece de la misma manera á todos: un mismo suceso ocurre al justo y al impío; al bueno y al limpio y al no limpio; al que sacrifica, y al que no sacrifica: como el bueno, así el que peca; el que jura, como el que teme el juramento.

3 Este mal hay entre todo lo que se hace debajo del sol, que todos tengan un mismo suceso, y también que el corazón de los hijos de los hombres esté lleno de mal, y de enloquecimiento en su corazón durante su vida: y después, á los muertos.

4 Aún hay esperanza para todo aquél que está entre los vivos; porque mejor es perro vivo que león muerto.

5 Porque los que viven saben que han de morir: mas los muertos nada saben, ni tienen más paga; porque su memoria es puesta en olvido.

6 También su amor, y su odio y su envidia, feneció ya: ni tiene ya más parte en el siglo, en todo lo que se hace debajo del sol.

7 Anda, y come tu pan con gozo, y bebe tu vino con alegre corazón: porque tus obras ya son agradables á Dios.

8 En todo tiempo sean blancos tus vestidos, y nunca falte ungüento sobre tu cabeza.

9 Goza de la vida con la mujer que amas, todos los días de la vida de tu vanidad, que se son dados debajo del sol, todos los días de tu vanidad; porque esta es tu parte en la vida, y en tu trabajo con que te afanas debajo del sol.

10 Todo lo que te viniere á la mano para hacer, hazlo según tus fuerzas; porque en el sepulcro, adonde tú vas, no hay obra, ni industria, ni ciencia, ni sabiduría.

11 Tornéme, y vi debajo del sol, que ni es de los ligeros la carrera, ni la guerra de los fuertes, ni aun de los sabios el pan, ni de los prudentes las riquezas, ni de los elocuentes el favor; sino que tiempo y ocasión acontece á todos.

12 Porque el hombre tampoco conoce su tiempo: como los peces que son presos en la mala red, y como las aves que se prenden en lazo, así son enlazados los hijos de los hombres en el tiempo malo, cuando cae de repente sobre ellos.

13 También vi esta sabiduría debajo del sol, la cual me parece grande:

14 Una pequeña ciudad, y pocos hombres en ella; y viene contra ella un gran rey, y cércala, y edifica contra ella grandes baluartes:

15 Y hállase en ella un hombre pobre, sabio, el cual libra la ciudad con su sabiduría; y nadie se acordaba de aquel pobre hombre.

16 Entonces dije yo: Mejor es la sabiduría que la fortaleza; aunque la ciencia del pobre sea menospreciada, y no sean escuchadas sus palabras.

17 Las palabras del sabio con reposo son oídas, más que el clamor del señor entre los necios.

18 Mejor es la sabiduría que las armas de guerra; mas un pecador destruye mucho bien.

10 Las moscas muertas hacen heder y dar mal olor el perfume del perfumista: así una pequeña locura, al estimado por sabiduría y honra.

2 El corazón del sabio está á su mano derecha; mas el corazón del necio á su mano izquierda.

3 Y aun mientras va el necio por el camino, fálta le, su cordura, y dice á todos, que es necio.

4 Si el espíritu del príncipe se exaltare contra ti, no dejes tu lugar; porque la lenidad hará cesar grandes ofensas.

5 Hay un mal debajo del sol he visto, á manera de error emanado del príncipe:

6 La necedad está colocada en grandes alturas, y los ricos están sentados en lugar bajo.

7 Vi siervos en caballos, y príncipes que andaban como siervos sobre la tierra.

8 El que hiciere el hoyo caerá en él; y el que aportillare el vallado, morderále la serpiente.

9 El que mudare las piedras, trabajo tendrá en ellas: el que cortare la leña, en ella peligrará.

10 Si se embotare el hierro, y su filo no fuere amolado, hay que añadir entonces más fuerza: empero excede la bondad de la sabiduría.

11 Muerde la serpiente cuando no está encantada, y el lenguaraz no es mejor.

12 Las palabras de la boca del sabio son gracia; mas los labios del necio causan su propia ruina.

13 El principio de las palabras de su boca es necedad; y el fin de su charla nocivo desvarío.

14 El necio multiplica palabras: no sabe hombre lo que ha de ser; ¿y quién le hará saber lo que después de él será?

15 El trabajo de los necios los fatiga; porque no saben por dónde ir á la ciudad.

16 ¡Ay de ti, tierra, cuando tu rey es muchacho, y tus príncipes comen de mañana!

17 ¡Bienaventurada, tú, tierra, cuando tu rey es hijo de nobles, y tus príncipes comen á su hora, por refección, y no por el beber!

18 Por la pereza se cae la techumbre, y por flojedad de manos se llueve la casa.

19 Por el placer se hace el convite, y el vino alegra los vivos; y el dinero responde á todo.

20 Ni aun en tu pensamiento digas mal del rey, ni en los secretos de tu cámara digas mal del rico; porque las aves del cielo llevarán la voz, y las que tienen alas harán saber la palabra.

11 Echa tu pan sobre las aguas; que después de muchos días lo hallarás.

2 Reparte á siete, y aun á ocho: porque no sabes el mal que vendrá sobre la tierra.

3 Si las nubes fueren llenas de agua, sobre la tierra la derramarán: y si el árbol cayere al mediodía, ó al norte, al lugar que el árbol cayere, allí quedará.

4 El que al viento mira, no sembrará; y el que mira á las nubes, no segará.

5 Como tú no sabes cuál es el camino del viento, ó como se crían los huesos en el vientre de la mujer preñada, así ignoras la obra de Dios, el cual hace todas las cosas.

6 Por la mañana siembra tu simiente, y á la tarde no dejes reposar tu mano: porque tú no sabes cuál es lo mejor, si esto ó lo otro, ó si ambas á dos cosas son buenas.

7 Suave ciertamente es la luz, y agradable á los ojos ver el sol:

8 Mas si el hombre viviere muchos años, y en todos ellos hubiere gozado alegría; si después trajere á la memoria los días de las tinieblas, que serán muchos, todo lo que le habrá pasado, dirá haber sido vanidad.

9 Alégrate; mancebo, en tu mocedad, y tome placer tu corazón en los días de tu juventud; y anda en los caminos de tu corazón, y en la vista de tus ojos: mas sabe, que sobre todas estas cosas te traerá Dios á juicio.

10 Quita pues el enojo de tu corazón, y aparta el mal de tu carne: porque la mocedad y la juventud son vanidad.

12 Y acuérdate de tu Criador en los días de tu juventud, antes que vengan los malos días, y lleguen los años, de los cuales digas, No tengo en ellos contentamiento;

2 Antes que se oscurezca el sol, y la luz, y la luna y las estrellas, y las nubes se tornen tras la lluvia:

3 Cuando temblarán los guardas de la casa, y se encorvarán los hombres fuertes, y cesarán las muelas, porque han disminuído, y se oscurecerán los que miran por las ventanas;

4 Y las puertas de afuera se cerrarán, por la bajeza de la voz de la muela; y levantaráse á la voz del ave, y todas las hijas de canción serán humilladas;

5 Cuando también temerán de lo alto, y los tropezones en el camino; y florecerá el almendro, y se agravará la langosta, y perderáse el apetito: porque el hombre va á la casa de su siglo, y los endechadores andarán en derredor por la plaza;

6 Antes que la cadena de plata se quiebre, y se rompa el cuenco de oro, y el cántaro se quiebre junto á la fuente, y la rueda sea rota sobre el pozo;

7 Y el polvo se torne á la tierra, como era, y el espíritu se vuelva á Dios que lo dió.

8 Vanidad de vanidades, dijo el Predicador, todo vanidad.

9 Y cuanto más sabio fué el Predicador, tanto más enseñó sabiduría al pueblo; é hizo escuchar, é hizo escudriñar, y compuso muchos proverbios.

10 Procuró el Predicador hallar palabras agradables, y escritura recta, palabras de verdad.

11 Las palabras de los sabios son como aguijones; y como clavos hincados, las de los maestros de las congregaciones, dadas por un Pastor.

12 Ahora, hijo mío, á más de esto, sé avisado. No hay fin de hacer muchos libros; y el mucho estudio aflicción es de la carne.

13 El fin de todo el discurso oído es este: Teme á Dios, y guarda sus mandamientos; porque esto es el todo del hombre.

14 Porque Dios traerá toda obra á juicio, el cual se hará sobre toda cosa oculta, buena ó mala.

EL CANTAR DE LOS CANTARES

1 Canción de canciones, la cual es de Salomón.

2 ¡Oh si él me besara con ósculos de su boca! Porque mejores son tus amores que el vino.

3 Por el olor de tus suaves ungüentos, (Ungüento derramado es tu nombre,) Por eso las doncellas te amaron.

4 Llévame en pos de ti, correremos. Metióme el rey en sus cámaras: Nos gozaremos y alegraremos en ti; Acordarémonos de tus amores más que del vino: Los rectos te aman.

5 Morena soy, oh hijas de Jerusalem, Mas codiciable; Como las cabañas de Cedar, Como las tiendas de Salomón.

6 No miréis en que soy morena, Porque el sol me miró. Los hijos de mi madre se airaron contra mí, Hiciéronme guarda de viñas; Y mi viña, que era mía, no guardé.

7 Hazme saber, ó tú á quien ama mi alma, Dónde repastas, dónde haces tener majada al medio día: Porque, ¿por qué había yo de estar como vagueando Tras los rebaños de tus compañeros?

8 Si tú no lo sabes, oh hermosa entre las mujeres, Sal, yéndote por las huellas del rebaño, Y apacienta tus cabritas junto á las cabañas de los pastores.

9 A yegua de los carros de Faraón Te he comparado, amiga mía.

10 Hermosas son tus mejillas entre los pendientes, Tu cuello entre los collares.

11 Zarcillos de oro te haremos, Con clavos de plata.

12 Mientras que el rey estaba en su reclinatorio, Mi nardo dió su olor.

13 Mi amado es para mí un manojito de mirra, Que reposa entre mis pechos.

14 Racimo de copher en las viñas de Engadi Es para mí mi amado.

15 He aquí que tú eres hermosa, amiga mía; He aquí que eres bella: tus ojos de paloma.

16 He aquí que tú eres hermoso, amado mío, y suave: Nuestro lecho también florido.

17 Las vigas de nuestra casa son de cedro, Y de ciprés los artesonados.

2 Yo soy la rosa de Sarón, Y el lirio de los valles.

2 Como el lirio entre las espinas, Así es mi amiga entre las doncellas.

3 Como el manzano entre los árboles silvestres, Así es mi amado entre los mancebos: Bajo la sombra del deseado me senté, Y su fruto fué dulce en mi paladar.

4 Llevóme á la cámara del vino, Y su bandera sobre mí fué amor.

5 Sustentadme con frascos, corroboradme con manzanas; Porque estoy enferma de amor.

6 Su izquierda esté debajo de mi cabeza, Y su derecha me abrace.

7 Yo os conjuro, oh doncellas de Jerusalem, Por las gamas y por las ciervas del campo, Que no despertéis ni hagáis velar al amor Hasta que quiera.

8 ¡La voz de mi amado! He aquí él viene Saltando sobre los montes, brincando sobre los collados.

9 Mi amado es semejante al gamo, ó al cabrito de los ciervos. Helo aquí, está tras nuestra pared, Mirando por las ventanas, Mostrándose por las rejas.

10 Mi amado habló, y me dijo: Levántate, oh amiga mía, hermosa mía, y vente.

11 Porque he aquí ha pasado el invierno, Hase mudado, la lluvia se fué;

12 Hanse mostrado las flores en la tierra, El tiempo de la canción es venido, Y en nuestro país se ha oído la voz de la tórtola;

13 La higuera ha echado sus higos, Y las vides en cierne Dieron olor: Levántate, oh amiga mía, hermosa mía, y vente.

14 Paloma mía, que estás en los agujeros de la peña, en lo escondido de escarpados parajes, Muéstrame tu rostro, hazme oír tu voz; Porque dulce es la voz tuya, y hermoso tu aspecto.

15 Cazadnos las zorra, las zorras pequeñas, que echan á perder las viñas; Pues que nuestras viñas están en cierne.

16 Mi amado es mío, y yo suya; El apacienta entre lirios.

17 Hasta que apunte el día, y huyan las sombras, Tórnate, amado mío; sé semejante al gamo, ó al cabrito de los ciervos, Sobre los montes de Bether.

3 Por las noches busqué en mi lecho al que ama mi alma: Busquélo, y no lo hallé.

2 Levantaréme ahora, y rodearé por la ciudad; Por las calles y por las plazas Buscaré al que ama mi alma: Busquélo, y no lo hallé.

3 Halláronme los guardas que rondan la ciudad, Y díjeles: ¿Habéis visto al que ama mi alma?

4 Pasando de ellos un poco, Hallé luego al que mi alma ama: Trabé de él, y no lo dejé, Hasta que lo metí en casa de mi madre, Y en la cámara de la que me engendró.

5 Yo os conjuro, oh doncellas de Jerusalem, Por las gamas y por las ciervas del campo, Que no despertéis ni hagáis velar al amor, Hasta que quiera.

6 ¿Quién es ésta que sube del desierto como columnita de humo, Sahumada de mirra y de incienso, Y de todos polvos aromáticos?

7 He aquí es la litera de Salomón: Sesenta valientes la rodean, De los fuertes de Israel.

8 Todos ellos tienen espadas, diestros en la guerra; Cada uno su espada sobre su muslo, Por los temores de la noche.

9 El rey Salomón se hizo una carroza De madera del Líbano.

10 Sus columnas hizo de plata, Su respaldo de oro, su cielo de grana, Su interior enlosado de amor, Por las doncellas de Jerusalem.

11 Salid, oh doncellas de Sión, y ved al rey Salomón Con la corona con que le coronó su madre el día de su desposorio, Y el día del gozo de su corazón.

4 He aquí que tú eres hermosa, amiga mía, he aquí que tú eres hermosa; Tus ojos entre tus guedejas como de paloma; Tus cabellos como manada de cabras, Que se muestran desde el monte de Galaad.

2 Tus dientes, como manadas de trasquiladas ovejas, Que suben del lavadero, Todas con crías mellizas, Y ninguna entre ellas estéril.

3 Tus labios, como un hilo de grana, Y tu habla hermosa; Tus sienes, como cachos de granada á la parte adentro de tus guedejas.

4 Tu cuello, como la torre de David, edificada para muestra; Mil escudos están colgados de ella, Todos escudos de valientes.

5 Tus dos pechos, como dos cabritos mellizos de gama, Que son apacentados entre azucenas.

6 Hasta que apunte el día y huyan las sombras, Iréme al monte de la mirra, Y al collado del incienso.

7 Toda tú eres hermosa, amiga mía Y en ti no hay mancha.

8 Conmigo del Líbano, oh esposa, Conmigo ven del Líbano: Mira desde la cumbre de Amana, Desde la cumbre de Senir y de Hermón, Desde las guaridas de los leones, Desde los montes de los tigres.

9 Prendiste mi corazón, hermana, esposa mía; Has preso mi corazón con uno de tus ojos, Con una gargantilla de tu cuello.

10 ¡Cuán hermosos son tus amores, hermana, esposa mía! ¡Cuánto mejores que el vino tus amores, Y el olor de tus ungüentos que todas las especias aromáticas!

11 Como panal de miel destilan tus labios, oh esposa; Miel y leche hay debajo de tu lengua; Y el olor de tus vestidos como el olor del Líbano.

12 Huerto cerrado eres, mi hermana, esposa mía; Fuente cerrada, fuente sellada.

13 Tus renuevos paraíso de granados, con frutos suaves, De cámphoras y nardos,

14 Nardo y azafrán, Caña aromática y canela, con todos los árboles de incienso; Mirra y áloes, con todas las principales especias.

15 Fuente de huertos, Pozo de aguas vivas, Que corren del Líbano.

16 Levántate, Aquilón, y ven, Austro: Sopla mi huerto, despréndanse sus aromas. Venga mi amado á su huerto, Y coma de su dulce fruta.

5 Yo vine á mi huerto, oh hermana, esposa mía: Cogido he mi mirra y mis aromas; He comido mi panal y mi miel, Mi vino y mi leche he bebido. Comed, amigos, Bebed, amados, y embriagaos.

2 Yo dormía, pero mi corazón velaba: La voz de mi amado que llamaba: Abreme, hermana mía, amiga mía, paloma mía, perfecta mía; Porque mi cabeza está llena de rocío, Mis cabellos de las gotas de la noche.

3 Heme desnudado mi ropa; ¿cómo la tengo de vestir? He lavado mis pies; ¿cómo los tengo de ensuciar?

4 Mi amado metió su mano por el agujero, Y mis entrañas se conmovieron dentro de mí.

5 Yo me levanté para abrir á mi amado, Y mis manos gotearon mirra, Y mis dedos mirra que corría Sobre las aldabas del candado.

6 Abrí yo á mi amado; Mas mi amado se había ido, había ya pasado: Y tras su hablar salió mi alma: Busquélo, y no lo hallé; Llamélo, y no me respondió.

7 Halláronme los guardas que rondan la ciudad: Hiriéronme, llagáronme, Quitáronme mi manto de encima los guardas de los muros.

8 Yo os conjuro, oh doncellas de Jerusalem, si hallareis á mi amado, Que le hagáis saber cómo de amor estoy enferma.

9 ¿Qué es tu amado más que otro amado, Oh la más hermosa de todas las mujeres? ¿Qué es tu amado más que otro amado, Que así nos conjuras?

10 Mi amado es blanco y rubio, Señalado entre diez mil.

11 Su cabeza, como, oro finísimo; Sus cabellos crespos, negros como el cuervo.

12 Sus ojos, como palomas junto á los arroyos de las aguas, Que se lavan con leche, y á la perfección colocados.

13 Sus mejillas, como una era de especias aromáticas, como fragantes flores: Sus labios, como lirios que destilan mirra que trasciende.

14 Sus manos, como anillos de oro engastados de jacintos: Su vientre, como claro marfil cubierto de zafiros.

15 Sus piernas, como columnas de mármol fundadas sobre basas de fino oro: Su aspecto como el Líbano, escogido como los cedros.

16 Su paladar, dulcísimo: y todo él codiciable. Tal es mi amado, tal es mi amigo, Oh doncellas de Jerusalem.

6 ¿dónde se ha ido tu amado, Oh la más hermosa de todas las mujeres? ¿Adónde se apartó tu amado, Y le buscaremos contigo?

2 Mi amado descendió á su huerto, á las eras de los aromas Para apacentar en los huertos, y para coger los lirios.

3 Yo soy de mi amado, y mi amado es mío: El apacienta entre los lirios.

4 Hermosa eres tú, oh amiga mía, como Tirsa; De desear, como Jerusalem; Imponente como ejércitos en orden.

5 Aparta tus ojos de delante de mí, Porque ellos me vencieron. Tu cabello es como manada de cabras, Que se muestran en Galaad.

6 Tus dientes, como manada de ovejas Que suben del lavadero, Todas con crías mellizas, Y estéril no hay entre ellas.

7 Como cachos de granada son tus sienes Entre tus guedejas.

8 Sesenta son las reinas, y ochenta las concubinas, Y las doncellas sin cuento:

9 Mas una es la paloma mía, la perfecta mía; Unica es á su madre, Escogida á la que la engendró. Viéronla las doncellas, y llamáronla bienaventurada; Las reinas y las concubinas, y la alabaron.

10 ¿Quién es ésta que se muestra como el alba, Hermosa como la luna, Esclarecida como el sol, Imponente como ejércitos en orden?

11 Al huerto de los nogales descendí A ver los frutos del valle, Y para ver si brotaban las vides, Si florecían los granados.

12 No lo supe: hame mi alma hecho Como los carros de Amminadab.

13 Tórnate, tórnate, oh Sulamita; Tórnate, tórnate, y te miraremos. ¿Qué veréis en la Sulamita? Como la reunión de dos campamentos.

7 ¡cuán hermosos son tus pies en los calzados, oh hija de príncipe! Los contornos de tus muslos son como joyas, Obra de mano de excelente maestro.

2 Tu ombligo, como una taza redonda, Que no le falta bebida. Tu vientre, como montón de trigo, Cercado de lirios.

3 Tus dos pechos, como dos cabritos Mellizos de gama.

4 Tu cuello, como torre de marfil; Tus ojos, como las pesqueras de Hesbón junto á la puerta de Bat-rabbim; Tu nariz, como la torre del Líbano, Que mira hacia Damasco.

5 Tu cabeza encima de ti, como el Carmelo; Y el cabello de tu cabeza, como la púrpura del rey Ligada en los corredores.

6 ¡Qué hermosa eres, y cuán suave, Oh amor deleitoso!

7 Y tu estatura es semejante á la palma, Y tus pechos á los racimos!

8 Yo dije: Subiré á la palma, Asiré sus ramos: Y tus pechos

serán ahora como racimos de vid, Y el olor de tu boca como de manzanas;

9 Y tu paladar como el buen vino, Que se entra á mi amado suavemente, Y hace hablar los labios de los viejos.

10 Yo soy de mi amado, Y conmigo tiene su contentamiento.

11 Ven, oh amado mío, salgamos al campo, Moremos en las aldeas.

12 Levantémonos de mañana á las viñas; Veamos si brotan las vides, si se abre el cierne, Si han florecido los granados; Allí te daré mis amores.

13 Las mandrágoras han dado olor, Y á nuestras puertas hay toda suerte de dulces frutas, nuevas y añejas. Que para ti, oh amado mío, he guardado.

8 ¡oh quién le me diese como hermano Que mamó los pechos de mi madre; De modo que te halle yo fuera, y te bese, Y no me menosprecien!

2 Yo te llevaría, te metiera en casa de mi madre: Tú me enseñarías, Y yo te hiciera beber vino Adobado del mosto de mis granadas.

3 Su izquierda esté debajo de mi cabeza, Y su derecha me abrace.

4 Conjúroos, oh doncellas de Jerusalem, Que no despertéis, ni hagáis velar al amor, Hasta que quiera.

5 ¿Quién es ésta que sube del desierto, Recostada sobre su amado? Debajo de un manzano te desperté: Allí tuvo tu madre dolores, Allí tuvo dolores la que te parió.

6 Ponme como un sello sobre tu corazón, como una marca sobre tu brazo: Porque fuerte es como la muerte el amor; Duro como el sepulcro el celo: Sus brasas, brasas de fuego, Fuerte llama.

7 Las muchas aguas no podrán apagar el amor, Ni lo ahogarán los ríos. Si diese el hombre toda la hacienda de su casa por este amor, De cierto lo menospreciaran.

8 Tenemos una pequeña hermana, Que no tiene pechos: ¿Qué haremos á nuestra hermana Cuando de ella se hablare?

9 Si ella es muro, Edificaremos sobre él un palacio de plata: Y si fuere puerta, La guarneceremos con tablas de cedro.

10 Yo soy muro, y mis pechos como torres, Desde que fuí en sus ojos como la que halla paz.

11 Salomón tuvo una viña en Baal-hamón, La cual entregó á guardas, Cada uno de los cuales debía traer mil monedas de plata por su fruto.

12 Mi viña, que es mía, está delante de mí: Las mil serán tuyas, oh Salomón, Y doscientas, de los que guardan su fruto.

13 Oh tú la que moras en los huertos, Los compañeros escuchan tu voz: Házmela oir.

14 Huye, amado mío; Y sé semejante al gamo, ó al cervatillo, Sobre las montañas de los aromas.

ISAÍAS

1 Visión de Isaías hijo de Amoz, la cual vió sobre Judá y Jerusalem, en días de Uzzías, Jotham, Achâz y Ezechîas, reyes de Judá.

2 Oid, cielos, y escucha tú, tierra; porque habla Jehová: Crié hijos, y engrandecílos, y ellos se rebelaron contra mí.

3 El buey conoce á su dueño, y el asno el pesebre de su señor: Israel no conoce, mi pueblo no tiene entendimiento.

4 ¡Oh gente pecadora, pueblo cargado de maldad, generación de malignos, hijos depravados! Dejaron á Jehová, provocaron á ira al Santo de Israel, tornáronse atrás.

5 ¿Para qué habéis de ser castigados aún? todavía os rebelaréis. Toda cabeza está enferma, y todo corazón doliente.

6 Desde la planta del pie hasta la cabeza no hay en él cosa ilesa, sino herida, hinchazón y podrida llaga: no están curadas, ni vendadas, ni suavizadas con aceite.

7 Vuestra tierra está destruída, vuestras ciudades puestas á fuego, vuestra tierra delante de vosotros comida de extranjeros, y asolada como asolamiento de extraños.

8 Y queda la hija de Sión como choza en viña, y como cabaña en melonar, como ciudad asolada.

9 Si Jehová de los ejércitos no hubiera hecho que nos quedasen muy cortos residuos, como Sodoma fuéramos, y semejantes á Gomorra.

10 Príncipes de Sodoma, oid la palabra de Jehová; escuchad la ley de nuestro Dios, pueblo de Gomorra.

11 ¿Para qué á mí, dice Jehová, la multitud de vuestros sacrificios? Harto estoy de holocaustos de carneros, y de sebo de animales gruesos: no quiero sangre de bueyes, ni de ovejas, ni de machos cabríos.

12 ¿Quién demandó esto de vuestras manos, cuando vinieseis á presentaros delante de mí, para hollar mis atrios?

13 No me traigáis más vano presente: el perfume me es abominación: luna nueva y sábado, el convocar asambleas, no las puedo sufrir: son iniquidad vuestras solemnidades.

14 Vuestras lunas nuevas y vuestras solemnidades tiene aborrecidas mi alma: me son gravosas; cansado estoy de llevarlas.

15 Cuando extendiereis vuestras manos, yo esconderé de vosotros mis ojos: asimismo cuando multiplicareis la oración, yo no oiré: llenas están de sangre vuestras manos.

16 Lavad, limpiaos; quitad la iniquidad de vuestras obras de ante mis ojos; dejad de hacer lo malo:

17 Aprended á hacer bien: buscad juicio, restituid al agraviado, oid en derecho al huérfano, amparad á la viuda.

18 Venid luego, dirá Jehová, y estemos á cuenta: si vuestros pecados fueren como la grana, como la nieve serán emblanquecidos: si fueren rojos como el carmesí, vendrán á ser como blanca lana.

19 Si quisiereis y oyereis, comeréis el bien de la tierra:

20 Si no quisiereis y fuereis rebeldes, seréis consumidos á espada: porque la boca de Jehová lo ha dicho.

21 ¿Cómo te has tornado ramera, oh ciudad fiel? Llena estuvo de juicio, en ella habitó equidad; mas ahora, homicidas.

22 Tu plata se ha tornado escorias, tu vino mezclado está con agua.

23 Tus príncipes, prevaricadores y compañeros de ladrones: todos aman las dádivas, y van tras las recompensas: no oyen en juicio al huérfano, ni llega á ellos la causa de la viuda.

24 Por tanto, dice el Señor Jehová de los ejércitos, el Fuerte de Israel: Ea, tomaré satisfacción de mis enemigos, vengaréme de mis adversarios:

25 Y volveré mi mano sobre ti, y limpiaré hasta lo más puro tus escorias, y quitaré todo tu estaño:

26 Y restituiré tus jueces como al principio, y tus consejeros como de primero: entonces te llamarán Ciudad de justicia, Ciudad fiel.

27 Sión con juicio será rescatada, y los convertidos de ella con justicia.

28 Mas los rebeldes y pecadores á una serán quebrantados, y los que dejan á Jehová serán consumidos.

29 Entonces os avergonzarán los olmos que amasteis, y os afrentarán los bosques que escogisteis.

30 Porque seréis como el olmo que se le cae la hoja, y como huerto que le faltan las aguas.

31 Y el fuerte será como estopa, y lo que hizo como centella; y ambos serán encendidos juntamente, y no habrá quien apague.

2 Lo que vió Isaías, hijo de Amoz, tocante á Judá y á Jerusalem.

2 Y acontecerá en lo postrero de los tiempos, que será confirmado el monte de la casa de Jehová por cabeza de los montes, y será ensalzado sobre los collados, y correrán á él todas las gentes.

3 Y vendrán muchos pueblos, y dirán: Venid, y subamos al monte de Jehová, á la casa del Dios de Jacob; y nos enseñará en sus caminos, y caminaremos por sus sendas. Porque de Sión saldrá la ley, y de Jerusalem la palabra de Jehová.

4 Y juzgará entre las gentes, y reprenderá á muchos pueblos; y volverán sus espadas en rejas de arado, y sus lanzas en hoces: no alzará espada gente contra gente, ni se ensayarán más para la guerra.

5 Venid, oh casa de Jacob, y caminemos á la luz de Jehová.

6 Ciertamente tú has dejado tu pueblo, la casa de Jacob, porque son henchidos de oriente, y de agoreros, como los Filisteos; y en hijos ajenos descansan.

7 Su tierra está llena de plata y oro, sus tesoros no tienen fin. También está su tierra llena de caballos; ni sus carros tienen número.

8 Además está su tierra llena de ídolos, y á la obra de sus manos se han arrodillado, á lo que fabricaron sus dedos.

9 Y hase inclinado el hombre, y el varón se ha humillado: por tanto no los perdonarás.

10 Métete en la piedra, escóndete en el polvo, de la presencia espantosa de Jehová y del resplandor de su majestad.

11 La altivez de los ojos del hombre será abatida, y la soberbia de los hombres será humillada; y Jehová solo será ensalzado en aquel día.

12 Porque día de Jehová de los ejércitos vendrá sobre todo soberbio y altivo, y sobre todo ensalzado; y será abatido:

13 Y sobre todos los cedros del Líbano altos y sublimes, y sobre todos los alcornoques de Basán;

14 Y sobre todos los montes altos, y sobre todos los collados levantados;

15 Y sobre toda torre alta, y sobre todo muro fuerte;

16 Y sobre todas las naves de Tarsis, y sobre todas pinturas preciadas.

17 Y la altivez del hombre será abatida, y la soberbia de los hombres será humillada; y solo Jehová será ensalzado en aquel día.

18 Y quitará totalmente los ídolos.

19 Y meteránse en las cavernas de las peñas, y en las aberturas de la tierra, por la presencia espantosa de Jehová, y por el resplandor de su majestad, cuando se levantare él para herir la tierra.

20 Aquel día arrojará el hombre, á los topos y murciélagos, sus ídolos de plata y sus ídolos de oro, que le hicieron para que adorase;

21 Y se entrarán en las hendiduras de las rocas y en las cavernas de las peñas, por la presencia formidable de Jehová, y por el resplandor de su majestad, cuando se levantare para herir la tierra.

22 Dejaos del hombre, cuyo hálito está en su nariz; porque ¿de qué es él estimado?

3 Porque he aquí que el Señor Jehová de los ejércitos quita de Jerusalem y de Judá el sustentador y el fuerte, todo sustento de pan y todo socorro de agua;

2 El valiente y el hombre de guerra, el juez y el profeta, el adivino y el anciano;

3 El capitán de cincuenta, y el hombre de respeto, y el consejero, y el artífice excelente, y el hábil orador.

4 Y pondréles mozos por príncipes, y muchachos serán sus señores.

5 Y el pueblo hará violencia los unos á los otros, cada cual contra su vecino: el mozo se levantará contra el viejo, y el villano contra el noble.

6 Cuando alguno trabare de su hermano, de la familia de su padre, y le dijere, Que vestir tienes, tú serás nuestro príncipe, y sea en tu mano esta ruina:

7 El jurará aquel día, diciendo: No tomaré ese cuidado; porque en mi casa ni hay pan, ni qué vestir: no me hagáis príncipe del pueblo.

8 Pues arruinada está Jerusalem, y Judá ha caído; porque la lengua de ellos y sus obras han sido contra Jehová, para irritar los ojos de su majestad.

9 La apariencia del rostro de ellos los convence: que como Sodoma predican su pecado, no lo disimulan. ¡Ay del alma de ellos! porque allegaron mal para sí.

10 Decid al justo que le irá bien: porque comerá de los frutos de sus manos.

11 ¡Ay del impío! mal le irá: porque según las obras de sus manos le será pagado.

12 Los exactores de mi pueblo son muchachos, y mujeres se enseñorearon de él. Pueblo mío, los que te guían te engañan, y tuercen la carrera de tus caminos.

13 Jehová está en pie para litigar, y está para juzgar los pueblos.

14 Jehová vendrá á juicio contra los ancianos de su pueblo y contra sus príncipes; porque vosotros habéis devorado la viña, y el despojo del pobre está en vuestras casas.

15 ¿Qué pensáis vosotros que majáis mi pueblo, y moléis las caras de los pobres? dice el Señor Jehová de los ejércitos.

16 Asimismo dice Jehová: Por cuanto las hijas de Sión se ensoberbecen, y andan cuellierguidas y los ojos descompuestos; cuando andan van danzando, y haciendo son con los pies:

17 Por tanto, pelará el Señor la mollera de las hijas de Sión, y Jehová descubrirá sus vergüenzas.

18 Aquel día quitará el Señor el atavío de los calzados, y las redecillas, y las lunetas;

19 Los collares, y los joyeles, y los brazaletes;

20 Las escofietas, y los atavíos de las piernas, los partidores del pelo, los pomitos de olor, y los zarcillos;

21 Los anillos, y los joyeles de las narices;

22 Las ropas de remuda, los mantoncillos, los velos, y los alfileres;

23 Los espejos, los pañizuelos, las gasas, y los tocados.

24 Y será que en lugar de los perfumes aromáticos vendrá hediondez; y desgarrón en lugar de cinta; y calvez en lugar de la compostura del cabello; y en lugar de faja ceñimiento de saco; y quemadura en vez de hermosura.

25 Tus varones caerán á cuchillo, y tu fuerza en la guerra.

26 Sus puertas se entristecerán y enlutarán, y ella, desamparada, sentaráse en tierra.

4 Y echarán mano de un hombre siete mujeres en aquel tiempo, diciendo: Nosotras comeremos de nuestro pan, y nos vestiremos de nuestras ropas; solamente sea llamado tu nombre sobre nosotras, quita nuestro oprobio.

2 En aquel tiempo el renuevo de Jehová será para hermosura y gloria, y el fruto de la tierra para grandeza y honra, á los librados de Israel.

3 Y acontecerá que el que quedare en Sión, y el que fuere dejado en Jerusalem, será llamado santo; todos los que en Jerusalem están escritos entre los vivientes;

4 Cuando el Señor lavare las inmundicias de las hijas de Sión, y limpiare las sangres de Jerusalem de en medio de ella, con espíritu de juicio y con espíritu de ardimiento.

5 Y criará Jehová sobre toda la morada del monte de Sión, y sobre los lugares de sus convocaciones, nube y oscuridad de día, y de noche resplandor de fuego que eche llamas: porque sobre toda gloria habrá cobertura.

6 Y habrá sombrajo para sombra contra el calor del día, para acogida y escondedero contra el turbión y contra el aguacero.

5 Ahora cantaré por mi amado el cantar de mi amado á su viña. Tenía mi amado una viña en un recuesto, lugar fértil.

2 Habíala cercado, y despedregádola, y plantádola de vides escogidas: había edificado en medio de ella una torre, y también asentado un lagar en ella: y esperaba que llevase uvas, y llevó uvas silvestres.

3 Ahora pues, vecinos de Jerusalem y varones de Judá, juzgad ahora entre mí y mi viña.

4 ¿Qué más se había de hacer á mi viña, que yo no haya hecho en ella? ¿Cómo, esperando yo que llevase uvas, ha llevado uvas silvestres?

5 Os mostraré pues ahora lo que haré yo á mi viña: Quitaréle su vallado, y será para ser consumida; aportillaré su cerca, y será para ser hollada;

6 Haré que quede desierta; no será podada ni cavada, y crecerá el cardo y las espinas: y aun á las nubes mandaré que no derramen lluvia sobre ella.

7 Ciertamente la viña de Jehová de los ejércitos es la casa de Israel, y los hombres de Judá planta suya deleitosa. Esperaba juicio, y he aquí vileza; justicia, y he aquí clamor.

8 ¡Ay de los que juntan casa con casa, y allegan heredad á heredad hasta acabar el término! ¿Habitaréis vosotros solos en medio de la tierra?

9 Ha llegado á mis oídos de parte de Jehová de los ejércitos, que las muchas casas han de quedar asoladas, sin morador las grandes y hermosas.

10 Y diez huebras de viña producirán un zaque, y treinta modios de simiente darán tres modios.

11 ¡Ay de los que se levantan de mañana para seguir la embriaguez; que se están hasta la noche, hasta que el vino los enciende!

12 Y en sus banquetes hay arpas, vihuelas, tamboriles, flautas, y vino; y no miran la obra de Jehová, ni consideran la obra de sus manos.

13 Por tanto mi pueblo fué llevado cautivo, porque no tuvo ciencia: y su gloria pereció de hambre, y su multitud se secó de sed.

14 Por eso ensanchó su interior el sepulcro, y sin medida extendió su boca; y allá descenderá la gloria de ellos, y su multitud, y su fausto, y el que en él se holgaba.

15 Y el hombre será humillado, y el varón será abatido, y bajados serán los ojos de los altivos.

16 Mas Jehová de los ejércitos será ensalzado en juicio, y el Dios Santo será santificado con justicia.

17 Y los corderos serán apacentados según su costumbre; y extraños comerán las gruesas desamparadas.

18 ¡Ay de los que traen la iniquidad con cuerdas de vanidad, y el pecado como con coyundas de carreta,

19 Los cuales dicen: Venga ya, apresúrese su obra, y veamos: acérquese, y venga el consejo del Santo de Israel, para que lo sepamos!

20 ¡Ay de los que á lo malo dicen bueno, y á lo bueno malo; que hacen de la luz tinieblas, y de las tinieblas luz; que ponen lo amargo por dulce, y lo dulce por amargo!

21 ¡Ay de los sabios en sus ojos, y de los que son prudentes delante de sí mismos!

22 ¡Ay de los que son valientes para beber vino, y hombres fuertes para mezclar bebida;

23 Los que dan por justo al impío por cohechos, y al justo quitan su justicia!

24 Por tanto, como la lengua del fuego consume las aristas, y la llama devora la paja, así será su raíz como pudrimiento, y su flor se desvanecerá como polvo: porque desecharon la ley de Jehová de los ejércitos, y abominaron la palabra del Santo de Israel.

25 Por esta causa se encendió el furor de Jehová contra su pueblo, y extendió contra él su mano, é hirióle; y se estremecieron los montes, y sus cadáveres fueron arrojados en medio de las calles. Con todo esto no ha cesado su furor, antes está su mano todavía extendida.

26 Y alzará pendón á gentes de lejos, y silbará al que está en el cabo de la tierra; y he aquí que vendrá pronto y velozmente.

27 No habrá entre ellos cansado, ni que vacile; ninguno se dormirá ni le tomará sueño; á ninguno se le desatará el cinto de los lomos, ni se le romperá la correa de sus zapatos.

28 Sus saetas amoladas, y todos sus arcos entesados; las uñas de sus caballos parecerán como de pedernal, y las ruedas de sus carros como torbellino.

29 Su bramido como de león; rugirá á manera de leoncillos, rechinará los dientes, y arrebatará la presa; la apañará, y nadie se la quitará.

30 Y bramará sobre él en aquel día como bramido de la mar: entonces mirará hacia la tierra, y he aquí tinieblas de tribulación, y en sus cielos se oscurecerá la luz.

6 En el año que murió el rey Uzzías vi yo al Señor sentado sobre un trono alto y sublime, y sus faldas henchían el templo.

2 Y encima de él estaban serafines: cada uno tenía seis alas; con dos cubrían sus rostros, y con dos cubrían sus pies, y con dos volaban.

3 Y el uno al otro daba voces, diciendo: Santo, santo, santo, Jehová de los ejércitos: toda la tierra está llena de su gloria.

4 Y los quiciales de las puestas se estremecieron con la voz del que clamaba, y la casa se hinchió de humo.

5 Entonces dije: ¡Ay de mí! que soy muerto; que siendo hombre inmundo de labios, y habitando en medio de pueblo que tiene labios inmundos, han visto mis ojos al Rey, Jehová de los ejércitos.

6 Y voló hacia mí uno de los serafines, teniendo en su mano un carbón encendido, tomado del altar con unas tenazas:

7 Y tocando con él sobre mi boca, dijo: He aquí que esto tocó tus labios, y es quitada tu culpa, y limpio tu pecado.

8 Después oí la voz del Señor, que decía: ¿A quién enviaré, y quién nos irá? Entonces respondí yo: Heme aquí, envíame á mí.

9 Y dijo: Anda, y di á este pueblo: Oid bien, y no entendáis; ved por cierto, mas no comprendáis.

10 Engruesa el corazón de aqueste pueblo, y agrava sus oídos, y ciega sus ojos; porque no vea con sus ojos, ni oiga con sus oídos, ni su corazón entienda, ni se convierta, y haya el sanidad.

11 Y yo dije: ¿Hasta cuándo, Señor? Y respondió él: Hasta que las ciudades estén asoladas, y sin morador, ni hombre en las casas, y la tierra sea tornada en desierto;

12 Hasta que Jehová hubiere echado lejos los hombres, y multiplicare en medio de la tierra la desamparada.

13 Pues aun quedará en ella una décima parte, y volverá, bien que habrá sido asolada: como el olmo y como el alcornoque, de los cuales en la tala queda el tronco, así será el tronco de ella la simiente santa.

7 Aconteció en los días de Acház hijo de Jotham, hijo de Uzzías, rey de Judá, que Rezín rey de Siria, y Peca hijo de Remalías, rey de Israel, subieron á Jerusalem para combatirla; mas no la pudieron tomar.

2 Y vino la nueva á la casa de David, diciendo: Siria se ha confederado con Ephraim. Y estremecióse el corazón, y el corazón de su pueblo, como se estremecen los árboles del monte á causa del viento.

3 Entonces dijo Jehová á Isaías: Sal ahora al encuentro de Acház, tú, y Sear-jasub tu hijo, al cabo del conducto de la Pesquera de arriba, en el camino de la heredad del Lavador,

4 Y dile: Guarda, y repósate; no temas, ni se enternezca tu corazón á causa de estos dos cabos de tizón que humean, por la ira de Rezín y del Siro, y del hijo de Remalías.

5 Por haber acordado maligno consejo contra ti el Siro, con Ephraim y con el hijo de Remalías, diciendo:

6 Vamos contra Judá, y la despertaremos, y la partiremos entre nosotros, y pondremos en medio de ella por rey al hijo de Tabeel:

7 El Señor Jehová dice así: No subsistirá, ni será.

8 Porque la cabeza de Siria es Damasco, y la cabeza de Damasco, Rezín: y dentro de sesenta y cinco años Ephraim será quebrantado hasta dejar de ser pueblo.

9 Entretanto la cabeza de Ephraim es Samaria, y la cabeza de Samaria el hijo de Remalías. Si vosotros no creyereis, de cierto no permaneceréis.

10 Y habló más Jehová á Acház, diciendo:

11 Pide para ti señal de Jehová tu Dios, demandándola en lo profundo, ó arriba en lo alto.

12 Y respondió Acház: No pediré, y no tentaré á Jehová.

13 Dijo entonces Isaías: Oid ahora casa de David. ¿Os es poco el ser molestos á los hombres, sino que también lo seáis á mi Dios?

14 Por tanto el mismo Señor os dará señal: He aquí que la virgen concebirá, y parirá hijo, y llamará su nombre Emmanuel.

15 Comerá manteca y miel, para que sepa desechar lo malo y escoger lo bueno.

16 Porque antes que el niño sepa desechar lo malo y escoger lo bueno, la tierra que tú aborreces será dejada de sus dos reyes.

17 Jehová hará venir sobre ti, y sobre tu pueblo, y sobre la casa de tu padre, días cuales nunca vinieron desde el día que Ephraim se apartó de Judá, es á saber, al rey de Asiria.

18 Y acontecerá que aquel día silbará Jehová á la mosca que está en el fin de los ríos de Egipto, y á la abeja que está en la tierra de Asiria.

19 Y vendrán, y se asentarán todos en los valles desiertos, y en las cavernas de las piedras, y en todos los zarzales, y en todas las matas.

20 En aquel día raerá el Señor con navaja alquilada, con los que habitan de la otra parte del río, á saber, con el rey de Asiria, cabeza y pelos de los pies; y aun la barba también quitará.

21 Y acontecerá en aquel tiempo, que críe un hombre una vaca y dos ovejas;

22 Y será que á causa de la abundancia de leche que darán, comerá manteca: cierto manteca y miel comerá el que quedare en medio de la tierra.

23 Acontecerá también en aquel tiempo, que el lugar donde había mil vides que valían mil siclos de plata, será para los espinos y cardos.

24 Con saetas y arco irán allá; porque toda la tierra será espinos y cardos.

25 Y á todos los montes que se cavaban con azada, no llegará allá el temor de los espinos y de los cardos: mas serán para pasto de bueyes, y para ser hollados de los ganados.

8 Y díjome Jehová: Tómate un gran volumen, y escribe en él en estilo de hombre tocante á Maher-salal-hash-baz.

2 Y junté conmigo por testigos fieles á Urías sacerdote, y á Zacarías hijo de Jeberechîas.

3 Y juntéme con la profetisa, la cual concibió, y parió un hijo. Y díjome Jehová: Ponle por nombre Maher-salal-hash-baz.

4 Porque antes que el niño sepa decir, Padre mío, y Madre mía, será quitada la fuerza de Damasco y los despojos de Samaria, en la presencia del rey de Asiria.

5 Otra vez tornó Jehová á hablarme, diciendo:

6 Por cuanto desechó este pueblo las aguas de Siloé, que corren mansamente, y holgóse con Rezín y con el hijo de Remalías,

7 He aquí por tanto que el Señor hace subir sobre ellos aguas de ríos, impetuosas y muchas, á saber, al rey de Asiria con todo su poder; el cual subirá sobre todos sus ríos, y pasará sobre todas sus riberas:

8 Y pasando hasta Judá, inundará, y sobrepujará, y llegará hasta la garganta; y extendiendo sus alas, llenará la anchura de tu tierra, oh Emmanuel.

9 Juntaos, pueblos, y seréis quebrantados; oid todos los que sois de lejanas tierras: poneos á punto, y seréis quebrantados; apercibíos, y seréis quebrantados.

10 Tomad consejo, y será deshecho; proferid palabra, y no será firme: porque Dios con nosotros.

11 Porque Jehová me dijo de esta manera con mano fuerte, y enseñóme que no caminase por el camino de este pueblo, diciendo:

12 No digáis, Conjuración, á todas las cosas á que este pueblo dice, Conjuración, ni temáis lo que temen, ni tengáis miedo.

13 A Jehová de los ejércitos, á él santificad: sea él vuestro temor, y él sea vuestro miedo.

14 Entonces él será por santuario; mas á las dos casas de Israel por piedra para tropezar, y por tropezadero para caer, y por lazo y por red al morador de Jerusalem.

15 Y muchos tropezarán entre ellos, y caerán, y serán quebrantados: enredaránse, y serán presos.

16 Ata el testimonio, sella la ley entre mis discípulos.

17 Esperaré pues á Jehová, el cual escondió su rostro de la casa de Jacob, y á él aguardaré.

18 He aquí, yo y los hijos que me dió Jehová, por señales y prodigios en Israel, de parte de Jehová de los ejércitos que mora en el monte de Sión.

19 Y si os dijeren: Preguntad á los pythones y á los adivinos, que susurran hablando, responded: ¿No consultará el pueblo á su Dios? ¿Apelará por los vivos á los muertos?

20 ¡A la ley y al testimonio! Si no dijeren conforme á esto, es porque no les ha amanecido.

21 Y pasarán por él fatigados y hambrientos, y acontecerá que teniendo hambre, se enojarán y maldecirán á su rey y á su Dios, levantando el rostro en alto.

22 Y mirarán á la tierra, y he aquí tribulación y tiniebla, oscuridad y angustia; y serán sumidos en las tinieblas.

9 Aunque no será esta oscuridad tal como la aflicción que le vino en el tiempo que livianamente tocaron la primera vez á la tierra de Zabulón, y á la tierra de Nephtalí; y después cuando agravaron por la vía de la mar, de esa parte del Jordán, en Galilea de las gentes.

2 El pueblo que andaba en tinieblas vió gran luz: los que moraban en tierra de sombra de muerte, luz resplandeció sobre ellos.

3 Aumentando la gente, no aumentaste la alegría. Alegraránse delante de ti como se alegran en la siega, como se gozan cuando reparten despojos.

4 Porque tú quebraste su pesado yugo, y la vara de su hombro, y el cetro de su exactor, como en el día de Madián.

5 Porque toda batalla de quien pelea es con estruendo, y con revolcamiento de vestidura en sangre: mas esto será para quema, y pábulo del fuego.

6 Porque un niño es nacido, hijo nos es dado; y el principado sobre su hombro: y llamaráse su nombre Admirable, Consejero, Dios fuerte, Padre eterno, Príncipe de paz.

7 Lo dilatado de su imperio y la paz no tendrán término, sobre el trono de David, y sobre su reino, disponiéndolo y confirmándolo en juicio y en justicia desde ahora para siempre. El celo de Jehová de los ejércitos hará esto.

8 El Señor envió palabra á Jacob, y cayó en Israel.

9 Y la sabrá el pueblo, todo él, Ephraim y los moradores de Samaria, que con soberbia y con altivez de corazón dicen:

10 Los ladrillos cayeron, mas edificaremos de cantería; cortaron los cabrahigos, mas cedros pondremos en su lugar.

11 Empero Jehová ensalzará los enemigos de Rezín contra él, y juntará sus enemigos;

12 De oriente los Siros, y los Filisteos de poniente; y con toda la boca se tragarán á Israel. Ni con todo eso ha cesado su furor, antes todavía su mano extendida.

13 Mas el pueblo no se convirtió al que le hería, ni buscaron á Jehová de los ejércitos.

14 Y Jehová cortará de Israel cabeza y cola, ramo y caña en un mismo día.

15 El viejo y venerable de rostro es la cabeza: el profeta que enseña mentira, este es cola.

16 Porque los gobernadores de este pueblo son engañadores; y sus gobernados, perdidos.

17 Por tanto, el Señor no tomará contentamiento en sus mancebos, ni de sus huérfanos y viudas tendrá misericordia: porque todos son falsos y malignos, y toda boca habla despropósitos. Con todo esto no ha cesado su furor, antes todavía su mano extendida.

18 Porque la maldad se encendió como fuego, cardos y espinas devorará; y encenderáse en lo espeso de la breña, y serán alzados como humo.

19 Por la ira de Jehová de los ejércitos se oscureció la tierra, y será el pueblo como pábulo del fuego: el hombre no tendrá piedad de su hermano.

20 Cada uno hurtará á la mano derecha, y tendrá hambre; y comerá á la izquierda, y no se hartará: cada cual comerá la carne de su brazo:

21 Manasés á Ephraim, y Ephraim á Manasés, y entrambos

contra Judá. Ni con todo esto ha cesado su furor, antes todavía extendida su mano.

10 ¡Ay de los que establecen leyes injustas, y determinando prescriben tiranía,

2 Por apartar del juicio á los pobres, y por quitar el derecho á los afligidos de mi pueblo; por despojar las viudas, y robar los huérfanos!

3 ¿Y qué haréis en el día de la visitación? ¿y á quién os acogeréis que os ayude, cuando viniere de lejos el asolamiento? ¿y en dónde dejaréis vuestra gloria?

4 Sin mí se inclinarán entre los presos, y entre los muertos caerán. Ni con todo esto ha cesado su furor, antes todavía extendida su mano.

5 Oh Assur, vara y bastón de mi furor: en su mano he puesto mi ira.

6 Mandaréle contra una gente fementida, y sobre el pueblo de mi ira le enviaré, para que quite despojos, y arrebate presa, y que lo ponga á ser hollado como lodo de las calles.

7 Aunque él no lo pensará así, ni su corazón lo imaginará de esta manera; sino que su pensamiento será desarraigar y cortar gentes no pocas.

8 Porque él dice: Mis príncipes ¿no son todos reyes?

9 ¿No es Calno como Carchêmis, Hamath como Arphad, y Samaria como Damasco?

10 Como halló mi mano los reinos de los ídolos, siendo sus imágenes más que Jerusalem y Samaria;

11 Como hice á Samaria y á sus ídolos, ¿no haré también así á Jerusalem y á sus ídolos?

12 Mas acontecerá que después que el Señor hubiere acabado toda su obra en el monte de Sión, y en Jerusalem, visitaré sobre el fruto de la soberbia del corazón del rey de Asiria, y sobre la gloria de la altivez de sus ojos.

13 Porque dijo: Con la fortaleza de mi mano lo he hecho, y con mi sabiduría; porque he sido prudente: y quité los términos de los pueblos, y saqué sus tesoros, y derribé como valientes los que estaban sentados:

14 Y halló mi mano como nido las riquezas de los pueblos; y como se cogen los huevos dejados, así me apoderé yo de toda la tierra; y no hubo quien moviese ala, ó abriese boca y graznase.

15 ¿Gloriaráse el hacha contra el que con ella corta? ¿se ensoberbecerá la sierra contra el que la mueve? como si el bordón se levantase contra los que lo levantan; como si se levantase la vara: ¿no es leño?

16 Por tanto el Señor Jehová de los ejércitos enviará flaqueza sobre sus gordos; y debajo de su gloria encenderá encendimiento, como ardor de fuego.

17 Y la luz de Israel será por fuego, y su Santo por llama que abrase y consuma en un día sus cardos y sus espinas.

18 La gloria de su bosque y de su campo fértil consumirá, desde el alma hasta la carne: y vendrá á ser como abanderado en derrota.

19 Y los árboles que quedaren en su bosque, serán en número que un niño los pueda contar.

20 Y acontecerá en aquel tiempo, que los que hubieren quedado de Israel, y los que hubieren quedado de la casa de Jacob, nunca más estriben sobre el que lo hirió; sino que se apoyarán con verdad en Jehová Santo de Israel.

21 Las reliquias se convertirán, las reliquias de Jacob, al Dios fuerte.

22 Porque si tu pueblo, oh Israel, fuere como las arenas de la mar, las reliquias de él se convertirán: la destrucción acordada rebosará justicia.

23 Pues el Señor Jehová de los ejércitos hará consumación y fenecimiento en medio de la tierra.

24 Por tanto el Señor Jehová de los ejércitos dice así: Pueblo mío, morador de Sión, no temas de Assur. Con vara te herirá, y contra ti alzará su palo, á la manera de Egipto:

25 Mas de aquí á muy poco tiempo, se acabará el furor y mi enojo, para fenecimiento de ellos.

26 Y levantará Jehová de los ejércitos azote contra él, cual la matanza de Madián en la peña de Oreb: y alzará su vara sobre la mar, según hizo en Egipto.

27 Y acaecerá en aquel tiempo, que su carga será quitada de tu hombro, y su yugo de tu cerviz, y el yugo se empodrecerá por causa de la unción.

28 Vino hasta Ajad, pasó hasta Migrón; en Michmas contará su ejército:

29 Pasaron el vado; alojaron en Geba: Ramá tembló; Gabaa de Saúl huyó.

30 Grita en alta voz, hija de Galim; haz que se oiga hacia Lais, pobrecilla Anathoth.

31 Madmena se alborotó: los moradores de Gebim se juntarán.

32 Aún vendrá día cuando reposará en Nob: alzará su mano al monte de la hija de Sión, al collado de Jerusalem.

33 He aquí el Señor Jehová de los ejércitos desgajará el ramo con fortaleza: y los de grande altura serán cortados, y los altos serán humillados.

34 Y cortará con hierro la espesura del bosque, y el Líbano caerá con fortaleza.

11 Y saldrá una vara del tronco de Isaí, y un vástago retoñará de sus raíces.

2 Y reposará sobre él el espíritu de Jehová; espíritu de sabiduría y de inteligencia, espíritu de consejo y de fortaleza, espíritu de conocimiento y de temor de Jehová.

3 Y harále entender diligente en el temor de Jehová. No juzgará según la vista de sus ojos, ni argüirá por lo que oyeren sus oídos;

4 Sino que juzgará con justicia á los pobres, y argüirá con equidad por los mansos de la tierra: y herirá la tierra con la vara de su boca, y con el espíritu de sus labios matará al impío.

5 Y será la justicia cinto de sus lomos, y la fidelidad ceñidor de sus riñones.

6 Morará el lobo con el cordero, y el tigre con el cabrito se acostará: el becerro y el león y la bestia doméstica andarán juntos, y un niño los pastoreará.

7 La vaca y la osa pacerán, sus crías se echarán juntas; y el león comerá paja como el buey.

8 Y el niño de teta se entretendrá sobre la cueva del áspid, y el recién destetado extenderá su mano sobre la caverna del basilisco.

9 No harán mal ni dañarán en todo mi santo monte: porque la tierra será llena del conocimiento de Jehová, como cubren la mar las aguas.

10 Y acontecerá en aquel tiempo que la raíz de Isaí, la cual estará puesta por pendón á los pueblos, será buscada de las gentes; y su holganza será gloria.

11 Asimismo acontecerá en aquel tiempo, que Jehová tornará á poner otra vez su mano para poseer las reliquias de su pueblo que fueron dejadas de Assur, y de Egipto, y de Parthia, y de Etiopía, y de Persia, y de Caldea, y de Amath, y de las Islas de la mar.

12 Y levantará pendón á las gentes, y juntará los desterrados de Israel, y reunirá los esparcidos de Judá de los cuatro cantones de la tierra.

13 Y se disipará la envidia de Ephraim, y los enemigos de Judá serán talados. Ephraim no tendrá envidia contra Judá, ni Judá afligirá á Ephraim;

14 Mas volarán sobre los hombros de los Filisteos al occidente, meterán también á saco á los de oriente: Edom y Moab les servirán, y los hijos de Ammón les darán obediencia.

15 Y secará Jehová la lengua de la mar de Egipto; y levantará su mano con fortaleza de su espíritu sobre el río, y herirá lo en sus siete brazos, y hará que pasen por él con zapatos.

16 Y habrá camino para las reliquias de su pueblo, las que quedaron de Assur, de la manera que lo hubo para Israel el día que subió de la tierra de Egipto.

12 Y dirás en aquel día: Cantaré á ti, oh Jehová: pues aunque te enojaste contra mí, tu furor se apartó, y me has consolado.

2 He aquí Dios es salud mía; aseguraréme, y no temeré; porque mi fortaleza y mi canción es JAH Jehová, el cual ha sido salud para mí.

3 Sacaréis aguas con gozo de la fuentes de la salud.

4 Y diréis en aquel día: Cantad á Jehová, aclamad su nombre, haced célebres en los pueblos sus obras, recordad que su nombre es engrandecido.

5 Cantad salmos á Jehová; porque ha hecho cosas magníficas: sea sabido esto por toda la tierra.

6 Regocíjate y canta, oh moradora de Sión: porque grande es en medio de ti el Santo de Israel.

13 Carga de Babilonia, que vió Isaías, hijo de Amoz.
2 Levantad bandera sobre un alto monte; alzad la voz á ellos, alzad la mano, para que entren por puertas de príncipes.

3 Yo mandé á mis santificados, asimismo llamé á mis valientes para mi ira, á los que se alegran con mi gloria.

4 Murmullo de multitud en los montes, como de mucho pueblo; murmullo de ruido de reinos, de gentes reunidas: Jehová de los ejércitos ordena las tropas de la batalla.

5 Vienen de lejana tierra, de lo postrero de los cielos, Jehová y los instrumentos de su furor, para destruir toda la tierra.

6 Aullad, porque cerca está el día de Jehová; vendrá como asolamiento del Todopoderoso.

7 Por tanto, se enervarán todas la manos, y desleiráse todo corazón de hombre:

8 Y se llenarán de terror; angustias y dolores los comprenderán; tendrán dolores como mujer de parto; pasmaráse cada cual al mirar á su compañero; sus rostros, rostros de llamas.

9 He aquí el día de Jehová viene, crudo, y de saña y ardor de ira, para tornar la tierra en soledad, y raer de ella sus pecadores.

10 Por lo cual las estrellas de los cielos y sus luceros no derramarán su lumbre; y el sol se oscurecerá en naciendo, y la luna no echará su resplandor.

11 Y visitaré la maldad sobre el mundo, y sobre los impíos su iniquidad; y haré que cese la arrogancia de los soberbios, y abatiré la altivez de los fuertes.

12 Haré más precioso que el oro fino al varón, y más que el oro de Ophir al hombre.

13 Porque haré estremecer los cielos, y la tierra se moverá de su lugar, en la indignación de Jehová de los ejércitos, y en el día de la ira de su furor.

14 Y será que como corza amontada, y como oveja sin pastor, cada cual mirará hacia su pueblo, y cada uno huirá á su tierra.

15 Cualquiera que fuere hallado, será alanceado; y cualquiera que á él se juntare, caerá á cuchillo.

16 Sus niños serán estrellados delante de ellos; sus casas serán saqueadas, y forzadas sus mujeres.

17 He aquí que yo despierto contra ellos á los Medos, que no curarán de la plata, ni codiciarán oro.

18 Y con arcos tirarán á los niños, y no tendrán misericordia de fruto de vientre, ni sus ojos perdonarán á hijos.

19 Y Babilonia, hermosura de reinos y ornamento de la grandeza de los Caldeos, será como Sodoma y Gomorra, á que trastornó Dios.

20 Nunca más será habitada, ni se morará en ella de generación en generación; ni hincará allí tienda el Arabe, ni pastores tendrán allí majada:

21 Sino que dormirán allí bestias fieras, y sus casas se llenarán de hurones, allí habitarán hijas del buho, y allí saltarán peludos.

22 Y en sus palacios gritarán gatos cervales, y chacales en sus casas de deleite: y abocado está á venir su tiempo, y sus días no se alargarán.

14 Porque Jehová tendrá piedad de Jacob, y todavía escogerá á Israel, y les hará reposar en su tierra: y á ellos se unirán extranjeros, y allegaránse á la familia de Jacob.

2 Y los tomarán los pueblos, y traeránlos á su lugar: y la casa de Israel los poseerá por siervos y criadas en la tierra de Jehová: y cautivarán á los que los cautivaron, y señorearán á los que los oprimieron.

3 Y será en el día que Jehová te diera reposo de tu trabajo, y de tu temor, y de la dura servidumbre en que te hicieron servir,

4 Que levantarás esta parábola sobre el rey de Babilonia, y dirás: ¡Cómo paró el exactor, cómo cesó la ciudad codiciosa del oro!

5 Quebrantó Jehová el bastón de los impíos, el cetro de los señores;

6 Al que con ira hería los pueblos de llaga permanente, el cual se enseñoreaba de las gentes con furor, y las perseguía con crueldad.

7 Descansó, sosegó toda la tierra: cantaron alabanza.

8 Aun las hayas se holgaron de ti, y los cedros del Líbano, diciendo: Desde que tú pereciste, no ha subido cortador contra nosotros.

9 El infierno abajo se espantó de ti; te despertó muertos que en tu venida saliesen á recibirte, hizo levantar de sus sillas á todos los príncipes de la tierra, á todos los reyes de las naciones.

10 Todos ellos darán voces, y te dirán: ¿Tú también enfermaste como nosotros, y como nosotros fuiste?

11 Descendió al sepulcro tu soberbia, y el sonido de tus vihuelas: gusanos serán tu cama, y gusanos te cubrirán.

12 ¡Cómo caiste del cielo, oh Lucero, hijo de la mañana! Cortado fuiste por tierra, tú que debilitabas las gentes.

13 Tú que decías en tu corazón: Subiré al cielo, en lo alto junto á las estrellas de Dios ensalzaré mi solio, y en el monte del testimonio me sentaré, á los lados del aquilón;

14 Sobre las alturas de las nubes subiré, y seré semejante al Altísimo.

15 Mas tú derribado eres en el sepulcro, á los lados de la huesa.

16 Inclinarse han hacia ti los que te vieren, te considerarán diciendo: ¿Es este aquel varón que hacía temblar la tierra, que trastornaba los reinos;

17 Que puso el mundo como un desierto, que asoló sus ciudades; que á sus presos nunca abrió la cárcel?

18 Todos los reyes de las gentes, todos ellos yacen con honra cada uno en su casa.

19 Mas tú echado eres de tu sepulcro con tronco abominable, como vestido de muertos pasados á cuchillo, que descendieron al fondo de la sepultura; como cuerpo muerto hollado.

20 No serás contado con ellos en la sepultura: porque tú destruiste tu tierra, mataste tu pueblo. No será nombrada para siempre la simiente de los malignos.

21 Aparejad sus hijos para el matadero por la maldad de sus padres: no se levanten, ni posean la tierra, é hinchan la haz del mundo de ciudades.

22 Porque yo me levantaré sobre ellos, dice Jehová de los ejércitos, y raeré de Babilonia el nombre y las reliquias, hijo y nieto, dice Jehová.

23 Y convertiréla en posesión de erizos, y en lagunas de agua; y la barreré con escobas de destrucción, dice Jehová de los ejércitos.

24 Jehová de los ejércitos juró, diciendo: Ciertamente se hará de la manera que lo he pensado, y será confirmado como lo he determinado:

25 Que quebrantaré al Asirio en mi tierra, y en mis montes lo hollaré; y su yugo será apartado de ellos, y su carga será quitada de su hombro.

26 Este es el consejo que está acordado sobre toda la tierra; y ésta, la mano extendida sobre todas las gentes.

27 Porque Jehová de los ejércitos ha determinado: ¿y quién invalidará? Y su mano extendida, ¿quién la hará tornar?

28 En el año que murió el rey Achâz fué esta carga:

29 No te alegres tú, Filistea toda, por haberse quebrado la vara del que te hería; porque de la raíz de la culebra saldrá basilisco, y su fruto, ceraste volador.

30 Y los primogénitos de los pobres serán apacentados, y los menesterosos se acostarán seguramente: mas yo haré morir de hambre tu raíz, y mataré tus reliquias.

31 Aulla, oh puerta; clama, oh ciudad; disuelta estás toda tú, Filistea: porque humo vendrá de aquilón, no quedará uno solo en sus asambleas.

32 ¿Y qué se responderá á los mensajeros de la gentilidad? Que Jehová fundó á Sión, y que á ella se acogerán los afligidos de su pueblo.

15 Carga de Moab.
2 Subió á Bayith y á Dibón, lugares altos, á llorar; sobre Nebo y sobre Medeba aullará Moab: toda cabeza de ella será raída, y toda barba se mesará.

3 Ceñiránse de sacos en sus plazas: en sus terrados y en sus calles aullarán todos, descendiendo en llanto.

4 Hesbón y Eleale gritarán, hasta Jahas se oirá su voz: por lo que aullarán los armados de Moab, lamentaráse el alma de cada uno de por sí.

5 Mi corazón dará gritos por Moab; sus fugitivos huirán hasta Zoar, como novilla de tres años. Por la cuesta de Luhith subirán llorando, y levantarán grito de quebrantamiento por el camino de Horonaim.

6 Las aguas de Nimrim serán consumidas, y secaráse la hierba, marchitaránse los retoños, todo verdor perecerá.

7 Por tanto las riquezas que habrán adquirido, y las que habrán reservado, llevaránlas al torrente de los sauces.

8 Porque el llanto rodeó los términos de Moab; hasta Eglaim llegó su alarido, y hasta Beer-elim su clamor.

9 Y las aguas de Dimón se henchirán de sangre: porque yo pondré sobre Dimón añadiduras, leones á los que escaparen de Moab, y á las reliquias de la tierra.

16 Enviad cordero al enseñoreador de la tierra, desde la Piedra del desierto al monte de la hija de Sión.

2 Y será que cual ave espantada que se huye de su nido, así serán las hijas de Moab en los vados de Arnón.

3 Reune consejo, haz juicio; pon tu sombra en medio del día como la noche: esconde los desterrados, no entregues á los que andan errantes.

4 Moren contigo mis desterrados, oh Moab; séles escondedero de la presencia del destruidor: porque el atormentador fenecerá, el destruidor tendrá fin, el hollador será consumido de sobre la tierra.

5 Y dispondráse trono en misericordia; y sobre él se sentará firmemente, en el tabernáculo de David, quien juzgue y busque el juicio, y apresure la justicia.

6 Oído hemos la soberbia de Moab, por extremo soberbio; su soberbia y su arrogancia, y su altivez; mas sus mentiras no serán firmes.

7 Por tanto aullará Moab, todo él aullará: gemiréis por los fundamentos de Kir-haréseth, en gran manera heridos.

8 Porque los campos de Hesbón fueron talados, y las vides de Sibma; señores de gentes hollaron sus generosos sarmientos; habían llegado hasta Jazer, y extendídose por el desierto; extendiéronse sus plantas, pasaron la mar.

9 Por lo cual lamentaré con lloro de Jazer la viña de Sibma; embriagarte hé de mis lágrimas, oh Hesbón y Eleale: porque sobre tus cosechas y sobre tu siega caerá la algazara.

10 Quitado es el gozo y la alegría del campo fértil; en las viñas no cantarán, ni se regocijarán; no pisará vino en los lagares el pisador: la canción hé hecho cesar.

11 Por tanto mis entrañas sonarán como arpa acerca de Moab, y mi interior en orden á Kir-haréseth.

12 Y acaecerá, que cuando Moab pareciere que está cansado sobre los altos, entonces vendrá á su santuario á orar, y no le valdrá.

13 Esta es la palabra que pronunció Jehová sobre Moab desde aquel tiempo.

14 Empero ahora Jehová ha hablado, diciendo: Dentro de tres años, como años de mozo de soldada, será abatida la gloria de Moab, con toda su grande multitud: y los residuos serán pocos, pequeños, y no fuertes.

17 Carga de Damasco.
2 Las ciudades de Aroer desamparadas, en majadas se tornarán; dormirán allí, y no habrá quien las espante.

3 Y cesará el socorro de Ephraim, y el reino de Damasco; y lo que quedare de Siria, será como la gloria de los hijos de Israel, dice Jehová de los ejércitos.

4 Y será que en aquel tiempo la gloria de Jacob se atenuará, y enflaqueceráse la grosura de su carne.

5 Y será como cuando el segador coge la mies, y con su brazo siega las espigas: será también como el que coge espigas en el valle de Rephaim.

6 Y quedarán en él rebuscos, como cuando sacuden el aceituno, dos ó tres granos en la punta del ramo, cuatro ó cinco en sus ramas fructíferas, dice Jehová Dios de Israel.

7 En aquel día mirará el hombre á su Hacedor, y sus ojos contemplarán al Santo de Israel.

8 Y no mirará á los altares que hicieron sus manos, ni mirará á lo que hicieron sus dedos, ni á los bosques, ni á las imágenes del sol.

9 En aquel día las ciudades de su fortaleza serán como los frutos que quedan en los pimpollos y en las ramas, las cuales fueron dejadas á causa de los hijos de Israel; y habrá asolamiento.

10 Porque te olvidaste del Dios de tu salud, y no te acordaste de la roca de tu fortaleza; por tanto plantarás plantas hermosas, y sembrarás sarmiento extraño.

11 El día que las plantares, las harás crecer, y harás que tu simiente brote de mañana; mas la cosecha será arrebatada en el día del coger, y del dolor desesperado.

12 ¡Ay! multitud de muchos pueblos que harán ruido como estruendo de la mar: y murmullo de naciones hará alboroto como murmurio de muchas aguas.

13 Los pueblos harán estrépito á manera de ruido de grandes aguas: mas Dios le reprenderá, y huirá lejos; será ahuyentado como el tamo de los montes delante del viento, y como el polvo delante del torbellino.

14 Al tiempo de la tarde he aquí turbación; y antes de la mañana ya no es. Esta es la parte de los que nos huellan, y la suerte de los que nos saquean.

18 ¡Ay de la tierra que hace sombra con las alas, que está tras los ríos de Etiopía;

2 Que envía mensajeros por la mar, y en navíos de junco sobre las aguas! Andad, ligeros mensajeros, á la gente tirada y repelada, al pueblo asombroso desde su principio y después; gente harta de esperar y hollada, cuya tierra destruyeron los ríos.

3 Vosotros, todos los moradores del mundo y habitantes de la tierra, cuando levantará bandera en los montes, la veréis; y oiréis cuando tocará trompeta.

4 Porque Jehová me dijo así: Reposaréme, y miraré desde mi morada, como sol claro después de la lluvia, como nube de rocío en el calor de la tierra.

5 Porque antes de la siega, cuando el fruto fuere perfecto, y pasada la flor fueren madurando los frutos, entonces podará con podaderas los ramitos, y cortará y quitará las ramas.

6 Y serán dejados todos á las aves de los montes, y á las bestias de la tierra; sobre ellos tendrán el verano las aves, é invernarán todas las bestias de la tierra.

7 En aquel tiempo será traído presente Jehová de los ejércitos, el pueblo tirado y repelado, pueblo asombroso desde su principio y después; gente harta de esperar y hollada, cuya tierra destruyeron los ríos; al lugar del nombre de Jehová de los ejércitos, al monte de Sión.

19 Carga de Egipto.

2 Y revolveré Egipcios contra Egipcios, y cada uno peleará contra su hermano, cada uno contra su prójimo: ciudad contra ciudad, y reino contra reino.

3 Y el espíritu de Egipto se desvanecerá en medio de él, y destruiré su consejo; y preguntarán á sus imágenes, á sus mágicos, á sus pythones y á sus adivinos.

4 Y entregaré á Egipto en manos de señor duro; y rey violento se enseñoreará de ellos, dice el Señor Jehová de los ejércitos.

5 Y las aguas de la mar faltarán, y el río se agotará y secará.

6 Y alejaránse los ríos, se agotarán y secarán las corrientes de los fosos la caña y el carrizo serán cortados.

7 Las verduras de junto al río, á junto á la ribera del río, y toda sementera del río, se secarán, se perderán, y no serán.

8 Los pescadores también se entristecerán; y harán duelo todos los que echan anzuelo en el río, y desfallecerán los que extienden red sobre las aguas.

9 Los que labran lino fino, y los que tejen redes, serán confundidos.

10 Porque todas sus redes serán rotas: y se entristecerán todos los que hacen viveros para peces.

11 Ciertamente son necios los príncipes de Zoán; el consejo de los prudentes consejeros de Faraón, se ha desvanecido. ¿Cómo diréis á Faraón: Yo soy hijo de los sabios, é hijo de los reyes antiguos?

12 ¿Dónde están ahora aquellos tus prudentes? Dígante ahora, ó hágante saber qué es lo que Jehová de los ejércitos ha determinado sobre Egipto.

13 Hanse desvanecido los príncipes de Zoán, se han engañado los príncipes de Noph: engañaron á Egipto las esquinas de sus familias.

14 Jehová mezcló espíritu de vahido en medio de él; é hicieron errar á Egipto en toda su obra, como desatina el borracho en su vómito.

15 Y no aprovechará á Egipto cosa que haga la cabeza ó la cola, el ramo ó el junco.

16 En aquel día serán los Egipcios como mujeres; porque se asombrarán y temerán, en la presencia de la mano alta de Jehová de los ejércitos, que él ha de levantar sobre ellos.

17 Y la tierra de Judá será de espanto á Egipto; todo hombre que de ella se acordare se asombrará, por causa del consejo que Jehová de los ejércitos acordó sobre aquél.

18 En aquel tiempo habrá cinco ciudades en la tierra de Egipto que hablen la lengua de Canaán, y que juren por Jehová de los ejércitos: una será llamada la ciudad Herez.

19 En aquel tiempo habrá altar para Jehová en medio de la tierra de Egipto, y el trofeo de Jehová junto á su término.

20 Y será por señal y por testimonio á Jehová de los ejércitos en la tierra de Egipto: porque á Jehová clamarán á causa de sus opresores, y él les enviará salvador y príncipe que los libre.

21 Y Jehová será conocido de Egipto, y los de Egipto conocerán á Jehová en aquel día; y harán sacrificio y oblación; y harán votos á Jehová, y los cumplirán.

22 Y herirá á Egipto, herirá y sanará; y se convertirán á Jehová, y les será clemente, y los sanará.

23 En aquel tiempo habrá una calzada de Egipto á Asiria, y Asirios entrarán en Egipto, y Egipcios en Asiria; y los Egipcios servirán con los Asirios á Jehová.

24 En aquel tiempo, Israel será tercero con Egipto y con Asiria; será bendición en medio de la tierra;

25 Porque Jehová de los ejércitos los bendecirá, diciendo:

Bendito el pueblo mío Egipto, y el Asirio obra de mis manos, é Israel mi heredad.

20 En el año que vino Thartán á Asdod, cuando le envió Sargón rey de Asiria, y peleó contra Asdod la tomó;

2 En aquel tiempo habló Jehová por Isaías hijo de Amoz, diciendo: Ve, y quita el saco de tus lomos, y descalza los zapatos de tus pies. E hízolo así, andando desnudo y descalzo.

3 Y dijo Jehová: De la manera que anduvo mi siervo Isaías desnudo y descalzo tres años, señal y pronóstico sobre Egipto y sobre Etiopía;

4 Así llevará el rey de Asiria la cautividad de Egipto y la transmigración de Etiopía, de mozos y de viejos, desnuda y descalza, y descubiertas las nalgas para vergüenza de Egipto.

5 Y se turbarán y avergonzarán de Etiopía su esperanza, y de Egipto su gloria.

6 Y dirá en aquel día el morador de esta isla: Mirad qué tal fué nuestra esperanza, donde nos acogimos por socorro para ser libres de la presencia del rey de Asiria: ¿y cómo escaparemos?

21 Carga del desierto de la mar. así vienen de la tierra horrenda. **2** Visión dura me ha sido mostrada. El prevaricador prevarica, y el destructor destruye. Sube, Persa; cerca, Medo. Todo su gemido hice cesar.

3 Por tanto mis lomos se han llenado de dolor; angustias se apoderaron de mí, como angustias de mujer de parto: agobiéme oyendo, y al ver heme espantado.

4 Pasmóse mi corazón, el horror me ha intimidado; la noche de mi deseo se me tornó en espanto.

5 Pon la mesa, mira el atalaya, come, bebe: levantaos, príncipes, ungid el escudo.

6 Porque el Señor me dijo así: Ve, pon centinela que haga saber lo que viere.

7 Y vió un carro de un par de caballeros, un carro de asno, y un carro de camello. Luego miró muy más atentamente.

8 Y gritó como un león: Señor, sobre la atalaya estoy yo continuamente de día, y las noches enteras sobre mi guarda;

9 Y he aquí este carro de hombres viene, un par de caballeros. Después habló, y dijo: Cayó, cayó Babilonia; y todos los ídolos de sus dioses quebrantó en tierra.

10 Trilla mía, y paja de mi era: os he dicho lo que oí de Jehová de los ejércitos, Dios de Israel.

11 Carga de Duma. Danme voces de Seir: Guarda, ¿qué de la noche? Guarda, ¿qué de la noche?

12 El guarda respondió: La mañana viene, y después la noche: si preguntareis, preguntad; volved, venid.

13 Carga sobre Arabia. En el monte tendréis la noche en Arabia, oh caminantes de Dedanim.

14 Salid á encontrar al sediento; llevadle aguas, moradores de tierra de Tema, socorred con su pan al que huye.

15 Porque de la presencia de las espadas huyen, de la presencia de la espada desnuda, de la presencia del arco entesado, de la presencia del peso de la batalla.

16 Porque así me ha dicho Jehová: De aquí á un año, semejante á años de mozo de soldada, toda la gloria de Cedar será desecha;

17 Y las reliquias del número de los valientes flecheros, hijos de Cedar, serán apocadas: porque Jehová Dios de Israel lo ha dicho.

22 Carga del valle de la visión. ¿Qué tienes ahora, que toda tú te has subido sobre los terrados?

2 Tú, llena de alborotos, ciudad turbulenta, ciudad alegre; tus muertos no son muertos á cuchillo, ni muertos en guerra.

3 Todos tus príncipes juntos huyeron del arco, fueron atados: todos los que en ti se hallaron, fueron atados juntamente, aunque lejos se habían huído.

4 Por eso dije: Dejadme, lloraré amargamente; no os afanéis por consolarme de la destrucción de la hija de mi pueblo.

5 Porque día es de alboroto, y de huella, y de fatiga por el Señor Jehová de los ejércitos en el valle de la visión, para derribar el muro, y dar grita al monte.

6 Y Elam tomó aljaba en carro de hombres y de caballeros; y Chîr descubrió escudo.

7 Y acaeció que tus hermosos valles fueron llenos de carros, y los de á caballo acamparon á la puerta.

8 Y desnudó la cobertura de Judá; y miraste en aquel día hacia la casa de armas del bosque.

9 Y visteis las roturas de la ciudad de David, que se multiplicaron; y recogisteis las aguas de la pesquera de abajo.

10 Y contasteis las casas de Jerusalem, y derribasteis casas para fortificar el muro.

11 E hicisteis foso entre los dos muros con las aguas de la pesquera vieja: y no tuvisteis respeto al que la hizo, ni mirasteis de lejos al que la labró.

12 Por tanto el Señor Jehová de los ejércitos llamó en este día á llanto y á endechas, á mesar y á vestir saco.

13 Y he aquí gozo y alegría, matando vacas y degollando ovejas, comer carne y beber vino, diciendo: Comamos y bebamos, que mañana moriremos.

14 Esto fué revelado á mis oídos de parte de Jehová de los ejércitos: Que este pecado no os será perdonado hasta que muráis, dice el Señor Jehová de los ejércitos.

15 Jehová de los ejércitos dice así: Ve, entra á este tesorero, á Sebna el mayordomo, y dile:

16 ¿Qué tienes tú aquí, ó á quien tienes tú aquí, que labraste aquí sepulcro para ti, como el que en lugar alto labra su sepultura, ó el que esculpe para sí morada en una peña?

17 He aquí que Jehová te trasportará en duro cautiverio, y de cierto te cubrirá el rostro.

18 Te echará á rodar con ímpetu, como á bola por tierra larga de términos: allá morirás, y allá estarán los carros de tu gloria, oh vergüenza de la casa de tu señor.

19 Y arrojarte he tu lugar, y de tu puesto te empujaré.

20 Y será que, en aquel día, llamaré á mi siervo Eliacim, hijo de Hilcías;

21 Y vestirélo de tus vestiduras, y le fortaleceré con tu talabarte, y entregaré en sus manos tu potestad; y será padre al morador de Jerusalem, y á la casa de Judá.

22 Y pondré la llave de la casa de David sobre su hombro; y abrirá, y nadie cerrará; cerrará, y nadie abrirá.

23 E hincarélo como clavo en lugar firme; y será por asiento de honra á la casa de su padre.

24 Y colgarán de él toda la honra de la casa de su padre, los hijos y los nietos, todos los vasos menores, desde los vasos de beber hasta todos los instrumentos de música.

25 En aquel día, dice Jehová de los ejércitos, el clavo hincado en lugar firme será quitado, y será quebrado y caerá; y la carga que sobre él se puso, se echará á perder; porque Jehová habló.

23 Carga de Tiro.

2 Callad, moradores de la isla, mercader de Sidón, que pasando la mar te henchían.

3 Su provisión era de las sementeras que crecen con las muchas aguas del Nilo, de la mies del río. Fué también feria de gentes.

4 Avergüénzate, Sidón, porque la mar, la fortaleza de la mar habló, diciendo: Nunca estuve de parto, ni parí, ni crié mancebos, ni levanté vírgenes.

5 En llegando la fama á Egipto, tendrán dolor de las nuevas de Tiro.

6 Pasaos á Tarsis; aullad, moradores de la isla.

7 ¿No era ésta vuestra ciudad alegre, su antigüedad de muchos días? Sus pies la llevarán á peregrinar lejos.

8 ¿Quién decretó esto sobre Tiro la coronada, cuyos negociantes eran príncipes, cuyos mercaderes eran los nobles de la tierra?

9 Jehová de los ejércitos lo decretó, para envilecer la soberbia de toda gloria; y para abatir todos los ilustres de la tierra.

10 Pasa cual río de tu tierra, oh hija de Tarsis; porque no tendrás ya más fortaleza.

11 Extendió su mano sobre la mar, hizo temblar los reinos: Jehová mandó sobre Canaán que sus fuerzas sean debilitadas.

12 Y dijo: No te alegrarás más, oh tú, oprimida virgen hija de Sidón. Levántate para pasar á Chûttim; y aun allí no tendrás reposo.

13 Mira la tierra de los Caldeos; este pueblo no era; Assur la fundó para los que habitaban en el desierto: levantaron sus fortalezas, edificaron sus palacios; él la convirtió en ruinas.

14 Aullad, naves de Tarsis; porque destruída es vuestra fortaleza.

15 Y acontecerá en aquel día, que Tiro será puesta en olvido por setenta años, como días de un rey. Después de los setenta años, cantará Tiro canción como de ramera.

16 Toma arpa, y rodea la ciudad, oh ramera olvidada: haz buena melodía, reitera la canción, porque tomes en memoria.

17 Y acontecerá, que al fin de los setenta años visitará Jehová á Tiro; y tornaráse á su ganancia, y otra vez fornicará con todos los reinos de la tierra sobre la haz de la tierra.

18 Mas su negociación y su ganancia será consagrada á Jehová: no se guardará ni se atesorará, porque su negociación será para los que estuvieren delante de Jehová, para que coman hasta hartarse, y vistan honradamente.

24 He aquí que Jehová vacía la tierra, y la desnuda, y trastorna su haz, y hace esparcir sus moradores.

2 Y será como el pueblo, tal el sacerdote; como el siervo, tal su señor; como la criada, tal su señora; tal el que compra, como el que vende; tal el que da emprestado, como el que toma prestado; tal el que da á logro, como el que lo recibe.

3 Del todo será vaciada la tierra, y enteramente saqueada; porque Jehová ha pronunciado esta palabra.

4 Destruyóse, cayó la tierra; enfermó, cayó el mundo; enfermaron los altos pueblos de la tierra.

5 Y la tierra se inficionó bajo sus moradores; porque traspasaron las leyes, falsearon el derecho, rompieron el pacto sempiterno.

6 Por esta causa la maldición consumió la tierra, y sus moradores fueron asolados; por esta causa fueron consumidos los habitantes de la tierra, y se disminuyeron los hombres.

7 Perdióse el vino, enfermó la vid, gimieron todos los que eran alegres de corazón.

8 Cesó el regocijo de los panderos, acabóse el estruendo de los que se huelgan, paró la alegría del arpa.

9 No beberán vino con cantar: la bebida será amarga á los que la bebieren.

10 Quebrantada está la ciudad de la vanidad; toda casa se ha cerrado, porque no entre nadie.

11 Voces sobre el vino en las plazas; todo gozo su oscureció, desterróse la alegría de la tierra.

12 En la ciudad quedó soledad, y con asolamiento fué herida la puerta.

13 Porque así será en medio de la tierra, en medio de los pueblos, como aceituno sacudido, como rebuscos acabada la vendimia.

14 Estos alzarán su voz, cantarán gozosos en la grandeza de Jehová, desde la mar darán voces.

15 Glorificad por esto á Jehová en los valles: en islas de la mar sea nombrado Jehová Dios de Israel.

16 De lo postrero de la tierra oímos salmos: Gloria al justo. Y yo dije: ¡Mi flaqueza, mi flaqueza, ay de mí! Prevaricadores han prevaricado; y han prevaricado con prevaricación de desleales.

17 Terror y sima y lazo sobre ti, oh morador de la tierra.

18 Y acontecerá que el que huirá de la voz del terror, caerá en la sima; y el que saliere de en medio de la sima, será preso del lazo: porque de lo alto se abrieron ventanas, y temblarán los fundamentos de la tierra.

19 Quebrantaráse del todo la tierra, enteramente desmenuzada será la tierra, en gran manera será la tierra conmovida.

20 Temblará la tierra vacilando como un borracho, y será removida como una choza; y agravaráse sobre ella su pecado, y caerá, y nunca más se levantará.

21 Y acontecerá en aquel día, que Jehová visitará sobre el ejército sublime en lo alto, y sobre los reyes de la tierra que hay sobre la tierra.

22 Y serán amontonados como se amontonan encarcelados en mazmorra, y en prisión quedarán encerrados, y serán visitados después de muchos días.

23 La luna se avergonzará, y el sol se confundirá, cuando Jehová de los ejércitos reinare en el monte de Sión, y en Jerusalem, y delante de sus ancianos fuere glorioso.

25 Jehová, tú eres mi Dios: te ensalzaré, alabaré tu nombre; porque has hecho maravillas, los consejos antiguos, la verdad firme.

2 Que tornaste la ciudad en montón, la ciudad fuerte en ruina: el alcázar de los extraños que no sea ciudad, ni nunca jamás sea reedificada.

3 Por esto te dará gloria el pueblo fuerte, te temerá la ciudad de gentes robustas.

4 Porque fuiste fortaleza al pobre, fortaleza al menesteroso en su aflicción, amparo contra el turbión, sombra contra el calor: porque el ímpetu de los violentos es como turbión contra frontispicio.

5 Como el calor en lugar seco, así humillarás el orgullo de los extraños; y como calor debajo de nube, harás marchitar el pimpollo de los robustos.

6 Y Jehová de los ejércitos hará en este monte á todos los pueblos convite de engordados, convite de purificados, de gruesos tuétanos, de purificados líquidos.

7 Y deshará en este monte la máscara de la cobertura con que están cubiertos todos los pueblos, y la cubierta que está extendida sobre todas las gentes.

8 Destruirá á la muerte para siempre; y enjugará el Señor toda lágrima de todos los rostros: y quitará la afrenta de su pueblo de toda la tierra: porque Jehová lo ha dicho.

9 Y se dirá en aquel día: He aquí este es nuestro Dios, le hemos esperado, y nos salvará; éste es Jehová á quien hemos esperado, nos gozaremos y nos alegraremos en su salud.

10 Porque la mano de Jehová reposará en este monte, y Moab será trillado debajo de él, como es trillada la paja en el muladar.

11 Y extenderá su mano por en medio de él, como la extiende el nadador para nadar: y abatirá su soberbia con los miembros de sus manos;

12 Y allanará la fortaleza de tus altos muros: la humillará y echará á tierra, hasta el polvo.

26 En aquel día cantarán este cantar en tierra de Judá: Fuerte ciudad tenemos: salud puso Dios por muros y antemuro.

2 Abrid las puertas, y entrará la gente justa, guardadora de verdades.

3 Tú le guardarás en completa paz, cuyo pensamiento en ti persevera; porque en ti se ha confiado.

4 Confiad en Jehová perpetuamente: porque en el Señor Jehová está la fortaleza de los siglos.

5 Porque derribó los que moraban en lugar sublime: humilló la ciudad ensalzada, humillóla hasta la tierra, derribóla hasta el polvo.

6 Hollarála pie, los pies del afligido, los pasos de los menesterosos.

7 El camino del justo es rectitud: Tú, Recto, pesas el camino del justo.

8 También en el camino de tus juicios, oh Jehová, te hemos esperado: á tu nombre y á tu memoria es el deseo del alma.

9 Con mi alma te he deseado en la noche; y en tanto que me durare el espíritu en medio de mí, madrugaré á buscarte: porque luego que hay juicios tuyos en la tierra, los moradores del mundo aprenden justicia.

10 Alcanzará piedad el impío, y no aprenderá justicia; en tierra de rectitud hará iniquidad, y no mirará á la majestad de Jehová.

11 Jehová, bien que se levante tu mano, no ven: verán al cabo, y se avergonzarán los que envidian á tu pueblo; y á tus enemigos fuego los consumirá.

12 Jehová, tú nos depararás paz; porque también obraste en nosotros todas nuestras obras.

13 Jehová Dios nuestro, señores se han enseñoreado de nosotros fuera de ti; mas en ti solamente nos acordaremos de tu nombre.

14 Muertos son, no vivirán: han fallecido, no resucitarán: porque los visitaste, y destruiste, y deshiciste toda su memoria.

15 Añadiste al pueblo, oh Jehová, añadiste al pueblo: hicísteis glorioso: extendíste tú hasta todos los términos de la tierra.

16 Jehová, en la tribulación te buscaron: derramaron oración cuando los castigaste.

17 Como la preñada cuando se acerca el parto gime, y da gritos con sus dolores, así hemos sido delante de ti, oh Jehová.

18 Concebimos, tuvimos dolores de parto, parimos como viento: salud ninguna hicimos en la tierra, ni cayeron los moradores del mundo.

19 Tus muertos vivirán; junto con mi cuerpo muerto resucitarán. ¡Despertad y cantad, moradores del polvo! porque tu rocío, cual rocío de hortalizas; y la tierra echará los muertos.

20 Anda, pueblo mío, éntrate en tus aposentos, cierra tras ti tus puertas; escóndete un poquito, por un momento, en tanto que pasa la ira.

21 Porque he aquí que Jehová sale de su lugar, para visitar la maldad del morador de la tierra contra él; y la tierra descubrirá sus sangres, y no más encubrirá sus muertos.

27 En aquel día Jehová visitará con su espada dura, grande y fuerte, sobre leviathán, serpiente rolliza, y sobre leviathán serpiente retuerta; y matará el dragón que está en la mar.

2 En aquel día cantad de la viña del vino rojo.

3 Yo Jehová la guardo, cada momento la regaré; guardaréla de noche y de día, porque nadie la visite.

4 No hay en mí enojo. ¿Quién pondrá contra mí en batalla espinas y cardos? Yo los hollaré, quemarélos juntamente.

5 ¿O forzará alguien mi fortaleza? Haga conmigo paz, sí, haga paz conmigo.

6 Días vendrán cuando Jacob echará raíces, florecerá y echará renuevos Israel, y la haz del mundo se henchirá de fruto.

7 ¿Acaso ha sido herido como quien le hirió? ¿ó ha sido muerto como los que lo mataron?

8 Con medida la castigarás en sus vástagos. El reprime su recio viento en el día del aire solano.

9 De esta manera pues será purgada la iniquidad de Jacob; y éste será todo el fruto, la remoción de su pecado, cuando tornare todas las piedras del altar como piedras de cal desmenuzadas, y no se levantarán los bosques, ni las imágenes del sol.

10 Porque la ciudad fortalecida será asolada, la morada será desamparada y dejada como un desierto: allí se apacentará el becerro, allí tendrá su majada, y acabará sus ramas.

11 Cuando sus ramas se secaren, serán quebradas; mujeres vendrán á encenderlas: porque aquél no es pueblo de entendimiento; por tanto su Hacedor no tendrá de él misericordia, ni se compadecerá de él el que lo formó.

12 Y acontecerá en aquel día, que herirá Jehová desde el álveo del río hasta el torrente de Egipto, y vosotros, hijos de Israel, seréis reunidos uno á uno.

13 Acontecerá también en aquel día, que se tañerá con gran trompeta, y vendrán los que habían sido esparcidos en la tierra de Asiria, y los que habían sido echados en tierra de Egipto, y adorarán á Jehová en el monte santo, en Jerusalem.

28 ¡ay de la corona de soberbia, de los ebrios de Ephraim, y de la flor caduca de la hermosura de su gloria, que está sobre la cabeza del valle fértil de los aturdidos del vino!

2 He aquí Jehová tiene un fuerte y poderoso: como turbión de granizo, y como torbellino trastornador; como ímpetu de recias aguas que inundan, con fuerza derriba á tierra.

3 Con los pies será hollada la corona de soberbia de los borrachos de Ephraim;

4 Y será la flor caduca de la hermosura de su gloria que está sobre la cabeza del valle fértil, como la fruta temprana, la primera del verano, la cual, en viéndola el que la mira, se la traga tan luego como la tiene á mano.

5 En aquel día Jehová de los ejércitos será por corona de gloria y diadema de hermosura á las reliquias de su pueblo;

6 Y por espíritu de juicio al que se sentare en juicio, y por fortaleza á los que harán tornar la batalla hasta la puerta.

7 Mas también éstos erraron con el vino; y con la sidra se entonteecieron; el sacerdote y el profeta erraron con la sidra, fueron trastornados del vino, aturdiéronse con la sidra, erraron en la visión, tropezaron en el juicio.

8 Porque todas las mesas están llenas de vómito y suciedad, hasta no haber lugar limpio.

9 ¿A quién se enseñará ciencia, ó á quién se hará entender doctrina? ¿A los quitados de la leche? ¿á los arrancados de los pechos?

10 Porque mandamiento tras mandamiento, mandato sobre mandato, renglón tras renglón, línea sobre línea, un poquito allí, otro poquito allá:

11 Porque en lengua de tartamudos, y en extraña lengua hablará á este pueblo.

12 A los cuales él dijo: Este es el reposo: dad reposo al cansado; y éste es el refrigerio: mas no quisieron oir.

13 La palabra pues de Jehová les será mandamiento tras mandamiento, mandato sobre mandato, renglón tras renglón, línea sobre línea, un poquito allí, otro poquito allá; que vayan y caigan de espaldas, y sean quebrantados, y enlazados, y presos.

14 Por tanto, varones burladores, que estáis enseñoreados sobre este pueblo que está en Jerusalem, oid la palabra de Jehová.

15 Porque habéis dicho: Concierto tenemos hecho con la muerte, é hicimos acuerdo con la sepultura; cuando pasare el turbión del azote, no llegará á nosotros, pues que hemos puesto nuestra acogida en la mentira, y en la falsedad nos esconderemos:

16 Por tanto, el Señor Jehová dice así: He aquí que yo fundo en Sión una piedra, piedra de fortaleza, de esquina, de precio, de cimiento estable: el que creyere, no se apresure.

17 Y ajustaré el juicio á cordel, y á nivel la justicia; y granizo barrerá la acogida de la mentira, y aguas arrollarán el escondrijo.

18 Y será anulado vuestro concierto con la muerte, y vuestro acuerdo con el sepulcro no será firme: cuando pasare el turbión del azote, seréis de él hollados.

19 Luego que comenzare á pasar, él os arrebatará; porque de mañana de mañana pasará, de día y de noche; y será que el espanto solamente haga entender lo oído.

20 Porque la cama es tan angosta que no basta, y la cubierta estrecha para recoger.

21 Porque Jehová se levantará como en el monte Perasim, como en el valle de Gabaón se enojará; para hacer su obra, su extraña obra, y para hacer su operación, su extraña operación.

22 Ahora pues, no os burléis, porque no se aprieten más vuestras ataduras: porque consumación y acabamiento sobre toda la tierra he oído del Señor Jehová de los ejércitos.

23 Estad atentos, y oid mi voz; estad atentos, y oid mi dicho.

24 El que ara para sembrar, ¿arará todo el día; romperá y quebrará los terrones de la tierra?

25 Después que hubiere igualado su superficie, ¿no derramará la neguilla, sembrará el comino, pondrá el trigo por su orden, y la cebada en su señal, y la avena en su término?

26 Porque su Dios le instruye, y le enseña á juicio.

27 Que la neguilla no se trillará con trillo, ni sobre el comino rodará rueda de carreta; sino que con un palo se sacude la neguilla, y el comino con una vara.

28 El pan se trilla; mas no siempre lo trillará, ni lo comprimirá con la rueda de su carreta, ni lo quebrantará con los dientes de su trillo.

29 También esto salió de Jehová de los ejércitos, para hacer maravilloso el consejo y engrandecer la sabiduría.

29 ¡ay de Ariel, ciudad donde habitó David! Añadid un año á otro, mátense víctimas.

2 Mas yo pondré á Ariel en apretura, y será desconsolada y triste; y será á mí como Ariel.

3 Porque asentaré campo contra ti en derredor, y te combatiré con ingenios, y levantaré contra ti baluartes.

4 Entonces serás humillada, hablarás desde la tierra, y tu habla saldrá del polvo; y será tu voz de la tierra como de pythón, y tu habla susurrará desde el polvo.

5 Y la muchedumbre de tus extranjeros será como polvo menudo, y la multitud de los fuertes como tamo que pasa; y será repentinamente, en un momento.

6 De Jehová de los ejércitos serás visitada con truenos y con terremotos y con gran ruido, con torbellino y tempestad, y llama de fuego consumidor.

7 Y será como sueño de visión nocturna la multitud de todas las gentes que pelearán contra Ariel, y todos los que pelearán contra ella y sus ingenios, y los que la pondrán en apretura.

8 Y será como el que tiene hambre y sueña, y parece que come; mas cuando despierta, su alma está vacía; ó como el que tiene sed y sueña, y parece que bebe; mas cuando se despierta, hállase cansado, y su alma sedienta: así será la multitud de todas las gentes que pelearán contra el monte de Sión.

9 Deteneos y maravillaos; ofuscaos y cegad; embriagaos, y no de vino; titubead, y no de sidra.

10 Porque Jehová extendió sobre vosotros espíritu de sueño, y cerró vuestros ojos: cubrió vuestros profetas, y vuestros principales videntes.

11 Y os será toda visión como palabras de libro sellado, el cual si dieren al que sabe leer, y le dijeren: Lee ahora esto; él dirá: No puedo, porque está sellado.

12 Y si se diere el libro al que no sabe leer, diciéndole: Lee ahora esto; él dirá: No sé leer.

13 Dice pues el Señor: Porque este pueblo se me acerca con su boca, y con sus labios me honra, mas su corazón alejó de mí, y su temor para conmigo fué enseñado por mandamiento de hombres:

14 Por tanto, he aquí que nuevamente excitaré yo la admiración de este pueblo con un prodigio grande y espantoso; porque perecerá la sabiduría de sus sabios, y se desvanecerá la prudencia de sus prudentes.

15 ¡Ay de los que se esconden de Jehová, encubriendo el consejo, y sus obras son en tinieblas, y dicen: ¿Quién nos ve, y quién nos conoce?

16 Vuestra subversión ciertamente será reputada como el barro del alfarero. ¿La obra dirá de su hacedor, No me hizo; y dirá el vaso de aquel que lo ha formado, No entendió?

17 ¿No será tornado de aquí á muy poco tiempo el Líbano en Carmelo, y el Carmelo será estimado por bosque?

18 Y en aquel tiempo los sordos oirán las palabras del libro, y los ojos de los ciegos verán en medio de la oscuridad y de las tinieblas.

19 Entonces los humildes crecerán en alegría en Jehová, y los pobres de los hombres se gozarán en el Santo de Israel.

20 Porque el violento será acabado, y el escarnecedor será consumido: serán talados todos los que madrugaban á la iniquidad.

21 Los que hacían pecar al hombre en palabra; los que armaban lazo al que reprendía en la puerta, y torcieron lo justo en vanidad.

22 Por tanto, Jehová que redimió á Abraham, dice así á la casa de Jacob: No será ahora confundido Jacob, ni su rostro se pondrá pálido;

23 Porque verá á sus hijos, obra de mis manos en medio de sí, que santificarán mi nombre; y santificarán al Santo de Jacob, y temerán al Dios de Israel.

24 Y los errados de espíritu aprenderán inteligencia, y los murmuradores aprenderán doctrina.

30 ¡ay de los hijos que se apartan, dice Jehová, para tomar consejo, y no de mí; para cobijarse con cubierta, y no de mi espíritu, añadiendo pecado á pecado!

2 Pártense para descender á Egipto, y no han preguntado mi boca; para fortificarse con la fuerza de Faraón, y poner su esperanza en la sombra de Egipto.

3 Mas la fortaleza de Faraón se os tornará en vergüenza, y el amparo en la sombra de Egipto en confusión.

4 Cuando estarán sus príncipes en Zoán, y sus embajadores habrán llegado á Hanes,

5 Se avergonzarán todos del pueblo que no les aprovechará, ni los socorrerá, ni les traerá provecho; antes les será para vergüenza, y aun para oprobio.

6 Carga de las bestias del mediodía: Por tierra de tribulación y de angustia, de donde salen la leona y el león, la víbora y la serpiente que vuela, llevan sobre lomos de jumentos sus riquezas, y sus tesoros sobre corcovas de camellos, á un pueblo que no les será de provecho.

7 Ciertamente Egipto en vano é inútilmente dará ayuda; por tanto yo le dí voces, que su fortaleza sería estarse quietos.

8 Ve pues ahora, y escribe esta visión en una tabla delante de ellos, y asiéntala en un libro, para que quede hasta el postrero día, para siempre por todos los siglos.

9 Que este pueblo es rebelde, hijos mentirosos, hijos que no quisieron oir la ley de Jehová;

10 Que dicen á los videntes: No veáis; y á los profetas: No nos profeticéis lo recto, decidnos cosas halagüeñas, profetizad mentiras;

11 Dejad el camino, apartaos de la senda, haced cesar de nuestra presencia al Santo de Israel.

12 Por tanto el Santo de Israel dice así: Porque desechasteis esta palabra, y confiasteis en violencia y en iniquidad, y en ello os habéis apoyado;

13 Por tanto os será este pecado como pared abierta que se va á caer, y como corcova en alto muro, cuya caída viene súbita y repentinamente.

14 Y quebrarálo como se quiebra un vaso de alfarero, que sin misericordia lo hacen menuzos; tanto, que entre los pedazos no se halla tiesto para traer fuego del hogar, ó para coger agua de la poza.

15 Porque así dijo el Señor Jehová, el Santo de Israel: En descanso y en reposo seréis salvos; en quietud y en confianza será vuestra fortaleza. Y no quisisteis,

16 Sino que dijisteis: No, antes huiremos en caballos: por tanto vosotros huiréis. Sobre ligeros cabalgaremos: por tanto serán ligeros vuestros perseguidores.

17 Un millar huirá á la amenaza de uno; á la amenaza de cinco huiréis vosotros todos; hasta que quedéis como mástil en la cumbre de un monte, y como bandera sobre cabezo.

18 Empero Jehová esperará para tener piedad de vosotros, y por tanto será ensalzado teniendo de vosotros misericordia: porque Jehová es Dios de juicio: bienaventurados todos los que le esperan.

19 Ciertamente el pueblo morará en Sión, en Jerusalem: nunca más llorarás; el que tiene misericordia se apiadará de ti; en oyendo la voz de tu clamor te responderá.

20 Bien que os dará el Señor pan de congoja y agua de angustia, con todo, tus enseñadores nunca más te serán quitados, sino que tus ojos verán tus enseñadores.

21 Entonces tus oídos oirán á tus espaldas palabra que diga: Este es el camino, andad por él; y no echéis á la mano derecha, ni tampoco torzáis á la mano izquierda.

22 Entonces profanarás la cobertura de tus esculturas de plata, y la vestidura de tu vaciadizo de oro: las apartarás como trapo de menstruo: ¡Sal fuera! le dirás.

23 Entonces dará el Señor lluvia á tu sementera, cuando la tierra sembrares; y pan del fruto de la tierra; y será abundante y pingüe; tus ganados en aquel tiempo serán apacentados en anchas dehesas.

24 Tus bueyes y tus asnos que labran la tierra, comerán grano limpio, el cual será aventado con pala y criba.

25 Y sobre todo monte alto, y sobre todo collado subido, habrá ríos y corrientes de aguas el día de la gran matanza, cuando caerán las torres.

26 Y la luz de la luna será como la luz del sol, y la luz del sol siete veces mayor, como la luz de siete días, el día que soldará Jehová la quebradura de su pueblo, y curará la llaga de su herida.

27 He aquí que el nombre de Jehová viene de lejos: su rostro encendido, y grave de sufrir; sus labios llenos de ira, y su lengua como fuego que consume;

28 Y su aliento, cual torrente que inunda: llegará hasta el cuello, para zarandear las gentes con criba de destrucción; y el freno estará en las quijadas de los pueblos, haciéndo les errar.

29 Vosotros tendréis canción, como en noche en que se celebra pascua; y alegría de corazón, como el que va con flauta para venir al monte de Jehová, al Fuerte de Israel.

30 Y Jehová hará oir su voz potente, y hará ver el descender de su brazo, con furor de rostro, y llama de fuego consumidor; con dispersión, con avenida, y piedra de granizo.

31 Porque Assur que hirió con palo, con la voz de Jehová será quebrantado.

32 Y en todo paso habrá madero fundado, que Jehová hará hincar sobre él con tamboriles y vihuelas, cuando con batallas de altura peleará contra ellos.

33 Porque Topheth ya de tiempo está diputada y aparejada para el rey, profunda y ancha; cuyo foco es de fuego, y mucha leña; el soplo de Jehová, como torrente de azufre, la enciende.

31 ¡ay de los que descienden á Egipto por ayuda, y confían en caballos; y su esperanza ponen en carros, porque son muchos, y en caballeros, porque son valientes; y no miraron al Santo de Israel, ni buscaron á Jehová!

2 Mas él también es sabio, y traerá el mal, y no retirará sus palabras. Levantaráse pues contra la casa de los malignos, y contra el auxilio de los obradores de iniquidad.

3 Y los Egipcios hombres son, y no Dios; y sus caballos carne, y no espíritu: de manera que en extendiendo Jehová su mano, caerá el ayudador, y caerá el ayudado, y todos ellos desfallecerán á una.

4 Porque Jehová me dijo á mí de esta manera: Como el león y el cachorro del león brama sobre su presa, y si se llega contra él cuadrilla de pastores, no temerá por sus voces, ni se acobardará por el tropel de ellos: así Jehová de los ejércitos descenderá á pelear por el monte de Sión, y por su collado.

5 Como las aves que vuelan, así amparará Jehová de los ejércitos á Jerusalem, amparando, librando, pasando, y salvando.

6 Convertíos á aquel contra quien los hijos de Israel profundamente se rebelaron.

7 Porque en aquel día arrojará el hombre sus ídolos de plata, y sus ídolos de oro, que para vosotros han hecho vuestras manos pecadoras.

8 Entonces caerá el Assur por cuchillo, no de varón; y consumirálo espada, no de hombre; y huirá de la presencia de la espada, y sus mancebos serán tributarios.

9 Y de miedo pasará su fortaleza y sus príncipes tendrán pavor de la bandera, dice Jehová, cuyo fuego está en Sión, y su horno en Jerusalem.

32 He aquí que en justicia reinará un rey, y príncipes presidirán en juicio.

2 Y será aquel varón como escondedero contra el viento, y como acogida contra el turbión; como arroyos de aguas en tierra de sequedad, como sombra de gran peñasco en tierra calurosa.

3 No se ofuscarán entonces los ojos de los que ven, y los oídos de los oyentes oirán atentos.

4 Y el corazón de los necios entenderá para saber, y la lengua de los tartamudos será desenvuelta para hablar claramente.

5 El mezquino nunca más será llamado liberal, ni será dicho generoso el avariento.

6 Porque el mezquino hablará mezquindades, y su corazón fabricará iniquidad, para hacer la impiedad y para hablar escarnio contra Jehová, dejando vacía el alma hambrienta, y quitando la bebida al sediento.

7 Cierto los avaros malas medidas tienen: él maquina pensamientos para enredar á los simples con palabras cautelosas, y para hablar en juicio contra el pobre.

8 Mas el liberal pensará liberalidades, y por liberalidades subirá.

9 Mujeres reposadas, levantaos, oid mi voz; confiadas, escuchad mi razón.

10 Días y años tendréis espanto, oh confiadas; porque la vendimia faltará, y la cosecha no acudirá.

11 Temblad, oh reposadas; turbaos, oh confiadas: despojaos, desnudaos, ceñid los lomos con saco.

12 Sobre los pechos lamentarán por los campos deleitosos, por la vid fértil.

13 Sobre la tierra de mi pueblo subirán espinas y cardos; y aun sobre todas las casas de placer en la ciudad de alegría.

14 Porque los palacios serán desiertos, la multitud de la ciudad cesará: las torres y fortalezas se tornarán cuevas para siempre, donde huelguen asnos monteses, y ganados hagan majada:

15 Hasta que sobre nosotros sea derramado espíritu de lo alto, y el desierto se torne en campo labrado, y el campo labrado sea estimado por bosque.

16 Y habitará el juicio en el desierto, y en el campo labrado asentará la justicia.

17 Y el efecto de la justicia será paz; y la labor de justicia, reposo y seguridad para siempre.

18 Y mi pueblo habitará en morada de paz, y en habitaciones seguras, y en recreos de reposo.

19 Y el granizo, cuando descendiere será en los montes; y la ciudad será del todo abátida.

20 Dichosos vosotros los que sembráis sobre todas aguas, y metéis en ellas el pie de buey y de asno.

33 ¡ay de ti, el que saqueas, y nunca fuiste saqueado; el que haces deslealtad, bien que nadie contra ti la hizo! Cuando acabares de saquear, serás tú saqueado; y cuando acabares de hacer deslealtad, haráse contra ti.

2 Oh Jehová, ten misericordia de nosotros, á ti hemos esperado: tú, brazo de ellos en la mañana, sé también nuestra salud en tiempo de la tribulación.

3 Los pueblos huyeron á la voz del estruendo; las gentes fueron esparcidas por tus levantamientos.

4 Mas vuestra presa será cogida como cuando cogen las orugas: correrá sobre ellos como de una á otra parte corren las langostas.

5 Será ensalzado Jehová, el cual mora en las alturas: llenó á Sión de juicio y de justicia.

6 Y reinará en tus tiempos la sabiduría y la ciencia, y la fuerza de la salvación: el temor de Jehová será su tesoro.

7 He aquí que sus embajadores darán voces afuera; los mensajeros de paz llorarán amargamente.

8 Las calzadas están desechas, cesaron los caminantes: anulado ha la alianza, aborreció las ciudades, tuvo en nada los hombres.

9 Enlutóse, enfermó la tierra: el Líbano se avergonzó, y fué cortado: hase tornado Sarón como desierto; y Basán y Carmel fueron sacudidos.

10 Ahora me levantaré, dice Jehová; ahora seré ensalzado, ahora seré engrandecido.

11 Concebisteis hojarascas, aristas pariréis: el soplo de vuestro fuego os consumirá.

12 Y los pueblos serán como cal quemada: como espinas cortadas serán quemados con fuego.

13 Oid, los que estáis lejos, lo que he hecho; y vosotros los cercanos, conoced mi potencia.

14 Los pecadores se asombraron en Sión, espanto sobrecogió á los hipócritas. ¿Quién de nosotros morará con el fuego consumidor? ¿quién de nosotros habitará con las llamas eternas?

15 El que camina en justicia, y habla lo recto; el que aborrece la ganancia de violencias, el que sacude sus manos por no recibir cohecho, el que tapa su oreja por no oir sangres, el que cierra sus ojos por no ver cosa mala:

16 Este habitará en las alturas: fortalezas de rocas serán su lugar de acogimiento; se le dará su pan, y sus aguas serán ciertas.

17 Tus ojos verán al Rey en su hermosura; verán la tierra que está lejos.

18 Tu corazón imaginará el espanto, y dirá: ¿Qué es del escriba? ¿qué del pesador? ¿qué del que pone en lista las casas más insignes?

19 No verás á aquel pueblo espantable, pueblo de lengua oscura de entender, de lengua tartamuda que no comprendas.

20 Mira á Sión, ciudad de nuestras solemnidades: tus ojos verán á Jerusalem, morada de quietud, tienda que no será desarmada, ni serán arrancadas sus estacas, ni ninguna de sus cuerdas será rota.

21 Porque ciertamente allí será Jehová para con nosotros fuerte, lugar de ríos, de arroyos muy anchos, por el cual no andará galera, ni por él pasará grande navío.

22 Porque Jehová es nuestro juez, Jehová es nuestro legislador, Jehová es nuestro Rey, él mismo nos salvará.

23 Tus cuerdas se aflojaron; no afirmaron su mástil, ni entesaron la vela: repartiráse entonces presa de muchos despojos: los cojos arrebatarán presa.

24 No dirá el morador: Estoy enfermo: el pueblo que morare en ella será absuelto de pecado.

34 Gentes, allegaos á oir, y escuchad, pueblos. Oiga la tierra y lo que la hinche, el mundo y todo lo que él produce.

2 Porque Jehová está airado sobre todas las gentes, é irritado sobre todo el ejército de ellas: destruirálas y entregarálas al matadero por la sangre de ellos.

3 Y los muertos de ellas serán arrojados, y de sus cadáveres se levantará hedor; y los montes se desleirán por la sangre de ellos.

4 Y todo el ejército de los cielos se corromperá, y plegarse han los cielos como un libro: y caerá todo su ejército, como se cae la hoja de la parra, y como se cae la de la higuera.

5 Porque en los cielos se embriagará mi espada: he aquí que descenderá sobre Edom en juicio, y sobre el pueblo de mi anatema.

6 Llena está de sangre la espada de Jehová, engrasada está de grosura, de sangre de corderos y de cabritos, de grosura de riñones de carneros: porque Jehová tiene sacrificios en Bosra, y grande matanza en tierra de Edom.

7 Y con ellos vendrán abajo unicornios, y toros con becerros; y su tierra se embriagará de sangre, y su polvo se engrasará de grosura.

8 Porque es día de venganza de Jehová, año de retribuciones en el pleito de Sión.

9 Y sus arroyos se tornarán en pez, y su polvo en azufre, y su tierra en pez ardiente.

10 No se apagará de noche ni de día, perpetuamente subirá su humo: de generación en generación será asolada, nunca jamás pasará nadie por ella.

11 Y la poseerán el pelícano y el mochuelo, la lechuza y el cuervo morarán en ella: y extenderáse sobre ella cordel de destrucción, y niveles de asolamiento.

12 Llamarán á sus príncipes, príncipes sin reino; y todos sus grandes serán nada.

13 En sus alcázares crecerán espinas, y ortigas y cardos en sus fortalezas; y serán morada de chacales, patio para los pollos de los avestruces.

14 Y las bestias monteses se encontrarán con los gatos cervales, y el peludo gritará á su compañero: la lamia también tendrá allí asiento, y hallará para sí reposo.

15 Allí anidará el cuclillo, conservara sus huevos, y sacará sus pollos, y juntarálos debajos de sus alas: también se ayuntarán allí buitres, cada uno con su compañera.

16 Inquirid en el libro de Jehová, y leed si faltó alguno de ellos: ninguno faltó con su compañera; porque su boca mandó y reuniólos su mismo espíritu.

17 Y él les echó las suertes, y su mano les repartió con cordel: para siempre la tendrán por heredad, de generación en generación morarán allí.

35 Alegrarse han el desierto y la soledad: el yermo se gozará, y florecerá como la rosa.

2 Florecerá profusamente, y también se alegrará y cantará con júbilo: la gloria del Líbano le será dada, la hermosura de Carmel y de Sarón. Ellos verán la gloria de Jehová, la hermosura del Dios nuestro.

3 Confortad á las manos cansadas, roborad las vacilantes rodillas.

4 Decid á los de corazón apocado: Confortaos, no temáis: he aquí que vuestro Dios viene con venganza, con pago: el mismo Dios vendrá, y os salvará.

5 Entonces los ojos de los ciegos serán abiertos, y los oídos de los sordos se abrirán.

6 Entonces el cojo saltará como un ciervo, y cantará la lengua del mudo; porque aguas serán cavadas en el desierto, y torrentes en la soledad.

7 El lugar seco será tornado en estanque, y el secadal en manaderos de aguas; en la habitación de chacales, en su cama, será lugar de cañas y de juncos.

8 Y habrá allí calzada y camino, y será llamado Camino de Santidad; no pasará por él inmundo; y habrá para ellos en él

quien los acompañe, de tal manera que los insensatos no yerren.

9 No habrá allí león, ni bestia fiera subirá por él, ni allí se hallará, para que caminen los redimidos.

10 Y los redimidos de Jehová volverán, y vendrán á Sión con alegría; y gozo perpetuo será sobre sus cabezas: y retendrán el gozo y alegría, y huirá la tristeza y el gemido.

36 Aconteció en el año catorce del rey Ezechías, que Sennachêrib rey de Asiria subió contra todas las ciudades fuertes de Judá, y tomólas.

2 Y el rey de Asiria envió á Rabsaces con grande ejército desde Lachîs á Jerusalem al rey Ezechías: y asentó el campo á los caños de la pesquera de arriba, en el camino de la heredad del Lavador.

3 Y salió á él Eliacim hijo de Hilcías mayordomo, y Sebna, escriba, y Joah hijo de Asaph, canciller.

4 A los cuales dijo Rabsaces: Ahora pues, diréis á Ezechías: El gran rey, el rey de Asiria, dice así: ¿Qué confianza es ésta en que confías?

5 Digo, alegas tú, (empero palabras vanas) que tengo consejo y fortaleza para la guerra. Ahora bien, ¿en quién confías que te rebelas contra mí?

6 He aquí que confías en este bordón de caña frágil, en Egipto, sobre el cual si alguien se apoyare, entrarásele por la mano, y se la atravesara. Tal es Faraón rey de Egipto para con todos los que en él confían.

7 Y si me dijeres, En Jehová nuestro Dios confiamos; ¿no es éste aquel cuyos altos y cuyos altares hizo quitar Ezechías, y dijo á Judá y á Jerusalem: Delante de este altar adoraréis?

8 Ahora pues yo te ruego que des rehenes al rey de Asiria mi señor, y yo te daré dos mil caballos, si pudieres tú dar caballeros que cabalguen sobre ellos.

9 ¿Cómo pues harás volver el rostro de un capitán de los más pequeños siervos de mi señor, aunque estés confiado en Egipto por sus carros y hombres de á caballo?

10 ¿Y por ventura vine yo ahora á esta tierra para destruirla sin Jehová? Jehová me dijo: Sube á esta tierra para destruirla.

11 Entonces dijo Eliacim, y Sebna y Joah á Rabsaces: Rogámoste que hables á tus siervos en lengua siriaca, porque nosotros la entendemos: y no hables con nosotros en lengua judáica, oyéndolo el pueblo que está sobre el muro.

12 Y dijo Rabsaces: ¿Envióme mi señor á ti y á tu señor, á que dijese estas palabras, y no á los hombres que están sobre el muro, para comer su estiércol y beber su orina con vosotros?

13 Púsose luego en pie Rabsaces, y gritó á grande voz en lengua judáica, diciendo: Oid las palabras del gran rey, el rey de Asiria.

14 El rey dice así: No os engañe Ezechías, porque no os podrá librar.

15 Ni os haga Ezechías confiar en Jehová, diciendo: Ciertamente Jehová nos librará: no será entregada esta ciudad en manos del rey de Asiria.

16 No escuchéis á Ezechías: porque el rey de Asiria dice así: Haced conmigo paz, y salid á mí; y comía cada uno de su viña, y cada uno de su higuera, y beba cada cual las aguas de su pozo;

17 Hasta que yo venga y os lleve á una tierra como la vuestra, tierra de grano y de vino, tierra de pan y de viñas.

18 Mirad no os engañe Ezechías diciendo: Jehová nos librará. ¿Libraron los dioses de las gentes cada uno á su tierra de la mano del rey de Asiria?

19 ¿Dónde está el dios de Hamath y de Arphad? ¿dónde está el dios de Sepharvaim? ¿libraron á Samaria de mi mano?

20 ¿Qué dios hay entre los dioses de estas tierras, que haya librado su tierra de mi mano, para que Jehová libre de mi mano á Jerusalem?

21 Mas callaron, y no le respondieron palabra; porque el rey así lo había mandado, diciendo: No le respondáis.

22 Entonces Eliacim hijo de Hilcías mayordomo, y Sebna escriba, y Joah hijo de Asaph canciller, vinieron á Ezechías rotos sus vestidos, y contáronle las palabras de Rabsaces.

37 Aconteció pues, que el rey Ezechías, oído esto, rasgó sus vestidos, y cubierto de saco vino á la casa de Jehová.

2 Y envió á Eliacim mayordomo, y á Sebna escriba, y á los ancianos de los sacerdotes, cubiertos de sacos, á Isaías profeta, hijo de Amoz.

3 Los cuales le dijeron: Ezechías dice así: Día de angustia, de represión y de blasfemia, es este día: porque los hijos han llegado hasta la rotura, y no hay fuerza en la que pare.

4 Quizá oirá Jehová tu Dios las palabras de Rabsaces, al cual envió el rey de Asiria su señor á blasfemar al Dios vivo, y á reprender con las palabras que oyó Jehová tu Dios: alza pues oración tú por las reliquias que aun han quedado.

5 Vinieron pues los siervos de Ezechías á Isaías.

6 Y díjoles Isaías: Diréis así á vuestro señor: Así dice Jehová: No temas por las palabras que has oído, con las cuales me han blasfemado los siervos del rey de Asiria.

7 He aquí que yo doy en él un espíritu, y oirá un rumor, y volveráse á su tierra: y yo haré que en su tierra caiga á cuchillo.

8 Vuelto pues Rabsaces, halló al rey de Asiria que batía á Libna; porque ya había oído que se había apartado de Lachîs.

9 Mas oyendo decir de Tirhakah rey de Etiopía: He aquí que ha salido para hacerte guerra: en oyéndolo, envió mensajeros á Ezechías, diciendo:

10 Diréis así á Ezechîas rey de Judá: No te engañe tu Dios en quien tú confías, diciendo: Jerusalem no será entregada en mano del rey de Asiria.

11 He aquí que tú oiste lo que hicieron los reyes de Asiria á todas las tierras, que las destruyeron; ¿y escaparás tú?

12 ¿Libraron los dioses de las gentes á los que destruyeron mis antepasados, á Gozán, y Harán, Rezeph, y á los hijos de Edén que moraban en Thelasar?

13 ¿Dónde está el rey de Amath, el rey de Arphad, el rey de la ciudad de Sepharvaim, de Henah, y de Hivah?

14 Y tomó Ezechías las cartas de mano de los mensajeros, y leyólas; y subió á la casa de Jehová, y las extendió delante de Jehová.

15 Entonces Ezechías oró á Jehová, diciendo:

16 Jehová de los ejércitos, Dios de Israel, que moras entre los querubines, sólo tú eres Dios sobre todos los reinos de la tierra; tú hiciste los cielos y la tierra.

17 Inclina, oh Jehová, tu oído, y oye; abre, oh Jehová, tus ojos, y mira: y oye todas las palabras de Sennachêrib, el cual ha enviado á blasfemar al Dios viviente.

18 Ciertamente, oh Jehová, los reyes de Asiria destruyeron todas las tierras y sus comarcas.

19 Y entregaron los dioses de ellos al fuego: porque no eran dioses, sino obra de manos de hombre, leño y piedra: por eso los deshicieron.

20 Ahora pues, Jehová Dios nuestro, líbranos de su mano, para que todos los reinos de la tierra conozcan que sólo tú eres Jehová.

21 Entonces Isaías hijo de Amoz, envió á decir á Ezechías: Jehová Dios de Israel dice así: Acerca de lo que me rogaste sobre Sennachêrib rey de Asiria,

22 Esto es lo que Jehová habló de él: Hate menospreciado, y ha hecho escarnio de ti la virgen hija de Sión: meneó su cabeza á tus espaldas la hija de Jerusalem.

23 ¿A quién injuriaste y á quién blasfemaste? ¿contra quién has alzado tu voz, y levantado tus ojos en alto? Contra el Santo de Israel.

24 Por mano de tus siervos denostaste al Señor, y dijiste: Yo con la multitud de mis carros subiré á las alturas de los montes, á las laderas del Líbano; cortaré sus altos cedros, sus hayas escogidas; vendré después á lo alto de su límite, al monte de su Carmel.

25 Yo cavé, y bebí las aguas; y con las pisadas de mis pies secaré todos los ríos de lugares atrincherados.

26 ¿No has oído decir que de mucho tiempo ha yo lo hice, que de días antiguos lo he formado? Helo hecho venir ahora, y será para destrucción de ciudades fuertes en montones de ruinas.

27 Y sus moradores, cortos de manos, quebrantados y confusos, serán como grama del campo y hortaliza verde, como hierba de los tejados, que antes de sazón se seca.

28 Conocido he tu estado, tu salida y tu entrada, y tu furor contra mí.

29 Porque contra mí te airaste, y tu estruendo ha subido á mis oídos: pondré pues mi anzuelo en tu nariz, y mi freno en tus labios, y haréte tornar por el camino por donde viniste.

30 Y esto te será por señal: Comerás este año lo que nace de suyo, y el año segundo lo que nace de suyo: y el año tercero sembraréis y segaréis, y plantaréis viñas, y comeréis su fruto.

31 Y el residuo de la casa de Judá que hubiere escapado, tornará á echar raíz abajo, y hará fruto arriba.

32 Porque de Jerusalem saldrán reliquias, y del monte de Sión salvamento: el celo de Jehová de los ejércitos hará esto.

33 Por tanto, así dice Jehová acerca del rey de Asiria: No entrará en esta ciudad, ni echará saeta en ella: no vendrá

delante de ella escudo, ni será echado contra ella baluarte.

34 Por el camino que vino se tornará, y no entrará en esta ciudad, dice Jehová:

35 Pues yo ampararé á esta ciudad para salvarla por amor de mí, y por amor de David mi siervo.

36 Y salió el ángel de Jehová, é hirió ciento ochenta y cinco mil en el campo de los Asirios: y cuando se levantaron por la mañana, he aquí que todo era cuerpos de muertos.

37 Entonces Sennachêrib rey de Asiria partiéndose se fué, y volvióse, é hizo su morada en Nínive.

38 Y acaeció, que estando orando en el templo de Nisroch su dios, Adremélech y Sarezer, sus hijos, le hirieron á cuchillo, y huyeron á la tierra de Ararat; y reinó en su lugar Esarhadón su hijo.

38 En aquellos días cayó Ezechías enfermo para morir. Y vino á él Isaías profeta, hijo de Amoz, y díjole: Jehová dice así: Ordena tu casa, porque tú morirás, y no vivirás.

2 Entonces volvió Ezechías su rostro á la pared, é hizo oración á Jehová.

3 Y dijo: Oh Jehová, ruégote te acuerdes ahora que he andado delante de ti en verdad y con íntegro corazón, y que he hecho lo que ha sido agradable delante de tus ojos. Y lloró Ezechías con gran lloro.

4 Entonces fué palabra de Jehová á Isaías, diciendo:

5 Ve, y di á Ezechías: Jehová Dios de David tu padre dice así: Tu oración he oído, y visto tus lágrimas: he aquí que yo añado á tus días quince años.

6 Y te libraré, y á esta ciudad, de mano del rey de Asiria; y á esta ciudad ampararé.

7 Y esto te será señal de parte de Jehová, que Jehová hará esto que ha dicho:

8 He aquí que yo vuelvo atrás la sombra de los grados, que ha descendido en el reloj de Achâz por el sol, diez grados. Y el sol fué tornado diez grados atrás, por los cuales había ya descendido.

9 Escritura de Ezechías rey de Judá, de cuando enfermó y sanó de su enfermedad.

10 Yo dije: En el medio de mis días iré á las puertas del sepulcro: Privado soy del resto de mis años.

11 Dije: No veré á JAH, á JAH en la tierra de los que viven: Ya no veré más hombre con los moradores del mundo.

12 Mi morada ha sido movida y traspasada de mí, como tienda de pastor. Como el tejedor corté mi vida; cortaráme con la enfermedad; Me consumirás entre el día y la noche.

13 Contaba yo hasta la mañana. Como un león molió todos mis huesos: De la mañana á la noche me acabarás.

14 Como la grulla y como la golondrina me quejaba; Gemía como la paloma: alzaba en lo alto mis ojos: Jehová, violencia padezco; confórtame.

15 ¿Qué diré? El que me lo dijo, él mismo lo ha hecho. Andaré recapacitando en la amargura de mi alma todos los años de mi vida.

16 Oh Señor, sobre ellos vivirán tus piedades, Y á todos diré consistir en ellas la vida de mi espíritu; Pues tú me restablecerás, y me harás que viva.

17 He aquí amargura grande me sobrevino en la paz: Mas al ti plugo librar mi vida del hoyo de corrupción. Porque echaste tras tus espaldas todos mis pecados.

18 Porque el sepulcro no te celebrará, ni te alabará la muerte; Ni los que descienden al hoyo esperarán tu verdad.

19 El que vive, el que vive, éste te confesará, como yo hoy: El padre hará notoria tu verdad á los hijos.

20 Jehová para salvarme; Por tanto cantaremos nuestros salmos En la casa de Jehová todos los días de nuestra vida.

21 Y había dicho Isaías: Tomen masa de higos, y pónganla en la llaga, y sanará.

22 Había asimismo dicho Ezechías: ¿Qué señal tendré de que he de subir á la casa de Jehová?

39 En aquel tiempo Merodachbaladán, hijo de Baladán, rey de Babilonia, envió cartas y presentes á Ezechías; porque había oído que había estado enfermo, y que había convalecido.

2 Y holgóse con ellos Ezechías, y enseñoles la casa de su tesoro, plata y oro, y especierías, y ungüentos preciosos, y toda su casa de armas, y todo lo que se pudo hallar en sus tesoros: no hubo cosa en su casa y en todo su señorío, que Ezechías no les mostrase.

3 Entonces Isaías profeta vino al rey Ezechías, y díjole: ¿Qué dicen estos hombres, y de dónde han venido á ti? Y Ezechías respondió: De tierra muy lejos han venido á mí, de Babilonia.

4 Dijo entonces: ¿Qué han visto en tu casa? Y dijo Ezechîas: Todo lo que hay en mi casa han visto, y ninguna cosa hay en mis tesoros que no les haya mostrado.

5 Entonces dijo Isaías á Ezechîas: Oye palabra de Jehová de los ejércitos:

6 He aquí, vienen días en que será llevado á Babilonia todo lo que hay en tu casa, y lo que tus padres han atesorado hasta hoy: ninguna cosa quedará, dice Jehová.

7 De tus hijos que hubieren salido de ti, y que engendraste, tomarán, y serán eunucos en el palacio del rey de Babilonia.

8 Y dijo Ezechîas á Isaías: La palabra de Jehová que has hablado, es buena. Y añadió: A lo menos, haya paz y verdad en mis días.

40 Consolaos, consolaos, pueblo mío, dice vuestro Dios.
2 Hablad al corazón de Jerusalem: decidle á voces que su tiempo es ya cumplido, que su pecado es perdonado; que doble ha recibido de la mano de Jehová por todos sus pecados.

3 Voz que clama en el desierto: Barred camino á Jehová: enderezad calzada en la soledad á nuestro Dios.

4 Todo valle sea alzado, y bájese todo monte y collado; y lo torcido se enderece, y lo áspero se allane.

5 Y manifestaráse la gloria de Jehová, y toda carne juntamente la verá; que la boca de Jehová habló.

6 Voz que decía: Da voces. Y yo respondí: ¿Qué tengo de decir á voces? Toda carne es hierba, y toda su gloria como flor del campo:

7 La hierba se seca, y la flor se cae; porque el viento de Jehová sopló en ella: ciertamente hierba es el pueblo.

8 Sécase la hierba, cáese la flor: mas la palabra del Dios nuestro permanece para siempre.

9 Súbete sobre un monte alto, anunciadora de Sión; levanta fuertemente tu voz, anunciadora de Jerusalem; levántala, no temas; dí á las ciudades de Judá: ¡Veis aquí el Dios vuestro!

10 He aquí que el Señor Jehová vendrá con fortaleza, y su brazo se enseñoreará: he aquí que su salario viene con él, y su obra delante de su rostro.

11 Como pastor apacentará su rebaño; en su brazo cogerá los corderos, y en su seno los llevará; pastoreará suavemente las paridas.

12 ¿Quién midió las aguas con su puño, y aderezó los cielos con su palmo, y con tres dedos allegó el polvo de la tierra, y pesó los montes con balanza, y con peso los collados?

13 ¿Quién enseñó al espíritu de Jehová, ó le aconsejo enseñándole?

14 ¿A quién demandó consejo para ser avisado? ¿Quién le enseñó el camino del juicio, ó le enseñó ciencia, ó le mostró la senda de la prudencia?

15 He aquí que las naciones son reputadas como la gota de un acetre, y como el orín del peso: he aquí que hace desaparecer las islas como polvo.

16 Ni el Líbano bastará para el fuego, ni todos sus animales para el sacrificio.

17 Como nada son todas las gentes delante de él; y en su comparación serán estimadas en menos que nada, y que lo que no es.

18 ¿A qué pues haréis semejante á Dios, ó qué imagen le compondréis?

19 El artífice apareja la imagen de talla, el platero la extiende el oro, y le funde cadenas de plata.

20 El pobre escoge, madera que no se corrompa; búscase un maestro sabio, que le haga una imagen de talla que no se mueva.

21 ¿No sabéis? ¿no habéis oído? ¿nunca os lo han dicho desde el principio? ¿no habéis sido enseñados desde que la tierra se fundó?

22 El está asentado sobre el globo de la tierra, cuyos moradores son como langostas: él extiende los cielos como una cortina, tiéndelos como una tienda para morar:

23 El torna en nada los poderosos, y á los que gobiernan la tierra hace como cosa vana.

24 Como si nunca fuesen plantados, como si nunca fueran sembrados, como si nunca su tronco hubiera tenido raíz en la tierra; así que sopla en ellos se secan, y el torbellino los lleva como hojarascas.

25 ¿A qué pues me haréis semejante, ó seré asimilado? dice el Santo.

26 Levantad en alto vuestros ojos, y mirad quién crió estas cosas: él saca por cuenta su ejército: á todas llama por sus nombres; ninguna faltará: tal es la grandeza de su fuerza, y su poder y virtud.

27 ¿Por qué dices, oh Jacob, y hablas tú, Israel: Mi camino es escondido de Jehová, y de mi Dios pasó mi juicio?

28 ¿No has sabido, no has oído que el Dios del siglo es Jehová, el cual crió los términos de la tierra? No se trabaja, ni se fatiga con cansancio, y su entendimiento no hay quien lo alcance.

29 El da esfuerzo al cansado, y multiplica las fuerzas al que no tiene ningunas.

30 Los mancebos se fatigan y se cansan, los mozos flaquean y caen:

31 Mas los que esperan á Jehová tendrán nuevas fuerzas; levantarán las alas como águilas, correrán, y no se cansarán, caminarán, y no se fatigarán.

41 Escuchadme, islas, y esfuércense los pueblos; alléguense, y entonces hablen: estemos juntamente á juicio.
2 ¿Quién despertó del oriente al justo, lo llamó para que le siguiese, entregó delante de él las naciones, é hízolo enseñorear de reyes; entrególos á su espada como polvo, y á su arco como hojarascas arrebatadas?

3 Siguiólos, pasó en paz por camino por donde sus pies nunca habían entrado.

4 ¿Quién obró é hizo esto? ¿Quién llama las generaciones desde el principio? Yo Jehová, el primero, y yo mismo con los postreros.

5 Las islas vieron, y tuvieron temor, los términos de la tierra se espantaron: congregáronse, y vinieron.

6 Cada cual ayudó á su cercano, y á su hermano dijo: Esfuérzate.

7 El carpintero animó al platero, y el que alisa con martillo al que batía en el yunque, diciendo: Buena está la soldadura, y afirmóló con clavos, porque no se moviese.

8 Mas tú, Israel, siervo mío eres, tú, Jacob, á quien yo escogí, simiente de Abraham mi amigo.

9 Porque te tomé de los extremos de la tierra, y de sus principales te llamé, y te dije: Mi siervo eres tú, te escogí, y no te deseché.

10 No temas, que yo soy contigo; no desmayes, que yo soy tu Dios que te esfuerzo: siempre te ayudaré, siempre te sustentaré con la diestra de mi justicia.

11 He aquí que todos los que se airan contra ti, serán avergonzados y confundidos: serán como nada y perecerán, los que contienden contigo.

12 Los buscarás, y no los hallarás, los que tienen contienda contigo, serán como nada, y como cosa que no es, aquellos que te hacen guerra.

13 Porque yo Jehová soy tu Dios, que te ase de tu mano derecha, y te dice: No temas, yo te ayudé.

14 No temas, gusano de Jacob, uno vosotros los pocos de Israel; yo te socorrí, dice Jehová, y tu Redentor el Santo de Israel.

15 He aquí que yo te he puesto por trillo, trillo nuevo, lleno de dientes: trillarás montes y los molerás, y collados tornarás en tamo.

16 Los aventarás, y los llevará el viento, y esparcirálos el torbellino. Tú empero te regocijarás en Jehová, te gloriarás en el Santo de Israel.

17 Los afligidos y menesterosos buscan las aguas, que no hay; secóse de sed su lengua; yo Jehová los oiré, yo el Dios de Israel no los desampararé.

18 En los altos abriré ríos, y fuentes en mitad de los llanos: tornaré el desierto en estanques de aguas, y en manaderos de aguas la tierra seca.

19 Daré en el desierto cedros, espinos, arrayanes, y olivas; pondré en la soledad hayas, olmos, y álamos juntamente;

20 Porque vean y conozcan, y adviertan y entiendan todos, que la mano de Jehová hace esto, y que el Santo de Israel lo crió.

21 Alegad por vuestra causa, dice Jehová: exhibid vuestros fundamentos, dice el Rey de Jacob.

22 Traigan, y anúnciennos lo que ha de venir: dígannos lo que ha pasado desde el principio, y pondremos nuestro corazón en ello; sepamos también su postrimería, y hacednos entender lo que ha de venir:

23 Dadnos nuevas de lo que ha de ser después, para que sepamos que vosotros sois dioses; ó á lo menos haced bien, ó mal, para que tengamos que contar, y juntamente nos maravillemos.

24 He aquí que vosotros sois de nada, y vuestras obras de vanidad; abominación el que os escogió.

25 Del norte desperté uno, y vendrá; del nacimiento del sol llamará en mi nombre: y hollará príncipes como lodo, y como pisa el barro el alfarero.

26 ¿Quién lo anunció desde el principio, para que sepamos; ó de tiempo atrás, y diremos: Es justo? Cierto, no hay quien anuncie, sí, no hay quien enseñe, ciertamente no hay quien oiga vuestras palabras.

27 Yo soy el primero que he enseñado estas cosas á Sión, y á Jerusalem daré un portador de alegres nuevas.

28 Miré, y no había ninguno; y pregunté de estas cosas, y ningún consejero hubo: preguntéles, y no respondieron palabra.

29 He aquí, todos iniquidad, y las obras de ellos nada: viento y vanidad son sus vaciadizos.

42 He aquí mi siervo, yo lo sostendré; mi escogido en quien mi alma toma contentamiento: he puesto sobre él mi espíritu, dará juicio á las gentes.

2 No clamará, ni alzará, ni hará oir su voz en las plazas.

3 No quebrará la caña cascada, ni apagará el pábilo que humeare: sacará juicio á verdad.

4 No se cansará, ni desmayará, hasta que ponga en la tierra juicio; y las islas esperarán su ley.

5 Así dice el Dios Jehová, el Criador de los cielos, y el que los extiende; el que extiende la tierra y sus verduras; el que da respiración al pueblo que mora sobre ella, y espíritu á los que por ella andan:

6 Yo Jehová te he llamado en justicia, y te tendré por la mano; te guardaré y te pondré por alianza del pueblo, por luz de las gentes;

7 Para que abras ojos de ciegos, para que saques de la cárcel á los presos, y de casas de prisión á los que están de asiento en tinieblas.

8 Yo Jehová: este es mi nombre; y á otro no daré mi gloria, ni mi alabanza á esculturas.

9 Las cosas primeras he aquí vinieron, y yo anuncio nuevas cosas: antes que salgan á luz, yo os las haré notorias.

10 Cantad á Jehová un nuevo cántico, su alabanza desde el fin de la tierra; los que descendéis á la mar, y lo que la hinche, las islas y los moradores de ellas.

11 Alcen la voz el desierto y sus ciudades, las aldeas donde habita Cedar: canten los moradores de la Piedra, y desde la cumbre de los montes den voces de júbilo.

12 Den gloria á Jehová, y prediquen sus loores en las islas.

13 Jehová saldrá como gigante, y como hombre de guerra despertará celo: gritará, voceará, esforzaráse sobre sus enemigos.

14 Desde el siglo he callado, tenido he silencio, y heme detenido: daré voces como la que está de parto; asolaré y devoraré juntamente.

15 Tornaré en soledad montes y collados, haré secar toda su hierba; los ríos tornaré en islas, y secaré los estanques.

16 Y guiaré los ciegos por camino que no sabían, haréles pisar por las sendas que no habían conocido; delante de ellos tornaré las tinieblas en luz, y los rodeos en llanura. Estas cosas les haré, y no los desampararé.

17 Serán vueltos atrás, y en extremo confundidos, los que confían en las esculturas, y dicen á las estatuas de fundición: Vosotros sois nuestros dioses.

18 Sordos, oid; y vosotros ciegos, mirad para ver.

19 ¿Quién ciego, sino mi siervo? ¿quién sordo, como mi mensajero que envié? ¿quién ciego como el perfecto, y ciego como el siervo de Jehová,

20 Que ve muchas cosas y no advierte, que abre los oídos y no oye?

21 Jehová se complació por amor de su justicia en magnificar la ley y engrandecerla.

22 Mas este es pueblo saqueado y hollado, todos ellos enlazados en cavernas y escondidos en cárceles: son puestos á saco, y no hay quien libre; hollados, y no hay quien diga, Restituid.

23 ¿Quién de vosotros oirá esto? ¿quién atenderá y escuchará en órden al porvenir?

24 ¿Quién dió á Jacob en presa, y entregó á Israel á saqueadores? ¿No fué Jehová, contra quien pecamos? y no quisieron andar en sus caminos, ni oyeron su ley.

25 Por tanto derramó sobre él el furor de su ira, y fuerza de guerra; púsole fuego de todas partes, empero no entendió; y encendióle, mas no ha parado mientes.

43 Y ahora, así dice Jehová Criador tuyo, oh Jacob, y Formador tuyo, oh Israel: No temas, Formador tuyo,

oh Israel: No temas, porque yo te redimí; te puse nombre, mío eres tú.

2 Cuando pasares por las aguas, yo seré contigo; y por los ríos, no te anegarán. Cuando pasares por el fuego, no te quemarás, ni la llama arderá en ti.

3 Porque yo Jehová Dios tuyo, el Santo de Israel, soy tú Salvador: á Egipto he dado por tu rescate, á Etiopía y á Seba por ti.

4 Porque en mis ojos fuiste de grande estima, fuiste honorable, y yo te amé: daré pues hombres por ti, y naciones por tu alma.

5 No temas, porque yo soy contigo; del oriente traeré tu generación, y del occidente te recogeré.

6 Diré al aquilón: Da acá, y al mediodía: No detengas: trae de lejos mis hijos, y mis hijas de los términos de la tierra,

7 Todos los llamados de mi nombre; para gloria mía los crié, los formé y los hice.

8 Sacad al pueblo ciego que tiene ojos, y á los sordos que tienen oídos.

9 Congréguense á una todas las gentes, y júntense todos los pueblos: ¿quién de ellos hay que nos dé nuevas de esto, y que nos haga oir las cosas primeras? Presenten sus testigos, y justifíquense: oigan, y digan: Verdad.

10 Vosotros sois mis testigos, dice Jehová, y mi siervo que yo escogí; para que me conozcáis y creáis, y entendáis que yo mismo soy; antes de mí no fué formado Dios, ni lo será después de mí.

11 Yo, yo Jehová, y fuera de mí no hay quien salve.

12 Yo anuncié, y salvé, é hice oir: y no hubo entre vosotros extraño. Vosotros pues sois mis testigos, dice Jehová, que yo soy Dios.

13 Aun antes que hubiera día, yo era; y no hay quien de mi mano libre: si yo hiciere, ¿quién lo estorbará?

14 Así dice Jehová, Redentor vuestro, el Santo de Israel: Por vosotros envié á Babilonia, é hice descender fugitivos todos ellos, y clamor de Caldeos en las naves.

15 Yo Jehová, Santo vuestro, Criador de Israel, vuestro Rey.

16 Así dice Jehová, el que da camino en la mar, y senda en las aguas impetuosas:

17 El que saca carro y caballo, ejército y fuerza; caen juntamente para no levantarse; quedan extinguidos, como pábilo quedan apagados.

18 No os acordéis de las cosas pasadas, ni traigáis á memoria las cosas antiguas.

19 He aquí que yo hago cosa nueva: presto saldrá á luz: ¿no la sabréis? Otra vez pondré camino en el desierto, y ríos en la soledad.

20 La bestia del campo me honrará, los chacales, y los pollos del avestruz: porque daré aguas en el desierto, ríos en la soledad, para que beba mi pueblo, mi escogido.

21 Este pueblo crié para mí, mis alabanzas publicará.

22 Y no me invocaste á mí, oh Jacob; antes, de mí te cansaste, oh Israel.

23 No me trajiste á mí los animales de tus holocaustos, ni á mí me honraste con tus sacrificios: no te hice servir con presente, ni te hice fatigar con perfume.

24 No compraste para mí caña aromática por dinero, ni me saciaste con la grosura de tus sacrificios; antes me hiciste servir en tus pecados, me has fatigado con tus maldades.

25 Yo, yo soy el que borro tus rebeliones por amor de mí; y no me acordaré de tus pecados.

26 Hazme acordar, entremos en juicio juntamente; relata tú para abonarte.

27 Tu primer padre pecó, y tus enseñadores prevaricaron contra mí.

28 Por tanto, yo profané los príncipes del santuario, y puse por anatema á Jacob, y por oprobio á Israel.

44 Ahora pues oye, Jacob, siervo mío, y tú, Israel, á quien yo escogí.

2 Así dice Jehová, Hacedor tuyo, y el que te formó desde el vientre, el cual te ayudará: No temas, siervo mío Jacob, y tú, Jeshurun, á quien yo escogí.

3 Porque yo derramaré aguas sobre el secadal, y ríos sobre la tierra árida: mi espíritu derramaré sobre tu generación, y mi bendición sobre tus renuevos:

4 Y brotarán entre hierba, como sauces junto á las riberas de las aguas.

5 Este dirá: Yo soy de Jehová; el otro se llamará del nombre de Jacob; y otro escribirá con su mano, A Jehová, y se apellidará con el nombre de Israel.

6 Así dice Jehová, Rey de Israel, y su Redentor, Jehová de los ejércitos: Yo el primero, y yo el postrero, y fuera de mí no hay Dios.

7 ¿Y quién llamará como yo, y denunciará esto, y lo ordenará por mí, desde que hice el pueblo antiguo? Anúncienles lo que viene, y lo que está por venir.

8 No temáis, ni os amedrentéis: ¿no te lo hice oir desde antiguo, y te lo dije? Luego vosotros sois mis testigos. No hay Dios sino yo. No hay Fuerte: no conozco ninguno.

9 Los formadores de imágenes de talla, todos ellos son vanidad, y lo más precioso de ellos para nada es útil; y ellos mismos para su confusión son testigos, que ellos ni ven ni entienden.

10 ¿Quién formó un dios, ó quién fundó una estatua que para nada es de provecho?

11 He aquí que todos sus compañeros serán avergonzados, porque los mismos artífices son de los hombres. Todos ellos se juntarán, estarán, se asombrarán, y serán avergonzados á una.

12 El herrero tomará la tenaza, obrará en las ascuas, darále forma con los martillos, y trabajará en ella con la fuerza de su brazo: tiene luego hambre, y le faltan las fuerzas; no beberá agua, y se desmaya.

13 El carpintero tiende la regla, señala aquélla con almagre, lábrala con los cepillos, dale figura con el compás, hácela en forma de varón, á semejanza de hombre hermoso, para estar en casa.

14 Cortaráse cedros, y tomará encina y alcornoque, y entre los árboles del bosque se esforzará; plantará pino, que se críe con la lluvia.

15 De él se servirá luego el hombre para quemar, y tomará de ellos para calentarse; encenderá también el horno, y cocerá panes: hará además un dios, y lo adorará; fabricará un ídolo, y arrodillaráse delante de él.

16 Parte del leño quemará en el fuego; con parte de él comerá carne, aderezará asado, y se saciará; después se calentará, y dirá: ¡Oh! heme calentado, he visto el fuego;

17 Y torna su sobrante en un dios, en su escultura; humíllase delante de ella, adórala, y ruégale diciendo: Líbrame, que mi dios eres tú.

18 No supieron ni entendieron: porque encostrados están sus ojos para no ver, y su corazón para no entender.

19 No discurre para consigo, no tiene sentido ni entendimiento para decir: Parte de esto quemé en el fuego, y sobre sus brasas cocí pan, asé carne, y comíla; ¿he de tornar en una abominación lo restante de ello? ¿delante de un tronco de árbol tengo de humillarme?

20 De ceniza se apacienta; su corazón engañado le desvía, para que no libre su alma, ni diga: ¿No hay una mentira á mi mano derecha?

21 Acuérdate de estas cosas, oh Jacob, é Israel, pues que tú mi siervo eres: Yo te formé; siervo mío eres tú: Israel, no me olvides.

22 Yo deshice como á nube tus rebeliones, y como á niebla tus pecados: tórnate á mí, porque yo te redimí.

23 Cantad loores, oh cielos, porque Jehová lo hizo; gritad con júbilo, lugares bajos de la tierra; prorrumpid, montes, en alabanza; bosque, y todo árbol que en él está: porque Jehová redimió á Jacob, y en Israel será glorificado.

24 Así dice Jehová, tu Redentor, y formador tuyo desde el vientre: Yo Jehová, que lo hago todo, que extiendo solo los cielos, que extiendo la tierra por mí mismo;

25 Que deshago las señales de los adivinos, y enloquezco á los agoreros; que hago tornar atrás los sabios, y desvanezco su sabiduría;

26 Que despierta la palabra de su siervo, y cumple el consejo de sus mensajeros; que dice á Jerusalem: Serás habitada; y á las ciudades de Judá: Reedificadas serán, y sus ruinas levantaré;

27 Que dice al profundo: Sécate, y tus ríos haré secar;

28 Que dice de Ciro: Es mi pastor, y cumplirá todo lo que yo quiero, en diciendo á Jerusalem, Serás edificada; y al templo: Serás fundado.

45 Así dice Jehová á su ungido, á Ciro, al cual tomé yo por su mano derecha, para sujetar gentes delante de él y desatar lomos de reyes; para abrir delante de él puertas, y las puertas no se cerrarán:

2 Yo iré delante de ti, y enderezaré las tortuosidades; quebrantaré puertas de bronce, y cerrojos de hierro haré pedazos;

3 Y te daré los tesoros escondidos, y los secretos muy guardados; para que sepas que yo soy Jehová, el Dios de Israel, que te pongo nombre.

4 Por amor de mi siervo Jacob, y de Israel mi escogido, te llamé por tu nombre; púsete sobrenombre, aunque no me conociste.

5 Yo Jehová, y ninguno más hay: no hay Dios fuera de mí. Yo te ceñiré, aunque tú no me conociste:

6 Para que se sepa desde el nacimiento del sol, y desde donde se pone, que no hay más que yo; yo Jehová, y ninguno más que yo:

7 Que formo la luz y crío las tinieblas, que hago la paz y crío el mal. Yo Jehová que hago todo esto.

8 Rociad, cielos, de arriba, y las nubes destilen la justicia; ábrase la tierra, y prodúzcanse la salud y la justicia; háganse brotar juntamente. Yo Jehová lo crié.

9 ¡Ay del que pleitea con su Hacedor! ¡el tiesto con los tiestos de la tierra! ¿Dirá el barro al que lo labra: Qué haces; ó tu obra: No tiene manos?

10 ¡Ay del que dice al padre: ¿Por qué engendraste? y á la mujer: ¿Por qué pariste?

11 Así dice Jehová, el Santo de Israel, y su Formador: Preguntadme de las cosas por venir; mandadme acerca de mis hijos, y acerca de la obra de mis manos.

12 Yo hice la tierra, y crié sobre ella al hombre. Yo, mis manos, extendieron los cielos, y á todo su ejército mandé.

13 Yo le desperté en justicia, y enderezaré todos sus caminos; él edificará mi ciudad, y soltará mis cautivos, no por precio ni por dones, dice Jehová de los ejércitos.

14 Así dice Jehová: El trabajo de Egipto, las mercaderías de Etiopía, y los Sabeos hombres agigantados, se pasarán á ti, y serán tuyos; irán en pos de ti, pasarán con grillos: á ti harán reverencia, y á ti suplicarán, diciendo: Cierto, en ti está Dios, y no hay otro fuera de Dios.

15 Verdaderamente tú eres Dios que te encubres, Dios de Israel, que salvas.

16 Confusos y avergonzados serán todos ellos; irán con afrenta todos los fabricadores de imágenes.

17 Israel es salvo en Jehová con salud eterna; no os avergonzaréis, ni os afrentaréis, por todos los siglos.

18 Porque así dijo Jehová, que crió los cielos, él es Dios, el que formó la tierra, el que la hizo y la compuso; no la crió en vano, para que fuese habitada la crió: Yo Jehová, y ninguno más que yo.

19 No hablé en escondido, en lugar de tierra de tinieblas; no dije á la generación de Jacob: En vano me buscáis. Yo soy Jehová que hablo justicia, que anuncio rectitud.

20 Reuníos, y venid; allegaos, todos los escapados de las gentes: no saben aquellos que erigen el madero de su escultura, y los que ruegan al dios que no salva.

21 Publicad, y haced llegar, y entren todos en consulta: ¿quién hizo oir esto desde el principio, y lo tiene dicho desde entonces, sino yo Jehová? Y no hay más Dios que yo; Dios justo y Salvador: ningún otro fuera de mí.

22 Mirad á mí, y sed salvos, todos los términos de la tierra: porque yo soy Dios, y no hay más.

23 Por mí hice juramento, de mi boca salió palabra en justicia, y no será revocada. Que á mí se doblará toda rodilla, jurará toda lengua.

24 Y dírase de mí: Ciertamente en Jehová está la justicia y la fuerza: á él vendrán, y todos los que contra él se enardecen, serán avergonzados.

25 En Jehová será justificada y se gloriará toda la generación de Israel.

46 Postróse Bel, abatióse Nebo; sus simulacros fueron puestos sobre bestias, y sobre animales de carga: os llevarán cargados de vosotros, carga penosa.

2 Fueron humillados, fueron abatidos juntamente; no pudieron escaparse de la carga, sino que tuvieron ellos mismos que ir en cautiverio.

3 Oidme, oh casa de Jacob, y todo el resto de la casa de Israel, los que sois traídos por mí desde el vientre, los que sois llevados desde la matriz.

4 Y hasta la vejez yo mismo, y hasta las canas os soportaré yo: yo hice, yo llevaré, yo soportaré y guardaré.

5 ¿Á quién me asemejáis, y me igualáis, y me comparáis, para que sea semejante?

6 Sacan oro del talego, y pesan plata con balanzas, alquilan un platero para hacer un dios de ello; humíllanse y adoran.

7 Echanselos sobre los hombros, llévanlo, y asiéntanlo en su lugar; allí se está, y no se mueve de su sitio. Danle voces, y tampoco responde, ni libra de la tribulación.

8 Acordaos de esto, y tened vergüenza, tornad en vosotros, prevaricadores.

9 Acordaos de las cosas pasadas desde el siglo; porque yo soy Dios, y no hay más Dios, y nada hay á mí semejante;

10 Que anuncio lo por venir desde el principio, y desde antiguo lo que aun no era hecho; que digo: Mi consejo permanecerá, y haré todo lo que quisiere;

11 Que llamo desde el oriente al ave, y de tierra lejana al varón de mi consejo. Yo hablé, y lo haré venir: he lo pensado, y también lo haré.

12 Oídme, duros de corazón, que estáis lejos de la justicia.

13 Haré que se acerque mi justicia, no se alejará: y mi salud no se detendrá. Y pondré salud en Sión, y mi gloria en Israel.

47 Desciende, y siéntate en el polvo, virgen hija de Babilonia, siéntate en la tierra sin trono, hija de los Caldeos: que nunca más te llamarán tierna y delicada.

2 Toma el molino, y muele harina: descubre tus guedejas, descalza los pies, descubre las piernas, pasa los ríos.

3 Descubierta será tu vergüenza, y tu deshonor será visto: tomaré venganza, y no encontraré hombre.

4 Nuestro Redentor, Jehová de los ejércitos es su nombre, el Santo de Israel.

5 Siéntate, calla, y entra en tinieblas, hija de los Caldeos: porque nunca más te llamarán señora de reinos.

6 Enojéme contra mi pueblo, profané mi heredad, y entreguélos en tu mano: no les hiciste misericordias; sobre el viejo agravaste mucho tu yugo.

7 Y dijiste: Para siempre seré señora: y no has pensado en esto, ni te acordaste de tu postrimería.

8 Oye pues ahora esto, delicada, la que está sentada confiadamente, la que dice en su corazón: Yo soy, y fuera de mí no hay más; no quedaré viuda, ni conoceré orfandad.

9 Estas dos cosas te vendrán de repente en un mismo día, orfandad y viudez: en toda su perfección vendrán sobre ti, por la multitud de tus adivinanzas, y por la copia de tus muchos agüeros.

10 Porque te confiaste en tu maldad, diciendo: Nadie me ve. Tu sabiduría y tu misma ciencia te engañaron, y dijiste en tu corazón: Yo, y no más.

11 Vendrá pues sobre ti mal, cuyo nacimiento no sabrás: caerá sobre ti quebrantamiento, el cual no podrás remediar: y destrucción que no sabrás, vendrá de repente sobre ti.

12 Estáte ahora en tus encantamientos, y en la multitud de tus agüeros, en los cuales te fatigaste desde tu niñez; quizá podrás mejorarte, quizá te fortificarás.

13 Haste fatigado en la multitud de tus consejos. Parezcan ahora y defiéndante los contempladores de los cielos, los especuladores de las estrellas, los que contaban los meses, para pronosticar lo que vendrá sobre ti.

14 He aquí que serán como tamo; fuego los quemará, no salvarán sus vidas del poder de la llama; no quedará brasa para calentarse, ni lumbre á la cual se sienten.

15 Así te serán aquellos con quienes te fatigaste, tus negociantes desde tu niñez: cada uno echará por su camino, no habrá quien te salve.

48 Oíd esto, casa de Jacob, que os llamáis del nombre de Israel, los que salieron de las aguas de Judá, los que juran en el nombre de Jehová, y hacen memoria del Dios de Israel, mas no en verdad ni en justicia:

2 Porque de la santa ciudad se nombran, y en el Dios de Israel confían: su nombre, Jehová de los ejércitos.

3 Lo que pasó, ya antes lo dije; y de mi boca salió; publiquélo, hícelo presto, y vino á ser.

4 Porque conozco que eres duro, y nervio de hierro tu cerviz, y tu frente de metal,

5 Díjetelo ya días há; antes que viniese te lo enseñé, porque no dijeses: Mi ídolo lo hizo, mis estatuas de escultura y de fundición mandaron estas cosas.

6 Oístelo, vístelo todo; ¿y no lo anunciaréis vosotros? Ahora pues te he hecho oir nuevas y ocultas cosas que tú no sabías.

7 Ahora han sido criadas, no en días pasados; ni antes de este día las habías oído, porque no digas: He aquí que yo lo sabía.

8 Sí, nunca lo habías oído, ni nunca lo habías conocido; ciertamente no se abrió antes tu oreja; porque sabía que desleal habías

de desobedecer, por tanto te llamé rebelde desde el vientre.

9 Por amor de mi nombre dilataré mi furor, y para alabanza mía te daré largas, para no talarte.

10 He aquí te he purificado, y no como á plata; hete escogido en horno de aflicción.

11 Por mí, por amor de mí lo haré, para que no sea amancillado mi nombre, y mi honra no la daré á otro.

12 Óyeme, Jacob, y tú, Israel, llamado de mí: Yo mismo, yo el primero, yo también el postrero.

13 Mi mano fundó también la tierra, y mi mano derecha midió los cielos con el palmo: en llamándolos yo, parecieron juntamente.

14 Juntaos todos vosotros, y oid. ¿Quién hay entre ellos que anuncie estas cosas? Jehová lo amó, el cual ejecutará su voluntad en Babilonia, y su brazo en los Caldeos.

15 Yo, yo hablé, y le llamé, y le traje; por tanto será prosperado su camino.

16 Allegaos á mí, oid esto; desde el principio no hablé en escondido; desde que la cosa se hizo, estuve allí: y ahora el Señor Jehová me envió, y su espíritu.

17 Así ha dicho Jehová, Redentor tuyo, el Santo de Israel: Yo Jehová Dios tuyo, que te enseña provechosamente, que te encamina por el camino que andas.

18 ¡Ojalá miraras tú á mis mandamientos! fuera entonces tu paz como un río, y tu justicia como las ondas de la mar.

19 Fuera como la arena tu simiente, y los renuevos de tus entrañas como las pedrezuelas de ella; nunca su nombre fuera cortado, ni raído de mi presencia.

20 Salid de Babilonia, huid de entre los Caldeos; dad nuevas de esto con voz de alegría, publicadlo, llevadlo hasta lo postrero de la tierra: decid: Redimió Jehová á Jacob su siervo.

21 Y no tuvieron sed cuando los llevó por los desiertos; hízoles correr agua de la piedra: cortó la peña, y corrieron aguas.

22 No hay paz para los malos, dijo Jehová.

49 Oidme, islas, y escuchad, pueblos lejanos: Jehová me llamó desde el vientre; desde las entrañas de mi madre tuvo mi nombre en memoria.

2 Y puso mi boca como espada aguda, cubrióme con la sombra de su mano; y púsome por saeta limpia, guardóme en su aljaba.

3 Y díjome: Mi siervo eres, oh Israel, que en ti me gloriaré.

4 Yo empero dije: Por demás he trabajado, en vano y sin provecho he consumido mi fortaleza; mas mi juicio está delante de Jehová, y mi recompensa con mi Dios.

5 Ahora pues, dice Jehová, el que me formó desde el vientre por su siervo, para que convierta á él á Jacob. Bien que Israel no se juntará, con todo, estimado seré en los ojos de Jehová, y el Dios mío será mi fortaleza.

6 Y dijo: Poco es que tú me seas siervo para levantar las tribus de Jacob, y para que restaures los asolamientos de Israel: también te dí por luz de las gentes, para que seas mi salud hasta lo postrero de la tierra.

7 Así ha dicho Jehová, Redentor de Israel, el Santo suyo, al menospreciado de alma, al abominado de las gentes, al siervo de los tiranos. Verán reyes, y levantaránse príncipes, y adorarán por Jehová; porque fiel es el Santo de Israel, el cual te escogió.

8 Así dijo Jehová: En hora de contentamiento te oí, y en el día de salud te ayudé: y guardarte he, y te daré por alianza del pueblo, para que levantes la tierra, para que heredes asoladas heredades;

9 Para que digas á los presos: Salid; y á los que están en tinieblas: Manifestaos. En los caminos serán apacentados, y en todas las cumbres serán sus pastos.

10 No tendrán hambre ni sed, ni el calor ni el sol los afligirá; porque el que tiene de ellos misericordia los guiará, y los conducirá á manaderos de aguas.

11 Y tornaré camino todos mis montes, y mis calzadas serán levantadas.

12 He aquí estos vendrán de lejos; y he aquí estotros del norte y del occidente, y estotros de la tierra de los Sineos.

13 Cantad alabanzas, oh cielos, y alégrate, tierra; y prorrumpid en alabanzas, oh montes: porque Jehová ha consolado su pueblo, y de sus pobres tendrá misericordia.

14 Mas Sión dijo: Dejóme Jehová, y el Señor se olvidó de mí.

15 ¿Olvidaráse la mujer de lo que parió, para dejar de compadecerse del hijo de su vientre? Aunque se olviden ellas, yo no me olvidaré de ti.

16 He aquí que en las palmas te tengo esculpida: delante de mí están siempre tus muros.

17 Tus edificadores vendrán aprisa; tus destruidores y tus asoladores saldrán de ti.

18 Alza tus ojos alrededor, y mira: todos estos se han reunido, han venido á ti. Vivo yo, dice Jehová, que de todos, como de vestidura de honra, serás vestida; y de ellos serás ceñida como novia.

19 Porque tus asolamientos, y tus ruinas, y tu tierra desierta, ahora será angosta por la multitud de los moradores; y tus destruidores serán apartados lejos.

20 Aun los hijos de tu orfandad dirán á tus oídos: Angosto es para mí este lugar; apártate por amor de mí, para que yo more.

21 Y dirás en tu corazón: ¿Quién me engendró estos? porque yo deshijada estaba y sola, peregrina y desterrada: ¿quién pues crió éstos? He aquí yo estaba dejada sola: éstos ¿dónde estaban?

22 Así dijo el Señor Jehová: He aquí, yo alzaré mi mano á las gentes, y á los pueblos levantaré mi bandera; y traerán en brazos tus hijos, y tus hijas serán traídas en hombros.

23 Y reyes serán tus ayos, y sus reinas tus amas de leche; el rostro inclinado á tierra te adorarán, y lamerán el polvo de tus pies: y conocerás que yo soy Jehová, que no se avergonzarán los que me esperan.

24 ¿Será quitada la presa al valiente? ó ¿libertaráse la cautividad legítima?

25 Así empero dice Jehová: Cierto, la cautividad será quitada al valiente, y la presa del robusto será librada; y tu pleito yo lo plearé, y yo salvaré á tus hijos.

26 Y á los te despojaron haré comer sus carnes, y con su sangre serán embriagados como mosto; y conocerá toda carne que yo Jehová soy Salvador tuyo, y Redentor tuyo, el Fuerte de Jacob.

50 Así dijo Jehová: ¿Qué es de la carta de repudio de vuestra madre, con la cual yo la repudié? ó ¿quiénes son mis acreedores, á quienes os he yo vendido? He aquí que por vuestras maldades fuésteis vendidos, y por vuestras rebeliones fué repudiada vuestra madre:

2 Porque vine, y nadie pareció; llamé, y nadie respondió. ¿Ha llegado á acortarse mi mano, para no redimir? ¿no hay en mí poder para librar? He aquí que con mi reprensión hago secar la mar; torno los ríos en desierto, hasta pudrirse sus peces, y morirse de sed por falta de agua.

3 Visto de oscuridad los cielos, y torno como saco su cobertura.

4 El Señor Jehová me dió lengua de sabios, para saber hablar en sazón palabra al cansado; despertará de mañana, despertaráme de mañana oído, para que oiga como los sabios.

5 El Señor Jehová me abrió el oído, y yo no fuí rebelde, ni me torné atrás.

6 Dí mi cuerpo á los heridores, y mis mejillas á los que me mesaban el cabello: no escondí mi rostro de las injurias y esputos.

7 Porque el Señor Jehová me ayudará; por tanto no me avergoncé: por eso puse mi rostro como un pedernal, y sé que no seré avergonzado.

8 Cercano está de mí el que me justifica; ¿quién contenderá conmigo? juntémonos. ¿Quién es el adversario de mi causa? acérquese á mí.

9 He aquí que el Señor Jehová me ayudará; ¿quién hay que me condene? He aquí que todos ellos como ropa de vestir se envejecerán, los comerá polilla.

10 ¿Quién hay entre vosotros que teme á Jehová, y oye la voz de su siervo? el que anda en tinieblas y carece de luz, confíe en el nombre de Jehová, y apóyese en su Dios.

11 He aquí que todos vosotros encendéis fuego, y estáis cercados de centellas: andad á la luz de vuestro fuego, y á las centellas que encendisteis. De mi mano os vendrá esto; en dolor seréis sepultados.

51 Oidme, los que seguís justicia, los que buscáis á Jehová: mirad á la piedra de donde fuisteis cortados, y á la caverna de la fosa de donde fuisteis arrancados.

2 Mirad á Abraham vuestro padre, y á Sara que os parió; porque solo lo llamé, y bendíjelo, y multipliquélo.

3 Ciertamente consolará Jehová á Sión: consolará todas sus soledades, y tornará su desierto como paraíso, y su soledad como huerto de Jehová; hallarse ha en ella alegría y gozo, alabanza y voz de cantar.

4 Estad atentos á mí, pueblo mío, y oidme, nación mía; porque de mí saldrá la ley, y mi juicio descubriré para luz de pueblos.

5 Cercana está mi justicia, salido ha mi salud, y mis brazos juzgarán á los pueblos: á mí esperarán las islas, y en mi brazo pondrán su esperanza.

6 Alzad á los cielos vuestros ojos, y mirad abajo á la tierra: porque los cielos serán deshechos como humo, y la tierra se envejecerá como ropa de vestir, y de la misma manera perecerán sus moradores: mas mi salud será para siempre, mi justicia no perecerá.

7 Oidme, los que conocéis justicia, pueblo en cuyo corazón está mi ley. No temáis afrenta de hombre, ni desmayéis por sus denuestos.

8 Porque como á vestidura los comerá polilla, como á lana los comerá gusano; mas mi justicia permanecerá perpetuamente, y mi salud por siglos de siglos.

9 Despiértate, despiértate, vístete de fortaleza, oh brazo de Jehová; despiértate como en el tiempo antiguo, en los siglos pasados. ¿No eres tú el que cortó á Rahab, y el que hirió al dragón?

10 ¿No eres tú el que secó la mar, las aguas del grande abismo; el que al profundo de la mar tornó en camino, para que pasasen los redimidos?

11 Cierto, tornarán los redimidos de Jehová, volverán á Sión cantando, y gozo perpetuo será sobre sus cabezas: poseerán gozo y alegría, y el dolor y el gemido huirán.

12 Yo, yo, soy vuestro consolador. ¿Quién eres tú para que tengas temor del hombre, que es mortal, del hijo del hombre, que por heno será contado?

13 Y háste ya olvidado de Jehová tu Hacedor, que extendió los cielos y fundó la tierra; y todo el día temiste continuamente del furor del que aflige, cuando se disponía para destruir: mas ¿en dónde está el furor del que aflige?

14 El preso se da prisa para ser suelto, por no morir en la mazmorra, ni que le falte su pan.

15 Empero yo Jehová, que parto la mar, y suenan sus ondas, soy tu Dios, cuyo nombre es Jehová de los ejércitos.

16 Y en tu boca he puesto mis palabras, y con la sombra de mi mano te cubrí, para que plantase los cielos y fundase la tierra, y que dijese á Sión: Pueblo mío eres tú.

17 Despierta, despierta, levántate, oh Jerusalem, que bebiste de la mano de Jehová el cáliz de su furor; las heces del cáliz de aturdimiento bebiste, y chupaste.

18 De todos los hijos que parió, no hay quien la gobierne; ni quien la tome por su mano de todos los hijos que crió.

19 Estas dos cosas te han acaecido; ¿quién se dolerá de ti? asolamiento y quebrantamiento, hambre y espada. ¿Quién te consolará?

20 Tus hijos desmayaron, estuvieron tendidos en las encrucijadas de todos los caminos, como buey montaraz en la red, llenos del furor de Jehová, de la ira del Dios tuyo.

21 Oye pues ahora esto, miserable, ebria, y no de vino:

22 Así dijo el Señor Jehová, y tu Dios, el cual pleitea por su pueblo: He aquí he quitado de tu mano el cáliz de aturdimiento, la hez del cáliz de mi furor; nunca más lo beberás:

23 Y ponerlo he en mano de tus angustiadores que dijeron á tu alma: Encórvate, y pasaremos. Y tú pusiste tu cuerpo como tierra, y como camino, á los que pasaban.

52 Despierta, despierta, vístete tu fortaleza, oh Sión; vístete tu ropa de hermosura, oh Jerusalem, ciudad santa: porque nunca más acontecerá que venga á ti incircunciso ni inmundo.

2 Sacúdete del polvo; levántate y siéntate, Jerusalem; suéltate las ataduras de tu cuello, cautiva hija de Sión.

3 Porque así dice Jehová: De balde fuisteis vendidos; por tanto, sin dinero seréis rescatados.

4 Porque así dijo el Señor Jehová: Mi pueblo descendió á Egipto en tiempo pasado, para peregrinar allá; y el Assur lo cautivó sin razón.

5 Y ahora ¿qué á mí aquí, dice Jehová, ya que mi pueblo sea llevado sin por qué? Y los que en él se enseñorean, lo hacen aullar, dice Jehová, y continuamente es blasfemado mi nombre todo el día.

6 Por tanto, mi pueblo sabrá mi nombre por esta causa en aquel día: porque yo mismo que hablo, he aquí estaré presente.

7 ¡Cuán hermosos son sobre los montes los pies del que trae alegres nuevas, del que publica la paz, del que trae nuevas del bien, del que publica salud, del que dice á Sión: Tu Dios reina!

8 ¡Voz de tus atalayas! alzarán la voz, juntamente alzarán voces de júbilo; porque ojo á ojo verán que Jehová vuelve á traer á Sión.

9 Cantad alabanzas, alegraos juntamente, soledades de Jerusalem: porque Jehová ha consolado su pueblo, á Jerusalem ha redimido.

10 Jehová desnudó el brazo de su santidad ante los ojos de todas las gentes; y todos los términos de la tierra verán la salud del Dios nuestro.

11 Apartaos, apartaos, salid de ahí, no toquéis cosa inmunda; salid de en medio de ella; limpiaos los que lleváis los vasos de Jehová.

12 Porque no saldréis apresurados, ni iréis huyendo; porque Jehová irá delante de vosotros, y os congregará el Dios de Israel.

13 He aquí que mi siervo será prosperado, será engrandecido y ensalzado, y será muy sublimado.

14 Como se pasmaron de ti muchos, en tanta manera fué desfigurado de los hombres su parecer; y su hermosura más que la de los hijos de los hombres.

15 Empero él rociará muchas gentes: los reyes cerrarán sobre él sus bocas; porque verán lo que nunca les fué contado, y entenderán lo que jamás habían oído.

53 ¿quién ha creído á nuestro anuncio? ¿y sobre quién se ha manifestado el brazo de Jehová?

2 Y subirá cual renuevo delante de él, y como raíz de tierra seca: no hay parecer en él, ni hermosura: verlo hemos, mas sin atractivo para que le deseemos.

3 Despreciado y desechado entre los hombres, varón de dolores, experimentado en quebranto: y como que escondimos de él el rostro, fué menospreciado, y no lo estimamos.

4 Ciertamente llevó él nuestras enfermedades, y sufrió nuestros dolores; y nosotros le tuvimos por azotado, por herido de Dios y abatido.

5 Mas él herido fué por nuestras rebeliones, molido por nuestros pecados: el castigo de nuestra paz sobre él; y por su llaga fuimos nosotros curados.

6 Todos nosotros nos descarriamos como ovejas, cada cual se apartó por su camino: mas Jehová cargó en él el pecado de todos nosotros.

7 Angustiado él, y afligido, no abrió su boca: como cordero fué llevado al matadero; y como oveja delante de sus trasquiladores, enmudeció, y no abrió su boca.

8 De la cárcel y del juicio fué quitado; y su generación ¿quién la contará? Porque cortado fué de la tierra de los vivientes; por la rebelión de mi pueblo fué herido.

9 Y dipúsose con los impíos su sepultura, mas con los ricos fué en su muerte; porque nunca hizo él maldad, ni hubo engaño en su boca.

10 Con todo eso Jehová quiso quebrantarlo, sujetándole á padecimiento. Cuando hubiere puesto su vida en expiación por el pecado, verá linaje, vivirá por largos días, y la voluntad de Jehová será en su mano prosperada.

11 Del trabajo de su alma verá y será saciado; con su conocimiento justificará mi siervo justo á muchos, y él llevará las iniquidades de ellos.

12 Por tanto le daré parte con los grandes, y con los fuertes repartirá despojos; por cuanto derramó su vida hasta la muerte, y fué contado con los perversos, habiendo él llevado el pecado de muchos y orado por los transgresores.

54 Alégrate, oh estéril, la que no paría; levanta canción, y da voces de júbilo, la que nunca estuvo de parto: porque más son los hijos de la dejada que los de la casada, ha dicho Jehová.

2 Ensancha el sitio de tu cabaña, y las cortinas de tus tiendas sean extendidas; no seas escasa; alarga tus cuerdas, y fortifica tus estacas.

3 Porque á la mano derecha y á la mano izquierda has de crecer; y tu simiente heredará gentes, y habitarán las ciudades asoladas.

4 No temas, que no serás avergonzada; y no te avergüences, que no serás afrentada: antes, te olvidarás de la vergüenza de tu mocedad, y de la afrenta de tu viudez no tendrás más memoria.

5 Porque tu marido es tu Hacedor; Jehová de los ejércitos es su nombre: y tu redentor, el Santo de Israel; Dios de toda la tierra será llamado.

6 Porque como á mujer dejada y triste de espíritu te llamó Jehová, y como á mujer moza que es repudiada, dijo el Dios tuyo.

7 Por un pequeño momento te dejé; mas te recogeré con grandes misericordias.

8 Con un poco de ira escondí mi rostro de ti por un momento; mas con misericordia eterna tendré compasión de ti, dijo tu Redentor Jehová.

9 Porque esto me será como las aguas de Noé; que juré que nunca más las aguas de Noé pasarían sobre la tierra; así he jurado que no me enojaré contra ti, ni te reñiré.

10 Porque los montes se moverán, y los collados temblarán; mas no se apartará de ti mi misericordia, ni el pacto de mi paz vacilará, dijo Jehová, el que tiene misericordia de ti.

11 Pobrecita, fatigada con tempestad, sin consuelo; he aquí que yo cimentaré tus piedras sobre carbunclo, y sobre zafiros te fundaré.

12 Tus ventanas pondré de piedras preciosas, tus puertas de piedras de carbunclo, y todo tu término de piedras de buen gusto.

13 Y todos tus hijos serán enseñados de Jehová; y multiplicará la paz de tus hijos.

14 Con justicia serás adornada; estarás lejos de opresión, porque no temerás; y de temor, porque no se acercará á ti.

15 Si alguno conspirare contra ti, será sin mí: el que contra ti conspirare, delante de ti caerá.

16 He aquí que yo crié al herrero que sopla las ascuas en el fuego, y que saca la herramienta para su obra; y yo he criado al destruidor para destruir.

17 Toda herramienta que fuere fabricada contra ti, no prosperará; y tú condenarás toda lengua que se levantare contra ti en juicio. Esta es la heredad de los siervos de Jehová, y su justicia de por mí, dijo Jehová.

55 A todos los sedientos: Venid á las aguas; y los que no tienen dinero, venid, comprad, y comed. Venid, comprad, sin dinero y sin precio, vino y leche.

2 ¿Por qué gastáis el dinero no en pan, y vuestro trabajo no en hartura? Oidme atentamente, y comed del bien, y deleitaráse vuestra alma con grosura.

3 Inclinad vuestros oídos, y venid á mí; oid, y vivirá vuestra alma; y haré con vosotros pacto eterno, las misericordias firmes á David.

4 He aquí, que yo lo dí por testigo á los pueblos, por jefe y por maestro á las naciones.

5 He aquí, llamarás á gente que no conociste, y gentes que no te conocieron correrán á ti; por causa de Jehová tu Dios, y del Santo de Israel que te ha honrado.

6 Buscad á Jehová mientras puede ser hallado, llamadle en tanto que está cercano.

7 Deje el impío su camino, y el hombre inicuo sus pensamientos; y vuélvase á Jehová, el cual tendrá de él misericordia, y al Dios nuestro, el cual será amplio en perdonar.

8 Porque mis pensamientos no son vuestros pensamientos, ni vuestros caminos mis caminos, dijo Jehová.

9 Como son más altos los cielos que la tierra, así son mis caminos más altos que vuestros caminos, y mis pensamientos más que vuestros pensamientos.

10 Porque como desciende de los cielos la lluvia, y la nieve, y no vuelve allá, sino que harta la tierra, y la hace germinar y producir, y da simiente al que siembra, y pan al que come,

11 Así será mi palabra que sale de mi boca: no volverá á mí vacía, antes hará lo que yo quiero, y será prosperada en aquello para que la envíe.

12 Porque con alegría saldréis, y con paz seréis vueltos; los montes y los collados levantarán cántico delante de vosotros, y todos los árboles del campo darán palmadas de aplauso.

13 En lugar de la zarza crecerá haya, y en lugar de la ortiga crecerá arrayán: y será á Jehová por nombre, por señal eterna que nunca será raída.

56 Así dijo Jehová: Guardad derecho, y haced justicia: porque cercana está mi salud para venir, y mi justicia para manifestarse.

2 Bienaventurado el hombre que esto hiciere, y el hijo del hombre que esto abrazare: que guarda el sábado de profanarlo, y que guarda su mano de hacer todo mal.

3 Y el hijo del extranjero, allegado á Jehová, no hable diciendo: Apartaráme totalmente Jehová de su pueblo. Ni diga el eunuco: He aquí yo soy árbol seco.

4 Porque así dijo Jehová á los eunucos que guardaren mis sábados, y escogieren lo que yo quiero, y abrazaren mi pacto:

5 Yo les daré lugar en mi casa y dentro de mis muros, y nombre mejor que el de hijos é hijas; nombre perpetuo les daré que nunca perecerá.

6 Y á los hijos de los extranjeros que se allegaren á Jehová para ministrarle, y que amaren el nombre de Jehová para ser sus siervos: á todos los que guardaren el sábado de profanarlo, y abrazaren mi pacto,

7 Yo los llevaré al monte de mi santidad, y los recrearé en mi casa de oración; sus holocaustos y sus sacrificios serán aceptos sobre mi altar; porque mi casa, casa de oración será llamada de todos los pueblos.

8 Dice el Señor Jehová, el que junta los echados de Israel: Aun juntaré sobre él sus congregados.

9 Todas las bestias del campo, todas las bestias del monte, venid á devorar.

10 Sus atalayas ciegos son, todos ellos ignorantes; todos ellos perros mudos, no pueden ladrar; soñolientos, echados, aman el dormir.

11 Y esos perros ansiosos no conocen hartura; y los mismos pastores no supieron entender: todos ellos miran á sus caminos, cada uno á su provecho, cada uno por su cabo.

12 Venid, dicen, tomaré vino, embriaguémonos de sidra; y será el día de mañana como este, ó mucho más excelente.

57 Perece el justo, y no hay quien pare mientes; y los píos son recogidos, y no hay quien entienda que delante de la aflicción es recogido el justo.

2 Entrará en la paz; descansarán en sus lechos todos los que andan delante de Dios.

3 Mas vosotros llegaos acá, hijos de la agorera, generación de adúltero y de fornicaria.

4 ¿De quién os habéis mofado? ¿contra quién ensanchasteis la boca, y alargasteis la lengua? ¿No sois vosotros hijos rebeldes, simiente mentirosa,

5 Que os enfervorizáis con los ídolos debajo de todo árbol umbroso, que sacrificáis los hijos en los valles, debajo de los peñascos?

6 En las pulimentadas piedras del valle está tu parte; ellas, ellas son tu suerte; y á ellas derramaste libación, y ofreciste presente. ¿No me tengo de vengar de estas cosas?

7 Sobre el monte alto y empinado pusiste tu cama: allí también subiste á hacer sacrificio.

8 Y tras la puerta, y el umbral pusiste tu recuerdo: porque á otro que á mí te descubriste, y subiste, y ensanchaste tu cama, é hiciste con ellos alianza: amaste su cama donde quiera que la veías.

9 Y fuiste al rey con ungüento, y multiplicaste tus perfumes, y enviaste tus embajadores lejos, y te abatiste hasta el profundo.

10 En la multitud de tus caminos te cansaste, mas no dijiste: No hay remedio; hallaste la vida de tu mano, por tanto no te arrepentiste.

11 ¿Y de quién te asustaste y temiste, que has faltado á la fe, y no te has acordado de mí, ni te vino al pensamiento? ¿No he yo disimulado desde tiempos antiguos, y nunca me has temido?

12 Yo publicaré tu justicia y tus obras, que no te aprovecharán.

13 Cuando clamares, líbrente tus allegados; empero á todos ellos llevará el viento, un soplo los arrebatará: mas el que en mí espera, tendrá la tierra por heredad, y poseerá el monte de mi santidad.

14 Y dirá: Allanad, allanad; barred el camino, quitad los tropiezos del camino de mi pueblo.

15 Porque así dijo el Alto y Sublime, el que habita la eternidad, y cuyo nombre es el Santo: Yo habito en la altura y la santidad, y con el quebrantado y humilde de espíritu, para hacer vivir el espíritu de los humildes, y para vivificar el corazón de los quebrantados.

16 Porque no tengo de contender para siempre, ni para siempre me he de enojar: pues decaería ante mí el espíritu, y las almas que yo he criado.

17 Por la iniquidad de su codicia me enojé y heríle, escondí mi rostro y ensañéme; y fué él rebelde por el camino de su corazón.

18 Visto he sus caminos, y le sanaré, y le pastorearé, y daréle consolaciones, á él y á sus enlutados.

19 Crío fruto de labios: Paz, paz al lejano y al cercano, dijo Jehová; y sanarélo.

20 Mas los impíos son como la mar en tempestad, que no puede estarse quieta, y sus aguas arrojan cieno y lodo.

21 No hay paz, dijo mi Dios, para los impíos.

58 Clama á voz en cuello, no te detengas; alza tu voz como trompeta, y anuncia á mi pueblo su rebelión, y á la casa de Jacob su pecado.

2 Que me buscan cada día, y quieren saber mis caminos, como gente que hubiese obrado justicia, y que no hubiese dejado el derecho de su Dios: pregúntanme derechos de justicia, y quieren acercarse á Dios.

3 ¿Por qué, dicen, ayunamos, y no hiciste caso; humillamos nuestras almas, y no te diste por entendido? He aquí que en el día de vuestro ayuno halláis lo que queréis, y todos demandáis vuestras haciendas.

4 He aquí que para contiendas y debates ayunáis, y para herir con el puño inicuamente; no ayunéis como hoy, para que vuestra voz sea oída en lo alto.

5 ¿Es tal el ayuno que yo escogí, que de día aflija el hombre su alma, que encorve su cabeza como junco, y haga cama de saco y de ceniza? ¿Llamaréis esto ayuno, y día agradable á Jehová?

6 ¿No es antes el ayuno que yo escogí, desatar las ligaduras de impiedad, deshacer los haces de opresión, y dejar ir libres á los quebrantados, y que rompáis todo yugo?

7 ¿No es que partas tu pan con el hambriento, y á los pobres errantes metas en casa; que cuando vieres al desnudo, lo cubras, y no te escondas de tu carne?

8 Entonces nacerá tu luz como el alba, y tu salud se dejará ver presto; é irá tu justicia delante de ti, y la gloria de Jehová será tu retaguardia.

9 Entonces invocarás, y oírte ha Jehová; clamarás, y dirá él: Heme aquí. Si quitares de en medio de ti el yugo, el extender del dedo, y hablar vanidad;

10 Y si derramares tu alma al hambriento, y saciares el alma afligida, en las tinieblas nacerá tu luz, y tu oscuridad será como el medio día;

11 Y Jehová te pastoreará siempre, y en las sequías hartará tu alma, y engordará tus huesos; y serán como huerta de riego, y como manadero de aguas, cuyas aguas nunca faltan.

12 Y edificarán los de ti los desiertos antiguos; los cimientos de generación y generación levantarás: y serás llamado reparador de portillos, restaurador de calzadas para habitar.

13 Si retrajeres del sábado tu pie, de hacer tu voluntad en mi día santo, y al sábado llamares delicias, santo, glorioso de Jehová; y lo venerares, no haciendo tus caminos, ni buscando tu voluntad, ni hablando tus palabras:

14 Entonces te deleitarás en Jehová; y yo te haré subir sobre las alturas de la tierra, y te daré á comer la heredad de Jacob tu padre: porque la boca de Jehová lo ha hablado.

59 He aquí que no se ha acortado la mano de Jehová para salvar, ni hase agravado su oído para oír:

2 Mas vuestras iniquidades han hecho división entre vosotros y vuestro Dios, y vuestros pecados han hecho ocultar su rostro de vosotros, para no oír.

3 Porque vuestras manos están contaminadas de sangre, y vuestros dedos de iniquidad; vuestros labios pronuncian mentira, habla maldad vuestra lengua.

4 No hay quien clame por la justicia, ni quien juzgue por la verdad: confían en vanidad, y hablan vanidades; conciben trabajo, y paren iniquidad.

5 Ponen huevos de áspides, y tejen telas de arañas: el que comiere de sus huevos, morirá; y si lo apretaren, saldrá un basilisco.

6 Sus telas no servirán para vestir, ni de sus obras serán cubiertos: sus obras son obras de iniquidad, y obra de rapiña está en sus manos.

7 Sus pies corren al mal, y se apresuran para derramar la sangre inocente; sus pensamientos, pensamientos de iniquidad, destrucción y quebrantamiento en sus caminos.

8 No conocieron camino de paz, ni hay derecho en sus caminos: sus veredas son torcidas; cualquiera que por ellas fuere, no conocerá paz.

9 Por esto se alejó de nosotros el juicio, y no nos alcanzó justicia: esperamos luz, y he aquí tinieblas; resplandores, y andamos en oscuridad.

10 Palpamos la pared como ciegos, y andamos á tiento como sin ojos; tropezamos al medio día como de noche; estamos en oscuros lugares como muertos.

11 Aullamos como osos todos nosotros, y gemimos lastimeramente como palomas: esperamos juicio, y no lo hay; salud, y alejóse de nosotros.

12 Porque nuestras rebeliones se han multiplicado delante de ti, y nuestros pecados han atestiguado contra nosotros; porque con nosotros están nuestras iniquidades, y conocemos nuestros pecados:

13 El prevaricar y mentir contra Jehová, y tornar de en pos de nuestro Dios; el hablar calumnia y rebelión, concebir y proferir de corazón palabras de mentira.

14 Y el derecho se retiró, y la justicia se puso lejos: porque la verdad tropezó en la plaza, y la equidad no pudo venir.

15 Y la verdad fué detenida; y el que se apartó del mal, fué puesto en presa: y viólo Jehová, y desagradó en sus ojos, porque pereció el derecho.

16 Y vió que no había hombre, y maravillóse que no hubiera quien se interpusiese; y salvóle su brazo, y afirmóle su misma justicia.

17 Pues de justicia se vistió como de loriga, con capacete de salud en su cabeza: y vistióse de vestido de venganza por vestidura, y cubrióse de celo como de manto,

18 Como para retribuir, como para retornar ira á sus enemigos, y dar el pago á sus adversarios: el pago dará á las islas.

19 Y temerán desde el occidente el nombre de Jehová, y desde el nacimiento del sol su gloria: porque vendrá el enemigo como río, mas el espíritu de Jehová levantará bandera contra él.

20 Y vendrá el Redentor á Sión, y á los que se volvieren de la iniquidad en Jacob, dice Jehová.

21 Y este será mi pacto con ellos, dijo Jehová: El espíritu mío que está sobre ti, y mis palabras que puse en tu boca, no faltarán de tu boca, ni de la boca de tu simiente, dijo Jehová, ni de la boca de la simiente de tu simiente, desde ahora y para siempre.

60 Levántate, resplandece; que ha venido tu lumbre, y la gloria de Jehová ha nacido sobre ti.

2 Porque he aquí que tinieblas cubrirán la tierra, y oscuridad los pueblos: mas sobre ti nacerá Jehová, y sobre ti será vista su gloria.

3 Y andarán las gentes á tu luz, y los reyes al resplandor de tu nacimiento.

4 Alza tus ojos en derredor, y mira: todos estos se han juntado, vinieron á ti: tus hijos vendrán de lejos, y tus hijas sobre el lado serán criadas.

5 Entonces verás y resplandecerás; y se maravillará y ensanchará tu corazón, que se haya vuelto á ti la multitud de la mar, y la fortaleza de las gentes haya venido á ti.

6 Multitud de camellos te cubrirá, dromedarios de Madián y de Epha; vendrán todos los de Seba; traerán oro é incienso, y publicarán alabanzas de Jehová.

7 Todo el ganado de Cedar será juntado para ti: carneros de Nebayoth te serán servidos: serán ofrecidos con agrado sobre mi altar, y glorificaré la casa de mi gloria.

8 ¿Quiénes son estos que vuelan como nubes, y como palomas á sus ventanas?

9 Ciertamente á mí esperarán las islas, y las naves de Tarsis desde el principio, para traer tus hijos de lejos, su plata y su oro con ellos, al nombre de Jehová tu Dios, y al Santo de Israel, que te ha glorificado.

10 Y los hijos de los extranjeros edificarán tus muros, y sus reyes te servirán; porque en mi ira te herí, mas en mi buena voluntad tendré de ti misericordia.

11 Tus puertas estarán de continuo abiertas, no se cerrarán de día ni de noche, para que sea traída á ti fortaleza de gentes, y sus reyes conducidos.

12 Porque la gente ó el reino que no te sirviere, perecerá; y del todo serán asoladas.

13 La gloria del Líbano vendrá á ti, hayas, pinos, y bojes juntamente, para decorar el lugar de mi santuario; y yo honraré el lugar de mis pies.

14 Y vendrán á ti humillados los hijos de los que te afligieron, y á las pisadas de tus pies se encorvarán todos los que te escarnecían, y llamarte han Ciudad de Jehová, Sión del Santo de Israel.

15 En lugar de que has sido desechada y aborrecida, y que no había quien por ti pasase, ponerte he en gloria perpetua, gozo de generación y generación.

16 Y mamarás la leche de las gentes, el pecho de los reyes mamarás; y conocerás que yo Jehová soy el Salvador tuyo, y Redentor tuyo, el Fuerte de Jacob.

17 En vez de cobre traeré oro, y por hierro plata, y por madera metal, y en lugar de piedras hierro; y pondré paz por tu tributo, y justicia por tus exactores.

18 Nunca más se oirá en tu tierra violencia, destrucción ni quebrantamiento en tus términos; mas á tus muros llamarás Salud, y á tus puertas Alabanza.

19 El sol nunca más te servirá de luz para el día, ni el resplandor de la luna te alumbrará; sino que Jehová te

será por luz perpetua, y el Dios tuyo por tu gloria.

20 No se pondrá jamás tu sol, ni menguará tu luna: porque te será Jehová por luz perpetua, y los días de tu luto serán acabados.

21 Y tu pueblo, todos ellos serán justos, para siempre heredarán la tierra; renuevos de mi plantío, obra de mis manos, para glorificarme.

22 El pequeño será por mil, el menor, por gente fuerte. Yo Jehová á su tiempo haré que esto sea presto.

61 El espíritu del Señor Jehová es sobre mí, porque me ungió Jehová; hame enviado á predicar buenas nuevas á los abatidos, á vendar á los quebrantados de corazón, á publicar libertad á los cautivos, y á los presos abertura de la cárcel;

2 A promulgar año de la buena voluntad de Jehová, y día de venganza del Dios nuestro; á consolar á todos los enlutados;

3 A ordenar á Sión á los enlutados, para darles gloria en lugar de ceniza, óleo de gozo en lugar del luto, manto de alegría en lugar del espíritu angustiado; y serán llamados árboles de justicia, plantío de Jehová, para gloria suya.

4 Y edificarán los desiertos antiguos, y levantarán los asolamientos primeros, y restaurarán las ciudades asoladas, los asolamientos de muchas generaciones.

5 Y estarán extranjeros, y apacentarán vuestras ovejas, y los extraños serán vuestros labradores y vuestros viñadores.

6 Y vosotros seréis llamados sacerdotes de Jehová, ministros del Dios nuestro seréis dichos: comeréis las riquezas de las gentes, y con su gloria seréis sublimes.

7 En lugar de vuestra doble confusión, y de vuestra deshonra, os alabarán en sus heredades; por lo cual en sus tierras poseerán doblado, y tendrán perpetuo gozo.

8 Porque yo Jehová soy amador del derecho, aborrecedor del latrocinio para holocausto; por tanto afirmaré en verdad su obra, y haré con ellos pacto perpetuo.

9 Y la simiente de ellos será conocida entre las gentes, y sus renuevos en medio de los pueblos; todos los que los vieren, los conocerán, que son simiente bendita de Jehová.

10 En gran manera me gozaré en Jehová, mi alma se alegrará en mi Dios; porque me vistió de vestidos de salud, rodeóme de manto de justicia, como á novio me atavió, y como á novia compuesta de sus joyas.

11 Porque como la tierra produce su renuevo, y como el huerto hace brotar su simiente, así el Señor Jehová hará brotar justicia y alabanza delante de todas las gentes.

62 Por amor de Sión no callaré, y por amor de Jerusalem no he de parar, hasta que salga como resplandor su justicia, y su salud se encienda como una antorcha.

2 Entonces verán las gentes tu justicia, y todos los reyes tu gloria; y te será puesto un nombre nuevo, que la boca de Jehová nombrará.

3 Y serás corona de gloria en la mano de Jehová, y diadema de reino en la mano del Dios tuyo.

4 Nunca más te llamarán Desamparada, ni tu tierra se dirá más Asolamiento; sino que serás llamada Hephzibah, y tu tierra, Beulah; porque el amor de Jehová será en ti, y tu tierra será casada.

5 Pues como el mancebo se casa con la virgen, se casarán contigo tus hijos; y como el gozo del esposo con la esposa, así se gozará contigo el Dios tuyo.

6 Sobre tus muros, oh Jerusalem, he puesto guardas; todo el día y toda la noche no callarán jamás. Los que os acordáis de Jehová, no ceséis,

7 Ni le deis tregua, hasta que confirme, y hasta que ponga á Jerusalem en alabanza en la tierra.

8 Juró Jehová por su mano derecha, y por el brazo de su fortaleza: Que jamás daré tu trigo por comida á tus enemigos, ni beberán los extraños el vino que tú trabajaste:

9 Mas los que lo allegaron lo comerán, y alabarán á Jehová; y los que lo cogieron, lo beberán en los atrios de mi santuario.

10 Pasad, pasad por las puertas; barred el camino al pueblo; allanad, allanad la calzada, quitad las piedras, alzad pendón á los pueblos.

11 He aquí que Jehová hizo oir hasta lo último de la tierra: Decid á la hija de Sión: He aquí viene tu Salvador; he aquí su recompensa con él, y delante de él su obra.

12 Y llamarles han Pueblo Santo, Redimidos de Jehová; y á ti te llamarán Ciudad Buscada, no desamparada.

63 ¿quién es éste que viene de Edom, de Bosra con vestidos bermejos? ¿éste hermoso en su vestido, que marcha en la grandeza de su poder? Yo, el que hablo en justicia, grande para salvar?

2 ¿Por qué es bermejo tu vestido, y tus ropas como del que ha pisado en lagar?

3 Pisado he yo solo el lagar, y de los pueblos nadie fué conmigo: píselos con mi ira, y holléllos con mi furor; y su sangre salpicó mis vestidos, y ensució todas mis ropas.

4 Porque el día de la venganza está en mi corazón, y el año de mis redimidos es venido.

5 Y miré y no había quien ayudará, y maravilléme que no hubiera quien sustentase; y salvóme mi brazo, y sostúvome mi ira.

6 Y con mi ira hollé los pueblos, y embriaguélos de mi furor, y derribé á tierra su fortaleza.

7 De las misericordias de Jehová haré memoria, de las alabanzas de Jehová, conforme á todo lo que Jehová nos ha dado, y de la grandeza de su beneficencia hacia la casa de Israel, que les ha hecho según sus misericordias, y según la multitud de sus miseraciones.

8 Porque dijo: Ciertamente mi pueblo son, hijos que no mienten; y fué su Salvador.

9 En toda angustia de ellos él fué angustiado, y el ángel de su faz los salvó: en su amor y en su clemencia los redimió, y los trajo, y los levantó todos los días del siglo.

10 Mas ellos fueron rebeldes, é hicieron enojar su espíritu santo; por lo cual se les volvió enemigo, y él mismo peleó contra ellos.

11 Empero acordóse de los días antiguos, de Moisés y de su pueblo, diciendo: ¿Dónde está el que les hizo subir de la mar con el pastor de su rebaño? ¿dónde el que puso en medio de él su espíritu santo?

12 ¿El que los guió por la diestra de Moisés con el brazo de su gloria; el que rompió las aguas delante de ellos, haciéndose así nombre perpetuo?

13 ¿El que los condujo por los abismos, como un caballo por el desierto, sin que tropezaran?

14 El espíritu de Jehová los pastoreó, como á una bestia que desciende al valle; así pastoreaste tu pueblo, para hacerte nombre glorioso.

15 Mira desde el cielo, y contempla desde la morada de tu santidad y de tu gloria: ¿dónde está tu celo, y tu fortaleza, la conmoción de tus entrañas y de tus miseraciones para conmigo? ¿hanse estrechado?

16 Tú empero eres nuestro padre, si bien Abraham nos ignora, é Israel no nos conoce: tú, oh Jehová, eres nuestro padre; nuestro Redentor perpetuo es tu nombre.

17 ¿Por qué, oh Jehová, nos has hecho errar de tus caminos, y endureciste nuestro corazón á tu temor? Vuélvete por amor de tus siervos, por las tribus de tu heredad.

18 Por poco tiempo lo poseyó el pueblo de tu santidad: nuestros enemigos han hollado tu santuario.

19 Hemos venido á ser como aquellos de quienes nunca te enseñoreaste, sobre los cuales nunca fué llamado tu nombre.

64 ¡oh si rompiese los cielos, y descendieras, y á tu presencia se escurriesen los montes,

2 Como fuego abrasador de fundiciones, fuego que hace hervir las aguas, para que hicieras notorio tu nombre á tus enemigos, y las gentes temblasen á tu presencia!

3 Cuando, haciendo terriblezas cuales nunca esperábamos, descendiste, fluyeron los montes delante de ti.

4 Ni nunca oyeron, ni oídos percibieron, ni ojo ha visto Dios fuera de ti, que hiciese por el que en él espera.

5 Saliste al encuentro al que con alegría obraba justicia, á los que se acordaban de ti en tus caminos: he aquí, tú te enojaste porque pecamos; en esos hay perpetuidad, y seremos salvos.

6 Si bien todos nosotros somos como suciedad, y todas nuestras justicias como trapo de inmundicia; y caímos todos nosotros como la hoja, y nuestras maldades nos llevaron como viento.

7 Y nadie hay que invoque tu nombre, que se despierte para tenerte; por lo cual escondiste de nosotros tu rostro, y nos dejaste marchitar en poder de nuestras maldades.

8 Ahora pues, oh Jehová, tú eres nuestro padre; nosotros lodo, y tú el que nos formaste; así que obra de tus manos, todos nosotros.

9 No te aires, oh Jehová, sobremanera, ni tengas perpetua memoria de la iniquidad: he aquí mira ahora, pueblo tuyo somos todos nosotros.

10 Tus santas ciudades están desiertas, Sión es un desierto, Jerusalem una soledad.

11 La casa de nuestro santuario y de nuestra gloria, en la cual te alabaron nuestros padres, fué consumida al fuego; y todas nuestras cosas preciosas han sido destruídas.

12 ¿Te estarás quieto, oh Jehová, sobre estas cosas? ¿callarás, y nos afligirás sobremanera?

65 Fuí buscado de los que no preguntaban por mí; fuí hallado de los que no me buscaban. Dije á gente que no invocaba mi nombre: Heme aquí, heme aquí.

2 Extendí mis manos todo el día á pueblo rebelde, el cual anda por camino no bueno, en pos de sus pensamientos;

3 Pueblo que en mi cara me provoca de continuo á ira, sacrificando en huertos, y ofreciendo perfume sobre ladrillos;

4 Que se quedan en los sepulcros, y en los desiertos tienen la noche; que comen carne de puerco, y en sus ollas hay caldo de cosas inmundas;

5 Que dicen: Estáte en tu lugar, no te llegues á mí, que soy más santo que tú: éstos son humo en mi furor, fuego que arde todo el día.

6 He aquí que escrito está delante de mí; no callaré, antes retornaré, y daré el pago en su seno,

7 Por vuestras iniquidades, y las iniquidades de vuestros padres juntamente, dice Jehová, los cuales hicieron perfume sobre los montes, y sobre los collados me afrentaron: por tanto yo les mediré su obra antigua en su seno.

8 Así ha dicho Jehová: Como si alguno hallase mosto en un racimo, y dijese: No lo desperdicies, que bendición hay en él; así haré yo por mis siervos, que no lo destruiré todo.

9 Mas sacaré simiente de Jacob, y de Judá heredero de mis montes; y mis escogidos poseerán por heredad la tierra, y mis siervos habitarán allí.

10 Y será Sarón para habitación de ovejas, y el valle de Achôr para majada de vacas, á mi pueblo que me buscó.

11 Empero vosotros los que dejáis á Jehová, que olvidáis el monte de mi santidad, que ponéis mesa para la Fortuna, y suministráis libaciones para el Destino;

12 Yo también os destinaré al cuchillo, y todos vosotros os arrodillaréis al degolladero: por cuanto llamé, y no respondisteis; hablé, y no oisteis; sino que hicisteis lo malo delante de mis ojos, y escogisteis lo que á mí desagrada.

13 Por tanto así dijo el Señor Jehová: He aquí que mis siervos comerán, y vosotros tendréis hambre; he aquí que mis siervos beberán, y vosotros tendréis sed; he aquí que mis siervos se alegrarán, y vosotros seréis avergonzados;

14 He aquí que mis siervos cantarán por júbilo del corazón, y vosotros clamaréis por el dolor del corazón, y por el quebrantamiento de espíritu aullaréis.

15 Y dejaréis vuestro nombre por maldición á mis escogidos, y el Señor Jehová te matará; y á sus siervos llamará por otro nombre.

16 El que se bendijere en la tierra, en el Dios de verdad se bendecirá; y el que jurare en la tierra, por el Dios de verdad jurará; porque las angustias primeras serán olvidadas, y serán cubiertas de mis ojos.

17 Porque he aquí que yo crío nuevos cielos y nueva tierra: y de lo primero no habrá memoria, ni más vendrá al pensamiento.

18 Mas os gozaréis y os alegraréis por siglo de siglo en las cosas que yo crío: porque he aquí que yo las cosas que yo crío: porque he aquí que yo fzacrío á Jerusalem alegría, y á su pueblo gozo.

19 Y alegraréme con Jerusalem, y gozaréme con mi pueblo; y nunca más se oirán en ella la voz de lloro, ni voz de clamor.

20 No habrá más allí niño de días, ni viejo que sus días no cumpla: porque el niño morirá de cien años, y el pecador de cien años, será maldito.

21 Y edificarán casas, y morarán en ellas; plantarán viñas, y comerán el fruto de ellas.

22 No edificarán, y otro morará; no plantarán, y otro comerá: porque según los días de los árboles serán los días de mi pueblo, y mis escogidos perpetuarán las obras de sus manos.

23 No trabajarán en vano, ni parirán para maldición; porque son simiente de los benditos de Jehová, y sus descendientes con ellos.

24 Y será que antes que clamen, responderé yo; aun estando ellos hablando, yo habré oído.

25 El lobo y el cordero serán apacentados juntos, y el león comerá paja como el buey; y á la serpiente el polvo será su comida. No afligirán, ni harán mal en todo mi santo monte, dijo Jehová.

66 Jehová dijo así: El cielo es mi solio, y la tierra estrado de mis pies: ¿dónde está la casa que me habréis de edificar, y dónde este lugar de mi reposo?

2 Mi mano hizo todas estas cosas, y así todas estas cosas fueron, dice Jehová: mas á aquél miraré que es pobre y humilde de espíritu, y que tiembla á mi palabra.

3 El que sacrifica buey, como si matase un hombre; el que sacrifica oveja, como si degollase un perro; el que ofrece presente, como si ofreciese sangre de puerco; el que ofrece perfume, como si bendijese á un ídolo. Y pues escogieron sus caminos, y su alma amó sus abominaciones.

4 También yo escogeré sus escarnios, y traeré sobre ellos lo que temieron; porque llamé, y nadie respondió; hablé, y no oyeron; antes hicieron lo malo delante de mis ojos, y escogieron lo que á mí desagrada.

5 Oid palabra de Jehová, vosotros los que tembláis á su palabra: Vuestros hermanos los que os aborrecen, y os niegan por causa de mi nombre, dijeron: Glorifíquese Jehová. Mas él se mostrará con alegría vuestra, y ellos serán confundidos.

6 Voz de alboroto de la ciudad, voz del templo, voz de Jehová que da el pago á sus enemigos.

7 Antes que estuviese de parto, parió; antes que le viniesen dolores parió hijo.

8 ¿Quién oyó cosa semejante? ¿quién vió cosa tal? ¿parirá la tierra en un día? ¿nacerá una nación de una vez? Pues en cuanto Sión estuvo de parto, parió sus hijos.

9 ¿Yo que hago parir, no pariré? dijo Jehová. ¿Yo que hago engendrar, seré detenido? dice el Dios tuyo.

10 Alegraos con Jerusalem, y gozaos con ella, todos los que la amáis: llenaos con ella de gozo, todos los que os enlutáis por ella:

11 Para que maméis y os saciéis de los pechos de sus consolaciones; para que ordeñéis, y os deleitéis con el resplandor de su gloria.

12 Porque así dice Jehová: He aquí que yo extiendo sobre ella paz como un río, y la gloria de las gentes como un arroyo que sale de madre; y mamaréis, y sobre el lado seréis traídos, y sobre las rodillas seréis regalados.

13 Como aquel á quien consuela su madre, así os consolaré yo á vosotros, y en Jerusalem tomaréis consuelo.

14 Y veréis, y alegraráse vuestro corazón, y vuestros huesos reverdecerán como la hierba: y la mano de Jehová para con sus siervos será conocida, y se airará contra sus enemigos.

15 Porque he aquí que Jehová vendrá con fuego, y sus carros como torbellino, para tornar su ira en furor, y su reprensión en llama de fuego.

16 Porque Jehová juzgará con fuego y con su espada á toda carne: y los muertos de Jehová serán multiplicados.

17 Los que se santifican y los que se purifican en los huertos, unos tras otros, los que comen carne de puerco, y abominación, y ratón; juntamente serán talados, dice Jehová.

18 Porque yo entiendo sus obras y sus pensamientos: tiempo vendrá para juntar todas las gentes y lenguas; y vendrán, y verán mi gloria.

19 Y pondré entre ellos señal, y enviaré de los escapados de ellos á las gentes, á Tarsis, á Pul y Lud, que disparan arco, á Tubal y á Javán, á las islas apartadas que no oyeron de mí, ni vieron mi gloria; y publicarán mi gloria entre las gentes.

20 Y traerán á todos vuestros hermanos de entre todas las naciones, por presente á Jehová, en caballos, en carros, en literas, y en mulos, y en camellos, á mi santo monte de Jerusalem, dice Jehová, al modo que los hijos de Israel traen el presente en vasos limpios á la casa de Jehová.

21 Y tomaré también de ellos para sacerdotes y Levitas, dice Jehová.

22 Porque como los cielos nuevos y la nueva tierra, que yo hago, permanecen delante de mí, dice Jehová, así permanecerá vuestra simiente y vuestro nombre.

23 Y será que de mes en mes, y de sábado en sábado, vendrá toda carne á adorar delante de mí, dijo Jehová.

24 Y saldrán, y verán los cadáveres de los hombres que se rebelaron contra mí: porque su gusano nunca morirá, ni su fuego se apagará; y serán abominables á toda carne.

JEREMÍAS

1 Las palabras de Jeremías hijo de Hilcías, de los sacerdotes que estuvieron en Anathoth, en tierra de Benjamín.

2 La palabra de Jehová que fué á él en los días de Josías hijo de Amón, rey de Judá, en el año décimotercio de su reinado.

3 Fué asimismo en días de Joacim hijo de Josías, rey de Judá, hasta el fin del año undécimo de Sedechías hijo de Josías, rey de Judá, hasta la cautividad de Jerusalem en el mes quinto.

4 Fué pues palabra de Jehová á mí, diciendo:

5 Antes que te formase en el vientre te conocí, y antes que salieses de la matriz te santifiqué, te dí por profeta á las gentes.

6 Y yo dije: ¡Ah! ¡ah! ¡Señor Jehová! He aquí, no sé hablar, porque soy niño.

7 Y díjome Jehová: No digas, soy niño; porque á todo lo que te enviaré irás tú, y dirás todo lo que te mandaré.

8 No temas delante de ellos, porque contigo soy para librarte, dice Jehová.

9 Y extendió Jehová su mano, y tocó sobre mi boca; y díjome Jehová: He aquí he puesto mis palabras en tu boca.

10 Mira que te he puesto en este día sobre gentes y sobre reinos, para arrancar y para destruir, y para arruinar y para derribar, y para edificar y para plantar.

11 Y la palabra de Jehová fué á mí, diciendo: ¿Qué ves tú, Jeremías? Y dije: Yo veo una vara de almendro.

12 Y díjome Jehová: Bien has visto; porque yo apresuro mi palabra para ponerla por obra.

13 Y fué á mí palabra de Jehová segunda vez, diciendo: ¿Qué ves tú? Y dije: Yo veo una olla que hierve; y su haz está de la parte del aquilón.

14 Y díjome Jehová: Del aquilón se soltará el mal sobre todos los moradores de la tierra.

15 Porque he aquí que yo convoco todas las familias de los reinos del aquilón, dice Jehová; y vendrán, y pondrá cada uno su asiento á la entrada de las puertas de Jerusalem, y junto á todos sus muros en derredor, y en todas las ciudades de Judá.

16 Y á causa de toda su malicia, proferiré mis juicios contra los que me dejaron, é incensaron á dioses extraños, y á hechuras de sus manos se encorvaron.

17 Tú pues, ciñe tus lomos, y te levantarás, y les hablarás todo lo que te mandaré: no temas delante de ellos, porque no te haga yo quebrantar delante de ellos.

18 Porque he aquí que yo te he puesto en este día como ciudad fortalecida, y como columna de hierro, y como muro de bronce sobre toda la tierra, á los reyes de Judá, á sus príncipes, á sus sacerdotes, y al pueblo de la tierra.

19 Y pelearán contra ti, mas no te vencerán; porque yo soy contigo, dice Jehová, para librarte.

2 Y fué á mí palabra de Jehová, diciendo:

2 Anda, y clama á los oídos de Jerusalem, diciendo: Así dice Jehová: Heme acordado de ti, de la misericordia de tu mocedad, del amor de tu desposorio, cuando andabas en pos de mí en el desierto, en tierra no sembrada.

3 Santidad era Israel á Jehová, primicias de sus nuevos frutos. Todos los que le devoran pecarán; mal vendrá sobre ellos, dice Jehová.

4 Oid la palabra de Jehová, casa de Jacob, y todas las familias de la casa de Israel.

5 Así dijo Jehová: ¿Qué maldad hallaron en mí vuestros padres, que se alejaron de mí, y se fueron tras la vanidad, y tornáronse vanos?

6 Y no dijeron: ¿Dónde está Jehová, que nos hizo subir de tierra de Egipto, que nos hizo andar por el desierto, por una tierra desierta y despoblada, por tierra seca y de sombra de muerte, por una tierra por la cual no pasó varón, ni allí habitó hombre?

7 Y os metí en tierra de Carmelo, para que comieseis su fruto y su bien: mas entrasteis, y contaminasteis mi tierra, é hicisteis mi heredad abominable.

8 Los sacerdotes no dijeron: ¿Dónde está Jehová? y los que tenían la ley no me conocieron; y los pastores se rebelaron contra mí, y los profetas profetizaron en Baal, y anduvieron tras lo que no aprovecha.

9 Por tanto entraré aún en juicio con vosotros, dijo Jehová, y con los hijos de vuestros hijos pleitearé.

10 Porque pasad á las islas de Chíttim y mirad; y enviad á Cedar, y considerad cuidadosamente, y ved si se ha hecho cosa semejante á ésta.

11 Si alguna gente ha mudado sus dioses, bien que ellos no son dioses. Pero mi pueblo ha trocado su gloria por lo que no aprovecha.

12 Espantaos, cielos, sobre esto, y horrorizaos; desolaos en gran manera, dijo Jehová.

13 Porque dos males ha hecho mi pueblo: dejáronme á mí, fuente de agua viva, por cavar para sí cisternas, cisternas rotas que no detienen aguas.

14 ¿Es Israel siervo? ¿es esclavo? ¿por qué ha sido dado en presa?

15 Los cachorros de los leones bramaron sobre él, dieron su voz; y pusieron su tierra en soledad; quemadas están sus ciudades, sin morador.

16 Aun los hijos de Noph y de Taphnes te quebrantaron la mollera.

17 ¿No te acarreó esto tu dejar á Jehová tu Dios, cuando te hacía andar por camino?

18 Ahora pues, ¿qué tienes tú en el camino de Egipto, para que bebas agua del Nilo? ¿y qué tienes tú en el camino de Asiria, para que bebas agua del río?

19 Tu maldad te castigará, y tu apartamiento te condenará: sabe pues y ve cuán malo y amargo es tu dejar á Jehová tu Dios, y faltar mi temor en ti, dice el Señor Jehová de los ejércitos.

20 Porque desde muy atrás he quebrado tu yugo, y roto tus ataduras; y dijiste: No serviré. Con todo eso, sobre todo collado alto y debajo de todo árbol umbroso, corrias tú, oh ramera.

21 Y yo te planté de buen vidueño, simiente verdadera toda ella: ¿cómo pues te me has tornado sarmientos de vid extraña?

22 Aunque te laves con lejía, y amontones jabón sobre ti, tu pecado está sellado delante de mí, dijo el Señor Jehová.

23 ¿Como dices: No soy inmunda, nunca anduve tras los Baales? Mira tu proceder en el valle, conoce lo que has hecho, dromedaria ligera que frecuentas sus carreras;

24 Asna montés acostumbrada al desierto, que respira como quiere; ¿de su ocasión quién la detendrá? Todos los que la buscaren no se cansarán; hallaránla en su mes.

25 Defiende tus pies de andar descalzos, y tu garganta de la sed. Mas dijiste: Hase perdido la esperanza; en ninguna manera: porque extraños he amado y tras ellos tengo de ir.

26 Como se avergüenza el ladrón cuando es tomado, así se avergonzarán la casa de Israel, ellos, sus reyes, sus príncipes, sus sacerdotes, y sus profetas;

27 Que dicen al leño: Mi padre eres tú; y á la piedra: Tú me has engendrado: pues me volvieron la cerviz, y no el rostro; y en el tiempo de su trabajo dicen: Levántate, y líbranos.

28 ¿Y dónde están tus dioses que hiciste para ti? Levántense, á ver si te podrán librar en el tiempo de tu aflicción: porque según el número de tus ciudades, oh Judá, fueron tus dioses.

29 ¿Por qué porfías conmigo? Todos vosotros prevaricasteis contra mí, dice Jehová.

30 Por demás he azotado vuestros hijos; no han recibido corrección. Cuchillo devoró vuestros profetas como león destrozador.

31 ¡Oh generación! ved vosotros la palabra de Jehová. ¿He sido yo á Israel soledad, ó tierra de tinieblas? ¿Por qué ha dicho mi pueblo: Señores somos; nunca más vendremos á tí?

32 ¿Olvídase la virgen de su atavío, ó la desposada de sus sartales? mas mi pueblo se ha olvidado de mí por días que no tienen número.

33 ¿Por qué abonas tu camino para hallar amor, pues aun á las malvadas enseñaste tus caminos?

34 Aun en tus faldas se halló la sangre de las almas de los pobres, de los inocentes: no la hallé en excavación, sino en todas estas cosas.

35 Y dices: Porque soy inocente, de cierto su ira se apartó de mí. He aquí yo entraré en juicio contigo, porque dijiste: No he pecado.

36 ¿Para qué discurres tanto, mudando tus caminos? También serás avergonzada de Egipto, como fuiste avergonzada de Asiria.

37 También saldrás de él con tus manos sobre tu cabeza: porque Jehová deshechó tus confianzas, y en ellas no tendrás buen suceso.

3 Dicen: Si alguno dejare su mujer, y yéndose ésta de él se juntare á otro hombre, ¿volverá á ella más? ¿no será tal tierra del todo amancillada? Tú pues has fornicado con muchos amigos; mas vuélvete á mí, dijo Jehová.

2 Alza tus ojos á los altos, y ve en qué lugar no te hayas publicado: para ellos te sentabas en los caminos, como Arabe en el desierto; y con tus fornicaciones y con tu malicia has contaminado la tierra.

3 Por esta causa las aguas han sido detenidas, y faltó la lluvia de la tarde; y has tenido frente de mala mujer, ni quisiste tener vergüenza.

4 A lo menos desde ahora, ¿no clamarás á mí, Padre mío, guiador de mi juventud?

5 ¿Guardará su enojo para siempre? ¿eternalmente lo guardará? He aquí que has hablado y hecho cuantas maldades pudiste.

6 Y díjome Jehová en días del rey Josías: ¿Has visto lo que ha hecho la rebelde Israel? Vase ella sobre todo monte alto y debajo de todo árbol umbroso, y allí fornica.

7 Y dije después que hizo todo esto: Vuélvete á mí; mas no se volvió. Y vió la rebelde su hermana Judá.

8 Que yo lo había visto; que por todas estas causas en las cuales fornicó la rebelde Israel, yo la había despedido, y dádole la carta de su repudio; y no tuvo temor la rebelde Judá su hermana, sino que también fué ella y fornicó.

9 Y sucedió que por la liviandad de su fornicación la tierra fué contaminada, y adulteró con la piedra y con el leño.

10 Y con todo esto, la rebelde su hermana Judá no se tornó á mí de todo su corazón, sino mentirosamente, dice Jehová.

11 Y díjome Jehová: Justificado ha su alma la rebelde Israel en comparación de la desleal Judá.

12 Ve, y clama estas palabras hacia el aquilón, y di: Vuélvete, oh rebelde Israel, dice Jehová; no haré caer mi ira sobre vosotros: porque misericordioso soy yo, dice Jehová, no guardaré para siempre el enojo.

13 Conoce empero tu maldad, porque contra Jehová tu Dios has prevaricado, y tus caminos has derramado á los extraños debajo de todo árbol umbroso, y no oiste mi voz, dice Jehová.

14 Convertíos, hijos rebeldes, dice Jehová, porque yo soy vuestro esposo: y os tomaré uno de una ciudad, y dos de una familia, y os introduciré en Sión;

15 Y os daré pastores según mi corazón, que os apacienten de ciencia y de inteligencia.

16 Y acontecerá, que cuando os multiplicareis y creciereis en la tierra, en aquellos días, dice Jehová, no se dirá más: Arca del pacto de Jehová; ni vendrá al pensamiento, ni se acordarán de ella, ni la visitarán, ni se hará más.

17 En aquel tiempo llamarán á Jerusalem Trono de Jehová, y todas las gentes se congregarán á ella en el nombre de Jehová en Jerusalem: ni andarán más tras la dureza de su corazón malvado.

18 En aquellos tiempos irán de la casa de Judá á la casa de Israel, y vendrán juntamente de tierra del aquilón á la tierra que hice heredar á vuestros padres.

19 Yo empero dije: ¿Cómo te pondré por hijos, y te daré la tierra deseable, la rica heredad de los ejércitos de las gentes? Y dije: Padre mío me llamarás, y no te apartarás de en pos de mí.

20 Mas como la esposa quiebra la fe de su compañero, así prevaricasteis contra mí, oh casa de Israel, dice Jehová.

21 Voz sobre las alturas fué oída, llanto de los ruegos de los hijos de Israel; porque han torcido su camino, de Jehová su Dios se han olvidado.

22 Convertíos, hijos rebeldes, sanaré vuestras rebeliones. He aquí nosotros venimos á tí; porque tú eres Jehová nuestro Dios.

23 Ciertamente vanidad son los collados, la multitud de los montes: ciertamente en Jehová nuestro Dios está la salud de Israel.

24 Confusión consumió el trabajo de nuestros padres desde nuestra mocedad; sus ovejas, sus vacas, sus hijos y sus hijas.

25 Yacemos en nuestra confusión, y nuestra afrenta nos cubre: porque pecamos contra Jehová nuestro Dios, nosotros y nuestros padres, desde nuestra juventud y hasta este día; y no hemos escuchado la voz de Jehová nuestro Dios.

4 Si te has de convertir, oh Israel, dice Jehová, conviértete á mí; y si quitares de delante de mí tus abominaciones, no andarás de acá para allá.

2 Y jurarás, diciendo, Vive Jehová, con verdad, con juicio, y con justicia; y bendecirse han en él las gentes, y en él se gloriarán.

3 Porque así dice Jehová á todo varón de Judá y de Jerusalem: Haced barbecho para vosotros, y no sembréis sobre espinas.

4 Circuncidaos á Jehová, y quitad los prepucios de vuestro corazón, varones de Judá y moradores de Jerusalem; no sea que mi ira salga como fuego, y se encienda y no haya quien apague, por la malicia de vuestras obras.

5 Denunciad en Judá, y haced oid en Jerusalem, y decid: Sonad trompeta en la tierra. Pregonad, juntad, y decid: Reuníos, y entrémonos en las ciudades fuertes.

6 Alzad bandera en Sión, juntaos, no os detengáis; porque yo hago venir mal del aquilón, y quebrantamiento grande.

7 El león sube de su guarida, y el destruidor de gentes ha partido; salido ha de su asiento para poner tu tierra en soledad; tus ciudades serán asoladas, y sin morador.

8 Por esto vestíos de saco, endechad y aullad; porque la ira de Jehová no se ha apartado de nosotros.

9 Y será en aquel día, dice Jehová, que desfallecerá el corazón del rey, y el corazón de los príncipes, y los sacerdotes estarán atónitos, y se maravillarán los profetas.

10 Y dije: ¡Ay, ay, Jehová Dios! verdaderamente en gran manera has engañado á este pueblo y á Jerusalem, diciendo, Paz tendréis; pues que el cuchillo ha venido hasta el alma.

11 En aquel tiempo se dirá de este pueblo y de Jerusalem: Viento seco de las alturas del desierto vino á la hija de mí pueblo, no para aventar, ni para limpiar.

12 Viento más vehemente que estos vendrá á mí: y ahora yo hablaré juicios con ellos.

13 He aquí que subirá como nube, y su carro como torbellino; más ligeros con sus caballos que las águilas. ¡Ay de nosotros, porque dados somos á saco!

14 Lava de la malicia tu corazón, oh Jerusalem, para que seas salva. ¿Hasta cuándo dejarás estar en medio de ti los pensamientos de iniquidad?

15 Porque la voz se oye del que trae las nuevas desde Dan, y del que hace oir la calamidad desde el monte de Ephraim.

16 Decid á las gentes; he aquí, haced oir sobre Jerusalem: Guardas vienen de tierra lejana, y darán su voz sobre las ciudades de Judá.

17 Como las guardas de las heredades, estuvieron sobre ella en derredor, porque se rebeló contra mí, dice Jehová.

18 Tu camino y tus obras te hicieron esto, ésta tu maldad: por lo cual amargura penetrará hasta tu corazón.

19 ¡Mis entrañas, mis entrañas! Me duelen las telas de mi corazón: mi corazón ruge dentro de mí; no callaré; porque voz de trompeta has oído, oh alma mía, pregón de guerra.

20 Quebrantamiento sobre quebrantamiento es llamado; porque toda la tierra es destruida: en un punto son destruídas mis tiendas, en un momento mis cortinas.

21 ¿Hasta cuándo tengo de ver bandera, tengo de oir voz de trompeta?

22 Porque mi pueblo es necio; no me conocieron los hijos ignorantes y no entendidos; sabios para mal hacer, y para bien hacer no supieron.

23 Miré la tierra, y he aquí que estaba asolada y vacía; y los cielos, y no había en ellos luz.

24 Miré los montes, y he aquí que temblaban, y todos los collados fueron destruídos.

25 Miré, y no parecía hombre, y todas las aves del cielo se habían ido.

26 Miré, y he aquí el Carmelo desierto, y todas sus ciudades eran asoladas á la presencia de Jehová, á la presencia del furor de su ira.

27 Porque así dijo Jehová: Toda la tierra será asolada; mas no haré consumación.

28 Por esto se enlutará la tierra, y los cielos arriba se oscurecerán, porque hablé, pensé, y no me arrepentí, ni me tornaré de ello.

29 Del estruendo de la gente de á caballo y de los flecheros huyó toda la ciudad; entráronse en las espesuras de los bosques, y subiéronse en peñascos; todas las ciudades fueron desamparadas, y no quedó en ellas morador alguno.

30 Y tú, destruida, ¿qué harás? Bien que te vistas de grana, aunque te adornes con atavíos de oro, aunque pintes con antimonio tus ojos, en vano te engalanas; menospreciáronte tus amadores, buscarán tu alma.

31 Porque voz oí como de mujer que está de parto, angustia como de primeriza; voz de la hija de Sión que lamenta y extiende sus manos, diciendo: ¡Ay ahora de mí! que mi alma desmaya á causa de los matadores.

5 Discurrid por las plazas de Jerusalem, y mirad ahora, y sabed, y buscad en sus plazas si hallais hombre, si hay alguno que haga juicio, que busque verdad; y yo la perdonaré.

2 Y si dijeren: Vive Jehová; por tanto jurarán mentira.

3 Oh Jehová, ¿no miran tus ojos á la verdad? Azotástelos, y no les dolió; consumístelos, y no quisieron recibir corrección; endurecieron sus rostros más que la piedra, no quisieron tornarse.

4 Yo empero dije: Por cierto ellos son pobres, enloquecido han, pues no conocen el camino de Jehová, el juicio de su Dios.

5 Irme he á los grandes, y hablaréles; porque ellos conocen el camino de Jehová, el juicio de su Dios. Ciertamente ellos también quebraron el yugo, rompieron las coyundas.

6 Por tanto, león del monte los herirá, destruirálos lobo del desierto, tigre acechará sobre sus ciudades; cualquiera que de ellas saliere, será arrebatado: porque sus rebeliones se han multiplicado, hanse aumentado sus deslealtades.

7 ¿Cómo te he de perdonar por esto? Sus hijos me dejaron, y juraron por lo que no es Dios. Saciélos, y adulteraron, y en casa de ramera se juntaron en compañías.

8 Como caballos bien hartos fueron á la mañana, cada cual relinchaba á la mujer de su prójimo.

9 ¿No había de hacer visitación sobre esto? dijo Jehová. De una gente como ésta ¿no se había de vengar mi alma?

10 Escalad sus muros, y destruid; mas no hagáis consumación: quitad las almenas de sus muros, porque no son de Jehová.

11 Porque resueltamente se rebelaron contra mí la casa de Israel y la casa de Judá, dice Jehová.

12 Negaron á Jehová, y dijeron: El no es, y no vendrá mal sobre nosotros, ni veremos cuchillo ni hambre;

13 Antes los profetas serán como viento, y no hay en ellos palabra; así se hará á ellos.

14 Por tanto, así ha dicho Jehová Dios de los ejércitos: Porque hablasteis esta palabra, he aquí yo pongo en tu boca mis palabras por fuego, y á este pueblo por leños, y los consumirá.

15 He aquí yo traigo sobre vosotros gente de lejos, oh casa de Israel, dice Jehová; gente robusta, gente antigua, gente cuya lengua ignorarás, y no entenderás lo que hablare.

16 Su aljaba como sepulcro abierto, todos valientes.

17 Y comerá tu mies y tu pan, que habían de comer tus hijos y tus hijas; comerá tus ovejas y tus vacas, comerá tus viñas y tus higueras; y tus ciudades fuertes en que tú confías, tornará en nada á cuchillo.

18 Empero en aquellos días, dice Jehová, no os acabaré del todo.

19 Y será que cuando dijereis: ¿Por qué hizo Jehová el Dios nuestro con nosotros todas estas cosas? entonces les dirás: De la manera que me dejasteis á mí, y servisteis á dioses ajenos en vuestra tierra así serviréis á extraños en tierra ajena.

20 Denunciad esto en la casa de Jacob, y haced que esto se oiga en Judá, diciendo:

21 Oid ahora esto, pueblo necio y sin corazón, que tienen ojos y no ven, que tienen oídos y no oyen:

22 ¿Á mí no temeréis? dice Jehová; ¿no os amedrentaréis á mi presencia, que al mar por ordenación eterna, la cual no quebrantará, puse arena por término? Se levantarán tempestades, mas no prevalecerán; bramarán sus ondas, mas no lo pasarán.

23 Empero este pueblo tiene corazón falso y rebelde; tornáronse y fuéronse.

24 Y no dijeron en su corazón: Temamos ahora á Jehová Dios nuestro, que da lluvia temprana y tardía en su tiempo; los tiempos establecidos de la siega nos guarda.

25 Vuestras iniquidades han estorbado estas cosas; y vuestros pecados apartaron de vosotros el bien.

26 Porque fueron hallados en mi pueblo impíos; acechaban como quien pone lazos; pusieron trampa para tomar hombres.

27 Como jaula llena de pájaros, así están sus casas llenas de engaño: así se hicieron grandes y ricos.

28 Engordaron y pusiéronse lustrosos, y sobrepujaron los hechos del malo: no juzgaron la causa, la causa del huérfano; con todo hiciéronse prósperos, y la causa de los pobres no juzgaron.

29 ¿No tengo de visitar sobre esto? dice Jehová; ¿y de tal gente no se vengará mi alma?

30 Cosa espantosa y fea es hecha en la tierra:

31 Los profetas profetizaron mentira, y los sacerdotes dirigían por manos de ellos; y mi pueblo así lo quiso. ¿Qué pues haréis á su fin?

6 Huid, hijos de Benjamín, de en medio de Jerusalem, y tocad bocina en Tecoa, y alzad por señal humo sobre Beth-hacchêrem: porque del aquilón se ha visto mal, y quebrantamiento grande.

2 A mujer hermosa y delicada comparé á la hija de Sión.

3 A ella vendrán pastores y sus rebaños; junto á ella en derredor pondrán sus tiendas; cada uno apacentará á su parte.

4 Denunciad guerra contra ella: levantaos y subamos hacia el mediodía. ¡Ay de nosotros! que va cayendo ya el día, que las sombras de la tarde se han extendido.

5 Levantaos, y subamos de noche, y destruyamos sus palacios.

6 Porque así dijo Jehová de los ejércitos: Cortad árboles, y extended baluarte junto á Jerusalem: esta es la ciudad que toda ella ha de ser visitada; violencia hay en medio de ella.

7 Como la fuente nunca cesa de manar sus aguas, así nunca cesa de manar su malicia: injusticia y robo se oye en ella; continuamente en mi presencia, enfermedad y herida.

8 Corrígete, Jerusalem, porque no se aparte mi alma de ti, porque no te torne desierta, tierra no habitada.

9 Así dijo Jehová de los ejércitos: Del todo rebuscarán como á vid el resto de Israel: torna tu mano como vendimiador á los cestos.

10 ¿A quién tengo de hablar y amonestar, para que oigan? He aquí que sus orejas son incircuncisas, y no pueden escuchar; he aquí que la palabra de Jehová les es cosa vergonzosa, no la aman.

11 Por tanto estoy lleno de saña de Jehová, trabajado he por contenerme; derramaréla sobre los niños en la calle, y sobre la reunión de los jóvenes juntamente; porque el marido también será preso con la mujer, el viejo con el lleno de días.

12 Y sus casas serán traspasadas á otros, sus heredades y también sus mujeres; porque extenderé mi mano sobre los moradores de la tierra, dice Jehová.

13 Porque desde el más chico de ellos hasta el más grande de ellos, cada uno sigue la avaricia; y desde el profeta hasta el sacerdote, todos son engañadores.

14 Y curan el quebrantamiento de la hija de mi pueblo con liviandad, diciendo, Paz, paz; y no hay paz.

15 ¿Hanse avergonzado de haber hecho abominación? No por cierto, no se han avergonzado, ni aun saben tener vergüenza: por tanto caerán entre los que caerán; caerán cuando los visitaré, dice Jehová.

16 Así dijo Jehová: Paraos en los caminos, y mirad, y preguntad por las sendas antiguas, cuál sea el buen camino, y andad por él, y hallaréis descanso para vuestra alma. Mas dijeron: No andaremos.

17 Desperté también sobre vosotros atalayas, que dijesen: Escuchad á la voz de la trompeta. Y dijeron ellos: No escucharemos.

18 Por tanto oid, gentes, y conoce, oh conjunto de ellas.

19 Oye, tierra. He aquí yo traigo mal sobre este pueblo, el fruto de sus pensamientos; porque no escucharon á mis palabras, y aborrecieron mi ley.

20 ¿A qué viene para mí éste incienso de Seba, y la buena caña olorosa de tierra lejana? Vuestros holocaustos no son á mi voluntad, ni vuestros sacrificios me dan gusto.

21 Por tanto Jehová dice esto: He aquí yo pongo á este pueblo tropiezos, y caerán en ellos los padres y los hijos juntamente, el vecino y su cercano perecerán.

22 Así ha dicho Jehová: He aquí que viene pueblo de tierra del aquilón, y gente grande se levantará de los cantones de la tierra.

23 Arco y escudo arrebatarán; crueles son, que no tendrán misericordia; sonará la voz de ellos como la mar, y montarán á caballo como hombres dispuestos para la guerra, contra ti, oh hija de Sión.

24 Su fama oímos, y nuestras manos se descoyuntaron; apoderóse de nosotros angustia, dolor como de mujer que pare.

25 No salgas al campo, ni andes por camino; porque espada de enemigo y temor hay por todas partes.

26 Hija de mi pueblo, cíñete de saco, y revuélcate en ceniza; hazte luto como por hijo único, llanto de amarguras: porque presto vendrá sobre nosotros el destruidor.

27 Por fortaleza te he puesto en mi pueblo, por torre: conocerás pues, y examinarás el camino de ellos.

28 Todos ellos príncipes rebeldes, andan con engaño; son cobre y hierro: todos ellos son corruptores.

29 Quemóse el fuelle, del fuego se ha consumido el plomo: por demás fundió el fundidor, pues los malos no son arrancados.

30 Plata desechada los llamarán, porque Jehová los desechó.

7 Palabra que fué de Jehová á Jeremías, diciendo:

2 Ponte á la puerta de la casa de Jehová, y predica allí esta palabra, y di: Oid palabra de Jehová, todo Judá, los que entráis por estas puertas para adorar á Jehová.

3 Así ha dicho Jehová de los ejércitos, Dios de Israel: Mejorad vuestros caminos y vuestras obras, y os haré morar en este lugar.

4 No fiéis en palabras de mentira, diciendo: Templo de Jehová, templo de Jehová, templo de Jehová es éste.

5 Mas si mejorareis cumplidamente vuestros caminos y vuestras obras; si con exactitud hiciereis derecho entre el hombre y su prójimo,

6 Ni oprimiereis al peregrino, al huérfano, y á la viuda, ni en este lugar derramareis la sangre inocente, ni anduviereis en pos de dioses ajenos para mal vuestro;

7 Os haré morar en este lugar, en la tierra que dí á vuestros padres para siempre.

8 He aquí vosotros os confiáis en palabras de mentira, que no aprovechan.

9 ¿Hurtando, matando, y adulterando, y jurando falso, é incensando á Baal, y andando tras dioses extraños que no conocisteis,

10 Vendréis y os pondréis delante de mí en esta casa sobre la cual es invocado mi nombre, y diréis: Librados somos: para hacer todas estas abominaciones?

11 ¿Es cueva de ladrones delante de vuestros ojos esta casa, sobre la cual es invocado mi nombre? He aquí que también yo veo, dice Jehová.

12 Andad empero ahora á mi lugar que fué en Silo, donde hice que morase mi nombre al principio, y ved lo que le hice por la maldad de mi pueblo Israel.

13 Ahora pues, por cuanto habéis vosotros hecho todas estas obras, dice Jehová, y bien que os hablé, madrugando para hablar, no oísteis, y os llamé, y no respondisteis;

14 Haré también á esta casa sobre la cual es invocado mi nombre, en la que vosotros confiáis, y á este lugar que dí á vosotros y á vuestros padres, como hice á Silo:

15 Que os echaré de mi presencia como eché á todos vuestros hermanos, á toda la generación de Ephraim.

16 Tú pues, no ores por este pueblo, ni levantes por ellos clamor ni oración, ni me ruegues; porque no te oiré.

17 ¿No ves lo que estos hacen en las ciudades de Judá y en las calles de Jerusalem?

18 Los hijos cogen la leña, y los padres encienden el fuego, y las mujeres amasan la masa, para hacer tortas á la reina del cielo y para hacer ofrendas á dioses ajenos, por provocarme á ira.

19 ¿Provocaránme ellos á ira, dice Jehová, y no más bien obran ellos mismos para confusión de sus rostros?

20 Por tanto, así ha dicho el Señor Jehová: He aquí que mi furor y mi ira se derrama sobre este lugar, sobre los hombres, sobre los animales, sobre los árboles del campo, y sobre los frutos de la tierra; y encenderáse, y no se apagará.

21 Así ha dicho Jehová de los ejércitos, Dios de Israel: Añadid vuestros holocaustos sobre vuestros sacrificios, y comed carne.

22 Porque no hablé yo con vuestros padres, ni les mandé el día que los saqué de la tierra de Egipto, acerca de holocaustos y de víctimas.

23 Mas esto les mandé, diciendo: Escuchad mi voz, y seré á vosotros por Dios, y vosotros me seréis por pueblo; y andad en todo camino que os mandare, para que os vaya bien.

24 Y no oyeron ni inclinaron su oído; antes caminaron en sus consejos, en la dureza de su corazón malvado, y fueron hacia atrás y no hacia adelante,

25 Desde el día que vuestros padres salieron de la tierra de Egipto hasta hoy. Y os envié á todos los profetas mis siervos, cada día madrugando y enviándolos:

26 Mas no me oyeron ni inclinaron su oído; antes endurecieron su cerviz, é hicieron peor que sus padres.

27 Tú pues les dirás todas estas palabras, mas no te oirán; los llamarás, y no te responderán.

28 Les dirás por tanto: Esta es la gente que no escuchó la voz de Jehová su Dios, ni tomó corrección; perdióse la fe, y de la boca de ellos fué cortada.

29 Trasquila tu cabello, y arrójalo, y levanta llanto sobre las alturas; porque Jehová ha aborrecido y dejado la nación de su ira.

30 Porque los hijos de Judá han hecho lo malo ante mis ojos, dice Jehová; pusieron sus abominaciones en la casa sobre la cual mi nombre fué invocado, amancillándola.

31 Y han edificado los altos de Topheth, que es en el valle del hijo de Hinnom, para quemar al fuego sus hijos y sus hijas, cosa que yo no les mandé, ni subió en mi corazón.

32 Por tanto, he aquí vendrán días, ha dicho Jehová, que no se diga más, Topheth, ni valle del hijo de Hinnom, sino Valle de la Matanza; y serán enterrados en Topheth, por no haber lugar.

33 Y serán los cuerpos muertos de este pueblo para comida de las aves del cielo y de las bestias de la tierra; y no habrá quien las espante.

34 Y haré cesar de las ciudades de Judá, y de las calles de Jerusalem, voz de gozo y voz de alegría, voz de esposo y voz de esposa; porque la tierra será en desolación.

8 En aquel tiempo, dice Jehová, sacarán los huesos de los reyes de Judá, y los huesos de sus príncipes, y los huesos de los sacerdotes, y los huesos de los profetas, y los huesos de los moradores de Jerusalem, fuera de sus sepulcros;

2 Y los esparcirán al sol, y á la luna, y á todo el ejército del cielo, á quien amaron, y á quienes sirvieron, y en pos de quienes anduvieron, y á quienes preguntaron, y á quienes se encorvaron. No serán recogidos, ni enterrados: serán por muladar sobre la haz de la tierra.

3 Y escogeráse la muerte antes que la vida por todo el resto que quedare de esta mala generación, en todos los lugares á donde los arrojaré yo á los que quedaren, dice Jehová de los ejércitos.

4 Les dirás asimismo: Así ha dicho Jehová: ¿El que cae, no se levanta? ¿el que se desvía, no torna á camino?

5 ¿Por qué es este pueblo de Jerusalem rebelde con rebeldía perpetua? Abrazaron el engaño, no han querido volverse.

6 Escuché y oí; no hablan derecho, no hay hombre que se arrepienta de su mal, diciendo: ¿Qué he hecho? Cada cual se volvió á su carrera, como caballo que arremete con ímpetu á la batalla.

7 Aun la cigüeña en el cielo conoce su tiempo, y la tórtola y la grulla y la golondrina guardan el tiempo de su venida; mas mi pueblo no conoce el juicio de Jehová.

8 ¿Cómo decís: Nosotros somos sabios, y la ley de Jehová es con nosotros? Ciertamente, he aquí que en vano se cortó la pluma, por demás fueron los escribas.

9 Los sabios se avergonzaron, espantáronse y fueron presos: he aquí que aborrecieron la palabra de Jehová; ¿y qué sabiduría tienen?

10 Por tanto daré á otros sus mujeres, y sus heredades á quien las posea: porque desde el chico hasta el grande cada uno sigue la avaricia, desde el profeta hasta el sacerdote todos hacen engaño.

11 Y curaron el quebrantamiento de la hija de mi pueblo con liviandad, diciendo: Paz, paz; y no hay paz.

12 ¿Hanse avergonzado de haber hecho abominación? Por cierto no se han corrido de vergüenza, ni supieron avergonzarse; caerán por tanto entre los que cayeren, cuando los visitaré: caerán, dice Jehová.

13 Cortarélos de por junto, dice Jehová. No habrá uvas en la vid, ni higos en la higuera, y caeráse la hoja; y lo que les he dado pasará de ellos.

14 ¿Sobre qué nos aseguramos? Juntaos, y entrémonos en las ciudades fuertes, y allí reposaremos: porque Jehová nuestro Dios nos ha hecho callar, y dádonos á beber bebida de hiel, porque pecamos contra Jehová.

15 Esperamos paz, y no hubo bien; día de cura, y he aquí turbación.

16 Desde Dan se oyó el bufido de sus caballos: del sonido de los relinchos de sus fuertes tembló toda la tierra; y vinieron y devoraron la tierra y su abundancia, ciudad y moradores de ella.

17 Porque he aquí que yo envío sobre vosotros serpientes, basiliscos, contra los cuales no hay encantamiento; y os morderán, dice Jehová.

18 A causa de mi fuerte dolor mi corazón desfallece en mí.

19 He aquí voz del clamor de la hija de mi pueblo, que viene de la tierra lejana: ¿No está Jehová en Sión? ¿no está en ella su Rey? ¿Por qué me hicieron airar con sus imágenes de talla, con vanidades ajenas?

20 Pasóse la siega, acabóse el verano, y nosotros no hemos sido salvos.

21 Quebrantado estoy por el quebrantamiento de la hija de mi pueblo; entenebrecido estoy, espanto me ha arrebatado.

22 ¿No hay bálsamo en Galaad? ¿no hay allí médico? ¿Por qué pues no hubo medicina para la hija de mi pueblo?

9 ¡oh si mi cabeza se tornase aguas, y mis ojos fuentes de aguas, para que llore día y noche los muertos de la hija de mi pueblo!

2 ¡Oh quién me diese en el desierto un mesón de caminantes, para que dejase mi pueblo, y de ellos me apartase! Porque todos ellos son adúlteros, congregación de prevaricadores.

3 E hicieron que su lengua, como su arco, tirase mentira; y no se fortalecieron por verdad en la tierra: porque de mal en mal procedieron, y me han desconocido, dice Jehová.

4 Guárdese cada uno de su compañero, ni en ningún hermano tenga confianza: porque todo hermano engaña con falacia, y todo compañero anda con falsedades.

5 Y cada uno engaña á su compañero, y no hablan verdad: enseñaron su lengua á hablar mentira, se ocupan de hacer perversamente.

6 Tu morada es en medio de engaño; de muy engañadores no quisieron conocerme, dice Jehová.

7 Por tanto, así ha dicho Jehová de los ejércitos: He aquí que yo los fundiré, y los ensayaré; porque ¿cómo he de hacer por la hija de mi pueblo?

8 Saeta afilada es la lengua de ellos; engaño habla; con su boca habla paz con su amigo, y dentro de sí pone sus asechanzas.

9 ¿No los tengo de visitar sobre estas cosas? dice Jehová. ¿De tal gente no se vengará mi alma?

10 Sobre los montes levantaré lloro y lamentación, y llanto sobre las moradas del desierto; porque desolados fueron hasta no quedar quien pase, ni oyeron bramido de ganado: desde las aves del cielo y hasta las bestias de la tierra se trasportaron, y se fueron.

11 Y pondré á Jerusalem en montones, por moradas de culebras; y pondré las ciudades de Judá en asolamiento, que no quede morador.

12 ¿Quién es varón sabio que entienda esto? ¿y á quién habló la boca de Jehová, para que pueda declararlo? ¿Por qué causa la tierra ha perecido, ha sido asolada como desierto, que no hay quien pase?

13 Y dijo Jehová: Porque dejaron mi ley, la cual dí delante de ellos, y no obedecieron á mi voz, ni caminaron conforme á ella;

14 Antes se fueron tras la imaginación de su corazón, y en pos de los Baales que les enseñaron sus padres:

15 Por tanto así ha dicho Jehová de los ejércitos, Dios de Israel: He aquí que á este pueblo yo les daré á comer ajenjos, y les daré á beber aguas de hiel.

16 Y los esparciré entre gentes que no conocieron ellos ni sus padres; y enviaré espada en pos de ellos, hasta que yo los acabe.

17 Así dice Jehová de los ejércitos: Considerad, y llamad plañideras que vengan; y enviad por las sabias que vengan:

18 Y dense prisa, y levanten llanto sobre nosotros, y córranse nuestros ojos en lágrimas, y nuestros párpados en aguas se destilen.

19 Porque voz de endecha fué oída de Sión: ¡Cómo hemos sido destruídos! en gran manera hemos sido confundidos. ¿Por qué dejamos la tierra? ¿por qué nos han echado de sí nuestras moradas?

20 Oíd pues, oh mujeres, palabra de Jehová, y vuestro oído reciba la palabra de su boca; y enseñad endechas á vuestras hijas, y cada una á su amiga, lamentación.

21 Porque la muerte ha subido por nuestras ventanas, ha entrado en nuestros palacios; para talar los niños de las calles, los mancebos de las plazas.

22 Habla: Así ha dicho Jehová: Los cuerpos de los hombres muertos caerán como estiércol sobre la haz del campo, y como manojo tras el segador, que no hay quien lo recoja.

23 Así dijo Jehová: No se alabe el sabio en su sabiduría, ni en su valentía se alabe el valiente, ni el rico se alabe en sus riquezas.

24 Mas alábese en esto el que se hubiere de alabar: en entenderme y conocerme, que yo soy Jehová, que hago misericordia, juicio, y justicia en la tierra: porque estas cosas quiero, dice Jehová.

25 He aquí que vienen días, dice Jehová, y visitaré sobre todo circuncidado, y sobre todo incircunciso:

26 A Egipto, y á Judá, y á Edom, y á los hijos de Ammón y de Moab, y á todos los arrinconados en el postrer rincón, que moran en el desierto; porque todas las gentes tienen prepucio, y toda la casa de Israel tiene prepucio en el corazón.

10 Oid la palabra que Jehová ha hablado sobre vosotros, oh casa de Israel.

2 Así dijo Jehová: No aprendáis el camino de las gentes, ni de las señales del cielo tengáis temor, aunque las gentes las teman.

3 Porque las ordenanzas de los pueblos son vanidad: porque

leño del monte cortaron, obra de manos de artífice con azuela.
4 Con plata y oro lo engalanan; con clavos y martillo lo afirman, para que no se salga.
5 Como palma lo igualan, y no hablan; son llevados, porque no pueden andar. No tengáis temor de ellos; porque ni pueden hacer mal, ni para hacer bien tienen poder.
6 No hay semejante á tí, oh Jehová; grande tú, y grande tu nombre en fortaleza.
7 ¿Quién no te temerá, oh Rey de las gentes? porque á tí compete ello; porque entre todos los sabios de las gentes, y en todos sus reinos, no hay semejante á ti.
8 Y todos se infatuarán, y entontecerán. Enseñanza de vanidades es el mismo leño.
9 Traerán plata extendida de Tarsis, y oro de Uphaz; obrará el artífice, y las manos del fundidor; vestiránlos de cárdeno y de púrpura: obra de peritos es todo.
10 Mas Jehová Dios es la verdad; él es Dios vivo y Rey eterno: á su ira tiembla la tierra, y las gentes no pueden sufrir su saña.
11 Les diréis así: Los dioses que no hicieron los cielos ni la tierra, perezcan de la tierra y de debajo de estos cielos.
12 El que hizo la tierra con su potencia, el que puso en orden el mundo con su saber, y extendió los cielos con su prudencia.
13 A su voz se da muchedumbre de aguas en el cielo, y hace subir las nubes de lo postrero de la tierra; hace los relámpagos con la lluvia, y saca el viento de sus depósitos.
14 Todo hombre se embrutece y le falta ciencia; avergüéncese de su vaciadizo todo fundidor: porque mentira es su obra de fundición, y no hay espíritu en ellos.
15 Vanidad son, obra de escarnios: en el tiempo de su visitación perecerán.
16 No es como ellos la suerte de Jacob: porque él es el Hacedor de todo, é Israel es la vara de su herencia: Jehová de los ejércitos es su nombre.
17 Recoge de las tierras tus mercaderías, la que moras en lugar fuerte.
18 Porque así ha dicho Jehová: He aquí que esta vez arrojaré con honda los moradores de la tierra, y he de afligirlos, para que lo hallen.
19 ¡Ay de mí, por mi quebrantamiento! mi llaga es muy dolorosa. Yo empero dije: Ciertamente enfermedad mía es esta, y debo sufrirla.
20 Mi tienda es destruída, y todas mis cuerdas están rotas: mis hijos fueron sacados de mí, y perecieron: no hay ya más quien extienda mi tienda, ni quien levante mis cortinas.
21 Porque los pastores se infatuaron, y no buscaron á Jehová: por tanto no prosperaron, y todo su ganado se esparció.
22 He aquí que voz de fama viene, y alboroto grande de la tierra del aquilón, para tornar en soledad todas las ciudades de Judá, en morada de culebras.
23 Conozco, oh Jehová, que el hombre no es señor de su camino, ni del hombre que camina es ordenar sus pasos.
24 Castígame, oh Jehová, mas con juicio; no con tu furor, porque no me aniquiles.
25 Derrama tu enojo sobre las gentes que no te conocen, y sobre las naciones que no invocan tu nombre: porque se comieron á Jacob, y lo devoraron, y le han consumido, y asolado su morada.

11 Palabra que fué de Jehová, á Jeremías, diciendo:
2 Oid las palabras de este pacto, y hablad á todo varón de Judá, y á todo morador de Jerusalem.
3 Y les dirás tú: Así dijo Jehová Dios de Israel: Maldito el varón que no obedeciere las palabras de este pacto,
4 El cual mandé á vuestros padres el día que los saqué de la tierra de Egipto, del horno de hierro, diciéndoles: Oid mi voz, y ejecutad aquéllas, conforme á todo lo que os mando, y me seréis por pueblo, y yo seré á vosotros por Dios;
5 Para que confirme el juramento que hice á vuestros padres, que les daría la tierra que corre leche y miel, como este día. Y respondí, y dije: Amén, oh Jehová.
6 Y Jehová me dijo: Pregona todas estas palabras en las ciudades de Judá y en las calles de Jerusalem, diciendo: Oid las palabras de este pacto, y ponedlas por obra.
7 Porque con eficacia protesté á vuestros padres el día que los hice subir de la tierra de Egipto hasta el día de hoy, madrugando y protestando, diciendo: Oid mi voz.
8 Mas no oyeron, ni inclinaron su oído, antes se fueron cada uno tras la imaginación de su corazón malvado: por tanto,

traeré sobre ellos todas las palabras de este pacto, el cual mandé que cumpliesen, y no lo cumplieron.
9 Y díjome Jehová: Conjuración se ha hallado en los varones de Judá, y en los moradores de Jerusalem.
10 Hanse vuelto á las maldades de sus primeros padres, los cuales no quisieron escuchar mis palabras, antes se fueron tras dioses ajenos para servirles; la casa de Israel y la casa de Judá invalidaron mi pacto, el cual había yo concertado con sus padres.
11 Por tanto, así ha dicho Jehová: He aquí yo traigo sobre ellos mal del que no podrán salir; y clamarán á mí, y no los oiré.
12 E irán las ciudades de Judá y los moradores de Jerusalem, y clamarán á los dioses á quienes queman ellos inciensos, los cuales no los podrán salvar en el tiempo de su mal.
13 Porque según el número de tus ciudades fueron tus dioses, oh Judá; y según el número de tus calles, oh Jerusalem, pusisteis los altares de ignominia, altares para ofrecer sahumerios á Baal.
14 Tú pues, no ores por este pueblo, ni levantes por ellos clamor ni oración: porque yo no oiré el día que en su aflicción á mí clamaren.
15 ¿Qué tiene mi amado en mi casa, habiendo hecho abominaciones muchas? Y las carnes santas pasarán de sobre tí, porque en tu maldad te gloriaste.
16 Oliva verde, hermosa en fruto y en parecer, llamó Jehová tu nombre. A la voz de gran palabra hizo encender fuego sobre ella, y quebraron sus ramas.
17 Pues Jehová de los ejércitos, que te plantó, ha pronunciado mal contra ti, á causa de la maldad de la casa de Israel y de la casa de Judá, que hicieron á sí mismos, provocándome á ira con incensar á Baal.
18 Y Jehová me lo hizo saber, y conocí: entonces me hiciste ver sus obras.
19 Y yo como cordero inocente que llevan á degollar, pues no entendía que maquinaban contra mí designios, diciendo: Destruyamos el árbol con su fruto, y cortémoslo de la tierra de los vivientes, y no haya más memoria de su nombre.
20 Mas, oh Jehová de los ejércitos, que juzgas justicia, que sondas los riñones y el corazón, vea yo tu venganza de ellos: porque á ti he descubierto mi causa.
21 Por tanto, así ha dicho Jehová de los varones de Anathoth, que buscan tu alma, diciendo: No profetices en nombre de Jehová, y no morirás á nuestras manos:
22 Así pues ha dicho Jehová de los ejércitos: He aquí que yo los visito; los mancebos morirán á cuchillo; sus hijos y sus hijas morirán de hambre;
23 Y no quedará resto de ellos: porque yo traeré mal sobre los varones de Anathoth, año de su visitación.

12 Justo eres tú, oh Jehová, aunque yo contigo dispute: hablaré empero juicios contigo. ¿Por qué es prosperado el camino de los impíos, y tienen bien todos los que se portan deslealmente?
2 Plánteslos, y echaron raíces; progresaron, é hicieron fruto; cercano estás tú en sus bocas, mas lejos de sus riñones.
3 Tu empero, oh Jehová, me conoces; vísteme, y probaste mi corazón para contigo: arráncalos como á ovejas para el degolladero, y señálalos para el día de la matanza.
4 ¿Hasta cuándo estará desierta la tierra, y marchita la hierba de todo el campo? Por la maldad de los que en ella moran, faltaron los ganados, y las aves; porque dijeron: No verá él nuestras postrimerías.
5 Si corriste con los de á pié, y te cansaron, ¿cómo contenderás con los caballos? Y si en la tierra de paz estabas quieto, ¿cómo harás en la hinchazón del Jordán?
6 Porque aun tus hermanos y la casa de tu padre, aun ellos se levantaron contra ti, aun ellos dieron voces en pos de ti. No los creas, cuando bien te hablaren.
7 He dejado mi casa, desamparé mi heredad, entregado he lo que amaba mi alma en manos de sus enemigos.
8 Fué para mí mi heredad como león en breña: contra mí dió su voz; por tanto la aborrecí.
9 ¿Esme mi heredad ave de muchos colores? ¿no están contra ella aves en derredor? Venid, reuníos, vosotras todas las bestias del campo, venid á devorarla.
10 Muchos pastores han destruído mi viña, hollaron mi heredad, tornaron en desierto y soledad mi heredad preciosa.
11 Fué puesta en asolamiento, y lloró sobre mí, asolada: asolada toda la tierra, porque no hubo hombre que mirase.
12 Sobre todos los lugares altos del desierto vinieron disi-

dadores: porque la espada de Jehová devorará desde el un extremo de la tierra hasta el otro extremo: no habrá paz para ninguna carne.

13 Sembraron trigo, y segarán espinas; tuvieron la heredad, mas no aprovecharon nada: se avergonzarán de vuestros frutos, á causa de la ardiente ira de Jehová.

14 Así dijo Jehová contra todos mis malos vecinos, que tocan la heredad que hice poseer á mi pueblo Israel: He aquí que yo los arrancaré de su tierra, y arrancaré de en medio de ellos la casa de Judá.

15 Y será que, después que los hubiere arrancado, tornaré y tendré misericordia de ellos, y harélos volver cada uno á su heredad, y cada cual á su tierra.

16 Y será que, si cuidadosamente aprendieren los caminos de mi pueblo, para jurar en mi nombre, diciendo, Vive Jehová, así como enseñaron á mi pueblo á jurar por Baal; ellos serán prosperados en medio de mi pueblo.

17 Mas si no oyeren, arrancaré la tal gente, sacándola de raíz, y destruyendo, dice Jehová.

13 Así me dijo Jehová: Ve, y cómprate un cinto de lino, y cíñelo sobre tus lomos, y no lo meterás en agua.

2 Y compré el cinto conforme á la palabra de Jehová, y púseo sobre mis lomos.

3 Y fué á mí segunda vez palabra de Jehová, diciendo:

4 Toma el cinto que compraste, que está sobre tus lomos, y levántate, y ve al Eufrates, y escóndelo allá en la concavidad de una peña.

5 Fuí pues, y escondílo junto al Eufrates, como Jehová me mandó.

6 Y sucedió que al cabo de muchos días me dijo Jehová: Levántate, y ve al Eufrates, y toma de allí el cinto que te mandé esconderse allá.

7 Entonces fuí al Eufrates, y cavé, y tomé el cinto del lugar donde lo había escondido; y he aquí que el cinto se había podrido; para ninguna cosa era bueno.

8 Y fué á mí palabra de Jehová, diciendo:

9 Así ha dicho Jehová: Así haré podrir la soberbia de Judá, y la mucha soberbia de Jerusalem.

10 A este pueblo malo, que no quieren oir mis palabras, que andan en las imaginaciones de su corazón, y se fueron en pos de dioses ajenos para servirles, y para encorvarse á ellos; y vendrá á ser como este cinto, que para ninguna cosa es bueno.

11 Porque como el cinto se junta á los lomos del hombre, así hice juntar á mí toda la casa de Israel y toda la casa de Judá, dice Jehová, para que me fuesen por pueblo y por fama, y por alabanza y por honra: empero no escucharon.

12 Les dirás pues esta palabra: Así ha dicho Jehová, Dios de Israel: Henchiráse de vino todo odre. Y ellos te dirán: ¿No sabemos que todo odre se henchirá de vino?

13 Entonces les has de decir: Así ha dicho Jehová: He aquí que yo lleno de embriaguez todos los moradores de esta tierra, y á los reyes de la estirpe de David que se sientan sobre su trono, y á los sacerdotes y profetas, y á todos los moradores de Jerusalem;

14 Y quebrantarélos el uno con el otro, los padres con los hijos juntamente, dice Jehová: no perdonaré, ni tendré piedad ni misericordia, para no destruirlos.

15 Escuchad y oid; no os elevéis: pues Jehová ha hablado.

16 Dad gloria á Jehová Dios vuestro, antes que haga venir tinieblas, y antes que vuestros pies tropiecen en montes de oscuridad, y esperéis luz, y os la torne sombra de muerte y tinieblas.

17 Mas si no oyereis esto, en secreto llorará mi alma á causa de vuestra soberbia; y llorando amargamente, se desharán mis ojos en lágrimas, porque el rebaño de Jehová fué cautivo.

18 Di al rey y á la reina: Humillaos, sentaos en tierra; porque la corona de vuestra gloria bajó de vuestras cabezas.

19 Las ciudades del mediodía fueron cerradas, y no hubo quien las abriese: toda Judá fué trasportada, trasportada fué toda ella.

20 Alzad vuestros ojos, y ved los que vienen del aquilón: ¿dónde está el rebaño que te fué dado, la grey de tu gloria?

21 ¿Qué dirás cuando te visitará? porque tú los enseñaste á ser príncipes y cabeza sobre ti. ¿No te tomarán dolores como á mujer que pare?

22 Cuando dijeres en tu corazón: ¿Por qué me ha sobrevenido esto? Por la enormidad de tu maldad fueron descubiertas tus faldas, fueron desnudos tus calcañares.

23 ¿Mudará el negro su pellejo, y el leopardo sus manchas? Así también podréis vosotros hacer bien, estando habituados á hacer mal.

24 Por tanto yo los esparciré, como tamo que pasa, al viento del desierto.

25 Esta es tu suerte, la porción de tus medidas de parte mía, dice Jehová; porque te olvidaste de mí, y confiaste en la mentira.

26 Yo pues descubriré también tus faldas delante de tu cara, y se manifestará tu ignominia.

27 Tus adulterios, tus relinchos, la maldad de tu fornicación sobre los collados: en el mismo campo vi tus abominaciones. ¡Ay de ti, Jerusalem! ¿No serás al cabo limpia? ¿hasta cuándo todavía?

14 Palabra de Jehová que fué dada á Jeremías, con motivo de la sequía.

2 Enlutóse Judá, y sus puertas se despoblaron: oscureciéronse en tierra, y subió el clamor de Jerusalem.

3 Y los principales de ellos enviaron sus criados al agua: vinieron á las lagunas, y no hallaron agua: volviéronse con sus vasos vacíos; se avergonzaron, confundiéronse, y cubrieron sus cabezas.

4 Porque se resquebrajó la tierra á causa de no llover en el país; confusos los labradores, cubrieron sus cabezas.

5 Y aun las ciervas en los campos parían, y dejaban la cría, porque no había hierba.

6 Y los asnos monteses se ponían en los altos, aspiraban el viento como los chacales; sus ojos se ofuscaron, porque no había hierba.

7 Si nuestras iniquidades testifican contra nosotros, oh Jehová, haz por amor de tu nombre; porque nuestras rebeliones se han multiplicado, contra ti pecamos.

8 Oh esperanza de Israel, Guardador suyo en el tiempo de la aflicción, ¿por qué has de ser como peregrino en la tierra, y como caminante que se aparta para tener la noche?

9 ¿Por qué has de ser como hombre atónito, y como valiente que no puede librar? tú empero estás entre nosotros, oh Jehová, y sobre nosotros es invocado tu nombre; no nos desampares.

10 Así ha dicho Jehová á este pueblo: Así amaron moverse, ni detuvieron sus pies: por tanto, Jehová no los tiene en voluntad; acordaráse ahora de la maldad de ellos, y visitará sus pecados.

11 Y díjome Jehová: No ruegues por este pueblo para bien.

12 Cuando ayunaren, yo no oiré su clamor, y cuando ofrecieren holocausto y ofrenda, no lo aceptaré; antes los consumiré con cuchillo, y con hambre, y con pestilencia.

13 Y yo dije: ¡Ah! ah! Señor Jehová! he aquí que los profetas les dicen: No veréis cuchillo, ni habrá hambre en vosotros, sino que en este lugar os daré paz verdadera.

14 Díjome entonces Jehová: Falso profetizan los profetas en mi nombre: no los envié, ni les mandé, ni les hablé: visión mentirosa, y adivinación, y vanidad, y engaño de su corazón os profetizan.

15 Por tanto así ha dicho Jehová sobre los profetas que profetizan en mi nombre, los cuales yo no envié, y que dicen, Cuchillo ni hambre no habrá en esta tierra: Con cuchillo y con hambre serán consumidos esos profetas.

16 Y el pueblo á quien profetizan, echado será en las calles de Jerusalem por hambre y por espada; y no habrá quien los entierre, ellos, y sus mujeres, y sus hijos, y sus hijas; y sobre ellos derramaré su maldad.

17 Decirles has, pues, esta palabra: Córranse mis ojos en lágrimas noche y día, y no cesen; porque de gran quebrantamiento es quebrantada la virgen hija de mi pueblo, de plaga muy recia.

18 Si salgo al campo, he aquí muertos á cuchillo; y si me entro en la ciudad, he aquí enfermos de hambre: porque también el profeta como el sacerdote anduvieron rodeando la tierra, y no conocieron.

19 ¿Has desechado enteramente á Judá? ¿ha aborrecido tu alma á Sión? ¿Por qué nos hiciste herir sin que nos quede cura? Esperamos paz, y no hubo bien; tiempo de cura, y he aquí turbación.

20 Reconocemos, oh Jehová, nuestra impiedad, la iniquidad de nuestros padres: porque contra ti hemos pecado.

21 Por amor de tu nombre no nos deseches, ni trastornes el trono de tu gloria: acuérdate, no invalides tu pacto con nosotros.

22 ¿Hay entre las vanidades de las gentes quien haga llover? ¿y darán los cielos lluvias? ¿No eres tú, Jehová, nuestro Dios? en ti pues esperamos; pues tú hiciste todas estas cosas.

15 Y díjome Jehová: Si Moisés y Samuel se pusieran delante de mí, mi voluntad no será con este pueblo: échalos de delante de mí, y salgan.

2 Y será que si te preguntaren: ¿A dónde saldremos? les dirás: Así ha dicho Jehová: El que á muerte, á muerte; y el que á cuchillo, á cuchillo; y el que á hambre, á hambre; y el que á cautividad, á cautividad.

3 Y enviaré sobre ellos cuatro géneros, dice Jehová: cuchillo para matar, y perros para despedazar, y aves del cielo y bestias de la tierra, para devorar y para disipar.

4 Y entregarélos á ser agitados por todos los reinos de la tierra, á causa de Manasés hijo de Ezechías rey de Judá, por lo que hizo en Jerusalem.

5 Porque ¿quién tendrá compasión de ti, oh Jerusalem? ¿ó quién se entristecerá por tu causa? ¿ó quién de venir á preguntar por tu paz?

6 Tú me dejaste, dice Jehová, atrás te volviste: por tanto yo extenderé sobre ti mi mano, y te destruiré; estoy cansado de arrepentirme.

7 Y aventélos con aventador hasta las puertas de la tierra; desahijé, desbaraté mi pueblo; no se tornaron de sus caminos.

8 Sus viudas se multiplicaron más que la arena de la mar; traje contra ellos destruidor á medio día sobre la madre y los hijos; sobre la ciudad hice que de repente cayesen terrores.

9 Enflaquecióse la que parió siete; llenóse de dolor su alma; su sol se le puso siendo aún de día; fué avergonzada y llena de confusión: y lo que de ella quedare, entregarélo á cuchillo delante de sus enemigos, dice Jehová.

10 ¡Ay de mí, madre mía, que me has engendrado hombre de contienda y hombre de discordia á toda la tierra! Nunca les dí á logro, ni lo tomé de ellos; y todos me maldicen.

11 Dijo Jehová: De cierto tus reliquias serán en bien; de cierto haré que el enemigo te salga á recibir en el tiempo trabajoso, y en el tiempo de angustia.

12 ¿Quebrará el hierro al hierro de la parte de aquilón, y al bronce?

13 Tus riquezas y tus tesoros daré á saco sin ningún precio, por todos tus pecados, y en todos tus términos.

14 Y te haré pasar á tus enemigos en tierra que no conoces: porque fuego se ha encendido en mi furor, y arderá sobre vosotros.

15 Tú lo sabes, oh Jehová; acuérdate de mí, y visítame, y véngame de mis enemigos. No me tomes en la prolongación de tu enojo: sabe que por amor de tu sufro afrenta.

16 Halláronse tus palabras, y yo las comí; y tu palabra me fué por gozo y por alegría de mi corazón: porque tu nombre se invocó sobre mí, oh Jehová Dios de los ejércitos.

17 No me senté en compañía de burladores, ni me engreí á causa de tu profecía; sentéme solo, porque me llenaste de desabrimiento.

18 ¿Por qué fué perpetuo mi dolor, y mi herida desahuciada no admitió cura? ¿Serás para mí como cosa ilusoria, como aguas que no son estables?

19 Por tanto así dijo Jehová: Si te convirtieres, yo te repondré, y delante de mí estarás; y si sacares lo precioso de lo vil, serás como mi boca. Conviértanse ellos á ti, y tú no te conviertas á ellos.

20 Y te daré para este pueblo por fuerte muro de bronce, y pelearán contra ti, y no te vencerán: porque yo estoy contigo para guardarte y para defenderte, dice Jehová.

21 Y librarte he de la mano de los malos, y te redimiré de la mano de los fuertes.

16 Y fué á mí palabra de Jehová, diciendo:

2 No tomarás para ti mujer, ni tendrás hijos ni hijas en este lugar.

3 Porque así ha dicho Jehová acerca de los hijos y de las hijas que nacieren en este lugar, y sus madres que los parieren, y de los padres que los engendraren en esta tierra.

4 De dolorosas enfermedades morirán; no serán plañidos ni enterrados: serán por muladar sobre la haz de la tierra: y con cuchillo y con hambre serán consumidos, y sus cuerpos serán para comida de las aves del cielo y de las bestias de la tierra.

5 Porque así ha dicho Jehová: No entres en casa de luto, ni vayas á lamentar, ni los consueles: porque yo he quitado mi paz de este pueblo, dice Jehová, mi misericordia y piedades.

6 Y morirán en esta tierra grandes y chicos: no se enterrarán, ni los plañirán, ni se arañarán, ni se mesarán por ellos;

7 Ni por ellos partirán pan por luto, para consolarlos de sus

muertos; ni les darán á beber vaso de consolaciones por su padre ó por su madre.

8 Asimismo no entres en casa de convite, para sentarte con ellos á comer ó á beber.

9 Porque así ha dicho Jehová de los ejércitos, Dios de Israel: He aquí que yo haré cesar en este lugar, delante de vuestros ojos y en vuestros días, toda voz de gozo y toda voz de alegría, toda voz de esposo y toda voz de esposa.

10 Y acontecerá que cuando anunciares á este pueblo todas estas cosas, te dirán ellos: ¿Por qué habló Jehová sobre nosotros este mal tan grande? ¿y qué maldad es la nuestra, ó qué pecado el nuestro, que cometiéramos contra Jehová nuestro Dios?

11 Entonces les dirás: Porque vuestros padres me dejaron, dice Jehová, y anduvieron en pos de dioses ajenos, y los sirvieron, y á ellos se encorvaron, y me dejaron á mí, y no guardaron mi ley;

12 Y vosotros habéis hecho peor que vuestros padres; porque he aquí que vosotros camináis cada uno tras la imaginación de su malvado corazón, no oyéndome á mí.

13 Por tanto, yo os haré echar de esta tierra á tierra que ni vosotros ni vuestros padres habéis conocido, y allá serviréis á dioses ajenos de día y de noche; porque no os mostraré clemencia.

14 Empero he aquí, vienen días, dice Jehová, que no se dirá más: Vive Jehová, que hizo subir á los hijos de Israel de tierra de Egipto;

15 Sino: Vive Jehová, que hizo subir á los hijos de Israel de la tierra del aquilón, y de todas las tierras á donde los había arrojado: y volverélos á su tierra, la cual dí á sus padres.

16 He aquí que yo envío muchos pescadores, dice Jehová, los pescarán; y después enviaré muchos cazadores, y los cazarán de todo monte, y de todo collado, y de las cavernas de los peñascos.

17 Porque mis ojos están sobre todos sus caminos, los cuales no se me ocultaron, ni su maldad se esconde de la presencia de mis ojos.

18 Mas primero pagaré al doble su iniquidad y su pecado, porque contaminaron mi tierra con los cuerpos muertos de sus abominaciones, y de sus abominaciones llenaron mi heredad.

19 Oh Jehová, fortaleza mía, y fuerza mía, y refugio mío en el tiempo de la aflicción; á ti vendrán gentes desde los extremos de la tierra, y dirán: Ciertamente mentira poseyeron nuestros padres, vanidad, y no hay en ellos provecho.

20 ¿Ha de hacer el hombre dioses para sí? mas ellos no son dioses.

21 Por tanto, he aquí, les enseñaré de esta vez, enseñarles he mi mano y mi fortaleza, y sabrán que mi nombre es Jehová.

17 El pecado de Judá escrito está con cincel de hierro, con punta de diamante: esculpido está en la tabla de su corazón, y en los lados de vuestros altares;

2 Cuando sus hijos se acuerdan de sus altares y de sus bosques, junto á los árboles verdes y en los collados altos.

3 ¡Oh mi montaña! tu hacienda en el campo y todos tus tesoros daré á saco, por el pecado de tus altos en todos tus términos.

4 Y habrá en ti cesación de tu heredad, la cual yo te dí, y te haré servir á tus enemigos en tierra que no conociste; porque fuego habéis encendido en mi furor, que para siempre arderá.

5 Así ha dicho Jehová: Maldito el varón que confía en el hombre, y pone carne su brazo, y su corazón se aparta de Jehová.

6 Pues será como la retama en el desierto, y no verá cuando viniere el bien; sino que morará en las securas en el desierto, en tierra despoblada y deshabitada.

7 Bendito el varón que se fía en Jehová, y cuya confianza es Jehová.

8 Porque él será como el árbol plantado junto á las aguas, que junto á la corriente echará sus raíces, y no verá cuando viniere el calor, sino que su hoja estará verde; y en el año de sequía no se fatigará, ni dejará de hacer fruto.

9 Engañoso es el corazón más que todas las cosas, y perverso; ¿quién lo conocerá?

10 Yo Jehová, que escudriño el corazón, que pruebo los riñones, para dar á cada uno según su camino, según el fruto de sus obras.

11 Como la perdiz que cubre lo que no puso, es el que allega riquezas, y no con justicia; en medio de sus días las dejará, y en su postrimería será insipiente.

12 Trono de gloria, excelso desde el principio, es el lugar de nuestro santuario.

13 ¡Oh Jehová, esperanza de Israel! todos los que te dejan, serán avergonzados; y los que de mí se apartan, serán escritos en el polvo; porque dejaron la vena de aguas vivas, á Jehová.

14 Sáname, oh Jehová, y seré sano; sálvame, y seré salvo: porque tú eres mi alabanza.

15 He aquí que ellos me dicen: ¿Dónde está la palabra de Jehová? venga ahora.

16 Mas yo no me entrometí á ser pastor en pos de ti, ni deseé día de calamidad, tú lo sabes. Lo que de mi boca ha salido, fué en tu presencia.

17 No me seas tú por espanto: esperanza mía eres tú en el día malo.

18 Avergüéncense los que me persiguen, y no me avergüence yo; asómbrense ellos, y yo no me asombre: trae sobre ellos día malo, y quebrántalos con doble quebrantamiento.

19 Así me ha dicho Jehová: Ve, y ponte á la puerta de los hijos del pueblo, por la cual entran y salen los reyes de Judá, y á todas las puertas de Jerusalem,

20 Y diles: Oid la palabra de Jehová, reyes de Judá, y todo Judá, y todos los moradores de Jerusalem que entráis por esta puertas.

21 Así ha dicho Jehová: Guardaos por vuestras vidas, y no traigáis carga en el día del sábado, para meter por las puertas de Jerusalem;

22 Ni saquéis carga de vuestras casas en el día del sábado, ni hagáis obra alguna: mas santificad el día del sábado, como mandé á vuestros padres;

23 Mas ellos no oyeron, ni inclinaron su oído, antes endurecieron su cerviz, por no oir, ni recibir corrección.

24 Será empero, si vosotros me obedeciereis, dice Jehová, no metiendo carga por las puertas de esta ciudad en el día del sábado, sino que santificáreis el día del sábado, no haciendo en él ninguna obra;

25 Que entrarán por las puertas de esta ciudad, en carros y en caballos, los reyes y los príncipes que se sientan sobre el trono de David, ellos y sus príncipes, los varones de Judá, y los moradores de Jerusalem: y esta ciudad será habitada para siempre.

26 Y vendrán de las ciudades de Judá, y de los alrededores de Jerusalem, y de tierra de Benjamín, y de los campos, y del monte, y del austro, trayendo holocausto y sacrificio, y ofrenda é incienso; y trayendo sacrificio de alabanza á la casa de Jehová.

27 Mas si no me oyereis para santificar el día del sábado, y para no traer carga ni meterla por las puertas de Jerusalem en día de sábado, yo haré encender fuego en sus puertas, y consumirá los palacios de Jerusalem, y no se apagará.

18 La palabra que fué á Jeremías de Jehová, diciendo:

2 Levántate, y vete á casa del alfarero, y allí te haré oir mis palabras.

3 Y descendí á casa del alfarero, y he aquí que él hacía obra sobre la rueda.

4 Y el vaso que él hacía de barro se quebró en la mano del alfarero; y tornó é hízolo otro vaso, según que al alfarero pareció mejor hacerlo.

5 Entonces fué á mí palabra de Jehová, diciendo:

6 ¿No podré yo hacer de vosotros como este alfarero, oh casa de Israel, dice Jehová? He aquí que como el barro en la mano del alfarero, así sois vosotros en mi mano, oh casa de Israel.

7 En un instante hablaré contra gentes y contra reinos, para arrancar, y disipar, y destruir.

8 Empero si esas gentes se convirtieren de su maldad, de que habré hablado, yo me arrepentiré del mal que había pensado hacerles.

9 Y en un instante hablaré de la gente y del reino, para edificar y para plantar;

10 Pero si hiciere lo malo delante de mis ojos, no oyendo mi voz, arrepentiréme del bien que había determinado hacerle.

11 Ahora pues habla luego á todo hombre de Judá, y á los moradores de Jerusalem, diciendo: Así ha dicho Jehová: He aquí que yo dispongo mal contra vosotros, y trazo contra vosotros designios: conviértase ahora cada uno de su mal camino, y mejorad vuestros caminos y vuestras obras.

12 Y dijeron: Es por demás: porque en pos de nuestras imaginaciones hemos de ir, y hemos de hacer cada uno de su pensamiento de su malvado corazón.

13 Por tanto, así dijo Jehová: Preguntad ahora á las gentes, quién tal haya oído. Gran fealdad ha hecho la virgen de Israel.

14 ¿Faltará la nieve del Líbano de la piedra del campo? ¿faltarán las aguas frías que corren de lejanas tierras?

15 Porque mi pueblo me ha olvidado, incensando á la vanidad, y hácenles tropezar en sus caminos, en las sendas antiguas, para que caminen por sendas, por camino no hollado;

16 Para poner su tierra en desolación, y en silbos perpetuos; todo aquel que pasare por ella se maravillará, y meneará su cabeza.

17 Como viento solano los esparciré delante del enemigo; mostraréles las espaldas, y no el rostro, en el día de su perdición.

18 Y dijeron: Venid, y tracemos maquinaciones contra Jeremías; porque la ley no faltará del sacerdote, ni consejo del sabio, ni palabra del profeta. Venid é hirámoslo de lengua, y no miremos á todas sus palabras.

19 Oh Jehová, mira por mí, y oye la voz de los que contienden conmigo.

20 ¿Dase mal por bien para que hayan cavado hoyo á mi alma? Acuérdate que me puse delante de ti para hablar bien por ellos, para apartar de ellos tu ira.

21 Por tanto, entrega sus hijos á hambre, y hazlos derramar por medio de la espada; y queden sus mujeres sin hijos, y viudas; y sus maridos sean puestos á muerte, y sus jóvenes heridos á cuchillo en la guerra.

22 Oigase clamor de sus casas, cuando trajeres sobre ellos ejército de repente: porque cavaron hoyo para prenderme, y á mis pies han escondido lazos.

23 Mas tú, oh Jehová, conoces todo su consejo contra mí para muerte; no perdones su maldad, ni borres su pecado de delante de tu rostro: y tropiecen delante de ti; haz así con ellos en el tiempo de tu furor.

19 Así dijo Jehová: Ve, y compra una vasija de barro de alfarero, y lleva contigo de los ancianos del pueblo, y de los ancianos de los sacerdotes;

2 Y saldrás al valle del hijo de Hinnom, que está á la entrada de la puerta oriental, y publicarás allí las palabras que yo te hablaré.

3 Dirás pues: Oid palabra de Jehová, oh reyes de Judá, y moradores de Jerusalem. Así dice Jehová de los ejércitos, Dios de Israel: He aquí que yo traigo mal sobre este lugar, tal que quien lo oyere, le retiñan los oídos.

4 Porque me dejaron, y enajenaron este lugar, y ofrecieron en él perfumes á dioses ajenos, los cuales no habían ellos conocido, ni sus padres, ni los reyes de Judá; y llenaron este lugar de sangre de inocentes;

5 Y edificaron alto á Baal, para quemar con fuego sus hijos en holocaustos al mismo Baal; cosa que no les mandé, ni dije, ni me vino al pensamiento.

6 Por tanto, he aquí vienen días, dice Jehová, que este lugar no se llamará más Topheth, ni Valle del hijo de Hinnom, sino Valle de la Matanza.

7 Y desvaneceré el consejo de Judá y de Jerusalem en este lugar; y haréles caer á cuchillo delante de sus enemigos, y en las manos de los que buscan sus almas; y daré sus cuerpos para comida de las aves del cielo y de las bestias de la tierra:

8 Y pondré á esta ciudad por espanto y silbo: todo aquel que pasare por ella se maravillará, y silbará sobre todas sus plagas.

9 Y haréles comer la carne de sus hijos y la carne de sus hijas; y cada uno comerá la carne de su amigo, en el cerco y en el apuro con que los estrecharán sus enemigos y los que buscan sus almas.

10 Y quebrarás la vasija ante los ojos de los varones que van contigo,

11 Y les dirás: Así ha dicho Jehová de los ejércitos: Así quebrantaré á este pueblo y á esta ciudad, como quien quiebra un vaso de barro, que no puede más restaurarse; y en Topheth se enterrarán, porque no habrá otro lugar para enterrar.

12 Así haré á este lugar, dice Jehová, y á sus moradores, poniendo esta ciudad como Topheth.

13 Y las casas de Jerusalem, y las casas de los reyes de Judá, serán como el lugar de Topheth inmundas, por todas las casas sobre cuyos tejados ofrecieron perfumes á todo el ejército del cielo, y vertieron libaciones á dioses ajenos.

14 Y volvió Jeremías de Topheth, á donde le envió Jehová á profetizar, y paróse en el atrio de la casa de Jehová, y dijo á todo el pueblo.

15 Así ha dicho Jehová de los ejércitos, Dios de Israel: He aquí yo traigo sobre esta ciudad y sobre todas sus villas todo el mal que hablé contra ella: porque han endurecido su cerviz, para no oir mis palabras.

20 Y Pashur sacerdote, hijo de Immer, que presidía por príncipe en la casa de Jehová, oyó á Jeremías que profetizaba estas palabras.

2 E hirió Pashur á Jeremías profeta, y púsole en el cepo que estaba á la puerta de Benjamín en lo alto, la cual conducía á la casa de Jehová.

3 Y el día siguiente Pashur sacó á Jeremías del cepo. Díjole entonces Jeremías: Jehová no ha llamado tu nombre Pashur, sino Magormissabib.

4 Porque así ha dicho Jehová: He aquí yo te pondré en espanto á ti, y á todos los que bien te quieren, y caerán por el cuchillo de sus enemigos, y tus ojos lo verán: y á todo Judá entregaré en mano del rey de Babilonia, y los trasportará á Babilonia, y heriralos á cuchillo.

5 Entregaré asimismo toda la sustancia de esta ciudad, y todo su trabajo, y todas sus cosas preciosas; y daré todos los tesoros de los reyes de Judá en manos de sus enemigos, y los saquearán, y los tomarán, y llevaránlos á Babilonia.

6 Y tú, Pashur, y todos los moradores de tu casa iréis cautivos, y entrarás en Babilonia, y allí morirás, y serás allá enterrado, tu, y todos los que bien te quieren, á los cuales has profetizado con mentira.

7 Alucinásteme, oh Jehová, y hállome frustrado: más fuerte fuiste que yo, y vencísteme: cada día he sido escarnecido; cada cual se burla de mí.

8 Porque desde que hablo, doy voces, grito, Violencia y destrucción: porque la palabra de Jehová me ha sido para afrenta y escarnio cada día.

9 Y dije: No me acordaré más de él, ni hablaré más en su nombre: empero fué en mi corazón como un fuego ardiente metido en mis huesos, trabajé por sufrirlo, y no pude.

10 Porque oí la murmuración de muchos, temor de todas partes: Denunciad, y denunciaremos. Todos mis amigos miraban si claudicaría. Quizá se engañara, decían, y prevalecéremos contra él, y tomaremos de él nuestra venganza.

11 Mas Jehová está conmigo como poderoso gigante; por tanto los que me persiguen tropezarán, y no prevalecerán; serán avergonzados en gran manera, porque no prosperarán; tendrán perpetua confusión que jamás será olvidada.

12 Oh Jehová de los ejércitos, que sondas los justos, que ves los riñones y el corazón, vea yo tu venganza de ellos; porque á ti he descubierto mi causa.

13 Cantad á Jehová, load á Jehová: porque librado ha el alma del pobre de mano de los malignos.

14 Maldito el día en que nací: el día en que mi madre me parió no sea bendito.

15 Maldito el hombre que dió nuevas á mi padre, diciendo, Hijo varón te ha nacido, haciéndole alegrarse así mucho.

16 Y sea el tal hombre como las ciudades que asoló Jehová, y no se arrepintió: y oiga gritos de mañana, y voces al medio día;

17 Porque no me mató en el vientre, y mi madre me hubiera sido mi sepulcro, y su vientre concebimiento perpetuo.

18 ¿Para qué salí del vientre? ¿para ver trabajo y dolor, y que mis días se gastasen en afrenta?

21 Palabra que fué á Jeremías de Jehová, cuando el rey Sedechías envió á él á Pashur hijo de Malchías, y á Sephanías sacerdote, hijo de Maasías, que le dijesen:

2 Pregunta ahora por nosotros á Jehová; porque Nabucodonosor rey de Babilonia hace guerra contra nosotros: quizá Jehová hará con nosotros según todas sus maravillas, y aquél se irá de sobre nosotros.

3 Y Jeremías les dijo: Diréis así á Sedechías:

4 Así ha dicho Jehová Dios de Israel: He aquí yo vuelvo las armas de guerra que están en vuestras manos, y con que vosotros peleáis con el rey de Babilonia; y los Caldeos que os tienen cercados fuera de la muralla, yo los juntaré en medio de esta ciudad.

5 Y pelearé contra vosotros con mano alzada y con brazo fuerte, y con furor, y enojo, é ira grande:

6 Y heriré los moradores de esta ciudad; y los hombres y las bestias morirán de pestilencia grande.

7 Y después, así dice Jehová, entregaré á Sedechías rey de Judá, y á sus criados, y al pueblo, y á los que quedaren en la ciudad de la pestilencia, y del cuchillo, y del hambre, en mano de Nabucodonosor rey de Babilonia, y en mano de sus enemigos, y en mano de los que buscan sus almas; y él los herirá á filo de espada; no los perdonará, ni los recibirá á merced, ni tendrá de ellos misericordia.

8 Y á este pueblo dirás: Así ha dicho Jehová: He aquí pongo delante de vosotros camino de vida y camino de muerte.

9 El que se quedare en esta ciudad, morirá á cuchillo, ó de hambre, ó pestilencia: mas el que saliere, y se pasare á los Caldeos que os tienen cercados, vivirá, y su vida le será por despojo.

10 Porque mi rostro he puesto contra esta ciudad para mal, y no para bien, dice Jehová: en mano del rey de Babilonia será entregada, y quemarála á fuego.

11 Y á la casa del rey de Judá dirás: Oid palabra de Jehová.

12 Casa de David, así dijo Jehová: Juzgad de mañana juicio, y librad al oprimido de mano del opresor; porque mi ira no salga como fuego, y se encienda, y no haya quien apague, por la maldad de vuestras obras.

13 He aquí yo contra ti, moradora del valle de la piedra de la llanura, dice Jehová: los que decís: ¿Quién subirá contra nosotros? ¿y quién entrará en nuestras moradas?

14 Yo os visitaré conforme al fruto de vuestras obras, dice Jehová, y haré encender fuego en su breña, y consumirá todo lo que está alrededor de ella.

22 Así dijo Jehová: Desciende á la casa del rey de Judá, y habla allí esta palabra,

2 Y di: Oye palabra de Jehová, oh rey de Judá que estás sentado sobre el trono de David, tú, y tus criados, y tu pueblo que entran por estas puertas.

3 Así ha dicho Jehová: Haced juicio y justicia, y librad al oprimido de mano del opresor, y no engañéis, ni robéis al extranjero, ni al huérfano, ni á la viuda, ni derraméis sangre inocente en este lugar.

4 Porque si efectivamente hiciereis esta palabra, los reyes que en lugar de David se sientan sobre su trono, entrarán montados en carros y en caballos por las puertas de esta casa, ellos, y sus criados, y su pueblo.

5 Mas si no oyereis estas palabras, por mí he jurado, dice Jehová, que esta casa será desierta.

6 Porque así ha dicho Jehová sobre la casa del rey de Judá: Galaad eres tú para mí, y cabeza del Líbano: empero de cierto te pondré en soledad, y ciudades deshabitadas.

7 Y señalaré contra ti disipadores, cada uno con sus armas; y cortarán tus cedros escogidos, y los echarán en el fuego.

8 Y muchas gentes pasarán junto á esta ciudad, y dirán cada uno á su compañero: ¿Por qué lo hizo así Jehová con esta grande ciudad?

9 Y dirán: Porque dejaron el pacto de Jehová su Dios, y adoraron dioses ajenos, y les sirvieron.

10 No lloréis al muerto, ni de él os condolezcáis: llorad amargamente por el que va; porque no volverá jamás, ni verá la tierra donde nació.

11 Porque así ha dicho Jehová, de Sallum hijo de Josías, rey de Judá, que reina por Josías su padre, que salió de este lugar: No volverá acá más;

12 Antes morirá en el lugar adonde lo trasportaren, y no verá más esta tierra.

13 ¡Ay del que edifica su casa y no en justicia, y sus salas y no en juicio, sirviéndose de su prójimo de balde, y no dándole el salario de su trabajo!

14 Que dice: Edificaré para mí casa espaciosa, y airosas salas; y le abre ventanas, y la cubre de cedro, y la pinta de bermellón.

15 ¿Reinarás porque te cercas de cedro? ¿no comió y bebió tu padre, é hizo juicio y justicia, y entonces le fué bien?

16 El juzgó la causa del afligido y del menesteroso, y entonces estuvo bien. ¿No es esto conocerme á mí? dice Jehová.

17 Mas tus ojos y tu corazón no son sino á tu avaricia, y á derramar la sangre inocente, y á opresión, y á hacer agravio.

18 Por tanto así ha dicho Jehová, de Joacim hijo de Josías, rey de Judá: No lo llorarán, diciendo: ¡Ay hermano mío! y ¡ay hermana! ni lo lamentarán, diciendo: ¡Ay señor! ¡ay su grandeza!

19 En sepultura de asno será enterrado, arrastrándole y echándole fuera de las puertas de Jerusalem.

20 Sube al Líbano, y clama, y en Basán da tu voz, y grita hacia todas partes; porque todos tus enamorados son quebrantados.

21 Hete hablado en tus prosperidades; mas dijiste: No oiré. Este fué tu camino desde tu juventud, que nunca oiste mi voz.

22 A todos tus pastores pacerá el viento, y tus enamorados irán en cautiverio: entonces te avergonzarás y te confundirás á causa de toda tu malicia.

23 Habitaste en el Líbano, hiciste tu nido en los cedros: ¡cómo gemirás cuando te vinieren dolores, dolor como de mujer que está de parto!

24 Vivo yo, dice Jehová, que si Conías hijo de Joacím rey de Judá fuese anillo en mi mano diestra, aun de allí te arrancaré;

25 Y te entregaré en mano de los que buscan tu alma, y en mano de aquellos cuya vista temes; sí, en mano de Nabucodonosor rey de Babilonia, y en mano de los Caldeos.

26 Y hacerte he trasportar, á ti, y á tu madre que te parió, á tierra ajena en que no nacisteis; y allá moriréis.

27 Y á la tierra á la cual levantan ellos su alma para tornar, allá no volverán.

28 ¿Es este hombre Conías un ídolo vil quebrado? ¿es vaso con quien nadie se deleita? ¿Por qué fueron arrojados, él y su generación, y echados á tierra que no habían conocido?

29 ¡Tierra, tierra, tierra! oye palabra de Jehová.

30 Así ha dicho Jehová: Escribid que será este hombre privado de generación, hombre á quien nada sucederá prósperamente en todos los días de su vida: porque ningún hombre de su simiente que se sentare sobre el trono de David, y que se enseñoreare sobre Judá, será jamás dichoso.

23 ¡Ay de los pastores que desperdician y derraman las ovejas de mi majada! dice Jehová.

2 Por tanto, así ha dicho Jehová Dios de Israel á los pastores que apacientan mi pueblo: Vosotros derramasteis mis ovejas, y las espantasteis, y no las habéis visitado: he aquí yo visito sobre vosotros la maldad de vuestras obras, dice Jehová.

3 Y yo recogeré el resto de mis ovejas de todas las tierras adonde las eché, y harélas volver á sus moradas; y crecerán, y se multiplicarán.

4 Y pondré sobre ellas pastores que las apacienten; y no temerán más, ni se asombrarán, ni serán menoscabadas, dice Jehová.

5 He aquí que vienen los días, dice Jehová, y despertaré á David renuevo justo, y reinará Rey, el cual será dichoso, y hará juicio y justicia en la tierra.

6 En sus días será salvo Judá, é Israel habitará confiado: y este será su nombre que le llamarán: JEHOVÁ, JUSTICIA NUESTRA.

7 Por tanto, he aquí que vienen días, dice Jehová, y no dirán más: Vive Jehová que hizo subir los hijos de Israel de la tierra de Egipto;

8 Sino: Vive Jehová que hizo subir y trajo la simiente de la casa de Israel de tierra del aquilón, y de todas las tierras adonde los había yo echado; y habitarán en su tierra.

9 A causa de los profetas mi corazón está quebrantado en medio de mí, todos mis huesos tiemblan; estuve como hombre borracho, y como hombre á quien dominó el vino, delante de Jehová y delante de las palabras de su santidad.

10 Porque la tierra está llena de adúlteros: porque á causa del juramento la tierra está desierta; las cabañas del desierto se secaron; la carrera de ellos fué mala, y su fortaleza no derecha.

11 Porque así el profeta como el sacerdote son fingidos: aun en mi casa hallé su maldad, dice Jehová.

12 Por tanto, como resbaladeros en oscuridad les será su camino: serán empujados, y caerán en él: porque yo traeré mal sobre ellos, año de su visitación, dice Jehová.

13 Y en los profetas de Samaria he visto desatinos: profetizaban en Baal, é hicieron errar á mi pueblo Israel.

14 Y en los profetas de Jerusalem he visto torpezas: cometían adulterios, y andaban en mentiras, y esforzaban las manos de los malos, para que ninguno se convirtiese de su malicia: fuéronme todos ellos como Sodoma, y sus moradores como Gomorra.

15 Por tanto, así ha dicho Jehová de los ejércitos contra aquellos profetas: He aquí que yo les hago comer ajenjos, y les haré beber aguas de hiel; porque de los profetas de Jerusalem salió la hipocresía sobre toda la tierra.

16 Así ha dicho Jehová de los ejércitos: No escuchéis las palabras de los profetas que os profetizan: os hacen desvanecer; hablan visión de su corazón, no de la boca de Jehová.

17 Dicen atrevidamente á los que me irritan: Jehová dijo: Paz tendréis; y á cualquiera que anda tras la imaginación de su corazón, dijeron: No vendrá mal sobre vosotros.

18 Porque ¿quién estuvo en el secreto de Jehová, y vió, y oyó su palabra? ¿quién estuvo atento á su palabra, y oyó?

19 He aquí que la tempestad de Jehová saldrá con furor; y la tempestad que está aparejada, caerá sobre la cabeza de los malos.

20 No se apartará el furor de Jehová, hasta tanto que haya hecho, y hasta tanto que haya cumplido los pensamientos de su corazón: en lo postrero de los días lo entenderéis cumplidamente.

21 No envié yo aquellos profetas, y ellos corrían: yo no les hablé, y ellos profetizaban.

22 Y si ellos hubieran estado en mi secreto, también hubieran hecho oir mis palabras á mi pueblo; y les hubieran hecho volver de su mal camino, y de la maldad de sus obras.

23 ¿Soy yo Dios de poco acá, dice Jehová, y no Dios de mucho ha?

24 ¿Ocultaráse alguno, dice Jehová, en escondrijos que yo no lo vea? ¿No hincho yo, dice Jehová, el cielo y la tierra?

25 Yo he oído lo que aquellos profetas dijeron, profetizando mentira en mi nombre, diciendo: Soñé, soñé.

26 ¿Hasta cuándo será esto en el corazón de los profetas que profetizan mentira, y que profetizan el engaño de su corazón?

27 ¿No piensan como hacen á mi pueblo olvidarse de mi nombre con sus sueños que cada uno cuenta á su compañero, al modo que sus padres se olvidaron de mi nombre por Baal?

28 El profeta con quien fuere sueño, cuente sueño; y el con quien fuere mi palabra, cuente mi palabra verdadera. ¿Qué tiene que ver la paja con el trigo? dice Jehová.

29 ¿No es mi palabra como el fuego, dice Jehová, y como martillo que quebranta la piedra?

30 Por tanto, he aquí yo contra los profetas, dice Jehová, que hurtan mis palabras cada uno de su más cercano.

31 He aquí yo contra los profetas, dice Jehová, que endulzan sus lenguas, y dicen: El ha dicho.

32 He aquí yo contra los que profetizan sueños mentirosos, dice Jehová y contáronlos, é hicieron errar á mi pueblo con sus mentiras y con sus lisonjas, y yo no los envié, ni les mandé; y ningún provecho hicieron á éste pueblo, dice Jehová.

33 Y cuando te preguntare este pueblo, ó el profeta, ó el sacerdote, diciendo: ¿Qué es la carga de Jehová? les dirás: ¿Qué carga? Os dejaré, ha dicho Jehová.

34 Y el profeta, y el sacerdote, ó el pueblo, que dijere: Carga de Jehová; yo enviaré castigo sobre tal hombre y sobre su casa.

35 Así diréis cada cual á su compañero, y cada cual á su hermano: ¿Qué ha respondido Jehová, y qué habló Jehová?

36 Y nunca más os vendrá á la memoria decir: Carga de Jehová: porque la palabra de cada uno le será por carga; pues pervertisteis las palabras del Dios viviente, de Jehová de los ejércitos, Dios nuestro.

37 Así dirás al profeta: ¿Qué te respondió Jehová, y qué habló Jehová?

38 Mas si dijereis: Carga de Jehová: por eso Jehová dice así: Porque dijisteis esta palabra, Carga de Jehová, habiendo enviado á deciros: No digáis, Carga de Jehová:

39 Por tanto, he aquí que yo os echaré en olvido, y os arrancaré de mi presencia, y á la ciudad que os dí á vosotros y á vuestros padres;

40 Y pondré sobre vosotros afrenta perpetua, y eterna confusión que nunca borrará el olvido.

24 Mostróme Jehová, y he aquí dos cestas de higos puestas delante del templo de Jehová, después de haber trasportado Nabucodonosor rey de Babilonia á Jechónías hijo de Joacim, rey de Judá, y á los príncipes de Judá, y á los oficiales y herreros de Jerusalem, y haberlos llevado á Babilonia.

2 La una cesta tenía higos muy buenos, como brevas; y la otra cesta tenía higos muy malos, que no se podían comer de malos.

3 Y díjome Jehová: ¿Qué ves tú, Jeremías? Y dije: Higos, higos buenos, muy buenos; y malos, muy malos, que de malos no se pueden comer.

4 Y fué á mí palabra de Jehová, diciendo:

5 Así ha dicho Jehová Dios de Israel: Como á estos buenos higos, así conoceré la trasportación de Judá al cual eché de este lugar á tierra de Caldeos, para bien.

6 Porque pondré mis ojos sobre ellos para bien, y volverélos á esta tierra; y los edificaré, y no los destruiré: plantarélos, y no los arrancaré.

7 Y les daré corazón para que me conozcan, que yo soy Jehová; y me serán por pueblo, y yo les seré á ellos por Dios; porque se volverán á mí de todo su corazón.

8 Y como los malos higos, que de malos no se pueden comer, así, ha dicho Jehová, daré á Sedechías rey de Judá, y á sus príncipes, y al resto de Jerusalem que quedaron en esta tierra, y que moran en la tierra de Egipto.

9 Y darélos por escarnio, por mal á todos los reinos de la tierra: por infamia, y por ejemplo, y por refrán, y por maldición á todos los lugares adonde yo los arrojaré.

10 Y enviaré sobre ellos espada, hambre, y pestilencia, hasta que sean acabados de sobre la tierra que les dí á ellos y á sus padres.

25 Palabra que fué á Jeremías acerca de todo el pueblo de Judá en el año cuarto de Joacim hijo de Josías, rey de Judá, el cual es el año primero de Nabucodonosor rey de Babilonia;

2 La cual habló Jeremías profeta á todo el pueblo de Judá, y á todos los moradores de Jerusalem, diciendo:

3 Desde el año trece de Josías hijo de Amón, rey de Judá, hasta este día, que son veintitrés años, fué á mí palabra de Jehová, y os he hablado, madrugando y dando aviso; mas no oisteis.

4 Y envió Jehová á vosotros todos sus siervos los profetas, madrugando y enviándolos; mas no oisteis, ni inclinasteis vuestro oído para escuchar;

5 Cuando decían: Volveos ahora de vuestro mal camino y de la maldad de vuestras obras, y morad en la tierra que os dió Jehová, á vosotros y á vuestros padres para siempre;

6 Y no vayáis en pos de dioses ajenos, sirviéndoles y encorvándoos á ellos, ni me provoquéis á ira con la obra de vuestras manos; y no os haré mal.

7 Empero no me habéis oído, dice Jehová, para provocarme á ira con la obra de vuestras manos para mal vuestro.

8 Por tanto, así ha dicho Jehová de los ejércitos: Por cuanto no habéis oído mis palabras,

9 He aquí enviaré yo, y tomaré todos los linajes del aquilón, dice Jehová, y á Nabucodonosor rey de Babilonia, mi siervo, y traerélos contra esta tierra, y contra sus moradores, y contra todas estas naciones en derredor; y los destruiré, y pondrélos por escarnio, y por silbo, y en soledades perpetuas.

10 Y haré que perezca de entre ellos voz de gozo y voz de alegría, voz de desposado y voz de desposada, ruido de muelas, y luz de lámpara.

11 Y toda esta tierra será puesta en soledad, en espanto; y servirán estas gentes al rey de Babilonia setenta años.

12 Y será que, cuando fueren cumplidos los setenta años, visitaré sobre el rey de Babilonia y sobre aquella gente su maldad, dice Jehová, y sobre la tierra de los Caldeos; y pondréla en desiertos para siempre.

13 Y traeré sobre aquella tierra todas mis palabras que he hablado contra ella, con todo lo que está escrito en este libro, profetizado por Jeremías contra todas gentes.

14 Porque se servirán también de ellos muchas gentes, y reyes grandes; y yo les pagaré conforme á sus hechos, y conforme á la obra de sus manos.

15 Porque así me dijo Jehová Dios de Israel: Toma de mi mano el vaso del vino de éste furor, y da á beber de él á todas las gentes á las cuales yo te envío.

16 Y beberán, y temblarán, y enloquecerán delante del cuchillo que yo envío entre ellos.

17 Y tomé el vaso de la mano de Jehová, y dí de beber á todas las gentes á las cuales me envió Jehová:

18 Á Jerusalem, á las ciudades de Judá, y á sus reyes, y á sus príncipes, para ponerlos en soledad, en escarnio, y en silbo, y en maldición, como este día;

19 A Faraón rey de Egipto, y á sus siervos, á sus príncipes, y á todo su pueblo;

20 Y á toda la mezcla de gente, y á todos los reyes de tierra de Hus, y á todos los reyes de tierra de Palestina, y á Ascalón, y Gaza, y Ecrón, y al residuo de Asdod;

21 A Edom, y Moab, y á los hijos de Ammón;

22 Y á todos los reyes de Tiro, y á todos los reyes de Sidón, y á los reyes de las islas que están de ese lado de la mar;

23 Y á Dedán, y Tema, y Buz, y á todos los que están al cabo del mundo;

24 Y á todos los reyes de Arabia, y á todos los reyes de pueblos mezclados que habitan en el desierto;

25 Y á todos los reyes de Zimri, y á todos los reyes de Elam, y á todos los reyes de Media;

26 Y á todos los reyes del aquilón, los de cerca y los de lejos, los unos con los otros; y á todos los reinos de la tierra que están sobre la haz de la tierra: y el rey de Sesach beberá después de ellos.

27 Les dirás, pues: Así ha dicho Jehová de los ejércitos, Dios de Israel: Bebed, y embriagaos, y vomitad, y caed, y no os levantéis delante del cuchillo que yo envío entre vosotros.

28 Y será que, si no quieren tomar el vaso de tu mano para beber, les dirás tú: Así ha dicho Jehová de los ejércitos: Habéis de beber.

29 Porque he aquí, que á la ciudad sobre la cual es invocado mi nombre yo comienzo á hacer mal; ¿y vosotros seréis absueltos? No seréis absueltos: porque espada traigo sobre todos los moradores de la tierra, dice Jehová de los ejércitos.

30 Tú pues, profetizarás á ellos todas estas palabras, y les dirás: Jehová bramará desde lo alto, y desde la morada de su santidad dará su voz: enfurecido bramará sobre su morada; canción de lagareros cantará contra todos los moradores de la tierra.

31 Llegó el estruendo hasta el cabo de la tierra; porque juicio de Jehová con las gentes: él es el Juez de toda carne; entregará los impíos á cuchillo, dice Jehová.

32 Así ha dicho Jehová de los ejércitos: He aquí que el mal sale de gente en gente, y grande tempestad se levantará de los fines de la tierra.

33 Y serán muertos de Jehová en aquel día desde el un cabo de la tierra hasta el otro cabo; no se endecharán, ni se recogerán, ni serán enterrados; como estiércol serán sobre la haz de la tierra.

34 Aullad, pastores, y clamad; y revolcaos en el polvo, mayorales del rebaño; porque cumplidos son vuestros días para ser vosotros degollados y esparcidos, y caeréis como vaso de codicia.

35 Y acabaráse la huída de los pastores, y el escape de los mayorales del rebaño.

36 ¡Voz de la grita de los pastores, y aullido de los mayorales del rebaño! porque Jehová asoló sus majadas.

37 Y las majadas quietas serán taladas por el furor de la ira de Jehová.

38 Dejó cual leoncillo su guarida; pues asolada fué la tierra de ellos por la ira del opresor, y por el furor de su saña.

26 En el principio del reinado de Joacim hijo de Josías, rey de Judá, fué esta palabra de Jehová, diciendo:

2 Así ha dicho Jehová: Ponte en el atrio de la casa de Jehová, y habla á todas las ciudades de Judá, que vienen para adorar en la casa de Jehová, todas las palabras que yo te mandé les hablases; no retengas palabra.

3 Quizá oirán, y se tornarán cada uno de su mal camino; y arrepentiréme yo del mal que pienso hacerles por la maldad de sus obras.

4 Les dirás pues: Así ha dicho Jehová: Si no me oyéreis para andar en mi ley, la cual dí delante de vosotros,

5 Para atender á las palabras de mis siervos los profetas que yo os envío, madrugando en enviarlos, á los cuales no habéis oído;

6 Yo pondré esta casa como Silo, y daré esta ciudad en maldición á todas las gentes de la tierra.

7 Y los sacerdotes, los profetas, y todo el pueblo, oyeron á Jeremías hablar estas palabras en la casa de Jehová.

8 Y fué que, acabando de hablar Jeremías todo lo que Jehová le había mandado que hablase á todo el pueblo, los sacerdotes y los profetas y todo el pueblo le echaron mano, diciendo: De cierto morirás.

9 ¿Por qué has profetizado en nombre de Jehová, diciendo: Esta casa será como Silo, y esta ciudad será asolada hasta no quedar morador? Y juntóse todo el pueblo contra Jeremías en la casa de Jehová.

10 Y los príncipes de Judá oyeron estas cosas, y subieron de casa del rey á la casa de Jehová; y sentáronse en la entrada de la puerta nueva de Jehová.

11 Entonces hablaron los sacerdotes y los profetas á los príncipes y á todo el pueblo, diciendo: En pena de muerte ha incurrido este hombre; porque profetizó contra esta ciudad, como vosotros habéis oído con vuestros oídos.

12 Y habló Jeremías á todos los príncipes y á todo el pueblo, diciendo: Jehová me envió á que profetizase contra esta casa y contra esta ciudad, todas las palabras que habéis oído.

13 Y ahora, mejorad vuestros caminos y vuestras obras, y oíd la voz de Jehová vuestro Dios, y arrepentiráse Jehová del mal que ha hablado contra vosotros.

14 En lo que á mí toca, he aquí estoy en vuestras manos: haced de mí como mejor y más recto os pareciere.

15 Mas sabed de cierto que, si me matareis, sangre inocente echaréis sobre vosotros, y sobre esta ciudad, y sobre sus moradores: porque en verdad Jehová me envió á vosotros para que dijese todas estas palabras en vuestros oídos.

16 Y dijeron los príncipes y todo el pueblo á los sacerdotes y profetas. No ha incurrido este hombre en pena de muerte, porque en nombre de Jehová nuestro Dios nos ha hablado.

17 Entonces se levantaron ciertos de los ancianos de la tierra, y hablaron á toda la junta del pueblo, diciendo:

18 Miqueas de Morasti profetizó en tiempo de Ezechîas rey de Judá, diciendo: Así ha dicho Jehová de los ejércitos: Sión será arada como campo, y Jerusalem vendrá á ser montones, y el monte del templo en cumbres de bosque.

19 ¿Matáronlo luego Ezechîas rey de Judá y todo Judá? ¿no temió á Jehová, y oró en presencia de Jehová, y Jehová se arrepintió del mal que había hablado contra ellos? ¿Haremos pues nosotros tan grande mal contra nuestras almas?

20 Hubo también un hombre que profetizaba en nombre de Jehová, Urías, hijo de Semaías de Chîriath-jearim, el cual profetizó contra esta ciudad y contra esta tierra, conforme á todas las palabras de Jeremías;

21 Y oyó sus palabras el rey Joacim, y todos sus grandes, y todos sus príncipes, y el rey procuró de matarle; lo cual entendiendo Urías, tuvo temor, y huyó, y metióse en Egipto:

22 Y el rey Joacim envió hombres á Egipto, á Elnathán hijo de Acbor, y otros hombres con él, á Egipto;

23 Los cuales sacaron á Urías de Egipto, y lo trajeron al rey Joacim, é hiriólo á cuchillo, y echó su cuerpo en los sepulcros del vulgo.

24 La mano empero de Ahicam hijo de Saphán era con Jeremías, porque no lo entregasen en las manos del pueblo para matarlo.

27 En el principio del reinado de Joacim hijo de Josías, rey de Judá, fué de Jehová esta palabra á Jeremías, diciendo:

2 Jehová me ha dicho así: Hazte coyundas y yugos, y ponlos sobre tu cuello;

3 Y los enviarás al rey de Edom, y al rey de Moab, y al rey de los hijos de Ammón, y al rey de Tiro, y al rey de Sidón, por mano de los embajadores que vienen á Jerusalem á Sedechîas, rey de Judá.

4 Y les mandarás que digan á sus señores: Así ha dicho Jehová de los ejércitos, Dios de Israel: Así habéis de decir á vuestros señores:

5 Yo hice la tierra, el hombre y las bestias que están sobre la haz de la tierra, con mi grande potencia y con mi brazo extendido, y díla á quien me plugo.

6 Y ahora yo he dado todas estas tierras en mano de Nabucodonosor rey de Babilonia, mi siervo, y aun las bestias del campo le he dado para que le sirvan.

7 Y todas las gentes le servirán á él, y á su hijo, y al hijo de su hijo, hasta que venga también el tiempo de su misma tierra; y le servirán muchas gentes y reyes grandes.

8 Y será, que la gente y el reino que no sirviere á Nabucodonosor rey de Babilonia, y que no pusiere su cuello debajo del yugo del rey de Babilonia, con espada y con hambre y con pestilencia visitaré á la tal gente, dice Jehová, hasta que los acabe yo por su mano.

9 Y vosotros no prestéis oído á vuestros profetas, ni á vuestros adivinos, ni á vuestros sueños, ni á vuestros agoreros, ni á vuestros encantadores, que os hablan diciendo: No serviréis al rey de Babilonia.

10 Porque ellos os profetizan mentira, para haceros alejar de vuestra tierra, y para que os arroje y perezcáis.

11 Mas la gente que sometiere su cuello al yugo del rey de Babilonia, y le sirviere, haréla dejar en su tierra, dice Jehová, y labraréla, y morará en ella.

12 Y hablé también á Sedechîas rey de Judá conforme á todas estas palabras, diciendo: Someted vuestros cuellos al yugo del rey de Babilonia, y servid á él y á su pueblo, y vivid.

13 ¿Por qué moriréis, tú y tu pueblo, á cuchillo, de hambre, y pestilencia, según ha dicho Jehová á la gente que no sirviere al rey de Babilonia?

14 No oigáis las palabras de los profetas que os hablan, diciendo: No serviréis al rey de Babilonia; porque os profetizan mentira.

15 Porque yo no los envié, dice Jehová, y ellos profetizan falsamente en mi nombre, para que yo os arroje, y perezcáis, vosotros y los profetas que os profetizan.

16 También á los sacerdotes y á todo este pueblo hablé, diciendo: Así ha dicho Jehová: No oigáis las palabras de vuestros profetas que os profetizan diciendo: He aquí que los vasos de la casa de Jehová volverán de Babilonia ahora presto. Porque os profetizan mentira.

17 No los oigáis; servid al rey de Babilonia, y vivid: ¿por qué ha de ser desierta esta ciudad?

18 Y si ellos son profetas, y si es con ellos palabra de Jehová, oren ahora á Jehová de los ejércitos, que los vasos que han quedado en la casa de Jehová y en la casa del rey de Judá y en Jerusalem, no vayan á Babilonia.

19 Porque así ha dicho Jehová de los ejércitos de aquellas columnas, y del mar, y de las basas, y del resto de los vasos que quedan en esta ciudad,

20 Que no quitó Nabucodonosor rey de Babilonia, cuando trasportó de Jerusalem á Babilonia á Jechônías hijo de Joacim, rey de Judá, y á todos los nobles de Judá y de Jerusalem:

21 Así pues ha dicho Jehová de los ejércitos, Dios de Israel, acerca de los vasos que quedaron en la casa de Jehová, y en la casa del rey de Judá, y en Jerusalem;

22 A Babilonia serán trasportados, y allí estarán hasta el día en que yo los visitaré, dice Jehová; y después los haré subir, y restituirélos á este lugar.

28 Y aconteció en el mismo año, en el principio del reinado de Sedechîas rey de Judá, en el año cuarto, en el quinto mes, que Hananías, hijo de Azur, profeta que era de Gabaón, me habló en la casa de Jehová delante de los sacerdotes y de todo el pueblo, diciendo:

2 Así habló Jehová de los ejércitos, Dios de Israel, diciendo: Quebranté el yugo del rey de Babilonia.

3 Dentro de dos años de días tornaré á este lugar todos los vasos de la casa de Jehová, que Nabucodonosor, rey de Babilonia, llevó de este lugar para meterlos en Babilonia;

4 Y yo tornaré á este lugar á Jechônías hijo de Joacim, rey de Judá, y á todos los trasportados de Judá que entraron en Babilonia, dice Jehová; porque yo quebrantaré el yugo del rey de Babilonia.

5 Entonces respondió Jeremías profeta á Hananías profeta, delante de los sacerdotes y delante de todo el pueblo que estaba en la casa de Jehová.

6 Y dijo Jeremías profeta: Amén, así lo haga Jehová. Confirme Jehová tus palabras, con las cuales profetizaste que los vasos de la casa de Jehová, y todos los trasportados, han de ser tornados de Babilonia á este lugar.

7 Con todo eso, oye ahora esta palabra que yo hablo en tus oídos y en los oídos de todo el pueblo:

8 Los profetas que fueron antes de mí y antes de ti en tiempos pasados, profetizaron sobre muchas tierras y grandes reinos, de guerra, y de aflicción, y de pestilencia.

9 El profeta que profetizó de paz, cuando sobreviniere la palabra del profeta, será conocido el profeta que Jehová en verdad lo envió.

10 Entonces Hananías profeta quitó el yugo del cuello de Jeremías profeta, y quebrólo,

11 Y habló Hananías en presencia de todo el pueblo, diciendo: Así ha dicho Jehová: De esta manera quebraré el yugo de Nabucodonosor, rey de Babilonia, del cuello de todas las gentes dentro de dos años de días. Y fuése Jeremías su camino.

12 Y después que Hananías profeta quebró el yugo del cuello de Jeremías profeta, fué palabra de Jehová á Jeremías, diciendo:

13 Ve, y habla á Hananías, diciendo: Así ha dicho Jehová: Yugos de madera quebraste, mas en vez de ellos harás yugos de hierro.

14 Porque así ha dicho Jehová de los ejércitos, Dios de Israel: Yugo de hierro puso sobre el cuello de todas estas gentes, para que sirvan á Nabucodonosor rey de Babilonia, y han de servirle; y aun también le he dado las bestias del campo.

15 Entonces dijo el profeta Jeremías á Hananías profeta: Ahora oye, Hananías; Jehová no te envió, y tú has hecho confiar á este pueblo en mentira.

16 Por tanto, así ha dicho Jehová: He aquí que yo te envío de sobre la haz de la tierra: morirás en este año, porque hablaste rebelión contra Jehová.

17 Y en el mismo año murió Hananías en el mes séptimo.

29 Y estas son las palabras de la carta que Jeremías profeta envió de Jerusalem á los ancianos que habían quedado de los trasportados, y á los sacerdotes y profetas, á todo el pueblo que Nabucodonosor llevó cautivo de Jerusalem á Babilonia:

2 (Después que salió el rey Jechônías y la reina, y los de palacio, y los príncipes de Judá y de Jerusalem, y los artífices, y los ingenieros de Jerusalem;)

3 Por mano de Elasa hijo de Saphán, y de Jemarías hijo de Hilcías, (los cuales envió Sedechías rey de Judá á Babilonia, á Nabucodonosor rey de Babilonia,) diciendo:

4 Así ha dicho Jehová de los ejércitos, Dios de Israel, á todos los de la cautividad que hice trasportar de Jerusalem á Babilonia:

5 Edificad casas, y morad; y plantad huertos, y comed del fruto de ellos;

6 Casaos, y engendrad hijos é hijas; dad mujeres á vuestros hijos, y dad maridos á vuestras hijas, para que paran hijos é hijas; y multiplicaos ahí, y no os hagáis pocos.

7 Y procurad la paz de la ciudad á la cual os hice traspasar, y rogad por ella á Jehová; porque en su paz tendréis vosotros paz.

8 Porque así ha dicho Jehová de los ejércitos, Dios de Israel: No os engañen vuestros profetas que están entre vosotros, ni vuestros adivinos; ni miréis á vuestros sueños que soñáis.

9 Porque falsamente os profetizan ellos en mi nombre: no los envié, ha dicho Jehová.

10 Porque así dijo Jehová: Cuando en Babilonia se cumplieren los setenta años, yo os visitaré, y despertaré sobre vosotros mi buena palabra, para tornaros á este lugar.

11 Porque yo sé los pensamientos que tengo acerca de vosotros, dice Jehová, pensamientos de paz, y no de mal, para daros el fin que esperáis.

12 Entonces me invocaréis, é iréis y oraréis á mí, y yo os oiré:

13 Y me buscaréis y hallaréis, porque me buscaréis de todo vuestro corazón.

14 Y seré hallado de vosotros, dice Jehová, y tornaré vuestra cautividad, y os juntaré de todas las gentes, y de todos los lugares adonde os arrojé, dice Jehová; y os haré volver al lugar de donde os hice ser llevados.

15 Mas habéis dicho: Jehová nos ha suscitado profetas en Babilonia.

16 Así empero ha dicho Jehová, del rey que está sentado sobre el trono de David, y de todo el pueblo que mora en esta ciudad, de vuestros hermanos que no salieron con vosotros en cautiverio;

17 Así ha dicho Jehová de los ejércitos: He aquí envío yo contra ellos cuchillo, hambre, y pestilencia, y pondrélos como los malos higos, que de malos no se pueden comer.

18 Y perseguirélos con espada, con hambre y con pestilencia; y darélos por escarnio á todos los reinos de la tierra, por maldición y por espanto, y por silbo y por afrenta á todas las gentes á las cuales los habré arrojado;

19 Porque no oyeron mis palabras, dice Jehová, que les envié por mis siervos los profetas, madrugando en enviarlos; y no habéis escuchado, dice Jehová.

20 Oid pues palabra de Jehová, vosotros todos los transportados que eché de Jerusalem á Babilonia.

21 Así ha dicho Jehová de los ejércitos, Dios de Israel, acerca de Achâb hijo de Colías, y acerca de Sedechías hijo de Maasías, quienes os profetizan en mi nombre falsamente: He aquí los entrego yo en mano de Nabucodonosor rey de Babilonia, y él los herirá delante de vuestros ojos;

22 Y todos los transportados de Judá que están en Babilonia, tomarán de ellos maldición, diciendo: Póngate Jehová como á Sedechías y como á Achâb, los cuales asó al fuego el rey de Babilonia.

23 Porque hicieron maldad en Israel, y cometieron adulterio con las mujeres de sus prójimos, y falsamente hablaron en mi nombre palabra que no les mandé; lo cual yo sé, y soy testigo, dice Jehová.

24 Y á Semaías de Nehelam hablarás, diciendo:

25 Así habló Jehová de los ejércitos, Dios de Israel, diciendo: Por cuanto enviaste letras en tu nombre á todo el pueblo que está en Jerusalem, y á Sophonías sacerdote hijo de Maasías, y á todos los sacerdotes, diciendo:

26 Jehová te ha puesto por sacerdote en lugar de Joiada sacerdote, para que presidáis en la casa de Jehová sobre todo hombre furioso y profetizante, poniéndolo en el calabozo y en el cepo.

27 ¿Por qué pues no has ahora reprendido á Jeremías de Anathoth, que os profetiza falsamente?

28 Porque por eso nos envió á decir en Babilonia: Largo va el cautiverio: edificad casas, y morad; plantad huertos, y comed el fruto de ellos.

29 Y Sophonías sacerdote había leído esta carta á oídos de Jeremías profeta.

30 Y fué palabra de Jehová á Jeremías, diciendo:

31 Envía á decir á toda la transmigración: Así ha dicho Jehová de Semaías de Nehelam: Porque os profetizó Semaías, y yo no lo envié, y os hizo confiar en mentira:

32 Por tanto, así ha dicho Jehová: He aquí que yo visito sobre Semaías de Nehelam, y sobre su generación: no tendrá varón que more entre este pueblo, ni verá aquel bien que haré yo á mi pueblo, dice Jehová: porque contra Jehová ha hablado rebelión.

30 Palabra que fué á Jeremías de Jehová, diciendo:

2 Así habló Jehová Dios de Israel, diciendo: Escríbete en un libro todas las palabras que te he hablado.

3 Porque he aquí que vienen días, dice Jehová, en que tornaré la cautividad de mi pueblo Israel y Judá, ha dicho Jehová, y harélos volver á la tierra que dí á sus padres, y la poseerán.

4 Estas pues son las palabras que habló Jehová acerca de Israel y de Judá.

5 Porque así ha dicho Jehová: Hemos oído voz de temblor: espanto, y no paz.

6 Preguntad ahora, y mirad si pare el varón: porque he visto que todo hombre tenía las manos sobre sus lomos, como mujer de parto, y hanse tornado pálidos todos los rostros.

7 ¡Ah, cuán grande es aquel día! tanto, que no hay otro semejante á él: tiempo de angustia para Jacob; mas de ella será librado.

8 Y será en aquel día, dice Jehová de los ejércitos, que yo quebraré su yugo de tu cuello, y romperé tus coyundas, y extraños no lo volverán más á poner en servidumbre;

9 Sino que servirán á Jehová su Dios, y á David su rey, el cual les levantaré.

10 Tú pues, siervo mío Jacob, no temas, dice Jehová, ni te atemorices, Israel: porque he aquí que yo te salvo de lejos, y á tu simiente de la tierra de su cautividad; y Jacob tornará, y descansará y sosegará, y no habrá quien le espante.

11 Porque yo soy contigo, dice Jehová, para salvarte: y haré consumación en todas las gentes entre las cuales te esparcí; en ti empero no haré consumación, sino que te castigaré con juicio, y no te talaré del todo.

12 Porque así ha dicho Jehová: Desahuciado es tu quebrantamiento, y dificultosa tu llaga.

13 No hay quien juzgue tu causa para salud: no hay para ti eficaces medicamentos.

14 Todos tus enamorados te olvidaron; no te buscan; porque de herida de enemigo te herí, con azote de cruel, á causa de la muchedumbre de tu maldad, y de la multitud de tus pecados.

15 ¿Por qué gritas á causa de tu quebrantamiento? Desahuciado es tu dolor: porque por la grandeza de tu iniquidad, y por tus muchos pecados te he hecho esto.

16 Empero serán consumidos todos los que te consumen; y todos tus afligidores, todos irán en cautiverio; y hollados serán los que te hollaron, y á todos los que hicieron presa de ti daré en presa.

17 Mas yo haré venir sanidad para ti, y te sanaré de tus heridas, dice Jehová; porque Arrojada te llamaron, diciendo: Esta es Sión, á la que nadie busca.

18 Así ha dicho Jehová: He aquí yo hago tornar la cautividad de las tiendas de Jacob, y de sus tiendas tendré misericordia; y la ciudad será edificada sobre su collado, y el templo será asentado según su forma.

19 Y saldrá de ellos alabanza, y voz de gente que está en regocijo: y los multiplicaré, y no serán disminuidos; multiplicarélos, y no serán menoscabados.

20 Y serán sus hijos como de primero y su congregación delante de mí será confirmada; y visitaré á todos sus opresores.

21 Y de él será su fuerte, y de en medio de él saldrá su enseñoreador; y haréle llegar cerca, y acercaráse á mí: porque ¿quién es aquel que ablandó su corazón para llegarse á mí? dice Jehová.

22 Y me seréis por pueblo, y yo seré vuestro Dios.

23 He aquí, la tempestad de Jehová sale con furor, la tempestad que se apareja; sobre la cabeza de los impíos reposará.

24 No se volverá la ira del enojo de Jehová, hasta que haya hecho y cumplido los pensamientos de su corazón: en el fin de los días entenderéis esto.

31 En aquel tiempo, dice Jehová, yo seré por Dios á todos los linajes de Israel, y ellos me serán á mí por pueblo.

2 Así ha dicho Jehová: Halló gracia en el desierto el pueblo, los que escaparon del cuchillo, yendo yo para hacer hallar reposo á Israel.

3 Jehová se manifestó á mí ya mucho tiempo há, diciendo: Con amor eterno te he amado; por tanto te soporté con misericordia.

4 Aun te edificaré, y serás edificada, oh virgen de Israel: todavía serás adornada con tus panderos, y saldrás en corro de danzantes.

5 Aun plantarás viñas en los montes de Samaria: plantarán los plantadores, y harán común uso de ellas.

6 Porque habrá día en que clamarán los guardas en el monte de Ephraim: Levantaos, y subamos á Sión, á Jehová nuestro Dios.

7 Porque así ha dicho Jehová: Regocijaos en Jacob con alegría, y dad voces de júbilo á la cabeza de gentes; haced oir, alabad, y decid: Oh Jehová, salva tu pueblo, el resto de Israel.

8 He aquí yo los vuelvo de tierra del aquilón, y los juntaré de los fines de la tierra, y entre ellos ciegos y cojos, la mujer preñada y la parida juntamente; en grande compañía tornarán acá.

9 Irán con lloro, mas con misericordias los haré volver, y harélos andar junto á arroyos de aguas, por camino derecho en el cual no tropezarán: porque soy á Israel por padre, y Ephraim es mi primogénito.

10 Oid palabra de Jehová, oh gentes, y hacedlo saber en las islas que están lejos, y decid: El que esparció á Israel lo juntará y guardará, como pastor á su ganado.

11 Porque Jehová redimió á Jacob, redimiólo de mano del más fuerte que él.

12 Y vendrán, y harán alabanzas en lo alto de Sión, y correrán al bien de Jehová, al pan, y al vino, y al aceite, y al ganado de las ovejas y de las vacas; y su alma será como huerto de riego, ni nunca más tendrán dolor.

13 Entonces la virgen se holgará en la danza, los mozos y los viejos juntamente; y su lloro tornaré en gozo, y los consolaré, y los alegraré de su dolor.

14 Y el alma del sacerdote embriagaré de grosura, y será mi pueblo saciado de mi bien, dice Jehová.

15 Así ha dicho Jehová: Voz fué oída en Ramá, llanto y lloro amargo: Rachêl que lamenta por sus hijos, no quiso ser consolada acerca de sus hijos, porque perecieron.

16 Así ha dicho Jehová: Reprime tu voz del llanto, y tus ojos de las lágrimas; porque salario hay para tu obra, dice Jehová, y volverán de la tierra del enemigo.

17 Esperanza también hay para tu fin, dice Jehová, y los hijos volverán á su término.

18 Escuchando, he oído á Ephraim que se lamentaba: Azotásteme, y fuí castigado como novillo indómito: conviérteme y seré convertido; porque tú eres Jehová mi Dios.

19 Porque después que me convertí, tuve arrepentimiento, y después que me conocí, herí el muslo: avergoncéme, y confundíme, porque llevé la afrenta de mis mocedades.

20 ¿No es Ephraim hijo precioso para mí? ¿no es niño delicioso? pues desde que hablé de él, heme acordado de él constantemente. Por eso mis entrañas se conmovieron por él: apiadado, tendré de él misericordia, dice Jehová.

21 Establécete señales, ponte majanos altos; nota atentamente la calzada, el camino por donde viniste: vuélvete, virgen de Israel, vuélvete á estas tus ciudades.

22 ¿Hasta cuándo andarás errante, oh hija contumaz? porque Jehová criará una cosa nueva sobre la tierra: una hembra rodeará al varón.

23 Así ha dicho Jehová de los ejércitos, Dios de Israel: Aun dirán esta palabra en la tierra de Judá y en sus ciudades, cuando yo convertiré su cautiverio: Jehová te bendiga, oh morada de justicia, oh monte santo.

24 Y morarán allí Judá, y también en todas sus ciudades labradores, y los que van con rebaño.

25 Porque habré embriagado el alma cansada, y henchido toda alma entristecida.

26 En esto me desperté, y vi, y mi sueño me fué sabroso.

27 He aquí vienen días, dice Jehová, en que sembraré la casa de Israel y la casa de Judá de simiente de hombre y de simiente de animal.

28 Y será que, como tuve cuidado de ellos para arrancar y derribar, y trastornar y perder, y afligir, así tendré cuidado de ellos para edificar y plantar, dice Jehová.

29 En aquellos días no dirán más: Los padres comieron las uvas agraces, y los dientes de los hijos tienen la dentera.

30 Sino que cada cual morirá por su maldad; los dientes de todo hombre que comiere las uvas agraces, tendrán la dentera.

31 He aquí que vienen días, dice Jehová, en los cuales haré nuevo pacto con la casa de Jacob y la casa de Judá:

32 No como el pacto que hice con sus padres el día que tomé su mano para sacarlos de tierra de Egipto; porque ellos invalidaron mi pacto, bien que fuí yo un marido para ellos, dice Jehová:

33 Mas éste es el pacto que haré con la casa de Israel después de aquellos días, dice Jehová: Daré mi ley en sus entrañas, y escribiréla en sus corazones; y seré yo á ellos por Dios, y ellos me serán por pueblo.

34 Y no enseñará más ninguno á su prójimo, ni ninguno á su hermano, diciendo: Conoce á Jehová: porque todos me conocerán, desde el más pequeño de ellos hasta el más grande, dice Jehová: porque perdonaré la maldad de ellos, y no me acordaré más de su pecado.

35 Así ha dicho Jehová: Si los cielos arriba se pueden medir, y buscarse abajo los fundamentos de la tierra, también yo desecharé toda la simiente de Israel por todo lo que hicieron, dice Jehová.

36 Así ha dicho Jehová: Si estas leyes faltaren delante de mí, dice Jehová, también la simiente de Israel faltará para no ser nación delante de mí todos los días.

37 Así ha dicho Jehová: Si los cielos arriba se pueden medir, y buscarse abajo los fundamentos de la tierra, también yo desecharé toda la simiente de Israel por todo lo que hicieron, dice Jehová.

38 He aquí que vienen días, dice Jehová, y la ciudad será edificada á Jehová, desde la torre de Hananeel hasta la puerta del rincón.

39 Y saldrá más adelante el cordel de la medida delante de él sobre el collado de Hareb, y rodeará á Goa.

40 Y todo el valle de los cuerpos muertos y de la ceniza, y todas las llanuras hasta el arroyo de Cedrón, hasta la esquina de la puerta de los caballos al oriente, será santo á Jehová: no será arrancada, ni destruída más para siempre.

32 Palabra que fué á Jeremías, de Jehová el año décimo de Sedechías rey de Judá, que fué el año décimo octavo de Nabucodonosor.

2 Y entonces el ejército del rey de Babilonia tenía cercada á Jerusalem; y el profeta Jeremías estaba preso en el patio de la cárcel que estaba en la casa del rey de Judá.

3 Pues Sedechías rey de Judá lo había preso, diciendo: ¿Por qué profetizas tú diciendo: Así ha dicho Jehová: He aquí yo entrego esta ciudad en mano del rey de Babilonia, y tomarála,

4 Y Sedechías rey de Judá no escapará de la mano de los Caldeos, sino que de cierto será entregado en mano del rey de Babilonia, y hablará con él boca á boca, y sus ojos verán sus ojos,

5 Y hará llevar á Sedechías á Babilonia, y allá estará hasta que yo le visite, dice Jehová: si pelearéis con los Caldeos, no os sucederá bien?

6 Y dijo Jeremías: Palabra de Jehová fué á mí, diciendo:

7 He aquí que Hanameel, hijo de Sallum tu tío, viene á ti, diciendo: Cómprame mi heredad que está en Anathoth; porque tú tienes derecho á ella para comprarla.

8 Y vino á mí Hanameel, hijo de mi tío, conforme á la palabra de Jehová, al patio de la cárcel, y díjome: Compra ahora mi heredad que está en Anathoth, en tierra de Benjamín, porque tuyo es el derecho de la herencia, y á ti compete la redención: cómprala para ti. Entonces conocí que era palabra de Jehová.

9 Y compré la heredad de Hanameel, hijo de mi tío, la cual estaba en Anathoth, y peséle el dinero: diecisiete siclos de plata.

10 Y escribí la carta, y selléla, é hice atestiguar á testigos, y pesé el dinero con balanza.

11 Tomé luego la carta de venta, sellada según el derecho y costumbre, y el traslado abierto.

12 Y dí la carta de venta á Baruch hijo de Nerías, hijo de Maasías, delante de Hanameel el hijo de mi tío, y delante de los testigos que habían suscrito en la carta de venta, delante de todos los Judíos que estaban en el patio de la cárcel.

13 Y dí orden á Baruch delante de ellos, diciendo:

14 Así ha dicho Jehová de los ejércitos, Dios de Israel: Toma estas cartas, esta carta de venta, la sellada, y ésta la carta abierta, y ponlas en un vaso de barro, para que se guarden muchos días.

15 Porque así ha dicho Jehová de los ejércitos, Dios de Israel: Aun se comprarán casas, y heredades, y viñas en esta tierra.

16 Y después que dí la carta de venta á Baruch hijo de Nerías, oré á Jehová, diciendo:

17 ¡Oh Señor Jehová! he aquí que tú hiciste el cielo y la tierra con tu gran poder, y con tu brazo extendido, ni hay nada que sea difícil para ti:

18 Que haces misericordia en millares, y vuelves la maldad de los padres en el seno de sus hijos después de ellos: Dios grande, poderoso, Jehová de los ejércitos es su nombre:

19 Grande en consejo, y magnífico en hechos: porque tus ojos están abiertos sobre todos los caminos de los hijos de los hombres, para dar á cada uno según sus caminos, y según el fruto de sus obras:

2 Que pusiste señales y portentos en tierra de Egipto hasta este día, y en Israel, y entre los hombres; y te has hecho nombre cual es este día:

21 Y sacaste tu pueblo Israel de tierra de Egipto con señales y portentos, y con mano fuerte y brazo extendido, con terror grande;

22 Y dísteles esta tierra, de la cual juraste á sus padres que se la darías, tierra que mana leche y miel:

23 Y entraron, y poseyéronla: mas no oyeron tu voz, ni anduvieron en tu ley; nada hicieron de lo que les mandaste hacer; por tanto has hecho venir sobre ellos todo este mal.

24 He aquí que con arietes han acometido la ciudad para tomarla; y la ciudad va á ser entregada en mano de los Caldeos que pelean contra ella, á causa de la espada, y del hambre y de la pestilencia: ha pues venido á ser lo que tú dijiste, y he aquí tú lo estás viendo.

25 ¡Oh Señor Jehová! ¿y me has tú dicho: Cómprate la heredad por dinero, y pon testigos; bien que la ciudad sea entregada en manos de los Caldeos?

26 Y fué palabra de Jehová á Jeremías, diciendo:

27 He aquí que yo soy Jehová, Dios de toda carne; ¿encubriráseme á mí alguna cosa?

28 Por tanto así ha dicho Jehová: He aquí voy á entregar esta ciudad en mano de los Caldeos, y en mano de Nabucodonosor rey de Babilonia, y la tomará:

29 Y vendrán los Caldeos que combaten esta ciudad, y la pondrán á fuego, y la abrasarán, asimismo casas sobre cuyas azoteas ofrecieron perfumes á Baal y derramaron libaciones á dioses ajenos, para provocarme á ira.

30 Porque los hijos de Israel y los hijos de Judá no han hecho sino lo malo delante de mis ojos desde su juventud: porque los hijos de Israel no han hecho más que provocarme á ira con la obra de sus manos, dice Jehová.

31 Por manera que para enojo mío y para ira mía me ha sido esta ciudad, desde el día que la edificaron hasta hoy, para que la haga quitar de mi presencia;

32 Por toda la maldad de los hijos de Israel y de los hijos de Judá, que han hecho para enojarme, ellos, sus reyes, sus príncipes, sus sacerdotes, y sus profetas, y los varones de Judá, y los moradores de Jerusalem.

33 Y volviéronme la cerviz, y no el rostro: y cuando los enseñaba, enseñaba, fbamadrugando y enseñando, no escucharon para recibir corrección:

34 Antes asentaron sus abominaciones en la casa sobre la cual es invocado mi nombre, contaminándola.

35 Y edificaron altares á Baal, los cuales están en el valle del hijo de Hinnom, para hacer pasar por el fuego sus hijos y sus hijas á Moloch; lo cual no les mandé, ni me vino al pensamiento que hiciesen esta abominación, para hacer pecar á Judá.

36 Y con todo, ahora así dice Jehová Dios de Israel, á esta ciudad, de la cual decís vosotros, Entregada será en mano del rey de Babilonia á cuchillo, á hambre, y á pestilencia:

37 He aquí que yo los juntaré de todas las tierras á las cuales los eché con mi furor, y con mi enojo y saña grande; y los haré tornar á este lugar, y harélos habitar seguramente,

38 Y me serán por pueblo, y yo seré á ellos por Dios.

39 Y daréles un corazón, y un camino, para que me teman perpetuamente, para que hayan bien ellos, y sus hijos después de ellos.

40 Y haré con ellos pacto eterno, que no tornaré atrás de hacerles bien, y pondré mi temor en el corazón de ellos, para que no se aparten de mí.

41 Y alegraréme con ellos haciéndoles bien, y los plantaré en esta tierra en verdad, de todo mi corazón y de toda mi alma.

42 Porque así ha dicho Jehová: Como traje sobre este pueblo todo este grande mal, así traeré sobre ellos todo el bien que acerca de ellos hablo.

43 Y poseerán heredad en esta tierra de la cual vosotros decís: Está desierta, sin hombres y sin animales; es entregada en manos de los Caldeos.

44 Heredades comprarán por dinero, y harán carta, y la sellarán, y pondrán testigos, en tierra de Benjamín y en los contornos de Jerusalem, y en las ciudades de Judá: y en las ciudades de las montañas, y en las ciudades de las campiñas, y en las ciudades del mediodía: porque yo haré tornar su cautividad, dice Jehová.

33 Y fué palabra de Jehová á Jeremías la segunda vez, estando él aún preso en el patio de la cárcel, diciendo:

2 Así ha dicho Jehová que la hizo, Jehová que la formó para afirmarla; Jehová es su nombre:

3 Clama á mí, y te responderé, y te enseñaré cosas grandes y dificultosas que tú no sabes.

4 Porque así ha dicho Jehová, Dios de Israel, acerca de las casas de esta ciudad, y de las casas de los reyes de Judá, derribadas con arietes y con hachas:

5 (Porque vinieron para pelear con los Caldeos, para henchirlas de cuerpos de hombres muertos, á los cuales herí yo con mi furor y con mi ira, pues que escondí mi rostro de esta ciudad, a causa de toda su malicia:)

6 He aquí que yo le hago subir sanidad y medicina; y los curaré, y les revelaré abundancia de paz y de verdad.

7 Y haré volver la cautividad de Judá, y la cautividad de Israel, y edificarélos como al principio.

8 Y los limpiaré de toda su maldad con que pecaron contra mí; y perdonaré todos sus pecados con que contra mí pecaron, y con que contra mí se rebelaron.

9 Y seráme á mí por nombre de gozo, de alabanza y de gloria, entre todas las gentes de la tierra, que habrán oído todo el bien que yo les hago; y temerán y temblarán de todo el bien y de toda la paz que yo les haré.

10 Así ha dicho Jehová: En este lugar, del cual decís que está desierto sin hombres y sin animales, en las ciudades de Judá y en las calles de Jerusalem, que están asoladas sin hombre y sin morador y sin animal, tiene de oirse aún,

11 Voz de gozo y voz de alegría, voz de desposado y voz de desposada, voz de los que digan: Alabad á Jehová de los ejércitos, porque Jehová es bueno, porque para siempre es su misericordia; voz de los que traigan alabanza á la casa de Jehová. Porque tornaré á traer la cautividad de la tierra como al principio, ha dicho Jehová.

12 Así dice Jehová de los ejércitos: En este lugar desierto, sin hombre y sin animal, y en todas sus ciudades, aun habrá cabañas de pastores que hagan tener majada á ganados.

13 En las ciudades de las montañas, en las ciudades de los campos, y en las ciudades del mediodía, y en tierra de Benjamín, y alrededor de Jerusalem y en las ciudades de Judá, aun pasarán ganados por las manos de los contadores, ha dicho Jehová.

14 He aquí vienen días, dice Jehová, en que yo confirmaré la palabra buena que he hablado á la casa de Israel y á la casa de Judá.

15 En aquellos días y en aquel tiempo haré producir á David Pimpollo de justicia, y hará juicio y justicia en la tierra.

16 En aquellos días Judá será salvo, y Jerusalem habitará seguramente, y esto es lo que la llamarán: Jehová, justicia nuestra.

17 Porque así ha dicho Jehová: No faltará á David varón que se siente sobre el trono de la casa de Israel;

18 Y de los sacerdotes y Levitas no faltará varón de mi presencia que ofrezca holocausto, y encienda presente, y que haga sacrificio todos los días.

19 Y fué palabra de Jehová á Jeremías, diciendo:

20 Así ha dicho Jehová: Si pudiereis invalidar mi concierto con el día y mi concierto con la noche, por manera que no haya día ni noche á su tiempo,

21 Podráse también invalidar mi pacto con mi siervo David, para que deje de tener hijo que reine sobre su trono, y con los Levitas y sacerdotes, mis ministros.

22 Como no puede ser contado el ejército del cielo, ni la arena de la mar se puede medir, así multiplicaré la simiente de David mi siervo, y los Levitas que á mí ministran.

23 Y fué palabra de Jehová á Jeremías, diciendo:

24 ¿No has echado de ver lo que habla este pueblo diciendo: Dos familias que Jehová escogiera ha desechado? y han tenido en poco mi pueblo, hasta no tenerlos más por nación.

25 Así ha dicho Jehová: Si no permaneciere mi concierto con el día y la noche, si yo no he puesto las leyes del cielo y la tierra,

26 También desecharé la simiente de Jacob, y de David mi siervo, para no tomar de su simiente quien sea señor sobre la simiente de Abraham, de Isaac, y de Jacob. Porque haré volver su cautividad, y tendré de ellos misericordia.

34 Palabra que fué á Jeremías de Jehová, (cuando Nabucodonosor rey de Babilonia, y todo su ejército, y todos los reinos de la tierra del señorío de su mano, y todos los pueblos, peleaban contra Jerusalem, y contra todas sus ciudades,) diciendo:

2 Así ha dicho Jehová Dios de Israel: Ve, y habla á Sedechîas rey de Judá, y dile: Así ha dicho Jehová: He aquí entregaré yo esta ciudad en mano del rey de Babilonia, y la abrasaré con fuego:

3 Y no escaparás tú de su mano, sino que de cierto serás preso, y en su mano serás entregado; y tus ojos verán los ojos del rey de Babilonia, y te hablará boca á boca, y en Babilonia entrarás.

4 Con todo eso, oye palabra de Jehová, Sedechîas rey de Judá: Así ha dicho Jehová de ti: No morirás á cuchillo;

5 En paz morirás, y conforme á las quemas de tus padres, los reyes primeros que fueron antes de ti, así quemarán por ti, y te endecharán diciendo, ¡Ay, señor!; porque yo he hablado la palabra, dice Jehová.

6 Y habló Jeremías profeta á Sedechîas rey de Judá todas estas palabras en Jerusalem.

7 Y el ejército del rey de Babilonia peleaba contra Jerusalem, y contra todas las ciudades de Judá que habían quedado, contra Lachîs, y contra Azeca; porque de las ciudades fuertes de Judá éstas habían quedado.

8 Palabra que fué á Jeremías de Jehová, después que Sedechîas hizo concierto con todo el pueblo en Jerusalem, para promulgarles libertad:

9 Que cada uno dejase su siervo, y cada uno su sierva, hebreo y hebrea, libres; que ninguno usase de los Judíos su hermanos como de siervos.

10 Y como oyeron todos los príncipes, y todo el pueblo que habían venido en el concierto de dejar cada uno su siervo y cada uno su sierva libres, que ninguno usase más de ellos como de siervos, obedecieron, y dejáronlos.

11 Mas después se arrepintieron, é hicieron tornar los siervos y las siervas que habían dejado libres, y sujetáronlos por siervos y por siervas.

12 Y fué palabra de Jehová á Jeremías, de parte de Jehová, diciendo:

13 Así dice Jehová Dios de Israel: Yo hice pacto con vuestros padres el día que los saqué de tierra de Egipto, de casa de siervos, diciendo:

14 Al cabo de siete años dejaréis cada uno á su hermano hebreo que te fuere vendido; te servirá pues seis años, y lo enviarás libre de ti: mas vuestros padres no me oyeron, ni inclinaron su oído.

15 Y vosotros os habíais hoy convertido, y hecho lo recto delante de mis ojos, anunciando cada uno libertad á su prójimo; y habíais hecho concierto en mi presencia, en la casa sobre la cual se ha invocado mi nombre:

16 Pero os habéis vuelto y profanado mi nombre, y habéis tornado á tomar cada uno su siervo y cada uno su sierva, que habíais dejado libres á su voluntad; y los habéis sujetado á seros siervos y siervas.

17 Por tanto, así ha dicho Jehová: Vosotros no me habéis oído en promulgar cada uno libertad á su hermano, y cada uno á su compañero: he aquí que yo os promulgo libertad, dice Jehová, á cuchillo y á pestilencia, y á hambre; y os pondré en remoción á todos los reinos de la tierra.

18 Y entregaré á los hombres que traspasaron mi pacto, que no han llevado á efecto las palabras del pacto que celebraron en mi presencia dividiendo en dos partes el becerro y pasando por medio de ellas:

19 A los príncipes de Judá y á los príncipes de Jerusalem, á los eunucos y á los sacerdotes, y á todo el pueblo de la tierra, que pasaron entre las partes del becerro,

20 Entregarélos en mano de sus enemigos y en mano de los que buscan su alma; y sus cuerpos muertos serán para comida de las aves del cielo, y de las bestias de la tierra.

21 Y á Sedechîas rey de Judá, y á sus príncipes, entregaré en mano de sus enemigos, y en mano de los que buscan su alma, y en mano del ejército del rey de Babilonia, que se fueron de vosotros.

22 He aquí, mandaré yo, dice Jehová, y harélos volver á esta ciudad, y pelearán contra ella, y la tomarán, y la abrasarán á fuego; y reduciré á soledad las ciudades de Judá, hasta no quedar morador.

35 Palabra que fué á Jeremías de Jehová en días de Joacim hijo de Josías, rey de Judá, diciendo:

2 Ve á casa de los Rechâbitas, y habla con ellos, é introdúcelos en la casa de Jehová, en una de las cámaras, y dales á beber vino.

3 Tomé entonces á Jaazanías hijo de Jeremías, hijo de Habassinías, y á sus hermanos, y á todos sus hijos, y á toda la familia de los Rechâbitas;

4 Y metílos en la casa de Jehová, en la cámara de los hijos de Hanán, hijo de Igdalías, varón de Dios, la cual estaba junto á la cámara de los príncipes, que estaba sobre la cámara de Maasías hijo de Sallum, guarda de los vasos.

5 Y puse delante de los hijos de la familia de los Rechâbitas tazas y copas llenas de vino, y díjeles: Bebed vino.

6 Mas ellos dijeron: No beberemos vino; porque Jonadab hijo de Rechâb nuestro padre nos mandó, diciendo: No beberéis jamás vino vosotros ni vuestros hijos;

7 Ni edificaréis casa, ni sembraréis sementera, ni plantaréis viña, ni la tendréis: mas moraréis en tiendas todos vuestros días, para que viváis muchos días sobre la haz de la tierra donde vosotros peregrináis.

8 Y nosotros hemos obedecido á la voz de Jonadab nuestro padre, hijo de Rechâb, en todas las cosas que nos mandó, de no beber vino en todos nuestros días, nosotros, ni nuestras mujeres, ni nuestros hijos, ni nuestras hijas;

9 Y de no edificar casas para nuestra morada, y de no tener viña, ni heredad, ni sementera.

10 Moramos pues en tiendas, y hemos obedecido y hecho conforme á todas las cosas que nos mandó Jonadab nuestro padre.

11 Sucedió, empero, que cuando Nabucodonosor rey de Babilonia subió á la tierra, dijimos: Venid, y entrémonos en Jerusalem, de delante del ejército de los Caldeos y de delante del ejército de los de Siria: y en Jerusalem nos quedamos.

12 Y fué palabra de Jehová á Jeremías, diciendo:

13 Así ha dicho Jehová de los ejércitos, Dios de Israel: Ve, y di á los varones de Judá, y á los moradores de Jerusalem: ¿No recibiréis instrucción para obedecer á mis palabras? dice Jehová.

14 Fué firme la palabra de Jonadab hijo de Rechâb, el cual mandó á sus hijos que no bebiesen vino, y no lo han bebido hasta hoy, por obedecer al mandamiento de su padre; y yo os he hablado á vosotros, madrugando, y hablando, y no me habéis oído.

15 Y envié á vosotros á todos mis siervos los profetas, madrugando y enviándolos á decir: Tornaos ahora cada uno de su mal camino, y enmendad vuestras obras, y no vayáis tras dioses ajenos para servirles, y viviréis en la tierra que dí á vosotros y á vuestros padres: mas no inclinasteis vuestro oído, ni me oísteis.

16 Ciertamente los hijos de Jonadab, hijo de Rechâb, tuvieron por firme el mandamiento que les dió su padre; mas este pueblo no me ha obedecido.

17 Por tanto, así ha dicho Jehová Dios de los ejércitos, Dios de Israel: He aquí traeré yo sobre Judá y sobre todos los moradores de Jerusalem todo el mal que he contra ellos he hablado: porque les hablé, y no oyeron; llamélos, y no han respondido.

18 Y dijo Jeremías á la familia de los Rechâbitas: Así ha dicho Jehová de los ejércitos, Dios de Israel: Porque obedecisteis al mandamiento de Jonadab vuestro padre, y guardasteis todos sus mandamientos, é hicisteis conforme á todas las cosas que os mandó;

19 Por tanto, así ha dicho Jehová de los ejércitos, Dios de Israel: No faltará varón de Jonadab, hijo de Rechâb, que esté en mi presencia todos los días.

36 Y aconteció en el cuarto año de Joacim hijo de Josías, rey de Judá, que fué esta palabra á Jeremías, de Jehová, diciendo:

2 Tómate un rollo de libro, y escribe en él todas las palabras que te he hablado contra Israel y contra Judá, y contra todas las gentes, desde el día que comencé á hablarte, desde los días de Josías hasta hoy.

3 Quizá oirá la casa de Judá todo el mal que yo pienso hacerles, para avolverse cada uno de su mal camino, y yo perdonaré su maldad y su pecado.

4 Y llamó Jeremías á Baruch hijo de Nerías, y escribió Baruch de boca de Jeremías, en un rollo de libro, todas las palabras que Jehová le había hablado.

5 Después mandó Jeremías á Baruch, diciendo: Yo estoy preso, no puedo entrar en la casa de Jehová:

6 Entra tú pues, y lee de este rollo que escribiste de mi boca, las palabras de Jehová en oídos del pueblo, en la casa de Jehová, el día del ayuno; y las leerás también en oídos de todo Judá que vienen de sus ciudades.

7 Quizá caerá oración de ellos en la presencia de Jehová, y tornaráse cada uno de su mal camino; porque grande es el furor y la ira que ha expresado Jehová contra este pueblo.

8 Y Baruch hijo de Nerías hizo conforme á todas las cosas que le mandó Jeremías profeta, leyendo en el libro las palabras de Jehová en la casa de Jehová.

9 Y aconteció en el año quinto de Joacim hijo de Josías, rey de Judá, en el mes noveno, que promulgaron ayuno en la presencia de Jehová, á todo el pueblo de Jerusalem, y á todo el pueblo que venía de las ciudades de Judá á Jerusalem.

10 Y Baruch leyó en el libro las palabras de Jeremías en la casa de Jehová, en la cámara de Gemarías hijo de Saphán escriba, en el atrio de arriba, á la entrada de la puerta nueva de la casa de Jehová, en oídos del pueblo.

11 Y Micheas hijo de Gemarías, hijo de Saphán, habiendo oído del libro todas las palabras de Jehová,

12 Descendió á la casa del rey, á la cámara del secretario, y he aquí que todos los príncipes estaban allí sentados, á saber: Elisama secretario, y Delaías hijo de Semeías, y Elnathán hijo de Achbor, y Gemarías hijo de Saphán, y Sedechîas hijo de Ananías, y todos los príncipes.

13 Y contóles Micheas todas las palabras que había oído leyendo Baruch en el libro en oídos del pueblo.

14 Entonces enviaron todos los príncipes á Jehudí hijo de Nethanías, hijo de Selemías, hijo de Chusi, para que dijese á Baruch: Toma el rollo en que leíste á oídos del pueblo, y ven. Y Baruch hijo de Nerías, tomó el rollo en su mano, y vino á ellos.

15 Y dijéronle: Siéntate ahora, y léelo en nuestros oídos. Y leyó Baruch en sus oídos.

16 Y fué que, como oyeron todas aquellas palabras, cada uno se volvió espantado á su compañero, y dijeron á Baruch: Sin duda contaremos al rey todas estas palabras.

17 Preguntaron luego á Baruch, diciendo: Cuéntanos ahora cómo escribiste de boca de Jeremías todas estas palabras.

18 Y Baruch les dijo: El me dictaba de su boca todas estas palabras, y yo escribía con tinta en el libro.

19 Entonces dijeron los príncipes á Baruch: Ve, y escóndete tú, y Jeremías, y nadie sepa dónde estáis.

20 Y entraron al rey al atrio, habiendo depositado el rollo en la cámara de Elisama secretario; y contaron en los oídos del rey todas estas palabras.

21 Y envió el rey á Jehudí á que tomase el rollo, el cual lo tomó de la cámara de Elisama secretario, y leyó en él Jehudí en oídos del rey, y en oídos de todos los príncipes que junto al rey estaban.

22 Y el rey estaba en la casa de invierno en el mes noveno, y había un brasero ardiendo delante de él;

23 Y fué que, como Jehudí hubo leído tres ó cuatro planas, rasgólo con un cuchillo de escribanía, y echólo en el fuego que había en el brasero, hasta que todo el rollo se consumió sobre el fuego que en el brasero había.

24 Y no tuvieron temor, ni rasgaron sus vestidos, el rey y todos sus siervos que oyeron todas estas palabras.

25 Y aunque Elnathán y Delaías y Gemarías rogaron al rey que no quemase aquel rollo, no los quiso oir:

26 Antes mandó el rey á Jerameel hijo de Amelech, y á Seraías hijo de Azriel, y á Selemías hijo de Abdeel, que prendiesen á Baruch el escribiente y á Jeremías profeta; mas Jehová los escondió.

27 Y fué palabra de Jehová á Jeremías, después que el rey quemó el rollo, las palabras que Baruch había escrito de boca de Jeremías, diciendo:

28 Vuélve á tomar otro rollo, y escribe en él todas las palabras primeras, que estaban en el primer rollo que quemó Joacim, el rey de Judá.

29 Y dirás á Joacim rey de Judá: Así ha dicho Jehová: Tú quemaste este rollo, diciendo: ¿Por qué escribiste en él, diciendo: De cierto, vendrá el rey de Babilonia, y destruirá esta tierra, y hará que no queden en ella hombres ni animales?

30 Por tanto, así ha dicho Jehová, en orden á Joacim rey de Judá: No tendrá quien se siente sobre el trono de David; y su cuerpo será echado al calor del día y al hielo de la noche.

31 Y visitaré sobre él, y sobre su simiente, y sobre sus siervos, su maldad; y traeré sobre ellos, y sobre los moradores de Jerusalem, y sobre los varones de Judá, todo el mal que les he dicho y no escucharon.

32 Y tomó Jeremías otro rollo, y diólo á Baruch hijo de Nerías escriba; y escribió en él de boca de Jeremías todas las palabras del libro que quemó en el fuego Joacim rey de Judá; y aun fueron añadidas sobre ellas muchas otras palabras semejantes.

37 Y reinó el rey Sedechías hijo de Josías, en lugar de Conías hijo de Joacim, al cual Nabucodonosor rey de Babilonia había constituido por rey en la tierra de Judá.

2 Mas no obedeció él, ni sus siervos, ni el pueblo de la tierra á las palabras de Jehová, que dijo por el profeta Jeremías.

3 Y envió el rey Sedechías á Jucal hijo de Selemías, y á Sephanías hijo de Maasías sacerdote, para que dijesen al profeta Jeremías: Ruega ahora por nosotros á Jehová nuestro Dios.

4 Y Jeremías entraba y salía en medio del pueblo; porque no lo habían puesto en la casa de la cárcel.

5 Y como el ejército de Faraón había salido de Egipto, y vino la fama de ellos á oídos de los Caldeos que tenían cercada á Jerusalem, partiéronse de Jerusalem.

6 Entonces fué palabra de Jehová á Jeremías profeta, diciendo:

7 Así ha dicho Jehová Dios de Israel: Diréis así al rey de Judá, que os envió á mí para que me preguntaseis: He aquí que el ejército de Faraón que había salido en vuestro socorro, se volvió á su tierra en Egipto.

8 Y tornarán los Caldeos, y combatirán esta ciudad, y la tomarán, y la pondrán á fuego.

9 Así ha dicho Jehová: No engañéis vuestras almas, diciendo: Sin duda los Caldeos se han ido de nosotros: porque no se irán.

10 Porque aun cuando hirieseis todo el ejército de los Caldeos que pelean con vosotros, y quedasen de ellos hombres alanceados, cada uno se levantará de su tienda, y pondrán esta ciudad á fuego.

11 Y aconteció que, como el ejército de los Caldeos se fué de Jerusalem á causa del ejército de Faraón,

12 Salíase de Jerusalem Jeremías para irse á tierra de Benjamín, para apartarse de allí en medio del pueblo.

13 Y cuando fué á la puerta de Benjamín, estaba allí un prepósito que se llamaba Irías, hijo de Selemías hijo de Hananías, el cual prendió á Jeremías profeta, diciendo: Fnatú te retiras á los Caldeos.

14 Y Jeremías dijo: Falso: no me retiro á los Caldeos. Mas él no lo escuchó, antes prendió Irías á Jeremías, y llevólo delante de los príncipes.

15 Y los príncipes se airaron contra Jeremías, y azotáronle, y pusiéronle en prisión en la casa de Jonathán escriba, porque aquélla habían hecho casa de cárcel.

16 Entró pues Jeremías en la casa de la mazmorra, y en las camarillas. Y habiendo estado allá Jeremías por muchos días,

17 El rey Sedechías envió, y sacóle; y preguntóle el rey escondidamente en su casa, y dijo: ¿Hay palabra de Jehová? Y Jeremías dijo: Hay. Y dijo más: En mano del rey de Babilonia serás entregado.

18 Dijo también Jeremías al rey Sedechías: ¿En qué pequé contra ti, y contra tus siervos, y contra este pueblo, para que me pusieseis en la casa de la cárcel?

19 ¿Y dónde están vuestros profetas que os profetizaban, diciendo: No vendrá el rey de Babilonia contra vosotros, ni contra esta tierra?

20 Ahora pues, oye, te ruego, oh rey mi señor: caiga ahora mi súplica delante de ti, y no me hagas volver á casa de Jonathán escriba, porque no me muera allí.

21 Entonces dió orden el rey Sedechías, y depositaron á Jeremías en el patio de la cárcel, haciéndole dar una torta de pan al día, de la plaza de los Panaderos, hasta que todo el pan de la ciudad se gastase. Y quedó Jeremías en el patio de la cárcel.

38 Y oyó Sephatías hijo de Mathán, y Gedalías hijo de Pashur, y Jucal hijo de Selemías, y Pashur hijo de Melchías, las palabras que Jeremías hablaba á todo el pueblo, diciendo:

2 Así ha dicho Jehová: El que se quedare en esta ciudad morirá á cuchillo, ó de hambre, ó de pestilencia; mas el que saliere á los Caldeos vivirá, pues su vida le será por despojo, y vivirá.

3 Así ha dicho Jehová: De cierto será entregada esta ciudad en mano del ejército del rey de Babilonia, y tomarála.

4 Y dijeron los príncipes al rey: Muera ahora este hombre; porque de esta manera hace desmayar las manos de los hombres de guerra que han quedado en esta ciudad, y las manos de todo el pueblo, hablándoles tales palabras; porque este hombre no busca la paz de este pueblo, sino el mal.

5 Y dijo el rey Sedechías: Helo ahí, en vuestras manos está; que el rey no podrá contra vosotros nada.

6 Entonces tomaron ellos á Jeremías, é hiciéronlo echar en la mazmorra de Malchías hijo de Amelech, que estaba en el patio de la cárcel; y metieron á Jeremías con sogas. Y en la mazmorra no había agua, sino cieno; y hundióse Jeremías en el cieno.

7 Y oyendo Ebed-melec, hombre etiope, eunuco que estaba en casa del rey, que habían puesto á Jeremías en la mazmorra, y estando sentado el rey á la puerta de Benjamín,

8 Ebed-melec salió de la casa del rey, y habló al rey, diciendo:

9 Mi señor el rey, mal hicieron estos varones en todo lo que han hecho con Jeremías profeta, al cual hicieron echar en la mazmorra; porque allí se morirá de hambre, pues no hay más pan en la ciudad.

10 Entonces mandó el rey al mismo Ebed-melec Etiope, diciendo: Toma en tu poder treinta hombres de aquí, y haz sacar á Jeremías profeta de la mazmorra, antes que muera.

11 Y tomó Ebed-melec en su poder hombres, y entró á la casa del rey al lugar debajo de la tesorería, y tomó de allí trapos viejos, traídos, viejos, y andrajosos, y echólos á Jeremías con sogas en la mazmorra.

12 Y dijo Ebed-melec Etiope á Jeremías: Pon ahora esos trapos viejos, traídos, y rotos, bajo los sobacos de tus brazos, debajo de las sogas. Y lo hizo así Jeremías.

13 De este modo sacaron á Jeremías con sogas, y subiéronlo de la mazmorra; y quedó Jeremías en el patio de la cárcel.

14 Después envió el rey Sedechías, é hizo traer á sí á Jeremías profeta á la tercera entrada que estaba en la casa de Jehová. Y dijo el rey á Jeremías: Pregúntote una palabra, no me encubras ninguna cosa.

15 Y Jeremías dijo á Sedechías: Si te lo denunciare, ¿no es verdad que me matarás? y si te diere consejo, no has de escucharme.

16 Y juró el rey Sedechías en secreto á Jeremías, diciendo: Vive Jehová que nos hizo esta alma, que no te mataré, ni te entregaré en mano de estos varones que buscan tu alma.

17 Entonces dijo Jeremías á Sedechías: Así ha dicho Jehová Dios de los ejércitos, Dios de Israel: Si salieres luego á los príncipes del rey de Babilonia, tu alma vivirá, y esta ciudad no será puesta á fuego; y vivirás tú y tu casa:

18 Mas si no salieres á los príncipes del rey de Babilonia, esta ciudad será entregada en mano de los Caldeos, y la pondrán á fuego, y tú no escaparás de sus manos.

19 Y dijo el rey Sedechías á Jeremías: Témome á causa de los Judíos que se han adherido á los Caldeos, que no me entreguen en sus manos y me escarnezcan.

20 Y dijo Jeremías: No te entregarán. Oye ahora la voz de Jehová que yo te hablo, y tendrás bien, y vivirá tu alma.

21 Mas si no quisieres salir, esta es la palabra que me ha mostrado Jehová:

22 Y he aquí que todas las mujeres que han quedado en casa del rey de Judá, serán sacadas á los príncipes del rey de Babilonia; y ellas mismas dirán: Te han engañado, y prevalecido contra ti tus amigos; atollaron en el cieno tus pies, se volvieron atrás.

23 Sacarán pues, todas tus mujeres y tus hijos á los Caldeos, y tú no escaparás de sus manos, sino que por mano del rey de Babilonia serás preso, y á esta ciudad quemará á fuego.

24 Y dijo Sedechías á Jeremías: Nadie sepa estas palabras, y no morirás.

25 Y si los príncipes oyeren que yo he hablado contigo, y vinieren á ti y te dijeren: Decláranos ahora qué hablaste con el rey, no nos lo encubras, y no te mataremos; asimismo qué te dijo el rey;

26 Les dirás: Supliqué al rey que no me hiciese tornar á casa de Jonathán porque no me muriese allí.

27 Y vinieron luego todos los príncipes á Jeremías, y preguntáronle: y él les respondió conforme á todo lo que el rey le había mandado. Con esto se dejaron de él, porque el negocio no se había oído.

28 Y quedó Jeremías en el patio de la cárcel hasta el día que fué tomada Jerusalem; y allí estaba cuando Jerusalem fué tomada.

39 En el noveno año de Sedechías rey de Judá, en el mes décimo, vino Nabucodonosor rey de Babilonia con todo su ejército contra Jerusalem, y cercáronla.

2 Y en el undécimo año de Sedechías, en el mes cuarto, á los nueve del mes, fué rota la ciudad;

3 Y entraron todos los príncipes del rey de Babilonia, y asentaron á la puerta del medio: Nergal-sarezer, Samgar-nebo, Sarsechim, y Rabsaris, Nergal-sarezer, Rabmag, y todos los demás príncipes del rey de Babilonia.

4 Y fué que viéndolos Sedechías, rey de Judá, y todos los hombres de guerra, huyeron, y saliéronse de noche de la ciudad por el camino de la huerta del rey, por la puerta entre los dos muros: y salió el rey por el camino del desierto.

5 Mas el ejército de los Caldeos los siguió, y alcanzaron á Sedechías en los llanos de Jericó; y tomáronle, é hiciéronle subir á Nabucodonosor rey de Babilonia, á Ribla, en tierra de Hamath, y sentencióle.

6 Y degolló el rey de Babilonia los hijos de Sedechías á su presencia en Ribla, haciendo asimismo degollar el rey de Babilonia á todos los nobles de Judá.

7 Y sacó los ojos al rey Sedechías, y aprisionóle con grillos para llevarle á Babilonia.

8 Y los Caldeos pusieron á fuego la casa del rey y las casas del pueblo, y derribaron los muros de Jerusalem.

9 Y el resto del pueblo que había quedado en la ciudad, y los que se habían á él adherido, con todo el resto del pueblo que había quedado, trasportólos á Babilonia Nabuzaradán, capitán de la guardia.

10 Empero Nabuzaradán, capitán de la guardia, hizo quedar en tierra de Judá del vulgo de los pobres que no tenían nada, y dióles entonces viñas y heredades.

11 Y Nabucodonosor había ordenado á Nabuzaradán capitán de la guardia, acerca de Jeremías, diciendo:

12 Tómale, y mira por él, y no le hagas mal ninguno; antes harás con él como él te dijere.

13 Envió por tanto Nabuzaradán capitán de la guardia, y Nabusazbán, Rabsaris, y Nergal-sarezer, y Rabmag, y todos los príncipes del rey de Babilonia;

14 Enviaron entonces, y tomaron á Jeremías del patio de la cárcel, y entregáronlo á Gedalías hijo de Ahicam, hijo de Saphán, para que lo sacase á casa: y vivió entre el pueblo.

15 Y había sido palabra de Jehová á Jeremías, estando preso en el patio de la cárcel, diciendo:

16 Ve, y habla á Ebed-melec Etiope, diciendo: Así ha dicho Jehová de los ejércitos, Dios de Israel: He aquí traigo yo mis palabras sobre esta ciudad para mal, y no para bien; y vendrán á ser en aquel día á tu presencia tuya.

17 Mas en aquel día yo te libraré, dice Jehová, y no serás entregado en mano de aquellos de quienes tú temes.

18 Porque ciertamente te libraré, y no caerás á cuchillo, sino que tu vida te será por despojo, porque tuviste confianza en mí, dice Jehová.

40 LA palabra que fué á Jeremías de Jehová, después que Nabuzaradán capitán de la guardia le envió desde Ramá, cuando le tomó estando atado con esposas entre toda la transmigración de Jerusalem y de Judá que iban cautivos á Babilonia.

2 Tomó pues el capitán de la guardia á Jeremías, y díjole: Jehová tu Dios habló este mal contra este lugar;

3 Y halo traído y hecho Jehová según que había dicho: porque pecasteis contra Jehová, y no oísteis su voz, por eso os ha venido esto.

4 Y ahora yo te he soltado hoy de las esposas que tenías en tus manos. Si te está bien venir conmigo á Babilonia, ven, y yo miraré por ti; mas si no te está bien venir conmigo á Babilonia, déjalo: mira, toda la tierra está delante de ti; ve á donde mejor y más cómodo te pareciere ir.

5 Y aun no se había él vuelto, cuando le dijo: Vuélvete á Gedalías hijo de Ahicam, hijo de Saphán, al cual el rey de Babilonia ha puesto sobre todas las ciudades de Judá, y vive con él en medio del pueblo: ó ve á donde te pareciere más cómodo de ir. Y dióle el capitán de la guardia presentes y dones, y despidióle.

6 Fuése entonces Jeremías á Gedalías hijo de Ahicam, á Mizpa, y moró con él en medio del pueblo que había quedado en la tierra.

7 Y como oyeron todos los príncipes del ejército que estaba por el campo, ellos y sus hombres, que el rey de Babilonia había puesto á Gedalías hijo de Ahicam sobre la tierra, y que le había encomendado los hombres, y las mujeres, y los niños, y los pobres de la tierra, que no fueron trasportados á Babilonia;

8 Vinieron luego á Gedalías en Mizpa, es á saber, Ismael hijo de Nethanías, y Johanán y Jonathán hijos de Carea, y Seraías hijo de Tanhumeth, y los hijos de Ephi Netophatita, y Jezanías hijo de Maacháti, ellos y su hombres.

9 Y juróles Gedalías hijo de Ahicam, hijo de Saphán, á ellos y á sus hombres, diciendo: No tengáis temor de servir á los Caldeos: habitad en la tierra, y servid al rey de Babilonia, y tendréis bien.

10 Y he aquí que yo habito en Mizpa, para estar delante de los Caldeos que vendrán á nosotros; mas vosotros, coged el vino, y el pan, y el aceite, y ponedlo en vuestros almacenes, y quedaos en vuestras ciudades que habéis tomado.

11 Asimismo todos los Judíos que estaban en Moab, y entre los hijos de Ammón, y en Edom, y los que estaban en todas las tierras, cuando oyeron decir como el rey de Babilonia había dejado algunos en la Judea, y que había puesto sobre ellos á Gedalías hijo de Ahicam, hijo de Saphán,

12 Todos estos Judíos tornaron entonces de todas las partes adonde habían sido echados, y vinieron á tierra de Judá, á Gedalías en Mizpa; y cogieron vino y muy muchos frutos.

13 Y Johanán, hijo de Carea, y todos los príncipes de la gente de guerra que estaban en el campo, vinieron á Gedalías en Mizpa,

14 Y dijéronle: ¿No sabes de cierto como Baalis, rey de los hijos de Ammón, ha enviado á Ismael hijo de Nethanías, para matarte? Mas Gedalías hijo de Ahicam no los creyó.

15 Entonces Johanán hijo de Carea habló á Gedalías en secreto, en Mizpa, diciendo: Yo iré ahora, y heriré á Ismael hijo de Nethanías, y hombre no lo sabrá: ¿por qué te ha de matar, y todos los Judíos que se han recogido á ti se derramarán, y perecerá el resto de Judá?

16 Pero Gedalías hijo de Ahicam dijo á Johanán hijo de Carea: No hagas esto, porque falso es lo que tú dices de Ismael.

41 Y aconteció en el mes séptimo, que vino Ismael hijo de Nethanías, hijo de Elisama, de la simiente real, y algunos príncipes del rey, y diez hombres con él, á Gedalías hijo de Ahicam en Mizpa; y comieron pan juntos allí en Mizpa.

2 Y levantóse Ismael hijo de Nethanías, y los diez hombres que con él estaban, é hirieron á cuchillo á Gedalías hijo de Ahicam, hijo de Saphán, matando así á aquel á quien el rey de Babilonia había puesto sobre la tierra.

3 Asimismo hirió Ismael á todos los Judíos que estaban con él, con Gedalías en Mizpa, y á los soldados Caldeos que allí se hallaron.

4 Sucedió además, un día después que mató á Gedalías, cuando nadie lo sabía aún,

5 Que venían unos hombres de Sichêm y de Silo y de Samaria, ochenta hombres, raída la barba, y rotas las ropas, y arañados y traían en sus manos ofrenda y perfume para llevar á la casa de Jehová.

6 Y de Mizpa salióles al encuentro, llorando, Ismael hijo de Nethanías: y aconteció que como los encontró, díjoles: Venid á Gedalías, hijo de Ahicam.

7 Y fue que cuando llegaron al medio de la ciudad, Ismael hijo de Nethanías los degolló, y echólos en medio de un aljibe, él y los hombres que con él estaban.

8 Mas entre aquellos fueron hallados diez hombres que dijeron á Ismael: No nos mates; porque tenemos en el campo tesoros de trigo, y cebadas, y aceite, y miel. Y dejólos, y no los mató entre sus hermanos.

9 Y el aljibe en que echó Ismael todos los cuerpos de los hombres que hirió por causa de Gedalías, era el mismo que había hecho el rey Asa por causa de Baasa, rey de Israel: llenólo de muertos Ismael, hijo de Nethanías.

10 Después llevó Ismael cautivo á todo el resto del pueblo que estaba en Mizpa; á las hijas del rey, y á todo el pueblo que en Mizpa había quedado, el cual había Nabuzaradán capitán de la guardia encargado á Gedalías hijo de Ahicam. Llevólos pues cautivos Ismael hijo de Nethanías, y se fué para pasarse á los hijos de Ammón.

11 Y oyó Johanán hijo de Carea, y todos los príncipes de la gente de guerra que estaban con él, todo el mal que había hecho Ismael, hijo de Nethanías.

12 Entonces tomaron todos los hombres, y fueron á pelear con Ismael hijo de Nethanías, y halláronlo junto á Aguas-muchas, que es en Gabaón.

13 Y aconteció que como todo el pueblo que estaba con Ismael vió á Johanán hijo de Carea, y á todos los príncipes de la gente de guerra que estaban con él, se alegraron.

14 Y todo el pueblo que Ismael había traído cautivo de Mizpa, tornáronse, y volvieron, y fuéronse á Johanán hijo de Carea.

15 Mas Ismael hijo de Nethanías se escapó delante de Johanán con ocho hombres, y se fué á los hijos de Ammón.

16 Y Johanán hijo de Carea, y todos los príncipes de la gente de guerra que con él estaban, tomaron todo el resto del pueblo que habían recobrado de Ismael hijo de Nethanías, de Mizpa, después que hirió á Gedalías hijo de Ahicam: hombres de guerra, y mujeres, y niños, y los eunucos que Johanán había hecho tornar de Gabaón;

17 Y fueron y habitaron en Geruth-chimham, que es cerca de Bethlehem, á fin de partir y meterse en Egipto.

18 Por causa de los Caldeos: porque temían de ellos, por haber herido Ismael hijo de Nethanías á Gedalías hijo de Ahicam, al cual el rey de Babilonia había puesto sobre la tierra.

42 Y llegáronse todos los oficiales de la gente de guerra, y Johanán hijo de Carea, y Jezanías hijo de Osaía, y todo el pueblo desde el menor hasta el mayor,

2 Y dijeron á Jeremías profeta: Caiga ahora nuestro ruego delante de ti, y ruega por nosotros á Jehová tu Dios, por todo este resto, (pues hemos quedado unos pocos de muchos, como nos ven tus ojos,)

3 Para que Jehová tu Dios nos enseñe camino por donde vayamos, y lo que hemos de hacer.

4 Y Jeremías profeta les dijo: Ya he oído. He aquí que voy á orar á Jehová vuestro Dios, como habéis dicho; y será que todo lo que Jehová os respondiere, os enseñaré: no os reservaré palabra.

5 Y ellos dijeron á Jeremías: Jehová sea entre nosotros testigo de la verdad y de la lealtad, si no hiciéremos conforme á todo aquello para lo cual Jehová tu Dios te enviare á nosotros.

6 Ora sea bueno, ora malo, á la voz de Jehová nuestro Dios, al cual te enviamos, obedeceremos; para que, obedeciendo á la voz de Jehová nuestro Dios, tengamos bien.

7 Y aconteció que al cabo de diez días fué palabra de Jehová á Jeremías.

8 Y llamó á Johanán hijo de Carea, y á todos los oficiales de la gente de guerra que con él estaban, y á todo el pueblo desde el menor hasta el mayor;

9 Y díjoles: Así ha dicho Jehová Dios de Israel, al cual me enviasteis para que hiciese caer vuestros ruegos en su presencia:

10 Si os quedareis quietos en esta tierra, os edificaré, y no os destruiré; os plantaré, y no os arrancaré: porque arrepentido estoy del mal que os he hecho.

11 No temáis de la presencia del rey de Babilonia, del cual tenéis temor; no temáis de su presencia, ha dicho Jehová, porque con vosotros estoy yo para salvaros y libraros de su mano:

12 Y os daré misericordias, y tendrá misericordia de vosotros, y os hará tornar á vuestra tierra.

13 Mas si dijereis: No moraremos en esta tierra, no obedeciendo así á la voz de Jehová vuestro Dios,

14 Y diciendo: No, antes nos entraremos en tierra de Egipto, en la cual no veremos guerra, ni oiremos sonido de trompeta, ni tendremos hambre de pan, y allá moraremos:

15 Ahora por eso, oid la palabra de Jehová, reliquias de Judá: Así ha dicho Jehová de los ejércitos, Dios de Israel: Si vosotros volviereis vuestros rostros para entrar en Egipto, y entrareis para peregrinar allá,

16 Será que el cuchillo que teméis, os alcanzará allí en tierra de Egipto, y el hambre de que tenéis temor, allá en Egipto se os pegará; y allí moriréis.

17 Será pues, que todos los hombres que tornaren sus rostros para entrarse en Egipto, para peregrinar allí, morirán á cuchillo, de hambre, y de pestilencia: no habrá de ellos quien quede vivo, ni quien escape delante del mal que traeré yo sobre ellos.

18 Porque así ha dicho Jehová de los ejércitos, Dios de Israel: Como se derramó mi enojo y mi ira sobre los moradores de

Jerusalem, así se derramará mi ira sobre vosotros, cuando entrareis en Egipto; y seréis por juramento y por espanto, y por maldición y por afrenta; y no veréis más este lugar.

19 Jehová habló sobre vosotros, oh reliquias de Judá: No entréis en Egipto: sabed por cierto que os aviso hoy.

20 ¿Por qué hicisteis errar vuestras almas? porque vosotros me enviasteis á Jehová vuestro Dios, diciendo: Ora por nosotros á Jehová nuestro Dios; y conforme á todas las cosas que Jehová nuestro Dios dijere, háznoslo saber así, y lo pondremos por obra.

21 Y os lo he denunciado hoy, y no habéis obedecido á la voz de Jehová vuestro Dios, ni á todas las cosas por las cuales me envió á vosotros.

22 Ahora pues sabed de cierto que á cuchillo, y de hambre y pestilencia, moriréis en el lugar donde deseasteis entrar para peregrinar allí.

43 Y aconteció que como Jeremías acabó de hablar á todo el pueblo todas las palabras de Jehová Dios de ellos, todas estas palabras por las cuales Jehová Dios de ellos le había enviado á ellos mismos,

2 Dijo Azarías hijo de Osaías, y Johanán hijo de Carea, y todos los varones soberbios dijeron á Jeremías: Mentira dices; no te ha enviado Jehová nuestro Dios para decir: No entréis en Egipto á peregrinar allí.

3 Sino que Baruch hijo de Nerías te incita contra nosotros, para entregarnos en mano de los Caldeos, para matarnos y para hacernos trasportar á Babilonia.

4 No obedeció pues Johanán hijo de Carea, y todos los oficiales de la gente de guerra, y todo el pueblo, á la voz de Jehová para quedarse en tierra de Judá;

5 Antes tomó Johanán hijo de Carea, y todos los oficiales de la gente de guerra, á todo el resto de Judá, que de todas las gentes adonde habían sido echados habían vuelto para morar en tierra de Judá:

6 A hombres, y mujeres, y niños, y á las hijas del rey y á toda alma que había dejado Nabuzaradán capitán de la guardia con Gedalías hijo de Ahicam hijo de Saphán, y á Jeremías profeta, y á Baruch hijo de Nerías;

7 Y entraron en tierra de Egipto; porque no obedecieron á la voz de Jehová: y llegaron hasta Taphnes.

8 Y fué palabra de Jehová á Jeremías en Taphnes, diciendo:

9 Toma con tu mano piedras grandes, y cúbrelas de barro en un horno de ladrillos que está á la puerta de la casa de Faraón en Taphnes, á vista de hombres Judíos;

10 Y diles: Así ha dicho Jehová de los ejércitos, Dios de Israel: He aquí que yo envío, y tomaré á Nabucodonosor rey de Babilonia, mi siervo, y pondré su trono sobre estas piedras que he escondido, y tenderá su dosel sobre ellas.

11 Y vendrá, y herirá la tierra de Egipto: los que á muerte, á muerte, y los que á cautiverio, á cautiverio, y los que á cuchillo, á cuchillo.

12 Y pondré fuego á las casas de los dioses de Egipto; y las quemará, y á ellos llevará cautivos; y él se vestirá la tierra de Egipto, como el pastor se viste su capa, y saldrá de allá en paz.

13 Además, quebrará las estatuas de Beth-semes, que es en tierra de Egipto, y las casas de los dioses de Egipto quemará á fuego.

44 Palabra que fué á Jeremías acerca de todos los Judíos que moraban en la tierra de Egipto, que moraban en Migdol, y en Taphnes, y en Noph, y en tierra de Pathros, diciendo:

2 Así ha dicho Jehová de los ejércitos, Dios de Israel: Vosotros habéis visto todo el mal que traje sobre Jerusalem y sobre todas las ciudades de Judá: y he aquí que ellas están el día de hoy asoladas, y ni hay en ellas morador;

3 A causa de la maldad de ellos que cometieron para hacerme enojar, yendo á ofrecer sahumerios, honrando dioses ajenos que ellos no habían conocido, vosotros, ni vuestros padres.

4 Y envié á vosotros á todos mis siervos los profetas, madrugando y enviándolos, diciendo: No hagáis ahora esta cosa abominable que yo aborrezco.

5 Mas no oyeron ni inclinaron su oído para convertirse de su maldad, para no ofrecer sahumerios á dioses ajenos.

6 Derramóse por tanto mi saña y mi furor, y encendióse en las ciudades de Judá y en las calles de Jerusalem, y tornáronse en soledad y en destrucción, como hoy.

7 Ahora pues, así ha dicho Jehová de los ejércitos, Dios de Israel: ¿Por qué hacéis tan grande mal contra vuestras almas, para ser talados varón y mujer, niño y mamante,

de en medio de Judá, sin que os quede residuo alguno;

8 Haciéndome enojar con las obras de vuestras manos, ofreciendo sahumerios á dioses ajenos en la tierra de Egipto, adonde habéis entrado para morar, de suerte que os acabéis, y seáis por maldición y por oprobio á todas las gentes de la tierra?

9 ¿Os habéis olvidado de las maldades de vuestros padres, y de las maldades de los reyes de Judá, y de las maldades de sus mujeres, y de vuestras maldades, y de las maldades de vuestras mujeres, que hicieron en tierra de Judá y en las calles de Jerusalem?

10 No se han morigerado hasta el día de hoy, ni han tenido temor, ni han caminado en mi ley, ni en mis estatutos que puse delante de vosotros y delante de vuestros padres.

11 Por tanto, así ha dicho Jehová de los ejércitos, Dios de Israel: He aquí que yo pongo mi rostro en vosotros para mal, y para destruir á todo Judá.

12 Y tomaré el resto de Judá que pusieron sus rostros para entrar en tierra de Egipto para morar allí, y en tierra de Egipto serán todos consumidos, caerán á cuchillo, serán consumidos de hambre, á cuchillo y hambre morirán desde el más pequeño hasta el mayor; y serán por juramento, y por espanto, y por maldición, y por oprobio.

13 Pues visitaré á los que moran en tierra de Egipto, como visité á Jerusalem, con cuchillo, y con hambre, y con pestilencia.

14 Y del resto de Judá que entraron en tierra de Egipto para morar allí, no habrá quien escape, ni quien quede vivo, para volver á la tierra de Judá, por la cual suspiran ellos por volver para habitar allí: porque no volverán sino los que escaparen.

15 Entonces todos los que sabían que sus mujeres habían ofrecido sahumerios á dioses ajenos, y todas las mujeres que estaban presentes, una gran concurrencia, y todo el pueblo que habitaba en tierra de Egipto, en Pathros, respondieron á Jeremías, diciendo:

16 La palabra que nos has hablado en nombre de Jehová, no oímos de ti:

17 Antes pondremos ciertamente por obra toda palabra que ha salido de nuestra boca, para ofrecer sahumerios á la reina del cielo, y derramándole libaciones, como hemos hecho nosotros y nuestros padres, nuestros reyes y nuestros príncipes, en las ciudades de Judá y en las plazas de Jerusalem, y fuimos hartos de pan, y estuvimos alegres, y no vimos mal alguno.

18 Mas desde que cesamos de ofrecer sahumerios á la reina del cielo, y de derramarle libaciones, nos falta todo, y á cuchillo y á hambre somos consumidos.

19 Y cuando ofrecimos sahumerios á la reina del cielo, y le derramamos libaciones, ¿hicímosle nosotras tortas para tributarle culto, y le derramamos libaciones, sin nuestros maridos?

20 Y habló Jeremías á todo el pueblo, á los hombres y á las mujeres, y á todo el vulgo que le había respondido esto, diciendo:

21 ¿No se ha acordado Jehová, y no ha venido á su memoria el sahumerio que ofrecisteis en las ciudades de Judá, y en las plazas de Jerusalem, vosotros y vuestros padres, vuestros reyes y vuestros príncipes, y el pueblo de la tierra?

22 Y no pudo sufrir más Jehová á causa de la maldad de vuestras obras, á causa de las abominaciones que habíais hecho: por tanto vuestra tierra fué en asolamiento, y en espanto, y en maldición, hasta no quedar morador, como hoy.

23 Porque ofrecisteis sahumerios, y pecasteis contra Jehová, y no obedecisteis á la voz de Jehová, ni anduvisteis en su ley, ni en sus estatutos, ni en sus testimonios: por tanto ha venido sobre vosotros este mal, como hoy.

24 Y dijo Jeremías á todo el pueblo, y á todas las mujeres: Oid palabra de Jehová, todos los de Judá que estáis en tierra de Egipto:

25 Así ha hablado Jehová de los ejércitos, Dios de Israel, diciendo: Vosotros y vuestras mujeres proferisteis con vuestras bocas, y con vuestras manos lo ejecutasteis, diciendo: Cumpliremos efectivamente nuestros votos que hicimos, de ofrecer sahumerios á la reina del cielo y de derramarle libaciones: confirmáis á la verdad vuestros votos, y ponéis vuestros votos por obra.

26 Por tanto, oid palabra de Jehová, todo Judá que habitáis en tierra de Egipto: He aquí he jurado por mi grande nombre, dice Jehová, que mi nombre no será más invocado en toda la tierra de Egipto por boca de ningún hombre Judío, diciendo: Vive el Señor Jehová.

27 He aquí que yo velo sobre ellos para mal, y no para bien; y todos los hombres de Judá que están en tierra de Egipto, serán consumidos á cuchillo y de hambre, hasta que perezcan del todo.

28 Y los que escaparen del cuchillo, volverán de tierra de Egipto á tierra de Judá, pocos hombres; sabrán pues todas las reliquias de Judá, que han entrado en Egipto á morar allí la palabra de quién ha de permanecer, si la mía, ó la suya.

29 Y esto tendréis por señal, dice Jehová, de que en este lugar os visito, para que sepáis que de cierto permanecerán mis palabras para mal sobre vosotros.

30 Así ha dicho Jehová: He aquí que yo entrego á Farón Hophra rey de Egipto en mano de sus enemigos, y en mano de los que buscan su alma, como entregué á Sedechías rey de Judá en mano de Nabucodonosor rey de Babilonia, su enemigo, y que buscaba su alma.

45 Palabra que habló Jeremías profeta á Baruch hijo de Nerías, cuando escribía en el libro estas palabras de boca de Jeremías, el año cuarto de Joacim hijo de Josías, rey de Judá, diciendo:

2 Así ha dicho Jehová Dios de Israel, á ti, oh Baruch:

3 Tú dijiste: ¡Ay de mí ahora! porque me ha añadido Jehová tristeza sobre mi dolor; trabajé en mi gemido, y no he hallado descanso.

4 Así le has de decir: Así ha dicho Jehová: He aquí que yo destruyo los que edifiqué, y arranco los que planté, y toda esta tierra.

5 ¿Y tú buscas para ti grandezas? No busques; porque he aquí que yo traigo mal sobre toda carne, ha dicho Jehová, y á ti te daré tu vida por despojo en todos los lugares adonde fueres.

46 Palabra de Jehová que fué á Jeremías profeta, contra las gentes.

2 En orden á Egipto: contra el ejército de Faraón Nechâo rey de Egipto, que estaba cerca del río Eufrates en Carchêmis, al cual hirió Nabucodonosor rey de Babilonia el año cuarto de Joacim hijo de Josías, rey de Judá.

3 Aparejad escudo y pavés, y venid á la guerra.

4 Uncid caballos, y subid, vosotros los caballeros, y poneos con capacetes; limpiad las lanzas, vestíos de lorigas.

5 ¿Por qué los vi medrosos, tornando atrás? y sus valientes fueron deshechos, y huyeron á más huir sin volver á mirar atrás: miedo de todas partes, dice Jehová.

6 No huya el ligero, ni el valiente escape; al aquilón junto á la ribera del Eufrates tropezaron y cayeron.

7 ¿Quién es éste que como río sube, y cuyas aguas se mueven como ríos?

8 Egipto como río se hincha, y las aguas se mueven como ríos, y dijo: Subiré, cubriré la tierra, destruiré la ciudad y los que en ella moran.

9 Subid, caballos, y alborotaos, carros; y salgan los valientes: los de Cus y los de Phut que toman escudo, y los de Lut que toman y entesan arco.

10 Mas ese día será á Jehová Dios de los ejércitos día de venganza, para vengarse de sus enemigos: y la espada devorará y se hartará, y se embriagará de la sangre de ellos: porque matanza será á Jehová, Dios de los ejércitos, en tierra del aquilón junto al río Eufrates.

11 Sube á Galaad, y toma bálsamo, virgen hija de Egipto: por demás multiplicarás medicinas; no hay cura para ti.

12 Las gentes oyeron tu afrenta, y tu clamor hinchió la tierra: porque fuerte se encontró con fuerte, y cayeron ambos juntos.

13 Palabra que habló Jehová á Jeremías profeta acerca de la venida de Nabucodonosor, rey de Babilonia, para herir la tierra de Egipto:

14 Denunciad en Egipto, y haced saber en Migdol: haced saber también en Noph y en Taphnes; decid: Para, y apercíbete; porque espada ha de devorar tu comarca.

15 ¿Por qué ha sido derribado tu fuerte? no se pudo tener, porque Jehová lo rempujó.

16 Multiplicó los caídos, y cada uno cayó sobre su compañero, y dijeron: Levántate y volvámonos á nuestro pueblo, y á la tierra de nuestro nacimiento, de delante de la espada vencedora.

17 Allí gritaron: Faraón rey de Egipto, rey de revuelta: dejó pasar el tiempo señalado.

18 Vivo yo, dice el Rey, cuyo nombre es Jehová de los ejércitos, que como Tabor entre los montes, y como Carmelo en la mar, así vendrá.

19 Hazte vasos de transmigración, moradora hija de Egipto; porque Noph será por yermo, y será asolada hasta no quedar morador.

20 Becerra hermosa Egipto; mas viene destrucción, del aquilón viene.

21 Sus soldados también en medio de ella como engordados becerros: que también ellos se volvieron huyeron todos sin pararse: porque vino sobre ellos el día de su quebrantamiento, el tiempo de su visitación.

22 Su voz saldrá como de serpiente; porque con ejército vendrán, y con hachas vienen á ella como cortadores de leña.

23 Cortaron su bosque, dice Jehová, porque no podrán ser contados; porque serán más que langostas, ni tendrán número.

24 Avergonzóse la hija de Egipto; entregada será en mano del pueblo del aquilón.

25 Jehová de los ejércitos, Dios de Israel, ha dicho: He aquí que yo visito el pueblo de Amón de No, y á Faraón y á Egipto, y á sus dioses y á sus reyes; así á Faraón como á los que en él confían.

26 Y entregarélos en mano de los que buscan su alma, y en mano de Nabucodonosor rey de Babilonia, y en mano de sus siervos: mas después será habitada como en los días pasados, dice Jehová.

27 Y tú no temas, siervo mío Jacob, y no desmayes, Israel; porque he aquí que yo te salvo de lejos, y á tu simiente de la tierra de su cautividad. Y volverá Jacob, y descansará y será prosperado, y no habrá quien lo espante.

28 Tú, siervo mío Jacob, no temas, dice Jehová; porque yo soy contigo: porque haré consumación en todas las gentes á las cuales te habré echado; mas en ti no haré consumación, sino que te castigaré con juicio, y no te talaré del todo.

47 Palabra de Jehová que fué á Jeremías profeta acerca de los Palestinos, antes que Faraón hiriese á Gaza.

2 Así ha dicho Jehová: He aquí que suben aguas del aquilón, y tomaranse en torrente, é inundarán la tierra y su plenitud, ciudades y moradores de ellas; y los hombres clamarán, y aullará todo morador de la tierra.

3 Por el sonido de las uñas de sus fuertes, por el alboroto de sus carros, por el estruendo de sus ruedas, los padres no miraron á los hijos por la flaqueza de las manos;

4 A causa del día que viene para destrucción de todos los Palestinos, para talar á Tiro, y á Sidón, á todo ayudador que quedó vivo: porque Jehová destruirá á los Palestinos, al resto de la isla de Caphtor.

5 Sobre Gaza vino mesadura, Ascalón fué cortada, y el resto de su valle: ¡hasta cuándo te arañarás?

6 Oh espada de Jehová, ¿hasta cuándo no reposarás? Métete en tu vaina, reposa y sosiega.

7 ¿Cómo reposarás? pues que Jehová lo ha enviado contra Ascalón, y á la ribera de la mar, allí lo puso.

48 Acerca de Moab. Así ha dicho Jehová de los ejércitos, Dios de Israel: ¡Ay de Nebo! que fué destruída, fué avergonzada; Chîriathaim fué tomada; fué confusa Misgab, y desmayó.

2 No se alabará ya más Moab; contra Hesbón maquinaron mal, diciendo: Venid, y quitémosla de entre las gentes. También tú, Madmén, serás cortada, espada irá tras ti.

3 ¡Voz de clamor de Horonaim, destrucción y gran quebrantamiento!

4 Moab fué quebrantada; hicieron que se oyese el clamor de sus pequeños.

5 Porque á la subida de Luhith con lloro subirá el que llora; porque á la bajada de Horonaim los enemigos oyeron clamor de quebrante.

6 Huid, salvad vuestra vida, y sed como retama en el desierto.

7 Pues por cuanto confiaste en tus haciendas, en tus tesoros, tú también serás tomada; y Chêmos saldrá en cautiverio, los sacerdotes y sus príncipes juntamente.

8 Y vendrá destruidor á cada una de las ciudades, y ninguna ciudad escapará: arruinaráse también el valle, y será destruída la campiña, como ha dicho Jehová.

9 Dad alas á Moab, para que volando se vaya; pues serán desiertas sus ciudades hasta no quedar en ellas morador.

10 Maldito el que hiciere engañosamente la obra de Jehová, y maldito el que detuviere su cuchillo de la sangre.

11 Quieto estuvo Moab desde su mocedad, y sobre sus heces ha estado él reposado, y no fué trasegado de vaso en vaso, ni nunca fué en cautiverio: por tanto quedó su sabor en él, y su olor no se ha trocado.

12 Por eso, he aquí que vienen días, ha dicho Jehová, en que yo le enviaré trasportadores que lo harán trasportar; y vaciarán sus vasos, y romperán sus odres.

13 Y avergonzaráse Moab de Chêmos, á la manera que la casa de Israel se avergonzó de Beth-el, su confianza.

14 ¿Cómo diréis: Somos valientes, y robustos hombres para la guerra?

15 Destruído fué Moab, y sus ciudades asoló, y sus escogidos mancebos descendieron al degolladero, ha dicho el Rey, cuyo nombre es Jehová de los ejércitos.

16 Cercano está el quebrantamiento de Moab para venir, y su mal se apresura mucho.

17 Compadeceos de él todos los que estáis alrededor suyo; y todos los que sabéis su nombre, decid: ¿Cómo se quebró la vara de fortaleza, el báculo de hermosura?

18 Desciende de la gloria, siéntate en seco, moradora hija de Dibón; porque el destruidor de Moab subió contra ti, disipó tus fortalezas.

19 Párate en el camino, y mira, oh moradora de Aroer: pregunta á la que va huyendo, y á la que escapó; dile: ¿Qué ha acontecido?

20 Avergonzóse Moab, porque fué quebrantado; aullad y clamad: denunciad en Arnón que Moab es destruído.

21 Y que vino juicio sobre la tierra de la campiña; sobre Holón, y sobre Jahzah, y sobre Mephaath,

22 Y sobre Dibón, y sobre Nebo, y sobre Beth-diblathaim,

23 Y sobre Chîriathaim, y sobre Beth-gamul, y sobre Beth-meon,

24 Y sobre Chêrioth, y sobre Bosra, y sobre todas las ciudades de tierra de Moab, las de lejos y las de cerca.

25 Cortado es el cuerno de Moab, y su brazo quebrantado, dice Jehová.

26 Embriagadlo, porque contra Jehová se engrandeció; y revuélquese Moab sobre su vómito, y sea también él por escarnio.

27 ¿Y no te fué á ti Israel por escarnio, como si lo tomaran entre ladrones? porque desde que de él hablaste, tú te has movido.

28 Desamparad las ciudades, y habitad en peñascos, oh moradores de Moab; y sed como la paloma que hace nido detrás de la boca de la caverna.

29 Oído hemos la soberbia de Moab, que es muy soberbio: su hinchazón y su orgullo, y su altivez y la altanería de su corazón.

30 Yo conozco, dice Jehová, su cólera; mas no tendrá efecto: sus mentiras no han de aprovechar le.

31 Por tanto yo aullaré sobre Moab, y sobre todo Moab haré clamor, y sobre los hombres de Kir-heres gemiré.

32 Con lloro de Jazer lloraré por ti, oh vid de Sibma: tus sarmientos pasaron la mar, llegaron hasta la mar de Jazer: sobre tu agosto y sobre tu vendimia vino destruidor.

33 Y será cortada la alegría y el regocijo de los campos labrados, y de la tierra de Moab: haré cesar el vino de los lagares: no pisarán con canción; la canción no será canción.

34 El clamor, desde Hesbón hasta Eleale; hasta Jaaz dieron su voz: desde Zoar hasta Horonaim, becerra de tres años: porque también las aguas de Nimrin serán destruídas.

35 Y haré cesar de Moab, dice Jehová, quien sacrifique en altar, y quien ofrezca sahumerio á sus dioses.

36 Por tanto, mi corazón resonará como flautas por causa de Moab, asimismo resonará mi corazón á modo de flautas por los hombres de Kir-heres: porque perecieron las riquezas que había hecho.

37 Porque en toda cabeza habrá calva, y toda barba será raída; sobre todas manos rasguños, y sacos sobre todos los lomos.

38 Sobre todas las techumbres de Moab y en sus calles, todo él será llanto; porque yo quebranté á Moab como á vaso que no agrada, dice Jehová.

39 Aullad: ¡Cómo ha sido quebrantado! ¡cómo volvió la cerviz Moab, y fué avergonzado! Y fué Moab en escarnio y en espanto á todos los que están en sus alrededores.

40 Porque así ha dicho Jehová: He aquí que como águila volará, y extenderá sus alas á Moab.

41 Tomadas son las ciudades, y tomadas son las fortalezas; y será aquel día el corazón de los valientes de Moab como el corazón de mujer en angustias.

42 Y Moab será destruído para dejar de ser pueblo: porque se engrandeció contra Jehová.

43 Miedo y hoyo y lazo sobre ti, oh morador de Moab, dice Jehová.

44 El que huyere del miedo, caerá en el hoyo; y el que saliere del hoyo, será preso del lazo: porque yo traeré sobre él, sobre Moab, año de su visitación, dice Jehová.

45 A la sombra de Hesbón se pararon los que huían de la fuerza; mas salió fuego de Hesbón, y llama de en medio de Sihón, y quemó el rincón de Moab, y la mollera de los hijos revoltosos.

46 ¡Ay de ti, Moab! pereció el pueblo de Chêmos: porque tus hijos fueron presos para cautividad, y tus hijas para cautiverio.

47 Empero haré tornar el cautiverio de Moab en lo postrero de los tiempos, dice Jehová. Hasta aquí es el juicio de Moab.

49 De los hijos de Ammón. Así ha dicho Jehová: ¿No tiene hijos Israel? ¿No tiene heredero? ¿Por qué tomó como por heredad el rey de ellos á Gad, y su pueblo habitó en sus ciudades?

2 Por tanto, he aquí vienen días, ha dicho Jehová, en que haré oir en Rabba de los hijos de Ammón clamor de guerra; y será puesta en montón de asolamiento, y sus ciudades serán puestas á fuego, y Israel tomará por heredad á los que los tomaron á ellos, ha dicho Jehová.

3 Aulla, oh Hesbón, porque destruída es Hai; clamad, hijas de Rabba, vestíos de sacos, endechad, y rodead por los vallados, porque el rey de ellos fué en cautiverio, sus sacerdotes y sus príncipes juntamente.

4 ¿Por qué te glorías de los valles? Tu valle se deshizo, oh hija contumaz, la que confía en sus tesoros, la que dice: ¿Quién vendrá contra mí?

5 He aquí yo traigo sobre ti espanto, dice el Señor Jehová de los ejércitos, de todos tus alrededores; y seréis lanzados cada uno en derechura de su rostro, y no habrá quien recoja al errante.

6 Y después de esto haré tornar la cautividad de los hijos de Ammón, dice Jehová.

7 De Edom. Así ha dicho Jehová de los ejércitos: ¿No hay más sabiduría en Temán? ¿ha perecido el consejo en los sabios? ¿corrompióse su sabiduría?

8 Huid, volveos, escondeos en simas para estar, oh moradores de Dedán; porque el quebrantamiento de Esaú traeré sobre él, al tiempo que lo tengo de visitar.

9 Si vendimiadores vinieran contra ti, ¿no dejarán rebuscos? Si ladrones de noche, tomarán lo que hubieren menester.

10 Mas yo desnudaré á Esaú, descubriré sus escondrijos, y no podrá esconderse: será destruída su simiente, y sus hermanos, y sus vecinos; y no será.

11 Deja tus huérfanos, yo los criaré; y en mí se confiarán tus viudas.

12 Porque así ha dicho Jehová: He aquí que los que no estaban condenados á beber del cáliz, beberán ciertamente; ¿y serás tú absuelto del todo? No serás absuelto, sino que de cierto beberás.

13 Porque por mí he jurado, dice Jehová, que en asolamiento, en oprobio, en soledad, y en maldición, será Bosra; y todas su ciudades serán en asolamientos perpetuos.

14 La fama oí, que de Jehová había sido enviado mensajero á las gentes, diciendo: Juntaos, y venid contra ella, y levantaos á la batalla.

15 Porque he aquí que pequeño te he puesto entre las gentes, menospreciado entre los hombres.

16 Tu arrogancia te engañó, y la soberbia de tu corazón, tú que habitas en cavernas de peñas, que tienes la altura del monte: aunque alces como águila tu nido, de allí te haré descender, dice Jehová.

17 Y será Edom en asolamiento: todo aquel que pasare por ella se espantará, y silbará sobre todas sus plagas.

18 Como el trastornamiento de Sodoma y de Gomorra, y de sus ciudades vecinas, dice Jehová, no morará allí nadie, ni la habitará hijo de hombre.

19 He aquí que como león subirá de la hinchazón del Jordán contra la bella y robusta; porque muy pronto harélo correr de sobre ella, y al que fuere escogido la encargaré; porque ¿quién es semejante á mí? ¿y quién me emplazará? ¿y quién será aquel pastor que me podrá resistir?

20 Por tanto, oíd el consejo de Jehová, que ha acordado sobre Edom; y sus pensamientos, que ha resuelto sobre los moradores de Temán. Ciertamente los más pequeños del hato los arrastrarán, y destruirán sus moradas con ellos.

21 Del estruendo de la caída de ellos la tierra tembló, y el grito de su voz se oyó en el mar Bermejo.

22 He aquí que como águila subirá y volará, y extenderá sus alas sobre Bosra: y el corazón de los valientes de Edom será en aquel día como el corazón de mujer en angustias.

23 Acerca de Damasco. Confundióse Hamath, y Arphad, porque oyeron malas nuevas: derritiéronse en aguas de desmayo, no pueden sosegarse.

24 Desmayóse Damasco, volvióse para huir, y tomóle temblor: angustia y dolores le tomaron, como de mujer que está de parto.

25 ¿Cómo dejaron á la ciudad de alabanza, ciudad de mi gozo?

26 Por tanto, sus mancebos caerán en sus plazas, y todos los hombres de guerra morirán en aquel día, ha dicho Jehová de los ejércitos.

27 Y haré encender fuego en el muro de Damasco, y consumirá las casas de Ben-hadad.

28 De Cedar y de los reinos de Hasor, los cuales hirió Nabucodonosor rey de Babilonia. Así ha dicho Jehová: Levantaos, subid contra Cedar, y destruid los hijos de oriente.

29 Sus tiendas y su ganados tomarán: sus cortinas, y todos sus vasos, y sus camellos, tomarán para sí; y llamarán contra ellos miedo alrededor.

30 Huid, trasponeos muy lejos, meteos en simas para estar, oh moradores de Hasor, dice Jehová; porque tomó consejo contra vosotros Nabucodonosor rey de Babilonia, y contra vosotros ha formado designio.

31 Levantaos, subid á gente pacífica, que vive confiadamente, dice Jehová, que ni tienen puertas ni cerrojos, que viven solitarios.

32 Y serán sus camellos por presa, y la multitud de sus ganados por despojo; y esparcirélos por todos vientos, echados hasta el postrer rincón; y de todos sus lados les traeré su ruina, dice Jehová.

33 Y Hasor será morada de chacales, soledad para siempre: ninguno morará allí, ni la habitará hijo de hombre.

34 Palabra de Jehová que fué á Jeremías profeta acerca de Elam, en el principio del reinado de Sedechías rey de Judá, diciendo:

35 Así ha dicho Jehová de los ejércitos: He aquí que yo quiebro el arco de Elam, principio de su fortaleza.

36 Y traeré sobre Elam los cuatro vientos de los cuatro puntos del cielo, y aventarélos á todos estos vientos; ni habrá gente adonde no vengan extranjeros de Elam.

37 Y haré que Elam se intimide delante de sus enemigos, y delante de los que buscan su alma; y traeré sobre ellos mal, y el furor de mi enojo, dice Jehová; y enviaré en pos de ellos espada hasta que los acabe.

38 Y pondré mi silla en Elam, y destruiré de allí rey y príncipe, dice Jehová.

39 Mas acontecerá en lo postrero de los días, que haré tornar la cautividad de Elam, dice Jehová.

50 Palabra que habló Jehová contra Babilonia, contra la tierra de los Caldeos, por mano de Jeremías profeta.

2 Denunciad en las gentes, y haced saber; levantad también bandera: publicad, y no encubráis: decid: Tomada es Babilonia, Bel es confundido, deshecho es Merodach; confundidas son sus esculturas, quebrados son sus ídolos.

3 Porque subió contra ella gente del aquilón, la cual pondrá su tierra en asolamiento, y no habrá ni hombre ni animal que en ella more: moviéronse, se fueron.

4 En aquellos días y en aquel tiempo, dice Jehová, vendrán los hijos de Israel, ellos y los hijos de Judá juntamente; é irán andando y llorando, y buscarán á Jehová su Dios.

5 Preguntarán por el camino de Sión, hacia donde volverán sus rostros, diciendo: Venid, y juntaos á Jehová con pacto eterno, que jamás se ponga en olvido.

6 Ovejas perdidas fueron mi pueblo: sus pastores las hicieron errar, por los montes las descarriaron: anduvieron de monte en collado, olvidáronse de sus majadas.

7 Todos los que los hallaban, los comían; y decían sus enemigos: No pecaremos, porque ellos pecaron á Jehová morada de justicia, á Jehová, esperanza de sus padres.

8 Huid de en medio de Babilonia, y salid de la tierra de los Caldeos, y sed como los mansos delante del ganado.

9 Porque he aquí que yo suscito y hago subir contra Babilonia reunión de grandes pueblos de la tierra del aquilón;

y desde allí se aparejarán contra ella, y será tomada: sus flechas como de valiente diestro, que no se tornará en vano.

10 Y la Caldea será para presa: todos los que la saquearen, saldrán hartos, dice Jehová.

11 Porque os alegrasteis, porque os gozasteis destruyendo mi heredad, porque os henchisteis como becerra de renuevos, y relinchasteis como caballos;

12 Vuestra madre se avergonzó mucho, afrentóse la que os engendró; he aquí será la postrera de las gentes: desierto, sequedad, y páramo.

13 Por la ira de Jehová no será habitada, sino que asolada será toda ella; todo hombre que pasare por Babilonia se asombrará, y silbará sobre todas sus plagas.

14 Apercibíos contra Babilonia alrededor, todos los que entesáis arco; tirad contra ella, no escatiméis las saetas: porque pecó contra Jehová.

15 Gritad contra ella en derredor; dió su mano; caído han sus fundamentos, derribados son sus muros; porque venganza es de Jehová. Tomad venganza de ella; haced con ella como ella hizo.

16 Talad de Babilonia sembrador, y el que tiene hoz en tiempo de la siega: delante de la espada opresora cada uno volverá el rostro hacia su pueblo, cada uno huirá hacia su tierra.

17 Ganado descarriado es Israel; leones lo amontonaron: el rey de Asiria lo devoró el primero; este Nabucodonosor rey de Babilonia lo deshuesó el postrero.

18 Por tanto, así ha dicho Jehová de los ejércitos, Dios de Israel: He aquí que yo visito al rey de Babilonia y á su tierra como visité al rey de Asiria.

19 Y volveré á traer á Israel á su morada, y pacerá en el Carmelo y en Basán; y en el monte de Ephraim y de Galaad se hartará su alma.

20 En aquellos días y en aquel tiempo, dice Jehová, la maldad de Israel será buscada, y no parecerá; y los pecados de Judá, y no se hallarán: porque perdonaré á los que yo hubiere dejado.

21 Sube contra la tierra de Merathaim, contra ella, y contra los moradores de Pekod: destruye y mata en pos de ellos, dice Jehová, y haz conforme á todo lo que yo te he mandado.

22 Estruendo de guerra en la tierra, y quebrantamiento grande.

23 ¡Cómo fué cortado y quebrado el martillo de toda la tierra! ¡cómo se tornó Babilonia en desierto entre las gentes!

24 Púsete lazos, y aun fuiste tomada, oh Babilonia, y tú no lo supiste: fuiste hallada, y aun presa, porque provocaste á Jehová.

25 Abrió Jehová tu tesoro, y sacó los vasos de su furor: porque esta es obra de Jehová, Dios de los ejércitos, en la tierra de los Caldeos.

26 Venid contra ella desde el cabo de la tierra: abrid sus almacenes: hacedla montones, y destruidla: no le queden reliquias.

27 Matad todos sus novillos; vayan al matadero: ¡ay de ellos! que venido es su día, el tiempo de su visitación.

28 Voz de los que huyen y escapan de la tierra de Babilonia, para dar las nuevas en Sión de la venganza de Jehová nuestro Dios, de la venganza de su templo.

29 Haced juntar sobre Babilonia flecheros, á todos los que entesan arco; asentad campo sobre ella alrededor; no escape de ella ninguno: pagadle según su obra; conforme á todo lo que ella hizo, haced con ella: porque contra Jehová se ensoberbeció, contra el Santo de Israel.

30 Por tanto sus mancebos caerán en sus plazas, y todos sus hombres de guerra serán talados en aquel día, dice Jehová.

31 He aquí yo contra ti, oh soberbio, dice el Señor Jehová de los ejércitos: porque tu día es venido, el tiempo en que te visitaré.

32 Y el soberbio tropezará y caerá, y no tendrá quien lo levante: y encenderé fuego en sus ciudades, y quemaré todos sus alrededores.

33 Así ha dicho Jehová de los ejércitos: Oprimidos fueron los hijos de Israel y los hijos de Judá juntamente: y todos los que los tomaron cautivos, se los retuvieron; no los quisieron soltar.

34 El redentor de ellos es el Fuerte; Jehová de los ejércitos es su nombre: de cierto abogará la causa de ellos, para hacer quietar la tierra, y turbar los moradores de Babilonia.

35 Cuchillo sobre los Caldeos, dice Jehová, y sobre los moradores de Babilonia, y sobre sus príncipes, y sobre sus sabios.

36 Cuchillo sobre los adivinos, y se atontarán; cuchillo sobre sus valientes, y serán quebrantados.

37 Cuchillo sobre sus caballos, y sobre sus carros, y sobre todo el vulgo que está en medio de ella, y serán como mujeres: cuchillo sobre sus tesoros, y serán saqueados.

38 Sequedad sobre sus aguas, y secaránse: porque tierra es de esculturas, y en ídolos enloquecen.

39 Por tanto, allí morarán bestias monteses con lobos, morarán también en ella pollos de avestruz: y no más será poblada para siempre, ni se habitará de generación en generación.

40 Como en el trastornamiento de Dios á Sodoma y á Gomorra y á sus ciudades vecinas, dice Jehová, no morará allí hombre, ni hijo de hombre la habitará.

41 He aquí viene un pueblo del aquilón, y una nación grande, y muchos reyes se levantarán de los lados de la tierra.

42 Arco y lanza manejarán; serán crueles, y no tendrán compasión; su voz sonará como la mar, y montarán sobre caballos: apercibirse han como hombre á la pelea, contra ti, oh hija de Babilonia.

43 Oyó su fama el rey de Babilonia, y sus manos se descoyuntaron: angustia le tomó, dolor como de mujer de parto.

44 He aquí que como león subirá de la hinchazón del Jordán á la morada fuerte: porque muy pronto le haré correr de sobre ella, y al que fuere escogido la encargaré: porque ¿quién es semejante á mí? ¿y quién me emplazará? ¿ó quién será aquel pastor que me podrá resistir?

45 Por tanto, oíd el consejo de Jehová, que ha acordado sobre Babilonia, y sus pensamientos que ha formado sobre la tierra de los Caldeos: Ciertamente los más pequeños del hato los arrastrarán, y destruirán sus moradas con ellos.

46 Del grito de la toma de Babilonia la tierra tembló, y el clamor se oyó entre las gentes.

51 Así ha dicho Jehová: He aquí que yo levanto sobre Babilonia, y sobre sus moradores que se levantan contra mí, un viento destruidor.

2 Y enviaré á Babilonia aventadores que la avienten, y vaciarán su tierra; porque serán contra ella de todas partes en el día del mal.

3 Diré al flechero que entesa su arco, y al que se pone orgulloso con su loriga: No perdonéis á sus mancebos, destruid todo su ejército.

4 Y caerán muertos en la tierra de los Caldeos, y alanceados en sus calles.

5 Porque Israel y Judá no han enviudado de su Dios, Jehová de los ejércitos, aunque su tierra fué llena de pecado contra el Santo de Israel.

6 Huid de en medio de Babilonia, y librad cada uno su alma, porque no perezcáis á causa de su maldad: porque el tiempo es de venganza de Jehová; daréle su pago.

7 Vaso de oro fué Babilonia en la mano de Jehová, que embriaga toda la tierra: de su vino bebieron las gentes; aturdiéronse por tanto las naciones.

8 En un momento cayó Babilonia, y despedazóse: aullad sobre ella; tomad bálsamo para su dolor, quizá sanará.

9 Curamos á Babilonia, y no ha sanado: dejadla, y vámonos cada uno á su tierra; porque llegado ha hasta el cielo su juicio, y alzádose hasta las nubes.

10 Jehová sacó á luz nuestras justicias: venid, y contemos en Sión la obra de Jehová nuestro Dios.

11 Limpiad las saetas, embrazad los escudos: despertado ha Jehová el espíritu de los reyes de Media; porque contra Babilonia es su pensamiento para destruirla; porque venganza es de Jehová, venganza de su templo.

12 Levantad bandera sobre los muros de Babilonia, reforzad la guardia, poned centinelas, disponed celadas; porque deliberó Jehová, y aun pondrá en efecto lo que ha dicho sobre los moradores de Babilonia.

13 La que moras entre muchas aguas, rica en tesoros, venido ha tu fin, la medida de tu codicia.

14 Jehová de los ejércitos juró por su vida, diciendo: Yo te llenaré de hombres como de langostas, y levantarán contra ti gritería.

15 El es el que hizo la tierra con su fortaleza, el que afirmó el mundo con su sabiduría, y extendió los cielos con inteligencia.

16 El que da con su voz muchedumbre de aguas del cielo, y hace subir las nubes de lo postrero de la tierra; él hace relámpagos con la lluvia, y saca el viento de sus tesoros.

17 Todo hombre se ha infatuado y es sin ciencia: avergüénzase todo artífice de la escultura, porque mentira es su vaciadizo, que no tiene espíritu.

18 Vanidad son, obra de irrisiones; en el tiempo de su visitación perecerán.

19 No es como ellos la parte de Jacob: porque él es el Formador de todo; é Israel es la vara de su heredad: Jehová de los ejércitos es su nombre.

20 Martillo me sois, y armas de guerra; y por medio de ti quebrantaré gentes, y por medio de ti desharé reinos;

21 Y por tu medio quebrantaré caballos y sus cabalgadores, y por medio de ti quebrantaré carros y los que en ellos suben;

22 Asimismo por tu medio quebrantaré hombres y mujeres, y por medio de ti quebrantaré viejos y mozos, y por tu medio quebrantaré mancebos y vírgenes:

23 También quebrantaré por medio de ti al pastor y á su manada: quebrantaré por tu medio á labradores y sus yuntas; y duques y príncipes quebrantaré por medio de ti.

24 Y pagaré á Babilonia y á todos los moradores de Caldea, todo el mal de ellos que hicieron en Sión delante de vuestros ojos, dice Jehová.

25 He aquí yo contra ti, oh monte destruidor, dice Jehová, que destruiste toda la tierra; y extenderé mi mano sobre ti, y te haré rodar de las peñas, y te tornaré monte quemado.

26 Y nadie tomará de ti piedra para esquina, ni piedra para cimiento; porque perpetuos asolamientos serás, ha dicho Jehová.

27 Alzad bandera en la tierra, tocad trompeta á las naciones, apercibid gentes contra ella: juntad contra ella los reinos de Ararat, de Minni, y de Aschenaz; señalad contra ella capitán, haced subir caballos como langostas erizadas.

28 Apercibid contra ella gentes; á reyes de Media, á sus capitanes, y á todos sus príncipes, y á toda la tierra de su señorío.

29 Y temblará la tierra, y afligiráse; porque confirmado es contra Babilonia todo el pensamiento de Jehová, para poner la tierra de Babilonia en soledad, y que no haya morador.

30 Los valientes de Babilonia dejaron de pelear, estuviéronse en sus fuertes: faltóles su fortaleza, tornáronse como mujeres: encendiéronse sus casas, quebráronse sus cerrojos.

31 Correo se encontrará con correo, mensajero se encontrará con mensajero, para noticiar al rey de Babilonia que su ciudad es tomada por todas partes:

32 Y los vados fueron tomados, y los carrizos fueron quemados á fuego, y consternáronse los hombres de guerra.

33 Porque así ha dicho Jehová de los ejércitos, Dios de Israel: La hija de Babilonia es como parva; tiempo es ya de trillarla: de aquí á poco le vendrá el tiempo de la siega.

34 Comióme, desmenuzóme Nabucodonosor rey de Babilonia; paróme como vaso vacío, tragóme como dragón, hinchió su vientre de mis delicadezas, y echóme.

35 Sobre Babilonia la violencia contra mí y mi carne, dirá la moradora de Sión; y mi sangre sobre los moradores de Caldea, dirá Jerusalem.

36 Por tanto, así ha dicho Jehová: He aquí que yo juzgo tu causa y haré tu venganza; y secaré su mar, y haré que quede seca su corriente.

37 Y será Babilonia para montones, morada de chacales, espanto y silbo, sin morador.

38 A una rugirán como leones; como cachorros de leones bramarán.

39 En su calor les pondré sus banquetes; y haréles que se embriaguen, para que se alegren, y duerman eterno sueño, y no despierten, dice Jehová.

40 Hacerlos he traer como corderos al matadero, como carneros con cabritos.

41 ¡Cómo fué presa Sesach, y fué tomada la que era alabada por toda la tierra! ¡Cómo fué Babilonia por espanto entre las gentes!

42 Subió la mar sobre Babilonia; de la multitud de sus ondas fué cubierta.

43 Sus ciudades fueron asoladas, la tierra seca y desierta, tierra que no morará en ella nadie, ni pasará por ella hijo de hombre.

44 Y visitaré á Bel en Babilonia, y sacaré de su boca lo que ha tragado; y no vendrán más á él gentes; y el muro de Babilonia caerá.

45 Salid de en medio de ella, pueblo mío, y salvad cada uno su vida de la ira del furor de Jehová.

46 Y porque no desmaye vuestro corazón, y temáis á causa de la fama que se oirá por la tierra, en un año vendrá la fama, y después en otro año el rumor, y la violencia en la tierra, y el enseñoreador sobre el que enseñorea.

47 Por tanto, he aquí vienen días que yo visitaré las esculturas de Babilonia, y toda su tierra será avergonzada, y todos sus muertos caerán en medio de ella.

48 Y los cielos y la tierra, y todo lo que está en ellos, darán alabanzas sobre Babilonia: porque del aquilón vendrán sobre ella destruidores, dice Jehová.

49 Pues que Babilonia fué causa que cayesen muertos de Israel, también de Babilonia caerán muertos de toda la tierra.

50 Los que escapasteis del cuchillo, andad, no os detengais; acordaos por muchos días de Jehová, y acordaos de Jerusalem.

51 Estamos avergonzados, porque oímos la afrenta: confusión cubrió nuestros rostros, porque vinieron extranjeros contra los santuarios de la casa de Jehová.

52 Por tanto, he aquí vienen días, dice Jehová, que yo visitaré sus esculturas, y en toda su tierra gemirán los heridos.

53 Si subiese Babilonia al cielo, y si fortaleciere en lo alto su fuerza, de mí vendrán á ella destruidores, dice Jehová.

54 ¡Sonido de grito de Babilonia, y quebrantamiento grande de la tierra de los Caldeos!

55 Porque Jehová destruye á Babilonia, y quitará de ella el mucho estruendo; y bramarán sus ondas, como muchas aguas será el sonido de la voz de ellos:

56 Porque vino destruidor contra ella, contra Babilonia, y sus valientes fueron presos, el arco de ellos fué quebrado: porque Jehová, Dios de retribuciones, dará la paga.

57 Y embriagaré sus príncipes y sus sabios, sus capitanes y sus nobles y sus fuertes; y dormirán sueño eterno y no despertarán, dice el Rey, cuyo nombre es Jehová de los ejércitos.

58 Así ha dicho Jehová de los ejércitos: El muro ancho de Babilonia será derribado enteramente, y sus altas puertas serán quemadas á fuego; y en vano trabajarán pueblos y gentes en el fuego, y se cansarán.

59 Palabra que envió Jeremías profeta á Seraías hijo de Nerías, hijo de Maasías, cuando iba con Sedechías rey de Judá á Babilonia, el cuarto año de su reinado. Y era Seraías el principal camarero.

60 Escribió pues Jeremías en un libro todo el mal que había de venir sobre Babilonia, todas las palabras que están escritas contra Babilonia.

61 Y dijo Jeremías á Seraías: Cuando llegares á Babilonia, y vieres y leyeres todas estas cosas,

62 Dirás: Oh Jehová, tú has dicho contra este lugar que lo habías de talar, hasta no quedar en él morador, ni hombre ni animal, sino que para siempre ha de ser asolado.

63 Y será que cuando acabares de leer este libro, le atarás una piedra, y lo echarás en medio del Eufrates:

64 Y dirás: Así será anegada Babilonia, y no se levantará del mal que yo traigo sobre ella; y serán rendidos. Hasta aquí son las palabras de Jeremías.

52 Era Sedechías de edad de veintiún años cuando comenzó á reinar, y reinó once años en Jerusalem. Su madre se llamaba Hamutal, hija de Jeremías, de Libna.

2 E hizo lo malo en los ojos de Jehová, conforme á todo lo que hizo Joacim.

3 Y á causa de la ira de Jehová contra Jerusalem y Judá, fué el llegar á echarlos de su presencia: y rebelóse Sedechías contra el rey de Babilonia.

4 Aconteció por tanto á los nueve años de su reinado, en el mes décimo, á los diez días del mes, que vino Nabucodonosor rey de Babilonia, él y todo su ejército, contra Jerusalem, y contra ella asentaron campo, y de todas partes edificaron contra ella baluartes.

5 Y estuvo cercada la ciudad hasta el undécimo año del rey Sedechías.

6 En el mes cuarto, á los nueve del mes, prevaleció el hambre en la ciudad, hasta no haber pan para el pueblo de la tierra.

7 Y fué entrada la ciudad, y todos los hombres de guerra huyeron, y saliéronse de la ciudad de noche por el camino de postigo de entre los dos muros, que había cerca del jardín del rey, y fuéronse del camino del desierto, estando aún los Caldeos junto á la ciudad alrededor.

8 Y el ejército de los Caldeos siguió al rey, y alcanzaron á Sedechías en los llanos de Jericó, y esparcióse de él todo su ejército.

9 Entonces prendieron al rey, e hiciéronle venir al rey de Babilonia, á Ribla en tierra de Hamath, donde pronunció contra él sentencia.

10 Y degolló el rey de Babilonia á los hijos de Sedechías delante de sus ojos, y también degolló á todos los príncipes de Judá en Ribla.

11 A Sedechías empero sacó los ojos, y le aprisionó con grillos, é hízolo el rey de Babilonia llevar á Babilonia; y púsolo en la casa de la cárcel hasta el día en que murió.

12 Y en el mes quinto, á los diez del mes, que era el año diecinueve del reinado de Nabucodonosor, rey de Babilonia, vino á Jerusalem Nabuzaradán, capitán de la guardia, que solía estar delante del rey de Babilonia.

13 Y quemó la casa de Jehová, y la casa del rey, y todas las casas de Jerusalem; y abrasó con fuego todo grande edificio.

14 Y todo el ejército de los Caldeos, que venía con el capitán de la guardia, destruyó todos los muros de Jerusalem en derredor.

15 E hizo trasportar Nabuzaradán, capitán de la guardia, los pobres del pueblo, y toda la otra gente vulgar que en la ciudad habían quedado, y los fugitivos que se habían huído al rey de Babilonia, y todo el resto de la multitud vulgar.

16 Mas de los pobres del país dejó Nabuzaradán, capitán de la guardia, para viñadores y labradores.

17 Y los Caldeos quebraron las columnas de bronce que estaban en la casa de Jehová, y las basas, y el mar de bronce que estaba en la casa de Jehová, y llevaron todo el metal á Babilonia.

18 Lleváronse también los calderos, y los badiles, y los salterios, y las bacías, y los cazos, y todos los vasos de metal con que se servían.

19 Y las copas, é incensarios, y tazones, y ollas, y candeleros, y escudillas, y tazas: lo que de oro de oro, y lo que de plata de plata, se llevó el capitán de la guardia.

20 Las dos columnas, un mar, y doce bueyes de bronce que estaban debajo de las basas, que había hecho el rey Salomón en la casa de Jehová: no se podía pesar el metal de todos estos vasos.

21 Cuanto á las columnas, la altura de la columna era de dieciocho codos, y un hilo de doce codos la rodeaba: y su grueso era de cuatro dedos, y hueca.

22 Y el capitel de bronce que había sobre ella, era de altura de cinco codos, con una red y granadas en el capitel alrededor, todo de bronce; y lo mismo era lo de la segunda columna con sus granadas.

23 Había noventa y seis granadas en cada orden: todas ellas eran ciento sobre la red alrededor.

24 Tomó también el capitán de la guardia á Seraías principal sacerdote, y á Sophonías segundo sacerdote, y tres guardas del atrio.

25 Y de la ciudad tomó un eunuco que era capitán sobre los hombres de guerra, y siete hombres de los continuos del rey, que se hallaron en el ciudad; y al principal secretario de la milicia, que revistaba el pueblo de la tierra para la guerra; y sesenta hombres del vulgo del país, que se hallaron dentro de la ciudad.

26 Tomólos pues Nabuzaradán, capitán de la guardia, y llevólos al rey de Babilonia á Ribla.

27 Y el rey de Babilonia los hirió, y los mató en Ribla en tierra de Hamath. Así fué Judá trasportado de su tierra.

28 Este es el pueblo que Nabucodonosor hizo trasportar: En el año séptimo, tres mil veintitrés Judíos:

29 En el año diecocho hizo Nabudonosor, trasportar de Jerusalem ochocientas treinta y dos personas:

30 El año veintitrés de Nabucodonosor, trasportó Nabuzaradán capitán de la guardia, setecientas cuarenta y cinco personas de los Judíos: todas las personas fueron cuatro mil seiscientas.

31 Y acaeció que en el año treinta y siete de la cautividad de Joachîn rey de Judá, en el mes duodécimo, á los veinticinco del mes, Evíl-merodach, rey de Babilonia, en el año primero de su reinado, alzó la cabeza de Joachîn rey de Judá y sacólo de la casa de la cárcel;

32 Y habló con él amigablemente, é hizo poner su silla sobre las sillas de los reyes que estaban con él en Babilonia.

33 Hízole mudar también los vestidos de su prisión, y comía pan delante de él siempre todos los días de su vida.

34 Y continuamente se le daba ración por el rey de Babilonia, cada cosa su día por todos los días de su vida, hasta el día de su muerte.

LAMENTACIONES

1 ¡Cómo está sentada sola la ciudad populosa! La grande entre las naciones se ha vuelto como viuda, señora de provincias es hecha tributaria.

2 Amargamente llora en la noche, y sus lágrimas en sus mejillas; No tiene quien la consuele de todos sus amadores: Todos sus amigos le faltaron, volviéronsele enemigos.

3 Fuése Judá, á causa de la aflicción y de la grandeza de servidumbre; Ella moró entre las gentes, y no halló descanso: Todos sus perseguidores la alcanzaron entre estrechuras.

4 Las calzadas de Sión tienen luto, porque no hay quien venga á las solemnidades; Todas sus puertas están asoladas, sus sacerdotes gimen, Sus vírgenes afligidas, y ella tiene amargura.

5 Sus enemigos han sido hechos cabeza, sus aborrecedores fueron prosperados; Porque Jehová la afligió por la multitud de sus rebeliones: Sus niños fueron en cautividad delante del enemigo.

6 Fuése de la hija de Sión toda su hermosura: Sus príncipes fueron como ciervos que no hallan pasto, Y anduvieron sin fortaleza delante del perseguidor.

7 Jerusalem, cuando cayó su pueblo en mano del enemigo y no hubo quien le ayudase, Se acordó de los días de su aflicción, y de sus rebeliones, Y de todas sus cosas deseables que tuvo desde los tiempos antiguos: Miráronla los enemigos, y escarnecieron de sus sábados.

8 Pecado cometió Jerusalem; por lo cual ella ha sido removida: Todos los que la honraban la han menospreciado, porque vieron su vergüenza; Y ella suspira, y se vuelve atrás.

9 Sus inmundicias en sus faldas; no se acordó de su postrimería: Por tanto ella ha descendido maravillosamente, no tiene consolador. Mira, oh Jehová, mi aflicción, porque el enemigo se ha engrandecido.

10 Extendió su mano el enemigo á todas sus cosas preciosas: Y ella ha visto entrar en su santuario las gentes, De las cuales mandaste que no entrasen en tu congregación.

11 Todo su pueblo buscó su pan suspirando; Dieron por la comida todas sus cosas preciosas, para entretener la vida. Mira, oh Jehová, y ve que estoy abatida.

12 ¿No os conmueve á cuantos pasáis por el camino? Mirad, y ved si hay dolor como mi dolor que me ha venido; Porque Jehová me ha angustiado en el día de la ira de su furor.

13 Desde lo alto envió fuego en mis huesos, el cual se enseñoreó: Ha extendido red a mis pies, tornóme atrás, Púsome asolada, y que siempre tenga dolor.

14 El yugo de mis rebeliones está ligado por su mano, Enlazadas han subido sobre mi cerviz: ha hecho caer mis fuerzas: Hame entregado el Señor en sus manos, contra quienes no podré levantarme.

15 El Señor ha hollado todos mis fuertes en medio de mí; Llamó contra mí compañía para quebrantar mis mancebos: Como lagar ha pisado el Señor á la virgen hija de Judá.

16 Por esta causa yo lloro; mis ojos, mis ojos fluyen aguas; Porque se alejó de mí consolador que dé reposo á mi alma: Mis hijos son destruídos, porque el enemigo prevaleció.

17 Sión extendió sus manos, no tiene quien la consuele; Jehová dió mandamiento contra Jacob, que sus enemigos lo cercasen: Jerusalem fué en abominación entre ellos.

18 Jehová es justo; que yo contra su boca me rebelé. Oid ahora, pueblos todos, y ved mi dolor: Mis vírgenes y mis mancebos fueron en cautiverio.

19 Dí voces á mis amadores, mas ellos me han engañado; Mis sacerdotes y mis ancianos en la ciudad perecieron, Buscando comida para sí con que entretener su vida.

20 Mira, oh Jehová, que estoy atribulada: mis entrañas rugen, Mi corazón está trastornado en medio de mí; porque me rebelé desaforadamente: De fuera deshijó el cuchillo, de dentro parece una muerte.

21 Oyeron que gemía, y no hay consolador para mí: Todos mis enemigos han oído mi mal, se han holgado de que tú lo hiciste. Harás venir el día que has anunciado, y serán como yo.

22 Entre delante de ti toda su maldad, Y haz con ellos como hiciste conmigo por todas mis rebeliones: Porque muchos son mis suspiros, y mi corazón está doloroso.

2 ¡Cómo oscureció el Señor en su furor a la hija de Sión! Derribó del cielo á la tierra la hermosura de Israel, Y no se acordó del estrado de sus pies en el día de su ira.

2 Destruyó el Señor, y no perdonó; Destruyó en su furor todas las tiendas de Jacob: Echó por tierra las fortalezas de la hija de Judá, Deslustró el reino y sus príncipes.

3 Cortó con el furor de su ira todo el cuerno de Israel; Hizo volver atrás su diestra delante del enemigo; Y encendióse en Jacob como llama de fuego que ha devorado en contorno.

4 Entesó su arco como enemigo, afirmó su mano derecha como adversario, Y mató toda cosa hermosa á la vista: En la tienda de la hija de Sión derramó como fuego su enojo.

5 Fué el Señor como enemigo, destruyó á Israel; Destruyó todos sus palacios, disipó sus fortalezas: Y multiplicó en la hija de Judá la tristeza y lamento.

6 Y quitó su tienda como de un huerto, Destruyó el lugar de su congregación: Jehová ha hecho olvidar en Sión solemnidades y sábados, Y ha desechado en el furor de su ira rey y sacerdote.

7 Desechó el Señor su altar, menospreció su santuario, Ha entregado en mano del enemigo los muros de sus palacios: Dieron grita en la casa de Jehová como en día de fiesta.

8 Jehová determinó destruir el muro de la hija de Sión; Extendió el cordel, no retrajo su mano de destruir: Hizo pues, se lamentara el antemuro y el muro; fueron destruídos juntamente.

9 Sus puertas fueron echadas por tierra, destruyó y quebrantó sus cerrojos: Su rey y sus príncipes están entre las gentes donde no hay ley; Sus profetas tampoco hallaron visión de Jehová.

10 Sentáronse en tierra, callaron los ancianos de la hija de Sión; Echaron polvo sobre sus cabezas, ciñéronse de saco; Las vírgenes de Jerusalem bajaron sus cabezas á tierra.

11 Mis ojos desfallecieron de lágrimas, rugieron mis entrañas, Mi hígado se derramó por tierra por el quebrantamiento de la hija de mi pueblo, Cuando desfallecía el niño y el que mamaba, en las plazas de la ciudad.

12 Decían a sus madres: ¿Dónde está el trigo y el vino? Desfallecían como heridos en las calles de la ciudad, Derramando sus almas en el regazo de sus madres.

13 ¿Qué testigo te traeré, ó á quién te haré semejante, hija de Jerusalem? ¿A quién te compararé para consolarte, oh virgen hija de Sión? Porque grande es tu quebrantamiento como la mar: ¿quién te medicinará?

14 Tus profetas vieron para ti vanidad y locura; Y no descubrieron tu pecado para estorbar tu cautiverio, Sino que te predicaron vanas profecías y extravíos.

15 Todos los que pasaban por el camino, batieron las manos sobre ti; Silbaron, y movieron sus cabezas sobre la hija de Jerusalem, diciendo: ¿Es ésta la ciudad que decían de perfecta hermosura, el gozo de toda la tierra?

16 Todos tus enemigos abrieron sobre ti su boca, Silbaron, y rechinaron sus dientes; dijeron: Devoremos: Cierto éste es el día que esperábamos; lo hemos hallado, vímoslo.

17 Jehová ha hecho lo que tenía determinado, Ha cumplido su palabra que él había mandado desde tiempo antiguo: Destruyó, y no perdonó; Y alegró sobre ti al enemigo, Y enalteció el cuerno de tus adversarios.

18 El corazón de ellos clamaba al Señor: Oh muro de la hija de Sión, echa lágrimas como un arroyo día y noche; No descanses, ni cesen las niñas de tus ojos.

19 Levántate, da voces en la noche, en el principio de las velas; Derrama como agua tu corazón ante la presencia del Señor; Alza tus manos á él por la vida de tus pequeñitos, Que desfallecen de hambre en las entradas de todas las calles.

20 Mira, oh Jehová, y considera á quién has hecho así. ¿Han de comer las mujeres su fruto, los pequeñitos de sus crías? ¿Han de ser muertos en el santuario del Señor el sacerdote y el profeta?

21 Niños y viejos yacían por tierra en las calles; Mis vírgenes y mis mancebos cayeron á cuchillo: Mataste en el día de tu furor, degollaste, no perdonaste.

22 Has llamado, como á día de solemnidad, mis temores de todas partes; Y en el día del furor de Jehová no hubo quien escapase ni quedase vivo: Los que crié y mantuve, mi enemigo los acabó.

3 Yo soy el hombre que ha visto aflicción en la vara de su enojo.

2 Guíome y llevóme en tinieblas, mas no en luz.

3 Ciertamente contra mí volvió y revolvió su mano todo el día.

4 Hizo envejecer mi carne y mi piel; quebrantó mis huesos.

5 Edificó contra mí, y cercóme de tósigo y de trabajo.

6 Asentóme en oscuridades, como los ya muertos de mucho tiempo.

7 Cercóme por todos lados, y no puedo salir; agravó mis grillos.

8 Aun cuando clamé y dí voces, cerro los oídos a mi oración.

9 Cercó mis caminos con piedra tajada, torció mis senderos.

10 Como oso que acecha fué para mí, como león en escondrijos.

11 Torció mis caminos, y depedazóme; tornóme asolado.

12 Su arco entesó, y púsome como blanco á la saeta.

13 Hizo entrar en mis riñones las saetas de su aljaba.

14 Fuí escarnio á todo mi pueblo, canción de ellos todos los días.

15 Hartóme de amarguras, embriagóme de ajenjos.

16 Quebróme los dientes con cascajo, cubrióme de ceniza.

17 Y mi alma se alejó de la paz, olvidéme del bien.

18 Y dije: Pereció mi fortaleza, y mi esperanza de Jehová.

19 Acuérdate de mi aflicción y de mi abatimiento, del ajenjo y de la hiel.

20 Tendrálo aún en memoria mi alma, porque en mí está humillada.

21 Esto reduciré á mi corazón, por lo cual esperaré.

22 Es por la misericordia de Jehová que no somos consumidos, porque nunca decayeron sus misericordias.

23 Nuevas son cada mañana; grande es tu fidelidad.

24 Mi parte es Jehová, dijo mi alma; por tanto en él esperaré.

25 Bueno es Jehová á los que en él esperan, al alma que le buscare.

26 Bueno es esperar callando en la salud de Jehová.

27 Bueno es al hombre, si llevare el yugo desde su mocedad.

28 Sentaráse solo, y callará, porque lo llevó sobre sí.

29 Pondrá su boca en el polvo, por si quizá hay esperanza.

30 Dará la mejilla al que le hiriere; hartaráse de afrenta.

31 Porque el Señor no desechará para siempre:

32 Antes si afligiere, también se compadecerá según la multitud de sus misericordias.

33 Porque no aflige ni congoja de su corazón á los hijos de los hombres.

34 Desmenuzar bajo de sus pies todos los encarcelados de la tierra,

35 Hacer apartar el derecho del hombre ante la presencia del Altísimo,

36 Trastornar al hombre en su causa, el Señor no lo sabe.

37 ¿Quién será aquel que diga, que vino algo que el Señor no mandó?

38 ¿De la boca del Altísimo no saldrá malo y bueno?

39 ¿Por qué murmura el hombre viviente, el hombre en su pecado?

40 Escudriñemos nuestros caminos, y busquemos, y volvámonos a Jehová.

41 Levantemos nuestros corazones con las manos a Dios en los cielos.

42 Nosotros nos hemos rebelado, y fuimos desleales; tú no perdonaste.

43 Desplegaste la ira, y nos perseguiste; mataste, no perdonaste.

44 Te cubriste de nube, porque no pasase la oración nuestra.

45 Raedura y abominación nos tornaste en medio de los pueblos.

46 Todos nuestros enemigos abrieron sobre nosotros su boca.

47 Temor y lazo fué para nosotros, asolamiento y quebrantamiento.

48 Ríos de aguas echan mis ojos, por el quebrantamiento de la hija de mi pueblo.

49 Mis ojos destilan, y no cesan, porque no hay alivio,

50 Hasta que Jehová mire y vea desde los cielos.

51 Mis ojos contristaron mi alma, por todas las hijas de mi ciudad.

52 Mis enemigos me dieron caza como á ave, sin por qué.

53 Ataron mi vida en mazmorra, pusieron piedra sobre mí.

54 Aguas de avenida vinieron sobre mi cabeza; yo dije: Muerto soy.

55 Invoqué tu nombre, oh Jehová, desde la cárcel profunda.

56 Oiste mi voz; no escondas tu oído á mi clamor, para mi respiro

57 Acercástete el día que te invoqué: dijiste: No temas.

58 Abogaste, Señor, la causa de mi alma; redimiste mi vida.

59 Tú has visto, oh Jehová, mi agravio; defiende mi causa.

60 Tú has visto toda su venganza; todos sus pensamientos contra mí.

61 Tú has oído el oprobio de ellos, oh Jehová, todas sus maquinaciones contra mí;

62 Los dichos de los que contra mí se levantaron, y su designio contra mí todo el día.

63 Su sentarse, y su levantarse mira: yo soy su canción.

64 Dales el pago, oh Jehová, según la obra de sus manos.

65 Dales ansia de corazón, tu maldición á ellos.

66 Persíguelos en tu furor, y quebrántalos de debajo de los cielos, oh Jehová.

4 ¡Cómo se ha oscurecido el oro! ¡Cómo el buen oro se ha demudado! Las piedras del santuario están esparcidas por las encrucijadas de todas las calles.

2 Los hijos de Sión, preciados y estimados más que el oro puro, ¡Cómo son tenidos por vasos de barro, obra de manos de alfarero!

3 Aun los monstruos marinos sacan la teta, dan de mamar a sus chiquitos: hija de mi pueblo es cruel, como los avestruces en el desierto.

4 La lengua del niño de teta, de sed se pegó á su paladar: Los chiquitos pidieron pan, y no hubo quien se lo partiese.

5 Los que comían delicadamente, asolados fueron en las calles; Los que se criaron en carmesí, abrazaron los estercoleros.

6 Y aumentóse la iniquidad de la hija de mi pueblo más que el pecado de Sodoma, Que fué trastornada en un momento, y no asentaron sobre ella compañías.

7 Sus Nazareos fueron blancos más que la nieve, más lustrosos que la leche. Su compostura más rubicunda que los rubíes, más bellos que el zafiro:

8 Oscura más que la negrura es la forma de ellos; no los conocen por las calles: Su piel está pegada á sus huesos, seca como un palo.

9 Más dichosos fueron los muertos á cuchillo que los muertos del hambre; Porque éstos murieron poco á poco por falta de los frutos de la tierra.

10 Las manos de las mujeres piadosas cocieron á sus hijos; Fuéronles comida en el quebrantamiento de la hija de mi pueblo.

11 Cumplió Jehová su enojo, derramó el ardor de su ira; Y encendió fuego en Sión, que consumió sus fundamentos.

12 Nunca los reyes de la tierra, ni todos los que habitan en el mundo, Creyeron que el enemigo y el adversario entrara por las puertas de Jerusalem.

13 Es por los pecados de sus profetas, por las maldades de sus sacerdotes, Que derramaron en medio de ella la sangre de los justos.

14 Titubearon como ciegos en las calles, fueron contaminados en sangre, De modo que no pudiesen tocar á sus vestiduras.

15 Apartaos ¡inmundos!, les gritaban, Apartaos, apartaos, no toquéis. Cuando huyeron y fueron dispersos, dijeron entre las gentes: Nunca más morarán aquí

16 La ira de Jehová los apartó, no los mirará más: No respetaron la faz de los sacerdotes, ni tuvieron compasión de los viejos.

17 Aun nos han desfallecido nuestros ojos tras nuestro vano socorro: En nuestra esperanza aguardamos gente que no puede salvar.

18 Cazaron nuestro pasos, que no anduviésemos por nuestras calles: Acercóse nuestro fin, cumpliéronse nuestros días; porque nuestro fin vino.

19 Ligeros fueron nuestros perseguidores más que las águilas del cielo: Sobre los montes nos persiguieron, en el desierto nos pusieron emboscada.

20 El resuello de nuestras narices, el ungido de Jehová, De quien habíamos dicho: A su sombra tendremos vida entre las gentes: fué preso en sus hoyos.

21 Gózate y alégrate, hija de Edom, la que habitas en tierra de Hus: Aun hasta ti pasará el cáliz; embriagarte has, y vomitarás.

22 Cumplido es tu castigo, oh hija de Sión: Nunca más te hará trasportar. Visitará tu iniquidad, oh hija de Edom; Descubrirá tus pecados.

5 Acuérdate, oh Jehová, de lo que nos ha sucedido: Ve y mira nuestro oprobio.

2 Nuestra heredad se ha vuelto á extraños, Nuestras casas á forasteros.

3 Huérfanos somos sin padre, Nuestras madres como viudas.

4 Nuestra agua bebemos por dinero; Nuestra leña por precio compramos.

5 Persecución padecemos sobre nuestra cerviz: Nos cansamos, y no hay para nosotros reposo.

6 Al Egipcio y al Asirio dimos la mano, para saciarnos de pan.

7 Nuestros padres pecaron, y son muertos; Y nosotros llevamos sus castigos.

8 Siervos se enseñorearon de nosotros; No hubo quien de su mano nos librase.

9 Con peligro de nuestras vidas traíamos nuestro pan Delante del cuchillo del desierto.

10 Nuestra piel se ennegreció como un horno A causa del ardor del hambre.

11 Violaron á las mujeres en Sión, A las vírgenes en las ciudades de Judá.

12 A los príncipes colgaron por su mano; No respetaron el rostro de los viejos.

13 Llevaron los mozos á moler, Y los muchachos desfallecieron en la leña.

14 Los ancianos cesaron de la puerta, Los mancebos de sus canciones.

15 Cesó el gozo de nuestro corazón; Nuestro corro se tornó en luto.

16 Cayó la corona de nuestra cabeza: ¡Ay ahora de nosotros! porque pecamos.

17 Por esto fué entristecido nuestro corazón, Por esto se entenebrecieron nuestros ojos:

18 Por el monte de Sión que está asolado; Zorras andan en él.

19 Mas tú, Jehová, permanecerás para siempre: Tu trono de generación en generación.

20 ¿Por qué te olvidarás para siempre de nosotros, Y nos dejarás por largos días?

21 Vuélvenos, oh Jehová, á ti, y nos volveremos: Renueva nuestros días como al principio.

22 Porque repeliendo nos has desechado; Te has airado contra nosotros en gran manera.

EZEQUIEL

1 Y fué que á los treinta años, en el mes cuarto, á cinco del mes, estando yo en medio de los trasportados junto al río de Chebar, los cielos se abrieron, y vi visiones de Dios.

2 A los cinco del mes, que fué el año quinto de la transmigración del rey Joachîn,

3 Fué palabra de Jehová á Ezequiel sacerdote, hijo de Buzi, en la tierra de los Caldeos, junto al río de Chebar; fué allí sobre él la mano de Jehová.

4 Y miré, y he aquí un viento tempestuoso venía del aquilón, una gran nube, con un fuego envolvente, y en derredor suyo un resplandor, y en medio del fuego una cosa que parecía como de ámbar,

5 Y en medio de ella, figura de cuatro animales. Y este era su parecer; había en ellos semejanza de hombre.

6 Y cada uno tenía cuatro rostros, y cuatro alas.

7 Y los pies de ellos eran derechos, y la planta de sus pies como la planta de pie de becerro; y centelleaban á manera de bronce muy bruñido.

8 Y debajo de sus alas, á sus cuatro lados, tenían manos de hombre; y sus rostros y sus alas por los cuatro lados.

9 Con las alas se juntaban el uno al otro. No se volvían cuando andaban; cada uno caminaba en derecho de su rostro.

10 Y la figura de sus rostros era rostro de hombre; y rostro de león á la parte derecha en los cuatro; y á la izquierda rostro de buey en los cuatro; asimismo había en los cuatro rostro de águila.

11 Tales eran sus rostros; y tenían sus alas extendidas por encima, cada una dos, las cuales se juntaban; y las otras dos cubrían sus cuerpos.

12 Y cada una caminaba en derecho de su rostro: hacia donde el espíritu era que anduviesen, andaban; cuando andaban, no se volvían.

13 Cuanto á la semejanza de los animales, su parecer era como de carbones de fuego encendidos, como parecer de hachones encendidos: discurría entre los animales; y el fuego resplandecía, y del fuego salían relámpagos.

14 Y los animales corrían y tornaban á semejanza de relámpagos.

15 Y estando yo mirando los animales, he aquí una rueda en la tierra junto á los animales, á sus cuatro caras.

16 Y el parecer de las ruedas y su obra semejábase al color del topacio. Y las cuatro tenían una misma semejanza: su apariencia y su obra como rueda en medio de rueda.

17 Cuando andaban, se movían sobre sus cuatro costados: no se volvían cuando andaban.

18 Y sus cercos eran altos y espantosos, y llenos de ojos alrededor en las cuatro.

19 Y cuando los animales andaban, las ruedas andaban junto á ellos: y cuando los animales se levantaban de la tierra, las ruedas se levantaban.

20 Hacia donde el espíritu era que anduviesen, andaban; hacia donde era el espíritu que anduviesen, las ruedas también se levantaban tras ellos; porque el espíritu de los animales estaba en las ruedas.

21 Cuando ellos andaban, andaban ellas; y cuando ellos se paraban, se paraban ellas; asimismo cuando se levantaban de la tierra, las ruedas se levantaban tras ellos; porque el espíritu de los animales estaba en las ruedas.

22 Y sobre las cabezas de cada animal aparecía expansión á manera de cristal maravilloso, extendido encima sobre sus cabezas.

23 Y debajo de la expansión estaban las alas de ellas derechas la una á la otra; á cada uno dos, y otras dos con que se cubrían sus cuerpos.

24 Y oí el sonido de sus alas cuando andaban, como sonido de muchas aguas, como la voz del Omnipotente, como ruido de muchedumbre, como la voz de un ejército. Cuando se paraban, aflojaban sus alas.

25 Y cuando se paraban y aflojaban sus alas, oíase voz de arriba de la expansión que había sobre sus cabezas.

26 Y sobre la expansión que había sobre sus cabezas, veíase la figura de un trono que parecía de piedra de zafiro; y sobre la figura del trono había una semejanza que parecía de hombre sentado sobre él.

27 Y vi apariencia como de ámbar, como apariencia de fuego dentro de ella en contorno, por el aspecto de sus lomos para arriba; y desde sus lomos para abajo, vi que parecía como fuego, y que tenía resplandor alrededor.

28 Cual parece el arco del cielo que está en las nubes el día que llueve, así era el parecer del resplandor alrededor. Esta fué la visión de la semejanza de la gloria de Jehová. Y luego que yo la hube visto, caí sobre mi rostro, y oí voz de uno que hablaba.

2 Y díjome: Hijo del hombre, está sobre tus pies, y hablaré contigo.

2 Y entró espíritu en mí luego que me habló, y afirmóme sobre mis pies, y oía al que me hablaba.

3 Y díjome: Hijo del hombre, yo te envío á los hijos de Israel, á gentes rebeldes que se rebelaron contra mí: ellos y sus padres se han rebelado contra mí hasta este mismo día.

4 Y á hijos que son duros de rostro y empedernido corazón, yo te envío; y les dirás: Así ha dicho el Señor Jehová.

5 Acaso ellos escuchen; y si no escucharen, (porque son una rebelde familia,) siempre conocerán que hubo profeta entre ellos.

6 Y tú, hijo del hombre, no temas de ellos, ni tengas miedo de sus palabras, aunque te hallas entre zarzas y espinas, y tú moras con escorpiones: no tengas miedo de sus palabras, ni temas delante de ellos, porque son casa rebelde.

7 Les hablarás pues mis palabras, escuchen ó dejen de escuchar; porque son muy rebeldes.

8 Mas tú, hijo del hombre, oye lo que yo te hablo; no seas tú rebelde como la casa rebelde: abre tu boca, y come lo que yo te doy.

9 Y miré, y he aquí una mano me fué enviada, y en ella había un rollo de libro.

10 Y extendiólo delante de mí, y estaba escrito delante y detrás: y había escritas en él endechas, y lamentación, y ayes.

3 Y díjome: Hijo del hombre, come lo que hallares; come este rollo, y ve y habla á la casa de Israel.

2 Y abrí mi boca, é hízome comer aquel rollo.

3 Y díjome: Hijo del hombre, haz á tu vientre que coma, é hinche tus entrañas de este rollo que yo te doy. Y comílo, y fué en mi boca dulce como miel.

4 Y díjome luego: Hijo del hombre, ve y entra á la casa de Israel, y habla á ellos con mis palabras.

5 Porque no eres enviado á pueblo de habla profunda ni de lengua difícil, sino á la casa de Israel.

6 No á muchos pueblos de profunda habla ni de lengua difícil, cuyas palabras no entiendas; y si á ellos te enviara, ellos te oyeran.

7 Mas la casa de Israel no te querrán oir, porque no me quieren oír á mí: porque toda la casa de Israel son tiesos de frente, y duros de corazón.

8 He aquí he hecho yo tu rostro fuerte contra los rostros de ellos, y tu frente fuerte contra su frente.

9 Como diamante, más fuerte que pedernal he hecho tu frente; no los temas, ni tengas miedo delante de ellos, porque es casa rebelde.

10 Y díjome: Hijo del hombre, toma en tu corazón todas mis palabras que yo te hablaré, y oye con tus oídos.

11 Y ve, y entra á los trasportados, á los hijos de tu pueblo, y les hablarás y les dirás: Así ha dicho el Señor Jehová; escuchen, ó dejen de escuchar.

12 Y levantóme el espíritu, y oí detrás de mí una voz de grande estruendo, que decía: Bendita sea la gloria de Jehová desde su lugar.

13 Oí también el sonido de las alas de los animales que se juntaban la una con la otra, y el sonido de las ruedas delante de ellos, y sonido de grande estruendo.

14 Levantóme pues el espíritu, y me tomó; y fuí en amargura, en la indignación de mi espíritu: mas la mano de Jehová era fuerte sobre mí.

15 Y vine á los trasportados en Telabib, que moraban junto al río de Chebar, y asenté donde ellos estaban asentados, y allí permanecí siete días atónito entre ellos.

16 Y aconteció que al cabo de los siete días fué á mí palabra de Jehová, diciendo:

17 Hijo del hombre, yo te he puesto por atalaya á la casa de Israel: oirás pues tú la palabra de mi boca, y amonestarlos has de mi parte.

18 Cuando yo dijere al impío: De cierto morirás: y tú no le amonestares, ni le hablares, para que el impío sea apercibido de su mal camino, á fin de que viva, el impío morirá por su maldad, mas su sangre demandaré de tu mano.

19 Y si tú amonestares al impío, y él no se convirtiere de su impiedad, y de su mal camino, él morirá por su maldad, y tú habrás librado tu alma.

20 Y cuando el justo se apartare de su justicia, é hiciere maldad, y pusiere yo tropiezo delante de él, él morirá, porque tú no le amonestaste; en su pecado morirá, y sus justicias que había hecho no vendrán en memoria; mas su sangre demandaré de tu mano.

21 Y si al justo amonestares para que el justo no peque, y no pecare, de cierto vivirá, porque fué amonestado; y tú habrás librado tu alma.

22 Y fué allí la mano de Jehová sobre mí, y díjome: Levántate, y sal al campo, y allí hablaré contigo.

23 Y levantéme, y salí al campo: y he aquí que allí estaba la gloria de Jehová, como la gloria que había visto junto al río de Chebar: y caí sobre mi rostro.

24 Entonces entró espíritu en mí, y afirmóme sobre mis pies, y hablóme, y díjome: Entra, y enciérrate dentro de tu casa.

25 Y tú, oh hijo del hombre, he aquí que pondrán sobre ti cuerdas, y con ellas te ligarán, y no saldrás entre ellos.

26 Y haré se pegue tu lengua á tu paladar, y estarás mudo, y no serás á ellos varón que reprende: porque son casa rebelde.

27 Mas cuando yo te hubiere hablado, abriré tu boca, y les dirás: Así ha dicho el Señor Jehová: El que oye, oiga; y el que cesa, cese: porque casa rebelde son.

4 Y tú, hijo del hombre, tómate un adobe, y ponlo delante de ti, y diseña sobre él la ciudad de Jerusalem:

2 Y pondrás contra ella cerco, y edificarás contra ella fortaleza, y sacarás contra ella baluarte, y asentarás delante de ella campo, y pondrás contra ella arietes alrededor.

3 Tómate también una plancha de hierro, y ponla en lugar de muro de hierro entre ti y la ciudad: afirmarás luego tu rostro contra ella, y será en lugar de cerco, y la sitiarás. Es señal á la casa de Israel.

4 Y tú dormirás sobre tu lado izquierdo, y pondrás sobre él la maldad de la casa de Israel: el número de los días que dormirás sobre él, llevarás sobre ti la maldad de ellos.

5 Yo te he dado los años de su maldad por el número de los días; trescientos y noventa días: y llevarás la maldad de la casa de Israel.

6 Y cumplidos estos, dormirás sobre tu lado derecho segunda vez, y llevarás la maldad de la casa de Judá cuarenta días: día por día, día por año te lo he dado.

7 Y al cerco de Jerusalem afirmarás tu rostro, y descubierto tu brazo, profetizarás contra ella.

8 Y he aquí te he puesto sobre ti cuerdas, y no te tomarás del un tu lado al otro lado, hasta que hayas cumplido los días de tu cerco.

9 Y tú toma para ti trigo, y cebada, y habas, y lentejas, y mijo, y avena, y ponlo en una vasija, y hazte pan de ello el número de los días que durmieres sobre tu lado: trescientos y noventa días comerás de él.

10 Y la comida que has de comer será por peso de veinte siclos al día: de tiempo á tiempo lo comerás.

11 Y beberás el agua por medida, la sexta parte de un hin: de tiempo á tiempo beberás.

12 Y comerás pan de cebada cocido debajo de la ceniza; y lo cocerás á vista de ellos con los estiércoles que salen del hombre.

13 Y dijo Jehová: Así comerán los hijos de Israel su pan inmundo, entre las gentes á donde los lanzaré yo.

14 Y dije: ¡Ah Señor Jehová! he aquí que mi alma no es inmunda, ni nunca desde mi mocedad hasta este tiempo comí cosa mortecina ni despedazada, ni nunca en mi boca entró carne inmunda.

15 Y respondióme: He aquí te doy estiércoles de bueyes en lugar de los estiércoles de hombre, y dispondrás tu pan con ellos.

16 Díjome luego: Hijo del hombre, he aquí quebrantaré el sostén del pan en Jerusalem, y comerán el pan por peso, y con angustia; y beberán el agua por medida, y con espanto.

17 Porque les faltará el pan y el agua, y se espantarán los unos con los otros, y se consumirán por su maldad.

5 Y tú, hijo del hombre, tómate un cuchillo agudo, una navaja de barbero toma, y hazla pasar sobre tu cabeza y tu barba: tómate después un peso de balanza, y reparte los pelos.

2 Una tercera parte quemarás con fuego en medio de la ciudad, cuando se cumplieren los días del cerco, y tomarás una tercera parte, y herirás con cuchillo alrededor de ella; y una tercera parte esparcirás al viento, y yo desenvainaré espada en pos de ellos.

3 Tomarás también de allí unos pocos por cuenta, y los atarás en el canto de tu ropa.

4 Y tomarás otra vez de ellos, y los echarás en mitad del fuego, y en el fuego los quemarás: de allí saldrá el fuego en toda la casa de Israel.

5 Así ha dicho el Señor Jehová: Esta es Jerusalem: púsela en medio de las gentes y de las tierras alrededor de ella.

6 Y ella mudó mis juicios y mis ordenanzas en impiedad más que las gentes, y más que las tierras que están alrededor de ella; porque desecharon mis juicios y mis mandamientos, y no anduvieron en ellos.

7 Por tanto, así ha dicho Jehová: ¿Por haberos multiplicado más que á las gentes que están alrededor de vosotros, no habéis andado en mis mandamientos, ni habéis guardado mis leyes? Ni aun según las leyes de las gentes que están alrededor de vosotros habéis hecho.

8 Así pues ha dicho el Señor Jehová: He aquí yo contra ti; sí, yo, y haré juicios en medio de ti á los ojos de las naciones.

9 Y haré en ti lo que nunca hice, ni jamás haré cosa semejante, á causa de todas tus abominaciones.

10 Por eso los padres comerán á los hijos en medio de ti, y los hijos comerán á sus padres; y haré en ti juicios, y esparciré á todos vientos todo tu residuo.

11 Por tanto, vivo yo, dice el Señor Jehová, ciertamente por haber violado mi santuario con todas tus abominaciones, te quebrantaré yo también: mi ojo no perdonará, ni tampoco tendré yo misericordia.

12 Una tercera parte de ti morirá de pestilencia, y de hambre será consumida en medio de ti; y una tercera parte caerá á cuchillo alrededor de ti; y una tercera parte esparciré á todos los vientos, y tras ellos desenvainaré espada.

13 Y cumpliráse mi furor, y haré que repose en ellos mi enojo, y tomaré satisfacción: y sabrán que yo Jehová he hablado en mi celo, cuando habré cumplido en ellos mi enojo.

14 Y te tornaré en desierto y en oprobio entre las gentes que están alrededor de ti, á los ojos de todo transeunte.

15 Y serás oprobio, y escarnio, y escarmiento, y espanto á las gentes que están alrededor de ti, cuando yo hiciere en ti juicios en furor é indignación, y en represiones de ira. Yo Jehová he hablado.

16 Cuando arrojare yo sobre ellos las perniciosas saetas del hambre, que serán para destrucción, las cuales enviaré para destruiros, entonces aumentaré el hambre sobre vosotros, y quebrantaré entre vosotros el arrimo del pan.

17 Enviaré pues sobre vosotros hambre, y malas bestias que te destruyan; y pestilencia y sangre pasarán por ti; y meteré sobre ti cuchillo. Yo Jehová he hablado.

6 Y fué á mí palabra de Jehová, diciendo:

2 Hijo del hombre, pon tu rostro hacia los montes de Israel, y profetiza contra ellos.

3 Y dirás: Montes de Israel, oid palabra del Señor Jehová: Así ha dicho el Señor Jehová á los montes y dicho el Señor Jehová á los montes y á los collados, á los arroyos y á los valles: He aquí que yo, yo haré venir sobre vosotros cuchillo, y destruiré vuestros altos.

4 Y vuestros altares serán asolados, y vuestras imágenes del sol serán quebradas; y haré que caigan vuestros muertos delante de vuestros ídolos.

5 Y pondré los cuerpos muertos de los hijos de Israel delante de sus ídolos; y vuestros huesos esparciré en derredor de vuestros altares.

6 En todas vuestras habitaciones las ciudades serán desiertas, y los altos serán asolados, para que sean asolados y se hagan desiertos vuestros altares; y quebrados serán vuestros ídolos, y cesarán; y vuestras imágenes del sol serán destruidas, y vuestras obras serán desechas.

7 Y los muertos caerán en medio de vosotros; y sabréis que soy Jehová.

8 Mas dejaré que haya de vosotros quien escape del cuchillo entre las gentes, cuando fuereis esparcidos por las tierras.

9 Y los que de vosotros escaparen, se acordarán de mí entre las gentes entre las cuales serán cautivos: porque yo me quebranté á causa de su corazón fornicario, que se apartó de mí, y á causa de sus ojos, que fornicaron tras sus ídolos: y se avergonzarán de sí mismos, á causa de los males que hicieron en todas sus abominaciones.

10 Y sabrán que yo soy Jehová: no en vano dije que les había de hacer este mal.

11 Así ha dicho el Señor Jehová: Hiere con tu mano, y huella con tu pie, y di: ¡Ay de los males de la casa de Israel por todas las abominaciones! porque con cuchillo, y con hambre, y con pestilencia caerán.

12 El que estuviere lejos, morirá de pestilencia; y el que estuviere cerca caerá á cuchillo; y el que quedare, y fuere cercado, morirá de hambre: así cumpliré en ellos mi enojo.

13 Y sabréis que yo soy Jehová, cuando sus muertos estarán en medio de sus ídolos, en derredor de sus altares, en todo collado alto, y en todas las cumbres de los montes, y debajo de todo árbol sombrío, y debajo de toda encina espesa, lugares donde dieron olor suave á todos sus ídolos.

14 Y extenderé mi mano sobre ellos, y tornaré la tierra asolada y desierta, más que el desierto hacia Diblath, en todas sus habitaciones: y conocerán que yo soy Jehová.

7 Y fué á mí palabra de Jehová, diciendo:
2 Y tú, hijo del hombre, así ha dicho el Señor Jehová á la tierra de Israel: El fin, el fin viene sobre los cuatro cantones de la tierra.

3 Ahora será el fin sobre ti, y enviaré sobre ti mi furor, y te juzgaré según tus caminos; y pondré sobre ti todas tus abominaciones.

4 Y mi ojo no te perdonará, ni tendré misericordia; antes pondré sobre ti tus caminos, y en medio de ti estarán tus abominaciones; y sabréis que yo soy Jehová.

5 Así ha dicho el Señor Jehová: Un mal, he aquí que viene un mal.

6 Viene el fin, el fin viene: hase despertado contra ti; he aquí que viene.

7 La mañana viene para ti, oh morador de la tierra; el tiempo viene, cercano está el día; día de alboroto, y no de alegría sobre los montes.

8 Ahora presto derramaré mi ira sobre ti, y cumpliré en ti mi furor, y te juzgaré según tus caminos; y pondré sobre ti tus abominaciones.

9 Y mi ojo no perdonará, ni tendré misericordia: según tus caminos pondré sobre ti, y en medio de ti serán tus abominaciones; y sabréis que yo Jehová soy el que hiero.

10 He aquí el día, he aquí que viene: ha salido la mañana; florecido ha la vara, ha reverdecido la soberbia.

11 La violencia se ha levantado en vara de impiedad; ninguno quedará de ellos, ni de su multitud, ni uno de los suyos; ni habrá quien de ellos se lamente.

12 El tiempo es venido, acércese el día: el que compra, no se huelgue, y el que vende, no llore: porque la ira está sobre toda su multitud.

13 Porque el que vende no tornará á lo vendido, aunque queden vivos: porque la visión sobre toda su multitud no será cancelada; y ninguno podrá, á causa de su iniquidad, amparar su vida.

14 Tocarán trompeta, y aparejarán todas las cosas, y no habrá quien vaya á la batalla: porque mi ira está sobre toda su multitud.

15 De fuera cuchillo, de dentro pestilencia y hambre: el que estuviere en el campo morirá á cuchillo; y al que estuviere en la ciudad, consumirálo hambre y pestilencia.

16 Y los que escaparen de ellos, huirán y estarán sobre los montes como palomas de los valles, gimiendo todos cada uno por su iniquidad.

17 Todas manos serán descoyuntadas, y declinarán como aguas todas rodillas.

18 Ceñirse han también de sacos, y cubrirálos temblor; y en todo rostro habrá confusión, y en todas sus cabezas peladura.

19 Arrojarán su plata por las calles, y su oro será desechado; su plata ni su oro, no podrá librarlos en el día del furor de Jehová; no saciarán su alma, ni henchirán sus entrañas: porque ha sido tropiezo para su maldad.

20 Por cuanto la gloria de su ornamento pusieron en soberbia, é hicieron en ella imágenes de sus abominaciones, de sus estatuas: por eso se la tomé á ellos en alejamiento;

21 Y en mano de extraños la entregué para ser saqueada, y en despojo á los impíos de la tierra, y la contaminarán.

22 Y apartaré de ellos mi rostro, y violarán mi lugar secreto; pues entrarán en él destruidores, y le profanarán.

23 Haz una cadena: porque la tierra está llena de juicios de sangres, y la ciudad está llena de violencia.

24 Traeré por tanto los más malos de las naciones, los cuales poseerán sus casas; y haré cesar la soberbia de los poderosos, y sus santuarios serán profanados.

25 Destrucción viene; y buscarán la paz, y no la habrá.

26 Quebrantamiento vendrá sobre quebrantamiento, y rumor será sobre rumor; y buscarán respuesta del profeta, mas la ley perecerá del sacerdote, y el consejo de los ancianos.

27 El rey se enlutará, y el príncipe se vestirá de asolamiento, y las manos del pueblo de la tierra serán conturbadas: según su camino haré con ellos, y con los juicios de ellos los juzgaré; y sabrán que yo soy Jehová.

8 Y fué en el sexto año, en el mes sexto, á los cinco del mes, que estaba yo sentado en mi casa, y los ancianos de Judá estaban sentados delante de mí, y allí cayó sobre mí la mano del Señor Jehová.

2 Y miré, y he aquí una semejanza que parecía de fuego: desde donde parecían sus lomos para abajo, fuego; y desde sus lomos arriba parecía como resplandor, como la vista de ámbar.

3 Y aquella semejanza extendió la mano, y tomóme por las guedejas de mi cabeza; y el espíritu me alzó entre el cielo y la tierra, y llevóme en visiones de Dios á Jerusalem, á la entrada de la puerta de adentro que mira hacia el aquilón, donde estaba la habitación de la imagen del celo, la que hacía celar.

4 Y he aquí allí estaba la gloria del Dios de Israel, como la visión que yo había visto en el campo.

5 Y díjome: Hijo del hombre, alza ahora tus ojos hacia el lado del aquilón. Y alcé mis ojos hacia el lado del aquilón, y he aquí al aquilón, junto á la puerta del altar, la imagen del celo en la entrada.

6 Díjome entonces: Hijo del hombre, ¿no ves lo que éstos hacen, las grandes abominaciones que la casa de Israel hace aquí, para alejarme de mi santuario? Mas vuélvete aún, y verás abominaciones mayores.

7 Y llevóme á la entrada del atrio, y miré, y he aquí en la pared un agujero.

8 Y díjome: Hijo del hombre, cava ahora en la pared. Y cavé en la pared, y he aquí una puerta.

9 Díjome luego: Entra, y ve las malvadas abominaciones que éstos hacen allí.

10 Entré pues, y miré, y he aquí imágenes de todas serpientes, y animales de abominación, y todos los ídolos de la casa de Israel, que estaban pintados en la pared alrededor.

11 Y delante de ellos estaban setenta varones de los ancianos de la casa de Israel, y Jaazanías hijo de Saphán estaba en medio de ellos, cada uno con su incensario en su mano; y el sahumerio subía espesura de niebla.

12 Y me dijo: Hijo del hombre, ¿has visto las cosas que los ancianos de la casa de Israel hacen en tinieblas, cada uno en sus cámaras pintadas? porque dicen ellos: No nos ve Jehová; Jehová ha dejado la tierra.

13 Díjome después: Vuélvete aún, verás abominaciones mayores que hacen éstos.

14 Y llevóme á la entrada de la puerta de la casa de Jehová, que está al aquilón; y he aquí mujeres que estaban allí sentadas endechando á Tammuz.

15 Luego me dijo: ¿No ves, hijo del hombre? Vuélvete aún, verás abominaciones mayores que éstas.

16 Y metióme en el atrio de adentro de la casa de Jehová: y he aquí junto á la entrada del templo de Jehová, entre la entrada y el altar, como veinticinco varones, sus espaldas vueltas al templo de Jehová y sus rostros al oriente, y encorvábanse al nacimiento del sol.

17 Y díjome: ¿No has visto, hijo del hombre? ¿Es cosa liviana para la casa de Judá hacer las abominaciones que hacen aquí? Después que han llenado la tierra de maldad, y se tornaron á irritarme, he aquí que ponen hedor á mis narices.

18 Pues también yo haré en mi furor; no perdonará mi ojo, ni tendré misericordia, y gritarán á mis oídos con gran voz, y no los oiré.

9 Y clamó en mis oídos con gran voz, diciendo: Los visitadores de la ciudad han llegado, y cada uno trae en su mano su instrumento para destruir.

2 Y he aquí que seis varones venían del camino de la puerta de arriba que está vuelta al aquilón, y cada uno traía en su mano su instrumento para destruir. Y entre ellos había un varón vestido de lienzos, el cual traía á su cintura una escribanía de escribano; y entrados, paráronse junto al altar de bronce.

3 Y la gloria del Dios de Israel se alzó de sobre el querubín sobre el cual había estado, al umbral de la casa: y llamó Jehová al varón vestido de lienzos, que tenía á su cintura la escribanía de escribano;

4 Y díjole Jehová: Pasa por medio de la ciudad, por medio de Jerusalem, y pon una señal en la frente á los hombres que gimen y que claman á causa de todas las abominaciones que se hacen en medio de ella.

5 Y á los otros dijo á mis oídos: Pasad por la ciudad en pos de él, y herid; no perdone vuestro ojo, ni tengáis misericordia.

6 Matad viejos, mozos y vírgenes, niños y mujeres, hasta que no quede ninguno: mas á todo aquel sobre el cual hubiere señal, no llegaréis; y habéis de comenzar desde mi santuario. Comenzaron pues desde los varones ancianos que estaban delante del templo.

7 Y díjoles: Contaminad la casa, y henchid los atrios de muertos: salid. Y salieron, é hirieron en la ciudad.

8 Y aconteció que, habiéndolos herido, yo quedé y postréme sobre mi rostro, y clamé, y dije: ¡Ah, Señor Jehová! ¿has de destruir todo el resto de Israel derramando tu furor sobre Jerusalem?

9 Y díjome: La maldad de la casa de Israel y de Judá es grande sobremanera, pues la tierra está llena de sangres, y la ciudad está llena de perversidad: porque han dicho: Dejado ha Jehová la tierra, y Jehová no ve.

10 Así pues, yo, mi ojo no perdonará, ni tendré misericordia: el camino de ellos tornaré sobre su cabeza.

11 Y he aquí el varón vestido de lienzos, que tenía la escribanía á su cintura, respondió una palabra diciendo: Hecho he conforme á todo lo que me mandaste.

10 Y miré, y he aquí en la expansión que había sobre la cabeza de los querubines como una piedra de zafiro, que parecía como semejanza de un trono que se mostró sobre ellos.

2 Y habló al varón vestido de lienzos, y díjole: Entra en medio de la ruedas debajo de los querubines, é hinche tus manos carbones encendidos de entre los querubines, y derrama sobre la ciudad. Y entró á vista mía.

3 Y los querubines estaban á la mano derecha de la casa cuando este varón entró; y la nube henchía el atrio de adentro.

4 Y la gloria de Jehová se levantó del querubín al umbral de la puerta; y la casa fué llena de la nube, y el atrio se llenó del resplandor de la gloria de Jehová.

5 Y el estruendo de las alas de los querubines se oía hasta el atrio de afuera, como la voz del Dios Omnipotente cuando habla.

6 Y aconteció que, como mandó al varón vestido de lienzos, diciendo: Toma fuego de entre las ruedas, de entre los querubines, él entró, y parose entre las ruedas.

7 Y un querubín extendió su mano de entre los querubines al fuego que estaba entre los querubines, y tomó, y puso en las palmas del que estaba vestido de lienzos, el cual lo tomó y salióse.

8 Y apareció en los querubines la figura de una mano humana debajo de sus alas.

9 Y miré, y he aquí cuatro ruedas junto á los querubines, junto á cada querubín una rueda; y el aspecto de las ruedas era como el de piedra de Tarsis.

10 Cuanto al parecer de ellas, las cuatro eran de una forma, como si estuviera una en medio de otra.

11 Cuando andaban, sobre sus cuatro costados andaban: no se tornaban cuando andaban, sino que al lugar adonde se volvía el primero, en pos de él iban; ni se tornaban cuando andaban.

12 Y toda su carne, y sus costillas, y sus manos, y sus alas, y las ruedas, lleno estaba de ojos alrededor en sus cuatro ruedas.

13 A las ruedas, oyéndolo yo, se les gritaba: ¡Rueda!

14 Y cada uno tenía cuatro rostros. El primer rostro era de querubín; el segundo rostro, de hombre; el tercer rostro, de león; el cuarto rostro, de águila.

15 Y levantáronse los querubines; este es el animal que vi en el río de Chebar.

16 Y cuando andaban los querubines, andaban las ruedas junto con ellos; y cuando los querubines alzaban sus alas para levantarse de la tierra, las ruedas también no se volvían de junto á ellos.

17 Cuando se paraban ellos, parábanse ellas, y cuando ellos se alzaban, alzábanse con ellos: porque el espíritu de los animales estaba en ellas.

18 Y la gloria de Jehová se salió de sobre el umbral de la casa, y paró sobre los querubines.

19 Y alzando los querubines sus alas, levantáronse de la tierra delante de mis ojos: cuando ellos salieron, también las ruedas al lado de ellos: y paráronse á la entrada de la puerta oriental de la casa de Jehová, y la gloria del Dios de Israel estaba arriba sobre ellos.

20 Este era el animal que vi debajo del Dios de Israel en el río de Chebar; y conocí que eran querubines.

21 Cada uno tenía cuatro rostros, y cada uno cuatro alas, y figuras de manos humanas debajo de sus alas.

22 Y la figura de sus rostros era la de los rostros que vi junto al río de Chebar, su mismo parecer y su ser; cada uno caminaba en derecho de su rostro.

11 Y el espíritu me elevó, y metióme por la puerta oriental de la casa de Jehová, la cual mira hacia el oriente; y he aquí á la entrada de la puerta veinticinco varones, entre los cuales vi á Jaazanías hijo de Azur, y á Pelatías hijo de Benaías, príncipes del pueblo.

2 Y díjome: Hijo del hombre, estos son los hombres que maquinan perversidad, y dan en esta ciudad mal consejo;

3 Los cuales dicen: No será tan presto: edifiquemos casas: ésta será la caldera, y nosotros la carne.

4 Por tanto profetiza contra ellos, profetiza, hijo del hombre.

5 Y cayó sobre mí el espíritu de Jehová, y díjome: Di: Así ha dicho Jehová: Así habéis hablado, oh casa de Israel, y las cosas que suben á vuestro espíritu, yo las he entendido.

6 Habéis multiplicado vuestros muertos en esta ciudad, y habéis henchido de muertos sus calles.

7 Por tanto, así ha dicho el Señor Jehová: Vuestros muertos que habéis puesto en medio de ella, ellos son la carne, y ella la caldera; mas yo os sacaré á vosotros de en medio de ella.

8 Cuchillo habéis temido, y cuchillo traeré sobre vosotros, dice el Señor Jehová.

9 Y os sacaré de en medio de ella, y os entregaré en manos de extraños, y yo haré juicios en vosotros.

10 A cuchillo caeréis; en el término de Israel os juzgaré, y sabréis que yo soy Jehová.

11 Esta no os será por caldera, ni vosotros seréis en medio de ella la carne: en el término de Israel os tengo de juzgar.

12 Y sabréis que yo soy Jehová: porque no habéis andado en mis ordenanzas, ni habéis hecho mis juicios, sino según los juicios de las gentes que están en vuestros alrededores habéis hecho.

13 Y aconteció que, estando yo profetizando, Pelatías hijo de Benaías murió. Entonces caí sobre mi rostro, y clamé con grande voz, y dije: ¡Ah, Señor Jehová! ¿harás tú consumación del resto de Israel?

14 Y fué á mí palabra de Jehová, diciendo:

15 Hijo del hombre, tus hermanos, tus hermanos, los hombres de tu parentesco y toda la casa de Israel, toda ella son aquellos á quienes dijeron los moradores de Jerusalem: Alejaos de Jehová; á nosotros es dada la tierra en posesión.

16 Por tanto di: Así ha dicho el Señor Jehová: Aunque los he echado lejos entre las gentes, y los he esparcido por las tierras, con todo eso les seré por un pequeño santuario en las tierras á donde llegaren.

17 Di por tanto: Así ha dicho el Señor Jehová: Yo os recogeré de los pueblos, y os allegaré de las tierras en las cuales estáis esparcidos, y os daré la tierra de Israel.

18 Y vendrán allá, y quitarán de ella todas su torpezas, y todas sus abominaciones.

19 Y darles he un corazón, y espíritu nuevo daré en sus entrañas; y quitaré el corazón de piedra de su carne, y daréles corazón de carne;

20 Para que anden en mis ordenanzas, y guarden mis juicios y los cumplan, y me sean por pueblo, y yo sea á ellos por Dios.

21 Mas á aquellos cuyo corazón anda tras el deseo de sus torpezas y de sus abominaciones, yo tornaré su camino sobre sus cabezas, dice el Señor Jehová.

22 Después alzaron los querubines sus alas, y las ruedas en pos de ellos; y la gloria del Dios de Israel estaba sobre ellos encima.

23 Y la gloria de Jehová se fué de en medio de la ciudad, y paró sobre el monte que está al oriente de la ciudad.

24 Luego me levantó el espíritu, y volvióme á llevar en visión del espíritu de Dios á la tierra de los Caldeos, á los trasportados. Y partióse de mí la visión que había visto.

25 Y hablé á los trasportados todas las palabras de Jehová que él me había mostrado.

12 Y fué á mí palabra de Jehová, diciendo:

2 Hijo del hombre, tú habitas en medio de casa rebelde, los cuales tienen ojos para ver, y no ven, tienen oídos para oir, y no oyen; porque son casa rebelde.

3 Por tanto tú, hijo del hombre, hazte aparejos de marcha, y pártete de día delante de sus ojos; y te pasarás de tu lugar á otro lugar á vista de ellos, por si tal vez atienden, porque son casa rebelde.

4 Y sacarás tus aparejos, como aparejos de partida, de día delante de sus ojos: mas tú saldrás por la tarde á vista de ellos, como quien sale para partirse.

5 Delante de sus ojos horadarás la pared, y saldrás por ella.

6 Delante de sus ojos los llevarás sobre tus hombros, de noche los sacarás; cubrirás tu rostro, y no mirarás la tierra: porque en señal te he dado á la casa de Israel.

7 Y yo hice así como me fué mandado: saqué mis aparejos de día, como aparejos de partida, y á la tarde horadé la pared á mano; salí de noche, y llevélos sobre los hombros á vista de ellos.

8 Y fué á mí palabra de Jehová por la mañana, diciendo:

9 Hijo del hombre, ¿no te ha dicho la casa de Israel, aquella casa rebelde: ¿Qué haces?

10 Diles: Así ha dicho el Señor Jehová: Al príncipe en Jerusalem es ésta carga, y á toda la casa de Israel que está en medio de ellos.

11 Diles: Yo soy vuestra señal: como yo hice, así les harán á ellos: al pasar á otro país irán en cautiverio.

12 Y al príncipe que está en medio de ellos llevarán á cuestas de noche, y saldrán; horadarán la pared para sacarlo por ella; cubrirá su rostro para no ver con sus ojos la tierra.

13 Mas yo extenderé mi red sobre él, y será preso en mi malla, y haréle llevar á Babilonia, á tierra de Caldeos; mas no la verá, y allá morirá.

14 Y á todos los que estuvieren alrededor de él para su ayuda, y á todas sus compañías esparciré á todo viento, y desenvainaré espada en pos de ellos.

15 Y sabrán que yo soy Jehová, cuando los esparciere entre las gentes, y los derramare por la tierra.

16 Y haré que de ellos queden pocos en número, del cuchillo, y del hambre, y de la pestilencia, para que cuenten todas sus abominaciones entre las gentes adonde llegaren; y sabrán que yo soy Jehová.

17 Y fué á mí palabra de Jehová, diciendo:

18 Hijo del hombre, come tu pan con temblor, y bebe tu agua con estremecimiento y con anhelo;

19 Y dirás al pueblo de la tierra: Así ha dicho el Señor Jehová sobre los moradores de Jerusalem, y sobre la tierra de Israel: Su pan comerán con temor, y con espanto beberán su agua; porque su tierra será asolada de su multitud, por la maldad de todos los que en ella moran.

20 Y las ciudades habitadas serán asoladas, y la tierra será desierta; y sabréis que yo soy Jehová.

21 Y fué á mí palabra de Jehová, diciendo:

22 Hijo del hombre, ¿qué refrán es este que tenéis vosotros en la tierra de Israel, diciendo: Prolongarse han los días, y perecerá toda visión?

23 Diles por tanto: Así ha dicho el Señor Jehová: Haré cesar este refrán, y no repetirán más este dicho en Israel. Diles pues: Se han acercado aquellos días, y la palabra de toda visión.

24 Porque no habrá más alguna visión vana, ni habrá adivinación de lisonjeros en medio de la casa de Israel.

25 Porque yo Jehová hablaré; cumpliráse la palabra que yo hablaré; no se dilatará más: antes en vuestros días, oh casa rebelde, hablaré palabra, y cumpliréla, dice el Señor Jehová.

26 Y fué á mí palabra de Jehová, diciendo:

27 Hijo del hombre, he aquí que los de la casa de Israel dicen: La visión que éste ve es para muchos días, y para lejanos tiempos profetiza éste.

28 Diles por tanto: Así ha dicho el Señor Jehová: No se dilatarán más todas mis palabras: cumpliráse la palabra que yo hablaré, dice el Señor Jehová.

13 Y fué á mí palabra de Jehová, diciendo:

2 Hijo del hombre, profetiza contra los profetas de Israel que profetizan, y di á los que profetizan de su corazón: Oid palabra de Jehová.

3 Así ha dicho el Señor Jehová: ¡Ay de los profetas insensatos, que andan en pos de su propio espíritu, y nada vieron!

4 Como zorras en los desiertos fueron tus profetas, oh Israel.

5 No habéis subido á los portillos, ni echasteis vallado en la casa de Israel, estando en la batalla en el día de Jehová.

6 Vieron vanidad y adivinación de mentira. Dicen: Ha dicho Jehová; y Jehová no los envió: y hacen esperar que se confirme la palabra.

7 ¿No habéis visto visión vana, y no habéis dicho adivinación de mentira, por cuanto decís, Dijo Jehová; no habiendo yo hablado?

8 Por tanto, así ha dicho el Señor Jehová: por cuanto vosotros habéis hablado vanidad, y habéis visto mentira, por tanto, he aquí yo contra vosotros, dice el Señor Jehová.

9 Y será mi mano contra los profetas que ven vanidad, y adivinan mentira: no serán en la congregación de mi pueblo, ni serán escritos en el libro de la casa de Israel, ni á la tierra de Israel volverán; y sabréis que yo soy el Señor Jehová.

10 Por tanto, y por cuanto engañaron á mi pueblo, diciendo, Paz, no habiendo paz; y el uno edificaba la pared, y he aquí que los otros la encostraban con lodo suelto;

11 Di á los encostradores con lodo suelto, que caerá; vendrá lluvia inundante, y daré piedras de granizo que la hagan caer, y viento tempestuoso la romperá.

12 Y he aquí, cuando la pared habrá caído, no os dirán: ¿Dónde está la embarradura con que encostrasteis?

13 Por tanto, así ha dicho el Señor Jehová: Y haré que la rompa viento tempestuoso con mi ira, y lluvia inundante vendrá con mi furor, y piedras de granizo con enojo para consumir.

14 Así desbarataré la pared que vosotros encostrasteis con lodo suelto, y echarla á tierra, y será descubierto su cimiento, y caerá, y seréis consumidos en medio de ella; y sabréis que yo soy Jehová.

15 Cumpliré así mi furor en la pared y en los que la encostraron con lodo suelto; y os diré: No existe la pared, ni aquellos que la encostraron,

16 Los profetas de Israel que profetizan á Jerusalem, y ven para ella visión de paz, no habiendo paz, dice el Señor Jehová.

17 Y tú, hijo del hombre, pon tu rostro á las hijas de tu pueblo que profetizan de su corazón, y profetiza contra ellas,

18 Y di: Así ha dicho el Señor Jehová: ¡Ay de aquellas que cosen almohadillas á todos codos de manos, y hacen veletes sobre la cabeza de toda edad para cazar las almas! ¿Habéis de cazar las almas de mi pueblo, para mantener así vuestra propia vida?

19 ¿Y habéis de profanarme entre mi pueblo por puñados de cebada y por pedazos de pan, matando las almas que no mueren, y dando vida á las almas que no vivirán, mintiendo á mi pueblo que escucha la mentira?

20 Por tanto, así ha dicho el Señor Jehová: He aquí yo contra vuestras almohadillas, con que cazáis ahí las almas volando; yo las arrancaré de vuestros brazos, y dejaré las almas, las almas que cazáis volando.

21 Romperé asimismo vuestro veletes, y libraré mi pueblo de vuestra mano, y no estarán más en vuestra mano para caza; y sabréis que yo soy Jehová.

22 Por cuanto entristecisteis con mentira el corazón del justo, al cual yo no entristecí, y esforzasteis las manos del impío, para que no se apartase de su mal camino, infundiéndole ánimo;

23 Por tanto no veréis vanidad, ni más adivinaréis adivinación; y libraré mi pueblo de vuestra mano; y sabréis que yo soy Jehová.

14 Y vinieron á mí algunos de los ancianos de Israel, y sentáronse delante de mí.

2 Y fué á mí palabra de Jehová, diciendo:

3 Hijo del hombre, estos hombres han puesto sus ídolos en su corazón, y establecido el tropiezo de su maldad delante de su rostro: ¿acaso he de ser yo verdaderamente consultado por ellos?

4 Háblales por tanto, y diles: Así ha dicho el Señor Jehová: Cualquier hombre de la casa de Israel que hubiere puesto sus ídolos en su corazón, y establecido el tropiezo de su maldad delante de su rostro, y viniere al profeta, yo Jehová responderé al que viniere en la multitud de sus ídolos;

5 Para tomar á la casa de Israel en su corazón, que se han apartado de mí todos ellos en sus ídolos.

6 Por tanto di á la casa de Israel: Así dice el Señor Jehová: Convertíos, y volveos de vuestros ídolos, y apartad vuestro rostro de todas vuestras abominaciones.

7 Porque cualquier hombre de la casa de Israel, y de los extranjeros que moran en Israel, que se hubiere apartado de andar en pos de mí, y hubiere puesto sus ídolos en su corazón, y establecido delante de su rostro el tropiezo de su maldad, y viniere al profeta para preguntarle por mí, yo Jehová le responderé por mí mismo:

8 Y pondré mi rostro contra aquel hombre, y le pondré por señal y por fábula, y yo lo cortaré de entre mi pueblo; y sabréis que yo soy Jehová.

9 Y el profeta, cuando fuere engañado y hablare palabra, yo Jehová engañé al tal profeta; y extenderé mi mano sobre él, y raeréle de en medio de mi pueblo de Israel.

10 Y llevarán su maldad: como la maldad del que pregunta, así será la maldad del profeta;

11 Para que no yerren más la casa de Israel de en pos de mí: ni más se contaminen en todas sus rebeliones, y me sean por pueblo, y yo les sea por Dios, dice el Señor Jehová.

12 Y fué á mí palabra de Jehová, diciendo:

13 Hijo del hombre, cuando la tierra pecare contra mí rebelándose pérfidamente, y extendiere yo mi mano sobre ella, y le quebrantare el arrimo del pan, y enviare en ella hambre, y talare de ella hombres y bestias;

14 Si estuvieren en medio de ella estos tres varones, Noé, Daniel, y Job, ellos por su justicia librarán su vida, dice el Señor Jehová.

15 Y si hiciere pasar malas bestias por la tierra, y la asolaren, fuere desolada que no haya quien pase á causa de las bestias,

16 Y estos tres varones estuvieren en medio de ella, vivo yo, dice el Señor Jehová, ni á sus hijos ni á sus hijas librarán; ellos solos serán libres, y la tierra será asolada.

17 O si yo trajere espada sobre la tierra, y dijere: Espada, pasa por la tierra; é hiciere talar de ella hombres y bestias,

18 Y estos tres varones estuvieren en medio de ella, vivo yo, dice el Señor Jehová, no librarán sus hijos ni sus hijas; ellos solos serán libres.

19 O si pestilencia enviare sobre esa tierra, y derramare mi ira sobre ella en sangre, para talar de ella hombres y bestias,

20 Y estuvieren en medio de ella Noé, Daniel, y Job, vivo yo, dice el Señor Jehová, no librarán hijo ni hija; ellos por su justicia librarán su vida.

21 Por lo cual así ha dicho el Señor Jehová: ¿Cuánto más, si mis cuatro malos juicios, espada, y hambre, y mala bestia, y pestilencia, enviare contra Jerusalem, para talar de ella hombres y bestias?

22 Sin embargo, he aquí quedarán en ella algunos residuos, hijos é hijas, que serán llevados fuera: he aquí que ellos entrarán á vosotros, y veréis su camino y sus hechos; y tomaréis consolación del mal que hice venir sobre Jerusalem, de todas las cosas que traje sobre ella.

23 Y consolaros han cuando viereis su camino y sus hechos, y conoceréis que no sin causa hice todo lo que habré hecho en ella, dice el Señor Jehová.

15 Y fué á mí palabra de Jehová, diciendo:

2 Hijo del hombre, ¿qué es el palo de la vid más que todo palo? ¿qué es el sarmiento entre los maderos del bosque?

3 ¿Tomarán de él madera para hacer alguna obra? ¿tomarán de él una estaca para colgar de ella algún vaso?

4 He aquí, que es puesto en el fuego para ser consumido; sus dos cabos consumió el fuego, y la parte del medio se quemó; ¿aprovechará para obra alguna?

5 He aquí que cuando estaba entero no era para obra alguna: ¿cuánto menos después que el fuego lo hubiere consumido, y fuere quemado? ¿será más para alguna obra?

6 Por tanto, así ha dicho el Señor Jehová: Como el palo de la vid entre los maderos del bosque, el cual dí al fuego para que lo consuma, así haré á los moradores de Jerusalem.

7 Y pondré mi rostro contra ellos; de fuego salieron, y fuego los consumirá; y sabréis que yo soy Jehová, cuando pusiere mi rostro contra ellos.

8 Y tornaré la tierra en asolamiento, por cuanto cometieron prevaricación, dice el Señor Jehová.

16 Y fué á mí palabra de Jehová, diciendo:

2 Hijo del hombre, notifica á Jerusalem sus abominaciones,

3 Y di: Así ha dicho el Señor Jehová sobre Jerusalem: Tu habitación y tu raza fué de la tierra de Canaán; tu padre Amorrheo, y tu madre Hethea.

4 Y cuanto á tu nacimiento, el día que naciste no fué cortado tu ombligo, ni fuiste lavada con aguas para atemperarte, ni salada con sal, ni fuiste envuelta con fajas.

5 No hubo ojo que se compadeciese de ti, para hacerte algo de esto, teniendo de ti misericordia; sino que fuiste echada sobre la haz del campo, con menosprecio de tu vida, en el día que naciste.

6 Y yo pasé junto á ti, y te vi sucia en tus sangres, y díjete: En tus sangres, vive; vive, díjete, en tus sangres.

7 En millares como la hierba del campo te puse, y fuiste aumentada y engrandecida, y viniste á ser adornada grandemente; los pechos te crecieron, y tu pelo brotó; mas tú estabas desnuda y descubierta.

8 Y pasé yo junto á ti, y te miré, y he aquí que tu tiempo era tiempo de amores; y extendí mi manto sobre ti, y cubrí tu desnudez; y díte juramento, y entré en concierto contigo, dice el Señor Jehová, y fuiste mía:

9 Y te lavé con agua, y lavé tus sangres de encima de ti, y ungíte con aceite;

10 Y te vestí de bordado, y te calcé de tejón, y ceñíte de lino, y te vestí de seda.

11 Y te atavíe con ornamentos, y puse ajorcas en tus brazos, y collar á tu cuello;

12 Y puse joyas sobre tus narices, y zarcillos en tus orejas, y diadema de hermosura en tu cabeza.

13 Y fuiste adornada de oro y de plata, y tu vestido fué lino, y seda, y bordado; comiste flor de harina de trigo, y miel, y aceite; y fuiste hermoseada en extremo, y has prosperado hasta reinar.

14 Y salíote nombradía entre las gentes á causa de tu hermosura; porque era perfecta, á causa de mi hermosura que yo puse sobre ti, dice el Señor Jehová.

15 Mas confiaste en tu hermosura, y fornicaste á causa de tu nombradía, y derramaste tus fornicaciones á cuantos pasaron; suya eras.

16 Y tomaste de tus vestidos, e hicíste diversos altos lugares, y fornicaste en ellos: cosa semejante no vendrá, ni será así.

17 Tomaste asimismo los vasos de tu hermosura de mi oro y de mi plata, que yo te había dado, é hicíste imágenes de hombre, y fornicaste con ellas.

18 Y tomaste tus vestidos de diversos colores, y cubrístelas; y mi aceite y mi perfume pusiste delante de ellas.

19 Mi pan también, que yo te había dado, la flor de la harina, y el aceite, y la miel, con que yo te mantuve, pusiste delante de ellas para olor suave; y fué así, dice el Señor Jehová.

20 Demás de esto, tomaste tus hijos y tus hijas que me habías engendrado, y las sacrificaste á ellas para consumación. ¿Es poco, esto de tus fornicaciones?

21 Y sacrificaste mis hijos, y dístelos á ellas para que los hiciesen pasar por el fuego.

22 Y con todas tus abominaciones y tus fornicaciones no te has acordado de los días de tu mocedad, cuando estabas desnuda y descubierta, cuando estabas envuelta en tu sangre.

23 Y fué que después de toda tu maldad (¡ay, ay de ti! dice el Señor Jehová,)

24 Edificástete alto, y te hiciste altar en todas las plazas:

25 En toda cabeza de camino edificaste tu altar, y tornaste abominable tu hermosura, y abriste tus piernas á cuantos pasaban, y multiplicaste tus fornicaciones.

26 Y fornicaste con los hijos de Egipto, tus vecinos, de grandes carnes; y aumentaste tus fornicaciones para enojarme.

27 Por tanto, he aquí que yo extendí sobre ti mi mano, y disminuí tu provisión ordinaria, y te entregué á la voluntad de las hijas de los Filisteos que te aborrecen, las cuales se avergüenzan de tu camino deshonesto.

28 Fornicaste también con los hijos de Assur por no haberte hartado; y fornicaste con ellos, y tampoco te hartaste.

29 Multiplicaste asimismo tu fornicación en la tierra de Canaán y de los Caldeos: ni tampoco con esto te hartaste.

30 ¡Cuán inconstante es tu corazón, dice el Señor Jehová, habiendo hecho todas estas cosas, obras de una poderosa ramera,

31 Edificando tus altares en cabeza de todo camino, y haciendo tus altares en todas las plazas! Y no fuiste semejante á ramera, menospreciando el salario,

32 Sino como mujer adúltera, por cuanto que en lugar de su marido recibe á ajenos.

33 A todas las rameras dan dones; mas tú diste tus dones á todos tus enamorados; y les diste presentes, porque entrasen á ti de todas partes por tus fornicaciones.

34 Y ha sido en ti al contrario de las mujeres en tus fornicaciones, ni nunca después de ti será así fornicado; porque en dar tú dones, y no ser dados dones á ti, ha sido al contrario.

35 Por tanto, ramera, oye palabra de Jehová:

36 Así ha dicho el Señor Jehová: Por cuanto han sido descubiertas tus vergüenzas, y tu confusión ha sido manifestada á tus enamorados en tus fornicaciones; y á los ídolos de tus abominaciones, y en la sangre de tus hijos, los cuales les diste;

37 Por tanto, he aquí que yo junto todos tus enamorados con los cuales tomaste placer, y todos los que amaste, con todos los que aborreciste; y reuniréles contra ti alrededor, y descubriréles tu vergüenza, y verán toda tu torpeza.

38 Y te juzgaré con las leyes de las adúlteras, y de las que derraman sangre; y te daré en sangre de ira y de celo.

39 Y te entregaré en mano de ellos; y destruirán tu alto, y derribarán tus altares, y te harán desnudar de tus ropas, y se llevarán los vasos de tu gloria, y te dejarán desnuda y descubierta.

40 Y harán subir contra ti reunión de gente, y te apedrearán con piedras, y te atravesarán con sus espadas.

41 Y quemarán tus casas á fuego, y harán en ti juicios á ojos de muchas mujeres; y hacerte he cesar de ser ramera, ni tampoco darás más don.

42 Y haré reposar mi ira sobre ti, y apartaráse de ti mi celo, y descansaré y no me enojaré.

43 Por cuanto no te acordaste de los días de tu mocedad, y me provocaste á ira en todo esto, por eso, he aquí yo también he tornado tu camino sobre tu cabeza, dice el Señor Jehová; pues ni aun has pensado sobre todas tus abominaciones.

44 He aquí que todo proverbista hará de ti proverbio, diciendo: Como la madre, tal su hija.

45 Hija de tu madre eres tú, que desechó á su marido y á sus hijos; y hermana de tus hermanas eres tú, que desecharon á sus maridos y á sus hijos: vuestra madre fué Hethea, y vuestro padre Amorrheo.

46 Y tu hermana mayor es Samaria con sus hijas, la cual habita á tu mano izquierda; y tu hermana la menor que tú es Sodoma con sus hijas, la cual habita á tu mano derecha.

47 Y aun no anduviste en sus caminos, ni hiciste según sus abominaciones; antes, como si esto fuera poco y muy poco, te corrompiste más que ellas en todos tus caminos.

48 Vivo yo, dice el Señor Jehová, Sodoma tu hermana, con sus hijas, no ha hecho como hiciste tú y tus hijas.

49 He aquí que esta fué la maldad de Sodoma tu hermana: soberbia, hartura de pan, y abundancia de ociosidad tuvo ella y sus hijas; y no corroboró la mano del afligido y del menesteroso.

50 Y ensoberbeciéronse, é hicieron abominación delante de mí, y quitélas como yo vi bueno.

51 Y Samaria no cometió ni la mitad de tus pecados; porque tú multiplicaste tus abominaciones más que ellas, y has justificado á tus hermanas con todas tus abominaciones que hiciste.

52 Tú también, que juzgaste á tus hermanas, lleva tu vergüenza en tus pecados que hiciste más abominables que ellas: más justas son que tú: avergüénzate pues tú también, y lleva tu confusión, pues que has justificado á tus hermanas.

53 Yo pues haré tornar sus cautivos, los cautivos de Sodoma

y de sus hijas, y los cautivos de Samaria y de sus hijas, y los cautivos de tus cautiverios entre ellas,

54 Para que tú lleves tu confusión, y te avergüences de todo lo que has hecho, siéndoles tú motivo de consuelo.

55 Y tus hermanas, Sodoma con sus hijas y Samaria con sus hijas, volverán á su primer estado; tú también y tus hijas volveréis á vuestro primer estado.

56 Sodoma, tu hermana, no fué nombrada en tu boca en el tiempo de tus soberbias,

57 Antes que tu maldad se descubriese, como en el tiempo de la vergüenza de las hijas de Siria y de todas las hijas de los Filisteos alrededor, que te menosprecian en contorno.

58 Tú has llevado tu enormidad y tus abominaciones, dice Jehová.

59 Empero así ha dicho el Señor Jehová: ¿Haré yo contigo como tú hiciste, que menospreciaste el juramento para invalidar el pacto?

60 Antes yo tendré memoria de mi pacto que concerté contigo en los días de tu mocedad, y te confirmaré un pacto sempiterno.

61 Y acordarte has de tus caminos, y te avergonzarás, cuando recibirás á tus hermanas, las mayores que tú con las menores que tú, las cuales yo te daré por hijas, mas no por tu pacto.

62 Y confirmaré mi pacto contigo, y sabrás que yo soy Jehová;

63 Para que te acuerdes, y te avergüences, y nunca más abras la boca á causa de tu vergüenza, cuando me aplacare para contigo de todo lo que hiciste, dice el Señor Jehová.

17 Y fué á mí palabra de Jehová, diciendo:

2 Hijo del hombre, propón una figura, y compón una parábola á la casa de Israel.

3 Y dirás: Así ha dicho el Señor Jehová: Una grande águila, de grandes alas y de largos miembros, llena de plumas de diversos colores, vino al Líbano, y tomó el cogollo del cedro:

4 Arrancó el principal de sus renuevos, y llevólo á la tierra de mercaderes, y púsolo en la ciudad de los negociantes.

5 Tomó también de la simiente de la tierra, y púsola en un campo bueno para sembrar, plantóla junto á grandes aguas, púsola como un sauce.

6 Y brotó, é hízose una vid de mucha rama, baja de estatura, que sus ramas la miraban, y sus raíces estaban debajo de ella: así que se hizo una vid, y arrojó sarmientos, y echó mugrones.

7 Y fué otra grande águila, de grandes alas y de muchas plumas; y he aquí que esta vid juntó cerca de ella sus raíces, y extendió hacia ella sus ramos, para ser regada por ella por los surcos de su plantío.

8 En un buen campo, junto á muchas aguas fué plantada, para que hiciese ramos y llevase fruto, y para que fuese vid robusta.

9 Di: Así ha dicho el Señor Jehová: ¿Será prosperada? ¿No arrancará sus raíces, y destruirá su fruto, y secaráse? Todas las hojas de su lozanía secará, y no con gran brazo, ni con mucha gente, arrancándola de sus raíces.

10 Y he aquí que plantada está ella, ¿será prosperada? ¿No se secará del todo cuando el viento solano la tocare? En los surcos de su verdor se secará.

11 Y fué á mí palabra de Jehová, diciendo:

12 Di ahora á la casa rebelde: ¿No habéis entendido qué significan estas cosas? Diles: He aquí que el rey de Babilonia vino á Jerusalem, y tomó tu rey y sus príncipes, y llevólos consigo á Babilonia.

13 Tomó también de la simiente del reino, é hizo con él alianza, y trájole á juramento; y tomó los fuertes de la tierra,

14 Para que el reino fuese abatido y no se levantase, sino que guardase su alianza y estuviese en ella.

15 Rebelóse empero contra él enviando sus embajadores á Egipto, para que le diese caballos y mucha gente. ¿Será prosperado, escapará, el que estas cosas hizo? ¿y el que rompió la alianza, podrá huir?

16 Vivo yo, dice el Señor Jehová, que morirá en medio de Babilonia, en el lugar del rey que le hizo reinar, cuyo juramento menospreció, y cuya alianza con él rompió.

17 Y no con grande ejército, ni con mucha compañía hará con él Faraón en la batalla, cuando funden baluarte y edifiquen bastiones para cortar muchas vidas.

18 Pues menospreció el juramento, para invalidar el concierto cuando he aquí que había dado su mano, é hizo todas estas cosas, no escapará.

19 Por tanto, así ha dicho el Señor Jehová: Vivo yo, que el juramento mío que menospreció, y mi concierto que ha invalidado, tornaré sobre su cabeza.

20 Y extenderé sobre él mi red, y será preso en mi malla; y hacerlo he venir á Babilonia, y allí estaré á juicio con él, por su prevaricación con que contra mí se ha rebelado.

21 Y todos los fugitivos con todos sus escuadrones caerán á cuchillo, y los que quedaren serán esparcidos á todo viento; y sabréis que yo Jehová he hablado.

22 Así ha dicho el Señor Jehová: Y tomaré yo del cogollo de aquel alto cedro, y pondrélo; del principal de sus renuevos cortaré un tallo, y plantarlo he en el monte alto y sublime;

23 En el monte alto de Israel lo plantaré, y alzará ramos, y llevará fruto, y haráse magnífico cedro; y habitarán debajo de él todas las aves, toda ave de toda ala habitará á la sombra de sus ramos.

24 Y sabrán todos los árboles del campo que yo Jehová abatí el árbol sublime, levanté el árbol bajo, hice secar el árbol verde, é hice reverdecer el árbol seco. Yo Jehová hablé é hice.

18 Y fué á mí palabra de Jehová, diciendo:

2 ¿Qué pensáis vosotros, vosotros que usáis este refrán sobre la tierra de Israel, diciendo: Los padres comieron el agraz, y los dientes de los hijos tienen la dentera?

3 Vivo yo, dice el Señor Jehová, que nunca más tendréis por qué usar este refrán en Israel.

4 He aquí que todas las almas son mías; como el alma del padre, así el alma del hijo es mía; el alma que pecare, esa morirá.

5 Y el hombre que fuere justo, é hiciere juicio y justicia,

6 Que no comiere sobre los montes, ni alzare sus ojos á los ídolos de la casa de Israel, ni violare la mujer de su prójimo, ni llegare á la mujer menstruosa,

7 Ni oprimiere á ninguno; al deudor tornare su prenda, no cometiere robo, diere de su pan al hambriento, y cubriere al desnudo con vestido,

8 No diere á logro, ni recibiere aumento; de la maldad retrajere su mano, é hiciere juicio de verdad entre hombre y hombre,

9 En mis ordenanzas caminare, y guardare mis derechos para hacer verdad, éste es justo: éste vivirá, dice el Señor Jehová.

10 Mas si engendrare hijo ladrón, derramador de sangre, ó que haga alguna cosa de éstas,

11 Y que no haga las otras; antes comiere sobre los montes, ó violare la mujer de su prójimo,

12 Al pobre y menesteroso oprimiere, cometiere robos, no tornare la prenda, ó alzare sus ojos á los ídolos, é hiciere abominación,

13 Diere á usura, y recibiere aumento: ¿vivirá éste? No vivirá. Todas estas abominaciones hizo; de cierto morirá; su sangre será sobre él.

14 Pero si éste engendrare hijo, el cual viere todos los pecados que su padre hizo, y viéndolos no hiciere según ellos;

15 No comiere sobre los montes, ni alzare sus ojos á los ídolos de la casa de Israel; la mujer de su prójimo no violare,

16 Ni oprimiere á nadie; la prenda no empeñare, ni cometiere robos; al hambriento diere de su pan, y cubriere de vestido al desnudo;

17 Apartare su mano del pobre, usura ni aumento no recibiere; hiciere mis derechos, y anduviere en mis ordenanzas, éste no morirá por la maldad de su padre; de cierto vivirá.

18 Su padre, por cuanto hizo agravio, despojó violentamente al hermano, é hizo en medio de su pueblo lo que no es bueno, he aquí que él morirá por su maldad.

19 Y si dijereis: ¿Por qué el hijo no llevará por el pecado de su padre? Porque el hijo hizo juicio y justicia, guardó todas mis ordenanzas, y las hizo, de cierto vivirá.

20 El alma que pecare, esa morirá: el hijo no llevará por el pecado del padre, ni el padre llevará por el pecado del hijo: la justicia del justo será sobre él, y la impiedad del impío será sobre él.

21 Mas el impío, si se apartare de todos sus pecados que hizo, y guardare todas mis ordenanzas, é hiciere juicio y justicia, de cierto vivirá; no morirá.

22 Todas sus rebeliones que cometió, no le serán recordadas: en su justicia que hizo vivirá.

23 ¿Quiero yo la muerte del impío? dice el Señor Jehová. ¿No vivirá, si se apartare de sus caminos?

24 Mas si el justo se apartare de su justicia, y cometiere maldad, é hiciere conforme á todas las abominaciones que el impío hizo; ¿vivirá él? Todas las justicias que hizo no vendrán en memoria; por su rebelión con que prevaricó, y por su pecado que cometió, por ello morirá.

25 Y si dijereis: No es derecho el camino del Señor: oid

ahora, casa de Israel: ¿No es derecho mi camino? ¿no son vuestros caminos torcidos?

26 Apartándose el justo de su justicia, y haciendo iniquidad, él morirá por ello: por su iniquidad que hizo, morirá.

27 Y apartándose el impío de su impiedad que hizo, y haciendo juicio y justicia, hará vivir su alma.

28 Porque miró, y apartóse de todas sus prevaricaciones que hizo, de cierto vivirá, no morirá.

29 Si aun dijere la casa de Israel: No es derecho el camino del Señor: ¿No son derechos mis caminos, casa de Israel? Cierto, vuestros caminos no son derechos.

30 Por tanto, yo os juzgaré á cada uno según sus caminos, oh casa de Israel, dice el Señor Jehová. Convertíos, y volveos de todas vuestras iniquidades; y no os será la iniquidad causa de ruina.

31 Echad de vosotros todas vuestras iniquidades con que habéis prevaricado, y haceos corazón nuevo y espíritu nuevo. ¿Y por qué moriréis, casa de Israel?

32 Que no quiero la muerte del que muere, dice el Señor Jehová, convertíos pues, y viviréis.

19 Y tú levanta endecha sobre los príncipes de Israel,

2 Y dirás: ¡Cómo se echó entre los leones tu madre la leona! entre los leoncillos crió sus cachorros.

3 E hizo subir uno de sus cachorros: vino á ser leoncillo, y aprendió á prender presa, y á devorar hombres.

4 Y las gentes oyeron de él: fué tomado con el lazo de ellas, y lleváronlo con grillos á la tierra de Egipto.

5 Y viendo ella que había esperado mucho tiempo, y que se perdía su esperanza, tomó otro de sus cachorros, y púsolo por leoncillo.

6 Y él andaba entre los leones; hízose leoncillo, aprendió á hacer presa, devoró hombres.

7 Y conoció sus viudas, y asoló sus ciudades; y la tierra fué asolada, y su abundancia, á la voz de su bramido.

8 Y dieron sobre él las gentes de las provincias de su alrededor, y extendieron sobre él su red; fué preso en su hoya.

9 Y pusiéronlo en cárcel con cadenas, y lleváronlo al rey de Babilonia; metiéronlo en fortalezas, para que su voz no se oyese más sobre los montes de Israel.

10 Tu madre fué como una vid en tu sangre, plantada junto á las aguas, haciendo fruto y echando vástagos á causa de las muchas aguas.

11 Y ella tuvo varas fuertes para cetros de señores; y levantóse su estatura por encima entre las ramas, y fué vista en su altura, y con la multitud de sus sarmientos.

12 Empero fué arrancada con ira, derribada en tierra, y viento solano secó su fruto; fueron quebradas y secáronse sus varas fuertes; consumiólas el fuego.

13 Y ahora está plantada en el desierto, en tierra de sequedad y de aridez.

14 Y ha salido fuego de la vara de sus ramos, ha consumido su fruto, y no ha quedado en ella vara fuerte, cetro para enseñorear. Endecha es esta, y de endecha servirá.

20 Y aconteció en el año séptimo, en el mes quinto, á los diez del mes, que vinieron algunos de los ancianos de Israel á consultar á Jehová, y sentáronse delante de mí.

2 Y fué á mí palabra de Jehová, diciendo:

3 Hijo del hombre, habla á los ancianos de Israel, y diles: Así ha dicho el Señor Jehová: ¿A consultarme venís vosotros? Vivo yo, que yo no os responderé, dice el Señor Jehová.

4 ¿Quieres tú juzgarlos? ¿los quieres juzgar tú, hijo del hombre? Notifícales las abominaciones de sus padres;

5 Y diles: Así ha dicho el Señor Jehová: El día que escogí á Israel, y que alcé mi mano por la simiente de la casa de Jacob, y fuí conocido de ellos en la tierra de Egipto, cuando alcé mi mano á ellos, diciendo: Yo soy Jehová vuestro Dios;

6 Aquel día que les alcé mi mano, que los sacaría de la tierra de Egipto á la tierra que les había proveído, que fluye leche y miel, la cual es la más hermosa de todas las tierras;

7 Entonces les dije: Cada uno eche de sí cada uno de las abominaciones de sus ojos, y no os contaminéis en los ídolos de Egipto. Yo soy Jehová vuestro Dios.

8 Mas ellos se rebelaron contra mí, y no quisieron obedecerme: no echó de sí cada uno las abominaciones de sus ojos, ni dejaron los ídolos de Egipto; y dije que derramaría mi ira sobre ellos, para cumplir mi enojo en ellos en medio de la tierra de Egipto.

9 Con todo, á causa de mi nombre, porque no se infamase en los ojos de las gentes en medio de las cuales estaban, en cuyos ojos fuí conocido de ellos, hice para sacarlos de tierra de Egipto.

10 Saquélos pues de la tierra de Egipto, y trájelos al desierto;

11 Y díles mis ordenanzas, y declaréles mis derechos, los cuales el hombre que los hiciere, vivirá en ellos.

12 Y díles también mis sábados que fuesen por señal entre mí y ellos, para que supiesen que yo soy Jehová que los santifico.

13 Mas rebeláronse contra mí la casa de Israel en el desierto; no anduvieron en mis ordenanzas, y desecharon mis derechos, los cuales el hombre que los hiciere, vivirá en ellos; y mis sábados profanaron en gran manera: dije, por tanto, que había de derramar sobre ellos mi ira en el desierto para consumirlos.

14 Pero en atención á mi nombre hice porque no se infamase á la vista de la gentes, delante de cuyos ojos los saqué.

15 Y también yo les alcé mi mano en el desierto, que no los metería en la tierra que les dí, que fluye leche y miel, la cual es la más hermosa de todas las tierras;

16 Porque desecharon mis derechos, y no anduvieron en mis ordenanzas, y mis sábados profanaron: porque tras sus ídolos iba su corazón.

17 Con todo los perdonó mi ojo, no matándolos, ni los consumí en el desierto.

18 Antes dije en el desierto á sus hijos: No andéis en las ordenanzas de vuestros padres, ni guardéis sus leyes, ni os contaminéis en sus ídolos.

19 Yo soy Jehová vuestro Dios; andad en mis ordenanzas, y guardad mis derechos, y ponedlos por obra;

20 Y santificad mis sábados, y sean por señal entre mí y vosotros, para que sepáis que yo soy Jehová vuestro Dios.

21 Y los hijos se rebelaron contra mí: no anduvieron en mis ordenanzas, ni guardaron mis derechos para ponerlos por obra, los cuales el hombre que los cumpliere, vivirá en ellos; profanaron mis sábados. Dije entonces que derramaría mi ira sobre ellos, para cumplir mi enojo en ellos en el desierto.

22 Mas retraje mi mano, y en atención á mi nombre hice porque no se infamase á vista de las gentes, delante de cuyos ojos los saqué.

23 Y también les alcé yo mi mano en el desierto, que los esparciría entre las gentes, y que los aventaría por las tierras;

24 Porque no pusieron por obra mis derechos, y desecharon mis ordenanzas, y profanaron mis sábados, y tras los ídolos de sus padres se les fueron sus ojos.

25 Por eso yo también les dí ordenanzas no buenas, y derechos por los cuales no viviesen;

26 Y contaminélos en sus ofrendas cuando hacían pasar por el fuego todo primogénito, para que los desolase, á fin de que supiesen que yo soy Jehová.

27 Por tanto, hijo del hombre, habla á la casa de Israel, y diles: Así ha dicho el Señor Jehová: Aun en esto me afrentaron vuestros padres cuando cometieron contra mí rebelión.

28 Porque yo los metí en la tierra sobre la cual había alzado mi mano que les había de dar, y miraron á todo collado alto, y á todo árbol espeso, y allí sacrificaron sus víctimas, y allí presentaron la irritación de sus ofrendas, allí pusieron también el olor de su suavidad, y allí derramaron sus libaciones.

29 Y yo les dije: ¿Qué es ese alto adonde vosotros vais? Y fué llamado su nombre Bamah hasta el día de hoy.

30 Di, pues, á la casa de Israel: Así ha dicho el Señor Jehová: ¿No os contamináis vosotros á la manera de vuestros padres, y fornicáis tras sus abominaciones?

31 Porque ofreciendo vuestras ofrendas, haciendo pasar vuestros hijos por el fuego, os habéis contaminado con todos vuestros ídolos hasta hoy: ¿y he de responderos yo, casa de Israel? Vivo yo, dice el Señor Jehová, que no os responderé.

32 Y no ha de ser lo que habéis pensado. Porque vosotros decís: Seamos como las gentes, como las familias de las naciones, sirviendo á la madera y á la piedra.

33 Vivo yo, dice el Señor Jehová, que con mano fuerte, y brazo extendido, y enojo derramado, tengo de reinar sobre vosotros:

34 Y os sacaré de entre los pueblos, y os juntaré de las tierras en que estáis esparcidos, con mano fuerte, y brazo extendido, y enojo derramado:

35 Y os he de traer al desierto de pueblos, y allí litigaré con vosotros cara á cara.

36 Como litigué con vuestros padres en el desierto de la tierra de Egipto, así litigaré con vosotros, dice el Señor Jehová.

37 Y os haré pasar bajo de vara y os traeré en vínculo de concierto;

38 Y apartaré de entre vosotros los rebeldes, y los que se rebelaron contra mí: de la tierra de sus destierros los sacaré, y á la tierra de Israel no vendrán; y sabréis que yo soy Jehová.

39 Y vosotros, oh casa de Israel, así ha dicho el Señor Jehová: Andad cada uno tras sus ídolos, y servidles, pues que á mí no me obedecéis; y no profanéis más mi santo nombre con vuestras ofrendas, y con vuestros ídolos.

40 Empero en mi santo monte, en el alto monte de Israel, dice el Señor Jehová, allí me servirá toda la casa de Israel, toda ella en la tierra: allí los querré, y allí demandaré vuestras ofrendas, y las primicias de vuestros dones, con todas vuestras cosas consagradas.

41 En olor de suavidad os aceptaré, cuando os hubiere sacado de entre los pueblos, y os hubiere juntado de las tierras en que estáis esparcidos; y seré santificado en vosotros á los ojos de las gentes.

42 Y sabréis que yo soy Jehová, cuando os hubiere metido en la tierra de Israel, en la tierra por la cual alcé mi mano que la daría á vuestros padres.

43 Y allí os acordaréis de vuestros caminos, y de todos vuestros hechos en que os contaminasteis; y seréis confusos en vuestra misma presencia por vuestros pecados que cometisteis.

44 Y sabréis que yo soy Jehová cuando hiciere con vosotros por amor de mi nombre, no según vuestros caminos malos, ni según vuestras perversas obras, oh casa de Israel, dice el Señor Jehová.

45 Y fué á mí palabra de Jehová, diciendo:

46 Hijo del hombre, pon tu rostro hacia el mediodía, y derrama tu palabra hacia la parte austral, y profetiza contra el bosque del campo del mediodía.

47 Y dirás al bosque del mediodía: Oye palabra de Jehová: Así ha dicho el Señor Jehová: He aquí que yo enciendo en ti fuego, el cual consumirá en ti todo árbol verde, y todo árbol seco: no se apagará la llama del fuego; y serán quemados en ella todos rostros, desde el mediodía hasta el norte.

48 Y verá toda carne que yo Jehová lo encendí; no se apagará.

49 Y dije: ¡Ah, Señor Jehová! ellos dicen de mí: ¿No profiere éste parábolas?

21 Y fué á mí palabra de Jehová, diciendo:

2 Hijo del hombre, pon tu rostro contra Jerusalem, y derrama palabra sobre los santuarios, y profetiza sobre la tierra de Israel;

3 Y dirás á la tierra de Israel: Así ha dicho Jehová: He aquí, que yo contra ti, y sacaré mi espada de su vaina, y talaré de ti al justo y al impío.

4 Y por cuanto he de talar de ti al justo y al impío, por tanto, mi espada saldrá de su vaina contra toda carne, desde el mediodía hasta el aquilón.

5 Y sabrá toda carne que yo Jehová saqué mi espada de su vaina; no volverá más.

6 Y tú, hijo del hombre, gime con quebrantamiento de lomos, y con amargura; gime delante de los ojos de ellos.

7 Y será, que cuando te dijeren: ¿Por qué gimes tú? dirás: Por la fama que viene; y todo corazón se desleirá, y todas manos se debilitarán, y angustiaráse todo espíritu, y todas rodillas se irán en aguas: he aquí que viene, y hacerse ha, dice el Señor Jehová.

8 Y fué á mí palabra de Jehová, diciendo:

9 Hijo del hombre, profetiza, y di: Así ha dicho el Señor Jehová: Di: La espada, la espada está afilada, y aun acicalada;

10 Para degollar víctimas está afilada, acicalada está para que relumbre. ¿Hemos de alegrarnos? A la vara de mi hijo viene menospreciando todo árbol.

11 Y dióla á acicalar para tenerla á mano: la espada está afilada, y acicalada está ella, para entregarlo en mano del matador.

12 Clama y aúlla, oh hijo del hombre; porque ésta será sobre mi pueblo, será ella sobre todos los príncipes de Israel. Temores de espada serán á mi pueblo: por tanto, hiere el muslo;

13 Porque está probado. ¿Y qué, si la espada desprecia aun el cetro? El no será más, dice el Señor Jehová.

14 Tú pues, hijo del hombre, profetiza y bate una mano con otra, y dóblese la espada la tercera vez, la espada de muertos: ésta es espada de gran matanza que los penetrará,

15 Para que el corazón desmaye, y los estragos se multipliquen: en todas las puertas de ellos he puesto espanto de espada. ¡Ah! dispuesta está para que relumbre, y aderezada para degollar.

16 Ponte á una parte, ponte á la diestra, ó ponte á la siniestra, hacia donde tu rostro se determinare.

17 Y yo también batiré mi mano con mi mano, y haré reposar mi ira. Yo Jehová he hablado.

18 Y fué á mí palabra de Jehová, diciendo:

19 Y tú, hijo del hombre, señálate dos caminos por donde venga la espada del rey de Babilonia: de una misma tierra salgan ambos; y echa mano á la suerte: en el principio del camino de la ciudad lo harás.

20 El camino señalarás por donde venga la espada á Rabba de los hijos de Ammón, y á Judá contra Jerusalem la fuerte.

21 Porque el rey de Babilonia se paró en una encrucijada, al principio de dos caminos, para tomar adivinación: acicaló saetas, consultó en ídolos, miró el hígado.

22 La adivinación fué á su mano derecha, sobre Jerusalem, para poner capitanes, para abrir la boca á la matanza, para levantar la voz en grito, para poner ingenios contra las puertas, para fundar baluarte, y edificar fuerte.

23 Y seráles como adivinación mentirosa en sus ojos, por estar juramentados con juramento á ellos: mas él trae á la memoria la maldad, para prenderlos.

24 Por tanto, así ha dicho el Señor Jehová: Por cuanto habéis hecho venir en memoria vuestras maldades, manifestando vuestras traiciones, y descubriendo vuestros pecados en todas vuestras obras; por cuanto habéis venido en memoria, seréis tomados á mano.

25 Y tú, profano é impío príncipe de Israel, cuyo día vino en el tiempo de la consumación de la maldad;

26 Así ha dicho el Señor Jehová: Depón la tiara, quita la corona: ésta no será más ésta: al bajo alzaré, y al alto abatiré.

27 Del revés, del revés, del revés la tornaré; y no será ésta más, hasta que venga aquel cuyo es el derecho, y se la entregaré.

28 Y tú, hijo del hombre, profetiza, y di: Así ha dicho el Señor Jehová sobre los hijos de Ammón, y su oprobio. Dirás pues: La espada, la espada está desenvainada para degollar; acicalada para consumir con resplandor.

29 Te profetizan vanidad, adivínante mentira, para entregarte con los cuellos de los malos sentenciados á muerte, cuyo día vino en tiempo de la consumación de la maldad.

30 ¿Tornaréla á su vaina? En el lugar donde te criaste, en la tierra donde has vivido, te tengo de juzgar.

31 Y derramaré sobre ti mi ira: el fuego de mi enojo haré encender sobre ti, y te entregaré en mano de hombres temerarios, artífices de destrucción.

32 Del fuego serás para ser consumido; tu sangre será en medio de la tierra; no habrá más memoria de ti: porque yo Jehová he hablado.

22 Y fué á mí palabra de Jehová, diciendo:

2 Y tú, hijo del hombre, ¿no juzgarás tú, no juzgarás tú á la ciudad derramadora de sangre, y le mostrarás todas sus abominaciones?

3 Dirás, pues: Así ha dicho el Señor Jehová: ¡Ciudad derramadora de sangre en medio de sí, para que venga su hora, y que hizo ídolos contra sí misma para contaminarse!

4 En tu sangre que derramaste has pecado, y te has contaminado en tus ídolos que hiciste; y has hecho acercar tus días, y has llegado á tus años: por tanto te he dado en oprobio á las gentes, y en escarnio á todas las tierras.

5 Las que están cerca, y las que están lejos de ti, se reirán de ti, amancillada de fama, y de grande turbación.

6 He aquí que los príncipes de Israel, cada uno según su poder, fueron en ti para derramar sangre.

7 Al padre y á la madre despreciaron en ti: al extranjero trataron con calumnia en medio de ti: al huérfano y á la viuda despojaron en ti.

8 Mis santuarios menospreciaste, y mis sábados has profanado.

9 Calumniadores hubo en ti para derramar sangre; y sobre los montes comieron en ti: hicieron en medio de ti suciedades.

10 La desnudez del padre descubrieron en ti; la inmunda de menstruo forzaron en ti.

11 Y cada uno hizo abominación con la mujer de su prójimo; y cada uno contaminó su nuera torpemente; y cada uno forzó en ti á su hermana, hija de su padre.

12 Precio recibieron en ti para derramar sangre; usura y logro tomaste, y á tus prójimos defraudaste con violencia: olvidástete de mí, dice el Señor Jehová.

13 Y he aquí, que herí mi mano á causa de tu avaricia que cometiste, y á causa de tus sangres que fueron en medio de ti.

14 ¿Estará firme tu corazón? ¿tus manos serán fuertes en los días que obraré yo contra ti? Yo Jehová he hablado, y harélo.

15 Y yo te esparciré por las gentes, y te aventaré por las tierras; y haré fenecer de ti tu inmundicia.

16 Y tomarás heredad en ti á los ojos de las gentes; y sabrás que yo soy Jehová.

17 Y fué á mí palabra de Jehová, diciendo:

18 Hijo del hombre, la casa de Israel se me ha tornado en escoria: todos ellos son metal, y estaño, y hierro, y plomo, en medio del horno; escorias de plata se tornaron.

19 Por tanto, así ha dicho el Señor Jehová: Por cuanto todos vosotros os habéis tornado en escorias, por tanto, he aquí que yo os junto en medio de Jerusalem.

20 Como quien junta plata y metal y hierro y plomo y estaño en medio del horno, para encender fuego en él para fundir; así os juntaré en mi furor y en mi ira, y haré reposar, y os fundiré.

21 Y os juntaré y soplaré sobre vosotros en el fuego de mi furor, y en medio de él seréis fundidos.

22 Como se funde la plata en medio del horno, así seréis fundidos en medio de él; y sabréis que yo Jehová habré derramado mi enojo sobre vosotros.

23 Y fué á mí palabra de Jehová, diciendo:

24 Hijo del hombre, di á ella: Tú no eres tierra limpia, ni rociada con lluvia en el día del furor.

25 La conjuración de sus profetas en medio de ella, como león bramando que arrebata presa: devoraron almas, tomaron haciendas y honra, aumentaron sus viudas en medio de ella.

26 Sus sacerdotes violaron mi ley, y contaminaron mis santuarios: entre lo santo y lo profano no hicieron diferencia, ni distinguieron entre inmundo y limpio; y de mis sábados escondieron sus ojos, y yo era profanado en medio de ellos.

27 Sus príncipes en medio de ella como lobos que arrebataban presa, derramando sangre, para destruir las almas, para pábulo de su avaricia.

28 Y sus profetas revocaban con lodo suelto, profetizándoles vanidad, y adivinándoles mentira, diciendo: Así ha dicho el Señor Jehová; y Jehová no había hablado.

29 El pueblo de la tierra usaba de opresión, y cometía robo y al afligido y menesteroso hacían violencia, y al extranjero oprimían sin derecho.

30 Y busqué de ellos hombre que hiciese vallado y que se pusiese al portillo delante de mí por la tierra, para que yo no la destruyese; y no lo hallé.

31 Por tanto derramé sobre ellos mi ira; con el fuego de mi ira los consumí: tomé el camino de ellos sobre su cabeza, dice el Señor Jehová.

23 Y fué á mí palabra de Jehová, diciendo:

2 Hijo del hombre, hubo dos mujeres, hijas de una madre,

3 Las cuales fornicaron en Egipto; en sus mocedades fornicaron. Allí fueron apretados sus pechos, y allí fueron estrujados los pechos de su virginidad.

4 Y llamábanse, la mayor, Aholah, y su hermana, Aholibah; las cuales fueron mías, y parieron hijos é hijas. Y llamáronse, Samaria, Aholah; y Jerusalem, Aholibah.

5 Y Aholah cometió fornicación en mi poder: y prendóse de sus amantes, los Asirios sus vecinos,

6 Vestidos de cárdeno, capitanes y príncipes, mancebos todos de codiciar, caballeros que andaban á caballo.

7 Y puso sus fornicaciones en ellos, con todos los más escogidos de los hijos de los Asirios, y con todos aquellos de quienes se enamoró: contaminóse con todos los ídolos de ellos.

8 Y no dejó sus fornicaciones de Egipto: porque con ella se echaron en su mocedad, y ellos comprimieron los pechos de su virginidad, y derramaron sobre ella su fornicación.

9 Por lo cual la entregué en mano de sus amantes, en mano de los hijos de los Asirios, de quienes se había enamorado.

10 Ellos descubrieron sus vergüenzas, tomaron sus hijos y sus hijas, y á ella mataron á cuchillo: y vino á ser de nombre entre las mujeres, pues en ella hicieron juicios.

11 Y violo su hermana Aholibah, y estragó su amor más que ella; y sus fornicaciones, más que las fornicaciones de su hermana.

12 Enamoróse de los hijos de los Asirios, sus vecinos, capitanes y príncipes, vestidos en perfección, caballeros que andaban á caballo, todos ellos mancebos de codiciar.

13 Y vi que se había contaminado: un camino era el de ambas.

14 Y aumentó sus fornicaciones: pues cuando vió hombres

pintados en la pared, imágenes de Caldeos pintadas de color,

15 Ceñidos de talabartes por sus lomos, y tiaras pintadas en sus cabezas, teniendo todos ellos parecer de capitanes, á la manera de los hombres de Babilonia, nacidos en tierra de Caldeos,

16 Enamoróse de ellos en viéndolos, y envióles mensajeros á la tierra de los Caldeos.

17 Y entraron á ella los hombres de Babilonia á la cama de los amores, y contamináronla con su fornicación; y ella también se contaminó con ellos, y su deseo se hartó de ellos.

18 Así hizo patentes sus fornicaciones, y descubrió sus vergüenzas: por lo cual mi alma se hartó de ella, como se había ya hartado mi alma de su hermana.

19 Aun multiplicó sus fornicaciones trayendo en memoria los días de su mocedad, en los cuales había fornicado en la tierra de Egipto.

20 Y enamoróse de sus rufianes, cuya carne es como carne de asnos, y cuyo flujo como flujo de caballos.

21 Así tornaste á la memoria la suciedad de tu mocedad, cuando comprimieron tus pechos en Egipto por los pechos de tu mocedad.

22 Por tanto, Aholiba, así ha dicho el Señor Jehová: He aquí que yo despierto tus amantes contra ti, de los cuales se hartó tu deseo, y yo los haré venir contra ti en derredor;

23 Los de Babilonia, y todos los Caldeos, mayordomos, y príncipes, y capitanes, todos los de Asiria con ellos: mancebos todos ellos de codiciar, capitanes y príncipes, nobles y principales, que montan á caballo todos ellos.

24 Y vendrán sobre ti carros, carretas, y ruedas, y multitud de pueblos. Escudos, y paveses, y capacetes pondrán contra ti en derredor; y yo daré el juicio delante de ellos, y por sus leyes te juzgarán.

25 Y pondré mi celo contra ti, y obrarán contigo con furor; quitarte han tu nariz y tus orejas; y lo que te quedare caerá á cuchillo. Ellos tomarán tus hijos y tus hijas, y tu residuo será consumido por el fuego.

26 Y te desnudarán de tus vestidos, y tomarán los vasos de tu gloria.

27 Y haré cesar de ti tu suciedad, y tu fornicación de la tierra de Egipto: ni más levantarás á ellos tus ojos, ni nunca más te acordarás de Egipto.

28 Porque así ha dicho el Señor Jehová: He aquí, yo te entrego en mano de aquellos que tú aborreciste, en mano de aquellos de los cuales se hartó tu deseo:

29 Los cuales obrarán contigo con odio, y tomarán todo lo que tú trabajaste, y te dejarán desnuda y descubierta: y descubriráse la torpeza de tus fornicaciones, y tu suciedad, y tus fornicaciones.

30 Estas cosas se harán contigo, porque fornicaste en pos de las gentes, con las cuales te contaminaste en sus ídolos.

31 En el camino de tu hermana anduviste: yo pues pondré su cáliz en tu mano.

32 Así ha dicho el Señor Jehová: Beberás el hondo y ancho cáliz de tu hermana; de ti se mofarán las gentes, y te escarnecerán: de grande cabida es.

33 Serás llena de embriaguez y de dolor por el cáliz de soledad y de asolamiento, por el cáliz de tu hermana Samaria.

34 Lo beberás pues, y lo agotarás, y quebrarás sus tiestos; y tus pechos arrancarás: porque yo he hablado, dice el Señor Jehová.

35 Por tanto, así ha dicho el Señor Jehová: Por cuanto te has olvidado de mí, y me has echado tras tus espaldas, por eso, lleva tú también tu suciedad y tus fornicaciones.

36 Y díjome Jehová: Hijo del hombre, ¿no juzgarás tú á Aholah, y á Aholibah, y les denunciarás sus abominaciones?

37 Porque han adulterado, y hay sangre en sus manos, y han fornicado con sus ídolos; y aun sus hijos que me habían engendrado, hicieron pasar por el fuego, quemándolos.

38 Aun esto más me hicieron: contaminaron mi santuario en aquel día, y profanaron mis sábados;

39 Pues habiendo sacrificado sus hijos á sus ídolos, entrábanse en mi santuario el mismo día para contaminarlo: y he aquí, así hicieron en medio de mi casa.

40 Y cuanto más, que enviaron por hombres que vienen de lejos, á los cuales había sido enviado mensajero: y he aquí vinieron; y por amor de ellos te lavaste, y alcoholaste tus ojos, y te ataviaste con adornos.

41 Y te sentaste sobre suntuoso estrado, y fué adornada mesa delante de él, y sobre ella pusiste mi perfume y mi óleo.

42 Y oyóse en ella voz de compañía en holganza: y con los varones fueron traídos de la gente común los Sabeos del

desierto; y pusieron manillas sobre sus manos, y coronas de gloria sobre sus cabezas.

43 Y dije á la envejecida en adulterios: Sus prostituciones cumplirán ellos ahora, y ella con ellos:

44 Porque han venido á ella como quien viene á mujer ramera: así vinieron á Aholah y á Aholibah, mujeres depravadas.

45 Por tanto, hombres justos las juzgarán por la ley de las adúlteras, y por la ley de las que derraman sangre: porque son adúlteras, y sangre hay en sus manos.

46 Por lo que así ha dicho el Señor Jehová: Yo haré subir contra ellas compañías, las entregaré á turbación y á rapiña:

47 Y la compañía de gentes las apedreará con piedras, y las acuchillará con sus espadas: matarán á sus hijos y á sus hijas, y sus casas consumirán con fuego.

48 Y haré cesar la depravación de la tierra, y escarmentarán todas las mujeres, y no harán según vuestra torpeza.

49 Y sobre vosotras pondrán vuestra obscenidad, y llevaréis los pecados de vuestros ídolos; y sabréis que yo soy el Señor Jehová.

24 Y fué á mí palabra de Jehová en el noveno año, en el mes décimo, á los diez del mes, diciendo:

2 Hijo del hombre, escríbete el nombre de este día: el rey de Babilonia se puso sobre Jerusalem este mismo día.

3 Y habla á la casa de rebelión por parábola, y diles: Así ha dicho el Señor Jehová: Pon una olla, ponla, y echa también en ella agua:

4 Junta sus piezas en ella; todas buenas piezas, pierna y espalda; hínchela de huesos escogidos.

5 Toma una oveja escogida; y también enciende los huesos debajo de ella; haz que hierva bien; coced también sus huesos dentro de ella.

6 Pues así ha dicho el Señor Jehová: ¡Ay de la ciudad de sangres, de la olla no espumada, y cuya espuma no salió de ella! Por sus piezas, por sus piezas sácala; no caiga sobre ella suerte.

7 Porque su sangre fué en medio de ella: sobre una piedra alisada la puso; no la derramó sobre la tierra para que fuese cubierta con polvo.

8 Habiendo, pues, hecho subir la ira para hacer venganza, yo pondré su sangre sobre la dura piedra, para que no sea cubierta.

9 Por tanto, así ha dicho el Señor Jehová: ¡Ay de la ciudad de sangres! Pues también haré yo gran hoguera,

10 Multiplicando la leña, encendiendo el fuego, para consumir la carne, y hacer la salsa; y los huesos serán quemados:

11 Asentando después la olla vacía sobre sus brasas, para que se caldee, y se queme su fondo, y se funda en ella su suciedad, y se consuma su espuma.

12 En fraude se cansó, y no salió de ella su mucha espuma. En fuego será su espuma consumida.

13 En tu suciedad perversa padecerás: porque te limpié, y tú no te limpiaste de tu suciedad: nunca más te limpiarás, hasta que yo haga reposar mi ira sobre ti.

14 Yo Jehová he hablado; vendrá, y harélo. No me tornaré atrás, ni tendré misericordia, ni me arrepentiré: según tus caminos y tus obras te juzgarán, dice el Señor Jehová.

15 Y fué á mí palabra de Jehová, diciendo:

16 Hijo del hombre, he aquí que yo te quito de golpe el deseo de tus ojos: no endeches, ni llores, ni corran tus lágrimas.

17 Reprime el suspirar, no hagas luto de mortuorios: ata tu bonete sobre ti, y pon tus zapatos en tus pies, y no te cubras con rebozo, ni comas pan de hombres.

18 Y hablé al pueblo por la mañana, y á la tarde murió mi mujer: y á la mañana hice como me fué mandado.

19 Y díjome el pueblo: ¿No nos enseñarás qué nos significan estas cosas que tú haces?

20 Y yo les dije: Palabra de Jehová fué á mí, diciendo:

21 Dí á la casa de Israel: Así ha dicho el Señor Dios: He aquí yo profano mi santuario, la gloria de vuestra fortaleza, el deseo de vuestros ojos, y el regalo de vuestra alma: vuestros hijos y vuestras hijas que dejasteis, caerán á cuchillo.

22 Y haréis de la manera que yo hice: no os cubriréis con rebozo, ni comeréis pan de hombres;

23 Y vuestros bonetes estarán sobre vuestras cabezas, y vuestros zapatos en vuestros pies: no endecharéis ni lloraréis, sino que os consumiréis á causa de vuestras maldades, y gemiréis unos con otros.

24 Ezequiel pues os será por señal; según todas las cosas que él hizo, haréis: en viniendo esto, entonces sabréis que yo soy el Señor Jehová.

25 Y tú, hijo del hombre, el día que yo quitaré de ellos su fortaleza, el gozo de su gloria, el deseo de sus ojos, y el cuidado de sus almas, sus hijos y sus hijas,

26 Este día vendrá á ti un escapado para traer las nuevas.

27 En aquel día se abrirá tu boca para hablar con el escapado, y hablarás, y no estarás más mudo; y les serás por señal, y sabrán que yo soy Jehová.

25 Y fué á mí palabra de Jehová, diciendo:

2 Hijo del hombre, pon tu rostro hacia los hijos de Ammón, y profetiza sobre ellos.

3 Y dirás á los hijos de Ammón: Oid palabra del Señor Jehová: Así ha dicho el Señor Jehová: Por cuanto dijiste ¡Ea! acerca de mi santuario que fué profanado, y sobre la tierra de Israel que fué asolada, y sobre la casa de Judá, porque fueron en cautiverio;

4 Por tanto, he aquí, yo te entrego á los Orientales por heredad, y pondrán en tí sus apriscos, y colocarán en tí sus tiendas: ellos comerán tus sementeras, y beberán tu leche.

5 Y pondré á Rabba por habitación de camellos, y á los hijos de Ammón por majada de ovejas; y sabréis que yo soy Jehová.

6 Porque así ha dicho el Señor Jehová: Por cuanto tú batiste tus manos, y pateaste, y te gozaste del alma en todo tu menosprecio sobre la tierra de Israel;

7 Por tanto, he aquí yo te extenderé mi mano sobre ti, y te entregaré á las gentes para ser saqueada; y yo te cortaré de entre los pueblos, y te destruiré de entre las tierras; te raeré; y sabrás que yo soy Jehová.

8 Así ha dicho el Señor Jehová: Por cuanto dijo Moab y Seir: He aquí la casa de Judá es como todas las gentes;

9 Por tanto, he aquí yo abro el lado de Moab desde las ciudades, desde sus ciudades que están en su confín, las tierras deseables de Beth-jesi-moth, y Baal-meón, y Chîriathaim,

10 A los hijos del oriente contra los hijos de Ammón; y entregaréla por heredad para que no haya más memoria de los hijos de Ammón entre las gentes.

11 También en Moab haré juicios; y sabrán que yo soy Jehová.

12 Así ha dicho el Señor Jehová: Por lo que hizo Edom tomando venganza de la casa de Judá, pues delinquieron en extremo, y se vengaron de ellos;

13 Por tanto, así ha dicho el Señor Jehová: Yo también extenderé mi mano sobre Edom, y talaré de ella hombres y bestias, y la asolaré: desde Temán y Dedán caerán á cuchillo.

14 Y pondré mi venganza en Edom por la mano de mi pueblo Israel; y harán en Edom según mi enojo y según mi ira: y conocerán mi venganza, dice el Señor Jehová.

15 Así ha dicho el Señor Jehová: Por lo que hicieron los Palestinos con venganza, cuando se vengaron con despecho de ánimo, destruyendo por antiguas enemistades;

16 Por tanto, así ha dicho Jehová: He aquí yo extiendo mi mano sobre los Palestinos, y talaré los Ceretheos, y destruiré el resto de la ribera de la mar.

17 Y haré en ellos grandes venganzas con represiones de ira; y sabrán que yo soy Jehová, cuando diere mi venganza en ellos.

26 Y aconteció en el undécimo año, en el primero del mes, que fué á mí palabra de Jehová, diciendo:

2 Hijo del hombre, por cuanto dijo Tiro sobre Jerusalem: Ea, bien: quebrantada es la que era puerta de las naciones: á mí se volvió: seré llena; ella desierta:

3 Por tanto, así ha dicho el Señor Jehová: He aquí yo contra ti, oh Tiro, y haré subir contra ti muchas gentes, como la mar hace subir sus ondas.

4 Y demolerán los muros de Tiro, y derribarán sus torres: y raeré de ella su polvo, y la dejaré como una peña lisa.

5 Tendedero de redes será en medio de la mar, porque yo he hablado, dice el Señor Jehová: y será saqueada de las gentes.

6 Y sus hijas que están en el campo, serán muertas á cuchillo; y sabrán que yo soy Jehová.

7 Porque así ha dicho el Señor Jehová: He aquí que del aquilón traigo yo contra Tiro á Nabucodonosor, rey de Babilonia, rey de reyes, con caballos, y carros, y caballeros, y compañías, y mucho pueblo.

8 Tus hijas que están en el campo matará á cuchillo; y pondrá contra ti ingenios, y fundará contra ti baluarte, y afirmará contra ti escudo.

9 Y pondrá contra ella arietes, contra tus muros, y tus torres destruirá con sus martillos.

10 Por la multitud de sus caballos te cubrirá el polvo de ellos: con el estruendo de los caballeros, y de las ruedas, y de los carros, temblarán tus muros, cuando entrare por tus puertas como por portillos de ciudad destruida.

11 Con las uñas de sus caballos hollará todas tus calles; á tu pueblo matará á cuchillo, y las estatuas de tu fortaleza caerán á tierra.

12 Y robarán tus riquezas, y saquearán tus mercaderías: y arruinarán tus muros, y tus casas preciosas destruirán; y pondrán tus piedras y tu madera y tu polvo en medio de las aguas.

13 Y haré cesar el estrépito de tus canciones, y no se oirá más el son de tus vihuelas.

14 Y te pondré como una peña lisa: tendedero de redes serás; y nunca más serás edificada: porque yo Jehová he hablado, dice el Señor Jehová.

15 Así ha dicho el Señor Jehová á Tiro: ¿No se estremecerán las islas al estruendo de tu caída, cuando gritarán los heridos, cuando se hará la matanza en medio de ti?

16 Entonces todos los príncipes de la mar descenderán de sus sillas, y se quitarán sus mantos, y desnudarán sus bordadas ropas: de espanto se vestirán, sentaránse sobre la tierra, y temblarán á cada momento, y estarán sobre ti atónitos.

17 Y levantarán sobre ti endechas, y te dirán: ¿Cómo pereciste tú, poblada en los mares, ciudad que fué alabada, que fué fuerte en la mar, ella y sus habitantes, que ponían su espanto á todos sus moradores?

18 Ahora se estremecerán las islas en el día de tu caída, sí, las islas que están en la mar se espantarán de tu éxito.

19 Porque así ha dicho el Señor Jehová: Yo te tornaré ciudad asolada, como las ciudades que no se habitan; haré subir sobre ti el abismo, y las muchas aguas te cubrirán.

20 Y te haré descender con los que descienden al sepulcro, con el pueblo del siglo: y te pondré en lo más bajo de la tierra, como los desiertos antiguos, con los que descienden al sepulcro, para que nunca más seas poblada; y yo daré gloria en la tierra de los vivientes.

21 Yo te tornaré en espanto, y no serás: y serás buscada, y nunca más serás hallada, dice el Señor Jehová.

27 Y fué á mí palabra de Jehová, diciendo:

2 Y tú, hijo del hombre, levanta endechas sobre Tiro.

3 Y dirás á Tiro, que está asentada á las entradas de la mar, mercadera de los pueblos de muchas islas: Así ha dicho el Señor Jehová: Tiro, tú has dicho: Yo soy de perfecta hermosura.

4 En el corazón de las mares están tus términos: los que te edificaron completaron tu belleza.

5 De hayas del monte Senir te fabricaron todas las tillas: tomaron cedros del Líbano para hacerte el mástil.

6 De castaños de Basán hicieron tus remos: compañía de Asirios hicieron tus bancos de marfil de las islas de Chittim.

7 De fino lino bordado de Egipto fué tu cortina, para que te sirviese de vela; de cárdeno y grana de las islas de Elisah fué tu pabellón.

8 Los moradores de Sidón y de Arvad fueron tus remeros: tus sabios, oh Tiro, estaban en ti; ellos fueron tus pilotos.

9 Los ancianos de Gebal y sus sabios repararon tus hendiduras: todas las galeras de la mar y los remeros de ellas fueron en ti para negociar tus negocios.

10 Persas y Lidios, y los de Phut, fueron en tu ejército tus hombres de guerra: escudos y capacetes colgaron en ti; ellos te dieron tu honra.

11 Los hijos de Arvad con tu ejército estuvieron sobre tus muros alrededor, y los Gammádeos en tus torres: sus escudos colgaron sobre tus muros alrededor; ellos completaron tu hermosura.

12 Tarsis tu mercadera á causa de la multitud de todas riquezas en plata, hierro, estaño, y plomo, dió en tus ferias.

13 Grecia, Tubal, y Mesec, tus mercaderes, con hombres y con vasos de metal, dieron en tus ferias.

14 De la casa de Togarma, caballos y caballeros y mulos, dieron en tu mercado.

15 Los hijos de Dedán eran tus negociantes: muchas islas tomaban mercadería de tu mano; cuernos de marfil y pavos te dieron en presente.

16 Siria fué tu mercadera por la multitud de tus labores: con

perlas, y púrpura, y vestidos bordados, y linos finos, y corales, y rubíes, dió en tus ferias.

17 Judá, y la tierra de Israel, eran tus mercaderes: con trigos de Minith, y pannah, y miel, y aceite, y resina, dieron en tu mercado.

18 Damasco, tu mercadera por la multitud de tus labores, por la abundancia de todas riquezas, con vino de Helbón, y lana blanca.

19 Asimismo Dan y el errante Javán dieron en tus ferias, para negociar en tu mercado de hierro labrado, mirra destilada, y caña aromática.

20 Dedán fué tu mercadera con paños preciosos para carros.

21 Arabia y todos los príncipes de Cedar, mercaderes de tu mano en corderos, y carneros, y machos cabríos: en estas cosas fueron tus mercaderes.

22 Los mercaderes de Seba y de Raama fueron tus mercaderes: con lo principal de toda especiería, y toda piedra preciosa, y oro, dieron en tus ferias.

23 Harán, y Canneh, y Edén, los mercaderes de Seba, de Asiria, y Chilmad, contigo contrataban.

24 Estos tus mercaderes negociaban contigo en varias cosas: en mantos de jacinto, y bordados, y en cajas de ropas preciosas, enlazadas con cordones, y en madera de cedro.

25 Las naves de Tarsis, tus cuadrillas, fueron en tu negociación: y fuiste llena, y fuiste multiplicada en gran manera en medio de los mares.

26 En muchas aguas te engolfaron tus remeros: viento solano te quebrantó en medio de los mares.

27 Tus riquezas, y tus mercaderías, y tu negociación, tus remeros, y tus pilotos, los reparadores de tus hendiduras, y los agentes de tus negocios, y todos tus hombres de guerra que hay en ti, con toda tu compañía que en medio de ti se halla, caerán en medio de los mares el día de tu caída.

28 Al estrépito de las voces de tus marineros temblarán los arrabales.

29 Y descenderán de sus naves todos los que toman remo; remeros, y todos los pilotos de la mar se pararán en tierra:

30 Y harán oir su voz sobre ti, y gritarán amargamente, y echarán polvo sobre sus cabezas, y se revolcarán en la ceniza.

31 Y haránse por ti calva, y se ceñirán de sacos, y endecharán por ti endechas amargas, con amargura de alma.

32 Y levantarán sobre ti endechas en sus lamentaciones, y endecharán sobre ti diciendo: ¿Quién como Tiro, como la destruída en medio de la mar?

33 Cuando tus mercaderías salían de las naves, hartabas muchos pueblos: los reyes de la tierra enriqueciste con la multitud de tus riquezas y de tus contrataciones.

34 En el tiempo que serás quebrantada de los mares en los profundos de las aguas, tu comercio y toda tu compañía caerán en medio de ti.

35 Todos los moradores de las islas se maravillarán sobre ti, y sus reyes temblarán de espanto: inmutaránse en sus rostros.

36 Los mercaderes en los pueblos silbarán sobre ti: vendrás á ser espanto, y dejarás de ser para siempre.

28 Y fué á mí palabra de Jehová, diciendo:

2 Hijo del hombre, di al príncipe de Tiro: Así ha dicho el Señor Jehová: Por cuanto se enalteció tu corazón y dijiste: Yo soy un dios; en la silla de Dios estoy sentado en medio de los mares (siendo tú hombre y no Dios); y has puesto tu corazón como corazón de Dios:

3 Y he aquí que tú eres más sabio que Daniel; no hay secreto que te sea oculto:

4 Con tu sabiduría y con tu prudencia te has juntado riquezas, y has adquirido oro y plata en tus tesoros;

5 Con la grandeza de tu sabiduría en tu contratación has multiplicado tus riquezas; y á causa de tus riquezas se ha enaltecido tu corazón.

6 Por tanto, así ha dicho el Señor Jehová: Por cuanto pusiste tu corazón como corazón de Dios,

7 Por tanto, he aquí yo traigo sobre ti extraños, los fuertes de las gentes, que desenvainarán sus espadas contra la hermosura de tu sabiduría, y ensuciarán tu esplendor.

8 A la huesa te harán descender, y morirás de las muertes de los que mueren en medio de los mares.

9 ¿Hablarás delante de tu matador, diciendo: Yo soy Dios? Tú, hombre eres, y no Dios, en la mano de tu matador.

10 De muerte de incircuncisos morirás por mano de extraños: porque yo he hablado, dice el Señor Jehová.

11 Y fué á mí palabra de Jehová, diciendo:

12 Hijo del hombre, levanta endechas sobre el rey de Tiro, y dile: Así ha dicho el Señor Jehová: Tú echas el sello á la proporción, lleno de sabiduría, y acabado de hermosura.

13 En Edén, en el huerto de Dios estuviste: toda piedra preciosa fué tu vestidura; el sardio, topacio, diamante, crisólito, onique, y berilo, el zafiro, carbunclo, y esmeralda, y oro, los primores de tus tamboriles y pífanos estuvieron apercibidos para ti en el día de tu creación.

14 Tú, querubín grande, cubridor: y yo te puse; en el santo monte de Dios estuviste; en medio de piedras de fuego has andado.

15 Perfecto eras en todos tus caminos desde el día que fuiste criado, hasta que se halló en ti maldad.

16 A causa de la multitud de tu contratación fuiste lleno de iniquidad, y pecaste: por lo que yo te eché del monte de Dios, y te arrojé de entre las piedras del fuego, oh querubín cubridor.

17 Enaltecióse tu corazón á causa de tu hermosura, corrompiste tu sabiduría á causa de tu resplandor: yo te arrojaré por tierra; delante de los reyes te pondré para que miren en ti.

18 Con la multitud de tus maldades, y con la iniquidad de tu contratación ensuciaste tu santuario: yo pues saqué fuego de en medio de ti, el cual te consumió, y púsete en ceniza sobre la tierra á los ojos de todos los que te miran.

19 Todos los que te conocieron de entre los pueblos, se maravillarán sobre ti: en espanto serás, y para siempre dejarás de ser.

20 Y fué á mí palabra de Jehová, diciendo:

21 Hijo del hombre, pon tu rostro hacia Sidón, y profetiza contra ella;

22 Y dirás: Así ha dicho el Señor Jehová: He aquí yo contra ti, oh Sidón, y en medio de ti seré glorificado: y sabrán que yo soy Jehová, cuando hiciere en ella juicios, y en ella me santificare.

23 Y enviaré á ella pestilencia y sangre en sus plazas; y caerán muertos en medio de ella; con espada contra ella alrededor; y sabrán que yo soy Jehová.

24 Y nunca más será á la casa de Israel espino que le punce, ni espanto que le dé dolor, en todos los alrededores de los que los menosprecian; y sabrán que yo soy Jehová.

25 Así ha dicho el Señor Jehová: Cuando juntaré la casa de Israel de los pueblos entre los cuales están esparcidos, entonces me santificaré en ellos á los ojos de las gentes, y habitarán en su tierra, la cual di á mi siervo Jacob.

26 Y habitarán en ella seguros, y edificarán casas, y plantarán viñas, y habitarán confiadamente, cuando yo haré juicios en todos los que los despojan en sus alrededores; y sabrán que yo soy Jehová su Dios.

29 En el año décimo, en el mes décimo, á los doce del mes, fué á mí palabra de Jehová, diciendo:

2 Hijo del hombre, pon tu rostro contra Faraón rey de Egipto, y profetiza contra él y contra todo Egipto.

3 Habla, y di: Así ha dicho el Señor Jehová: He aquí yo contra ti, Faraón rey de Egipto, el gran dragón que yace en medio de sus ríos, el cual dijo: Mío es mi río, y yo me lo hice.

4 Yo pues, pondré anzuelos en tus mejillas, y pegaré tus peces de tus ríos á tus escamas, y te sacaré de en medio de tus ríos, y todos los peces de tus ríos saldrán pegados á tus escamas.

5 Y dejaréte en el desierto, á ti y á todos los peces de tus ríos: sobre la haz del campo caerás; no serás recogido, ni serás juntado: á las bestias de la tierra y á las aves del cielo te he dado por comida.

6 Y sabrán todos los moradores de Egipto que yo soy Jehová, por cuanto fueron bordón de caña á la casa de Israel.

7 Cuando te tomaron con la mano, te quebraste, y les rompiste todo el hombro; y cuando se recostaron sobre ti, te quebraste, y les deslomaste enteramente.

8 Por tanto, así ha dicho el Señor Jehová: He aquí que yo traigo contra ti espada, y talaré de ti hombres y bestias.

9 Y la tierra de Egipto será asolada y desierta: y sabrán que yo soy Jehová: porque dijo: Mi río, y yo lo hice.

10 Por tanto, he aquí yo contra ti, y contra tus ríos; y pondré la tierra de Egipto en asolamientos de la soledad del desierto, desde Migdol hasta Seveneh, hasta el término de Etiopía.

11 No pasará por ella pie de hombre, ni pie de bestia pasará por ella; ni será habitada por cuarenta años.

12 Y pondré á la tierra de Egipto en soledad entre las tierras asoladas, y sus ciudades entre las ciudades destruidas estarán asoladas por cuarenta años: y esparciré á Egipto entre las gentes, y aventarélos por las tierras.

13 Porque así ha dicho el Señor Jehová: Al fin de cuarenta años juntaré á Egipto de los pueblos entre los cuales fueron esparcidos.

14 Y tornaré á traer los cautivos de Egipto, y los volveré á la tierra de Patros, á la tierra de su habitación; y allí serán un reino bajo.

15 En comparación de los otros reinos será humilde; ni más se alzará sobre las gentes: porque yo los disminuiré, para que no se enseñoreen de las gentes.

16 Y no será más á la casa de Israel por confianza, que haga acordar el pecado, mirando en pos de ellos; y sabrán que yo soy el Señor Jehová.

17 Y aconteció en el año veinte y siete, en el mes primero, al primero del mes, que fué á mí palabra de Jehová, diciendo:

18 Hijo del hombre, Nabucodonosor rey de Babilonia hizo á su ejército prestar grande servicio contra Tiro. Toda cabeza se encalveció, y pelóse todo hombro; y ni para él ni para su ejército hubo paga de Tiro, por el servicio que prestó contra ella.

19 Por tanto, así ha dicho el Señor Jehová: He aquí que yo doy á Nabucodonosor, rey de Babilonia, la tierra de Egipto; y él tomará su multitud, y cogerá sus despojos, y arrebatará su presa, y habrá paga para su ejército.

20 Por su trabajo con que sirvió contra ella le he dado la tierra de Egipto: porque trabajaron por mí, dice el Señor Jehová.

21 En aquel tiempo haré reverdecer el cuerno á la casa de Israel, y te daré apertura de boca en medio de ellos; y sabrán que yo soy Jehová.

30 Y fué á mí palabra de Jehová, diciendo:

2 Hijo del hombre, profetiza, y di: Así ha dicho el Señor Jehová: Aullad: ¡Ay del día!

3 Porque cerca está el día, cerca está el día del Señor; día de nublado, día de las gentes será.

4 Y vendrá espada á Egipto, y habrá miedo en Etiopía, cuando caerán heridos en Egipto; y tomarán su multitud, y serán destruídos sus fundamentos.

5 Etiopía, y Libia, y Lidia, y todo el conjunto de pueblo, y Chûb, y los hijos de la tierra de la liga, caerán con ellos á cuchillo.

6 Así ha dicho Jehová: También caerán los que sostienen á Egipto, y la altivez de su fortaleza caerá: desde Migdol hasta Seveneh caerán en él á cuchillo, dice el Señor Jehová.

7 Y serán asolados entre las tierras asoladas, y sus ciudades serán entre las ciudades desiertas.

8 Y sabrán que yo soy Jehová, cuando pusiere fuego á Egipto, y fueren quebrantados todos sus ayudadores.

9 En aquel tiempo saldrán mensajeros de delante de mí en navíos, á espantar á Etiopía la confiada, y tendrán espanto como en el día de Egipto: porque he aquí viene.

10 Así ha dicho el Señor Jehová: Haré cesar la multitud de Egipto por mano de Nabucodonosor, rey de Babilonia.

11 Él, y con él su pueblo, los más fuertes de las gentes, serán traídos á destruir la tierra: y desenvainarán sus espadas sobre Egipto, y henchirán la tierra de muertos.

12 Y secaré los ríos, y entregaré la tierra en manos de malos, y destruiré la tierra y su plenitud por mano de extranjeros: yo Jehová he hablado.

13 Así ha dicho el Señor Jehová: Destruiré también las imágenes, y haré cesar los ídolos de Memphis; y no habrá más príncipe de la tierra de Egipto, y en la tierra de Egipto pondré temor.

14 Y asolaré á Patros, y pondré fuego á Zoán, y haré juicios en No.

15 Y derramaré mi ira sobre Sin, fortaleza de Egipto, y talaré la multitud de No.

16 Y pondré fuego á Egipto; Sin tendrá gran dolor, y No será destrozada, y Memphis tendrá continuas angustias.

17 Los mancebos de Avén y de Pibeseth caerán á cuchillo; y ellas irán en cautiverio.

18 Y en Tehaphnes será cerrado el día, cuando quebrantaré yo allí las barras de Egipto, y cesará en ella la soberbia de su fortaleza: nublado la cubrirá, y los moradores de sus aldeas irán en cautiverio.

19 Haré pues juicios en Egipto y sabrán que yo soy Jehová.

20 Y aconteció en el año undécimo, en el mes primero, á los siete del mes, que fué á mí palabra de Jehová, diciendo:

21 Hijo del hombre, quebrantado he el brazo de Faraón rey de Egipto; y he aquí que no ha sido vendado poniéndo le medicinas, poniéndole faja para ligarlo, á fin de vigorizarle para que pueda tener espada.

22 Por tanto, así ha dicho el Señor Jehová: Heme aquí contra Faraón rey de Egipto, y quebraré sus brazos, el fuerte y el fracturado, y haré que la espada se le caiga de la mano.

23 Y esparciré los Egipcios entre las gentes, y aventarélos por las tierras.

24 Y fortificaré los brazos del rey de Babilonia, y pondré mi espada en su mano; mas quebraré los brazos de Faraón, y delante de aquél gemirá con gemidos de herido de muerte.

25 Fortificaré pues los brazos del rey de Babilonia, y los brazos de Faraón caerán; y sabrán que yo soy Jehová, cuando yo pusiere mi espada en la mano del rey de Babilonia, y él la extendiere sobre la tierra de Egipto.

26 Y esparciré los Egipcios entre las gentes, y los aventaré por las tierras; y sabrán que yo soy Jehová.

31 Y aconteció en el año undécimo, en el mes tercero, al primero del mes, que fué á mí palabra de Jehová, diciendo:

2 Hijo del hombre, di á Faraón rey de Egipto, y á su pueblo: ¿A quién te comparaste en tu grandeza?

3 He aquí era el Asirio cedro en el Líbano, hermoso en ramas, y umbroso con sus ramos, y de grande altura, y su copa estaba entre densas ramas.

4 Las aguas lo hicieron crecer, encumbrólo el abismo: sus ríos iban alrededor de su pie, y á todos los árboles del campo enviaba sus corrientes.

5 Por tanto, se encumbró su altura sobre todos los árboles del campo, y multiplicáronse sus ramos, y á causa de las muchas aguas se alargaron sus ramas que había echado.

6 En sus ramas hacían nido todas las aves del cielo, y debajo de su ramaje parían todas las bestias del campo, y á su sombra habitaban muchas gentes.

7 Hízose, pues, hermoso en su grandeza con la extensión de sus ramas; porque su raíz estaba junto á muchas aguas.

8 Los cedros no lo cubrieron en el huerto de Dios: las hayas no fueron semejantes á sus ramas, ni los castaños fueron semejantes á sus ramos: ningún árbol en el huerto de Dios fué semejante á él en su hermosura.

9 Híce lo hermoso con la multitud de sus ramas; y todos los árboles de Edén, que estaban en el huerto de Dios, tuvieron de él envidia.

10 Por tanto, así dijo el Señor Jehová: Por cuanto te encumbraste en altura, y puso su cumbre entre densas ramas, y su corazón se elevó con su altura,

11 Yo lo entregaré en mano del fuerte de las gentes, que de cierto le manejará: por su impiedad lo he arrojado.

12 Y le cortarán extraños, los fuertes de las gentes, y lo abandonarán: sus ramas caerán sobre los montes y por todos los valles, y por todas las arroyadas de la tierra serán quebrados sus ramos; é iránse de su sombra todos los pueblos de la tierra, y lo dejarán.

13 Sobre su ruina habitarán todas las aves del cielo, y sobre su ramas estarán todas las bestias del campo:

14 Para que no se eleven en su altura los árboles todos de las aguas, ni levanten su cumbre entre las espesuras, ni en sus ramas se paren por su altura todos los que beben aguas: porque todos serán entregados á muerte, á la tierra baja, en medio de los hijos de los hombres, con los que descienden á la huesa.

15 Así ha dicho el Señor Jehová: El día que descendió á la sepultura, hice hacer luto, hice cubrir por él el abismo, y detuve sus ríos, y las muchas aguas fueron detenidas: y al Líbano cubrí de tinieblas por él, y todos los árboles del campo se desmayaron.

16 Del estruendo de su caída hice temblar las gentes, cuando les hice descender á la fosa con todos los que descienden á la sepultura; y todos los árboles de Edén escogidos, y los mejores del Líbano, todos los que beben aguas, tomaron consolación en la tierra baja.

17 También ellos descendieron con él á la fosa, con los muertos á cuchillo, los que fueron su brazo, los que estuvieron á su sombra en medio de las gentes.

18 ¿A quién te has comparado así en gloria y en grandeza entre los árboles de Edén? Pues derribado serás con los árboles de Edén en la tierra baja: entre los incircuncisos yacerás, con los muertos á cuchillo. Este es Faraón y todo su pueblo, dice el Señor Jehová.

32 Y acontenció en el año duodécimo, en el mes duodécimo, al primero del mes, que fué á mí palabra de Jehová, diciendo:

2 Hijo del hombre, levanta endechas sobre Faraón rey de Egipto, y dile: A leoncillo de gentes eres semejante, y eres como la ballena en los mares: que secabas tus ríos, y enturbiabas las aguas con tus pies, y hollabas sus riberas.

3 Así ha dicho el Señor Jehová: Yo extenderé sobre ti mi red con reunión de muchos pueblos, y te harán subir con mi esparavel.

4 Y te dejaré en tierra, te echaré sobre la haz del campo, y haré que se asienten sobre ti todas las aves del cielo, y hartaré de ti las bestias de toda la tierra.

5 Y pondré tus carnes sobre los montes, y henchiré los valles de tu altura.

6 Y regaré de tu sangre la tierra donde nadas, hasta los montes; y los arroyos se henchirán de ti.

7 Y cuando te habré muerto, cubriré los cielos, y haré entenebrecer sus estrellas: el sol cubriré con nublado, y la luna no hará resplandecer su luz.

8 Todas las lumbreras de luz haré entenebrecer en el cielo por ti, y pondré tinieblas sobre tu tierra, dice el Señor Jehová.

9 Y entristeceré el corazón de muchos pueblos, cuando llevaré tu quebrantamiento sobre las gentes, por las tierras que no conociste.

10 Y haré atónitos sobre ti muchos pueblos, y sus reyes tendrán á causa de ti horror grande, cuando haré resplandecer mi espada delante de sus rostros, y todos se sobresaltarán en sus ánimos á cada momento en el día de tu caída.

11 Porque así ha dicho el Señor Jehová: La espada del rey de Babilonia vendrá sobre ti.

12 Con espadas de fuertes haré caer tu pueblo; todos ellos serán los fuertes de las gentes: y destruirán la soberbia de Egipto, y toda su multitud será deshecha.

13 Todas sus bestias destruiré de sobre las muchas aguas: ni más las enturbiará pie de hombre, ni uña de bestias las enturbiarán.

14 Entonces haré asentarse sus aguas, y haré ir sus ríos como aceite, dice el Señor Jehová.

15 Cuando asolaré la tierra de Egipto, y la tierra fuere asolada de su plenitud, cuando heriré á todos los que en ella moran, sabrán que yo soy Jehová.

16 Esta es la endecha, y cantarla han: las hijas de las gentes la cantarán: endecharán sobre Egipto, y sobre toda su multitud, dice el Señor Jehová.

17 Y acontenció en el año duodécimo, á los quince del mes, que fué á mí palabra de Jehová, diciendo:

18 Hijo del hombre, endecha sobre la multitud de Egipto, y despéñalo á él, y á las villas de las gentes fuertes, en la tierra de los profundos, con los que descienden á la sepultura.

19 Porque eres tan hermoso, desciende, y yace con los incircuncisos.

20 Entre los muertos á cuchillo caerán: al cuchillo es entregado: traedlo á él y á todos sus pueblos.

21 De en medio del infierno hablarán á él los fuertes de los fuertes, con los que le ayudaron, que descendieron, y yacen con los incircuncisos muertos á cuchillo.

22 Allí Assur con toda su gente: en derredor de él están sus sepulcros: todos ellos cayeron muertos á cuchillo.

23 Sus sepulcros fueron puestos á los lados de la fosa, y su gente está por los alrededores de su sepulcro: todos ellos cayeron muertos á cuchillo, los cuales pusieron miedo en la tierra de los vivientes.

24 Allí Elam, y toda su multitud por los alrededores de su sepulcro: todos ellos cayeron muertos á cuchillo, los cuales descendieron incircuncisos á los más profundos lugares de la tierra, porque pusieron su terror en la tierra de los vivientes, mas llevaron su confusión con los que descienden al sepulcro.

25 En medio de los muertos le pusieron cama con toda su multitud: á sus alrededores están sus sepulcros: todos ellos incircuncisos muertos á cuchillo, porque fué puesto su espanto en la tierra de los vivientes, mas llevaron su confusión con los que descienden al sepulcro: él fué puesto en medio de los muertos.

26 Allí Mesech, y Tubal, y toda su multitud: sus sepulcros en sus alrededores: todos ellos incircuncisos muertos á cuchillo, porque habían dado su terror en la tierra de los vivientes.

27 Y no yacerán con los fuertes que cayeron de los incircuncisos, los cuales descendieron al sepulcro con sus armas de guerra, y pusieron sus espadas debajo de sus cabezas: mas sus pecados estarán sobre sus huesos, porque fueron terror de fuertes en la tierra de los vivientes.

28 Tú pues serás quebrantado entre los incircuncisos, y yacerás con los muertos á cuchillo.

29 Allí Idumea, sus reyes y todos sus príncipes, los cuales con su fortaleza fueron puestos con los muertos á cuchillo: ellos yacerán con los incircuncisos, y con los que descienden al sepulcro.

30 Allí los príncipes del aquilón, todos ellos, y todos los de Sidón, que con su terror descendieron con los muertos, avergonzados de su fortaleza, yacen también incircuncisos con los muertos á cuchillo, y llevaron su confusión con los que descienden al sepulcro.

31 A estos verá Faraón, y consolaráse sobre toda su multitud; Faraón muerto á cuchillo, y todo su ejército, dice el Señor Jehová.

32 Porque yo puse mi terror en la tierra de los vivientes, también yacerá entre los incircuncisos con los muertos á cuchillo, Faraón y toda su multitud, dice el Señor Jehová.

33 Y fué á mí palabra de Jehová, diciendo:

2 Hijo del hombre, habla á los hijos de tu pueblo, y diles: Cuando trajere yo espada sobre la tierra, y el pueblo de la tierra tomare un hombre de sus términos, y se lo pusiere por atalaya,

3 Y él viere venir la espada sobre la tierra, y tocare corneta, y avisare al pueblo;

4 Cualquiera que oyere el sonido de la corneta, y no se apercibiere, y viniendo la espada lo tomare, su sangre será sobre su cabeza.

5 El sonido de la corneta oyó, y no se apercibió; su sangre será sobre él: mas el que se apercibiere, librará su vida.

6 Pero si el atalaya viere venir la espada, y no tocare la corneta, y el pueblo no se apercibiere, y viniendo la espada, tomare de él alguno; por causa de su pecado fué tomado, mas demandaré su sangre de mano del atalaya.

7 Tú pues, hijo del hombre, yo te he puesto por atalaya á la casa de Israel, y oirás la palabra de mi boca, y los apercibirás de mi parte.

8 Diciendo yo al impío: Impío, de cierto morirás; si tú no hablares para que se guarde el impío de su camino, el impío morirá por su pecado, mas su sangre yo la demandaré de tu mano.

9 Y si tú avisares al impío de su camino para que de él se aparte, y él no se apartare de su camino, por su pecado morirá él, y tú librastе tu vida.

10 Tú pues, hijo del hombre, di á la casa de Israel: Vosotros habéis hablado así, diciendo: Nuestras rebeliones y nuestros pecados están sobre nosotros, y á causa de ellos somos consumidos: ¿cómo pues viviremos?

11 Diles: Vivo yo, dice el Señor Jehová, que no quiero la muerte del impío, sino que se torne el impío de su camino, y que viva. Volveos, volveos de vuestros caminos: ¿y por qué moriréis, oh casa de Israel?

12 Y tú, hijo del hombre, di á los hijos de tu pueblo: La justicia del justo no lo librará el día que se rebelare; y la impiedad del impío no le será estorbo el día que se volviere de su impiedad; y el justo no podrá vivir por su justicia el día que pecare.

13 Diciendo yo al justo: De cierto vivirá, y él confiado en su justicia hiciere iniquidad, todas sus justicias no vendrán en memoria, sino que morirá por su iniquidad que hizo.

14 Y diciendo yo al impío: De cierto morirás; si él se volviere de su pecado, é hiciere juicio y justicia,

15 Si el impío restituyere la prenda, devolviere lo que hubiere robado, caminare en las ordenanzas de la vida, no haciendo iniquidad, vivirá ciertamente y no morirá.

16 No se le recordará ninguno de sus pecados que había cometido: hizo juicio y justicia; vivirá ciertamente.

17 Luego dirán los hijos de tu pueblo: No es recta la vía del Señor: la vía de ellos es la que no es recta.

18 Cuando el justo se apartare de su justicia, é hiciere iniquidad, morirá por ello.

19 Y cuando el impío se apartare de su impiedad, é hiciere juicio y justicia, vivirá por ello.

20 Y dijisteis: No es recta la vía del Señor. Yo os juzgaré, oh casa de Israel, á cada uno conforme á sus caminos.

21 Y aconteció en el año duodécimo de nuestro cautiverio, en el mes décimo, á los cinco del mes, que vino á mí un escapado de Jerusalem, diciendo: La ciudad ha sido herida.

22 Y la mano de Jehová había sido sobre mí la tarde antes que el escapado viniese, y había abierto mi boca, hasta que vino á mí por la mañana; y abrió mi boca, y no más estuve callado.

23 Y fué á mí palabra de Jehová, diciendo:

24 Hijo del hombre, los que habitan aquellos desiertos en la tierra de Israel, hablando dicen: Abraham era uno, y poseyó la tierra: pues nosotros somos muchos; á nosotros es dada la tierra en posesión.

25 Por tanto, diles: Así dicho el Señor Jehová: ¿Con sangre comeréis, y á vuestros ídolos alzaréis vuestros ojos, y sangre derramaréis, y poseeréis vosotros la tierra?

26 Estuvisteis sobre vuestras espadas, hicisteis abominación, y contaminasteis cada cual la mujer de su prójimo: ¿y habréis de poseer la tierra?

27 Les dirás así: Así ha dicho el Señor Jehová: Vivo yo, que los que están en aquellos asolamientos caerán á cuchillo, y al que está sobre la haz del campo entregaré á las bestias que lo devoren; y los que están en las fortalezas y en las cuevas, de pestilencia morirán.

28 Y pondré la tierra en desierto y en soledad, y cesará la soberbia de su fortaleza; y los montes de Israel serán asolados, que no haya quien pase.

29 Y sabrán que yo soy Jehová, cuando pusiere la tierra en soledad y desierto, por todas las abominaciones que han hecho.

30 Y tú, hijo del hombre, los hijos de tu pueblo se mofan de ti junto á las paredes y á las puertas de las casas, y habla el uno con el otro, cada uno con su hermano, diciendo: Venid ahora, y oid qué palabra sale de Jehová.

31 Y vendrán á ti como viene el pueblo, y se estarán delante de ti como mi pueblo, y oirán tus palabras, y no las pondrán por obra: antes hacen halagos con sus bocas, y el corazón de ellos anda en pos de su avaricia.

32 Y he aquí que tú eres á ellos como cantor de amores, gracioso de voz y que canta bien: y oirán tus palabras, mas no las pondrán por obra.

33 Empero cuando ello viniere (he aquí viene) sabrán que hubo profeta entre ellos.

34 Y fué á mí palabra de Jehová, diciendo: **2** Hijo del hombre, profetiza contra los pastores de Israel; profetiza, y diles á los pastores: Así ha dicho el Señor Jehová: ¡Ay de los pastores de Israel, que se apacientan á sí mismos! ¿No apacientan los pastores los rebaños?

3 Coméis la leche, y os vestís de la lana: la gruesa degolláis, no apacentáis las ovejas.

4 No corroborasteis las flacas, ni curasteis la enferma: no ligasteis la perniquebrada, ni tornasteis la amontada, ni buscasteis la perdida; sino que os habéis enseñoreado de ellas con dureza y con violencia;

5 Y están derramadas por falta de pastor; y fueron para ser comidas de toda bestia del campo, y fueron esparcidas.

6 Y anduvieron perdidas mis ovejas por todos los montes, y en todo collado alto: y en toda la haz de la tierra fueron derramadas mis ovejas, y no hubo quien buscase, ni quien requiriese.

7 Por tanto, pastores, oid palabra de Jehová:

8 Vivo yo, ha dicho el Señor Jehová, que por cuanto mi rebaño fué para ser robado, y mis ovejas fueron para ser comidas de toda bestia del campo, sin pastor; ni mis pastores buscaron mis ovejas, sino que los pastores se apacentaron á sí mismos, y no apacentaron mis ovejas;

9 Por tanto, oh pastores, oid palabra de Jehová:

10 Así ha dicho el Señor Jehová: He aquí, yo á los pastores; y requeriré mis ovejas de su mano, y haréles dejar de apacentar las ovejas: ni los pastores se apacentarán más á sí mismos; pues yo libraré mis ovejas de sus bocas, y no les serán más por comida.

11 Porque así ha dicho el Señor Jehová: He aquí, yo, yo requeriré mis ovejas, y las reconoceré.

12 Como reconoce su rebaño el pastor el día que está en medio de sus ovejas esparcidas, así reconoceré mis ovejas, y las libraré de todos los lugares en que fueron esparcidas el día del nublado y de la oscuridad.

13 Y yo las sacaré de los pueblos, y las juntaré de las tierras: y las meteré en su tierra, y las apacentaré en los montes de Israel por las riberas, y en todas las habitaciones del país.

14 En buenos pastos las apacentaré, y en los altos montes de Israel será su majada: allí dormirán en buena majada, y en pastos gruesos serán apacentadas sobre los montes de Israel.

15 Yo apacentaré mis ovejas, y yo les haré tener majada, dice el Señor Jehová.

16 Yo buscaré la perdida, y tornaré la amontada, y ligaré la perniquebrada, y corroboraré la enferma: mas á la gruesa y á la fuerte destruiré. Yo las apacentaré en juicio.

17 Mas vosotras, ovejas mías, así ha dicho el Señor Jehová: He aquí yo juzgo entre oveja y oveja, entre carneros y machos cabríos.

18 ¿Os es poco que comáis los buenos pastos, sino que holléis con vuestros pies lo que de vuestros pastos queda; y que bebiendo las aguas sentadas, holléis además con vuestros pies las que quedan?

19 Y mis ovejas comen lo hollado de vuestros pies, y beben lo que con vuestros pies habéis hollado.

20 Por tanto, así les dice el Señor Jehová: He aquí, yo, yo juzgaré entre la oveja gruesa y la oveja flaca,

21 Por cuanto rempujasteis con el lado y con el hombro, y acorneasteis con vuestros cuernos á todas las flacas, hasta que las esparcisteis fuera.

22 Yo salvaré á mis ovejas, y nunca más serán en rapiña; y juzgaré entre oveja y oveja.

23 Y despertaré sobre ellas un pastor, y él las apacentará; á mi siervo David: él las apacentará, y él les será por pastor.

24 Y Jehová les seré por Dios, y mi siervo David príncipe en medio de ellos. Yo Jehová he hablado.

25 Y estableceré con ellos pacto de paz, y haré cesar de la tierra las malas bestias; y habitarán en el desierto seguramente, y dormirán en los bosques.

26 Y daré á ellas, y á los alrededores de mi collado, bendición; y haré descender la lluvia en su tiempo, lluvias de bendición serán.

27 Y el árbol del campo dará su fruto, y la tierra dará su fruto, y estarán sobre su tierra seguramente; y sabrán que yo soy Jehová, cuando quebrare las coyundas de su yugo, y los librare de mano de los que se sirven de ellos,

28 Y no serán más presa de las gentes, ni las bestias de la tierra las devorarán; sino que habitarán seguramente, y no habrá quien espante;

29 Y despertaré una planta por nombre, y no más serán consumidos de hambre en la tierra, ni serán más avergonzados de las gentes.

30 Y sabrán que yo su Dios Jehová soy con ellos, y ellos son mi pueblo, la casa de Israel, dice el Señor Jehová.

31 Y vosotras, ovejas mías, ovejas de mi pasto, hombres sois, y yo vuestro Dios, dice el Señor Jehová.

35 Y fué á mí palabra de Jehová, diciendo: **2** Hijo del hombre, pon tu rostro hacia el monte de Seir, y profetiza contra él,

3 Y dile: Así ha dicho el Señor Jehová: He aquí yo contra ti, oh monte de Seir, y extenderé mi mano contra ti, y te pondré en asolamiento y en soledad.

4 A tus ciudades asolaré, y tú serás asolado; y sabrás que yo soy Jehová.

5 Por cuanto tuviste enemistades perpetuas, y esparciste los hijos de Israel á poder de espada en el tiempo de su aflicción, en el tiempo extremadamente malo;

6 Por tanto, vivo yo, dice el Señor Jehová, que á sangre te diputaré, y sangre te perseguirá: y pues la sangre no aborreciste, sangre te perseguirá.

7 Y pondré al monte de Seir en asolamiento y en soledad, y cortaré de él pasante y volviente.

8 Y henchiré sus montes de sus muertos: en tus collados, y en tus valles, y en todos tus arroyos, caerán ellos muertos á cuchillo.

9 Y te pondré en asolamientos perpetuos, y tus ciudades nunca más se restaurarán; y sabréis que yo soy Jehová.

10 Por cuanto dijiste: Las dos naciones y las dos tierras serán mías, y las poseeremos, estando allí Jehová;

11 Por tanto, vivo yo, dice el Señor Jehová, yo haré conforme á tu ira, y conforme á tu celo con que procediste, á causa de tus enemistades con ellos: y seré conocido en ellos, cuando te juzgaré.

12 Y sabrás que yo Jehová he oído todas tus injurias que proferiste contra los montes de Israel, diciendo: Destruídos son, nos son dados á devorar.

13 Y os engrandecisteis contra mí con vuestra boca, y multiplicasteis contra mí vuestras palabras. Yo lo oí.

14 Así ha dicho el Señor Jehová: Alegrándose toda la tierra, yo te haré soledad.

15 Como te alegraste sobre la heredad de la casa de Israel, porque fué asolada, así te haré á ti: asolado será el monte de Seir, y toda Idumea, toda ella; y sabrán que yo soy Jehová.

36 Y tú, hijo del hombre, profetiza sobre los montes de Israel, y di: Montes de Israel, oid palabra de Jehová:

2 Así ha dicho el Señor Jehová: Por cuanto el enemigo dijo sobre vosotros: ¡Ea! también las alturas perpetuas nos han sido por heredad;

3 Profetiza por tanto, y di: Así ha dicho el Señor Jehová: Pues por cuanto asolándoos y tragándoos de todas partes, para que fueseis heredad á las otras gentes, se os ha hecho andar en boca de lenguas, y ser el oprobio de los pueblos;

4 Por tanto, montes de Israel, oid palabra del Señor Jehová: Así ha dicho el Señor Jehová á los montes y á los collados, á los arroyos y á los valles, á las ruinas y asolamientos, y á las ciudades desamparadas, que fueron puestas á saco y en escarnio de las otras gentes alrededor;

5 Por eso, así ha dicho el Señor Jehová: He hablado por cierto en el fuego de mi celo contra las demás gentes, y contra toda Idumea, que se disputaron mi tierra por heredad con alegría de todo corazón, con enconamiento de ánimo, para que sus expelidos fuesen presa.

6 Por tanto, profetiza sobre la tierra de Israel, y di á los montes y á los collados, y á los arroyos y á los valles: Así ha dicho el Señor Jehová: He aquí, en mi celo y en mi furor he hablado, por cuanto habéis llevado el oprobio de las gentes.

7 Por lo cual así ha dicho el Señor Jehová: Yo he alzado mi mano, que las gentes que os están alrededor han de llevar su afrenta.

8 Mas vosotros, oh montes de Israel, daréis vuestros ramos, y llevaréis vuestro fruto á mi pueblo Israel; porque cerca están para venir.

9 Porque heme aquí á vosotros, y á vosotros me volveré, y seréis labrados y sembrados.

10 Y haré multiplicar sobre vosotros hombres, á toda la casa de Israel, toda ella; y las ciudades han de ser habitadas, y serán edificadas las ruinas.

11 Y multiplicaré sobre vosotros hombres y bestias, y serán multiplicados y crecerán: y os haré morar como solíais antiguamente, y os haré más bien que en vuestros principios; y sabréis que yo soy Jehová.

12 Y haré andar hombres sobre vosotros, á mi pueblo Israel; y te poseerán, y les serás por heredad, y nunca más les matarás los hijos.

13 Así ha dicho el Señor Jehová: Por cuanto dicen de vosotros: Comedora de hombres, y matadora de los hijos de tus gentes has sido:

14 Por tanto, no devorarás más hombres, y nunca más matarás los hijos á tus gentes, dice el Señor Jehová.

15 Y nunca más te haré oir injuria de gentes, ni más llevarás denuestos de pueblos, ni harás más morir los hijos á tus gentes, dice el Señor Jehová.

16 Y fué á mí palabra de Jehová, diciendo:

17 Hijo del hombre, morando en su tierra la casa de Israel, la contaminaron con sus caminos y con sus obras: como inmundicia de menstruosa fué su camino delante de mí.

18 Y derramé mi ira sobre ellos por las sangres que derramaron sobre la tierra; porque con sus ídolos la contaminaron.

19 Y esparcílos por las gentes, y fueron aventados por las tierras: conforme á sus caminos y conforme á sus obras los juzgué.

20 Y entrados á las gentes á donde fueron, profanaron mi santo nombre, diciéndose de ellos: Estos son pueblo de Jehová, y de su tierra de él han salido.

21 Y he tenido lástima en atención á mi santo nombre, el cual profanó la casa de Israel entre las gentes á donde fueron.

22 Por tanto, di á la casa de Israel: Así ha dicho el Señor Jehová: No lo hago por vosotros, oh casa de Israel, sino por causa de mi santo nombre, el cual profanasteis vosotros entre las gentes á donde habéis llegado.

23 Y santificaré mi grande nombre profanado entre las gentes, el cual profanasteis vosotros en medio de ellas; y sabrán las gentes que yo soy Jehová, dice el Señor Jehová, cuando fuere santificado en vosotros delante de sus ojos.

24 Y yo os tomaré de las gentes, y os juntaré de todas las tierras, y os traeré á vuestro país.

25 Y esparciré sobre vosotros agua limpia, y seréis limpiados de todas vuestras inmundicias; y de todos vuestros ídolos os limpiaré.

26 Y os daré corazón nuevo, y pondré espíritu nuevo dentro de vosotros; y quitaré de vuestra carne el corazón de piedra, y os daré corazón de carne.

27 Y pondré dentro de vosotros mi espíritu, y haré que andéis en mis mandamientos, y guardéis mis derechos, y los pongáis por obra.

28 Y habitaréis en la tierra que dí á vuestros padres; y vosotros me seréis por pueblo, y yo seré á vosotros por Dios.

29 Y os guardaré de todas vuestras inmundicias; y llamaré al trigo, y lo multiplicaré, y no os daré hambre.

30 Multiplicaré asimismo el fruto de los árboles, y el fruto de los campos, porque nunca más recibáis oprobio de hambre entre las gentes.

31 Y os acordaréis de vuestros malos caminos, y de vuestras obras que no fueron buenas; y os avergonzaréis de vosotros mismos por vuestras iniquidades, y por vuestras abominaciones.

32 No lo hago por vosotros, dice el Señor Jehová, séaos notorio: avergonzaos y confundíos de vuestras iniquidades, casa de Israel.

33 Así ha dicho el Señor Jehová: El día que os limpiaré de todas vuestras iniquidades, haré también habitar las ciudades, y las asoladas serán edificadas.

34 Y la tierra asolada será labrada, en lugar de haber sido asolada en ojos de todos los que pasaron;

35 Los cuales dijeron: Esta tierra asolada fué como huerto de Edén; y estas ciudades desiertas y asoladas y arruinadas, fortalecidas estuvieron.

36 Y las gentes que fueron dejadas en vuestros alrededores, sabrán que yo edifiqué las derribadas, y planté las asoladas: yo Jehová he hablado, y harélo.

37 Así ha dicho el Señor Jehová: Aun seré solicitado de la casa de Israel, para hacerles esto: multiplicarélos de hombres á modo de rebaños.

38 Como las ovejas santas, como las ovejas de Jerusalem en sus solemnidades, así las ciudades desiertas serán llenas de rebaños de hombres; y sabrán que yo soy Jehová.

37 Y la mano de Jehová fué sobre mí, y sacóme en espíritu de Jehová, y púsome en medio de un campo que estaba lleno de huesos.

2 E hízome pasar cerca de ellos por todo alrededor: y he aquí que eran muy muchos sobre la haz del campo, y por cierto secos en gran manera.

3 Y díjome: Hijo del hombre, ¿vivirán estos huesos? Y dije: Señor Jehová, tú lo sabes.

4 Díjome entonces: Profetiza sobre estos huesos, y diles: Huesos secos, oid palabra de Jehová.

5 Así ha dicho el Señor Jehová á estos huesos: He aquí, yo hago entrar espíritu en vosotros, y viviréis.

6 Y pondré nervios sobre vosotros, y haré subir sobre vosotros carne, y os cubriré de piel, y pondré en vosotros espíritu, y viviréis; y sabréis que yo soy Jehová.

7 Profeticé pues, como me fué mandado; y hubo un ruido mientras yo profetizaba, y he aquí un temblor, y los huesos se llegaron cada hueso á su hueso.

8 Y miré, y he aquí nervios sobre ellos, y la carne subió, y la piel cubrió por encima de ellos: mas no había en ellos espíritu.

9 Y díjome: Profetiza al espíritu, profetiza, hijo del hombre, y di al espíritu: Así ha dicho el Señor Jehová: Espíritu, ven de los cuatro vientos, y sopla sobre estos muertos, y vivirán.

10 Y profeticé como me había mandado, y entró espíritu en ellos, y vivieron, y estuvieron sobre sus pies, un ejército grande en extremo.

11 Díjome luego: Hijo del hombre, todos estos huesos son la casa de Israel. He aquí, ellos dicen: Nuestros huesos se secaron, y pereció nuestra esperanza, y somos del todo talados.

12 Por tanto profetiza, y diles: Así ha dicho el Señor Jehová: He aquí, yo abro vuestros sepulcros, pueblo mío, y os haré subir de vuestras sepulturas, y os traeré á la tierra de Israel.

13 Y sabréis que yo soy Jehová, cuando abriere vuestros sepulcros, y os sacare de vuestras sepulturas, pueblo mío.

14 Y pondré mi espíritu en vosotros, y viviréis, y os haré reposar sobre vuestra tierra; y sabréis que yo Jehová hablé, y lo hice, dice Jehová.

15 Y fué á mí palabra de Jehová, diciendo:

16 Tú, hijo del hombre, tómate ahora un palo, y escribe en él: A Judá, y á los hijos de Israel sus compañeros. Toma después otro palo, y escribe en él: A José, palo de Ephraim, y á toda la casa de Israel sus compañeros.

17 Júntalos luego el uno con el otro, para que sean en uno, y serán uno en tu mano.

18 Y cuando te hablaren los hijos de tu pueblo, diciendo: ¿No nos enseñarás qué te propones con eso?

19 Diles: Así ha dicho el Señor Jehová: He aquí, yo tomo el palo de José que está en la mano de Ephraim, y á las tribus de Israel sus compañeros, y pondrélos con él, con el palo de Judá, y harélos un palo, y serán uno en mi mano.

20 Y los palos sobre que escribieres, estarán en tu mano delante de tus ojos;

21 Y les dirás: Así ha dicho el Señor Jehová: He aquí, yo tomo á los hijos de Israel de entre las gentes á las cuales fueron, y los juntaré de todas partes, y los traeré á su tierra:

22 Y los haré una nación en la tierra, en los montes de Israel; y un rey será á todos ellos por rey: y nunca más serán dos naciones, ni nunca más serán divididos en dos reinos:

23 Ni más se contaminarán con sus ídolos, y con sus abominaciones, y con todas sus rebeliones: y los salvaré de todas sus habitaciones en las cuales pecaron, y los limpiaré; y me serán por pueblo, y yo á ellos por Dios.

24 Y mi siervo David será rey sobre ellos, y á todos ellos será un pastor: y andarán en mis derechos, y mis ordenanzas guardarán, y las pondrán por obra.

25 Y habitarán en la tierra que dí á mi siervo Jacob, en la cual habitaron vuestros padres, en ella habitarán ellos, y sus hijos, y los hijos de sus hijos para siempre; y mi siervo David les será príncipe para siempre.

26 Y concertaré con ellos pacto de paz, perpetuo pacto será con ellos; y los asentaré, y los multiplicaré, y pondré mi santuario entre ellos para siempre.

27 Y estará en ellos mi tabernáculo, y seré á ellos por Dios, y ellos me serán por pueblo.

28 Y sabrán las gentes que yo Jehová santifico á Israel, estando mi santuario entre ellos para siempre.

38 Y fué á mí palabra de Jehová, diciendo:

2 Hijo del hombre, pon tu rostro contra Gog en tierra de Magog, príncipe de la cabecera de Mesech y Tubal, y profetiza sobre él.

3 Y di: Así ha dicho el Señor Jehová: He aquí, yo á ti, oh Gog, príncipe de la cabecera de Mesech y Tubal.

4 Y yo te quebrantaré, y pondré anzuelos en tus quijadas, y te sacaré á ti, y á todo tu ejército, caballos y caballeros, vestidos de todo todos ellos, grande multitud con paveses y escudos, teniendo todos ellos espadas:

5 Persia, y Etiopía, y Libia con ellos; todos ellos con escudos y almetes:

6 Gomer, y todas sus compañías; la casa de Togarma, á los lados del norte, y todas sus compañías; pueblos muchos contigo.

7 Apréjate, y apercíbete, tú, y toda tu multitud que se ha reunido á ti, y séles por guarda.

8 De aquí á muchos días serás tú visitado: al cabo de años vendrás á la tierra salvada de la espada, recogida de muchos pueblos, á los montes de Israel, que siempre fueron para asolamiento: mas fué sacada de las naciones, y todos ellos morarán confiadamente.

9 Y subirás tú, vendrás como tempestad; como nublado para cubrir la tierra serás tú, y todas tus compañías, y muchos pueblos contigo.

10 Así ha dicho el Señor Jehová: Y será en aquel día, que subirán palabras en tu corazón, y concebirás mal pensamiento;

11 Y dirás: Subiré contra tierra de aldeas, iré á gentes reposadas, y que habitan confiadamente: todos ellos habitan sin muros, no tienen cerrojos ni puertas:

12 Para arrebatar despojos y para tomar presa; para tornar tu mano sobre las tierras desiertas ya pobladas, y sobre el pueblo recogido de las gentes, que se hace de ganados y posesiones, que mora en el ombligo de la tierra.

13 Seba, y Dedán, y los mercaderes de Tarsis, y todos sus leoncillos, te dirán: ¿Has venido á arrebatar despojos? ¿has reunido tu multitud para tomar presa, para quitar plata y oro, para tomar ganados y posesiones, para tomar grandes despojos?

14 Por tanto profetiza, hijo del hombre, y di á Gog: Así ha dicho el Señor Jehová: En aquel tiempo, cuando mi pueblo Israel habitará seguramente, ¿no lo sabrás tú?

15 Y vendrás de tu lugar, de las partes del norte, tú y muchos pueblos contigo, todos ellos á caballo, grande reunión y poderoso ejército:

16 Y subirás contra mi pueblo Israel como nublado para cubrir la tierra; será al cabo de los días: y te traeré sobre mi tierra, para que las gentes me conozcan, cuando fuere santificado en ti, oh Gog, delante de sus ojos.

17 Así ha dicho el Señor Jehová: ¿No eres tú aquél de quien hablé yo en tiempos pasados por mis siervos los profetas de Israel, los cuales profetizaron en aquellos tiempos que yo te había de traer sobre ellos?

18 Y será en aquel tiempo, cuando vendrá Gog contra la tierra de Israel, dijo el Señor Jehová, que subirá mi ira en mi rostro.

19 Porque he hablado en mi celo, y en el fuego de mi ira: Que en aquel tiempo habrá gran temblor sobre la tierra de Israel;

20 Que los peces de la mar, y las aves del cielo, y las bestias del campo, y toda serpiente que anda arrastrando sobre la tierra, y todos los hombres que están sobre la haz de la tierra, temblarán á mi presencia; y se arruinarán los montes, y los vallados caerán, y todo muro caerá á tierra.

21 Y en todos mis montes llamaré contra él espada, dice el Señor Jehová: la espada de cada cual será contra su hermano.

22 Y yo litigaré con él con pestilencia y con sangre; y haré llover sobre él, y sobre sus compañías, y sobre los muchos pueblos que están con él, impetuosa lluvia, y piedras de granizo, fuego y azufre.

23 Y seré engrandecido y santificado, y seré conocido en ojos de muchas gentes; y sabrán que yo soy Jehová.

39 Tú pues, hijo del hombre, profetiza contra Gog, y di: Así ha dicho el Señor Jehová: He aquí yo contra ti, oh Gog, príncipe de la cabecera de Mesech y Tubal:

2 Y te quebrantaré, y te sextaré, y te haré subir de las partes del norte, y te traeré sobre los montes de Israel:

3 Y sacaré tu arco de tu mano izquierda, y derribaré tus saetas de tu mano derecha.

4 Sobre los montes de Israel caerás tú, y todas tus compañías, y los pueblos que fueron contigo: á toda ave y á toda cosa que vuela, y á las bestias del campo, te he dado por comida.

5 Sobre la haz del campo caerás: porque yo he hablado, dice el Señor Jehová.

6 Y enviaré fuego sobre Magog, y sobre los que moran seguramente en las islas; y sabrán que yo soy Jehová.

7 Y haré notorio mi santo nombre en medio de mi pueblo Israel, y nunca más dejaré amancillar mi santo nombre; y sabrán las gentes que yo soy Jehová, el Santo en Israel.

8 He aquí, vino y fué, dice el Señor Jehová: este es el día del cual he hablado.

9 Y los moradores de las ciudades de Israel saldrán, y encenderán y quemarán armas, y escudos, y paveses, arcos y saetas, y bastones de mano y lanzas; y las quemarán en fuego por siete años:

10 Y no traerán leña del campo, ni cortarán de los bosques, sino que quemarán las armas en el fuego; y despojarán á sus despojadores, y robarán á los que los robaron, dice el Señor Jehová.

11 Y será en aquel tiempo, que yo daré á Gog lugar para sepultura allí en Israel, el valle de los que pasan al oriente de la mar, y obstruirá el paso á los transeuntes, pues allí enterrarán á Gog y á toda su multitud: y lo llamarán, El valle de Hamón-gog.

12 Y la casa de Israel los estará enterrando por siete meses, para limpiar la tierra:

13 Enterrarlos ha todo el pueblo de la tierra; y será para ellos célebre el día que yo fuere glorificado, dice el Señor Jehová.

14 Y tomarán hombres de jornal, los cuales vayan por el país con los que viajaren, para enterrar á los que quedaron sobre haz de la tierra, á fin de limpiarla: al cabo de siete meses harán el reconocimiento.

15 Y pasarán los que irán por el país, y el que viere los huesos de algún hombre, edificará junto á ellos un mojón, hasta que los entierren los sepultureros en el valle de Hamón-gog.

16 Y también el nombre de la ciudad será Hamonah: y limpiarán la tierra.

7 Y tú, hijo del hombre, así ha dicho el Señor Jehová: Di á las aves, á todo volátil, y á toda bestia del campo: Juntaos, y venid; reuníos de todas partes á mí víctima que os sacrifico, un sacrificio grande sobre los montes de Israel, y comeréis carne y beberéis sangre.

8 Comeréis carne de fuertes, y beberéis sangre de príncipes de la tierra; de carneros, de corderos, de machos de cabrío, de bueyes, de toros, engordados todos en Basán.

9 Y comeréis gordura hasta hartaros y beberéis hasta embriagaros sangre, de mi sacrificio que yo os sacrifiqué.

20 Y os hartaréis sobre mi mesa, de caballos, y de caballeros fuertes, y de todos hombres de guerra, dice el Señor Jehová.

21 Y pondré mi gloria entre las gentes, y todas las gentes verán mi juicio que habré hecho, y mi mano que sobre ellos puse.

22 Y de aquel día en adelante sabrá la casa de Israel que yo soy Jehová su Dios.

23 Y sabrán las gentes que la casa de Israel fué llevada cautiva por su pecado; por cuanto se rebelaron contra mí, y yo escondí de ellos mi rostro, y entreguélos en mano de sus enemigos, y cayeron todos á cuchillo.

24 Conforme á su inmundicia y conforme á sus rebeliones hice con ellos: y de ellos escondí mi rostro.

25 Por tanto, así ha dicho el Señor Jehová: Ahora volveré la cautividad de Jacob, y tendré misericordia de toda la casa de Israel, y celaré por mi santo nombre.

26 Y ellos sentirán su vergüenza, y toda su rebelión con que prevaricaron contra mí, cuando habitaren en su tierra seguramente, y no habrá quien los espante;

27 Cuando los volveré de los pueblos, y los juntaré de las tierras de sus enemigos, y fuere santificado en ellos en ojos de muchas gentes.

28 Y sabrán que yo soy Jehová su Dios, cuando después de haberlos hecho pasar á las gentes, los juntaré sobre su tierra, sin dejar más allá ninguno de ellos.

29 Ni esconderé más de ellos mi rostro; porque habré derramado mi espíritu sobre la casa de Israel, dice el Señor Jehová.

40 En el año veinticinco de nuestro cautiverio, al principio del año, á los diez del mes, á los catorce años después que la ciudad fué herida, en aquel mismo día fué sobre mí la mano de Jehová, y llevóme allá.

2 En visiones de Dios me llevó á la tierra de Israel, y púsome sobre un monte muy alto, sobre el cual había como edificio de una ciudad al mediodía.

3 Y llevóme allí, y he aquí un varón, cuyo aspecto era como aspecto de metal, y tenía un cordel de lino en su mano, y una caña de medir: y él estaba á la puerta.

4 Y háblome aquel varón, diciendo: Hijo del hombre, mira con tus ojos, y oye con tus oídos, y pon tu corazón á todas las cosas que te muestro; porque para que yo te las mostrase eres traído aquí. Cuenta todo lo que ves á la casa de Israel.

5 Y he aquí, un muro fuera de la casa: y la caña de medir que aquel varón tenía en la mano, era de seis codos, de á codo y palmo: y midió la anchura del edificio de una caña, y la altura, de otra caña.

6 Después vino á la puerta que daba cara hacia el oriente, y subió por sus gradas, y midió el un poste de la puerta, de una caña en anchura, y el otro poste de otra caña en ancho;

7 Y cada cámara tenía una caña de largo, y una caña de ancho; y entre las cámaras había cinco codos en ancho; y cada poste de la puerta junto á la entrada de la puerta por dentro, una caña.

8 Midió asimismo la entrada de la puerta por de dentro, una caña.

9 Midió luego la entrada del portal, de ocho codos, y sus postes de dos codos; y la puerta del portal estaba por de dentro.

10 Y la puerta de hacia el oriente tenía tres cámaras de cada parte, todas tres de una medida: también de una medida los portales de cada parte.

11 Y midió la anchura de la entrada de la puerta, de diez codos; la longitud del portal de trece codos.

12 Y el espacio de delante de las cámaras, de un codo de la una parte, y de otro codo de la otra; y cada cámara tenía seis codos de una parte, y seis codos de otra.

13 Y midió la puerta desde el techo de la una cámara hasta el techo de la otra, veinticinco codos de anchura, puerta contra puerta.

14 E hizo los postes de sesenta codos, cada poste del atrio y del portal por todo alrededor.

15 Y desde la delantera de la puerta de la entrada hasta la delantera de la entrada de la puerta de dentro, cincuenta codos.

16 Y había ventanas estrechas en las cámaras, y en sus portales por de dentro de la puerta alrededor, y asimismo en los corredores; y las ventanas estaban alrededor por de dentro; y en cada poste había palmas.

17 Llevóme luego al atrio exterior, y he aquí, había cámaras, y solado hecho al atrio en derredor: treinta cámaras había alrededor en aquel atrio.

18 Y el solado al lado de las puertas, en proporción á la longitud de los portales, era el solado más bajo.

19 Y midió la anchura desde la delantera de la puerta de abajo hasta la delantera de la puerta interior por de fuera, de cien codos hacia el oriente y el norte.

20 Y de la puerta que estaba hacia el norte en el atrio exterior, midió su longitud y su anchura.

21 Y sus cámaras eran tres de una parte, y tres de otra, y sus postes y sus arcos eran como la medida de la puerta primera: cincuenta codos su longitud, y veinticinco su anchura.

22 Y sus ventanas, y sus arcos, y sus palmas, eran conforme á la medida de la puerta que estaba hacia el oriente; y subían á ella por siete gradas; y delante de ellas estaban sus arcos.

23 Y la puerta del atrio interior estaba enfrente de la puerta al norte; y así al oriente: y midió de puerta á puerta cien codos.

24 Llevóme después hacia el mediodía, y he aquí una puerta hacia el mediodía: y midió sus portales y sus arcos conforme á estas medidas.

25 Y tenía sus ventanas y sus arcos alrededor, como las ventanas: la longitud era de cincuenta codos, y la anchura de veinticinco codos.

26 Y sus gradas eran de siete peldaños, con sus arcos delante de ellas; y tenía palmas, una de una parte, y otra de la otra, en sus postes.

27 Y había puerta de hacia el mediodía del atrio interior: y midió de puerta á puerta hacia el mediodía cien codos.

28 Metióme después en el atrio de adentro á la puerta del mediodía, y midió la puerta del mediodía conforme á estas medidas.

29 Y sus cámaras, y sus postes y sus arcos, eran conforme á estas medidas; y tenía sus ventanas y sus arcos alrededor: la longitud era de cincuenta codos, y de veinticinco codos la anchura.

30 Y los arcos alrededor eran de veinticinco codos de largo, y cinco codos de ancho.

31 Y sus arcos caían afuera al atrio, con palmas en sus postes; y sus gradas eran de ocho escalones.

32 Y llevóme al atrio interior hacia el oriente, y midió la puerta conforme á estas medidas.

33 Y eran sus cámaras, y sus postes, y sus arcos, conforme á estas medidas: y tenía sus ventanas y sus arcos alrededor: la longitud era de cincuenta codos, y la anchura de veinticinco codos.

34 Y sus arcos caían afuera al atrio, con palmas en sus postes de una parte y otra: y sus gradas eran de ocho escalones.

35 Llevóme luego á la puerta del norte, y midió conforme á estas medidas:

36 Sus cámaras, y sus postes, y sus arcos, y sus ventanas alrededor: la longitud era de cincuenta codos, y de veinticinco codos el ancho.

37 Y sus postes caían fuera al atrio, con palmas á cada uno de sus postes de una parte y otra: y sus gradas eran de ocho peldaños.

38 Y había allí una cámara, y su puerta con postes de portales; allí lavarán el holocausto.

39 Y en la entrada de la puerta había dos mesas de la una parte, y otras dos de la otra, para degollar sobre ellas el holocausto, y la expiación, y el sacrificio por el pecado.

40 Y al lado por de fuera de las gradas, á la entrada de la puerta del norte, había dos mesas; y al otro lado que estaba á la entrada de la puerta, dos mesas.

41 Cuatro mesas de la una parte, y cuatro mesas de la otra parte al lado de la puerta; ocho mesas, sobre las cuales degollarán.

42 Y las cuatro mesas para el holocausto eran de piedras labradas, de un codo y medio de longitud, y codo y medio de ancho, y de altura un codo: sobre éstas pondrán las herramientas con que degollarán el holocausto y el sacrificio.

43 Y dentro, ganchos de un palmo, dispuestos por todo alrededor; y sobre las mesas la carne de la ofrenda.

44 Y fuera de la puerta interior, en el atrio de adentro que estaba al lado de la puerta del norte, estaban las cámaras de los cantores, las cuales miraban hacia el mediodía: una estaba al lado de la puerta del oriente que miraba hacia el norte.

45 Y díjome: Esta cámara que mira hacia el mediodía es de los sacerdotes que tienen la guarda del templo.

46 Y la cámara que mira hacia el norte es de los sacerdotes que tienen la guarda del altar: estos son los hijos de Sadoc, los cuales son llamados de los hijos de Leví al Señor, para ministrarle.

47 Y midió el atrio, cien codos de longitud, y la anchura de cien codos cuadrados; y el altar estaba delante de la casa.

48 Y llevóme al pórtico del templo, y midió cada poste del pórtico, cinco codos de una parte, y cinco codos de otra; y la anchura de la puerta tres codos de una parte, y tres codos de otra.

49 La longitud del pórtico veinte codos, y la anchura once codos, al cual subían por gradas: y había columnas junto á los postes, una de un lado, y otra de otro.

41 Metíome luego en el templo, y midió los postes, siendo el ancho seis codos de una parte, y seis codos de otra, que era la anchura del tabernáculo.

2 Y la anchura de la puerta era de diez codos; y los lados de la puerta, de cinco codos de una parte, y cinco de otra. Y midió su longitud de cuarenta codos, y la anchura de veinte codos.

3 Y pasó al interior, y midió cada poste de la puerta de dos codos; y la puerta de seis codos, y la anchura de la entrada de siete codos.

4 Midió también su longitud, de veinte codos, y la anchura de veinte codos, delante del templo: y díjome: Este es el lugar santísimo.

5 Después midió el muro de la casa, de seis codos; y de cuatro codos la anchura de las cámaras, en torno de la casa alrededor.

6 Y las cámaras eran cámara sobre cámara, treinta y tres por orden; y entraban modillones en la pared de la casa alrededor, sobre los que las cámaras estribasen, y no estribasen en la pared de la casa.

7 Y había mayor anchura y vuelta en las cámaras á lo más alto; el caracol de la casa subía muy alto alrededor por de dentro de la casa: por tanto la casa tenía más anchura arriba; y de la cámara baja se subía á la alta por el medio.

8 Y miré la altura de la casa alrededor: los cimientos de las cámaras eran una caña entera de seis codos de grandor.

9 Y la anchura de la pared de afuera de las cámaras era de cinco codos, y el espacio que quedaba de las cámaras de la casa por de dentro.

10 Y entre las cámaras había anchura de veinte codos por todos lados alrededor de la casa.

11 Y la puerta de cada cámara salía al espacio que quedaba; una puerta hacia el norte, y otra puerta hacia el mediodía: y la anchura del espacio que quedaba era de cinco codos por todo alrededor.

12 Y el edificio que estaba delante del apartamiento al lado de hacia el occidente era de setenta codos; y la pared del edificio, de cinco codos de anchura alrededor, y noventa codos de largo.

13 Y midió la casa, cien codos de largo: y el apartamiento, y el edificio, y sus paredes, de longitud de cien codos;

14 Y la anchura de la delantera de la casa, y del apartamiento al oriente, de cien codos.

15 Y midió la longitud del edificio que estaba delante del apartamiento que había detrás de él, y las cámaras de una parte y otra, cien codos, y el templo de dentro, y los portales del atrio.

16 Los umbrales, y las ventanas estrechas, y las cámaras, tres en derredor á la parte delantera, todo cubierto de madera alrededor desde el suelo hasta las ventanas; y las ventanas también cubiertas.

17 Encima de sobre la puerta, y hasta la casa de dentro, y de fuera, y por toda la pared en derredor de dentro y por de fuera, tomó medidas.

18 Y estaba labrada con querubines y palmas: entre querubín y querubín una palma: y cada querubín tenía dos rostros:

19 Un rostro de hombre hacia la palma de la una parte, y rostro de león hacia la palma de la otra parte, por toda la casa alrededor.

20 Desde el suelo hasta encima de la puerta había labrados querubines y palmas, y por toda la pared del templo.

21 Cada poste del templo era cuadrado, y la delantera del santuario era como la otra delantera.

22 La altura del altar de madera era de tres codos, y su longitud de dos codos; y sus esquinas, y su superficie, y sus paredes, eran de madera. Y díjome: Esta es la mesa que está delante de Jehová.

23 Y el templo y el santuario tenían dos portadas.

24 Y en cada portada había dos puertas, dos puertas que se volvían: dos puertas en la una portada, y otras dos en la otra.

25 Y en las puertas del templo había labrados de querubines y palmas, así como estaban hechos en las paredes, y gruesos madero sobre la delantera de la entrada por de fuera.

26 Y había ventanas estrechas, y palmas de una y otra parte por los lados de la entrada, y de la casa, y por las vigas.

42 Sacóme luego al atrio de afuera hacia el norte, llevóme á la cámara que estaba delante del espacio que quedaba enfrente del edificio de hacia el norte.

2 Por delante de la puerta del norte su longitud era de cien codos, y la anchura de cincuenta codos.

3 Frente á los veinte codos que había en el atrio de adentro, y enfrente del solado que había en al atrio exterior, estaban las cámaras, las unas enfrente de las otras en tres pisos.

4 Y delante de las cámaras había un corredor de diez codos de ancho á la parte de adentro, con viaje de un codo; y sus puertas hacia el norte.

5 Y las cámaras más altas eran más estrechas; porque las galerías quitaban de ellas más que de las bajas y de las de en medio del edificio:

6 Porque estaban en tres pisos, y no tenían columnas como las columnas de los atrios: por tanto, eran más estrechas que las de abajo y las del medio desde el suelo.

7 Y el muro que estaba afuera enfrente de las cámaras, hacia el atrio exterior delante de las cámaras, tenía cincuenta codos de largo.

8 Porque la longitud de las cámaras del atrio de afuera era de cincuenta codos: y delante de la fachada del templo había cien codos.

9 Y debajo de las cámaras estaba la entrada al lado oriental para entrar en él desde el atrio de afuera.

10 A lo largo del muro del atrio hacia el oriente, enfrente de la lonja, y delante del edificio, había cámaras.

11 Y el corredor que había delante de ellas era semejante á de las cámaras que estaban hacia el norte, conforme á su longitud, asimismo su anchura, y todas sus salidas; conforme á sus puertas, y conforme á sus entradas.

12 Y conforme á las puertas de las cámaras que estaban hacia el mediodía, tenía una puerta al principio del camino del camino delante del muro hacia el oriente á los que entran.

13 Y díjome: Las cámaras del norte y las del mediodía, que están delante de la lonja, son cámaras santas, en las cuales los sacerdotes que se acercan á Jehová comerán las santas ofrendas: allí pondrán las ofrendas santas, y el presente, y la expiación, y el sacrificio por el pecado: porque el lugar es santo.

14 Cuando los sacerdotes entraren, no saldrán del lugar santo al atrio de afuera, sino que allí dejarán sus vestimentos con que ministrarán, porque son santas; y vestiránse otros vestidos, y así se allegarán á lo que es del pueblo.

15 Y luego que acabó las medidas de la casa de adentro, sacóme por el camino de la puerta que miraba hacia el oriente, y midiólo todo alrededor.

16 Midió el lado oriental con la caña de medir, quinientas cañas de la caña de medir en derredor.

17 Midió al lado del norte, quinientas cañas de la caña de medir alrededor.

18 Midió al lado del mediodía, quinientas cañas de la caña de medir.

19 Rodeó al lado del occidente, y midió quinientas cañas de la caña de medir.

20 Por los cuatro lados lo midió: tuvo el muro todo alrededor quinientas cañas de longitud, y quinientas cañas de anchura, para hacer separación entre el santuario y el lugar profano.

43 Llevóme luego á la puerta, á la puerta que mira hacia el oriente;

2 Y he aquí la gloria del Dios de Israel, que venía de hacia el oriente; y su sonido era como el sonido de muchas aguas, y la tierra resplandecía á causa de su gloria.

3 Y la visión que vi era como la visión, como aquella visión que vi cuando vine para destruir la ciudad: y las visiones eran como la visión que vi junto al río de Chebar; y caí sobre mi rostro.

4 Y la gloria de Jehová entró en la casa por la vía de la puerta que daba cara al oriente.

5 Y alzóme el espíritu, y metióme en el atrio de adentro; y he aquí que la gloria de Jehová hinchió la casa.

6 Y oí uno que me hablaba desde la casa: y un varón estaba junto á mí.

7 Y díjome: Hijo del hombre, este es el lugar de mi asiento, y el lugar de las plantas de mis pies, en el cual habitaré entre los hijos de Israel para siempre: y nunca más contaminará la casa de Israel mi santo nombre, ni ellos ni sus reyes, con sus fornicaciones, y con los cuerpos muertos de sus reyes en sus altos:

8 Y poniendo ellos su umbral junto á mi umbral, y su poste junto á mi poste, y no más que pared entre mí y ellos, contaminaron mi santo nombre con sus abominaciones que hicieron: consumílos por tanto en mi furor.

9 Ahora echarán lejos de mí su fornicación, y los cuerpos muertos de sus reyes, y habitaré en medio de ellos para siempre.

10 Tú, hijo del hombre, muestra á la casa de Israel esta casa, y avergüéncense de sus pecados, y midan la traza de ella.

11 Y si se avergonzaren de todo lo que han hecho, hazles entender la figura de la casa, y su traza, y sus salidas y sus entradas, y todas sus formas, y todas sus descripciones, y todas sus configuraciones, y todas sus leyes: y descríbelo delante de sus ojos, para que guarden toda su forma, y todas sus reglas, y las pongan por obra.

12 Esta es la ley de la casa: Sobre la cumbre del monte, todo su término alrededor será santísimo. He aquí que esta es la ley de la casa.

13 Y estas son las medidas del altar por codos (el codo de á codo y palmo). El seno, de un codo, y de un codo el ancho; y su remate por su borde alrededor, de un palmo. Este será el fondo alto del altar.

14 Y desde el seno de sobre el suelo hasta el lugar de abajo, dos codos, y la anchura de un codo: y desde el lugar menor hasta el lugar mayor, cuatro codos, y la anchura de un codo.

15 Y el altar, de cuatro codos, y encima del altar, cuatro cuernos.

16 Y el altar tenía doce codos de largo, y doce de ancho, cuadrado á sus cuatro lados.

17 Y el área, de catorce codos de longitud y catorce de anchura en sus cuatro lados, y de medio codo el borde alrededor: y el seno de un codo por todos lados, y sus gradas estaban al oriente.

18 Y díjome: Hijo del hombre, así ha dicho el Señor Jehová: Estas son las ordenanzas del altar el día en que será hecho, para ofrecer sobre él holocausto, y para esparcir sobre él sangre.

19 Darás á los sacerdotes Levitas que son del linaje de Sadoc, que se allegan á mí, dice el Señor Jehová, para ministrarme, un becerro de la vacada para expiación.

20 Y tomarás de su sangre, y pondrás en los cuatro cuernos del altar, y en las cuatro esquinas del área, y en el borde alrededor: así lo limpiarás y purificarás.

21 Tomarás luego el becerro de la expiación, y lo quemarás conforme á la ley de la casa, fuera del santuario.

22 Y al segundo día ofrecerás un macho de cabrío sin defecto, para expiación; y purificarán el altar como lo purificaron con el becerro.

23 Cuando acabares de expiar, ofrecerás un becerro de la vacada sin defecto, y un carnero sin tacha de la manada:

24 Y los ofrecerás delante de Jehová, y los sacerdotes echarán sal sobre ellos, y los ofrecerán en holocausto á Jehová.

25 Por siete días sacrificarás un macho cabrío cada día en expiación; asimismo sacrificarán el becerro de la vacada y un carnero sin tacha del rebaño.

26 Por siete días expiarán el altar, y lo limpiarán, y ellos henchirán sus manos.

27 Y acabados estos días, al octavo día, y en adelante, sacrificarán los sacerdotes sobre el altar vuestros holocaustos y vuestros pacíficos; y me seréis aceptos, dice el Señor Jehová.

44 Y tornóme hacia la puerta de afuera del santuario, la cual mira hacia al oriente; y estaba cerrada.

2 Y díjome Jehová: Esta puerta ha de estar cerrada: no se abrirá, ni entrará por ella hombre, porque Jehová Dios de Israel entró por ella; estará por tanto cerrada.

3 Para el príncipe; el príncipe, él se sentará en ella para comer pan delante de Jehová: por el camino de la entrada de la puerta entrará, y por el camino de ella saldrá.

4 Y llevóme hacia la puerta del norte por delante de la casa, y miré, y he aquí, la gloria de Jehová había henchido la casa de Jehová: y caí sobre mi rostro.

5 Y díjome Jehová: Hijo del hombre, pon tu corazón, y mira con tus ojos, y oye con tus oídos todo lo que yo hablo conti-

go sobre todas las ordenanzas de la casa de Jehová, y todas sus leyes: y pon tu corazón á las entradas de la casa, y á todas las salidas del santuario.

6 Y dirás á los rebeldes, á la casa de Israel: Así ha dicho el Señor Jehová: Básteos de todas vuestras abominaciones, oh casa de Israel.

7 De haber vosotros traído extranjeros, incircuncisos de corazón é incircuncisos de carne, para estar en mi santuario, para contaminar mi casa; de haber ofrecido mi pan, la grosura y la sangre: é invalidaron mi pacto por todas vuestras abominaciones:

8 Y no guardasteis el ordenamiento de mis santificaciones, sino que os pusisteis guardas de mi ordenanza en mi santuario.

9 Así ha dicho el Señor Jehová: Ningún hijo de extranjero, incircunciso de corazón é incircunciso de carne, entrará en mi santuario, de todos los hijos de extranjeros que están entre los hijos de Israel.

10 Y los Levitas que se apartaron lejos de mí cuando Israel erró, el cual se desvió de mí en pos de sus ídolos, llevarán su iniquidad.

11 Y serán ministros en mi santuario, porteros á las puertas de la casa, y sirvientes en la casa: ellos matarán el holocausto y la víctima al pueblo, y ellos estarán delante de ellos para servirles.

12 Por cuanto les sirvieron delante de sus ídolos, y fueron á la casa de Israel por tropezadero de maldad; por tanto, he alzado mi mano acerca de ellos, dice el Señor Jehová, que llevarán su iniquidad.

13 No serán allegados á mí para serme sacerdotes, ni se llegarán á ninguna de mis santificaciones; á las santidades de santidades; sino que llevarán su vergüenza, y sus abominaciones que hicieron.

14 Pondrélos, pues, por guardas de la guarda de la casa en todo su servicio, y en todo lo que en ella hubiere de hacerse.

15 Mas los sacerdotes Levitas, hijos de Sadoc, que guardaron el ordenamiento de mi santuario, cuando los hijos de Israel se desviaron de mí, ellos serán allegados á mí para ministrarme, y delante de mí estarán para ofrecerme la grosura y la sangre, dice el Señor Jehová.

16 Esos entrarán en mi santuario, y ellos se allegarán á mi mesa para ministrarme, y guardarán mi ordenamiento.

17 Y será que cuando entraren por las puertas del atrio interior, se vestirán de vestimentas de lino: no asentará sobre ellos lana, cuando ministraren en las puertas del atrio de adentro, y en el interior.

18 Tiaras de lino tendrán en sus cabezas, y pañetes de lino en sus lomos: no se ceñirán para sudar.

19 Y cuando salieren al atrio de afuera, al atrio de afuera al pueblo, se desnudarán de sus vestimentas con que ministraron, y las dejarán en las cámaras del santuario, y se vestirán de otros vestidos: así no santificarán al pueblo con sus vestimentas.

20 Y no raparán su cabeza, ni dejarán crecer el cabello; sino que lo recortarán trasquilando sus cabezas.

21 Y ninguno de los sacerdotes beberá vino cuando hubieren de entrar en el atrio interior.

22 Ni viuda, ni repudiada se tomarán por mujeres; sino que tomarán vírgenes del linaje de la casa de Israel, ó viuda que fuere viuda de sacerdote.

23 Y enseñarán á mi pueblo á hacer diferencia entre lo santo y lo profano, y les enseñarán á discernir entre lo limpio y lo no limpio.

24 Y en el pleito ellos estarán para juzgar; conforme á mis derechos lo juzgarán: y mis leyes y mis decretos guardarán en todas mis solemnidades, y santificarán mis sábados.

25 Y á hombre muerto no entrará para contaminarse; mas sobre padre, ó hijo, ó hija, hermano, ó hermana que no haya tenido marido, se contaminará.

26 Y después de su purificación, le contarán siete días.

27 Y el día que entrare al santuario, al atrio de adentro, para ministrar en el santuario, ofrecerá su expiación, dice el Señor Jehová.

28 Y será á ellos por heredad: yo seré su heredad; y no les daréis posesión en Israel: yo soy su posesión.

29 El presente, y la expiación, y el sacrificio por el pecado, comerán; y toda cosa dedicada en Israel, será de ellos.

30 Y las primicias de todos los primeros de todo, y toda ofrenda de todo lo que se ofreciere de todas vuestras ofrendas, será de los sacerdotes: daréis asimismo las primicias de todas vuestras masas al sacerdote, para que haga reposar la bendición en vuestras casas.

31 Ninguna cosa mortecina, ni desgarrada, así de aves como de animales, comerán los sacerdotes.

45 Y cuando partiereis por suertes la tierra en heredad, apartaréis una suerte para Jehová que le consagréis en la tierra, de longitud de veinticinco mil cañas y diez mil de ancho: esto será santificado en todo su término alrededor.

2 De esto serán para el santuario quinientas de longitud, y quinientas de ancho, en cuadro alrededor; y cincuenta codos en derredor para sus ejidos.

3 Y de esta medida medirás en longitud veinticinco mil cañas, y en anchura diez mil, en lo cual estará el santuario, el santuario de santuarios.

4 Lo consagrado de esta tierra será para los sacerdotes ministros del santuario, que se llegan para ministrar á Jehová: y seráles lugar para casas, y lugar santo para el santuario.

5 Asimismo veinticinco mil de longitud, y diez mil de anchura, lo cual será para los Levitas ministros de la casa, en posesión, con veinte cámaras.

6 Y para la posesión de la ciudad daréis cinco mil de anchura y veinticinco mil de longitud, delante de lo que se apartó para el santuario: será para toda la casa de Israel.

7 Y la parte del príncipe será junto al apartamiento del santuario, de la una parte y de la otra, y junto á la posesión de la ciudad, delante del apartamiento del santuario, y delante de la posesión de la ciudad, desde el rincón occidental hacia el occidente, hasta el rincón oriental hacia el oriente: y la longitud será de la una parte á la otra, desde el rincón del occidente hasta el rincón del oriente.

8 Esta tierra tendrá por posesión en Israel, y nunca más mis príncipes oprimirán á mi pueblo: y darán la tierra á la casa de Israel por sus tribus.

9 Así ha dicho el Señor Jehová: Básteos, oh príncipes de Israel: dejad la violencia y la rapiña: haced juicio y justicia; quitad vuestras imposiciones de sobre mi pueblo, dice el Señor Jehová.

10 Peso de justicia, y epha de justicia, y bato de justicia, tendréis.

11 El epha y el bato serán de una misma medida: que el bato tenga la décima parte del homer, y la décima parte del homer el epha: la medida de ellos será según el homer.

12 Y el siclo será de veinte geras: veinte siclos, con veinticinco siclos, y quince siclos, os serán una mina.

13 Esta será la ofrenda que ofreceréis: la sexta parte de un epha de homer del trigo, y la sexta parte de un epha de homer de la cebada.

14 Y la ordenanza del aceite será que ofreceréis un bato de aceite, que es la décima parte de un coro: diez batos harán un homer; porque diez batos son un homer.

15 Y una cordera de la manada de doscientas, de las gruesas de Israel, para sacrificio, y para holocausto y para pacíficos, para expiación por ellos, dice el Señor Jehová.

16 Todo el pueblo de la tierra será obligado á esta ofrenda para el príncipe de Israel.

17 Mas del príncipe será el dar el holocausto, y el sacrificio, y la libación, en las solemnidades, y en las lunas nuevas, y en los sábados, y en todas las fiestas de la casa de Israel: él dispondrá la expiación, y el presente, y el holocausto, y los pacíficos, para expiar la casa de Israel.

18 Así ha dicho el Señor Jehová: El mes primero, al primero del mes, tomarás un becerro sin defecto de la vacada, y expiarás el santuario.

19 Y el sacerdote tomará de la sangre de la expiación, y pondrá sobre los postes de la casa, y sobre los cuatro ángulos del área del altar, y sobre los postes de las puertas del atrio de adentro.

20 Así harás el séptimo del mes por los errados y engañados; y expiarás la casa.

21 El mes primero, á los catorce días del mes, tendréis la pascua, fiesta de siete días: comeráse pan sin levadura.

22 Y aquel día el príncipe sacrificará por sí, y por todo el pueblo de la tierra, un becerro por el pecado.

23 Y en los siete días de solemnidad hará holocausto á Jehová, siete becerros y siete carneros sin defecto, cada día de los siete días; y por el pecado un macho cabrío cada día.

24 Y con cada becerro ofrecerá presente de un epha, y con cada carnero un epha; y por cada epha un hin de aceite.

25 En el mes séptimo, á los quince del mes, en la fiesta, hará como en estos siete días, cuanto á la expiación, y cuanto al holocausto, y cuanto al presente, y cuanto al aceite.

46 Así ha dicho el Señor Jehová: La puerta del atrio de adentro que mira al oriente, estará cerrada los seis días de trabajo, y el día del sábado se abrirá: abriráse también el día de la nueva luna.

2 Y el príncipe entrará por el camino del portal de la puerta de afuera, y estará al umbral de la puerta, mientras los sacerdotes harán su holocausto y sus pacíficos, y adorará á la entrada de la puerta: después saldrá; mas no se cerrará la puerta hasta la tarde.

3 Asimismo adorará el pueblo de la tierra delante de Jehová, á la entrada de la puerta, en los sábados y en las nuevas lunas.

4 Y el holocausto que el príncipe ofrecerá á Jehová el día del sábado, será seis corderos sin defecto, y un carnero sin tacha:

5 Y por presente un epha con cada carnero; y con cada cordero un presente, don de su mano, y un hin de aceite con el epha.

6 Mas el día de la nueva luna, un becerro sin tacha de la vacada, y seis corderos, y un carnero: deberán ser sin defecto.

7 Y hará presente de un epha con el becerro, y un epha con cada carnero: mas con los corderos, conforme á su facultad; y un hin de aceite por cada epha.

8 Y cuando el príncipe entrare, entrará por el camino del portal de la puerta: y por el mismo camino saldrá.

9 Mas cuando el pueblo de la tierra entrare delante de Jehová en las fiestas, el que entrare por la puerta del norte, saldrá por la puerta del mediodía; y el que entrare por la puerta del mediodía, saldrá por la puerta del norte: no volverá por la puerta por donde entró, sino que saldrá por la de enfrente de ella.

10 Y el príncipe, cuando ellos entraren, él entrará en medio de ellos: y cuando ellos salieren, él saldrá.

11 Y en las fiestas y en las solemnidades será el presente un epha con cada becerro, y un epha con cada carnero; y con los corderos, lo que le pareciere; y un hin de aceite con cada epha.

12 Mas cuando el príncipe libremente hiciere holocausto ó pacíficos á Jehová, abriránle la puerta que mira al oriente, y hará su holocausto y sus pacíficos, como hace en el día del sábado: después saldrá; y cerrarán la puerta después que saliere.

13 Y sacrificarás á Jehová cada día en holocausto un cordero de un año sin defecto, cada mañana lo sacrificarás.

14 Y con él harás todas las mañanas presente de la sexta parte de un epha, y la tercera parte de un hin de aceite para mezclar con la flor de harina: presente para Jehová continuamente por estatuto perpetuo.

15 Ofrecerán pues el cordero, y el presente y el aceite, todas las mañanas en holocausto continuo.

16 Así ha dicho el Señor Jehová: Si el príncipe diere algún don de su heredad á alguno de sus hijos, será de ellos; posesión de ellos será por herencia.

17 Mas si de su heredad diere don á alguno de sus siervos, será de él hasta el año de libertad, y volverá al príncipe; mas su herencia será de sus hijos.

18 Y el príncipe no tomará nada de la herencia del pueblo, por no defraudarlos de su posesión: de lo que él posee dará herencia á sus hijos; para que mi pueblo no sea echado cada uno de su posesión.

19 Metióme después por la entrada que estaba hacia la puerta, á las cámaras santas de los sacerdotes, las cuales miraban al norte, y había allí un lugar á los lados del occidente.

20 Y díjome: Este es el lugar donde los sacerdotes cocerán el sacrificio por el pecado y la expiación: allí cocerán el presente, por no sacarlo al atrio de afuera para santificar al pueblo.

21 Luego me sacó al atrio de afuera, y llevóme por los cuatro rincones del atrio; y en cada rincón había un patio.

22 En los cuatro rincones del atrio había patios juntos de cuarenta codos de longitud, y treinta de anchura: tenían una misma medida todos cuatro á los rincones.

23 Y había una pared alrededor de ellos, alrededor de todos cuatro, y chimeneas hechas abajo alrededor de las paredes.

24 Y díjome: Estos son los aposentos de los cocineros, donde los servidores de la casa cocerán el sacrificio del pueblo.

47 Hízome tornar luego á la entrada de la casa; y he aquí aguas que salían de debajo del umbral de la casa hacia el oriente: porque la fachada de la casa estaba al oriente: y las aguas descendían de debajo, hacia el lado derecho de la casa, al mediodía del altar.

2 Y sacóme por el camino de la puerta del norte, é hízome rodear por el camino fuera de la puerta, por de fuera al camino de la que mira al oriente: y he aquí las aguas que salían al lado derecho.

3 Y saliendo el varón hacia el oriente, tenía un cordel en su mano; y midió mil codos, é hízome pasar por las aguas hasta los tobillos.

4 Y midió otros mil, é hízome pasar por las aguas hasta las rodillas. Midió luego otros mil, é hízome pasar por las aguas hasta los lomos.

5 Y midió otros mil, é iba ya el arroyo que yo no podía pasar: porque las aguas se habían alzado, y el arroyo no se podía pasar sino á nado.

6 Y díjome: ¿Has visto, hijo del hombre? Después me llevó, é hízome tornar por la ribera del arroyo.

7 Y tornando yo, he aquí en la ribera del arroyo había árboles muy muchos de la una parte y de la otra.

8 Y díjome: Estas aguas salen á la región del oriente, y descenderán á la llanura, y entrarán en la mar: y entradas en la mar, recibirán sanidad las aguas.

9 Y será que toda alma viviente que nadare por donde quiera que entraren estos dos arroyos, vivirá: y habrá muy muchos peces por haber entrado allá estas aguas, y recibirán sanidad; y vivirá todo lo que entrare en este arroyo.

10 Y será que junto á él estarán pescadores; y desde En-gadi hasta En-eglaim será tendedero de redes: en su clase será su pescado como el pescado de la gran mar, mucho en gran manera.

11 Sus charcos y sus lagunas no se sanarán; quedarán para salinas.

12 Y junto al arroyo, en su ribera de una parte y de otra, crecerá todo árbol de comer: su hoja nunca caerá, ni faltará su fruto: á sus meses madurará, porque sus aguas salen del santuario: y su fruto será para comer, y su hoja para medicina.

13 Así ha dicho el Señor Jehová: Este es el término en que partiréis la tierra en heredad entre las doce tribus de Israel: José dos partes.

14 Y la heredaréis así los unos como los otros: por ella alcé mi mano que la había de dar á vuestros padres: por tanto, esta tierra os caerá en heredad.

15 Y este será el término de la tierra hacia la parte del norte; desde la gran mar, camino de Hethlon viniendo á Sedad;

16 Hamath, Berotha, Sibrahim, que está entre el término de Damasco y el término de Hamath; Haser-hatticon, que es el término de Hauran.

17 Y será el término del norte desde la mar de Haser-enon al término de Damasco al norte, y al término de Hamath al lado del norte.

18 Al lado del oriente, por medio de Hauran y de Damasco, y de Galaad, y de la tierra de Israel, al Jordán: esto mediréis de término hasta la mar del oriente.

19 Y al lado del mediodía, hacia el mediodía, desde Tamar hasta las aguas de las rencillas; desde Cades y el arroyo hasta la gran mar: y esto será el lado austral, al mediodía.

20 Al lado del occidente la gran mar será el término hasta en derecho para venir á Hamath: este será el lado del occidente.

21 Partiréis, pues, esta tierra entre vosotros por las tribus de Israel.

22 Y será que echaréis sobre ella suertes por herencia para vosotros, y para los extranjeros que peregrinan entre vosotros, que entre vosotros han engendrado hijos: y los tendréis como naturales entre los hijos de Israel; echarán suertes con vosotros para heredarse entre las tribus de Israel.

23 Y será que en la tribu en que peregrinare el extranjero, allí le daréis su heredad, ha dicho el Señor Jehová.

48

Y estos son los nombres de las tribus: Desde la extremidad septentrional por la vía de Hethlon viniendo á Hamath, Haser-enon, al término de Damasco, al norte, al término de Hamath: tendrá Dan una parte, siendo sus extremidades al oriente y al occidente.

2 Y junto al término de Dan, desde la parte del oriente hasta la parte de la mar, Aser una parte.

3 Y junto al término de Aser, desde el lado oriental hasta la parte de la mar, Nephtalí, otra.

4 Y junto al término de Nephtalí, desde la parte del oriente hasta la parte de la mar, Manasés, otra.

5 Y junto al término de Manasés, desde la parte del oriente hasta la parte de la mar, Ephraim, otra.

6 Y junto al término de Ephraim, desde la parte del oriente hasta la parte de la mar, Rubén, otra.

7 Y junto al término de Rubén, desde la parte del oriente hasta la parte de la mar, Judá, otra.

8 Y junto al término de Judá, desde la parte del oriente hasta la parte de la mar, será la suerte que apartaréis de veinticinco mil cañas de anchura, y de longitud como cualquiera de las otras partes es á saber, desde la parte del oriente hasta la parte de la mar; y el santuario estará en medio de ella.

9 La suerte que apartaréis para Jehová, será de longitud de veinticinco mil cañas, y de diez mil de ancho.

10 Y allí será la suerte santa de los sacerdotes, de veinticinco mil cañas al norte, y de diez mil de anchura al occidente, y de diez mil de ancho al oriente, y de veinticinco mil de longitud al mediodía: y el santuario de Jehová estará en medio de ella.

11 Los sacerdotes santificados de los hijos de Sadoc, que guardaron mi observancia, que no erraron cuando erraron los hijos de Israel, como erraron los Levitas.

12 Ellos tendrán por suerte, apartada en la partición de la tierra, la parte santísima, junto al término de los Levitas.

13 Y á los Levitas, al lado del término de los sacerdotes, será de veinticinco mil cañas de longitud, y de diez mil de anchura: toda la longitud de veinticinco mil, y la anchura de diez mil.

14 No venderán de ello, ni permutarán, ni traspasarán las primicias de la tierra: porque es cosa consagrada á Jehová.

15 Y las cinco mil cañas de anchura que quedan de las veinticinco mil, serán profanas, para la ciudad, para habitación y para ejido; y la ciudad estará en medio.

16 Y estas serán sus medidas: á la parte del norte cuatro mil y quinientas cañas, y á la parte del mediodía cuatro mil y quinientas, y á la parte del oriente cuatro mil y quinientas, y á la parte del occidente cuatro mil y quinientas.

17 Y el ejido de la ciudad será al norte de doscientas y cincuenta cañas, y al mediodía de doscientas y cincuenta, y al oriente de doscientas y cincuenta, y de doscientas y cincuenta al occidente.

18 Y lo que quedare de longitud delante de la suerte santa, diez mil cañas al oriente y diez mil al occidente, que será lo que quedará de la suerte santa, será para sembrar para los que sirven á la ciudad.

19 Y los que servirán á la ciudad, serán de todas las tribus de Israel.

20 Todo el apartado de veinticinco mil cañas por veinticinco mil en cuadro, apartaréis por suerte para el santuario, y para la posesión de la ciudad.

21 Y del príncipe será lo que quedare de la una parte y de la otra de la suerte santa, y de la posesión de la ciudad, es á saber, delante de las veinticinco mil cañas de la suerte hasta el término oriental, y al occidente delante de las veinticinco mil hasta el término occidental, delante de las partes dichas será del príncipe: y suerte santa será; y el santuario de la casa estará en medio de ella.

22 Y desde la posesión de los Levitas, y desde la posesión de la ciudad, en medio estará lo que pertenecerá al príncipe. Entre el término de Judá y el término de Benjamín estará la suerte del príncipe.

23 Cuanto á las demás tribus, desde la parte del oriente hasta la parte de la mar, tendrá Benjamín una parte.

24 Y junto al término de Benjamín, desde la parte del oriente hasta la parte de la mar, Simeón, otra.

25 Y junto al término de Simeón, desde la parte del oriente hasta la parte de la mar, Issachâr, otra.

26 Y junto al término de Issachâr, desde la parte del oriente hasta la parte de la mar, Zabulón, otra.

27 Y junto al término de Zabulón, desde la parte del oriente hasta la parte de la mar, Gad, otra.

28 Y junto al término de Gad, á la parte del austro, al mediodía, será el término desde Tamar hasta las aguas de las rencillas, y desde Cades y el arroyo hasta la gran mar.

29 Esta es la tierra que partiréis por suertes en heredad á las tribus de Israel, y estas son sus porciones, ha dicho el Señor Jehová.

30 Y estas son las salidas de la ciudad á la parte del norte, cuatro mil y quinientas cañas por medida.

31 Y las puertas de la ciudad serán según los nombres de las tribus de Israel: tres puertas al norte: la puerta de Rubén, una; la puerta de Judá, otra; la puerta de Leví, otra.

32 Y á la parte del oriente cuatro mil y quinientas cañas, y tres puertas: la puerta de José, una; la puerta de Benjamín, otra; la puerta de Dan, otra.

33 Y á la parte del mediodía, cuatro mil y quinientas cañas por medida, y tres puertas: la puerta de Simeón, una; la puerta de Issachâr, otra; la puerta de Zabulón, otra.

34 Y á la parte del occidente cuatro mil y quinientas cañas, y sus tres puertas: la puerta de Gad, una; la puerta de Aser, otra; la puerta de Nephtalí, otra.

35 En derredor tendrá dieciocho mil cañas. Y el nombre de la ciudad desde aquel día será JEHOVA SHAMMA.

DANIEL

1 En el año tercero del reinado de Joacim rey de Judá, vino Nabucodonosor rey de Babilonia á Jerusalem, y cercóla.

2 Y el Señor entregó en sus manos á Joacim rey de Judá, y parte de los vasos de la casa de Dios, y trájolos á tierra de Sinar, á la casa de su dios: y metió los vasos en la casa del tesoro de su dios.

3 Y dijo el rey á Aspenaz, príncipe de sus eunucos, que trajese de los hijos de Israel, del linaje real de los príncipes,

4 Muchachos en quienes no hubiese tacha alguna, y de buen parecer, y enseñados en toda sabiduría, y sabios en ciencia, y de buen entendimiento, é idóneos para estar en el palacio del rey; y que les enseñase las letras y la lengua de los Caldeos.

5 Y señalóles el rey ración para cada día de la ración de la comida del rey, y del vino de su beber: que los criase tres años, para que al fin de ellos estuviesen delante del rey.

6 Y fueron entre ellos, de los hijos de Judá, Daniel, Ananías, Misael y Azarías:

7 A los cuales el príncipe de los eunucos puso nombres: y puso á Daniel, Beltsasar; y á Ananías, Sadrach; y á Misael, Mesach; y á Azarías, Abed-nego.

8 Y Daniel propuso en su corazón de no contaminarse en la ración de la comida del rey, ni en el vino de su beber: pidió por tanto al príncipe de los eunucos de no contaminarse.

9 (Y puso Dios á Daniel en gracia y en buena voluntad con el príncipe de los eunucos.)

10 Y dijo el príncipe de los eunucos á Daniel: Tengo temor de mi señor el rey, que señaló vuestra comida y vuestra bebida; pues luego que él habrá visto vuestros rostros más tristes que los de los muchachos que son semejantes á vosotros, condenaréis para con el rey mi cabeza.

11 Entonces dijo Daniel á Melsar, que estaba puesto por el príncipe de los eunucos sobre Daniel, Ananías, Misael, y Azarías:

12 Prueba, te ruego, tus siervos diez días, y dennos legumbres á comer, y agua á beber.

13 Parezcan luego delante de ti nuestros rostros, y los rostros de los muchachos que comen de la ración de la comida del rey; y según que vieres, harás con tus siervos.

14 Consintió pues con ellos en esto, y probó con ellos diez días.

15 Y al cabo de los diez días pareció el rostro de ellos mejor y más nutrido de carne, que los otros muchachos que comían de la ración de comida del rey.

16 Así fué que Melsar tomaba la ración de la comida de ellos, y el vino de su beber, y dábales legumbres.

17 Y á estos cuatro muchachos dióles Dios conocimiento é inteligencia en todas letras y ciencia: mas Daniel tuvo entendimiento en toda visión y sueños.

18 Pasados los días al fin de los cuales había dicho el rey que los trajesen, el príncipe de los eunucos los trajo delante de Nabucodonosor.

19 Y el rey habló con ellos, y no fué hallado entre todos ellos otro como Daniel, Ananías, Misael, y Azarías: y así estuvieron delante del rey.

20 Y en todo negocio de sabiduría é inteligencia que el rey les demandó, hallólos diez veces mejores que todos los magos y astrólogos que había en todo su reino.

21 Y fué Daniel hasta el año primero del rey Ciro.

2 Y en el segundo año del reinado de Nabucodonosor, soñó Nabucodonosor sueños, y perturbóse su espíritu, y su sueño se huyó de él.

2 Y mandó el rey llamar magos, astrólogos, y encantadores, y Caldeos, para que mostrasen al rey sus sueños. Vinieron pues, y se presentaron delante del rey.

3 Y el rey les dijo: He soñado un sueño, y mi espíritu se ha perturbado por saber del sueño.

4 Entonces hablaron los Caldeos al rey en lengua aramea: Rey, para siempre vive: di el sueño á tus siervos, y mostraremos la declaración.

5 Respondió el rey y dijo á los Caldeos: El negocio se me fué: si no me mostráis el sueño y su declaración, seréis hechos cuartos, y vuestras casas serán puestas por muladares.

6 Y si mostrareis el sueño y su declaración, recibiréis de mí dones y mercedes y grande honra: por tanto, mostradme el sueño y su declaración.

7 Respondieron la segunda vez, y dijeron: Diga el rey el sueño á sus siervos, y mostraremos su declaración.

8 El rey respondió, y dijo: Yo conozco ciertamente que vosotros ponéis dilaciones, porque veis que el negocio se me ha ido.

9 Si no me mostráis el sueño, una sola sentencia será de vosotros. Ciertamente preparáis respuesta mentirosa y perversa que decir delante de mí, entre tanto que se muda el tiempo: por tanto, decidme el sueño, para que yo entienda que me podéis mostrar su declaración.

10 Los Caldeos respondieron delante del rey, y dijeron: No hay hombre sobre la tierra que pueda declarar el negocio del rey: demás de esto, ningún rey, príncipe, ni señor, preguntó cosa semejante á ningún mago, ni astrólogo, ni Caldeo.

11 Finalmente, el negocio que el rey demanda, es singular, ni hay quien lo pueda declarar delante del rey, salvo los dioses cuya morada no es con la carne.

12 Por esto el rey con ira y con grande enojo, mandó que matasen á todos los sabios de Babilonia.

13 Y publicóse el mandamiento, y los sabios eran llevados á la muerte; y buscaron á Daniel y á sus compañeros para matarlos.

14 Entonces Daniel habló avisada y prudentemente á Arioch, capitán de los de la guarda del rey, que había salido para matar los sabios de Babilonia.

15 Habló y dijo á Arioch capitán del rey: ¿Qué es la causa que este mandamiento se publica de parte del rey tan apresuradamente? Entonces Arioch declaró el negocio á Daniel.

16 Y Daniel entró, y pidió al rey que le diese tiempo, y que él mostraría al rey la declaración.

17 Fuése luego Daniel á su casa, y declaró el negocio á Ananías, Misael, y Azarías, sus compañeros,

18 Para demandar misericordias del Dios del cielo sobre este misterio, y que Daniel y sus compañeros no pereciesen con los otros sabios de Babilonia.

19 Entonces el arcano fué revelado á Daniel en visión de noche; por lo cual bendijo Daniel al Dios del cielo.

20 Y Daniel habló, y dijo: Sea bendito el nombre de Dios de siglo hasta siglo: porque suya es la sabiduría y la fortaleza:

21 Y él es el que muda los tiempos y las oportunidades: quita reyes, y pone reyes: da la sabiduría á los sabios, y la ciencia á los entendidos:

22 El revela lo profundo y lo escondido: conoce lo que está en tinieblas, y la luz mora con él.

23 A ti, oh Dios de mis padres, confieso y te alabo, que me diste sabiduría y fortaleza, y ahora me enseñaste lo que te pedimos; pues nos has enseñado el negocio del rey.

24 Después de esto Daniel entró á Arioch, al cual el rey había puesto para matar á los sabios de Babilonia: fué, y díjole así: No mates á los sabios de Babilonia: llévame delante del rey, que yo mostraré al rey la declaración.

25 Entonces Arioch llevó prestamente á Daniel delante del rey, y díjole así: Un varón de los trasportados de Judá he hallado, el cual declarará al rey la interpretación.

26 Respondió el rey, y dijo á Daniel, al cual llamaban Beltsasar: ¿Podrás tú hacerme entender el sueño que vi, y su declaración?

27 Daniel respondió delante del rey, y dijo: El misterio que el rey demanda, ni sabios, ni astrólogos, ni magos, ni adivinos lo pueden enseñar al rey.

28 Mas hay un Dios en los cielos, el cual revela los misterios, y él ha hecho saber al rey Nabucodonosor lo que ha de acontecer á cabo de días. Tu sueño, y las visiones de tu cabeza sobre tu cama, son esto:

29 Tú, oh rey, en tu cama subieron tus pensamientos por saber lo que había de ser en lo por venir; y el que revela los misterios te mostró lo que ha de ser.

30 Y á mí ha sido revelado este misterio, no por sabiduría que en mí haya, más que en todos los vivientes, sino para que yo notifique al rey la declaración, y que entiendieses los pensamientos de tu corazón.

31 Tú, oh rey, veías, y he aquí una grande imagen. Esta imagen, que era muy grande, y cuya gloria era muy sublime, estaba en pie delante de ti, y su aspecto era terrible.

32 La cabeza de esta imagen era de fino oro; sus pechos y sus brazos, de plata; su vientre y sus muslos, de metal;

33 Sus piernas de hierro; sus pies, en parte de hierro, y en parte de barro cocido.

34 Estabas mirando, hasta que una piedra fué cortada, no con mano, la cual hirió á la imagen en sus pies de hierro y de barro cocido, y los desmenuzó.

35 Entonces fué también desmenuzado el hierro, el barro cocido, el metal, la plata y el oro, y se tornaron como tamo de las eras del verano: y levantólos el viento, y nunca más se les halló lugar. Mas la piedra que hirió á la imagen, fué hecha un gran monte, que hinchió toda la tierra.

36 Este es el sueño: la declaración de él diremos también en presencia del rey.

37 Tú, oh rey, eres rey de reyes; porque el Dios del cielo te ha dado reino, potencia, y fortaleza, y majestad.

38 Y todo lo que habitan hijos de hombres, bestias del campo, y aves del cielo, él ha entregado en tu mano, y te ha hecho enseñorear sobre todo: tú eres aquella cabeza de oro.

39 Y después de ti se levantará otro reino menor que tú; y otro tercer reino de metal, el cual se enseñoreará de toda la tierra.

40 Y el reino cuarto será fuerte como hierro; y como el hierro desmenuza y doma todas las cosas, y como el hierro que quebranta todas estas cosas, desmenuzará y quebrantará.

41 Y lo que viste de los pies y los dedos, en parte de barro cocido de alfarero, y en parte de hierro, el reino será dividido; mas habrá en él algo de fortaleza de hierro, según que viste el hierro mezclado con el tiesto de barro.

42 Y por ser los dedos de los pies en parte de hierro, y en parte de barro cocido, en parte será el reino fuerte, y en parte será frágil.

43 Cuanto á aquello que viste, el hierro mezclado con tiesto de barro, mezclaránse con simiente humana, mas no se pegarán el uno con el otro, como el hierro no se mistura con el tiesto.

44 Y en los días de estos reyes, levantará el Dios del cielo un reino que nunca jamás se corromperá: y no será dejado á otro pueblo este reino; el cual desmenuzará y consumirá todos estos reinos, y él permanecerá para siempre.

45 De la manera que viste que del monte fué cortada una piedra, no con manos, la cual desmenuzó al hierro, al metal, al tiesto, á la plata, y al oro; el gran Dios ha mostrado al rey lo que ha de acontecer en lo por venir: y el sueño es verdadero, y fiel su declaración.

46 Entonces el rey Nabucodonosor cayó sobre su rostro, y humillóse á Daniel, y mandó que le sacrificasen presentes y perfumes.

47 El rey habló á Daniel, y dijo: Ciertamente que el Dios vuestro es Dios de dioses, y el Señor de los reyes, y el descubridor de los misterios, pues pudiste revelar este arcano.

48 Entonces el rey engrandeció á Daniel, y le dió muchos y grandes dones, y púsolo por gobernador de toda la provincia de Babilonia, y por príncipe de los gobernadores sobre todos los sabios de Babilonia.

49 Y Daniel solicitó del rey, y él puso sobre los negocios de la provincia de Babilonia á Sadrach, Mesach, y Abed-nego: y Daniel estaba á la puerta del rey.

3 El rey Nabucodonosor hizo una estatua de oro, la altura de la cual era de sesenta codos, su anchura de seis codos: levantóla en el campo de Dura, en la provincia de Babilonia.

2 Y envió el rey Nabucodonosor á juntar los grandes, los asistentes y capitanes, oidores, receptores, los del consejo, presidentes, y á todos los gobernadores de las provincias, para que viniesen á la dedicación de la estatua que el rey Nabucodonosor había levantado.

3 Fueron pues reunidos los grandes, los asistentes y capitanes, los oidores, receptores, los del consejo, los presidentes, y todos los gobernadores de las provincias, á la dedicación de la estatua que el rey Nabucodonosor había levantado: y estaban en pie delante de la estatua que había levantado el rey Nabucodonosor.

4 Y el pregonero pregonaba en alta voz: Mándase á vosotros, oh pueblos, naciones, y lenguas,

5 En oyendo el son de la bocina, del pífano, del tamboril, del arpa, del salterio, de la zampoña, y de todo instrumento músico, os postraréis y adoraréis la estatua de oro que el rey Nabucodonosor ha levantado:

6 Y cualquiera que no se postrare y adorare, en la misma hora será echado dentro de un horno de fuego ardiendo.

7 Por lo cual, en oyendo todos los pueblos el son de la boci-

na, del pífano, del tamboril, del arpa, del salterio, de la zampoña, y de todo instrumento músico, todos los pueblos, naciones y lenguas, se postraron, y adoraron la estatua de oro que el rey Nabucodonosor había levantado.

8 Por esto en el mismo tiempo algunos varones Caldeos se llegaron, y denunciaron de los Judíos.

9 Hablando y diciendo al rey Nabucodonosor: Rey, para siempre vive.

10 Tú, oh rey, pusiste ley que todo hombre en oyendo el son de la bocina, del pífano, del tamboril, del arpa, del salterio, de la zampoña, y de todo instrumento músico, se postrase y adorase la estatua de oro:

11 Y el que no se postrase y adorase, fuese echado dentro de un horno de fuego ardiendo.

12 Hay unos varones Judíos, los cuales pusiste tú sobre los negocios de la provincia de Babilonia; Sadrach, Mesach, y Abed-nego: estos varones, oh rey, no han hecho cuenta de ti; no adoran tus dioses, no adoran la estatua de oro que tú levantaste.

13 Entonces Nabucodonosor dijo con ira y con enojo que trajesen á Sadrach, Mesach, y Abed-nego. Al punto fueron traídos estos varones delante del rey.

14 Habló Nabucodonosor, y díjoles: ¿Es verdad Sadrach, Mesach, y Abed-nego, que vosotros no honráis á mi dios, ni adoráis la estatua de oro que he levantado?

15 Ahora pues, ¿estáis prestos para que en oyendo el son de la bocina, del pífano, del tamboril, del arpa, del salterio, de la zampoña, y de todo instrumento músico, os postréis, y adoréis la estatua que he hecho? Porque si no la adoráreis, en la misma hora seréis echados en medio de un horno de fuego ardiendo: ¿y qué dios será aquel que os libre de mis manos?

16 Sadrach, Mesach, y Abed-nego respondieron y dijeron al rey Nabucodonosor: no cuidamos de responderte sobre este negocio.

17 He aquí nuestro Dios á quien honramos, puede librarnos del horno de fuego ardiendo; y de tu mano, oh rey, nos librará.

18 Y si no, sepas, oh rey, que tu dios no adoraremos, ni tampoco honraremos la estatua que has levantado.

19 Entonces Nabucodonosor fué lleno de ira, y demudóse la figura de su rostro sobre Sadrach, Mesach, y Abed-nego: así habló, y ordenó que el horno se encendiese siete veces tanto de lo que cada vez solía.

20 Y mandó á hombres muy vigorosos que tenía en su ejército, que atasen á Sadrach, Mesach, y Abed-nego, para echarlos en el horno de fuego ardiendo.

21 Entonces estos varones fueron atados con sus mantos, y sus calzas, y sus turbantes, y sus vestidos, y fueron echados dentro del horno de fuego ardiendo.

22 Y porque la palabra del rey daba priesa, y había procurado que se encendiese mucho, la llama del fuego mató á aquellos que habían alzado á Sadrach, Mesach, y Abed-nego.

23 Y estos tres varones, Sadrach, Mesach, y Abed-nego, cayeron atados dentro del horno de fuego ardiendo.

24 Entonces el rey Nabucodonosor se espantó, y levantóse apriesa, y habló, y dijo á los de su consejo: ¿No echaron tres varones atados dentro del fuego? Ellos respondieron y dijeron al rey: Es verdad, oh rey.

25 Respondió él y dijo: He aquí que yo veo cuatro varones sueltos, que se pasean en medio del fuego, y ningún daño hay en ellos: y el parecer del cuarto es semejante á hijo de los dioses.

26 Entonces Nabucodonosor se acercó á la puerta del horno de fuego ardiendo, y habló y dijo: Sadrach, Mesach, y Abednego, siervos del alto Dios, salid y venid. Entonces Sadrach, Mesach, y Abed-nego, salieron de en medio del fuego.

27 Y juntáronse los grandes, los gobernadores, los capitanes, y los del consejo del rey, para mirar estos varones, como el fuego no se enseñoreó de sus cuerpos, ni cabello de sus cabezas fué quemado, ni sus ropas se mudaron, ni olor de fuego había pasado por ellos.

28 Nabucodonosor habló y dijo: Bendito el Dios de ellos, de Sadrach, Mesach, y Abed-nego, que envió su ángel, y libró sus siervos que esperaron en él, y el mandamiento del rey mudaron, y entregaron sus cuerpos antes que sirviesen ni adorasen otro dios que su Dios.

29 Por mí pues se pone decreto, que todo pueblo, nación, ó lengua, que dijere blasfemia contra el Dios de Sadrach, Mesach, y Abed-nego, sea descuartizado, y su casa sea puesta por muladar; por cuanto no hay dios que pueda librar como éste.

30 Entonces el rey engrandeció á Sadrach, Mesach, y Abednego en la provincia de Babilonia.

4 Nabucodonosor rey, á todos los pueblos, naciones, y lenguas, que moran en toda la tierra: Paz os sea multiplicada:

2 Las señales y milagros que el alto Dios ha hecho conmigo, conviene que yo las publique.

3 ¡Cuán grandes son sus señales, y cuán potentes sus maravillas! Su reino, reino sempiterno, y su señorío hasta generación y generación.

4 Yo Nabucodonosor estaba quieto en mi casa, y floreciente en mi palacio.

5 Vi un sueño que me espantó, y las imaginaciones y visiones de mi cabeza me turbaron en mi cama.

6 Por lo cual yo puse mandamiento para hacer venir delante de mí todos los sabios de Babilonia, que me mostrasen la declaración del sueño.

7 Y vinieron magos, astrólogos, Caldeos, y adivinos: y dije el sueño delante de ellos, mas nunca me mostraron su declaración;

8 Hasta tanto que entró delante de mí Daniel, cuyo nombre es Beltsasar, como el nombre de mi dios, y en el cual hay espíritu de los dioses santos, y dije el sueño delante de él, diciendo:

9 Beltsasar, príncipe de los magos, ya que he entendido que hay en ti espíritu de los dioses santos, y que ningún misterio se te esconde, exprésame las visiones de mi sueño que he visto, y su declaración.

10 Aquestas las visiones de mi cabeza en mi cama: Parecíame que veía un árbol en medio de la tierra, cuya altura era grande.

11 Crecía este árbol, y hacíase fuerte, y su altura llegaba hasta el cielo, y su vista hasta el cabo de toda la tierra.

12 Su copa era hermosa, y su fruto en abundancia, y para todos había en él mantenimiento. Debajo de él se ponían á la sombra las bestias del campo, y en sus ramas hacían morada las aves del cielo, y manteníase de él toda carne.

13 Veía en las visiones de mi cabeza en mi cama, y he aquí que un vigilante y santo descendía del cielo.

14 Y clamaba fuertemente y decía así: Cortad el árbol, y desmochad sus ramas, derribad su copa, y derramad su fruto: váyanse las bestias que están debajo de él, y las aves de sus ramas.

15 Mas la cepa de sus raíces dejaréis en la tierra, y con atadura de hierro y de metal entre la hierba del campo; y sea mojado con el rocío del cielo, y su parte con las bestias en la hierba de la tierra.

16 Su corazón sea mudado de corazón de hombre, y séale dado corazón de bestia, y pasen sobre él siete tiempos.

17 La sentencia es por decreto de los vigilantes, y por dicho de los santos la demanda: para que conozcan los vivientes que el Altísimo se enseñorea del reino de los hombres, y que á quien él quiere lo da, y constituye sobre él al más bajo de los hombres.

18 Yo el rey Nabucodonosor he visto este sueño. Tú pues, Beltsasar, dirás la declaración de él, porque todos los sabios de mi reino nunca pudieron mostrarme su interpretación: mas tú puedes, porque hay en ti espíritu de los dioses santos.

19 Entonces Daniel, cuyo nombre era Beltsasar, estuvo callando casi una hora, y sus pensamientos lo espantaban: El rey habló, y dijo: Beltsasar, el sueño ni su declaración no te espante. Respondió Beltsasar, y dijo: Señor mío, el sueño sea para tus enemigos, y su declaración para los que mal te quieren.

20 El árbol que viste, que crecía y se hacía fuerte, y que su altura llegaba hasta el cielo, y su vista por toda la tierra;

21 Y cuya copa era hermosa, y su fruto en abundancia, y que para todos había mantenimiento en él; debajo del cual moraban las bestias del campo, y en sus ramas habitaban las aves del cielo,

22 Tú mismo eres, oh rey, que creciste, y te hiciste fuerte, pues creció tu grandeza, y ha llegado hasta el cielo, y tu señorío hasta el cabo de la tierra.

23 Y cuanto á lo que vió el rey, un vigilante y santo que descendía del cielo, y decía: Cortad el árbol y destruidlo: mas la cepa de sus raíces dejaréis en la tierra, y con atadura de hierro y de metal en la hierba del campo; y sea mojado con el rocío del cielo, y su parte sea con las bestias del campo, hasta que pasen sobre él siete tiempos:

24 Esta es la declaración, oh rey, y la sentencia del Altísimo, que ha venido sobre el rey mi señor:

25 Que te echarán de entre los hombres, y con las bestias del campo será tu morada, y con hierba del campo te apacentarán como á los bueyes, y con rocío del cielo serás bañado; y siete tiempos pasarán sobre ti, hasta que entiendas que el Altísimo se enseñorea en el reino de los hombres, y que á quien él quisiere lo dará.

26 Y lo que dijeron, que dejasen en la tierra la cepa de las raíces del mismo árbol, significa que tu reino se te quedará firme, luego que entiendas que el señorío es en los cielos.

27 Por tanto, oh rey, aprueba mi consejo, y redime tus pecados con justicia, y tus iniquidades con misericordias para con los pobres; que tal vez será eso una prolongación de tu tranquilidad.

28 Todo aquesto vino sobre el rey Nabucodonosor.

29 A cabo de doce meses, andándose paseando sobre el palacio del reino de Babilonia,

30 Habló el rey, y dijo: ¿No es ésta la gran Babilonia, que yo edifiqué para casa del reino, con la fuerza de mi poder, y para gloria de mi grandeza?

31 Aun estaba la palabra en la boca del rey, cuando cae una voz del cielo: A ti dicen, rey Nabucodonosor; el reino es traspasado de ti:

32 Y de entre los hombres te echan, y con las bestias del campo será tu morada, y como á los bueyes te apacentarán: y siete tiempos pasarán sobre ti, hasta que conozcas que el Altísimo se enseñorea en el reino de los hombres, y á quien él quisiere lo da.

33 En la misma hora se cumplió la palabra sobre Nabucodonosor; y fué echado de entre los hombres; y comía hierba como los bueyes, y su cuerpo se bañaba con el rocío del cielo, hasta que su pelo creció como de águila, y sus uñas como de aves.

34 Mas al fin del tiempo yo Nabucodonosor alcé mis ojos al cielo, y mi sentido me fué vuelto; y bendije al Altísimo, y alabé y glorifiqué al que vive para siempre; porque su señorío es sempiterno, y su reino por todas las edades.

35 Y todos los moradores de la tierra por nada son contados; y en el ejército del cielo, y en los habitantes de la tierra, hace según su voluntad: ni hay quien estorbe su mano, y le diga: ¿Qué haces?

36 En el mismo tiempo mi sentido me fué vuelto, y la majestad de mi reino, mi dignidad y mi grandeza volvieron á mí, y mis gobernadores y mis grandes me buscaron; y fuí restituído á mi reino, y mayor grandeza me fué añadida.

37 Ahora yo Nabucodonosor alabo, engrandezco y glorifico al Rey del cielo, porque todas sus obras son verdad, y sus caminos juicio; y humillar puede á los que andan con soberbia.

5 El rey Belsasar hizo un gran banquete á mil de sus príncipes, y en presencia de los mil bebía vino.

2 Belsasar, con el gusto del vino, mandó que trajesen los vasos de oro y de plata que Nabucodonosor su padre había traído del templo de Jerusalem; para que bebiesen con ellos el rey y sus príncipes, sus mujeres y sus concubinas.

3 Entonces fueron traídos los vasos de oro que habían traído del templo de la casa de Dios que estaba en Jerusalem, y bebieron con ellos el rey y sus príncipes, sus mujeres y sus concubinas.

4 Bebieron vino, y alabaron á los dioses de oro y de plata, de metal, de hierro, de madera, y de piedra.

5 En aquella misma hora salieron unos dedos de mano de hombre, y escribían delante del candelero sobre lo encalado de la pared del palacio real, y el rey veía la palma de la mano que escribía.

6 Entonces el rey se demudó de su color, y sus pensamientos lo turbaron, y desatáronse las ceñiduras de sus lomos, y sus rodillas se batían la una con la otra.

7 El rey clamó en alta voz que hiciesen venir magos, Caldeos, y adivinos. Habló el rey, y dijo á los sabios de Babilonia: Cualquiera que leyere esta escritura, y me mostrare su declaración, será vestido de púrpura, y tendrá collar de oro á su cuello; y en el reino se enseñoreará el tercero.

8 Entonces fueron introducidos todos los sabios del rey, y no pudieron leer la escritura, ni mostrar al rey su declaración.

9 Entonces el rey Belsasar fué muy turbado, y se le mudaron sus colores y alteráronse sus príncipes.

10 La reina, por las palabras del rey y de sus príncipes, entró á la sala del banquete. Y habló la reina, y dijo: Rey, para siempre vive, no te asombren tus pensamientos, ni tus colores se demuden:

11 En tu reino hay un varón, en el cual mora el espíritu de los dioses santos; y en los días de tu padre se halló en él luz é inteligencia y sabiduría, como ciencia de los dioses: al cual el rey Nabucodonosor, tu padre, el rey tu padre constituyó príncipe sobre todos los magos, astrólogos, Caldeos, y adivinos:

12 Por cuanto fué hallado en él mayor espíritu, y ciencia, y entendimiento, interpretando sueños, y declarando preguntas, y deshaciendo dudas, es á saber, en Daniel; al cual el rey puso por nombre Beltsasar. Llámese pues ahora á Daniel, y él mostrará la declaración.

13 Entonces Daniel fué traído delante del rey. Y habló el rey, y dijo á Daniel: ¿Eres tú aquel Daniel de los hijos de la cautividad de Judá, que mi padre trajo de Judea?

14 Yo he oído de ti que el espíritu de los dioses santos está en ti, y que en ti se halló luz, y entendimiento y mayor sabiduría.

15 Y ahora fueron traídos delante de mí, sabios, astrólogos, que leyesen esta escritura, y me mostrasen su interpretación: pero no han podido mostrar la declaración del negocio.

16 Yo pues he oído de ti que puedes declarar las dudas, y desatar dificultades. Si ahora pudieres leer esta escritura, y mostrarme su interpretación, serás vestido de púrpura, y collar de oro tendrás en tu cuello, y en el reino serás el tercer señor.

17 Entonces Daniel respondió, y dijo delante del rey: Tus dones sean para ti, y tus presentes dálos á otro. La escritura no la leeré al rey, y le mostraré la declaración.

18 El altísimo Dios, oh rey, dió á Nabucodonosor tu padre el reino, y la grandeza, y la gloria, y la honra:

19 Y por la grandeza que le dió, todos los pueblos, naciones, y lenguas, temblaban y temían delante de él. Los que él quería mataba, y daba vida á los que quería: engrandecía á los que quería, y á los que quería humillaba.

20 Mas cuando su corazón se ensoberbeció, y su espíritu se endureció en altivez, fué depuesto del trono de su reino, y traspasaron de él la gloria:

21 Y fué echado de entre los hijos de los hombres; y su corazón fué puesto con las bestias, y con los asnos monteses fué su morada. Hierba le hicieron comer, como á buey, y su cuerpo fué bañado con el rocío del cielo, hasta que conoció que el altísimo Dios se enseñorea del reino de los hombres, y que pondrá sobre él al que quisiere.

22 Y tú, su hijo Belsasar, no has humillado tu corazón, sabiendo todo esto:

23 Antes contra el Señor del cielo te has ensoberbecido, é hiciste traer delante de ti los vasos de su casa, y tú y tus príncipes, tus mujeres y tus concubinas, bebisteis vino en ellos: demás de esto, á dioses de plata y de oro, de metal, de hierro, de madera, y de piedra, que ni ven, ni oyen, ni saben, diste alabanza: y al Dios en cuya mano está tu vida, y cuyos son todos tus caminos, nunca honraste.

24 Entonces de su presencia fué enviada la palma de la mano que esculpió esta escritura.

25 Y la escritura que esculpió es: MENE, MENE, TEKEL, UPHARSIN.

26 La declaración del negocio es: MENE: Contó Dios tu reino, y halo rematado.

27 TEKEL: Pesado has sido en balanza, y fuiste hallado falto.

28 PERES: Tu reino fué rompido, y es dado á Medos y Persas.

29 Entonces, mandándolo Belsasar, vistieron á Daniel de púrpura, y en su cuello fué puesto un collar de oro, y pregonaron de él que fuese el tercer señor en el reino.

30 La misma noche fué muerto Belsasar, rey de los Caldeos.

31 Y Darío de Media tomó el reino, siendo de sesenta y dos años.

6 Pareció bien á Darío constituir sobre el reino ciento veinte gobernadores, que estuviesen en todo el reino.

2 Y sobre ellos tres presidentes, de los cuales Daniel era el uno, á quienes estos gobernadores diesen cuenta, porque el rey no recibiese daño.

3 Pero el mismo Daniel era superior á estos gobernadores y presidentes, porque había en él más abundancia de espíritu; y el rey pensaba de ponerlo sobre todo el reino.

4 Entonces los presidentes y gobernadores buscaban ocasiones contra Daniel por parte del reino; mas no podían hallar alguna ocasión ó falta, porque él era fiel, y ningún vicio ni falta fué en él hallado.

5 Entonces dijeron aquellos hombres: No hallaremos contra este Daniel ocasión alguna, si no la hallamos contra él en la ley de su Dios.

6 Entonces estos gobernadores y presidentes se juntaron delante del rey, y le dijeron así: Rey Darío, para siempre vive:

7 Todos los presidentes del reino, magistrados, gobernadores, grandes y capitanes, han acordado por consejo promulgar un real edicto, y confirmarlo, que cualquiera que demandare petición de cualquier dios ú hombre en el espacio de treinta días, sino de ti, oh rey, sea echado en el foso de los leones.

8 Ahora, oh rey, confirma el edicto, y firma la escritura, para que no se pueda mudar, conforme á la ley de Media y de Persia, la cual no se revoca.

9 Firmó pues el rey Darío la escritura y el edicto.

10 Y Daniel, cuando supo que la escritura estaba firmada, entróse en su casa, y abiertas las ventanas de su cámara que estaban hacia Jerusalem, hincábase de rodillas tres veces al día, y oraba, y confesaba delante de su Dios, como lo solía hacer antes.

11 Entonces se juntaron aquellos hombres, y hallaron á Daniel orando y rogando delante de su Dios.

12 Llegáronse luego, y hablaron delante del rey acerca del edicto real: ¿No has confirmado edicto que cualquiera que pidiere á cualquier dios ú hombre en el espacio de treinta días, excepto á ti, oh rey, fuese echado en el foso de los leones? Respondió el rey y dijo: Verdad es, conforme á la ley de Media y de Persia, la cual no se abroga.

13 Entonces respondieron y dijeron delante del rey: Daniel que es de los hijos de la cautividad de los Judíos, no ha hecho cuenta de ti, oh rey, ni del edicto que confirmaste; antes tres veces al día hace su petición.

14 El rey entonces, oyendo el negocio, pesóle en gran manera, y sobre Daniel puso cuidado para librarlo; y hasta puestas del sol trabajó para librarle.

15 Empero aquellos hombres se reunieron cerca del rey, y dijeron al rey: Sepas, oh rey, que es ley de Media y de Persia, que ningún decreto ú ordenanza que el rey confirmare pueda mudarse.

16 Entonces el rey mandó, y trajeron á Daniel, y echáronle en el foso de los leones. Y hablando el rey dijo á Daniel: El Dios tuyo, á quien tú continuamente sirves, él te libre.

17 Y fué traída una piedra, y puesta sobre la puerta del foso, la cual selló el rey con su anillo, y con el anillo de sus príncipes, porque el acuerdo acerca de Daniel no se mudase.

18 Fuése luego el rey á su palacio, y acostóse ayuno; ni instrumentos de música fueron traídos delante de él, y se le fué el sueño.

19 El rey, por tanto, se levantó muy de mañana, y fué apriesa al foso de los leones;

20 Y llegándose cerca del foso llamó á voces á Daniel con voz triste; y hablando el rey dijo á Daniel: Daniel, siervo del Dios viviente, el Dios tuyo, á quien tú continuamente sirves ¿te ha podido librar de los leones?

21 Entonces habló Daniel con el rey: oh rey, para siempre vive.

22 El Dios mío envió su ángel, el cual cerró la boca de los leones, para que no me hiciesen mal: porque delante de él se halló en mí justicia; y aun delante de ti, oh rey, yo no he hecho lo que no debiese.

23 Entonces se alegró el rey en gran manera á causa de él, y mandó sacar á Daniel del foso: y fué Daniel sacado del foso, y ninguna lesión se halló en él, porque creyó en su Dios.

24 Y mandándolo el rey fueron traídos aquellos hombres que habían acusado á Daniel, y fueron echados en el foso de los leones, ellos, sus hijos, y sus mujeres; y aun no habían llegado al suelo del foso, cuando los leones se apoderaron de ellos, y quebrantaron todos sus huesos.

25 Entonces el rey Darío escribió á todos los pueblos, naciones, y lenguas, que habitan en toda la tierra: Paz os sea multiplicada.

26 De parte mía es puesta ordenanza, que en todo el señorío de mi reino todos teman y tiemblen de la presencia del Dios de Daniel: porque él es el Dios viviente y permanente por todos los siglos, y su reino tal que no será desecho, y su señorío hasta el fin.

27 Que salva y libra, y hace señales y maravillas en el cielo y en la tierra; el cual libró á Daniel del poder de los leones.

28 Y este Daniel fué prosperado durante el reinado de Darío, y durante el reinado de Ciro, Persa.

7 En el primer año de Belsasar rey de Babilonia, vió Daniel un sueño y visiones de su cabeza en su cama: luego escribió el sueño, y notó la suma de los negocios.

2 Habló Daniel y dijo: Veía yo en mi visión de noche, y he aquí que los cuatro vientos del cielo combatían en la gran mar.

3 Y cuatro bestias grandes, diferentes la una de la otra, subían de la mar.

4 La primera era como león, y tenía alas de águila. Yo estaba mirando hasta tanto que sus alas fueron arrancadas, y fué quitada de la tierra; y púsose enhiesta sobre los pies á manera de hombre, y fuéle dado corazón de hombre.

5 Y he aquí otra segunda bestia, semejante á un oso, la cual se puso al un lado, y tenía en su boca tres costillas entre sus dientes; y fuéle dicho así: Levántate, traga carne mucha.

6 Después de esto yo miraba, y he aquí otra, semejante á un tigre, y tenía cuatro alas de ave en sus espaldas: tenía también esta bestia cuatro cabezas; y fuéle dada potestad.

7 Después de esto miraba yo en las visiones de la noche, y he aquí la cuarta bestia, espantosa y terrible, y en grande manera fuerte; la cual tenía unos dientes grandes de hierro: devoraba y desmenuzaba, y las sobras hollaba con sus pies: y era muy diferente de todas las bestias que habían sido antes de ella, y tenía diez cuernos.

8 Estando yo contemplando los cuernos, he aquí que otro cuerno pequeño subía entre ellos, y delante de él fueron arrancados tres cuernos de los primeros; y he aquí, en este cuerno había ojos como ojos de hombre, y una boca que hablaba grandezas.

9 Estuve mirando hasta que fueron puestas sillas: y un Anciano de grande edad se sentó, cuyo vestido era blanco como la nieve, y el pelo de su cabeza como lana limpia; su silla llama de fuego, sus ruedas fuego ardiente.

10 Un río de fuego procedía y salía de delante de él: millares de millares le servían, y millones de millones asistían delante de él: el Juez se sentó, y los libros se abrieron.

11 Yo entonces miraba á causa de la voz de las grandes palabras que hablaba el cuerno; miraba hasta tanto que mataron la bestia, y su cuerpo fué deshecho, y entregado para ser quemado en el fuego.

12 Habían también quitado á las otras bestias su señorío, y les había sido dada prolongación de vida hasta cierto tiempo.

13 Miraba yo en la visión de la noche, y he aquí en las nubes del cielo como un hijo de hombre que venía, y llegó hasta el Anciano de grande edad, e hiciéronle llegar delante de él.

14 Y fuéle dado señorío, y gloria, y reino; y todos los pueblos, naciones y lenguas le sirvieron; su señorío, señorío eterno, que no será transitorio, y su reino que no se corromperá.

15 Mi espíritu fué turbado, yo Daniel, en medio de mi cuerpo, y las visiones de mi cabeza me asombraron.

16 Lleguéme á uno de los que asistían, y preguntéle la verdad acerca de todo esto. Y hablóme, y declaróme la interpretación de las cosas.

17 Estas grandes bestias, las cuales son cuatro, cuatro reyes son, que se levantarán en la tierra.

18 Después tomarán el reino los santos del Altísimo, y poseerán el reino hasta el siglo, y hasta el siglo de los siglos.

19 Entonces tuve deseo de saber la verdad acerca de la cuarta bestia, que tan diferente era de todas las otras, espantosa en gran manera, que tenía dientes de hierro, y sus uñas de metal, que devoraba y desmenuzaba, y las sobras hollaba con sus pies:

20 Asimismo acerca de los diez cuernos que tenía en su cabeza, y del otro que había subido, de delante del cual habían caído tres: y este mismo cuerno tenía ojos, y boca que hablaba grandezas, y su parecer mayor que el de sus compañeros.

21 Y veía yo que este cuerno hacía guerra contra los santos, y los vencía,

22 Hasta tanto que vino el Anciano de grande edad, y se dió el juicio á los santos del Altísimo; y vino el tiempo, y los santos poseyeron el reino.

23 Dijo así: La cuarta bestia será un cuarto reino en la tierra, el cual será más grande que todos los otros reinos, y á toda la tierra devorará, y la hollará, y la despedazará.

24 Y los diez cuernos significan que de aquel reino se levantarán diez reyes; y tras ellos se levantará otro, el cual será mayor que los primeros, y á tres reyes derribará.

25 Y hablará palabras contra el Altísimo, y á los santos del Altísimo quebrantará, y pensará en mudar los tiempos y la ley; y entregados serán en su mano hasta tiempo, y tiempos, y el medio de un tiempo.

26 Empero se sentará el juez, y quitaránle su señorío, para que sea destruído y arruinado hasta el extremo;

27 Y que el reino, y el señorío, y la majestad de los reinos debajo de todo el cielo, sea dado al pueblo de los santos del Altísimo; cuyo reino es reino eterno, y todos los señoríos le servirán y obedecerán.

28 Hasta aquí fué el fin de la plática. Yo Daniel, mucho me turbaron mis pensamientos, y mi rostro se me mudó: mas guardé en mi corazón el negocio.

8 En el año tercero del reinado del rey Belsasar, me apareció una visión á mí, Daniel, después de aquella que me había aparecido antes.

2 Vi en visión, (y aconteció cuando vi, que yo estaba en Susán, que es cabecera del reino en la provincia de Persia;) vi pues en visión, estando junto al río Ulai,

3 Y alcé mis ojos, y miré, y he aquí un carnero que estaba delante del río, el cual tenía dos cuernos: y aunque eran altos, el uno era más alto que el otro; y el más alto subió á la postre.

4 Vi el carnero hería con los cuernos al poniente, al norte, y al mediodía, y que ninguna bestia podía parar delante de él, ni había quien escapase de su mano: y hacía conforme á su voluntad, y engrandecíase.

5 Y estando yo considerando, he aquí un macho de cabrío venía de la parte del poniente sobre la haz de toda la tierra, el cual no tocaba la tierra: y tenía aquel macho de cabrío un cuerno notable entre sus ojos:

6 Y vino hacia el carnero que tenía los dos cuernos, al cual había yo visto que estaba delante del río, y corrió contra él con la ira de su fortaleza.

7 Y vilo que llegó junto al carnero, y levantóse contra él, é hiriólo, y quebró sus dos cuernos, porque en el carnero no había fuerzas para parar delante de él: derribólo por tanto en tierra, y hollólo; ni hubo quien librase al carnero de su mano.

8 Y engrandecíóse en gran manera el macho de cabrío; y estando en su mayor fuerza, aquel gran cuerno fué quebrado, y en su lugar subieron otros cuatro maravillosos hacia los cuatro vientos del cielo.

9 Y del uno de ellos salió un cuerno pequeño, el cual creció mucho al mediodía, y al oriente, y hacia la tierra deseable.

10 Y engrandecíóse hasta el ejército del cielo; y parte del ejército y de las estrellas echó por tierra, y las holló.

11 Aun contra el príncipe de la fortaleza se engrandeció, y por él fué quitado el continuo sacrificio, y el lugar de su santuario fué echado por tierra.

12 Y el ejército fué le entregado á causa de la prevaricación sobre el continuo sacrificio: y echó por tierra la verdad, é hizo cuanto quiso, y sucedióle prósperamente.

13 Y oí un santo que hablaba; y otro de los santos dijo á aquél que hablaba: ¿Hasta cuándo durará la visión del continuo sacrificio, y la prevaricación asoladora que pone el santuario y el ejército para ser hollados?

14 Y él me dijo: Hasta dos mil y trescientos días de tarde y mañana; y el santuario será purificado.

15 Y acaeció que estando yo Daniel considerando la visión, y buscando su inteligencia, he aquí, como una semejanza de hombre se puso delante de mí.

16 Y oí una voz de hombre entre las riberas de Ulai, que gritó y dijo: Gabriel, enseña la visión á éste.

17 Vino luego cerca de donde yo estaba; y con su venida me asombré, y caí sobre mi rostro. Empero él me dijo: Entiende, hijo del hombre, porque al tiempo se cumplirá la visión.

18 Y estando él hablando conmigo, caí dormido en tierra sobre mi rostro: y él me tocó, é hízome estar en pie.

19 Y dijo: He aquí yo te enseñaré lo ha de venir en el fin de la ira: porque al tiempo se cumplirá:

20 Aquel carnero que viste, que tenía cuernos, son los reyes de Media y de Persia.

21 Y el macho cabrío es el rey de Javán: y el cuerno grande que tenía entre sus ojos es el rey primero.

22 Y que fué quebrado y sucedieron cuatro en su lugar, significa que cuatro reinos sucederán de la nación, mas no en la fortaleza de él.

23 Y al cabo del imperio de éstos, cuando se cumplirán los prevaricadores, levantaráse un rey altivo de rostro, y entendido en dudas.

24 Y su poder se fortalecerá, mas no con fuerza suya, y destruirá maravillosamente, y prosperará; y hará arbitrariamente, y destruirá fuertes y al pueblo de los santos.

25 Y con su sagacidad hará prosperar el engaño en su mano; y en su corazón se engrandecerá, y con paz destruirá á muchos: y contra el príncipe de los príncipes se levantará; mas sin mano será quebrantado.

26 Y la visión de la tarde y la mañana que está dicha, es verdadera: y tú guarda la visión, porque es para muchos días.

27 Y yo Daniel fuí quebrantado, y estuve enfermo algunos días: y cuando convalecí, hice el negocio del rey; mas estaba espantado acerca de la visión, y no había quien la entendiese.

9 En el año primero de Darío hijo de Assuero, de la nación de los Medos, el cual fué puesto por rey sobre el reino de los Caldeos;

2 En el año primero de su reinado, yo Daniel miré atentamente en los libros el número de los años, del cual habló Jehová al profeta Jeremías, que había de concluir la asolación de Jerusalem en setenta años.

3 Y volví mi rostro al Señor Dios, buscándole en oración y ruego, en ayuno, y cilicio, y ceniza.

4 Y oré á Jehová mi Dios, y confesé, y dije: Ahora Señor, Dios grande, digno de ser temido, que guardas el pacto y la misericordia con los que te aman y guardan tus mandamientos;

5 Hemos pecado, hemos hecho iniquidad, hemos obrado impíamente, y hemos sido rebeldes, y nos hemos apartado de tus mandamientos y de tus juicios.

6 No hemos obedecido á tus siervos los profetas, que en tu nombre hablaron á nuestros reyes, y á nuestros príncipes, á nuestros padres, y á todo el pueblo de la tierra.

7 Tuya es, Señor, la justicia, y nuestra la confusión de rostro, como en el día de hoy á todo hombre de Judá, y á los moradores de Jerusalem, y á todo Israel, á los de cerca y á los de lejos, en todas las tierras á donde los has echado á causa de su rebelión con que contra ti se rebelaron.

8 Oh Jehová, nuestra es la confusión de rostro, de nuestros reyes, de nuestros príncipes, y de nuestros padres; porque contra ti pecamos.

9 De Jehová nuestro Dios es el tener misericordia, y el perdonar, aunque contra él nos hemos rebelado;

10 Y no obedecimos á la voz de Jehová nuestro Dios, para andar en sus leyes, las cuales puso él delante de nosotros por mano de sus siervos los profetas.

11 Y todo Israel traspasó tu ley apartándose para no oir tu voz: por lo cual ha fluído sobre nosotros la maldición, y el juramento que está escrito en la ley de Moisés, siervo de Dios; porque contra él pecamos.

12 Y él ha verificado su palabra que habló sobre nosotros, y sobre nuestros jueces que nos gobernaron, trayendo sobre nosotros tan grande mal; que nunca fué hecho debajo del cielo como el que fué hecho en Jerusalem.

13 Según está escrito en la ley de Moisés, todo aqueste mal vino sobre nosotros: y no hemos rogado á la faz de Jehová nuestro Dios, para convertirnos de nuestras maldades, y entender tu verdad.

14 Veló por tanto Jehová sobre el mal, y trájolo sobre nosotros; porque justo es Jehová nuestro Dios en todas sus obras que hizo, porque no obedecimos á su voz.

15 Ahora pues, Señor Dios nuestro, que sacaste tu pueblo de la tierra de Egipto con mano poderosa, y te hiciste nombre cual en este día; hemos pecado, impíamente hemos hecho.

16 Oh Señor, según todas tus justicias, apártese ahora tu ira y tu furor de sobre tu ciudad Jerusalem, tu santo monte: porque á causa de nuestros pecados, y por la maldad de nuestros padres, Jerusalem y tu pueblo dados son en oprobio á todos en derredor nuestro.

17 Ahora pues, Dios nuestro, oye la oración de tu siervo, y sus ruegos, y haz que tu rostro resplandezca sobre tu santuario asolado, por amor del Señor.

18 Inclina, oh Dios mío, tu oído, y oye; abre tus ojos, y mira nuestros asolamientos, y la ciudad sobre la cual es llamado tu nombre: porque no derramamos nuestros ruegos ante tu acatamiento confiados en nuestras justicias, sino en tus muchas miseraciones.

19 Oye, Señor; oh Señor, perdona; presta oído, Señor, y haz; no pongas dilación, por amor de ti mismo, Dios mío: porque tu nombre es llamado sobre tu ciudad y sobre tu pueblo.

20 Aun estaba hablando, y orando, y confesando mi pecado y el pecado de mi pueblo Israel, y derramaba mi ruego delante de Jehová mi Dios por el monte santo de mi Dios;

21 Aun estaba hablando en oración, y aquel varón Gabriel, al cual había visto en visión al principio, volando con presteza, me tocó como á la hora del sacrificio de la tarde.

22 E hízome entender, y habló conmigo, y dijo: Daniel, ahora he salido para hacerte entender la declaración.

23 Al principio de tus ruegos salió la palabra, y yo he venido para enseñártela, porque tú eres varón de deseos. Entiende pues la palabra, y entiende la visión.

24 Setenta semanas están determinadas sobre tu pueblo y sobre tu santa ciudad, para acabar la prevaricación, y concluir el pecado, y expiar la iniquidad; y para traer la justicia de los siglos, y sellar la visión y la profecía, y ungir al Santo de los santos.

25 Sepas pues y entiendas, que desde la salida de la palabra para restaurar y edificar á Jerusalem hasta el Mesías Príncipe, habrá siete semanas, y sesenta y dos semanas; tornaráse á edificar la plaza y el muro en tiempos angustiosos.

26 Y después de las sesenta y dos semanas se quitará la vida al Mesías, y no por sí: y el pueblo de un príncipe que ha de venir, destruirá á la ciudad y el santuario; con inundación será el fin de ella, y hasta el fin de la guerra será talada con asolamientos.

27 Y en otra semana confirmará el pacto á muchos, y á la mitad de la semana hará cesar el sacrificio y la ofrenda: después con la muchedumbre de las abominaciones será el desolar, y esto hasta una entera consumación; y derramaráse la ya determinada sobre el pueblo asolado.

10 En el tercer año de Ciro rey de Persia, fué revelada palabra á Daniel, cuyo nombre era Beltsasar; y la palabra era verdadera, mas el tiempo fijado era largo: él empero comprendió la palabra, y tuvo inteligencia en la visión.

2 En aquellos días yo Daniel me contristé por espacio de tres semanas.

3 No comí pan delicado, ni entró carne ni vino en mi boca, ni me unté con ungüento, hasta que se cumplieron tres semanas de días.

4 Y á los veinte y cuatro días del mes primero estaba yo á la orilla del gran río Hiddekel;

5 Y alzando mis ojos miré, y he aquí un varón vestido de lienzos, y ceñidos sus lomos de oro de Uphaz:

6 Y su cuerpo era como piedra de Tarsis, y su rostro parecía un relámpago, y sus ojos como antorchas de fuego, y sus brazos y sus pies como de color de metal resplandeciente, y la voz de sus palabras como la voz de ejército.

7 Y sólo yo, Daniel, vi aquella visión, y no la vieron los hombres que estaban conmigo; sino que cayó sobre ellos un gran temor, y huyeron, y escondiéronse.

8 Quedé pues yo solo, y vi esta gran visión, y no quedó en mí esfuerzo; antes mi fuerza se me trocó en desmayo, y no retener vigor alguno.

9 Empero oí la voz de sus palabras: y oyendo la voz de sus palabras, estaba yo adormecido sobre mi rostro, y mi rostro en tierra.

10 Y, he aquí, una mano me tocó, é hizo que me moviese sobre mis rodillas, y las palmas de mis manos.

11 Y díjome: Daniel, varón de deseos, está atento á las palabras que te hablaré, y levántate sobre tus pies; porque á ti he sido enviado ahora. Y estando hablando conmigo esto, yo estaba temblando.

12 Y díjome: Daniel, no temas: porque desde el primer día que diste tu corazón á entender, y á afligirte en la presencia de tu Dios, fueron oídas tus palabras; y á causa de tus palabras yo soy venido.

13 Mas el príncipe del reino de Persia se puso contra mí veintiún días: y he aquí, Miguel, uno de los principales príncipes, vino para ayudarme, y yo quedé allí con los reyes de Persia.

14 Soy pues venido para hacerte saber lo que ha de venir á tu pueblo en los postreros días; porque la visión es aun para días;

15 Y estando hablando conmigo semejantes palabras, puse mis ojos en tierra, y enmudecí.

16 Mas he aquí, como una semejanza de hijo de hombre tocó mis labios. Entonces abrí mi boca, y hablé, y dije á aquel que estaba delante de mí: Señor mío, con la visión se revolvieron mis dolores sobre mí, y no me quedó fuerza.

17 ¿Cómo pues podrá el siervo de mi señor hablar con este mi señor? porque al instante me faltó la fuerza, y no me ha quedado aliento.

18 Y aquella como semejanza de hombre me tocó otra vez, y me confortó,

19 Y díjome: Varón de deseos, no temas: paz á ti; ten buen ánimo, y aliéntate. Y hablando él conmigo cobré yo vigor, y dije: Hable mi señor, porque me has fortalecido.

20 Y dijo: ¿Sabes por qué he venido á ti? Porque luego tengo de volver para pelear con el príncipe de los Persas; y en saliendo yo, luego viene el príncipe de Grecia.

21 Empero yo te declararé lo que está escrito en la escritura de verdad: y ninguno hay que se esfuerce conmigo en estas cosas, sino Miguel vuestro príncipe.

11 Y en el año primero de Darío el de Media, yo estuve para animarlo y fortalecerlo.

2 Y ahora yo te mostraré la verdad. He aquí que aun habrá tres reyes en Persia, y el cuarto se hará de grandes riquezas más que todos; y fortificándose con sus riquezas, despertará á todos contra el reino de Javán.

3 Levantaráse luego un rey valiente, el cual se enseñoreará sobre gran dominio, y hará su voluntad.

4 Pero cuando estará enseñoreado, será quebrantado su reino, y repartido por los cuatro vientos del cielo; y no á sus descendientes, ni según el señorío con que él se enseñoreó: porque su reino será arrancado, y para otros fuera de aquellos.

5 Y haráse fuerte el rey del mediodía: mas uno de los príncipes de aquél le sobrepujará, y se hará poderoso; su señorío será grande señorío.

6 Y al cabo de años se concertarán, y la hija del rey del mediodía vendrá al rey del norte para hacer los conciertos. Empero ella no podrá retener la fuerza del brazo: ni permanecerá él, ni su brazo; porque será entregada ella, y los que la habían traído, asimismo su hijo, y los que estaban de parte de ella en aquel tiempo.

7 Mas del renuevo de sus raíces se levantará uno sobre su silla, y vendrá con ejército, y entrará en la fortaleza del rey del norte, y hará en ellos á su arbitrio, y predominará.

8 Y aun los dioses de ellos, con sus príncipes, con sus vasos preciosos de plata y de oro, llevará cautivos á Egipto: y por años se mantendrá él contra el rey del norte.

9 Así entrará en el reino el rey del mediodía, y volverá á su tierra.

10 Mas los hijos de aquél se airarán y reunirán multitud de grandes ejércitos: y vendrá á gran priesa, é inundará, y pasará, y tornará, y llegará con ira hasta su fortaleza.

11 Por lo cual se enfurecerá el rey del mediodía, y saldrá, y peleará con el mismo rey del norte; y pondrá en campo gran multitud, y toda aquella multitud será entregada en su mano.

12 Y la multitud se ensoberbecerá, elevaráse su corazón, y derribará muchos millares; mas no prevalecerá.

13 Y el rey del norte volverá á poner en campo mayor multitud que primero, y á cabo del tiempo de años vendrá á gran priesa con grande ejército y con muchas riquezas.

14 Y en aquellos tiempos se levantarán muchos contra el rey del mediodía; é hijos de disipadores de tu pueblo se levantarán para confirmar la profecía, y caerán.

15 Vendrá pues el rey del norte, y fundará baluartes, y tomará la ciudad fuerte; y los brazos del mediodía no podrán permanecer, ni su pueblo escogido, ni habrá fortaleza que pueda resistir.

16 Y el que vendrá contra él, hará á su voluntad, ni habrá quien se le pueda parar delante; y estará en la tierra deseable, la cual será consumida en su mano.

17 Pondrá luego su rostro para venir con el poder de todo su reino; y hará con aquél cosas rectas, y darále una hija de mujeres para trastornarla: mas no estará ni será por él.

18 Volverá después su rostro á las islas, y tomará muchas; mas un príncipe le hará parar su afrenta, y aun tomará sobre él su oprobio.

19 Luego volverá su rostro á las fortalezas de su tierra: mas tropezará y caerá, y no parecerá más.

20 Entonces sucederá en su silla uno que hará pasar exactor por la gloria del reino; mas en pocos días será quebrantado, no en enojo, ni en batalla.

21 Y sucederá en su lugar un vil, al cual no darán la honra del reino: vendrá empero con paz, y tomará el reino con halagos.

22 Y con los brazos de inundación serán inundados delante de él, y serán quebrantados; y aun también el príncipe del pacto.

23 Y después de los conciertos con él, él hará engaño, y subirá, y saldrá vencedor con poca gente.

24 Estando la provincia en paz y en abundancia, entrará y hará lo que no hicieron sus padres, ni los padres de sus padres; presa, y despojos, y riquezas repartirá á sus soldados; y contra las fortalezas formará sus designios: y esto por tiempo.

25 Y despertará sus fuerzas y su corazón contra el rey del mediodía con grande ejército: y el rey del mediodía se moverá á la guerra con grande y muy fuerte ejército; mas no prevalecerá, porque le harán traición.

26 Aun los que comerán su pan, le quebrantarán; y su ejército será destruido, y caerán muchos muertos.

27 Y el corazón de estos dos reyes será para hacer mal, y en una misma mesa tratarán mentira: mas no servirá de nada, porque el plazo aun no es llegado.

28 Y volveráse á su tierra con grande riqueza, y su corazón será contra el pacto santo: hará pues, y volveráse á su tierra.

29 Al tiempo señalado tornará al mediodía; mas no será la postrera venida como la primera.

30 Porque vendrán contra él naves de Chîttim, y él se contristará, y se volverá, y enojaráse contra el pacto santo, y hará: volveráse pues, y pensará en los que habrán desamparado el santo pacto.

31 Y serán puestos brazos de su parte; y contaminarán el santuario de fortaleza, y quitarán el continuo sacrificio, y pondrán la abominación espantosa.

32 Y con lisonjas hará pecar á los violadores del pacto: mas el pueblo que conoce á su Dios, se esforzará, y hará.

33 Y los sabios del pueblo darán sabiduría á muchos; y caerán á cuchillo y á fuego, en cautividad y despojo, por días.

34 Y en su caer serán ayudados de pequeño socorro: y muchos se juntarán á ellos con lisonjas.

35 Y algunos de los sabios caerán para ser purgados, y limpiados, y emblanquecidos, hasta el tiempo determinado: porque aun para esto hay plazo.

36 Y el rey hará á su voluntad; y se ensoberbecerá, y se engrandecerá sobre todo dios: y contra el Dios de los dioses hablará maravillas, y será prosperado, hasta que sea consumada la ira: porque hecha está determinación.

37 Y del Dios de sus padres no se cuidará, ni del amor de las mujeres: ni se cuidará de dios alguno, porque sobre todo se engrandecerá.

38 Mas honrará en su lugar al dios Mauzim, dios que sus padres no conocieron: honrarálo con oro, y plata, y piedras preciosas, y con cosas de gran precio.

39 Y con el dios ajeno que conocerá, hará á los baluartes de Mauzim crecer en gloria: y harálos enseñorear sobre muchos, y por interés repartirá la tierra.

40 Empero al cabo del tiempo el rey del mediodía se acorneará con él; y el rey del norte levantará contra él como tempestad, con carros y gente de á caballo, y muchos navíos; y entrará por las tierras, é inundará, y pasará.

41 Y vendrá á la tierra deseable, y muchas provincias caerán; mas éstas escaparán de su mano: Edom, y Moab, y lo primero de los hijos de Ammón.

42 Asimismo extenderá su mano á las otras tierras, y no escapará el país de Egipto.

43 Y se apoderará de los tesoros de oro y plata, y de todas las cosas preciosas de Egipto, de Libia, y Etiopía por donde pasará.

44 Mas nuevas de oriente y del norte lo espantarán; y saldrá con grande ira para destruir y matar muchos.

45 Y plantará la tiendas de su palacio entre los mares, en el monte deseable del santuario; y vendrá hasta su fin, y no tendrá quien le ayude.

12 Y en aquel tiempo se levantará Miguel, el gran príncipe que está por los hijos de tu pueblo; y será tiempo de angustia, cual nunca fué después que hubo gente hasta entonces: mas en aquel tiempo será libertado tu pueblo, todos los que se hallaren escritos en el libro.

2 Y muchos de los que duermen en el polvo de la tierra serán despertados, unos para vida eterna, y otros para vergüenza y confusión perpetua.

3 Y los entendidos resplandecerán como el resplandor del firmamento; y los que enseñan á justicia la multitud, como las estrellas á perpetua eternidad.

4 Tú empero Daniel, cierra las palabras y sella el libro hasta el tiempo del fin: pasarán muchos, y multiplicaráse la ciencia.

5 Y yo, Daniel, miré, y he aquí otros dos que estaban, el uno de esta parte á la orilla del río, y el otro de la otra parte á la orilla del río.

6 Y dijo uno al varón vestido de lienzos, que estaba sobre las aguas del río: ¿Cuándo será el fin de estas maravillas?

7 Y oí al varón vestido de lienzos, que estaba sobre las aguas del río, el cual alzó su diestra y su siniestra al cielo, y juró por el Viviente en los siglos, que será por tiempo, tiempos, y la mitad. Y cuando se acabare el esparcimiento del escuadrón del pueblo santo, todas estas cosas serán cumplidas.

8 Y yo oí, mas no entendí. Y dije: Señor mío, ¿qué será el cumplimiento de estas cosas?

9 Y dijo: Anda, Daniel, que estas palabras están cerradas y selladas hasta el tiempo del cumplimiento.

10 Muchos serán limpios, y emblanquecidos, y purificados; mas los impíos obrarán impíamente, y ninguno de los impíos entenderá, pero entenderán los entendidos.

11 Y desde el tiempo que fuere quitado el continuo sacrificio hasta la abominación espantosa, habrá mil doscientos y noventa días.

12 Bienaventurado el que esperare, y llegare hasta mil trescientos treinta y cinco días.

13 Y tú irás al fin, y reposarás, y te levantarás en tu suerte al fin de los días.

OSEAS

1 Palabra de Jehová que fué á Oseas hijo de Beeri, en días de Ozías, Joathán, Acház, y Ezechîas, reyes de Judá, y en días de Jeroboam hijo de Joas, rey de Israel.

2 El principio de la palabra de Jehová con Oseas. Y dijo Jehová á Oseas: Ve, tómate una mujer fornicaria, é hijos de fornicaciones: porque la tierra se dará á fornicar apartándose de Jehová.

3 Fué pues, y tomó á Gomer hija de Diblaim, la cual concibió y le parió un hijo.

4 Y díjole Jehová: Ponle por nombre Jezreel; porque de aquí á poco yo visitaré las sangres de Jezreel sobre la casa de Jehú, y haré cesar el reino de la casa de Israel.

5 Y acaecerá que en aquel día quebraré yo el arco de Israel en el valle de Jezreel.

6 Y concibió aún, y parió una hija. Y díjole Dios: Ponle por nombre Lo-ruhama: porque no más tendré misericordia de la casa de Israel, sino que los quitaré del todo.

7 Mas de la casa de Judá tendré misericordia, y salvarélos en Jehová su Dios: y no los salvaré con arco, ni con espada, ni con batalla, ni con caballos ni caballeros.

8 Y después de haber destetado á Lo-ruhama, concibió y parió un hijo.

9 Y dijo Dios: Ponle por nombre Lo-ammi: porque vosotros no sois mi pueblo, ni yo seré vuestro Dios.

10 Con todo será el número de los hijos de Israel como la arena de la mar, que ni se puede medir ni contar. Y será, que donde se les ha dicho: Vosotros no sois mi pueblo, les será dicho: Sois hijos de Dios viviente.

11 Y los hijos de Judá y de Israel serán congregados en uno, y levantarán para sí una cabeza, y subirán de la tierra: porque el día de Jezreel será grande.

2 Decid á vuestros hermanos, Ammi, y vuestras hermanas, Ruhama.

2 Pleitead con vuestra madre, pleitead; porque ella no es mi mujer, ni yo su marido; quite pues sus fornicaciones de su rostro, y sus adulterios de entre sus pechos;

3 No sea que yo la despoje desnuda, y la haga tornar como el día en que nació, y la ponga como un desierto, y la deje como tierra seca, y la mate de sed.

4 Ni tendré misericordia de sus hijos: porque son hijos de fornicaciones.

5 Porque su madre fornicó; la que los engendró fué avergonzada; porque dijo: Iré tras mis amantes, que me dan mi pan y mi agua, mi lana y mi lino, mi aceite y mi bebida.

6 Por tanto, he aquí yo cerco tu camino con espinas, y la cercaré con seto, y no hallará sus caminos.

7 Y seguirá sus amantes, y no los alcanzará; buscarálos, y no los hallará. Entonces dirá: Iré, y volvéreme á mi primer marido; porque mejor me iba entonces que ahora.

8 Y ella no reconoció que yo le daba el trigo, y el vino, y el aceite, y que les multipliqué la plata y el oro con que hicieron á Baal.

9 Por tanto yo tomaré, yo tomaré mi trigo á su tiempo, y mi vino á su sazón, y quitaré mi lana y mi lino que había dado para cubrir su desnudez.

10 Y ahora descubriré yo su locura delante de los ojos de sus amantes, y nadie la librará de mi mano.

11 Y haré cesar todo su gozo, sus fiestas, sus nuevas lunas y sus sábados, y todas sus festividades.

12 Y haré talar sus vides y sus higueras, de que ha dicho: Mi salario me son, que me han dado mis amantes. Y reducirélas á un matorral, y las comerán las bestias del campo.

13 Y visitaré sobre ella los tiempos de los Baales, á los cuales incensaba, y adornábase de sus zarcillos y de sus joyeles, é íbase tras sus amantes olvidada de mí, dice Jehová.

14 Empero he aquí, yo la induciré, y la llevaré al desierto, y hablaré á su corazón.

15 Y daréle sus viñas desde allí, y el valle de Achôr por puerta de esperanza; y allí cantará como en los tiempos de su juventud, y como en el día de su subida de la tierra de Egipto.

16 Y será que en aquel tiempo, dice Jehová, me llamarás Marido mío, y nunca más me llamarás Baali.

17 Porque quitaré de su boca los nombres de los Baales, y nunca más serán mentados por sus nombres.

18 Y haré por ellos concierto en aquel tiempo con las bestias del campo, y con las aves del cielo, y con las serpientes de la tierra: y quebraré arco, y espada, y batalla de la tierra, y harélos dormir seguros.

19 Y te desposaré conmigo para siempre; desposarte he conmigo en justicia, y juicio, y misericordia, y miseraciones.

20 Y te desposaré conmigo en fe, y conocerás á Jehová.

21 Y será que en aquel tiempo responderé, dice Jehová, yo responderé á los cielos, y ellos responderán á la tierra;

22 Y la tierra responderá al trigo, y al vino, y al aceite, y ellos responderán á Jezreel.

23 Y sembraréla para mí en la tierra, y tendré misericordia de Lo-ruhama: y diré á Lo-ammi: Pueblo mío tú; y él dirá: Dios mío.

3 Díjome otra vez Jehová: Ve, ama una mujer amada de su compañero, aunque adúltera, como el amor de Jehová para con los hijos de Israel; los cuales miran á dioses ajenos, y aman frascos de vino.

2 Compréla entonces para mí por quince dineros de plata, y un homer y medio de cebada;

3 Y díjele: Tú estarás por mía muchos días: no fornicarás, ni tomáras otro varón; ni tampoco yo vendré á ti.

4 Porque muchos días estarán los hijos de Israel sin rey, y sin príncipe, y sin sacrificio, y sin estatua, y sin ephod, y sin teraphim.

5 Después volverán los hijos de Israel, y buscarán á Jehová su Dios, y á David su rey; y temerán á Jehová y á su bondad en el fin de los días.

4 Oíd palabra de Jehová, hijos de Israel, porque Jehová pleitea con los moradores de la tierra; porque no hay verdad, ni misericordia, ni conocimiento de Dios en la tierra.

2 Perjurar, y mentir, y matar, y hurtar y adulterar prevalecieron; y sangres se tocaron con sangres.

3 Por lo cual, se enlutará la tierra, y extenuaráse todo morador de ella, con las bestias del campo, y las aves del cielo: y aun los peces de la mar fallecerán.

4 Ciertamente hombre no contienda ni reprenda á hombre, porque tu pueblo es como los que resisten al sacerdote.

5 Caerás por tanto en el día, y caerá también contigo el profeta de noche; y á tu madre talaré.

6 Mi pueblo fué talado, porque le faltó sabiduría. Porque tú desechaste la sabiduría, yo te echaré del sacerdocio: y pues que olvidaste la ley de tu Dios, también yo me olvidaré de tus hijos.

7 Conforme á su grandeza así pecaron contra mí: trocaré su honra en afrenta.

8 Comen del pecado de mi pueblo, y en su maldad levantan su alma.

9 Tal será el pueblo como el sacerdote: y visitaré sobre él sus caminos, y pagaréle conforme á sus obras.

10 Y comerán, mas no se hartarán: fornicarán, mas no se aumentarán: porque dejaron de atender á Jehová.

11 Fornicación, y vino, y mosto quitan el corazón.

12 Mi pueblo á su madero pregunta, y su palo le responde: porque espíritu de fornicaciones lo engañó, y fornicaron debajo de sus dioses.

13 Sobre las cabezas de los montes sacrificaron, é incensaron sobre los collados, debajo de encinas, y álamos, y olmos que tuviesen buena sombra: por tanto, vuestras hijas fornicarán, y adulterarán vuestras nueras.

14 No visitaré sobre vuestras hijas cuando fornicaren, y sobre vuestras nueras cuando adulteraren: porque ellos ofrecen con las rameras, y con las malas mujeres sacrifican: por tanto, el pueblo sin entendimiento caerá.

15 Si fornicares tú, Israel, á lo menos no peque Judá: y no entréis en Gilgal, ni subáis á Beth-aven; ni juréis, Vive Jehová.

16 Porque como becerra cerrera se apartó Israel: ¿apacentarálos ahora Jehová como á carneros en anchura?

17 Ephraim es dado á ídolos; déjalo.

18 Su bebida se corrompió; fornicaron pertinazmente: sus príncipes amaron las dádivas, afrenta de ellos.

19 Atóla el viento en sus alas, y de sus sacrificios serán avergonzados.

5 Sacerdotes, oid esto, y estad atentos, casa de Israel; y casa del rey, escuchad: porque á vosotros es el juicio, pues habéis sido lazo en Mizpa, y red extendida sobre Tabor.

2 Y haciendo víctimas han bajado hasta lo profundo: por tanto yo seré la corrección de todos ellos.

3 Yo conozco á Ephraim, é Israel no me es desconocido; porque ahora, oh Ephraim, has fornicado, y se ha contaminado Israel.

4 No pondrán sus pensamientos en volverse á su Dios, porque espíritu de fornicación está en medio de ellos, y no conocen á Jehová.

5 Y la soberbia de Israel le desmentirá en su cara: é Israel y Ephraim tropezarán en su pecado: tropezará también Judá con ellos.

6 Con sus ovejas y con sus vacas andarán buscando á Jehová, y no le hallarán; apartóse de ellos.

7 Contra Jehová prevaricaron, porque hijos extraños han engendrado: ahora los devorará un mes con sus heredades.

8 Tocad bocina en Gabaa, trompeta en Ramá: sonad tambor en Beth-aven: tras ti, oh Benjamín.

9 Ephraim será asolado el día del castigo: en las tribus de Israel hice conocer verdad.

10 Los príncipes de Judá fueron como los que traspasan mojones: derramaré sobre ellos como agua mi ira.

11 Ephraim es vejado, quebrantado en juicio, porque quiso andar en pos de mandamientos.

12 Y yo pues seré como polilla á Ephraim, y como carcoma á la casa de Judá.

13 Y verá Ephraim su enfermedad, y Judá su llaga: irá entonces Ephraim al Assur, y enviará al rey Jareb; mas él no os podrá sanar, ni os curará la llaga.

14 Porque yo seré como león á Ephraim, y como cachorro de león á la casa de Judá: yo, yo arrebataré, y andaré; tomaré, y no habrá quien liberte.

15 Andaré, y tornaré á mi lugar hasta que conozcan su pecado, y busquen mi rostro. En su angustia madrugarán á mi.

6 Venid y volvámonos á Jehová: que él arrebató, y nos curará; hirió, y nos vendará.

2 Darános vida después de dos días: al tercer día nos resucitará y viviremos delante de él.

3 Y conoceremos, y proseguiremos en conocer á Jehová: como el alba está aparejada su salida, y vendrá á nosotros como la lluvia, como la lluvia tardía y temprana á la tierra.

4 ¿Qué haré á ti, Ephraim? ¿Qué hare á ti, oh Judá? La piedad vuestra es como la nube de la mañana, y como el rocío que de madrugada viene.

5 Por esta causa corté con los profetas, con las palabras de mi boca los maté; y tus juicios serán como luz que sale.

6 Porque misericordia quise, y no sacrificio; y conocimiento de Dios más que holocaustos.

7 Mas ellos, cual Adam, traspasaron el pacto: allí prevaricaron contra mí.

8 Galaad, ciudad de obradores de iniquidad, ensuciada de sangre.

9 Y como ladrones que esperan á algún hombre, así junta de sacerdotes mancomunadamente mata en el camino: porque ponen en efecto la abominación.

10 En la casa de Israel he visto suciedad: allí fornicó Ephraim, se contaminó Israel:

11 También Judá puso en ti una planta, habiendo yo vuelto la cautividad de mi pueblo.

7 Estando yo curando á Israel, descubrióse la iniquidad de Ephraim, y las maldades de Samaria; porque obraron engaño: y viene el ladrón, y el salteador despoja de fuera.

2 Y no dicen en su corazón que tengo en la memoria toda su maldad: ahora los rodearán sus obras; delante de mí están.

3 Con su maldad alegran al rey, y á los príncipes con sus mentiras.

4 Todos ellos adúlteros; son como horno encendido por el hornero, el cual cesará de avivar después que esté hecha la masa, hasta que esté leuda.

5 El día de nuestro rey los príncipes lo hicieron enfermar con vasos de vino: extendió su mano con los escarnecedores.

6 Porque aplicaron su corazón, semejante á un horno, á sus artificios: toda la noche duerme su hornero; á la mañana está encendido como llama de fuego.

7 Todos ellos arden como un horno, y devoraron á sus jueces: cayeron todos sus reyes: no hay entre ellos quien á mí clame.

8 Ephraim se envolvió con los pueblos; Ephraim fué torta no vuelta.

9 Comieron extraños su sustancia, y él no lo supo: y aun vejez se ha esparcido por él, y él no lo entendió.

10 Y la soberbia de Israel testificará contra él en su cara: y no se tornaron á Jehová su Dios, ni lo buscaron con todo esto.

11 Y fué Ephraim como paloma incauta, sin entendimiento: llamarán á Egipto, acudirán al Asirio.

12 Cuando fueren, extenderé sobre ellos mi red, hacerlos he caer como aves del cielo; castigarélos conforme á lo que se ha oído en sus congregaciones.

13 ¡Ay de ellos! porque se apartaron de mí: destrucción sobre ellos, porque contra mí se rebelaron; yo los redimí, y ellos hablaron contra mí mentiras.

14 Y no clamaron á mí con su corazón cuando aullaron sobre sus camas, para el trigo y el mosto se congregaron, rebeláronse contra mí.

15 Y yo los ceñí, esforcé sus brazos, y contra mí pensaron mal.

16 Tornáronse, mas no al Altísimo: fueron como arco engañoso: cayeron sus príncipes á cuchillo por la soberbia de su lengua: éste será su escarnio en la tierra de Egipto.

8 P on á tu boca trompeta. Vendrá como águila contra la casa de Jehová, porque traspasaron mi pacto, y se rebelaron contra mi ley.

2 A mí clamará Israel: Dios mío, te hemos conocido.

3 Israel desamparó el bien: enemigo lo perseguirá.

4 Ellos hicieron reyes, mas no por mí; constituyeron príncipes, mas yo no lo supe: de su plata y de su oro hicieron ídolos para sí, para ser talados.

5 Tu becerro, oh Samaria, te hizo alejar; encendióse mi enojo contra ellos, hasta que no pudieron alcanzar inocencia.

6 Porque de Israel es, y artífice lo hizo; que no es Dios: por lo que en pedazos será deshecho el becerro de Samaria.

7 Porque sembraron viento, y torbellino segarán: no tendrán mies, ni el fruto hará harina; si la hiciere, extraños la tragarán.

8 Será tragado Israel: presto serán entre las gentes como vaso en que no hay contentamiento.

9 Porque ellos subieron á Assur, asno montés para sí solo: Ephraim con salario alquiló amantes.

10 Aunque alquilen á las gentes, ahora las juntaré; y serán un poco afligidos por la carga del rey y de los príncipes.

11 Porque multiplicó Ephraim altares para pecar, tuvo altares para pecar.

12 Escribíle las grandezas de mi ley, y fueron tenidas por cosas ajenas.

13 En los sacrificios de mis dones sacrificaron carne, y comieron: no los quiso Jehová: ahora se acordará de su iniquidad, y visitará su pecado; ellos se tornarán á Egipto.

14 Olvidó pues Israel á su Hacedor, y edificó templos, y Judá multiplicó ciudades fuertes: mas yo meteré fuego en sus ciudades, el cual devorará sus palacios.

9 No te alegres, oh Israel, hasta saltar de gozo como los pueblos, pues has fornicado apartándote de tu Dios: amaste salario por todas las eras de trigo.

2 La era y el lagar no los mantendrá; les fallará el mosto.

3 No quedarán en la tierra de Jehová, sino que volverá Ephraim á Egipto, y á Asiria, donde comerán vianda inmunda.

4 No derramarán vino á Jehová, ni él tomará contento en sus sacrificios; como pan de enlutados le serán á ellos: todos los que comieron de él, serán inmundos. Será pues el pan de ellos para si mismos; no entrará en la casa de Jehová.

5 ¿Qué haréis el día de la solemnidad, y el día de la fiesta de Jehová?

6 Porque, he aquí se fueron ellos á causa de la destrucción: Egipto los recogerá, Memphis los enterrará: espino poseerá por heredad lo deseable de su plata, ortiga crecerá en sus moradas.

7 Vinieron los días de la visitación, vinieron los días de la paga; conocerálo Israel: necio el profeta. insensato el varón de espíritu, á causa de la multitud de tu maldad, y grande odio.

8 Atalaya es Ephraim para con mi Dios: el profeta es lazo de cazador en todos sus caminos, odio en la casa de su Dios.

9 Llegaron al profundo, corrompiéronse, como en los días de Gabaa: ahora se acordará de su iniquidad; visitará su pecado.

10 Como uvas en el desierto hallé á Israel: como la fruta temprana de la higuera en su principio vi á vuestros padres. Ellos entraron á Baal-peor, y se apartaron para vergüenza, é hiciéronse abominables como aquello que amaron.

11 Ephraim, cual ave volará su gloria desde el nacimiento, aun desde el vientre y desde la concepción.

12 Y si llegaren á grandes sus hijos, quitarélos de entre los hombres, porque ¡ay de ellos también, cuando de ellos me apartare!

13 Ephraim, según veo, es semejante á Tiro, asentada en lugar delicioso: mas Ephraim sacará sus hijos al matador.

14 Dales, oh Jehová, lo que les has de dar; dales matriz expeliente, y enjutos pechos.

15 Toda la maldad de ellos fué en Gilgal; allí, pues, les tomé aversión: por la malicia de sus obras echarélos de mi casa; no los amaré más; todos sus príncipes son desleales.

16 Ephraim fué herido, secóse su cepa, no hará más fruto: aunque engendren, yo mataré lo deseable de su vientre.

17 Mi Dios los desechará, porque ellos no le oyeron; y andarán errantes entre las gentes.

10 Es Israel una frondosa viña, haciendo fruto para sí: conforme á la multiplicación de su fruto multiplicó altares, conforme á la bondad de su tierra aumentaron sus estatuas.

2 Dividióse su corazón. Ahora serán hallados culpables: él quebrantará sus altares, asolará sus estatuas.

3 Porque dirán ahora: No tenemos rey, porque no temimos á Jehová: ¿y qué haría el rey por nosotros?

4 Han hablado palabras jurando en vano al hacer alianza; por tanto, el juicio florecerá como ajenjo en los surcos del campo.

5 Por las becerras de Beth-aven serán atemorizados los moradores de Samaria: porque su pueblo lamentará á causa del becerro, y sus sacerdotes que en él se regocijaban por su gloria.

6 Y aun será él llevado á Asiria en presente al rey Jareb: Ephraim será avergonzado, é Israel será confuso de su consejo.

7 De Samaria fué cortado su rey como la espuma sobre la superficie de las aguas.

8 Y los altares de Áven serán destruídos, el pecado de Israel; crecerá sobre sus altares espino y cardo. Y dirán á los montes: Cubridnos; y á los collados: Caed sobre nosotros.

9 Desde los días de Gabaa has pecado, oh Israel: allí estuvieron: no los tomó la batalla en Gabaa contra los inicuos.

10 Y los castigaré como deseo: y pueblos se juntarán sobre ellos cuando serán atados en sus dos surcos.

11 Ephraim es becerra domada, amadora del trillar; mas yo pasaré sobre su lozana cerviz: yo haré llevar yugo á Ephraim; arará Judá, quebrará sus terrones Jacob.

12 Sembrad para vosotros en justicia, segad para vosotros en misericordia; arad para vosotros barbecho: porque es el tiempo de buscar á Jehová, hasta que venga y os enseñe justicia.

13 Habéis arado impiedad, segasteis iniquidad: comeréis fruto de mentira: porque confiaste en tu camino, en la multitud de tus fuertes.

14 Por tanto, en tus pueblos se levantará alboroto, y todas tus fortalezas serán destruídas, como destruyó Salmán á Beth-arbel el día de la batalla: la madre fué arrojada sobre los hijos.

15 Así hará á vosotros Beth-el por la maldad de vuestra maldad: en la mañana será del todo cortado el rey de Israel.

11 Cuando Israel era muchacho, yo lo amé, y de Egipto llamé á mi hijo.

2 Como los llamaban, así ellos se iban de su presencia; á los Baales sacrificaban, y á las esculturas ofrecían sahumerios.

3 Yo con todo eso guiaba en pies al mismo Ephraim, tomándolos de sus brazos; y no conocieron que yo los cuidaba.

4 Con cuerdas humanas los traje, con cuerdas de amor: y fuí para ellos como los que alzan el yugo de sobre sus mejillas, y llegué hacia él la comida.

5 No tornará á tierra de Egipto, antes el mismo Assur será su rey, porque no se quisieron convertir.

6 Y caerá espada sobre sus ciudades, y consumirá sus aldeas, consumirálas á causa de sus consejos.

7 Entre tanto, está mi pueblo adherido á la rebelión contra mí: aunque lo llaman al Altísimo, ninguno absolutamente quiere ensalzarle.

8 ¿Cómo tengo de dejarte, oh Ehpraim? ¿he de entregarte yo, Israel? ¿cómo podré yo hacerte como Adma, ni ponerte como á Zeboim? Mi corazón se revuelve dentro de mí, inflámanse todas mis conmiseraciones.

9 No ejecutaré el furor de mi ira, no volveré para destruir á Ephraim: porque Dios soy, y no hombre; el Santo en medio de ti: y no entraré en la ciudad.

10 En pos de Jehová caminarán: él bramará como león: cual león rugirá él de cierto, y los hijos se moverán azorados del occidente.

11 Como ave se moverán velozmente de Egipto, y de la tierra de Asiria como paloma; y pondrélos en sus casas, dice Jehová.

12 Cercóme Ephraim con mentira, y la casa de Israel con engaño: mas Judá aún domina con Dios, y es fiel con los santos.

2 Ephraim se apacienta del viento, y sigue al solano: mentira y destrucción aumenta continuamente; porque hicieron alianza con los Asirios, y aceite se lleva á Egipto.

3 Pleito tiene Jehová con Judá para visitar á Jacob conforme á sus caminos: pagarále conforme á sus obras.

4 En el vientre tomó por el calcañar á su hermano, y con su fortaleza venció al ángel.

5 Venció al ángel, y prevaleció; lloró, y rogóle: en Beth-el le halló, y allí habló con nosotros.

6 Mas Jehová es Dios de los ejércitos: Jehová es su memorial.

7 Tú pues, conviértete á tu Dios: guarda misericordia y juicio, y en tu Dios espera siempre.

8 Es mercader que tiene en su mano peso falso, amador de opresión.

9 Y dijo Ephraim: Ciertamente yo he enriquecido, hallado he riquezas para mí: nadie hallará en mí iniquidad, ni pecado en todos mis trabajos.

10 Empero yo soy Jehová tu Dios desde la tierra de Egipto: aun te haré morar en tiendas, como en los días de la fiesta.

11 Y hablado he á los profetas, y yo aumenté la profecía, y por mano de los profetas puse semejanzas.

12 ¿Es Galaad iniquidad? Ciertamente vanidad han sido; en Gilgal sacrificaron bueyes: y aún son sus altares como montones en los surcos del campo.

13 Mas Jacob huyó á tierra de Aram, y sirvió Israel por mujer, y por mujer fué pastor.

14 Y por profeta hizo subir Jehová á Israel de Egipto, y por profeta fué guardado.

15 Enojado ha Ephraim á Dios con amarguras; por tanto, sus sangres se derramarán sobre él, y su Señor le pagará su oprobio.

13 Cuando Ephraim hablaba, hubo temor, fué ensalzado en Israel; mas pecó en Baal, y murió.

2 Y ahora añadieron á su pecado, y de su plata se han hecho según su entendimiento, estatuas de fundición, ídolos, toda obra de artífices; acerca de los cuales dicen á los hombres que sacrifican, que besen los becerros.

3 Por tanto serán como la niebla de la mañana, y como el rocío de la madrugada que se pasa; como el tamo que la tempestad arroja de la era, y como el humo de la chimenea sale.

4 Mas yo soy Jehová tu Dios desde la tierra de Egipto: no conocerás pues Dios fuera de mí, ni otro Salvador sino á mí.

5 Yo te conocí en el desierto, en tierra seca.

6 En sus pastos se hartaron, hartáronse, y ensoberbecióse su corazón: por esta causa se olvidaron de mí.

7 Por tanto, yo seré para ellos como león; como un leopardo en el camino los espiaré.

8 Como oso que ha perdido los hijos los encontraré, y romperé las telas de su corazón, y allí los devoraré como león: bestia del campo los despedazará.

9 Te perdiste, oh Israel, mas en mí está tu ayuda.

10 ¿Dónde está tu rey, para que te guarde con todas tus ciudades? ¿y tus jueces, de los cuales dijiste: Dame rey y príncipes? y Dite rey en mi furor, y quitélo en mi ira.

11 Dite rey en mi furor, y quitélo en mi ira.

12 Atada está la maldad de Ephraim, su pecado está guardado.

13 Dolores de mujer de parto le vendrán: es un hijo ignorante, que de otra manera no estuviera tanto tiempo en el rompimiento de los hijos.

14 De la mano del sepulcro los redimiré, librarélos de la muerte. Oh muerte, yo seré tu muerte; y seré tu destrucción, oh sepulcro; arrepentimiento será escondido de mis ojos.

15 Aunque él fructificará entre los hermanos, vendrá el solano, viento de Jehová, subiendo de la parte del desierto, y secarse ha su vena, y secaráse su manadero: él saqueará el tesoro de todas las preciosas alhajas.

16 Samaria será asolada, porque se rebeló contra su Dios: caerán á cuchillo: sus niños serán estrellados, y su preñadas serán abiertas.

14 Conviértete, oh Israel, á Jehová tu Dios: porque por tu pecado has caído.

2 Tomad con vosotros palabras, y convertíos á Jehová, y

decidle: Quita toda iniquidad, y acepta el bien, y daremos becerros de nuestros labios.

3 No nos librará Assur; no subiremos sobre caballos, ni nunca más diremos á la obra de nuestras manos: Dioses nuestros: porque en ti el huérfano alcanzará misericordia.

4 Yo medicinaré su rebelión, amarélos de voluntad: porque mi furor se apartó de ellos.

5 Yo seré á Israel como rocío; él florecerá como lirio, y extenderá sus raíces como el Líbano.

6 Extenderse han sus ramos, y será su gloria como la de la oliva, y olerá como el Líbano.

7 Volverán, y se sentarán bajo de su sombra: serán vivificados como trigo, y florecerán como la vid: su olor, como de vino del Líbano.

8 Ephraim dirá: ¿Qué más tendré ya con los ídolos? Yo lo oiré, y miraré; yo seré á él como la haya verde: de mí será hallado tu fruto.

9 ¿Quién es sabio para que entienda esto, y prudente para que los sepa? Porque los caminos del Jehová son derechos, y los justos andarán por ellos: mas los rebeldes en ellos caerán.

JOEL

1 Palabra de Jehová que fué á Joel hijo de Pethuel.

2 Oid esto, viejos, y escuchad, todos los moradores de la tierra. ¿Ha acontecido esto en vuestros días, ó en los días de vuestros padres?

3 De esto contaréis á vuestros hijos, y vuestros hijos á sus hijos, y su hijos á la otra generación.

4 Lo que quedó de la oruga comió la langosta, y lo que quedó de la langosta comió el pulgón; y el revoltón comió lo que del pulgón había quedado.

5 Despertad, borrachos, y llorad; aullad todos los que bebéis vino, á causa del mosto, porque os es quitado de vuestra boca.

6 Porque gente subió á mi tierra, fuerte y sin número; sus dientes, dientes de león, y sus muelas, de león.

7 Asoló mi vid, y descortezó mi higuera: del todo la desnudó y derribó: sus ramas quedaron blancas.

8 Llora tú como moza vestida de saco por el marido de su juventud.

9 Pereció el presente y la libación de la casa de Jehová: los sacerdotes ministros de Jehová hicieron luto.

10 El campo fué destruído, enlutóse la tierra; porque el trigo fué destuído, se secó el mosto, perdióse el aceite.

11 Confundíos, labradores, aullad, viñeros, por el trigo y la cebada; porque se perdió la mies del campo.

12 Secóse la vid, y pereció la higuera, el granado también, la palma, y el manzano; secáronse todos los árboles del campo; por lo cual se secó el gozo de los hijos de los hombres.

13 Ceñíos y lamentad, sacerdotes; aullad, ministros del altar; venid, dormid en sacos, ministros de mi Dios: porque quitado es de la casa de vuestro Dios el presente y la libación.

14 Pregonad ayuno, llamad á congregación; congregad los ancianos y todos los moradores de la tierra en la casa de Jehová vuestro Dios, y clamad á Jehová.

15 ¡Ay del día! porque cercano está el día de Jehová, y vendrá como destrucción por el Todopoderoso.

16 ¿No es quitado el mantenimiento de delante de nuestros ojos, la alegría y el placer de la casa de nuestro Dios?

17 El grano se pudrió debajo de sus terrones, los bastimentos fueron asolados, los alfolíes destruídos; porque se secó el trigo.

18 ¡Cuánto gimieron las bestias! ¡cuán turbados anduvieron los hatos de los bueyes, porque no tuvieron pastos! también fueron asolados los rebaños de las ovejas.

19 A ti, oh Jehová, clamaré: porque fuego consumió los pastos del desierto, y llama abrasó todos los árboles del campo.

20 Las bestias del campo bramarán también á ti; porque se secaron los arroyos de las aguas, y fuego consumió las praderías del desierto.

2 Tocad trompeta en Sión, y pregonad en mi santo monte: tiemblen todos los moradores de la tierra; porque viene el día de Jehová, porque está cercano.

2 Día de tinieblas y de oscuridad, día de nube y de sombra, que sobre los montes se derrama como el alba: un pueblo grande y fuerte: nunca desde el siglo fué semejante, ni después de él será jamás en años de generación en generación.

3 Delante de él consumirá fuego, tras de él abrasará llama; como el huerto de Edén será la tierra delante de él, y detrás de él como desierto asolado; ni tampoco habrá quien de él escape.

4 Su parecer, como parecer de caballos; y como gente de á caballo correrán.

5 Como estruendo de carros saltarán sobre las cumbres de los montes; como sonido de llama de fuego que consume hojarascas, como fuerte pueblo aparejado para la batalla.

6 Delante de él temerán los pueblos, pondránse mustios todos los semblantes.

7 Como valientes correrán, como hombres de guerra subirán la muralla; y cada cual irá en sus caminos, y no torcerán sus sendas.

8 Ninguno apretará á su compañero, cada uno irá por su carrera; y aun cayendo sobre la espada no se herirán.

9 Irán por la ciudad, correrán por el muro, subirán por las casas, entrarán por las ventanas á manera de ladrones.

10 Delante de él temblará la tierra, se estremecerán los cielos: el sol y la luna se oscurecerán, y las estrellas retraerán su resplandor.

11 Y Jehová dará su voz delante de su ejército: porque muchos son sus reales y fuertes, que ponen en efecto su palabra: porque grande es el día de Jehová, y muy terrible; ¿y quién lo podrá sufrir?

12 Por eso pues ahora, dice Jehová, convertíos á mí con todo vuestro corazón, con ayuno y lloro y llanto.

13 Y lacerad vuestro corazón, y no vuestros vestidos; y convertíos á Jehová vuestro Dios; porque misericordioso es y clemente, tardo para la ira, y grande en misericordia, y que se arrepiente del castigo.

14 ¿Quién sabe si volverá, y se apiadará, y dejará bendición tras de él, presente y libación para Jehová Dios vuestro?

15 Tocad trompeta en Sión, pregonad ayuno, llamad á congregación.

16 Reunid el pueblo, santificad la reunión, juntad los viejos, congregad los niños y los que maman: salga de su cámara el novio, y de su tálamo la novia.

17 Entre la entrada y el altar, lloren los sacerdotes, ministros de Jehová, y digan: Perdona, oh Jehová, á tu pueblo, y no pongas en oprobio tu heredad, para que las gentes se enseñoreen de ella. ¿Por qué han de decir entre los pueblos: Dónde está su Dios?

18 Y Jehová celará su tierra, y perdonará su pueblo.

19 Y responderá Jehová, y dirá á su pueblo: He aquí yo os envío pan, y mosto, y aceite, y seréis saciados de ellos: y nunca más os pondré en oprobio entre las gentes.

20 Y haré alejar de vosotros al del aquilón, y echarélo en la tierra seca y desierta: su faz será hacia el mar oriental, y su fin al mar occidental, y exhalará su hedor; y subirá su pudrición, porque hizo grandes cosas.

21 Tierra, no temas; alégrate y gózate: porque Jehová ha de hacer grandes cosas.

22 Animales del campo, no temáis; porque los pastos del desierto reverdecerán, porque los árboles llevarán su fruto, la higuera y la vid darán sus frutos.

23 Vosotros también, hijos de Sión, alegraos y gozaos en Jehová vuestro Dios; porque os ha dado la primera lluvia arregladamente, y hará descender sobre vosotros lluvia temprana y tardía como al principio.

24 Y las eras se henchirán de trigo, y los lagares rebosarán de vino y aceite.

25 Y os restituiré los años que comió la oruga, la langosta, el pulgón, y el revoltón; mi grande ejército que envié contra vosotros.

26 Y comeréis hasta saciaros, y alabaréis el nombre de Jehová vuestro Dios, el cual hizo maravillas con vosotros: y nunca jamás será mi pueblo avergonzado.

27 Y conoceréis que en medio de Israel estoy yo, y que yo soy Jehová vuestro Dios, y no hay otro: y mi pueblo nunca jamás será avergonzado.

28 Y será después de esto, derramaré mi Espíritu sobre toda carne, y profetizarán vuestros hijos y vuestras hijas; vuestros viejos soñarán sueños, y vuestros mancebos verán visiones.

29 Y aun también sobre los siervos y sobre las siervas derramaré mi Espíritu en aquellos días.

30 Y daré prodigios en el cielo y en la tierra, sangre, y fuego, y columnas de humo.

31 El sol se tornará en tinieblas, y la luna en sangre, antes que venga el día grande y espantoso de Jehová.

32 Y será que cualquiera que invocare el nombre de Jehová, será salvo: porque en el monte de Sión y en Jerusalem habrá salvación, como Jehová ha dicho, y en los que quedaren, á los cuales Jehová habrá llamado.

3 Porque he aquí que en aquellos días, y en aquel tiempo en que haré tornar la cautividad de Judá y de Jerusalem,

2 Juntaré todas las gentes, y harélas descender al valle de Josaphat, y allí entraré en juicio con ellos á causa de mi pueblo, y de Israel mi heredad, á los cuales esparcieron entre las naciones, y partieron mi tierra:

3 Y echaron suertes sobre mi pueblo, y á los niños dieron por una ramera, y vendieron las niñas por vino para beber.

4 Y también, ¿qué tengo yo con vosotras, Tiro y Sidón, y todos los términos de Palestina? ¿Queréis vengaros de mí? Y si de mí os vengáis, bien pronto haré yo recaer la paga sobre vuestra cabeza.

5 Porque habéis llevado mi plata y mi oro, y mis cosas preciosas y hermosas metisteis en vuestros templos:

6 Y vendisteis los hijos de Judá y los hijos de Jerusalem á los hijos de los Griegos, por alejarlos de sus términos.

7 He aquí los levantaré yo del lugar donde los vendisteis, y volveré vuestra paga sobre vuestra cabeza.

8 Y venderé vuestros hijos y vuestras hijas en la mano de los hijos de Judá, y ellos los venderán á los Sabeos, nación apartada; porque Jehová ha hablado.

9 Pregonad esto entre las gentes, proclamad guerra, despertad á los valientes, lléguense, vengan todos los hombres de guerra.

10 Haced espadas de vuestros azadones, lanzas de vuestras hoces; diga el flaco: Fuerte soy.

11 Juntaos y venid, gentes todas de alrededor, y congregaos: haz venir allí, oh Jehová, tus fuertes.

12 Las gentes se despierten, y suban al valle de Josaphat: porque allí me sentaré para juzgar todas las gentes de alrededor.

13 Echad la hoz, porque la mies está ya madura. Venid, descended; porque el lagar está lleno, rebosan las lagaretas: porque mucha es la maldad de ellos.

14 Muchos pueblos en valle de la decisión: porque cercano está el día de Jehová en el valle de la decisión.

15 El sol y la luna se oscurecerán, y las estrellas retraerán su resplandor.

16 Y Jehová bramará desde Sión, y dará su voz desde Jerusalem, y temblarán los cielos y la tierra: mas Jehová será la esperanza de su pueblo, y la fortaleza de los hijos de Israel.

17 Y conoceréis que yo soy Jehová vuestro Dios, que habito en Sión, monte de mi santidad: y será Jerusalem santa, y extraños no pasarán más por ella.

18 Y será en aquel tiempo, que los montes destilarán mosto, y los collados fluirán leche, y por todos los arroyos de Judá correrán aguas: y saldrá una fuente de la casa de Jehová, y regará el valle de Sittim.

19 Egipto será destruído, y Edom será vuelto en asolado desierto, por la injuria hecha á los hijos de Judá: porque derramaron en su tierra la sangre inocente.

20 Mas Judá para siempre será habitada, y Jerusalem en generación y generación.

21 Y limpiaré la sangre de los que no limpié; y Jehová morará en Sión.

AMÓS

1 Las palabras de Amós, que fué entre los pastores de Tecoa, las cuales vió acerca de Israel en días de Uzzía rey de Judá, y en días de Jeroboam hijo de Joas rey de Israel, dos años antes del terremoto.

2 Y dijo: Jehová bramará desde Sión, y dará su voz desde Jerusalem; y las estancias de los pastores se enlutarán, y secaráse la cumbre del Carmelo.

3 Así ha dicho Jehová: Por tres pecados de Damasco, y por el cuarto, no desviaré su castigo; porque trillaron á Galaad con trillos de hierro.

4 Y meteré fuego en la casa de Hazael, y consumirá los palacios de Ben-hadad.

5 Y quebraré la barra de Damasco, y talaré los moradores de Bicath-aven, y los gobernadores de Beth-eden: y el pueblo de Aram será trasportado á Chîr, dice Jehová.

6 Así ha dicho Jehová: Por tres pecados de Gaza, y por el cuarto, no desviaré su castigo; porque llevó cautiva toda la cautividad, para entregarlos á Edom.

7 Y meteré fuego en el muro de Gaza, y quemará sus palacios.

8 Y talaré los moradores de Azoto, y los gobernadores de

Ascalón: y tornaré mi mano sobre Ecrón, y las reliquias de los Palestinos perecerán, ha dicho el Señor Jehová.

9 Así ha dicho Jehová: Por tres pecados de Tiro, y por el cuarto, no desviaré su castigo; porque entregaron la cautividad entera á Edom, y no se acordaron del concierto de hermanos.

10 Y meteré fuego en el muro de Tiro, y consumirá sus palacios.

11 Así ha dicho Jehová: Por tres pecados de Edom, y por el cuarto, no desviaré su castigo; porque persiguió á cuchillo á su hermano, y rompió sus conmiseraciones; y con su furor le ha robado siempre, y ha perpetuamente guardado el enojo.

12 Y meteré fuego en Temán, y consumirá los palacios de Bosra.

13 Así ha dicho Jehová: Por tres pecados de los hijos de Ammón, y por el cuarto, no desviaré su castigo; porque abrieron las preñadas de Galaad, para ensanchar su término.

14 Y encenderé fuego en el muro de Rabba, y consumirá sus palacios con estruendo en día de batalla, con tempestad en día tempestuoso:

15 Y su rey irá en cautiverio, él y sus príncipes todos, dice Jehová.

2 Así ha dicho Jehová: Por tres pecados de Moab, y por el cuarto, no desviaré su castigo; porque quemó los huesos del rey de Idumea hasta tornarlos en cal.

2 Y meteré fuego en Moab, y consumirá los palacios de Chêrioth: y morirá Moab en alboroto, en estrépito y sonido de trompeta.

3 Y quitaré el juez de en medio de él, y mataré con él á todos sus príncipes, dice Jehová.

4 Así ha dicho Jehová: Por tres pecados de Judá, y por el cuarto, no desviaré su castigo; porque menospreciaron la ley de Jehová, y no guardaron sus ordenanzas; é hiciéronlos errar sus mentiras, en pos de las cuales anduvieron sus padres.

5 Meteré por tanto fuego en Judá, el cual consumirá los palacios de Jerusalem.

6 Así ha dicho Jehová: Por tres pecados de Israel, y por el cuarto, no desviaré su castigo; porque vendieron por dinero al justo, y al pobre por un par de zapatos:

7 Que anhelan porque haya polvo de tierra sobre la cabeza de los pobres, y tuercen el camino de los humildes: y el hombre y su padre entraron á la misma moza, profanando mi santo nombre.

8 Y sobre las ropas empeñadas se acuestan junto á cualquier altar; y el vino de los penados beben en la casa de sus dioses.

9 Y yo destruí delante de ellos al Amorrheo, cuya altura era como la altura de los cedros, y fuerte como un alcornoque; y destruí su fruto arriba, sus raíces abajo.

10 Y yo os hice á vosotros subir de la tierra de Egipto, y os traje por el desierto cuarenta años, para que poseyeseis la tierra del Amorrheo.

11 Y levanté de vuestros hijos para profetas, y de vuestros mancebos para que fuesen Nazareos. ¿No es esto así, dice Jehová, hijos de Israel?

12 Mas vosotros disteis de beber vino á los Nazareos; y á los profetas mandasteis, diciendo: No profeticéis.

13 Pues he aquí, yo os apretaré en vuestro lugar, como se aprieta el carro lleno de haces;

14 Y la huída perecerá del ligero, y el fuerte no esforzará su fuerza, ni el valiente librará su vida;

15 Y el que toma el arco no resistirá, ni escapará el ligero de pies, ni el que cabalga en caballo salvará su vida.

16 El esforzado entre esforzados huirá desnudo aquel día, dice Jehová.

3 Oíd esta palabra que ha hablado Jehová contra vosotros, hijos de Israel, contra toda la familia que hice subir de la tierra de Egipto. Dice así:

2 A vosotros solamente he conocido de todas las familias de la tierra; por tanto visitaré contra vosotros todas vuestras maldades.

3 ¿Andarán dos juntos, si no estuvieren de concierto?

4 ¿Bramará el león en el monte sin hacer presa? ¿dará el leoncillo su bramido desde su morada, si no prendiere?

5 ¿Caerá el ave en el lazo en la tierra, sin haber armador? ¿alzaráse el lazo de la tierra, si no se ha prendido algo?

6 ¿Tocaráse la trompeta en la ciudad, y no se alborotará el pueblo? ¿habrá algún mal en la ciudad, el cual Jehová no haya hecho?

7 Porque no hará nada el Señor Jehová, sin que revele su secreto á sus siervos los profetas.

8 Bramando el león, ¿quién no temerá? hablando el Señor Jehová, ¿quién no profetizará?

9 Haced pregonar sobre los palacios de Azoto, y sobre los palacios de tierra de Egipto, y decid: Reuníos sobre los montes de Samaria, y ved muchas opresiones en medio de ella, y violencias en medio de ella.

10 Y no saben hacer lo recto, dice Jehová, atesorando rapiñas y despojos en sus palacios.

11 Por tanto, el Señor Jehová ha dicho así: Un enemigo habrá aún por todos lados de la tierra, y derribará de ti tu fortaleza, y tus palacios serán saqueados.

12 Así ha dicho Jehová: De la manera que el pastor libra de la boca del león dos piernas, ó la punta de una oreja, así escaparán los hijos de Israel que moran en Samaria en el rincón de la cama, y al canto del lecho.

13 Oid y protestad en la casa de Jacob, ha dicho Jehová Dios de los ejércitos:

14 Que el día que visitaré las rebeliones de Israel sobre él, visitaré también sobre los altares de Beth-el; y serán cortados los cuernos del altar, y caerán á tierra.

15 Y heriré la casa del invierno con la casa del verano, y las casas de marfil perecerán; y muchas casas serán arruinadas, dice Jehová.

4 Oid esta palabra, vacas de Basán, que estáis en el monte de Samaria, que oprimís los pobres, que quebrantáis los menesterosos, que decís á sus señores: Traed, y beberemos.

2 El Señor Jehová juró por su santidad: He aquí, vienen días sobre vosotros en que os llevará en anzuelos, y á vuestros descendientes en barquillos de pescador.

3 Y saldrán por los portillos la una en pos de la otra, y seréis echadas del palacio, dice Jehová.

4 Id á Beth-el, y prevaricad; en Gilgal aumentad la rebelión, y traed de mañana vuestros sacrificios, vuestros diezmos cada tres años;

5 Y ofreced sacrificio de alabanza con leudo, y pregonad, publicad voluntarias ofrendas; pues que así lo queréis, hijos de Israel, dice el Señor Jehová.

6 Yo también os dí limpieza de dientes en todas vuestras ciudades, y falta de pan en todos vuestros pueblos: mas no os tornasteis á mí, dice Jehová.

7 Y también yo os detuve la lluvia tres meses antes de la siega: é hice llover sobre una ciudad, y sobre otra ciudad no hice llover: sobre una parte llovió; la parte sobre la cual no llovió, secóse.

8 Y venían dos ó tres ciudades á una ciudad para beber agua, y no se hartaban: con todo no os tornasteis á mí, dice Jehová.

9 Os herí con viento solano y oruga; vuestros muchos huertos y vuestras viñas, y vuestras higueras y vuestros olivares comió la langosta: pero nunca os tornasteis á mí, dice Jehová.

10 Envié entre vosotros mortandad al modo que en Egipto: maté á cuchillo vuestros mancebos, con cautiverio de vuestros caballos; é hice subir el hedor de vuestros reales hasta vuestras narices: empero no os tornasteis á mí, dice Jehová.

11 Trastornéos, como cuando Dios trastornó á Sodoma y á Gomorra, y fuisteis como tizón escapado del fuego: mas no os tornasteis á mí, dice Jehová.

12 Por tanto de esta manera haré á ti, oh Israel: y porque te he de hacer esto, aparéjate para venir al encuentro á tu Dios, oh Israel.

13 Porque he aquí, el que forma los montes, y cría el viento, y denuncia al hombre su pensamiento; el que hace á las tinieblas mañana, y pasa sobre las alturas de la tierra; Jehová, Dios de los ejércitos, es su nombre.

5 Oid esta palabra, porque yo levanto endecha sobre vosotros, casa de Israel.

2 Cayó la virgen de Israel, no más podrá levantarse: dejada fué sobre su tierra, no hay quien la levante.

3 Porque así ha dicho el Señor Jehová: La ciudad que sacaba mil, quedará con ciento; y la que sacaba ciento, quedará con diez, en la casa de Israel.

4 Empero así dice Jehová á la casa de Israel: Buscadme, y viviréis;

5 Y no busquéis á Beth-el ni entreis en Gilgal, ni paséis á Beer-seba: porque Gilgal será llevada en cautiverio, y Beth-el será deshecha.

6 Buscad á Jehová, y vivid; no sea que hienda, como fuego, á la casa de José, y la consuma, sin haber en Beth-el quien lo apague.

7 Los que convierten en ajenjo el juicio, y dejan en tierra la justicia,

8 Miren al que hace el Arcturo y el Orión, y las tinieblas vuelve en mañana, y hace oscurecer el día en noche; el que

llama á las aguas de la mar, y las derrama sobre la haz de la tierra: Jehová es su nombre:

9 Que da esfuerzo al despojador sobre el fuerte, y que el despojador venga contra la fortaleza.

10 Ellos aborrecieron en la puerta al represor, y al que hablaba lo recto abominaron.

11 Por tanto, pues que vejáis al pobre y recibís de él carga de trigo; edificásteis casas de sillares, mas no las habitaréis; plantásteis hermosas viñas, mas no beberéis el vino de ellas.

12 Porque sabido he vuestras muchas rebeliones, y vuestros grandes pecados: que afligen al justo, y reciben cohecho, y á los pobres en la puerta hacen perder su causa.

13 Por tanto, el prudente en tal tiempo calla, porque el tiempo es malo.

14 Buscad lo bueno, y no lo malo, para que viváis; porque así Jehová Dios de los ejércitos será con vosotros, como decís.

15 Aborreced el mal, y amad el bien, y poned juicio en la puerta: quizá Jehová, Dios de los ejércitos, tendrá piedad del remanente de José.

16 Por tanto, así ha dicho Jehová Dios de los ejércitos, el Señor: En todas las plazas habrá llanto, y en todas las calles dirán, ¡Ay! ¡ay! y al labrador llamarán á lloro, y á endecha á los que endechar supieren.

17 Y en todas las viñas habrá llanto; porque pasaré por medio de ti, dice Jehová.

18 ¡Ay de los que desean el día de Jehová! ¿para qué queréis este día de Jehová? Será de tinieblas, y no luz:

19 Como el que huye de delante del león, y se topa con el oso; ó si entrare en casa y arrimare su mano á la pared, y le muerda la culebra.

20 ¿No será el día de Jehová tinieblas, y no luz; oscuridad, que no tiene resplandor?

21 Aborrecí, abominé vuestras solemnidades, y no me darán buen olor vuestras asambleas.

22 Y si me ofreciereis holocaustos y vuestros presentes, no los recibiré; ni miraré á los pacíficos de vuestros engordados.

23 Quita de mí la multitud de tus cantares, que no escucharé las salmodias de tus instrumentos.

24 Antes corra el juicio como las aguas, y la justicia como impetuoso arroyo.

25 ¡Habéisme ofrecido sacrificios y presentes en el desierto en cuarenta años, casa de Israel?

26 Mas llevabais el tabernáculo de vuestro Moloch y Chiún, ídolos vuestros, la estrella de vuestros dioses que os hicisteis.

27 Hareos pues trasportar mas allá de Damasco, ha dicho Jehová, cuyo nombre es Dios de los ejércitos.

6 ¡ay de los reposados en Sión, y de los confiados en el monte de Samaria, nombrados principales entre las mismas naciones, las cuales vendrán sobre ellos, oh casa de Israel!

2 Pasad á Calne, y mirad; y de allí id á la gran Hamath; descended luego á Gath de los Palestinos: ved si son aquellos reinos mejores que estos reinos, si su término es mayor que vuestro término.

3 Vosotros que dilatáis el día malo, y acercáis la silla de iniquidad;

4 Duermen en camas de marfil, y se extienden sobre sus lechos; y comen los corderos del rebaño, y los becerros de en medio del engordadero;

5 Gorjean al son de la flauta, é inventan instrumentos músicos, como David;

6 Beben vino en tazones, y se ungen con los ungüentos más preciosos; y no se afligen por el quebrantamiento de José.

7 Por tanto, ahora pasarán en el principio de los que á cautividad pasaren, y se acercará el clamor de los extendidos.

8 El Señor Jehová juró por su alma, Jehová Dios de los ejércitos ha dicho: Tengo en abominación la grandeza de Jacob, y aborrezco sus palacios: y la ciudad y su plenitud entregaré al enemigo.

9 Y acontecerá que si diez hombres quedaren en una casa, morirán.

10 Y su tío tomará á cada uno, y quemaréle para sacar los huesos de casa; y dirá al que estará en los rincones de la casa: ¿Hay aún alguno contigo? Y dirá: No. Y dirá aquél: Calla que no podemos hacer mención del nombre de Jehová.

11 Porque he aquí, Jehová mandará, y herirá con hendiduras la casa mayor, y la casa menor con aberturas.

12 ¿Correrán los caballos por las peñas? ¿ararán en ellas con vacas? ¿por qué habéis vosotros tornado el juicio en veneno, y el fruto de justicia en ajeno?

13 Vosotros que os alegráis en nada, que decís: ¿No nos hemos adquirido potencia con nuestra fortaleza?

14 Pues he aquí, levantaré yo sobre vosotros, oh casa de Israel, dice Jehová Dios de los ejércitos, gente que os oprimirá desde la entrada de Hamath hasta el arroyo del desierto.

7 Así me ha mostrado el Señor Jehová: y he aquí, él criaba langostas al principio que comenzaba á crecer el heno tardío; y he aquí, el heno tardío después de las siegas del rey.

2 Y acaeció que como acabó de comer la hierba de la tierra, yo dije: Señor Jehová, perdona ahora; ¿quién levantará á Jacob? porque es pequeño.

3 Arrepintióse Jehová de esto: No será, dijo Jehová.

4 El Señor Jehová me mostró así: y he aquí, llamaba para juzgar por fuego el Señor Jehová; y consumió un gran abismo, y consumió una parte de la tierra.

5 Y dije: Señor Jehová, cesa ahora; ¿quién levantará á Jacob? porque es pequeño.

6 Arrepintióse Jehová de esto: No será esto tampoco, dijo el Señor Jehová.

7 Enseñóme así: he aquí, el Señor estaba sobre un muro hecho á plomo, y en su mano una plomada de albañil.

8 Jehová entonces me dijo: ¿Qué ves, Amós? Y dije: Una plomada de albañil. Y el Señor dijo: He aquí, Yo pongo plomada de albañil en medio de mi pueblo Israel: No le pasaré más:

9 Y los altares de Isaac serán destruídos, y los santuarios de Israel serán asolados; y levantaréme con espada sobre la casa de Jeroboam.

10 Entonces Amasías sacerdote de Beth-el envió á decir á Jeroboam, rey de Israel: Amós se ha conjurado contra ti en medio de la casa de Israel: la tierra no puede sufrir todas sus palabras.

11 Porque así ha dicho Amós: Jeroboam morirá á cuchillo, é Israel pasará de su tierra en cautiverio.

12 Y Amasías dijo á Amós: Vidente, vete, y huye á tierra de Judá, y come allá tu pan, y profetiza allí:

13 Y no profetices más en Beth-el, porque es santuario del rey, y cabecera del reino.

14 Entonces respondió Amós, y dijo á Amasías: No soy profeta, ni soy hijo de profeta, sino que soy boyero, y cogédor de cabrahigos:

15 Y Jehová me tomó de tras el ganado, y díjome Jehová: Ve, y profetiza á mi pueblo Israel.

16 Ahora pues, oye palabra de Jehová. Tú dices: No profetices contra Israel, ni hables contra la casa de Isaac:

17 Por tanto, así ha dicho Jehová: Tu mujer fornicará en la ciudad, y tus hijos y tus hijas caerán á cuchillo, y tu tierra será partida por suertes; y tú morirás en tierra inmunda, é Israel será traspasado de su tierra.

8 Así me ha mostrado Jehová: y he aquí un canastillo de fruta de verano.

2 Y dije: ¿Qué ves, Amós? Y dije: Un canastillo de fruta de verano. Y díjome Jehová: Venido ha el fin sobre mi pueblo Israel; no le pasaré más.

3 Y los cantores del templo aullarán en aquel día, dice el Señor Jehová; muchos serán los cuerpos muertos; en todo lugar echados serán en silencio.

4 Oid esto, los que tragáis á los menesterosos, y arruináis los pobres de la tierra,

5 Diciendo: ¿Cuándo pasará el mes, y venderemos el trigo; y la semana, y abriremos los alfolíes del pan, y achicaremos la medida, y engrandeceremos el precio, y falsearemos el peso engañoso;

6 Para comprar los pobres por dinero, y los necesitados por un par de zapatos, y venderemos las aechaduras del trigo?

7 Jehová juró por la gloria de Jacob: No me olvidaré para siempre de todas sus obras.

8 ¿No se ha de estremecer la tierra sobre esto? ¿Y todo habitador de ella no llorará? y subirá toda como un río, y será arrojada, y hundiráse como el río de Egipto.

9 Y acaecerá en aquel día, dice el Señor Jehová, que haré se ponga el sol al mediodía, y la tierra cubriré de tinieblas en el día claro.

10 Y tornaré vuestras fiestas en lloro, y todos vuestros cantares en endechas; y haré poner saco sobre todos lomos, y peladura sobre toda cabeza; y tornaréla como en llanto de unigénito, y su postrimería como día amargo.

11 He aquí vienen días, dice el Señor Jehová, en los cuales enviaré hambre á la tierra, no hambre de pan, ni sed de agua, sino de oir palabra de Jehová.

12 E irán errantes de mar á mar: desde el norte hasta el oriente discurrirán buscando palabra de Jehová, y no la hallarán.

13 En aquel tiempo las doncellas hermosas y los mancebos desmayarán de sed.

14 Los que juran por el pecado de Samaria, y dicen, Vive tu Dios de Dan: y, Vive el camino de Beer-seba: caerán, y nunca más se levantarán.

9 Vi al Señor que estaba sobre el altar, y dijo: Hiere el umbral, y estremézcanse las puertas; y córtales en piezas la cabeza de todos; y el postrero de ellos mataré á cuchillo: no habrá de ellos quien se fugue, ni quien escape.

2 Aunque cavasen hasta el infierno, de allá los tomará mi mano; y si subieren hasta el cielo, de allá los haré descender.

3 Y si se escondieren en la cumbre del Carmelo, allí los buscaré y los tomaré; y aunque se escondieren de delante de mis ojos en el profundo de la mar, allí mandaré á la culebra, y morderálos.

4 Y si fueren en cautiverio, delante de sus enemigos, allí mandaré al cuchillo, y los matará; y pondré sobre ellos mis ojos para mal, y no para bien.

5 El Señor Jehová de los ejércitos es el que toca la tierra, y se derretirá, y llorarán todos los que en ella moran: y subirá toda como un río, y hundiráse luego como el río de Egipto.

6 El edificó en el cielo sus gradas, y ha establecido su expansión sobre la tierra: él llama las aguas de la mar, y sobre la haz de la tierra las derrama: Jehová es su nombre.

7 Hijos de Israel, ¿no me sois vosotros, dice Jehová, como hijos de Etíopes? ¿no hice yo subir á Israel de la tierra de Egipto, y á los Palestinos de Caphtor, y de Chîr á los Arameos?

8 He aquí los ojos del Señor Jehová están contra el reino pecador, y yo lo asolaré de la haz de la tierra: mas no destruiré del todo la casa de Jacob, dice Jehová.

9 Porque he aquí yo mandaré, y haré que la casa de Israel sea zarandeada entre todas las gentes, como se zarandea el grano en un harnero, y no cae un granito en la tierra.

10 A cuchillo morirán todos los pecadores de mi pueblo, que dicen: No se acercará, ni nos alcanzará el mal.

11 En aquel día yo levantaré el tabernáculo de David, caído, y cerraré sus portillos, y levantaré sus ruinas, y edificarélo como en el tiempo pasado;

12 Para que aquellos sobre los cuales es llamado mi nombre, posean el resto de Idumea, y á todas las naciones, dice Jehová que hace esto.

13 He aquí vienen días, dice Jehová en que el que ara alcanzará al segador, y el pisador de las uvas al que lleva la simiente; y los montes destilarán mosto, y todos los collados se derretirán.

14 Y tornaré el cautiverio de mi pueblo Israel, y edificarán ellos las ciudades asoladas, y las habitarán; y plantarán viñas, y beberán el vino de ellas; y harán huertos, y comerán el fruto de ellos.

15 Pues los plantaré sobre su tierra, y nunca más serán arrancados de su tierra que yo les dí, ha dicho Jehová Dios tuyo.

ABDÍAS

Visión de Abdías. El Señor Jehová ha dicho así cuanto á Edom: Oído hemos el pregón de Jehová, y mensajero es enviado á las gentes. Levantaos, y levantémonos contra ella en batalla.

2 He aquí, pequeño te he hecho entre las gentes; abatido eres tú en gran manera.

3 La soberbia de tu corazón te ha engañado, tú que moras en las hendiduras de las peñas, en tu altísima morada; que dices en tu corazón: ¿Quién me derribará á tierra?

4 Si te encaramares como águila, y si entre las estrellas pusieres tu nido, de ahí te derribaré, dice Jehová.

5 Si ladrones vinieran á ti, ó robadores de noche (¡cómo has sido destruído!) ¿no hurtaran lo que les bastase? Pues si entraran á ti vendimiadores, aun dejaran algún rebusco.

6 ¿Cómo fueron escudriñadas las cosas de Esaú! sus cosas escondidas fueron buscadas.

7 Hasta el término te hicieron llegar todos tus aliados; te han engañado tus pacíficos, prevalecieron contra ti; los que comían tu pan, pusieron el lazo debajo de ti: no hay en él entendimiento.

8 ¿No haré que perezcan en aquel día, dice Jehová, los sabios de Edom, y la prudencia del monte de Esaú?

9 Y tus valientes, oh Temán, serán quebrantados; porque todo hombre será talado del monte de Esaú por el estrago.

10 Por la injuria de tu hermano Jacob te cubrirá vergüenza, y serás talado para siempre.

11 El día que estando tú delante, llevaban extraños cautivo su ejército, y los extraños entraban por sus puertas, y echaban suertes sobre Jerusalem, tú también eras como uno de ellos.

12 Pues no debiste tú estar mirando en el día de tu hermano, el día en que fué extrañado: no te habías de haber alegrado de los hijos de Judá en el día que se perdieron; ni habías de ensanchar tu boca en el día de la angustia.

13 No habías de haber entrado por la puerta de mi pueblo en el día de su quebrantamiento; no, no habías tú de haber mirado su mal en el día de su quebranto, ni haber echado mano á sus bienes el día de su calamidad.

14 Tampoco habías de haberte parado en las encrucijadas, para matar los que de ellos escapasen; ni habías tú de haber entregado los que quedaban en el día de angustia.

15 Porque cercano está el día de Jehová sobre todas las gentes: como tú hiciste se hará contigo: tu galardón volverá sobre tu cabeza.

16 De la manera que vosotros bebisteis en mi santo monte, beberán, todas las gentes de continuo: beberán, y engullirán, y serán como si no hubieran sido.

17 Mas en el monte de Sión habrá salvamento, y será santidad, y la casa de Jacob, poseerá sus posesiones.

18 Y la casa de Jacob será fuego, y la casa de José será llama, y la casa de Esaú estopa, y los quemarán, y los consumirán; ni aun reliquia quedará en la casa de Esaú, porque Jehová lo habló.

19 Y los del mediodía poseerán el monte de Esaú, y los llanos de los Palestinos; poseerán también los campos de Ephraim, y los campos de Samaria, y Benjamín á Galaad.

20 Y los cautivos de aqueste ejército de los hijos de Israel poseerán lo de los Cananeos hasta Sarepta; y los cautivos de Jerusalem, que están en Sepharad, poseerán las ciudades del mediodía.

21 Y vendrán salvadores al monte de Sión para juzgar al monte de Esaú; y el reino será de Jehová.

JONAS

1 Y fué palabra de Jehová á Jonás, hijo de Amittai, diciendo:
2 Levántate, y ve á Nínive, ciudad grande, y pregona contra ella; porque su maldad ha subido delante de mí.

3 Y Jonás se levantó para huir de la presencia de Jehová á Tarsis, y descendió á Joppe; y halló un navío que partía para Tarsis; y pagando su pasaje entró en él, para irse con ellos á Tarsis de delante de Jehová.

4 Mas Jehová hizo levantar un gran viento en la mar, é hízose una tan gran tempestad en la mar, que pensóse se rompería la nave.

5 Y los marineros tuvieron miedo, y cada uno llamaba á su dios: y echaron á la mar los enseres que había en la nave, para descargarla de ellos. Jonás empero se había bajado á los lados del buque, y se había echado á dormir.

6 Y el maestre de la nave se llegó á él, y le dijo: ¿Qué tienes, dormilón? Levántate, y clamá á tu Dios; quizá él tendrá compasión de nosotros, y no pereceremos.

7 Y dijeron cada uno á su compañero: Venid, y echemos suertes, para saber por quién nos ha venido este mal. Y echaron suertes, y la suerte cayó sobre Jonás.

8 Entonces le dijeron ellos: Decláranos ahora por qué nos ha venido este mal. ¿Qué oficio tienes, ó de dónde vienes? ¿cuál es tu tierra, y de qué pueblo eres?

9 Y él les respondió: Hebreo soy, y temo á Jehová, Dios de los cielos, que hizo la mar y la tierra.

10 Y aquellos hombres temieron sobremanera, y dijéronle: ¿Por qué has hecho esto? Porque ellos entendieron que huía de delante de Jehová, porque se lo había declarado.

11 Y dijéronle: ¿Qué te haremos, para que la mar se nos quiete? porque la mar iba á más, y se embravecía.

12 El les respondió: Tomadme, y echadme á la mar, y la mar se os quietará: porque yo sé que por mí ha venido esta grande tempestad sobre vosotros.

13 Y aquellos hombres trabajaron por tornar la nave á tierra; mas no pudieron, porque la mar iba á más, y se embravecía sobre ellos.

14 Entonces clamaron á Jehová, y dijeron: Rogámoste ahora, Jehová, que no perezcamos nosotros por la vida de aqueste hombre, ni pongas sobre nosotros la sangre inocente: porque tú, Jehová, has hecho como has querido.

15 Y tomaron á Jonás, y echáronlo á la mar; y la mar se quietó de su furia.

16 Y temieron aquellos hombres á Jehová con gran temor; y ofrecieron sacrificio á Jehová, y prometieron votos.

2 Mas Jehová había prevenido un gran pez que tragase á Jonás: y estuvo Jonás en el vientre del pez tres días y tres noches.

2 Y oró Jonás desde el vientre del pez á Jehová su Dios.

3 Y dijo: Clamé de mi tribulación á Jehová, Y él me oyó; De vientre del sepulcro clamé, Y mi voz oiste.

4 Echásteme en el profundo, en medio de los mares, Y rodeóme la corriente; Todas tus ondas y tus olas pasaron sobre mí.

5 Y yo dije: Echado soy de delante de tus ojos: Mas aun veré tu santo templo.

6 Las aguas me rodearon hasta el alma, Rodeóme el abismo; La ova se enredó á mi cabeza.

7 Descendí á las raíces de los montes; La tierra echó sus cerraduras sobre mí para siempre: Mas tú sacaste mi vida de la sepultura, oh Jehová Dios mío.

8 Cuando mi alma desfallecía en mí, acordéme de Jehová: Y mi oración entró hasta ti en tu santo templo.

9 Los que guardan las vanidades ilusorias, Su misericordia abandonan.

10 Y yo empero con voz de alabanza te sacrificaré; Pagaré lo que prometí. La salvación pertenece á Jehová.

11 Y mandó Jehová al pez, y vomitó á Jonás en tierra.

3 Y fué palabra de Jehová segunda vez á Jonás, diciendo:
2 Levántate, y ve á Nínive, aquella gran ciudad, y publica en ella el pregón que yo te diré.

3 Y levantóse Jonás, y fué á Nínive, conforme á la palabra de Jehová. Y era Nínive ciudad sobremanera grande, de tres días de camino.

4 Y comenzó Jonás á entrar por la ciudad, camino de un día y pregonaba diciendo: De aquí á cuarenta días Nínive será destruida.

5 Y los hombres de Nínive creyeron á Dios, y pregonaron ayuno, y vistiéronse de sacos desde el mayor de ellos hasta el menor de ellos.

6 Y llegó el negocio hasta el rey de Nínive, y levantóse de su silla, y echó de sí su vestido, y cubrióse de saco, y se sentó sobre ceniza.

7 E hizo pregonar y anunciar en Nínive, por mandado del rey y de sus grandes, diciendo: Hombres y animales, bueyes y ovejas, no gusten cosa alguna, no se les dé alimento, ni beban agua:

8 Y que se cubran de sacos los hombres y los animales, y clamen á Dios fuertemente: y conviértase cada uno de su mal camino, de la rapiña que está en sus manos.

9 ¿Quién sabe si se volverá y arrepentirá Dios, y se apartará del furor de su ira, y no pereceremos?

10 Y vió Dios lo que hicieron, que se convirtieron de su mal camino: y arrepintióse del mal que había dicho les había de hacer, y no lo hizo.

4 Pero Jonás se apesadumbró en extremo, y enojóse.
2 Y oró á Jehová, y dijo: Ahora, oh Jehová, ¿no es esto lo que yo decía estando aún en mi tierra? Por eso me precaví huyendo á Tarsis: porque sabía yo que tú eres Dios clemente y piadoso, tardo á enojarte, y de grande misericordia, y que te arrepientes del mal.

3 Ahora pues, oh Jehová, ruégote que me mates; porque mejor me es la muerte que la vida.

4 Y Jehová le dijo: ¿Haces tú bien en enojarte tanto?

5 Y salióse Jonás de la ciudad, y asentó hacia el oriente de la ciudad, é hízose allí una choza, y se sentó debajo de ella á la sombra, hasta ver qué sería de la ciudad.

6 Y preparó Jehová Dios una calabacera, la cual creció sobre Jonás para que hiciese sombra sobre su cabeza, y le defendiese de su mal: y Jonás se alegró grandemente por la calabacera.

7 Mas Dios preparó un gusano al venir la mañana del día siguiente, el cual hirió á la calabacera, y secóse.

8 Y acaeció que al salir el sol, preparó Dios un recio viento solano; y el sol hirió á Jonás en la cabeza, y desmayábase, y se deseaba la muerte, diciendo: Mejor sería para mí la muerte que mi vida.

9 Entonces dijo Dios á Jonás: ¿Tanto te enojas por la calabacera? Y él respondió: Mucho me enojo, hasta la muerte.

10 Y dijo Jehová: Tuviste tú lástima de la calabacera, en la cual no trabajaste, ni tú la hiciste crecer; que en espacio de una noche nació, y en espacio de otra noche pereció:

11 ¿Y no tendré yo piedad de Nínive, aquella grande ciudad donde hay más de ciento y veinte mil personas que no conocen su mano derecha ni su mano izquierda, y muchos animales?

MIQUEAS

1 Palabra de Jehová que fué á Miqueas de Morasti en días de Jotham, Acház, y Ezechías, reyes de Judá: lo que vió sobre Samaria y Jerusalem.

2 Oid, pueblos todos: está atenta, tierra, y todo lo que en ella hay; y el Señor Jehová, el Señor desde su santo templo sea testigo contra vosotros.

3 Porque he aquí, Jehová sale de su lugar, y descenderá, y hollará sobre las alturas de la tierra.

4 Y debajo de él se derretirán los montes, y los valles se hendirán como la cera delante del fuego, como las aguas que corren por un precipicio.

5 Todo esto por la rebelión de Jacob, y por los pecados de la casa de Israel. ¿Cuál es la rebelión de Jacob? ¿no es Samaria? Y ¿cuáles son los excelsos de Judá? ¿no es Jerusalem?

6 Pondré pues á Samaria en majanos de heredad, en tierra de viñas; y derramaré sus piedras por el valle, y descubriré sus fundamentos.

7 Y todas sus estatuas serán despedazadas, y todos sus dones serán quemados en fuego, y asolaré todos sus ídolos; porque de dones de rameras los juntó, y á dones de rameras volverán.

8 Por tanto lamentaré y aullaré, y andaré despojado y desnudo; haré gemido como de chacales, y lamento como de avestruces.

9 Porque su llaga es dolorosa, que llegó hasta Judá; llegó hasta la puerta de mi pueblo, hasta Jerusalem.

10 No lo digáis en Gath, ni lloréis mucho: revuélcate en el polvo de Beth-le-aphrah.

11 Pásate desnuda con vergüenza, oh moradora de Saphir: la moradora de Saanán no salió al llanto de Beth-esel: tomará de vosotros su tardanza.

12 Porque la moradora de Maroth tuvo dolor por el bien; por cuanto el mal descendió de Jehová hasta la puerta de Jerusalem.

13 Unce al carro dromedarios, oh moradora de Lachís, que fuiste principio de pecado á la hija de Sión; porque en ti se inventaron las rebeliones de Israel.

14 Por tanto, tú darás dones á Moreseth-gath: las casas de Achzib serán en mentira á los reyes de Israel.

15 Aun te traeré heredero, oh moradora de Maresah: la gloria de Israel vendrá hasta Adullam.

16 Mésate y trasquílate por los hijos de tus delicias: ensancha tu calva como águila; porque fueron trasportados de ti.

2 ¡ay de los que piensan iniquidad, y de los que fabrican el mal en sus camas! Cuando viene la mañana lo ponen en obra, porque tienen en su mano el poder.

2 Y codiciaron las heredades, y robáronlas: y casas, y las tomaron: oprimieron al hombre y á su casa, al hombre y á su heredad.

3 Por tanto, así ha dicho Jehová: He aquí, yo pienso sobre esta familia un mal, del cual no sacaréis vuestros cuellos, ni andaréis erguidos; porque el tiempo será malo.

4 En aquel tiempo se levantará sobre vosotros refrán, y se endechará endecha de lametación, diciendo: Del todo fuimos destruídos; ha cambiado la parte de mi pueblo. ¡Cómo nos quitó nuestros campos! dió, repartiólos á otros.

5 Por tanto, no tendrás quien eche cordel para suerte en la congregación de Jehová.

6 No profeticéis, dicen á los que profetizan; no les profeticen que los ha de comprender vergüenza.

7 La que te dices casa de Jacob, ¿hase acortado el espíritu de Jehová? ¿son éstas sus obras? ¿Mis palabras no hacen bien al que camina derechamente?

8 El que ayer era mi pueblo, se ha levantado como enemigo: tras las vestiduras quitasteis las capas atrevidamente á los que pasaban, como los que vuelven de la guerra.

9 A las mujeres de mi pueblo echasteis fuera de las casas de sus delicias: á sus niños quitasteis mi perpetua alabanza.

10 Levantaos, y andad, que no es ésta la holganza; porque está contaminada, corrompióse, y de grande corrupción.

11 Si hubiere alguno que ande con el viento, y finja mentiras

diciendo: Yo te profetizaré de vino y de sidra; este tal será profeta á este pueblo.

12 De cierto te reuniré todo, oh Jacob; recogeré ciertamente el resto de Israel: pondrélo junto como ovejas de Bosra, como rebaño en mitad de su majada: harán estruendo por la multitud de los hombres.

13 Subirá rompedor delante de ellos; romperán y pasarán la puerta, y saldrán por ella: y su rey pasará delante de ellos, y á la cabeza de ellos Jehová.

3 Y dije: Oid ahora, príncipes de Jacob, y cabezas de la casa de Israel: ¿No pertenecía á vosotros saber el derecho?

2 Que aborrecen lo bueno y aman lo malo, que les quitan su piel y su carne de sobre los huesos;

3 Que comen asimismo la carne de mi pueblo, y les desuellan su piel de sobre ellos, y les quebrantan sus huesos y los rompen, como para el caldero, y como carnes en olla.

4 Entonces clamarán á Jehová y no les responderá; antes esconderá de ellos su rostro en aquel tiempo, por cuanto hicieron malvadas obras.

5 Así ha dicho Jehová acerca de los profetas que hacen errar á mi pueblo, que muerden con sus dientes, y claman, Paz, y al que no les diere que coman, aplazan contra él batalla:

6 Por tanto, de la profecía se os hará noche, y oscuridad del adivinar; y sobre los profetas se pondrá el sol, y el día se entenebrecerá sobre ellos.

7 Y serán avergonzados los profetas, y confundiránse los adivinos; y ellos todos cubrirán su labio, porque no hay respuesta de Dios.

8 Yo empero estoy lleno de fuerza del espíritu de Jehová, y de juicio, y de fortaleza, para denunciar á Jacob su rebelión, y á Israel su pecado.

9 Oid ahora esto, cabezas de la casa de Jacob, y capitanes de la casa de Israel, que abomináis el juicio, y pervertís todo el derecho;

10 Que edificáis á Sión con sangre, y á Jerusalem con injusticia;

11 Sus cabezas juzgan por cohecho, y sus sacerdotes enseñan por precio, y sus profetas adivinan por dinero; y apóyanse en Jehová diciendo: ¿no está Jehová entre nosotros? No vendrá mal sobre nosotros.

12 Por tanto, á causa de vosotros será Sión arada como campo, y Jerusalem será majanos, y el monte de la casa como cumbres de breñal.

4 Y acontecerá en los postreros tiempos, que el monte de la casa de Jehová será constituído por cabecera de montes, y más alto que los collados, y correrán á él pueblos.

2 Y vendrán muchas gentes, y dirán: Venid, y subamos al monte de Jehová, y á la casa del Dios de Jacob; y enseñaránes en sus caminos, y andaremos por sus veredas: porque de Sión saldrá la ley, y de Jerusalem la palabra de Jehová.

3 Y juzgará entre muchos pueblos, y corregirá fuertes gentes hasta muy lejos: y martillarán sus espadas para azadones, y sus lanzas para hoces: no alzará espada gente contra gente, ni más se ensayarán para la guerra.

4 Y cada uno se sentará debajo de su vid y debajo de su higuera, y no habrá quien amedrente: porque la boca de Jehová de los ejércitos lo ha hablado.

5 Bien que todos los pueblos anduvieren cada uno en el nombre de sus dioses, nosotros con todo andaremos en el nombre de Jehová nuestro Dios para siempre y eternalmente.

6 En aquel día, dice Jehová, juntaré la coja, y recogeré la amontada, y á la que afligí;

7 Y pondré á la coja para sucesión, y á la descarriada para nación robusta: y Jehová reinará sobre ellos en el monte de Sión desde ahora para siempre.

8 Y tú, oh torre del rebaño, la fortaleza de la hija de Sión vendrá hasta ti: y el señorío primero, el reino vendrá á la hija de Jerusalem.

9 Ahora ¿por qué gritas tanto? ¿No hay rey en ti? ¿Pereció tu consejero, que te ha tomado dolor como de mujer de parto?

10 Duélete y gime, hija de Sión como mujer de parto; porque ahora saldrás de la ciudad, y morarás en el campo, y llegarás hasta Babilonia: allí serás librada, allí te redimirá Jehová de la mano de tus enemigos.

11 Ahora empero se han juntado muchas gentes contra ti, y dicen: Sea profanada, y vean nuestros ojos su deseo sobre Sión.

12 Mas ellos no conocieron los pensamientos de Jehová, ni entendieron su consejo: por lo cual los juntó como gavillas en la era.

13 Levántate y trilla, hija de Sión, porque tu cuerno tornaré de hierro, y tus uñas de metal, y desmenuzarás muchos pueblos; y consagrarás á Jehová sus robos, y sus riquezas al Señor de toda la tierra.

5 Reúnete ahora en bandas, oh hija de bandas: nos han sitiado: con vara herirán sobre la quijada al juez de Israel.

2 Mas tú, Beth-lehem Ephrata, pequeña para ser en los millares de Judá, de ti me saldrá el que será Señor en Israel; y sus salidas son desde el principio, desde los días del siglo.

3 Empero los dejará hasta el tiempo que para la que ha de parir; y el resto de sus hermanos se tornará con los hijos de Israel.

4 Y estará, y apacentará con fortaleza de Jehová, con grandeza del nombre de Jehová su Dios: y asentarán; porque ahora será engrandecido hasta los fines de la tierra.

5 Y éste será nuestra paz. Cuando Assur viniere á nuestra tierra, y cuando pisare nuestros palacios, entonces levantaremos contra él siete pastores, y ocho hombres principales;

6 Y comerán la tierra de Assur á cuchillo, y la tierra de Nimrod con sus espadas: y nos librará del Asirio, cuando viniere contra nuestra tierra y hollare nuestros términos.

7 Y será el residuo de Jacob en medio de muchos pueblos, como el rocío de Jehová, como las lluvias sobre la hierba, las cuales no esperan varón, ni aguardan á hijos de hombres.

8 Asimismo será el resto de Jacob entre las gentes, en medio de muchos pueblos, como el león entre las bestias de la montaña, como el cachorro del león entre las manadas de las ovejas, el cual si pasare, y hollare, y arrebatare, no hay quien escape.

9 Tu mano se alzará sobre tus enemigos, y todos tus adversarios serán talados.

10 Y acontecerá en aquel día, dice Jehová, que haré matar tus caballos de en medio de ti, y haré destruir tus carros.

11 Haré también destruir las ciudades de tu tierra, y arruinaré todas tus fortalezas.

12 Asimismo destruiré de tu mano las hechicerías, y no se hallarán en ti agoreros.

13 Y haré destruir tus esculturas y tus imágenes de en medio de ti, y nunca más te inclinarás á la obra de tus manos;

14 Y arrancaré tus bosques de en medio de ti, y destruiré tus ciudades.

15 Y con ira y con furor haré venganza en las gentes que no escucharon.

6 Oid ahora lo que dice Jehová: Levántate, pleitea con los montes, y oigan los collados tu voz.

2 Oid, montes, y fuertes fundamentos de la tierra, el pleito de Jehová: porque tiene Jehová pleito con su pueblo, y altercará con Israel.

3 Pueblo mío, ¿qué te he hecho, ó en qué te he molestado? Responde contra mí.

4 Porque yo te hice subir de la tierra de Egipto, y de la casa de siervos te redimí; y envié delante de ti á Moisés, y á Aarón, y á María.

5 Pueblo mío, acuérdate ahora qué aconsejó Balac rey de Moab, y qué le respondió Balaam, hijo de Beor, desde Sittim hasta Gilgal, para que conozcas las justicias de Jehová.

6 ¿Con qué prevendré á Jehová, y adoraré al alto Dios? ¿vendré ante él con holocaustos, con becerros de un año?

7 ¿Agradaráse Jehová de millares de carneros, ó de diez mil arroyos de aceite? ¿daré mi primogénito por mi rebelión, el fruto de mi vientre por el pecado de mi alma?

8 Oh hombre, él te ha declarado qué sea lo bueno, y qué pida de ti Jehová: solamente hacer juicio, y amar misericordia, y humillarte para andar con tu Dios.

9 La voz de Jehová clama á la ciudad, y el sabio mirará á tu nombre. Oid la vara, y á quien la establece.

10 ¿Hay aún en casa del impío tesoros de impiedad, y medida escasa que es detestable?

11 ¿Seré limpio con peso falso, y con bolsa de engañosas pesas?

12 Con lo cual sus ricos se hinchieron de rapiña, y sus moradores hablaron mentira, y su lengua engañosa en su boca.

13 Por eso yo también te enflaqueceré hiriéndote, asolándote por tus pecados.

14 Tú comerás, y no te hartarás; y tu abatimiento será en medio de ti: tú cogerás, mas no salvarás; y lo que salvares, lo entregaré yo á la espada.

15 Tú sembrarás, mas no segarás: pisarás aceitunas, mas no te ungirás con el aceite; y mosto, mas no beberás el vino.

16 Porque los mandamientos de Omri se han guardado, y toda obra de la casa de Achâb; y en los consejos de ellos anduvisteis, para que yo te diese en asolamiento, y tus moradores para ser silbados. Llevaréis por tanto el oprobio de mi pueblo.

7 ¡ay de mí! que he venido á ser como cuando han cogido los frutos del verano, como cuando han rebuscado después de la vendimia, que no queda racimo para comer, mi alma deseó primeros frutos.

2 Faltó el misericordioso de la tierra, y ninguno hay recto entre los hombres: todos acechan á la sangre; cada cual arma red á su hermano.

3 Para completar la maldad con sus manos, el príncipe demanda, y el juez juzga por recompensa; y el grande habla el antojo de su alma, y lo confirman.

4 El mejor de ellos es como el cambrón; el más recto, como zarzal: el día de tus atalayas, tu visitación, viene; ahora será su confusión.

5 No creáis en amigo, ni confiéis en príncipe: de la que duerme á tu lado, guarda, no abras tu boca.

6 Porque el hijo deshonra al padre, la hija se levanta contra la madre, la nuera contra su suegra: y los enemigos del hombre son los de su casa.

7 Yo empero á Jehová esperaré, esperaré al Dios de mi salud: el Dios mío me oirá.

8 Tú, enemiga mía, no te huelgues de mí: porque aunque caí, he de levantarme; aunque more en tinieblas, Jehová será mi luz.

9 La ira de Jehová soportaré, porque pequé contra él, hasta que juzgue mi causa y haga mi juicio él me sacará á luz; veré su justicia.

10 Y mi enemiga verá, y la cubrirá vergüenza: la que me decía: ¿Dónde está Jehová tu Dios? Mis ojos la verán; ahora será hollada como lodo de las calles.

11 El día en que se edificarán tus muros, aquel día será alejado el mandamiento.

12 En ese día vendrán hasta ti desde Asiria y las ciudades fuertes, y desde las ciudades fuertes hasta el Río, y de mar á mar, y de monte á monte.

13 Y la tierra con sus moradores será asolada por el fruto de sus obras.

14 Apacienta tu pueblo con tu cayado, el rebaño de tu heredad, que mora solo en la montaña, en medio del Carmelo: pazcan en Basán y Galaad, como en el tiempo pasado.

15 Yo les mostraré maravillas como el día que saliste de Egipto.

16 Las gentes verán, y se avergonzarán de todas sus valentías; pondrán la mano sobre su boca, ensordecerán sus oídos.

17 Lamerán el polvo como la culebra; como las serpientes de la tierra, temblarán en sus encierros: despavorirse han de Jehová nuestro Dios, y temerán de ti.

18 ¿Qué Dios como tú, que perdonas la maldad, y olvidas el pecado del resto de su heredad? No retuvo para siempre su enojo, porque es amador de misericordia.

19 El tornará, él tendrá misericordia de nosotros; él sujetará nuestras iniquidades, y echará en los profundos de la mar todos nuestros pecados.

20 Otorgarás á Jacob la verdad, y á Abraham la misericordia, que tú juraste á nuestros padres desde tiempos antiguos.

NAHUM

1 Carga de Nínive. Libro de la visión de Nahum de Elkosh.
2 Dios celoso y vengador es Jehová; vengador es Jehová, y Señor de ira; Jehová, que se venga de sus adversarios, y que guarda enojo para sus enemigos.

3 Jehová es tardo para la ira, y grande en poder, y no tendrá al culpado por inocente. Jehová marcha entre la tempestad y turbión, y las nubes son el polvo de sus pies.

4 El amenaza á la mar, y la hace secar, y agosta todos los ríos: Basán fué destruído, y el Carmelo, y la flor del Líbano fué destruída.

5 Los montes tiemblan de él, y los collados se deslíen; y la tierra se abrasa á su presencia, y el mundo, y todos los que en él habitan.

6 ¿Quién permanecerá delante de su ira? ¿y quién quedará en pié en el furor de su enojo? Su ira se derrama como fuego, y por él se hienden las peñas.

7 Bueno es Jehová para fortaleza en el día de la angustia; y conoce á los que en él confían.

8 Mas con inundación impetuosa hará consumación de su lugar, y tinieblas perseguirán á sus enemigos.

9 ¿Qué pensáis contra Jehová? El hará consumación: la tribulación no se levantará dos veces.

10 Porque como espinas entretegidas, mientras se embriagarán los borrachos, serán consumidos como las estopas llenas de sequedad.

11 De ti salió el que pensó mal contra Jehová, un consultor impío.

12 Así ha dicho Jehová: Aunque reposo tengan, y sean tantos, así serán talados, y él pasará. Bien que te he afligido, no más te afligiré.

13 Porque ahora quebraré su yugo de sobre ti, y romperé tus coyundas.

14 Mas acerca de ti mandará Jehová, que nunca más sea sembrado alguno de tu nombre: de la casa de tu dios talaré escultura y estatua de fundición; haréla tu sepulcro; porque fuiste vil.

15 He aquí sobre los montes los pies del que trae buenas nuevas, del que pregona la paz. Celebra, oh Judá, tus fiestas, cumple tus votos: porque nunca más pasará por ti el malvado; pereció del todo.

2 Subió destruidor contra ti: guarda la fortaleza, mira el camino, fortifica los lomos, fortalece mucho la fuerza.

2 Porque Jehová restituirá la gloria de Jacob como la gloria de Israel; porque vaciadores los vaciaron, y estropearon sus mugrones.

3 El escudo de sus valientes será bermejo, los varones de su ejército vestidos de grana; el carro como fuego de hachas; el día que se aparejará, temblarán las hayas.

4 Los carros se precipitarán á las plazas, discurrirán por las calles: su aspecto como hachas encendidas; correrán como relámpagos.

5 Acordaráse él de sus valientes; andando tropezarán; se apresurarán á su muro, y la cubierta se aparejará.

6 Las puertas de los ríos se abrirán, y el palacio será destruido.

7 Y la reina fué cautiva; mandarle han que suba, y sus criadas la llevarán gimiendo como palomas, batiendo sus pechos.

8 Y fué Nínive de tiempo antiguo como estanque de aguas; mas ellos huyen: Parad, parad; y ninguno mira.

9 Saquead plata, saquead oro: no hay fin de las riquezas y suntuosidad de todo ajuar de codicia.

10 Vacía, y agotada, y despedazada está, y el corazón derretido: batimiento de rodillas, y dolor en todos riñones, y los rostros de todos tomarán negrura.

11 ¿Qué es de la morada de los leones, y de la majada de los cachorros de los leones, donde se recogía el león, y la leona, y los cachorros del león, y no había quien les pusiese miedo?

12 El león arrebataba en abundancia para sus cachorros, y ahogaba para sus leonas, y henchía de presa sus cavernas, y de robo sus moradas.

13 Heme aquí contra ti, dice Jehová de los ejércitos. Encenderé y reduciré á humo tus carros, y espada devorará tus leoncillos; y raeré de la tierra tu robo, y nunca más se oirá voz de tus embajadores.

3 ¡Ay de la ciudad de sangres, toda llena de mentira y de rapiña, sin apartarse de ella el pillaje!

2 Sonido de látigo, y estruendo de movimiento de ruedas; y caballo atropellador, y carro saltador;

3 Caballero enhiesto, y resplandor de espada, y resplandor de lanza; y multitud de muertos, y multitud de cadáveres; y de cadáveres no habrá fin, y en sus cadáveres tropezarán:

4 A causa de la multitud de las fornicaciones de la ramera de hermosa gala, maestra de brujerías, que vende las gentes con sus fornicaciones, y los pueblos con sus hechizos.

5 Heme aquí contra ti, dice Jehová de los ejércitos, y descubriré tus faldas en tu cara, y mostraré á las gentes tu desnudez, y á los reinos tu vergüenza.

6 Y echaré sobre ti suciedades, y te afrentaré, y te pondré como estiércol.

7 Y será que todos los que te vieren, se apartarán de ti, y dirán: Nínive es asolada: ¿quién se compadecerá de ella? ¿dónde te buscaré consoladores?

8 ¿Eres tú mejor que No-amón, que estaba asentada entre ríos, cercada de aguas, cuyo baluarte era la mar, y del mar su muralla?

9 Etiopía era su fortaleza, y Egipto sin límite; Put y Libia fueron en tu ayuda.

10 También ella fué llevada en cautiverio: también sus chiquitos fueron estrellados en las encrucijadas de todas las calles; y sobre sus varones echaron suertes, y todos sus magnates fueron aprisionados con grillos.

11 Tú también serás embriagada, serás encerrada; tú también buscarás fortaleza á causa del enemigo.

12 Todas tus fortalezas cual higueras con brevas; que si las sacuden, caen en la boca del que las ha de comer.

13 He aquí, tu pueblo será como mujeres en medio de ti: las puertas de tu tierra se abrirán de par en par á tus enemigos: fuego consumirá tus barras.

14 Provéete de agua para el cerco, fortifica tus fortalezas; entra en el lodo, pisa el barro, fortifica el horno.

15 Allí te consumirá el fuego, te talará la espada, te devorará como pulgón: multiplícate como langosta, multiplícate como langosta.

16 Multiplicaste tus mercaderes más que las estrellas del cielo: el pulgón hizo presa, y voló.

17 Tus príncipes serán como langostas, y tus grandes como langostas de langostas que se sientan en vallados en día de frío: salido el sol se mudan, y no se conoce el lugar donde estuvieron.

18 Durmieron tus pastores, oh rey de Asiria, reposaron tus valientes: tu pueblo se derramó por los montes, y no hay quien lo junte.

19 No hay cura para tu quebradura; tu herida se encrudeció: todos los que oyeron tu fama, batirán las manos sobre ti, porque ¿sobre quién no pasó continuamente tu malicia?

HABACUC

1 La carga que vió Habacuc profeta.

2 ¿Hasta cuándo, oh Jehová, clamaré, y no oirás; y daré voces á ti á causa de la violencia, y no salvarás?

3 ¿Por qué me haces ver iniquidad, y haces que mire molestia, y saco y violencia delante de mí, habiendo además quien levante pleito y contienda?

4 Por lo cual la ley es debilitada, y el juicio no sale verdadero: por cuanto el impío asedia al justo, por eso sale torcido el juicio.

5 Mirad en las gentes, y ved, y maravillaos pasmosamente; porque obra será hecha en vuestros días, que aun cuando se os contare, no la creeréis.

6 Porque he aquí, yo levanto los Caldeos, gente amarga y presurosa, que camina por la anchura de la tierra para poseer las habitaciones ajenas.

7 Espantosa es y terrible: de ella misma saldrá su derecho y su grandeza.

8 Y serán sus caballos más ligeros que tigres, y más agudos que lobos de tarde; y sus jinetes se multiplicarán: vendrán de lejos sus caballeros, y volarán como águilas que se apresuran á la comida.

9 Toda ella vendrá á la presa: delante sus sus caras viento solano; y juntará cautivos como arena.

10 Y escarnecerá de los reyes, y de los príncipes hará burla: reiráse de toda fortaleza, y amontonará polvo, y la tomará.

11 Luego mudará espíritu, y pasará adelante, y ofenderá atribuyendo esta su potencia á su dios.

12 ¿No eres tú desde el principio, oh Jehová, Dios mío, Santo mío? No moriremos. Oh Jehová, para juicio lo pusiste; y tú, oh Roca, lo fundaste para castigar.

13 Muy limpio eres de ojos para ver el mal, ni puedes ver el agravio: ¿por qué ves los menospreciadores, y callas cuando destruye el impío al más justo que él.

14 Y haces que sean los hombres como los peces de la mar, como reptiles que no tienen señor?

15 Sacará á todos con anzuelo, cogerálos con su red, y juntarálos en su aljerife: por lo cual se holgará y hará alegrías.

16 Por esto hará sacrificios á su red, y ofrecerá sahumerios á su al-jerife: porque con ellos engordó su porción, y engrasó su comida.

17 ¿Vaciará por eso su red, ó tendrá piedad de matar gentes continuamente?

2 Sobre mi guarda estaré, y sobre la fortaleza afirmaré el pie, y atalayaré para ver qué hablará en mí, y qué tengo de responder á mi pregunta.

2 Y Jehová me respondió, y dijo: Escribe la visión, y declárala en tablas, para que corra el que leyere en ella.

3 Aunque la visión tardará aún por tiempo, mas al fin hablará, y no mentirá: aunque se tardare, espéralo, que sin duda vendrá; no tardará.

4 He aquí se enorgullece aquel cuya alma no es derecha en él: mas el justo en su fe vivirá.

5 Y también, por cuanto peca por el vino, es un hombre soberbio, y no permanecerá: que ensanchó como el infierno su alma, y es como la muerte, que no se hartará: antes reunió

á sí todas las gentes, y amontonó á sí todos los pueblos.

6 ¿No han de levantar todos estos sobre él parábola, y sarcasmos contra él? Y dirán: ¡Ay del que multiplicó lo que no era suyo! ¿Y hasta cuándo había de amontonar sobre sí espeso lodo?

7 ¿No se levantarán de repente los que te han de morder, y se despertarán los que te han de quitar de tu lugar, y serás á ellos por rapiña?

8 Porque tú has despojado muchas gentes, todos los otros pueblos te despojarán; á causa de las sangres humanas, y robos de la tierra, de las ciudades y de todos los que moraban en ellas.

9 ¡Ay del que codicia maligna codicia para su casa, por poner en alto su nido, por escaparse del poder del mal!

10 Tomaste consejo vergonzoso para tu casa, asolaste muchos pueblos, y has pecado contra tu vida.

11 Porque la piedra clamará desde el muro, y la tabla del enmaderado le responderá.

12 ¡Ay del que edifica la ciudad con sangres, y del que funda la villa con iniquidad!

13 ¿No es esto de Jehová de los ejércitos? Los pueblos pues trabajarán para el fuego, y las gentes se fatigarán en vano.

14 Porque la tierra será llena de conocimiento de la gloria de Jehová, como las aguas cubren la mar.

15 ¡Ay del que da de beber á sus compañeros, que les acercas tu hiel y embriagas, para mirar sus desnudeces!

16 Haste llenado de deshonra más que de honra: bebe tú también, y serás descubierto; el cáliz de la mano derecha de Jehová volverá sobre ti, y vómito de afrenta sobre tu gloria.

17 Porque la rapiña del Líbano caerá sobre ti, y la destrucción de las fieras lo quebrantará; á causa de las sangres humanas, y del robo de la tierra, de las ciudades, y de todos los que en ellas moraban.

18 ¿De qué sirve la escultura que esculpió el que la hizo? ¿la estatua de fundición, que enseña mentira, para que haciendo imágenes mudas confíe el hacedor en su obra?

19 ¡Ay del que dice al palo; Despiértate; y á la piedra muda: Levántate! ¿Podrá él enseñar? He aquí él está cubierto de oro y plata, y no hay dentro de él espíritu.

20 Mas Jehová está en su santo templo: calle delante de él toda la tierra.

3 Oración de Habacuc profeta, sobre Sigionoth.

2 Oh Jehová, oído he tu palabra, y temí: Oh Jehová, aviva tu obra en medio de los tiempos, En medio de los tiempos hazla conocer; En la ira acuérdate de la misericordia.

3 Dios vendrá de Temán, Y el Santo del monte de Parán, (Selah.) Su gloria cubrió los cielos, Y la tierra se llenó de su alabanza.

4 Y el resplandor fué como la luz; Rayos brillantes salían de su mano; Y allí estaba escondida su fortaleza.

5 Delante de su rostro iba mortandad, Y á sus pies salían carbones encendidos.

6 Paróse, y midió la tierra: Miró, é hizo temblar las gentes; Y los montes antiguos fueron desmenuzados, Los collados antiguos se humillaron á él. Sus caminos son eternos.

7 He visto las tiendas de Cushán en aflicción; Las tiendas de la tierra de Madián temblaron.

8 ¿Airóse Jehová contra los ríos? ¿Contra los ríos fué tu enojo? ¿Tu ira contra la mar, Cuando subiste sobre tus caballos, Y sobre tus carros de salud?

9 Descubrióse enteramente tu arco, Los juramentos á las tribus, palabra segura. (Selah.) Hendiste la tierra con ríos.

10 Viéronte, y tuvieron temor los montes: Pasó la inundación de las aguas: El abismo dió su voz, La hondura alzó sus manos.

11 El sol y la luna se pararon en su estancia: A la luz de tus saetas anduvieron, Y al resplandor de tu fulgente lanza.

12 Con ira hollaste la tierra, Con furor trillaste las gentes.

13 Saliste para salvar tu pueblo, Para salvar con tu ungido. Traspasaste la cabeza de la casa del impío, Desnudando el cimiento hasta el cuello. (Selah.)

14 Horadaste con sus báculos las cabezas de sus villas, Que como tempestad acometieron para derramarme: Su orgullo era como para devorar al pobre encubiertamente.

15 Hiciste camino en la mar á tu caballos, Por montón de grandes aguas.

16 Oí, y tembló mi vientre; A la voz se batieron mis labios; Pudrición se entró en mis huesos, y en mi asiento me estremecí; Si bien estaré quieto en el día de la angustia, Cuando suba al pueblo el que lo invadirá con sus tropas.

17 Aunque la higuera no florecerá, Ni en las vides habrá frutos; Mentirá la obra de la oliva, Y los labrados no darán mantenimiento. Y las ovejas serán quitadas de la majada, Y no habrá vacas en los corrales;

18 Con todo yo me alegraré en Jehová, Y me gozaré en el Dios de mi salud.

19 Jehová el Señor es mi fortaleza, El cual pondrá mis pies como de ciervas, Y me hará andar sobre mis alturas. Al jefe de los cantores sobre mis instrumentos de cuerdas.

SOFONÍAS

1 Palabra de Jehová que fué á Sofonías hijo de Cushi, hijo de Gedalías, hijo de Amarías, hijo de Ezechías, en días de Josías hijo de Amón, rey de Judá.

2 Destruiré del todo todas las cosas de sobre la haz de la tierra, dice Jehová.

3 Destruiré los hombres y las bestias; destruiré las aves del cielo, y los peces de la mar, y las piedras de tropiezo con los impíos; y talaré los hombres de sobre la haz de la tierra, dice Jehová.

4 Y extenderé mi mano sobre Judá, y sobre todos los moradores de Jerusalem, y exterminaré de este lugar el remanente de Baal, y el nombre de los Chemarim con los sacerdotes;

5 Y á los que se inclinan sobre los terrados al ejército del cielo, y á los que se inclinan jurando por Jehová y jurando por su rey,

6 Y á los que tornan atrás de en pos de Jehová; y á los que no buscaron á Jehová, ni preguntaron por él.

7 Calla en la presencia del Señor Jehová, porque el día de Jehová está cercano; porque Jehová ha aparejado sacrificio, prevenido á sus convidados.

8 Y será que en el día del sacrificio de Jehová, haré visitación sobre los príncipes, y sobre los hijos del rey, y sobre todos los que visten vestido extranjero.

9 Asimismo haré visitación en aquel día sobre todos los que saltan la puerta, los que hinchen de robo y de engaño las casas de sus señores.

10 Y habrá en aquel día, dice Jehová, voz de clamor desde la puerta del pescado, y aullido desde la segunda, y grande quebrantamiento desde los collados.

11 Aullad, moradores de Mactes, porque todo el pueblo mercader es destruido; talado son todos los que traían dinero.

12 Y será en aquel tiempo, que yo escudriñaré á Jerusalem con candiles, y haré visitación sobre los hombres que están sentados sobre sus heces, los cuales dicen en su corazón: Jehová ni hará bien ni mal.

13 Será por tanto saqueada su hacienda, y sus casas asoladas y edificarán casas, mas no las habitarán; y plantarán viñas, mas no beberán el vino de ellas.

14 Cercano está el día grande de Jehová, cercano y muy presuroso; voz amarga del Día de Jehová: gritará allí el valiente.

15 Día de ira aquel día, día de angustia y de aprieto, día de alboroto y de asolamiento, día de tiniebla y de oscuridad, día de nublado y de entenebrecimiento,

16 Día de trompeta y de algazara, sobre las ciudades fuertes, y sobre las altas torres.

17 Y atribularé los hombres, y andarán como ciegos, porque pecaron contra Jehová; y la sangre de ellos será derramada como polvo, y su carne como estiércol.

18 Ni su plata ni su oro podrá librarlos en el día de la ira de Jehová; pues toda la tierra será consumida con el fuego de su celo: porque ciertamente consumación apresurada hará con todos los moradores de la tierra.

2 Congregaos y meditad, gente no amable,

2 Antes que pára el decreto, y el día se pase como el tamo; antes que venga sobre vosotros el furor de la ira de Jehová, antes que el día de la ira de Jehová venga sobre vosotros.

3 Buscad á Jehová todos los humildes de la tierra, que pusisteis en obra su juicio; buscad justicia, buscad mansedumbre: quizás seréis guardados en el día del enojo de Jehová.

4 Porque Gaza será desamparada, y Ascalón asolada: saquearán á Asdod en el medio día, y Ecrón será desarraigada.

5 ¡Ay de los que moran á la parte de la mar, de la gente de Cheretim! La palabra de Jehová es contra vosotros, oh Canaán, tierra de Palestinos, que te haré destruir hasta no quedar morador.

6 Y será la parte de la mar por moradas de cabañas de pastores, y corrales de ovejas.

7 Y será aquella parte para el resto de la casa de Judá; allí apacentarán: en las casas de Ascalón dormirán á la noche porque Jehová su Dios los visitará, y tornará sus cautivos.

8 Yo he oído las afrentas de Moab, y los denuestos de los hijos de Ammón con que deshonraron á mi pueblo, y se engrandecieron sobre su término.

9 Por tanto, vivo yo, dice Jehová de los ejércitos, Dios de Israel, que Moab será como Sodoma, y los hijos de Ammon como Gomorra; campo de ortigas, y mina de sal, y asolamiento perpetuo: el resto de mi pueblo los saqueará, y el resto de mi gente los heredará.

10 Esto les vendrá por su soberbia, porque afrentaron, y se engrandecieron contra el pueblo de Jehová de los ejércitos.

11 Terrible será Jehová contra ellos, porque enervará á todos los dioses de la tierra; y cada uno desde su lugar se inclinará á él, todas las islas de las gentes.

12 Vosotros también los de Etiopía seréis muertos con mi espada.

13 Y extenderá su mano sobre el aquilón, y destruirá al Assur, y pondrá á Nínive en asolamiento, y en secadal como un desierto.

14 Y rebaños de ganado harán en ella majada, todas las bestias de las gentes; el onocrótalo también y el erizo dormirán en sus umbrales: su voz cantará en las ventanas; asolación será en las puertas, porque su enmaderamiento de cedro será descubierto.

15 Esta es la ciudad alegre que estaba confiada, la que decía en su corazón: Yo, y no más. ¡Cómo fué en asolamiento, en cama de bestias! Cualquiera que pasare junto á ella silbará, meneará su mano.

3 1¡Ay de la ciudad ensuciada y contaminada y opresora!

2 No escuchó la voz, ni recibió la disciplina: no se confió en Jehová, no se acercó á su Dios.

3 Sus príncipes en medio de ella son leones bramadores: sus jueces, lobos de tarde que no dejan hueso para la mañana:

4 Sus profetas, livianos, hombres prevaricadores: sus sacerdotes contaminaron el santuario, falsearon la ley.

5 Jehová justo en medio de ella, no hará iniquidad: de mañana sacará á luz su juicio, nunca falta: mas el perverso no tiene vergüenza.

6 Hice talar gentes; sus castillos están asolados; hice desiertas sus calles, hasta no quedar quien pase: sus ciudades están asoladas hasta no quedar hombre, hasta no quedar morador.

7 Dije: Ciertamente me temerás, recibirás corrección; y no será su habitación derruída por todo aquello sobre que los visité. Mas ellos se levantaron de mañana y corrompieron todas sus obras.

8 Por tanto, esperadme, dice Jehová, al día que me levantaré al despojo: porque mi determinación es reunir las gentes, juntar los reinos, para derramar sobre ellos mi enojo, todo el furor de mi ira; porque del fuego de mi celo será consumida toda la tierra.

9 Por entonces volveré yo á los pueblos el labio limpio, para que todos invoquen el nombre de Jehová, para que de un consentimiento le sirvan.

10 De esa parte de los ríos de Etiopía, mis suplicantes, la hija de mis esparcidos, me traerán ofrenda.

11 En aquel día no serás avergonzada por ninguna de tus obras con que te rebelaste contra mí; porque entonces quitaré de en medio de ti los que se alegran en tu soberbia, y nunca más te ensoberbecerás del monte de mi santidad.

12 Y dejaré en medio de ti un pueblo humilde y pobre, los cuales esperarán en el nombre de Jehová.

13 El resto de Israel no hará iniquidad, ni dirá mentira, ni en boca de ellos se hallará lengua engañosa: porque ellos serán apacentados y dormirán, y no habrá quien los espante.

14 Canta, oh hija de Sión: da voces de júbilo, oh Israel; gózate y regocíjate de todo corazón, hija de Jerusalem.

15 Ha apartado tus juicios, ha echado fuera tus enemigos: Jehová es Rey de Israel en medio de ti; nunca más verás mal.

16 En aquel tiempo se dirá á Jerusalem: No temas: Sión, no se debiliten tus manos.

17 Jehová en medio de ti, poderoso, él salvará: gozaráse sobre ti con alegría, callará de amor, se regocijará sobre ti con cantar.

18 Reuniré á los fastidiados por causa del largo tiempo; tuyos fueron; para quienes el oprobio de ella era una carga.

19 He aquí, en aquel tiempo yo apremiaré á todos tus opresores; y salvaré la coja, y recogeré la descarriada; y pondrélos por alabanza y por renombre en todo país de confusión.

20 En aquel tiempo yo os traeré, en aquel tiempo os reuniré yo; pues os daré por renombre y por alabanza entre todos los pueblos de la tierra, cuando tornaré vuestros cautivos delante de vuestros ojos, dice Jehová.

HAGGEO

1 1En el año segundo del rey Darío en el mes sexto, en el primer día del mes, fué palabra de Jehová, por mano del profeta Haggeo, á Zorobabel hijo de Sealtiel, gobernador de Judá, y á Josué hijo de Josadac, gran sacerdote, diciendo:

2 Jehová de los ejércitos habla así, diciendo: Este pueblo dice: No es aún venido el tiempo, el tiempo de que la casa de Jehová sea reedificada.

3 Fué pues palabra de Jehová por mano del profeta Haggeo, diciendo:

4 ¿Es para vosotros tiempo, para vosotros, de morar en vuestras casas enmaderadas, y esta casa está desierta?

5 Pues así ha dicho Jehová de los ejércitos: Pensad bien sobre vuestros caminos.

6 Sembráis mucho, y encerráis poco; coméis, y no os hartáis; bebéis, y no os saciáis; os vestís, y no os calentáis; y el que anda á jornal recibe su jornal en trapo horadado.

7 Así ha dicho Jehová de los ejércitos: Meditad sobre vuestros caminos.

8 Subid al monte, y traed madera, y reedificad la casa; y pondré en ella, mi voluntad, y seré honrado, ha dicho Jehová.

9 Buscáis mucho, y halláis poco; y encerráis en casa, y soplo en ello. ¿Por qué? dice Jehová de los ejércitos. Por cuanto mi casa está desierta, y cada uno de vosotros corre á su propia casa.

10 Por eso se detuvo de los cielos sobre vosotros la lluvia, y la tierra detuvo sus frutos.

11 Y llamé la sequedad sobre esta tierra, y sobre los montes, y sobre el trigo, y sobre el vino, y sobre el aceite, y sobre todo lo que la tierra produce, y sobre los hombres sobre y las bestias, y sobre todo trabajo de manos.

12 Y oyó Zorobabel hijo de Sealtiel, y Josué hijo de Josadac, gran sacerdote, y todo el demás pueblo, la voz de Jehová su Dios, y las palabras del profeta Haggeo, como lo había enviado Jehová el Dios de ellos; y temió el pueblo delante de Jehová.

13 Entonces Haggeo, enviado de Jehová, habló por mandado de Jehová, al pueblo, diciendo: Yo soy con vosotros, dice Jehová.

14 Y despertó Jehová el espíritu de Zorobabel hijo de Sealtiel, gobernador de Judá, y el espíritu de Josué hijo de Josadac, gran sacerdote, y el espíritu de todo el resto del pueblo; y vinieron é hicieron obra en la casa de Jehová de los ejércitos, su Dios.

15 En el día veinte y cuatro del mes sexto, en el segundo año del rey Darío.

2 1En el mes séptimo, á los veinte y uno del mes, fué palabra de Jehová por mano del profeta Haggeo, diciendo:

2 Habla ahora á Zorobabel hijo de Sealtiel, gobernador de Judá, y á Josué hijo de Josadac, gran sacerdote, y al resto del pueblo, diciendo:

3 ¿Quién ha quedado entre vosotros que haya visto esta casa en su primera gloria, y cual ahora la veis? ¿No es ella como nada delante de vuestros ojos?

4 Pues ahora, Zorobabel, esfuérzate, dice Jehová; esfuérzate también Josué, hijo de Josadac, gran sacerdote; y cobra ánimo, pueblo todo de la tierra, dice Jehová, y obrad: porque yo soy con vosotros, dice Jehová de los ejércitos.

5 Según el pacto que concerté con vosotros a vuestra salida de Egipto, así mi espíritu estará en medio de vosotros: no temáis.

6 Porque así dice Jehová de los ejércitos: De aquí á poco aun haré yo temblar los cielos y la tierra, y la mar y la seca:

7 Y haré temblar á todas las gentes, y vendrá el Deseado de todas las gentes; y henchiré esta casa de gloria, ha dicho Jehová de los ejércitos.

8 Mía es la plata, y mío el oro, dice Jehová de los ejércitos.

9 La gloria de aquesta casa postrera será mayor que la de la primera, ha dicho Jehová de los ejércitos; y daré paz en este lugar, dice Jehová de los ejércitos.

10 A veinticuatro del noveno mes, en el segundo año de Darío, fué palabra de Jehová por mano del profeta Haggeo, diciendo:

11 Así ha dicho Jehová de los ejércitos: Pregunta ahora á los sacerdotes acerca de la ley, diciendo:

12 Si llevare alguno las carnes sagradas en la falda de su ropa, y con el vuelo de ella tocare el pan, ó la vianda, ó el vino, ó el aceite, ú otra cualquier comida, ¿será santificado? Y respondieron los sacerdotes, y dijeron: No.

13 Y dijo Haggeo: Si un inmundo á causa de cuerpo muerto tocare alguna cosa de éstas, ¿será inmunda? Y respondieron los sacerdotes, y dijeron: Inmunda será.

14 Y respondió Haggeo y dijo: Así es este pueblo, y esta gente, delante de mí, dice Jehová; y asimismo toda obra de sus manos; y todo lo que aquí ofrecen es inmundo.

15 Ahora pues, poned vuestro corazón desde este día en adelante, antes que pusiesen piedra sobre piedra en el templo de Jehová.

16 Antes que fuesen estas cosas, venían al montón de veinte hanegas, y había diez; venían al lagar para sacar cincuenta cántaros del lagar, y había veinte.

17 Os herí con viento solano, y con tizoncillo, y con granizo en toda obra de vuestras manos; mas no os convertisteis á mí, dice Jehová.

18 Pues poned ahora vuestro corazón desde este día en adelante, desde el día veinticuatro del noveno mes, desde el día que se echó el cimiento al templo de Jehová; poned vuestro corazón.

19 ¿Aun no está la simiente en el granero? ni la vid, ni la higuera, ni el granado, ni el árbol de la oliva ha todavía florecido: mas desde aqueste día daré bendición.

20 Y fué segunda vez palabra de Jehová á Haggeo, á los veinticuatro del mismo mes, diciendo:

21 Habla á Zorobabel, gobernador de Judá, diciendo: Yo haré temblar los cielos y la tierra;

22 Y trastornaré el trono de los reinos, y destruiré la fuerza del reino de las gentes; y trastornaré el carro, y los que en él suben; y vendrán abajo los caballos, y los que en ellos montan, cada cual por la espada de su hermano.

23 En aquel día, dice Jehová de los ejércitos, te tomaré, oh Zorobabel, hijo de Sealtiel, siervo mío, dice Jehová, y ponerte he como anillo de sellar: porque yo te escogí, dice Jehová de los ejércitos.

ZACARÍAS

1 En el mes octavo, en el año segundo de Darío, fué palabra de Jehová á Zacarías profeta, hijo de Berechías, hijo de Iddo, diciendo:

2 Enojóse Jehová con ira contra vuestros padres.

3 Los dirás pues: Así ha dicho Jehová de los ejércitos: Volveos á mí, dice Jehová de los ejércitos, y yo me volveré á vosotros, ha dicho Jehová de los ejércitos.

4 No seáis como vuestros padres, á los cuales dieron voces los primeros profetas, diciendo: Así ha dicho Jehová de los ejércitos: Volveos ahora de vuestros malos caminos, y de vuestras malas obras; y no atendieron, ni me escucharon, dice Jehová.

5 Vuestros padres, ¿dónde están? y los profetas ¿han de vivir para siempre?

6 Empero mis palabras y mis ordenanzas que mandé á mis siervos los profetas, ¿no alcanzaron á vuestros padres? Por eso se volvieron ellos y dijeron: Como Jehová de los ejércitos pensó tratarnos conforme á nuestros caminos, y conforme á nuestras obras, así lo hizo con nosotros.

7 A los veinticuatro del mes undécimo, que es el mes de Sebath, en el año segundo de Darío, fué palabra de Jehová á Zacarías profeta, hijo de Berechías, hijo de Iddo, diciendo:

8 Vi de noche, y he aquí un varón que cabalgaba sobre un caballo bermejo, el cual estaba entre los mirtos que había en la hondura; y detrás de él había caballos bermejos, overos, y blancos.

9 Entonces dije: ¿Qué son éstos, señor mío? Y díjome el ángel que hablaba conmigo: Yo te enseñaré qué son éstos.

10 Y aquel varón que estaba entre los mirtos respondió, y dijo: Estos son los que Jehová ha enviado á recorrer la tierra.

11 Y ellos hablaron á aquel ángel de Jehová que estaba entre los mirtos, y dijeron: Hemos recorrido la tierra, y he aquí toda la tierra está reposada y quieta.

12 Y respondió el ángel de Jehová, y dijo: Oh Jehová de los ejércitos, ¿hasta cuándo no tendrás piedad de Jerusalem, y de las ciudades de Judá, con las cuales has estado airado por espacio de setenta años?

13 Y Jehová respondió buenas palabras, palabras consolatorias á aquel ángel que hablaba conmigo.

14 Y díjome el ángel que hablaba conmigo: Clama diciendo: Así ha dicho Jehová de los ejércitos: Celé á Jerusalem y á Sión con gran celo;

15 Y con grande enojo estoy airado contra las gentes que están reposadas; porque yo estaba enojado un poco, y ellos ayudaron para el mal.

16 Por tanto, así ha dicho Jehová: Yo me he tornado á Jerusalem con miseraciones; en ella será edificada mi casa, dice Jehová de los ejércitos, y la plomada será tendida sobre Jerusalem.

17 Clama aún, diciendo: Así dice Jehová de los ejércitos: Aun serán ensanchadas mis ciudades por la abundancia del bien; aun consolará Jehová á Sión, y escogerá todavía á Jerusalem.

18 Después alcé mis ojos, y miré, y he aquí cuatro cuernos.

19 Y dije al ángel que hablaba conmigo: ¿Qué son éstos? Y respondióme: Estos son los cuernos que aventaron á Judá, Israel, y á Jerusalem.

20 Mostróme luego Jehová cuatro carpinteros.

21 Y yo dije: ¿Qué vienen éstos á hacer? Y respondióme diciendo: Estos son los cuernos que aventaron á Judá, tanto que ninguno alzó su cabeza; mas éstos han venido para hacerlos temblar, para derribar los cuernos de las gentes, que alzaron el cuerno sobre la tierra de Judá para aventarla.

2 Alcé después mis ojos, y miré, y he aquí un varón que tenía en su mano un cordel de medir.

2 Y díjele: ¿A dónde vas? Y él me respondió: A medir á Jerusalem, para ver cuánta es su anchura, y cuánta su longitud.

3 Y he aquí, salía aquel ángel que hablaba conmigo, y otro ángel le salió al encuentro,

4 Y díjole: Corre, habla á este mozo, diciendo: Sin muros será habitada Jerusalem á causa de la multitud de los hombres, y de las bestias en medio de ella.

5 Yo seré para ella, dice Jehová, muro de fuego en derredor, y seré por gloria en medio de ella.

6 Eh, eh, huid de la tierra del aquilón, dice Jehová, pues por los cuatro vientos de los cielos os esparcí, dice Jehová.

7 Oh Sión, la que moras con la hija de Babilonia, escápate.

8 Porque así ha dicho Jehová de los ejércitos: Después de la gloria me enviará él á las gentes que os despojaron: porque el que os toca, toca á la niña de su ojo.

9 Porque he aquí yo alzo mi mano sobre ellos, y serán despojo á sus siervos, y sabréis que Jehová de los ejércitos me envió.

10 Canta y alégrate, hija de Sión: porque he aquí vengo, y moraré en medio de ti, ha dicho Jehová.

11 Y uniránse muchas gentes á Jehová en aquel día, y me serán por pueblo, y moraré en medio de ti; y entonces conocerás que Jehová de los ejércitos me ha enviado á ti.

12 Y Jehová poseerá á Judá su heredad en la tierra santa, y escogerá aún á Jerusalem.

13 Calle toda carne delante de Jehová, porque él se ha despertado de su santa morada.

3 Y mostróme á Josué, el gran sacerdote, el cual estaba delante del ángel de Jehová; y Satán estaba á su mano derecha para serle adversario.

2 Y dijo Jehová á Satán: Jehová te reprenda, oh Satán; Jehová, que ha escogido á Jerusalem, te reprenda. ¿No es éste tizón arrebatado del incendio?

3 Y Josué estaba vestido de vestimentas viles, y estaba delante del ángel.

4 Y habló el ángel, é intimó á los que estaban delante de sí, diciendo: Quitadle esas vestimentas viles. Y á él dijo: Mira que he hecho pasar tu pecado de ti, y te he hecho vestir de ropas de gala.

5 Después dijo: Pongan mitra limpia sobre su cabeza. Y pusieron una mitra limpia sobre su cabeza, y vistiéronle de ropas. Y el ángel de Jehová estaba en pie.

6 Y el ángel de Jehová protestó al mismo Josué, diciendo:

7 Así dice Jehová de los ejércitos: Si anduvieres por mis caminos, y si guardares mi ordenanza, también tú gobernarás mi casa, también tú guardarás mis atrios, y entre estos que aquí están te daré plaza.

8 Escucha pues ahora, Josué gran sacerdote, tú, y tus amigos que se sientan delante de ti; porque son varones simbólicos: He aquí, yo traigo á mi siervo, el Pimpollo.

9 Porque he aquí aquella piedra que puse delante de Josué: sobre esta única piedra hay siete ojos: he aquí, yo grabaré su escultura, dice Jehová de los ejércitos, y quitaré el pecado de esa tierra en un día.

10 En aquel día, dice Jehová de los ejércitos, cada uno de vosotros llamará á su compañero debajo de la vid, y debajo de la higuera.

4 Y volvió el ángel que hablaba conmigo, y despertóme como un hombre que es despertado de su sueño.

2 Y díjome: ¿Qué ves? Y respondí: He mirado, y he aquí un candelero todo de oro, con su vaso sobre su cabeza, y sus siete lámparas encima del candelero; y siete canales para las lámparas que están encima de él;

3 Y sobre él dos olivas, la una á la derecha del vaso, y la otra á su izquierda.

4 Proseguí, y hablé á aquel ángel que hablaba conmigo, diciendo: ¿Qué es esto, señor mío?

5 Y el ángel que hablaba conmigo respondió, y díjome: ¿No sabes qué es esto? Y dije: No, señor mío.

6 Entonces respondió y hablóme, diciendo: Esta es palabra de Jehová á Zorobabel, en que se dice: No con ejército, ni con fuerza, sino con mi espíritu, ha dicho Jehová de los ejércitos.

7 ¿Quién eres tú, oh gran monte? Delante de Zorobabel serás reducido á llanura: él sacará la primera piedra con aclamaciones de Gracia, gracia á ella.

8 Y fué palabra de Jehová á mí, diciendo:

9 Las manos de Zorobabel echarán el fundamento á esta casa, y sus manos la acabarán; y conocerás que Jehová de los ejércitos me envió á vosotros.

10 Porque los que menospreciaron el día de las pequeñeces se alegrarán, y verán la plomada en la mano de Zorobabel. Aquellas siete son los ojos de Jehová que recorren por toda la tierra.

11 Hablé más, y díjele: ¿Qué significan estas dos olivas á la derecha del candelero, y á su izquieda?

12 Hablé aún de nuevo, y díjele: ¿Qué significan las dos ramas de olivas que por medio de dos tubos de oro vierten de sí aceite como oro?

13 Y respondióme, diciendo: ¿No sabes qué es esto? Y dije: Señor mío, no.

14 Y él dijo: Estos dos hijos de aceite son los que están delante del Señor de toda la tierra.

5 Y tornéme, y alcé mis ojos, y miré, y he aquí un rollo que volaba.

2 Y díjome: ¿Qué ves? Y respondí: Veo un rollo que vuela, de veinte codos de largo, y diez codos de ancho.

3 Díjome entonces: Esta es la maldición que sale sobre la haz de toda la tierra; porque todo aquel que hurta, (como está de la una parte del rollo) será destruído; y todo aquel que jura, (como está de la otra parte del rollo) será destruído.

4 Yo la saqué, dice Jehová de los ejércitos, y vendrá á la casa del ladrón, y á la casa del que jura falsamente en mi nombre; y permanecerá en medio de su casa, y consumirála, con sus enmaderamientos y sus piedras.

5 Y salió aquel ángel que hablaba conmigo, y díjome: Alza ahora tus ojos, y mira qué es esto que sale.

6 Y dije: ¿Qué es? Y él dijo: Este es un epha que sale. Además dijo: Este es el ojo de ellos en toda la tierra.

7 Y he aquí, traían un talento de plomo, y una mujer estaba asentada en medio de aquel epha.

8 Y él dijo: Esta es la Maldad; y echóla dentro del epha, y echó la masa de plomo en su boca.

9 Alcé luego mis ojos, y miré, y he aquí dos mujeres que salían, y traían viento en sus alas, y tenían alas como de cigüeña, y alzaron el epha entre la tierra y los cielos.

10 Y dije al ángel que hablaba conmigo: ¿Adónde llevan el epha?

11 Y él me respondió: Para que le sea edificada casa en tierra de Shinar; y será asentado y puesto allá sobre su asiento.

6 Y tornéme, y alcé mis ojos y miré, y he aquí cuatro carros que salían de entre dos montes; y aquellos montes eran de metal.

2 En el primer carro había caballos bermejos, y el segundo carro caballos negros;

3 Y en el tercer carro caballos blancos, y en el cuarto carro caballos overos ruciorodados.

4 Respondí entonces, y dije al ángel que conmigo hablaba: Señor mío, ¿qué es esto?

5 Y el ángel me respondió, y díjome: Estos son los cuatro vientos de los cielos, que salen de donde están delante del Señor de toda la tierra.

6 En el que estaban los caballos negros, salieron hacia la tierra del aquilón; y los blancos salieron tras ellos; y lo overos salieron hacia la tierra del mediodía.

7 Y los rucios salieron, y se afanaron por ir á recorrer la tierra. Y dijo: Id, recorred la tierra. Y recorrieron la tierra.

8 Luego me llamó, y hablóme diciendo: Mira, los que salieron hacia la tierra del aquilón hicieron reposar mi espíritu en la tierra del aquilón.

9 Y fué á mí palabra de Jehová, diciendo:

10 Toma de los del cautiverio, de Heldai, y de Tobías, y de Jedaía, los cuales volvieron de Babilonia; y vendrás tú en aquel día, y entrarás en casa de Josías hijo de Sefanías;

11 Tomarás pues plata y oro, y harás coronas, y las pondrás en la cabeza del gran sacerdote Josué, hijo de Josadac;

12 Y le hablarás, diciendo: Así ha hablado Jehová de los ejércitos, diciendo: He aquí el varón cuyo nombre es Pimpollo, el cual germinará de su lugar, y edificará el templo de Jehová:

13 El edificará el templo de Jehová, y él llevará gloria, y se sentará y dominará en su trono, y será sacerdote en su solio; y consejo de paz será entre ambos á dos.

14 Y Helem, y Tobías, y Jedaía, y Hen, hijo de Sefanías, tendrán coronas por memorial en el templo de Jehová.

15 Y los que están lejos vendrán y edificarán en el templo de Jehová, y conoceréis que Jehová de los ejércitos me ha enviado á vosotros. Y será esto, si oyereis obedientes la voz de Jehová vuestro Dios.

7 Y aconteció en el año cuarto del rey Darío, que fué palabra de Jehová á Zacarías á los cuatro del mes noveno, que es Chisleu;

2 Cuando fué enviado á la casa de Dios, Saraser, con Regemmelech y sus hombres, á implorar el favor de Jehová,

3 Y á hablar á los sacerdotes que estaban en la casa de Jehová de los ejércitos, y á los profetas, diciendo: ¿Lloraremos en el mes quinto? ¿haremos abstinencia como hemos hecho ya algunos años?

4 Fué pues á mí palabra de Jehová de los ejércitos, diciendo:

5 Habla á todo el pueblo del país, y á los sacerdotes, diciendo: Cuando ayunasteis y llorasteis en el quinto y en el séptimo mes estos setenta años, ¿habéis ayunado para mí?

6 Y cuando coméis y bebéis, ¿no coméis y bebéis para vosotros?

7 ¿No son estas las palabras que publicó Jehová por mano de los profetas primeros, cuando Jerusalem estaba habitada y quieta, y sus ciudades en sus alrededores, y el mediodía y la campiña se habitaban?

8 Y fué palabra de Jehová á Zacarías, diciendo:

9 Así habló Jehová de los ejércitos, diciendo: Juzgad juicio verdadero, y haced misericordia y piedad cada cual con su hermano:

10 No agraviéis á la viuda, ni al huérfano, ni al extranjero, ni al pobre; ni ninguno piense mal en su corazón contra su hermano.

11 Empero no quisieron escuchar, antes dieron hombro rebelado, y agravaron sus oídos para no oir:

12 Y pusieron su corazón como diamante, para no oir la ley ni las palabras que Jehová de los ejércitos enviaba por su espíritu, por mano de los profetas primeros: fué, por tanto, hecho grande castigo por Jehová de los ejércitos.

13 Y aconteció que como él clamó, y no escucharon, así ellos clamaron, y yo no escuché, dice Jehová de los ejércitos;

14 Antes los esparcí con torbellino por todas las gentes que ellos no conocían, y la tierra fué desolada tras de ellos, sin quedar quien fuese ni viniese; pues tornaron en asolamiento el país deseable.

8 Y fué á mí palabra de Jehová de los ejércitos, diciendo:

2 Así ha dicho Jehová de los ejércitos: Yo he celado á Sión con grande celo, y con grande ira la celé.

3 Así dice Jehová: Yo he restituído á Sión, y moraré en medio de Jerusalem: y Jerusalem se llamará Ciudad de Verdad, y el monte de Jehová de los ejércitos, Monte de Santidad.

4 Así ha dicho Jehová de los ejércitos: Aun han de morar viejos y viejas en las plazas de Jerusalem, y cada cual con bordón en su mano por la multitud de los días.

5 Y las calles de la ciudad serán llenas de muchachos y muchachas, que jugarán en las calles.

6 Así dice Jehová de los ejércitos: Si esto parecerá dificultoso á los ojos del resto de este pueblo en aquellos días, ¿también será dificultoso delante de mis ojos? dice Jehová de los ejércitos.

7 Así ha dicho Jehová de los ejércitos: He aquí, yo salvo mi pueblo de la tierra del oriente, y de la tierra donde se pone el sol;

8 Y traerélos, y habitarán en medio de Jerusalem; y me serán por pueblo, y yo seré á ellos por Dios con verdad y con justicia.

9 Así ha dicho Jehová de los ejércitos: Esfuércense vuestras manos, de vosotros los que oís en estos días estas palabras de la boca de los profetas, desde el día que se echó el cimiento á la casa de Jehová de los ejércitos, para edificar el templo.

10 Porque antes de estos días no ha habido paga de hombre, ni paga de bestia, ni hubo paz alguna para entrante ni para saliente, á causa del enemigo: y yo dejé todos los hombres, cada cual contra su compañero.

11 Mas ahora no lo haré con el resto de este pueblo como en aquellos días pasados, dice Jehová de los ejércitos.

12 Porque habrá simiente de paz; la vid dará su fruto, y dará su producto la tierra, y los cielos darán su rocío; y haré que el resto de este pueblo posea todo esto.

13 Y será que como fuisteis maldición entre las gentes, oh casa de Judá y casa de Israel, así os salvaré, y seréis bendición. No temáis, mas esfuércense vuestras manos.

14 Porque así ha dicho Jehová de los ejércitos: Como pensé haceros mal cuando vuestros padres me provocaron á ira, dice Jehová de los ejércitos, y no me arrepentí;

15 Así tornando he pensado de hacer bien á Jerusalem y á la casa de Judá en estos días: no temáis.

16 Estas son las cosas que habéis de hacer: Hablad verdad cada cual con su prójimo; juzgad en vuestras puertas verdad y juicio de paz:

17 Y ninguno de vosotros piense mal en su corazón contra su prójimo, ni améis juramento falso: porque todas estas son cosas que aborrezco, dice Jehová.

18 Y fué á mí palabra de Jehová de los ejércitos, diciendo:

19 Así ha dicho Jehová de los ejércitos: El ayuno del cuarto mes, y el ayuno del quinto, y el ayuno del séptimo, y el ayuno del décimo, se tornarán á la casa de Judá en gozo y alegría, y en festivas solemnidades. Amad pues verdad y paz.

20 Así ha dicho Jehová de los ejércitos: Aun vendrán pueblos, y moradores de muchas ciudades;

21 Y vendrán los moradores de la una á la otra, y dirán: Vamos á implorar el favor de Jehová, y á buscar á Jehová de los ejércitos. Yo también iré.

22 Y vendrán muchos pueblos y fuertes naciones á buscar á Jehová de los ejércitos en Jerusalem, y á implorar el favor de Jehová.

23 Así ha dicho Jehová de los ejércitos: En aquellos días acontecerá que diez hombres de todas las lenguas de las gentes, trabarán de la falda de un Judío, diciendo: Iremos con vosotros, porque hemos oído que Dios está con vosotros.

9 Carga de la palabra de Jehová contra tierra de Hadrach, y de Damasco será su reposo: porque á Jehová están vueltos los ojos de los hombres, y de todas las tribus de Israel.

2 Y también Hamath tendrá término en ella; Tiro y Sidón, aunque muy sabia sea.

3 Bien que Tiro se edificó fortaleza, y amontonó plata como polvo, y oro como lodo de las calles,

4 He aquí, el Señor la empobrecerá, y herirá en la mar su fortaleza, y ella será consumida de fuego.

5 Ascalón verá, y temerá; Gaza también, y se dolerá en gran manera: asimismo Ecrón, porque su esperanza será confundida; y de Gaza perecerá el rey, y Ascalón no será habitada.

6 Y habitará en Asdod un extranjero, y yo talaré la soberbia de los Palestinos:

7 Y quitaré sus sangres de su boca, y sus abominaciones de sus dientes, y quedarán ellos también para nuestro Dios, y serán como capitanes en Judá, y Ecrón como el Jebuseo.

8 Y seré real de ejército á mi casa, á causa del que va y del que viene: ni pasará más sobre ellos angustiador; porque ahora miré con mis ojos.

9 Alégrate mucho, hija de Sión; da voces de júbilo, hija de Jerusalem: he aquí, tu rey vendrá á ti, justo y salvador, humilde, y cabalgando sobre un asno, así sobre un pollino hijo de asna.

10 Y de Ephraim destruiré los carros, y los caballo de Jerusalem; y los arcos de guerra serán quebrados: y hablará paz á las gentes; y su señorío será de mar á mar, y desde el río hasta los fines de la tierra.

11 Y tú también por la sangre de tu pacto serás salva; yo he sacado tus presos del aljibe en que no hay agua.

12 Tornaos á la fortaleza, oh presos de esperanza: hoy también os anuncio que os daré doblado.

13 Porque entesado he para mí á Judá como arco, henchí á Ephraim; y despertaré tus hijos, oh Sión, contra tus hijos, oh Grecia, y te pondré como espada de valiente.

14 Y Jehová será visto sobre ellos, y su dardo saldrá como relámpago: y el Señor Jehová tocará trompeta, é irá como torbellinos del austro.

15 Jehová de los ejércitos los amparará, y ellos devorarán, y sujetarán á las piedras de la honda, y beberán y harán estrépito como tomados del vino; y se llenarán como cuenco, ó como los lados del altar.

16 Y los salvará en aquel día Jehová su Dios como á rebaño de su pueblo: porque serán engrandecidos en su tierra como piedras de corona.

17 Porque ¡cuánta es su bondad, y cuánta su hermosura! El trigo alegrará á los mancebos, y el vino á las doncellas.

10 Pedid á Jehová lluvia en la sazón tardía: Jehová hará relámpagos, y os dará lluvia abundante, y hierba en el campo á cada uno.

2 Porque las imágenes han hablado vanidad, y los adivinos han visto mentira, y han hablado sueños vanos, en vano consuelan: por lo cual se fueron ellos como ovejas, fueron humillados porque no tuvieron pastor.

3 Contra los pastores se ha encendido mi enojo, y castigaré los machos de cabrío: mas Jehová de los ejércitos visitará su rebaño, la casa de Judá, y tornarálos como su caballo de honor en la guerra.

4 De él saldrá el ángulo, de él la clavija, de él el arco de la guerra, de él también todo apremiador.

5 Y serán como valientes, que en la batalla pisan al enemigo en el lodo de las calles; y pelearán, porque Jehová será con ellos; y los que cabalgan en caballos serán avergonzados.

6 Porque yo fortificaré la casa de Judá, y guardaré la casa de José; y harélos volver, porque de ellos tendré piedad; y serán como si no los hubiera desechado; porque yo soy Jehová su Dios, que los oiré.

7 Y será Ephraim como valiente, y alegraráse su corazón como de vino: sus hijos también verán y se alegrarán; su corazón se gozará en Jehová.

8 Yo les silbaré y los juntaré, porque he los redimido; y serán multiplicados como fueron multiplicados.

9 Bien que los sembraré entre los pueblos, aun en lejanos países se acordarán de mí; y vivirán con sus hijos, y tornarán.

10 Porque yo los tornaré de la tierra de Egipto, y los recogeré de la Asiria; y traerélos á la tierra de Galaad y del Líbano, y no les bastará.

11 Y la tribulación pasará por la mar, y en la mar herirá las ondas, y se secarán todas las honduras del río: y la soberbia de Assur será derribada, y el cetro de Egipto.

12 Y yo los fortificaré en Jehová, y caminarán en su nombre, dice Jehová.

11 Oh Líbano, abre tus puertas, y queme fuego tus cedros.

2 Aulla, oh haya, porque el cedro cayó, porque los magníficos son talados. Aullad, alcornoques de Basán, porque el fuerte monte es derribado.

3 Voz de aullido de pastores, porque su magnificencia es asolada; estruendo de bramidos de cachorros de leones, porque la soberbia del Jordán es destruida.

4 Así ha dicho Jehová mi Dios: Apacienta las ovejas de la matanza;

5 A las cuales mataban sus compradores, y no se tenían por culpables; y el que las vendía, decía: Bendito sea Jehová, que he enriquecido; ni sus pastores tenían piedad de ellas.

6 Por tanto, no más tendré piedad de los moradores de la tierra, dice Jehová: porque he aquí, yo entregaré los hombres, cada cual en mano de su compañero, y en mano de su rey; y quebrantarán la tierra, y yo no libraré de sus manos.

7 Apacenté pues las ovejas de la matanza, es á saber, los pobres del rebaño. Y me tomé dos cayados; al uno puse por nombre Suavidad, y al otro Ataduras; y apacenté las ovejas.

8 E hice matar tres pastores en un mes, y mi alma se angustió por ellos, y también el alma de ellos me aborreció á mí.

9 Y dije: No os apacentaré; la que muriere, muera; y la que se perdiere, se pierda; y las que quedaren, que cada una coma la carne de su compañera.

10 Tomé luego mi cayado Suavidad, y quebrélo, para deshacer mi pacto que concerté con todos los pueblos.

11 Y fué deshecho en ese día, y así conocieron los pobres del rebaño que miran á mí, que era palabra de Jehová.

12 Y díjeles: Si os parece bien, dadme mi salario; y si no, dejadlo. Y pesaron para mi salario treinta piezas de plata.

13 Y díjome Jehová: Echalo al tesorero, hermoso precio con que me han apreciado. Y tomé las treinta piezas de plata, y echélas en la casa de Jehová al tesorero.

14 Quebré luego el otro mi cayado Ataduras, para romper la hermandad entre Judá é Israel.

15 Y díjome Jehová: Toma aún el hato de un pastor insensato; porque he aquí, yo levanto pastor en la tierra, que no visitará las perdidas, no buscará la pequeña, no curará la perniquebrada, ni llevará la cansada á cuestas; sino que se comerá la carne de la gruesa, y romperá sus uñas.

16 Mal haya el pastor de nada, que deja el ganado. Espada sobre su brazo, y sobre su ojo derecho: del todo se secará su brazo, y enteramente será su ojo derecho oscurecido.

12 Carga de la palabra de Jehová acerca de Israel. Jehová, que extiende los cielos, y funda la tierra, y forma el espíritu del hombre dentro de él, ha dicho:

2 He aquí, yo pongo á Jerusalem por vaso de temblor á todos los pueblos de alrededor cuando estén en el sitio contra Judá y contra Jerusalem.

3 Y será en aquel día, que yo pondré á Jerusalem por piedra pesada á todos los pueblos: todos los que se la cargaren, serán despedazados, bien que todas las gentes de la tierra se juntarán contra ella.

4 En aquel día, dice Jehová, heriré con aturdimiento á todo caballo, y con locura al que en él sube; mas sobre la casa de Judá abriré mis ojos, y á todo caballo de los pueblos heriré con ceguera.

5 Y los capitanes de Judá dirán en su corazón: Mi fuerza son los moradores de Jerusalem en Jehová de los ejércitos su Dios.

6 En aquel día pondré los capitanes de Judá como un brasero de fuego en leña, y como una hacha de fuego en gavillas; y consumirán á diestra y á siniestra todos los pueblos alrededor; y Jerusalem será otra vez habitada en su lugar, en Jerusalem.

7 Y librará Jehová las tiendas de Judá primero, porque la gloria de la casa de David y del morador de Jerusalem no se engrandezca sobre Judá.

8 En aquel día Jehová defenderá al morador de Jerusalem: y el que entre ellos fuere flaco, en aquel tiempo será como David; y la casa de David como ángeles, como el ángel de Jehová delante de ellos.

9 Y será que en aquel día yo procuraré quebrantar todas las gentes que viniéren contra Jerusalem.

10 Y derramaré sobre la casa de David, y sobre los moradores de Jerusalem, espíritu de gracia y de oración; y mirarán á mí, á quien traspasaron, y harán llanto sobre él, como llanto sobre unigénito, afligiéndose sobre él como quien se aflige sobre primogénito.

11 En aquel día habrá gran llanto en Jerusalem, como el llanto de Adadrimón en el valle de Megiddo.

12 Y la tierra lamentará, cada linaje de por sí; el linaje de la casa de David por sí, y sus mujeres por sí; el linaje de la casa de Nathán por sí, y sus mujeres por sí;

13 El linaje de la casa de Leví por sí, y sus mujeres por sí; el linaje de Simei por sí, y sus mujeres por sí;

14 Todos los otros linajes, los linajes por sí, y sus mujeres por sí.

13 En aquel tiempo habrá manantial abierto para la casa de David y para los moradores de Jerusalem, para el pecado y la inmundicia.

2 Y será en aquel día, dice Jehová de los ejércitos, que talaré de la tierra los nombres de las imágenes, y nunca más vendrán en memoria: y también haré talar de la tierra los profetas, y espíritu de inmundicia.

3 Y será que cuando alguno más profetizare, diránle su padre y su madre que lo engendraron: No vivirás, porque has hablado mentira en el nombre de Jehová; y su padre y su madre que lo engendraron, le alancearán cuando profetizare.

4 Y será en aquel tiempo, que todos los profetas se avergonzarán de su visión cuando profetizaren; ni nunca más se vestirán de manto velloso para mentir

5 Y dirá: No soy profeta; labrador soy de la tierra: porque esto aprendí del hombre desde mi juventud.

6 Y le preguntarán: ¿Qué heridas son éstas en tus manos? Y él responderá: Con ellas fuí herido en casa de mis amigos.

7 Levántate, oh espada, sobre el pastor, y sobre el hombre compañero mío, dice Jehová de los ejércitos. Hiere al pastor, y se derramarán las ovejas: mas tornaré mi mano sobre los chiquitos.

8 Y acontecerá en toda la tierra, dice Jehová, que las dos partes serán taladas en ella, y se perderán; mas la tercera quedará en ella.

9 Y meteré en el fuego la tercera parte, y los fundiré como se funde la plata, y probarélos como se prueba el oro. El invocará mi nombre, y yo le oiré, y diré: Pueblo mío: y él dirá: Jehová es mi Dios.

14 He aquí, el día de Jehová viene, y tus despojos serán repartidos en medio de ti.

2 Porque yo reuniré todas las gentes en batalla contra Jerusalem; y la ciudad será tomada, y saqueadas serán las casas, y forzadas las mujeres: y la mitad de la ciudad irá en cautiverio, mas el resto del pueblo no será talado de la ciudad.

3 Después saldrá Jehová, y peleará con aquellas gentes, como peleó el día de la batalla.

4 Y afirmaránse sus pies en aquel día sobre el monte de las Olivas, que está en frente de Jerusalem á la parte de oriente: y el monte de las Olivas, se partirá por medio de sí hacia el oriente y hacia el occidente haciendo un muy grande valle; y la mitad del monte se apartará hacia el norte, y la otra mitad hacia el mediodía.

5 Y huiréis al valle de los montes; porque el valle de los montes llegará hasta Hasal; y huiréis de la manera que huisteis por causa del terremoto en los días de Uzzías, rey de Judá: y vendrá Jehová mi Dios, y con él todos los santos.

6 Y acontecerá que en ese día no habrá luz clara, ni oscura.

7 Y será un día, el cual es conocido de Jehová, que ni será día ni noche; mas acontecerá que al tiempo de la tarde habrá luz.

8 Acontecerá también en aquel día, que saldrán de Jerusalem aguas vivas; la mitad de ellas hacia la mar oriental, y la otra mitad hacia la mar occidental, en verano y en invierno.

9 Y Jehová será rey sobre toda la tierra. En aquel día Jehová será uno, y uno su nombre.

10 Y toda la tierra se tornará como llanura desde Gabaa hasta Rimmón al mediodía de Jerusalem: y ésta será enaltecida, y habitarse ha en su lugar desde la puerta de Benjamín hasta el lugar de la puerta primera, hasta la puerta de los rincones; y desde la torre de Hananeel hasta los lagares del rey.

11 Y morarán en ella, y nunca más será anatema: sino que será Jerusalem habitada confiadamente.

12 Y esta será la plaga con que herirá Jehová á todos los pueblos que pelearon contra Jerusalem: la carne de ellos se disolverá estando ellos sobre sus pies, y se consumirán sus ojos en sus cuencas, y su lengua se les deshará en su boca.

13 Y acontecerá en aquel día que habrá en ellos gran quebrantamiento de Jehová; porque trabará cada uno de la mano de su compañero, y su mano echará contra la mano de su compañero.

14 Y Judá también peleará en Jerusalem. Y serán reunidas las riquezas de todas las gentes de alrededor: oro, y plata, y ropas de vestir, en grande abundancia.

15 Y tal como esto será la plaga de los caballos, de los mulos, de los camellos, de los asnos, y de todas las bestias que estuvieren en aquellos campamentos.

16 Y todos los que quedaren de las gentes que vinieron contra Jerusalem subirán de año en año á adorar al Rey, Jehová de los ejércitos, y á celebrar la fiesta de las Cabañas.

17 Y acontecerá, que los de las familias de la tierra que no subieren á Jerusalem á adorar al Rey, Jehová de los ejércitos, no vendrá sobre ellos lluvia.

18 Y si la familia de Egipto no subiere, ni viniere, sobre ellos no habrá lluvia; vendrá la plaga con que Jehová herirá las gentes que no subieren á celebrar la fiesta de las Cabañas.

19 Esta será la pena del pecado de Egipto, y del pecado de todas las gentes que no subieran á celebrar la fiesta de las Cabañas.

20 En aquel tiempo estará escrito en las campanillas de los caballos: SANTIDAD A JEHOVÁ; y las ollas en la casa de Jehová serán como los tazones delante del altar.

21 Y será toda olla en Jerusalem y en Judá santidad á Jehová de los ejércitos; y todos los que sacrificaren, vendrán y tomarán de ellas, y cocerán en ellas: y no habrá más Cananeo alguno en la casa de Jehová de los ejércitos en aquel tiempo.

MALAQUÍAS

1 Carga de la palabra de Jehová contra Israel, por mano de Malaquías.

2 Yo os he amado, dice Jehová: y dijisteis: ¿En qué nos amaste? ¿No era Esaú hermano de Jacob, dice Jehová, y amé á Jacob,

3 Y á Esaú aborrecí, y tomé sus montes en asolamiento, y su posesión para los chacales del desierto?

4 Cuando Edom dijere: Nos hemos empobrecido, mas tornemos á edificar lo arruinado; así ha dicho Jehová de los ejércitos: Ellos edificarán, y yo destruiré: y les llamarán Provincia de impiedad, y, Pueblo contra quien Jehová se airó para siempre;

5 Y vuestros ojos lo verán, y diréis: Sea Jehová engrandecido sobre la provincia de Israel.

6 El hijo honra al padre, y el siervo á su señor: si pues soy yo padre, ¿qué es de mi honra? y si soy señor, ¿qué es de mi temor?, dice Jehová de los ejércitos á vosotros, oh sacerdotes, que menospreciáis mi nombre. Y decís: ¿En qué hemos menospreciado tu nombre?

7 Que ofrecéis sobre mi altar pan inmundo. Y dijisteis: ¿En qué te hemos amancillado? En que decís: La mesa de Jehová es despreciable.

8 Y cuando ofrecéis el animal ciego para sacrificar, ¿no es malo? asimismo cuando ofrecéis el cojo ó el enfermo, ¿no es malo? Preséntalo pues á tu príncipe: ¿acaso se agradará de ti, ó le serás acepto? dice Jehová de los ejércitos.

9 Ahora pues, orad á la faz de Dios que tenga piedad de nosotros: esto de vuestra mano vino: ¿le seréis agradables? dice Jehová de los ejércitos.

10 ¿Quién también hay de vosotros que cierre las puertas ó alumbre mi altar de balde? Yo no recibo contentamiento en vosotros, dice Jehová de los ejércitos, ni de vuestra mano me será agradable el presente.

11 Porque desde donde el sol nace hasta donde se pone, es grande mi nombre entre las gentes; y en todo lugar se ofrece á mi nombre perfume, y presente limpio: porque grande es mi nombre entre las gentes, dice Jehová de los ejércitos.

12 Y vosotros lo habéis profanado cuando decís: Inmunda es la mesa de Jehová; y cuando hablan que su alimento es despreciable.

13 Habéis además dicho: ¡Oh qué trabajo! y lo desechasteis, dice Jehová de los ejércitos; y trajisteis lo hurtado, ó cojo, ó enfermo, y presentasteis ofrenda. ¿Seráme acepto eso de vuestra mano? dice Jehová.

14 Maldito el engañoso, que tiene macho en su rebaño, y promete, y sacrifica lo dañado á Jehová: porque yo soy Gran Rey, dice Jehová de los ejércitos, y mi nombre es formidable entre las gentes.

2 Ahora pues, oh sacerdotes, á vosotros es este mandamiento.

2 Si no oyereis, y si no os acordareis dar gloria á mi nombre, ha dicho Jehová de los ejércitos, enviaré maldición sobre vosotros, y maldeciré vuestras bendiciones; y aun las he maldecido, porque no lo ponéis en vuestro corazón.

3 He aquí, yo os daño la sementera, y esparciré el estiércol sobre vuestros rostros, el estiércol de vuestras solemnidades, y con él seréis removidos.

4 Y sabréis que yo os envié este mandamiento, para que fuese mi pacto con Leví, ha dicho Jehová de los ejércitos.

5 Mi pacto fué con él de vida y de paz, las cuales cosas yo le dí por el temor; porque me temió, y delante de mi nombre estuvo humillado.

6 La Ley de verdad estuvo en su boca, é iniquidad no fué hallada en sus labios: en paz y en justicia anduvo conmigo, y á muchos hizo apartar de la iniquidad.

7 Porque los labios de los sacerdotes han de guardar la sabiduría, y de su boca buscarán la ley; porque mensajero es de Jehová de los ejércitos.

8 Mas vosotros os habéis apartado del camino; habéis hecho tropezar á muchos en la ley; habéis corrompido el pacto de Leví, dice Jehová de los ejércitos.

9 Por tanto, yo también os torné viles y bajos á todo el pueblo, según que vosotros no habéis guardado mis caminos, y en la ley tenéis acepción de personas.

10 ¿No tenemos todos un mismo padre? ¿No nos ha criado un mismo Dios? ¿Por qué menospreciaremos cada uno á su hermano, quebrantando el pacto de nuestros padres?

11 Prevaricó Judá, y en Israel y en Jerusalem ha sido cometida abominación; porque Judá ha profanado la santidad de Jehová que amó, y casádose con hija de dios extraño.

12 Jehová talará de las tiendas de Jacob al hombre que hiciere esto, al que vela, y al que responde, y al que ofrece presente á Jehová de los ejércitos.

13 Y esta otra vez haréis cubrir el altar de Jehová de lágrimas, de llanto, y de clamor; así que no mirará más á presente, ni aceptarlo con gusto de vuestra mano.

14 Mas diréis: ¿Por qué? Porque Jehová ha atestiguado entre ti y la mujer de tu mocedad, contra la cual tú has sido desleal, siendo ella tu compañera, y la mujer de tu pacto.

15 Pues qué ¿no hizo él uno solo aunque tenía la abundancia del espíritu? ¿Y por qué uno? Para que procurara una simiente de Dios. Guardaos pues en vuestros espíritus, y contra la mujer de vuestra mocedad no seáis desleales.

16 Porque Jehová Dios de Israel ha dicho que él aborrece que sea repudiada; y cubra la iniquidad con su vestido, dijo Jehová de los ejércitos. Guardaos pues en vuestros espíritus, y no seáis desleales.

17 Habéis hecho cansar á Jehová con vuestras palabras. Y diréis: ¿En qué le hemos cansado? Cuando decís: Cualquiera que mal hace agrada á Jehová, y en los tales toma contentamiento: de otra manera, ¿dónde está el Dios de juicio?

3 He aquí, yo envío mi mensajero, el cual preparará el camino delante de mí: y luego vendrá á su templo el Señor á quien vosotros buscáis, y el ángel del pacto, á quien deseáis vosotros. He aquí viene, ha dicho Jehová de los ejércitos.

2 ¿Y quién podrá sufrir el tiempo de su venida? ó ¿quién podrá estar cuando él se mostrará? Porque él es como fuego purificador, y como jabón de lavadores.

3 Y sentarse ha para afinar y limpiar la plata: porque limpiará los hijos de Leví, los afinará como á oro y como á plata; y ofrecerán á Jehová ofrenda con justicia.

4 Y será suave á Jehová la ofrenda de Judá y de Jerusalem, como en los días pasados, y como en los años antiguos.

5 Y llegarme he á vosotros á juicio; y seré pronto testigo contra los hechiceros y adúlteros; y contra los que juran mentira, y los que detienen el salario del jornalero, de la viuda, y del huérfano, y los que hacen agravio al extranjero, no teniendo temor de mí, dice Jehová de los ejércitos.

6 Porque yo Jehová, no me mudo; y así vosotros, hijos de Jacob, no habéis sido consumidos.

7 Desde los días de vuestros padres os habéis apartado de mis leyes, y no las guardasteis. Tornaos á mí, y yo me tornaré á vosotros, ha dicho Jehová de los ejércitos. Mas dijisteis: ¿En qué hemos de tornar?

8 ¿Robará el hombre á Dios? Pues vosotros me habéis robado. Y dijisteis: ¿En qué te hemos robado? Los diezmos y las primicias.

9 Malditos sois con maldición, porque vosotros, la nación toda, me habéis robado.

10 Traed todos los diezmos al alfolí, y haya alimento en mi casa; y probadme ahora en esto, dice Jehová de los ejércitos, si no os abriré las ventanas de los cielos, y vaciaré sobre vosotros bendición hasta que sobreabunde.

11 Increparé también por vosotros al devorador, y no os corromperá el fruto de la tierra; ni vuestra vid en el campo abortará, dice Jehová de los ejércitos.

12 Y todas las gentes os dirán bienaventurados; porque seréis tierra deseable, dice Jehová de los ejércitos.

13 Vuestras palabras han prevalecido contra mí, dice Jehová. Y dijisteis: ¿Qué hemos hablado contra ti?

14 Habéis dicho: Por demás es servir á Dios; ¿y qué aprovecha que guardemos su ley, y que andemos tristes delante de Jehová de los ejércitos?

15 Decimos pues ahora, que bienaventurados los soberbios, y también que los que hacen impiedad son los prosperados: bien que tentaron á Dios, escaparon.

16 Entonces los que temen á Jehová hablaron cada uno á su compañero; y Jehová escuchó y oyó, y fué escrito libro de memoria delante de él para los que temen á Jehová, y para los que piensan en su nombre.

17 Y serán para mí especial tesoro, ha dicho Jehová de los ejércitos, en el día que yo tengo de hacer: y perdonarélos como el hombre que perdona á su hijo que le sirve.

18 Entonces os tornaréis, y echaréis de ver la diferencia entre el justo y el malo, entre el que sirve á Dios y el que no le sirve.

4 Porque he aquí, viene el día ardiente como un horno; y todos los soberbios, y todos los que hacen maldad, serán estopa; y aquel día que vendrá, los abrasará, ha dicho Jehová de los ejércitos, el cual no les dejará ni raíz ni rama.

2 Mas á vosotros los que teméis mi nombre, nacerá el Sol de justicia, y en sus alas traerá salud: y saldréis, y saltaréis como becerros de la manada.

3 Y hollaréis á los malos, los cuales serán ceniza bajo las plantas de vuestros pies, en el día que yo hago, ha dicho Jehová de los ejércitos.

4 Acordaos de la ley de Moisés mi siervo, al cual encargué en Horeb ordenanzas y leyes para todo Israel.

5 He aquí, yo os envío á Elías el profeta, antes que venga el día de Jehová grande y terrible.

6 El convertirá el corazón de los padres á los hijos, y el corazón de los hijos á los padres: no sea que yo venga, y con destrucción hiera la tierra.

El Nuevo Testamento abre con la vida de Jesús. El era Dios, habiendose investido de humanidad entonces El pudo darse a Si Mismo por nuestros errores. El enfurecio a los lideres religiosos de Su epoca porque 1) Proclamo ser Dios y 2) Confronto su hipocresía y 3) Amenazo su autoridad y poder dentro de la comunidad. El les dijo en muchas palabras, "Dios no es acerca de vuestros si(s) o no(s). Dios es acerca de como viven vuestras vidas, y se conectan con El, y aman a las otras personas". Si ellos hubieran renunciado a sus si(s) y no(s), luego no hubieran tenido ninguna forma de control.

A la edad de treinta y tres años, Jesús fue sentenciado a muerte a traves de una verdadera conspiración instigada por los lideres religiosos. Jesús murió colgado en maderos -una clase de muerte llamada crucifixión. Fue una dolorosa y ago-nizante ejecución típica de aquel período de la historia. Fue suficientemente asombroso que un hombre inocente estuviera dispuesto a sufrir semejante muerte. Mas asombroso que eso, mientras El seguramente murió en la cruz, El volvió a la vida unos pocos días después. Paso algo mas de tiempo con la gente mas cercana a El y luego se fue otra vez, no viviendo mas en un cuerpo fisico. Antes de irse por última vez, El prometio volver un día para dejar constancia de una vez y para siempre. El también encargó a Sus seguidores que divulguen el mensaje de Su sacrificio y que se amen unos a otros a lo largo del camino.

Esos seguidores se transformaron en los primeros misioneros o fundadores de iglesias. Ellos fueron por todas las regiones de los alrededores dispersando el nuevo y excitante mensaje de que Jesús habia pagado el precio por nuestras fallas para estar en una buena relación con Dios. Ellos predicaron gracia y fe. Iniciaron iglesias en las principales ciudades. Algunos de ellos escribieron cartas a las iglesias que hubieron iniciado para ayudarles a comprender su rol en la sociedad hasta el regreso de Jesús. Esa es la historia del Nuevo Testamento.

El Antiguo Testamento formulo una pregunta: Como podemos estar bien con Dios desde que hemos elegido nuestro propio camino? El Nuevo Testamento respondio: Mediante la gracia de Dios dada a traves de la vida, muerte y resurrección de Jesucristo.

DÓNDE ENCONTRARLO EN EL NUEVO TESTAMENTO

SAN MATEO

1 Libro de la generación de Jesucristo, hijo de David, hijo de Abraham.

2 Abraham engendró á Isaac: é Isaac engendró á Jacob: y Jacob engendró á Judas y á sus hermanos:

3 Y Judas engendró de Thamar á Phares y á Zara: y Phares engendró á Esrom: y Esrom engendró á Aram:

4 Y Aram engendró á Aminadab: y Aminadab engendró á Naassón: y Naassón engendró á Salmón:

5 Y Salmón engendró de Rachâb á Booz, y Booz engendró de Ruth á Obed y Obed engendró á Jessé:

6 Y Jessé engendró al rey David: y el rey David engendró á Salomón de la que fué mujer de Urías:

7 Y Salomón engendró á Roboam: y Roboam engendró á Abía: y Abía engendró á Asa:

8 Y Asa engendró á Josaphat: y Josaphat engendró á Joram: y Joram engendró á Ozías:

9 Y Ozías engendró á Joatam: y Joatam engendró á Achâz: y Achâz engendró á Ezechîas:

10 Y Ezechîas engendró á Manasés: y Manasés engendró á Amón: y Amón engendró á Josías:

11 Y Josías engendró á Jechônías y á sus hermanos, en la transmigración de Babilonia.

12 Y después de la transmigración de Babilonia, Jechônías engendró á Salathiel: y Salathiel engendró á Zorobabel:

13 Y Zorobabel engendró á Abiud: y Abiud engendró á Eliachîm: y Eliachîm engendró á Azor:

14 Y Azor engendró á Sadoc: y Sadoc engendró á Achîm: y Achîm engendró á Eliud:

15 Y Eliud engendró á Eleazar: y Eleazar engendró á Mathán: y Mathán engendró á Jacob:

16 Y Jacob engendró á José, marido de María, de la cual nació Jesús, el cual es llamado el Cristo.

17 De manera que todas las generaciones desde Abraham hasta David son catorce generaciones: y desde David hasta la transmigración de Babilonia, catorce generaciones: y desde la transmigración de Babilonia hasta Cristo, catorce generaciones.

18 Y el nacimiento de Jesucristo fué así: Que siendo María su madre desposada con José, antes que se juntasen, se halló haber concebido del Espíritu Santo.

19 Y José su marido, como era justo, y no quisiese infamarla, quiso dejarla secretamente.

20 Y pensando El en esto, he aquí el ángel del Señor le aparece en sueños, diciendo: José, hijo de David, no temas de recibir á María tu mujer, porque lo que en ella es engendrado, del Espíritu Santo es.

21 Y parirá un hijo, y llamarás su nombre JESUS, porque Él salvará á su pueblo de sus pecados.

22 Todo esto aconteció para que se cumpliese lo que fué dicho por el Señor, por el profeta que dijo:

23 He aquí la virgen concebirá y parirá un hijo, Y llamarás su nombre Emmanuel, que declarado, es: Con nosotros Dios.

24 Y despertando José del sueño, hizo como el ángel del Señor le había mandado, y recibió á su mujer.

25 Y no la conoció hasta que parió á su hijo primogénito: y llamó su nombre JESUS.

2 Y como fué nacido Jesús en Bethlehem de Judea en días del rey Herodes, he aquí unos magos vinieron del oriente á Jerusalem,

2 Diciendo: ¿Dónde está el Rey de los Judíos, que ha nacido? porque su estrella hemos visto en el oriente, y venimos á adorarle.

3 Y oyendo esto el rey Herodes, se turbó, y toda Jerusalem con El.

4 Y convocados todos los príncipes de los sacerdotes, y los escribas del pueblo, les preguntó dónde había de nacer el Cristo.

5 Y ellos le dijeron: En Bethlehem de Judea; porque así está escrito por el profeta:

6 Y tú, Bethlehem, de tierra de Judá, No eres muy pequeña entre los príncipes de Judá; Porque de ti saldrá un guiador, Que apacentará á mi pueblo Israel.

7 Entonces Herodes, llamando en secreto á los magos, entendió de ellos diligentemente el tiempo del aparecimiento de la estrella;

8 Y enviándolos á Bethlehem, dijo: Andad allá, y preguntad con diligencia por el niño; y después que le hallareis, hacédmelo saber, para que yo también vaya y le adore.

9 Y ellos, habiendo oído al rey, se fueron: y he aquí la estrella que habían visto en el oriente, iba delante de ellos, hasta que llegando, se puso sobre donde estaba el niño.

10 Y vista la estrella, se regocijaron con muy grande gozo.

11 Y entrando en la casa, vieron al niño con su madre María, y postrándose, le adoraron; y abriendo sus tesoros, le ofrecieron dones, oro, é incienso y mirra.

12 Y siendo avisados por revelación en sueños que no volviesen á Herodes, se volvieron á su tierra por otro camino.

13 Y partidos ellos, he aquí el ángel del Señor aparece en sueños á José, diciendo: Levántate, y toma al niño y á su madre, y huye á Egipto, y estáte allá hasta que yo te diga; porque ha de acontecer, que Herodes buscará al niño para matarlo.

14 Y El despertando, tomó al niño y á su madre de noche, y se fué á Egipto;

15 Y estuvo allá hasta la muerte de Herodes: para que se cumpliese lo que fué dicho por el Señor, por el profeta que dijo: De Egipto llamé á mi Hijo.

16 Herodes entonces, como se vió burlado de los magos, se enojó mucho, y envió, y mató á todos los niños que había en Bethlehem y en todos sus términos, de edad de dos años abajo, conforme al tiempo que había entendido de los magos.

17 Entonces fué cumplido lo que se había dicho por el profeta Jeremías, que dijo:

18 Voz fué oída en Ramá, Grande lamentación, lloro y gemido: Rachêl que llora sus hijos, Y no quiso ser consolada, porque perecieron.

19 Mas muerto Herodes, he aquí el ángel del Señor aparece en sueños á José en Egipto,

20 Diciendo: Levántate, y toma al niño y á su madre, y vete á tierra de Israel; que muertos son los que procuraban la muerte del niño.

21 Entonces El se levantó, y tomó al niño y á su madre, y se vino á tierra de Israel.

22 Y oyendo que Archelao reinaba en Judea en lugar de Herodes su padre, temió ir allá: mas amonestado por revelación en sueños, se fué á las partes de Galilea.

23 Y vino, y habitó en la ciudad que se llama Nazaret: para que se cumpliese lo que fué dicho por los profetas, que había de ser llamado Nazareno.

3 Y en aquellos días vino Juan el Bautista predicando en el desierto de Judea,

2 Y diciendo: Arrepentíos, que el reino de los cielos se ha acercado.

3 Porque éste es aquel del cual fué dicho por el profeta Isaías, que dijo: Voz de uno que clama en el desierto: Aparejad el camino del Señor, Enderezad sus veredas.

4 Y tenía Juan su vestido de pelos de camellos, y una cinta de cuero alrededor de sus lomos; y su comida era langostas y miel silvestre.

5 Entonces salía á Él Jerusalem, y toda Judea, y toda la provincia de alrededor del Jordán;

6 Y eran bautizados de El en el Jordán, confesando sus pecados.

7 Y viendo El muchos de los Fariseos y de los Saduceos, que venían á su bautismo, decíales: Generación de víboras, ¿quién os ha enseñado á huir de la ira que vendrá?

8 Haced pues frutos dignos de arrepentimiento,

9 Y no penséis decir dentro de vosotros: á Abraham tenemos por padre: porque yo os digo, que puede Dios despertar hijos á Abraham aun de estas piedras.

10 Ahora, ya también la segur está puesta á la raíz de los árboles; y todo árbol que no hace buen fruto, es cortado y echado en el fuego.

11 Yo á la verdad os bautizo en agua para arrepentimiento; mas el que viene tras mí, más poderoso es que yo; los zapatos del cual yo no soy digno de llevar; El os bautizará en Espíritu Santo y en fuego

12 Su aventador en su mano está, y aventará su era: y allegará su trigo en el alfolí, y quemará la paja en fuego que nunca se apagará.

13 Entonces Jesús vino de Galilea á Juan al Jordán, para ser bautizado de El.

14 Mas Juan lo resistía mucho, diciendo: Yo he menester ser bautizado de ti, ¿y tú vienes á mí?

15 Empero respondiendo Jesús le dijo: Deja ahora; porque así nos conviene cumplir toda justicia. Entonces le dejó.

16 Y Jesús, después que fué bautizado, subió luego del agua; y he aquí los cielos le fueron abiertos, y vió al Espíritu de Dios que descendía como paloma, y venía sobre El.

17 Y he aquí una voz de los cielos que decía: Este es mi Hijo amado, en el cual tengo contentamiento.

4 Entonces Jesús fué llevado del Espíritu al desierto, para ser tentado del diablo.

2 Y habiendo ayunado cuarenta días y cuarenta noches, después tuvo hambre.

3 Y llegándose á El el tentador, dijo: Si eres Hijo de Dios, di que estas piedras se hagan pan.

4 Mas El respondiendo, dijo: Escrito está: No con solo el pan vivirá el hombre, mas con toda palabra que sale de la boca de Dios.

5 Entonces el diablo le pasa á la santa ciudad, y le pone sobre las almenas del templo,

6 Y le dice: Si eres Hijo de Dios, échate abajo; que escrito está: A sus ángeles mandará por ti, Y te alzarán en las manos, Para que nunca tropieces con tu pie en piedra.

7 Jesús le dijo: Escrito está además: No tentarás al Señor tu Dios.

8 Otra vez le pasa el diablo á un monte muy alto, y le muestra todos los reinos del mundo, y su gloria,

9 Y dícele: Todo esto te daré, si postrado me adorares.

10 Entonces Jesús le dice: Vete, Satanás, que escrito está: Al Señor tu Dios adorarás y á El solo servirás.

11 El diablo entonces le dejó: y he aquí los ángeles llegaron y le servían.

12 Mas oyendo Jesús que Juan era preso, se volvió á Galilea:

13 Y dejando á Nazaret, vino y habitó en Capernaum, ciudad marítima, en los confines de Zabulón y de Nephtalim:

14 Para que se cumpliese lo que fué dicho por el profeta Isaías, que dijo:

15 La tierra de Zabulón, y la tierra de Nephtalim, Camino de la mar, de la otra parte del Jordán, Galilea de los Gentiles;

16 El pueblo asentado en tinieblas, Vió gran luz; Y á los sentados en región y sombra de muerte, Luz les esclareció.

17 Desde entonces comenzó Jesús á predicar, y á decir: Arrepentíos, que el reino de los cielos se ha acercado.

18 Y andando Jesús junto á la mar de Galilea, vió á dos hermanos, Simón, que es llamado Pedro, y Andrés su hermano, que echaban la red en la mar, porque eran pescadores.

19 Y díceles: Venid en pos de mí, y os haré pescadores de hombres.

20 Ellos entonces, dejando luego las redes, le siguieron.

21 Y pasando de allí vió otros dos hermanos, Jacobo, hijo de Zebedeo, y Juan su hermano, en el barco con Zebedeo, su padre, que remendaban sus redes; y los llamó.

22 Y ellos, dejando luego el barco y á su padre, le siguieron.

23 Y rodeó Jesús toda Galilea, enseñando en las sinagogas de ellos, y predicando el evangelio del reino, y sanando toda enfermedad y toda dolencia en el pueblo.

24 Y corría su fama por toda la Siria; y le trajeron todos los que tenían mal: los tomados de diversas enfermedades y tormentos, y los endemoniados, y lunáticos, y paralíticos, y los sanó.

25 Y le siguieron muchas gentes de Galilea y de Decápolis y de Jerusalem y de Judea y de la otra parte del Jordán.

5 Y viendo las gentes, subió al monte; y sentándose, se llegaron á El sus discípulos.

2 Y abriendo su boca, les enseñaba, diciendo:

3 Bienaventurados los pobres en espíritu: porque de ellos es el reino de los cielos.

4 Bienaventurados los que lloran: porque ellos recibirán consolación.

5 Bienaventurados los mansos: porque ellos recibirán la tierra por heredad.

6 Bienaventurados los que tienen hambre y sed de justicia: porque ellos serán hartos.

7 Bienaventurados los misericordiosos: porque ellos alcanzarán misericordia.

8 Bienaventurados los de limpio corazón: porque ellos verán á Dios.

9 Bienaventurados los pacificadores: porque ellos serán llamados hijos de Dios.

10 Bienaventurados los que padecen persecución por causa de la justicia: porque de ellos es el reino de los cielos.

11 Bienaventurados sois cuando os vituperaren y os persiguieren, y dijeren de vosotros todo mal por mi causa, mintiendo.

12 Gozaos y alegraos; porque vuestra merced es grande en los cielos: que así persiguieron á los profetas que fueron antes de vosotros.

13 Vosotros sois la sal de la tierra: y si la sal se desvaneciere

¿con qué será salada? no vale más para nada, sino para ser echada fuera y hollada de los hombres.

14 Vosotros sois la luz del mundo: una ciudad asentada sobre un monte no se puede esconder.

15 Ni se enciende una lámpara y se pone debajo de un almud, mas sobre el candelero, y alumbra á todos los que están en casa.

16 Así alumbre vuestra luz delante de los hombres, para que vean vuestras obras buenas, y glorifiquen á vuestro Padre que está en los cielos.

17 No penséis que he venido para abrogar la ley ó los profetas: no he venido para abrogar, sino á cumplir.

18 Porque de cierto os digo, que hasta que perezca el cielo y la tierra, ni una jota ni un tilde perecerá de la ley, hasta que todas las cosas sean hechas.

19 De manera que cualquiera que infringiere uno de estos mandamientos muy pequeños, y así enseñare á los hombres, muy pequeño será llamado en el reino de los cielos: mas cualquiera que hiciere y enseñare, éste será llamado grande en el reino de los cielos.

20 Porque os digo, que si vuestra justicia no fuere mayor que la de los escribas y de los Fariseos, no entraréis en el reino de los cielos.

21 Oísteis que fué dicho á los antiguos: No matarás; mas cualquiera que matare, será culpado del juicio.

22 Mas yo os digo, que cualquiera que se enojare locamente con su hermano, será culpado del juicio; y cualquiera que dijere á su hermano, Raca, será culpado del concejo; y cualquiera que dijere, Fatuo, será culpado del infierno del fuego.

23 Por tanto, si trajeres tu presente al altar, y allí te acordares de que tu hermano tiene algo contra ti,

24 Deja allí tu presente delante del altar, y vete, vuelve primero en amistad con tu hermano, y entonces ven y ofrece tu presente.

25 Concíliate con tu adversario presto, entre tanto que estás con El en el camino; porque no acontezca que el adversario te entregue al juez, y el juez te entregue al alguacil, y seas echado en prisión.

26 De cierto te digo, que no saldrás de allí, hasta que pagues el último cuadrante.

27 Oísteis que fué dicho: No adulterarás:

28 Mas yo os digo, que cualquiera que mira á una mujer para codiciarla, ya adulteró con ella en su corazón.

29 Por tanto, si tu ojo derecho te fuere ocasión de caer, sácalo, y échalo de ti: que mejor te es que se pierda uno de tus miembros, que no que todo tu cuerpo sea echado al infierno.

30 Y si tu mano derecha te fuere ocasión de caer, córtala, y échala de ti: que mejor te es que se pierda uno de tus miembros, que no que todo tu cuerpo sea echado al infierno.

31 También fué dicho: Cualquiera que repudiare á su mujer, déle carta de divorcio:

32 Mas yo os digo, que el que repudiare á su mujer, fuera de causa de fornicación, hace que ella adultere; y el que se casare con la repudiada, comete adulterio.

33 Además habéis oído que fué dicho á los antiguos: No te perjurarás; mas pagarás al Señor tus juramentos.

34 Mas yo os digo: No juréis en ninguna manera: ni por el cielo, porque es el trono de Dios;

35 Ni por la tierra, porque es el estrado de sus pies; ni por Jerusalem, porque es la ciudad del gran Rey.

36 Ni por tu cabeza jurarás, porque no puedes hacer un cabello blanco ó negro.

37 Mas sea vuestro hablar: Sí, sí; No, no; porque lo que es más de esto, de mal procede.

38 Oísteis que fué dicho á los antiguos: Ojo por ojo, y diente por diente.

39 Mas yo os digo: No resistáis al mal; antes á cualquiera que te hiriere en tu mejilla diestra, vuélvele también la otra;

40 Y al que quisiere ponerte á pleito y tomarte tu ropa, déjale también la capa;

41 Y á cualquiera que te cargare por una milla, ve con Él dos.

42 Al que te pidiere, dale; y al que quisiere tomar de ti prestado, no se lo rehuses.

43 Oísteis que fué dicho: Amarás á tu prójimo, y aborrecerás á tu enemigo.

44 Mas yo os digo: Amad á vuestros enemigos, bendecid á los que os maldicen, haced bien á los que os aborrecen, y orad por los que os ultrajan y os persiguen;

45 Para que seáis hijos de vuestro Padre que está en los cie-

los: que hace que su sol salga sobre malos y buenos, y llueve sobre justos é injustos.

46 Porque si amareis á los que os aman, ¿qué recompensa tendréis? ¿no hacen también lo mismo los publicanos?

47 Y si abrazareis á vuestros hermanos solamente, ¿qué hacéis de más? ¿no hacen también así los Gentiles?

48 Sed, pues, vosotros perfectos, como vuestro Padre que está en los cielos es perfecto.

6 Mirad que no hagáis vuestra justicia delante de los hombres, para ser vistos de ellos: de otra manera no tendréis merced de vuestro Padre que está en los cielos.

2 Cuando pues haces limosna, no hagas tocar trompeta delante de ti, como hacen los hipócritas en las sinagogas y en las plazas, para ser estimados de los hombres: de cierto os digo, que ya tienen su recompensa.

3 Mas cuando tú haces limosna, no sepa tu izquierda lo que hace tu derecha;

4 Para que sea tu limosna en secreto: y tu Padre que ve en secreto, El te recompensará en público.

5 Y cuando oras, no seas como los hipócritas; porque ellos aman el orar en las sinagogas, y en los cantones de las calles en pie, para ser vistos de los hombres: de cierto os digo, que ya tienen su pago.

6 Mas tú, cuando oras, éntrate en tu cámara, y cerrada tu puerta, ora á tu Padre que está en secreto; y tu Padre que ve en secreto, te recompensará en público.

7 Y orando, no seáis prolijos, como los Gentiles; que piensan que por su parlería serán oídos.

8 No os hagáis, pues, semejantes á ellos; porque vuestro Padre sabe de qué cosas tenéis necesidad, antes que vosotros le pidáis.

9 Vosotros pues, oraréis así: Padre nuestro que estás en los cielos, santificado sea tu nombre.

10 Venga tu reino. Sea hecha tu voluntad, como en el cielo, así también en la tierra.

11 Danos hoy nuestro pan cotidiano.

12 Y perdónanos nuestras deudas, como también nosotros perdonamos á nuestros deudores.

13 Y no nos metas en tentación, mas líbranos del mal: porque tuyo es el reino, y el poder, y la gloria, por todos los siglos. Amén.

14 Porque si perdonareis á los hombres sus ofensas, os perdonará también á vosotros vuestro Padre celestial.

15 Mas si no perdonareis á los hombres sus ofensas, tampoco vuestro Padre os perdonará vuestras ofensas.

16 Y cuando ayunáis, no seáis como los hipócritas, austeros; porque ellos demudan sus rostros para parecer á los hombres que ayunan: de cierto os digo, que ya tienen su pago.

17 Mas tú, cuando ayunas, unge tu cabeza y lava tu rostro;

18 Para no parecer á los hombres que ayunas, sino á tu Padre que está en secreto: y tu Padre que ve en secreto, te recompensará en público.

19 No os hagáis tesoros en la tierra, donde la polilla y el orín corrompe, y donde ladrones minan y hurtan;

20 Mas haceos tesoros en el cielo, donde ni polilla ni orín corrompe, y donde ladrones no minan ni hurtan:

21 Porque donde estuviere vuestro tesoro, allí estará vuestro corazón.

22 La lámpara del cuerpo es el ojo: así que, si tu ojo fuere sincero, todo tu cuerpo será luminoso:

23 Mas si tu ojo fuere malo, todo tu cuerpo será tenebroso. Así que, si la lumbre que en ti hay son tinieblas, ¿cuántas serán las mismas tinieblas?

24 Ninguno puede servir á dos señores; porque ó aborrecerá al uno y amará al otro, ó se llegará al uno y menospreciará al otro: no podéis servir á Dios y á Mammón.

25 Por tanto os digo: No os congojéis por vuestra vida, qué habéis de comer, ó que habéis de beber; ni por vuestro cuerpo, qué habéis de vestir: ¿no es la vida más que el alimento, y el cuerpo que el vestido?

26 Mirad las aves del cielo, que no siembran, ni siegan, ni allegan en alfolíes; y vuestro Padre celestial las alimenta. ¿No sois vosotros mucho mejores que ellas?.

27 Mas ¿quién de vosotros podrá, congojándose, añadir á su estatura un codo?

28 Y por el vestido ¿por qué os congojáis? Reparad los lirios del campo, cómo crecen; no trabajan ni hilan;

29 Mas os digo, que ni aun Salomón con toda su gloria fué vestido así como uno de ellos.

30 Y si la hierba del campo que hoy es, y mañana es echada en el horno, Dios la viste así, ¿no hará mucho más á vosotros, hombres de poca fe?

31 No os congojéis pues, diciendo: ¿Qué comeremos, ó qué beberemos, ó con qué nos cubriremos?

32 Porque los Gentiles buscan todas estas cosas: que vuestro Padre celestial sabe que de todas estas cosas habéis menester.

33 Mas buscad primeramente el reino de Dios y su justicia, y todas estas cosas os serán añadidas.

34 Así que, no os congojéis por el día de mañana; que el día de mañana traerá su fatiga: basta al día su afán.

7 No juzguéis, para que no seáis juzgados.

2 Porque con el juicio con que juzgáis, seréis juzgados; y con la medida con que medís, os volverán á medir.

3 Y ¿por qué miras la mota que está en el ojo de tu hermano, y no echas de ver la viga que está en tu ojo?

4 O ¿cómo dirás á tu hermano: Espera, echaré de tu ojo la mota, y he aquí la viga en tu ojo?

5 ¡Hipócrita! echa primero la viga de tu ojo, y entonces mirarás en echar la mota del ojo de tu hermano.

6 No deis lo santo á los perros, ni echéis vuestras perlas delante de los puercos; porque no las rehuellen con sus pies, y vuelvan y os despedacen.

7 Pedid, y se os dará; buscad, y hallaréis; llamad, y se os abrirá.

8 Porque cualquiera que pide, recibe; y el que busca, halla; y al que llama, se abrirá.

9 ¿Qué hombre hay de vosotros, á quien si su hijo pidiere pan, le dará una piedra?

10 ¿Y si le pidiere un pez, le dará una serpiente?

11 Pues si vosotros, siendo malos, sabéis dar buenas dádivas á vuestros hijos, ¿cuánto más vuestro Padre que está en los cielos, dará buenas cosas á los que se piden?

12 Así que, todas las cosas que quisierais que los hombres hiciesen con vosotros, así también haced vosotros con ellos; porque esta es la ley y los profetas.

13 Entrad por la puerta estrecha: porque ancha es la puerta, y espacioso el camino que lleva á perdición, y muchos son los que entran por ella.

14 Porque estrecha es la puerta, y angosto el camino que lleva á la vida, y pocos son los que la hallan.

15 Y guardaos de los falsos profetas, que vienen á vosotros con vestidos de ovejas, mas de dentro son lobos rapaces.

16 Por sus frutos los conoceréis. ¿Cógense uvas de los espinos, ó higos de los abrojos?

17 Así, todo buen árbol lleva buenos frutos; mas el árbol maleado lleva malos frutos.

18 No puede el buen árbol llevar malos frutos, ni el árbol maleado llevar frutos buenos.

19 Todo árbol que no lleva buen fruto, córtase y échase en el fuego.

20 Así que, por sus frutos los conoceréis.

21 No todo el que me dice: Señor, Señor, entrará en el reino de los cielos: mas el que hiciere la voluntad de mi Padre que está en los cielos.

22 Muchos me dirán en aquel día: Señor, Señor, ¿no profetizamos en tu nombre, y en tu nombre lanzamos demonios, y en tu nombre hicimos mucho milagros?

23 Y entonces les protestaré: Nunca os conocí; apartaos de mí, obradores de maldad.

24 Cualquiera, pues, que me oye estas palabras, y las hace, le compararé á un hombre prudente, que edificó su casa sobre la peña;

25 Y descendió lluvia, y vinieron ríos, y soplaron vientos, y combatieron aquella casa; y no cayó: porque estaba fundada sobre la peña.

26 Y cualquiera que me oye estas palabras, y no las hace, le compararé á un hombre insensato, que edificó su casa sobre la arena;

27 Y descendió lluvia, y vinieron ríos, y soplaron vientos, é hicieron ímpetu en aquella casa; y cayó, y fué grande su ruina.

28 Y fué, que como Jesús acabó estas palabras, las gentes se admiraban de su doctrina;

29 Porque les enseñaba como quien tiene autoridad, y no como los escribas.

8 Y como descendió del monte, le seguían muchas gentes.

2 Y he aquí un leproso vino, y le adoraba, diciendo: Señor, si quisieres, puedes limpiarme.

3 Y extendiendo Jesús su mano, le tocó, diciendo: Quiero; sé limpio. Y luego su lepra fué limpiada.

4 Entonces Jesús le dijo: Mira, no lo digas á nadie; mas ve, muéstrate al sacerdote, y ofrece el presente que mandó Moisés, para testimonio á ellos.

5 Y entrando Jesús en Capernaum, vino á Él un centurión, rogándole,

6 Y diciendo: Señor, mi mozo yace en casa paralítico, gravemente atormentado.

7 Y Jesús le dijo: Yo iré y le sanaré.

8 Y respondió el centurión, y dijo: Señor, no soy digno de que entres debajo de mi techado; mas solamente di la palabra, y mi mozo sanará.

9 Porque también yo soy hombre bajo de potestad, y tengo bajo de mí soldados: y digo á éste: Ve, y va; y al otro: Ven, y viene; y á mi siervo: Haz esto, y lo hace.

10 Y oyendo Jesús, se maravilló, y dijo á los que le seguían: De cierto os digo, que ni aun en Israel he hallado fe tanta.

11 Y os digo que vendrán muchos del oriente y del occidente, y se sentarán con Abraham, é Isaac, y Jacob, en el reino de los cielos:

12 Mas los hijos del reino serán echados á las tinieblas de afuera: allí será el lloro y el crujir de dientes.

13 Entonces Jesús dijo al centurión: Ve, y como creiste te sea hecho. Y su mozo fué sano en el mismo momento.

14 Y vino Jesús á casa de Pedro, y vió á su suegra echada en cama, y con fiebre.

15 Y tocó su mano, y la fiebre la dejó; y ella se levantó, y les servía.

16 Y como fué ya tarde, trajeron á Él muchos endemoniados: y echó los demonios con la palabra, y sanó á todos los enfermos;

17 Para que se cumpliese lo que fué dicho por el profeta Isaías, que dijo: El mismo tomó nuestras enfermedades, y llevó nuestras dolencias.

18 Y viendo Jesús muchas gentes alrededor de sí, mandó pasar á la otra parte del lago.

19 Y llegándose un escriba, le dijo: Maestro, te seguiré á donde quiera que fueres.

20 Y Jesús le dijo: Las zorras tienen cavernas, y las aves del cielo nidos; mas el Hijo del hombre no tiene donde recueste su cabeza.

21 Y otro de sus discípulos le dijo: Señor, dame licencia para que vaya primero, y entierre á mi padre.

22 Y Jesús le dijo: Sígueme; deja que los muertos entierren á sus muertos.

23 Y entrando Él en el barco, sus discípulos le siguieron.

24 Y he aquí, fué hecho en la mar un gran movimiento, que el barco se cubría de las ondas; mas Él dormía.

25 Y llegándose sus discípulos, le despertaron, diciendo: Señor, sálvanos, que perecemos.

26 Y Él les dice: ¿Por qué teméis, hombres de poca fe? Entonces, levantándose, reprendió á los vientos y á la mar; y fué grande bonanza.

27 Y los hombres se maravillaron, diciendo: ¿Qué hombre es éste, que aun los vientos y la mar le obedecen?

28 Y como Él hubo llegado en la otra ribera al país de los Gergesenos, vinieron al encuentro dos endemoniados que salían de los sepulcros, fieros en gran manera, que nadie podía pasar por aquel camino.

29 Y he aquí clamaron, diciendo: ¿Qué tenemos contigo, Jesús, Hijo de Dios? ¿has venido acá á molestarnos antes de tiempo?

30 Y estaba lejos de ellos un hato de muchos puercos paciendo.

31 Y los demonios le rogaron, diciendo: Si nos echas, permítenos ir á aquel hato de puercos.

32 Y les dijo: Id. Y ellos salieron, y se fueron á aquel hato de puercos: y he aquí, todo el hato de los puercos se precipitó de un despeñadero en la mar, y murieron en las aguas.

33 Y los porqueros huyeron, y viniendo á la ciudad, contaron todas las cosas, y lo que había pasado con los endemoniados.

34 Y he aquí, toda la ciudad salió á encontrar á Jesús: Y cuando le vieron, le rogaban que saliese de sus términos.

9 Entonces entrando en el barco, pasó á la otra parte, y vino á su ciudad.

2 Y he aquí le trajeron un paralítico, echado en una cama: y viendo Jesús la fe de ellos, dijo al paralítico: Confía, hijo; tus pecados te son perdonados.

3 Y he aquí, algunos de los escribas decían dentro de sí: Este blasfema.

4 Y viendo Jesús sus pensamientos, dijo: ¿Por qué pensáis mal en vuestros corazones?

5 Porque, ¿qué es más fácil, decir: Los pecados te son perdonados; ó decir: Levántate, y anda?

6 Pues para que sepáis que el Hijo del hombre tiene potestad en la tierra de perdonar pecados, (dice entonces al paralítico): Levántate, toma tu cama, y vete á tu casa.

7 Entonces Él se levantó y se fué á su casa.

8 Y las gentes, viéndolo, se maravillaron, y glorificaron á Dios, que había dado tal potestad á los hombres.

9 Y pasando Jesús de allí, vió á un hombre que estaba sentado al banco de los públicos tributos, el cual se llamaba Mateo; y dícele: Sígueme. Y se levantó, y le siguió.

10 Y aconteció que estando Él sentado á la mesa en casa, he aquí que muchos publicanos y pecadores, que habían venido, se sentaron juntamente á la mesa con Jesús y sus discípulos.

11 Y viendo esto los Fariseos, dijeron á sus discípulos: ¿Por qué come vuestro Maestro con los publicanos y pecadores?

12 Y oyéndolo Jesús, le dijo: Los que están sanos no tienen necesidad de médico, sino los enfermos.

13 Andad pues, y aprended qué cosa es: Misericordia quiero, y no sacrificio: porque no he venido á llamar justos, sino pecadores á arrepentimiento.

14 Entonces los discípulos de Juan vienen á Él, diciendo: ¿Por qué nosotros y los Fariseos ayunamos muchas veces, y tus discípulos no ayunan?

15 Y Jesús les dijo: ¿Pueden los que son de bodas tener luto entre tanto que el esposo está con ellos? mas vendrán días cuando el esposo será quitado de ellos, y entonces ayunarán.

16 Y nadie echa remiendo de paño recio en vestido viejo; porque el tal remiendo tira del vestido, y se hace peor la rotura.

17 Ni echan vino nuevo en cueros viejos: de otra manera los cueros se rompen, y el vino se derrama, y se pierden los cueros; mas echan el vino nuevo en cueros nuevos, y lo uno y lo otro se conserva juntamente.

18 Hablando Él estas cosas á ellos, he aquí vino un principal, y le adoraba, diciendo: Mi hija es muerta poco ha: mas ven y pon tu mano sobre ella, y vivirá.

19 Y se levantó Jesús, y le siguió, y sus discípulos.

20 Y he aquí una mujer enferma de flujo de sangre doce años había, llegándose por detrás, tocó la franja de su vestido:

21 Porque decía entre sí: Si tocare solamente su vestido, seré salva.

22 Mas Jesús volviéndose, y mirándola, dijo: Confía, hija, tu fe te ha salvado. Y la mujer fué salva desde aquella hora.

23 Y llegado Jesús á casa del principal, viendo los tañedores de flautas, y la gente que hacía bullicio,

24 Díceles: Apartaos, que la muchacha no es muerta, mas duerme. Y se burlaban de Él.

25 Y como la gente fué echada fuera, entró, y tomóla de la mano, y se levantó la muchacha.

26 Y salió esta fama por toda aquella tierra.

27 Y pasando Jesús de allí, le siguieron dos ciegos, dando voces y diciendo: Ten misericordia de nosotros, Hijo de David.

28 Y llegado á la casa, vinieron á Él los ciegos; y Jesús les dice: ¿Creéis que puedo hacer esto? Ellos dicen: Sí, Señor.

29 Entonces tocó los ojos de ellos, diciendo: Conforme á vuestra fe os sea hecho.

30 Y los ojos de ellos fueron abiertos. Y Jesús les encargó rigurosamente, diciendo: Mirad que nadie lo sepa.

31 Mas ellos salidos, divulgaron su fama por toda aquella tierra.

32 Y saliendo ellos, he aquí, le trajeron un hombre mudo, endemoniado.

33 Y echado fuera el demonio, el mudo habló; y las gentes se maravillaron, diciendo: Nunca ha sido vista cosa semejante en Israel.

34 Mas los Fariseos decían: Por el príncipe de los demonios echa fuera los demonios.

35 Y rodeaba Jesús por todas las ciudades y aldeas, enseñando en las sinagogas de ellos, y predicando el evangelio del reino, y sanando toda enfermedad y todo achaque en el pueblo.

36 Y viendo las gentes, tuvo compasión de ellas; porque estaban derramadas y esparcidas como ovejas que no tienen pastor.

37 Entonces dice á sus discípulos: A la verdad la mies es mucha, mas los obreros pocos.

38 Rogad, pues, al Señor de la mies, que envíe obreros á su mies.

10 É ntonces llamando á sus doce discípulos, les dió potestad contra los espíritus inmundos, para que los echasen fuera, y sanasen toda enfermedad y toda dolencia.

2 Y los nombres de los doce apóstoles son estos: el primero, Simón, que es dicho Pedro, y Andrés su hermano; Jacobo, hijo de Zebedeo, y Juan su hermano;

3 Felipe, y Bartolomé; Tomás, y Mateo el publicano; Jacobo hijo de Alfeo, y Lebeo, por sobrenombre Tadeo;

4 Simón el Cananita y Judas Iscariote, que también le entregó.

5 á estos doce envió Jesús, á los cuales dió mandamiento, diciendo: Por el camino de los Gentiles no iréis, ni en ciudad de Samaritanos no entréis;

6 Mas id antes á las ovejas perdidas de la casa de Israel.

7 Y yendo, predicad, diciendo: El reino de los cielos se ha acercado.

8 Sanad enfermos, limpiad leprosos, resucitad muertos, echad fuera demonios: de gracia recibisteis, dad de gracia.

9 No apreştéis oro, ni plata, ni cobre en vuestras bolsas;

10 Ni alforja para el camino, ni dos ropas de vestir, ni zapatos, ni bordón; porque el obrero digno es de su alimento.

11 Mas en cualquier ciudad, ó aldea donde entrareis, investigad quién sea en ella digno, y reposad allí hasta que salgáis.

12 Y entrando en la casa, saludadla.

13 Y si la casa fuere digna, vuestra paz vendrá sobre ella; mas si no fuere digna, vuestra paz se volverá á vosotros.

14 Y cualquiera que no os recibiere, ni oyere vuestras palabras, salid de aquella casa ó ciudad, y sacudid el polvo de vuestros pies.

15 De cierto os digo, que el castigo será más tolerable á la tierra de los de Sodoma y de los de Gomorra en el día del juicio, que á aquella ciudad.

16 He aquí, yo os envío como á ovejas en medio de lobos: sed pues prudentes como serpientes, y sencillos como palomas.

17 Y guardaos de los hombres: porque os entregarán en concilios, y en sus sinagogas os azotarán;

18 Y aun á príncipes y á reyes seréis llevados por causa de mí, por testimonio á ellos y á los Gentiles.

19 Mas cuando os entregaren, no os apuréis por cómo ó qué hablaréis; porque en aquella hora os será dado qué habéis de hablar.

20 Porque no sois vosotros los que habláis, sino el Espíritu de vuestro Padre que habla en vosotros.

21 Y el hermano entregará al hermano á la muerte, y el padre al hijo; y los hijos se levantarán contra los padres, y los harán morir.

22 Y seréis aborrecidos de todos por mi nombre; mas el que soportare hasta el fin, éste será salvo.

23 Mas cuando os persiguieren en esta ciudad, huid á la otra: porque de cierto os digo, que no acabaréis de andar todas las ciudades de Israel, que no venga el Hijo del hombre.

24 El discípulo no es más que su maestro, ni el siervo más que su señor.

25 Bástale al discípulo ser como su maestro, y al siervo como su señor. Si al padre de la familia llamaron Beelzebub, ¿cuánto más á los de su casa?

26 Así que, no los temáis; porque nada hay encubierto, que no haya de ser manifestado; ni oculto, que no haya de saberse.

27 Lo que os digo en tinieblas, decidlo en la luz; y lo que oís al oído predicado lo más de los terrados.

28 Y no temáis á los que matan el cuerpo, mas al alma no pueden matar: temed antes á aquel que puede destruir el alma y el cuerpo en el infierno.

29 ¿No se venden dos pajarillos por un cuarto? Con todo, ni uno de ellos cae á tierra sin vuestro Padre.

30 Pues aun vuestros cabellos están todos contados.

31 Así que, no temáis: más valéis vosotros que muchos pajarillos.

32 Cualquiera pues que me confesare delante de los hombres, le confesaré yo también delante de mi Padre que está en los cielos.

33 Y cualquiera que me negare delante de los hombres, le negaré yo también delante de mi Padre que está en los cielos.

34 No penséis que he venido para meter paz en la tierra: no he venido para meter paz, sino espada.

35 Porque he venido para hacer disensión del hombre contra su padre, y de la hija contra su madre, y de la nuera contra su suegra.

36 Y los enemigos del hombre serán los de su casa.

37 El que ama padre ó madre más que á mí, no es digno de mí; y el que ama hijo ó hija más que á mí, no es digno de mí.

38 Y el que no toma su cruz, y sigue en pos de mí, no es digno de mí.

39 El que hallare su vida, la perderá; y el que perdiere su vida por causa de mí, la hallará.

40 El que os recibe á vosotros, á mí recibe; y el que á mí recibe, recibe al que me envió.

41 El que recibe profeta en nombre de profeta, merced de profeta recibirá; y el que recibe justo en nombre de justo, merced de justo recibirá.

42 Y cualquiera que diere á uno de estos pequeñitos un vaso de agua fría solamente, en nombre de discípulo, de cierto os digo, que no perderá su recompensa.

11 Y fue, que acabando Jesús de dar mandamiento á sus doce discípulos, se fué de allí á enseñar y á predicar en las ciudades de ellos.

2 Y oyendo Juan en la prisión los hechos de Cristo, le envió dos de sus discípulos,

3 Diciendo: ¿Eres tú aquél que había de venir, ó esperaremos á otro?

4 Y respondiendo Jesús, les dijo: Id, y haced saber á Juan las cosas que oís y veis:

5 Los ciegos ven, y los cojos andan; los leprosos son limpiados, y los sordos oyen; los muertos son resucitados, y á los pobres es anunciado el evangelio.

6 Y bienaventurado es el que no fuere escandalizado en mí.

7 E idos ellos, comenzó Jesús á decir de Juan á las gentes: ¿Qué salisteis á ver al desierto? ¿una caña que es meneada del viento?

8 Mas ¿qué salisteis á ver? ¿un hombre cubierto de delicados vestidos? He aquí, los que traen vestidos delicados, en las casas de los reyes están.

9 Mas ¿qué salisteis á ver? ¿un profeta? También os digo, y más que profeta.

10 Porque éste es de quien está escrito: He aquí, yo envío mi mensajero delante de tu faz, Que aparejará tu camino delante de ti.

11 De cierto os digo, que no se levantó entre los que nacen de mujeres otro mayor que Juan el Bautista; mas el que es muy más pequeño en el reino de los cielos, mayor es que Él.

12 Desde los días de Juan el Bautista hasta ahora, al reino de los cielos se hace fuerza, y los valientes lo arrebatan.

13 Porque todos los profetas y la ley hasta Juan profetizaron.

14 Y si queréis recibir, Él es aquel Elías que había de venir.

15 El que tiene oídos para oir, oiga.

16 Mas ¿á quién compararé esta generación? Es semejante á los muchachos que se sientan en las plazas, y dan voces á sus compañeros,

17 Y dicen: Os tañimos flauta, y no bailasteis; os endechamos, y no lamentasteis.

18 Porque vino Juan, que ni comía ni bebía, y dicen: Demonio tiene.

19 Vino el Hijo del hombre, que come y bebe, y dicen: He aquí un hombre comilón, y bebedor de vino, amigo de publicanos y de pecadores. Mas la sabiduría es justificada por sus hijos.

20 Entonces comenzó á reconvenir á las ciudades en las cuales habían sido hechas muy muchas de sus maravillas, porque no se habían arrepentido, diciendo:

21 ¡Ay de ti, Corazín! ¡Ay de ti, Bethsaida! porque si en Tiro y en Sidón fueran hechas las maravillas que han sido hechas en vosotras, en otro tiempo se hubieran arrepentido en saco y en ceniza.

22 Por tanto os digo, que á Tiro y á Sidón será más tolerable el castigo en el día del juicio, que á vosotras.

23 Y tú, Capernaum, que eres levantada hasta el cielo, hasta los infiernos serás abajada; porque si en los de Sodoma fueran hechas las maravillas que han sido hechas en ti, hubieran quedado hasta el día de hoy.

24 Por tanto os digo, que á la tierra de los de Sodoma será más tolerable el castigo en el día del juicio, que á ti.

25 En aquel tiempo, respondiendo Jesús, dijo: Te alabo, Padre, Señor del cielo y de la tierra, que hayas escondido estas cosas de los sabios y de los entendidos, y las hayas revelado á los niños.

26 Así, Padre, pues que así agradó en tus ojos.

27 Todas las cosas me son entregadas de mi Padre: y nadie conoció al Hijo, sino el Padre; ni al Padre conoció alguno, sino el Hijo, y aquel á quien el Hijo lo quisiere revelar.

28 Venid á mí todos los que estáis trabajados y cargados, que yo os haré descansar.

29 Llevad mi yugo sobre vosotros, y aprended de mí, que soy manso y humilde de corazón; y hallaréis descanso para vuestras almas.

30 Porque mi yugo es fácil, y ligera mi carga.

12 En aquel tiempo iba Jesús por los sembrados en sábado; y sus discípulos tenían hambre, y comenzaron á coger espigas, y á comer.

2 Y viéndolo los Fariseos, le dijeron: He aquí tus discípulos hacen lo que no es lícito hacer es sábado.

3 Y Él les dijo: ¿No habéis leído qué hizo David, teniendo Él hambre y los que con Él estaban:

4 Cómo entró en la casa de Dios, y comió los panes de la proposición, que no le era lícito comer, ni á los que estaban con Él, sino á solos los sacerdotes?

5 O ¿no habéis leído en la ley, que los sábados en el templo los sacerdotes profanan el sábado, y son sin culpa?

6 Pues os digo que uno mayor que el templo está aquí.

7 Mas si supieseis qué es: Misericordia quiero y no sacrificio, no condenaríais á los inocentes:

8 Porque Señor es del sábado el Hijo del hombre.

9 Y partiéndose de allí, vino á la sinagoga de ellos.

10 Y he aquí había allí uno que tenía una mano seca: y le preguntaron, diciendo: ¿Es lícito curar en sábado? por acusarle.

11 Y Él les dijo: ¿Qué hombre habrá de vosotros, que tenga una oveja, y si cayere ésta en una fosa en sábado, no le eche mano, y la levante?

12 Pues ¿cuánto más vale un hombre que una oveja? Así que, lícito es en los sábados hacer bien.

13 Entonces dijo á aquel hombre: Extiende tu mano. Y Él la extendió, y fué restituída sana como la otra.

14 Y salidos los Fariseos, consultaron contra Él para destruirle.

15 Mas sabiendo lo Jesús, se apartó de allí: y le siguieron muchas gentes, y sanaba á todos.

16 Y Él les encargaba eficazmente que no le descubriesen:

17 Para que se cumpliese lo que estaba dicho por el profeta Isaías, que dijo:

18 He aquí mi siervo, al cual he escogido; Mi Amado, en el cual se agrada mi alma: Pondré mi Espíritu sobre Él y á los Gentiles anunciará juicio.

19 No contenderá, ni voceará: Ni nadie oirá en las calles su voz.

20 La caña cascada no quebrará, Y el pábilo que humea no apagará, Hasta que saque á victoria el juicio.

21 Y en su nombre esperarán los Gentiles.

22 Entonces fué traído á Él un endemoniado, ciego y mudo, y le sanó; de tal manera, que el ciego y mudo hablaba y veía.

23 Y todas las gentes estaban atónitas, y decían: ¿Será aquel Hijo de David?

24 Mas los Fariseos, oyéndolo, decían: Este no echa fuera los demonios, sino por Beelzebub, príncipe de los demonios.

25 Y Jesús, como sabía los pensamientos de ellos, les dijo: Todo reino dividido contra sí mismo, es desolado; y toda ciudad ó casa dividida contra sí misma, no permanecerá.

26 Y si Satanás echa fuera á Satanás, contra sí mismo está dividido; ¿cómo, pues, permanecerá su reino?

27 Y si yo por Beelzebub echo fuera los demonios, ¿vuestros hijos por quién los echan? Por tanto, ellos serán vuestros jueces.

28 Y si por espíritu de Dios yo echo fuera los demonios, ciertamente ha llegado á vosotros el reino de Dios.

29 Porque, ¿cómo puede alguno entrar en la casa del valiente, y saquear sus alhajas, si primero no prendiere al valiente? y entonces saqueará su casa.

30 El que no es conmigo, contra mí es; y el que conmigo no recoge, derrama.

31 Por tanto os digo: Todo pecado y blasfemia será perdonado á los hombres: mas la blasfemia contra el Espíritu no será perdonada á los hombres.

32 Y cualquiera que hablare contra el Hijo del hombre, le será perdonado: mas cualquiera que hablare contra el Espíritu Santo, no le será perdonado, ni en este siglo, ni en el venidero.

33 O haced el árbol bueno, y su fruto bueno, ó haced el árbol corrompido, y su fruto dañado; porque por el fruto es conocido el árbol.

34 Generación de víboras, ¿cómo podéis hablar bien, siendo malos? porque de la abundancia del corazón habla la boca.

35 El hombre bueno del buen tesoro del corazón saca buenas cosas; y el hombre malo del mal tesoro saca malas cosas.

36 Mas yo os digo, que toda palabra ociosa que hablaren los hombres, de ella darán cuenta en el día del juicio;

37 Porque por tus palabras serás justificado, y por tus palabras serás condenado.

38 Entonces respondiendo algunos de los escribas y de los Fariseos, diciendo: Maestro, deseamos ver de ti señal.

39 Y Él respondió, y les dijo: La generación mala y adulterina demanda señal; mas señal no le será dada, sino la señal de Jonás profeta.

40 Porque como estuvo Jonás en el vientre de la ballena tres días y tres noches, así estará el Hijo del hombre en el corazón de la tierra tres días y tres noches.

41 Los hombres de Nínive se levantarán en el juicio con esta generación, y la condenarán; porque ellos se arrepintieron á la predicación de Jonás; y he aquí más que Jonás en este lugar.

42 La reina del Austro se levantará en el juicio con esta generación, y la condenará; porque vino de los fines de la tierra para oir la sabiduría de Salomón: y he aquí más que Salomón en este lugar.

43 Cuando el espíritu inmundo ha salido del hombre, anda por lugares secos, buscando reposo, y no lo halla.

44 Entonces dice: Me volveré á mi casa de donde salí: y cuando viene, la halla desocupada, barrida y adornada.

45 Entonces va, y toma consigo otros siete espíritus peores que Él, y entrados, moran allí; y son peores las cosas; últimas del tal hombre que las primeras: así también acontecerá á esta generación mala.

46 Y estando Él aún hablando á las gentes, he aquí su madre y sus hermanos estaban fuera, que le querían hablar.

47 Y le dijo uno: He aquí tu madre y tus hermanos están fuera, que te quieren hablar.

48 Y respondiendo Él al que le decía esto, dijo: ¿Quién es mi madre y quiénes son mis hermanos?

49 Y extendiendo su mano hacia sus discípulos, dijo: He aquí mi madre y mis hermanos.

50 Porque todo aquel que hiciere la voluntad de mi Padre que está en los cielos, ese es mi hermano, y hermana, y madre.

13 Y aquel día, saliendo Jesús de casa, se sentó junto á la mar.

2 Y se allegaron á Él muchas gentes; y entrándose Él en el barco, se sentó, y toda la gente estaba á la ribera.

3 Y les habló muchas cosas por parábolas, diciendo: He aquí el que sembraba salió á sembrar.

4 Y sembrando, parte de la simiente cayó junto al camino; y vinieron las aves, y la comieron.

5 Y parte cayó en pedregales, donde no tenía mucha tierra; y nació luego, porque no tenía profundidad de tierra:

6 Mas en saliendo el sol, se quemó; y secóse, porque no tenía raíz.

7 Y parte cayó en espinas; y las espinas crecieron, y la ahogaron.

8 Y parte cayó en buena tierra, y dió fruto, cuál á ciento, cuál á sesenta, y cuál á treinta.

9 Quien tiene oídos para oir, oiga.

10 Entonces, llegándose los discípulos, le dijeron: ¿Por qué les hablas por parábolas?

11 Y Él respondiendo, les dijo: Por que á vosotros es concedido saber los misterios del reino de los cielos; mas á ellos no es concedido.

12 Porque á cualquiera que tiene, se le dará, y tendrá más; pero al que no tiene, aun lo que tiene le será quitado.

13 Por eso les hablo por parábolas; porque viendo no ven, y oyendo no oyen, ni entienden.

14 De manera que se cumple en ellos la profecía de Isaías, que dice: De oído oiréis, y no entenderéis; Y viendo veréis, y no miraréis.

15 Porque el corazón de este pueblo está engrasado, Y de los oídos oyen pesadamente, Y de sus ojos guiñan: Para que no vean de los ojos, Y oigan de los oídos, Y del corazón entiendan, Y se conviertan, Y yo los sane.

16 Mas bienaventurados vuestros ojos, porque ven; y vuestros oídos, porque oyen.

17 Porque de cierto os digo, que muchos profetas y justos desearon ver lo que veis, y no lo vieron: y oir lo que oís, y no lo oyeron.

18 Oid, pues, vosotros la parábola del que siembra:

19 Oyendo cualquiera la palabra del reino, y no entendiéndola, viene el malo, y arrebata lo que fué sembrado en su corazón: éste es el que fué sembrado junto al camino.

20 Y el que fué sembrado en pedregales, éste es el que oye la palabra, y luego la recibe con gozo.

21 Mas no tiene raíz en sí, antes es temporal que venida la aflicción ó la persecución por la palabra, luego se ofende.

22 Y el que fué sembrado en espinas, éste es el que oye la palabra; pero el afán de este siglo y el engaño de las riquezas, ahogan la palabra, y hácese infructuosa.

23 Mas el que fué sembrado en buena tierra, éste es el que oye y entiende la palabra, y el que lleva fruto: y lleva uno á ciento, y otro á sesenta, y otro á treinta.

24 Otra parábola les propuso, diciendo: El reino de los cielos es semejante al hombre que siembra buena simiente en su campo:

25 Mas durmiendo los hombres, vino su enemigo, y sembró cizaña entre el trigo, y se fué.

26 Y como la hierba salió é hizo fruto, entonces apareció también la cizaña.

27 Y llegándose los siervos del padre de la familia, le dijeron: Señor, ¿no sembraste buena simiente en tu campo? ¿de dónde, pues, tiene cizaña?

28 Y Él les dijo: Un hombre enemigo ha hecho esto. Y los siervos le dijeron: ¿Quieres, pues, que vayamos y la cojamos?

27 Y Él dijo: No; porque cogiendo la cizaña, no arranquéis también con ella el trigo.

30 Dejad crecer juntamente lo uno y lo otro hasta la siega; y al tiempo de la siega yo diré á los segadores: Coged primero la cizaña, y atadla en manojos para quemarla; mas recoged el trigo en mi alfolí.

31 Otra parábola les propuso, diciendo: El reino de los cielos es semejante al grano de mostaza, que tomándolo alguno lo sembró en su campo:

32 El cual á la verdad es la más pequeña de todas las simientes; mas cuando ha crecido, es la mayor de las hortalizas, y se hace árbol, que vienen las aves del cielo y hacen nidos en sus ramas.

33 Otra parábola les dijo: El reino de los cielos es semejante á la levadura que tomó una mujer, y escondió en tres medidas de harina, hasta que todo quedó leudo.

34 Todo esto habló Jesús por parábolas á las gentes, y sin parábolas no les hablaba:

35 Para que se cumpliese lo que fué dicho por el profeta, que dijo: Abriré en parábolas mi boca; Rebosaré cosas escondidas desde la fundación del mundo.

36 Entonces, despedidas las gentes, Jesús se vino á casa; y llegándose á Él sus discípulos, le dijeron: Decláranos la parábola de la cizaña del campo.

37 Y respondiendo Él, les dijo: El que siembra la buena simiente es el Hijo del hombre;

38 Y el campo es el mundo; y la buena simiente son los hijos del reino, y la cizaña son los hijos del malo;

39 Y el enemigo que la sembró, es el diablo; y la siega es el fin del mundo, y los segadores son los ángeles.

40 De manera que como es cogida la cizaña, y quemada al fuego, así será en el fin de este siglo.

41 Enviará el Hijo del hombre sus ángeles, y cogerán de su reino todos los escándalos, y los que hacen iniquidad,

42 Y los echarán en el horno de fuego: allí será el lloro y el crujir de dientes.

43 Entonces los justos resplandecerán como el sol en el reino de su Padre: el que tiene oídos para oir, oiga.

44 Además, el reino de los cielos es semejante al tesoro escondido en el campo; el cual hallado, el hombre lo encubre, y de gozo de ello va, y vende todo lo que tiene, y compra aquel campo.

45 También el reino de los cielos es semejante al hombre tratante, que busca buenas perlas;

46 Que hallando una preciosa perla, fué y vendió todo lo que tenía, y la compró.

47 Asimismo el reino de los cielos es semejante á la red, que echada en la mar, coge de todas suertes de peces:

48 La cual estando llena, la sacaron á la orilla; y sentados, cogieron lo bueno en vasos, y lo malo echaron fuera.

49 Así será al fin del siglo: saldrán los ángeles, y apartarán á los malos de entre los justos,

50 Y los echarán en el horno del fuego: allí será el lloro y el crujir de dientes.

51 Díceles Jesús: ¿Habéis entendido todas estas cosas? Ellos responden: Sí, Señor.

52 Y Él les dijo: Por eso todo escriba docto en el reino de los cielos, es semejante á un padre de familia, que saca de su tesoro cosas nuevas y cosas viejas.

53 Y aconteció que acabando Jesús estas parábolas, pasó de allí.

54 Y venido á su tierra, los enseñaba en la sinagoga de ellos, de tal manera que ellos estaban atónitos, y decían: ¿De dónde tiene éste esta sabiduría, y estas maravillas?

55 ¿No es éste el hijo del carpintero? ¿no se llama su madre María, y sus hermanos Jacobo y José, y Simón, y Judas?

56 ¿Y no están todas sus hermanas con nosotros? ¿De dónde, pues, tiene éste todas estas cosas?

57 Y se escandalizaban en Él. Mas Jesús les dijo: No hay profeta sin honra sino en su tierra y en su casa.

58 Y no hizo allí muchas maravillas, á causa de la incredulidad de ellos.

14 En aquel tiempo Herodes el tetrarca oyó la fama de Jesús, Y dijo á sus criados: Este es Juan el Bautista: Él ha resucitado de los muertos, y por eso virtudes obran en Él.

3 Porque Herodes había prendido á Juan, y le había aprisionado y puesto en la cárcel, por causa de Herodías, mujer de Felipe su hermano;

4 Porque Juan le decía: No te es lícito tenerla.

5 Y quería matarle, mas temía al pueblo; porque le tenían como á profeta.

6 Mas celebrándose el día del nacimiento de Herodes, la hija de Herodías danzó en medio, y agradó á Herodes.

7 Y prometió Él con juramento de darle todo lo que pidiese.

8 Y ella, instruída primero de su madre, dijo: Dame aquí en un plato la cabeza de Juan el Bautista.

9 Entonces el rey se entristeció; mas por el juramento, y por los que estaban juntamente á la mesa, mandó que se le diese.

10 Y enviando, degolló á Juan en la cárcel.

11 Y fué traída su cabeza en un plato y dada á la muchacha; y ella la presentó á su madre.

12 Entonces llegaron sus discípulos, y tomaron el cuerpo, y lo enterraron; y fueron, y dieron las nuevas á Jesús.

13 Y oyéndolo Jesús, se apartó de allí en un barco á un lugar desierto, apartado: y cuando las gentes lo oyeron, le siguieron á pie de las ciudades.

14 Y saliendo Jesús, vió un gran gentío, y tuvo compasión de ellos, y sanó á los que de ellos había enfermos.

15 Y cuando fué la tarde del día, se llegaron á Él sus discípulos, diciendo: El lugar es desierto, y el tiempo es ya pasado: despide las gentes, para que se vayan por las aldeas, y compren para sí de comer.

16 Y Jesús les dijo: No tienen necesidad de irse: dadles vosotros de comer.

17 Y ellos dijeron: No tenemos aquí sino cinco panes y dos peces.

18 Y Él les dijo: Traédmelos acá.

19 Y mandando á las gentes recostarse sobre la hierba, tomando los cinco panes y los dos peces, alzando los ojos al cielo, bendijo, y partió y dió los panes á los discípulos, y los discípulos á las gentes.

20 Y comieron todos, y se hartaron; y alzaron lo que sobró de los pedazos, doce cestas llenas.

21 Y los que comieron fueron como cinco mil hombres, sin las mujeres y los niños.

22 Y luego Jesús hizo á sus discípulos entrar en el barco, é ir delante de Él á la otra parte del lago, entre tanto que Él despedía á las gentes.

23 Y despedidas las gentes, subió al monte, apartado, á orar: y como fué la tarde del día, estaba allí solo.

24 Y ya el barco estaba en medio de la mar, atormentado de las ondas; porque el viento era contrario.

25 Mas á la cuarta vela de la noche, Jesús fué á ellos andando sobre la mar.

26 Y los discípulos, viéndole andar sobre la mar, se turbaron, diciendo: Fantasma es. Y dieron voces de miedo.

27 Mas luego Jesús les habló, diciendo: Confiad, yo soy; no tengáis miedo.

28 Entonces le respondió Pedro, y dijo: Señor, si tú eres, manda que yo vaya á ti sobre las aguas.

29 Y Él dijo: Ven. Y descendiendo Pedro del barco, andaba sobre las aguas para ir á Jesús.

30 Mas viendo el viento fuerte, tuvo miedo; y comenzándose á hundir, dió voces, diciendo: Señor, sálvame.

31 Y luego Jesús, extendiendo la mano, trabó de Él, y le dice: Oh hombre de poca fe, ¿por qué dudaste?

32 Y como ellos entraron en el barco, sosegóse el viento.

33 Entonces los que estaban en el barco, vinieron y le adoraron, diciendo: Verdaderamente eres Hijo de Dios.

34 Y llegando á la otra parte, vinieron á la tierra de Genezaret.

35 Y como le conocieron los hombres de aquel lugar, enviaron por toda aquella tierra alrededor, y trajeron á Él todos los enfermos;

36 Y le rogaban que solamente tocasen el borde de su manto; y todos los que tocaron, quedaron sanos.

15 Entonces llegaron á Jesús ciertos escribas y Fariseos de Jerusalem, diciendo:

2 ¿Por qué tus discípulos traspasan la tradición de los ancianos? porque no se lavan las manos cuando comen pan.

3 Y Él respondiendo, les dijo: ¿Por qué también vosotros traspasáis el mandamiento de Dios por vuestra tradición?

4 Porque Dios mandó, diciendo: Honra al padre y á la madre, y, El que maldijere al padre ó á la madre, muera de muerte.

5 Mas vosotros decís: Cualquiera que dijere al padre ó á la madre: Es ya ofrenda mía á Dios todo aquello con que pudiera valerte;

6 No deberá honrar á su padre ó á su madre con socorro. Así habéis invalidado el mandamiento de Dios por vuestra tradición.

7 Hipócritas, bien profetizó de vosotros Isaías, diciendo:

8 Este pueblo de labios me honra; Mas su corazón lejos está de mí.

9 Mas en vano me honran, Enseñando doctrinas y mandamientos de hombres.

10 Y llamando á sí las gentes, les dijo: Oid, y entended:

11 No lo que entra en la boca contamina al hombre; mas lo que sale de la boca, esto contamina al hombre.

12 Entonces llegándose sus discípulos, le dijeron: ¿Sabes que los Fariseos oyendo esta palabra se ofendieron?

13 Mas respondiendo Él, dijo: Toda planta que no plantó mi Padre celestial, será desarraigada.

14 Dejadlos: son ciegos guías de ciegos; y si el ciego guiare al ciego, ambos caerán en el hoyo.

15 Y respondiendo Pedro, le dijo: Decláranos esta parábola.

16 Y Jesús dijo: ¿Aun también vosotros sois sin entendimiento?

17 ¿No entendéis aún, que todo lo que entra en la boca, va al vientre, y es echado en la letrina?

18 Mas lo que sale de la boca, del corazón sale; y esto contamina al hombre.

19 Porque del corazón salen los malos pensamientos, muertes, adulterios, fornicaciones, hurtos, falsos testimonios, blasfemias.

20 Estas cosas son las que contaminan al hombre: que comer con las manos por lavar no contamina al hombre.

21 Y saliendo Jesús de allí, se fué á las partes de Tiro y de Sidón.

22 Y he aquí una mujer Cananea, que había salido de aquellos términos, clamaba, diciéndole: Señor, Hijo de David, ten misericordia de mí; mi hija es malamente atormentada del demonio.

23 Mas El no le respondió palabra. Entonces llegándose sus discípulos, le rogaron, diciendo: Despáchala, pues da voces tras nosotros.

24 Y Él respondiendo, dijo: No soy enviado sino á las ovejas perdidas de la casa de Israel.

25 Entonces ella vino, y le adoró, diciendo: Señor socórreme.

26 Y respondiendo Él, dijo: No es bien tomar el pan de los hijos, y echarlo á los perrillos.

27 Y ella dijo: Sí, Señor; mas los perrillos comen de las migajas que caen de la mesa de sus señores.

28 Entonces respondiendo Jesús, dijo: Oh mujer, grande es tu fe; sea hecho contigo como quieres. Y fué sana su hija desde aquella hora.

29 Y partido Jesús de allí, vino junto al mar de Galilea: y subiendo al monte, se sentó allí.

30 Y llegaron á Él muchas gentes, que tenían consigo cojos, ciegos, mudos, mancos, y otros muchos enfermos: y los echaron á los pies de Jesús, y los sanó:

31 De manera que se maravillaban las gentes, viendo hablar los mudos, los mancos sanos, andar los cojos, y ver los ciegos: y glorificaron al Dios de Israel.

32 Y Jesús llamando á sus discípulos, dijo: Tengo lástima de la gente, que ya hace tres días que perseveran conmigo, y no tienen qué comer; y enviarlos ayunos no quiero, porque no desmayen en el camino.

33 Entonces sus discípulos le dicen: ¿Dónde tenemos nosotros tantos panes en el desierto, que hartemos á tan gran compañía?

34 Y Jesús le dice: ¿Cuántos panes tenéis? Y ellos dijeron: Siete, y unos pocos pececillos.

35 Y mandó á las gentes que se recostasen sobre la tierra.

36 Y tomando los siete panes y los peces, haciendo gracias, partió y dió á sus discípulos; y los discípulos á la gente.

37 Y comieron todos, y se hartaron: y alzaron lo que sobró de los pedazos, siete espuertas llenas.

38 Y eran los que habían comido, cuatro mil hombres, sin las mujeres y los niños.

39 Entonces, despedidas las gentes, subió en el barco: y vino á los términos de Magdalá.

16 Y llegándose los Fariseos y los Saduceos para tentarle, le pedían que les mostrase señal del cielo.

2 Mas El respondiendo, les dijo: Cuando es la tarde

del día, decís: Sereno; porque el cielo tiene arreboles.

3 Y á la mañana: Hoy tempestad; porque tiene arreboles el cielo triste. Hipócritas, que sabéis hacer diferencia en la faz del cielo; ¿y en las señales de los tiempos no podéis?

4 La generación mala y adulterina demanda señal; mas señal no le será dada, sino la señal de Jonás profeta. Y dejándolos, se fué.

5 Y viniendo sus discípulos de la otra parte del lago, se habían olvidado de tomar pan.

6 Y Jesús les dijo: Mirad, y guardaos de la levadura de los Fariseos y de los Saduceos.

7 Y ellos pensaban dentro de sí, diciendo: Esto dice porque no tomamos pan.

8 Y entendiéndolo Jesús, les dijo: ¿Por qué pensáis dentro de vosotros, hombres de poca fe, que no tomasteis pan?

9 ¿No entendéis aún, ni os acordáis de los cinco panes entre cinco mil hombres, y cuántos cestos alzasteis?

10 ¿Ni de los siete panes entre cuatro mil, y cuántas espuertas tomasteis?

11 ¿Cómo es que no entendéis que no por el pan os dije, que os guardaséis de la levadura de los Fariseos y de los Saduceos?

12 Entonces entendieron que no les había dicho que se guardasen de la levadura de pan, sino de la doctrina de los Fariseos y de los Saduceos.

13 Y viniendo Jesús á las partes de Cesarea de Filipo, preguntó á sus discípulos, diciendo: ¿Quién dicen los hombres que es el Hijo del hombre?

14 Y ellos dijeron: Unos, Juan el Bautista; y otros, Elías; y otros, Jeremías, ó alguno de los profetas.

15 El les dice: Y vosotros, ¿quién decís que soy?

16 Y respondiendo Simón Pedro, dijo: Tú eres el Cristo, el Hijo del Dios viviente.

17 Entonces, respondiendo Jesús, le dijo: Bienaventurado eres, Simón, hijo de Jonás; porque no te lo reveló carne ni sangre, mas mi Padre que está en los cielos.

18 Mas yo también te digo, que tú eres Pedro, y sobre esta piedra edificaré mi iglesia; y las puertas del infierno no prevalecerán contra ella.

19 Y á ti daré las llaves del reino de los cielos; y todo lo que ligares en la tierra será ligado en los cielos; y todo lo que desatares en la tierra será desatado en los cielos.

20 Entonces mandó á sus discípulos que á nadie dijesen que Él era Jesús el Cristo.

21 Desde aquel tiempo comenzó Jesús á declarar á sus discípulos que le convenía ir á Jerusalem, y padecer mucho de los ancianos, y de los príncipes de los sacerdotes, y de los escribas, y ser muerto, y resucitar al tercer día.

22 Y Pedro, tomándolo aparte, comenzó á reprenderle, diciendo: Señor, ten compasión de ti: en ninguna manera esto te acontezca.

23 Entonces El, volviéndose, dijo á Pedro: Quítate de delante de mí, Satanás; me eres escándalo; porque no entiendes lo que es de Dios sino lo que es de los hombres.

24 Entonces Jesús dijo á sus discípulos: Si alguno quiere venir en pos de mí, niéguese á sí mismo, y tome su cruz, y sígame.

25 Porque cualquiera que quisiere salvar su vida, la perderá, y cualquiera que perdiere su vida por causa de mí, la hallará.

26 Porque ¿de qué aprovecha al hombre, si granjeare todo el mundo, y perdiere su alma? O ¿qué recompensa dará el hombre por su alma?

27 Porque el Hijo del hombre vendrá en la gloria de su Padre con sus ángeles, y entonces pagará á cada uno conforme á sus obras.

28 De cierto os digo: hay algunos de los que están aquí, que no gustarán la muerte, hasta que hayan visto al Hijo del hombre viniendo en su reino.

17 Y después de seis días, Jesús toma á Pedro, y á Jacobo, y á Juan su hermano, y los lleva aparte á un monte alto:

2 Y se transfiguró delante de ellos; y resplandeció su rostro como el sol, y sus vestidos fueron blancos como la luz.

3 Y he aquí les aparecieron Moisés y Elías, hablando con Él.

4 Y respondiendo Pedro, dijo á Jesús: Señor, bien es que nos quedemos aquí: si quieres, hagamos aquí tres pabellones: para ti uno, y para Moisés otro, y otro para Elías.

5 Y estando aún El hablando, he aquí una nube de luz que los cubrió; y he aquí una voz de la nube, que dijo: Este es mi Hijo amado, en el cual tomo contentamiento: á él oid.

6 Y oyendo esto los discípulos, cayeron sobre sus rostros, y temieron en gran manera.

7 Entonces Jesús llegando, los tocó, y dijo: Levantaos, y no temáis.

8 Y alzando ellos sus ojos, á nadie vieron, sino á solo Jesús.

9 Y como descendieron del monte, les mandó Jesús, diciendo: No digáis á nadie la visión, hasta que el Hijo del hombre resucite de los muertos.

10 Entonces sus discípulos le preguntaron, diciendo: ¿Por qué dicen pues los escribas que es menester que Elías venga primero?

11 Y respondiendo Jesús, les dijo: á la verdad, Elías vendrá primero, y restituirá todas las cosas.

12 Mas os digo, que ya vino Elías, y no le conocieron; antes hicieron en Él todo lo que quisieron: así también el Hijo del hombre padecerá de ellos.

13 Los discípulos entonces entendieron, que les habló de Juan el Bautista.

14 Y como ellos llegaron al gentío, vino á Él un hombre hincándosele de rodillas,

15 Y diciendo: Señor, ten misericordia de mi hijo, que es lunático, y padece malamente; porque muchas veces cae en el fuego, y muchas en el agua.

16 Y le he presentado á tus discípulos, y no le han podido sanar.

17 Y respondiendo Jesús, dijo: ¡Oh generación infiel y torcida! ¿hasta cuándo tengo de estar con vosotros? ¿hasta cuándo os tengo de sufrir? traédmele acá.

18 Y Jesús le reprendió, y salió el demonio de Él; y el mozo fué sano desde aquella hora.

19 Entonces, llegándose los discípulos á Jesús, aparte, dijeron: ¿Por qué nosotros no lo pudimos echar fuera?

20 Y Jesús les dijo: Por vuestra incredulidad; porque de cierto os digo, que si tuviereis fe como un grano de mostaza, diréis á este monte: Pásate de aquí allá: y se pasará: y nada os será imposible.

21 Mas este linaje no sale sino por oración y ayuno.

22 Y estando ellos en Galilea, Jesús les dijo: El Hijo del hombre será entregado en manos de hombres,

23 Y le matarán; mas al tercer día resucitará. Y ellos se entristecieron en gran manera.

24 Y como llegaron á Capernaum, vinieron á Pedro los que cobraban las dos dracmas, y dijeron: ¿Vuestro Maestro no paga las dos dracmas?

25 El dice: Sí. Y entrando Él en casa, Jesús le habló antes, diciendo: ¿Qué te parece, Simón? Los reyes de la tierra, ¿de quién cobran los tributos ó el censo? ¿de sus hijos ó de los extraños?

26 Pedro le dice: De los extraños. Jesús le dijo: Luego los hijos son francos.

27 Mas porque no los escandalicemos, vé á la mar, y echa el anzuelo, y el primer pez que viniere, tómalo, y abierta su boca, hallarás un estatero: tómalo, y dáselo por mí y por ti.

18 En aquel tiempo se llegaron los discípulos á Jesús, diciendo: ¿Quién es el mayor en el reino de los cielos?

2 Y llamando Jesús á un niño, le puso en medio de ellos,

3 Y dijo: De cierto os digo, que si no os volviereis, y fuereis como niños, no entraréis en el reino de los cielos.

4 Así que, cualquiera que se humillare como este niño, éste es el mayor en el reino de los cielos.

5 Y cualquiera que recibiere á un tal niño en mi nombre, á mí recibe.

6 Y cualquiera que escandalizare á alguno de estos pequeños que creen en mí, mejor le fuera que se le colgase al cuello una piedra de molino de asno, y que se le anegase en el profundo de la mar.

7 ¡Ay del mundo por los escándalos! porque necesario es que vengan escándalos; mas ¡ay de aquel hombre por el cual viene el escándalo!

8 Por tanto, si tu mano ó tu pie te fuere ocasión de caer, córtalo y échalo de ti: mejor te es entrar cojo ó manco en la vida, que teniendo dos manos ó dos pies ser echado en el fuego eterno.

9 Y si tu ojo te fuere ocasión de caer, sácalo y échalo de ti: mejor te es entrar con un solo ojo en la vida, que teniendo dos ojos ser echado en el infierno del fuego.

10 Mirad no tengáis en poco á alguno de estos pequeños; porque os digo que sus ángeles en los cielos ven siempre la faz de mi Padre que está en los cielos.

11 Porque el Hijo del hombre ha venido para salvar lo que se había perdido.

12 ¿Qué os parece? Si tuviese algún hombre cien ovejas, y se descarriase una de ellas, ¿no iría por los montes, dejadas las noventa y nueve, á buscar la que se había descarriado?

13 Y si aconteciese hallarla, de cierto os digo, que más se goza de aquélla, que de las noventa y nueve que no se descarriaron.

14 Así, no es la voluntad de vuestro Padre que está en los cielos, que se pierda uno de estos pequeños.

15 Por tanto, si tu hermano pecare contra ti, ve, y redargúyele entre ti y Él solo: si te oyere, has ganado á tu hermano.

16 Mas si no te oyere, toma aún contigo uno ó dos, para que en boca de dos ó de tres testigos conste toda palabra.

17 Y si no oyere á ellos, dilo á la iglesia: y si no oyere á la iglesia, tenle por étnico y publicano.

18 De cierto os digo que todo lo que ligareis en la tierra, será ligado en el cielo; y todo lo que desatareis en la tierra, será desatado en el cielo.

19 Otra vez os digo, que si dos de vosotros se convinieren en la tierra, de toda cosa que pidieren, les será hecho por mi Padre que está en los cielos.

20 Porque donde están dos ó tres congregados en mi nombre, allí estoy en medio de ellos.

21 Entonces Pedro, llegándose á Él, dijo: Señor, ¿cuántas veces perdonaré á mi hermano que pecare contra mí? ¿hasta siete?

22 Jesús le dice: No te digo hasta siete, mas aun hasta setenta veces siete.

23 Por lo cual, el reino de los cielos es semejante á un hombre rey, que quiso hacer cuentas con sus siervos.

24 Y comenzando á hacer cuentas, le fué presentado uno que le debía diez mil talentos.

25 Mas á éste, no pudiendo pagar, mandó su señor venderle, y á su mujer é hijos, con todo lo que tenía, y que se le pagase.

26 Entonces aquel siervo, postrado, le adoraba, diciendo: Señor, ten paciencia conmigo, y yo te lo pagaré todo.

27 El señor, movido á misericordia de aquel siervo, le soltó y le perdonó la deuda.

28 Y saliendo aquel siervo, halló á uno de sus consiervos, que le debía cien denarios; y trabando de Él, le ahogaba, diciendo: Págame lo que debes.

29 Entonces su consiervo, postrándose á sus pies, le rogaba, diciendo: Ten paciencia conmigo, y yo te lo pagaré todo.

30 Mas Él no quiso: sino fué, y le echó en la cárcel hasta que pagase la deuda.

31 Y viendo sus consiervos lo que pasaba, se entristecieron mucho, y viniendo, declararon á su señor todo lo que había pasado.

32 Entonces llamándole su señor, le dice: Siervo malvado, toda aquella deuda te perdoné, porque me rogaste:

33 ¿No te convenía también á ti tener misericordia de tu consiervo, como también yo tuve misericordia de ti?

34 Entonces su señor, enojado, le entregó á los verdugos, hasta que pagase todo lo que le debía.

35 Así también hará con vosotros mi Padre celestial, si no perdonareis de vuestros corazones cada uno á su hermano sus ofensas.

19 Y aconteció que acabando Jesús estas palabras, se pasó de Galilea, y vino á los términos de Judea, pasado el Jordán.

2 Y le siguieron muchas gentes, y los sanó allí.

3 Entonces se llegaron á Él los Fariseos, tentándole, y diciéndole: ¿Es lícito al hombre repudiar á su mujer por cualquiera causa?

4 Y Él respondiendo, les dijo: ¿No habéis leído que el que lo hizo al principio, macho y hembra los hizo,

5 Y dijo: Por tanto, el hombre dejará padre y madre, y se unirá á su mujer, y serán dos en una carne?

6 Así que, no son ya dos, sino una carne: por tanto, lo que Dios juntó, no lo aparte el hombre.

7 Dícenle: ¿Por qué, pues, Moisés mandó dar carta de divorcio, y repudiarla?

8 Díceles: Por la dureza de vuestro corazón Moisés os permitió repudiar á vuestras mujeres: mas al principio no fué así.

9 Y yo os digo que cualquiera que repudiare á su mujer, si no fuere por causa de fornicación, y se casare con otra, adultera: y el que se casare con la repudiada, adultera.

10 Dícenle sus discípulos: Si así es la condición del hombre con su mujer, no conviene casarse.

11 Entonces Él les dijo: No todos reciben esta palabra, sino aquellos á quienes es dado.

12 Porque hay eunucos que nacieron así del vientre de su madre; y hay eunucos, que son hechos eunucos por los hombres; y hay eunucos que se hicieron á sí mismos eunucos por causa del reino de los cielos; el que pueda ser capaz de eso, séalo.

13 Entonces le fueron presentados unos niños, para que pusiese las manos sobre ellos, y orase; y los discípulos les riñeron.

14 Y Jesús dijo: Dejad á los niños, y no les impidáis de venir á mí; porque de los tales es el reino de los cielos.

15 Y habiendo puesto sobre ellos las manos se partió de allí.

16 Y he aquí, uno llegándose le dijo: Maestro bueno, ¿qué bien haré para tener la vida eterna?

17 Y El le dijo: ¿Por qué me llamas bueno? Ninguno es bueno sino uno, es á saber, Dios: y si quieres entrar en la vida, guarda los mandamientos.

18 Dícele: ¿Cuáles? Y Jesús dijo: No matarás: No adulterarás: No hurtarás: No dirás falso testimonio:

19 Honra á tu padre y á tu madre: y, Amarás á tu prójimo como á ti mismo.

20 Dícele el mancebo: Todo esto guardé desde mi juventud: ¿qué más me falta?

21 Dícele Jesús: Si quieres ser perfecto, anda, vende lo que tienes, y da lo á los pobres, y tendrás tesoro en el cielo; y ven, sígueme.

22 Y oyendo el mancebo esta palabra, se fué triste, porque tenía muchas posesiones.

23 Entonces Jesús dijo á sus discípulos: De cierto os digo, que un rico difícilmente entrará en el reino de los cielos.

24 Mas os digo, que más liviano trabajo es pasar un camello por el ojo de una aguja, que entrar un rico en el reino de Dios.

25 Mas sus discípulos, oyendo estas cosas, se espantaron en gran manera, diciendo: ¿Quién pues podrá ser salvo?

26 Y mirándolos Jesús, les dijo: Para con los hombres imposible es esto; mas para con Dios todo es posible.

27 Entonces respondiendo Pedro, le dijo: He aquí, nosotros hemos dejado todo, y te hemos seguido: ¿qué pues tendremos?

28 Y Jesús les dijo: De cierto os digo, que vosotros que me habéis seguido, en la regeneración, cuando se sentará el Hijo del hombre en el trono de su gloria, vosotros también os sentaréis sobre doce tronos, para juzgar á las doce tribus de Israel.

29 Y cualquiera que dejare casas, ó hermanos, ó hermanas, ó padre, ó madre, ó mujer, ó hijos, ó tierras, por mi nombre, recibirá cien veces tanto, y heredará la vida eterna.

30 Mas muchos primeros serán postreros, y postreros primeros.

20 Porque el reino de los cielos es semejante á un hombre, padre de familia, que salió por la mañana á ajustar obreros para su viña.

2 Y habiéndose concertado con los obreros en un denario al día, los envió á su viña.

3 Y saliendo cerca de la hora de las tres, vió otros que estaban en la plaza ociosos;

4 Y les dijo: Id también vosotros á mi viña, y os daré lo que fuere justo. Y ellos fueron.

5 Salió otra vez cerca de las horas sexta y nona, é hizo lo mismo.

6 Y saliendo cerca de la hora undécima, halló otros que estaban ociosos; y díceles: ¿Por qué estáis aquí todo el día ociosos?

7 Dícenle: Porque nadie nos ha ajustado. Díceles: Id también vosotros á la viña, y recibiréis lo que fuere justo.

8 Y cuando fué la tarde del día, el señor de la viña dijo á su mayordomo: Llama á los obreros y págales el jornal, comenzando desde los postreros hasta los primeros.

9 Y viniendo los que habían ido cerca de la hora undécima, recibieron cada uno un denario.

10 Y viniendo también los primeros, pensaron que habían de recibir más; pero también ellos recibieron cada uno un denario.

11 Y tomándolo, murmuraban contra el padre de la familia,

12 Diciendo: Estos postreros sólo han trabajado una hora, y los has hecho iguales á nosotros, que hemos llevado la carga y el calor del día.

13 Y él respondiendo, dijo á uno de ellos: Amigo, no te hago agravio; ¿no te concertaste conmigo por un denario?

14 Toma lo que es tuyo, y vete; mas quiero dar á este postrero, como á ti.

15 ¿No me es lícito á mí hacer lo que quiero con lo mío? ó ¿es malo tu ojo, porque yo soy bueno?

16 Así los primeros serán postreros, y los postreros primeros: porque muchos son llamados, mas pocos escogidos.

17 Y subiendo Jesús á Jerusalem, tomó sus doce discípulos aparte en el camino, y les dijo:

18 He aquí subimos á Jerusalem, y el Hijo del hombre será entregado á los príncipes de los sacerdotes y á los escribas, y le condenarán á muerte;

19 Y le entregarán á los Gentiles para que le escarnezcan, y azoten, y crucifiquen; mas al tercer día resucitará.

20 Entonces se llegó á El la madre de los hijos de Zebedeo con sus hijos, adorándole, y pidiéndole algo.

21 Y El le dijo: ¿Qué quieres? Ella le dijo: Di que se sienten estos dos hijos míos, el uno á tu mano derecha, y el otro á tu izquierda, en tu reino.

22 Entonces Jesús respondiendo, dijo: No sabéis lo que pedís: ¿podéis beber el vaso que yo he de beber, y ser bautizados del bautismo de que yo soy bautizado? Y ellos le dicen: Podemos.

23 Y El les dice: A la verdad mi vaso beberéis, y del bautismo de que yo soy bautizado, seréis bautizados; mas el sentaros á mi mano derecha y á mi izquierda, no es mío dar lo, sino á aquellos para quienes está aparejado de mi Padre.

24 Y como los diez oyeron esto, se enojaron de los dos hermanos.

25 Entonces Jesús llamándolos, dijo: Sabéis que los príncipes de los Gentiles se enseñorean sobre ellos, y los que son grandes ejercen sobre ellos potestad.

26 Mas entre vosotros no será así; sino el que quisiere entre vosotros hacerse grande, será vuestro servidor;

27 Y el que quisiere entre vosotros ser el primero, será vuestro siervo;

28 Como el Hijo del hombre no vino para ser servido, sino para servir, y para dar su vida en rescate por muchos.

29 Entonces saliendo ellos de Jericó, le seguía gran compañía.

30 Y he aquí dos ciegos sentados junto al camino, como oyeron que Jesús pasaba, clamaron, diciendo: Señor, Hijo de David, ten misericordia de nosotros.

31 Y la gente les reñía para que callasen; mas ellos clamaban más, diciendo: Señor, Hijo de David, ten misericordia de nosotros.

32 Y parándose Jesús, los llamó, y dijo: ¿Qué queréis que haga por vosotros?

33 Ellos le dicen: Señor, que sean abiertos nuestros ojos.

34 Entonces Jesús, teniendo misericordia de ellos, les tocó los ojos, y luego sus ojos recibieron la vista; y le siguieron.

21 Y como se acercaron á Jerusalem, y vinieron á Bethfagé, al monte de las Olivas, entonces Jesús envió dos discípulos,

2 Diciéndoles: Id á la aldea que está delante de vosotros, y luego hallaréis una asna atada, y un pollino con ella: desatadla, y traédmelos.

3 Y si alguno os dijere algo, decid: El Señor los ha menester. Y luego los dejará.

4 Y todo esto fué hecho, para que se cumpliese lo que fué dicho por el profeta, que dijo:

5 Decid á la hija de Sión: He aquí, tu Rey viene á ti, Manso, y sentado sobre una asna, Y sobre un pollino, hijo de animal de yugo.

6 Y los discípulos fueron, é hicieron como Jesús les mandó;

7 Y trajeron el asna y el pollino, y pusieron sobre ellos sus mantos; y se sentó sobre ellos.

8 Y la compañía, que era muy numerosa, tendía sus mantos en el camino; y otros cortaban ramos de los árboles, y los tendían por el camino.

9 Y las gentes que iban delante, y las que iban detrás, aclamaban diciendo: ¡Hosanna al Hijo de David! ¡Bendito el que viene en el nombre del Señor! ¡Hosanna en las alturas!

10 Y entrando El en Jerusalem, toda la ciudad se alborotó, diciendo: ¿Quién es éste?

11 Y las gentes decían: Este es Jesús, el profeta, de Nazaret de Galilea.

12 Y entró Jesús en el templo de Dios, y echó fuera todos los que vendían y compraban en el templo, y trastornó las mesas de los cambiadores, y las sillas de los que vendían palomas;

13 Y les dice: Escrito está: Mi casa, casa de oración será llamada; mas vosotros cueva de ladrones la habéis hecho.

14 Entonces vinieron á El ciegos y cojos en el templo, y los sanó.

15 Mas los príncipes de los sacerdotes y los escribas, viendo las maravillas que hacía, y á los muchachos aclamando en el templo y diciendo: ¡Hosanna al Hijo de David! se indignaron,

16 Y le dijeron: ¿Oyes lo que éstos dicen? Y Jesús les dice: Sí; ¿nunca leísteis: De la boca de los niños y de los que maman perfeccionaste la alabanza?

17 Y dejándolos, se salió fuera de la ciudad, á Bethania; y posó allí.

18 Y por la mañana volviendo á la ciudad, tuvo hambre.

19 Y viendo una higuera cerca del camino, vino á ella, y no halló nada en ella, sino hojas solamente, y le dijo: Nunca más para siempre nazca de ti fruto. Y luego se secó la higuera.

20 Y viendo los discípulos, maravillados decían: ¿Cómo se secó luego la higuera?

21 Y respondiendo Jesús les dijo: De cierto os digo, que si tuviereis fe, y no dudareis, no sólo haréis esto de la higuera: mas si á este monte dijereis: Quítate y échate en la mar, será hecho.

22 Y todo lo que pidiereis en oración, creyendo, lo recibiréis.

23 Y como vino al templo, llegáronse á Él cuando estaba enseñando, los príncipes de los sacerdotes y los ancianos del pueblo, diciendo: ¿Con qué autoridad haces esto? ¿y quién te dió ésta autoridad?

24 Y respondiendo Jesús, les dijo: Yo también os preguntaré una palabra, la cual si me dijereis, también yo os diré con qué autoridad hago esto.

25 El bautismo de Juan, ¿de dónde era? ¿del cielo, ó de los hombres? Ellos entonces pensaron entre sí, diciendo: Si dijéremos, del cielo, nos dirá: ¿Por qué pues no le creísteis?

26 Y si dijéremos, de los hombres, tememos al pueblo; porque todos tienen á Juan por profeta.

27 Y respondiendo á Jesús, dijeron: No sabemos. Y Él también les dijo: Ni yo os digo con qué autoridad hago esto.

28 Mas, ¿qué os parece? Un hombre tenía dos hijos, y llegando al primero, le dijo: Hijo, ve hoy á trabajar en mi viña.

29 Y respondiendo Él, dijo: No quiero; mas después, arrepentido, fué.

30 Y llegando al otro, le dijo de la misma manera; y respondiendo Él, dijo: Yo, señor, voy. Y no fué.

31 ¿Cuál de los dos hizo la voluntad de su padre? Dicen ellos: El primero. Díceles Jesús: De cierto os digo, que los publicanos y las rameras os van delante al reino de Dios.

32 Porque vino á vosotros Juan en camino de justicia, y no le creísteis; y los publicanos y las rameras le creyeron; y vosotros, viendo esto, no os arrepentisteis después para creerle.

33 Oid otra parábola: Fué un hombre, padre de familia, el cual plantó una viña, y la cercó de vallado, y cavó en ella un lagar, y edificó una torre, y la dió á renta á labradores, y se partió lejos.

34 Y cuando se acercó el tiempo de los frutos, envió sus siervos á los labradores, para que recibiesen sus frutos.

35 Mas los labradores, tomando á los siervos, al uno hirieron, y al otro mataron, y al otro apedrearon.

36 Envió de nuevo otros siervos, más que los primeros; é hicieron con ellos de la misma manera.

37 Y á la postre les envió su hijo, diciendo: Tendrán respeto á mi hijo.

38 Mas los labradores, viendo al hijo, dijeron entre sí: Este es el heredero; venid, matémosle, y tomemos su heredad.

39 Y tomado, le echaron fuera de la viña, y le mataron.

40 Pues cuando viniere el señor de la viña, ¿qué hará á aquellos labradores?

41 Dícenle: á los malos destruirá miserablemente, y su viña dará á renta á otros labradores, que le paguen el fruto á sus tiempos.

42 Díceles Jesús: ¿Nunca leísteis en las Escrituras: La piedra que desecharon los que edificaban, Esta fué hecha por cabeza de esquina: Por el Señor es hecho esto, Y es cosa maravillosa en nuestros ojos?

43 Por tanto os digo, que el reino de Dios será quitado de vosotros, y será dado á gente que haga los frutos de Él.

44 Y el que cayere sobre esta piedra, será quebrantado; y sobre quien ella cayere, le desmenuzará.

45 Y oyendo los príncipes de los sacerdotes y los Fariseos sus parábolas, entendieron que hablaba de ellos.

46 Y buscando cómo echarle mano, temieron al pueblo; porque le tenían por profeta.

22 Y respondiendo Jesús, les volvió á hablar en parábolas, diciendo:

2 El reino de los cielos es semejante á un hombre rey, que hizo bodas á su hijo;

3 Y envió sus siervos para que llamasen los llamados á las bodas; mas no quisieron venir.

4 Volvió á enviar otros siervos, diciendo: Decid á los llamados: He aquí, mi comida he aparejado; mis toros y animales engordados son muertos, y todo está prevenido: venid á las bodas.

5 Mas ellos no se cuidaron, y se fueron, uno á su labranza, y otro á sus negocios;

6 Y otros, tomando á sus siervos, los afrentaron y los mataron.

7 Y el rey, oyendo esto, se enojó; y enviando sus ejércitos, destruyó á aquellos homicidas, y puso fuego á su ciudad.

8 Entonces dice á sus siervos: Las bodas á la verdad están aparejadas; mas los que eran llamados no eran dignos.

9 Id pues á las salidas de los caminos, y llamad á las bodas á cuantos hallareis.

10 Y saliendo los siervos por los caminos, juntaron á todos los que hallaron, juntamente malos y buenos: y las bodas fueron llenas de convidados.

11 Y entró el rey para ver los convidados, y vió allí un hombre no vestido de boda.

12 Y le dijo: Amigo, ¿cómo entraste aquí no teniendo vestido de boda? Mas él cerró la boca.

13 Entonces el rey dijo á los que servían: Atado de pies y de manos tomadle, y echadle en las tinieblas de afuera: allí será el lloro y el crujir de dientes.

14 Porque muchos son llamados, y pocos escogidos.

15 Entonces, idos los Fariseos, consultaron cómo le tomarían en alguna palabra.

16 Y envían á Él los discípulos de ellos, con los Herodianos, diciendo: Maestro, sabemos que eres amador de la verdad, y que enseñas con verdad el camino de Dios, y que no te curas de nadie, porque no tienes acepción de persona de hombres.

17 Dinos pues, ¿qué te parece? ¿es lícito dar tributo á César, ó no?

18 Mas Jesús, entendida la malicia de ellos, les dice: ¿Por qué me tentáis, hipócritas?

19 Mostradme la moneda del tributo. Y ellos le presentaron un denario.

20 Entonces les dice: ¿Cúya es esta figura, y lo que está encima escrito?

21 Dícenle: De César. Y díceles: Pagad pues á César lo que es de César, y á Dios lo que es de Dios.

22 Y oyendo esto, se maravillaron, y dejándole se fueron.

23 Aquel día llegaron á Él los Saduceos, que dicen no haber resurrección, y le preguntaron,

24 Diciendo: Maestro, Moisés dijo: Si alguno muriere sin hijos, su hermano se casará con su mujer, y despertará simiente á su hermano.

25 Fueron pues, entre nosotros siete hermanos: y el primero tomó mujer, y murió; y no teniendo generación, dejó su mujer á su hermano.

26 De la misma manera también el segundo, y el tercero, hasta los siete.

27 Y después de todos murió también la mujer.

28 En la resurrección pues, ¿de cuál de los siete será ella mujer? porque todos la tuvieron.

29 Entonces respondiendo Jesús, les dijo: Erráis ignorando las Escrituras, y el poder de Dios.

30 Porque en la resurrección, ni los hombres tomarán mujeres, ni las mujeres marido; mas son como los ángeles de Dios en el cielo.

31 Y de la resurrección de los muertos, ¿no habéis leído lo que es es dicho por Dios, que dice:

32 Yo soy el Dios de Abraham, y el Dios de Isaac, y el Dios de Jacob? Dios no es Dios de muertos, sino de vivos.

33 Y oyendo esto las gentes, estaban atónitas de su doctrina.

34 Entonces los Fariseos, oyendo que había cerrado la boca á los Saduceos, se juntaron á una.

35 Y preguntó uno de ellos, intérprete de la ley, tentándole y diciendo:

36 Maestro, ¿cuál es el mandamiento grande en la ley?

37 Y Jesús le dijo: Amarás al Señor tu Dios de todo tu corazón, y de toda tu alma, y de toda tu mente.

38 Este es el primero y el grande mandamiento.

39 Y el segundo es semejante á éste: Amarás á tu prójimo como á ti mismo.

40 De estos dos mandamientos depende toda la ley y los profetas.

41 Y estando juntos los Fariseos, Jesús les preguntó,

42 Diciendo: ¿Qué os parece del Cristo? ¿de quién es Hijo? Dícenle: De David.

43 Él les dice: ¿Pues cómo David en Espíritu le llama Señor, diciendo:

44 Dijo el Señor á mi Señor: Siéntate á mi diestra, Entre tanto que pongo tus enemigos por estrado de tus pies?

45 Pues si David le llama Señor, ¿cómo es su Hijo?

46 Y nadie le podía responder palabra; ni osó alguno desde aquel día preguntarle más.

23 Entonces habló Jesús á las gentes y á sus discípulos,
2 Diciendo: Sobre la cátedra de Moisés se sentaron los escribas y los Fariseos:

3 Así que, todo lo que os dijeren que guardéis, guardadlo y hacedlo; mas no hagáis conforme á sus obras: porque dicen, y no hacen.

4 Porque atan cargas pesadas y difíciles de llevar, y las ponen sobre los hombros de los hombres; mas ni aun con su dedo las quieren mover.

5 Antes, todas sus obras hacen para ser mirados de los hombres; porque ensanchan sus filacterias, y extienden los flecos de sus mantos;

6 Y aman los primeros asientos en las cenas, y las primeras sillas en las sinagogas;

7 Y las salutaciones en las plazas, y ser llamados de los hombres Rabbí, Rabbí.

8 Mas vosotros, no queráis ser llamados Rabbí; porque uno es vuestro Maestro, el Cristo; y todos vosotros sois hermanos.

9 Y vuestro padre no llaméis á nadie en la tierra; porque uno es vuestro Padre, el cual está en los cielos.

10 Ni seáis llamados maestros; porque uno es vuestro Maestro, el Cristo.

11 El que es el mayor de vosotros, sea vuestro siervo.

12 Porque el que se ensalzare, será humillado; y el que se humillare, será ensalzado.

13 Mas ¡ay de vosotros, escribas y Fariseos, hipócritas! porque cerráis el reino de los cielos delante de los hombres; que ni vosotros entráis, ni á los que están entrando dejáis entrar.

14 ¡Ay de vosotros, escribas y Fariseos, hipócritas! porque coméis las casas de las viudas, y por pretexto hacéis larga oración: por esto llevaréis mas grave juicio.

15 ¡Ay de vosotros, escribas y Fariseos, hipócritas! porque rodeáis la mar y la tierra por hacer un prosélito; y cuando fuere hecho, le hacéis hijo del infierno doble más que vosotros.

16 ¡Ay de vosotros, guías ciegos! que decís: Cualquiera que jurare por el templo es nada; mas cualquiera que jurare por el oro del templo, deudor es.

17 ¡Insensatos y ciegos! porque ¿cuál es mayor, el oro, ó el templo que santifica al oro?

18 Y: Cualquiera que jurare por el altar, es nada; mas cualquiera que jurare por el presente que está sobre él, deudor es.

19 ¡Necios y ciegos! porque, ¿cuál es mayor, el presente, ó el altar que santifica al presente?

20 Pues el que jurare por el altar, jura por él, y por todo lo que está sobre él;

21 Y el que jurare por el templo, jura por él, y por Aquél que habita en él;

22 Y el que jura por el cielo, jura por el trono de Dios, y por Aquél que está sentado sobre él.

23 ¡Ay de vosotros, escribas y Fariseos, hipócritas! porque diezmáis la menta y el eneldo y el comino, y dejasteis lo que es lo más grave de la ley, es á saber, el juicio y la misericordia y la fe: esto era menester hacer, y no dejar lo otro.

24 ¡Guías ciegos, que coláis el mosquito, mas tragáis el camello!

25 ¡Ay de vosotros, escribas y Fariseos, hipócritas! porque limpiáis lo que está fuera del vaso y del plato; mas de dentro están llenos de robo y de injusticia.

26 ¡Fariseo ciego, limpia primero lo de dentro del vaso y del plato, para que también lo de fuera se haga limpio!

27 ¡Ay de vosotros, escribas y Fariseos, hipócritas! porque sois semejantes á sepulcros blanqueados, que de fuera, á la verdad, se muestran hermosos, mas de dentro están llenos de huesos de muertos y de toda suciedad.

28 Así también vosotros de fuera, á la verdad, os mostráis justos á los hombres; mas de dentro, llenos estáis de hipocresía é iniquidad.

29 ¡Ay de vosotros, escribas y Fariseos, hipócritas! porque edificáis los sepulcros de los profetas, y adornáis los monumentos de los justos,

30 Y decís: Si fuéramos en los días de nuestros padres, no hubiéramos sido sus compañeros en la sangre de los profetas.

31 Así que, testimonio dais á vosotros mismos, que sois hijos de aquellos que mataron á los profetas.

32 ¡Vosotros también henchid la medida de vuestros padres!

33 ¡Serpientes, generación de víboras! ¿cómo evitaréis el juicio del infierno?

34 Por tanto, he aquí, yo envío á vosotros profetas, y sabios, y escribas: y de ellos, á unos mataréis y crucificaréis, y á otros de ellos azotaréis en vuestras sinagogas, y perseguiréis de ciudad en ciudad:

35 Para que venga sobre vosotros toda la sangre justa que se ha derramado sobre la tierra, desde la sangre de Abel el justo, hasta la sangre de Zacarías, hijo de Barachías, al cual matasteis entre el templo y el altar.

36 De cierto os digo que todo esto vendrá sobre esta generación.

37 ¡Jerusalem, Jerusalem, que matas á los profetas, y apedreas á los que son enviados á ti! ¡cuántas veces quise juntar tus hijos, como la gallina junta sus pollos debajo de las alas, y no quisiste!

38 He aquí vuestra casa os es dejada desierta.

39 Porque os digo que desde ahora no me veréis, hasta que digáis: Bendito el que viene en el nombre del Señor.

24 Y salido Jesús, íbase del templo; y se llegaron sus discípulos, para mostrarle los edificios del templo.

2 Y respondiendo él, les dijo: ¿Veis todo esto? de cierto os digo, que no será dejada aquí piedra sobre piedra, que no sea destruida.

3 Y sentándose Él en el monte de las Olivas, se llegaron á Él los discípulos aparte, diciendo: Dinos, ¿cuándo serán estas cosas, y qué señal habrá de tu venida, y del fin del mundo?

4 Y respondiendo Jesús, les dijo: Mirad que nadie os engañe.

5 Porque vendrán muchos en mi nombre, diciendo: Yo soy el Cristo; y á muchos engañarán.

6 Y oiréis guerras, y rumores de guerras: mirad que no os turbéis; porque es menester que todo esto acontezca; mas aún no es el fin.

7 Porque se levantará nación contra nación, y reino contra reino; y habrá pestilencias, y hambres, y terremotos por los lugares.

8 Y todas estas cosas, principio de dolores.

9 Entonces os entregarán para ser afligidos, y os matarán; y seréis aborrecidos de todas las gentes por causa de mi nombre.

10 Y muchos entonces serán escandalizados; y se entregarán unos á otros, y unos á otros se aborrecerán.

11 Y muchos falsos profetas se levantarán y engañarán á muchos.

12 Y por haberse multiplicado la maldad, la caridad de muchos se resfriará.

13 Mas el que perseverare hasta el fin, éste será salvo.

14 Y será predicado este evangelio del reino en todo el mundo, por testimonio á todos los Gentiles; y entonces vendrá el fin.

15 Por tanto, cuando viereis la abominación del asolamiento, que fué dicha por Daniel profeta, que estará en el lugar santo, (el que lee, entienda),

16 Entonces los que están en Judea, huyan á los montes;

17 Y el que sobre el terrado, no descienda á tomar algo de su casa;

18 Y el que en el campo, no vuelva atrás á tomar sus vestidos.

19 Mas ¡ay de las preñadas, y de las que crían en aquellos días!

20 Orad, pues, que vuestra huída no sea en invierno ni en sábado;

21 Porque habrá entonces grande aflicción, cual no fué desde el principio del mundo hasta ahora, ni será.

22 Y si aquellos días no fuesen acortados, ninguna carne sería salva; mas por causa de los escogidos, aquellos días serán acortados.

23 Entonces, si alguno os dijere: He aquí está el Cristo, ó allí, no creáis.

24 Porque se levantarán falsos Cristos, y falsos profetas, y darán señales grandes y prodigios; de tal manera que engañarán, si es posible, aun á los escogidos.

25 He aquí os lo he dicho antes.

26 Así que, si os dijeren: He aquí en el desierto está; no salgáis: He aquí en las cámaras; no creáis.

27 Porque como el relámpago que sale del oriente y se muestra hasta el occidente, así será también la venida del Hijo del hombre.

28 Porque donde quiera que estuviere el cuerpo muerto, allí se juntarán las águilas.

29 Y luego después de la aflicción de aquellos días, el sol se obscurecerá, y la luna no dará su lumbre, y las estrellas caerán del cielo, y las virtudes de los cielos serán conmovidas.

30 Y entonces se mostrará la señal del Hijo del hombre en el cielo; y entonces lamentarán todas las tribus de la tierra, y verán al Hijo del hombre que vendrá sobre las nubes del cielo, con grande poder y gloria.

31 Y enviará sus ángeles con gran voz de trompeta, y juntarán sus escogidos de los cuatro vientos, de un cabo del cielo hasta el otro.

32 De la higuera aprended la parábola: Cuando ya su rama se enternece, y las hojas brotan, sabéis que el verano está cerca.
33 Así también vosotros, cuando viereis todas estas cosas, sabed que está cercano, á las puertas.
34 De cierto os digo, que no pasará esta generación, que todas estas cosas no acontezcan.
35 El cielo y la tierra pasarán, mas mis palabras no pasarán.
36 Empero del día y hora nadie sabe, ni aun los ángeles de los cielos, sino mi Padre solo.
37 Mas como los días de Noé, así será la venida del Hijo del hombre.
38 Porque como en los días antes del diluvio estaban comiendo y bebiendo, casándose y dando en casamiento, hasta el día que Noé entró en el arca,
39 Y no conocieron hasta que vino el diluvio y llevó á todos, así será también la venida del Hijo del hombre.
40 Entonces estarán dos en el campo; el uno será tomado, y el otro será dejado:
41 Dos mujeres moliendo á un molinillo; la una será tomada, y la otra será dejada.
42 Velad pues, porque no sabéis á qué hora ha de venir vuestro Señor.
43 Esto empero sabed, que si el padre de la familia supiese á cuál vela el ladrón había de venir, velaría, y no dejaría minar su casa.
44 Por tanto, también vosotros estad apercibidos; porque el Hijo del hombre ha de venir á la hora que no pensáis.
45 ¿Quién pues es el siervo fiel y prudente, al cual puso su señor sobre su familia para que les dé alimento á tiempo?
46 Bienaventurado aquel siervo, al cual, cuando su señor viniere, le hallare haciendo así.
47 De cierto os digo, que sobre todos sus bienes le pondrá.
48 Y si aquel siervo malo dijere en su corazón Mi señor se tarda en venir:
49 Y comenzare á herir á sus consiervos, y aun á comer y á beber con los borrachos;
50 Vendrá el señor de aquel siervo en el día que no espera, y á la hora que no sabe,
51 Y le cortará por medio, y pondrá su parte con los hipócritas: allí será el lloro y el crujir de dientes.

25 Entonces el reino de los cielos será semejante á diez vírgenes, que tomando sus lámparas, salieron á recibir al esposo.
2 Y las cinco de ellas eran prudentes, y las cinco fatuas.
3 Las que eran fatuas, tomando sus lámparas, no tomaron consigo aceite;
4 Mas las prudentes tomaron aceite en sus vasos, juntamente con sus lámparas.
5 Y tardándose el esposo, cabecearon todas, y se durmieron.
6 Y á la media noche fué oído un clamor: He aquí, el esposo viene; salid á recibirle.
7 Entonces todas aquellas vírgenes se levantaron, y aderezaron sus lámparas.
8 Y las fatuas dijeron á las prudentes: Dadnos de vuestro aceite; porque nuestras lámparas se apagan.
9 Mas las prudentes respondieron, diciendo. Porque no nos falte á nosotras y á vosotras, id antes á los que venden, y comprad para vosotras.
10 Y mientras que ellas iban á comprar, vino el esposo; y las que estaban apercibidas, entraron con El á las bodas; y se cerró la puerta.
11 Y después vinieron también las otras vírgenes, diciendo: Señor, Señor, ábrenos.
12 Mas respondiendo Él, dijo: De cierto os digo, que no os conozco.
13 Velad, pues, porque no sabéis el día ni la hora en qué el Hijo del hombre ha de venir.
14 Porque el reino de los cielos es como un hombre que partiéndose lejos llamó á sus siervos, y les entregó sus bienes.
15 Y dió á cinco talentos, y al otro dos, y al otro uno: á cada uno conforme á su facultad; y luego se partió lejos.
16 Y el que había recibido cinco talentos se fué, y granjeó con ellos, é hizo otros cinco talentos.
17 Asimismo el que había recibido dos, ganó también Él otros dos.
18 Mas el que había recibido uno, fué y cavó en la tierra, y escondió el dinero de su señor.
19 Y después de mucho tiempo, vino el señor de aquellos siervos, é hizo cuentas con ellos.

20 Y llegando el que había recibido cinco talentos, trajo otros cinco talentos, diciendo: Señor, cinco talentos me entregaste; he aquí otros cinco talentos he ganado sobre ellos.
21 Y su señor le dijo: Bien, buen siervo y fiel; sobre poco has sido fiel, sobre mucho te pondré: entra en el gozo de tu señor.
22 Y llegando también el que había recibido dos talentos, dijo: Señor, dos talentos me entregaste; he aquí otros dos talentos he ganado sobre ellos.
23 Su señor le dijo: Bien, buen siervo y fiel; sobre poco has sido fiel, sobre mucho te pondré: entra en el gozo de tu señor.
24 Y llegando también el que había recibido un talento, dijo: Señor, te conocía que eres hombre duro, que siegas donde no sembraste, y recoges donde no esparciste:
25 Y tuve miedo, y fuí, y escondí tu talento en la tierra: he aquí tienes lo que es tuyo.
26 Y respondiendo su señor, le dijo: Malo y negligente siervo, sabías que siego donde no sembré y que recojo donde no esparcí;
27 Por tanto te convenía dar mi dinero á los banqueros, y viniendo yo, hubiera recibido lo que es mío con usura.
28 Quitadle pues el talento, y dadlo al que tiene diez talentos.
29 Porque á cualquiera que tuviere, le será dado, y tendrá más; y al que no tuviere, aun lo que tiene le será quitado.
30 Y al siervo inútil echadle en las tinieblas de afuera: allí será el lloro y el crujir de dientes.
31 Y cuando el Hijo del hombre venga en su gloria, y todos los santos ángeles con Él, entonces se sentará sobre el trono de su gloria.
32 Y serán reunidas delante de Él todas las gentes: y los apartará los unos de los otros, como aparta el pastor las ovejas de los cabritos.
33 Y pondrá las ovejas á su derecha, y los cabritos á la izquierda.
34 Entonces el Rey dirá á los que estarán á su derecha: Venid, benditos de mi Padre, heredad el reino preparado para vosotros desde la fundación del mundo.
35 Porque tuve hambre, y me disteis de comer; tuve sed, y me disteis de beber; fuí huésped, y me recogisteis;
36 Desnudo, y me cubristeis; enfermo, y me visitasteis; estuve en la cárcel, y vinisteis á mí.
37 Entonces los justos le responderán, diciendo: Señor, ¿cuándo te vimos hambriento, y te sustentamos? ¿ó sediento, y te dimos de beber?
38 ¿Y cuándo te vimos huésped, y te recogimos? ¿ó desnudo, y te cubrimos?
39 ¿O cuándo te vimos enfermo, ó en la cárcel, y vinimos á ti?
40 Y respondiendo el Rey, les dirá: De cierto os digo que en cuanto lo hicisteis á uno de estos mis hermanos pequeñitos, á mí lo hicisteis.
41 Entonces dirá también á los que estarán á la izquierda: Apartaos de mí, malditos, al fuego eterno preparado para el diablo y para sus ángeles:
42 Porque tuve hambre, y no me disteis de comer; tuve sed, y no me disteis de beber;
43 Fuí huésped, y no me recogisteis; desnudo, y no me cubristeis; enfermo, y en la cárcel, y no me visitasteis.
44 Entonces también ellos le responderán, diciendo: Señor, ¿cuándo te vimos hambriento, ó sediento, ó huésped, ó desnudo, ó enfermo, ó en la cárcel, y no te servimos?
45 Entonces les responderá, diciendo: De cierto os digo que en cuanto no lo hicisteis á uno de estos pequeñitos, ni á mí lo hicisteis.
46 E irán éstos al tormento eterno, y los justos á la vida eterna.

26 Y aconteció que, como hubo acabado Jesús todas estas palabras, dijo á sus discípulos:
2 Sabéis que dentro de dos días se hace la pascua, y el Hijo del hombre es entregado para ser crucificado.
3 Entonces los príncipes de los sacerdotes, y los escribas, y los ancianos del pueblo se juntaron al patio del pontífice, el cual se llamaba Caifás;
4 Y tuvieron consejo para prender por engaño á Jesús, y matarle.
5 Y decían: No en el día de la fiesta, porque no se haga alboroto en el pueblo.
6 Y estando Jesús en Bethania, en casa de Simón el leproso,
7 Vino á Él una mujer, teniendo un vaso de alabastro de ungüento de gran precio, y lo derramó sobre la cabeza de Él, estando sentado á la mesa.
8 Lo cual viendo sus discípulos, se enojaron, diciendo: ¿Por qué se pierde esto?

9 Porque esto se podía vender por gran precio, y darse á los pobres.

10 Y entendiéndolo Jesús, les dijo: ¿Por qué dais pena á esta mujer? Pues ha hecho conmigo buena obra.

11 Porque siempre tendréis pobres con vosotros, mas á mí no siempre me tendréis.

12 Porque echando este ungüento sobre mi cuerpo, para sepultarme lo ha hecho.

13 De cierto os digo, que donde quiera que este evangelio fuere predicado en todo el mundo, también será dicho para memoria de ella, lo que ésta ha hecho.

14 Entonces uno de los doce, que se llamaba Judas Iscariote, fué á los príncipes de los sacerdotes,

15 Y les dijo: ¿Qué me queréis dar, y yo os lo entregaré? Y ellos le señalaron treinta piezas de plata.

16 Y desde entonces buscaba oportunidad para entregarle.

17 Y el primer día de la fiesta de los panes sin levadura, vinieron los discípulos á Jesús, diciéndole: ¿Dónde quieres que aderecemos para ti para comer la pascua?

18 Y El dijo: Id á la ciudad á cierto hombre, y decidle: El Maestro dice: Mi tiempo está cerca; en tu casa haré la pascua con mis discípulos.

19 Y los discípulos hicieron como Jesús les mandó, y aderezaron la pascua.

20 Y como fué la tarde del día, se sentó á la mesa con los doce.

21 Y comiendo ellos, dijo: De cierto os digo, que uno de vosotros me ha de entregar.

22 Y entristecidos ellos en gran manera, comenzó cada uno de ellos á decirle: ¿Soy yo, Señor?

23 Entonces El respondiendo, dijo: El que mete la mano conmigo en el plato, ése me ha de entregar.

24 A la verdad el Hijo del hombre va, como está escrito de El, mas ¡ay de aquel hombre por quien el Hijo del hombre es entregado! bueno le fuera al tal hombre no haber nacido.

25 Entonces respondiendo Judas, que le entregaba, dijo: ¿Soy yo, Maestro? Dícele: Tú lo has dicho.

26 Y comiendo ellos, tomó Jesús el pan, y bendijo, y lo partió, y dió á sus discípulos, y dijo: Tomad, comed. esto es mi cuerpo.

27 Y tomando el vaso, y hechas gracias, les dió, diciendo: Bebed de El todos;

28 Porque esto es mi sangre del nuevo pacto, la cual es derramada por muchos para remisión de los pecados.

29 Y os digo, que desde ahora no beberé más de este fruto de la vid, hasta aquel día, cuando lo tengo de beber nuevo con vosotros en el reino de mi Padre.

30 Y habiendo cantado el himno, salieron al monte de las Olivas.

31 Entonces Jesús les dice: Todos vosotros seréis escandalizados en mí esta noche; porque escrito está: Heriré al Pastor, y las ovejas de la manada serán dispersas.

32 Mas después que haya resucitado, iré delante de vosotros á Galilea.

33 Y respondiendo Pedro, le dijo: Aunque todos sean escandalizados en ti, yo nunca seré escandalizado.

34 Jesús le dice: De cierto te digo que esta noche, antes que el gallo cante, me negarás tres veces.

35 Dícele Pedro. Aunque me sea menester morir contigo, no te negaré. Y todos los discípulos dijeron lo mismo.

36 Entonces llegó Jesús con ellos á la aldea que se llama Gethsemaní, y dice á sus discípulos: Sentaos aquí, hasta que vaya allí y ore.

37 Y tomando á Pedro, y á los dos hijos de Zebedeo, comenzó á entristecerse y á angustiarse en gran manera.

38 Entonces Jesús les dice: Mi alma está muy triste hasta la muerte; quedaos aquí, y velad conmigo.

39 Y yéndose un poco más adelante, se postró sobre su rostro, orando, y diciendo: Padre mío, si es posible, pase de mí este vaso; empero no como yo quiero, sino como tú.

40 Y vino á sus discípulos, y los halló durmiendo, y dijo á Pedro: ¿Así no habéis podido velar conmigo una hora?

41 Velad y orad, para que no entréis en tentación: el espíritu á la verdad está presto, mas la carne enferma.

42 Otra vez fué, segunda vez, y oró diciendo. Padre mío, si no puede este vaso pasar de mí sin que yo lo beba, hágase tu voluntad.

43 Y vino, y los halló otra vez durmiendo; porque los ojos de ellos estaban agravados.

44 Y dejándolos fuése de nuevo, y oró tercera vez, diciendo las mismas palabras.

45 Entonces vino á sus discípulos y díceles: Dormid ya, y descansad: he aquí ha llegado la hora, y el Hijo del hombre es entregado en manos de pecadores.

46 Levantaos, vamos: he aquí ha llegado el que me ha entregado.

47 Y hablando aún El, he aquí Judas, uno de los doce, vino, y con El mucha gente con espadas y con palos, de parte de los príncipes de los sacerdotes, y de los ancianos del pueblo.

48 Y el que le entregaba les había dado señal, diciendo: Al que yo besare, aquél es: prendedle.

49 Y luego que llegó á Jesús, dijo: Salve, Maestro. Y le besó.

50 Y Jesús le dijo: Amigo, ¿á qué vienes? Entonces llegaron, y echaron mano á Jesús, y le prendieron.

51 Y he aquí, uno de los que estaban con Jesús, extendiendo la mano, sacó su espada, é hiriendo á un siervo del pontífice, le quitó la oreja.

52 Entonces Jesús le dice: Vuelve tu espada á su lugar; porque todos los que tomaren espada, á espada perecerán.

53 ¿Acaso piensas que no puedo ahora orar á mi Padre, y El me daría más de doce legiones de ángeles?

54 ¿Cómo, pues, se cumplirían las Escrituras, que así conviene que sea hecho?

55 En aquella hora dijo Jesús á las gentes: ¿Como á ladrón habéis salido con espadas y con palos á prenderme? Cada día me sentaba con vosotros enseñando en el templo, y no me prendisteis.

56 Mas todo esto se hace, para que se cumplan las Escrituras de los profetas. Entonces todos los discípulos huyeron, dejándole.

57 Y ellos, prendido Jesús, le llevaron á Caifás pontífice, donde los escribas y los ancianos estaban juntos.

58 Mas Pedro le seguía de lejos hasta el patio del pontífice; y entrando dentro, estábase sentado con los criados, para ver el fin.

59 Y los príncipes de los sacerdotes, y los ancianos, y todo el consejo, buscaban falso testimonio contra Jesús, para entregarle á la muerte;

60 Y no lo hallaron, aunque muchos testigos falsos se llegaban; mas á la postre vinieron dos testigos falsos,

61 Que dijeron: Este dijo: Puedo derribar el templo de Dios, y en tres días reedificarlo.

62 Y levantándose el pontífice, le dijo: ¿No respondes nada? ¿qué testifican éstos contra ti?

63 Mas Jesús callaba. Respondiendo el pontífice, le dijo: Te conjuro por el Dios viviente, que nos digas si eres tú el Cristo, Hijo de Dios.

64 Jesús le dijo: Tú lo has dicho: y aun os digo, que desde ahora habéis de ver al Hijo de los hombres sentado á la diestra de la potencia de Dios, y que viene en las nubes del cielo.

65 Entonces el pontífice rasgó sus vestidos, diciendo: Blasfemado ha: ¿qué más necesidad tenemos de testigos? He aquí, ahora habéis oído su blasfemia.

66 ¿Qué os parece? Y respondiendo ellos, dijeron: Culpado es de muerte.

67 Entonces le escupieron en el rostro, y le dieron de bofetadas; y otros le herían con mojicones,

68 Diciendo: Profetízanos tú, Cristo, quién es el que te ha herido.

69 Y Pedro estaba sentado fuera en el patio; y se llegó á El una criada, diciendo: Y tú con Jesús el Galileo estabas.

70 Mas El negó delante de todos, diciendo: No sé lo que dices.

71 Y saliendo El á la puerta, le vió otra, y dijo á los que estaban allí: También éste estaba con Jesús Nazareno.

72 Y negó otra vez con juramento: No conozco al hombre.

73 Y un poco después llegaron los que estaban por allí, y dijeron á Pedro: Verdaderamente también tú eres de ellos, porque aun tu habla te hace manifiesto.

74 Entonces comenzó á hacer imprecaciones, y á jurar, diciendo: No conozco al hombre. Y el gallo cantó luego.

75 Y se acordó Pedro de las palabras de Jesús, que le dijo: Antes que cante el gallo, me negarás tres veces. Y saliéndose fuera, lloró amargamente.

27 Y venida la mañana, entraron en consejo todos los príncipes de los sacerdotes, y los ancianos del pueblo, contra Jesús, para entregarle á muerte.

2 Y le llevaron atado, y le entregaron á Poncio Pilato presidente.

3 Entonces Judas, el que le había entregado, viendo que era condenado, volvió arrepentido las treinta piezas de plata á los príncipes de los sacerdotes y á los ancianos,

4 Diciendo: Yo he pecado entregando la sangre inocente.

Mas ellos dijeron: ¿Qué se nos da á nosotros? Viéraslo tú.

5 Y arrojando las piezas de plata en el templo, partióse; y fué, y se ahorcó.

6 Y los príncipes de los sacerdotes, tomando las piezas de plata, dijeron: No es lícito echarlas en el tesoro de los dones, porque es precio de sangre.

7 Mas habido consejo, compraron con ellas el campo del alfarero, por sepultura para los extranjeros.

8 Por lo cual fué llamado aquel campo, Campo de sangre, hasta el día de hoy.

9 Entonces se cumplió lo que fué dicho por el profeta Jeremías, que dijo: Y tomaron las treinta piezas de plata, precio del apreciado, que fué apreciado por los hijos de Israel;

10 Y las dieron para el campo del alfarero, como me ordenó el Señor.

11 Y Jesús estuvo delante del presidente; y el presidente le preguntó, diciendo: ¿Eres tú el Rey de los judíos? Y Jesús le dijo: Tú lo dices.

12 Y siendo acusado por los príncipes de los sacerdotes, y por los ancianos, nada respondió.

13 Pilato entonces le dice: ¿No oyes cuántas cosas testifican contra ti?

14 Y no le respondió ni una palabra; de tal manera que el presidente se maravillaba mucho.

15 Y en el día de la fiesta acostumbraba el presidente soltar al pueblo un preso, cual quisiesen.

16 Y tenían entonces un preso famoso que se llamaba Barrabás.

17 Y juntos ellos, les dijo Pilato: ¿Cuál queréis que os suelte? ¿á Barrabás ó á Jesús que se dice el Cristo?

18 Porque sabía que por envidia le habían entregado.

19 Y estando Él sentado en el tribunal, su mujer envió á Él, diciendo: No tengas que ver con aquel justo; porque hoy he padecido muchas cosas en sueños por causa de Él.

20 Mas los príncipes de los sacerdotes y los ancianos, persuadieron al pueblo que pidiese á Barrabás, y á Jesús matase.

21 Y respondiendo el presidente les dijo: ¿Cuál de los dos queréis que os suelte? Y ellos dijeron: á Barrabás.

22 Pilato les dijo: ¿Qué pues haré de Jesús que se dice el Cristo? Dícenle todos: Sea crucificado.

23 Y el presidente les dijo: Pues ¿qué mal ha hecho? Mas ellos gritaban más, diciendo: Sea crucificado.

24 Y viendo Pilato que nada adelantaba, antes se hacía más alboroto, tomando agua se lavó las manos delante del pueblo, diciendo: Inocente soy yo de la sangre de este justo veréis lo vosotros.

25 Y respondiendo todo el pueblo, dijo: Su sangre sea sobre nosotros, y sobre nuestros hijos.

26 Entonces les soltó á Barrabás: y habiendo azotado á Jesús, le entregó para ser crucificado.

27 Entonces los soldados del presidente llevaron á Jesús al pretorio, y juntaron á Él toda la cuadrilla;

28 Y desnudándole, le echaron encima un manto de grana;

29 Y pusieron sobre su cabeza una corona tejida de espinas, y una caña en su mano derecha; é hincando la rodilla delante de Él, le burlaban, diciendo: ¡Salve, Rey de los Judíos!

30 Y escupiendo en Él, tomaron la caña, y le herían en la cabeza.

31 Y después que le hubieron escarnecido, le desnudaron el manto, y le vistieron de sus vestidos, y le llevaron para crucificarle.

32 Y saliendo, hallaron á un Cireneo, que se llamaba Simón: á éste cargaron para que llevase su cruz.

33 Y como llegaron al lugar que se llamaba Gólgotha, que es dicho, El lugar de la calavera.

34 Le dieron á beber vinagre mezclado con hiel; y gustando, no quiso beber lo

35 Y después que le hubieron crucificado, repartieron sus vestidos, echando suertes: para que se cumpliese lo que fué dicho por el profeta: Se repartieron mis vestidos, y sobre mi ropa echaron suertes.

36 Y sentados le guardaban allí.

37 Y pusieron sobre su cabeza su causa escrita: ESTE ES JESUS EL REY DE LOS JUDIOS.

38 Entonces crucificaron con Él dos ladrones, uno á la derecha, y otro á la izquierda.

39 Y los que pasaban, le decían injurias, meneando sus cabezas,

40 Y diciendo: Tú, el que derribas el templo, y en tres días lo reedificas, sálvate á ti mismo: si eres Hijo de Dios, desciende de la cruz.

41 De esta manera también los príncipes de los sacerdotes, escarneciendo con los escribas y los Fariseos y los ancianos, decían:

42 á otros salvó, á sí mismo no puede salvar: si es el Rey de Israel, descienda ahora de la cruz, y creeremos en Él.

43 Confió en Dios: líbrele ahora si le quiere: porque ha dicho: Soy Hijo de Dios.

44 Lo mismo también le zaherían los ladrones que estaban crucificados con Él.

45 Y desde la hora de sexta fueron tinieblas sobre toda la tierra hasta la hora de nona.

46 Y cerca de la hora de nona, Jesús exclamó con grande voz, diciendo: Eli, Eli, ¿lama sabachtani? Esto es: Dios mío, Dios mío, ¿por qué me has desamparado?

47 Y algunos de los que estaban allí, oyéndolo, decían: A Elías llama éste.

48 Y luego, corriendo uno de ellos, tomó una esponja, y la hinchió de vinagre, y poniéndola en una caña, dábale de beber.

49 Y los otros decían: Deja, veamos si viene Elías á librarle.

50 Mas Jesús, habiendo otra vez exclamado con grande voz, dió el espíritu.

51 Y he aquí, el velo del templo se rompió en dos, de alto á bajo: y la tierra tembló, y las piedras se hendieron;

52 Y abriéronse los sepulcros, y muchos cuerpos de santos que habían dormido, se levantaron;

53 Y salidos de los sepulcros, después de su resurrección, vinieron á la santa ciudad, y aparecieron á muchos.

54 Y el centurión, y los que estaban con Él guardando á Jesús, visto el terremoto, y las cosas que habían sido hechas, temieron en gran manera, diciendo: Verdaderamente Hijo de Dios era éste.

55 Y estaban allí muchas mujeres mirando de lejos, las cuales habían seguido de Galilea á Jesús, sirviéndole:

56 Entre las cuales estaban María Magdalena, y María la madre de Jacobo y de José, y la madre de los hijos de Zebedeo.

57 Y como fué la tarde del día, vino un hombre rico de Arimatea, llamado José, el cual también había sido discípulo de Jesús.

58 Este llegó á Pilato, y pidió el cuerpo de Jesús: entonces Pilato mandó que se le diese el cuerpo.

59 Y tomando José el cuerpo, lo envolvió en una sábana limpia,

60 Y lo puso en su sepulcro nuevo, que había labrado en la peña: y revuelta una grande piedra á la puerta del sepulcro, se fué.

61 Y estaban allí María Magdalena, y la otra María, sentadas delante del sepulcro.

62 Y el siguiente día, que es después de la preparación, se juntaron los príncipes de los sacerdotes y los Fariseos á Pilato,

63 Diciendo: Señor, nos acordamos que aquel engañador dijo, viviendo aún: Después de tres días resucitaré.

64 Manda, pues, que se asegure el sepulcro hasta el día tercero; porque no vengan sus discípulos de noche, y le hurten, y digan al pueblo: Resucitó de los muertos. Y será el postrer error peor que el primero.

65 Y Pilato les dijo: Tenéis una guardia: id, aseguradlo como sabéis.

66 Y yendo ellos, aseguraron el sepulcro, sellando la piedra, con la guardia.

28 Y la víspera de sábado, que amanece para el primer día de la semana, vino María Magdalena, y la otra María, á ver el sepulcro.

2 Y he aquí, fué hecho un gran terremoto: porque el ángel del Señor, descendiendo del cielo y llegando, había revuelto la piedra, y estaba sentado sobre ella.

3 Y su aspecto era como un relámpago, y su vestido blanco como la nieve.

4 Y de miedo de Él los guardas se asombraron, y fueron vueltos como muertos.

5 Y respondiendo el ángel, dijo á las mujeres: No temáis vosotras; porque yo sé que buscáis á Jesús, que fué crucificado.

6 No está aquí; porque ha resucitado, como dijo. Venid, ved el lugar donde fué puesto el Señor.

7 E id presto, decid á sus discípulos que ha resucitado de los muertos: y he aquí va delante de vosotros á Galilea; allí le veréis; he aquí, os lo he dicho.

8 Entonces ellas, saliendo del sepulcro con temor y gran gozo, fueron corriendo á dar las nuevas á sus discípulos. Y mientras iban á dar las nuevas á sus discípulos,

9 He aquí, Jesús les sale al encuentro, diciendo: Salve. Y ellas se llegaron y abrazaron sus pies, y le adoraron.

10 Entonces Jesús les dice: No temáis: id, dad las nuevas á mis hermanos, para que vayan á Galilea, y allí me verán.

11 Y yendo ellas, he aquí unos de la guardia vinieron á la ciudad, y dieron aviso á los príncipes de los sacerdotes de todas las cosas que habían acontecido.

12 Y juntados con los ancianos, y habido consejo, dieron mucho dinero á los soldados,

13 Diciendo: Decid: Sus discípulos vinieron de noche, y le hurtaron, durmiendo nosotros.

14 Y si esto fuere oído del presidente, nosotros le persuadiremos, y os haremos seguros.

15 Y ellos, tomando el dinero, hicieron como estaban instruídos: y este dicho fué divulgado entre los Judíos hasta el día de hoy.

16 Mas los once discípulos se fueron á Galilea, al monte donde Jesús les había ordenado.

17 Y como le vieron, le adoraron: mas algunos dudaban.

18 Y llegando Jesús, les habló, diciendo: Toda potestad me es dada en el cielo y en la tierra.

19 Por tanto, id, y doctrinad á todos los Gentiles, bautizándolos en el nombre del Padre, y del Hijo, y del Espíritu Santo.

20 Enseñándoles que guarden todas las cosas que os he mandado: he aquí, yo estoy con vosotros todos los días, hasta el fin del mundo. Amén.

SAN MARCOS

1 Principio del evangelio de Jesucristo, Hijo de Dios.

2 Como está escrito en Isaías el profeta: He aquí yo envío á mi mensajero delante de tu faz, Que apareje tu camino delante de ti.

3 Voz del que clama en el desierto: Aparejad el camino del Señor; Enderezad sus veredas.

4 Bautizaba Juan en el desierto, y predicaba el bautismo del arrepentimiento para remisión de pecados.

5 Y salía á Él toda la provincia de Judea, y los de Jerusalem; y eran todos, bautizados por Él en el río de Jordán, confesando sus pecados.

6 Y Juan andaba vestido de pelos de camello, y con un cinto de cuero alrededor de sus lomos; y comía langostas y miel silvestre.

7 Y predicaba, diciendo: Viene tras mí el que es más poderoso que yo, al cual no soy digno de desatar encorvado la correa de sus zapatos.

8 Yo á la verdad os he bautizado con agua; mas Él os bautizará con Espíritu Santo.

9 Y aconteció en aquellos días, que Jesús vino de Nazaret de Galilea, y fué bautizado por Juan en el Jordán.

10 Y luego, subiendo del agua, vió abrirse los cielos, y al Espíritu como paloma, que descendía sobre Él.

11 Y hubo una voz de los cielos que decía: Tú eres mi Hijo amado; en ti tomo contentamiento.

12 Y luego el Espíritu le impele al desierto.

13 Y estuvo allí en el desierto cuarenta días, y era tentado de Satanás; y estaba con las fieras; y los ángeles le servían.

14 Mas después que Juan fué encarcelado, Jesús vino á Galilea predicando el evangelio del reino de Dios,

15 Y diciendo: El tiempo se cumplió, y el reino de Dios está cerca: arrepentíos, y creed al evangelio.

16 Y pasando junto á la mar de Galilea, vió á Simón, y á Andrés su hermano, que echaban la red en la mar; porque eran pescadores.

17 Y les dijo Jesús: Venid en pos de mí, y haré que seáis pescadores de hombres.

18 Y luego, dejadas sus redes, le siguieron.

19 Y pasando de allí un poco más adelante, vió á Jacobo, hijo de Zebedeo, y á Juan su hermano, también ellos en el navío, que aderezaban las redes.

20 Y luego los llamó: y dejando á su padre Zebedeo en el barco con los jornaleros, fueron en pos de Él.

21 Y entraron en Capernaum; y luego los sábados, entrando en la sinagoga, enseñaba.

22 Y se admiraban de su doctrina; porque les enseñaba como quien tiene potestad, y no como los escribas.

23 Y había en la sinagoga de ellos un hombre con espíritu inmundo, el cual dió voces,

24 Diciendo: ¡Ah! ¿qué tienes con nosotros, Jesús Nazareno? ¿Has venido á destruirnos? Sé quién eres, el Santo de Dios.

25 Y Jesús le riñó, diciendo: Enmudece, y sal de Él.

26 Y el espíritu inmundo, haciéndole pedazos, y clamando á gran voz, salió de Él.

27 Y todos se maravillaron, de tal manera que inquirían entre sí, diciendo: ¿Qué es esto? ¿Qué nueva doctrina es ésta, que con potestad aun á los espíritus inmundos manda, y le obedecen?

28 Y vino luego su fama por toda la provincia alrededor de Galilea.

29 Y luego saliendo de la sinagoga, vinieron á casa de Simón y de Andrés, con Jacobo y Juan.

30 Y la suegra de Simón estaba acostada con calentura; y le hablaron luego de ella.

31 Entonces llegando Él, la tomó de su mano y la levantó; y luego la dejó la calentura, y les servía.

32 Y cuando fué la tarde, luego que el sol se puso, traían á Él todos los que tenían mal, y endemoniados;

33 Y toda la ciudad se juntó á la puerta.

34 Y sanó á muchos que estaban enfermos de diversas enfermedades, y echó fuera muchos demonios; y no dejaba decir á los demonios que le conocían.

35 Y levantándose muy de mañana, aun muy de noche, salió y se fué á un lugar desierto, y allí oraba.

36 Y le siguió Simón, y los que estaban con Él;

37 Y hallándole, le dicen: Todos te buscan.

38 Y les dice: Vamos á los lugares vecinos, para que predique también allí; porque para esto he venido.

39 Y predicaba en las sinagogas de ellos en toda Galilea, y echaba fuera los demonios.

40 Y un leproso vino á Él, rogándole; é hincada la rodilla, le dice: Si quieres, puedes limpiarme.

41 Y Jesús, teniendo misericordia de Él, extendió su mano, y le tocó, y le dice: Quiero, sé limpio.

42 Y así que hubo Él hablado, la lepra se fué luego de aquél, y fué limpio.

43 Entonces le apercibió, y despidióle luego,

44 Y le dice: Mira, no digas á nadie nada; sino ve, muéstrate al sacerdote, y ofrece por tu limpieza lo que Moisés mandó, para testimonio á ellos.

45 Mas Él salido, comenzó á publicarlo mucho, y á divulgar el hecho, de manera que ya Jesús no podía entrar manifiestamente en la ciudad, sino que estaba fuera en los lugares desiertos; y venían á Él de todas partes.

2 Y entró otra vez en Capernaum después de algunos días, y se oyó que estaba en casa.

2 Y luego se juntaron á Él muchos, que ya no cabían ni aun á la puerta; y les predicaba la palabra.

3 Entonces vinieron á Él unos trayendo un paralítico, que era traído por cuatro.

4 Y como no podían llegar á Él á causa del gentío, descubrieron el techo de donde estaba, y haciendo abertura, bajaron el lecho en que yacía el paralítico.

5 Y viendo Jesús la fe de ellos, dice al paralítico: Hijo, tus pecados te son perdonados.

6 Y estaban allí sentados algunos de los escribas, los cuales pensando en sus corazones,

7 Decían: ¿Por qué habla éste así? Blasfemias dice. ¿Quién puede perdonar pecados, sino solo Dios?

8 Y conociendo luego Jesús en su espíritu que pensaban así dentro de sí mismos, les dijo: ¿Por qué pensáis estas cosas en vuestros corazones?

9 ¿Qué es más fácil, decir al paralítico: Tus pecados te son perdonados, ó decirle: Levántate, y toma tu lecho y anda?

10 Pues para que sepáis que el Hijo del hombre tiene potestad en la tierra de perdonar los pecados, (dice al paralítico):

11 A ti te digo: Levántate, y toma tu lecho, y vete á tu casa.

12 Entonces Él se levantó luego, y tomando su lecho, se salió delante de todos, de manera que todos se asombraron, y glorificaron á Dios, diciendo: Nunca tal hemos visto.

13 Y volvió á salir á la mar, y toda la gente venía á Él, y los enseñaba.

14 Y pasando, vió á Leví, hijo de Alfeo, sentado al banco de los públicos tributos, y le dice: Sígueme. Y levantándose le siguió.

15 Y aconteció que estando Jesús á la mesa en casa de Él, muchos publicanos y pecadores estaban también á la mesa juntamente con Jesús y con sus discípulos: porque había muchos, y le habían seguido.

16 Y los escribas y los Fariseos, viéndole comer con los publicanos y con los pecadores, dijeron á sus discípulos: ¿Qué es esto, que Él come y bebe con los publicanos y con los pecadores?

17 Y oyéndolo Jesús, les dice: Los sanos no tienen necesidad de médico, mas los que tienen mal. No he venido á llamar á los justos, sino á los pecadores.

18 Y los discípulos de Juan, y de los Fariseos ayunaban; y vienen, y le dicen: ¿Por qué los discípulos de Juan y los de los Fariseos ayunan, y tus discípulos no ayunan?

19 Y Jesús les dice: ¿Pueden ayunar los que están de bodas, cuando el esposo está con ellos? Entre tanto que tienen consigo al esposo no pueden ayunar.

20 Mas vendrán días, cuando el esposo les será quitado, y entonces en aquellos días ayunarán.

21 Nadie echa remiendo de paño recio en vestido viejo; de otra manera el mismo remiendo nuevo tira del viejo, y la rotura se hace peor.

22 Ni nadie echa vino nuevo en odres viejos; de otra manera, el vino nuevo rompe los odres, y se derrama el vino, y los odres se pierden; mas el vino nuevo en odres nuevos se ha de echar.

23 Y aconteció que pasando El por los sembrados en sábado, sus discípulos andando comenzaron á arrancar espigas.

24 Entonces los Fariseos le dijeron: He aquí, ¿por qué hacen en sábado lo que no es lícito?

25 Y El les dijo: ¿Nunca leísteis qué hizo David cuando tuvo necesidad, y tuvo hambre, El y los que con El estaban:

26 Cómo entró en la casa de Dios, siendo Abiathar sumo pontífice, y comió los panes de la proposición, de los cuales no es lícito comer sino á los sacerdotes, y aun dió á los que con El estaban?

27 También les dijo: El sábado por causa del hombre es hecho; no el hombre por causa del sábado.

28 Así que el Hijo del hombre es Señor aun del sábado.

3 Y otra vez entró en la sinagoga; y había allí un hombre que tenía una mano seca.

2 Y le acechaban si en sábado le sanaría, para acusarle.

3 Entonces dijo al hombre que tenía la mano seca: Levántate en medio.

4 Y les dice: ¿Es lícito hacer bien en sábado, ó hacer mal? ¿salvar la vida, ó quitarla? Mas ellos callaban.

5 Y mirándolos alrededor con enojo, condoleciéndose de la ceguedad de su corazón, dice al hombre: Extiende tu mano. Y la extendió, y su mano fué restituída sana.

6 Entonces saliendo los Fariseos, tomaron consejo con los Herodianos contra El, para matarle.

7 Mas Jesús se apartó á la mar con sus discípulos: y le siguió gran multitud de Galilea, y de Judea.

8 Y de Jerusalem, y de Idumea, y de la otra parte del Jordán. Y los de alrededor de Tiro y de Sidón, grande multitud, oyendo cuán grandes cosas hacía, vinieron á El.

9 Y dijo á sus discípulos que le estuviese siempre apercibida la barquilla, por causa del gentío, para que no le oprimiesen.

10 Porque había sanado á muchos; de manera que caían sobre El cuantos tenían plagas, por tocarle.

11 Y los espíritus inmundos, al verle, se postraban delante de El, y daban voces, diciendo: Tú eres el Hijo de Dios.

12 Mas El les reñía mucho que no le manifestasen.

13 Y subió al monte, y llamó á sí á los que El quiso; y vinieron á El.

14 Y estableció doce, para que estuviesen con El, y para enviarlos á predicar.

15 Y que tuviesen potestad de sanar enfermedades, y de echar fuera demonios:

16 A Simón, al cual puso por nombre Pedro;

17 Y á Jacobo, hijo de Zebedeo, y á Juan hermano de Jacobo; y les apellidó Boanerges, que es, Hijos del trueno;

18 Y á Andrés, y á Felipe, y á Bartolomé, y á Mateo, y á Tomas, y á Jacobo hijo de Alfeo, y á Tadeo, y á Simón el Cananita,

19 Y á Judas Iscariote, el que le entregó. Y vinieron á casa.

20 Y agolpóse de nuevo la gente, de modo que ellos ni aun podían comer pan.

21 Y como lo oyeron los suyos, vinieron para prenderle: porque decían: Está fuera de sí.

22 Y los escribas que habían venido de Jerusalem, decían que tenía á Beelzebub, y que por el príncipe de los demonios echaba fuera los demonios.

23 Y habiéndolos llamado, les decía en parábolas: ¿Cómo puede Satanás echar fuera á Satanás?

24 Y si algún reino contra sí mismo fuere dividido, no puede permanecer el tal reino.

25 Y si alguna casa fuere dividida contra sí misma, no puede permanecer la tal casa.

26 Y si Satanás se levantare contra sí mismo, y fuere dividido, no puede permanecer; antes tiene fin.

27 Nadie puede saquear las alhajas del valiente entrando en su casa, si antes no atare al valiente y entonces saqueará su casa.

28 De cierto os digo que todos los pecados serán perdonados á los hijos de los hombres, y las blasfemias cualesquiera con que blasfemaren;

29 Mas cualquiera que blasfemare contra el Espíritu Santo, no tiene jamás perdón, mas está expuesto á eterno juicio.

30 Porque decían: Tiene espíritu inmundo.

31 Vienen después sus hermanos y su madre, y estando fuera, enviaron á El llamándole.

32 Y la gente estaba sentada alrededor de El, y le dijeron: He aquí, tu madre y tus hermanos te buscan fuera.

33 Y El les respondió, diciendo: ¿Quién es mi madre y mis hermanos?

34 Y mirando á los que estaban sentados alrededor de El, dijo: He aquí mi madre y hermanos.

35 Porque cualquiera que hiciere la voluntad de Dios, éste es mi hermano, y mi hermana, y mi madre.

4 Y otra vez comenzó á enseñar junto á la mar, y se juntó á El mucha gente; tanto, que entrándose El en un barco, se sentó en la mar: y toda la gente estaba en tierra junto á la mar.

2 Y les enseñaba por parábolas muchas cosas, y les decía en su doctrina:

3 Oid: He aquí, el sembrador salió á sembrar.

4 Y aconteció sembrando, que una parte cayó junto al camino; y vinieron las aves del cielo, y la tragaron.

5 Y otra parte cayó en pedregales, donde no tenía mucha tierra; y luego salió, porque no tenía la tierra profunda:

6 Mas salido el sol, se quemó; y por cuanto no tenía raíz, se secó.

7 Y otra parte cayó en espinas; y subieron las espinas, y la ahogaron, y no dió fruto.

8 Y otra parte cayó en buena tierra, y dió fruto, que subió y creció; y llevó uno á treinta, y otro á sesenta, y otro á ciento.

9 Entonces les dijo: El que tiene oídos para oir, oiga.

10 Y cuando estuvo solo, le preguntaron los que estaban cerca de El con los doce, sobre la parábola.

11 Y les dijo: A vosotros es dado saber el misterio del reino de Dios; mas á los que están fuera, por parábolas todas las cosas;

12 Para que viendo, vean y no echen de ver; y oyendo, oigan y no entiendan: porque no se conviertan, y les sean perdonados los pecados.

13 Y les dijo: ¿No sabéis esta parábola? ¿Cómo, pues, entenderéis todas las parábolas?

14 El que siembra es el que siembra la palabra.

15 Y éstos son los de junto al camino: en los que la palabra es sembrada: mas después que la oyeron, luego viene Satanás, y quita la palabra que fué sembrada en sus corazones.

16 Y asimismo éstos son los que son sembrados en pedregales: los que cuando han oido la palabra, luego la toman con gozo;

17 Mas no tienen raíz en sí, antes son temporales, que en levantándose la tribulación ó la persecución por causa de la palabra, luego se escandalizan.

18 Y éstos son los que son sembrados entre espinas: los que oyen la palabra;

19 Mas los cuidados de este siglo, y el engaño de las riquezas, y las codicias que hay en las otras cosas, entrando, ahogan la palabra, y se hace infructuosa.

20 Y éstos son los que fueron sembrados en buena tierra: los que oyen la palabra, y la reciben, y hacen fruto, uno á treinta, otro á sesenta, y otro á ciento.

21 También les dijo: ¿Tráese la antorcha para ser puesta debajo del almud, ó debajo de la cama? ¿No es para ser puesta en el candelero?

22 Porque no hay nada oculto que no haya de ser manifestado, ni secreto que no haya de descubrirse.

23 Si alguno tiene oídos para oir, oiga.

24 Les dijo también: Mirad lo que oís: con la medida que medís, os medirán otros, y será añadido á vosotros los que oís.

25 Porque al que tiene, le será dado; y al que no tiene, aun lo que tiene le será quitado.

26 Decía más: Así es el reino de Dios, como si un hombre echa simiente en la tierra;

27 Y duerme, y se levanta de noche y de día, y la simiente brota y crece como Él no sabe.

28 Porque de suyo fructifica la tierra, primero hierba, luego espiga, después grano lleno en la espiga;

29 Y cuando el fruto fuere producido, luego se mete la hoz, porque la siega es llegada.

30 Y decía: ¿A qué haremos semejante el reino de Dios? ¿ó con qué parábola le compararemos?

31 Es como el grano de mostaza, que, cuando se siembra en tierra, es la más pequeña de todas las simientes que hay en la tierra;

32 Mas después de sembrado, sube, y se hace la mayor de todas las legumbres, y echa grandes ramas, de tal manera que las aves del cielo puedan morar bajo su sombra.

33 Y con muchas tales parábolas les hablaba la palabra, conforme á lo que podían oir.

34 Y sin parábola no les hablaba; mas á sus discípulos en particular declaraba todo.

35 Y les dijo aquel día cuando fué tarde: Pasemos de la otra parte.

36 Y despachando la multitud, le tomaron como estaba, en el barco; y había también con Él otros barquitos.

37 Y se levantó una grande tempestad de viento, y echaba las olas en el barco, de tal manera que ya se henchía.

38 Y Él estaba en la popa, durmiendo sobre un cabezal, y le despertaron, y le dicen: ¿Maestro, no tienes cuidado que perecemos?

39 Y levantándose, increpó al viento, y dijo á la mar: Calla, enmudece. Y cesó el viento, y fué hecha grande bonanza.

40 Y á ellos dijo: ¿Por qué estáis así amedrentados? ¿Cómo no tenéis fe?

41 Y temieron con gran temor, y decían el uno al otro. ¿Quién es éste, que aun el viento y la mar le obedecen?

5 Y vinieron de la otra parte de la mar á la provincia de los Gadarenos.

2 Y salido Él del barco, luego le salió al encuentro, de los sepulcros, un hombre con un espíritu inmundo,

3 Que tenía domicilio en los sepulcros, y ni aun con cadenas le podía alguien atar.

4 Porque muchas veces había sido atado con grillos y cadenas, mas las cadenas habían sido hechas pedazos por Él, y los grillos desmenuzados; y nadie le podía domar.

5 Y siempre, de día y de noche, andaba dando voces en los montes y en los sepulcros, é hiriéndose con las piedras.

6 Y como vió á Jesús de lejos, corrió, y le adoró.

7 Y clamando á gran voz, dijo: ¿Qué tienes conmigo, Jesús, Hijo del Dios Altísimo? Te conjuro por Dios que no me atormentes.

8 Porque le decía: Sal de este hombre, espíritu inmundo.

9 Y le preguntó: ¿Cómo te llamas? Y respondió diciendo: Legión me llamo; porque somos muchos.

10 Y le rogaba mucho que no le enviase fuera de aquella provincia.

11 Y estaba allí cerca del monte una grande manada de puercos paciendo.

12 Y le rogaron todos los demonios, diciendo: Envíanos á los puercos para que entremos en ellos.

13 Y luego Jesús se lo permitió. Y saliendo aquellos espíritus inmundos, entraron en los puercos, y la manada cayó por un despeñadero en la mar; los cuales eran como dos mil; y en la mar se ahogaron.

14 Y los que apacentaban los puercos huyeron, y dieron aviso en la ciudad y en los campos. Y salieron para ver qué era aquello que había acontecido.

15 Y vienen á Jesús, y ven al que había sido atormentado del demonio, y que había tenido la legión, sentado y vestido, y en su juicio cabal; y tuvieron miedo.

16 Y les contaron los que lo habían visto, cómo había acontecido al que había tenido el demonio, y lo de los puercos.

17 Y comenzaron á rogarle que se fuese de los términos de ellos.

18 Y entrando Él en el barco, le rogaba el que había sido fatigado del demonio, para estar con Él.

19 Mas Jesús no le permitió, sino le dijo: Vete á tu casa, á los tuyos, y cuéntales cuán grandes cosas el Señor ha hecho contigo, y cómo ha tenido misericordia de ti.

20 Y se fué, y comenzó á publicar en Decápolis cuan grandes cosas Jesús había hecho con Él: y todos se maravillaban.

21 Y pasando otra vez Jesús en un barco á la otra parte, se juntó á Él gran compañía; y estaba junto á la mar.

22 Y vino uno de los príncipes de la sinagoga, llamado Jairo; y luego que le vió, se postró á sus pies,

23 Y le rogaba mucho, diciendo: Mi hija está á la muerte: ven y pondrás las manos sobre ella para que sea salva, y vivirá.

24 Y fué con Él, y le seguía gran compañía, y le apretaban.

25 Y una mujer que estaba con flujo de sangre doce años hacía,

26 Y había sufrido mucho de muchos médicos, y había gastado todo lo que tenía, y nada había aprovechado, antes le iba peor,

27 Como oyó hablar de Jesús, llegó por detrás entre la compañía, y tocó su vestido.

28 Porque decía: Si tocare tan solamente su vestido, seré salva.

29 Y luego la fuente de su sangre se secó; y sintió en el cuerpo que estaba sana de aquel azote.

30 Y luego Jesús, conociendo en sí mismo la virtud que había salido de Él, volviéndose á la compañía, dijo: ¿Quién ha tocado mis vestidos?

31 Y le dijeron sus discípulos: Ves que la multitud te aprieta, y dices: ¿Quién me ha tocado?

32 Y Él miraba alrededor para ver á la que había hecho esto.

33 Entonces la mujer, temiendo y temblando, sabiendo lo que en sí había sido hecho, vino y se postró delante de Él, y le dijo toda la verdad.

34 Y Él le dijo: Hija, tu fe te ha hecho salva: ve en paz, y queda sana de tu azote.

35 Hablando aún Él, vinieron de casa del príncipe de la sinagoga, diciendo: Tu hija es muerta; ¿para qué fatigas más al Maestro?

36 Mas luego Jesús, oyendo esta razón que se decía, dijo al príncipe de la sinagoga: No temas, cree solamente.

37 Y no permitió que alguno viniese tras Él sino Pedro, y Jacobo, y Juan hermano de Jacobo.

38 Y vino á casa del príncipe de la sinagoga, y vió el alboroto, los que lloraban y gemían mucho.

39 Y entrando, les dice: ¿Por qué alborotáis y lloráis? La muchacha no es muerta, mas duerme.

40 Y hacían burla de Él: mas Él, echados fuera todos, toma al padre y á la madre de la muchacha, y á los que estaban con Él, y entra donde la muchacha estaba.

41 Y tomando la mano de la muchacha, le dice: Talitha cumi; que es, si lo interpretares: Muchacha, á ti digo, levántate.

42 Y luego la muchacha se levantó, y andaba; porque tenía doce años. Y se espantaron de grande espanto.

43 Mas Él les mandó mucho que nadie lo supiese, y que le diesen de comer.

6 Y salió de allí, y vino á su tierra, y le siguieron sus discípulos.

2 Y llegado el sábado, comenzó á enseñar en la sinagoga; y muchos oyéndole, estaban atónitos, diciendo: ¿De dónde tiene éste estas cosas? ¿Y qué sabiduría es ésta que le es dada, y tales maravillas que por sus manos son hechas?

3 ¿No és éste el carpintero, hijo de María, hermano de Jacobo, y de José, y de Judas, y de Simón? ¿No están también aquí con nosotros, sus hermanas? Y se escandalizaban en Él.

4 Mas Jesús les decía: No hay profeta deshonrado sino en su tierra, y entre sus parientes, y en su casa.

5 Y no pudo hacer allí alguna maravilla; solamente sanó á unos pocos enfermos, poniendo sobre ellos las manos.

6 Y estaba maravillado de la incredulidad de ellos. Y rodeaba las aldeas de alrededor, enseñando.

7 Y llamó á los doce, y comenzó á enviarlos de dos en dos: y les dió potestad sobre los espíritus inmundos.

8 Y les mandó que no llevasen nada para el camino, sino solamente báculo; no alforja, ni pan, ni dinero en la bolsa;

9 Mas que calzasen sandalias, y no vistiesen dos túnicas.

10 Y les decía: Donde quiera que entréis en una casa, posad en ella hasta que salgáis de allí.

11 Y todos aquellos que no os recibieren ni os oyeren, saliendo de allí, sacudid el polvo que está debajo de vuestros pies, en testimonio á ellos. De cierto os digo que más tolerable será el castigo de los de Sodoma y Gomorra el día del juicio, que el de aquella ciudad.

12 Y saliendo, predicaban que los hombres se arrepintiesen.

13 Y echaban fuera muchos demonios, y ungían con aceite á muchos enfermos, y sanaban.

14 Y oyó el rey Herodes la fama de Jesús, porque su nombre se había hecho notorio; y dijo: Juan el que bautizaba, ha resucitado de los muertos, por tanto, virtudes obran en Él.

15 Otros decían: Elías es. Y otros decían: Profeta es, ó alguno de los profetas.

16 Y oyéndolo Herodes, dijo: Este es Juan el que yo degollé: Él ha resucitado de los muertos.

17 Porque el mismo Herodes había enviado, y prendido á Juan, y le había aprisionado en la cárcel á causa de Herodías, mujer de Felipe su hermano; pues la había tomado por mujer.

18 Porque Juan decía á Herodes: No te es lícito tener la mujer de tu hermano.

19 Mas Herodías le acechaba, y deseaba matarle, y no podía:

20 Porque Herodes temía á Juan, sabiendo que era varón justo y santo, y le tenía respeto: y oyéndole, hacía muchas cosas; y le oía de buena gana.

21 Y venido un día oportuno, en que Herodes, en la fiesta de su nacimiento, daba una cena á sus príncipes y tribunos, y á los principales de Galilea;

22 Y entrando la hija de Herodías, y danzando, y agradando á Herodes y á los que estaban con Él á la mesa, el rey dijo á la muchacha: Pídeme lo que quisieres, que yo te lo daré.

23 Y le juró: Todo lo que me pidieres te daré, hasta la mitad de mi reino.

24 Y saliendo ella, dijo á su madre: ¿Qué pediré? Y ella dijo: La cabeza de Juan Bautista.

25 Entonces ella entró prestamente al rey, y pidió, diciendo: Quiero que ahora mismo me des en un plato la cabeza de Juan Bautista.

26 Y el rey se entristeció mucho; mas á causa del juramento, y de los que estaban con Él á la mesa, no quiso desecharla.

27 Y luego el rey, enviando uno de la guardia, mandó que fuese traída su cabeza.

28 El cual fué, y le degolló en la cárcel, y trajo su cabeza en un plato, y la dió á la muchacha, y la muchacha la dió á su madre.

29 Y oyéndolo sus discípulos, vinieron y tomaron su cuerpo, y le pusieron en un sepulcro.

30 Y los apóstoles se juntaron con Jesús, y le contaron todo lo que habían hecho, y lo que habían enseñado.

31 Y Él les dijo: Venid vosotros aparte al lugar desierto, y reposad un poco. Porque eran muchos los que iban y venían, que ni aun tenían lugar de comer.

32 Y se fueron en un barco al lugar desierto aparte.

33 Y los vieron ir muchos, y le conocieron; y concurrieron allá muchos á pie de las ciudades, y llegaron antes que ellos, y se juntaron á Él.

34 Y saliendo Jesús vió grande multitud, y tuvo compasión de ellos, porque eran como ovejas que no tenían pastor; y les comenzó á enseñar muchas cosas.

35 Y como ya fuese el día muy entrado, sus discípulos llegaron á Él, diciendo: El lugar es desierto, y el día ya muy entrado;

36 Envíalos para que vayan á los cortijos y aldeas de alrededor, y compren para sí pan; porque no tienen qué comer.

37 Y respondiendo Él, les dijo: Dadles de comer vosotros. Y le dijeron: ¿Que vayamos y compremos pan por doscientos denarios, y les demos de comer?

38 Y les dice: ¿Cuántos panes tenéis? Id, y vedlo. Y sabiéndolo, dijeron: Cinco, y dos peces.

39 Y les mandó que hiciesen recostar á todos por partidas sobre la hierba verde.

40 Y se recostaron por partidas, de ciento en ciento, y de cincuenta en cincuenta.

41 Y tomados los cinco panes y los dos peces, mirando al cielo, bendijo, y partió los panes, y dió á sus discípulos para que los pusiesen delante: y repartió á todos los dos peces.

42 Y comieron todos, y se hartaron.

43 Y alzaron de los pedazos doce cofines llenos, y de los peces.

44 Y los que comieron eran cinco mil hombres.

45 Y luego dió priesa á sus discípulos á subir en el barco, é ir delante de Él á Bethsaida de la otra parte, entre tanto que Él despedía la multitud.

46 Y después que los hubo despedido, se fué al monte á orar.

47 Y como fué la tarde, el barco estaba en medio de la mar, y Él solo en tierra.

48 Y los vió fatigados bogando, porque el viento les era contrario: y cerca de la cuarta vigilia de la noche, vino á ellos andando sobre la mar, y quería precederlos.

49 Y viéndole ellos, que andaba sobre la mar, pensaron que era fantasma, y dieron voces;

50 Porque todos le veían, y se turbaron. Mas luego habló con ellos, y les dijo: Alentaos; yo soy, no temáis.

51 Y subió á ellos en el barco, y calmó el viento: y ellos en gran manera estaban fuera de sí, y se maravillaban:

52 Porque aun no habían considerado lo de los panes, por cuanto estaban ofuscados sus corazones.

53 Y cuando estuvieron de la otra parte, vinieron á tierra de Genezaret, y tomaron puerto.

54 Y saliendo ellos del barco, luego le conocieron.

55 Y recorriendo toda la tierra de alrededor, comenzaron á traer de todas partes enfermos en lechos, á donde oían que estaba.

56 Y donde quiera que entraba, en aldeas, ó ciudades, ó heredades, ponían en las calles á los que estaban enfermos, y le rogaban que tocasen siquiera el borde de su vestido; y todos los que le tocaban quedaban sanos.

7 Y se juntaron á Él los Fariseos, y algunos de los escribas, que habían venido de Jerusalem;

2 Los cuales, viendo á algunos de sus discípulos comer pan con manos comunes, es á saber, no lavadas, los condenaban.

3 (Porque los Fariseos y todos los Judíos, teniendo la tradición de los ancianos, si muchas veces no se lavan las manos, no comen.

4 Y volviendo de la plaza, si no se lavaren, no comen. Y otras muchas cosas hay, que tomaron para guardar, como las lavaduras de los vasos de beber, y de los jarros, y de los vasos de metal, y de los lechos.)

5 Y le preguntaron los Fariseos y los escribas: ¿Por qué tus discípulos no andan conforme á la tradición de los ancianos, sino que comen pan con manos comunes?

6 Y respondiendo Él, les dijo: Hipócritas, bien profetizó de vosotros Isaías, como está escrito: Este pueblo con los labios me honra, mas su corazón lejos está de mí.

7 Y en vano me honra, Enseñando como doctrinas mandamientos de hombres.

8 Porque dejando el mandamiento de Dios, tenéis la tradición de los hombres; las lavaduras de los jarros y de los vasos de beber: y hacéis otras muchas cosas semejantes.

9 Les decía también: Bien invalidáis el mandamiento de Dios para guardar vuestra tradición.

10 Porque Moisés dijo: Honra á tu padre y á tu madre, y: El que maldijera al padre ó á la madre, morirá de muerte.

11 Y vosotros decís: Basta si dijere un hombre al padre ó á la madre: Es Corbán (quiere decir, don mío á Dios) todo aquello con que pudiera valerte;

12 Y no le dejáis hacer más por su padre ó por su madre,

13 Invalidando la palabra de Dios con vuestra tradición que disteis: y muchas cosas hacéis semejantes á éstas.

14 Y llamando á toda la multitud, les dijo: Oidme todos, y entended:

15 Nada hay fuera del hombre que entre en Él, que le pueda contaminar: mas lo que sale de Él, aquello es lo que contamina al hombre.

16 Si alguno tiene oídos para oir, oiga.

17 Y apartado de la multitud, habiendo entrado en casa, le preguntaron sus discípulos sobra la parábola.

18 Y díjoles: ¿También vosotros estáis así sin entendimiento? ¿No entendéis que todo lo de fuera que entra en el hombre, no le puede contaminar;

19 Porque no entra en su corazón, sino en el vientre, y sale á la secreta? Esto decía, haciendo limpias todas las viandas.

20 Mas decía, lo que del hombre sale, aquello contamina al hombre.

21 Porque de dentro, del corazón de los hombres, salen los malos pensamientos, los adulterios, las fornicaciones, los homicidios,

22 Los hurtos, las avaricias, las maldades, el engaño, las desvergüenzas, el ojo maligno, las injurias, la soberbia, la insensatez.

23 Todas estas maldades de dentro salen, y contaminan al hombre.

24 Y levantándose de allí, se fué á los términos de Tiro y de Sidón; y entrando en casa, quiso que nadie lo supiese; mas no pudo esconderse.

25 Porque una mujer, cuya hija tenía un espíritu inmundo, luego que oyó de Él, vino y se echó á sus pies.

26 Y la mujer era Griega, Sirofenisa de nación; y le rogaba que echase fuera de su hija al demonio.

27 Más Jesús le dijo: Deja primero hartarse los hijos, porque no es bien tomar el pan de los hijos y echarlo á los perrillos.

28 Y respondió ella, y le dijo: Sí, Señor; pero aun los perrillos debajo de la mesa, comen de las migajas de los hijos.

29 Entonces le dice: Por esta palabra, ve; el demonio ha salido de tu hija.

30 Y como fué á su casa, halló que el demonio había salido, y á la hija echada sobre la cama.

31 Y volviendo á salir de los términos de Tiro, vino por Sidón á la mar de Galilea, por mitad de los términos de Decápolis.

32 Y le traen un sordo y tartamudo, y le ruegan le ponga la mano encima.

33 Y tomándole aparte de la gente, metió sus dedos en las orejas de El, y escupiendo, tocó su lengua;

34 Y mirando al cielo, gimió, y le dijo: Ephphatha: que es decir: Sé abierto.

35 Y luego fueron abiertos sus oídos, y fué desatada la ligadura de su lengua, y hablaba bien.

36 Y les mandó que no lo dijesen á nadie; pero cuanto más les mandaba, tanto más y más lo divulgaban.

37 Y en gran manera se maravillaban, diciendo: Bien lo ha hecho todo: hace á los sordos oir, y á los mudos hablar.

8 EN aquellos días, como hubo gran gentío, y no tenían qué comer, Jesús llamó á sus discípulos, y les dijo:

2 Tengo compasión de la multitud, porque ya hace tres días que están conmigo, y no tienen qué comer:

3 Y si los enviare en ayunas á sus casas, desmayarán en el camino; porque algunos de ellos han venido de léjos.

4 Y sus discípulos le respondieron: ¿De dónde podrá alguien hartar á éstos de pan aquí en el desierto?

5 Y les preguntó: ¿Cuántos panes tenéis? Y ellos dijeron: Siete.

6 Entonces mandó á la multitud que se recostase en tierra; y tomando los siete panes, habiendo dado gracias, partió, y dió á sus discípulos que los pusiesen delante: y los pusieron delante á la multitud.

7 Tenían también unos pocos pececillos: y los bendijo, y mandó que también los pusiesen delante.

8 Y comieron, y se hartaron: y levantaron de los pedazos que habían sobrado, siete espuertas.

9 Y eran los que comieron, como cuatro mil: y los despidió.

10 Y luego entrando en el barco con sus discípulos, vino á las partes de Dalmanutha.

11 Y vinieron los Fariseos, y comenzaron á altercar con El, pidiéndole señal del cielo, tentándole.

12 Y gimiendo en su espíritu, dice: ¿Por qué pide señal esta generación? De cierto os digo que no se dará señal á esta generación.

13 Y dejándolos, volvió á entrar en el barco, y se fué de la otra parte.

14 Y se habían olvidado de tomar pan, y no tenían sino un pan consigo en el barco.

15 Y les mandó, diciendo: Mirad, guardaos de la levadura de los Fariseos, y de la levadura de Herodes.

16 Y altercaban los unos con los otros diciendo: Pan no tenemos.

17 Y como Jesús lo entendió, les dice: ¿Qué altercáis, porque no tenéis pan? ¿no consideráis ni entendéis? ¿aun tenéis endurecido vuestro corazón?

18 ¿Teniendo ojos no veis, y teniendo oídos no oís? ¿y no os acordáis?

19 Cuando partí los cinco panes entre cinco mil, ¿cuántas espuertas llenas de los pedazos alzasteis? Y ellos dijeron: Doce.

20 Y cuando los siete panes entre cuatro mil, ¿cuántas espuertas llenas de los pedazos alzasteis? Y ellos dijeron: Siete.

21 Y les dijo: ¿Cómo aún no entendéis?

22 Y vino á Bethsaida: y le traen un ciego, y le ruegan que le tocase.

23 Entonces, tomando la mano del ciego, le sacó fuera de la aldea; y escupiendo en sus ojos, y poniéndole las manos encima, le preguntó si veía algo.

24 Y El mirando, dijo: Veo los hombres, pues veo que andan como árboles.

25 Luego le puso otra vez las manos sobre sus ojos, y le hizo que mirase; y fué restablecido, y vió de lejos y claramente á todos.

26 Y envióle á su casa, diciendo: No entres en la aldea, ni lo digas á nadie en la aldea.

27 Y salió Jesús y sus discípulos por las aldeas de Cesarea de Filipo. Y en el camino preguntó á sus discípulos, diciéndoles: ¿Quién dicen los hombres que soy yo?

28 Y ellos respondieron: Juan Bautista; y otros, Elías; y otros, Alguno de los profetas.

29 Entonces El les dice: Y vosotros, ¿quién decís que soy yo? Y respondiendo Pedro, le dice: Tú eres el Cristo.

30 Y les apercibió que no hablasen de El á ninguno.

31 Y comenzó á enseñarles, que convenía que el Hijo del hombre padeciese mucho, y ser reprobado de los ancianos, y de los príncipes de los sacerdotes, y de los escribas, y ser muerto, y resucitar después de tres días.

32 Y claramente decía esta palabra. Entonces Pedro le tomó, y le comenzó á reprender.

33 Y El, volviéndose y mirando á sus discípulos, riñó á Pedro, diciendo: Apártate de mí, Satanás; porque no sabes las cosas que son de Dios, sino las que son de los hombres.

34 Y llamando á la gente con sus discípulos, les dijo: Cualquiera que quiere venir en pos de mí, niéguese á sí mismo, y tome su cruz, y sígame.

35 Porque el que quisiere salvar su vida, la perderá; y el que perdiere su vida por causa de mí y del evangelio, la salvará.

36 Porque ¿qué aprovechará al hombre, si granjeare todo el mundo, y pierde su alma?

37 ¿O qué recompensa dará el hombre por su alma?

38 Porque el que se avergonzare de mí y de mis palabras en esta generación adulterina y pecadora, el Hijo del hombre se avergonzará también de El, cuando vendrá en la gloria de su Padre con los santos ángeles.

9 TAMBIÉN les dijo: De cierto os digo que hay algunos de los que están aquí, que no gustarán la muerte hasta que hayan visto el reino de Dios que viene con potencia.

2 Y seis días después tomó Jesús á Pedro, y á Jacobo, y á Juan, y los sacó aparte solos á un monte alto; y fué transfigurado delante de ellos.

3 Y sus vestidos se volvieron resplandecientes, muy blancos, como la nieve; tanto que ningún lavador en la tierra los puede hacer tan blancos.

4 Y les apareció Elías con Moisés, que hablaban con Jesús.

5 Entonces respondiendo Pedro, dice á Jesús: Maestro, bien será que nos quedemos aquí, y hagamos tres pabellones; para ti uno, y para Moisés otro, y para Elías otro;

6 Porque no sabía lo que hablaba; que estaban espantados.

7 Y vino una nube que les hizo sombra, y una voz de la nube, que decía: Este es mi Hijo amado: á él oid.

8 Y luego, como miraron, no vieron más á nadie consigo, sino á Jesús solo.

9 Y descendiendo ellos del monte, les mandó que á nadie dijesen lo que habían visto, sino cuando el Hijo del hombre hubiese resucitado de los muertos.

10 Y retuvieron la palabra en sí, altercando qué sería aquéllo: Resucitar de los muertos.

11 Y le preguntaron, diciendo: ¿Qué es lo que los escribas dicen, que es necesario que Elías venga antes?

12 Y respondiendo El, les dijo: Elías á la verdad, viniendo antes, restituirá todas las cosas; y como está escrito del Hijo del hombre, que padezca mucho y sea tenido en nada.

13 Empero os digo que Elías ya vino, y le hicieron todo lo que quisieron, como está escrito de El.

14 Y como vino á los discípulos, vió grande compañía alrededor de ellos, y escribas que disputaban con ellos.

15 Y luego toda la gente, viéndole, se espantó, y corriendo á El, le saludaron.

16 Y preguntóles: ¿Qué disputáis con ellos?

17 Y respondiendo uno de la compañía, dijo: Maestro, traje á ti mi hijo, que tiene un espíritu mudo,

18 El cual, donde quiera que le toma, le despedaza; y echa espumarajos, y cruje los dientes, y se va secando: y dije á tus discípulos que le echasen fuera, y no pudieron.

19 Y respondiendo El, les dijo: ¡Oh generación infiel! ¿hasta cuándo estaré con vosotros? ¿hasta cuándo os tengo de sufrir? Traédmele.

20 Y se le trajeron: y como le vió, luego el espíritu le desgarraba; y cayendo en tierra, se revolcaba, echando espumarajos.

21 Y Jesús preguntó á su padre: ¿Cuánto tiempo há que le aconteció esto? Y El dijo: Desde niño:

22 Y muchas veces le echa en el fuego y en aguas, para matarle; mas, si puedes algo, ayúdanos, teniendo misericordia de nosotros.

23 Y Jesús le dijo: Si puedes creer, al que cree todo es posible.

24 Y luego el padre del muchacho dijo clamando: Creo, ayuda mi incredulidad.

25 Y como Jesús vió que la multitud se agolpaba, reprendió al espíritu inmundo, diciéndole: Espíritu mudo y sordo, yo te mando, sal de El, y no entres más en El.

26 Entonces el espíritu clamando y desgarrándole mucho,

salió; y Él quedó como muerto, de modo que muchos decían: Está muerto.

27 Mas Jesús tomándole de la mano, enderezóle; y se levantó.

28 Y como Él entró en casa, sus discípulos le preguntaron aparte: ¿Por qué nosotros no pudimos echarle fuera?

29 Y les dijo: Este género con nada puede salir, sino con oración y ayuno.

30 Y habiendo salido de allí, caminaron por Galilea; y no quería que nadie lo supiese.

31 Porque enseñaba á sus discípulos, y les decía: El Hijo del hombre será entregado en manos de hombres, y le matarán; mas matado Él, resucitará al tercer día.

32 Pero ellos no entendían esta palabra, y tenían miedo de preguntarle.

33 Y llegó á Capernaum; y así que estuvo en casa, les preguntó: ¿Qué disputabais entre vosotros en el camino?

34 Mas ellos callaron; porque los unos con los otros habían disputado en el camino quién había de ser el mayor.

35 Entonces sentándose, llamó á los doce, y les dice: Si alguno quiere ser el primero, será el postrero de todos, y el servidor de todos.

36 Y tomando un niño, púsolo en medio de ellos; y tomándole en sus brazos, les dice:

37 El que recibiere en mi nombre uno de los tales niños, á mí recibe; y el que á mí recibe, no recibe á mí, mas al que me envió.

38 Y respondióle Juan, diciendo: Maestro, hemos visto á uno que en tu nombre echaba fuera los demonios, el cual no nos sigue; y se lo prohibimos, porque no nos sigue.

39 Y Jesús dijo: No se lo prohibáis; porque ninguno hay que haga milagro en mi nombre que luego pueda decir mal de mí.

40 Porque el que no es contra nosotros, por nosotros es.

41 Y cualquiera que os diere un vaso de agua en mi nombre, porque sois de Cristo, de cierto os digo que no perderá su recompensa.

42 Y cualquiera que escandalizare á uno de estos pequeñitos que creen en mí, mejor le fuera si se le atase una piedra de molino al cuello, y fuera echado en la mar.

43 Y si tu mano te escandalizare, córtala: mejor te es entrar á la vida manco, que teniendo dos manos ir á la Gehenna, al fuego que no puede ser apagado;

44 Donde su gusano no muere, y el fuego nunca se apaga.

45 Y si tu pie te fuere ocasión de caer, córtalo: mejor te es entrar á la vida cojo, que teniendo dos pies ser echado en la Gehenna, al fuego que no puede ser apagado;

46 Donde el gusano de ellos no muere, y el fuego nunca se apaga.

47 Y si tu ojo te fuere ocasión de caer, sácalo: mejor te es entrar al reino de Dios con un ojo, que teniendo dos ojos ser echado á la Gehenna;

48 Donde el gusano de ellos no muere, y el fuego nunca se apaga.

49 Porque todos serán salados con fuego, y todo sacrificio será salado con sal.

50 Buena es la sal; mas si la sal fuere desabrida, ¿con qué la adobaréis? Tened en vosotros mismos sal; y tened paz los unos con los otros.

10 Y partiéndose de allí, vino á los términos de Judea y tras el Jordán: y volvió el pueblo á juntarse á Él; y de nuevo les enseñaba como solía.

2 Y llegándose los Fariseos, le preguntaron, para tentarle, si era lícito al marido repudiar á su mujer.

3 Mas Él respondiendo, les dijo: ¿Qué os mandó Moisés?

4 Y ellos dijeron: Moisés permitió escribir carta de divorcio, y repudiar.

5 Y respondiendo Jesús, les dijo: Por la dureza de vuestro corazón os escribió este mandamiento.

6 Pero al principio de la creación, varón y hembra los hizo Dios.

7 Por esto dejará el hombre á su padre y á su madre, y se juntará á su mujer.

8 Y los que eran dos, serán hechos una carne: así que no son más dos, sino una carne.

9 Pues lo que Dios juntó, no lo aparte el hombre.

10 Y en casa volvieron los discípulos á preguntarle de lo mismo.

11 Y les dice: Cualquiera que repudiare á su mujer, y se casare con otra, comete adulterio contra ella:

12 Y si la mujer repudiare á su marido y se casare con otro, comete adulterio.

13 Y le presentaban niños para que los tocase; y los discípulos reñían á los que los presentaban.

14 Y viéndolo Jesús, se enojó, y les dijo: Dejad los niños venir, y no se lo estorbéis; porque de los tales es el reino de Dios.

15 De cierto os digo, que el que no recibiere el reino de Dios como un niño, no entrará en Él.

16 Y tomándolos en los brazos, poniendo las manos sobre ellos, los bendecía.

17 Y saliendo Él para ir su camino, vino uno corriendo, é hincando la rodilla delante de Él, le preguntó: Maestro bueno, ¿qué haré para poseer la vida eterna?

18 Y Jesús le dijo: ¿Por qué me dices bueno? Ninguno hay bueno, sino sólo uno, Dios.

19 Los mandamientos sabes: No adulteres: No mates: No hurtes: No digas falso testimonio: No defraudes: Honra á tu padre y á tu madre.

20 Y él entonces respondiendo, le dijo: Maestro, todo esto he guardado desde mi mocedad.

21 Entonces Jesús mirándole, amóle, y díjole: Una cosa te falta: ve, vende todo lo que tienes, y da á los pobres, y tendrás tesoro en el cielo; y ven, sígueme, tomando tu cruz.

22 Mas Él, entristecido por esta palabra, se fué triste, porque tenía muchas posesiones.

23 Entonces Jesús, mirando alrededor, dice á sus discípulos: ¡Cuán difícilmente entrarán en el reino de Dios los que tienen riquezas!

24 Y los discípulos se espantaron de sus palabras; mas Jesús respondiendo, les volvió á decir: ¡Hijos, cuán difícil es entrar en el reino de Dios, los que confían en las riquezas!

25 Más fácil es pasar un camello por el ojo de una aguja, que el rico entrar en el reino de Dios.

26 Y ellos se espantaban más, diciendo dentro de sí: ¿Y quién podrá salvarse?

27 Entonces Jesús mirándolos, dice: Para los hombres es imposible; mas para Dios, no; porque todas las cosas son posibles para Dios.

28 Entonces Pedro comenzó á decirle: He aquí, nosotros hemos dejado todas las cosas, y te hemos seguido.

29 Y respondiendo Jesús, dijo: De cierto os digo, que no hay ninguno que haya dejado casa, ó hermanos, ó hermanas, ó padre, ó madre, ó mujer, ó hijos, ó heredades, por causa de mí y del evangelio,

30 Que no reciba cien tantos ahora en este tiempo, casas, y hermanos, y hermanas, y madres, é hijos, y heredades, con persecuciones; y en el siglo venidero la vida eterna.

31 Empero muchos primeros serán postreros, y postreros primeros.

32 Y estaban en el camino subiendo á Jerusalem; y Jesús iba delante de ellos, y se espantaban, y le seguían con miedo: entonces volviendo á tomar á los doce aparte, les comenzó á decir las cosas que le habían de acontecer.

33 He aquí subimos á Jerusalem, y el Hijo del hombre será entregado á los príncipes de los sacerdotes, y á los escribas, y le condenarán á muerte, y le entregarán á los Gentiles:

34 Y le escarnecerán, y le azotarán, y escupirán en Él, y le matarán; mas al tercer día resucitará.

35 Entonces Jacobo y Juan, hijos de Zebedeo, se llegaron á Él, diciendo: Maestro, querríamos que nos hagas lo que pidiéremos.

36 Y Él les dijo: ¿Qué queréis que os haga?

37 Y ellos le dijeron: Danos que en tu gloria nos sentemos el uno á tu diestra, y el otro á tu siniestra.

38 Entonces Jesús les dijo: No sabéis lo que pedís. ¿Podéis beber del vaso que yo bebo, ó ser bautizados del bautismo de que yo soy bautizado?

39 Y ellos dijeron: Podemos. Y Jesús les dijo: A la verdad, del vaso que yo bebo, beberéis; y del bautismo de que soy bautizado, seréis bautizados.

40 Mas que os sentéis á mi diestra y á mi siniestra, no es mío darlo, sino á quienes está aparejado.

41 Y como lo oyeron los diez, comenzaron á enojarse de Jacobo y de Juan.

42 Mas Jesús, llamándolos, les dice: Sabéis que los que se ven ser príncipes entre las gentes, se enseñorean de ellas, y los que entre ellas son grandes, tienen sobre ellas potestad.

43 Mas no será así entre vosotros: antes cualquiera que quisiere hacerse grande entre vosotros, será vuestro servidor;

44 Y cualquiera de vosotros que quisiere hacerse el primero, será siervo de todos.

45 Porque el Hijo del hombre tampoco vino para ser servido, mas para servir, y dar su vida en rescate por muchos.

46 Entonces vienen á Jericó: y saliendo Él de Jericó y sus discípulos y una gran compañía, Bartimeo el ciego, hijo de Timeo, estaba sentado junto al camino mendigando.

47 Y oyendo que era Jesús el Nazareno, comenzó á dar voces y decir: Jesús, Hijo de David, ten misericordia de mí.

48 Y muchos le reñían, que callase: mas Él daba mayores voces: Hijo de David, ten misericordia de mí.

49 Entonces Jesús parándose, mandó llamarle: y llaman al ciego, diciéndole: Ten confianza: levántate, te llama.

50 Él entonces, echando su capa, se levantó, y vino á Jesús.

51 Y respondiendo Jesús, le dice: ¿Qué quieres que te haga? Y el ciego le dice: Maestro, que cobre la vista.

52 Y Jesús le dijo: Ve, tu fe te ha salvado. Y luego cobró la vista, y seguía á Jesús en el camino.

11 Y como fueron cerca de Jerusalem, de Bethphagé, y de Bethania, al monte de las Olivas, envía dos de sus discípulos,

2 Y les dice: Id al lugar que está delante de vosotros, y luego entrados en Él, hallaréis un pollino atado, sobre el cual ningún hombre ha subido; desatadlo y traedlo.

3 Y si alguien os dijere: ¿Por qué hacéis eso? decid que el Señor lo ha menester: y luego lo enviará acá.

4 Y fueron, y hallaron el pollino atado á la puerta fuera, entre dos caminos; y le desataron.

5 Y unos de los que estaban allí, les dijeron: ¿Qué hacéis desatando el pollino?

6 Ellos entonces les dijeron como Jesús había mandado: y los dejaron.

7 Y trajeron el pollino á Jesús, y echaron sobre Él sus vestidos, y se sentó sobre Él.

8 Y muchos tendían sus vestidos por el camino, y otros cortaban hojas de los árboles, y las tendían por el camino.

9 Y los que iban delante, y los que iban detrás, daban voces diciendo: ¡Hosanna! Bendito el que viene en el nombre del Señor.

10 Bendito el reino de nuestro padre David que viene: ¡Hosanna en las alturas!

11 Y entró Jesús en Jerusalem, y en el templo: y habiendo mirado alrededor todas las cosas, y siendo ya tarde, salióse á Bethania con los doce.

12 Y el día siguiente, como salieron de Bethania, tuvo hambre.

13 Y viendo de lejos una higuera que tenía hojas, se acercó, si quizá hallaría en ella algo: y como vino á ella, nada halló sino hojas; porque no era tiempo de higos.

14 Entonces Jesús respondiendo, dijo á la higuera: Nunca más coma nadie fruto de ti para siempre. Y lo oyeron sus discípulos.

15 Vienen, pues, á Jerusalem; y entrando Jesús en el templo, comenzó á echar fuera á los que vendían y compraban en el templo; y trastornó las mesas de los cambistas, y las sillas de los que vendían palomas;

16 Y no consentía que alguien llevase vaso por el templo.

17 Y les enseñaba diciendo: ¿No está escrito que mi casa, casa de oración será llamada por todas las gentes? Mas vosotros la habéis hecho cueva de ladrones.

18 Y lo oyeron los escribas y los príncipes de los sacerdotes, y procuraban cómo le matarían; porque le tenían miedo, por cuanto todo el pueblo estaba maravillado de su doctrina.

19 Mas como fué tarde, Jesús salió de la ciudad.

20 Y pasando por la mañana, vieron que la higuera se había secado desde las raíces.

21 Entonces Pedro acordándose, le dice: Maestro, he aquí la higuera que maldijiste, se ha secado.

22 Y respondiendo Jesús, les dice: Tened fe en Dios.

23 Porque de cierto os digo que cualquiera que dijere á este monte: Quítate, y échate en la mar, y no dudare en su corazón, mas creyere que será hecho lo que dice, lo que dijere será hecho.

24 Por tanto, os digo que todo lo que orando pidiereis, creed que lo recibiréis, y os vendrá.

25 Y cuando estuviereis orando, perdonad, si tenéis algo contra alguno, para que vuestro Padre que está en los cielos os perdone también á vosotros vuestras ofensas.

26 Porque si vosotros no perdonareis, tampoco vuestro Padre que está en los cielos os perdonará vuestras ofensas.

27 Y volvieron á Jerusalem; y andando Él por el templo, vienen á Él los príncipes de los sacerdotes, y los escribas, y los ancianos;

28 Y le dicen: ¿Con qué facultad haces estas cosas? ¿y quién te ha dado esta facultad para hacer estas cosas?

29 Y Jesús respondiendo entonces, les dice: Os preguntaré también yo una palabra; y respondedme, y os diré con qué facultad hago estas cosas:

30 El bautismo de Juan, ¿era del cielo, ó de los hombres? Respondedme.

31 Entonces ellos pensaron dentro de sí, diciendo: Si dijéremos, del cielo, dirá: ¿Por qué, pues, no le creísteis?

32 Y si dijéremos, de los hombres, tememos al pueblo: porque todos juzgaban de Juan, que verdaderamente era profeta.

33 Y respondiendo, dicen á Jesús: No sabemos. Entonces respondiendo Jesús, les dice: Tampoco yo os diré con qué facultad hago estas cosas.

12 Y comenzó á hablarles por parábolas: Plantó un hombre una viña, y la cercó con seto, y cavó un lagar, y edificó una torre, y la arrendó á labradores, y se partió lejos.

2 Y envió un siervo á los labradores, al tiempo, para que tomase de los labradores del fruto de la viña.

3 Mas ellos, tomándole, le hirieron, y le enviaron vacío.

4 Y volvió á enviarles otro siervo; mas apedreándole, le hirieron en la cabeza, y volvieron á enviarle afrentado.

5 Y volvió á enviar otro, y á aquél mataron; y á otros muchos, hiriendo á unos y matando á otros.

6 Teniendo pues aún un hijo suyo amado, enviólo también á ellos el postrero, diciendo: Tendrán en reverencia á mi hijo.

7 Mas aquellos labradores dijeron entre sí: Este es el heredero; venid, matémosle, y la heredad será nuestra.

8 Y prendiéndole, le mataron, y echaron fuera de la viña.

9 ¿Qué, pues, hará el señor de la viña? Vendrá, y destruirá á estos labradores, y dará su viña á otros.

10 ¿Ni aun esta Escritura habéis leído: La piedra que desecharon los que edificaban, Esta es puesta por cabeza de esquina;

11 Por el Señor es hecho esto, Y es cosa maravillosa en nuestros ojos?

12 Y procuraban prenderle, porque entendían que decía á ellos aquella parábola; mas temían á la multitud; y dejándole, se fueron.

13 Y envían á Él algunos de los Fariseos y de los Herodianos, para que le sorprendiesen en alguna palabra.

14 Y viniendo ellos, le dicen: Maestro, sabemos que eres hombre de verdad, y que no te cuidas de nadie; porque no miras á la apariencia de hombres, antes con verdad enseñas el camino de Dios: ¿Es lícito dar tributo á César, ó no? ¿Daremos, ó no daremos?

15 Entonces Él, como entendía la hipocresía de ellos, les dijo: ¿Por qué me tentáis? Traedme la moneda para que la vea.

16 Y ellos se la trajeron y les dice: ¿Cúya es esta imagen y esta inscripción? Y ellos le dijeron: De César.

17 Y respondiendo Jesús, les dijo: Dad lo que es de César á César, y lo que es de Dios, á Dios. Y se maravillaron de ello.

18 Entonces vienen á el los Saduceos, que dicen que no hay resurrección, y le preguntaron, diciendo:

19 Maestro, Moisés nos escribió, que si el hermano de alguno muriese, y dejase mujer, y no dejase hijos, que su hermano tome su mujer, y levante linaje á su hermano.

20 Fueron siete hermanos: y el primero tomó mujer, y muriendo, no dejó simiente:

21 Y la tomó el segundo, y murió, y ni aquél tampoco dejó simiente; y el tercero, de la misma manera:

22 Y la tomaron los siete, y tampoco dejaron simiente: á la postre murió también la mujer.

23 En la resurrección, pues, cuando resucitaren, ¿de cuál de ellos será mujer? porque los siete la tuvieron por mujer.

24 Entonces respondiendo Jesús, les dice: ¿No erráis por eso, porque no sabéis las Escrituras, ni la potencia de Dios?

25 Porque cuando resucitarán de los muertos, ni se casarán, ni serán dados en casamiento, mas son como los ángeles que están en los cielos.

26 Y de que los muertos hayan de resucitar, ¿no habéis leído en el libro de Moisés cómo le habló Dios en la zarza, diciendo: Yo soy el Dios de Abraham, y el Dios de Isaac, y el Dios de Jacob?

27 No es Dios de muertos, mas Dios de vivos; así que vosotros mucho erráis.

28 Y llegándose uno de los escribas, que los había oído disputar, y sabía que les había respondido bien, le preguntó: ¿Cuál es el primer mandamiento de todos?

29 Y Jesús le respondió: El primer mandamiento de todos es: Oye, Israel, el Señor nuestro Dios, el Señor uno es.

30 Amarás pues al Señor tu Dios de todo tu corazón, y de toda tu alma, y de toda tu mente, y de todas tus fuerzas; éste es el principal mandamiento.

31 Y el segundo es semejante á Él: Amarás á tu prójimo como á ti mismo. No hay otro mandamiento mayor que éstos.

32 Entonces el escriba le dijo: Bien, Maestro, verdad has dicho, que uno es Dios, y no hay otro fuera de Él;

33 Y que amarle de todo corazón, y de todo entendimiento, y de toda el alma, y de todas las fuerzas, y amar al prójimo como á sí mismo, más es que todos los holocaustos y sacrificios.

34 Jesús entonces, viendo que había respondido sabiamente, le dice: No estás lejos del reino de Dios. Y ya ninguno osaba preguntarle.

35 Y respondiendo Jesús decía, enseñando en el templo: ¿Cómo dicen los escribas que el Cristo es hijo de David?

36 Porque el mismo David dijo por el Espíritu Santo: Dijo el Señor á mi Señor: Siéntate á mi diestra, Hasta que ponga tus enemigos por estrado de tus pies.

37 Luego llamándole el mismo David Señor, ¿de dónde, pues, es su hijo? Y los que eran del común del pueblo le oían de buena gana.

38 Y les decía en su doctrina: Guardaos de los escribas, que quieren andar con ropas largas, y aman las salutaciones en las plazas,

39 Y las primeras sillas en las sinagogas, y los primeros asientos en las cenas;

40 Que devoran las casas de las viudas, y por pretexto hacen largas oraciones. Estos recibirán mayor juicio.

41 Y estando sentado Jesús delante del arca de la ofrenda, miraba cómo el pueblo echaba dinero en el arca: y muchos ricos echaban mucho.

42 Y como vino una viuda pobre, echó dos blancas, que son un maravedí.

43 Entonces llamando á sus discípulos, les dice: De cierto os digo que esta viuda pobre echó más que todos los que han echado en el arca:

44 Porque todos han echado de lo que les sobra; mas ésta, de su pobreza echó todo lo que tenía, todo su alimento.

13 Y saliendo del templo, le dice uno de sus discípulos: Maestro, mira qué piedras, y qué edificios.

2 Y Jesús respondiendo, le dijo: ¿Ves estos grandes edificios? no quedará piedra sobre piedra que no sea derribada.

3 Y sentándose en el monte de las Olivas delante del templo, le preguntaron aparte Pedro y Jacobo y Juan y Andrés:

4 Dinos, ¿cuándo serán estas cosas? ¿y qué señal habrá cuando todas estas cosas han de cumplirse?

5 Y Jesús respondiéndoles, comenzó á decir: Mirad, que nadie os engañe;

6 Porque vendrán muchos en mi nombre, diciendo: Yo soy el Cristo; y engañaran á muchos.

7 Mas cuando oyereis de guerras y de rumores de guerras no os turbéis, porque conviene hacerse así; mas aun no será el fin.

8 Porque se levantará nación contra nación, y reino contra reino; y habrá terremotos en muchos lugares, y habrá hambres y alborotos; principios de dolores serán estos.

9 Mas vosotros mirad por vosotros: porque os entregarán en los concilios, y en sinagogas seréis azotados: y delante de presidentes y de reyes seréis llamados por causa de mí, en testimonio á ellos.

10 Y á todas las gentes conviene que el evangelio sea predicado antes.

11 Y cuando os trajeren para entregaros, no premeditéis qué habéis de decir, ni lo penséis: mas lo que os fuere dado en aquella hora, eso hablad; porque no sois vosotros los que habláis, sino el Espíritu Santo.

12 Y entregará á la muerte el hermano al hermano, y el padre al hijo: y se levantarán los hijos contra los padres, y los matarán.

13 Y seréis aborrecidos de todos por mi nombre: mas el que perseverare hasta el fin, éste será salvo.

14 Empero cuando viereis la abominación de asolamiento, que fué dicha por el profeta Daniel, que estará donde no debe (el que lee, entienda), entonces los que estén en Judea huyan á los montes;

15 Y el que esté sobre el terrado, no descienda á la casa, ni entre para tomar algo de su casa;

16 Y el que estuviere en el campo, no vuelva atrás á tomar su capa.

17 Mas ¡ay de las preñadas, y de las que criaren en aquellos días!

18 Orad pues, que no acontezca vuestra huída en invierno.

19 Porque aquellos días serán de aflicción, cual nunca fué desde el principio de la creación que crió Dios, hasta este tiempo, ni será.

20 Y si el Señor no hubiese abreviado aquellos días, ninguna carne se salvaría; mas por causa de los escogidos que Él escogió, abrevió aquellos días.

21 Y entonces si alguno os dijere: He aquí, aquí está el Cristo; ó, He aquí, allí está, no le creáis.

22 Porque se levantarán falsos Cristos y falsos profetas, y darán señales y prodigios, para engañar, si se pudiese hacer, aun á los escogidos.

23 Mas vosotros mirad; os lo he dicho antes todo.

24 Empero en aquellos días, después de aquella aflicción, el sol se obscurecerá, y la luna no dará su resplandor;

25 Y las estrellas caerán del cielo, y las virtudes que están en los cielos serán conmovidas;

26 Y entonces verán al Hijo del hombre, que vendrá en las nubes con mucha potestad y gloria.

27 Y entonces enviará sus ángeles, y juntará sus escogidos de los cuatro vientos, desde el cabo de la tierra hasta el cabo del cielo.

28 De la higuera aprended la semejanza: Cuando su rama ya se enternece, y brota hojas, conocéis que el verano está cerca:

29 Así también vosotros, cuando viereis hacerse estas cosas, conoced que está cerca, á las puertas.

30 De cierto os digo que no pasará esta generación, que todas estas cosas no sean hechas.

31 El cielo y la tierra pasarán, mas mis palabras no pasarán.

32 Empero de aquel día y de la hora, nadie sabe; ni aun los ángeles que están en el cielo, ni el Hijo, sino el Padre.

33 Mirad, velad y orad: porque no sabéis cuándo será el tiempo.

34 Como el hombre que partiéndose lejos, dejó su casa, y dió facultad á sus siervos, y á cada uno su obra, y al portero mandó que velase:

35 Velad pues, porque no sabéis cuándo el señor de la casa vendrá; si á la tarde, ó á la media noche, ó al canto del gallo, ó á la mañana;

36 Porque cuando viniere de repente, no os halle durmiendo.

37 Y las cosas que á vosotros digo, á todos las digo: Velad.

14 Y dos días después era la Pascua y los días de los panes sin levadura: y procuraban los príncipes de los sacerdotes y los escribas cómo le prenderían por engaño, y le matarían.

2 Y decían: No en el día de la fiesta, porque no se haga alboroto del pueblo.

3 Y estando Él en Bethania en casa de Simón el leproso, y sentado á la mesa, vino una mujer teniendo un alabastro de ungüento de nardo espique de mucho precio; y quebrando el alabastro, derramáselo sobre su cabeza.

4 Y hubo algunos que se enojaron dentro de sí, y dijeron: ¿Para qué se ha hecho este desperdicio de ungüento?

5 Porque podía esto ser vendido por más de trescientos denarios, y darse á los pobres. Y murmuraban contra ella.

6 Mas Jesús dijo: Dejadla; ¿por qué la fatigáis? Buena obra me ha hecho;

7 Que siempre tendréis los pobres con vosotros, y cuando quisiereis les podréis hacer bien; mas á mí no siempre me tendréis.

8 Esta ha hecho lo que podía; porque se ha anticipado á ungir mi cuerpo para la sepultura.

9 De cierto os digo que donde quiera que fuere predicado este evangelio en todo el mundo, también esto que ha hecho ésta, será dicho para memoria de ella.

10 Entonces Judas Iscariote, uno de los doce, vino á los príncipes de los sacerdotes, para entregárosle.

11 Y ellos oyéndolo se holgaron, y prometieron que le darían dineros. Y buscaba oportunidad cómo le entregaría.

12 Y el primer día de los panes sin levadura, cuando sacrificaban la pascua, sus discípulos le dicen: ¿Dónde quieres que vayamos á disponer para que comas la pascua?

13 Y envía dos de sus discípulos, y les dice: Id á la ciudad, y os encontrará un hombre que lleva un cántaro de agua; seguidle;

14 Y donde entrare, decid al señor de la casa: El Maestro dice: ¿Dónde está el aposento donde he de comer la pascua con mis discípulos?

15 Y Él os mostrará un gran cenáculo ya preparado: aderezad para nosotros allí.

16 Y fueron sus discípulos, y vinieron á la ciudad, y hallaron como les había dicho; y aderezaron la pascua.

17 Y llegada la tarde, fué con los doce.

18 Y como se sentaron á la mesa y comiesen, dice Jesús: De cierto os digo que uno de vosotros, que come conmigo, me ha de entregar.

19 Entonces ellos comenzaron á entristecerse, y á decirle cada uno por sí: ¿Seré yo? Y el otro: ¿Seré yo?

20 Y Él respondiendo les dijo: Es uno de los doce que moja conmigo en el plato.

21 A la verdad el Hijo del hombre va, como está de Él escrito; mas ¡ay de aquel hombre por quien el Hijo del hombre es entregado! bueno le fuera á aquel hombre si nunca hubiera nacido.

22 Y estando ellos comiendo, tomó Jesús pan, y bendiciendo, partió y les dió, y dijo: Tomad, esto es mi cuerpo.

23 Y tomando el vaso, habiendo hecho gracias, les dió: y bebieron de Él todos.

24 Y les dice: Esto es mi sangre del nuevo pacto, que por muchos es derramada.

25 De cierto os digo que no beberé más del fruto de la vid, hasta aquel día cundo lo beberé nuevo en el reino de Dios.

26 Y como hubieron cantado el himno, se salieron al monte de las Olivas.

27 Jesús entonces les dice: Todos seréis escandalizados en mí esta noche; porque escrito está: Heriré al pastor, y serán derramadas las ovejas.

28 Mas después que haya resucitado, iré delante de vosotros á Galilea.

29 Entonces Pedro le dijo: Aunque todos sean escandalizados, mas no yo.

30 Y le dice Jesús: De cierto te digo que tú, hoy, en esta noche, antes que el gallo haya cantado dos veces, me negarás tres veces.

31 Mas Él con mayor porfía decía: Si me fuere menester morir contigo, no te negaré. También todos decían lo mismo.

32 Y vienen al lugar que se llama Gethsemaní, y dice á sus discípulos: Sentaos aquí, entre tanto que yo oro.

33 Y toma consigo á Pedro y á Jacobo y á Juan, y comenzó á atemorizarse, y á angustiarse.

34 Y les dice: Está muy triste mi alma, hasta la muerte: esperad aquí y velad.

35 Y yéndose un poco adelante, se postró en tierra, y oro que si fuese posible, pasase de Él aquella hora.

36 Y decía: Abba, Padre, todas las cosas son á ti posibles: traspasa de mí este vaso; empero no lo que yo quiero, sino lo que tú.

37 Y vino y los halló durmiendo; y dice á Pedro: ¿Simón, duermes? ¿No has podido velar una hora?

38 Velad y orad, para que no entréis en tentación: el espíritu á la verdad es presto, mas la carne enferma.

39 Y volviéndose á ir, oró, y dijo las mismas palabras.

40 Y vuelto, los halló otra vez durmiendo, porque los ojos de ellos estaban cargados; y no sabían qué responderle.

41 Y vino la tercera vez, y les dice: Dormid ya y descansad: basta, la hora es venida; he aquí, el Hijo del hombre es entregado en manos de los pecadores.

42 Levantaos, vamos: he aquí, el que me entrega está cerca.

43 Y luego, aun hablando Él, vino Judas, que era uno de los doce, y con Él una compañía con espadas y palos, de parte de los príncipes de los sacerdotes, y de los escribas y de los ancianos.

44 Y el que le entregaba les había dado señal común, diciendo: Al que yo besare, aquél es: prendedle, y llevadle con seguridad.

45 Y como vino, se acercó luego á Él, y le dice: Maestro, Maestro. Y le besó.

46 Entonces ellos echaron en Él sus manos, y le prendieron.

47 Y uno de los que estaban allí, sacando la espada, hirió al siervo del sumo sacerdote, y le cortó la oreja.

48 Y respondiendo Jesús, les dijo: ¿Como á ladrón habéis salido con espadas y con palos á tomarme?

49 Cada día estaba con vosotros enseñando en el templo, y no me tomasteis; pero es así, para que se cumplan las Escrituras.

50 Entonces dejándole todos sus discípulos, huyeron.

51 Empero un mancebillo le seguía cubierto de una sábana sobre el cuerpo desnudo; y los mancebos le prendieron:

52 Mas Él, dejando la sábana, se huyó de ellos desnudo.

53 Y trajeron á Jesús al sumo sacerdote; y se juntaron á Él todos los príncipes de los sacerdotes y los ancianos y los escribas.

54 Empero Pedro le siguió de lejos hasta dentro del patio del sumo sacerdote; y estaba sentado con los servidores, y calentándose al fuego.

55 Y los príncipes de los sacerdotes y todo el concilio buscaban testimonio contra Jesús, para entregarle á la muerte; mas no lo hallaban.

56 Porque muchos decían falso testimonio contra Él; mas sus testimonios no concertaban.

57 Entonces levantándose unos, dieron falso testimonio contra Él, diciendo:

58 Nosotros le hemos oído decir: Yo derribaré este templo que es hecho de mano, y en tres días edificaré otro echo sin mano.

59 Mas ni aun así se concertaba el testimonio de ellos.

60 Entonces el sumo sacerdote, levantándose en medio, preguntó á Jesús, diciendo: ¿No respondes algo? ¿Qué atestiguan estos contra ti?

61 Mas Él callaba, y nada respondía. El sumo sacerdote le volvió á preguntar, y le dice: ¿Eres tú el Cristo, el Hijo del Bendito?

62 Y Jesús le dijo: Yo soy; y veréis al Hijo del hombre sentado á la diestra de la potencia de Dios, y viniendo en las nubes del cielo.

63 Entonces el sumo sacerdote, rasgando sus vestidos, dijo: ¿Qué más tenemos necesidad de testigos?

64 Oído habéis la blasfemia: ¿qué os parece? Y ellos todos le condenaron ser culpado de muerte.

65 Y algunos comenzaron á escupir en Él, y cubrir su rostro, y á darle bofetadas, y decirle: Profetiza. Y los servidores le herían de bofetadas.

66 Y estando Pedro abajo en el atrio, vino una de las criadas del sumo sacerdote;

67 Y como vió á Pedro que se calentaba, mirándole, dice: Y tú con Jesús el Nazareno estabas.

68 Mas Él negó, diciendo: No conozco, ni sé que dices. Y se salió fuera á la entrada; y cantó el gallo.

69 Y la criada viéndole otra vez, comenzó á decir á los que estaban allí: Este es de ellos.

70 Mas Él negó otra vez. Y poco después, los que estaban allí dijeron otra vez á Pedro: Verdaderamente tú eres de ellos; porque eres Galileo, y tu habla se semejante.

71 Y Él comenzó á maldecir y á jurar: No conozco á este hombre de quien habláis.

72 Y el gallo cantó la segunda vez: y Pedro se acordó de las palabras que Jesús le había dicho: Antes que el gallo cante dos veces, me negarás tres veces. Y pensando en esto, lloraba.

15 Y luego por la mañana, habiendo tenido consejo los príncipes de los sacerdotes con los ancianos, y con los escribas, y con todo el concilio, llevaron á Jesús atado, y le entregaron á Pilato.

2 Y Pilato le preguntó: ¿Eres tú el Rey de los Judíos? Y respondiendo Él, le dijo: Tú lo dices.

3 Y los príncipes de los sacerdotes le acusaban mucho.

4 Y le preguntó otra vez Pilato, diciendo: ¿No respondes algo? Mira de cuántas cosas te acusan.

5 Mas Jesús ni aun con eso respondió; de modo que Pilato se maravillaba.

6 Empero en el día de la fiesta les soltaba un preso, cualquiera que pidiesen.

7 Y había uno, que se llamaba Barrabás, preso con sus compañeros de motín que habían hecho muerte en una revuelta.

8 Y viniendo la multitud, comenzó á pedir hiciese como siempre les había hecho.

9 Y Pilato les respondió, diciendo: ¿Queréis que os suelte al Rey de los Judíos?

10 Porque conocía que por envidia le habían entregado los príncipes de los sacerdotes.

11 Mas los príncipes de los sacerdotes incitaron á la multitud, que les soltase antes á Barrabás.

12 Y respondiendo Pilato, les dice otra vez: ¿Qué pues queréis que haga del que llamáis Rey de los Judíos?

13 Y ellos volvieron á dar voces: Crucifícale.

14 Mas Pilato les decía: ¿Pues qué mal ha hecho? Y ellos daban más voces: Crucifícale.

15 Y Pilato, queriendo satisfacer al pueblo, les soltó á Barrabás, y entregó á Jesús, después de azotarle, para que fuese crucificado.

16 Entonces los soldados le llevaron dentro de la sala, es á saber al Pretorio; y convocan toda la cohorte.

17 Y le visten de púrpura; y poniéndole una corona tejida de espinas,

18 Comenzaron luego á saludarle: ¡Salve, Rey de los Judíos!

19 Y le herían en la cabeza con una caña, y escupían en Él, y le adoraban hincadas las rodillas.

20 Y cuando le hubieron escarnecido, le desnudaron la púrpura, y le vistieron sus propios vestidos, y le sacaron para crucificarle.

21 Y cargaron á uno que pasaba, Simón Cireneo, padre de Alejandro y de Rufo, que venía del campo, para que llevase su cruz.

22 Y le llevan al lugar de Gólgotha, que declarado quiere decir: Lugar de la Calavera.

23 Y le dieron á beber vino mezclado con mirra; mas Él no lo tomó.

24 Y cuando le hubieron crucificado, repartieron sus vestidos, echando suertes sobre ellos, qué llevaría cada uno.

25 Y era la hora de las tres cuando le crucificaron.

26 Y el título escrito de su causa era: EL REY DE LOS JUDIOS.

27 Y crucificaron con Él dos ladrones, uno á su derecha, y el otro á su izquierda.

28 Y se cumplió la Escritura, que dice: Y con los inicuos fué contado.

29 Y los que pasaban le denostaban, meneando sus cabezas, y diciendo: ¡Ah! tú que derribas el templo de Dios, y en tres días lo edificas,

30 Sálvate á ti mismo, y desciende de la cruz.

31 Y de esta manera también los príncipes de los sacerdotes escarneciendo, decían unos á otros, con los escribas: A otros salvó, á sí mismo no se puede salvar.

32 El Cristo, Rey de Israel, descienda ahora de la cruz, para que veamos y creamos. También los que estaban crucificados con Él le denostaban.

33 Y cuando vino la hora de sexta, fueron hechas tinieblas sobre toda la tierra hasta la hora de nona.

34 Y á la hora de nona, exclamó Jesús á gran voz, diciendo: Eloi, Eloi, ¿lama sabachthani? que declarado, quiere decir: Dios mío, Dios mío, ¿por qué me has desamparado?

35 Y oyéndole unos de los que estaban allí, decían: He aquí, llama á Elías.

36 Y corrió uno, y empapando una esponja en vinagre, y poniéndola en una caña, le dió á beber, diciendo: Dejad, veamos si vendrá Elías á quitarle.

37 Mas Jesús, dando una grande voz, espiró.

38 Entonces el velo del templo se rasgó en dos, de alto á bajo.

39 Y el centurión que estaba delante de Él, viendo que había espirado así clamando, dijo: Verdaderamente este hombre era el Hijo de Dios.

40 Y también estaban algunas mujeres mirando de lejos; entre las cuales estaba María Magdalena, y María la madre de Jacobo el menor y de José, y Salomé;

41 Las cuales, estando aún Él en Galilea, le habían seguido, y le servían; y otras muchas que juntamente con Él habían subido á Jerusalem.

42 Y cuando fué la tarde, porque era la preparación, es decir, la víspera del sábado,

43 José de Arimatea, senador noble, que también esperaba el reino de Dios, vino, y osadamente entró á Pilato, y pidió el cuerpo de Jesús.

44 Y Pilato se maravilló que ya fuese muerto; y haciendo venir al centurión, preguntóle si era ya muerto.

45 Y enterado del centurión, dió el cuerpo á José.

46 El cual compró una sábana, y quitándole, le envolvió en la sábana, y le puso en un sepulcro que estaba cavado en una peña, y revolvió una piedra á la puerta del sepulcro.

47 Y María Magdalena, y María madre de José, miraban donde era puesto.

16 Y como pasó el sábado, María Magdalena, y María madre de Jacobo, y Salomé, compraron drogas aromáticas, para venir á ungirle.

2 Y muy de mañana, el primer día de la semana, vienen al sepulcro, ya salido el sol.

3 Y decían entre sí: ¿Quién nos revolverá la piedra de la puerta del sepulcro?

4 Y como miraron, ven la piedra revuelta; que era muy grande.

5 Y entradas en el sepulcro, vieron un mancebo sentado al lado derecho, cubierto de una larga ropa blanca; y se espantaron.

6 Más Él les dice: No os asustéis: buscáis á Jesús Nazareno, el que fué crucificado; resucitado há, no está aquí; he aquí el lugar en donde le pusieron.

7 Mas id, decid á sus discípulos y á Pedro, que Él va antes que vosotros á Galilea: allí le veréis, como os dijo.

8 Y ellas se fueron huyendo del sepulcro; porque las había tomado temblor y espanto; ni decían nada á nadie, porque tenían miedo.

9 Mas como Jesús resucitó por la mañana, el primer día de la semana, apareció primeramente á María Magdalena, de la cual había echado siete demonios.

10 Yendo ella, lo hizo saber á los que habían estado con Él, que estaban tristes y llorando.

11 Y ellos como oyeron que vivía, y que había sido visto de ella, no lo creyeron.

12 Mas después apareció en otra forma á dos de ellos que iban caminando, yendo al campo.

13 Y ellos fueron, y lo hicieron saber á los otros; y ni aun á ellos creyeron.

14 Finalmente se apareció á los once mismos, estando sentados á la mesa, y censuróles su incredulidad y dureza de corazón, que no hubiesen creído á los que le habían visto resucitado.

15 Y les dijo: Id por todo el mundo; predicad el evangelio á toda criatura.

16 El que creyere y fuere bautizado, será salvo; mas el que no creyere, será condenado.

17 Y estas señales seguirán á los que creyeren: En mi nombre echarán fuera demonios; hablaran nuevas lenguas;

18 Quitarán serpientes, y si bebieren cosa mortífera, no les dañará; sobre los enfermos pondrán sus manos, y sanarán.

19 Y el Señor, después que les habló, fué recibido arriba en el cielo, y sentóse á la diestra de Dios.

20 Y ellos, saliendo, predicaron en todas partes, obrando con ellos el Señor, y confirmando la palabra con las señales que se seguían. Amen.

SAN LUCAS

1 Habiendo muchos tentado á poner en orden la historia de las cosas que entre nosotros han sido ciertísimas,

2 Como nos lo enseñaron los que desde el principio lo vieron por sus ojos, y fueron ministros de la palabra;

3 Me ha parecido también á mí, después de haber entendido todas las cosas desde el principio con diligencia, escribírtelas por orden, oh muy buen Teófilo,

4 Para que conozcas la verdad de las cosas en las cuales has sido enseñado.

5 HUBO en los días de Herodes, rey de Judea, un sacerdote llamado Zacarías, de la suerte de Abías; y su mujer, de las hijas de Aarón, llamada Elisabet.

6 Y eran ambos justos delante de Dios, andando sin reprensión en todos los mandamientos y estatutos del Señor.

7 Y no tenían hijo, porque Elisabet era estéril, y ambos eran avanzados en días.

8 Y aconteció que ejerciendo Zacarías el sacerdocio delante de Dios por el orden de su vez,

9 Conforme á la costumbre del sacerdocio, salió en suerte á poner el incienso, entrando en el templo del Señor.

10 Y toda la multitud del pueblo estaba fuera orando á la hora del incienso.

11 Y se le apareció el ángel del Señor puesto en pie á la derecha del altar del incienso.

12 Y se turbó Zacarías viéndole, y cayó temor sobre Él.

13 Mas el ángel le dijo: Zacarías, no temas; porque tu oración ha sido oída, y tu mujer Elisabet te parirá un hijo, y llamarás su nombre Juan.

14 Y tendrás gozo y alegría, y muchos se gozarán de su nacimiento.

15 Porque será grande delante de Dios, y no beberá vino ni sidra; y será lleno del Espíritu Santo, aun desde el seno de su madre.

16 Y á muchos de los hijos de Israel convertirá al Señor Dios de ellos.

17 Porque Él irá delante de Él con el espíritu y virtud de Elías, para convertir los corazones de los padres á los hijos, y los rebeldes á la prudencia de los justos, para aparejar al Señor un pueblo apercibido.

18 Y dijo Zacarías al ángel: ¿En qué conoceré esto? porque yo soy viejo, y mi mujer avanzada en días.

19 Y respondiendo el ángel le dijo: Yo soy Gabriel, que estoy delante de Dios; y soy enviado á hablarte, y á darte estas buenas nuevas.

20 Y he aquí estarás mudo y no podrás hablar, hasta el día que esto sea hecho, por cuanto no creíste á mis palabras, las cuales se cumplirán á su tiempo.

21 Y el pueblo estaba esperando á Zacarías, y se maravillaban de que Él se detuviese en el templo.

22 Y saliendo, no les podía hablar; y entendieron que había visto visión en el templo: y Él les hablaba por señas, y quedó mudo.

23 Y fué, que cumplidos los días de su oficio, se vino á su casa.

24 Y después de aquellos días concibió su mujer Elisabet, y se encubrió por cinco meses, diciendo:

25 Porque el Señor me ha hecho así en los días en que miró para quitar mi afrenta entre los hombres.

26 Y al sexto mes, el ángel Gabriel fué enviado de Dios á una ciudad de Galilea, llamada Nazaret,

27 A una virgen desposada con un varón que se llamaba José, de la casa de David: y el nombre de la virgen era María.

28 Y entrando el ángel á donde estaba, dijo, ¡Salve, muy favorecida! el Señor es contigo: bendita tú entre las mujeres.

29 Mas ella, cuando le vió, se turbó de sus palabras, y pensaba qué salutación fuese ésta.

30 Entonces el ángel le dijo: María, no temas, porque has hallado gracia cerca de Dios.

31 Y he aquí, concebirás en tu seno, y parirás un hijo, y llamarás su nombre JESUS.

32 Este será grande, y será llamado Hijo del Altísimo: y le dará el Señor Dios el trono de David su padre:

33 Y reinará en la casa de Jacob por siempre; y de su reino no habrá fin.

34 Entonces María dijo al ángel: ¿Cómo será esto? porque no conozco varón.

35 Y respondiendo el ángel le dijo: El Espíritu Santo vendrá sobre ti, y la virtud del Altísimo te hará sombra; por lo cual también lo Santo que nacerá, será llamado Hijo de Dios.

36 Y he aquí, Elisabet tu parienta, también ella ha concebido hijo en su vejez; y este es el sexto mes á ella que es llamada la estéril:

37 Porque ninguna cosa es imposible para Dios.

38 Entonces María dijo: He aquí la sierva del Señor; hágase á mí conforme á tu palabra. Y el ángel partió de ella.

39 En aquellos días levantándose María, fué á la montaña con priesa, á una ciudad de Judá;

40 Y entró en casa de Zacarías, y saludó á Elisabet.

41 Y aconteció, que como oyó Elisabet la salutación de María, la criatura saltó en su vientre; y Elisabet fué llena del Espíritu Santo,

42 Y exclamó á gran voz, y dijo. Bendita tú entre las mujeres, y bendito el fruto de tu vientre.

43 ¿Y de dónde esto á mí, que la madre de mi Señor venga á mí?

44 Porque he aquí, como llegó la voz de tu salutación á mis oídos, la criatura saltó de alegría en mi vientre.

45 Y bienaventurada la que creyó, porque se cumplirán las cosas que le fueron dichas de parte del Señor.

46 Entonces María dijo: engrandece mi alma al Señor;

47 Y mi espíritu se alegró en Dios mi Salvador,

48 Porque ha mirado á la bajeza de su criada; Porque he aquí, desde ahora me dirán bienaventurada todas las generaciones.

49 Porque me ha hecho grandes cosas el Poderoso; Y santo es su nombre.

50 Y su misericordia de generación á generación a los que temen.

51 Hizo valentía con su brazo: Esparció los soberbios del pensamiento de su corazón.

52 Quitó los poderosos de los tronos, Y levantó á los humildes.

53 A los hambrientos hinchió de bienes; Y á los ricos envió vacíos.

54 Recibió á Israel su siervo, acordándose de la misericordia.

55 Como habló á nuestros padres A Abraham y á su simiente para siempre.

56 Y se quedó María con ella como tres meses: después se volvió á su casa.

57 Y á Elisabet se le cumplió el tiempo de parir, y parió un hijo.

58 Y oyeron los vecinos y los parientes que Dios había hecho con ella grande misericordia, y se alegraron con ella.

59 Y aconteció, que al octavo día vinieron para circuncidar al niño; y le llamaban del nombre de su padre, Zacarías.

60 Y respondiendo su madre, dijo: No; sino Juan será llamado.

61 Y le dijeron: ¿Por qué? nadie hay en tu parentela que se llame de este nombre.

62 Y hablaron por señas á su padre, cómo le quería llamar.

63 Y demandando la tablilla, escribió, diciendo: Juan es su nombre. Y todos se maravillaron.

64 Y luego fué abierta su boca y su lengua, y habló bendiciendo á Dios.

65 Y fué un temor sobre todos los vecinos de ellos; y en todas las montañas de Judea fueron divulgadas todas estas cosas.

66 Y todos los que las oían, las conservaban en su corazón, diciendo: ¿Quién será este niño? Y la mano del Señor estaba con El.

67 Y Zacarías su padre fué lleno de Espíritu Santo, y profetizó, diciendo:

68 Bendito el Señor Dios de Israel, Que ha visitado y hecho redención á su pueblo,

69 Y nos alzó un cuerno de salvación En la casa de David su siervo,

70 Como habló por boca de sus santos profetas que fueron desde el principio:

71 Salvación de nuestros enemigos, y de mano de todos los que nos aborrecieron;

72 Para hacer misericordia con nuestros padres, Y acordándose de su santo pacto;

73 Del juramento que juró á Abraham nuestro padre, Que nos había de dar,

74 Que sin temor librados de nuestros enemigos, Le serviríamos

75 En santidad y en justicia delante de Él, todos los días nuestros.

76 Y tú, niño, profeta del Altísimo serás llamado; Porque irás ante la faz del Señor, para aparejar sus caminos;

77 Dando conocimiento de salud á su pueblo, Para remisión de sus pecados,

78 Por las entrañas de misericordia de nuestro Dios, Con que nos visitó de lo alto el Oriente,

79 Para dar luz á los que habitan en tinieblas y en sombra de muerte; Para encaminar nuestros pies por camino de paz.

80 Y el niño crecía, y se fortalecía en espíritu: y estuvo en los desiertos hasta el día que se mostró á Israel.

2 Y aconteció en aquellos días que salió edicto de parte de Augusto César, que toda la tierra fuese empadronada.

2 Este empadronamiento primero fué hecho siendo Cirenio gobernador de la Siria.

3 E iban todos para ser empadronados, cada uno á su ciudad.

4 Y subió José de Galilea, de la ciudad de Nazaret, á Judea, á la ciudad de David, que se llama Bethlehem, por cuanto era de la casa y familia de David;

5 Para ser empadronado con María su mujer, desposada con El, la cual estaba encinta.

6 Y aconteció que estando ellos allí, se cumplieron los días en que ella había de parir.

7 Y parió á su hijo primogénito, y le envolvió en pañales, y acostóle en un pesebre, porque no había lugar para ellos en el mesón.

8 Y había pastores en la misma tierra, que velaban y guardaban las vigilias de la noche sobre su ganado.

9 Y he aquí el ángel del Señor vino sobre ellos, y la claridad de Dios los cercó de resplandor; y tuvieron gran temor.

10 Mas el ángel les dijo: No temáis; porque he aquí os doy nuevas de gran gozo, que será para todo el pueblo:

11 Que os ha nacido hoy, en la ciudad de David, un Salvador, que es CRISTO el Señor.

12 Y esto os será por señal: hallaréis al niño envuelto en pañales, echado en un pesebre.

13 Y repentinamente fué con el ángel una multitud de los ejércitos celestiales, que alababan á Dios, y decían:

14 Gloria en las alturas á Dios, Y en la tierra paz; buena voluntad para con los hombres.

15 Y aconteció que como los ángeles se fueron de ellos al cielo, los pastores dijeron los unos á los otros: Pasemos pues hasta Bethlehem, y veamos esto que ha sucedido, que el Señor nos ha manifestado.

16 Y vinieron apriesa, y hallaron á María, y á José, y al niño acostado en el pesebre.

17 Y viéndolo, hicieron notorio lo que les había sido dicho del niño.

18 Y todos los que oyeron, se maravillaron de lo que los pastores les decían.

19 Mas María guardaba todas estas cosas, confiriéndolas en su corazón.

20 Y se volvieron los pastores glorificando y alabando á Dios de todas las cosas que habían oído y visto, como les había sido dicho.

21 Y pasados los ocho días para circuncidar al niño, llamaron su nombre JESUS; el cual le fué puesto por el ángel antes que El fuese concebido en el vientre.

22 Y como se cumplieron los días de la purificación de ella, conforme á la ley de Moisés, le trajeron á Jerusalem para presentarle al Señor,

23 (Como está escrito en la ley del Señor: Todo varón

que abriere la matriz, será llamado santo al Señor),

24 Y para dar la ofrenda, conforme á lo que está dicho en la ley del Señor: un par de tórtolas, ó dos palominos.

25 Y he aquí, había un hombre en Jerusalem, llamado Simeón, y este hombre, justo y pío, esperaba la consolación de Israel: y el Espíritu Santo era sobre él.

26 Y había recibido respuesta del Espíritu Santo, que no vería la muerte antes que viese al Cristo del Señor.

27 Y vino por Espíritu al templo. Y cuando metieron al niño Jesús sus padres en el templo, para hacer por él conforme á la costumbre de la ley.

28 Entonces él le tomó en sus brazos, y bendijo á Dios, y dijo:

29 Ahora despides, Señor, á tu siervo, Conforme á tu palabra, en paz;

30 Porque han visto mis ojos tu salvación,

31 La cual has aparejado en presencia de todos los pueblos;

32 Luz para ser revelada á los Gentiles, Y la gloria de tu pueblo Israel.

33 Y José y su madre estaban maravillados de las cosas que se decían de él.

34 Y los bendijo Simeón, y dijo á su madre María: He aquí, éste es puesto para caída y para levantamiento de muchos en Israel; y para señal á la que será contradicho;

35 Y una espada traspasará tu alma de ti misma, para que sean manifestados los pensamientos de muchos corazones.

36 Estaba también Ana, profetisa, hija de Phanuel, de la tribu de Aser; la cual había venido en grande edad, y había vivido con su marido siete años desde su virginidad;

37 Y era viuda de hasta ochenta y cuatro años, que no se apartaba del templo, sirviendo de noche y de día con ayunos y oraciones.

38 Y ésta, sobreviniendo en la misma hora, juntamente confesaba al Señor, y hablaba de él á todos los que esperaban la redención en Jerusalem.

39 Mas como cumplieron todas las cosas según la ley del Señor, se volvieron á Galilea, á su ciudad de Nazaret.

40 Y el niño crecía, y fortalecíase, y se henchía de sabiduría; y la gracia de Dios era sobre él.

41 E iban sus padres todos los años á Jerusalem en la fiesta de la Pascua.

42 Y cuando fué de doce años, subieron ellos á Jerusalem conforme á la costumbre del día de la fiesta.

43 Y acabados los días, volviendo ellos, se quedó el niño Jesús en Jerusalem, sin saberlo José y su madre.

44 Y pensando que estaba en la compañía, anduvieron camino de un día; y le buscaban entre los parientes y entre los conocidos:

45 Mas como no le hallasen, volvieron á Jerusalem buscándole.

46 Y aconteció, que tres días después le hallaron en el templo, sentado en medio de los doctores, oyéndoles y preguntándoles.

47 Y todos los que le oían, se pasmaban de su entendimiento y de sus respuestas.

48 Y cuando le vieron, se maravillaron; y díjole su madre: Hijo, ¿por qué nos has hecho así? He aquí, tu padre y yo te hemos buscado con dolor.

49 Entonces él les dice: ¿Qué hay? ¿por qué me buscabais? ¿No sabíais que en los negocios de mi Padre me conviene estar?

50 Mas ellos no entendieron las palabras que les habló.

51 Y descendió con ellos, y vino á Nazaret, y estaba sujeto á ellos. Y su madre guardaba todas estas cosas en su corazón.

52 Y Jesús crecía en sabiduría, y en edad, y en gracia para con Dios y los hombres.

3 Y en el año quince del imperio de Tiberio César, siendo gobernador de Judea Poncio Pilato, y Herodes tetrarca de Galilea, y su hermano Felipe tetrarca de Iturea y de la provincia de Traconite, y Lisanias tetrarca de Abilinia,

2 Siendo sumos sacerdotes Anás y Caifás, vino palabra del Señor sobre Juan, hijo de Zacarías, en el desierto.

3 Y él vino por toda la tierra al rededor del Jordán predicando el bautismo del arrepentimiento para la remisión de pecados;

4 Como está escrito en el libro de las palabras del profeta Isaías que dice: Voz del que clama en el desierto: Aparejad el camino del Señor, Haced derechas sus sendas.

5 Todo valle se henchirá, y bajaráse todo monte y collado; Y los caminos torcidos serán enderezados, Y los caminos ásperos allanados;

6 Y verá toda carne la salvación de Dios.

7 Y decía á las gentes que salían para ser bautizadas de él: ¡Oh generación de víboras, quién os enseñó á huir de la ira que vendrá?

8 Haced, pues, frutos dignos de arrepentimiento, y no comencéis á decir en vosotros mismos: Tenemos á Abraham por padre: porque os digo que puede Dios, aun de estas piedras, levantar hijos á Abraham.

9 Y ya también el hacha está puesta á la raíz de los árboles: todo árbol pues que no hace buen fruto, es cortado, y echado en el fuego.

10 Y las gentes le preguntaban, diciendo: ¿Pues qué haremos?

11 Y respondiendo, les dijo: El que tiene dos túnicas, dé al que no tiene; y el que tiene qué comer, haga lo mismo.

12 Y vinieron también publicanos para ser bautizados, y le dijeron: Maestro, ¿qué haremos?

13 Y él les dijo: No exijáis más de lo que os está ordenado.

14 Y le preguntaron también los soldados, diciendo: Y nosotros, ¿qué haremos? Y les dice: No hagáis extorsión á nadie, ni calumniéis; y contentaos con vuestras pagas.

15 Y estando el pueblo esperando, y pensando todos de Juan en sus corazones, si él fuese el Cristo,

16 Respondió Juan, diciendo á todos: Yo, á la verdad, os bautizo en agua; mas viene quien es más poderoso que yo, de quien no soy digno de desatar la correa de sus zapatos: él os bautizará en Espíritu Santo y fuego;

17 Cuyo bieldo está en su mano, y limpiará su era, y juntará el trigo en su alfolí, y la paja quemará en fuego que nunca se apagará.

18 Y amonestando, otras muchas cosas también anunciaba al pueblo.

19 Entonces Herodes el tetrarca, siendo reprendido por él á causa de Herodías, mujer de Felipe su hermano, y de todas las maldades que había hecho Herodes,

20 Añadió también esto sobre todo, que encerró á Juan en la cárcel.

21 Y aconteció que, como todo el pueblo se bautizaba, también Jesús fué bautizado; y orando, el cielo se abrió,

22 Y descendió el Espíritu Santo sobre él en forma corporal, como paloma, y fué hecha una voz del cielo que decía: Tú eres mi Hijo amado, en ti me he complacido.

23 Y el mismo Jesús comenzaba á ser como de treinta años, hijo de José, como se creía; que fué hijo de Elí,

24 Que fué de Mathat, que fué de Levi, que fué Melchî, que fué de Janna, que fué de José,

25 Que fué de Mattathías, que fué de Amós, que fué de Nahum, que fué de Esli,

26 Que fué de Naggai, que fué de Maat, que fué de Matthathías, que fué de Semei, que fué de José, que fué de Judá,

27 Que fué de Joanna, que fué de Rhesa, que fué de Zorobabel, que fué de Salathiel,

28 Que fué de Neri, que fué de Melchî, que fué de Abdí, que fué de Cosam, que fué de Elmodam, que fué de Er,

29 Que fué de Josué, que fué de Eliezer, que fué de Joreim, que fué de Mathat,

30 Que fué de Leví, que fué de Simeón, que fué de Judá, que fué de José, que fué de Jonán, que fué de Eliachîm,

31 Que fué de Melea, que fué de Mainán, que fué de Mattatha, que fué de Nathán,

32 Que fué de David, que fué de Jessé, que fué de Obed, que fué de Booz, que fué de Salmón, que fué de Naassón,

33 Que fué de Aminadab, que fué de Aram, que fué de Esrom, que fué de Phares,

34 Que fué de Judá, que fué de Jacob, que fué de Isaac, que fué de Abraham, que fué de Thara, que fué de Nachôr,

35 Que fué de Saruch, que fué de Ragau, que fué de Phalec, que fué de Heber,

36 Que fué de Sala, que fué de Cainán, Arphaxad, que fué de Sem, que fué de Noé, que fué de Lamech,

37 Que fué de Mathusala, que fué de Enoch, que fué de Jared, que fué de Maleleel,

38 Que fué de Cainán, que fué de Enós, que fué de Seth, que fué de Adam, que fué de Dios.

4 Y Jesús, lleno del Espíritu Santo, volvió del Jordán, y fué llevado por el Espíritu al desierto

2 Por cuarenta días, y era tentado del diablo. Y no comió cosa en aquellos días: los cuales pasados, tuvo hambre.

3 Entonces el diablo le dijo: Si eres Hijo de Dios, di á esta piedra que se haga pan.

4 Y Jesús respondiéndole, dijo: Escrito está: Que no con pan solo vivirá el hombre, mas con toda palabra de Dios.

5 Y le llevó el diablo á un alto monte, y le mostró en

un momento de tiempo todos los reinos de la tierra.

6 Y le dijo el diablo: A ti te daré toda esta potestad, y la gloria de ellos; porque á mí es entregada, y á quien quiero la doy:

7 Pues si tú adorares delante de mí, serán todos tuyos.

8 Y respondiendo Jesús, le dijo: Vete de mí, Satanás, porque escrito está: A tu Señor Dios adorarás, y á Él solo servirás.

9 Y le llevó á Jerusalem, y púsole sobre las almenas del templo, y le dijo: Si eres Hijo de Dios, échate de aquí abajo:

10 Porque escrito está: Que á sus ángeles mandará de ti, que te guarden;

11 Y En las manos te llevarán, Porque no dañes tu pie en piedra.

12 Y respondiendo Jesús, le dijo: Dicho está: No tentarás al Señor tu Dios.

13 Y acabada toda tentación, el diablo se fué de Él por un tiempo.

14 Y Jesús volvió en virtud del Espíritu á Galilea, y salió la fama de Él por toda la tierra de alrededor,

15 Y enseñaba en las sinagogas de ellos, y era glorificado de todos.

16 Y vino á Nazaret, donde había sido criado; y entró, conforme á su costumbre, el día del sábado en la sinagoga, y se levantó á leer.

17 Y fuéle dado el libro del profeta Isaías; y como abrió el libro, halló el lugar donde estaba escrito:

18 El Espíritu del Señor es sobre mí, Por cuanto me ha ungido para dar buenas nuevas á los pobres: Me ha enviado para sanar á los quebrantados de corazón; Para pregonar á los cautivos libertad, Y á los ciegos vista; Para poner en libertad á los quebrantados:

19 Para predicar el año agradable del Señor.

20 Y rollando el libro, lo dió al ministro, y sentóse: y los ojos de todos en la sinagoga estaban fijos en Él.

21 Y comenzó á decirles: Hoy se ha cumplido esta Escritura en vuestros oídos.

22 Y todos le daban testimonio, y estaban maravillados de las palabras de gracia que salían de su boca, y decían: ¿No es éste el hijo de José?

23 Y les dijo: Sin duda me diréis este refrán: Médico, cúrate á ti mismo: de tantas cosas que hemos oído haber sido hechas en Capernaum, haz también aquí en tu tierra.

24 Y dijo: De cierto os digo, que ningún profeta es acepto en su tierra.

25 Mas en verdad os digo, que muchas viudas había en Israel en los días de Elías, cuando el cielo fué cerrado por tres años y seis meses, que hubo una grande hambre en toda la tierra;

26 Pero á ninguna de ellas fué enviado Elías, sino á Sarepta de Sidón, á una mujer viuda.

27 Y muchos leprosos había en Israel en tiempo del profeta Eliseo; mas ninguno de ellos fué limpio, sino Naamán el Siro.

28 Entonces todos en la sinagoga fueron llenos de ira, oyendo estas cosas;

29 Y levantándose, le echaron fuera de la ciudad, y le llevaron hasta la cumbre del monte sobre el cual la ciudad de ellos estaba edificada, para despeñarle.

30 Mas Él, pasando por medio de ellos, se fué.

31 Y descendió á Capernaum, ciudad de Galilea. Y los enseñaba en los sábados.

32 Y se maravillaban de su doctrina, porque su palabra era con potestad.

33 Y estaba en la sinagoga un hombre que tenía un espíritu de un demonio inmundo, el cual exclamó á gran voz,

34 Diciendo: Déjanos, ¿qué tenemos contigo Jesús Nazareno? ¿has venido á destruirnos? Yo te conozco quién eres, el Santo de Dios.

35 Y Jesús le increpó, diciendo: Enmudece, y sal de Él. Entonces el demonio, derribándole en medio, salió de Él, y no le hizo daño alguno.

36 Y hubo espanto en todos, y hablaban unos á otros, diciendo: ¿Qué palabra es ésta, que con autoridad y potencia manda á los espíritus inmundos, y salen?

37 Y la fama de Él se divulgaba de todas partes por todos los lugares de la comarca.

38 Y levantándose Jesús de la sinagoga, entró en casa de Simón: y la suegra de Simón estaba con una grande fiebre; y le rogaron por ella.

39 E inclinándose hacia ella, riñó á la fiebre; y la fiebre la dejó; y ella levantándose luego, les servía.

40 Y poniéndose el sol, todos los que tenían enfermos de diversas enfermedades, los traían á Él; y Él poniendo las manos sobre cada uno de ellos, los sanaba.

41 Y salían también demonios de muchos, dando voces, y diciendo: Tú eres el Hijo de Dios. Mas riñéndoles no los dejaba hablar; porque sabían que Él era el Cristo.

42 Y siendo ya de día salió, y se fué á un lugar desierto; y las gentes le buscaban, y vinieron hasta Él; y le detenían para que no se apartase de ellos.

43 Mas Él les dijo: Que también á otras ciudades es necesario que anuncie el evangelio del reino de Dios; porque para esto soy enviado.

44 Y predicaba en las sinagogas de Galilea.

5 Y aconteció, que estando Él junto al lago de Genezaret, las gentes se agolpaban sobre Él para oir la palabra de Dios.

2 Y vió dos barcos que estaban cerca de la orilla del lago: y los pescadores, habiendo descendido de ellos, lavaban sus redes.

3 Y entrado en uno de estos barcos, el cual era de Simón, le rogó que le desviase de tierra un poco; y sentándose, enseñaba desde el barco á las gentes.

4 Y como cesó de hablar, dijo á Simón: Tira á alta mar, y echad vuestras redes para pescar.

5 Y respondiendo Simón, le dijo: Maestro, habiendo trabajado toda la noche, nada hemos tomado; mas en tu palabra echaré la red.

6 Y habiéndolo hecho, encerraron gran multitud de pescado, que su red se rompía.

7 E hicieron señas á los compañeros que estaban en el otro barco, que viniesen á ayudarles; y vinieron, y llenaron ambos barcos, de tal manera que se anegaban.

8 Lo cual viendo Simón Pedro, se derribó de rodillas á Jesús, diciendo: Apártate de mí, Señor, porque soy hombre pecador.

9 Porque temor le había rodeado, y á todos los que estaban con Él, de la presa de los peces que habían tomado;

10 Y asimismo á Jacobo y á Juan, hijos de Zebedeo, que eran compañeros de Simón. Y Jesús dijo á Simón: No temas: desde ahora pescarás hombres.

11 Y como llegaron á tierra los barcos, dejándolo todo, le siguieron.

12 Y aconteció que estando en una ciudad, he aquí un hombre lleno de lepra, el cual viendo á Jesús, postrándose sobre el rostro, le rogó, diciendo: Señor, si quieres, puedes limpiarme.

13 Entonces, extendiendo la mano, le tocó diciendo: Quiero: sé limpio. Y luego la lepra se fué de Él.

14 Y Él le mandó que no lo dijese á nadie: Mas ve, díjole, muéstrate al sacerdote, y ofrece por tu limpieza, como mandó Moisés, para testimonio á ellos.

15 Empero tanto más se extendía su fama: y se juntaban muchas gentes á oir y ser sanadas de sus enfermedades.

16 Mas Él se apartaba á los desiertos, y oraba.

17 Y aconteció un día, que Él estaba enseñando, y los Fariseos y doctores de la ley estaban sentados, los cuales habían venido de todas las aldeas de Galilea, y de Judea y Jerusalem: y la virtud del Señor estaba allí para sanarlos.

18 Y he aquí unos hombres, que traían sobre un lecho un hombre que estaba paralítico; y buscaban meterle, y ponerle delante de Él.

19 Y no hallando por donde meterle á causa de la multitud, subieron encima de la casa, y por el tejado le bajaron con el lecho en medio, delante de Jesús;

20 El cual, viendo la fe de ellos, le dice: Hombre, tus pecados te son perdonados.

21 Entonces las escribas y los Fariseos comenzaron á pensar, diciendo: ¿Quién es éste que habla blasfemias? ¿Quién puede perdonar pecados sino sólo Dios?

22 Jesús entonces, conociendo los pensamientos de ellos, respondiendo les dijo: ¿Qué pensáis en vuestros corazones?

23 ¿Qué es más fácil, decir: Tus pecados te son perdonados, ó decir: Levántate y anda?

24 Pues para que sepáis que el Hijo del hombre tiene potestad en la tierra de perdonar pecados, (dice al paralítico): A ti digo, levántate, toma tu lecho, y vete á tu casa.

25 Y luego, levantándose en presencia de ellos, y tomando aquel en que estaba echado, se fué á su casa, glorificando á Dios.

26 Y tomó espanto á todos, y glorificaban á Dios; y fueron llenos del temor, diciendo: Hemos visto maravillas hoy.

27 Y después de estas cosas salió, y vió á un publicano llamado Leví, sentado al banco de los públicos tributos, y le dijo: Sígueme.

28 Y dejadas todas las cosas, levantándose, le siguió.

29 E hizo Leví gran banquete en su casa; y había mucha compañía de publicanos y de otros, los cuales estaban á la mesa con ellos.

30 Y los escribas y los Fariseos murmuraban contra sus discípulos, diciendo: ¿Por qué coméis y bebéis con los publicanos y pecadores?

31 Y respondiendo Jesús, les dijo: Los que están sanos no necesitan médico, sino los que están enfermos.

32 No he venido á llamar justos, sino pecadores á arrepentimiento.

33 Entonces ellos le dijeron: ¿Por qué los discípulos de Juan ayunan muchas veces y hacen oraciones, y asimismo lo de los Fariseos, y tus discípulos comen y beben?

34 Y Él les dijo: ¿Podéis hacer que los que están de bodas ayunen, entre tanto que el esposo está con ellos?

35 Empero vendrán días cuando el esposo les será quitado: entonces ayunarán en aquellos días.

36 Y les decía también una parábola: Nadie mete remiendo de paño nuevo en vestido viejo; de otra manera el nuevo rompe, y al viejo no conviene remiendo nuevo.

37 Y nadie echa vino nuevo en cueros viejos; de otra manera el vino nuevo romperá los cueros, y el vino se derramará, y los cueros se perderán.

38 Mas el vino nuevo en cueros nuevos se ha de echar; y lo uno y lo otro se conserva.

39 Y ninguno que bebiere del añejo, quiere luego el nuevo; porque dice: El añejo es mejor.

6 Y aconteció que pasando Él por los sembrados en un sábado segundo del primero, sus discípulos arrancaban espigas, y comían, restregándolas con las manos.

2 Y algunos de los Fariseos les dijeron: ¿Por qué hacéis lo que no es lícito hacer en los sábados?

3 Y respondiendo Jesús les dijo: ¿Ni aun esto habéis leído, qué hizo David cuando tuvo hambre, Él, y los que con Él estaban;

4 Cómo entró en la casa de Dios, y tomó los panes de la proposición, y comió, y dió también á los que estaban con Él, los cuales no era lícito comer, sino á solos los sacerdotes?

5 Y les decía. El Hijo del hombre es Señor aun del sábado.

6 Y aconteció también en otro sábado, que Él entró en la sinagoga y enseñaba; y estaba allí un hombre que tenía la mano derecha seca.

7 Y le acechaban los escribas y los Fariseos, si sanaría en sábado, por hallar de qué le acusasen.

8 Mas Él sabía los pensamientos de ellos; y dijo al hombre que tenía la mano seca: Levántate, y ponte en medio. Y Él levantándose, se puso en pie.

9 Entonces Jesús les dice: Os preguntaré un cosa: ¿Es lícito en sábados hacer bien, ó hacer mal? ¿salvar la vida, ó quitarla?

10 Y mirándolos á todos alrededor, dice al hombre: Extiende tu mano. Y Él lo hizo así, y su mano fué restaurada.

11 Y ellos se llenaron de rabia; y hablaban los unos á los otros qué harían á Jesús.

12 Y aconteció en aquellos días, que fué al monte á orar, y pasó la noche orando á Dios.

13 Y como fué de día, llamó á sus discípulos, y escogió doce de ellos, á los cuales también llamó apóstoles:

14 A Simón, al cual también llamó Pedro, y á Andrés su hermano, Jacobo y Juan, Felipe y Bartolomé,

15 Mateo y Tomás, Jacobo hijo de Alfeo, y Simón el que se llama Celador,

16 Judas hermano de Jacobo, y Judas Iscariote, que también fué el traidor.

17 Y descendió con ellos, y se paró en un lugar llano, y la compañía de sus discípulos, y una grande multitud de pueblo de toda Judea y de Jerusalem, y la costa de Tiro y de Sidón, que habían venido á oirle, y para ser sanados de sus enfermedades;

18 Y los que habían sido atormentados de espíritus inmundos: y estaban curados.

19 Y toda la gente procuraba tocarle; porque salía de Él virtud, y sanaba á todos.

20 Y alzando Él los ojos á sus discípulos, decía: Bienaventurados vuestros los pobres; porque vuestro es el reino de Dios.

21 Bienaventurados los que ahora tenéis hambre; porque seréis saciados. Bienaventurados los que ahora lloráis, porque reiréis.

22 Bienaventurados seréis, cuando los hombres os aborrecieren, y cuando os apartaren de sí, y os denostaren, y desecharen vuestro nombre como malo, por el Hijo del hombre.

23 Gozaos en aquel día, y alegraos; porque he aquí vuestro galardón es grande en los cielos; porque así hacían sus padres á los profetas.

24 Mas ¡ay de vosotros, ricos! porque tenéis vuestro consuelo.

25 ¡Ay de vosotros, los que estáis hartos! porque tendréis hambre. ¡Ay de vosotros, los que ahora reís! porque lamentaréis y lloraréis.

26 ¡Ay de vosotros, cuando todos los hombres dijeren bien de vosotros! porque así hacían sus padres á los falsos profetas.

27 Mas á vosotros los que oís, digo: Amad á vuestros enemigos, haced bien á los que os aborrecen;

28 Bendecid á los que os maldicen, y orad por los que os calumnian.

29 Y al que te hiriere en la mejilla, dale también la otra; y al que te quitare la capa, ni aun el sayo le defiendas.

30 Y á cualquiera que te pidiere, da; y al que tomare lo que es tuyo, no vuelvas á pedir.

31 Y como queréis que os hagan los hombres, así hacedles también vosotros.

32 Porque si amáis á los que os aman, ¿qué gracias tendréis? porque también los pecadores aman á los que los aman.

33 Y si hiciereis bien á los que os hacen bien, ¿qué gracias tendréis? porque también los pecadores hacen lo mismo.

34 Y si prestareis á aquellos de quienes esperáis recibir, ¿qué gracias tendréis? porque también los pecadores prestan á los pecadores, para recibir otro tanto.

35 Amad, pues, á vuestros enemigos, y haced bien, y prestad, no esperando de ello nada; y será vuestro galardón grande, y seréis hijos del Altísimo: porque Él es benigno para con los ingratos y malos.

36 Sed pues misericordiosos, como también vuestro Padre es misericordioso.

37 No juzguéis, y no seréis juzgados: no condenéis, y no seréis condenados: perdonad, y seréis perdonados.

38 Dad, y se os dará; medida buena, apretada, remecida, y rebosando darán en vuestro seno: porque con la misma medida que midiereis, os será vuelto á medir.

39 Y les decía una parábola: ¿Puede el ciego guiar al ciego? ¿No caerán ambos en el hoyo?

40 El discípulo no es sobre su maestro; mas cualquiera que fuere como el maestro, será perfecto.

41 ¿Por qué miras la paja que está en el ojo de tu hermano, y la viga que está en tu propio ojo no consideras?

42 ¿O cómo puedes decir á tu hermano: Hermano, deja, echaré fuera la paja que está en tu ojo, no mirando tú la viga, que está en tu ojo? Hipócrita, echa primero fuera de tu ojo la viga, y entonces verás bien para sacar la paja que está en el ojo de tu hermano.

43 Porque no es buen árbol el que da malos frutos; ni árbol malo el que da buen fruto.

44 Porque cada árbol por su fruto es conocido: que no cogen higos de los espinos, ni vendimian uvas de las zarzas.

45 El buen hombre del buen tesoro de su corazón saca bien; y el mal hombre del mal tesoro de su corazón saca mal; porque de la abundancia del corazón habla su boca.

46 ¿Por qué me llamáis, Señor, Señor, y no hacéis lo que digo?

47 Todo aquel que viene á mí, y oye mis palabras, y las hace, os enseñaré á quién es semejante:

48 Semejante es al hombre que edifica una casa, el cual cavó y ahondó, y puso el fundamento sobre la peña; y cuando vino una avenida, el río dió con ímpetu en aquella casa, mas no la pudo menear: porque estaba fundada sobre la peña.

49 Mas el que oyó y no hizo, semejante es al hombre que edificó su casa sobre tierra, sin fundamento; en la cual el río dió con ímpetu, y luego cayó; y fué grande la ruina de aquella casa.

7 Y como acabó todas sus palabras oyéndole el pueblo, entró en Capernaum.

2 Y el siervo de un centurión, al cual tenía Él en estima, estaba enfermo y á punto de morir.

3 Y cuando oyó hablar de Jesús, envió á Él los ancianos de los Judíos, rogándole que viniese y librase á su siervo.

4 Y viniendo ellos á Jesús, rogáronle con diligencia, diciéndole: Porque es digno de concederle esto;

5 Que ama nuestra nación, y Él nos edificó una sinagoga.

6 Y Jesús fué con ellos. Mas como ya no estuviesen lejos de su casa, envió el centurión amigos á Él, diciéndole: Señor, no te incomodes, que no soy digno que entres debajo de mi tejado;

7 Por lo cual ni aun me tuve por digno de venir á ti; mas di la palabra, y mi siervo será sano.

8 Porque también yo soy hombre puesto en potestad, que tengo debajo de mí soldados; y digo á éste: Ve, y va;

y al otro: Ven, y viene; y á mi siervo: Haz esto, y lo hace.
9 Lo cual oyendo Jesús, se maravilló de Él, y vuelto, dijo á las gentes que le seguían: Os digo que ni aun en Israel he hallado tanta fe.

10 Y vueltos á casa los que habían sido enviados, hallaron sano al siervo que había estado enfermo.

11 Y aconteció después, que Él iba á la ciudad que se llama Naín, é iban con Él muchos de sus discípulos, y gran compañía.

12 Y como llegó cerca de la puerta de la ciudad, he aquí que sacaban fuera á un difunto, unigénito de su madre, la cual también era viuda: y había con ella grande compañía de la ciudad.

13 Y como el Señor la vió, compadecióse de ella, y le dice: No llores.

14 Y acercándose, tocó el féretro: y los que lo llevaban, pararon. Y dice: Mancebo, á ti digo, levántate.

15 Entonces se incorporó el que había muerto, y comenzó á hablar. Y dióle á su madre.

16 Y todos tuvieron miedo, y glorificaban á Dios, diciendo: Que un gran profeta se ha levantado entre nosotros; y que Dios ha visitado á su pueblo.

17 Y salió esta fama de Él por toda Judea, y por toda la tierra de alrededor.

18 Y sus discípulos dieron á Juan las nuevas de todas estas cosas: y llamó Juan á dos de sus discípulos,

19 Y envió á Jesús, diciendo: ¿Eres tú aquél que había de venir, ó esperaremos á otro?

20 Y como los hombres vinieron á Él, dijeron: Juan el Bautista nos ha enviado á ti, diciendo: ¿Eres tú aquél que había de venir, ó esperaremos á otro?

21 Y en la misma hora sanó á muchos de enfermedades y plagas, y de espíritus malos; y á muchos ciegos dió la vista.

22 Y respondiendo Jesús, les dijo: Id, dad las nuevas á Juan de lo que habéis visto y oído: que los ciegos ven, los cojos andan, los leprosos son limpiados, los sordos oyen, los muertos resucitan, á los pobres es anunciado el evangelio:

23 Y bienaventurado es el que no fuere escandalizado en mí.

24 Y como se fueron los mensajeros de Juan, comenzó á hablar de Juan á las gentes: ¿Qué salisteis á ver al desierto? ¿una caña que es agitada por el viento?

25 Mas ¿qué salisteis á ver? ¿un hombre cubierto de vestidos delicados? He aquí, los que están en vestido precioso, y viven en delicias, en los palacios de los reyes están.

26 Mas ¿qué salisteis á ver? ¿un profeta? También os digo, y aun más que profeta.

27 Este es de quien está escrito: He aquí, envío mi mensajero delante de tu faz, El cual aparejará tu camino delante de ti.

28 Porque os digo que entre los nacidos de mujeres, no hay mayor profeta que Juan el Bautista: mas el más pequeño en el reino de los cielos es mayor que Él.

29 Y todo el pueblo oyéndole, y los publicanos, justificaron á Dios, bautizándose con el bautismo de Juan.

30 Mas los Fariseos y los sabios de la ley, desecharon el consejo de Dios contra sí mismos, no siendo bautizados de Él.

31 Y dice el Señor: ¿A quién, pues, compararé los hombres de esta generación, y á qué son semejantes?

32 Semejantes son á los muchachos sentados en la plaza, y que dan voces los unos á los otros, y dicen: Os tañimos con flautas, y no bailasteis: os endechamos, y no llorasteis,

33 Porque vino Juan el Bautista, que no comía pan, ni bebía vino, y decís: Demonio tiene.

34 Vino el Hijo del hombre, que come y bebe, y decís: He aquí un hombre comilón, y bebedor de vino, amigo de publicanos y de pecadores.

35 Mas la sabiduría es justificada de todos sus hijos.

36 Y le rogó uno de los Fariseos, que comiese con Él. Y entrado en casa del Fariseo, sentóse á la mesa.

37 Y he aquí una mujer que había sido pecadora en la ciudad, como entendió que estaba á la mesa en casa de aquel Fariseo, trajo un alabastro de ungüento,

38 Y estando detrás á sus pies, comenzó llorando á regar con lágrimas sus pies, y los limpiaba con los cabellos de su cabeza; y besaba sus pies, y los ungía con el ungüento.

39 Y como esto vió el Fariseo que le había convidado, habló entre sí, diciendo: Este, si fuera profeta, conocería quién y cuál es la mujer que le toca, que es pecadora.

40 Entonces respondiendo Jesús, le dijo: Simón, una cosa tengo que decirte. Y El dice: Di, Maestro.

41 Un acreedor tenía dos deudores: el uno le debía quinientos denarios, y el otro cincuenta;

42 Y no teniendo ellos de qué pagar, perdonó á ambos. Di, pues, ¿cuál de éstos le amará más?

43 Y respondiendo Simón, dijo: Pienso que aquél al cual perdonó más. Y Él le dijo: Rectamente has juzgado.

44 Y vuelto á la mujer, dijo á Simón: ¿Ves esta mujer? Entré en tu casa, no diste agua para mis pies; mas ésta ha regado mis pies con lágrimas, y los ha limpiado con los cabellos.

45 No me diste beso, mas ésta, desde que entré, no ha cesado de besar mis pies.

46 No ungiste mi cabeza con óleo; mas ésta ha ungido con ungüento mis pies.

47 Por lo cual te digo que sus muchos pecados son perdonados, porque amó mucho; mas al que se perdona poco, poco ama.

48 Y á ella dijo: Los pecados te son perdonados.

49 Y los que estaban juntamente sentados á la mesa, comenzaron á decir entre sí: ¿Quién es éste, que también perdona pecados?

50 Y dijo á la mujer: Tu fe te ha salvado, ve en paz.

8 Y aconteció después, que Él caminaba por todas las ciudades y aldeas, predicando y anunciando el evangelio del reino de Dios, y los doce con Él,

2 Y algunas mujeres que habían sido curadas de malos espíritus y de enfermedades: María, que se llamaba Magdalena, de la cual habían salido siete demonios,

3 Y Juana, mujer de Chuza, procurador de Herodes, y Susana, y otras muchas que le servían de sus haciendas.

4 Y como se juntó una grande compañía, y los que estaban en cada ciudad vinieron á Él, dijo por una parábola:

5 Uno que sembraba, salió á sembrar su simiente; y sembrando, una parte cayó junto al camino, y fué hollada; y las aves del cielo la comieron.

6 Y otra parte cayó sobre la piedra; y nacida, se secó, porque no tenía humedad.

7 Y otra parte cayó entre las espinas; y naciendo las espinas juntamente, la ahogaron.

8 Y otra parte cayó en buena tierra, y cuando fué nacida, llevó fruto á ciento por uno. Diciendo estas cosas clamaba: El que tiene oídos para oir, oiga.

9 Y sus discípulos le preguntaron, diciendo, qué era está parábola.

10 Y él dijo: A vosotros es dado conocer los misterios del reino de Dios; mas á los otros por parábolas, para que viendo no vean, y oyendo no entiendan.

11 Es pues ésta la parábola: La simiente es la palabra de Dios.

12 Y los de junto al camino, éstos son los que oyen; y luego viene el diablo, y quita la palabra de su corazón, porque no crean y se salven.

13 Y los de sobre la piedra, son los que habiendo oído, reciben la palabra con gozo; mas éstos no tienen raíces; que á tiempo creen, y en el tiempo de la tentación se apartan.

14 Y la que cayó entre las espinas, éstos son los que oyeron; mas yéndose, son ahogados de los cuidados y de las riquezas y de los pasatiempos de la vida, y no llevan fruto.

15 Mas la que en buena tierra, éstos son los que con corazón bueno y recto retienen la palabra oída, y llevan fruto en paciencia.

16 Ninguno que enciende la antorcha la cubre con vasija, ó la pone debajo de la cama; mas la pone en un candelero, para que los que entran vean la luz.

17 Porque no hay cosa oculta, que no haya de ser manifestada; ni cosa escondida, que no haya de ser entendida, y de venir á luz.

18 Mirad pues cómo oís; porque á cualquiera que tuviere, le será dado; y á cualquiera que no tuviere, aun lo que parece tener le será quitado.

19 Y vinieron á Él su madre y hermanos; y no podían llegar á el por causa de la multitud.

20 Y le fué dado aviso, diciendo: Tu madre y tus hermanos están fuera, que quieren verte.

21 El entonces respondiendo, les dijo: Mi madre y mis hermanos son los que oyen la palabra de Dios, y la ejecutan.

22 Y aconteció un día que Él entró en un barco con sus discípulos, y les dijo: Pasemos á la otra parte del lago. Y partieron.

23 Pero mientras ellos navegaban, Él se durmió. Y sobrevino una tempestad de viento en el lago; y henchían de agua, y peligraban.

24 Y llegándose á Él, le despertaron, diciendo: ¡Maestro, Maestro, que perecemos! Y despertado Él increpó al viento y á la tempestad del agua; y cesaron, y fué hecha bonanza.

25 Y les dijo: ¿Qué es de vuestra fe? Y atemorizados, se maravillaban, diciendo los unos á los otros: ¿Quién es éste, que aun á los vientos y al agua manda, y le obedecen?

26 Y navegaron á la tierra de los Gadarenos, que está delante de Galilea.

27 Y saliendo Él á tierra, le vino al encuentro de la ciudad un hombre que tenía demonios ya de mucho tiempo; y no vestía vestido, ni estaba en casa, sino por los sepulcros.

28 El cual, como vió á Jesús, exclamó y se postró delante de Él, y dijo á gran voz: ¿Qué tengo yo contigo, Jesús, Hijo del Dios Altísimo? Ruégote que no me atormentes.

29 (Porque mandaba al espíritu inmundo que saliese del hombre: porque ya de mucho tiempo le arrebataba; y le guardaban preso con cadenas y grillos; mas rompiendo las prisiones, era agitado del demonio por los desiertos.)

30 Y le preguntó Jesús, diciendo: ¿Qué nombre tienes? Y Él dijo: Legión. Porque muchos demonios habían entrado en Él.

31 Y le rogaban que no les mandase ir al abismo.

32 Y había allí un hato de muchos puercos que pacían en el monte; y le rogaron que los dejase entrar en ellos; y los dejó.

33 Y salidos los demonios del hombre, entraron en los puercos; y el hato se arrojó de un despeñadero en el lago, y ahogóse.

34 Y los pastores, como vieron lo que había acontecido, huyeron, y yendo dieron aviso en la ciudad y por las heredades.

35 Y salieron á ver lo que había acontecido; y vinieron á Jesús, y hallaron sentado al hombre de quien habían salido los demonios, vestido, y en su juicio, á los pies de Jesús; y tuvieron miedo.

36 Y les contaron los que lo habían visto, cómo había sido salvado aquel endemoniado.

37 Entonces toda la multitud de la tierra de los Gadarenos alrededor, le rogaron que se fuese de ellos; porque tenían gran temor. Y Él, subiendo en el barco, volvióse.

38 Y aquel hombre, de quien habían salido los demonios, le rogó para estar con Él; mas Jesús le despidió, diciendo:

39 Vuélvete á tu casa, y cuenta cuán grandes cosas ha hecho Dios contigo. Y Él se fué, publicando por toda la ciudad cuán grandes cosas había hecho Jesús con Él.

40 Y aconteció que volviendo Jesús, recibióle la gente; porque todos le esperaban.

41 Y he aquí un varón, llamado Jairo, y que era príncipe de la sinagoga, vino, y cayendo á los pies de Jesús, le rogaba que entrase en su casa;

42 Porque tenía una hija única, como de doce años, y ella se estaba muriendo. Y yendo, le apretaba la compañía.

43 Y una mujer, que tenía flujo de sangre hacía ya doce años, la cual había gastado en médicos toda su hacienda, y por ninguno había podido ser curada,

44 Llegándose por las espaldas, tocó el borde de su vestido; y luego se estancó el flujo de su sangre.

45 Entonces Jesús dijo: ¿Quién es el que me ha tocado? Y negando todos, dijo Pedro y los que estaban con Él: Maestro, la compañía te aprieta y oprime, y dices: ¿Quién es el que me ha tocado?

46 Y Jesús dijo: Me ha tocado alguien; porque yo he conocido que ha salido virtud de mí.

47 Entonces, como la mujer vió que no se había ocultado, vino temblando, y postrándose delante de Él declaróle delante de todo el pueblo la causa por qué le había tocado, y cómo luego había sido sana.

48 Y Él dijo: Hija, tu fe te ha salvado: ve en paz.

49 Estando aún Él hablando, vino uno del príncipe de la sinagoga á decirle: Tu hija es muerta, no des trabajo al Maestro.

50 Y oyéndolo Jesús, le respondió: No temas: cree solamente, y será salva.

51 Y entrado en casa, no dejó entrar á nadie consigo, sino á Pedro, y á Jacobo, y á Juan, y al padre y á la madre de la moza.

52 Y lloraban todos, y la plañían. Y Él dijo: No lloréis; no es muerta, sino que duerme.

53 Y hacían burla de Él, sabiendo que estaba muerta.

54 Mas Él, tomándola de la mano, clamó, diciendo: Muchacha, levántate.

55 Entonces su espíritu volvió, y se levantó luego: y Él mando que le diesen de comer.

56 Y sus padres estaban atónitos; á los cuales Él mandó, que á nadie dijesen lo que había sido hecho.

9 Y juntando á sus doce discípulos, les dió virtud y potestad sobre todos los demonios, y que sanasen enfermedades.

2 Y los envió á que predicasen el reino de Dios, y que sanasen á los enfermos.

3 Y les dice: No toméis nada para el camino, ni báculo, ni alforja, ni pan, ni dinero; ni tengáis dos vestidos cada uno.

4 Y en cualquiera casa en que entrareis, quedad allí, y de allí salid.

5 Y todos los que no os recibieren, saliéndoos de aquella ciudad, aun el polvo sacudid de vuestros pies en testimonio contra ellos.

6 Y saliendo, rodeaban por todas las aldeas, anunciando el evangelio, y sanando por todas partes.

7 Y oyó Herodes el tetrarca todas las cosas que hacía; y estaba en duda, porque decían algunos: Juan ha resucitado de los muertos;

8 Y otros: Elías ha aparecido; y otros: Algún profeta de los antiguos ha resucitado.

9 Y dijo Herodes: A Juan yo degollé: ¿quién pues será éste, de quien yo oigo tales cosas? Y procuraba verle.

10 Y vueltos los apóstoles, le contaron todas las cosas que habían hecho. Y tomándolos, se retiró aparte á un lugar desierto de la ciudad que se llama Bethsaida.

11 Y como lo entendieron las gentes, le siguieron; y Él las recibió, y les hablaba del reino de Dios, y sanaba á los que tenían necesidad de cura.

12 Y el día había comenzado á declinar; y llegándose los doce, le dijeron: Despide á las gentes, para que yendo á las aldeas y heredades de alrededor, procedan á alojarse y hallen viandas; porque aquí estamos en lugar desierto.

13 Y les dice: Dadles vosotros de comer. Y dijeron ellos: No tenemos más que cinco panes y dos pescados, si no vamos nosotros á comprar viandas para toda esta compañía.

14 Y eran como cinco mil hombres. Entonces dijo á sus discípulos: Hacedlos sentar en ranchos, de cincuenta en cincuenta.

15 Y así lo hicieron, haciéndolos sentar á todos.

16 Y tomando los cinco panes y los dos pescados, mirando al cielo los bendijo, y partió, y dió á sus discípulos para que pusiesen delante de las gentes.

17 Y comieron todos, y se hartaron; y alzaron lo que les sobró, doce cestos de pedazos.

18 Y aconteció que estando Él solo orando, estaban con Él los discípulos; y les preguntó diciendo: ¿Quién dicen las gentes que soy?

19 Y ellos respondieron, y dijeron: Juan el Bautista; y otros, Elías; y otros, que algún profeta de los antiguos ha resucitado.

20 Y les dijo: ¿Y vosotros, quién decís que soy? Entonces respondiendo Simón Pedro, dijo: El Cristo de Dios.

21 Mas Él, conminándolos, mandó que á nadie dijesen esto;

22 Diciendo: Es necesario que el Hijo del hombre padezca muchas cosas, y sea desechado de los ancianos, y de los príncipes de los sacerdotes, y de los escribas, y que sea muerto, y resucite al tercer día.

23 Y decía á todos: Si alguno quiere venir en pos de mí, niéguese á sí mismo, y tome su cruz cada día, y sígame.

24 Porque cualquiera que quisiere salvar su vida, la perderá; y cualquiera que perdiere su vida por causa de mí, éste la salvará.

25 Porque ¿qué aprovecha al hombre, si granjeare todo el mundo, y sé pierda él á sí mismo, ó corra peligro de sí?

26 Porque el que se avergonzare de mí y de mis palabras, de este tal el Hijo del hombre se avergonzará cuando viniere en su gloria, y del Padre, y de los santos ángeles.

27 Y os digo en verdad, que hay algunos de los que están aquí, que no gustarán la muerte, hasta que vean el reino de Dios.

28 Y aconteció como ocho días después de estas palabras, que tomó á Pedro y á Juan y á Jacobo, y subió al monte á orar.

29 Y entre tanto que oraba, la apariencia de su rostro se hizo otra, y su vestido blanco y resplandeciente.

30 Y he aquí dos varones que hablaban con Él, los cuales eran Moisés y Elías;

31 Que aparecieron en majestad, y hablaban de su salida, la cual había de cumplir en Jerusalem.

32 Y Pedro y los que estaban con Él, estaban cargados de sueño: y como despertaron, vieron su majestad, y á aquellos dos varones que estaban con Él.

33 Y aconteció, que apartándose ellos de Él, Pedro dice á Jesús: Maestro, bien es que nos quedemos aquí: y hagamos tres pabellones, uno para ti, y uno para Moisés, y uno para Elías; no sabiendo lo que se decía.

34 Y estando Él hablando esto, vino una nube que los cubrió; y tuvieron temor entrando ellos en la nube.

35 Y vino una voz de la nube, que decía: Este es mi Hijo amado; á Él oíd.

36 Y pasada aquella voz, Jesús fué hallado solo: y ellos callaron;

y por aquellos días no dijeron nada á nadie de lo que habían visto.

37 Y aconteció al día siguiente, que apartándose ellos del monte, gran compañía les salió al encuentro.

38 Y he aquí, un hombre de la compañía clamó, diciendo: Maestro, ruégote que veas á mi hijo; que es el único que tengo:

39 Y he aquí un espíritu le toma, y de repente da voces; y le despedaza y hace echar espuma, y apenas se aparta de Él quebrantándole.

40 Y rogué á tus discípulos que le echasen fuera, y no pudieron.

41 Y respondiendo Jesús, dice: ¡Oh generación infiel y perversa! ¿hasta cuándo tengo de estar con vosotros, y os sufriré? Trae tu hijo acá.

42 Y como aun se acercaba, el demonio le derribó y despedazó: mas Jesús increpó al espíritu inmundo, y sanó al muchacho, y se lo volvió á su padre.

43 Y todos estaban atónitos de la grandeza de Dios. Y maravillándose todos de todas las cosas que hacía, dijo á sus discípulos:

44 Poned vosotros en vuestros oídos estas palabras; porque ha de acontecer que el Hijo del hombre será entregado en manos de hombres.

45 Mas ellos no entendían esta palabra, y les era encubierta para que no la entendiesen; y temían preguntarle de esta palabra.

46 Entonces entraron en disputa, cuál de ellos sería el mayor.

47 Mas Jesús, viendo los pensamientos del corazón de ellos, tomó un niño, y púsole junto á sí,

48 Y les dice: Cualquiera que recibiere este niño en mí nombre, á mí recibe; y cualquiera que me recibiere á mí, recibe al que me envió; porque el que fuere el menor entre todos vosotros, éste será el grande.

49 Entonces respondiendo Juan, dijo: Maestro, hemos visto á uno que echaba fuera demonios en tu nombre; y se lo prohibimos, porque no sigue con nosotros.

50 Jesús le dijo: No se lo prohibáis; porque el que no es contra nosotros, por nosotros es.

51 Y aconteció que, como se cumplió el tiempo en que había de ser recibido arriba, Él afirmó su rostro para ir á Jerusalem.

52 Y envió mensajeros delante de sí, los cuales fueron y entraron en una ciudad de los Samaritanos, para prevenirle.

53 Mas no le recibieron, porque era su traza de ir á Jerusalem.

54 Y viendo esto sus discípulos Jacobo y Juan, dijeron: Señor, ¿quieres que mandemos que descienda fuego del cielo, y los consuma, como hizo Elías?

55 Entonces volviéndose Él, los reprendió, diciendo: Vosotros no sabéis de qué espíritu sois;

56 Porque el Hijo del hombre no ha venido para perder las almas de los hombres, sino para salvarlas. Y se fueron á otra aldea.

57 Y aconteció que yendo ellos, uno le dijo en el camino: Señor, te seguiré donde quiera que fueres.

58 Y le dijo Jesús: Las zorras tienen cuevas, y las aves de los cielos nidos; mas el Hijo del hombre no tiene donde recline la cabeza.

59 Y dijo á otro: Sígueme. Y Él dijo: Señor, déjame que primero vaya y entierre á mi padre.

60 Y Jesús le dijo: Deja los muertos que entierren á sus muertos; y tú, ve, y anuncia el reino de Dios.

61 Entonces también dijo otro: Te seguiré, Señor; mas déjame que me despida primero de los que están en mi casa.

62 Y Jesús le dijo: Ninguno que poniendo su mano al arado mira atrás, es apto para el reino de Dios.

10 Y después de estas cosas, designó el Señor aun otros setenta, los cuales envió de dos en dos delante de sí, á toda ciudad y lugar á donde Él había de venir.

2 Y les decía: La mies á la verdad es mucha, mas los obreros pocos; por tanto, rogad al Señor de la mies que envíe obreros á su mies.

3 Andad, he aquí yo os envío como corderos en medio de lobos.

4 No llevéis bolsa, ni alforja, ni calzado; y á nadie saludéis en el camino.

5 En cualquiera casa donde entrareis, primeramente decid: Paz sea á esta casa.

6 Y si hubiere allí algún hijo de paz, vuestra paz reposará sobre Él; y si no, se volverá á vosotros.

7 Y posad en aquella misma casa, comiendo y bebiendo lo que os dieren; porque el obrero digno es de su salario. No os paséis de casa en casa.

8 Y en cualquiera ciudad donde entrareis, y os recibieren, comed lo que os pusieren delante;

9 Y sanad los enfermos que en ella hubiere, y decidles: Se ha llegado á vosotros el reino de Dios.

10 Mas en cualquier ciudad donde entrareis, y no os recibieren, saliendo por sus calles, decid:

11 Aun el polvo que se nos ha pegado de vuestra ciudad á nuestros pies, sacudimos en vosotros: esto empero sabed, que el reino de los cielos se ha llegado á vosotros.

12 Y os digo que los de Sodoma tendrán más remisión aquel día, que aquella ciudad.

13 ¡Ay de ti, Corazín! ¡Ay de ti, Bethsaida! que si en Tiro y en Sidón hubieran sido hechas las maravillas que se han hecho en vosotras, ya días ha que, sentados en cilicio y ceniza, se habrían arrepentido.

14 Por tanto, Tiro y Sidón tendrán más remisión que vosotras en el juicio.

15 Y tú, Capernaum, que hasta los cielos estás levantada, hasta los infiernos serás abajada.

16 El que á vosotros oye, á mí oye; y el que á vosotros desecha, á mí desecha; y el que á mí desecha, desecha al que me envió.

17 Y volvieron los setenta con gozo, diciendo: Señor, aun los demonios se nos sujetan en tu nombre.

18 Y les dijo: Yo veía á Satanás, como un rayo, que caía del cielo.

19 He aquí os doy potestad de hollar sobre las serpientes y sobre los escorpiones, y sobre toda fuerza del enemigo, y nada os dañará.

20 Mas no os gocéis de esto, que los espíritus se os sujetan; antes gozaos de que vuestros nombres están escritos en los cielos.

21 En aquella misma hora Jesús se alegró en espíritu, y dijo: Yo te alabo, oh Padre, Señor del cielo y de la tierra, que escondiste estas cosas á los sabios y entendidos, y las has revelado á los pequeños: así, Padre, porque así te agradó.

22 Todas las cosas me son entregadas de mi Padre: y nadie sabe quién sea el Hijo sino el Padre; ni quién sea el Padre, sino el Hijo, y á quien el Hijo lo quisiere revelar.

23 Y vuelto particularmente á los discípulos, dijo: Bienaventurados los ojos que ven lo que vosotros veis:

24 Porque os digo que muchos profetas y reyes desearon ver lo que vosotros veis, y no lo vieron; y oir lo que oís, y no lo oyeron.

25 Y he aquí, un doctor de la ley se levantó, tentándole y diciendo: Maestro, ¿haciendo qué cosa poseeré la vida eterna?

26 Y Él dijo: ¿Qué está escrito en la ley? ¿cómo lees?

27 Y Él respondiendo, dijo: Amarás al Señor tu Dios de todo tu corazón, y de toda tu alma, y de todas tus fuerzas, y de todo tu entendimiento; y á tu prójimo como á ti mismo.

28 Y díjole: Bien has respondido: haz esto, y vivirás.

29 Mas Él, queriéndose justificar á sí mismo, dijo á Jesús: ¿Y quién es mi prójimo?

30 Y respondiendo Jesús, dijo: Un hombre descendía de Jerusalem á Jericó, y cayó en manos de ladrones, los cuales le despojaron; é hiriéndole, se fueron, dejándole medio muerto.

31 Y aconteció, que descendió un sacerdote por aquel camino, y viéndole, se pasó de un lado.

32 Y asimismo un Levita, llegando cerca de aquel lugar, y viéndole, se pasó de un lado.

33 Mas un Samaritano que transitaba, viniendo cerca de Él, y viéndole, fué movido á misericordia;

34 Y llegándose, vendó sus heridas, echándoles aceite y vino; y poniéndole sobre su cabalgadura, llevóle al mesón, y cuidó de Él.

35 Y otro día al partir, sacó dos denarios, y diólos al huésped, y le dijo: Cuídamele; y todo lo que de más gastares, yo cuando vuelva te lo pagaré.

36 ¿Quién, pues, de estos tres te parece que fué el prójimo de aquél que cayó en manos de los ladrones?

37 Y él dijo: El que usó con Él de misericordia. Entonces Jesús le dijo: Ve, y haz tú lo mismo.

38 Y aconteció que yendo, entró Él en una aldea: y una mujer llamada Marta, le recibió en su casa.

39 Y ésta tenía una hermana que se llamaba María, la cual sentándose á los pies de Jesús, oía su palabra.

40 Empero Marta se distraía en muchos servicios; y sobreviniendo, dice: Señor, ¿no tienes cuidado que mi hermana me deja servir sola? Dile pues, que me ayude.

41 Pero respondiendo Jesús, le dijo: Marta, Marta, cuidadosa estás, y con las muchas cosas estás turbada:

42 Empero una cosa es necesaria; y María escogió la buena parte, la cual no le será quitada.

11 Y aconteció que estando Él orando en un lugar, como acabó, uno de sus discípulos le dijo: Señor, enséñanos á orar, como también Juan enseñó á sus discípulos.

2 Y les dijo: Cuando oraréis, decid: Padre nuestro que estás en los cielos; sea tu nombre santificado. Venga tu reino. Sea hecha tu voluntad, como en el cielo, así también en la tierra.
3 El pan nuestro de cada día, dánoslo hoy.
4 Y perdónanos nuestros pecados, porque también nosotros perdonamos á todos los que nos deben. Y no nos metas en tentación, mas líbranos del malo.
5 Díjoles también: ¿Quién de vosotros tendrá un amigo, é irá á él á media noche, y le dirá: Amigo, préstame tres panes,
6 Porque un amigo mío ha venido á mí de camino, y no tengo que ponerle delante?
7 Y el de dentro respondiendo, dijere: No me seas molesto; la puerta está ya cerrada, y mis niños están conmigo en cama; no puedo levantarme, y darte?
8 Os digo, que aunque no se levante á darle por ser su amigo, cierto por su importunidad se levantará, y le dará todo lo que habrá menester.
9 Y yo os digo: Pedid, y se os dará; buscad, y hallaréis; llamad, y os será abierto.
10 Porque todo aquel que pide, recibe; y el que busca, halla; y al que llama, se abre.
11 ¿Y cuál padre de vosotros, si su hijo le pidiere pan, le dará una piedra?, ó, si pescado, ¿en lugar de pescado, le dará una serpiente?
12 O, si le pidiere un huevo, ¿le dará un escorpión?
13 Pues si vosotros, siendo malos, sabéis dar buenas dádivas á vuestros hijos, ¿cuánto más vuestro Padre celestial dará el Espíritu Santo á los que le pidieren de Él?
14 Y estaba Él lanzando un demonio, el cual era mudo: y aconteció que salido fuera el demonio, el mudo habló y las gentes se maravillaron.
15 Mas algunos de ellos decían: En Beelzebub, príncipe de los demonios, echa fuera los demonios.
16 Y otros, tentando, pedían de Él señal del cielo.
17 Mas Él, conociendo los pensamientos de ellos, les dijo: Todo reino dividido contra sí mismo, es asolado; y una casa dividida contra sí misma, cae.
18 Y si también Satanás está dividido contra sí mismo, ¿cómo estará en pie su reino? porque decís que en Beelzebub echo yo fuera los demonios.
19 Pues si yo echo fuera los demonios en Beelzebub, ¿vuestros hijos en quién los echan fuera? Por tanto, ellos serán vuestros jueces.
20 Mas si por el dedo de Dios echo yo fuera los demonios, cierto el reino de Dios ha llegado á vosotros.
21 Cuando el fuerte armado guarda su atrio, en paz está lo que posee.
22 Mas si sobreviniendo otro más fuerte que Él, le venciere, toma todas sus armas en que confiaba, y reparte sus despojos.
23 El que no es conmigo, contra mí es; y el que conmigo no recoge, desparrama.
24 Cuando el espíritu inmundo saliere del hombre, anda por lugares secos, buscando reposo; y no hallándolo, dice: Me volveré á mi casa de donde salí.
25 Y viniendo, la halla barrida y adornada.
26 Entonces va, y toma otros siete espíritus peores que Él; y entrados, habitan allí: y lo postrero del tal hombre es peor que lo primero.
27 Y aconteció que diciendo estas cosas, una mujer de la compañía, levantando la voz, le dijo: Bienaventurado el vientre que te trajo, y los pechos que mamaste.
28 Y Él dijo: Antes bienaventurados los que oyen la palabra de Dios, y la guardan.
29 Y juntándose las gentes á Él, comenzó á decir: Esta generación mala es: señal busca, mas señal no le será dada, sino la señal de Jonás.
30 Porque como Jonás fué señal á los Ninivitas, así también será el Hijo del hombre á esta generación.
31 La reina del Austro se levantará en juicio con los hombres de esta generación, y los condenará; porque vino de los fines de la tierra á oír la sabiduría de Salomón; y he aquí más que Salomón en este lugar.
32 Los hombres de Nínive se levantarán en juicio con esta generación, y la condenarán; porque á la predicación de Jonás se arrepintieron; y he aquí más que Jonás en este lugar.
33 Nadie pone una luz en oculto, ni debajo del almud, sino en el candelero, para que los que entran vean la luz.
34 La antorcha del cuerpo es el ojo: pues si tu ojo fuere

simple, también todo tu cuerpo será resplandeciente; mas si fuere malo, también tu cuerpo será tenebroso.
35 Mira pues, si la lumbre que en ti hay, es tinieblas.
36 Así que, siendo todo tu cuerpo resplandeciente, no teniendo alguna parte de tinieblas, será todo luminoso, como cuando una antorcha de resplandor te alumbra.
37 Y luego que hubo hablado, rogóle un Fariseo que comiese con Él: y entrado Jesús, se sentó á la mesa.
38 Y el Fariseo, como lo vió, maravillóse de que no se lavó antes de comer.
39 Y el Señor le dijo: Ahora vosotros los Fariseos lo de fuera del vaso y del plato limpiáis; mas lo interior de vosotros está lleno de rapiña y de maldad.
40 Necios, ¿el que hizo lo de fuera, no hizo también lo de dentro?
41 Empero de lo que os resta, dad limosna; y he aquí todo os será limpio.
42 Mas ¡ay de vosotros, Fariseos! que diezmáis la menta, y la ruda, y toda hortaliza; mas el juicio y la caridad de Dios pasáis de largo. Pues estas cosas era necesario hacer, y no dejar las otras.
43 ¡Ay de vosotros, Fariseos! que amáis las primeras sillas en las sinagogas, y las salutaciones en las plazas.
44 ¡Ay de vosotros, escribas y Fariseos, hipócritas! que sois como sepulcros que no se ven, y los hombres que andan encima no lo saben.
45 Y respondiendo uno de los doctores de la ley, le dice: Maestro, cuando dices esto, también nos afrentas á nosotros.
46 Y Él dijo: ¡Ay de vosotros también, doctores de la ley! que cargáis á los hombres con cargas que no pueden llevar; mas vosotros ni aun con un dedo tocáis las cargas.
47 ¡Ay de vosotros! que edificáis los sepulcros de los profetas, y los mataron vuestros padres.
48 De cierto dais testimonio que consentís en los hechos de vuestros padres; porque á la verdad ellos los mataron, mas vosotros edificáis sus sepulcros.
49 Por tanto, la sabiduría de Dios también dijo: Enviaré á ellos profetas y apóstoles; y de ellos á unos matarán y á otros perseguirán;
50 Para que de esta generación sea demandada la sangre de todos los profetas, que ha sido derramada desde la fundación del mundo;
51 Desde la sangre de Abel, hasta la sangre de Zacarías, que murió entre el altar y el templo: así os digo, será demandada de esta generación.
52 ¡Ay de vosotros, doctores de la ley! que habéis quitado la llave de la ciencia; vosotros mismos no entrasteis, y á los que entraban impedisteis.
53 Y diciéndoles estas cosas, los escribas y los Fariseos comenzaron á apretar le en gran manera, y á provocarle á que hablase de muchas cosas;
54 Acechándole, y procurando cazar algo de su boca para acusarle.

12 En esto, juntándose muchas gentes, tanto que unos á otros se hollaban, comenzó á decir á sus discípulos, primeramente: Guardaos de la levadura de los Fariseos, que es hipocresía.
2 Porque nada hay encubierto, que no haya de ser descubierto; ni oculto, que no haya de ser sabido.
3 Por tanto, las cosas que dijisteis en tinieblas, á la luz serán oídas; y lo que hablasteis al oído en las cámaras, será pregonado en los terrados.
4 Mas os digo, amigos míos: No temáis de los que matan el cuerpo, y después no tienen más que hacer.
5 Mas os enseñaré á quién temáis: temed á aquel que después de haber quitado la vida, tiene poder de echar en la Gehenna: así os digo: á éste temed.
6 ¿No se venden cinco pajarillos por dos blancas? pues ni uno de ellos está olvidado delante de Dios.
7 Y aun los cabellos de vuestra cabeza están todos contados. No temáis pues: de más estima sois vosotros que muchos pajarillos.
8 Y os digo que todo aquel que me confesare delante de los hombres, también el Hijo del hombre le confesará delante de los ángeles de Dios;
9 Mas el que me negare delante de los hombres, será negado delante de los ángeles de Dios.
10 Y todo aquel que dice palabra contra el Hijo del hombre, le será perdonado; mas al que blasfemare contra el Espíritu Santo, no le será perdonado.
11 Y cuando os trajeren á las sinagogas, y á los magistrados

y potestades, no estéis solícitos cómo ó qué hayáis de responder, ó qué hayáis de decir;

12 Porque el Espíritu Santo os enseñará en la misma hora lo que será necesario decir.

13 Y díjole uno de la compañía: Maestro, di á mi hermano que parta conmigo la herencia.

14 Mas Él le dijo: Hombre, ¿quién me puso por juez ó partidor sobre vosotros?

15 Y díjoles: Mirad, y guardaos de toda avaricia; porque la vida del hombre no consiste en la abundancia de los bienes que posee.

16 Y refirióles una parábola, diciendo: La heredad de un hombre rico había llevado mucho;

17 Y Él pensaba dentro de sí, diciendo: ¿qué haré, porque no tengo donde juntar mis frutos?

18 Y dijo: Esto haré: derribaré mis alfolíes, y los edificaré mayores, y allí juntaré todos mis frutos y mis bienes;

19 Y diré á mi alma: Alma, muchos bienes tienes almacenados para muchos años; repósate, come, bebe, huélgate.

20 Y díjole Dios: Necio, esta noche vuelven á pedir tu alma; y lo que has prevenido, ¿de quién será?

21 Así es el que hace para sí tesoro, y no es rico en Dios.

22 Y dijo á sus discípulos: Por tanto os digo: No estéis afanosos de vuestra vida, qué comeréis; ni del cuerpo, qué vestiréis.

23 La vida más es que la comida, y el cuerpo que el vestido.

24 Considerad los cuervos, que ni siembran, ni siegan; que ni tienen cillero, ni alfolí; y Dios los alimenta. ¿Cuánto de más estima sois vosotros que las aves?

25 ¿Y quién de vosotros podrá con afán añadir á su estatura un codo?

26 Pues si no podéis aun lo que es menos, ¿para qué estaréis afanosos de lo demás?

27 Considerad los lirios, cómo crecen: no labran, ni hilan; y os digo, que ni Salomón con toda su gloria se vistió como uno de ellos.

28 Y si así viste Dios á la hierba, que hoy está en el campo, y mañana es echada en el horno; ¿cuánto más á vosotros, hombres de poca fe?

29 Vosotros, pues, no procuréis qué hayáis de comer, ó qué hayáis de beber: ni estéis en ansiosa perplejidad.

30 Porque todas estas cosas buscan las gentes del mundo; que vuestro Padre sabe que necesitáis estas cosas.

31 Mas procurad el reino de Dios, y todas estas cosas os serán añadidas.

32 No temáis, manada pequeña; porque al Padre ha placido daros el reino.

33 Vended lo que poseéis, y dad limosna; haceos bolsas que no se envejecen, tesoro en los cielos que nunca falta; donde ladrón no llega, ni polilla corrompe.

34 Porque donde está vuestro tesoro, allí también estará vuestro corazón.

35 Estén ceñidos vuestros lomos, y vuestras antorchas encendidas;

36 Y vosotros semejantes á hombres que esperan cuando su señor ha de volver de las bodas; para que cuando viniere, y llamare, luego le abran.

37 Bienaventurados aquellos siervos, á los cuales cuando el Señor viniere, hallare velando: de cierto os digo, que se ceñirá, y hará que se sienten á la mesa, y pasando les servirá.

38 Y aunque venga á la segunda vigilia, y aunque venga á la tercera vigilia, y los hallare así, bienaventurados son los tales siervos.

39 Esto empero sabed, que si supiese el padre de familia á qué hora había de venir el ladrón, velaría ciertamente, y no dejaría minar su casa.

40 Vosotros pues también, estad apercibidos; porque á la hora que no pensáis, el Hijo del hombre vendrá.

41 Entonces Pedro le dijo: Señor, ¿dices esta parábola á nosotros, ó también á todos?

42 Y dijo el Señor: ¿Quién es el mayordomo fiel y prudente, al cual el señor pondrá sobre su familia, para que á tiempo les dé su ración?

43 Bienaventurado aquel siervo, al cual, cuando el señor viniere, hallare haciendo así.

44 En verdad os digo, que Él le pondrá sobre todos sus bienes.

45 Mas si el tal siervo dijere en su corazón: Mi señor tarda en venir: y comenzare á herir á los siervos y á las criadas, y á comer y á beber y á embriagarse;

46 Vendrá el señor de aquel siervo el día que no espera, y á la hora que no sabe, y le apartará, y pondrá su parte con los infieles.

47 Porque el siervo que entendió la voluntad de su señor, y no se apercibió, ni hizo conforme á su voluntad, será azotado mucho.

48 Mas el que no entendió, é hizo cosas dignas de azotes, será azotado poco: porque á cualquiera que fué dado mucho, mucho será vuelto á demandar de Él; y al que encomendaron mucho, más le será pedido.

49 Fuego vine á meter en la tierra: ¿y qué quiero, si ya está encendido?

50 Empero de bautismo me es necesario ser bautizado: y ¡cómo me angustio hasta que sea cumplido!

51 ¿Pensáis que he venido á la tierra á dar paz? No, os digo; mas disensión.

52 Porque estarán de aquí adelante cinco en una casa divididos; tres contra dos, y dos contra tres.

53 El padre estará dividido contra el hijo, y el hijo contra el padre; la madre contra la hija, y la hija contra la madre; la suegra contra su nuera, y la nuera contra su suegra.

54 Y decía también á las gentes: Cuando veis la nube que sale del poniente, luego decís: Agua viene; y es así.

55 Y cuando sopla el austro, decís: Habrá calor; y lo hay.

56 ¡Hipócritas! Sabéis examinar la faz del cielo y de la tierra; ¿y cómo no reconocéis este tiempo?

57 ¿Y por qué aun de vosotros mismos no juzgáis lo que es justo?

58 Pues cuando vas al magistrado con tu adversario, procura en el camino librarte de Él; porque no te arrastre al juez, y el juez te entregue al alguacil, y el alguacil te meta en la cárcel.

59 Te digo que no saldrás de allá, hasta que hayas pagado hasta el último maravedí.

13 Y en este mismo tiempo estaban allí unos que le contaban acerca de los Galileos, cuya sangre Pilato había mezclado con sus sacrificios.

2 Y respondiendo Jesús, les dijo: ¿Pensáis que estos Galileos, porque han padecido tales cosas, hayan sido más pecadores que todos los Galileos?

3 No, os digo; antes si no os arrepintiereis, todos pereceréis igualmente.

4 O aquellos dieciocho, sobre los cuales cayó la torre en Siloé, y los mató, ¿pensáis que ellos fueron más deudores que todos los hombres que habitan en Jerusalem?

5 No, os digo; antes si no os arrepintiereis, todos pereceréis asimismo.

6 Y dijo esta parábola: Tenía uno una higuera plantada en su viña, y vino á buscar fruto en ella, y no lo halló.

7 Y dijo al viñero: He aquí tres años ha que vengo á buscar fruto en esta higuera, y no lo hallo; córtala, ¿por qué ocupará aún la tierra?

8 El entonces respondiendo, le dijo: Señor, déjala aún este año, hasta que la excave, y estercole.

9 Y si hiciere fruto, bien; y si no, la cortarás después.

10 Y enseñaba en una sinagoga en sábado.

11 Y he aquí una mujer que tenía espíritu de enfermedad dieciocho años, y andaba agobiada, que en ninguna manera se podía enderezar.

12 Y como Jesús la vió, llamóla, y díjole: Mujer, libre eres de tu enfermedad.

13 Y puso las manos sobre ella; y luego se enderezó, y glorificaba á Dios.

14 Y respondiendo el príncipe de la sinagoga, enojado de que Jesús hubiese curado en sábado, dijo á la compañía: Seis días hay en que es necesario obrar: en estos, pues, venid y sed curados, y no en días de sábado.

15 Entonces el Señor le respondió, y dijo: Hipócrita, cada uno de vosotros ¿no desata en sábado su buey ó su asno del pesebre, y lo lleva á beber?

16 Y á esta hija de Abraham, que he aquí Satanás la había ligado dieciocho años, ¿no convino desatar la de esta ligadura en día de sábado?

17 Y diciendo estas cosas, se avergonzaban todos sus adversarios: mas todo el pueblo se gozaba de todas las cosas gloriosas que eran por Él hechas.

18 Y dijo: ¿A qué es semejante el reino de Dios, y á qué le compararé?

19 Semejante es al grano de la mostaza, que tomándolo un hombre lo metió en su huerto; y creció, y fué hecho árbol grande, y las aves del cielo hicieron nidos en sus ramas.

20 Y otra vez dijo: ¿A qué compararé el reino de Dios?

21 Semejante es á la levadura, que tomó una mujer, y la escondió en tres medidas de harina, hasta que todo hubo fermentado.

22 Y pasaba por todas las ciudades y aldeas, enseñando, y caminando á Jerusalem.

23 Y díjole uno: Señor, ¿son pocos los que se salvan? Y Él les dijo:

24 Porfiad á entrar por la puerta angosta; porque os digo que muchos procurarán entrar, y no podrán.

25 Después que el padre de familia se levantare, y cerrare la puerta, y comenzareis á estar fuera, y llamar á la puerta, diciendo: Señor, Señor, ábrenos; y respondiendo os dirá: No os conozco de dónde seáis.

26 Entonces comenzaréis á decir: Delante de ti hemos comido y bebido, y en nuestras plazas enseñaste;

27 Y os dirá: Dígoos que no os conozco de dónde seáis; apartaos de mí todos los obreros de iniquidad.

28 Allí será el llanto y el crujir de dientes, cuando viereis á Abraham, y á Isaac, y á Jacob, y á todos los profetas en el reino de Dios, y vosotros excluidos.

29 Y vendrán del Oriente y del Occidente, del Norte y del Mediodía, y se sentarán á la mesa en el reino de Dios.

30 Y he aquí, son postreros los que eran los primeros; y son primeros los que eran los postreros.

31 Aquel mismo día llegaron unos de los Fariseos, diciéndole: Sal, y vete de aquí, porque Herodes te quiere matar.

32 Y les dijo: Id, y decid á aquella zorra: He aquí, echo fuera demonios y acabo sanidades hoy y mañana, y al tercer día soy consumado.

33 Empero es menester que hoy, y mañana, y pasado mañana camine; porque no es posible que profeta muera fuera de Jerusalem.

34 ¡Jerusalem, Jerusalem! que matas á los profetas, y apedreas á los que son enviados á ti: ¡cuántas veces quise juntar tus hijos, como la gallina sus pollos debajo de sus alas, y no quisiste!

35 He aquí, os es dejada vuestra casa desierta: y os digo que no me veréis hasta que venga tiempo cuando digáis: Bendito el que viene en nombre del Señor.

14 Y aconteció que entrando en casa de un príncipe de los Fariseos un sábado á comer pan, ellos le acechaban.

2 Y he aquí un hombre hidrópico estaba delante de Él.

3 Y respondiendo Jesús, habló á los doctores de la ley y á los Fariseos, diciendo: ¿Es lícito sanar en sábado?

4 Y ellos callaron. Entonces Él tomándole, le sanó, y despidióle.

5 Y respondiendo á ellos dijo: ¿El asno ó el buey de cuál de vosotros caerá en algún pozo, y no lo sacará luego en día de sábado?

6 Y no le podían replicar á estas cosas.

7 Y observando cómo escogían los primeros asientos á la mesa, propuso una parábola á los convidados, diciéndoles:

8 Cuando fueres convidado de alguno á bodas, no te sientes en el primer lugar, no sea que otro más honrado que tú esté por Él convidado;

9 Y viniendo el que te llamó á ti y á Él, te diga: Da lugar á éste; y entonces comiences con vergüenza á tener el lugar último.

10 Mas cuando fueres convidado, ve, y siéntate en el postrer lugar; porque cuando viniere el que te llamó, te diga: Amigo, sube arriba: entonces tendrás gloria delante de los que juntamente se asientan á la mesa.

11 Porque cualquiera que se ensalza, será humillado; y el que se humilla, será ensalzado.

12 Y dijo también al que le había convidado: Cuando haces comida ó cena, no llames á tus amigos, ni á tus hermanos, ni á tus parientes, ni á vecinos ricos; porque también ellos no te vuelvan á convidar, y te sea hecha compensación.

13 Mas cuando haces banquete, llama á los pobres, los mancos, los cojos, los ciegos;

14 Y serás bienaventurado; porque no te pueden retribuir; mas te será recompensado en la resurrección de los justos.

15 Y oyendo esto uno de los que juntamente estaban sentados á la mesa, le dijo: Bienaventurado el que comerá pan en el reino de los cielos.

16 Él entonces le dijo: Un hombre hizo una grande cena, y convidó á muchos.

17 Y á la hora de la cena envió á su siervo á decir á los convidados: Venid, que ya está todo aparejado.

18 Y comenzaron todos á una á excusarse. El primero le dijo: He comprado una hacienda, y necesito salir y verla; te ruego que me des por excusado.

19 Y el otro dijo: He comprado cinco yuntas de bueyes, y voy á probarlos; ruégote que me des por excusado.

20 Y el otro dijo: Acabo de casarme, y por tanto no puedo ir.

21 Y vuelto el siervo, hizo saber estas cosas á su señor. Entonces enojado el padre de la familia, dijo á su siervo: Ve presto por las plazas y por las calles de la ciudad, y mete acá los pobres, los mancos, y cojos, y ciegos.

22 Y dijo el siervo: Señor, hecho es como mandaste, y aun hay lugar.

23 Y dijo el señor al siervo: Ve por los caminos y por los vallados, y fuérzalos á entrar, para que se llene mi casa.

24 Porque os digo que ninguno de aquellos hombres que fueron llamados, gustará mi cena.

25 Y muchas gentes iban con Él; y volviéndose les dijo:

26 Si alguno viene á mí, y no aborrece á su padre, y madre, y mujer, é hijos, y hermanos, y hermanas, y aun también su vida, no puede ser mi discípulo.

27 Y cualquiera que no trae su cruz, y viene en pos de mí, no puede ser mi discípulo.

28 Porque ¿cuál de vosotros, queriendo edificar una torre, no cuenta primero sentado los gastos, si tiene lo que necesita para acabarla?

29 Porque después que haya puesto el fundamento, y no pueda acabarla, todos los que lo vieren, no comiencen á hacer burla de Él,

30 Diciendo: Este hombre comenzó á edificar, y no pudo acabar.

31 ¿O cuál rey, habiendo de ir á hacer guerra contra otro rey, sentándose primero no consulta si puede salir al encuentro con diez mil al que viene contra Él con veinte mil?

32 De otra manera, cuando aun el otro está lejos, le ruega por la paz, enviándole embajada.

33 Así pues, cualquiera de vosotros que no renuncia á todas las cosas que posee, no puede ser mi discípulo.

34 Buena es la sal; mas si aun la sal fuere desvanecida, ¿con qué se adobará?

35 Ni para la tierra, ni para el muladar es buena; fuera la arrojan. Quien tiene oídos para oír, oiga.

15 Y se llegaban á Él todos los publicanos y pecadores á oírle.

2 Y murmuraban los Fariseos y los escribas, diciendo: Este á los pecadores recibe, y con ellos come.

3 Y les propuso esta parábola, diciendo:

4 ¿Qué hombre de vosotros, teniendo cien ovejas, si perdiere una de ellas, no deja las noventa y nueve en el desierto, y va á la que se perdió, hasta que la halle?

5 Y hallada, la pone sobre sus hombros gozoso;

6 Y viniendo á casa, junta á los amigos y á los vecinos, diciéndoles: Dadme el parabién, porque he hallado mi oveja que se había perdido.

7 Os digo, que así habrá más gozo en el cielo de un pecador que se arrepiente, que de noventa y nueve justos, que no necesitan arrepentimiento.

8 ¿O qué mujer que tiene diez dracmas, si perdiere una dracma, no enciende el candil, y barre la casa, y busca con diligencia hasta hallarla?

9 Y cuando la hubiere hallado, junta las amigas y las vecinas, diciendo: Dadme el parabién, porque he hallado la dracma que había perdido.

10 Así os digo que hay gozo delante de los ángeles de Dios por un pecador que se arrepiente.

11 Y dijo: Un hombre tenía dos hijos;

12 Y el menor de ellos dijo á su padre: Padre, dame la parte de la hacienda que me pertenece; y les repartió la hacienda.

13 Y no muchos días después, juntándolo todo el hijo menor, partió lejos á una provincia apartada; y allí desperdició su hacienda viviendo perdidamente.

14 Y cuando todo lo hubo malgastado, vino una grande hambre en aquella provincia, y comenzóle á faltar.

15 Y fué y se llegó á uno de los ciudadanos de aquella tierra, el cual le envió á su hacienda para que apacentase los puercos.

16 Y deseaba henchir su vientre de las algarrobas que comían los puercos; mas nadie se las daba.

17 Y volviendo en sí, dijo: ¡Cuántos jornaleros en casa de mi padre tienen abundancia de pan, y yo aquí perezco de hambre!

18 Me levantaré, é iré á mi padre, y le diré: Padre, he pecado contra el cielo y contra ti;

19 Ya no soy digno de ser llamado tu hijo; hazme como á uno de tus jornaleros.

20 Y levantándose, vino á su padre. Y como aun estuviese

lejos, vió su padre, y fué movido á misericordia, y corrió, y echóse sobre su cuello, y besóle.

21 Y el hijo le dijo: Padre, he pecado contra el cielo, y contra ti, y ya no soy digno de ser llamado tu hijo.

22 Mas el padre dijo á sus siervos: Sacad el principal vestido, y vestidle; y poned un anillo en su mano, y zapatos en sus pies.

23 Y traed el becerro grueso, y matadlo, y comamos, y hagamos fiesta:

24 Porque este mi hijo muerto era, y ha revivido; habíase perdido, y es hallado. Y comenzaron á regocijarse.

25 Y su hijo el mayor estaba en el campo; el cual como vino, y llegó cerca de casa, oyó la sinfonía y las danzas;

26 Y llamando á uno de los criados, preguntóle qué era aquello.

27 Y él le dijo: Tu hermano ha venido; y tu padre ha muerto el becerro grueso, por haberle recibido salvo.

28 Entonces se enojó, y no quería entrar. Salió por tanto su padre, y le rogaba que entrase.

29 Mas él respondiendo, dijo al padre: He aquí tantos años te sirvo, no habiendo traspasado jamás tu mandamiento, y nunca me has dado un cabrito para gozarme con mis amigos.

30 Mas cuando vino este tu hijo, que ha consumido tu hacienda con rameras, has matado para él el becerro grueso.

31 El entonces le dijo: Hijo, tú siempre estás conmigo, y todas mis cosas son tuyas.

32 Mas era menester hacer fiesta y holgarnos, porque este tu hermano muerto era, y ha revivido; habíase perdido, y es hallado.

16 Y dijo también á sus discípulos: Había un hombre rico, el cual tenía un mayordomo, y éste fué acusado delante de él como disipador de sus bienes.

2 Y le llamó, y le dijo: ¿Qué es esto que oigo de ti? Da cuenta de tu mayordomía, porque ya no podrás más ser mayordomo.

3 Entonces el mayordomo dijo dentro de sí: ¿Qué haré? que mi señor me quita la mayordomía. Cavar, no puedo; mendigar, tengo vergüenza.

4 Yo sé lo que haré para que cuando fuere quitado de la mayordomía, me reciban en sus casas.

5 Y llamando á cada uno de los deudores de su señor, dijo al primero: ¿Cuánto debes á mi señor?

6 Y él dijo: Cien barriles de aceite. Y le dijo: Toma tu obligación, y siéntate presto, y escribe cincuenta.

7 Después dijo á otro: ¿Y tú, cuánto debes? Y él dijo: Cien coros de trigo. Y él le dijo: Toma tu obligación, y escribe ochenta.

8 Y alabó el señor al mayordomo malo por haber hecho discretamente; porque los hijos de este siglo son en su generación más sagaces que los hijos de luz.

9 Y yo os digo: Haceos amigos de las riquezas de maldad, para que cuando faltareis, os reciban en las moradas eternas.

10 El que es fiel en lo muy poco, también lo es en lo más fiel: y el que en lo muy poco es injusto, también en lo más es injusto.

11 Pues si en las malas riquezas no fuisteis fieles, ¿quién os confiará lo verdadero?

12 Y si en lo ajeno no fuisteis fieles, ¿quién os dará lo que es vuestro?

13 Ningún siervo puede servir á dos señores; porque ó aborrecerá al uno y amará al otro, ó se allegará al uno y menospreciará al otro. No podéis servir á Dios y á las riquezas.

14 Y oían también todas estas cosas los Fariseos, los cuales eran avaros, y se burlaban de él.

15 Y díjoles: Vosotros sois los que os justificáis á vosotros mismos delante de los hombres; mas Dios conoce vuestros corazones; porque lo que los hombres tienen por sublime, delante de Dios es abominación.

16 La ley y los profetas hasta Juan: desde entonces el reino de Dios es anunciado, y quienquiera se esfuerza á entrar en él.

17 Empero más fácil cosa es pasar el cielo y la tierra, que frustrarse un tilde de la ley.

18 Cualquiera que repudia á su mujer, y se casa con otra, adultera: y el que se casa con la repudiada del marido, adultera.

19 Había un hombre rico, que se vestía de púrpura y de lino fino, y hacía cada día banquete con esplendidez.

20 Había también un mendigo llamado Lázaro, el cual estaba echado á la puerta de él, lleno de llagas,

21 Y deseando hartarse de las migajas que caían de la mesa del rico; y aun los perros venían y le lamían las llagas.

22 Y aconteció que murió el mendigo, y fué llevado por los ángeles al seno de Abraham: y murió también el rico, y fué sepultado.

23 Y en el infierno alzó sus ojos, estando en los tormen-

tos, y vió á Abraham de lejos, y á Lázaro en su seno.

24 Entonces él, dando voces, dijo: Padre Abraham, ten misericordia de mí, y envía á Lázaro que moje la punta de su dedo en agua, y refresque mi lengua; porque soy atormentado en esta llama.

25 Y díjole Abraham: Hijo, acuérdate que recibiste tus bienes en tu vida, y Lázaro también males; mas ahora éste es consolado aquí, y tú atormentado.

26 Y además de todo esto, una grande sima está constituída entre nosotros y vosotros, que los que quisieren pasar de aquí á vosotros, no pueden, ni de allá pasar acá.

27 Y dijo: Ruégote pues, padre, que le envíes á la casa de mi padre;

28 Porque tengo cinco hermanos; para que les testifique, porque no vengan ellos también á este lugar de tormento.

29 Y Abraham le dice: A Moisés y á los profetas tienen: óiganlos.

30 El entonces dijo: No, padre Abraham: mas si alguno fuere á ellos de los muertos, se arrepentirán.

31 Mas Abraham le dijo: Si no oyen á Moisés y á los profetas, tampoco se persuadirán, si alguno se levantare de los muertos.

17 Y á sus discípulos dice: Imposible es que no vengan escándalos; mas ¡ay de aquél por quien vienen!

2 Mejor le fuera, si le pusiesen al cuello una piedra de molino, y le lanzasen en el mar, que escandalizar á uno de estos pequeñitos.

3 Mirad por vosotros: si pecare contra ti tu hermano, repréndele; y si se arrepintiere, perdónale.

4 Y si siete veces al día pecare contra ti, y siete veces al día se volviere á ti, diciendo, pésame, perdónale.

5 Y dijeron los apóstoles al Señor: Auméntanos la fe.

6 Entonces el Señor dijo: Si tuvieseis fe como un grano de mostaza, diréis á este sicómoro: Desarráigate, y plántate en el mar; y os obedecería.

7 ¿Y quién de vosotros tiene un siervo que ara ó apacienta, que vuelto del campo le diga luego: Pasa, siéntate á la mesa?

8 ¿No le dice antes: Adereza qué cene, y arremángate, y sírveme hasta que haya comido y bebido; y después de esto, come tú y bebe?

9 ¿Da gracias al siervo porque hizo lo que le había sido mandado? Pienso que no.

10 Así también vosotros, cuando hubiereis hecho todo lo que os es mandado, decid: Siervos inútiles somos, porque lo que debíamos hacer, hicimos.

11 Y aconteció que yendo él á Jerusalem, pasaba por medio de Samaria y de Galilea.

12 Y entrando en una aldea, viniéronle al encuentro diez hombres leprosos, los cuales se pararon de lejos,

13 Y alzaron la voz, diciendo: Jesús, Maestro, ten misericordia de nosotros.

14 Y como él los vió, les dijo: Id, mostraos á los sacerdotes. Y aconteció, que yendo ellos, fueron limpios.

15 Entonces uno de ellos, como se vió que estaba limpio, volvió, glorificando á Dios á gran voz;

16 Y derribóse sobre el rostro á sus pies, dándole gracias: y éste era Samaritano.

17 Y respondiendo Jesús, dijo: ¿No son diez los que fueron limpios? ¿Y los nueve dónde están?

18 ¿No hubo quien volviese y diese gloria á Dios sino este extranjero?

19 Y díjole: Levántate, vete; tu fe te ha salvado.

20 Y preguntado por los Fariseos, cuándo había de venir el reino de Dios, les respondió y dijo: El reino de Dios no vendrá con advertencia;

21 Ni dirán: Helo aquí, ó helo allí: porque he aquí el reino de Dios entre vosotros está.

22 Y dijo á sus discípulos: Tiempo vendrá, cuando desearéis ver uno de los días del Hijo del hombre, y no lo veréis.

23 Y os dirán: Helo aquí, ó helo allí. No vayáis, ni sigáis.

24 Porque como el relámpago, relampagueando desde una parte de debajo del cielo, resplandece hasta la otra debajo del cielo, así también será el Hijo del hombre en su día.

25 Mas primero es necesario que padezca mucho, y sea reprobado de esta generación.

26 Y como fué en los días de Noé, así también será en los días del Hijo del hombre.

27 Comían, bebían, los hombres tomaban mujeres, y las mujeres maridos, hasta el día que entró Noé en el arca; y vino el diluvio, y destruyó á todos.

28 Asimismo también como fué en los días de Lot; comían, bebían, compraban, vendían, plantaban, edificaban;

29 Mas el día que Lot salió de Sodoma, llovió del cielo fuego y azufre, y destruyó á todos:

30 Como esto será el día en que el Hijo del hombre se manifestará.

31 En aquel día, el que estuviere en el terrado, y sus alhajas en casa, no descienda á tomarlas: y el que en el campo, asimismo no vuelva atrás.

32 Acordaos de la mujer de Lot.

33 Cualquiera que procurare salvar su vida, la perderá; y cualquiera que la perdiere, la salvará.

34 Os digo que en aquella noche estarán dos en una cama; el uno será tomado, y el otro será dejado.

35 Dos mujeres estarán moliendo juntas: la una será tomada, y la otra dejada.

36 Dos estarán en el campo; el uno será tomado, y el otro dejado.

37 Y respondiendo, le dicen: ¿Dónde, Señor? Y El les dijo: Donde estuviere el cuerpo, allá se juntarán también las águilas.

18 Y propúsoles también una parábola sobre que es necesario orar siempre, y no desmayar,

2 Diciendo: Había un juez en una ciudad, el cual ni temía á Dios, ni respetaba á hombre.

3 Había también en aquella ciudad una viuda, la cual venía á El diciendo: Hazme justicia de mi adversario.

4 Pero El no quiso por algún tiempo; mas después de esto dijo dentro de sí: Aunque ni temo á Dios, ni tengo respeto á hombre,

5 Todavía, porque esta viuda me es molesta, le haré justicia, porque al fin no venga y me muela.

6 Y dijo el Señor: Oíd lo que dice el juez injusto.

7 ¿Y Dios no hará justicia á sus escogidos, que claman á El día y noche, aunque sea longánime acerca de ellos?

8 Os digo que los defenderá presto. Empero cuando el Hijo del hombre viniere, ¿hallará fe en la tierra?

9 Y dijo también á unos que confiaban de sí como justos, y menospreciaban á los otros, esta parábola:

10 Dos hombres subieron al templo á orar: el uno Fariseo, el otro publicano.

11 El Fariseo, en pie, oraba consigo de esta manera: Dios, te doy gracias, que no soy como los otros hombres, ladrones, injustos, adúlteros, ni aun como este publicano;

12 Ayuno dos veces á la semana, doy diezmos de todo lo que poseo.

13 Mas el publicano estando lejos no quería ni aun alzar los ojos al cielo, sino que hería su pecho, diciendo: Dios, sé propicio á mí pecador.

14 Os digo que éste descendió á su casa justificado antes que el otro; porque cualquiera que se ensalza, será humillado; y el que se humilla, será ensalzado.

15 Y traían á El los niños para que los tocase; lo cual viendo los discípulos les reñían.

16 Mas Jesús llamándolos, dijo: Dejad los niños venir á mí, y no los impidáis; porque de tales es el reino de Dios.

17 De cierto os digo, que cualquiera que no recibiere el reino de Dios como un niño, no entrará en El.

18 Y preguntóle un príncipe, diciendo: Maestro bueno, ¿qué haré para poseer la vida eterna?

19 Y Jesús le dijo: ¿Por qué me llamas bueno? ninguno hay bueno sino sólo Dios.

20 Los mandamientos sabes: No matarás: No adulterarás: No hurtarás: No dirás falso testimonio: Honra á tu padre y á tu madre.

21 Y El dijo: Todas estas cosas he guardado desde mi juventud.

22 Y Jesús, oído esto, le dijo: Aun te falta una cosa: vende todo lo que tienes, y da á los pobres, y tendrás tesoro en el cielo; y ven, sígueme.

23 Entonces El, oídas estas cosas, se puso muy triste, porque era muy rico.

24 Y viendo Jesús que se había entristecido mucho, dijo: ¡Cuán dificultosamente entrarán en el reino de Dios los que tienen riquezas!

25 Porque más fácil cosa es entrar un camello por el ojo de una aguja, que un rico entrar en el reino de Dios.

26 Y los que lo oían, dijeron: ¿Y quién podrá ser salvo?

27 Y él les dijo: Lo que es imposible para con los hombres, posible es para Dios.

28 Entonces Pedro dijo: He aquí, nosotros hemos dejado las posesiones nuestras, y te hemos seguido.

29 Y El les dijo: De cierto os digo, que nadie hay que haya dejado casa, padres, ó hermanos, ó mujer, ó hijos, por el reino de Dios,

30 Que no haya de recibir mucho más en este tiempo, y en el siglo venidero la vida eterna.

31 Y Jesús, tomando á los doce, les dijo: He aquí subimos á Jerusalem, y serán cumplidas todas las cosas que fueron escritas por los profetas, del Hijo del hombre.

32 Porque será entregado á las gentes, y será escarnecido, é injuriado, y escupido.

33 Y después que le hubieren azotado, le matarán: mas al tercer día resucitará.

34 Pero ellos nada de estas cosas entendían, y esta palabra les era encubierta, y no entendían lo que se decía.

35 Y aconteció que acercándose El á Jericó, un ciego estaba sentado junto al camino mendigando;

36 El cual como oyó la gente que pasaba, preguntó qué era aquello.

37 Y dijéronle que pasaba Jesús Nazareno.

38 Entonces dió voces, diciendo: Jesús, Hijo de David, ten misericordia de mí.

39 Y los que iban delante, le reñían que callase; mas El clamaba mucho más: Hijo de David, ten misericordia de mí.

40 Jesús entonces parándose, mandó traerle á sí: y como El llegó, le preguntó,

41 Diciendo: ¿Qué quieres que te haga? Y El dijo: Señor, que vea.

42 Y Jesús le dijo: Ve, tu fe te ha hecho salvo.

43 Y luego vió, y le seguía, glorificando á Dios: y todo el pueblo como lo vió, dió á Dios alabanza.

19 Y habiendo entrado Jesús, iba pasando por Jericó;

2 Y he aquí un varón llamado Zaqueo, el cual era el principal de los publicanos, y era rico;

3 Y procuraba ver á Jesús quién fuese; mas no podía á causa de la multitud, porque era pequeño de estatura.

4 Y corriendo delante, subióse á un árbol sicómoro para verle; porque había de pasar por allí.

5 Y como vino á aquel lugar Jesús, mirando, le vió, y díjole: Zaqueo, date priesa, desciende, porque hoy es necesario que pose en tu casa.

6 Entonces El descendió apriesa, y le recibió gozoso.

7 Y viendo esto, todos murmuraban, diciendo que había entrado á posar con un hombre pecador.

8 Entonces Zaqueo, puesto en pie, dijo al Señor: He aquí, Señor, la mitad de mis bienes doy á los pobres; y si en algo he defraudado á alguno, lo vuelvo con el cuatro tanto.

9 Y Jesús le dijo: Hoy ha venido la salvación á esta casa; por cuanto El también es hijo de Abraham.

10 Porque el Hijo del hombre vino á buscar y á salvar lo que se había perdido.

11 Y oyendo ellos estas cosas, prosiguió Jesús y dijo una parábola, por cuanto estaba cerca de Jerusalem, y porque pensaban que luego había de ser manifestado el reino de Dios.

12 Dijo pues: Un hombre noble partió á una provincia lejos, para tomar para sí un reino, y volver.

13 Mas llamados diez siervos suyos, les dió diez minas, y díjoles: Negociad entre tanto que vengo.

14 Empero sus ciudadanos le aborrecían, y enviaron tras de El una embajada, diciendo: No queremos que éste reine sobre nosotros.

15 Y aconteció, que vuelto El, habiendo tomado el reino, mandó llamar á sí á aquellos siervos á los cuales había dado el dinero, para saber lo que había negociado cada uno.

16 Y vino el primero, diciendo: Señor, tu mina ha ganado diez minas.

17 Y El le dice: Está bien, buen siervo; pues que en lo poco has sido fiel, tendrás potestad sobre diez ciudades.

18 Y vino otro, diciendo: Señor, tu mina ha hecho cinco minas.

19 Y también á éste dijo: Tú también sé sobre cinco ciudades.

20 Y vino otro, diciendo: Señor, he aquí tu mina, la cual he tenido guardada en un pañizuelo:

21 Porque tuve miedo de ti, que eres hombre recio; tomas lo que no pusiste, y siegas lo que no sembraste.

22 Entonces El le dijo: Mal siervo, de tu boca te juzgo. Sabías que yo era hombre recio, que tomo lo que no puse, y que siego lo que no sembré;

23 ¿Por qué, no diste mi dinero al banco, y yo viniendo lo demandara con el logro?

24 Y dijo á los que estaban presentes: Quitadle la mina, y dadla al que tiene las diez minas.

25 Y ellos le dijeron: Señor, tiene diez minas.

26 Pues yo os digo que á cualquiera que tuviere, le será dado; mas al que no tuviere, aun lo que tiene le será quitado.

27 Y también á aquellos mis enemigos que no querían que yo reinase sobre ellos, traedlos acá, y degolladlos delante de mí.

28 Y dicho esto, iba delante subiendo á Jerusalem.

29 Y aconteció, que llegando cerca de Bethfagé, y de Bethania, al monte que se llama de las Olivas, envió dos de sus discípulos,

30 Diciendo: Id á la aldea de enfrente; en la cual como entrareis, hallaréis un pollino atado, en el que ningún hombre se ha sentado jamás; desatadlo, y traedlo.

31 Y si alguien os preguntare, ¿por qué lo desatáis? le responderéis así: Porque el Señor lo ha menester.

32 Y fueron los que habían sido enviados, y hallaron como les dijo.

33 Y desatando ellos el pollino, sus dueños les dijeron: ¿Por qué desatáis el pollino?

34 Y ellos dijeron: Porque el Señor lo ha menester.

35 Y lo llegaron á Jesús; y habiendo echado sus vestidos sobre el pollino, pusieron á Jesús encima.

36 Y yendo Él tendían sus capas por el camino.

37 Y como llegasen ya cerca de la bajada del monte de las Olivas, toda la multitud de los discípulos, gozándose, comenzaron á alabar á Dios á gran voz por todas las maravillas que habían visto,

38 Diciendo: ¡Bendito el rey que viene en el nombre del Señor: paz en el cielo, y gloria en lo altísimo!

39 Entonces algunos de los Fariseos de la compañía, le dijeron: Maestro, reprende á tus discípulos.

40 Y Él respondiendo, les dijo: Os digo que si éstos callaran, las piedras clamarán.

41 Y como llegó cerca viendo la ciudad, lloró sobre ella,

42 Diciendo: ¡Oh si también tú conocieses, á lo menos en este tu día, lo que toca á tu paz! mas ahora está encubierto de tus ojos.

43 Porque vendrán días sobre ti, que tus enemigos te cercarán con baluarte, y te pondrán cerco, y de todas partes te pondrán en estrecho,

44 Y te derribarán á tierra, y á tus hijos dentro de ti; y no dejarán sobre ti piedra sobre piedra; por cuanto no conociste el tiempo de tu visitación.

45 Y entrando en el templo, comenzó á echar fuera á todos los que vendían y compraban en Él.

46 Diciéndoles: Escrito está: Mi casa, casa de oración es; mas vosotros la habéis hecho cueva de ladrones.

47 Y enseñaba cada día en el templo; mas los príncipes de los sacerdotes, y los escribas, y los principales del pueblo procuraban matarle.

48 Y no hallaban qué hacerle, porque todo el pueblo estaba suspenso oyéndole.

20 Y aconteció un día, que enseñando Él al pueblo en el templo, y anunciando el evangelio, llegáronse los príncipes de los sacerdotes y los escribas, con los ancianos;

2 Y le hablaron, diciendo: Dinos: ¿con qué potestad haces estas cosas? ¿ó quién es el que te ha dado esta potestad?

3 Respondiendo entonces Jesús, les dijo: Os preguntaré yo también una palabra; respondedme:

4 El bautismo de Juan, ¿era del cielo, ó de los hombres?

5 Mas ellos pensaban dentro de sí, diciendo: Si dijéremos, del cielo, dirá: ¿Por qué, pues, no le creísteis?

6 Y si dijéremos, de los hombres, todo el pueblo nos apedreará: porque están ciertos que Juan era profeta.

7 Y respondieron que no sabían de dónde.

8 Entonces Jesús les dijo: Ni yo os digo con qué potestad hago estas cosas.

9 Y comenzó á decir al pueblo esta parábola: Un hombre plantó una viña, y arrendóla á labradores, y se ausentó por mucho tiempo.

10 Y al tiempo, envió un siervo á los labradores, para que le diesen del fruto de la viña; mas los labradores le hirieron, y enviaron vacío.

11 Y volvió á enviar otro siervo; mas ellos á éste también, herido y afrentado, le enviaron vacío.

12 Y volvió á enviar al tercer siervo; mas ellos también á éste echaron herido.

13 Entonces el señor de la viña dijo: ¿Qué haré? Enviaré mi hijo amado: quizás cuando á éste vieren, tendrán respeto.

14 Mas los labradores, viéndole, pensaron entre sí, diciendo: Este es el heredero; venid, matémosle para que la heredad sea nuestra.

15 Y echáronle fuera de la viña, y le mataron. ¿Qué pues, les hará el señor de la viña?

16 Vendrá, y destruirá á estos labradores, y dará su viña á otros. Y como ellos lo oyeron, dijeron: ¡Dios nos libre!

17 Mas Él mirándolos, dice: ¿Qué pues es lo que está escrito: La piedra que condenaron los edificadores, Esta fué por cabeza de esquina?

18 Cualquiera que cayere sobre aquella piedra, será quebrantado; mas sobre el que la piedra cayere, le desmenuzará.

19 Y procuraban los príncipes de los sacerdotes y los escribas echarle mano en aquella hora, porque entendieron que contra ellos había dicho esta parábola: mas temieron al pueblo.

20 Y acechándole enviaron espías que se simulasen justos, para sorprenderle en palabras, para que le entregasen al principado y á la potestad del presidente.

21 Los cuales le preguntaron, diciendo: Maestro, sabemos que dices y enseñas bien, y que no tienes respeto á persona; antes enseñas el camino de Dios con verdad:

22 ¿Nos es lícito dar tributo á César, ó no?

23 Mas Él, entendiendo la astucia de ellos, les dijo: ¿Por qué me tentáis?

24 Mostradme la moneda. ¿De quién tiene la imagen y la inscripción? Y respondiendo dijeron: De César.

25 Entonces les dijo: Pues dad á César lo que es de César; y lo que es de Dios, á Dios.

26 Y no pudieron reprender sus palabras delante del pueblo: antes maravillados de su respuesta, callaron.

27 Y llegándose unos de los Saduceos, los cuales niegan haber resurrección, le preguntaron,

28 Diciendo: Maestro, Moisés nos escribió: Si el hermano de alguno muriere teniendo mujer, y muriere sin hijos, que su hermano tome la mujer, y levante simiente á su hermano.

29 Fueron, pues, siete hermanos: y el primero tomó mujer, y murió sin hijos.

30 Y la tomó el segundo, el cual también murió sin hijos.

31 Y la tomó el tercero: asimismo también todos siete: y murieron sin dejar prole.

32 Y á la postre de todos murió también la mujer.

33 En la resurrección, pues, ¿mujer de cuál de ellos será? porque los siete la tuvieron por mujer.

34 Entonces respondiendo Jesús, les dijo: Los hijos de este siglo se casan, y son dados en casamiento:

35 Mas los que fueren tenidos por dignos de aquel siglo y de la resurrección de los muertos, ni se casan, ni son dados en casamiento:

36 Porque no pueden ya más morir: porque son iguales á los ángeles, y son hijos de Dios, cuando son hijos de la resurrección.

37 Y que los muertos hayan de resucitar, aun Moisés lo enseñó en el pasaje de la zarza, cuando llama al Señor: Dios de Abraham, y Dios de Isaac, y Dios de Jacob.

38 Porque Dios no es Dios de muertos, mas de vivos: porque todos viven á Él.

39 Y respondiéndole unos de los escribas, dijeron: Maestro, bien has dicho.

40 Y no osaron más preguntarle algo.

41 Y Él les dijo: ¿Cómo dicen que el Cristo es hijo de David?

42 Y el mismo David dice en el libro de los Salmos: Dijo el Señor á mi Señor: Siéntate á mi diestra,

43 Entre tanto que pongo tus enemigos por estrado de tus pies.

44 Así que David le llama Señor; ¿cómo pues es su hijo?

45 Y oyéndole todo el pueblo, dijo á sus discípulos:

46 Guardaos de los escribas, que quieren andar con ropas largas, y aman las salutaciones en las plazas, y las primeras sillas en las sinagogas, y los primeros asientos en las cenas;

47 Que devoran las casas de las viudas, poniendo por pretexto la larga oración: éstos recibirán mayor condenación.

21 Y mirando, vió á los ricos que echaban sus ofrendas en el gazofilacio.

2 Y vió también una viuda pobrecilla, que echaba allí dos blancas.

3 Y dijo: De verdad os digo, que esta pobre viuda echó más que todos:

4 Porque todos estos, de lo que les sobra echaron para las ofrendas de Dios; mas ésta de su pobreza echó todo el sustento que tenía.

5 Y á unos que decían del templo, que estaba adornado de hermosas piedras y dones, dijo:

6 Estas cosas que veis, días vendrán que no quedará piedra sobre piedra que no sea destruida.

7 Y le preguntaron, diciendo: Maestro, ¿cuándo será esto? ¿y qué señal habrá cuando estas cosas hayan de comenzar á ser hechas?

8 El entonces dijo: Mirad, no seáis engañados; porque vendrán muchos en mi nombre, diciendo: Yo soy; y, el tiempo está cerca: por tanto, no vayáis en pos de ellos.

9 Empero cuando oyereis guerras y sediciones, no os espantéis; porque es necesario que estas cosas acontezcan primero: mas no luego será el fin.

10 Entonces les dijo: Se levantará gente contra gente, y reino contra reino;

11 Y habrá grandes terremotos, y en varios lugares hambres y pestilencias: y habrá espantos y grandes señales del cielo.

12 Mas antes de todas estas cosas os echarán mano, y perseguirán, entregándoos á las sinagogas y á las cárceles, siendo llevados á los reyes y á los gobernadores por causa de mi nombre.

13 Y os será para testimonio.

14 Poned pues en vuestros corazones no pensar antes cómo habéis de responder;

15 Porque yo os daré boca y sabiduría, á la cual no podrán resistir ni contradecir todos los que se os opondrán.

16 Mas seréis entregados aun de vuestros padres, y hermanos, y parientes, y amigos; y matarán á algunos de vosotros.

17 Y seréis aborrecidos de todos por causa de mi nombre.

18 Mas un pelo de vuestra cabeza no perecerá.

19 En vuestra paciencia poseeréis vuestras almas.

20 Y cuando viereis á Jerusalem cercada de ejércitos, sabed entonces que su destrucción ha llegado.

21 Entonces los que estuvieren en Judea, huyan á los montes; y los que en medio de ella, váyanse; y los que estén en los campos, no entren en ella.

22 Porque estos son días de venganza: para que se cumplan todas las cosas que están escritas.

23 Mas ¡ay de las preñadas, y de las que crían en aquellos días! porque habrá apuro grande sobre la tierra é ira en este pueblo.

24 Y caerán á filo de espada, y serán llevados cautivos á todas las naciones: y Jerusalem será hollada de las gentes, hasta que los tiempos de las gentes sean cumplidos.

25 Entonces habrá señales en el sol, y en la luna, y en las estrellas; y en la tierra angustia de gentes por la confusión del sonido de la mar y de las ondas;

26 Secándose los hombres á causa del temor y expectación de las cosas que sobrevendrán á la redondez de la tierra: porque las virtudes de los cielos serán conmovidas.

27 Y entonces verán al Hijo del hombre, que vendrá en una nube con potestad y majestad grande.

28 Y cuando estas cosas comenzaren á hacerse, mirad, y levantad vuestras cabezas, porque vuestra redención está cerca.

29 Y díjoles una parábola: Mirad la higuera y todos los árboles;

30 Cuando ya brotan, viéndolo, de vosotros mismos entendéis que el verano está ya cerca.

31 Así también vosotros, cuando viereis hacerse estas cosas, entended que está cerca el reino de Dios.

32 De cierto os digo, que no pasará esta generación hasta que todo sea hecho.

33 El cielo y la tierra pasarán; mas mis palabras no pasarán.

34 Y mirad por vosotros, que vuestros corazones no sean cargados de glotonería y embriaguez, y de los cuidados de esta vida, y venga de repente sobre vosotros aquel día.

35 Porque como un lazo vendrá sobre todos los que habitan sobre la faz de toda la tierra.

36 Velad pues, orando en todo tiempo, que seáis tenidos por dignos de evitar todas estas cosas que han de venir, y de estar en pie delante del Hijo del hombre.

37 Y enseñaba de día en el templo; y de noche saliendo, estábase en el monte que se llama de las Olivas.

38 Y todo el pueblo venía á Él por la mañana, para oirle en el templo.

22 Y estaba cerca el día de la fiesta de los ázimos, que se llama la Pascua.

2 Y los príncipes de los sacerdotes y los escribas buscaban cómo le matarían; mas tenían miedo del pueblo.

3 Y entró Satanás en Judas, por sobrenombre Iscariote, el cual era uno del número de los doce;

4 Y fué, y habló con los príncipes de los sacerdotes, y con los magistrados, de cómo se lo entregaría.

5 Los cuales se holgaron, y concertaron de darle dinero.

6 Y prometió, y buscaba oportunidad para entregarle á ellos sin bulla.

7 Y vino el día de los ázimos, en el cual era necesario matar la pascua.

8 Y envió á Pedro y á Juan, diciendo: Id, aparejadnos la pascua para que comamos.

9 Y ellos le dijeron: ¿Dónde quieres que aparejemos?

10 Y Él les dijo: He aquí cuando entrareis en la ciudad, os encontrará un hombre que lleva un cántaro de agua: seguidle hasta la casa donde entrare,

11 Y decid al padre de la familia de la casa: El Maestro te dice: ¿Dónde está el aposento donde tengo de comer la pascua con mis discípulos?

12 Entonces Él os mostrará un gran cenáculo aderezado; aparejad allí.

13 Fueron pues, y hallaron como les había dicho; y aparejaron la pascua.

14 Y como fué hora, sentóse á la mesa, y con Él los apóstoles.

15 Y les dijo: En gran manera he deseado comer con vosotros esta pascua antes que padezca;

16 Porque os digo que no comeré más de ella, hasta que se cumpla en el reino de Dios.

17 Y tomando el vaso, habiendo dado gracias, dijo: Tomad esto, y partidlo entre vosotros;

18 Porque os digo, que no beberé más del fruto de la vid, hasta que el reino de Dios venga.

19 Y tomando el pan, habiendo dado gracias, partió, y les dió, diciendo: Esto es mi cuerpo, que por vosotros es dado: haced esto en memoria de mí.

20 Asimismo también el vaso, después que hubo cenado, diciendo: Este vaso es el nuevo pacto en mi sangre, que por vosotros se derrama.

21 Con todo eso, he aquí la mano del que me entrega, conmigo en la mesa.

22 Y á la verdad el Hijo del hombre va, según lo que está determinado; empero ¡ay de aquél hombre por el cual es entregado!

23 Ellos entonces comenzaron á preguntar entre sí, cuál de ellos sería el que había de hacer esto.

24 Y hubo entre ellos una contienda, quién de ellos parecía ser el mayor.

25 Entonces Él les dijo: Los reyes de las gentes se enseñorean de ellas; y los que sobre ellas tienen potestad, son llamados bienhechores.

26 Mas vosotros, no así: antes el que es mayor entre vosotros, sea como el más mozo; y el que es príncipe, como el que sirve.

27 Porque, ¿cuál es mayor, el que se sienta á la mesa, ó el que sirve? ¿No es el que se sienta á la mesa? Y yo soy entre vosotros como el que sirve.

28 Empero vosotros sois los que habéis permanecido conmigo en mis tentaciones.

29 Yo pues os ordeno un reino, como mi Padre me lo ordenó á mí,

30 Para que comáis y bebáis en mi mesa en mi reino, y os sentéis sobre tronos juzgando á las doce tribus de Israel.

31 Dijo también el Señor: Simón, Simón, he aquí Satanás os ha pedido para zarandaros como á trigo;

32 Mas yo he rogado por ti que tu fe no falte: y tú, una vez vuelto, confirma á tus hermanos.

33 Y Él le dijo: Señor, pronto estoy á ir contigo aun á cárcel y á muerte.

34 Y Él dijo: Pedro, te digo que el gallo no cantará hoy antes que tú niegues tres veces que me conoces.

35 Y les dijo: Cuando os envié sin bolsa, y sin alforja, y sin zapatos, ¿os faltó algo? Y ellos dijeron: Nada.

36 Y les dijo: Pues ahora, el que tiene bolsa, tómela, y también la alforja, y el que no tiene, venda su capa y compre espada.

37 Porque os digo, que es necesario que se cumpla todavía en mí aquello que está escrito: Y con los malos fué contado: porque lo que está escrito de mí, cumplimiento tiene.

38 Entonces ellos dijeron: Señor, he aquí dos espadas. Y Él les dijo: Basta.

39 Y saliendo, se fué, como solía, al monte de las Olivas; y sus discípulos también le siguieron.

40 Y como llegó á aquel lugar, les dijo: Orad que no entréis en tentación.

41 Y Él se apartó de ellos como un tiro de piedra; y puesto de rodillas oró,

42 Diciendo: Padre, si quieres, pasa este vaso de mí; empero no se haga mi voluntad, sino la tuya.

43 Y le apareció un ángel del cielo confortándole.

44 Y estando en agonía, oraba más intensamente: y fué su sudor como grandes gotas de sangre que caían hasta la tierra.

45 Y como se levantó de la oración, y vino á sus discípulos, hallólos durmiendo de tristeza.

46 Y les dijo: ¿Por qué dormís? Levantaos, y orad que no entréis en tentación.

47 Estando Él aún hablando, he aquí una turba; y el que se llamaba Judas, uno de los doce, iba delante de ellos; y llegóse á Jesús para besarlo.

48 Entonces Jesús le dijo: Judas, ¿con beso entregas al Hijo del hombre?

49 Y viendo los que estaban con Él lo que había de ser, le dijeron: Señor, ¿heriremos á cuchillo?

50 Y uno de ellos hirió á un siervo del príncipe de los sacerdotes, y le quitó la oreja derecha.

51 Entonces respondiendo Jesús, dijo: Dejad hasta aquí. Y tocando su oreja, le sanó.

52 Y Jesús dijo á los que habían venido á Él, los príncipes de los sacerdotes, y los magistrados del templo, y los ancianos: ¿Como á ladrón habéis salido con espadas y con palos?

53 Habiendo estado con vosotros cada día en el templo, no extendisteis las manos contra mí; mas ésta es vuestra hora, y la potestad de las tinieblas.

54 Y prendiéndole trajéronle, y metiéronle en casa del príncipe de los sacerdotes. Y Pedro le seguía de lejos.

55 Y habiendo encendido fuego en medio de la sala, y sentándose todos alrededor, se sentó también Pedro entre ellos.

56 Y como una criada le vió que estaba sentado al fuego, fijóse en él, y dijo: Y éste con Él estaba.

57 Entonces Él lo negó, diciendo: Mujer, no le conozco.

58 Y un poco después, viéndole otro, dijo: Y tú de ellos eras. Y Pedro dijo: Hombre, no soy.

59 Y como una hora pasada otro afirmaba, diciendo: Verdaderamente también éste estaba con Él, porque es Galileo.

60 Y Pedro dijo: Hombre, no sé qué dices. Y luego, estando Él aún hablando, el gallo cantó.

61 Entonces, vuelto el Señor, miró á Pedro: y Pedro se acordó de la palabra del Señor como le había dicho: Antes que el gallo cante, me negarás tres veces.

62 Y saliendo fuera Pedro, lloró amargamente.

63 Y los hombres que tenían á Jesús, se burlaban de Él hiriéndole;

64 Y cubriéndole, herían su rostro, y preguntábanle, diciendo: Profetiza quién es el que te hirió.

65 Y decían otras muchas cosas injuriándole.

66 Y cuando fué de día, se juntaron los ancianos del pueblo, y los príncipes de los sacerdotes, y los escribas, y le trajeron á su concilio,

67 Diciendo: ¿Eres tú el Cristo? dínoslo. Y les dijo: Si os lo dijere, no creeréis;

68 Y también si os preguntare, no me responderéis, ni me soltaréis:

69 Mas después de ahora el Hijo del hombre se asentará á la diestra de la potencia de Dios.

70 Y dijeron todos: ¿Luego tú eres Hijo de Dios? Y Él les dijo: Vosotros decís que yo soy.

71 Entonces ellos dijeron: ¿Qué más testimonio deseamos? porque nosotros lo hemos oído de su boca.

23 Levantándose entonces toda la multitud de ellos, lleváronle á Pilato.

2 Y comenzaron á acusarle, diciendo: A éste hemos hallado que pervierte la nación, y que veda dar tributo á César, diciendo que Él es el Cristo, el rey.

3 Entonces Pilato le preguntó, diciendo: ¿Eres tú el Rey de los Judíos? Y respondiéndole él, dijo: Tú lo dices.

4 Y Pilato dijo á los príncipes de los sacerdotes, y á las gentes: Ninguna culpa hallo en este hombre.

5 Mas ellos porfiaban, diciendo: Alborota al pueblo, enseñando por toda Judea, comenzando desde Galilea hasta aquí.

6 Entonces Pilato, oyendo de Galilea, preguntó si el hombre era Galileo.

7 Y como entendió que era de la jurisdicción de Herodes, le remitió á Herodes, el cual también estaba en Jerusalem en aquellos días.

8 Y Herodes, viendo á Jesús, holgóse mucho, porque había mucho que deseaba verle; porque había oído de Él muchas cosas, y tenía esperanza que le vería hacer alguna señal.

9 Y le preguntaba con muchas palabras; mas Él nada le respondió.

10 Y estaban los príncipes de los sacerdotes y los escribas acusándole con gran porfía.

11 Mas Herodes con su corte le menospreció, y escarneció, vistiéndole de una ropa rica; y volvióle á enviar á Pilato.

12 Y fueron hechos amigos entre sí Pilato y Herodes en el mismo día; porque antes eran enemigos entre sí.

13 Entonces Pilato, convocando los príncipes de los sacerdotes, y los magistrados, y el pueblo,

14 Les dijo: Me habéis presentado á éste por hombre que desvía al pueblo: y he aquí, preguntando yo delante de vosotros, no he hallado culpa alguna en este hombre de aquéllas de que le acusáis.

15 Y ni aun Herodes; porque os remití á Él, y he aquí, ninguna cosa digna de muerte ha hecho.

16 Le soltaré, pues, castigado.

17 Y tenía necesidad de soltarles uno en cada fiesta.

18 Mas toda la multitud dió voces á una, diciendo: Quita á éste, y suéltanos á Barrabás:

19 (El cual había sido echado en la cárcel por una sedición hecha en la ciudad, y una muerte.)

20 Y hablóles otra vez Pilato, queriendo soltar á Jesús.

21 Pero ellos volvieron á dar voces, diciendo: Crucifícale, crucifícale.

22 Y Él les dijo la tercera vez: ¿Pues qué mal ha hecho éste? Ninguna culpa de muerte he hallado en Él: le castigaré, pues, y le soltaré.

23 Mas ellos instaban á grandes voces, pidiendo que fuese crucificado. Y las voces de ellos y de los príncipes de los sacerdotes crecían.

24 Entonces Pilato juzgó que se hiciese lo que ellos pedían;

25 Y les soltó á aquél que había sido echado en la cárcel por sedición y una muerte, al cual habían pedido; y entregó á Jesús á la voluntad de ellos.

26 Y llevándole, tomaron á un Simón Cireneo, que venía del campo, y le pusieron encima la cruz para que la llevase tras Jesús.

27 Y le seguía una grande multitud de pueblo, y de mujeres, las cuales le lloraban y lamentaban.

28 Mas Jesús, vuelto á ellas, les dice: Hijas de Jerusalem, no me lloréis á mí, mas llorad por vosotras mismas, y por vuestros hijos.

29 Porque he aquí vendrán días en que dirán: Bienaventuradas las estériles, y los vientres que no engendraron, y los pechos que no criaron.

30 Entonces comenzarán á decir á los montes: Caed sobre nosotros; y á los collados: Cubridnos.

31 Porque si en el árbol verde hacen estas cosas, ¿en el seco, qué se hará?

32 Y llevaban también con Él otros dos, malhechores, á muertos.

33 Y como vinieron al lugar que se llama de la Calavera, le crucificaron allí, y á los malhechores, uno á la derecha, y otro á la izquierda.

34 Y Jesús decía: Padre, perdónalos, porque no saben lo que hacen. Y partiendo sus vestidos, echaron suertes.

35 Y el pueblo estaba mirando; y se burlaban de Él los príncipes con ellos, diciendo: A otros hizo salvos: sálvese á sí, si éste es el Mesías, el escogido de Dios.

36 Escarnecían de Él también los soldados, llegándose y presentándole vinagre,

37 Y diciendo: Si tú eres el Rey de los Judíos, sálvate á ti mismo.

38 Y había también sobre Él un título escrito con letras griegas, y latinas, y hebraicas: ESTE ES EL REY DE LOS JUDÍOS.

39 Y uno de los malhechores que estaban colgados, le injuriaba, diciendo: Si tú eres el Cristo, sálvate á ti mismo y á nosotros.

40 Y respondiendo el otro, reprendióle, diciendo: ¿Ni aun tú temes á Dios, estando en la misma condenación?

41 Y nosotros, á la verdad, justamente padecemos; porque recibimos lo que merecieron nuestros hechos: mas éste ningún mal hizo.

42 Y dijo á Jesús: Acuérdate de mí cuando vinieres á tu reino.

43 Entonces Jesús le dijo: De cierto te digo, que hoy estarás conmigo en el paraíso.

44 Y cuando era como la hora de sexta, fueron hechas tinieblas sobre toda la tierra hasta la hora de nona.

45 Y el sol se obscureció: y el velo del templo se rompió por medio.

46 Entonces Jesús, clamando á gran voz, dijo: Padre, en tus manos encomiendo mi espíritu. Y habiendo dicho esto, espiró.

47 Y como el centurión vió lo que había acontecido, dió gloria á Dios, diciendo: Verdaderamente este hombre era justo.

48 Y toda la multitud de los que estaban presentes á este espectáculo, viendo lo que había acontecido, se volvían hiriendo sus pechos.

49 Mas todos sus conocidos, y las mujeres que le habían seguido desde Galilea, estaban lejos mirando estas cosas.

50 Y he aquí un varón llamado José, el cual era senador, varón bueno y justo,

51 (El cual no había consentido en el consejo ni en los hechos de ellos), de Arimatea, ciudad de la Judea, el cual también esperaba el reino de Dios;

52 Este llegó á Pilato, y pidió el cuerpo de Jesús.

53 Y quitado, le envolvió en una sábana, y le puso en un sepulcro abierto en una peña, en el cual ninguno había aún sido puesto.

54 Y era día de la víspera de la Pascua; y estaba para rayar el sábado.

55 Y las mujeres que con Él habían venido de Galilea, siguieron también y vieron el sepulcro, y cómo fué puesto su cuerpo.

56 Y vueltas, aparejaron drogas aromáticas y ungüentos; y reposaron el sábado, conforme al mandamiento.

24 Y el primer día de la semana, muy de mañana, vinieron al sepulcro, trayendo las drogas aromáticas que habían aparejado, y algunas otras mujeres con ellas.

2 Y hallaron la piedra revuelta del sepulcro.

3 Y entrando, no hallaron el cuerpo del Señor Jesús.

4 Y aconteció, que estando ellas espantadas de esto, he aquí se pararon junto á ellas dos varones con vestiduras resplandecientes;

5 Y como tuviesen ellas temor, y bajasen el rostro á tierra, les dijeron: ¿Por qué buscáis entre los muertos al que vive?

6 No está aquí, mas ha resucitado: acordaos de lo que os habló, cuando aun estaba en Galilea,

7 Diciendo: Es menester que el Hijo del hombre sea entregado en manos de hombres pecadores, y que sea crucificado, y resucite al tercer día.

8 Entonces ellas se acordaron de sus palabras,

9 Y volviendo del sepulcro, dieron nuevas de todas estas cosas á los once, y á todos los demás.

10 Y eran María Magdalena, y Juana, y María madre de Jacobo, y las demás con ellas, las que dijeron estas cosas á los apóstoles.

11 Mas á ellos les parecían como locura las palabras de ellas, y no las creyeron.

12 Pero levantándose Pedro, corrió al sepulcro: y como miró dentro, vió solos los lienzos echados; y se fué maravillándose de lo que había sucedido.

13 Y he aquí, dos de ellos iban el mismo día á una aldea que estaba de Jerusalem sesenta estadios, llamada Emmaús.

14 E iban hablando entre sí de todas aquellas cosas que habían acaecido.

15 Y aconteció que yendo hablando entre sí, y preguntándose el uno al otro, el mismo Jesús se llegó, é iba con ellos juntamente.

16 Mas los ojos de ellos estaban embargados, para que no le conociesen.

17 Y díjoles: ¿Qué pláticas son estas que tratáis entre vosotros andando, y estáis tristes?

18 Y respondiendo el uno, que se llamaba Cleofas, le dijo: ¿Tú sólo peregrino eres en Jerusalem, y no has sabido las cosas que en ella han acontecido estos días?

19 Entonces Él les dijo: ¿Qué cosas? Y ellos le dijeron: De Jesús Nazareno, el cual fué varón profeta, poderoso en obra y en palabra delante de Dios y de todo el pueblo;

20 Y cómo le entregaron los príncipes de los sacerdotes y nuestros príncipes á condenación de muerte, y le crucificaron.

21 Mas nosotros esperábamos que Él era el que había de redimir á Israel: y ahora sobre todo esto, hoy es el tercer día que esto ha acontecido.

22 Aunque también unas mujeres de los nuestros nos han espantado, las cuales antes del día fueron al sepulcro:

23 Y no hallando su cuerpo, vinieron diciendo que también habían visto visión de ángeles, los cuales dijeron que Él vive.

24 Y fueron algunos de los nuestros al sepulcro, y hallaron así como ellas habían dicho; más á Él no le vieron.

25 Entonces Él les dijo: ¡Oh insensatos, y tardos de corazón para creer todo lo que los profetas han dicho!

26 ¿No era necesario que el Cristo padeciera estas cosas, y que entrara en su gloria?

27 Y comenzando desde Moisés, y de todos los profetas, declarábales en todas las Escrituras lo que de Él decían.

28 Y llegaron á la aldea á donde iban: y Él hizo como que iba más lejos.

29 Mas ellos le detuvieron por fuerza, diciendo: Quédate con nosotros, porque se hace tarde, y el día ya ha declinado. Entró pues á estarse con ellos.

30 Y aconteció, que estando sentado con ellos á la mesa, tomando el pan, bendijo, y partió, y dióles.

31 Entonces fueron abiertos los ojos de ellos, y le conocieron; mas Él se desapareció de los ojos de ellos.

32 Y decían el uno al otro: ¿No ardía nuestro corazón en nosotros, mientras nos hablaba en el camino, y cuando nos abría las Escrituras?

33 Y levantándose en la misma hora, tornáronse á Jerusalem, y hallaron á los once reunidos, y á los que estaban con ellos.

34 Que decían: Ha resucitado el Señor verdaderamente, y ha aparecido á Simón.

35 Entonces ellos contaban las cosas que les habían acontecido en el camino, y cómo había sido conocido de ellos al partir el pan.

36 Y entre tanto que ellos hablaban estas cosas, Él se puso en medio de ellos, y les dijo: Paz á vosotros.

37 Entonces ellos espantados y asombrados, pensaban que veían espíritu.

38 Mas Él les dice: ¿Por qué estáis turbados, y suben pensamientos á vuestros corazones?

39 Mirad mis manos y mis pies, que yo mismo soy: palpad, y ved; que el espíritu ni tiene carne ni huesos, como veis que yo tengo.

40 Y en diciendo esto, les mostró las manos y los pies.

41 Y no creyéndolo aún ellos de gozo, y maravillados, díjoles: ¿Tenéis aquí algo de comer?

42 Entonces ellos le presentaron parte de un pez asado, y un panal de miel.

43 Y Él tomó, y comió delante de ellos.

44 Y Él les dijo: Estas son las palabras que os hablé, estando aún con vosotros: que era necesario que se cumpliesen todas las cosas que están escritas de mí en la ley de Moisés, y en los profetas, y en los salmos.

45 Entonces les abrió el sentido, para que entendiesen las Escrituras;

46 Y díjoles: Así está escrito, y así fué necesario que el Cristo padeciese, y resucitase de los muertos al tercer día;

47 Y que se predicase en su nombre el arrepentimiento y la remisión de pecados en todas las naciones, comenzando de Jerusalem.

48 Y vosotros sois testigos de estas cosas.

49 Y he aquí, yo enviaré la promesa de mi Padre sobre vosotros: mas vosotros asentad en la ciudad de Jerusalem, hasta que seáis investidos de potencia de lo alto.

50 Y sacólos fuera hasta Bethania, y alzando sus manos, los bendijo.

51 Y aconteció que bendiciéndolos, se fué de ellos; y era llevado arriba al cielo.

52 Y ellos, después de haberle adorado, se volvieron á Jerusalem con gran gozo;

53 Y estaban siempre en el templo, alabando y bendiciendo á Dios. Amén.

SAN JUAN

1 En el principio era el Verbo, y el Verbo era con Dios, y el Verbo era Dios.

2 Este era en el principio con Dios.

3 Todas las cosas por Él fueron hechas; y sin Él nada de lo que es hecho, fué hecho.

4 En Él estaba la vida, y la vida era la luz de los hombres.

5 Y la luz en las tinieblas resplandece; mas las tinieblas no la comprendieron.

6 Fué un hombre enviado de Dios, el cual se llamaba Juan.

7 Este vino por testimonio, para que diese testimonio de la luz, para que todos creyesen por Él.

8 No era Él la luz, sino que diese testimonio de la luz.

9 Aquel era la luz verdadera, que alumbra á todo hombre que viene á este mundo.

10 En el mundo estaba, y el mundo fué hecho por Él; y el mundo no le conoció.

11 A lo suyo vino, y los suyos no le recibieron.

12 Mas á todos los que le recibieron, dióles potestad de ser hechos hijos de Dios, á los que creen en su nombre;

13 Los cuales no son engendrados de sangre, ni de voluntad de carne, ni de voluntad de varón, mas de Dios.

14 Y aquel Verbo fué hecho carne, y habitó entre nosotros (y vimos su gloria, gloria como del unigénito del Padre), lleno de gracia y de verdad.

15 Juan dió testimonio de Él, y clamó diciendo: Este es del que yo decía: El que viene tras mí, es antes de mí: porque es primero que yo.

16 Porque de su plenitud tomamos todos, y gracia por gracia.

17 Porque la ley por Moisés fué dada: mas la gracia y la verdad por Jesucristo fué hecha.

18 Á Dios nadie le vió jamás: el unigénito Hijo, que está en el seno del Padre, Él le declaró.

19 Y éste es el testimonio de Juan, cuando los Judíos enviaron de Jerusalem sacerdotes y Levitas, que le preguntasen: ¿Tú, quién eres?

20 Y confesó, y no negó; mas declaró: No soy yo el Cristo.

21 Y le preguntaron: ¿Qué pues? ¿Eres tú Elías? Dijo: No soy. ¿Eres tú el profeta? Y respondió: No.

22 Dijéronle: ¿Pues quién eres? para que demos respuesta á los que nos enviaron. ¿Qué dices de ti mismo?

23 Dijo: Yo soy la voz del que clama en el desierto: Enderezad el camino del Señor, como dijo Isaías profeta.

24 Y los que habían sido enviados eran de los Fariseos.

25 Y preguntáronle, y dijéronle: ¿Por qué pues bautizas, si tú no eres el Cristo, ni Elías, ni el profeta?

26 Y Juan les respondió, diciendo: Yo bautizo con agua; mas en medio de vosotros ha estado á quien vosotros no conocéis.

27 Este es el que ha de venir tras mí, el cual es antes de mí: del cual yo no soy digno de desatar la correa del zapato.

28 Estas cosas acontecieron en Betábara, de la otra parte del Jordán, donde Juan bautizaba.

29 El siguiente día ve Juan á Jesús que venía á Él, y dice: He aquí el Cordero de Dios, que quita el pecado del mundo.

30 Este es del que dije: Tras mí viene un varón, el cual es antes de mí: porque era primero que yo.

31 Y yo no le conocía; más para que fuese manifestado á Israel, por eso vine yo bautizando con agua.

32 Y Juan dió testimonio, diciendo: Vi al Espíritu que descendía del cielo como paloma, y reposó sobre Él.

33 Y yo no le conocía; mas el que me envió á bautizar con agua, aquél me dijo: Sobre quien vieres descender el Espíritu, y que reposa sobre Él, éste es el que bautiza con Espíritu Santo.

34 Y yo le vi, y he dado testimonio que éste es el Hijo de Dios.

35 El siguiente día otra vez estaba Juan, y dos de sus discípulos.

36 Y mirando á Jesús que andaba por allí, dijo: He aquí el Cordero de Dios.

37 Y oyéronle los dos discípulos hablar, y siguieron á Jesús.

38 Y volviéndose Jesús, y viéndolos seguirle, díceles: ¿Qué buscáis? Y ellos le dijeron: Rabbí (que declarado quiere decir Maestro) ¿dónde moras?

39 Díceles: Venid y ved. Vinieron, y vieron donde moraba, y quedáronse con Él aquel día: porque era como la hora de las diez.

40 Era Andrés, hermano de Simón Pedro, uno de los dos que habían oído de Juan, y le habían seguido.

41 Este halló primero á su hermano Simón, y díjole: Hemos hallado al Mesías (que declarado es, el Cristo).

42 Y le trajo á Jesús. Y mirándole Jesús, dijo: Tú eres Simón, hijo de Jonás: tú serás llamado Cephas (que quiere decir, Piedra).

43 El siguiente día quiso Jesús ir á Galilea, y halla á Felipe, al cual dijo: Sígueme.

44 Y era Felipe de Bethsaida, la ciudad de Andrés y de Pedro.

45 Felipe halló á Natanael, y dícele: Hemos hallado á aquel de quien escribió Moisés en la ley, y los profetas: á Jesús, el hijo de José, de Nazaret.

46 Y díjole Natanael: ¿De Nazaret puede haber algo de bueno? Dícele Felipe: Ven y ve.

47 Jesús vió venir á sí á Natanael, y dijo de Él: He aquí un verdadero Israelita, en el cual no hay engaño.

48 Dícele Natanael: ¿De dónde me conoces? Respondió Jesús, y díjole: Antes que Felipe te llamara, cuando estabas debajo de la higuera te vi.

49 Respondió Natanael, y díjole: Rabbí, tú eres el Hijo de Dios; tú eres el Rey de Israel.

50 Respondió Jesús y díjole: ¿Porque te dije, te vi debajo de la higuera, crees? cosas mayores que éstas verás.

51 Y dícele: De cierto, de cierto os digo: De aquí adelante veréis el cielo abierto, y los ángeles de Dios que suben y descienden sobre el Hijo del hombre.

2 Y al tercer día hiciéronse unas bodas en Caná de Galilea; y estaba allí la madre de Jesús.

2 Y fué también llamado Jesús y sus discípulos á las bodas.

3 Y faltando el vino, la madre de Jesús le dijo: Vino no tienen.

4 Y dícele Jesús: ¿Qué tengo yo contigo, mujer? aun no ha venido mi hora.

5 Su madre dice á los que servían: Haced todo lo que os dijere.

6 Y estaban allí seis tinajuelas de piedra para agua, conforme á la purificación de los Judíos, que cabían en cada una dos ó tres cántaros.

7 Díceles Jesús: Henchid estas tinajuelas de agua. E hinchiéronlas hasta arriba.

8 Díceles: Sacad ahora, y presentad al maestresala. Y presentáronle.

9 Y como el maestresala gustó el agua hecha vino, que no sabía de dónde era (mas lo sabían los sirvientes que habían sacado el agua), el maestresala llama al esposo,

10 Y dícele: Todo hombre pone primero el buen vino, y cuando están satisfechos, entonces lo que es peor; mas tú has guardado el buen vino hasta ahora.

11 Este principio de señales hizo Jesús en Caná de Galilea, y manifestó su gloria; y sus discípulos creyeron en Él,

12 Después de esto descendió á Capernaum, Él, y su madre, y hermanos, y discípulos; y estuvieron allí no muchos días.

13 Estaba cerca la Pascua de los Judíos; y subió Jesús á Jerusalem.

14 Y halló en el templo á los que vendían bueyes, y ovejas, y palomas, y á los cambiadores sentados.

15 Y hecho un azote de cuerdas, echólos á todos del templo, y las ovejas, y los bueyes; y derramó los dineros de los cambiadores, y trastornó las mesas;

16 Y á los que vendían las palomas, dijo: Quitad de aquí esto, y no hagáis la casa de mi Padre casa de mercado.

17 Entonces se acordaron sus discípulos que está escrito: El celo de tu casa me comió.

18 Y los Judíos respondieron, y dijéronle: ¿Qué señal nos muestras de que haces esto?

19 Respondió Jesús, y díjoles: Destruid este templo, y en tres días lo levantaré.

20 Dijeron luego los Judíos: En cuarenta y seis años fue este templo edificado, ¿y tú en tres días lo levantarás?

21 Mas Él hablaba del templo de su cuerpo.

22 Por tanto, cuando resucitó de los muertos, sus discípulos se acordaron que había dicho esto; y creyeron á la Escritura, y á la palabra que Jesús había dicho.

23 Y estando en Jerusalem en la Pascua, en el día de la fiesta, muchos creyeron en su nombre, viendo las señales que hacía.

24 Mas el mismo Jesús no se confiaba á sí mismo de ellos, porque Él conocía á todos,

25 Y no tenía necesidad que alguien le diese testimonio del hombre; porque Él sabía lo que había en el hombre.

3 Y había un hombre de los Fariseos que se llamaba Nicodemo, príncipe de los Judíos.

2 Este vino á Jesús de noche, y díjole: Rabbí, sabemos que has venido de Dios por maestro; porque nadie puede hacer estas señales que tú haces, si no fuere Dios con Él.

3 Respondió Jesús, y díjole: De cierto, de cierto te digo, que el que no naciere otra vez, no puede ver el reino de Dios.

4 Dícele Nicodemo: ¿Cómo puede el hombre nacer siendo viejo? ¿puede entrar otra vez en el vientre de su madre, y nacer?

5 Respondió Jesús: De cierto, de cierto te digo, que el que no naciere de agua y del Espíritu, no puede entrar en el reino de Dios.

6 Lo que es nacido de la carne, carne es; y lo que es nacido del Espíritu, espíritu es.

7 No te maravilles de que te dije: Os es necesario nacer otra vez.

8 El viento de donde quiere sopla, y oyes su sonido; mas ni sabes de dónde viene, ni á dónde vaya: así es todo aquel que es nacido del Espíritu.

9 Respondió Nicodemo, y díjole: ¿Cómo puede esto hacerse?

10 Respondió Jesús, y díjole: ¿Tú eres el maestro de Israel, y no sabes esto?

11 De cierto, de cierto te digo, que lo que sabemos hablamos, y lo que hemos visto, testificamos; y no recibís nuestro testimonio.

12 Si os he dicho cosas terrenas, y no creéis, ¿cómo creeréis si os dijere las celestiales?

13 Y nadie subió al cielo, sino el que descendió del cielo, el Hijo del hombre, que está en el cielo.

14 Y como Moisés levantó la serpiente en el desierto, así es necesario que el Hijo del hombre sea levantado;

15 Para que todo aquel que en Él creyere, no se pierda, sino que tenga vida eterna.

16 Porque de tal manera amó Dios al mundo, que ha dado á su Hijo unigénito, para que todo aquel que en Él cree, no se pierda, mas tenga vida eterna.

17 Porque no envió Dios á su Hijo al mundo, para que condene al mundo, mas para que el mundo sea salvo por Él.

18 El que en Él cree, no es condenado; mas el que no cree, ya es condenado, porque no creyó en el nombre del unigénito Hijo de Dios.

19 Y esta es la condenación: porque la luz vino al mundo, y los hombres amaron más las tinieblas que la luz; porque sus obras eran malas.

20 Porque todo aquel que hace lo malo, aborrece la luz y no viene á la luz, porque sus obras no sean redargüidas.

21 Mas el que obra verdad, viene á la luz, para que sus obras sean manifestadas que son hechas en Dios.

22 Pasado esto, vino Jesús con sus discípulos á la tierra de Judea; y estaba allí con ellos, y bautizaba.

23 Y bautizaba también Juan en Enón junto á Salim, porque había allí muchas aguas; y venían, y eran bautizados.

24 Porque Juan, no había sido aún puesto en la cárcel.

25 Y hubo cuestión entre los discípulos de Juan y los Judíos acerca de la purificación.

26 Y vinieron á Juan, y dijéronle: Rabbí, el que estaba contigo de la otra parte del Jordán, del cual tú diste testimonio, he aquí bautiza, y todos vienen á Él.

27 Respondió Juan, y dijo: No puede el hombre recibir algo, si no le fuere dado del cielo.

28 Vosotros mismos me sois testigos que dije: Yo no soy el Cristo, sino que soy enviado delante de Él.

29 El que tiene la esposa, es el esposo; mas el amigo del esposo, que está en pie y le oye, se goza grandemente de la voz del esposo; así pues, este mi gozo es cumplido.

30 A Él conviene crecer, mas á mí menguar.

31 El que de arriba viene, sobre todos es: el que es de la tierra, terreno es, y cosas terrenas habla: el que viene del cielo, sobre todos es.

32 Y lo que vió y oyó, esto testifica: y nadie recibe su testimonio.

33 El que recibe su testimonio, éste signó que Dios es verdadero.

34 Porque el que Dios envió, las palabras de Dios habla: porque no da Dios el Espíritu por medida.

35 El Padre ama al Hijo, y todas las cosas dió en su mano.

36 El que cree en el Hijo, tiene vida eterna; mas el que es incrédulo al Hijo, no verá la vida, sino que la ira de Dios está sobre Él.

4 De manera que como Jesús entendió que los Fariseos habían oído que Jesús hacía y bautizaba más discípulos que Juan,

2 (Aunque Jesús no bautizaba, sino sus discípulos),

3 Dejó á Judea, y fuése otra vez á Galilea.

4 Y era menester que pasase por Samaria.

5 Vino, pues, á una ciudad de Samaria que se llamaba Sichâr, junto á la heredad que Jacob dió á José su hijo.

6 Y estaba allí la fuente de Jacob. Pues Jesús, cansado del camino, así se sentó á la fuente. Era como la hora de sexta.

7 Vino una mujer de Samaria á sacar agua: y Jesús le dice: Dame de beber.

8 (Porque sus discípulos habían ido á la ciudad á comprar de comer.)

9 Y la mujer Samaritana le dice: ¿Cómo tú, siendo Judío me pides á mí de beber, que soy mujer Samaritana? porque los Judíos no se tratan con los Samaritanos.

10 Respondió Jesús y díjole: Si conocieses el don de Dios, y quién es el que te dice: Dame de beber: tú pedirías de Él, y Él te daría agua viva.

11 La mujer le dice: Señor, no tienes con qué sacar la, y el pozo es hondo: ¿de dónde, pues, tienes el agua viva?

12 ¿Eres tú mayor que nuestro padre Jacob, que nos dió este pozo, del cual Él bebió, y sus hijos, y sus ganados?

13 Respondió Jesús y díjole: Cualquiera que bebiere de esta agua, volverá á tener sed;

14 Mas el que bebiere del agua que yo le daré, para siempre no tendrá sed: mas el agua que yo le daré, será en Él una fuente de agua que salte para vida eterna.

15 La mujer le dice: Señor, dame esta agua, para que no tenga sed, ni venga acá á sacar la.

16 Jesús le dice: Ve, llama á tu marido, y ven acá.

17 Respondió la mujer, y dijo: No tengo marido. Dícele Jesús: Bien has dicho, No tengo marido;

18 Porque cinco maridos has tenido: y el que ahora tienes no es tu marido; esto has dicho con verdad.

19 Dícele la mujer: Señor, paréceme que tú eres profeta.

20 Nuestros padres adoraron en este monte, y vosotros decís que en Jerusalem es el lugar donde es necesario adorar.

21 Dícele Jesús: Mujer, créeme, que la hora viene, cuando ni en este monte, ni en Jerusalem adoraréis al Padre.

22 Vosotros adoráis lo que no sabéis; nosotros adoramos lo que sabemos: porque la salud viene de los Judíos.

23 Mas la hora viene, y ahora es, cuando los verdaderos adoradores adorarán al Padre en espíritu y en verdad; porque también el Padre tales adoradores busca que adoren.

24 Dios es Espíritu; y los que le adoran, en espíritu y en verdad es necesario que adoren.

25 Dícele la mujer, Sé que el Mesías ha de venir, el cual se dice el Cristo: cuando Él viniere nos declarará todas las cosas.

26 Dícele Jesús: Yo soy, que hablo contigo.

27 Y en esto vinieron sus discípulos, y maravilláronse de que hablaba con mujer; mas ninguno dijo: ¿Qué preguntas? ó, ¿Qué hablas con ella?

28 Entonces la mujer dejó su cántaro, y fué á la ciudad, y dijo á aquellos hombres:

29 Venid, ved un hombre que me ha dicho todo lo que he hecho: ¿si quizás es éste el Cristo?

30 Entonces salieron de la ciudad, y vinieron á Él.

31 Entre tanto los discípulos le rogaban, diciendo: Rabbí, come.

32 Y Él les dijo: Yo tengo una comida que comer, que vosotros no sabéis.

33 Entonces los discípulos decían el uno al otro: ¿Si le habrá traído alguien de comer?

34 Díceles Jesús: Mi comida es que haga la voluntad del que me envió, y que acabe su obra.

35 ¿No decís vosotros: Aun hay cuatro meses hasta que llegue la siega? He aquí os digo: Alzad vuestros ojos, y mirad las regiones, porque ya están blancas para la siega.

36 Y el que siega, recibe salario, y allega fruto para vida eterna; para que el que siembra también goce, y el que siega.

37 Porque en esto es el dicho verdadero: Que uno es el que siembra, y otro es el que siega.

38 Yo os he enviado á segar lo que vosotros no labrasteis; otros labraron, y vosotros habéis entrado en sus labores.

39 Y muchos de los Samaritanos de aquella ciudad creyeron en Él por la palabra de la mujer, que daba testimonio, diciendo: Que me dijo todo lo que he hecho.

40 Viniendo pues los Samaritanos á Él, rogáronle que se quedase allí: y se quedó allí dos días.

41 Y creyeron muchos más por la palabra de Él.

42 Y decían á la mujer: Ya no creemos por tu dicho; porque nosotros mismos hemos oído, y sabemos que verdaderamente éste es el Salvador del mundo, el Cristo.

43 Y dos días después, salió de allí, y fuése á Galilea.

44 Porque el mismo Jesús dió testimonio de que el profeta en su tierra no tiene honra.

45 Y como vino á Galilea, los Galileos le recibieron, vistas todas las cosas que había hecho en Jerusalem en el día de la fiesta: porque también habían ido á la fiesta.

46 Vino pues Jesús otra vez á Caná de Galilea, donde había hecho el vino del agua. Y había en Capernaum uno del rey, cuyo hijo estaba enfermo.

47 Este, como oyó que Jesús venía de Judea á Galilea, fué á Él, y rogábale que descendiese, y sanase á su hijo; porque se comenzaba á morir.

48 Entonces Jesús le dijo: Si no viereis señales y milagros no creeréis.

49 El del rey le dijo: Señor, desciende antes que mi hijo muera.

50 Dícele Jesús: Ve, tu hijo vive. Y el hombre creyó á la palabra que Jesús le dijo, y se fué.

51 Y cuando ya él descendía, los siervos le salieron á recibir, y le dieron nuevas, diciendo: Tu hijo vive.

52 Entonces Él les preguntó á qué hora comenzó á estar

mejor. Y dijéronle: Ayer á las siete le dejó la fiebre.

53 El padre entonces entendió, que aquella hora era cuando Jesús le dijo: Tu hijo vive; y creyó Él y toda su casa.

54 Esta segunda señal volvió Jesús á hacer, cuando vino de Judea á Galilea.

5 Después de estas cosas, era un día de fiesta de los Judíos, y subió Jesús á Jerusalem.

2 Y hay en Jerusalem á la puerta del ganado un estanque, que en hebraico es llamado Bethesda, el cual tiene cinco portales.

3 En éstos yacía multitud de enfermos, ciegos, cojos, secos, que estaban esperando el movimiento del agua.

4 Porque un ángel descendía á cierto tiempo al estanque, y revolvía el agua; y el que primero descendía en el estanque después del movimiento del agua, era sano de cualquier enfermedad que tuviese.

5 Y estaba allí un hombre que había treinta y ocho años que estaba enfermo.

6 Como Jesús vió á éste echado, y entendió que ya había mucho tiempo, dícele: ¿Quieres ser sano?

7 Señor, le respondió el enfermo, no tengo hombre que me meta en el estanque cuando el agua fuere revuelta; porque entre tanto que yo vengo, otro antes de mí ha descendido.

8 Dícele Jesús: Levántate, toma tu lecho, y anda.

9 Y luego aquel hombre fué sano, y tomó su lecho, é íbase. Y era sábado aquel día.

10 Entonces los Judíos decían á aquel que había sido sanado: Sábado es: no te es lícito llevar tu lecho.

11 Respondióles: El que me sanó, Él mismo me dijo: Toma tu lecho y anda.

12 Preguntáronle entonces: ¿Quién es el que te dijo: Toma tu lecho y anda?

13 Y el que había sido sanado, no sabía quién fuese; porque Jesús se había apartado de la gente que estaba en aquel lugar.

14 Después le halló Jesús en el templo, y díjole: He aquí, has sido sanado; no peques más, porque no te venga alguna cosa peor.

15 El se fué, y dió aviso á los Judíos, que Jesús era el que le había sanado.

16 Y por esta causa los Judíos perseguían á Jesús, y procuraban matarle, porque hacía estas cosas en sábado.

17 Y Jesús les respondió: Mi Padre hasta ahora obra, y yo obro.

18 Entonces, por tanto, más procuraban los Judíos matarle, porque no sólo quebrantaba el sábado, sino que también á su Padre llamaba Dios, haciéndose igual á Dios.

19 Respondió entonces Jesús, y díjoles: De cierto, de cierto os digo: No puede el Hijo hacer nada de sí mismo, sino lo que viere hacer al Padre: porque todo lo que Él hace, esto también hace el Hijo juntamente.

20 Porque el Padre ama al Hijo, y le muestra todas las cosas que Él hace; y mayores obras que éstas le mostrará, de suerte que vosotros os maravilléis.

21 Porque como el Padre levanta los muertos, y les da vida, así también el Hijo á los que quiere da vida.

22 Porque el Padre á nadie juzga, mas todo el juicio dió al Hijo;

23 Para que todos honren al Hijo como honran al Padre. El que no honra al Hijo, no honra al Padre que le envió.

24 De cierto, de cierto os digo: El que oye mi palabra, y cree al que me ha enviado, tiene vida eterna; y no vendrá á condenación, mas pasó de muerte á vida.

25 De cierto, de cierto os digo: Vendrá hora, y ahora es, cuando los muertos oirán la voz del Hijo de Dios: y los que oyeren vivirán.

26 Porque como el Padre tiene vida en sí mismo, así dió también al Hijo que tuviese vida en sí mismo;

27 Y también le dió poder de hacer juicio, en cuanto es el Hijo del hombre.

28 No os maravilléis de esto; porque vendrá hora, cuando todos los que están en los sepulcros oirán su voz;

29 Y los que hicieron bien, saldrán á resurrección de vida; mas los que hicieron mal, á resurrección de condenación.

30 No puedo yo de mí mismo hacer nada: como oigo, juzgo; y mi juicio es justo; porque no busco mi voluntad, mas la voluntad del que me envió, del Padre.

31 Si yo doy testimonio de mí mismo, mi testimonio no es verdadero.

32 Otro es el que da testimonio de mí; y sé que el testimonio que da de mí, es verdadero.

33 Vosotros enviasteis á Juan, y Él dió testimonio á la verdad.

34 Empero yo no tomo el testimonio de hombre; mas digo esto, para que vosotros seáis salvos.

35 El era antorcha que ardía y alumbraba: y vosotros quisisteis recrearos por un poco á su luz.

36 Mas yo tengo mayor testimonio que el de Juan: porque las obras que el Padre me dió que cumpliese, las mismas obras que yo hago, dan testimonio de mí, que el Padre me haya enviado.

37 Y el que me envió, el Padre, Él ha dado testimonio de mí. Ni nunca habéis oído su voz, ni habéis visto su parecer.

38 Ni tenéis su palabra permanente en vosotros; porque al que Él envió, á éste vosotros no creéis.

39 Escudriñad las Escrituras, porque á vosotros os parece que en ellas tenéis la vida eterna; y ellas son las que dan testimonio de mí.

40 Y no queréis venir á mí, para que tengáis vida.

41 Gloria de los hombres no recibo.

42 Mas yo os conozco, que no tenéis amor de Dios en vosotros.

43 Yo he venido en nombre de mi Padre, y no me recibís: si otro viniere en su propio nombre, á aquél recibiréis.

44 ¿Cómo podéis vosotros creer, pues tomáis la gloria los unos de los otros, y no buscáis la gloria que de sólo Dios viene?

45 No penséis que yo os tengo de acusar delante del Padre; hay quien os acusa, Moisés, en quien vosotros esperáis.

46 Porque si vosotros creyeseis á Moisés, creeríais á mí; porque de mí escribió Él.

47 Y si á sus escritos no creéis, ¿cómo creeréis á mis palabras?

6 Pasadas estas cosas, fuése Jesús de la otra parte de la mar de Galilea, que es de Tiberias.

2 Y seguíale grande multitud, porque veían sus señales que hacía en los enfermos.

3 Y subió Jesús á un monte, y se sentó allí con sus discípulos.

4 Y estaba cerca la Pascua, la fiesta de los Judíos.

5 Y como alzó Jesús los ojos, y vió que había venido á Él grande multitud, dice á Felipe: ¿De dónde compraremos pan para que coman éstos?

6 Mas esto decía para probarle; porque Él sabía lo que había de hacer.

7 Respondióle Felipe: Doscientos denarios de pan no les bastarán, para que cada uno de ellos tome un poco.

8 Dícele uno de sus discípulos, Andrés, hermano de Simón Pedro:

9 Un muchacho está aquí que tiene cinco panes de cebada y dos pececillos; ¿mas qué es esto entre tantos?

10 Entonces Jesús dijo: Haced recostar la gente. Y había mucha hierba en aquel lugar: y recostáronse como número de cinco mil varones.

11 Y tomó Jesús aquellos panes, y habiendo dado gracias, repartió á los discípulos, y los discípulos á los que estaban recostados: asimismo de los peces, cuanto querían.

12 Y como fueron saciados, dijo á sus discípulos: Recoged los pedazos que han quedado, porque no se pierda nada.

13 Cogieron pues, é hinchieron doce cestas de pedazos de los cinco panes de cebada, que sobraron á los que habían comido.

14 Aquellos hombres entonces, como vieron la señal que Jesús había hecho, decían: Este verdaderamente es el profeta que había de venir al mundo.

15 Y entendiendo Jesús que habían de venir para arrebatarle, y hacerle rey, volvió á retirarse al monte, Él solo.

16 Y como se hizo tarde, descendieron sus discípulos á la mar;

17 Y entrando en un barco, venían de la otra parte de la mar hacia Capernaum. Y era ya oscuro, y Jesús no había venido á ellos.

18 Y levantábase la mar con un gran viento que soplaba.

19 Y como hubieron navegado como veinticinco ó treinta estadios, ven á Jesús que andaba sobre la mar, y se acercaba al barco: y tuvieron miedo.

20 Mas Él les dijo: Yo soy; no tengáis miedo.

21 Ellos entonces gustaron recibirle en el barco: y luego el barco llegó á la tierra donde iban.

22 El día siguiente, la gente que estaba de la otra parte de la mar, como vió que no había allí otra navecilla sino una, y que Jesús no había entrado con sus discípulos en ella, sino que sus discípulos se habían ido solos;

23 Y que otras navecillas habían arribado de Tiberias junto al lugar donde habían comido el pan después de haber el Señor dado gracias;

24 Como vió pues la gente que Jesús no estaba allí, ni sus discípulos, entraron ellos en las navecillas, y vinieron á Capernaum buscando á Jesús.

25 Y hallándole de la otra parte de la mar, dijéronle: Rabbí, ¿cuándo llegaste acá?

26 Respondióles Jesús, y dijo; De cierto, de cierto os digo, que me buscáis, no porque habéis visto las señales, sino porque comisteis el pan y os hartasteis.

27 Trabajad no por la comida que perece, mas por la comida que á vida eterna permanece, la cual el Hijo del hombre os dará: porque á éste señaló el Padre, que es Dios.

28 Y dijéronle: ¿Qué haremos para que obremos las obras de Dios?

29 Respondió Jesús, y díjoles: Esta es la obra de Dios, que creáis en el que Él ha enviado.

30 Dijéronle entonces: ¿Qué señal pues haces tú, para que veamos, y te creamos? ¿Qué obras?

31 Nuestros padres comieron el maná en el desierto, como está escrito: Pan del cielo les dió á comer.

32 Y Jesús les dijo: De cierto, de cierto os digo: No os dió Moisés pan del cielo; mas mi Padre os da el verdadero pan del cielo.

33 Porque el pan de Dios es aquel que descendió del cielo y da vida al mundo.

34 Y dijéronle: Señor, danos siempre este pan.

35 Y Jesús les dijo: Yo soy el pan de vida: el que á mí viene, nunca tendrá hambre; y el que en mí cree, no tendrá sed jamás.

36 Mas os he dicho, que aunque me habéis visto, no creéis.

37 Todo lo que el Padre me da, vendrá á mí; y al que á mí viene, no le hecho fuera.

38 Porque he descendido del cielo, no para hacer mi voluntad, mas la voluntad del que me envió.

39 Y esta es la voluntad del que me envió, del Padre: Que todo lo que me diere, no pierda de ello, sino que lo resucite en el día postrero.

40 Y esta es la voluntad del que me ha enviado: Que todo aquel que ve al Hijo, y cree en Él, tenga vida eterna; y yo le resucitaré en el día postrero.

41 Murmuraban entonces de Él los Judíos, porque había dicho: Yo soy el pan que descendí del cielo.

42 Y decían: ¿No es éste Jesús, el hijo de José, cuyo padre y madre nosotros conocemos? ¿cómo, pues, dice éste: Del cielo he descendido?

43 Y Jesús respondió, y díjoles: No murmuréis entre vosotros.

44 Ninguno puede venir á mí, si el Padre que me envió no le trajere; y yo le resucitaré en el día postrero.

45 Escrito está en los profetas: Y serán todos enseñados de Dios. Así que, todo aquel que oyó del Padre, y aprendió, viene á mí.

46 No que alguno haya visto al Padre, sino aquel que vino de Dios, éste ha visto al Padre.

47 De cierto, de cierto os digo: El que cree en mí, tiene vida eterna.

48 Yo soy el pan de vida.

49 Vuestros padres comieron el maná en el desierto, y son muertos.

50 Este es el pan que desciende del cielo, para que el que de Él comiere, no muera.

51 Yo soy el pan vivo que he descendido del cielo: si alguno comiere de este pan, vivirá para siempre; y el pan que yo daré es mi carne, la cual yo daré por la vida del mundo.

52 Entonces los Judíos contendían entre sí, diciendo: ¿Cómo puede éste darnos su carne á comer?

53 Y Jesús les dijo: De cierto, de cierto os digo: Si no comiereis la carne del Hijo del hombre, y bebiereis su sangre, no tendréis vida en vosotros.

54 El que come mi carne y bebe mi sangre, tiene vida eterna: y yo le resucitaré en el día postrero.

55 Porque mi carne es verdadera comida, y mi sangre es verdadera bebida.

56 El que come mi carne y bebe mi sangre, en mí permanece, y yo en Él.

57 Como me envió el Padre viviente, y yo vivo por el Padre, asimismo el que me come, Él también vivirá por mí.

58 Este es el pan que descendió del cielo: no como vuestros padres comieron el maná, y son muertos: el que come de este pan, vivirá eternamente.

59 Estas cosas dijo en la sinagoga, enseñando en Capernaum.

60 Y muchos de sus discípulos oyéndolo, dijeron: Dura es esta palabra: ¿quién la puede oir?

61 Y sabiendo Jesús en sí mismo que sus discípulos murmuraban de esto, díjoles: ¿Esto os escandaliza?

62 ¿Pues qué, si viereis al Hijo del hombre que sube donde estaba primero?

63 El espíritu es el que da vida; la carne nada aprovecha: las palabras que yo os he hablado, son espíritu y son vida.

64 Mas hay algunos de vosotros que no creen. Porque Jesús desde el principio sabía quiénes eran los que no creían, y quién le había de entregar.

65 Y dijo: Por eso os he dicho que ninguno puede venir á mí, si no le fuere dado del Padre.

66 Desde esto, muchos de sus discípulos volvieron atrás, y ya no andaban con Él.

67 Dijo entonces Jesús á los doce: ¿Queréis vosotros iros también?

68 Y respondióle Simón Pedro: Señor, ¿á quién iremos? tú tienes palabras de vida eterna.

69 Y nosotros creemos y conocemos que tú eres el Cristo, el Hijo de Dios viviente.

70 Jesús le respondió: ¿No he escogido yo á vosotros doce, y uno de vosotros es diablo?

71 Y hablaba de Judas Iscariote, hijo de Simón, porque éste era el que le había de entregar, el cual era uno de los doce.

7 pasadas estas cosas andaba Jesús en Galilea: que no quería andar en Judea, porque los Judíos procuraban matarle.

2 Y estaba cerca la fiesta de los Judíos, la de los tabernáculos.

3 Y dijéronle sus hermanos: Pásate de aquí, y vete á Judea, para que también tus discípulos vean las obras que haces.

4 Que ninguno que procura ser claro, hace algo en oculto. Si estas cosas haces, manifiéstate al mundo.

5 Porque ni aun sus hermanos creían en Él.

6 Díceles entonces Jesús: Mi tiempo aun no ha venido; mas vuestro tiempo siempre está presto.

7 No puede el mundo aborreceros á vosotros; mas á mí me aborrece, porque yo doy testimonio de Él, que sus obras son malas.

8 Vosotros subid á esta fiesta; yo no subo aún á esta fiesta, porque mi tiempo aun no es cumplido.

9 Y habiéndoles dicho esto, quedóse en Galilea.

10 Mas como sus hermanos hubieron subido, entonces Él también subió á la fiesta, no manifiestamente, sino como en secreto.

11 Y buscábanle los Judíos en la fiesta, y decían: ¿Dónde está aquél?

12 Y había grande murmullo de Él entre la gente: porque unos decían: Bueno es; y otros decían: No, antes engaña á las gentes.

13 Mas ninguno hablaba abiertamente de Él, por miedo de los Judíos.

14 Y al medio de la fiesta subió Jesús al templo, y enseñaba.

15 y maravillábanse los Judíos, diciendo: ¿Cómo sabe éste letras, no habiendo aprendido?

16 Respondióles Jesús, y dijo: Mi doctrina no es mía, sino de aquél que me envió.

17 El que quisiere hacer su voluntad, conocerá de la doctrina si viene de Dios, ó si yo hablo de mí mismo.

18 El que habla de sí mismo, su propia gloria busca; mas el que busca la gloria del que le envió, éste es verdadero, y no hay en Él injusticia.

19 ¿No os dió Moisés la ley, y ninguno de vosotros hace la ley? ¿Por qué me procuráis matar?

20 Respondió la gente, y dijo: Demonio tienes: ¿quién te procura matar?

21 Jesús respondió, y díjoles: Una obra hice, y todos os maravilláis.

22 Cierto, Moisés os dió la circuncisión (no porque sea de Moisés, mas de los padres); y en sábado circuncidáis al hombre.

23 Si recibe el hombre la circuncisión en sábado, para que la ley de Moisés no sea quebrantada, ¿os enojáis conmigo porque en sábado hice sano todo un hombre?

24 No juzguéis según lo que parece, mas juzgad justo juicio.

25 Decían entonces unos de los de Jerusalem: ¿No es éste al que buscan para matarlo?

26 Y he aquí, habla públicamente, y no le dicen nada; ¿si habrán entendido verdaderamente los príncipes, que éste es el Cristo?

27 Mas éste, sabemos de dónde es: y cuando viniere el Cristo, nadie sabrá de dónde sea.

28 Entonces clamaba Jesús en el templo, enseñando y diciendo: Y á mí me conocéis, y sabéis de dónde soy: y no he venido de mí mismo; mas el que me envió es verdadero, al cual vosotros no conocéis.

29 Yo le conozco, porque de Él soy, y Él me envió.

30 Entonces procuraban prenderle; mas ninguno puso en Él mano, porque aun no había venido su hora.

31 Y muchos del pueblo creyeron en Él, y decían: El Cristo, cuando viniere, ¿hará más señales que las que éste hace?

32 Los Fariseos oyeron á la gente que murmuraba de Él estas cosas; y los príncipes de los sacerdotes y los Fariseos enviaron servidores que le prendiesen.

33 Y Jesús dijo: Aun un poco de tiempo estaré con vosotros, é iré al que me envió.

34 Me buscaréis, y no me hallaréis; y donde yo estaré, vosotros no podréis venir.

35 Entonces los Judíos dijeron entre sí: ¿A dónde se ha de ir éste que no le hallemos? ¿Se ha de ir á los esparcidos entre los Griegos, y á enseñar á los Griegos?

36 ¿Qué dicho es éste que dijo: Me buscaréis, y no me hallaréis; y donde yo estaré, vosotros no podréis venir?

37 Mas en el postrer día grande de la fiesta, Jesús se ponía en pie y clamaba, diciendo: Si alguno tiene sed, venga á mí y beba.

38 El que cree en mí, como dice la Escritura, ríos de agua viva correrán de su vientre.

39 (Y esto dijo del Espíritu que habían de recibir los que creyesen en Él: porque aun no había venido el Espíritu Santo; porque Jesús no estaba aún glorificado.)

40 Entonces algunos de la multitud, oyendo este dicho, decían: Verdaderamente éste es el profeta.

41 Otros decían: Este es el Cristo. Algunos empero decían: ¿De Galilea ha de venir el Cristo?

42 ¿No dice la Escritura, que de la simiente de David, y de la aldea de Bethlehem, de donde era David, vendrá el Cristo?

43 Así que había disensión entre la gente acerca de Él.

44 Y algunos de ellos querían prenderle; mas ninguno echó sobre Él manos.

45 Y los ministriles vinieron á los principales sacerdotes y á los Fariseos; y ellos les dijeron: ¿Por qué no le trajisteis?

46 Los ministriles respondieron: Nunca ha hablado hombre así como este hombre.

47 Entonces los Fariseos les respondieron: ¿Estáis también vosotros engañados?

48 ¿Ha creído en Él alguno de los príncipes, ó de los Fariseos?

49 Mas estos comunales que no saben la ley, malditos son.

50 Díceles Nicodemo (el que vino á Él de noche, el cual era uno de ellos):

51 ¿Juzga nuestra ley á hombre, si primero no oyere de Él, y entendiere lo que ha hecho?

52 Respondieron y dijéronle: ¿Eres tú también Galileo? Escudriña y ve que de Galilea nunca se levantó profeta.

53 Y fuése cada uno á su casa.

8 Y Jesús se fué al monte de las Olivas.

2 Y por la mañana volvió al templo, y todo el pueblo vino á Él; y sentado Él, los enseñaba.

3 Entonces los escribas y los Fariseos le traen una mujer tomada en adulterio; y poniéndola en medio,

4 Dícenle: Maestro, esta mujer ha sido tomada en el mismo hecho, adulterando;

5 Y en la ley Moisés nos mandó apedrear á las tales: tú pues, ¿qué dices?

6 Mas esto decían tentándole, para poder acusarle. Empero Jesús, inclinado hacia abajo, escribía en tierra con el dedo.

7 Y como perseverasen preguntándole, enderezóse, y díjoles: El que de vosotros esté sin pecado, arroje contra ella la piedra el primero.

8 Y volviéndose á inclinar hacia abajo, escribía en tierra.

9 Oyendo, pues, ellos, redargüidos de la conciencia, salíanse uno á uno, comenzando desde los más viejos hasta los postreros: y quedó solo Jesús, y la mujer que estaba en medio.

10 Y enderezándose Jesús, y no viendo á nadie más que á la mujer, díjole: ¿Mujer, dónde están los que te acusaban? ¿Ninguno te ha condenado?

11 Y ella dijo: Señor, ninguno. Entonces Jesús le dijo: Ni yo te condeno: vete, y no peques más.

12 Y hablóles Jesús otra vez, diciendo: Yo soy la luz del mundo: el que me sigue, no andará en tinieblas, mas tendrá la lumbre de la vida.

13 Entonces los Fariseos le dijeron: Tú de ti mismo das testimonio: tu testimonio no es verdadero.

14 Respondió Jesús, y díjoles: Aunque yo doy testimonio de mí mismo, mi testimonio es verdadero, porque sé de dónde he venido y á dónde voy; mas vosotros no sabéis de dónde vengo, y á dónde voy.

15 Vosotros según la carne juzgáis; mas yo no juzgo á nadie.

16 Y si yo juzgo, mi juicio es verdadero; porque no soy solo, sino yo y el que me envió, el Padre.

17 Y en vuestra ley está escrito que el testimonio de dos hombres es verdadero.

18 Yo soy el que doy testimonio de mí mismo: y da testimonio de mí el que me envió, el Padre.

19 Y decíanle: ¿Dónde está tu Padre? Respondió Jesús: Ni á mí me conocéis, ni á mi Padre; si á mí me conocieseis, á mi Padre también conocierais.

20 Estas palabras habló Jesús en el lugar de las limosnas, enseñando en el templo: y nadie le prendió; porque aun no había venido su hora.

21 Y díjoles otra vez Jesús: Yo me voy, y me buscaréis, mas en vuestro pecado moriréis: á dónde yo voy, vosotros no podéis venir.

22 Decían entonces los Judíos: ¿Hase de matar á sí mismo, que dice: A donde yo voy, vosotros no podéis venir?

23 Y decíales: Vosotros sois de abajo, yo soy de arriba; vosotros sois de este mundo, yo no soy de este mundo.

24 Por eso os dije que moriréis en vuestros pecados: porque si no creyereis que yo soy, en vuestros pecados moriréis.

25 Y decíanle: ¿Tú quién eres? Entonces Jesús les dijo: El que al principio también os he dicho.

26 Muchas cosas tengo que decir y juzgar de vosotros: mas el que me envió, es verdadero: y yo, lo que he oído de Él, esto hablo en el mundo.

27 Mas no entendieron que Él les hablaba del Padre.

28 Díjoles pues, Jesús: Cuando levantareis al Hijo del hombre, entonces entenderéis que yo soy, y que nada hago de mí mismo; mas como el Padre me enseñó, esto hablo.

29 Porque el que me envió, conmigo está; no me ha dejado solo el Padre; porque yo, lo que á Él agrada, hago siempre.

30 Hablando Él estas cosas, muchos creyeron en Él.

31 Y decía Jesús á los Judíos que le habían creído: Si vosotros permaneciereis en mi palabra, seréis verdaderamente mis discípulos;

32 Y conoceréis la verdad, y la verdad os libertará.

33 Y respondiéronle: Simiente de Abraham somos, y jamás servimos á nadie: ¿cómo dices tú: Seréis libres?

34 Jesús les respondió: De cierto, de cierto os digo, que todo aquel que hace pecado, es siervo de pecado.

35 Y el siervo no queda en casa para siempre: el hijo queda para siempre.

36 Así que, si el Hijo os libertare, seréis verdaderamente libres.

37 Sé que sois simiente de Abraham, mas procuráis matarme, porque mi palabra no cabe en vosotros.

38 Yo hablo lo que he visto cerca del Padre; y vosotros hacéis lo que habéis oído cerca de vuestro padre.

39 Respondieron y dijéronle: Nuestro padre es Abraham. Díceles Jesús: Si fuerais hijos de Abraham, las obras de Abraham harías.

40 Empero ahora procuráis matarme, hombre que os he hablado la verdad, la cual he oído de Dios: no hizo esto Abraham.

41 Vosotros hacéis las obras de vuestro padre. Dijéronle entonces: Nosotros no somos nacidos de fornicación; un padre tenemos, que es Dios.

42 Jesús entonces les dijo: Si vuestro padre fuera Dios, ciertamente me amaríais: porque yo de Dios he salido, y he venido; que no he venido de mí mismo, mas Él me envió.

43 ¿Por qué no reconocéis mi lenguaje? porque no podéis oir mi palabra.

44 Vosotros de vuestro padre el diablo sois, y los deseos de vuestro padre queréis cumplir. Él, homicida ha sido desde el principio, y no permaneció en la verdad, porque no hay verdad en Él. Cuando habla mentira, de suyo habla; porque es mentiroso, y padre de mentira.

45 Y porque yo digo verdad, no me creéis.

46 ¿Quién de vosotros me redarguye de pecado? Pues si digo verdad, ¿por qué vosotros no me creéis?

47 El que es de Dios, las palabras de Dios oye: por esto no las oís vosotros, porque no sois de Dios.

48 Respondieron entonces los Judíos, y dijéronle: ¿No decimos bien nosotros, que tú eres Samaritano, y tienes demonio?

49 Respondió Jesús: Yo no tengo demonio, antes honro á mi Padre; y vosotros me habéis deshonrado.

50 Y no busco mi gloria: hay quien la busque, y juzgue.

51 De cierto, de cierto os digo, que el que guardare mi palabra, no verá muerte para siempre.

52 Entonces los Judíos le dijeron: Ahora conocemos que tienes demonio. Abraham murió, y los profetas, y tú dices: El que guardare mi palabra, no gustará muerte para siempre.

53 ¿Eres tú mayor que nuestro padre Abraham, el cual murió? y los profetas murieron: ¿quién te haces á ti mismo?

54 Respondió Jesús: Si yo me glorifico á mí mismo, mi gloria es nada: mi Padre es el que me glorifica; el que vosotros decís que es vuestro Dios;

55 Y no le conocéis: mas yo le conozco; y si dijere que no le conozco, seré como vosotros mentiroso: mas le conozco, y guardo su palabra.

56 Abraham vuestro padre se gozó por ver mi día; y lo vió, y se gozó.

57 Dijéronle entonces los Judíos: Aun no tienes cincuenta años, ¿y has visto á Abraham?

58 Díjoles Jesús: De cierto, de cierto os digo: Antes que Abraham fuese, yo soy.

59 Tomaron entonces piedras para tirarle: mas Jesús se encubrió, y salió del templo; y atravesando por medio de ellos, se fué.

9 Y pasado Jesús, vió un hombre ciego desde su nacimiento.

2 Y preguntáronle sus discípulos, diciendo: Rabbí, ¿quién pecó, éste ó sus padres, para que naciese ciego?

3 Respondió Jesús: Ni éste pecó, ni sus padres: mas para que las obras de Dios se manifiesten en Él.

4 Conviéneme obrar las obras del que me envió, entre tanto que el día dura: la noche viene, cuando nadie puede obrar.

5 Entre tanto que estuviere en el mundo, luz soy del mundo.

6 Esto dicho, escupió en tierra, é hizo lodo con la saliva, y untó con el lodo sobre los ojos del ciego,

7 Y díjole: Ve, lávate en el estanque de Siloé (que significa, si lo interpretares, Enviado). Y fué entonces, y lavóse, y volvió viendo.

8 Entonces los vecinos, y los que antes le habían visto que era ciego, decían: ¿no es éste el que se sentaba y mendigaba?

9 Unos decían: Este es; y otros: A Él se parece. El decía: Yo soy.

10 Y dijéronle: ¿Cómo te fueron abiertos los ojos?

11 Respondió Él y dijo: El hombre que se llama Jesús, hizo lodo, y me untó los ojos, y me dijo: Ve al Siloé, y lávate: y fuí, y me lavé, y recibí la vista.

12 Entonces le dijeron: ¿Dónde está aquél? El dijo: No sé.

13 Llevaron á los Fariseos al que antes había sido ciego.

14 Y era sábado cuando Jesús había hecho el lodo, y le había abierto los ojos.

15 Y volviéronle á preguntar también los Fariseos de qué manera había recibido la vista. Y Él les dijo: Púsome lodo sobre los ojos, y me lavé, y veo.

16 Entonces unos de los Fariseos decían: Este hombre no es de Dios, que no guarda el sábado. Otros decían: ¿Cómo puede un hombre pecador hacer estas señales? Y había disensión entre ellos.

17 Vuelven á decir al ciego: ¿Tú, qué dices del que te abrió los ojos? Y Él dijo: Que es profeta.

18 Mas los Judíos no creían de él, que había sido ciego, y hubiese recibido la vista, hasta que llamaron á los padres del que había recibido la vista,

19 Y preguntáronles, diciendo: ¿Es éste vuestro hijo, el que vosotros decís que nació ciego? ¿Cómo, pues, ve ahora?

20 Respondiéronles sus padres y dijeron: Sabemos que éste es nuestro hijo, y que nació ciego:

21 Mas cómo vea ahora, no sabemos; ó quién le haya abierto los ojos, nosotros no lo sabemos; El tiene edad, preguntadle á Él; El hablará de sí.

22 Esto dijeron sus padres, porque tenían miedo de los Judíos: porque ya los Judíos habían resuelto que si alguno confesase ser Él el Mesías, fuese fuera de la sinagoga.

23 Por eso dijeron sus padres: Edad tiene, preguntadle á Él.

24 Así que, volvieron á llamar al hombre que había sido ciego, y dijéronle: Da gloria á Dios: nosotros sabemos que este hombre es pecador.

25 Entonces Él respondió, y dijo: Si es pecador, no lo sé: una cosa sé, que habiendo yo sido ciego, ahora veo.

26 Y volviéronle á decir: ¿Qué te hizo? ¿Cómo te abrió los ojos?

27 Respondióles: Ya os lo he dicho, y no habéis atendido:

¿por qué lo queréis otra vez oir? ¿queréis también vosotros haceros sus discípulos?

28 Y le ultrajaron, y dijeron: Tú eres su discípulo; pero nosotros discípulos de Moisés somos.

29 Nosotros sabemos que á Moisés habló Dios: mas éste no sabemos de dónde es.

30 Respondió aquel hombre, y díjoles: Por cierto, maravillosa cosa es ésta, que vosotros no sabéis de dónde sea, y á mí me abrió los ojos.

31 Y sabemos que Dios no oye á los pecadores: mas si alguno es temeroso de Dios, y hace su voluntad, á éste oye.

32 Desde el siglo no fué oído, que abriese alguno los ojos de uno que nació ciego.

33 Si éste no fuera de Dios, no pudiera hacer nada.

34 Respondieron, y dijéronle: En pecados eres nacido todo, ¿y tú nos enseñas? Y echáronle fuera.

35 Oyó Jesús que le habían echado fuera; y hallándole, díjole: ¿Crees tú en el Hijo de Dios?

36 Respondió Él, y dijo: ¿Quién es, Señor, para que crea en Él?

37 Y díjole Jesús: Y le has visto, y el que habla contigo, El es.

38 Y Él dice: Creo, Señor, y adoróle.

39 Y dijo Jesús: Yo, para juicio he venido á éste mundo: para que los que no ven, vean; y los que ven, sean cegados.

40 Y ciertos de los Fariseos que estaban con El oyeron esto, y dijéronle: ¿Somos nosotros también ciegos?

41 Díjoles Jesús: Si fuerais ciegos, no tuvierais pecado: mas ahora porque decís, Vemos, por tanto vuestro pecado permanece.

10 De cierto, de cierto os digo: El que no entra por la puerta en el corral de las ovejas, mas sube por otra parte, el tal es ladrón y robador.

2 Mas el que entra por la puerta, el pastor de las ovejas es.

3 A éste abre el portero, y las ovejas oyen su voz: y á sus ovejas llama por nombre, y las saca.

4 Y como ha sacado fuera todas las propias, va delante de ellas; y las ovejas le siguen, porque conocen su voz.

5 Mas al extraño no seguirán, antes huirán de El: porque no conocen la voz de los extraños.

6 Esta parábola les dijo Jesús; mas ellos no entendieron qué era lo que les decía.

7 Volvióles, pues, Jesús á decir: De cierto, de cierto os digo: Yo soy la puerta de las ovejas.

8 Todos los que antes de mí vinieron, ladrones son y robadores; mas no los oyeron las ovejas.

9 Yo soy la puerta: el que por mí entrare, será salvo; y entrará, y saldrá, y hallará pastos.

10 El ladrón no viene sino para hurtar, y matar, y destruir: yo he venido para que tengan vida, y para que la tengan en abundancia.

11 Yo soy el buen pastor: el buen pastor su vida da por las ovejas.

12 Mas el asalariado, y que no es el pastor, de quien no son propias las ovejas, ve al lobo que viene, y deja las ovejas, y huye, y el lobo las arrebata, y esparce las ovejas.

13 Así que, el asalariado, huye, porque es asalariado, y no tiene cuidado de las ovejas.

14 Yo soy el buen pastor; y conozco mis ovejas, y las mías me conocen.

15 Como el Padre me conoce, y yo conozco al Padre; y pongo mi vida por las ovejas.

16 También tengo otras ovejas que no son de este redil; aquéllas también me conviene traer, y oirán mi voz; y habrá un rebaño, y un pastor.

17 Por eso me ama el Padre, porque yo pongo mi vida, para volverla á tomar.

18 Nadie me la quita, mas yo la pongo de mí mismo. Tengo poder para ponerla, y tengo poder para volverla á tomar. Este mandamiento recibí de mi Padre.

19 Y volvió á haber disensión entre los Judíos por estas palabras.

20 Y muchos de ellos decían: Demonio tiene, y está fuera de sí; ¿para qué le oís?

21 Decían otros: Estas palabras no son de endemoniado: ¿puede el demonio abrir los ojos de los ciegos?

22 Y se hacía la fiesta de la dedicación en Jerusalem; y era invierno;

23 Y Jesús andaba en el templo por el portal de Salomón.

24 Y rodeáronle los Judíos y dijéronle: ¿Hasta cuándo nos has de turbar el alma? Si tú eres el Cristo, dínoslo abiertamente.

25 Respondióles Jesús: Os lo he dicho, y no creéis: las obras que yo hago en nombre de mi Padre, ellas dan testimonio de mí.

26 Mas vosotros no creéis, porque no sois de mis ovejas, como os he dicho.

27 Mis ovejas oyen mi voz, y yo las conozco, y me siguen;

28 Y yo les doy vida eterna y no perecerán para siempre, ni nadie las arrebatará de mi mano.

29 Mi Padre que me las dió, mayor que todos es y nadie las puede arrebatar de la mano de mi Padre.

30 Yo y el Padre una cosa somos.

31 Entonces volvieron á tomar piedras los Judíos para apedrearle.

32 Respondióles Jesús: Muchas buenas obras os he mostrado de mi Padre, ¿por cuál obra de esas me apedreáis?

33 Respondiéronle los Judíos, diciendo: Por buena obra no te apedreamos, sino por la blasfemia; y porque tú, siendo hombre, te haces Dios.

34 Respondióles Jesús: ¿No está escrito en vuestra ley: Yo dije, dioses sois?

35 Si dijo, dioses, á aquellos á los cuales fué hecha palabra de Dios (y la Escritura no puede ser quebrantada);

36 ¿A quien el Padre santificó y envió al mundo, vosotros decís: Tú blasfemas, porque dije: Hijo de Dios soy?

37 Si no hago obras de mi Padre, no me creáis.

38 Mas si las hago, aunque á mí no creáis, creed á las obras; para que conozcáis y creáis que el Padre está en mí, y yo en el Padre.

39 Y procuraban otra vez prenderle; mas El se salió de sus manos;

40 Y volvióse tras el Jordán, á aquel lugar donde primero había estado bautizando Juan; y estúvose allí.

41 Y muchos venían á El, y decían: Juan, á la verdad, ninguna señal hizo; mas todo lo que Juan dijo de éste, era verdad.

42 Y muchos creyeron allí en El.

11 Estaba entonces enfermo uno llamado Lázaro, de Bethania, la aldea de María y de Marta su hermana.

2 (Y María, cuyo hermano Lázaro estaba enfermo, era la que ungió al Señor con ungüento, y limpió sus pies con sus cabellos)

3 Enviaron, pues, sus hermanas á El, diciendo: Señor, he aquí, el que amas está enfermo.

4 Y oyéndolo Jesús, dijo: Esta enfermedad no es para muerte, mas por gloria de Dios, para que el Hijo de Dios sea glorificado por ella.

5 Y amaba Jesús á Marta, y á su hermana, y á Lázaro.

6 Como oyó pues que estaba enfermo, quedóse aún dos días en aquel lugar donde estaba.

7 Luego, después de esto, dijo á los discípulos: Vamos á Judea otra vez.

8 Dícenle los discípulos: Rabbí, ahora procuraban los Judíos apedrearte, ¿y otra vez vas allá?

9 Respondió Jesús: ¿No tiene el día doce horas? El que anduviere de día, no tropieza, porque ve la luz de este mundo.

10 Mas el que anduviere de noche, tropieza, porque no hay luz en El.

11 Dicho esto, díceles después: Lázaro nuestro amigo duerme; mas voy á despertarle del sueño.

12 Dijeron entonces sus discípulos: Señor, si duerme, salvo estará.

13 Mas esto decía Jesús de la muerte de El: y ellos pensaron que hablaba del reposar del sueño.

14 Entonces, pues, Jesús les dijo claramente: Lázaro es muerto;

15 Y huélgome por vosotros, que yo no haya estado allí, para que creáis: mas vamos á El.

16 Dijo entonces Tomás, el que se dice el Dídimo, á sus condiscípulos: Vamos también nosotros, para que muramos con El.

17 Vino pues Jesús, y halló que había ya cuatro días que estaba en el sepulcro.

18 Y Bethania estaba cerca de Jerusalem, como quince estadios;

19 Y muchos de los Judíos habían venido á Marta y á María, á consolarlas de su hermano.

20 Entonces Marta, como oyó que Jesús venía, salió á encontrarle; mas María se estuvo en casa.

21 Y Marta dijo á Jesús: Señor, si hubieses estado aquí, mi hermano no fuera muerto;

22 Mas también sé ahora, que todo lo que pidieres de Dios, te dará Dios.

23 Dícele Jesús: Resucitará tu hermano.

24 Marta le dice: Yo sé que resucitará en la resurrección en el día postrero.

25 Dícele Jesús: Yo soy la resurrección y la vida: el que cree en mí, aunque esté muerto, vivirá.

26 Y todo aquel que vive y cree en mí, no morirá eternamente. ¿Crees esto?

27 Dícele: Sí Señor; yo he creído que tú eres el Cristo, el Hijo de Dios, que has venido al mundo.

28 Y esto dicho, fuése, y llamó en secreto á María su hermana, diciendo: El Maestro está aquí y te llama.

29 Ella, como lo oyó, levántase prestamente y viene á El.

30 (Que aun no había llegado Jesús á la aldea, mas estaba en aquel lugar donde Marta le había encontrado.)

31 Entonces los Judíos que estaban en casa con ella, y la consolaban, como vieron que María se había levantado prestamente, y había salido, siguiéronla, diciendo: Va al sepulcro á llorar allí.

32 Mas María, como vino donde estaba Jesús, viéndole, derríbose á sus pies, diciéndole: Señor, si hubieras estado aquí, no fuera muerto mi hermano.

33 Jesús entonces, como la vió llorando, y á los Judíos que habían venido juntamente con ella llorando, se conmovió en espíritu, y turbóse,

34 Y dijo: ¿Dónde le pusisteis? Dícenle: Señor, ven, y ve.

35 Y lloró Jesús.

36 Dijeron entonces los Judíos: Mirad cómo le amaba.

37 Y algunos de ellos dijeron: ¿No podía éste que abrió los ojos al ciego, hacer que éste no muriera?

38 Y Jesús, conmoviéndose otra vez en sí mismo, vino al sepulcro. Era una cueva, la cual tenía una piedra encima.

39 Dice Jesús: Quitad la piedra. Marta, la hermana del que se había muerto, le dice: Señor, hiede ya, que es de cuatro días.

40 Jesús le dice: ¿No te he dicho que, si creyeres, verás la gloria de Dios?

41 Entonces quitaron la piedra de donde el muerto había sido puesto. Y Jesús, alzando los ojos arriba, dijo: Padre, gracias te doy que me has oído.

42 Que yo sabía que siempre me oyes; mas por causa de la compañía que está alrededor, lo dije, para que crean que tú me has enviado.

43 Y habiendo dicho estas cosas, clamó á gran voz: Lázaro, ven fuera.

44 Y el que había estado muerto, salió, atadas las manos y los pies con vendas; y su rostro estaba envuelto en un sudario. Díceles Jesús: Desatadle, y dejadle ir.

45 Entonces muchos de los Judíos que habían venido á María, y habían visto lo que había hecho Jesús, creyeron en El.

46 Mas algunos de ellos fueron á los Fariseos, y dijéronles lo que Jesús había hecho.

47 Entonces los pontífices y los Fariseos juntaron concilio, y decían: ¿Qué hacemos? porque este hombre hace muchas señales.

48 Si le dejamos así, todos creerán en El: y vendrán los Romanos, y quitarán nuestro lugar y la nación.

49 Y Caifás, uno de ellos, sumo pontífice de aquel año, les dijo: Vosotros no sabéis nada;

50 Ni pensáis que nos conviene que un hombre muera por el pueblo, y no que toda la nación se pierda.

51 Mas esto no lo dijo de sí mismo; sino que, como era el sumo pontífice de aquel año, profetizó que Jesús había de morir por la nación:

52 Y no solamente por aquella nación, mas también para que juntase en uno los hijos de Dios que estaban derramados.

53 Así que, desde aquel día consultaban juntos de matarle.

54 Por tanto, Jesús ya no andaba manifiestamente entre los Judíos; mas fuése de allí á la tierra que está junto al desierto, á una ciudad que se llama Ephraim: y estábase allí con sus discípulos

55 Y la Pascua de los Judíos estaba cerca: y muchos subieron de aquella tierra á Jerusalem antes de la Pascua, para purificarse;

56 Y buscaban á Jesús, y hablaban los unos con los otros estando en el templo. ¿Qué os parece, que no vendrá á la fiesta?

57 Y los pontífices y los Fariseos habían dado mandamiento, que si alguno supiese dónde estuviera, lo manifestase, para que le prendiesen.

12 Y Jesús, seis días antes de la Pascua, vino á Bethania, donde estaba Lázaro, que había sido muerto, al cual había resucitado de los muertos.

2 E hiciéronle allí una cena y Marta servía, y Lázaro era uno de los que estaban sentados á la mesa juntamente con Él.

3 Entonces María tomó una libra de ungüento de nardo líquido de mucho precio, y ungió los pies de Jesús, y limpió sus pies con sus cabellos: y la casa se llenó del olor del ungüento.

4 Y dijo uno de sus discípulos, Judas Iscariote, hijo de Simón, el que le había de entregar:

5 ¿Por qué no se ha vendido este ungüento por trescientos dineros, y se dió á los pobres?

6 Mas dijo esto, no por el cuidado que Él tenía de los pobres: sino porque era ladrón, y tenía la bolsa, y traía lo que se echaba en ella.

7 Entonces Jesús dijo: Déjala; para el día de mi sepultura ha guardado esto;

8 Porque á los pobres siempre los tenéis con vosotros, mas á mí no siempre me tenéis.

9 Entonces mucha gente de los Judíos entendió que Él estaba allí; y vinieron no solamente por causa de Jesús, mas también por ver á Lázaro, al cual había resucitado de los muertos.

10 Consultaron asimismo los príncipes de los sacerdotes, de matar también á Lázaro;

11 Porque muchos de los Judíos iban y creían en Jesús por causa de Él.

12 El siguiente día, mucha gente que había venido á la fiesta, como oyeron que Jesús venía á Jerusalem,

13 Tomaron ramos de palmas, y salieron á recibirle, y clamaban: ¡Hosanna, Bendito el que viene en el nombre del Señor, el Rey de Israel!

14 Y halló Jesús un asnillo, y se sentó sobre Él, como está escrito:

15 No temas, hija de Sión: he aquí tu Rey viene, sentado sobre un pollino de asna.

16 Estas cosas no las entendieron sus discípulos de primero: empero cuando Jesús fué glorificado, entonces se acordaron de que estas cosas estaban escritas de Él, y que le hicieron estas cosas.

17 Y la gente que estaba con Él, daba testimonio de cuando llamó á Lázaro del sepulcro, y le resucitó de los muertos.

18 Por lo cual también había venido la gente á recibirle, porque había oído que Él había hecho esta señal;

19 Mas los Fariseos dijeron entre sí: ¿Veis que nada aprovecháis? he aquí, el mundo se va tras de Él.

20 Y había ciertos Griegos de los que habían subido á adorar en la fiesta:

21 Estos pues, se llegaron á Felipe, que era de Bethsaida de Galilea, y rogáronle, diciendo: Señor, querríamos ver á Jesús.

22 Vino Felipe, y díjolo á Andrés: Andrés entonces, y Felipe, lo dicen á Jesús.

23 Entonces Jesús les respondió, diciendo: La hora viene en que el Hijo del hombre ha de ser glorificado.

24 De cierto, de cierto os digo, que si el grano de trigo no cae en la tierra y muere, Él solo queda; mas si muriere, mucho fruto lleva.

25 El que ama su vida, la perderá; y el que aborrece su vida en este mundo, para vida eterna la guardará.

26 Si alguno me sirve, sígame: y donde yo estuviere, allí también estará mi servidor. Si alguno me sirviere, mi Padre le honrará.

27 Ahora está turbada mi alma; ¿y qué diré? Padre, sálvame de esta hora. Mas por esto he venido en esta hora.

28 Padre, glorifica tu nombre. Entonces vino una voz del cielo: Y lo he glorificado, y lo glorificaré otra vez.

29 Y la gente que estaba presente, y había oído, decía que había sido trueno. Otros decían: Angel le ha hablado.

30 Respondió Jesús, y dijo: No ha venido esta voz por mi causa, mas por causa de vosotros.

31 Ahora es el juicio de este mundo: ahora el príncipe de este mundo será echado fuera.

32 Y yo, si fuere levantado de la tierra, á todos traeré á mí mismo.

33 Y esto decía dando á entender de qué muerte había de morir.

34 Respondióle la gente: Nosotros hemos oído de la ley, que el Cristo permanece para siempre: ¿cómo pues dices tú: Conviene que el Hijo del hombre sea levantado? ¿Quién es este Hijo del hombre?

35 Entonces Jesús les dice: Aun por un poco estará la luz entre vosotros: andad entre tanto que tenéis luz, porque no os sorprendan las tinieblas; porque el que anda en tinieblas, no sabe dónde va.

36 Entre tanto que tenéis la luz, creed en la luz, para que seáis hijos de luz. Estas cosas habló Jesús, y fuése, y escondióse de ellos.

37 Empero habiendo hecho delante de ellos tantas señales, no creían en Él.

38 Para que se cumpliese el dicho que dijo el profeta Isaías: ¿Señor, quién ha creído á nuestro dicho? ¿Y el brazo del Señor, á quién es revelado?

39 Por esto no podían creer, porque otra vez dijo Isaías:

40 Cegó los ojos de ellos, y endureció su corazón; Porque no vean con los ojos, y entiendan de corazón, Y se conviertan, Y yo los sane.

41 Estas cosas dijo Isaías cuando vió su gloria, y habló de Él.

42 Con todo eso, aun de los príncipes, muchos creyeron en Él; mas por causa de los Fariseos no lo confesaban, por no ser echados de la sinagoga.

43 Porque amaban más la gloria de los hombres que la gloria de Dios.

44 Mas Jesús clamó y dijo: El que cree en mí, no cree en mí, sino en el que me envió;

45 Y el que me ve, ve al que me envió.

46 Yo la luz he venido al mundo, para que todo aquel que cree en mí no permanezca en tinieblas.

47 Y el que oyere mis palabras, y no las creyere, yo no le juzgo; porque no he venido á juzgar al mundo, sino á salvar al mundo.

48 El que me desecha, y no recibe mis palabras, tiene quien le juzgue: la palabra que he hablado, ella le juzgará en el día postrero.

49 Porque yo no he hablado de mí mismo; mas el Padre que me envió, Él me dió mandamiento de lo que he de decir, y de lo que he de hablar.

50 Y sé que su mandamiento es vida eterna: así que, lo que yo hablo, como el Padre me lo ha dicho, así hablo.

13 Antes de la fiesta de la Pascua, sabiendo Jesús que su hora había venido para que pasase de este mundo al Padre, como había amado á los suyos que estaban en el mundo, amólos hasta el fin.

2 Y la cena acabada, como el diablo ya había metido en el corazón de Judas, hijo de Simón Iscariote, que le entregase,

3 Sabiendo Jesús que el Padre le había dado todas las cosas en las manos, y que había salido de Dios, y á Dios iba,

4 Levántase de la cena, y quítase su ropa, y tomando una toalla, cíñose;

5 Luego puso agua en un lebrillo, y comenzó á lavar los pies de los discípulos, y á limpiarlos con la toalla con que estaba ceñido.

6 Entonces vino á Simón Pedro; y Pedro le dice: ¿Señor, tú me lavas los pies?

7 Respondió Jesús, y díjole: Lo que yo hago, tú no entiendes ahora; mas lo entenderás después.

8 Dícele Pedro: No me lavarás los pies jamás. Respondióle Jesús: Si no te lavare, no tendrás parte conmigo.

9 Dícele Simón Pedro: Señor, no sólo mis pies, mas aun las manos y la cabeza.

10 Dícele Jesús: El que está lavado, no necesita sino que lave los pies, mas está todo limpio: y vosotros limpios estáis, aunque no todos.

11 Porque sabía quién le había de entregar; por eso dijo: No estáis limpios todos.

12 Así que, después que les hubo lavado los pies, y tomado su ropa, volviéndose á sentar á la mesa, díjoles: ¿Sabéis lo que os he hecho?

13 Vosotros me llamáis, Maestro, y, Señor: y decís bien; porque lo soy.

14 Pues si yo, el Señor y el Maestro, he lavado vuestros pies, vosotros también debéis lavar los pies los unos á los otros.

15 Porque ejemplo os he dado, para que como yo os he hecho, vosotros también hagáis.

16 De cierto, de cierto os digo: El siervo no es mayor que su señor, ni el apóstol es mayor que el que le envió.

17 Si sabéis estas cosas, bienaventurados seréis, si las hiciereis.

18 No hablo de todos vosotros: yo sé los que he elegido: mas para que se cumpla la Escritura: El que come pan conmigo, levantó contra mí su calcañar.

19 Desde ahora os lo digo antes que se haga, para que cuando se hiciere, creáis que yo soy.

20 De cierto, de cierto os digo: El que recibe al que yo enviare, á mí recibe; y el que á mí recibe, recibe al que me envió.

21 Como hubo dicho Jesús esto, fué conmovido en el espíritu, y protestó, y dijo: De cierto, de cierto os digo, que uno de vosotros me ha de entregar.

22 Entonces los discípulos mirábanse los unos á los otros, dudando de quién decía.

23 Y uno de sus discípulos, al cual Jesús amaba, estaba recostado en el seno de Jesús.

24 A éste, pues, hizo señas Simón Pedro, para que preguntase quién era aquél de quien decía.

25 El entonces recostándose sobre el pecho de Jesús, dícele: Señor, ¿quién es?

26 Respondió Jesús: Aquél es, á quien yo diere el pan mojado. Y mojando el pan, diólo á Judas Iscariote, hijo de Simón.

27 Y tras el bocado Satanás entró en Él. Entonces Jesús le dice: Lo que haces, haz lo más presto.

28 Mas ninguno de los que estaban á la mesa entendió á qué propósito le dijo esto.

29 Porque los unos pensaban, por que Judas tenía la bolsa, que Jesús le decía: Compra lo que necesitamos para la fiesta: ó, que diese algo á los pobres.

30 Como Él pues hubo tomado el bocado, luego salió: y era ya noche.

31 Entonces como Él salió, dijo Jesús: Ahora es glorificado el Hijo del hombre, y Dios es glorificado en Él.

32 Si Dios es glorificado en Él, Dios también le glorificará en sí mismo, y luego le glorificará.

33 Hijitos, aun un poco estoy con vosotros. Me buscaréis; mas, como dije á los Judíos: Donde yo voy, vosotros no podéis venir; así digo á vosotros ahora.

34 Un mandamiento nuevo os doy: Que os améis unos á otros: como os he amado, que también os améis los unos á los otros.

35 En esto conocerán todos que sois mis discípulos, si tuviereis amor los unos con los otros.

36 Dícele Simón Pedro: Señor, ¿adónde vas? Respondióle Jesús: Donde yo voy, no me puedes ahora seguir; mas me seguirás después.

37 Dícele Pedro: Señor, ¿por qué no te puedo seguir ahora? mi alma pondré por ti.

38 Respondióle Jesús: ¿Tu alma pondrás por mí? De cierto, de cierto te digo: No cantará el gallo, sin que me hayas negado tres veces.

14 No se turbe vuestro corazón; creéis en Dios, creed también en mí.

2 En la casa de mi Padre muchas moradas hay: de otra manera os lo hubiera dicho: voy, pues, á preparar lugar para vosotros.

3 Y si me fuere, y os aparejare lugar, vendré otra vez, y os tomaré á mí mismo: para que donde yo estoy, vosotros también estéis.

4 Y sabéis á dónde yo voy; y sabéis el camino.

5 Dícele Tomás: Señor, no sabemos á dónde vas: ¿cómo, pues, podemos saber el camino?

6 Jesús le dice: Yo soy el camino, y la verdad, y la vida: nadie viene al Padre, sino por mí.

7 Si me conocieseis, también á mi Padre conocierais: y desde ahora le conocéis, y le habéis visto.

8 Dícele Felipe: Señor, muéstranos el Padre, y nos basta.

9 Jesús le dice: ¿Tanto tiempo ha que estoy con vosotros, y no me has conocido, Felipe? El que me ha visto, ha visto al Padre; ¿cómo, pues, dices tú: Muéstranos el Padre?

10 ¿No crees que yo soy en el Padre, y el Padre en mí? Las palabras que yo os hablo, no las hablo de mí mismo: mas el Padre que está en mí, Él hace las obras.

11 Creedme que yo soy en el Padre, y el Padre en mí: de otra manera, creedme por las mismas obras.

12 De cierto, de cierto os digo: El que en mí cree, las obras que yo hago también Él las hará; y mayores que éstas hará; porque yo voy al Padre.

13 Y todo lo que pidiereis al Padre en mi nombre, esto haré, para que el Padre sea glorificado en el Hijo.

14 Si algo pidiereis en mi nombre, yo lo haré.

15 Si me amáis, guardad mis mandamientos.

16 Y yo rogaré al Padre, y os dará otro Consolador, para que esté con vosotros para siempre:

17 Al Espíritu de verdad, al cual el mundo no puede recibir, porque no le ve, ni le conoce: mas vosotros le conocéis; porque está con vosotros, y será en vosotros.

18 No os dejaré huérfanos: vendré á vosotros.

19 Aun un poquito, y el mundo no me verá más; empero vosotros me veréis; porque yo vivo, y vosotros también viviréis.

20 En aquel día vosotros conoceréis que yo estoy en mi Padre, y vosotros en mí, y yo en vosotros.

21 El que tiene mis mandamientos, y los guarda, aquél es el que me ama; y el que me ama, será amado de mi Padre, y yo le amaré, y me manifestaré á Él.

22 Dícele Judas, no el Iscariote: Señor, ¿qué hay porque te hayas de manifestar á nosotros, y no al mundo?

23 Respondió Jesús, y díjole: El que me ama, mi palabra guardará; y mi Padre le amará, y vendremos á Él, y haremos con Él morada.

24 El que no me ama, no guarda mis palabras: y la palabra que habéis oído, no es mía, sino del Padre que me envió.

25 Estas cosas os he hablado estando con vosotros.

26 Mas el Consolador, el Espíritu Santo, al cual el Padre enviará en mi nombre, Él os enseñará todas las cosas, y os recordará todas las cosas que os he dicho.

27 La paz os dejo, mi paz os doy: no como el mundo la da, yo os la doy. No se turbe vuestro corazón, ni tenga miedo.

28 Habéis oído cómo yo os he dicho: Voy, y vengo á vosotros. Si me amaseis, ciertamente os gozaríais, porque he dicho que voy al Padre: porque el Padre mayor es que yo.

29 Y ahora os lo he dicho antes que se haga; para que cuando se hiciere, creáis.

30 Ya no hablaré mucho con vosotros: porque viene el príncipe de este mundo; mas no tiene nada en mí.

31 Empero para que conozca el mundo que amo al Padre, y como el Padre me dió el mandamiento, así hago. Levantaos, vamos de aquí.

15 Yo soy la vid verdadera, y mi Padre es el labrador.

2 Todo pámpano que en mí no lleva fruto, le quitará: y todo aquel que lleva fruto, le limpiará, para que lleve más fruto.

3 Ya vosotros sois limpios por la palabra que os he hablado.

4 Estad en mí, y yo en vosotros. Como el pámpano no puede llevar fruto de sí mismo, si no estuviere en la vid; así ni vosotros, si no estuviereis en mí.

5 Yo soy la vid, vosotros los pámpanos: el que está en mí, y yo en Él, éste lleva mucho fruto; porque sin mí nada podéis hacer.

6 El que en mí no estuviere, será echado fuera como mal pámpano, y se secará; y los cogen, y los echan en el fuego, y arden.

7 Si estuviereis en mí, y mis palabras estuvieren en vosotros, pedid todo lo que quisiereis, y os será hecho.

8 En esto es glorificado mi Padre, en que llevéis mucho fruto, y seáis así mis discípulos.

9 Como el Padre me amó, también yo os he amado: estad en mi amor.

10 Si guardareis mis mandamientos, estaréis en mi amor; como yo también he guardado los mandamientos de mi Padre, y estoy en su amor.

11 Estas cosas os he hablado, para que mi gozo esté en vosotros, y vuestro gozo sea cumplido.

12 Este es mi mandamiento: Que os améis los unos á los otros, como yo os he amado.

13 Nadie tiene mayor amor que este, que ponga alguno su vida por sus amigos.

14 Vosotros sois mis amigos, si hiciereis las cosas que yo os mando.

15 Ya no os llamaré siervos, porque el siervo no sabe lo que hace su señor: mas os he llamado amigos, porque todas las cosas que oí de mi Padre, os he hecho notorias.

16 No me elegisteis vosotros á mí, mas yo os elegí á vosotros; y os he puesto para que vayáis y llevéis fruto, y vuestro fruto permanezca: para que todo lo que pidiereis del Padre en mi nombre, Él os lo dé.

17 Esto os mando: Que os améis los unos á los otros.

18 Si el mundo os aborrece, sabed que á mí me aborreció antes que á vosotros.

19 Si fuerais del mundo, el mundo amaría lo suyo; mas porque no sois del mundo, antes yo os elegí del mundo, por eso os aborrece el mundo.

20 Acordaos de la palabra que yo os he dicho: No es el siervo mayor que su señor. Si á mí me han perseguido, también á vosotros perseguirán: si han guardado mi palabra, también guardarán la vuestra.

21 Mas todo esto os harán por causa de mi nombre, porque no conocen al que me ha enviado.

22 Si no hubiera venido, ni les hubiera hablado, no tendrían pecado, mas ahora no tienen excusa de su pecado.

23 El que me aborrece, también á mi Padre aborrece.

24 Si no hubiese hecho entre ellos obras cuales ningún otro ha hecho, no tendrían pecado; mas ahora, y las han visto, y me aborrecen á mí y á mi Padre.

25 Mas para que se cumpla la palabra que está escrita en su ley: Que sin causa me aborrecieron.

26 Empero cuando viniere el Consolador, el cual yo os enviaré del Padre, el Espíritu de verdad, el cual procede del Padre, El dará testimonio de mí.

27 Y vosotros daréis testimonio, porque estáis conmigo desde el principio.

16 Estas cosas os he hablado, para que no os escandalicéis.

2 Os echarán de las sinagogas; y aun viene la hora, cuando cualquiera que os matare, pensará que hace servicio á Dios.

3 Y estas cosas os harán, porque no conocen al Padre ni á mí.

4 Mas os he dicho esto, para que cuando aquella hora viniere, os acordéis que yo os lo había dicho. Esto empero no os lo dije al principio, porque yo estaba con vosotros.

5 Mas ahora voy al que me envió; y ninguno de vosotros me pregunta: ¿Adónde vas?

6 Antes, porque os he hablado estas cosas, tristeza ha henchido vuestro corazón.

7 Empero yo os digo la verdad: Os es necesario que yo vaya: porque si yo no fuese, el Consolador no vendría á vosotros; mas si yo fuere, os le enviaré.

8 Y cuando El viniere redargüirá al mundo de pecado, y de justicia, y de juicio:

9 De pecado ciertamente, por cuanto no creen en mí;

10 Y de justicia, por cuanto voy al Padre, y no me veréis más;

11 Y de juicio, por cuanto el príncipe de este mundo es juzgado.

12 Aun tengo muchas cosas que deciros, mas ahora no las podéis llevar.

13 Pero cuando viniere aquel Espíritu de verdad, Él os guiará á toda verdad; porque no hablará de sí mismo, sino que hablará todo lo que oyere, y os hará saber las cosas que han de venir.

14 El me glorificará: porque tomará de lo mío, y os lo hará saber.

15 Todo lo que tiene el Padre, mío es: por eso dije que tomará de lo mío, y os lo hará saber.

16 Un poquito, y no me veréis; y otra vez un poquito, y me veréis: porque yo voy al Padre.

17 Entonces dijeron algunos de sus discípulos unos á otros: ¿Qué es esto que nos dice: Un poquito, y no me veréis; y otra vez un poquito, y me veréis: y, por que yo voy al Padre?

18 Decían pues: ¿Qué es esto que dice: Un poquito? No entendemos lo que habla.

19 Y conoció Jesús que le querían preguntar, y díjoles: ¿Preguntáis entre vosotros de esto que dije: Un poquito, y no me veréis, y otra vez un poquito, y me veréis?

20 De cierto, de cierto os digo, que vosotros lloraréis y lamentaréis, y el mundo se alegrará: empero aunque vosotros estaréis tristes, vuestra tristeza se tornará en gozo.

21 La mujer cuando pare, tiene dolor, porque es venida su hora; mas después que ha parido un niño, ya no se acuerda de la angustia, por el gozo de que haya nacido un hombre en el mundo.

22 También, pues, vosotros ahora ciertamente tenéis tristeza; mas otra vez os veré, y se gozará vuestro corazón, y nadie quitará de vosotros vuestro gozo.

23 Y aquel día no me preguntaréis nada. De cierto, de cierto os digo, que todo cuanto pidiereis al Padre en mi nombre, os lo dará.

24 Hasta ahora nada habéis pedido en mi nombre: pedid, y recibiréis, para que vuestro gozo sea cumplido.

25 Estas cosas os he hablado en proverbios: la hora viene cuando ya no os hablaré por proverbios, pero claramente os anunciaré del Padre.

26 Aquel día pediréis en mi nombre: y no os digo, que yo rogaré al Padre por vosotros;

27 Pues el mismo Padre os ama, porque vosotros me amasteis, y habéis creído que yo salí de Dios.

28 Salí del Padre, y he venido al mundo: otra vez dejo el mundo, y voy al Padre.

29 Dícenle sus discípulos: He aquí, ahora hablas claramente, y ningún proverbio dices.

30 Ahora entendemos que sabes todas las cosas, y no necesitas que nadie te pregunte: en esto creemos que has salido de Dios.

31 Respondióles Jesús: ¿Ahora creéis?

32 He aquí, la hora viene, y ha venido, que seréis esparcidos cada uno por su parte, y me dejaréis solo: mas no estoy solo, porque el Padre está conmigo.

33 Estas cosas os he hablado, para que en mí tengáis paz. En el mundo tendréis aflicción: mas confiad, yo he vencido al mundo.

17 Estas cosas habló Jesús, y levantados los ojos al cielo, dijo: Padre, la hora es llegada; glorifica á tu Hijo, para que también tu Hijo te glorifique á ti;

2 Como le has dado la potestad de toda carne, para que dé vida eterna á todos los que le diste.

3 Esta empero es la vida eterna: que te conozcan el solo Dios verdadero, y á Jesucristo, al cual has enviado.

4 Yo te he glorificado en la tierra: he acabado la obra que me diste que hiciese.

5 Ahora pues, Padre, glorifícame tú cerca de ti mismo con aquella gloria que tuve cerca de ti antes que el mundo fuese.

6 He manifestado tu nombre á los hombres que del mundo me diste: tuyos eran, y me los diste, y guardaron tu palabra.

7 Ahora han conocido que todas las cosas que me diste, son de ti;

8 Porque las palabras que me diste, les he dado; y ellos las recibieron, y han conocido verdaderamente que salí de ti, y han creído que tú me enviaste.

9 Yo ruego por ellos: no ruego por el mundo, sino por los que me diste; porque tuyos son:

10 Y todas mis cosas son tus cosas, y tus cosas son mis cosas: y he sido glorificado en ellas.

11 Y ya no estoy en el mundo; mas éstos están en el mundo, y yo á ti vengo. Padre santo, á los que me has dado, guárdalos por tu nombre, para que sean una cosa, como también nosotros.

12 Cuando estaba con ellos en el mundo, yo los guardaba en tu nombre; á los que me diste, yo los guardé, y ninguno de ellos se perdió, sino el hijo de perdición; para que la Escritura se cumpliese.

13 Mas ahora vengo á ti; y hablo esto en el mundo, para que tengan mi gozo cumplido en sí mismos.

14 Yo les he dado tu palabra; y el mundo los aborreció, porque no son del mundo, como tampoco yo soy del mundo.

15 No ruego que los quites del mundo, sino que los guardes del mal.

16 No son del mundo, como tampoco yo soy del mundo.

17 Santifícalos en tu verdad: tu palabra es verdad.

18 Como tú me enviaste al mundo, también los he enviado al mundo.

19 Y por ellos yo me santifico á mí mismo, para que también ellos sean santificados en verdad.

20 Mas no ruego solamente por éstos, sino también por los que han de creer en mí por la palabra de ellos;

21 Para que todos sean una cosa; como tú, oh Padre, en mí, y yo en ti, que también ellos sean en nosotros una cosa: para que el mundo crea que tú me enviaste.

22 Y yo, la gloria que me diste les he dado; para que sean una cosa, como también nosotros somos una cosa.

23 Yo en ellos, y tú en mí, para que sean consumadamente una cosa; que el mundo conozca que tú me enviaste, y que los has amado, como también á mí me has amado.

24 Padre, aquellos que me has dado, quiero que donde yo estoy, ellos estén también conmigo; para que vean mi gloria que me has dado: por cuanto me has amado desde antes de la constitución del mundo.

25 Padre justo, el mundo no te ha conocido, mas yo te he conocido; y éstos han conocido que tú me enviaste;

26 Y yo les he manifestado tu nombre, y manifestaré lo aún; para que el amor con que me has amado, esté en ellos, y yo en ellos.

18 Como Jesús hubo dicho estas cosas, salióse con sus discípulos tras el arroyo de Cedrón, donde estaba un huerto, en el cual entró Jesús y sus discípulos.

2 Y también Judas, el que le entregaba, sabía aquel lugar; porque muchas veces Jesús se juntaba allí con sus discípulos.

3 Judas pues tomando una compañía, y ministros de los pontífices y de los Fariseos, vino allí con linternas y antorchas, y con armas.

4 Empero Jesús, sabiendo todas las cosas que habían de venir sobre El, salió delante, y díjoles: ¿A quién buscáis?

5 Respondiéronle: A Jesús Nazareno. Díceles Jesús: Yo soy (Y estaba también con ellos Judas, el que le entregaba.)

6 Y como les dijo, Yo soy, volvieron atrás, y cayeron en tierra.

7 Volvióles, pues, á preguntar: ¿A quién buscáis? Y ellos dijeron: A Jesús Nazareno.

8 Respondió Jesús: Os he dicho que yo soy: pues si á mí buscáis, dejad ir á éstos.

9 Para que se cumpliese la palabra que había dicho: De los que me diste, ninguno de ellos perdí.

10 Entonces Simón Pedro, que tenía espada, sacóla, é hirió al siervo del pontífice, y le cortó la oreja derecha. Y el siervo se llamaba Malco.

11 Jesús entonces dijo á Pedro: Mete tu espada en la vaina: el vaso que el Padre me ha dado, ¿no lo tengo de beber?

12 Entonces la compañía y el tribuno, y los ministros de los Judíos, prendieron á Jesús y le ataron,

13 Y lleváronle primeramente á Anás; porque era suegro de Caifás, el cual era pontífice de aquel año.

14 Y era Caifás el que había dado el consejo á los Judíos, que era necesario que un hombre muriese por el pueblo.

15 Y seguía á Jesús Simón Pedro, y otro discípulo. Y aquel discípulo era conocido del pontífice, y entró con Jesús al atrio del pontífice;

16 Mas Pedro estaba fuera á la puerta. Y salió aquel discípulo que era conocido del pontífice, y habló á la portera, y metió dentro á Pedro.

17 Entonces la criada portera dijo á Pedro: ¿No eres tú también de los discípulos de este hombre? Dice Él: No soy.

18 Y estaban en pie los siervos y los ministros que habían allegado las ascuas; porque hacía frío, y calentábanse: y estaba también con ellos Pedro en pie, calentándose.

19 Y el pontífice preguntó á Jesús acerca de sus discípulos y de su doctrina.

20 Jesús le respondió: Yo manifiestamente he hablado al mundo: yo siempre he enseñado en la sinagoga y en el templo, donde se juntan todos los Judíos, y nada he hablado en oculto.

21 ¿Qué me preguntas á mí? Pregunta á los que han oído, qué les haya yo hablado: he aquí, ésos saben lo que yo he dicho.

22 Y como Él hubo dicho esto, uno de los criados que estaba allí, dió una bofetada á Jesús, diciendo: ¿Así respondes al pontífice?

23 Respondióle Jesús: Si he hablado mal, da testimonio del mal: y si bien, ¿por qué me hieres?

24 Y Anás le había enviado atado á Caifás pontífice.

25 Estaba pues Pedro en pie calentándose. Y dijéronle: ¿No eres tú de sus discípulos? Él negó, y dijo: No soy.

26 Uno de los siervos del pontífice, pariente de aquél á quien Pedro había cortado la oreja, le dice: ¿No te vi yo en el huerto con Él?

27 Y negó Pedro otra vez: y luego el gallo cantó.

28 Y llevaron á Jesús de Caifás al pretorio; y era por la mañana: y ellos no entraron en el pretorio por no ser contaminados, sino que comiesen la pascua.

29 Entonces salió Pilato á ellos fuera, y dijo: ¿Qué acusación traéis contra este hombre?

30 Respondieron y dijéronle: Si éste no fuera malhechor, no te le habríamos entregado.

31 Díceles entonces Pilato: Tomadle vosotros, y juzgadle según vuestra ley. Y los Judíos le dijeron: A nosotros no es lícito matar á nadie:

32 Para que se cumpliese el dicho de Jesús, que había dicho, dando á entender de qué muerte había de morir.

33 Así que, Pilato volvió á entrar en el pretorio, y llamó á Jesús, y díjole: ¿Eres tú el Rey de los Judíos?

34 Respondióle Jesús: ¿Dices tú esto de ti mismo, ó te lo han dicho otros de mí?

35 Pilato respondió: ¿Soy yo Judío? Tu gente, y los pontífices, te han entregado á mí: ¿qué has hecho?

36 Respondió Jesús: Mi reino no es de este mundo: si de este mundo fuera mi reino, mis servidores pelearían para que yo no fuera entregado á los Judíos: ahora, pues, mi reino no es de aquí.

37 Díjole entonces Pilato: ¿Luego rey eres tú? Respondió Jesús: Tú dices que yo soy rey. Yo para esto he nacido, y para esto he venido al mundo, para dar testimonio á la verdad. Todo aquél que es de la verdad, oye mi voz.

38 Dícele Pilato: ¿Qué cosa es verdad? Y como hubo dicho esto, salió otra vez á los Judíos, y díceles: Yo no hallo en Él ningún crimen.

39 Empero vosotros tenéis costumbre, que os suelte uno en la Pascua: ¿queréis, pues, que os suelte al Rey de los Judíos?

40 Entonces todos dieron voces otra vez, diciendo: No á éste, sino á Barrabás. Y Barrabás era ladrón.

19 Así que, entonces tomó Pilato á Jesús, y le azotó.

2 Y los soldados entretejieron de espinas una corona, y pusiéronla sobre su cabeza, y le vistieron de una ropa de grana;

3 Y decían: ¡Salve, Rey de los Judíos! y dábanle de bofetadas.

4 Entonces Pilato salió otra vez fuera, y díjoles: He aquí, os lo traigo fuera, para que entendáis que ningún crimen hallo en Él.

5 Y salió Jesús fuera, llevando la corona de espinas y la ropa de grana. Y díceles Pilato: He aquí el hombre.

6 Y como le vieron los príncipes de los sacerdotes, y los servidores, dieron voces diciendo: Crucifícale, crucifícale. Díceles Pilato: Tomadle vosotros, y crucificadle; porque yo no hallo en Él crimen.

7 Respondiéronle los Judíos: Nosotros tenemos ley, y según nuestra ley debe morir, porque se hizo Hijo de Dios.

8 Y como Pilato oyó esta palabra, tuvo más miedo.

9 Y entró otra vez en el pretorio, y dijo á Jesús: ¿De dónde eres tú? Mas Jesús no le dió respuesta.

10 Entonces dícele Pilato: ¿A mí no me hablas? ¿no sabes que tengo potestad para crucificarte, y que tengo potestad para soltarte?

11 Respondió Jesús: Ninguna potestad tendrías contra mí, si no te fuese dado de arriba: por tanto, el que á ti me ha entregado, mayor pecado tiene.

12 Desde entonces procuraba Pilato soltarle; mas los Judíos daban voces, diciendo: Si á éste sueltas, no eres amigo de César: cualquiera que se hace rey, á César contradice.

13 Entonces Pilato, oyendo este dicho, llevó fuera á Jesús, y se sentó en el tribunal en el lugar que se dice Lithóstrotos, y en hebreo Gabbatha.

14 Y era la víspera de la Pascua, y como la hora de sexta. Entonces dijo á los Judíos: He aquí vuestro Rey.

15 Mas ellos dieron voces: Quita, quita, crucifícale. Díceles Pilato: ¿A vuestro Rey he de crucificar? Respondieron los pontífices: No tenemos rey sino á César.

16 Así que entonces lo entregó á ellos para que fuese crucificado. Y tomaron á Jesús, y le llevaron.

17 Y llevando su cruz, salió al lugar que se dice de la Calavera, y en hebreo, Gólgotha.

18 Donde le crucificaron, y con Él otros dos, uno á cada lado, y Jesús en medio.

19 Y escribió también Pilato un título, que puso encima de la cruz. Y el escrito era: JESUS NAZARENO, REY DE LOS JUDIOS.

20 Y muchos de los Judíos leyeron este título: porque el lugar donde estaba crucificado Jesús era cerca de la ciudad; y estaba escrito en hebreo, en griego, y en latín.

21 Y decían á Pilato los pontífices de los Judíos: No escribas, Rey de los Judíos: sino, que Él dijo: Rey soy de los Judíos.

22 Respondió Pilato: Lo que he escrito, he escrito.

23 Y como los soldados hubieron crucificado á Jesús, tomaron sus vestidos, é hicieron cuatro partes (para cada soldado una parte); y la túnica; mas la túnica era sin costura, toda tejida desde arriba.

24 Y dijeron entre ellos: No la partamos, sino echemos suertes sobre ella, de quién será; para que se cumpliese la Escritura, que dice: Partieron para sí mis vestidos, Y sobre mi vestidura echaron suertes. Y los soldados hicieron esto.

25 Y estaban junto á la cruz de Jesús su madre, y la hermana de su madre, María mujer de Cleofas, y María Magdalena.

26 Y como vió Jesús á la madre, y al discípulo que Él amaba, que estaba presente, dice á su madre: Mujer, he ahí tu hijo.

27 Después dice al discípulo: He ahí tu madre. Y desde aquella hora el discípulo la recibió consigo.

28 Después de esto, sabiendo Jesús que todas las cosas eran ya cumplidas, para que la Escritura se cumpliese, dijo: Sed tengo.

29 Y estaba allí un vaso lleno de vinagre: entonces ellos hinchieron una esponja de vinagre, y rodeada á un hisopo, se la llegaron á la boca.

30 Y como Jesús tomó el vinagre, dijo: Consumado es. Y habiendo inclinado la cabeza, dió el espíritu.

31 Entonces los Judíos, por cuanto era la víspera de la Pascua, para que los cuerpos no quedasen en la cruz en el sábado, pues era el gran día del sábado, rogaron á Pilato que se les quebrasen las piernas, y fuesen quitados.

32 Y vinieron los soldados, y quebraron las piernas al primero, y asimismo al otro que había sido crucificado con Él.

33 Mas cuando vinieron á Jesús, como le vieron ya muerto, no le quebraron las piernas:

34 Empero uno de los soldados le abrió el costado con una lanza, y luego salió sangre y agua.

35 Y el que lo vió, da testimonio, y su testimonio es verdadero: y Él sabe que dice verdad, para que vosotros también creáis.

36 Porque estas cosas fueron hechas para que se cumpliese la Escritura: Hueso no quebrantaréis de Él.

37 Y también otra Escritura dice: Mirarán al que traspasaron.

38 Después de estas cosas, José de Arimatea, el cual era discípulo de Jesús, mas secreto por miedo de los Judíos, rogó á Pilato que pudiera quitar el cuerpo de Jesús: y permitióselo Pilato. Entonces vino, y quitó el cuerpo de Jesús.

39 Y vino también Nicodemo, el que antes había venido á Jesús de noche, trayendo un compuesto de mirra y de áloes, como cien libras.

40 Tomaron pues el cuerpo de Jesús, y envolviéronlo en lienzos con especias, como es costumbre de los Judíos sepultar.

41 Y en aquel lugar donde había sido crucificado, había un huerto; y en el huerto un sepulcro nuevo, en el cual aun no había sido puesto ninguno.

42 Allí, pues, por causa de la víspera de la Pascua de los Judíos, porque aquel sepulcro estaba cerca, pusieron á Jesús.

20 Y el primer día de la semana, María Magdalena vino de mañana, siendo aún obscuro, al sepulcro; y vió la piedra quitada del sepulcro.

2 Entonces corrió, y vino á Simón Pedro, y al otro discípulo, al cual amaba Jesús, y les dice: Han llevado al Señor del sepulcro, y no sabemos dónde le han puesto.

3 Y salió Pedro, y el otro discípulo, y vinieron al sepulcro.

4 Y corrían los dos juntos; mas el otro discípulo corrió más presto que Pedro, y llegó primero al sepulcro.

5 Y bajándose á mirar, vió los lienzos echados; mas no entró.

6 Llegó luego Simón Pedro siguiéndole, y entró en el sepulcro, y vió los lienzos echados,

7 Y el sudario, que había estado sobre su cabeza, no puesto con los lienzos, sino envuelto en un lugar aparte.

8 Y entonces entró también el otro discípulo, que había venido primero al sepulcro, y vió, y creyó.

9 Porque aun no sabían la Escritura, que era necesario que Él resucitase de los muertos.

10 Y volvieron los discípulos á los suyos.

11 Empero María estaba fuera llorando junto al sepulcro: y estando llorando, bajóse á mirar el sepulcro;

12 Y vió dos ángeles en ropas blancas que estaban sentados, el uno á la cabecera, y el otro á los pies, donde el cuerpo de Jesús había sido puesto.

13 Y dijéronle: Mujer, ¿por qué lloras? Díceles: Porque se han llevado á mi Señor, y no sé dónde le han puesto.

14 Y como hubo dicho esto, volvióse atrás, y vió á Jesús que estaba allí; mas no sabía que era Jesús.

15 Dícele Jesús: Mujer, ¿por qué lloras? ¿á quién buscas? Ella, pensando que era el hortelano, dícele: Señor, si tú lo has llevado, dime dónde lo has puesto, y yo lo llevaré.

16 Dícele Jesús: ¡María! Volviéndose ella, dícele: ¡Rabboni! que quiere decir, Maestro.

17 Dícele Jesús: No me toques: porque aun no he subido á mi Padre: mas ve á mis hermanos, y diles: Subo á mi Padre y á vuestro Padre, á mi Dios y á vuestro Dios.

18 Fué María Magdalena dando las nuevas á los discípulos de que había visto al Señor, y que Él le había dicho estas cosas.

19 Y como fué tarde aquel día, el primero de la semana, y estando las puertas cerradas donde los discípulos estaban juntos por miedo de los Judíos, vino Jesús, y púsose en medio, y díjoles: Paz á vosotros.

20 Y como hubo dicho esto, mostróles las manos y el costado. Y los discípulos se gozaron viendo al Señor.

21 Entonces les dijo Jesús otra vez: Paz á vosotros: como me envió el Padre, así también yo os envío.

22 Y como hubo dicho esto, sopló, y díjoles: Tomad el Espíritu Santo;

23 A los que remitiereis los pecados, les son remitidos: á quienes los retuviereis, serán retenidos.

24 Empero Tomás, uno de los doce, que se dice el Dídimo, no estaba con ellos cuando Jesús vino.

25 Dijéronle pues los otros discípulos: Al Señor hemos visto. Y Él les dijo: Si no viere en sus manos la señal de los clavos, y metiere mi dedo en el lugar de los clavos, y metiere mi mano en su costado, no creeré.

26 Y ocho días después, estaban otra vez sus discípulos dentro, y con ellos Tomás. Vino Jesús, las puertas cerradas, y púsose en medio, y dijo: Paz á vosotros.

27 Luego dice á Tomás: Mete tu dedo aquí, y ve mis manos: y alarga acá tu mano, y métela en mi costado: y no seas incrédulo, sino fiel.

28 Entonces Tomás respondió, y díjole: ¡Señor mío, y Dios mío!

29 Dícele Jesús: Porque me has visto, Tomás, creíste: bienaventurados los que no vieron y creyeron.

30 Y también hizo Jesús muchas otras señales en presencia de sus discípulos, que no están escritas en este libro.

31 Estas empero son escritas, para que creáis que Jesús es el Cristo, el Hijo de Dios; y para que creyendo, tengáis vida en su nombre.

21 Después se manifestó Jesús otra vez á sus discípulos en la mar de Tiberias; y manifestóse de esta manera.

2 Estaban juntos Simón Pedro, y Tomás, llamado al Dídimo, y Natanael, el que era de Caná de Galilea, y los hijos de Zebedeo, y otros dos de sus discípulos.

3 Díceles Simón: A pescar voy. Dícenle: Vamos nosotros también contigo. Fueron, y subieron en una barca; y aquella noche no cogieron nada.

4 Y venida la mañana, Jesús se puso á la ribera: mas los discípulos no entendieron que era Jesús.

5 Y díjoles: Mozos, ¿tenéis algo de comer? Respondiéronle: No.

6 Y Él les dice: Echad la red á la mano derecha del barco, y hallaréis. Entonces la echaron, y no la podían en ninguna manera sacar, por la multitud de los peces.

7 Entonces aquel discípulo, al cual amaba Jesús, dijo á Pedro: El Señor es. Y Simón Pedro, como oyó que era el Señor, ciñóse la ropa, porque estaba desnudo, y echóse á la mar.

8 Y los otros discípulos vinieron con el barco (porque no estaban lejos de tierra sino como doscientos codos), trayendo la red de peces.

9 Y como descendieron á tierra, vieron ascuas puestas, y un pez encima de ellas, y pan.

10 Díceles Jesús: Traed de los peces que cogisteis ahora.

11 Subió Simón Pedro, y trajo la red á tierra, llena de grandes peces, ciento cincuenta y tres: y siendo tantos, la red no se rompió.

12 Díceles Jesús: Venid, comed. Y ninguno de los discípulos osaba preguntarle: ¿Tú, quién eres? sabiendo que era el Señor.

13 Viene pues Jesús, y toma el pan, y les da; y asimismo del pez.

14 Esta era ya la tercera vez que Jesús se manifestó á sus discípulos, habiendo resucitado de los muertos.

15 Y cuando hubieron comido, Jesús dijo á Simón Pedro: Simón, hijo de Jonás, ¿me amas más que estos? Dícele; Sí Señor: tú sabes que te amo. Dícele: Apacienta mis corderos.

16 Vuélvele á decir la segunda vez: Simón, hijo de Jonás, ¿me amas? Respóndele: Sí, Señor: tú sabes que te amo. Dícele: Apacienta mis ovejas.

17 Dícele la tercera vez: Simón, hijo de Jonás, ¿me amas? Entristecióse Pedro de que le dijese la tercera vez: ¿Me amas? y díjole: Señor, tú sabes todas las cosas; tú sabes que te amo. Dícele Jesús: Apacienta mis ovejas.

18 De cierto, de cierto te digo: Cuando eras más mozo, te ceñías, é ibas donde querías; mas cuando ya fueres viejo, extenderás tus manos, y te ceñirá otro, y te llevará á donde no quieras.

19 Y esto dijo, dando á entender con qué muerte había de glorificar á Dios. Y dicho esto, dícele: Sígueme.

20 Volviéndose Pedro, ve á aquel discípulo al cual amaba Jesús, que seguía, el que también se había recostado á su pecho en la cena, y le había dicho: Señor, ¿quién es el que te ha de entregar?

21 Así que Pedro vió á éste, dice á Jesús: Señor, ¿y éste, qué?

22 Dícele Jesús: Si quiero que Él quede hasta que yo venga, ¿qué á ti? Sígueme tú.

23 Salió entonces este dicho entre los hermanos, que aquel discípulo no había de morir. Mas Jesús no le dijo, No morirá; sino: Si quiero que Él quede hasta que yo venga ¿qué á ti?

24 Este es aquel discípulo que da testimonio de estas cosas, y escribió estas cosas: y sabemos que su testimonio es verdadero.

25 Y hay también otras muchas cosas que hizo Jesús, que si se escribiesen cada una por sí, ni aun en el mundo pienso que cabrían los libros que se habrían de escribir. Amén.

LOS HECHOS

1 En el primer tratado, oh Teófilo, he hablado de todas las cosas que Jesús comenzó á hacer y á enseñar,

2 Hasta el día en que, habiendo dado mandamientos por el Espíritu Santo á los apóstoles que escogió, fué recibido arriba;

3 A los cuales, después de haber padecido, se presentó vivo con muchas pruebas indubitables, apareciéndoles por cuarenta días, y hablándoles del reino de Dios.

4 Y estando juntos, les mandó que no se fuesen de Jerusalem, sino que esperasen la promesa del Padre, que oísteis, dijo, de mí.

5 Porque Juan á la verdad bautizó con agua, mas vosotros seréis bautizados con el Espíritu Santo no muchos días después de hoy.

6 Entonces los que se habían juntado le preguntaron, diciendo: Señor, ¿restituirás el reino á Israel en este tiempo?

7 Y les dijo: No toca á vosotros saber los tiempos ó las sazones que el Padre puso en su sola potestad;

8 Mas recibiréis la virtud del Espíritu Santo que vendrá sobre vosotros; y me seréis testigos en Jerusalem, en toda Judea, en Samaria, y hasta lo último de la tierra.

9 Y habiendo dicho estas cosas, viéndolo ellos, fué alzado; y una nube le recibió y le quitó de sus ojos.

10 Y estando con los ojos puestos en el cielo, entre tanto que Él iba, he aquí dos varones se pusieron junto á ellos en vestidos blancos;

11 Los cuales también les dijeron: Varones Galileos, ¿qué estáis mirando al cielo? este mismo Jesús que ha sido tomado desde vosotros arriba en el cielo, así vendrá como le habéis visto ir al cielo.

12 Entonces se volvieron á Jerusalem del monte que se llama del Olivar, el cual está cerca de Jerusalem camino de un sábado.

13 Y entrados, subieron al aposento alto, donde moraban Pedro y Jacobo, y Juan y Andrés, Felipe y Tomás, Bartolomé y Mateo, Jacobo hijo de Alfeo, y Simón Zelotes, y Judas hermano de Jacobo.

14 Todos éstos perseveraban unánimes en oración y ruego, con las mujeres, y con María la madre de Jesús, y con sus hermanos.

15 Y en aquellos días, Pedro, levantándose en medio de los hermanos, dijo (y era la compañía junta como de ciento y veinte en número):

16 Varones hermanos, convino que se cumpliese la Escritura, la cual dijo antes el Espíritu Santo por la boca de David, de Judas, que fué guía de los que prendieron á Jesús;

17 El cuál era contado con nosotros, y tenía suerte en este ministerio.

18 Este, pues, adquirió un campo del salario de su iniquidad, y colgándose, reventó por medio, y todas sus entrañas se derramaron.

19 Y fué notorio á todos los moradores de Jerusalem; de tal manera que aquel campo es llamado en su propia lengua, Acéldama, que es, Campo de sangre.

20 Porque está escrito en el libro de los salmos: Sea hecha desierta su habitación, Y no haya quien more en ella; y: Tome otro su obispado.

21 Conviene, pues, que de estos hombres que han estado juntos con nosotros todo el tiempo que el Señor Jesús entró y salió entre nosotros,

22 Comenzando desde el bautismo de Juan, hasta el día que fué recibido arriba de entre nosotros, uno sea hecho testigo con nosotros de su resurrección.

23 Y señalaron á dos: á José, llamado Barsabas, que tenía por sobrenombre Justo, y á Matías.

24 Y orando, dijeron: Tú, Señor, que conoces los corazones de todos, muestra cuál escoges de estos dos,

25 Para que tome el oficio de este ministerio y apostolado, del cual cayó Judas por transgresión, para irse á su lugar.

26 Y les echaron suertes, y cayó la suerte sobre Matías; y fué contado con los once apóstoles.

2 Y como se cumplieron los días de Pentecostés, estaban todos unánimes juntos;

2 Y de repente vino un estruendo del cielo como de un viento recio que corría, el cual hinchió toda la casa donde estaban sentados;

3 Y se les aparecieron lenguas repartidas, como de fuego, que se asentó sobre cada uno de ellos.

4 Y fueron todos llenos del Espíritu Santo, y comenzaron á hablar en otras lenguas, como el Espíritu les daba que hablasen.

5 Moraban entonces en Jerusalem Judíos, varones religiosos, de todas las naciones debajo del cielo.

6 Y hecho este estruendo, juntóse la multitud; y estaban confusos, porque cada uno les oía hablar su propia lengua.

7 Y estaban atónitos y maravillados, diciendo: He aquí ¿no son Galileos todos estos que hablan?

8 ¿Cómo, pues, les oímos nosotros hablar cada uno en nuestra lengua en que somos nacidos?

9 Partos y Medos, y Elamitas, y los que habitamos en Mesopotamia, en Judea y en Capadocia, en el Ponto y en Asia,

10 En Phrygia y Pamphylia, en Egipto y en las partes de Africa que está de la otra parte de Cirene, y Romanos extranjeros, tanto Judíos como convertidos,

11 Cretenses y Arabes, les oímos hablar en nuestras lenguas las maravillas de Dios.

12 Y estaban todos atónitos y perplejos, diciendo los unos á los otros: ¿Qué quiere ser esto?

13 Mas otros burlándose, decían: Que están llenos de mosto.

14 Entonces Pedro, poniéndose en pie con los once, alzó su voz, y hablóles diciendo: Varones Judíos, y todos los que habitáis en Jerusalem, esto os sea notorio, y oid mis palabras.

15 Porque éstos no están borrachos, como vosotros pensáis, siendo la hora tercia del día.

16 Mas esto es lo que fué dicho por el profeta Joel:

17 Y será en los postreros días, dice Dios, Derramaré de mi Espíritu sobre toda carne, Y vuestros hijos y vuestras hijas profetizarán; Y vuestros mancebos verán visiones, Y vuestros viejos soñarán sueños.

18 Y de cierto sobre mis siervos y sobre mis siervas en aquellos días Derramaré de mi Espíritu, y profetizarán.

19 Y daré prodigios arriba en el cielo, Y señales abajo en la tierra, Sangre y fuego y vapor de humo:

20 El sol se volverá en tinieblas, Y la luna en sangre, Antes que venga el día del Señor, Grande y manifiesto;

21 Y será que todo aquel que invocare el nombre del Señor, será salvo.

22 Varones Israelitas, oid estas palabras: Jesús Nazareno, varón aprobado de Dios entre vosotros en maravillas y prodigios y señales, que Dios hizo por Él en medio de vosotros, como también vosotros sabéis;

23 A éste, entregado por determinado consejo y providencia de Dios, prendisteis y matasteis por manos de los inicuos, crucificándole;

24 Al cual Dios levantó, sueltos los dolores de la muerte, por cuanto era imposible ser detenido de ella.

25 Porque David dice de Él: Veía al Señor siempre delante de mí: Porque está á mi diestra, no seré conmovido.

26 Por lo cual mi corazón se alegró, y gozóse mi lengua; Y aun mi carne descansará en esperanza;

27 Que no dejarás mi alma en el infierno, Ni darás á tu Santo que vea corrupción.

28 Hicísteme notorios los caminos de la vida; Me henchirás de gozo con tu presencia.

29 Varones hermanos, se os puede libremente decir del patriarca David, que murió, y fué sepultado, y su sepulcro está con nosotros hasta el día de hoy.

30 Empero siendo profeta, y sabiendo que con juramento le había Dios jurado que del fruto de su lomo, cuanto á la carne, levantaría al Cristo que se sentaría sobre su trono;

31 Viéndolo antes, habló de la resurrección de Cristo, que su alma no fué dejada en el infierno, ni su carne vió corrupción.

32 A este Jesús resucitó Dios, de lo cual todos nosotros somos testigos.

33 Así que, levantado por la diestra de Dios, y recibiendo del Padre la promesa del Espíritu Santo, ha derramado esto que veis y oís.

34 Porque David no subió á los cielos; empero Él dice: Dijo el Señor á mi Señor: Siéntate á mi diestra,

35 Hasta que ponga á tus enemigos por estrado de tus pies.

36 Sepa pues ciertísimamente toda la casa de Israel, que á éste Jesús que vosotros crucificasteis, Dios ha hecho Señor y Cristo.

37 Entonces oído esto, fueron compungidos de corazón, y dijeron á Pedro y á los otros apóstoles: Varones hermanos, ¿qué haremos?

38 Y Pedro les dice: Arrepentíos, y bautícese cada uno de vosotros en el nombre de Jesucristo para perdón de los pecados; y recibiréis el don del Espíritu Santo.

39 Porque para vosotros es la promesa, y para vuestros hijos, y para todos los que están lejos; para cuantos el Señor nuestro Dios llamare.

40 Y con otras muchas palabras testificaba y exhortaba, diciendo: Sed salvos de esta perversa generación.

41 Así que, los que recibieron su palabra, fueron bautizados: y fueron añadidas á ellos aquel día como tres mil personas.

42 Y perseveraban en la doctrina de los apóstoles, y en la comunión, y en el partimiento del pan, y en las oraciones.

43 Y toda persona tenía temor: y muchas maravillas y señales eran hechas por los apóstoles.

44 Y todos los que creían estaban juntos; y tenían todas las cosas comunes;

45 Y vendían las posesiones, y las haciendas, y repartíanlas á todos, como cada uno había menester.

46 Y perseverando unánimes cada día en el templo, y partiendo el pan en las casas, comían juntos con alegría y con sencillez de corazón,

47 Alabando á Dios, y teniendo gracia con todo el pueblo. Y el Señor añadía cada día á la iglesia los que habían de ser salvos.

3 Pedro y Juan subían juntos al templo á la hora de oración, la de nona.

2 Y un hombre que era cojo desde el vientre de su madre, era traído; al cual ponían cada día á la puerta del templo que se llama la Hermosa, para que pidiese limosna de los que entraban en el templo.

3 Este, como vió á Pedro y á Juan que iban á entrar en el templo, rogaba que le diesen limosna.

4 Y Pedro, con Juan, fijando los ojos en Él, dijo: Mira á nosotros.

5 Entonces Él estuvo atento á ellos, esperando recibir de ellos algo.

6 Y Pedro dijo: Ni tengo plata ni oro; mas lo que tengo te doy: en el nombre de Jesucristo de Nazaret, levántate y anda.

7 Y tomándole por la mano derecha le levantó: y luego fueron afirmados sus pies y tobillos;

8 Y saltando, se puso en pie, y anduvo; y entró con ellos en el templo, andando, y saltando, y alabando á Dios.

9 Y todo el pueblo le vió andar y alabar á Dios.

10 Y conocían que Él era el que se sentaba á la limosna á la puerta del templo, la Hermosa; y fueron llenos de asombro y de espanto por lo que le había acontecido.

11 Y teniendo á Pedro y á Juan el cojo que había sido sanado, todo el pueblo concurrió á ellos al pórtico que se llama de Salomón, atónitos.

12 Y viendo esto Pedro, respondió al pueblo: Varones Israelitas, ¿por qué os maravilláis de esto? ó ¿por qué ponéis los ojos en nosotros, como si con nuestra virtud ó piedad hubiésemos hecho andar á éste?

13 El Dios de Abraham, y de Isaac, y de Jacob, el Dios de nuestros padres ha glorificado á su Hijo Jesús, al cual vosotros entregasteis, y negasteis delante de Pilato, juzgando Él que había de ser suelto.

14 Mas vosotros al Santo y al Justo negasteis, y pedisteis que se os diese un homicida.

15 Y matasteis al Autor de la vida, al cual Dios ha resucitado de los muertos; de lo que nosotros somos testigos.

16 Y en la fe de su nombre, á éste que vosotros veis y conocéis, ha confirmado su nombre: y la fe que por Él es, ha dado á éste esta completa sanidad en presencia de todos vosotros.

17 Mas ahora, hermanos, sé que por ignorancia lo habéis hecho, como también vuestros príncipes.

18 Empero, Dios ha cumplido así lo que había antes anunciado por boca de todos sus profetas, que su Cristo había de padecer.

19 Así que, arrepentíos y convertíos, para que sean borrados vuestros pecados; pues que vendrán los tiempos del refrigerio de la presencia del Señor,

20 Y enviará á Jesucristo, que os fué antes anunciado:

21 Al cual de cierto es menester que el cielo tenga hasta los tiempos de la restauración de todas las cosas, que habló Dios por boca de sus santos profetas que han sido desde el siglo.

22 Porque Moisés dijo á los padres: El Señor vuestro Dios os levantará profeta de vuestros hermanos, como yo; á Él oiréis en todas las cosas que os hablare.

23 Y será, que cualquiera alma que no oyere á aquel profeta, será desarraigada del pueblo.

24 Y todos los profetas desde Samuel y en adelante, todos los que han hablado, han anunciado estos días.

25 Vosotros sois los hijos de los profetas, y del pacto que Dios concertó con nuestros padres, diciendo á Abraham: Y en tu simiente serán benditas todas las familias de la tierra.

26 A vosotros primeramente, Dios, habiendo levantado á su Hijo, le envió para que os bendijese, á fin de que cada uno se convierta de su maldad.

4 Y hablando ellos al pueblo, sobrevinieron los sacerdotes, y el magistrado del templo, y los Saduceos,

2 Resentidos de que enseñasen al pueblo, y anunciasen en Jesús la resurrección de los muertos:

3 Y les echaron mano, y los pusieron en la cárcel hasta el día siguiente; porque era ya tarde.

4 Mas muchos de los que habían oído la palabra, creyeron; y fué el número de los varones como cinco mil.

5 Y aconteció al día siguiente, que se juntaron en Jerusalem los príncipes de ellos, y los ancianos, y los escribas;

6 Y Anás, príncipe de los sacerdotes, y Caifás, y Juan y Alejandro, y todos los que eran del linaje sacerdotal;

7 Y haciéndolos presentar en medio, les preguntaron: ¿Con qué potestad, ó en qué nombre, habéis hecho vosotros esto?

8 Entonces Pedro, lleno del Espíritu Santo, les dijo: Príncipes del pueblo, y ancianos de Israel:

9 Pues que somos hoy demandados acerca del beneficio hecho á un hombre enfermo, de qué manera éste haya sido sanado,

10 Sea notorio á todos vosotros, y á todo el pueblo de Israel, que en el nombre de Jesucristo de Nazaret, al que vosotros crucificasteis y Dios le resucitó de los muertos, por Él este hombre está en vuestra presencia sano.

11 Este es la piedra reprobada de vosotros los edificadores, la cual es puesta por cabeza del ángulo.

12 Y en ningún otro hay salud; porque no hay otro nombre debajo del cielo, dado á los hombres, en que podamos ser salvos.

13 Entonces viendo la constancia de Pedro y de Juan, sabido que eran hombres sin letras é ignorantes, se maravillaban; y les conocían que habían estado con Jesús.

14 Y viendo al hombre que había sido sanado, que estaba con ellos, no podían decir nada en contra.

15 Mas les mandaron que se saliesen fuera del concilio; y conferían entre sí,

16 Diciendo: ¿Qué hemos de hacer á estos hombres? porque de cierto, señal manifiesta ha sido hecha por ellos, notoria á todos los que moran en Jerusalem, y no lo podemos negar.

17 Todavía, porque no se divulgue más por el pueblo, amenacémoslos, que no hablen de aquí adelante á hombre alguno en este nombre.

18 Y llamándolos, les intimaron que en ninguna manera hablasen ni enseñasen en el nombre de Jesús.

19 Entonces Pedro y Juan, respondiendo, les dijeron: Juzgad si es justo delante de Dios obedecer antes á vosotros que á Dios:

20 Porque no podemos dejar de decir lo que hemos visto y oído.

21 Ellos entonces los despacharon amenazándolos, no hallando ningún modo de castigarlos, por causa del pueblo; porque todos glorificaban á Dios de lo que había sido hecho.

22 Porque el hombre en quien había sido hecho este milagro de sanidad, era de más de cuarenta años.

23 Y sueltos, vinieron á los suyos, y contaron todo lo que los príncipes de los sacerdotes y los ancianos les habían dicho.

24 Y ellos, habiéndolo oído, alzaron unánimes la voz á Dios, y dijeron: Señor, tú eres el Dios que hiciste el cielo y la tierra, la mar, y lo que en ellos hay;

25 Que por boca de David, tu siervo, dijiste: ¿Por qué han bramado las gentes, Y los pueblos han pensado cosas vanas?

26 Asistieron los reyes de la tierra, Y los príncipes se juntaron en uno Contra el Señor, y contra su Cristo.

27 Porque verdaderamente se juntaron en esta ciudad contra tu santo Hijo Jesús, al cual ungiste, Herodes y Poncio Pilato, con los Gentiles y los pueblos de Israel,

28 Para hacer lo que tu mano y tu consejo habían antes determinado que había de ser hecho.

29 Y ahora, Señor, mira sus amenazas, y da á tus siervos que con toda confianza hablen tu palabra;

30 Que extiendas tu mano á que sanidades, y milagros, y prodigios sean hechos por el nombre de tu santo Hijo Jesús.

31 Y como hubieron orado, el lugar en que estaban congregados tembló; y todos fueron llenos del Espíritu Santo, y hablaron la palabra de Dios con confianza.

32 Y la multitud de los que habían creído era de un corazón y un alma: y ninguno decía ser suyo algo de lo que poseía; mas todas las cosas les eran comunes.

33 Y los apóstoles daban testimonio de la resurrección del Señor Jesús con gran esfuerzo; y gran gracia era en todos ellos.

34 Que ningún necesitado había entre ellos: porque todos los que poseían heredades ó casas, vendiéndolas, traían el precio de lo vendido,

35 Y lo ponían á los pies de los apóstoles; y era repartido á cada uno según que había menester.

36 Entonces José, que fué llamado de los apóstoles por sobrenombre, Bernabé, (que es interpretado, Hijo de consolación) Levita, natural de Cipro,

37 Como tuviese una heredad, la vendió, y trajo el precio, y púsolo á los pies de los apóstoles.

5 Mas un varón llamado Ananías, con Safira su mujer, vendió una posesión,

2 Y defraudó del precio, sabiéndolo también su mujer; y trayendo una parte, púsola á los pies de los apóstoles.

3 Y dijo Pedro: Ananías, ¿por qué ha llenado Satanás tu corazón á que mintieses al Espíritu Santo, y defraudases del precio de la heredad?

4 Reteniéndola, ¿no se te quedaba á ti? y vendida, ¿no estaba en tu potestad? ¿Por qué pusiste esto en tu corazón? No has mentido á los hombres, sino á Dios.

5 Entonces Ananías, oyendo estas palabras, cayó y espiró. Y vino un gran temor sobre todos los que lo oyeron.

6 Y levantándose los mancebos, le tomaron, y sacándolo, sepultáronlo.

7 Y pasado espacio como de tres horas, sucedió que entró su mujer, no sabiendo lo que había acontecido.

8 Entonces Pedro le dijo: Dime: ¿vendisteis en tanto la heredad? Y ella dijo: Sí, en tanto.

9 Y Pedro le dijo: ¿Por qué os concertasteis para tentar al Espíritu del Señor? He aquí á la puerta los pies de los que han sepultado á tu marido, y te sacarán.

10 Y luego cayó á los pies de Él, y espiró: y entrados los mancebos, la hallaron muerta; y la sacaron, y la sepultaron junto á su marido.

11 Y vino un gran temor en toda la iglesia, y en todos los que oyeron estas cosas.

12 Y por las manos de los apóstoles eran hechos muchos milagros y prodigios en el pueblo; y estaban todos unánimes en el pórtico de Salomón.

13 Y de los otros, ninguno osaba juntarse con ellos; mas el pueblo los alababa grandemente.

14 Y los que creían en el Señor se aumentaban más, gran número así de hombres como de mujeres;

15 Tanto que echaban los enfermos por las calles, y los ponían en camas y en lechos, para que viniendo Pedro, á lo menos su sombra tocase á alguno de ellos.

16 Y aun de las ciudades vecinas concurría multitud á Jerusalem, trayendo enfermos y atormentados de espíritus inmundos; los cuales todos eran curados.

17 Entonces levantándose el príncipe de los sacerdotes, y todos los que estaban con Él, que es la secta de los Saduceos, se llenaron de celo;

18 Y echaron mano á los apóstoles, y pusiéronlos en la cárcel pública.

19 Mas el ángel del Señor, abriendo de noche las puertas de la cárcel, y sacándolos, dijo:

20 Id, y estando en el templo, hablad al pueblo todas las palabras de esta vida.

21 Y oído que hubieron esto, entraron de mañana en el templo, y enseñaban. Entre tanto, viniendo el príncipe de los sacerdotes, y los que eran con Él, convocaron el concilio, y á todos los ancianos de los hijos de Israel, y enviaron á la cárcel para que fuesen traídos.

22 Mas como llegaron los ministros, y no los hallaron en la cárcel, volvieron, y dieron aviso,

23 Diciendo: Por cierto, la cárcel hemos hallado cerrada con toda seguridad, y los guardas que estaban delante de las puertas; mas cuando abrimos, á nadie hallamos dentro.

24 Y cuando oyeron estas palabras el pontífice y el magistrado del templo y los príncipes de los sacerdotes, dudaban en qué vendría á parar aquello.

25 Pero viniendo uno, dióles esta noticia: He aquí, los varones que echasteis en la cárcel, están en el templo, y enseñan al pueblo.

26 Entonces fué el magistrado con los ministros, y trájolos sin violencia; porque temían del pueblo ser apedreados.

27 Y como los trajeron, los presentaron en el concilio: y el príncipe de los sacerdotes les preguntó,

28 Diciendo: ¿No os denunciamos estrechamente, que no enseñaseis en este nombre? y he aquí, habéis llenado á Jerusalem de vuestra doctrina, y queréis echar sobre nosotros la sangre de este hombre.

29 Y respondiendo Pedro y los apóstoles, dijeron: Es menester obedecer á Dios antes que á los hombres.

30 El Dios de nuestros padres levantó á Jesús, al cual vosotros matasteis colgándole de un madero.

31 A éste ha Dios ensalzado con su diestra por Príncipe y Salvador, para dar á Israel arrepentimiento y remisión de pecados.

32 Y nosotros somos testigos suyos de estas cosas, y también el Espíritu Santo, el cual ha dado Dios á los que le obedecen.

33 Ellos, oyendo esto, regañaban, y consultaban matarlos.

34 Entonces levantándose en el concilio un Fariseo llamado Gamaliel, doctor de la ley, venerable á todo el pueblo, mandó que sacasen fuera un poco á los apóstoles.

35 Y les dijo: Varones Israelitas, mirad por vosotros acerca de estos hombres en lo que vais á hacer.

36 Porque antes de estos días se levantó Teudas, diciendo que era alguien; al que se agregó un número de hombres como cuatrocientos: el cual fué matado; y todos los que le creyeron fueron dispersos, y reducidos á nada.

37 Después de éste, se levantó Judas el Galileo en los días del empadronamiento, y llevó mucho pueblo tras sí. Pereció también aquél; y todos los que consintieron con Él, fueron derramados.

38 Y ahora os digo: Dejaos de estos hombres, y dejadlos; porque si este consejo ó esta obra es de los hombres, se desvanecerá;

39 Mas si es de Dios, no la podréis deshacer; no seáis tal vez hallados resistiendo á Dios.

40 Y convinieron con Él: y llamando á los apóstoles, después de azotados, les intimaron que no hablasen en el nombre de Jesús, y soltáronlos.

41 Y ellos partieron de delante del concilio, gozosos de que fuesen tenidos por dignos de padecer afrenta por el Nombre.

42 Y todos los días, en el templo y por las casas, no cesaban de enseñar y predicar á Jesucristo.

6 En aquellos días, creciendo el número de los discípulos, hubo murmuración de los Griegos contra los Hebreos, de que sus viudas eran menospreciadas en el ministerio cotidiano.

2 Así que, los doce convocaron la multitud de los discípulos, y dijeron: No es justo que nosotros dejemos la palabra de Dios, y sirvamos á las mesas.

3 Buscad pues, hermanos, siete varones de vosotros de buen testimonio, llenos de Espíritu Santo y de sabiduría, los cuales pongamos en esta obra.

4 Y nosotros persistiremos en la oración, y en el ministerio de la palabra.

5 Y plugo al parecer á toda la multitud; y eligieron á Esteban, varón lleno de fe y de Espíritu Santo, y á Felipe, y á Prócoro, y á Nicanor, y á Timón, y á Parmenas, y á Nicolás, prosélito de Antioquía:

6 A estos presentaron delante de los apóstoles, los cuales orando les pusieron las manos encima.

7 Y crecía la palabra del Señor, y el número de los discípulos se multiplicaba mucho en Jerusalem: también una gran multitud de los sacerdotes obedecía á la fe.

8 Empero Esteban, lleno de gracia y de potencia, hacía prodigios y milagros grandes en el pueblo.

9 Levantáronse entonces unos de la sinagoga que se llama de los Libertinos, y Cireneos, y Alejandrinos, y de los de Cilicia, y de Asia, disputando con Esteban.

10 Mas no podían resistir á la sabiduría y al Espíritu con que hablaba.

11 Entonces sobornaron á unos que dijesen que le habían oído hablar palabras blasfemas contra Moisés y Dios.

12 Y conmovieron al pueblo, y á los ancianos, y á los escribas; y arremetiendo le arrebataron, y le trajeron al concilio.

13 Y pusieron testigos falsos, que dijesen: Este hombre no cesa de hablar palabras blasfemas contra este lugar santo y la ley:

14 Porque le hemos oído decir, que Jesús de Nazaret destruirá este lugar, y mudará las ordenanzas que nos dió Moisés.

15 Entonces todos los que estaban sentados en el concilio, puestos los ojos en Él, vieron su rostro como el rostro de un ángel.

7 El príncipe de los sacerdotes dijo entonces: ¿Es esto así?
2 Y Él dijo: Varones hermanos y padres, oid: El Dios de la gloria apareció á nuestro padre Abraham, estando en Mesopotamia, antes que morase en Chârán,

3 Y le dijo: Sal de tu tierra y de tu parentela, y ven á la tierra que te mostraré.

4 Entonces salió de la tierra de los Caldeos, y habitó en Chârán: y de allí, muerto su padre, le traspasó á esta tierra, en la cual vosotros habitáis ahora;

5 Y no le dió herencia en ella, ni aun para asentar un pie: mas le prometió que se la daría en posesión, y á su simiente después de Él, no teniendo hijo.

6 Y háblole Dios así: Que su simiente sería extranjera en tierra ajena, y que los reducirían á servidumbre y maltratarían, por cuatrocientos años.

7 Mas yo juzgaré, dijo Dios, la nación á la cual serán siervos: y después de esto saldrán y me servirán en este lugar.

8 Y dióle el pacto de la circuncisión: y así Abraham engendró á Isaac, y le circuncidó al octavo día; é Isaac á Jacob, y Jacob á los doce patriarcas.

9 Y los patriarcas, movidos de envidia, vendieron á José para Egipto; mas Dios era con Él,

10 Y le libró de todas sus tribulaciones, y le dió gracia y sabiduría en la presencia de Faraón, rey de Egipto, el cual le puso por gobernador sobre Egipto, y sobre toda su casa.

11 Vino entonces hambre en toda la tierra de Egipto y de Canaán, y grande tribulación; y nuestros padres no hallaban alimentos.

12 Y como oyese Jacob que había trigo en Egipto, envió á nuestros padres la primera vez.

13 Y en la segunda, José fué conocido de sus hermanos, y fué sabido de Faraón el linaje de José.

14 Y enviando José, hizo venir á su padre Jacob, y á toda su parentela, en número de setenta y cinco personas.

15 Así descendió Jacob á Egipto, donde murió Él y nuestros padres;

16 Los cuales fueron trasladados á Sichêm, y puestos en el sepulcro que compró Abraham á precio de dinero de los hijos de Hemor de Sichêm.

17 Mas como se acercaba el tiempo de la promesa, la cual Dios había jurado á Abraham, el pueblo creció y multiplicóse en Egipto,

18 Hasta que se levantó otro rey en Egipto que no conocía á José.

19 Este, usando de astucia con nuestro linaje, maltrató á nuestros padres, á fin de que pusiesen á peligro de muerte sus niños, para que cesase la generación.

20 En aquel mismo tiempo nació Moisés, y fué agradable á Dios; y fué criado tres meses en casa de su padre.

21 Mas siendo puesto al peligro, la hija de Faraón le tomó, y le crió como á hijo suyo.

22 Y fué enseñado Moisés en toda la sabiduría de los egipcios; y era poderoso en sus dichos y hechos.

23 Y cuando hubo cumplido la edad de cuarenta años, le vino voluntad de visitar á sus hermanos los hijos de Israel.

24 Y como vió á uno que era injuriado, defendióle, é hiriendo al Egipcio, vengó al injuriado.

25 Pero Él pensaba que sus hermanos entendían que Dios les había de dar salud por su mano; mas ellos no lo habían entendido.

26 Y al día siguiente, riñendo ellos, se les mostró, y los ponía en paz, diciendo: Varones, hermanos sois, ¿por que os injuriáis los unos á los otros?

27 Entonces el que injuriaba á su prójimo, le rempujó, diciendo: ¿Quién te ha puesto por príncipe y juez sobre nosotros?

28 ¿Quieres tú matarme, como mataste ayer al Egipcio?

29 A esta palabra Moisés huyó, y se hizo extranjero en tierra de Madián, donde engendró dos hijos.

30 Y cumplidos cuarenta años, un ángel le apareció en el desierto del monte Sina, en fuego de llama de una zarza.

31 Entonces Moisés mirando, se maravilló de la visión: y llegándose para considerar, fué hecha á Él voz del Señor:

32 Yo soy el Dios de tus padres, y el Dios de Abraham, el Dios de Isaac, y el Dios de Jacob. Mas Moisés, temeroso, no osaba mirar.

33 Y le dijo el Señor: Quita los zapatos de tus pies, porque el lugar en que estás es tierra santa.

34 He visto, he visto la aflicción de mi pueblo que está en Egipto, y he oído el gemido de ellos, y he descendido para librarlos. Ahora pues, ven, te enviaré á Egipto.

35 A este Moisés, al cual habían rehusado, diciendo: ¿Quién te ha puesto por príncipe y juez? á éste envió Dios por príncipe y redentor con la mano del ángel que le apareció en la zarza.

36 Este los sacó, habiendo hecho prodigios y milagros en la tierra de Egipto, y en el mar Bermejo, y en el desierto por cuarenta años.

37 Este es el Moisés, el cual dijo á los hijos de Israel: Profeta os levantará el Señor Dios vuestro de vuestros hermanos, como yo; á Él oiréis.

38 Este es aquél que estuvo en la congregación en el desierto con el ángel que le hablaba en el monte Sina, y con nuestros padres; y recibió las palabras de vida para darnos:

39 Al cual nuestros padres no quisieron obedecer; antes le desecharon, y se apartaron de corazón á Egipto,

40 Diciendo á Aarón: Haznos dioses que vayan delante de nosotros; porque á este Moisés, que nos sacó de tierra de Egipto, no sabemos qué le ha acontecido.

41 Y entonces hicieron un becerro, y ofrecieron sacrificio al ídolo, y en las obras de sus manos se holgaron.

42 Y Dios se apartó, y los entregó que sirviesen al ejército del cielo; como está escrito en el libro de los profetas: ¿Me ofrecisteis víctimas y sacrificios En el desierto por cuarenta años, casa de Israel?

43 Antes, trajisteis el tabernáculo de Moloch, Y la estrella de vuestro dios Remphan: Figuras que os hicisteis para adorarlas: Os transportaré pues, más allá de Babilonia.

44 Tuvieron nuestros padres el tabernáculo del testimonio en el desierto, como había ordenado Dios, hablando á Moisés que le hiciese según la forma que había visto.

45 El cual recibido, metieron también nuestros padres con Josué en la posesión de los Gentiles, que Dios echó de la presencia de nuestros padres, hasta los días de David;

46 El cual halló gracia delante de Dios, y pidió hallar tabernáculo para el Dios de Jacob.

47 Mas Salomón le edificó casa.

48 Si bien el Altísimo no habita en templos hechos de mano; como el profeta dice:

49 El cielo es mi trono, Y la tierra es el estrado de mis pies. ¿Qué casa me edificaréis? dice el Señor; ¿O cuál es el lugar de mi reposo?

50 ¿No hizo mi mano todas estas cosas?

51 Duros de cerviz, é incircuncisos de corazón y de oídos, vosotros resistís siempre al Espíritu Santo: como vuestros padres, así también vosotros.

52 ¿A cuál de los profetas no persiguieron vuestros padres? y mataron á los que antes anunciaron la venida del Justo, del cual vosotros ahora habéis sido entregadores y matadores;

53 Que recibisteis la ley por disposición de ángeles, y no la guardasteis.

54 Y oyendo estas cosas, regañaban de sus corazones, y crujían los dientes contra Él.

55 Más Él, estando lleno de Espíritu Santo, puestos los ojos en el cielo, vió la gloria de Dios, y á Jesús que estaba á la diestra de Dios,

56 Y dijo: He aquí, veo los cielos abiertos, y al Hijo del hombre que está á la diestra de Dios.

57 Entonces dando grandes voces, se taparon sus oídos, y arremetieron unánimes contra Él;

58 Y echándolo fuera de la ciudad, le apedreaban: y los testigos pusieron sus vestidos á los pies de un mancebo que se llamaba Saulo.

59 Y apedrearon á Esteban, invocando Él y diciendo: Señor Jesús, recibe mi espíritu.

60 Y puesto de rodillas, clamó á gran voz: Señor, no les imputes este pecado. Y habiendo dicho esto, durmió.

8 Y Saulo consentía en su muerte. Y en aquel día se hizo una grande persecución en la iglesia que estaba en Jerusalem; y todos fueron esparcidos por las tierras de Judea y de Samaria, salvo los apóstoles.

2 Y llevaron á enterrar á Esteban varones piadosos, é hicieron gran llanto sobre Él.

3 Entonces Saulo asolaba la iglesia, entrando por las casas: y trayendo hombres y mujeres, los entregaba en la cárcel.

4 Mas los que fueron esparcidos, iban por todas partes anunciando la palabra.

5 Entonces Felipe, descendiendo á la ciudad de Samaria, les predicaba á Cristo.

6 Y las gentes escuchaban atentamente unánimes las cosas que decía Felipe, oyendo y viendo las señales que hacía.

7 Porque de muchos que tenían espíritus inmundos, salían éstos dando grandes voces; y muchos paralíticos y cojos eran sanados:

8 Así que había gran gozo en aquella ciudad.

9 Y había un hombre llamado Simón, el cual había sido antes mágico en aquella ciudad, y había engañado la gente de Samaria, diciéndose ser algún grande:

10 Al cual oían todos atentamente desde al más pequeño hasta el más grande, diciendo: Este es la gran virtud de Dios.

11 Y le estaban atentos, porque con sus artes mágicas los había embelesado mucho tiempo.

12 Mas cuando creyeron á Felipe, que anunciaba el evangelio del reino de Dios y el nombre de Jesucristo, se bautizaban hombres y mujeres.

13 El mismo Simón creyó también entonces, y bautizándose, se llegó á Felipe: y viendo los milagros y grandes maravillas que se hacían, estaba atónito.

14 Y los apóstoles que estaban en Jerusalem, habiendo oído que Samaria había recibido la palabra de Dios, les enviaron á Pedro y á Juan:

15 Los cuales venidos, oraron por ellos, para que recibiesen el Espíritu Santo;

16 (Porque aun no había descendido sobre ninguno de ellos, mas solamente eran bautizados en el nombre de Jesús.)

17 Entonces les impusieron las manos, y recibieron el Espíritu Santo.

18 Y como vió Simón que por la imposición de las manos de los apóstoles se daba el Espíritu Santo, les ofreció dinero,

19 Diciendo: Dadme también á mí esta potestad, que á cualquiera que pusiere las manos encima, reciba el Espíritu Santo.

20 Entonces Pedro le dijo: Tu dinero perezca contigo, que piensas que el don de Dios se gane por dinero.

21 No tienes tú parte ni suerte en este negocio; porque tu corazón no es recto delante de Dios.

22 Arrepiéntete pues de esta tu maldad, y ruega á Dios, si quizás te será perdonado el pensamiento de tu corazón.

23 Porque en hiel de amargura y en prisión de maldad veo que estás.

24 Respondiendo entonces Simón, dijo: Rogad vosotros por mí al Señor, que ninguna cosa de estas que habéis dicho, venga sobre mí.

25 Y ellos, habiendo testificado y hablado la palabra de Dios, se volvieron á Jerusalem, y en muchas tierras de los Samaritanos anunciaron el evangelio.

26 Empero el ángel de Señor habló á Felipe, diciendo: Levántate y ve hacia el mediodía, al camino que desciende de Jerusalém á Gaza, el cual es desierto.

27 Entonces El se levantó, y fué: y he aquí un Etiope, eunuco, gobernador de Candace, reina de los Etiopes, el cual era puesto sobre todos sus tesoros, y había venido á adorar á Jerusalem,

28 Se volvía sentado en su carro, y leyendo el profeta Isaías.

29 Y el Espíritu dijo á Felipe: Llégate, y júntate á este carro.

30 Y acudiendo Felipe, le oyó que leía el profeta Isaías, y dijo: Mas ¿entiendes lo que lees?

31 Y dijo: ¿Y cómo podré, si alguno no me enseñare? Y rogó á Felipe que subiese, y se sentase con El.

32 Y el lugar de la Escritura que leía, era éste: Como oveja á la muerte fué llevado; Y como cordero mudo delante del que le trasquila, Así no abrió su boca.

33 En su humillación su juicio fué quitado: Mas su generación, ¿quién la contará? Porque es quitada de la tierra su vida.

34 Y respondiendo el eunuco á Felipe, dijo: Ruégote ¿de quién el profeta dice esto? ¿de sí, ó de otro alguno?

35 Entonces Felipe, abriendo su boca, y comenzando desde esta escritura, le anunció el evangelio de Jesús.

36 Y yendo por el camino, llegaron á cierta agua; y dijo el eunuco: He aquí agua; ¿qué impide que yo sea bautizado?

37 Y Felipe dijo: Si crees de todo corazón, bien puedes. Y respondiendo, dijo: Creo que Jesucristo es el Hijo de Dios.

38 Y mandó parar el carro: y descendieron ambos al agua, Felipe y el eunuco; y bautizóle.

39 Y como subieron del agua, el Espíritu del Señor arrebató á Felipe; y no le vió más el eunuco, y se fué por su camino gozoso.

40 Felipe empero se halló en Azoto: y pasando, anunciaba el evangelio en todas las ciudades, hasta que llegó á Cesarea.

9 Y Saulo, respirando aún amenazas y muerte contra los discípulos del Señor, vino al príncipe de los sacerdotes,

2 Y demandó de El letras para Damasco á las sinagogas, para que si hallase algunos hombres ó mujeres de esta secta, los trajese presos á Jerusalem.

3 Y yendo por el camino, aconteció que llegando cerca de Damasco, súbitamente le cercó un resplandor de luz del cielo;

4 Y cayendo en tierra, oyó una voz que le decía: Saulo, Saulo, ¿por qué me persigues?

5 Y El dijo: ¿Quién eres, Señor? Y El dijo: Yo soy Jesús á quien tú persigues: dura cosa te es dar coses contra el aguijón.

6 El, temblando y temeroso, dijo: ¿Señor, qué quieres que haga? Y el Señor le dice: Levántate y entra en la ciudad, y se te dirá lo que te conviene hacer.

7 Y los hombres que iban con Saulo, se pararon atónitos, oyendo á la verdad la voz, mas no viendo á nadie:

8 Entonces Saulo se levantó de tierra, y abriendo los ojos, no veía á nadie: así que, llevándole por la mano, metiéronle en Damasco;

9 Donde estuvo tres días sin ver, ni comió, ni bebió.

10 Había entonces un discípulo en Damasco llamado Ananías, al cual el Señor dijo en visión: Ananías. Y El respondió: Heme aquí, Señor.

11 Y el Señor le dijo: Levántate, y ve á la calle que se llama la Derecha, y busca en casa de Judas á uno llamado Saulo, de Tarso: porque he aquí, El ora;

12 Y ha visto en visión un varón llamado Ananías, que entra y le pone la mano encima, para que reciba la vista.

13 Entonces Ananías respondió: Señor, he oído á muchos acerca de este hombre, cuántos males ha hecho á tus santos en Jerusalem:

14 Y aun aquí tiene facultad de los príncipes de los sacerdotes de prender á todos los que invocan tu nombre.

15 Y le dijo el Señor: Ve: porque instrumento escogido me es éste, para que lleve mi nombre en presencia de los Gentiles, y de reyes, y de los hijos de Israel:

16 Porque yo le mostraré cuánto le sea menester que padezca por mi nombre.

17 Ananías entonces fué, y entró en la casa, y poniéndole las manos encima, dijo: Saulo hermano, el Señor Jesús, que te apareció en el camino por donde venías, me ha enviado para que recibas la vista y seas lleno de Espíritu Santo.

18 Y luego le cayeron de los ojos como escamas, y recibió al punto la vista: y levantándose, fué bautizado.

17 Y como comió, fué confortado. Y estuvo Saulo por algunos días con los discípulos que estaban en Damasco.

20 Y luego en las sinagogas predicaba á Cristo, diciendo que éste era el Hijo de Dios.

21 Y todos los que le oían estaban atónitos, y decían: ¿No es éste el que asolaba en Jerusalem á los que invocaban este nombre, y á eso vino acá, para llevarlos presos á los príncipes de los sacerdotes?

22 Empero Saulo mucho más se esforzaba, y confundía á los Judíos que moraban en Damasco, afirmando que éste es el Cristo.

23 Y como pasaron muchos días, los Judíos hicieron entre sí consejo de matarle;

24 Mas las asechanzas de ellos fueron entendidas de Saulo. Y ellos guardaban las puertas de día y de noche para matarle.

25 Entonces los discípulos, tomándole de noche, le bajaron por el muro en una espuerta.

26 Y como vino á Jerusalem, tentaba de juntarse con los discípulos; mas todos tenían miedo de El, no creyendo que era discípulo.

27 Entonces Bernabé, tomándole, lo trajo á los apóstoles, y contóles cómo había visto al Señor en el camino, y que le había hablado, y cómo en Damasco había hablado confiadamente en el nombre de Jesús.

28 Y entraba y salía con ellos en Jerusalem;

29 Y hablaba confiadamente en el nombre del Señor: y disputaba con los Griegos; mas ellos procuraban matarle.

30 Lo cual, como los hermanos entendieron, le acompañaron hasta Cesarea, y le enviaron á Tarso.

31 Las iglesias entonces tenían paz por toda Judea y Galilea y Samaria, y eran edificadas, andando en el temor del Señor; y con consuelo del Espíritu Santo eran multiplicadas.

32 Y aconteció que Pedro, andándolos á todos, vino también á los santos que habitaban en Lydda.

33 Y halló allí á uno que se llamaba Eneas, que hacía ocho años que estaba en cama, que era paralítico.

34 Y le dijo Pedro: Eneas, Jesucristo te sana; levántate; y hazte tu cama. Y luego se levantó.

35 Y viéronle todos los que habitaban en Lydda y en Sarona, los cuales se convirtieron al Señor.

36 Entonces en Joppe había una discípula llamada Tabita, que si lo declaras, quiere decir Dorcas. Esta era llena de buenas obras y de limosnas que hacía.

37 Y aconteció en aquellos días que enfermando, murió; á la cual, después de lavada, pusieron en una sala.

38 Y como Lydda estaba cerca de Joppe, los discípulos, oyendo que Pedro estaba allí, le enviaron dos hombres, rogándole: No te detengas en venir hasta nosotros.

39 Pedro entonces levantándose, fué con ellos: y llegado que hubo, le llevaron á la sala, donde le rodearon todas las viudas, llorando y mostrando las túnicas y los vestidos que Dorcas hacía cuando estaba con ellas.

40 Entonces echados fuera todos, Pedro puesto de rodillas, oró; y vuelto al cuerpo, dijo: Tabita, levántate. Y ella abrió los ojos, y viendo á Pedro, incorporóse.

41 Y Él le dió la mano, y levantóla: entonces llamando á los santos y las viudas, la presentó viva.

42 Esto fué notorio por toda Joppe; y creyeron muchos en el Señor.

43 Y aconteció que se quedó muchos días en Joppe en casa de un cierto Simón, curtidor.

10 Y había un varón en Cesarea llamado Cornelio, centurión de la compañía que se llamaba la Italiana,

2 Pío y temeroso de Dios con toda su casa, y que hacía muchas limosnas al pueblo, y oraba á Dios siempre.

3 Este vió en visión manifiestamente, como á la hora nona del día, que un ángel de Dios entraba á Él, y le decía: Cornelio.

4 Y Él, puestos en Él los ojos, espantado, dijo: ¿Qué es, Señor? Y díjole: Tus oraciones y tus limosnas han subido en memoria á la presencia de Dios.

5 Envía pues ahora hombres á Joppe, y haz venir á un Simón, que tiene por sobrenombre Pedro.

6 Este posa en casa de un Simón, curtidor, que tiene su casa junto á la mar: Él te dirá lo que te conviene hacer.

7 E ido el ángel que hablaba con Cornelio, llamó dos de sus criados, y un devoto soldado de los que le asistían;

8 A los cuales, después de habérselo contado todo, los envió á Joppe.

9 Y al día siguiente, yendo ellos su camino, y llegando cerca de la ciudad, Pedro subió á la azotea á orar, cerca de la hora de sexta;

10 Y aconteció que le vino una grande hambre, y quiso comer; pero mientras disponían, sobrevínole un éxtasis;

11 Y vió el cielo abierto, y que descendía un vaso, como un gran lienzo, que atado de los cuatro cabos era bajado á la tierra;

12 En el cual había de todos los animales cuadrúpedos de la tierra, y reptiles, y aves del cielo.

13 Y le vino una voz: Levántate, Pedro, mata y come.

14 Entonces Pedro dijo: Señor, no; porque ninguna cosa común é inmunda he comido jamás.

15 Y volvió la voz hacia Él la segunda vez: Lo que Dios limpió, no lo llames tú común.

16 Y esto fué hecho por tres veces; y el vaso volvió á ser recogido en el cielo.

17 Y estando Pedro dudando dentro de sí qué sería la visión que había visto, he aquí, los hombres que habían sido enviados por Cornelio, que, preguntando por la casa de Simón, llegaron á la puerta.

18 Y llamando, preguntaron si un Simón que tenía por sobrenombre Pedro, posaba allí.

19 Y estando Pedro pensando en la visión, le dijo el Espíritu: He aquí, tres hombres te buscan.

20 Levántate, pues, y desciende, y no dudes ir con ellos; porque yo los he enviado.

21 Entonces Pedro, descendiendo á los hombres que eran enviados por Cornelio, dijo: He aquí, yo soy el que buscáis: ¿cuál es la causa por la que habéis venido?

22 Y ellos dijeron: Cornelio, el centurión, varón justo y temeroso de Dios, y que tiene testimonio de toda la nación de los Judíos, ha recibido respuesta por un santo ángel, de hacerte venir á su casa, y oir de ti palabras.

23 Entonces metiéndolos dentro, los hospedó. Y al día siguiente, levantándose, se fué con ellos; y le

acompañaron algunos de los hermanos de Joppe.

24 Y al otro día entraron en Cesarea. Y Cornelio los estaba esperando, habiendo llamado á sus parientes y los amigos más familiares.

25 Y como Pedro entró, salió Cornelio á recibirle; y derribándose á sus pies, adoró.

26 Mas Pedro le levantó, diciendo: Levántate; yo mismo también soy hombre.

27 Y hablando con Él, entró, y halló á muchos que se habían juntado.

28 Y les dijo: Vosotros sabéis que es abominable á un varón Judío juntarse ó llegarse á extranjero; mas me ha mostrado Dios que á ningún hombre llame común ó inmundo;

29 Por lo cual, llamado, he venido sin dudar. Así que pregunto: ¿por qué causa me habéis hecho venir?

30 Entonces Cornelio dijo: Cuatro días ha que á esta hora yo estaba ayuno; y á la hora de nona estando orando en mi casa, he aquí un varón se puso delante de mí en vestido resplandeciente,

31 Y dijo: Cornelio, tu oración es oída, y tus limosnas han venido en memoria en la presencia de Dios.

32 Envía pues á Joppe, y haz venir á un Simón, que tiene por sobrenombre Pedro; éste se posa en casa de Simón, curtidor, junto á la mar; el cual venido, te hablará.

33 Así que, luego envié á ti; y tú has hecho bien en venir. Ahora pues, todos nosotros estamos aquí en la presencia de Dios, para oir todo lo que Dios te ha mandado.

34 Entonces Pedro, abriendo su boca, dijo: Por verdad hallo que Dios no hace acepción de personas;

35 Sino que de cualquiera nación que le teme y obra justicia, se agrada.

36 Envió palabra Dios á los hijos de Israel, anunciando la paz por Jesucristo; éste es el Señor de todos.

37 Vosotros sabéis lo que fué divulgado por toda Judea; comenzando desde Galilea después del bautismo que Juan predicó,

38 Cuanto á Jesús de Nazaret; cómo le ungió Dios de Espíritu Santo y de potencia; el cual anduvo haciendo bienes, y sanando á todos los oprimidos del diablo; porque Dios era con Él.

39 Y nosotros somos testigos de todas las cosas que hizo en la tierra de Judea, y en Jerusalem; al cual mataron colgándole en un madero.

40 A éste levantó Dios al tercer día, é hizo que apareciese manifiesto,

41 No á todo el pueblo, sino á los testigos que Dios antes había ordenado, es á saber, á nosotros que comimos y bebimos con Él, después que resucitó de los muertos.

42 Y nos mandó que predicásemos al pueblo, y testificásemos que Él es el que Dios ha puesto por Juez de vivos y muertos.

43 A éste dan testimonio todos los profetas, de que todos los que en Él creyeren, recibirán perdón de pecados por su nombre.

44 Estando aún hablando Pedro estas palabras, el Espíritu Santo cayó sobre todos los que oían el sermón.

45 Y se espantaron los fieles que eran de la circuncisión, que habían venido con Pedro, de que también sobre los Gentiles se derramase el don del Espíritu Santo.

46 Porque los oían que hablaban en lenguas, y que magnificaban á Dios.

47 Entonces respondió Pedro: ¿Puede alguno impedir el agua, para que no sean bautizados éstos que han recibido el Espíritu Santo también como nosotros?

48 Y les mandó bautizar en el nombre del Señor Jesús. Entonces le rogaron que se quedase por algunos días.

11 Y oyeron los apóstoles y los hermanos que estaban en Judea, que también los Gentiles habían recibido la palabra de Dios.

2 Y como Pedro subió á Jerusalem, contendían contra Él los que eran de la circuncisión,

3 Diciendo: ¿Por qué has entrado á hombres incircuncisos, y has comido con ellos?

4 Entonces comenzando Pedro, les declaró por orden lo pasado, diciendo:

5 Estaba yo en la ciudad de Joppe orando, y vi en rapto de entendimiento una visión: un vaso, como un gran lienzo, que descendía, que por los cuatro cabos era abajado del cielo, y venía hasta mí.

6 En el cual como puse los ojos, consideré y vi animales terrestres de cuatro pies, y fieras, y reptiles, y aves del cielo.

7 Y oí una voz que me decía: Levántate, Pedro, mata y come.

8 Y dije: Señor, no; porque ninguna cosa común ó inmunda entró jamás en mi boca.

9 Entonces la voz me respondió del cielo segunda vez: Lo que Dios limpió, no lo llames tú común.

10 Y esto fué hecho por tres veces: y volvió todo á ser tomado arriba en el cielo.

11 Y he aquí, luego sobrevinieron tres hombres á la casa donde yo estaba, enviados á mí de Cesarea.

12 Y el Espíritu me dijo que fuese con ellos sin dudar. Y vinieron también conmigo estos seis hermanos, y entramos en casa de un varón;

13 El cual nos contó cómo había visto un ángel en su casa, que se paró, y le dijo: Envía á Joppe, y haz venir á un Simón que tiene por sobrenombre Pedro;

14 El cual te hablará palabras por las cuales serás salvo tu, y toda tu casa.

15 Y como comencé á hablar, cayó el Espíritu Santo sobre ellos también, como sobre nosotros al principio.

16 Entonces me acordé del dicho del Señor, como dijo: Juan ciertamente bautizó en agua; mas vosotros seréis bautizados en Espíritu Santo.

17 Así que, si Dios les dió el mismo don también como á nosotros que hemos creído en el Señor Jesucristo, ¿quién era yo que pudiese estorbar á Dios?

18 Entonces, oídas estas cosas, callaron, y glorificaron á Dios, diciendo: De manera que también á los Gentiles ha dado Dios arrepentimiento para vida.

19 Y los que habían sido esparcidos por causa de la tribulación que sobrevino en tiempo de Esteban, anduvieron hasta Fenicia, y Cipro, y Antioquía, no hablando á nadie la palabra, sino sólo á los Judíos.

20 Y de ellos había unos varones Ciprios y Cirenenses, los cuales como entraron en Antioquía, hablaron á los Griegos, anunciando el evangelio del Señor Jesús.

21 Y la mano del Señor era con ellos: y creyendo, gran número se convirtió al Señor.

22 Y llegó la fama de estas cosas á oídos de la iglesia que estaba en Jerusalem: y enviaron á Bernabé que fuese hasta Antioquía.

23 El cual, como llegó, y vió la gracia de Dios, regocijóse; y exhortó á todos á que permaneciesen en el propósito del corazón en el Señor.

24 Porque era varón bueno, y lleno de Espíritu Santo y de fe: y mucha compañía fué agregada al Señor.

25 Después partió Bernabé á Tarso á buscar á Saulo; y hallado, le trajo á Antioquía.

26 Y conversaron todo un año allí con la iglesia, y enseñaron á mucha gente; y los discípulos fueron llamados Cristianos primeramente en Antioquía.

27 Y en aquellos días descendieron de Jerusalem profetas á Antioquía.

28 Y levantándose uno de ellos, llamado Agabo, daba á entender por Espíritu, que había de haber una grande hambre en toda la tierra habitada: la cual hubo en tiempo de Claudio.

29 Entonces los discípulos, cada uno conforme á lo que tenía, determinaron enviar subsidio á los hermanos que habitaban en Judea.

30 Lo cual asimismo hicieron, enviándolo á los ancianos por mano de Bernabé y de Saulo.

12 Y en el mismo tiempo el rey Herodes echó mano á maltratar algunos de la iglesia.

2 Y mató á cuchillo á Jacobo, hermano de Juan.

3 Y viendo que había agradado á los Judíos, pasó adelante para prender también á Pedro. Eran entonces los días de los ázimos.

4 Y habiéndole preso, púsole en la cárcel, entregándole á cuatro cuaterniones de soldados que le guardasen; queriendo sacarle al pueblo después de la Pascua.

5 Así que, Pedro era guardado en la cárcel; y la iglesia hacía sin cesar oración á Dios por él.

6 Y cuando Herodes le había de sacar, aquella misma noche estaba Pedro durmiendo entre dos soldados, preso con dos cadenas, y los guardas delante de la puerta, que guardaban la cárcel.

7 Y he aquí, el ángel del Señor sobrevino, y una luz resplandeció en la cárcel; é hiriendo á Pedro en el lado, le despertó, diciendo: Levántate prestamente. Y las cadenas se le cayeron de las manos.

8 Y le dijo el ángel: Cíñete, y átate tus sandalias. Y lo hizo así. Y le dijo: Rodéate tu ropa, y sígueme.

9 Y saliendo, le seguía; y no sabía que era verdad lo que hacía el ángel, mas pensaba que veía visión.

10 Y como pasaron la primera y la segunda guardia, vinieron á la puerta de hierro que va á la ciudad, la cual se les abrió de suyo: y salidos, pasaron una calle; y luego el ángel se apartó de él.

11 Entonces Pedro, volviendo en sí, dijo: Ahora entiendo verdaderamente que el Señor ha enviado su ángel, y me ha librado de la mano de Herodes, y de todo el pueblo de los Judíos que me esperaba.

12 Y habiendo considerado esto, llegó á casa de María la madre de Juan, el que tenía por sobrenombre Marcos, donde muchos estaban juntos orando.

13 Y tocando Pedro á la puerta del patio, salió una muchacha, para escuchar, llamada Rhode.

14 La cual como conoció la voz de Pedro, de gozo no abrió el postigo, sino corriendo adentro, dió nueva de que Pedro estaba al postigo.

15 Y ellos le dijeron: Estás loca. Mas ella afirmaba que así era. Entonces ellos decían: Su ángel es.

16 Mas Pedro perseveraba en llamar: y cuando abrieron, viéronle, y se espantaron.

17 Mas él haciéndoles con la mano señal de que callasen, les contó cómo el Señor le había sacado de la cárcel. Y dijo: Haced saber esto á Jacobo y á los hermanos. Y salió, y partió á otro lugar.

18 Luego que fué de día, hubo no poco alboroto entre los soldados sobre qué se había hecho de Pedro.

19 Mas Herodes, como le buscó y no le halló, hecha inquisición de las guardas, los mandó llevar. Después descendiendo de Judea á Cesarea, se quedó allí.

20 Y Herodes estaba enojado contra los de Tiro y los de Sidón: mas ellos vinieron concordes á él, y sobornado Blasto, que era el camarero del rey, pedían paz; porque las tierras de ellos eran abastecidas por las del rey.

21 Y un día señalado, Herodes vestido de ropa real, se sentó en el tribunal, y arengóles.

22 Y el pueblo aclamaba: Voz de Dios, y no de hombre.

23 Y luego el ángel del Señor le hirió, por cuanto no dió la gloria á Dios; y espiró comido de gusanos.

24 Mas la palabra del Señor crecía y era multiplicada.

25 Y Bernabé y Saulo volvieron de Jerusalem cumplido su servicio, tomando también consigo á Juan, el que tenía por sobrenombre Marcos.

13 Había entonces en la iglesia que estaba en Antioquía, profetas y doctores: Bernabé, y Simón el que se llamaba Niger, y Lucio Cireneo, y Manahén, que había sido criado con Herodes el tetrarca, y Saulo.

2 Ministrando pues éstos al Señor, y ayunando, dijo el Espíritu Santo: Apartadme á Bernabé y á Saulo para la obra para la cual los he llamado.

3 Entonces habiendo ayunado y orado, y puesto las manos encima de ellos, despidiéronlos.

4 Y ellos, enviados así por el Espíritu Santo, descendieron á Seleucia; y de allí navegaron á Cipro.

5 Y llegados á Salamina, anunciaban la palabra de Dios en las sinagogas de los Judíos: y tenían también á Juan en el ministerio.

6 Y habiendo atravesado toda la isla hasta Papho, hallaron un hombre mago, falso profeta, Judío, llamado Barjesús;

7 El cual estaba con el procónsul Sergio Paulo, varón prudente. Este, llamando á Bernabé y á Saulo, deseaba oír la palabra de Dios.

8 Mas les resistía Elimas el encantador (que así se interpreta su nombre), procurando apartar de la fe al procónsul.

9 Entonces Saulo, que también es Pablo, lleno del Espíritu Santo, poniendo en él los ojos,

10 Dijo: Oh, lleno de todo engaño y de toda maldad, hijo del diablo, enemigo de toda justicia, ¿no cesarás de trastornar los caminos rectos del Señor?

11 Ahora pues, he aquí la mano del Señor contra ti, y serás ciego, que no veas el sol por tiempo. Y luego cayeron en él obscuridad y tinieblas; y andando alrededor, buscaba quién le condujese por la mano.

12 Entonces el procónsul, viendo lo que había sido hecho, creyó, maravillado de la doctrina del Señor.

13 Y partidos de Papho, Pablo y sus compañeros arribaron á Perge de Pamphylia: entonces Juan, apartándose de ellos, se volvió á Jerusalem.

14 Y ellos pasando de Perge, llegaron á Antioquía de Pisidia, y entrando en la sinagoga un día de sábado, sentáronse.

15 Y después de la lectura de la ley y de los profetas, los príncipes de la sinagoga enviaron á ellos, diciendo: Varones hermanos, si tenéis alguna palabra de exhortación para el pueblo, hablad.

16 Entonces Pablo, levantándose, hecha señal de silencio con la mano, dice: Varones Israelitas, y los que teméis á Dios, oíd:

17 El Dios del pueblo de Israel escogió á nuestros padres, y ensalzó al pueblo, siendo ellos extranjeros en la tierra de Egipto, y con brazo levantado los sacó de ella.

18 Y por tiempo como de cuarenta años soportó sus costumbres en el desierto;

19 Y destruyendo siete naciones en la tierra de Canaán, les repartió por suerte la tierra de ellas.

20 Y después, como por cuatrocientos y cincuenta años, dió les jueces hasta el profeta Samuel.

21 Y entonces demandaron rey; y les dió Dios á Saúl, hijo de Cis, varón de la tribu de Benjamín, por cuarenta años.

22 Y quitado aquél, levantóles por rey á David, el que dió también testimonio, diciendo: He hallado á David, hijo de Jessé, varón conforme á mi corazón, el cual hará todo lo que yo quiero.

23 De la simiente de éste, Dios, conforme á la promesa, levantó á Jesús por Salvador á Israel;

24 Predicando Juan delante de la faz de su venida el bautismo de arrepentimiento á todo el pueblo de Israel.

25 Mas como Juan cumpliese su carrera, dijo: ¿Quién pensáis que soy? No soy yo Él; mas he aquí, viene tras mí uno, cuyo calzado de los pies no soy digno de desatar.

26 Varones hermanos, hijos del linaje de Abraham, y los que entre vosotros temen á Dios, á vosotros es enviada la palabra de esta salud.

27 Porque los que habitaban en Jerusalem, y sus príncipes, no conociendo á éste, y las voces de los profetas que se leen todos los sábados, condenándoles, las cumplieron.

28 Y sin hallar en Él causa de muerte, pidieron á Pilato que le matasen.

29 Y habiendo cumplido todas las cosas que de Él estaban escritas, quitándolo del madero, lo pusieron en el sepulcro.

30 Mas Dios le levantó de los muertos.

31 Y él fué visto por muchos días de los que habían subido juntamente con Él de Galilea á Jerusalem, los cuales son sus testigos al pueblo.

32 Y nosotros también os anunciamos el evangelio de aquella promesa que fué hecha á los padres,

33 La cual Dios ha cumplido á los hijos de ellos, á nosotros, resucitando á Jesús: como también en el salmo segundo está escrito: Mi hijo eres tú, yo te he engendrado hoy.

34 Y que le levantó de los muertos para nunca más volver á corrupción, así lo dijo: Os daré las misericordias fieles de David.

35 Por eso dice también en otro lugar: No permitirás que tu Santo vea corrupción.

36 Porque á la verdad David, habiendo servido en su edad á la voluntad de Dios, durmió, y fué juntado con sus padres, y vió corrupción.

37 Mas aquel que Dios levantó, no vió corrupción.

38 Séaos pues notorio, varones hermanos, que por éste os es anunciada remisión de pecados,

39 Y de todo lo que por la ley de Moisés no pudisteis ser justificados, en éste es justificado todo aquel que creyere.

40 Mirad, pues, que no venga sobre vosotros lo que está dicho en los profetas:

41 Mirad, oh menospreciadores, y entonteceos, y desvaneceos; Porque yo obro una obra en vuestros días, Obra que no creeréis, si alguien os la contare.

42 Y saliendo ellos de la sinagoga de los Judíos, los Gentiles les rogaron que el sábado siguiente les hablasen estas palabras.

43 Y despedida la congregación, muchos de los Judíos y de los religiosos prosélitos siguieron á Pablo y á Bernabé; los cuales hablándoles, les persuadían que permaneciesen en la gracia de Dios.

44 Y el sábado siguiente se juntó casi toda la ciudad á oír la palabra de Dios.

45 Mas los Judíos, visto el gentío, llenáronse de celo, y se oponían á lo que Pablo decía, contradiciendo y blasfemando.

46 Entonces Pablo y Bernabé, usando de libertad, dijeron: A vosotros á la verdad era menester que se os hablase la palabra de Dios; mas pues que la desecháis, y os juzgáis indignos de la vida eterna, he aquí, nos volvemos á los Gentiles.

47 Porque así nos ha mandado el Señor, diciendo: Te he puesto para luz de los Gentiles, Para que seas salud hasta lo postrero de la tierra.

48 Y los Gentiles oyendo esto, fueron gozosos, y glorificaban la palabra del Señor: y creyeron todos los que estaban ordenados para vida eterna.

49 Y la palabra del Señor era sembrada por toda aquella provincia.

50 Mas los Judíos concitaron mujeres pías y honestas, y á los principales de la ciudad, y levantaron persecución contra Pablo y Bernabé, y los echaron de sus términos.

51 Ellos entonces sacudiendo en ellos el polvo de sus pies, vinieron á Iconio.

52 Y los discípulos estaban llenos de gozo, y del Espíritu Santo.

14 Y aconteció en Iconio, que entrados juntamente en la sinagoga de los Judíos, hablaron de tal manera, que creyó una grande multitud de Judíos, y asimismo de Griegos.

2 Mas los Judíos que fueron incrédulos, incitaron y corrompieron los ánimos de los Gentiles contra los hermanos.

3 Con todo eso se detuvieron allí mucho tiempo, confiados en el Señor, el cual daba testimonio á la palabra de su gracia, dando que señales y milagros fuesen hechos por las manos de ellos.

4 Mas el vulgo de la ciudad estaba dividido; y unos eran con los Judíos, y otros con los apóstoles.

5 Y haciendo ímpetu los Judíos y los Gentiles juntamente con sus príncipes, para afrentarlos y apedrearlos,

6 Habiéndolo entendido, huyeron á Listra y Derbe, ciudades de Licaonia, y por toda la tierra alrededor.

7 Y allí predicaban el evangelio.

8 Y un hombre de Listra, impotente de los pies, estaba sentado, cojo desde el vientre de su madre, que jamás había andado.

9 Éste oyó hablar á Pablo; el cual, como puso los ojos en Él, y vió que tenía fe para ser sano,

10 Dijo á gran voz: Levántate derecho sobre tus pies. Y saltó, y anduvo.

11 Entonces las gentes, visto lo que Pablo había hecho, alzaron la voz, diciendo en lengua licaónica: Dioses semejantes á hombres han descendido á nosotros.

12 Y á Bernabé llamaban Júpiter, y á Pablo, Mercurio, porque era el que llevaba la palabra.

13 Y el sacerdote de Júpiter, que estaba delante de la ciudad de ellos, trayendo toros y guirnaldas delante de las puertas, quería con el pueblo sacrificar.

14 Y como lo oyeron los apóstoles Bernabé y Pablo, rotas sus ropas, se lanzaron al gentío, dando voces,

15 Y diciendo: Varones, ¿por qué hacéis esto? Nosotros también somos hombres semejantes á vosotros, que os anunciamos que de estas vanidades os convirtáis al Dios vivo, que hizo el cielo y la tierra, la mar, y todo lo que está en ellos:

16 El cual en las edades pasadas ha dejado á todas las gentes andar en sus caminos;

17 Si bien no se dejó á sí mismo sin testimonio, haciendo bien, dándonos lluvias del cielo y tiempos fructíferos, hinchiendo de mantenimiento y de alegría nuestros corazones.

18 Y diciendo estas cosas, apenas apaciguaron el pueblo, para que no les ofreciesen sacrificio.

19 Entonces sobrevinieron unos Judíos de Antioquía y de Iconio, que persuadieron á la multitud, y habiendo apedreado á Pablo, le sacaron fuera de la ciudad, pensando que estaba muerto.

20 Mas rodeándole los discípulos, se levantó y entró en la ciudad y un día después, partió con Bernabé á Derbe.

21 Y como hubieron anunciado el evangelio á aquella ciudad, y enseñado á muchos, volvieron á Listra, y á Iconio, y á Antioquía,

22 Confirmando los ánimos de los discípulos, exhortándoles á que permaneciesen en la fe, y que es menester que por muchas tribulaciones entremos en el reino de Dios.

23 Y habiéndoles constituído ancianos en cada una de las iglesias, y habiendo orado con ayunos, los encomendaron al Señor en el cual habían creído.

24 Y pasando por Pisidia vinieron á Pamphylia.

25 Y habiendo predicado la palabra en Perge, descendieron á Atalia;

26 Y de allí navegaron á Antioquía, donde habían sido encomendados á la gracia de Dios para la obra que habían acabado.

27 Y habiendo llegado, y reunido la iglesia, relataron cuán grandes cosas había Dios hecho con ellos, y cómo había abierto á los Gentiles la puerta de la fe.

28 Y se quedaron allí mucho tiempo con los discípulos.

15 Entonces algunos que venían de Judea enseñaban á los hermanos: Que si no os circuncidáis conforme al rito de Moisés, no podéis ser salvos.

2 Así que, suscitada una disensión y contienda no pequeña á Pablo y á Bernabé contra ellos, determinaron que subiesen Pablo y Bernabé á Jerusalem, y algunos otros de ellos, á los apóstoles y á los ancianos, sobre esta cuestión.

3 Ellos, pues, habiendo sido acompañados de la iglesia, pasaron por la Fenicia y Samaria, contando la conversión de los Gentiles; y daban gran gozo á todos los hermanos.

4 Y llegados á Jerusalem, fueron recibidos de la iglesia y de los apóstoles y de los ancianos: y refirieron todas las cosas que Dios había hecho con ellos.

5 Mas algunos de la secta de los Fariseos, que habían creído, se levantaron, diciendo: Que es menester circuncidarlos, y mandarles que guarden la ley de Moisés.

6 Y se juntaron los apóstoles y los ancianos para conocer de este negocio.

7 Y habiendo habido grande contienda, levantándose Pedro, les dijo: Varones hermanos, vosotros sabéis cómo ya hace algún tiempo que Dios escogió que los Gentiles oyesen por mi boca la palabra del evangelio, y creyesen.

8 Y Dios, que conoce los corazones, les dió testimonio, dándoles el Espíritu Santo también como á nosotros;

9 Y ninguna diferencia hizo entre nosotros y ellos, purificando con la fe sus corazones.

10 Ahora pues, ¿por qué tentáis á Dios, poniendo sobre la cerviz de los discípulos yugo, que ni nuestros padres ni nosotros hemos podido llevar?

11 Antes por la gracia del Señor Jesús creemos que seremos salvos, como también ellos.

12 Entonces toda la multitud calló, y oyeron á Bernabé y á Pablo, que contaban cuán grandes maravillas y señales Dios había hecho por ellos entre los Gentiles.

13 Y después que hubieron callado, Jacobo respondió, diciendo: Varones hermanos, oidme:

14 Simón ha contado cómo Dios primero visitó á los Gentiles, para tomar de ellos pueblo para su nombre;

15 Y con esto concuerdan las palabras de los profetas, como está escrito:

16 Después de esto volveré Y restauraré la habitación de David, que estaba caída; Y repararé sus ruinas, Y la volveré á levantar;

17 Para que el resto de los hombres busque al Señor, Y todos los Gentiles, sobre los cuales es llamado mi nombre, Dice el Señor, que hace todas estas cosas.

18 Conocidas son á Dios desde el siglo todas sus obras.

19 Por lo cual yo juzgo, que los que de los Gentiles se convierten á Dios, no han de ser inquietados;

20 Sino escribirles que se aparten de las contaminaciones de los ídolos, y de fornicación, y de ahogado, y de sangre.

21 Porque Moisés desde los tiempos antiguos tiene en cada ciudad quien le predique en las sinagogas, donde es leído cada sábado.

22 Entonces pareció bien á los apóstoles y á los ancianos, con toda la iglesia, elegir varones de ellos, y enviarlos á Antioquía con Pablo y Bernabé: á Judas que tenía por sobrenombre Barsabas, y á Silas, varones principales entre los hermanos;

23 Y escribir por mano de ellos: Los apóstoles y los ancianos y los hermanos, á los hermanos de los Gentiles que están en Antioquía, y en Siria, y en Cilicia, salud:

24 Por cuanto hemos oído que algunos que han salido de nosotros, os han inquietado con palabras, trastornando vuestras almas, mandando circuncidaros y guardar la ley, á los cuales no mandamos;

25 Nos ha parecido, congregados en uno, elegir varones y enviarlos á vosotros con nuestros amados Bernabé y Pablo,

26 Hombres que han expuesto sus vidas por el nombre de nuestro Señor Jesucristo.

27 Así que, enviamos á Judas y á Silas, los cuales también por palabra os harán saber lo mismo.

28 Que ha parecido bien al Espíritu Santo, y á nosotros, no imponeros ninguna carga más que estas cosas necesarias:

29 Que os abstengáis de cosas sacrificadas á ídolos, y de sangre, y de ahogado, y de fornicación; de las cuales cosas si os guardareis, bien haréis. Pasadlo bien.

30 Ellos entonces enviados, descendieron á Antioquía; y juntando la multitud, dieron la carta.

31 La cual, como leyeron, fueron gozosos de la consolación.

32 Judas también y Silas, como ellos también eran profetas, consolaron y confirmaron á los hermanos con abundancia de palabra.

33 Y pasando allí algún tiempo, fueron enviados de los hermanos á los apóstoles en paz.

34 Mas á Silas pareció bien el quedarse allí.

35 Y Pablo y Bernabé se estaban en Antioquía, enseñando la palabra del Señor y anunciando el evangelio con otros muchos.

36 Y después de algunos días, Pablo dijo á Bernabé: Volvamos á visitar á los hermanos por todas las ciudades en las cuales hemos anunciado la palabra del Señor, cómo están.

37 Y Bernabé quería que tomasen consigo á Juan, el que tenía por sobrenombre Marcos;

38 Mas á Pablo no le parecía bien llevar consigo al que se había apartado de ellos desde Pamphylia, y no había ido con ellos á la obra.

39 Y hubo tal contención entre ellos, que se apartaron el uno del otro; y Bernabé tomando á Marcos, navegó á Cipro.

40 Y Pablo escogiendo á Silas, partió encomendado de los hermanos á la gracia del Señor.

41 Y anduvo la Siria y la Cilicia, confirmando á las iglesias.

16 Después llegó á Derbe, y á Listra: y he aquí, estaba allí un discípulo llamado Timoteo, hijo de una mujer Judía fiel, mas de padre Griego.

2 De éste daban buen testimonio los hermanos que estaban en Listra y en Iconio.

3 Este quiso Pablo que fuese con él; y tomándole, le circuncidó por causa de los Judíos que estaban en aquellos lugares; porque todos sabían que su padre era Griego.

4 Y como pasaban por las ciudades, les daban que guardasen los decretos que habían sido determinados por los apóstoles y los ancianos que estaban en Jerusalem.

5 Así que, las iglesias eran confirmadas en fe, y eran aumentadas en número cada día.

6 Y pasando á Phrygia y la provincia de Galacia, les fué prohibido por el Espíritu Santo hablar la palabra en Asia.

7 Y como vinieron á Misia, tentaron de ir á Bithynia; mas el Espíritu no les dejó.

8 Y pasando á Misia, descendieron á Troas.

9 Y fué mostrada á Pablo de noche una visión: Un varón Macedonio se puso delante, rogándole, y diciendo: Pasa á Macedonia, y ayúdanos.

10 Y como vió la visión, luego procuramos partir á Macedonia, dando por cierto que Dios nos llamaba para que les anunciásemos el evangelio.

11 Partidos pues de Troas, vinimos camino derecho á Samotracia, y el día siguiente á Neápolis;

12 Y de allí á Filipos, que es la primera ciudad de la parte de Macedonia, y una colonia; y estuvimos en aquella ciudad algunos días.

13 Y un día de sábado salimos de la puerta junto al río, donde solía ser la oración; y sentándonos, hablamos á las mujeres que se habían juntado.

14 Entonces una mujer llamada Lidia, que vendía púrpura en la ciudad de Tiatira, temerosa de Dios, estaba oyendo; el corazón de la cual abrió el Señor para que estuviese atenta á lo que Pablo decía.

15 Y cuando fué bautizada, y su familia, nos rogó, diciendo: Si habéis juzgado que yo sea fiel al Señor, entrad en mi casa, y posad: y constriñónos.

16 Y aconteció, que yendo nosotros á la oración, una muchacha que tenía espíritu pitónico, nos salió al encuentro, la cual daba grande ganancia á sus amos adivinando.

17 Esta, siguiendo á Pablo y á nosotros, daba voces, diciendo: Estos hombres son siervos del Dios Alto, los cuales os anuncian el camino de salud.

18 Y esto hacía por muchos días; mas desagradando á Pablo, se volvió y dijo al espíritu: Te mando en el nombre de Jesucristo, que salgas de ella. Y salió en la misma hora.

19 Y viendo sus amos que había salido la esperanza de su ganancia, prendieron á Pablo y á Silas, y los trajeron al foro, al magistrado;

20 Y presentándolos á los magistrados, dijeron: Estos hombres, siendo Judíos, alborotan nuestra ciudad,

21 Y predican ritos, los cuales no nos es lícito recibir ni hacer, pues somos Romanos.

22 Y agolpóse el pueblo contra ellos: y los magistrados rompiéndoles sus ropas, les mandaron azotar con varas.

23 Y después que los hubieron herido de muchos azotes, los echaron en la cárcel, mandando al carcelero que los guardase con diligencia:

24 El cual, recibido este mandamiento, los metió en la cárcel de más adentro; y les apretó los pies en el cepo.

25 Mas á media noche, orando Pablo y Silas, cantaban himnos á Dios: y los que estaban presos los oían.

26 Entonces fué hecho de repente un gran terremoto, de tal manera que los cimientos de la cárcel se movían; y luego todas las puertas se abrieron, y las prisiones de todos soltaron.

27 Y despertado el carcelero, como vió abiertas las puertas de la cárcel, sacando la espada se quería matar, pensando que los presos se habían huído.

28 Mas Pablo clamó á gran voz, diciendo: No te hagas ningún mal; que todos estamos aquí.

29 El entonces pidiendo luz, entró dentro, y temblando, derribóse á los pies de Pablo y de Silas;

30 Y sacándolos fuera, le dice: Señores, ¿qué es menester que yo haga para ser salvo?

31 Y ellos dijeron: Cree en el Señor Jesucristo, y serás salvo tú, y tu casa.

32 Y le hablaron la palabra del Señor, y á todos los que estaban en su casa.

33 Y tomándolos en aquella misma hora de la noche, les lavó los azotes; y se bautizó luego él, y todos los suyos.

34 Y llevándolos á su casa, les puso la mesa: y se gozó de que con toda su casa había creído á Dios.

35 Y como fué, día, los magistrados enviaron los alguaciles, diciendo: Deja ir á aquellos hombres.

36 Y el carcelero hizo saber estas palabras á Pablo: Los magistrados han enviado á decir que seáis sueltos: así que ahora salid, é id en paz.

37 Entonces Pablo les dijo: Azotados públicamente sin ser condenados, siendo hombres Romanos, nos echaron en la cárcel; y ¿ahora nos echan encubiertamente? No, de cierto, sino vengan ellos y sáquennos.

38 Y los alguaciles volvieron á decir á los magistrados estas palabras: y tuvieron miedo, oído que eran Romanos.

39 Y viniendo, los rogaron; y sacándolos, les pidieron que saliesen de la ciudad.

40 Entonces salidos de la cárcel, entraron en casa de Lidia; y habiendo visto á los hermanos, los consolaron, y se salieron.

17 Y pasando por Amphípolis y Apolonia, llegaron á Tesalónica, donde estaba la sinagoga de los Judíos.

2 Y Pablo, como acostumbraba, entró á ellos, y por tres sábados disputó con ellos de las Escrituras,

3 Declarando y proponiendo, que convenía que el Cristo padeciese, y resucitase de los muertos; y que Jesús, el cual yo os anuncio, decía él, éste era el Cristo.

4 Y algunos de ellos creyeron, y se juntaron con Pablo y con Silas; y de los Griegos religiosos grande multitud, y mujeres nobles no pocas.

5 Entonces los Judíos que eran incrédulos, teniendo celos, tomaron consigo á algunos ociosos, malos hombres, y juntando compañía, alborotaron la ciudad; y acometiendo á la casa de Jasón, procuraban sacarlos al pueblo.

6 Mas no hallándolos, trajeron á Jasón y á algunos hermanos á los gobernadores de la ciudad, dando voces: Estos que alborotan el mundo, también han venido acá;

7 A los cuales Jasón ha recibido; y todos estos hacen contra los decretos de César, diciendo que hay otro rey, Jesús.

8 Y alborotaron al pueblo y á los gobernadores de la ciudad, oyendo estas cosas.

9 Mas recibida satisfacción de Jasón y de los demás, los soltaron.

10 Entonces los hermanos, luego de noche, enviaron á Pablo y á Silas á Berea; los cuales habiendo llegado, entraron en la sinagoga de los Judíos.

11 Y fueron éstos más nobles que los que estaban en Tesalónica, pues recibieron la palabra con toda solicitud, escudriñando cada día las Escrituras, si estas cosas eran así.

12 Así que creyeron muchos de ellos; y mujeres Griegas de distinción, y no pocos hombres.

13 Mas como entendieron los Judíos de Tesalónica que tam-

bién en Berea era anunciada la palabra de Dios por Pablo, fueron, y también allí tumultuaron al pueblo.

14 Empero luego los hermanos enviaron á Pablo que fuese como á la mar; y Silas y Timoteo se quedaron allí.

15 Y los que habían tomado á cargo á Pablo, le llevaron hasta Atenas; y tomando encargo para Silas y Timoteo, que viniesen á él lo más presto que pudiesen, partieron.

16 Y esperándolos Pablo en Atenas, su espíritu se deshacía en él viendo la ciudad dada á idolatría.

17 Así que, disputaba en la sinagoga con los Judíos y religiosos; y en la plaza cada día con los que le ocurrían.

18 Y algunos filósofos de los Epicúreos y de los Estóicos, disputaban con él; y unos decían: ¿Qué quiere decir este palabrero? Y otros: Parece que es predicador de nuevos dioses: porque les predicaba á Jesús y la resurrección.

19 Y tomándole, le trajeron al Areópago, diciendo: ¿Podremos saber qué sea esta nueva doctrina que dices?

20 Porque pones en nuestros oídos unas nuevas cosas: queremos pues saber qué quiere ser esto.

21 (Entonces todos los Atenienses y los huéspedes extranjeros, en ninguna otra cosa entendían, sino ó en decir ó en oir alguna cosa nueva.)

22 Estando pues Pablo en medio del Areópago, dijo: Varones Atenienses, en todo os veo como más supersticiosos;

23 Porque pasando y mirando vuestros santuarios, hallé también un altar en el cual estaba esta inscripción: AL DIOS NO CONOCIDO. Aquél pues, que vosotros honráis sin conocerle, á éste os anuncio yo.

24 El Dios que hizo el mundo y todas las cosas que en él hay, éste, como sea Señor del cielo y de la tierra, no habita en templos hechos de manos,

25 Ni es honrado con manos de hombres, necesitado de algo; pues él da á todos vida, y respiración, y todas las cosas;

26 Y de una sangre ha hecho todo el linaje de los hombres, para que habitasen sobre toda la faz de la tierra; y les ha prefijado el orden de los tiempos, y los términos de los habitación de ellos;

27 Para que buscasen á Dios, si en alguna manera, palpando, le hallen; aunque cierto no está lejos de cada uno de nosotros:

28 Porque en él vivimos, y nos movemos, y somos; como también algunos de vuestros poetas dijeron: Porque linaje de éste somos también.

29 Siendo pues linaje de Dios, no hemos de estimar la Divinidad ser semejante á oro, ó á plata, ó á piedra, escultura de artificio ó de imaginación de hombres.

30 Empero Dios, habiendo disimulado los tiempos de esta ignorancia, ahora denuncia á todos los hombres en todos los lugares que se arrepientan:

31 Por cuanto ha establecido un día, en el cual ha de juzgar al mundo con justicia, por aquel varón al cual determinó; dando fe á todos con haberle levantado de los muertos.

32 Y así como oyeron de la resurrección de los muertos, unos se burlaban; y otros decían: Te oiremos acerca de esto otra vez.

33 Y así Pablo se salió de en medio de ellos.

34 Mas algunos creyeron, juntándose con él; entre los cuales también fué Dionisio el del Areópago, y una mujer llamada Dámaris, y otros con ellos.

18 Pasadas estas cosas, Pablo partió de Atenas, y vino á Corinto.

2 Y hallando á un Judío llamado Aquila, natural del Ponto, que hacía poco que había venido de Italia, y á Priscila su mujer, (porque Claudio había mandado que todos los Judíos saliesen de Roma) se vino á ellos;

3 Y porque era de su oficio, posó con ellos, y trabajaba; porque el oficio de ellos era hacer tiendas.

4 Y disputaba en la sinagoga todos los sábados, y persuadía á Judíos y á Griegos.

5 Y cuando Silas y Timoteo vinieron de Macedonia, Pablo estaba constreñido por la palabra, testificando á los Judíos que Jesús era el Cristo.

6 Y contradiciendo y blasfemando ellos, les dijo: sacudiendo sus vestidos: Vuestra sangre sea sobre vuestra cabeza; yo, limpio; desde ahora me iré á los Gentiles.

7 Y partiendo de allí, entró en casa de uno llamado Justo, temeroso de Dios, la casa del cual estaba junto á la sinagoga.

8 Y Crispo, él prepósito de la sinagoga, creyó al Señor con toda su casa: y muchos de los Corintios oyendo creían, y eran bautizados.

9 Entonces Él Señor dijo de noche en visión á Pablo: No temas, sino habla, y no calles:

10 Porque yo estoy contigo, y ninguno te podrá hacer mal; porque yo tengo mucho pueblo en esta ciudad.

11 Y se detuvo allí un año y seis meses, enseñándoles la palabra de Dios.

12 Y siendo Galión procónsul de Acaya, los Judíos se levantaron de común acuerdo contra Pablo, y le llevaron al tribunal,

13 Diciendo: Que éste persuade á los hombres á honrar á Dios contra la ley.

14 Y comenzando Pablo á abrir la boca, Galión dijo á los Judíos: Si fuera algún agravio ó algún crimen enorme, oh Judíos, conforme á derecho yo os tolerara:

15 Mas si son cuestiones de palabras, y de nombres, y de vuestra ley, vedlo vosotros; porque yo no quiero ser juez de estas cosas.

16 Y los echó del tribunal.

17 Entonces todos los Griegos tomando á Sóstenes, prepósito de la sinagoga, le herían delante del tribunal: y á Galión nada se le daba de ello.

18 Mas Pablo habiéndose detenido aún allí muchos días, después se despidió de los hermanos, y navegó á Siria, y con Él Priscila y Aquila, habiéndose trasquilado la cabeza en Cencreas, porque tenía voto.

19 Y llegó á Efeso, y los dejó allí: y Él entrando en la sinagoga, disputó con los Judíos,

20 Los cuales le rogaban que se quedase con ellos por algún tiempo; mas no accedió.

21 Sino que se despidió de ellos, diciendo: Es menester que en todo caso tenga la fiesta que viene, en Jerusalem; mas otra vez volveré á vosotros, queriendo Dios. Y partió de Efeso.

22 Y habiendo arribado á Cesarea subió á Jerusalem; y después de saludar á la iglesia, descendió á Antioquía.

23 Y habiendo estado allí algún tiempo, partió, andando por orden la provincia de Galacia, y la Phrygia, confirmando á todos los discípulos.

24 Llegó entonces á Efeso un Judío, llamado Apolos, natural de Alejandría, varón elocuente, poderoso en las Escrituras.

25 Este era instruído en el camino del Señor; y ferviente de espíritu, hablaba y enseñaba diligentemente las cosas que son del Señor, enseñando solamente en el bautismo de Juan.

26 Y comenzó á hablar confiadamente en la sinagoga: al cual como oyeron Priscila y Aquila, le tomaron, y le declararon más particularmente el camino de Dios.

27 Y queriendo Él pasar á Acaya, los hermanos exhortados, escribieron á los discípulos que le recibiesen; y venido Él, aprovechó mucho por la gracia á los que habían creído:

28 Porque con gran vehemencia convencía públicamente á los Judíos, mostrando por las Escrituras que Jesús era el Cristo.

19 Y aconteció que entre tanto que Apolos estaba en Corinto, Pablo, andadas las regiones superiores, vino á Efeso, y hallando ciertos discípulos,

2 Díjoles: ¿Habéis recibido el Espíritu Santo después que creísteis? Y ellos le dijeron: Antes ni aun hemos oído si hay Espíritu Santo.

3 Entonces dijo: ¿En qué pues sois bautizados? Y ellos dijeron: En el bautismo de Juan.

4 Y dijo Pablo: Juan bautizó con bautismo de arrepentimiento, diciendo al pueblo que creyesen en el que había de venir después de El, á saber, en Jesús el Cristo.

5 Oído que hubieron esto, fueron bautizados en el nombre del Señor Jesús.

6 Y habiéndoles impuesto Pablo las manos, vino sobre ellos el Espíritu Santo; y hablaban en lenguas, y profetizaban.

7 Y eran en todos como unos doce hombres.

8 Y entrando Él dentro de la sinagoga, hablaba libremente por espacio de tres meses, disputando y persuadiendo del reino de Dios.

9 Mas endureciéndose algunos y no creyendo, maldiciendo el Camino delante de la multitud, apartándose Pablo de ellos separó á los discípulos, disputando cada día en la escuela de un cierto Tyranno.

10 Y esto fué por espacio de dos años; de manera que todos los que habitaban en Asia, Judíos y Griegos, oyeron la palabra del Señor Jesús.

11 Y hacía Dios singulares maravillas por manos de Pablo:

12 De tal manera que aun se llevaban sobre los enfermos los sudarios y los pañuelos de su cuerpo, y las enfermedades se iban de ellos, y los malos espíritus salían de ellos.

13 Y algunos de los Judíos, exorcistas vagabundos, tentaron á invocar el nombre del Señor Jesús sobre los que tenían espíritus malos, diciendo: Os conjuro por Jesús, el que Pablo predica.

14 Y había siete hijos de un tal Sceva, Judío, príncipe de los sacerdotes, que hacían esto.

15 Y respondiendo el espíritu malo, dijo: A Jesús conozco y sé quién es Pablo: mas vosotros ¿quiénes sois?

16 Y el hombre en quien estaba el espíritu malo, saltando en ellos, y enseñoreándose de ellos, pudo más que ellos, de tal manera que huyeron de aquella casa desnudos y heridos.

17 Y esto fué notorio á todos, así Judíos como Griegos, los que habitaban en Efeso: y cayó temor sobre todos ellos, y era ensalzado el nombre del Señor Jesús.

18 Y muchos de los que habían creído, venían, confesando y dando cuenta de sus hechos.

19 Asimismo muchos de los que habían practicado vanas artes, trajeron los libros, y los quemaron delante de todos; y echada la cuenta del precio de ellos, hallaron ser cincuenta mil denarios.

20 Así crecía poderosamente la palabra del Señor, y prevalecía.

21 Y acabadas estas cosas, se propuso Pablo en espíritu partir á Jerusalem, después de andada Macedonia y Acaya, diciendo: Después que hubiere estado allá me será menester ver también á Roma.

22 Y enviando á Macedonia á dos de los que le ayudaban, Timoteo y Erasto, Él se estuvo por algún tiempo en Asia.

23 Entonces hubo un alboroto no pequeño acerca del Camino.

24 Porque un platero llamado Demetrio, el cual hacía de plata templecillos de Diana, daba á los artífices no poca ganancia:

25 Á los cuales, reunidos con los oficiales de semejante oficio, dijo: Varones, sabéis que de este oficio tenemos ganancia;

26 Y veis y oís que este Pablo, no solamente en Efeso, sino á muchas gentes de casi toda el Asia, ha apartado con persuasión, diciendo, que no son dioses los que se hacen con las manos.

27 Y no solamente hay peligro de que este negocio se nos vuelva en reproche, sino también que el templo de la gran diosa Diana sea estimado en nada, y comience á ser destruída su majestad, la cual honra toda el Asia y el mundo.

28 Oídas estas cosas, llenáronse de ira, y dieron alarido diciendo: ¡Grande es Diana de los Efesios!

29 Y la ciudad se llenó de confusión; y unánimes se arrojaron al teatro, arrebatando á Gayo y á Aristarco, Macedonios, compañeros de Pablo.

30 Y queriendo Pablo salir al pueblo, los discípulos no le dejaron.

31 También algunos de los principales de Asia, que eran sus amigos, enviaron á Él rogando que no se presentase en el teatro.

32 Y otros gritaban otra cosa; porque la concurrencia estaba confusa, y los más no sabían por qué se habían juntado.

33 Y sacaron de entre la multitud á Alejandro, empujándole los Judíos. Entonces Alejandro, pedido silencio con la mano, quería dar razón al pueblo.

34 Mas como conocieron que era Judío, fué hecha un voz de todos, que gritaron casi por dos horas: ¡Grande es Diana de los Efesios!

35 Entonces el escribano, apaciguado que hubo la gente, dijo: Varones Efesios ¿y quién hay de los hombres que no sepa que la ciudad de los Efesios es honradora de la gran diosa Diana, y de la imagen venida de Júpiter?

36 Así que, pues esto no puede ser contradicho, conviene que os apacigüéis, y que nada hagáis temerariamente;

37 Pues habéis traído á estos hombres, sin ser sacrílegos ni blasfemadores de vuestra diosa.

38 Que si Demetrio y los oficiales que están con Él tienen negocio con alguno, audiencias se hacen, y procónsules hay; acúsense los unos á los otros.

39 Y si demandáis alguna otra cosa, en legítima asamblea se pueda decidir.

40 Porque peligro hay de que seamos argüidos de sedición por hoy, no habiendo ninguna causa por la cual podamos dar razón de este concurso. Y habiendo dicho esto, despidió la concurrencia.

20 Y después que cesó el alboroto, llamando Pablo á los discípulos habiéndoles exhortado y abrazado, se despidió, y partió para ir á Macedonia.

2 Y andado que hubo aquellas partes, y exhortádoles con abundancia de palabra, vino á Grecia.

3 Y después de haber estado allí tres meses, y habiendo de navegar á Siria, le fueron puestas asechanzas por los Judíos; y así tomó consejo de volverse por Macedonia.

4 Y le acompañaron hasta Asia Sopater Bereense, y los Tesalonicenses, Aristarco y Segundo; y Gayo de Derbe, y Timoteo; y de Asia, Tychîco y Trófimo.

5 Estos yendo delante, nos esperaron en Troas.

6 Y nosotros, pasados los días de los panes sin levadura, navegamos de Filipos y vinimos á ellos á Troas en cinco días, donde estuvimos siete días.

7 Y el día primero de la semana, juntos los discípulos á partir el pan, Pablo les enseñaba, habiendo de partir al día siguiente: y alargó el discurso hasta la media noche.

8 Y había muchas lámparas en el aposento alto donde estaban juntos.

9 Y un mancebo llamado Eutichô que estaba sentado en la ventana, tomado de un sueño profundo, como Pablo disputaba largamente, postrado del sueño cayó del tercer piso abajo, y fué alzado muerto.

10 Entonces descendió Pablo, y derribóse sobre Él, y abrazándole, dijo: No os alborotéis, que su alma está en Él.

11 Después subiendo, y partiendo el pan, y gustando, habló largamente hasta el alba, y así partió.

12 Y llevaron al mozo vivo, y fueron consolados no poco.

13 Y nosotros subiendo en el navío, navegamos á Assón, para recibir de allí á Pablo; pues así había determinado que debía Él ir por tierra.

14 Y como se juntó con nosotros en Assón, tomándole vinimos á Mitilene.

15 Y navegamos de allí, al día siguiente llegamos delante de Chîo, y al otro día tomamos puerto en Samo: y habiendo reposado en Trogilio, al día siguiente llegamos á Mileto.

16 Porque Pablo se había propuesto pasar adelante de Efeso, por no detenerse en Asia: porque se apresuraba por hacer el día de Pentecostés, si le fuese posible, en Jerusalem.

17 Y enviando desde Mileto á Efeso, hizo llamar á los ancianos de la iglesia.

18 Y cuando vinieron á Él, les dijo: Vosotros sabéis cómo, desde el primer día que entré en Asia, he estado con vosotros por todo el tiempo,

19 Sirviendo al Señor con toda humildad, y con muchas lágrimas, y tentaciones que me han venido por las asechanzas de los Judíos:

20 Cómo nada que fuese útil he rehuído de anunciaros y enseñaros, públicamente y por las casas,

21 Testificando á los Judíos y á los Gentiles arrepentimiento para con Dios, y la fe en nuestro Señor Jesucristo.

22 Y ahora, he aquí, ligado yo en espíritu, voy á Jerusalem, sin saber lo que allá me ha de acontecer:

23 Mas que el Espíritu Santo por todas las ciudades me da testimonio, diciendo que prisiones y tribulaciones me esperan.

24 Mas de ninguna cosa hago caso, ni estimo mi vida preciosa para mí mismo; solamente que acabe mi carrera con gozo, y el ministerio que recibí del Señor Jesús, para dar testimonio del evangelio de la gracia de Dios.

25 Y ahora, he aquí, yo sé que ninguno de todos vosotros, por quien he pasado predicando el reino de Dios, verá más mi rostro.

26 Por tanto, yo os protesto el día de hoy, que yo soy limpio de la sangre de todos:

27 Porque no he rehuído de anunciaros todo el consejo de Dios.

28 Por tanto mirad por vosotros y por todo el rebaño en que el Espíritu Santo os ha puesto por obispos, para apacentar la iglesia del Señor, la cual ganó por su sangre.

29 Porque yo sé que después de mi partida entrarán en medio de vosotros lobos rapaces, que no perdonarán al ganado;

30 Y de vosotros mismos se levantarán hombres que hablen cosas perversas, para llevar discípulos tras sí.

31 Por tanto, velad, acordándoos que por tres años de noche y de día, no he cesado de amonestar con lágrimas á cada uno.

32 Y ahora, hermanos, os encomiendo á Dios, y á la palabra de su gracia: el cual es poderoso para sobreedificar, y daros heredad con todos los santificados.

33 La plata, ó el oro, ó el vestido de nadie he codiciado.

34 Antes vosotros sabéis que para lo que me ha sido necesario, y á los que están conmigo, estas manos me han servido.

35 En todo os he enseñado, que, trabajando así, es necesario sobrellevar á los enfermos, y tener presente las palabras del Señor Jesús, el cual dijo: Más bienaventurada cosa es dar que recibir.

36 Y como hubo dicho estas cosas, se puso de rodillas, y oró con todos ellos.

37 Entonces hubo un gran lloro de todos: y echándose en el cuello de Pablo, le besaban,

38 Doliéndose en gran manera por la palabra que dijo, que no habían de ver más su rostro. Y le acompañaron al navío.

21 Y habiendo partido de ellos, navegamos y vinimos camino derecho á Coos, y al día siguiente á Rhodas, y de allí á Pátara.

2 Y hallando un barco que pasaba á Fenicia, nos embarcamos, y partimos.

3 Y como avistamos á Cipro, dejándola á mano izquierda, navegamos á Siria, y vinimos á Tiro: porque el barco había de descargar allí su carga.

4 Y nos quedamos allí siete días, hallados los discípulos, los cuales decían á Pablo por Espíritu, que no subiese á Jerusalem.

5 Y cumplidos aquellos días, salimos acompañándonos todos, con sus mujeres é hijos, hasta fuera de la ciudad; y puestos de rodillas en la ribera, oramos.

6 Y abrazándonos los unos á los otros, subimos al barco, y ellos se volvieron á sus casas.

7 Y nosotros, cumplida la navegación, vinimos de Tiro á Tolemaida; y habiendo saludado á los hermanos, nos quedamos con ellos un día.

8 Y otro día, partidos Pablo y los que con Él estábamos, vinimos á Cesarea: y entrando en casa de Felipe el evangelista, El cual era uno de los siete, posamos con Él.

9 Y éste tenía cuatro hijas, doncellas, que profetizaban.

10 Y parando nosotros allí por muchos días, descendió de Judea un profeta, llamado Agabo;

11 Y venido á nosotros, tomó el cinto de Pablo, y atándose los pies y las manos, dijo: Esto dice el Espíritu Santo: Así atarán los Judíos en Jerusalem al varón cuyo es este cinto, y le entregarán en manos de los Gentiles.

12 Lo cual como oímos, le rogamos nosotros y los de aquel lugar, que no subiese á Jerusalem.

13 Entonces Pablo respondió: ¿Qué hacéis llorando y afligiéndome el corazón? porque yo no sólo estoy presto á ser atado, mas aun á morir en Jerusalem por el nombre del Señor Jesús.

14 Y como no le pudimos persuadir, desistimos, diciendo: Hágase la voluntad del Señor.

15 Y después de estos días, apercibidos, subimos á Jerusalem.

16 Y vinieron también con nosotros de Cesarea algunos de los discípulos, trayendo consigo á un Mnasón, Cyprio, discípulo antiguo, con el cual posásemos.

17 Y cuando llegamos á Jerusalem, los hermanos nos recibieron de buena voluntad.

18 Y al día siguiente Pablo entró con nosotros á Jacobo, y todos los ancianos se juntaron;

19 A los cuales, como les hubo saludado, contó por menudo lo que Dios había hecho entre los Gentiles por su ministerio.

20 Y ellos como lo oyeron, glorificaron á Dios, y le dijeron: Ya ves, hermano, cuántos millares de Judíos hay que han creído; y todos son celadores de la ley:

21 Mas fueron informados acerca de ti, que enseñas á apartarse de Moisés á todos los Judíos que están entre los Gentiles, diciéndoles que no han de circuncidar á los hijos, ni andar según la costumbre.

22 ¿Qué hay pues? La multitud se reunirá de cierto: porque oirán que has venido.

23 Haz pues esto que te decimos: Hay entre nosotros cuatro hombres que tienen voto sobre sí:

24 Tomando á éstos contigo, purifícate con ellos, y gasta con ellos, para que rasuren sus cabezas, y todos entiendan que no hay nada de lo que fueron informados acerca de ti; sino que tú también andas guardando la ley.

25 Empero cuanto á los que de los Gentiles han creído, nosotros hemos escrito haberse acordado que no guarden nada de esto; solamente que se abstengan de lo que fue sacrificado á los ídolos, y de sangre, y de ahogado, y de fornicación.

26 Entonces Pablo tomó consigo aquellos hombres, y al día siguiente, habiéndose purificado con ellos, entró en el templo, para anunciar el cumplimiento de los días de la purificación, hasta ser ofrecida ofrenda por cada uno de ellos.

27 Y cuando estaban para acabarse los siete días, unos Judíos de Asia, como le vieron en el templo, alborotaron todo el pueblo y le echaron mano,

28 Dando voces: Varones Israelitas, ayudad: Este es el hombre que por todas partes enseña á todos contra el pueblo, y la ley, y este lugar; y además de esto ha metido Gentiles en el templo, y ha contaminado este lugar Santo.

29 Porque antes habían visto con Él en la ciudad á Trófimo, Efesio, al cual pensaban que Pablo había metido en el templo.

30 Así que, toda la ciudad se alborotó, y agolpóse el pueblo; y tomando á Pablo, hiciéronle salir fuera del templo, y luego las puertas fueron cerradas.

31 Y procurando ellos matarle, fué dado aviso al tribuno de la compañía, que toda la ciudad de Jerusalem estaba alborotada,

32 El cual tomando luego soldados y centuriones, corrió á ellos. Y ellos como vieron al tribuno y á los soldados, cesaron de herir á Pablo.

33 Entonces llegando el tribuno, le prendió, y le mandó atar con dos cadenas; y preguntó quién era, y qué había hecho.

34 Y entre la multitud, unos gritaban una cosa, y otros otra: y como no podía entender nada de cierto á causa del alboroto, le mandó llevar á la fortaleza.

35 Y como llegó á las gradas, aconteció que fué llevado de los soldados á causa de la violencia del pueblo;

36 Porque multitud de pueblo venía detrás, gritando: Mátale.

37 Y como comenzaron á meter á Pablo en la fortaleza, dice al tribuno: ¿Me será lícito hablarte algo? Y Él dijo: ¿Sabes griego?

38 ¿No eres tú aquel Egipcio que levantaste una sedición antes de estos días, y sacaste al desierto cuatro mil hombres salteadores?

39 Entonces dijo Pablo: Yo de cierto soy hombre Judío, ciudadano de Tarso, ciudad no obscura de Cilicia: empero ruégote que me permitas que hable al pueblo.

40 Y como Él se lo permitió, Pablo, estando en pie en las gradas, hizo señal con la mano al pueblo. Y hecho grande silencio, habló en lengua hebrea, diciendo:

22 Varones hermanos y padres, oíd la razón que ahora os doy. 2 (Y como oyeron que les hablaba en lengua hebrea, guardaron más silencio.) Y dijo:

3 Yo de cierto soy Judío, nacido en Tarso de Cilicia, mas criado en esta ciudad á los pies de Gamaliel, enseñado conforme á la verdad de la ley de la patria, celoso de Dios, como todos vosotros sois hoy.

4 Que he perseguido este camino hasta la muerte, prendiendo y entregando en cárceles hombres y mujeres;

5 Como también el príncipe de los sacerdotes me es testigo, y todos los ancianos; de los cuales también tomando letras á los hermanos, iba á Damasco para traer presos á Jerusalem aun á los que estuviesen allí, para que fuesen castigados.

6 Mas aconteció que yendo yo, y llegando cerca de Damasco, como á medio día, de repente me rodeó mucha luz del cielo:

7 Y caí en el suelo, y oí una voz que me decía: Saulo, Saulo, ¿por qué me persigues?

8 Yo entonces respondí: ¿Quién eres, Señor? Y me dijo: Yo soy Jesús de Nazaret, á quién tú persigues.

9 Y los que estaban conmigo vieron á la verdad la luz, y se espantaron: mas no oyeron la voz del que hablaba conmigo.

10 Y dije: ¿Qué haré, Señor? Y el Señor me dijo: Levántate, ve á Damasco, y allí te será dicho todo lo que te está señalado hacer.

11 Y como yo no viese por causa de la claridad de la luz, llevado de la mano por los que estaban conmigo, vine á Damasco.

12 Entonces un Ananías, varón pío conforme á la ley, que tenía buen testimonio de todos los Judíos que allí moraban,

13 Viniendo á mí, y acercándose, me dijo: Hermano Saulo, recibe la vista. Y yo en aquella hora le miré.

14 Y Él dijo: El Dios de nuestros padres te ha predestinado para que conocieses su voluntad, y vieses á aquel Justo, y oyeses la voz de su boca.

15 Porque has de ser testigo suyo á todos los hombres, de lo que has visto y oído.

16 Ahora pues, ¿por qué te detienes? Levántate, y bautízate, y lava tus pecados, invocando su nombre.

17 Y me aconteció, vuelto á Jerusalem, que orando en el templo, fuí arrebatado fuera de mí.

18 Y le vi que me decía: Date prisa, y sal prestamente fuera de Jerusalem; porque no recibirán tu testimonio de mí.

19 Y yo dije: Señor, ellos saben que yo encerraba en cárcel, y hería por las sinagogas á los que creían en ti;

20 Y cuando se derramaba la sangre de Esteban tu testigo, yo también estaba presente, y consentía á su muerte, y guardaba las ropas de los que le mataban.

21 Y me dijo: Ve, porque yo te tengo que enviar lejos á los Gentiles.

22 Y le oyeron hasta esta palabra: entonces alzaron la voz, diciendo: Quita de la tierra á un tal hombre, porque no conviene que viva.

23 Y dando ellos voces, y arrojando sus ropas y echando polvo al aire,

24 Mandó el tribuno que le llevasen á la fortaleza, y ordenó que fuese examinado con azotes, para saber por qué causa clamaban así contra Él.

25 Y como le ataron con correas, Pablo dijo al centurión que estaba presente: ¿Os es lícito azotar á un hombre Romano sin ser condenado?

26 Y como el centurión oyó esto, fué y dió aviso al tribuno, diciendo: ¿Qué vas á hacer? porque este hombre es Romano.

27 Y viniendo el tribuno, le dijo: Dime, ¿eres tú Romano? Y Él dijo: Sí.

28 Y respondió el tribuno: Yo con grande suma alcancé esta ciudadanía. Entonces Pablo dijo: Pero yo lo soy de nacimiento.

29 Así que, luego se apartaron de Él los que le habían de atormentar: y aun el tribuno también tuvo temor, entendido que era Romano, por haberle atado.

30 Y al día siguiente, queriendo saber de cierto la causa por qué era acusado de los Judíos, le soltó de las prisiones, y mandó venir á los príncipes de los sacerdotes, y á todo su concilio: y sacando á Pablo, le presentó delante de ellos.

23 Entonces Pablo, poniendo los ojos en el concilio, dice: Varones hermanos, yo con toda buena conciencia he conversado delante de Dios hasta el día de hoy.

2 El príncipe de los sacerdotes, Ananías, mandó entonces á los que estaban delante de Él, que le hiriesen en la boca.

3 Entonces Pablo le dijo: Herirte ha Dios, pared blanqueada: ¿y estás tú sentado para juzgarme conforme á la ley, y contra la ley me mandas herir?

4 Y los que estaban presentes dijeron: ¿Al sumo sacerdote de Dios maldices?

5 Y Pablo dijo: No sabía, hermanos, que era el sumo sacerdote; pues escrito está: Al príncipe de tu pueblo no maldecirás.

6 Entonces Pablo, sabiendo que la una parte era de Saduceos, y la otra de Fariseos, clamó en el concilio: Varones hermanos, yo soy Fariseo, hijo de Fariseo: de la esperanza y de la resurrección de los muertos soy yo juzgado.

7 Y como hubo dicho esto, fué hecha disensión entre los Fariseos y los Saduceos; y la multitud fué dividida.

8 Porque los Saduceos dicen que no hay resurrección, ni ángel, ni espíritu; mas los Fariseos confiesan ambas cosas.

9 Y levantóse un gran clamor; y levantándose los escribas de la parte de los Fariseos, contendían diciendo: Ningún mal hallamos en este hombre; que si espíritu le ha hablado, ó ángel, no resistamos á Dios.

10 Y habiendo grande disensión, el tribuno, teniendo temor de que Pablo fuese despedazado de ellos, mandó venir soldados, y arrebatarle de en medio de ellos, y llevarle á la fortaleza.

11 Y la noche siguiente, presentándosele el Señor, le dijo: Confía, Pablo; que como has testificado de mí en Jerusalem, así es menester testifiques también en Roma.

12 Y venido el día, algunos de los Judíos se juntaron, é hicieron voto bajo de maldición, diciendo que ni comerían ni beberían hasta que hubiesen muerto á Pablo.

13 Y eran más de cuarenta los que habían hecho esta conjuración;

14 Los cuales se fueron á los príncipes de los sacerdotes y á los ancianos, y dijeron: Nosotros hemos hecho voto debajo de maldición, que no hemos de gustar nada hasta que hayamos muerto á Pablo.

15 Ahora pues, vosotros, con el concilio, requerid al tribuno que le saque mañana á vosotros como que queréis entender de Él alguna cosa más cierta; y nosotros, antes que Él llegue, estaremos aparejados para matarle.

16 Entonces un hijo de la hermana de Pablo, oyendo las asechanzas, vino y entró en la fortaleza, y dió aviso á Pablo.

17 Y Pablo, llamando á uno de los centuriones, dice: Lleva á este mancebo al tribuno, porque tiene cierto aviso que darle.

18 El entonces tomándole, le llevó al tribuno, y dijo: El preso Pablo, llamándome, me rogó que trajese á ti este mancebo, que tiene algo que hablarte.

19 Y el tribuno, tomándole de la mano y retirándose aparte, le preguntó: ¿Qué es lo que tienes que decirme?

20 Y Él dijo: Los Judíos han concertado rogarte que mañana saques á Pablo al concilio, como que han de inquirir de Él alguna cosa más cierta.

21 Mas tú no los creas; porque más de cuarenta hombres de ellos le acechan, los cuales han hecho voto debajo de maldición, de no comer ni beber hasta que le hayan muerto; y ahora están apercibidos esperando tu promesa.

22 Entonces el tribuno despidió al mancebo, mandándole que á nadie dijese que le había dado aviso de esto.

23 Y llamados dos centuriones, mandó que apercibiesen para la hora tercia de la noche doscientos soldados, que fuesen hasta Cesarea, y setenta de á caballo, y doscientos lanceros;

24 Y que aparejasen cabalgaduras en que poniendo á Pablo, le llevasen en salvo á Félix el Presidente.

25 Y escribió una carta en estos términos:

26 Claudio Lisias al excelentísimo gobernador Félix: Salud.

27 A este hombre, aprehendido de los Judíos, y que iban ellos á matar, libré yo acudiendo con la tropa, habiendo entendido que era Romano.

28 Y queriendo saber la causa por qué le acusaban, le llevé al concilio de ellos;

29 Y hallé que le acusaban de cuestiones de la ley de ellos, y que ningún crimen tenía digno de muerte ó de prisión.

30 Mas siéndome dado aviso de asechanzas que le habían aparejado los Judíos, luego al punto le he enviado á ti, intimando también á los acusadores que traten delante de ti lo que tienen contra Él. Pásalo bien.

31 Y los soldados, tomando á Pablo como les era mandado, lleváronle de noche á Antipatris.

32 Y al día siguiente, dejando á los de á caballo que fuesen con Él, se volvieron á la fortaleza.

33 Y como llegaron á Cesarea, y dieron la carta al gobernador, presentaron también á Pablo delante de Él.

34 Y el gobernador, leída la carta, preguntó de qué provincia era; y entendiendo que era de Cilicia,

35 Te oiré, dijo, cuando vinieren tus acusadores. Y mandó que le guardasen en el pretorio de Herodes.

24 Y cinco días después descendió el sumo sacerdote Ananías, con algunos de los ancianos, y un cierto Tértulo, orador; y parecieron delante del gobernador contra Pablo.

2 Y citado que fué, Tértulo comenzó á acusar, diciendo: Como por causa tuya vivamos en grande paz, y muchas cosas sean bien gobernadas en el pueblo por tu prudencia,

3 Siempre y en todo lugar lo recibimos con todo hacimiento de gracias, oh excelentísimo Félix.

4 Empero por no molestarte más largamente, ruégote que nos oigas brevemente conforme á tu equidad.

5 Porque hemos hallado que este hombre es pestilencial, y levantador de sediciones entre todos los Judíos por todo el mundo, y príncipe de la secta de los Nazarenos;

6 El cual también tentó á violar el templo; y prendiéndole, le quisimos juzgar conforme á nuestra ley;

7 Mas interviniendo el tribuno Lisias, con grande violencia le quitó de nuestras manos,

8 Mandando á sus acusadores que viniesen á ti; del cual tú mismo juzgando, podrás entender todas estas cosas de que le acusamos.

9 Y contendían también los Judíos, diciendo ser así estas cosas.

10 Entonces Pablo, haciéndole el gobernador señal que hablase, respondió: Porque sé que muchos años ha eres gobernador de esta nación, con buen ánimo satisfaré por mí.

11 Porque tú puedes entender que no hace más de doce días que subí á adorar á Jerusalem;

12 Y ni me hallaron en el templo disputando con ninguno, ni haciendo concurso de multitud, ni en sinagogas, ni en la ciudad;

13 Ni te pueden probar las cosas de que ahora me acusan.

14 Esto empero te confieso, que conforme á aquel Camino que llaman herejía, así sirvo al Dios de mis padres, creyendo todas las cosas que en la ley y en los profetas están escritas;

15 Teniendo esperanza en Dios que ha de haber resurrección de los muertos, así de justos como de injustos, la cual también ellos esperan.

16 Y por esto, procuro yo tener siempre conciencia sin remordimiento acerca de Dios y acerca de los hombres.

17 Mas pasados muchos años, vine á hacer limosnas á mi nación, y ofrendas.

18 Cuando me hallaron purificado en el templo (no con multitud ni con alboroto) unos Judíos de Asia;

19 Los cuales debieron comparecer delante de ti, y acusarme, si contra mí tenían algo.

20 O digan estos mismos si hallaron en mí alguna cosa mal hecha, cuando yo estuve en el concilio,

21 Si no sea que, estando entre ellos prorrumpí en alta voz: Acerca de la resurrección de los muertos soy hoy juzgado de vosotros.

22 Entonces Félix, oídas estas cosas, estando bien informado de esta secta, les puso dilación, diciendo: Cuando descendiere el tribuno Lisias acabaré de conocer de vuestro negocio.

23 Y mandó al centurión que Pablo fuese guardado, y aliviado de las prisiones; y que no vedase á ninguno de sus familiares servirle, ó venir á Él.

24 Y algunos días después, viniendo Félix con Drusila, su mujer, la cual era Judía, llamó á Pablo, y oyó de Él la fe que es en Jesucristo.

25 Y disertando Él de la justicia, y de la continencia, y del juicio venidero, espantado Félix, respondió: Ahora vete, mas en teniendo oportunidad te llamaré:

26 Esperando también con esto, que de parte de Pablo le serían dados dineros, porque le soltase; por lo cual, haciéndole venir muchas veces, hablaba con Él.

27 Mas al cabo de dos años recibió Félix por sucesor á Porcio Festo: y queriendo Félix ganar la gracia de los Judíos, dejó preso á Pablo.

25 Festo pues, entrado en la provincia, tres días después subió de Cesarea á Jerusalem.

2 Y vinieron á Él los príncipes de los sacerdotes y los principales de los Judíos contra Pablo; y le rogaron,

3 Pidiendo gracia contra Él, que le hiciese traer á Jerusalem, poniendo ellos asechanzas para matarle en el camino.

4 Mas Festo respondió, que Pablo estaba guardado en Cesarea, y que Él mismo partiría presto.

5 Los que de vosotros pueden, dijo desciendan juntamente; y si hay algún crimen en este varón, acúsenle.

6 Y deteniéndose entre ellos no más de ocho ó diez días, venido á Cesarea, el siguiente día se sentó en el tribunal, y mandó que Pablo fuese traído.

7 El cual venido, le rodearon los Judíos que habían venido de Jerusalem, poniendo contra Pablo muchas y graves acusaciones, las cuales no podían probar;

8 Alegando Él por su parte: Ni contra la ley de los Judíos, ni contra el templo, ni contra César he pecado en nada.

9 Mas Festo, queriendo congraciarse con los Judíos, respondiendo á Pablo, dijo: ¿Quieres subir á Jerusalem, y allá ser juzgado de estas cosas delante de mí?

10 Y Pablo dijo: Ante el tribunal de César estoy, donde conviene que sea juzgado. A los Judíos no he hecho injuria alguna, como tú sabes muy bien.

11 Porque si alguna injuria, ó cosa alguna digna de muerte he hecho, no rehuso morir; mas si nada hay de las cosas de que éstos me acusan, nadie puede darme á ellos. A César apelo.

12 Entonces Festo, habiendo hablado con el consejo, respondió: ¿A César has apelado? á César irás.

13 Y pasados algunos días, el rey Agripa y Bernice vinieron á Cesarea á saludar á Festo.

14 Y como estuvieron allí muchos días, Festo declaró la causa de Pablo al rey, diciendo: Un hombre ha sido dejado preso por Félix,

15 Sobre el cual, cuando fuí á Jerusalem, vinieron á mí los príncipes de los sacerdotes y los ancianos de los Judíos, pidiendo condenación contra Él:

16 A los cuales respondí: no ser costumbre de los Romanos dar alguno á la muerte antes que el que es acusado tenga presentes sus acusadores, y haya lugar de defenderse de la acusación.

17 Así que, habiendo venido ellos juntos acá, sin ninguna dilación, al día siguiente, sentado en el tribunal, mandé traer al hombre;

18 Y estando presentes los acusadores, ningún cargo produjeron de los que yo sospechaba;

19 Solamente tenían contra Él ciertas cuestiones acerca de su superstición, y de un cierto Jesús, difunto, el cual Pablo afirmaba que estaba vivo.

20 Y yo, dudando en cuestión semejante, dije, si quería ir á Jerusalem, y allá ser juzgado de estas cosas.

21 Mas apelando Pablo á ser guardado al conocimiento de Augusto, mandé que le guardasen hasta que le enviara á César.

22 Entonces Agripa dijo á Festo: Yo también quisiera oir á ese hombre. Y Él dijo: Mañana le oirás.

23 Y al otro día, viniendo Agripa y Bernice con mucho aparato, y entrando en la audiencia con los tribunos y principales hombres de la ciudad, por mandato de Festo, fué traído Pablo.

24 Entonces Festo dijo: Rey Agripa, y todos los varones que estáis aquí juntos con nosotros: veis á éste, por el cual toda la multitud de los Judíos me ha demandado en Jerusalem y aquí, dando voces que no conviene que viva más;

25 Mas yo, hallando que ninguna cosa digna de muerte ha hecho, y Él mismo apelando á Augusto, he determinado enviarle:

26 Del cual no tengo cosa cierta que escriba al señor; por lo que le he sacado á vosotros, y mayormente á tí, oh rey Agripa, para que hecha información, tenga yo qué escribir.

27 Porque fuera de razón me parece enviar un preso, y no informar de las causas.

26 Entonces Agripa dijo á Pablo: Se te permite hablar por ti mismo. Pablo entonces, extendiendo la mano, comenzó á responder por sí, diciendo:

2 Acerca de todas las cosas de que soy acusado por los Judíos, oh rey Agripa, me tengo por dichoso de que haya hoy de defenderme delante de ti;

3 Mayormente sabiendo tú todas las costumbres y cuestiones que hay entre los Judíos: por lo cual te ruego que me oigas con paciencia.

4 Mi vida pues desde la mocedad, la cual desde el principio fué en mi nación, en Jerusalem, todos los Judíos la saben:

5 Los cuales tienen ya conocido que yo desde el principio, si quieren testificarlo, conforme á la más rigurosa secta de nuestra religión viví Fariseo.

6 Y ahora, por la esperanza de la promesa que hizo Dios á nuestros padres, soy llamado en juicio;

7 A la cual promesa nuestras doce tribus, sirviendo constantemente de día y de noche, esperan que han de llegar. Por la cual esperanza, oh rey Agripa, soy acusado de los Judíos.

8 ¡Qué! ¿Júzgase cosa increíble entre vosotros que Dios resucite los muertos?

9 Yo ciertamente había pensado deber hacer muchas cosas contra el nombre de Jesús de Nazaret:

10 Lo cual también hice en Jerusalem, y yo encerré en cárcel es á muchos de los santos, recibida potestad de los príncipes de los sacerdotes; y cuando eran matados, yo dí mi voto.

11 Y muchas veces, castigándolos por todas las sinagogas, los forcé á blasfemar; y enfurecido sobremanera contra ellos, los perseguí hasta en las ciudades extrañas.

12 En lo cual ocupado, yendo á Damasco con potestad y comisión de los príncipes de los sacerdotes,

13 En mitad del día, oh rey, vi en el camino una luz del cielo, que sobrepujaba el resplandor del sol, la cual me rodeó y á los que iban conmigo.

14 Y habiendo caído todos nosotros en tierra, oí una voz que me hablaba, y decía en lengua hebraica: Saulo, Saulo, ¿por qué me persigues? Dura cosa te es dar coces contra los aguijones.

15 Yo entonces dije: ¿Quién eres, Señor? Y el Señor dijo: Yo soy Jesús, á quien tú persigues.

16 Mas levántate, y ponte sobre tus pies; porque para esto te he aparecido, para ponerte por ministro y testigo de las cosas que has visto, y de aquellas en que apareceré á ti:

17 Librándote del pueblo y de los Gentiles, á los cuales ahora te envío,

18 Para que abras sus ojos, para que se conviertan de las tinieblas á la luz, y de la potestad de Satanás á Dios; para que reciban, por la fe que es en mí, remisión de pecados y suerte entre los santificados.

19 Por lo cual, oh rey Agripa, no fuí rebelde á la visión celestial:

20 Antes anuncié primeramente á los que están en Damasco, y Jerusalem, y por toda la tierra de Judea, y á los gentiles, que se arrepintiesen y se convirtiesen á Dios, haciendo obras dignas de arrepentimiento.

21 Por causa de esto los Judíos, tomándome en el templo, tentaron matarme.

22 Mas ayudado del auxilio de Dios, persevero hasta el día de hoy, dando testimonio á pequeños y á grandes, no diciendo nada fuera de las cosas que los profetas y Moisés dijeron que habían de venir:

23 Que Cristo había de padecer, y ser el primero de la resurrección de los muertos, para anunciar luz al pueblo y á los Gentiles.

24 Y diciendo Él estas cosas en su defensa, Festo á gran voz dijo: Estás loco, Pablo: las muchas letras te vuelven loco.

25 Mas Él dijo: No estoy loco, excelentísimo Festo, sino que hablo palabras de verdad y de templanza.

26 Pues el rey sabe estas cosas, delante del cual también hablo confiadamente. Pues no pienso que ignora nada de esto; pues no ha sido esto hecho en algún rincón.

27 ¿Crees, rey Agripa, á los profetas? Yo sé que crees.

28 Entonces Agripa dijo á Pablo: Por poco me persuades á ser Cristiano.

29 Y Pablo dijo: ¡Pluguiese á Dios que por poco ó por mucho, no solamente tú, mas también todos los que hoy me oyen, fueseis tales cual yo soy, excepto estas prisiones!

30 Y como hubo dicho estas cosas, se levantó el rey, y el presidente, y Bernice, y los que se habían sentado con ellos;

31 Y como se retiraron aparte, hablaban los unos á los otros, diciendo: Ninguna cosa digna ni de muerte, ni de prisión, hace este hombre.

32 Y Agripa dijo á Festo: Podía este hombre ser suelto, si no hubiera apelado á César.

27 Mas como fué determinado que habíamos de navegar para Italia, entregaron á Pablo y algunos otros presos á un centurión, llamado Julio, de la compañía Augusta.

2 Así que, embarcándonos en una nave Adrumentina, partimos, estando con nosotros Aristarco, Macedonio de Tesalónica, para navegar junto á los lugares de Asia.

3 Y otro día llegamos á Sidón; y Julio, tratando á Pablo con humanidad, permitióle que fuese á los amigos, para ser de ellos asistido.

4 Y haciéndonos á la vela desde allí, navegamos bajo de Cipro, porque los vientos eran contrarios.

5 Y habiendo pasado la mar de Cilicia y Pamphylia, arribamos á Mira, ciudad de Licia.

6 Y hallando allí el centurión una nave Alejandrina que navegaba á Italia, nos puso en ella.

7 Y navegando muchos días despacio, y habiendo apenas llegado delante de Gnido, no dejándonos el viento, navegamos bajo de Creta, junto á Salmón.

8 Y costeándola difícilmente, llegamos á un lugar que llaman Buenos Puertos, cerca del cual estaba la ciudad de Lasea.

9 Y pasado mucho tiempo, y siendo ya peligrosa la navegación, porque ya era pasado el ayuno, Pablo amonestaba,

10 Diciéndoles: Varones, veo que con trabajo y mucho daño, no sólo de la cargazón y de la nave, mas aun de nuestras personas, habrá de ser la navegación.

11 Mas el centurión creía más al piloto y al patrón de la nave, que á lo que Pablo decía.

12 Y no habiendo puerto cómodo para invernar, muchos acordaron pasar aún de allí, por si pudiesen arribar á Fenice é invernar allí, que es un puerto de Creta que mira al Nordeste y Sudeste.

13 Y soplando el austro, pareciéndoles que ya tenían lo que deseaban, alzando velas, iban cerca de la costa de Creta.

14 Mas no mucho después dió en ella un viento repentino, que se llama Euroclidón.

15 Y siendo arrebatada la nave, y no pudiendo resistir contra el viento, la dejamos, y éramos llevados.

16 Y habiendo corrido á sotavento de una pequeña isla que se llama Clauda, apenas pudimos ganar el esquife:

17 El cual tomado, usaban de remedios, ciñendo la nave; y teniendo temor de que diesen en la Sirte, abajadas las velas, eran así llevados.

18 Mas siendo atormentados de una vehemente tempestad, al siguiente día alijaron;

19 Y al tercer día nosotros con nuestras manos arrojamos los aparejos de la nave.

20 Y no pareciendo sol ni estrellas por muchos días, y viniendo una tempestad no pequeña, ya era perdida toda la esperanza de nuestra salud.

21 Entonces Pablo, habiendo ya mucho que no comíamos, puesto en pie en medio de ellos, dijo: Fuera de cierto conveniente, oh varones, haberme oído, y no partir de Creta, y evitar este inconveniente y daño.

22 Mas ahora os amonesto que tengáis buen ánimo; porque

ninguna pérdida habrá de persona de vosotros, sino solamente de la nave.

23 Porque esta noche ha estado conmigo el ángel del Dios
del cual yo soy, y al cual sirvo,

24 Diciendo: Pablo, no temas; es menester que seas presentado delante de César; y he aquí, Dios te ha dado todos los
que navegan contigo.

25 Por tanto, oh varones, tened buen ánimo; porque yo confío en Dios que será así como me ha dicho;

26 Si bien es menester que demos en una isla.

27 Y venida la décimacuarta noche, y siendo llevados por el
mar Adriático, los marineros á la media noche sospecharon
que estaban cerca de alguna tierra;

28 Y echando la sonda, hallaron veinte brazas, y pasando un poco
más adelante, volviendo á echar la sonda, hallaron quince brazas.

29 Y habiendo temor de dar en lugares escabrosos, echando
cuatro anclas de la popa, deseaban que se hiciese de día.

30 Entonces procurando los marineros huir de la nave, echado que hubieron el esquife á la mar, aparentando como que
querían largar las anclas de proa,

31 Pablo dijo al centurión y á los soldados: Si éstos no
quedan en la nave, vosotros no podéis salvaros.

32 Entonces los soldados cortaron los cabos del esquife, y
dejáronlo perder.

33 Y como comenzó á ser de día, Pablo exhortaba á todos
que comiesen, diciendo: Este es el décimocuarto día que
esperáis y permanecéis ayunos, no comiendo nada.

34 Por tanto, os ruego que comáis por vuestra salud: que ni
aun un cabello de la cabeza de ninguno de vosotros perecerá.

35 Y habiendo dicho esto, tomando el pan, hizo gracias á
Dios en presencia de todos, y partiendo, comenzó á comer.

36 Entonces todos teniendo ya mejor ánimo, comieron ellos
también.

37 Y éramos todas las personas en la nave doscientas setenta y seis.

38 Y satisfechos de comida, aliviaban la nave, echando el
grano á la mar.

39 Y como se hizo de día, no conocían la tierra; mas veían un
golfo que tenía orilla, al cual acordaron echar, si pudiesen, la nave.

40 Cortando pues las anclas, las dejaron en la mar, largando
también las ataduras de los gobernalles; y alzada la vela
mayor al viento, íbanse á la orilla.

41 Mas dando en un lugar de dos aguas, hicieron encallar la
nave; y la proa, hincada, estaba sin moverse, y la popa se
abría con la fuerza de la mar.

42 Entonces el acuerdo de los soldados era que matasen los
presos, porque ninguno se fugase nadando.

43 Mas el centurión, queriendo salvar á Pablo, estorbó este
acuerdo, y mandó que los que pudiesen nadar, se echasen los
primeros, y saliesen á tierra;

44 Y los demás, parte en tablas, parte en cosas de la nave. Y
así aconteció que todos se salvaron saliendo á tierra.

28 Y cuando escapamos, entonces supimos que la isla se
llamaba Melita.

2 Y los bárbaros nos mostraron no poca humanidad; porque,
encendido un fuego, nos recibieron á todos, á causa de la lluvia que venía, y del frío.

3 Entonces habiendo Pablo recogido algunos sarmientos, y
puéstolos en el fuego, una víbora, huyendo del calor, le
acometió á la mano.

4 Y como los bárbaros vieron la víbora colgando de su mano,
decían los unos á los otros: Ciertamente este hombre es homicida, á quien, escapado de la mar, la justicia no deja vivir.

5 Mas él, sacudiendo la víbora en el fuego, ningún mal padeció.

6 Empero ellos estaban esperando cuándo se había de hinchar, ó
caer muerto de repente; mas habiendo esperado mucho, y viendo que ningún mal le venía, mudados, decían que era un dios.

7 En aquellos lugares había heredades del principal de la isla,
llamado Publio, el cual nos recibió y hospedó tres días
humanamente.

8 Y aconteció que el padre de Publio estaba en cama, enfermo de fiebres y de disentería; al cual Pablo entró, y después
de haber orado, le puso las manos encima, y le sanó.

9 Y esto hecho, también otros que en la isla tenían enfermedades, llegaban, y eran sanados:

10 Los cuales también nos honraron con muchos obsequios;
y cuando partimos, nos cargaron de las cosas necesarias.

11 Así que, pasados tres meses, navegamos en una nave
Alejandrina que había invernado en la isla, la cual tenía por
enseña á Cástor y Pólux.

12 Y llegados á Siracusa, estuvimos allí tres días.

13 De allí, costeando alrededor, vinimos á Regio; y otro día
después, soplando el austro, vinimos al segundo día á Puteolos:

14 Donde habiendo hallado hermanos, nos rogaron que
quedásemos con ellos siete días; y luego vinimos á Roma;

15 De donde, oyendo de nosotros los hermanos, nos salieron
á recibir hasta la plaza de Appio, y Las Tres Tabernas: á los
cuales como Pablo vió, dió gracias á Dios, y tomó aliento.

16 Y como llegamos á Roma, el centurión entregó los presos al prefecto de los ejércitos, mas á Pablo fué permitido
estar por sí, con un soldado que le guardase.

17 Y aconteció que tres días después, Pablo convocó á los
principales de los Judíos; á los cuales, luego que estuvieron
juntos, les dijo: Yo, varones hermanos, no habiendo hecho
nada contra el pueblo, ni contra los ritos de la patria, he sido
entregado preso desde Jerusalem en manos de los Romanos;

18 Los cuales, habiéndome examinado, me querían soltar;
por no haber en mí ninguna causa de muerte.

19 Mas contradiciendo los Judíos, fuí forzado á apelar á
César; no que tenga de qué acusar á mi nación.

20 Así que, por esta causa, os he llamado para veros y hablaros;
porque por la esperanza de Israel estoy rodeado de esta cadena.

21 Entonces ellos le dijeron: Nosotros ni hemos recibido cartas tocante á ti de Judea, ni ha venido alguno de los hermanos
que haya denunciado ó hablado algún mal de ti.

22 Mas querríamos oir de ti lo que sientes; porque de esta
secta notorio nos es que en todos lugares es contradicha.

23 Y habiéndole señalado un día, vinieron á él muchos á la
posada, á los cuales declaraba y testificaba el reino de Dios,
persuadiéndoles lo concerniente á Jesús, por la ley de Moisés
y por los profetas, desde la mañana hasta la tarde.

24 Y algunos asentían á lo que se decía, mas algunos no creían.

25 Y como fueron entre sí discordes, se fueron, diciendo
Pablo esta palabra: Bien ha hablado el Espíritu Santo por el
profeta Isaías á nuestros padres,

26 Diciendo: Vé á este pueblo, y di les: De oído oiréis, y no
entenderéis; Y viendo veréis, y no percibiréis:

27 Porque el corazón de este pueblo se ha engrosado, Y
los oídos oyeron pesadamente, Y sus ojos taparon; Porque
no vean con los ojos, Y oigan con los oídos, Y entiendan de
corazón, Y se conviertan, Y yo los sane.

28 Séaos pues notorio que á los Gentiles es enviada esta
salud de Dios; y ellos oirán.

29 Y habiendo dicho esto, los Judíos salieron, teniendo entre
sí gran contienda.

30 Pablo empero, quedó dos años enteros en su casa de
alquiler, y recibía á todos los que á él venían,

31 Predicando el reino de Dios y enseñando lo que es del
Señor Jesucristo con toda libertad, sin impedimento.

ROMANOS

1 Pablo, siervo de Jesucristo, llamado á ser apóstol, apartado para el evangelio de Dios,

2 Que él había antes prometido por sus profetas en las santas Escrituras,

3 Acerca de su Hijo, (que fué hecho de la simiente de David
según la carne;

4 El cual fué declarado Hijo de Dios con potencia, según el
espíritu de santidad, por la resurrección de los muertos), de
Jesucristo Señor nuestro,

5 Por el cual recibimos la gracia y el apostolado, para la obediencia de la fe en todas las naciones en su nombre,

6 Entre las cuales sois también vosotros, llamados de Jesucristo:

7 A todos los que estáis en Roma, amados de Dios, llamados
santos: Gracia y paz tengáis de Dios nuestro Padre, y del
Señor Jesucristo.

8 Primeramente, doy gracias á mi Dios por Jesucristo acerca de todos vosotros, de que vuestra fe es predicada en todo
el mundo.

9 Porque testigo me es Dios, al cual sirvo en mi espíritu en
el evangelio de su Hijo, que sin cesar me acuerdo de
vosotros siempre en mis oraciones,

10 Rogando, si al fin algún tiempo haya de tener, por la voluntad de Dios, próspero viaje para ir á vosotros.

11 Porque os deseo ver, para repartir con vosotros algún don espiritual, para confirmaros;

12 Es á saber, para ser juntamente consolado con vosotros por la común fe vuestra y juntamente mía.

13 Mas no quiero, hermanos, que ignoréis que muchas veces me he propuesto ir á vosotros (empero hasta ahora he sido estorbado), para tener también entre vosotros algún fruto, como entre los demás Gentiles.

14 A Griegos y á bárbaros, á sabios y á no sabios soy deudor.

15 Así que, cuanto á mí, presto estoy á anunciar el evangelio también á vosotros que estáis en Roma.

16 Porque no me avergüenzo del evangelio: porque es potencia de Dios para salud á todo aquel que cree; al Judío primeramente y también al Griego.

17 Porque en Él la justicia de Dios se descubre de fe en fe; como está escrito: Mas el justo vivirá por la fe.

18 Porque manifiesta es la ira de Dios del cielo contra toda impiedad é injusticia de los hombres, que detienen la verdad con injusticia:

19 Porque lo que de Dios se conoce, á ellos es manifiesto; porque Dios se lo manifestó.

20 Porque las cosas invisibles de Él, su eterna potencia y divinidad, se echan de ver desde la creación del mundo, siendo entendidas por las cosas que son hechas; de modo que son inexcusables:

21 Porque habiendo conocido á Dios, no le glorificaron como á Dios, ni dieron gracias; antes se desvanecieron en sus discursos, y el necio corazón de ellos fué entenebrecido.

22 Diciéndose sabios, se hicieron fatuos,

23 Y trocaron la gloria del Dios incorruptible en semejanza de imagen de hombre corruptible, y de aves, y de animales de cuatro pies, y de serpientes.

24 Por lo cual también Dios los entregó á inmundicia, en las concupiscencias de sus corazones, de suerte que contaminaron sus cuerpos entre sí mismos:

25 Los cuales mudaron la verdad de Dios en mentira, honrando y sirviendo las criaturas antes que al Criador, el cual es bendito por los siglos. Amén.

26 Por esto Dios los entregó á afectos vergonzosos; pues aun sus mujeres mudaron el natural uso en el uso que es contra naturaleza:

27 Y del mismo modo también los hombres, dejando el uso natural de las mujeres, se encendieron en sus concupiscencias los unos con los otros, cometiendo cosas nefandas hombres con hombres, y recibiendo en sí mismos la recompensa que convino á su extravío.

28 Y como á ellos no les pareció tener á Dios en su noticia, Dios los entregó á una mente depravada, para hacer lo que no conviene,

29 Estando atestados de toda iniquidad, de fornicación, de malicia, de avaricia, de maldad; llenos de envidia, de homicidios, de contiendas, de engaños, de malignidades;

30 Murmuradores, detractores, aborrecedores de Dios, injuriosos, soberbios, altivos, inventores de males, desobedientes á los padres,

31 Necios, desleales, sin afecto natural, implacables, sin misericordia:

32 Que habiendo entendido el juicio de Dios que los que hacen tales cosas son dignos de muerte, no sólo las hacen, más aún consienten á los que las hacen.

2 Por lo cual eres inexcusable, oh hombre, cualquiera que juzgas: porque en lo que juzgas á otro, te condenas á ti mismo; porque lo mismo haces, tú que juzgas.

2 Mas sabemos que el juicio de Dios es según verdad contra los que hacen tales cosas.

3 ¿Y piensas esto, oh hombre, que juzgas á los que hacen tales cosas, y haces las mismas, que tú escaparás del juicio de Dios?

4 ¿O menosprecias las riquezas de su benignidad, y paciencia, y longanimidad, ignorando que su benignidad te guía á arrepentimiento?

5 Mas por tu dureza, y por tu corazón no arrepentido, atesoras para ti mismo ira para el día de la ira y de la manifestación del justo juicio de Dios;

6 El cual pagará á cada uno conforme á sus obras:

7 A los que perseverando en bien hacer, buscan gloria y honra e inmortalidad, la vida eterna:

8 Mas á los que son contenciosos, y no obedecen á la verdad, antes obedecen á la injusticia, enojo é ira;

9 Tribulación y angustia sobre toda persona humana que obra lo malo, el Judío primeramente, y también el Griego.

10 Mas gloria y honra y paz á cualquiera que obra el bien, al Judío primeramente, y también al Griego.

11 Porque no hay acepción de personas para con Dios.

12 Porque todos los que sin ley pecaron, sin ley también perecerán; y todos los que en la ley pecaron, por la ley serán juzgados:

13 Porque no los oidores de la ley son justos para con Dios, mas los hacedores de la ley serán justificados.

14 Porque los Gentiles que no tienen ley, naturalmente haciendo lo que es de la ley, los tales, aunque no tengan ley, ellos son ley á sí mismos:

15 Mostrando la obra de la ley escrita en sus corazones, dando testimonio juntamente sus conciencias, y acusándose y también excusándose sus pensamientos unos con otros;

16 En el día que juzgará el Señor lo encubierto de los hombres, conforme á mi evangelio, por Jesucristo.

17 He aquí, tú tienes el sobrenombre de Judío, y estás reposado en la ley, y te glorías en Dios,

18 Y sabes su voluntad, y apruebas lo mejor, instruído por la ley;

19 Y confías que eres guía de los ciegos, luz de los que están en tinieblas,

20 Enseñador de los que no saben, maestro de niños, que tienes la forma de la ciencia y de la verdad en la ley:

21 Tú pues, que enseñas á otro, ¿no te enseñas á ti mismo? ¿Tú, que predicas que no se ha de hurtar, hurtas?

22 ¿Tú, que dices que no se ha de adulterar, adulteras? ¿Tú, que abominas los ídolos, cometes sacrilegio?

23 ¿Tú, que te jactas de la ley, con infracción de la ley deshonras á Dios?

24 Porque el nombre de Dios es blasfemado por causa de vosotros entre los Gentiles, como está escrito.

25 Porque la circuncisión en verdad aprovecha, si guardares la ley; mas si eres rebelde á la ley, tu circuncisión es hecha incircuncisión.

26 De manera que, si el incircunciso guardare las justicias de la ley, ¿no será tenida su incircuncisión por circuncisión?

27 Y lo que de su natural es incircunciso, guardando perfectamente la ley, te juzgará á ti, que con la letra y con la circuncisión eres rebelde á la ley.

28 Porque no es Judío el que lo es en manifiesto; ni la circuncisión es la que es en manifiesto en la carne:

29 Mas es Judío el que lo es en lo interior; y la circuncisión es la del corazón, en espíritu, no en letra; la alabanza del cual no es de los hombres, sino de Dios.

3 ¿qué, pues, tiene más el Judío? ¿ó qué aprovecha la circuncisión?

2 Mucho en todas maneras. Lo primero ciertamente, que la palabra de Dios les ha sido confiada.

3 ¿Pues qué si algunos de ellos han sido incrédulos? ¿la incredulidad de ellos habrá hecho vana la verdad de Dios?

4 En ninguna manera; antes bien sea Dios verdadero, mas todo hombre mentiroso; como está escrito: Para que seas justificado en tus dichos, Y venzas cuando de ti se juzgare.

5 Y si nuestra iniquidad encarece la justicia de Dios, ¿qué diremos? ¿Será injusto Dios que da castigo? (hablo como hombre.)

6 En ninguna manera: de otra suerte ¿cómo juzgaría Dios el mundo?

7 Empero si la verdad de Dios por mi mentira creció á gloria suya, ¿por qué aun así yo soy juzgado como pecador?

8 ¿Y por qué no decir (como somos blasfemados, y como algunos dicen que nosotros decimos): Hagamos males para que vengan bienes? la condenación de los cuales es justa.

9 ¿Qué pues? ¿Somos mejores que ellos? En ninguna manera: porque ya hemos acusado á Judíos y á Gentiles, que todos están debajo de pecado.

10 Como está escrito: No hay justo, ni aun uno;

11 No hay quien entienda, No hay quien busque á Dios;

12 Todos se apartaron, á una fueron hechos inútiles; No hay quien haga lo bueno, no hay ni aun uno:

13 Sepulcro abierto es su garganta; Con sus lenguas tratan engañosamente; Veneno de áspides está debajo de sus labios;

14 Cuya boca está llena de maledicencia y de amargura;

15 Sus pies son ligeros á derramar sangre;

16 Quebrantamiento y desventura hay en sus caminos;

17 Y camino de paz no conocieron:

18 No hay temor de Dios delante de sus ojos.

19 Empero sabemos que todo lo que la ley dice, á los que están en la ley lo dice, para que toda boca se tape, y que todo el mundo se sujete á Dios:

20 Porque por las obras de la ley ninguna carne se justificará delante de Él; porque por la ley es el conocimiento del pecado.

21 Mas ahora, sin la ley, la justicia de Dios se ha manifestado, testificada por la ley y por los profetas:

22 La justicia de Dios por la fe de Jesucristo, para todos los que creen en Él: porque no hay diferencia;

23 Por cuanto todos pecaron, y están destituídos de la gloria de Dios;

24 Siendo justificados gratuitamente por su gracia por la redención que es en Cristo Jesús;

25 Al cual Dios ha propuesto en propiciación por la fe en su sangre, para manifestación de su justicia, atento á haber pasado por alto, en su paciencia, los pecados pasados,

26 Con la mira de manifestar su justicia en este tiempo: para que Él sea el justo, y el que justifica al que es de la fe de Jesús.

27 ¿Dónde pues está la jactancia? Es excluída. ¿Por cuál ley? ¿de las obras? No; mas por la ley de la fe.

28 Así que, concluímos ser el hombre justificado por fe sin las obras de la ley.

29 ¿Es Dios solamente Dios de los Judíos? ¿No es también Dios de los Gentiles? Cierto, también de los Gentiles.

30 Porque uno es Dios, el cual justificará por la fe la circuncisión, y por medio de la fe la incircuncisión.

31 ¿Luego deshacemos la ley por la fe? En ninguna manera; antes establecemos la ley.

4 ¿qué, pues, diremos que halló Abraham nuestro padre según la carne?

2 Que si Abraham fué justificado por la obras, tiene de qué gloriarse; mas no para con Dios.

3 Porque ¿qué dice la Escritura? Y creyó Abraham á Dios, y le fué atribuído á justicia.

4 Empero al que obra, no se le cuenta el salario por merced, sino por deuda.

5 Mas al que no obra, pero cree en aquél que justifica al impío, su fe le es contada por justicia.

6 Como también David dice ser bienaventurado el hombre al cual Dios atribuye justicia sin obras,

7 Diciendo: Bienaventurados aquellos cuyas iniquidades son perdonadas, Y cuyos pecados son cubiertos.

8 Bienaventurado el varón al cual el Señor no imputó pecado.

9 ¿Es pues esta bienaventuranza solamente en la circuncisión ó también en la incircuncisión? porque decimos que á Abraham fué contada la fe por justicia.

10 ¿Cómo pues le fué contada? ¿en la circuncisión, ó en la incircuncisión? No en la circuncisión, sino en la incircuncisión.

11 Y recibió la circuncisión por señal, por sello de la justicia de la fe que tuvo en la incircuncisión: para que fuese padre de todos los creyentes no circuncidados, para que también á ellos les sea contado por justicia;

12 Y padre de la circuncisión, no solamente á los que son de la circuncisión, más también á los que siguen las pisadas de la fe que fué en nuestro padre Abraham antes de ser circuncidado.

13 Porque no por la ley fué dada la promesa á Abraham ó á su simiente, que sería heredero del mundo, sino por la justicia de la fe.

14 Porque si los que son de la ley son los herederos, vana es la fe, y anulada es la promesa.

15 Porque la ley obra ira; porque donde no hay ley, tampoco hay transgresión.

16 Por tanto es por la fe, para que sea por gracia; para que la promesa sea firme á toda simiente, no solamente al que es de la ley, mas también al que es de la fe de Abraham, el cual es padre de todos nosotros.

17 (Como está escrito: Que por padre de muchas gentes te he puesto) delante de Dios, al cual creyó; el cual da vida á los muertos, y llama las cosas que no son, como las que son.

18 El creyó en esperanza contra esperanza, para venir á ser padre de muchas gentes, conforme á lo que le había sido dicho: Así será tu simiente.

19 Y no se enflaqueció en la fe, ni consideró su cuerpo ya muerto (siendo ya de casi cien años,) ni la matriz muerta de Sara;

20 Tampoco en la promesa de Dios dudó con desconfianza: antes fué esforzado en fe, dando gloria á Dios,

21 Plenamente convencido de que todo lo que había prometido, era también poderoso para hacerlo.

22 Por lo cual también le fué atribuído á justicia.

23 Y no solamente por Él fué escrito que le haya sido imputado,

24 Sino también por nosotros, á quienes será imputado, esto es, á los que creemos en el que levantó de los muertos á Jesús Señor nuestro,

25 El cual fué entregado por nuestros delitos, y resucitado para nuestra justificación

5 Justificados pues por la fe, tenemos paz para con Dios por medio de nuestro Señor Jesucristo:

2 Por el cual también tenemos entrada por la fe á esta gracia en la cual estamos firmes, y nos gloriamos en la esperanza de la gloria de Dios.

3 Y no sólo esto, mas aun nos gloriamos en las tribulaciones, sabiendo que la tribulación produce paciencia;

4 Y la paciencia, prueba; y la prueba, esperanza;

5 Y la esperanza no avergüenza; porque el amor de Dios está derramado en nuestros corazones por el Espíritu Santo que nos es dado.

6 Porque Cristo, cuando aún éramos flacos, á su tiempo murió por los impíos.

7 Ciertamente apenas muere alguno por un justo: con todo podrá ser que alguno osara morir por el bueno.

8 Mas Dios encarece su caridad para con nosotros, porque siendo aún pecadores, Cristo murió por nosotros.

9 Luego mucho más ahora, justificados en su sangre, por Él seremos salvos de la ira.

10 Porque si siendo enemigos, fuimos reconciliado con Dios por la muerte de su Hijo, mucho más, estando reconciliados, seremos salvos por su vida.

11 Y no sólo esto, mas aun nos gloriamos en Dios por el Señor nuestro Jesucristo, por el cual hemos ahora recibido la reconciliación.

12 De consiguiente, vino la reconciliación por uno, así como el pecado entró en el mundo por un hombre, y por el pecado la muerte, y la muerte así pasó á todos los hombres, pues que todos pecaron.

13 Porque hasta la ley, el pecado estaba en el mundo; pero no se imputa pecado no habiendo ley.

14 No obstante, reinó la muerte desde Adam hasta Moisés, aun en los que no pecaron á la manera de la rebelión de Adam; el cual es figura del que había de venir.

15 Mas no como el delito, tal fué el don: porque si por el delito de aquel uno murieron los muchos, mucho más abundó la gracia de Dios á los muchos, y el don por la gracia de un hombre, Jesucristo.

16 Ni tampoco de la manera que por un pecado, así también el don: porque el juicio á la verdad vino de un pecado para condenación, mas la gracia vino de muchos delitos para justificación.

17 Porque, si por un delito reinó la muerte por uno, mucho más reinarán en vida por un Jesucristo los que reciben la abundancia de gracia, y del don de la justicia.

18 Así que, de la manera que por un delito vino la culpa á todos los hombres para condenación, así por una justicia vino la gracia á todos los hombres para justificación de vida.

19 Porque como por la desobediencia de un hombre los muchos fueron constituídos pecadores, así por la obediencia de uno los muchos serán constituídos justos.

20 La ley empero entró para que el pecado creciese; mas cuando el pecado creció, sobrepujó la gracia;

21 Para que, de la manera que el pecado reinó para muerte, así también la gracia reine por la justicia para vida eterna por Jesucristo Señor nuestro.

6 ¿, pues qué diremos? Perseveraremos en pecado para que la gracia crezca?

2 En ninguna manera. Porque los que somos muertos al pecado, ¿cómo viviremos aún en Él?

3 ¿O no sabéis que todos los que somos bautizados en Cristo Jesús, somos bautizados en su muerte?

4 Porque somos sepultados juntamente con Él á muerte por el bautismo; para que como Cristo resucitó de los muertos por la gloria del Padre, así también nosotros andemos en novedad de vida.

5 Porque si fuimos plantados juntamente en Él á la semejanza de su muerte, así también lo seremos á la de su resurrección:

6 Sabiendo esto, que nuestro viejo hombre juntamente fué

crucificado con Él, para que el cuerpo del pecado sea deshecho, á fin de que no sirvamos más al pecado.

7 Porque el que es muerto, justificado es del pecado.

8 Y si morimos con Cristo, creemos que también viviremos con El;

9 Sabiendo que Cristo, habiendo resucitado de entre los muertos, ya no muere: la muerte no se enseñoreará más de Él.

10 Porque el haber muerto, al pecado murió una vez; mas el vivir, á Dios vive.

11 Así también vosotros, pensad que de cierto estáis muertos al pecado, mas vivos á Dios en Cristo Jesús Señor nuestro.

12 No reine, pues, el pecado en vuestro cuerpo mortal, para que le obedezcáis en sus concupiscencias;

13 Ni tampoco presentéis vuestros miembros al pecado por instrumento de iniquidad; antes presentaos á Dios como vivos de los muertos, y vuestros miembros á Dios por instrumentos de justicia.

14 Porque el pecado no se enseñoreará de vosotros; pues no estáis bajo la ley, sino bajo la gracia.

15 ¿Pues qué? ¿Pecaremos, porque no estamos bajo de la ley, sino bajo de la gracia? En ninguna manera.

16 ¿No sabéis que á quien os prestáis vosotros mismos por siervos para obedecer le, sois siervos de aquel á quien obedecéis, ó del pecado para muerte, ó de la obediencia para justicia?

17 Empero gracias á Dios, que aunque fuisteis siervos del pecado, habéis obedecido de corazón á aquella forma de doctrina á la cual sois entregados;

18 Y libertados del pecado, sois hechos siervos de la justicia.

19 Humana cosa digo, por la flaqueza de vuestra carne: que como para iniquidad presentasteis vuestros miembros á servir á la inmundicia y á la iniquidad, así ahora para santidad presentéis vuestros miembros á servir á la justicia.

20 Porque cuando fuisteis siervos del pecado, erais libres acerca de la justicia.

21 ¿Qué fruto, pues, teníais de aquellas cosas de las cuales ahora os avergonzáis? porque el fin de ellas es muerte.

22 Mas ahora, librados del pecado, y hechos siervos á Dios, tenéis por vuestro fruto la santificación, y por fin la vida eterna.

23 Porque la paga del pecado es muerte: mas la dádiva de Dios es vida eterna en Cristo Jesús Señor nuestro.

7 ¿ignoráis, hermanos, (porque hablo con los que saben la ley) que la ley se enseñorea del hombre entre tanto que vive?

2 Porque la mujer que está sujeta á marido, mientras el marido vive está obligada á la ley; mas muerto el marido, libre es de la ley del marido.

3 Así que, viviendo el marido, se llamará adúltera si fuere de otro varón; mas si su marido muriere, es libre de la ley; de tal manera que no será adúltera si fuere de otro marido.

4 Así también vosotros, hermanos míos, estáis muertos á la ley por el cuerpo de Cristo, para que seáis de otro, á saber, del que resucitó de los muertos, á fin de que fructifiquemos á Dios.

5 Porque mientras estábamos en la carne, los afectos de los pecados que eran por la ley, obraban en nuestros miembros fructificando para muerte.

6 Mas ahora estamos libres de la ley, habiendo muerto á aquella en la cual estábamos detenidos, para que sirvamos en novedad de espíritu, y no en vejez de letra.

7 ¿Qué pues diremos? ¿La ley es pecado? En ninguna manera. Empero yo no conocí el pecado sino por la ley: porque tampoco conociera la concupiscencia, si la ley no dijera: No codiciarás.

8 Mas el pecado, tomando ocasión, obró en mí por el mandamiento toda concupiscencia: porque sin la ley el pecado está muerto.

9 Así que, yo sin la ley vivía por algún tiempo: mas venido el mandamiento, el pecado revivió, y yo morí.

10 Y hallé que el mandamiento, á intimado para vida, para mí era mortal:

11 Porque el pecado, tomando ocasión, me engañó por el mandamiento, y por Él me mató.

12 De manera que la ley á la verdad es santa, y el mandamiento santo, y justo, y bueno.

13 ¿Luego lo que es bueno, á mí me es hecho muerte? No; sino que el pecado, para mostrarse pecado, por lo bueno me obró la muerte, haciéndose pecado sobremanera pecante por el mandamiento.

14 Porque sabemos que la ley es espiritual; mas yo soy carnal, vendido á sujeción del pecado.

15 Porque lo que hago, no lo entiendo; ni lo que quiero, hago; antes lo que aborrezco, aquello hago.

16 Y si lo que no quiero, esto hago, apruebo que la ley es buena.

17 De manera que ya no obro aquello, sino el pecado que mora en mí.

18 Y yo sé que en mí (es á saber, en mi carne) no mora el bien: porque tengo el querer, mas efectuar el bien no lo alcanzo.

19 Porque no hago el bien que quiero; mas el mal que no quiero, éste hago.

20 Y si hago lo que no quiero, ya no obro yo, sino el mal que mora en mí.

21 Así que, queriendo yo hacer el bien, hallo esta ley: Que el mal está en mí.

22 Porque según el hombre interior, me deleito en la ley de Dios:

23 Mas veo otra ley en mis miembros, que se rebela contra la ley de mi espíritu, y que me lleva cautivo á la ley del pecado que está en mis miembros.

24 ¡Miserable hombre de mí! ¿quién me librará del cuerpo de esta muerte?

25 Gracias doy á Dios, por Jesucristo Señor nuestro. Así que, yo mismo con la mente sirvo á la ley de Dios, mas con la carne á la ley del pecado.

8 Ahora pues, ninguna condenación hay para los que están en Cristo Jesús, los que no andan conforme á la carne, mas conforme al espíritu.

2 Porque la ley del Espíritu de vida en Cristo Jesús me ha librado de la ley del pecado y de la muerte.

3 Porque lo que era imposible á la ley, por cuanto era débil por la carne, Dios enviando á su Hijo en semejanza de carne de pecado, y á causa del pecado, condenó al pecado en la carne;

4 Para que la justicia de la ley fuese cumplida en nosotros, que no andamos conforme á la carne, mas conforme al espíritu.

5 Porque los que viven conforme á la carne, de las cosas que son de la carne se ocupan; mas los que conforme al espíritu, de las cosas del espíritu.

6 Porque la intención de la carne es muerte; mas la intención del espíritu, vida y paz:

7 Por cuanto la intención de la carne es enemistad contra Dios; porque no se sujeta á la ley de Dios, ni tampoco puede.

8 Así que, los que están en la carne no pueden agradar á Dios.

9 Mas vosotros no estáis en la carne, sino en el espíritu, si es que el Espíritu de Dios mora en vosotros. Y si alguno no tiene el Espíritu de Cristo, el tal no es de Él.

10 Empero si Cristo está en vosotros, el cuerpo á la verdad está muerto á causa del pecado; mas el espíritu vive á causa de la justicia.

11 Y si el Espíritu de aquel que levantó de los muertos á Jesús mora en vosotros, el que levantó á Cristo Jesús de los muertos, vivificará también vuestros cuerpos mortales por su Espíritu que mora en vosotros.

12 Así que, hermanos, deudores somos, no á la carne, para que vivamos conforme á la carne:

13 Porque si viviereis conforme á la carne, moriréis; mas si por el espíritu mortificáis las obras de la carne, viviréis.

14 Porque todos los que son guiados por el Espíritu de Dios, los tales son hijos de Dios.

15 Porque no habéis recibido el espíritu de servidumbre para estar otra vez en temor; mas habéis recibido el espíritu de adopción, por el cual clamamos, Abba, Padre.

16 Porque el mismo Espíritu da testimonio á nuestro espíritu que somos hijos de Dios.

17 Y si hijos, también herederos; herederos de Dios, y coherederos de Cristo; si empero padecemos juntamente con Él, para que juntamente con Él seamos glorificados.

18 Porque tengo por cierto que lo que en este tiempo se padece, no es de comparar con la gloria venidera que en nosotros ha de ser manifestada.

19 Porque el continuo anhelar de las criaturas espera la manifestación de los hijos de Dios.

20 Porque las criaturas sujetas fueron á vanidad, no de grado, mas por causa del que las sujetó con esperanza,

21 Que también las mismas criaturas serán libradas de la servidumbre de corrupción en la libertad gloriosa de los hijos de Dios.

22 Porque sabemos que todas las criaturas gimen á una, y á una están de parto hasta ahora.

23 Y no sólo ellas, mas también nosotros mismos, que tenemos las primicias del Espíritu, nosotros también gemimos dentro de nosotros mismos, esperando la adopción, es á saber, la redención de nuestro cuerpo.

24 Porque en esperanza somos salvos; mas la esperanza que se ve, no es esperanza; porque lo que alguno ve, ¿á qué esperarlo?

25 Empero si lo que no vemos esperamos, por paciencia esperamos.

26 Y asimismo también el Espíritu ayuda nuestra flaqueza: porque qué hemos de pedir como conviene, no lo sabemos; sino que el mismo Espíritu pide por nosotros con gemidos indecibles.

27 Mas el que escudriña los corazones, sabe cuál es el intento del Espíritu, porque conforme á la voluntad de Dios, demanda por los santos.

28 Y sabemos que á los que á Dios aman, todas las cosas les ayudan á bien, es á saber, á los que conforme al propósito de Dios son llamados.

29 Porque á los que antes conoció, también predestinó para que fuesen hechos conformes á la imagen de su Hijo, para que Él sea el primogénito entre muchos hermanos.

30 Y á los que predestinó, á éstos también llamó; y á los que llamó, á éstos también justificó; y á los que justificó, á éstos también glorificó.

31 ¿Pues qué diremos á esto? Si Dios por nosotros, ¿quién contra nosotros?

32 El que aun á su propio Hijo no perdonó, antes le entregó por todos nosotros, ¿cómo no nos dará también con Él todas las cosas?

33 ¿Quién acusará á los escogidos de Dios? Dios es el que justifica.

34 ¿Quién es el que condenará? Cristo es el que murió; más aún, el que también resucitó, quien además está á la diestra de Dios, el que también intercede por nosotros.

35 ¿Quién nos apartará del amor de Cristo? tribulación? ó angustia? ó persecución? ó hambre? ó desnudez? ó peligro? ó cuchillo?

36 Como está escrito: Por causa de ti somos muertos todo el tiempo: Somos estimados como ovejas de matadero.

37 Antes, en todas estas cosas hacemos más que vencer por medio de aquel que nos amó.

38 Por lo cual estoy cierto que ni la muerte, ni la vida, ni ángeles, ni principados, ni potestades, ni lo presente, ni lo por venir,

39 Ni lo alto, ni lo bajo, ni ninguna criatura nos podrá apartar del amor de Dios, que es en Cristo Jesús Señor nuestro.

9 Verdad digo en Cristo, no miento, dándome testimonio mi conciencia en el Espíritu Santo,

2 Que tengo gran tristeza y continuo dolor en mi corazón.

3 Porque deseara yo mismo ser apartado de Cristo por mis hermanos, los que son mis parientes según la carne,

4 Que son israelitas, de los cuales es la adopción, y la gloria, y el pacto, y la data de la ley, y el culto, y las promesas;

5 Cuyos son los padres, y de los cuales es Cristo según la carne, el cual es Dios sobre todas las cosas, bendito por los siglos. Amén.

6 No empero que la palabra de Dios haya faltado: porque no todos los que son de Israel son Israelitas;

7 Ni por ser simiente de Abraham, son todos hijos; mas: En Isaac te será llamada simiente.

8 Quiere decir: No los que son hijos de la carne, éstos son los hijos de Dios; mas los que son hijos de la promesa, son contados en la generación.

9 Porque la palabra de la promesa es esta: Como en este tiempo vendré, y tendrá Sara un hijo.

10 Y no sólo esto; mas también Rebeca concibiendo de uno, de Isaac nuestro padre,

11 (Porque no siendo aún nacidos, ni habiendo hecho aún ni bien ni mal, para que el propósito de Dios conforme á la elección, no por las obras sino por el que llama, permaneciese;)

12 Le fué dicho que el mayor serviría al menor.

13 Como está escrito: A Jacob amé, mas á Esaú aborrecí.

14 ¿Pues qué diremos? ¿Que hay injusticia en Dios? En ninguna manera.

15 Mas á Moisés dice: Tendré misericordia del que tendré misericordia, y me compadeceré del que me compadeceré.

16 Así que no es del que quiere, ni del que corre, sino de Dios que tiene misericordia.

17 Porque la Escritura dice de Faraón: Que para esto mismo te he levantado, para mostrar en ti mi potencia, y que mi nombre sea anunciado por toda la tierra.

18 De manera que del que quiere tiene misericordia; y al que quiere, endurece.

19 Me dirás pues: ¿Por qué, pues, se enoja? porque ¿quién resistirá á su voluntad?

20 Mas antes, oh hombre, ¿quién eres tú, para que alterques con Dios? Dirá el vaso de barro al que le labró: ¿Por qué me has hecho tal?

21 ¿O no tiene potestad el alfarero para hacer de la misma masa un vaso para honra, y otro para vergüenza?

22 ¿Y qué, si Dios, queriendo mostrar la ira y hacer notoria su potencia, soportó con mucha mansedumbre los vasos de ira preparados para muerte;

23 Y para hacer notorias las riquezas de su gloria, mostrólas para con los vasos de misericordia que Él ha preparado para gloria;

24 Los cuales también ha llamado, es á saber, á nosotros, no sólo de los Judíos, mas también de los Gentiles?

25 Como también en Oseas dice: Llamaré al que no era mi pueblo, pueblo mío; Y á la no amada, amada.

26 Y será, que en el lugar donde les fué dicho: Vosotros no sois pueblo mío: Allí serán llamados hijos del Dios viviente.

27 También Isaías clama tocante á Israel: Si fuere el número de los hijos de Israel como la arena de la mar, las reliquias serán salvas:

28 Porque palabra consumadora y abreviadora en justicia, porque palabra abreviada, hará el Señor sobre la tierra.

29 Y como antes dijo Isaías: Si el Señor de los ejércitos no nos hubiera dejado simiente, Como Sodoma habríamos venido á ser, y á Gomorra fuéramos semejantes.

30 ¿Pues qué diremos? Que los Gentiles que no seguían justicia, han alcanzado la justicia, es á saber, la justicia que es por la fe;

31 Mas Israel que seguía la ley de justicia, no ha llegado á la ley de justicia.

32 ¿Por qué? Porque la seguían no por fe, mas como por las obras de la ley: por lo cual tropezaron en la piedra de tropiezo,

33 Como está escrito: He aquí pongo en Sión piedra de tropiezo, y piedra de caída; Y aquel que creyere en ella, no será avergonzado.

10 Hermanos, ciertamente la voluntad de mi corazón y mi oración á Dios sobre Israel, es para salud.

2 Porque yo les doy testimonio que tienen celo de Dios, mas no conforme á ciencia.

3 Porque ignorando la justicia de Dios, y procurando establecer la suya propia, no se han sujetado á la justicia de Dios.

4 Porque el fin de la ley es Cristo, para justicia á todo aquel que cree.

5 Porque Moisés describe la justicia que es por la ley: Que el hombre que hiciere estas cosas, vivirá por ellas.

6 Mas la justicia que es por la fe dice así: No digas en tu corazón: ¿Quién subirá al cielo? (esto es, para traer abajo á Cristo:)

7 O, ¿quién descenderá al abismo? (esto es, para volver á traer á Cristo de los muertos.)

8 Mas ¿qué dice? Cercana está la palabra, en tu boca y en tu corazón. Esta es la palabra de fe, la cual predicamos:

9 Que si confesares con tu boca al Señor Jesús, y creyeres en tu corazón que Dios le levantó de los muertos, serás salvo.

10 Porque con el corazón se cree para justicia; mas con la boca se hace confesión para salud.

11 Porque la Escritura dice: Todo aquel que en Él creyere no será avergonzado.

12 Porque no hay diferencia de Judío y de Griego: porque el mismo que es Señor de todos, rico es para con todos los que le invocan:

13 Porque todo aquel que invocare el nombre del Señor, será salvo.

14 ¿Cómo, pues invocarán á aquel en el cual no han creído? ¿y cómo creerán á aquel de quien no han oído? ¿y cómo oirán sin haber quien les predique?

15 ¿Y cómo predicarán si no fueren enviados? Como está escrito: ¡Cuán hermosos son los pies de los que anuncian el evangelio de la paz, de los que anuncian el evangelio de los bienes!

16 Mas no todos obedecen al evangelio; pues Isaías dice: Señor, ¿quién ha creído á nuestro anuncio?

17 Luego la fe es por el oir; y el oir por la palabra de Dios.

18 Mas digo: ¿No han oído? Antes bien, Por toda la tierra ha salido la fama de ellos, Y hasta los cabos de la redondez de la tierra las palabras de ellos.

19 Mas digo: ¿No ha conocido esto Israel? Primeramente Moisés dice: Yo os provocaré á celos con

gente que no es mía; Con gente insensata os provocaré á ira.

20 E Isaías determinadamente dice: Fuí hallado de los que no me buscaban; Manifestéme á los que no preguntaban por mí.

21 Mas acerca de Israel dice: Todo el día extendí mis manos á un pueblo rebelde y contradictor.

11 Digo pues: ¿Ha desechado Dios á su pueblo? En ninguna manera. Porque también yo soy Israelita, de la simiente de Abraham, de la tribu de Benjamín.

2 No ha desechado Dios á su pueblo, al cual antes conoció. ¿O no sabéis qué dice de Elías la Escritura? cómo hablando con Dios contra Israel dice:

3 Señor, á tus profetas han muerto, y tus altares han derruído; y yo he quedado solo, y procuran matarme.

4 Mas ¿qué le dice la divina respuesta? He dejado para mí siete mil hombres, que no han doblado la rodilla delante de Baal.

5 Así también, aun en este tiempo han quedado reliquias por la elección de gracia.

6 Y si por gracia, luego no por las obras; de otra manera la gracia ya no es gracia. Y si por las obras, ya no es gracia; de otra manera la obra ya no es obra.

7 ¿Qué pues? Lo que buscaba Israel aquello no ha alcanzado; mas la elección lo ha alcanzado: y los demás fueron endurecidos;

8 Como está escrito: Dióles Dios espíritu de remordimiento, ojos con que no vean, y oídos con que no oigan, hasta el día de hoy.

9 Y David dice: Séales vuelta su mesa en lazo, y en red, Y en tropezadero, y en paga:

10 Sus ojos sean obscurecidos para que no vean, Y agóbiales siempre el espinazo.

11 Digo pues: ¿Han tropezado para que cayesen? En ninguna manera; mas por el tropiezo de ellos vino la salud á los Gentiles, para que fuesen provocados á celos.

12 Y si la falta de ellos es la riqueza del mundo, y el menoscabo de ellos la riqueza de los Gentiles, ¿cuánto más el henchimiento de ellos?

13 Porque á vosotros hablo, Gentiles. Por cuanto pues, yo soy apóstol de los Gentiles, mi ministerio honro.

14 Por si en alguna manera provocase á celos á mi carne, e hiciese salvos á algunos de ellos.

15 Porque si el extrañamiento de ellos es la reconciliación del mundo, ¿qué será el recibimiento de ellos, sino vida de los muertos?

16 Y si el primer fruto es santo, también lo es el todo, y si la raíz es santa, también lo son las ramas.

17 Que si algunas de las ramas fueron quebradas, y tú, siendo acebuche, has sido ingerido en lugar de ellas, y has sido hecho participante de la raíz y de la grosura de la oliva;

18 No te jactes contra las ramas; y si te jactas, sabe que no sustentas tú á la raíz, sino la raíz á ti.

19 Pues las ramas, dirás, fueron quebradas para que yo fuese ingerido.

20 Bien: por su incredulidad fueron quebradas, mas tú por la fe estás en pie. No te ensoberbezcas, antes teme.

21 Que si Dios no perdonó á las ramas naturales, á ti tampoco no perdone.

22 Mira, pues, la bondad y la severidad de Dios: la severidad ciertamente en los que cayeron; mas la bondad para contigo, si permanecieres en la bondad; pues de otra manera tú también serás cortado.

23 Y aun ellos, si no permanecieren en incredulidad, serán ingeridos; que poderoso es Dios para volverlos á ingerir.

24 Porque si tú eres cortado del natural acebuche, y contra natura fuiste ingerido en la buena oliva, ¿cuánto más éstos, que son las ramas naturales, serán ingeridos en su oliva?

25 Porque no quiero, hermanos, que ignoréis este misterio, para que no seáis acerca de vosotros mismos arrogantes: que el endurecimiento en parte ha acontecido en Israel, hasta que haya entrado la plenitud de los Gentiles;

26 Y luego todo Israel será salvo; como está escrito: Vendrá de Sión el Libertador, Que quitará de Jacob la impiedad;

27 Y este es mi pacto con ellos, Cuando quitare su pecados.

28 Así que, cuanto al evangelio, son enemigos por causa de vosotros: mas cuanto á la elección, son muy amados por causa de los padres.

29 Porque sin arrepentimiento son las mercedes y la vocación de Dios.

30 Porque como también vosotros en algún tiempo no creísteis á Dios, mas ahora habéis alcanzado misericordia por la incredulidad de ellos;

31 Así también éstos ahora no ha creído, para que, por la misericordia para con vosotros, ellos también alcancen misericordia.

32 Porque Dios encerró á todos en incredulidad, para tener misericordia de todos.

33 ¡Oh profundidad de las riquezas de la sabiduría y de la ciencia de Dios! ¡Cuán incomprensibles son sus juicios, e inescrutables sus caminos!

34 Porque ¿quién entendió la mente del Señor? ¿ó quién fué su consejero?

35 ¿O quién le dió á Él primero, para que le sea pagado?

36 Porque de Él, y por Él, y en Él, son todas las cosas. A Él sea gloria por siglos. Amén.

12 Así que, hermanos, os ruego por las misericordias de Dios, que presentéis vuestros cuerpos en sacrificio vivo, santo, agradable á Dios, que es vuestro racional culto.

2 Y no os conforméis á este siglo; mas reformaos por la renovación de vuestro entendimiento, para que experimentéis cuál sea la buena voluntad de Dios, agradable y perfecta.

3 Digo pues por la gracia que me es dada, á cada cual que está entre vosotros, que no tenga más alto concepto de sí que el que debe tener, sino que piense de sí con templanza, conforme á la medida de la fe que Dios repartió á cada uno.

4 Porque de la manera que en un cuerpo tenemos muchos miembros, empero todos los miembros no tienen la misma operación;

5 Así muchos somos un cuerpo en Cristo, mas todos miembros los unos de los otros.

6 De manera que, teniendo diferentes dones según la gracia que nos es dada, si el de profecía, úsese conforme á la medida de la fe;

7 ó si ministerio, en servir; ó el que enseña, en doctrina;

8 El que exhorta, en exhortar; el que reparte, hágalo en simplicidad; el que preside, con solicitud; el que hace misericordia, con alegría.

9 El amor sea sin fingimiento: aborreciendo lo malo, llegándoos á lo bueno;

10 Amándoos los unos á los otros con caridad fraternal; previniéndoos con honra los unos á los otros;

11 En el cuidado no perezosos; ardientes en espíritu; sirviendo al Señor;

12 Gozosos en la esperanza; sufridos en la tribulación; constantes en la oración;

13 Comunicando á las necesidades de los santos; siguiendo la hospitalidad.

14 Bendecid á los que os persiguen: bendecid y no maldigáis.

15 Gozaos con los que se gozan: llorad con los que lloran.

16 Unánimes entre vosotros: no altivos, mas acomodándoos á los humildes. No seáis sabios en vuestra opinión.

17 No paguéis á nadie mal por mal; procurad lo bueno delante de todos los hombres.

18 Si se puede hacer, cuanto está en vosotros, tened paz con todos los hombres.

19 No os venguéis vosotros mismos, amados míos; antes dad lugar á la ira; porque escrito está: Mía es la venganza: yo pagaré, dice el Señor.

20 Así que, si tu enemigo tuviere hambre, dale de comer; si tuviere sed, dale de beber: que haciendo esto, ascuas de fuego amontonas sobre su cabeza.

21 No seas vencido de lo malo; mas vence con el bien el mal.

13 Toda alma se someta á las potestades superiores; porque no hay potestad sino de Dios; y las que son, de Dios son ordenadas.

2 Así que, el que se opone á la potestad, á la ordenación de Dios resiste: y los que resisten, ellos mismos ganan condenación para sí.

3 Porque los magistrados no son para temor al que bien hace, sino al malo. ¿Quieres pues no temer la potestad? haz lo bueno, y tendrás alabanza de ella;

4 Porque es ministro de Dios para tu bien. Mas si hicieres lo malo, teme: porque no en vano lleva el cuchillo; porque es ministro de Dios, vengador para castigo al que hace lo malo.

5 Por lo cual es necesario que le estéis sujetos, no solamente por la ira, mas aun por la conciencia.

6 Porque por esto pagáis también los tributos; porque son ministros de Dios que sirven á esto mismo.

7 Pagad á todos lo que debéis: al que tributo, tributo; al que pecho, pecho; al que temor, temor; al que honra, honra.

8 No debáis á nadie nada, sino amaros unos á otros; porque el que ama al prójimo, cumplió la ley.

9 Porque: No adulterarás; no matarás; no hurtarás; no dirás falso testimonio; no codiciarás: y si hay algún otro mandamiento, en esta sentencia se comprende sumariamente: Amarás á tu prójimo como á ti mismo.

10 La caridad no hace mal al prójimo: así que, el cumplimiento de la ley es la caridad.

11 Y esto, conociendo el tiempo, que es ya hora de levantarnos del sueño; porque ahora nos está más cerca nuestra salud que cuando creímos.

12 La noche ha pasado, y ha llegado el día: echemos, pues, las obras de las tinieblas, y vistámonos las armas de luz,

13 Andemos como de día, honestamente: no en glotonerías y borracheras, no en lechos y disoluciones, no en pendencias y envidia;

14 Mas vestíos del Señor Jesucristo, y no hagáis caso de la carne en sus deseos.

14 Recibid al flaco en la fe, pero no para contiendas de disputas.

2 Porque uno cree que se ha de comer de todas cosas: otro que es débil, come legumbres.

3 El que come, no menosprecie al que no come: y el que no come, no juzgue al que come; porque Dios le ha levantado.

4 ¿Tú quién eres que juzgas al siervo ajeno? para su señor está en pie, ó cae: mas se afirmará; que poderoso es el Señor para afirmarle.

5 Uno hace diferencia entre día y día; otro juzga iguales todos los días. Cada uno esté asegurado en su ánimo.

6 El que hace caso del día, hácelo para el Señor: y el que no hace caso del día, no lo hace para el Señor. El que come, come para el Señor, porque da gracias á Dios; y el que no come, no come para el Señor, y da gracias á Dios.

7 Porque ninguno de nosotros vive para sí, y ninguno muere para sí.

8 Que si vivimos, para el Señor vivimos; y si morimos, para el Señor morimos. Así que, ó que vivamos, ó que muramos, del Señor somos.

9 Porque Cristo para esto murió, y resucitó, y volvió á vivir, para ser Señor así de los muertos como de los que viven.

10 Mas tú ¿por qué juzgas á tu hermano? ó tú también, ¿por qué menosprecias á tu hermano? porque todos hemos de estar ante el tribunal de Cristo.

11 Porque escrito está: Vivo yo, dice el Señor, que á mí se doblará toda rodilla, Y toda lengua confesará á Dios.

12 De manera que, cada uno de nosotros dará á Dios razón de sí.

13 Así que, no juzguemos más los unos á los otros: antes bien juzgad de no poner tropiezo ó escándalo al hermano.

14 Yo sé, y confío en el Señor Jesús, que de suyo nada hay inmundo: mas á aquel que piensa alguna cosa ser inmunda, para Él es inmunda.

15 Empero si por causa de la comida tu hermano es contristado; ya no andas conforme á la caridad. No arruines con tu comida á aquél por el cual Cristo murió.

16 No sea pues blasfemado vuestro bien:

17 Que el reino de Dios no es comida ni bebida, sino justicia y paz y gozo por el Espíritu Santo.

18 Porque el que en esto sirve á Cristo, agrada á Dios, y es acepto á los hombres.

19 Así que, sigamos lo que hace á la paz, y á la edificación de los unos á los otros.

20 No destruyas la obra de Dios por causa de la comida. Todas las cosas á la verdad son limpias: mas malo es al hombre que come con escándalo.

21 Bueno es no comer carne, ni beber vino, ni nada en que tu hermano tropiece, ó se ofenda ó sea debilitado.

22 ¿Tienes tú fe? Tenla para contigo delante de Dios. Bienaventurado el que no se condena á sí mismo con lo que aprueba.

23 Mas el que hace diferencia si comiere, es condenado, porque no comió por fe: y todo lo que no es de fe, es pecado.

15 A sí que, los que somos más firmes debemos sobrellevar las flaquezas de los flacos, y no agradarnos á nosotros mismos.

2 Cada uno de nosotros agrade á su prójimo en bien, á edificación.

3 Porque Cristo no se agradó á sí mismo; antes bien, como está escrito: Los vituperios de los que te vituperan, cayeron sobre mí.

4 Porque las cosas que antes fueron escritas, para nuestra enseñanza fueron escritas; para que por la paciencia, y por la consolación de las Escrituras, tengamos esperanza.

5 Mas el Dios de la paciencia y de la consolación os dé que entre vosotros seáis unánimes según Cristo Jesús;

6 Para que concordes, á una boca glorifiquéis al Dios y Padre de nuestro Señor Jesucristo.

7 Por tanto, sobrellevaos los unos á los otros, como también Cristo nos sobrellevó, para gloria de Dios.

8 Digo, pues, que Cristo Jesús fué hecho ministro de la circuncisión por la verdad de Dios, para confirmar las promesas hechas á los padres,

9 Y para que los Gentiles glorifiquen á Dios por la misericordia; como está escrito: Por tanto yo te confesaré entre los Gentiles, Y cantaré á tu nombre.

10 Y otra vez dice: Alegraos, Gentiles, con su pueblo.

11 Y otra vez: Alabad al Señor todos los Gentiles, Y magnificadle, todos los pueblos.

12 Y otra vez, dice Isaías: Estará la raíz de Jessé, Y el que se levantará á regir los Gentiles: Los Gentiles esperarán en Él.

13 Y el Dios de esperanza os llene de todo gozo y paz creyendo, para que abundéis en esperanza por la virtud del Espíritu Santo.

14 Empero cierto estoy yo de vosotros, hermanos míos, que aun vosotros mismos estáis llenos de bondad, llenos de todo conocimiento, de tal manera que podáis amonestaros los unos á los otros.

15 Mas os he escrito, hermanos, en parte resueltamente, como amonestándoos por la gracia que de Dios me es dada,

16 Para ser ministro de Jesucristo á los Gentiles, ministrando el evangelio de Dios, para que la ofrenda de los Gentiles sea agradable, santificada por el Espíritu Santo.

17 Tengo, pues, de qué gloriarme en Cristo Jesús en lo que mira á Dios.

18 Porque no osaría hablar alguna cosa que Cristo no haya hecho por mí para la obediencia de los Gentiles, con la palabra y con las obras,

19 Con potencia de milagros y prodigios, en virtud del Espíritu de Dios: de manera que desde Jerusalem, y por los alrededores hasta Ilírico, he llenado todo el evangelio de Cristo.

20 Y de esta manera me esforcé á predicar el evangelio, no donde antes Cristo fuese nombrado, por no edificar sobre ajeno fundamento;

21 Sino, como esta escrito: A los que no fué anunciado de Él, verán: y los que no oyeron, entenderán.

22 Por lo cual aun he sido impedido muchas veces de venir á vosotros.

23 Mas ahora no teniendo más lugar en estas regiones, y deseando ir á vosotros muchos años há,

24 Cuando partiere para España, iré á vosotros; porque espero que pasando os veré, y que seré llevado de vosotros allá, si empero antes hubiere gozado de vosotros.

25 Mas ahora parto para Jerusalem á ministrar á los santos.

26 Porque Macedonia y Acaya tuvieron por bien hacer una colecta para los pobres de los santos que están en Jerusalem.

27 Porque les pareció bueno, y son deudores á ellos: porque si los Gentiles han sido hechos participantes de sus bienes espirituales, deben también ellos servirles en los carnales.

28 Así que, cuando hubiere concluído esto, y les hubiere consignado este fruto, pasaré por vosotros á España.

29 Y sé que cuando llegue á vosotros, llegaré con abundancia de la bendición del evangelio de Cristo.

30 Ruégoos empero, hermanos, por el Señor nuestro Jesucristo, y por la caridad del Espíritu, que me ayudéis con oraciones por mí á Dios,

31 Que sea librado de los rebeldes que están en Judea, y que la ofrenda de mi servicio á los santos en Jerusalem sea acepta;

32 Para que con gozo llegue á vosotros por la voluntad de Dios, y sea recreado juntamente con vosotros.

33 Y el Dios de paz sea con todos vosotros. Amén.

16 Encomiéndoos empero á Febe nuestra hermana, la cual es diaconisa de la iglesia que está en Cencreas:

2 Que la recibáis en el Señor, como es digno á los santos, y que la ayudéis en cualquiera cosa en que os hubiere menester: porque ella ha ayudado á muchos, y á mí mismo.

3 Saludad á Priscila y Áquila, mis coadjutores en Cristo Jesús;

4 (Que pusieron sus cuellos por mi vida: á los cuales no doy gracias yo sólo, mas aun todas las iglesias de los Gentiles);

5 Asimismo á la iglesia de su casa. Saludad á Epeneto,

amado mío, que es las primicias de Acaya en Cristo.

6 Saludad á María, la cual ha trabajado mucho con vosotros.

7 Saludad á Andrónico y á Junia, mis parientes, y mis compañeros en la cautividad, los que son insignes entre los apóstoles; los cuales también fueron antes de mí en Cristo.

8 Saludad á Amplias, amado mío en el Señor.

9 Saludad á Urbano, nuestro ayudador en Cristo Jesús, y á Stachîs, amado mío.

10 Saludad á Apeles, probado en Cristo. Saludad á los que son de Aristóbulo.

11 Saludad á Herodión, mi pariente. Saludad á los que son de la casa de Narciso, los que están en el Señor.

12 Saludad á Trifena y á Trifosa, las cuales trabajan en el Señor. Saludad á Pérsida amada, la cual ha trabajado mucho en el Señor.

13 Saludad á Rufo, escogido en el Señor, y á su madre y mía.

14 Saludad á Asíncrito, y á Flegonte, á Hermas, á Patrobas, á Hermes, y á los hermanos que están con ellos.

15 Saludad á Filólogo y á Julia, á Nereo y á su hermana, y á Olimpas, y á todos los santos que están con ellos.

16 Saludaos los unos á los otros con ósculo santo. Os saludan todas las iglesias de Cristo.

17 Y os ruego hermanos, que miréis los que causan disensiones y escándalos contra la doctrina que vosotros habéis aprendido; y apartaos de ellos.

18 Porque los tales no sirven al Señor nuestro Jesucristo, sino á sus vientres; y con suaves palabras y bendiciones engañan los corazones de los simples.

19 Porque vuestra obediencia ha venido á ser notoria á todos; así que me gozo de vosotros; mas quiero que seáis sabios en el bien, y simples en el mal.

20 Y el Dios de paz quebrantará presto á Satanás debajo de vuestros pies. La gracia del Señor nuestro Jesucristo sea con vosotros.

21 Os saludan Timoteo, mi coadjutor, y Lucio y Jasón y Sosipater, mis parientes.

22 Yo Tercio, que escribí la epístola, os saludo en el Señor.

23 Salúdaos Gayo, mi huésped, y de toda la iglesia. Salúdaos Erasto, tesorero de la ciudad, y el hermano Cuarto.

24 La gracia del Señor nuestro Jesucristo sea con todos vosotros. Amén.

25 Y al que puede confirmaros según mi evangelio y la predicación de Jesucristo, según la revelación del misterio encubierto desde tiempos eternos,

26 Mas manifestado ahora, y por las Escrituras de los profetas, según el mandamiento del Dios eterno, declarado á todas las gentes para que obedezcan á la fe;

27 Al sólo Dios sabio, sea gloria por Jesucristo para siempre. Amén

1 CORINTIOS

1 Pablo, llamado á ser apóstol de Jesucristo por la voluntad de Dios, y Sóstenes el hermano,

2 A la iglesia de Dios que está en Corinto, santificados en Cristo Jesús, llamados santos, y á todos los que invocan el nombre de nuestro Señor Jesucristo en cualquier lugar, Señor de ellos y nuestro:

3 Gracia y paz de Dios nuestro Padre, y del Señor Jesucristo.

4 Gracias doy á mi Dios siempre por vosotros, por la gracia de Dios que os es dada en Cristo Jesús;

5 Que en todas las cosas sois enriquecidos en Él, en toda lengua y en toda ciencia;

6 Así como el testimonio de Cristo ha sido confirmado en vosotros:

7 De tal manera que nada os falte en ningún don, esperando la manifestación de nuestro Señor Jesucristo:

8 El cual también os confirmará hasta el fin, para que seáis sin falta en el día de nuestro Señor Jesucristo.

9 Fiel es Dios, por el cual sois llamados á la participación de su Hijo Jesucristo nuestro Señor.

10 Os ruego pues, hermanos, por el nombre de nuestro Señor Jesucristo, que habléis todos una misma cosa, y que no haya entre vosotros disensiones, antes seáis perfectamente unidos en una misma mente y en un mismo parecer.

11 Porque me ha sido declarado de vosotros, hermanos míos, por los que son de Cloé, que hay entre vosotros contiendas;

12 Quiero decir, que cada uno de vosotros dice: Yo cierto soy de Pablo; pues yo de Apolos; y yo de Cefas; y yo de Cristo.

13 ¿Está dividido Cristo? ¿Fué crucificado Pablo por

vosotros? ¿ó habéis sido bautizados en el nombre de Pablo?

14 Doy gracias á Dios, que á ninguno de vosotros he bautizado, sino á Crispo y á Gayo;

15 Para que ninguno diga que habéis sido bautizados en mi nombre.

16 Y también bauticé la familia de Estéfanas: mas no sé si he bautizado algún otro.

17 Porque no me envió Cristo á bautizar, sino á predicar el evangelio: no en sabiduría de palabras, porque no sea hecha vana la cruz de Cristo.

18 Porque la palabra de la cruz es locura á los que se pierden; mas á los que se salvan, es á saber, á nosotros, es potencia de Dios.

19 Porque está escrito: Destruiré la sabiduría de los sabios, Y desecharé la inteligencia de los entendidos.

20 ¿Qué es del sabio? ¿qué del escriba? ¿qué del escudriñador de este siglo? ¿no ha enloquecido Dios la sabiduría del mundo?

21 Porque por no haber el mundo conocido en la sabiduría de Dios á Dios por sabiduría, agradó á Dios salvar á los creyentes por la locura de la predicación.

22 Porque los Judíos piden señales, y los Griegos buscan sabiduría:

23 Mas nosotros predicamos á Cristo crucificado, á los Judíos ciertamente tropezadero, y á los Gentiles locura;

24 Empero á los llamados, así Judíos como Griegos, Cristo potencia de Dios, y sabiduría de Dios.

25 Porque lo loco de Dios es más sabio que los hombres; y lo flaco de Dios es más fuerte que los hombres.

26 Porque mirad, hermanos, vuestra vocación, que no sois muchos sabios según la carne, no muchos poderosos, no muchos nobles;

27 Antes lo necio del mundo escogió Dios, para avergonzar á los sabios; y lo flaco del mundo escogió Dios, para avergonzar lo fuerte;

28 Y lo vil del mundo y lo menos preciado escogió Dios, y lo que no es, para deshacer lo que es:

29 Para que ninguna carne se jacte en su presencia.

30 Mas de Él sois vosotros en Cristo Jesús, el cual nos ha sido hecho por Dios sabiduría, y justificación, y santificación, y redención:

31 Para que, como está escrito: El que se gloría, gloríese en el Señor.

2 Así que, hermanos, cuando fuí á vosotros, no fuí con altivez de palabra, ó de sabiduría, á anunciaros el testimonio de Cristo.

2 Porque no me propuse saber algo entre vosotros, sino á Jesucristo, y á éste crucificado.

3 Y estuve yo con vosotros con flaqueza, y mucho temor y temblor;

4 Y ni mi palabra ni mi predicación fué con palabras persuasivas de humana sabiduría, mas con demostración del Espíritu y de poder;

5 Para que vuestra fe no esté fundada en sabiduría de hombres, mas en poder de Dios.

6 Empero hablamos sabiduría de Dios entre perfectos; y sabiduría, no de este siglo, ni de los príncipes de este siglo, que se deshacen:

7 Mas hablamos sabiduría de Dios en misterio, la sabiduría oculta, la cual Dios predestinó antes de los siglos para nuestra gloria:

8 La que ninguno de los príncipes de este siglo conoció; porque si la hubieran conocido, nunca hubieran crucificado al Señor de gloria:

9 Antes, como está escrito: Cosas que ojo no vió, ni oreja oyó, Ni han subido en corazón de hombre, Son las que ha Dios preparado para aquellos que le aman.

10 Empero Dios nos lo reveló á nosotros por el Espíritu: porque el Espíritu todo lo escudriña, aun lo profundo de Dios.

11 Porque ¿quién de los hombres sabe las cosas del hombre, sino el espíritu del hombre que está en Él? Así tampoco nadie conoció las cosas de Dios, sino el Espíritu de Dios.

12 Y nosotros hemos recibido, no el espíritu del mundo, sino el Espíritu que es de Dios, para que conozcamos lo que Dios nos ha dado;

13 Lo cual también hablamos, no con doctas palabras de humana sabiduría, mas con doctrina del Espíritu, acomodando lo espiritual á lo espiritual.

14 Mas el hombre animal no percibe las cosas que son del Espíritu de Dios, porque le son locura: y no las puede

entender, porque se han de examinar espiritualmente.

15 Empero el espiritual juzga todas las cosas; mas Él no es juzgado de nadie.

16 Porque ¿quién conoció la mente del Señor? ¿quién le instruyó? Mas nosotros tenemos la mente de Cristo.

3 De manera que yo, hermanos, no pude hablaros como á espirituales, sino como á carnales, como á niños en Cristo.

2 Os dí á beber leche, y no vianda: porque aun no podíais, ni aun podéis ahora;

3 Porque todavía sois carnales: pues habiendo entre vosotros celos, y contiendas, y disensiones, ¿no sois carnales, y andáis como hombres?

4 Porque diciendo el uno: Yo cierto soy de Pablo; y el otro: Yo de Apolos; ¿no sois carnales?

5 ¿Qué pues es Pablo? ¿y qué es Apolos? Ministros por los cuales habéis creído; y eso según que á cada uno ha concedido el Señor.

6 Yo planté, Apolos regó: mas Dios ha dado el crecimiento.

7 Así que, ni el que planta es algo, ni el que riega; sino Dios, que da el crecimiento.

8 Y el que planta y el que riega son una misma cosa; aunque cada uno recibirá su recompensa conforme á su labor.

9 Porque nosotros, coadjutores somos de Dios; y vosotros labranza de Dios sois, edificio de Dios sois.

10 Conforme á la gracia de Dios que me ha sido dada, yo como perito arquitecto puse el fundamento, y otro edifica encima: empero cada uno vea cómo sobreedifica.

11 Porque nadie puede poner otro fundamento que el que está puesto, el cual es Jesucristo.

12 Y si alguno edificare sobre este fundamento oro, plata, piedras preciosas, madera, heno, hojarasca;

13 La obra de cada uno será manifestada: porque el día la declarará; porque por el fuego será manifestada; y la obra de cada uno cuál sea, el fuego hará la prueba.

14 Si permaneciere la obra de alguno que sobreedificó, recibirá recompensa.

15 Si la obra de alguno fuere quemada, será perdida: Él empero será salvo, mas así como por fuego.

16 ¿No sabéis que sois templo de Dios, y que el Espíritu de Dios mora en vosotros?

17 Si alguno violare el templo de Dios, Dios destruirá al tal: porque el templo de Dios, el cual sois vosotros, santo es.

18 Nadie se engañe á sí mismo: si alguno entre vosotros parece ser sabio en este siglo, hágase simple, para ser sabio.

19 Porque la sabiduría de esta mundo es necedad para con Dios; pues escrito está: El que prende á los sabios en la astucia de ellos.

20 Y otra vez: El Señor conoce los pensamientos de los sabios, que son vanos.

21 Así que, ninguno se gloríe en los hombres; porque todo es vuestro,

22 Sea Pablo, sea Apolos, sea Cefas, sea el mundo, sea la vida, sea la muerte, sea lo presente, sea lo por venir; todo es vuestro;

23 Y vosotros de Cristo; y Cristo de Dios.

4 Téngannos los hombres por ministros de Cristo, y dispensadores de los misterios de Dios.

2 Mas ahora se requiere en los dispensadores, que cada uno sea hallado fiel.

3 Yo en muy poco tengo el ser juzgado de vosotros, ó de juicio humano; y ni aun yo me juzgo.

4 Porque aunque de nada tengo mala conciencia, no por eso soy justificado; mas el que me juzga, el Señor es.

5 Así que, no juzguéis nada antes de tiempo, hasta que venga el Señor, el cual también aclarará lo oculto de las tinieblas, y manifestará los intentos de los corazones: y entonces cada uno tendrá de Dios la alabanza.

6 Esto empero, hermanos, he pasado por ejemplo en mí y en Apolos por amor de vosotros; para que en nosotros aprendáis á no saber más de lo que está escrito, hinchándoos por causa de otro el uno contra el otro.

7 Porque ¿quién te distingue? ¿ó qué tienes que no hayas recibido? Y si lo recibiste, ¿de qué te glorías como si no hubieras recibido?

8 Ya estáis hartos, ya estáis ricos, sin nosotros reináis; y ojalá reinéis, para que nosotros reinemos también juntamente con vosotros.

9 Porque á lo que pienso, Dios nos ha mostrado á nosotros los apóstoles por los postreros, como á sentenciados á muerte: porque somos hechos

espectáculo al mundo, y á los ángeles, y á los hombres.

10 Nosotros necios por amor de Cristo, y vosotros prudentes en Cristo; nosotros flacos, y vosotros fuertes; vosotros nobles, y nosotros viles.

11 Hasta esta hora hambreamos, y tenemos sed, y estamos desnudos, y somos heridos de golpes, y andamos vagabundos;

12 Y trabajamos, obrando con nuestras manos: nos maldicen, y bendecimos: padecemos persecución, y sufrimos:

13 Somos blasfemados, y rogamos: hemos venido á ser como la hez del mundo, el desecho de todos hasta ahora.

14 No escribo esto para avergonzaros: mas amonéstoos como á mis hijos amados.

15 Porque aunque tengáis diez mil ayos en Cristo, no tendréis muchos padres; que en Cristo Jesús yo os engendré por el evangelio.

16 Por tanto, os ruego que me imitéis.

17 Por lo cual os he enviado á Timoteo, que es mi hijo amado y fiel en el Señor, el cual os amonestará de mis caminos cuáles sean en Cristo, de la manera que enseño en todas partes en todas las iglesias.

18 Mas algunos están envanecidos, como si nunca hubiese yo de ir á vosotros.

19 Empero iré presto á vosotros, si el Señor quisiere; y entenderé, no las palabras de los que andan hinchados, sino la virtud.

20 Porque el reino de Dios no consiste en palabras, sino en virtud.

21 ¿Qué queréis? ¿iré á vosotros con vara, ó con caridad y espíritu de mansedumbre?

5 De cierto se oye que hay entre vosotros fornicación, y tal fornicación cual ni aun se nombra entre los Gentiles; tanto que alguno tenga la mujer de su padre.

2 Y vosotros estáis hinchados, y no más bien tuvisteis duelo, para que fuese quitado de en medio de vosotros el que hizo tal obra.

3 Y ciertamente, como ausente con el cuerpo, mas presente en espíritu, ya como presente he juzgado al que esto así ha cometido:

4 En el nombre del Señor nuestro Jesucristo, juntados vosotros y mi espíritu, con la facultad de nuestro Señor Jesucristo,

5 El tal sea entregado á Satanás para muerte de la carne, porque el espíritu sea salvo en el día del Señor Jesús.

6 No es buena vuestra jactancia. ¿No sabéis que un poco de levadura leuda toda la masa?

7 Limpiad pues la vieja levadura, para que seáis nueva masa, como sois sin levadura: porque nuestra pascua, que es Cristo, fué sacrificada por nosotros.

8 Así que hagamos fiesta, no en la vieja levadura, ni en la levadura de malicia y de maldad, sino en ázimos de sinceridad y de verdad.

9 Os he escrito por carta, que no os envolváis con los fornicarios:

10 No absolutamente con los fornicarios de este mundo, ó con los avaros, ó con los ladrones, ó con los idólatras; pues en tal caso os sería menester salir del mundo.

11 Mas ahora os he escrito, que no os envolváis, es á saber, que si alguno llamándose hermano fuere fornicario, ó avaro, ó idólatra, ó maldiciente, ó borracho, ó ladrón, con el tal ni aun comáis.

12 Porque ¿qué me va á mí juzgar á los que están fuera? ¿No juzgáis vosotros á los que están dentro?

13 Porque á los que están fuera, Dios juzgará: quitad pues á ese malo de entre vosotros.

6 ¿Osa alguno de vosotros, teniendo algo con otro, ir á juicio delante de los injustos, y no delante de los santos?

2 ¿O no sabéis que los santos han de juzgar al mundo? Y si el mundo ha de ser juzgado por vosotros, ¿sois indignos de juzgar cosas muy pequeñas?

3 ¿O no sabéis que hemos de juzgar á los ángeles? ¿cuánto más las cosas de este siglo?

4 Por tanto, si hubiereis de tener juicios de cosas de este siglo, poned para juzgar á los que son de menor estima en la iglesia.

5 Para avergonzaros lo digo. ¿Pues qué, no hay entre vosotros sabio, ni aun uno que pueda juzgar entre sus hermanos?

6 Sino que el hermano con el hermano pleitea en juicio, y esto ante los infieles?

7 Así que, por cierto es ya una falta en vosotros que tengáis pleitos entre vosotros mismos. ¿Por qué no sufrís antes la injuria? ¿por qué no sufrís antes ser defraudados?

8 Empero vosotros hacéis la injuria, y defraudáis, y esto á los hermanos.

9 ¿No sabéis que los injustos no poseerán el reino de Dios?

No erréis, que ni los fornicarios, ni los idólatras, ni los adúlteros, ni los afeminados, ni los que se echan con varones,

10 Ni los ladrones, ni los avaros, ni los borrachos, ni los maldicientes, ni los robadores, heredarán el reino de Dios.

11 Y esto erais algunos: mas ya sois lavados, mas ya sois santificados, mas ya sois justificados en el nombre del Señor Jesús, y por el Espíritu de nuestro Dios.

12 Todas las cosas me son lícitas, mas no todas convienen: todas las cosas me son lícitas, mas yo no me meteré debajo de potestad de nada.

13 Las viandas para el vientre, y el vientre para las viandas; empero y á Él y á ellas deshará Dios. Mas el cuerpo no es para la fornicación, sino para el Señor; y el Señor para el cuerpo.

14 Y Dios que levantó al Señor, también á nosotros nos levantará con su poder.

15 ¿No sabéis que vuestros cuerpos son miembros de Cristo? ¿Quitaré pues los miembros de Cristo, y los haré miembros de una ramera? Lejos sea.

16 ¿O no sabéis que el que se junta con una ramera, es hecho con ella un cuerpo? porque serán, dice, los dos en una carne.

17 Empero el que se junta con el Señor, un espíritu es.

18 Huid la fornicación. Cualquier otro pecado que el hombre hiciere, fuera del cuerpo es; mas el que fornica, contra su propio cuerpo peca.

19 ¿O ignoráis que vuestro cuerpo es templo del Espíritu Santo, el cual está en vosotros, el cual tenéis de Dios, y que no sois vuestros?

20 Porque comprados sois por precio: glorificad pues á Dios en vuestro cuerpo y en vuestro espíritu, los cuales son de Dios.

7 Cuanto á las cosas de que me escribisteis, bien es al hombre no tocar mujer.

2 Mas á causa de las fornicaciones, cada uno tenga su mujer, y cada una tenga su marido.

3 El marido pague á la mujer la debida benevolencia; y asimismo la mujer al marido.

4 La mujer no tiene potestad de su propio cuerpo, sino el marido: é igualmente tampoco el marido tiene potestad de su propio cuerpo, sino la mujer.

5 No os defraudéis el uno al otro, á no ser por algún tiempo de mutuo consentimiento, para ocuparos en la oración: y volved á juntaros en uno, porque no os tiente Satanás á causa de vuestra incontinencia.

6 Mas esto digo por permisión, no por mandamiento.

7 Quisiera más bien que todos los hombres fuesen como yo: empero cada uno tiene su propio don de Dios; uno á la verdad así, y otro así.

8 Digo pues á los solteros y á las viudas, que bueno les es si se quedaren como yo.

9 Y si no tienen don de continencia, cásense; que mejor es casarse que quemarse.

10 Mas á los que están juntos en matrimonio, denuncio, no yo, sino el Señor: Que la mujer no se aparte del marido;

11 Y si se apartare, que se quede sin casar, ó reconcíliese con su marido; y que el marido no despida á su mujer.

12 Y á los demás yo digo, no el Señor: si algún hermano tiene mujer infiel, y ella consiente en habitar con Él, no la despida.

13 Y la mujer que tiene marido infiel, y Él consiente en habitar con ella, no lo deje.

14 Porque el marido infiel es santificado en la mujer, y la mujer infiel en el marido: pues de otra manera vuestros hijos serían inmundos; empero ahora son santos.

15 Pero si el infiel se aparta, apártese: que no es el hermano ó la hermana sujeto á servidumbre en semejante caso; antes á paz nos llamó Dios.

16 Porque ¿de dónde sabes, oh mujer, si quizá harás salva á tu marido? ¿ó de dónde sabes, oh marido, si quizá harás salvo á tu mujer?

17 Empero cada uno como el Señor le repartió, y como Dios llamó á cada uno, así ande: y así enseño en todas las iglesias.

18 ¿Es llamado alguno circuncidado? quédese circunciso. ¿Es llamado alguno incircuncisión? que no se circuncide.

19 La circuncisión nada es, y la incircuncisión nada es; sino la observancia de las mandamientos de Dios.

20 Cada uno en la vocación en que fué llamado, en ella se quede.

21 ¿Eres llamado siendo siervo? no se te dé cuidado; mas también si puedes hacerte libre, procúralo más.

22 Porque el que en el Señor es llamado siendo siervo, liberto es del Señor: asimismo también el que es llamado siendo libre, siervo es de Cristo.

23 Por precio sois comprados; no os hagáis siervos de los hombres.

24 Cada uno, hermanos, en lo que es llamado, en esto se quede para con Dios.

25 Empero de las vírgenes no tengo mandamiento del Señor; mas doy mi parecer, como quien ha alcanzado misericordia del Señor para ser fiel.

26 Tengo, pues, esto por bueno á causa de la necesidad que apremia, que bueno es al hombre estarse así.

27 ¿Estás ligado á mujer? no procures soltarte. ¿Estáis suelto de mujer? no procures mujer.

28 Mas también si tomares mujer, no pecaste; y si la doncella se casare, no pecó: pero aflicción de carne tendrán los tales; mas yo os dejo.

29 Esto empero digo, hermanos, que el tiempo es corto: lo que resta es, que los que tienen mujeres sean como los que no las tienen,

30 Y los que lloran, como los que no lloran; y los que se huelgan, como los que no se huelgan; y los que compran, como los que no poseen;

31 Y los que usan de este mundo, como los que no usan: porque la apariencia de este mundo se pasa.

32 Quisiera, pues, que estuvieseis sin congoja. El soltero tiene cuidado de las cosas que son del Señor, cómo ha de agradar al Señor:

33 Empero el que se casó tiene cuidado de las cosas que son del mundo, cómo ha de agradar á su mujer.

34 Hay asimismo diferencia entre la casada y la doncella: la doncella tiene cuidado de las cosas del Señor, para ser santa así en el cuerpo como en el espíritu: mas la casada tiene cuidado de las cosas del mundo, cómo ha de agradar á su marido.

35 Esto empero digo para vuestro provecho; no para echaros lazo, sino para lo honesto y decente, y para que sin impedimento os lleguéis al Señor.

36 Mas, si á alguno parece cosa fea en su hija virgen, que pase ya de edad, y que así conviene que se haga, haga lo que quisiere, no peca; cásese.

37 Pero el que está firme en su corazón, y no tiene necesidad, sino que tiene libertad de su voluntad, y determinó en su corazón esto, el guardar su hija virgen, bien hace.

38 Así que, el que la da en casamiento, bien hace; y el que no la da en casamiento, hace mejor.

39 La mujer casada está atada á la ley, mientras vive su marido; mas si su marido muriere, libre es: cásese con quien quisiere, con tal que sea en el Señor.

40 Empero más venturosa será si se quedare así, según mi consejo; y pienso que también yo tengo Espíritu de Dios.

8 Y por lo que hace á lo sacrificado á los ídolos, sabemos que todos tenemos ciencia. La ciencia hincha, mas la caridad edifica.

2 Y si alguno se imagina que sabe algo, aun no sabe nada como debe saber.

3 Mas si alguno ama á Dios, el tal es conocido de Él.

4 Acerca, pues, de las viandas que son sacrificadas á los ídolos, sabemos que el ídolo nada es en el mundo, y que no hay más de un Dios.

5 Porque aunque haya algunos que se llamen dioses, ó en el cielo, ó en la tierra (como hay muchos dioses y muchos señores),

6 Nosotros empero no tenemos más de un Dios, el Padre, del cual son todas las cosas, y nosotros en Él: y un Señor Jesucristo, por el cual son todas las cosas, y nosotros por Él.

7 Mas no en todos hay esta ciencia: porque algunos con conciencia del ídolo hasta aquí, comen como sacrificado á ídolos; y su conciencia, siendo flaca, es contaminada.

8 Si bien la vianda no nos hace más aceptos á Dios: porque ni que comamos, seremos más ricos; ni que no comamos, seremos más pobres.

9 Mas mirad que esta vuestra libertad no sea tropezadero á los que son flacos.

10 Porque si te ve alguno, á ti que tienes ciencia, que estás sentado á la mesa en el lugar de los ídolos, ¿la conciencia de aquel que es flaco, no será adelantada á comer de lo sacrificado á los ídolos?

11 Y por tu ciencia se perderá el hermano flaco por el cual Cristo murió.

12 De esta manera, pues, pecando contra los hermanos, é hiriendo su flaca conciencia, contra Cristo pecáis.

13 Por lo cual, si la comida es á mi hermano ocasión de caer, jamás comeré carne por no escandalizar á mi hermano.

9 ¿no soy apóstol? ¿no soy libre? ¿no he visto á Jesús el Señor nuestro? ¿no sois vosotros mi obra en el Señor?

2 Si á los otros no soy apóstol, á vosotros ciertamente lo soy: porque el sello de mi apostolado sois vosotros en el Señor.

3 Esta es mi respuesta á los que me preguntan.

4 Qué, ¿no tenemos potestad de comer y de beber?

5 ¿No tenemos potestad de traer con nosotros una hermana mujer también como los otros apóstoles, y los hermanos del Señor, y Cefas?

6 ¿O sólo yo y Bernabé no tenemos potestad de no trabajar?

7 ¿Quién jamás peleó á sus expensas? ¿quién planta viña, y no come de su fruto? ¿ó quién apacienta el ganado, y no come de la leche del ganado?

8 ¿Digo esto según los hombres? ¿no dice esto también la ley?

9 Porque en la ley de Moisés está escrito: No pondrás bozal al buey que trilla. ¿Tiene Dios cuidado de los bueyes?

10 ¿O dícelo enteramente por nosotros? Pues por nosotros está escrito: porque con esperanza ha de arar el que ara; y el que trilla, con esperanza de recibir el fruto.

11 Si nosotros os sembramos lo espiritual, ¿es gran cosa si segáremos lo vuestro carnal?

12 Si otros tienen en vosotros esta potestad, ¿no más bien nosotros? Mas no hemos usado de esta potestad: antes lo sufrimos todo, por no poner ningún obstáculo al evangelio de Cristo.

13 ¿No sabéis que los que trabajan en el santuario, comen del santuario; y que los que sirven al altar, del altar participan?

14 Así también ordenó el Señor á los que anuncian el evangelio, que vivan del evangelio.

15 Mas yo de nada de esto me aproveché: ni tampoco he escrito esto para que se haga así conmigo; porque tengo por mejor morir, antes que nadie haga vana esta mi gloria.

16 Pues bien que anuncio el evangelio, no tengo por qué gloriarme porque me es impuesta necesidad; y ¡ay de mí si no anunciare el evangelio!

17 Por lo cual, si lo hago de voluntad, premio tendré; mas si por fuerza, la dispensación me ha sido encargada.

18 ¿Cuál, pues, es mi merced? Que predicando el evangelio, ponga el evangelio de Cristo de balde, para no usar mal de mi potestad en el evangelio.

19 Por lo cual, siendo libre para con todos, me he hecho siervo de todos por ganar á más.

20 Heme hecho á los Judíos como Judío, por ganar á los Judíos; á los que están sujetos á la ley (aunque yo no sea sujeto á la ley) como sujeto á la ley, por ganar á los que están sujetos á la ley;

21 A los que son sin ley, como si yo fuera sin ley, (no estando yo sin ley de Dios, mas en la ley de Cristo) por ganar á los que estaban sin ley.

22 Me he hecho á los flacos flaco, por ganar á los flacos: á todos me he hecho todo, para que de todo punto salve á algunos.

23 Y esto hago por causa del evangelio, por hacerme juntamente participante de Él.

24 ¿No sabéis que los que corren en el estadio, todos á la verdad corren, mas uno lleva el premio? Corred de tal manera que lo obtengáis.

25 Y todo aquel que lucha, de todo se abstiene: y ellos, á la verdad, para recibir una corona corruptible; mas nosotros, incorruptible.

26 Así que, yo de esta manera corro, no como á cosa incierta; de esta manera peleo, no como quien hiere al aire:

27 Antes hiero mi cuerpo, y lo pongo en servidumbre; no sea que, habiendo predicado á otros, yo mismo venga á ser reprobado.

10 Porque no quiero, hermanos, que ignoréis que nuestros padres todos estuvieron bajo la nube, y todos pasaron la mar;

2 Y todos en Moisés fueron bautizados en la nube y en la mar;

3 Y todos comieron la misma vianda espiritual;

4 Y todos bebieron la misma bebida espiritual; porque bebían de la piedra espiritual que los seguía, y la piedra era Cristo.

5 Mas de muchos de ellos no se agradó Dios; por lo cual fueron postrados en el desierto.

6 Empero estas cosas fueron en figura de nosotros, para que no codiciemos cosas malas, como ellos codiciaron.

7 Ni seáis honradores de ídolos, como algunos de ellos, según está escrito: Sentóse el pueblo á comer y á beber, y se levantaron á jugar.

8 Ni forniquemos, como algunos de ellos fornicaron, y cayeron en un día veinte y tres mil.

9 Ni tentemos á Cristo, como también algunos de ellos le tentaron, y perecieron por las serpientes.

10 Ni murmuréis, como algunos de ellos murmuraron, y perecieron por el destructor.

11 Y estas cosas les acontecieron en figura; y son escritas para nuestra admonición, en quienes los fines de los siglos han parado.

12 Así que, el que piensa estar firme, mire no caiga.

13 No os ha tomado tentación, sino humana: mas fiel es Dios, que no os dejará ser tentados más de lo que podéis llevar; antes dará también juntamente con la tentación la salida, para que podáis aguantar.

14 Por tanto, amados míos, huid de la idolatría.

15 Como á sabios hablo; juzgad vosotros lo que digo.

16 La copa de bendición que bendecimos, ¿no es la comunión de la sangre de Cristo? El pan que partimos, ¿no es la comunión del cuerpo de Cristo?

17 Porque un pan, es que muchos somos un cuerpo; pues todos participamos de aquel un pan.

18 Mirad á Israel según la carne: los que comen de los sacrificios ¿no son partícipes con el altar?

19 ¿Qué pues digo? ¿Que el ídolo es algo? ¿ó que sea algo lo que es sacrificado á los ídolos?

20 Antes digo que lo que los Gentiles sacrifican, á los demonios lo sacrifican, y no á Dios: y no querría que vosotros fueseis partícipes con los demonios.

21 No podéis beber la copa del Señor, y la copa de los demonios: no podéis ser partícipes de la mesa del Señor, y de la mesa de los demonios.

22 ¿O provocaremos á celo al Señor? ¿Somos más fuertes que Él?

23 Todo me es lícito, mas no todo conviene: todo me es lícito, mas no todo edifica.

24 Ninguno busque su propio bien, sino el del otro.

25 De todo lo que se vende en la carnicería, comed, sin preguntar nada por causa de la conciencia;

26 Porque del Señor es la tierra y lo que la hinche.

27 Y si algún infiel os llama, y queréis ir, de todo lo que se os pone delante comed, sin preguntar nada por causa de la conciencia.

28 Mas si alguien os dijere: Esto fué sacrificado á los ídolos: no lo comáis, por causa de aquel que lo declaró, y por causa de la conciencia: porque del Señor es la tierra y lo que la hinche.

29 La conciencia, digo, no tuya, sino del otro. Pues ¿por qué ha de ser juzgada mi libertad por otra conciencia?

30 Y si yo con agradecimiento participo, ¿por qué he de ser blasfemado por lo que doy gracias?

31 Si pues coméis, ó bebéis, ó hacéis otra cosa, haced lo todo á gloria de Dios.

32 Sed sin ofensa á Judíos, y á Gentiles, y á la iglesia de Dios;

33 Como también yo en todas las cosas complazco á todos, no procurando mi propio beneficio, sino el de muchos, para que sean salvos.

11 Sed imitadores de mí, así como yo de Cristo.

2 Y os alabo, hermanos, que en todo os acordáis de mi, y retenéis las instrucciones mías, de la manera que os enseñé.

3 Mas quiero que sepáis, que Cristo es la cabeza de todo varón; y el varón es la cabeza de la mujer, y Dios la cabeza de Cristo.

4 Todo varón que ora ó profetiza cubierta la cabeza, afrenta su cabeza.

5 Mas toda mujer que ora ó profetiza no cubierta su cabeza, afrenta su cabeza; porque lo mismo es que si se rayese.

6 Porque si la mujer no se cubre, trasquílese también: y si es deshonesto á la mujer trasquilarse ó raerse, cúbrase.

7 Porque el varón no ha de cubrir la cabeza, porque es imagen y gloria de Dios: mas la mujer es gloria del varón.

8 Porque el varón no es de la mujer, sino la mujer del varón.

9 Porque tampoco el varón fué criado por causa de la mujer, sino la mujer por causa del varón.

10 Por lo cual, la mujer debe tener señal de potestad sobre su cabeza, por causa de los ángeles.

11 Mas ni el varón sin la mujer, ni la mujer sin el varón, en el Señor.

12 Porque como la mujer es del varón, así también el varón es por la mujer: empero todo de Dios.

13 Juzgad vosotros mismos: ¿es honesto orar la mujer á Dios no cubierta?

14 La misma naturaleza ¿no os enseña que al hombre sea deshonesto criar cabello?

15 Por el contrario, á la mujer criar el cabello le es honroso; porque en lugar de velo le es dado el cabello.

16 Con todo eso, si alguno parece ser contencioso, nosotros no tenemos tal costumbre, ni las iglesias de Dios.

17 Esto empero os denuncio, que no alabo, que no por mejor sino por peor os juntáis.

18 Porque lo primero, cuando os juntáis en la iglesia, oigo que hay entre vosotros dissensiones; y en parte lo creo.

19 Porque preciso es que haya entre vosotros aun herejías, para que los que son probados se manifiesten entre vosotros.

20 Cuando pues os juntáis en uno, esto no es comer la cena del Señor.

21 Porque cada uno toma antes para comer su propia cena; y el uno tiene hambre, y el otro está embriagado.

22 Pues qué, ¿no tenéis casas en que comáis y bebáis? ¿ó menospreciáis la iglesia de Dios, y avergonzáis á los que no tienen? ¿Qué os diré? ¿os alabaré? En esto no os alabo.

23 Porque yo recibí del Señor lo que también os he enseñado: Que el Señor Jesús, la noche que fué entregado, tomó pan;

24 Y habiendo dado gracias, lo partió, y dijo: Tomad, comed: esto es mi cuerpo que por vosotros es partido: haced esto en memoria de mí.

25 Asimismo tomó también la copa, después de haber cenado, diciendo: Esta copa es el nuevo pacto en mi sangre: haced esto todas las veces que bebiereis, en memoria de mí.

26 Porque todas las veces que comiereis este pan, y bebiereis esta copa, la muerte del Señor anunciáis hasta que venga.

27 De manera que, cualquiera que comiere este pan ó bebiere esta copa del Señor indignamente, será culpado del cuerpo y de la sangre del Señor.

28 Por tanto, pruébese cada uno á sí mismo, y coma así de aquel pan, y beba de aquella copa.

29 Porque el que come y bebe indignamente, juicio come y bebe para sí, no discerniendo el cuerpo del Señor.

30 Por lo cual hay muchos enfermos y debilitados entre vosotros; y muchos duermen.

31 Que si nos examinásemos á nosotros mismos, cierto no seríamos juzgados.

32 Mas siendo juzgados, somos castigados del Señor, para que no seamos condenados con el mundo.

33 Así, que, hermanos míos, cuando os juntáis á comer, esperaos unos á otros.

34 Si alguno tuviere hambre, coma en su casa, porque no os juntéis para juicio. Las demás cosas ordenaré cuando llegare.

12 Y acerca de los dones espirituales, no quiero, hermanos, que ignoréis.

2 Sabéis que cuando erais Gentiles, ibais, como erais llevados, a los ídolos mudos.

3 Por tanto os hago saber, que nadie que hable por Espíritu de Dios, llama anatema á Jesús; y nadie puede llamar á Jesús Señor, sino por Espíritu Santo.

4 Empero hay repartimiento de dones; mas el mismo Espíritu es.

5 Y hay repartimiento de ministerios; mas el mismo Señor es.

6 Y hay repartimiento de operaciones; mas el mismo Dios es el que obra todas las cosas en todos.

7 Empero á cada uno le es dada manifestación del Espíritu para provecho.

8 Porque á la verdad, á éste es dada por el Espíritu palabra de sabiduría; á otro, palabra de ciencia según el mismo Espíritu;

9 A otro, fe por el mismo Espíritu, y á otro, dones de sanidades por el mismo Espíritu;

10 A otro, operaciones de milagros, y á otro, profecía; y á otro, discreción de espíritus; y á otro, géneros de lenguas; y á otro, interpretación de lenguas.

11 Mas todas estas cosas obra uno y el mismo Espíritu, repartiendo particularmente á cada uno como quiere.

12 Porque de la manera que el cuerpo es uno, y tiene muchos miembros, empero todos los miembros del cuerpo, siendo muchos, son un cuerpo, así también Cristo.

13 Porque por un Espíritu somos todos bautizados en un cuerpo, ora Judíos ó Griegos, ora siervos ó libres; y todos hemos bebido de un mismo Espíritu.

14 Pues ni tampoco el cuerpo es un miembro, sino muchos.

15 Si dijere el pie: Porque no soy mano, no soy del cuerpo: ¿por eso no será del cuerpo?

16 Y si dijere la oreja: Porque no soy ojo, no soy del cuerpo: ¿por eso no será del cuerpo?

17 Si todo el cuerpo fuese ojo, ¿dónde estaría el oído? Si todo fuese oído, ¿dónde estaría el olfato?

18 Mas ahora Dios ha colocado los miembros cada uno de ellos en el cuerpo, como quiso.

19 Que si todos fueran un miembro, ¿dónde estuviera el cuerpo?

20 Mas ahora muchos miembros son á la verdad, empero un cuerpo.

21 Ni el ojo puede decir á la mano: No te he menester: ni asimismo la cabeza á los pies: No tengo necesidad de vosotros.

22 Antes, mucho más los miembros del cuerpo que parecen más flacos, son necesarios;

23 Y á aquellos del cuerpo que estimamos ser más viles, á éstos vestimos más honrosamente; y los que en nosotros son menos honestos, tienen más compostura.

24 Porque los que en nosotros son más honestos, no tienen necesidad: mas Dios ordenó el cuerpo, dando más abundante honor al que le faltaba;

25 Para que no haya desavenencia en el cuerpo, sino que los miembros todos se interesen los unos por los otros.

26 Por manera que si un miembro padece, todos los miembros á una se duelen; y si un miembro es honrado, todos los miembros á una se gozan.

27 Pues vosotros sois el cuerpo de Cristo, y miembros en parte.

28 Y á unos puso Dios en la iglesia, primeramente apóstoles, luego profetas, lo tercero doctores; luego facultades; luego dones de sanidades, ayudas, gobernaciones, géneros de lenguas.

29 ¿Son todos apóstoles? ¿son todos profetas? ¿todos doctores? ¿todos facultades?

30 ¿Tienen todos dones de sanidad? ¿hablan todos lenguas? ¿interpretan todos?

31 Empero procurad los mejores dones; mas aun yo os muestro un camino más excelente.

13 SI yo hablase lenguas humanas y angélicas, y no tengo caridad, vengo á ser como metal que resuena, ó címbalo que retiñe.

2 Y si tuviese profecía, y entendiese todos los misterios y toda ciencia; y si tuviese toda la fe, de tal manera que traspasase los montes, y no tengo caridad, nada soy.

3 Y si repartiese toda mi hacienda para dar de comer a pobres, y si entregase mi cuerpo para ser quemado, y no tengo caridad, de nada me sirve.

4 La caridad es sufrida, es benigna; la caridad no tiene envidia, la caridad no hace sinrazón, no se ensancha;

5 No es injuriosa, no busca lo suyo, no se irrita, no piensa el mal;

6 No se huelga de la injusticia, mas se huelga de la verdad;

7 Todo lo sufre, todo lo cree, todo lo espera, todo lo soporta.

8 La caridad nunca deja de ser: mas las profecías se han de acabar, y cesarán las lenguas, y la ciencia ha de ser quitada;

9 Porque en parte conocemos, y en parte profetizamos.

10 Mas cuando venga lo que es perfecto, entonces lo que es en parte será quitado.

11 Cuando yo era niño, hablaba como niño, pensaba como niño, juzgaba como niño, mas cuando ya fuí hombre hecho, dejé lo que era de niño.

12 Ahora vemos por espejo, en obscuridad; mas entonces veremos cara á cara: ahora conozco en parte; mas entonces conoceré como soy conocido.

13 Y ahora permanecen la fe, la esperanza, y la caridad, estas tres: empero la mayor de ellas es la caridad.

14 Seguid la caridad; y procurad los dones espirituales, mas sobre todo que profeticéis.

2 Porque el que habla en lenguas, no habla á los hombres, sino á Dios; porque nadie le entiende, aunque en espíritu hable misterios.

3 Mas el que profetiza, habla á los hombres para edificación, y exhortación, y consolación.

4 El que habla lengua extraña, á sí mismo se edifica; mas el que profetiza, edifica á la iglesia.

5 Así que, quisiera que todos vosotros hablaseis lenguas, empero más que profetizaseis: porque mayor es el que profetiza que el que habla lenguas, si también no interpretare, para que la iglesia tome edificación.

6 Ahora pues, hermanos, si yo fuere á vosotros hablando lenguas, ¿qué os aprovecharé, si no os hablare, ó con revelación, ó con ciencia, ó con profecía, ó con doctrina?

7 Ciertamente las cosas inanimadas que hacen sonidos, como la flauta ó la vihuela, si no dieren distinción de voces,

¿cómo se sabrá lo que se tañe con la flauta, ó con la vihuela?

8 Y si la trompeta diere sonido incierto, ¿quién se apercibirá á la batalla?

9 Así también vosotros, si por la lengua no diereis palabra bien significante, ¿cómo se entenderá lo que se dice? porque hablaréis al aire.

10 Tantos géneros de voces, por ejemplo, hay en el mundo, y nada hay mudo;

11 Mas si yo ignorare el valor de la voz, seré bárbaro al que habla, y el que habla será bárbaro para mí.

12 Así también vosotros; pues que anheláis espirituales dones, procurad ser excelentes para la edificación de la iglesia.

13 Por lo cual, el que habla lengua extraña, pida que la interprete.

14 Porque si yo orare en lengua desconocida, mi espíritu ora; mas mi entendimiento es sin fruto.

15 ¿Qué pues? Oraré con el espíritu, mas oraré también con entendimiento; cantaré con el espíritu, mas cantaré también con entendimiento.

16 Porque si bendijeres con el espíritu, el que ocupa lugar de un mero particular, ¿cómo dirá amén á tu acción de gracias? pues no sabe lo que has dicho.

17 Porque tú, á la verdad, bien haces gracias; mas el otro no es edificado.

18 Doy gracias á Dios que hablo lenguas más que todos vosotros:

19 Pero en la iglesia más quiero hablar cinco palabras con mi sentido, para que enseñe también á los otros, que diez mil palabras en lengua desconocida.

20 Hermanos, no seáis niños en el sentido, sino sed niños en la malicia: empero perfectos en el sentido.

21 En la ley está escrito: En otras lenguas y en otros labios hablaré á este pueblo; y ni aun así me oirán, dice el Señor.

22 Así que, las lenguas por señal son, no á los fieles, sino á los infieles: mas la profecía, no á los infieles, sino á los fieles.

23 De manera que, si toda la iglesia se juntare en uno, y todos hablan lenguas, y entran indoctos ó infieles, ¿no dirán que estáis locos?

24 Mas si todos profetizan, y entra algún infiel ó indocto, de todos es convencido, de todos es juzgado;

25 Lo oculto de su corazón se hace manifiesto: y así, postrándose sobre su rostro, adorará á Dios, declarando que verdaderamente Dios está en vosotros.

26 ¿Qué hay pues, hermanos? Cuando os juntáis, cada uno de vosotros tiene salmo, tiene doctrina, tiene lengua, tiene revelación, tiene interpretación: hágase todo para edificación.

27 Si hablare alguno en lengua extraña, sea esto por dos, ó á lo más tres, y por turno; mas uno interprete.

28 Y si no hubiere intérprete, calle en la iglesia, y hable á sí mismo y á Dios.

29 Asimismo, los profetas hablen dos ó tres, y los demás juzguen.

30 Y si á otro que estuviere sentado, fuere revelado, calle el primero.

31 Porque podéis todos profetizar uno por uno, para que todos aprendan, y todos sean exhortados.

32 Y los espíritus de los que profetizaren, sujétense á los profetas;

33 Porque Dios no es Dios de disensión, sino de paz; como en todas las iglesias de los santos.

34 Vuestras mujeres callen en las congregaciones; porque no les es permitido hablar, sino que estén sujetas, como también la ley dice.

35 Y si quieren aprender alguna cosa, pregunten en casa á sus maridos; porque deshonesta cosa es hablar una mujer en la congregación.

36 Qué, ¿ha salido de vosotros la palabra de Dios? ¿ó á vosotros solos ha llegado?

37 Si alguno á su parecer, es profeta, ó espiritual, reconozca lo que os escribo, porque son mandamientos del Señor.

38 Mas el que ignora, ignore.

39 Así que, hermanos, procurad profetizar; y no impidáis el hablar lenguas.

40 Empero hágase todo decentemente y con orden.

15 Además os declaro, hermanos, el evangelio que os he predicado, el cual también recibisteis, en el cual también perseveráis;

2 Por el cual asimismo, si retenéis la palabra que os he predicado, sois salvos, si no creísteis en vano.

3 Porque primeramente os he enseñado lo que asimismo recibí: Que Cristo fué muerto por nuestros pecados conforme á las Escrituras;

4 Y que fué sepultado, y que resucitó al tercer día, conforme á las Escrituras;

5 Y que apareció á Cefas, y después á los doce.

6 Después apareció á más de quinientos hermanos juntos; de los cuales muchos viven aún, y otros son muertos.

7 Después apareció á Jacobo; después á todos los apóstoles.

8 Y el postrero de todos, como á un abortivo, me apareció á mí.

9 Porque yo soy el más pequeño de los apóstoles, que no soy digno de ser llamado apóstol, porque perseguí la iglesia de Dios.

10 Empero por la gracia de Dios soy lo que soy: y su gracia no ha sido en vano para conmigo; antes he trabajado más que todos ellos: pero no yo, sino la gracia de Dios que fué conmigo.

11 Porque, ó sea yo ó sean ellos, así predicamos, y así habéis creído.

12 Y si Cristo es predicado que resucitó de los muertos ¿cómo dicen algunos entre vosotros que no hay resurrección de muertos?

13 Porque si no hay resurrección de muertos, Cristo tampoco resucitó:

14 Y si Cristo no resucitó, vana es entonces nuestra predicación, vana es también vuestra fe.

15 Y aun somos hallados falsos testigos de Dios; porque hemos testificado de Dios que El haya levantado á Cristo; al cual no levantó, si en verdad los muertos no resucitan.

16 Porque si los muertos no resucitan, tampoco Cristo resucitó.

17 Y si Cristo no resucitó, vuestra fe es vana; aun estáis en vuestros pecados.

18 Entonces también los que durmieron en Cristo son perdidos.

19 Si en esta vida solamente esperamos en Cristo, los más miserables somos de todos los hombres.

20 Mas ahora Cristo ha resucitado de los muertos; primicias de los que durmieron es hecho.

21 Porque por cuanto la muerte entró por un hombre, también por un hombre la resurrección de los muertos.

22 Porque así como en Adam todos mueren, así también en Cristo todos serán vivificados.

23 Mas cada uno en su orden: Cristo las primicias; luego los que son de Cristo, en su venida.

24 Luego el fin; cuando entregará el reino á Dios y al Padre, cuando habrá quitado todo imperio, y toda potencia y potestad.

25 Porque es menester que El reine, hasta poner á todos sus enemigos debajo de sus pies.

26 Y el postrer enemigo que será deshecho, será la muerte.

27 Porque todas las cosas sujetó debajo de sus pies. Y cuando dice: Todas las cosas son sujetadas á El, claro está exceptuado aquel que sujetó á El todas las cosas.

28 Mas luego que todas las cosas le fueren sujetas, entonces también el mismo Hijo se sujetará al que le sujetó á El todas las cosas, para que Dios sea todas las cosas en todos.

29 De otro modo, ¿qué harán los que se bautizan por los muertos, si en ninguna manera los muertos resucitan? ¿Por qué pues se bautizan por los muertos?

30 ¿Y por qué nosotros peligramos á toda hora?

31 Sí, por la gloria que en orden á vosotros tengo en Cristo Jesús Señor nuestro, cada día muero.

32 Si como hombre batallé en Efeso contra las bestias, ¿qué me aprovecha? Si los muertos no resucitan, comamos y bebamos, que mañana moriremos.

33 No erréis: las malas conversaciones corrompen las buenas costumbres.

34 Velad debidamente, y no pequéis; porque algunos no conocen á Dios: para vergüenza vuestra hablo.

35 Mas dirá alguno: ¿Cómo resucitarán los muertos? ¿Con qué cuerpo vendrán?

36 Necio, lo que tú siembras no se vivifica, si no muriere antes.

37 Y lo que siembras, no siembras el cuerpo que ha de salir, sino el grano desnudo, acaso de trigo, ó de otro grano:

38 Mas Dios le da el cuerpo como quiso, y á cada simiente su propio cuerpo.

39 Toda carne no es la misma carne; mas una carne ciertamente es la de los hombres, y otra carne la de los animales, y otra la de los peces, y otra la de las aves.

40 Y cuerpos hay celestiales, y cuerpos terrestres; mas ciertamente una es la gloria de los celestiales, y otra la de los terrestres;

41 Otra es la gloria del sol, y otra la gloria de la luna, y otra la gloria de las estrellas: porque una estrella es diferente de otra en gloria.

42 Así también es la resurrección de los muertos. Se siembra en corrupción se levantará en incorrupción;

43 Se siembra en vergüenza, se levantará con gloria; se siembra en flaqueza, se levantará con potencia;

44 Se siembra cuerpo animal, resucitará espiritual cuerpo. Hay cuerpo animal, y hay cuerpo espiritual.

45 Así también está escrito: Fué hecho el primer hombre Adam en ánima viviente; el postrer Adam en espíritu vivificante.

46 Mas lo espiritual no es primero, sino lo animal; luego lo espiritual.

47 El primer hombre, es de la tierra, terreno: el segundo hombre que es el Señor, es del cielo.

48 Cual el terreno, tales también los terrenos; y cual el celestial, tales también los celestiales.

49 Y como trajimos la imagen del terreno, traeremos también la imagen del celestial.

50 Esto empero digo, hermanos: que la carne y la sangre no pueden heredar el reino de Dios; ni la corrupción hereda la incorrupción.

51 He aquí, os digo un misterio: Todos ciertamente no dormiremos, mas todos seremos transformados.

52 En un momento, en un abrir de ojo, á la final trompeta; porque será tocada la trompeta, y los muertos serán levantados sin corrupción, y nosotros seremos transformados.

53 Porque es menester que esto corruptible sea vestido de incorrupción, y esto mortal sea vestido de inmortalidad.

54 Y cuando esto corruptible fuere vestido de incorrupción, y esto mortal fuere vestido de inmortalidad, entonces se efectuará la palabra que está escrita: Sorbida es la muerte con victoria.

55 ¿Dónde está, oh muerte, tu aguijón? ¿dónde, oh sepulcro, tu victoria?

56 Ya que el aguijón de la muerte es el pecado, y la potencia del pecado, la ley.

57 Mas á Dios gracias, que nos da la victoria por el Señor nuestro Jesucristo.

58 Así que, hermanos míos amados, estad firmes y constantes, creciendo en la obra del Señor siempre, sabiendo que vuestro trabajo en el Señor no es vano.

16 Cuanto á la colecta para los santos, haced vosotros también de la manera que ordené en las iglesias de Galacia.

2 Cada primer día de la semana cada uno de vosotros aparte en su casa, guardando lo que por la bondad de Dios pudiere; para que cuando yo llegare, no se hagan entonces colectas.

3 Y cuando habré llegado, los que aprobareis por cartas, á éstos enviaré que lleven vuestro beneficio á Jerusalem.

4 Y si fuere digno el negocio de que yo también vaya, irán conmigo.

5 Y á vosotros iré, cuando hubiere pasado por Macedonia, porque por Macedonia tengo de pasar.

6 Y podrá ser que me quede con vosotros, ó invernaré también, para que vosotros me llevéis á donde hubiere de ir.

7 Porque no os quiero ahora ver de paso; porque espero estar con vosotros algún tiempo, si el Señor lo permitiere.

8 Empero estaré en Efeso hasta Pentecostés;

9 Porque se me ha abierto puerta grande y eficaz, y muchos son los adversarios.

10 Y si llegare Timoteo, mirad que esté con vosotros seguramente; porque la obra del Señor hace también como yo.

11 Por tanto, nadie le tenga en poco; antes, llevadlo en paz, para que venga á mí: porque lo espero con los hermanos.

12 Acerca del hermano Apolos, mucho he rogado que fuese á vosotros con los hermanos; mas en ninguna manera tuvo voluntad de ir por ahora; pero irá cuando tuviere oportunidad.

13 Velad, estad firmes en la fe; portaos varonilmente, y esforzaos.

14 Todas vuestras cosas sean hechas con caridad.

15 Y os ruego, hermanos, (ya sabéis que la casa de Estéfanas es las primicias de Acaya, y que se han dedicado al ministerio de los santos,)

16 Que vosotros os sujetéis á los tales, y á todos los que ayudan y trabajan.

17 Huélgome de la venida de Estéfanas y de Fortunato y de Acháico: porque éstos suplieron lo que á vosotros faltaba.

18 Porque recrearon mi espíritu y el vuestro: reconoced pues á los tales.

19 Las iglesias de Asia os saludan. Os saludan mucho en el

Señor Aquila y Priscila, con la iglesia que está en su casa.

20 Os saludan todos los hermanos. Saludaos los unos á los otros con ósculo santo.

21 La salutación de mí, Pablo, de mi mano.

22 El que no amare al Señor Jesucristo, sea anatema. Maranatha.

23 La gracia del Señor Jesucristo sea con vosotros.

24 Mi amor en Cristo Jesús sea con todos vosotros. Amén.

2 CORINTIOS

1 Pablo, apóstol de Jesucristo por la voluntad de Dios, y Timoteo el hermano, á la iglesia de Dios que está en Corinto, juntamente con todos los santos que están por toda la Acaya:

2 Gracia y paz á vosotros de Dios nuestro Padre, y del Señor Jesucristo.

3 Bendito sea el Dios y Padre del Señor Jesucristo, el Padre de misericordias, y el Dios de toda consolación,

4 El cual nos consuela en todas nuestras tribulaciones, para que podamos también nosotros consolar á los que están en cualquiera angustia, con la consolación con que nosotros somos consolados de Dios.

5 Porque de la manera que abundan en nosotros las aflicciones de Cristo, así abunda también por el mismo Cristo nuestra consolación.

6 Mas si somos atribulados, es por vuestra consolación y salud; la cual es obrada en el sufrir las mismas aflicciones que nosotros también padecemos: ó si somos consolados, es por vuestra consolación y salud;

7 Y nuestra esperanza de vosotros es firme; estando ciertos que como sois compañeros de las aflicciones, así también lo sois de la consolación.

8 Porque hermanos, no queremos que ignoréis de nuestra tribulación que nos fué hecha en Asia; que sobremanera fuimos cargados sobre nuestras fuerzas de tal manera que estuviésemos en duda de la vida.

9 Mas nosotros tuvimos en nosotros mismos respuesta de muerte, para que no confiemos en nosotros mismos, sino en Dios que levanta los muertos:

10 El cual nos libró y libra de tanta muerte; en el cual esperamos que aun nos librará;

11 Ayudándonos también vosotros con oración por nosotros, para que por la merced hecha á nos por respeto de muchos, por muchos sean hechas gracias por nosotros.

12 Porque nuestra gloria es esta: el testimonio de nuestra conciencia, que con simplicidad y sinceridad de Dios, no con sabiduría carnal, mas con la gracia de Dios, hemos conversado en el mundo, y muy más con vosotros.

13 Porque no os escribimos otras cosas de las que leéis, ó también conocéis: y espero que aun hasta el fin las conoceréis:

14 Como también en parte habéis conocido que somos vuestra gloria, así como también vosotros la nuestra, para el día del Señor Jesús.

15 Y con esta confianza quise primero ir á vosotros, para que tuvieseis una segunda gracia;

16 Y por vosotros pasar á Macedonia, y de Macedonia venir otra vez á vosotros, y ser vuelto de vosotros á Judea.

17 Así que, pretendiendo esto, ¿usé quizá de liviandad? ó lo que pienso hacer, ¿piénsolo según la carne, para que haya en mí Sí y No?

18 Antes, Dios fiel sabe que nuestra palabra para con vosotros no es Sí y No.

19 Porque el Hijo de Dios, Jesucristo, que por nosotros ha sido entre vosotros predicado, por mí y Silvano y Timoteo, no ha sido Sí y No; mas ha sido Sí en Él.

20 Porque todas las promesas de Dios son en Él Sí, y en Él Amén, por nosotros á gloria de Dios.

21 Y el que nos confirma con vosotros en Cristo, y el que nos ungió, es Dios;

22 El cual también nos ha sellado, y dado la prenda del Espíritu en nuestros corazones.

23 Mas yo llamo á Dios por testigo sobre mi alma, que por ser indulgente con vosotros no he pasado todavía á Corinto.

24 No que nos enseñoreemos de vuestra fe, mas somos ayudadores de vuestro gozo: porque por la fe estáis firmes.

2 Esto pues determiné para conmigo, no venir otra vez á vosotros con tristeza.

2 Porque si yo os contristo, ¿quién será luego el que me alegrará, sino aquel á quien yo contristare?

3 Y esto mismo os escribí, porque cuando llegare no tenga tristeza sobre tristeza de los que me debiera gozar; confiando en vosotros todos que mi gozo es el de todos vosotros.

4 Porque por la mucha tribulación y angustia del corazón os escribí con muchas lágrimas; no para que fueseis contristados, mas para que supieseis cuánto más amor tengo para con vosotros.

5 Que si alguno me contristó, no me contristó á mí, sino en parte, por no cargaros, á todos vosotros.

6 Bástale al tal esta represión hecha de muchos;

7 Así que, al contrario, vosotros más bien lo perdonéis y consoléis, porque no sea el tal consumido de demasiada tristeza.

8 Por lo cual os ruego que confirméis el amor para con Él.

9 Porque también por este fin os escribí, para tener experiencia de vosotros si sois obedientes en todo.

10 Y al que vosotros perdonareis, yo también: porque también yo lo que he perdonado, si algo he perdonado, por vosotros lo he hecho en persona de Cristo;

11 Porque no seamos engañados de Satanás: pues no ignoramos sus maquinaciones.

12 Cuando vine á Troas para el evangelio de Cristo, aunque me fué abierta puerta en el Señor,

13 No tuve reposo en mi espíritu, por no haber hallado á Tito mi hermano: así, despidiéndome de ellos, partí para Macedonia.

14 Mas á Dios gracias, el cual hace siempre triunfemos en Cristo Jesús, y manifiesta el olor de su conocimiento por todo lugar.

15 Porque para Dios somos buen olor de Cristo en los que se salvan, y en los que se pierden:

16 A éstos ciertamente olor de muerte para muerte; y á aquéllos olor de vida para vida. Y para estas cosas ¿quién es suficiente?

17 Porque no somos como muchos, mercaderes falsos de la palabra de Dios: antes con sinceridad, como de Dios, delante de Dios, hablamos en Cristo.

3 ¿Comenzamos otra vez á alabarnos á nosotros mismos? ¿ó tenemos necesidad, como algunos, de letras de recomendación para vosotros, ó de recomendación de vosotros?

2 Nuestras letras sois vosotros, escritas en nuestros corazones, sabidas y leídas de todos los hombres;

3 Siendo manifiesto que sois letra de Cristo administrada de nosotros, escrita no con tinta, mas con el Espíritu del Dios vivo; no en tablas de piedra, sino en tablas de carne del corazón.

4 Y tal confianza tenemos por Cristo para con Dios:

5 No que seamos suficientes de nosotros mismos para pensar algo como de nosotros mismos, sino que nuestra suficiencia es de Dios;

6 El cual asimismo nos hizo ministros suficientes de un nuevo pacto: no de la letra, mas del espíritu; porque la letra mata, mas el espíritu vivifica.

7 Y si el ministerio de muerte en la letra grabado en piedras, fué con gloria, tanto que los hijos de Israel no pudiesen poner los ojos en la faz de Moisés á causa de la gloria de su rostro, la cual había de perecer,

8 ¿Cómo no será más bien con gloria el ministerio del espíritu?

9 Porque si el ministerio de condenación fué con gloria, mucho más abundará en gloria el ministerio de justicia.

10 Porque aun lo que fué glorioso, no es glorioso en esta parte, en comparación de la excelente gloria.

11 Porque si lo que perece tuvo gloria, mucho más será en gloria lo que permanece.

12 Así que, teniendo tal esperanza, hablamos con mucha confianza;

13 Y no como Moisés, que ponía un velo sobre su faz, para que los hijos de Israel no pusiesen los ojos en el fin de lo que había de ser abolido.

14 Empero los sentidos de ellos se embotaron; porque hasta el día de hoy les queda el mismo velo no descubierto en la lección del antiguo testamento, el cual por Cristo es quitado.

15 Y aun hasta el día de hoy, cuando Moisés es leído, el velo está puesto sobre el corazón de ellos.

16 Mas cuando se convirtieren al Señor, el velo se quitará.

17 Porque el Señor es el Espíritu; y donde hay el Espíritu del Señor, allí hay libertad.

18 Por tanto, nosotros todos, mirando á cara descubierta como en un espejo la gloria del Señor, somos transformados de gloria en gloria en la misma semejanza, como por el Espíritu del Señor.

4 Por lo cual teniendo nosotros esta administración según la misericordia que hemos alcanzado, no desmayamos;

2 Antes quitamos los escondrijos de vergüenza, no andando con astucia, ni adulterando la palabra de Dios, sino por manifestación de la verdad encomendándonos á nosotros mismos á toda conciencia humana delante de Dios.

3 Que si nuestro evangelio está aún encubierto, entre los que se pierden está encubierto:

4 En los cuales el dios de este siglo cegó los entendimientos de los incrédulos, para que no les resplandezca la lumbre del evangelio de la gloria de Cristo, el cual es la imagen de Dios.

5 Porque no nos predicamos á nosotros mismos, sino á Jesucristo, el Señor; y nosotros vuestros siervos por Jesús.

6 Porque Dios, que mandó que de las tinieblas resplandeciese la luz, es el que resplandeció en nuestros corazones, para iluminación del conocimiento de la gloria de Dios en la faz de Jesucristo.

7 Tenemos empero este tesoro en vasos de barro, para que la alteza del poder sea de Dios, y no de nosotros:

8 Estando atribulados en todo, mas no angustiados; en apuros, mas no desesperamos;

9 Perseguidos, mas no desamparados; abatidos, mas no perecemos;

10 Llevando siempre por todas partes la muerte de Jesús en el cuerpo, para que también la vida de Jesús sea manifestada en nuestros cuerpos.

11 Porque nosotros que vivimos, siempre estamos entregados á muerte por Jesús, para que también la vida de Jesús sea manifestada en nuestra carne mortal.

12 De manera que la muerte obra en nosotros, y en vosotros la vida.

13 Empero teniendo el mismo espíritu de fe, conforme á lo que está escrito: Creí, por lo cual también hablé: nosotros también creemos, por lo cual también hablamos;

14 Estando ciertos que el que levantó al Señor Jesús, á nosotros también nos levantará por Jesús, y nos pondrá con vosotros.

15 Porque todas estas cosas padecemos por vosotros, para que abundando la gracia por muchos, en el hacimiento de gracias sobreabunde á gloria de Dios.

16 Por tanto, no desmayamos: antes aunque este nuestro hombre exterior se va desgastando, el interior empero se renueva de día en día.

17 Porque lo que al presente es momentáneo y leve de nuestra tribulación, nos obra un sobremanera alto y eterno peso de gloria;

18 No mirando nosotros á las cosas que se ven, sino á las que no se ven: porque las cosas que se ven son temporales, mas las que no se ven son eternas.

5 Porque sabemos, que si la casa terrestre de nuestra habitación se deshiciere, tenemos de Dios un edificio, una casa no hecha de manos, eterna en los cielos.

2 Y por esto también gemimos, deseando ser sobrevestidos de aquella nuestra habitación celestial;

3 Puesto que en verdad habremos sido hallados vestidos, y no desnudos.

4 Porque asimismo los que estamos en este tabernáculo, gemimos agravados; porque no quisiéramos ser desnudados, sino sobrevestidos, para que lo mortal sea absorbido por la vida.

5 Mas el que nos hizo para esto mismo, es Dios; el cual nos ha dado la prenda del Espíritu.

6 Así que vivimos confiados siempre, y sabiendo, que entre tanto que estamos en el cuerpo, peregrinamos ausentes del Señor;

7 (Porque por fe andamos, no por vista;)

8 Mas confiamos, y más quisiéramos partir del cuerpo, y estar presentes al Señor.

9 Por tanto procuramos también, ó ausentes, ó presentes, serle agradables;

10 Porque es menester que todos nosotros parezcamos ante el tribunal de Cristo, para que cada uno reciba según lo que hubiere hecho por medio del cuerpo, ora sea bueno ó malo.

11 Estando pues poseídos del temor del Señor, persuadimos á los hombres, mas á Dios somos manifiestos; y espero que también en vuestras conciencias somos manifiestos.

12 No nos encomendamos pues otra vez á vosotros, sino os damos ocasión de gloriaros por nosotros, para que tengáis qué responder contra los que se glorían en las apariencias, y no en el corazón.

13 Porque si loqueamos, es para Dios; y si estamos en seso, es para vosotros.

14 Porque el amor de Cristo nos constriñe, pensando esto:

Que si uno murió por todos, luego todos son muertos;
15 Y por todos murió, para que los que viven, ya no vivan para sí, mas para aquel que murió y resucitó por ellos.
16 De manera que nosotros de aquí adelante á nadie conocemos según la carne: y aun si á Cristo conocimos según la carne, empero ahora ya no le conocemos.
17 De modo que si alguno está en Cristo, nueva criatura es: las cosas viejas pasaron; he aquí todas son hechas nuevas.
18 Y todo esto es de Dios, el cual nos reconcilió á sí por Cristo; y nos dió el ministerio de la reconciliación.
19 Porque ciertamente Dios estaba en Cristo reconciliando el mundo á sí, no imputándole sus pecados, y puso en nosotros la palabra de la reconciliación.
20 Así que, somos embajadores en nombre de Cristo, como si Dios rogase por medio nuestro; os rogamos en nombre de Cristo: Reconciliaos con Dios.
21 Al que no conoció pecado, hizo pecado por nosotros, para que nosotros fuésemos hechos justicia de Dios en Él.

6 Y así nosotros, como ayudadores juntamente con Él, os exhortamos también á que no recibáis en vano la gracia de Dios,
2 En tiempo aceptable te he oído, Y en día de salud te he socorrido: he aquí ahora el tiempo aceptable; he aquí ahora el día de salud:)
3 No dando á nadie ningún escándalo, porque el ministerio nuestro no sea vituperado:
4 Antes habiéndonos en todas cosas como ministros de Dios, en mucha paciencia, en tribulaciones, en necesidades, en angustias;
5 En azotes, en cárceles, en alborotos, en trabajos, en vigilias, en ayunos;
6 En castidad, en ciencia, en longanimidad, en bondad, en Espíritu Santo, en amor no fingido;
7 En palabra de verdad, en potencia de Dios, en armas de justicia á diestro y á siniestro;
8 Por honra y por deshonra, por infamia y por buena fama; como engañadores, mas hombres de verdad;
9 Como ignorados, mas conocidos; como muriendo, mas he aquí vivimos; como castigados, mas no muertos;
10 Como doloridos, mas siempre gozosos; como pobres, mas enriqueciendo á muchos; como no teniendo nada, mas poseyéndolo todo.
11 Nuestra boca está abierta á vosotros, oh Corintios: nuestro corazón es ensanchado.
12 No estáis estrechos en nosotros, mas estáis estrechos en vuestras propias entrañas.
13 Pues, para corresponder al propio modo (como á hijos hablo), ensanchaos también vosotros.
14 No os juntéis en yugo con los infieles: porque ¿qué compañía tienes la justicia con la injusticia? ¿y qué comunión la luz con las tinieblas?
15 ¿Y qué concordia Cristo con Belial? ¿ó qué parte el fiel con el infiel?
16 ¿Y qué concierto el templo de Dios con los ídolos? porque vosotros sois el templo del Dios viviente, como Dios dijo: Habitaré y andaré en ellos; y seré el Dios de ellos, y ellos serán mi pueblo.
17 Por lo cual Salid de en medio de ellos, y apartaos, dice el Señor, Y no toquéis lo inmundo; Y yo os recibiré;
18 Y seré á vosotros Padre, Y vosotros me seréis á mí hijos é hijas, dice el Señor Todopoderoso.

7 Así que, amados, pues tenemos tales promesas, limpiémonos de toda inmundicia de carne y de espíritu, perfeccionando la santificación en temor de Dios.
2 Admitidnos: á nadie hemos injuriado, á nadie hemos corrompido, á nadie hemos engañado.
3 No para condenar os lo digo; que ya he dicho antes que estáis en nuestros corazones, para morir y para vivir juntamente.
4 Mucha confianza tengo de vosotros, tengo de vosotros mucha gloria; lleno estoy de consolación, sobreabundo de gozo en todas nuestras tribulaciones.
5 Porque aun cuando vinimos á Macedonia, ningún reposo tuvo nuestra carne; antes, en todo fuimos atribulados: de fuera, cuestiones; de dentro, temores.
6 Mas Dios, que consuela á los humildes, nos consoló con la venida de Tito:
7 Y no sólo con su venida, sino también con la consolación con que Él fué consolado acerca de vosotros, haciéndonos saber vuestro deseo grande, vuestro lloro, vuestro celo por mí, para que así me gozase más.

8 Porque aunque os contristé por la carta, no me arrepiento, bien que me arrepentí; porque veo que aquella carta, aunque por algún tiempo os contristó,
9 Ahora me gozo, no porque hayáis sido contristados, sino porque fuisteis contristados para arrepentimiento; porque habéis sido contristados según Dios, para que ninguna pérdida padecieseis por nuestra parte.
10 Porque el dolor que es según Dios, obra arrepentimiento saludable, de que no hay que arrepentirse; mas el dolor del siglo obra muerte.
11 Porque he aquí, esto mismo que según Dios fuisteis contristados, cuánta solicitud ha obrado en vosotros, y aun defensa, y aun enojo, y aun temor, y aun gran deseo, y aun celo, y aun vindicación. En todo os habéis mostrado limpios en el negocio.
12 Así que, aunque os escribí, no fué por causa del que hizo la injuria, ni por causa del que la padeció, mas para que os fuese manifiesta nuestra solicitud que tenemos por vosotros delante de Dios.
13 Por tanto, tomamos consolación de vuestra consolación: empero mucho más nos gozamos por el gozo de Tito, que haya sido recreado su espíritu de todos vosotros.
14 Pues si algo me he gloriado para con Él de vosotros, no he sido avergonzado; antes, como todo lo que habíamos dicho de vosotros era con verdad, así también nuestra gloria delante de Tito fué hallada verdadera.
15 Y sus entrañas son más abundantes para con vosotros, cuando se acuerda de la obediencia de todos vosotros, de cómo lo recibisteis con temor y temblor.
16 Me gozo de que en todo estoy confiado de vosotros.

8 A simismo, hermanos, os hacemos saber la gracia de Dios que ha sido dada á las iglesias de Macedonia:
2 Que en grande prueba de tribulación, la abundancia de su gozo y su profunda pobreza abundaron en riquezas de su bondad.
3 Pues de su grado han dado conforme á sus fuerzas, yo testifico, y aun sobre sus fuerzas;
4 Pidiéndonos con muchos ruegos, que aceptásemos la gracia y la comunicación del servicio para los santos.
5 Y no como lo esperábamos, mas aun á sí mismos se dieron primeramente al Señor, y á nosotros por la voluntad de Dios.
6 De manera que exhortamos á Tito, que como comenzó antes, así también acabe esta gracia entre vosotros también.
7 Por tanto, como en todo abundáis, en fe, y en palabra, y en ciencia, y en toda solicitud, y en vuestro amor para con nosotros, que también abundéis en esta gracia.
8 No hablo como quien manda, sino para poner á prueba, por la eficacia de otros, la sinceridad también de la caridad vuestra.
9 Porque ya sabéis la gracia de nuestro Señor Jesucristo, que por amor de vosotros se hizo pobre, siendo rico; para que vosotros con su pobreza fueseis enriquecidos.
10 Y en esto doy mi consejo; porque esto os conviene á vosotros, que comenzasteis antes, no sólo á hacerlo, mas aun á quererlo desde el año pasado.
11 Ahora pues, llevad también á cabo el hecho, para que como estuvisteis prontos á querer, así también lo estéis en cumplir conforme á lo que tenéis.
12 Porque si primero hay la voluntad pronta, será acepta por lo que tiene, no por lo que no tiene.
13 Porque no digo esto para que haya para otros desahogo, y para vosotros apretura;
14 Sino para que en este tiempo, con igualdad, vuestra abundancia supla la falta de ellos, para que también la abundancia de ellos supla vuestra falta, porque haya igualdad:
15 Como está escrito: El que recogió mucho, no tuvo más; y el que poco, no tuvo menos.
16 Empero gracias á Dios que dió la misma solicitud por vosotros en el corazón de Tito.
17 Pues á la verdad recibió la exhortación; mas estando también muy solícito, de su voluntad partió para vosotros.
18 Y enviamos juntamente con Él al hermano cuya alabanza en el evangelio es por todas las iglesias;
19 Y no sólo esto, mas también fué ordenado por las iglesias el compañero de nuestra peregrinación para llevar esta gracia, que es administrada de nosotros para gloria del mismo Señor, y para demostrar vuestro pronto ánimo:
20 Evitando que nadie nos vitupere en esta abundancia que ministramos;

21 Procurando las cosas honestas, no sólo delante del Señor, mas aun delante de los hombres.

22 Enviamos también con ellos á nuestro hermano, al cual muchas veces hemos experimentado diligente, mas ahora mucho más con la mucha confianza que tiene en vosotros.

23 Ora en orden á Tito, es mi compañero y coadjutor para con vosotros; ó acerca de nuestros hermanos, los mensajeros son de las iglesias, y la gloria de Cristo.

24 Mostrad pues, para con ellos á la faz de las iglesias la prueba de vuestro amor, y de nuestra gloria acerca de vosotros.

9 Porque cuanto á la suministración para los santos, por demás me es escribiros;

2 Pues conozco vuestro pronto ánimo, del cual me glorío yo entre los de Macedonia, que Acaya está apercibida desde el año pasado; y vuestro ejemplo ha estimulado á muchos.

3 Mas he enviado los hermanos, porque nuestra gloria de vosotros no sea vana en esta parte; para que, como lo he dicho, estéis apercibidos;

4 No sea que, si vinieren conmigo Macedonios, y os hallaren desapercibidos, nos avergoncemos nosotros, por no decir vosotros, de este firme gloriarnos.

5 Por tanto, tuve por cosa necesaria exhortar á los hermanos que fuesen primero á vosotros, y apresten primero vuestra bendición antes prometida para que esté aparejada como de bendición, y no como de mezquindad.

6 Esto empero digo: Que el que siembra escasamente, también segará escasamente; y el que siembra en bendiciones, en bendiciones también segará.

7 Cada uno dé como propuso en su corazón: no con tristeza, ó por necesidad; porque Dios ama el dador alegre.

8 Y poderoso es Dios para hacer que abunde en vosotros toda gracia; á fin de que, teniendo siempre en todas las cosas todo lo que basta, abundéis para toda buena obra;

9 Como está escrito: Derramó, dió á los pobres; Su justicia permanece para siempre.

10 Y el que da simiente al que siembra, también dará pan para comer, y multiplicará vuestra sementera, y aumentará los crecimientos de los frutos de vuestra justicia;

11 Para que estéis enriquecidos en todo para toda bondad, la cual obra por nosotros hacimiento de gracias á Dios.

12 Porque la suministración de este servicio, no solamente suple lo que á los santos falta, sino también abunda en muchos hacimientos de gracias á Dios;

13 Que por la experiencia de esta suministración glorifican á Dios por la obediencia que profesáis al evangelio de Cristo, y por la bondad de contribuir para ellos y para todos;

14 Asimismo por la oración de ellos á favor vuestro, los cuales os quieren á causa de la eminente gracia de Dios en vosotros.

15 Gracias á Dios por su don inefable.

10 Empero yo Pablo, os ruego por la mansedumbre y modestia de Cristo, yo que presente ciertamente soy bajo entre vosotros, mas ausente soy confiado entre vosotros.

2 Ruego pues, que cuando estuviere presente, no tenga que ser atrevido con la confianza con que estoy en ánimo de ser resuelto para con algunos, que nos tienen como si anduviésemos según la carne.

3 Pues aunque andamos en la carne, no militamos según la carne.

4 (Porque las armas de nuestra milicia no son carnales, sino poderosas en Dios para la destrucción de fortalezas;)

5 Destruyendo consejos, y toda altura que se levanta contra la ciencia de Dios, y cautivando todo intento á la obediencia, de Cristo;

6 Y estando prestos para castigar toda desobediencia, cuando vuestra obediencia fuere cumplida.

7 Miráis las cosas según la apariencia. Si alguno está confiado en sí mismo que es de Cristo, esto también piense por sí mismo, que como El es de Cristo, así también nosotros somos de Cristo.

8 Porque aunque me gloríe aun un poco de nuestra potestad (la cual el Señor nos dió para edificación y no para vuestra destrucción), no me avergonzaré;

9 Porque no parezca como que os quiero espantar por cartas.

10 Porque á la verdad, dicen, las cartas son graves y fuertes; mas la presencia corporal flaca, y la palabra menospreciable.

11 Esto piense el tal, que cuales somos en la palabra por cartas estando ausentes, tales seremos también en hechos, estando presentes.

12 Porque no osamos entremeternos ó compararnos con algunos que se alaban á sí mismos: mas ellos, midiéndose á

sí mismos por sí mismos, y comparándose consigo mismos no son juiciosos.

13 Nosotros empero, no nos gloriaremos fuera de nuestra medida, sino conforme á la medida de la regla, de la medida que Dios nos repartió, para llegar aun hasta vosotros.

14 Porque no nos extendemos sobre nuestra medida, como si no llegásemos hasta vosotros: porque también hasta vosotros hemos llegado en el evangelio de Cristo:

15 No gloriándonos fuera de nuestra medida en trabajos ajenos; mas teniendo esperanza del crecimiento de vuestra fe, que seremos muy engrandecidos entre vosotros, conforme á nuestra regla.

16 Y que anunciaremos el evangelio en los lugares más allá de vosotros, sin entrar en la medida de otro para gloriarnos en lo que ya estaba aparejado.

17 Mas el que se gloría, gloríese en el Señor.

18 Porque no el que se alaba á sí mismo, el tal es aprobado; mas aquel á quien Dios alaba.

11 Ojalá toleraseis un poco mi locura; empero toleradme.

2 Pues que os celo con celo de Dios; porque os he desposado á un marido, para presentaros como una virgen pura á Cristo.

3 Mas temo que como la serpiente engañó á Eva con su astucia, sean corrompidos así vuestros sentidos en alguna manera, de la simplicidad que es en Cristo.

4 Porque si el que viene, predicare otro Jesús que el que hemos predicado, ó recibiereis otro espíritu del que habéis recibido, ú otro evangelio del que habéis aceptado, lo sufrierais bien.

5 Cierto pienso que en nada he sido inferior á aquellos grandes apóstoles.

6 Porque aunque soy basto en la palabra, empero no en la ciencia: mas esto somos ya del todo manifiestos á vosotros.

7 ¿Pequé yo humillándome á mí mismo, para que vosotros fueseis ensalzados, porque os he predicado el evangelio de Dios de balde?

8 He despojado las otras iglesias, recibiendo salario para ministraros á vosotros.

9 Y estando con vosotros y teniendo necesidad, á ninguno fuí carga; porque lo que me faltaba, suplieron los hermanos que vinieron de Macedonia: y en todo me guardé de seros gravoso, y me guardaré.

10 Como la verdad de Cristo en mí, que esta gloria no me será cerrada en las partes de Acaya.

11 ¿Por qué? ¿porque no os amo? Dios lo sabe.

12 Mas lo que hago, haré aún, para cortar la ocasión de aquellos que la desean, á fin de que en aquello que se glorían, sean hallados semejantes á nosotros.

13 Porque éstos son falsos apóstoles, obreros fraudulentos, transfigurándose en apóstoles de Cristo.

14 Y no es maravilla, porque el mismo Satanás se transfigura en ángel de luz.

15 Así que, no es mucho si también sus ministros se transfiguran como ministros de justicia; cuyo fin será conforme á sus obras.

16 Otra vez digo: Que nadie me estime ser loco; de otra manera, recibidme como á loco, para que aun me gloríe y un poquito.

17 Lo que hablo, no lo hablo según el Señor, sino como en locura, con esta confianza de gloria.

18 Pues que muchos se glorían según la carne, también yo me gloriaré.

19 Porque de buena gana toleráis los necios, siendo vosotros sabios.

20 Porque toleráis si alguno os pone en servidumbre, si alguno os devora, si alguno toma, si alguno se ensalza, si alguno os hiere en la cara.

21 Dígolo cuanto á la afrenta, como si nosotros hubiésemos sido flacos. Empero en lo que otro tuviere osadía (hablo con locura), también yo tengo osadía.

22 ¿Son Hebreos? yo también. ¿Son Israelitas? yo también. ¿Son simiente de Abraham? también yo.

23 ¿Son ministros de Cristo? (como poco sabio hablo) yo más: en trabajos más abundante; en azotes sin medida; en cárceles más; en muertes, muchas veces.

24 De los judíos cinco veces he recibido cuarenta azotes menos uno.

25 Tres veces he sido azotado con varas; una vez apedreado; tres veces he padecido naufragio; una noche y un día he estado en lo profundo de la mar;

26 En caminos muchas veces, peligros de ríos, peligros de ladrones, peligros de los de mi nación, peligros de los Gentiles, peligros en la ciudad, peligros en el desierto, peligros en la mar, peligros entre falsos hermanos;

27 En trabajo y fatiga, en muchas vigilias, en hambre y sed, en muchos ayunos, en frío y en desnudez;

28 Sin otras cosas además, lo que sobre mí se agolpa cada día, la solicitud de todas las iglesias.

29 ¿Quién enferma, y yo no enfermo? ¿Quién se escandaliza, y yo no me quemo?

30 Si es menester gloriarse, me gloriaré yo de lo que es de mi flaqueza.

31 El Dios y Padre del Señor nuestro Jesucristo, que es bendito por siglos, sabe que no miento.

32 En Damasco, el gobernador de la provincia del rey Aretas guardaba la ciudad de los Damascenos para prenderme;

33 Y fuí descolgado del muro en un serón por una ventana, y escapé de sus manos.

12 Cierto no me es conveniente gloriarme; mas vendré á las visiones y á las revelaciones del Señor.

2 Conozco á un hombre en Cristo, que hace catorce años (si en el cuerpo, no lo sé; si fuera del cuerpo, no lo sé: Dios lo sabe) fué arrebatado hasta el tercer cielo.

3 Y conozco tal hombre, (si en el cuerpo, ó fuera del cuerpo, no lo sé: Dios lo sabe,)

4 Que fué arrebatado al paraíso, donde oyó palabras secretas que el hombre no puede decir.

5 De este tal me gloriaré, mas de mí mismo nada me gloriaré, sino en mis flaquezas.

6 Por lo cual si quisiere gloriarme, no seré insensato: porque diré verdad: empero lo dejo, porque nadie piense de mí más de lo que en mí ve, ú oye de mí.

7 Y porque la grandeza de las revelaciones no me levante descomedidamente, me es dado un aguijón en mi carne, un mensajero de Satanás que me abofetee, para que no me enaltezca sobremanera.

8 Por lo cual tres veces he rogado al Señor, que se quite de mí.

9 Y me ha dicho: Bástate mi gracia; porque mi potencia en la flaqueza se perfecciona. Por tanto, de buena gana me gloriaré más bien en mis flaquezas, porque habite en mí la potencia de Cristo.

10 Por lo cual me gozo en las flaquezas, en afrentas, en necesidades, en persecuciones, en angustias por Cristo; porque cuando soy flaco, entonces soy poderoso.

11 Heme hecho un necio en gloriarme: vosotros me constreñisteis; pues yo había de ser alabado de vosotros; porque en nada he sido menos que los sumos apóstoles, aunque soy nada.

12 Con todo esto, las señales de apóstol han sido hechas entre vosotros en toda paciencia, en señales, y en prodigios, y maravillas.

13 Porque ¿qué hay en que habéis sido menos que las otras iglesias, sino en que yo mismo no os he sido carga? Perdonadme esta injuria.

14 He aquí estoy aparejado para ir á vosotros la tercera vez, y no os seré gravoso; porque no busco vuestras cosas, sino á vosotros: porque no han de atesorar los hijos para los padres sino los padres para los hijos.

15 Empero yo de muy buena gana dependeré y seré despendido por vuestras almas, aunque amándoos más, sea amado menos.

16 Mas sea así, yo no os he agravado: sino que, como soy astuto, os he tomado por engaño.

17 ¿Acaso os he engañado por alguno de los que he enviado á vosotros?

18 Rogué á Tito, y envié con Él al hermano. ¿Os engañó quizá Tito? ¿no hemos procedido con el mismo espíritu y por las mismas pisadas?

19 ¿Pensáis aún que nos excusamos con vosotros? Delante de Dios en Cristo hablamos: mas todo, muy amados, por vuestra edificación.

20 Porque temo que cuando llegare, no os halle tales como quiero, y yo sea hallado de vosotros cual no queréis; que haya entre vosotros contiendas, envidias, iras, disensiones, detracciones, murmuraciones, elaciones, bandos:

21 Que cuando volviere, me humille Dios entre vosotros, y haya de llorar por muchos de los que antes habrán pecado, y no se han arrepentido de la inmundicia y fornicación y deshonestidad que han cometido.

13 Esta tercera vez voy á vosotros. En la boca de dos ó de tres testigos consistirá todo negocio.

2 He dicho antes, y ahora digo otra vez cómo presente, y ahora ausente lo escribo á los que antes pecaron, y á todos los demás, que si voy otra vez, no perdonaré;

3 Pues buscáis una prueba de Cristo que habla en mí, el cual no es flaco para con vosotros, antes es poderoso en vosotros.

4 Porque aunque fué crucificado por flaqueza, empero vive por potencia de Dios. Pues también nosotros somos flacos con Él, mas viviremos con Él por la potencia de Dios para con vosotros.

5 Examinaos á vosotros mismos si estáis en fe; probaos á vosotros mismos. ¿No os conocéis á vosotros mismos, que Jesucristo está en vosotros? si ya no sois reprobados.

6 Mas espero que conoceréis que nosotros no somos reprobados.

7 Y oramos á Dios que ninguna cosa mala hagáis; no para que nosotros seamos hallados aprobados, mas para que vosotros hagáis lo que es bueno, aunque nosotros seamos como reprobados.

8 Porque ninguna cosas podemos contra la verdad, sino por la verdad.

9 Por lo cual nos gozamos que seamos nosotros flacos, y que vosotros estéis fuertes; y aun deseamos vuestra perfección.

10 Por tanto os escribo esto ausente, por no tratar presente con dureza, conforme á la potestad que el Señor me ha dado para edificación, y no para destrucción.

11 Resta, hermanos, que tengáis gozo, seáis perfectos, tengáis consolación, sintáis una misma cosa, tengáis paz; y el Dios de paz y de caridad será con vosotros.

12 Saludaos los unos á los otros con ósculo santo. Todos los santos os saludan.

13 La gracia del Señor Jesucristo, y el amor de Dios, y la participación del Espíritu Santo sea con vosotros todos. Amén.

GÁLATAS

1 Pablo, apóstol, (no de los hombres ni por hombre, mas por Jesucristo y por Dios el Padre, que le resucitó de los muertos),

2 Y todos los hermanos que están conmigo, á las iglesias de Galacia:

3 Gracia sea á vosotros, y paz de Dios el Padre, y de nuestro Señor Jesucristo,

4 El cual se dió á sí mismo por nuestros pecados para librarnos de este presente siglo malo, conforme á la voluntad de Dios y Padre nuestro;

5 Al cual sea la gloria por siglos de siglos. Amén.

6 Estoy maravillado de que tan pronto os hayáis traspasado del que os llamó á la gracia de Cristo, á otro evangelio:

7 No que hay otro, sino que hay algunos que os inquietan, y quieren pervertir el evangelio de Cristo.

8 Mas aun si nosotros ó un ángel del cielo os anunciare otro evangelio del que os hemos anunciado, sea anatema.

9 Como antes hemos dicho, también ahora decimos otra vez: Si alguno os anunciare otro evangelio del que habéis recibido, sea anatema.

10 Porque, ¿persuado yo ahora á hombres ó á Dios? ¿ó busco de agradar á hombres? Cierto, que si todavía agradara á los hombres, no sería siervo de Cristo.

11 Mas os hago saber, hermanos, que el evangelio que ha sido anunciado por mí, no es según hombre;

12 Pues ni yo lo recibí, ni lo aprendí de hombre, sino por revelación de Jesucristo.

13 Porque ya habéis oído acerca de mi conducta otro tiempo en el Judaismo, que perseguía sobremanera la iglesia de Dios, y la destruía;

14 Y aprovechaba en el Judaismo sobre muchos de mis iguales en mi nación, siendo muy más celador que todos de las tradiciones de mis padres.

15 Mas cuando plugo á Dios, que me apartó desde el vientre de mi madre, y me llamó por su gracia,

16 Revelar á su Hijo en mí, para que le predicase entre los Gentiles, luego no conferí con carne y sangre;

17 Ni fuí á Jerusalem á los que eran apóstoles antes que yo; sino que me fuí á la Arabia, y volví de nuevo á Damasco.

18 Después, pasados tres años, fuí á Jerusalem á ver á Pedro, y estuve con Él quince días.

19 Mas á ningún otro de los apóstoles vi, sino á Jacobo el hermano del Señor.

20 Y en esto que os escribo, he aquí delante de Dios, no miento.

21 Después fuí á las partes de Siria y de Cilicia;

22 Y no era conocido de vista á las iglesias de Judea, que eran en Cristo;

23 Solamente habían oído decir: Aquel que en otro tiempo nos perseguía, ahora anuncia la fe que en otro tiempo destruía.

24 Y glorificaban á Dios en mí.

2 Después, pasados catorce años, fuí otra vez á Jerusalem juntamente con Bernabé, tomando también conmigo á Tito.

2 Empero fuí por revelación, y comuniquéles el evangelio que predico entre los Gentiles; mas particularmente á los que parecían ser algo, por no correr en vano, ó haber corrido.

3 Mas ni aun Tito, que estaba conmigo, siendo Griego, fué compelido á circuncidarse.

4 Y eso por causa de los falsos hermanos, que se entraban secretamente para espiar nuestra libertad que tenemos en Cristo Jesús, para ponernos en servidumbre;

5 A los cuales ni aun por una hora cedimos sujetándonos, para que la verdad del evangelio permaneciese con vosotros.

6 Empero de aquellos que parecían ser algo (cuáles hayan sido algún tiempo, no tengo que ver; Dios no acepta apariencia de hombre), á mí ciertamente los que parecían ser algo, nada me dieron.

7 Antes por el contrario, como vieron que el evangelio de la incircuncisión me era encargado, como á Pedro el de la circuncisión,

8 (Porque el que hizo por Pedro para el apostolado de la circuncisión, hizo también por mí para con los Gentiles;)

9 Y como vieron la gracia que me era dada, Jacobo y Cefas y Juan, que parecían ser las columnas, nos dieron las diestras de compañía á mí y á Bernabé, para que nosotros fuésemos á los Gentiles, y ellos á la circuncisión.

10 Solamente nos pidieron que nos acordásemos de los pobres; lo mismo que fuí también solícito en hacer.

11 Empero viniendo Pedro á Antioquía, le resistí en la cara, porque era de condenar.

12 Porque antes que viniesen unos de parte de Jacobo, comía con los Gentiles; mas después que vinieron, se retraía y apartaba, teniendo miedo de los que eran de la circuncisión.

13 Y á su disimulación consentían también los otros Judíos; de tal manera que aun Bernabé fué también llevado de ellos en su simulación.

14 Mas cuando vi que no andaban derechamente conforme á la verdad del evangelio, dije á Pedro delante de todos: Si tú, siendo Judío, vives como los Gentiles y no como Judío, ¿por qué constriñes á los Gentiles á judaizar?

15 Nosotros Judíos naturales, y no pecadores de los Gentiles,

16 Sabiendo que el hombre no es justificado por las obras de la ley, sino por la fe de Jesucristo, nosotros también hemos creído en Jesucristo, para que fuésemos justificados por la fe de Cristo, y no por las obras de la ley; por cuanto por las obras de la ley ninguna carne será justificada.

17 Y si buscando nosotros ser justificados en Cristo, también nosotros somos hallados pecadores, ¿es por eso Cristo ministro de pecado? En ninguna manera.

18 Porque si las cosas que destruí, las mismas vuelvo á edificar, transgresor me hago.

19 Porque yo por la ley soy muerto á la ley, para vivir á Dios.

20 Con Cristo estoy juntamente crucificado, y vivo, no ya yo, mas vive Cristo en mí: y lo que ahora vivo en la carne, lo vivo en la fe del Hijo de Dios, el cual me amó, y se entregó á sí mismo por mí.

21 No desecho la gracia de Dios: porque si por la ley fuese la justicia, entonces por demás murió Cristo.

3 ¡oh Gálatas insensatos! ¿quién os fascinó, para no obedecer á la verdad, ante cuyos ojos Jesucristo fué ya descrito como crucificado entre vosotros?

2 Esto solo quiero saber de vosotros: ¿Recibisteis el Espíritu por las obras de la ley, ó por el oir de la fe?

3 ¿Tan necios sois? ¿habiendo comenzado por el Espíritu, ahora os perfeccionáis por la carne?

4 ¿Tantas cosas habéis padecido en vano? si empero en vano.

5 Aquel, pues, que os daba el Espíritu, y obraba maravillas entre vosotros ¿hacíalo por las obras de la ley, ó por el oir de la fe?

6 Como Abraham creyó á Dios, y le fué imputado á justicia.

7 Sabéis por tanto, que los que son de fe, los tales son hijos de Abraham.

8 Y viendo antes la Escritura que Dios por la fe había de justificar á los Gentiles, evangelizó antes á Abraham, diciendo: En ti serán benditas todas las naciones.

9 Luego los de la fe son benditos con el creyente Abraham.

10 Porque todos los que son de las obras de la ley, están bajo de maldición. Porque escrito está: Maldito todo aquel que no permaneciere en todas las cosas que están escritas en el libro de la ley, para hacerlas.

11 Mas por cuanto por la ley ninguno se justifica para con Dios, queda manifiesto: Que el justo por la fe vivirá.

12 La ley también no es de la fe; sino, El hombre que los hiciere, vivirá en ellos.

13 Cristo nos redimió de la maldición de la ley, hecho por nosotros maldición; (porque está escrito: Maldito cualquiera que es colgado en madero:)

14 Para que la bendición de Abraham fuese sobre los Gentiles en Cristo Jesús; para que por la fe recibamos la promesa del Espíritu.

15 Hermanos, hablo como hombre: Aunque un pacto sea de hombre, con todo, siendo confirmado, nadie lo cancela, ó le añade.

16 A Abraham fueron hechas las promesas, y á su simiente. No dice: Y á las simientes, como de muchos; sino como de uno: Y á tu simiente, la cual es Cristo.

17 Esto pues digo: Que el contrato confirmado de Dios para con Cristo, la ley que fué hecha cuatrocientos treinta años después, no lo abroga, para invalidar la promesa.

18 Porque si la herencia es por la ley, ya no es por la promesa: empero Dios por la promesa hizo la donación á Abraham.

19 ¿Pues de qué sirve la ley? Fué puesta por causa de las rebeliones, hasta que viniese la simiente á quien fué hecha la promesa, ordenada aquélla por los ángeles en la mano de un mediador.

20 Y el mediador no es de uno, pero Dios es uno.

21 ¿Luego la ley es contra las promesas de Dios? En ninguna manera: porque si la ley dada pudiera vivificar, la justicia fuera verdaderamente por la ley.

22 Mas encerró la Escritura todo bajo pecado, para que la promesa fuese dada á los creyentes por la fe de Jesucristo.

23 Empero antes que viniese la fe, estábamos guardados bajo la ley, encerrados para aquella fe que había de ser descubierta.

24 De manera que la ley nuestro ayo fué para llevarnos á Cristo, para que fuésemos justificados por la fe.

25 Mas venida la fe, ya no estamos bajo ayo;

26 Porque todos sois hijos de Dios por la fe en Cristo Jesús.

27 Porque todos los que habéis sido bautizados en Cristo, de Cristo estáis vestidos.

28 No hay Judío, ni Griego; no hay siervo, ni libre; no hay varón, ni hembra: porque todos vosotros sois uno en Cristo Jesús.

29 Y si vosotros sois de Cristo, ciertamente la simiente de Abraham sois, y conforme á la promesa los herederos.

4 También digo: Entre tanto que el heredero es niño, en nada difiere del siervo, aunque es señor de todo;

2 Mas está debajo de tutores y curadores hasta el tiempo señalado por el padre.

3 Así también nosotros, cuando éramos niños, éramos siervos bajo los rudimentos del mundo.

4 Mas venido el cumplimiento del tiempo, Dios envió su Hijo, hecho de mujer, hecho súbdito á la ley,

5 Para que redimiese á los que estaban debajo de la ley, á fin de que recibiésemos la adopción de hijos.

6 Y por cuanto sois hijos, Dios envió el Espíritu de su Hijo en vuestros corazones, el cual clama: Abba, Padre.

7 Así que ya no eres más siervo, sino hijo, y si hijo, también heredero de Dios por Cristo.

8 Antes, en otro tiempo, no conociendo á Dios, servíais á los que por naturaleza no son dioses:

9 Mas ahora, habiendo conocido á Dios, ó más bien, siendo conocidos de Dios, ¿cómo os volvéis de nuevo á los flacos y pobres rudimentos, en los cuales queréis volver á servir?

10 Guardáis los días, y los meses, y los tiempos, y los años.

11 Temo de vosotros, que no haya trabajado en vano en vosotros.

12 Hermanos, os ruego, sed como yo, porque yo soy como vosotros: ningún agravio me habéis hecho.

13 Que vosotros sabéis que por flaqueza de carne os anuncié el evangelio al principio:

14 Y no desechasteis ni menospreciasteis mi tentación que estaba en mi carne: antes me recibisteis como á un ángel de Dios, como á Cristo Jesús.

15 ¿Dónde está pues vuestra bienaventuranza? porque yo os doy testimonio que si se pudiera hacer, os hubierais sacado vuestros ojos para dármelos.

16 ¿Heme pues hecho vuestro enemigo, diciéndoos la verdad?

17 Tienen celos de vosotros, pero no bien: antes os

quieren echar fuera para que vosotros los celéis á ellos.
18 Bueno es ser celosos en bien siempre; y no solamente cuando estoy presente con vosotros.
19 Hijitos míos, que vuelvo otra vez á estar de parto de vosotros, hasta que Cristo sea formado en vosotros;
20 Querría cierto estar ahora con vosotros, y mudar mi voz; porque estoy perplejo en cuanto á vosotros.
21 Decidme, los que queréis estar debajo de la ley, ¿no habéis oído la ley?
22 Porque escrito está que Abraham tuvo dos hijos; uno de la sierva, el otro de la libre.
23 Mas el de la sierva nació según la carne; pero el de la libre nació por la promesa.
24 Las cuales cosas son dichas por alegoría: porque estas mujeres son los dos pactos; el uno ciertamente del monte Sinaí, el cual engendró para servidumbre, que es Agar.
25 Porque Agar ó Sinaí es un monte de Arabia, el cual se conjunto á la que ahora es Jerusalem, la cual sirve con sus hijos.
26 Mas la Jerusalem de arriba libre es; la cual es la madre de todos nosotros.
27 Porque está escrito: Alégrate, estéril, que no pares: Prorrumpe y clama, la que no estás de parto; Porque más son los hijos de la dejada, que de la que tiene marido.
28 Así que, hermanos, nosotros como Isaac somos hijos de la promesa.
29 Pero como entonces el que era engendrado según la carne, perseguía al que había nacido según el Espíritu, así también ahora.
30 Mas ¿qué dice la Escritura? Echa fuera á la sierva y á su hijo; porque no será heredero el hijo de la sierva con el hijo de la libre.
31 De manera, hermanos, que no somos hijos de la sierva, mas de la libre.
5 E stad, pues, firmes en la libertad con que Cristo nos hizo libres, y no volváis otra vez á ser presos en el yugo de servidumbre.
2 He aquí yo Pablo os digo, que si os circuncidareis, Cristo no os aprovechará nada.
3 Y otra vez vuelvo á protestar á todo hombre que se circuncidare, que está obligado á hacer toda la ley.
4 Vacíos sois de Cristo los que por la ley os justificáis; de la gracia habéis caído.
5 Porque nosotros por el Espíritu esperamos la esperanza de la justicia por la fe.
6 Porque en Cristo Jesús ni la circuncisión vale algo, ni la incircuncisión; sino la fe que obra por la caridad.
7 Vosotros corríais bien: ¿quién os embarazó para no obedecer á la verdad?
8 Esta persuasión no es de aquel que os llama.
9 Un poco de levadura leuda toda la masa.
10 Yo confío de vosotros en el Señor, que ninguna otra cosa sentiréis: mas el que os inquieta, llevará el juicio, quienquiera que Él sea.
11 Y yo, hermanos, si aun predico la circuncisión, ¿por qué padezco persecución todavía? pues que quitado es el escándalo de la cruz.
12 Ojalá fuesen también cortados los que os inquietan.
13 Porque vosotros, hermanos, á libertad habéis sido llamados; solamente que no uséis la libertad como ocasión á la carne, sino servíos por amor los unos á los otros.
14 Porque toda la ley en aquesta sola palabra se cumple: Amarás á tu prójimo como á ti mismo.
15 Y si os mordéis y os coméis los unos á los otros, mirad que también no os consumáis los unos á los otros.
16 Digo pues: Andad en el Espíritu, y no satisfagáis la concupiscencia de la carne.
17 Porque la carne codicia contra el Espíritu, y el Espíritu contra la carne; y estas cosas se oponen la una á la otra, para que no hagáis lo que quisiereis.
18 Mas si sois guiados del Espíritu, no estáis bajo la ley.
19 Y manifiestas son las obras de la carne, que son: adulterio, fornicación, inmundicia, disolución,
20 Idolatría, hechicerías, enemistades, pleitos, celos, iras, contiendas, disensiones, herejías,
21 Envidias, homicidios, borracheras, banqueteos, y cosas semejantes á éstas: de las cuales os denuncio, como ya os he anunciado, que los que hacen tales cosas no heredarán el reino de Dios.

22 Mas el fruto del Espíritu es: caridad, gozo, paz, tolerancia, benignidad, bondad, fe,
23 Mansedumbre, templanza: contra tales cosas no hay ley.
24 Porque los que son de Cristo, han crucificado la carne con los afectos y concupiscencias.
25 Si vivimos en el Espíritu, andemos también en el Espíritu.
26 No seamos codiciosos de vana gloria, irritando los unos á los otros, envidiándose los unos á los otros.
6 Hermanos, si alguno fuere tomado en alguna falta, vosotros que sois espirituales, restaurad al tal con el espíritu de mansedumbre; considerándote á ti mismo, porque tú no seas también tentado.
2 Sobrellevad los unos las cargas de los otros; y cumplid así la ley de Cristo.
3 Porque el que estima de sí que es algo, no siendo nada, á sí mismo se engaña.
4 Así que cada uno examine su obra, y entonces tendrá gloria sólo respecto de sí mismo, y no en otro.
5 Porque cada cual llevará su carga.
6 Y el que es enseñado en la palabra, comunique en todos los bienes al que lo instruye.
7 No os engañéis: Dios no puede ser burlado: que todo lo que el hombre sembrare, eso también segará.
8 Porque el que siembra para su carne, de la carne segará corrupción; mas el que siembra para el Espíritu, del Espíritu segará vida eterna.
9 No nos cansemos, pues, de hacer bien; que á su tiempo segaremos, si no hubiéremos desmayado.
10 Así que, entre tanto que tenemos tiempo, hagamos bien á todos, y mayormente á los domésticos de la fe.
11 Mirad en cuán grandes letras os he escrito de mi mano.
12 Todos los que quieren agradar en al carne, éstos os constriñen á que os circuncidéis, solamente por no padecer persecución por la cruz de Cristo.
13 Porque ni aun los mismos que se circuncidan guardan la ley; sino que quieren que vosotros seáis circuncidados, para gloriarse en vuestra carne.
14 Mas lejos esté de mí gloriarme, sino en la cruz de nuestro Señor Jesucristo, por el cual el mundo me es crucificado á mí, y yo al mundo.
15 Porque en Cristo Jesús, ni la circuncisión vale nada, ni la incircuncisión, sino la nueva criatura.
16 Y todos los que anduvieren conforme á esta regla, paz sobre ellos, y misericordia, y sobre el Israel de Dios.
17 De aquí adelante nadie me sea molesto; porque yo traigo en mi cuerpo las marcas del Señor Jesús.
18 Hermanos, la gracia de nuestro Señor Jesucristo sea con vuestro espíritu. Amén. Enviada de Roma á los Gálatas.

EFESIOS

1 Pablo, apóstol de Jesucristo por la voluntad de Dios, á los santos y fieles en Cristo Jesús que están en Efeso:
2 Gracia sea á vosotros, y paz de Dios Padre nuestro, y del Señor Jesucristo.
3 Bendito el Dios y Padre del Señor nuestro Jesucristo, el cual nos bendijo con toda bendición espiritual en lugares celestiales en Cristo:
4 Según nos escogió en Él antes de la fundación del mundo, para que fuésemos santos y sin mancha delante de Él en amor;
5 Habiéndonos predestinado para ser adoptados hijos por Jesucristo á sí mismo, según el puro afecto de su voluntad,
6 Para alabanza de la gloria de su gracia, con la cual nos hizo aceptos en el Amado:
7 En el cual tenemos redención por su sangre, la remisión de pecados por las riquezas de su gracia,
8 Que sobreabundó en nosotros en toda sabiduría é inteligencia;
9 Descubriéndonos el misterio de su voluntad, según su beneplácito, que se había propuesto en sí mismo,
10 De reunir todas las cosas en Cristo, en la dispensación del cumplimiento de los tiempos, así las que están en los cielos, como las que están en la tierra:
11 En Él digo, en quien asimismo tuvimos suerte, habiendo sido predestinados conforme al propósito del que hace todas las cosas según el consejo de su voluntad,
12 Para que seamos para alabanza de su gloria, nosotros que antes esperamos en Cristo.
13 En el cual esperasteis también vosotros en oyendo la palabra

de verdad, el evangelio de vuestra salud: en el cual también desde que creísteis, fuisteis sellados con el Espíritu Santo de la promesa,

14 Que es las arras de nuestra herencia, para la redención de la posesión adquirida para alabanza de su gloria.

15 Por lo cual también yo, habiendo oído de vuestra fe en el Señor Jesús, y amor para con todos los santos,

16 No ceso de dar gracias por vosotros, haciendo memoria de vosotros en mis oraciones;

17 Que el Dios del Señor nuestro Jesucristo, el Padre de gloria, os dé espíritu de sabiduría y de revelación para su conocimiento;

18 Alumbrando los ojos de vuestro entendimiento, para que sepáis cuál sea la esperanza de su vocación, y cuáles las riquezas de la gloria de su herencia en los santos,

19 Y cuál aquella supereminente grandeza de su poder para con los que creemos, por la operación de la potencia de su fortaleza,

20 La cual obró en Cristo, resucitándole de los muertos, y colocándole á su diestra en los cielos,

21 Sobre todo principado, y potestad, y potencia, y señorío, y todo nombre que se nombra, no sólo en este siglo, mas aun en el venidero:

22 Y sometió todas las cosas debajo de sus pies, y diólo por cabeza sobre todas las cosas á la iglesia,

23 La cual es su cuerpo, la plenitud de Aquel que hinche todas las cosas en todos.

2 Y de ella recibisteis vosotros, que estabais muertos en vuestros delitos y pecados,

2 En que en otro tiempo anduvisteis conforme á la condición de este mundo, conforme al príncipe de la potestad del aire, el espíritu que ahora obra en los hijos de desobediencia:

3 Entre los cuales todos nosotros también vivimos en otro tiempo en los deseos de nuestra carne, haciendo la voluntad de la carne y de los pensamientos; y éramos por naturaleza hijos de ira, también como los demás.

4 Empero Dios, que es rico en misericordia, por su mucho amor con que nos amó,

5 Aun estando nosotros muertos en pecados, nos dió vida juntamente con Cristo; por gracia sois salvos;

6 Y juntamente nos resucitó, y asimismo nos hizo sentar en los cielos con Cristo Jesús.

7 Para mostrar en los siglos venideros las abundantes riquezas de su gracia en su bondad para con nosotros en Cristo Jesús.

8 Porque por gracia sois salvos por la fe; y esto no de vosotros, pues es don de Dios:

9 No por obras, para que nadie se gloríe.

10 Porque somos hechura suya, criados en Cristo Jesús para buenas obras, las cuales Dios preparó para que anduviésemos en ellas.

11 Por tanto, acordaos que en otro tiempo vosotros los Gentiles en la carne, que erais llamados incircuncisión por la que se llama circuncisión, hecha con mano en la carne;

12 Que en aquel tiempo estabais sin Cristo, alejados de la república de Israel, y extranjeros á los pactos de la promesa, sin esperanza y sin Dios en el mundo.

13 Mas ahora en Cristo Jesús, vosotros que en otro tiempo estabais lejos, habéis sido hechos cercanos por la sangre de Cristo.

14 Porque Él es nuestra paz, que de ambos hizo uno, derribando la pared intermedia de separación;

15 Dirimiendo en su carne las enemistades, la ley de los mandamientos en orden á ritos, para edificar en sí mismo los dos en un nuevo hombre, haciendo la paz,

16 Y reconciliar por la cruz con Dios á ambos en un mismo cuerpo, matando en ella las enemistades.

17 Y vino, y anunció la paz á vosotros que estabais lejos, y á los que estaban cerca:

18 Que por Él los unos y los otros tenemos entrada por un mismo Espíritu al Padre.

19 Así que ya no sois extranjeros ni advenedizos, sino juntamente ciudadanos con los santos, y domésticos de Dios;

20 Edificados sobre el fundamento de los apóstoles y profetas, siendo la principal piedra del ángulo Jesucristo mismo;

21 En el cual, compaginado todo el edificio, va creciendo para ser un templo santo en el Señor:

22 En el cual vosotros también sois juntamente edificados, para morada de Dios en Espíritu.

3 Por esta causa yo Pablo, prisionero de Cristo Jesús por vosotros los Gentiles,

2 Si es que habéis oído la dispensación de la gracia de Dios que me ha sido dada para con vosotros,

3 A saber, que por revelación me fué declarado el misterio, como antes he escrito en breve;

4 Leyendo lo cual podéis entender cuál sea mi inteligencia en el misterio de Cristo:

5 El cual misterio en los otros siglos no se dió á conocer á los hijos de los hombres como ahora es revelado á sus santos apóstoles y profetas en el Espíritu:

6 Que los Gentiles sean juntamente herederos, é incorporados, y consortes de su promesa en Cristo por el evangelio:

7 Del cual yo soy hecho ministro por el don de la gracia de Dios que me ha sido dado según la operación de su potencia.

8 A mí, que soy menos que el más pequeño de todos los santos, es dada esta gracia de anunciar entre los Gentiles el evangelio de las inescrutables riquezas de Cristo,

9 Y de aclarar á todos cuál sea la dispensación del misterio escondido desde los siglos en Dios, que crió todas las cosas.

10 Para que la multiforme sabiduría de Dios sea ahora notificada por la iglesia á los principados y potestades en los cielos,

11 Conforme á la determinación eterna, que hizo en Cristo Jesús nuestro Señor:

12 En el cual tenemos seguridad y entrada con confianza por la fe de Él.

13 Por tanto, pido que no desmayéis á causa de mis tribulaciones por vosotros, las cuales son vuestra gloria.

14 Por esta causa doblo mis rodillas al Padre de nuestro Señor Jesucristo,

15 Del cual es nombrada toda la parentela en los cielos y en la tierra,

16 Que os dé, conforme á las riquezas de su gloria, el ser corroborados con potencia en el hombre interior por su Espíritu;

17 Que habite Cristo por la fe en vuestros corazones; para que, arraigados y fundados en amor,

18 Podáis bien comprender con todos los santos cuál sea la anchura y la longura y la profundidad y la altura,

19 Y conocer el amor de Cristo, que excede á todo conocimiento, para que seáis llenos de toda la plenitud de Dios.

20 Y á Aquel que es poderoso para hacer todas las cosas mucho más abundantemente de lo que pedimos ó entendemos, por la potencia que obra en nosotros,

21 A Él sea gloria en la iglesia por Cristo Jesús, por todas edades del siglo de los siglos. Amén.

4 Yo pues, preso en el Señor, os ruego que andéis como es digno de la vocación con que sois llamados;

2 Con toda humildad y mansedumbre, con paciencia soportando los unos á los otros en amor;

3 Solícitos á guardar la unidad del Espíritu en el vínculo de la paz.

4 Un cuerpo, y un Espíritu; como sois también llamados á una misma esperanza de vuestra vocación:

5 Un Señor, una fe, un bautismo,

6 Un Dios y Padre de todos, el cual es sobre todas las cosas, y por todas las cosas, y en todos vosotros.

7 Empero á cada uno de nosotros es dada la gracia conforme á la medida del don de Cristo.

8 Por lo cual dice: Subiendo á lo alto, llevó cautiva la cautividad, Y dió dones á los hombres.

9 (Y que subió, ¿qué es, sino que también había descendido primero á las partes más bajas de la tierra?

10 El que descendió, Él mismo es el que también subió sobre todos los cielos para cumplir todas las cosas.)

11 Y él mismo dió unos, ciertamente apóstoles; y otros, profetas; y otros, evangelistas; y otros, pastores y doctores;

12 Para perfección de los santos, para la obra del ministerio, para edificación del cuerpo de Cristo:

13 Hasta que todos lleguemos á la unidad de la fe y del conocimiento del Hijo de Dios, á un varón perfecto, á la medida de la edad de la plenitud de Cristo:

14 Que ya no seamos niños fluctuantes, y llevados por doquiera de todo viento de doctrina, por estratagema de hombres que, para engañar, emplean con astucia los artificios del error;

15 Antes siguiendo la verdad en amor, crezcamos en todas cosas en aquel que es la cabeza, á saber, Cristo;

16 Del cual, todo el cuerpo compuesto y bien ligado entre sí por todas las junturas de su alimento, que recibe según la operación, cada miembro conforme á su medida toma aumento de cuerpo edificándose en amor.

17 Esto pues digo, y requiero en el Señor, que no andéis más como los otros Gentiles, que andan en la vanidad de su sentido.

18 Teniendo el entendimiento entenebrecido, ajenos de la vida de Dios por la ignorancia que en ellos hay, por la dureza de su corazón;

19 Los cuales después que perdieron el sentido de la conciencia, se entregaron á la desvergüenza para cometer con avidez toda suerte de impureza.

20 Mas vosotros no habéis aprendido así á Cristo:

21 Si empero lo habéis oído, y habéis sido por Él enseñados, como la verdad está en Jesús,

22 A que dejéis, cuanto á la pasada manera de vivir; el viejo hombre que está viciado conforme á los deseos de error;

23 Y á renovarnos en el espíritu de vuestra mente,

24 Y vestir el nuevo hombre que es criado conforme á Dios en justicia y en santidad de verdad.

25 Por lo cual, dejada la mentira, hablad verdad cada uno con su prójimo; porque somos miembros los unos de los otros.

26 Airaos, y no pequéis; no se ponga el sol sobre vuestro enojo;

27 Ni deis lugar al diablo.

28 El que hurtaba, no hurte más; antes trabaje, obrando con sus manos lo que es bueno, para que tenga de qué dar al que padeciere necesidad.

29 Ninguna palabra torpe salga de vuestra boca, sino la que sea buena para edificación, para que dé gracia á los oyentes.

30 Y no contristéis al Espíritu Santo de Dios, con el cual estáis sellados para el día de la redención.

31 Toda amargura, y enojo, é ira, y voces, y maledicencia sea quitada de vosotros, y toda malicia:

32 Antes sed los unos con los otros benignos, misericordiosos, perdonándoos los unos á los otros, como también Dios os perdonó en Cristo.

5 Sed, pues, imitadores de Dios como hijos amados:
2 Y andad en amor, como también Cristo nos amó, y se entregó á sí mismo por nosotros, ofrenda y sacrificio á Dios en olor suave.

3 Pero fornicación y toda inmundicia, ó avaricia, ni aun se nombre entre vosotros, como conviene á santos;

4 Ni palabras torpes, ni necedades, ni truhanerías, que no convienen; sino antes bien acciones de gracias.

5 Porque sabéis esto, que ningún fornicario, ó inmundo, ó avaro, que es servidor de ídolos, tiene herencia en el reino de Cristo y de Dios.

6 Nadie os engañe con palabras vanas; porque por estas cosas viene la ira de Dios sobre los hijos de desobediencia.

7 No seáis pues aparceros con ellos;

8 Porque en otro tiempo erais tinieblas; mas ahora sois luz en el Señor: andad como hijos de luz,

9 (Porque el fruto del Espíritu es en toda bondad, y justicia, y verdad;)

10 Aprobando lo que es agradable al Señor.

11 Y no comuniquéis con las obras infructuosas de las tinieblas; sino antes bien redargüidlas.

12 Porque torpe cosa es aun hablar de lo que ellos hacen en oculto.

13 Mas todas las cosas cuando son redargüidas, son manifestadas por la luz; porque lo que manifiesta todo, la luz es.

14 Por lo cual dice: Despiértate, tú que duermes, y levántate de los muertos, y te alumbrará Cristo.

15 Mirad, pues, cómo andéis avisadamente; no como necios, mas como sabios;

16 Redimiendo el tiempo, porque los días son malos.

17 Por tanto, no seáis imprudentes, sino entendidos de cuál sea la voluntad del Señor.

18 Y no os embriaguéis de vino, en lo cual hay disolución; mas sed llenos de Espíritu,

19 Hablando entre vosotros con salmos, y con himnos, y canciones espirituales, cantando y alabando al Señor en vuestros corazones;

20 Dando gracias siempre de todo al Dios y Padre en el nombre de nuestro Señor Jesucristo:

21 Sujetados los unos á los otros en el temor de Dios.

22 Las casadas estén sujetas á sus propios maridos, como al Señor.

23 Porque el marido es cabeza de la mujer, así como Cristo es cabeza de la iglesia; y Él es el que da la salud al cuerpo.

24 Así que, como la iglesia está sujeta á Cristo, así también las casadas lo estén á sus maridos en todo.

25 Maridos, amad á vuestras mujeres, así como Cristo

amó á la iglesia, y se entregó á sí mismo por ella,

26 Para santificarla limpiándola en el lavacro del agua por la palabra,

27 Para presentársela gloriosa para sí, una iglesia que no tuviese mancha ni arruga, ni cosa semejante; sino que fuese santa y sin mancha.

28 Así también los maridos deben amar á sus mujeres como á sus mismos cuerpos. El que ama á su mujer, á sí mismo se ama.

29 Porque ninguno aborreció jamás á su propia carne, antes la sustenta y regala, como también Cristo á la iglesia;

30 Porque somos miembros de su cuerpo, de su carne y de sus huesos.

31 Por esto dejará el hombre á su padre y á su madre, y se allegará á su mujer, y serán dos en una carne.

32 Este misterio grande es: mas yo digo esto con respecto á Cristo y á la iglesia.

33 Cada uno empero de vosotros de por sí, ame también á su mujer como á sí mismo; y la mujer reverencie á su marido.

6 Hijos, obedeced en el Señor á vuestros padres; porque esto es justo.

2 Honra á tu padre y á tu madre, que es el primer mandamiento con promesa,

3 Para que te vaya bien, y seas de larga vida sobre la tierra.

4 Y vosotros, padres, no provoquéis á ira á vuestros hijos; sino criadlos en disciplina y amonestación del Señor.

5 Siervos, obedeced á vuestros amos según la carne con temor y temblor, con sencillez de vuestro corazón, como á Cristo;

6 No sirviendo al ojo, como los que agradan á los hombres; sino como siervos de Cristo, haciendo de ánimo la voluntad de Dios;

7 Sirviendo con buena voluntad, como al Señor, y no á los hombres;

8 Sabiendo que el bien que cada uno hiciere, esto recibirá del Señor, sea siervo ó sea libre.

9 Y vosotros, amos, haced á ellos lo mismo, dejando las amenazas: sabiendo que el Señor de ellos y vuestro está en los cielos, y que no hay acepción de personas con El.

10 Por lo demás, hermanos míos, confortaos en el Señor, y en la potencia de su fortaleza.

11 Vestíos de toda la armadura de Dios, para que podáis estar firmes contra las asechanzas del diablo.

12 Porque no tenemos lucha contra sangre y carne; sino contra principados, contra potestades, contra señores del mundo, gobernadores de estas tinieblas, contra malicias espirituales en los aires.

13 Por tanto, tomad toda la armadura de Dios, para que podáis resistir en el día malo, y estar firmes, habiendo acabado todo.

14 Estad pues firmes, ceñidos vuestros lomos de verdad, y vestidos de la cota de justicia.

15 Y calzados los pies con el apresto del evangelio de paz;

16 Sobre todo, tomando el escudo de la fe, con que podáis apagar todos los dardos de fuego del maligno.

17 Y tomad el yelmo de salud, y la espada del Espíritu; que es la palabra de Dios;

18 Orando en todo tiempo con toda deprecación y súplica en el Espíritu, y velando en ello con toda instancia y suplicación por todos los santos,

19 Por mí, para que me sea dada palabra en el abrir de mi boca con confianza, para hacer notorio el misterio del evangelio,

20 Por el cual soy embajador en cadenas; que resueltamente hable de Él, como debo hablar.

21 Mas para que también vosotros sepáis mis negocios, y cómo lo paso, todos os lo hará saber Tichico, hermano amado y fiel ministro en el Señor:

22 Al cual os he enviado para esto mismo, para que entendáis lo tocante á nosotros, y que consuele vuestros corazones.

23 Paz sea á los hermanos y amor con fe, de Dios Padre y del Señor Jesucristo.

24 Gracia sea con todos los que aman á nuestro Señor Jesucristo en sinceridad. Amén.

FILIPENSES

1 Pablo y Timoteo, siervos de Jesucristo, á todos los santos en Cristo Jesús que están en Filipos, con los obispos y diáconos

2 Gracia sea á vosotros, y paz de Dios nuestro Padre y del Señor Jesucristo.

3 Doy gracias á mi Dios en toda memoria de vosotros,

4 Siempre en todas mis oraciones haciendo oración por todos vosotros con gozo,

5 Por vuestra comunión en el evangelio, desde el primer día hasta ahora:

6 Estando confiado de esto, que el que comenzó en vosotros la buena obra, la perfeccionará hasta el día de Jesucristo;

7 Como me es justo sentir esto de todos vosotros, por cuanto os tengo en el corazón; y en mis prisiones, y en la defensa y confirmación del evangelio, sois todos vosotros compañeros de mi gracia.

8 Porque Dios me es testigo de cómo os amo á todos vosotros en las entrañas de Jesucristo.

9 Y esto ruego, que vuestro amor abunde aun más y más en ciencia y en todo conocimiento;

10 Para que discernáis lo mejor; que seáis sinceros y sin ofensa para el día de Cristo;

11 Llenos de frutos de justicia, que son por Jesucristo, á gloria y loor de Dios.

12 Y quiero, hermanos, que sepáis que las cosas que me han sucedido, han redundado más en provecho del evangelio;

13 De manera que mis prisiones han sido célebres en Cristo en todo el pretorio, y á todos los demás;

14 Y muchos de los hermanos en el Señor, tomando ánimo con mis prisiones, se atreven mucho más á hablar la palabra sin temor.

15 Y algunos, á la verdad, predican á Cristo por envidia y porfía; mas algunos también por buena voluntad.

16 Los unos anuncian á Cristo por contención, no sinceramente, pensando añadir aflicción á mis prisiones;

17 Pero los otros por amor, sabiendo que soy puesto por la defensa del evangelio.

18 ¿Qué pues? Que no obstante, en todas maneras, ó por pretexto ó por verdad, es anunciado Cristo; y en esto me huelgo, y aun me holgaré.

19 Porque sé que esto se me tornará á salud, por vuestra oración, y por la suministración del Espíritu de Jesucristo;

20 Conforme á mi mira y esperanza, que en nada seré confundido; antes bien con toda confianza, como siempre, ahora también será engrandecido Cristo en mi cuerpo, ó por vida, ó por muerte.

21 Porque para mí el vivir es Cristo, y el morir es ganancia.

22 Mas si el vivir en la carne, esto me será para fruto de la obra, no sé entonces qué escoger;

23 Porque de ambas cosas estoy puesto en estrecho, teniendo deseo de ser desatado, y estar con Cristo, lo cual es mucho mejor:

24 Empero quedar en la carne es más necesario por causa de vosotros.

25 Y confiado en esto, sé que quedaré, que aun permaneceré con todos vosotros, para provecho vuestro y gozo de la fe;

26 Para que crezca vuestra gloria de mí en Cristo Jesús por mi venida otra vez á vosotros.

27 Solamente que converséis como es digno del evangelio de Cristo; para que, ó sea que vaya á veros, ó que esté ausente, oiga de vosotros que estáis firmes en un mismo espíritu, unánimes combatiendo juntamente por la fe del evangelio,

28 Y en nada intimidados de los que se oponen: que á ellos ciertamente es indicio de perdición, mas á vosotros de salud; y esto de Dios;

29 Porque á vosotros es concedido por Cristo, no sólo que creáis en Él, sino también que padezcáis por Él,

30 Teniendo el mismo conflicto que habéis visto en mí, y ahora oís estar en mí.

2 Por tanto, si hay alguna consolación en Cristo; si algún refrigerio de amor; si alguna comunión del Espíritu; si algunas entrañas y misericordias,

2 Cumplid mi gozo; que sintáis lo mismo, teniendo el mismo amor, unánimes, sintiendo una misma cosa.

3 Nada hagáis por contienda ó por vanagloria; antes bien en humildad, estimándoos inferiores los unos á los otros:

4 No mirando cada uno á lo suyo propio, sino cada cual también á lo de los otros.

5 Haya, pues, en vosotros este sentir que hubo también en Cristo Jesús:

6 El cual, siendo en forma de Dios, no tuvo por usurpación ser igual á Dios:

7 Sin embargo, se anonadó á sí mismo, tomando forma de siervo, hecho semejante á los hombres;

8 Y hallado en la condición como hombre, se humilló á sí mismo, hecho obediente hasta la muerte, y muerte de cruz.

9 Por lo cual Dios también le ensalzó á lo sumo, y dióle un nombre que es sobre todo nombre;

10 Para que en el nombre de Jesús se doble toda rodilla de los que están en los cielos, y de los que en la tierra, y de los que debajo de la tierra;

11 Y toda lengua confiese que Jesucristo es el Señor, á la gloria de Dios Padre.

12 Por tanto, amados míos, como siempre habéis obedecido, no como en mi presencia solamente, sino mucho más ahora en mi ausencia, ocupaos en vuestra salvación con temor y temblor;

13 Porque Dios es el que en vosotros obra así el querer como el hacer, por su buena voluntad.

14 Haced todo sin murmuraciones y contiendas,

15 Para que seáis irreprensibles y sencillos, hijos de Dios sin culpa en medio de la nación maligna y perversa, entre los cuales resplandecéis como luminares en el mundo;

16 Reteniendo la palabra de vida para que yo pueda gloriarme en el día de Cristo, que no he corrido en vano, ni trabajado en vano.

17 Y aun si soy derramado en libación sobre el sacrificio y servicio de vuestra fe, me gozo y congratulo por todos vosotros.

18 Y asimismo gozaos también vosotros, y regocijaos conmigo.

19 Mas espero en el Señor Jesús enviaros presto á Timoteo, para que yo también esté de buen ánimo, entendido vuestro estado.

20 Porque á ninguno tengo tan unánime, y que con sincera afición esté solícito por vosotros.

21 Porque todos buscan lo suyo propio, no lo que es de Cristo Jesús.

22 Pero la experiencia de Él habéis conocido, que como hijo á padre ha servido conmigo en el evangelio.

23 Así que á éste espero enviaros, luego que yo viere cómo van mis negocios;

24 Y confío en el Señor que yo también iré presto á vosotros.

25 Mas tuve por cosa necesaria enviaros á Epafrodito, mi hermano, y colaborador y compañero de milicia, y vuestro mensajero, y ministrador de mis necesidades;

26 Porque tenía gran deseo de ver á todos vosotros, y gravemente se angustió porque habíais oído que había enfermado.

27 Pues en verdad estuvo enfermo á la muerte: mas Dios tuvo misericordia de Él; y no solamente de Él, sino aun de mí, para que yo no tuviese tristeza sobre tristeza.

28 Así que le envío más presto, para que viéndole os volváis á gozar, y yo esté con menos tristeza.

29 Recibidle pues en el Señor con todo gozo; y tened en estima á los tales:

30 Porque por la obra de Cristo estuvo cercano á la muerte, poniendo su vida para suplir vuestra falta en mi servicio.

3 Resta, hermanos, que os gocéis en el Señor. A mí, á la verdad, no es molesto el escribiros las mismas cosas, y para vosotros es seguro.

2 Guardaos de los perros, guardaos de los malos obreros, guardaos del cortamiento.

3 Porque nosotros somos la circuncisión, los que servimos en espíritu á Dios, y nos gloriamos en Cristo Jesús, no teniendo confianza en la carne.

4 Aunque yo tengo también de qué confiar en la carne. Si alguno parece que tiene de qué confiar en la carne, yo más:

5 Circuncidado al octavo día, del linaje de Israel, de la tribu de Benjamín, Hebreo de Hebreos; cuanto á la ley, Fariseo;

6 Cuanto al celo, perseguidor de la iglesia; cuanto á la justicia que es en la ley, irreprensible.

7 Pero las cosas que para mí eran ganancias, helas reputado pérdidas por amor de Cristo.

8 Y ciertamente, aun reputo todas las cosas pérdida por el eminente conocimiento de Cristo Jesús, mi Señor, por amor del cual lo he perdido todo, y téngolo por estiércol, para ganar á Cristo,

9 Y ser hallado en Él, no teniendo mi justicia, que es por la ley, sino la que es por la fe de Cristo, la justicia que es de Dios por la fe;

10 A fin de conocerle, y la virtud de su resurrección, y la participación de sus padecimientos, en conformidad á su muerte,

11 Si en alguna manera llegase á la resurrección de los muertos.

12 No que ya haya alcanzado, ni que ya sea perfecto; sino que prosigo, por ver si alcanzo aquello para lo cual fuí también alcanzado de Cristo Jesús.

13 Hermanos, yo mismo no hago cuenta de haber lo ya alcanzado; pero una cosa hago: olvidando ciertamente lo que queda atrás, y extendiéndome á lo que está delante,

14 Prosigo al blanco, al premio de la soberana vocación de Dios en Cristo Jesús.

15 Así que, todos los que somos perfectos, esto mismo

sintamos; y si otra cosa sentís, esto también os revelará Dios.

16 Empero en aquello á que hemos llegado, vamos por la misma regla, sintamos una misma cosa.

17 Hermanos, sed imitadores de mí, y mirad los que así anduvieren como nos tenéis por ejemplo.

18 Porque muchos andan, de los cuales os dije muchas veces, y aun ahora lo digo llorando, que son enemigos de la cruz de Cristo:

19 Cuyo fin será perdición, cuyo dios es el vientre, y su gloria es en confusión; que sienten lo terreno.

20 Mas nuestra vivienda es en los cielos; de donde también esperamos al Salvador, al Señor Jesucristo;

21 El cual transformará el cuerpo de nuestra bajeza, para ser semejante al cuerpo de su gloria, por la operación con la cual puede también sujetar á sí todas las cosas.

4 Así que, hermanos míos amados y deseados, gozo y corona mía, estad así firmes en el Señor, amados.

2 A Euodias ruego, y á Syntychê exhorto, que sientan lo mismo en el Señor.

3 Asimismo te ruego también á ti, hermano compañero, ayuda á las que trabajaron juntamente conmigo en el evangelio, con Clemente también, y los demás mis colaboradores, cuyos nombres están en el libro de la vida.

4 Gozaos en el Señor siempre: otra vez digo: Que os gocéis.

5 Vuestra modestia sea conocida de todos los hombres. El Señor está cerca.

6 Por nada estéis afanosos; sino sean notorias vuestras peticiones delante de Dios en toda oración y ruego, con hacimiento de gracias.

7 Y la paz de Dios, que sobrepuja todo entendimiento, guardará vuestros corazones y vuestros entendimientos en Cristo Jesús.

8 Por lo demás, hermanos, todo lo que es verdadero, todo lo honesto, todo lo justo, todo lo puro, todo lo amable, todo lo que es de buen nombre; si hay virtud alguna, si alguna alabanza, en esto pensad.

9 Lo que aprendisteis y recibisteis y oísteis y visteis en mí, esto haced; y el Dios de paz será con vosotros.

10 Mas en gran manera me gocé en el Señor de que ya al fin ha reflorecido vuestro cuidado de mí; de lo cual aun estabais solícitos, pero os faltaba la oportunidad.

11 No lo digo en razón de indigencia, pues he aprendido á contentarme con lo que tengo.

12 Sé estar humillado, y sé tener abundancia: en todo y por todo estoy enseñado, así para hartura como para hambre, así para tener abundancia como para padecer necesidad.

13 Todo lo puedo en Cristo que me fortalece.

14 Sin embargo, bien hicisteis que comunicasteis juntamente á mi tribulación.

15 Y sabéis también vosotros, oh Filipenses, que al principio del evangelio, cuando partí de Macedonia, ninguna iglesia me comunicó en razón de dar y recibir, sino vosotros solos.

16 Porque aun á Tesalónica me enviasteis lo necesario una y dos veces.

17 No porque busque dádivas; mas busco fruto que abunde en vuestra cuenta.

18 Empero todo lo he recibido, y tengo abundancia: estoy lleno, habiendo recibido de Epafrodito lo que enviasteis, olor de suavidad, sacrificio acepto, agradable á Dios.

19 Mi Dios, pues, suplirá todo lo que os falta conforme á sus riquezas en gloria en Cristo Jesús.

20 Al Dios pues y Padre nuestro sea gloria por los siglos de los siglos. Amén.

21 Saludad á todos los santos en Cristo Jesús. Los hermanos que están conmigo os saludan.

22 Todos los santos os saludan, y mayormente los que son de casa de César.

23 La gracia de nuestro Señor Jesucristo sea con todos vosotros. Amén.

COLOSENSES

1 Pablo, apóstol de Jesucristo por la voluntad de Dios, y el hermano Timoteo,

2 A los santos y hermanos fieles en Cristo que están en Colosas: Gracia y paz á vosotros de Dios Padre nuestro, y del Señor Jesucristo.

3 Damos gracias al Dios y Padre del Señor nuestro Jesucristo, siempre orando por vosotros:

4 Habiendo oído vuestra fe en Cristo Jesús, y el amor que tenéis á todos los santos,

5 A causa de la esperanza que os está guardada en los cielos, de la cual habéis oído ya por la palabra verdadera del evangelio:

6 El cual ha llegado hasta vosotros, como por todo el mundo; y fructifica y crece, como también en vosotros, desde el día que oísteis y conocisteis la gracia de Dios en verdad,

7 Como habéis aprendido de Epafras, nuestro consiervo amado, el cual es un fiel ministro de Cristo á favor vuestro;

8 El cual también nos ha declarado vuestro amor en el Espíritu.

9 Por lo cual también nosotros, desde el día que lo oímos, no cesamos de orar por vosotros, y de pedir que seáis llenos del conocimiento de su voluntad, en toda sabiduría y espiritual inteligencia;

10 Para que andéis como es digno del Señor, agradándole en todo, fructificando en toda buena obra, y creciendo en el conocimiento de Dios:

11 Corroborados de toda fortaleza, conforme á la potencia de su gloria, para toda tolerancia y largura de ánimo con gozo;

12 Dando gracias al Padre que nos hizo aptos para participar de la suerte de los santos en luz:

13 Que nos ha librado de la potestad de las tinieblas, y trasladado al reino de su amado Hijo;

14 En el cual tenemos redención por su sangre, la remisión de pecados:

15 El cual es la imagen del Dios invisible, el primogénito de toda criatura.

16 Porque por Él fueron criadas todas las cosas que están en los cielos, y que están en la tierra, visibles é invisibles; sean tronos, sean dominios, sean principados, sean potestades; todo fué criado por Él y para Él.

17 Y Él es antes de todas las cosas, y por Él todas las cosas subsisten:

18 Y Él es la cabeza del cuerpo que es la iglesia; Él que es el principio, el primogénito de los muertos, para que en todo tenga el primado.

19 Por cuanto agradó al Padre que en Él habitase toda plenitud,

20 Y por Él reconciliar todas las cosas á sí, pacificando por la sangre de su cruz, así lo que está en la tierra como lo que está en los cielos.

21 A vosotros también, que erais en otro tiempo extraños y enemigos de ánimo en malas obras, ahora empero os ha reconciliado

22 En el cuerpo de su carne por medio de muerte, para haceros santos, y sin mancha, é irreprensibles delante de Él:

23 Si empero permanecéis fundados y firmes en la fe, y sin moveros de la esperanza del evangelio que habéis oído; el cual es predicado á toda criatura que está debajo del cielo; del cual yo Pablo soy hecho ministro.

24 Que ahora me gozo en lo que padezco por vosotros, y cumplo en mi carne lo que falta de las aflicciones de Cristo por su cuerpo, que es la iglesia;

25 De la cual soy hecho ministro, según la dispensación de Dios que me fué dada en orden á vosotros, para que cumpla la palabra de Dios:

26 A saber, el misterio que había estado oculto desde los siglos y edades, mas ahora ha sido manifestado á sus santos:

27 A los cuales quiso Dios hacer notorias las riquezas de la gloria de este misterio entre los Gentiles; que es Cristo en vosotros la esperanza de gloria:

28 El cual nosotros anunciamos, amonestando á todo hombre, y enseñando en toda sabiduría, para que presentemos á todo hombre perfecto en Cristo Jesús:

29 En lo cual aun trabajo, combatiendo según la operación de Él, la cual obra en mí poderosamente.

2 Porque quiero que sepáis cuán gran solicitud tengo por vosotros, y por los que están en Laodicea, y por todos los que nunca vieron mi rostro en carne;

2 Para que sean confortados sus corazones, unidos en amor, y en toda riquezas de cumplido entendimiento para conocer el misterio de Dios, y del Padre, y de Cristo;

3 En el cual están escondidos todos los tesoros de sabiduría y conocimiento.

4 Y esto digo, para que nadie os engañe con palabras persuasivas.

5 Porque aunque estoy ausente con el cuerpo, no obstante con el espíritu estoy con vosotros, gozándome y mirando vuestro concierto, y la firmeza de vuestra fe en Cristo.

6 Por tanto, de la manera que habéis recibido al Señor Jesucristo, andad en Él:

7 Arraigados y sobreedificados en él, y confirmados en la fe,

así como habéis aprendido, creciendo en ella con hacimiento de gracias.

8 Mirad que ninguno os engañe por filosofías y vanas sutilezas, según las tradiciones de los hombres, conforme á los elementos del mundo, y no según Cristo:

9 Porque en Él habita toda la plenitud de la divinidad corporalmente;

10 Y en Él estáis cumplidos, el cual es la cabeza de todo principado y potestad:

11 En el cual también sois circuncidados de circuncisión no hecha con manos, en el despojamiento del cuerpo de los pecados de la carne, en la circuncisión de Cristo;

12 Sepultados juntamente con Él en la bautismo, en el cual también resucitasteis con Él, por la fe de la operación de Dios que le levantó de los muertos.

13 Y á vosotros, estando muertos en pecados y en la incircuncisión de vuestra carne, os vivificó juntamente con Él, perdonándoos todos los pecados,

14 Rayendo la cédula de los ritos que nos era contraria, que era contra nosotros, quitándola en medio y enclavándola en la cruz;

15 Y despojando los principados y las potestades, sacólos á la vergüenza en público, triunfando de ellos en sí mismo.

16 Por tanto, nadie os juzgue en comida, ó en bebida, ó en parte de día de fiesta, ó de nueva luna, ó de sábados:

17 Lo cual es la sombra de lo por venir; mas el cuerpo es de Cristo.

18 Nadie os prive de vuestro premio, afectando humildad y culto á los ángeles, metiéndose en lo que no ha visto, vanamente hinchado en el sentido de su propia carne,

19 Y no teniendo la cabeza, de la cual todo el cuerpo, alimentado y conjunto por las ligaduras y conjunturas, crece en aumento de Dios.

20 Pues si sois muertos con Cristo cuanto á los rudimentos del mundo, ¿por qué como si vivieseis al mundo, os sometéis á ordenanzas,

21 Tales como, No manejes, ni gustes, ni aun toques,

22 (Las cuales cosas son todas para destrucción en el uso mismo), en conformidad á mandamientos y doctrinas de hombres?

23 Tales cosas tienen á la verdad cierta reputación de sabiduría en culto voluntario, y humildad, y en duro trato del cuerpo; no en alguna honra para el saciar de la carne.

3 Si habéis pues resucitado con Cristo, buscad las cosas de arriba, donde está Cristo sentado á la diestra de Dios.

2 Poned la mira en las cosas de arriba, no en las de la tierra.

3 Porque muertos sois, y vuestra vida está escondida con Cristo en Dios.

4 Cuando Cristo, vuestra vida, se manifestare, entonces vosotros también seréis manifestados con Él en gloria.

5 Amortiguad, pues, vuestros miembros que están sobre la tierra: fornicación, inmundicia, molicie, mala concupiscencia, y avaricia, que es idolatría:

6 Por las cuales cosas la ira de Dios viene sobre los hijos de rebelión.

7 En las cuales vosotros también anduvisteis en otro tiempo viviendo en ellas.

8 Mas ahora, dejad también vosotros todas estas cosas: ira, enojo, malicia, maledicencia, torpes palabras de vuestra boca.

9 No mintáis los unos á los otros, habiéndoos despojado del viejo hombre con sus hechos,

10 Y revestídoos del nuevo, el cual por el conocimiento es renovado conforme á la imagen del que lo crió;

11 Donde no hay Griego ni Judío, circuncisión ni incircuncisión, bárbaro ni Scytha, siervo ni libre; mas Cristo es el todo, y en todos.

12 Vestíos pues, como escogidos de Dios, santos y amados, de entrañas de misericordia, de benignidad, de humildad, de mansedumbre, de tolerancia;

13 Sufriéndoos los unos á los otros, y perdonándoos los unos á los otros si alguno tuviere queja del otro: de la manera que Cristo os perdonó, así también hacedlo vosotros.

14 Y sobre todas estas cosas vestíos de caridad, la cual es el vínculo de la perfección.

15 Y la paz de Dios gobierne en vuestros corazones, á la cual asimismo sois llamados en un cuerpo; y sed agradecidos.

16 La palabra de Cristo habite en vosotros en abundancia en toda sabiduría, enseñándoos y exhortándoos los unos á los otros con salmos é himnos y canciones espirituales, con gracia cantando en vuestros corazones al Señor.

17 Y todo lo que hacéis, sea de palabra, ó de hecho, hacedlo todo en el nombre del Señor Jesús, dando gracias á Dios Padre por Él.

18 Casadas, estad sujetas á vuestros maridos, como conviene en el Señor.

19 Maridos, amad á vuestras mujeres, y no seáis desapacibles con ellas.

20 Hijos, obedeced á vuestros padres en todo; porque esto agrada al Señor.

21 Padres, no irritéis á vuestros hijos, porque no se hagan de poco ánimo.

22 Siervos, obedeced en todo á vuestros amos carnales, no sirviendo al ojo, como los que agradan á los hombres, sino con sencillez de corazón, temiendo á Dios:

23 Y todo lo que hagáis, hacedlo de ánimo, como al Señor, y no á los hombres;

24 Sabiendo que del Señor recibiréis la compensación de la herencia: porque al Señor Cristo servís.

25 Mas el que hace injuria, recibirá la injuria que hiciere; que no hay acepción de personas.

4 Amos, haced lo que es justo y derecho con vuestros siervos, sabiendo que también vosotros tenéis amo en los cielos.

2 Perseverad en oración, velando en ella con hacimiento de gracias:

3 Orando también juntamente por nosotros, que el Señor nos abra la puerta de la palabra, para hablar el misterio de Cristo, por el cual aun estoy preso,

4 Para que lo manifieste como me conviene hablar.

5 Andad en sabiduría para con los extraños, redimiendo el tiempo.

6 Sea vuestra palabra siempre con gracia, sazonada con sal; para que sepáis cómo os conviene responder á cada uno.

7 Todos mis negocios os hará saber Tichîco, hermano amado y fiel ministro y consiervo en el Señor:

8 El cual os he enviado á esto mismo, para que entienda vuestros negocios, y consuele vuestros corazones;

9 Con Onésimo, amado y fiel hermano, el cual es de vosotros. Todo lo que acá pasa, os harán saber.

10 Aristarchô, mi compañero en la prisión, os saluda, y Marcos, el sobrino de Bernabé (acerca del cual habéis recibido mandamientos; si fuere á vosotros, recibidle),

11 Y Jesús, el que se llama Justo; los cuales son de la circuncisión: éstos solos son los que me ayudan en el reino de Dios, y me han sido consuelo.

12 Os saluda Epafras, el cual es de vosotros, siervo de Cristo, siempre solícito por vosotros en oraciones, para que estéis firmes, perfectos y cumplidos en todo lo que Dios quiere.

13 Porque le doy testimonio, que tiene gran celo por vosotros, y por los que están en Laodicea, y los que en Hierápolis.

14 Os saluda Lucas, el médico amado, y Demas.

15 Saludad á los hermanos que están en Laodicea, y á Nimfas, y á la iglesia que está en su casa.

16 Y cuando esta carta fuere leída entre vosotros, haced que también sea leída en la iglesia de los Laodicenses; y la de Laodicea que la leáis también vosotros.

17 Y decid á Archîpo: Mira que cumplas el ministerio que has recibido del Señor.

18 La salutación de mi mano, de Pablo. Acordaos de mis prisiones. La gracia sea con vosotros. Amén. Escrita de Roma á los Colosenses; enviada con Tichîco y Onésimo.

1 TESALONICENSES

1 Pablo, y Silvano, y Timoteo, á la iglesia de los Tesalonicenses que es en Dios Padre y en el Señor Jesucristo: Gracia y paz á vosotros de Dios nuestro Padre y del Señor Jesucristo.

2 Damos siempre gracias á Dios por todos vosotros, haciendo memoria de vosotros en nuestras oraciones;

3 Sin cesar acordándonos delante del Dios y Padre nuestro de la obra de vuestra fe, y del trabajo de amor, y de la tolerancia de la esperanza del Señor nuestro Jesucristo:

4 Sabiendo, hermanos amados de Dios, vuestra elección:

5 Por cuanto nuestro evangelio no fué á vosotros en palabra solamente, mas también en potencia, y en Espíritu Santo, y en gran plenitud; como sabéis cuáles fuimos entre vosotros por amor de vosotros.

6 Y vosotros fuisteis hechos imitadores de nosotros, y del Señor, recibiendo la palabra con mucha tribulación, con gozo del Espíritu Santo:

7 En tal manera que habéis sido ejemplo á todos los que han creído en Macedonia y en Acaya.

8 Porque de vosotros ha sido divulgada la palabra del Señor no sólo en Macedonia y en Acaya, mas aun en todo lugar vuestra fe en Dios se ha extendido; de modo que no tenemos necesidad de hablar nada.

9 Porque ellos cuentan de nosotros cuál entrada tuvimos á vosotros; y cómo os convertisteis de los ídolos á Dios, para servir al Dios vivo y verdadero.

10 Y esperar á su Hijo de los cielos, al cual resucitó de los muertos; á Jesús, el cual nos libró de la ira que ha de venir.

2 Porque, hermanos, vosotros mismos sabéis que nuestra entrada á vosotros no fué vana:

2 Pues aun habiendo padecido antes, y sido afrentados en Filipos, como sabéis, tuvimos denuedo en Dios nuestro para anunciaros el evangelio de Dios con gran combate.

3 Porque nuestra exhortación no fué de error, ni de inmundicia, ni por engaño;

4 Sino según fuimos aprobados de Dios para que se nos encargase el evangelio, así hablamos; no como los que agradan á los hombres, sino á Dios, el cual prueba nuestros corazones.

5 Porque nunca fuimos lisonjeros en la palabra, como sabéis, ni tocados de avaricia; Dios es testigo;

6 Ni buscamos de los hombres gloria, ni de vosotros, ni de otros, aunque podíamos seros carga como apóstoles de Cristo.

7 Antes fuimos blandos entre vosotros como la que cría, que regala á sus hijos:

8 Tan amadores de vosotros, que quisiéramos entregaros no sólo el evangelio de Dios, mas aun nuestras propias almas; porque nos erais carísimos.

9 Porque os acordáis, hermanos, de nuestro trabajo y fatiga: que trabajando de noche y de día por no ser gravosos á ninguno de vosotros, os predicamos el evangelio de Dios.

10 Vosotros sois testigos, y Dios, de cuán santa y justa é irreprensiblemente nos condujimos con vosotros que creísteis:

11 Así como sabéis de qué modo exhortábamos y consolábamos á cada uno de vosotros, como el padre á sus hijos,

12 Y os protestábamos que anduvieseis como es digno de Dios, que os llamó á su reino y gloria.

13 Por lo cual, también nosotros damos gracias á Dios sin cesar, de que habiendo recibido la palabra de Dios que oísteis de nosotros, recibisteis no palabra de hombres, sino según es en verdad, la palabra de Dios, el cual obra en vosotros los que creísteis.

14 Porque vosotros, hermanos, habéis sido imitadores de las iglesias de Dios en Cristo Jesús que están en Judea; pues habéis padecido también vosotros las mismas cosas de los de vuestra propia nación, como también ellos de los Judíos;

15 Los cuales aun mataron al Señor Jesús y á sus propios profetas, y á nosotros nos han perseguido; y no agradan á Dios, y se oponen á todos los hombres;

16 Prohibiéndonos hablar á los Gentiles, á fin de que se salven, para henchir la medida de sus pecados siempre: pues vino sobre ellos la ira hasta el extremo.

17 Mas nosotros, hermanos, privados de vosotros por un poco de tiempo, de vista, no de corazón, tanto más procuramos con mucho deseo ver vuestro rostro.

18 Por lo cual quisimos ir á vosotros, yo Pablo á la verdad, una vez y otra; mas Satanás nos embarazó.

19 Porque ¿cuál es nuestra esperanza, ó gozo, ó corona de que me gloríe? ¿No sois vosotros, delante de nuestro Señor Jesucristo en su venida?

20 Que vosotros sois nuestra gloria y gozo.

3 Por lo cual, no pudiendo esperar más, acordamos quedarnos solos en Atenas,

2 Y enviamos á Timoteo, nuestro hermano, y ministro de Dios, y colaborador nuestro en el evangelio de Cristo, á confirmaros y exhortaros en vuestra fe,

3 Para que nadie se conmueva por estas tribulaciones; porque vosotros sabéis que nosotros somos puestos para esto.

4 Que aun estando con vosotros, os predecíamos que habíamos de pasar tribulaciones, como ha acontecido y sabéis.

5 Por lo cual, también yo, no esperando más, he enviado á reconocer vuestra fe, no sea que os haya tentado el tentador, y que nuestro trabajo haya sido en vano.

6 Empero volviendo de vosotros á nosotros Timoteo, y haciéndonos saber vuestra fe y caridad, y que siempre tenéis

buena memoria de nosotros, deseando vernos, como también nosotros á vosotros;

7 En ello, hermanos, recibimos consolación de vosotros en toda nuestra necesidad y aflicción por causa de vuestra fe:

8 Porque ahora vivimos, si vosotros estáis firmes en el Señor.

9 Por lo cual, ¿qué hacimiento de gracias podremos dar á Dios por vosotros, por todo el gozo con que nos gozamos á causa de vosotros delante de nuestro Dios,

10 Orando de noche y de día con grande instancia, que veamos vuestro rostro, y que cumplamos lo que falta á vuestra fe?

11 Mas el mismo Dios y Padre nuestro, y el Señor nuestro Jesucristo, encamine nuestro viaje á vosotros.

12 Y á vosotros multiplique el Señor, y haga abundar el amor entre vosotros, y para con todos, como es también de nosotros para con vosotros;

13 Para que sean confirmados vuestros corazones en santidad, irreprensibles delante de Dios y nuestro Padre, para la venida de nuestro Señor Jesucristo con todos sus santos.

4 Resta pues, hermanos, que os roguemos y exhortemos en el Señor Jesús, que de la manera que fuisteis enseñados de nosotros de cómo os conviene andar, y agradar á Dios, así vayáis creciendo.

2 Porque ya sabéis qué mandamientos os dimos por el Señor Jesús.

3 Porque la voluntad de Dios es vuestra santificación: que os apartéis de fornicación;

4 Que cada uno de vosotros sepa tener su vaso en santificación y honor;

5 No con afecto de concupiscencia, como los Gentiles que no conocen á Dios:

6 Que ninguno oprima, ni engañe en nada á su hermano: porque el Señor es vengador de todo esto, como ya os hemos dicho y protestado.

7 Porque no nos ha llamado Dios á inmundicia, sino á santificación.

8 Así que, el que menosprecia, no menosprecia á hombre, sino á Dios, el cual también nos dió su Espíritu Santo.

9 Mas acerca de la caridad fraterna no habéis menester que os escriba: porque vosotros mismos habéis aprendido de Dios que os améis los unos á los otros;

10 Y también lo hacéis así con todos los hermanos que están por toda Macedonia. Empero os rogamos, hermanos, que abundéis más;

11 Y que procuréis tener quietud, y hacer vuestros negocios, y obréis de vuestras manos de la manera que os hemos mandado;

12 A fin de que andéis honestamente para con los extraños, y no necesitéis de nada.

13 Tampoco, hermanos, queremos que ignoréis acerca de los que duermen, que no os entristezcáis como los otros que no tienen esperanza.

14 Porque si creemos que Jesús murió y resucitó, así también traerá Dios con El á los que durmieron en Jesús.

15 Por lo cual, os decimos esto en palabra del Señor: que nosotros que vivimos, que habremos quedado hasta la venida del Señor, no seremos delanteros á los que durmieron.

16 Porque el mismo Señor con aclamación, con voz de arcángel, y con trompeta de Dios, descenderá del cielo; y los muertos en Cristo resucitarán primero:

17 Luego nosotros, los que vivimos, los que quedamos, juntamente con ellos seremos arrebatados en las nubes á recibir al Señor en el aire, y así estaremos siempre con el Señor.

18 Por tanto, consolaos los unos á los otros en estas palabras.

5 Empero acerca de los tiempos y de los momentos, no tenéis, hermanos, necesidad de que yo os escriba:

2 Porque vosotros sabéis bien, que el día del Señor vendrá así como ladrón de noche,

3 Que cuando dirán; Paz y seguridad, entonces vendrá sobre ellos destrucción de repente, como los dolores á la mujer preñada; y nó escaparán.

4 Mas vosotros, hermanos, no estáis en tinieblas, para que aquel día os sobrecoja como ladrón;

5 Porque todos vosotros sois hijos de luz, é hijos del día; no somos de la noche, ni de las tinieblas.

6 Por tanto, no durmamos como los demás; antes velemos y seamos sobrios.

7 Porque los que duermen, de noche duermen; y los que están borrachos, de noche están borrachos.

8 Mas nosotros, que somos del día, estemos sobrios, vestidos de cota de fe y de caridad, y la esperanza de salud por yelmo.

9 Porque no nos ha puesto Dios para ira, sino para alcanzar salud por nuestro Señor Jesucristo;

10 El cual murió por nosotros, para que ó que velemos, ó que durmamos, vivamos juntamente con Él.

11 Por lo cual, consolaos los unos á los otros, y edificaos los unos á los otros, así como lo hacéis.

12 Y os rogamos, hermanos, que reconozcáis á los que trabajan entre vosotros, y os presiden en el Señor, y os amonestan:

13 Y que los tengáis en mucha estima por amor de su obra. Tened paz los unos con los otros.

14 También os rogamos, hermanos, que amonestéis á los que andan desordenadamente, que consoléis á los de poco ánimo, que soportéis á los flacos, que seáis sufridos para con todos.

15 Mirad que ninguno dé á otro mal por mal; antes seguid lo bueno siempre los unos para con los otros, y para con todos.

16 Estad siempre gozosos.

17 Orad sin cesar.

18 Dad gracias en todo; porque esta es la voluntad de Dios para con vosotros en Cristo Jesús.

19 No apaguéis el Espíritu.

20 No menospreciéis las profecías.

21 Examinadlo todo; retened lo bueno.

22 Apartaos de toda especie de mal.

23 Y el Dios de paz os santifique en todo; para que vuestro espíritu y alma y cuerpo sea guardado entero sin represión para la venida de nuestro Señor Jesucristo.

24 Fiel es el que os ha llamado; el cual también lo hará.

25 Hermanos, orad por nosotros.

26 Saludad á todos los hermanos en ósculo santo.

27 Conjúroos por el Señor, que esta carta sea leída á todos los santos hermanos.

28 La gracia de nuestro Señor Jesucristo sea con vosotros. Amén.

2 TESALONICENSES

1 Pablo, y Silvano, y Timoteo, á la iglesia de los Tesalonicenses que es en Dios nuestro Padre y en el Señor Jesucristo:

2 Gracia y paz á vosotros de Dios nuestro Padre y del Señor Jesucristo.

3 Debemos siempre dar gracias á Dios por vosotros, hermanos, como es digno, por cuanto vuestra fe va creciendo, y la caridad de cada uno de todos vosotros abunda entre vosotros;

4 Tanto, que nosotros mismos nos gloriamos de vosotros en las iglesias de Dios, de vuestra paciencia y en todas vuestras persecuciones y tribulaciones que sufrís:

5 Una demostración del justo juicio de Dios, para que seáis tenidos por dignos del reino de Dios, por el cual asimismo padecéis.

6 Porque es justo para con Dios pagar con tribulación á los que os atribulan;

7 Y á vosotros, que sois atribulados, dar reposo con nosotros, cuando se manifestará el Señor Jesús del cielo con los ángeles de su potencia,

8 En llama de fuego, para dar el pago á los que no conocieron á Dios, ni obedecen al evangelio de nuestro Señor Jesucristo;

9 Los cuales serán castigados de eterna perdición por la presencia del Señor, y por la gloria de su potencia,

10 Cuando viniere para ser glorificado en sus santos, y á hacerse admirable en aquel día en todos los que creyeron: (por cuanto nuestro testimonio ha sido creído entre vosotros.)

11 Por lo cual, asimismo oramos siempre por vosotros, que nuestro Dios os tenga por dignos de su vocación, e hincha de bondad todo buen intento, y toda obra de fe con potencia,

12 Para que el nombre, de nuestro Señor Jesucristo sea glorificado en vosotros, y vosotros en Él, por la gracia de nuestro Dios y del Señor Jesucristo.

2 Empero os rogamos, hermanos, cuanto á la venida de nuestro Señor Jesucristo, y nuestro recogimiento á Él,

2 Que no os mováis fácilmente de vuestro sentimiento, ni os conturbéis ni por espíritu, ni por palabra, ni por carta como nuestra, como que el día del Señor esté cerca.

3 No os engañe nadie en ninguna manera; porque no vendrá sin que venga antes la apostasía, y se manifieste el hombre de pecado, el hijo de perdición,

4 Oponiéndose, y levantándose contra todo lo que se llama Dios, ó que se adora; tanto que se asiente en el templo de Dios como Dios, haciéndose parecer Dios.

5 ¿No os acordáis que cuando estaba todavía con vosotros, os decía esto?

6 Y ahora vosotros sabéis lo que impide, para que á su tiempo se manifieste.

7 Porque ya está obrando el misterio de iniquidad: solamente espera hasta que sea quitado de en medio el que ahora impide;

8 Y entonces será manifestado aquel inicuo, al cual el Señor matará con el espíritu de su boca, y destruirá con el resplandor de su venida;

9 A aquel inicuo, cuyo advenimiento es según operación de Satanás, con grande potencia, y señales, y milagros mentirosos,

10 Y con todo engaño de iniquidad en los que perecen; por cuanto no recibieron el amor de la verdad para ser salvos.

11 Por tanto, pues, les envía Dios operación de error, para que crean á la mentira;

12 Para que sean condenados todos los que no creyeron á la verdad, antes consintieron á la iniquidad.

13 Mas nosotros debemos dar siempre gracias á Dios por vosotros, hermanos amados del Señor, de que Dios os haya escogido desde el principio para salud, por la santificación del Espíritu y fe de la verdad:

14 A lo cual os llamó por nuestro evangelio, para alcanzar la gloria de nuestro Señor Jesucristo.

15 Así que, hermanos, estad firmes, y retened la doctrina que habéis aprendido, sea por palabra, ó por carta nuestra.

16 Y el mismo Señor nuestro Jesucristo, y Dios y Padre nuestro, el cual nos amó, y nos dió consolación eterna, y buena esperanza por gracia,

17 Consuele vuestros corazones, y os confirme en toda buena palabra y obra.

3 Resta, hermanos, que oréis por nosotros, que la palabra del Señor corra y sea glorificada así como entre vosotros:

2 Y que seamos librados de hombres importunos y malos; porque no es de todos la fe.

3 Mas fiel es el Señor, que os confirmará y guardará del mal.

4 Y tenemos confianza de vosotros en el Señor, que hacéis y haréis lo que os hemos mandado.

5 Y el Señor enderece vuestros corazones en el amor de Dios, y en la paciencia de Cristo.

6 Empero os denunciamos, hermanos, en el nombre de nuestro Señor Jesucristo, que os apartéis de todo hermano que anduviere fuera de orden, y no conforme á la doctrina que recibieron de nosotros:

7 Porque vosotros mismos sabéis de qué manera debéis imitarnos: porque no anduvimos desordenadamente entre vosotros,

8 Ni comimos el pan de ninguno de balde; antes, obrando con trabajo y fatiga de noche y de día, por no ser gravosos á ninguno de vosotros;

9 No porque no tuviésemos potestad, sino por daros en nosotros un dechado, para que nos imitaseis.

10 Porque aun estando con vosotros, os denunciábamos esto: Que si alguno no quisiere trabajar, tampoco coma.

11 Porque oímos que andan algunos entre vosotros fuera de orden, no trabajando en nada, sino ocupados en curiosear.

12 Y á los tales requerimos y rogamos por nuestro Señor Jesucristo, que, trabajando con reposo, coman su pan.

13 Y vosotros, hermanos, no os canséis de hacer bien.

14 Y si alguno no obedeciere á nuestra palabra por carta, notad al tal, y no os juntéis con Él, para que se avergüence.

15 Mas no lo tengáis como á enemigo, sino amonestadle como á hermano.

16 Y el mismo Señor de paz os dé siempre paz en toda manera. El Señor sea con todos vosotros.

17 Salud de mi mano, Pablo, que es mi signo en toda carta mía: así escribo.

18 La gracia de nuestro Señor Jesucristo sea con todos vosotros. Amén.

1 TIMOTEO

1 Pablo, apóstol de Jesucristo por la ordenación de Dios nuestro Salvador, y del Señor Jesucristo, nuestra esperanza;

2 A Timoteo, verdadero hijo en la fe: Gracia, misericordia y paz de Dios nuestro Padre, y de Cristo Jesús nuestro Señor.

3 Como te rogué que te quedases en Efeso, cuando partí para Macedonia, para que requirieses á algunos que no enseñen diversa doctrina,

4 Ni presten atención á fábulas y genealogías sin término,

que antes engendran cuestiones que la edificación de Dios que es por fe; así te encargo ahora.

5 Pues el fin del mandamiento es la caridad nacida de corazón limpio, y de buena conciencia, y de fe no fingida:

6 De lo cual distrayéndose algunos, se apartaron á vanas pláticas;

7 Queriendo ser doctores de la ley, sin entender ni lo que hablan, ni lo que afirman.

8 Sabemos empero que la ley es buena, si alguno usa de ella legítimamente;

9 Conociendo esto, que la ley no es puesta para el justo, sino para los injustos y para los desobedientes, para los impíos y pecadores, para los malos y profanos, para los parricidas y matricidas, para los homicidas,

10 Para los fornicarios, para los sodomitas, para los ladrones de hombres, para los mentirosos y ladrones de hombres, para los mentirosos y perjuros, y si hay alguna otra cosa contraria á la sana doctrina;

11 Según el evangelio de la gloria del Dios bendito, el cual á mí me ha sido encargado.

12 Y doy gracias al que me fortificó, á Cristo Jesús nuestro Señor, de que me tuvo por fiel, poniéndome en el ministerio:

13 Habiendo sido antes blasfemo y perseguidor é injuriador: mas fuí recibido á misericordia, porque lo hice con ignorancia en incredulidad.

14 Mas la gracia de nuestro Señor fué más abundante con la fe y amor que es en Cristo Jesús.

15 Palabra fiel y digna de ser recibida de todos: que Cristo Jesús vino al mundo para salvar á los pecadores, de los cuales yo soy el primero.

16 Mas por esto fuí recibido á misericordia, para que Jesucristo mostrase en mí el primero toda su clemencia, para ejemplo de los que habían de creer en El para vida eterna.

17 Por tanto, al Rey de siglos, inmortal, invisible, al solo sabio Dios sea honor y gloria por los siglos de los siglos. Amén.

18 Este mandamiento, hijo Timoteo, te encargo, para que, conforme á las profecías pasadas de ti, milites por ellas buena milicia;

19 Manteniendo la fe y buena conciencia, la cual echando de sí algunos, hicieron naufragio en la fe:

20 De los cuales son Himeneo y Alejandro, los cuales entregué á Satanás, para que aprendan á no blasfemar.

2 A monesto pues, ante todas cosas, que se hagan rogativas, oraciones, peticiones, hacimientos de gracias, por todos los hombres;

2 Por los reyes y por todos los que están en eminencia, para que vivamos quieta y reposadamente en toda piedad y honestidad.

3 Porque esto es bueno y agradable delante de Dios nuestro Salvador;

4 El cual quiere que todos los hombres sean salvos, y que vengan al conocimiento de la verdad.

5 Porque hay un Dios, asimismo un mediador entre Dios y los hombres, Jesucristo hombre;

6 El cual se dió á sí mismo en precio del rescate por todos, para testimonio en sus tiempos:

7 De lo que yo soy puesto por predicador y apóstol, (digo verdad en Cristo, no miento) doctor de los Gentiles en fidelidad y verdad.

8 Quiero, pues, que los hombres oren en todo lugar, levantando manos limpias, sin ira ni contienda.

9 Asimismo también las mujeres, ataviándose en hábito honesto, con vergüenza y modestia; no con cabellos encrespados, u oro, ó perlas, ó vestidos costosos,

10 Sino de buenas obras, como conviene á mujeres que profesan piedad.

11 La mujer aprenda en silencio, con toda sujeción.

12 Porque no permito á la mujer enseñar, ni tomar autoridad sobre el hombre, sino estar en silencio.

13 Porque Adam fué formado el primero, después Eva;

14 Y Adam no fué engañado, sino la mujer, siendo seducida, vino á ser envuelta en transgresión:

15 Empero se salvará engendrando hijos, si permaneciere en la fe y caridad y santidad, con modestia.

3 Palabra fiel: Si alguno apetece obispado, buena obra desea.

2 Conviene, pues, que el obispo sea irreprensible, marido de una mujer, solícito, templado, compuesto, hospedador, apto para enseñar;

3 No amador del vino, no heridor, no codicioso de torpes ganancias, sino moderado, no litigioso, ajeno de avaricia;

4 Que gobierne bien su casa, que tenga sus hijos en sujeción con toda honestidad;

5 (Porque el que no sabe gobernar su casa, ¿cómo cuidará de la iglesia de Dios?)

6 No un neófito, porque inflándose no caiga en juicio del diablo.

7 También conviene que tenga buen testimonio de los extraños, porque no caiga en afrenta y en lazo del diablo.

8 Los diáconos asimismo, deben ser honestos, no bilingües, no dados á mucho vino, no amadores de torpes ganancias;

9 Que tengan el misterio de la fe con limpia conciencia.

10 Y éstos también sean antes probados; y así ministren, si fueren sin crimen.

11 Las mujeres asimismo, honestas, no detractoras, templadas, fieles en todo.

12 Los diáconos sean maridos de una mujer, que gobiernen bien sus hijos y sus casas.

13 Porque los que bien ministraren, ganan para sí buen grado, y mucha confianza en la fe que es en Cristo Jesús.

14 Esto te escribo con esperanza que iré presto á ti:

15 Y si no fuere tan presto, para que sepas cómo te conviene conversar en la casa de Dios, que es la iglesia del Dios vivo, columna y apoyo de la verdad.

16 Y sin contradicción, grande es el misterio de la piedad: Dios ha sido manifestado en carne; ha sido justificado con el Espíritu; ha sido visto de los ángeles; ha sido predicado á los Gentiles; ha sido creído en el mundo; ha sido recibido en gloria.

4 Empero el Espíritu dice manifiestamente, que en los venideros tiempos alguno apostatarán de la fe escuchando á espíritus de error y á doctrinas de demonios;

2 Que con hipocresía hablarán mentira, teniendo cauterizada la conciencia.

3 Que prohibirán casarse, y mandarán abstenerse de las viandas que Dios crió para que con hacimiento de gracias participasen de ellas los fieles, y los que han conocido la verdad.

4 Porque todo lo que Dios crió es bueno, y nada hay que desechar, tomándose con hacimiento de gracias:

5 Porque por la palabra de Dios y por la oración es santificado.

6 Si esto propusieres á los hermanos, serás buen ministro de Jesucristo, criado en las palabras de la fe y de la buena doctrina, la cual has alcanzado.

7 Mas las fábulas profanas y de viejas desecha, y ejercítate para la piedad.

8 Porque el ejercicio corporal para poco es provechoso; mas la piedad para todo aprovecha, pues tiene promesa de esta vida presente, y de la venidera.

9 Palabra fiel es esta, y digna de ser recibida de todos.

10 Que por esto aun trabajamos y sufrimos oprobios, porque esperamos en el Dios viviente, el cual es Salvador de todos los hombres, mayormente de los que creen.

11 Esto manda y enseña.

12 Ninguno tenga en poco tu juventud; pero sé ejemplo de los fieles en palabra, en conversación, en caridad, en espíritu, en fe, en limpieza.

13 Entre tanto que voy, ocúpate en leer, en exhortar, en enseñar.

14 No descuides el don que está en ti, que te es dado por profecía con la imposición de las manos del presbiterio.

15 Medita estas cosas; ocúpate en ellas; para que tu aprovechamiento sea manifiesto á todos.

16 Ten cuidado de ti mismo y de la doctrina; persiste en ello; pues haciendo esto, á ti mismo salvarás y á los que te oyeren.

5 No reprendas al anciano, sino exhórtale como á padre: á los más jóvenes, como á hermanos;

2 A las ancianas, como á madres; á las jovencitas, como á hermanas, con toda pureza.

3 Honra á las viudas que en verdad son viudas.

4 Pero si alguna viuda tuviere hijos, ó nietos, aprendan primero á gobernar su casa piadosamente, y á recompensar á sus padres: porque esto es lo honesto y agradable delante de Dios.

5 Ahora, la que en verdad es viuda y solitaria, espera en Dios, y es diligente en suplicaciones y oraciones noche y día.

6 Pero la que vive en delicias, viviendo está muerta.

7 Denuncia pues estas cosas, para que sean sin represión.

8 Y si alguno no tiene cuidado de los suyos, y mayormente de los de su casa, la fe negó, y es peor que un infiel.

9 La viuda sea puesta en clase especial, no menos que de sesenta años, que haya sido esposa de un solo marido.

10 Que tenga testimonio en buenas obras; si crió hijos; si ha ejercitado la hospitalidad; si ha lavado los pies de los santos; si ha socorrido á los afligidos; si ha seguido toda buena obra.

11 Pero viudas más jóvenes no admitas: porque después de hacerse licenciosas contra Cristo, quieren casarse.

12 Condenadas ya, por haber falseado la primera fe.

13 Y aun también se acostumbran á ser ociosas, á andar de casa en casa; y no solamente ociosas, sino también parleras y curiosas, hablando lo que no conviene.

14 Quiero pues, que las que son jóvenes se casen, críen hijos, gobiernen la casa; que ninguna ocasión den al adversario para maldecir.

15 Porque ya algunas han vuelto atrás en pos de Satanás.

16 Si algún fiel ó alguna fiel tiene viudas, manténgalas, y no sea gravada la iglesia; á fin de que haya lo suficiente para las que de verdad son viudas.

17 Los ancianos que gobiernan bien, sean tenidos por dignos de doblada honra; mayormente los que trabajan en predicar y enseñar.

18 Porque la Escritura dice: No embozarás al buey que trilla; y: Digno es el obrero de su jornal.

19 Contra el anciano no recibas acusación sino con dos ó tres testigos.

20 A los que pecaren, repréndelos delante de todos, para que los otros también teman.

21 Te requiero delante de Dios y del Señor Jesucristo, y de sus ángeles escogidos, que guardes estas cosas sin perjuicio de nadie, que nada hagas inclinándote á la una parte.

22 No impongas de ligero las manos á ninguno, ni comuniques en pecados ajenos: consérvate en limpieza.

23 No bebas de aquí adelante agua, sino usa de un poco de vino por causa del estómago, y de tus continuas enfermedades.

24 Los pecados de algunos hombres, antes que vengan ellos á juicio, son manifiestos; mas á otros les vienen después.

25 Asimismo las buenas obras antes son manifiestas; y las que son de otra manera, no pueden esconderse.

6 Todos los que están debajo del yugo de servidumbre, tengan á sus señores por dignos de toda honra, porque no sea blasfemado el nombre del Señor y la doctrina.

2 Y los que tienen amos fieles, no los tengan en menos, por ser hermanos; antes sírvanles mejor, por cuanto son fieles y amados, y partícipes del beneficio. Esto enseña y exhorta.

3 Si alguno enseña otra cosa, y no asiente á sanas palabras de nuestro Señor Jesucristo, y á la doctrina que es conforme á la piedad;

4 Es hinchado, nada sabe, y enloquece acerca de cuestiones y contiendas de palabras, de las cuales nacen envidias, pleitos, maledicencias, malas sospechas,

5 Porfías de hombres corruptos de entendimiento y privados de la verdad, que tienen la piedad por granjería: apártate de los tales.

6 Empero grande granjería es la piedad con contentamiento.

7 Porque nada hemos traído á este mundo, y sin duda nada podremos sacar.

8 Así que, teniendo sustento y con qué cubrirnos, seamos contentos con esto.

9 Porque los que quieren enriquecerse, caen en tentación y lazo, y en muchas codicias locas y dañosas, que hunden á los hombres en perdición y muerte.

10 Porque el amor del dinero es la raíz de todos los males: el cual codiciando algunos, se descaminaron de la fe, y fueron traspasados de muchos dolores.

11 Mas tú, oh hombre de Dios, huye de estas cosas, y sigue la justicia, la piedad, la fe, la caridad, la paciencia, la mansedumbre.

12 Pelea la buena batalla de la fe, echa mano de la vida eterna, á la cual asimismo eres llamado, habiendo hecho buena profesión delante de muchos testigos.

13 Te mando delante de Dios, que da vida á todas las cosas, y de Jesucristo, que testificó la buena profesión delante de Poncio Pilato,

14 Que guardes el mandamiento sin mácula ni reprensión, hasta la aparición de nuestro Señor Jesucristo:

15 La cual á su tiempo mostrará el Bienaventurado y solo Poderoso, Rey de reyes, y Señor de señores;

16 Quién solo tiene inmortalidad, que habita en luz inaccesible; á quien ninguno de los hombres ha visto ni puede ver: al cual sea la honra y el imperio sempiterno. Amén.

17 A los ricos de este siglo manda que no sean altivos, ni pongan la esperanza en la incertidumbre de las riquezas, sino en el Dios vivo, que nos da todas las cosas en abundancia de que gocemos:

18 Que hagan bien, que sean ricos en buenas obras, dadivosos, que con facilidad comuniquen;

19 Atesorando para sí buen fundamento para lo por venir, que echen mano á la vida eterna.

20 Oh Timoteo, guarda lo que se te ha encomendado, evitando las profanas pláticas de vanas cosas, y los argumentos de la falsamente llamada ciencia.

21 La cual profesando algunos, fueron descaminados acerca de la fe. La gracia sea contigo. Amén.

2 TIMOTEO

1 Pablo, apóstol de Jesucristo por la voluntad de Dios, según la promesa de la vida que es en Cristo Jesús,

2 A Timoteo, amado hijo: Gracia, misericordia, y paz de Dios el Padre y de Jesucristo nuestro Señor.

3 Doy gracias á Dios, al cual sirvo desde mis mayores con limpia conciencia, de que sin cesar tengo memoria de ti en mis oraciones noche y día;

4 Deseando verte, acordándome de tus lágrimas, para ser lleno de gozo;

5 Trayendo á la memoria la fe no fingida que hay en ti, la cual residió primero en tu abuela Loida, y en tu madre Eunice; y estoy cierto que en ti también.

6 Por lo cual te aconsejo que despiertes el don de Dios, que está en ti por la imposición de mis manos.

7 Porque no nos ha dado Dios el espíritu de temor, sino el de fortaleza, y de amor, y de templanza.

8 Por tanto no te avergüences del testimonio de nuestro Señor, ni de mí, preso suyo; antes sé participante de los trabajos del evangelio según la virtud de Dios,

9 Que nos salvó y llamó con vocación santa, no conforme á nuestras obras, mas según el intento suyo y gracia, la cual nos es dada en Cristo Jesús antes de los tiempos de los siglos,

10 Mas ahora es manifestada por la aparición de nuestro Salvador Jesucristo, el cual quitó la muerte, y sacó á la luz la vida y la inmortalidad por el evangelio;

11 Del cual yo soy puesto predicador, y apóstol, y maestro de los Gentiles.

12 Por lo cual asimismo padezco esto: mas no me avergüenzo; porque yo sé á quien he creído, y estoy cierto que es poderoso para guardar mi depósito para aquel día.

13 Retén la forma de las sanas palabras que de mí oíste, en la fe y amor que es en Cristo Jesús.

14 Guarda el buen depósito por el Espíritu Santo que habita en nosotros.

15 Ya sabes esto, que me han sido contrarios todos los que son en Asia, de los cuales son Figello y Hermógenes.

16 Dé el Señor misericordia á la casa de Onesíforo: que muchas veces me refrigeró, y no se avergonzó de mi cadena:

17 Antes, estando Él en Roma, me buscó solicitamente, y me halló.

18 Déle el Señor que halle misericordia cerca del Señor en aquel día. Y cuánto me ayudó en Efeso, tú lo sabes mejor.

2 Pues tú, hijo mío, esfuérzate en la gracia que es en Cristo Jesús.

2 Y lo que has oído de mí entre muchos testigos, esto encarga á los hombres fieles que serán idóneos para enseñar también á otros.

3 Tú pues, sufre trabajos como fiel soldado de Jesucristo.

4 Ninguno que milita se embaraza en los negocios de la vida; á fin de agradar á aquel que lo tomó por soldado.

5 Y aun también el que lidia, no es coronado si no lidiare legítimamente.

6 El labrador, para recibir los frutos, es menester que trabaje primero.

7 Considera lo que digo; y el Señor te dé entendimiento en todo.

8 Acuérdate que Jesucristo, el cual fué de la simiente de David, resucitó de los muertos conforme á mi evangelio;

9 En el que sufro trabajo, hasta las prisiones á modo de malhechor; mas la palabra de Dios no está presa.

10 Por tanto, todo lo sufro por amor de los escogidos, para que ellos también consigan la salud que es en Cristo Jesús con gloria eterna.

11 Es palabra fiel: Que si somos muertos con Él, también viviremos con Él:

12 Si sufrimos, también reinaremos con Él: si negáremos, Él también nos negará:

13 Si fuéremos infieles, Él permanece fiel: no se puede negar á sí mismo.

14 Recuérdales esto, protestando delante del Señor que no contiendan en palabras, lo cual para nada aprovecha, antes trastorna á los oyentes.

15 Procura con diligencia presentarte á Dios aprobado, como obrero que no tiene de qué avergonzarse, que traza bien la palabra de verdad.

16 Mas evita profanas y vanas parlerías; porque muy adelante irán en la impiedad.

17 Y la palabra de ellos carcomerá como gangrena: de los cuales es Himeneo y Fileto;

18 Que se han descaminado de la verdad, diciendo que la resurrección es ya hecha, y trastornan la fe de algunos.

19 Pero el fundamento de Dios está firme, teniendo este sello; Conoce el Señor á los que son suyos; y: Apártese de iniquidad todo aquel que invoca el nombre de Cristo.

20 Mas en una casa grande, no solamente hay vasos de oro y de plata, sino también de madera y de barro: y asimismo unos para honra, y otros para deshonra.

21 Así que, si alguno se limpiare de estas cosas, será vaso para honra, santificado, y útil para los usos del Señor, y aparejado para todo buena obra.

22 Huye también los deseos juveniles; y sigue la justicia, la fe, la caridad, la paz, con los que invocan al Señor de puro corazón.

23 Empero las cuestiones necias y sin sabiduría desecha, sabiendo que engendran contiendas.

24 Que el siervo del Señor no debe ser litigioso, sino manso para con todos, apto para enseñar, sufrido;

25 Que con mansedumbre corrija á los que se oponen: si quizá Dios les dé que se arrepientan para conocer la verdad,

26 Y se zafen del lazo del diablo, en que están cautivos á voluntad de El.

3 Esto también sepas, que en los postreros días vendrán tiempos peligrosos:

2 Que habrá hombres amadores de sí mismos, avaros, vanagloriosos, soberbios, detractores, desobedientes á los padres, ingratos, sin santidad,

3 Sin afecto, desleales, calumniadores, destemplados, crueles, aborrecedores de lo bueno,

4 Traidores, arrebatados, hinchados, amadores de los deleites más que de Dios,

5 Teniendo apariencia de piedad, mas habiendo negado la eficacia de ella: y á éstos evita.

6 Porque de éstos son los que se entran por las casas, y llevan cautivas las mujercillas cargadas de pecados, llevadas de diversas concupiscencias;

7 Que siempre aprenden, y nunca pueden acabar de llegar al conocimiento de la verdad.

8 Y de la manera que Jannes y Jambres resistieron á Moisés, así también estos resisten á la verdad; hombres corruptos de entendimiento, réprobos acerca de la fe.

9 Mas no prevalecerán; porque su insensatez será manifiesta á todos, como también lo fué la de aquéllos.

10 Pero tú has comprendido mi doctrina, instrucción, intento, fe, largura de ánimo, caridad, paciencia,

11 Persecuciones, aflicciones, cuales me sobrevinieron en Antioquía, en Iconio, en Listra, cuales persecuciones he sufrido; y de todas me ha librado el Señor.

12 Y también todos los que quieren vivir píamente en Cristo Jesús, padecerán persecución.

13 Mas los malos hombres y los engañadores, irán de mal en peor, engañando y siendo engañados.

14 Empero persiste tú en lo que has aprendido y te persuadiste, sabiendo de quién has aprendido;

15 Y que desde la niñez has sabido las Sagradas Escrituras, las cuales te pueden hacer sabio para la salud por la fe que es en Cristo Jesús.

16 Toda Escritura es inspirada divinamente y útil para enseñar, para redargüir, para corregir, para instituir en justicia,

17 Para que el hombre de Dios sea perfecto, enteramente instruído para todo buena obra.

4 Requiero yo pues delante de Dios, y del Señor Jesucristo, que ha de juzgar á los vivos y los muertos en su manifestación y en su reino.

2 Que prediques la palabra; que instes á tiempo y fuera de tiempo; redarguye, reprende; exhorta con toda paciencia y doctrina.

3 Porque vendrá tiempo cuando ni sufrirán la sana doctrina; antes, teniendo comezón de oir, se

amontonarán maestros conforme á sus concupiscencias,

4 Y apartarán de la verdad el oído y se volverán á las fábulas.

5 Pero tú vela en todo, soporta las aflicciones, haz la obra de evangelista, cumple tu ministerio.

6 Porque yo ya estoy para ser ofrecido, y el tiempo de mi partida está cercano.

7 He peleado la buena batalla, he acabado la carrera, he guardado la fe.

8 Por lo demás, me está guardada la corona de justicia, la cual me dará el Señor, juez justo, en aquel día; y no sólo á mí, sino también á todos los que aman su venida.

9 Procura venir presto á mí:

10 Porque Demas me ha desamparado, amando este siglo, y se ha ido á Tesalónica; Crescente á Galacia, Tito á Dalmacia.

11 Lucas solo está conmigo. Toma á Marcos, y tráele contigo; porque me es útil para el ministerio.

12 A Tychico envié á Efeso.

13 Trae, cuando vinieres, el capote que dejé en Troas en casa de Carpo: y los libros, mayormente los pergaminos.

14 Alejandro el calderero me ha causado muchos males: el Señor le pague conforme á sus hechos.

15 Guárdate tú también de El; que en grande manera ha resistido á nuestras palabras.

16 En mi primera defensa ninguno me ayudó, antes me desampararon todos: no les sea imputado.

17 Mas el Señor me ayudó, y me esforzó para que por mí fuese cumplida la predicación, y todos los Gentiles oyesen: y fuí librado de la boca del león.

18 Y el Señor me librará de toda obra mala, y me preservará para su reino celestial: al cual sea gloria por los siglos de los siglos. Amén.

19 Saluda á Prisca y á Aquila, y á la casa de Onesíforo.

20 Erasto se quedó en Corinto; y á Trófimo dejé en Mileto enfermo.

21 Procura venir antes del invierno. Eubulo te saluda, y Pudente, y Lino, y Claudia, y todos los hermanos.

22 El Señor Jesucristo sea con tu espíritu. La gracia sea con vosotros. Amén.

TITO

1 Pablo, siervo de Dios, y apóstol de Jesucristo, según la fe de los escogidos de Dios, y el conocimiento de la verdad que es según la piedad,

2 Para la esperanza de la vida eterna, la cual Dios, que no puede mentir, prometió antes de los tiempos de los siglos,

3 Y manifestó á sus tiempos su palabra por la predicación, que me es á mí encomendada por mandamiento de nuestro Salvador Dios;

4 A Tito, verdadero hijo en la común fe: Gracia, misericordia, y paz de Dios Padre, y del Señor Jesucristo Salvador nuestro.

5 Por esta causa te dejé en Creta, para que corrigieses lo que falta, y pusieses ancianos por las villas, así como yo te mandé:

6 El que fuere sin crimen, marido de una mujer, que tenga hijos fieles que no estén acusados de disolución, ó contumaces.

7 Porque es menester que el obispo sea sin crimen, como dispensador de Dios; no soberbio, no iracundo, no amador del vino, no heridor, no codicioso de torpes ganancias;

8 Sino hospedador, amador de lo bueno, templado, justo, santo, continente;

9 Retenedor de la fiel palabra que es conforme á la doctrina: para que también pueda exhortar con sana doctrina, y convencer á los que contradijeren.

10 Porque hay aún muchos contumaces, habladores de vanidades, y engañadores de las almas, mayormente los que son de la circuncisión,

11 A los cuales es preciso tapar la boca; que trastornan casas enteras; enseñando lo que no conviene, por torpe ganancia.

12 Dijo uno de ellos, propio profeta de ellos: Los Cretenses, siempre mentirosos, malas bestias, vientres perezosos.

13 Este testimonio es verdadero: por tanto, repréndelos duramente, para que sean sanos en la fe,

14 No atendiendo á fábulas judaicas, y á mandamientos de hombres que se apartan de la verdad.

15 Todas las cosas son limpias á los limpios; mas á los contaminados é infieles nada les limpio: antes su alma y conciencia están contaminadas.

16 Profésanse conocer á Dios; mas con los hechos lo niegan, siendo abominables y rebeldes, reprobados para toda buena obra.

2 Empero tú, habla lo que conviene á la sana doctrina:

2 Que los viejos sean templados, graves, prudentes, sanos en la fe, en la caridad, en la paciencia.

3 Las viejas, asimismo, se distingan en un porte santo; no calumniadoras, no dadas á mucho vino, maestras de honestidad;

4 Que enseñen á las mujeres jóvenes á ser prudentes, á que amen á sus maridos, á que amen á sus hijos,

5 A ser templadas, castas, que tengan cuidado de la casa, buenas, sujetas á sus maridos: porque la palabra de Dios no sea blasfemada.

6 Exhorta asimismo á los mancebos á que sean comedidos;

7 Mostrándote en todo por ejemplo de buenas obras; en doctrina haciendo ver integridad, gravedad,

8 Palabra sana, é irreprensible; que el adversario se avergüence, no teniendo mal ninguno que decir de vosotros.

9 Exhorta á los siervos á que sean sujetos á sus señores, que agraden en todo, no respondones;

10 No defraudando, antes mostrando toda buena lealtad, para que adornen en todo la doctrina de nuestro Salvador Dios.

11 Porque la gracia de Dios que trae salvación á todos los hombres, se manifestó.

12 Enseñándonos que, renunciando á la impiedad y á los deseos mundanos, vivamos en este siglo templada, y justa, y píamente,

13 Esperando aquella esperanza bienaventurada, y la manifestación gloriosa del gran Dios y Salvador nuestro Jesucristo.

14 Que se dió á sí mismo por nosotros para redimirnos de toda iniquidad, y limpiar para sí un pueblo propio, celoso de buenas obras.

15 Esto habla y exhorta, y reprende con toda autoridad. Nadie te desprecie.

3 Amonéstales que se sujeten á los príncipes y potestades, que obedezcan, que estén prontos á toda buena obra.

2 Que á nadie infamen, que no sean pendencieros, sino modestos, mostrando toda mansedumbre para con todos los hombres.

3 Porque también éramos nosotros necios en otro tiempo, rebeldes, extraviados, sirviendo á concupiscencias y deleites diversos, viviendo en malicia y en envidia, aborrecibles, aborreciendo los unos á los otros.

4 Mas cuando se manifestó la bondad de Dios nuestro Salvador, y su amor para con los hombres,

5 No por obras de justicia que nosotros habíamos hecho, mas por su misericordia nos salvó, por el lavacro de la regeneración, y de la renovación del Espíritu Santo;

6 El cual derramó en nosotros abundantemente por Jesucristo nuestro Salvador.

7 Para que, justificados por su gracia, seamos hechos herederos según la esperanza de la vida eterna.

8 Palabra fiel, y estas cosas quiero que afirmes, para que los que creen á Dios procuren gobernarse en buenas obras. Estas cosas son buenas y útiles á los hombres.

9 Mas las cuestiones necias, y genealogías, y contenciones, y debates acerca de la ley, evita; porque son sin provecho y vanas.

10 Rehusa hombre hereje, después de una y otra amonestación;

11 Estando cierto que el tal es trastornado, y peca, siendo condenado de su propio juicio.

12 Cuando enviare á ti á Artemas, ó á Tíchîco, procura venir á mí, á Nicópolis: porque allí he determinado invernar.

13 A Zenas doctor de la ley, y á Apolos, envía delante, procurando que nada les falte.

14 Y aprendan asimismo los nuestros á gobernarse en buenas obras para los usos necesarios, para que no sean sin fruto.

15 Todos los que están conmigo te saludan. Saluda á los que nos aman en la fe. La gracia sea con todos vosotros. Amén.

FILEMÓN

1 Pablo, prisionero de Jesucristo, y el hermano Timoteo, á Filemón amado, y coadjutor nuestro;

2 Y á la amada Apphia, y á Archîpo, compañero de nuestra milicia, y á la iglesia que está en tu casa:

3 Gracia á vosotros y paz de Dios nuestro Padre, y del Señor Jesucristo.

4 Doy gracias á mi Dios, haciendo siempre memoria de ti en mis oraciones,

5 Oyendo tu caridad, y la fe que tienes en el Señor Jesús, y para con todos los santos;

6 Para que la comunicación de tu fe sea eficaz, en el conocimiento de todo el bien que está en vosotros, por Cristo Jesús.

7 Porque tenemos gran gozo y consolación de tu caridad, de que por ti, oh hermano, han sido recreadas las entrañas de los santos.

8 Por lo cual, aunque tengo mucha resolución en Cristo para mandarte lo que conviene,

9 Ruégote más bien por amor, siendo tal cual soy, Pablo viejo, y aun ahora prisionero de Jesucristo:

10 Ruégote por mi hijo Onésimo, que he engendrado en mis prisiones,

11 El cual en otro tiempo te fué inútil, mas ahora á ti y á mí es útil;

12 El cual te vuelvo á enviar; tu pues, recíbele como á mis entrañas.

13 Yo quisiera detenerle conmigo, para que en lugar de ti me sirviese en las prisiones del evangelio;

14 Mas nada quise hacer sin tu consejo, porque tu beneficio no fuese como de necesidad, sino voluntario.

15 Porque acaso por esto se ha apartado de ti por algún tiempo, para que le recibieses para siempre;

16 No ya como siervo, antes más que siervo, como hermano amado, mayormente de mí, pero cuánto más de ti, en la carne y en el Señor.

17 Así que, si me tienes por compañero, recíbele como á mí.

18 Y si en algo te dañó, ó te debe, ponlo á mi cuenta.

19 Yo Pablo lo escribí de mi mano, yo lo pagaré: por no decirte que aun á ti mismo te me debes demás.

20 Sí, hermano, góceme yo de ti en el Señor; recrea mis entrañas en el Señor.

21 Te he escrito confiando en tu obediencia, sabiendo que aun harás más de lo que digo.

22 Y asimismo prepárame también alojamiento; porque espero que por vuestras oraciones os tengo de ser concedido.

23 Te saludan Epafras, mi compañero en la prisión por Cristo Jesús,

24 Marcos, Aristarco, Demas y Lucas, mis cooperadores.

25 La gracia de nuestro Señor Jesucristo sea con vuestro espíritu. Amén.

HEBREOS

1 Dios, habiendo hablado muchas veces y en muchas maneras en otro tiempo á los padres por los profetas,

2 En estos postreros días nos ha hablado por el Hijo, al cual constituyó heredero de todo, por el cual asimismo hizo el universo:

3 El cual siendo el resplandor de su gloria, y la misma imagen de su sustancia, y sustentando todas las cosas con la palabra de su potencia, habiendo hecho la purgación de nuestros pecados por sí mismo, se sentó á la diestra de la Majestad en las alturas,

4 Hecho tanto más excelente que los ángeles, cuanto alcanzó por herencia más excelente nombre que ellos.

5 Porque ¿á cuál de los ángeles dijo Dios jamás: Mi hijo eres tú, Hoy yo te he engendrado? Y otra vez: Yo seré á El Padre, Y El me será á mí hijo?

6 Y otra vez, cuando introduce al Primogénito en la tierra, dice: Y adórenle todos los ángeles de Dios.

7 Y ciertamente de los ángeles dice: El que hace á sus ángeles espíritus, Y á sus ministros llama de fuego.

8 Mas al hijo: Tu trono, oh Dios, por el siglo del siglo; Vara de equidad la vara de tu reino;

9 Has amado la justicia, y aborrecido la maldad; Por lo cual te ungió Dios, el Dios tuyo, Con óleo de alegría más que á tus compañeros.

10 Y: Tú, Señor, en el principio fundaste la tierra; Y los cielos son obras de tus manos:

11 Ellos perecerán, mas tú eres permanente; Y todos ellos se envejecerán como una vestidura;

12 Y como un vestido los envolverás, y serán mudados; Empero tú eres el mismo, Y tus años no acabarán.

13 Pues, ¿á cuál de los ángeles dijo jamás: Siéntate á mi diestra, Hasta que ponga á tus enemigos por estrado de tus pies?

14 ¿No son todos espíritus administradores, enviados para servicio á favor de los que serán herederos de salud?

2 Por tanto, es menester que con más diligencia atendamos á las cosas que hemos oído, porque acaso no nos escurramos.

2 Porque si la palabra dicha por los ángeles fué firme, y toda rebelión y desobediencia recibió justa paga de retribución,

3 ¿Cómo escaparemos nosotros, si tuviéremos en poco una salud tan grande? La cual, habiendo comenzado á ser publicada por el Señor, ha sido confirmada hasta nosotros por los que oyeron.

4 Testificando juntamente con ellos Dios, con señales y milagros, y diversas maravillas, y repartimientos del Espíritu Santo según su voluntad.

5 Porque no sujetó á los ángeles el mundo venidero, del cual hablamos.

6 Testificó empero uno en cierto lugar, diciendo: ¿Qué es el hombre, que te acuerdas de Él? ¿O el hijo del hombre, que le visitas?

7 Tú le hiciste un poco menor que los ángeles, Coronástele de gloria y de honra, Y pusístele sobre las obras de tus manos;

8 Todas las cosas sujetaste debajo de sus pies. Porque en cuanto le sujetó todas las cosas, nada dejó que no sea sujeto á Él; mas aun no vemos que todas las cosas le sean sujetas.

9 Empero vemos coronado de gloria y de honra, por el padecimiento de muerte, á aquel Jesús que es hecho un poco menor que los ángeles, para que por gracia de Dios gustase la muerte por todos.

10 Porque convenía que aquel por cuya causa son todas las cosas, y por el cual todas las cosas subsisten, habiendo de llevar á la gloria á muchos hijos, hiciese consumado por aflicciones al autor de la salud de ellos.

11 Porque el que santifica y los que son santificados, de uno son todos: por lo cual no se avergüenza de llamarlos hermanos.

12 Diciendo: Anunciaré á mis hermanos tu nombre, En medio de la congregación te alabaré.

13 Y otra vez: Yo confiaré en Él. Y otra vez: He aquí, yo y los hijos que me dió Dios.

14 Así que, por cuanto los hijos participaron de carne y sangre, Él también participó de lo mismo, para destruir por la muerte al que tenía el imperio de la muerte, es á saber, el diablo,

15 Y librar á los que por el temor de la muerte estaban por toda la vida sujetos á servidumbre.

16 Porque ciertamente no tomó á los ángeles, sino á la simiente de Abraham tomó.

17 Por lo cual, debía ser en todo semejante á los hermanos, para venir á ser misericordioso y fiel Pontífice en lo que es para con Dios, para expiar los pecados del pueblo.

18 Porque en cuanto Él mismo padeció siendo tentado, es poderoso para socorrer á los que son tentados.

3 Por tanto, hermanos santos, participantes de la vocación celestial, considerad al Apóstol y Pontífice de nuestra profesión, Cristo Jesús;

2 El cual es fiel al que le constituyó, como también lo fué Moisés sobre toda su casa.

3 Porque de tanto mayor gloria que Moisés éste es estimado digno, cuanto tiene mayor dignidad que la casa el que la fabricó.

4 Porque toda casa es edificada de alguno: mas el que crió todas las cosas, es Dios.

5 Y Moisés á la verdad fué fiel sobre toda su casa, como siervo, para testificar lo que se había de decir;

6 Mas Cristo como hijo, sobre su casa; la cual casa somos nosotros, si hasta el cabo retuviéremos firme la confianza y la gloria de la esperanza.

7 Por lo cual, como dice el Espíritu Santo: Si oyereis hoy su voz,

8 No endurezcáis vuestros corazones Como en la provocación, en el día de la tentación en el desierto,

9 Donde me tentaron vuestros padres; me probaron, Y vieron mis obras cuarenta años.

10 A causa de lo cual me enemisté con esta generación, Y dije: Siempre divagan ellos de corazón, Y no han conocido mis caminos.

11 Juré, pues, en mi ira: No entrarán en mi reposo.

12 Mirad, hermanos, que en ninguno de vosotros haya corazón malo de incredulidad para apartarse del Dios vivo;

13 Antes exhortaos los unos á los otros cada día, entre tanto que se dice Hoy; porque ninguno de vosotros se endurezca con engaño de pecado.

14 Porque participantes de Cristo somos hechos, con tal que conservemos firme hasta el fin el principio de nuestra confianza;

15 Entre tanto que se dice: Si oyereis hoy su voz, No endurezcáis vuestros corazones, como en la provocación.

16 Porque algunos de los que habían salido de Egipto con Moisés, habiendo oído, provocaron, aunque no todos.

17 Mas ¿con cuáles estuvo enojado cuarenta años? ¿No fué con los que pecaron, cuyos cuerpos cayeron en el desierto?

18 ¿Y á quiénes juró que no entrarían en su reposo, sino á aquellos que no obedecieron?

19 Y vemos que no pudieron entrar á causa de incredulidad.

4 Temamos, pues, que quedando aún la promesa de entrar en su reposo, parezca alguno de vosotros haberse apartado.

2 Porque también á nosotros se nos ha evangelizado como á ellos; mas no les aprovechó el oir la palabra á los que la oyeron sin mezclar fe.

3 Empero entramos en el reposo los que hemos creído, de la manera que dijo: Como juré en mi ira, No entrarán en mi reposo: aun acabadas las obras desde el principio del mundo.

4 Porque en un cierto lugar dijo así del séptimo día: Y reposó Dios de todas sus obras en el séptimo día.

5 Y otra vez aquí: No entrarán en mi reposo.

6 Así que, pues que resta que algunos han de entrar en Él, y aquellos á quienes primero fué anunciado no entraron por causa de desobediencia,

7 Determina otra vez un cierto día, diciendo por David: Hoy, después de tanto tiempo; como está dicho: Si oyereis su voz hoy, No endurezcáis vuestros corazones.

8 Porque si Josué les hubiera dado el reposo, no hablaría después de otro día.

9 Por tanto, queda un reposo para el pueblo de Dios.

10 Porque el que ha entrado en su reposo, también Él ha reposado de sus obras, como Dios de las suyas.

11 Procuremos pues de entrar en aquel reposo; que ninguno caiga en semejante ejemplo de desobediencia.

12 Porque la palabra de Dios es viva y eficaz, y más penetrante que toda espada de dos filos: y que alcanza hasta partir el alma, y aun el espíritu, y las coyunturas y tuétanos, y discierne los pensamientos y las intenciones del corazón.

13 Y no hay cosa criada que no sea manifiesta en su presencia; antes todas las cosas están desnudas y abiertas á los ojos de aquel á quien tenemos que dar cuenta.

14 Por tanto, teniendo un gran Pontífice, que penetró los cielos, Jesús el Hijo de Dios, retengamos nuestra profesión.

15 Porque no tenemos un Pontífice que no se pueda compadecer de nuestras flaquezas; mas tentado en todo según nuestra semejanza, pero sin pecado.

16 Lleguémonos pues confiadamente al trono de la gracia, para alcanzar misericordia, y hallar gracia para el oportuno socorro.

5 Porque todo pontífice, tomado de entre los hombres, es constituido á favor de los hombres en lo que á Dios toca, para que ofrezca presentes y sacrificios por los pecados:

2 Que se pueda compadecer de los ignorantes y extraviados, pues que Él también está rodeado de flaqueza;

3 Y por causa de ella debe, como por sí mismo, así también por el pueblo, ofrecer por los pecados.

4 Ni nadie toma para sí la honra, sino el que es llamado de Dios, como Aarón.

5 Así también Cristo no se glorificó á sí mismo haciéndose Pontífice, mas el que le dijo: Tú eres mi Hijo, Yo te he engendrado hoy;

6 Como también dice en otro lugar: Tú eres sacerdote eternamente, Según el orden de Melchîsedec.

7 El cual en los días de su carne, ofreciendo ruegos y súplicas con gran clamor y lágrimas al que le podía librar de la muerte, fué oído por su reverencial miedo.

8 Y aunque era Hijo, por lo que padeció aprendió la obediencia;

9 Y consumado, vino á ser causa de eterna salud á todos los que le obedecen;

10 Nombrado de Dios pontífice según el orden de Melchîsedec.

11 Del cual tenemos mucho que decir, y dificultoso de declarar, por cuanto sois flacos para oir.

12 Porque debiendo ser ya maestros á causa del tiempo, tenéis necesidad de volver á ser enseñados cuáles sean los primeros rudimentos de las palabras de Dios; y habéis llegado á ser tales que tengáis necesidad de leche, y no de manjar sólido.

13 Que cualquiera que participa de la leche, es inhábil para la palabra de la justicia, porque es niño;

14 Mas la vianda firme es para los perfectos, para los que por la costumbre tienen los sentidos ejercitados en el discernimiento del bien y del mal.

6 Por tanto, dejando la palabra del comienzo en la doctrina de Cristo, vamos adelante á la perfección; no echando otra vez el fundamento; no arrepentimiento de obras muertas, y de la fe en Dios,

2 De la doctrina de bautismos, y de la imposición de manos, y de la resurrección de los muertos, y del juicio eterno.

3 Y esto haremos á la verdad, si Dios lo permitiere.

4 Porque es imposible que los que una vez fueron iluminados y gustaron el don celestial, y fueron hechos partícipes del Espíritu Santo.

5 Y asimismo gustaron la buena palabra de Dios, y las virtudes del siglo venidero,

6 Y recayeron, sean otra vez renovados para arrepentimiento, crucificando de nuevo para sí mismos al Hijo de Dios, y exponiéndole á vituperio.

7 Porque la tierra que embebe el agua que muchas veces vino sobre ella, y produce hierba provechosa á aquellos de los cuales es labrada, recibe bendición de Dios:

8 Mas la que produce espinas y abrojos, es reprobada, y cercana de maldición; cuyo fin será el ser abrasada.

9 Pero de vosotros, oh amados, esperamos mejores cosas, y más cercanas á salud, aunque hablamos así.

10 Porque Dios no es injusto para olvidar vuestra obra y el trabajo de amor que habéis mostrado á su nombre, habiendo asistido y asistiendo aún á los santos.

11 Mas deseamos que cada uno de vosotros muestre la misma solicitud hasta el cabo, para cumplimiento de la esperanza:

12 Que no os hagáis perezosos, mas imitadores de aquellos que por la fe y la paciencia heredan las promesas.

13 Porque prometiendo Dios á Abraham, no pudiendo jurar por otro mayor, juró por sí mismo,

14 Diciendo: De cierto te bendeciré bendiciendo, y multiplicando te multiplicaré.

15 Y así, esperando con largura de ánimo, alcanzó la promesa.

16 Porque los hombres ciertamente por el mayor que ellos juran: y el fin de todas sus controversias es el juramento para confirmación.

17 Por lo cual, queriendo Dios mostrar más abundantemente á los herederos de la promesa la inmutabilidad de su consejo, interpuso juramento;

18 Para que por dos cosas inmutables, en las cuales es imposible que Dios mienta, tengamos un fortísimo consuelo, los que nos acogemos á trabarnos de la esperanza propuesta:

19 La cual tenemos como segura y firme ancla del alma, y que entra hasta dentro del velo;

20 Donde entró por nosotros como precursor Jesús, hecho Pontífice eternamente según el orden de Melchîsedec.

7 Porque este Melchîsedec, rey de Salem, sacerdote del Dios Altísimo, el cual salió á recibir á Abraham que volvía de la derrota de los reyes, y le bendijo,

2 Al cual asimismo dió Abraham los diezmos de todo, primeramente Él se interpreta Rey de justicia; y luego también Rey de Salem, que es, Rey de paz;

3 Sin padre, sin madre, sin linaje; que ni tiene principio de días, ni fin de vida; mas hecho semejante al Hijo de Dios, permanece sacerdote para siempre.

4 Mirad pues cuán grande fué éste, al cual aun Abraham el patriarca dió diezmos de los despojos.

5 Y ciertamente los que de los hijos de Leví toman el sacerdocio, tienen mandamiento de tomar del pueblo los diezmos según la ley, es á saber, de sus hermanos aunque también hayan salido de los lomos de Abraham.

6 Mas aquél cuya genealogía no es contada de ellos, tomó de Abraham los diezmos, y bendijo al que tenía las promesas.

7 Y sin contradicción alguna, lo que es menos es bendecido de lo que es más.

8 Y aquí ciertamente los hombres mortales toman los diezmos: mas allí, aquel del cual está dado testimonio que vive.

9 Y, por decirlo así, en Abraham fué diezmado también Leví, que recibe los diezmos;

10 Porque aun estaba en los lomos de su padre cuando Melchîsedec le salió al encuentro.

11 Si pues la perfección era por el sacerdocio Levítico (porque debajo de él recibió el pueblo la ley) ¿qué necesidad había aún de que se levantase otro sacerdote según el orden de Melchîsedec, y que no fuese llamado según el orden de Aarón?

12 Pues mudado el sacerdocio, necesario es que se haga también mudanza de la ley.

13 Porque aquel del cual esto se dice, de otra tribu es, de la cual nadie asistió al altar.

14 Porque notorio es que el Señor nuestro nació de la tribu de Judá, sobre cuya tribu nada habló Moisés tocante al sacerdocio.

15 Y aun más manifiesto es, si á semejanza de Melchîsedec se levanta otro sacerdote;

16 El cual no es hecho conforme á la ley del mandamiento carnal, sino según la virtud de vida indisoluble;

17 Pues se da testimonio de Él: Tú eres sacerdote para siempre, Según el orden de Melchîsedec.

18 El mandamiento precedente, cierto se abroga por su flaqueza é inutilidad:

19 Porque nada perfeccionó la ley; mas hízolo la introducción de mejor esperanza, por la cual nos acercamos á Dios.

20 Y por cuanto no fué sin juramento,

21 (Porque los otros cierto sin juramento fueron hechos sacerdotes; mas éste, con juramento por el que le dijo: Juró el Señor, y no se arrepentirá: Tú eres sacerdote eternamente Según el orden de Melchîsedec:)

22 Tanto de mejor testamento es hecho fiador Jesús.

23 Y los otros cierto fueron muchos sacerdotes, en cuanto por la muerte no podían permanecer.

24 Mas éste, por cuanto permanece para siempre, tiene un sacerdocio inmutable:

25 Por lo cual puede también salvar eternamente á los que por Él se allegan á Dios, viviendo siempre para interceder por ellos.

26 Porque tal pontífice nos convenía: santo, inocente, limpio, apartado de los pecadores, y hecho más sublime que los cielos;

27 Que no tiene necesidad cada día, como los otros sacerdotes, de ofrecer primero sacrificios por sus pecados, y luego por los del pueblo: porque esto lo hizo una sola vez, ofreciéndose á sí mismo.

28 Porque la ley constituye sacerdotes á hombres flacos; mas la palabra del juramento, después de la ley, constituye al Hijo, hecho perfecto para siempre.

8 Así que, la suma acerca de lo dicho es: Tenemos tal pontífice que se asentó á la diestra del trono de la Majestad en los cielos;

2 Ministro del santuario, y de aquel verdadero tabernáculo que el Señor asentó, y no hombre.

3 Porque todo pontífice es puesto para ofrecer presentes y sacrificios; por lo cual es necesario que también éste tuviese algo que ofrecer.

4 Así que, si estuviese sobre la tierra, ni aun sería sacerdote, habiendo aún los sacerdotes que ofrecen los presentes según la ley;

5 Los cuales sirven de bosquejo y sombre de las cosas celestiales, como fué respondido á Moisés cuando había de acabar el tabernáculo: Mira, dice, haz todas las cosas conforme al dechado que te ha sido mostrado en el monte.

6 Mas ahora tanto mejor ministerio es el suyo, cuanto es mediador de un mejor pacto, el cual ha sido formado sobre mejores promesas.

7 Porque si aquel primero fuera sin falta, cierto no se hubiera procurado lugar de segundo.

8 Porque reprendiéndolos dice: He aquí vienen días, dice el Señor, Y consumaré para con la casa de Israel y para con la casa de Judá un nuevo pacto;

9 No como el pacto que hice con sus padres El día que los tomé por la mano para sacarlos de la tierra de Egipto: Porque ellos no permanecieron en mi pacto, Y yo los menosprecié, dice el Señor.

10 Por lo cual, este es el pacto que ordenaré á la casa de Israel Después de aquellos días, dice el Señor: Daré mis leyes en el alma de ellos, Y sobre el corazón de ellos las escribiré; Y seré á ellos por Dios, Y ellos me serán á mí por pueblo:

11 Y ninguno enseñará á su prójimo, Ni ninguno á su hermano, diciendo: Conoce al Señor: Porque todos me conocerán, Desde el menor de ellos hasta el mayor.

12 Porque seré propicio á sus injusticias, Y de sus pecados y de sus iniquidades no me acordaré más.

13 Diciendo, Nuevo pacto, dió por viejo al primero; y lo que es dado por viejo y se envejece, cerca está de desvanecerse.

9 Tenía empero también el primer pacto reglamentos del culto, y santuario mundano.

2 Porque el tabernáculo fué hecho: el primero, en que estaban las lámparas, y la mesa, y los panes de la proposición; lo que llaman el Santuario.

3 Tras el segundo velo estaba el tabernáculo, que llaman el Lugar Santísimo;

4 El cual tenía un incensario de oro, y el arca del pacto cubierta de todas partes alrededor de oro; en la que estaba una urna de oro que contenía el maná, y la vara de Aarón que reverdeció, y las tablas del pacto;

5 Y sobre ella los querubines de gloria que cubrían el propiciatorio; de las cuales cosas no se puede ahora hablar en particular.

6 Y estas cosas así ordenadas, en el primer tabernáculo siempre entraban los sacerdotes para hacer los oficios del culto;

7 Mas en el segundo, sólo el pontífice una vez en el año, no sin sangre, la cual ofrece por sí mismo, y por los pecados de ignorancia del pueblo:

8 Dando en esto á entender el Espíritu Santo, que aun no estaba descubierto el camino para el santuario, entre tanto que el primer tabernáculo estuviese en pie.

9 Lo cual era figura de aquel tiempo presente, en el cual se ofrecían presentes y sacrificios que no podían hacer perfecto, cuanto á la conciencia, al que servía con ellos;

10 Consistiendo sólo en viandas y en bebidas, y en diversos lavamientos, y ordenanzas acerca de la carne, impuestas hasta el tiempo de la corrección.

11 Mas estando ya presente Cristo, pontífice de los bienes que habían de venir, por el más amplio y más perfecto tabernáculo, no hecho de manos, es á saber, no de esta creación;

12 Y no por sangre de machos cabríos ni de becerros, mas por su propia sangre, entró una sola vez en el santuario, habiendo obtenido eterna redención.

13 Porque si la sangre de los toros y de los machos cabríos, y la ceniza de la becerra, rociada á los inmundos, santifica para la purificación de la carne,

14 ¿Cuánto más la sangre de Cristo, el cual por el Espíritu eterno se ofreció á sí mismo sin mancha á Dios, limpiará vuestras conciencias de las obras de muerte para que sirváis al Dios vivo?

15 Así que, por eso es mediador del nuevo testamento, para que interviniendo muerte para la remisión de las rebeliones que había bajo del primer testamento, los que son llamados reciban la promesa de la herencia eterna.

16 Porque donde hay testamento, necesario es que intervenga muerte del testador.

17 Porque el testamento con la muerte es confirmado; de otra manera no es válido entre tanto que el testador vive.

18 De donde vino que ni aun el primero fué consagrado sin sangre.

19 Porque habiendo leído Moisés todos los mandamientos de la ley á todo el pueblo, tomando la sangre de los becerros y de los machos cabríos, con agua, y lana de grana, é hisopo, roció al mismo libro, y también á todo el pueblo,

20 Diciendo: Esta es la sangre del testamento que Dios os ha mandado.

21 Y además de esto roció también con la sangre el tabernáculo y todos los vasos del ministerio.

22 Y casi todo es purificado según la ley con sangre; y sin derramamiento de sangre no se hace remisión.

23 Fué, pues, necesario que las figuras de las cosas celestiales fuesen purificadas con estas cosas; empero las mismas cosas celestiales con mejores sacrificios que éstos.

24 Porque no entró Cristo en el santuario hecho de mano, figura del verdadero, sino en el mismo cielo para presentarse ahora por nosotros en la presencia de Dios.

25 Y no para ofrecerse muchas veces á sí mismo, como entra el pontífice en el santuario cada año con sangre ajena;

26 De otra manera fuera necesario que hubiera padecido muchas veces desde el principio del mundo: mas ahora una vez en la consumación de los siglos, para deshacimiento del pecado se presentó por el sacrificio de sí mismo.

27 Y de la manera que está establecido á los hombres que mueran una vez, y después el juicio;

28 Así también Cristo fué ofrecido una vez para agotar los pecados de muchos; y la segunda vez, sin pecado, será visto de los que le esperan para salud.

10 Porque la ley, teniendo la sombra de los bienes venideros, no la imagen misma de las cosas, nunca puede, por los mismos sacrificios que ofrecen continuamente cada año, hacer perfectos á los que se allegan.

2 De otra manera cesarían de ofrecerse; porque los que tributan este culto, limpios de una vez, no tendrían más conciencia de pecado.

3 Empero en esos sacrificios cada año se hace conmemoración de los pecados.

4 Porque la sangre de los toros y de los machos cabríos no puede quitar los pecados.

5 Por lo cual, entrando en el mundo, dice: sacrificio y presente no quisiste; Mas me apropiaste cuerpo:

6 Holocaustos y expiaciones por el pecado no te agradaron.

7 Entonces dije: Heme aquí (En la cabecera del libro está escrito de mí) Para que haga, oh Dios, tu voluntad.

8 Diciendo arriba: Sacrificio y presente, y holocaustos y expiaciones por el pecado no quisiste, ni te agradaron, (las cuales cosas se ofrecen según la ley,)

9 Entonces dijo: Heme aquí para que haga, oh Dios, tu voluntad. Quita lo primero, para establecer lo postrero.

10 En la cual voluntad somos santificados por la ofrenda del cuerpo de Jesucristo hecha una sola vez.

11 Así que, todo sacerdote se presenta cada día ministrando y ofreciendo muchas veces los mismos sacrificios, que nunca pueden quitar los pecados:

12 Pero éste, habiendo ofrecido por los pecados un solo sacrificio para siempre, está sentado á la diestra de Dios,

13 Esperando lo que resta, hasta que sus enemigos sean puestos por estrado de sus pies.

14 Porque con una sola ofrenda hizo perfectos para siempre á los santificados.

15 Y atestíguanos lo mismo el Espíritu Santo; que después que dijo:

16 Y este es el pacto que haré con ellos Después de aquellos días, dice el Señor: Daré mis leyes en sus corazones, Y en sus almas las escribiré:

17 Añade: Y nunca más me acordaré de sus pecados é iniquidades.

18 Pues donde hay remisión de éstos, no hay más ofrenda por pecado.

19 Así que, hermanos, teniendo libertad para entrar en el santuario por la sangre de Jesucristo,

20 Por el camino que El nos consagró nuevo y vivo, por el velo, esto es, por su carne;

21 Y teniendo un gran sacerdote sobre la casa de Dios,

22 Lleguémonos con corazón verdadero, en plena certidumbre de fe, purificados los corazones de mala conciencia, y lavados los cuerpos con agua limpia.

23 Mantengamos firme la profesión de nuestra fe sin fluctuar; que fiel es el que prometió:

24 Y considerémonos los unos á los otros para provocarnos al amor y á las buenas obras;

25 No dejando nuestra congregación, como algunos tienen por costumbre, mas exhortándonos; y tanto más, cuanto veis que aquel día se acerca.

26 Porque si pecáremos voluntariamente después de haber recibido el conocimiento de la verdad, ya no queda sacrificio por el pecado,

27 Sino una horrenda esperanza de juicio, y hervor de fuego que ha de devorar á los adversarios.

28 El que menospreciare la ley de Moisés, por el testimonio de dos ó de tres testigos muere sin ninguna misericordia:

29 ¿Cuánto pensáis que será más digno de mayor castigo, el que hollare al Hijo de Dios, y tuviere por inmunda la sangre del testamento, en la cual fué santificado, é hiciere afrenta al Espíritu de gracia?

30 Sabemos quién es el que dijo: Mía es la venganza, yo daré el pago, dice el Señor. Y otra vez: El Señor juzgará su pueblo.

31 Horrenda cosa es caer en las manos del Dios vivo.

32 Empero traed á la memoria los días pasados, en los cuales, después de haber sido iluminados, sufristeis gran combate de aflicciones:

33 Por una parte, ciertamente, con vituperios y tribulaciones fuisteis hechos espectáculo; y por otra parte hechos compañeros de los que estaban en tal estado.

34 Porque de mis prisiones también os resentisteis conmigo, y el robo de vuestros bienes padecisteis con gozo, conociendo que tenéis en vosotros una mejor sustancia en los cielos, y que permanece.

35 No perdáis pues vuestra confianza, que tiene grande remuneración de galardón:

36 Porque la paciencia os es necesaria; para que, habiendo hecho la voluntad de Dios, obtengáis la promesa.

37 Porque aun un poquito, Y el que ha de venir vendrá, y no tardará.

38 Ahora el justo vivirá por fe; Mas si se retirare, no agradará á mi alma.

39 Pero nosotros no somos tales que nos retiremos para perdición, sino fieles para ganancia del alma.

11 Es pues la fe la sustancia de las cosas que se esperan, la demostración de las cosas que no se ven.

2 Porque por ella alcanzaron testimonio los antiguos.

3 Por la fe entendemos haber sido compuestos los siglos por la palabra de Dios, siendo hecho lo que se ve, de lo que no se veía.
4 Por la fe Abel ofreció á Dios mayor sacrificio que Caín, por la cual alcanzó testimonio de que era justo, dando Dios testimonio á sus presentes; y difunto, aun habla por ella.
5 Por la fe Enoc fué traspuesto para no ver muerte, y no fué hallado, porque lo traspuso Dios. Y antes que fuese traspuesto, tuvo testimonio de haber agradado á Dios.
6 Empero sin fe es imposible agradar á Dios; porque es menester que el que á Dios se allega, crea que le hay, y que es galardonador de los que le buscan.
7 Por la fe Noé, habiendo recibido respuesta de cosas que aun no se veían, con temor aparejó el arca en que su casa se salvase: por la cual fe condenó al mundo, y fué hecho heredero de la justicia que es por la fe.
8 Por la fe Abraham, siendo llamado, obedeció para salir al lugar que había de recibir por heredad; y salió sin saber dónde iba.
9 Por la fe habitó en la tierra prometida como en tierra ajena, morando en cabañas con Isaac y Jacob, herederos juntamente de la misma promesa:
10 Porque esperaba ciudad con fundamentos, el artífice y hacedor de la cual es Dios.
11 Por la fe también la misma Sara, siendo estéril, recibió fuerza para concebir simiente; y parió aun fuera del tiempo de la edad, porque creyó ser fiel el que lo había prometido.
12 Por lo cual también, de uno, y ése ya amortecido, salieron como las estrellas del cielo en multitud, y como la arena innumerable que está á la orilla de la mar.
13 Conforme á la fe murieron todos éstos sin haber recibido las promesas, sino mirándolas de lejos, y creyéndolas, y saludándolas, y confesando que eran peregrinos y advenedizos sobre la tierra.
14 Porque los que esto dicen, claramente dan á entender que buscan una patria.
15 Que si se acordaran de aquella de donde salieron, cierto tenían tiempo para volverse:
16 Empero deseaban la mejor, es á saber, la celestial; por lo cual Dios no se avergüenza de llamarse Dios de ellos: porque les había aparejado ciudad.
17 Por fe ofreció Abraham á Isaac cuando fué probado, y ofreció al unigénito el que había recibido las promesas,
18 Habiéndole sido dicho: En Isaac te será llamada simiente:
19 Pensando que aun de los muertos es Dios poderoso para levantar; de donde también le volvió á recibir por figura.
20 Por fe bendijo Isaac á Jacob y á Esaú respecto á cosas que habían de ser.
21 Por fe Jacob, muriéndose, bendijo á cada uno de los hijos de José, y adoró estribando sobre la punta de su bordón.
22 Por fe José, muriéndose, se acordó de la partida de los hijos de Israel; y dió mandamiento acerca de sus huesos.
23 Por fe Moisés, nacido, fué escondido de sus padres por tres meses, porque le vieron hermoso niño; y no temieron el mandamiento del rey.
24 Por fe Moisés, hecho ya grande, rehusó ser llamado hijo de la hija de Faraón;
25 Escogiendo antes ser afligido con el pueblo de Dios, que gozar de comodidades temporales de pecado.
26 Teniendo por mayores riquezas el vituperio de Cristo que los tesoros de los Egipcios; porque miraba á la remuneración.
27 Por fe dejó á Egipto, no temiendo la ira del rey; porque se sostuvo como viendo al Invisible.
28 Por fe celebró la pascua y el derramamiento de la sangre, para que el que mataba los primogénitos no los tocase.
29 Por fe pasaron el mar Bermejo como por tierra seca; lo cual probando los Egipcios, fueron sumergidos.
30 Por fe cayeron los muros de Jericó con rodearlos siete días.
31 Por fe Rahab la ramera no pereció juntamente con los incrédulos, habiendo recibido los espías con paz.
32 ¿Y qué más digo? porque el tiempo me faltará contando de Gedeón, de Barac, de Samsón, de Jephté, de David, de Samuel, y de los profetas:
33 Que por fe ganaron reinos, obraron justicia, alcanzaron promesas, taparon las bocas de leones,
34 Apagaron fuegos impetuosos, evitaron filo de cuchillo, convalecieron de enfermedades, fueron hechos fuertes en batallas, trastornaron campos de extraños.
35 Las mujeres recibieron sus muertos por resurrección;

unos fueron estirados, no aceptando el rescate, para ganar mejor resurrección;
36 Otros experimentaron vituperios y azotes; y á más de esto prisiones y cárceles;
37 Fueron apedreados, aserrados, tentados, muertos á cuchillo, anduvieron de acá para allá cubiertos de pieles de ovejas y de cabras, pobres, angustiados, maltratados;
38 De los cuales el mundo no era digno; perdidos por los desiertos, por los montes, por las cuevas y por las cavernas de la tierra.
39 Y todos éstos, aprobados por testimonio de la fe, no recibieron la promesa;
40 Proveyendo Dios alguna cosa mejor para nosotros, para que no fuesen perfeccionados sin nosotros.

12 Por tanto nosotros también, teniendo en derredor nuestro una tan grande nube de testigos, dejando todo el peso del pecado que nos rodea, corramos con paciencia la carrera que nos es propuesta,
2 Puestos los ojos en el autor y consumador de la fe, en Jesús; el cual, habiéndole sido propuesto gozo, sufrió la cruz, menospreciando la vergüenza, y sentóse á la diestra del trono de Dios.
3 Reducid pues á vuestro pensamiento á aquel que sufrió tal contradicción de pecadores contra sí mismo, porque no os fatiguéis en vuestros ánimos desmayando.
4 Que aun no habéis resistido hasta la sangre, combatiendo contra el pecado:
5 Y estáis ya olvidados de la exhortación que como con hijos habla con vosotros, diciendo: Hijo mío, no menosprecies el castigo del Señor, Ni desmayes cuando eres de El reprendido.
6 Porque el Señor al que ama castiga, Y azota á cualquiera que recibe por hijo.
7 Si sufrís el castigo, Dios se os presenta como á hijos; porque ¿qué hijo es aquel á quien el padre no castiga?
8 Mas si estáis fuera del castigo, del cual todos han sido hechos participantes, luego sois bastardos, y no hijos.
9 Por otra parte, tuvimos por castigadores á los padres de nuestra carne, y los reverenciábamos, ¿por qué no obedeceremos mucho mejor al Padre de los espíritus, y viviremos?
10 Y aquéllos, á la verdad, por pocos días nos castigaban como á éllos les parecía, mas éste para lo que nos es provechoso, para que recibamos su santificación.
11 Es verdad que ningún castigo al presente parece ser causa de gozo, sino de tristeza; mas después da fruto apacible de justicia á los que en El son ejercitados.
12 Por lo cual alzad las manos caídas y las rodillas paralizadas,
13 Y haced derechos pasos á vuestros pies, porque lo que es cojo no salga fuera de camino, antes sea sanado.
14 Seguid la paz con todos, y la santidad, sin la cual nadie verá al Señor:
15 Mirando bien que ninguno se aparte de la gracia de Dios, que ninguna raíz de amargura brotando os impida, y por ella muchos sean contaminados;
16 Que ninguno sea fornicario, ó profano, como Esaú, que por una vianda vendió su primogenitura.
17 Porque ya sabéis que aun después, deseando heredar la bendición, fué reprobado (que no halló lugar de arrepentimiento), aunque la procuró con lágrimas.
18 Porque no os habéis llegado al monte que se podía tocar, y al fuego encendido, y al turbión, y á la oscuridad, y á la tempestad,
19 Y al sonido de la trompeta, y á la voz de las palabras, la cual los que la oyeron rogaron que no se les hablase más;
20 Porque no podían tolerar lo que se mandaba: Si bestia tocare al monte, será apedreada, ó pasada con dardo:
21 Y tan terrible cosa era lo que se veía, que Moisés dijo: Estoy asombrado y temblando.
22 Mas os habéis llegado al monte de Sión, y á la ciudad del Dios vivo, Jerusalem la celestial, y á la compañía de muchos millares de ángeles,
23 Y á la congregación de los primogénitos que están alistados en los cielos, y á Dios el Juez de todos, y á los espíritus de los justos hechos perfectos,
24 Y á Jesús el Mediador del nuevo testamento, y á la sangre del esparcimiento que habla mejor que la de Abel.
25 Mirad que no desechéis al que habla. Porque si aquellos no escaparon que desecharon al que hablaba en la tierra, mucho menos nosotros, si desecháremos al que habla de los cielos.
26 La voz del cual entonces conmovió la tierra; mas ahora ha denunciado, diciendo: Aun una vez, y yo

conmoveré no solamente la tierra, mas aun el cielo.

27 Y esta palabra, Aun una vez, declara la mudanza de las cosas movibles, como de cosas que son firmes.

28 Así que, tomando el reino inmóvil, vamos á Dios agradándole con temor y reverencia;

29 Porque nuestro Dios es fuego consumidor.

13 P ermanezca el amor fraternal.

2 No olvidéis la hospitalidad, porque por ésta algunos, sin saberlo, hospedaron ángeles.

3 Acordaos de los presos, como presos juntamente con ellos; y de los afligidos, como que también vosotros mismos sois del cuerpo.

4 Honroso es en todos el matrimonio, y el lecho sin mancilla; mas á los fornicarios y á los adúlteros juzgará Dios.

5 Sean las costumbres vuestras sin avaricia; contentos de lo presente; porque El dijo: No te desampararé, ni te dejaré.

6 De tal manera que digamos confiadamente: El Señor es mi ayudador; no temeré Lo que me hará el hombre.

7 Acordaos de vuestros pastores, que os hablaron la palabra de Dios; la fe de los cuales imitad, considerando cuál haya sido el éxito de su conducta.

8 Jesucristo es el mismo ayer, y hoy, y por los siglos.

9 No seáis llevados de acá para allá por doctrinas diversas y extrañas; porque buena cosa es afirmar el corazón en la gracia, no en viandas, que nunca aprovecharon á los que anduvieron en ellas.

10 Tenemos un altar, del cual no tienen facultad de comer los que sirven al tabernáculo.

11 Porque los cuerpos de aquellos animales, la sangre de los cuales es metida por el pecado en el santuario por el pontífice, son quemados fuera del real.

12 Por lo cual también Jesús, para santificar al pueblo por su propia sangre, padeció fuera de la puerta.

13 Salgamos pues á El fuera del real, llevando su vituperio.

14 Porque no tenemos aquí ciudad permanente, mas buscamos la por venir.

15 Así que, ofrezcamos por medio de El á Dios siempre sacrificio de alabanza, es á saber, fruto de labios que confiesen á su nombre.

16 Y de hacer bien y de la comunicación no os olvidéis: porque de tales sacrificios se agrada Dios.

17 Obedeced á vuestros pastores, y sujetaos á ellos; porque ellos velan por vuestras almas, como aquellos que han de dar cuenta; para que lo hagan con alegría, y no gimiendo; porque esto no os es útil.

18 Orad por nosotros: porque confiamos que tenemos buena conciencia, deseando conversar bien en todo.

19 Y más os ruego que lo hagáis así, para que yo os sea más presto restituído.

20 Y el Dios de paz que sacó de los muertos á nuestro Señor Jesucristo, el gran pastor de las ovejas, por la sangre del testamento eterno,

21 Os haga aptos en toda obra buena para que hagáis su voluntad, haciendo El en vosotros lo que es agradable delante de El por Jesucristo: al cual sea gloria por los siglos de los siglos. Amén.

22 Empero os ruego, hermanos, que soportéis la palabra de exhortación; porque os he escrito en breve.

23 Sabed que nuestro hermano Timoteo está suelto; con el cual, si viniere más presto, os iré á ver.

24 Saludad á todos vuestros pastores, y á todos los santos. Los de Italia os saludan.

25 La gracia sea con todos vosotros. Amén.

SANTIAGO

1 Jacobo, siervo de Dios y del Señor Jesucristo, á las doce tribus que están esparcidas, salud.

2 Hermanos míos, tened por sumo gozo cuando cayereis en diversas tentaciones;

3 Sabiendo que la prueba de vuestra fe obra paciencia.

4 Mas tenga la paciencia perfecta su obra, para que seáis perfectos y cabales, sin faltar en alguna cosa.

5 Y si alguno de vosotros tiene falta de sabiduría, demándela á Dios, el cual da á todos abundantemente, y no zahiere; y le será dada.

6 Pero pida en fe, no dudando nada: porque el que duda es semejante á la onda de la mar, que es movida del viento, y echada de una parte á otra.

7 No piense pues el tal hombre que recibirá ninguna cosa del Señor.

8 El hombre de doblado ánimo es inconstante en todos sus caminos.

9 El hermano que es de baja suerte, gloríese en su alteza:

10 Mas el que es rico, en su bajeza; porque El se pasará como la flor de la hierba.

11 Porque salido el sol con ardor, la hierba se secó, y su flor se cayó, y pereció su hermosa apariencia: así también se marchitará el rico en todos sus caminos.

12 Bienaventurado el varón que sufre la tentación; porque cuando fuere probado, recibirá la corona de vida, que Dios ha prometido á los que le aman.

13 Cuando alguno es tentado, no diga que es tentado de Dios: porque Dios no puede ser tentado de los malos, ni El tienta á alguno:

14 Sino que cada uno es tentado, cuando de su propia concupiscencia es atraído, y cebado.

15 Y la concupiscencia, después que ha concebido, pare el pecado; y el pecado, siendo cumplido, engendra muerte.

16 Amados hermanos míos, no erréis.

17 Toda buena dádiva y todo don perfecto es de lo alto, que desciende del Padre de las luces, en el cual no hay mudanza, ni sombra de variación.

18 El, de su voluntad nos ha engendrado por la palabra de verdad, para que seamos primicias de sus criaturas.

19 Por esto, mis amados hermanos, todo hombre sea pronto para oir, tardío para hablar, tardío para airarse:

20 Porque la ira del hombre no obra la justicia de Dios.

21 Por lo cual, dejando toda inmundicia y superfluidad de malicia, recibid con mansedumbre la palabra ingerida, la cual puede hacer salvas vuestras almas.

22 Mas sed hacedores de la palabra, y no tan solamente oidores, engañándoos á vosotros mismos.

23 Porque si alguno oye la palabra, y no la pone por obra, este tal es semejante al hombre que considera en un espejo su rostro natural.

24 Porque El se consideró á sí mismo, y se fué, y luego se olvidó qué tal era.

25 Mas el que hubiere mirado atentamente en la perfecta ley, que es la de la libertad, y perseverado en ella, no siendo oidor olvidadizo, sino hacedor de la obra, este tal será bienaventurado en su hecho.

26 Si alguno piensa ser religioso entre vosotros, y no refrena su lengua, sino engañando su corazón, la religión del tal es vana.

27 La religión pura y sin mácula delante de Dios y Padre es esta: Visitar los huérfanos y las viudas en sus tribulaciones, y guardarse sin mancha de este mundo.

2 Hermanos míos, no tengáis la fe de nuestro Señor Jesucristo glorioso en acepción de personas.

2 Porque si en vuestra congregación entra un hombre con anillo de oro, y de preciosa ropa, y también entra un pobre con vestidura vil,

3 Y tuviereis respeto al que trae la vestidura preciosa, y le dijereis: Siéntate tú aquí en buen lugar: y dijereis al pobre: Estáte tú allí en pie; ó siéntate aquí debajo de mi estrado:

4 ¿No juzgáis en vosotros mismos, y venís á ser jueces de pensamientos malos?

5 Hermanos míos amados, oid: ¿No ha elegido Dios los pobres de este mundo, ricos en fe, y herederos del reino que ha prometido á los que le aman?

6 Mas vosotros habéis afrentado al pobre. ¿No os oprimen los ricos, y no son ellos los mismos que os arrastran á los juzgados?

7 ¿No blasfeman ellos el buen nombre que fué invocado sobre vosotros?

8 Si en verdad cumplís vosotros la ley real, conforme á la Escritura: Amarás á tu prójimo como á ti mismo, bien hacéis:

9 Mas si hacéis acepción de personas, cometéis pecado, y sois reconvenidos de la ley como transgresores.

10 Porque cualquiera que hubiere guardado toda la ley, y ofendiere en un punto, es hecho culpado de todos.

11 Porque el que dijo: No cometerás adulterio, también ha dicho: No matarás. Ahora bien, si no hubieres matado, ya eres hecho transgresor de la ley.

12 Así hablad, y así obrad, como los que habéis de ser juzgados por la ley de libertad.

13 Porque juicio sin misericordia será hecho con aquel que no

hiciere misericordia: y la misericordia se gloría contra el juicio.

14 Hermanos míos, ¿qué aprovechará si alguno dice que tiene fe, y no tiene obras? ¿Podrá la fe salvarle?

15 Y si el hermano ó la hermana están desnudos, y tienen necesidad del mantenimiento de cada día,

16 Y alguno de vosotros les dice: Id en paz, calentaos y hartaos; pero no les diereis las cosas que son necesarias para el cuerpo: ¿qué aprovechará?

17 Así también la fe, si no tuviere obras, es muerta en sí misma.

18 Pero alguno dirá: Tú tienes fe, y yo tengo obras: muéstrame tu fe sin tus obras, y yo te mostraré mi fe por mis obras.

19 Tú crees que Dios es uno; bien haces: también los demonios creen, y tiemblan.

20 ¿Mas quieres saber, hombre vano, que la fe sin obras es muerta?

21 ¿No fué justificado por las obras Abraham nuestro padre, cuando ofreció á su hijo Isaac sobre el altar?

22 ¿No ves que la fe obró con sus obras, y que la fe fué perfecta por las obras?

23 Y fué cumplida la Escritura que dice: Abraham creyó á Dios, y le fué imputado á justicia, y fué llamado amigo de Dios.

24 Vosotros veis, pues, que el hombre es justificado por las obras, y no solamente por la fe.

25 Asimismo también Rahab la ramera, ¿no fué justificada por obras, cuando recibió los mensajeros, y los echó fuera por otro camino?

26 Porque como el cuerpo sin espíritu está muerto, así también la fe sin obras es muerta.

3 Hermanos míos, no os hagáis muchos maestros, sabiendo que recibiremos mayor condenación.

2 Porque todos ofendemos en muchas cosas. Si alguno no ofende en palabra, éste es varón perfecto, que también puede con freno gobernar todo el cuerpo.

3 He aquí nosotros ponemos frenos en las bocas de los caballos para que nos obedezcan, y gobernamos todo su cuerpo.

4 Mirad también las naves: aunque tan grandes, y llevadas de impetuosos vientos, son gobernadas con un muy pequeño timón por donde quisiere el que las gobierna.

5 Así también, la lengua es un miembro pequeño, y se gloría de grandes cosas. He aquí, un pequeño fuego ¡cuán grande bosque enciende!

6 Y la lengua es un fuego, un mundo de maldad. Así la lengua está puesta entre nuestros miembros, la cual contamina todo el cuerpo, é inflama la rueda de la creación, y es inflamada del infierno.

7 Porque toda naturaleza de bestias, y de aves, y de serpientes, y de seres de la mar, se doma y es domada de la naturaleza humana:

8 Pero ningún hombre puede domar la lengua, que es un mal que no puede ser refrenado; llena de veneno mortal.

9 Con ella bendecimos al Dios y Padre, y con ella maldecimos á los hombres, los cuales son hechos á la semejanza de Dios.

10 De una misma boca proceden bendición y maldición. Hermanos míos, no conviene que estas cosas sean así hechas.

11 ¿Echa alguna fuente por una misma abertura agua dulce y amarga?

12 Hermanos míos, ¿puede la higuera producir aceitunas, ó la vid higos? Así ninguna fuente puede hacer agua salada y dulce.

13 ¿Quién es sabio y avisado entre vosotros? muestre por buena conversación sus obras en mansedumbre de sabiduría.

14 Pero si tenéis envidia amarga y contención en vuestros corazones, no os gloriéis, ni seáis mentirosos contra la verdad:

15 Que esta sabiduría no es la que desciende de lo alto, sino terrena, animal, diabólica.

16 Porque donde hay envidia y contención, allí hay perturbación y toda obra perversa.

17 Mas la sabiduría que es de lo alto, primeramente es pura, después pacífica, modesta, benigna, llena de misericordia y de buenos frutos, no juzgadora, no fingida.

18 Y el fruto de justicia se siembra en paz para aquellos que hacen paz.

4 ¿ de dónde vienen las guerras y los pleitos entre vosotros? ¿No son de vuestras concupiscencias, las cuales combaten en vuestros miembros?

2 Codiciáis, y no tenéis; matáis y ardéis de envidia, y no podéis alcanzar; combatís y guerreáis, y no tenéis lo que deseáis, porque no pedís.

3 Pedís, y no recibís, porque pedís mal, para gastar en vuestros deleites.

4 Adúlteros y adúlteras, ¿no sabéis que la amistad del mundo es enemistad con Dios? Cualquiera pues que quisiere ser amigo del mundo, se constituye enemigo de Dios.

5 ¿Pensáis que la Escritura dice sin causa: Es espíritu que mora en nosotros codicia para envidia?

6 Mas Él da mayor gracia. Por esto dice: Dios resiste á los soberbios, y da gracia á los humildes.

7 Someteos pues á Dios; resistid al diablo, y de vosotros huirá.

8 Allegaos á Dios, y él se allegará á vosotros. Pecadores, limpiad las manos; y vosotros de doblado ánimo, purificad los corazones.

9 Afligíos, y lamentad, y llorad. Vuestra risa se convierta en lloro, y vuestro gozo en tristeza.

10 Humillaos delante del Señor, y Él os ensalzará.

11 Hermanos, no murmuréis los unos de los otros. El que murmura del hermano, y juzga á su hermano, este tal murmura de la ley, y juzga á la ley; pero si tú juzgas á la ley, no eres guardador de la ley, sino juez.

12 Uno es el dador de la ley, que puede salvar y perder: ¿quién eres tú que juzgas á otro?

13 Ea ahora, los que decís: Hoy y mañana iremos á tal ciudad, y estaremos allá un año, y compraremos mercadería, y ganaremos:

14 Y no sabéis lo que será mañana. Porque ¿qué es vuestra vida? Ciertamente es un vapor que se aparece por un poco de tiempo, y luego se desvanece.

15 En lugar de lo cual deberíais decir: Si el Señor quisiere, y si viviéremos, haremos esto ó aquello.

16 Mas ahora os jactáis en vuestras soberbias. Toda jactancia semejante es mala.

17 El pecado, pues, está en aquel que sabe hacer lo bueno, y no lo hace.

5 Ea ya ahora, oh ricos, llorad aullando por vuestras miserias que os vendrán.

2 Vuestras riquezas están podridas: vuestras ropas están comidas de polilla.

3 Vuestro oro y plata están corrompidos de orín; y su orín os será testimonio, y comerá del todo vuestras carnes como fuego. Os habéis allegado tesoro para en los postreros días.

4 He aquí, el jornal de los obreros que han segado vuestras tierras, el cual por engaño no les ha sido pagado de vosotros, clama; y los clamores de los que habían segado, han entrado en los oídos del Señor de los ejércitos.

5 Habéis vivido en deleites sobre la tierra, y sido disolutos; habéis cebado vuestros corazones como en el día de sacrificios.

6 Habéis condenado y muerto al justo; y Él no os resiste.

7 Pues, hermanos, tened paciencia hasta la venida del Señor. Mirad cómo el labrador espera el precioso fruto de la tierra, aguardando con paciencia, hasta que reciba la lluvia temprana y tardía.

8 Tened también vosotros paciencia; confirmad vuestros corazones: porque la venida del Señor se acerca.

9 Hermanos, no os quejéis unos contra otros, porque no seáis condenados; he aquí, el juez está delante de la puerta.

10 Hermanos míos, tomad por ejemplo de aflicción y de paciencia, á los profetas que hablaron en nombre del Señor.

11 He aquí, tenemos por bienaventurados á los que sufren. Habéis oído la paciencia de Job, y habéis visto el fin del Señor, que el Señor es muy misericordioso y piadoso.

12 Mas sobre todo, hermanos míos, no juréis, ni por el cielo, ni por la tierra, ni por otro cualquier juramento; sino vuestro sí sea sí, y vuestro no sea no; porque no caigáis en condenación.

13 ¿Está alguno entre vosotros afligido? haga oración. ¿Está alguno alegre? cante salmos.

14 ¿Está alguno enfermo entre vosotros? llame á los ancianos de la iglesia, y oren por Él, ungiéndole con aceite en el nombre del Señor.

15 Y la oración de fe salvará al enfermo, y el Señor lo levantará; y si estuviere en pecados, le serán perdonados.

16 Confesaos vuestras faltas unos á otros, y rogad los unos por los otros, para que seáis sanos; la oración del justo, obrando eficazmente, puede mucho.

17 Elías era hombre sujeto á semejantes pasiones que nosotros, y rogó con oración que no lloviese, y no llovió sobre la tierra en tres años y seis meses.

18 Y otra vez oró, y el cielo dió lluvia, y la tierra produjo su fruto.

19 Hermanos, si alguno de entre vosotros ha errado de la verdad, y alguno le convirtiere,

20 Sepa que el que hubiere hecho convertir al pecador del error de su camino, salvará un alma de muerte, y cubrirá multitud de pecados.

1 PEDRO

1 Pedro, apóstol de Jesucristo, á los extranjeros esparcidos en Ponto, en Galacia, en Capadocia, en Asia, y en Bithinia,
2 Elegidos según la presciencia de Dios Padre en santificación del Espíritu, para obedecer y ser rociados con la sangre de Jesucristo: Gracia y paz os sea multiplicada.
3 Bendito el Dios y Padre de nuestro Señor Jesucristo, que según su grande misericordia nos ha regenerado en esperanza viva, por la resurrección de Jesucristo de los muertos,
4 Para una herencia incorruptible, y que no puede contaminarse, ni marchitarse, reservada en los cielos
5 Para nosotros que somos guardados en la virtud de Dios por fe, para alcanzar la salud que está aparejada para ser manifestada en el postrimero tiempo.
6 En lo cual vosotros os alegráis, estando al presente un poco de tiempo afligidos en diversas tentaciones, si es necesario,
7 Para que la prueba de vuestra fe, mucho más preciosa que el oro, el cual perece, bien que sea probado con fuego, sea hallada en alabanza, gloria y honra, cuando Jesucristo fuera manifestado:
8 Al cual, no habiendo visto, le amáis; en el cual creyendo, aunque al presente no lo veáis, os alegráis con gozo inefable y glorificado;
9 Obteniendo el fin de vuestra fe, que es la salud de vuestras almas.
10 De la cual salud los profetas que profetizaron de la gracia que había de venir á vosotros, han inquirido y diligentemente buscado,
11 Escudriñando cuándo y en qué punto de tiempo significaba el Espíritu de Cristo que estaba en ellos, el cual prenunciaba las aflicciones que habían de venir á Cristo, y las glorias después de ellas.
12 A los cuales fué revelado, que no para sí mismos, sino para nosotros administraban las cosas que ahora os son anunciadas de los que os han predicado el evangelio por el Espíritu Santo enviado del cielo; en las cuales desean mirar los ángeles.
13 Por lo cual, teniendo los lomos de vuestro entendimiento ceñidos, con templanza, esperad perfectamente en la gracia que os es presentada cuando Jesucristo os es manifestado:
14 Como hijos obedientes, no conformándoos con los deseos que antes teníais estando en vuestra ignorancia;
15 Sino como aquel que os ha llamado es santo, sed también vosotros santos en toda conversación.
16 Porque escrito está: Sed santos, porque yo soy santo.
17 Y si invocáis por Padre á aquel que sin acepción de personas juzga según la obra de cada uno, conversad en temor todo el tiempo de vuestra peregrinación:
18 Sabiendo que habéis sido rescatados de vuestra vana conversación, la cual recibisteis de vuestros padres, no con cosas corruptibles, como oro ó plata;
19 Sino con la sangre preciosa de Cristo, como de un cordero sin mancha y sin contaminación:
20 Ya ordenado de antes de la fundación del mundo, pero manifestado en los postrimeros tiempos por amor de vosotros,
21 Que por Él creéis á Dios, el cual le resucitó de los muertos, y le ha dado gloria, para que vuestra fe y esperanza sea en Dios.
22 Habiendo purificado vuestras almas en la obediencia de la verdad, por el Espíritu, en caridad hermanable sin fingimiento, amaos unos á otros entrañablemente de corazón puro:
23 Siendo renacidos, no de simiente corruptible, sino de incorruptible, por la palabra de Dios, que vive y permanece para siempre.
24 Porque Toda carne es como la hierba, Y toda la gloria del hombre como la flor de la hierba: Secóse la hierba, y la flor se cayó;
25 Mas la palabra del Señor permanece perpetuamente. Y esta es la palabra que por el evangelio os ha sido anunciada.
2 Dejando pues toda malicia, y todo engaño, y fingimientos, y envidias, y todas las detracciones,
2 Desead, como niños recién nacidos, la leche espiritual, sin engaño, para que por ella crezcáis en salud:
3 Si empero habéis gustado que el Señor es benigno;
4 Al cual allegándoos, piedra viva, reprobada cierto de los hombres, empero elegida de Dios, preciosa,
5 Vosotros también, como piedras vivas, sed edificados una casa espiritual, y un sacerdocio santo, para ofrecer sacrificios espirituales, agradables á Dios por Jesucristo.
6 Por lo cual también contiene la Escritura: He aquí, pongo en Sión la principal piedra del ángulo, escogida, preciosa; Y el que creyere en ella, no será confundido.

7 Ella es pues honor á vosotros que creéis: mas para los desobedientes, La piedra que los edificadores reprobaron, Esta fué hecha la cabeza del ángulo;
8 Y Piedra de tropiezo, y roca de escándalo á aquellos que tropiezan en la palabra, siendo desobedientes; para lo cual fueron también ordenados.
9 Mas vosotros sois linaje escogido, real sacerdocio, gente santa, pueblo adquirido, para que anunciéis las virtudes de aquel que os ha llamado de las tinieblas á su luz admirable,
10 Vosotros, que en el tiempo pasado no erais pueblo, mas ahora sois pueblo de Dios; que en el tiempo pasado no habíais alcanzado misericordia.
11 Amados, yo os ruego como á extranjeros y peregrinos, abstengáis de los deseos carnales que batallan contra el alma,
12 Teniendo vuestra conversación honesta entre los Gentiles; para que, en lo que ellos murmuran de vosotros como de malhechores, glorifiquen á Dios en el día de la visitación, estimándoos por las buenas obras.
13 Sed pues sujetos á toda ordenación humana por respeto á Dios: ya sea al rey, como á superior,
14 Ya á los gobernadores, como de Él enviados para venganza de los malhechores, y para loor de los que hacen bien.
15 Porque esta es la voluntad de Dios; que haciendo bien, hagáis callara la ignorancia de los hombres vanos:
16 Como libres, y no como teniendo la libertad por cobertura de malicia, sino como siervos de Dios.
17 Honrad á todos. Amad la fraternidad. Temed á Dios. Honrad al rey.
18 Siervos, sed sujetos con todo temor á vuestros amos; no solamente á los buenos y humanos, sino también á los rigurosos.
19 Porque esto es agradable, si alguno á causa de la conciencia delante de Dios, sufre molestias padeciendo injustamente.
20 Porque ¿qué gloria es, si pecando vosotros sois abofeteados, y lo sufrís? mas si haciendo bien sois afligidos, y lo sufrís, esto ciertamente es agradable delante de Dios.
21 Porque para esto sois llamados; pues que también Cristo padeció por nosotros, dejándonos ejemplo, para que vosotros sigáis sus pisadas:
22 El cual no hizo pecado; ni fué hallado engaño en su boca:
23 Quien cuando le maldecían no retornaba maldición: cuando padecía, no amenazaba, sino remitía la causa al que juzga justamente:
24 El cual mismo llevó nuestros pecados en su cuerpo sobre el madero, para que nosotros siendo muertos á los pecados, vivamos á la justicia: por la herida del cual habéis sido sanados.
25 Porque vosotros erais como ovejas descarriadas; mas ahora habéis vuelto al Padre y Obispo de vuestras almas.
3 Asimismo vosotras, mujeres, sed sujetas á vuestros maridos; para que también los que no creen á la palabra, sean ganados sin palabra por la conversación de sus mujeres,
2 Considerando vuestra casta conversación, que es en temor.
3 El adorno de las cuales no sea exterior con encrespamiento del cabello, y atavío de oro, ni en compostura de ropas;
4 Sino el hombre del corazón que está encubierto, en incorruptible ornato de espíritu agradable y pacífico, lo cual es de grande estima delante de Dios.
5 Porque así también se ataviaban en el tiempo antiguo aquellas santas mujeres que esperaban en Dios, siendo sujetas á sus maridos:
6 Como Sara obedecía á Abraham, llamándole señor; de la cual vosotras sois hechas hijas, haciendo bien, y no sois espantadas de ningún pavor.
7 Vosotros maridos, semejantemente, habitad con ellas según ciencia, dando honor á la mujer como á vaso más frágil, y como á herederas juntamente de la gracia de la vida; para que vuestras oraciones no sean impedidas.
8 Y finalmente, sed todos de un mismo corazón, compasivos, amándoos fraternalmente, misericordiosos, amigables;
9 No volviendo mal por mal, ni maldición por maldición, sino antes por el contrario, bendiciendo; sabiendo que vosotros sois llamados para que poseáis bendición en herencia.
10 Porque El que quiere amar la vida, Y ver días buenos, Refrene su lengua de mal, Y sus labios no hablen engaño;
11 Apártase del mal, y haga bien; Busque la paz, y sígala.
12 Porque los ojos del Señor están sobre los justos, Y sus oídos atentos á sus oraciones: Pero el rostro del Señor está sobre aquellos que hacen mal.

13 ¿Y quién es aquel que os podrá dañar, si vosotros seguís el bien?

14 Mas también si alguna cosa padecéis por hacer bien, sois bienaventurados. Por tanto, no temáis por el temor de ellos, ni seáis turbados;

15 Sino santificad al Señor Dios en vuestros corazones, y estad siempre aparejados para responder con mansedumbre y reverencia á cada uno que os demande razón de la esperanza que hay en vosotros:

16 Teniendo buena conciencia, para que en lo que murmuran de vosotros como de malhechores, sean confundidos los que blasfeman vuestra buena conversación en Cristo.

17 Porque mejor es que padezcáis haciendo bien, si la voluntad de Dios así lo quiere, que haciendo mal.

18 Porque también Cristo padeció una vez por los injustos, para llevarnos á Dios, siendo á la verdad muerto en la carne, pero vivificado en espíritu;

19 En el cual también fué y predicó á los espíritus encarcelados,

20 Los cuales en otro tiempo fueron desobedientes, cuando una vez esperaba la paciencia de Dios en los días de Noé, cuando se aparejaba el arca; en la cual pocas, es á saber, ocho personas fueron salvas por agua.

21 A la figura de la cual el bautismo que ahora corresponde nos salva (no quitando las inmundicias de la carne, sino como demanda de una buena conciencia delante de Dios,) por la resurrección de Jesucristo:

22 El cual está á la diestra de Dios, habiendo subido al cielo; estando á El sujetos los ángeles, y las potestades, y virtudes.

4 Pues que Cristo ha padecido por nosotros en la carne, vosotros también estad armados del mismo pensamiento: que el que ha padecido en la carne, cesó de pecado;

2 Para que ya el tiempo que queda en carne, viva, no á las concupiscencias de los hombres, sino á la voluntad de Dios.

3 Porque nos debe bastar que el tiempo pasado de nuestra vida hayamos hecho la voluntad de los Gentiles, cuando conversábamos en lascivias, en concupiscencias, en embriagueces, abominables idolatrías.

4 En lo cual les parece cosa extraña que vosotros no corráis con ellos en el mismo desenfrenamiento de disolución, ultrajándoos:

5 Los cuales darán cuenta al que está aparejado para juzgar los vivos y los muertos.

6 Porque por esto también ha sido predicado el evangelio á los muertos; para que sean juzgados en carne según los hombres, y vivan en espíritu según Dios.

7 Mas el fin de todas las cosas se acerca: sed pues templados, y velad en oración.

8 Y sobre todo, tened entre vosotros ferviente caridad; porque la caridad cubrirá multitud de pecados.

9 Hospedaos los unos á los otros sin murmuraciones.

10 Cada uno según el don que ha recibido, adminístrelo á los otros, como buenos dispensadores de las diferentes gracias de Dios.

11 Si alguno habla, hable conforme á las palabras de Dios; si alguno ministra, ministre conforme á la virtud que Dios suministra: para que en todas cosas sea Dios glorificado por Jesucristo, al cual es gloria é imperio para siempre jamás. Amén.

12 Carísimos, no os maravilléis cuando sois examinados por fuego, lo cual se hace para vuestra prueba, como si alguna cosa peregrina os aconteciese;

13 Antes bien gozaos en que sois participantes de las aflicciones de Cristo; para que también en la revelación de su gloria os gocéis en triunfo.

14 Si sois vituperados en el nombre de Cristo, sois bienaventurados; porque la gloria y el Espíritu de Dios reposan sobre vosotros. Cierto, según ellos, El es blasfemado, mas según vosotros es glorificado.

15 Así que, ninguno de vosotros padezca como homicida, ó ladrón, ó malhechor, ó por meterse en negocios ajenos.

16 Pero si alguno padece como Cristiano, no se avergüence; antes glorifique á Dios en esta parte.

17 Porque es tiempo de que el juicio comience de la casa de Dios: y si primero comienza por nosotros, ¿qué será el fin de aquellos que no obedecen al evangelio de Dios?

18 Y si el justo con dificultad se salva; ¿á dónde aparecerá el infiel y el pecador?

19 Y por eso los que son afligidos según la voluntad de Dios, encomiéndenle sus almas, como á fiel Criador, haciendo bien.

5 Ruego á los ancianos que están entre vosotros, yo anciano también con ellos, y testigo de las aflicciones de Cristo, que soy también participante de la gloria que ha de ser revelada:

2 Apacentad la grey de Dios que está entre vosotros, teniendo cuidado de ella, no por fuerza, sino voluntariamente; no por ganancia deshonesta, sino de un ánimo pronto;

3 Y no como teniendo señorío sobre las heredades del Señor, sino siendo dechados de la grey.

4 Y cuando apareciere el Príncipe de los pastores, vosotros recibiréis la corona incorruptible de gloria.

5 Igualmente, mancebos, sed sujetos á los ancianos; y todos sumisos unos á otros, revestíos de humildad; porque Dios resiste á los soberbios, y da gracia á los humildes.

6 Humillaos pues bajo la poderosa mano de Dios, para que El os ensalce cuando fuere tiempo;

7 Echando toda vuestra solicitud en Él, porque Él tiene cuidado de vosotros.

8 Sed templados, y velad; porque vuestro adversario el diablo, cual león rugiente, anda alrededor buscando á quien devore:

9 Al cual resistid firmes en la fe, sabiendo que las mismas aflicciones han de ser cumplidas en la compañía de vuestros hermanos que están en el mundo.

10 Mas el Dios de toda gracia, que nos ha llamado á su gloria eterna por Jesucristo, después que hubiereis un poco de tiempo padecido, El mismo os perfeccione, confirme, corrobore y establezca.

11 A El sea gloria é imperio para siempre. Amén.

12 Por Silvano, el hermano fiel, según yo pienso, os he escrito brevemente, amonestándoos, y testificando que ésta es la verdadera gracia de Dios, en la cual estáis.

13 La iglesia que está en Babilonia, juntamente elegida con vosotros, os saluda, y Marcos mi hijo.

14 Saludaos unos á otros con ósculo de caridad. Paz sea con todos vosotros los que estáis en Jesucristo. Amén.

2 PEDRO

1 Simón Pedro, siervo y apóstol de Jesucristo, á los que habéis alcanzado fe igualmente preciosa con nosotros en la justicia de nuestro Dios y Salvador Jesucristo:

2 Gracia y paz os sea multiplicada en el conocimiento de Dios, y de nuestro Señor Jesús.

3 Como todas las cosas que pertenecen á la vida y á la piedad nos sean dadas de su divina potencia, por el conocimiento de aquel que nos ha llamado por su gloria y virtud:

4 Por las cuales nos son dadas preciosas y grandísimas promesas, para que por ellas fueseis hechos participantes de la naturaleza divina, habiendo huído de la corrupción que está en el mundo por concupiscencia.

5 Vosotros también, poniendo toda diligencia por esto mismo, mostrad en vuestra fe virtud, y en la virtud ciencia;

6 Y en la ciencia templanza, y en la templanza paciencia, y en la paciencia temor de Dios;

7 Y en el temor de Dios, amor fraternal, y en el amor fraternal caridad.

8 Porque si en vosotros hay estas cosas, y abundan, no os dejarán estar ociosos, ni estériles en el conocimiento de nuestro Señor Jesucristo.

9 Mas el que no tiene estas cosas, es ciego, y tiene la vista muy corta, habiendo olvidado la purificación de sus antiguos pecados.

10 Por lo cual, hermanos, procurad tanto más de hacer firme vuestra vocación y elección; porque haciendo estas cosas, no caeréis jamás.

11 Porque de esta manera os será abundantemente administrada la entrada en el reino eterno de nuestro Señor y Salvador Jesucristo.

12 Por esto, yo no dejaré de amonestaros siempre de estas cosas, aunque vosotros las sepáis, y estéis confirmados en la verdad presente.

13 Porque tengo por justo, en tanto que estoy en este tabernáculo, de incitaros con amonestación:

14 Sabiendo que brevemente tengo de dejar mi tabernáculo, como nuestro Señor Jesucristo me ha declarado.

15 También yo procuraré con diligencia, que después de mi fallecimiento, vosotros podáis siempre tener memoria de estas cosas.

16 Porque no os hemos dado á conocer la potencia y la venida de nuestro Señor Jesucristo, siguiendo fábulas por arte compuestas; sino como habiendo con nuestros propios ojos visto su majestad.

17 Porque Él había recibido de Dios Padre honra y gloria, cuando una tal voz fué á Él enviada de la magnífica gloria: Este es el amado Hijo mío, en el cual yo me he agradado.

18 Y nosotros oímos esta voz enviada del cielo, cuando estábamos juntamente con Él en el monte santo.

19 Tenemos también la palabra profética más permanente, á la cual hacéis bien de estar atentos como á una antorcha que alumbra en lugar oscuro hasta que el día esclarezca, y el lucero de la mañana salga en vuestros corazones:

20 Entendiendo primero esto, que ninguna profecía de la Escritura es de particular interpretación;

21 Porque la profecía no fué en los tiempos pasados traída por voluntad humana, sino los santos hombres de Dios hablaron siendo inspirados del Espíritu Santo.

2 Pero hubo también falsos profetas en el pueblo, como habrá entre vosotros falsos doctores, que introducirán encubiertamente herejías de perdición, y negarán al Señor que los rescató, atrayendo sobre sí mismos perdición acelerada.

2 Y muchos seguirán sus disoluciones, por los cuales el camino de la verdad será blasfemado;

3 Y por avaricia harán mercadería de vosotros con palabras fingidas, sobre los cuales la condenación ya de largo tiempo no se tarda, y su perdición no se duerme.

4 Porque si Dios no perdonó á los ángeles que habían pecado, sino que habiéndolos despeñado en el infierno con cadenas de oscuridad, los entregó para ser reservados al juicio;

5 Y si no perdonó al mundo viejo, mas guardó á Noé, pregonero de justicia, con otras siete personas, trayendo el diluvio sobre el mundo de malvados;

6 Y si condenó por destrucción las ciudades de Sodoma y de Gomorra, tornándolas en ceniza, y poniéndolas por ejemplo á los que habían de vivir sin temor y reverencia de Dios,

7 Y libró al justo Lot, acosado por la nefanda conducta de los malvados:

8 (Porque este justo, con ver y oir, morando entre ellos, afligía cada día su alma justa con los hechos de aquellos injustos;)

9 Sabe el Señor librar de tentación á los píos, y reservar á los injustos para ser atormentados en el día del juicio;

10 Y principalmente á aquellos que, siguiendo la carne, andan en concupiscencia é inmundicia, y desprecian la potestad; atrevidos, contumaces, que no temen decir mal de las potestades superiores:

11 Como quiera que los mismos ángeles, que son mayores en fuerza y en potencia, no pronuncian juicio de maldición contra ellas delante del Señor.

12 Mas éstos, diciendo mal de las cosas que no entienden, como bestias brutas, que naturalmente son hechas para presa y destrucción, perecerán en su perdición,

13 Recibiendo el galardón de su injusticia, como los que reputan por delicia poder gozar de deleites cada día. Estos son suciedades y manchas, los cuales comiendo con vosotros, juntamente se recrean en sus errores;

14 Teniendo los ojos llenos de adulterio, y no saben cesar de pecar; cebando las almas inconstantes; teniendo el corazón ejercitado en codicias, siendo hijos de maldición;

15 Que han dejado el camino derecho, y se han extraviado, siguiendo el camino de Balaam, hijo de Bosor, el cual amó el premio de la maldad,

16 Y fué reprendido por su iniquidad: una muda bestia de carga, hablando en voz de hombre, refrenó la locura del profeta.

17 Estos son fuentes sin agua, y nubes traídas de torbellino de viento; para los cuales está guardada la oscuridad de las tinieblas para siempre.

18 Porque hablando arrogantes palabras de vanidad, ceban con las concupiscencias de la carne en disoluciones á los que verdaderamente habían huído de los que conversan en error;

19 Prometiéndoles libertad, siendo ellos mismos siervos de corrupción. Porque el que es de alguno vencido, es sujeto á la servidumbre del que lo venció.

20 Ciertamente, si habiéndose ellos apartado de las contaminaciones del mundo, por el conocimiento del Señor y Salvador Jesucristo, y otra vez envolviéndose en ellas, son vencidos, sus postrimerías les son hechas peores que los principios.

21 Porque mejor les hubiera sido no haber conocido el camino de la justicia, que después de haberlo conocido,

tornarse atrás del santo mandamiento que les fué dado.

22 Pero les ha acontecido lo del verdadero proverbio: El perro se volvió á su vómito, y la puerca lavada á revolcarse en el cieno.

3 Carísimos, yo os escribo ahora esta segunda carta, por las cuales ambas despierto con exhortación vuestro limpio entendimiento;

2 Para que tengáis memoria de las palabras que antes han sido dichas por los santos profetas, y de nuestro mandamiento, que somos apóstoles del Señor y Salvador:

3 Sabiendo primero esto, que en los postrimeros días vendrán burladores, andando según sus propias concupiscencias,

4 Y diciendo: ¿Dónde está la promesa de su advenimiento? porque desde el día en que los padres durmieron, todas las cosas permanecen así como desde el principio de la creación.

5 Cierto ellos ignoran voluntariamente, que los cielos fueron en el tiempo antiguo, y la tierra que por agua y en agua está asentada, por la palabra de Dios;

6 Por lo cual el mundo de entonces pereció anegado en agua:

7 Mas los cielos que son ahora, y la tierra, son conservados por la misma palabra, guardados para el fuego en el día del juicio, y de la perdición de los hombres impíos.

8 Mas, oh amados, no ignoréis esta una cosa: que un día delante del Señor es como mil años, y mil años como un día.

9 El Señor no tarda su promesa, como algunos la tienen por tardanza; sino que es paciente para con nosotros, no queriendo que ninguno perezca, sino que todos procedan al arrepentimiento.

10 Mas el día del Señor vendrá como ladrón en la noche; en el cual los cielos pasarán con grande estruendo, y los elementos ardiendo serán deshechos, y la tierra y las obras que en ella están serán quemadas.

11 Pues como todas estas cosas han de ser deshechas, ¿qué tales conviene que vosotros seáis en santas y pías conversaciones,

12 Esperando y apresurándoos para la venida del día de Dios, en el cual los cielos siendo encendidos serán deshechos, y los elementos siendo abrasados, se fundirán?

13 Bien esperamos cielos nuevos y tierra nueva, según sus promesas, en los cuales mora la justicia.

14 Por lo cual, oh amados, estando en esperanza de estas cosas, procurad con diligencia que seáis hallados de Él sin mácula, y sin represión, en paz.

15 Y tened por salud la paciencia de nuestro Señor; como también nuestro amado hermano Pablo, según la sabiduría que le ha sido dada, os ha escrito también;

16 Casi en todas sus epístolas, hablando en ellas de estas cosas; entre las cuales hay algunas difíciles de entender, las cuales los indoctos é inconstantes tuercen, como también las otras Escrituras, para perdición de sí mismos.

17 Así que vosotros, oh amados, pues estáis amonestados, guardaos que por el error de los abominables no seáis juntamente extraviados, y caigáis de vuestra firmeza.

18 Mas creced en la gracia y conocimiento de nuestro Señor y Salvador Jesucristo. A Él sea gloria ahora y hasta el día de la eternidad. Amén.

1 JUAN

1 Lo que era desde el principio, lo que hemos oído, lo que hemos visto con nuestros ojos, lo que hemos mirado, y palparon nuestras manos tocante al Verbo de vida;

2 (Porque la vida fué manifestada, y vimos, y testificamos, y os anunciamos aquella vida eterna, la cual estaba con el Padre, y nos ha aparecido;)

3 Lo que hemos visto y oído, eso os anunciamos, para que también vosotros tengáis comunión con nosotros; y nuestra comunión verdaderamente es con el Padre, y con su Hijo Jesucristo.

4 Y estas cosas os escribimos, para que vuestro gozo sea cumplido.

5 Y este es el mensaje que oímos de Él, y os anunciamos: Que Dios es luz, y en Él no hay ningunas tinieblas.

6 Si nosotros dijéremos que tenemos comunión con Él, y andamos en tinieblas, mentimos, y no hacemos la verdad;

7 Mas si andamos en luz, como Él está en luz, tenemos comunión entre nosotros, y la sangre de Jesucristo su Hijo nos limpia de todo pecado.

8 Si dijéremos que no tenemos pecado, nos engañamos á nosotros mismos, y no hay verdad en nosotros.

9 Si confesamos nuestros pecados, Él es fiel y justo para que nos perdone nuestros pecados, y nos limpie de toda maldad.

10 Si dijéremos que no hemos pecado, lo hacemos á Él mentiroso, y su palabra no está en nosotros.

2 Hijitos míos, estas cosas os escribo, para que no pequéis; y si alguno hubiere pecado, abogado tenemos para con el Padre, á Jesucristo el justo;

2 Y Él es la propiciación por nuestros pecados: y no solamente por los nuestros, sino también por los de todo el mundo.

3 Y en esto sabemos que nosotros le hemos conocido, si guardamos sus mandamientos.

4 El que dice, Yo le he conocido, y no guarda sus mandamientos, el tal es mentiroso, y no hay verdad en Él;

5 Mas el que guarda su palabra, la caridad de Dios está verdaderamente perfecta en Él: por esto sabemos que estamos en Él.

6 El que dice que está en Él, debe andar como Él anduvo.

7 Hermanos, no os escribo mandamiento nuevo, sino el mandamiento antiguo que habéis tenido desde el principio: el mandamiento antiguo es la palabra que habéis oído desde el principio.

8 Otra vez os escribo un mandamiento nuevo, que es verdadero en Él y en vosotros; porque las tinieblas son pasadas, y la verdadera luz ya alumbra.

9 El que dice que está en luz, y aborrece á su hermano, el tal aún está en tinieblas todavía.

10 El que ama á su hermano, está en luz, y no hay tropiezo en Él.

11 Mas el que aborrece á su hermano, está en tinieblas, y anda en tinieblas, y no sabe á dónde va; porque las tinieblas le han cegado los ojos.

12 Os escribo á vosotros, hijitos, porque vuestros pecados os son perdonados por su nombre.

13 Os escribo á vosotros, padres, porque habéis conocido á aquel que es desde el principio. Os escribo á vosotros, mancebos, porque habéis vencido al maligno. Os escribo á vosotros, hijitos, porque habéis conocido al Padre.

14 Os he escrito á vosotros, padres, porque habéis conocido al que es desde el principio. Os he escrito á vosotros, mancebos, porque sois fuertes, y la palabra de Dios mora en vosotros, y habéis vencido al maligno.

15 No améis al mundo, ni las cosas que están en el mundo. Si alguno ama al mundo, el amor del Padre no está en Él.

16 Porque todo lo que hay en el mundo, la concupiscencia de la carne, y la concupiscencia de los ojos, y la soberbia de la vida, no es del Padre, mas es del mundo.

17 Y el mundo se pasa, y su concupiscencia; mas el que hace la voluntad de Dios, permanece para siempre.

18 Hijitos, ya es el último tiempo: y como vosotros habéis oído que el anticristo ha de venir, así también al presente han comenzado á ser muchos anticristos; por lo cual sabemos que es el último tiempo.

19 Salieron de nosotros, mas no eran de nosotros; porque si fueran de nosotros, hubieran cierto permanecido con nosotros; pero salieron para que se manifestase que todos no son de nosotros.

20 Mas vosotros tenéis la unción del Santo, y conocéis todas las cosas.

21 No os he escrito como si ignoraseis la verdad, sino como á los que la conocéis, y que ninguna mentira es de la verdad.

22 ¿Quién es mentiroso, sino el que niega que Jesús es el Cristo? Este tal es anticristo, que niega al Padre y al Hijo.

23 Cualquiera que niega al Hijo, este tal tampoco tiene al Padre. Cualquiera que confiese al Hijo tiene también al Padre.

24 Pues lo que habéis oído desde el principio, sea permaneciente en vosotros. Si lo que habéis oído desde el principio fuere permaneciente en vosotros, también vosotros permaneceréis en el Hijo y en el Padre.

25 Y esta es la promesa, la cual Él nos prometió, la vida eterna.

26 Os he escrito esto sobre los que os engañan.

27 Pero la unción que vosotros habéis recibido de Él, mora en vosotros, y no tenéis necesidad que ninguno os enseñe; mas como la unción misma os enseña de todas cosas, y es verdadera, y no es mentira, así como os ha enseñado, perseveraréis en Él.

28 Y ahora, hijitos, perseverad en Él; para que cuando apareciere, tengamos confianza, y no seamos confundidos de Él en su venida.

29 Si sabéis que Él es justo, sabed también que cualquiera que hace justicia, es nacido de Él.

3 Mirad cuál amor nos ha dado el Padre, que seamos llamados hijos de Dios: por esto el mundo no nos conoce, porque no le conoce á Él.

2 Muy amados, ahora somos hijos de Dios, y aun no se ha manifestado lo que hemos de ser; pero sabemos que cuando Él apareciere, seremos semejantes á Él, porque le veremos como Él es.

3 Y cualquiera que tiene esta esperanza en Él, se purifica, como Él también es limpio.

4 Cualquiera que hace pecado, traspasa también la ley; pues el pecado es transgresión de la ley.

5 Y sabéis que Él apareció para quitar nuestros pecados, y no hay pecado en Él.

6 Cualquiera que permanece en Él, no peca; cualquiera que peca, no le ha visto, ni le ha conocido.

7 Hijitos, no os engañe ninguno: el que hace justicia, es justo, como Él también es justo.

8 El que hace pecado, es del diablo; porque el diablo peca desde el principio. Para esto apareció el Hijo de Dios, para deshacer las obras del diablo.

9 Cualquiera que es nacido de Dios, no hace pecado, porque su simiente está en Él; y no puede pecar, porque es nacido de Dios.

10 En esto son manifiestos los hijos de Dios, y los hijos del diablo: cualquiera que no hace justicia, y que no ama á su hermano, no es de Dios.

11 Porque, este es el mensaje que habéis oído desde el principio: Que nos amemos unos á otros.

12 No como Caín, que era del maligno, y mató á su hermano. ¿Y por qué causa le mató? Porque sus obras eran malas, y las de su hermano justas.

13 Hermanos míos, no os maravilléis si el mundo os aborrece.

14 Nosotros sabemos que hemos pasado de muerte á vida, en que amamos á los hermanos. El que no ama á su hermano, está en muerte.

15 Cualquiera que aborrece á su hermano, es homicida; y sabéis que ningún homicida tiene vida eterna permaneciente en sí.

16 En esto hemos conocido el amor, porque Él puso su vida por nosotros: también nosotros debemos poner nuestras vidas por los hermanos.

17 Mas el que tuviere bienes de este mundo, y viere á su hermano tener necesidad, y le cerrare sus entrañas, ¿cómo está el amor de Dios en Él?

18 Hijitos míos, no amemos de palabra ni de lengua, sino de obra y en verdad.

19 Y en esto conocemos que somos de la verdad, y tenemos nuestros corazones certificados delante de Él.

20 Porque si nuestro corazón nos reprendiere, mayor es Dios que nuestro corazón, y conoce todas las cosas.

21 Carísimos, si nuestro corazón no nos reprende, confianza tenemos en Dios;

22 Y cualquier cosa que pidiéremos, la recibiremos de Él, porque guardamos sus mandamientos, y hacemos las cosas que son agradables delante de Él.

23 Y éste es su mandamiento: Que creamos en el nombre de su Hijo Jesucristo, y nos amemos unos á otros como nos lo ha mandado.

24 Y el que guarda sus mandamientos, está en Él, y Él en Él. Y en esto sabemos que Él permanece en nosotros, por el Espíritu que nos ha dado.

4 Amados, no creáis á todo espíritu, sino probad los espíritus si son de Dios; porque muchos falsos profetas son salidos en el mundo.

2 En esto conoced el Espíritu de Dios: todo espíritu que confiesa que Jesucristo es venido en carne es de Dios:

3 Y todo espíritu que no confiesa que Jesucristo es venido en carne, no es de Dios: y éste es el espíritu del anticristo, del cual vosotros habéis oído que ha de venir, y que ahora ya está en el mundo.

4 Hijitos, vosotros sois de Dios, y los habéis vencido; porque el que en vosotros está, es mayor que el que está en el mundo.

5 Ellos son del mundo; por eso hablan del mundo, y el mundo los oye.

6 Nosotros somos de Dios: el que conoce á Dios, nos oye: el que no es de Dios, no nos oye. Por esto conocemos el espíritu de verdad y el espíritu de error.

7 Carísimos, amémonos unos á otros; porque el amor es de Dios. Cualquiera que ama, es nacido de Dios, y conoce á Dios.

8 El que no ama, no conoce á Dios; porque Dios es amor.

9 En esto se mostró el amor de Dios para con nosotros, en que Dios envió á su Hijo unigénito al mundo, para que vivamos por Él.

10 En esto consiste el amor: no que nosotros hayamos

amado á Dios, sino que Él nos amó á nosotros, y ha enviado á su Hijo en propiciación por nuestros pecados.

11 Amados, si Dios así nos ha amado, debemos también nosotros amarnos unos á otros.

12 Ninguno vió jamás á Dios. Si nos amamos unos á otros, Dios está en nosotros, y su amor es perfecto en nosotros.

13 En esto conocemos que estamos en Él, y Él en nosotros, en que nos ha dado de su Espíritu.

14 Y nosotros hemos visto y testificamos que el Padre ha enviado al Hijo para ser Salvador del mundo.

15 Cualquiera que confesare que Jesús es el Hijo de Dios, Dios está en Él, y Él en Dios.

16 Y nosotros hemos conocido y creído el amor que Dios tiene para con nosotros. Dios es amor; y el que vive en amor, vive en Dios, y Dios en Él.

17 En esto es perfecto el amor con nosotros, para que tengamos confianza en el día del juicio; pues como Él es, así somos nosotros en este mundo.

18 En amor no hay temor; mas el perfecto amor echa fuera el temor: porque el temor tiene pena. De donde el que teme, no está perfecto en el amor.

19 Nosotros le amamos á Él, porque Él nos amó primero.

20 Si alguno dice, Yo amo á Dios, y aborrece á su hermano, es mentiroso. Porque el que no ama á su hermano al cual ha visto, ¿cómo puede amar á Dios á quien no ha visto?

21 Y nosotros tenemos este mandamiento de Él: Que el que ama á Dios, ame también á su hermano.

5 Todo aquel que cree que Jesús es el Cristo, es nacido de Dios: y cualquiera que ama al que ha engendrado, ama también al que es nacido de Él.

2 En esto conocemos que amamos á los hijos de Dios, cuando amamos á Dios, y guardamos sus mandamientos.

3 Porque este es el amor de Dios, que guardemos sus mandamientos; y sus mandamientos no son penosos.

4 Porque todo aquello que es nacido de Dios vence al mundo: y esta es la victoria que vence al mundo, nuestra fe.

5 ¿Quién es el que vence al mundo, sino el que cree que Jesús es el Hijo de Dios?

6 Este es Jesucristo, que vino por agua y sangre: no por agua solamente, sino por agua y sangre. Y el Espíritu es el que da testimonio: porque el Espíritu es la verdad.

7 Porque tres son los que dan testimonio en el cielo, el Padre, el Verbo, y el Espíritu Santo: y estos tres son uno.

8 Y tres son los que dan testimonio en la tierra, el Espíritu, y el agua, y la sangre: y estos tres concuerdan en uno.

9 Si recibimos el testimonio de los hombres, el testimonio de Dios es mayor; porque éste es el testimonio de Dios, que ha testificado de su Hijo.

10 El que cree en el Hijo de Dios, tiene el testimonio en sí mismo: el que no cree á Dios, le ha hecho mentiroso; porque no ha creído en el testimonio que Dios ha testificado de su Hijo.

11 Y este es el testimonio: Que Dios nos ha dado vida eterna; y esta vida está en su Hijo.

12 El que tiene al Hijo, tiene la vida: el que no tiene la Hijo de Dios, no tiene la vida.

13 Estas cosas he escrito á vosotros que creéis en el nombre del Hijo de Dios, para que sepáis que tenéis vida eterna, y para que creáis en el nombre del Hijo de Dios.

14 Y esta es la confianza que tenemos en Él, que si demandáremos alguna cosa conforme á su voluntad, Él nos oye.

15 Y si sabemos que Él nos oye en cualquiera cosa que demandáremos, sabemos que tenemos las peticiones que le hubiéremos demandado.

16 Si alguno viere cometer á su hermano pecado no de muerte, demandará y se le dará vida; digo á los que pecan no de muerte. Hay pecado de muerte, por el cual yo no digo que ruegue.

17 Toda maldad es pecado; mas hay pecado no de muerte.

18 Sabemos que cualquiera que es nacido de Dios, no peca; mas el que es engendrado de Dios, se guarda á sí mismo, y el maligno no le toca.

19 Sabemos que somos de Dios, y todo el mundo está puesto en maldad.

20 Empero sabemos que el Hijo de Dios es venido, y nos ha dado entendimiento para conocer al que es verdadero: y estamos en el verdadero, en su Hijo Jesucristo. Este es el verdadero Dios, y la vida eterna.

21 Hijitos, guardaos de los ídolos. Amén.

2 JUAN

El anciano á la señora elegida y á sus hijos, á los cuales yo amo en verdad y no yo solo, sino también todos los que han conocido la verdad,

2 Por la verdad que está en nosotros, y será perpetuamente con nosotros:

3 Sea con vosotros gracia, misericordia, y paz de Dios Padre, y del Señor Jesucristo, Hijo del Padre, en verdad y en amor.

4 Mucho me he gozado, porque he hallado de tus hijos, que andan en verdad, como nosotros hemos recibido el mandamiento del Padre.

5 Y ahora te ruego, señora, no como escribiéndote un nuevo mandamiento, sino aquel que nosotros hemos tenido desde el principio, que nos amemos unos á otros.

6 Y este es amor, que andemos según sus mandamientos. Este es el mandamiento: Que andéis en Él, como vosotros habéis oído desde el principio.

7 Porque muchos engañadores son entrados en el mundo, los cuales no confiesan que Jesucristo ha venido en carne. Este tal el engañador es, y el anticristo.

8 Mirad por vosotros mismos, porque no perdamos las cosas que hemos obrado, sino que recibamos galardón cumplido.

9 Cualquiera que se rebela, y no persevera en la doctrina de Cristo, no tiene á Dios: el que persevera en la doctrina de Cristo, el tal tiene al Padre y al Hijo.

10 Si alguno viene á vosotros, y no trae esta doctrina, no lo recibáis en casa, ni le digáis: ¡bienvenido!

11 Porque el que le dice bienvenido, comunica con sus malas obras.

12 Aunque tengo muchas cosas que escribiros, no he querido comunicarlas por medio de papel y tinta; mas espero ir á vosotros, y hablar boca á boca, para que nuestro gozo sea cumplido.

13 Los hijos de tu hermana elegida te saludan. Amén.

3 JUAN

El anciano al muy amado Gaio, al cual yo amo en verdad.

2 Amado, yo deseo que tú seas prosperado en todas cosas, y que tengas salud, así como tu alma está en prosperidad.

3 Ciertamente me gocé mucho cuando vinieron los hermanos y dieron testimonio de tu verdad, así como tú andas en la verdad.

4 No tengo yo mayor gozo que éste, el oir que mis hijos andan en la verdad.

5 Amado, fielmente haces todo lo que haces para con los hermanos, y con los extranjeros,

6 Los cuales han dado testimonio de tu amor en presencia de la iglesia: á los cuales si ayudares como conviene según Dios, harás bien.

7 Porque ellos partieron por amor de su nombre, no tomando nada de los Gentiles.

8 Nosotros, pues, debemos recibir á los tales, para que seamos cooperadores á la verdad.

9 Yo he escrito á la iglesia: mas Diótrefes, que ama tener el primado entre ellos, no nos recibe.

10 Por esta causa, si yo viniere, recordaré las obras que hace parlando con palabras maliciosas contra nosotros; y no contento con estas cosas, no recibe á los hermanos, y prohibe á los que los quieren recibir, y los echa de la iglesia.

11 Amado, no sigas lo que es malo, sino lo que es bueno. El que hace bien es de Dios: mas el que hace mal, no ha visto á Dios.

12 Todos dan testimonio de Demetrio, y aun la misma verdad: y también nosotros damos testimonio; y vosotros habéis conocido que nuestro testimonio es verdadero.

13 Yo tenía muchas cosas que escribirte; empero no quiero escribirte por tinta y pluma:

14 Porque espero verte en breve, y hablaremos boca á boca.

15 Paz sea contigo. Los amigos te saludan. Saluda tú á los amigos por nombre.

JUDAS

Judas, siervo de Jesucristo, y hermano de Jacobo, á los llamados, santificados en Dios Padre, y conservados en Jesucristo:

2 Misericordia, y paz, y amor os sean multiplicados.

3 Amados, por la gran solicitud que tenía de escribiros de la común salud, me ha sido necesario escribiros amonestándoos que contendáis eficazmente por la fe que ha sido una vez dada á los santos.

4 Porque algunos hombres han entrado encubiertamente, los cuales desde antes habían estado ordenados para esta condenación, hombres impíos, convirtiendo la gracia de nuestro Dios en disolución, y negando á Dios que solo es el que tiene dominio, y á nuestro Señor Jesucristo.

5 Os quiero pues amonestar, ya que alguna vez habéis sabido esto, que el Señor habiendo salvado al pueblo de Egipto, después destruyó á los que no creían:

6 Y á los ángeles que no guardaron su dignidad, mas dejaron su habitación, los ha reservado debajo de oscuridad en prisiones eternas hasta el juicio del gran día:

7 Como Sodoma y Gomorra, y las ciudades comarcanas, las cuales de la misma manera que ellos habían fornicado, y habían seguido la carne extraña, fueron puestas por ejemplo: sufriendo el juicio del fuego eterno.

8 De la misma manera también estos soñadores amancillan la carne, y menosprecian la potestad, y vituperan las potestades superiores.

9 Pero cuando el arcángel Miguel contendía con el diablo, disputando sobre el cuerpo de Moisés, no se atrevió á usar de juicio de maldición contra Él, sino que dijo: El Señor te reprenda.

10 Pero éstos maldicen las cosas que no conocen; y las cosas que naturalmente conocen, se corrompen en ellas, como bestias brutas.

11 ¡Ay de ellos! porque han seguido el camino de Caín, y se lanzaron en el error de Balaam por recompensa, y perecieron en la contradicción de Coré.

12 Estos son manchas en vuestros convites, que banquetean juntamente, apacentándose á sí mismos sin temor alguno: nubes sin agua, las cuales son llevadas de acá para allá de los vientos: árboles marchitos como en otoño, sin fruto, dos veces muertos y desarraigados;

13 Fieras ondas de la mar, que espuman sus mismas abominaciones; estrellas erráticas, á las cuales es reservada eternalmente la oscuridad de las tinieblas.

14 De los cuales también profetizó Enoc, séptimo desde Adam, diciendo: He aquí, el Señor es venido con sus santos millares,

15 A hacer juicio contra todos, y á convencer á todos los impíos de entre ellos tocante á todas sus obras de impiedad que han hecho impíamente, y á todas las cosas duras que los pecadores impíos han hablado contra El.

16 Estos son murmuradores, querellosos, andando según sus deseos; y su boca habla cosas soberbias, teniendo en admiración las personas por causa del provecho.

17 Mas vosotros, amados, tened memoria de las palabras que antes han sido dichas por los apóstoles de nuestro Señor Jesucristo; que andarían según sus malvados deseos.

18 Como decían: Que en el postrer tiempo habría burladores, **19** Estos son los que hacen divisiones, sensuales, no teniendo el Espíritu.

20 Mas vosotros, oh amados, edificándoos sobre vuestra santísima fe, orando por el Espíritu Santo.

21 Conservaos en el amor de Dios, esperando la misericordia de nuestro Señor Jesucristo, para vida eterna.

22 Y recibid á los unos en piedad, discerniendo:

23 Mas haced salvos á los otros por temor, arrebatándolos del fuego; aborreciendo aun la ropa que es contaminada de la carne.

24 A aquel, pues, que es poderoso para guardaros sin caída, y presentaros delante de su gloria irreprensibles, con grande alegría,

25 Al Dios solo sabio, nuestro Salvador, sea gloria y magnificencia, imperio y potencia, ahora y en todos los siglos. Amén.

APOCALIPSIS

1 La revelación de Jesucristo, que Dios le dió, para manifestar á sus siervos las cosas que deben suceder presto; y la declaró, enviándola por su ángel á Juan su siervo,

2 El cual ha dado testimonio de la palabra de Dios, y del testimonio de Jesucristo, y de todas las cosas que ha visto.

3 Bienaventurado el que lee, y los que oyen las palabras de esta profecía, y guardan las cosas en ella escritas: porque el tiempo está cerca.

4 Juan á las siete iglesias que están en Asia: Gracia sea con vosotros, y paz del que es y que era y que ha de venir, y de los siete Espíritus que están delante de su trono;

5 Y de Jesucristo, el testigo fiel, el primogénito de los muertos, y príncipe de los reyes de la tierra. Al que nos amó, y nos ha lavado de nuestros pecados con su sangre,

6 Y nos ha hecho reyes y sacerdotes para Dios y su Padre;

á Él sea gloria é imperio para siempre jamás. Amén.

7 He aquí que viene con las nubes, y todo ojo le verá, y los que le traspasaron; y todos los linajes de la tierra se lamentarán sobre Él. Así sea. Amén.

8 Yo soy el Alpha y la Omega, principio y fin, dice el Señor, que es y que era y que ha de venir, el Todopoderoso.

9 Yo Juan, vuestro hermano, y participante en la tribulación y en el reino, y en la paciencia de Jesucristo, estaba en la isla que es llamada Patmos, por la palabra de Dios y el testimonio de Jesucristo.

10 Yo fuí en el Espíritu en el día del Señor, y oí detrás de mí una gran voz como de trompeta,

11 Que decía: Yo soy el Alpha y Omega, el primero y el último. Escribe en un libro lo que ves, y envía lo á las siete iglesias que están en Asia; á Efeso, á Smirna, y á Pérgamo, y á Tiatira, y á Sardis, y á Filadelfia, y á Laodicea.

12 Y me volví á ver la voz que hablaba conmigo: y vuelto, vi siete candeleros de oro;

13 Y en medio de los siete candeleros, uno semejante al Hijo del hombre, vestido de una ropa que llegaba hasta los pies, y ceñido por los pechos con una cinta de oro.

14 Y su cabeza y sus cabellos eran blancos como la lana blanca, como la nieve; y sus ojos como llama de fuego;

15 Y sus pies semejantes al latón fino, ardientes como en un horno; y su voz como ruido de muchas aguas.

16 Y tenía en su diestra siete estrellas: y de su boca salía una espada aguda de dos filos. Y su rostro era como el sol cuando resplandece en su fuerza.

17 Y cuando yo le vi, caí como muerto á sus pies. Y Él puso su diestra sobre mí, diciéndome: No temas: yo soy el primero y el último;

18 Y el que vivo, y he sido muerto; y he aquí que vivo por siglos de siglos, Amén. Y tengo las llaves del infierno y de la muerte.

19 Escribe las cosas que has visto, y las que son, y las que han de ser después de éstas;

20 El misterio de las siete estrellas que has visto en mi diestra, y los siete candeleros de oro. Las siete estrellas son los ángeles de las siete iglesias; y los siete candeleros que has visto, son las siete iglesias.

2 Escribe al ángel de la iglesia en EFESO: El que tiene las siete estrellas en su diestra, el cual anda en medio de los siete candeleros de oro, dice estas cosas:

2 Yo sé tus obras, y tu trabajo y paciencia; y que tú no puedes sufrir los malos, y has probado á los que se dicen ser apóstoles, y no lo son, y los has hallado mentirosos;

3 Y has sufrido, y has tenido paciencia, y has trabajado por mi nombre, y no has desfallecido.

4 Pero tengo contra ti que has dejado tu primer amor.

5 Recuerda por tanto de dónde has caído, y arrepiéntete, y haz las primeras obras; pues si no, vendré presto á ti, y quitaré tu candelero de su lugar, si no te hubieres arrepentido.

6 Mas tienes esto, que aborreces los hechos de los Nicolaítas; los cuales yo también aborrezco.

7 El que tiene oído, oiga lo que el Espíritu dice á las iglesias. Al que venciere, daré á comer del árbol de la vida, el cual está en medio del paraíso de Dios.

8 Y escribe al ángel de la iglesia en SMIRNA: El primero y postrero, que fué muerto, y vivió, dice estas cosas:

9 Yo sé tus obras, y tu tribulación, y tu pobreza (pero tú eres rico), y la blasfemia de los que se dicen ser Judíos, y no lo son, mas son sinagoga de Satanás.

10 No tengas ningún temor de las cosas que has de padecer. He aquí, el diablo ha de enviar algunos de vosotros á la cárcel, para que seáis probados, y tendréis tribulación de diez días. Sé fiel hasta la muerte, y yo te daré la corona de la vida.

11 El que tiene oído, oiga lo que el Espíritu dice á las iglesias. El que venciere, no recibirá daño de la muerte segunda.

12 Y escribe al ángel de la iglesia en PERGAMO: El que tiene la espada aguda de dos filos, dice estas cosas:

13 Yo sé tus obras, y dónde moras, donde está la silla de Satanás; y retienes mi nombre, y no has negado mi fe, aun en los días en que fué Antipas mi testigo fiel, el cual ha sido muerto entre vosotros, donde Satanás mora.

14 Pero tengo unas pocas cosas contra ti: porque tú tienes ahí los que tienen la doctrina de ahí los que tienen la doctrina de Balaam, el cual enseñaba á Balac á poner escándalo delante de los hijos de Israel, á comer de cosas sacrificadas á los ídolos, y á cometer fornicación.

15 Así también tú tienes á los que tienen la doctrina de los Nicolaítas, lo cual yo aborrezco.

16 Arrepiéntete, porque de otra manera vendré á ti presto, y pelearé contra ellos con la espada de mi boca.

17 El que tiene oído, oiga lo que el Espíritu dice á las iglesias. Al que venciere, daré á comer del maná escondido, y le daré una piedrecita blanca, y en la piedrecita un nombre nuevo escrito, el cual ninguno conoce sino aquel que lo recibe.

18 Y escribe al ángel de la iglesia en TIATIRA: El Hijo de Dios, que tiene sus ojos como llama de fuego, y sus pies semejantes al latón fino, dice estas cosas:

19 Yo he conocido tus obras, y caridad, y servicio, y fe, y tu paciencia, y que tus obras postreras son más que las primeras.

20 Mas tengo unas pocas cosas contra ti: porque permites aquella mujer Jezabel (que se dice profetisa) enseñar, y engañar á mis siervos, á fornicar, y á comer cosas ofrecidas á los ídolos.

21 Y le he dado tiempo para que se arrepienta de la fornicación; y no se ha arrepentido.

22 He aquí, yo la echo en cama, y á los que adulteran con ella, en muy grande tribulación, si no se arrepintieren de sus obras:

23 Y mataré á sus hijos con muerte; y todas las iglesias sabrán que yo soy el que escudriño los riñones y los corazones: y daré á cada uno de vosotros según sus obras.

24 Pero yo digo á vosotros, y á los demás que estáis en Tiatira, cualesquiera que no tienen esta doctrina, y que no han conocido las profundidades de Satanás, como dicen: Yo no enviaré sobre vosotros otra carga.

25 Empero la que tenéis, tenedla hasta que yo venga.

26 Y al que hubiere vencido, y hubiere guardado mis obras hasta el fin, yo le daré potestad sobre las gentes;

27 Y las regirá con vara de hierro, y serán quebrantados como vaso de alfarero, como también yo he recibido de mi Padre:

28 Y le daré la estrella de la mañana.

29 El que tiene oído, oiga lo que el Espíritu dice á las iglesias.

3 Y escribe al ángel de la iglesia en SARDIS: El que tiene los siete Espíritus de Dios, y las siete estrellas, dice estas cosas: Yo conozco tus obras que tienes nombre que vives, y estás muerto.

2 Sé vigilante, y confirma las otras cosas que están para morir; porque no he hallado tus obras perfectas delante de Dios.

3 Acuérdate pues de lo que has recibido y has oído, y guárdalo, y arrepiéntete. Y si no velares, vendré á ti como ladrón, y no sabrás en qué hora vendré á ti.

4 Mas tienes unas pocas personas en Sardis que no han ensuciado sus vestiduras: y andarán conmigo en vestiduras blancas; porque son dignos.

5 El que venciere, será vestido de vestiduras blancas; y no borraré su nombre del libro de la vida, y confesaré su nombre delante de mi Padre, y delante de sus ángeles.

6 El que tiene oído, oiga lo que el Espíritu dice á las iglesias.

7 Y escribe al ángel de la iglesia en FILADELFIA: Estas cosas dice el Santo, el Verdadero, el que tiene la llave de David, el que abre y ninguno cierra, y cierra y ninguno abre:

8 Yo conozco tus obras: he aquí, he dado una puerta abierta delante de ti, la cual ninguno puede cerrar; porque tienes un poco de potencia, y has guardado mi palabra, y no has negado mi nombre.

9 He aquí, yo doy de la sinagoga de Satanás, los que se dicen ser Judíos, y no lo son, mas mienten; he aquí, yo los constreñiré á que vengan y adoren delante de tus pies, y sepan que yo te he amado.

10 Porque has guardado la palabra de mi paciencia, yo también te guardaré de la hora de la tentación que ha de venir en todo el mundo, para probar á los que moran en la tierra.

11 He aquí, yo vengo presto; retén lo que tienes, para que ninguno tome tu corona.

12 Al que venciere, yo lo haré columna en el templo de mi Dios, y nunca más saldrá fuera; y escribiré sobre él el nombre de mi Dios, y el nombre de la ciudad de mi Dios, la nueva Jerusalem, la cual desciende del cielo de con mi Dios, y mi nombre nuevo.

13 El que tiene oído, oiga lo que el Espíritu dice á las iglesias.

14 Y escribe al ángel de la iglesia en LAODICEA: He aquí dice el Amén, el testigo fiel y verdadero, el principio de la creación de Dios:

15 Yo conozco tus obras, que ni eres frío, ni caliente. ¡Ojalá fueses frío, ó caliente!

16 Mas porque eres tibio, y no frío ni caliente, te vomitaré de mi boca.

17 Porque tú dices: Yo soy rico, y estoy enriquecido, y no tengo necesidad de ninguna cosa; y no conoces que tú eres un cuitado y miserable y pobre y ciego y desnudo;

18 Yo te amonesto que de mí compres oro afinado en fuego, para que seas hecho rico, y seas vestido de vestiduras blancas, para que no se descubra la vergüenza de tu desnudez; y unge tus ojos con colirio, para que veas.

19 Yo reprendo y castigo á todos los que amo: sé pues celoso, y arrepiéntete.

20 He aquí, yo estoy á la puerta y llamo: si alguno oyere mi voz y abriere la puerta, entraré á él, y cenaré con él, y él conmigo.

21 Al que venciere, yo le daré que se siente conmigo en mi trono; así como yo he vencido, y me he sentado con mi Padre en su trono.

22 El que tiene oído, oiga lo que el Espíritu dice á las iglesias.

4 Después de estas cosas miré, y he aquí una puerta abierta en el cielo: y la primera voz que oí, era como de trompeta que hablaba conmigo, diciendo: Sube acá, y yo te mostraré las cosas que han de ser después de éstas.

2 Y luego yo fuí en Espíritu: y he aquí, un trono que estaba puesto en el cielo, y sobre el trono estaba uno sentado.

3 Y el que estaba sentado, era al parecer semejante á una piedra de jaspe y de sardio: y un arco celeste había alrededor del trono, semejante en el aspecto á la esmeralda.

4 Y alrededor del trono había veinticuatro sillas: y vi sobre las sillas veinticuatro ancianos sentados, vestidos de ropas blancas; y tenían sobre sus cabezas coronas de oro.

5 Y del trono salían relámpagos y truenos y voces: y siete lámparas de fuego estaban ardiendo delante del trono, las cuales son los siete Espíritus de Dios.

6 Y delante del trono había como un mar de vidrio semejante al cristal; y en medio del trono, y alrededor del trono, cuatro animales llenos de ojos delante y detrás.

7 Y el primer animal era semejante á un león; y el segundo animal, semejante á un becerro; y el tercer animal tenía la cara como de hombre; y el cuarto animal, semejante á un águila volando.

8 Y los cuatro animales tenían cada uno por sí seis alas alrededor, y de dentro estaban llenos de ojos; y no tenían reposo día ni noche, diciendo: Santo, santo, santo el Señor Dios Todopoderoso, que era, y que es, y que ha de venir.

9 Y cuando aquellos animales daban gloria y honra y alabanza al que estaba sentado en el trono, al que vive para siempre jamás,

10 Los veinticuatro ancianos se postraban delante del que estaba sentado en el trono, y adoraban al que vive para siempre jamás, y echaban sus coronas delante del trono, diciendo:

11 Señor, digno eres de recibir gloria y honra y virtud: porque tú criaste todas las cosas, y por tu voluntad tienen ser y fueron criadas.

5 Y vi en la mano derecha del que estaba sentado sobre el trono un libro escrito de dentro y de fuera, sellado con siete sellos.

2 Y vi un fuerte ángel predicando en alta voz: ¿Quién es digno de abrir el libro, y de desatar sus sellos?

3 Y ninguno podía, ni en el cielo, ni en la tierra, ni debajo de la tierra, abrir el libro, ni mirarlo.

4 Y yo lloraba mucho, porque no había sido hallado ninguno digno de abrir el libro, ni de leerlo, ni de mirarlo.

5 Y uno de los ancianos me dice: No llores: he aquí el león de la tribu de Judá, la raíz de David, que ha vencido para abrir el libro, y desatar sus siete sellos.

6 Y miré; y he aquí en medio del trono y de los cuatro animales, y en medio de los ancianos, estaba un Cordero como inmolado, que tenía siete cuernos, y siete ojos, que son los siete Espíritus de Dios enviados en toda la tierra.

7 Y él vino, y tomó el libro de la mano derecha de aquel que estaba sentado en el trono.

8 Y cuando hubo tomado el libro, los cuatro animales y los veinticuatro ancianos se postraron delante del Cordero, teniendo cada uno arpas, y copas de oro llenas de perfumes, que son las oraciones de los santos:

9 Y cantaban un nuevo cántico, diciendo: Digno eres de tomar el libro, y de abrir sus sellos; porque tú fuiste inmolado, y nos has redimido para Dios con tu sangre, de todo linaje y lengua y pueblo y nación;

10 Y nos has hecho para nuestro Dios reyes y sacerdotes, y reinaremos sobre la tierra.

11 Y miré, y oí voz de muchos ángeles alrededor del trono, y de los animales, y de los ancianos; y la multitud de ellos era millones de millones,

12 Que decían en alta voz: El Cordero que fué inmolado es digno de tomar el poder y riquezas y sabiduría, y fortaleza y honra y gloria y alabanza.

13 Y oí á toda criatura que está en el cielo, y sobre la tierra, y debajo de la tierra, y que está en el mar, y todas las cosas que en ellos están, diciendo: Al que está sentado en el trono, y al Cordero, sea la bendición, y la honra, y la gloria, y el poder, para siempre jamás.

14 Y los cuatro animales decían: Amén. Y los veinticuatro ancianos cayeron sobre sus rostros, y adoraron al que vive para siempre jamás.

6 Y miré cuando el Cordero abrió uno de los sellos, y oí á uno los cuatro animales diciendo como con una voz de trueno: Ven y ve.

2 Y miré, y he aquí un caballo blanco: y el que estaba sentado encima de El, tenía un arco; y le fué dada una corona, y salió victorioso, para que también venciese.

3 Y cuando El abrió el segundo sello, oí al segundo animal, que decía: Ven y ve.

4 Y salió otro caballo bermejo: y al que estaba sentado sobre El, fué dado poder de quitar la paz de la tierra, y que se maten unos á otros: y fuéle dada una grande espada.

5 Y cuando El abrió el tercer sello, oí al tercer animal, que decía: Ven y ve. Y miré, y he aquí un caballo negro: y el que estaba sentado encima de El, tenía un peso en su mano.

6 Y oí una voz en medio de los cuatro animales, que decía: Dos libras de trigo por un denario, y seis libras de cebada por un denario: y no hagas daño al vino ni al aceite.

7 Y cuando El abrió el cuarto sello, oí la voz del cuarto animal, que decía: Ven y ve.

8 Y miré, y he aquí un caballo amarillo: y el que estaba sentado sobre El tenía por nombre Muerte; y el infierno le seguía: y le fué dada potestad sobre la cuarta parte de la tierra, para matar con espada, con hambre, con mortandad, y con las bestias de la tierra.

9 Y cuando El abrió el quinto sello, vi debajo del altar las almas de los que habían sido muertos por la palabra de Dios y por el testimonio que ellos tenían.

10 Y clamaban en alta voz diciendo: ¿Hasta cuándo, Señor, santo y verdadero, no juzgas y vengas nuestra sangre de los que moran en la tierra?

11 Y les fueron dadas sendas ropas blancas, y fuéles dicho que reposasen todavía un poco de tiempo, hasta que se completaran sus consiervos y sus hermanos, que también habían de ser muertos como ellos.

12 Y miré cuando El abrió el sexto sello, y he aquí fué hecho un gran terremoto; y el sol se puso negro como un saco de cilicio, y la luna se puso toda como sangre;

13 Y las estrellas del cielo cayeron sobre la tierra, como la higuera echa sus higos cuando es movida de gran viento.

14 Y el cielo se apartó como un libro que es envuelto; y todo monte y las islas fueron movidas de sus lugares.

15 Y los reyes de la tierra, y los príncipes, y los ricos, y los capitanes, y los fuertes, y todo siervo y todo libre, se escondieron en las cuevas y entre las peñas de los montes;

16 Y decían á los montes y á las peñas: Caed sobre nosotros, y escondednos de la cara de aquél que está sentado sobre el trono, y de la ira del Cordero:

17 Porque el gran día de su ira es venido; ¿y quién podrá estar firme?

7 Y después de estas cosas vi cuatro ángeles que estaban sobre los cuatro ángulos de la tierra, deteniendo los cuatro vientos de la tierra, para que no soplase viento sobre la tierra, ni sobre la mar, ni sobre ningún árbol.

2 Y otro ángel que subía del nacimiento del sol, teniendo el sello del Dios vivo: y clamó con gran voz á los cuatro ángeles, á los cuales era dado hacer daño á la tierra y á la mar,

3 Diciendo: No hagáis daño á la tierra, ni al mar, ni á los árboles, hasta que señalemos á los siervos de nuestro Dios en sus frentes.

4 Y oí el número de los señalados: ciento cuarenta y cuatro mil señalados de todas las tribus de los hijos de Israel.

5 De la tribu de Judá, doce mil señalados. De la tribu de Rubén, doce mil señalados. De la tribu de Gad, doce mil señalados.

6 De la tribu de Aser, doce mil señalados. De la tribu de Neftalí, doce mil señalados. De la tribu de Manasés, doce mil señalados.

7 De la tribu de Simeón, doce mil señalados. De la tribu de Leví, doce mil señalados. De la tribu de Issachâr, doce mil señalados.

8 De la tribu de Zabulón, doce mil señalados. De la tribu de José,

doce mil señalados. De la tribu de Benjamín, doce mil señalados.

9 Después de estas cosas miré, y he aquí una gran compañía, la cual ninguno podía contar, de todas gentes y linajes y pueblos y lenguas, que estaban delante del trono y en la presencia del Cordero, vestidos de ropas blancas, y palmas en sus manos;

10 Y clamaban en alta voz, diciendo: Salvación á nuestro Dios que está sentado sobre el trono, y al Cordero.

11 Y todos los ángeles estaban alrededor del trono, y de los ancianos y los cuatro animales; y postráronse sobre sus rostros delante del trono, y adoraron á Dios,

12 Diciendo: Amén: La bendición y la gloria y la sabiduría, y la acción de gracias y la honra y la potencia y la fortaleza, sean á nuestro Dios para siempre jamás. Amén.

13 Y respondió uno de los ancianos, diciéndome: Estos que están vestidos de ropas blancas, ¿quiénes son, y de dónde han venido?

14 Y yo le dije: Señor, tú lo sabes. Y El me dijo: Estos son los que han venido de grande tribulación, y han lavado sus ropas, y las han blanqueado en la sangre del Cordero.

15 Por esto están delante del trono de Dios, y le sirven día y noche en su templo: y el que está sentado en el trono tenderá su pabellón sobre ellos.

16 No tendrán más hambre, ni sed, y el sol no caerá más sobre ellos, ni otro ningún calor.

17 Porque el Cordero que está en medio del trono los pastoreará, y los guiará á fuentes vivas de aguas: y Dios limpiará toda lágrima de los ojos de ellos.

8 Y cuando El abrió el séptimo sello, fué hecho silencio en el cielo casi por media hora.

2 Y vi los siete ángeles que estaban delante de Dios; y les fueron dadas siete trompetas.

3 Y otro ángel vino, y se paró delante del altar, teniendo un incensario de oro; y le fué dado mucho incienso para que lo añadiese á las oraciones de todos los santos sobre el altar de oro que estaba delante del trono.

4 Y el humo del incienso subió de la mano del ángel delante de Dios, con las oraciones de los santos.

5 Y el ángel tomó el incensario, y lo llenó del fuego del altar, y echólo en la tierra; y fueron hechos truenos y voces y relámpagos y terremotos.

6 Y los siete ángeles que tenían las siete trompetas, se aparejaron para tocar.

7 Y el primer ángel tocó la trompeta, y fué hecho granizo y fuego, mezclado con sangre, y fueron arrojados á la tierra; y la tercera parte de los árboles fué quemada, y quemóse toda la hierba verde.

8 Y el segundo ángel tocó la trompeta, y como un grande monte ardiendo con fuego fué lanzado en la mar, y la tercera parte de la mar se tornó en sangre.

9 Y murió la tercera parte de las criaturas que estaban en la mar, las cuales tenían vida; y la tercera parte de los navíos pereció.

10 Y el tercer ángel tocó la trompeta, y cayó del cielo una grande estrella, ardiendo como una antorcha, y cayó en la tercera parte de los ríos, y en las fuentes de las aguas.

11 Y el nombre de la estrella se dice Ajenjo. Y la tercera parte de las aguas fué vuelta en ajenjo: y muchos murieron por las aguas, porque fueron hechas amargas.

12 Y el cuarto ángel tocó la trompeta, y fué herida la tercera parte del sol, y la tercera parte de la luna, y la tercera parte de las estrellas; de tal manera que se oscureció la tercera parte de ellos, y no alumbraba la tercera parte del día, y lo mismo de la noche.

13 Y miré, y oí un ángel volar por medio del cielo, diciendo en alta voz: ¡Ay! ¡ay! ¡ay! de los que moran en la tierra, por razón de las otras voces de trompeta de los tres ángeles que han de tocar!

9 Y el quinto ángel tocó la trompeta, y vi una estrella que cayó del cielo en la tierra; y le fué dada la llave del pozo del abismo.

2 Y abrió el pozo del abismo, y subió humo del pozo como el humo de un gran horno; y oscurecióse el sol y el aire por el humo del pozo.

3 Y del humo salieron langostas á la tierra; y fuéles dada potestad, como tienen potestad los escorpiones de la tierra.

4 Y les fué mandado que no hiciesen daño á la hierba de la tierra, ni á ninguna cosa verde, ni á ningún árbol, sino solamente á los hombres que no tienen la señal de Dios en sus frentes.

5 Y le fué dado que no los matasen, sino que los atormentasen cinco meses; y su tormento era como tormento de escorpión, cuando hiere al hombre.

6 Y en aquellos días buscarán los hombres la muerte, y no la hallarán; y desearán morir, y la muerte huirá de ellos.

7 Y el parecer de las langostas era semejante á caballos aparejados para la guerra; y sobre sus cabezas tenían como coronas semejantes al oro; y sus caras como caras de hombres.

8 Y tenían cabellos como cabellos de mujeres: y sus dientes eran como dientes de leones.

9 Y tenían corazas como corazas de hierro; y el estruendo de sus alas, como el ruido de carros que con muchos caballos corren á la batalla.

10 Y tenían colas semejantes á las de los escorpiones, y tenían en sus colas aguijones; y su poder era de hacer daño á los hombres cinco meses.

11 Y tienen sobre sí por rey al ángel del abismo, cuyo nombre en hebraico es Abaddon, y en griego, Apollyon.

12 El primer ¡Ay! es pasado: he aquí, vienen aún dos ayes después de estas cosas.

13 Y el sexto ángel tocó la trompeta; y oí una voz de los cuatro cuernos del altar de oro que estaba delante de Dios,

14 Diciendo al sexto ángel que tenía la trompeta: Desata los cuatro ángeles que están atados en el gran río Eufrates.

15 Y fueron desatados los cuatro ángeles que estaban aparejados para la hora y día y mes y año, para matar la tercera parte de los hombres.

16 Y el número del ejército de los de á caballo era doscientos millones. Y oí el número de ellos.

17 Y así vi los caballos en visión, y los que sobre ellos estaban sentados, los cuales tenían corazas de fuego, de jacinto, y de azufre. Y las cabezas de los caballos eran como cabezas de leones; y de la boca de ellos salía fuego y humo y azufre.

18 De estas tres plagas fué muerta la tercera parte de los hombres: del fuego, y del humo, y del azufre, que salían de la boca de ellos.

19 Porque su poder está en su boca y en sus colas: porque sus colas eran semejantes á serpientes, y tenían cabezas, y con ellas dañan.

20 Y los otros hombres que no fueron muertos con estas plagas, aun no se arrepintieron de las obras de sus manos, para que no adorasen á los demonios, y á las imágenes de oro, y de plata, y de metal, y de piedra, y de madera; las cuales no pueden ver, ni oir, ni andar;

21 Y no se arrepintieron de sus homicidios, ni de sus hechicerías, ni de su fornicación, ni de sus hurtos.

10 Y vi otro ángel fuerte descender del cielo, cercado de una nube, y el arco celeste sobre su cabeza; y su rostro era como el sol, y sus pies como columnas de fuego.

2 Y tenía en su mano un librito abierto: y puso su pie derecho sobre el mar, y el izquierdo sobre la tierra;

3 Y clamó con grande voz, como cuando un león ruge: y cuando hubo clamado, siete truenos hablaron sus voces.

4 Y cuando los siete truenos hubieron hablado sus voces, yo iba á escribir, y oí una voz del cielo que me decía: Sella las cosas que los siete truenos han hablado, y no las escribas.

5 Y el ángel que vi estar sobre el mar y sobre la tierra, levantó su mano al cielo,

6 Y juró por el que vive para siempre jamás, que ha criado el cielo y las cosas que están en Él, y la tierra y las cosas que están en ella, y el mar y las cosas que están en Él, que el tiempo no será más,

7 Pero en los días de la voz del séptimo ángel, cuando Él comenzare á tocar la trompeta, el misterio de Dios será consumado, como Él lo anunció á sus siervos los profetas.

8 Y la voz que oí del cielo hablaba otra vez conmigo, y decía: Ve, y toma el librito abierto de la mano del ángel que está sobre el mar y sobre la tierra.

9 Y fuí al ángel, diciéndole que me diese el librito, y Él me dijo: Toma, y trágalo; y Él te hará amargar tu vientre, pero en tu boca será dulce como la miel.

10 Y tomé el librito de la mano del ángel, y lo devoré; y era dulce en mi boca como la miel; y cuando lo hube devorado, fué amargo mi vientre.

11 Y Él me dice: Necesario es que otra vez profetices á muchos pueblos y gentes y lenguas y reyes.

11 Y me fué dada una caña semejante á una vara, y se me dijo: Levántate, y mide el templo de Dios, y el altar, y á los que adoran en Él.

2 Y echa fuera el patio que está fuera del templo, y no lo midas, porque es dado á los Gentiles; y hollarán la ciudad santa cuarenta y dos meses.

3 Y daré á mis dos testigos, y ellos profetizarán por mil doscientos y sesenta días, vestidos de sacos.

4 Estas son las dos olivas, y los dos candeleros que están delante del Dios de la tierra.

5 Y si alguno los quisiere dañar, sale fuego de la boca de ellos, y devora á sus enemigos: y si alguno les quisiere hacer daño, es necesario que Él sea así muerto.

6 Estos tienen potestad de cerrar el cielo, que no llueva en los días de su profecía, y tienen poder sobre las aguas para convertirlas en sangre, y para herir la tierra con toda plaga cuantas veces quisieren.

7 Y cuando ellos hubieren acabado su testimonio, la bestia que sube del abismo hará guerra contra ellos, y los vencerá, y los matará.

8 Y sus cuerpos serán echados en las plazas de la grande ciudad, que espiritualmente es llamada Sodoma y Egipto, donde también nuestro Señor fué crucificado.

9 Y los de los linajes, y de los pueblos, y de las lenguas, y de los Gentiles verán los cuerpos de ellos por tres días y medio, y no permitirán que sus cuerpos sean puestos en sepulcros.

10 Y los moradores de la tierra se gozarán sobre ellos, y se alegrarán, y se enviarán dones los unos á los otros; porque estos dos profetas han atormentado á los que moran sobre la tierra.

11 Y después de tres días y medio el espíritu de vida enviado de Dios, entró en ellos, y se alzaron sobre sus pies, y vino gran temor sobre los que los vieron.

12 Y oyeron una grande voz del cielo, que les decía: Subid acá. Y subieron al cielo en una nube, y sus enemigos los vieron.

13 Y en aquella hora fué hecho gran temblor de tierra, y la décima parte de la ciudad cayó, y fueron muertos en el temblor de tierra en número de siete mil hombres: y los demás fueron espantados, y dieron gloria al Dios del cielo.

14 El segundo ¡Ay! es pasado: he aquí, el tercer ¡Ay! vendrá presto.

15 Y el séptimo ángel tocó la trompeta, y fueron hechas grandes voces en el cielo, que decían: Los reinos del mundo han venido á ser los reinos de nuestro Señor, y de su Cristo: y reinará para siempre jamás.

16 Y los veinticuatro ancianos que estaban sentados delante de Dios en sus sillas, se postraron sobre sus rostros, y adoraron á Dios,

17 Diciendo: Te damos gracias, Señor Dios Todopoderoso, que eres y eras y que has de venir, porque has tomado tu grande potencia, y has reinado.

18 Y se han airado las naciones, y tu ira es venida, y el tiempo de los muertos, para que sean juzgados, y para que des el galardón á tus siervos los profetas, y á los santos, y á los que temen tu nombre, á los pequeñitos y á los grandes, y para que destruyas los que destruyen la tierra.

19 Y el templo de Dios fué abierto en el cielo, y el arca de su testamento fué vista en su templo. Y fueron hechos relámpagos y voces y truenos y terremotos y grande granizo.

12 Y una grande señal apareció en el cielo: una mujer vestida del sol, y la luna debajo de sus pies, y sobre su cabeza una corona de doce estrellas.

2 Y estando preñada, clamaba con dolores de parto, y sufría tormento por parir.

3 Y fué vista otra señal en el cielo: y he aquí un grande dragón bermejo, que tenía siete cabezas y diez cuernos, y en sus cabezas siete diademas.

4 Y su cola arrastraba la tercera parte de las estrellas del cielo, y las echó en tierra. Y el dragón se paró delante de la mujer que estaba para parir, á fin de devorar á su hijo cuando hubiese parido.

5 Y ella parió un hijo varón, el cual había de regir todas las gentes con vara de hierro: y su hijo fué arrebatado para Dios y á su trono.

6 Y la mujer huyó al desierto, donde tiene lugar aparejado de Dios, para que allí la mantengan mil doscientos y sesenta días.

7 Y fué hecha una grande batalla en el cielo: Miguel y sus ángeles lidiaban contra el dragón; y lidiaba el dragón y sus ángeles.

8 Y no prevalecieron, ni su lugar fué más hallado en el cielo.

9 Y fué lanzado fuera aquel gran dragón, la serpiente antigua, que se llama Diablo y Satanás, el cual engaña á todo el mundo; fué arrojado en tierra, y sus ángeles fueron arrojados con Él.

10 Y oí una grande voz en el cielo que decía: Ahora ha venido la salvación, y la virtud, y el reino de nuestro Dios, y el poder de su Cristo; porque el acusador de nuestros hermanos ha sido arrojado, el cual los acusaba delante de nuestro Dios día y noche.

11 Y ellos le han vencido por la sangre del Cordero, y por la palabra de su testimonio; y no han amado sus vidas hasta la muerte.

12 Por lo cual alegraos, cielos, y los que moráis en ellos. ¡Ay de los moradores de la tierra y del mar! porque el diablo ha descendido á vosotros, teniendo grande ira, sabiendo que tiene poco tiempo.

13 Y cuando vió el dragón que Él había sido arrojado á la tierra, persiguió á la mujer que había parido al hijo varón.

14 Y fueron dadas á la mujer dos alas de grande águila, para que de la presencia de la serpiente volase al desierto, á su lugar, donde es mantenida por un tiempo, y tiempos, y la mitad de un tiempo.

15 Y la serpiente echó de su boca tras la mujer agua como un río, á fin de hacer que fuese arrebatada del río.

16 Y la tierra ayudó á la mujer, y la tierra abrió su boca, y sorbió el río que había echado el dragón de su boca.

17 Entonces el dragón fué airado contra la mujer; y se fué á hacer guerra contra los otros de la simiente de ella, los cuales guardan los mandamientos de Dios, y tienen el testimonio de Jesucristo.

13 Y yo me paré sobre la arena del mar, y vi una bestia subir del mar, que tenía siete cabezas y diez cuernos; y sobre sus cuernos diez diademas; y sobre las cabezas de ella nombre de blasfemia.

2 Y la bestia que vi, era semejante á un leopardo, y sus pies como de oso, y su boca como boca de león. Y el dragón le dió su poder, y su trono, y grande potestad.

3 Y vi una de sus cabezas como herida de muerte, y la llaga de su muerte fué curada: y se maravilló toda la tierra en pos de la bestia.

4 Y adoraron al dragón que había dado la potestad á la bestia, y adoraron á la bestia, diciendo: ¿Quién es semejante á la bestia, y quién podrá lidiar con ella?

5 Y le fué dada boca que hablase grandes cosas y blasfemias: y le fué dada potencia de obrar cuarenta y dos meses.

6 Y abrió su boca en blasfemias contra Dios, para blasfemar su nombre, y su tabernáculo, y á los que moran en el cielo.

7 Y le fué dado hacer guerra contra los santos, y vencerlos. También le fué dada potencia sobre toda tribu y pueblo y lengua y gente.

8 Y todos los que moran en la tierra le adoraron, cuyos nombres no están escritos en el libro de la vida del Cordero, el cual fué muerto desde el principio del mundo.

9 Si alguno tiene oído, oiga.

10 El que lleva en cautividad, va en cautividad: el que á cuchillo matare, es necesario que á cuchillo sea muerto. Aquí está la paciencia, y la fe de los santos.

11 Después vi otra bestia que subía de la tierra; y tenía dos cuernos semejantes á los de un cordero, mas hablaba como un dragón.

12 Y ejerce todo el poder de la primera bestia en presencia de ella; y hace á la tierra y á los moradores de ella adorar la primera bestia, cuya llaga de muerte fué curada.

13 Y hace grandes señales, de tal manera que aun hace descender fuego del cielo á la tierra delante de los hombres.

14 Y engaña á los moradores de la tierra por las señales que le ha sido dado hacer en presencia de la bestia, mandando á los moradores de la tierra que hagan la imagen de la bestia que tiene la herida de cuchillo, y vivió.

15 Y le fué dado que diese espíritu á la imagen de la bestia, para que la imagen de la bestia hable; y hará que cualesquiera que no adoraren la imagen de la bestia sean muertos.

16 Y hacía que á todos, á los pequeños y grandes, ricos y pobres, libres y siervos, se pusiese una marca en su mano derecha, ó en sus frentes:

17 Y que ninguno pudiese comprar ó vender, sino el que tuviera la señal, ó el nombre de la bestia, ó el número de su nombre.

18 Aquí hay sabiduría. El que tiene entendimiento, cuente el número de la bestia; porque es el número de hombre: y el número de ella, seiscientos sesenta y seis.

14 Y miré, y he aquí, el Cordero estaba sobre el monte de Sión, y con Él ciento cuarenta y cuatro mil, que tenían el nombre de su Padre escrito en sus frentes.

2 Y oí una voz del cielo como ruido de muchas aguas, y como sonido de un gran trueno: y oí una voz de tañedores de arpas que tañían con sus arpas:

3 Y cantaban como un cántico nuevo delante del trono, y delante de los cuatro animales, y de los ancianos: y ninguno podía aprender el cántico sino aquellos ciento cuarenta y cuatro mil, los cuales fueron comprados de entre los de la tierra.

4 Estos son los que con mujeres no fueron contaminados;

porque son vírgenes. Estos, los que siguen al Cordero por donde quiera que fuere. Estos fueron comprados de entre los hombres por primicias para Dios y para el Cordero.

5 Y en sus bocas no ha sido hallado engaño; porque ellos son sin mácula delante del trono de Dios.

6 Y vi otro ángel volar por en medio del cielo, que tenía el evangelio eterno para predicarlo á los que moran en la tierra, y á toda nación y tribu y lengua y pueblo,

7 Diciendo en alta voz: Temed á Dios, y dadle honra; porque la hora de su juicio es venida; y adorad á aquel que ha hecho el cielo y la tierra y el mar y las fuentes de las aguas.

8 Y otro ángel le siguió, diciendo: Ha caído, ha caído Babilonia, aquella grande ciudad, porque ella ha dado á beber á todas las naciones del vino del furor de su fornicación.

9 Y el tercer ángel los siguió, diciendo en alta voz: Si alguno adora á la bestia y á su imagen, y toma la señal en su frente, ó en su mano,

10 Este también beberá del vino de la ira de Dios, el cual está echado puro en el cáliz de su ira; y será atormentado con fuego y azufre delante de los santos ángeles, y delante del Cordero:

11 Y el humo del tormento de ellos sube para siempre jamás. Y los que adoran á la bestia y á su imagen, no tienen reposo día ni noche, ni cualquiera que tomare la señal de su nombre.

12 Aquí está la paciencia de los santos; aquí están los que guardan los mandamientos de Dios, y la fe de Jesús.

13 Y oí una voz del cielo que me decía: Escribe: Bienaventurados los muertos que de aquí adelante mueren en el Señor. Sí, dice el Espíritu, que descansarán de sus trabajos; porque sus obras con ellos siguen.

14 Y miré, y he aquí una nube blanca; y sobre la nube uno sentado semejante al Hijo del hombre, que tenía en su cabeza una corona de oro, y en su mano una hoz aguda.

15 Y otro ángel salió del templo, clamando en alta voz al que estaba sentado sobre la nube: Mete tu hoz, y siega; porque la hora de segar te es venida, porque la mies de la tierra está madura.

16 Y el que estaba sentado sobre la nube echó su hoz sobre la tierra, y la tierra fué segada.

17 Y salió otro ángel del templo que está en el cielo, teniendo también una hoz aguda.

18 Y otro ángel salió del altar, el cual tenía poder sobre el fuego, y clamó con gran voz al que tenía la hoz aguda, diciendo: Mete tu hoz aguda, y vendimia los racimos de la tierra; porque están maduras sus uvas.

19 Y el ángel echó su hoz aguda en la tierra, y vendimió la viña de la tierra, y echó la uva en el grande lagar de la ira de Dios.

20 Y el lagar fué hollado fuera de la ciudad, y del lagar salió sangre hasta los frenos de los caballos por mil y seiscientos estadios.

15 Y vi otra señal en el cielo, grande y admirable, que era siete ángeles que tenían las siete plagas postreras; porque en ellas es consumada la ira de Dios.

2 Y vi así como un mar de vidrio mezclado con fuego; y los que habían alcanzado la victoria de la bestia, y de su imagen, y de su señal, y del número de su nombre, estar sobre el mar de vidrio, teniendo las arpas de Dios.

3 Y cantan el cántico de Moisés siervo de Dios, y el cántico del Cordero, diciendo: Grandes y maravillosas son tus obras, Señor Dios Todopoderoso; justos y verdaderos son tus caminos, Rey de los santos.

4 ¿Quién no te temerá, oh Señor, y engrandecerá tu nombre? porque tú sólo eres santo; por lo cual todas las naciones vendrán, y adorarán delante de ti, porque tus juicios son manifestados.

5 Y después de estas cosas miré, y he aquí el templo del tabernáculo del testimonio fué abierto en el cielo:

6 Y salieron del templo siete ángeles, que tenían siete plagas, vestidos de un lino limpio y blanco, y ceñidos alrededor de los pechos con bandas de oro.

7 Y uno de los cuatro animales dió á los siete ángeles siete copas de oro, llenas de la ira de Dios, que vive para siempre jamás.

8 Y fué el templo lleno de humo por la majestad de Dios, y por su potencia; y ninguno podía entrar en el templo, hasta que fuesen consumadas las siete plagas de los siete ángeles.

16 Y oí una gran voz del templo, que decía á los siete ángeles: Id, y derramad las siete copas de la ira de Dios sobre la tierra.

2 Y fué el primero, y derramó su copa sobre la tierra; y vino una plaga mala y dañosa sobre los hombres que tenían la señal de la bestia, y sobre los que adoraban su imagen.

3 Y el segundo ángel derramó su copa sobre el mar, y se convirtió en sangre como de un muerto; y toda alma viviente fué muerta en el mar.

4 Y el tercer ángel derramó su copa sobre los ríos, y sobre las fuentes de las aguas, y se convirtieron en sangre.

5 Y oí al ángel de las aguas, que decía: Justo eres tú, oh Señor, que eres y que eras, el Santo, porque has juzgado estas cosas:

6 Porque ellos derramaron la sangre de los santos y de los profetas, también tú les has dado á beber sangre; pues lo merecen.

7 Y oí á otro del altar, que decía: Ciertamente, Señor Dios Todopoderoso, tus juicios son verdaderos y justos.

8 Y el cuarto ángel derramó su copa sobre el sol; y le fué dado quemar á los hombres con fuego.

9 Y los hombres se quemaron con el grande calor, y blasfemaron el nombre de Dios, que tiene potestad sobre estas plagas, y no se arrepintieron para darle gloria.

10 Y el quinto ángel derramó su copa sobre la silla de la bestia; y su reino se hizo tenebroso, y se mordían sus lenguas de dolor;

11 Y blasfemaron del Dios del cielo por sus dolores, y por sus plagas, y no se arrepintieron de sus obras.

12 Y el sexto ángel derramó su copa sobre el gran río Eufrates; y el agua de Él se secó, para que fuese preparado el camino de los reyes del Oriente.

13 Y vi salir de la boca del dragón, y de la boca de la bestia, y de la boca del falso profeta, tres espíritus inmundos á manera de ranas:

14 Porque son espíritus de demonios, que hacen señales, para ir á los reyes de la tierra y de todo el mundo, para congregarlos para la batalla de aquel gran día del Dios Todopoderoso.

15 He aquí, yo vengo como ladrón. Bienaventurado el que vela, y guarda sus vestiduras, para que no ande desnudo, y vean su vergüenza.

16 Y los congregó en el lugar que en hebreo se llama Armagedón.

17 Y el séptimo ángel derramó su copa por el aire; y salió una grande voz del templo del cielo, del trono, diciendo: Hecho es.

18 Entonces fueron hechos relámpagos y voces y truenos; y hubo un gran temblor de tierra, un terremoto tan grande, cual no fué jamás desde que los hombres han estado sobre la tierra.

19 Y la ciudad grande fué partida en tres partes, y las ciudades de las naciones cayeron; y la grande Babilonia vino en memoria delante de Dios, para darle el cáliz del vino del furor de su ira.

20 Y toda isla huyó, y los montes no fueron hallados.

21 Y cayó del cielo sobre los hombres un grande granizo como del peso de un talento; y los hombres blasfemaron de Dios por la plaga del granizo; porque su plaga fué muy grande.

17 Y vino uno de los siete ángeles que tenían las siete copas, y habló conmigo, diciéndome: Ven acá, y te mostraré la condenación de la grande ramera, la cual está sentada sobre muchas aguas:

2 Con la cual han fornicado los reyes de la tierra, y los que moran en la tierra se han embriagado con el vino de su fornicación.

3 Y me llevó en Espíritu al desierto; y vi una mujer sentada sobre una bestia bermeja llena de nombres de blasfemia y que tenía siete cabezas y diez cuernos.

4 Y la mujer estaba vestida de púrpura y de escarlata, y dorada con oro, y adornada de piedras preciosas y de perlas, teniendo un cáliz de oro en su mano lleno de abominaciones y de la suciedad de su fornicación:

5 Y en su frente un nombre escrito: MISTERIO, BABILONIA LA GRANDE, LA MADRE DE LAS FORNICACIONES Y DE LAS ABOMINACIONES DE LA TIERRA.

6 Y vi la mujer embriagada de la sangre de los santos, y de la sangre de los mártires de Jesús; y cuando la vi, quedé maravillado de grande admiración.

7 Y el ángel me dijo: ¿Por qué te maravillas? Yo te diré el misterio de la mujer, y de la bestia que la trae, la cual tiene siete cabezas y diez cuernos.

8 La bestia que has visto, fué, y no es; y ha de subir del abismo, y ha de ir á perdición; y los moradores de la tierra, cuyos nombres no están escritos en el libro de la vida desde la fundación del mundo, se maravillarán viendo la bestia que era y no es, aunque es.

9 Y aquí hay mente que tiene sabiduría. Las siete cabezas son siete montes, sobre los cuales se asienta la mujer.

10 Y son siete reyes. Los cinco son caídos; el uno es, el otro aun no es venido; y cuando viniere, es necesario que dure breve tiempo.

11 Y la bestia que era, y no es, es también el octavo, y es de los siete, y va á perdición.

12 Y los diez cuernos que has visto, son diez reyes, que aun no han recibido reino; mas tomarán potencia por una hora como reyes con la bestia.

13 Estos tienen un consejo, y darán su potencia y autoridad á la bestia.

14 Ellos pelearán contra el Cordero, y el Cordero los vencerá, porque es el Señor de los señores, y el Rey de los reyes: y los que están con Él son llamados, y elegidos, y fieles.

15 Y Él me dice: Las aguas que has visto donde la ramera se sienta, son pueblos y muchedumbres y naciones y lenguas.

16 Y los diez cuernos que viste en la bestia, éstos aborrecerán á la ramera, y la harán desolada y desnuda: y comerán sus carnes, y la quemarán con fuego:

17 Porque Dios ha puesto en sus corazones ejecutar lo que le plugo, y el ponerse de acuerdo, y dar su reino á la bestia, hasta que sean cumplidas las palabras de Dios.

18 Y la mujer que has visto, es la grande ciudad que tiene reino sobre los reyes de la tierra.

18 Y después de estas cosas vi otro ángel descender del cielo teniendo grande potencia; y la tierra fué alumbrada de su gloria.

2 Y clamó con fortaleza en alta voz, diciendo: Caída es, caída es la grande Babilonia, y es hecha habitación de demonios, y guarida de todo espíritu inmundo, y albergue de todas aves sucias y aborrecibles.

3 Porque todas las gentes han bebido del vino del furor de su fornicación; y los reyes de la tierra han fornicado con ella, y los mercaderes de la tierra se han enriquecido de la potencia de sus deleites.

4 Y oí otra voz del cielo, que decía: Salid de ella, pueblo mío, porque no seáis participantes de sus pecados, y que no recibáis de sus plagas;

5 Porque sus pecados han llegado hasta el cielo, y Dios se ha acordado de sus maldades.

6 Tornadle á dar como ella os ha dado, y pagadle al doble según sus obras; en el cáliz que ella os dió á beber, dadle á beber doblado.

7 Cuanto ella se ha glorificado, y ha estado en deleites, tanto dadle de tormento y llanto; porque dice en su corazón: Yo estoy sentada reina, y no soy viuda, y no veré llanto.

8 Por lo cual en un día vendrán sus plagas, muerte, llanto y hambre, y será quemada con fuego; porque el Señor Dios es fuerte, que la juzgará.

9 Y llorarán y se lamentarán sobre ella los reyes de la tierra, los cuales han fornicado con ella y han vivido en deleites, cuando ellos vieren el humo de su incendio,

10 Estando lejos por el temor de su tormento, diciendo: ¡Ay, ay, de aquella gran ciudad de Babilonia, aquella fuerte ciudad; porque en una hora vino tu juicio!

11 Y los mercaderes de la tierra lloran y se lamentan sobre ella, porque ninguno compra más sus mercaderías:

12 Mercadería de oro, y de plata, y de piedras preciosas, y de margaritas, y de lino fino, y de escarlata, y de seda, y de grana, y de toda madera olorosa, y de todo vaso de marfil, y de todo vaso de madera preciosa, y de cobre, y de hierro, y de mármol;

13 Y canela, y olores, y ungüentos, y de incienso, y de vino, y de aceite; y flor de harina y trigo, y de bestias, y de ovejas; y de caballos, y de carros, y de siervos, y de almas de hombres.

14 Y los frutos del deseo de tu alma se apartaron de ti; y todas las cosas gruesas y excelentes te han faltado, y nunca más las hallarás.

15 Los mercaderes de estas cosas, que se han enriquecido, se pondrán lejos de ella por el temor de su tormento, llorando y lamentando,

16 Y diciendo: ¡Ay, ay, aquella gran ciudad, que estaba vestida de lino fino, y de escarlata, y de grana, y estaba dorada con oro, y adornada de piedras preciosas y de perlas!

17 Porque en una hora han sido desoladas tantas riquezas. Y todo patrón, y todos los que viajan en naves, y marineros, y todos los que trabajan en el mar, se estuvieron lejos;

18 Y viendo el humo de su incendio, dieron voces, diciendo: ¿Qué ciudad era semejante á esta gran ciudad?

19 Y echaron polvo sobre sus cabezas; y dieron voces, llorando y lamentando, diciendo: ¡Ay, ay, de aquella gran ciudad, en la cual todos los que tenían navíos en la mar se habían enriquecido de sus riquezas; que en una hora ha sido desolada!

20 Alégrate sobre ella, cielo, y vosotros, santos, apóstoles, y profetas; porque Dios ha vengado vuestra causa en ella.

21 Y un ángel fuerte tomó una piedra como una grande piedra de molino, y la echó en la mar, diciendo: Con tanto ímpetu será derribada Babilonia, aquella grande ciudad, y nunca jamás será hallada.

22 Y voz de tañedores de arpas, y de músicos, y de tañedores de flautas y de trompetas, no será más oída en ti; y todo artífice de cualquier oficio, no será más hallado en ti; y el sonido de muela no será más en ti oído:

23 Y luz de antorcha no alumbrará más en ti; y voz de esposo ni de esposa no será más en ti oída; porque tus mercaderes eran los magnates de la tierra; porque en tus hechicerías todas las gentes han errado.

24 Y en ella fué hallada la sangre de los profetas y de los santos, y de todos los que han sido muertos en la tierra.

19 DESPUÉS de estas cosas oí una gran voz de gran compañía en el cielo, que decía: Aleluya: Salvación y honra y gloria y potencia al Señor Dios nuestro

2 Porque sus juicios son verdaderos y justos; porque Él ha juzgado á la grande ramera, que ha corrompido la tierra con su fornicación, y ha vengado la sangre de sus siervos de la mano de ella.

3 Y otra vez dijeron: Aleluya. Y su humo subió para siempre jamás.

4 Y los veinticuatro ancianos y los cuatro animales se postraron en tierra, y adoraron á Dios que estaba sentado sobre el trono, diciendo: Amén: Aleluya.

5 Y salió una voz del trono, que decía: Load á nuestro Dios todos sus siervos, y los que le teméis, así pequeños como grandes.

6 Y oí como la voz de una grande compañía, y como el ruido de muchas aguas, y como la voz de grandes truenos, que decía: Aleluya: porque reinó el Señor nuestro Dios Todopoderoso.

7 Gocémonos y alegrémonos y démosle gloria; porque son venidas las bodas del Cordero, y su esposa se ha aparejado.

8 Y le fué dado que se vista de lino fino, limpio y brillante: porque el lino fino son las justificaciones de los santos.

9 Y Él me dice: Escribe: Bienaventurados los que son llamados á la cena del Cordero. Y me dijo: Estas palabras de Dios son verdaderas.

10 Y yo me eché á sus pies para adorarle. Y Él me dijo: Mira que no lo hagas: yo soy siervo contigo, y con tus hermanos que tienen el testimonio de Jesús: adora á Dios; porque el testimonio de Jesús es el espíritu de la profecía.

11 Y vi el cielo abierto; y he aquí un caballo blanco, y el que estaba sentado sobre Él, era llamado Fiel y Verdadero, el cual con justicia juzga y pelea.

12 Y sus ojos eran como llama de fuego, y había en su cabeza muchas diademas; y tenía un nombre escrito que ninguno entendía sino Él mismo.

13 Y estaba vestido de una ropa teñida en sangre: y su nombre es llamado EL VERBO DE DIOS.

14 Y los ejércitos que están en el cielo le seguían en caballos blancos, vestidos de lino finísimo, blanco y limpio.

15 Y de su boca sale una espada aguda, para herir con ella las gentes: y Él los regirá con vara de hierro; y Él pisa el lagar del vino del furor, y de la ira del Dios Todopoderoso.

16 Y en su vestidura y en su muslo tiene escrito este nombre: REY DE REYES Y SEÑOR DE SEÑORES.

17 Y vi un ángel que estaba en el sol, y clamó con gran voz, diciendo á todas las aves que volaban por medio del cielo: Venid, y congregaos á la cena del gran Dios,

18 Para que comáis carnes de reyes, y de capitanes, y carnes de fuertes, y carnes de caballos, y de los que están sentados sobre ellos; y carnes de todos, libres y siervos, de pequeños y de grandes

19 Y vi la bestia, y los reyes de la tierra y sus ejércitos, congregados para hacer guerra contra el que estaba sentado sobre el caballo, y contra su ejército.

20 La bestia fué presa, y con ella el falso profeta que había hecho las señales delante de ella, con las cuales había engañado á los que tomaron la señal de la bestia, y habían adorado su imagen. Estos dos fueron lanzados vivos dentro de un lago de fuego ardiendo en azufre.

21 Y los otros fueron muertos con la espada que salía de la boca del que estaba sentado sobre el caballo, y todas las aves fueron hartas de las carnes de ellos.

20 Y vi un ángel descender del cielo, que tenía la llave del abismo, y una grande cadena en su mano.

2 Y prendió al dragón, aquella serpiente antigua, que es el Diablo y Satanás, y le ató por mil años;

3 Y arrojólo al abismo, y le encerró, y selló sobre Él, porque no engañe más á las naciones, hasta que mil años sean cumplidos: y después de esto es necesario que sea desatado un poco de tiempo.

4 Y vi tronos, y se sentaron sobre ellos, y les fué dado juicio; y vi las almas de los degollados por el testimonio de Jesús, y por la palabra de Dios, y que no habían adorado la bestia, ni á su imagen, y que no recibieron la señal en sus frentes, ni en sus manos, y vivieron y reinaron con Cristo mil años.

5 Mas los otros muertos no tornaron á vivir hasta que sean cumplidos mil años. Esta es la primera resurrección.

6 Bienaventurado y santo el que tiene parte en la primera resurrección; la segunda muerte no tiene potestad en éstos; antes serán sacerdotes de Dios y de Cristo, y reinarán con Él mil años.

7 Y cuando los mil años fueren cumplidos, Satanás será suelto de su prisión,

8 Y saldrá para engañar las naciones que están sobre los cuatro ángulos de la tierra, á Gog y á Magog, á fin de congregarlos para la batalla; el número de los cuales es como la arena del mar.

9 Y subieron sobre la anchura de la tierra, y circundaron el campo de los santos, y la ciudad amada: y de Dios descendió fuego del cielo, y los devoró.

10 Y el diablo que los engañaba, fué lanzado en el lago de fuego y azufre, donde está la bestia y el falso profeta; y serán atormentados día y noche para siempre jamás.

11 Y vi un gran trono blanco y al que estaba sentado sobre Él, de delante del cual huyó la tierra y el cielo; y no fué hallado el lugar de ellos.

12 Y vi los muertos, grandes y pequeños, que estaban delante de Dios; y los libros fueron abiertos: y otro libro fué abierto, el cual es de la vida: y fueron juzgados los muertos por las cosas que estaban escritas en los libros, según sus obras.

13 Y el mar dió los muertos que estaban en Él; y la muerte y el infierno dieron los muertos que estaban en ellos; y fué hecho juicio de cada uno según sus obras.

14 Y el infierno y la muerte fueron lanzados en el lago de fuego. Esta es la muerte segunda.

15 Y el que no fué hallado escrito en el libro de la vida, fué lanzado en el lago de fuego.

21 Y vi un cielo nuevo, y una tierra nueva: porque el primer cielo y la primera tierra se fueron, y el mar ya no es.

2 Y yo Juan vi la santa ciudad, Jerusalem nueva, que descendía del cielo, de Dios, dispuesta como una esposa ataviada para su marido.

3 Y oí una gran voz del cielo que decía: He aquí el tabernáculo de Dios con los hombres, y morará con ellos; y ellos serán su pueblo, y el mismo Dios será su Dios con ellos.

4 Y limpiará Dios toda lágrima de los ojos de ellos; y la muerte no será más; y no habrá más llanto, ni clamor, ni dolor: porque las primeras cosas son pasadas.

5 Y el que estaba sentado en el trono dijo: He aquí, yo hago nuevas todas las cosas. Y me dijo: Escribe; porque estas palabras son fieles y verdaderas.

6 Y díjome: Hecho es. Yo soy Alpha y Omega, el principio y el fin. Al que tuviere sed, yo le daré de la fuente del agua de vida gratuitamente.

7 El que venciere, poseerá todas las cosas; y yo seré su Dios, y Él será mi hijo.

8 Mas á los temerosos é incrédulos, á los abominables y homicidas, á los fornicarios y hechiceros, y á los idólatras, y á todos los mentirosos, su parte será en el lago ardiendo con fuego y azufre, que es la muerte segunda.

9 Y vino á mí uno de los siete ángeles que tenían las siete copas llenas de las siete postreras plagas, y habló conmigo, diciendo: Ven acá, y te mostraré la esposa, mujer del Cordero.

10 Y llevóme en Espíritu á un grande y alto monte, y me mostró la grande ciudad santa de Jerusalem, que descendía del cielo de Dios,

11 Teniendo la claridad de Dios: y su luz era semejante á una piedra preciosísima, como piedra de jaspe, resplandeciente como cristal.

12 Y tenía un muro grande y alto con doce puertas; y en las puertas, doce ángeles, y nombres escritos, que son los de las doce tribus de los hijos de Israel.

13 Al oriente tres puertas; al norte tres puertas; al mediodía tres puertas; al poniente tres puertas.

14 Y el muro de la ciudad tenía doce fundamentos, y en ellos los doce nombres de los doce apóstoles del Cordero.

15 Y el que hablaba conmigo, tenía una medida de una caña de oro para medir la ciudad, y sus puertas, y su muro.

16 Y la ciudad está situada, y puesta en cuadro, y su largura es tanta como su anchura: y Él midió la ciudad con la caña, doce mil estadios: la largura y la altura y la anchura de ella son iguales.

17 Y midió su muro, ciento cuarenta y cuatro codos, de medida de hombre, la cual es del ángel.

18 Y el material de su muro era de jaspe: mas la ciudad era de oro puro, semejante al vidrio limpio.

19 Y los fundamentos del muro de la ciudad estaban adornados de toda piedra preciosa. El primer fundamento era jaspe; el segundo, zafiro; el tercero, calcedonia; el cuarto, esmeralda;

20 El quinto, sardónica; el sexto, sardio; el séptimo, crisólito; el octavo, berilo; el nono, topacio; el décimo, crisopraso; el undécimo, jacinto; el duodécimo, amatista.

21 Y las doce puertas eran doce perlas, en cada una, una; cada puerta era de una perla. Y la plaza de la ciudad era de oro puro como vidrio trasparente.

22 Y no vi en ella templo; porque el Señor Dios Todopoderoso es el templo de ella, y el Cordero.

23 Y la ciudad no tenía necesidad de sol, ni de luna, para que resplandezcan en ella: porque la claridad de Dios la iluminó, y el Cordero era su lumbrera.

24 Y las naciones que hubieren sido salvas andarán en la lumbre de ella: y los reyes de la tierra traerán su gloria y honor á ella

25 Y sus puertas nunca serán cerradas de día, porque allí no habrá noche.

26 Y llevarán la gloria y la honra de las naciones á ella.

27 No entrará en ella ninguna cosa sucia, ó que hace abominación y mentira; sino solamente los que están escritos en el libro de la vida del Cordero.

22 Después me mostró un río limpio de agua de vida, resplandeciente como cristal, que salía del trono de Dios y del Cordero.

2 En el medio de la plaza de ella, y de la una y de la otra parte del río, estaba el árbol de la vida, que lleva doce frutos, dando cada mes su fruto: y las hojas del árbol eran para la sanidad de las naciones.

3 Y no habrá más maldición; sino que el trono de Dios y del Cordero estará en ella, y sus siervos le servirán.

4 Y verán su cara; y su nombre estará en sus frentes.

5 Y allí no habrá más noche; y no tienen necesidad de lumbre de antorcha, ni de lumbre de sol: porque el Señor Dios los alumbrará; y reinarán para siempre jamás.

6 Y me dijo: Estas palabras son fieles y verdaderas. Y el Señor Dios de los santos profetas ha enviado su ángel, para mostrar á sus siervos las cosas que es necesario que sean hechas presto.

7 Y he aquí, vengo presto. Bienaventurado el que guarda las palabras de la profecía de este libro.

8 Yo Juan soy el que ha oído y visto estas cosas. Y después que hube oído y visto, me postré para adorar delante de los pies del ángel que me mostraba estas cosas.

9 Y me dijo: Mira que no lo hagas: porque yo soy siervo contigo, y con tus hermanos los profetas, y con los que guardan las palabras de este libro. Adora á Dios.

10 Y me dijo: No selles las palabras de la profecía de este libro; porque el tiempo está cerca.

11 El que es injusto, sea injusto todavía: y el que es sucio, ensúciese todavía: y el que es justo, sea todavía justificado: y el santo sea santificado todavía.

12 Y he aquí, yo vengo presto, y mi galardón conmigo, para recompensar á cada uno según fuere su obra.

13 Yo soy Alpha y Omega, principio y fin, el primero y el postrero.

14 Bienaventurados los que guardan sus mandamientos, para que su potencia sea en el árbol de la vida, y que entren por las puertas en la ciudad.

15 Mas los perros estarán fuera, y los hechiceros, y los disolutos, y los homicidas, y los idólatras, y cualquiera que ama y hace mentira.

16 Yo Jesús he enviado mi ángel para daros testimonio de estas cosas en las iglesias. Yo soy la raíz y el linaje de David, la estrella resplandeciente, y de la mañana.

17 Y el Espíritu y la Esposa dicen: Ven. Y el que oye, diga: Ven. Y el que tiene sed, venga: y el que quiere, tome del agua de la vida de balde.

18 Porque yo protesto á cualquiera que oye las palabras de la profecía de este libro: Si alguno añadiere á estas cosas, Dios pondrá sobre Él las plagas que están escritas en este libro.

19 Y si alguno quitare de las palabras del libro de esta profecía, Dios quitará su parte del libro de la vida, y de la santa ciudad, y de las cosas que están escritas en este libro.

20 El que da testimonio de estas cosas, dice: Ciertamente, vengo en breve. Amén, sea así. Ven: Señor Jesús.

21 La gracia de nuestro Señor Jesucristo sea con todos vosotros. Amén. FIN.

LEA LA BIBLIA EN UN AÑO

Día 1	-	Lucas 5:27-39, Génesis 1-2, Salmos 1	Día 73	- Mateo 15:1-20, Levítico 24-25, Ecclesiastés 1:1-11
Día 2	-	Lucas 6:1-26, Génesis 3-5, Salmos 2	Día 74	- Mateo 15:21-39, Levítico 26-27, Ecclesiastés 1:12-2:26
Día 3	-	Lucas 6:27-49, Génesis 6-7, Salmos 3	Día 75	- Mateo 16, Números 1-2, Ecclesiastés 3:1-15
Día 4	-	Lucas 7:1-17, Génesis 8-10, Salmos 4	Día 76	- Mateo 17, Números 3-4, Ecclesiastés 3:16-4:16
Día 5	-	Lucas 7:18-50, Génesis 11, Salmos 5	Día 77	- Mateo 18:1-20, Números 5-6, Ecclesiastés 5
Día 6	-	Lucas 8:1-25, Génesis 12, Salmos 6	Día 78	- Mateo 18:21-35, Números 7-8, Ecclesiastés 6
Día 7	-	Lucas 8:26-56, Génesis 13-14, Salmos 7	Día 79	- Mateo 19:1-15, Números 9-10, Ecclesiastés 7
Día 8	-	Lucas 9:1-27, Génesis 15, Salmos 8	Día 80	- Mateo 19:16-30, Números 11-12, Ecclesiastés 8
Día 9	-	Lucas 9:28-62, Génesis 16, Salmos 9	Día 81	- Mateo 20:1-16, Números 13-14, Ecclesiastés 9:1-12
Día 10	-	Lucas 10:1-20, Génesis 17, Salmos 10	Día 82	- Mateo 20:17-34, Números 15-16, Ecclesiastés 9:13-10:20
Día 11	-	Lucas 10:21-42, Génesis 18, Salmos 11	Día 83	- Mateo 21:1-27, Números 17-18, Ecclesiastés 11:1-8
Día 12	-	Lucas 11:1-28, Génesis 19, Salmos 12	Día 84	- Mateo 21:28-46, Números 19-20, Ecclesiastés 11:9-12:14
Día 13	-	Lucas 11:29-54, Génesis 20, Salmos 13	Día 85	- Mateo 22:1-22, Números 21, Cantares 1:1-2:7
Día 14	-	Lucas 12:1-31, Génesis 21, Salmos 14	Día 86	- Mateo 22:23-46, Números 22:1-40, Cantares 2:8-3:5
Día 15	-	Lucas 12:32-59, Génesis 22, Salmos 15	Día 87	- Mateo 23:1-12, Números 22:41-23:26, Cantares 3:6-5:1
Día 16	-	Lucas 13:1-17, Génesis 23, Salmos 16	Día 88	- Mateo 23:13-39, Números 23:27-24:25, Cantares 5:2-6:3
Día 17	-	Lucas 13:18-35, Génesis 24, Salmos 17	Día 89	- Mateo 24:1-31, Números 25-27, Cantares 6:4-8:4
Día 18	-	Lucas 14:1-24, Génesis 25, Salmos 18	Día 90	- Mateo 24:32-51, Números 28-29, Cantares 8:5-14
Día 19	-	Lucas 14:25-35, Génesis 26, Salmos 19	Día 91	- Mateo 25:1-30, Números 30-31, Job 1
Día 20	-	Lucas 15, Génesis 27:1-45, Salmos 20	Día 92	- Mateo 25:31-46, Números 32-34, Job 2
Día 21	-	Lucas 16, Génesis 27:46-28:22, Salmos 21	Día 93	- Mateo 26:1-25, Números 35-36, Job 3
Día 22	-	Lucas 17, Génesis 29:1-30, Salmos 22	Día 94	- Mateo 26:26-46, Deuteronomio 1-2, Job 4
Día 23	-	Lucas 18:1-17, Génesis 29:31-30:43, Salmos 23	Día 95	- Mateo 26:47-75, Deuteronomio 3-4, Job 5
Día 24	-	Lucas 18:18-43, Génesis 31, Salmos 24	Día 96	- Mateo 27:1-31, Deuteronomio 5-6, Job 6
Día 25	-	Lucas 19:1-27, Génesis 32-33, Salmos 25	Día 97	- Mateo 27:32-66, Deuteronomio 7-8, Job 7
Día 26	-	Lucas 19:28-48, Génesis 34, Salmos 26	Día 98	- Mateo 28, Deuteronomio 9-10, Job 8
Día 27	-	Lucas 20:1-26, Génesis 35-36, Salmos 27	Día 99	- Hechos 1, Deuteronomio 11-12, Job 9
Día 28	-	Lucas 20:27-47, Génesis 37, Salmos 28	Día 100	- Hechos 2:1-13, Deuteronomio 13-14, Job 10
Día 29	-	Lucas 21, Génesis 38, Salmos 29	Día 101	- Hechos 2:14-47, Deuteronomio 15-16, Job 11
Día 30	-	Lucas 22:1-38, Génesis 39, Salmos 30	Día 102	- Hechos 3, Deuteronomio 17-18, Job 12
Día 31	-	Lucas 22:39-71, Génesis 40. Salmos 31	Día 103	- Hechos 4:1-22, Deuteronomio 19-20, Job 13
Día 32	-	Lucas 23:1-25, Génesis 41, Salmos 32	Día 104	- Hechos 4:23-37, Deuteronomio 21-22, Job 14
Día 33	-	Lucas 23:26-56, Génesis 42, Salmos 33	Día 105	- Hechos 5:1-16, Deuteronomio 23-24, Job 15
Día 34	-	Lucas 24:1-12, Génesis 43, Salmos 34	Día 106	- Hechos 5:17-42, Deuteronomio 25-27, Job 16
Día 35	-	Lucas 24:13-53, Génesis 44, Salmos 35	Día 107	- Hechos 6, Deuteronomio 28, Job 17
Día 36	-	Hebreos 1, Génesis 45:1-46:27, Salmos 36	Día 108	- Hechos 7:1-22, Deuteronomio 29-30, Job 18
Día 37	-	Hebreos 2, Génesis 46:28-47:31, Salmos 37	Día 109	- Hechos 7:23-60, Deuteronomio 31-32, Job 19
Día 38	-	Hebreos 3:1-4:13, Génesis 48, Salmos 38	Día 110	- Hechos 8:1-25, Deuteronomio 33-34, Job 20
Día 39	-	Hebreos 4:14-6:12, Génesis 49-50, Salmos 39	Día 111	- Hechos 8:26-40, Josué 1-2, Job 21
Día 40	-	Hebreos 6:13-20, Exodo 1-2, Salmos 40	Día 112	- Hechos 9:1-25, Josué 3:1-5:1, Job 22
Día 41	-	Hebreos 7, Exodo 3-4, Salmos 41	Día 113	- Hechos 9:26-43, Josué 5:2-6:27, Job 23
Día 42	-	Hebreos 8, Exodo 5:1-6:27, Proverbios 1	Día 114	- Hechos 10:1-33, Josué 7-8, Job 24
Día 43	-	Hebreos 9:1-22, Exodo 6:28-8:32, Proverbios 2	Día 115	- Hechos 10:34-48, Josué 9-10, Job 25
Día 44	-	Hebreos 9:23-10:18, Exodo 9-10, Proverbios 3	Día 116	- Hechos 11:1-18, Josué 11-12, Job 26
Día 45	-	Hebreos 10:19-39, Exodo 11-12, Proverbios 4	Día 117	- Hechos 11:19-30, Josué 13-14, Job 27
Día 46	-	Hebreos 11:1-22, Exodo 13-14, Proverbios 5	Día 118	- Hechos 12, Josué 15-17, Job 28
Día 47	-	Hebreos 11:23-40, Exodo 15, Proverbios 6:1-7:5	Día 119	- Hechos 13:1-25, Josué 18-19, Job 29
Día 48	-	Hebreos 12, Exodo 16-17, Proverbios 7:6-27	Día 120	- Hechos 13:26-52, Josué 20-21, Job 30
Día 49	-	Hebreos 13, Exodo 18-19, Proverbios 8	Día 121	- Hechos 14, Josué 22, Job 31
Día 50	-	Mateo 1, Exodo 20-21, Proverbios 9	Día 122	- Hechos 15:1-21, Josué 23-24, Job 32
Día 51	-	Mateo 2, Exodo 22-23, Proverbios 10	Día 123	- Hechos 15:22-41, Jueces 1, Job 33
Día 52	-	Mateo 3, Exodo 24, Proverbios 11	Día 124	- Hechos 16:1-15, Jueces 2-3, Job 34
Día 53	-	Mateo 4, Exodo 25-27, Proverbios 12	Día 125	- Hechos 16:16-40, Jueces 4-5, Job 35
Día 54	-	Mateo 5:1-20, Exodo 28-29, Proverbios 13	Día 126	- Hechos 17:1-15, Jueces 6, Job 36
Día 55	-	Mateo 5:21-48, Exodo 30-32, Proverbios 14	Día 127	- Hechos 17:16-34, Jueces 7-8, Job 37
Día 56	-	Mateo 6:1-18, Exodo 33-34, Proverbios 15	Día 128	- Hechos 18, Jueces 9, Job 38
Día 57	-	Mateo 6:19-34, Exodo 35-36, Proverbios 16	Día 129	- Hechos 19:1-20, Jueces 10:1-11:33, Job 39
Día 58	-	Mateo 7, Exodo 37-38, Proverbios 17	Día 130	- Hechos 19:21-41, Jueces 11:34-12:15, Job 40
Día 59	-	Mateo 8:1-13, Exodo 39-40, Proverbios 18	Día 131	- Hechos 20:1-16, Jueces 13, Job 41
Día 60	-	Mateo 8:14-34, Levítico 1-2, Proverbios 19	Día 132	- Hechos 20:17-38, Jueces 14-15, Job 42
Día 61	-	Mateo 9:1-17, Levítico 3-4, Proveibs 20	Día 133	- Hechos 21:1-36, Jueces 16, Salmos 42
Día 62	-	Mateo 9:18-38, Levítico 5-6, Proverbios 21	Día 134	- Hechos 21:37-22:29, Jueces 17-18, Salmos 43
Día 63	-	Mateo 10:1-25, Levítico 7-8, Proverbios 22	Día 135	- Hechos 22:30-23:22, Jueces 19, Salmos 44
Día 64	-	Mateo 10:26-42, Levítico 9-10, Proverbios 23	Día 136	- Hechos 23:23-24:9, Jueces 20, Salmos 45
Día 65	-	Mateo 11:1-19, Levítico 11-12, Proverbios 24	Día 137	- Hechos 24:10-27, Jueces 21, Salmos 46
Día 66	-	Mateo 11:20-30, Levítico 13, Proverbios 25	Día 138	- Hechos 25, Ruth 1-2, Salmos 47
Día 67	-	Mateo 12:1-21, Levítico 14, Proverbios 26	Día 139	- Hechos 26:1 -18, Ruth 3-4, Salmos 48
Día 68	-	Mateo 12:22-50, Levítico 15-16, Proverbios 27	Día 140	- Hechos 26: 19-32, 1 Samuel 1:1-2:10, Salmos 49
Día 69	-	Mateo 13:1-23, Levítico 17-18, Proverbios 28	Día 141	- Hechos 27:1-12, 1 Samuel 2:11-36, Salmos 50
Día 70	-	Mateo 13:24-58, Levítico 19, Proverbios 29	Día 142	- Hechos 27:13-44, 1 Samuel 3, Salmos 51
Día 71	-	Mateo 14:1-21, Levítico 20-21, Proverbios 30	Día 143	- Hechos 28:1-16, 1 Samuel 4-5, Salmos 52
Día 72	-	Mateo 14:22-36, Levítico 22-23, Proverbios 31	Día 144	- Hechos 28:17-31, 1 Samuel 6-7, Salmos 53

Las *BENDICIONES de DIOS* a menudo benefician a toda persona. Pero muchas de Sus promesas son sólo para Sus propios hijos. Si usted no está seguro que parte de la familia de Dios. El le ofrece esta invitación. La camino a Cristo es sencillo:

1. **Admita que usted tiene una necesidad.**

> *Por cuanto todos pecaron, y están destituídos*
> *de la gloria de Dios;*
>
> Romanos 3:23

2. **Crea que Jesús es Dios, el Hijo, que pagó el precio de su pecado.**

> *Porque la paga del pecado es muerte:*
> *mas la dádiva de Dios es vida eterna*
> *en Cristo Jesús Señor nuestro.*
>
> Romanos 6:23

3. **Llame Dios.**

> *Que si confesares con tu boca al Señor Jesús,*
> *y creyeres en tu corazón que Dios*
> *le levantó de los muertos,*
> *serás salvo.*
>
> Romanos 10:9